宋代科举资料长编

南宋卷（下）

诸葛忆兵 编著

凤凰出版社

宋光宗　绍熙元年　庚戌(1190)

正　月

十四日,诏:“临安府免解人,令礼部贡院另项考校,具终场人数,取旨量行取放。元审实不当官赵汝忱,降两资,放罢。”既而,以臣僚言:“近年士风不竞,廉耻汩丧。京师首善之地,士子该登极恩例,十百为群,诣台省陈乞恩泽,遂至两终场而得免者数百人,系学籍而得免者又数百人,例皆计属府学学司,诈为干照,皆得预免,略无廉耻。始进若此,万一得试春闱,而又为有司收录,则士类岂不羞与为伍?”故有是命。(《宋会要·选举》一之二一)

十七日,宰执进呈何澹乞放行太学参长假人免解,留正等奏:“太学连两举该恩免解,遂无科举,其侥幸不可言。今参长假人多系赦后,又欲尽行免解,攀援冒滥,何时而已!”上曰:“诚多侥幸。卿等更参酌,其间有可以放行者与放行,不可者即已。岂容一例放行也!”(《宋会要·崇儒》一之四六)

二十四日,以吏部尚书兼侍讲郑侨知贡举,右谏议大夫兼侍讲何澹、权尚书吏部侍郎陈骙同知贡举,得合格奏名进士钱易直以下五百五十七人。(《宋会要·选举》一之二一,二二)

太常少卿邱崇、户部郎官谢源明、谢深甫、将作少监兼直学士院倪思、宗止丞张涛、大宗正丞邵骥、秘书丞黄艾、秘书省著作郎邓驲、著作佐郎卫泾、黄由参详,司农寺丞孙逢吉、太府寺丞曾三复、秘书郎李寅仲、枢密院编修官陈士楚、校书郎王叔简、国子监丞虞俦、秘书省正字石宗昭、太常寺主簿徐林、宗正寺主簿郑公显、国子监主簿闾丘泳、监登闻检院黄灏、监都进奏院李谦、主管官告院孟浩、干办诸司审计司何异、干办诸军审计司俞言、干办诸军审计司祝禹圭、主管吏部架阁文字吕宗孟、主管刑工部架阁文字李大异、国子监书库官方廷坚、朝奉郎王源、奉议郎彭龟年、彭寅、宣教郎陈棅点检试卷。别试所，监察御史林大中考试，考功郎中楼钥、太常博士汪逵、枢密院编修官李沐、司农寺主簿李唐卿点检试卷。(《宋会要·选举》二二之九、一〇)

有谏大夫同知贡举，欲大变文格，下太学，选经义、诗赋、论策各二百篇为式，长以督课学官。公(彭龟年)独不可，曰："使士明经术，熟古文，则文格自正。校文已为下策，又使之习时文，此非所谓教也。"虽忤谏官意，然遂不复选。(《楼钥集》卷一〇二《彭公神道碑》)

光宗初，以省试春浅，天尚寒，遂展至二月朔卜日，殿试于四月上旬。(《宋史》卷一五六)

二　月

十五日，诏："进纳补官理选限人，元系漕司七人取一人者，不许陈乞理免，及不许依恩科人推恩。"从礼部侍郎李巘请也。(《宋会要·选举》一六之二六)

三　月

八日，诏："建宁府将书坊日前违禁雕卖策试文字日下尽行毁板，仍立赏格，许人陈告。有敢似前冒犯，断在必行；官吏失察，一例坐罪。其余州郡无得妄用公帑刊行私书，疑误后学，犯者必罚无赦。"从起居郎诸葛廷瑞请也。(《宋会要·刑法》二之一二四)

四　月

十五日，兵部言："武举进士该龙飞恩例，比附进士正奏名体例，第一名特更与转一官，第二、第三名依第一名恩例。所有今来武举第一、第二、第三名愿从军不愿从军人,并依本部见行条格补官差注施行。"从之。以乾道二年三月十七日指挥故也。(《宋会要·选举》一八之八)

杨万里《庚戌殿试武举策御题》:朕以寡昧,获承至尊寿皇之休德,任大守重。永惟保邦安边之要,莫大乎二柄。夙夜祗惧,遹求天保采薇之治。至亲御鞍马,讲武训兵,屡诏诸将,一意拊摩。选偏裨之知勇而上枢庭,戒将帅之掊克而察以御史。朕于军政,非不尽心焉。今子大夫咸造在庭,朕甚嘉之。盖闻古者兵制,夏商而上邈矣。周家之制,地方百里,出士若徒者三千焉,此井牧之法也。然乘马之法一同,百里出士若卒者七千有五百焉,何其异也?至于诸侯兵,十大夫孟津之会,侯国八百,则兵之为千万者六矣。而天子之兵,止七十有五万焉,财足以当十诸侯之兵而已。岂强干弱枝之制乎?至于齐之内政,晋之被庐,秦之材官,汉之南北军,七校楼船,唐之府兵彍骑,虽曰非古,亦各言其制也。其因革善否,可得闻乎?若夫历代舟车步骑之异技,奇异偏伍之异法,择将者或以文,或以武,或以新进,或以老成,何途而得其人?议兵者或仁义,或诈力,或祖韬略,或祖孙吴,何门而决其策?子大夫讲之熟矣,悉意以陈,朕将亲览。(《杨万里诗文集》卷九六)

十七日,上御幄殿,阅试武举弓马。(《宋会要·选举》一八之八)

十八日,诏:"特奏名进士、试在第五等、不应出官者,为该龙飞恩例,并与升等推恩。"(《宋会要·选举》二之二八)

十八日,诏:"省试第一名、武学上舍生不愿从军人,照应乾道八年格法施行,候一任回,与升一等差遣。"以兵部言:"武举殿试第一至第六名、省试第一名,已有格法补官差注,即无该载上舍合得恩数。窃缘太学上舍登第,例与省试上十名并注教官,而武举上舍不应全无优恩。"故有是命。(《宋会要·选举》一八之八)

周南《庚戌廷对策》:臣闻天下之利害易知,一介之议论难信。凡为臣子，皆有愚衷。若使效谒其短陋，或能感动于万分，岂非夙昔之至愿哉！然天听崇深，草茅疏贱，自非有乐听之意，则恐犯徒言之羞。惟陛下少垂圣恩，臣谨昧死上对。

臣闻立必为之志，正己以先物者，兴王之事业也；存择善之诚，资人以成治者，平世之规模也。历观自昔间出之主，降及后代庶几之君，若非有必为之素志，则必有择善之深诚。故能君臣协谋，至于治道克立。陛下履位逾年，治体尝一变矣。曩者是非纷淆，人心壅塞。今日用舍向正，观听略新，此诚欲治之机而将成之候也。然弊事循积而未见其方兴之势，公论略伸而不能无复变之疑。朝廷方议一善政，其于兴革犹未敢及也，而陛下必曰为之必以渐。不知规模且未立，尚何渐之可论乎？台谏方逐一小人，其于旌别犹未及尽也，而陛下必曰论事不可激。不知忠邪方杂处，尚何激之可虑乎？意者此岂陛下立志未笃，而择善固执之者尚未明与？故虽履位逾年，而岁月不过相持，好恶未能归一，贤者无所倚仗，中人未识底止，阴拱不言者潜蓄撼摇之意，而宇内所当振起之事，随其亏圮而皆莫以为意矣。此岂非今日为治之大患，所当先变者与？如其条目纤悉当以次而论者，臣不敢比而同之也，敢沿圣问而献其略。

臣伏读《圣策》曰："古者帝王之世，教化兴行，风俗醇美，邦本固而上下足，公道孚而赏罚明，熙熙乎泰和之治。朕甚慕之。"此有以见陛下慨慕三五之盛，欲返古之道，变今之俗也。臣闻自昔帝王或值鸿荒朴略之世，或当民物纷杂之时，其民岂尽易化而其国亦岂易足哉？皆由积其劳勤，尽其心志，而后得之尔。然而闺阃未肃不敢言教，朝廷未治不敢议俗，制用无度则不能兼足，任使略偏则必至害公。故圣人不敢轻以是尤诸人，而常以是任诸己。教化未达，必曰岂吾渐摩之具阙与？风俗不美，必曰岂吾表倡之道非与？邦本不固则思所以窒浮蠹之源，公道未孚则求所以破私邪之论。于是居仁由义而教化兴矣，本身率民而风俗醇矣，王后世子俭德相先而上下足矣，宫府左右偏情不用而赏罚明矣。今陛下慨慕于四者之盛则善矣，不知亦思所以致此乎？夫乐闻其治而不能加之刚大之意，有慕古之心而未知致力之所，此儒生学士读诵之累也，而于治道何用哉！且陛下宽大爱人，喜怒有则，期年之间区断机事，未尝有暴察刻急之失，可谓有人君之德矣；台谏言事，宽洪乐听，未尝有猜防疑忌之意，可谓有人君之度矣。自昔人主不可有为,皆由宇量褊狭。今陛下德度如天,此如人有平夷广阔之基址,所阙者,独未能抡材作室于上尔。若自此而用力,则谁能御之?抑臣之所忧者,独恐作室之志未能先定于心而取成于道谋,抡材之识未能精别于己而杂用于滥进,则臣恐室之难成而治道决不能立矣。故古之教化易以浃洽,而今则坐视礼义之陵夷而不能返;古之风俗易以变革,而今则目睹民风之靡薄而不为怪。国本非不可固,而不能损己以益民;私情非不可绝,而惮于遏恶而扬善。此臣所以叹息陛下有慕治之名而未能加之意也。陛下若未能先正此意,则凡所以策臣者,臣虽条列而件具之,何益于圣治哉!

臣伏读《圣策》曰:"盖由尧舜三代一道相承,同条共贯,见于典谟之盛。或者乃曰五帝不相沿乐,三王不相袭礼,何耶?"此有以见陛下欲考帝王相传之统绪,以订正其沿袭之是非也。臣闻帝王必有所同,亦必有所异。所谓帝王之所同,志必在生民,心必公天下,不以位为乐,不以安为娱,信仁贤而不贰,黜奸慝而不惑,卓然有别而不可以毫厘易位者是也。何谓帝王之所异?质文有损益,制度有繁简,或法善于古而今当变,或事失于今而古当从,变而通之,以求无失于中庸时措之宜者是也。古之圣人既用其同者以兴治,复取其异者以随时,此礼乐之文虽小有增益而不害为同条共贯者此也。及至后世,拘牵条贯之名,变易沿袭之说,其所当同者既一切错乱而非其旧,其所当异者反因陋守旧而不敢为,此甚可叹矣!臣尝见汉唐叔末之人主,颠倒贤愚,贸易好恶,忽天命,失人心,慢弃贤士,亲狎小人,其条贯之不同于古帝王者可谓极矣。至于敝陋之法,玩习之令,积久宽纵之事,晓然为民之害,所当修补而振起之者,则曰是必不可改,改则有戾于条贯之同。是以兼失同异之义,废坠统纪之本,而卒莫能知沿袭条贯之果何义也。深惟今世出令用人所未合于帝王之条贯者果何事?守常不变所未合于帝王之沿袭者果何说?陛下圣问及此,是天下之福也。然五帝三王不敢废变通之说,而陛下则见弊事而不敢为;五帝三王未尝有兼容善恶之论,而陛下则见小人而不敢去,此臣之所未喻也。陛下诚致思焉,则条贯沿袭之说晓然有辨而不至于无别矣。

臣伏读《圣策》曰:"帝王无为而天下治,固未始敝精神于事为之烦。然舜孳孳汲汲,禹胼胝,文王日昃不遑暇食,何勤劳若是乎?"此有以见陛下即帝王之劳勤，以验无为而治之异说也。臣闻无为而治之说，孔子虽指舜而言，其实论舜治既成之后，九官在位，十六相佐职，股肱耳目无不得人，而舜则授任而责成功，故谓之无为。无为者，非无所作为之谓也。若庄周有无为天下功之说，此皆出于老氏清静自正之论，其实非孔子之意，而不可施之于天下国家也。夫天下国家大物也，非上得天意，下得民心，不能以有之；非众建贤才，兴起法度，不能以守之，其来久矣。舜之孳孳汲汲，禹之胼手胝足，文王之日昃不暇食，彼岂过为勤劳哉！诚知天意之难测，民心之可畏，一日不存祗畏忧勤之心，则将有不可以智力留者，此其所以毫厘食息无不在民也。且陛下亦知今日之治体果可以无为而治与否耶？臣闻寿皇帝临莅天下几三十年。此三十年间，浃洽于人心者非不深，暴白于天下者非不著，然历时浸久，睠焉独叹，乃有功业未成之忧者，何耶？追释去重负之日，天下之童儿妇女不谋同辞，皆以为寿皇之志大有屈而未伸者，又何耶？陛下视膳问安，日聆慈训，纵寿皇不言，而陛下岂不知之乎？若以年谷屡登不如今日而忧之耶，则隆兴以来无甚凶岁；若以为边鄙安帖不如今日而忧之耶，则辛巳以后未尝用兵。不知上林苑囿游幸绝稀而草生甚茂者，寿皇何为而略无闲泰之时乎？夙兴视朝，日晏访问，夕引儒生讨论世事，而丙夜又复观书者，寿皇何为而过自焦劳乎？据东南一隅之地，取三十倍劳筋苦力之赋，养百余万列营坐食之兵，官多而无阙以处，民贫而无策可裕，天下事势坚凝胶固，欲一舒伸而不可得，此寿皇所以夙夜不寐而发功业未成之叹也。舜之继尧也，曰重华协帝；禹之继舜也，曰祗承于帝。夫协者果何事？承者果何说耶？即帝尧心之所存，志之所向，凡欲为而未就，欲就而未终者，舜皆有以协合之，而使其规模无毫厘不满之处也。若禹自知其德不及舜，亦尽其力而祗承之。此舜之孳孳汲汲，禹之胼手胝足，所以为不可及也。陛下若实得寿皇之用心，实知天下之事势，则舜之兢业、禹之忧勤与夫文王咸和万民之事，兼举而力行之可也。今惑乎无为之说，而有精神劳敝之疑。臣以为陛下若能举今急政要务，尽力而为之，则事为之末固不足以劳圣虑。若因循苟且，不立一政，不兴一事，举今所谓急政要务尽废之，则虽知事为之末不足为，亦无益矣。

臣伏读《圣策》曰："舜乐取于人以为善，禹闻善言则拜。同是道也，或者乃曰五帝神圣，其臣不能及；三王臣主俱贤，用人之际抑有异与？"此有以见陛下有谦冲不自用之意,而未满乎晁错之说也。臣闻古者君师之任,必有以超出一世之人而后能为之。其说以为五帝神圣,其臣莫能及者,未为不知五帝也。然而实不可用者,以不可施之于人主也。上世人主惟尧为不可及,然已不敢废舍己从人之说。若周成王,一日不可无周公。则后世中才之君,岂能不咨谋于人哉!然舜取人以为善,禹闻善言则拜,古人纳善如此其易,而后世从谏多见其难者,此今日之所当忧也。臣闻陛下养德潜宫之日,乐询天下名流,闻有学问洁修、礼节恬退之士,则为之褒叹,以为佳士。是时,宫寮之中有出以私告于人者,天下有识相顾称贺。然则,陛下乐贤好善之心,根于天性,盖非一日矣。伏自临御,四方喁喁,日徯登用。今日纳忠补过者日以疏斥,结舌不言者相继登用,臣诚恐陛下聪明未免为小人而蔽蒙之也。且天下之忠言何尝不可诬毁哉!而今之蔽蒙之甚者则立为议论,以笼罩主意,使陛下不能摆脱以用人者,其说有三而已:一曰道学,二曰朋党,三曰皇极。臣请得而极论之。臣闻礼乐仁义谓之道,问辨讲习谓之学。人不知学,何以为人?学不闻道,所学何事?道学者,天下之所共知,而夫人之所共有也。然元祐诸贤未尝立此号名,近世儒先岂曾以此标榜?中间忽有排摈异己之人,谋为一网尽去之计,遂以此名题品善士。士大夫学不同师,生不同里,据所见以仕。人主若以为讲习正心诚意之学,致知格物之事,其于国家果何负哉?彼谮人者谩不知道学为何事,意以为凡不与人同流合污者皆是也。于是,取凡不与己合者,皆被之以此名。故朴直而自信者谓之道学,洁廉而好修者亦谓之道学,博通故实者谓之道学,而研玩经籍者亦谓之道学,而道学之名立矣。彼为道学之论者,曰:心术暗也,才具偏也,恶静而喜生事也。于是,陛下入其说。凡天下抱才负术之士,欲为陛下图事揆策、立谋建功者,陛下类以此疑之,以为纷纷徒乱人意,而以道学废之矣。自道学之名既立,无志者自贬以迁就,畏祸者迎合以自污,而中立不倚之人则未尝顾也。彼其出处偶同,则何害于私相往来?好恶不偏,必不肯随人毁誉。彼谮人者则又曰:"吾方绝道学,而彼则与之交通;吾方以道学为邪佞,而彼则颂言其无过行,是党道学之人也。"于是,朋党之论又立矣。彼为朋党之论者,曰:"小人有党固非公,君子有党亦为私,议论协同即是朋比,交相借誉岂非缔交?"于是,陛下入其说。凡昔所谓中立不倚之士,欲为无心之论以解释道学之疑者,陛下又以挟私好名待之,而其人又以朋党而不用矣。举国中之士,不陷于道学则困于朋党者十九矣。惟天下之庸人,以无所可否为智,以无所执守为贤者,既不入于道学,复不俪于朋党,于是借皇极公平正直之说以为佞庸自售之计,而皇极之论遂出于两者之后矣。然臣窃观箕子之论,本非为佞庸自售之计也。其曰"有为、有猷、有守"者,是有才智有道义有操执之人也;"汝则念之"者,欲其斯须之不可忘也;若"不协于极"而亦受之者,谓其才虽有偏而终有可用,则亦当收拾而成就之者也。若以实而论,则今之所谓朋党、道学之士,是乃皇极之所取用之人也。今奈何废弃天下有才有智之士,取世之所谓庸人,外视之若无过而其中实奸罔者而用之,而谓之皇极哉!自今以往,阘茸尊显,平凡得志,异日天下之大祸,臣恐始于道学而终于皇极矣。陛下若有意乎舜禹取善之事,则于今莫急于破庸论以收善人。若使皇极之说不明,而朋党、道学之人皆拒之而不敢用,则人材至于沉废,而天下之善无因至于陛下之前矣。

陛下历举前代帝王之治以策臣者,至矣。至于当世之事,有关于理乱安危者,于是复历举以策臣曰:"朕自践阼以来,厉精图治,监观前代,庶几有获。然稽古之志虽坚而设施之效未著,求言之心虽切而谠直之风未闻,政事必亲而或虑夫细务之繁,财用既均而犹病夫浮费之众,吏员冗而莫革,民力穷而难裕,私情胜而议论弗平,虚文多而奸弊日甚,此皆日夜以思求合于古而未能者。将何以致隆平之业,恢长久之策乎?"臣伏读至此,仰见宸心愿治,思欲上行下应,事举效随,以跻世于治平之域也。臣虽至愚,顾以为有君如此,天下何忧不治!然其事杂举而难见,其说甚大而难言。若随事而论,则恐本末之无辨。臣请先论其致弊之源,而后及其救弊之说,可乎?臣闻自昔哲王御极之初,非必遍举善政,尽易百度,事事为之,而后能耸动天下之心也。略出一事而海内至于更相告语,改视易听,靡然而从之者,无他,盖一则或能以意而动物,一则或能择善而固执之而已。上世人主,若成汤之于商,武王之于周,文景之安集民心,唐太宗之欲兴太平,汉光武之克复旧物,当其一出,天下无愚不肖皆以为必成者,知其所存之志不可遏也。舜殛鲧而举皋陶,禹恶旨酒而好善言,齐威王烹阿大夫而封即墨,唐太宗斥封伦而用魏征,当其一去一取之间,天下无愚不肖亦晓然咸知趋事赴功之实者,以其所择之善不可欺也。今陛下于二者之间,臣窃有疑焉。且天下之议论交至于陛下之前者,为不少矣。今有言民力之凋弊者,陛下未尝不曰民当念也。臣以为陛下若果以民为当念,则当对八珍而投箸,却妃嫔而凝思,如亲在閒阎匮乏之中,而亲见其艰难窘蹙之状可也。有言治体之废弛而当忧者,陛下亦未尝不曰治道当忧也。臣以为陛下若果知治为当忧,则当未明而求衣,当馈而思贤,慊然如祸乱之在朝夕,而不容瞬息缓可也。今道路传闻,皆以为外廷凡有进言,玉音无不响答,但朝退之顷,一切忘之。而朝夕所从事者,唯有燕乐尔,唯有逸豫尔,唯闻某处教习乐舞以备宣召,某日押入琴工以娱声音尔。陛下立志如此,不知其果何在耶?曩者,陛下履位之初,有身为谏官而职当补过者,陛下纳之未尝不优容之也。班对群臣,小臣之中有自愧空餐而思以直言而图报者,陛下亦未尝斥怒之也。所以然者,岂非以纳谏为人主之盛德,而臣子交相献忠亦以为美事耶?然纳其言而未免移其官,虽不怒其人而亦不能容之于朝者,又何耶?岂非陛下虽知其言而未达其献言之意,徒知其直而初不知其直之甚有补耶?陛下择善如此,不知其果何见耶?是以期年之中,所下诏令非不勤恳,而八者之弊犹未革者,此无怪也。而乃者一事,犹骇物听。臣闻帝王职典神天,百灵受职。昨者陛下逐一谗邪招权纳贿之小人,而天文卷舌之星为之不明者累月。若积其实德,每事如斯,天文虽远,犹可感动。而近者忽闻,专命王人多持缗钱,聘问一妖民于数百里之外。夫使其人果甚灵异,齐家治国安所用之?今者中外相传,皆以为市廛乞丐之夫,宦官羽流挟以诳惑,而陛下遽从而信之,几何而不为天下之所骇愕哉!万一四方传之,四裔闻之,则敌人必有轻视中国之心矣。凡此皆陛下立志择善有所未至,是以举动若此。陛下若未能先正其本,则八者之弊臣恐其难救矣。且稽古而设施未著,此盖陛下徒慕其名而未察其实也。自昔五三之所已行,六经之所论载,有得其一言而可以治国者,有据其一说而可以化民者。如使心好之,身行之,有过必改,有失必正,以古人为楷模,以旧事为师式,动必咨之而行,言必本之而发,如此稽古而设施未著者未之有也。求言而谠直未闻,此盖陛下徒有此意而未为其事也。今公卿大夫之间,有言修身者不知修身之德,其果进已乎?有言正家者不知正家之道,其果成已乎?有言为子孙之典则者不知子孙之典则,其果立已乎?直者未尝以好名而疑之乎?刚者未尝以卖直而防之乎?有一于此,则以至诚恳恻之意而戒之，以至诚恳恻之意而求之，如此求言而谠直不闻者未之有也。政事必亲，或虑乎细务之繁，岂陛下操执纲领者有未明乎？古者致治，专论一相，坐而论道，谓之三公，是以为上有体而为下有分。今陛下夙兴视朝，执政出常程之事以候圣裁者，大半皆琐琐除目耳。若欲用一人物，则迟疑顾望而未敢发言，是以天下大计不得询考其本末，而二三大臣欲为陛下图度经画者亦无由而至前。臣今举一事。臣闻乃隆兴之二年十月有八日，寿皇之诏有曰："朕每视朝，顷刻之际，虑有未尽。自今执政大臣，或有奏陈，宜于申未间入对，庶几得以坐论。虑靡不周，同跻于治，"大哉圣谟！愿陛下亟下有司讨论而遵行之，则大臣得与陛下讲论大计，而不至于自累于细务之繁矣。财用既均而犹病浮费之众，岂陛下内外经费未知节与？臣惟国朝财用，病于上供太重，内庭太无制度。昔我艺祖平一六合，是时琛贡载途，内库始立。当时远谟实欲俘取契丹，削平幽壤，为此以备一旦之需尔。自中世以后，内庭之支数日多，故韩琦、孙沔皆欲约女御之费以省国计，严宣取之弊以防吏奸。及自崇观以后，御前之钱便于支取，则适足以开侈心而致多事。然则人主自有私藏，岂天下之福哉！恭惟寿皇收凑余剩以为内库，非奉亲军须一毫不用，陛下所当爱惜也。今闻陛下恩意周浃，左右小有效劳，给赐动及万缗。臣窃观寿皇知民财之艰匮，外庭臣寮有被眷宠而去国者，匹两之给，为数至寡而已。为异恩乃若一带之赐，有累月而尚方不闻者，此皆陛下所当谨守而不变者也。陛下亦知乃者大农无粟，外府无泉，宣限既迫，而主计之臣至于称贷于富室，以缓旬日之迫乎？臣以为欲约浮费，则当先自滥赏始，然后修立所谓《会计录》者，以寿皇在位之日五岁内庭支用之数，酌取其一岁之中者而谨守焉，则财用可得而渐正矣。吏员冗而莫革，臣以为黜陟之法未行。自昔唐虞建官，至于成周计吏，虽宽严烦简之不同，而不可无者黜幽而陟明也。故司士之所掌，有岁登降其数者，释经者以为此以功过定之也。然则周人一岁之所黜与一岁之所陟，盖略相当也。今天下之吏诚冗矣，然司勋无功过之考，吏部无进退之权，台谏抨弹而去者月不能百一，监司刺举而黜者岁不能十一。今惟士以墨败而名挂丹书者，始有停废之科尔。官安得而不冗？臣以为若行黜陟之制，则疲癃者不当仕，庸鄙者不得仕，无才者不愿仕，天下之官不待节抑而可损其十之四矣。今上下皆惮于矫拂人情，而一官之阙至于十数人竞之，则反不以为愧。臣恐十年之后，廉耻尽丧，而名爵不复为天下重矣。民力穷而难裕，臣以为征赋之法未善也。国初尽变五代烦细之赋，至天禧而方宽，至熙宁而复增。及渡江以后，则西蜀之赋增三数十倍，而二浙之盐酒亦十倍而取其直。臣尝记天禧以前，二浙之大郡合一郡，征商之入有不及五六万者；今一小郡属邑之外，有收及六七万者皆是也。昔国家以商人之涉远而欲优之也，故惟取其止程之地而税之；今相去百里之间，一征再征，而民至于冒江潮、涉风涛而死者皆是也。昔者国家以关讥之细碎而欲宽之也，故男女聘问之资妆皆蠲之；今民持尺寸之帛以适市，吏且从而呵问之，征一及百而破家连逮者皆是也。然其所以至此者，上供尔，经制总制钱尔，月桩与籴本尔。东南一隅之地，无全盛时三分居一之地，而一岁财计之数至数千万，宜其劳弊困苦而至此极也。今将忧念其极弊而欲宽恤之，小小德惠，岂能遍及？当约一岁之计，蠲减六七百万缗，而后庶有可为之理。然其源流甚多，陛下近者即位之初，亦尝议及此矣。然经总制之额减及州县者，仅能及其登带不实之数。若乃浙右之和买，举朝议之而至今未有闻焉，则又何也？臣以为此事，若非君相同心，上下一意，相与共称之，民病未易苏也。不然，则于今不得已之中能谨守恭俭，则亦可以少慰斯民之心矣。若乃私情胜而议论弗平，虚文多而奸弊益甚，此于八者又其大者也。臣之所见，则以为虚文之弊，此亦一事尔。何者？今世上下以虚文从事，初无一政一令可以经久而勿坏者，此诚非小弊也。然若使陛下一日赫然出令，任人而不任法，任法而不任吏，信士大夫而不信期会案牍，则事可立简，令可必行，而工技器械之末，犹可使咸精其能。是则虚文之弊，盖因循积久而未能革尔，非无厘改变革之道也。若乃私情胜而议论弗平，若不深加辨论，则臣恐天下治乱分矣。今请得而终论之。臣闻私情人之所同有，而所赖以辨析区分者，此乃人主之事，不可得而惮烦也。自昔天下忠邪无两立之理，是非无并用之道。用君子则必黜小人，信庸人则必疏正士。是以刚明之君必助正直而抑奸慝。君子虽小过，必爱护之；小人虽未进，必痛止之。何也？诚恐一旦得志，得以动摇国论也。今天下之小人犯天下之名义，阴剪善士而伤害正人者，其人显然可见矣。且自昔天下唯患人之无才，今有才名者则必蒙摈抑；自昔天下唯患人之不学，今有学问者则必遭污辱。陛下以为若此者，果何意也？诚欲逐去天下之贤者，以偷取陛下之名位而已。且近者固有怀此心而进掌风宪之任者矣。当时陛下亦以为忠且直也，未几，交通贿吏而卒以事败。陛下亦知其未败之时，声势熏蒸，敢为不义而不容一正人之在朝乎？幸陛下一旦觉悟，斥而遣之，遂得登用端良，而稍伸天下之愤。此殆宗庙之神灵实使之也。今若因此一事，痛惩而力抑之，犹恐是非未大明。近者以来，何为含容之意多而区别之意少，反病其私情相胜耶？且自近日来，君子失势，非止一事。臣尝询其故，则亦坐于道学耳，朋党耳。且道学诚有伪，何不辨其名实？朋党诚有罪，何不析以是非？今奈何进一忠言，裁一命令，而尽纳于道学之中而废之乎？排一小人，用一人物，尽推之于朋党之中而疑之乎？是则私情所以胜者，是陛下不敢助君子而忍于容小人而致之也。臣闻小人固不可太嫉，然要不可使在朝廷之内。《泰》之为卦，三阳既进，君子得志之时也。故内健而外顺，内君子而外小人，而后有六二“包荒不遗”之论。盖事大体既定，则小人虽使之在外，勿庸治之，是以谓之包荒也。今若惧为已甚，使君子在内而小人在外，亦未必至于激也。奈何进而置之要官重位，得以挠乱陛下之聪明，而转移其是非乎？臣闻小人不惮为乱以求伸其私意，君子不惮损身以尽忠于人主，顾人主所以主之者如何尔。若主君子则君子为国家用，主小人则小人为己私用。今陛下主君子之意固多，然发口敢言此事者能几人？至于日夜媒孽于左右之前者，臣恐其十倍于君子矣。此如两家聚讼，使并设两辞而听之。胜负尚未可知也，今甲不得日至于听讼者之前，而乙之偏辞则日夜哓哓而不已，臣恐甲之理虽直而终为乙之所胜矣。陛下膺受付托，方内之治乱，在于正邪之用舍，君子小人之进退，忍使小人诬毁忠良而自贻他日之忧乎？此臣所以不揆其愚，欲为陛下流涕而言之也。

臣不佞，凡陛下所以策臣者，臣既疏列于前矣。至于区区之意，所以展转而不能已者，一则以为必先立志，一则以为必先择善。兹二者非常谈细故不切之浮论也。然天下之逸乐富贵，所以亏惑人之心志，汩乱人之聪明者，亦不少矣。陛下一日之中，罕接儒生、学士，多见宦官、女子，将何以发跃而成就之乎？今之说《诗》《书》者智识必明，崇声色者气志必昏。如使栖息无道，保养无术，岂复有有为之志、择善之心哉！臣愿陛下幸致思焉，则凡事业之未举者必有振起之道，是非之未明者必有归一之时，而举天下之事皆无足为者矣。陛下涉世浸久,凡所谓逸乐富贵之事,岂待臣言而后知其无益哉!臣之所论,盖亦以匹夫庸愚之见,而私自忖度尔。若陛下一日反此心而用之于治,今日立一善政,明日去一弊事,天下歌之,百姓诵之,寿皇喜见天颜,以为付托得人,其乐岂有涯哉!臣将见富贵逸乐之事,不待人言而自不复矣,岂不美哉!

臣学问荒芜,语言失绪,其于疏列以应圣问者,可谓陋矣。而《圣策》之末复丁宁于臣曰:"子大夫抱艺待问,咸造在庭。其考帝王之事,酌古今之宜,凡可行可验者,悉著于篇,朕亲览焉。"此又足以见陛下好问不倦之至心也。然臣则有忧焉。臣闻明于观古者不必博举以为证,敏于知今者不待尽言以为直。自古及今,凡人主无意于理乱是非而国亦随之者,载在史册,不为不多矣。若陛下不自警悟,则臣虽历举其危亡祸乱之事以极论之,徒以伤陛下谦虚之意而已,臣亦安用以此为忠臣哉!臣之所望于陛下者,愿见微而知著,勿以小过而致大失而已。且人有羞恶之心,则必有是非之心。善告君者,因其羞恶之心而开其是非之心,则语不必深而已,在其中矣。以陛下之圣,宁不灼见此意?若使见微而不戒,忽小过而妨大德,则臣恐古今可验可行之事,皆等为无用之言矣。以陛下之圣,日谨一日,何治之不成?而何功之不逮?曾子曰:"尊其所闻则高明,行其所知则光大。"高明光大不在乎他,而在乎加之意而已。惟陛下赦其狂愚,臣不胜惓惓。(《全宋文》卷六六九〇)

周南,吴中人。游太学,有时名,然颇任侠。与水心先生善,晚号为善类。南尝与郑湜游,湜有奏疏未报,南尝见之。会廷对,策中微讽上以未报郑之意。有司已第南为第一,光皇读其策,顾谓大臣曰:"湜之疏入才六日尔,南何自知之?"遂就南卷首批云:"郑湜无削稿爱君之忠,周南显非山林恬退之士,可降为第一甲十五人。"水心先生为周述墓,则以周南廷对策论皇极人才数百言冠之《志》首。盖周自为教官至给札中秘书,皆未尝见之行事,故水心特序所对策以表之。近时真文忠公撰徐玉堂凤墓碣,亦详述其给札时言山东事,盖祖水心文法也。先是,吴中号为"何蓑衣"者,颇能道人祸福,至闻于上。上屡遣使问之,皆有异,遂召之至京,亲洒宸翰,扁"通神庵"。州郡以上所赐,迎拜奔走。南居里中,见而嫉之,对策中谓:

"云汉昭回,至施之闾阎乞丐之小夫。"光皇恶其讦,故因褆疏以发之。葛丞相邲时在位,南疑其赞上。邲之去,南有力焉。光皇以违豫阙定省礼,南亦以此讽诸公云。(《四朝闻见录》乙集)

君名南,字南仲。对绍熙元年进士策,秘自宫掖,俚及廛肆,略无不言。其最切于世论者,曰:"陛下聪明为小人蔽蒙甚有三:一曰道学,二曰朋党,三曰皇极。夫仁义礼乐,是为道;问辩讲习,是为学。人有不知学,学有不闻道,皆弃材也。古人同天下而为善,故得谓之道学,名之至美者也。小夫谮人,不能为善,而恶其异己,于是反而攻之,而曰:'此天下之恶名也。'陛下入其说,而抱材负学之士以道学弃之矣。恶名既立,争为畏避,迁就迎合,扫迹灭影,不胜众矣。小夫谮人犹不已,又取其不应和、少骂讥者,亦例嫌之曰:'我则彼毁,尔奚默焉?是与道学相为党尔。'陛下又入其说,而中立不倚之士以朋党不用矣。举国中之士,不陷于道学,则困于朋党矣。唯其不能可否而自为智,无所执守而自为贤,然后窃箕子公平正直之说,为庸人自便之地,而'建皇极'之论起矣。夫箕子所谓'有为、有猷、有守',是有材、有道、有操执之人也。'汝则念之',斯须不可忘也。'不协于极'而亦'受之',谓其虽有偏而终有用,亦当收拾而成就之也。今所谓道学、朋党者,正皇极所用之人也。奈何弃天下之有材、有道、有操执者,取其庸人,外若无过、中实奸罔者而用之,而谓之'建皇极'哉?其故无他,阘冗适尊异,凡庸当奋兴,天下之大祸,始于道学而终于皇极矣。"考官奏拟第一,中语不用,教授池州。熙宁后,道学始盛,而攻短者亦继出,靳侮交杂,意极鄙悖,士不敢辩也,独君能辩之。至谓道学、朋党即皇极所用之人,则自箕子以来,为之训解者未有及君此言也。(《叶适集·水心文集》卷二〇《周君南仲墓志铭》)

戊申(二十五日),赐礼部进士余复以下五百三十有七人及第、出身。(《宋史》卷三六)

二十五日,诏:"新及第进士第一人余复补宣义郎,第二人曾渐、第三人王介补承事郎,并签书诸州节度判官厅公事;第四人陆峻以下并补文林郎、两使职官;第二甲并补从事郎、初等职官,内陈用之为犯庙讳旧讳,特补下州文学;第三甲、第四甲、第五甲并迪功郎、诸州司、户、簿、尉。”(《宋会要·选举》二之二八)

二十五日,上御集英殿策,试武举进士。(《宋会要·选举》一八之八)

仍按射,不合格者罢赐帛。(《宋史》卷一五六)

是科,丞相留正奏言:“射以观德。既不合格,而复赐帛,则似无谓。此例可削去,亦省费之一端也。”上从之。(《宋史全文》卷二八)

臣昨被命复考殿试进士,锁宿半月,不知近事。至二十五日、二十六日唱名,蒙恩赐告,少休私室。(《杨万里诗文集》卷六二《上皇帝留刘光祖书》)

进士名录:余复,曾渐,王介,丁居易,丁懑,王元龟,王元应,王仁,王文,王旦,王田,王拱,王庭芝,王桓,王通,王曾,王硕,王澡,王龟从,王鉴,木震,毛子申,毛文炳,毛诚之,文元鼎,方仲远,方佃,方叔治,方阜周,方璩,方龟龄,尹伯正,孔武,石范,史思仲,邢必学,朱申,朱朋孙,朱通,朱晞颜,朱偃,朱应祥,任相,任诜,任震一,阮砥,李元辅,李孔文,李伯巨,李冲,李直,李东,李昌宗,李宗之,李宗达,李南,李昭,李起宗,李埴,李钧,李熹,李燔,李壁,吴初,吴炎,吴昺,吴从周,吴远,吴会,吴德成,吴稺孝,吴丰,利元吉,邱枢,何大鼎,何佰达,何德方,余子复,余天迪,余禹言,余待问,余鉴,余铸,汪楚材,汪体仁,沈隆兴,沈葵,宋叔曦,宋甡,邵继元,邵瓒,范震,林士顾,林大章,林子强,林灼,林武功,林迪,林挺秀,林珪,林振,林从周,林椅,林载,林翥,林演,林维孝,林亿,卓石,季允卂,周大德,周汝明,周伯熊,周南,周景南,周袞然,周焯,周拟,胡之邵,胡允文,胡刚中,胡棨,胡梦龙,胡辅之,柯时中,柯万卿,侯仲震,俞元方,计篑,度正,施楮,洪琰,洪搏,洪璞,祝洙,祝徐椿,姚有容,马壬仲,马范,马滂,袁家待,耿戡,莫子伟,桂如篪,柴中行,时淇,倪瑀(误),帅壹,徐大叔,徐正卿,徐次铎,徐昂,徐思存,徐处仁,徐尧佐,徐迈,翁万里,翁宁,高松,高惟月,唐元龄，陆埈，陆唐老，陈一新，陈士表，陈大临，陈子坚，陈元翁，陈元粹，陈玉，陈用之，陈邦荣，陈光远，陈全，陈冲，陈汶，陈卓，陈昂，陈畏，陈桂，陈振，陈高，陈泾，陈梦烈，陈与行，陈辉，陈经，陈槱，陈仪之，陈德进，陈朴，陈拟，陈麟之，孙少勉，孙庆余，黄千里，黄匀，黄甲，黄若讷，黄治，黄南一，黄相，黄晞颜，黄备，黄瑄，黄静夫，黄广，黄谧，梅凤，曹户，曹叔远，区廷芳，戚如琥，盛麃，许文蔚，许俊弟，许兴裔，章楫，梁成章，梁发，梁锴，张光，张任国，张牧，张泳，张珏，张彦清，张哲甫，张益之，张符，张从之，张嗣古，张会，张榕，张枢，张贤，张礼，叶孝锡，叶宗鲁，叶澄，叶谦，葛璨，董文炬，董与几，董旷，景宜之，喻不伐，程九万，程汝发，程高，程万里，程应申，焦抑，邹才正，童蒙，曾之谨，曾定谨，曾涣，曾准，曾机，冯思复，冯遇，冯钦，冯履，费祕，费缉，杨正臣，杨若，杨景思，杨普，杨广年，虞庠，詹义，詹继，雍叔献，赵不娕，赵公径，赵企夫，赵汝仿，赵汝泓，赵汝津，赵汝僳，赵汝旹，赵汝賏，赵汝澄，赵汝简，赵安伯，赵伸夫，赵伯淇，赵伯瑊，赵伯浒，赵伯操，赵希本，赵希旦，赵希伋，赵希贤，赵希锡，赵侁之，赵思秀，赵彦伸，赵彦迥，赵彦秬，赵彦恺，赵彦玩，赵师秀，赵师柄，赵师夏，赵师嵘，赵国材，赵崇方，赵崇祉，赵崇忞，赵崇悉，赵崇复，赵崇衡，赵善岐，赵善希，赵善牧，赵善佳，赵善栻，赵善救，赵善阶，赵善绩，赵善新，赵善毅，赵善蘧，赵邻之，赵瑞夫，赵潭夫，蒋大昌，蒋元量，蒋昌时，蒋衮，蒋晖，蔡以中，蔡点，齐三杰，齐石，郑行可，郑企，郑伯谦，郑牧之，郑垕，郑洙，郑浦，郑蒇，郑愿，邓一鸣，鲁珏，刘伯麟，刘序，刘东之，刘恭，刘致一，刘涣，刘宰，刘植，刘棠，刘枢，诸葛安节，潘文焕，潘方，潘自厚，潘自觉，潘梅，潘景伯，潘熙，潘稹，潘颢伯，潘显伯，练朝英，薛纯儒，薛将，薛舜俞，卢镇，钱易直，钱观光，鲍旃，戴至，戴重熙，戴壄，戴锜，鲜于季寅，谢子畫，谢明之，应淡，应荐，应谦之，濮宇，缪景凡，聂子述，丰有俊，边恢，边烈，颜叔平，颜叔玠，颜铸，苏叔和，关晋，罗天成，罗仲孺，罗谔，罗瀛。

特奏名进士：唐尧卿，王子俊，王子新，王以泽，王仲应，王东老，王叔介，王炎，王万侯，王铎，王骥，勾龙时行，方士璜，方安世，方将，方纲，方稷，方鹰，毋震，甘作霖，左伯朋，左赉，丘汝皋，丘殿爰，吕豳，朱孔阳，朱希说，朱起宗，江沂，阮大用，阮秀，阮初，杜多行，杜张维，李自仁，李琥，李溥，李泽民，吴世英，吴梦得，吴甄，吴�，吴琎，吴宪，何既济，何汤选，何适道，余有猷，汪云从，林士隆，林元明，林日休，林文宝，林廷英，林孝友，林伯山，林伯春，林岊，林师德，林衺，林乔木，林粢，林梦钦，林槐卿，林虞，林炜，林寘，周山，胡屯，胡阅之，柯杞，柯若谷，柯端卿，洪茂，洪庚，洪嘉淑，姚正国，夏子惟，徐天麒，徐天骥，徐清卿，徐湘，翁章，高文涣，高癸，郭鼎卿，唐岳，涂次禹，陈一飞，陈友直，陈旦，陈朴，陈聿，陈伯昂，陈果，陈侃，陈宗一，陈宗说，陈刚，陈师正，陈国礼，陈惟中，陈寅，陈轸，陈凯，陈粲章，陈炜，陈嘉言，陈广，陈适正，陈肇，陈枢，陈乐天，陈锜卿，陈骕，孙开先，黄子强，黄文仲，黄世德，黄行可，黄洽，黄旃，黄鼎，黄兴诗，许浚，许钧，康鼎成，张仲昴，张时敏，张梦弼，叶廷祐，叶登，叶枢，葛有成，程文成，曾义节，曾敿，曾应辰，冯掞，杨泳之，杨治凤，杨浃，杨霓，詹绂，赵安国，蒋具瞻，蔡颐，郑士表，郑心豫，郑允元，郑丙，郑衍，郑瀛，樊澄，欧阳实，滕岑，刘三顾，刘卯，刘杲，刘岳，刘振宗，刘靖，萧许(误)，萧梦兆，卢兴嗣，戴机，韩匹萧，韩有开，韩缟，苏振，龚元，龚骧。

上舍释褐：黄舜俞，郑若，谢升。(《宋登科记考》卷一一)

补进士名录：其一，赵彦珍。《夷坚支志》癸卷七：“赵彦典，淳熙十五年冬，梦贵人金章紫绶……次年，覃恩赦下，许赴量试，而期日已迫，愿改不能，但以典字。及揭榜，遭黜，果有彦珍预焉。”

其二，潘景宪。《夷坚三志》壬卷九：“……俄顷，黄衣伟丈夫别引一士至，乃同舍生潘景宪叔昌也。……(诸葛贲)迨丁未赴省，偶展试日，当二月初，试毕东还。二十五日揭榜……报捷者至。又一榜，潘叔昌始登科。”按：《宋登科记考》卷一〇隆兴元年进士名录载“潘景宪，字叔度”者，后引文献资料中即有《夷坚三志》此条目，误。隆兴元年进士潘景宪，当另有一人。

其三，张敏。《宋登科记考·附录》载二张敏，一“绍兴中登进士第”，一“元符年间登进士第”，或皆另有其人。《全宋文》卷六八二二刘宰《通泰兴王大夫渝书》：“同年友张右史敏则自新安来。”

补特奏名进士：何伯达。《宋登科记考·附录》：“何伯达，南雄州保昌县人。元祐间特奏名登进士第。历端溪县令。”《宋辽金元方志辑佚·南雄路志》：“何伯达，绍熙庚戌科该覃恩升等，修职郎德庆府端溪县令。”(第

807页）

辨正：其一，萧许，宋孝宗隆兴元年特奏名。详说见前。

其二，倪瑀，宋光宗绍熙四年进士。《全宋文》卷六七九三程珌《武宁桥记》："适同年倪君瑀见过"。

黄若讷，字敏仲，邵武人，寓居临川。淳熙十三年冬，入都赴省试，中途贪程，暮到旅邸，行商走卒充满其间，无可栖泊之地。黄谓店主者曰："昏暗如此，欲前进不得，苟不见容纳，将使我安之邪?"主者不得辞，旋空一室与之处，室距主翁家不远。翁夜梦黄龙从外至，以爪抉门入，蟠踞中堂，光焰赫奕。惊而寤，疑必有贵客在邸，未黎明而起访焉。历视十数客，皆不足当，独黄君为士子，意其兆应是也。又问知姓黄，益自信，戒仆俟盥栉毕，茶汤诣之，为话宵梦，乞志之于壁。黄固心喜，然亦不敢率尔，力拒却弗听。翁退，复遣二儿来，皆儒衣冠，度不可已，乃勉书数语而去。暨来春揭榜，则遭黜。或人云："龙虽贵证，尚尔沉郁，盖未即日腾趠飞天也。"黄失意留连，舍于张定叟侍郎之馆。时有南举先生者，道命术多中，往扣之。卦成，南曰："好命，只是事迟好，更三年后却做官。但有一虑，尊府君恐有不测，宜急归。"是时，黄老父在家，适得信，报其抱病。闻南语，瞿瞿不自安，即日西还。至仲冬，父果卒。黄当勉举可应之庚戌试，而正月在禫制中，计无由可及。会有旨，以首春雪寒，恐远方布衣来者愆期，特展锁院半月。于是兼程而往，于大院期已不及，乡人为委曲作道地，以门客避嫌，试别所，遂登科。黄龙之祥，未知验于何日也。（《夷坚支志》乙卷二）

齐三杰为士人时，习业于灵芝门东桂林野圃。淳熙十六年，当科举之岁，数朋辈相约结课于中。有张宗臣者，梦异人持一花瓶贮丹桂三枝从外入，张首见之，趋迎至前曰："汉卿求一朵。"异人取以付之，曰："若余子，则未可。"张觉而喜甚，以告诸友，满意有折桂之望。及秋试揭榜，齐独预荐，明年登科。盖张之名齐之，字同为汉卿，造物故寓意以戏张也。（《夷坚三志》壬卷一〇）

(边恢)登绍熙元年进士甲科。时太上皇龙飞策士,汝实廷对数千言,其略曰:"不以尧舜之道告其君者,不忠也;不知其君可以兴尧舜之道者,不智也。尧舜之治必可兴于今日,尧舜之道皆已具于圣心,知陛下所以垂问者,悉圣心所形,则不必他求矣。臣观自昔人主,始初清明,勤于政治者,固亦无间于圣人之心。而明者卒昏,勤者卒怠,何哉?虽有是心而不能自知,则亦不能自信尔。今陛下有尧舜之圣心,而形于政治,未如其心,盍亦反而求之乎?心所是者行之,心所疑者去之,高明光大,其则不远。齐宣王不忍一牛之觳觫,孟子指之曰:'是心足以王矣。'况陛下圣明,尧舜之道已具于圣心乎!"辞意婉切,指陈时政,具有本末,识者韪之。(《全宋文》卷六三八三袁燮《边汝实行状》)

卫泾《回余状元谢及第启》:造庭之对,士得危言;亲策之初,上尤加意。谓千载逢辰之幸,实四方刮目之时。必有伟人,首应盛举。恭惟签判状元,七闽挺秀,六馆蜚英。早推文虎之雄,出应飞龙之会。惟素明于治体,故式契于上心。人惊一鸣,咸避三舍。某适陪着位,先快胪传。南省程书,见讲明于经术;高轩引卷,辱藻丽之辞章。感叹之深,敷宣罔既。(《全宋文》卷六六三六)

五　月

十五日,赐进士闻喜宴于礼部贡院。是日,赐新及第进士御制诗一首。(《宋会要·选举》二之二八)

宋光宗《闻喜宴赐进士诗》:"临轩策士岂徒然,嗣守丕基务得贤。尔吐忠言摅素蕴,吾縻好爵副详延。忧君忧国毋终怠,厚泽深仁赖广宣。锡宴琼林修故事,朕心期待见诗篇。"右绍熙元年赐余复已下。(《咸淳临安志》卷一二)

恭和御制赐余复以下诗:秘书监杨万里,秘书丞黄艾,著作郎邓驲,秘书郎李寅仲,著作佐郎卫泾、黄由,校书郎王叔简,正字石宗昭各一首。(《南宋馆阁续录》卷五)

杨万里《和御制琼林宴赐进士余复等诗》:圣主临轩士褒然,曲江花底宴群贤。九天日月开清照,四海英豪看广延。只合致君上尧舜,不应伻德止宗宣。草莱忧国从今始,记取云章第一篇。(《杨万里诗文集》卷三〇)

余复《和御赐登第》:风虎云龙岂偶然,信知盛世士多贤。虞庠教育蒙深泽,汉殿咨询愧首延。释褐遽沾琼宴宠,锡诗齐听玉音宣。爱君忧国平生志,敢负周王宴乐篇。(《全宋诗》卷二七七四)

杨万里《进和御制赐进士余复诗状表》:钧天广乐,秩有践之初筵;云汉为章,贲思皇之多士。湛恩至渥,隆礼惟新。臣某中谢。恭惟皇帝陛下,乐育英才,旁招俊乂。君子有酒多且旨,间以笙镛;圣人之言远如天,写之琬琰。情文双止,怀感万斯。臣等典校简编,均沾慈惠。庆霄在上,与彼昭回之光;儒馆献歌,敬修赓载之职。(《杨万里诗文集》卷四七)

二十四日,臣僚言:"贡举条制,最为严密。向使有司一一举行,必无轻犯条制者。谓如结保,必须相识。使其人果是庸缪,或假手以得解,或多赀以经营,或挟人以同行,为相识者岂不知之?然而,同保之罚不行,故轻易与之结保,此当严者一也。保官必须批书印纸,使其人果伪冒,或不相谙委,或所牒太多,自合审细。然而,保官之罚不行,故轻易与之为保,此当严者二也。所差帘外官,如封弥、监门必得精明稍有力量之人,庶可检柅吏奸。内封弥官尤为紧切,仍须两员,同共机察。臣窃闻封弥官亦有周旋亲故之弊,或取他人文卷之佳者,改移入亲故卷内。若得两员,庶相牵制,此当严者三也。所差巡逻之人,必令皇城司拣选不生事而亦不敢为奸弊者,庶免反为道地,此当严者四也。其誊录人,自今须十名为一甲,并要亲身,不许和顾代名。如有代名之人,许甲内自陈。其不首者,他日事发,并同犯人坐罪。"从之。(《宋会要·选举》一之二二)

六　月

十三日,诏:"干办诸军审计院俞丰差充类试封弥官兼监誊录官。"其先,差姜尧章,却令出院,以臣僚言:"太学补试周赋魁争讼事,送有司勘鞫，闻者怪骇。此弊起于封弥、誊录之不谨，乞于六院、四辖及在京局务官内选差有风力之人，免滋吏奸。”故有是命。(《宋会要·选举》二二之一〇)

七　月

十八日，宰执进呈礼部侍郎兼直学士院兼权给事中李巘、中书舍人罗点、起居舍人兼权中书舍人莫叔光、看详国子司业计衡奏：“士子科举，一于经义，则或不足于词藻；一于诗赋，则或不根于理致。乞照绍兴十三年国子司业高闶条具太学课试及科举三场之制。臣等谓两科之分，其来已久。绍兴十三年、二十七年，臣僚申请兼科取士，非不详尽。然皆行之一举，随即分科。盖缘人材各有所长，难以求备，勉强取办，终不能精。强其所劣，并丧所长，虽平时场屋有声之人，亦复未免指诮。臣等窃谓宜如旧便。”上曰：“士人各有所长，亦不必拘兼经。”(《宋会要·选举》一之二二、二三)

十一月

二十四日，诏：“龙州置科场收试举人。”从本州申请，以就试者三百人以上故也。(《宋会要·选举》一六之二六)

是　年

杨万里《送薛子约下第皈永嘉》：河东鸑鷟志青天，冀北麒麟受玉鞭。二十年前元脱颖，五千人里又遗贤。请君更草《凌云赋》，老我重看斫桂仙。趁取春风双鬓绿，收科谁后复谁先？(《杨万里诗文集》卷三〇)

杨万里《送李制干季允擢第皈蜀名埴，仁甫之季子也。其兄通判壁，同登庚戌第。壁除将作监簿，埴赴蜀任。兄弟五人，今存者三人，其长即贤良公垕》：玉立长身太史公，诸郎个个有家风。高文大册传书种，怨句愁吟恼化工。鸿雁双衔月宫桂，鹓雏独恋蜀山桐。何如天网笼云表，三凤都皈上苑中。(《杨万里诗文集》卷三〇)

杨万里《回余复状元启》：伏审入奉制策，遂冠抡魁。新天子将大有为，端不喜阿匼苟容之士；诸老生皆未能对，忽惊闻忠慨深烈之言。恭惟状元先辈,气钟七闽海山之英,名出六馆秀孝之表。问学河汉,岂屑原夫之两联?时世文章,政堪莞尔之一笑。惟厚于蕴而不市,故搜其珍而独逢。首裒然而嘉之,其无曰问津速化之径;先立乎其大者,可援夫识路疾驱之功。某老矣污朝,归欤在梦。春蚕食叶,偶得闻下笔之声;秋鹰当云,复预观整翮之举。凛然高谊,惠我好辞。何以报之,聊复尔耳。其所称述,未详发挥。

杨万里《答第二人曾渐殿元启》:伏审言扬大廷,名亚举首。刘蕡过董,岂惟二三策之嘉?曹参次萧,犹在十八侯之右。恭惟殿元先辈,以英妙未壮之齿,挟磊落不世之才。把钓而拂珊瑚,臞然山林枯槁之士;排云而叫阊阖,勇哉忠义奋发之辞。徒步来大江之西,一日惊盛名之下。平生学力,当不为摘颔之资;后日壮怀,以此占撄鳞之举。某旧邻乡社,新识风裁。偶陪集贤之堵墙,与闻九宾之胪句。未遑进牍,先辱赠文。不敏之云,何足以谢!

杨万里《答第三人王介殿元启》:伏审奏篇乙览,分鼎甲科。探曲江之花,岂计较王卢之后?起明光之草,终追随季孟之间。恭惟殿元先辈,禀宝婺山川之英,传东莱伊洛之学。简编灯火,不作老生陈腐之谈;师友渊源,吐为忠臣剀切之对。言铺张而有万,名胪句以在三。家理故可移于官,事无难者;学不能行谓之病,子其懋之。某老矣无悰,黯然怀旧。不回东野,怅题字以相看;如见元宾,喜惠书之甚似。未遑修庆,乃辱先临。不敏有云,何足以谢!(以上均见《杨万里诗文集》卷五四)

绍熙庚戌,制题又出《皇叔太尉定江军节度使提举万寿观授武昌军节度使开府仪同三司充醴泉观使》。是岁,陈紫微晦中选。(《愧郯录》卷八)

绍熙二年　辛亥(1191)

二　月

二十五日，铨试、公试、类试：命监察御史郭德麟监试，吏部员外郎彭椿年、大理正李洪、秘书省著作佐郎卫泾考试，大理寺丞陈榛、太府寺丞郑公显、大理评事宋思远、王补之、秘书省正字王容、李璧、太常寺主簿黄灏、宗正寺主簿陈损之、司农寺主簿郑若容、武学谕李兴时考校。(《宋会要·选举》二一之五)

七　月

十六日，礼部尚书李巘言："乞下四川，自今试院开榜，即时专委官编辑贡籍，详著本人姓名及三代年甲，曾与不曾终场，系与不系试下，明白该载，发赴省部，毋得稽缓。庶几别无隐漏差误之患，免致徒有取会往来之劳。"从之。(《宋会要·选举》一之二三)

八　月

十日，臣僚言："乞诏兵部长贰，措置将来解试弓马人，各先次当厅亲书家状一本，然后拍试。将合格人家状画时逐纸印押类聚，牒送发解所为照。候引试义策考校了毕，于拆号之次，将真卷比验兵部所发家状。如字画异同，虽已中选，亦行究实。如果有伪冒，即交驳放，并照科举条制施行。"既而，本部言："比试弓马已有措置外，若从今降指挥，拍试之前先令书写过家状，不唯丛杂交互，恐于射弓之际，难以识认正身，不能革弊。今措置欲下马军司，约度今来合赴解试人数，预期印押白纸，排立《千字文》号，于引试日，将试中鉴箭人当官亲书家状，候马射应格，类聚牒送试院，遵从今降指挥施行。"从之。(《宋会要·选举》一八之八、九)

十一月

十八日，知廉州沈杞言："曩者廉州并试雷州，每遇科举，涉海而往，屡有风涛之患。本州乞自置科举，所有合用钱物，不敢于漕司支拨。乞下转运司，许令本州自置科举。"送礼部国子监勘当，从之。(《宋会要·选举》一六之二六)

二十七日，《南郊赦》："应举人因事殿举，及不得入科场之人，除犯徒罪以上及真决未曾改正、编管未放逐便人外，可并许应举。其枉被刑责人，若元断官司不为保奏，仰诸路监司遇有诉理，委官索案看定。如实系枉断，即令所属依条保奏施行。"(《宋会要·选举》一之二三)

二十七日，《南郊赦》："礼部贡院下第进士，应隆兴元年以前到省一举、年五十五以上者，已降指挥，令本贯州县验实，结罪保明，申乞推恩。尚虑其间有本贯阻隔，致未沾恩之人，许于所在州县，召见任承务郎以上二员，结除名罪委保，当职官同罪保明，申礼部验实以闻，与补诸州助教。"同日赦："昨该遇登极恩赦，用举数推恩、补授文学之人，与依龙飞特奏名；诸州助教、依下州文学恩例之人，已得指挥，减升朝官举主一员，其举官添举一人。"同日赦："应进士年五十已上、五举到省、合赴绍熙元年特奏名殿试人，缘事赴试不及，若将来殿试唱名入第四等；以上舍补授文学之人，虽系年六十以上，与理绍熙元年年甲，用今年赦恩，召保参选，特差岳庙一次。"(《宋会要·选举》二之二八、二九)

二十七日，《南郊赦》："应诸路进士淳熙二年省试下，实理十八年；国学进士淳熙八年省试下，实理十二年，并与免将来文解。应诸路进士实请四解，并国学进士两举人，并依旧制，与免将来文解。其国学先请后免，或先免后请人，并依此。"(《宋会要·选举》一六之二六)

绍熙三年　壬子(1192)

二　月

一日，诏曰："周家选士，命乡大夫宾兴而献其书；汉室举贤，诏郡太守身劝而为之驾。在礼甚重，得人宜多。眷惟本朝，率用此制，每当三年之大比，特下一札以详延。肆朕纂承，加意搜揽。念庠序作成之久，必有俊髦；而岩穴幽隐之间，岂无遗逸？兹申谕旨，各俾言扬，充秋赋以朋来，升春官而论定。大廷亲策，冀闻忠谠之陈；好爵尔縻，共赴功名之会。庶图实用，式副虚怀。"(《宋会要·选举》一之二三)

二十五日，铨试、公试、类试：命右正言胡瑑监试，吏部员外郎陈傅良、大理寺丞李直柔、秘书郎李唐卿考试，阁门舍人蒋介、太常博士章颖、太理评事李珏、陈杞、沈宗渊、秘书省正字王奭、蔡幼学、宗正寺主簿俞丰、大理寺主簿吕棐、太府寺主簿彭寅考校。(《宋会要·选举》二一之五、六)

杨万里《建康府新建贡院记》：金陵，六朝之故国也。有孙仲谋、宋武文之遗烈，故其俗毅且英；有王茂洪、谢安石之余风，故其士清以迈；有钟山、石城之形胜，故其地为古今之雄盛；有长江、秦淮之天险，故其势扼南北之要冲。地大才杰，而官府事物独庳且隘，顾可谓称？矧是泽宫，古以择士，公卿大夫是之自出，而为屋才百其楹。岁阤月陨，至者千人。项背骈匒，至纬葭为庐，架以苍筤。风雨骤至，伛偻蔽遮，仅全文卷。绍熙二年春，三衢余公自刑部尚书除焕章阁学士，实来居守。幕府肇启，一新百为。劬躬疚怀，于夙于夜；仁声义实，允洽甿庶；文令武竞，兵戎载肃。靡政不葺，靡敝不革。孚丁九郡，水顺雪释。一日，庠序诸生秦晋等若干人，充庭果以为请。公即命驾率属，往而相攸。则见藩拔级夷，栋折榱倾，廪廪将压。顾谓治中廖君俣曰:“斯邦斯士,而延以斯庐,不湫隘否?不简陋否?其宜称否?”乃彻厥旧,乃图斯新,意匠是断,画堵是度,栋宇崇崇,柱桷奕奕。率视旧贯,益四之一。考官有舍,揖士有堂;爰廓四庑,爰拱二掖。可案可几,可研可席。堂之北堧,中阑以南,前后仞墙,内外有闲。自阑之表,缄封之司,书写之官,是正之员,左次右局,不淆不并。交会门关,启闭维时,职谁何者?于此攸宅,凡二百一十有二楹,自堂徂庭,自庭徂门,自门徂裔,皆甓其地。士之集者,霁则不埃,霖则不淖。经始于是岁冬十一月八日,明年春二月二十三日落之。公属余记其役。予谂于诸生曰:“公之于诸君不薄矣。今兹岁当大比,诸君来试于斯,盍亦酾长江以为泓,操三山以为觚,以写胸中王、谢康济之长策,以答钟山草堂之英灵,毋挠毋折,毋谖毋忨,以毋负余公延伫之至意。”公名端礼,字处恭。具位庐陵杨某记并书。(《杨万里诗文集》卷七四)

常浚孙《海盐县进士题名记》:吾邑虽介处海壖,士雅知力学。宋兴才二十载,固已肇立学舍,讲贯熏染,非一日矣。时未有以决科闻者,当庆历中,天下承诏毕立学校,咸观感奋发,以不预俊造之选为耻。而独吾邑建学已素,肄业有所,志益自励。推移二纪,椎轮于郭公瑑,擢名第者相接也。郭氏有子蹑世科,跻位通显,造两地,为中兴枢机臣。厥后吾邑之士观感速效,蝉联桂籍者,不可枚举。盖郭氏父子昆仲亦乡校友党,岂气类脉络然欤!有倡之者,盖必有继之者也。乡里实荣之,取以诏告其子弟。今维扬李侯直养以佐邑最,即选为令,政通人和,思所以为化道之先,亦既修治学宫,有废辄举。一日,顾谓诸生曰:“邑之先达以儒科进者几何人?第而知之,亦足为士之劝。”诸生受教,曰:“宜择所属。”乃以属浚孙。辞不获,辄采摭询考,由郭公而下得三十有九人焉。其有不知者,盖阙如也。后乎此者,继自今不绝书之。嗟夫!三代盛时,兴贤者能者献其书于王,实昉乎乡大夫。然则风厉而陶成之,则大夫任其事固宜。若李侯加惠于吾邑之士无穷已,则士之揭名于此者,得特书屡书不一书,亦无穷而后可也。绍熙三年二月,从政郎、新监行在右藏西库常浚孙记。(《全宋文》卷六三六〇)

三　月

旧制：命官锁厅赴漕试者，与避亲举人同试。王巽泽为益漕，始令分场，以革假手之弊。于是西蜀皆然。(《朝野杂记》甲集卷一三)

是　春

三年，(杨王休)移成都路提刑，兼常平事。得旨，护试外省。公自向为考官，固已具知蜀人多为廋语于程文中，有容私而幸中者，谓之“牢笼”。公身率官僚，力革旧弊，寒俊获伸，无不感服。又详究试闱曲折，参以南省规式，关防备尽。既施行之，又编为成式，申制司以为后举照用。(《楼钥集》卷九五《杨公行状》)

四　月

十五日，诏曰：“盖闻制科之设，肇自汉世，所以延特起之士，致非常之功也。皇朝稽古上文，搜览茂异，视前代尤盛。一时鸿儒辈出，翼成隆平之业，朕甚慕之。粤自践祚以来，率循彝宪，祗奉慈训，所宜旁求博举，访以大道。而历岁于兹，荐进犹缺。岂诏令未申，莫宣指意，招徕弗廑，难于自献之故欤？载惟万务之统，兢业持守，未知攸济。讲议剀切，繄贤是赖。傥使怀才抱道，郁而弗伸，将何以兴饬政化，绍休前躅乎？兹当大比，爰示明旨，俾造于庭，咸摅谠言，以正朕之不逮。庶几保邦厉俗，同符帝王之治，不其伟欤！今岁科场，其令尚书侍郎、两省谏议大夫以上、御史中丞、学士、待制，各举贤良方正能直言极谏一人，守臣、监司亦许解送。仍具词业，缴进以闻。”(《宋会要·选举》一一之三九)

杨万里《荐举眉州布衣程侅应贤良方正科奏状同安抚司》：绍熙三年四月二十五日，准行在尚书礼部符，递到绍熙三年四月二十五日制可：今岁科场，其令尚书、侍郎、两省谏议大夫以上、御史中丞、学士、待制，各举贤良方正能直言极谏一人，守臣、监司亦许解送，仍具词业，缴进以闻者。右臣等伏睹眉州布衣程侅，经明行修，通达国体。其探索王霸，有仲舒师友渊源之淳；其议论古今，得苏洵父子治乱之学。淳熙十三年间尝游都下，有所著帝王君臣论及时务利害策凡五十篇，皆造于义理，切于事机，非腐儒文士之空言。朝士争传，为之纸贵。未几归蜀，计其年齿，今亦五十许岁。若遂沦弃，恐他日圣世有遗贤之恨。今保举程倓堪试贤良方正能直言极谏一人，谨录奏闻。所有本人词业，乞从朝廷行下本贯眉州，宣取正本。伏候敕旨。绍熙三年四月二十六日发奏(《杨万里诗文集》卷七〇)

是　月

补童子吴纲官。光宗一朝，童子求试者十七人，无补官者。惟从事郎吴纲年九岁，能诵六经、《语》、《孟》，以寿圣亲侄孙，特改承务郎，仍依《初补法》。(《续编两朝纲目备要》卷二)

五　月

二日，淮南转运司言："庐州仍旧并试濠州、安丰军，士人各别立号考取。所有本司合收试有官、避亲、门客等，并附江东转运司收试。"从之。(《宋会要·选举》一六之二六)

二十四日，侍御史林大中言："乞申严行下，令诸路转运司遍牒诸州，如委保亲戚，则牒官及保官照牒实批印纸。如有伪冒，亦合照条科罪，仍令内外台严行觉察。既严伪冒之门，稍宽进取之路。乞照前举例，取旨量立解额，但比本州取解无异，彼非甚不得已者，亦各归赴乡举。"从之。(《宋会要·选举》一六之二六)

二十七日，礼部言："已降指挥，文、武职事官本宗同居五服内并异居大功以上亲，厘务官文臣京官、武臣朝官以上本宗同居小功以上亲，并许赴监取应，合召京朝官二员委保。国子监照得武臣任职事、厘务官所牒亲赴监取应逐举体例，系通召文武京朝官混同作保，致有冒滥。本部乞自今举为始，将行在文武臣任职事、厘务官及诸军将领朝官，以合该牒应试文举之人，所召保官并用文臣京朝官，结罪听保批书，赴监收试。如所保不实，即照应淳熙二年六月六日指挥，举人殿举，虽试中亦行驳放，元牒官及保官各降一官，仍取勘，不许自首改正，及照应见行贡举条法断罪。所有

其余事节，仍照应绍熙二年五月二十五日已降指挥施行。”从之。(《宋会要·选举》一六之二六、二七)

六　月

十八日，诏：“诸路转运司考试官，并须依公选差，毋得听受请托，容其有所避就。及诸州试院封弥官，专差幕职官一员，其对读官亦差粗识文理者为之。”以臣僚言：“州郡待试官之礼，厚薄不同。嗜利之人，计嘱漕臣，乞差优厚去处。知彼州所得之薄，则妄申有亲戚就试以避之。漕臣迫于请托，未免曲从。封弥官不得其人，则吏因缘为奸，取受请嘱，毁匿有名士人文卷。对读官全不晓文理，则程文之详赡者，或为誊录人节略首尾，以至见黜。正缘州郡所差官，不过丞、簿、监当，素不经历，又无事权，不能检束吏奸。遂使士人优长之文，暗遭毁弃。”故有是命。(《宋会要·选举》二二之一〇)

二十四日，礼部侍郎倪思言：“国家开设太学，所以网罗天下之材。三岁一补，所以收拾科举之遗。自淳熙四年，议者厌就试者之多，乃创为待补之说。盖欲以限节其来。来者既少，而取人之额如旧，中选之人得以侥幸。两浙、福建解额既窄，住学亦便，士子愿一试而不可得，则必巧为经营。远方之州，解额自宽，于补试无甚利害。纵或得之，住学亦非所便，虽中待补，第为虚名。于是，有货卖文帖、改移乡贯、变易父祖之弊。近时臣僚屡有以为言者，可见此弊，人皆知之，不可以不革也。臣以为不若自今举罢去待补，只循旧制，每三岁放混试一次，以广其来。所取之额，初不增加，庶几不绝士子进取之望。而择之既精，得人必多。如臣言可采，更乞命侍从、台谏、学官集议施行。又臣契勘：向者就补试者至以万计，缘贡院狭窄，若作一场，则不能容；若分作前后场，则必有两次就试之弊。臣窃见近者临安府转运司各建立贡院，若以经义、诗赋分作两处，同日引试，则无向者之患。”诏令集议。既而，侍御史林大中，右正言胡珦，监察御史何异、曾三复言：“国家开设太学，本以混试招延士类。混试既弊，遂行待补。然关防之不密，考校之不精，抑又不能无弊。此议臣所以有放行混试之请。若以待补之弊尚多遗才，所宜放行混试，但来者既众，恐有喧哄蹂践之患。

今若令有司措置,保其无他,即与权住今年诸州所取待补,然亦未宜径罢也。如明年场屋果无喧哄蹂践,则自放省试年分,即与放行。倘有未便,则待补既未尝罢,只就其间更加措置,便关防之密,考校之精,未为不善也。今若径罢待补,万一明年混试致有疏虞,而后举又复待补,恐非朝廷更制立事之体。"又吏部尚书赵汝愚、翰林学士李巘、权兵部尚书罗点、户部侍郎马大同、给事中尤袤、中书舍人黄裳、权工部侍郎谢申甫、起居郎楼钥、起居舍人张叔椿言:"窃惟待补之法,其弊已多,因仍岁时,弊将益甚。今欲易之混试,固足取快一时。然多士沓来,以数万计,非惟有司重有劳费,日力有限,较阅难精;亦恐道路奔冲,不无寒暑之患,场屋湫塞,更多蹂践之虞。彼此相形,得失居半。盖有根本之论,稍师始古而言。夫三代乡举里选之法,虽世远事异,不可遽复,然有教育作成之意,本诸天地而合乎人情者,则虽百世不能改也。惟我国家,内自京师,外及郡县,皆置学校。庆历以后,文物彬彬,几与三代同风矣。逮至崇、观,创行舍法,所在养士,诚得党庠遂序之遗意。故一时学者,粗知防检,非冠带不敢行于道路。遇乡曲之长上及学校之职事,则敛容而避之。其风俗亦诚美矣。然其失也,在于专习新义,崇尚老庄,废黜《春秋》,绝灭史学。又罢去科举,使寒畯之士,舍此无以为进身之路。事理俱碍,旋行废革。此亦非舍法之罪,其时弊则然也。中兴以来,投戈讲艺,行都重建太学,诸郡复行贡举。士生斯时,可谓幸矣。然浮伪之风胜,忠信之俗微。有司颇以为病者,亦由州县之间,士之荣辱进退,皆不由乎学校。至论德行道艺,则惟取决于糊名。苟为雕篆之文,无复进修之志。其视庠序,有同传舍;视师儒,几若路人;月书季考,尽为文具,殊失朝廷教养之意。汝愚等拟欲远稽古制,近酌时宜,不烦朝廷建官,不劳有司增费,惟重教官之选,假守、贰之权,仿舍法以育才,因大比而贡士。考终场之数,定所贡之员,期以次年,试于太学。庶几士修实行,不事虚文,渐复淳风,仰裨大化。有三舍之利,而无三舍之害,其法颇为近古。如蒙朝廷采录,所有诸州教养课试升贡之法,乞下有司详议施行。然科举事严,试期甫迩,其今岁待补试,欲乞且与依旧放行一次。"从之。(《宋会要·崇儒》一之四六、四七)

八　月

三日,礼部侍郎倪思言:"太学解试,考官选自朝廷,无事关防。惟是外处考官,所差未必一一得人。其怠惰者厌文卷之多,其轻率者有忽略之意,至有谩取数卷应数,其余或不加点抹,或妄批一两字于卷首,而初未尝过目者。士子程文或不幸而遭之,虽是优长,不免黜落。又有考官入院之后,偶尔病患,虽欲考校,力所不及。而同时考官不肯为之分考,则分一房之卷,亦将平沉。至于去取之际,执私占吝,不相通融。或一房之中,合格者多,不容兼取;或全无文字,坚欲取之。则是士子程文去取,不系工拙,特出于幸不幸耳。凡此等弊,皆不可不革者也。乞下诸处试院,命考官精加考校,虽是落卷,必须批抹所以落之之由。其试官入院,万一果有病患,考校力所不及,则令监试随宜分与众考官均考。至于所取合格卷子,亦令公心商议,务相通融,不得徇私。如此,则前弊庶乎其可革矣。"从之。(《宋会要·选举》二二之一〇、一一)

五日,国子监发解:命监察御史何异监试,枢密院检详诸房文字李祥、吏部员外郎徐谊、度支员外郎王厚之考试,司农寺丞曾炎、太常博士陈棅、太常寺主簿许介、将作监主簿李大异、提辖文思院林复、主管吏部架阁文字陈希点检试卷。(《宋会要·选举》二一之六)

九　月

绍熙三年秋,信州解试揭榜毕,当作鹿鸣燕,以享随计之士。郡守王道夫择用九月二十九日开筵,诸邑士子先期皆至。贵溪余秀才,以二十六夜梦人告曰:"闻若来赴鹿鸣燕,此事已不成,诸人皆去了,君宜早归。"余寤而不乐,以为功名之会必无济理,或恐有家门祸,故深忧之。明日,市中大火,延烧民舍数百间,自午至中夜乃止。煨烬之余,公私愁窘,平治煤炲,经日未能竟。遂罢此燕,但致钱酒以贶行。(《夷坚支志》丁卷七)

是　秋

乐平杭桥程进夫,绍熙三年,馆于县舒氏之迎薰堂,将投艺秋闱,既纳家牒。父彭寿在乡里,七月二十夜,梦过池上弯曲处,柳阴四垂,中数少儿用竹篮共舁　人。问何为,曰:"今年新解元。"又问是谁,曰:"应武也。"及寤,念上庠有台州应武,淳熙丁未榜以《周礼》过省,唱名入三甲矣。而其子习经偶同，疑若神明示以魄兆。但命名固可更，若何改姓？良久，欣然曰："当云：应乡贡进士举程武，上取一字，下取一字，以答佳梦。"亟走介诣县，嘱进夫更名。暨九月揭榜，果占经魁。省试不利，明年之冬疾死。彭寿哭而对客曰："向以为吉祥，今思之，所谓今年新解元，及小儿抬舁，皆不永之兆耳。"（《夷坚三志》壬卷六）

绍熙三年……秋大比，计使以外郡士子附试，公（陈居仁）固持不可，则径以势临考官。公度其必致纷争，五夜躬至棘闱之前，叱外郡士毋得入，哗者始定。（《楼钥集》卷九二《陈公行状》）

赵再可侍郎有子八人，皆好学，多预荐送。第六子积智尤孜孜读书，独屡试弗效，居常抑郁不乐。绍熙三年，从其父在桂林，时年三十八矣，当就邻路湖南转运司试。家素奉张王神，默祷求助。梦夜如银，轮内大书一"中"字。既觉，志之于策，朝夕思念，其意忽若有省，告其兄弟曰："月中有'中'字，唯'用'字实应之。"即白于父，改名"用"。是岁遂贡名，春闱虽不利，而中太学补选。以覃霈免乙卯举，时未可量云。（《夷坚支志》景卷一〇）

太学生王监之，婺州人也。绍熙壬子秋荐，告假还乡里。常时好招邀大仙，遂焚香泚笔，拜祈来岁得失，即大书十五字云："罗春伯急欲相见，已为公讨冥州差遣。"是时，罗以刑部兼吏部尚书，王甚喜，谓春闱必知贡举，当于其衡鉴下登科。欲诣学参假，方解舟，疝气大作，急还家，俄顷而卒。旋营周身之具，乃罗木、柏木各两片，而前后用椿板足之，始验前说"罗春伯"三字。冥州之兆，安得云吉乎！（《夷坚支志》丁卷四）

简应和《发漕举谢游寺丞启》：摸索暗中，幸与西江之进士；吹嘘送上，敢忘北道之主人。由大钧播物无垠，而数路得人为盛。谨裁四六，祇谢万分。切惟圣朝所以开公选之途，士子所以应奉试之举，公卿大夫多由是出，寒畯下士宜向此求。然乡郡之额，每甚狭而难升；虽豪杰之士，有不能以自见。不失荆山之璞，则遗沧海之珠。幸九天宽雨露之恩，而平地有云霄之步。学优登仕，千取百不为不多；名玷荐贤，十其数惟精惟一。非谓藉龚、黄之多赀而纾国计，正欲得乾、淳之名士以应时需。上方以是而招徕，下亦由之而进取。如应和者，颇自卓然。每欲以古心而读古书，不肯为时文以媚时好。夜灯对简，方寸圣贤；晓镜览颜，少年勋业。念绫纸敕文，偶幸以探筹而得；则黄钟大吕，或可杂滥竽之吹。方酣蚁战于棘闱，果荐鹗书于菊榜。况三兄三举，既发轫于己酉之科；一漕一乡，复联芳于壬子之岁。雁序等秋风之赐，马头同雪絮之春。初匪偶然，有自来矣。某官受天间气，为世真儒。身紫阳夫子之乡，家定夫先生之学。早荣阶于计吏，即晋陟于华津。幕泛莲红，密勿筹帷之邃；橐持荷紫，雍容府寺之班。盍径位于公槐，尚屈分于符竹。士揖涧堂之润，人知道院之文。化未及期，政已成颂。乃当紫诏兴贤之际，而降黄堂劝驾之忱。遂令沟中之弃才，亦收爨下之焦尾。某敢不着鞭逸驾，砺锷新硎！精八吟叉手之文，厉三日别头之战。姓名题雁塔，魁标映堂吏之书；兄弟跃龙津，同榜皆状元之选。(《全宋文》卷五八〇三)

十　月

周必大《吉州新贡院记》：致治之要在得士，得士之要在乡举，乡举之法何如？曰：其在《周官》。六德、六行、六艺，是谓三物，其别至十有八。以此设教，俾为士者讲焉学焉，因其材而笃焉，然后论秀而升其贤能，是固得士致治之要术也。近世不然。三岁大比，凡于于而来者试其艺尔，德与行固未暇问。而艺也者，又非古所谓艺也。或敷绎先儒之成说，或荟萃经史之奇字，糊姓名于卷首，录试程于别纸，择他州吏而考焉。置诸棘闱，限以旬时，法令甚备，周防甚密。为主司者惫心疲精，昼夜分阅，往往于百十人之中取其一焉。幸而中选，乃贡于春官。其艰如此，宜若得士矣，反有遗才之叹，独何与？戾于古不适于今，通天下皆知之，而有司不敢议，黜者不敢怨，何也？其公也，非私也。虽然，谓之乡举而考核付他人，去取无定论，顾奚以师帅为哉！成周远矣，曷不观国初之故实乎！太平兴国中，张咏、寇准同试大名，咏当为首，乃共推张覃文行而先之。已而，胶东蔡齐举进士第一，以书荐里人史防而居其次。是皆试文郡治，太守得以察其器识，任人不专任法，有三代之遗风焉。当是时，名臣辈出，后世永赖。其公乎？其私乎？兹事体大，变而通之必有其渐。若夫视举子之多寡，为广居以待其来，使群试者泮奂优游，无挡拶挨挤之患，此则二千石之责也。庐陵为江西大州，文武盛于诸路。承平时应诏率数千人，试无定所，学宫、佛寺取具一时。绍兴十四年，始度地于糖食巷，为屋二百余楹。其后至者益多，无可展之地，或畏蹂践，望而去之，众议欲迁久矣。绍熙壬子，大理寺丞胡侯长卿被命出守，崇化以礼士，节用而爱人，政成岁丰，锐意改作。得五代水军废营于城中，地广百亩，间民畦而为圃者若干户，乃厚予直而取之。鸠工聚材，徙旧图新，为屋五百十有八间，修廊布席，居五之四。议道校艺之堂，分职莅事之所，视昔大抵加倍。崇墉之外，周以通途，高门四辟，宛如城闉。凡靡钱万缗，粟千五百斛，转运林君湜亦助其费。经始闰二月甲寅，以五月庚子讫工。是秋，赴举者逾万人，冠带俨然，几案绳然。尽三日，出入无哗，场屋之盛，前所未有。侯与予故人也，书来俾记其事。予闻迩者近臣论太学补试之弊，侍从合辞以为远稽古制，近酌时宜，不设官，不增费，愿重教官之选，假守贰以权，为教养课试升贡之法。厥七月哉生明，下其议于有司，将为成说颁焉。复古之渐，于此可见。虽由今之学校贡举，而《周官》之旧典，国初之美意，庶几兼取而并用。举于乡，宾于王，皆贤也，皆能也，其有日矣。是则侯之志也夫！是岁十月，具位周某记。（《全宋文》卷五一四八）

是　年

项安世《送张柳二生归潭州应举上即位之初举也》：丹凤飞来紫诏香，六龙初日上扶桑。汉廷第一垂清问，潭府三元有故常丁未举省元、状元释褐，状元皆潭人。赋客从来推屈宋，文星依旧照衡湘。夜凉天宇清如洗，翼轸光中见柳张。（《全宋诗》卷二三七三）

陈造《送杨文度郑良佐赴省序》：士之于世，小异而大同。书之可为美谈，则吾友杨君文度、郑君良佐是也。予居高邮，闻二君名甚熟。岁丁未考，秋试山阳，设张罝罘，待其来而致之，竟不如所愿。粤五年始识之，而定其交，皆得其为人。杨与郑异其姓；杨以甲子生，郑壬申，异其年。同居盐城之岗门，同为儒，同穷于儒，同被郡荐。予之考试也，同家艰，不获来。与予语，其质锐敏，其为人精悍淳重又甚同。今再被荐，同为南宫之行。

噫！亦异矣。于其行，则思赠之以言。名士以学，学无所乎寓，发之于文章，吾学之候也。处也养乎此，出也行乎此。二君之学，其粹而精既同矣，其文之丽而丰则固同，抱此学以处则又同。蓄久而纾，郁极而奋，今出也将不能无同。吁！士之学，内而身，近而家，远而邦国天下，可以穷古今、通显幽，皆是物之充也。向之所以潜心，而乃今推而之乎世，青紫禄位云乎哉！露章驷马，骄乡闾而已哉？《书》之同寅，传之同志，史之同心，皆二君他日事，可要诸今日。虽然，君子果尚同乎？曰：君子不恶同，而恶苟同。周公不屑去，而君奭不悦；范希文之名德，孙之翰所敬服也，然每绳其违而不少贷。是同之志也。彼比周以求显，阳离而阴合，同乎？同兹名教之蠹，吾儒唾去也。二君，予莫逆友，故可以是索言之。

(《全宋文》卷五七五八)

绍熙四年　癸丑(1193)

正　月

十日，监察御史曾三复言："太学解试，不差学官，盖员数不多，易为融那。若省试，乃合诸路进士，考试官不下四五十员，若不差学官，安所遴选？且学官无非朝廷擢用之人，其选素精。倘于考校之际，不务为国抡材，而尚徇私情，则岂但不可为省试考官而已。况前此固有逼省试之期，方迁为学官而不差者；又有数日之间，偶移他职而被差者，何其乍公乍私之异也！乞明诏大臣，略去嫌疑，不必拘泥不差学官之说。如差点检试卷官，则乞多选去科场未甚久者，庶得省记近时举子之文，可以革广场蹈袭之弊。"从之。(《宋会要·选举》二二之一一、一二)

韩淲《送陈同甫丈赴省癸丑正月十六日》：平生四海几过从，晚向闽山访海翁。又见稼轩趋召节，却随举子赴南宫。风云变态高情表，岁月侵寻醉眼中。可是龙川便真隐，乘时勋业尚须公。(《全宋诗》卷二七六三)

二十四日，以吏部尚书兼侍读赵汝愚知贡举，给事中黄裳、左司谏胡琢同知贡举，得合格奏名进士徐邦宪以下三百九十六人。(《宋会要·选举》一之二三)

自熙、丰以来，宗室不差充考试官。淳熙六年，吏部尚书周必大始请宗室充学官并考试；八年正月，遂命汝愚为省试别院考试官。至是，有知举之命。然外郡至今未有差宗室校试者，盖漕吏知守旧法而不知新旨也。(《宋史全文》卷二八)

绍兴末,孝宗有诏:宗室不许注学官。乾道中,师烜廷试中甲科,自言于上,于是许注甲科。淳熙中,既诏宗室省试十人取一,吏部尚书周必大乃请许充学官及考试,从之。至是,遂命赵汝愚知贡举。而外郡至今不差试官,盖有司循习之过也。(《续编两朝纲目备要》卷一)

度支员外郎王厚之、将作少监黄艾、监察御史汪义端、太常丞李谦、宗正丞郑公显、秘书省著作佐郎沈有开、司农寺丞彭龟年、秘书省著作佐郎李唐卿参详,大理寺丞彭演、秘书省秘书郎范仲黼、太常博士陈棅、诸王宫大小学教授杨大法、秘书省正字蔡幼学、宗正寺主簿李景和、监登闻检院杨大全、干办行在诸军审计司范荪、太学博士邵康、曾秘、太社令陈岘、国子监主簿王源、将作监主簿李大异、国子正田澹、太学正颜棫、国子录陈邕、太学录雷孝友、奉议郎吴猎、主管尚书户部架阁文字孙元卿、从事郎苏大任点检试卷。别试所:秘书省著作郎黄由考试,太府寺丞程九万、秘书省校书郎王爽、太常寺主簿张贵谟、军器监主簿曾三聘点检试卷。(《宋会要·选举》二二之一二)

二　月

二十一日,诏:"今次考校博学宏词,令取一名。"(《宋会要·选举》一二之二三)

二十三日,礼部贡院言:"试博学宏词科宣教郎、新知池州贵池县陈宗召合格,所试六篇。题曰:《观文殿学士提举临安府洞霄宫授保信军节度使开府仪同三司判绍兴军府充两浙东路安抚使加食邑实封制》、《汉建武封功臣记》、《代提举实录院进高宗皇帝御集表》、《汉绿车铭》、《景德龙图阁中庸图赞》、《唐〈群书治要〉序》。"诏:"宗召减二年磨勘,比类施行,与堂除差遣一次。"(《宋会要·选举》一二之二三)

三　月

八日,吏部尚书兼侍读赵汝愚、给事中黄裳、左司谏胡琢知贡举毕,同班奏事,上宣谕曰:"闻今年取得人甚好。"汝愚等奏曰:"今年所取省试前名，偶多得四方知名之士。臣等在贡院，多用论策参考，是以多得老成。”上曰：“少年轻俊之人，往往会做得文字。朝廷取人，当先器识。所取文字，须是典实。”汝愚等奏曰：“朝廷设科之意，本是要取人才。但看文字气骨如何，若大体好，虽有小疵，却自可略，即是得人也。”上以为然。（《宋会要·选举》一之二四）

绍熙癸丑，故相忠定赵公以吏部侍郎知贡举将出院矣，点检试卷官彭公龟年偶得落卷，奇之，以示忠定，忠定读不释手。至策卷，以刚健中正为君德，至论汉桓灵事，以宽恩特贷于貂珰、峻法独施于善类为君德不立之过。忠定拊卷曰：“场屋有人焉。”即命更考。而前考官御史也，莫之敢擢，忠定即手披其卷，擢置前列。既揭榜，视姓名，君（林复之）也。盖忠定帅闽时，既闻之矣，故益以得君文为喜，士亦以先睹为快。御史滋不平，即上章劾忠定。黄公艾时在后省，复以御史为不公缴奏之。故以进士起家，而一朝名动朝廷，未有若君者，而党论亦自是起。（《全宋文》卷六八五四刘宰《林郎中墓志铭》）

余干李彦胜兴宗，习举子业，词赋甚有可称。淳熙甲午请乡荐，至绍熙壬子当免举。梦就试省闱，遇紫袍神人持金榜揭示之曰：“此题目也。”且谓“子细”，言之至再。李熟视之，乃《人主天下之仪表赋》并韵脚及出处，上下文历历明白。即濡墨引笔，一挥八韵，略无停思，殊以欢跃。既寤，遂缀缉一篇，仿佛犹忆梦中隔联佳处。朝夕潜自讽味，虽从学者在席下，亦不与之言。时邑贵赵子直为吏部尚书，度必知贡举，李尝作馆客，在法合回避。赵念别院取数少，预诒书止其行。李曰：“倘吾命分当得，何论大小难易？固已格梦兆，夫复奚疑！”遂决计负笈而西。癸丑正月到都城，赵果司文柄。李牒赴别试，所赋题乃《帝王以纳谏为圣》，而贡院出题并韵脚悉与梦合。始以事告人，知无复科级之望，且叹曰：“造物小儿相戏，可谓恶剧。”竟下第而归。（《夷坚三志》辛卷一）

陈亮《廷对策》：朕以凉菲，承寿皇付托之重，夙夜祗翼，思所以遵慈谟、蹈明宪者甚切至也。临政五年于兹，而治不加进，泽不加广。岂教化之实未著，而号令之意未孚耶？士大夫，风俗之倡也，朕所以劝励其志者不为不勤，而偷惰之习犹未尽革；狱，民之大命也，朕所以选任其官者不为不谨，而冤滥之弊或未尽除。意者狃于常情则难变，玩于虚文则弗畏乎？且帝者之世，贤和于朝，物和于野，俗固美矣，然谗说殄行，乃以为虑；画衣冠，异章服，而民不犯，刑既措矣，然怙终贼刑，必使加审，何也？得非薰陶训厉自有旨欤！今欲为士者，精白承德，而趋向一于正；为民者，迁善远罪，而讼诉归于平。名宾于实而是非不能文其伪，私灭于公而爱恶莫可容其情。节俭正直之谊兴行于庶位，哀矜审克之惠周浃于四方。果何道以臻此？子大夫待问久矣，咸造在廷，其为朕稽古今之宜，推治化之本。凡可以同风俗、清刑罚、成泰和之效者，悉意而条陈之。朕将亲览。

臣对：臣闻人主以厚处其身，而未尝以薄待天下之人，故人皆可以为尧舜。而昔人谓其以己而观之者，天地之性本同也。夫天祐下民，而作之君，作之师。礼乐刑政，所以董正天下而君之也；仁义孝悌，所以率先天下而为之师也。二者交修而并用，则人心有正而无邪，民命有直而无枉，治乱安危之所由以分也。尧、舜、三代之治所以独出于前古者，君道、师道无一之或阙也。后世之所谓明君贤主，于君道容有未尽，而师道则遂废矣。夫天下之事，孰有大于人心之与民命者乎？而其要则在夫一人之心也。人心无所一，民命无所措，而欲论古今沿革之宜，究兵财出入之数，以求尽治乱安危之变，是无其地而求种艺之必生也。天下安有是理哉！臣恭惟皇帝陛下，谦恭求治，常若不及。深念夫人心之不易正，而民命之未易生全也，进臣等布衣于廷，而赐以圣问曰："朕以凉菲，承寿皇付托之重，夙夜祗翼，思所以遵慈谟、蹈明宪者甚切至也。"臣窃叹陛下之于寿皇，莅政二十有八年之间，宁有一政一事之不在圣怀？而问安视寝之余，所以察词而观色，因此而得彼者，其端甚众，亦既得其机要而见诸施行矣。岂徒一月四朝而以为京邑之美观也哉！而圣问又曰："临政五年于兹，而治不加进，泽不加广，岂教化之实未著而号令之意未孚耶？"臣于是知陛下求治若不及之心，如天之运而不已也。臣闻禹立三年，百姓以仁遂焉。推其本原，则曰克俭克勤，不自满假而已。今时和岁丰，边鄙不耸，亦几古之所谓小康者。陛下犹察其治之不加进，泽之不加广，而欲求其所谓教化之实、号令之意者，盖深知人心之未易正，民命之未易生全也。臣请为陛下诵君道、师道，以副陛下求治不已之心焉。夫所谓教化之实，则不可以颊舌而动之矣，仁义孝悌以尽人君之所谓师道可也；所谓号令之意，则不可以权力而驱之矣，礼乐刑政以尽人君之所谓君道可也。夫天下之学不能以相一，而一道德以同风俗者，乃五皇极之事也。极曰皇，而皇居五者，非九五之位则不能以建极也。以大公至正之道，而察天下之不协于极、不罹于咎者，悉比而同之。此岂一人之私意小智乎！无偏无党，无反无侧，以会天下于有极而已。吾夫子列四科，而厕德行于言语、政事、文学者，天下之长俱得而自进于极也。然而，德行先之者，天下之学固由是以出也。《周官》之儒以道得民，师以贤得民，亦以当得民之二条耳。而二十年来，道德性命之学一兴，而文章、政事几于尽废。其说既偏，而有志之士盖尝患苦之矣。十年之间，群起而沮抑之，未能止其偏、去其伪，而天下之贤者先废而不用，旁观者亦为之发愤以昌言，则人心何由而正乎！臣愿陛下明师道以临天下，仁义孝悌交发而示之，尽收天下之人才，长短大小，各见诸用。德行、言语、政事、文学无一之或废，而德行常居其先。荡荡乎与天下共由于斯道，则圣问所谓："士大夫风俗之倡也，朕所以劝励其志者不为不勤，而偷惰犹未尽革"，殆将不足忧矣。若使以皇极为名，而取其偷惰者而用之，以阴消天下之贤者，则风俗日以偷，而天下之事去矣。夫天下之情不能以自尽，而执八柄以驭臣民者，乃六三德之事也。强弱异势而随时弛张者，人主所以独运陶钧而退藏于密者也。用玉食不可同之势，而察威福之有害于家、凶于国者悉取而执之，此岂臣下之所得而亵用乎！沉潜刚克，高明柔克，以期刑法之适平而已。吾夫子为鲁司寇，民有犯孝道者，不忍置诸刑，其说以为教之不至则未庸以杀；而少正卯则七日而诛之，盖动摇我民，不可一朝居也。《周官》之刑平国用中典，盖不欲自为轻重耳。而二三十年来，罪至死者，不问其情，而皆附法以谳，往往多至于幸生。其事既偏，而平心之人皆不以为然矣。数年以来，典刑之官遂以杀为能，虽可生者亦傅以死。而庙堂或以为公而尽从之，使奏谳之典反以济一时之私意，而民命何从而全乎！臣愿陛下尽君道以宰天下，礼乐刑政并出而用之。凡天下奏谳之事，长案碎款，尽使上诸刑寺。其情之疑轻者驳就宽典，至其无可出而后就极刑，皆据案以折之，不得自为轻重。则圣问所谓"狱，民之大命也。朕所以选任其官者不为不谨，而宽滥之弊或未尽除"，殆将不足忧矣。若使以威福在己而欲一日尽去其冤滥，人之私意固不可信，而吾能自保其无私乎？不如付之有司之犹有准绳也。圣问又曰："意者狃于常情则难变，玩于虚文则弗畏乎！"臣以为人主以厚处其身，而未尝以薄待天下之人。安有吾身之既至，而天下之终不可化者乎？臣愿陛下明师道、君道以先之而已。此所谓教化之实、号令之意者也。

臣伏读《圣策》曰："且帝者之世，贤和于朝，物和于野，俗固美矣。然谗说殄行，乃以为虑。"臣有以见陛下深知人心之未易正也。昔者尧舜以师道临天下，苟可以救之者，无所不用其至矣。而说之横入于人心者，谓之谗说；行之高出于人心者，谓之殄行。人心之危，说有以横入之，则受矣；行有以高出之，则伏矣。此所谓震惊，而尧舜之所忧也。故必有纳言之官，使王命、民言交出迭入，而得以同归于道，而天下之学一矣。及周之衰，天下之学争起肆出，不能相下，而向之所谓谗说、殄行者一变而为乡原，务以浸润于人心，自纳于流俗。天下之学既不能以相一，而其势不屈而自归。孔孟盖深畏之，以其非复尧舜之时所尝有也。愿陛下畏乡原甚于尧舜之畏谗说、殄行，则人心之正有日矣。

臣伏读《圣策》曰："画衣冠，异章服，而民不犯，刑既措矣，然怙终贼刑，必使加审。何也？"臣有以见陛下深知民命之未易生全也。方尧舜以君道宰天下，禹平水土，稷降播种，民固已乐其有生矣。而皋陶明刑以示之，塞其不可由之途，使得优游于契之教、伯夷之礼。天下之人皆知禹、夷、稷、契之功，而皋陶之所以入于人心者，隐然而不可诬也。后世之为天下者，刑一事而已矣。宽简之胜于微密也，温厚之胜于严厉也，其功皆可言，而皋陶不言之功则既废矣。夫鞭作官刑，扑作教刑，金作赎刑，眚灾肆赦，怙终贼刑。官刑既如彼，教刑又如此，情之轻者释以财，情之误者释以令，凡可出者悉皆出之矣。其所谓怙终贼刑者，盖其不可出者也。天下之当刑者能几人？后世之轻刑未有如尧舜之世者也。愿陛下考尧舜之所以轻刑之由，则民命之全可必矣。

而《圣策》又曰："得非薰陶训厉，自有旨欤？"臣之所以反复为陛下言之者，苟尽师道，则薰陶在其中；苟尽君道，则训厉不足言矣。尧舜之所以治天下者，岂能出吾道之外哉！仁义孝悌，礼乐刑政，皆其物也。

臣伏读《圣策》曰："今欲为士者，精白承德，而趋向一归于正；为民者，迁善远罪，而讼诉归于平。”臣有以见陛下之未尝以薄待天下之人也。彼亦何忍以异类自为哉！而《圣策》又曰：“名宾于实而是非不能文其伪，私灭于公而爱恶莫可容其情。”则圣意不免于小疑矣。然而，天下之学贵乎正，天下之情贵乎平，其终固未尝不归于厚也。夫今日之患，正在夫名实是非之未辨，公私爱恶之未明，其极至于君子小人之分犹未定也。伊尹论：“有言逆于汝心，必求诸道；有言逊于汝志，必求诸非道。”其说近矣。而汉之谷永，其言未尝不逆；唐之李泌，其言未尝不顺，则人心庸有定乎？孟子论：“国人皆曰贤，必察见其贤而后用之；国人皆曰可杀，必察见其可杀而后杀之。”其说密于伊尹矣。然为人上者，何从而得国人之论也？凡今之进言于陛下之前者，孰不自以为是而自以为公哉？陛下亦尝察舆论之曰贤者而用之矣。然而，人之分量有限，其心未能尽平也。未能举无私也，小人乘间而肆言以为公，力抵以为直，陛下亦不能不惑之矣。遂欲两存之以为平，薰莸决无同器之理也，名实是非当日以淆，而公私爱恶未知所定，何望夫风俗之正而刑罚之清哉！陛下见其贤而用之，举动之小偏，则勿行而已耳。君臣固当相与如一体也，何至有肆谗之人以恐惧其心志，而徊徨其进退哉！陛下苟能明辨名实是非之所在，公私爱恶之所归，则治乱安危于是乎分，而天下之大计略定矣。风俗固不期而正，刑罚固不期而清也。清白承德，迁善远罪，直其细耳。

而《圣策》又曰：“节俭正直之谊兴行于庶位，哀矜审克之惠周浃于四方，果何道以臻此？”其要在于辨名实是非之所在，公私爱恶之所归。其道则以厚处其身，而未尝以薄待天下之人而已。陛下三载一策多士，宜若以踵故事也，宜若以为文具也。草茅亦以故事视之，以文具应之，过此一节，则异时高爵重禄，陛下不得而靳之矣。陛下图其名，而草茅取其实，此岂国家之所便哉！正人心以立国本，活民命以寿国脉，二帝三王之所急先务也。陛下用以策士，则既不鄙夷之矣，于其末又复策臣等曰：“子大夫待问久矣，咸造在廷，其为朕稽古今之宜，推治化之本。凡可以同风俗、清刑罚、成泰和之效者，悉意而条陈之，朕将亲览。”臣有以见陛下必欲正人心、全民命，以尽君师之道，而自达于二帝三王之治而后已。顾臣何人，岂足以奉大对！臣窃观陛下以厚处其身，而未尝薄待天下之人，既得正人心、全民命之本矣。而犹欲臣稽古今之宜，推治化之本。夫以厚处身之道，岂有穷哉！使天下无一人之有疑焉，可也。陛下之圣孝，虽曾闵不过，而定省之小夺于事，则人得以疑之矣。陛下之即日如故，而疑者不愧其望陛下之以厚自处为无已也。陛下之英断自天，不借左右以辞色，而废置予夺之不常，则人得而疑之矣。陛下之终无所假而疑者，亦不愧其望陛下之以厚自处为无已也。“云上于天，需，君子以饮食宴乐。”而九五之需于饮食者，待时以有为，当于此乎需也。岂以陛下之圣明而有乐于此哉？然而，人心不能无疑也。“明两作离，大人以继明照于四方。”而六五之出，涕沱若，戚嗟若。两明相照，抚心自矢而不敢以敌体也。岂以陛下之英武而肯郁郁于此哉？然而，人心不能无疑也。臣愿圣孝日加于一日，英断事逾于一事，奋精明于晏安之间，起心志于谦抑之际，使天下无一人之有疑，而陛下终为寿皇继志而述事。则古今之宜，莫便于此；治化之本，莫越于此。同风俗以正人心，清刑罚以全民命，而明效大验，可以为万世无穷之法，其本则止于厚处其身而已。《诗》不云乎：“维天之命，于穆不已，文王之德之纯。”而子思亦曰：“纯亦不已。”夫以厚处其身，岂有穷哉！臣昧死谨上愚对。(《陈亮集》卷一一)

四　月

二十日，上御幄殿，阅试武举弓马。(《宋会要·选举》一八之一〇)

五　月

己巳(四日)，赐礼部进士陈亮以下三百九十有六人及第、出身。(《宋史》卷三六)

四日，诏：“新及第进士第一人陈亮补承事郎、签书诸州节度判官厅公事，第二人朱质、第三人黄中并文林郎、两使职官，第四人滕强恕、第五人杨琛并从事郎、初等职官，第六人以下至第四甲并迪功郎、诸州司、户、簿、尉，第五甲守选。”(《宋会要·选举》二之二九)

绍熙四年，余(楼钥)为殿庐诸位官，胪唱之日，掌以甲乙科。号名奏御时，前五名婺人居其四，君相以下皆动色，以为一郡之盛。乔君行简则第

五人也。余从父弟镛尝与乔君兄弟同研席，又与行简为同年生，同以表笺事入期集所。(《楼钥集》卷一一〇《俞氏墓志铭》)

四日，上御集英殿，策试武举进士。(《宋会要·选举》一八之一〇)

二十三日，赐进士闻喜宴于礼部贡院。是日，赐新及第进士御制诗一首。(《宋会要·选举》二之二九)

进士名录：陈亮，朱质，黄中，丁端祖，丁端礼，王大任，王天民，王天觉，王允升，王世冬，王用中，王自勉，王冲用，王冲远，王所桂，王度，王彦广，王洙，王起，王莘，王惟一，王棐，王遇，王辉，木思川，毛当时，文浩，文辉，方元震，方公辅，方亨，方移忠，方霖，尹仲正，孔盖，白纯德，令狐晋，朱甲，朱荀，朱群，朱庆，任一鹗，任汇，任体，江畴，牟贵，杜少高，杜琮，李大中，李大同，李公明，李文子，李世杰，李丙仲，李半千，李回，李如圭，李岑，李秀实，李宗申，李政正，李恕己，李纯忠，李惟正，李琦，李鼎，李梦白，李侨，李岩，李骥，吴功亮，吴时亮，吴无隐，吴瑨，吴锡畴，何大节，何适，余禹宁，余嘉猷，余嘉绩，余翼，汪仁荣，沈周，沈实，宋仁，宋叔寿，宋津，宋钧，邵元龄，邵文焕，青阳夔，林士逊，林之尹，林子冲，林百嘉，林仲龙，林昱，林岘，林师皋，林复之，林献，季子清，周珏，周起，胡希贤，胡宗，俞侪沂，俞灏，施一鸣，施宿，姜光，姜柄，秦季槱，袁孚，袁聘儒，莫洙，莫泽，连士登，夏文昌，时拟，师镇，徐士表，徐之倞，徐正夫，徐邦宪，徐君召，徐俊章，徐清臣，徐赫，留祺，高之问，郭某，唐炎，陈用之，陈至，陈至和，陈光，陈克，陈伯震，陈武公，陈典，陈忠，陈怡，陈奕，陈晃，陈晐，陈从，陈庶，陈惟和，陈万顷，陈揆，陈景年，陈舜举，陈湘，陈棨，陈梦纬，陈嗣宗，陈震，陈德一，陈壁，陈总龟，陈显，阴辰之，孙伯温，孙庭询，黄士特，黄士清，黄大全，黄申，黄申之，黄民表，黄守，黄安石，黄志宁，黄伯固，黄武子，黄茂，黄竑，黄耕，黄泾，黄张，黄开，黄梦符，黄啬夫，黄说，曹退，盛旦，崔与之，许成之，许宣，许凌，许闳，许溪，许謇，康梦庚，章升之，章倬，扈仲荣，张仲午，张次贤，张坤臣，张松，张东野，张逢辰，张堥，张钧，张汉，张焘，张誉，张灏，项延英，项维垣，彭方，彭叔夏，彭彬，叶安诗，叶南叔，叶蓁，葛有立，葛容，董居善,董熠,董履道,惠纯夫,惠毓,程安,程定,程珌,程榆,乔行简,傅熺,童尧民,曾噩,冯多福,冯椅,冯震立,汤周,游觌,蒲天迪,杨士豁,杨有文,杨汝明,杨汝锡,杨伯,杨师信,杨琛,杨普,杨干材,杨辂,杨与立,杨靖,雷志勤,虞询,詹炎,赵元孺,赵公遒,赵正国,赵本祥,赵申,赵汝朴,赵汝釭,赵汝诰,赵汝鐾,赵希朔,赵希畸,赵彦北,赵彦延,赵彦玧,赵时逢,赵师古,赵师旻,赵师珊,赵师逌,赵师棠,赵师甡,赵师嵇,赵师楷,赵师叡,赵宸,赵崇范,赵崇德,赵善防,赵善偰,赵善瀛,赵载,赵筠夫,蒋本,蒋伯澄,蒋惟晓,蒋经,蔡奋忠,厉思明,臧植,廖季高,郑名卿,郑牧,郑爚,熊不愚,邓文龙,邓应与,楼昉,楼镛,欧阳绾,欧鉴,黎昭度,滕强恕,刘一夔,刘千之,刘千钧,刘之邵,刘元龙,刘克俊,刘依之,刘性之,刘怡,刘宗向,刘孟虎,刘亘,刘堪,刘填,刘仪,刘镒,刘铎,潘次凤,薛沄,薛纯颖,薛舜庸,萧楹,卢顺之,卢仪,钱寅,鲍子玉,戴孺箎,韩椈,钟瑀,谢士亮,谢文晏,谢震,谢赐,应元鼎,应傃,应集,苏端准,苏兴甫,罗似臣,罗保卿,谭一飞,谭世选,谭嗣永,龚日岩。

特奏名进士:方岗,王廷秀,孔愿学,吉良弼,令狐炳,李注,吴尤礼,吴沈,吴虎,余昊,余驺,林册,林冲之,林岳,林扐,林择善,林岩,卓先,柯藩,洪信臣,洪祚,徐师臣,徐焕之,郭东美,郭起,陈三省,陈山甫,陈炳,陈诚一,陈缜,梁召,项肆,叶季友,曾光荣,曾充,曾颜,赵汝连,赵昱,蔡硕,郑梦承,黎昭信,刘八成,刘季云,刘慨,刘毅,薛逢辰,赖锐,卢琳,卢琰,鲜于钧,缪翥,颜迥,苏昂。

上舍释褐:陈坚。(《宋登科记考》卷一一)

补进士名录:其一,于潜佳。《全宋诗》卷二七八八程珌《于潜佳丞,四明人,同年友也。……亟占数语正之》。

其二,倪璃。《宋登科记考》卷一一将其系于绍熙元年进士名录,误。详说见前。

其三,陈仲酉。《全宋文》卷六七八〇程珌《回崔侍郎》:"蜀不为无人,某不能尽识。陈同年仲酉,颇负胆气,亦有谋略。"

其四,王翊。《宋登科记考》卷一三宋理宗宝庆二年进士名录:"王翊,字公辅。成都府郫县人。"或为另一人。《夷坚支志》丁卷七:"成都人郭某……郭后数年登绍熙癸丑第……同郡王翊主簿，同年生也。”

其五，黄开。《夷坚三志》壬卷二：“南城士人黄开，字梦高，因累举免解，而以绍熙癸丑登科，调湖口主簿。次年九月病卒。同郡新城一士，亦姓黄，赴壬子秋举。……竟亦名开，遂同年唱第，铨调桂阳主簿。”

陈同甫，名亮，婺州人。淳熙癸丑大魁，作《报家书》云：“我第一，滕强恕第二，朱质第三，乔行简第五。是时，三魁与第五名，皆婺人，盛哉！”《谢朝士启》有云：“众人之所不乐，置在二三；主上以为无他，擢居第一。”盖答策论恢复，颇不合朝论云。（《湛渊静语》卷二）

绍兴辛亥岁，丰城县农夫梦一道人持龙钱一文付之，曰：“倩汝送与黄五官人。”农对曰：“本乡秀才姓黄第五者非一，不知将与谁？”道人曰：“某里巷居者是已。”既觉，茫然不晓其旨，亦不为人言。翌日，采薪于山，果得钱，盖俗工所铸符篆相属者。猛忆夜梦，虽异之，而未暇持送。次年，士子将逼秋试期，复梦前人告曰：“吾向时托汝送龙钱与黄五官人，何得遗亡？当即送之，若不如我戒，必加祸于汝。”农惊惧而寤，四体洒淅，若被疾然。悟此钱为祟，立往彼处。所谓黄生者，名竑，捧接甚喜，谓青钱中选而神龙变化也。未几，赴府请解。竑习《春秋》，已为考官所黜，同院建昌教授包履常得其论卷，爱之，欲置诸待补小榜。令均前后两场草卷参读，见首场经义批抹数十条，不可复收，乃携谒本考官，共议将令再誊录。其人阅所黜义，大悔前失，而当在荐级者已定。包曰：“举人灯窗勤苦，一战而弗易，亦可深惜。”其人曰：“前所见一时缪误致尔，非君见临，几失一士。过不惮改，遑恤其它。”遂取已入等者摘其疵病，置于待补之冠，而以竑居第三。竟登癸卯第。（《夷坚支志》乙卷二）

南城士人黄开，字梦高，因累举免解，而以绍熙癸丑登科，调湖口主簿。次年九月病卒。同郡新城一士，亦姓黄，赴壬子秋举，祈梦于大乾山，得诗两句云：“一枝丹桂高高折，两朵黄花晔晔开。”寤而大喜。欲改名晔，谓与梦之所当名者不符；欲为开，又恶犯南城梦高。他日，虑将蹭蹬，沉思连夕，竟亦名开，遂同年唱第，铨调桂阳主簿。待次里居，闻梦高不禄，心大恶之，每书名只作“闾”字。至丁巳之冬，亦卒。有圆梦者，追绎神旨：所谓“两朵黄花晔晔开”者，华而不实之义也，神其戏之耳！初，南昌李大异伯珍，与梦高为契旧，时为省闱参详，见其预选，深为之贺。及随郡往谢，李遽出迎之，呼曰：“何为有两子张？”梦高应曰：“只缘有陈惊坐。”众皆大噱。初拆封日，主司疑建昌两黄开，且皆《书》义，欲去其一。已而，阅家状，见免举、初举之异，乃止。(《夷坚三志》壬卷二)

东阳陈亮同父，以杀人坐狱，鞫于衢。前者数翻成款，最后秀州一尉来，尉少年喜立事，逼取承服。其子惧甚，敬扣神，神大书曰：“无忧，当登第。然须经天狱始明。”子奔诉阙下，得移大理，讫以无罪释放。后二年廷对，魁天下。(《夷坚三志》壬卷三)

陈正，字诚甫，湖州长兴人。居太学笃信斋，取绍兴壬子举。后累夕梦与数人出行，抵一殿上，堂宇华峻，挂黄纸长榜于梁间，皆书人姓名，约以数百。顾同行者曰：“此何榜邪？”曰：“明年春榜也。”正仰首谛观，而为风飘摇，不容一见。但仿佛认得己名，及同斋宜兴惠纯夫耳，己在前而惠居后，觉而明烛书之策。及省试罢，各还乡邑，因与惠谈昨梦，且与约云：“频年宜兴人报榜，必由长兴去了，然后吾邦捷音始至。今若报吾兄，我无虑矣！”已而，宜兴人过县，往扣之曰：“尔县湖洑有谁得？”其人附耳语曰：“两个惠官人，一名纯夫，一名毓。”陈跃然自喜。抵暮，榜到，如所言。(《夷坚三志》壬卷九。按：《宋登科记考》是年进士名录载“陈震，号诚斋，婺州永康县人。”当为同一人。)

楼钥《敕赐进士及第陈亮承事郎签书建康军节度判官厅公事》：敕具官某：三岁大比，人徒知为布衣进身之途。艺祖皇帝有言曰：“国家设科取士，本欲求贤以共治天下。”大哉王言！朕所当取法也。廷策者再，乃始得汝。尔蚤以文艺首贤能之书，旋以论奏勤慈扆之听，亲阅大对，嘉其渊源。擢置举首，殆留以遗朕也。尚循故事，往佐帅幕。益懋远业，以须登用。(《楼钥集》卷三二)

龙川陈亮奏书阜陵，几至大用，厄于卿相，流泊有年。光皇赐对，问以礼乐、刑政之要，亮举君道、师道以为对。时诸贤以光皇久阙问安，更进迭谏。亮独于末篇有“岂在一月四朝为礼”之说，光皇以为善处父子之间，故亲擢为第一。及发卷，首得亮，上大喜曰：“天下英才，为朕所得。”命词臣行亮制曰：“往赞侯藩，姑循近比；朕之待尔，岂止是哉！”盖有意于大用也。亮谢阜陵表云：“昔者论天下大计之小臣，亦尝劝圣人隐忧之良会。一时排摈，十五载之多奇；末路遭逢，四百人之自见。共幸奋身于今日，独知回首于当年。”末联云：“设科取士，虽旧贯之相仍；陈力复仇，亦大义之难废。”阜陵称奖。水心先生序龙川之文乃谓：“同父使不以进士第一人及第，则诚狼疾人矣。”龙川狱事，盖为父也，天意佑之，而诸公竞全活之，水心先生不当以是冠篇首。龙川虽不为进士第一人，其所上阜陵三书，讵可泯乎？或谓水心先生微时，盖亦顿挫流滞，故因龙川之序而自道耳。（《四朝闻见录》乙集）

光宗策进士，问以礼乐、刑政之要，（陈）亮以君道、师道对，且曰：“臣窃叹陛下之于寿皇莅政二十有八年之间，宁有一政一事之不在圣怀？而问安视寝之余，所以察辞而观色，因此而得彼者，其端甚众，亦既得其机要而见诸施行矣。岂徒一月四朝而以为京邑之美观也哉！”时光宗不朝重华宫，群臣更进迭谏，皆不听，得亮策乃大喜，以为善处父子之间。奏名第三，御笔擢第一。既知为亮，则大喜曰：“朕擢果不谬。”孝宗在南内，宁宗在东宫，闻知皆喜，故赐第告词曰：“尔蚤以艺文首贤能之书，旋以论奏动慈扆之听。亲阅大对，嘉其渊源，擢置举首，殆天留以遗朕也。”授佥书建康府判官厅公事。（《宋史》卷四三六）

宋光宗《闻喜宴赐进士诗》：三岁宾兴举旧章，群儒济济竞观光。广求治道惟兼听，乐告嘉言已对扬。力学见闻虽博洽，处身操履贵端方。益坚忠节承休德，共赞熙朝庶事康。（《咸淳临安志》卷一二）

恭和御制赐陈亮以下诗：著作郎沈有开，秘书郎范仲黼、彭龟年，著作佐郎李唐卿、王容，校书郎王爽，正字蔡幼学、颜棫、吴猎、项安世各一首。

(《南宋馆阁续录》卷五)

袁说友《恭和御制赐进士诗韵二首》:云汉昭回下建章,鸾翔凤翥灿龙光。宸奎错落皆谟训,圣语丁宁示抑扬。自古求言开数路,只今兼听极群方。一篇默寓忧勤意,正为成王不敢康。

尧言不数汉文章,漫说唐人万丈光。百辟共知尊上指,群儒何止戴言扬。丝纶甫幸来中禁,琬琰俄欣奏上方。京邑小臣观盛事,愿输忠悃赞明康。(《全宋诗》卷二五七八)

陈亮《廷对应制》:皇朝锐意急英贤,虏据中原七十年。际遇风云凡事别,积功日月壮心愆。管箫器小谁能识,孔孟人存用则传。惭负寿皇勤教育,奏篇半彻冕旒前。

陈亮《及第谢恩和御赐诗韵》:云汉昭回倬锦章,烂然衣被九天光。已将德雨平分布,更把仁风与奉扬。治道修明当正宁,皇威震迭到遐方。复仇自是平生志,勿谓儒臣鬓发苍。(以上均见《陈亮集》卷一七)

(程珌)绍熙四年登进士第,时丞相赵公汝愚典举春官,一见公文,曰:“天下奇才也!”擢魁多士。有以道学疑者,置本经第二,公论称抑。(《全宋文》卷七二一八吕午《程公珌行状》)

九　月

七日,新成都府司户参军李侨奏:“本贯邛州,前来祗赴御试,注授上件差遣。重念先父证苦学不售,先母廖氏劬劳异常,今来禄不及亲,不忍出仕。欲将本身所得官资回授二亲,即日休致,归奉林垄。”奉旨:“李侨其志可嘉,特依所乞。”吏部照得初官未曾经任,从条止合守本官致仕;升朝官遇赦封赠,父合初赠承事郎,母初赠孺人;又有京官承直郎以下,父年九十以上,遇赦初封,合拟承务郎致仕。所有加官致仕回授二亲,即无上项条令,乞将李侨守本官致仕,赠父迪功郎,母孺人。从之。(《宋会要·职官》六一之三二、三三)

绍熙五年　甲寅(1194)

二　月

二十五日，铨试、公试、类试：命监察御史曾三复监试，太常少卿詹体仁、秘书少监孙逢吉、刑部员外郎沈作宾考试，阁门舍人林嘌、大理寺丞周秘、太府寺丞刘崇之、枢密院编修官杨方、大理评事荣籍、奚士逊、将作监丞高文虎、秘书省正字颜棫、太常寺主簿张贵谟、太学博士田澹考校。(《宋会要·选举》二一之六)

五　月

二十八日，诏："成都、潼川两路转运司解额，各与存留二十名，余额令四川制置司、成都、潼川转运司，取会诸州解额及终场人数，参酌多寡分拨，取令均平。"从成都漕臣王溉所请也。(《宋会要·选举》一六之二七)

是　夏

始厘正东、西两川牒试之滥。牒试者，旧制，以守倅、门客皆引嫌，赴本路转运司别试；若部使臣及帅臣亲属、门客，则赴邻路试，率以七人而取一人。绍兴后牒试尤多，东、西两川尤甚，议者以为滥。于是，令成都府路以八十三人、潼川府路以八十人为额。至是，王溉自成都府路转运判官召还，入见，极言两路冒亲诡贯之弊，乞："各存十人外，均与本路诸州。"从之。仍各以二十人为额。丘崇为制置使，复请每路止存十二人；若就试者少，则以二十人而取一人。奏可。旧例，避亲举人与命官锁应者同试。王溉为成都漕，始令分场，以革假手之弊。于是，四蜀皆一等施行焉。(《宋史全文》卷二八)

七　月

七日，《登极赦》："应临安府府学大小职事并本府曾得解进士，各与免文解一次。已系免解人，候登第日，与升甲。如就特奏名试，亦与升等。学生并赐束帛。应合该特奏名人，令礼部照应淳熙十六年推恩体例，条具取旨。”同日赦：“应国学进士，已经淳熙十六年二月覃恩免解，今该再免之人，如淳熙五年补中，至绍熙五年，计十五年以上在籍，许理年，赴特奏名试。”同日赦：“应太学、国子学、武学生见在籍人，并与免文解一次。已系免解人，候登第日，与升甲。如就特奏名试，亦与升等推恩。上舍已系免省人，特与先次释褐，赐进士出身。内愿赴将来殿试者，与堂除差遣一次。仍令礼部检照淳熙十六年体例，开具人数，申尚书省。”同日赦：“应潜藩州军举人，礼宜推恩。可令礼部照应淳熙十六年体例，条具取旨。”(《宋会要·选举》二之二九、三〇)

七日，《登极赦》：“应举人，除犯徒罪以上及真决外，其余因事殿举及不得入科场之人，虽有不以赦降原免指挥，可并许应举。”(《宋会要·选举》五之一二)

七日，《登极赦》：“应太学、国子学、武学生见在籍人，并与免文解一次。”(《宋会要·选举》一六之二七)

九　月

十四日，《明堂赦》：“应举人因事殿举及不得入科场之人，除犯徒罪以上及真决未曾改正、编管未放逐便人外，可并许应举。其枉被刑责人，若元断官司不为保奏，仰诸路监司遇有诉理，委官索案看定。如实系枉断，即令所属依条保奏施行。并应因罪押赴州军听读人，令所属具元犯审定，保明闻奏。候到，比类命官编、羁管人，理年放还。”自后，郊祀、明堂大礼赦，亦如之。(《宋会要·选举》二之三〇)

十四日，《明堂赦》：“应举人，因事殿举及不得入科场，除犯徒罪以上及真决未曾改正、编管未放逐便人外，可并许应举。”庆元三年南郊赦，六年明堂赦，嘉泰三年郊祀赦，开禧二年、嘉定贰年《明堂赦》，五年《郊祀赦》，八年、十一年、十四年《明堂赦》，并同(《宋会要·选举》五之一二)

十四日,《明堂赦》:"应进士年五十以上、五举到省、合赴绍熙四年特奏名殿试人,缘事赴试不及,若将来殿试唱名入第四等以上,合补授文学之人,虽系年六十以上,与理绍熙四年年甲。用今年赦恩,召保参选,特差岳庙一次。"自后郊祀、明堂大礼赦亦如之。同日赦:"勘会该遇登极赦恩,用举数推恩补授文学并特奏名文学之人,依法遇赦日年已六十者,许二年内参选,注权入官。其年六十三岁以上,有举主二员,特奏名补授有举主三员,可权差破格岳庙一次。"自后郊祀、明堂大礼赦亦如之。(《宋会要·选举》一三之七)

十四日,《明堂赦》:"应诸路进士实请四解,并国学进士两举人,并依旧制,与免将来文解。其国学先请后免,或先免后请人,并依此。"自后郊祀、明堂大礼赦,亦如之。同日赦:"应诸路进士淳熙五年省试下,实理十八年;国学进士淳熙十一年省试下,实理十二年,并与免将来文解。"自后郊祀、明堂大礼赦,亦如之。(《宋会要·选举》一六之二七)

十月

十一日,臣僚言:"武科许试换文资,盖不止责以兵略骑射,诚欲益其学问而大其成就耳。比年以来,不许试换,虽曰使之从军,以备将帅之选,而升差之法,止于同正将。既塞其试换之门,又艰其仕进之路,使士以才气自负者将有不屑就之意。乞今后依旧许令武举人试换文资。"从之。(《宋会要·选举》一八之一〇)

二十八日,诏令:"成都、潼川两路转运司解额,各与存留二十名。余额,令四川制置司下成都,潼川转运司取会诸州解额及终场人数,参酌多寡,拨取均平。"既而,以成都运判王溉言:"诸路运司避亲、门客、有官碍格人解额内,成都路八十三人,潼川路八十人,视所部州军为宽。以此举人利于移牒,冒承户贯,诡托服属,不胜其繁。乞各与存留十名,以待诸州守贰门客,及碍格有官人,及东南游宦于蜀、实及二千里、同姓缌麻亲。所余以补诸州不足,用革奔兢之风。"故有是命。(《宋会要·选举》五之一二、一三)

二十八日,四川制置司言:"诸路所部牒试,不胜其繁。乞各与存留十名,以待诸州守贰门客及碍格有官人,及东南游宦于蜀实及二千里同姓缌麻亲。得旨各存留二十名,余额令本司取会诸州解额及终场人,参酌多寡,拨令均平。本司契勘:昨缘两漕司解额太宽,故士子侥求移试。今来所当移试者,不过诸州守贰门客,并内地官任川蜀差遣及二千里之人随行本宗缌麻亲。其考试官亲戚,漕司自当先期取会无亲戚合回避处,方得宣差外,其知、通实合回避亲人,每员多亦三二人而已。约一路合移试者,多不过三数百人。今若将两路漕司解额各与存留二十名,比之诸州尚为宽优,窃虑士子仍前奔竞。今相度各存留十二名外,余均与诸州。兼照得见行条法,每二十人解一人。如将来就试人少,所取不及十二人,即据二十人解一人之数取放,不必拘十二人之数。"从之。(《宋会要·选举》一六之二七、二八)

闰十月

二十三日,臣僚言:"方今取才之道,不为不尽,独武举人尚有可言。向来绍兴、乾道间,愿从军人填阙之后,入额管干军马。若职事修举,则必随例升差,至统制、都统。自淳熙以来,止令同副将之类,不复填阙管干,自此绝升差之望。乞将武举从军人先充同准备将,或同正副将二年,待其谙晓军务,即令本军保明,主帅 备申,许令拨填正额。如委是职事修举,许其升差统领、统制官,庶几人材得以展布。"诏依,仍照应节次指挥施行。(《宋会要·选举》一八之一〇)

上舍释褐:王性,王滋,李大端,李楫,俞森,唐继宗,楼觉,钟待问。(《宋登科记考》卷一一)

绍熙年间

绍熙重修文书。

今诸犯:圣祖名。庙讳。旧讳旧讳内二字者连用为犯,若文虽连而意不相属者非。御名改避余字谓式所有者有他音谓如角徵之类,及经传子史有两音者许通用谓如金作赎刑,其赎字一作石欲切之类。正字皆避之,若书籍及传录旧事者为字不成。御名易以佗字。

诸犯:濮安懿王讳者改避,若书籍及传录旧事者皆为字,不成其在。真宗皇帝谥号内者不避应奏者,以黄纸覆之。诸文书不得指斥援引黄帝名,经、史旧文则不避如用从车从干冠以帝字,或继以后字合行回避。自余如轩冕、轩轾、輾辕、车辕之类,即不合回避。(《贡举条式》)

(湖州)秋赋多鼓噪之患,公(李友直)为监试,前期以访乡老,具得其情,为之区画,无敢哗者。考官以去取求决于公,辞不可,以词赋定取四人。时与计偕者十一人,独此四人擢上第,人深服鉴裁之精也。(《楼钥集》卷一一一《李公墓志铭》)

宋宁宗　庆元元年　乙卯(1195)

正　月

二十六日,内降诏曰:"古者以德行道艺兴贤,然惟用于长治;后世以经术辞章取士,顾乃任于公卿。今之选举,已非古之详;古之官使,孰与今之宠?士生斯世,何患遗才!粤兹访落之初,尤急亲贤之务。属当大比,申饬攸司。方侧席兴见晚之嗟,谅弹冠起观光之志。其为劝驾,以副虚怀。"(《宋会要·选举》一之二五)

乐平梅林李克己,自少攻苦为学,锐心进取,然未尝登名。庆元乙卯,当科诏之下,祈梦于五显祠,连夕无所感。偶保头以家状错误,退回换易。遂梦至一处,朱门紫府,门外一方井,琢石为栏,水清冷可爱。徘徊俯视,见天在水中,星月粲烛。引手就涤,不觉失足而坠。既寤,汗流浃背。乃用井中清水之义,更名曰"囦",其音与"渊"同。及八月赴试,乃中选。丙辰省场不利,丁巳中春选,以微疾卒。士友谓堕井者,盖示坠落泉途之兆,固非吉云。(《夷坚三志》己卷六)

二　月

五日,宰执进呈:"国子监发解所监试官,合差监察御史,今有二员。"上曰:"当以供职在先者为之。"于是差王恬。(《宋会要·选举》二一之六)

四　月

九日,权吏部尚书兼侍读兼直学士院兼实录院修撰楼钥等奏:"准庆元元年正月二十五日敕节文:臣僚上言,议复太学混补,以示初政之优恩。又谓待补之法,行之稍久,冒滥之弊,不可不革。今岁适当大比,乞令两省、侍从、台谏集议施行。诏赴钥等详审。臣僚乞用礼部贡院之外，以临安府、转运司两贡院添处之，请因其说，更加措置。礼部贡院通别试所，约容一万五六千人；临安府、转运司两贡院，约可分授万人。今欲以诗赋人尽于礼部贡院引试，经义人临时约度人数，径分两处收试。仍各差监察御史一员监试，职事二员出题。才候试毕，封弥官即将真卷每一百轴作一封，仍取御史印押。其出题官及帘外封弥、监门等官径自出院，御史亲押上件已封卷子，并赴礼部贡院封弥所，就令日下各卷弥封打号，发过誊录所，一处誊录混考。御史候封弥所交收卷子尽绝讫，即自出院。如此，则题目俱出于一，而同日三处引试，亦免重叠之弊。俟来年省试毕日施行。兼照得自来补试，止系监学官考校。今试卷倍多，合从朝廷添差职事官以下，同共考试。其今年发解科场，更不取待补人，即合预先行下诸路转运司，遍牒州军照应施行。"贴子称："旧法，赴太学补试士人，并令经本贯出给公据。今来放行补试，亦合行下，照旧法给据施行。"诏从集议到事理施行。(《宋会要·崇儒》一之四八)

五　月

四日，权礼部侍郎许及之言："自乡举里选之法不复行于后世，糊名考校，虽未足以尽得天下之英才，其间老师宿儒，穷年皓首，见摈有司而不怨者，服场屋之公也。近年私心胜者，设为得好文字、不若得好士人之语。不知既糊名矣，好士人何从而知之？阴通默授，欺天罔人！臣窃以为阴通默授者，固无从禁格。至于形格势禁，可以大为之防者，乃不能守已行之令，而反开弊幸之门，如试官得差待阙人是也。彼不过谓见任有出身员数不足，势不免取待阙寄居官。又不过谓见任有出身员数虽多，而习经义、词赋之不同，势难偏差。审尔，则员数之足与不足，皆须取待阙人。不思立法本以防奸，乃至以人废法。甚者，谓见任未必皆佳士，待阙往往多名流。殊不知见任之员，即前日待阙之数，见任之员不足，惟当展日考校。今岁大比，乞检照淳熙六年臣僚之请，勿开寄居考校之门。除知县、县令不差外，虽总所属官，许本路运司同州县见任人差。随其多寡，量分诸郡。宽其考校之程，续其供给之数。仍将差不足员数，合破供需，亦行均给。如是，则有司奉令承命，精择公选。场屋之士，得者不以为私，而失者不以

为怨矣。”(《宋会要·选举》五之一三)

二十三日，宰执进呈来年临轩策士，依祖宗典故合权免。上曰：“今以国恤，当俟后举施行。”余端礼等奏曰：“后举方为龙飞榜，却行临轩之礼。”同日，诏：“庆元二年礼部奏名进士，可依祖宗故事，更不临轩策试。”(《宋会要·选举》八之一六)

六　月

十三日，臣僚言：“国家三岁大比，经义、诗赋分为两科，使各占其艺，以便多士，德之至渥也。惟差试官，有失立法之意。或全差治经而不差习诗赋者，或全差习诗赋而不差治经者，是以考校去取，间有枉被黜落，或滥中科名。今试期已迫，乞下礼部符诸路漕司，凡差试官，必经义、诗赋相半。虽远方小郡解额少处，亦不可使偏于一。收拾千人一律之腐语，识认同门共习之故文，怙势凭愚，故黜正论，连交合党，共取凶徒。甚者，秋闱敢举浮诞之说，发为策问，诳诱后学，遂使真贤实能见弃有司者太半。乞宣谕大臣，今后试官，须精加选择，委有文行，该通博洽可以服众，方严公正可以厉俗，始许以名闻。否则，科目前列，不在兹选。庶几学校科举自此少变，而朝廷收得人之实效矣。”从之。(《宋会要·选举》五之一三、一四)

七　月

豫章寓士侍其如冈，就馆于临安监打套局门朱德初家。庆元元年，当赴秋试。中元后，左手大指甲上忽见一道人侧面立，身洁白而眉目悉具，如绘画状。惊而示于人，皆谓耳目闻见所未有，或以为祥，或以为怪。越二日，又变作正面，而形貌益明，于是，以为祥者亦怪焉。如冈始惧，以书刀刮去之，心切自念：“吾赴试期而有此异，岂非佳兆乎？”正荧惑不自定，而其叔父讣音来，限期亲百日制，不获入试。一时之应乃若此。(《夷坚支志》景卷一〇)

八　月

一日，兵部言：“四川四路武举解额，共取二十一人，其省试以三人五分取一名,共取六名为省额,零分不及三人五分,更不取放。缘今年系类试年分,内有自淳熙元年、四年得解到省之人,至今及一十八年,并有四举到省人,合与理年理举、免解赴今次省试者。窃恐比逐举人数过多,所有取放省额,欲取放正解六名外,有免解实到省终场人,如及五人以上,权取一名,通计七名为额一次,仍同正解人混同考校。如不及五人,更不取放,候试毕日,具终场人数,申明朝廷,以凭参照,后举取放省额施行。"从之。(《宋会要·选举》一八之一〇)

三日,省言:"勘会临安府,见有远方游学士人,试期在近,归赴乡举不及,理宜措置。"诏:"特令就两浙转运司附试一次,令项考校,候见终场人数,取旨量立解额。"既而,本司言:"附试终场一千五百六十二人。"诏:"依淳熙十六年指挥,特与取放十人。"四年终场一千六百六十七人,嘉泰元年终场一千四百四十九人,四年终场一千三百八十九人,开禧三年终场一千三百八十四人,逐举诏令取放五人。嘉定三年终场一千六十九人,诏令取放四人。六年终场一千九百二十四人,诏令取放七人。九年终场一千六百七十一人,诏令取放六人。十二年终场一千九百九十三人,诏令取放七人。十五年终场二千四百九十三人,诏令今举特与取放十人。以都省照得两浙运司附试士人,缘今举该遇进宝大赦,系是非常特恩,所有取放人数,即与逐举事体不同故也。(《宋会要·选举》一六之二八、二九)

五日,国子监发解:命监察御史王恬监试,军器少监高文虎、秘书郎兼司封郎官颜棫考试,著作佐郎李璧、秘书省校书郎余复、国子监丞孟浩、秘书省正字陈岘、司农寺主簿胡纮点检试卷。(《宋会要·选举》二一之六、七)

宋宰相韩侂胄尝改诸州后园莲沼为放生池,词臣高文虎作记有云:"鸟兽鱼鳖,咸若汤王所以基商。"后高作主司,出硬题困举子。一科生以高用事,误作一小词,嘲云:"高文虎夸伶俐,万苦千辛。作个《放生池记》,从头无一字说及朝廷。只把侂胄归美。夏王道我不是商王。鸟兽鱼鳖是你。"(《玉堂嘉话》卷四。按:是条,姑系于此。)

十二日,诏:"武学生缪梦辰等,与依太学生王刿等例,放行免解。"以梦辰等各以丁忧持服，该遇绍熙五年七月登极赦恩，今来参学，乞依例免解，国子监保明来上，故有是命。(《宋会要·选举》一六之二九)

(丙寅，十四日)朱熹《建昌军进士题名记》：建昌之为郡，据江西一道东南上游，其地山高而水清，其民气刚而材武，其士多以经术论议文章致大名。如直讲李公，中书、翰林曾公兄弟，尤所谓杰然者也。其它能以词艺致身、取高科而登显仕者，亦不绝于当世。前此乃未有以著其名氏而传于后世者，比年以来，乡之先达始病其阙，乃率其徒，考自国初以至今日，得若干人，且将砻石刻之，置诸郡学讲堂之上，以俟来者之嗣书焉。而利君元吉、邓君约礼以书来，曰："今日教人取士之法，诚有异于古者，然其所以取之之意，则亦固有在也。顾士之由此而幸得之者，乃或不能刮磨奋励以自见于斯世，则亦不必论其教法之是非。而吾之所以负其见取之意者，已不胜言矣。故今吾徒相率为此，非敢以为夸，乃欲以为鉴。邦人士子咸愿得子之一言，冠其颠以发之，庶乎嗣而书者相与读之，而知所警也。"予三复其书，而为之喟然曰："二君子之言诚美矣。然不论夫教法之是非，则无以识其取士之本意；不反身以自求而得其有贵于己者，则又未足以议其教法之是非也。夫古之人教民以德行道艺，而兴其贤者能者，其法备而意深矣。今之为法不然，其教之之详，取之之审，反复澄汰，至于再三，而其具不越乎无用之空言而已。深求其意，虽或亦将有赖于其用，然彼知但为无用之空言而便足以要吾之爵禄，则又何暇复思吾之所以取彼者其意为如何哉？二君子盖尝有所受学而得其所贵于己者矣，盍亦推明其说，以告夫乡之后进，使之因是感发，以求古人之所以教者而尽心乎？诚尽其心而有得乎此，然后知今日教人之法虽不由此，而吾之于此自当有不能已者。今日取士之意虽或不皆出此，而吾之所以副其意者自当无日而不在乎此也。是则不惟无愧于今人，而亦且无愧乎古；不惟无愧于一官，而视彼文字声名之盛者，犹将有所不屑。况乎不义而富且贵者，其又何足道哉！顾予不足以当其属笔之意，姑记是说，以复于二君子。幸与父兄子弟评之，以为如何也？"庆元元年秋八月丙寅，新安朱熹记。(《全宋文》卷五六五九)

十七日，诏："国子监发解待补国子生取放外，零分依逐举例，更取一

名。”(《宋会要·选举》一六之二九)

二十一日,兵部言:“国子监武举取放解额,照得今举解试武学生,系该七月七日覃恩免解外,有赴试终场绝伦三十人,平等四十七人,共七十七人。比之淳熙十六年,绝伦人数为多,难以比拟七人取三名,平等三人三分有零取一名。若照淳熙十三年体例,二人九分六厘有零取一名,则系合取二十六人。若照十六年三人取一名,则系二十五人,尚剩二人零分。今参酌,欲依淳熙十三年指挥,权以二十六人为额取放一次。内绝伦以十分为率取四分,合取十人,尚剩四分,平等取一十五人,尚剩六分。以二项通剩分数计之,则合更取一名。但今举绝伦比之逐举人数稍多,更侵取一名,凑及二十六人之数。”从之。(《宋会要·选举》一八之一一)

二十五日,诏:“太学生余游,与依不满年太学生收试,令项精加考校。如文理优长,申取朝廷指挥取放。”以游自陈:“于绍熙四年补中,缘当年四月丁忧,至今年七月一日服阕,已行参学。窃缘应在籍人并已免解,独游一名系合赴试之人,情愿折分,与待补国子生一处收试。”国子监看当:“照得淳熙七年内发解,有不满年太学生汪豹、陈鸿,止作本色收试,各是孤经,将试卷考校。如文理优长,申朝廷取放了当。今来考校到草卷一副,文理稍优。”礼部窃详:“稍优比之优长,轻重不远,欲行取放。”故有是命。(《宋会要·选举》一六之二九)

二十六日,臣寮言:“两浙州郡知、通避亲牒试,绍熙三年诸州所牒止五十人,今岁乃三百三十七人。夫以亲戚多寡宁不同,至于遽增六倍,则事理可见。乞付三省,令都司取两浙转运司两举人数,公共比照多寡,以今次所牒最多三数人职位、姓名将上取旨,或与罢黜,或与降官,或展磨勘,等第行遣。庶几稍肃官箴,稍严士则。”从之。(《宋会要·选举》一六之二九、三〇)

二十八日,周必大《李子西卿月乙卯秋试毕,携家兄旧诗相过,索次韵八月二十八日》:三日挥毫迥出群,贰师西伐有奇勋。便从蟾窟升金掌,休恋

江东赋暮云。(《全宋诗》卷二三二七)

是　月

福州闽清士人林子元,屡应乡试,未登名。淳熙十三年梦人谓己:"君欲送荐,当俟贤兄来帅七闽可也。"觉而记于牍。其兄自诚者,虽尝业儒,久已捐弃笔砚,为商贾之事矣。朋友或知之,每相面会,辄戏之曰:"令兄已开藩否?"林亦绝意荣望。至庆元元年秋试毕,适报宣城守林蕴之镇闽,喜谓其友曰:"吾兄字待问,正与新帅名同。鬼神不吾欺,吾刻日以觊吉报耳。"洎九月二十四日揭榜,林果以词赋居首选,乃验。(《夷坚支志》丁卷四)

庆元元年,邵武军秋试进士,其《春秋》义第一篇出题曰:"公会晋侯、宋公、卫侯、曹伯、莒子、邾子、滕子、薛伯、杞伯、小邾子、齐世子光会吴于柤,夏五月甲午,遂灭偪阳,公至自会。"考官怀安丞王遇得中选者两卷,而解额有限,但可取其一。乃携示同院,甲之破题云:"用其谋于事之所不当为,霸主将以为攘夷狄之计;尽其力于势之所不容缓,霸主将以图中国之安。"乙之辞云:"率诸侯而与非其所与,《春秋》既以始事为耻;因诸侯而治非其当治,《春秋》尤以终事为幸。"众皆曰:"甲者词意清快,胜于次卷。然不见'公至自会'之意,当以是定去留可也。"于是,置乙于选中。王为之累夕不怿,因再读乙对策,其语有风流之所靡,习俗之所咻,喟然而作曰:"若用齐人傅楚大夫子之事,则自有正音。舍是则当作去声读,为犯庙讳。"乃黜乙而取甲。洎拆封造榜,所谓乙者,李闳祖也,前举尝荐送;甲者,泰宁邹应龙也。先是,邹本名某,以未试前乞梦于大乾广祐王庙,梦屋内两龙盘旋,已腾上一龙背,越前而出。既觉,遂更名。次年省闱,会稽莫子纯首冠,邹居第二。以无廷试之故,子纯已有官,不可先多士,乃依故事,升邹为大魁。邹之前程如是,科举特假途耳。(《夷坚支志》戊卷七)

临川饶次魏,居于彭原。乞梦于郡后土庙,得诗一联云:"铜炉柏子香初爇,纸帐梅花梦易阑。"殊自负,以为大吉也。转告朋俦,多疑"纸帐、梦阑"之言不得为吉兆。庆元乙卯秋试罢,入市买得句容铜香炉一枚归邸,适有僧饷以柏子香。至初冬早梅开,自折花一枝,置书室,与同志祝季明

饮玩。且即炉中焚香,微为酒困,醉眠纸帐。次日,不疾而卒。(《夷坚三志》壬卷一)

十　月

九日,礼部言:"依条,省试系用正月九日锁院。淳熙十六年臣僚奏陈,省试乞用二月一日引试。绍熙元年、四年正月并小尽,用二十四日锁院。来年正月系大尽,欲乞用二十五日锁院。"从之。以后省试锁院,准此。(《宋会要·选举》五之一四)

二十五日,铨试、公试、类试:命监察御史刘德秀监试,司农卿林湜、度支郎官石宗昭、刑部郎中周珌考试,著作郎兼侍左郎官王容、太府寺丞兼左曹郎官王宁、秘书丞邵康、大理寺丞陈景俊、秘书省正字陈邕、宗正寺主簿徐木、太常博士刘诚之、大理评事蒋蔺、邵衮、阁门舍人黄褒能考校。(《宋会要·选举》二一之六)

二十六日,权礼部侍郎杨辅言:"近者以成都、潼川漕司解额太优,除存留外,令均平拨与诸州。去冬制置司申到,未能尽当。缘试期已逼,权从已拨发解一次。臣以元申到考之:如隆州合添四名,今但添三名;普州合添三名,今顿添十一名。隆、普同为多士之乡,多寡顿异,以类推而可以概见。照得昨来制置司,先以漕司终场人数,一例分配与诸州,却于向上均拨解额,不计实赴漕试之多寡,缘此大致不均。又兼诸州终场人数或有虚申不实,今来合乘解试之后,下两路漕司,日下尽行抽索封弥所号簿,并考校号簿,委官专一点封,取见终场的确人数。如尚有差互,更索元誊录卷考核,然后参以本州元额之广狭,逐处文物盛衰,举登第之多寡,从公分拨。其余荒陋边郡解额素优去处,不必更增。"从之。(《宋会要·选举》一六之三〇)

十一月

一日,臣僚言:"建康通判王万枢,以其二子王逢、王遂嘱试官刘大临,皆预荐书。虽未行根究,而众论决知其是事。臣今考遂家状,则万枢为见任建康通判;考王逢家状,则万枢为前任建康通判。若以为见任,则从来见任守倅子弟,例不敢于隶官处就试,盖避计嘱观望之嫌。若以为前任,则万枢实以今年八月七日受代,必未离建康,则计嘱观望之嫌犹在焉。同官监试,何所不可行其私?合驳放者一也。今逢、遂均为万枢之子,而户贯异同,逢作江州,遂作真州,而万枢家状则江州。况遂方年十二,决未能文,代笔私取,其理甚明。合驳放者二也。乞下所属,追逢、遂到部,取旨复试。若其能文,与真卷不异,亦合照臣所言二事而与驳放。如见得委是代笔及有私嘱伪冒等事,乞送有司追人照勘,依法施行。"从之。(《宋会要·选举》五之一四、一五)

十五日,礼部言:"国子监检举四川类省试,乞依画一事件施行:一,牒试得解人,依指挥,除见任帅臣、监司子弟赴南省试外,余牒试、类试,并依类试旧法。所有在任差遣、去本贯户籍二千里者,照绍熙二年五月指挥,止许牒随行本宗缌麻以上亲。一,陕西州军举人,许赴类试。昨绍兴三十二年四月指挥,本路系是新复,合该免解人,若有干照,难得保官。令不拘路分,召文官二员,结罪委保本人曾经应举年甲诣实,经所属陈乞验实,批保官印纸,许行赴试。如有伪冒,申取指挥。一,绍兴二十七年五月指挥,监司、帅臣、守倅亲属、门客,依法牒试。及属官干官以上、去户籍二千里、随行本宗异姓缌麻以上亲,赴漕司试得解人,并令赴南省试。其余得解人,愿赴南省者,听。仍给口券,并依绍兴二十九年八月指挥,合该免解进士,如愿赴南省,无州军保明公据,不在收试之限。其人得免解进士,合赴省试,令制司置院,依累举例类试。以十六人取一名,仍具合格等第推恩。内愿赴御试者,令给券,于三月以前到行在,祗备御试。若后到人,依本司已考等第推恩。一,该特奏名进士,依累举例,系本司置院差官,试时务策一道,将中人分立五等推恩。一,将来类省试下,合该特奏名人,乞照绍熙四年行在定例指挥,递趱施行。一,淳熙六年指挥,特奏名二人取一名,人数冗滥。欲三人取一名,置在第四等以前谓如三百人赴试,则取一百人出官。其余并入第五等,听纳敕再试。后止纳敕一次,淳熙十一年三月增而为三,至今遵用。及每举免解进士,丁忧、疾病,并门引不到、赴试不及人,并理为一举。今欲将实请到省终场人,方许理为举数。逐举准此。"并从之。(《宋会要·选举》五之一五、一六)

十二月

周必大《送曾公荐赴省试序》：汉制：太常择民十八以上者补博士弟子，郡国二千石谨察好学、敬长上、肃政教、顺乡里、出入不悖者，常与计偕。永和曾生公荐年十有四，已能修饬好书，昼夜勤苦，遂与儒先同上南宫，视汉人年又少，未易量也。昔余与子中兄同乃祖季高兄弟四人俱试秋闱，其后伯云、仲峻、叔瞻相继下世，惟予兄弟及季高华发相对，今殆五十年矣。因生录示举业，求余一言，既太息题其后，又将屈指计日俟太常籍奏之报，举酒明秀楼，为季高贺。庆元乙卯十二月旦，前进士周某。（《全宋文》卷五一一七）

二十七日，兵部言："武举省试、殿试引见唱名及过省，并还试特奏名，系与文士一体。今来更不临轩策试，乞参照绍兴三十二年故例施行。"从之。黄牒令本部给散："一，绍兴三十二年武举人补官推恩，系将贡院别院参考到合格过省人，牒会御药院例格，申取指挥推恩。淳熙八年正奏名只宣名，赐进士及第、出身。特奏名亦宣名，并给黄牒。其补官差遣，展减磨勘，合照前后指挥推恩。今欲依故例施行。一，免省人例合赴御试弓马、程文，今不临轩策试，合依绍兴三十二年故例，弓马随省试赴军头司呈试，程文随赴省试进士后接连引试，别立考校，参入省榜优、平二等高下，即不侵省额人数。如有过省不曾赴殿试人，合行还试弓马、程文，乞照免省人一体施行。照得绍兴三十二年，即无特奏名合就试人，今举如有该试之人，乞照故例引试施行。"（《宋会要·选举》一八之一一、一二）

是　年

上舍释褐：黄以宁。（《宋登科记考》卷一二）

（郭叔谊）庆元元年始赐同进士出身。（《全宋文》卷七一二五魏了翁《郭君叔谊墓志铭》）

乙卯年，先生作《科举私议》一通，付过看。大概欲于三年前晓示，下次科场,以某经、某子、某史试士人。如大义,每道只六百字,其余两场亦各不同。后次又预前以某年科场,别以某经、某子、某史试士人,盖欲其逐番精通也。过欲借录,不许。(《朱子语类》卷一〇九)

赵大全《进士题名记》:学者亦乐得其在我而已,非为名也。而曰名教云者,是名固有以佐哉?古称圣若贤皆以名,谓愚不肖亦以名,惩不足而名于简,劝不足而名于旗。其尤致意者,贤能之书,学士之版,自命乡入学,至升于司马,所谓俊造进士,皆有名称。及其弗帅,则既挞而且记之,曰寄,曰棘,意亦严矣。汉兴,惟蜀学有文翁学生题名,而不详其人;在唐有进士题名,然又不出于学。予既辟堂之东偏绘先贤像,则又于西序勒石记进士名,撰所见闻,得书者凡有二十一人。隆庆固多,而旧典放逸仅如此,因虚其左右方以须。噫!予非徒名之为也,使时有特立独行之士,以道自信,固可无愧昔圣,而士或未甘隐沦,将必在此选,亦可使之无忘其所自学。则斯刻也,其有补于名教顾少欤!(《全宋文》卷六三五八)

徽州南渡后,乡贡额一十二人,而《诗经》不与。先君(方琢)赴尚书礼部陈请,庆元元年乙卯,符下江东转运司,牒州取《诗经》一名。是岁,先君遂中解。选徽州乡贡,取《诗经》自此始。是后吕左史公午、丞相程公元凤、运管陈公庆勉、寿昌令朱公涣,皆以《诗经》起乡举。(《全元文》卷二二五方回《先君事状》)

庆元二年　丙辰(1196)

正　月

五日,臣僚言:"天下之治乱,由于人材之盛衰;人材之盛衰,由乎科举之当否。明岁春闱,乞诏有司,所试之士,必经术醇深,文章典丽,问学该博,论议中正者,然后充选。其有诡怪迂僻,肤浅芜陋,狂讪狡讦,阿谀侧媚者,并行黜落。如所取不当,有彻听闻,考官降罢,士人驳放。庶几积弊一空,人才辈出,以副设科取人之意。"从之。同日,臣僚言:"科举之弊,无甚于今日。近者臣僚论列,可以概见。来岁既无廷对,省试尤当关防。大抵试院,帘内、帘外之弊略等。帘内知举,必差台谏官,可以纠察。若帘外,则自淳熙八年以来,差卿监、郎官一员封弥。虽比向前差局务及在部官事乃稍重,然而职非弹劾,其权尚轻。小人觊利,无所畏惮,奸弊自若。检照景祐五年贡举,封弥官则殿中侍御史方偕;庆历六年贡举,封弥官则侍御史仲简。今欲帘外改差监察御史一员,专一监督封弥等事。如有奸弊,申举弹劾。庶几涂抹试卷,漏泄字号,拆换印缝等弊,可以顿革。"诏令:"于卿监、郎官内选差。"(《宋会要·选举》五之一六、一七)

二十五日,命吏部尚书叶翥知贡举,吏部侍郎倪思、右谏议大夫刘德秀同知贡举,左司郎中张涛、国子司业高文虎、吏部郎中郑公显、吏部郎官张贵谟、吏部员外郎卫泾、监察御史胡纮、姚愈、著作郎王奭、著作郎兼司封郎官颜棫、著作佐郎兼刑部郎官李璧参详,大宗正丞范荪、大理正罗克开、大理寺丞陈朴、宋思远、司农寺丞杨大全、秘书郎费士寅、太常博士刘诚之、枢密院编修官陈广寿、秘书省校书郎余复、陈岘、太常寺主簿张经、大理寺主簿陈希点、主管官告院黄闻、干办诸司审计司商飞卿、干办诸司粮料院周苹、太学博士沈继祖、国子正曾渐、武学谕杨寅、国子录潘友端、太学录陈晅、主管户部架阁文字吴仁杰、主管礼兵部架阁文字王申、主管刑工部架阁文字钟必万、监左藏封椿下库叶挺点检试卷。避亲别试:宗正丞兼仓部郎官雷孝友考试,太府寺丞傅伯成、国子博士陈宗召、宗正寺主簿杨克忠、太学正易祓点检试卷。(《宋会要·选举》二二之一三、一四)

二十九日,兵部尚书张叔椿、兵部侍郎杨大法、著作郎兼兵部郎官王爽言:"武举省试系绝伦、平等各立字号考校,先次将程文分优、平二等,混同放榜,然后却以弓马参考,各随武艺等第,其绝伦人尽数处在平等人之上。殿试用武艺参考,专以程文立优、平等考校。若绝伦、平等俱入优等,当取第一。从淳熙二年指挥,绝伦人止与第一名恩例,不许升在平等之上。今来已降指挥,更不临轩策试,合将省榜作殿榜推恩,即是省元合推殿元恩例,事体甚重。近承批下武学生周振等系平等人,乞于省试不用参考,依殿试例,止以程文排定高下。及绝伦人诸葛武等经部陈乞,依法参考武艺,及照绍兴三十二年故例取放。本部开具指挥,乞朝廷详酌处分。累承批送本部,分明指定叔椿等。窃详:绝伦及平等人所乞,互有得失。若用省试法参考武艺,绝伦人程文不以优劣,尽数必在前列,失于太优;若以殿试指挥排定高下,其所取文理优长之人,必多是平等,未免于省试常法稍有不同。况绍兴三十二年故例,当时绝伦人虽参考在前,缘止有孙显祖等二人,第三人以下皆是平等之人。今举绝伦应取放者不啻十五六人,自不可循守故常。今欲将今举绝伦、平等且与混同,以程文精粗分优、平二等取放。若绝伦、平等俱中优等,须平等人程文高出绝伦人分数,方取第一名。若文理与绝伦人不甚相远,即以绝伦居首选。其余高下如之。不惟两无偏胜,庶几所取足以厌服人望。今指定如或可采,乞下试院精加考校,所有后举省、殿试,遵用条法指挥。"从之。(《宋会要·选举》一八之一二、一三)

二　月

辛亥朔(一日),省闱知举叶翥、倪思、刘德秀奏论文弊,上言:"伪学之魁,以匹夫窃人主之柄,鼓动天下,故文风未能丕变。乞将语录之类并行除毁。"是科取士,稍涉义理,即见黜落。六经、《语》、《孟》、《中庸》、《大学》

之书，为世大禁。(《宋史全文》卷二九上)

十二日，宰执进呈，内出御笔，付知贡举叶翥等："朕既群天下之秀彦，试于春官，期得器识伟厚、议论正平之士，副异时公卿大夫选。属婴哀疚，不能亲策于廷，唯赖卿辈协意悉心，精加衡鉴，网罗实才，毋使浮夸轻躁者冒吾名器。朕则汝嘉。"余端礼奏："乞宣付史馆。"上曰："今年无殿试，省试事体不轻，欲得试官，留意考校。他日大用人材，皆由此出。"(《宋会要·选举》五之一七)

省试降御札自此始，是年未临轩，故加戒饬，后遂以为常。(《咸淳临安志》卷一二)

盖为谅闇不能亲策，事体至重，故加戒饬。自此袭以为例，虽当亲策，亦加戒饬云。(《四朝闻见录》丁集)

二十五日，诏："今举特奏名试在第五等人，候遇郊赦日，许注岳庙一次。愿缴纳敕牒再试者，听。"(《宋会要·选举》一三之八、九)

二十五日，兵部言："四川今举省试合格共取六名。行在武举过省人已从绍兴三十二年故例，候省试院申到人数，照应淳熙六年立定补官格法拟申外，其四川武举创自乾道八年，即无绍兴三十二年故例可以拟定。照得当年止有四川省试进士一百二十七人推恩体例，第一等第一名赵雄于第一甲第五名安排，依行在第三名推恩，第二名游桂于第六名安排，余并三人中参入一人。礼部已从故例，拟定推恩毕。今来武举止有六名，若将上件故例比拟，缘人数多寡不同，兼不曾分优、平二等。今指定，欲将第一名于省榜第五名安排，第二名以下于第六名，以次每九名参入一名，照策入平等格法补官。"诏："第一名于省榜第五名安排，仍比类行在三平等、策入优等推恩补官。"余从之。(《宋会要·选举》一八之一三)

(李心传)庆元元年荐于乡，既下第，绝意不复应举，闭户著书。(《宋史》

卷四三八)

三　月

余玠卿监临安税院，庆元元年七月，婢庆奴梦两人持黄旗扣门，大呼曰："来报省榜。"方以辞却之，其一又曰："正是本宅。"既寤，以告玠卿。玠二子俨、倬在鄱阳俟秋试，乃寄书归，言其事，戒使淬励学业，以应梦兆。已而，皆不预选。二年三月七日，余干士人史本凌晨访之，盖去岁乡举者。云："本在贡闱，作《易》义颇觉称惬，恐或叨窃名第。常闻报榜者有剥脱人衣裘之患，傥遭此挠，旅舍遂无他衣可出，愿隐避于此。"玠卿许之。次夕揭榜，报人已知史所在，径造余门。史藏于堂，不令见其面，但犒之以钱乃止。始验曩昔婢梦，且有"本宅"之语。本中一等第七名，为《易经》魁，方二十许岁。(《夷坚支志》戊卷六)

九日，以吏部尚书叶翥知贡举，吏部侍郎倪思、右谏议大夫刘德秀同知贡举，得合格奏名进士莫子纯以下三百八十八人。(《宋会要·选举》一之二五)

十一日，吏部尚书叶翥等言："二十年来，士子狃于伪学，汩丧良心。以六经、子史为不足观，以刑名、度数为不足考，专习语录诡诞之说，以盖其空疏不学之陋，杂以禅语，遂可欺人。三岁大比，上庠校定，为其徒者专用怪语暗号，私相识认，辄置前列。遂使真才实能，反摈不取。臣等孰识其弊，比知贡举，试取经史之疑以质之，多不能对。观其文理，亦有可采，而怪诞尤甚，深可怜悯。盖由溺习之久，不自知其为非。欲望因今之弊，特诏有司，风谕士子，专以孔孟为师，以六经、子史为习，毋得复传语录，以滋其盗名欺世之伪。更乞内自太学，外自州军学，各以月试取到前三名程文，申御史台考察。太学以月，诸路以季。太学则学官径申，诸路则提学司类申。如仍前不改，则坐学官、提学司之罪。如此，何忧文风之不变，士习之不革哉?"从之。《文献通考》：宁宗庆元二年，以亮阴不亲策。省试进士，得正奏名邹应龙等。自韩侂胄袭秦桧故习，指道学为伪，台臣附之，上章论列，诏榜朝堂。而刘德秀在省闱奏疏，至云："伪学之魁，以匹夫窃人主之柄，鼓动天下，故文风未能丕变。请将语录之类，并行除毁。"既而叶翥上言："士狃于伪学，专习语录诡诞之说，《中庸》、《大学》之书，以文其非。有叶适《进卷》、陈傅良《待遇集》，士人传诵其文，每用辄效。请内自太学，外自州军学，各以月试合格前三名程文，上御史台考察。太学以月，诸路以季。其有旧习不改，则坐学官、提学司之罪。”是举也，语涉道学者，皆不预选。同日，都省言：“正免解并国学该遇覃恩免解，临安府府学职事及临安、庆元、安庆、英德府曾该赦文免解，国学诸州还赴庆寿恩覃恩等免解人，依绍兴四年取放分数，十七人取一名，零分更取一名。其庆元、安庆、英德府连三举不改名人，庆元府取四人，安庆府取二人，英德府取一人。内英德府如无应取合格卷子，即听阙。”从之。(《宋会要·选举》五之一七、一八)

自制科明数之问既罢，绍兴尝复而未盛。上之发策，下之对策，皆出于虚文。故士之知书日益少，而宏词遂得以擅该洽之誉。甚至明经者不习故典，词赋者不谙传注。有司既奉上旨，遂发为问目云。……发策词赋之士如此，然犹可以臆对。盖赋题出天子，大采朝日已为不恕，盖无复类书之可寻。故策问微恕，意欲使词赋者稍知传注之学，及首篇问目云。博物洽闻，儒者所尚已。防风专车之巨骨，肃谨氏楛矢之方，非圣人孰能辨之？对神雀五采之来集，有以鸑鷟在岐周为证者；问建章千门之制度，有以能画地成图应答如流者。然则博物君子，何世无其人乎？故西都著作之庭，必聚闻见殚洽之彦。唐正元取士之目，兼设博通《坟》、《典》之科。此有国者所赖以崇饰文治，其在是欤云云。今日韦布之士以科目应诏者，类多溺于虚诞之习，初无根柢之学。试历考前代所谓博洽之儒有见于世者，与诸君共评之。汉高以马上得天下，一时共成帝业者，皆武力功臣，而能安刘氏，乃在于重厚少文之人。是岂在上者未知崇儒，而博洽之士未之闻乎？及武帝之世，详延文学，儒者以百数，班氏所称博物洽闻、通达古今，不过数人而已。是时制度多阙，诸儒议封禅之事，及得精于诵读者，其制始定，而固独以儒雅称之。岂雅为博洽之异名乎？东都之儒，有著《周易》、《尚书》、《毛诗》、《仪礼》、《论语》、《孝经》及《毛诗》诸驳，见称洽熟，有撰欧阳、大小夏侯《尚书》古文同异，齐鲁韩《诗》与毛氏异同，并《周官解故》行于世者，范晔不敢列于儒林。岂其博通经学，非以一艺自著，与专门名家不同而然与？唐贞观开文学馆，召名儒十八人与论天下事。开元相望，史学尤盛，有以功业显显著见者，未易枚举。其间能辨古铜器知为阮咸初作，请《左氏春秋》之疑，能言三家七穆之不差，亦可谓博古矣。然考其人，或以类礼而作《五难》，或仅能论胡乐之乱雅，他无建明。岂所学不充所用耶？在唐之前，又有博学多通号为“武库”者，能处军国之要计无遗矣，其智识为何如？见谓书淫，坚守其志，不从辟召，而乃无意斯世，又果何所见耶？唐史臣品藻诸儒书，专于记习，他无大事业。则次为《儒学篇》，乃举天下一之于仁义归于儒，为宰辅所当为者。则今日欲得实才，必当出于博洽者，其止于诵习而已乎？抑为经史学乎？至第三问目，犹问左氏述虞人之箴，与兰台漆书之经，与《金鉴》序于贞观，《连屏》作于元和，《大训》、《帝范》、《衡扆》、《君臣》、《刑政箴》、《太医》等箴，固已兼制科宏词于问目，宜多士之不能涉笔也。中是选者，前二名莫子能、邹应龙。莫已有官，易居邹下。子纯该洽之士，真足备制科宏词之选已。自岁主司自翥以下，曰倪思、刘德秀，策问指安刘氏者乃重厚少文之人，盖阴誉侂胄云。先是，台臣击伪学，榜朝堂。未几，张贵谟指论《太极图说》之非，翥、思、德秀在省闱论文弊。复言伪学之魁，以匹夫窃人主之柄，鼓动天下，故文风未能丕变，乞将语录之类并行除毁。是科取士，稍涉义理者悉见黜落。叶、刘俱附韩，策问非文节所为也。文节于韩、赵皆无所附。翥为长，当出首篇，士愕莫知对。子纯以小纸帖所出于柱间，士皆感之。是时举子不事记诵，专习于空虚之谈。若射策中，至有“心心有主，喙喙争鸣”之语，转相换写，世之识者固已患之。时适值党议之兴，而士之遭黜者往往以为朝廷不取义理之文，得以藉口矣。当时场屋媚时好者，至攻排程氏，斥其名于策云。(《四朝闻见录》丁集)

韩侂胄袭秦桧余论，指道学为伪学，台臣附和之，上章论列。刘德秀在省闱，奏请毁除语录。既而，知贡举吏部尚书叶翥上言：“士狃于伪学，专习语录诡诞之说、《中庸》《大学》之书，以文其非。有叶适《进卷》、陈传良《待遇集》，士人传诵其文，每用辄效。请令太学及州军学，各以月试合格前三名程文，上御史台考察。太学以月，诸路以季。其有旧习不改，则坐学官、提学司之罪。”是举，语涉道学者，皆不预选。(《宋史》卷一五六)

二十八日，阁门言：“已降指挥：‘庆元二年礼部奏名进士，更不临轩策试。'依故例:阁门引见,退赴幕次,祗授敕牒、袍笏讫,引门谢,分作两日引见。先是,一引见举人日,依仪于后殿引,系七拜大起居。班首出班致词,归位,五拜讫,退。一,检会绍兴八年六月引见举人,系在徽宗皇帝、显肃皇后服制内,未纯吉服。其举人止令四拜起居,致词讫,再两拜。一,今来引见举人,系在孝宗皇帝服制内,未纯吉服。依例止令四拜起居,致词讫,再两拜。一,检会绍兴八年、隆兴元年引见举人,并系射殿坐。不引见,谢、辞。上殿班止三省、密院,奏事毕,移椅子。皇帝临轩,坐见举人。若系假故日分,令阁门官已下祗应诸司官、承旨、修注、管军、御带、环卫官行门起居,次三省、密院起居奏事,余官并免赴。一,旧例引见举人讫,出殿候有司给散敕牒并袍笏毕,逐甲赴殿门外,谢讫,退。一,旧例引见举人,前二日阁门差舍人一员、承受二人,就净慈寺习仪,令礼部告报。一,旧例引见举人,候礼部牒,编排到黄甲姓名,阁门取旨引见。"诏:"为在孝宗皇帝服制内,权于后殿引见。依例分作两日,止令上三甲入殿立班,余门见。并令入出和宁门,经由门户并早一刻开。余从之。"(《宋会要·选举》八之一六、一七)

四 月

二十九日,礼部言:"检会乾德、咸平典故,省试开院,合格举人内有任两省、台谏、侍从以上有服亲属、权要亲族者,从本部取索,具名奏闻复试。"从之。以后准此。(《宋会要·选举》五之一八)

二十九日,诏:"武举特奏名第一名余端义,与依格补官、减年外,所有特权减二年磨勘指挥更不施行。"以臣僚言:"伏睹武举推恩,特奏名第一名策入平等,马、步射二事并应格,补进武校尉,减一年磨勘,此格法也。端义乃前宰相端礼之亲兄,骤中魁选,公论极喧,辄令数内陈光朝等陈乞升等补官,迂回下部。端礼恳祷同列,迁就勘当,必欲遂其私意。乃暗优端义,余皆不预。照得进武校尉三年磨勘,便可转承信郎。今端义已补校尉,减一年磨勘矣,而又权减二年,则是正该承信郎。乞将权减二年磨勘指挥,特赐寝罢。"故有是命。(《宋会要·选举》一八之一三、一四)

五　月

十二日,上御后殿,引见礼部奏名进士。正奏名邹应龙已下五百六人,第为五等,赐进士及第、出身、同出身。特奏名程维显已下五百七十八人,赐同进士出身、同学究出身,登仕郎、将仕郎、上下州文学、诸州助教。同日,引见武举进士正奏名周虎已下五十九人。虎补秉义郎,林仲虎、游叔昌补保义郎,并赐武举及第。余悉武举出身,补承节郎。特奏名补进武校尉、进义校尉,减磨勘有差。(《宋会要·选举》八之一七)

进士第一人莫子纯已受荫补,故命次名。(《宋史全文》卷二九上)

十二日,诏:"新及第进士第一人邹应龙本系第二名,为上一名有官,特赐第一甲第一人,第二人从事郎莫子纯本系第一名,为系有官人,特与第一名恩例,并补承事郎、签书诸州军节度判官厅公事;第三人夏明承补文林郎,第四人徐应龙补从事郎,第五人宋德之补文林郎,两使职官内第五名宋德之为系四川类试第一名,与依第三人恩例;孔炜元系第五名,与还第五名恩例;第六人以下至第五甲并迪功郎、诸州司、户、簿、尉。"(《宋会要·选举》二之三〇)

进士名录:邹应龙,莫子纯,夏明诚,丁晔,丁德元,于柔,上官得之,上官简,王元春,王太乙,王午,王廷杰,王休,王克,王益祺,王国士,王国华,王象之,王溆,王梦龙,王与权,王震成,王临,王舆,尤宜中,尤异,牛大年,毛珍,卞克开,文士南,方秉文,方秉成,方隆,方强,方孺良,孔元忠,孔抡,孔炜,石宗玉,石宗魏,史本,史弥逊,朱仲河,朱序,朱况,朱景筌,朱梦龙,廷坚,伍木,任一龙,全翼之,江之遂,江公复,江武,阮幡,李大有,李子简,李大益,李回,李仲午,李冲,李彦衡,李桂,李俱,李容实,李通,李道传,李椿,李熙之,李鼐,李骏,李应宸,李镳,吴元子,吴丙,吴修,吴衍,吴晋卿,吴云翼,吴渊,吴颖,利慥,邱和,何立可,何汶,何洋,何衮,何湇,何尊,何器,余亮,余叒,余经国,余翚,冷熙,汪安仁,沈仲该,沈迪,沈唐老,宋元老,宋泳,宋德之,邵伯麟,邵应祥,邵应瑞,林光中,林孟肃,林起莘,林清之,林景申,林景达,林善需,林梦亶,林诚,林僖,林渍之,林应龙,林关,林瀛，易炳，季子简，周子才，周日严，周申，周劼，周茂良，周勉，周巩，周励，孟叔弼，胡允恭，胡西仲，胡彝，柯必卿，柯龙受，侯允，俞崇，姜辉，姜济时，洪允迪，洪杲，洪舜臣，祝士奇，姚东，姚师虎，姚朝佐，姚选，袁岳，袁洽，莫汶，桂如渊，桂万荣，连三益，夏荃(一作夏荃)，徐伯嵩，徐沂，徐岊，徐叔川，徐昌之，徐竦，徐楹，徐瑶，徐凤，徐质夫，徐履正，徐应龙，翁珣，翁蜀，郭安仁，郭斯立，郭询直，郭显文，唐巽，凌冲，陆谈经，陈一清，陈千龄，陈子式，陈甲，陈有成，陈同伯，陈奇之，陈易，陈季修，陈京，陈泳，陈保中，陈洽，陈烈，陈涣，陈逵，陈唯，陈移忠，陈无损，陈杰，陈舜臣，陈搏，陈模，陈凤，陈檦，陈谔，陈贽，陈鹏图，陈权叔，陈鉴，陶大章，陶武，孙拱辰，孙逢吉，孙�，黄大中，黄汝猷，黄沐之，黄泾，黄淮，黄绅，黄云翼，黄舜仁，黄钺，黄诰，黄櫄，黄震龙，曹建国，曹待聘，常有开，常有润，许经，许仪，章如愚，章禹圭，梁铸，屠明发，张士炳，张可大，张有元，张合，张更生，张禹畴，张珩，张虙，张欣，张淡，张杰，张槐，张准，张戬，张霆，张荣仲，张汉，张谟，张爟，阳万彻，彭骥，叶子高，叶民望，叶秀发，叶佑甫，叶若，叶莫，叶章，叶发，叶蒙之，叶蕃，叶观，万士贵，万何，董仁泽，董琮，董焯，董梦传，惠端方，喻显道，程壬孙，程有俊，程得一，傅壅，邹纪，邹龚，曾逢辰，曾勋，曾勋，冯大受，冯邦佐，冯自强，冯理，冯景中，汤千(误)，杨士训，杨子寅，杨似之，杨志锐，杨炎正，杨拱辰，杨冠，杨泰之，杨焕，杨景商，杨复礼，杨道孙，杨梦信，杨谔，杨总，虞由，詹师文，詹会，赵至道，赵伋，赵汝侒，赵汝法，赵汝官，赵汝笈，赵汝垕，赵汝洙，赵汝埊，赵汝倕，赵汝浚，赵汝悉，赵汝暖，赵汝适，赵汝谊，赵汝钟，赵汝岩，赵希行，赵希耑，赵希珣，赵希混，赵希梁，赵希慨，赵希玓，赵希党，赵希灏，赵思栅，赵彦邴，赵彦假，赵彦埘，赵彦楷，赵彦枢，赵彦翩，赵洵夫，赵时侃，赵时通，赵时穆，赵师侁，赵师宜，赵师鼎，赵师业，赵师适，赵崇恪，赵崇岩，赵绅，赵邹夫，赵善封，赵善湘，赵善蓬，赵善嵩，赵迈，赵翰夫，赵宠夫，蒋志行，蒋岘，蔡任，蔡诜，蔡敷言，蔡鉴，廖公辅，廖崇，郑人杰，郑子思，郑天麟，郑仲龙，郑孝纯，郑沆，郑范，郑拱，郑起沃，郑唐臣，郑益，郑达可，郑准，郑褒之，郑应龙，楼汶，樊渐，欧质，黎必取，刘三益，刘有声，刘拘，刘宜之，刘起世，刘时可，刘造，刘余庆，潘自牧，潘刚，潘刚中，潘梦旂，薛叔灌，萧里，赖添麟，卢安仁，钱廷玉，钱厚，钱抚，钱德谦，鲍璋，戴经，韩漪，韩同，韩深，钟震，钟颖，谢用晦，谢宜中，谢铸，蹇君章,蹇许,蹇驹,苏汉,罗清宪,罗懋,罗献,谭幼学,饶英材,顾元龙,顾戈,龚日章。

特奏名进士:程维显,王申,王芹,王伯修,王宣旦,王倧,王实,木崇,方复道,伍群,任广誉,阮颀,杜峤,李大言,李若,李沭,李梦庚,李肃,吴文子,吴文发,吴焕,余大任,余端夫,沈必寿,林士器,林元鼎,林用中,林有闻,林成,林仲舆,林冲,林更,林冠英,林登之,林概,林藏机,金作就,周申,周鹏先,胡介,柯庚,侯安石,施泽,洪叔度,徐鼐,高实,高震之,唐庚,陈力行,陈士显,陈公翔,陈旦,陈戍,陈如晦,陈克昌,陈育,陈衎(一作陈衍),陈起莘,陈崧卿,陈淑,陈鼎任,陈渊,陈弼,陈怀忠,黄民望,黄拱,黄粲,许仲宏,许寓,商伉,商倬,张万,张维,张履,叶皆,叶珪,叶点,程熹,湛衍,杨叔豹,杨要,杨起宗,贾之祥,贾谓,詹骥,蒋介夫,蒋震,廖复,郑谷,郑起莘,郑众,郑钧,邓中复,赖天灵,戴思中,严肃。

上舍释褐:王宗烈,李琪,黄肤卿,郑擢。(《宋登科记考》卷一二)

补进士名录:赵希馆。《宋登科记考》卷一二将其录入是年武举进士名录,误。《全宋文》卷七一一一魏了翁《赵公希馆神道碑》:"公讳希馆,字君锡,旧名希喆,举进士,改赐今名,太祖皇帝九世孙也。……举庆元二年进士,授修职郎。"又,《宋史》卷四一三:"赵希馆字君锡,旧名希,登庆元二年进士第,改赐今名。"

补特奏名进士:其一,朱缨。《宋登科记考》卷七将其系于元祐三年特奏名进士名录,误。详说见前。

其二,欧阳光。《宋登科记考》卷七将其系于绍圣四年特奏名进士名录,误。详说见前。

辨正:汤千,当为"汤于"之误。《全宋文》卷七一九一真德秀《汤武康墓志铭》:"君名于,字升伯,姓汤氏。"

上登极,四川类省试,嘉州举人当免解。赵全叔为守,靳之,得试者仅有百许人。是年,登第者才三人。其有故未及试者,四年复取三人而止。

是时，英、明、舒三州举人并赴南省，而庆元府得十有七人，安庆府得四人，英德府得一人，皆附春榜。视嘉州为优云。（《续编两朝纲目备要》卷四）

江西人遇元夕，多以人静时微行，听人言语，以占一岁之所为。通塞新喻李仲谦为举子时，是夕行于溪上，见渔者炬火捕鱼，其一连呼曰："里大有！里大有！"仲谦闻而异之，其年秋试更名大有，遂中选。（《独醒杂志》卷九）

鄱阳洪舜臣，习毛氏《诗》，获乡荐后，连试不利。考其学业，在可上可下之间。然夙精五行书，尤善推星数，自期不薄。里中多戏之曰："君幸得恩科一官，著绿袍足矣。"掉头笑应曰："吾星限已定，必取正科。"乡里士俗，大家好蓄鼓，遇昏姻盛礼，召会宾客，则椎击集众，且为欢欣。或见一持鼓求售者，洪捐五千钱买之。其家无余资，皆疑为非所急。洪曰："候来报省榜日，当用之矣。"闻者益传以为笑。庆元二年，以免解入都，戒其妻曰："到三月间，多酿酒，准拟犒报榜人及待贺客。"至期，鼓在架上，不击自鸣者三，其声振彻于外。向之笑者异焉，果登第。（《夷坚支志》庚卷一）

平江士人潘梦旂，本名某。绍熙壬子秋，母梦神人立黄旗于门，旗上有"潘"字，下有"易"字偏而小，觉以语其子。子曰："梦想何足据！"明夕，母梦如昔，犹不谓然。连夕至三，母明悟人也，曰："得非示汝改名为易之兆乎？"潘曰："其字既偏且小，不可用，谅使之改经尔。"潘素习诗赋，因是旋买《易解》讲义诸书，从师肄业，久而益勤。较艺郡庠，多中选，稍以自信。至庆元乙卯秋举，尚虑经义难合有司程度，复以赋自列。已投试卷，竟又梦向者神人告曰："曩岁立旗，盖是汝名。《易》者，汝本经也。"寤而改名旗，仍用《易》应试。夜又梦神人曰："当用'交龙为旂'之'旂'字，从斤乃可。"潘始大惊异，从所言，而加"梦"字为"梦旂"。是岁荐，一举登科。（《夷坚三志》已卷七）

南城士人利慥，字处厚。绍熙癸丑岁，为南丰严氏馆客。梦入宫殿，望殿上王者赭袍玉带，容貌甚少。一金紫人道之升殿，自言姓颜，觉而喜为吉梦。试数近时朝士颜氏之达者，几圣尚书已逝，鲁中侍郎又久外且老，更无他颜可屈指。而少年之主莫敢测言。但意其兆应尚远，姑大书“颜”字于壁间，不以告人。至庆元丙辰，礼部奏名，其程文乃在著作郎颜棫能甫房中。是年，适无廷对，而集英引见赐第，盖主上临轩也。(《夷坚志三补》)

泰宁邹景初应龙为士人时，诣大乾庙焚香。其夕，梦到一处拾钱，钱堆撒满地，而才得二十五文而止，意甚少之。旁人云：“邵武解额二十六名，若更得一钱，便为压脚矣。”庆元乙卯秋试，遂占第二。说者曰：“此居二十五人之上，梦已验矣。”次年春，乃魁天下。或者贺曰：“钱上有‘元’字，状元之谓也。君以壬辰年恰二十五岁，尤为的确可证。他人神告不如是之切也。”邹自书其事，以告南城友人危微云。(《夷坚三志》壬卷一)

卫泾《回邹状元谢及第启》：妙柬儒英，作新文气。大《春秋》尊王之旨，独探其端；伟庆元进士之初，卓为之冠。恭惟签判状元，琳琅峙秀，奎壁含辉。天与非常之才，人知致远之器。属朝家敷求于伟厚，俾习俗尽革于浇浮。果以国士之无双，置诸天下之第一。由公选而为举首，足昭董氏之潜心；以治经而位封侯，行迈公孙之徒步。鼎来富贵，不可及也；壮志功名，舍我谁哉！某滥篴详参，与披杰作。十年往事，惭拜宠之略同；今日得人，自立科而未有。遽辱染云之况，徒怀报玖之诚。谢语不工，喜悰则倍。

卫泾《回莫状元谢及第启》：名魁淡墨，第锡彤墀。率由旧章，虽为布韦而少屈；出乎其类，盖举簪绂而未闻。国庆得人，士歆稽古。恭惟签判状元，钟岩壑英灵之气，挺圭璋特达之资。学有渊源，识穷壸奥。《周官》兼习，儒宗未逊于贾逵；汉事洽闻，典式尤详于应劭。属当今日，大振斯文。训言亲洒于丁宁，好尚欲归于醇正。宜词场之巨擘，视科第如摘髭。素称万选之钱，卓冠千名之佛。位辞第一，孰逾籍甚之声；恩拜非常，不异褎然之首。鸾棘已更于民事，凤池伫赞于皇猷。某猥以疏庸，滥尘参考。缅怀世德，昔尝并于英游；益振家声，令获观于盛举。投珍过礼，裁报难工。惟有袭藏，传诸永久。(以上均见《全宋文》卷六六三六)

卫泾《回夏状元谢及第启》:伏审拔萃春官,拜恩天陛。席珍以待,夙推独步于璧流;鼎足而居,果见先登于金榜。声闻四出,观瞻一新。恭惟签判状元,文章夙成,学问精诣。素号万人之敌,蚤升三舍之优。发言为诗,义深明于有六;以意逆志,思每蔽于无邪。是惟器识伟厚之贤,仰副训告丁宁之旨。既天心之允协,亦物望之攸归。虽词华取士,从古以然;而科目得人,如公盖寡。渊源师友,谅不负于生平;砥砺功名,更相期于岁晚。某自惟末学,获与斯文。兰臭同心,所愿论交之久;笺题衔袖,益钦陈义之高。谢语不工,喜悰则倍。(《全宋文》卷六六三七)

十　月

钱文子《袁州贡院记》:袁为州,地甚陋,而自唐以来号名郡,进士之盛,接踵魁天下。宋兴,休养涵育,被以文教,于今二百三十有七年,秀民美士崛起迭出者至无所容。旧贡院在郡之东,绍兴中士亦多,始合迎恩驿以试。其后又益多,则东通报恩寺,创庐舍以处之。今又滋益多矣。古者贡士,试之以射,求其容体比于礼,节奏比于乐,然后得与于祭而升之列位,于是乎赋《嘉鱼》、《鹿鸣》以乐得之,上尊士而士亦自尊也。今士应举,裹饭负笈,骈肩而入,据按执笔,以待试问,亦既非古矣。而反无所容,至攘臂相先,偪侧斗竞,姑以文墨幸于一得。是岂惟士之不能自尊?盖上之人亦有过焉。郡太守三衢江侯自任视事之二年,慨然念之,乃相东湖之傍,右江左山,其地为宜。谋之通守长沙张君鼎,遂徙阅武场马驿转而东,以其地创新贡院。为堂为门,为廊庑,合二百三十有二楹。起六月庚申,讫九月甲申而毕。官吏寓处,内外有严,庖湢井溷,罔不毕备。盖江侯约己节用以奉兹役,且属之军事推官建安虞庠、宜春尉三衢徐俦。而二君莅事恪勤,功用克集。凡为钱三百七十万有奇,不请于朝,不赋于民,不取办于诸县,而栋宇屹立,焕然湖山之间。侯于士可谓无负矣,为郡士宜何以报称?予曩在大学,同舍生刘堪为言宜春山川之美,人物之秀,每愿家焉而未能。贡院成,江侯以书来属予记,乐书之。他日从刘君游其乡,将见宜春之士济济相逊,如古射宫,拾取科目,如唐会昌,相与共诧得人之盛,而咏江侯之遗德,其必知所自来矣。庆元二年十月二十有六日。(《全宋文》卷六八八八)

十二月

王介《绍兴府进士题名记跋》：题名旧刻，始于庆历，用《登科记》修也。前此记不详其乡里，故虽祁公亦不复书，阙所不知，是固未害。然祁公不书，何以寓高山景行之瞻？教授刘君庶请于府帅待制侍郎单公夔，砻旧石而增修之。访遗逸于邦之长者，得陆公轸以下凡七人，遂列祁公于其首。自建隆开国，距庆历余八十年，其间策名多矣，未易考也，仍存阙疑之义。自庆历至今，百五十余岁，登载日益盛。今年上以孝庙故，未亲策多士。而莫君子纯实为南宫第一。三魁相望，于四十余年之间，是碑重修，其风远矣。介既为书旧记于碑首，复叙大略，以辅教事。庆元丙辰腊月既望，承议郎、添差权通判绍兴军府兼管内劝农事王介书。(《嘉泰会稽志》卷三)

庆元三年　丁巳(1197)

二　月

高文虎《记进士》：高宗皇帝受天葆命，系隆我宋，乾旋雷动，驻跸东南。维建隆肇基，八圣绵统，凡所以储大器业，振动豪英，昌乎登用，盛乎维持者，率根之庠校，精于教育。首诏行在所兴太学，选师儒，置弟子员。旋饬銮舆，谒先圣，幸两斋，御崇化堂，命学官讲《周易·泰》卦。于是天下学者靡然向风。明圣相承，授受一道，关诸训迪，诚有加焉。昔者建武中，天下人心戴汉，思有以济大业而系尧绪者，皆以为投戈讲艺，临雍授经之。自本朝之盛，视汉东郡何愧？而东都士多至人三万，范晔所传若岑晊、何颙、符融、井丹、服虔、高彪、梁鸿、孔僖以下仅十余人，记录之阙系乎体者如此。由绍兴以来五六十年，士之入太学以万计，而擢科第者千有七百八十六人。如云如川，方兴未艾。勿有刊勒，以诏来者，宁止如汉史氏阙然莫订，抑何以表章列圣广延众俊，兴建太平之明验大效？乃仿蜀左右生故事，为《太学登科记》。此国子录吴君仁杰之志也。文虎以二年元日蒙圣恩拜少司成，越二十五日诏参详南宫。时预典贡举以下奉诏，若曰："期得器识浑厚、议论正平之士，副异时公卿大夫选。惟赖协意悉心，精加衡鉴，网罗实才，毋使浮夸轻躁者冒吾名器。"文虎窃自思念：学校之养士，科举之得人，与立国之道表里经纬，至于刊诸圣谟，形之戒饬，则士亦盍自省矣？盖国家闲暇，广于缉熙；时方艰难，勇于经济，此学之所由兴，而士当侈于归美。故荒嬉精勤之戒，韩愈以诲诸生；以公灭私之言，《周官》以告多士。今位乎监学，隶于斋舍者，相与守此，则题名之作，岂特美人才众多而已？《诗》曰："丰水有芑，武王岂不仕？诒厥孙谋，以燕翼子。"凡我有志，尚其勉之。庆元三年二月二十三日。(《咸淳临安志》卷一一)

二十五日,铨试、公试、类试:命监察御史张伯垓监试,大理卿周珌、右司郎中张釜、枢密院检详诸房文字黄唐考试,秘书丞曾唤、大理寺丞奚士逊、秘书郎费士寅、太常博士汪义和、大理评事邵衮、蒋蔺、秘书省正字易祓、宗正寺主簿杨寅、太学博士王炎、武学谕厉仲详考校。是日,铨试、公试、类试:命监察御史林行可监试,著作郎兼考功郎官张嗣古、著作郎莫子纯、大理正郗师成考试,阁门舍人林伯成、太府寺丞叶宗鲁、秘书郎杨炳、周梦祥、枢密院编修官杨祷、秘书省校书郎曾从龙、太常寺主簿叶时、大理评事叶正纲、费埏、沈绎考校。(《宋会要·选举》二一之七)

四　月

吴仁杰《国家释褐记》:国家取士之制,其选之愈艰,则所得愈精。举今所遴选而甚重者,惟大科异等,若制举,若宏博之科,若南宫进士之首冠,与夫胪句所传上之三人者是已。神宗皇帝设三舍以造士,于是又有三舍生优选出焉。非长才、秀民、国士、天下士不在此选,故一旦崭然自奋于尘滓奥渫之中,其道德之章闻,声望之振起,莫不光明隽伟,表表人上。其仕也,至于横翔捷出,驰清骛华,都卿相之位,极文儒之选,而天下不以为过。惟其素所蕴蓄与其所自植立者有以大镇服之也。凡三岁大比,拔进士之尤者大都不过四人,宏博之科多不过五人,虽间缺不取,亦时时有之。惟制举不常有,而上舍优选亦不常有。方其徕天下之英而群试之,有司求十百于千万,然后得入太学。又谨察其行艺之可者而升之,必内舍最优之人中上舍而占优等,然后得为两优。其跻扳分寸累而弗队者不一二,败于垂成者皆是也。盖自元丰至元祐始得一人焉,曰林自;又自元祐至崇宁得一人焉,曰张相。按元丰初,令上舍生上等中选者取旨推恩,不与他等,故或以阶视匠监丞而参宾幕,或以初品京秩而官学省,皆异恩也,虽方正、茂异反不及焉。所以重天子之学,抑以其行艺之素,月积季累,选之艰、得之精而然与?夫国之养士犹山之养材也,梗楠豫章,干云之奇材,自拱把而至于寻抱,其养之也至矣。其成之也不易,则其待之也不轻,恩施之美固其所也。乾道纪元之三年,岁在豕韦,太学之立两星终矣。绍兴天子骏惠先烈,作成人才,以遗圣子神孙百年之用者,其效始见。是岁,太学以上舍优选闻,有旨推恩,如崇宁二年故事。祭酒、博士而下,即崇化堂,集诸生冠带立东西序，奉诏黄赐之释褐，搢笏稽首，谢恩于庭下，一时歆艳其荣。由是，两学之士益淬厉修饬，以趋上意。才八置闰而踵相蹑者七人，得士之盛，前此未有，可书也已。四明高公以西垣北阖之重，下兼大司成，既合进士、上舍科级题名镵之石，谓两优之选，科级之巨擘也。复科别其人而碑之，屡书特书，以侈一时之盛，且以厉学者。命仁杰识其事，以不能辞，公不可，则退而执笔纪其大较如此。庆元三年四月五日。(《咸淳临安志》卷一一)

五　月

六日，监察御史沈继祖言："昨备数省闱较艺，恭拜御札，有曰：'期得器识伟厚、议论正平之士，副异时公卿大夫选，毋使浮夸轻躁者冒吾名器。'臣窃谓：教养有素，则所取皆有用之材；训迪不先，则旧习无骤变之理。昨者宸翰虽遄颁于礼闱，而纶音未播于郡国。况今去科举，止有年余，训迪磨励，今正其时。乞诏郡国，俾四方士子精勤肄习，博通古今，种学绩文，以应明时之需。主司出题，必指事实，毋事虚泛，庶几实材辈出。"从之。(《宋会要·选举》五之一八、一九)

六　月

癸卯朔(一日)，言者论："三十年来，伪学显行，场屋之权，尽归其党。所谓状元、省元与两优释褐，若非其私徒，即是其亲故。望诏大臣，审察其所学，而后除授。"(《宋史全文》卷二九上)

己卯(是月癸卯朔，无己卯日，疑为乙卯之误。乙卯，十三日)，(赵)崇禨以能诵六经免文解。(《朝野杂记》甲集卷一)

八　月

五日，国子监发解：命监察御史程松监试，右司郎中张伯垓、军器监丁逢、著作佐郎曾渐考试，秘书郎王炎、太常博士孟必先、秘书省正字李埴、主管官告院徐似道、干办诸军粮料院许巽点检试卷。避亲别试：太府寺丞陈说考试，主管官告院程准、主管吏部架阁文字张嗣古、主管户部架阁文

字陈晦点检试卷。(《宋会要·选举》二一之七)

九　月

丁卯(二十七日),言者论伪学之祸,望申饬大臣,鉴元祐调亭之说,杜其根源。是秋当大比,漕司前期取家状,必欲书“委不是伪学”五字于后。时有柴中行者,为抚州推官,独移文漕司,称:“自幼习《易》,读程氏《易传》,未委是与不是为学。如以为伪,不愿考校。”士论壮之。(《宋史全文》卷二九上)

十二月

十八日,臣僚言:“嘉定府系是潜藩,该遇登极赦。应乡贡进士,曾经连三次终场不改名之人,免文解一次。本府有赦前,一举终场四千五百八十九人,缘去失前两举号簿,无因见得连三举终场不曾改名之人,难以取放。”礼部勘当:“欲于庆元四年科举,除取本府解额外,于内就取五百名,以补上项人数,特与赴省试一次。另项考校,乞量立省额。或有事故、赴省不及之人,不许后举还试。其试下人,亦不理为到省举数。”都司拟定以三人为额,余并从之。(《宋会要·选举》五之一九)

庆元四年　戊午(1198)

正　月

十一日，右谏议大夫姚愈言："乞诏天下，将来秋试、春闱司文柄者，惟取文辞根本理义，鲠直明白，无所阿佞，擢置高等。或文辞可采，而议论涉于柔佞谄曲，则黜之。庶几皆有挺特刚方之操，以备器使。仍乞戒敕太学儒官、州郡教官，于训诱考校之际，严加激厉，俾之涵养气质，习为忠鲠。如此，则人材辈出，仰副教养作成之意。"从之。(《宋会要·选举》五之一九)

陆埈《魁星亭记》：国朝自崇宁行三舍，州县岁贡辟雍。逮宣和甲辰贡进士，复合试于科举，诏春官增省额。其得以名彻奏篇，置之科甲者八百有八人。徽学沈公由秀之崇德，充赋京师，为天下第一进士之选，莫盛于是。公之居室，旧寓广福精舍，南抵通衢，尝以状元目其坊。中更乱离，故实堙废，里居之士每相与叹息，虑其久而易泯也。宣城奚君，以儒学长斯邑，垂意乡校，行且报政。振其余力，营东西二斋，以渐恢教养之规。佥谓先贤骏迹，郁而未彰，殆无以起人心而助风化。于是，搜旧闻，访遗像，朋盍而请于县。置祠序室，仍卜地于东北隅，培土岿然，建亭其上，命之曰"魁星"。爽垲翚飞，面势轩敞，前抚平畴，万耦分塍，旁瞰漕渠，千艘顺帆。吾邑胜概，恍然皆会于楹槛几席之间。一旦与伦魁之耀发越呈露，开豁心目，其殆数使然欤！夫一气浮乎太虚，辉粲森列，在朝象官，在人象事，昭昭不诬也。昔陈太丘偕子侄造荀氏，英俊参会，精发于天德星，有亭犹见图志。况地灵人杰，裒然特起其上，动躔纬正如左角之于贤者，少微之于处士，东壁之于君子。揭名斯亭，以表类应，岂非桑梓之伟事哉！观公奉大对于大廷，揲之以策，绎之以象，参伍错综，穷极窈眇，而终始乎体道用数之说。越三举而得张公九成，再得汪公应辰，虽纾词阐义自出机轴，而条贯本末举会于一者,盖自公指授之故。横浦谓公,呼玉山为嫡孙。《诗》不云乎:“以似以续,续古之人。”今吾邑里冠盖相望,或以名第奋,或由阀阅显。至于父子继科,兄弟同榜,未易一二数。而莫氏五桂,华萼连枝,世尤鲜俪。诗书礼乐,相辉相扶,里之秀民,家之良子弟,无不风厉于学。高山景行,勉企前修,联镳利宾,必有嗣公之嫡者。斯固邑大夫与乡先达祈望士友之意也。公讳晦,字元用,皇祐初大父尝策廷魁,以郊社斋郎遂为冯京之亚。公又自礼闱前列,胪传龙道,大其家声,见于褒绰官簿,履历登载国史。若立朝大节,则横浦祭公之文为详。今读之,凛凛生气,其表见于世而托诸不朽者,又不止于科名云。庆元戊午上元日,文林郎、新滁州州学教授陆埈记。(《至元嘉禾志》卷二五)

二　月

一日,诏曰:“朕惟立国之经,尤重取人之制。考其德行,周莫盛于宾兴;较以文辞,唐益严于贡举。肆膺基统,丕迪训谟。尝循三岁之彝,庸广群材之汇。黜浮崇雅,虽加核于实能;言古验今,顾未皇于亲览。将谨临轩之始,或多在野之遗。爰饬有司,式稽大比。俾朋偕于秋赋,期悉上于春官。英俊陈治平之原,伫躬垂问;郡国选博习之士,尚副详延。咨尔多方,体予至意。”(《宋会要·选举》一之二五)

二十五日,铨试、公试、类试:命监察御史张岩监试,吏部郎中汪义和、户部郎中曾炎、刑部郎中许岱考试,大宗正丞王执中、大理正宋思远、阁门舍人金汤楫、大理寺丞黄培、司农寺丞陈希点、秘书郎王炎、曾渐、枢密院编修官李景和、商飞卿、大理评事薛极考校。是日,铨试、公试、类试:命监察御史林行可监试,秘书监俞烈、尚右郎官毛宪、大理正史彰祖考试,阁门舍人周虎、大理寺丞叶挺、秘书郎黄中、军器监丞钟将之、秘书省校书郎徐邦宪、大理评事沈绎、叶子高、鲍澣之、军器监主簿留骏、监尚书六部门方嵘考校。(《宋会要·选举》二一之七、八)

三　月

周必大《绍兴庚午,某与安成刘逢辰秋闱同荐。逢辰四子伯德礼,淳熙甲午解魁登第，今宰临川；仲德仁拔癸卯解；叔德恭负隽声；季德性绍熙乙卯复冠乡举，出示当时小录，手泽在焉。为题二小诗于后戊午上巳》：丁年韦布逐槐忙，结绶王畿四纪强。只把衣冠挂神虎，梦回犹未熟黄粱。

鹿鸣旧籍晚重看，翰墨场中兴久阑。同榜诸郎皆举首，老夫安得不衰残。(《全宋诗》卷二三二八)

十一日，兵部尚书刘德秀、权工部尚书钱象祖、吏部侍郎谢源明、吏部侍郎黄由、中书舍人高文虎、权刑部侍郎张孝伯、宗正少卿兼权中书舍人范仲艺言："伏睹承直郎、主管户部架阁文字陈晦，学问该通，议论平正，性资温醇而不事表襮，文辞典雅而不为奇怪。绍熙庚戌试博学宏词科，记问文采，迥出流辈。主司考校入等，即以合格试卷缴申尚书省进呈。不谓时相狃于私意，摘晦所试《周五射记》周襄尺字，以为犯濮安懿王讳，遂尼其事，未与推恩，元亦不曾报罢。臣等窃考令甲，濮王之讳与庙讳及御名不同，止避正字，从言从襄，不讳嫌名。今既单用襄字，初不从言，虽曰同音，即是嫌名，自不应避。正如哲宗旧讳从人从庸，秀安僖王讳从人从爯，若止单用庸字、用爯字，盖亦未尝避也。况近来两举词科皆不曾取人，今既取中入等合格试卷，又指其微类而终弃也，实为阙典。伏望赐之甄擢，或置之文字之职，必有可观。"又言："陈晦宏词试卷，昨来贡院已系考中合格。所有试卷内引用襄尺事，考官批凿甚明，亦已奏明。缘同试之人私意忌嫉，妄有陈诉，以濮邸讳为御讳，是致久未予决。今来照得濮邸讳不当作御讳，亦不避嫌名。指挥内只合书不成字，见得妄诉分晓。"于是，诏："陈晦与下等推恩，赐同进士出身。"先是，晦于绍熙元年试博学宏词科，试文六篇：《皇叔祖太尉定江军节度使提举万寿观特授武昌军节度使开府仪同三司充醴泉观使制》、《周五射记》、《代安南国王谢加恩并赐对衣金带鞍辔表》、《鲁鼓铭》、《绍熙孟春皇帝朝献景灵宫醴泉礼成颂》、《晋挚虞〈文章流别集〉序》。礼部贡院已申合格，未曾推恩。至是，德秀等言，故有是命。(《宋会要·选举》一二之二三、二四)

二十五日，臣僚言："国家三岁大比，宾兴贤能，异时公卿大夫皆由此途出。苟不正其始，于有司文衡者泛焉无择，使得以异端邪说鼓倡于其间,一旦入仕,其愚有不可胜言。比年以来,伪学相师,败乱风俗,所赖圣明力挽狂澜,一归于正。学校文词之体,官吏荐举之式,关防曲尽。然士风已正,而异端邪说之弗戒,则足以害至治。科场主文之官,实司进退予夺之柄。傥或不知所择,使伪学之徒复得肆其险诐之说,则利禄所在,人谁不从?必至疑误学者。乞颁诏旨,将来科场,诸路运司须管精择议论正平、委非伪学之人,充诸州军考试官。仍开名衔,照应举格式,如涉伪学,甘置典宪,申尚书省、御史台照会。此去科场不远,乞下诸路漕臣,预先体访所属合差试官之人,究见是与不是伪学的实,庶几临期差拨,不至抵牾。"从之。(《宋会要·选举》二二之一四)

四　月

十一日,杨万里《跋萧侍御廷试真书》:侍御萧公廷试文卷,一日三题,文不加点,固难能也。而其词深厚淳质,不曜浮文,如大羹元酒,浑金璞玉。可以见祖宗时人才之邃雅矣。庆元戊午四月十一日,诚斋野客杨某书。(《杨万里诗文集》卷一〇〇)

二十九日,右正言刘三杰言:"曩者以科举之文,虚浮迂僻,典贡举者摘其辞而显黜之,一洗异时之弊矣。然而四方士子,传闻不审,但见主司命题,欲求实学,率皆采取传注,编摭故实,或搜求陈腐之类书,以备场屋之用。至于词采议论,殊不留意。今岁大比,窃恐外方出题发策,搜及隐僻,致使耄士晚生,专务记录,倖中程度。而敢言之气,有用之学,或抱遗才之叹。乞将来试闱校文,必取学问典实,文采华赡,气识明达,议论渊源,兼是数长,乃可中选。仰副设科取士之意。"从之。(《宋会要·选举》五之一九、二〇)

六　月

十六日,臣僚言:"科举所以收天下之英俊,且为孤寒之地。比年百计徇私,内而省闱廷试,则有暗记牢笼之弊,如黄度、罗点辈私取陈亮以魁多士是也。外而诸路,如福建考官黄广被差之后,受金入院,寻即事发,为言者论列是也。属当大比,来岁春闱,万一考官私相结约,阴取党类,接受贿赂,欲与计偕者,并令监试留意举觉,不得容令复蹈前辙。春闱委在院台谏官觉察。否则,事发并坐其罪。”从之。(《宋会要·选举》五之二〇)

十九日,臣僚言:“近者臣僚有请,自今试场出六经合题,深中场屋之弊。但本意正恐题目有限,士子得以准拟,返使实学不能见一日之长。臣谓若出合题,则合题亦自有限,士子仍旧准拟。乞下礼部,令遍牒诸路,自今出题,或尽出全题,或三篇中欲合一题,听从有司。庶几不致拘泥,不为举人所测。”从之。先是,礼部侍郎胡纮言:“国家三岁大比,以经义、诗赋笼天下之士,群试于有司者,必精通所习之业,可以中选。今之诗赋,虽未近古,然亦贯穿六艺,驰骋百家,有骈四俪六之巧。惟经义一科,全用套类,积日穷年,搜括殆尽,溢箧盈箱,无非本领。主司题目,鲜有出其揣拟之外。欲令有司,今岁秋试所出六经,各于本经内摘出两段文意相类、不致牵强者,合为一题,庶使举子有实学者得尽己见,足以收一日之长。而挟策雠伪者,或可退听矣。”从之。至是臣僚复有请焉。(《宋会要·选举》五之二〇)

以经义多用套类,父子兄弟相授,致天下士子不务实学。遂命有司:六经出题,各于本经摘出两段文意相类者,合为一题,以杜挟册雠伪之计。(《宋史》卷一五六)

七　月

二十一日,臣僚言:“仰惟陛下临御以来,开明公道,训饬士类,天下皆知以孔孟为师,一洗伪学之陋,甚大惠也。然今日伪习既除,天下虽知趋向之方,圣经未明,学者犹有疑似之惑。乞诏有司,自今于六经、《论语》、《孟子》中,有发明正心诚意、道德性命处,仍旧出题,以审观程文引用趋向之邪正。庶使圣经复明于天下,学者无疑似之惑。仍令有司考校之际,惟不背经旨、议论正平者,取之。如有窃假圣经,语涉虚浮,包藏奇僻矫诞之意,惑乱众听者,痛行屏黜。”从之。(《宋会要·选举》五之二〇、二一)

八　月

五日,国子监发解:命监察御史娄机监试,左司郎官雷孝友、枢密院检详诸房文字毛宪、秘书丞兼考功郎官黄景说考试，太常博士叶时、著作佐郎邹应龙、曾从龙、秘书省校书郎朱质、秘书省正字苏大璋、太常寺主簿郑肇之、军器监主簿范子长点检试卷。避亲别试：礼部员外郎钟必万考试，太府寺丞王庭芝、司农寺主簿莫若冲、主管吏部架阁文字章良肱点检试卷。(《宋会要·选举》二一之八)

是　秋

三山苏大璋颙之，治《易》有声。戊午乡举，梦为第十一人，数为人言之，以为必如梦告。既试，将揭榜，同经人诉于郡，谓其自许之确如此，必将与试官有成约，万一果然，乞究治之。及申号至第十一名，果《易》也。帅携此状入院，遍示考官，谓："设如此言，诸公将何以自解？不若以待补首卷易之。"众皆以为然。既拆号，则自待补为正解者，大璋也；由正解而易为待补者，乃投牒之人也。次年，苏遂冠南宫。此与王俊民事相类。(《齐东野语》卷八)

戊午秋，(林复之)校文庐陵。时党论已炽，士大夫颇有陷者。君以民心士心天心发策，其中及列圣之事，云："有田有赋曷尝不取诸民，有身有庸曷尝不役诸民。而爱养之恩备形恻怛，臣下之不协于极，岂无汤沐而栉治之，瞑眩而针砭之，而拔拭洗濯，且无终弃。夫昭昭之鉴，不可以矫饰欺也；亿兆之心，不可以小惠结也；士大夫之心，不可以爵禄啖也。"读者为之悚栗。寻有旨，索考官名进御，为君危之，君曰："吾言无愧，庸何伤！"(《全宋文》卷六八五四刘宰《林郎中墓志铭》)

袁说友《成都府鹿鸣宴》：大启文明会胜流，同升更合上西楼。三春得意桃花浪，八月乘槎桂子秋。结绶偏应登凤阙，拏云直欲钓鳌头。乘除但看今年好，六八名高五十州。

袁说友《饯送蜀进士入奉廷对》：蜀才卓荦照宾筵，秀出斯文万选钱。圣主龙飞初策士，皇朝春好正朝大。丹墀独对三千字，黄甲重魁四十年。归把群书观未见，要令学业到纯全。(以上均见《全宋诗》卷二五七八)

十一月

周必大《跋戊午岁吉州举人期集小录》:选士于里,登名天府,为之首者,期集同举之人,礼也。庐陵号士乡,故此礼尤盛,而今岁特盛焉。永新左君,淳熙己酉裒然居万人之上,今秋克复旧物,而其父母年方五十余,二者皆近所稀有,其盛一也。诚斋杨公、龙泉孙公,朝廷乡党之达尊,交以序美之,其盛二也。每举,士或有故不至,至或不多,多者十仅三四,今在坐乃五十人,其盛三也。左君既具著于录,而附以坐客所赋诗,强予题其后。老悖虽不能措辞,窃有祝焉。国朝天圣八年春,参政欧阳公以国学首荐冠名南宫,是年廷试榜眼则丞相刘公,其后鼎甲则侍郎郭公,中兴第五则资政胡公,至绍兴十八年参政董公遂唱名第一,其他登甲科犹未悉数也。诸君勉旃,踵前贤之高躅,增吾邦之盛事,其在兹行乎!庆元四年日南至。(《全宋文》卷五一三三)

是　年

魏了翁《跋类省试策卷后》:予以贫贱,未免有科举之累,然亦耻为揣摩剽袭之文。始举于乡,故吏部郎赵公大全取之;于类省试,吏部与故知邕州李公取之,故签书密院宇文公又主之。呜呼!乖逢得失,其孰为之耶!嘉祐间尚西昆体,而欧文忠公典举,首取古文。绍圣以后尚王氏说,而陈忠肃公主别试,多取史学。主司之不徇时好固难其人,而举人亦有以是应之者,然则乖逢得失,岂必皆工于举业者!李先生之子义山以予大惭之文相视,因识其末。(《全宋文》卷七〇八八)

庆元五年　己未(1199)

正　月

十七日,礼部郎官陈说言:“祖宗以来,以三场取人,盖有深意。今日以经义取士,观其异时之经筵讲席也;今日以词赋取士,观其异时之词林翰苑也;今日以论策取士,观其异时之崇论竑议也。夫他所期甚大,则今日所取不可轻。臣早游庠序,犹及见先生长者,尝言举子词赋,固不敢望如《三都》,得如《三元元祐赋》足矣。论不敢望如《过秦》,得如《绍兴前后论粹》足矣。策不敢望如晁、董,得如顷时《擢犀拔象策》足矣。义不敢望如张庭坚,得如周葵、陈宋霖《礼记义》、徐履《书义》足矣。此皆明儒正论,非臣臆说。乞今后士子须以前辈文字为法,务为质实义理之文,不可复肆不根泛滥之说。仍令有司精加考校,期取实学。其有浮靡邪说诡论,皆在黜落。庶几文弊可革,所取人材亦得醇正,以备他日之用。”从之。既而,礼部尚书黄由等言:“窃见向来臣僚奏请,凡书坊雕印时文,必须经监学官看详。比年所刊,醇疵相半,未足尽为楷则。策复拘于近制,不许刊行。乞将今来省试前二十名三场程文,并送国子监校定,如词采、议论委皆纯正,可为矜式,即付板行。仍乞检会陈说所奏,将《三元元祐衡鉴赋》、《绍兴前后论粹》、《擢犀拔象策》同加参订,拔其尤者,并付刊行,使四方学者知所适从。由是追还古风,咸资时用。”从之。(《宋会要·选举》五之二一、二二)

十九日,臣僚言:“诸郡与漕闱考官,必差一员为点检主文,凡命题与所取程文,皆经点检,以防谬误。比年以来,徒为具文。一时考官,各骋己意,异论纷然,甲可乙否,以致题目多成乖谬。去岁秋举,诸州所申义题,或失之牵强,文理间断而不相续;或失之卤莽,文理龃龉而不相类。赋题论题，或失之破碎，文理扞格而不相贯。以至策问，专肆臆说，援引失当。皆由点检官不择才望之士，考官中有矜能挟气者，不同心商榷。故有题目出于一人之见，其他官旁睨，不欲指其疵颣。及有摘发其失，出题之官独被谴责，而无点检之名。乞今后漕臣若非由科第，即别委本路提刑、提举、总领有出身者，每举从朝廷专委一司选差试官，须择其素有文声名望、士论所推者充点检官，专以文柄责之。诸考官先供上题目，点检官斟酌审订，择其当理而不悖古训、兼通时务者，然后用之。及考官所取合格试卷，点检官仍加详校，公定去留。礼部俟其申到题目及程文，再行点检。如有乖谬，将点检官重行黜责。"从之。(《宋会要·选举》二二之一四、一五)

乙卯(二十三日)，果州学官王萃罢。坐考昌州春试举人，而为《尚书》断章为问题也。先是，去年三月，萃与西充县丞任逢俱被檄考春试，萃昌州，逢泸州。逢当发策问"今日内外轻重之弊"，其末云："汉唐之际，亦有如当王凤辅政，虽为所举，非凤专权，不亲附凤者；亦有因重梨园乐工，请解官出外，洁介自守，不诣牛仙客者。今欲居班列者，各知所以，砥节厉行，销去私意，无入而不知出之病，无愧于不附凤、不诣仙客之人，何术可以臻此？"策题申至，礼部侍郎胡应期摘其语为韩侂胄言之，侂胄怒。先是，发策相类者三人：一在蜀、一在广、一在闽。其二人则陈一新、林复之也，执政欲并治之。张岩为监察御史，即奏疏论去年诸路解试举人，有义题断章及策题纰缪、援引失当，中有涵不尽者，意不在萃也。中书舍人范仲艺初闻其事，以告礼部尚书黄由。由诣宰执京镗、谢深甫、何澹、许及之诸公，争之，皆不纳。由不得已，作书具陈利害，为侂胄言之。侂胄虽勉从而犹未平也，然逢坐是得免。而萃所出问题自"夏暑雨"至"文王谟，当时实恶暑雨祁寒"之语，而但以断章为名，故有是命。于是，执政怒逢未已，又移书蜀帅袁说友，欲料理之。宾客诸公多为之请，时部使者欲举逢改京秩者数人，皆惧而止。然事竟释矣。(《续编两朝纲目备要》卷五)

二十五日，命权礼部尚书黄由知贡举，吏部侍郎胡纮、侍御史刘三杰同知贡举，太府卿杨王休、大理少卿赵介、礼部员外郎陈说、监察御史程松、太常丞李景和、宗正丞孟必先、大理正奚士逊、秘书郎易祓参详，太常博士钟必万、诸王宫大小学教授许开、秘书省校书郎李堇、宗正寺主簿王辉、监登闻鼓院赵梦极、主管官告院徐似道、汪文振、干办诸司审计司余崇龟、太学博士萧逵、武学博士高似孙、国子监主簿杨济、军器监主簿俞亨宗、朝奉大夫林采、国子正王已、太学正陈晦、国子录胡元衡、主管礼兵部架阁文字王克勤、文林郎马惟和、监文思院朱庆弼、监左藏西库朱茂良点检试卷。避亲别试:枢密院检详诸房文字汪义和考试,秘书郎毛宪、国子监丞王闻、干办诸司粮料院朱钦则、主管户部架阁文字留骏点检试卷。(《宋会要·选举》二二之一五、一六)

二十七日,诏赐黄由等曰:"朕永惟治要,作新人才。今罗天下士试之礼闱,又将拔其尤异,亲策于庭,待遇顾弗至欤?而习尚未淑,论议多渝,安固陋者莫追于古风,事浮靡者宁资于时用。岂朕求才之意?卿辈典司文衡,其既乃心,公乃听,审于搜采,俾得为文尔雅、持论从厚之士,极一时选,厥功茂矣。故兹札示,咸体至怀。"(《宋会要·选举》五之二二)

辛酉(二十九日),初命漕臣无出身者勿差官考试。王莘既黜,时漕臣汪德辅,故相伯彦孙、大府卿召嗣子也。议者谓汪以祖任入官,故择考官不善。张岩为监察御史,因请:"自今漕臣不由科第进者,更委它监司一员选官校试,仍择有文学士望者一人为点检官,专掌命题去取之事。即有不称,加以重罚。"从之。盖自嘉泰元年始。(《续编两朝纲目备要》卷五)

三　月

一日,以礼部尚书黄由知贡举,吏部侍郎胡纮、侍御史刘三杰同知贡举,得合格奏名进士苏大璋以下二百五十四人。(《宋会要·选举》一之二五)

四　月

十八日,上御集英殿,引见礼部奏名进士。得正奏名曾从龙已下四百一十二人,第为五等,赐进士及第、出身、同出身。特奏名谢藻已下七百八十九人,赐同进士出身、同学究出身,登仕郎、将仕郎、上下州文学、诸州助教。同日,试武举进士。得正奏名陈良彪已下四十五人。良彪、胡应时并补从义郎，李亮补成忠郎，并赐武举及第。余悉武举出身，补承节郎。特奏名补进武校尉，减磨勘有差。（《宋会要·选举》八之一七、一八）

旧例：廷试举人，暮者许赐烛。然殿深易黑，日昃，则殿上烛出矣。是年，上初策士，江西正奏名进士黄实、严州特奏名进士皇甫鉴纳卷最后，廉州特奏名进士刘嘉猷赐烛至一更四点。御药院言："故事：赐烛，正奏名降一甲；如在第五甲，降充本甲末名。特奏名降一等，如在第五等，与摄助教。"诏："如故事。"（《续编两朝纲目备要》卷五）

魏了翁《御策》：臣对：臣恭惟国朝以忠厚为治，以好生为心，以和平养天下之福，以中正作士君子之气。熙、丰大臣之变法，邻于骤；元祐诸君子起而救之，疑于激。惟我仁祖皇帝培养根本，扶植政道，治体浑大，汪汪乎有唐虞成周泰和之风，诚足以为万世法。陛下习祖宗之余休，膺上皇之重寄，诚能持平守正，以与天下辑安靖和平之福，而不凿吾祖宗浑厚之治体，则陛下所以策臣数条，如荐举之尚难其人、财货之未知其序、吏未称其职、民未安其业、贤愚同滞、军政未修，皆上廑陛下之宵旰者，臣愿以仁祖为法，则六者之弊，臣当熟数之于前，惟陛下裁察。

臣伏读《圣策》曰："朕嗣承丕绪，六年于兹，兢业自持，罔敢逸豫，宵旰图乂，其效悠缅。常考古先帝王之治，安靖自然，靡弗有成，矫厉多事者未免于失。"臣有以见陛下叹六年治效之未著，而酌之古先，以为出治之龟鉴也。陛下寅畏天威，遵守祖武，勤恤民隐，贬主食之奉，服浣濯之衣，屏声色之娱，天资固已超绝。而且阅大臣章奏或至日晏，御内殿讲筵不问双只日，孜孜求理，尚惧阙失。是以比年以来，亲享而霁景舒，日蚀而云雾散，先春而瑞雪应，此天之所以相陛下也；边尘不惊，狱讼希省，盗贼屏息，此天之所以顺陛下也。陛下兢业自持，臻兹六年，其大体固已素定。今临轩策士之始，询臣等于庭，乃谓古先帝王之治安靖者成，矫厉者失，则陛下既知安靖之足以凝治体矣。而独有言："宵旰图乂，其效悠绵。"陛下责效于六年则切矣，臣犹未敢以圣问为然也。我仁宗四十二年之治，巍巍堂堂如此，今以其即位之六年考之，则亡具甚矣。天圣之五年，即仁宗之六年也，是岁范仲淹上书执政，历言时事。其略曰：今朝廷无忧矣，天下久太平矣，兵久不用矣,士曹未教矣,中外方奢侈矣,百姓反困穷矣。使好功喜名之君,临政发愤者六年,而治效悠久若此,则必锐意勇为,以激天下于多事之场。惟我仁宗,一切为根本虑,财以不聚为富,兵以不用为功,刑以不杀为威,人才以不作聪明为贤,庆历之治,迄今有光。陛下无谓六年之久而治效悠缅,诚能以忠厚和平植治本,以中正广大作人才,则安靖自然,靡不有成。当不虚陛下所以考古之意,而矫厉多事之失非所忧耳。伏惟陛下遵家法而施行之。

臣伏读《圣策》曰:"汉文未遑用贾生之策,武帝则效唐虞之治。一乃兴于礼义,几至刑措;一乃海内虚耗,户口减半。此其证也。朕以凉菲凛凛乎兆民之上,其敢媲踪五三?默观卿士大夫,莫不高谈稷契,下卑汉唐,然今日之弊亦多端矣。"臣有以见陛下酌汉文武之得失以为鉴戒,而患卿士大夫之高谈危论而不切于时政之弊也。然尝观今日之治,以言乎荐贤,则人才未尝辈出如汉文,而数路得人不如武帝之多;以言乎理财,则用度节约如汉文,而剖析秋毫不如武帝之精;以言乎吏治,无可纪之绩如汉文,而击断于州县不如武帝之察;以言乎裕民,则除租减税如孝文,而外施仁义不如武帝之娇;以言乎张官置吏、选将练民,大抵有汉文之宽厚而无武帝之激烈。然要其终而观,其宽厚者有余味,而激烈者无成谋。臣切意陛下之所以绝望媲踪五三者,以是数者之政未能掉厉奋发,以新斯人之耳目。而卿大夫所以高谈危论者,亦必厌满于此也。然今日之治虽小缓,要亦不可太激。文武二君之得失,臣不敢以为陛下献,臣之所以拳拳于陛下者,本朝自有家法耳。仁宗在御,一时事势浸流于弛。请总权纲,时则有若宋绶;请揽威权,时则有若余靖;请立威福,时则有若孙甫;请出号令,时则有若苏伸;谓政令姑息者,张方平也;谓威柄渐移者,宋祁也;谓十事不及先朝者,富弼也;谓天下之势近于弱者,苏洵也。而我仁宗曷尝以治具之未张而绝意于五三之治,以卿大夫之高谈远古而亟求之所以更作之术欤? 陛下诚能涵养治体,以取法仁宗,则陛下六条之问,臣当件举而对,而陛下详择其中。若陛下方以治效悠缅为忧而亟欲大有所作为,则臣虽言之无益也。

《圣策》曰:"百执事盖已略备,时下之令,而谋一帅、择一部使者,戛乎每难其人。岂世徒尚于美观而未究实用欤?"臣有以见陛下患荐举之未得实才也。然今日荐贤之法弊矣，异时士大夫介洁不苟求举，今不见也；异时举官不妄荐人，今未能矣。牍章旁午，率多具文。类曰某人可备监司而不明夫州县之尝有劳绩，某人堪充将帅而不明夫谋略之尝有显效，某人可举廉吏，某人可备著述，某人善治狱讼，某人善治财赋，而不列其可纪之绩。下泛然而举之，上亦泛然而用之，上下俱以虚文不实相尚，宜乎谋一帅、择一部使而尚难其人也。往年陛下论议臣之谋，凡宰执、台谏、侍从，不许亲戚子弟交荐。日者议臣有请，自今科目荐延者，各因其长明著实迹，苟不如举，即坐以妄谬之罚。陛下欣然嘉纳。圣意一形，举官当无谬举，而实才当为时辈出矣。然持循至于今，而荐举不实之弊自若者，何也？未闻陛下罪一举官之不实，而赏一举官之得人，而明示天下以赏罚之信必也。昔我仁宗尝诏举官，自今已改迁而贪污者，许元举官以实状闻，其不实者置之罪。臣愿陛下考仁祖之遗意，诏中外大臣：自今举三人皆实者，特与拔擢；俱不如举，则举官责降。已举而易所守者，举主匿其罪而不言，他日以事败，则以其罪罪举主。迟之三年，而谋一帅、择一部使尚难其人者，未之有也。惟陛下遵家法而施行之。

《圣策》曰："国家之经制有常，朕之自处罔或不约，而内焉省计，外焉郡邑，惴惴乎每虞不给。岂财货本末源流未知其序欤？"臣有以见陛下虑理财之不得其序也。财非天雨鬼输，必责之民。今自两税而外，凡军兴之一切权宜者皆入于经赋。且茶盐酒铁之所立，古人不敢尽利以遗民者，今自一孔以上根括无余。国家虽号承平，然犹有经费之不可阙者。郊庙之费，百官之费，军储之费，备荒之费，岁赂之费，阙一不可。使藏之州县，藏之府库，某色可以供某数，某数可以备某用，官司不相侵移，财货可以得其序。而今也，有所谓备拨，有所谓登承，有所谓填补，有所谓充措，移易文历，变乱色额，有司者将亦病之。往年议臣患州郡财物之虚数，应郡守替移，即委本路漕司具实在之数以闻。其后又欲于监司、郡守放罢及宫祠，候省符到日，即令同官拘定见在财物之数具申朝省，其堤防不可谓不密矣。然以处升平则可，往年五谷不登，而诸路常平司支发不给，不知欲建规恢等议，国胡以馈之？昔仁宗朝大臣建言，欲令三司使具先朝与天圣中赋入若干、官若干，及今赋入之数与兵数、官数，约取中道，立为经制。以十分为率，七分为养兵及官省之费，以三分备水旱非常。迟之十年，始可以言,上从之。臣愿陛下规仿此制,明诏三司大臣及诸道计臣,自今量入为出,不得更相为用,以紊经常之目。庶使盈虚可考,而缓急不至无备。惟陛下遵守家法而施行之。

《圣策》曰:“考课之制,戒饬之诏,深切著明。而吏治苟简,皆自丰贿财,有愧乎吏称其职。”臣有以见陛下之望吏治为甚切也。然今日之天下,陛下与守令共治者也。得一贤太守,则十万户受其福;得一贤令尹,则万家之县蒙其利。然受其福、蒙其利者百不一二,而贪拳以枉法、苛酷以虐民、妄诞以废事者总总也。应守令得官之初,率多矫为公廉之迹以要虚誉。一年之后,本心稍见。淹延狱讼,移易府藏,挠乱文历。互送之费,公帑之费,送迎之费,则视为当得。至有合解诸处纲运则占护而不解,支应于诸军请给则积压而不支。县蕲之州,州又蕲之监司,动以阙乏借口。嗟夫!斯民亦重不幸矣。日者献议之官,谓监司、郡守送迎不得过数,吏籍不得额外收补,监司、通判行部不得骚扰。又尝有谓:欲宽远郡之忧,莫若重守臣之选;欲校臧否之实,莫若重监司之罚。莫非所以责吏治之实,陛下悉俞其请。陛下责吏之意非不迫切。然人不易知,以天下郡邑之繁,陛下安得人人亲见而后任之哉?今之监司宜总诸道之守令而进退之也,陛下于一道止得一二贤监司,则人人知所警惧矣。今守令不必择,而监司不可不择。侧闻庆历三年,范仲淹、富弼条上时事,请以次渐易诸路监司之不才者,使惩汰所部吏,令两府通选转运,即委诸路自择知州。况日者廷臣有请,自今后监司遇有阙者,乞专用在廷之臣。愿陛下自今亲择贤监司,分部诸道,若内若外,必待陛辞而后行。当行之日,陛下亲御殿,假词色以谕之,曰:“一道之吏,实汝之托!吏有政绩者,其具名以闻;而阘冗酷虐者,亦仰觉察,重加典宪。汝将匿不言,异时下转上闻,汝将有显戮!”彼知上意勤恳,则贤监司之下不容有滥员矣。惟陛下遵守家法而施行之。

《圣策》曰:“监税之蠲,逋赋之除,前后相踵。而岁虽丰登,民尚愁叹,有愧乎民安其业。”臣有以见陛下念民力为甚周也。然今日之民力病矣。往年江淮、湖浙、四川等处所申灾伤数目,轻重各有差,今秋成又未可预计。假令岁果大熟,则亦仅可支一年之须而无赢。而况国家之征赋,夏输绢,冬输䌷,以苗折帛有不一之名,役钱有两科之数,而额外之科敛不与。是以年来为产户者,小则易田以避追扰,甚则竭产而供转输,其弊亦有在也。朝廷责之户部，户部责之监司，监司责之郡守，郡守责之县令，期限迫于星火，文移惨于戈戟。大书长牒，遽然而至，则系逮案胥，凌辱长吏。且如朝廷严税绢揹纳之数足而后施行者，其患皆起于期会之不容缓也。使州县府库有以为应手之备，则犹可以纾目前之忧。而今也，扶东而西倾，捉襟而肘见，一额之输仅可以应本额之期限。财非出于官，而使不责之税产户，不责之四五等，得乎？日者陛下俞臣寮之请，纂集宽恤诏条，颁行郡国，虑长吏奉行不虔，则令监司劾奏。臣观圣虑非不恳恻。然使州县之财未裕，则长吏虽称有爱民之心，果能一一承宣乎？昔仁宗以京东饥出内藏绢代上供，以淮南饥出内藏绢代民输，下京西籴军储财则出内库钱，下河北市粮草则出内藏绢。夫仁宗不惟不责之州县，而反取之内库，盖谓迅州县之期会，适所以重斯民之凋瘵也。今欲民生之安其业，先自裕州县始。惟陛下遵守家法而行之。

《圣策》曰："官益猥冗，而入仕之源未澄。率数人而同一阙，使贤愚同滞。"臣有以见陛下欲清入仕之路，而使贤不肖有别也。国家有三岁进士之外，由特科进者多昏耄，补进者多骄佚，由杂进者多舞文，由鬻爵进者多贪污。入仕之路虽狭，特三岁一用郊，三岁一取士。名之登于吏部者，为员可胜计哉！故有一阙，则替者一人，任者一人，待之者一二人。虽曰速仕者志于营近次，仰禄者志于得厚禄，而自便者志于得清安，然自京秩而上，犹未至太冗，而未脱选调者至于员多而无阙可取。是以忧国之臣，虽屡求所以汰冗之术，然多畏于所拂而不行。昔我仁宗朝大臣议省冗官，是知立法自贵近则人无怨。请自嫔御、宗室、两府大臣，及诸司带职员、内外臣之家，裁减补荫，则十年当见成功。今世赏之数虽烦，然减任子、废恩赦，昔人常难之。议者又欲裁奏荫之法，严铨选之数，则又恐非祖宗忠厚之意。今欲裁省冗滥而仕者仍无所拂，莫若开张铨试之期。二年一铨，不惟俾之涵养气质，学而后从政，而吏员猥冗之弊稍清矣。惟陛下遵守家法而施行之。

《圣策》曰："兵虽搜择而将佐莫之拊循，第闻有掊克苛役，使军政未修。"臣有以见陛下欲革将佐之苛，使军政修举也。今日之兵，自三衙之宿卫、江淮之列屯、诸道之禁军，阶级欲其严，号令欲其明，军势不可谓不张。比年以来，缮治沿边之城壁，制造御前之军器，命臣寮以捡视战舰之弊，诏诸将以讲求马政之利，则武备不可谓不讲。江上诸军军器数目，则委官检阅；沿边州县土兵弓手，则议行招填，则搜练不可谓不至。今日军政之弊不在乎他，而在乎上下之情不相得。为之将者，裁简犒赏，积压请给；而为之兵者，傲睨邀赏，骄悍难制。平居不能同甘苦，则临事难以共患难。昔我仁宗经略西夏，是时升平日久，兵逾百万，范仲淹虑其骄悍，条上边政，大略以和靖军情为先。臣愿陛下诏诸道将帅，自今赏罚欲其信必，毋掊克伤士情，则军政不修之患非所忧矣。惟陛下遵守家法而施行之。

《圣策》曰："况欲教化之行，习俗之美，不赏而劝，不罚而惩，动容貌，出词气，天下向风而化，如《诗》、《书》所载隆古盛时，其可得乎？朕未尝不当宁慨叹，期一新弊蠹，深为矫厉多事之过。抑何修而前六者各得其理？"陛下所以慨慕古先而一新六者之弊蠹，陛下责治则亦锐矣。然尝恭闻哲宗皇帝朝，范祖禹建言曰："陛下欲法尧舜，惟法仁祖，法仁祖则可至天德矣。"夫《诗》、《书》所载隆古盛时，其教化习俗固非世之所可及。然我仁宗之治，才智不用而道德有余，功业难名而福禄无穷，则所谓隆古盛时亦何以异此！何陛下近舍家法而乃取法于太古久远之事哉！

蚍虱贱臣，恭闻嘉惠圣问之所及，臣既竭愚忠，冒犯忌讳，件别于前矣。陛下于其终复策臣曰："自昔抗议之臣，奏疏之士，文采则富，议论则阔。殆类石田，将孰与耕；有侔画饼，莫济于食。或矜于为异，惑一时之见闻；或阴寓其私，觊他日之进用。朕固不取，亦岂公言？今始延天下之秀茂策之于庭，其详著于篇，俾无多事之蹈而日臻于盛，朕将亲览焉。"陛下之问及此，天下之幸也。臣请复以取法仁宗为陛下终其说。国朝自艺祖以至仁祖，积四世而治体成。自乘舆驻跸东吴，至陛下又四世，涵养根本，作成人才，以凝治体于不变，以为我宋筑亿万年无穷之基，则在陛下当无以辞其责。然尝观仁祖之治体，所以汪洋洪大而与唐虞成周比隆者，虽自仁祖持平守正以扶植治本，而亦一时元老大臣中正广大而维持公道于上也。庆历盛时，杜、富、韩、范相与主公道于上，而欧阳修、蔡襄、王素、余靖等居言路，相与维持正论以固治本。天章阁所条陈时事，富、范诸人身言之而身行之，初岂矜于为异，惑一时之见闻，如陛下之所忧者哉！范仲淹以忤大臣去国，愿与俱贬者相继，初岂阴寓其私，觊他日之进用，如陛下之所弗取者哉！今日涵养治体，作成人才，以无愧于我仁宗之盛，其责在陛下；而扶植公道，荐进实才，以无愧庆历之大臣，其责在人臣。愿陛下与左右大臣深思熟计，思祖宗之艰难，念上皇之付托，为千万世子孙治体虑，一切以中正广大行之，实宗庙幸甚！臣无任惓惓之至。臣谨对。(《全宋文》卷七〇九〇)

十九日，上御幄殿，引呈武举人射射。(《宋会要·选举》八之一八)

二十六日，上御幄殿，引呈文士正奏名射射。(《宋会要·选举》八之一八)

二十七日，上御幄殿，引呈文士特奏名射射。(《宋会要·选举》八之一八)

二十九日，诏："今来龙飞恩例，特奏名进士如试在第五等、不应出官者，依绍熙元年四月十八日指挥，升等推恩。"(《宋会要·选举》一三之九)

五　月

七日，上御集英殿，临轩唱名，赐进士及第。至第一、第二甲毕，进膳。御药院欲用近例，自三甲已后，只逐甲拨。京镗等同入札子，乞遵祖宗故事，逐一宣名，上欣然从之。至再临轩，镗等奏曰："臣等适来僭越陈情，此乃祖宗旧制。孝宗皇帝晚年艰于久坐，只一两举权宜如此，自后遂以为例。陛下一旦复举旧制，多士在廷，皆得一一仰望清光，实为盛事。臣等与多士不胜荣幸。"上曰："既是祖宗旧制，岂可轻废？"同日，诏："曾一龙可改名从龙。"(《宋会要·选举》八之一八)

七日，诏："新及第进士第一人曾从龙本系第二名，为上一名有官，特赐第一甲第一人。又该龙飞恩例，第二人许奕本系第一名，为系有官，特与第一名恩例。又该龙飞恩例并特补宣义郎，第三名魏了翁为该龙飞恩例特补承事郎，并签书诸州军节度判官厅公事；第四人凌次英以下为该龙飞恩例并补文林郎；第二甲并补从事郎、两使职官；第三甲、第四甲、第五甲并迪功郎、诸州司、户、簿、尉内第五甲免铨试。"(《宋会要·选举》二之三〇、三一)

十三日,宰执进呈次,京镗奏曰:"凡是祖宗法度,皆不可轻改。如臣等前日冒昧奏陈第二甲以后进士逐一宣名,盖自来旧制。陛下从善如流,即赐施行。"上曰:"当日虽觉得汗浃体,亦不以为劳。"镗奏曰:"三岁一策士,他日多有为国家用者。逐一宣名之制,诚不可废。非特龙飞之初为然,后举亦合如此。"谢深甫奏曰:"唐宪宗与宰相论治道,日旰暑甚,汗透御服,宰相求退,宪宗留之曰:'与卿等论治道,殊不知倦。'青史书之,以为美谈。"上曰:"尝见史册载宪宗此事,深切叹慕。"(《宋会要·选举》八之一八、一九)

十四日,诏:"正奏名射射,将中垛帖箭依格推恩。特奏名免射射。"从礼部言,照绍熙四年例故也。(《宋会要·选举》八之一九)

十四日,三省言:"今岁龙飞策士,特奏名第三等、第四等补授文学之人,已降指挥,与免次第保明,止令递相委保。仍减升朝官举主一员,及举官权行添举一人。仍不拘次序,许举一次。窃虑出官人数颇多,举官人窄,更与减举主一员。其举官每员更权增举二人。余依已降指挥。"(《宋会要·选举》一三之九)

二十一日,三省言:"今举特奏名试在第三等至第五等内,有年及不应出官之人,缘该遇龙飞恩数,合行优异。"诏:"特与免举主,放行参选,注授岳庙一次。"令吏部日下出榜晓谕。自指挥下日,限三日赴部陈乞,仰本部即时拟注,具钞上省,不管阻滞。今系特权差一次,仍令州军每月特与支俸钱一十贯、米一石,须管按月支给。(《宋会要·选举》一三之九)

二十七日,诏:"今次特奏名进士射射,为系龙飞,及值雨,所有两箭中垛以上人,权比附下等,推恩一次。"(《宋会要·选举》一三之九)

二十八日,赐进士闻喜宴于礼部贡院。是日,赐新及第进士御制诗一首。(《宋会要·选举》二之三一)

宋宁宗《闻喜宴赐进士诗》：嗣履丕图治孰先，集英清晓盛胪传。谋询阙政心犹渴，喜听忠规席欲前。得路骕骦俱迅逸，摩空鸾鹄共联翩。从今恪佩官箴去，志节毋令愧昔贤。（《咸淳临安志》卷一二）

恭和御制赐曾从龙以下诗：秘书监杨王休，秘书丞商飞卿，秘书郎易祓，著作佐郎王炎各一首。（《南宋馆阁续录》卷五）

进士名录：曾从龙，许奕，魏了翁，丁鸿，于瑀，于畸，上官泷，王士奇，王大醇，王天言，王合，王昌辰，王埏，王起，王华仲，王逢，王森，王棐，王复明，王咏之，王翔，王塈，王路，王暨，王绶，王莹，王禧，王谦，王镐，尤森，牛斗南，毛忞，方灼，方武子，方符，方杰，尹光庭，左震，石孝溥，史弥谨，白梦庚，包九成，吕冲之，吕克道，吕克广，吕嘉言，朱平，朱拱成，朱梦吉，朱敏，朱进之，朱尧佐，江三锡，江公宜，江应洪，池铸，杜孝严，李大有，李大有，李大任，李成之，李冲，李知新，李起渭，李逢庆，李贲，李敬，李勋，李德立，李霆，李骏，吴大芳，吴由，吴旂，吴涣，吴盟，吴桧，利正吉，何大章，何旦，何克实，何知，何洪，何沄，何迟，何应酉，余汝益，余克济，余鼎，余诚之，余谈，汪文中，汪令图，汪浩，汪纮，汪棐，汪瀛，沈晞颜，沈达，沈棐，邵一飞，邵用，邵存礼，范仲武，范倓，范景元，林子燕，林申，林孝闻，林杲，林弁，林冠英，林时英，林圃，林略，林万，林登，林愷，林赞，林誉询，林袭，周仲卿，周师成，周得高，周溥，周熙，周籍，宗炳，胡梦龙，胡卫，胡俨，茹骙，柯葆，韦炎，韦卫，段友龙，皇甫晔，侯敞，俞日新，俞汝益，姜燧，姜镛，姚子材，姚宜中，姚虞宾，敖陶孙，袁天将，袁肃，袁浚仲，真德秀，桂昭然（一作桂照然），夏庭简，徐子石，徐有孚，徐枬，徐侔德，徐伦，高霆，高颐，郭汝该，郭异，唐凤仪，唐彻，凌次英，涂坦，涂枋，陈大雅，陈千能，陈子文，陈孔夙，陈如，陈孝通，陈肖元，陈希黯，陈范，陈季永，陈京，陈洪范，陈起先，陈梓，陈贵谊，陈道元，陈道原，陈梦建，陈概，陈经，陈端，陈矶，陈观，陶述，孙次龙，黄大中，黄友直，黄伯剂，黄岂，黄实，黄敏夫，黄宿，黄启，黄尧咨，黄景渊，黄实，黄复，黄枢，黄震，黄鉴，曹椿，区革，许浚，章成永，梁丙，张方，张旦，张申，张夙，张孝问，张钤虎，张抚辰，项梦开，彭汝翼，彭运成，彭梦弼，叶春，叶洪，叶湜，叶梓，叶选，叶麟之，董仲荣，董初，董高，董纯，喻偘（原名喻宏），程有徽，程源，税庾，傅起岩，傅烈，鲁秀颖，傅诚，邹幼仁，邹近仁，童兴宗，曾戟，曾黯(一名曾点)，冯椝，汤震，游泽，蒲开宗，杨九龄，杨士宏，杨子文，扬子谔，杨元，杨圭，杨似云，杨修，杨晏，杨惟寅，杨博，杨齐贤，杨墀，杨辨，甄大中，贾元巽，虞元善，詹渊，赵大中，赵公眖，赵冲飞，赵汝似，赵汝垐，赵汝诒，赵汝楫，赵汝亶，赵汝稠，赵汝榛(一作赵汝溱)，赵汝塾，赵伯麟，赵希仕，赵希回，赵希庠，赵希琉，赵希循，赵思敬，赵彦呐，赵彦衮，赵彦庾，赵彦楷，赵时和，赵师共，赵师羽，赵师陶，赵师开，赵崇正，赵崇尹，赵崇佋，赵崇衎，赵崇炳，赵崇粢，赵崇贾，赵崇节，赵崇惪，赵傅霖，赵善旷，赵善潼，赵椿夫，赵蓁夫，赵适，赵艺夫，赵镠，蔡僻，臧格，廖起宗，齐琥，郑大年，郑宋臣，郑叔潜，郑涣，郑浚，郑堪，郑硕，郑诲，郑骏，熊元灿，熊节，欧阳士龙，卫沂，刘仁荣，刘文郁，刘世钧，刘丙，刘必端，刘成道，刘汝锡，刘叔向，刘沭，刘泳，刘炯，刘万敌，刘善，刘靖之，刘铨，刘镕，潘子高，潘有开，潘兴嗣，乐新，乐说，薛君用，薛祖该，薛置，薛龟从，薛杞，薛舜咨，卢人瑞，卢祖皋，韩甲，魏文中，鲜于导，谢枢，应茂之，应镛，麋溧，聂洙，颜叔瑶，苏大璋，苏如圭，苏竦，严庚震，严炎，罗相，谭杰，龚日孜。

特奏名进士：谢藻，丁知几，上官必克，上官损，王沂，王熙，元必胜，戈之奇，方士玠，方丙，方申，方来，方焕，方贲，石寅，丘何，丘闻，吕袭，朱江，朱宗愈，朱时，伊鼎，李三接，李頔，吴士先，吴秀山，吴作霖，吴琳，吴箕，吴舆，何普，宋褒，范克信，林如璧，林亨孙，林宋钧，林果，林浩，林鼎，林曾，林发藻，林寿，林绰然，林枢，林德秀，周士贵，胡抡，皇甫鉴，洪隽，袁方，倪翼，留文瑞，高恭，高发，郭公贽，郭渊，郭麟，唐范，唐鉴，陈才召，陈元卿，陈可速，陈申，陈孝宁，陈宋，陈叔董，陈卓，陈南，陈师皋，陈习之，陈闵，陈钦之，陈肇元，陈驷，陈禧，陈瞳，陈翼之，陈瀛，孙必兴，黄圭，黄次曾，黄字，黄宁，黄震卿，黄玓，黄鉴，黄吁，鹿开，梁廷仪，张天翼，张石，张田，叶宇，万彪，万习震，葛一之，董康民，辜大卿，曾贡禹，曾羚，曾兴宗，冯邦怀，冯觉，杨珣，杨端，杨丰，杨王廷，李戊，杨仲铸，赵钧，赵绛，赵震，蒋永敬，蔡嘉，蔡宾，郑日学，郑可久，郑周，郑洪，郑颀，刘梦先，刘颀，刘嘉猷，钱弼，魏谦，谢祖舜，谢彪，谢傅霖，缪之光，缪傅梅，颜庶，庞时敏，顾牧，龚梅卿，龚云。(《宋登科记考》卷一二)

补特奏名进士:李无双。《宋登科记考》卷七将其系于元符三年特奏名进士名录,误。详说见前。

鹤山先生母夫人方坐蓐时,其先公昼寝,梦有人朝服入其卧内,因问为谁,答曰:"陈了翁。"觉而鹤山生,所以用其号而命名。陈莹中前三名登第,后两甲子,鹤山中第亦第三名,其出处风节相似处极多。在东南,时有了翁家子孙,必异遇之。(《贵耳集》卷下)

庆元五年,上始御集英殿,亲策进士。某与韩甲圣可、乐新子仁同舟而下,相与谋曰:"今事势已极,惟有忠正广大以作人才,安静和平以植基本。若相激不已,则天彝泯乱,人心愤郁,国亦随之。此而不言,是为有负。"或疑触忌干祸,而三人自矢靡他。奏入,有司第某为第一,寻置之第三,恩数仍视首选。甲、新皆乙科,授从事郎。(《全宋文》卷七一一四魏了翁《韩甲墓志铭》)

魏了翁《己未唱第后谢恩诗》:圣皇学问富春秋,当宁宵衣渴壮猷。鹄立银袍天北阙,龙飞金榜殿西头。彤池缪对三千字,黄甲俄输一二筹。初学粗知存大体,纷更要洗洛阳羞。(《全宋诗》卷二九三〇)

袁说友《蜀进士许成子魁天下用其殿前赋诗韵以志喜》:岷峨策足问修程,入对明光近太清。五十年间多士赋,三千笔下一魁荣。斯文焜耀由奎画,是处流传仰蜀缨。我已夤缘观盛事,更看公等致隆平。(《全宋诗》卷二五七八)

卫泾《回曾状元谢及第启》:龙飞在天,首垂亲策;龟为前列,足见嘉谟。惟当宁虚怀之初,尤众人耸目之际。名参鼎甲,色动绅绥。恭惟签判状元,学术纯明,天资夷淡。江山秀气,不徒纂组之工;风云盛时,将有进为之志。肇承清问,卒上忠言。有此先登,出于亲擢。岂特奏篇之争诵,见谓修能之莫量。固知异时,必有远业。某适陪著位,实快胪传。明月夜光,何俟品题之力;高轩引卷,第惭谦损之多。感叹云深,敷宣罔既。(《全

宋文》卷六六三七)

曾从龙《状元率诸进士谢表》:龙飞在御,欣逢晋接之初;鹄立承恩,叨预鼎科之列。省微躬而匪称,荷帝遇以难堪。臣中谢。伏念臣等脱出穷乡,达遭休运。粗承师训渊源之末,岂知时政损益之宜。奉大对之若惊,愧衮阙之无补。万虞沙汰,乃玷甄收。兹盖伏遇皇帝陛下,禀舜文明,法禹勤俭。务兢业于持盈守成之际,示宽大于通道求谏之时。欲求卓尔不群之材,以副裒然举首之选。偶愚忠之见录,实嘉会之难逢。臣等敢不精白承休,激昂立节。上晁、董之对,际时无愧于古人;合稷、契之忠,报国愿从于今日。

曾从龙《状元谢少傅启》:尧问肆颁,光启飞龙之盛旦;汉科首选,偶占灵鳌之上头。身蒙命服之荣,名荷宸奎之赐。自天拜宠,何地酬恩?切以人才为国之重轻,文章与时而高下。书德行而考道艺,本由三物之兴贤;尚经术而用词章,继以两途而取士。皆所以规恢治道,润色皇猷。洪惟圣朝远迈隆古,自烈祖量试以墨义,而诸公争唱以古文,立万世承平之基,洗五代衰微之气。涵养于昭陵、英庙之盛,成就于庆历、元祐之间。韩、范之硕德元勋,皆由进士而选;欧、苏之高文大策,卓为学者所宗。历观近世以来,浸溺虚文之弊。士学每沦于偏见,伪徒滋习于多端。扬波助澜,乏金石冰霜之操;连篇累牍,率风云月露之形。嗣皇祗奉于燕谋,当宁欲新于鸿业。凡四辟礼闱以搜众俊,至再洒宸翰以诏主司。公乃文衡,深戒华靡固陋之习;冒吾名器,宁容浮夸轻躁之流?盖将资时用以追古风,抑欲谋王体而断国论。傥非杰特,曷副简求?如某者,白朴无华,朱愚有素。衣冠冷落,谩言槐鼎之故家;灯火辛勤,恐坠箕裘之末业。年甫登于志学,时已与于计偕。既贻点额之羞,益坚尝胆之志。守先人满籯之训,穷经屡阅于星霜;拊诸弟对床而言,抗志不渝于风雨。揠苗助长,刻楮徒劳。属当大比之献书,复以谀才而充赋。雁行相接,浪夸白璧之一双;虫篆非工,敢谓青钱之万中。叨奏名于兰省,幸赐对于枫宸。圣谟亲策于六条,愚虑悉殚于一得。若缓而不切,则徒成于画饼;或讦以为直,则何益于批鳞?然重熙累洽之时,宁庸多事;在循名责实之世,安用高谈?辄摅素蕴之忠,申诵力行之语。岂意误尘于乙览，乃蒙擢冠于甲科。胪唱既传，慊衷罔措。屈第一人而下坐，适遵故事之当然；偶由千载之相逢，获际圣贤而至此。兹盖伏遇某官，擅璞玉、南金之贵重，极泰山、北斗之高明。补女娲之天，自忠献有光于帝籍；取虞渊之日，至今公复绍于祖风。方且躬周公还贽之勤，怀郑公推轂之意。曲加密启，俾遂叨逾。某敢不增所未能，修其可愿。温饱非平生志，敬承先正之言；忠孝坚一生心，敢效后图之报。依归至切，骈俪罔功。

曾从龙《状元及第谢丞相留卫公启》：射策枫宸，滥叨胪传之首；抠衣槐府，载瞻公衮之尊。敢期桂籍之遥登，猥及桑榆之晚出。熏陶有自，报称奚殍？恭遇少保观使大观文大丞相国公先生，蓍龟元老，柱石重臣。一德格天，弼允谐于四世；三宿出昼，眷益厚于两宫。惟进难退易，绰乎有余；则此重彼轻，卓尔所立。为榱为桷，散才尽入于斧斤；采菲采葑，下体不遗于撷掇。方窃登门之幸，少伸仰斗之诚。还贽见三千人，已厕趋承之列；广厦托万间庇，益深归戴之私。（以上均见《全宋文》卷六九一五）

庆元五年，先皇帝始临轩策天下士，吾建之擢第者十有四人焉，崇安詹君景宪其一也。（《全宋文》卷七一九五真德秀《詹君墓志铭》）

六　月

四日，诏："四川类省试上三名，与依省试上十名例，并授教官差遣。"（《宋会要·选举》五之二二）

五日，诏："将庆元五年龙飞二广特奏名试在第五等人，候将来郊祀后参选日，与减升朝官举主二员，及举官亦许权行增举三人。向后科举，却合照应条格施行。余依已降指挥。内该登极，补授如之。"（《宋会要·选举》一三之九）

八日，臣僚言："国家设科以取士，士由科目以进身，一得一失，所系不轻。至若封弥撰号，例以三不全字凑成一号，盖防漏泄也。殊不知点画之间，便有同异。夫字号皆用《千字文》，且如‘方’之与‘文’，阙其一画，不知其为‘方’耶？为‘文’耶？以至‘目’之与‘且’，‘才’之与‘寸’亦然。若不全成，何以分别？前后差误，率皆由此。乞应封弥撰号，并用全字，以绝差误之失。”礼部勘当：“除母、头、十、千等仍用不成字外，余依所乞。”从之。(《宋会要·选举》五之二二)

二十日，诏：“敕赐武举绝伦进士及第胡应时与第一名恩例。”以应时系绝伦，又策入优等故也。(《宋会要·选举》一八之一四)

七　月

十七日，知兴化军叶端衡言：“今日贡举之制，最为严密。独于漕司牒试，未免有启伪之端。夫守倅有门客，有本治所异姓亲之牒试；一命而上，去乡二千里，有随侍同宗亲之牒试，二弊不可概举。以守倅牒一门客，人情法意，无可言者。至于异姓亲，如所谓女夫、儿妇之兄弟，姊妹之亲家，强连牵合，皆平生素昧之人。苟有亲党多处，于注拟之际，自当回避。今以举人家状与其父祖告命观之，乡贯异同，又有亲兄弟各自异其乡贯者。玩侮朝廷，一至于是！去乡二千里，有随侍牒试者，本为子孙设，况皆监当兵将之类，职卑而俸薄，决无随侍之多。使果有族类，濒期涉远，犹之可也。今皆以同姓冒牒，不过应亲要嘱托，甚则货赂请求而已。乞除守倅合牒门客一人外，其异姓避亲牒试，乞行罢免。如有异姓服属亲，为倅者则不许监试，合差以次官。其随侍之人，照指挥许牒子孙弟侄，仍召升朝保官二员，并牒官重甘罪罚，批书印纸。苟有败露，必置宪典。”从之。(《宋会要·选举》五之二二、二三)

八　月

二十八日，臣僚言：“两淮、荆襄皆 楚地也，山川之胜，风土至厚，钟为人物，往往豪气磊落，有足观者。渐磨之以学问，劝诱之以爵禄，莫不奋起，出为时用。臣观武举通榜，所谓两淮、荆襄之人，绝不见有中是选者，夫岂无材可取？特未有招来诱进之方耳。乞将京西一路六州军、湖北沿边信阳军，并江陵、德安府、复州、荆门军，及两淮沿边庐、光、濠、楚、滁州、盱眙、安丰军土著士人，照兵部及四川试武举法，许令就试。”诏：“兵部检坐条法，行下逐州军，如委系土著士人，召文武官保奏，须要选择人材，精于武艺，于解试年分二月内，听于本路安抚司拍张弓马合格，不限人数，并行取放。仍就本司差官，比试程文。将文理稍通人并赴行在解试，别立字号，令项考校，取拨十名为解额。仍于省试见取放人内拨五名为省额，如解发人数稀少，临时取旨。其冒贯不实，许人陈告，定行真决，不以荫论。保官降三官资，同保人殿五举，余照见行条法。”既而，兵部言：“淮西安抚司申审保官一节，系是创行之初，若候奏状到部，出给告示，令逐路收试，窃恐往返留滞。欲照四川武举体例，将合该奏举武举，如无违碍，先次收试，续行缴奏，降付本部照会。”从之。（《宋会要·选举》一八之一四、一五）

是　秋

陆游《陈阜卿先生为两浙转运司考试官，时秦丞相孙以右文殿修撰来就试，直欲首选。阜卿得予文卷，擢置第一，秦氏大怒。予明年既显黜，先生亦几蹈危机。偶秦公薨，遂已。予晚岁料理故书，得先生手帖，追感平昔，作长句以识其事。不知衰涕之集也》：冀北当年浩莫分，斯人一顾每空群。国家科第与风汉，天下英雄惟使君。后进何人知大老？横流无地寄斯文。自怜衰钝辜真赏，犹窃虚名海内闻。（《剑南诗稿校注》卷四〇）

庆元六年　庚申(1200)

二　月

陈造《集同年记小宰费公士寅、西掖陈公宗召、左史汤公硕倡之》：庆元庚申二月八日，合乙未岁同年进士饮于西湖环碧之园。其叙以拜，其坐以齿。其主席者三，某官；其预招者十二，某某。自举觞至扬觯三十刻。所饮既酣，合辞言曰：仕熙代，取科第，良幸！而吾主客十六人者，官于中外，合而离；越二十六年，离而复合。把杯相属，道国恩，论情素，劝加餐，祝亨嘉，聚首一笑，不其尤幸！况时仲春，风物媚妩，欲雨倏晴。云日葱昽，西湖山水秀丽甲天下，而环碧之涵虚，又西湖胜处。宜春宜晴，宜觞咏俯仰徙倚。湖光澄渟，盎盎如醼；鸟鱼弄影，窥闯樽俎；风柔无力，落梅泛香，断续袭人。一时佳胜，为吾徒有，不止古所谓四并者，政恐后谪仙无此乐。非三巨公笃事契、忘名分，未易得此。此不容不识，客命某致辞。书者胡有开也。(《全宋文》卷五七六五)

二十五日，铨试、公试、类试：命监察御史林采监试，太常少卿虞俦、刑部员外郎王资之、著作佐郎易祓考试，阁门舍人林可大、枢密院编修官章良能、王辉、大理评事翁潾、向公择、秘书省正字邹应龙、张嗣古、大理寺主簿李揆、大理评事沈纺、主管刑工部架阁文字周梦祥考校。(《宋会要·选举》二一之八)

宋宁宗　嘉泰元年　辛酉(1201)

正　月

周必大《梅州贡院记》:《易》曰:“随时之义大矣哉!”时未可为,不为可也;时既可为,不为可乎?降汉迄唐,因郡国大小,定贡士多寡。本朝接五季之乱,乡举寂寥,士试州治,未有围棘糊名之制。由广而东,去国滋远,厥初合一路才贡一士。涵养二百余年,人才始众。梅之置州,适后他邦。在法,士不满百,并试傍郡。贡院之不设,时也。连举大比,至数百人,预荐者五。或即郡庠,或寓驿亭,始苟简成之,终劳费葺之。今太守朝散郎刘涣,节用储财,肇新试闱,亦时也。相攸度基,广十有二丈,深三十有七丈。市竹木于龙川,择梓匠于汀赣。为厅堂各五间,其崇二丈五尺,廊屋十四间,内外门各五间,封弥、誊录、东西厨屋总十间。隔街有溪,限以编户,厚偿其直,撤而达之,洞视山川之秀。溪中有百花洲,创佳致亭于其上。兴工以庆元六年六月壬辰,讫事以十一月丁巳。匠以工计者五千有奇,杂役则募闲民,用砖十万,盖瓦倍之。钱以缗计者数千,米以斛计者累百。越十二月朔,行乡饮酒礼发焉。程乡令李昌龄,予里人也,以书道本末,且曰:“州惟一邑,向也百役所仰。今侯甫修学校,又为是举,成规定于心,余羡出于州,科调毫厘勿及其属。愿纪其实,以彰其美。”恭闻太宗皇帝端拱元年放进士二十八人,有古成之者预焉。虽家广之增城,后徙于梅,其四世孙革遂登绍圣进士第。元符三年蓝奎继擢丙科,政和二年则有刘中,绍兴十五年复有罗振,四邻望之,指为士乡。又况戊申策士维扬,而潮人礼部尚书王大宝胪传第二,于梅本同州;丁丑奏号南省,而惠人秘书郎张宋卿名冠淡墨,于梅为同路。两贤学问过人,而立朝持论并为当世所称。《诗》不云乎:“高山仰止,景行行止。”诸生他日取巍科,继前修,尚毋忘二千石作成之德。明年正月旦,具位周某记。(《全宋文》卷五一四九)

二　月

一日,诏曰:"周室兴贤之典,必考德以为先;唐家进士之科,与明经而并列。粤惟我宋,稽合前猷,内阐胶庠之规,外分郡国之学。于平时而教诏,至大比以言扬。由立制之兼详,故得人而独盛。逮于菲质,率厥旧章。念凡科目之求,实乃公卿之选。思得洁修之士,尝再下于诏书;急闻切直之言,既一加于亲策。兹属予恭默之际,敢忘尔功名之图。矧天相于邦家,必世多于髦隽。熏陶浸久,蕴蓄宜丰。虽于数路以旁招,取以三年而非数。列郡将严于劝驾,逌司毋怠于程能。偕计吏而来,当深明于世务;有好爵之与,斯无靳于尔縻。其以至怀,孚于众听。"(《宋会要·选举》一之二五、二六)

十七日,右谏议大夫程松言:"科举以文章取士,文章关时之盛衰。傥以浮靡之文,盖其空疏之学,岂惟无补于实用,殆将有累于盛时。乞饬有司,属意命题,示之趋向。考校之际,审观其文,委是器识宏远,学问淹该,然后充选。虽或质实,固亦无害。或立说抵于注疏,措辞乖于理趣,而空疏浮靡者悉置勿取。若有司所取不当,他时上彻听闻,则考官降黜,所取驳放。"从之。(《宋会要·选举》五之二三)

二十二日,知滁州许巽言:"三岁科举,至重事也。乃者,诸路所差考官,或非其人,命题乖张,考文纰缪。或章句之不相属,或援引之非所宜,经义至失本旨,诗赋至失音韵,朝廷固尝小惩之矣。今科诏既颁,而差考官一节,其可不申严乎?夫经义、诗赋各从其习,故习经义者声律之不知,犹习诗赋者不明经旨也。今而强之使参考,几何其不失士耶?乞敕诸路漕司,今岁所差考试官,一则审核其人之真伪,择端正而不堕浮靡者,以充考校。次则稽考逐官脚色,量逐州合差官之数,其诗赋多而经义少,则以三分为率,一分治经义官,二分诗赋官,俾专考之。若经义多而诗赋少,所差亦然。庶几各效所长,取予精当。"从之。(《宋会要·选举》二二之一六、一七)

二十五日，铨试、公试、类试：命监察御史施康年监试，太常少卿曾焕、大宗正丞李直柔、秘书丞钟必万考试，太常丞胡恭、司农寺丞聂有、太常博士陆峻、秘书省校书郎邹应龙、太常寺主簿王柟、司农寺主簿谯令宪、武学博士林管、大理评事李曼卿、鲍华、连文瑜考校。(《宋会要·选举》二一之八、九)

三　月

二十九日，臣僚言："士子程文，不过三场，而其定去留者，多在经义、诗赋。然此二者，罕能兼通。今之学官，即向时之生员；今之考官，即向时之举子。未有以经义登科之后复习诗赋，未有以诗赋进身之后复习经义。昨来太学补试，有取魁赋而重迭用韵及落官韵者，此考官不习诗赋之病。前举诸州解试，有出经题而本文不相连属者，有不应作题目而出为题者，此试官不习经义之病。且以今日学官言之，监学官十余员，而习诗赋者终一二人。又诸路乡举，多是提举学事司临时差官应数，奚暇选择？乞今后差国子监太学官，宜照各人先来所习，为之均差。自今岁始，所差上舍试及发解试官，并参照所习，分令均平。并下诸路漕司、制置司，依此参照均差，仍开具试官所习，申省部照会。"从之。(《宋会要·选举》二二之一七)

四　月

二十二日，臣僚言："近来朝廷，惩科举牒试冒滥之弊，因臣僚有请，立为限节，增损旧法，稍加详密。使士子各安分谊，而当官者遵守法禁，不为欺罔，非不尽善。但试期渐逼，却有委实随侍在远，未知新制，当有后时之叹。乞且循前举体例放行一次，姑俟后举，遵用前来指挥。"从之。(《宋会要·选举》五之二三、二四)

五　月

二十六日，诏："嘉泰二年礼部奏名进士，可依祖宗故事，更不临轩策试。"(《宋会要·选举》八之一九)

七　月

乙丑(十七日)，赐龚颐正出身。颐正，和州历阳人也，本名敦颐。少举进士不第,用洪丞相门客恩,为不理选限登仕郎。尝著《符祐本末》三十卷,又撰《元祐党籍三百九人列传》,所佚者六人而已。洪内翰领史院,荐于朝。初授下州文学,旋补迪功郎、监潭州南岳庙。光宗受禅,改今名,用荐者,主管吏部架阁文字,迁太社令、宗正寺主簿。颐正著《续稽古录》,盛言韩侂胄定策之勋,由是擢兼资善堂小学教授,迁枢密院编修官。至是,诏以"颐正学问该博,赐进士出身,兼实录院检讨官。付以三朝史事。"是冬,迁秘书丞,未逾月卒。及侂胄死,有诏毁其《续稽古录》云。(《续编两朝纲目备要》卷六)

八 月

五日,国子监发解:命监察御史邓友龙监试,军器监林桷、吏部郎中李景和、度支郎中宇文绍节考试,秘书丞钟必万、大理寺丞胡元衡、太府寺丞王辉、赵梦极、秘书省校书郎莫子纯、大理寺主簿张欣点检试卷。避亲别试:秘书省校书郎张嗣古考试,主管吏部架阁文字顾杞、主管户部架阁文字黄缥、国子监书库官高文善点检试卷。(《宋会要·选举》二一之九)

嘉泰元年,予以剑南幕府较士于眉。士之通《春秋》者询以霸业所由始。追策士于汉中,举唐入阁本末为问。其间乃有博赡宏丽者,予异而拔之,则丹棱史孟传守道也。(《全宋文》卷七一二四魏了翁《史君墓志铭》)

九 月

杨万里《周子益〈训蒙省题诗〉序》:唐人未有不能诗者。能之矣,亦未有不工者。至李、杜,极矣。后有作者,蔑以加矣。而晚唐诸子虽乏二子之雄浑,然好色而不淫,怨诽而不乱,犹有《国风》、《小雅》之遗音。无他,专门以诗赋取士而已。诗,又其专门者也,故夫人而能工之也。自"日五色"之题,一变而为"天地为炉",再变而为"尧舜性仁",于是始无赋矣;自"春草碧色"之题,一变而为"四夷来王",再变而为"为政以德",于是始无诗矣。非无诗也,无题也。吾倩陈履常示予以其友周子益训蒙之编,属联切而不束,词气肆而不荡,婉而庄,丽而不浮,骎骎乎晚唐之味矣。盖以诗人之情性,而寓之举子之刀尺者欤?至如"信符"之一题,独非古题,而诗句亦不为题所掣，可谓难矣。盖一尝试为我赋“为政以德”之题乎？惟“蚁封”乃见子王子之驭。嘉泰辛酉九月，诚斋野客杨万里序。(《杨万里诗文集》卷八三)

是　秋

余里中士，每秋赋与计偕，贫不能行者，或仰给劝驾。嘉泰辛酉，永嘉周梦与吕龄宰德化，垂满矣，士有以故例请者，弗报。贽以启，束装而俟，又弗报。怒而索其贽。余适谒琴堂，坐间，梦与口占授札吏复之曰：“伏承宠翰，见索长笺，爱莫能留，感而且骇。珠玑在侧，固知酬应之难；笔研生尘，未免纾迟之咎。赵客有辞而取璧，楚人敢讶于亡弓。所恨具舟，已及瓜而代去；无由洗眼，观夺锦之归来。更冀恢洪，以基光大。”毕缄，顾余作释语曰：“予非摩诃萨埵，乃诸公之提婆达多耳。”余笑莫敢答。士掷其报章于门而去。阍者白之，曰：“正自乏楮君，就席以为室间书庋。”无所问，里士不欲名。(《程史》卷四)

杨万里《送罗仲仁试艺南宫》：绍兴廉吏谁第一？君家郎罢真无匹。腰缠墨绶不请钱，妻啼儿号穷刮骨。清无人知有天知，四团三个攀桂枝。不应一个独见遗，今秋君与一鹗飞。君不见吾州状元晚得意，董公五十有三岁。君今加渠更三年，春风射策君勉旃。

杨万里《古风送刘季游试艺南宫》：西溪先生刘夫子，个是国士天下士。家庭孝友春风里，义气高寒秋后水。艮斋荐书叫九关，重华表间上半天。人冤有德却无位，天报芝兰满阶砌。诸孙个个九凤雏，此郎轩轩千里驹。槐花再登乡老书，桃花一跳化龙鱼。堂上双亲黑头在，日唤子孙倚门待。绿衣归上千岁觞，还我西溪读书债。(以上均见《杨万里诗文集》卷四〇)

十二月

四日，臣僚言：“窃惟国家设贡举之科，重考官之选，以求真才实能，法至密也。士群试于有司，经义、诗赋，各分所长。而考官之通于诗赋者，未必通于经；专于一经者，于他经或不能以通习。今使之兼任考校，而欲其精于去取,不亦难乎！曩者,议臣尝欲均差经义、诗赋之人,其说固已施行矣。使登第者众,固可选择。若其稍阙,则均差之说,将何所施？大郡考官员多,或可通融;若小郡员少,则均差之说,亦将安取？臣窃谓均差既非通论,兼习又难其人,莫若分遣诸郡教官,或可任责。盖为教官者,非殿、省试之前列,即学校之上游,其他或以履历得之,亦皆当世之名彦。况郡有月试,经义、诗赋考校既熟,鉴裁必精。乞敕诸路漕臣,自来岁大比为始,郡无大小,必差教官一人专主文衡,而他官则参预考校。"令礼部看详。本部言:"国子监集学官聚议,科举选差考官,合以经义、诗赋兼通之人专主文衡。欲每处必差教授一人,委是允当。但照得诸路漕司选差考官,多以本司场屋为重。若以教官尽分诸郡,则漕司必致阙人。今欲于诸路干官及诸州职官内,有前名登第或试中教官之人,与诸州教授通融选择。仍于差帖内带'兼检点试卷',则场屋之人,事体归一。"从之。(《宋会要·选举》二二之一七、一八)

十八日,臣僚言:"日者士风趋伪,缪相传习。于是场屋之文,始有肆为迂僻者。臣淳熙间蒙孝宗赐对,乞将日来妄立名字,私著论说、策议、讲解、杂文等,遵用旧法,非经国子监看详辄刊行者,并令毁板。得旨从之,而伪徒蓄怨,施行未竟,而祸已及。今幸众正复开,文风知向。方多士计偕,近在来春。乞明诏四方,务为纯正之文,有袭前弊,必行黜落。仍饬有司,公于去取,稍或徇私,当令台谏预考校者机察以闻,重置于罚。"从之。(《宋会要·选举》五之二四)

二十四日,臣僚言:"陛下圣孝纯笃,迄今未御正殿。来岁临轩策士,亦应暂辍。则是进士科第,全赴南省,事体甚重,非常时比。故臣敢以省闱利害四事以闻:一曰,近岁有司沮抑词赋太甚,取人分数已暗侵削,其所取者,多置后陈。乞今后如经义、诗赋所取人数小有那融,不得过侵。如词赋卷中可置前列,大体既正,虽有小疵,且与阔略,庶几此学渐振。二曰,近岁有司专尚《春秋》,盖复《春秋》习者少,姑务诱进。岁月积久,假借太过。今岁诸处多以《春秋》首荐,而西蜀类试十名之前,辄占其三。《春秋》虽有三传,士子临时结社,相与分记。况其巨题绝少,易以牢笼。乞今后所考《春秋》,有经旨通明,文辞卓异,不妨巍占外,傥其所与诸经无大相过,不必置在前列。其取人分数,比之诸经,不得侵额。三曰,治经以经旨为主,文辞为辅。近者经学惟务遣文,不顾经旨。此非学者过也,有司实启之。盖命题之际,或于上下礙裂,号为断章;他处牵合,号为关题。断章固无意义,而关题之显然浑成者,多已经用,往往搜索新奇,或意不相属,文不相类,渐成乖僻。士子虽欲据经为文,势有不可,是有司驱之穿凿。乞今后经义命题,必本经旨。如所谓断章、关题,一切禁约。庶几学者得以推原经文,不致曲说。四曰,国朝正史与凡《实录》、《会要》等书,崇护惟谨,人间私藏,具有法禁。惟公卿子弟,或因父兄得以窃窥,而有力之家冒禁传写。至于寒远士子,何缘得知?而近时乃取本朝故事,藏匿本末,发为策问。是责寒远之士以素所不见之书,欲其通习,无乃不近人情。乞今后策题如系本朝事实,并须明白指问,不得藏匿本末。庶几草茅寒士,不至独为所困。"并从之。(《宋会要·选举》五之二四、二五。按:据《宋史》卷一五六载,此乃起居舍人章良能奏疏。)

是　年

魏了翁《眉州创贡院记》:国朝设科取士,损益隋唐之旧,凡二百有七十年矣。列郡校试寓于浮屠之馆者,十有七八。承平日久,人物众多,贡士之宫于是浸备。而眉为士大夫郡,取士于乡于大学于诸道者,视他州为多。自庆元初分贡额于诸郡,眉以三十六人益为五十有二,士之投牒益盛于前,顾犹寓试于开元佛舍,因陋就隘,不谓阙典与?刘文节公尝议改为,迄于增广;某亦尝度地北郊,寻亦因仍。今守黄侯申居郡之明年,即学宫之侧辟为国寺,与有旁近僧庐之废者而更筑焉。东乡为堂皇一,为中门三、外门三;南乡为便坐一,主司之直庐十;南北乡为试士之庑七列,东乡五列,凡五百楹。刘公旧庑居三之一。以至庖湢、府史、封弥、誊录之舍,下逮什器,靡微弗具。又外为周墉,赋丈四百五十。少府既以余法用具糇粮,称畚筑,焕章阁待制李公埴始订其议。至是又捐资为里人倡,凡得钱二千万,转运判官黄公伯固、厉公模前后所发如之,不足则刑狱使者郭公正孙又发五百万卒成之。某居靖未返,侯以李公之意来言,曰:"是不可以无记,子之尝为守于斯也,以惟子请!"呜呼!侯所以待邦之士其诚且厚若此,予所欲为而不能也,予曷敢不诺！虽然,每惟科举取士,至于文已密而敝滋多,法益详而意逾薄,则未尝不深有惕焉。古者闾月书,族时考,州岁比,乡三年而宾兴,众宾之席弗属,堂下之观礼者弗坐,无异词也。今易吏而主其事,糊名而察其言,望实之素著或攻而去之,文词之稍异或惧而抑之,宁收卑近,无拔隽尤。其幸而得之,则又将以其取于人者取人矣。古者使民兴乡之贤能,还以长治其乡,士自修于家而民自为乡谋,故毁誉公而贤否明。今以一日之长,一夫之见,而投之以非所素习之事,授之以非所素附之民,积日累月而为卿、为公,天子所与论道经邦,皆若人也。呜呼！斯其为学制学御不已多乎！且六经之书,家藏而人诵之,其下利而上义,贱浮而贵实,夫皆有是说也。而夷考其朝夕之所孳孳,则所以治其国者,秦汉以后郡县迫促之规也;所以修于家者,隋唐以来科举纂缀之业也。言行心迹,晓然相违,而人不以为异。盖其说曰:"仕为养也,为将有行也。使所学与言稍违时律,则有司之所必弃。"此不惟薄乎待己,亦浅之望人矣。且以言取人固非易事,然而昭晰者无疑,优游者有余。文也者,命于气,立于志,成于学,而独不可以观人乎?国初之文宗尚西昆,至于仁祖之季,诡异日甚。嘉祐二年贡举,士所推许者诡异之尤也,而欧公所取乃皆平淡尔雅之文,是邦之二苏公尤重兹选。方二公之隶于家塾而为是学,试于礼部而操是艺也,使今之士必曰:此非时所尚也。而士以是进,有司以是取。不惟进不失正,取不失贤,由是远近闻风,日改月化,极于元祐之盛。学醇行修,历数世而流风未泯。然则试艺于斯、考言于斯者,顾瞻江山,想象仪刑,亦可以得师矣。侯之沉沉其宇,翼翼其庑,非徒以饰美观也。数千里而谒记于予也,非徒以书成役也。敬其事,重其始,所以望于吾郦之士,庶其在是夫！侯予同郡人,绍熙四年进士,历三郡守,皆有德于民。今以治行尤异,擢潼川府路转运判官云。(《全宋文》卷七一〇四)

嘉泰二年　壬戌(1202)

正　月

二十四日，诏："太学生该遇淳熙十六年、绍熙五年两经覃免，及住学通前十五年，曾经公试或私试中选人，并权特令赴今来省试一次。其因事不赴人，将来不得陈乞收使。令国子监开具实该恩人数，结罪保明，申尚书省。"(《宋会要·选举》五之二五)

二十四日，命礼部侍郎木待问知贡举，起居郎王容、右正言施康年同知贡举，枢密院检详诸房文字宇文绍节、仓部郎中孟纶、监察御史邓友龙、宗正丞兼金部郎官张布、著作郎兼考功郎官萧逵、大理寺丞汪文振、胡元衡、秘书郎陆峻参详，司农寺丞盛庶、太府寺丞赵梦极、国子监丞朱钦则、秘书省校书郎周梦祥、太常寺主簿叶宗鲁、大理寺主簿张欣、监登闻检院钟将之、监都进奏院曾槐、主管官告院黄景说、干办诸司审计司陈铸、干办诸军审计司林行可、干办诸司粮料院叶时、武学博士朱质、国子监主簿谈钥、大理评事李蔓卿、提辖文思院黄谦、主管吏部架阁文字顾杞、主管户部架阁文字黄缥、主管礼兵部架阁文字王庭之、监榷货务都茶场尚朴点检试卷。避亲别试：礼部员外郎颜棫考试，司农寺丞余崇龟、提辖榷货务都茶场巩嵘、国子监书库官高文善点检试卷。(《宋会要·选举》二二之一二、一三)

省试赐知贡举御札："朕惟古乡举里选之法弊，而后世始设科目，延至英彦，靡之以好爵，共兴治功。朕践祚以来再取士矣，今虽嬛然在疚，复遴选侍从台省之臣，典司文枋。士有抱负，彪为词采，必刊去浮华，体要为尚，基异时之实用。《传》不云乎：'言，心声也。'傥或外是，抑曷取焉。卿辈其求所以得人而称朕意者，则惟汝嘉。"(《咸淳临安志》卷一二)

二十七日，兵部言："武学内舍生赖嘉言、缪南明、程君举、李叔瀛、陈天骥状：'窃见两学学生程有徽、王飞英等陈乞两该覃恩免解事，已蒙朝廷下部监指定，缘嘉言等尚有五人未曾陈乞，下部监一就施行。'批送兵部、国子监指定。据本监申：'一，两经覃恩上舍生，见赴嘉泰二年省试人何大明；一，两经覃恩，系有公试及私试中选内舍生，住学十五年人龚泽、朱之奇、李秀实、叶湶；一，两经覃恩，系有公试及私试中选外舍生，住学十五年人刘思、顾可、沈焘、朱次韩、陈天骥、周致远、程君举、李叔瀛、王飞英、陈浩、吴概，计一十一人，乞比附太学生已得今降免解一次指挥施行。乞将今该免解之人，或因事故今举不赴省试之人，后举更不收使。'本部契勘：数内何大明系武学下等上舍生，从条已系免解见赴今年省试之人；并赖嘉言、缪南明，据国子监称逐人即不曾该过淳熙十六年覃免，是以不合开具。今指定上件事理，乞施行。"诏："依兵部、国子监指定到人数，权特令赴今来省试一次。内上舍生何大明亦止许赴今来省试一次，日后不许作恩例收使。"从之。(《宋会要·选举》一八之一五)

是　月

曹东亩赴省，陆行良苦，以词自慰其足云："春闱期近也，望帝京迢迢，犹在天际。懊恨这一双脚底，一日厮赶上五六十里。　争气！扶持我去。转得官归，恁时赏你。穿对朝靴，安排你在轿儿里。更选个宫样鞋，夜间伴你。"(《庶斋老学丛谈》卷中之下)

二　月

周必大《抚州登科题名记序》：大江之南分东西两道，自东而西，首曰抚州。其为郡在三国孙氏，至隋唐虽易置不常，然今建昌军治南城，统南丰，入闽为邵武军，本皆抚之属邑。非特地大人庶冠冕一路，而文物盛多亦异他邦。本朝最重儒科，《临川图志》载《题名记》一卷，起太平兴国五年乐史，而下至淳熙七年，姓名具焉。今州学教授富沙刘填将增广刻之石，使来者可继，而郡人太学博士王克勤、士子涂公达见属题辞。夫为己之学、垂世之文，固不专为禄仕计，然拔起耕钓，今异乎古。特诏举辟，久置不讲，士进德修业，怀才抱艺，大欲平治天下，次将黼黻斯文，舍科举安出哉？是以二百余年间贤达相望。试言其显者：晏元献公之进贤好善，王文公之文学行谊，曾子固巩之主盟斯文，此一身所当勉也。乐氏、曾氏、王氏父子兄弟相继策名，此一家所当勉也。名士如谢逸与其弟薖，学术渊源，砥节砺行，厌场屋而舍之，肆其孙源、曾孙枢继预黄甲，盖不在其身，必昌厥后，此又一乡所当勉也。若乃汪革以奇才冠南省，陈儒因版授逊大魁，是皆杰出人上者，后生得不思齐乎！近乙未岁，罗点廷试为榜眼，刘尧夫释褐冠上舍，克勤由童子举入馆阁，是又盛事参集者，诸生得不踵武乎！凡此五者，有美有劝，教官作成之意深矣。克勤再第进士，公达之先由元祐，至今登科者十余人，二君于此尤惓惓，故嘉其志，并及之。嘉泰二年二月旦。(《全宋文》卷五一二〇)

三　月

一日，以礼部侍郎木待问知贡举，起居郎王容、右正言施康年同知贡举，得合格奏名进士傅行简以下三百二十五人。(《宋会要·选举》一之二六)

傅行简榜：《圣人成天下之大顺赋》、《春旗簇仗齐诗》、《汉御外理内之术论》。(《宝庆四明志》卷一〇)

二十八日，御史台言："庆元四年十月指挥，今后诸路运司牒试数多之人，令觉察闻奏。本台今据两浙运司开具今举诸州府知、通申到避亲赴试人数，比照数内牒试最多人，朝请郎、通判婺州汪德范牒一十四人，朝奉大夫、通判台州林谦牒一十三人。今照指挥，合行举觉。"诏："汪德范、林谦各特降一官。"(《宋会要·选举》五之二五、二六)

四　月

复太学混补试。太学补弟子员，故例：每三岁科举后，朝廷差官锁院，凡四方举人皆得就试，取合格者补入之，谓之"混补"。淳熙后，朝议以就试者多，欲为之限制，乃立《待补之法》。诸路漕司及州军，皆以解试终场人数为准，每百人取六人，许赴补试，率以开院后十日揭榜。然远方士人多不就试，则为他人取其公据代之。冒滥滋甚，庆元中遂罢之。嘉泰二年

复行混补，就试者至三万七千余人，分六场，十八日引试云。(《续编两朝纲目备要》卷七)

五　月

一日，国子监发解别试所言："已降指挥，武学量立国子员，依太学国子体例收补。比拟太学额，共立九人。今来武学国子生有额七人，就试终场二十人，取放人数，乞施行。"诏："取放四人。"(《宋会要·选举》五之二六)

十八日，阁门言："已降指挥，今次省试举人，更不临轩策试。"所有正、特奏名进士引见日分，诏用今月二十六日、二十七日引见。(《宋会要·选举》八之一九)

二十六日，上御后殿，引见礼部奏名进士。正奏名傅行简已下四百三十九人，第为五等，赐进士及第、出身、同出身。特奏名何峄已下四百九十七人，赐同进士出身、同学究出身，登仕郎、将仕郎、上下州文学、诸州助教。同日，引见武举进士。正奏名叶漴已下四十二人，漴补秉义郎，林贯道、缪震补保义郎，并赐武举及第。余悉武举出身，补承节郎，各减磨勘有差。特奏名补进武校尉、进义校尉，减磨勘有差。(《宋会要·选举》八之一九)

二十六日，诏："新及第进士第一人傅行简特补承事郎、签书建康军节度判官厅公事，第二名乔嘉、第三名谢汲古并文林郎、节察推判官，第四名陈殊补从事郎、防团推判官，第五名何应龙补文林郎为系四川类试第一名，与依第三名恩例，第六名以下、第二甲、第三甲、第四甲、第五甲并迪功郎、诸州司、户、簿、尉。"(《宋会要·选举》二之三一)

进士名录：傅行简，乔嘉，谢汲古，丁伯桂，丁谦，上官铭，王之制，王子渊，王公衮，王亢，王正之，王同，王佐，王炎中，王俊民，王悰，王容，王敏求，王遂，王瑄，王聘，王濯，亓春，元舟，毛仲约，勾龙公翊，卞伯光，文充，方秉哲，方淙，方猷，方赐复，尹申，尹耀，孔梦符，石鼎，石瑀，田元晋，史元美，史景几，冉木，冉从周(误)，丘迪嘉，丘牧，丘唐杰，丘棣，白梦麟，成法，朱方大，朱俨，任亨之，江杞，江沆，江岩公，阮文子，阮寅，阮轸，李大亮，李元起，李正炎，李芑，李伯垕，李伯湛，李宗迈，杨亮，李栗，李浃，李象坡，李道之，李增兴，李兴诗，李儒用，吴大年，吴子斌，吴酉仲，吴孚，吴宗玉，吴南一，吴俯，吴朝章，吴楠，吴溥，吴铨，吴懿德，何逵，何应龙，何夔，余日华，余次舒，余宗，余梦泰，沈宗辅，沈诚，沈连，宋文英，宋仲壬，宋闻礼，幸元龙，林子正，林方庐，林半千，林光敖，林晋之，林益严，林得中，林森，林楫，林维忠，林儒藻，林镃，卓然，季衍，周大猷，周去奢，周容，周震孙，周璘，周瞻，胡希章，胡景愈，胡翔卿，胡荣卿，胡鉴，柯进德，柯诚中，俣国，俞宋杰，施友直，施友闻，施友谅，施玉藻，施琮，施应龙，姜京，洪友诚，洪秉哲，洪咨夔，祝梦熊，姚同，姚辛，马遇，秦九万，袁一之，袁士安，庄士贵，莘炎己，时泾，徐文叔，徐光德，徐汝楚，徐思，徐远，徐楚，徐衡，徐应祥，徐总，高不倚，高定子，高载，郭明卿，唐刚，家大酉，陈士表，陈元举，陈允恭，陈艾，陈用，陈仲微，陈初，陈宗起，陈宗衜，陈思点，陈俞，陈振，陈殊，陈纮，陈万言，陈登，陈梦章，陈铉才，陈槐卿，陈溥，陈熙甫，陈彰，陈端甫，陈增，陈褎，陈褒举，陈邃，陶述尧，陶崇，陶熏，孙昌朝，黄正寅，黄民望，黄廷硕，黄行中，黄亦，黄非熊，黄孟永，黄时宪，黄理，黄庲，黄桀，黄锐，黄颐，黄龟明，黄应辰，黄鉴，梅昭，曹大昌，曹逌，曹焕，曹豳，许大声，许炳，许泾，章时可，章应开，张之卯，张邦用，张似之，张汝明，张昭汉，张炳，张炤，张耕，张涣臣，张符，张焕文，张淡，张寅发，张翔，张荣，张翼，张镕，项得一，彭唐卿，彭震，叶子仪，叶元之，叶枏，叶梦得，叶嗣昌，万一之，葛士龙，惠棐，喻荣孙，喻演，程玘，程炎，程相，程樟，程浚川，傅熙，邹升，邹临，邹应麟，曾文豹，曾忱，曾亮，曾熹，冯益重，温以闻，游金酉，杨元甲，杨旦，杨昕，杨琮，杨景良，杨仪庭，杨轰，杨昌朝，贾昉之，虞达焕，詹栗，赵丁，赵用章，赵汝伆，赵汝臣，赵汝衲，赵汝琉，赵汝恕，赵汝梧，赵汝过，赵汝遏，赵汝塾，赵汝鄹，赵汝璪，赵汝鐩，赵希流，赵希洵，赵希商，赵希赞，赵性夫，赵彦俟，赵时侃，赵师邵，赵师祝，赵师异，赵师德，赵浚，赵崇洽，赵琡夫，赵琯，赵善淡，赵善瑟，赵善翰，赵绀，赵纶，赵黔夫，赵绳夫，赵绎夫，赵继承，蒋丞，蒋思，蒋哀然，蔡雷焕，齐嵩，郑介，郑公乙，郑勋，郑轮，郑震，欧阳仁政，欧阳必泰，黎朝宗，滕承孙，刘文，刘文轨，刘辰之，刘亨叔，刘武邵，刘泌，刘南叔，刘寅，刘裕，刘裓，刘该，刘实，刘澹然，刘镇，谈莘，潘子京，潘宗昭，燕季子，萧钗，卢子章，卢孝孙，卢端谊，钱祖成，钱阊，鲍介然，戴自诚，钟兴，谢少连，谢居正，谢采伯，谢棐伯，应纯之，蹇必雄，缪师皋，苏泰，苏应龙，严世明，罗子介，罗若水，罗博文，罗震孔，谭汝弼，龚颐正(误)。

特奏名进士：何峄，王大任，方公显，丘大名，丘如嵩，白承休，任伯岳，江浚，阮端叔，李克己，李升，吴光，吴叔同，何兴重，附兴祖，林成季，林采，林奕，林实孙，卓之才，金柟，周中，胡资懋，柯棠，施总，倪骏，郭师颖，陈世公，陈卣，陈炎，陈伟，陈尧卿，陈万修，陈朝英，陈云卿，陈闻诗，陈衡之，陈应求，孙宓，孙说，黄宋隆，黄佺，黄思逊，黄谦，黄应酉，黄燮，章正国，张孝达，张宏休，张黄中，叶日新，汤一德，蒲扬，杨戒之，雷倬，詹纬，赵汝重，赵汝燉，廖经，郑杲，郑桂，郑怀，郑瀛，诸葛若，潘子俨，潘浃，薛元刍，卢迪，邝怀忠，戴东，戴梦中，谢九龄，谢旦，谢梦诚，聂椿年，颜叔开，严环，龚惟叙。(《宋登科记考》卷一二)

补进士名录：其一，潜敷。《全宋诗》卷二八九〇洪咨夔《送潜同年敷调官归》。

其二，王晞鸿。《全宋诗》卷二八九一洪咨夔《次同年王火井晞鸿不遇之韵》。

辨正：其一，龚颐正，嘉泰元年七月赐进士出身。详说见前。

其二，冉从周，嘉熙二年进士。《宋登科记考》卷一三“嘉熙二年进士名录”据同条资料录入。

徐子渊贺谢相深甫二子登科启云：“三槐正位，人瞻衮绣之荣；双桂联芳，天发阶庭之秀。出则告辰猷于虎，拜稽首之际；入则训义方于鲤，趋过庭之时。沧海珠胎，发为朝采；蓝田玉种，积有夜光。”又云：“虽官爵乃公家之自有，而世科岂人力之能为。”谢以为讥己，亦不乐之。(《西塘集耆旧续闻》卷一〇)

六　月

十四日，秘书省校书郎杨炳言：“近者再行太学混补，四方士子云集京都。庆元二年之数二万八千余人，今岁三万九千余人。前者四处试院，合经义、诗赋为一场，今则分为两场。锁院之后，不许纳卷。来者不已，有司临时措置，随宜讫事。臣观绍兴二十七年以来，申严挟书、代笔之法，士子入场，凡包裹、笔砚之属，皆用青纸，其畏惮至此。比年以来，宽纵太甚。每试，内侍与八厢巡案往往袖手，不敢谁何。玩法者得志，畏法者不能。平素空疏者，得恣其剽窃；灯窗记问者，无以见其所长。笔端稍敏者，又有检阅，遂可兼人；而庸妄无能者，率资假手。如此，则文艺能否，又未易核其真。乞申饬有司，自今贡院试无大小，挟书、代笔者，断在必行。庶几人情畏戢，公法复伸。”从之。（《宋会要·选举》五之二六）

九　月

六日，臣僚言：“宗正少卿兼权礼部侍郎施康年同知贡举，其子清臣合行回避别院。既以孤经牒回，卷首字号，人皆知之。康年溺爱，终不回避，果然中选。乞以康年补外，其子清臣自取圣裁。”诏：“施康年与监司差遣，施清臣驳放。”（《宋会要·选举》五之二六）

周必大《词科旧稿自序》：外舅王彦光葆守广德，携孥依之。将买舟还江西待次，外舅力勉予试词科，予以未尝经意辞。外舅激曰：“君怀安耳！”迫命撰所业二十四篇投礼部，适姻戚吴氏武陵为郎官，即给符收试。小儿未周岁，吐痢，颇殆，外舅曰：“我能调理，君可入都。”岁暮怏怏而行。适值高宗更化，汤中丞鹏举知贡举，人惮其严，怀挟、传义顿绝。予与韩无咎元吉颇记旧书，而韩笔力远出予右。初闻欲取二人，众议不同。予偶中选，循一资，堂差金陵教授。周茂振已为正字，制词云：“左迪功郎周某，国家自绍圣以来，设词学一科，搜取异能之士。行之既久，所得为多。肆朕中兴，斯文益振。今试于春官数十辈，而尔以粹文，独与斯选。拔尤若此，升秩匪褒。姑游泮宫，以俟甄擢。”其后忝历清秩，实基于此。乃知事皆前定，人力何有？因龙泉彭元之以闽中刊予程文及所业相示，请正讹谬，并书以遗之，为安分不争者劝。嘉泰壬戌重阳日，平园老叟周必大书。（《全宋文》卷五一二〇）

嘉泰三年　癸亥(1203)

四　月

二十三日,左司谏宇文绍节言:"窃惟贡举所以公天下人材之选,利害至重,条制具严。比年以来,浸以隳坏,臣请举一二言者。知举、参详,必以台谏官参之,所以严其事也,而不能无弊者。知举三人,虽是侍从、两省官,然议论题目,去取高下,率惟台谏意向,无所可否,其未能尽餍人心者多矣。揆以近制,宰执、台谏子孙,并授祠禄,盖仕途妨嫌,而独于科举乃可就试。夫以势要所在,人心共趋,纵其负学怀才,率是公选,不能无瓜李之嫌。臣以为知举参以台谏,固不可废,当专付纠察之任,不与议论去取,庶几权尊势一,无得而议。如公试、类试、监试,亦差察官,而未尝与考校,何独于省试不然乎?其参详官,不必更差台谏,庶几考官人人得尽所见,而无畏缩之患。见任宰执、台谏子孙,自今免令就试,更加涵养,以俟他日决科,亦未为晚。在上者出于至公,则场屋之弊,如代笔、怀挟,皆可次第而革。乞先革二者之弊,其它候引试日,委之礼部国子监,条具利害,随事而严其制。"从之。(《宋会要·选举》五之二六、二七)

二十八日,诏:"兴州自置贡院。"既而,以利路转运司言,兴州每举赴试士人,并就兴元府试院收试。今兴州系籍士人,共三百六十三人,愿于本州自置试场,委是利便。故有是诏命。(《宋会要·选举》五之二七)

十一月

十一日,《南郊赦文》:"临安府系驻跸之地,进士实请到本府文解两次者,可依开封府例,与免将来文解一次。"自后郊祀、明堂大礼赦,亦如之。(《宋会要·选举》一六之三〇)

二十七日，吏部侍郎曾唤言："本选小试官，每岁仲春赴马军司呈试。立法非不详密，玩习既久，诈冒居多。伏见文臣铨闱，既差考官，复以御试监试拆号，岂谓考官为皆不足信？盖欲重其事。今之呈试，军帅之外，止就委本选郎官，视之既轻，毋怪乎为弊之易。乞略仿铨闱之法，自来春始，更选委精强官一员以临之，前期三日而差，使与郎官共议所以革弊之宜，严为周防，以叶于公。"从之。(《宋会要·选举》二一之九)

二十八日，《册皇太子赦文》："嘉定、庆元、安庆、英德府进士，如内有实请到三举文解，到省试下之人，许将绍熙五年覃恩一举凑成四举，与免将来文解。"(《宋会要·选举》一六之三〇)

上舍释褐：林溥，王榕，吴达之，何大明，何淡，林垌，林时中，林景庄，宣缯，陆仲逊，陈元修，杨迈。(《宋登科记考》卷一二)

是　年

陈造《燕同年序》：待制赵公以暇日招同年友高邮陈某唐卿、平阳郑某集之，燕于后堂。始其闯洞户，凌九霞，则已魄动心醉；而龙沉泛春，桃李炫夜，妆光映坐，兰泽馥鼻，奇观妙听，应答不暇。冉弱回雪之舞，幼眇贯珠之曲。丝竹金石，铿枪翕绎，皆非人间所有者。第不知仙府云璈、钧天广乐果如何尔？酒半酣，公举觞而言："乙未题慈恩之名，凡四百二十六人，及今二十九年，逝者十八。而在者越南燕北，秋鸿社燕之相违，参辰之不联辉也。今吾与子得以从容款狎，把酒笑粲，若流萍之在江河，其适然相值也。抑已大幸。而吾三人者，襟期之同，契好之密，又非他人比。顾可易佳辰，孤乐事，靳情而惜醉耶？"感公之言，皆起鲸吸兴。集之旧不饮，是夕颊亦为赪。而某浮白径醉。是席也，不惟振卑渫而增重，其尽用上敬下之道，作车笠弃遗之俗，一举而三物得。是亦足以示人矜式，使之兴起，邀欢取醉云尔而已哉！予侈此殊遇，退而特书，将以示子孙，使之不忘。(《全宋文》卷五七六三)

嘉泰四年　甲子(1204)

二　月

二日,诏曰:"盖闻自昔帝王,勤于求贤,而逸于得人。故自即位以来,三下宾兴之诏,英材辈出,为国之光。永惟祖宗之洪业,任大而守重。非贤不乂,圣有格言;得士者昌,古有明训。旁搜博取,使岩穴幽隐毕为时用,乃当今之上务。三年大比,彝制具存。其敕有司精择,拔其尤者,令偕计吏,升于春官。朕将延对大廷,俾陈治安之策而施行之。布告天下,使明知朕意。"(《宋会要·选举》一之二六)

七日,臣僚言:"今后漕试,若非用省闱分日之制,则宜仿太学私试分廊之法,将碍格与不碍格人合分别试,毋令杂处。不惟绝假手之弊,而无力图试之人自安于乡举。冒滥之弊,将不革而自革。"诏:"令有司看详。"既而,礼部国子监言:"两浙漕司引试,自今后科举并仰诸路运司,将碍格及牒试门客并避亲人与不碍格人,于比近去处分作两院,同日引试,可革代笔之弊。乞下诸路运司遵守施行。"从之。既而,两浙运判陈景思言:"臣僚奏:'今后漕试,将碍格与不碍格人分别引试,以革假手之弊。'臣窃谓:碍格、不碍格人群试于有司,其为三场命题则同,其于立号取解则异。臣欲将漕司碍格与不碍格人,令主文三场,各自命题。题目既殊,人心不能二用,各自运思争奋,以竞一日之长。决无余力,更及其它。其于严选举,利孤寒,不为无补。乞自今举为始,行下诸路运司,一体施行。"诏依,仍照二月七日已降指挥施行。(《宋会要·选举》五之二七、二八)

八日,都省言:"勘会太学混补,已是难行。所有诸州解试取放待补人数,自锁院至开院,日分有限,是致考取灭裂,多有纰缪、疏脱卷子,甚失选择待补之意。”诏:“自今年为始,仰诸路运司,以逐州累举终场人数,斟酌多寡,量行添展日分支费。行下试院,精加考校。将来解到待补卷子,令国子监抽摘点检,如见得有纰缪、疏脱,定将元考校官镌降施行。”(《宋会要·选举》五之二八)

三　月

二十八日,两浙转运司言:“向来科举年分,本司未建试院之时,旋于余杭门外擗截香积、化度寺,权充试院。后来本司虑恐骚扰寺院,科差人匠,借索什物,遂踏逐江涨桥之北空闲地段,建成试院。备办但干什物动使等,逐举引试,委是利便,绝无毫发科扰。近本司奏请,乞将碍格不碍格人,令主文三场,各自命题,可革假手之弊。又因臣僚奏请,乞将碍格不碍格人,仿太学私试分廊之法。国子监勘当:却将碍格不碍格人,于此近去处,分作两院,同日引试。窃详:试院之侧,皆居民屋宇,别无空闲去处可分两院。纵分两院,必须增差监试、帘里外一行官吏,添置合用什物等,种种非便,所费竹木芦席不止些少。况近日府城居民遗火,延烧官舍。本司见行分头盖造,尚自阙少,岂有余力,可以隔截试院?今欲将碍格不碍格人,且与分廊,各自出题引试。”诏:“令本司将试院措置擗截作两处引试,毋致交互。仍各出题目,更不增置试官。”(《宋会要·选举》二二之一八、一九)

四　月

乙巳(十二日),吏部尚书钱象祖赐出身,同知枢密院事。(《宋史全文》卷二九下)

丙辰(二十三日),诏革选举弊。诏曰:“朕惟选举之法所以公天下,而权要之臣狥私挠禁,请属旁午,奔竞日滋,寒畯见遗。乃者训敕屡申,曾不知畏。今当必行,以儆中外。其有辄遣私书及受私书不以闻者,重置于理,毋贷!”(《续编两朝纲目备要》卷八)

五　月

二十六日,诏:“特奏名试在第五等人,愿再试者,诸特敕三次,自今举

为始。"(《宋会要·选举》一三之七)

八 月

十一日,尚书省札子,礼部状,准都省批下四川安抚制置司申,据成都府路转运司申,据儒林郎、成都府路提点刑狱司干办公事度正状申:"照会。昨准本司牒,差充避亲举人正试院考试官。后来考到戊□字号诗赋一卷,与考试官同行参校,见得上件程文比他卷颇为优长,遂取中第九人去讫。今来点检得第四韵'以'字韵内,押源委字为韵。切详:四'纸'韵内虽收'委'字,却是'委曲'之'委'。有此差误,乞参详。如实差误,乞将榜内第九人张简驳放。申闻事。"后批送部同国子监看详,申尚书省,寻行下。国子监看详去后,据申本监,寻请博士正、录聚议看详去后。今据国子博士苏十能等申:"照对'委'字,《礼部韵》初止收于上声,于诡切。元祐中,太学博士孙谔申明,引《学记》:或源也,或委也。及《周官》'牢礼、委积',并于伪切。乞于去声'置'字韵附入。朝廷可其所请,已收于'置'字韵内,于伪切。仍具指挥,镂板颁行,载于《礼部韵略》之前,遵行久矣。今据成都府申:'今举发解第九人张简,赋于"以"字韵押源委字,差误失韵,考官度正自劾,乞先驳放行下。'看详:本监寻拖照嘉泰元年广西转运司申本司牒,试场出《圣王德化自近始赋》,以'德化宣流由近而始'为韵。赋魁刘崇锡第二韵押'始'字,头句云:'治道多端,固有后先;人主一身,当明源委。'揭榜之后,词诉纷然。考官柳著强辨,以为不系引出处,止是泛用。及差官定夺,教官顾梓以为此乃考官之见,无所与决。遂申省部,亦蒙行下。本监当时看详,乃谓《礼部韵》注止称《周官·宰夫》'牢礼、委积',不曾引《礼记》'源委'字,不为失韵,免行驳放去讫。今来成都府所申,与广西向来事体一同。十能等切照广西考官之强辨,与本监前此之指定,实有未尽事理。且赋押韵,须有来处。六经它处,并无'源委'两字连附。惟《学记》有之。则既押'源委'相连,合从释文音义,于去声'置'字内押。若于上声'纸'字韵押,安得不谓之失韵?《礼部韵》注虽不引《礼记》,而元祐博士申请,系先引《礼记》'源委',次引《周礼》'委积'。朝廷颁行指挥,载在《韵略》之前,不为不备。有司及举人自合详悉照应。今此一韵,广西、成都已两次谬误。若不辨正,诚恐自此递相承袭,援例无已,有误后学,实为未便。但广西前举已许作泛用，免行驳放。今若一予一夺，则远方士子必且怀疑不平。兼拖照成都府申状，即不曾声说赋题，并张简第四韵语句如何押'源委'字。欲望行下本府，将张简真卷子及誊录草卷照验。如系从出处押，则便当径行驳放；如亦止是泛用，则且与照广西前举已行事理施行。仍乞明降指挥，自今已后，如连押'源委'字，合从《礼记》释文音义，于去声'置'字韵内押。如于上声'纸'字韵内押，即为失韵，合从不考条令。并行下，本监镂板，附《韵略》指挥件内。并遍牒诸路、州、军、县学，令举人通知。庶几异时场屋，不至疑惑。十能等今看详上件事理，伏乞本监备申施行。"申监，本监今看详："欲从博士正录等看详到事理施行。伏乞省部详酌备申，朝廷指挥施行。"本部今看详："欲从国子监看详到事理施行，伏候指挥。"八月九日奉圣旨："依礼部看详到事理施行。"(《贡举条式》)

是　秋

甲子秋，边衅开。君(林复之)校文于衡，又策诸生曰："自艺祖庚申至哲祖庚辰一百四十一年，一时忧国之臣以为太平日久，犹安乐之人年过百岁，当兢兢爱护。自尔迄今又一百一十载矣，可不思所以培固之乎？自熙宁大臣误投不当用之剂，亦凛凛矣。幸而元祐九年之治，药伤补败，故事势已摇而复定。绍圣诸臣复出而震动之，病状虽同于前事，而体力异矣。况在今日，繄欲惩艾既往，若何而可？"盖以权臣轻用人言，动摇国势之故。(《全宋文》卷六八五四刘宰《林郎中墓志铭》)

方大琮《治国大体之功何如论甲子乡试》：人主当以身建天地之功，不可以己安者自限也。昔者圣人以身立于一堂之上，刬裁阖辟，使覆载之间无一物之不得其顺，而后可以无憾。此其事宏大阔远，决非后世之所可望。圣人不作，天地为之失序者屡矣。君子固幸一日之安而不可得，况望其以身任天下之责？有如人主，天资真可以古圣事业，而仅止于后世之苟安，民物亦赖以粗康。彼固以是为大体之所在，而不知古人之大体则不止此。粗安一世，如是足矣。必欲清宁宇宙，而上以合天地之心，则吾身之责有所不容辞。奈之何自守已见，而卒无以副儒者之望耶？文帝以安静守汉，国家大体之问，帝固自有成说矣。晁错以亲事为大体，极言五帝之功皆自以其身任之，而非苟安而止。其事虽不遂，而告帝之言则大矣。云云。孰谓错汉臣也，而能以是望君耶？吾尝观汉初之事，而疑世变升降之会决于此矣。远乎汉者为周、为夏商，推而为五帝，当是时，天地之间微一物之不得其理也。接乎汉者为秦、为七国，去而为春秋，当是时，天地之间微一物之不失其理也。然则汉兴之初，其天地之再开辟欤？动者欲静，劳者欲息，踯躅而自奋者欲止。为汉之君，转移阖辟，上之则五帝，下之则为秦，一升一降，宜于此决。今也不治不乱，以智力相扶持，使三十余年之世变不得遂决其治乱，此无他，未有以身当天下之责也。高帝草创，何暇大体？惠帝柔弱，乌知大体？彼方自守之不暇，安敢以身任其责？君子望汉，几遂止此。而文帝者兴，君子复以世变决焉。父老嬉戏，民物生息，与往者德色谇语之风大有径庭。当时世变不得谓之不升，然而未也。三代风俗不能无憾，况五帝乎？观贾生痛哭之书可见矣。岂帝之未知大体欤？彼其来自代邸，潜观谛察，阅天下之故熟矣。以安静为心，以和平为福，胸中规模，已定于此。然此帝之所谓大体，而非古也。以身守天下之势而得以自安，帝之大体也；以身任天下之责而归其斡旋，古人之大体也。然谊号通达国体者，痛哭当世之风俗，曾不以是告，孰谓晁氏而能以五帝期其君乎？五帝之事迂矣，汉初议论不一及此。国家大体之问，莅政之十五年也。帝亦自顾其治效之已试，而姑发诸一问。膺对者百人，而独错擢焉。五帝之对异乎吾所闻，宁能不骇然而动耶？明者为日月，和者为阴阳，微而草虫飞鸟之顺适，灵而神龙凤凰之翔止，帝诚心慕之，而自疑其不能，则亦不敢以彼易此。然帝亦过疑矣。资材不下，错非谀也，非张皇夸大以竦动帝听也，诚见其负帝王之资，乃屈而就后世之功。向者十五年之治道，而无一日之心术及此，岂诸臣未有以五帝开广其心者？极言其大功而推本于亲事，其大体不过如是。意者使吾君以五帝待其身，以五帝之民待其民，慨然任天下之事。未央临御之时，宣室沉思之夜，如临乎法宫之中、明堂之上，转移世变之机轴，阖辟造化之关键，精神心术，直可以上御五帝，使汉代之民复见天地之大全，而错亦自幸以其身见焉。然错言亲事则可矣，而极诋群臣之不足与语者，何哉？诚以汉廷诸臣无远大之见，以安为幸，使其闻帝欲亲任天下之事，而变更当世之风俗，宁不骇乎？其听必有持私说以撼帝心者，绛、灌之沮贾生是也。故勉帝以自任其事，而不自知其言之过。错勇而言之，帝疑而难之，疑信未决之顷，而帝之念已矣，错与斯民之望帝亦已矣。故自文帝之大体行之，始而奢者朴，强者柔，驯而进之，则夷狄知义，诸侯畏分。极而至于海内富庶，黎民醇厚止矣，不可以复加矣。使其自五帝之大体行之，飞鸟之被泽而草虫之不及，则非功也；风雨之既时而膏露之不降，则非功也。必至举幽明之间，无一物之失其理，而后圣人之能事始毕。帝非不知此，其所以不为者，特疑其言之大，而意其未必成，而并与安静者失之。宁无慕于古，而不敢易吾之规模。卒之能使黄龙之见，而不能使凤凰之至；能使醴泉之涌，而不能必膏露之降。宝鼎则出于吾之世矣，而河图、洛书未必呈也。维持六十年之汉以遗后人，帝亦何憾？然五帝遗民，展转世变，相激相推，而后适至于文帝之时，而犹不获见五帝之功，君子为斯民不怿。错盛言其有大功者数十，帝王功用无有穷已，安有止于数十乎？况所谓通关梁、除肉刑之属，其功止于及民而已。上不言天，下不言地，其不足于帝者多矣。嗣是而武帝兴，仲舒伤汉无善治者七十年，其说主于更化，是亦错亲事之意也。帝亦欲以身任天下之事，慨然有怀于河图、洛书之世，然转移失其道，而天地之间反为之错乱，而并失文帝之安静，则不若不任之为愈。故尝论之，高帝倥偬，惠帝苟且，皆不知有大体之功也，虽知之亦未必为。其知之者自疑而不敢为，文帝是已；其知而为之者，锐意而不克成，武帝是已。噫！其已试者又如此，卒无以取验晁错之言矣。然使文帝出而为之，设施阖辟亦必有道，必无元狩以来之纷纷。故为汉世四百年之民，而无一日被五帝之功，君子观武帝为之之可恨，深以文帝之不为尤可恨。（《全宋文》卷七三九八）

方大琮《治体策甲子乡试》：人主当立国体，大臣当定国是。国体之不立，天下皆可虑之事；国是之不定，天下皆可听之言。昔之人有立国体者，尧舜纯乎中，三代纯乎仁，宽则为汉之文帝，严则为汉之宣帝。仁义、刑罚，二说互进，决择一审而立见其效者，则唐之太宗是已。姑不论其治体之粹驳，要皆能以身把握天下之势，而非泛然无所操者。昔之人有定国是者，伊周以道运天下，管仲以术用其国，商鞅以刑相其君。严刑辅治，终始一魏相；仁义告君，终始一郑公。姑勿権其持论之是非，要皆能以身主张天下之论，而不摇于异议者。君臣上下，图回治道，所执一定，终其身不少变。虽有新奇可喜之论，惊世绝人之谈，皆不足以撼吾之所操。不然，朝文而暮质，倏宽而骤猛，循守之谋甫定，而变更之说已哗，持久之效未竟，而速成之意已迫于中。譬犹寒暑燥湿之未形，诸方杂试，以冀幸其一投之效，若是则真无术矣，真无所操矣。我艺祖以武定天下而民怀畏，太宗以文守天下而民作新。养之以仁而庆历之治醇，励之以精而熙丰之政明。崇观以来，绍述之论兴；绍兴之初，恢复之议起。孝宗二十八年，其始也以审机俟时为心，故有振饬奋厉之说；其后也以安静和平为福，故有含濡容贷之说。凡此皆以立国体也，自始初择术之时，而终身之规模已定。运精神于法宫之中，而扶国势于泰山之上，使人竦然听命，而不敢起动摇之心。虽少不如意，而不沮不挫，牢执其说而不置。盖一政之逆，一蔽之生，可以徐入吾之条理，而不可以迁就我之规模。其岂无趋向之少偏？要之国体立于上，毅然有不可转移者存，未可与后之人主概议。赵韩王宁使已负天下之谤，诚不忍徇四方上书之言，斫丧新造之规模；王文正宁甘受抑贤之名，决不肯采新进少年之论，摇动已安之天下。巡吴幸蜀，纷纷异议，以死守亲征之策者，寇公一人；国势危疑，藉藉众口，以身佩天下之安危者，韩公一人。熙丰执政，确守新法，虽元老大臣不能屈其喙；绍兴柄臣，坚执和议，至摈逐朝臣以自信其说。凡此皆以定国是也。自其垂绅搢笏之时，唯诺廊庙，而精神风采耸动一世，彼已心服而不敢议矣；然后出为国论，以身守之，户庭愈峻，扃鐍愈密。天下之持异议以至者，徘徊四顾，求入而不得，则沮缩退衄，竟敛衽而去。其间岂无识见之少差，要之国是定于上，屹立于群议之冲，未可与后之大臣通论。当其时，无一事之不举，一弊之未除，一民一物之不得其理者，亦于君臣毅然有守中得之。今天下所共患苦者固非一端，而患之隐忧则异焉。民力之日蹙，国赋之日迫，是宽恤之而已；边备之卤莽，武夫之掊克，是振励之而已。官吏苟且而名器太滥，不滥则清矣；人情文具而法守太弛，不弛则严矣。是未离国事耳，非其所深忧也。国是之不理，此四肢之病也，其为证也易见，而所以救之者易为力。顾其受病之深而不可测知者，国体犹豫而不立，国是翱翔而不坚，此有国命脉之所系，固仓公所望而惊也，草茅何敢以僭言！庶几鸣佩泽笏者能言之，则又相顾而不敢言。虽然，事迫矣，宁能相诿络勿言乎？今之为国体者将以为遵守耶？则革弊之言日至庙堂，自新之论累关宸听，似不肯安于遵守也。否则，为更张耶？则欲划一宿弊，而中外以条例相持；欲创一新政，而上下以惊动自疑，又非真知更张者。痛革侈靡，人皆曰以质治天下矣，俄焉而锦绣土木之功见，人不得谓之质；用一严刑，人方曰威肃天下矣，倏然而宽大含洪之诏下，人不敢谓之威。首尾错用，精神不应，一彼一此，人谁适从？意者上之人好动而实静，恶弱而不能强耶？是则无国体矣。今之为国是者日出新说，惶惑民听，人持私意，扇摇国论，作舍之谋靡定，盈庭之咎谁执？振作之语屡见于囊封，而偷安之实已藏于胸次；循袭之说明知其不可，而议论所趋不免于随俗。废兴一事也，中无成说，而决于时论之众寡；用舍一人也，已无定见，而伺于士大夫之好恶。盖有身建其议而身犯之者，有数十年成之而一朝坏之者。意者下之人求无过而不求有功，欲任责而不能任谤耶？是则无国是矣。数十年间，九重宵旰之思虑，庙堂道揆之图回，薄海内外，濛濛向化，侧听久矣，而茫然未有睹焉。君子以意而度朝廷，谓其必有说，而吾或未之见，然不免于忧；小人懵于是非，而不知所适从，则欢然而交议。国是之不立，非真不可复立也，徒以朝廷之上议论相持之故，而遂迁延日月，以至于今尔。捐租薄敛，民痛方定，而国之虚大可虑；椎肌剥髓，国计稍纾，而民之瘠不忍闻。理财之议，自为异同，吾将谁听？国体一立，国是一定，则无是矣。督责将帅，朝论方闻，则狼顾而相惊；戒严边备，诏墨未干，而儿戏者自若。治兵之议，互相倾覆，人将谁信？国体一立，国是一定，则无是矣。官吏苟且而充斥国家之名器，汰之则招衣冠咸怨之忧，不汰则沸车载斗量之谣；文具相蒙而委弃朝廷之法守，绳之则有不胜诛之患，不绳则积簿书欺谩之罪。官法之议，彼此纷纷，徒乱人意。厘革之说，议者难之。国体一立，国是一定，则难者易矣。不然，则九重无已成之治体，而险邪小人将得以乘隙抵巇，阴献已私以投合上意，而功利之说售矣。庙堂无素定之成谋，而一介草茅皆得以瞋目抵掌，妄谈时事，以震动朝廷，而是非之门哄矣，若是尚谓国有人乎？虽欲勿从，如之何而勿从也？愚窃有志当世之务，而太息谋国之疏，以为上非无植立治体之意，下非无主盟国论之意，而皆未得其定尔。果定矣，不以异议摇，不以群疑沮，不以小不便废，君臣之间相与固守而不变，则财可丰也，兵可强也，官法可以次举也。不然，立国规模迄未有成，相顾咨嗟，虚老岁月。虽然，今之国体与国是果安在乎？愚敢终言之。前辈曰：

天下有弱势,吾则有强术;天下有强势,吾则有弱术。今之国势不敢谓之强也,谋国者亦知所当用之术乎?若朝廷议论相持未决之时,愚请借是以献,果知之矣,惟君相勉之。愚非敢过为危论以竦动执事之听,顾方自献于衡鉴之下焉,敢文之以相欺?(《全宋文》卷七三九九)

十一月

十三日,右正言林行可言:"词科之设,先考所业,有同制举,其选至重。绍兴以来,所取人物,班班可考。比年累试,曾不得一,稍从阔略,始有中选。间有公然挟书,略无愧耻。曰博学,曰宏词,果何取于是名哉?胄子之试,取人稍宽,岂非念其父兄莅官中都而优之欤?比年严期功之令,应牒颇艰,明注于榜帖之下,防闲亦密矣。既而复宽,厘务官所牒之员,待之甚厚。乃或非其本宗,矫揉冒滥,无复顾忌。果何取于胄子之名哉?省闱事体,一经籍奏,荣进可期。曩时,案设一定,不敢越次;今不惟移案,且越廊而东西。曩时,寸纸不容,不敢交语;今不惟往来,且夫交臂于廊庑。四方士子,辛勤灯火,正欲角一日之长,以取科级。而挟书、代笔,务为奸巧,人人有侥幸之心,而实学反以黜遗。以至漕试之仍旧,正欲以优远方随侍子弟。今西北流寓,冒贯福建,类皆军中将校。书铺立价,仅出数千,便得一试,岂牒试之本意乎?武举之弊,工文墨者,或不习弓箭。试弓之日,多以善射者代名,是一试而两人共之。蜀道科场以春,东南以秋,乃有见黜本实,冒试东南,是一举而就两试也。是数者,其法未尝不严,积弊滋甚。严以济宽,正在今日。乞诏攸司检坐贡举条令,镂榜申严。兼照得省试大院臣僚奏乞差台谏官,如监试体例。今乞别院亦差察官,以重省闱事体。"从之。(《宋会要·选举》五之二八、二九)

陈藻《甲子应举》:场屋悠悠四十年,这回弄镜已华颠。也知枯木春稀到,却想寒灰火复燃。高尚难攀生有累,往来莫厌喜随缘。伤心自是离乡客,几度因归上墓田。(《全宋诗》卷二六六六)

宋宁宗　开禧元年　乙丑(1205)

正　月

十五日，礼、兵部言："武举发解王肃等状。伏睹国家设贡举科，立法严切，盖欲选真材实能，以副上用。每举多被势力用钱计嘱封弥所，通同作弊。或拆卷头，或誊卷子，或第一场卷子已纳，次日别作破题冒头，密付封弥所人改抹，其弊不一。实由别试所差封弥人，皆是市井游手充役，不惧条法，恣行作弊。乞将别试所依大贡院例，差六曹寺监等处重禄正身公人入院封弥，庶免弊倖。"从之。(《宋会要·选举》五之二九)

十九日，臣僚言："进士一科，实为至公之选。比年以来，士大夫尽公者鲜，科举之弊日滋。或先与试题，或私为暗号。殊不知科第前列与中选之人，异时朝廷往往擢用，乃以计较得，此何理哉！臣顷岁再叨学官，比者充员后省，备见本末，敢以一二弊陈之。其一，如公试、上舍试、铨试之类，皆循旧例，不置别试所。间有合避亲试卷，止是避房，往往并在收取之列。其初不顾嫌疑，继之遂成私曲。臣谓莫若于公试、铨试、上舍试，仍置主管避亲官，不置别试所，俾之牒试，以示至公。如是省试年分，即分别试所。有孤经，令改经就试。数内上舍试人数不多，或恐多是孤经，而试官员数亦少。若于百执事内，选其无亲戚在内舍者，委以考校，于理势尤便。其二，则省试近例，有诸房旁通考校图，分与诸试官。每遇卷子入院，分散诸房考校。谓如第一场在某房，第二、第三场在某房，披图可见。以此试官之挟私者，便于寻索，公然较计，取其私党。莫若于省试卷子在帘里之日，委自知举分俵诸房考校，然后来上。所有旁通考校图，但置知举房中，以俟穿卷奏号，更不付之诸房。如此，则试官挟私者不知卷子在是何房分，又不可明言寻索，则奸弊自然销弭。其三，则太学私试，以每月试中分数理为校定，将来可以免省，事体非轻。然自长、贰、博士、正、录、丞、簿，下暨吏人，皆与诸生相接。曩者以公存心，自得其平。比岁私取之谤，动辄腾沸。臣谓太学内舍校定，当以公试、上舍试为上，而以私试次之。凡公试、上舍试不中选者，虽是私试中选，亦不得预校定之数，更不拘较到本年分数若干。自开禧元年为始，每岁止校定内舍优等一名，但以诸生公试或上舍试已中，而私试又中分数最多者，置在优选。仍以公试或上舍试合理三分者，压私试四分比较。余照见行条法施行。如此，则岁终校定，皆得公试、上舍试中选之人，实为公当。而私试分数，止可凑数收使，于礼为顺。"诏："令礼部契勘闻奏。"既而，本部言："据国子博士赵大全等看详：累举体例，省试、四川类试、太学诸路解试，并皆置别试院，所以杜绝亲故私取之弊，法意已详。独铨试、公试、上舍试，凡有亲戚，止是避房，不令别试。杂以他卷，谓之裹送，其间岂无私嫌？今令别试避亲，实可以痛革其弊。其省试人多，使就别院。其上舍试，缘赴试少，差无亲嫌官考校，委得允当。但公试一节，如遇省试年分，系差试官及帘外等官共四十余员，避亲人数稍多，即令别院收试。临时照人数多少，申朝廷分等取放。如不系省试年分，公试锁院，试官止有八人，避亲人数必少。窃恐取放不行，难为分等。乞于无省试年分，公试、上舍试差官体例，取索在朝官与太学在籍生员无亲嫌官考校，方充试官。其省试年分，却令避亲人就试别院，庶得公当。宗室省试人数不多，其避亲一节，欲照绍熙四年省试及逐举解试体例，并发过别院收试，庶于别院差考官数少，免避亲嫌疑。大全等照对三场取士，正欲士人各尽所长，自当三场分考，以见优劣。知举按图穿卷，以定去取。若今诸房各有旁通图，恐有计会互批之弊。臣僚所请，委是允当。大全等照对臣僚奏请，太学内舍校定分数，及内舍生如遇上舍试、公试年分，私试分数止可以凑数收使，委可施行。但每岁内舍校定，分优、平二等，共校十人，以当年公试、私试或上舍试分数同凑。今来既只用上舍试、公试分数，缘从来公试，内舍、外舍生通同混试，往往内舍取人不多。谓如庆元六年公试，止有内舍生六人合格；嘉泰元年公试，止有内舍生四人合格。今若依旧混试，窃恐当来校定，必不及十名之数。今乞将内舍生另项考校，以十分为率，所取不得过二分半。仍定取二名入第二等，取四、五名入第三等，余合格人并入第四等。衮同参入公试大榜取放外，有当年新升补人，既无公试分数，难以一年不令就试，赶趁校定。乞令赴私试如有分数，从臣僚所请，内舍公试三分压私试四分。其新补人有四分，却在公试三分之下。如遇已十分校定，次年仍旧以公试式校定。"从之。(《宋会要·选举》二二之一九、二〇、二一、二二)

二十三日，臣僚言："侧闻仁宗皇帝朝李淑奏：谓考官以所试分考，不能通较，故士之中否，系幸不幸。愿酌旧制，以论、策、赋、经通较工拙，毋以一场得失为去留。比年以来，名为三场通考，往往考校之时，或倦披览之难遍，或局好恶之不同，经义、诗赋独取于一破题，舍是弗考。乞下礼部，将来考试，悉以三场通考定为去留。仍于未奏号前，令知举参酌，于参详、考试官内差四五员，总类三场试卷字号，混为一处。以诸房已批等数次第编排，以三场分数俱优者为上，二场分数优者次之，一场优者又次之，三场俱劣者为下。毋以片言只字，遽在中选。编排既定，然后更从知举详审，以定高下。庶几均平，永为通考之法。"从之。(《宋会要·选举》五之二九、三〇)

二十五日，诏："更差同知贡举一员，余依已降指挥。"以都省检会嘉泰三年四月二十三日臣僚奏请，故有是诏。(《宋会要·选举》五之三〇)

二十五日，臣僚言："知举虽参以谏官，当付之以纠察之任，不必与议论去取于其间，庶几权尊而势一，人亦无得而议。"诏："更差同知贡举一员。"是日，命礼部尚书萧逵知贡举，中书舍人陆峻、右谏议大夫李大异、礼部侍郎兼直学士院李壁同知贡举，太常少卿陈朴、秘书少监陈岘、左司郎中雷孝友、吏部郎中汪文振、赵梦极、著作郎邹应龙、秘书郎叶时、著作佐郎朱质参详，太府寺丞陈嘉猷、太常博士苏士能、枢密院编修官卓洵、商许、国子监丞留骏、将作监丞莫若冲、秘书省校书郎张从祖、许奕、秘书省正字苏大璋、太常寺主簿高文善、宗正寺主簿常褚、太府寺主簿黄畴若、主管官告院晁伯谈、干办诸司审计司乔梦符、干办诸军粮料院程卓、耤田令余嵘、国子监主簿范子长、主管礼兵部架阁文字唐吉先、主管刑工部架阁文字陈振点检试卷。避亲别试：监察御史徐柟监试，右司员外郎陈希点考

试，秘书丞兼考功郎官黄景说、秘书郎陈晦、监登闻检院鲁开、干办诸司粮料院庄夏点检试卷。(《宋会要·选举》二二之二二)

(余嵘)开禧乙丑考省试，得杭相李文清公卷，擢冠本经。(《后村先生大全集》卷一四五《余尚书神道碑》)

方大琮《道法策乙丑省试》：以操切为术，以震厉为治，以一法一度之动辄如意为能，时则纯任治法而尽废治道；以振作为心，以整齐为政，以随时救弊之术为宜，时则概恃治法而参之以治道；以仁厚为本，以安静为福，以维持凭藉之法为具，时则专用治道，而治法亦未尝不举。循历代之废兴，商道法之纯驳，故曰：纯任法而尽废道者秦也；概恃法而参之以道者汉与唐也；以道为本而法亦未尝不举者，在昔则三代，在今则国朝也。大抵徒善且不足以为政，何有于徒法？《麟趾》且不能以独行，何有于《周官》？使执区区之法而可以独运天下，则上世圣人用之矣，何必后世？惟其屡试而屡不验，而法家者流始无所挟以胜言道者之口矣。自秦人以法律得志，则阴取而用之可也，何必明告天下以不任道之意耶？富强之后，直以无事于诗书，必至焚灭而后已。痛执敲朴，以与天下相仇于文法之中，使黔首股慄而立，不敢自必其命，鄙笑先王，以为不知出此。古今倚法以操制生人者多矣，未若秦氏声之以号召天下也。使或者不再传而亡，则是古先王典籍曾柱后惠文之不如，真可鄙而笑也。而法律自此为万世药石矣。虽有明智之君，亦将彷徨于二者之间，而无所决于其亡之速也。然则，纯任法而尽废道者，此其所以不为三代而为秦欤？汉高以宽仁立国，几于道矣。诗书独非道乎？而摈弃不用。诗书固尘言也，而治道之微则基于诗书之薄，异时所以遗后昆者章程律令耳。非中更文帝之宽厚，则上下拘系，汉不可久矣。武帝纯用法吏，而姑文之以儒术；宣帝终身严毅，而略济之以宽大。不然，汉自有制度，而杂用王道，岂非汉之子孙习见祖宗家法，而遂为此言乎？太宗行道，已非本心。以仁义治天下，政复何疑？而廷论数四，迟回顾虑，而后决意行之。果曰既效，则终其身不厌也，何为四年之暂而遽税仁义之驾乎？官兵租调，以次修举，帝岂亦疑仁义不足恃，而立此以为子孙坚久之计？终唐所赖者纪纲之力，而仁厚一意，特间见层出于严刑峻法之中，以助其不行尔。故汉唐不为不任法，抑不至如秦氏之奕世而一于法也。然特植三四百年之国，亦不可谓非吾道之助。然则，大概恃法而参之以道者，此其所以高不为三代，俯不为秦，而仅为汉与唐欤？三代往矣，世以其事熟烂，不复言矣。纷纷世故，使斯人不得一日奠厥攸居，则熟烂者可废乎？姑试言而试听之。禹以德称而民怀之，汤以仁彰而民信之，周家忠厚，上彻乎天。千七百年之治道，此心此物也。然则，先王殆徒善也。《政典》不云乎，"先后时者杀"，则时令为甚严；《甘誓》不云乎，"弗用命者诛"，则军政为甚肃。商之官刑，自邦君以暨大夫，凛凛乎其有纪律；周之六典，上庙堂而下闾井，截截乎其有纪纲。先王非撤防弛禁以与世周旋也，其纤悉缜密，虽后世不敢望。而常有仁心仁政运用于其间，则血脉流通，精粗具举。此道此法，非三代其谁当之？是意也，熄灭于秦而不复见，仿佛于汉则杂矣而不纯，略效于唐则行矣而未竟。悠悠世变，治少乱多，有能求此意于数千百年废绝之后而固守之者，其国朝乎！艺祖收五闰破碎不可复为之天下，庶事草创，百度未备。进士突入贡部，士得以玩吾法也；远方伪造制书，民得以侮吾法也；博士喧竞朝堂，臣得以弄吾法也。百年积弊，波流及此，切意艺祖动一忿心，奋然尽起而更张之，而以法痛绳天下可也。徐考其实，宽大宏博之意隐然于神武不杀之中，哀怜抚恤之情恻然于摧枯拉朽之后。江南奏捷，非群臣奉觞上寿之时乎？而垂泣一意，天地实临之。紫云锡宴，非君臣相与共乐之时乎？而养民一语，鬼神实闻之。慈祥恺悌之政，海内诵而歌舞之，艺祖之治道在此。然而果废法耶？兵诉给予者斩，官避远任者斥，吏受贿赂者死，将辞环卫者贬。仁心仁闻，已足以动天下感激之心，而时出威断，以震天下偷惰之习。以道为本，以法为济，此艺祖之治也。仁祖席累世积安习治之天下，兵骄士弛，吏玩民偷。卫士纵火，宫禁之威几于亵矣；辇官悖慢，朝廷之令滨于渎矣；拊门大呼，言者之势邻于横矣。积弱之弊，识者痛心。切意仁祖起一怒心，将尽创其委靡之过，而以法震厉天下可也。夷察其意，忠厚仁爱之心不摇于群臣纷更之请，忠信诚悫之实不悔于吏民诈伪之后。"国帑虚竭，比年为甚"，此余靖庆历四年之疏也。然是年也，出奉宸银三万两以济饥民，不计国之虚而辍吾仁。"主恩姑息，奸民多幸"，此刘敞嘉祐四年之请也。然是年也，大赦推恩，尽减民丁，乃前后赦恩之所未有，不忿民之奸而寝吾恩。至今有诵庆历、嘉祐时事者，犹足以使人感泣而忘死。仁祖之治道在此，然而果废法耶？小人以饮食谀者呵，胥吏以瓦砾投者诛，大臣以朋党攻者窜。其恬然顾虑者，所以寿天下和平之脉；其毅然奋发者，所以起天下耸动之心。以道为本，以法为济，此仁祖之治也。三代之遗意余脉，向之销铄晦蚀而与世运俱往者，愚复于二祖见之。恭惟主上嗣守家法，专用仁政以抚柔此民，甚大惠也。且无日不讨国人而训之于偷惰之不可久矣。然责治十年，邈未见效。待以宽而玩者纵，示以诚而诈者疑，将痛惩深革，而遂以法从事乎？抑隐忍姑息，而姑借道以为言乎？比年以来，台阁之彦岂无上政要之书而劝上以立法者？山林之士岂无著权衡之论而勉上以用威者？圣心凝焉，深思而却顾，固守而不动。曰：祖宗之得天下也以仁，其立国也亦以仁，万世家法相畀，付于无穷，不可以当吾世而失天下心也。若吏与民间有不体上意，得以梗□造化之大者，姑惟教之，勿庸杀。呜呼！此真天地父母之心也。后世不闻此言久矣。奔竞成风，来者成径；文书浩繁，系者鱼贯；赋役不均，痛深入髓；国计不丰，姑实其橐。吏治之不良，将尽从而擒狝之乎？曰是不协于极，自罹于咎也，吾不过张吾治道之纪纲以肃其谨畏之心而已。靡金饰翠，瞽眩盲俗，毁钱造券，轻夺国课，宽之则鸱张市井，急之则鼠窜山谷。民风之不美，将悉取而鱼肉之乎？曰是其愚可悯，而其情可哀也。吾不过推吾治道之仁恕，以动其悔艾之机而已。呜呼仁哉！至于雷霆震怒，雪霜摧压，群听愕眙，奔走请命，亦时有之。窃窥圣意，特借其一以竦动其余，以助吾宽政之不及，而哀矜勿喜之念，已隐然于法制之外。呜呼！此仁之至，义之尽也。大抵圣人以天地处其心，宁有伤于宽大仁厚之过，而不可有厌薄痛惩之意；宁有烦于丁宁告戒之数，而不忍有忿疾于顽之心。必教之而后杀，必哀之而后刑。二百余年之国本在是，列圣培植之久矣，天下相与安之久矣，决不可轻摇动也。一介草茅，诵祖宗之仁亦久矣，一旦获承明问，欣然以所学告。不然，他日上前争论，不以仁义劝其君，而以法律伯道言，使一时之书生得以讥，万世之史笔得以书，此愚夙昔之所窃耻也，安敢于始进之日而为欺君之言！(《全宋文》卷七三九九)

二十九日，臣僚言："窃惟礼闱之所禁者，曰代笔，曰挟书，曰传义，曰继烛。法令昭然,皆所当戢。比年玩习为常,移易卷案,挟带书册,往往有之。代笔之弊,最其甚者。显行贿赂,略无忌惮,或替名入试,或就院假手。故有身蹦儒科,而不能动笔,污辱搢绅。至于孤寒之士,虽有真材实学,反不预选者多矣。今引试在即,本院自有条约。然帘外之事,有帘里不得尽察者。乞令内侍省晓谕八厢,除依条巡逻外,如有代笔之人,须管根缉押赴帘前,依条施行,不得故意生事。其八厢能捉获者,具奏推赏。如或隐匿,以至台谏风闻得实,即论列取旨,根究情弊,重置典宪。所有巡铺官,并从朝廷戒谕,依公巡按施行。"从之。(《宋会要·选举》五之三〇)

二十九日,诏:"从事郎、南剑州军事判官真德秀减二年磨勘,与堂除差遣一次;承事郎、兼福州海口镇税盐仓兼烟火公事留元刚特赐同进士出身。"以试中博学宏词,故有是命。(《宋会要·选举》一二之二四、二五)

真文忠公、留公元刚字茂潜,俱以宏博应选。时李公大异校其卷,于文忠卷首批云"宏而不博",于留卷首批云"博而不宏",申都台取旨。时陈自强居庙堂,因文忠妻父善相,识文忠为远器,力赞韩氏二人俱置异等。是岁,毛君自知为进士第一人,对策中及"朝廷设宏博以取士,今谓之宏而不博,博而不宏,非所以示天下,然犹置异等,何耶?"至文忠立朝,时御史发其廷对日力从臾恢复事,且其父阅卷,遂驳置五甲,勒授监当,后庙堂授以江东干幕。(《四朝闻见录》甲集)

是　月

韩淲《送徐仙游赴省》:得隽春风有世科,西湖花柳奈君何。会逢旧治经行久,相与陈人笑语多。快睹挥毫明礼乐,不须制锦更弦歌。开禧正以才经济,台阁中间要讲磨。(《全宋诗》卷二七六三)

三　月

一日,以礼部尚书萧逵知贡举,中书舍人陆俊、右谏议大夫李大异、礼部侍郎兼直学士院李璧同知贡举,得合格奏名进士林执善以下二百五十九人。(《宋会要·选举》一之二六)

六日，权礼部尚书萧逵、中书舍人陆峻、谏议大夫李大异、权礼部侍郎李壁言："窃惟国家三岁一开礼闱，群天下贡士而试之，专务网罗俊乂，以备他时器使，事体至重。盖被差择而职选抡者，不下三四十人。使悉心殚虑，犹惧有阙。然常人之情，群臣则喜追逐，检局则思放肆。而考校程晷有限，稍或怠堕，立见废事。兼礼闱严肃之地，尤防亵慢。臣等被命入院，除体例外，未尝置酒，冀与属僚一意考校。虽其间识见精力不齐，而颓堕不虔者亦鲜矣。乞申饬今后内外科试，凡在院官，各思罄竭，无得非时燕会，妨废本职，立为定制。庶几用志不分，多得隽秀之士，以副明诏。"从之。同日，权礼部尚书萧逵等言："窃观比年场屋之文，气体卑苶，词藻浮虚。以经学言之，则未尝精思熟究，安能探索微妙？以史学言之，则未尝博览强记，安能贯通颠末？此外，如诸子、前贤文集，则罕曾诵习，皆用时文套类。是以学多寡陋，文多凡下。其间学粹而文典者，百不一二。曩岁，知贡举者荐请于朝，令监学官选择时文百篇以为模楷，有旨从之，然竟寝不行。臣等究其源流，盖缘畴昔以儒决科，而今显官者甚众，使监学官遽去取于其间，则未免爱恶之嫌，是以虽有诏旨而中格也。乞检会指挥，委监学官公共选择绍兴以来累举所取六经义、诗赋、论策，撷其文词典雅，学问该赡，而脍炙众口，可传诵习者数十篇，特令刊行，使士子有所矜式。如是累举时文委有可称，其人见仕于中外，并免预选择之数。庶几无爱恶之嫌，易以拣选。仍限三阅月了毕。如此，则虚浮之文可归于典实，多士幸甚。"从之。(《宋会要·选举》五之三〇、三一、三二)

二十一日，臣僚言："国家开设学校，胄子之试尤优，搢绅之士固宜自知爱重，讵容窜名易贯，伪冒服属，以坏良法。属者尝有泛及缌麻，滥至同姓，求试者既不安于命义，而牒试者又不知有法禁，靡然趋之，浸失本意。乞令礼部申严牒试之法，如敢冒滥，并将保官照条重赐责罚。"从之。(《宋会要·选举》五之三二)

四　月

二十六日，上御集英殿，引见礼部奏名进士。得正奏名毛自知已下四百三十三人，第为五等，赐进士及第、出身。特奏名陈思已下六百一十一人，赐同进士出身、同学究出身，登仕郎、将仕郎、上下州文学、诸州助教。同日，试武举进士，得正奏名郑公侃已下四十六人。公侃补秉义郎，方震、孙应龙补保义郎，并赐武举及第。余悉武举出身，补承节郎。特奏名补进武校尉、进义校尉，各减磨勘有差。（《宋会要·选举》八之一九、二〇）

二十七日，上御幄殿，引呈武举人射射。（《宋会要·选举》八之二〇）

五　月

十日，端明殿学士签书枢密院事刘德秀、权礼部侍郎李璧言："臣等于今年正月内，举永康军布衣何致，堪应贤良方正能直言极谏科，许令缴进词业。今何致缮写词业一十册，乞令有司公共看详取旨。"诏令两省、侍从官参考闻奏。既而，臣僚："窃以名者实之宾，名至而实不副，是殆盗名以欺世者。臣尝历考自古取士，惟贤良方正一科，世俗之所歆艳，而士心之所深重。盖非德义醇粹，操行无玷，不足以当贤良之名；非刚毅不挠，直大无私，不足以当方正之名。由汉已来，凡应是科，鲜不为汗青所讥者。以本朝苏文忠公兄弟，文章标准一世，议论横放四海，终其身无一瑕可指。其初犹曰应材识兼茂明于体用科，初不敢以贤良方正自居。今有人焉，持心浮薄而轻于立论，媒身浅躁而急于干进，冒焉居之，略无愧色。清明之朝，讵宜有此欺世之佞哉！谨按：应贤良方正能直言极谏科何致，初不知其为何如人，但缴进词业，详观所撰二十五篇，其间历诋伊尹而并及于汤，凡五六百言。谓汤有心自王，而挚说之以伐夏救民；谓太甲不明，既放又复之，使一切惟己之听。其始负尧舜之道，而终为天下开陵犯之端。夫伊尹有商名臣，孔子定书，孟氏垂训，纪述称赞，照映今古。致本何人，敢于诋诬，庸非持心浮薄，而轻于立论者乎？缴进词业，令两省、侍从参考其意。盖曰是非付之公论，咸以为可，是以国人皆曰贤之义。致乃干恳权贵封状，遍求签名，有为臣言。初不暇读其文之为如何，继而三人被荐，已欲先试，竟为给舍申省。有浮竞之语，致不胜愤懑，庙堂呈札，辄肆怨言。谓言辞多取憎疾，必触报罢，乞寝已降召试指挥。若是而曰不要君，臣不信也。庸非媒身浅躁，急于干进者乎？臣尝恭睹高宗朝郑厚作《艺圃折衷》，诋孟子，有'卖仁义'等语。臣僚论列，特降指挥，不得与学官、试官差遣。

仍下所属劈版，所以杜讪上之萌也。致之文学远不逮厚，而诋毁伊尹，殆与诋毁孟子同科。又尝恭睹真宗朝张师德，两及王旦之门。旦曰：'师德状元及第，荣进素定，不应两及吾门。'所以抑奔竞之士也。致将奋身大科，富贵特其分内事，何用汲汲挟贵有请？师德谒时宰于已仕之后，且犹以为贪进。今而视致，其将谓何？夫持心浮薄而轻于立论，媒身浅躁而急于干进，有斯二者，故曰贤良方正，非愚则诬矣。谓之盗名以欺世，谁曰不然？况夫议论厚薄，出处静躁，关系风俗，诚为非轻。乞将致罢归，使之退自循省，进德修业，习尚醇厚而涵养恬静，他日录用未晚也。"从之。(《宋会要·选举》一一之三九、四〇、四一)

己巳(十三日)，亲试举人。赐礼部奏名进士毛自知等四百三十有三人及第、出身有差。自知对策，首论宜乘机以定中原，因擢为伦魁。嘉定改元，三月，自知降充殿试第五甲，以首论用兵也。(《续编两朝纲目备要》卷八)

开禧元年，检详毛宪为考官，其子自知以迎合用兵冠多士。韩侂胄既败，乃用言者奏，夺宪次对，而降自知为第五甲末。(《文献通考》卷三二)

二十二日，诏："新及第进士第一人毛自知特补承事郎、签书镇东军节度判官厅公事，第二名赵甲、第三名求淳并文林郎、节察推判官，第四名张寅之、第五名谢兴甫并从事郎、防团推判官，第六名以下、第二甲、第三甲、第四甲、第五甲并迪功郎、诸州司、户、簿、尉。"(《宋会要·选举》二之三一)

六　月

六日，上御射殿，引呈文士正奏名射射。(《宋会要·选举》八之二〇)

七日，上御射殿，引呈文士特奏名射射。(《宋会要·选举》八之二〇)

八日，赐进士闻喜宴于礼部贡院。是日，赐新及第进士御制诗一首。(《宋会要·选举》二之三一)

宋宁宗《闻喜宴赐进士诗》：侧席求贤本至诚，群才济济盛簪缨。听庭初奏三千牍，云路俄开九万程。厉尔忠规先气节，助予仁政必廉平。一縻好爵须图报，莫负而今选择精。(《咸淳临安志》卷一二)

恭和御制赐毛自知以下诗：秘书监陈岘，秘书丞黄景说，著作郎周梦祥、曾从龙，秘书郎陈晦、叶时，著作佐郎邹应龙、朱质，校书郎张从祖、许奕，正字苏大璋、魏了翁各一首。(《南宋馆阁续录》卷五)

魏了翁《恭和闻喜宴赐毛自知以下御制》：昭代宾贤礼意诚，镐京设席蔼儒缨。龙飞十二周星纪，鹏运三千击水程。云汉成章新宠渥，钧天张乐播和平。微臣置馈申规戒，贤网虽恢用欲精。(《全宋诗》卷二九三〇)

进士名录：毛自知，赵甲，求淳，上官衡孙，王有声，王成，王廷衮，王武子，王表民，王涣，王野，王绍登，王巽，王登，王登，王纲，文子枏，文东寅，文明，文侯，文寅仲，方大琮，方邦振，方来，方秘，左谟，申宋说，田廙，史子甲，史沂，史忠孙，史忠辅，史贞柔，史钦之，丘师陶，包千之，吕稽叔，朱必强，朱如松，朱劲，朱衎，朱倞，朱复之，朱嵘，任必万，任炎佐，危和，江先，江无，江裘，阮希甫，阮登，杜桂，李日迈，李以制，李成大，李仲光，李次謩，李枬，李宗勉，李祈，李起岩，李纯之，李万傅，李鸣凤，李纲，李仪，李朴，李机，吴元，吴中，吴孝友，吴杜，吴岐，吴宏，吴周，吴师鲁，吴彬，吴当可，吴愈，吴莹中，吴璞，吴应奇，吴应龙，何叔丁，何升禄，何炎仲，何琮，何荣禄，余林，余挺，余震，余庆裔，汪之疆，沈康，宋先，邵式，邵伯渊，邵源，邵熙元，邵献臣，长自求，范应铃，范镇东，林一鸣，林子昌，林公绍，林夙，林宗一，林宜可，林起辰，林起初，林执善，林复之，林镝，林应行，林弥大，林观，卓山甫，卓田，郄梦祥，周直方，周南一，周深源，周鼎来，周舜钦，周溥，周绪，周儒行，胡自厚，胡自诚，胡桂子，胡楠子，段升，俞禹畴，俞开，施梦说，姜惟一，洪梦良，姚自，姚直夫，姚默，纪渊，袁汝宽，袁伟，袁景清，连元，连懋，夏廷炜，夏深源，夏应期，毕祈凤，徐一鸣，徐天麟，徐方夫，徐挺，徐逢年，徐雄，徐梦云，徐愿，高熙绩，郭九思，郭子力，郭连，唐丙发，唐容，唐梦符，陈之经，陈王度，陈艾，陈甲，陈安节，陈希望，陈亨辰，陈亨衢，陈昂，陈季麟，陈垓，陈拱之，陈垕，陈时，陈逵，陈国高，陈翊，陈云，陈恺，陈瑢，陈德新，陈谊卿，陈荐，陈谦，陈镕，陈铧，陈鉴，陶木，陶永，陶洪，孙文溥，孙廷，孙亥，黄元，黄公谨，黄尹，黄材，黄昌奇，黄庭，黄时，黄容，黄从，黄庸，黄顺之，黄应甲，黄灏，梅廷瑞，戚达元，崔栋，过文焕，许之望，许之选，许公玉，许正夫，许桂，许献可，章甫，章櫄，梁文奎，梁成大，梁致恭，梁简，张伯昭，张俊常，张晋之，张浃辰，张寅之，张篪，张应辰，张龛，张显祖，项模，彭建极，彭震，叶大庆，叶迪，叶容，叶诚卿，万孝恭，万居安，葛从龙，董岫，董梦程，董龄，惠有大，程南可，程通，程崧卿，程遂，傅晞曾，邹直，邹孟卿，邹益发，邹应博，曾治凤，曾鼎，曾瑞，曾应甫，游祖武，禄坚复，蒲文纪，蒲国宝，杨公俊，杨宏中，杨洽，杨景隆，杨璘，詹甫，褚天祐，赵允夫，赵立夫，赵汜夫，赵必广，赵汝玖，赵汝求，赵汝玤，赵汝固，赵汝郛，赵汝音，赵汝珣，赵汝倍，赵汝淳，赵汝云，赵汝循，赵汝竣，赵汝嗣，赵汝端，赵汝靓，赵汝褒，赵汝辟，赵汝袭，赵伯豫，赵希尹，赵希旦，赵希坡，赵希�，赵希扬，赵彦侗，赵彦佻，赵彦珽，赵彦惐，赵彦彬，赵彦玠，赵彦巇，赵师葳，赵师詹，赵师缄，赵崇德，赵偤夫，赵与龙，赵僮夫，蒋蒙，蒋衡，蔡朱，蔡隽，蔡衡，廖公荣，廖琮，廖渭，廖寿翁，郑友直，郑邦俊，郑伏乙，郑孝祥，郑志学，郑克宽，郑启，郑渊，郑炀，郑璜，郑选，熊仲熊，邓炎，欧阳钵，欧颐中，黎松，黎衡，刘日章，刘冲，刘伯正，刘昌诗，刘升，刘炳文，刘泾，刘庞，刘龚，潘昌尹，薛东，萧应诚，萧麟，卢仲隽，卢补之，钱昌言，龙亮，谢伯恭，谢兴甫，应行之，蹇富，颜叔玙，颜槦，苏凯之，苏蒙，严定之，罗知古，罗谊，谭经，饶复，龚宗显。

特奏名进士：陈思，丁似，王炎，王默，方蔡，朱伸之，江健，杜锡百，李炎之，李蹊，李济，李璇，李观，吴寅，吴锷，何西杰，余子韶，余侗，余宪，辛晔，林士恒，林百顺，林杞，林见独，林登，林岿，金逵，侯安中，马春卿，徐浩，高评，郭成章，唐绍先，陈存中，陈安石，陈林，陈洪，陈绚，陈熊之，陈震，陈暹，陈颖，陈应求，孙彰先，黄起白，黄琮，黄椝，黄端，商仪卿，张天宠，张焕，张万，傅汝霖，曾洵美，冯侁，杨鲁，杨继先，赵崇退，赵崇实，蒋林，蔡子衡，郑子春，郑南一，郑宁卿，郑震，邓子克，黎能，刘灿明，潘迈，赖之行，鲍景，韩辉卿，边瀛，颜敏则，苏子牧，关庚。(《宋登科记考》卷一二)

补特奏名进士:其一,邓鹏飞。《宋登科记考》卷八将其系于政和二年特奏名进士名录,误。详说见前。

其二,李九龄。《宋登科记考》卷八将其系于宣和三年特奏名进士名录,误。详说见前。

开禧乙丑,予窃太常第。敕头毛自知同在期集所,从容问及预有朕兆否?曰:无之。独仙卜陈省干者自应举以至省试,皆以魁相许,而皆不验。唱名前一日,再扣之,仍大书一魁字,即以墨涂去。续书"默而识之"四字。诘朝,果在第一。予初料墨涂者,不欲泄尔。阅三年,有旨降五甲,岂非前定乎?(《芦浦笔记》卷七)

吴元《兄弟同登进士》:勒马江边问玉京,百花头上占梅英。云霄万里开鹏路,诗乐三章奏《鹿鸣》。拂剑笑谈天下事,担簦慷慨日边行。吴公兄弟谁先后,此事君王合与评。(《全宋诗》卷二八八九)

十六日,敕中书门下省:尚书省送到礼部状,据国子监发解进士费衮札子:"窃见近者太学补试,出《夏弦诗》,系出《礼记·文王世子》篇'春诵夏弦,大师诏之',注:'弦,谓以丝播诗。'又《乐记》云:'清庙之瑟,朱弦而疏越。'又云:'昔者舜作五弦之琴,以歌《南风》。'《论语》'子之武城,闻弦歌之声'。《周礼》'小师掌教鼓、鼗、柷、敔、埙、箫、管、弦、歌'。注:'弦,谓琴瑟也。'已上'弦'字,偏旁从弓,皆谓丝声也。群经之中,如此之类甚多。按:景德重修《广韵》,'先'字韵内'弦'字注云:'弓弦,五经文字曰其琴瑟,亦用此字,作絃者非。'又接续出一'絃'字,注云:'俗见上注云。'此可谓明白矣。只缘后来史传及前辈诗集,或用此'絃'字,讹传浸广。遂使《礼部韵略》岐而为二,于'弦'字下止注'弓也'二字,略不考订群经出处。又于'絃'字下注云:'八音之丝。'审如此,则是从弓之'弦'字,非丝声也。谨按景祐修定《集韵》,于'弦'字下注云:'《说文》,弓弦也。'又于'絃'字下注云:'八音之丝也,通作弦。'今《礼部韵略》于'絃'字下即无'通作弦'三字,深恐疑误,试人重叠押用。然弦字又是国名,《春秋》有弦子国,又是人姓。《风俗通》云:'弦子后,《左传》郑有商人弦高,晋有弦超。'今来欲望申明朝廷,将见行《礼部韵略》于从弓之'弦'字下添注云:'弓弦。如用琴瑟丝声,即通作絃;如用国名、人姓,即许双押此絃字。'行下国子监,改注此二十五字。庶几文理分明,不失经指,实为学者之幸。"申闻事,本部寻行下国子监勘会去后。今据本监申:"本监今同监学官聚议,照得《韵略》一字而义训不一,如弓弦字,又通作丝旁絃,又通国名、人姓。此类甚多,若皆一一从下注释,不胜烦碎。从来止是听从举人随经史出处使用,若有疑混,许其上请。今来本人所陈虽系允当,难以逐项添入。今欲只于'絃'字注'八音之丝'下,添注四字,云:'经传作弦。'今勘会上件事理,伏乞省部备申,朝廷指挥施行。如蒙朝廷许从,今来所申事理,合候指挥下日行下,本监遵从,添注施行。"申部:"本部今欲从国子监申到上件事理,伏乞朝廷指挥施行。伏候指挥。"六月十六日奉圣旨:"依礼部所申,行下国子监。"(《贡举条式》)

闰八月

十四日,诏:"谢采伯、榘伯并驳放。"先是,嘉泰二年,宰相谢深甫令其二子同赴省试,未锁院之前,密招当差试官,预计会题目。又令朝士能文者代笔,付与试官,果置高等。人已指言。其后诸子忿争,交相诋讦,于是传播。是时深甫任相位,无敢言者。至是,臣僚有言,故有是诏。(《宋会要·选举》五之三二)

癸酉(十九日),罢遣应制科何致。自李仲信后,制科无合格者。又三十余年,有何致者,字子一,永康青城人。祖耆仲,字子固,淳熙初尝为部使者,知名士也。致少有才,为郡守陈缵馆客。缵入为司农丞,荐致于刘德秀,德秀亦喜之。时李壁为礼部侍郎,刘师文为工部侍郎,德秀率二人以制科荐于朝,有旨召试。会同荐者吴郡滕宬、东阳杜福遭忧不赴,诏须服阕并召。致躁急,欲先得试,屡恳于壁,壁以为狂,笑不顾。致更祷缵,缵即以德秀意为苏师旦言之。韩侂胄不得已于德秀,为降内批,如所请。后二日,权中书舍人易祓缴还,致大憾,乃以札子白庙堂,谓:"言词多取憎疾,必触报罢,乞寝已降召试指挥。"且谤祓不已。时邓友龙方为侍御史,俄而祓除右司谏。友龙先为修注,以尝论谢深甫二子出身,祓亦恨致,因及之，友龙曰："司谏始入言路，而亟仇一布衣，何示人以不广？不若更论二谢。如致事，友龙得论之。"明日，相继求对，绂论二谢，驳放出身；友龙论致，进卷诋诬伊尹，罢归。致亦登侂胄之门，友龙无以为罪，故摘致进论中言"伊尹始负尧舜之道，而终为天下开陵犯之端"之语，以此激之。时人谓"两台谏共弹三秀才"，盖指此也。辛未岁，致以吴猎荐再召，正言郑景绍论之，乃勒令归乡，增修所学焉。(《续编两朝纲目备要》卷八)

开禧二年　丙寅(1206)

二　月

二十五日,铨试、公试、类试:命监察御史毛宪监试,太常少卿兼中书舍人卫泾、刑部郎中奚士逊、著作郎兼兵部郎官曾漸考试,宗正丞兼司封郎官留骏、阁门舍人潘持美、太府寺丞胡粢、秘书郎胡有开、王介、国子监丞林孔昭、秘书省正字傅行简、大理评事史渊、叶子高、林大章考校。(《宋会要·选举》二一之九)

十　月

二十五日,臣僚言:"武举设科,政将以搜罗方略之士,为异时储用将材之地。恭惟孝宗皇帝淳熙八年特降敕旨,今后武举及第、出身人,许令从军,愿与不愿者听。自第一名以至第二十四名之人,各依名次高下,分拨殿步司、马军行司及沿江诸都统司军分。每司止许三人,指占阙额,管干职事。其余不在从军之数者,乃许注授在外巡尉差遣。嗣更两朝,率循旧章,凡登武举进士第者,莫不各随其资次,或授殿司同正副将,或授马步司与诸都统司同准备将。既从铨审,各供乃职,服劳戎事,悉闲教阅。近年幸门一开,诸武举及第人元不预从军数者,夤缘朝旨而复许入军;合在江上都统司军分者,申乞改换而复拨入殿步司。躐等躁进,不安职业,适为武举之累。乞今后每遇临轩策士之岁,先令三省、枢密院类定廷唱名次先后与从军次第,别为一籍,合拨三衙及诸都统司军分者,不得蓦越,别乞改拨。如名次不在从军人数,须令差注外任巡尉差遣,毋使计嘱,再与入军。又考限未满,不该离军者,亦不得妄乱陈乞庙堂陶铸。"从之。(《宋会要·选举》一八之一五、一六)

是　年

以举人奸弊滋多，命诸道漕司、州府、军监，凡发解举人，合格试卷姓名，类申礼部。候省试中，牒发御史台，同礼部长贰参对字画，关御药院内侍照应。廷试字画不同者，别榜驳放。(《宋史》卷一五六)

旧制：秋贡、春试皆置别头场，以待举人之避亲者。自缌麻以上亲及大功以上婚姻之家，皆牒送。惟临轩亲试，谓之“天子门生”，虽父兄为考官，亦不避。是年，始因议臣有请，诏自今在朝官有亲属赴廷对者，免差考校。(《文献通考》卷三二)

开禧三年　丁卯(1207)

正　月

吴昺《南雄州续进士题名记》：进士题名，立之学宫，示人才之所自出也。惟南雄旧隶曲江，山川扶舆，气不他毓，而钟美于才。唐开元中，杰然以文章勋节著名者，张文献公盖其尤也。馥丐膏沾，山晖渊媚。至于国朝，顾李父子、二邓兄弟，相继联登，浸跻华显。儒风薰郁，士类日盛，甲于岭表。往往艺学绩文皆有师法，立身行己一蹈准绳。虽庠序教育使然，沿波讨源，所从来远矣。乾道三年，郡博士赵君善珏尝采天圣洎绍兴初保昌、始兴擢进士第者凡三十人，悉裒次名氏，年载甲乙，为之记而刊诸石。嗣是而题，且联翩而未艾也。记久漫患，邑人请更之，将袭而改刻。予方任育才之责，无以辞，则为之言曰：夫镌金石者不累日，而涵养器业以待上之需，非朝夕积也。继自今诸君其蚤夜孜孜，入门而仰高圣道，则曰乃所愿学；升堂而景慕先进，则曰有为若是。充斯以往，则本深而末茂，形大而声宏，科第直干事尔。异时大书屡书验之，犹信记略矣。姑以励来者云。开禧丁卯上元前五日记。(《宋辽金元方志辑佚·南雄路志》第804、805页)

二　月

一日，诏曰："朕宵旰庶政，寤寐群英。念治今日者，匪借异代之贤；而习先圣者，宜明当世之务。粤从临御，屡俾搜扬。矧兹多事之时，莫若得人之急。惟道德之富，庠序之所作成；贤能之书，乡闾之所推择。属当大比，其悉上闻。伫陈治平之元，式赴功名之会。强学待问，谅乐罄于忠嘉；量材授官，庶协图于康济。咨尔多士，体予至怀。"(《宋会要·选举》一之二六、一七)

二十五日，铨试、公试、类试：命监察御史叶时监试，司封郎中王公迈、工部员外郎史彰祖、宗正丞兼侍右郎官乔梦符考试，大宗正丞兼刑部郎官周震、阁门舍人陈良彪、太府寺丞章升之、秘书郎庄夏、国子监丞曹庄、秘书省正字陈模、大理司直王益之、大理评事翁潾、赵时适、沈实考校。（《宋会要·选举》二一之九、一〇）

六　月

二十九日，臣僚言："科举之弊，如漕司差考试官，及州郡挟书、继烛、代笔、传义，二者不可不革。"令礼部同国子监看详。既而，礼部、国子监言："一，照得漕司差考官，惧其泄而容私也，乃不明示以某州，给付字号，俾于经由州郡对同字号，躬亲书填，以防吏奸。而州郡例于前期差监门官，以漕司所给字号，俾之对同。彼监门率小官下吏，寡少廉耻，将所给字号，为高赀者得之，前途伺候，以行私嘱。臣谓：欲革私托之弊，莫若以漕司所给字号付之监试。监试非通判则漕属，官稍高则自爱稍切，对同字号，庶不泄漏，而其弊稍去矣。今看详所买字号之弊，不独在逐州监门，其原在于发号关防不密，致吏辈漏泄作弊。乞下诸路运司，遇差试官发号之日，漕臣同属官躬亲差排分发，不得令吏人干预。仍立限，疾速牒本州守臣收管，不入吏辈之手，庶革买解之弊。一，照得挟书、继烛、代笔、传义，禁防周密，务求实才。今州郡不行挟书、继烛之禁矣，此又有因继烛，而每试一场，辄歇一日，次日既午，纳卷未毕，视以为常，曾不禁约。彼真才实学，穷日之力，已为有余，既继以烛，难免代笔。况尽一昼夜，继以次日乎？于是人率备三五卷，或父代其子，兄挟其弟，而太半以货取。故有名预能书而口尚乳臭，行偕计吏而习则市廛。士方困于解额之窄，病于糊名之无据，又苦于此。欲革代笔，莫若去州郡继烛之弊，勿许以歇日。彼惮革弊者，则曰场屋幸帖息尔，禁戢太严，必至鼓噪，是则法令皆不可行。乞引试前期，条具法令，严示举人纳卷之限。其过限者，别立字号不考。彼优于应敌而切于自爱者，必无复犯，则庸琐营求代笔者不足恤也。今看详挟书、继烛、代笔、传义，自有贡举条法，乞遵守施行。"从之。（《宋会要·选举》五之三二、三三）

八　月

五日,国子监发解:命监察御史黄畴若监试,秘书丞兼司封郎官林岊、著作郎兼考功郎官王居安、秘书郎庄夏考试,秘书省正字陈模、太常寺主簿任希夷、监登闻鼓院梁文恭、监都进奏院黄槃、主管官告院刘允济、范之柔、将作监主簿方祈点检试卷。避亲别试:枢密院编修官何剡考试,主管吏部架阁文字林瑑、主管户部架阁文字李琪、监榷货务都茶场丁端祖点检试卷。(《宋会要·选举》二一之一〇)

七日,诏:"大行太皇太后上仙,已降指挥,宫中自服三年之丧。来年系殿试年分,合与不合临轩,令两省礼官讨论。"既而,吏部尚书陆峻等讨论:"国朝典故,哲宗皇帝元祐八年九月三日,宣仁圣烈皇后上仙,以嫡孙承重,尝有诏实行三年之丧于宫中。次年绍圣元年三月十四日,御集英殿策进士。"诏:"从典故施行。"(《宋会要·选举》八之二〇)

是　秋

李刘《谢得解启丁卯》:仰破屋而抱遗经,啧会心之无几;裹粗缯而随举子,嘻免俗之未能。邂逅吾味之偶同,摸索此君之小异。欲弃鸡肋,复美羊腔。人惊喝卢得雉之危,我抱志目中眉之愧。常谓选举所以笼豪杰,安知亦足销豪杰之心;场屋谓之兴贤能,或者疑为老贤能之术。士任重而道远,辰去速而来迟。邓高密愿效尺寸之心,笑人寂寂;褚彦回少过三十之念,便已嚣嚣。盖欲乘感会之风云,岂堪送潇洒之日月!某至愚不肖,甚贱且贫。每怀万物皆尘土之思,颇念吾道非旷野之物。年当五岁,日记万言。实希踪杨文公之辞章,复妄意晏元献之科目。莫能送上,安得热中?付甲子于泥涂,逐庚癸之饥渴。君门不可以径入,法当从试于有司;夜光屡失之暗投,或是晚成之大器。虽杜陵许身稷、契之意,谁肯信之;然草庐自比管、乐之心,恐不免耳。吟《高轩过》,罗胸谩诧于星芒;说《古战场》,过眼还迷于日色。五随秋试,例困冬烘。剪翎观百鸟之翔,回首觉万牛之重。无能辨璞,只合更刀。脱汉赋,辞楚骚,尚依依而未忍;观鲁史,知周典,幸历历之可明。技痒为之,途穷甚矣。求田问舍,已破除湖海之豪;应举觅官，又勒回山林之驾。或谓余勇，犹足先登。及工歌《鹿鸣》之三，乃梦践飞翼之八。芳杜厚颜，薜荔蒙耻，愿一洗之；菉葹盈室，荃蕙为茅，由来久矣。要之借汝腹中过耳，又何出人跨下惭乎。鹏怒而飞，鸷匿则击。是亦细事，无足多言。惟是吾皇颁诏举贤之时，实以今日多事得人为急。裴晋公之解韦释布，正淮西盗起之时；韩魏公之发策决科，乃天圣日升之始。有益于国，无竞维人。感人物之眇然，叹江涛之如此。四郊多垒，士之耻也；万里长城，国有人乎？宜拔实才，入充岁贡；不应庸下，亦在选中。伏遇某官，持刑明允，已清碧草之扉；画诺从容，复入红莲之幕。兹获联于荐送，何谬及于单微。云云。某敢不高束三传，精研一经！思游、夏不能措之辞，条舒、贲所未陈之策。谨按直笔，犹足诛未死之奸谀；稍遂初心，誓不忘平生之温饱。(《全宋文》卷七二七六)

十一月

二十一日，国子博士朱著言："窃惟场屋之禁尚矣，比年以来，陛下加惠士子至矣。士当斯时，畴不愿输所长。其或非才，志在倖得。恃其有赀，计所必取，场屋之弊犹故也。内而礼部贡举之所掌，外而封弥、誊录、对读之所分，苟有利焉，虽曰四所，如一家然。臣尝备数帘外，有持一卷周章而过者，索而视之，卷中有片纸，识云：某州某县某秀才卷子。又得一卷，其识如初。诘之，则云胥所授也。有经义五篇，略无窜易者，因窃疑焉，默识其号。及得论与策而较之，三卷如一，非精书之吏不能。盖昔闻有不终场，次日并纳首卷者；有径自外潜得而入者；有密伺考中之号，则以所售白卷誊之，辄废取中之卷者，此其故也。今欲去弊，莫若戒令封弥所，逐场精见已纳之数，载之专籍，以日上之董试，其一职之封弥，俾官吏无得出。又揭榜之后，委官以所取中经义，录一义头，试录一二韵，逐举更互。惟所委官以意命之，罗姓名于礼部，以晓天下之士子。是说既行，昔弊自革矣。誊录善否，最关考校。尝闻有司委官较字，不过书云某县誊录人姓名数字，其能否未甚别也。一时急于集事，未免苟容，以纸封臂，往往文具。掌誊录者，率皆宣差局务，忽焉被命，莫得而稽。及课工程，善书者或规避，不善者多强勉。始焉靳靳成字，夜以继日，卤莽灭裂，十脱四五，颠倒句读，反复涂窜，有不可晓者。胥有利焉，则择善者而授之书。其或文字本工，传抄多失。对读之官，目力不逮，而考校督迫，工而失者有之，不工而得者亦有之。欲去斯弊，莫若于选差局务数内，先期下临安守臣，选委通判，责以拣择，就臂印押。凡誊录之事，悉以委之。彼知此责实身任焉，乌合之辈亦自知警。是说果行，则昔弊自革矣。”诏令礼部勘当。既而，本部言：“所陈关防场屋积弊，委为切当，乞下逐处，遵守施行。”从之。(《宋会要·选举》五之三三、三四)

十二月

(娄机)又言：“贡举贵公，乞下礼部，具朝官亲族有赴廷对者，并与免差御试诸位官，以绝异议。”(《楼钥集》卷一〇三《娄公神道碑》)

是　冬

陆游《送苏赵叟赴省试》：关路谁非观国宾，此君肝胆独轮囷。故家遗俗欲坠地，博士议郎方要人。久矣扁舟弄江月，往哉骎马踏京尘。敕中墨色如鸦湿，日待东归一笑新。(《剑南诗稿校注》卷七四)

宋宁宗　嘉定元年　戊辰(1208)

正　月

九日,臣僚言:"仰惟国家数路取士,得人最盛,莫如进士设科。近年奸弊滋甚,据权势者以请嘱而必得,拥高赀者以贿赂而经营,实学寒士,每怀愤郁。今有管见:一,考校差官,要当精择。盖考官精明,去取允当,否则是非易位,遗才必多。乞诏大臣精加选择,无取昏谬,充数其间。一,省闱差官,有知举、参详、点检之别,盖欲参稽互考,必求其当。向为知举者不此之思,乃谓试卷去取,可得自专。至有参详、点检去取一同,知举独不以为然,而得失遂定。往岁宰臣、台谏有子登科,继行驳放,多是参详、点检以为可黜,而知举自行取放。凡为知举,绝无私意,犹不可专用己见。傥或藉此行私,岂不为考校大弊?臣谓参详、点检可否不同,正须知举平心参酌,择其是者从之。若参详、点检去取相同,而知举或有异见,要当更与考订至当,以定去留。如此,不惟参详、点检各得与知举详议,尽其所见,为知举者亦可无自用之嫌。乞令礼部候锁院日,详此施行。一,试卷去取,虽赖考官精明,而誊录、对读,尤当加意。誊录脱误,对读卤莽,文义舛讹,必误考校。每举所差,对读官员数特多,正欲订正誊录脱误,以便考校。惟是差官不加选择,虽昏耄衰病,亦使备数。所以待遇者又皆简薄,位次狭隘疏漏,上雨旁风,不能自庇。而幕帟、器用、油烛、薪炭之属亦多不备,何以责其尽心?遂致草卷,虽经对读,脱误尚多,帘内考校,倍觉费力。乞加选择,无以昏耄衰病者充数。凡所供备,如位次、幕帟、器用、油烛、薪炭之属,无得苟简。择之精,待之厚,傥不敬谨其事,罚亦不贷。一,誊录试卷所差誊录人,率是雇代充应,只求雇直稍轻,虽疾病癃老,不惯书写,俱不暇问。当其誊写之初,老病与不善书者尚能强勉;数日之后,精力疲茶,多不成字。再三详访,方见意义,若多脱误,又不可读,实为深害。

乞令礼部下所属，须管选择惯熟书写、精力强健之人充应，仍令长吏保明长吏谓县押录、州府之都吏。如更循袭充数，仰誊录所申试院，牒报元差官司，将承行长吏断勒。一，代笔、传义、挟书、移坐之禁，《贡举条制》甚明。近岁奸弊滋多，甚至应博学宏词，乃携文字，公然检阅，其它可知。至为代笔、传义之地者，率以贿赂计嘱排坐，否则入试之时，交互改移，尤当禁止。乞令礼部申严成法，措置关防，庶使人知警惧，奸弊可绝。"从之。(《宋会要·选举》六之一、二)

十五日，礼部言："已降指挥，将开禧三年发解举人取中试卷并省试合格试卷，并行牒发御史台，同本部长贰参考字画，关御药院。殿试字画不同之人，照指挥驳放施行。今来诸路州军免解进士，合赴今年省试。若有过省，既无解试卷子比对，无由辨验字画。今欲告报书铺，如有免解进士赴省投纳试卷，并亲身题写卷首、三代家状，即不许令人代书。如不遵告报，致本部验出，定将犯人书铺送所属根究施行。如免解人过省，从本部再行告报帘试，亲书三代家状一纸印押，同过省试卷类聚，牒发御史台，同本部长贰参考。将字画比对，如有不同之人，遵依前项指挥施行。"从之。先是，太常博士张声道言："诸州科场，多有填委蹂践之患，仆主混殽，莫可谁何。此盖豪民上户，不务实学，专以抄写套类为业。广立名字，多纳试卷，将带笔吏，假儒衣冠，分俵书写，侥幸万一。至揭榜，或数卷两得，全中待补，则父子兄弟分认名目。及赴省试，则以多赀换易试卷，或全身充代，窃取科第。止缘朝廷不曾比并字迹。最是补试，公然将待补文牒售卖。士风不美，莫此为甚！臣谓每举诸州科场，候开榜日，将所得解试及待补卷子，仰举送监试、考试官等，并于真卷背上列衔封缄，发赴礼部国子监，不许稽留，以启吏奸。其省试奏名之后，礼部将省、解试两项卷子，申发御史台。台部长贰参考字画，同者关御药院，殿试字画不同，别榜驳放。其补试之后，国子监依此施行。所有铨试，虽有帘引，不过关防文理不通之人。其换卷、代笔之弊，元不曾革。乞将试中卷子，更与比并笔迹。兼臣昨备员学省，曾条具奏，卷前草纸书写文槁，并须存留，不许涂抹。"诏从其请。至是省试，礼部举行。(《宋会要·选举》六之二、三)

二十四日，臣僚言："比年省闱取士，弊倖百端。最是挟书、代笔，尤为场屋之患。盖曩由宰相门客，怀挟败获，反将逻者施行。自后习以成风，绝无忌惮。又缘巡案例差局务小官，其曾应场屋者皆充对读，选择之余，方及巡案。势力既微，待遇又薄，全不加意。所差内侍，亦多官微位下，不能谁何。八厢目击其弊，类皆容隐。绍兴初，秦桧用事，专以子弟亲故窃取科第，士子扼腕。其后高宗皇帝总揽权纲，严行禁戢，特命汤鹏举典领文衡，一洗宿弊，场屋肃然。今遇更化之初，凡前日变乱旧章，次第惩革。惟是省闱之禁，尤不可缓。乞诏三省，选差朝士有风力者充巡案官，假以事权，示以体貌。遇获到怀挟、代笔之人，飞申帘内，仍申三省。所有内侍，乞诏内侍省选差近上可制八厢者，互相觉察。若相容庇，致他人觉察，乞重行镌罢。庶几士子知畏，无犯典宪。"从之。(《宋会要·选举》六之三、四)

二十五日，命吏部尚书兼翰林院学士楼钥知贡举，兵部尚书倪思、中书舍人蔡幼学、右谏议大夫叶时同知贡举，左司员外郎曾从龙、吏部郎中王柟、度支郎中商许、礼部员外郎陈晦、太常丞曹庄、秘书郎章良肱、枢密院编修官刘庶、何剡、著作佐郎庄夏参详，秘书省正字陈模、林至、主管官告院刘允济、章徕、干办诸司粮料院耿羽、太学博士潘涓、真德秀、武学博士滕强恕、武学谕陈刚、主管吏部架阁文字林瑑、主管户部架阁文字李琪、主管刑工部架阁文字黄以宁、国子监书库官孙礿、监三省枢密院激赏酒库蒋惟晓、浙西安抚司干办公事乔行简、广西转运司干办公事柴中行、监赡军酒库所籴场门楼昉、临安府府学教授胡林卿、前绍兴府观察推官孔炜、前福建安抚司干办公事李诚之、前潭州州学教授林复之、前泰州海陵县丞许文蔚点检试卷。避亲别试：监察御史章燮监试，侍左郎官王介考试，秘书省校书郎陆峻、秘书省正字陈舜申、太学博士王益之、监赡军激赏酒库史弥谨点检试卷。(《宋会要·选举》二一之一〇、一一)

二　月

省试赐知贡举御札："更化之始，属当多士来试春官，去取之间，趋向所系，卿等宜审加考阅。择其文体醇正、议论精确者，置于前列。其或因问献言，实有可用，虽涉讦直，勿以为讳。庸副招延俊乂、共起治功之意，

朕将亲策于廷而官使之。”(《咸淳临安志》卷一二)

楼钥《恭题知贡举所赐御札》：皇帝御极十有五年，岁在戊辰，礼部试进士五千余人。二月甲辰，以御札付臣等。臣亟率同知贡举臣思、臣幼学、臣时，暨参详、点检试卷官以下三十三人，班列于庭，望阙重拜。退而启缄伏读，莫不惊喜感叹，以为前此虽间有之，未有如今日之盛举也。仰惟皇帝陛下，以浚哲之资，承付托之重，清心寡欲，崇儒典学，不懈益虔。乃者权臣开边，涂炭生灵，陛下忧形于色。外锄叛将，内诛元恶，处之晏然，而天下复定。所谓渊默而雷声，神动而天随者也。方且厉精而躬览，临政而更化，廪廪向治安矣。先是，三锡宸翰于贡闱，其二皆以不及临轩，故戒主司以审取舍。今岁亲策造士，而又豫戒臣等至于再三。盖自比年以来，奸幸弄权，公道几泯，举场宽纵，以私害公，士类嗟惋，不胜其敝。又虑人之议已也，专为蒙蔽，杜绝人言。仰赖陛下圣心感悟，首下求言之令，继颁温诏，博采刍荛，真社稷之福。今圣训有曰：“去取之间，趋向所系，使精加考阅，择文体醇正、议论精确者。”又曰：“或因问献言，实有可用，虽涉讦直，勿以为讳。”陛下隆宽尽下，高视千古，属意人才，兴起治功。煌煌帝谟，五三六经，载籍之传；敢谏之鼓，诽谤之木，何以尚此！猗欤休兹！臣等既以宣示寮属，更相劝厉，又以圣意发策，俾士子尽言无隐矣。伏念臣等受国厚恩，平日所愿，推贤逊能，图报万分。矧以孤学，误蒙委以文衡，回念场屋之旧，固不敢轻于抑扬。恪遵告戒，谨拔其尤异者，置在前列。然士子局于文体，虽有奇才，恐不得骋。又臣等智识荒浅，深恐上不足以副陛下求贤之切，下不足以得人物之真，惊惕祇惧，夙宵靡遑。敢以奎画登诸乐石，以诏四方。仰惟国家设科得人最盛，然山林岩穴之士，必有逸才高节，非科目所能致、爵禄所能诱者。惟陛下推此心以往，不惮孜孜而求之，当有魁垒不世之才出，而为陛下用。野无遗贤，多士济济，臣等不佞，尚庶几见之。(《楼钥集》卷六七)

楼钥《贡闱对砚盘发叹》：老去未忘黄与朱，琢成三砚乐闲居。岂能更作诸生业，但欲频看后世书。视草北门才已尽，持衡南省计尤疏。便须再挂衣冠去，约汝同归故草庐。(《楼钥集》卷九)

三　月

一日，以吏部尚书兼翰林学士楼钥知贡举，兵部尚书倪思、中书舍人蔡幼学、右谏议大夫叶时同知贡举，得合格奏名进士宋倚以下二百七十三人。(《宋会要·选举》一之二七)

四日，诏："毛宪落职放罢，毛自知降第五甲，追还第一名恩例。"既而，以臣僚言："恭闻绍兴更化之初，首革大廷策士之弊。高宗皇帝尝曰：'秦埙中甲科，对策皆桧、熺语。朕却之，置在第三，不使与寒士争先。'既而，淮东提举朱冠卿奏对言：'故相当权，前举曹冠、秦埙等八人滥窃儒科。'英断赫然，并行驳放。比者奸臣盗权，破坏祖宗法度。贡举公选，亦复徇私。前后臣僚奏陈，止及省闱欺弊，未闻廷对可以计取。往岁陛下亲策多士，毛自知唱名第一。公论籍籍，皆谓自知本名自得，冒其弟之解，叨预奏名。其父宪时为都司，与苏师旦素厚，经营传出策题。前期策成全篇，宪之笔居多。差为编排，文字可认，优批分数，遂膺首选。自知无以报师旦私己之恩，亲造其门，拜而谢之。都人至为歌词讥诮，喧传众口。师旦复与为地，除宪察官，而怀不平者始不敢言矣。方乙丑之春，边陲清晏，两淮、荆襄、全蜀之民熙熙如也。自知献策，以为：'天亡此胡，决在此一二年。今不乘其机以定中原，窃恐必有豪杰之士仗大义，据关中，以令天下者。'又虑议不坚决，复于终篇言庙堂之势未尊，台谏之权未重，意欲钳天下之口而决用兵之策。不知自知何所见而然耶？自知趋媚时好，以取世资，谋身则善矣，如社稷生灵何！况临轩策士，今复其时，若不大正纪纲，痛革前弊，则忠言谠论，何自而前？欲望睿断，先将毛宪将赐罢出，以为阿附匪人、欲私其子、忍于欺君之戒。所有自知一名，取自圣裁施行。"故有是命。(《宋会要·选举》八之二〇、二一)

六日，礼部太常寺言："讨论御试临轩皇帝服著等。检照宣仁圣烈皇后上仙，哲宗皇帝以嫡孙承重，于绍圣元年三月御集英殿，策试进士。今来御试，即应得绍圣已行故事。所有御服，缘未纯吉，欲乞就见服黄袍、黑鞓、犀带。"诏："依讨论施行。"(《宋会要·选举》八之二一)

吴兴人谈重元鼎少领乡荐不第，晚就南廊，更数试，复不入等。章文庄兄弟皆与之同舍。嘉定戊辰，文庄兄弟在朝，谈入京将更试，请曰："二兄何以授我？"乃相与作备对数十付。已而，文庄入为考官，得谈卷甚喜。所批稍高，编排当在上二等。已而曰："名器不可以故人私之，但使脱助教足矣。"于是稍移向下。既而，算计四等，合放若干，而谈之名适在末等之首，竟垂翅而归。一文学之微，造物亦靳之耶？(《齐东野语》卷一〇)

四　月

三日，臣僚言："窃观《贡举条制》：应牒赴国子监就试者有差，而所牒止于同姓。至于被差考校，凡就试之士法所应避者，同姓则不以服属为限。若母、妻、姊妹之缌麻已上亲，皆牒赴别头所，以防闲人情，杜绝私意。迨省试奏名之后，见任两省、台谏、侍从亲族，必具名来上，俾于后省复试，以开寒畯之途，以防权要之弊。奏名之士，陛下亲策于廷，访以治道。去取之意虽尽出于陛下，而有初考、复考、编排、详定等官。其子弟、亲属预试者，元无避亲之法。间或名在前列，往往人得而议之，而彼亦安于无法，不自以为私。乞自今廷对，当仿后省复试之制，行下礼部，开具应在朝之官有服亲族过省，见今趁赴廷对者，并与免差。庶几杜绝倖门，昭示公道。"从之。(《宋会要·选举》八之二一、二二)

五日，臣僚言："国家三岁设科，以待天下之士。又立待补，收拾遗才，可谓良法。间或放混补，系出特恩，然必先降指挥，使四方士子远近毕集，庶为均一。临安府学，系驻跸之地，每从优厚，然在学多外处士人。昨开禧元年临迫试期，放行在籍二千余人，以致冒滥，几成喧哄。续有陈乞，自开禧元年为始，每年将堂试中选分数高者，校二百人并职事，遇补试径行收试。其选校不及一分以上人，遇补试前一月类试，取四百人，赴太学补试，见今施行。今来更化之初，四方士子喜观上国之光，不期而集。若一切杜绝，又恐士子远来，不得一试，亦有可念。乞将见在都下不应赴补试士人，仿漕司附试例，特于漕司收试。候见终场人数，量与取放一次。仍下国子监，晓谕士人，各体朝廷优厚之意，许赴今来补试外，其诸州取中待补及临安府学校定类试条法指挥，日后遵守，永不冲改。"从之。(《宋会要·

选举》六之四）

闰四月

十三日，大理少卿费培言："比者董视封弥，窃见五幕所置于中门外廊之上，列于誊录所，请官受卷，往往皆远外到选之人。至于幕吏，则漕司、天府之所差，无非嘱托充役，志在奸利，无所顾藉。以远外到选之官，御无藉之吏，既无事权，何能钤束？不过俛首听其自为。方士人纳卷之初，幸而尚蚤，犹可书历投柜。昏黑之后，奔迸填壅，势只向幕擲掷。吏辈须其小定，方行收拾代纳。柜眼至大，已入之卷，复可探取，柜固不足恃也。所谓监董之官，只候中门下锁，倏然扬去。帘内深远，无从考察。封弥所相去尚在百步之外，亦无谁何。吏辈肆奸，了无顾忌。欲拆换卷头，以甲为乙；誊写程文，以伪为真；受他人之嘱，毁坏有名试卷，亦可也。此而不革，为害不细。臣有说于此，无大更革，不必差官。乞于封弥所前旋创幕屋，仍旧差誊录官受卷。其省试封弥院门官皆郎曹以上，稍可弹压吏辈。自余程试，本所亦有长官，遇晚出至幕所，同董其事。所纳试卷，不必投柜，只用布囊盛贮，遇满即封。俟试人出绝，请在院封弥官出至幕所，与受卷官计数交授，不入吏手，奸计莫施。夫内而逻察有官，外而对号有簿，幕所关防，复加严密，场屋之弊虽未尽去，亦十革其七八矣。乞下吏、礼部、国子监，日后行在贡院，不拘是何程试，并令一体施行。"从之。（《宋会要·选举》六之四、五）

五　月

三日，诏："成肃皇后几筵未除，闻喜宴权行免赐。"（《宋会要·选举》二之三一）

六日，上御集英殿，引见礼部奏名、特奏名进士。得正奏名郑自诚已下四百二十五人，第为五等，赐进士及第、出身、同出身。特奏名刘黻已下六百四十一人，赐同进士出身、同学究出身，登仕郎、将仕郎、上下州文学、诸州助教。同日，试武举进士。得正奏名周师锐已下四十四人。师锐补秉义郎，杨煜、周轼补保义郎，并赐武举及第。余悉武举出身，补承节郎。

特奏名补进武校尉,减磨勘有差。(《宋会要·选举》八之二二)

(傅伯成)充殿试详定官。(《后村先生大全集》卷一六七《傅公行状》)

(真德秀)为御试编排官。(《后村先生大全集》卷一六八《真文忠公行状》)

七日,上御幄殿,引呈武举人射射。(《宋会要·选举》八之二二)

二十二日,诏:"新及第进士第一人郑自诚特补承事郎、签书平江军节度判官厅公事,第二名孙德舆、第三名黄桂并文林郎、节察推判官,第四名周必贤、第五人赵汝谜并从事郎、防团推判官,第六名以下、第二甲、第三甲、第四甲、第五甲并迪功郎、诸州司、户、簿、尉。"(《宋会要·选举》二之三一)

六　月

二十三日,上御射殿,引呈文士正奏名射射。(《宋会要·选举》八之二二)

二十四日,上御射殿,引呈文士特奏名射射。(《宋会要·选举》八之二二)

进士名录:郑性之,孙德舆,黄桂,丁镕,于有成,上官涣酉,王三锡,王太冲,王世英,王用亨,王长民,王其然,王宗道,王定,王垌夫,王栗,王埜,王望之,王诏,王梦龙,王闻一,王谔,王瓒,元伯潜,元琦,尤焴,方俌,甘梦元,甘嵩,甘震,左利见,田克希,史寅仲,白夏起,白震武,令狐友龙,吕殊,朱吉甫,朱伯昉,朱起章,朱淮,朱栋,朱实之,朱缓,任一震,任应龙,江豹,江埙,牟锡桂,杜范,杜煜,李仲萃,李如金,李昂,李焕,李琳,李万,李复,李楙,李诜伯,李鸣复,李刘,吴世兴,吴泳,吴晞甫,吴实卿,吴燠,别之杰,岑相求,余一夔,余天赐,辛忠嗣,汪相如,汪刚中,汪勋,沈更,沈超远,宋任,宋倚,范昌世,范楷,范镕,范钟,林士夔,林少从,林文昺,林汝酉,林首善,林时中,林浩,林棐,林善补,林韶,林齐贤,周之章,周平之,周必贤,周希浚,周果,周履常,周霖,盂继显,胡必大,胡玠,胡刚中,胡烓,胡诚一,段昌武,计朋龟,施及,施渐,施继寅,姜必达,洪飞英,祖思,祝梦良,姚洽,纪用，马高，袁士表，袁洪宽，华尧封，庄壬，连惠连，连德嘉，夏禹迹，夏寅，晏大正，徐夙，徐范，徐叔用，徐鼎，徐润，留良，高子升，高世贤，高炎，高淮，郭德畅，唐天麟，唐伯粢，唐总龟，陆龙光，陆镳，陈子是，陈元之，陈元震，陈止善，陈公益，陈朴厚，陈有声，陈孝仁，陈明，陈洪海，陈冠，陈珙，陈起，陈起莘，陈时举，陈绂，陈景仁，陈道卿，陈登，陈雷奋，陈震，陈操，陈屿，陈鹗，孙华仲，孙倬，孙澜，黄士夔，黄元甲，黄安之，黄克宽，黄宋兴，黄范，黄春，黄垺，黄宸，黄顺卿，黄檠，黄梦得，黄梦清，黄墉，黄篪，黄德洪，黄德清，黄兴，黄学行，黄夑，黄弥明，曹汲，曹嶨，曹锡，娄体仁，许彦为，许阶，许绅，许应龙，许俨，章起宗，章樵，梁子张，张弼，张已之，张自明，张洽，张起岩，张豹变，张渊，张玙，张简，张瓘，项安礼，彭去泰，彭蠡，斯泽，叶棠，叶敷荣，葛郕，董仁声，董师古，董铢，程光庭，程伯圻，程然，程梦高，傅梅叟，舒铉，邹近礼，邹恕，曾天锡，曾柬之，曾梦传，冯三杰，游谔，杨公衍，杨志，杨杞，杨忱中，杨保中，杨恢，杨起炎，杨寅翁，杨嗣参，甄世光，雷丑助，赵必兴，赵汝迂，赵汝易，赵汝域，赵汝淦，赵汝驭，赵汝诚，赵汝抚，赵汝惮，赵汝諟，赵汝譒，赵汝庞，赵汝谧，赵汝谠，赵希琯，赵希咏，赵希干，赵希鬲，赵郕夫，赵法夫，赵宗彪，赵彦仞，赵彦柷，赵彦徭，赵时望，赵师阡，赵师峨，赵崇宇，赵崇政，赵崇信，赵崇萃，赵崇厘，赵崇晖，赵崇藩，赵善璙，赵与衮，赵迈，赵憖夫，赵滳夫，赵缜夫，赵徽，赵由夫，蒋俊臣，蒋亹，蔡知方，辅大章，闻人模，闾丘榛，廖士正，廖闽，廖显祖，郑仲路，郑冲之，郑斯立，郑梦钧，郑梦龙，郑阐珍，熊刚礼，邓复，欧阳伟，卫价，卫洙，卫洽，鲁至道，鲁策，鲁铎，刘一新，刘士龙，刘元晋，刘世臣，刘用行，刘邦凤，刘松，刘昌宗，刘炔，刘厚南，刘梦得，刘辉，刘龟年，刘应祥，诸葛兴，潘杞，潘振，潘琥，乐韶，薛师点，薛曾，萧荣祖，萧兴，赖简，钱明德，钱相，戴栩，韩焘，谢南式，蹇彝，缪隆，苏在镕，罗有开，罗恺，权兴孙。

特奏名进士：刘瀓，王震，方阜鸣，尹亮，朱吉，朱洸，伍章，江侨，江点，阮艮，巫梦文，李用之，李驾，吴桴，宋之谦，林公瑞，林仲梁，林汝能，林宗鲁，林昺，林洙，林域，林埜，林唯，林诚之，林端行，林翘如，林鸾，胡召康，胡仲永，袁宗鲁，高洙，陆明远，陆嘉礼，陈方，陈允卿，陈言应，陈宜公，陈尧卿，陈敬之，陈复，陈庆炎，黄士珍，黄汝震，黄南，黄庠，黄丰，梁俶，张叔元，张昊，彭准，叶昌之，董瑮，傅大任，邹之孟，邹仲龙，冯辰，赵子彪，郑次

魏,郑牧之,郑扬,郑实,刘倓,潘子则,潘休,潘随,鲍龟龄,戴日宣,戴员,罗的,罗宗友。(《宋登科记考》卷一二)

补进士名录:史尧辅。《全宋文》卷七一一三魏了翁《史君尧辅墓志铭》:"尧辅,字充甫。……开禧三年大比,以《易》学冠同经生,中类试高等。是岁孽韩就殛,明年诸尝与韩忤者以次召用,朝野交贺。充甫对策廷中……余同年友真景元德秀,端人也,得其文,第之前列。为详定官所抑,以冠乙科。"

改元嘉定,策士于廷。郑公性之对策云:"回天下之势易,定天下之势难。"援古喻今,历陈梁冀、五侯、元振、元载之事,皆当时贵近所讳闻。公空臆万言,上览而异之,擢冠多士。(《后村先生大全集》卷一四七《郑观文神道碑》)

郑性之《状元谢余察院启》:徒步入关,获奉大庭之对;乘槎问汉,偶居多士之先。揣己怀惭,遭时为幸。切以皇纲肇立,圣化更新。博访直言,尽革十三年之弊;欣逢昭代,遂殚千一虑之愚。惟君子小人消长治乱之原,若内夏外夷和战安危之计。智者尝察于未萌之兆,庸人每安于近似之形。大权虽正,而未免多门;公议粗明,而迄无定志。上天变异之可畏,下民愤怨之未平。使曩时或进此言,已在谴诃之域;在今日乐闻其过,遂蒙拔擢之公。然非有颖脱之才,何足居胪传之首?如某者,性资朴鲁,学术空疏。粤从承师问道以来,粗识忧国爱君之义。谓文章者哲人之细事,而节谊者天下之大闲,与其纡余委曲以求华藻之工,孰若戆直剀切以摅草茅之蕴?盖尝历观答策,深鉴谀风。在熙宁则多言更变之宜,在绍圣则具论绍述之美。是为迎合,实可深羞。故当小安粗定之余,力献远虑深忧之说。惟知报上,何意求名?矧惟四海之俊才,谁非鲠论;敢谓三山之后进,参列鳌头。兹盖伏遇某官,学术渊微。气节刚大。昌言而裨国是,正色以纠官邪。兹善类之攸宗,亦公论之自出。遂令孱陋,首被宠光。某敢不求践所言,益励其学!此心许国,盖已存于未达之初;直道事君,其敢背于受知之后!(《全宋文》卷六九七七)

黄桂《榜眼谢福帅陈丞相启》：黉堂肄业，素非龙首之高名；丹陛疏恩，偶亚鳌头之妙选。宠逾其分，愧溢于怀。切观国家策士之文，是乃先王奏言之意。布韦就列，黼扆临轩。上非藉此以为美谈，下岂泛然而应故事。凡当世利害，近列讲究之所未及；或庶政阙失，小臣畏避而不肯陈。欲究天下难违之情，当激书生敢言之气。顾虚文之安用，惟实学之是求。傥非议论高远，足以越常流；则必学问闳深，足以骇众望。若兹选擢，始副详延。如某之愚，于此何有？久被朝廷教育之泽，无补明时；剽闻师友道德之谈，粗知大略。虽用心之不苟，然涉世以甚疏。行藏求合于前修，毁誉一付于流俗。在平时本无俛仰之态，奏大对敢怀希合之心。诵言于庭，姑述所见。其大旨欲尊帝王而贱功利，其要机欲重台谏而正纪纲。论大宗之治，则明指其醇疵；语西汉之君，则无取于文武。盖谓备全德者无适而有弊，正大体者何为而不成？凡纷然强兵富国之谋，非古者正本澄源之要。尝闻大纲举而众目自正，未有维楫失而中流可航。仁义与言，自许合孟轲之敬；天人大概，终难免仲舒之迂。策平平以亡奇，言落落而难合。何叨尘于一览，犹次处于甲科。繄愚言容可择焉，在素望初不及此。静惟侥冒，厥有夤缘。兹盖伏遇某官，学为帝者之师，才摅王佐之略。经纶有道，去就何心。东西欲其归留，暂屈衮衣之在外；轻重系于用舍，未容绿野之久游。眷兹符之雄藩，属隶枌榆之近壤。天下虽在隆于岩望，萧中实私托于邻光。渊生明珠，岂有崖枯之理；河润九里，宁无波及之余。肆彼庸虚，猥蒙甄录。某敢不益图称效，勉究远猷！修学问为从政之阶，守命义为持身之戒。斐然小子，敢论衣钵之传；仰止高山，徒有丘陵之望。

黄桂《探花谢余察院启》：策名枫陛，偶沾新进士之荣；缀迹桃蹊，曾是旧门生之数。得若惊而增愧，感且幸以知归。敬染柔笺，少伸卑悃。伏念某奋身庠舍，庀职戎行。每慨思弓冶之传，未忍弃布韦之习。自联右列，两玷宾兴。偶于预选于南宫，复觐光于北阙。以再衰三竭之气，敢觊奇功；惟千虑一得之愚，获殚忠蕴。瞽论辄尘于一览，胪传叨占于甲科。顾文武二途，而冒宠逾涯；矧兄弟一门，而同时锡第。共瞻宸衮，亲承日月之明；重整恩袍，叠被乾坤之渥。退循侥幸，亶有夤缘。兹盖恭遇某官，直节摩空，高名盖世。摘奸指佞，以扫积弊之蠹；明目张胆，以厉敢言之风。凡多士皆为之激昂，矧微踪夙荷于成就。遂令狂斐，亦厕选抡。某敢不确谨操持，益图报称！三声廷唱，偶随等级以居前；百拜恩深，重念陶熔之伊始。(以上均见《全宋文》卷七〇四三)

孙德舆《榜眼谢余察院启》：十年黉舍，饱翻鱼蠹之书；一旦禁墀，偶听鳌头之唱。名逾于实，愧积于怀。惟国家数路以取人，岩穴四起而应诏。贤能之举于郡国，既拔其尤；行艺之考于胶庠，亦稽其素。昕朝辐辏，天听亲临。合彼此以并观，虽毫厘而不谬。矧居前列，宜得修能。伏念某朴樕小才，尘埃贱迹。回思客路，不知几千；见斥词闱，何啻一再。惟先世尝跻于黄榜，而旧物未复于青毡。患不能精，益励焚舟之举；奠而后发，冀收中的之功。幸舍选之升优，造内庭而待问。明明天子，方急直言；蔼蔼吉人，岂无奇策？敢意十条之对，猥蒙乙夜之观。当今蚁穴难防，鸿飞方集。虽欲更张而鼓瑟，尚如未理之棼丝。斐然不知所裁，正虞狂简；抑亦以之为次，误辱选抡。胪音三唱于枫宸，高第更联于枌井。兹亦盛矣，何以得斯？兹盖恭遇某官，直道不欺，大节屹立。正容乌府，不惟斥远于奸邪；造膝龙墀，抑且助求于贤哲。矧辱在年家之子侄，实有资哲匠之陶熔。遂使孱微，亦沾成就。某敢不誓坚素履，益慕前修！节义为天下之闲，敢渝所守；温饱非平生之志，敬服斯言。(《全宋文》卷七〇四五)

真德秀《回郑状元启》：恭审胪传玉陛，名冠璇魁。自庆元屡策大廷，孰若今日四门之辟；虽长乐昔多首选，未闻同时三俊之登。鲠论获伸，鹓行相庆。恭惟状元签判大著，正学传心，本洙泗之旧；妙龄发闻，有杨晏之风。适九重侧席以思贤，乃千里弹冠而应诏。历陈伟论，深究大原。谓治乱安危之势不常，要致察于已回之始；而便嬖昵近之私易惑，当预防于未兆之先。惓惓殚忧国之思，凿凿尽适时之用。昌言天下之事，无讳有司；亲结人主之知，褒为举首。夫既擅儒林之荣观，政须踵前辈之高风。昔吕文穆之事熙陵，若王沂公之相仁庙。科名岌嶪，既独步于一时；功业光明，复可传于万世。伊谁俪美，允属当仁。身到黄扉，自是荣途之素定；名标青史，要观盛烈于无穷。某学本空疏，识非超卓。群多士而试以艺，选抡虽预于司存；取一人焉拔其尤，裁择端由于上意。猥先枉驾，辱贶长笺。

第深蕲望之情，莫既敷陈之素。

真德秀《回孙状元启》：伏以璧水蜚英，夙高士望；玉阶上对，果亚伦魁。新六馆之荣观，壮七闽之盛事。恭惟某官，清标绝俗，劲气横秋。学探精微，期欲造圣人之奥；身居穷约，常怀忧天下之心。饬躬允蹈于规绳，抗志弗渝于金石。比承清问，独罄丹衷。深陈主德隆替之由，力辨国论是非之正。虽明白峭直，不为媚俗之言；而温厚深酝，自得告君之体。众共称其卓伟，公特出于绪余。夫岂惟儒者之至荣，要必慕古人之盛节。昔仁皇帝旁搜于多士，若韩魏公擢在于一人。顾科第之相同不知其几，而勋名之有烂独到于今。愿恢他日之远图，罔俾前修之专美。某滥陪较艺，钦诵奏篇。以直言取人，盖当宁留心之方切；得名士报国，在有司何力之足云！猥先枉驾之临，申贲长笺之贶。念友直友谅，既素辱于心期；不以颂以规，其敢忘于古谊。

真德秀《回黄状元启》：右科擢秀，才已敌于万人；北阙传胪，名更联于三杰。维今独步，繄昔眇闻。恭惟状元察推大著，负抱环奇，见闻殚洽。曩谈玉帐，擅胸中百万之甲兵；今对丹墀，富笔下三千之礼乐。历数方今之急务，有如素宧于清朝。乃若大正朝纲，广开言路。盖众人之未及，尤上圣之急闻。峻擢鼎科，式符舆望。矧雁序同登于千佛，而鳌头并出于九仙。夫既为儒者之至荣，要必蹈古人之大节。昔赵康靖之盛德，蔼然一代之宗；若陈忠肃之高风，凛乎百世之下。俱由此选，称到于今。愿恢他日之远图，罔俾前修之专美。某滥陪较艺，钦诵奏篇。以直言取人，盖当宁留心之方切；得名士报国，在有司何力之足云！猥先枉驾之临，申贲长笺之贶。第深荣感，莫报珍投。（以上均见《全宋文》卷七一六五）

李刘《谢宗县尉炳启》：荐书下士，徼君子之异知；奏记中涓，缺门生之庸敬。抑马周实淹于逆旅，非牛堪敢傲于有司。未之负荆，遐不削牍。恭惟某官，眼高四海，笔落九天。翻十二经，尤有取太平之典；对三千字，谓当冠秀士之群。马小殿于及门，鳌固安于戴石。孜孜甘旨，屈为孟东野之官；恳恳精忠，方抱梅南昌之节。凄其风木，越在块苫。谅朝祥之琴成声，则暮召之盖相望。某顷偕乡计,尝累公知。由庶士而登司徒,不知恩者非人也;去民亩而就吏禄,岂进谢则为私乎!顾迷京洛之尘,实隔蓬莱之水。故者无失为故,乃不知俨然衰绖之中;诛之不可胜诛,自当即麾之门墙之外。顾勤一介,先枉双鱼。既倒植之可惭,复暗投而失报。青衫短笏,渐从矮屋以著身;紫磨真金,尚负洪炉之定价。然已长伯乐之厩,敢遂荒陆氏之庄!某无以报恩,期于强学。其行己若有愧于道,何以文为;虽无报而不辱其门,请从今始。(《全宋文》卷七二六八)

七　月

十二日,诏:"保义郎、敕授全州文学赵汝易,特与附五甲末出身。"汝易殿试,中第二甲第七名,缘犯庙讳嫌名,敕授文学。汝易乞依昨来进士林一鸣、宗子希旦犯庙讳例,比附降甲,改正出身,特从其请。(《宋会要·选举》八之二二)

九　月

七日,诏:"吴巨特补迪功郎,仍许还赴省试一次。"……以巨先从王相持书金国议和讫事推恩也。(《宋会要·职官》六二之一六)

十　月

己卯(十三日),褒录庆元上书。……周端朝、林仲麟各免文解。(《宋史全文》卷三〇)

是　年

刘宰《上钱丞相论罢漕试太学补试札子》:游士之聚于都城,散于四方,其初惟以乡举员窄,经营漕牒,夤缘京庠,补试太学为名。积而久之,来者日众,其徒实繁。而又迫于饥寒,诱于声色,始有并缘亲故,以求狱讼之关节者,而狱讼始不得其平;有事缙绅之唇吻者,而毁誉始不得其真;有为场屋之地道者,而去取始不得其实。其甚也,挟众负气,以取必于朝廷,而朝廷之势日轻。大率富人之丽于狱,负者求胜,刑者求贷,死者求生,无辜者则欲其陷于罪。而理不可行也,游士则为之文致,为之游谈,为之请托，为之行赂。或藉权势以劫攘，或与胥吏相表里，不直于宪则转而漕，不理于部则伸于台。以省寺为常行，以伏阙为常事，千变万化，必欲获所求而后已。所谓狱讼不得其平者，此也。朝廷耳目之寄，外则付之监司郡守，内则付之给舍台谏。而监司郡守不能尽知一路一州之事，给舍台谏不能知天下之事也。则有采访焉，有风闻焉，游士知其然也，于是择其厚己者则多方延誉，违己者则公肆诋訾。或形之书疏，或形之歌咏，或述之短卷。为耳目之官者，幸其然也，招徕之，诱进之，采用之，或又畏惮而弥缝之。递递相承，贤否易位。所谓毁誉不得其真者，此也。往者场屋之弊惟铨试，其后也补试亦弊，今则省试、御试无一不弊矣。弊者一曰冒名入试，二曰同场传义，三曰换易卷头，四曰计属暗号，五曰计会分房。五者之中，如换易卷头、计会分房。若非游士所得为，而非游士与吏辈平时往来，心腹相孚，亦未有能相通者。方秦氏当国，私其亲党，场屋盖尝弊矣，至更化而尽革。今则更化之后，万事维新，惟场屋不与焉。传闻省场之中，以试卷字画同异驳放者数人。其后夤缘复试，而一人者不至，岂无其故？而上下含护，不复稽考。特科之就御试，行赂者皆不在末等。此其弊已久，而今举尤甚。远方孤寒，至有通榜无名者传闻榜中无名者二人，其一镇江汤泳。铨试之冒滥，抑又甚焉。盖有专一坐铺议价者，入试之前，凡往投托，无不取效。虽不通文墨之士，亦可窜名高等，而场屋之去取滥矣。朝廷政令所出，处置一定，公议无愧，人言何恤？而年来事无巨细，求者从，欲者得。有如嘉兴免解之事，上庠混补之事，朝廷深知其不可行而不敢固拒。盖游士率敛钱物入己，志在必行，百十为群，遍走朝路。或谤詈以胁制，或佞媚以乞怜，或俯仰拜跪以祈哀。朝廷顾惜大体，重失众心，俛而从之，以幸无事，而朝廷之势轻矣。夫朝廷之势轻，则缓急之际必有令之不行、作之不应者，甚可惧也。故尝为今之计，莫若散游士。而散之之道有二：一曰罢漕司之牒而增解额，二曰罢太学之补试而用乡贡。今之牒试，凡曰避亲，曰随侍，曰门客，鲜非伪冒者，而贩鬻者居其半。士大夫皆知之而不忍绝之者，正以解额不均之故。故莫若罢漕台之牒试，而增其额于诸州，取开禧三年诸州所申终场人为准果欲行此，宜密而速，每三百人取一人。顾今天下士子多而解额窄者，莫甚于温、福二州。且如福州终场万八千人，合解九十名，旧额五十四名，增三十六名；温州终场八千人，合解四十名，旧额十七名，与增二十三名。他州准此。人多额窄则增之，人少额宽则仍之，度所增不过数州而已。自温、福之外，所增不过三数人。通诸州所增之数，不过诸路漕司所罢之数，而士子之周流四方以营牒试者息矣。今诸州学田日增，学舍日葺，而乡校之去取无与于升沉，士子之去来无关于进取，往往有志者鲜入其间。而太学补试，取一日之长，亦无以得州里之良士。故莫若罢太学之补试而取其人于乡贡，取开禧三年诸州终场人为准，每千人贡一人。温、福二州向来解额太窄，出游者众，非他郡比。今聚而归之，恐人数骤多，则于终场合贡人数外特增一半。谓如福州终场万八千人，合取八名，与更增九名；温州终场八千人，合取八名，与更增四名。每州以一千人为准。若及五千人以上，则间举多贡一名；不及千人，则许间举贡一名；不及三伯人者免贡。其合贡人数，并取于月书季考，而或殿或罚并依学令，必求其行艺无玷者。前期上其名于太学，至省试之后，太学缺员之时，帘引参学。其远方不愿参学者，与免文解一次。已贡入学而帘引不中，或帘引已中、一年之内无坐学月日者，罪及教授；而所贡得人者，教授亦与升擢。如此，则太学所取皆乡里所推之人，乡校所养有登名太学之渐，乡校之教养不虚设，太学之所取皆实材，而士之宿留都城以营补试者息矣。或以诸州教官未尽得人，嫌其徇私愚懵。则教官即学官之储也，安有为学官则可信，为教官则可疑哉！向之乡校，既已无与于士之升沉，私意容或有之。今士子之升沉系焉，小有私意，谤议生矣。况取士之当否，复有陟罚行其间乎！愚知自今以往，乡里之士皆自爱而重犯法，郡之教授有所畏慕，亦皆以职业自厉。不过三二年间，游士各反其乡，场屋可清，朝廷可重，争讼可省，风俗可厚矣。(《全宋文》卷六八二一)

嘉定二年　己巳(1209)

二　月

二十一日,礼部侍郎吴奕言:“四川特奏名试不入等人邵拱辰等六人,今来逆曦诛殛之后,垂白之士,喜见天日,万里远来,狼狈可念。乞依绍兴二年指挥,特与推恩一次。”诏:“礼部勘当。”既而,本部言:“国子监聚议:窃见《高宗圣政》绍兴二年诏:‘四川特奏名进士于道路艰阻之际,远来赴试,理宜优恤。其试在第五甲人,特依扬州例,并与依下州文学恩例施行。’今乞照绍兴二年指挥,特与推恩一次。如日后再有陈乞之人,不得援例。”从之。(《宋会要·选举》一三之七、八)

丁亥(二十三日),罢法科试经义,复六场旧法。(《续编两朝纲目备要》卷一一)

二十五日,铨试、公试、类试:命监察御史范之柔监试,太常丞兼考功郎官袁燮、枢密院编修官兼礼部郎官陈武、刑部郎中邵衮考试,阁门舍人熊武,秘书郎陈舜申,秘书省校书郎林至、傅行简、真德秀,诸王宫大小学教授秦榛,宗正寺主簿陈振,大理评事孙泾、楼澄、陈有容考校。(《宋会要·选举》二一之一一)

九　月

楼钥《黄州贡院记》:黄冈,东南佳处也。大江东下,赤壁西峙,武昌、夏口,鼎立相望。其在皇朝,王、苏二翰林,一以州驰名,一以坡自命,皆千载杰特之伟人。竹楼雪堂,既坏复葺;风流文献,至今增重。近时郡太守、博士皆不轻其选,秀士亦彬然出矣。建炎兵毁以来,秋赋多附他邦。乾道七年始试于州，而因陋就简，寓贡闱于庠校，三载必一毁撤。既非所以作士气，而学宫浸以颓靡，州人病之。嘉定二年，四明高君仲远来守，承开禧兵戍之余，日不暇给。首谒夫子庙，叹其弗葺已甚，未遑他务，与教授李君宗勉饬而新之，廊庑斋舍以次兴立。而大比又近，不可复蹈前辙。亟相与谋，得驿舍遗址，鸠工调度，分委僚属，创贡院五十余楹。庀工于二月丙寅，讫役于五月己丑。重门正厅，考试分位，左右长廊，庖湢吏舍，备具严整。费缗钱五百万、米二百斛，悉出于撙节之余。民不知役，工不告劳，而八十五年之阙典，一旦复兴。父老谓承平殆亦不及，士类欢奋，气象振发，且请记之。仲远与余有中外之好，相与素厚，以书来委，且曰："去中秋才月余，愿即为属笔，以慰千里之望。"余为之欣然，且曰：仲远长余一岁，恂恂似不能言，与人语如恐伤之，月评以长者称。两乘贰车，而后试郡。抚字固所长，不谓振起事功敏办如此。高氏盖名家也，高宗皇帝中兴初驻跸钱塘，始建太学，妙选师儒。先侍郎首为国子司业，岂惟文行经学足以表率士林，驰名京师。规绳具举，未几，车驾幸学，擢贰仪曹，至今四海尊仰之。仲远其次子也，居家孝友，恪守家法，故为政彫郡，知所先后。士子尚勉进学业，以称使君期待之意，使人物声望与江山相高。二翰林有灵，实宠嘉之。仲远名得全，朝散大夫云。(《楼钥集》卷五一)

是　年

魏了翁《资州新创贡院记》：古今未有遗民而可以共治者，是故先王立为司徒，教之以德行道艺，而兴其贤能，乡老大夫以礼礼宾之。向为万民也，今合众而尊异之，众宾之席皆弗属焉。厥明献其书，则王再拜而后受，与祖庙之宝物偕藏于天府，其不轻而重也盖若此。自科目设而教法浸坏，虽二汉近古，此意间有存者。迄魏、晋、隋、唐，则事益远于古。舒元舆所谓试之日，士携脂烛餐器，分坐于寒庑冷地。唐虞辟门，三代贡士，未有若是慢易者。相承以至于今，未之有改。虽然，是固因时之制，不得已也。顾独不可救其甚而益其所未备者乎？资于西南为文物郡，由先汉二王以后，代有显人，垂诸万世，而修名贞节，尤莫盛于国朝。迨百年而来，亚礼部、冠大庭、擢鼎甲、首全蜀者，项背相望。由宰臣、法从、寺监、郎秩，班班可考，资之文物于是为蜀称首。然考其贡士之宫，则未之有也。寓试于报恩佛舍，弗便，则合郡县庠而棘焉，犹病其褊也。庆元初，分漕司贡额于诸郡，资之贡二十有一人，至是增为三十有二。士舍是亡他途也，则就试者因以倍于昔，盖不下五千人。而仅入出于一门，既未免有壅阏躏籍之虞。幸而得入，负笈而冀少纾焉，则依依然靡所止戾，编苇架竹，犹未足以容也。有徙就于楼居者焉，则危栈腐梁，上下填轫，廪乎压覆是惧。投卷之庑，衣冠曳娄；校艺之馆，藩绂级夷；封录之所，嚣隘近市；导水之沟，污秽杂袭。士生一世，居广居而立正位，其所存何如也？今若此，殆所谓唐虞三代不若是慢易者乎！今崇庆守杨侯某，故绍兴戎监某之孙也，方怀绂里居，慨然曰："我祖父捐田千亩于学，以资公养，所以望于乡之士者，不为薄矣。今登进贤能之所，而苟焉弗称。盍即其地思所以拓之者？"草图练日，虑材鸠庸，而为士者翕翕以应。县庠之西北，为民僦居，请庚之，得方七十六丈有奇。石墙环缭，三门彪列，四庑旷分，攀龙附凤，二堂屹于左右。中为三术，以直达郡县庠，修畅而靓深。至于有司之直，胥史之舍，悉增其旧。直中门为亭，南向以发舒文明之气。士游其间，庶几绰乎有容，不复如前日之填然几亵，其所甚重者矣。经始于嘉定二年春正月，讫其年之冬十一月，新筑凡五百四十楹，诸费为钱一千四百四十万有奇。郡守眉山吕君涧赞其成，教授潼川王君晞鸿以杨侯赴镇代其劳，盘石令王君子克率外三邑缗钱以助。制置司机宜郡人赵君希浚以前三岁举人尝输金于州也，至是白其长，出所输以给用度。州之士各襁属不绝。役成，复具以颠末，属余为记。余每叹古道沦夷，上漫于求贤，下苟于应令，上下相与以薄，而俗益不古。若自庆历崇儒，诏州县各立学官，而士始知劝学。承平日久，列郡各有贡院，修屋坏除，位置有所，若知所以重其事者矣，顾犹未能骤改其所谓慢也。且朝廷设科，将以搜实材、崇正学，为斯世用也。今或者往往以浅陋得，例持衡権无用之文，为取才之的。士苟于得者，亦随其程度而为之应，幸而得之，则又将其今日之所以取于人者取人。彼是相寻，其流益降。充而为公为卿，皆此其选。其本若是，则其所成就，盖可类推。其间亦岂无鸿生硕儒由斯以进者，然自非豪杰之士，瞭然乎义利之分，其能不为所溺者鲜矣。尝试使今之校士者，参诸古人之所以取，惟正学之尚，而不必泥科臼以権陈腐之文；今之充赋者，思古人之所以进，务正学以言，而不必曲程度以循有司之陋。则今日取士之制，藉曰不皆出诸此，而吾所以自立者，未尝一日而离乎此。“言寡尤，行寡悔，禄在其中矣。”在云者，非必役役于干禄也。“修其天爵，而人爵从之。”从之云者，非必区区于要禄也。夫如是，不惟得之有道，士之闻风者且将日改月化，惟本之趋。视夫词华之工、科级之盛者，且将有所不屑也。推之以用世，况背不义而富且贵乎？顾余不令，何足以预闻乎此，因士之请之力，书此以遗之，将冀偕事斯语，求为君子之归，毋俾世儒以科目相诟病也。(《全宋文》卷七〇九四)

魏了翁《资州省元楼记》：宕渠冯侯守资之明年，重建州西楼成，以书抵某曰：“资故有楼，以省元名，为淳熙宰相文定赵公作也。自嘉泰之季，故侯陈勤节公尝撤而新之，岁久颓剥，方议改为，阨于吴回之变。乃捐少府钱六十万，拓而新之，如飞如翔，突兀阛阓。公为我书其颜，且记成事。”予尝读太史公书，谓陇蜀山川甲于天下，以予所见，资之山水又甲于蜀。其冈峦嶒峙，若顾若留；洛水盘纡，有汇有滃。是宜笃生多士，由汉以来有称焉。陈侯之作是楼也，故广安守赵公昱为之记；今冯侯述之又将有望于将来，予敢以固陋辞？尝观祖宗全盛时，群天下之士试之南宫，蜀人率居前列。如眉之师与杨，邛之宋与李，盖自政和执徐之岁至宣和之执徐，仅一星终，而同邑同郡接踵抡魁者四，亦云盛矣。自六飞驻扬，进士道梗，命诸道提刑司选吏，即转运司各为类试。绍兴元年，始择监司帅守总其事。张忠献公时以元枢奉使川陕，治秦州，即秦为类省试。诸道之合盖此乎昉，为举首者恩视廷试三人。至绍兴五年十二月戊子，诏书又申言之。自十有七年何道夫对策，谓蜀人难进易退，高视天下而窃笑，为熡秦所愠，由是蜀之首选而不对大问者率列之下科。隆兴初元，诏免策士。赵文定公始以绍兴五年诏书赐第，由虞忠肃公之荐乃得召对。文定而后，首选又二十有三人，皆未有不荐而召者。议者欢曰：“以科目取之而不以科目用之，安在其为举首也！”不则曰：“蜀远行都，远而见遗，乃其所也。”是皆然矣。以愚观于穷达之既定者，则有非人力所能升沉也。人之器识罔不在初，请无以他，以资之士言之。文定幼负奇气，轶群迈丑，发为词章，闳深博大。故自中兴以来，冠类试者三十余人。公所试言，人即知其为宰辅之器，此何可以强致？其后张义立之刚毅不挠，何从叔之端厚无华，人亦于始进焉知之。且阴阳、五行特二气之大分，而经纬错综，气聚而形化，则人物生之于是乎有刚有柔；即刚柔之偏，于是乎有善有恶。刚之善也，其言直以畅；恶也，其言粗以厉。柔之善也，其言和以舒；恶也，其言暗以弱。是则言也者，命于气禀之刚柔，刚柔既分，厚薄断矣。虽他日事业之广狭、时位之穷通，亦未有不由之，此诚非人力可以升沉者。唐人谓士之致远，先器识后文艺。如王、杨、卢、骆，虽有才而浮躁衒露，岂享爵禄者夫？其浮躁衒露，则气禀之薄然也。气禀之薄，而望其器识之厚、爵禄之富，得乎？然则，为士者果无所用其力矣？曰：不然也。志有所守，而大本先立，则气得其养而生生不穷。夫如是，可以变化气质，愚明柔强。其幼而学也，必不肯袭浮踵陋，以至乎苟得；其壮而行也，必不肯计功求获，以安于小成。况又能行之以刚健，守之以笃实，则辉光日新，虽引而圣贤可也，奚区区科目名位之足云！窃意冯侯之乞言，将以告于邦之士也，故为发其义者如此。（《全宋文》卷七一〇〇）

嘉定三年　庚午(1210)

二　月

一日,诏曰:"朕惟我祖宗张设科目,以网罗天下之彦。庞臣硕辅,多此途出,庶几乎三代选举之意。朕以凉菲,获承丕绪,所与共天位、治天职者,非一时贤士大夫乎?故自践阼以来,凡数下宾兴之诏,思得英杰,协图康功。然而,士气堙郁,未获尽伸;文体萎茶,未克复古。朕方注怀人物,加意作成。惟渊源醇正之学是崇,惟直亮鲠切之言是用。四海之士,闻风兴起,既有日矣。今兹大比,尔多士其各抒所韫,试于有司。贤书来上,朕将亲策于廷,以备器使。《诗》不云乎:'鸢飞戾天,鱼跃于渊。岂弟君子,遐不作人。'朕之激昂士类,盖与周之先王同出一揆。尔多士其可不勉自澡濯,以副朕招徕之意乎!"(《宋会要·选举》一之二七)

真德秀《科举诏》:敕门下:朕惟我祖宗张设科目,以网罗天下之彦,庞臣硕辅,多此途出,庶几乎三代选举之意。朕以凉菲,获承丕绪,所与共天位、治天职者,非一时贤士大夫乎?故自践阼以来,凡数下宾兴之诏,思得英杰,协图康功。而前者权臣崇饰私意,渊源醇正之学斥之为伪,忠亮鲠切之言嫉之若仇,由是士气郁而弗伸,文体浸而不古。肆朕更化之后,息邪说以距诐行,辟正路而徕忠规,四海之士闻风兴起,既有日矣。今兹大比,尔多士其各抒所蕴试于有司。贤书来上,朕将亲策于廷,以备器使。《诗》不云乎:"鸢飞戾天,鱼跃于渊。岂弟君子,遐不作人。"朕之激昂士类,盖与周之先王同出一揆尔。多士其可不勉自澡濯,以副招徕之意乎?故兹诏示,想宜知悉。(《全宋文》卷七一三六)

二十五日,铨试、公试、类试:命监察御史徐宏监试,著作郎兼户部郎官何剡、著作佐郎兼考功郎官滕强恕、大理寺丞沈绎考试，阁门舍人方公辅，太府寺丞郑昉，秘书郎傅行简，诸王宫大小学教授林璩，秘书省正字陈贵谦，司农寺主簿林复之，大理评事王洪之、许震、谢逵，主管礼兵部架阁文字姚师皋考校。(《宋会要·选举》二一之一一)

四　月

二十四日，臣僚言："三岁大比，弊端不一。漕司所差考试，多是寄居、待阙官。而见任有出身人，或无势援，返处以帘外职事。以至寄居、待阙被差者，本贯相去不远，率多私嘱之弊。每一揭榜，不能免人之议。州县创添寄居考官一员，则有一员人从批券及应办诸费。而寄居、待阙挟势求差者，诸郡考官员数有限，岂能遍及？乞下诸路转运司，所差诸郡考试官，刷其见任内有出身官，尽数从公差委。如或欠少一二员，许量展揭榜日子，令尽心考校。亦不至阙误外，有寄居、待阙，并不许差充试官，庶可以得实才。其有违戾者，令台谏觉察，重置于罚。"从之。(《宋会要·选举》二二之二三、二四)

五　月

二十一日，侍御史刘榘言："国家以经义、诗赋取人，习诗赋者，或疏于经义；颛治经者，多不闲声律。士大夫往往不肯自谓非素习，强加去取，被黜之士，不无遗恨。乞今后省、解等试，分房考校之际，令监试择试官之元习诗赋者颛考诗赋，治经义者颛考经义。或诗赋卷多，经义卷少，则以论策卷补之。论策通考，固不拘也。词赋虽若雕虫末技，士之器质，于此乎见。先朝王曾、范仲淹为举子时，识者固因所作赋，知有辅相之器。近年主司多谓词赋疵病易于指摘，恐人得以议己，故试者虽多，其最优者，仅置三五名之外，深失国家通尚词赋之本意。乞今后省、解等试，择词赋优长者与经义间居前列，用革考校偏尚之弊。臣少游场屋，每遇科诏将下，士类相谓曰：某人饶财，某人有夤缘，将必获荐。及榜揭，则向所拟议者十一二，臣未敢深信。近年此风颇炽，有实不谙文墨，或居上游。盖上则私记，下则假手，相与表里而得之。如顷者泉州黄广之狱，可信不诬。臣熟询其弊，始由点差考官之时，漕臣或不经意，属官案吏得以容私。阴定所差之处，考官多申亲嫌合避，以取必其所往之州。及考校分卷，监试官或不精明。所谓封弥、誊录等人，阴相指授，以达所分之房。士夫知自爱者固不肯为此，其或昧心黩贿十有一焉，凡前之私得行矣。乞下诸路州郡，凡漕臣差试官、监试官，分试卷必躬必审，务革欺弊。其有考官多引亲嫌，则密加审究，择其欺罔者按治之，用革计嘱私记之弊。"从之。(《宋会要·选举》六之五、六)

六　月

七日，礼部、国子监看详臣僚言："乞太学解试，将赴试士子之数拨出四分之一，与避亲士子同试别院。仍于大院拨差试官与取额人数，并以四分之一为准。照得臣僚所陈别试利害，欲以大院人数分拨四分之一，就别院引试，委是可行。比来省试治经人数，其最少者亦近二百人。随所取之额，分拨以四分之一，甚易区处。惟是太学解试，系是十三人取三人，诗赋数多，尽可分拨。其间经义恐有数少者，难拘四分之一。欲得或全留，或全拨，或不一半，在监试临时随宜区处。其待补国子生，系是二十五人取三人。若太学生分拨别院者，合与待补国子生各出题目，仍分东西廊，严行隔截，庶几不至混殽。其别院屋宇窄狭，合行增广，欲下临安府措置。所有别院省元，从来止升本甲首，今取人既多，欲将上二名准大院省试上十名恩例，庶得公平。"从之。(《宋会要·选举》六之六、七)

七　月

六日，权礼部尚书章颖言："窃惟科举之法行之既久，苟无大弊，不可轻有变更。伏见庆元二年正月指挥，宗室并不许差充试官并监试。续准嘉泰元年为常州申明，差监试官，下国子监看详。若通判双员去处，或有宗室任通判，自不许差监试。其独员通判或系宗室，若不许差监试，则以次职曹官，权轻望浅，恐不能弹压，遂从常州所申，差通判赵师岌监试。独有常州虽蒙许差，而四方州军尚拘指挥，不差宗室通判监试。伏缘诸路每三岁科举，最为重事，大郡至万余人，小郡亦不下数千人。试院之内，事务浩繁。监试职在弹压，以至分拨士人试卷，支遣钱粮，关防漏泄，革绝欺弊，事不胜数。诚难委之于官卑望轻之人。向来权臣，意在沮抑宗姓，臣僚观望风指，遂有前请。当时州郡皆明知其不可，独常州首先申明，已从其请。夫科举之法一也，既许行于常州，而独不行于他郡，可乎？今科举日逼，窃虑外路州郡尚以前降指挥为疑，或差曹职官监试，四方士子皆不以为便。乞速赐行下，以嘉泰元年七月常州所得指挥，差宗室通判监试，行之四方，以惠士子。"从之。(《宋会要·选举》六之七、八)

八　月

五日，国子监发解：命监察御史郑昭先监试，吏部员外郎钱文子、著作郎兼户部郎官何澍、秘书郎真德秀考试，太常博士李道传、诸王宫大小学教授林瑑、秘书省校书郎杨汝明、秘书省正字乔行简、司农寺主簿林复之、监都进奏院徐自明、干办诸军粮料院周之瑞点检试卷。避亲别试：军器少监兼礼部郎官陈武考试，监尚书六部门杨宜中、太社令陈贵谊、主管户部架阁文字蔡辟点检试卷。(《宋会要·选举》二一之一一、一二)

二十九日，太府寺丞唐吉先言："省闱考官，虽尽出天下选，近年所出之题，诗赋如'太宗得至治之体'、'圣人之道犹日中'，义题如'上天之载，无声无臭'、'仪刑文王，万邦作孚'，与诸州解试同然一律。以至策目，大概不过捃摭时事，乡举与省闱所问，间有一二之殊，大体亦类。甚至省闱策题，不相照应，临时参会，皆已撰定，不复更改，事意俱同者。夫以群贤会聚，肩摩袂接，六经百氏，堆案盈几，岂无可命之题、可问之目？缘诸路阔绝，无从稽考，遂致重复。恭闻祥符中尝令礼部贡院录诸州发解试题进内，史臣以上将亲试贡士，虑其重复也。自是用为常例。然则类解试题，以防重复，盖取士家法，独不可举行于今乎？乞诏诸路漕臣，于科举后，将所属诸州解试题类聚成集，上之礼部。类聚诸司所上，申送省闱。使出题之际，必以三举题目参考，发策命题，讲论时事，品藻人物，质问疑难，各出己见，无致重复。"从之。(《宋会要·选举》六之八)

是　秋

楼钥《淳发漕荐喜而成诗并勉杓》：戊辰贡举忝余知，曾碍孙儿到省闱。欣汝今秋重预荐，喜吾即日可言归。门阑有庆人争贺，父子同登世所

希。痴望十人俱上第，坐令昼锦倍光辉。(《楼钥集》卷一〇)

嘉定三年春诏郡国聘士，邛之预宾贡者比屋相望，未有讲肄之所。会鹤山书院落成，乃授之馆。其秋试于有司，士自首选而下，拔十而得八，书室俄空焉，人竞传为美谈。(《全宋文》卷七〇九七魏了翁《书鹤山书院始末》)

十一月

八日，臣僚言："自昔省闱，独严他试。八厢貌事，罗立四隅。士子提壶而入，未尝敢怀挟也；据案端坐，未尝敢传义也；覃恩所学，未尝肯假手也。自侂胄窃权，内畏人言，纵弛试禁，邀誉士子。蝇头册子，山积案上，往来交加，无异阛阓。持文衡者又复观望容私，士怀不平，莫不愤惋。更化以来，首严其弊，搜出怀挟者四人，虽与免罪驳放，一时观听耸然。近年省场，顿觉弛慢。夫一事一目，不守其常，则大经大法所从以坏。而况省闱中选，公卿将相由此途出，可不严禁而曲防哉？今秋试已毕，南宫伊迩，乞亟下礼部，先期申严条令。敢有怀挟、传义、假手者，必驳放、殿举。其间，考官观望容私者，例与坐罪。"贴黄："近者臣僚论：年来省闱试题多与诸州解试题目相犯，间或预名，多有全写古来者。而真才实学，多致无落。乞依祥符旧制，预期下礼部类聚国子监及诸路诸州解试三举题目，使省闱命题之际，精加参考，毋使重复，以防侥幸。"从之。(《宋会要·选举》六之九)

十四日，福建路转运司言："今年科举，本路漳州试院中有破落不逞者，鼓扇率众，各持竹段木截，喝噉行凶，将棘围门户撞踏打开，奔入考试、监试诸位内，将教授杨宏中殴打伤损，其余试官尽遭毒手。踏开试院后门，赶逐出院。恃其党炽，莫敢谁何。乞将漳州士人例行殿举。"诏："知州钱蕾特降一官。"仍将本州举人并停一举解发。(《宋会要·选举》一六之三一)

上舍释褐：杨迈。(《宋登科记考》卷一二)

是　年

陈宓《庚午宴新举人》：捧檄自来南，金门喜缀骖。一时惊得五，四季早魁三。摛藻皆人杰，吹竽只自惭。功名期不朽，溪水碧于蓝。（《全宋诗》卷二八五四）

嘉定四年　辛未(1211)

正　月

十九日,权礼部尚书章颖言:“比年以来,每遇出敕宣差省试官,自早至暮,至者不齐。以致宫殿门闭,不可入殿受敕,乃望拜于皇城门之外,遇雨则拜于漏舍之前,甚非所以重贡举、尊王命也。盖由宣押之际,宾客及门,不容排遣,遂至日晚,秉烛入院。人从喧杂,夜半乃定,尤费关防。乞凡当差官,自正月二十一日以后,并不许出谒、受谒。至锁院日,宣唤及门,实时上马,前赴殿门,以候班齐而入。仍乞内侍省是日早发差官姓名并敕牒,戒谕快行,所至催督,不令稽缓。庶几不至昏暮纷扰之患。”从之。(《宋会要·选举》二二之二四)

二十四日,命吏部侍郎汪逵知贡举,吏部侍郎刘榘、礼部侍郎曾从龙、左司谏范之柔同知贡举,仓部郎中张斗南、秘书丞兼尚左郎官丁端祖、大理寺丞程卓、司农寺丞赵汝谠、太府寺丞林复之、秘书郎薛绂、太常博士李道传、著作佐郎赵崇宪参详,太常寺主簿陈璧、监登闻检院陈卓、监都进奏院程遇孙、干办诸司粮料院应武、石宗万、武学博士金式、太社令刘靖之、国子监主簿俞建、国子正张方、武学谕陈贵谊、太学录丁焴、提辖榷货务都茶场朱端常、主管礼兵部架阁文字黄伯剂、国子监书库官叶蓁、监杂买务杂卖场门罗仲舒、前蕲州通判应元衮、前无为军学教授陈殊、两浙转运司干办公事许仪、前太平州州学教授王同、前潭州善化县令谢伯常点检试卷。避亲别试:监察御史徐宏监试,军器少监陈武考试,秘书省正字乔行简、监登闻鼓院董居谊、干办诸司审计司商逸卿、太学博士林坰点检试卷。(《宋会要·选举》二 之 二)

二　月

十七日，礼部贡院言："今来省试，诸州军国学赴试经义、诗赋进士，贡院终场四千三百一十一号，内有国学该赦恩免解及还赴省试等人。其取人分数，乞指挥施行。"诏："依嘉定元年收放分数，每一十七人取一名，零分更取一名。"(《宋会要·选举》六之九)

三　月

一日，以吏部侍郎汪逵知贡举，吏部侍郎刘榘、礼部侍郎曾从龙、左司谏范之柔同知贡举，得合格奏名进士周端朝以下二百五十五人。(《宋会要·选举》一之二七)

四　月

十一日，臣僚言："窃闻考试院誊录所，自来循袭体例，以士人试卷凡有犯科举条制不考式者，并听誊录人点对举觉，与免誊录。由此誊录人怠于书写，辄为改易正本，书人讳字，以免书写。甚则，有焚匿遗弃之患。虽有合格之文，无由得达于考试官。士子三年勤苦，千里来试，乃为誊录者毁弃试卷，暗遭黜落。试卷有第一场、第三场而无第二场者，有裂去一半不可誊录者，虽一时拥并所致，而封弥官亦有不亲临于其间，明知其弊，多不以闻。乞今后士子试卷，应有犯讳，及不合考校格者，并令依本誊录，写发入里，听试官考察，不许誊录所暗行黜退。其试卷首尾不全，亦须具数以告帘里。又须帘里试官中专差一员，以封弥所日纳试卷之数及誊录所日受封弥之数，参考异同，至拆号五日之前，以诸位试官分房所受之数，总而计之。稍有不同，须加究见。如此，则官吏知畏，封弥、誊录必无毁弃文卷、改易字画之患。"从之。(《宋会要·选举》六之九、一〇)

五　月

八日，上御集英殿，引见礼部奏名进士。得正奏名赵建大已下四百六十一人，第为五等，赐进士及第、出身、同出身。特奏名石继喻已下六百七十九人，赐同进士出身、同学究出身，登仕郎、将仕郎、上下州文学、诸州助教。同日,试武举进士。得正奏名林汝浃已下四十人。汝浃补秉义郎,黄宋祥、王国定补保义郎,并赐武举及第。余悉武举出身,补承节郎。特奏名补进武校尉、进义校尉,减磨勘有差。(《宋会要·选举》八之二二、二三)

眉人史公亮、天应援李侨故事,请挂冠。诏并循从事郎致仕,仍予官封。国朝三百年,新进士即日挂冠者,惟两蜀王昂、李侨及公亮、天应四人而已。(《续编两朝纲目备要》卷一三)

程公许《和楼大参韵赞史伯谦少弼二同年挂冠》:俚耳惊闻古曲弹,地行元不慕仙官。方看风穴将雏上伯谦父子同登,已悟羊肠涉世难。蚁梦未酣谁唤醒,鱼游自乐与谁观。不妨散策三岩路,听彻松风度百滩。

琴自无弦不用弹,岁寒姱节傲苍官。青衫吏隐非吾愿,彩服儿啼畏色难少弼孝侍孀母。三径归寻元约在,万缘回向自心观。何时款竹云庄去,洗耳香山八节滩。(《全宋诗》卷二九九〇)

九日,上御幄殿,引呈武举人射射。(《宋会要·选举》八之二三)

二十四日,诏:"新及第进士第一人赵建大特补承事郎、签书昭庆军节度判官厅公事,第二名姚瑶、第三名孙望之并文林郎、节察推判官,第四名沈敏、第五名张翀并从事郎、防团推判官,第六名以下、第二甲、第三甲、第四甲、第五甲并迪功郎、诸州司、户、簿、尉。"(《宋会要·选举》二之三一,三二)

六　月

十三日,上御射殿,引呈文士正奏名射射。(《宋会要·选举》八之二三)

十四日,上御射殿,引呈文士特奏名射射。(《宋会要·选举》八之二三)

十五日,赐进士闻喜宴于礼部贡院。是日,赐新及第进士御制诗一首。(《宋会要·选举》二之三二)

宋宁宗《闻喜宴赐进士诗》：祖宗鸿业付冲人，履薄临深愧眇身。不以崇高矜主势，要将功用责儒臣。忧民常轸焦劳念，策士欣闻剀切陈。好为明时摅素蕴，始终一节效忠纯。（《咸淳临安志》卷一二）

恭和御制赐赵建大以下诗：秘书少监陈弟，著作郎顶端祖、任希夷，秘书郎杨汝明，著作佐郎真德秀、李道传，校书郎陈贵谦、乔行简各一首。（《南宋馆阁续录》卷五）

进士名录：赵建大，姚瑶，孙望之，丁木，丁宗魏，丁梦祥，王大烈，王申，王由之，王如意，王好问，王呈瑞，王伯震，王度，王晋，王师说，王万，王傅烈，王溥，王辽，王瓒，文琯，方阜高，方万里，尹辛孙，孔绍旦，孔圣义，艾丑，田傅震，史天应，史公亮，史改之，吕午，吕尧仲，朱元庆，朱汝孙，朱春，朱春，朱洪，朱振，朱庆朝，任士宁，任龠，危伯明，危嵩，江师心，江鄗，池圣义，阮宾，李元吉，李光业，李仲熊，李芾，李伯玉（误），李尚，李升之，李知孝，李性传，李南运，李竑，李陕，李华，李纯仁，李闳祖，李复，李照，李韶，李宁之，吴文，吴垕，吴彬，吴复，吴震龙，吴应龙，何已之，何友兰，何文焕，何万龄，何闳，何观光，余易，汪了翁，汪士德，汪孚，汪牧，汪幡然，沈禾，沈敏，宋恭，宋植，邵仁杰，茅仁孺，林子贵，林元，林木，林仍，林沆，林良显，林英发，林庠，林栗，林益亮，林与之，林赵卿，林寿公，林枢，林履之，林嵘，林嵘，林护，林鉴，易奇，金从龙，周一之，周千里，周成子，周良佐，周叔茂，周宗元，周思兼，周思诚，周原，周清，周熙绩，周端朝，周应炎，胡机，胡余潜，胡衍，胡桂，胡清献，茹彧，侯子震，帅应和，俞振烈，俞畴，郗礼，施振，洪卯，姚鹿卿，马经德，莫天祐，桂褒，柴锐，徐少庚，徐介，徐文卿，徐孝显，徐亨，徐迪彝，留三益，留瑞，高东，郭泳，唐刚，唐椺，涂应楠，陆顺，陆浚，陈子愚，陈元晋，陈允诚，陈可，陈作新，陈伯宽，陈宋举，陈直言，陈秉文，陈思诚，陈彦信，陈祐孙，陈飞，陈起，陈真卿，陈哲夫，陈唐器，陈晨，陈云，陈鼎玉，陈遇明，陈德林，陈谊，陈丰，陶大甄，桑端，孙有大，孙沂，孙礼舆，黄之望，黄子钧，黄君亮，黄定，黄宜，黄飞，黄豹，黄高，黄渊然，黄登，黄梦高，黄恺，黄枢才，黄袭甫，曹士中，曹泳，曹问，区梦全，常衍孙，国幼闻，崔起之，许宗旦，许彦知，许彦能，章洪，张秀，张茂发，张受传，张泳，张宗，张庠,张洙,张珪,张莘之,张翀,张萃,张辅,张毅然,张磻,项庚,项博文,彭子合,彭去非,彭自明,彭拱辰,叶汝明,叶商岩,叶应辰,万一荐,董云才,嵇源,程士龙,程千里,程公许,程公硕,程公说,程梅卿,乔元龙,傅天骥,傅沂,傅泾,舒复宗,邹斌,曾子厚,冯甲,冯宋兴,冯华祖,冯桂,冯商,冯德,汤思中,游一龙,富皞,宁柄,贺东寅,杨文虎,杨斗南,杨炎午,杨炎正,杨景云,杨梦发,杨应庚,雷度,虞埴,赵少临,赵公甄,赵必取,赵汝扛,赵汝佟,赵汝郕,赵汝揭,赵汝啻,赵汝键,赵汝崟,赵汝钥,赵希予,赵希布,赵希扶,赵希舍,赵希迻,赵希亮,赵希悦,赵希偻,赵希瑵,赵希瑑,赵希廙,赵希谟,赵坤,赵炎震,赵宗琰,赵峙夫,赵俞夫,赵彦遏,赵时夫,赵时淳,赵时诩,赵时慥,赵时嘉,赵时谠,赵涘夫,赵规,赵崇亢,赵崇旰,赵崇春,赵崇奎,赵崇侯,赵崇隆,赵崇琰,赵崇渭,赵崇贺,赵崇荫,赵崇鲁,赵崇璘,赵从华,赵启夫,赵戋夫,赵董夫,赵善寠,赵绛夫,赵与佣,赵与惁,赵与杰,赵与迈,赵与玑,赵与鉴,赵嵤,赵毅,赵栉夫,赵镐夫,赵谱夫,蒋日宣,蒋公择,蒋政,蔡公申,蔡缶,蔡则,裴选杨,闻人近,管容成,郑芝秀,郑名卿,郑杜,郑良翰,郑明卿,郑南,郑思诚,郑景仪,郑会,荣熙辰,熊炎,邓伯夔,邓希颜,翟采,楼淮,樊庚,欧阳焕然,刘仲卯,刘希仁,刘灼,刘昌辰,刘庚,刘炎,刘宗之,刘衍,刘洪,刘时发,刘刚中,刘浩,刘梦吕,刘钺,刘该,刘广运,潘刚中,潘复,薛师中,萧崧甲,萧森,萧经德,赖梦雷,卢埴,钱难老,戴宗德,蓝兴祖,魏文翁,谢南,应梦武,濮宷,蹇选之,颜复,苏思恭,严广渊,罗几仲,谭梦贤,谭源,谯仲午,谯复之,饶谊,顾孺俊,顾孺履。

特奏名进士:石继喻,上官发,王企,王明之,王焕,方雍,田颐,吕叔献,朱括,朱唐卿,朱绂,李壮祖,吴利见,何自正,余孝伯,余游,余瓘,宋祁仲,林子华,林文,林杲,林逢午,林钦夫,林渊明,林鬲,林应辰,林鸿,胡天选,胡载,南若砺,姜师恪,庄起宗,徐公信,留钧,陈子遇,陈中,陈公柄,陈可,陈玕,陈仲杞,陈汝坚,陈克俊,陈伯受,陈伯谦,陈东,陈云卿,陈准,陈闻礼,陈僖文,黄子信,黄文羽,黄廷,黄洽,黄镐,许桂,许梦松,章京,张述,张起宗,张炜,张谦,张夔,董嬉,邹广声,曾寿,杨少发,杨勋,蒋峤,郑公岳,郑可学,郑伯忠,郑与,郑靖,郑骐,郑继周,邓勋,邓骙,邓袭之,萧鉴,邝淡,谢懿德,丰复,苏廷坚。(《宋登科记考》卷一二)

辨正:李伯玉。《宋登科记考》卷一三载端平二年乙未榜进士第二名为李伯玉,与是榜李伯玉同为饶州余干县人,此处当为明清地方志所误载。

张牧《韶州秩满至清源道中,闻子庠、侄磻俱登第,又题客邸》:道路已三月,山川犹昔年。绣花红委地,刺水绿平田。生计付身外,儿曹慰眼前。愈知贫有味,无梦到愁边。(《全宋诗》卷一九二七)

十二月

二十七日,礼部言:"国子祭酒兼权刑部侍郎刘爚言:'国家以科举取士,三日之试,虽兼策论,而去留之际,必本经义、诗赋。近年经学不明,命题断章,学者以巧于迁就为工,不以推本经意为正。略传注之说,侮圣人之言。词赋抑又甚焉。体字全类歇后,用字不考理致,盖检阅于类书,非根原于实学。文义无取,器局何观?乞令学官选择中兴以来魁选义、赋,根本经旨、词气浑厚者数十篇刊降,以为体式。今后命题,不许断章,长短不拘。《春秋》一经,照嘉定四年省试例,以事实通贯者为题。令礼部下诸路,于差试官牒内备坐施行。'本部看详,乞下国子监,令监学官精加选择刊本颁降。所有经义命题,亦下国子监、诸路遵依施行。"从之。(《宋会要·选举》六之一〇、一一)

是　年

楼钥《建宁府紫芝书院记》:建宁……秋赋动逾万数,荐送率八十余人,儒风最盛。(《楼钥集》卷五一)

黄学行《全州登科题名碑》:登科之有题名,所以表先达、励后进也。清湘自置郡以来且三百稔,而登科之士无以记之,亦可谓缺典矣。余始延见诸生,首询其故,则类以绝无仅有为对。吁!亦既有之,则不可谓之无也;不可谓无,则又焉得以无记也?苟无以记,则往者无以稽,来者无以著,不为居今者之羞,抑亦考古者之忧。因语之曰:"自此有登名者,余当为特书之。"时嘉定庚午夏五月也。既而,果有擢辛未之第者,诸生举前说为请。余曰:“此固余之愿也,而又有遂其愿,书之宜也。”然而,前此未有记,而记实宜于今,则参订又不可不审也。考之图志,唐公固言而下,刘公奕而上,八人而已。而询之故老,则有所谓许公待问、翟公俩、王公照者,是又志之失其所传也。夫以昔之所传,参今之所闻,其失也如此;以今之所已闻,推今之所未闻,又安知其止于此邪?姑以今之所已闻者为之书,余则阙,以俟知者。继此者,当大书屡书不一书可也。(《全宋文》卷七〇四三)

嘉定五年　壬申(1212)

正　月

二十三日,臣僚言:"窃见进士一科,试以三场,限以三载。间有举子多而员额窄者,每数百人取一人,为选如此其艰。童子一科,近年应举者源源不绝,此皆明作人'小子有造'之效,然有恩数太滥之弊。照得童子能背念九经者免一解,兼讲说书免两解。今之所讲说者,不过父兄以讲义与之诵念,实未尝通晓义理。以背念九经方免一解,背念一经讲义亦免一解,是以讲说免者不其太侥幸乎!乞今后通念九经及讲说者,只于免一解之外,特赐束帛,以示优异。"从之。(《宋会要·选举》一二之三八)

二　月

二十五日,铨试、公试、类试:命监察御史金式监试,军器监余嵘、工部郎中徐应龙、大理寺丞赵时适考试,阁门舍人潘持美,秘书郎陈贵谦,太常博士刘靖之,秘书省校书郎林埛、宣缯,大理评事林大章、江模、任永年,干办诸司审计司康仲颖,主管吏部架阁文字薛舜俞考校。(《宋会要·选举》二一之一二、一三)

四　月

十一日,臣僚言:"女童子吴志端令中书复试。窃谓童子设科,所以旌颖异、储器业也。本朝名公巨儒,如杨亿、晏殊之伦,载在史册,后世歆慕。今志端乃以女子应此科,纵使尽合程度,不知他日将安所用?况艳妆怪服,遍见朝士,所至聚观,无不骇愕。尝考《礼记》,女子之职,惟麻枲丝茧、织纴组纠是务。又曰:'女子出门,必拥蔽其面。'志端既号习读,而昧此理,奔走纳谒,略无愧怍。其执以为词者,不过淳熙间有林幼玉一人,以九岁中选。今志端但知选就,傍附八岁申乞,不思身已长大,十目所视,其可欺乎?傥或放行复试,必须引至都堂,观听非便。乞收还指挥,庶几崇礼化,厚风俗。若以其经国子监挑试,则量赐束帛,以示优异。”从之。(《宋会要·选举》一二之三八、三九)

八　月

二十五日,承议郎、国子博士徐自明札子,奏学校舍法事,数内至肄业胶庠者:“自外舍有月校,而公试入等者曰内舍;自内舍有月校,而舍试入等者曰上舍,有定序也。然曩年省试,系在孟春之中,故大廷唱第多在孟夏之月。近省试,既在仲春,故廷唱展在仲夏。所以,孟夏之月,虽已中春官,而未经廷对者,犹未出学住膳。而当年公试新中内舍者,或未有阙可填,则不得以占三季之考,行内舍之食。其妨进取而碍月书,学者常患苦之。不惟是也。一岁之中,校优者三,而校平者已常。预平校者,或再中平校,止用其前者之一足矣。而间有顽忍不予者,或未肯与豁除,必待授以逊状。是二者至有相邀以利,相讦以讼,启纷争而丧廉隅者,风俗至不美也。今欲于省试之年,其已中春官者,遇入孟夏下旬,即乞预行住膳。使以次升补者,不妨占季行食;而内舍已满百三十人之数,即不得于四月分先期借食。又于每岁之中,有再中平校者,亦乞先与豁除,使下名得以序进。庶几廉逊之风行,乖争之俗熄,不至坏学者之心术,而启学校之纷纭。臣所谓严升舍之选者,此也。如臣言可采,乞行下国子监看详施行。”后批送国子监看详,限十日申尚书省。本监寻送博士正录看详:“今据宣教郎、太学博士陈贵谊等申,数内至于舍法二弊:诸生已中春官而未经廷对者,当于四月下旬预先住膳;所有特奏名,候省试开院日,行下诸斋根刷。如愿就特奏名试,亦乞依此施行。其前已中平校而复有平校者,当于当年校定人数,即与豁除。其详已备见于札子所陈,参之物论,皆谓允协人情。亦乞行下本监施行。贵谊等今聚议申监,乞备申朝廷施行。本部今看详,欲从博士正录看详到事理施行。伏乞朝廷指挥施行。”诏:“从国子监看详到事理施行。”(《宋会要·崇儒》一之四九)

是　年

魏了翁《长宁军贡院记》:长宁之为军,自政和四年始。朝廷不鄙其远，俾得贡士视内郡，德至广也。王泽既浃，士习用劝，风气开建，衣冠浸茂。初，合试于泸乡之士，弗便也。绍兴十四年，始以士之请，寓试于郡之龙华僧舍。越十六年，增流寓贡额二名，合旧为三。越十四年，而单演之始登进士第。由是数十年间，人才彬彬间出，接武科级，就试者因以倍于曩日。僧舍湫陋，既不足以容，校士其间者亦病于弗葺。嘉定三年夏四月，陵阳虞叔平父方简来守是邦。莅事之逾月，士以为请，侯瞿然曰："是登进贤能之地，顾苟焉若是，盍更诸爽垲者！"乃陟南冈，顾见西门之左稼泽且数十丈，距郡宇百步，而近域诸峰秀出于左，中为宝山，屹起百仞。侯曰："是始可矣。"明日，合寮吏与学之左右生观焉，不谋同辞。考诸龟，亦惟丙食。遂益市旁近地，捐钱二十万，经始其役。或曰地势卑淤，畀辇畚锸之事，得无消功殚贿，奈何？乡之进士曰："此地发祥效灵，实盼于侯。请勿以烦官有司，吾侪小人愿加一力焉。"则属役赋文，为台门三，为誊录、巡防之位二。前为重阁，周以步庑；中为公堂，室东西向，居堂左右；校试之斋庐四，在堂后；又为虚明之馆，在斋庐后，凡大小六十楹。于是侯为大门，通守杨君师信、校官文君东寅为庐馆以继之，郡士以次各守事期。起冬十月己巳，讫明年春三月戊辰，用丁夫万三千七百有奇，钱用诸费二十七万一百有奇，役成而不愆于素。侯乾道宰相雍公之孙也，识济开远，克念厥绍，凡所居安，惟猷是程，盖不宁惟是役也。崇学校以迪士，申孝弟以厚俗。覆茅之庐，为缮以瓦；触舟之滩，开凿如席。泥涂十里，伐山陶甓，化为康庄；四溪病涉，为二修梁，直达郡治。大葺官宇，爰戢典学、司刑之官，咸妥厥居。盐策旧为民害，不加抑配，而商贾阜通。叠是成绩，类皆非他俗吏所能办者。某守广汉之数月，郡之士以书来请，愿有记焉。某熟复其事，而叹嘉之不置也。因惟君人者，以天下为一家，不自治也。分千里之地寄诸郡守，害焉除之，阙焉修之，不便焉必图所以更张之，如此，乃可以位天位、禄天禄而亡愧。弗是之思，视其蛊坏不至者懵懵然去之，奚以守吏为哉！侯之是心也，庶知所当务者矣。(《全宋文》卷七〇九六)

嘉定六年　癸酉(1213)

正　月

二十三日,臣僚言:"试院有平安历,不过以报平安。今则不然,其出也,所书项目,监门莫得而见;其入也,所传件数,监门莫得而稽。囊复封识,不知所藏何物。名为药裹,安知无简札往来?号为家书,安知无消耗漏泄?其弊有未易言者。嘉泰间,议臣亦尝推究关防矣,未闻许其发视而后通传。乞下所属,自今平安历早暮出入,监门官逐一点检,不许帕复缠裹,私自封缄。虽药贴家书,亦先开拆,方得收传。监试复视,则考试者无得容其私,就试者无以售其私。"从之。(《宋会要·选举》六之一一)

二　月

一日,诏曰:"朕寤寐髦隽,协济治功。即位以来,下宾兴之诏凡六矣。济济多士,布列中外,因其材而器使之,盖庶几古者敷奏明试之意,岂直为文具、循故事而已哉!夫上以实用求,下必以实材应。今兹大比,群有司其精加考核,令与计偕。经术惟正论是崇,词章惟典雅是尚,毋为曲学,毋事虚文。朕将试之春官,拔其尤者,亲策于廷。异时出长入治,皆由此其选焉。各务搜扬,以称朕意。"(《宋会要·选举》一之二七、二八)

二十五日,铨试、公试、类试:命监察御史黄序监试,将作少监任希夷、著作郎兼考功郎官李道传、大理寺丞林大章考试,阁门舍人周师锐、将作监丞陈贵谊、诸王宫大小学教授林士衡、大理评事徐瑄、王洪之、赵善璙、太常寺主簿叶蓁、主管吏部架阁文字陈伯震、主管户部架阁文字张虡、主管礼兵部架阁文字陈殊考校。(《宋会要·选举》二一之一三)

三　月

十七日，臣僚言：“自中兴以来，取士几三十科，积习既久，弊倖滋深。今岁科场，若不申严，窃虑愈甚。试举数事以明之。乡贡土著，令甲非不严也。游手之士，奔走远郡，或买同姓为宗族，或指丘垄为坟墓，百计营求，以觊一试，于是妄冒诞谩之风成矣。假手传义，罪名非轻也。饥贫之士，贪于近利，竭其素蕴。芸人之田，有一人代二三名者，有二三人共为一名者，亿则屡中，竞遂其私，于是铜臭假儒之志得矣。差官考试，逐州对号，此漕司之措置也。好贿之吏，不念灯窗之旧，作廋辞密授亲仆，所至求售，满意而归，于是富室子弟相仿行赇矣。通判之牒馆客，盖避监试之嫌也。而别厅亦复援例，士倖速化，不远千里，假作土著，以希漕举，于是始进欺君之恶，不暇顾矣。封弥、誊录，就差本州县吏，此定例也。俗士通同，密取同经卷子，增减字画，妄谓杂犯，暗行黜落，或拆换卷首，于是实学之士无所赴愬矣。校艺既定，编排申号，此有司之事也。而长官入院，妄作聪明，舍合格之人，取备卷之缪，或私旧识，或示己恩，于是漕司所差之官不得行其志矣。因今之制，革今之弊：严冒贯之法，俾各归乡土；重代笔之罪，永不得入场屋；试官鬻举，计赃除名；违法牒试，专坐主者。至于书吏为奸，长官越职，并合科断。仍诫谕考官，专取醇正博雅之文，痛扫轻浮剽窃之习。如是则乡举里选，真才实学，相继而出，以副圣朝设科取士之意。”从之。既而，两浙转运司言：“臣僚奏：‘科举通判之牒馆客，盖避监试之嫌，而别厅亦复援例。因今之制，革今之弊，违法牒试，专坐主者，乞令省部施行。’本司检点：每次科举，诸州有双员通判，虽有不差充监试者，依条示许牒门客一名，赴本司收试。今来奏请，未审将来有不充监试通判牒到门客，合与不合收试？照得诸州军府通判系同举送官，其门客合牒运司收试。”诏令诸路转运司照应旧来体例施行。（《宋会要·选举》六之一一、一二）

四　月

甲午（二十三日），复法科试经义法。仍命杂流进纳人毋得试。（《宋史全文》卷三〇）

二十七日,殿中侍御史石宗万言:"国家俾郡国兴贤能之书,盖求实才,非徒应故事而已。夫涵养作成,在朝廷选择,去取在考官。至于董事试闱,关防弊倖,虽曰有司之事,关系不轻。今州郡例差通判,漕司例差主管文字,惟从旧比,不问能否。其间才力不逮,不谙场屋事体,冒然为之,鲜有不害事者。盖终场诸经,多寡不齐,而考官治经亦不同,是知去取全系分房。使俗吏为监试,必不能以经赋斟量多寡。今考官各占所长分考,不过令胥辈照旧例耳。此利害最甚者。至于门禁不严,则有传递漏泄之弊;封弥不谨,则有拆换家状之弊;纳卷有历,结算稍稽,则有增减之弊;字号有簿,缄识不密,则有揩改之弊。誊录之吏,钱米灯火不以时给,欲无差误,得乎?至有就坐而不得题目,日已升而未启棘门,欲无喧哄,得乎?凡此皆监试之责。莫若令诸路转运司于主管干官内,诸郡于通判、幕职内,择有才力、谙知场屋事体者,先期发实封文檄,递至各郡,候锁院日开拆,请所差官入试院。不得容情妄差。庶几监试得人,弊倖稍革。"从之。(《宋会要·选举》六之一二、一三)

五　月

一日,臣僚言:"窃见贡院中帘内弊倖,监试随宜裁处,智虑可及。帘外之事,有耳目所不接者,诚难关防。今科举在迩,敢不预陈。一,贡院墙壁,本自低矮,年来颓圮。如西边一带,抵靠别试所晨华馆,而断垣及肩,践踏成路。传泄之弊,多由此出。最后正通大理寺前,居民搭盖浮屋于墙上,亦作弊处,莫可堤防。东畔墙虽稍高,却与封弥、誊录所相邻,而缝穴最多,关防须密。乞将贡院周围内外墙,并就旧基增筑高阔;里边掘成沟池,阔五六尺许,深浚亦如之。不惟得土筑墙,可省般运,而四傍潴水,亦可泄贡院卑湿。墙里加以池,则人不得而逾矣。仍约束居民,不得因墙起造浮屋,庶革传泄之弊。一,往时试院,于中门外挟屋装夹幕帘,为纳卷之所,士子便之。后因建议,于封弥所门外,自中门迂转百许步,方到纳卷处。试人每至昏暮,不复认记转路,遂只直行,间有携卷出外,始觉错误,不容复入,诚为可念。况所创席屋苟简,风雨漂湿,甚难爱护。今欲仍就中门外两挟屋下作纳试卷所,诚为两便。一,誊录所自夜达旦,列灯烛于廊庑,止用芦席夹截,别无打火之处。亦只就廊屋置灶釜,易惹风烛。乞自未锁院前,令排办官司于誊录、封弥所各置水桶运水。其中,每遇封弥、誊录官入院,须先点检。如有灭裂,经申试厅施行,庶几有备无患。一,诸处差到誊录人,多是游手,所得雇直,随手已尽。空身入院,每日食钱五百十文,既无斗籴处,往往就院买饭,日夜誊写不休,食不饱腹。乞今后每人日支米二升半,令钱粮官点检,发赴誊录官,当官给散,以防吏辈减克。却于食钱,照价除克。一,封弥试卷,必有簿籍抄记姓名,以备点对打号。寻常漏泄、拆换,皆出于此。若对卷打号,监官亲临封记,不入吏手,则弊倖可革。兼真卷对毕,发归封弥所,合置橱封锁。或遇钓卷,监开以防偷窃。今乃置之架上,并无关防,安得不有换易之事?乞自后锁院,先令临安府就封弥所夹截库屋,可以封锁置架,开库监官亲临,庶革前弊。"贴黄:"照得二广科举所差试官,正当秋暑瘴疠之时,常有十余人毙于道路,极可悯念。臣谓广南士人,贫无常产,能文之士亦自可数。广东则广、潮二州,西南静江,皆号多士,时有请嘱。所差试官,必须遴选,以绝外议。至于他处,但须邻郡,或隔一二州差往。庶几道里稍近,可以赍办行李,饥食渴饮,不致乏绝丧身之患。乞下两路漕司照应施行。"从之。(《宋会要·选举》六之一三、一四、一五)

二十六日,监察御史倪千里言:"朝廷取士,莫重于大比;士子求仕,莫重于始进。近岁士夫徇私而坏法,士子冒试而犯法,盖不一试。且如漕试,弃乡井而贯他郡,背父祖而冒同宗,货鬻成风,廉耻扫地。近者俞廷臣之请,重保官之员,皆谓漕牒之弊虽未尽革,较之曩岁,已免泛滥。至于国子设科,以待公卿大夫子弟,谓其承父兄之训,识政事之体,故优其选,而伪冒尤为可怪。前举补试,有许其姓者,托本寺法官名为族属,两冒就牒,攘夺同经之额,具见台谏章疏。此其事之败露者,其它踪迹诡秘,漏网佚罚。使胄子之才不获自见,即非类不检之士,并缘窃取,士心愤嫉。臣照贡举条令,国子所牒已有定制,秋试在即,若不申敕,窃恐旧习未悛。或假托宗枝,或迁就服属,旁招广引,复成伪滥。乞下臣此章,戒敕朝士,各守成法,无得妄陈服属,多牒人数。揭榜审劾,如有伪冒,定与驳放,牒官、保官并行弹奏。庶几法行自近,士心胥服。"贴黄:"窃见诸路漕赋,若江东西、湖南北、福建、广南等处,率多惟势是视,惟巧是图。臣尝分教汉东,亲闱湖北漕闱第一场经义及赋破题，次日传录在外，有写出全篇者。若试官，则预知某士系某官所牒，某官子弟系某经应举。或惮其势，或畏其吻，或受其宛转，或惑其虚誉，必与寻取，取媚上官，为进身计。使寒畯白同殿举，一黜三年，殊可悯恤。本台体访弹奏外，乞下诸路漕司，备牒试院，须管从公考校，不得循习故态，私行选取。”从之。(《宋会要·选举》六之一五、一六)

七　月

二十三日，臣僚言：“国家设科举以网罗天下士，比年奸弊滋甚，有司去取，未如人意。夫差官考校，逐州对号，以防请嘱。今富室子弟先期计会漕胥，密知考官姓字，要之于路，潜行贿赂，预买题目，暗为记号，侥幸中选。铜臭得志，而真材老于岩穴矣。此考官鬻解之弊。举人所试经、赋、论、策，各有所长，如三场停均，方在取数。今或头场经、赋偶合主司之意，先入为主，则论、策一切不问。亦有但取破题，而终篇不暇考究，论、策未尝过目。此专取头场之弊。逐州解额，经、赋多寡不同，而考官治经者或不工于赋，习声律者多于经旨未能深究。今漕司差官，拘于员数，艰于通融，彼既各有所偏，谁肯自处于不能？求其通情，从公商榷，难矣！此考官执己见之弊。主文命题，去取当以古注、正义为的，庶几持论平正，人无异议。今所见不同，各骋臆说，徒启后进穿凿之私，而老成博学，弃而不录。此举子求异立说之弊。乃者换易试卷，猾吏与富室表里，或拆换卷头，或暗毁真卷，奸弊百出。此曹但知货贿可贪，不知士子得失利害。凡此数端，皆科举深弊。今秋闱在目，乞下礼部，遍牒贡闱，密切体访。革鬻解之弊，严通考之法。考官则通融考校，勿执偏见；出题去取，须以古注、正义为的。仍检察吏胥换易卷子，严为关防。如是，则真材硕能在选中矣。”从之。(《宋会要·选举》六之一六、一七)

八　月

五日，国子监发解：命监察御史倪千里监试，宗正少卿滕强恕、秘书少监李𡌴、秘书丞兼右司聂子述考试，大理寺丞应元衮、枢密院编修官葛洪、太常寺主簿叶蓁、武学谕危稹、主管吏部架阁文字陈伯震、主管户部架阁文字张虡、主管刑工部架阁文字林椅点检试卷。避亲别试：太常博士林士衡考试，太学录孙德舆、主管礼兵部架阁文字陈殊、国子监书库官方灼点检试卷。（《宋会要·选举》二一之一三）

七日，臣僚言："窃见诸州考校，正额之外，待补多不留意，或于落卷中取以充数。经义但看冒头，诗、赋仅阅一二韵，论、策全不过目。其尤无状者，只点检无杂犯，便置选中。出院辞州，亟为遁计。士子怨嗟，在在有之。今试期虽近，以待补为重者，不过两浙、江东西、福建等路。亟行申饬，尚可以及。乞令礼部速牒诸州，严责考官，精择正解之外，待补卷子亦加精考。并要分明批抹，与选者批文理何处优长，黜落者批文理何处纰缪，卷首具考官职位。开院后，将所取草卷解发运司点检。如有卤莽，定加责罚。其卷子多、试官少去处，量展日子，毋惜小费。庶几试官留意选择，不敢循习忽略。"从之。（《宋会要·选举》六之一七）

是　秋

李刘《谢成都解头刘省元应起启》：制《春秋》之义，杰出妙龄；贡乡曲之英，褒为举首。未皇赞庆，过辱修辞。恭惟某人，青藜故家，碧梧隽质。被孟母三迁之教，独抱遗经；当陶舒二八之年，创通大义。遂魁里选，行冠胪传。某何预升贤，亦蒙巽谢。愧游、夏一辞之莫措，但知顶戴于名经；慕回、路二子之与言，更冀潜心于大业。

李刘《谢成都解元五十一人启》：恭审论秀贡英，策名偕计。少城百重列隧，自应炳井络之灵；后贤五十一人，夙已载华阳之志。兹应元年明先圣之诏，式副吾皇绍祖烈之期。伏惟某人，屹自岷峨，濯以江汉。相如七经之授，不专靡丽之辞；子云四赋之工，盖有湛深之思。兹并登于天府，闻允惬于月评。某未遂纳交，过勤委贽。客星入斗，恐当回八月之槎；魁首枕参，尚及窥五云之瑞。（以上均见《全宋文》卷七二七六）

十　月

二十六日，礼部侍郎范之柔言："臣今岁科举，辅郡试官有昏耄不能视阅卷子,至令书吏读而卧听。窃详铨法:年六十,不许注县与尉,盖恐精力不逮。况于校文去取,岂容昏耄备数?自今年六十以上,不许差充试官。如所差不及累举之数,则以卷子多寡纽算,展日放榜,却以空员供给均补考官。经义、词赋,不同其习,节次臣僚申严分经考校之令,可谓允合人情。今岁科场,考官仍有混考经义、诗赋者,则是不遵指挥。乞下诸路转运司,今后试官须将经义、诗赋人分经考校。或有违背,将监试并本房试官从漕臣闻奏镌责。如漕臣不觉察,许御史台弹劾。"从之。(《宋会要·选举》二二之二四、二五)

十二月

十五日,臣僚言:"比年省试差官,有前期恳免不愿就者。公道不明,人莫不亲其亲,子其子,趋宽畏狭,情所不免。自避亲别试,取人至窄,朝士宜为试官者,规避求免,临期无官可差。或以干堂到部充数,外官视朝士,等级有差,惟务顺承,不敢可否。臣尝熟思,士不乐于别院者,就试人少也。使试者众而取亦众,何避之有?今莫若尽拨诸路漕司,新旧发解碍格不碍格之士,而别试之。盖凡取解之优,自太学及胄子外,则有诸路漕试尔。以天子之教养,与公卿之子弟,于法宜优。而四方游士,非其亲故,夤缘请托,侥幸于二十人之中者,所得已多。臣尝略计,前与诸路运司取数几四百人,参以旧请漕举还试该免解者,亦不下百余。以数百人之场屋,取放之榜,视昔大为有间。然后,以大院避亲者归别院,而别院避亲者归大院,将见就试与考试者两得其便,无复求避矣。今既减大院人数,而增别院试,合于大院参详及点检试卷官内分拨二三员,添别院考校,仍展拓位次。所有试中前三名,乞依四川类省试例,与授教官,庶几无偏重之患。窃见近制,差台谏一员同知贡举,既不预考校,而贡院一行事,又使知举裁处,恐心力不能两用。乞自今贡院内外事务,皆决于同知举台谏,使得一意检柅吏奸,关防弊倖。其三知举,专主去取,勿以他事为累,庶几各举其职。"诏令礼部看详,申尚书省。(《宋会要·选举》六之一七、一八)

二十九日,臣僚言:"恭惟国家三岁大比,经义考讲学之源流,诗赋观词章之润色,论以见评议古今,策以试潦通时务。真材实能,虽非纸上语所能尽得，使其参求互考，详观精择，则胸中抱负大略可见矣。旧制：点检试卷官批高下，参详复考，供纳知举，欲使三场互考，不以一人之见为去取，一场所作定得失。除知举出房卷子，余发赴过落司，类算分数，同者以本经高下次第排比。累举以来，虽差参详官一员掌过落司，然卷子未尝经由，得失取决于一时。精力有限，卷数实繁，类聚之时，决择不暇，得此遗彼，升沉随异。间有掣肘，不容致力。谓如知举三房，甲批一场可取，而两场在乙、丙房，钓取不到，遂致平沉。或占吝不发，两俱失之，至有一场可采，两场批下，而叨预选抡者。有专主本经，而论策不称，亦得备数。或两场虽优，本经稍怯者，不在见取之列。此无他，视过落司为文具，舍分数而不用也。夫三场取士，不独取一日之长；分房互考，不欲局一人之见。立法之意，非不详密，奈何循习而不察。乞下礼部，将来省试考校，除出房卷子，其余尽付过落司，类聚三场，纽算分数取放。更欲加详委官复算。”从之。（《宋会要·选举》六之一八、一九）

嘉定七年　甲戌(1214)

正　月

六日，监察御史倪千里言："治道以人才为急，人才以培养为先。先朝苏轼有言：仁宗皇帝搜揽天下豪杰，不可胜数。既自以为股肱心膂以致太平，又留以为子孙百年之用。猗欤盛哉！列圣相承，世为家法。中兴以来，培养封殖，又且百年。高宗以宽厚得士，然未尝不量材授任；孝宗以精明得士，然未尝不远览广求。既能任用于翕受之余，又复储养于器使之后。犹作室之木，养之于拱把，取之于成材者也。且夫场屋人才之所自出，而礼闱引试，嫉士如仇，主文举子，互腾口舌。渊源正论，类加憎恶；迎合时文，必见收取。或一二字之不合，便谓道学者流，尽行黜落。奏号有日，额数不充，窘迫无策，妄取塞数。此人才之坏于场屋者也。今省闱在近，宜加申敕。革假手怀挟之弊，择实学多闻之士。识见取渊源，议论必醇正，毋循故事，视为虚文。乞下臣此章，风示多士。如板行监学所选经义赋格，每经凡十数篇，赋余百篇。不过士子从来所尝观览，间有古义一二，亦非必欲模效句法，蹈袭绪余。而远方之士，不知有司姑借是以为可法之文，初不以为文之可法者专在是，乃区区诵习，惟务掇拾土苴，窃取形似，投有司之好尚。意见局而不广，议论拘而不通，文义卑弱而不振，古作源流之益远。他日或致见黜，又以为主司之过。夫多文为富，各随所长，期通诸理，粹然一出于正。前辈之文，可效可师，何止一家？不必尽泥此十数之作也。培养人才之道，无越于师。"从之。(《宋会要·选举》六之一九、二〇)

二十四日，礼部言："湖北转运司据鄂州申学生郑次侨等八十三名状：照得礼部颁降《韵略》内指挥，凡诗赋落韵，系犯不考式。今来本州所申解额第四名宋倬，赋压官韵'有'字，系合于上声四十四'有'内，照音释文理压韵。其宋倬第六韵内，'诏劝农桑，及乎令守'，其'守令'字系去声，四十九'宥'韵内收载。释云'诸侯为天子守土曰守'，即与上声'有'字韵内'守'，'守'义理不同，委实落韵，合在不考之列。乞补申朝廷，依《贡举条制》施行。州司已将宋倬解牒寄收军资库，及将次侨等录白到宋倬落韵赋粘连在前，备申转运司，乞施行。一，据鄂州乡贡进士宋倬状：伏睹本州揭榜，倬叨预名。续据江夏郑次侨等妄状，诉倬第六韵押'守'字为落韵。蒙本州备申运司，仍将解帖拘收军资库，至今日久，蒙行下给付。窃缘倬当来所押'守'字，于《礼部韵》及考质经史并古文、时文皆有据。其郑次侨等诬玷之意，止缘今岁科举，蒲圻士人合状，经使台陈诉江夏积年私号之弊，蒙行下禁戢。公意既伸，下邑士子遂获联名预荐。郑次侨等抱此不平，所以妄词。念倬灯窗勤苦，仅获一举。今去试期逼迫，若不哀鸣，必是趁赴省试不及。乞送鄂州日下，给解帖与倬，赴部投试。本司寻送鄂州教授契勘。据教授钟兴伏乞备申礼部，下监学详议：'令守'字合与不合于上声通押，仍乞备两词告示宋倬，径自赴部陈乞施行。本司除已备词告示宋倬外，礼部连送国子监聚议。"既而，国子监言："据太学博士陈与行等申：照得《礼部韵》，'守'字于上、去声内皆有。其上声'守'字无注，去声'守'字在'狩'字下，注云：'诸侯为天子守土曰守'，即令守也。今宋倬赋押官韵'有'字，并押'令守'，即系去声韵内，委是落韵不合格。"本部再送监，更切契勘诣实，国子监再行契勘："依《贡举条式》：宋倬诗赋委是落韵不合格，合行驳放，乞施行。"诏："依礼部所申驳放。"(《宋会要·选举》六之二〇、二一)

二十四日，命刑部尚书曾从龙知贡举，礼部侍郎范之柔、左谏议大夫郑昭先、刑部侍郎刘爚同知贡举，吏部郎中黄宜、军器少监刘靖之、宗正丞兼工部郎官林梦英、著作郎兼侍左郎官杨汝明、司农寺丞吴格、国子监丞蔡辟、国子博士曾焕、太常寺主簿袁韶参详，宗正寺主簿周概、监登闻鼓院任一鹗、主管官告院吴困、监都进奏院杨迪、干办诸司审计司盛章、李楠、干办诸军粮料院冯令图、郑之悌、太学博士陈鼒、孔炜、太社令方秉哲、籍田令赵崇龢、国子正张巳之、提辖文思院余铸、通判临安府孔元忠、主管户部架阁文字杨宏中、监左藏西库王仁、前知建宁府崇安县傅雍、临安府学教授陈公益、前房州州学教授王瀹点检试卷。避亲别试:监察御史黄序监试,著作佐郎兼考功郎官康仲颖考试,将作监丞陈贵谊、秘书省校书郎郑自诚、干办诸司审计司丁黼、两浙转运司干办公事何心点检试卷。(《宋会要·选举》二一之一三、一四)

是　月

魏了翁《送二兄三兄赴廷对》:吾家令兄弟,异氏而同气。雅知义利分,不作温饱计。天子龙飞春,了翁对轩陛。柄臣方擅朝,党论如鼎沸。轧轧不能休,一挥三千字。植治贵和平,用人戒偏陂。天子擢第一,期以风有位。寻置之三人,仍诏恩礼视。后此者三年,东瞻复联第。天子方谅阇,有言不得试。岁行在协洽,文翁陈谠议。惟知守家学,宁顾触时忌。虽不第甲乙,自谓傥无愧。古人为己学,何有于富贵?穷则独善身,仕将以行义。两兄西南彦,九牧将倒指。平生刚直胸,毋以科举累。矧逢主听宽,宁复怀顾畏。厥今果何事,请略陈一二。内无王文正,谁与理家事?外无韩忠献,谁与饬戎备。荧惑守羽林,震雷诧冬瑞。天象已云然,人事犹尔耳。劈析为上言,卓哉朝阳喙。却携令名归,为亲一启齿。(《全宋诗》卷二九二五)

三　月

一日,以刑部尚书曾从龙知贡举,礼部侍郎范之柔、左谏议大夫郑昭先、刑部侍郎刘爚同知贡举,得合格奏名进士姚宏中以下二百七十人。(《宋会要·选举》一之二八)

袁蒙斋甫,甲戌进士第一人也。文忠实阅其卷于殿闱,出则以前三人副卷示予,而乱其次序,没其姓名。余读其一,谓文忠曰:"此卷虽尽用老师宿儒遗论,必是一作者。"公未答。予又读其一,以国论国事为说。国事谓庙堂之用事者,国论谓议论于朝廷者。其意以国论为空言,以国事为实用,欲任国事者必参国论,持国论者必体国事。文忠问如何,予对以"理无两是,似不如前卷。然其说出于调停,恐是状元也"。文忠起而抚予背曰:"说得著,说得著。"盖先卷乃李公晦方子所对,而后卷即蒙斋也。文忠欲置李首选，而同列谓李之策不如袁策之合时宜。又欲置吕永年甲科，亦不果。同年进士徐清叟亦几中首选，亦以议中书之务未清，又用艺祖问赵普天下何物最大，普对以惟道理最大事，有司亦疑其稍涉时政，仅置第四。徐既为御史，弹袁文亦及其策，并与其父絜斋燮学于象山者为异端，谓不宜置经帷。（《四朝闻见录》乙集）

十五日，刑部尚书曾从龙、礼部侍郎范之柔、左谏议大夫郑昭先、刑部侍郎刘爚言："窃见宏博一科，所以为异日词臣之储，其选盖其遴也。累举以来，所取仅一二人而止，至或阙焉，人材之难如此。今岁以是科进者二十有四人，而其间词采精纯、记问该贯者一人焉，偶以援引差讹，不中程度。臣等深惜其才，及启卷而视之，则从事郎、新国子监书库官徐凤其人也。岁在辛未，有司尝以凤程文可采，拟为词科之次。今兹所撰六篇，视前作尤胜，可见其修学之功月异而岁不同也。臣等窃谓：取人以格法者有司之事，至于朝廷擢用，则不以常格拘。伏乞特与凤升擢差遣，或令中书省籍记姓名，以备他日翰墨之选。是以激励人才之一端也。又闻凤登科之日，有祖母在，凤两任岳祠，以便侍养。及祖母服阕之后，方始出仕，乡评莫不称其孝。以凤之词学优长，而行义又足以副之，傥蒙擢用，诚惬士论。"从之。先是，礼部贡院言："今来省试，内有宏博附试二十四人，已行考校。内有一号，制、表文词温纯，体制典雅；颂、记、赞、序，尤为工致，本末该贯，考究精详。可谓词学兼全，杰出众作。但序中引《周礼》簭人巫咸事，按本处注'巫'字当为'筮'，即非殷之所谓巫咸。然是旁证，即非本处有差，大体纯粹，一误可略，未敢擅行取放。"不报，故开院日知举有此请。（《宋会要·选举》一二之二五）

宁皇试宏博之士于类试所，时徐凤少监与今宗簿刘澹然俱试。徐访知主司有欲出《唐历八变序》者，合用一行禅师《山河两界历》以为据。时鲍明法华字浣之为廷评，明于历学，且朝廷方用以修历。鲍为刘里人，徐谓刘曰："君盍访鲍借《两界历》？吾二人共之。"刘唯唯。翌日访鲍，得《两界历》，具知其详，不复与徐共。及试已迫，徐自访鲍借历。鲍语徐曰："只有一草本，从周刘字持去数日矣。"及试之日，果出《历序》，刘甚得意，自以为即神臂弓比。徐于叙末但略云:"亦有一行《两界历》,以非正史所载,故不书。"时秘书陈璧阅卷。陈素不习词学,阅刘卷方以独用《山河历》事为疑,又阅徐卷谓非正史所载,批刘卷首云:"六篇精博,文气亦作者,但不必用《山河两界》事,似失之赘。"是岁刘、徐俱黜。其后徐又试,六篇俱精诣。《代嗣王谢赐玉带表》用《礼记》"孚尹"二字,以"尹"为平声。凡用经释音,当以首释为证;用史释音,当以末释为证。徐用第二音,故主司疑其平侧失律。然徐非失粘,但用于隔联上一句四字内,亦何伤于音律?主司过矣,公论屈之。余尝访真文忠公,席间偶叩以今岁词学有几人。文忠答以"试者二十人,皆曾来相访。昨某闲教人誊得贡院草卷本出来,内一卷佳甚,且自纯莹。此人如何不来见某?且如《谢赐金水滴砚尺》,破题便用品字,如此之类,某在试闱考校必是圈出。盖不特此,自是六篇纯莹,天下固有人才"。予谓文忠曰:"莫是徐子仪徐字卷?"文忠曰:"文字相似,恐子仪未到这般纯莹处。"揭示,则徐卷也。徐试《三家星经序》,备记甘公、巫咸、石申夫岁星顺逆与今红黄黑所圈,主司惊异,已置异等。而末篇赘用《周礼》巫音筮咸为证,遂申都台付国子监看详。徐、真本共习此科,且同砚席,文忠已中异等,为玉堂寓直,徐三试有司始中。(《四朝闻见录》甲集)

二十二日,刑部尚书曾从龙、礼部侍郎范之柔、刑部侍郎刘爚言:"窃惟国家以进士一科,网罗天下之英隽。义以观其通经,赋以观其博古,论以观其识,策以观其才。异时谋王断国,皆由此选。臣等滥司文衡,加意考核,期得真才实能,为明时用。而场屋循习,文气不振,比来滋甚。其间学问深醇、文词雅健者固不乏人,然晨星相望,稀疏寥落,盖亦绝无而仅有也。大抵学不务根柢,辞不尚体要,有蹈袭古作至二三百言者,有终篇雷同仅易数字者。涉猎未精,论议疏陋,缀缉虽繁,气象萎苶。若此之类,虽黜而不取,然恐四方士子习为故常,未能丕变。乞下此章,风厉中外之士。仍令礼部,每遇大比,申饬漕司,遴选考官,俾精去取。澄源正本,莫切于斯。"从之。(《宋会要·选举》六之二一、二二)

二十四日,国子监言:"太学补试数内,太学生阙二百四十七人。从嘉定四年七月三日指挥,拨十五名充蜀中待补入学之数;其余二百三十二人，系诸路赴补试士人，合使阙额。”先是，嘉定四年七月，国子正张方言：“蜀去天日，邈焉万里，士非贡于类省，无路观上国之光。而三岁大比，州郡漕司例放待补，徒为虚设。挟才抱艺者，岂不愿奋于贤士之关，特以困于僻远，不能自至。间有至者，不过一二。使作人之意不遍于海宇，臣甚惜之。朝廷念蜀士之远，取士有类省，选吏有外铨，独于布韦始进，可不示其恩意哉？莫若每举，于太学阙额内分拨二三十人，于蜀中类省之后，合六十州待补之士，中选者令径入太学。其于学额所占不多，使远方之士，常达于王都，作兴士心，所补不细。乞付有司施行。”礼部言：“国子博士楼观等看详：待补之法，所以录贡举之遗，作成于天子之学也。蜀中三岁大比，州郡漕司例取待补人数。蜀去行都万里，士之一试，得失未可必，是以中待补者多不克试，几成虚设。张方所陈允当，今议每举拨太学阙额一十五名，充蜀中待补试中太学之数。”诏从其请。至是补试，本监申请举行。（《宋会要·选举》六之二二）

二十五日，诏：“榷货务监官，照左藏库官，许依厘务官牒试。”既而，以监行在榷货务都茶场宋济、唐仁杰言：“各系升朝官，经作县人，乞援左藏库监官奚士逊等，照旧法，依厘务官放行牒试。”从其请也。（《宋会要·选举》六之二二）

四　月

七日，诏：“阁门祗候，职任与职事官事体相类，与放行牒试。”既而，以乡贡进士邢渤等言：“堂叔镆，见任阁门祗候，杂压在太、武学博士二令之上，与职事官一同。凡编入杂压，系入职制之官。今太、武学博士、二令既以职事官牒本宗试，而阁门祗候未得比类牒试。渤等粗习举业，岂不觊援胄子之例，仰副作成教养之意。乞比职事官，放行牒试。”从其请也。（《宋会要·选举》六之二二、二三）

五　月

二日，监察御史黄序言：“士莫难乎其始进。三岁大比，献贤能之书而亲策之，公卿大夫皆此焉出。然奔趋愈下，则大为之防，当自今始。进士唱名之三日，期集于别试所，有旨赐之餐钱。进士前三人，得自择同升之彦而分职。由纠弹、牒表而下数，在绍兴才四十人，淳熙至八十人，绍熙乃过百人，开禧逾二百人。前岁虽少损，犹百八十九人。夫进士通榜，不过四五百人，职其间者几半。期集所非有大利，而头钻竞趋，何哉？意为异日请托之地，下省小录口腹之须。比年胪唱甫彻，请嘱交驰，于是略其当差，滥其不当差者。今廷对有日，乞下此章于进士期集所。合差职事，当先甲科省试上十名、太学上舍生、诸州路类试首选，及名望之士，酌绍兴、淳熙之数而取衷焉。亦涵养士风之一端也。"从之。(《宋会要·选举》六之二三)

二日，监察御史倪千里言："窃惟国家网罗人才，特奏有科，以处场屋淹滞之士，德至渥也。然自第一名得同进士出身之外，余自第一等至四等，虽补摄官职有差，较之通榜，止三分之一。余不过诸州助教，实同黜落。彼得姓名占第四等以上者，厥惟艰哉。窃闻考次虽系考校，既发姓拆号外则不与。其拆号，吏容奸受嘱，不知寒士利害，将第五等人姓名易置四等以上，考官势难致诘，升黜倒置，寒士扼腕。况若人等，日暮途远，苟有倖门，何惮不乘！今日既已重费得官，他日筮仕，必将取偿于民，何所不至！窃见策士在即，所以革弊。乞申敕攸司，于唱名日，将考校官已排定特奏名进士试卷，预同编排官对号，公共开拆，连衔闻奏，庶免私易名次之弊。"从之。(《宋会要·选举》一三之八)

四日，上御集英殿，引见礼部奏名、特奏名进士。得正奏名袁甫已下五百四人，第为五等，赐进士及第、出身、同出身。特奏名张彻已下六百六十九人，赐同进士出身、同学究出身，登仕郎、将仕郎、上下州文学、诸州助教。同日，试武举进士。得正奏名刘必万已下四十八人。必万补秉义郎，林景衡、林武子补保义郎，并赐武举及第。余悉武举出身，补承节郎。特奏名补进武校尉、进义校尉，减磨勘有差。(《宋会要·选举》八之二三)

七日，上御射殿，引呈文士特奏名射射。(《宋会要·选举》八之二三)

七日，上御幄殿，阅武举射射。(《宋会要·选举》一八之一七)

二十一日，诏："新及第进士第一人袁甫特补承事郎、签书建康军节度判官厅公事，第二名汪介、第三名李方子并文林郎、节察推判官，第四名赵涯、第五名王伯大并从事郎、防团推判官，第六名以下、第二甲、第三甲、第四甲、第五甲并迪功郎、诸州司、户、簿、尉。"(《宋会要·选举》二之三二)

二十七日，左谏议大夫郑昭先言："仰惟陛下践祚以来，宵衣旰食，求士如渴。岂不以草茅之论，足以仰俾阙失。故岁当大比，涣发明诏。群四方之士，以八月各试于其乡。明年，举乡贡之士，以二月试之于春官。其中程度者，奏名于朝。陛下欲咨以当世之务，于三月内亲策于廷，又于四月唱名于集英殿。朝有定法，士有定志，率皆如期而至。四川之士，去阙廷远，虑其奔趋不逮，其试于乡则以二月，其试于春官则以八月，先期半年毕此二试，庶可趋赴廷对，此定法也。今蜀士多迟其行，若贾胡之留滞，未免于四月末旬选日以待之。期而不至，又未免于五月上旬选日。进退迟速，惟彼之听。虽陛下急于求言，不惮为之迁就，而士子稽滞不进，岂不有辜延待之意乎？若以地远言之，则岭表落南之地，有逾三四千里者，穷冬登途，皆能趋赴省试。则蜀士奚独濡滞如是哉？矧当仲夏，暑气渐袢，陛下躬御盛服，早晚临轩，岂臣子之心所安？而四方待试之士，云集京师，行囊有限，又未免有滞留之叹。是可不立为一定之说乎？乞下礼部，继自今定就三月或四月择日，断不改易，预行告谕。令四川州军榜示通衢，庶俾士知有定日，不至迟迟。仰副陛下虚己延待之意。"从之。(《宋会要·选举》八之二三、二四)

六　月

二十一日，赐进士闻喜宴于礼部贡院。是日，赐新及第进士御制诗一首。(《宋会要·选举》二之三二)

宋宁宗《闻喜宴赐进士诗》：图回庶政敢遑安，乐与豪英讲治原。亲策匪徒循故事，虚怀亟欲听忠言。已来多士朋龟助，聊示嘉宾燕鹿恩。好爵尔縻吾不靳，所期直节始终存。(《咸淳临安志》卷一二)

恭和御制赐袁甫以下诗：秘书少监任希夷，秘书丞林梦英，著作郎杨汝明、聂子述，秘书郎许文蔚、陈贵谊，著作佐郎康仲颖、姚师虎，校书郎李鸣凤、郑自诚，正字孙德舆各一首。(《南宋馆阁续录》卷五)

进士名录：袁甫，汪介，李方子，上官益明，王立中，王立节，王行之，王伯大，王直，王尚辅，王庚应，王宗道，王渭，王聘，王节，王震举，尤适，毛廙之，方翀卿，方淳，方琢，方发，方雷震，尹裒然，石宗旦，石璞，田居正，史弥忞，史弥应，令狐之，令狐潩，邢凯，吕大亨，吕康年，朱安道，朱宏孙，朱宗尹，朱晋，朱清孙，朱应龙，伍唐，仲坤，仲景，任丙发，江通一，安伯恕，杜元，杜耒，杜东，李士炜，李之用(误)，李芥，李伯坚，李宗起，李秋山，李森，李遇，李梦龙，李迈性，李卫，李泽卿，李筹，吴天球，吴文震，吴立志，吴希点，吴昌裔，吴淇，吴轸，吴焱，吴渊，吴澄，吴泽，吴应西，吴藻，何中立，何炎寅，何处久，余元廙，余畲，余鉴，余观国，汪立中，汪如陂，汪迪，汪泰亨，沈文龙，邵良，范之巽，范光，范荣，范骙，林士恕，林士恕，林子升，林日选，林仁伯，林炎，林倚，林益之，林湘，林甄，昌正大，季称，金渊，周必从，周良，周楫，周穆，周岩举，胡旦，胡似，胡味道，胡逸驾，胡瞰，胡瀛，胡岩起，柯汪，柯适，俞弃疾，哀梦松，洪汝弼，祝有开，胥天锡，姚宏中，姚翀，姚德翼，马炳文，耿希晦，夏祐，夏应龙，徐天麟，徐介，徐如龟，徐昕，徐起之，徐清叟，徐荣叟，徐应辰，翁浦，高行义，高崇，高稼，郭公朝，郭宗履，郭磊卿，唐季乙，唐复，唐麟，唐麟，陆子重，陈子木，陈子震，陈仁爵，陈申甫，陈汲，陈求己，陈亨祖，陈坤，陈范，陈季林，陈恪，陈洪，陈祐，陈纪，陈耆卿，陈晋卿，陈祥，陈埴，陈策，陈统，陈义和，陈赵卿，陈汉孙，陈绾，陈震柱，陈临，陈觉，陈观国，陶季侍，陶薰，孙之宏，孙枝，孙起予，孙惟寅，黄必大，黄宋英，黄林发，黄宜卿，黄起宗，黄涞，黄钦，黄梦颖，黄霆发，黄应隆，黄翼，黄峦，曹伯成，戚应昌，许巨川，许藻，康植，章文昌，章俶，章梦光，梁该，张元简，张正子，张汝永，张庚，张思恒，张振思，张焕，张殖，张钦，张震发，张锐，习胜己，项容孙，彭大雅，彭亘，彭钥，叶一烈，叶同，叶克，叶武子，叶英，叶贲，叶梦符，叶槼，叶奭，叶仪凤，叶仪凤，叶履祥，董亨复，程立之，程桂，程万里，程梦文，程岘，程德裕，傅叔昂，傅学古，童居易，童颐，曾宏誉，曾固，曾善，冯若水，冯炳文，冯振祖，湛吁，汤巾，宁时凤，贺巽，杨三益，杨庸，杨焯，杨节之，詹仁泽，赵必魁，赵必择，赵必愿，赵汝庀，赵汝回，赵汝迕，赵汝沃，赵汝畋，赵汝惓，赵汝渠，赵汝熊，赵汝樾，赵汝讥，赵汝恋，赵汝叆，赵希吉，赵希沆，赵希述，赵希秬，赵希恪，赵希柔，赵希启，赵希絜，赵希璥，赵希婴，赵希垒，赵若珪，赵若琪，赵括大，赵彦仟，赵彦憾，赵振庚，赵时帅，赵时恪，赵时益，赵时著，赵时进，赵时择，赵时儴，赵时傥，赵师介，赵师耕，赵师箧，赵悃夫，赵纹夫，赵唯夫，赵崇，赵崇中，赵崇玠，赵崇祉，赵崇思，赵崇禹，赵崇轲，赵崇缃，赵崇璋，赵崇锐，赵崇俪，赵涯，赵叶奭，赵渘夫，赵梦极，赵�夫，赵睢，赵榘夫，赵与昭，赵与奕，赵与龄，赵与欢，赵端颐，赵怂甫，赵璞夫，赵樾夫，赵屿，赵瑟夫，赵鸿，赵丰亨，赵韪夫，赵继永，蔡圆，厉仲铨，郑子恭，郑可复，郑光增，郑自得，郑直公，郑垕，郑泾甫，郑魏珣，满不损，熊有宗，熊刚大，熊源，熊简，邓宗仁，邓晞颜，邓筠，欧阳晔，黎侁，卫洙，鲁文若，刘已之，刘子绎，刘世，刘旦，刘次恭，刘良嗣，刘昕，刘季寅，刘拱辰，刘洙，刘桂嵓，刘崇卿，刘富国，潘得时，潘顿，潘汇征，薛祥，薛兴祖，萧允恭，鲍坡，戴三德，戴杰，韩季壬，谢公旦，谢泽可，缪思问，丰翔，阙伯益，颜惟直，苏伯承，苏舜臣，严杞，谯渊，饶子庸，饶虎臣。

特奏名进士：张彻，丁延世，王杲卿，王轩，王偰，王惟月，王斯观，巨光远，方汲，方其乂，方梦申，池从周，阮亨谦，李一飞，李大壮，李步豹，李逑，李登，李颜，吴必闻，吴腾，汪万里，汪寿夫，宋巩，邵知万，林立诚，林仲麟，林季永，林晞吕，林梦孙，林蒙亨，林德进，林夔孙，卓应，周郁，柯梦得，徐杭，徐绂，高邃，郭商佐，陈立中，陈必先，陈合，陈桂林，陈义，陈庆孙，黄石，黄由道，黄锷，曹渭，梁渭，张安，张焕，程允迪，程攀龙，傅思义，曾华，曾德广，冯补之，杨士宋，杨之翰，杨勋，赵与偰，蔡恭，蔡褒，郑安夫，郑岂卿，郑潜，黎衡甫，刘粲，刘谦终，萧万里，谢世芳，颜赟。（《宋登科记考》卷一二）

补进士名录：董槐。《宋登科记考》卷一二将其系于嘉定十六年进士名录，误。《宋史》卷四一二："董槐……嘉定六年登进士第，调靖安主簿。丁父忧去官。十四年，起为广德军录事参军。"嘉定六年非科举年，当为嘉定七年之误。

辨正:李之用,是年特奏名进士。《宋辽金元方志辑佚·南雄路志》:"李之用,甲戌科中第四等,迪功郎德庆府泷水簿尉。"(第808页)按:《宋辽金元方志辑佚·南雄路志》:"今访问自建炎戚君晖以下得二十四人,书之于左。"所记皆为南宋特奏名进士。

嘉定六年,(高崇)与仲兄各举于成都、潼川路转运司,同赴类省试。公以《周官》拟首选,知汉州许子然沆私其客罗传之,与主文何叔坚论议激触,移公为第四。入对大问,海内人士望二高风采,恨不先睹。真希元德秀为人言:"使二高不为举首,是盲有司也。"时任伯起希夷尝为庙堂言:政事与议论自为两途,不必徇人言以摇国是。于是,任为详定官,而蜀士皆不在前列。故公与仲兄各以进士出身得官。李思行鸣凤时以馆职校试殿庐,出为人言:"高西叔尝拟甲科,为他人所沮。"录其对以示人,至今户有此文。(《全宋文》卷七一〇九魏了翁《高公崇行状》)

陈耆卿《登第谢漕台主司启》:较艺星台,猥玷白头之搜择;策名昕陛,遂陪众羽之奋飞。脱半生坎壈之踪,繄一日扶持之力。欲谢已晚,拊心而惊。虽有乡大夫选举之方,而无部使者宾兴之法。末俗波荡,多士云奔。弃井邑而投异邦,匪惟失己;托姻娅而缀他族,且复欺君。乃如门客之一途,实应朝家之三尺。嫌疑所在,厘别首加。故所得者若不胜其荣,而徐思之或反以为累。如某者,秋风一介,夜雪百罹。窥牖外之乾坤,几于入梦;走笼中之日月,更觉惊魂。虽强踏于槐花,每枉书于柿叶。故郊逐北,肠已九回;上国图南,肱仍三折。知穷通之有命,付得丧于无心。徒以青衿远近之摩眉,滥师有若;皂盖后先之接踵,谬舍盖公。投其老矣之身,夺我归与之兴。矧养志已乖于将母,虽得禄不足于及亲。分抱遗编,永栖幽谷。属圣主下搜扬之诏,而贤侯多迫遣之言。强寻击楫之盟,远逐焚舟之战。半途而悔,几欲吾返于乡枌;狭路可伤,未免旁分于围棘。嗟穷鬼之为祟,惧怪神之不灵。敢谓奎雷,忽纡岩电。贬屈哲人之尺度,权舆贱子之才名。染指南宫,信眉北阙。虽钝迟寡偶,远惭考叔之先登;然狂直见容,犹胜刘蕡之不第。致身及此,举手为谁?兹盖伏遇某官,沂水正传,闽山佳气。思天寥邈,九霄之凤横翔;策励圣明,十朋之龟前列。方其采芹思乐之日，已有拔茅征吉之风。文柄远持，儒冠胥庆。简拔盖先于豪俊，激昂猥及于疏庸。传伏生之《书》，信是源流之不误；对丁宽之《易》，尚惭剖析之未真。积是叨逾，若何称塞？某敢不磨砻晚节，拉拭古心！一命浮荣，敢效儿童之骄溢；百年正学，愿追师友之渊源。归侍云深，编摩抑末。（《全宋文》卷七三一五）

九　月

四日，通判临安府孔元忠言："准差监类试所门兼撰号。检会试卷封弥打号，母头既同，从来以《千字文》排去。其间相类，可以添改，如'乃'可为'及'，'王'可为'玉'，'白'可为'百'，'止'可为'正'，'心'可为'必'，'比'可为'此'，'旦'可为'且'，'壁'可为'璧'，'乂'可为'又'，'中'可为'甲'之类，共一百五十四字。万一或出奸弊，甲能文，乙不能文，或有请嘱，将甲乙两卷'及'字、'玉'字中选字号，却以'乃'字、'王'字试卷添一笔持出，有司仓猝，但见草卷、真卷一同，不假以文比对，便行开拆，何缘辩白？岂不为试者之不幸！乞下封弥所，不许重行施用。并下礼部国子监契勘。"既而，礼部言："国子博士曾焕等看详：孔元忠点检得字画相类，不合兼用，所乞委是允当。如遇试场，即合遵守施行。"从之。（《宋会要·选举》六之二三、二四）

是　年

李仲熊《普州州学进士题名碑记》：进士曲江题名，唐旧典也。唐取士最多途，而进士独贵，故有顶戴《登科记》。自李德裕妒嫉恶之，其集遂废。所谓雁塔，特诗人逸士、公卿子弟游观纪行，名进士固不由此重轻也。国朝巨公磊落雄伟，迭见层出，而科目奋起居多，故所在郡县皆有题名。普为东蜀伟郡，士贫而不苟，质而有文，其山林畎亩、怀道藏器，质诸耆老所称道，往往有之。独以科目随时著闻者，举辄数十人，下者七八人，或五六人，或三四人。其并于西眉者以是，而题名仅勒片石于讲堂之两楹。绍兴间，学官何耆仲使为之，形制褊陋弗称，且旧刻告盈矣。今欲仿唐人遗意增创之，请于郡太守虞使方简。侯嘉纳焉，亟捐缗钱，命工役，植二巨石于中庭左右，培而址之，覆以层屋。居数月，巍然翼然，与书楼鼎峙。乃列前人姓氏，自端拱丙戌及嘉定甲戌，凡二百二十有八年，合二百二十有一人，次第书之。不盈一方,虚其左以俟来者。始告成于侯,曰:“伟哉!宜叙之。”乃告诸生而进之曰:二三子皆缝掖其衣者也。夙夜强学以待举,其志于得乎?其不志于得者伪也。然先王崇学校,教洒扫、应对、进退、礼、乐、射、御、书、数,盖尊德性、道问学,然后修身、齐家,以至于治国、平天下,本末有序,体用一原。后世所谓教与学者,既不能不出于科举词章。然学问思辨,当先义理,大本既立,举而措诸事业,斯有久大可观者。不然,科目之荣诱于外,苟得之念袭于中,罢精神,费日月,工剽窃浮靡之文,以幸万一于场屋求售,则是碑之刻,毋乃诱人以利禄之为,岂侯所以私淑吾徒之意哉!(《全宋文》卷七三二三)

魏了翁《水调歌头·燕甲戌进士归自都城》:古说士夫郡,犹欠殿头魁。记曾分付公等,行矣勉之哉。世事弈棋无定,甲子循还复尔,不免且低回。人物价自定,万事付衔杯。　试与公,同握手,上春台。繁红丽紫何限,转首便尘埃。欲识化工定处,须向报秋时节,未用较先开。休道屋犹矮,卿相个中来。(《全宋词》第四册)

嘉定八年　乙亥(1215)

二　月

二十五日,铨试、公试、类试:命监察御史李楠监试,将作监黄宜、著作佐郎曾焕、大理寺丞赵忌夫考试,阁门舍人郁秦、诸王宫大小学教授危稹、秘书省校书郎赵建大、秘书省正字叶澄、太常寺主簿孔元忠、大理司直臧格、大理评事安伯恕、赵善瑔、俞杲、主管户部架阁文字周勉考校。(《宋会要·选举》二一之一四)

九　月

二十八日,殿中侍御史黄序言:"窃惟国家设科目以取士,惟进士得人为盛。故于三岁大比,每加详焉。然世变愈下,奸弊愈滋,四蜀为甚。盖蜀号多士,邈在一方,为主司者,不胜其弊。嗜利者卖号于多货之室,嗜进者纳号于势要之门。分卷不至本房,则宛转旁搜于比邻已黜之文;或出他房,则回护揩改其批凿。或差在所事上官之乡,或差在同官所居之郡,皆得以行其私,岂不负国求贤之意?臣尝采蜀中舆论,则四路漕试、诸州解试、四川类省试,皆有私取之弊;而廷对之士,则有行役之弊。夫漕试之有别院,所以待举子与试官之有妨嫌者也。今闻四路漕试,于正试院内,夹截数间为别院,同门出入。三日试罢,往还无间。故父兄为正院试官,而子弟别院预荐,每举有之。而一路有出身合差人,亦自可数。前期于漕司计会暗号,转相授受,期于必中,此漕试之弊也。诸州解试有监试一员,或通判、幕职官,在法不预考校。而寡廉鲜耻之徒,先受计嘱,以其所私转恳考官。必为历诸房搜寻,委蛇曲折,无不遂意。而试官又有鬻号私取之风,此诸州解试之弊也。四川之类省试,朝家幸惠遐方之士,别院之设,所以待举子之有妨嫌者也。凡有亲嫌,宜试别院。今闻帘外官亲戚,则以有妨嫌而送入别院;帘内官亲戚,反为无嫌,而标作'避房'。前后以私中选者,非帘内官之亲,则其馆客,皆以避房待之。虽杂以他卷,然卷数既少,尤易辨认。又如蜀士中类试前名,及居廷试鼎甲,适当见任,度其必预考校,莫不先有所祷。累举物论不平,此类省试之弊也。至若类试,仲秋之末,揭榜季秋之杪,而夔、利路越半月始得见榜。故廷对之去,行役万里,不易办集。登舟率在穷冬,既为舟人所邀,又苦津务之阻。所过至飞瓦石,挟弓矢,伤其舟楫。每举必有数辈殒于非命,此又廷试在道之弊也。乞下四川运司,于正试院之侧更置别院,令试官不得与大院相通。其所部选差监试,责其觉察考校,不得私检誊卷,旁搜暗号。所有考中卷子,聚厅会考,定其去留,监试不得干预。乞下四川制置司,今后类省试,凡举人有妨嫌者,不许分帘内外,皆于别院就试,不得避房。如不愿就别院,仰寄举,以俟后科。更下制司及诸路运司,搜访场屋之弊,痛加更革,精选文学、德行廉洁之士,以充考校。有合廷试之人,委自制司下逐州津发催促,于岁前起离。约束沿江税务,仰即时通放。待士之意详尽。而孟夏之朔,尚未入国门者,更不赐对。庶几临轩不在盛夏之时,亦可革迁延之弊。"贴黄:"窃见行在每岁类试,大法止取一二人,以待评事之阙。而四川亦有此一科,凡应试者,于法令皆非素习。中选者,率是私取士矣。类能言之,名器之滥,诚可太息。乞下四川,大法试今后住罢,庶惬公论。"从之。(《宋会要·选举》六之二四、二五、二六)

嘉定九年　丙子(1216)

二　月

一日,诏曰:"周当大比,必登乡老之书;唐设众科,尤贵进士之选。非贤不乂,振古如兹。仰惟列圣之诒谋,聿严三岁之成法。肆菲凉之嗣服,赖髦隽以图功。将再纪于周星,七放于诏旨。思皇多士,为王国以克生;钦乃攸司,俾文闱之精核。经术宜通于缊奥,词章毋尚于浮华。偕秋计以朋来,升春官而论定。大廷亲策,乐听谠言;好爵尔縻,庶收实用。式伫观光之盛,更资劝驾之勤。告尔多方,体予至意。"(《宋会要·选举》一之二八)

九日,礼部言:"广西转运司据化州申特奏名进士黎时举等状:'窃惟设科,必由本贯,盖法古命乡之意。自舍法初罢,创置科场,多将诸州比附就试。如钦附横州,廉附雷州,浔附藤州,郁林附密州,宾附邕州。后来士人陈乞,各得拆试,独本州犹附高州。本州取高州,阻隔大江,并小溪无数,一值秋雨暴涨,若沧海然。况石城一县,取州凡六七日,前举雨下旬,疏虞甚众。向来终场,不下五百余人。其年石城雨泞,阻水感疾,终场止二百四十余人。坐受殿举一半,为害至重。乞备申礼部,许别置贡院,免附高州。'本部行下国子监勘当,既而国子监言:'准令科场发解,一州举人不满百人者,指定近便州军,申转运司行下并试,各用本州解额。化州试士人已及四百余人,合令自置科场。所有解额,并照久例施行。'"从之。(《宋会要·选举》一六之三一、三二)

二十五日,铨试、公试、类试:命监察御史李楠监试,著作佐郎兼尚右郎官郑自诚、大理寺丞沈实、秘书省校书郎赵建大考试,阁门舍人潘伯恭,军器监丞陈伯震,太常寺主簿盛章,太府寺主簿丁黼,大理评事孙泾、朱

宪、孙叔谨,秘书省正字叶澄,干办诸司审计司黄泾,主管户部架阁文字桂万荣考校。(《宋会要·选举》二一之一四)

是　月

贡士仓。贡士有庄,汉续食遗意也。连之为郡,介万山间,北望神京三千里,而进士无儋石储者,往往预计而不果行。以故进取少而怀居多,非出处不同,其居使之然也。郡侯吴纯臣置田峙仓于旧学之左,岁储所入以资举,送行有裹囊,士甚德之,教官三山林子升为之记。钱谷出入,司法厅董之。事久弊生,胥吏因缘为奸,浸没其实,厘而正之,存乎人焉!林子升《记》云:古之士学且养,岁大比,则乡以礼兴之,远则诸侯贡之,故士不以贫贱累出处。神守全固,无所沮抑,蔼然为多材之世。自举选废,诸侯无蔽贤之罚,下国之士,绝望于王都。汉制令郡守身劝为之,驾与计偕,则县次给之食,此意犹厚。然科目既兴,士不暇养而竞趋其利,上之人方艰难曲折以处其多,汉之制复不行,贫与远者病之。凡其地之达者寡,而业不能以自坚,曰士之罪,则有辞矣。连号三湘最远之州,后属岭南,川浮陆赴,迂回演迤。重以数十年,绿林荐扰,生理未复,士窘于春聚而进取者少。番禺吴公握符来守,一日延见逢掖,吏视刺贺谒,公即而问之,对曰:"某贡士也。某与贡而未果行也。某于某年已行,今免试而不果再也。"公喟然曰:"士幸举于乡,其不能致者,非贫则远,奈何其贫且远也!昔吾先子校文于此,吾试艺于此,今又来此,于诸臣能无情乎!且兴贤举士,吾职也,将图之。"属有愚氓鼓左道以乱俗,执而闻之宪台,当其辜,没入其产,委所司定估,为钱九十万。士有臆公之言,遂白以状,愿杀半估得之,岁收入为贡士费。公曰:"是吾心也。"亟上其事于宪,宪使太傅潘公趯之下有司行之。公复调度偿其半,而士无费。相攸于类之东创为二仓,命法曹赵汝珻戒其役。甍连宇周,出内有区,视学之储,面势惟称。既讫,工士合而请曰:"守惠吾郡,政且成矣。民犹祠而祝,况蒙其大者乎!将伐石愿为诸生记之。"子升职佐风教,知颠末甚悉,因谂之曰:"子知由所以得请乎?宪审于州,州复于宪,文移上下,官有定估。欲以己意夺之,事难而势逆。然士当守之心,守当宪之心,难而易,逆而顺。何也?治有本末,知所先后者,无龃龉也。又知守所以惠子乎!劝学广租,教且养也,乃使战文于京师，不损而家，以善其身；不抑而志，以生其气。从容掉鞅，与上国之士争衡策勋，弗鼓行，其又奚辞！虽然，子知德公而不知报公，犹为未知也。报者何？思所以为士而已。学问以玉于成，艺术以材储位，以正主庇民而尚仁义之志，以官天地、府万物致功用之极。权舆仕进，有士之责，视施而报，岂徒纪于斯文？"公名纯臣，今官朝奉大夫，以嘉定甲戌二月至连。仓之成，丙子二月也。郡博士林子升记并书。（《永乐大典方志辑佚·连桂州志》第四册第2566、2567页）

三　月

二日，臣僚言："宾兴之礼非不重，州郡视为具文；贡举之制非不详，有司未尝加意。臣择其甚者言之，一曰考官阙少，二曰誊录卤莽。今若于逐州人数多处，增差考官。省解试、铨试、太学公舍等试，先期选择楷书人，拨入贡院。其誊录册纸，增价买办，不至薄烂。官司所费，亦自不多。使士子积三年之勤，角一日之技，文艺优长，必可预选，无复枉黜幸中之弊。"从之。（《宋会要·选举》六之二六）

六　月

三日，监察御史李楠言："迩者场屋之文，根本之学浅而务为剽袭，纯实之意少而类多浮靡。簧鼓诪张，自臼至计，初无谋国之忠；险躁诡激，胥动浮言，宁有爱君之诚！文弊极矣。考之甚简，用之太遽。秋赋春闱，一挂名其间，取青释褐，易于探囊。视古人官于论定之后，爵于任官之余，益又相远。上以虚文求实才，下以一日之长决去取，终身富贵。乌可以文章为小技，不思所以作新之乎！转移阖辟，顾上之人何如耳？先朝景德中，李迪、贾边省试，迪以赋落韵，边以论命意与注疏异，皆不中选。时王文正公旦为相，谓落韵出不意，立异则务为穿凿，遂收迪黜边。张方平知贡举，建言比来文格各出新意，相胜为奇，以怪诞讹讪为高，以流荡猥烦为赡。且谓'策试有置所问，妄肆胸臆，条陈他事'。今日之弊，何以异此？乞下臣此章，布宣中外，俾学者知所趋向，考官知所去取，一以王旦、张方平为心。凡属辞尚体要，论事不怪迂，名之必可言，言之必可行，有关治体，益风化者，擢置选中。庶几一洗陋习，少振颓俗。"从之。

(《宋会要·选举》六之二六、二七)

二十四日,右谏议大夫应武言:"臣窃闻四川类省试,有考官徇私纳贿,去取不公,预选之人不协舆论,固当奏罢矣。近年所闻,或谓徇私之弊已久,朝廷不能尽知。盖监试一员、考试一员,系朝廷敕差外,自余考试、点检试卷官,并令制置司自行选差。近有有势力者,于差官之前,先事请托。或立暗号,或求题目,或私付文字,于考官、点检官内多所请嘱。虽封弥、誊录,而实知其姓名。虽文理疏谬,而曲为之拉拭。方其未揭榜之前,某人为某人所厚,某人为某人所主,士子相与指目。逮至揭榜,悉如所言。又闻,敕差考官与制置司所差考官名称、职事既同,势不相统。监试官虽许抽摘试卷详定,然一人之力,不能遍周,既不足以禁考官之私。且考试官或系本路知州,而本路监司乃为监试,则考官限于职守之相临,又不足以止监司之私。由是,蜀士抑郁无诉。乞将考试官员数尽从朝廷选差,或将所差考官一员别立名称,同监试遍阅诸房卷子。或差东南人充监试,或差不系监试官所部知州充考官。其被差者,不必专取文词之人,惟以公心取士为主,严行戒饬。"从之。(《宋会要·选举》二二之二五、二六)

七　月

转运司贡院,旧皆寓试僧寺。嘉定九年,真文忠公德秀始建贡院于青溪之西。是岁,刁庵陈埙首冠漕闱,明年为礼部进士第一。(《景定建康志》卷三二《儒学志五·贡院》)

李道传《江东转运司初建贡院记》:国朝之制,诸路置使按察,各有职掌。转运使最先置,所掌最多,提举学事既省,又兼掌学校贡举事。间三岁,诏诸州各试其士,升之礼部。士与为吏者亲嫌则偕已仕而锁其厅者,试于转运司。江东地大人众,材隽间出,数十年间由转运司之试擢高科登贵仕者,数数有之。顾试院未克立,每寓于浮屠者之宫,庳隘弗肃,有司患焉。前使者汲郡孟侯猷始度地于建康府城之东南隅,庐陵胡侯榘以总领财赋兼摄使事,稍储钱以俟费,它未皇也。嘉定八年,秘阁修撰建安真侯德秀为副使,至则曰:"是不可以不成。"于是,相其阴阳,正位南乡,筑而增之。其崇五尺,背负钟山,前直长干,清溪环流,秦淮旁注,宽闲爽垲,不僻不嚣,于校文论士为宜。九年三月戊寅,命工兴事,二十日而堂成,又十日而听事成。修廊绳直,表里相望,外而群执事之吏各有役局。七月丁卯,工告讫事,侯谓道传:"盍记之?"道传窃惟近世取士之制,每不如古。专尚词章而德行道艺之实丧,多为文法而廉耻礼逊之节坏,世久病之。学废而词益下,俗浇而网益密,虽上之人亦窃病焉。捷其径以诱之于前,艰其门以塞之于后,使为士者弃乡井、走道路,无复怀宝待贾之意,又识者所深病也。学古行道之君子,思救其弊,考古之意,酌今之宜,使教学兴,风俗厚,贤才出,治功著,其规模条目本末先后,必有可言者。然岂有司所得为哉!若夫合圆冠方屦之士,以校其艺,曾无定处,而反托于异教之庐,事益苟,名益不正,此则有司所得为者。是役也,侯盖为所得为而已。学古行道,侯之素志,所谓考古之意,酌今之宜,以救历世之弊者,其必慨然于此矣。夫岂特以高科贵仕望江东之士哉!侯正色立朝,风采闻于四方,奉命出使,专以激浊扬清、洗冤泽物为己任。岁适大饥,民赖以全活者不可数计。斥燕馈,削浮冗,独以余力克兴是役。材无强贾,庸必厚给,田里不知,州县不与,是皆足书。道传既承侯命,因推古者取士之意,平日所望于侯者备论焉。院为屋余百五十楹,钱以缗计者万四千有奇,董其役者主管文字赵与嶲。嘉定九年七月日,朝散郎、提举江南东路常平茶盐公事李道传记,宝谟阁直学士、中大夫、知池州军州兼管内劝农营田使邹应龙书,端明殿学士、正议大夫、签书枢密院事兼太子宾客曾从龙篆额。(《全宋文》卷六九三七)

八　月

五日,国子监发解:命监察御史刘棠监试,将作监何剡、考功郎中丁端祖、兵部员外郎林垌考试,大宗正丞施累、秘书省校书郎孙德舆、赵建大、太常博士盛章、太府寺主簿王仁、籍田令方灼、国子监书库官黄克仁点检试卷。避亲别试:都官郎中杜孝严考试,国子监丞张虙、诸王宫大小学教授危稹、国子博士张已之、主管吏部架阁文字徐凤点检试卷。(《宋会要·选举》二一之一四、一五)

嘉定丙子,(徐森)待试成均,继以词赋为郡诸生第一,士论翕然。(《文天祥全集》卷一一《徐溪庄墓志铭》)

九　月

二十七日,臣僚言:"窃惟国家设科取士,得人之盛,视古无愧。近年条制浸宽,士气日卑。上之人务兼容为宽德,不加检核之严;下之人以苟进为得计,益萌侥倖之望。况由秋试,选之春官,苟不加精核于其始,则何以考察于其终乎!夫挟书有禁,旧制也。今郡至棘闱,日未及中,残编散帙,盈于阶戺。甚者,以经史纂辑成类,或赋、论全篇刊为小本,以便场屋。巧于传录者既以幸得,而真有问学者未免见遗。代名有禁,旧制也。今不在计偕者,或擅就省试,窃贡籍久故之名,为假手之地。部胥书铺,群比为奸,擀名纳卷,入场代笔。趋利者多,冒法日众。乞申明戒敕,严挟书之禁。凡免举试人,于本贯勘会,召保官批书给据保明。有游学在京、不能归者,召朝士委保。庶几一扫旧弊。"从之。既而,礼部言:"臣僚奏:'凡免举就试人,各于本贯州军召保官一员,批书给据保明。'本部照得:今去试期不远,若遵申请,再下诸路州军,重别保明。切恐诸州军申发后时,其士人起离在道,却使复回陈乞,必致迂回,赴省不及。今照臣僚所请,且与今举收试,俟将来嘉定十二年免举省试人,却照今次指挥遵守施行。"从之。(《宋会要·选举》六之二七)

是　秋

魏了翁《赴遂宁进士期集即席赋》:聘币鸣驺选实才,辇输使者作行媒。般添春意和毡墨,嚯送花风上翠桅。世论且然聊尔耳,诸君行矣勉之哉。邦人此意毋虚辱,满贮香名万里回。(《全宋诗》卷二九三二)

魏了翁《木兰花慢·宴遂宁新进士》:记薰风殿上,曾当暑、侍君王。看绛服临轩,白袍当殿,流汗翻浆。今年诏书催发,趁槐庭、初夏午阴凉。瘦马行时腊雪,叠猿啼处年光。　大科异等士之常,难得姓名香。叹陋习相承,驹辕垂耳,麟楦成行。平生学为何事,到得时、遇主忍留藏。看取杏花归路,身名浑是芬芳。(《全宋词》第四册)

十一月

十四日，诏："知荣州杨叔兰放罢，朝奉郎刘光特降一官。"以潼川提刑、权运判魏了翁言："荣州解试拆号后，士人赵甲等诉试院欺弊事。叔兰系举送官，关防不谨，以致官吏作弊。朝奉郎刘光不能训其子，使抵冒法禁。"故也。(《宋会要·选举》一六之三二)

是 年

王迈《丙子再荐谢太守》：少而好赋，尝见齿于贤书；壮当封侯，尚何颜于文屋。偶辱明有司之选，重书新进士之名。况弟子之贤于师，既叨首荐；而他人不如同父，又获联名。人称之以为美谈，己当之独有惭色。伏念某，箕裘晚出，门户早衰。缀文几至于呕肝，苦学惟知于尝胆。十年以前之志，岂信富贵之在天；累战不利之余，方知穷达之有命。开门授业，仰屋著书。谓若无所用于一时，亦将垂不朽于千载。属槐花之迫目，徒觉激昂；认杨叶之旧穿，未知中否。赋不工于吐凤，墨误点以成蝇。设非以后场而见收，几乎为文衡之所弃。荆山之璞获售，合浦之珠复还。亲望因得以少宽朋旧亦怜其才遇。靖言侥幸，亶有夤缘。兹盖伏遇某官，宗主斯文之盟，作成多士之气。治平有第一誉，已彻公车；举送余四十人，亲为劝驾。致令幺么，再预甄收。某敢不益加驽钝之鞭，勉赴功名之会！天其或者，道之行欤！雁序联飞，伫见齐名于雁塔；龙门高透，未知谁占于龙头。(《全宋文》卷七四四五)

嘉定十年　丁丑(1217)

正　月

九日,臣僚言:"科场之弊不一,有司之见不同。国家三岁取士,盖将网罗英俊,以资他日之用也。苟条约不明,弊倖百出,好恶各异,去取不精,关系岂不大哉!夫巡铺以察怀挟,今八厢容情,略不之问,披卷阅帙而挟书无惮。排案以防传义,今吏胥受贿,巧为道地,同廊并坐而传写尤便。分差誊录,许令雇倩,所书草卷,至不可读。有司拘限,率多卤莽,给使厮役,不令整肃,乞觅纷哗,扰乱文思。士子迫于晷刻,宁不窘困疏虞!法令明禁,讵可不申饬之乎?初考以点检为名,盖点检程序,别白优劣,而上于复考。复考以参详为职,盖参订辞义精详工拙,以上于知举。至于知举,则取舍方定。今初考批卷,人各不同。谨畏分守者虽遇杰作,未敢过予;率意任情者偶有所合,径批优分。虽知举参详,或升或驳,而过落攒分之际,合数而总计之,得失不能不差矣。其他,如挟专门之学者,自是所见,取舍不合于公论;喜穿凿之论者,不顾经意,权衡莫当于人心,使辛勤实学者有不遇之叹。乞下礼部,候将来锁院者,备送试闱,严切关防怀挟、排案等弊。誊录书手,必令官司先验字画,封臂押送贡院,门官复试,然后押入。如不谙书写,亟行退换。初考批分,必从知举先集考官议其去取高下,所批字号分数,务适其当。过落司如遇初考分数,方于参详、知举,许当职官缴申试厅,公共予夺。庶几弊倖稍革,真才不遗。"从之。(《宋会要·选举》六之二七、二八)

二十四日,命兵部尚书黄畴若知贡举,工部尚书任希夷、右谏议大夫黄序、礼部侍郎袁燮同知贡举,军器监杨汝明、屯田郎官林岊、军器少监丁焴、太常丞兼兵部郎官孔炜、宗正丞兼刑部郎官赵忌夫、大宗正丞兼度支郎官施累、著作郎兼司封郎官李鸣凤、大理正范择能参详，太府寺丞孔元忠、秘书郎张虡、张已之、监都进奏院徐澄、主管官告院赵元儒、干办诸军审计司王梦龙、干办诸司粮料院萧舜咨、赵希齐、太学博士陈德豫、何应龙、方秉哲、大理评事朱宪、国子正王珪、武学谕楼昉、主管吏部架阁文字徐凤、主管户部架阁文字许应龙、主管刑工部架阁文字陈公益、浙西安抚司干办公事葛从龙、临安府府学教授黄灏点检试卷。避亲别试：监察御史盛章监试，吏部员外郎林垌考试，太学正桂万荣、监左藏西库洪彦华、主管礼兵部架阁文字刘孟虎、提领户部犒赏酒库干办公事陈无损点检试卷。（《宋会要·选举》二一之一五）

二十八日，臣僚言："臣闻一法立，一弊生，禁防已密而奸倖复出。防禁之外，苟不逆折其萌，则奸弊愈滋，法制不足恃矣。议者谓省闱之弊，视数举之前为特甚。怀挟之未革，巡视之处文，排案之作弊，传义之纷纷，此其弊晓然易见。日来多有冒名入场之人，颇骇人听。如甲系正名赴省，乙乃冒名入场。方州士子，纷揉错杂，书铺莫辨，安然入试，略无顾忌。十年之前，安得此弊？预榜之后，独有参验字踪真伪，非不严也。曾不知奸弊之生，出人意外。场屋制备卷，以防正卷之阙失。今乃预买备卷，冒名出试，则以场中之文，令正身誊上。及至中榜，计赂吏胥，抽换场中之卷，虽一二千缗，亦不惮费。吏辈为地，何计不遂！则比字踪之设，不足恃矣。备卷条印，通印卷首，以防拆换。此曹多是买下，或于帘前妄请，潜地袖与正身誊写。帘前纷陈之备卷，何所稽考？此弊之尤者，非怀挟、传义之比。乞下礼部，自今省试，只许监中印士人正卷。所有备卷，只许白卷纳入省场，令监试专差官监印，计数封起。引试之日，有请备卷，必逐名监给，抄上姓名、乡贯，以为后日稽考。私买、滥请之弊，仍令巡按等人巡缉。有正卷又请备卷，冒名入场人，必罚无恕，庶几伪冒可革。"从之。（《宋会要·选举》六之二八、二九）

任希夷《礼闱奏号毕呈天官侍郎》：奉诏程文阅四旬，纷来万卷日横陈。怜渠灯火勤三岁，恼我帘帷度一春。胜日莺花辜乐事，它年桃李识何人？遥知吏部寻春遍，红紫芳菲得句新。（《全宋诗》卷二七二七）

三 月

一日，以兵部尚书黄畴若知贡举，工部尚书任希夷、右谏议大夫黄序、礼部侍郎袁燮同知贡举，得合格奏名进士陈埙以下二百六十九人。(《宋会要·选举》一之二八)

郑丞相清之，在太学十五年，殊困滞无聊。乙亥岁，甫升舍选，而以无名阙，未及奏名，遂仍赴丁丑省试。临期，又避知举袁和叔亲试别头，愈觉不意。及试《青紫明主恩诗》，押"明"字。短晷逼暮，思索良艰。漫检韵中，有"赪"字可用，遂用为末句云："他年蒙渥泽，方玉带围赪。"归为同舍道之，皆大笑曰："绿衫尚未能得着，乃思量系玉带乎?"已而中选，攀附骤贵，官至极品，竟此赐，遂成吉谶。以此知世之叨窃富贵，皆非偶然也。(《齐东野语》卷八)

十九日，宗正寺言："宗学合行事件：一，本学生员。照得期日已迫，恐妨补试。今欲且照已降指挥，将应曾得解宗子，附国学补试后场引试。所有合取员额，候引试讫，具终场人数申乞，取放施行。其合格人，依太学例，帘试讫收供外，有阙额未补之数，合候后次补试，申取指挥。一，放待补。今欲于逐举解发人数之外，亦与量放待补。每百人取一十五人为率，逐处给帖，前来收试。若人数不及，照数取放。一，外舍生。太学每岁二十人校定一人。今欲以一十五人校定一人，零分亦校定一人。一，私试。太学每一十人取一人为合格，零分亦取一人。今欲以八人取一人，零分同。一，公试。太学通榜二十人取三人，内第二等约三十五人取一人。今欲以五人取一人，内第二等以二十五人取一人。如有外舍校定，方许随榜据阙升补。以未有校定，依太学追补法。如追补不及格，理作校定用。一，内舍生。太学每一十人校定一人，零亦校一人。今欲以七人校定一人，余分同。上舍试年分，十分为优；非上舍试年，八分为优；余平等，次年奏名。若未有校定不该升补者，以所得分数，岁终理为校定。一，上舍试。太学间岁一试，每一十人取三人，分优、平二等。约一十二三人取一人，入优等。武学三岁一试，每三人取一。今宗学人数不多，欲以三年一放舍试,亦与三人取一人。内舍须及一十人,方放优等一人。一,解试。满年外舍生,太学约一十三人取三人,照得宗子赴监试系七人取三人。今欲以宗学满年生依监试例,七人取三人。一,两优。今欲以两入优等人,许赴殿试。除宗室舍得升甲外,视科甲高下补官。仍特与堂除教官差遣外,有中等、下等上舍,亦与依守年法赴廷试,并随科甲高下补授。宗室自有升甲升名体例,更不用攀用太学上舍恩数。将来生员增多,内舍及二十人以上,所有两优恩例,却申取指挥。一,每月私试差官。今照监学训,合差宗博、宗谕充考校官,宗寺长、贰轮充监试外,有封弥、誊录官,合委本寺丞、簿轮充。缘本寺簿时暂兼宗学谕,若令封弥、誊录,委有相妨。今欲将封弥、对读以丞充摄外,其誊录权差本学监门使臣兼监。所有逐官,从例合破添给食钱。本学卷子数少,欲照监学官例,权从半支给。其使臣,本学量行支破,候成次序,别差宗谕。其丞、簿,却照监学例施行。一,补试差官。今照得太武学补试,本学除留正、录一员在外主行规矩外,余官尽行入院考校。今来本学只有博士及宗谕共二员,并合入院。照得初放补试,卷子必多,窃虑考校不办,欲就院内共考校。及封弥、对读、誊录官,亦乞就差监试帘外官。一,每月私试及公试、补试纳到试卷。照得卷子兼合用印,所有木龊印、条印,乞照国子监例径行雕造外,所有试卷,并封弥、誊录印记,行下所属铸造。"并从之。(《宋会要·崇儒》一之一六、一七、一八)

二十七日,礼部尚书黄畴若等言:"猥以庸虚,叨司贡举,窃伏思念。恭惟祖宗隆平,垂意多士,选举具严,尝面命从臣,精求艺实。又赖有司,澄清浇薄。至景德二年之诏则曰:'属词未成于师资,专经莫晓于章句,攘窃古人之作,怀藏所习之书,假手成文,遥口授义,士人之干禄,岂其然乎!'于是著为章程,不得移易坐次,怀挟册书,掖出试闱,仍严殿举之令。绍兴二十六年之诏则曰:'近年以来,士风浸薄,逮至礼闱,不遵规矩。挟书、代笔、传义、继烛,种种欺弊,靡所不为。夫出礼则丽于法,按察纠劾,务在必行。'圣圣相承,重规迭矩,谨言如此。夫岂乐为是禁防哉?盖冒滥不去,则才艺莫伸。比年场屋日宽,玩习成弊。有勤问学知畏者,入无所挟,则窘一时之偶遗;工剽袭慢令者,怀藏既多,则掩众人之不及。臣等入院之初,检举条制申省,恭承给降黄榜,士子翕然知改。引试凡十有七日,一二未悛,不逃纠摘。其余廊庑肃然,人自罄竭。旧来试毕,掷册满前,今兹浃旬,庭下如扫。是知先庚后甲,已日乃孚,亦何效验之速也?然申严之初,近者固已知,远则未必知。人之常情,始知所畏,久未必畏。乞下此章,播告中外。今省试甫毕,令士子各务进修,崇尚实学,无怀旧习,以革诞谩。自今科举,申敕有司,断依《贡举条制》。庶几人知乡方,皆务力学。"从之。(《宋会要·选举》六之二九、三〇)

二十八日,宗学博士危稹言:"本学元系诸王宫大、小学,已降指挥,改为宗学,其生员见行补入。所有昨来诸王宫学,承大宗正司训遣到听读生员内未曾请解人,委曾在学听读,系转入大小功课簿生员,通约不过一二十人。亦当念其向学之心,欲与许赴今来补试。"从之。(《宋会要·崇儒》一之二〇)

王迈《谢省试参详林员外启》:升堂拜知己之恩,绨袍已敝;入邸辱赠言之宠,华衮非荣。竦观挥洒之云烟,深惧取将于雷电。书绅起敬,藏笥为珍。窃以遇合之难,古今所叹。必大人君子,喜士素根于天性;故后生晚进,委身愿出于门墙。况有如师生名位之绝严,鲜能略世俗礼文而相接。必有卓荦不群之彦,方受特达殊常之知。如某者,地寒无媒,天赋不腆。少而有志,耻随余子以浮沉;壮不如人,安得名公之印可。曩缘行役,得拜宗师。出名骏之图,以华其归;洒飞鸾之笔,以饰其陋。口共心语,愿托身炉鞴之间;人欲天从,果定价权衡之下。尝怀漫刺以晋谒,辄辱阍人之见辞。自蒙恩锡第以来,至束担言归之日,念不违函丈而径去,将归白庭闱以何辞!甫尔抠衣,便蒙倒屣。畀以名章之奖借,增其行色之光辉。得此于常人不足夸,受知于名世何其幸!昔韩昌黎送牛堪登第之序,至忘师道之尊;苏东坡谢范公校文之书,或动乡人之喜。久亡此事,今在我公。兹盖伏遇某官,前辈典刑,斯文宗匠。流落人间之述作,特泰山一毫芒之微;提携天下之孤寒,有大厦千万间之庇。致令幺么,辱在品题。某敢不尊其所闻,勤乎未学!文章末技,粗承交臂之传;节义大闲,当励立身之戒。(《全宋文》卷七四四五)

四　月

二十日，宗学补试所言："宗学生补试，检照已降指挥，应举取应曾得解，并在朝职事厘务官牒试宗子，附国子试后场引试。所有合取员额，候引试讫，具约场人数，申取指挥施行。今来已引试经义、诗赋一场，据封弥所申，终场人数共五百二人，乞指挥取放人数。"诏："通放三十名。"（《宋会要·崇儒》一之二〇、二一）

二十二日，上御集英殿，引见礼部奏名、特奏名进士。得正奏名吴潜已下五百二十三人，第为五等，赐进士及第、出身、同出身。特奏名陈珏已下六百六十三人，赐同进士出身、同学究出身，登仕郎、将仕郎、上下州文学、诸州助教。同日，试武举进士。得正奏名朱嗣宗已下四十五人。嗣宗补秉义郎，华岳、朱同宗补保义郎，并赐武举及第。余悉武举出身，补承节郎。特奏名补进武校尉、进义校尉，减磨勘有差。（《宋会要·选举》八之二四、二五）

王迈《丁丑廷对策》：臣对：臣闻治道无穷，本之圣经则愈求而愈有；圣学不息，施之圣治则愈久而愈新。盖圣经非小用，皆所以示万世帝王出治之规；圣学非具文，必有以得隆古帝王求治之实。终身求治，于学无得，是之谓不知本；究心于学，而不及见之设施，是之谓不知用。必其学日进于一日，而其治日新于一日，然后可以无负于圣经也矣。臣恭惟皇帝陛下，图维政治之久，更阅义理之多。日御经筵，讲学不辍；咨访儒臣，切问有加。兹复延见四方韦布之士，赐之清问。俾之穷圣经之奥，明人道之务，竟其条贯以为对。臣诚不佞，窃谓陛下前此凡五策士矣，皆未尝援经以为问。今兹之策，其诸有见于治道之真不可以无所本欤！以陛下圣学高明，而犹屈己延问如此其切，臣有以窥陛下平日之学，不徒求之章句，必欲见之政治；今日之问，不徒责之以空言，必欲因言以求用矣。臣一介浅学，生长明时，固尝涉圣经之涯涘，而未究其渊源，何足以称塞圣问！然尝闻其略矣，请先以历代帝王之所以学者为陛下诵言之，而后条陈《圣策》之所及者，可乎？

臣闻五帝有心学，三王有家学，汉唐之君有诸儒讲说之学。循汉唐讲说之名，而得帝王心传、家传之实者，其惟祖宗盛时乎！夫有五帝之学，则有五帝之治；有三王之学，则有三王之治。学止于诸儒之讲说，故其治亦止于汉唐。而祖宗之治所以高跨帝王，俯视秦汉者，以其有经筵讲说之勤，而兼有得于心学、家学之懿也。昔者文籍未生，典谟未作，所学者何书？广成君畴之徒无所规寻其声光，所与从学者何人？但见夫危微精一，文字不立，都俞吁咈，训说不形，信乎为五帝之心学也。商之高宗自监于先王成宪之外无余学，周之成王自率由旧章之外无余学。彼其故家文献，有所谓圣谟之彰、方册之布者，皆其平日之所服习而力行，信乎其为三王之家学也。更汉历唐，好学之君先后相望，讲学之臣代不乏人。然而，心学无本，家学无传，则亦徒自弊于言语文字而已矣。故刺经以作王制，非不知学也，而黄老清净之习得以汩之，故文帝之治知富而不知教；诏诸儒论五经同异，非不知学也，而杂霸刑名之术有以锢之，故宣帝之治见刑而不见德。以锐情经术之君而躬行仁义之不终，以《无逸》为图之世而改为山水以自逸，则虽石渠、白虎之开，宏文、集贤之置，祇见其地之为文具耳。虽广厦细旃之讲，前师后儒之延，但见其官之为具员耳。学无得于心传、家传之妙，而仅止于讲说之美观，此其治所以止于汉唐欤！恭惟祖宗列圣相承，以正心诚意为学之本原，以尊守家法为学之纲领，以儒臣讲读为朋友切磋之益，以宫庭隐奥为暗室不欺之地。故观《舜典》而叹后世刑网之密，讲《泰》卦而知君臣相通之情，得九经之旨于《记》之《中庸》，悟九族之亲于《诗》之《角弓》。所以贻谋燕翼者此学，而所以纂承绍述者亦此学；所以为百圣继绝统者此学，而所以为生灵开太平者亦此学。是以宏模懿范，酴政美化，辉奕帝王之上，有非汉唐中主之所敢望者。岂非祖宗之学得之于心传、家传之妙，而不止于汉唐讲说之故事欤？今陛下之学，祖宗之学也。而陛下之治，犹有愧于祖宗之治，是诚天下之所共疑。此臣未敢以今日圣学之新为陛下喜，而必以他日圣治之新为陛下望也。臣谨昧死上愚对。

臣伏读《圣策》曰：“朕以寡昧，获承祖宗之绪。宵衣旰食，临政愿治，二纪于兹。固尝延进多士，冀闻谠言。未尝不虚己以听，志勤道远，每怀惕若。”臣有以见陛下思致理之惟艰，而知求言之有益也。臣闻人主之德与天同运，不可无刚健不息之诚；人主之治与日俱新，不可无奋发必为之志。陛下愿治之心不为不切，而竟未有以副陛下之愿者，意者新天下之机在陛下未知所以运乎？有复夏配天之志，则虽一成之旅，可以新一夏于纪纲既乱之余；有内修外攘之心，则虽十乘之戎，可以新一周于《小雅》尽废之后。乌有堂堂天下，而不思所以作而新之者乎？乃者恭闻经筵讲读，圣意有悟于仁明英武之旨，而曰武乃断决之谓。陛下之所谓断决，即臣之所谓作新者也。而臣之至愚极陋，犹必以日新之治为陛下勉者，非欲陛下一切更张以激天下之多事，非欲陛下专意慧察以摇天下之大本也，亦惟愿陛下先明朝廷之意向，先定士大夫之议论而已矣。盖朝廷之意向不明，不足以新天下之精神；士大夫之议论不一，不足以新天下之耳目，此臣之所甚忧也。朝廷之意向，天下之所趋也。今朝廷之意不达于士夫，士夫之意不白于天下。使其意果在于坚定欤，则当以谢安、王导镇抚江左之意明示天下，使之为安静之谋；使其意专在于振作欤，则当以勾践、种、蠡奋发复仇之意明示天下，使之为兴复之计。夫何狃于畏事者，不量时势之逆顺，而有惩创太过之心；喜于生事者，不揣根本之强弱，而有轻举直前之快。无心于国，固安于废放而不屑为；一有志焉，又茫然不知上意之所向，而无以为用力之地。此意向不明，臣知其不足以作新天下也。士大夫之议论，国是之所从出也。今上之揆谋献策，则谓莫若谨守格法与天下相安于尺度之中；下之游谈聚议，则谓莫若削破绳墨，与天下相从于边幅之外。尚儒术者缓不及事，主吏议者轻而寡谋。持刑者曰：吾知有国宪尔，虽微损忠厚之意，庸何伤；征利者曰：吾知有国计尔，虽小戾仁义之说，夫何恤？一遗敌之币，或曰予之便，或曰拒之便；一流民之归，或曰受之是，或曰却之是。其始纷纷，殆类筑室道旁之哗；其终悠悠，谁当发言盈庭之咎？故人心之既协者，或惑以异议而摇动；物议之未允者，不参以正理而改图。此议论不一，臣知其不足以作新天下也。意向既不明白，议论又不纯一，陛下虽屡求谠言，臣未见其言之有益于治。虽每有志勤道远之叹，则但见其玩岁愒日而已矣。臣愿陛下以日新求学之心而施之治者，亦必日日新又日新，如陛下之学焉，则天下之治可以符圣意之所期矣。

臣伏读《圣策》曰："间者日御经幄，延访儒臣，相与讲论切磋，朝夕靡怠。益信夫六经之道，穷之而益深，测之而益远。子大夫以儒术策名，咸造在庭,其有以推明大义,使朕措之天下国家,不亦休乎!”臣有以见陛下欲按经以求治,且俾臣等各援经以为对也。臣闻治之不可以不新,其来尚矣。六经之书,帝王出治之本也。而求其大要,亦不能外作新之一说。夫“周虽旧邦,其命维新”,则《诗》之所谓新也;“刚健笃实辉光,日新其德”,则《易》之所谓新也。《康诰》曰:“作新民”,《书》亦以新为言矣;汤之《盘铭》曰:“苟日新”,《记》亦以新为言矣。《周官》布政于正月,一年之新也;《春秋》系事于元年,一国之新也。陛下日与儒臣切磋讲论,亦尝及此否乎?人主之学,与经生学士异。求训诂之隐微,泥文辞之同异,此经生学士之学也;求之圣经之已言,质之古人之已行,举而措之天下之事业,此人主之学也。臣伏草茅之中,窃闻陛下莅政之次年,奸臣擅朝,阴劝陛下临朝渊默,法天不言者十有三年。一旦天开圣衷,翻然改图,又十年矣。比日以来,天日开明,睿号涣发,每于经筵间得之。如论治道有体,则有用贤委任之言;论谏官言事,则有明目达聪之训。论用人,则知君子小人之当辨;论用兵,则知师从中覆之非宜。尧言之大,布在天下,不一而足,是圣学之新盖月异而岁不同矣。而圣治之日新,未能如圣学之日新。故臣愿陛下自今以始,或于讲读之暇,或于延对之顷,俾儒臣于经学之中细绎古人作新天下之大义,朝思而夕惟之。其理甚明,何穷之深;其效甚近,何测之远?则以此作新一意,措之天下国家,如运之掌。臣之所以推明者,外此亦无余义矣。

臣伏读《圣策》:“昔者六经之书,作于天纵之圣,皆所以统天地之心而垂万世之法也。名虽有六,义实同归。今观《经解》所谓入其国而可知者其教,亦有不同耶?岂因其才而教亦异耶?抑教之固有次序耶?后世儒者益之以《周官》,亦古义耶?”臣有以见陛下欲求六经理义之指归,而考订《经解》、《周官》之同异也。臣闻夫子之作六经,百世以俟圣人而不惑者也。《易》以发三才之蕴,幽而明之;《诗》以达上下之情,宣而导之。《礼》不止以升降揖逊之文纪之也,教民之中者在焉;《乐》不止以铿锵节奏之末为之也,教民之和者在焉。《书》以述盛世之事而系之以秦鲁者,不绝后世之为帝王也;《春秋》以纪衰世之变而终之以获麟者,犹冀世变之可以或变返也。夫子之道不行于当世,而悯当世之大坏极弊,急欲扶持而安全之,其心至拳拳也。故每至其邦,必闻其政焉;每见其人,必观其教焉。见其洁静精微、疏通知远，则知其为《易》、《书》之教也；见其广博易良、敦厚温柔，则知其为《诗》、《乐》之教也；见其属辞比事，则知其为《春秋》之教也。夫子之教，如春风时雨之于物，随其限量，各使之足其所欲焉。故其道之大，虽天下莫之能容，而人心秉彝之不泯，当时之人已有日用而不自知者矣。其后汉儒得《周官》一书，从而附之，使礼乐之文为制度。万世而下，与先王建立民极之意相为流通，而无间断。此其忧世之心，虽夫子不得而绝之也。后之人主苟得而用之，则夫子之愿毕矣。臣观祖宗盛时，六经之学光明盛大，昭昭乎若揭日月而行也。中兴以后，尤切崇高道德性命之书，家传而人诵之。曩者，权臣用事，排斥正人，鄙薄正学。党以消节义之气，伪以污修洁之儒。教道不立，人心不正，天下之学士盖切齿之矣。爰自更化以来，首以崇教尊经为先务，而《圣策》所及又发明而铺张之，天下方凛凛然有回心向道之望矣。臣愿陛下日明此教，以迪人心，以化天下，则夫子作六经之本心亦如是而已矣。

臣伏读《圣策》曰："朕观汉廷之间，率俾以经对，盖人道之务在是也。方今之务多矣。"臣有以见陛下嘉尚汉儒之知经，而欲责臣等以世务之通达也。臣闻经学之在天下，本无时而泯灭，特在后之人用之如何耳。汉之君臣相与讲究六经之义多矣，得之而善用者，自董仲舒援《春秋》对策之外，臣未见其人也。晁错之刑名，孙弘之变诈，在廷之策，援经考古，非不深切著明。而人非正人，学非正学，陋乎无以议为也。陛下慨念方今之事，必求圣经所载有关于人道之务者以策臣，臣请即圣问所及而条陈之。《书》有"惟时惟几，敕天之命"之言，《诗》有"敬天之威，毋敢戏豫"之戒。《易》言体天行健，必本之夕惕之诚；《记》言国有休祥，必归之至诚之感。《周官》重冯相保章之职，《春秋》严日食地震之书。陛下观之，此则知敬天之务矣。《书》有"民惟邦本，本固邦宁"之训，《诗》有"民亦劳止，汔可小康"之讥。《易》言厚下深戒剥床而及肤，《记》言子民必欲时使而薄敛。《周官》有委积救荒之政，《春秋》惩城筑不时之非。陛下观之，此则知爱民之务矣。利口之风必移于三纪之余，民德之壹必基于有二之服。曰防淫则有政矣，曰奇衺则有禁矣。此经之言风俗不可以不厚者然也，陛下知之乎？有车服之庸，不可无明试之功；有官爵之予，不可无论辨之素。风之自正而入变，由仁人之不遇；世之自泰而入否，由君子之道消。此经之言人才不可以不择者然也，陛下知之乎？胄子之教所以见虞廷之太和，鱼丽之备所以见周室之文物。观司徒大胥之典，则知世之所以盛；观六羽楹桷之书，则知世之所以衰。陛下傥欲礼乐之兴，观之经足矣。明王慎德，四夷咸宾；常德既修，武事可立。观《萃》卦之象，则知戎器当备于不虞；观纪侯之传，则知复仇实切于大义。陛下傥欲疆圉之固，观之此足矣。虽然，此其大略也。惟陛下既以经为问，臣不得不以经对。若夫圣策所及六条，臣当以实利害言之。

臣伏读《圣策》曰："朕严恭寅畏，将以格天意也，而灾沴未免于间作。"陛下之言及此，天意将格于陛下之一言矣。陛下自即位至今，灾异之变凡几见矣。郁攸煽灾，都城为甚；星纬失次，占史屡书；旱蝗相仍，日月薄蚀。今岁之春，沙雾塞天；四阳之月，坤载震动。天之警告陛下者，乃所以仁爱陛下也。陛下虽忧勤畏天而未能弭天变者，政事之设施未能皆当于天心也。宫闱之中，横赐时及于罔功，非天命有德矣；辇毂之下，犴狱且至于失入，非天讨有罪矣。东南之民力已竭，而未有一分之宽，岂惟天惠民之意乎？中原之民望方切，而未慰箪壶之望，岂福夏祸夷之道乎？而最可议者，陛下有忧勤之实，群臣多容悦之谀。遇旱蝗则曰蝗不为灾，睹星变则曰应在他分。苏湖小熟，盛称有年；闽广饥荒，掩讳不奏。以四方水旱盗贼之变，屡警君心者何人？以阴阳不和，咎在臣等者何人？陛下往岁大享明堂，熙事告成，群臣作赞美之诗，陛下深念旱伤之余，却而不受。陛下之谦德如此，在廷之臣其有惭色否乎？臣愿陛下益坚严恭寅畏之诚，勿信谗谄面谀之说，行此诚意而日新之，则天变弭矣。

臣伏读《圣策》曰："惠养赒恤，所以厚民生也，而愁叹犹见其未苏。"陛下之念及此，民心将感于陛下之一念矣。陛下自即位至今，民生多艰，阅之熟矣。淮民死兵，浙民死岁，湖广之民死盗。以京畿而言，则一间湫隘而数家居之，一夫经营而数口仰之，皇皇乎一饱之无期；以外郡而言，乐岁之禾场甫筑而巨室并之，凶年之四壁赤立而横敛困之，凛凛乎朝夕之不相保。民之所以不忍叛贰者，以陛下之仁心仁闻素有以结之也。陛下有尧舜之仁而民不被其泽者，陛下之吏不肖，不足以广宣德意也。内藏坊场之钱，积十余年经赦不与原免，民之怨愤无愬者，十室而三四焉，此在京之民可念也；两浙和买之绢，昔数五端，今增而为十，民之逃亡求避者，十室而五六焉，此两浙之民可念也。淮甸丁钱之扰，民不安于土著矣；广右和籴之扰，民不足于积仓矣。一变盐钞，行二八、三七之令，海濒无巨商矣；一行新楮，有估籍未还之家，通都无富室矣。往往官吏知盈车受俸之可乐，而不知野有饿莩之可哀；知一家向隅之可忧，而不知一路向隅之可念。陛下往岁一遇大旱，尝有内宴却而不御，曰："百姓不得饭，吾何有于酒？"陛下仁言入人如此，不知若官吏者亦闻之否乎？臣愿陛下亟取民之蠹贼者，痛惩而力去之，使之不得久其恶行。行此仁政而日新之，则民瘼苏矣。

臣伏读《圣策》曰："躬行以帅下，而民风之未醇。"臣谓陛下之俭德有素而民未化者，陛下未知所以新天下之民俗也。盖风俗之淳漓，原于法制之修废。今天下之风俗侈矣。宫室高华，僭侈无度，昔尝禁矣，今僭儗之习，连甍而相望也；销金翠羽，蠹耗不赀，昔又尝戢之矣，今销毁之家，列肆而争利也。士夫一饮之费，至糜十金之产，不惟素官为之，而初仕亦效其尤矣；妇女饰簪之微，至当十万之直，不惟巨室为之，而中产亦强仿之矣。后宫朝有服饰，夕行之于民间矣；上方昨有制造，明布之于京师矣。臣恐此风骎骎不已，则倡优后饰之侈，必蹈后元之风，而过朝自易车服，将无如绛商之习于法者。臣愿陛下明诏有司，申法制以为之禁，则旧染污俗咸与惟新，不独见于仲康之时矣。

臣伏读《圣策》曰："简拔以用材，而吏治之未振。"臣谓陛下之作成有道而吏未得人者，陛下未知所以新天下之人才也。盖人才之贤否，关于心术之邪正。今士大夫心术之坏，胚胎于进身之苟贱，养成于居官之苟容，败露于临难之苟免。积是三坏，心术之正无几矣。方为小吏，无心远器，以贿为缔交之媒，以货为生死之地。一齿朝绅，顾惜愈重。人知其邪正也，不敢言于眷宠方隆之初，而必言于势位已去之后；政知其得失也，不敢辩于意旨未露之先，而必言于趋舍已判之余。向者西蜀之变，抗义而死者尚见于闾巷之细夫、闺门之女子，而搢绅大夫能守死而不变者，百仅一二焉。是何甘为臭秽之生，而不愿为芬芳之死如此也！比日以来，诺诺者盈庭而谔谔者卷舌，容容者接武而皎皎者遁形。臣恐此风滋蔓日极，将有如贾谊所谓主上有患则立而观之者，而求其如令尹子文自毁其家以纾楚国之难者，曾几何人？臣愿陛下明诏大臣，于用人之际，必察其心术之微，以为用舍。则新美天下之士，周宣王不得专美于前矣。

《圣策》曰："举偏补弊而阙政尚多，何敢言礼乐之兴。"臣伏读至此，窃见陛下之有志于远者大者，而为万世计也。臣闻自古礼乐之兴，必基于百年积德之素，而庙堂道揆之任，乃制作之攸属也。以陛下求治之久，礼乐可兴而未兴者，簿书期会之细务有以弊之也。今论道经邦之地，当存朝廷之大体可也。夫何郡国应有细务，必皆取朝廷施行？中书坐堂，涉笔而书者此事也，启印而行者亦此事也。文书填委，相府有甚于他司矣。朝廷应有除擢，不问部阙与夫堂除，悉关白于庙堂而后敢与。光范之门，今日所见宾客者差除也，明日所入格状者亦差除也。衣冠如市，相府尤甚于铨曹矣。究心于小则大者必遗，计功于近则远图或缓。终日经理百务，力且不给，何暇及于定民志之礼，移民风之乐？以为此迂阔之事矣。昔王吉谓汉之公卿遭遇其时，不知明礼乐、定王制，以建万世之策，而溺于俗吏之细务。房玄龄日阅讼牒，以烦碎自累，一旦乃浃背于礼乐之问，此后之为人臣者所当戒也。今陛下必欲兴礼乐，则自今以始，必清中书之务，亟图其远者大者。王道一盛，礼乐其有不兴乎？此亦作新天下之大务也。

《圣策》曰："选将练兵而武事未立，何以成疆圉之固？"臣伏读至此，若有以激愚忠之欲言者，敢详以对。臣谓文治有余而武功不竞，内治未举而外圉莫安，莫今日为甚。选将练兵，苟切于陛下之焦劳，则天下之事可为矣。陛下其亦知今日无可用之将乎？臣闻有择将之道，有任将之道。以今日择将言之：陛下尝诏大臣，各举将才以闻矣。然介胄之士，非无过人之才，而伏于营垒符籍之中，罕与搢绅接，故知其才者实难。加之军将之间，转相忌刻，又多方以困辱之，使其才不足以自见。岂营垒符籍之中，果无人哉？昔者祖宗盛时，求之于偏校之中，可以得岳飞；求之于敢勇之中，可以得韩世忠。臣愿陛下布擢卒为将之令于军中，则将才出矣。以今之任将言之：讲解以来，向之立功阃外者，无端而置之于闲散。若曰天下可常无事，焉用此曹为也？比者羽檄一驰，仓皇四顾，乃下一纸以示其有收用之渐。臣恐不足以尽得其心也。昔唐郭子仪之为将也，以鱼朝恩之谮，既夺之兵柄矣，及光弼败河朔，则又召之；程元振忌言一人，既罢其节度矣，及回纥入寇，则又召之。无事则麾之而去，有事则招之而来，子仪赤心为国，初不较其或用或舍也。今之为将者，乌得人人如子仪哉！臣愿陛下委之以诚，畀之以权，用之则勿疑，疑之则勿用，则任将得其道矣。陛下亦知今无可仗之兵乎？臣闻兵数不可以不多，兵心尤不可以不固。以今之兵数言之，则不多矣。大军折阅，武定归农，摧锋、飞虎半歼于敌，骁骑、健将去而为盗。禁卫之卒，不盈十万；九江、池阳驻札之额，仅万三千有奇。臣恐缓急之际，首尾寡援，必至于两军以马少为辞，不复出塞；六军皆驱市人而战，不能受甲矣。以今之兵心言之，则不固矣。向者所募之卒，放归田里，而怨气未消；后来军功之滥，多方沮抑，而锐气日铄。加之主帅非人，苦于掊克。数杂恶之物而配之，名曰干利；乘工造之时而勒之，名曰陪陌。房廊贴陌之钱，八厢常例之目，日增月益而未已。臣恐兵贫既甚，变生不虞，必至于泾原戍卒以粝食而召乱，关内禁兵以乏粮而叫呼矣。臣愿陛下明敕边郡，下招募土兵之令，而厚为之赏，以足其数。戒饬主帅，无袭掊克之弊，而严为之罚，以结其心。如是，则将既得人，兵又可用，而犹以武事未立、守圉未固为忧，臣未之信也。亦在陛下作新兵将而用之耳。

臣伏读《圣策》曰："伊欲嘉祥降于上，德泽流于下，教化行而习俗美，法度修而众职举，纳天下于中和而措外内于无患，庶几治古之盛，无愧载籍之传，果何道以臻此？"臣谓陛下始之所以策臣者及于圣经之可用，终之所以策臣者及于时政之实用，臣惟愿陛下日新之治，常如日新之学，则德泽既及于民，何患休祥之不降于天？惟新之命，臣知其未艾也。职守既修于士大夫，风俗自美于天下，陶然日新之政，臣知其有期也。陛下新之一日，则有一日之功；新之一岁，则有一岁之效。中和之教一成，内外之患自弭，古治之盛，岂止庶几载籍之传？何但无愧，抑犹未也。以言其在内之事势：则纪纲虽张，有弛之萌；公论虽伸，有屈之渐。人心暂合而易离，幸门已窒而复启。以言其在外之事势：则窃生事之戒，以盖其畏事之愆；假安静之名，以便其苟安之计。雨且至矣，而彻桑之备未修；火且然矣，而积薪之寝未悟。以巍巍之中国，常若过于有所畏；以悠悠之岁月，常若安于不敢为。则微臣之忧，盖未歇也。

陛下所以策臣者至矣，而犹丁宁申训之，曰："子大夫明先圣之学，按经考古，必有至当之论。其为朕推求其本，科别其条，使悉见之于行事，而不徒驰骛乎空言。熟之究之，详著于篇，朕将亲览。"臣之底蕴，亦粗罄于前矣。至此伏而思之，以为求言于多事之时，不可与平居无事之时同；则献言于不讳之朝，亦当竭其忠赤而无隐。臣闻外裔之盛衰，本无关于中国之大势，而吾国之政事不可无远大之图维。盖善医疾者，不忧风寒之为患，而惟忧元气之不充；善医国者，不忧疆埸之多虞，而惟忧朝廷之有弊。臣请借汉以为谕。汉自宣帝以前，匈奴之患，无日无之。今年入云中，明年入上郡，而汉日以治。至中世而后，某年单于来朝，某年斩某单于告郊庙，而汉治日以不振。夫外裔之强，无损于汉之治；外裔之弱，无救于汉之衰。盖盛衰之势，在汉而不在外也明矣。汉之盛时，赏罚必明，号令必信，政事出于中书而无中制之患，集议达于博士而无偏信之失，所以治其国中之事者至矣。匈奴虽强，岂非疮癣之疾哉！及其末也，舛政逆令，间见层出。天子养安而一身痛痒之不知，大臣养尊而社稷休戚之不恤。百官庶府委靡于下，宦官女子睥睨于旁，是其中国之事盖日非矣。匈奴虽弱，何有于汉哉！今敌势就衰，假息于汴，中原豪杰并起而亡之，人孰不以此为中国贺？而臣区区之过计，惟愿陛下与二三大臣，日治其政事，日训其人民，监汉之所以得，而戒其所以失。邻国之强弱，不足以易其勇怯之心，惟先治其在我者。一旦事机之至，则明中国之大义，定天下之大计，指日可俟矣。此非臣之臆说也，昔韩琦进言于仁宗，曰："元昊狂僭，必为边患，选将训兵，修甲营城，此外忧也。纪纲不立，忠佞不分，赏罚不明，号令不信。浮费靡节，颁赐不常。务宴逸之近游，纵宫庭之奢侈，受女谒之干请，容近昵之侥幸，此内忧也。"臣观仁宗之时，西戎小丑，特边鄙之事耳。而琦之所忧在于朝廷之上、宫阃之间，忠臣远虑，一至于此！伏惟陛下反观内省，吾之纪纲果立欤？忠佞果分欤？赏罚号令果已明信欤？浮费颁赐果已裁节欤？女谒近习果已深防而力杜之欤？万一朝廷政事未能无过差，宫阃堤防未能无罅漏，陛下固不可不早为之虑也。

臣来自远方，不识忌讳。惟恃以直言取士，不以直言弃之，有本朝之家法在。廷试在即，使远方之士得尽其言，亦是美事。有陛下之圣言在，是以空臆而竟言之，惟陛下裁择！臣昧死，臣谨对。(《全宋文》卷七四五四)

二十四日，宗学博士危稹言："昨备申终场人数，去后恭被省札，通放二十人。以终场五百二人论之，其数诚为稀少，难为取放稍多。特宗子解试，例是七人取三人，省试则七人取一人，其选取之路本宽。今国家加恩皇族，又置宗庠，使由舍选以入，可谓隆厚。而制必稍优，以示劝厉。不敢比类解省试陈乞,止乞十人取一人,增放五十人,庶几上副朝廷建立宗学之初意。”诏:“更增一十名,以四十名取放。”(《宋会要·崇儒》一之二一)

二十七日,上御幄殿,引呈武举人射射。(《宋会要·选举》八之二五)

二十八日,宗正寺言:“宗学博士危稹、主簿兼宗学谕钱抚札子:‘本学自补试放榜二日后即行帘引,于四月三十日升供可预沾季者,止有一十三人。五日后,虽间有参学人,即不在沾季之数。今来合引私试,方议区处,告假求去者日有其人。扣所以然,皆云人数既少,又多孤经,月试限以八人取一人,则一月才可取二人。外舍限以十五人校定一人,则一岁才可校一人。其选既艰,无以为铢积寸累之地。窃睹朝廷所以兴复宗学之意,本以加恩皇族,宜有优异,以示激劝。缘宗子进取之途素宽,难以太学舍法律之。况太学虽约一千四百人为额,而住学者多止三百余人。其外舍校定约七十人,则是名曰二十人校一人,实则四人以校一人。故本学向来条具,乞用武学舍法,每月私试与每岁外舍校定,皆欲以一十人取三人。比之太学,虽若稍优,然宗子皆是实在学者。太学以实住学者四人以上校一人,本学以实在学者三人以上校一人,其所增初不为多。若依今来所乞,以见沾季人计之,岁终外舍校定亦不过四人而已。乞照武学舍法,取放私试及校定人数。俯念立学之初,宗子在学数少,特与照武学例放行。候将来补满一百人元额,却行别议规制。’一,本学补试,节次承降指挥,取放四十人。今来已有生员共一十三名,帘试参学了当。内一名为患出假外,见共一十二名私试,承已降指挥,八人取一人,零分同。今生员止有一十二名,若照上项分数,只合取二名,无以示立学劝勉之意。照得武学私试,十人取三人。今来若照武学例取放,亦止该取四名。本学校定,承已降指挥,一十五人校一人,见今住学生员共一十三人,若照上项校定人数,尚未该校定一人。照得武学外舍生例,十人校定三人,零分亦校一人。今来若照武学例,并算零分,亦止该校四人。更合取自指挥。本寺照得宗学建立之初,参学生员尚少,若不权从所申,则无以示劝诱之意。”诏:“权依宗正寺所申,候将来取放生员及额日,却依元降指挥施行。”(《宋会要·崇儒》一之二一、二二)

五　月

四日，臣僚言："比年以来，赴特奏名试者，其间有富室大家。他日未尝学问，临时专事经营，与书铺人等议定价值，计嘱御药院等处，通同作弊。试后各写所命，固不容于旷官，又不欲使之失职，则差注斟酌，尤不可不当。如蒙采纳，及赐施行。"从之。(《宋会要·选举》一三之八)

甲申(八日)，御集英殿，赐礼部奏名进士吴潜等五百二十有三人及第、出身。(《宋史全文》卷三〇)

八日，诏："新及第进士第一人吴潜特补承事郎、签书镇东军节度判官厅公事，第二名孙挟、第三名费西之并文林郎、节察推判官，第四名王迈、第五名阎镛并从事郎、防团推判官，第六名以下、第二甲、第三甲、第四甲、第五甲并迪功郎、诸州司、户、簿、尉。"(《宋会要·选举》二之三二)

二十二日，上御射殿，引呈文士正奏名射射。(《宋会要·选举》八之二五)

二十三日，上御射殿，引呈文士特奏名射射。(《宋会要·选举》八之二五)

二十六日，赐进士闻喜宴于礼部贡院。是日，赐新及第进士御制诗一首。(《宋会要·选举》二之三二)

宋宁宗《闻喜宴赐进士诗》：凉德常思阙失闻，宵衣二纪屡临轩。圣经广大期精究，治道恢张许共论。振鹭充庭欣盛事，嘉鱼式燕示明恩。朝家端欲收儒效，不但虚怀乐谠言。(《咸淳临安志》卷一二)

恭和御制赐吴潜以下诗：秘书少监黄宜，著作郎袁韶、李鸣凤，秘书郎张虙、张巳之，著作佐郎赵崇朴、陈黼，校书郎叶澄各一首。(《南宋馆阁续录》卷五)

进士名录：吴潜，孙挟，费西之，丁辉，丁燧，刁时中，力起，于珙，王世升，王世隆，王戊孙，王圭，王仲高，王自适，王克乘，王孚，王惟祺，王万，王极，王斌，王登，王梦弼，王宾之，王迈，王沦，毛钺，方季仁，方禹锡，方应祥，尹焕，甘瑞，石起宗，田临，史弥巩，史岩之，丘岳，包禾，包荣父，吕季寅，朱涣，朱淡，朱景彝，任灼然，江楫，池升，安仁溥，安鹏举，阮敷，阮霓，杜子光，李士达，李元白，李公伉，李以称，李仲淹，李俊甫，李桂，李采，李舜举，李嘉猷，李熙绩，李旗，李德厚，李润之，李鉴，吴中孚，吴文龙，吴正大，吴丙，吴次春，吴叔沅，吴陵，吴异，吴迈，何选，余大渊，余伯泰，余梦赐，汪之秀，沈有开，沈钧，沈梦谦，宋慈，范会之，林士宗，林少嘉，林公庆，林有之，林宇烈，林守正，林挺，林珪，林纮，林龟从，林应辰，林应龙，林观过，周文虎，周宣子，周效，周镇，孟大壮，胡湜，胡梦昱，胡鸣凤，胡端，柳梦周，段文焕，俞棐，俞岩，施颖，施羲荣，洪钟，姚亨震，姚拱辰，姚纪，姚镛，马渊，马矗，袁行之，庄梦旗，庄镇，桂如琥，桂如震，连嵘，倪月卿，倪灼，徐仁恭，徐允，徐开，徐伯鲤，徐珙，徐万，徐檐，徐权，翁由诲，翁逢龙，翁森，留元英，高奎，唐澄，唐璘，涂子可，陆若川，陆德舆，陈一荐，陈士介，陈士执，陈壬，陈文焕，陈本，陈必大，陈光远，陈作谋，陈伯鼎，陈武，陈秉直，陈秉规，陈垓，陈栗，陈师川，陈道夫，陈埙，陈梦高，陈煜，陈烨，陈宽，陈德遇，陈调一，陈兴龙，陈衢夫，孙叔谨，孙梦瑀，孙应成，黄之望，黄石，黄由行，黄必昌，黄延，黄自然，黄辰显，黄良臣，黄相，黄桂，黄孳，黄梦雷，黄鉴，梅杞，曹靖，戚士逊，许致祥，许诚，许复道，许应龙，章又新，章子先，章寅臣，梁子强，梁百揆，梁廷兰，梁琮，梁傅，张文震，张希萃，张宏，张定，张洙，张纪，张涣，张隽，张渭叟，张溪，张枢，项实，彭士楚，彭申，彭沂，叶明道，叶宗大，叶勋，叶应辅，葛逢，闵端义，喻国衡，邬枢，童必大，童居易，曾天麟，曾钰，冯斗南，冯申，冯越赐，富伟，蒲子美，蒲申之，蒙甄，杨元勋，杨元珰，杨公羽，杨宗元，杨华，杨恭，杨遂，杨渭起，杨端叔，杨权，雷复，雷应春，虞应龙，詹九渊，赵才，赵公篆，赵以夫，赵必槩，赵汝檩，赵汝孖，赵汝芷，赵汝佖，赵汝苾，赵汝佩，赵汝柄，赵汝晃，赵汝琈，赵汝杆，赵汝�，赵汝腴，赵汝登，赵汝梓，赵汝夤，赵汝竬，赵汝禚，赵汝镌，赵汝骧，赵伸，赵希游，赵希虎，赵希和，赵希流，赵希偰，赵希畲，赵希敞，赵希棠，赵希竦，赵希瑀，赵希璋，赵希鲁，赵希澹，赵坤厚，赵炎，赵彦倪，赵彦傅，赵彦皤，赵恪夫,赵莅夫,赵时倚,赵时铺,赵时懋,赵时滐,赵时铸,赵师弁,赵师州,赵师莆,赵师篪,赵师籀,赵陈文,赵崇正,赵崇伯,赵崇和,赵崇泗,赵崇畏,赵崇滋,赵崇端,赵崇齐,赵崇龙,赵崇濂,赵崇礼,赵崇穑,赵崇绳,赵崇誉,赵清夫,赵喻夫,赵善沧,赵与玖,赵与侍,赵与官,赵与枳,赵与宰,赵与琳,赵与环,赵瑾夫,赵震光,赵履夫,赵璒夫,赵琣夫,赵韪夫,蒋有秋,蔡元龙,蔡文璟,蔡廉,蔡荐,蔡赟,郑士龙,郑大中,郑子实,郑次申,郑希吕,郑良臣,郑宗玉,郑清之,郑清卿,郑森,郑颖,郑环,郑应龙,邓真孙,邓应午,邓夔,楼采,欧阳赓,黎大有,鲁文伯,刘勺,刘子寰,刘天锡,刘日宣,刘成季,刘君选,刘泳,刘炳,刘晋之,刘著,刘梦骥,刘汉弼,潘蕃孙,潘继伯,潘观,练光胜,萧仲昱,钱昱,阎章,阎镛,戴汝谐,戴宗师,戴衍,戴盘,韩元龟,魏梦社,谢子新,应简,麋摺,颜祖宣,罗必元,罗若水,罗云中,罗汇,谭维,饶一新,龚焕。

特奏名进士:陈珏,上官昂,上官知方,上官琦,王卣,王待聘,王会龙,方起学,方桂,方策,左宗光,朱楷,杜卯,何良璧,余伯谨,余游,余荧,沈昌龄,范九畴,林士瞻,林大有,林正谔,林必先,林伸,林季学,林能千,林琮,林万石,周镐,柯焕文,连世荣,徐梦熊,高继厚,陆时遇,陈士蒙,陈子瑜,陈元,陈公升,陈立礼,陈次新,陈言,陈淳,陈丝,陈应訔,孙瑞,黄一之,黄由义,黄永年,黄叔甸,康诠,张参,张梦龙,张夔,叶伯秀,叶准,万搏,葛文吉,董节,董祃,曾复,冯典,汤廷俊,杨惠叔,杨揆龙,赵舆进,蒋岾,廖祖谦,郑国,郑梦月,郑梦贤,郑籍,翟起宗,刘孝友,刘逢辰,刘从龙,谢自信,苏盛甫,严梦颜,严谅。(《宋登科记考》卷一二)

补进士名录:其一,赵必健。《宋登科记考》卷一二将其系于嘉定十三年进士名录,误。《后村先生大全集》卷一六〇《赵使君墓志铭》:“嘉定丙子再荐,明年擢进士。”

其二,赵希瀞。《宋登科记考》卷一二将其系于嘉定十三年进士名录,误。《后村先生大全集》卷一五五《赵公墓志铭》:“讳希瀞,字吴钧。……登嘉定丁丑第。”

其三,蹇森之。《全宋文》卷七一一七魏了翁《蹇君墓志铭》:“男森之,举嘉定十年进士。”

郑清之《赐第登楼》：避俗懒成癖，登楼睡失魔。忘机鸥自下，开槛蝶相过。高处景差胜，静中春更多。君恩何以报，归梦欲如何？

桃李漫山不是春，纷纷蜂蝶趁游人。梅花已带春归了，分付垂杨浥露尘。

病思归心走兔远，自嗤幻境未渠忘。并州便作咸阳看，设若桑干亦故乡。(《全宋诗》卷二九〇四)

王迈《谢殿试编排官聂侍郎启》：数父执于慈恩之塔，稀若辰星；称门生于通德之乡，恍如霄汉。昔登堂不果，恐涉营私；今假道遄归，将何辞谢？僭饬尺笺，仰呈丈席。恭惟某官，日未东即收于巍第，江以西莫著其大名。诗社挥毫，妙思源泉之出地；昕庭抗疏，精忠皦日之在天。不由介绍而结主知，径躐清华而登从橐。钊裁国用，鄙夷管晏之近功；经略中原，隘小孙刘之故画。详审乎事机之会，更阅乎理义之多。谓如根本之先强，则于恢拓也可待。盖知彼而不知己，皆料敌之浅谋；必能发而又能收，乃济时之远略。属北方之警未息，而西州之变复兴。人方忧蜀道之难，公往为雪山之重。至则事权之牵制，加之饥卒之跳梁。身持尺檄以直前，惟知死节；神叱的卢之一跃，遂获生还。浮言何伤乎日月之明，雅志已抗于烟霞之表。携诸郎于谢墅，会名胜于午桥。耆英之会狄公，方春秋之未艾；中国即相司马，宁朝暮之少淹。伏念某殖学代耕，卖文为活。元龙湖海之气，少也勃然；司马山川之游，今其倦矣。为有阿婆之养，漫从举子之劳。两玷乡书，一尘春榜。追奉黄廷之对，空臆尽言；不知书生之疏，转喉触讳。痛国论之未一，悯边衅之方开。惜诸将多陷谗言，乃援子仪之事；议宰相当存大体，恐贻王吉之讥。虽清朝许竭其愚衷，而时论或讥其太讦。发矢将穿于杨叶，及的辄差；乘舟已迫于蓬莱，为风引去。向非借九鼎之力，当不止三筹之输。副本既不上于中书，贱刺亦羞通于光范。至谢知己，皆后众人。俯仰何心，升沉付分。谓今得斗粟之禄，可以无饥；岂不胜布衣之时，难乎一饱。兹迫瓜期之戍，方登荷橐之门。如亮其今日之来，非为炙手；当赐以片言之诲，庶使书绅。此身已托大冶之中，他日冀轸遗簪之念。但不负于素学，是谓报于异知。虽秃千毫，莫殚一感。(《全宋文》卷七四四五)

八　月

袁燮《武学登科题名记》:于皇我国家,网罗俊彦,不局一途。凡儒学之士,既教之养之,而士之有武勇者,亦封殖是务。武学之设,自仁皇始,列圣因之,教育不废。高宗驻跸钱塘,念旧典之不可缺也,乃绍兴十有六年,申敕攸司,复还伟观。于时南北既通和矣,偃兵息民,无复余事,而犹垂意于此。足以仰见圣哲之心,居安虑危,先事为备,岂颛以和好为足恃哉!夫士不素养,无以应猝。而所谓士者,非徒武勇之谓。古人有言,所贵于勇敢者,贵其敢行礼义也。用之于战胜则无敌,用之于礼义则顺治。成周盛时,军将皆命卿,分职率属,临敌制胜,同是人也。武勇者乎?君子者乎?仲由言:"可使有勇必。"又曰:"且知方也。"越王勾践有君子六千人。建武中兴,祭遵为将,虽在军旅,不忘俎豆。吕蒙就学之后,鲁肃伟其议论。郭汾阳功盖一世,实由武举发身。近世狄武襄最善用兵,乃于《左氏春秋》得之。是故为将而不知古今,一夫之勇耳。自学之复,余七十年,严于骑射之试,所以选拔奇才也。而必讲之以师友,训之以德义,览观群书,古人是式,抑又所以培植其本根焉。或由舍选升,或以科举进,炳乎相辉,可谓盛矣。裒其名氏,勒诸金石,植于学宫,而传之久远,非徒设也。其间卓然奋发以功业自表见者,足以起人之敬慕。厥或湮没而无传,与草木俱腐者,人亦必贱恶之。孔子曰:"君子疾没世而名不称焉。"非贪名也,名之不扬,由夫实之不至,是则可忧也。鲁穆叔曰:"太上有立德,其次有立功,其次有立言,虽久不废,此之谓不朽。"夫惟不朽是图,与夫规规目前者,大有间矣。见贤而思齐,见不贤而内自省,圣门所以垂教也,览者详之。嘉定十年八月朔日。(《全宋文》卷六三七七)

十二月

十二日,兵部侍郎赵汝述言:"文武并用,长久之术,有天下者不可偏废。近世武举进士,甫得赐第,多弃所学,必欲锁试换文,回视兵书戎器,往往耻谈而羞道之。夫科目之设,不惟士子以此自致其身,国家亦将各赖其用。今既由武艺入官,又复慕为文臣,是右科徒为士子假途之资,而非为国家储材之地,此科遂成无用矣。比年以来,韬钤之士无闻,将帅之材常乏,边尘有警,所籍以御侮者,类不胜任。使得右科智勇之人而用之,宜其必有可观者。乞自今武举出身不许再应文举,仍令考校之官精选其艺业,庙堂之上稍优其除授,俾之练习谋略,趋事赴功。自偏裨制领而上,主帅三衙,由此其选,庶几右科增重,不为虚设。"上曰:"祖宗设右科,正欲选将帅。若令换文,则分明是阙将帅一科。"汝述奏云:"诚如圣训。"(《宋会要·选举》一八之一七)

二十七日,臣僚言:"窃见祖宗祧庙之讳,试闱多用命题,甚失陛下恭事祖宗之意。乞凡试官于出题之际,并不许犯。若举子程文,只依旧法。"从之。(《宋会要·选举》六之三〇)

是　年

王迈《谢陈侍郎立县学〈续登科记〉并书启》:赐袍文陛,躐居桂籍之上游;记美乡庠,重费荷囊之妙墨。人览光而惊讶,已拜赐以凌兢。窃以周制既远于宾贤,唐科莫荣于进士。旧莆阳实维一县,始隶于刺桐之州;翁承赞为第四人,时目以探花之使。至我朝而为郡,以多士而得名。或立鳌头,或称龙腹。科固多于居甲,名未见于列丁。必有异能,方叨此选。如某者,才疏不韵,学浅无根。少尝有志于功名,壮乃自怜于踸踔。卖文为活,浪传铮佼之虚声;作赋逐贫,赢得揶揄之一笑。聚子衿以授业,缓农圃之谋耕。倏惊骨骼之已成,渐觉头颅之如许。再偕秋计,始缀春官。辈试昕庭,敷陈奏牍。空臆尽言而无隐,转喉触讳之不知。虽清朝许罄其愚忠,而时好或讥其过讦。及竦胪传之听,果输鼎甲之先。射杨叶数千人,皆始期于巧中;隔蓬莱三万里,恨未学于飞行。亲望固得以少宽,友论犹为之不满。惟是自知量力之审,焉敢有怨胜己之心?及远道之来归,荷达尊之奖借。濡墨发挥于妙藻,命卿植立于坚珉。援引前修,激昂晚学。金如山莫偿一时之直,亶谓至珍;丹点铁而费九转之功,岂非荣遇?兹盖伏遇某官,受天间气,作地行仙。游戏词林,执千古文章之印;周旋禁路,极三朝簪绂之荣。身如一叶之轻,名有九鼎之重。沧浪把钓,冷看举世之浮沉;云岫岸巾,一付无心于出处。纫蕙兰而觅句,餐杞菊以怡颜。十三人之会洛阳,孰比潞公之耆寿;九十岁而为周相,行看卫武之经纶。将天下善类所赖依归，而乡曲寒畯先叨齿录。某敢不勉所未至，闻之斯行！誓坚素节之冰霜，无负高评于月旦。仕惟行义，决不为温饱之谋；实必副名，当敬佩丁宁之训。(《全宋文卷七四四五》)

嘉定十一年　戊寅(1218)

二　月

二十五日,铨试、公试、类试:命监察御史盛章监试,吏部郎中康仲颖、著作郎张虙、大理寺丞郑定考试,秘书省校书郎黄桂、宗正寺主簿黄泾、提辖文思院牛斗南、太社令陈畏、大理评事赵善璙、朱宪、叶岌、主管三省枢密院架阁文字凌次英、主管刑工部架阁文字卢祖皋考校。(《宋会要·选举》二一之一五、一六)

十　月

四日,臣僚言:"窃见昨来朝廷,凡遇差官考校,颇费选择。乞诏二三大臣,博求科第硕望,学问器识,佥论推重,布列班著,以备考官之选。"从之。(《宋会要·选举》二二之二六)

壬子(十四日),蔡辟奏:"科举差官,每患科名员少。乞博采科第学识众所推重者,以备考官之选。"从之。(《后村先生大全集》卷八二《玉牒初草》)

十一月

十一日,诏:"荣州发解监试官、承直郎、签判何周才特贷命,追毁出身以来文字,除名勒停,免真决,不刺面,配忠州牢城,免籍没家财。考试官石伯酉、扈自中、冯賁仲各特降一资,并放罢。刘颐并徒二年私罪,赎铜二十斤,仍照举人犯私罪不得应举。杨元老徒二年私罪,荫减外杖一百,赎铜十斤。刘济特送五百里外州军,刘颐、杨元老特分送三百里外州军,并编管。"以周才充发解监试,受刘光赇赂,用杨元老之谋,约以策卷中三"有"字为暗号,取放光之子颐改名宜孙,及其孙济二名。既为赵甲经漕司告试院孔窍之弊,下遂宁府鞫得其实,具按来上,从大理拟断。于是臣僚言周才、光等罪犯皆得允当,伯酉、自中、夤仲不合擅令周才干预考校,又听从取放,乞并镌罢。故有是命。(《宋会要·选举》一六之三二、三三)

十二月

二十六日,礼部言:"准令诸开科场,每三年,于二月一日降指挥,许发解,令降诏。照得四川解试,逐举用三月五日锁院,十五日引试。近降指挥,四川解试改用二月二十一日锁院,三月一日引试。所有嘉定十二年开设科场,窃恐降诏日分相逼。"诏:"用正月十五日。"(《宋会要·选举》一六之三三)

嘉定十二年　己卯(1219)

正　月

十五日，诏曰："国家迪三岁之彝章，吁四方之众俊。大比重宾与之举，踵周家选士之规；名臣由科目而升，迈唐室得人之盛。肆朕纂图之久，深勤侧席之思。已八启于文闱，悉朋来于时彦。属当秋赋，俾与计偕。爰申饬于攸司，其益加于精择。必得贤能之实，一惟程度之公。尔遂观光，克赴功名之会；朕将亲策，乐闻忠谠之言。岂惟好爵之与縻，庶获群材而并用。叶图康济，迄底隆平。咨尔庶邦，体予至意。"(《宋会要·选举》一之二八、二九)

二　月

二十五日，铨试、公试、类试：命监察御史蔡辟监试，考功郎官楼观、度支郎中朱著、刑部郎中费埏考试，阁门舍人陈元龙、秘书省校书郎袁甫、吴晞甫、监都进奏院王藻、籍田令许应龙、大理评事蒋谊、史改之、郭正己、主管三省枢密院架阁文字林万考校。(《宋会要·选举》二一之一六)

四　月

真德秀《潮州贡院记》：嘉定十二年闰三月壬子，潮州贡院成，郡学职十有四人，以其绘事之图来请记。余既受图于使者，则进而问之曰："始余读梅溪王公诗，知潮之有贡院久矣。今者所创，将新其旧耶？抑改作之也？且其地焉在？"曰："郡城之北有曰凤啸坊者，故试士之所也；郡城之东有曰登云坊者，今试士之所也。故基之废八十有八年，而今始复其旧也。"问其所以复之意，曰："以形势言之则背负五龙，前峙金鳌，大江之水回环而萦带，双旌雁塔骈罗而鼎列者，昔人卜地之胜也。旁联民庐，后迫隍水，山川清明之气远而弗瞩，市廛喧嚣之声迩而狎闻者，近岁草创之陋也。况夫以人物则昔盛而今歇，以规抚则前敞而后隘，此其复之之指也。”余于是竦然曰：“《春秋》大复古，谓其复之而当也。是役也，复之而当《春秋》之法，所宜书。然余不知主之者为谁？与费之所自出？”则又曰：“知是役之当为而勇以决其议者，郡太守莆阳陈公也；知是役之可为而力以任其事者，别驾浚仪赵侯也。若夫考视工程，则寓客之贤曰王君恪；勾稽出纳，则郡庠之隽曰方遇、施仪凤等，实分任焉，而吏弗与也。会其费用之目，为钱千三万有奇。郡之所捐者百万，别驾半之，其余则为士者合以相焉，而民弗知也。”予曰：“嘻！是真宜书矣。”盖今之为守贰者，有簿最丹墨之殷，有牒诉听理之烦，苟能是则曰吾之责塞而人亦莫之责也。今二君子者，乃独尽其心于责之所不及，非贤而能之乎！然使邦之大夫士不能协智并力，以讫于成，则二君子虽有必为之志，其势将有未易者。然则，诸君亦贤也哉！虽然，愿有献焉。夫所为复选士之宫于旧观者，非以舍庳狭而就高明故耶，学者之于学亦若是焉而已尔。夫以三日之试，犹必惟庳狭是去而高明是趋，则士之尚志立德以终其身者，其可苟乎？故莫尊乎道德，莫美于名节，士而志乎此，则上达之基也；莫累于势权，莫洿于货利，士而志乎此，则下流之委也。辨是非于锱铢之间，决取舍于熊鱼之际，昔者潮之君子，盖有庶几乎此者矣。今诸君将由科举以进于天子之廷，则其于义利之分诚不可不早辨也。若知媒富贵而已，是岂贤守贰所望于潮之士也哉！陈公名儋，字伯廷，由太学上舍赐第；赵侯名善涟，字清卿，亦以文学中甲科云。院为屋千有三百楹，其制具于图者，此不著。四月某日，具位建安真某记。(《全宋文》卷七一八二)

六　月

(壬午，十九日)诏：“朝士补外，惟殿试前三名、省元释褐、状元朝迹稍深，许之为郡。余未经作邑人，非三丞二著权郎，且与通判差遣。”(《后村先生大全集》卷八三《玉牒初草》)

二十六日，监察御史张次贤言：“立法贵于守法。夫三岁取士，国之成法，于法之中，特优其选，国子是也。岂私于公卿大夫子弟哉！盖以亲父兄之训，识政事之体，讲闻素熟，选而举之，惟恐不宽。为公卿大夫士者，体朝廷之美意，守一定之成法，可也。苟或挟私徇情，旁枝别族，夤缘攀附，何以示公？窃考绍与间，文武职事官本宗同居五服内、异居大功亲，厘务官文臣京官、武臣朝官本宗同居小功亲，并许赴监取应。庆元间，职事官许牒子孙、亲兄弟、兄弟之子，厘务官牒本宗同居大功。前后因革，虽若小异，优是选者，概于此见也。然惧牒之不实，有牒官欺隐、保官不实、伪冒殿举驳放之罪。方牒之初，长官核实。入试之际，卷首书系某官某亲。揭榜之日，名下书牒官服属。既得之后，不许归宗。防闲非不严密，申明戒敕，屡勤奏请。诚以法意既优，人情倖得，旁蹊曲径，冒而求之，亦何足怪！独惜夫廪稍上国，垂绅朝行，不顾廉耻，隳坏成法，岂非权势相临，货贿相悦乎！职事官牒止小功，法也，或以缌麻为小功；厘务官牒止大功，法也，或以小功为大功。此犹冒法之微。至于服外为服内，以侄为弟、侄孙为侄，强就服属，紊乱昭穆。甚而，隔州隔路，平生踪迹风马不及，苟同其姓，一旦梯援，遂成嫡派。成法虽存，略不顾恤。则倖门一开，上行下效，冒滥相煽，以至漕牒姑姨满里，同宗纷纷，售伪者势所必致。今公道彰明，国维振饬，未必有前者之虑，私忧过计。切谓名以国子进士者，朝廷以为公卿大夫士之裔。使寒素之士，不得侪其列，其待之异矣。正宜廉耻相先，扶植公道。讵容狃于旧习，或肆伪冒，有负优厚之本意。乞下臣此章，戒敕朝士，毋徇人情，紊国法。痛革假托宗枝、迁就服属之弊，一正廉隅，各安命义。或丽于法，当照绍兴指挥，必行无恕。"从之。（《宋会要·选举》六之三〇、三一、三二）

七　月

二十六日，诏："步军司中军统制、时暂权照管侍卫马步军司事务黄之颖，令礼部特与放行牒试。"先是，以都省言，黄之颖乞牒子侄监试。据礼部备国子监申，虽未有行过体例，缘之颖自今管干马步军职事，即与其它小使臣、任军将官事体不同，合议施行。故有是命。（《宋会要·选举》六之三二）

八　月

八日，兵部言："武学生邵刚克等状：'国家自更化以来，场屋情弊革去殆尽。惟武举解试，积弊显然。每举用八月十四日揭比试榜，十五日试弓马，十六日试程文《七书》义，恰与太学第二场论试同日。一篇之论，片时可办，各以余力助其武举朋旧，贿赂公行，倖中者半。今乞就八月十三日揭比试榜，十四日试弓马，十五日同太学头场试《七书》义。庶几寸晷各自为谋，无暇他及，则材能自见，不负设科取士之意。'"送兵部同国子监勘当。既而，本监据武学博士刘孟虎言："所陈十六日引试《七书》义，正值太学试论之日，恐有余力可为武举士人之助。此弊不可谓无之，但每举用十五日试弓马者，所以防武举赴两试也。今就十四日试弓马，则试弓马不合格之人，可于十五日赴漕试，此风不可长。若不区处，无以革文人为武举代笔之弊；若展退一日，就十六日试弓马，十七日试《七书》义，如此则可以防其赴两试之弊。其日正是太学士人第三场，必无余力可及《七书》义矣。"从之。(《宋会要·选举》一八之一七、一八)

十五日，国子监发解：命监察御史徐亀年监试，侍右郎中林岊、考功郎中楼观、著作郎危稹考试，太府寺丞方灼、秘书省正字兼翰林权直徐凤、秘书省正字卢祖皋、籍田令黄灏、太社令王梦龙、主管吏部架阁文字杨璘、主管礼兵部架阁文字陶崇、监左藏库中门皇甫晔点检试卷。避亲别试：秘书郎萧舜咨考试，主管户部架阁文字葛从龙、朝奉郎应镛、监赡军南外酒库胡刚中点检试卷。(《宋会要·选举》二一之一六)

是　月

何澹《贡士庄记》：为邑而庠序不修，有愧武城之弦歌，亦有其志者矣。而才有所不足，力有所不逮。今之为邑者，类皆困于逋负，迫于期会。又其甚者，则无名而白科，不当纳而豫借，明知其不可而无术以纾目前之急。姑幸苟免，以逃谤戾，又安得有余力事教化者哉！吾侄处久宰抚之金溪，锐意期有以自见，取平时之所讲究便民益俗者行之，不受吏谩，不为苛急，上下相孚，则守其绳墨不变，官事亦以无阙。乃经理学校，课试以程艺能，置书以广习读，请籍产于提举赵公汝珰，岁增二百斛。廪饩既充，不限其来，子衿蔼蔼，前所未有。父兄相勉，朝夕磨切，勿负作成。既又创学门三间，浓墨大书，气象雄伟。凡学之祭服器用当备而阙者，悉加完集。邑有邓枢社仓，没产岁八百斛，复以所樽节之金，请鬻腴田，置贡士一庄。仓使陈公贵谊嘉其志尚，损所直给与，岁又拨学之余廪增多其数，掌之丞厅，积三岁所入，以与大比。所荐贤能及旧举之赴春官者，略仿汉计吏偕之意，俾无裹粮营营之忧。人数之多寡，资给之厚薄，则主者实斟酌焉，可为士子永久之利。规画既定，邑人咸喜，相与诵咏。当路考察所部，踵上其政，而言者先以风闻罢之。邑人攀留，络绎不绝。久益去思，且恐规画不传，来者无所考订，请刻诸石以志其成迹，以见其学校之盛。盖古者百里皆有师，刘梁为宰，谕邑人曰："吾邑虽小，犹有社稷，苟赴期会，文墨岂吾志乎？"更大讲舍，广聚生徒，儒化自是盛行。今金溪之学得兴起为临川冠，则固已遂令本志。异时贤材辈出，舒翘扬英，如蜀相如，如闽欧阳，元宾又为此邑文学之冠，则必有大书特书以志其事者矣。其勿谓部小。嘉定己卯八月，括苍小山何澹记。(《全宋文》卷六三九九)

九　月

二十七日，国子司业王棐言："科举取士，自唐以来，盖数百年。鸿儒名士，社稷之臣，由此途出。方其应试也，杂来泛取，滥得幸中，不知其几。故我艺祖常难其选，兴学校，专师儒，欲教而后用，养而后取之。盖乡举里选，其法既废，兼采誉望，有司犹得以执其权。自糊名、誊录之法密，则一于言语文字工拙而已。法行既久，未易骤变。来者愈多，有司考校，精神有限，去取苟且，则并其言语文字择之不精，毋怪乎人才之愈下。南渡以来，嘉尚正学，中间诸老先生虽所得源委不能尽同，究析义理，昭若日星。士子手抄口诵，讲疑问难，上者有深造自得之功，下者不失为规矩准绳之士。权臣误国，立为标榜，痛禁绝之。以《中庸》、《大学》为讳，所趋者惟时文，前后相袭，陈腐愈甚。夫积渐于数十年之久，其说之方行，大坏于数年之间，其论几熄。更化以来，崇奖虽至，丕变未能。故体贴愈精，字面虽新而不贯于义理；华藻愈盛，浮言虽多而不本于义理。务为纤巧而气益卑，更相蹈袭而见益下。臣谓当此大比，戒谕考官，悉心选取。必据经考古，浑厚典实，理致深纯，辨析该通，出于胸臆，有气概者，理胜文简为上，文繁理寡为下。秋闱既精，上之春官，进之天庭，为异时天下之用，岂云小补？"从之。(《宋会要·选举》六之三二、三三)

二十八日，右谏议大夫李楠言："自昔取士，必由学校，后世变为科举，尚谓学而后仕也。厥今之弊，曰传义，曰挟书，曰见烛，未若代笔，最失本意。盖科举以其业儒能文，而后设棘闱之防、门关之禁，监试有官，巡逻有人，堤防伺察，虑其有弊。今赂贿公行，代笔中选，十常二三。秋试已毕，省闱在望，乞检照科举条法，申严行下。重立赏格，如有代笔，许人告首。仍下州县，预令通知。"贴黄："臣窃见丙子举，奏请州郡召保给据，前赴省试。续以试期迫近，权就礼部检元解帖给据就试。而贪婪无藉之徒，乃用情解已死姓名投状，或用弟兄、亲戚、同乡姓名脱漏给据，专为假手。试讫，委而弃之。乞下所属，照指挥就各州保明给据赴省。如违，定不收试。此革代笔之一端。至有门外假手，递稿入院；或内外通同交卷，历子先上姓名，旋将见成卷子传入填纳；或封弥之初，私置别本，记其名号，计嘱吏人涂改，以图必取。乞立罪赏，严戒巡逻官吏，其令人代试及代人试者，从条科罪。如有行赇，计赃重作施行。"从之。(《宋会要·选举》六之三三)

是　秋

李刘《回临安江解头克家启》：遗经究终始，指洞识于数千；考官敢瑕疵，宜擢居于第一。虽知有无怨无德之语，然可逭不公不明之嘲。何烦摛文，更加抒谢。恭惟某人，传家忠孝，余事文章。安夏攘夷，聊复道桓、文之事；发凡言例，又能措游、夏之辞。空万马以皆喑，戴六鳌而为首。其义则窃取矣，幸不辱天府之书；尽心将亲览焉，尚幸听云门之奏。某惭无识鉴，滥主文衡。掣鲸鲵于碧海之中，仅塞直钩之责；对龙蛇于丹墀之下，愿无曲学以言。(《全宋文》卷七二七六)

十一月

(壬戌，三十日)臣僚奏："今后宗室监试，无官应举，照锁应，以七人取二人省试。乞下礼部，将三举所放数上之朝廷，如取应例，立为定额。"从之。(《后村先生大全集》卷八三《玉牒初草》)

十二月

九日，臣僚言："考校差官，力有所限，居有不安，讵能运我精神，校人优劣？岁当大比，试于春官，知举主文衡，参详审当否，至于考校、去取之责，实由点检试卷官。每举例选二十员，莫非文艺器识。试越一日，分房考卷，自朝抵夜，一月甫能竣事。脱有病者，又难分考。莫若就点检官内添一二员，俾我能胜文，文不我窘，所谓力有限者此也。贡院地势卑下，春阳地气上腾，非有板居，恐为湿气所袭。有司已铺一半，莫若铺足，俾四体展布，一意文字。所谓身有不安者，焉可诬也。乞下臣此章，详加讨论，亟赐施行。"都省照得："近来宗子到省人数倍于常举，其点检试卷官若仍旧止差二十员，窃虑考校不精，合议施行。"诏："更添置点检试卷官二员，专一考校宗子试卷。"(《宋会要·选举》六之三三、三四)

二十二日，臣僚言："场屋弊极，法禁当严。请言秋试一二，复以省闱当谨者陈之。近甸今岁贡闱，词赋过韵，置之前列，小义错缪，处之魁选。有以杜预《左氏》之序出为传题，卤莽可知。甚者，身不入场，榜出高中，词讼未已。浙漕类试，其弊尤多。或名贯、年代一同而纳两卷，或次场夹赋卷而同纳，或二名贯虽异，祖、父名讳、年甲则同。别试之所，盖避亲嫌。漕闱合避二百六十余人，类以孤经牒还大院，别院所试仅二十人，安有孤经若是之众？借曰避考校，宁保其无嘱托？别院考毕，仍归大院同考，别院之设，特具文尔。试卷封弥所用涂注印记，而誊录所为无后梢，发还封弥，不止一二。岂非吏贴，辄毁其卷。近者败获涂改，皆此类也。近郡若此，四方可知。精选详择，所藉甄别，特省试尔。八厢伺察，以防挟书、代笔。比年玩习，锁试之前，富室、势家结约入试，包藏所携，首为奇留。试题一出，密令检阅，蝇书满庭，莫之惮也。群聚假手，八厢所合巡视；顶名入试，书铺所当认识。嘱托既行，皆不之问。传义以线从地引入，饮食公然传入，弹圆随水注入，机巧百出。封弥、誊录，弊倖尤多。监官贴书，不许相见，正心传泄，公然往来。封弥既毕，拨过誊录，号簿付之吏手，姓名皆得而知。岂容不关防哉？夫群天下之士，试之礼闱，彼抱实学，正欲自见，而圣时望于得人。奸欺冒滥，材能湮郁，岂选举之意？乞谕大臣，严为措置，巡视八厢、书铺知情故纵，重置于法。封弥、誊录，乞差朝士二员机察。引试之日，令临安府多差厢官，四围巡逻，签厅官提督。如有捕获，准条推赏，因事败露，亦议责罚。注水之地，引试之日，厢官监视，卯时注入。

入场之后,不许注水。照得贡举制,举人怀挟殿四举,有官人冲替。注令人为人同,非不至严,士子类多挟书,堆积盈满,条制荡然。今秋宗子解试,有怀文入场,所出之题,一人有十二篇,已用其一,余以惠人,悉皆预榜。真才黜落,莫不惋愤。名器以计得,固自不可,况清官要职,皆由此选。今来省闱,深虑循习,乞以臣此章,严行禁止。专委监试措置,搜逻违犯之人,必罚无赦。巡铺八厢不行觉察,取旨责罚。"从之。(《宋会要·选举》六之三四、三五)

二十六日,右谏议大夫李楠言:"恭闻高宗,因辅臣进呈殿试升降格,尝曰:'初诏考官,以鲠正居上,谀佞居下,此以示朕好恶。凡士人须自其初进,便当别其忠佞,庶可冀其有为。'大哉圣谟! 诚选举之良法。近世科举,亦古人明试以言之意,顾以乏才为叹,何耶? 是非人才之罪也。欲正六律音,必委善知乐;欲得千里骏,责之善相马。今欲得硕大英伟、忠谅鲠正之人以为世用,则必选择中正而不颇、识超而详练、气刚而肃恭,充以学问该通,付以较艺之责,庶乎其可矣。然更有千虑一得之见。甲戌省闱,臣备数点检试卷,以撤棘日浅,考官焚膏继晷,顷刻不暇,得无点检稍缓乎? 乞比常限,略展三日,量增日用,使考官精详,编次去取,不其美欤?"从之。(《宋会要·选举》六之三五、三六)

是　年

真德秀《泉州科举谕士文》:某治郡无堪,已叨易地,尚兹需代,遂及见秋闱之盛举。顾念此邦,英才辈出,为士者各知以礼自将。向来旁郡间有以场屋喧嚣而坐殿罚者,独此邦素所未闻,士习之美,于斯可见。今某区区,犹欲少伸谕告者,盖以平时自爱之心推之以及士友,惟幸听之无忽! 盖闻四民之中,莫贵于士;而士之所守,莫先于礼。是以圣经垂训,足容欲重,手容欲恭,进退步趋,必中规矩。非独自贵其身使人知所敬,亦以气之与志相为主宾,未有气安静而志不宁,气劳扰而志不动者也。故曰:"志壹则动气,气壹则动志。今夫蹶者趋者,是气也,而反动其心。"此乃治心之格言,修身之至要。学者平时间有讲不及此,涵养之功既无其素,一旦就试,遂以勇士赴敌场自比。而不知战斗所恃者勇力,场屋所恃者心思。战虽尚气，犹有再衰三竭之惧，况于文章者，精神之所发见者也。和平其心，清明其气，犹恐心手未能相应。况于喧哗嗷噪、奔走顿撼之余，精神气血交扰于内，非终日不能以定，而欲下笔之际，词采焕然，义理条达，难矣。尚忆某少时，屡更较艺，颇知深自爱惜，每每缓步徐行于众人之后。既坐试席，他人之胸喘肤汗者未能遽定，而我已安坐凝神，运笔缔思矣。逸劳静扰，十倍不同，故虽学力甚疏，犹能连收科目，其效往往由此。今愿七邑之士，父兄友朋，交相劝勉。以静重安徐为先，以喧呼躁扰为戒，则发之于文，必将大有可观者。非特文字流传四方，学者皆以为法，而士风之美，尤足以冠绝一时，岂不伟哉！至于试院之所措置，无非深为士友之地，尚虑其间或不相察，辄煽浮言。亦愿老成有识之士，开晓镌谕，俾皆释然无惑。幸甚！（《全宋文》卷七一六一）

嘉定十三年　庚辰(1220)

正　月

二十二日,诏:"将台谏同知贡举一员,改作监试。"(《宋会要·选举》一之二九)

二十二日,殿中侍御史胡卫言:"照得知贡举一员,同知贡举二员,皆择禁从近臣,儒学时望,又以台谏参之。嘉泰间,谓台谏司考校,不无迎合,乞专纠察,而于议题去取高下勿预焉,即增置同知贡举一员。但更制之后,所差台谏,既无卷子可考,至于贡闱弊幸,如怀挟、假手之类,合措置关防者,玩愒其间,仅与三知举通签文书而已。盖不司考校,不应谓同知举;既专纠察,不应不正监试之名。今科举之法,诸州解试、别院省试,皆有监试官,安得省试大院独无监试?今宣锁在即,乞将台谏同知贡举一员改作监试。其校文之官有勤惰不一者察之,执事之吏有内外容奸者纠之,凡贡闱事不属考校去取者悉听于监试。然后名正言顺,责有所归。且使知举免亲琐务,专意文衡,诚非小补。"从之。(《宋会要·选举》六之三六、三七)

二十五日,命礼部侍郎宣缯知贡举,右谏议大夫俞应符监试,礼部侍郎杨汝明、起居舍人李安行同知贡举,国子司业王棐、吏部郎中林岊、太常丞兼度支郎官臧格、著作郎兼尚左郎官陈德豫、司农寺丞冯多福、枢密院编修官兼右司方猷、著作佐郎何应龙、秘书省校书郎兼翰林权直徐凤参详,国子博士王藻、将作监丞李鼎、军器监丞李畏、秘书省正字卢祖皋、宗正寺主簿何剡、大理寺主簿牛斗南、太府寺主簿赵汝伋、干办诸军审计司应镛、太学博士许应龙、周端朝、陈公益、太社令宋倚、军器监主簿曾噩、武学谕陈无损、主管户部架阁文字徐范、国子监书库官皇甫晔、浙西安抚司干办公事林棨、两浙转运司干办公事谢兴甫、临安府府学教授杨迈、从事郎潜敷点检试卷。主管礼兵部架阁文字陶崇、主管刑工部架阁文字范钟点检、考校宗子试卷。避亲别试：监察御史张次贤监试，吏部员外郎郑自诚考试，武学博士刘孟虎、太学录葛从龙、主管吏部架阁文字杨璘、临安府府学教授周直方点检试卷。（《宋会要·选举》二一之一六、一七）

十三年正月，（监行在左藏东库朱权）差充省试中门官。四月，差充御试对读，仍兼初考官。（《全宋文》卷六七九四程珌《朱惠州行状》）

三　月

一日，以吏部侍郎宣缯知贡举，右谏议大夫俞应符充监试，礼部侍郎杨汝明、起居舍人李安行同知贡举，得合格奏名进士邱大发以下二百七十人。（《宋会要·选举》一之二九）

四　月

二十七日，刑部员外郎徐瑄、监六部门张国均、大理评事郭正己言："窃见贡举莫重于省试，利害关系莫重于封弥。往岁常闻掇换卷首，深为切齿，然未若今身履而目见。若以竣事，不复条陈，则此弊无可革之时矣。谨条列于后。一，换易卷首，皆是部监黠吏与书铺通同封弥所作弊。中间务欲景弊，临时于百司抽差吏贴，虽是生疏，可免掇换。所谓书铺与部监吏交通，此两窠人常在帘里，弊根无由可除。且如卷缝长条背印之设，正防此弊。而条印不印卷身，多印家状，亦有不及缝者，亦有全不印至封弥处者，又有封弥后写奉试及作文处全无正面缝印者，公然掇换。乞下部委郎官一二员监印，背须管印，至封弥后第一、第二缝背面齐全，仍要锁院前一日印绝，不得于贡院用印。候引试日，榜示帘前，如无印缝，许即陈乞补印。仍逐卷用主行人印记。如仍前简漏，重行断降，有情弊，送狱根治。一，封弥所置号簿纳卷，书姓名三代、注籍稽考。日前付之吏手，至拆榜全不用，及只将草卷对真卷拆取，号簿遂为虚设，掇换窜易，皆无所考。乞监封弥卷首院门官衔内，添专拘号簿，封锁卧内。直候台官拆榜，赍置知举前，将真卷对簿，见姓名、三代同，然后书榜。仍于卷身第二幅纸角添写字号,以备参对,可革掇换。一,掇换之弊。亦有未试前,先将真本白卷寄封弥、誊录吏贴收藏,入试却请备卷。吏贴受嘱,专俟钓卷,全篇誊上。其元纳备卷却行毁匿,遂无稽考。乞合备卷之时,先具姓名报封弥所,于簿内明注第几场系请备卷。候拆榜,如系真卷,不系备卷,即行根究。一,封弥所交到试卷,即时封印,送誊录所。间有漏印,打回印押。亦有不印押而誊录作弊私拆,衮同已誊者,发还封弥所。临时两处相推,无从稽考。或掇换,或漏泄。乞就封弥、誊录所官内,各以一员专点印押出入。如漏印押,限刻内发回补足。如迟留一时,已交入誊录所收管,不许以漏印为词打回。及已誊毕,发回封弥点检。如擅拆封,限刻内申试厅,追入根究。一,誊录书手动是三百余人,例系县科吏贴转雇,游手混杂其间,亦有士人流落,衮同抄写。书铺等受嘱为地,比至誊录,拣作文合格者掇换卷首,仿效字迹书写。奉试某经之后,不过一二行止,非精字画,决不能分真伪,掇换卷首,委难关防。乞科差之际,下逐县结罪,每五人为一保觉察,不许容流落士人混杂。解府,先委通判察视封臂,并委誊录官伺察。如有作弊,并将同甲一例送狱。一,书铺纳卷,多不依式。或卷身行数奉试字外,只写第一道字,幅纸尽绝,其作文处已入第二幅。又粘缝占寸许,合掌连粘,亦为揭起再粘之地。并合榜示士人,如有欺弊,帘前自陈改正。违者,封弥出别项架阁。如系取中,辨验稍涉掇换,取旨驳放。一,书铺无非熟于奸弊之人,凡富室经营,未有不由书铺。设有官吏公心,弊亦难绝。乞于未纳试卷之前,约束书铺,三人结保,如一名造弊,并三名决配籍没。乞严赐施行,专为省试约束,札付礼部,候将来省试年分,预期检举。”既而,礼部:“今遵指挥条具:一,试卷用印漏落,致有换易卷首事。照得书铺收接试卷,停积在家。亦有士人指留,不肯投纳,直候锁院,将白卷发入。但院内人力不敷,致有条缝印漏落。今次省试,增免解二三千人,委是繁冗。非唯换易,亦恐书铺、举人通同夹带,不该试人乘此为奸,实难稽考。今欲立限,试卷仰锁院前三日投纳,限外并不收接。乞下部遍牒诸路州军,晓谕士人知委。如书铺收藏,不即投纳,送狱根究。一,封弥所置号簿。乞差监封弥院门官,敕牒内添‘拘号簿’字,从本部牒封弥所,照指挥施行。一,请备卷报封弥所事。乞下本部,关贡举窠,照指挥施行。一,封弥所发送卷子付誊录所漏印事。乞从本部牒封弥、誊录所,遵指挥施行。一,誊录所书手，不许着流落士人混杂事。照得嘉定十五年指挥，今后应锁院收试誊录人，务要惯习书写、晓文义正身充应。札付礼部遍牒外，合取指挥施行。一，约束书铺，榜示士人，试卷依式界行，如不依式，帘前改正事。乞从本部严示士人，书铺依式界行粘缝。如违，重作施行。一，约束书铺，三人结保，如一名造弊，并三名同罪。乞从本部告报施行。"从之。(《宋会要·选举》六之三七、三八、三九)

五　月

二日，监察御史徐龟年言："国家以策取士，盖古人敷奏言扬之遗意。然知人固难，知人以言尤难。昔唐陆贽有云：'人胡可以一酬一诘，而谓尽其能哉？'今群天下之士，而亲策之天子之庭。盖将因其所言，以觇其所存；即其胸中之抱负，以观其异日之施设，岂特应故事而已！臣伏睹高宗皇帝策士大廷，尝谓宰臣曰：'朕此举将以求人材，为异时之用。若其言鲠亮切直，他日必端方不回之士；其言谀佞委靡，他日必无可用之实也。故朕因此举，崇奖切直，冀士知所尚，习成风俗。'猗欤休哉！此真我朝取士之家法也。比年应对之士，率蹈袭纸上之空言。言之直者不矫则讦，言之泛者非夸则诞，往往揣摩事情，追逐时好，竞一日之长，以窃取科第而已，他不暇计也。国家列圣相承，爱护相材，盖将以养其心，厉其行，而为丰芑数世之用。况岩穴穷困之士，庠序淹滞之材，固有抱负所学，久不得彻而上闻者。一旦使之咫尺天颜，铺陈得失，此诚韦布平昔之素愿。是必有以崇奖激昂，使之得以展尽底蕴，而后可也。乞下臣此章，风厉多士，开不讳之门以来直言，示激劝之意以收实才。其于治道，诚非小补。"从之。(《宋会要·选举》八之二五、二六)

二十五日，臣僚言："臣闻古者教胄子之意不存于后世，而仅存者国子诸试尔。皇家优国子之选，待士大夫厚矣。傥易宗而紊姓，委法以徇情，是上之待下者厚，下之自处者薄，其可乎？今岁监试，终场八百四十余人，方之前二举，数逾一部。夫济济周行，员不加益，所牒乃多寡辽绝，何也？比岁尝有痛革假托迁就之请，近者复有申明保官批书之令，但玩弛已久，宽严不常，奉行具文。拔本塞源，必有其道。照得牒试伪冒最甚者：一曰武臣,二曰外朝士。武臣非必冒于货贿,皆以利鬻,力量既轻,怵于权势,有不容不从者。泉、福多士之乡,每举所牒,率占上游。或道里隔涉,实牒本宗,而转以售人者甚众。乞下臣此章,风厉中外,俾之存不欺之心,遵至公之宪。凡冒滥中选者,札下牒官,照指挥许之自陈。虽已批书,并限五日申省,矜其循习,咸与惟新。自今不悛,却乞加严绍兴颁降,凡牒官、保官重行镌罢,受牒人殿举。至于武臣,只牒武举,试外宗丞簿、粮料、榷货等官,牒子及孙。盖武举趋之者少,子孙难于迁就。如是,则事为之制,曲为之防,又以辅法令之所不及也。"从之。(《宋会要·选举》六之三九、四〇)

二十七日,上御集英殿,引见礼部奏名进士。得正奏名刘渭已下四百七十五人,第为五等,赐进士及第、出身、同出身。特奏名温若春已下六百四十七人,赐同进士出身、同学究出身,登仕郎、将仕郎、上下州文学、诸州助教。同日,试武举进士。得正奏名陈正大已下四十四人。正大补秉义郎,曹翥、戴鹰扬补保义郎,并赐武举及第。余武举出身,补承节郎。特奏名补进武校尉、进义校尉,减磨勘有差。(《宋会要·选举》八之二六)

六　月

一日,上御幄殿,引呈武举人射射。(《宋会要·选举》八之二六)

癸酉(十五日),御集英殿,赐礼部奏名进士刘渭等四百七十有五人及第、出身。(《宋史全文》卷三〇)

十五日,诏:"新及第进士第一人刘渭特补承事郎、签书建康军节度判官厅公事,第二名董洪、第三名任友龙并文林郎、节察推官,第四名林彦掞、第五名任鸣雁并从事郎、防团推判官,第六名以下、第二甲、第三甲、第四甲、第五甲并迪功郎、诸州司、户、簿、尉。"(《宋会要·选举》二之三二、三三)

二十七日,赐进士闻喜宴于礼部贡院。是日,赐新及第进士御制诗一首。(《宋会要·选举》二之三三)

宋宁宗《闻喜宴赐进士诗》：宵旰图回久厉精，临轩七诏策群英。圣贤言论期商榷，内外规模赖讲明。汕汕嘉鱼均乐事，呦呦鸣鹿倚新声。高官厚禄吾无靳，共辅邦家致太平。(《咸淳临安志》卷一二)

恭和御制赐刘渭以下诗：秘书丞张攀，著作郎陈德豫，秘书郎徐凤、杨祖尧，著作佐郎黄泾，校书郎卢祖皋各一首。(《南宋馆阁续录》卷五)

进士名录：刘渭，董洪，任友龙，王之经，王斗文，王世谦，王辰应，王庭，王迸，王祖洽，王泰定，王振，王振父，王埜，王国华，王秳，王惟忠，王绍宗，王植，王梦龙，王觊之，王爚，王袭龙，支中弼，尤孟远，尤拱之，毛友郑，文太虎，方正子，方监，孔伯元，孔伯迪，甘梦祥，石森，石筹，平仲信，史守道，史嵩之，丘大发，白文修，包恢，吕应遂，朱古学，朱均，任元葵，任鸣雁，向公皋，江朝宗，池洙，杜世霖，杜暄，李公缙，李良，李宗简，李刚，李师言，李椝，李义山，吴人可，吴士廉，吴令发，吴幼存，吴易简，吴浩，吴辅，吴权，何式，何守约，何季羽，何季亨，何处怙，何处恬，何镇，余诚之，沈中文，沈先庚，沈钧，宋炎午，宋炳，幸溥中，范东，茅汇征，林子阳，林公演，林公庆，林廷济，林汝忠，林垌，林叔震，林革，林彦掞，林华，林时升，林敏，林番，林梦亨，林嘉会，林谐，林应运，林应龙，林瞻龙，金友龙，金诺，金兴祖，周大同，周子扬，周角，周英，周逢汉，周国华，周望之，周梦发，周说，胡杭，胡泓，胡琚，柯亨宗，侯成大，哀长吉，施秉，姜元鼎，洪月卿，姚亨震，姚遇，姚德辉，姚镛，马建，马毅，秦噩，秦应元，袁简之，庄同孙，庄序，连少嘉，柴梦规，徐申，徐敏功，徐焕，徐淮，徐梦得，徐梦发，徐汉章，徐铧，奚若宾，奚祝，留张迈，高熙绩，郭宗仪，郭始中，郭简，唐僧介，凌嵩，陆闻雷，陆庆洪，陈子直，陈子道，陈子诚，陈巨源，陈邦佐，陈光大，陈自，陈如晦，陈坡，陈林，陈协，陈浩，陈寅亮，陈达善，陈景明，陈景周(误)，陈梦龙，陈烇，陈炜，陈巩，陈稷，陈澄子，陈朴，陈霖，陈哙，陈应庚，陶瑜，陶梦桂，孙一飞，孙一鸣，孙祖祐，孙诚中，黄三益，黄士章，黄若凤，黄保大，黄俊求，黄亮，黄起渭，黄时中，黄师参，黄源，黄汉章，黄履，黄泽，黄应丙，黄镇，曹子文，曹子辰，曹黼，过必寀，许烜，章子仁，章铸，商炳卿，梁刚中，梁梦庚，张汝开，张俊，张禼，张国梁，张琥，张新，张端，张觉先，项用元，彭彝，彭爚，叶一新，叶之璲，叶秀发，叶味道，万必正，董士元，董子猋，董松，惠畴，程以升，程旗，程潜，傅烨，舒澄之，舒擢，邹旦，童英，曾子顺，曾朱，曾梳，曾钰，曾钲，曾韶显，曾历，曾镐，曾龄，冯去疾，冯炎午，冯豹变，冯源，冯继，汤竦，游似，游定山，靳更生，杨士谨，杨大异，杨正午，杨成大，杨汪中，杨武，杨时升，杨瑞应，杨骥，贾子坤，雷必奋，雍司英，雍东震，雍梦易，赵士爚，赵大荣，赵元龙，赵用章，赵必健(误)，赵行简，赵汝仇，赵汝迂，赵汝训，赵汝清，赵汝琦，赵汝皓，赵汝擢，赵希平，赵希洽，赵希羔，赵希逾，赵希溆，赵希旸，赵希边，赵希瀞(误)，赵希镃，赵良殊，赵侵夫，赵纲夫，赵时迓，赵时焕，赵时棣，赵时墂，赵师棠，赵崇仿，赵崇性，赵崇俣，赵崇栗，赵崇能，赵崇蕙，赵崇玚，赵崇佾，赵崇谊，赵崇璮，赵崇点，赵淳夫，赵绚夫，赵与才，赵与生，赵与仕，赵与斌，赵与虤，赵与灏，赵熙夫，赵端夫，赵沪夫，赵谊先，赵憖夫，赵体国，蒋兴孝，蔡次传，蔡淳甫，蔡源，蔡履忠，廖安，郑潜，郑颐孙，邓有兴，邓若水，邓泳，邓祖禹，邓刚，邓震发，黎传，滕茂实，鲁卓，刘子澄，刘文明，刘希道，刘沂，刘良，刘泾，刘梦应，刘梦邃，刘甄，刘应起，诸葛十朋，诸葛省己，潜起，潘斗建，潘可叔，潘材，潘叔沂，潘忠恕，萧应新，卢壮夫，钱渊，钱积，戴昺，魏复亨，鲜于应庚，谢郓，谢琳，谢震寅，颜若愚，苏溥，苏应衡，罗汝颖，罗叔韶，罗亮功，罗梦昱，罗闾，谭千金，谭应斗，谭体仁，饶锷，顾益亮。

特奏名进士：温若春，王忱，王叔嘉，方林秀，方萱，方节，丘惟清，丘鳞，吕宗望，朱熙载，巫潜，吴伊尧，吴洋，吴梦翔，邵三杰，林介卿，林克定，林周，林逢午，林国英，林复亨，林德言，周子质，周鹏举，施政，施兴诗，姜应龙，洪正臣，洪汝奭，洪温，徐纶，徐瓒，高道充，陈士龙，陈士骥，陈少明，陈方之，陈行申，陈叔秀，陈彦渐，陈曾之，陈晖，陈衡材，陈应求，孙中立，黄大立，黄元吉，黄古心，黄申孙，黄祁，黄林耸，黄堂，黄闶，曹德英，欣印，张乃大，张早，张暄，叶林，叶焕，叶应辰，程少杜，傅矩，邹昺，赵汝向，蔡明，蔡涣，郑光定，郑肃，郑莹中，潘武，潘唯，卢垕，戴倜，谢元修，顾信仲，垄郯。(《宋登科记考》卷一二)

补进士名录：冯素餐。《全宋文》卷七六九七孙德之《冯公墓志铭》："长素餐，庚辰甲科，知温州。"

补特奏名进士:其一,欧阳三英。《宋登科记考》卷九将其系于绍兴五年特奏名进士名录,误。详说见前。

其二,孔绍祖。《宋登科记考》卷九将其系于绍兴三十年特奏名进士名录,误。详说见前。

其三,赵与篪。《宋史》卷四二三:“赵与篪,字德渊,太祖十世孙,居湖州。嘉定十三年进士。”

辨正:其一,赵必健,嘉定十年进士。详说见前。

其二,赵希瀞,嘉定十年进士。详说见前。

其三,陈景周,嘉定十六年进士。《全宋文》卷六八五五刘宰《陈修职墓志铭》:“曰景周,字仲思。……嘉定癸未,廷对擢乙科。”按:《宋登科记考》卷一二亦据此墓志铭录入,偶误。

(邓若水)登嘉定十三年进士第。时史弥远柄国久,若水对策极论其奸,请罢之,更命贤相,否则必为宗社忧。考官置之末甲。策语播行,都士争诵之。弥远怒,谕府尹使逆旅主人几其出入,将置之罪,或为之解,乃已。(《宋史》卷四五五)

七　月

二日,上御射殿,引呈文士正奏名射射。(《宋会要·选举》八之二六)

三日,上御射殿,引呈文士特奏名射射。(《宋会要·选举》八之二六)

九　月

四日,右正言张次贤言:“窃惟国家取士,由武举策第,许换试文资,此网罗全才之意。绍熙略行沮格,未几仍就放行,比者臣僚复沮格之。且入赀、门荫之流犹许换试,而武举进者独可沮抑其所能乎?至如文士擢第,犹必程其武艺,而惯于兵机者,可不容其通习文事乎?此武举试换不可不复也。夫武举历任,作邑既满,或可得郡,此固优假右选。然把麾一方,民社攸重,苟使官卑资浅之人幸而得之,何以重蕃宣之寄哉?且文臣三考作邑，两任作倅，方许典郡。今武举作邑，虽用举员，其视文臣五削脱选，难易不侔。或试邑甫毕，即便得郡，宁不太骤？此武举典郡不可不革也。或虑其得武，复换以文，则是假途而进，适以轻武。然能中两科者，不过挺特翘楚之辈，岂能一一舍武就文乎？又虑作邑之后，未许作郡，非所以为诱掖戎行之意。然历任以来，或以功绩显著，庙堂自应如之赏遇，岂一例拘以格法乎？乞应武举出身，照旧例听其换试。其已作邑人，受郡阙及已赴上者，且循旧格外，自今合体左选格法，须历计议、路分差遣，比当两任通判，而后与郡。庶几文武兼通之才可致，而郡国作牧之寄不轻矣。”从之。(《宋会要·选举》一八之一八、一九)

二十八日，殿中侍御史胡卫言："臣闻河洛由文兴，六经由文起。虽天地之自然，而与时高下，则理乱兴衰所关，不可不察也。典坟诰誓尚矣，汉唐之隆，皆足以自成一代之制。皇朝承五季陵夷之后，士气卑弱，二三圣人作而新之。朝廷之上号大手笔，如杨亿、王元之虽尚拘昆体，而场屋间王曾试《有物混成赋》，识者即以公辅期之。自后，欧阳修、尹洙专以古文相尚，天下竞为模楷，于是文风一变，遂跨于唐矣。熙宁以来，凡典章号令，若王安石之造意平雅，苏轼之发语纯明，体律之至，弗可及已。譬犹蓺木，在扶质以立干，不止于垂条而结叶也。程颢、程颐，又以洙泗之源流兴于伊洛间，士之所趋，一归于正。于是文风再变，遂越于汉矣。南渡之后，视草代言之任，间有作者。大抵属对精密，加之温丽，而其弊至以颂上之辞，为谄下之语。近在淳熙，惟文祖嘉尚正学，粤有洪儒，所传益粹。熏陶渐染，一时学者，皆根柢乎义理，发明乎章句，文风三变，几至于道。而权奸不学，疾视善类，明立标榜，痛禁绝之。以务学为迂，以谈道为讳，纰略短浅，未之能革。奈何听其所趋逾下，不有以濯磨而作成之邪？乞明诏四方，一新文体。俾小大试闱，自今以往，精于取士。其有六经之背于章旨，词赋之乏讽咏，议论之昧于趋向，答策之专于套类，芟夷蕴崇，望而屏去。则真才实学或得于词语之间，而制诰王言亦必翦浮剔冗，谕理垂训，斯为得体。将见斯文之盛，贯于上下，郁郁乎无愧成周之治矣。”从之。(《宋会要·选举》六之四〇、四一)

十　月

曹彦约《南康进士题名记》:进士之有题名古也,吾邦壤地褊小,前乎三十载,由进士解褐为有限,致揭而立石者亦阙焉。始书于学官之屋壁,再书于释氏之浮图,事力简陋,其势然也。惟立教之意隆,而群试于有司者日盛,表而出之,必将有异于前日者。纵臾于场屋勇锐之地,而发越其山川英灵之气,俾相与目视其姓名,心惟其本末,出必以及物为先务,入必以律己为切体,知追配于古道者为可敬,而一意于温饱者为可羞,此则国家累圣设科之本意,而乡之父兄所望于子弟之盛心也。先是,邦人举进士未尝以右科得隽,今黄侯来刺是邦,而两科赐第者乃有六人。其文武抡魁,固足以鼓动后辈,闾端异日。而又广贡院百余楹于辟府之始,徙题名二百年刻书其间,所以备培植劝诱之美政,岂直夸耀于士子,惊骇于闾里而已哉!既命某直记其事,不敢不告。侯名桂,字粹仲,三山人。嘉定庚辰十月既望,郡人曹某记。(《全宋文》卷六六六六)

嘉定十四年　辛巳(1221)

二　月

二十五日，铨试、公试、类试：命监察御史罗相监试，礼部郎中曾唤、刑部郎中赵忌夫、太常丞兼尚左郎官诸葛安节考试，太府寺丞曾噩、太府寺主簿卢子章、太常寺主簿应镛、国子监主簿李伯坚、阁门舍人林汝浃、大理寺丞赵立夫、大理评事赵崇晖、刘槐、主管三省枢密院架阁文字高熙绩、临安府府学教授杨迈考校。(《宋会要·选举》二一之一七)

四　月

二十四日，兵部言："四川武举正奏名李炎卯言：'西蜀贱士，滥叨奏名。自去岁正月，万里束装，趁赴廷对。实以船小，偶遭风浪，遂被沮留，以致愆期，赶试不前。已引用文举体例，附榜推恩。兵部不照文举旧例，不蒙施行。照得绍兴十八年指挥，四川类省试合格人赶廷试不及，第一等赐进士出身，余赐同进士出身。优待蜀士，恩宠甚渥，即不分文举许附榜、武举不许附榜。况今举左选正奏，亦有三五人赶试不及，皆蒙注授西归。独炎卯未蒙放行，顿失进望，无复归乡之计。'"诏："李炎卯特与放行推恩。"既而，本部言："文举与武举等甲，事体不同。在法，举人已奏名而有故，许次举就试。本部即未曾准四川武举正奏名赴御试不及推恩条例，乞指挥施行。"诏："李炎卯特补进武校尉。"(《宋会要·选举》一八之一九)

五　月

二十八日，诏："令礼部行下诸路转运司并诸州军，遵依淳熙四年七月五日元降指挥，每解试终场人，以百人取三人，充待补人数。"既而，以都省言："检会淳熙四年指挥，科举年分，诸州将解发不到试卷，每百人取三人赴补试。又淳熙十年指挥,解试终场人,以百人取六人充待补。其取放既优,反滋弊滥,以致臣僚有废待补之请。欲从州县校定。今若不依旧制,无以重待补之选。”故有是诏。(《宋会要·选举》六之四一)

十一月

四日,臣僚言:“童子设科,齿幼而业精,或中是选,人以为荣,己亦无怍。咸平中,有童轲六岁,召入,诵《易》精通,复使赋诗,援笔而就,遂奖录之。元祐中,有朱天锡九岁,亦召入,取诸经试之,随问即诵,不遗一字,嘉其天禀,赐书以归。是二人者,始可以言神童。迩来应是科者,或年至十二三,甚而十四五,俱冒称十岁以下。方居髫龀,而已示之以诳,异时见诸事业,欲其著诚去伪亦难矣。矧自己卯讫辛巳,仅逾二载,而取中者已四十有六。冒滥若此,顾足以为贵乎?政和二年,童子陈乞诵书,有诏并不试验,时以其数滋多故也。绍兴三年,辅臣进呈诵书习射童子,求试于有司者凡九人。高宗皇帝尝有圣语:‘上有所好,下必有甚焉。盖由昨尝推恩一二童子,故求试者云集。此虽善事,然可以知人主好恶,不可不审。各赐束帛,令归本贯。’大哉言乎!今之童子,固未欲遽尼其来,当思有以严其选。每岁取放人数,毋俾太滥,合行斟酌,立为定额。自本县试验,保明申州。或其人能诵而齿似长,亦必黜而不升、以至胄监,后省试亦如之。考察既详,伪冒斯革。欲望亟赐施行,庶于此科作成有用。”都省照得:“童子设科,从来未曾立定试期并取放名额。比年以来,多有暗减岁数,州县复不审核,浸成冒滥。臣僚有此奏请,合诣指挥。”诏:“自今后童子举,每岁以三人为额。”仍令礼部行下诸路州军,须管精加核实年甲挑试,结罪保明,申礼部国子监。定以三月初七日类聚挑试。将试中合格人具申朝廷,用三月十七日赴中书后省复试。(《宋会要·选举》一二之三九)

上舍释褐:王君宝,何大圭。(《宋登科记考》卷一二)

嘉定十五年　壬午(1222)

正　月

十日,《玉宝赦文》:“应太学、武学及宗学生见在籍人,并与免文解一次。已系免解人,候登第日,与升甲。已升甲者,更与升甲。如就特奏名试,亦与升等推恩。上舍已系免省人,特与先次释褐,赐进士出身。内愿赴将来殿试者,与堂除差遣一次。旧籍宫学生见赴宗学私试人,特与倍赐束帛。仍仰礼部开具人数,申尚书省。”同日,又赦文:“应临安府府学大小职事并本府曾得解进士,并各与免解一次。已系免解人,候登第日,与升甲。如就特奏名试,亦与升等。学生并赐束帛。”(《宋会要·选举》二之三三)

十日,《玉宝赦文》:“应特奏名文学、见年七十以上,依法不应出官,许召保官三员,委保正身,于所在州军陈乞,保明申吏部,与差岳庙一次。其第五等有恩例、曾应岳庙一次者,更与岳庙一次。”同日,赦文:“应嘉定十三年特奏名进士试在第五等之人,并特与补下州文学。”(《宋会要·选举》一三之九、一〇)

二　月

一日,诏曰:“汉崇经术,群士并兴;唐重词章,名臣辈出。于皇昭代,参用前猷。设科目以待天下之贤,法虽殊于里选;用文艺而考人才之入,制犹近于言扬。肆朕丕承,屡当大比,矧事功方新之日,政英髦思奋之秋。命方国以傍搜,饬有司而精核,先器识而黜浮华之习,尚理义而振萎茶之风。毋以议论正大为迂,毋以指陈剀切为激。俟登名于天府,将亲策于昕庭。庶得光明俊伟之材,式副寤寐招徕之意。”(《宋会要·选举》一之二九)

十二日，礼部言："秘书郎何淡奏：祖宗之制，诸科举人问大义十道，能以本经注疏对，加以文辞润色发明者为上；或不指明义理，但引注疏备者次之；若引注疏及六分者为粗；其不识本义，或连引他经，文意乖戾，章句断绝者为下。夫经本注疏，则学有源流；文先义理，则士有器识。世之所谓时文者，亦非不知注疏之当考，义理之当精。然束于命题之短长，沮于立说之关键，穿凿为奇，牵合为工。反以经旨为难拘，先儒为难从。为主司者，但见循习之文多，可命之题少，于是强裂句读，出其所不拟，专务断章，试其所难通。在我已先离绝旨意，破碎经文，何以责其尽合于大义？无怪乎举所得类多新进，坐失老成之才也。乞及科诏之将颁，预下有司，命题不许断章，许出关题，惟意所择，不必尽拘每举句之多寡，求其字之对类。惟务明纲领而识体要，则学有本原，文不浮靡。至于诗赋命题，不拘经传子史，惟体要之当先，毋怪僻以求异同。论策参考理致兼通，以道义淑人心，器识取人才，则士习美而风俗厚矣。"后批："送部看详。"既而，礼部送国子监。据国子博士钟震等聚议："所陈考校命题事，其取士不为无补。但经义关题一节，庆元四年指挥，许于本经摘两段合为一题，又令尽出全题，或三篇之中欲合一题，听从有司之便。后缘外州场屋命题，多是牵合字面求对，更不考究经旨。如以'在璇玑玉衡，以齐七政'合'七旬有苗格'之类。但合七字，更无义理，岂不有碍经旨？所以，关题自嘉泰元年后不曾再出。今来奏请，以全题有限，自后场屋若间出关题，理亦可行。"从之。(《宋会要·选举》六之四一、四二)

十九日，左司谏张次贤言："窃谓考艺与能，视远若近，此圣朝公天下之心。至于俗有不同，法有未便，时解而更张之，亦圣朝之所不免也。二广之俗，揆之中州不同，人才多寡，文物盛衰，何啻十百千万。而科举之法，乃与中州无异，则其间不便之尤者，可不为之厘正乎？国家驻跸吴会，且将百年，中州近地，士类日繁。引试不分州，则无以息冒贯之弊；考试不分官，则无以责校艺之精。若夫二广风俗，乌可以此例视之哉？一气常燠，四时如夏，草木实于穷冬，蛇虺游于既蛰。人之冒瘴得疾者，鲜克自全，其风气之异如此。茅苇弥漫，居民鲜少，业儒之家既疏，能文之士益寡。阖郡应举，多者三四百人，少者不满百人，其士子之稀如此。风气之异，则远官之人勿令深入；士子既稀，考试之官不必分州。今科举分遣考官，一用中州之例。当暑蕴隆，驱之深入瘴乡，动千余里。呼吸炎风，濡染毒雾，其间固不能无毙于往来之途。故仕于广者，每以考试为惧，一遇宾兴之岁，百计营免，如逃寇攘。为漕臣者亦虑之畏避，而仓卒无以充数。故自正月以后行下郡县，应有出身僚属，并不许给假。侧闻往岁，廷臣以京西士子稀少，乞将本路六州军士子并就襄阳一处收试，各用本州解额取放。行之已久，咸以为便。今二广士风与京西一同，独其间州郡数多，地里辽绝，难以一处收试。若取其地之相比近者，合三数州而并试之，亦广中之一便。乞下二广漕司，令仿京西类试体例，随宜措置。取相近州郡，合三数州就一州并试，所有解额仍各自依逐州之数。如此，则天地隆恩，无往不被。不独为考官者免于畏避，而漕司与州郡亦得以省事。”诏从之，令礼部国子监看详。同日，右正言袭盖卿言：“臣窃惟自乡举里选之制坏，而朝廷取士舍科举之外无他法，士子进身舍科举之外无他途。本朝科举之法最为严密，将试而委官，已试而锁院。虑考官之容私也，故立糊名、誊录之法；虑士子之饰欺也，故立代笔、传义之法。三百年间，名卿才士，皆此途出。近年以来，弊端而滋，往往溢于禁防之外。甚者，则有冒贯之弊焉。夫诸路牒试，有门客，有避亲，其为冒贯，岂法禁所能尽防？至于方州土著，则不容有一毫之伪。臣未暇他举，姑以见一路之事概言之。岁在丙午，有冒潭州之贯者，场屋喧闹，蹂践几死者数人。帅守私意不肯置冒贯者于罚，反将土著人坐罪。事至省部，人皆知之。岁在丁卯，有冒衡州之贯者，场屋喧闹如潭州，监司凭冒者之言，追逮凡六十三家。既至庚午，冒伪滋甚，当时监司主臣与冒贯人同乡，坚主其说。有林大亨者冒试，写试案‘奉两台牒试林大亨’之语，假台府之威以钳众人之口，坏朝廷之法以济旅士滥得之私。为彼之说，不过以法有‘烟爨七年许就试’之文为辞尔。抑不知祖宗立法之初意，以当时北虏、西夏之人，或流寓于中国，元无土著，故创此法以待之。南渡之后，遵行益谨。其东南士人有乡贯可归者，非此比也。今生长东南，既有本贯可以收试，乃欲舍途之遥而就迩，舍解额之隘而就宽，妄引此法以自利。不惟失国家立法之意，且使士人丧其所守。每及科举之期，争竞纷然，搅乱场屋，为害采深。一路之弊若此，他路可以类推。今大比伊迩，乞下诸郡，应东南有本贯可归之人，不得妄引‘烟火七年'之说，陈请冒试。戒约诸县，不得受私，纵容结保。仍专委漕臣觉察，如得其实，参考《贡举条制》，重置于罚。仍许本贯士人赴礼部越诉，行下别司追究。如守令徇私意，漕臣失觉察，并行降黜。所有已中榜人与行驳放，其或有日前冒试得解人，并行勒回本贯收试。以塞争端，以革弊源，以善士风。庶几人安所守，争自淬励，以俟上之选择。国家所以养多士之心术而厚风俗，其机实在此，所宜亟作施行。"诏令礼部国子监看详。（《宋会要·选举》一六之三三、三四、三五、三六）

二十二日，礼部言："直秘阁、知潼川府魏了翁申：据潼川府学教授费洸状：'窃见学校课试士人程文，内有犯祧庙讳字，先准嘉定十年指挥，祖宗祧庙之讳，试闱多用命题，甚失恭事祖宗之意。乞降旨，凡试官出题，并不许犯。若举子程文，只依旧法已行遵守外，照得祧庙讳字收入《韵略》，公私行用日久，朝廷用之制诰，臣僚用之章奏，士大夫用之名字，考官用之题目，举人用之程文，相承已孰。今来上项指挥，止是不得出题，若举子程文只依旧法，举人为见不得出题，故亦私相避忌，亦有更不回避。考官往往过于谨畏，以为不可出题，故亦不敢取放。或舍长取短，不称朝廷取士之意。乞备坐旧法及新颁指挥，行下本学，晓谕士人，得以遵守。科举在近，仍备牒试院，分明晓谕，庶免疑惑。'本府照得州县间委有此弊，缘元降指挥，考官不得出题，举人只依旧法。考官、举人，元是一体，今来避就之间，似有抵牾。兼'旧法'二字，举人或有不能遍知。若止从本府举行，终是未允众论。乞下国子监看详，明降指挥，于四川解试前行下，以凭晓谕。庶几考官、举人议论归一，不致互有疑惑，枉被黜落。"送礼部看详。既而，礼部送国子监看详。据国子博士钟震等聚议："检照《礼部韵略》文书式内该载名讳，如顺祖、翼祖祧讳，即不合回避，各于《韵略》内收入讫。后因本监申审僖、宣二庙祧讳合与不合除去，礼部行下，照应昨来翼祖祧庙体例，寻即于上声'条'字韵，并平声'登'、'欣'字韵收入讫。后因臣僚奏祧庙之讳不许试官出题，若举子程文只依旧法。其所谓'旧法'者，即文书式内该载不合回避之文。且本监申审之后，已于韵内收入，则举子临文不须回避分明。只缘外州试官，惑于'不许出题'一句，是以举人亦被黜落，致令潼川府有前项申请。今看详：合照元降指挥，其祧庙之讳，举子不须回避。

却照新制,'试官不许出题',行下遵守。仍乞礼部符下诸路贡举司,一体遵照。庶几今岁科举有司不致疑惑,实为利便。本部今欲从国子监看详到事理施行。"从之。(《宋会要·选举》六之四四、四五、四六)

三　月

一日,监察御史方猷言:"窃惟本朝科举,一务至公。全蜀人才,素号为盛,然地远而私容易,法玩而弊独稔。宾兴在迩,苟不申严其禁,窃恐伪冒愈滋,才否无别,甚非圣朝选士之初意。且蜀之类省试,例自朝廷遴选试官,多择东南士夫,于彼者为试文主点检试卷等官,故其弊稍减。若夫诸州解试官,虽自漕司选差,然其弊有可骇者。试官不校文,以卖解为常例;士子不修业,以买解为捷径。岁及大比,置局立价,上下交通,公私为市。题目得于未试之前,姓名定于未考之始。因循习熟,恬不为怪。如曩岁荣州解试,寄居刘光与监试何周才合谋鬻解,光之子直入棘围,就试官位,置酒纳赂。洎揭膀,刘氏一门亲戚、馆客,殆居其半。由是士子不平,诉之有司,推鞫按奏之牍,今可复也。夫天下之士,公私不能并行,利害不可两立,此岂幸而失思?厥遐方窭士,终岁矻矻,得以姓名达于天府,独有三年一试耳。顾为徇私者夺之,则其愤者必多矣。西蜀之地,祖宗视为殿之西角,考艺兴能,弊一至此,讵可纵而不问乎?乞下四川,每遇解试三场,仍自三房互考。取放之际,须令应在院试官公共参详。见得合格,即于所取卷子内同列名衔,异时或有疏失,一例坐罪。有曾考试徇私被按之人,并不许监司、守臣荐举。则贪冒者知惧,抑郁者获伸,遐陬知里选之公,寒士无陆沉之患,其于科举诚为至便。"从之。(《宋会要·选举》一六之三六、三七)

十七日,臣僚言:"设科取士,务在得人。乡举、学校之外,有漕牒以网其遗;大比登名之余,有免举以振其滞。法久而弊,冒滥百出。比年以来,禁防益周,尝论其故,互有得失。嘉定九年,奏请免举赴省试,有游学在京,许就礼部陈乞,召朝士一员委保赴试。近者,礼部乃以免举冒名,难丁防检,欲使今后必经本贯及元得解处给据,前来收试,曲为之防,诚未为过。然事体有不同,人情有不通,而限以一切,不权可否,因噎废餐,所失多矣。彼论秀于乡，名著桑梓，其存亡可举籍而知，是否可稽貌而定。使从本州请据，理顺势便，夫复何疑？惟诸路漕试，与此不同。若随侍子弟，东西南北猬集，一时已难尽考。况至免举，事久日深，乃复使就元得解处经理公凭，道里阻修，岁月浸久，吏牍不无散落，声迹岂复相闻？臣往年从宦外方，目击其弊，类皆以贫乏孤寒，不能自致，甘心束手，于不得试者多矣。苟其力足以经营，势足以请托，则是非存亡，安所从考？不过市吏以便文，贿赂以求必，是则将以捄弊，适以启奸。夫使请于礼部，要当稽之至严；责之搢绅，以保任之至重也。舍此不取，而取信于外方之吏文，此何为哉？乞下礼部，除诸州乡举免解人就本贯保明给据外，其诸路转运司免解人，须与稽考当来漕司所申省试卷子，辨验委非伪冒，许依元游学在京指挥，就部陈乞，召朝士委保，给据赴省。"从之。（《宋会要·选举》六之四六、四七）

四　月

十五日，臣僚言："闽、浙数郡，每一大比，终场之数加多于前，而元立解额甚少。士病进身之艰，故冒贯以求漕牒，伪亲以规胄试，买帖以赴监补。躁进诚若可厌，然多士之乡，每数百人才预一荐，亦可念矣。臣闻救弊之法，有当宽者，有当严者。议臣尝患待补买帖之欺，欲放乡举里选之遗意。继以待补法久，未欲轻废，姑使解试，每百人取三人为待补。窃闻买帖就试者多是解额窄少数郡之士，向也百人取六，犹为不足，兹损其半，弊将愈甚。若江、湖、淮、襄，纵待补预名，其来试百不一二。至二广，则阖郡无就补者。比者胄监，请申严乡郡保官，方许参学，所谓救弊有当宽者此也。国子解补，取人实优，图牒伪滥，甚以货取。前岁怀不自安者，既首陈驳放矣。顽然无耻者，亦多幸免。照得国子牒试年分，本监移文牒官，非不详备。而监丞权轻，牒官、保官例不批上印纸，及中选然后批，所谓救弊有当严者此也。孝皇在御，科目取士，开导之方，防闲之道，两尽其至。解试每百人以六为待补，淳熙十年之制也。国子试牒官、保官，必用批书印纸，淳熙累行申严之制也。乞仰酌祖道，下臣此章，令礼部遵用旧制。如其欺伪，犯者必罚。"诏令："礼部看详。"既而，礼部国子监言："据国子博士葛从龙等聚议：臣僚乞复待补六人之额，皆是见行条制，委实可行。今蒙再下看详，未应已降指挥。契勘：待补百人取三人，系淳熙四年初行之法。方行两举，至十年，遂以百人取六人。自今行之，四十余年。近来伪冒者众，乞更待补之法，为乡举里选之制。欲变其法，未损其数，亦百人取六人。施照逐补，常有二百四十人额，若百人取三人，所取未尝加损；若百人取六人，所取未尝加增。已降指挥取三人，今乞复六名，皆淳熙已行之法，本监难以指定。乞从礼部契勘事理，申省候指挥施行。”都省照得：“国子监牒试，牒官批书印纸，系是淳熙累行申严之制。及太学待补生，每百人取三人，系是淳熙四年所行之法。兼有嘉定十四年五月指挥。今来科举在目，自合遵守。”诏令礼部：“照应已降指挥施行。”(《宋会要·选举》六之四七、四八)

十七日，铨试、公试、类试：命监察御史李伯坚监试，秘书少监郑伯诚、仓部员外郎黄桂、刑部郎中沈实、枢密院编修官兼侍右郎官卢子章考试，秘书省校书郎刘致一、太社令胡刚中、籍田令方淙、阁门舍人陈大纪、大理评事江模、赵崇晖、刘槐、主管礼兵部架阁文字叶武子、临安府府学教授潜敷、监左藏库都门富皞、监车辂院田克悉考校。(《宋会要·选举》二一之一七)

八　月

五日，国子监发解：命监察御史李伯坚监试，工部郎中秦季櫄、国子监丞钟震考试，监左藏东库李知新、主管户部架阁文字陈登、主管礼兵部架阁文字叶武子、主管刑工部架阁文字富皞、国子监书库官郑清之点检试卷。(《宋会要·选举》二一之一七、一八)

十六日，臣僚言：“窃见国家取士，自太祖开宝六年以三月复试于讲武殿，累圣相承，廷试率以三月。南渡以来，笃念蜀士道里阻修，分类省于成都预试，以便其入对。自绍兴至淳熙，廷试皆不出三月。类省得者，速装治行，不敢濡滞，悉于冬至前就道。开禧丁卯，偶类省过期，行色稍缓，廷试展用五月，盖出异恩。嗣后，即习为故常，至次年正月方启行。向者，士子必四五人共为一舟，舟楫易办。数举以来，或一二人为一舟，舟人浸成稽缓。水陆万里，风波险阻，涉历州县，关津滞留，势必至夏，始达行都。

数蒙睿旨，展期以俟其集。盛夏炎赫，皇上临轩，汗透御服，臣子殊不遑安。嘉定七年、十三年，臣僚屡次申明，而玩弛既久，终未能革。至勤朝廷，为之进类试之期，以图其速至。今类省将至，乞下四川制司，严行戒谕。期以冬至前，逐路并行起发。舟楫所至，州县随即通放，不得苛留。所有廷试日分，遵照祖宗旧制，于三月内选择，更不展期。庶使四方之士云集，奉对皆适其时，以副朝家作成之意。"从之。（《宋会要·选举》八之二六、二七）

九　月

十四日，臣僚言："窃惟开设科目，罗致英俊，贵而三事，亦由此进，可谓重矣。至如武举，素多代名之弊。如今次比试，有试卷与引试弓马日书簿字迹绝不类者，年甲不同者，已申省部，不令就解试讫。今后更加关防，兵部引试弓马之际，欲令五姓五名，先当试厅亲书，情愿结保。如有一名伪冒，保内同罚。然后引试弓马。将来武举省试，亦合一体施行。乞下礼、兵部常切遵用，毋为具文，少戢吏奸，诚为士子之幸。"从之。（《宋会要·选举》一八之一九、二〇）

十九日，臣僚言："恭惟国家重士，三岁大比，解试以八月，省试以二月，皆有一定不易之日。独是廷对唱名，临期取旨，每举不同。臣向叨甲辰末第，省试犹是正月十五日引头场，三月二十三日殿试，四月十一日唱名。淳熙己酉，臣僚奏请省闱引试展就二月一日。若以廷试常在省榜已揭一月之后，则四月间择日殿试，自不相妨。累举以来，殿试最迟亦不过五月初旬、末旬。而唱名至六月十五日，特庚辰年为然，前此未之见也。陛下乐于待士，当暑临轩，初无倦色，而群臣侍立，踧踖不安。况在廷之士，露立终日，炎赫所迫，间有委顿者，甚非所以肃堂陛之分也。臣契勘：庚辰年殿试，缘蜀道多梗，恐赴廷对者来未齐足，所以屡至展日。续据剑南节推任一鸣申请，以潼川、夔、利路至成都颇遥，欲进十日，用八月十五日类试，特俞其请。则来赴大对，比之常年，又可先期十日治行，岂不甚便？臣采之舆论，以蜀士迟迟而来，盖自有说。在法，凡赴廷对，许量带税物随行，以助旅费。向也一舟五六人共之，行计易办。后来人各一舟，货物未足，卒难起离，遂成濡滞。夫不汲汲于功名，而孳孳于财利，则是未入仕已丧所守矣。欲望圣慈令四川制司行下诸路州军，今岁类试既进十日，来年士人并要三月初到阙。如循习滞留，止将已到蜀士收试，更不再展。庶几胪唱之日，未至剧暑，朝仪整肃，以副临轩策士之意。”从之。(《宋会要·选举》八之二七、二八)

是　秋

楼观《台州增造贡院记》：儒道与天地并，所以扶持纲常于不坏不灭者也。天下不可一日无儒者之论，王公卿大夫不可一日无封殖儒者之心。不然，则生人之类，泯泯棼棼，殆未知其所终已。成周贤能之书，乡老献之，王拜受之，登之天府，贰之内史，出长入治，自是而谋王体、断国论、致盈成、开太平，皆儒者已试之效。世降日薄，竞以簿书期会为急务。凡可以钓爵禄、趋势利、逞嗜欲者，增广开拓，虽劳民殚财，召怨启谤，弗顾恤也。至若事关吾儒，漠不暇问。或者迫于故常，苟简灭裂，以具文应。有能超于积习，以封殖儒者为心，勤勤恳恳，随寓而见，要当大书特书，以诏来者，庶有补于世教，岂徒曰识建造工役之繁琐哉！赤城为郡，上应三台，下列五邑，灵岳嶙峋，灵江回复，天下言东浙山川之宏丽奇伟者先焉。人禀地灵，浸盛浸昌，三年大比，云蒸雾集。校艺于棘闱者以万计，试所隘，弗能容群趋以入，尤病乎巷之陋也。嘉定壬午，齐侯硕以儒家者流，奉天子命来治台。岁当劝驾，朱幡临视，贡院东辟，福安荆莽，凿山拓址，易旧而新，其屋千楹。而辟酒务仞墙，划地为衢，转狭而广，其途四轨，意向所感，咸思协赞。乡之国子免解进士南昌司津赵师窥、州学录林恪、经谕杨鉴、贡补杨垓，复议甃术覆渠，以平坎窞，以防泥淖。齐侯闻而劝奖，捐金给粟，助其役。郡邑之僚寀，桑梓之达士，友之同志，从风乐施。季夏鸠工，仲秋告成，扁其坊曰兴贤。履道坦夷，多士步趋，济济也。由此奏春官、策宸陛、跻仕版，求无愧儒效之已试，则封植之初心，其功用可限量哉！(《全宋文》卷六六七一)

十一月

二十九日，臣僚言：“证得宗子省试，添差点检试卷官二员，专一考校，务欲精切。窃详:宗子系二月九日引试,十一日方得考校,至二十七日攒号,计得十七日。且以应举锁厅取应言之,共计一千二百七十四人;合经、赋、论、策计之,则有三千四百九十四卷,内取应三百二十八人。两场试官二员,品搭分房,各当一千七百四十七卷。若赋、论日考百卷,尚可仅了所分之数。若经义并策,穷日之力,可考五十来卷,十七日内不过八百五十卷,则尚有未考九百余卷。推原其故,自二十五日入院,半月方引宗子试。前既空闲,自然拥并在后。欲将宗子考官二员,添入省试官内,证太、武学公试例,同共考校。既多二员,决不匆卒。又前来宗子就试别院,元差五员。今过大院,似可减省一员。况别院终场,以今年论之,有一百六十四人,若只四员,尽可从容。却以所减拨过大院,添作三员,数无增损,而考校劳逸却有通融。乞赐详酌。"《小贴子》:"若欲宗子专员考校,不拨别院试官,拟将宗子引试,趱向初一日以前。庶得宽展,无先逸后劳之患。"札付礼部,候将来省试年分检举施行。本部连送国子监指定。"据国子博士葛从龙等申:'证得省试凡半月,方引宗子。虽专差二员考校,至十一日方有卷考,拆号既迫,拥并在后。一,欲别院减一员拨入大院,同共考校;一,欲宗子引试趱向初一日以前;一,欲宗子试官二员添入省试内,证太、武学试例,同共考校。窃见三说,皆是通融。但别院试官四员,主文一员,却有避亲,并武举、省试、宗子及太学避亲公试。题目既多,拆号有限,恐难减入大院。欲就初一日以前引试。缘正月二十五日锁院,收领卷子,排比座图,恐难趱试。内将宗子试官二员添入省试官内,证太学公试例,同共考校,委实可行。'今欲从所陈,将考宗子试官同共考省试,却于考省试后,令诸考省试官同共考宗子。试卷亦无拥并,彼此通融,劳逸皆等,可精考校。今来实散免举既多,乞检庆元二年体例,增添试官,乞指挥施行。"诏:"内参详官添一员,点检试卷官添二员,对读官添六员。"(《宋会要·选举》二二之二六、二七、二八)

上舍释褐:王熙载,吕若霖,李起,吴祥,汪之道,高梦月,陈椿寿,郑少明,潘时举,韩云龙,应淳良。(《宋登科记考》卷一二)

嘉定十六年　癸未(1223)

正　月

十一日,臣僚言:"比年场屋多弊,前举增巡铺官,以防怀挟、传义。旋有败露,奸蠹非一。春官设棘,近在逾月,倘不申严警饬,则伪冒滋长。摭取其尤凡十二事陈之:曰门关,曰纳卷,曰内外通传,曰全身代名,曰换卷首纳白卷,曰吊卷,曰吏人陪《韵略》钱,曰帘内胥吏乞觅帘外胥吏,曰试宏博人怀挟、传义,曰诸色人之弊,曰帘外诸司官避亲,曰印卷子,谨条于后。臣细绎诸弊为日久,如门钥当责胥吏收买牢固者,监门官点检,不容灭裂。其引试日引放既毕,每日辰酉,请门官监开,传送饮食。如遇紧要文字,取复监试,旋请匙钥。监视封闭,不至传送不绝,庶革它弊。引试纳卷,乞选职事官将本辖人吏,监封弥所贴司交纳卷讫,点数、书姓名,入号封押,具申帘前,不许私录。已封卷子,发赴誊录、对读讫,发回封弥,入柜封锁印押,严加关防。帘内吊卷,须经监试批出誊写,庶弗纷杂,仍许辰、午两次。其所吊卷,请官开柜,监誊封锁,止许白日书写,来早续誊,庶免夜深作弊。封弥交纳卷子,监写吊卷,职事繁碎,官止两员,不足以辨。乞添两员充封弥官,庶乎换卷稍革。小册《韵略》,本计百五十文,交收之际,书铺有钱。若诗赋卷,每名就交卷吏人拘偿。胄监数百千之费,不必拘收封弥吏人食钱。礼部提辖临入贡院日,于主令内点差,仍用解试例,于御史台差近上吏人,兼提辖应干事务,不许乞觅诸色等人。仍令礼部遍关合属,将前入院人不许再差。如违,将元差人决配。试卷限锁院半月前,委郎官监印,试前三日发入,其条齪印不许将入。如漏印,请监试带到印用之。锁院后纳卷,依例令别院收试。如帘外诸司官,与考官避亲,更不用两员条法,并牒别院收试。应宏博人,巡铺八厢巡缉,如有怀挟,拘赴帘前,取旨镌斥,仍支赏钱五百贯文。若传题出外、文字入内、代名入场人,令垛赏钱二千贯文，许人告首，重作行遣，追赏偿官。其内外收买食物，临安府轮差职官，从便收买，不许科抑。将来试场，斟酌措置。”诏令：“礼部疾速严切施行。”仍令封桩库拨二千贯付临安府，五百贯付礼部贡院监试所，堆垛充赏使用。（《宋会要·选举》六之四八、四九）

二十五日，命权吏部侍郎程珌知贡举，权刑部侍郎朱著、起居舍人郑自诚同知贡举，左司谏李伯坚监试，宗正少卿方猷、大理少卿曾焕、直焕章阁枢密副都承旨吴格、司封郎官魏了翁、工部郎中秦季槱、将作少监权直学士院卢祖皋、太府寺丞王克恭、秘书郎钟震、宗学博士陈公益、国子博士葛从龙参详，将作监丞邱楝、秘书省校书郎陶崇、杨迈、秘书省正字方淙、太常主簿赵至道、宗正寺主簿冯特卿、主管官告院李大有、陈观、监都进奏院李勋、干办诸军审计司李知新、太学博士杨璘、国子监主簿王与权、国子正高熙绩、太学正李宗勉、宗学谕周直方、主管户部架阁文字陈登、主管礼兵部架阁文字叶武子、主管刑工部架阁文字富皞、两浙转运司干办公事林良显、李刘、临安府府学教授潜敷、监车辂院田克悉、监草料场门戴栩、从事郎照略点检试卷。避亲别试：监察御史康梦庚监试，吏部员外郎黄桂考校，诸王宫大小学教授范楷、监左藏库中门卫洙、文林郎宋恭、缪师皋点检试卷。（《宋会要·选举》二一之一八）

（李大有）为省试点检试卷官，时号得人者，卒出谦仲。虽廷试三人，皆其所拔。余时为参护官，联事旬月，凡皆得诸见闻。（《全宋文》卷七一一七魏了翁《李君墓志铭》）

三　月

一日，以吏部侍郎程珌知贡举，左谏议大夫朱端常监试，权刑部侍郎朱著、起居舍人郑自诚同知贡举，得合格奏名进士王胄以下三百六十一人。（《宋会要·选举》一之二九）

程珌《癸未知贡举策问诗赋场》：问：正月元日，上御路朝，发德音，下明制，加宠儒先，恩施甚备。既越日，又以张公载节惠之典未举，复命赐之。

夫元者,天运之新也,王治之始也。乾坤阖辟,原于意端,朝发九重,夕孚四海。学士大夫可不仰体明指,深探大原,而以躬行自勉哉!虽然,道非异物也。由开辟以迄于今,天地以合,日月以行,星辰以明,草木以蕃,山岳以峙,江河以流,民生以遂,人极以立,皆道也。揭之则光,委之则晦。至若流行于宇宙间,则未始一日而或熄,不为尧而存,不为桀而亡也。是故,欲与诸君议其凡焉。盖自太极一判,伏羲、神农、黄帝首发其秘者,而后之言正统,乃始于尧、舜,何邪?三圣而后,自成、汤、文、武以至于洙泗,见之《易》,著之《书》,亦可谓深切著明矣。而当时犹以为文章可闻,性天不可闻,又何邪?诸儒迭兴,同尊孔氏,同信六艺,宜若无异焉者。至其备仁义忠信之道,具礼乐刑政之纪,上祖尧舜,下法周孔,敷陈往古,掎挈当世,不知荀卿子之书果能羽翼增光邪?又若上酌天时盈缩之数,下推人事成败之端,天人始终之理,君臣上下之分,陶冶大炉,旁薄群生,不知扬雄氏之学果皆渊源洙泗邪?王通氏微而显,曲而当,旁通大义,洪阐教源,上不荡于虚无,下不局于器用,唯义所在,果足以接获麟之统绪邪?韩愈氏堤障横流,矫拂偷末,拨衰反正,洞视千古,果足以表里轲、雄,佐佑六经邪?虽然,得于心者精,闻于耳者末,繄欲动而为天下道,言而为天下则,立天下之大本,知天地之化育。道统主于上则关百圣而不惭,道学传于下则垂千古而不敝。《诗》曰:"追琢其章,金玉其相。"又曰:"薄言采芑,于彼新田。"有如发育之仁,陶成之化,鱼跃鸢飞,其盛若此,诸君其何以称之邪?其以平时陶育大醇躬行自得者,详著于篇,庶以仰承圣天子崇儒重道之意。

程珌《癸未知贡举策问经义场》:问:古今一天下耳。善审其势者定其衡,变其权,使首不轩,尾不轾,则天下可以长治而无乱,久安而无危。而世之言治者,则以为运匪胥庭,俗乖巢穴,上圣御历则极与天同,中代以还则因时施事,不知大法大经之际,果有差别否邪?夫成天下之大顺,致天下之大利者,制而用之谓之法,变而通之谓之神。审什伍以相持,明版籍以相阅,限夫田以绝兼并,定五刑以折奸暴,急农桑以丰委积,去末作以厚本业,崇教化以陶性情,表德行以厉风俗,核材艺以别官品,择精悍以习师田,修武备以严战守,申禁令以防僭差,信赏罚以验劝惩,察苛刻以绝烦暴。然则唐虞之所谓泰和，三代之所谓长久，而汉唐之所谓纪纲制度，其先后缓急亦复有取于此数条者邪？先汉初年，意度洪阔，涵之如海，育之如春，蠲租减赋，岁无虚时，家给人足，充然富庶。乘牸牡者摈街逵，守閭阎者厌粱肉。有若郡不贡士，坐以蔽贤；进得其人，加之上赏。谄谀成俗，微见厥初；砥厉清风，益严再造。一时之士，鸿毛禄位，泰山名谊，奸夫纤萌，望风摧落。抑何士习之易变若是邪？《诗》、《书》所载："戎狄是膺，荆舒是惩。"齐威越燕伐山戎，赵武灵王服单于，秦缪用百里奚霸西戎，吴楚之君以诸侯役百粤。故司马太史公有言："今中国一统，席卷四海，内辑亿万之众，岂终晏然不为征伐哉！"后遂北讨强胡，南诛劲越。大抵中国盛则戎狄微，戎狄强则中国弱，考之古而然，质之今而否。乾坤之策，阴阳之数，离合之机，消息之理，将以渐取之耶？抑一举而覆之邪？抑亦待其自亡邪？彼汉人所以固天命，系人心，维国势，其意深矣，未易诿曰不足论也。诸君抱负英奇，咸欲自见于斯世者，其根柢六经，追风三五，运宇宙于寸心，彻几微于一指。考人才盛衰之故，察天人因成之机，行之后王者或不胶于古，施之前代者或有取于今。勿迂勿迫，科别而条析之，以备明时之采择。(以上均见《全宋文》卷六七八七)

十六年春，同知贡举。不以掌文衡自居，时至考官房商榷去取，故多得名儒。蒋公重珍卷为考官所黜，公奇其策而取之。(《后村先生大全集》卷一四七《郑观文神道碑》)

嘉定癸未春，被旨同知贡举。讫事奏名，客有踵门者，坐相目语予曰："抚之新进士十有一人，而宜黄居四之一，前所希有。岂其建塔之征应乎？"(《全宋文》卷六七四四朱著《太和院续建塔记》)

四　月

十九日，上御集英殿，引见礼部奏名、特奏名进士。得正奏名蒋重珍已下五百四十九人，第为五等，赐进士及第、出身、同出身。特奏名李大同已下六百七十九人，赐同进士出身、同学究出身，登仕郎、将仕郎、上下州文学、诸州助教。同日，试武举进士。得正奏名杜幼节已下五十八人。幼节补秉义郎,陈梦雷、程一飞补保义郎,并赐武举及第。余悉赐武举出身,补承节郎。特奏名补进武校尉、进义校尉,减磨勘有差。(《宋会要·选举》八之二八)

二十三日,上御幄殿,引呈武举人射射。(《宋会要·选举》八之二八)

二十七日,臣僚言:"至和间,富弼奏请一举三十年推恩之法,欲使久困场屋者差足自慰,景迫桑榆者聊以自娱。至今行之,恩至渥矣。为士者,要当上体圣恩,安于命义可也。比年以来特科,富室之士,不顾三尺,行险侥幸,百计经营,预为地道。厚赂御药院人,于廷试之后,密写卷头一二百字,令其收执。俟考试毕,比对真卷,或在五等,搀入四等。此冒易姓名之弊。临轩试射,又将程其中否,以示升出。天威咫尺,敢肆欺罔。前期厚赂唱箭、撒箭人,以不中帖之矢入于中帖之数。于是,五等滥升四等,此冒易帖箭之弊。遂使多资庸缪之徒得侧仕版,而学古老成之士终厄穷途。乞下臣此章,明谕详定、编排官,自第一等至第五等,并大字朱书于奉试御策之下。唱第之后,将前四等真卷发下礼部,委自长贰,就御史台公共点对。或有伪冒,重作施行,庶革冒易姓名之弊。仍差清强官监视中否之箭,重立赏罚,禁戢喝箭、撒箭受赂之人。苟有犯者,士人押归本贯听读。其过财受财之人,并送所司根究,重作施行。可绝帖箭之弊。"从之。(《宋会要·选举》八之二八、二九)

二十七日,臣僚言:"窃惟国家取士之制,临轩亲策,礼遇优渥。至于场屋困踬之人,又有特科,以示兼收不遗之意,上恩大矣。臣闻之众言,以为间有多赀賫缘请托,名在五等,易置于前,侥幸一官。前举,有严州特科进士进状,诉印榜名在第四等,乞改正,纷纭不已。虽其说不足信,而物论藉藉,谓每举有此。臣伏思事关御药院,主持有官,恐未必然。第将以释寒士之疑,则莫若加之申严区处。至于特科射射,亦有代名而进。前举第五等射射多补官者,人愈议之。惟至尊天临之地,事体至重,岂容果尔!宁信之而无,万一有之,关系不细。乞令详定编排所,同御药院长官相度,将特奏名真草卷严密措置,毋致胥吏移易。并下礼部,明示以阑入之令,将特奏名射射人，每士人三姓结保，有犯则保内同罪。其正奏、特奏名对御射弓人，并令书铺认识给号，于宫殿皇城门各置簿出入，亲书乡贯。将来射射，比对省、殿试卷子，字迹稍异，与行根究。庶革伪滥，以厚士习，实有文艺者之幸。”从之（《宋会要·选举》八之二九、三〇）

五　月

戊申（四日），赐礼部进士蒋重珍以下五百四十有九人及第、出身。（《宋史》卷四〇）

二十六日，上御射殿，引呈文士正奏名射射。（《宋会要·选举》八之二八）

二十七日，上御射殿，引呈文士特奏名射射。（《宋会要·选举》八之二八）

六　月

四日，赐进士闻喜宴于礼部贡院。是日，赐新及第进士御制诗一首。（《宋会要·选举》二之三三）

宋宁宗《闻喜宴赐进士诗》：百王宾贡属贤能，事与天通讵敢轻。亲锡策名来谠直，载颁嘉宴示恩荣。风云已借飞腾便，梁栋犹须长养成。人物盛多关世道，尚坚学力究生平。（《咸淳临安志》卷一二）

恭和御制赐蒋重珍以下诗：秘书少监徐凤，秘书丞王塈，著作郎罗仲舒，秘书郎钟震、高似孙，著作佐郎刘致一，校书郎陶崇、杨迈，正字皇甫晔、方淙，读书陆持之、沈省曾各一首。（《南宋馆阁续录》卷五）

魏了翁《燕新进士》：已办书生场屋缘，枫宸入对字三千。玉阶喜得方寸地，屋漏如临咫尺天。学自孔颜期用世，道非尧舜莫陈前。便听第一鸿胪唱，衣钵如余未足传。（《全宋诗》卷二九三〇）

十四日，诏：“新及第进士第一人蒋重珍特补承事郎、签书建康军节度判官厅公事,第二名蔡仲龙、第三名赵发并文林郎、节察推判官,第四名程必东、第五名高宣并从事郎、防团推判官,第六名以下、第二甲、第三甲、第四甲、第五甲并迪功郎、诸州司、户、簿、尉。”(《宋会要·选举》二之三三)

进士名录:蒋重珍,蔡仲龙,赵发,丁伯虎,上官公举,上官时发,王九万,王公廙,王丙发,王炎震,王建封,王居实,王胄,王俊,王寀,王万,王遇,王梦应,王义端,王扔,王铎,毛遇顺,文惟古,文鉴,方逢吉,方湛,方蒙,方应龙,尹天球,艾燮,左师召,左梦高,石行之,石森,平柬,平阳大信,史佺之,包有辉,吉邦宪,吕友德,朱元龙,朱浩,朱梦青,朱梦龙,朱桧,伍梦谐,伍维寅,任一鸣,任辰之,任洵,任惟鸣,江炎,阮炜,牟子才,杜子龙,杜元子,杜辅良,李以申,李任,李行简,李连荣,李蒲,李诲伯,李鸿,李丽,贝自成,吴三杰,吴行可,吴震一,吴兴祖,何自琮,何怡,何万里,何嘉谟,何谷,何震之,余千能,余天锡,余有本,余建,汪大信,汪峠,沈既济,沈应元,沈应丑,沈应昌,宋朝英,宋儒,林幼安,林宋伟,林杲,林明之,林炎,林挺,林桷,林琥,林瑄,林魁辰,林济,林譶鸣,郁云,卓杰,季易,季晞颜,周申,周忠信,周高,周琮,周棫,周弼夫,周溶孙,周震骙,胡政,胡洙,胡嚞,胡镗,柯应明,师应极,俞诚一,俞德藻,施滋,洪中立,祝明,姚希得,姚弼,马梦炎,袁商,袁槱,袁应老,庄潚,毕允升,倪汉卿,徐桂臣,徐鹿卿,徐复,徐湰,徐简,高宣,高迁,高谦之,郭子晟,郭伯中,郭岳,唐梦弼,凌云,涂宅,涂恢,家演,陈士修,陈大章,陈子颐,陈元凤,陈友直,陈正夫,陈求鲁,陈伯璋,陈灼,陈良骥,陈南一,陈帝臣,陈宣子,陈乘之,陈逢寅,陈逢荣,陈著,陈国乔,陈琪,陈琦,陈棐,陈钦,陈瑄,陈梦庚,陈端年,陈德复,陈獬,陈应甲,陈应龙,孙次川,孙梦镗,黄千秋,黄邦彦,黄汝宜,黄秀发,黄初,黄茂良,黄直卿,黄祈,黄修,黄炳,黄炳,黄洪,黄海,黄从龙,黄清之,黄方,黄新,黄学皋,黄应凤,盛如杞,娄松逸,许梦庚,许梦开,许梦龄,章敏子,章从孙,章鉴,梁柱,张士逊,张大中,张正辰,张光复,张如愚,张伯俊,张良能,张益臣,张泾,张焕,张开发,张贵德,张檠,张烨,彭来有,彭舜恺,彭梦牛,叶及新,叶杲,叶德新,万开,葛文昌,葛崇节,董绛,董槐(误),程必东,程震龙,乔从龙,传鸣凤,傅齐,舒泳之,邹宗孟,童震龙,曾公益,曾必大,曾宏迪,曾纯,冯仲烨,冯炎震,冯惟说,汤淳,游汝梅,游继荣,游銮，强公瓘，蒲子恭，杨友直，杨酉发，杨浩然，杨寅仲，杨梦龙，杨梦龙，杨烨，杨燧，雷应云，虞复，赵子直，赵子信，赵丙，赵旦，赵必英，赵必偲，赵必溥，赵必彰，赵必渐，赵必谘，赵汝是，赵汝偭，赵汝弼，赵汝僙，赵汝偲，赵汝铨，赵汝仪，赵汝璁，赵伯湘，赵希范，赵希庸，赵希詹，赵希绶，赵希瑿，赵希丰，赵希鹄，赵希僔，赵希骠，赵希麟，赵沆夫，赵若武，赵岱夫，赵炎，赵彦居，赵彦偶，赵彦僳，赵彦境，赵时朴，赵时杲，赵时楚，赵时钺，赵时弥，赵师琇，赵师绛，赵师简，赵逢龙，赵涌夫，赵浚，赵崇沆，赵崇拚，赵崇纠，赵崇垓，赵崇校，赵崇书，赵崇畹，赵崇谽，赵崇嶓，赵崇稼，赵崇学，赵崇铱，赵崇禧，赵崇琵，赵崇琼，赵崇骥，赵棉夫，赵与汶，赵与秉，赵涀，赵需，赵广爰，赵广谊，赵宁夫，赵潜夫，赵噩夫，赵瞻夫，赵麒夫，赵兰，赵继盛，蒋安仁，蒋熊，蔡钰，蔡荣，蔡荣，蔡荐，臧元圭，臧元增，闻人知名，廖复之，廖福孙，齐振，郑公孙，郑申之，郑志果，郑起潜，郑清子，郑鼎新，郑雷震，郑闻，郑德起，熊良治，熊良辅，熊应鹏，邓子龙，邓勇敏，邓刚，邓从龙，邓选之，楼大年，楼昮，楼钫，欧阳林，欧阳杰，欧阳颐，黎弥振，鲁之大，刘三益，刘天乙，刘元刚，刘亦周，刘志，刘定，刘刚中，刘益之，刘应申，诸葛寅，潘呈瑞，潘厚，潘景华，潘梦龙，潘戴，潘骥，薛士渊，薛耆年，萧日新，萧仲丙，萧渊，萧仪凤，卢子尚，卢伯周，钱宏，钱景良，戴泳，戴宗昭，戴熠，戴翼，韩祥，韩补，钟宏，谢子强，谢元凤，谢方叔，谢用之，谢宣子，谢梦生，谢观国，应由，丰芑，苏士洪，苏元龙，苏公永，严桀，罗汝楫，罗君贤，罗浚，谭一雷，谭巽申，谭梦白，饶梦吕，顾周卿，顾梦丙，顾孺采，龚梦鲤，龚应之。

特奏名进士：李大同，上官桀宗，方易，方寅，方闻一，吕咸，朱拾，朱首谅，朱渭老，仲自强，阮杰，杜楼，李恕，李端行，李应东，李简，吴柔胜，吴嚞，吴腾，何永叔，何尚忠，何植，沈蒙，宋夏，林日严，林伯大，林杲，林昉，林揆，林畴，卓缜，周之翰，周宁甫，柯介，柯渊，柯楫，姜琛，庄敬之，徐叔云，高垣，郭庭坚，唐先胜，陈井，陈天叙，陈安策，陈孝俨，陈伯贤，陈则厚，陈起炎，陈伦，陈梓，陈云从，陈棠，陈渥，陈梦良，陈蒙彻，陈概，陈溥，黄申，黄作霖，黄信，黄洙，黄师文，黄域，黄景思，黄梦起，黄巩，麦国用，许钬，商良弼，商傅卿，商琎孙，张子华，项讷言，叶牧卿，叶端亮，葛兴孙，惠芝，程若中，曾启之，杨泰之，杨梦春，杨梦傅，蔡瑜，郑西，郑江，郑江，郑秀申，郑衎，郑康时，郑隆起，郑璟，郑澥，楼申之，刘叔侃，刘锐，刘谔，潘逵，薛履,卢雄飞,钟自强,谢涣,颜几,严济宽,罗子纯。

上舍释褐:林鼐,许思齐。(《宋登科记考》卷一二)

补进士名录:其一,陈景周。《宋登科记考》卷一二将其系于嘉定十三年进士名录,误。详说见前。

其二,赵咨。《咸淳临安志》卷一一周直方《登科题名记》:"学建于嘉定九年,至十五年始得旨试上舍生,汝是与咨,首遇兹选。……次年春,奏名南宫者十有八,并升舍,二士赐第于廷者合二十人。"

辨正:董槐,宋理宗嘉定七年进士。详说见前。

(徐鹿卿)廷对考中第二,详定官摘语忌,欲抑之,初考官胡公梦昱争之不得,犹为第十人,教授南安军。(《后村先生大全集》卷一四四《徐侍郎神道碑》)

宋宁宗《赐状元蔡仲龙》:联魁金玉龙头选,诏下今朝遇已知。上国风光初晓日,御阶恩渥暮春时。内庭考最称文异,胪唱宣名奖意奇。故里仙才若相问,一年攀折两重枝。(《全宋诗》卷二八三五)

程珌《回癸未前三名启》:比承迂顾,始遂披瞻。更尘藻缋之篇,曲示绸缪之意。划若虹霓之下饮,烂然珠贝之横陈。诵咏以还,佩服何已!某官才全而气厚,学博而行醇。平时自期古人,惟涵养之有素;一日流闻天下,宜声名之不凡。岂知世俗稽古之荣,但喜吾道逢辰之幸。某偶不遗宝,兹获观光。公孙子务正以言,已深慰于吾党;陆宣公不负所学,更远绍于前贤。(《全宋文》卷六七八二)

周直方《登科题名记》:国家受命于天,克昌厥后,本支蕃盛,英才辈出。列圣以义制恩命属籍,毋与科目之士竞进。虽有才能,郁而弗施。神宗皇帝立贤无方,不以亲废,乃诏未命者应举,已命者锁应,而同姓擢科始与寒素等。崇、观间继兴舍法,追琢帝胄,月书季考,如贤关俊造之选。此二者,皆国之巨典也。渡江以来,三岁应诏,公族之荐于春官者惟旧,而舍法未复。先是，置学宫邸，以诲近亲，屋仅数楹，绵蕞特甚。儒官虽设，课试未备，无以示劝。皇上慨然撤宫学而鼎新之，更其名曰宗学。盖宫止于近亲，而宗则属之戚疏咸预焉。岁校行艺，以次而升，悉视太、武学之制，三舍规模至是尽复矣。猗欤盛哉！学建于嘉定九年，至十五年始得旨试上舍生，汝是与咨，首预兹选。会宝玺恩阖学之士，免秋荐者百二十人。次年春，奏名南宫者十有八，并升舍，二士赐第于廷者合二十人。盛事创见，昔所未有。汝是等来谂曰："诸生叨被圣化，获玷科级，将刻名以侈上赐，讵可无以识之？敢请。"因告之曰："子之请美矣，亦尝思所以报菁莪乐育之恩乎？昔周设四教，首及于王之支庶。故明伦之义著，维城之志笃。子孙千亿，屏卫宗社，周用以强。唐之天派虽罕由监学显，而进士一科多宗室子，名公巨卿，彬彬可纪，为唐光华。今上初建学，而子辈联登，盍自奋厉，无愧于周唐同姓，以称明时作成之意，庶乎足以仰酬万一也。"诸生咸应曰："敢不勉！"乃次其词，俾刊诸石。嘉定十六年六月。(《咸淳临安志》卷一一)

魏了翁《回蒋状元重珍启》：共审锡第严宸，冠名多士。帝嘉谠论，首扬揭日之名；天启修途，为插生风之翮。恭惟某官，器资端厚，检履醇明。厉志轶群，怀孔圣无闻之惧；赋诗见志，慕邹轲不动之诚。当今兹愿治之时，论古者为仁之要。有恻怛至诚之意，无矫激近名之心。亟登乙览之荣，擢置甲科之右。正人辈出，元气攸关。某曩佐春官，幸窥朝采。方自快景星之瑞，已袖衔连锦之书。论说无疑，忠鲠既符于上意；荣进素定，持循愿谨于前修。

魏了翁《回蔡状元仲龙启》：共审显膺亲策，擢亚伦魁。天锡龟朋，荐本朝之上瑞；史占云物，庆神气之有开。恭惟某官，迪德粹明，饬躬端厚。上钧天而奏伎，得寸地以推才。历陈往昔之条章，按作方今之楷则。一枭不入，帝为嗌嘘；再掷成卢，众惊绝叫。揭贵名之日月，为直道之金汤。某再点周行，偶逢盛举。数公卿于十载，当遂复先朝之规；计温饱于三场，宜一洗俗儒之陋。

魏了翁《回赵状元图发启》：恭审才推寡二，名列魁三。耸大庭胪句之传，启盛世风云之会。恭惟某官，清姿迈俗，敏识邻几。浩养贤关，未叹六年之迟久；深探圣域，坐嗤百氏之支离。偕子大夫而造于朝，先诸老生而为之对。贯以坚疑之说，参诸通变之方。亟膺乙览之荣，擢置甲科之右。行随言著，名与实俱。某曩以庸虚，谬当品目。幸不迷李程之目，敢谓传和凝之衣！三人同行，已喜师言之惟允；一第愿子，更惟远业之是图。(以上均见《全宋文》卷七〇七六)

七　月

十日，国子博士杨璘言："恭惟陛下光履帝位，今三十年，慕道益勤，求才益切。迨兹大比，登进多士，亲策于廷，岂曰应故事而已！迩来士习卑陋，志在苟得。编写套类，备怀挟，一入场屋，群趋帘前，以上请为名，移时方散。人数丛杂，私相检阅，抄于卷首，旋即掷弃。巡案无从检察，所作率多雷同，极难选取，侥幸者众。今书坊自经子史集事类，州县所试程文，专刊小板，名曰夹袋册，士子高价竞售，专为怀挟之具，则书不必读矣。窃见《科举条制》，怀挟殿五举，不以赦原。见有三数举前犯人，并从实殿，不与放行，而书坊公然抵禁。若不约束，将见循袭，学不务实，文不该理，科目之设，愈难得人。乞申严怀挟之禁，仍下诸路运司，令州县拘收书坊挟袋、夹小板，并行焚毁，严立罪赏，不许货卖。自临安府书坊为始。"后批送礼部看详。既而，礼部国子监据太学博士胡刚中等言："怀挟之禁，非不严切。近来场屋违戾，书坊规利，撰印小册，名曰夹袋，以便其用。若不痛革，此弊日滋。欲从礼部行下诸路运司，遍州县，应书坊夹袋、小板怀挟，日下焚毁，不许货卖。严立罪赏，务在必行。本部欲从国子监看详施行。"从之。(《宋会要·选举》六之四九、五〇)

十　月

曹彦约《栖贤进士题名序》：进士赐第而归，题姓名于贡院，可以已矣。又题于栖贤僧舍，惟南康为然。则前守黄秘书粹仲倡其端，今守张著廷子宓成其美。思昔唐雁塔题名之意，有此旧事。然锡燕江上，题名塔下，唐进士侈大君赐而已，立身行己之本未见端绪。今乃拜圣贤于白鹿，齿长幼于行辈，然后槛山以为高，掬泉以为洁。虽纷华盛丽万不侔于曲江，而雅趣素志似若无歉焉者。既特书而又书之，不为赘也。曩者止于锓木，今乃勒石；曩者三岁当一易，今欲序其首而列书其后，使异时之再至者易集，而百世之不坠者可考。事至久而后精，谋以众而加详，非疏于昔而当于今也。始予序贡院题名，固已抒其心曲，凡累圣设科之本意，与父兄爱子弟之盛心，班班可见矣。今又以桑柘遗老辞不获命，而书其概，非曰能之。或以为阙焉，则近有贡院之辞在。嘉定癸未十月朔，郡人曹某序。（《全宋文》卷六六六三）

十一月

九日。臣僚言："乞下礼部，明立取士之制。今后科举，委诸路漕臣证逐郡应举经义、诗赋人数，品择试官。其有经多处，则用习经人点检试卷；赋多处，则用习赋人点检试卷。余所差官，俾从元习，分考省监等试。凡差考官，经义、诗赋，各随所习，先自考校，与主试官酌定分数，以决取舍。郡学二补，除试中教官人外，习经、赋不同者，仰守臣选官兼考。仍不得求异出题，有乖旨趣。辞章必求雅丽，经术必取醇明，毋穿凿为奇，毋怪僻为异。趋向已定，考择已精，自此彬彬文学之士，无愧祖宗之盛时矣。"从之。（《宋会要·选举》六之五〇）

嘉定十七年　甲申(1224)

二　月

二十五日,公试、铨试、类试:命监察御史康梦庚监试,著作佐郎钟震考试,主管户部架阁文字王伯大、主管刑工部架阁文字何万龄、临安府府学教授周儒行、监左藏封椿下库叶麟之考校。(《宋会要·选举》二一之一八、一九)

四　月

二十五日,诏令刑部行下淮西转运司,将秦万全、夏蜚英、柯介然、林洙、林泾,各特从徒二年,听赎,仍分送千里外州军编管。以刑部言:"淮西转运司申,光州进士秦万全妄诉林应辰冒贯就试,群众打林应辰濒死,士人惊散,几坏科举。若以中州律之,合尽法科以徒罪编管。"故有是命。(《宋会要·选举》一六之三七)

五　月

二十五日,诏:"保义郎、差充侍卫马军行司同准备将陈宗臣特降一官,拟承节郎、差充侍卫步军司同准备将陈甡追毁冒授付身,特殿三举。"以临安府言:"陈甡、陈宗臣招:互不相识,各习武举。嘉定九年,宗臣作本贯临安府,取中比试,赴解试下,不愿次年赴补,写比试三代户贯,令陈文伟卖与陈甡,得钱二十二贯文。嘉定十年,陈甡隐下本贯温州及三代,妄作陈宗臣姓名、户贯、三代,赴补中格,拨入中吉斋。嘉定十二年科举,宗臣为前举比试卖与陈甡,今赴补恐致重叠,以此作曾祖不记名,赴比试并解试,并中。嘉定十三年过省,赴殿试,赐武举出身,授前件职,见在任。陈甡在学累试,进补内舍优等,校定该玉宝赦免解,嘉定十六年过省,赴殿

试,赐武举出身,拟前件职。被缪伯恭得知因依,经都省陈诉,札府追勘,实招情犯。”故有是命。(《宋会要·选举》一八之二〇)

上舍释褐:任衮然,邵明仲,庄端孙,陈辂。(《宋登科记考》卷一二)

是　年

周子固。嘉定十七年该遇登极赦恩,准敕授忠州文学。(《宋辽金元方志辑佚·南雄路志》,第808页)

嘉定年间

魏了翁《普州贡院记》:礼部之有贡院,自唐开元始。国朝科举虽袭唐旧,而贡院之或废或置,或毁或复,至崇宁而后有定所。政和二年,从董正封之请,诸郡得立贡院。然舍法既罢,则贡院亦随废矣。蜀自中兴以来,生聚教训既百有余年,儒风丕振,应贡之士岁滋月益,而诸郡校士非学宫则佛舍也。其特为之宫者,远则六十年,近止三五岁耳。普于东川号多士,而亦寓于学宫。嘉泰中,郡人尝议卜筑,其说曰:“即学试士毋害也,而前窗后枕,士争门入者,来之皆坎也。况孔堂肃穆,而群趋错立,喧渎已甚。盍议改为?”逮嘉定以来,刘文节公、大理少卿杨昌伯、天官侍郎许成子与了翁皆欲纵臾其成,而旷日绵祀,或死或去。临卬杨侯楚望宰郡期年,郡以大治,土地于国之阳曰和庆寺,砥平席衍,而势爽明,龙泉屹左,凤山峙右,士从龟袭。乃下令徙寺,且庚邻田以益之,赋丈东西五十,南北六十。既辍少府用度之赢,又告诸本道转运、刑狱使者及卿大夫。士以补其乏,士受役要,不以厉民。面阳作堂,左个之楹五;堂后架楼,其中又为堂。列八内于东西二夹,为主司直舍。试士之庑东西乡各三列,中为堂皇,深广皆五寻。重门鼎列,封弥、誊录之司,庖湢吏士之舍,靡彻不备。迁旧庑之丽于学而材可用者,得十之一,既就绪,以书来谂曰:“伯雨为普人肇修旷典,执事师帅本道,敢徼一言,以宠灵之。”某为人记贡院、记学宫多矣,然而考诸制度之详略,风俗之厚薄,则未尝不致疑焉。且国初天下未有学也,庆历三年以后,虽用范文正公之议,诏州县立学,然学未遍而诏旋寝矣。迨崇宁以蔡京之请,州县无远小咸得立学,学官之备乃昉乎此。国初贡院废置，亦无常居。自崇宁至政和，中都外郡咸有贡院，贡院之备又昉此。夫既养士于学，又为贡士之宫以重其事，风厉作成，是宜人才辈出，以称隆指。然以今视之，崇宁养才孰与国初？崇宁以后得士孰与国初？天下之理至于制逾密而敝滋多，法既详而奸不胜，则亦必有故矣。夫所谓科举取士者，非有比闾族党月书岁考之素，直以寸晷之文、一夫之目，拔自疏贱，畀之长治，五侯三吏皆由此选，此非细事也。然而梅子其所谓四海士民之数，能言之类至多也。指世陈教，言成文章，质诸先圣而不谬，施之当世合时务者，亦无几人。夫使以言取之，而不谬于先圣，不惭于当世，则虽以言取人，未为甚失也。乃自俗流世败，有司之操衡尺、士子之揣程度者，大抵舍其德性之知，易其师友之素，而相与求合于卑谄之中。当岁大比，往往窃取朝廷余论、荐绅奏疏与郡国邸吏所传，胪分条别，纂缀以备问。使朝廷清明，君仁臣直，则上无阙政，下无谀词，正学以言，犹可得士。脱不幸而遭时之难，问绍述则赞绍述，谋和戎则赞和戎，欲开边则是开边，大抵凿经术以傅世好，刺邪说以阿有司。或者贪黩成风，则货取势夺，抑又有甚难言者。然则虽为庠序以肄其业，宫室以校其艺，其不能以得天下士，盖可亿而知之矣。中兴至今有百余载，治化休盛，士习纯美，所谓傅世好、阿有司、货取而势夺者，固无崇、政之甚。然比岁以来，不保其不尽然。脱使始进若是，则措诸事业，抑从可知。因楚望之属记于予也，慨然有感于世变之推移，故直书其事以告之者若此。或幸而刻诸石，则校士于斯，试言于斯者，其亦知所发哉！楚望三世登进士科，所居有善政云。(《全宋文》卷七一〇〇)

宋理宗 宝庆元年 乙酉(1225)

正 月

壬戌朔(一日),诏:举贤良。(《宋史全文》卷三一)

二 月

壬辰朔(一日),诏:礼部贡举。(《宋史全文》卷三一)

罗椽《进士公田碑记》:临武在汉为名县,真淑之气自南岳蜿蜒磅礴,委折而至于斯。按《桂阳志》,自周广顺元年,迄我朝嘉、治,有以父子世科者,有以白屋奋身者,嗣响不绝。《志》载人物独以是邑为首称,则亦钟奇孕秀,风气使之然尔。然绳枢瓮牖之士,率以贫为常。有与计偕者,奈何距天朝路几三千里,仆仆仰面,人以办赢粮,曾不一日少休息,则亦良苦矣。夫士有志进取,盍先养其力,养其心,且养其节可也。苟无是馁,耿耿者尚在,可以全其力于三日之试,其于进取也庶几乎!今其仆仆三者之养,殆难信其有矣,恐不能诿其责于风气之所使者焉。先是,郡庠创贡士庄,遇上春官则分给,是邑率以例请。既请矣,而其行犹曰未裕。椽幸承流,惧瘝厥职,且惧无以养吾临武之士三者之大者。乃节缩浮费,爰仿所在庄田之置,经理寸壤尺土,名曰进士田。盖士自修于家,贡于乡,升于春官,以致于天子之廷,策以当代世务,始赐第,名之曰进士。使吾临武之士闻斯名,达斯义,几何而不为进士之归欤!此吾所以不敢不以进士名,非敢求异于郡庠也。国朝宰相,非进士不拜。是科之设,初不以诸侯王子弟耻与寒酸伍,亦不以遐方僻峤之士不与道德者并。临武之士,苟能萤雪而折秋风之桂,则跃马而看长安之花,世科白屋之书,当不止于今日观。厥田若干,亩若干,步若干有奇,租课若干,具载方策,以诏来者。其岁有丰歉,则案图履亩,此其大略也。其文书契约则属之邑庠直学，其岁入租课则掌之邑佐。三岁一大比，则尽出所藏以给，一则专之，多则厘之，务在平给。区区条例如此。若讲明未详，助给弗支，后有同志，增创规广，有补斯石之阙，岂惟临武之士幸，亦榞之幸也！时宝庆初元仲春望日记。(《全宋文》卷七四六七)

是　年

洪咨夔《武举公试策问乙酉》：问：恭惟皇上，以聪喆英粹嗣无疆大历服，学聚问辨，宽居仁行，四方万里翘跂望治。诸君蒙被新美之化，可无说以禆新政？敢问舜月正元日受终于文祖，首察玑衡，以齐七政，而类禋望遍之并举，岂观天交神，庶政莫先与？异时月正元日格于文祖，询四岳，辟四门，明目达聪，惟恐或后。且进十二牧而历咨之，听言用人，又所当急也。太甲元祀，祗见厥祖，伊尹明言烈祖之成德，以训于王，是天下之政无大于法祖宗矣。高宗恭嘿思道，君臣相与告语，尤卷卷于逊志时敏之务，典学岂容缓与？成王即政，《无逸》举三宗以劝，主乎畏天爱民而已。《立政》一书，乃以三宅三俊为不可忽，终之勿误庶狱为重，意固各有在与？抑又有可疑者。禹受命于神宗，不旋踵会群后誓师而征有苗；康王率循大卞大臣进戒，未暇他及，首以张皇六师为言。佳兵不祥之器，顾先之何与？岂国之大事在戎，不可一日弛与？新服厥命，求以耸四方之观听与？人情易玩，泰用冯河之义与？君以乾刚为德，必神武英略而后足以运天下与？事有本末，物有先后，知所后先则近道矣。隆古帝王出治之序，参之今日所当先者，悉以陈之，有司将以复于上。

洪咨夔《于潜登科续题名记》：上科诏再颁之岁冬十月己未，邑令池阳程君焘修鹿鸣故事于宣化堂。诸生作而言曰："潜士登科有题名，自庆元龙飞始，阅三十年，石且溢矣。表先达以厉后进，盍续诸？"令曰："唯唯！"凤凰鸣矣，于彼高冈，地之得也；梧桐生矣，于彼朝阳，时之得也。时与地莫难乎兼得。士生王国，得其地矣；云风感召，得其时矣。其地得，其时又得，观光利宾，策名奉常，以阶显庸，顾不谓荣乎？抑涵负穹博，择精守固，出可以为邦家之光，万民之望，然后荣。名氏之书志荣也。乡校群居，藏修余隙，相与摩挲题刻，历订平生，非其研席之游从，则家庭之诏语，畴贤畴不若，类荃茅而品椒榝，其荣也可不惧乎？知所以惧则荣至矣，此贤大夫期属方来之意也。邑人洪某记。（以上均见《全宋文》卷七〇一一）

宝庆二年　丙戌(1226)

正　月

幸元龙《论取士法疏》:宝庆二年正月二十日,朝奉郎、郢州通判臣幸元龙熏沐昧死百拜,献书于皇帝陛下。臣昨因陛下诏求直言,冒上封事,专言边务,未暇他及。续睹省札行下,奏到希少,限五日遵行已降诏书,而访求廉吏之诏继颁。臣辄敢为陛下推原天下所以多贪吏之故,冒死以上。愚者千虑,惟陛下择焉。臣闻程颐有云:进士之科取士甚好,可以罗孤寒之士。近世公道大废,粗于科举稍公,孤寒之士尚可以进身。自科举之外,公道尽泯,荐举之法,最为世弊。苞苴盛行,请谒肆市,有势者翱翔云霄,而孤寒之士陆沉沙泥,夙夜以思,不可胜叹。方今贪吏布满天下者,皆基于科举之公道废也。欲革贪吏,莫若罢荐举,而用试法,庶几如进士科可以得孤寒之士,而贪冒之风少革。何也?荐举之弊,贪吏之源也。举剡非势力不能,势力非苞苴不动。选人求举剡,非有贵要之书不可也。求一贵要之书,宛转动费千百缗,甫能入手。由是士大夫败坏心术,竞趋于贪,而寡廉鲜耻矣。其未改秩也,刻剥吾民以求书;其既改秩也,摧削吾民以求偿。出入之门,致馈终身,礼不敢废;受恩之多,掣肘百端,法不敢守。上下诛求,溪壑莫填。官取其百,吏取其千,官取其千,吏取其万,相持相制,莫敢谁何。习以成风,政出于贿。独清者为人所嫉,独立者为人所忌。如是而欲天下之有廉吏,是渔于山而求鱼,猎于水而求兽耳。故曰:欲天下之有廉吏,当自罢荐举始。荐举罢而求试法,使苞苴不行,请谒不行,则才能之士拔十可以得七八,非如荐举之拔十不得一二也。何谓试法?今荐举之法,每岁除四川外,班引改官者凡六十四人。臣谓天下选人,凡有六考者宜并与之就试。其差试官如省试法。严为之禁,密为之防。与之试疑狱一场,试书判一场,试时务策一场。非进士奏补者不收试,非年未四十者不收试，曾以贪赃败者不收试，曾以惨酷罢者不收试，曾经五科不中者不收试。凡试不拘人数，每岁通取六十四人。如此，则士大夫知所以砥砺廉隅，惟恐犯赃之不得试，而贪冒之风不革自销矣。贵要无路可以置苞苴，而苞苴之风不革自销矣。选人无路可以致请谒，而请谒之风不革自销矣。未改秩者不致摧剥吾民以求书，已改秩者不致摧剥吾民以求偿。如此，则廉吏奚患其无，贪吏奚患其有哉？试法一行，非特进士可以罗孤寒之士，如程颐之言；即试改官之科，又可以罗孤寒之士，亦如程颐之言矣。有势力者其计无由行，无势力者不患不显达；无材能者其身无由进，有材能者不患不见知。如此，非徒可以销泯贪冒，亦可以激昂学问。心术日正，而气节日隆，风俗日厚，士大夫各安其分，而无躁进之心，各安其业，而无幸侥之望，则贪吏影灭迹绝，而廉吏布满天下。非特可以去贪吏，亦可以多循吏；非特可以去谬吏，亦可以多能吏。其为生灵之福、宗庙之福莫大焉。（《全宋文》卷六九三一）

庚辰（二十四日），以礼部尚书程珌知贡举，刑部尚书邹应龙、右谏议大夫朱端常、中书舍人陈贵谊同知。（《宋史全文》卷三一）

程珌《丙戌知贡举策问诗赋场》：昔者圣人之作《春秋》也，上揆之天道，下质之人纪，年不名一也而曰“元”，月不徒正也而加“王”。说者谓人君即位必改元，常事耳，不以为重。然则，果常事乎？抑重事乎？又曰：文王即位已改元年矣，而中间又改；武王即位宜改元也，而乃不改。比其受商命也，又宜改也，乃又不改。然则书元亦旧矣，奚独重于《春秋》乎？或者又言：元宜以天瑞，然则建元、元光之义，亦有得于圣人之意否乎？虽然，一者天之所为，而元者圣人之所为。盖道生一，一生二，二生三，三生万物。自三以往，则巧历不能算矣。顾变而为元，则毋乃有所执邪？及反而求之于《易》，则卦六十四也。以《乾》为首，《乾》六爻也，以健为德。《象》曰：“大哉乾元，万物资始，乃统天。”推而至于时成六位，保合太和，则元之用大矣。至《象》则曰：“天行健，君子以自强不息。”然又曰：“天德不可为首。”何邪？夫道始乎伏羲，用于黄帝，成于帝舜，上下数千载间，皆一元之功用也。然伏羲之《易》，机神义密，非文王、夫子孰能明之？至神农、黄帝三坟之书，所谓象形气之宜，原阴阳之化，与夫二圣传心之妙，则巍乎天地不足为大，纤乎尘埃不足为细，果皆合乎一元之运耶？否则，华胥之俗，泰和之风，将何道以致之耶？唐虞之廷，天同神比，都俞一堂之上。三代贤佐，当其君践阼之初，陈谟进戒，编之《书》，纪之《诗》，灿灿有序，不知孰为澄源正本之论耶？仰惟皇上躬承慈训，嗣纂炎图，收聪蔽明，急先纳问。凡危言之罔咈，正论之开明，固已山积而渊涵矣。不知其先后缓急，亦可得而言之否耶？人谓《祈招》之诗缓而未切，引裾之谏迫而不舒，不知司马温公三言之要凡献三朝，然则万言十事未免支离，而德本化枢果皆不越乎是耶？唐人《大宝》之箴，先朝《唐鉴》之作，皆献于继统之初，其言凛凛，其目绳绳，不知孰可行于今日乎？人谓一元之义不明，千载无书法；正始之道不著，百世无善治。其稽三坟之《易》，以参乎《春秋》之元；究唐虞三代之陈谟，以合乎有唐之鉴。使后圣之心一乎前圣之心，而伏羲之治不绝于三代之后。矧惟有司，恭承御札，奎画煌煌，垂训明白。曰："文辞浮靡者必非伟厚之器，议论诡激者必无正平之用。"又曰："场屋私弊，售伪乱真。法令具存，所当申饬。毋使侥幸者滥进，而忠朴者见遗。"大哉圣谟，昭揭轨范。诸生何幸，获逢初政之辰，悉吐平时之学。有司将得以观其抱负而援之，以上应务得实才之意。毋冗毋略！

程珌《丙戌知贡举策问经义场》：皇上睿性聪明，圣学超诣，日御经幄，时发玉音。凡于讲学事亲，畏天爱民，求贤纳谏，分别忠佞之事，莫不该贯古今，通达伦类，片言所加，悉中机要。而乃盛德谦冲，不居其圣，乐善忘势，好问弗倦者，何耶？盖昔者总章之访，君畴之学，盘有铭，席有戒，暨夫询八虞，咨二虢，度于闳夭，谋于南宫，诹于蔡原，而求于莘尹。凡所以卷卷若是焉者，以为非若是固不可耶？抑亦姑示其忘势耶？然当时之所咨所学者，亦可得而闻耶？虽然，帝德之运备乎圣神文武之体，而皇极之畴亦取乎沉潜高明之用。夫明而不苛，断而不愎，仁而不失之姑息，刚而不流于暴虐，好生之德洽于民心，非仁乎？四罪而天下咸服，则又非徒仁也。勇智以表万邦，一怒而安天下，非义乎？克宽克仁，惠鲜鳏寡，则又非徒义也。夫性具一德，德具万善，立我烝民，莫匪尔极。至于拔萃之才，则独称上智矣。乃有皇王帝伯之辩，岂天之降才尔殊耶？抑学力之至与否耶？

夫天也，日月星辰也。东西之行各不相谋，而周天之期古今不爽，得非其行不息、其度有常哉？不知若昼夜之有经，若四时之代行，何独至于舜而然耶？汉之武皇即大位，年未二十，崇信至道，师则先王，五六年间，号胜文景。唐三百年，首称文皇，年几弱冠，济世安民。二君非三代之后英主乎？而末年所就，迄歉其初。彼尧之兢兢，舜之业业，汤之日跻，文之不已，所谓继天而立道、与时而偕行者，果皆至圣能之？而成康已降，举不足与是耶？人谓自后世天德之论不明，蹈中庸者或不能极乎高明，体博厚者或不能配乎悠久。夫是以醇风缅邈，古道阔疏，使生民耳目不复见雍熙之盛，其信然耶？繄欲振三皇之纲，纽五帝之维，昉乎一念而被乎八荒，等乎百王之上而流乎万世之下，其论为孰笃？其指为孰归耶？其究天人之原，融古今之极，明乎乾坤不倚之德，以参乎天地常久之道，是果六经之所垂宪而百王之所共守者耶？诸君何幸，亲遇初政之辰，来应求贤之诏。御札丁宁，务得忠朴正平之士，上意渥矣。毋忘纳言之义，益殚归美之忠，有司将拔其尤以献焉。(以上均见《全宋文》卷六七八七)

二　月

丙戌朔(一日)，御笔赐程珌以下曰："国家三岁取士，试于南宫，盖公卿大夫由此其选，事至重也。朕属在哀疚，未遑亲策，爰咨近列，往司衡鉴。卿等宜协心尽虑，精加考释。夫文辞浮靡者，必非伟厚之器；议论诡激者，必无正平之用。去取之际，其务审此。"(《宋史全文》卷三一)

省试赐知贡举御札："国家三岁取士，试于南宫，盖公卿大夫由此其选，事至重也。朕属在哀疚，未遑亲策，爰咨近列，往司衡鉴。卿等宜协心尽虑，精加考择。夫文辞浮靡者，必非伟厚之器；议论诡激者，必无正平之用。去取之际，其务审此。至若场屋私弊，售伪乱真，成法具存，所当申饬。毋使侥幸者滥进，而忠朴者见遗。庶几今日设科求贤之意，获收异时分职为民之实。"(《咸淳临安志》卷一二)

(高崇)入外省，充点检官，首谓："士之涉猎浅浮者，掇拾关洛方言，窜入举文，以阿时好。最后学膏肓之疾，宜痛除之，以救文弊。"茶马使者应文叔懋之时为主文,嘉纳其说,揭之棘门,凡所拔擢,皆视其言而进退之,时论浩然归重。(《全宋文》卷七一〇九魏了翁《高公崇行状》)

癸卯(十八日),诏:“特奏第五等人,遇郊与岳祠;其愿缴敕再试者,听。”(《宋史全文》卷三一)

三 月

李昴英《丙戌科过省第一捷书三月十八日捷子到广州,二十日到石滩》:某顿首百拜上复大人朝议、亚妈孺人:某兹者荷先祖余庆、大人阴隲,省试叨冒第三名。自顾识浅才疏,何足当此?今因捷走报,谨写数字,以实其信。然乡间前此无报三名前之例,必有无厌之求,亦宜权其轻重,多不过为政首可也。恐州县有礼议,大人可谋之亲知谙识者,随时区处,即此报知。他冀精卫寝食,以迓鸿祉。某此来合受推官文林郎出身,乃庙堂送阙,亦候在外。待榜者毕至,方始唱名、赐袍笏,圣上御便殿以颁之。仍旧例入局,待注受毕日,七月初必有归期。谨此拜复,伏乞尊览。某百拜上复。某烦一哥复知大人,门径只宜依旧,不必加粉饰,遇某旧亦烦一哥呼名致谢。

李昴英《丙戌科过省第二家书》:某顿首百拜上复大人朝议、妈妈恭人:即辰季春,恭惟尊候动止万福。某兹者叨冒正奏第三,无非大人平日积德之验。但开榜之后,百费丛集,租一屋在学前,庶得王魁、张魁亦在左侧。某所赁之屋,一月二十券,捷人与诸人来贺亦五十券。受札之始,凡百物件,皆是新置。如买轿皂衫袍、带幞头、朝靴、一身衣服。轿番四名,每月二十余千;书司厅子二名,每月亦十五千。已至借仆一日十余人。况某不谙此间新第事体,只得挈张上舍德明事与之商榷,庶得适宜。日间供膳,皆是己出,出二元信费二十千,未用一百余券。自惟窘乏不能措,只得转假之乡人,候回日偿之。有便可报陈宅,必有钱助费,但非亲实人,不容付之来也。书铺来呈丙辰科事例,到五月中方唱名入局,以至受阙,并其它礼仪亦七月初方毕,到冬方有拜侍之期。所喜二状元相处甚得,有事必日来相报,出入皆同行。大魁台州人,三十四岁;榜眼亦台州人,六十余矣。凡见主司及朝士，皆与之同。及见邹尚书，彼再三丁宁，未要相见诸朝士，某自此不出。诸同年及乡曲相识官员，日间相见常一二十人，只得奔走报谒，不容已也。某兹者本经出王太傅定房，参详丁郎中黼，知举邹尚书应龙；论在林太博良显，策未知在谁房。三场未经改削，未敢附去，恐有人问，但以试官所批示之。某此回例受推官，已令人寻访江西、广西诸处。自揣疏于吏事，亦须一年以上可也，亦但言其概。已至两处店主人书铺，亦须百以上千；请两人作四六，亦须百千。事体大概始末，非千券不可。乡间风俗薄恶，多言某受人系着不可信。某新得一第，尚要前程久远。

李昴英《丙戌科过省第三家书》：某伏以春律向盈，韶光未减，恭惟大人朝奉、亚妈孺人尊候动止万福。某自得捷，当夜即发家书与捷子，又附一运司走文字人，想皆到矣。然潮州陈子谅必争先，但以家书为实。犒捷之资，必候潮、广两处人俱齐，方始酌其轻重，不可作两项支与。某尝会张魁，渠云：乡曲捷人必待八九月自归，方始结付，乃其乡例也。恐未有钱，推以待某归尤佳。小人无厌，骤多与之，彼必求索无已，更在斟酌轻重，合数报人，共二百上下可也。某自归榜后，终日奔走，及归安下处，则诸公来访，及同年诸友相见，求入局者甚众，应酬无暇。来见邹先生，丁宁勿出，某恪守此戒。然程中书、陈中书皆遣人来请见，不容不往，以至某文字出渠房者皆往一见之。然诸公以某远方人，忽在前列，皆有愿见之意。凡所造见，甚荷温接。相见必问堂上，及闻某具庆，则歆羡不已。又问大人之年，某乙未对，尤加羡焉。其问娶否，则以已缀亲对。书铺呈甲辰例，唱名在五月十二，缘其年混补，别来试所未闲。今岁既无混补，必须待出局及注差了毕，必七月终方有归期。前日局中合干人来参，书吏、厅子、虞候、上名事官，每位三四十，某不敢留，使且待入局。京城桂玉之地，日费不赀。王魁缀其同舍宁国府杜丈之女，岳翁为之支遣；张魁乃宰执侍从，撰述文字人，故诸公送馈良厚。惟某乏素，其接待礼数、出入仪从，只得勉强随之。乡间义约钱一百券，带来四小铤，梁干又借去一笏。虽鬻之笏，犹有窘乏之忧，不免就施丈假借。渠又要归还七百足，更与渠商榷如何，势亦只得就渠借也。家亦不必附钱与之。但龙涎香可买数两，素馨汤、茶饼

之类可买二三十瓶,作人事。戚家苏合香丸、感应丸亦买数两来,更白拂手数条云云。(以上均见《全宋文》卷七九四〇)

四　月

李昴英《丙戌科过省第四家书》:某百拜上复。即辰清和在候,恭惟大人朝奉、亚妈宜人尊候起居万福。某伏自尘忝之后,三附问安之书,想已俱到。后遇乡间补试诸丈,询及家间动静,三月廿八日某人抵京,复接家书,深用慰浣。某自箭桥移居学前,非报谒官员不敢轻出,凡事不敢轻举。张德明以私试回斋,适惠州朱新恩篆至,某遂校之同楼。复留一房以待伦耀卿,而四月初彼犹未至也。日来诸厅贺吏已拨剔稍定,惟是同年之求入局者,多挟朝贵,或托相知,颇为所挠,只得随轻重区处。至于潮、惠、南雄诸同年,既是一路,不容不存之也。唱名亦未有日子,想只在五月初间矣。所费浩繁,已就施丈借五百券,家间亦不必寄钱来用。若有所争不多,不必与较;若大段相远,某做一道理,此不足虑。某前者已修札达之陈宅,不知彼曾来相贺否?朱新恩篆文雅且贤,与之相处甚得。彼遂有续弦之意,大人便问发与令往说之。朱丈乙巳生,可与为亲。邱丈亦知其五行,若消耗之,便中垂示。有一札达之广平公,少叙谢意。人旋甚亟,漕台仓舶书未发,尚需别进。未由省侍,伏乞倍加调护,以介鼎来之祉。某下情祈祝之至。某百拜上复大人朝奉、亚妈宜人、六叔朝奉。(《全宋文》卷七九四〇)

六　月

丙申(十三日),御后殿,赐进士王会龙以下九百八十九人及第、出身有差。(《宋史》卷四一)

丁酉(十四日),赐特奏名进士林石等。(《宋史全文》卷三一)

进士名录:王会龙,李昴英,上官翼卿,王公友,王文贯,王廷瑞(误),王廷瑄,王仲寅,王仲雅,王希声,王定,王禹钧,王祖孙,王烈,干晟,王采,王唯元,王翊,王万,王钦,王湜,王巽辰,王瑀,王梦次,王梦祥,王梦应,王维,王震定,王兴叔,王显文,毛炳,毛鞠仁,勾复之,勾德纯,方文贤,方洞叔，方雷作，孔元善，水丘袤，甘振叔，甘倏，甘琞，甘节，艾釜，艾庆长，左文翁，左文杰，田元焕，田文虎，史元美，史公度，史仲寅，史次秦，史起，史晋，史达卿，史瑞玉，史义之，史觉，丘觑，白子孙，白有中，邢濛，吕之，吕炎，吕开，吕桥，吕应辰，朱日炎，朱引应，朱准，朱篆，朱礼，仲寅之，任用之，任炎复，任腹，伊震发，江泰夫，江寅，江万里，江燧，池师鲁，安伯恕，阮逢源，阮国宝，牟濛，李山甫，李天瑞，李午孙，李介石，李申锡，李廷评，李多，李角，李炎之，李居安，李南金，李桂，李晁英，李从，李万，李道成，李梦能，李荣夫，李纶，李庆，李应彪，吴巳之，吴子良，吴子源，吴宗夫，吴宜济，吴洋，吴从善，吴庆之，何斗南，何光华，何附凤，何伦，何逢吉，何处任，何翊凤，何弼翁，何谦之，余冲，余信，余肆，汪文，汪玉，汪应时，沈炎，沈晟，沈膺，宋安之，宋枅，宋宗，宋时来，宋益，幸应中，范子郊，林子文，林子云，林充国，林杞，林宗迈，林孟治，林洪源，林桂，林訔，林翀子，林从周，林尧章，林尧焕，林梦龙，林劢，林诛，季著，周一龙，周申，周居安，周勇，周得之，宗寔，封寿元，胡天启，胡良，胡侁，胡宗儒，胡淡，胡震，胡应梅，韦诚之，侯申锡，施炎卯，施从龙，姜士龙，洪天赋，洪天锡，洪坎，洪佐，洪升，洪梦炎，祖吴，祝如川，祝沂，纪济，马光祖，马昆龙，马登龙，袁鼎东，袁衡，莫子文，桂柔夫，桂诛，夏元吉，夏武，夏吁，倪举，伦次陆，师祖敬，师舆，师应极，师显行，徐一鸣，徐天麒，徐元德，徐章，徐梦衍，徐雷开，徐经孙，徐晔，徐璇，徐藻，翁大有，翁日就，翁永年，翁甫，翁季孙，翁承检，留宗传，高嚞，郭存中，郭熙，唐桂，唐凤，涂迈，陆祺老，陈一震，陈又新，陈士晋，陈斗应，陈立伯，陈有成，陈如霆，陈郃，陈和甫，陈秉善，陈孟震，陈桃，陈贯之，陈绂，陈诏翁，陈梦斗，陈梦弼，陈槐公，陈雷，陈翥，陈寿翁，陈樵子，陈篚，陈骏之，陈应已，陈应龙，陈鐩，陈岩翁，陈铸，陶虎，孙文子，孙正葵，孙因，孙俞，孙梦观，孙懋德，黄君，黄君赏，黄季果，黄起硕，黄时发，黄师雍，黄师銮，黄敬，黄复，黄梦应，黄旸，黄炜，黄端方，黄端亮，黄宪，黄缜，梅世建，梅均，梅铸，曹友闻，曹功臣，曹永年，许炳，许鼎，章大醇，章平与，章琰，商景春，梁应庚，扈震荣，张一鸣，张子昌，张文翁，张申子，张桂，张商佐，张应运，张麓，彭世范，彭演，叶天藻，叶酉发，叶振文，叶浚，叶参，叶微，叶端平，叶浚，葛炎，葛新，董梦龙，揭思愿，单铨，程首叔，程琳，程雄，程辉，程应振，傅拱，傅宝之，傅巩，舒瀛，童元，恽文，曾光杓，冯大震，冯子威，冯扞，冯基,冯端荣,冯履类,湛若,汤中,汤冲,汤纪,游似,游藩,游镕,费登,蒲允辰,杨大雷,杨大震,杨子申,杨仁寿,杨光发,杨似之,杨汝贤,杨兑,杨炎震,杨俊甫,杨恢,杨烈,杨寅,杨参,杨栋材,杨遂,杨瑾,杨震云,杨庆之,杨环,杨应廉,杨献之,贾蒙,雷震庾,裘由庚,雍长统,雍宗道,赵八夫,赵公迄,赵必延,赵必升,赵必迥,赵必洪,赵必莘,赵必躬,赵必逢,赵必曼,赵必循,赵必逾,赵必遂,赵必楙,赵必德,赵必豫,赵必谕,赵必临,赵邦夫,赵至夫,赵汝卞,赵汝迈,赵汝吕,赵汝沔,赵汝育,赵汝炬,赵汝珇,赵汝柳,赵汝昭,赵汝急,赵汝华,赵汝桂,赵汝峿,赵汝伐,赵汝悕,赵汝堂,赵汝偪,赵汝訦,赵汝庶,赵汝淞,赵汝期,赵汝棣,赵汝贻,赵汝嵒,赵汝钦,赵汝禄,赵汝楳,赵汝概,赵汝粲,赵汝与,赵汝裔,赵汝墇,赵汝漕,赵汝绾,赵汝奭,赵汝儒,赵汝镃,赵汝耀,赵汝锵,赵汝腾,赵汝欢,赵汝鉴,赵汝栾,赵汝簧,赵汝钥,赵作夫,赵伯代,赵希山,赵希斗,赵希北,赵希由,赵希岑,赵希佚,赵希伺,赵希汴,赵希青,赵希叔,赵希俢,赵希孪,赵希珆,赵希洺,赵希祐,赵希郭,赵希埵,赵希逸,赵希渠,赵希隆,赵希净,赵希驭,赵希域,赵希惪,赵希发,赵希琛,赵希概,赵希佣,赵希谘,赵希袆,赵希炗,赵希儆,赵希诵,赵希诲,赵希绹,赵希瑾,赵希导,赵希战,赵希谌,赵希瑟,赵希苊,赵希桧,赵希篝,赵希庞,赵希龚,赵沂夫,赵若琚,赵若景,赵若揩,赵若炼,赵若烛,赵英夫,赵忞夫,赵泮夫,赵孟修,赵孟珣,赵孟坚,赵孟敏,赵垞夫,赵挺夫,赵保夫,赵奕夫,赵彦仡,赵彦佐,赵彦岳,赵彦相,赵彦侯,赵彦根,赵彦秘,赵彦俛,赵彦崝,赵彦扬,赵彦钮,赵彦谷,赵彦嶒,赵彦橦,赵彦腼,赵彦弥,赵彦籥,赵耆夫,赵时乃,赵时伸,赵时范,赵时来,赵时柝,赵时勇,赵时夏,赵时傚,赵时御,赵时斌,赵时芎,赵时迩,赵时观,赵俾夫,赵师回,赵师周,赵师亮,赵师崟,赵师葑,赵师锏,赵师缉,赵师霖,赵畲夫,赵悌夫,赵容大,赵桷夫,赵崇允,赵崇伋,赵崇仰,赵崇夙,赵崇兑,赵崇沐,赵崇玭,赵崇昔,赵崇明,赵崇昂,赵崇侑,赵崇俯,赵崇佾,赵崇要,赵崇保,赵崇洽,赵崇刚,赵崇坚,赵崇悆,赵崇焕,赵崇淏,赵崇阶,赵崇斌,赵崇游,赵崇琭,赵崇照,赵崇微,赵崇诔,赵崇诚,赵崇博,赵崇滂,赵崇需,赵崇儆,赵崇瑺,赵崇霄,赵崇赏,赵崇禩,赵崇朴,赵崇澥,赵崇柽,赵崇嵘,赵崇偿,赵崇储,赵崇膺,赵崇篚,赵崇丽,赵崇谔,赵崇夔,赵崇宝,赵敢夫,赵敷夫,赵勋夫,赵杰夫,赵慨夫，赵善书，赵善诒，赵善发，赵善畹，赵善雝，赵善燊，赵尊夫，赵割夫，赵远夫，赵盟夫，赵与侫，赵与言，赵与侔，赵与玳，赵与昱，赵与升，赵与珗，赵与栞，赵与连，赵与时，赵与秩，赵与堂，赵与翊，赵与善，赵与曾，赵与焰，赵与概，赵与铝，赵与璋，赵与橡，赵与审，赵与机，赵与疆，赵与谲，赵泮夫，赵端芑，赵胥夫，赵漪夫，赵瑻夫，赵熠，赵穷夫，赵窥夫，赵磻夫，赵丰夫，赵镕夫，赵雍夫，赵瀜夫，赵巉夫，赵烍夫，赵继代，赵继承，赵继准，蒋孝恭，蒋孝参，蒋南金，蒋逢泰，蒋规，蔡安国，蔡端夫，蔡潜夫，臧元坚，闻人垣，廖友文，廖武子，廖洪宁，廖应刚，郑士颖，郑少嘉，郑公望，郑申，郑必大，郑列，郑宅，郑安之，郑奇，郑师申，郑唐举，郑发，郑梦登，郑概，郑浚，熊苗，邓丹祖，邓应元，楼攸，樊应亨，樊应龙，黎霔，刘巳，刘文星，刘文瑞，刘戊，刘至能，刘光，刘希辰，刘金龙，刘奎，刘炳，刘宬，刘栋，刘复，刘嘱，刘骐，刘简子，潘津，潘康子，潘应芾，薛从龙，萧世英，萧垚，萧逢辰，卢同父，卢淞，鲍逊，戴棨，魏有声，魏国华，魏鼎，钟鉴，谢伯林，谢洪，谢尧夫，谢枢，应文炳，应松鉴，聂焱，藩允，颜英，颜耆仲，苏方子，苏国兰，苏辅，严元龙，严宗，罗大经，罗仁，罗先，罗仲宾，罗叔度，罗盛得，罗梦祥，罗应雷，谭文郁，顾云翼，顾儒杰。

特奏名进士：林石，王大成，王彦大，王震，王济，丘方，丘锡，令狐彦深，朱义方，伍林，牟用卯，李必万，吴中鲁，吴良弼，吴梅卿，何宗德，邵该，林及，林得周，林梦鉴，林衢亨，林灏，季时选，周元榘，柯宗德，徐千能，郭沆，唐瀛，陆垣之，陆从龙，陈一龙，陈士泰，陈元扬，陈光辅，陈作义，陈伯范，陈梦得，陈震，孙梦元，黄元恭，黄不欺，黄升，黄桂，黄瞳，张必强，张翊，曾自诚，杨庠，杨云庆，杨寅申，赵宁，蒋祥开，郑士宗，郑申卿，郑经，郑应龙，熊次文，邓登，黎梦华，刘崇，薛熙载，魏壬良，谢发，谢玭。

上舍释褐：林任，林应龙，陈显伯，张景忠，郑斗祥，郑士谟，刘卿月。（《宋登科记考》卷一三）

补进士名录：其一，江晔。《全宋文》卷七四四二袁甫《江夫人巢氏墓志铭》："晔，丙戌奏名，调峡州宜都尉。"

其二，文复之。《宋登科记考》卷一三据魏了翁《荐三省元奏》和《至正金陵新志》卷一四将其系于绍定二年进士名录，误。魏了翁《荐三省元奏状》:“今伏见宣教郎、前利州路转运司干办公事文复之,始以明经为四川类试第一。会绍定二年诏免策士,复之遂以前例置之进士第五,而视恩鼎甲。”(《全宋文》卷七〇六〇)宝庆二年“诏免策士”,绍定二年当为宝庆二年之误。又,《至正金陵新志》卷一四:“合州人文复之,字廷实。治《易》,王会龙榜第三名及第。”王会龙是年状元。

其三,冷应澂。《宋登科记考》卷一三将其系于绍定二年进士名录,误。《宋史》卷四一六:“冷应澂,字公定,隆兴分宁人。宝庆元年进士,调庐陵主簿。”宝庆元年非科举年,当为是年之误。

辨正:王廷瑞,宝祐四年进士。《全元文》卷八七王义山《亡嫂孺人周氏墓志铭》:“归于我先兄。……生二子……次廷瑞,出继祖母舅杨氏后,丙辰科南省正奏名。”《宋登科记考》此处据此条资料录入,误“丙辰”为“丙戌”。

以锁厅宗子第一名若播学深《春秋》,秀出谱籍,与补保义郎,特赐同进士出身,仍换修职郎。(《宋史》卷一五七)

刘宰《贺赵居父若琚登第》:词场闻夺锦标归,好是斑衣映绿衣。永日湖山供赏咏,好风宫殿正清微。堂新六桂光宸翰,庭秀双芝焕彩闱。肯向长安夸得意,妙年伯玉已知非。(《全宋诗》卷二八〇七)

李南金《登第后画师以冠裳写真戏题》:落魄江湖十二年,布衫阔袖裹风烟。如今各样新装束,典却清狂卖却颠。(《全宋诗》卷三一六二)

程珌《回丙戌前三名启》:读苏公之论,观仁祖之朝。四十二年,凡十三榜。登一二三之鼎甲,得三十九之伟人。不至三台,仅止五士。盖选拔悉乎于人望,故登用不专于科名。由是而言,得人乃重。以今准昔,胡独不然!某官学老而才雄,气和而色正。惟十年玄豹,养雾雨于重山;故一日骅骝,追天风于万里。充其可至,端未易量。猥辱临门,更烦染翰。凛若寒松之谊,烂然春藻之华。某尝试已昏,何堪再割?独幸冀北万群之地,犹识洼滨八尺之奇。然昔日杏园,常自惭其未至;顾他时云路,更快睹

于先登。(《全宋文》卷六七八二)

戴栩《答李状元启》:簸明月于海水之南,香名藉甚;奏繁露于帝庭之右,鼎甲岿然。敢云袖贽之勤,肯逮襟期之冷。既惭后贺,深慊先施。恭惟状元正字郎中,才擢鲸牙,学传麟笔。百王轨法不可易,究厥本元;北方学者未之先,是为豪杰。果以颉颃之佩,彻于清燕之旒。得董仲舒、公孙弘出焉,有光初政;若陈了翁、韩献肃云者,益勉壮图。某猥以具员,获观盛事。前龙媒于伯乐之厩,所愧因人;投鱼目于隋侯之旁,何以为报!空怀颡泚,莫既心论。

戴栩《答王状元启》:开亿万年宝历之休,大明丽极;续四十三黄扉之句,魁哲应期。方同衣冠交贺之欢,乃辱车骑惠来之宠。曷酬先贽,聊饰片辞。恭惟府签状元郎中,望屹神人,学溯圣处。借历代之大训,鼓行东序之区;压杓端之六星,冠在南宫之纪。虽谅默未遑于亲策,而句传首重于得贤。风采耸闻,善类快睹。不负平生之学,是曰初心;尽循先辈之规,有光旧事。某滥焉程校,荣此旁观。所愧因人,览日华而喜愕;自知匪报,袭云采以珍藏。颂咏深勤,掞裁难罄。(以上均见《全宋文》卷七〇三二)

郑霖《丙戌期集所代亚魁上知奉程内翰治易启》:滴露研朱,尚作蝇头之注;磨煤书淡,忽联鳌首之名。虽弗利于好竽,抑无虞于按剑。盖难莫难于遇主,乐莫乐于知音。如是际逢,若何报称!窃以马图出而文字见,蠹简烦而科目兴。不谓上世开物之书,反为后来干禄之具。自世更三古,人更三圣,厄秦犹见于全经;奈师自一说,学自一家,涉汉交持于异议。天开我宋,时生巨儒。自开基首访于孔堂,故命讲爰先于羲画。探索赜隐,钩穷渊深。陈图南悟其几,有李、穆抽关而启键;周濂溪酌其妙,有张、程反本以寻源。义理会其精微,辞章准其奇法。盖有关于世教,岂徒擅于文场。况六阳御乾之时,正重明丽离之始。不惟祖元德以保合,又将观人文而化成。虽当元默思治之朝,不废选举扬言之典。必务得文体之厚实,斯克反古朴之胚腪。苟非其人,有负此意。如某者,韦编未绝,铁砚欲销。旅食京华,微咏杜少陵辛酸之句;足遍天下,曾无太史公高迈之风。奇奇似怪,非求人知;落落难合,不与时偶。户外之屦虽满,甑中之尘自如。两捉月以得蟾,复遇风而退鹢。有来问学,得吾道以能东;反欲移文,访故山之在北。已自甘于草芥,岂望收于桑榆。未尝有一日之长,何以次群英之冠。慊然怀愧,得之若惊。兹者伏遇某官,名重泰山,脚踏实地。潜虚太玄论,造微妙于象数之先;太极经世书,得旨趣于筌蹄之外。文章自为一家法,道德卓为诸儒宗。风节回众流而独航,议论为四方而立的。当宁欲新于士检,诏公仍付于文衡。宋奉常再领省闱,取王元之等皆知名士;欧内翰兼知贡籍,降苏子瞻亚疑是门生。固知无明月之暗投,自恐乏阳春之寡和。肆蒙采取,倍切凌兢。某敢不味《坤》爻直内之辞,酬《泰》道包荒之量!上期不负于天子,下将无叛于师门。改箕子为荄兹,宁袭专门之陋;因周象识典礼,庶通治国之方。一经品题,永以铭刻。

郑霖《丙戌期集所代亚魁谢参详周司业启》:诵先生进学之规,愿为籍辈;听吾榜得人之语,愧在卢前。进以公衡,荣幸华衮。敢因展敬,庸谨修辞。窃以师道立而善人多,教法备而英才出。斯文非自为之高下,君子诚默提其重轻。胡安定之掌成均,始识体用之政;欧阳公之司礼部,痛排险怪之非。风日清晏而凤皇和鸣,雷霆震惊而狐鼠詟伏。唐文至贞元而三变,汉化逮建元而一新。道不虚行,人为宗主。上规姚、姒之混混,下摩韩、柳之苍苍。以乘百年兴起之机,尽扫积习委靡之弊。庶光首选,无忝言扬。如某者,韦编一书,铁檠三尺。青衿受业,或驰籍甚之声;皓首穷经,自起纷如之叹。抱荆山之璞,自侪于泣下;弹空桑之瑟,不工于求齐。曾无元谭奇所作以流行,但有冯宿见其文而叹息。方将从鹿豕于天台泉石之下,安望化鹍鹏于霄汉风云之间。岂谓彩笔之吹生,亦许枯根之向暖。过眼无五色之可取,点头有一字以为褒。未知性学而蒙理致之称,素乏风骨而辱雄健之予。胡忝师诲,以为己荣。兹盖伏遇某官,心学精微,性资冲粹。以旧游之冠带,鸣于乐之鼓钟。沃之周情、孔思之文,尽沾剩馥;赓以文王、虞氏之操,默动真机。道足以为诸儒宗,言足以为当世则。转移三光五岳之气,剖断诸子百家之偏。敛以铸颜,喟然予点。绳墨既定,楹桷兼收。致使瓠虚,亦能颖出。某老当益壮,凛然不雕。耻为温饱之图,勉竭忠孝之节。经品题,作佳士,滥居举子之先;怀仁义,事吾君,愿

罄平生之学。以兹铭德，罔既镕辞。(以上均见《全宋文》卷七八六九)

李昴英《丙戌科过省第五家书》：某顿首百拜上复。即辰炎伏在候，暑气方殷，恭惟大人朝请、亚妈安人尊候起居万福。某偕璧英在此如常，毋在留意。念六月初二日陈全付至家书与陈宅书信皆到，官券五百贯已如数得讫。十三日上御文德殿，移御榻，临轩引见前三甲人三名。前作一班，相去才咫尺，日表龙姿，俨然在前。余四甲、五甲人只在殿门之外，不及见也。礼毕，三名前就幕次，各赐食七品，罗满几案，精美可挹，累科所无也。中贵、快行、卫士来索谢恩诗，即时就换袍笏，是时驾已入内，但抱敕黄拜殿门而已。三名先谢而出，即重戴乘马，所喝迎导如每科仪。但未过太庙，不审其仪也。(《全宋文》卷七九四〇)

十　月

程珌《送王状元归天台序》：天台王君，宝庆丙戌进士第一人，佥书威武节度判官公事。其年十月七日来访，谓期集已事，今将束书而归，念无以寓其卷卷也。于是，为之言曰：方岁孟春，天下之士云集京师，求试于春官者不啻万人，而君以宏才正学，裒然为举首。今归也，天台之山川草木，咸添秀色。而里中父兄子弟连车接袂，相与迎且贺于里门之外。且家诫其子若弟曰："读书应举，不当若是邪！"嘻！亦荣矣。然尝考建隆迨今凡百一榜，举首百一人，其为台辅者六人、执政十二人，自余登法从者殆不胜算。先正有言："士之膺是选者，知其身必达，故自爱重而不肯为非。天下公望，亦以鼎贵期之，故相与爱惜成就，以待其用，"至哉斯言！万世不易之论也。仆故取而书之，以当赠言。(《全宋文》卷六七八三)

是　年

至理宗朝，奸弊愈滋。有司命题苟简，或执偏见臆说，互相皆驰；或发策用事讹舛。故士子眩惑，莫知适从，才者或反见遗。所取之士既不精，数年之后，复俾之主文，是非颠倒逾甚，时谓之"缪种流传"。复容情任意，不学之流，往往中第。而举人之弊凡五：曰传义，曰换卷，曰易号，曰卷子出外，曰誊录灭裂。迨宝庆二年，左谏议大夫朱端常奏防戢之策，谓"试院监大门、中门官，乃一院襟喉切要，乞差有风力者。入试日，一切不许传递。门禁既严，则数弊自清。士人暮夜纳卷，易于散失。宜令封弥官躬亲封鐍卷匮，士人亲书幕历投匮中。俟举人尽出院，然后启封，分类抄上，即付誊录所。明旦，申逐场名数于御史台检核。其撰号法，上一字许同，下二字各异，以杜讹易之弊。誊录人选择书手充，不许代名，具姓名字样，申院复写检实。传义置窠之人，委临安府严捕。其考官容情任意者，许台谏风闻弹奏，重置典宪。及出官钱，立赏格，许告捉怀挟、传题、传稿、全身代名入试之人。"帝悉从之，且命精择考官，毋仍旧习。旧制，凡即位一降科诏，及大比之岁，二月一日一降诏，许发解，然后礼部遍牒诸路及四川州军。至是，以四川锁院改用二月二十一日，与降诏日相逼，遂改用正月十五日奏裁降诏。(《宋史》卷一五六)

宝庆三年　丁亥(1227)

曹彦约《论牒试札子》:某窃见科举之弊,莫甚于牒试;而牒试之弊,莫甚于作伪。盖解额之有广狭,士子之有众寡。广而寡者,固已安其分;则狭而众者,必思所以为之计。朝廷以承平日久,士子日盛,设为牒试之法,宽其进取之门,末节细故,未暇深察。于是,改乡里以就他人之贯,改三族以认他人之亲,甚者改其父祖,改其姓氏。若得若失,尚未可知,而欺君之迹已昭昭不可掩矣。今国子监牒试,其弊尚少,某不知其本末,未敢遽议。惟是漕试之弊,积习既久,士大夫互相欺诈,恬不为怪。败坏士子心术,莫甚于此。盖尝反其本而思之,立法之初,其意甚悉。户贯之必欲土著,保结之必用三姓,虑其居乡之无行也,虑其家世之当锢也,虑其科举之有殿罚也,虑其期以上亲之有丧服也。今乃欲改其户贯,改其亲戚,改其父祖,改其姓氏,任意所欲,不定员数。时举摘一二尤者而惩戒之,于事无补。律以科举之法,无一可者,则改而更张之,不可缓也。好事者深知其不便,求其说而不得。欲增解额则难立限制,欲均解额则侵及它郡。欲废漕额以益诸郡,不特旧额不等,极费区处,而所部之亲戚故旧,有决不可不避者。变旧法以起争端,终不可久,无已,则有一焉。在内有职事官,朝廷之所选用也;在外有监司帅守,朝廷之所责任也。大郡之有通判,小郡之有签判,转运司之有主管文字,诸路之有川、广、福建。又远地之多士子处也,与其诈伪避亲而使之冒试,孰若严其保任而许其牒试?随其官职,分其等差。若监司、帅守可举十人,中下郡可举七八人,通判可举五人,主管文字与签判可举三人。川、广、福建不在此位者,不过一二人。职事官之牒门客者,当如其旧。其以川、广、福建牒者,郎官以上不得过下郡之数,寺、监、丞以下不得过通判之数。明载之于宪章,密参之以法令。曰:此某人者,乃某之子若弟也,某之亲若故也。或曰:虽非某之子弟,某之亲故,而某前知其为人也。其居乡无失行也，其家世非逆恶也，其场屋无殿举也，其亲属无丧服也。后有异同，甘朝典不辞也。如是而行之，与今时牒试之法无以大相过。不增发解，不拂人情，而解额之狭处与士子之众处，受其利如前日也。但前之为法，不许其保任而容其诈伪；后之为法，不容其诈伪而许其保任，其利害相去何如哉？然州县官之牒本路，可以稽考；而监司、帅守之牒邻路，容有泛滥。且如两浙路与江东、福建为邻，而又与淮东为邻；湖北一路与湖南、江西为邻，而又与淮西、京西、夔路为邻。若只许一处，则地里有不便；或分之数路，则涣散而无统。须合与之关防，立为限制，应监司、帅守牒过员数，并限七月三十日以前具申礼部。礼部总其名数，并限九月三十日具申都省，备牒御史台、谏院，则其弊可革矣。至如四川解试，日分不同，又须比附日限，别作区处。但今岁科举在近，难以骤变旧规，亦不敢以鄙陋愚见，以为尽得天下士子之情。欲望圣慈下臣此说，付礼部监学熟议之，与众人图维之。如或可行，以备戊子岁漕试科举之用。恐于名教，亦有万一之补。不胜大愿，伏乞钧照。(《全宋文》卷六六五七)

程珌《徽州贡院记》：新安贡宇灺于宣和，嗣建未遑也。岁宾兴，则假诸宣庙、州庠，盖是时试艺者少。绍兴浸盛，庙、学无以受。乾道戊子，邦君郑侯升卿始规庙东闲地，及增市于民者，凡六百二十丈，为屋百楹。今六十年，士五倍，门迸入，躏践屡惊，屋不足芘，盖以芦苇。上下交病者，三十年于此矣。更十数守，咸睥睨莫就。今侯来，首垂意焉。乡校献议，谓前地可拓。侯乃偕别驾洪君侃、博士王君日新，率履相攸，果可焉。于是括余闲，平阻险，因高下，且徙教官之舍而他之。前日之湫蔽者，一旦地辟天开，改貌易视，是断是虔，功成不愆。昉事于丙戌之冬，休徒于丁亥之夏，新者以间计一百二十有七，旧者百楹亦再缮之。潭潭沉沉，林郁云屯，五门洞开，东西径可入，中坐万士裕如也。自是父兄之遣子弟者无争门叠趾之忧，而群试之吐英奇者有畅目爽心之助，侯之惠多士为如何邪！且是役也，亦有数焉。初，郑侯之始创也，岁为戊子，是秋即试士。明年冠南宫，占鼎魁，联翩上第者，两倍他时。今侯之增广也，来年又为戊子，则己丑胪传之盛，亦当增广于乾道矣。虽然，数者天也，成之者人也。今侯之来，固天所以佑此邦而成此数邪！初，议者以地褊欲迁之城外，某驰书于侯，曰："徙非便也，役艰大必堕因循。且潮阳可监也，岁在甲戌，潮之士尝首南宫矣。已而，以选场狭陋迁之。其后，凡再举，寂无奏名者。今又复故焉。"侯信其说，乃躬行度之，议乃定。兹大役也，非仁且勇，安得不摇于异议？盖新安为畿辅，凡分左契者皆朝廷推择而来，故多得良牧。彼怠而荒政，刻而苛敛，才一二计。今侯之贤也，冰雪其操，襁褓其民，堂皇其属邑，符移不繁，财用自裕。而又振丙戌之水，代秋苗之输，新川驿之桥，建休宁之寨，凡可以便斯民者靡不力焉。可不牵联书之，以告后之为政者乎！新天子明德日升，垂意吏治，每临遣守臣，丁宁戒饬，用是陛辞而退者莫不震竦，知所趋向。先朝苏公洵之论曰："近之守令贤邪，民誉之歌之必传，传则必达于朝廷。若夫遐陬僻壤，虽使盗跖为守，梼杌饕餮为令，郡县之民群嘲而聚骂者，虽千百辈而朝廷不知也。"顾新安在国门之西三百里，有此良牧，岂不上彻明目达聪之朝邪？虽然，侯之所以望于多士者，不惟计偕而已。道之所在，始于修身事亲，终于致主。矧吾邦碧嶂峭立，水清石凿，历数先贤，皆卓然以忠义风节名世，盖其毓于山川者然也。唯多士勉之，以无负贤侯兴起之意。侯天胄，名希齐，诗书传家，父子兄弟十余人踵取儒科。其行治为金华公族标表，故其见之政事者若此。

程珌《休宁先达续题名记》：宝庆丁亥冬，海宁令君与乡校之秀以书来曰："邑之进士题名植石校宫，今五十年，字溢矣，将伐石嗣之，而未有以叙其由。且新安试士之宫，乾道戊子贤守郑公升卿实新之。次年己丑士之试礼部者，方公恬为南省第一，汪公义端为廷对第三，与夫联翩上第者，是岁特盛。近史君赵公希齐再新之，又适当戊子秋赋、己丑春官之岁，愿牵联书之，以章明厥证。"予谓天道之行，率有常数，六十年而一还，数之常也。然题名之设，劝戒并著，古人抑亦有深意焉。皇上膺图受箓，于今五年，而来岁始亲策士。士之抱英奇、怀经济者，得篮龙墀，从容竟日，悉吐所欲言。上焉有补于国，下焉有利于民，非士之荣乎？然其姓名一登此石，则昭昭乎示的于无穷矣。异时人将指之曰：此名臣也，是以道德闻者；或曰：是以功业显者；否则又曰：是以名节著者。凡若是者，皆足以大吾乡邦矣。一或不然，则人将指其名而言曰：是败吾名教者，是为吾乡邦之累者。凛然清议，千古不磨。夫惟用其所可荣，去其所可戒，则斯石者非石也，夫子之木铎也。其亦令君宣化之意乎！令君应氏，名塾，天台人。（以上均见《全宋文》卷六七九一）

宋理宗　绍定元年　戊子(1228)

正　月

王相《和州登科题名》:道□原出于天也,尧传之舜,舜传之禹、汤、文、武、周公。吾夫子祖述宪章,□天欲斯传千万世不泯。仰焉于星纬之精,俯焉于山泽之灵,孕秀毓神,英髦挺生。至如唐东海夷人,亦有与圣门曾子比称者。欲教化美、风俗厚、道德一、国治天下平也,其有大贤能致中和以参化育,继后圣之绝学,则天心合,人事尽。庠序之立登科题名,其深得吁俊尊上帝之旨欤!历阳在两淮号文物之地,唐张司业籍与韩愈至交,何卓行蕃一布衣,此正六馆之变,节行炳若日星。国朝天圣以后,人材辈出,学术器识,词章治行,备载郡图志,兹不尽述。近时待制张公邵擢宣和上第,以荐召对,朝廷求可使虏者,公慨然请行。困厄遐陬凡十五年,节不屈,会和戎始归。其犹子孝祥以孝廉称,才藻、吏能辉赫于世。初,高宗皇帝亲擢为第一,尝谕之曰:"卿更加涵养,当以不次用卿。"噫!真材相望如此,非地灵秀发而何?今刻斯石,用彰前哲,而所以期望后来者,盖不止于举子艺业之精、奉常科甲之贵。必也诚意而正心,克己而复礼,以造乎上下同流之妙,而续圣贤道统之传于无穷,斯可也已。夫民生秉彝,无智愚贤不肖皆足语此,不然可以与行。及其能尽性,尽人物之性则与天地参,圣人岂虚言哉!敢以此告学者。绍定改元正月吉旦,郡人朝散大夫、赐紫金鱼袋王相记。朝散郎、前权发遣淮南路转运判官上官涣酉书。朝散郎、权发遣和州州军、主管管内安抚司公事、节制屯戍军马高□□□□。修识郎、和州州学教授王万立石。(《全宋文》卷六三五〇)

唐麟《融州新创贡士库记绍定元年正月》:储财以待贡士,在在有之,盖汉人续食之遗意。唯古东宁独于此乎阙典,三岁大比,士□记偕者往往踌躇于行。人或以无志功名哂之,抑不知川浮陆走,道长赍约,固有尼其辕之东者。其有能聚粮如京,则亦仓皇蹙迫,憔悴酸辛。安得心和气平,发其浩然见□文辞,以遂其决科之志乎?玉山刘公来守是邦,政平而田里安,教行而习俗美,凡事之当行而昔之未□者,莫不次第而举。麟充员曹掾,每以得与闻调度为幸。一旦公谓麟曰:"此邦之士其文采亦足观,历年浸多,顾未有□□□□□常者,士气未振,曷为其然?厉其心,作其气,在上者不容以□其费。今郡庠教养固已不□,乃若鹿鸣宾贤,郡有彝礼,而馈饫不腆,不足以壮其行,要必有生财之道,以资荐送而后可。吾尝会郡计之出入,仅足无余。唯辍吾迎送之费,可得五十万金,以是为贡士张本,求可耕之田,□可僦之庐,试与士□共图之。"既而,营求累月,□地狭隘,顷亩间架无一得焉。公曰:"以缗钱为贡士库,□钱物相権以取益焉,可乎?今虽寡鲜,姑绵蕝于此,增而大之则俟后之君子。"于是,置版□,设库藏,募市民之能经干者主之。月收其息而积之,岁终则会而稽之,大比则通三岁所入之息差等而给之。凡库之区画,具载规约。□既就绪,人咸德公而相与言曰:"夫进取之难,吾属患也。公乃慨念及此,非仁人君子之用心畴克尔耶?"且它郡之为是举者,非以逃绝之田,则籍没之产耳。今公之捐金,乃以己之所当取而不取者,为吾士子无穷惠,是尤人之所难。因合辞属余,愿纪其实,以谂来者。余窃谓公之此举其廉而惠,人之所知也;其所以能尔者抑有自来,人或未之知也。盖刘氏家学渊源,故其见于行事者皆忠厚笃实之意。公之大父□谏院昔分教桂阳,出宰德安,一以涵养士类、勤恤□隐为心。及退而家居,则开设义学,以淑其族姻乡党。椽笔大书,纪其实行,则有南轩、晦庵之记在。然则,公之所为真意实德盖有所本,岂直以声音笑貌为哉!夫公之存心,其待士者不薄矣,为士者可不知自厚以求无负于公乎?自今以始,由乡举以达春官,雍容闲暇,芥拾青紫,要毋以是而自安也。勉而学业,养而气节,使穷达不渝,险夷一致,庶乎其无负焉耳。余秩满将归,敢以是为同志勉。后有自融来者,余将从而问之,果无负也,则余亦与有荣焉。(《全宋文》卷七四二三)

诏:诸州贡举,以得士为先。(《宋季三朝政要》卷一)

二　月

乙巳(一日),礼部贡举。(《宋史全文》卷三一)

七　月

陈垓《登科姓名记》:皇帝龙飞之四年,改绍定元年,二月乙巳,诏曰:“游、夏学问渊源,董、贾议论通达,悉上春官,造廷待问。”尚书礼部下郡国。甲寅诏至泰州,臣垓恭率州文武、吏士、父老迎拜南门,奉书伏谯门下宣读。仰惟国朝受天明命,率三岁间,郊一而士两之,凡以敬天也。天生英明俊伟之材,而尧、舜、禹、汤、文、武、周公、孔子数圣人,任师道之责以成之,其说具载六经、诸子百家之书,传天下后世。师也,君也,天也,敢有一毫忽哉!汉高祖干戈百战之余,犹诏天下曰:“今吾以天之灵定天下,贤士大夫肯从吾游者,吾能尊显之。御史中执法下郡守,其有意称明德者,必身为之劝驾,遣诣相国府,署行义。”即今科举法也。乙巳诏既宣,州以劝驾故事秋赋。按图经:雍熙二年至嘉定十六年,登进士百余人,廷对第一、第二、甲乙科、冠本经、举宏词,仕有至枢府政地者。地灵人杰,天之福是邦也旧矣。贡院创于庆元三年,才六十二间,地势下,市声近,位置窘狭,面城之阴,刹搀而塔左之,阴阳家之说弗合。垓常谓海陵城之东,冈萦坡起,如天马南驰,故城隍之祠以灵显,庾鹾之台以官显,万寿之宫以仙显。其前缺如,苇连水积,苍龙之角,谁实掀之?因诣学,偕诸生议,佥曰可,而以筑淤为最难。垓承乏于兹,军政粗举,民力粗苏,商议粗宽。士况吾党,教养非特文餔啜也,而责在教官;俊秀非矜能眩智者也,而责在父兄。垓幸以前进士行太守事,奉诏劝驾,垓之责也。于是度基格向,畚土市材,昉于正月己卯,迄于七月甲戌。土之佣三万五千八百,匠工半之,靡金钱三万二千三百二十五,米一百八石,俱有奇。给皆州帑,而一费不以累县,一力不以烦民焉。前奏阛层,右耸文笔,旁翼之以御书阁,后坐之以玉清殿。伉都门二十尺,誊录所垣屋十九,弥封其右,屋十。重门巍然于中,联东西两挟四廊,凡六十六楹。厅之楹六,崇深皆二十四尺,长七十尺,贯以屋三而堂,堂如厅之数。轩其后为阁道。监试所须,凡揭什物皆具。诸生请刻于石,垓因得以勉之,曰:“士生斯世,天资之赋予,地灵之孕毓,师教之,有司进之,天子又下明诏以招来之,士之一身责亦重矣。彼偏方僻壤,病于无所师承,而吏汲汲簿书期会,于科举或具文也,则犹之可诿。孔子之后,韩、欧以来,师道孰如安定先生者?仁义、礼乐、边防、水利、时政,又其学之目也。以奉大对,以入官,宁越于此哉?今东南数州,潭以南轩,建以晦庵,婺以东莱,温以水心,明以慈湖,而科甲之英,公卿将相之选,皆于是乎盛。泰之为州,人物典刑,事业魁伟,载之简册,荡人耳目。昔何人哉,今何人哉!得于天者非不全,徒慕人爵而不知所师,则挠其天;生此地者非无人,徒羡三子而不师安定,则孤此地。为诸君宜何如?不负于师,则不负于天,不负于有司之爵,进则不负于明天子之详延矣。学问必渊源,议论必通达,盖诏旨也,敢告。”(《全宋文》卷六九三六)

是　年

有言举人程文雷同,或一字不差。其弊有二:一则考官受赂,或授暗记,或与全篇,一家分传誊写;一则老儒卖文场屋,一人传十,十人传百,考官不暇参稽。于是,命礼部戒饬。前申号三日,监试会聚考官,将合取卷参验互考。稍涉雷同,即与黜落。或仍前弊,以致觉察,则考官、监试一例黜退。初,省试奉敕差知贡举一员、同知二员,内差台谏官一员;参详官若干员,内差监察御史一员。俾会聚考校,微寓弹压纠察之意。韩侂胄用事,将钤制士人,遂于三知举外,别差同知一员,以谏官为之,专董试事,不复干预考校,参详官亦不差察官。于是约束峻切,气焰薰灼。嘉泰间,更名监试,其失愈甚,制造簿历,严立程限。至是,复旧制,三知举内差一台谏,十参详内差一御史。仍戒饬试官,精加考校,如日力不给,即展期限。(《宋史》卷一五六)

魏了翁《次韵靖州贡士鹿鸣宴二首》:何处何时不产贤,黔中故地夜郎天。虽云地脉元无闲,欲破天荒未有先。万蚁场中春锁棘,九宾庭下晓鸣鞭。便将正学昭群聩,留取魁名万口传。

岂但诗书对圣贤,须知屋漏与神天。设科虽较词章(下残)鸣春。敢将愚见酬佳赠,愿子深思勿语人。(《全宋诗》卷二九三四)

刘宰《送张婿宽夫赴省序》：绍定之元，京口张宽夫贡于乡，二千石既歌《鹿鸣》以送之，乡之亲若旧复相与祖道。酒半，宽夫起言曰："某不才，幸赖父师之训，登名于礼部。又幸而中有司之程，则将奉大对于天子之廷。言之是则天子为之动容，公卿大臣为之改视易听，万事以理，万变以弭，万物亦以吐气。使见者曰：鲁无君子，斯焉取斯？此非乡曲之荣欤？不然，上负天子，下负所学。见之者曰：寒乡晚出，孤陋寡闻固如此。亦乡曲羞也。愿有以教之。"漫塘叟应之曰："夫射者求中鹄，博者求成枭卢。士之从事科举，宁不志于为抡魁欤？近世抡魁之选，孰有愈于张于湖、王梅溪者欤？梅溪一策，忠愤激切，今读之犹凛凛有生气。而于湖志阿用事者耳。夫使二公所言不同，而得失有异，则诡遇获禽，人情容有不免。而于湖之得不过如梅溪，梅溪之得曾不下于于湖，则士亦知所择矣。今之世诛求无艺而田里怨嗟，赏罚无章而行伍褫气，府库内空而所实者私帑，边境外蹙而所营者别业。事势如薪下之火方燃，幕上之巢将翻，而士大夫方晏然宁居，栩栩然相乐也。子幸当龙飞策士之初，天子虚己求言之日，顾默而不言，虽言而不切于当世之故，独不愧于王梅溪欤！"宽夫，余婿。今领袖群仙于册府者曰秘监曹先生，招诸生立馆下诲之者曰国子方先生，二公皆余少日朋友也。宽夫犹以余言为疑，入都试修弟子礼，往见而质之。(《全宋文》卷六八三七)

绍定二年　己丑(1229)

正　月

甲午(二十五日)，诏：以权兵部尚书王暨知贡举，吏部莫泽、右谏议大夫李知孝同知。(《宋史全文》卷三一)

二　月

庚子朔(一日)，诏知贡举王暨等："务柬实才，以副朕意。"(《宋史全文》卷三一)

省试赐知贡举御札："朕侧席英俊，共成治功，大廷策士，始于今岁。既合郡国之贡，试之礼闱，将拔其尤以进，俾奉对而官使之。选择去取之端，可不谨欤？夫取士之道，器识为先，明试以言，自古不废。况祖宗以科目得人，类多忠实重厚之士，皆因其文以占之。卿等典司文衡，其精乃鉴裁，毋尚浮靡，毋弃朴直，毋拘己见，毋徇时习，务柬实材，以副朕意。"(《咸淳临安志》卷一二)

臣僚言考官之弊：词赋命题不明，致士子上请烦乱；经义不分房别考，至士子多悖经旨。遂饬考官，明示词赋题意，各房分经考校。凡廷试，唯蜀士到杭最迟，每展日以待。会有言："蜀士嗜利，多引商货押船，致留滞关津。"自是，定以四月上旬廷试，更不移展。(《宋史》卷一五六)

严州钱融堂时，绍定己丑再以免解到省。门人劝其不必为此行，而乃潜身就试，复见黜。端平间以乔平章荐，授迪功郎，甫到选而论罢。(《吹剑四录》)

三 月

乙卯(十八日),御集英殿,策进士。(《宋史全文》卷三一)

五 月

辛巳(十四日),御集英殿,赐正奏名进士黄朴以下及第、出身,凡五百五十七人。(《宋史全文》卷三一)

乙未(二十八日)赐特奏名进士缪蟾以下同出身、文学、助教一千一百二十一人。臣寮奏:"近年文气萎苶,乞申饬胄监师儒之官,专意训导,使之痛习经传,考订义理。课试选抡,须合体格,去浮华穿凿之弊,转移士风。"从之。(《宋史全文》卷三一)

六 月

丁巳(二十一日),御射殿,引见正奏名进士射。(《宋史全文》卷三一)

戊午(二十二日),引特奏进士射。(《宋史全文》卷三一)

癸亥(二十七日),赐闻喜宴于贡院。(《宋史全文》卷三一)

宋理宗《闻喜宴赐进士诗》:冲眇临轩策士初,力行古道顾何如?欲知明德修身法,不越《中庸》《大学》书。答问八条嘉阐绎,输忠一念见勤渠。兹辰宴衎昭恩意,请事徽言共佐余。(《咸淳临安志》卷一二)

恭和御制赐黄朴以下诗:秘书监周直方,少监钱德谦,秘书丞周端朝,秘书郎徐愿、陈耆卿,著作佐郎许应龙、李宗勉,校书郎池圣夫,正字邢凯、温若春,校勘李心传各一首。(《南宋馆阁续录》卷五)

进士名录:黄朴,杨栋,丁埴,丁朝佐,于昭格,王大举,王元震,王中立,王杞子,王伯深,王季雍,王南一,王昱,王炳,王从龙,王棠,王渭翁,王桀,王登瀛,王梦敃,王兴直,王龙荣,王声之,王应雷,王镕,王铎,木砺,毛元龙,文复之(误),方仲嘉,方宇,方岳(误),方略,方雷焕,方应旗,孔延桂,甘治,甘应宾,史及之,史望之,丘元龙,丘登,皮巽,成展,吕应辰,吕怀祖,朱士麟,朱光,朱珏,朱晞文,朱发,朱养直,任贵登,江湘,阮炎正,李仕贤,李玘,李宗勉,李莘老,李词伯,李虞卿,李震东,李德升,李锡,吴七德,吴大发,吴仁孙,吴立之,吴安国,吴建中,吴拭,吴俊,吴舜龙,吴震龙,吴燧,岑贯,何士颐,何元泽,何宗琰,何梦彰,何颐,余正,余成大,余任礼,余荐鹗,冷应澂(误),汪自强,汪知几,汪昱,汪烨,汪应午,沈一蜚,沈元,沈叔简,沈崇文,宋拱,宋遇,邵梦龙,范宗文,茅贡,林公志,林公度,林志之,林伯顺,林禹臣,林洪,林贡孙,林时杰,林开先,林溥,林德宜,林机,郁中,卓炎子,易枏,易乾,周丙,周自介,周企,周汝明,周佣,周时举,周焱,周楫,孟端懿,胡大成,胡大同,胡元衮,胡元发,胡文谏,胡伯骥,胡翀,胡复,胡渊,胡德厚,俞任檀,洪斗祥,洪牧,洪牧,洪叶,洪应龙,祝宗道,姚元哲,姚承祖,纪玠,马天骥,袁文焴,袁申儒,袁樵,庄元戌,庄克家,桂卯,连士首,连同之,连寅,时任,晏大烈,徐孝忠,徐灼,徐叔伦,徐时升,徐琳,徐梦祥,徐园老,徐闻诗,徐荣祖,徐禧,徐应升,翁文凤,翁洽,高士龙,高建翁,高斯得,高籛,郭明,郭滂,郭镒,家敦翁,陈力修,陈大猷,陈子大,陈有辉,陈同叔,陈汝谐,陈伯圭,陈英发,陈松龙,陈昌言,陈宗仁,陈宗臣,陈桂,陈桂芳,陈高子,陈垫,陈笥,陈尧登,陈瑜,陈梦桂,陈梦凯,陈榕龙,陈霆震,陈荐子,陈嵘,陈应之,陈应元,陈簾,陈鉴明,陶炽,黄子春,黄用宾,黄有正,黄伯和,黄伯荄,黄伯枢,黄英发,黄昌,黄云从,黄登,黄愚孙,黄录,黄应翁,黄涛,黄镇周,曹一龙,盛文韶,国炳奎,许岳宗,许应庭,许应寅,章士元,章以贵,张一夔,张大同,张大举,张元嘉,张玠,张洪,张飞卿,张崧卿,张梦庚,张楠,张霆振,张棣,张应龙,张权,项次龙,项屿,彭寅,彭霆震,叶明,叶极,叶迈,叶履和,万益之,万坚,董亨复,董益之,董淮,董云从,揭三京,景坤寅,程元凤,程若颜,程若畴,程掌,程霆炎,乔幼闻,舒叔宝,童伯厚,曾宏用,曾洸,劳崇之,冯绅,冯梦兰,冯履道,湛霖,汤日新,汤仕龙,游清夫,游梦春,游霆,强琪,蒲正芳,杨元龙,杨可久,杨幼度,杨仲癸,杨武子,杨岂,杨珏,杨时可,杨贯,杨植,杨舜封,杨点,杨简,杨攀龙,雷竑,雷景焕,詹梦龙,赵必衍,赵必洋,赵必棣,赵似祖,赵汝再,赵汝踌,赵汝搴,赵汝愃,赵汝湒,赵汝桐,赵汝衡,赵汝爕,赵希尤,赵希敁,赵希期,赵希瑂,赵希溱,赵希彰,赵希橙,赵希鐩,赵汶,赵若洤,赵来夫,赵孟握,赵彦扶,赵彦闰,赵时现,赵时瑄,赵时实,赵师傧,赵梓夫,赵采,赵崇俠,赵崇莘,赵崇乘,赵崇埴,赵崇梅,赵崇掖,赵崇摺,赵崇玱,赵崇积,赵崇侪,赵崇谦,赵崇渫,赵崇篚,赵崇麐,赵崇櫜,赵崇镰,赵崇显,赵密夫,赵云夫,赵善拭,赵善得,赵与并,赵与洽,赵与琨,赵与善,赵与传,赵与慥,赵与辉,赵与谅,赵与潞,赵墫夫,赵敽夫,赵锠夫,赵继禹,赵继伟,赵继儒,赵显,蒋时行,蔡抗,蔡朴,蔡应龙,臧元士,齐一正,郑永,郑芰,郑彦实,郑益,郑寀,郑霖,郑龛,郑观仕,熊埜,邓焕章,刘允武,刘圭,刘至德,刘思齐,刘祖汉,刘桂高,刘得遇,刘汉英,刘德权,刘应东,诸葛遇,潘允恭,潘立本,潘诜,骆养正,萧仲才,萧泰来,萧梦元,萧应元,卢逊,卢宁,戴逸卿,戴开,戴鲸,蓝兴祖,魏国梁,钟明叔,谢一龙,谢谦之,应文鼐,濮斗南,缪正叔,丰茝,边之裕,颜戴,颜镛,苏士穆,苏思诚,严寅,罗京,罗应荐,谭叔德,顾然,龚定之。

特奏名进士:缪蟾,丁泰亨,王日新,王介雍,王公成,王是,王朝瑞,王梦有,王梦重,王应嘉,王济,王翼起,王简,方莹曾,石龙友,吕全之,吕宗元,朱雍,朱颖之,朱焘夫,朱鸾,任一清,任仪,任鉴,杜梦龙,巫淳,李特卿,李泾,李万言,李箕,吴昊,吴柏,吴梗,吴梦飞,吴嗣亮,吴涛,何相,何岗,余淼,汪济,沈逢原,宋元英,宋鉴,邵仙许,范明,林立轸,林百揆,林宋达,林泳,林昮,林起犀,林掞,林雄,林箕,林仪之,林鲂,林庆忌,林应甲,林总国,林显亲,周起,胡伯熊,施良臣,连中立,连琪,徐公备,徐武子,郭思义,陈千能,陈允中,陈允中,陈用武,陈光,陈自立,陈冲飞,陈汝迁,陈伯奂,陈伯蒙,陈忠遂,陈宜中,陈恭甫,陈振,陈致和,陈时中,陈趾,陈粟,陈景垕,陈梦牛,陈梦书,陈梦符,陈雷,陈雷焕,陈凤翔,陈维新,陈谟,陶季治,孙梦,黄大用,黄公定,黄古学,黄始振,黄皆植,黄章,黄尧云,黄朝瑞,黄棫,曹潮,戚三凤,崔观,许伯凤,许维岳,梁应龙,张行简,张师夔,张纲,张朴,项仲和,叶逢午,叶惟寅,叶櫄,傅一枝,傅衰,邹祥正,曾孙丙,冯佑,杨应,赵石,蒋汝通,蒋振,蔡吉甫,蔡宗傅,蔡辉,郑元吉,郑有光,郑有开,郑谷,郑垠,郑则仁,郑矩,郑豹变,郑德豫,邓汝为,刘人杰,刘光叔,刘季冲,潘泰亨,赖炳,戴梦白,谢立道,谢骏,蹇帷之,缪汝励,颜贡,顾如川,

顾堰。(《宋登科记考》卷一三)

补进士名录:其一,张刚。《吹剑四录》:“建昌张刚叔介,绍定二年登科。”

其二,宋秉国。《宋登科记考·附录》:“绍定中登进士第。”《全宋文》卷七一二二魏了翁《宋君墓志铭》:“二子:长即少章,次秉国,举绍定三年进士。”按:绍定三年非科举年,当为二年之误。

其三,程松龙。《全宋文》卷八二四八程述祖《程公家传》:“绍定初元,(郑元凤)以毛郑《诗》亚于乡书。明年上春官,时传天庠士夜梦登天者,见天门划开,上书‘龙凤文采’四大字。暨省闱揭晓,程松龙居第一,先公居第二,袁文焴第三,赵采第四。”

补特奏名进士:朱晞父。《宋辽金元方志辑佚·南雄路志》:“朱晞父,缨之子,绍定二年缪榜,从事郎,初任临江军新喻县尉。”(第808页)

辨正:其一,方岳。《宋登科记考》卷一三:“绍定五年登进士第七名。”

其二,文复之,宋理宗宝庆二年进士。详说见前。

其三,冷应澂,宋理宗宝庆二年进士。详说见前。

近时都下有士人,许其姓者,能迎致大仙,所言多奇中。嘉定壬午之春,三山黄公朴,同一,二朋友访许,扣功名大略。即书:“沙门光远降。”先作自赞云:“伸脚自由,屈脚自在。不知十二部尊经,不识三千条大戒。醉后高歌,无障无碍。当时若见阎王,任它枷锁杻械。”又一云:“无疑无疑,自有东西。目前行检,眼下阿鼻。不认真实法性,不念如来菩提。捉取金毛狮子,任教乌兔如飞。”后再书云:“黄子!黄子!文魁多士。酝藉胸中十万兵,纵横笔下三千字。无垢为朋,汪公相似。若得火土相逢,一跃禹门浪里。”后八年,岁在己丑,黄公果大魁天下。黄生于壬子,魁于己丑,实符火土相逢之句。状元局中,诸公唱和诗,有酝藉、纵横一联,不差一字,鬼物已先知之矣。(《游宦纪闻》卷三)

绍定初元，(郑元凤)以毛郑《诗》亚于乡书。明年上春官，时传天庠士夜梦登天者，见天门划开，上书“龙凤文采”四大字。暨省闱揭晓，程松龙居第一，先公居第二，袁文焴第三，赵采第四。时人歆羡，谓造物之降任有在。五月，赐对集英，时理考践祚一再岁，养晦执谦，未亲听断。先公对策，援古证今，忠爱之意溢于言外。主司惮其直，抑置三等。(《全宋文》卷八二四八程述祖《程公家传》)

焦焕炎《率新进士谢恩表》：遹骏图功，方临轩而亲策；伏螭奏对，遽锡命以疏荣。退揆朽庸，深□忝窃。臣闻兵法有不传之妙，科目求可用之才。天授一编，汉以张良而创业；武举异等，唐得子仪而中兴。况聿亲宥命之基，恩盖广维之烈。正须英杰，协赞吁谟。伏念臣等，结发读书，困心横虑。萤窗雪案，耻为章句之雕镌；豹略龙韬，粗究奇正之阖辟。学思待问，时适急贤。偶角胜于名场，误蒙恩于震陛。侥幸愧甚，称塞何□！兹盖伏遇皇帝陛下，正位居中，宅心灼俊。常德立事，已成克绍之规模；深略神机，犹藉庶允之励翼。旒纩采十朋之益，草莱殚一得之愚。过□□□，俯垂天奖。臣等敢不砥砺名节，趋赴事功！程能课才，懋称简求之意；毕谋效智，仰裨耆定之勋。(《全宋文》卷七九八三)

九　月

乙丑朔(一日)，诏：“礼部国子监下等上舍，必循旧法守年，不得用例，径赴殿试。”从臣寮请也。(《宋史全文》卷三一)

十一月

丁卯(三日)，臣寮言：“乞下国子监，内外学校之官，今于士子程课之外，迪以义理之学，厉以行艺之实。”从之。(《宋史全文》卷三一)

绍定三年　庚寅(1230)

臣僚请:“学校、场屋,并禁断章截句,破坏义理,及《春秋经》越年牵合。其程文,本古注、用先儒说者取之,穿凿撰说者黜落。”(《宋史》卷一五六)

绍定四年　辛卯(1231)

正　月

(戊子,一日)赐李心传同进士出身。(《宋史》卷四一)

李心传……因崔与之、许奕、魏了翁等合前后二十三人之荐,自制置司敦遣至阙下。为史馆校勘,赐进士出身,专修《中兴四朝帝纪》。(《宋史》卷四三八)

御笔:"李心传已经轮对,议论详明,尽言无隐,所当褒表。可特赐同进士出身,与升擢差遣。"是月,为将作监丞兼国史院编修官兼实录院检讨官。(《南宋馆阁续录》卷六)

二　月

戊午朔(一日),诏:礼部贡举。(《宋史全文》卷三二)

三　月

魏了翁《靖州兴贤庄记》:三代教民兴贤之法,见于《三礼》者悉矣。特未知养于塾、会于饮、序于乡党也,何所取材?其升之司徒、司马,方论而未官,官而未爵而未禄也,何所续食?《诗》曰:"攸介攸止,烝我髦士。"然则,自国子而下为士者,固出于乡遂之夫家。此管夷吾之所谓秀民之能为士,而班孟坚所谓且耕且养者是也。窃意田各井授,人有常产,皆足以自食其食。虽士有常心,不以饥渴之害害之,然使有以自食,则用行舍藏、体安志明绰绰乎滋有余裕。矧又上之人以善养之,以诚求之,以礼兴之,以实将之,所以敬其事、重其食盖若此。然则,士之报礼也当何如?《诗》曰:

"倬彼云汉,为章于天。"又曰:"鸢飞戾天,鱼跃于渊。"作人之盛,至于历久而弥著,其不以此夫!自乡治废、田制坏,士之贫窭反出农工商贾下。汉之盛犹以数路得人,而郡国贡士尚存劝驾续食之意。至隋唐后,纯用科举,士幼而学、壮而欲行,非是无进也。裹粮负笈,侣役夫隶人以群趋于有司。幸而升诸春官,则去畿愈远者,聚粮愈艰。货田庐,贷子钱,不足则失口失色于人,自以求济其欲。又不足,则画而不前,往而遄反。士生斯世,所居广居也,所位正位也,所行大道也。今未能以有行而使降志辱身若是,是将谁咎与?靖故有田以给贡士,岁入为钱万七千八百,益以屋僦五万六千。然仅供新士半途之费,而免举者又不及新士十之一。予自迁靖,食土之毛,继廪之粟,六年于兹。身安家和,得以增益所未能,秋毫皆帝力也,而未有所报称。矧四方义理之问日至,益凛凛有空餐之惧,念欲与士共之。乃会居积行粮之余,市近郊田,积三岁所入,以给三邑之新旧进士。为之规约,识于碑阴,州府与校官掌其贰。呜呼!其自今士亦庶几其无聚粮之忧矣。然而,予之心则曰:"是何足以待士也!"且"泽上有地临",其象曰:"君子以教思无穷,容保民无疆。"此非特为临民设也。地居至下,非临物者也,泽与地类也。以类相亲,日渐月渍,君子之观是象也,其望人以成德之意,亹亹洋洋,何有穷也已!然则,与我同类之士,其亦有以识予无穷之意而勉之哉!是举也,学教谕唐佑之实任其事。绍定四年三月辛亥,临邛魏某记并篆。(《全宋文》卷七一〇六)

是 年

臣僚甚言科场之弊,乞戒饬漕臣,严选考官。地多经学,则博选通经者;地多赋学,则广致能赋者。主文必兼经、赋,乃可充其职。监试或倅贰不胜任,必别择人。仍令有司量展揭封之期,庶考校详悉,不致失士。于是命遍谕国子监及诸郡,恪意推行约束,违戾者弹劾治罪。初,四川类试,其事虽隶制司,而监试、考官共十员,唯大院别院监试、主文各一员从朝命,余听制司选差。自安丙差四员之外,权委成都帅守临期从近取具。是岁,始仍旧朝命四员,余从制司分选。时场屋士子日盛,卷轴如山,有司不能遍睹。迫于日限,去取不能皆当。盖士人既以本名纳卷,或别为名,或易以字,一人而纳二三卷。不禁挟书,又许见烛,闽浙诸郡又间日引试,中有一日之暇，甚至次日午方出。于是，经义可作二三道，诗赋可成五六篇。举人文章不精，考官困于披阅。幸皆中选，乃以兄弟承之，或转售同族，奸诈百端，真伪莫辨。乃命诸郡关防，于投卷之初，责乡邻核实，严治虚伪之罪，纵容之罚。其弊稍息。(《宋史》卷一五六)

上舍释褐：上官涣元，王杰，王简，李景勉，李景勉，沈辉，林公俊，周炎，陈问，陶季冶，张克成，叶成子，闻人宇，郑涣，严畏，顾如川。(《宋登科记考》卷一三)

魏了翁《申省论龙飞鼎甲人初任堂差》：伏观盛明之朝，粤自改元更始，尽扫累年泛滥之弊。凡系堂除及吏部外铨，各存旧法，不许妄有奏辟。仰体盛心，禀承维恪。然其间有关涉事体者，既以近比为嫌，无路自达，敢冒昧为一陈之。窃见宣教郎杨栋，中绍定二年进士第二人，以龙飞恩特授承事郎，堂差签书剑南西川节度判官厅公事。正待阙未上间，适丁母忧，至今年四月除丧，未有新任。栋天姿醇静，好学不厌。见侍其父武德郎、前知施州致仕杨端仲，里居食贫，守道自乐，不求荣进。照得本官系龙飞鼎甲，考之旧例，初任当是堂差，而四川合入之阙止有剑南、东西川签判两阙。今服阕从吉，合入签判。若止就外铨，既非格法，亦无初任人注签判之例；若令干堂，亦无初任人纳札于堂之例。况是进士三名，今又视恩首选，事体所系，难于自陈。仰惟国朝以科目取人，养其资望，以备采用。凡自媒干谒，前辈羞之。所以待天下士，至不薄也。今来栋既未有阙可入，且不敢自列，某亦以新制所拘，不敢冒昧奏辟。惟乞自庙堂于东西川佥判内，取次誊那一近阙以处之，庶几全护事体，不失祖宗待进士之厚意。虽自知僭越有请，无所逃罪，然以滥分阃寄，知士之守道自爱，耻于干进，而不为一言，非所以涵养士气也。(《全宋文》卷七〇六七)

绍定五年　壬辰(1232)

正　月

丙午(二十五日),诏:"以陈贵谊知贡举,权吏部侍郎钟震、御史汪刚中同知。"(《宋史全文》卷三二)

二　月

壬子朔(一日),御笔赐陈贵谊以下曰:"科举取人,先器识,后词藻,务忠实,斥浮伪。"(《宋史全文》卷三二)

省试赐知贡举御札:"朕即政以来,试士南宫者三矣。中间亲策于廷,见谓得士。今四方之彦,三学之隽,云蒸雾集,咸欲各售所学,以希官使。则夫精鉴裁,示趋向,俾知科举取人,不但为爵禄之阶,而实为国家之计。先器识,后词藻,务忠实,斥浮伪,岂非取士之权衡、得人之径术乎!卿等固所深知,更希加勉,以副眷倚。"(《咸淳临安志》卷一二)

三　月

辛卯(十日),监察御史李日迈奏:"乞今后两学补试,并从朝廷选差试官。供给用度,依胄监事体。务革买帖冒名、计嘱私取之弊。"从之。(《宋史全文》卷三二)

己亥(十八日),陈贵谊等乞:"痛革文弊,命学臣精选《淳熙格式》,颁示四方。"(《宋史全文》卷三二)

四　月

壬子(二日),陈贵谊等奏:"取应宗子弟一名时中,学诗能文,颇合程

度。乞附正奏名廷试。”从之。(《宋史全文》卷三二)

七　月

丁未(二十八日),御集英殿,试策进士。制策问略曰:“朕闻尧、舜之帝,禹、汤、文、武之王,莫不从事于学,如饥之必食,渴之必饮。未尝外道以出治,舍经以求治也。朕以眇陋,嗣承丕绪,于今九年。昧旦而朝,咨诹辅弼,延纳英隽,日御经筵,曰诵曰讲,咸有常准。然六经之道所以淹贯天人、维持世变者,至纤至悉,不可胜穷。而《治鉴》一书,又所以著历代君臣之微恶,以劝戒于后。皆莫先于修身而齐家,进君子而退小人,严名分而遏乱萌,修政事而攘夷狄,恤民隐而惧天变。朕深惟经训史策,日陈于前,文字繁多,途辙遐阔。求其所以置力者,乃即闲燕。窃有慕古人缉熙光明之义,日就月将,躬履神会。盖以基治道之本,一人心之归。使普天率土,若士与民,由内及外,悉共由于理义,而无本末舛逆之患,上下异向之风,顾不伟欤?若夫商政治之得失,求民俗之利病,论士习之厚薄,则有所未暇。盖以本原既正,则他可以序举也。子大夫奉对于庭,其以有得于经史者,细绎而毕陈之,朕将亲览焉。”(《宋史全文》卷三二)

徐元杰《绍定壬辰御试对策》:臣对:臣闻求道有本原,行道有功用,自本原而达之功用,则天下之治可以不劳而举矣。盖道无近功,惟志趣之高远者为足以极其功;道非小用,惟力量之凝定者为足以大其用。自有天地以来,所以脉络世教、纲维人极于不泯不绝之地者,皆非偶然之故也。太极之理流行散见于万类之殊,常人得之由之而不知者也,故必有待于超出乎亿兆人之上者为之君师焉,以一人之心融天地之心,以天地之心觉天下之心。帝之所以为帝,王之所以为王,同此心也,亦同此道也;同此学也,亦同此功用也。然则,有帝王之心者,斯能有志于帝王之道;有帝王之学者,亦岂不能进于帝王之用哉!恭惟皇帝陛下,英姿天挺,圣学日新。自临御以来,孜孜汲汲,既知求此道之用以用其心,则知推此心之用以用天下。其间大震怒,大拂乱,所以撄宵旰之怀、关玉食之抱者,殆非可以一二计也。陛下端居凝邃,加意讲求,所以压万变之纷纭,镇群疑之汹涌,阴以为天下国家之计者,盖陛下求道得力处也。夫求道既有所得,则夫坚始者之念,以就来者之图;勉今日之诚,以为后日之虑。不以仅定为无恐,不以苟安为自足。凡尧舜三代之所以根柢乎盛治者,是政陛下行道用力处也。因其力之有所得,充其力之有所用。天地之眷厚矣,所以答天地之眷者当何如?祖宗之托重矣,所以奉祖宗之托者当奚若?丕绪之承,今九年矣,所以充拓事业者当何修而至?陛下诚能因其力之有所得,充其力之有所用,自身而家,所以正人伦而系风化者,不可不谨其表倡之几;自家而国,所以别贤否而定名义者,不可不致其微渐之虑;自国而天下,所以谨修攘而全爱敬者,不可不极其勉励之诚。其效证于尧舜三代之所已行,其监具于秦汉以下之所并见,其事信于经训史册之所可考。陛下诚于本原之地而极其神,不徒以曰诵曰讲者为常准,则学之为王者事,宜在陛下方寸间耳,臣又何敢容其喙!请以所闻于师者,拜手稽首,以复陛下之问。惟陛下少垂听焉,臣昧死上愚对。

臣伏读《圣策》曰:"盖闻学之为王者事,由尧舜三代至于今日,未之有改也。而或以为古今有殊时,帝王有异治,世道有升降,各因其时以为治,而无一定之论。吁!有是哉!"臣有以见陛下有志于帝王道统之传,而为昧者发道与时异之叹也。臣闻道与心一,帝王之心与万世一。尧之授舜,舜之授禹,三圣授受,相传一道,载之于《书》。人心、道心之分,惟危、惟微之辨,或生于形气之私,或原于性命之正。惟其形气之并生,虽上智不能无人心;惟其性命之各正,虽下愚不能无道心。故人心每患于难制,而道心每患于难明。难制故危,而安之者常寡;难明故微,而知之者几希。惟精则决择详审,而致知之功深;惟一则主宰坚定,而力行之用久。是以一中之执,万世惟允。成汤传之为昭德建中,文武传之为顺则立极。帝王之治,所以蒸为雍熙,薰为泰和,而无一民一物之不得其所者,皆此道之功用也。夫以功用之散于天下者若是其明著,而根本之敛于一心者犹不敢废夫讲贯之忱。故尧、舜、禹、汤、文、武之所以号为汲汲于学者,果为何事也?岂非以危微数语肇启其端,故心法之传异世同轨?成汤之礼制,文武之克宅,莫不皆致力于本原之地。虽其时之相去若有不同,而道之相传未尝不一。自世之昧者观之,泥于迹而不求于心,索于治而不求于道。舜、文一也,或疑其劳逸之殊,而不揆其符节之合;商、周一也,或疑其文质之异,而不通夫损益之因。善乎!董仲舒之言曰:"继治世者其道同,继乱世者其道异。”盖其所以异者,世之治乱而已,所谓道则未尝不同焉。故韩愈亦曰:“尧以是传之舜,舜以是传之禹,禹以是传之汤,汤以是传之文武。”即仲舒之所谓继。求韩愈之所谓传,则六七君子之心越宇宙而同神,历千载而一日,又孰谓其世有升降而因时为治,果无一定之论乎?然则,能知帝王之无异心,则知帝王之无异道;知帝王之无异道,则知帝王之无异效矣。

臣伏读《圣策》曰:“夫统理民物,为天下君,膺天地之眷顾,蒙祖宗之付托,若是其重,而本原之地无所据依,以善斯世,不可也。是以尧、舜之帝,禹、汤、文、武之王,莫不从事于学。如饥之必食,渴之必饮,未尝外道以出治,舍经以求治也。”臣有以见陛下以天地祖宗之寄为不可忽,以尧舜三王之道为必可行,而欲讲学以求道,即道以求治,而又知所用力之地也。臣闻帝王之心与天地一,祖宗之心与帝王一。帝王代天地以裁成其化者也,祖宗法帝王以会通其用者也。故求帝王之治者,当求帝王之道;求帝王之道者,当求帝王之心。心法明则道法著矣,道法立则治法举矣。世去古远,正学不传。生民不见帝王之泽,至治之主盖不世出,而天地之生圣人乃间见于千载之后。艺祖皇帝肇造区夏,拨乱立极,读书而叹后世刑网之密,盖有以契夫天地生育之心矣。仁宗皇帝绍休圣绪,继体守成,讲《易》而得六情六气之说,盖有以契夫天地动静之心矣。夫以祖宗讲明学问,稽式帝王,既无一而不契于天地之心,则夫两间之所眷祐于国家而遗陛下以无疆之休者,要非人力之所幸致也。陛下讲学所以朝夕不倦,寒暑不辍,而必欲与帝王之心同一运量者,盖欲以慰祖宗之托而答天地之眷焉尔。故观乎天地,则见帝王矣;观乎帝王,则见祖宗矣。何则?天地付陛下以此位者也,帝王同陛下以此道者也,祖宗传陛下以此心者也。心得其正,则此道为有宗;道得其正,则此位为无忝。位正而道益可行,道正而心益可制。动息造次,常以天下为忧;安舒暇豫,略不以有位为乐。夫如是也,真知夫天地之所付者至大,而不敢以自小矣;真知夫帝王之所同者至公,而不敢以自私矣;真知夫祖宗之所传者至重,而不敢以自轻矣。自是而充之,以学力所到,日益月新;心术所存,天宽地大。举一世之人,济济于雍熙、泰和之域,浑浑乎如四时之春,而不见有炎风朔雪之惨者,皆此心之推也。惟陛下益反诸心而用力焉,则功用岂有难致者哉!

臣伏读《圣策》曰："朕以眇陋，嗣承丕绪，于今九年。昧旦而朝，咨诹辅弼，延纳英隽，日御经筵，曰诵曰讲，咸有常准。"臣有以见陛下统临于上，愈尊而愈谦；问学之勤，愈久而愈不替也。臣闻帝王之学，厥有本原。惟谨养乎心术之微，不徒为诵说之务；惟深探夫造端之自，不徒为外饰之求。宫庭深邃，燕佚易失；声色满前，志念易汩。四海九州之大，非空言所能维持；一日万几之繁，非小智所能经理。然所以维持而经理之者，其本会于圣心运量之中，其用形于圣学贯通之后，则是心不可以不尽，学力不可以不充也久矣。故有一念之纵肆，则不足以充此学；有一息之间断，则不足以充此学。外庭固学矣，内庭其可息乎？经筵固学矣，退处其可懈乎？端人正士固与学矣，便嬖使令其可与亵乎？陛下有志于帝王之事，固出于圣心之实然。抑帝王所以兢兢业业，儆戒无虞，孳孳汲汲，悠久不息者，得非陛下之所当深勉，而不徒为言语诵说之末而已者乎？陛下即位固九年矣，然外而疆土之未清，内而奸宄之未靖，陛下而念及此，得不以周之克商，九年大勋未集，而勉其忧勤乎？陛下每朝固咨辅弼、延英隽矣，然内而邪正之未明，外而贪廉之未判，陛下而念及此，得不以舜之三考黜陟，庶绩咸熙，而为几康之戒乎？不然，以可致之资而不能致，以可为之时而不能为，以可豫备之岁月而自惰于不备不虞之域，若是而曰讲诵有常，臣甚不知陛下讲诵之谓矣。陛下苟能以帝王之心为心，则必深求帝王用力之要。凡六经所载，得之于经筵之所诵讲者，诚非徒以讲诵为也。口以诵之，必反心而载惟；学以讲之，必闻义而力徙。故于至善之所当止，则必如好好色，使之眼明心悦可也；于不善之所当改，则必如恶恶臭，使之影灭迹绝可也。学有如是，则本原正矣。本原既正，则自身而家，自家而国，自国而天下，无一政之不立，无一事之不举，功用之著其可以限量既耶！

臣伏读《圣策》曰："六经之道，所以该贯天人、维持世变者，至纤至悉，不可胜穷。而《通鉴》一书，又所以著历代之美恶，以劝戒于后者，莫先于修身而齐家，进君子而退小人，严名分而遏乱萌，修政事而靖边疆，恤民隐而惧天变。"臣有以见陛下会经训之精粗，明史册之劝戒，而欲用力于君德治道之大者也。夫经所以载道也，史所以纬经也，人主之学所以讲经与史者，盖欲为修身、齐家、治国、平天下之用者也。臣尝以是观之，六经皆所以言天人，而至于该贯其道，则莫详于《易》与《春秋》之为书；六经皆所以维持世变，而所谓至纤至悉，则莫大于《易》与《春秋》之为用。《易》者，六艺之原也。卦有阴阳，固所以明天道也。而吉凶悔吝未始不以人言之，则《易》之所以维持世变者，宜乎极其所谓变通鼓舞之道，而不可以致诘也。《春秋》者，史记之约也。义有褒贬，固所以明人道也。而灾异所书，未尝不以天言之，则《春秋》之所以维持世变者，宜乎定天下之邪正，而乱臣贼子皆凛乎其知惧也。即《易》与《春秋》之旨而概之六经之道，则维持世变至纤至悉而不可胜穷，自修身齐家至于恤民隐而惧天变者，可以类推矣。虽然，此经之所以载道者然也。至于史之所以纬夫经者，则自周之衰以讫五代之季，其间安危理乱之分，成败兴亡之故，上下数千年间，皆若烛照龟卜而不可掩。然以善论世变者观之：汉大纲仅正，而万目则未甚举；唐万目举，而大纲又不能正。则其所以正人伦而系风俗，别贤否而定名义，谨修攘而全爱敬，大概不可以帝王之功用并言者，要亦有由矣。是乌可不为本原之论哉！空谷而足音，晦冥而日月，绝无仅有之中而求其粗合于古帝王之道，惟文帝一人而已。昔孝宗皇帝与大臣论古今治乱，因曰："自汉唐以来，人君惟汉文帝粗能知道。自文帝之外，人君非惟不知道，亦不知学。"大哉王言！深于考论夫后世人主之为学者乎！试即文帝之粗知道者观之，虽其礼文之事犹或多缺，然刺取六经，盖亦仿佛于王者之意。故当时之治蔼然，犹有王者气象。非粗知道者，其孰能之？自其躬玄嘿，丽道准仁，而修身之道粗明。所幸夫人衣不曳地，而齐家之道粗立。张武受赂，益愧其心；吴王不朝，赐以几杖，而治国之道又粗审。以至弃细过而绝戎隙，成军礼以张国势，务休息而专德化，警灾异而求直言，凡可以为平天下之道者，亦粗于此而加之意。然则，文帝之所以为汉德之盛者，岂非粗知道之效欤？夫惟文帝粗知六经之道，既足以致后世之治。后世考论文帝之史，则当劝其所以为文帝者，而戒其所以不如文帝者；当劝夫文帝之可以到帝王者，而戒夫文帝之终于未到帝王者。则治道功用，又岂容外吾心而求之乎？臣愿陛下反求此心，加意力行，以可到帝王者自勉，以未到帝王者自励。此则在于用力不用力耳，乌患其有难行者哉！

臣伏读《圣策》曰："朕深惟经训史策，日陈于前，文字繁多，途辙迂阔。求其所以置力者，乃即燕闲，窃有慕古人缉熙光明之义，日就月将，躬履神会。盖以基治道之本，一人心之归，使普天率土，若士与民，悉共由于理义而无本末舛逆之患、上下异向之风，顾不韪欤！”臣有以见陛下加意于缉熙之诚，用力于本原之地，而欲推而达之于治道功用之大也。夫经之与史，虽文字之繁，而关于君德治道者，则未尝无纲领之要。夫“缉熙光明，日就月将”，此诗人之所述，而成王用力为学之实也。至于曰躬履、曰神会，此则陛下心术纯明，义理融贯，能以诗人之所述者究心，而又以成王之所学者用力也。盖躬之所履，皆力行之事；神之所会，皆致知之功。行无不力，则缉熙矣；知无不致，则光明矣。以陛下之躬履神会，求成王之缉熙光明，而又形诸心画，发诸圣制，布尧言于天下，断断然以为自天子至于庶人，壹是皆以修身为本，而知夫学之有益于人国矣。举天下之大，家传人诵，皆灼灼然知陛下缉熙光明之懿，殆与成王不可以异观矣。抑成王之所以谨养其心，以为讲学之本也，陛下亦尝实用其力乎？臣考诸《诗》曰：“敬之敬之，天维显思，命不易哉！”群臣告成王以用力之大者也。而谆勤恳切之意，又必继之以“无曰高高在上，陟降厥士，日监在兹”。盖欲其知天之监无往而不在，无时而不然，而敬之为敬，无一动之或违，无一息之可弛也。成王于此，灼知用力之要，谦虚挹损，形之于言，曰：“惟予小子，不聪敬止。”必加之以日就月将之诚，懋之以缉熙光明之益，积而至于亿万年天休之敬。以是而论，则知“缉熙光明”乃为学之要，而“敬之敬之”又缉熙光明之要也。今陛下既即燕闲，慨慕于古，其事非不伟也。至于古所以谨处燕闲，无微而不敬者，兹又陛下切身之事，而治道之所由以基，人心之所由以一，义理之所由以克广者也。盖敬者，主一无适之谓。彻上彻下之道，陛下与成王所谓缉熙光明之实，而二帝三王所以传授心法之准的也。故也细绎心思，续续不已；充广心地，恢恢有余，而后可以言缉熙。清明一有纷汨，志虑一有间断，气象一有褊狭，则不足谓之缉熙矣，而可以为敬乎？必明善诚身，动与理觉，尽心知性，静与理融，而后可以言光明。物欲少有障蔽，血气少有昏蒙，智识少有凝滞，则不足谓之光明矣，又可以为敬乎？陛下之所谓躬履，盖履此敬也；陛下之所谓神会，盖会此敬也。以是而基治道，使天下国家之治如尧舜三代之盛可也。否则，规摹弗立，玩愒小康，本末之不能无舛逆者，皆治世之累也。以是而一人心，必使远近风俗之化如尧舜三代之美可也。否则，仪刑弗谨，观听莫新，上下不能不异其向者，皆风俗之弊也。陛下能反求此心，常守此敬，内主乎一而不病乎杂，外无所适而不徇乎私，本正而末自随，上倡而下必应，阴消其舛逆之患，潜格其异向之风，则其感动意思，殆与七十子之服孔子者同一机括也。臣愿陛下以真存心，则躬履神会自不能掩其功用之著。由是而充之，则以成王之学造帝王之道，惟陛下加之意而已。

《圣策》又曰："若夫商政治之得失，求民俗之利病，论士习之厚薄，则有所未暇。盖以本原既立，则他可以序举也。"臣窃谓陛下之言及此，岂非天下之幸，而天地祖宗之望陛下者乎！盖政治之得失，每系于君道转移之间；民俗之利病，实关于君政修废之顷；士习之厚薄，亦视夫君心之好尚者如何。陛下不屑屑于三者之计，必谆谆于本原之正者，岂非以用力于本原者既善，则三者之效特举而措之耳。故《中庸》论为天下国家有九经，而曰所以行之者一。《大学》言齐家、治国、平天下之道，亦以修身在正心者为之本。陛下讲明于此，盖亦熟矣。继今而后，极致知之善，尽力行之诚，因全体之明，求大用之著。必刚以制欲，必勇以力行，必恭俭以约己，必渊静以养心。如是，则本原既正，三者之序断断乎其可举。不然，外有讲学之文，内无讲学之实，诿本原之论以盖其事体之失，假修饬之具以掩其修省之愆，戒酒有箴而无益于制心，缉熙有记而无益于进德。若是，而曰政治之未暇问，民俗之未暇问，士习之未暇问，是自置天下国家于圣度之外，又安足以为本原之论哉！昔孝宗皇帝圣训有曰："朕心未尝放下，一日间天下定行一遭。"孝宗之所以经营于念虑者若是其详且悉，曾谓其以本原之是正而一切付天下之事于未暇问乎？圣谟洋洋，载在国史，皆陛下之所当体而行之者也。臣愿陛下益反之心曲，加其真实无伪之功，广推于外，旁达其运量不穷之妙，则本原在于圣心矣。凡陛下策臣以经史之所当讲者，皆可以序而举，况于是三者之务哉！

《圣策》之所以幸教臣者亦已至矣，而陛下谦冲温粹，犹终之曰："子大夫奉对于庭，其以有得于经史者，细绎而毕陈之，朕将亲览。"臣仰见陛下咨访不倦，嘉与草茅之贱求本原之纤悉，非徒为是诹采之文具也。臣窃闻六经之书，致治之成法也；史之为史，亚乎六经者也。夫致治成法既皆具于经，而史又亚乎经之道，则凡天下国家之治，非徒本原之是正而已。至于纤悉节目，所以救习俗之失、防人心之微者，经之与史盖相贯通而互发明也。陛下既俾臣等细绎而毕陈之，臣不能罄竭肤浅之万一，以为陛下告,不惟下负所学,抑亦上负陛下之谆诲矣。然臣之所尤拳拳于陛下而不能自已于纳忠者,其说盖有三焉:一曰固民心,二曰肃军心,三曰正士大夫之心。盖民者国之命脉也,兵者国之精神也,士大夫者又国之医师砭剂也。为人上者,当使命脉坚强,精神运动,常致谨夫医师砭剂之用,以为元气调养之方,则立国之势,自隐然有安靖和平之功用矣。臣请竭其愚而终言之。《书》曰:"民惟邦本,本固邦宁。怨岂在明,不见是图。"此言民不可以不固,怨不可以不弭也。今之所以固民者何如耶?田间困于科率,市井困于征求,商贾困于抽敛,富家大室困于奄没之刑。叠是数困,犹未已焉,远近怨咨不可闻也。乖戾之气上熏于天,激而为江闽之盗,滋而为辅近之奸,涨而为都会之灾,溢而为边陲之警,延而为数千里之旱,岌岌殆哉!国家命脉,一缕千钧,深可虑也。昔光武中兴,邓禹劝之以立高祖之业,救万民之命。先朝范镇亦曰:"欲备契丹,莫若宽天下之民。"此皆所以为命脉计也。陛下亟图之,则其证犹可起也。否则,非臣之所敢知矣。《书》曰:"其克诘尔戎兵,以陟禹之迹,至于海表,罔有不服。"此言卫国以兵,诘之者有其道,则服之者有其机也。今之为兵者何如耶?自核实之不加,而兵益以冗;自训练之不精,而兵益以惰;自豢养之不戒,而兵益以脆;自等级之不严,而兵益以骄;自刻剥纵弛之相蒙,而兵又流于叛且溃矣。夫国家竭民之力以养兵,盖资之以卫吾国也。今乃不冗则惰,不惰则脆,不脆则骄,不骄则叛,不叛则溃,习于纵敌而不习于死敌,利于为寇而不利于御寇,敢于犯上而不敢于卫上。于是,士卒得以陵偏裨,偏裨得以陵主帅。闽南之纷乱方迩,而继之以江右之陆梁;西蜀之惊荡方传,而因之以淮东之奔迸。姑息养祸,浸以成风,蔓草难图,忧未歇也。昔晋文公城濮之战,见其师少长有礼,而知其可用。艺祖皇帝始明军法,使以阶级相承,小有违犯,咸伏𫓧锧。是以上下有序,无征不服。此皆所以为精神计也。陛下其亟图之,则其患犹可弭也。否则,非臣之所敢言矣。夫固国以民,卫国以兵,二者命脉之所关,精神之所系,一日不可忽焉者也。然所以护养其民、调伏其兵者,惟有士大夫以为医砭尔。夫圣人养贤以及万民,而命将遣帅以卫中国者,亦以重戍役车徒之责。今之为士大夫者,臣又不知其果何如邪?陛下以培固邦本为心,而监司守令则行之以朘削膏血之政;陛下以运动国势为心,而曰将曰帅则乘之以消沮士卒之私;陛下以兴利除害、信赏必罚为心，而内外大小之臣则应之以虚诞苟且、偷安旦暮之计。是无怪乎上之真德实意不能宣达于其下，下之吞声隐气不能通达于其上。上下隔绝于势分之交违，则夫民怨而思乱，兵怨而思叛，亦其理之所必至也。昔汉宣帝欲安渤海之警，得一龚遂，单车至府，宣布教令，慰安牧养，盗为之悉平。而民不患其不安者，以得人而安之也。唐马燧之在河东，驭马厮役教以骑射，比及二年，得精兵二万。而兵不患其不强者，以得人而制之也。是以国朝开基之初，藩侯不抚百姓，则有断不容之之戒。至于南征北伐，战胜攻取，兵不过二十万者，亦惟以曹彬、潘美为将耳。此其于国家砭剂之用，明效大验，彰彰然足以为后人嘉赖维持之地，盖汉唐之美独盛于一代者也。今陛下所慕者帝王之道，所鉴者汉唐之言，所取者祖宗贻谋之善。则其所谓一军民之心者，要莫先于正士大夫之心；而其所以正士大夫之心者，又不过先正陛下之心而已。董仲舒有言曰："人君正心以正朝廷，正朝廷以正百官，正百官以正万民，极而至于四方远近之一于正。"此又自本原而达之功用，古今不易之至论也。惟陛下于此而实用力焉，则天下幸甚！宗社幸甚！臣无任，昧死谨对。(《全宋文》卷七七四八)

八　月

己酉朔(一日)，御幄殿，引武举进士射。(《宋史全文》卷三二)

乙丑(十七日)，御集英殿，赐进士徐元杰以下及第、出身、同出身，凡四百九十三人。(《宋史全文》卷三二)

丁卯(十九日)，赐特奏名进士倪闪等同出身，至州文学、助教，凡五百九十二人。(《宋史全文》卷三二)

进士名录：徐元杰，张镇，丁治，丁燫，上官鼎新，王巳之，王子端，王公瑾，王世威，王戊，王必张，王仲贤，王似道，王庭椿，王华甫，王得一，王撄之，王景寿，王与义，王璞，王獬，王应辰，王应龙，王鹏举，元宋兴，尤德卿，牛仲卿，方之泰，尹梦嘉，甘茂荣，左誉，史季温，史宗，令狐概，令狐震之，吕秉南，朱沂，朱珪，朱浦，朱扬祖，朱继芳，任严，向士璧，向熹，夙子兴，危梦亨，危梦亨，江巳，江时举，江应南，江镕，阮烈，杜幼节，杜从龙，李一冯，李一凤，李日新，李公秀，李叔宏，李桂高，李晦之，李遇龙，李荣祖，李鸿渐，李浚，李衢，吴一鸣，吴文震，吴琉卿，吴遇龙，吴福元，吴颙，吴骥，何士龙，何酉，何涣，何嵩之，何德新，何简易，余君举，汪之埜，汪澄之，汪应元，沈国光，宋正礼，宋自强，宋拱之，宋洎，范坦，范纯甫，茅登，林一之，林元晋，林虙，林云，林贵谦，林溶，林经德，林禧子，林灏，卓得庆，卓梦卿，季端叟，周文胜，周纡，周还淳，宗良，郎伋，郎伟，承信，胡三省，胡式之，胡昌，胡炬，胡昱，胡梦虎，胡照，胡颖，侯俣，俞炳，俞桂，俞梦洛，施退翁，洪扬祖，洪梦龙，洪儆，祝淮，姚梦角，莫之御，莫季谦，庄公迈，桂去疾，桂锡孙，夏亢善，柴周臣，柴澹然，晏陶，倪立，师遇，徐明叔，徐炳，徐桂子，徐应和，翁酉，高元裕，高不偲，高指，高椿年，郭正子，陆叡，陈一鹗，陈大方，陈子智，陈子椿，陈申，陈由，陈圭，陈有功，陈光庭，陈直上，陈南美，陈信，陈宣子，陈纪，陈晋接，陈埜，陈常武，陈惟月，陈焕，陈梦斌，陈闻诗，陈庆勉，陈樾，陈锡禹，陈鹗祥，陈铎，陶梦桂，孙子秀，孙自中，孙附凤，孙起龙，孙翼凤，孙愿质，黄一震，黄有孚，黄朋甫，黄炎午，黄居正，黄桂，黄复古，黄钧，黄梦烈，黄质，黄履翁，黄锷，曹晏，曹巽，曹梦龙，曹缙，过梦符，许元，许合，许迪，许浩，麻允宝，章时发，梁大受，张天定，张元，张恢，张翃，张卿明，张巽明，张瑞秀，张雷震，张鲁仲，张应赵，张济之，张琦，彭梦渔，叶大有，叶龙友，葛焱，董士龙，董仁森，董洪，董振，景炎桂，傅及，傅维烈，冯向昌，冯容，冯启元，冯森震，冯应之，冯鳣，汤骥，游德卿，靳盈之，蒲择之，杨一夔，杨国英，杨淳，杨焱，杨梦启，杨瑱，杨樵，杨释回，雍汝林，雍安世，雍繁孙，赵巳果，赵日辟，赵必仜，赵必逌，赵必煴，赵必谔，赵汝厓，赵汝训，赵汝棣，赵汝楷，赵汝档，赵汝秾，赵汝归，赵希枌，赵希羔，赵希震，赵若炳，赵若烨，赵若凭，赵东，赵孟垓，赵垓，赵时中，赵时苗，赵时政，赵时倕，赵时悟，赵时偶，赵时歆，赵时梓，赵时铣，赵时榼，赵时愿，赵时镖，赵师都，赵埜夫，赵崇佺，赵崇顼，赵崇彪，赵崇绛，赵崇槃，赵崇铦，赵崇整，赵崇嗷，赵崇诠，赵崇霦，赵崇缵，赵淄夫，赵善倭，赵瑥夫，赵与偰，赵与榭，赵与铕，赵与钢，赵与燔，赵与洋，赵肃，赵广徵，赵德升，赵皞夫，赵澌夫，赵兴种，赵继谔，蒋逢午，蒋应符，蒋应新，蔡世德，蔡直方，蔡仪甫，蔡泽民，厉大本，臧梦祥，闻人宝，廖仲光，齐日敏，郑公玉，郑石，郑芬，郑振甫，郑益祥,郑著,郑衡之,熊元龙,邓斗元,邓奎,邓夔,巩峻,楼洊,楼梓,楼濂,楼澤,楼瀚,欧阳衢,黎九德,黎韶,刘丁,刘公权,刘文炳,刘汝渊,刘东父,刘桂,刘龙行,刘燧,潘景孟,乐甫,薛师傅,薛梦纯,萧大振,萧元肃,萧涓,萧岗,卢自明,鲍成祖,鲍荛,戴埙,戴铎,韩伯修,韩应祥,魏牧,魏容,鲜于应文,谢景福,谢禧年,蹇维之,聂德进,瞿梦龙,边之基,边之问,颜纯,严象祖,罗楠仲,罗应龙,谭敬叔,谭湘,谭献叔,饶应子,饶愿,窦忠棐,顾铨,顾檣,龚震之。

特奏名进士:倪闪,王士登,王孔硕,王吉,王采,王洽雍,王浩,王梦昌,王端甫,王应甫,方元钧,方正子,方泳,朱起发,朱绂,朱履常,任起滨,李能卿,李云龙,李梦疆,李嵩奇,何孝彰,林一龙,林升,林克己,林壮行,林昭卿,林时发,林达,林绛,林扬,林彩,金应龙,周景章,周源,洪唐卿,马大枋,庄岳,庄骥,徐登,翁禄,高明远,陈中实,陈中实,陈介可,陈孝一,陈若森,陈秉,陈得遇,陈启,陈贵谦,陈梦英,陈梦星,陈梦雷,陈梦锡,陈楷,陈靓,陈洁,陈应忠,陈应翘,黄公权,黄泳,黄奎,黄商楫,黄椿,黄应辰,麦梦天,曹孝德,曹庚,许奇祥,张茂实,张虞凤,张谦则,张滨子,彭卿月,叶元龟,叶良遇,喻峙,程寿,邬之邵,冯天祐,游梦开,杨敏中,杨景侃,詹全,詹万石,赵必钫,蒋季纲,郑隆本,郑棫,郑钧,郑梦高,郑应龙,郑应翘,刘田,刘应龙,刘爟叔,卢德常,戴履,魏梦极,苏子严,罗甝,谭文蔚(误)。

上舍释褐:陈问,邓景辉,储申。(《宋登科记考》卷一三)

补进士名录:其一,方岳。《宋登科记考》卷一三将其系于绍定二年进士名录,偶误。详说见前。

其二,沈贯卿。《全宋诗》卷三二〇七方岳《九日与同年沈贯卿饮月墅》。

辨正:谭文蔚,宋理宗端平二年特奏名进士,《宋登科记考》该年特奏名进士名录亦载。此处重复载录,误。《宋辽金元方志辑佚·南雄路志》:"谭文蔚,端平乙未王声叔榜第四等,敕授高州文学。"(第808页)

徐元杰《及第谢恩》:圣朝天子荐临轩,嘉与愚臣究本原。天地两间扶

景运,唐虞三代印微言。惭无一德酬清问,猥玷初班误圣恩。一节誓坚忠与孝,立身端不负乾坤。(《全宋诗》卷三一五一)

徐元杰《及第谢丞相启》:南宫奏赋,已不逃扬粃之讥;北阙登名,复有甚积薪之愧。退省侥逾之过分,端由造化之嘘枯。敬贽瓣香,爰缄尺椟。伏念某嬖姗百出,艰苦半生。勉焉加笃学之功,求以为进道之实。穷理致用,父师诲诱之谆谆;修身治心,蚤夜持循之汲汲。非止为利禄计,要不辜天地生。娱侍家庭,粗得事亲之乐;群居里党,尝玷拔俗之称。深惟苟脱文墨之中,则亦期为事业之地。韩昌黎屡屈于唐选,无患有司之不明;贾洛阳独右于汉庭,犹病少年之太锐。方一札重宾兴之申饬,俾四方来学术之邃深。欲其该此理之精微,足以定终身之根据。用是三献而后售,幡然一鸣而皆惊。属吾皇御宇之八年,侈盛世临轩之再策。光明缉熙之圣学,浑乎卓冠于五三;本原功用之常谈,何以仰裨于万一?盖治法有不离于道法,惟诚心则能悟于上心。不揣瞽言,冒通宸听。班先鳌首,惭无晁、董之忠规;谶冷龟山,敢继汪、刘之遐武。扪心知自,拊己奚堪!兹盖恭遇某官,道贯乾坤,量包溟渤。踵伊、周之盛轨,兼姚、宋之全材。嘉定、绍定之规模,相业始终之如一;越国、鲁国之功烈,家声先后之相辉。以一身遏万变之冲,任千古所独难之事。引君当道,报国惟贤。自一秉于洪钧,已九书于黄牒。凡中外材能之众,知范围埏冶之归。遂得微踪,猥叨误渥。某敢不懋加激励,图报选抡!语王曾之平生,初不萌温饱之志;建子阳之长策,庶永怀遭遇之荣。向德之私,有言则浅。(《全宋文》卷七七五一)

九　月

己丑(十二日),御射殿,引正奏名进士射。(《宋史全文》卷三二)

庚寅(十三日),引特奏名进士射。(《宋史全文》卷三二)

宋理宗《闻喜宴赐进士诗》:策士明廷急谠言,眇予凉菲再临轩。灼知治法由经史,嘉与群英究本原。名第一时传盛事,需筵肆秩示隆恩。公卿任使从兹选,要看他年气节存。(《咸淳临安志》卷一二)

恭和御制赐徐元杰以下诗：秘书监钱德谦，秘书丞吴泳，著作郎胡刚中，秘书郎李心传、葛逢，著作佐郎陈耆卿，校书郎王会龙，正字黄朴各一首。(《南宋馆阁续录》卷五)

吴泳《壬辰恭和御制闻喜宴诗》：清问谆谆许尽言，以书为辙道为轩。鉴观万古知成法，条析群疑见大原。樱苑近颁天上句，燕杯新带雨边恩。燃藜夜取云章读，照乘骊珠炳若存。(《全宋诗》卷二九四二)

十　月

缪蟾《绍兴府进士题名记》：上践阼八年，徽猷农卿程公帅浙东，领府事。下车未几，修教庠序，以孝悌忠信淑诸生，学者乡风。是年论秀宾兴，劝驾有加礼，善类增气。明年，奏廷对二十有二人，猗欤盛哉！越所未有也。旧题名记二，姓氏充牣，余不盈咫。公一见叹曰："此邦为帝乡，且属东朝，寿庆恩腴，阖郡秀茂，上春官得人宜多，兹讵足纪姓名?"亟砻石以俟捷至，果如公言。公尝麾节鄞江，今江东宪袁君甫魁天下，联名尤伙。岂非福星所至，则魁躔文宿，次舍翼从，炳焕增辉，固应尔耶！新碣肇建，芳字粲陈，非独传不朽，示方来，至于文风不振，士气聿张，光绍三魁，衮衮未艾，此又公之所深属。蟾倚席罔功，拭目荣侈。或谓蟾曰："识颠末，纪岁月，郡博士职也。"蟾用不敢辞，谨再拜泚笔，述所睹闻，俾来者有考。若夫前记所刻，自杜正献公而下，其人物风流，事业彪炳者，国有史，郡有志，登载详矣。异时将大书特书，不一书而止。作人有功，闻者兴起，又当推本于今。绍定五年十月望日，文林郎、特差充绍兴府府学教授缪蟾谨题。(《全宋文》卷七六八七)

是　年

绍定五年，(史宇之)中吏部铨，自宝章阁至右文殿修撰，奉佑神祠，除将作少监，赐同进士出身。(《全宋文》卷八二〇四王应麟《史宇之墓志铭》)

绍定六年　癸巳(1233)

十　月

甲申(十三日),诏:"史弥远二子宅之、宇之,并赐同进士出身。"寻以宅之为太府少卿兼崇政殿说书,宇之将作少监。(《宋史全文》卷三二)

是　年

魏了翁《荐三省元奏状》:臣窃惟国家以进士科得人,视前世为盛,数其上之三人,则尤多显著。南渡以来,进士道梗,又俾四川类试第一人视恩鼎甲。至绍兴五年,诏书又申言之。绍兴十七年,类元何耕对策,忤宰相秦桧,此例中废。然而诏免策士之岁,则四川首选虽列之第五,而用三名恩例,则犹如绍兴五年诏书也。且如故相赵雄,绍兴三十二年冠类试,明年乾道元年赐第,视第三名恩例,初任文林郎、潼川府节度推官,任满改宣教郎,免召试,除秘书省正字。自是以后,每举临轩。直至庆元二年诏免策士,宋德之以类元视第三名恩例,初任文林郎、山南西道节度掌书记,任满改宣教郎、除国子正。又至嘉泰二年诏免策士,何应龙以类元视第三名恩例,初任文林郎、潼川府节度推官,次任自请剑南西川签判,在任被荐,召为学官。载在故府,前例甚明。今伏见宣教郎、前利州路转运司干办公事文复之,始以明经为四川类试第一。会绍定二年诏免策士,复之遂以前例置之进士第五,而视恩鼎甲,实与赵雄、宋德之、何应龙事体一同。复之恂恂守道,安于平进,自初任文林郎、安德军节度掌书记,任满得替四川制司,辟利州路转运司干办公事。已准省札该差,寻于吏部陈乞京官印纸。吏部以为改官人不应尚带运司职事,复之既无阙可入,又耻于自列,屏居家山,二年于兹。躬耕养亲,若将有终焉之意。臣近以书币招来本司,泸州有五峰书院,俾以所学训导生徒,经明行修,多士归向。臣愚以谓朝廷既以科举取士，则以科举用之。中兴百年之间，前例甚明。矧如复之，实足以副其名，学足以施诸用，而能守道自信，不求人知。臣待罪师帅，部内有人，而嘿不以闻，将有蔽贤之责。欲望圣慈诏省部检会自来体例，将复之特畀一合入差遣，庶及盛年，有以行其所学。不失祖宗取士之意，不胜幸甚！

小贴子：臣职在守藩，何敢逾分荐人？顾如文复之者，生长合州，在臣本路。本路有贤，知而不举，是为失职。又见四川类元旧例，鲜有不立朝者。今姑以十数年言之，如赵大全、冯履、宋德之、张方、何应龙、李鸣凤、张巳之、王万、刘炳、家撰，悉蒙召用；赵载、唐季乙、唐应龙，不幸早卒；其未蒙召用者，今惟文复之、王辰应、潘允恭三人。如蒙圣慈特垂访问，并赐收用，不胜幸甚！

又：照对一路帅臣，荐人召用，虽罕前比，然臣今所荐，乃是循名按例，乞合入差遣，非敢逾分妄请。且如先朝潼川运判赵善誉荐张伯源，亦是以进士第三名为请。朝廷既为之召伯源，又并召第二名王奭。虽明以一路监司之请，特召二人，然其实则以科举取之也。伏乞睿照。（《全宋文》卷七〇六〇）

魏了翁《进士题名大成殿舍菜文》：某学未能信，冒承民社之托，图所以崇化善俗者，惟教学明伦，简修旌淑，所不敢后。昔岁大比，邑士王辰应等八人以经明行修为天子使，入治其民。今将服厥采，敢遹旧典，用舍菜之礼于我先圣，退而书名于泮，示不忘德，且俾承学之士有观焉。（《全宋文》卷七一三三）

宋理宗　端平元年　甲午(1234)

正　月

辛丑(二日),诏曰:“朕惟国家科举取士,群材辈出。中兴以来,承平百载,间有州郡士风极盛,里选之额至少,不无遗才,非所以示选举之均也。今岁大比,朕欲广搜罗之才,为精择之地。可令礼部条具各州科举终场及发解人数,详酌奏闻。”(《宋史全文》卷三二)

二　月

庚午朔(一日),诏:礼部贡举。《龟鉴》曰:“理宗之科举取士,未尝不以理义淑人才。乙酉诏:‘士之初,既曰经术、词章。’先观器识矣。而戊子之诏,又以游、夏文学渊源,议论通达为重。至辛卯选士之诏,既曰:‘学术邃深必录。’文理儇浅不容矣。而甲午之诏,又以词章必探经术之理致,学问必浚师友之渊源为先。”(《宋史全文》卷三二)

五　月

魏了翁《泸贡士二十人,端平元年手书增郡国贡士员,泸增二人。是岁,贡于东西路转运司者各二人,以五月庚戌合寮吏宴于郡之正牙,歌鹿鸣以遣之》:皎日中天万国明,恢恢贤路庆端平。月正元日下书诏,二十六人登姓名。西泽射陈狸首节,东廉歌奏鹿鸣声。谬侯何幸身为驾,要示周行玉女成。

天地中间着此身,合将位育入经纶。阴阳固自生成我,爵禄安能富贵人?利欲当权心退舍,诐淫得路俗迷津。诸君自此腾骧去,愿以先知觉此民。(《全宋诗》卷二九三五)

八　月

端平元年,守臣奏以建康行阙之重,请比临安府恩例,特与增添解额。

八月十日奉圣旨:建康府解额特增两名,共以一十三名为额。(《景定建康志》卷三二《儒学志五·贡士·解额》)

曾次元《南雄州修贡院记》:出豫章,下湞水,曰雄州。脉络江湘,襟带交广,山川孕灵,涵秀之彦,代不乏人。三岁宾兴,舒翘扬英,梯级霄汉,袂相属也。而棘闱鏖艺之地,乃陋不见治。毗陵张侯友师帅是邦,导宣华风,陶染士类。暇日,平确词章,不减布韦笔砚之寒。岁当登贤书,谓词场眼境庳污,士子何以明发灵腑?乃屏乃翳,乃新是图。自门徂基,自皇徂堂,启之辟之,百尔并作。庭庑洞达,榱棼高骧,皇皇伟观,荡耀人目。使士子仰栋宇之高闳,以浩其气;俯廉隅之峭整,以厉其节;观丹雘之灿丽,以昌其文。游目而得于心,岂徇华土木云乎哉?噫嘻!世之士大夫轩冕一穹,视布衣若将浼者多矣,奚暇他及?侯不惟淡养若儒素,而恢弘士气之机,且见于长养凝实之余。《诗》云"济济多士,克广德心",斯之谓乎?侯自下车来,羽檄方丛,而俎豆之事亦不偏废。架壕梁,壮城宇,以侈金汤之胜。而黉舍之修,尤汲汲介心。铢积帑金,将及二万缗,欲创筑外城,为保障之图,而学田之增,尤欲垂利于悠永。使侯当从容无事时,则其羽翼斯文者,将如何哉!盖侯名门素风,得濂涑之传。文靖公与张紫严为淡交,动在国史;傃斋雅洁之操,杨文节公剧嘉道之。信乎侯之家学有源乎,充若所为,功用岂易量哉!次元蝗粟邻封,敛衽侯望熟矣,怅未造铃下。一日,士辈来谒,夸大贡宇之宏,属余叙志之。次元窃谓侯之善政,若士与民铭诵之,奚俟赘语?然是举也,乃作新士气枢钥也。尔士子去卑陋而诣高明,意气激昂,头角轩露,异时犹曲江之张、日南之姜,大声沨沨,岭海之光,可不知攸自欤?乃纪诸坚珉,使道盛德至善而不忘。若夫缮费之浩繁,区宇之赢缩,《保昌志》详矣,不书。端平元年八月朔日,从事郎、韶州军事判官曾次元记。朝散郎、权知南安军兼管内劝农营田事彭铉书。奉议郎、通判南雄州军州兼管内劝农事刘无愠篆额。(《全宋文》卷七七六〇)

端平甲午,(俞忱一)董文上饶,同寮持卷请差次,公曰:"三场惟策可观人。"遂拔其一。及蜕号,乃韩君叔颖,士论帖然。(《全宋文》卷八一七五方逢

辰《俞公行状》)

是　秋

三京告捷,公(丁柏桂)方监太学解试。考官欲以“长安复见官军”命题,公曰:“吾方累疏谏止,君等乃以一题从臾乎!”(《后村先生大全集》卷一四一《丁给事神道碑》)

十　月

(癸未,十八日)诏:“今后应奏荐人,并先补入国学,各以年齿肄业,方许授官。或限内请举登第,舍选释褐,如任子及第换授法。……士子发解三十年、五到省,许就特科,以四分取一,置前四等。”从臣寮请也。(《宋史全文》卷三二)

是　年

初,唐、邓二州尝陷于金,金灭,复得其地。命仍旧类试于襄阳,但别号考校,以优新附士子。旧制:光州解额七名,渡江后为极边,士子稀少,权赴试邻州。淳熙间,本州自置科场,权放三名。至是,已五六十年,举人十倍于前,遂命复还旧额。(《宋史》卷一五六)

以牒试已罢,解额既增,命增额州郡措置关防,每人止纳一卷,及开贡院添差考官。时有言:门客及随侍亲子孙五十人取一,临安府学三年类申人漕试七十取一,又令别试院分项异处收试,已为烦碎;兼两项士人习赋、习《书》之外,习他经者差少,难于取放。遂命将两项混同收试考校,均作六十取一;京学见行食职事生员二百二十四名,别项发号考校,不限经赋,取放一名。侍御史李鸣复等条列建言,谓:“台谏充知举、参详,既留心考校,不能检柅奸弊,欲乞仍旧差台谏为监试。怀挟之禁不严,皆为具文,欲乞悬赏募人告捉。精选强敏巡按官及八厢等人,谨切巡逻,有犯,则镌黜官员。考校不精,多缘点检官不时供卷。及开院日迫,试卷沓至,知举仓卒不及,遂致遗才。欲乞试院随房置历程督,点检官书所供卷数,逐日押历考校。试卷不遵旧式,务从简便,点检、参详穿联为一。欲乞必如旧制,三场试卷分送三点检、三参详、三知举，庶得详审。试官互考经赋，未必精熟。欲乞前期约度试卷，经、赋凡若干，则各差试官若干，不至偏重。”并从之。（《宋史》卷一五六）

命宗子锁厅应举解试，凡在外州、军，或寄居，或见任随侍，及见寓行在就试者，各召知识官委保正身，国子监取其宗子出身、训名、生长左验，以凭保收试，仍于试卷家状内具保官职位、姓名，以防欺诈。（《宋史》卷一五七）

端平二年　乙未(1235)

正　月

辛亥(十七日),诏曰:“国家进士之科,得人为盛。比年场屋,循习宽纵,易卷、假手、传义之弊,色色有之。深恐真才实能,无以自见。可令监试官严行觉察,犯者依《贡举条制》。取中人就尚书省复试,以副亲策之选。”(《宋史全文》卷三二)

二年贡举敕榜有“不取谀怪”之语,公(丁柏桂)奏:“谀为今日大患,怪不足虑,恐有以直为怪者。乞诏有司,专黜谀佞。”(《后村先生大全集》卷一四一《丁给事神道碑》)

己未(二十五日),诏:“以翰林学士、知制诰真德秀知贡举,中书舍人权吏部侍郎洪咨夔。起居舍人蒋重珍同知。”(《宋史全文》卷三二)

又曰:“烦卿(真德秀)典领文闱,清宿弊,收实才。”公巽谢,又曰:“科举之弊极矣。如传义、挟书,不可不革。”……差知礼部贡举。公先有札子论文弊,乞专以醇正质直取士,其涉谀怪者黜之。是岁场屋始严,空疏不学者多望风而去,挟书绝少。公旦起必焚香祷天,愿得忠良平实之士、豪杰俊异之才。考校必合论、策以观器识。其间,有风切时贤者,公批其卷云:“诸贤当为法受责。”向时知举,皆先立己见,定高下去取。惟公使参详、点检各自伸其见,然后徐徐蔽以议论之公,所取多老成实学、困于场屋者。拆号,同洪侍郎咨夔、王殿院遂奏事,乞于科举之外访求遗逸。(《后村先生大全集》卷一六八《真文忠公行状》)

二　月

省试赐知贡举御札："国家得士之盛，昉于贡举法未始易也。而乏才于今，意论选之地，职考察者浸失其指欤？朕方躬亲政理，寤寐英俊，妙柬儒硕，董司文衡，将以新美天下之士。其崇雅黜浮，参观器识，理致必溯其渊源，毋惑于傅会；词章必主于浑厚，毋喜其缀缉。绝私臆，合众见，庶几实才罔致遗轶。使丰水有芑，复还先朝之旧，则惟尔嘉其殚厥心，以副朕意。"（《咸淳临安志》卷一二）

真德秀《谢御札戒谕知举以下》：礼闱程士，惭无冰鉴之明；宸扆崇儒，焕有奎章之赐。丁宁备至，震越靡皇。惟本朝设科以来，视前代得材为盛。自顷人心之销蚀，浸令文气之浇浮。号明经者涉猎而莫探其原，称能赋者雕镌而或昧于圣。不图今日，复返古风。恭惟皇帝陛下，躬揽权纲，思皇多士。菁莪在沼，已彰乐育之能；采芑于田，益昭新美之意。爰显敬于诏旨，俾精考于贤书。要观器识之宏，匪徇词章之缛。龙翔凤翥，昭回饰物之光；鱼跃鸢飞，鼓舞作人之赐。臣等祗承明训，恪谨守司。崇雅黜浮，期复唐文之盛；论秀升俊，庶几周道之公。（《全宋文》卷七一四三）

洪咨夔《省试乙未》：问：大明当天而万景随，北辰居所而列曜拱。恭惟主上，以文王之圣，躬虞舜之孝，宫中三年之制毕，将涓刚旦，御路朝，以延见百官，临抚万国。礼隆典巨，不可不预搜而夙讲也。周外朝在路门外，内朝在路门内，燕朝在路寝之庭，所谓治朝者果安在？岂即外朝与？《天官》太宰："王视治朝，则赞听治。"岂王公坐论关于治道甚大，斯谓之治朝与？《司士》之公、孤、卿、大夫、士、朝士之群吏、州长众庶，莫不在列，揆之明堂位，夷蛮戎狄不与焉。岂置之国门之外，不容列于表著与？汉接三代而兴，奉常绵蕞之习不过秦仪杂就。已知皇帝之贵，使得鲁两生相与翼成之，果尽还周之旧欤？德阳殿大朝会，夜漏未尽七刻，鸣钟受贺，与长乐之仪先后交映。然长乐陈车侠陛执戟传警而不设乐，德阳乃钟鼓铿锵，管弦烨煜，岂礼乐至此而后备与？宣帝受厘前席，何盛服齐明，独施于少年之见？宣德帻坐迎笑，何威仪简略，能夺夫说客之气？高帝之朝廷，而爱幸者媟戏于殿上，宰相得以折之；先帝之正处，而贵宠者引内于殿中，中郎得以却之。佞幸方张，二臣何为无投鼠之忌？小臣廷辱师傅，至攀折殿槛而不顾，盖谓其不能正主益民也。而金华入说《尚书》、《论语》，其有补于帝学者何事？武帐不冠不见，使人可其奏，而出入禁闼之请曾不克从。间见高门之论，乃谓妄发，其不能动帝听者何说？十万横行，面谩可斩，而殿上皆恐，遂罢朝不复议，何听纳之易？奉珍来朝，待以客礼，而甘泉受谒，称藩而不名，何礼遇之？过朝而问钱谷出入，公私之积何其难于裕也？坐朝而日昊未退，内外之务何其难于清也？朝堂百僚之位，萧、曹、邴、魏，谋谟乎其上，司徒府每天子亲幸，与丞相决大事，是外朝之存者。岂非君臣一堂，交孚无间，而后足以增朝廷之重欤？其历考周汉本末以告。

问：继志述事者，人主之达孝；崇德报功者，朝廷之盛典。昔在宁考，亲挈神器，以授圣明。昭哉嗣服，于今一纪，而文母保佑之恩，永言孝思。亦既升祔，侑食清庙，岂无旧弼，顾犹缺焉，可乎？盘庚告其臣民："兹予大享于先王，尔祖其从与享之。"功臣配食于庙，商家尚矣，而莫名所享之臣。伊尹格于皇天，伊陟、臣扈格于上帝，岂即其人乎？周《司勋》有功者祭于大烝，传者于王功曰勋，独取辅成王业之周公。而召公之夹辅，尚父之燮伐，皆所不及，岂难其人乎？汉论功定封，录第侯籍，藏诸宗庙，以至麒麟、云台之绘，崇报厚矣，未闻有列于烝尝者。而先儒谓汉祭有功于庙庭，其详可得闻乎？唐享功臣，袷则配，禘则不配，其后禘袷皆配，果合乎古否也？高祖庙以裴刘故人，俎豆其间，能无出于私乎？太宗庙以魏征仇臣冠佩其中，抑无一之非公乎？长风孤骞之仁杰，庙享宜也，而五王之贤并侑，固不厌其众乎？忠贯日月之子仪，庙享亦宜也，而中兴第一之功不与，亦不嫌其寡乎？佐佑王化之说，享之未过也，而应变守文之名相皆不在选，其有所抑乎？光复宗祏之晟，享之诚当也，而上不负天子，下不负所学者，乃置而不问，岂文墨议论不如汗马乎？翦蜀于清明，无蔽之日，平蔡于惟断乃成之时，杜、裴元功，享之俱无愧也。而崇文及愬，莫非指纵之下，乃与同升，岂将相叶心然后功业有济乎？许敬宗威势炽灼，停享于神龙，固足以惩滔天之罪。而名宰相如玄龄，百世犹将宥之，亦以子停，何以允公论？苗晋卿小心谨畏，崇配于大历，已不足以孚当世之望。而首赞经纶如裴冕，一时无能及者，乃以即世先后为疑，何以逃清议？自武德至于元和，功臣列在祀典凡四十余人，穆、敬、文、武、宣而下，庙食靡所著见，岂无其人则阙乎？抑有其人而泯乎无传也？夫黄钟动而气序转，应龙翔而云雾集，君臣感召之机，盖非偶然者。然一时之功，孰与乎万世之功？左右诸大夫之曰贤，孰与乎国人之皆曰贤？人心是非，昭如日月，侑飨大议，可一言而定也。诸君考古验今以对，毋枉。(《全宋文》卷七〇一一)

余为玉牒所主簿，(蒋)岘为丞，考省试出，夸余曰："君可酌酒贺我！"余请其故，岘曰："吾为国得一士。"问其姓名，则庭坚也。(《后村先生大全集》卷一五二《潘庭坚墓志铭》)

真公典举，公(王迈)为初考，与夺升降必咨焉，所取皆老于文学者。(《后村先生大全集》卷一五二《王少卿墓志铭》)

(丁南一)乙未南宫中鹄矣。属同知举蒋公重珍以病卒出，监试殿院公王遂代之，易以他卷。逮癸丑春，始奏名别院。(《后村先生大全集》卷一六四《丁宋杰墓志铭》)

及史同叔之死，天下之人皆曰："真直院入朝，天下太平可望。"及其入朝，前誉小减。省试主文，为轻薄子作赋曰："误南省之多士，真西山之饿夫。"(《贵耳集》卷下)

洪咨夔《省闱试士》：东风席帽快行催，浑为天家造士来。捧诏九霄云气湿，分题五色日华开。拣金沙里须精鉴，脱颖囊中尽异材。容受直言天子圣，好听胪唱响春雷。(《全宋诗》卷二八九六)

六　月

丙寅(五日)，御集英殿，策进士。(《宋史全文》卷三二)

洪咨夔《文举殿试策》：朕猥承至尊休德，于今一纪，夙寤晨兴，惧不克负荷，以羞列圣。乃者收揽大柄，躬亲万务，嘉与海内共济丕乂。拔人才于久郁，疏言路于积壅，亦既逾年。而更化善治，犹云未获。岂弊端轇轕，污俗沉浸，未易遽更与？抑崇名忘实，齐末遗本，所更者政而不及化与？何责治愈切而愈邈也？黄帝、尧、舜通其变，使民不倦，非听其穷而莫之反。垂衣裳而天下治，必有妙于化裁推行之表者。三代忠质文之尚，其敝未始不可救，而礼有损益，随时施宜，亦非区区于制度文为之间也。孔子变鲁至道，孟轲以齐王犹反手，绥来动和，过化存神，固不容以浅智窥。而四代礼乐，经世之大法；三王四事，治国之要道，知之者众而行之者寡，何与？夫天命不难于迓续而难于凝，人心不难于转移而难于固。朕历观治忽消长之运，念此至熟，而行有弗逮。国体尝少振矣，而苟且相仍，未保其不弛；国论尝少定矣，而是非交至，未保其不摇。国势不可不强，而选将厉兵，屯田积谷，未能两全攻守之宜；国计不可不裕，而约己厚下，开原节流，未能一出取予之正。伊欲整纪纲于姑息之余，饬法度于因循之后，洒濯众志，新美大化，以凝固天命人心于无穷，其要安在？子大夫强学待问久矣，其据经证古，科别以对。朕将亲览焉，靡有所隐。

洪咨夔《武举殿试策》：盖闻有天下者审其御，御有得失，则狙诈有作使、作敌之殊，自昔英君犹难之。朕厉精更始以来，无日不讨诸军国，以兴起治功，而辔策一世，衔橜四夷。每有慕于汉高祖经营帝业，筑坛而拜，以笼韩信；踞洗而召，以挫黥布，御将之法然也。周庐内卫，列屯外戍，使功使过，俾皆踊跃奔走于作兴之下，而无跅弛之累儿戏之习，其道何先？光武再造炎图，玺书明见，以服窦融；帻坐迎笑，以折马援，御豪杰之法然也。中原遗材，慕义来附，效智效勇，俾皆欢呼鼓舞于大受之中，而无养鹰之患、放虎之虞，其术何要？孝宣号称中兴，先零负固则留屯浩亹以平之，呼韩称藩则置酒甘泉以飨之，御夷狄之法然也。故仇虽殄，新邻方张，或和或战，情伪叵测，在我必有以待之，进可为《车攻》之复古，退不失《采薇》之守卫，其策何上？夫能御将帅而后能御豪杰，能御豪杰而后能御夷狄，审本末之序，权缓急之势，以制动静之机，操纵阖辟，顾不在我乎？至若军律之当严，戎旃之当睦，边民之当恤，新氓之当抚，无一不关宵旰之虑。子大夫有志事功，其率意茂明之，朕将亲览。（以上均见《全宋文》卷六九九八）

洪咨夔《六月五日集英殿策士，从官待宣于内军器库廊》：汉廷与目策英豪，投钓知谁首掣鳌？百日红连纶阁迥，万年枝拂禁城高。内廊坐永风生席，辇路归迟月映袍。西抹东涂浑忘却，一绚短雪不堪搔。（《全宋诗》卷二八九六）

戊辰（七日），御幄殿，阅武举进士射。（《宋史全文》卷三二）

洪咨夔《六月十六日宣锁》：禁门深钥寂无哗，浓墨淋漓两相麻。唱彻五更天未晓，一池月浸紫薇花。（《全宋诗》卷二八九六）

（壬午，二十一日）御集英殿，赐进士吴叔告以下及第、出身，凡四百六十人。（《宋史全文》卷三二）

甲申（二十三日），赐特奏名进士王声叔以下同出身，至州文学、助教，凡六百五十七人。（《宋史全文》卷三二）

进士名录：吴叔告，李伯玉，潘枋，丁大仝，丁熙之，丁鳌孙，王子槐，王世杰，王在，王行之，王汝玉，王秀弼，王奎，王景齐，王杰，王登，王梦炎，王梦得，王与义，王漳，王樐，王抚，王稼，王履信，王龟鼎，王应龙，王灿桂，元仲进，支应酉，尤垕之，文溉，方大东，方棫，方肃，方硕子，平章，史功举，史师亮，史寅午，史越翁，史梦桂，史关，丘升，丘骍，仙正言，仙升，令狐棐，吕重庚，朱十朋，朱士麟，朱时，朱渊，朱梦旂，伍之卯，伏光祖，任天章，任有章，任逵，任云章，任汉章，危国材，江文龙，江应发，阮嘉谋，牟用中，杜正午，李丑父，李正子，李邦斐，李过，李叶端，李发明，李显，吴因雷，吴仲羽，吴自性，吴重庚，吴时习，吴浩，吴惟助，吴道夫，吴湜，吴瑞，吴瑜，吴梦坚，吴蒙，吴槩，吴谅，吴应中，吴麟，何伯英，何茂才，何祥，何塾，何德孙，余仲宣，余亨，余枬，余帝与，余应先，冷梦虎，汪之林，汪伋，汪龙友，沈一举，沈助，邵吉甫，范东叟，林士荣，林月卿，林正道，林存，林仲贤，林似孙，林希逸，林孟云，林拱辰，林昱，林彬之，林从实，林寿，林端起，林漫，林应炎，林应龙，易格，季方，金南美，周康孙，周福孙，周辚，屈竦，胡三杰，胡大昌，胡纯,胡棫,胡梦贞,胡梦琪,胡简,胡镛,南宫靖一,柯洪,侯之卯,俞端,俞应龙,施朝宗,施德懋,洪芹,宣发,祝松,袁行中,袁铉,庄师熊,连履孙,夏任仲,夏嘉,倪若潜,徐梦英,殷淳,高光祖,高深,高衡孙,郭梦龙,郭蜚英,唐桂,唐梦斧,唐应登,陆象南,陈子植,陈元瑞,陈秀举,陈沆,陈垌,陈东之,陈炎子,陈拱,陈容,陈彬,陈望,陈惟新,陈尧道,陈晰之,陈湜,陈汤,陈登,陈垲,陈梦炎,陈梦涯,陈梦举,陈梦龙,陈准,陈福龙,陈实,陈德夫,陈应申,陈继祖,孙吴会,孙瑞,孙烨祖,黄子椿,黄仁桂,黄君任,黄叔度,黄莒,黄师心,黄雄飞,黄勋,黄瑞龙,黄应介,盛喆,崇齐鲜,符遂,许一鸣,许廷炜,清贤,张仕义,张幼杰,张自明,张宗傅,张建,张桂,张振仲,张逢午,张得一,张尧翁,张道洽,张梦锡,张经,张槊,张实甫,张熹言,张兴龙,张柽,张应辰,阳炎卯(误),项文度,项梦元,彭五嶲,叶天祐,叶悊佐,叶惟佑,叶绍宗,叶谟,万元杰,傅应子,舒浙之,舒游之,邬文伯,邹宗孟,邹槊,童蒙雷,曾希林,曾应新,冯子发,冯沆,冯伟,冯喜孙,冯开先,冯迁,汤厚之,汤举,游炳,游浑,贺惟用,杨子寅,杨仁吉,杨伯琦,杨茂子,杨叔丁,杨遂,杨梦高,杨诚,杨应珍,杨继之,杨灏,贾居厚,贾南金,裘甡,詹文杓,詹必张,雍沿,赵正大,赵由迪,赵必修,赵必萃,赵必赞,赵汝轨,赵汝堞,赵汝荪,赵汝谔,赵希囿,赵希时,赵希偦,赵希琏,赵希仢,赵希韬,赵希�革,赵良铨,赵良锌,赵良镡,赵若忠,赵阜,赵孟宗,赵孟造,赵孟岗,赵孟傅,赵时昂,赵时柷,赵时劲,赵时皓,赵时澺,赵师掌,赵逢孙,赵崇诊,赵崇暖,赵崇洁,赵崇礼,赵崇说,赵焕然,赵绂夫,赵与理,赵与僧,赵与赈,赵与优,赵与骅,赵与镭,赵绾夫,赵兴迁,赵孺子,赵珑夫,蒋应炎,蔡简夫,臧棐,廖斗南,郑士谧,郑元龙,郑江,郑如祖,郑侃,郑南英,郑珽,郑偘,郑雄飞,郑杰,郑发先,楼昭,楼棁,楼棉,欧阳文龙,刘天定,刘半千,刘并,刘受祖,刘彦举,刘洪范,刘棫,刘烨,刘说卿,刘应子,诸葛泰,潘午亨,潘希夔,潘墀,乐甲龙,萧虞韶,戴用龙,戴养正,懃渊,韩禾,檀宗直,储国秀,谢正卿,谢自厚,谢汝翊,谢升贤,谢纯厚,谢处厚,谢继厚,严炎,严绅,严迈,罗一龙,罗仲礼,罗叔刚,罗震龙,兰斗南,饶宋英,饶应龙。

特奏名进士:王声叔,王三俊,王幼曾,王贡,王端甫,尤彬,方一新,方孺元,甘相,丘梦周,池光庭,李汝抝,吴津,吴桂,何日宗,林一龙,林大用,林子高,林仲彪,林伯耆,林宋杰,林忠清,林定孙,林师回,林晞白,林梦庚，林梦麟，林梦骥，林楷，林震龙，林应辰，林懿孙，柯逢，侯貂，倪禹钧，高一鸣，高信己，陆梦良，陈元，陈尤，陈仝中，陈有之，陈次公，陈岱，陈国计，陈章，陈梦星，陈梦祥，陈梦雷，陈遁，陈纲，陈举，陈应洪，黄逢时，黄梦清，黄澄，黄彝叙，曹梦祥，张茂实，张春卿，张梦荐，张椿，阳梦周，叶重开，程戬，傅光，傅亮之，童演，曾功懋，曾邦哲，湛露，游彬，杨倬，杨逢昌，赵若翁，赵继议，蒋诃，蒋辅国，郑良翰，郑南起，郑开先，郑景舒，郑应龙，刘泳，刘应琦，潘子震，潘庚，潘宗甫，潘朝伯，薛鸾儿，萧山，萧马，萧燃，谢震声，罗从直，罗镇，谭文蔚。(《宋登科记考》卷一三)

补进士名录：其一，邓益。《隐居通议》卷三一《前朝科诏》："邓益季谦，乙未吴榜。"

其二，赵时序。《全宋诗》卷三一二六林希逸《同年赵左藏时序挽诗》。

补特奏名进士：杨元定。《全宋文》卷七八〇九王柏《杨公墓志铭》："君讳某，字元定，姓杨氏。……世为婺之金华人。……端平乙未，因以累试恩奏名天府。廷对入等，授迪功郎、常州晋陵县主簿。"

辨正：阳炎卯，淳祐七年进士。《全宋文》卷八一五四阳少箕《阳公行状》："季炎卯，登淳祐丁未进士第。"

乙未策士，有"凝天命，固人心"之语。庭坚对曰："陛下承休上帝，皈德匹夫。何异为人子孙，身荷父母劬劳之赐，乃指豪奴悍婢为恩私之地，欲父母无怒不可得也。宜诎荆舒之号，挂秦熺之冠，散郿坞之藏，以释天怒。"又曰："陛下手足之爱，生荣死哀，反不得视士庶人。此如一门之内，骨肉之间未能亲睦。是以童仆疾视，邻里生侮。宜厚东海之恩，裂淮南之土，以致人和。"时对者数百人，庭坚语最直。(《后村先生大全集》卷一五二《潘庭坚墓志铭》)

端平乙未，理宗皇帝始亲政事，揽权纲，策士于廷，于万鹄袍中擢莆田吴君叔告为第一。其奏篇以"发强密察"为说，上览而异之。策传，都城纸

贵，自缙绅至韦布皆传诵之。(《后村先生大全集》卷一六四《吴君谋少卿墓志铭》)

(王梦得)擢端平乙未第。时方更化，召真文惠公典贡举，士气欣跃。发策问《大学》之要，公以敬为一篇纲领，援证详明，适契真公意。既第，往谢，真公力疾延见，称赏，勉以远者大者。(《全宋文》卷七八〇九王柏《王公墓志铭》)

七　月

宋理宗《闻喜宴赐进士诗》：三御听朝策俊民，况今亲政倍留神。每嗟污俗熏濡旧，要仗诸贤洒濯新。勿把词华媒利禄，须将位育入经纶。今辰燕衎毋多赠，二字忠清可立身。(《咸淳临安志》卷一二)

恭和御制赐吴叔告以下诗：秘书少监吴泳，秘书丞陶木，著作郎池圣夫、葛逢，秘书郎杜幼节、应繇，著作佐郎袁申儒，校书郎家摃，正字王迈、江万里，校勘曾三异各一首。(《南宋馆阁续录》卷五)

吴泳《乙未恭和御制闻喜宴诗》：圣学希天善牖民，风霆鼓舞气如神。转回姚姒文章古，作起殷周礼乐新。有限科名非究竟，无穷经术要纷纶。事君自昔无他道，不有其身是致身。(《全宋诗》卷二九四二)

洪咨夔《恭和御制赐吴叔告已下闻喜宴诗》：致主唐虞泽兆民，贤才端是国精神。作人欲返皇风古，拔士先随圣化新。收敛文章归献替，安排事业到弥纶。宸章属望丁宁甚，上答天恩莫爱身。(《全宋诗》卷二八九六)

魏了翁《恭和闻喜宴御制》：祖宗德泽被生民，列服山川各效神。几见高冈鸣凤集，又看层浪化鱼新。升歌幸听三章雅，佩印行纡五两纶。圣世宾贤如此厚，致君忍负不赀身。(《全宋诗》卷二九三五)

魏了翁《闻喜宴口宣七月十五日》：乐得贤才，式颁燕衎。乐奏《嘉鱼》之什，歌陈《鸣鹿》之三。爰示周行，匪章私惠。(《全宋文》卷七〇五三)

闰七月

己巳(八日),礼部尚书魏了翁进读《大学》,因奏:"'诚'字虽系藩邸旧名,考之故事,未尝偏讳。盖此字纪纲斯世,而科举文字皆避,场屋未免疑惑。乞圣语许免回避,以广陛下谦虚之意。"上曰:"自不必避。"(《宋史全文》卷三二)

是　年

王迈《进士题名记》:清漳乙未进士题名郡判,先立石之三日,谒某曰:"是举也,子尝与南宫校艺。今丞兹郡,宜有一言识之。"余谢之曰:"余赘丞也,言之得无赘乎?"诸君请愈坚,乃谂于众曰:士之致远于当世者,器识以先之,文艺末事耳;士之所为不朽于来世者,名节以基之,科第假途耳。漳先达由进士位公卿侯伯,如晴霄之星,余独于器识名节中得二人焉:元丰之吴公可权与绍兴之高公彦先是也。吴为张天觉莫逆交,张当国,或怂恿见之。吴义形于色,曰:"吾遇张公于放逐中,相与言忠义事。今可呈身求进乎?"高对策忤君相,上书陈十渐,廪廪乎古之遗直。尝语其徒曰:"富贵有时或来,名节亏则一身之事去矣。"吁!壮矣哉!自国初至今,此州科目得士二百五十余人,独二公所立光明俊伟,一言一动可为千载矜式。则今已第之群英与方来之魁人韵士,盍知所兴起矣。某始受教于西山真先生,得"读好书作好人"六字,并以此与诸君勉之。(《全宋文》卷七四五八)

端平三年　丙申(1236)

范曾之《进士题名记》：连虽在广支郡，境接湖湘，地佳山水，文物、科第与中州相颉颃。国朝建隆初，始试进士，擢第仅八人，连居其一。景德、元丰间，一科率占四人。皇祐五年，侬寇梗路，二广试于别殿，夏公旼时为第一。此皆连之盛事伟闻也。进士旧有题名，凡三易石，独于夏公阙而不载，观者惑焉，谓其为别试而可略耶？御诗恩赐，与大魁等，为连希旷，书法得无阙乎！鳣堂改营，雁塔续笔，因代翠珉，由是地脉重开，儒风复振，舒翅巍级，接武青云。景德、元丰、皇祐之盛，抑更有光焉。嗣堂叠石以书此，姑以发凡起例云尔。端平三年秋八月，范曾之撰。(《全宋文》卷七七八二)

端平年间

端平间试词科，出寿皇《〈春赋〉颂》，试者皆不知之。此无五十年间事，士大夫罔闻之矣。(《贵耳集》卷上)

嘉熙元年　丁酉(1237)

二　月

癸未朔(一日),诏:礼部贡举。(《宋史全文》卷三三)

许应龙《科举诏》:改元以顺天道,将图至治之勋;得贤而立邦基,兹实急先之务。矧是岁适逢于大比,而群才方喜于汇征。爰举彝章,肆颁涣号。书其德行道艺,将以宾兴;取之族党比闾,式昭公选。冀因名而得实,盍崇雅以黜浮。俾偕计吏而来,以待昕庭之问。蔼蔼吉士,必多忠言鲠论之流;巍巍成功,庶及嘉祐、淳熙之盛。故兹诏示,想宜知悉。(《全宋文》卷六九一六)

十一月

《建康府学赆送规约》:契勘:本郡士子率多清贫,每当宾兴上南宫者,以装赍为苦。今学校创置房缗,专充赆送,条具如右。赆送数目并用铜钱

一,置到房廊各有赤契及总簿该载。

一,收到赁钱专委直学一员拘榷。别项椿管如遇官放,须契勘所放日分、等第、钱数,月终转结簿历,取两教授花押。

一,赆送乡举发解各五十千,免解者半;监漕国子发解各二十千,免解者半;武举发解各二十千,免解者半;宗子应举发解、宗学发解各二十千,锁应十五千,取应减半。过省各二百千,自太学过省及舍法免省者半;武举过省各一百千,自武学过省及舍法免省者半;宗子应举过省、宗学过省、舍法免省各四十千,锁应三十千,取应减半。补入太学各一百千,入武学者半,入宗学者又半。

一,本学赆送贡士,系于使府劝驾后一日,就公堂设醴面致赆金,庶无

减克之弊。

一,此项钱专为赆送本府士人。唯特恩人、不送试、入前名、赐出身,照过省例续送。如有时官流寓、宗室、过往举人,并不支送。

一,已受赆礼人因事不能成行,或至中途而旋者,并将元钱回纳。如是执留,申府拘理。或身到行在,实有事故,不能入试,仰同赴试人保明,免行回纳。

一,置到房廊或有损坏,即支本色钱修造。明置文历,不许虚破。

右具如前,永宜遵守。事力未裕,姑立大纲,增广前规,尤有望于来者。

吴葳《建康府贡院赆送规约记》:金陵大都会,六朝风流未远。我宋淑人心以道德,翕然尽归醇厚。中兴南渡,天跸驻临,行阙岩峣,龙盘增秀,光涵玉井,瑞产金莲。距今百年,人物鼎盛,魁杓联耀,益大彰明。端平初元,皇上嘉惠陪京,增贡士额,登名天府者十三人。嘉熙改元,诸生请援京师例到省,郡复上其事于朝,剡奏朝腾,俞音夕播。士鸢飞鱼跃,莫不舒翘扬英,奋迅功名之会。郡教姑孰陶公炽诱掖后进,以明道书堂拨入岁租,易金市屋,日儆月储,为贡士资。既而,盱江孔公圣义同掌教席,相与翼其成。与计偕者遣送虽各有差,踏梅江岸,观国之光,皆得以壮行色。春风橐钥,吹嘘成就者为多。是举也,真乡邦无穷盛事。嘉熙改元十一月朔,郡人从政郎、宣差充蕲州州学教授吴葳记。(以上均见《景定建康志》卷三二《儒学志五·贡院》)

十二月

丁酉(二十日),诏:"嘉熙三年放行士人混补,令于逐路漕司引试。"(《宋史全文》卷三三)

是　年

罢诸牒试。应郎官以上、监司守倅之门客及姑姨同宗之子弟,与游士之不便于归乡就试者,并混同试于转运司,各从所寓县给据,径赴司纳卷,一如乡举之法。家状各书本贯,不问其所从来,而定其名"寓试"。以四十名为额,就试如满五十人,则临时取旨增放。又罢诸路转运司及诸州军府所取待补国子生,自明年并许赴国子监混试。以士子数多,命于礼部及临安转运司两试院外,绍兴、安吉各置一院,从朝廷差官前诣,同日引试,分各路士人就试焉。同在京,不许见烛。是年,已失京西诸州军,士多徙寓江陵、鄂州,命京湖制置司于江陵别立贡院,取德安府、荆门军、归、峡、复三州,及随、郢、均、房等京西七郡士人,别差官混试,用十二郡元额混取以优之。牒试既罢,又复冒求国子,士大夫为子弟计者,辄牒外方他族,利为场屋相资,或公然受价以鬻。命遍谕百官司知杂司等:如已准朝廷辨验,批书印纸,批下国子监收试,即报赴试人躬赴监。一姓结为一保,每保不过十人,责立罪罚,当官书押,递相委保,各给告示,方许投纳试卷。冒牒官降官罢任。或一时失于参照,误牒他族,许自陈悔牒一次。冒牒中选之人,限主保官、举人一月自首,举人驳放,主保官免罪;出限不首者,仍照前条罪之。凡类试卷,封弥作弊不一。至是,命前期于两浙转运司、临安府选见役吏胥共三十人,差近上一名部辖入院,十名专管诗赋,余分管诸经。各随所管号,于引试之夕,分寻试卷,各置簿封弥,不许混乱;却别差一吏将号置历,发过誊录所书写。其簿、历,封弥官收掌,不经吏手,不许誊录人干预,以革其弊。(《宋史》卷一五六)

上舍释褐:赵陛夫。(《宋登科记考》卷一三)

吴潜《奏乞分路取士以收淮襄之人物守淮襄之土地》:臣尝谓用淮襄之人物,守淮襄之土地,此不易之至计也。然国家之取士,与士之发身,所重者惟文科进士。而淮襄之士,率不利于科。以每举春榜观之,淮西尚有三数人,而淮东则不逮矣。淮东间有一二人,而京湖则绝无矣。于是均、光、随、枣、郧、复、汉、沔之郊,士之预计偕者,往往不愿观光于上国,州郡为之劝驾而后就道。何者?不精于时文故也。士之精于时文者,闽为最,浙次之,江西东、湖南又次之。而每季之中第,亦以是为差。淮襄之士,其入官者既少,则仕于淮襄者,居多闽、浙、江南之士。尝试以浅近之事论之:其便弓马,一不如土人也;谙地里,二不如土人也;耐风霜,三不如土人也;熟虏之情伪及金鼓兵革之事,四不如土人也。以彼所习较此所不习,其难易之相去远矣。然彼不得朝廷之官,无由仕于其土地;不中进士举,无由得朝廷之官;不能为时文,无由中进士举。则所谓用淮襄之人物守淮襄之土地者,其说终不可行矣。然则,如之何则可?曰:分路取士而已。恭惟神宗皇帝慨念西北人才多废,尝议改贡举法,而先正司马光首建言,乞将诸路举人各立字号,考校大略。谓古之取士,以郡国户口多少为率,或以德行,或以才能,随其所长,各有所取。近自族姻,远及夷狄,无小无大,不可遗也。今或数路之中,全无一人及第,则所遗多矣。国家用人之法,非进士及第者不得美官,非善为经义、诗赋者不得及第,非游学京师者不善为经义、诗赋。然设官分职,以待贤能。大者道德器识,以弼谐教化;其次明察惠和,以绥拊州县;其次方略勇果,以扞御外侮;小者刑狱钱谷,以供给役使。岂可专取文艺之人,欲以备百官、清万事耶!然则四方之人,虽于文艺或有所短,而其余所长者,有益于公家之用盖亦多矣。安可尽加弃斥,使终身不仕耶!其后遂将陕西五路举人,分项令考。孝宗皇帝加惠三边,既诏四川类省专留两名,以取关外四州之士;又诏四川武举、省试比试额通四十二人,以十分为率:利州路四分,取十六人,成都等路六分,取二十六人。宁宗皇帝聿遵祖宗,遂诏武举、省试,将京襄、两淮人另行取放。夫三圣当天下乂安时,其注意遐方之士犹若此,况今日乎!今日之势,非收京湖、两淮之士以收京湖、两淮之土豪,收京湖、两淮之土豪以收京湖、两淮之丁壮,臣恐秋风一高,鞑虏旋至,勇夫悍徒,无所系属,非越江而内哄,则俯首以从鞑,深忧大患,将不在虏而在萧墙之内也。臣愿陛下亟下明诏,自嘉熙三年省试为始,将京西、湖北、淮东、淮西举人,分路考校,并以十七人取一名,零分更与放一名。庶几得淮襄之人物以守淮襄之土地,一利也;因士以收其土豪,因土豪以收其丁壮,二利也;稍抑时文之弊,以致有用之才,三利也。伏惟圣明以保封疆、复境土为念,特发睿断,宣谕中辅,速赐施行,多士幸甚!宗社幸甚!取进止。

贴黄:臣尝以端平二年四路到省举人之数考之,淮东一百四十五人,湖北一百一十五人,京西五十九人,通计四百八十人。若以大例十七人取一名,其过省者仅二十八人而已。初未尝多侵省试之额,而可以收四路之士心,亦何惮而不为也!并乞睿照。臣窃见京西七郡及湖北复州、荆门军、德安府、归、峡州,已行残破,今岁科举,各处士人未有就试之地,槐黄已迫,合议区处。臣愚欲乞行下京湖制置司,就江陵府踏逐寺观一所,立贡院，令项差官，合十二郡之士，混试一次，却以十二郡元来解额衮同取放。其十二郡曾请举人，不论已免解未免解，特许来检据，赴嘉熙二年省试一次，庶几少见朝廷悯恤之意，且足以招徕陷没郡县士人之心，其所关系，实为不小。并乞睿照。又臣观春秋之世，晋在中原，楚在夷狄，楚虽有材，晋实用之，故晋伯诸侯者百有余年。其后典午之晋迁于建邺，久而习安，常以南士为高华，以北人为伧荒，由是中州豪杰悉归元氏。而江左所用，悉皆文脉纤巧之才，故晋不能保有中原，而六朝常有弱患。我高宗南渡，孝宗承之，立贤无方，意度恢阔，李世辅、王友直为将帅，王希吕、辛弃疾为率守监司，皆北来人也。自故相外招李全之徒，而内实忌之，既使有所激而叛。而世之昧者习熟见闻，概以厌薄疑忌为事。凡出于淮襄者已几待以胡粤，况自淮以北乎！积疑成衅，积衅成叛，而范用吉、尚全、常进、郭胜辈，且皆为敌国于一水之外矣。此由南北太分，既蓄之而反外之故也。此意不改，豪杰不附，弃材以资敌，殆不止如春秋声子之所叹。盖商鞅不用于魏，而秦孝取河西；王猛不归于晋，而苻坚取慕容。此则议者所不虑，而臣以为他日大可忧者也。如从臣策，分路考士，不特多得淮襄之人以守淮襄之土，又可使因淮襄之俗以招北方之豪杰，是获才实，消奸雄，而朝廷不预知，习俗不骇异，事之善者也。不然，岁年之后，立敌于北，各事其主，其患将有不胜可言者。惟陛下与二三大臣熟图之。并乞睿照。

（《全宋文》卷七七六八）

嘉熙二年　戊戌(1238)

正　月

辛未(二十四日),以礼部尚书兼给事中游似知贡举,权兵部尚书兼直学士院许应龙、权兵部侍郎范钟同知。(《宋史全文》卷三三)

二　月

省试赐知贡举御札:"朕虚心吁俊,共图治功,五诏攸司,加意贡举。方时多故,中外乏材,遴柬鸿硕,典司文柄。其公选精择,先器识而后词采,经术惟纯正是尚,词章惟典丽是崇,议论贵于可行,筹策期于有用。无取缀缉,无徇阿谀。庶得忠实英特之材,副朕侧席之意。"(《咸淳临安志》卷一二)

许应龙《省试策问》:问:有循吏,有能吏。奉法循理、爱民厚俗者,循吏也;治剧钊繁、发奸擿伏者,能吏也。然优游和缓者多闷闷之政,振厉奋发者有赫赫之声,能者固可与集事矣。乃若汉文之世,吏皆廉平,而黎民至于醇厚。武帝之吏罕以治化称,而海内谓之虚耗,则循者又岂不足与共治哉?宣帝留意吏治,黄霸、龚遂、朱邑之徒既以循而用,广汉、翁归、张敞之徒复以能而进,是以吏称其职,民安其业。然贼杀不辜者复拜刺史,伪增户口者亦蒙显赏,不几于滥乎?岂使功不如使过,而赏疑从予固不害为近厚耶?夫曰循曰能,皆有可纪,史臣乃独传循吏而不及能吏。岂循吏以德,能吏以才,才固非德之比耶?今日循吏虽不乏人,而以能名者,比比皆是。岂循吏不矜伐,百姓无称,而多多益办者每易于自见耶?但用人之道,不可偏尚。事功之未集,有才者固所当用,至于化民成俗、厚下立本、所以寿国家之脉者,又岂才胜德者所能为哉!然宽厚有余者邻于委靡,每为人所厌;振厉敢为者事罔不办,多为人所喜。而识者之论则曰:委靡之弊止于废事,趣办之过必至病民,一或不审则相师成风,其害有不可胜言者。今九重厉精思治,为官择人,用循吏以惠民而不至废事,用能吏以办事而不至病民,其将何术而可?诸君通达国体,岂无至当之论?愿详陈之,有司将以献焉。

问:当理内御外之日,思患而豫防,随机而应变,固足以为强本折冲之计。然将不择,兵不练,功不赏,亦不能以集事。夫安边境,立功名,在于良将,是将不容于不择也。而败诸崤者乃能决焚舟之胜,少不更事者亦能奏泜水之捷。岂能否难以逆料,成败不可论人,未可预择于其初,必要终而后见耶?士不素厉,难使死敌,是兵不容于不练也。而非素拊循之士反能成背水之功,无部曲行阵者亦能使匈奴之畏。岂兵无强弱,惟顾所用,亦不在于搜练之有素,将苟得人,自可以计而取胜耶?庆赏信必则有功者劝,是有功不可以不赏也。然黥布一见即王淮南,赵壮士一见封各千户,初无尺寸之劳,而遽获不次之赏,若几于滥矣,而当时之臣顾称其善将将。岂驾驭豪杰当有操纵,而或轻或重固不可以一律拘耶?迩者强寇凭陵,疆埸不静,所恃以备守而驱攘者,惟诸将是赖。乃有望风畏慑、莫能固守者,其势亦懔懔矣。今安丰之战既胜,齐安之捷荐闻,而夔门亦复其旧,声势寖张,中外胥怿。非将勇而兵锐,何以收功若是其速?论功行赏,曾不逾时,固足以为将士之劝矣。使沿边之地,将皆有谋,兵俱用命,而庆赏所加各当其功,则感激思奋,战必胜,攻必取,尚奚外患之足虑哉!奈何勇怯之无别,差升之不公,以豢养为安,以贪进为能,其间固有骁雄无敌、沉鸷善谋者,亦不能以自见。教阅之不严,激厉之无术,无事则骄蹇而难制,有警则退缩而不前,其间固有精于技击、奋不顾身者,亦莫能以自效。推原其故,岂非爵赏间犹有所当察者乎?有功者未必尽录,则宣力者怠;无功者反先获赏,则当得者怨。或经营求据以为就试之阶,或泛滥妄申以徇亲故之求。为弊若此,虽恩赏日增,果足以示激厉乎?比者诏旨丁宁,今荐举晓畅兵机,俾招足阙额教阅,而诞谩欺罔者戒以毋干邦宪,是固欲择将练兵而革冒滥之弊也。然人情多私,未必实应,积弊滋久,未易遽革。作而新之,夫岂无术?而或者乃曰:将固当择,若考其素求其全,恐未易得。用人之智去其诈,用人之勇去其贪,而使功不如使过,亦可以责其后效。不知其说果可行否？临边之民，熟于战斗，招使戍守，必能遇敌不慑，而或虑其未必乐从；拘系之囚，亡赖轻生，刺充敢勇，必能摧锋陷阵，而或恐其难御。不知何以处此？至若功赏之申，责之主帅，而不实者责罚，则孰敢为欺！然六级之差，绳之以法，而或以罚太重议之。伪冒者穷究追毁，而为之营求者罚亦并及，则必知所警。然赏疑从予，所以广恩，若考核太严，恐当得者亦因而沮遏，此又不可不虑也。诸君通达国体，必有至当可行之策，愿详陈之，有司将以献焉。

问：国于天地，必有与立，所恃以凭藉扶持者固不一而止，而大要则曰国论、曰人才、曰民心。盖国论者政令之所从始，人才者事功之所由立，民心者又有关于理乱安危之机也。夫执狐疑之心者来谗贼之口，持不断之意者开群枉之门，则国论其可以不定乎？定则不摇于浮议，而无轻变之患。然入粟之议反复论难而不决，屯田之议前后依违而不定，而识者乃谓其议尽天下之心，何耶？德胜才为君子，才胜德为小人，则人才其可以不辩乎！辩则贤否不容于并进。然跅弛之士能立功名，尾生孝己之行无益于胜负，则才胜德者似亦未可以轻弃也。民心无常，惟惠之怀，大赉四海，万姓悦服，是民心不可以不结也。然济人于溱洧者乃议其不知为政，遗衣遗食者或谓其所惠之未广，岂善政善教足以得民，而不遍爱者初无损圣人之仁欤？恭惟主上下诏求言，和颜受谏，或令集议，或令看详，固欲国论之一定也。为官择人，求贤用吉，而晓兵机、通财计与夫堪充将才者又令荐举，固欲人才之不遗也。发粟散财，宽租已责，而蹂践之区流离之氓复劳来而安集之，又所以固结斯民之心也。然战守之议，彼此异见；秤提之令，前后屡更。履亩未几，虑其纷扰而随罢；混试方行，恐其丛杂而复分。议论若不一矣。岂因时施宜，固不容于固执耶？然昔人谓先定规模而后从事，又谓天下之事惟审其是，定而不移，乃可成务。以是而主国论，不知果可以一定而不易乎？阔论高谈者若善谋，轻举妄动者若敢为，露才扬己者若多多而益办，视事迁就者若随机而应变，其真伪固未易辨也。而人才因事而后见，亦安可遽疑而不之用耶？然论辩官才者必论定然后官，而知人之道亦在于听其言而观其行，以是说而选任，果可以得人否乎？斛面方减而挨究复行，逋负方蠲而催督如故，贫困当恤而廪给难继，告戒非不切而奉行不虔，是民瘼犹未苏也。然得其心有道，惟在于所欲与聚，所恶勿施，而仁义公恕以统天下，自可使无异志。即是理而行之，果可以得民心否乎？然是三者虽若不同，而脉络未尝不相通。国论定则无好尚之偏，而有才者皆可以自见；人才既有以自见，则凡所施设必合于人心，而孰不爱戴？或者又谓天下无难为之事，惟患乎无可用之才。苟众贤和于朝，则同声相应，国论不期而自定。合三者而言之，又不知何者为先欤？夫识时务在俊杰，诸君博古通今，其必有以处此。详著于篇，以备上之采择。(《全宋文》卷六九二九)

四　月

乙未(二十日)，以户部尚书赵与欢、吏部侍郎王枢、起居郎牛大年为殿试详定官。(《宋史全文》卷三三)

闰四月

丙辰(十一日)，御集英殿，策进士。御笔付赵与欢以下曰："朕以眇躬，纂绍鸿业，适时多故，深惧无以拯危难、致安强。故悉取内外修攘之事，畴咨多士，冀陈忠益，以裨阙遗。其有识治忧时、敢言无隐者，乃朕所欲急闻。卿等宜加精选，置之前列。使真材得以自见，士气可伸，以副朕亲策之意。"(《宋史全文》卷三三)

许应龙《御试文举策问》：朕以菲德，绍休圣绪。粤自更化以来，总揽权纲，厉精思治，于今六稔，莫睹成效。外则多垒之未平，内则群生之寡遂。岂朕之政有失而行有过欤？抑规模之未定而议论之徒详欤？夫广览兼听，固欲通群下之情，而甲可乙否，若何决择？旁搜博采，固欲获实才之用，而雠伪假真，若何考察？官吏非不戒饬，而苟且如故；法令非不申严，而奉行不虔。士气当振，何以为风励之方？民俗未厚，何以为感化之术？蠲免租赋则群计必乏，赈恤流移则廪给难继，楮币折阅而秤提无策，国用窘匮而科拨无已。凡此十事，皆当今之急务，讵可不虑以不图？或欲循名责实，或欲信赏必罚，或欲久任而责成，推而行之，不知何者为先欤？然此皆治内也，而治外尤不容缓。权时施宜，虽欲息民，思患预防，盍先强本？守江淮而防海道，复侵疆而修关隘，求将略而择边守，绥御归附之众，招集奔溃之卒,置游击以为应援,改城壁以据险要,此皆关于备御之大计,伊欲处置得宜,夫岂无策?而或者乃曰地利不如人和,用儒则无敌于天下,岂众心成城而道德之威自能成安强欤?夫毋恃其不来,恃吾有以待之,所谓待之者又果何术欤?昔宣王任贤使能,内修政事,而中兴之功不旋踵而至。岂天下无难为之事,特患夫无必为之志欤?子大夫通达国体,必有切时之论,详著于篇,朕将亲览焉。(《全宋文》卷六九二二)

戊午(十三日),御幄殿,阅武举进士射。(《宋史全文》卷三三)

壬申(二十七日),御集英殿,赐进士周坦等敕,四百二十三人。(《宋史全文》卷三三)

时邵泽同廷对,有中贵人巡按,见邵泽所磨京墨甚佳,拟求之。泽与,无吝色。中贵曰:"主上三日前,御苑中方建一亭,命名曰定一。上曰:若人用此立说,取为状元。"邵得其说,挥毫如飞。中贵见其文字,回奏曰:"陛下三日前方建定一亭,一士人用此立说。"上大喜,于是搜求此卷,遂得邵泽,欲置首选。时已取周坦为状元,群臣贺曰:"喜陛下今日得周、邵。"于是,泽为榜眼。(《宋季三朝政要》卷一)

甲戌(二十九日),赐特奏名王宗令等敕,凡六百四十人。(《宋史全文》卷三三)

进士名录:周坦,邵泽,丁大全,于震,王子登,王仕甫,王西之,王困金,王稆,王复,王铉,王梦经,王震荣,王履定,王选,王应容,木天骏,牛大来,方一鹗,方克昌,方克嗣,方若,方洪,方嘉锡,方濯,尹进,孔烨,水丘咨龙,史本之,冉从周,丘世先,白正刚,印应雷,吕抚,朱南杰,朱应元,朱应声,全清夫,江敏夫,杜梦得,李大芳,李伯殊,李亨嘉,李旻,李桂老,李伦,李淦,李发,贝斗南,贝良金,吴士兴,吴克广,吴季子,吴季申,吴炎,吴俊,吴晋,吴从龙,吴椅,吴就,吴发,吴梦弼,吴应酉,吴蘧,岑全,何应旗,余宰应,汪之邵,汪元通,汪洪,汪深,汪楫,汪仪凤,汪浚,沈应高,宋之望,宋文炳，宋翊，邵忱，邵复，邵应豹，范奇，林日华，林公玉，林以立，林企，林希潮，林茂实，林昌泰，林明善，林宗称，林孟辰，林思学，林约，林真子，林旗，林爽邦，林翊龙，林云龙，林晖，林奭，林震，林潮孙，林龟符，林应龙，周子亮，周元龟，周必隆，周光龙，周梅叟，周椅，周登仕，周滂，封南誉，胡太初，胡中行，胡应发，姜子才，姜子复，姜雷焕，洪光大，洪毅，祝林宗，姚逢年，姚震，马岩叟，秦朱高，袁仕文，袁灏，桂评，桂谟，夏朱，夏迪为，柴士表，倪垕，徐子卿，徐华老，徐梦发，徐璇，徐宪，翁合，翁安之，高桂，高应雷，郭元龙，郭公亮，郭拯，唐明桂，唐韶，涂幼醇，陆埏，陆采，陆晰甫，陆熊，陆点，陆爚，陈士登，陈大震，陈天与，陈中孚，陈午，陈幼学，陈存夫，陈成甫，陈仲微，陈仲谋，陈伋，陈利用，陈秀发，陈直卿，陈南一，陈思夔，陈约，陈振龙，陈堂，陈淳祖，陈将，陈绍庭，陈鼎新，陈策，陈梦发，陈熙，陈端学，陈维新，陈德任，孙逢辰，孙梓，孙楷，孙德之，孙应登，孙嚞，黄士度，黄千之，黄玠，黄宜，黄春卿，黄星卿，黄涣，黄钾，黄端简，黄演，黄纲，黄颖，黄应春，曹廷褒，曹珏，曹衍，曹愉老，常挺，过正巳，许子正，许子良，许文岳，许德新，章士元，梁现，梁椅，梁应龙，屠雷发，张天定，张方成，张申之，张圮，张玘，张俊民，张时中，张晞颜，张从龙，张应卯，项公演，彭大雅，彭正甫，彭奎，彭梦林，叶梦材，万钟鸣，董同，程有文，程垌，傅坤厚，傅直方，舒滋，犹道明，曾华，冯谷梁，冯倜，冯坚，冯梦德，汤露，汤铸，强琠，杨白，杨杰，杨运午，杨瑶，杨翼，贾似道，裘应材，虞德垕，詹攀鳞，雍镇，赵大用，赵丙，赵印，赵必大，赵必宜，赵必垞，赵必高，赵必袗，赵必普，赵必雷，赵汝夫，赵汝益，赵汝琥，赵汝泮，赵汝绂，赵汝砺，赵汝澜，赵希元，赵希志，赵希府，赵希恢，赵希釜，赵希梀，赵希圣，赵希嗂，赵希僊，赵若潭，赵若瀿，赵直方，赵孟谌，赵奎夫，赵彦槅，赵栗，赵时冉，赵时言，赵时范，赵时奇，赵时迹，赵时哲，赵时涅，赵时横，赵时熄，赵崇侅，赵崇爽，赵崇滁，赵崇�，赵崇儋，赵崇槟，赵畲夫，赵嗣贤，赵与冈，赵与宧，赵与讵，赵与琟，赵与从，赵与积，赵与懃，赵与宝，赵彩夫，赵应中，赵继英，蒋芝瑞，蒋廷玉，蒋厚，蒋洪懿，蔡在，蔡址，蔡垲，蔡璞，裴邦彦，闻人仲修，廖思齐，廖举，齐颜叔，郑有得，郑肖熊，郑玠，郑珪，郑焱，郑龙甫，郑应麟，郑蔼，郑兰，郑观，熊应中，邓容，楼子固，楼侃，楼榭，楼条，楼晏，楼祥，楼梓，欧阳叔思，欧阳起鸣，刘子实，刘木，刘木，刘必济，刘同叔，刘先觉，刘次春，刘汝砺，刘宗发，刘埏，刘南甫，刘炤，刘惠祖，刘景昭，刘复之，刘曾，刘发，刘梦材，刘梦符，刘龙发，刘熺，刘应龙，潘大有，潘起予，潘梦奇，薛果卿，薛景昂，薛峤，萧梦得，赖人俊，赖栋，卢方春，卢康时，钱宜之，钱绅，钱廙之，戴良齐，戴浩，戴埴，戴得一，韩元志，韩希辅，韩境，魏峻，储应祥，钟一飞，钟绍安，谢辛，谢德垕，应文炳，应俊，麋登，缪烈，瞿能，颜公起，罗大椿，罗垚，顾绍午，龚日升。

特奏名进士：王宗合，王参，王云，方元达，方寿甫，方应酉，方应辰，包翚，任宗辰，池伯益，李公益，李宗凯，李春叟，李春叟，李国选，李寓，李发先，吴应高，利铸，何挺午，何善甄，何梦益，何獬，余以正，汪公昭，汪衡，汪锡伍，宋铸，邵一雷，邵梦麟，邵经，林一龙，林公望，林有泽，林朱，林仲翼，林角，林忠清，林时龙，林棐，林舜俞，林梦辰，林钟，林应之，胡澄，南璋，柯傅，柯源，俞梦傅，洪大任，洪必昌，洪濯，连安中，高辙，郭文焕，郭岊，陆梦吉，陈大昕，陈子昂，陈光祖，陈仲丙，陈行简，陈若泉，陈松，陈怡，陈春伯，陈厚，陈逢午，陈浚，陈深夫，陈梦星，陈诜，陈震孙，陈德舆，陈薰，陈应申，陈应庚，孙叔度，孙应炎，黄三凤，黄士奕，黄日新，黄公著，黄以宁，黄甲，黄注，黄炳，黄恭，黄师伋，黄师轲，黄逢时，黄梦松，黄梦龙，黄嘉猷，黄履，黄应雷，区如纯，梁中行，张士滋，张元龙，张甲，叶正卿，程武选，程玙，邬柬之，杨士复，杨文震，蒋应庚，郑伯麟，郑湜，郑应明，邓攀龙，卫福孙，刘天从，刘应辰，刘应神，潘子震，潘庚，潘淳，乐师叔，韩梦说，魏成甫，钟振文，谢仝，罗从直。

词科：林存，卢壮父。(《宋登科记考》卷一三)

贾似道嘉熙戊戌，以其姊贵妃之故，得赴廷对。是时，贵妃在大内，廷对之日节次，当事人供奉汤药饮食。自庚申入相之后，蹦拜平章，联科必严过省及复试之禁。或为诗，末联云："戊戌若还严复试，如今安得有平章？"其意甚当。(《钱塘遗事》卷四)

宋理宗《闻喜宴赐进士诗》：汉文创意策群贤，正在临朝十五年。自愧眇冲勤慨慕，故嘉忠谠乐详延。词章已足观英气，事业当无负奏篇。明主良臣千载事，缅思景行共齐肩。(《咸淳临安志》卷一二)

恭和御制赐周坦以下诗：秘书少监李心传，著作郎徐荣叟，著作佐郎李矩、刘汉弼，校书郎赵汝腾，正字徐元杰各一首。（《南宋馆阁续录》卷五）

是　年

省试下第及游学人，并就临安府给据，赴两浙转运司混试，待补太学生。臣僚言："国子牒试之弊，冒滥滋甚。在朝之士，有强认疏远之亲为近属者，有各私亲故换易而互牒者，有为权势所轧、人情所牵应命而泛及者，有自揆子弟非才、牒同姓之隽茂利其假手者，有文艺素乏、执格法以求牒转售同姓以谋利者。今后令牒官各从本职长官具朝典状保明，先期取本官知委状，仍立赏格，许人指实陈首。冒牒之官，按劾镌秩；受牒之人，驳放殿举；保官亦与连坐。专令御史台觉察，都省勘会。类申门客、满里子孙仍前漕试，六十人取一，较之他处虽甚优，而取无定额，士有疑心，就试者少。宜令额宽而试者众，途一而取之精。"遂依前例放行寓试，以四十名为定额，仍前待补；其类申门客、满里子孙及附试并罢。（《宋史》卷一五六）

嘉熙三年　己亥(1239)

正　月

《伦魁题名记》:观化之盛也,昔在东都尝通斋,登进士第,人目之曰浑化,盖科目之盛尚矣。钱唐建学百余年,其擅魁垒,则集英有乔礼部,有陈以;两优解进士褐,有颜有何,有叶又盛矣。唐贵进士,本朝益加贵。集英亲策上三人最贵,太学以两优选亦贵。故事,新进士赐第赞者,以礼部进士见稍退,黄伞临轩,二府大臣奉文卷几上,天子亲第其文上,句下胪众中问姓名,卫兵掖至龙墀前,第一人独班谢,其二三人并班谢,还就廊庑赋诗,同年生已改视矣。盖唱第之荣也。中兴初,三舍仍旧法校试,再登优者官以承务郎职,以学正录。淳熙厘革,犹用第二人例补授。解褐之旦,祭酒率博士以下序立,新进士衣故褐徐出,诸生中拜敕崇化堂下,还即笏绶,与祭酒、博士列拜堂上,亦解褐之荣也。自秀选俊造之论废,所谓进士者,艺之末也。虽累千万人得之者,犹艺也。然而,上之人固荣之贵之,非以荣贵其人也,皆以共明命而扶民极也。《诗》曰:"古之人无斁,誉髦斯士。"又曰:"令闻令望,蔼蔼王多吉士。"髦之誉吉之,闻望非科目之名也。吾闻之千人之秀曰英,万人之英曰俊,吾愿吾鄙常以英者俊者自命,勿徒以贵者荣者自喜也。故并书之列于宰辅题名之右。同日记。(《咸淳临安志》卷一一)

是　秋

程公许《试上舍生策题己亥秋》:汤之盘有铭,武王受太公之戒,所御器物咸有铭。古先哲王明睿生知,道德纯备,一动息,一颦笑,无非天理之流行。而戒谨恐惧,其严若此。岂人心之易于弛,虽圣人亦不可一日而忘其规警耶?唐太宗以十渐不克终之疏列屏障以自省,后世称之曰贤君。明皇以《山水图》代《无逸图》，开元、天宝之理乱以判。敬肆劳逸，一念之差，信可畏耶！我国家自艺祖造邦，钦重儒学，太宗继之，盖用意于稽古礼文之事。尝书《孝经》，勒碑于秘书监，又自以圣意制座右欹器，真宗为之论。所御玉宸殿，储经史八千卷，不杂他书。仁宗在御岁久，孙奭所上《无逸图》，揭之讲阁。圣德光大，谨终如始。哲宗以吕公所纂《尚书》、《论语》、《孝经》要义百篇，书写观览；又用吕大防之奏，图仁宗三十六事于坐隅。高宗中天，投戈讲义，而九经皆手书石刻。孝宗嗣服，亦于清燕之所，揭《敬天》之图。奕叶继承，心法相授，以至于我皇上。甫登大宝，即营缉熙殿，髹漆金刻，为座右铭。罢朝则御讲帷，阅章疏，寒暑不辍，一十六年于兹矣。顷又摘六经之有关于天道者，章分句析，亲御翰墨，为《敬天十二图》，制叙跋系其颠末。步趋乎祖宗之典训，规范乎圣贤之格言，仍命道山摹勒琬琰。斯文之重，天下之福也。季秋吉日辛卯，九筵穆卜，先期申警，蔬食斋居。言款清宫，冻雨飘洒；裸飨世室，阴凝未舒。逮羽卫导行，玉辂趣驾，云翳一扫，晴景四开。都人骈首以观天仗之森严，天颜之肃穆而，后喜可知也。丙夜，禁门启钥，臣工骏奔，上端冕入就次，月星明朗，乐舞和愉。穹示顾歆，克竣熙事，颁贺肆赦，典仪备举。质以前三岁烈风雷雨之变异，思成之庆，宁易致耶！岂《敬天图》之作，忱念孚格，不专于牺牲玉帛之荐乎？天人相与之际，殆未可以私意测。然以上之逊志典学，岂今之寅畏而昔乃不然乎？意者鼎雉申戒，云汉惧灾，天固以是启商周之中兴与？不然，阴晴转移于翻覆手间，虽父母之于子，训告保惠，亦不如是之恳恻也。善言天者，必有以证于人。璇玑玉衡以齐七政，舜之察天文以审己之当天心与否也。二曜薄蚀，五纬错行，日官所书，殆无虚月，则乾象之失其轨，岂无其故欤？地平天成，六府三事允治。禹之治水，以九畴彝伦之叙而成功也。炎官甫戢，海若加横，堤捷冲决，生民昏垫，则五行之失其性，亦岂无所兆欤？致中和，天地位，万物育，盈宇宙之间，有一物不得其所，君人者之责也。旱魃肆虐，飞蝗遗种，近畿一稔，几出天幸。东浙荐饥，宁无后忧？则玉烛之不调，得无有任其咎者欤？《春秋》谓一为元，外吴楚而内中国，《小雅》尽废，则吴楚交侵而中国微，圣人之所忧也。今敌既灭，兵备不辑，国威不张，疆土日蹙，则天道之助顺，何乃寂无其应欤？虽然，气运之有盈虚，物理之有信屈，如前所述，犹可诿之造化，以俟天定。至于人事之与天理参者，抑亦有当议焉。无旷庶官，天工人其代之。今班序布满，簪弁森列，若不乏才也。而白驹空谷，犹不免于金玉其音，经营四方，或无预于出入风议，则好恶之拂人性，无乃枉直有未辨耶？天佑下民，作之君师，今赦宥数颁，宽恤有诏，若不忘吾民也。而中洲鸿雁，四境之流离莫救；鲂鱼赪尾，内地之根本日拨。则载舟覆舟之可畏，无乃思虑有未及耶？《洪范》八政，食货为先。今公私储积，匮于军兴，而县官之费用不为之裁损，风俗之僭奢不为之限量，楮币日滥，增钱不已，铜镪日耗，销毁莫戢。节以制度，岂无术以救其弊耶？王公设险，法象天地。今襄、汉形势，荒残日久；淮、蜀奥壤，虔刘几尽。阃制角立，遇敌而莫相为援。兵将怯懦，滥赏而未尝加罚。折柳樊圃，将何策以起其弱耶？天意之未孚者既如彼，人为之未至者又如此，反复参验，则禋祀之飨祐，固可以觊悔祸于上苍；而德政之有阙，恐未足以销咎征于既往。或谓上之笃意务学，小心事帝，非不恭且恪也。而阴阳家所谓百六之数，适相参会，其交度也固有时。九曜运行，迭相盈缩，其进退也自有序。审如是，则惠迪吉，从逆凶，如影响，惟先格王，正厥事，乃为虚语乎？谛观《敬天》之图，心画谨严，先后如一。退朝燕坐，声色玩好，决莫能为德性之移。而道途窃议，尚有过于责难者。皇自敬德，要不必以人言为忤，而益当以高明光大加之意。非苟知之，亦允蹈之，无徇其名而既其实，则怨汝詈汝，其有补于学问者，不既多乎！天不远人，随念昭格。圣学就将而不已，圣德日新而又新，易危为安，用祈天永命，岂不同此一机耶？诸君咏皇化于辟雍之涯，历岁滋久，菑畬经籍，佩服礼义，铢积寸累。由是而升尧舜君民，乃无负于所学，岂特区区为利禄温饱计哉！其探索天人性命之源，发扬帝王心法之奥，有可以匡世屯、裨圣治者，正学以言，有司将拔其尤以献于上。(《全宋文》卷七三三九)

是　年

臣僚奏："词科实代王言，久不取人，日就废弛。盖试之太严，故习之者少。今欲除博学宏词科从旧三岁一试外，更降等立科。止试文辞，不贵记问。命题止分两场引试，须有出身人就礼部投状，献所业，如试教官例。每一岁附铨闱引试，惟取合格，不必拘额。中选者与堂除教授，已系教官资序及京官不愿就教授者，京官减磨勘，选人循一资。他时北门、西掖、南宫舍人之任，则择文墨超卓者用之。其科目，则去‘宏博’二字，止称词学科。”从之。淳祐初，罢。景定二年，复嘉熙之制。（《宋史》卷一五六）

嘉熙四年　庚子(1240)

二　月

丙申朔(一日)，诏：礼部贡举。其务崇长学殖，嚅哜道真。(《宋史全文》卷三三)

六　月

戊戌(五日)，诏："两淮经寇州郡、已举未该免人，与比京、襄例，令赴来年省试一次。"(《宋史全文》卷三三)

是　秋

嘉熙四年科举。蜀士避地者并赴寓试，出《万点蜀山尖》诗。《韵略》无"尖"字，于时不闻有上请者。(《吹剑录》)

欧阳守道《谢解启》：五诏为宾兴而下，有旧制存；多事轸才难之忧，非常岁比。岂伊庸谫，得玷选抡。恭惟宋有天下，以得贤为邦家之基；士生圣时，多有志于君民之事。凡一时翱翔场屋之词艺，皆后来掀揭宇宙之勋名。若吾邦有欧公以古文而魁天圣，观其奏疏议论之伟，与其终身名节之高，流风尚存，后学增重。凡今挟策读书以干进，亦愿济时行道以为贤。科第何心，得失有命。静念世道当艰难之会，岂其微生徼富贵之时？公私之痛不纾，内外之患层出。方意不调之瑟当改而更，可使中流之舟沦胥以败。自非有大抱负，不足与共事君。是以细书成文，当宁发叹。精锐消艺能伏，特重惜于累年；根源正器识宏，深有期于今日。凡与斯选，必若而人。庙社有灵，会见俊奇之应运；君亲在上，谁非忠孝以为心？如某者，天与迂疏，分甘卑贱。覆载之内，固不敢与世相忘；凡下之资，亦岂能在邦必达。杜门尽日，安分穷年。友生或以为可亲，时从讲席；庠序亦畀之薄廪，稍济清贫。又不自量其愚，亦投应试之牒。偶然幸得，敢以为荣？深惟二日一日之书，为之动色；岂以八邑万人之众，录此非才。侥幸至斯，省修知自。兹盖伏遇某高科之彦，举世所宗。缀鸳行之羽仪，分螺水之风月。方董司棘院，佥期新榜之得人；今暂屈竹符，又辱大贤之劝驾。为时搜拔，著意吹嘘。诗趣试官，知有余杭贰车之韵；章荐多士，早办古灵先生之心。而某昔以斐文，荀蒙知己。曾是函丈提撕之旧，得之糊名考校之间。郡官肯下布衣，此风不见久矣；人心各有公论，斯举盖谓当然。虽非所堪，幸不为愧。虽南宫之去留未定，此身半属于公家；惟素志于利禄甚轻，异时无忝于门下。过此以往，未知所裁。（《全宋文》卷八〇〇四）

是　年

阳枋《庚子叨第贽合州甘守》：吴门扞蔽重夔渝，两地藩篱属钓鱼。自昔无城当蜀屏，从今有柱壮坤舆。军心铁石高深里，敌胆灰尘筑凿余。看偃天戈闲夜月，朗声读破磨崖书。

欲陈礼乐字三千，起趁东风万里船。戎马不禁文未丧，石鱼间出瑞开先。人知制梃摧坚甲，政比黄钟缓急弦。愿借风云乘快便，一声雷爆九重天。（《全宋诗》卷三〇三二）

阳枋《庚子奏名谒三神文》：惟神聪明正直，依人而行。不惑之谓聪，不蔽之谓明，不偏之谓正，不曲之谓直。某幼闻此于师，壮学此于身。行将筮仕，期以此及于民。神其依之！（《全宋文》卷七四八六）

余炳《贡士庄记嘉熙四年》：贡士有庄，于古无考焉。思昔汉制，有明当世之务、习先圣之术者，县以次续食，令与计偕。时异事殊，有可为续食计，正不拘乎古。圣朝重进士科，名臣硕辅，率由此途进。自建隆贡举以岁，至嘉祐易以间岁，治平定以三岁，中南宫者，天子临轩，亲以赐策。故诏书一下，四海鼓舞；上登科甲，九族光彩，人知其足喜也。然吴棹越船，不能无水而浮；清虬赤螭，岂能无云而蜚？成人之美者，视此必加之意。雷，古南合，濒海地也，风景不殊中州。士生其间，尚气节，研义理，习词章，鼓箧近千人，书于乡者六。至题雁塔，破天荒，犹有所待。扶舆清淑之气，岂以地之偏而啬于人乎？抑去天远，而人自啬之乎？适千里者，聚粮于三月，此即往返万里矣。邻郡若琼，举士以六月，此则无异王畿矣。去取才决，促装稍缓，重茧且不及期矣。有负郭者固不问，以笔耕者得之中舍，生意尚同枯槁，盖有辍其行者矣。粮绝于陈，子路愠见，自非有器识涵养，鲜不阻挫于斯。永嘉薛侯来镇是邦，政以爱民为心，事以崇儒为务。凡可激扬清风，变移流俗者，兴旧举废，彰彰在人耳目。岁在己亥，颍滨祠成。十月朔日，衣冠毕集，深念贡士之庄旧有而实微也。慨然谓诸生曰："七亩之田，为价千缗，出以为众，是吾心也。适今府库之入，视昔差减，郡当其半，余萃众力。"乃输钱五十万，诸生鸠合亦如之。贸易膏腴，鳞载于籍，主以学官，掌以前廊，会以司计。积二年，租可如郡所出数，合元来之息，盖为钱六十万，猗欤盛哉！夫士犹兵也，文场犹战也，士饱而歌，前无坚敌者，气全也。故文以气为主，未战，当养其气。今侯斯庄之辟，是先养其气也。气盛而往，平时所喜，贫约不能阨，远役不能摧。继自今登高科，跻膴仕，当彬彬辈出。薛侯吹送之惠，岂可以世数计哉！虽然，计贡之贤否，州之荣辱关焉，士之自养，可不知源委所在？今乡邦所尊，如丞相寇公为国元勋，门下侍郎苏公立朝忠鲠，照耀千古，学者山斗，固当景行服习，不问朝夕。以此立言，积久用宏，可为瑚琏器，可为宗庙材，是为无负于贡士之微意。若徒曰取青紫、徼利禄而已，非予之所敢知。侯名直，字愚叟，而炳乃门生也。诸士友有请，辞之不可，于是乎书。(《全宋文》卷七九二六)

淳祐元年　辛丑(1241)

正　月

(癸丑,二十四日)以吏部侍郎兼侍讲杜范知贡举,吏部侍郎兼给事中钱相、刑部侍郎兼祭酒曹豳同知,侍御史兼侍讲彭方监试。(《宋史全文》卷三三)

(郑寀)为省试点检官。(《后村先生大全集》卷一六九《郑公行状》)

淳祐辛丑,(俞忼一)被旨衡文别头。如洪如叶,所得皆知名士。(《全宋文》卷八一七五方逢辰《俞公行状》)

二　月

己未朔(一日)御笔付知举杜范以下曰:"朕爰简儒彦,俾典文衡,凡尔攸司,宜鉴旧弊,一取一舍,惟公惟明。经学欲其深纯,词章欲其典则,言惟合理,策必济时。毋以穿凿缀缉为能,毋以浮薄险怪为尚。参稽互考,优劣自分。庶使贤俊毕登,以副朕新美治功之意。"(《宋史全文》卷三三)

省试赐知贡举御札:"朕惟我朝,取唐诸科,并归进士。名卿硕辅,皆由此途,其选重矣。肆朕纂承,六开贡举,训饬期望,每单厥心。比年人情习玩,法制浸弛。或徇势利以妨寒畯,或纵欺倖以遗真才,将何以致棫朴官人之盛?爰简儒彦,俾典文衡,凡尔攸司,宜鉴旧弊,一取一舍,惟公惟明。经学欲其深醇,词章欲其典则,言惟合理,策必济时。毋以穿凿缀缉为能,毋以浮薄险怪为尚。参稽互考,优劣自分。庶使贤俊毕登,以副朕新美治功之意。"(《咸淳临安志》卷一二)

四　月

丙寅(八日),吏部侍郎杜范等奏:“省试考到取应宗子弟一名崇袍,附正奏名廷试。”从之。(《宋史全文》卷三三)

五　月

壬辰(五日),以礼部尚书兼直学士院高定子、侍御史金渊、左司谏方来,为御试详定编排官。(《宋史全文》卷三三)

癸巳(六日),御集英殿,策进士。(《宋史全文》卷三三)

甲午(七日),御射殿,阅武举进士射。御笔付高定子以下:“公选精择,各既乃心,以副朕详延多士之意。”(《宋史全文》卷三三)

戊申(二十一日),赐正奏名徐俨夫等敕,凡三百六十七人。(《宋史全文》卷三三)

己酉(二十二日),赐特奏名吴必达等敕,凡六百三十七人。(《宋史全文》卷三三)

六　月

乙亥(十八日),御射殿,阅正奏名进士射。(《宋史全文》卷三三)

丙子(十九日),阅特奏名进士射。(《宋史全文》卷三三)

进士名录:徐俨夫,邹斑,焦炳炎,于星子,上官涣然,王三杰,王士全,王巳,王日新,王允升,王廷瑞,王佁,王庚,王俊民,王真锡,王岘,王唐珪,王梦达,王熙,王荣,王荣公,王汉英,王履正,王屿,王应麟,王轰,毛天书,方大建,方端,方震龙,尹酉孙,水丘岩,甘梦英,史若讷,史胄之,史能之,史应运,丘达可,令弧震巳,印应飞,吕泾,吕遇龙,朱伯奇,朱桂,朱涣,朱杰，朱嘉会，朱庆臣，朱应时，任仕宏，任尚，任节，阮许近，牟义先，杜应酉，杜铸，巫双瑞，李士明，李友直，李允中，李申，李延，李自立，李庭芝，李泰来，李起潜，李华，李桂，李梦庚，李兴，李应龙，李觉，贝斗山，吴天德，吴文荐，吴附凤，吴起潜，吴益，吴坚，吴惠濯，吴势卿，吴龙起，吴溁，吴攀龙，吴觉，利登，何日新，何正夫，何有奇，何梦祥，余胜之，余鳌，汪子木，汪元春，汪渊，汪梦雷，汪应文，汪镛，沈金焕，宋元宪，宋炎午，邵甲，林元孙，林立叔，林汝沆，林希孔，林畊，林思咨，林祖中，林时龙，林舜咨，林登，林藩，卓右龙，周子荣，周文，周彧，周梦李，胡景龙，胡梦高，胡梦觉，胡岩孙，柯正夫，段平甫，段浚，施应寅，姜文龙，洪戊，洪松龙，纪善甫，马载，马润祖，袁清伯，庄与玠，连翼之，柴沐，柴霖，徐幼桂，徐州，翁以孙，翁孟桂，翁泾老，翁应弼，翁夔，高伋，高洪宗，高真鉴，高霆，高嚞，郭必大，郭有道，郭景仪，陆合，陈王业，陈天福，陈必大，陈志远，陈直甫，陈叔似，陈知章，陈首龙，陈珪，陈栩，陈寀，陈彭年，陈森，陈梦受，陈梦桂，陈需光，陈瑾，陈德载，陈德应，陈龙起，陈澥，陈徽，陈谦亨，陈膺祖，陈赞，陈宠，陶希文，陶应岊，孙文子，孙洙，黄正一，黄辰，黄宗仁，黄俞，黄景亮，黄渊，黄梦吴，黄泽，黄应升，黄应德，黄应龙，梅汝说，曹大亨，曹文敬，曹去非，曹孝庆，曹良度，曹异，曹愚，盛泾叟，常南荣，崔准，许一鹗，许振南，许应昌，章公权，章汝钧，章恢，梁椿选，张午仲，张文虎，张自东，张自强，张汝谐，张助，张南金，张原明，张顺臣，张荣霆，张庆祖，张宪，阳枋，彭嗣定，叶泰夫，叶采，叶宾王，叶应雷，万祯，董天麒，董甫，董更生，董烈，董梦得，单有明，程若水，程季卿，程时彦，程暄，程宁，程应斗，舒梦，邹珤，曾公略，曾洸，曾嚞，冯巳，冯去非，冯平国，冯桂发，冯巽，汤大德，游旋叔，杨辛午，杨宗卿，杨珏，杨万，杨韶父，杨震卯，杨应求，杨鳌，詹元吉，赵子凌，赵日起，赵必逅，赵必淄，赵必棐，赵必瑄，赵汝槎，赵汝棣，赵汝筑，赵汝檀，赵希年，赵希佟，赵希楒，赵希�，赵希榍，赵沂孙，赵良键，赵良鉴，赵若璁，赵孟泳，赵孟遒，赵孟模，赵孟议，赵思齐，赵亮夫，赵振揆，赵时茵，赵时枭，赵时烼，赵时逯，赵时瑳，赵时漌，赵时锜，赵浩然，赵崇仝，赵崇玦，赵崇袍，赵崇祥，赵崇烟，赵崇瑠，赵从容，赵从琬，赵琩夫，赵景纬，赵善佋，赵嗣嚞，赵与仜，赵与轴，赵与启，赵与稙，赵缜夫，赵龠夫，蒋朋程，蒋雷发，蒋兴永，蒋觐，蔡梦雷，蔡损，蔡广，蔡应龙，厉孟龙，臧洪，臧泽，闾丘成，郑希声，郑忞，郑起晦，郑莞，郑嗣祖，郑溥，郑熙载，郑擎柱，郑忆，郑应开，欧阳子栖，欧阳守道，欧阳梦皋，刘一龙，刘丙阐，刘仕龙，刘自，刘良贵，刘初，刘坦，刘英发，刘拭，刘浩，刘掞，刘鄂，刘视，刘开，刘圣符，刘梦应，刘应瑞，刘渫，诸葛雷奋，潜说友，潘泉，潘起岩，潘龙，操斗祥，薛焴，萧泰夫，萧师川，霍震龙，钱益，钱端琮，鲍雷，戴侗，戴进之，韩奕，韩富父，韩缜翁，魏必大，魏国佐，谢士凤，谢允迪，谢华，谢应祥，边应升，颜若春，颜复之，苏纯，罗叔晟，罗明复，罗贡，罗莅夫，罗登崇，罗梦得，罗涛，谭龙光，饶龟龄，龚琦，龚荣卿。

特奏名进士：吴必达，王士同，王守约，王廉举，方元龙，吕迈，吕遵，江天锡，江涛，李潽，何善甄，汪达，林一声，林士复，林天骥，林汝砺，林雨若，林忠清，林枢，林应龙，卓勋，周应祥，侯杙，施丙，晏景春，陆正明，陈子炎，陈天就，陈伯良，陈武子，陈松，陈叔鹏，陈握，陈梦荐，陈德英，陈德明，陈应和，陈应恺，黄元泰，黄元素，黄起叔，黄师锡，黄乔翼，许木炎，许近，张一清，张士滋，张洽，叶首卿，叶谔，程章，邹文可，詹如，蒋雷奋，郑三玲，郑文可，郑自任，郑希纯，郑梦荐，邓垚，邓南省，邓梦锡，萧梦得，魏梦龙。

上舍释褐：方文炳，方藻，陈宗度，陈若琎。(《宋登科记考》卷一三)

补进士名录：其一，许德开。《全宋诗》卷三〇三二阳枋《谒同年许使君德开》。

其二，郭靖甫。《全宋文》卷七八五七李曾伯《跋郭靖父告》："右告二轴六件，乃新进士郭靖甫之五世祖宛丘明府治平至元丰时所给者也。……予以是常期靖甫之必世其家，今果登淳祐元年进士第，遂续郭君世科。"

其三，刘泽民。《全宋文》卷八〇一二欧阳守道《题怀芳小草后》："予同年刘泽民书之。"

其四，洪如叶。《全宋文》卷八一七五方逢辰《俞公行状》"淳祐辛丑，被旨衡文别头。如洪如叶，所得皆知名士"。

其五，方泰来。《寿昌乘・贡士题名》："方泰来，辛丑登第。"

淳祐元年举进士，廷对，(欧阳守道)言："国事成败在宰相，人才消长在台谏。昔者当国恶箴规，言者疑触迕，及其去位，共谓非才。或有迎合时宰，自效殷勤，亦有疾恶乖方，苟求玼类，以致忠邪不辨，黜陟无章。"唱名，

徐俨夫为第一，俨夫握守道起曰："吾愧出君上矣，君文未尝不在我上也。"(《宋史》卷四一一)

刘克庄《跋许教一鹗廷对策》：友人许君孟翀，奉对大廷语直，屈居第七，闻者壮之。子曰"言之不出，耻躬之不逮也。"君策既痛斥清臣、祖洽，他日所立，必有以愧二人之面而服其心者。否则，天下后世将以我之所以责人者而责我，岂不甚可畏哉！或曰：科举之士志于得而已，李、叶之罪不在于少壮应程度之初，而在于老寿已贵显之后。余观二人仕宦最久，皆磨砺新善、洗濯前非之日也，乃迷而不复，流而忘返，终其身而后止，兹其所以为可罪欤！昔张安国对策誉桧，既魁天下，大悔之。后交游朱、张，为紫岩公上客，亦安国也。蔡嶷应举时师了翁，及贵，欲杀了翁亦嶷也。然则初节似文饶，未足为君喜；晚节似安国，君可不勉之哉！(《后村先生大全集》卷一〇二)

吴必达《及第谢恩》：圣朝更化广搜贤，丹陛遥瞻穆穆天。历数万年垂统正，精微一理得心传。输忠敢罄刘蕡胆，擢第应同李郃肩。四海尚期王德洽，小臣稽首颂周篇。(《全宋诗》卷二九五七)

宋理宗《闻喜宴赐进士诗》：凉菲膺图屡改元，宾兴六诏五临轩。厉精思振清明政，策秀欣求谠直言。致主莫如仁与义，立身休计饱和温。时艰全藉贤经济，勉力应无负选抡。(《咸淳临安志》卷一二)

杜范《闻喜宴和御诗》：臣恭睹御制赐徐俨夫以下诗。仰见陛下菁莪乐育、棫朴能观。君子有酒旨且多，爰启云需之宴；治世之音安以乐，载颁奎画之华。臣昔厕职于搜罗，今饕恩于慈惠。不揣荒芜，恭和投进。伏望圣慈，俯垂睿览。冒犯天威，臣无任震越恐惧之至。清朝策士属新元，四海英髦意气轩。自是冕旒崇直道，亦令韦布效忠言。鹿苹初洽君恩重，凤藻俄颁帝语温。此日微臣陪镐宴，更惭兰省滥搜抡。(《全宋诗》卷二九六二)

程公许《闻喜宴恭和御制赐进士诗》：九五天临德有元，自应皇化轶羲轩。囊封何日无忠谏，延策今年许尽言。端藉多材戡世难，尽销杀气作春

温。万间华屋非难就，宗桷应须妙选抡。(《全宋诗》卷二九九一)

李昴英《跋许广文一鹗廷对》：士初试大廷，多未脱时文气。读许孟翀对稿，体制全似奏疏。首排李清臣、叶祖洽媒进阿世，条陈切时病，而言甚直。虽屈第七，视绍圣初力诋元祐诸老，窃榜亚者，相去霄壤。均为莆产，气禀自不同。然历国初以来三百年间，名公巨卿由第七人者绝少。若有所待，勋业与名节俱不朽，深有望焉，孟翀勉之！(《全宋文》卷七九四二)

欧阳守道《登第谢启》：奏对疏庸，宜从显黜；上恩宽大，犹置末科。静循叨忝之由，端出荐扬之赐。戴君之次，感德益深。窃惟朝家取人以文，姑曰因其表以信其里；书生由学入仕，亦将随所遇而究所施。如视此以为平生之荣，则几何不负进士之目。试于策名之后，追念为士之时。文史寄娱，庄生所谓南面之王不与易；藜藿取给，孟子尝曰万钟于我又何加。惟戴履天地之间，有今古君臣之义。安能高飞远举，不在人间；然而幼学壮行，无非天理。故近世儒宗初不废举业，谓名卿良相何尝由异途。出处非我所私，行止则时之可。不敢逃此生于无用，是谓尽其命之当然。此义不明而禄是嗜，其于患得诚可悯伤。梦寐不清，长被荣枯之作祟；诗书何用，秖为作合之良媒。初志既卑，后来可想。夫所乐非所性也，虽大功大烈犹不得已之为；况能贵即能贱之，若一阶一级又何足道之有？尝以为稷契伊周之业本第二义，而惜孔孟颜曾之学不尽见诸行。盖向上更不容言，而成物亦我所愿。此大《易》屯蒙以下之事，而《中庸》内外时措之宜。流而水，止而山，初无定质；油然云，沛然雨，何病太虚？皆不为则谁为，谓之进斯进矣。顾如庸陋，无所觊觎。天啬其才，不足奋发于趋事赴功之列；性局于隘，何以周旋于奉命承令之间。但可为宇宙中一幸生之人，而自谓国家事何至属于我。有如去年宾兴之诏，备写当宁才难之忧。非真能实艺无以副需，岂末学小生所敢望赋！犹以世为士类，时在壮年。依稀赴举之行，得之幸也；漫浪如京之役，出于偶然。旋叨奏籍之名，例拜出身之赐。惕然深省，报若为图。此去公家，即是委贽为臣之始；从来一命，可办济人利物之心。须勉已之不能，以敬天之所付。迟之入选，假我闲居。亲养得安，未夺斑衣之乐；吏事可学，尚无美锦之伤。惟胸中抱负之非奇，觉意外遭逢之太易。追惟奖借，允有依归。兹盖恭遇某官，间气得天，盛名盖世。凛凛著立朝之节，温温散阖郡之和。粹然端人正士之容，修己以敬；纯以君子长者之道，近人而忠。更使庐陵，大明洛学。心传古圣，又逢今日之周程；人得宗师，行见将来之杨谢。相期此邦之意不浅，其为后学之幸何多！某亲炙非疏，受知已素。歌《鹿鸣》而劝驾，荣幸列于门生；侍燕坐以论文，分乃忘于民伍。于此认成就诱掖之美，非徒事贡举故常之规。敢不永肩一心，益厉素志！虽甚不敏，已粗知理欲界限之分；惟谨自持，庶不在名教罪人之列。(《全宋文》卷八〇〇四)

十二月

叶斗南《神童坊自记》：斗南，凡子也。质弱气卑，强记诵习，童科滥□□俊髫公龄之后，仰杨、晏前美，则愧厚矣。然所以蒙作成者，实自我郡侯赵公。惟公为古间、平，为今召、杜，爱人以道，虽小弗遗。三字特书，八法具尽，非云非烟，光煜煜而来下，意非止一门之荣，盖将均千里而劝，德至渥也。虽然，斗南家大石已十世矣，溪山苍凉，一日辉宠，是岂只身自能，亦祖父粗守义方余福也。斗南不敏，幸佩赐矣，尚出瞻入式，惟训是属，勉勉其成，如我侯在。淳祐改元，岁在辛丑腊月二十有二日。(《全宋文》卷八一六四)

是　年

臣僚言："既复诸路漕试，合国子试、两项科举及免举人，不下千数。宜复拨漕举、胄举同避亲人，并就别院引试，使大院无卷冗之患，小院无额窄之弊。"从之。时淮南诸州郡岁有兵祸，士子不得以时赴乡试，且漕司分差试官，路梗不可径达。(《宋史》卷一五六)

包恢《临海进士登科题名记》：临海山高水深，地载神气所钟，宜为人物渊海。如海之大鱼薄集在龙门下，得上则变化为龙者，又宜以千百计矣。夫何厥初寥寥乎其不多见也？岂风气未开而犹有待欤？至本朝天圣以后，历几年，更几科，然后以渐加多。中兴以来以迄于今，则盛矣。然中间虽各以所长争鸣于一时，类有可称者，若其表表特出，光前照后，或以学问文章显，或以操行气节显，落落相望，亦曾不过十余人。果其才之难得欤？今邑大夫刘君栋邑政修举，将及于教，一日于士友相与言而叹曰："盍亦反其本矣！人才之兴由学术，学术之兴由学校。顾此邑独无学，非大阙典乎！"乃首为之竭力经营，鼎新肇建，学宫俨然昉乎此也。学宫成，又取邑士题慈恩之名，始自天圣甲子，至淳祐辛丑，凡五十有五科，得一百四十余人，列而刻之石。岂徒曰以是名夸示邑士，觊日以起其歆羡而使之争胜负于文锋笔阵之间而已哉！兴学校以兴学术，人才于是乎在。抑名非虚生，必以实得。何谓学？明人伦也。惟圣尽伦，如舜之察，斯可矣。知此学则为学术而可与圣贤参，察此伦则为人之才而可与天地合。由是而取科名，庶几不悖于其实。孔门尝有四科之名，言人所学之实也，自德行而至文学，其本末可考。孟子尝有四科之名，言人所用之实也，自事君而至大人，其优劣可见。后世所学非所用，所用非所学，名实之判久矣。有能进孔门之所谓学，辨孟子之所谓用，由是而取科第，庶几无忝于其名。取士之科名未可遽改，为士之事实不可终戾，先达名臣皆由此其选也。名不难取而实不易尽，盈科后进，放乎四海，有本者如是。夫名实本非异科也，惟今者新学之士能体邑大夫之深意，无徇其末而忘其本，则将见有特起东海、临大可观而观于海者，咸叹其难为水矣。取科名真拾芥，特其余事耳，是不难。(《全宋文》卷七三三四)

淳祐二年　壬寅(1242)

二　月

(甲戌,二十二日)赵葵赐进士出身,同知枢密院事。(《宋史》卷四二)

十一月

甲申(六日),诏:"军功补授人愿就乡举者,听。"(《宋史全文》卷三三)

淳祐三年　癸卯(1243)

二　月

戊申朔(一日),诏:礼部贡举。(《宋史全文》卷三三)

诏:科举求有用之学。(《宋季三朝政要》卷二)

十一月

胡泓《两优释褐题名》:士专以文进,非古也。然知言知人,圣有成训。言,心声也。声成文有可观者,观其文知其人矣。我宁宗皇帝在位二十有二年,始追旧典,建宗学,置博士弟子员。凡隶玉牒,无间戚疏,于此试焉,于此校行艺焉,月书季考,循式唯谨。又六年,昉置上舍生。凡内舍行艺之校曰优曰平者,咸试之,视其等之次第以升。偕南宫进士对策大廷,累举得人,班班可纪。独内舍优校中、上舍优等,则阅十余岁未之有也。嘉熙改元,升夫始中是选,被恩解褐,士忻荣之。淳祐癸卯,崇淌复以行艺校优,试入上舍优等第一人。才六稔尔,两优解褐之士再见,可谓盛矣。太武学进士题名两优释褐,别表于碑,宗庠不容旷也。诸生砻石以请识于上方而第列其名,既大书之,特书之,固将屡书不一书而足也。于戏!休兹宗英,以文进,以行成,以贤且能擢,岂直科目云乎哉!勋名志节,光我邦家,列选得人之盛,昭学校作人之功,上追古昔,吾将有望焉。是岁十有一月朔吉。(《咸淳临安志》卷一一)

是　年

时淮南诸州郡岁有兵祸,士子不得以时赴乡试,且漕司分差试官,路梗不可径达。三年,命淮东州郡附镇江府秋试,淮西州郡附建康试,蕲、黄、光三州、安庆府附江州试。三试所各增差试官二员，别项考校，照各州元额取放。是岁，两浙转运司寓试终场满五千人，特命增放二名。后虽多不增，如不及五千人，止依元额。别院之试，大率士子与试官实有亲嫌者，绍定间，以漕试、胄试无亲可避者亦许试，或谓时相徇于势要子弟故也；端平初，拨归大院，寒隽便之；淳祐元年，又复赴别院，是使不应避亲之人抑而就此，使天下士子无故析而为二，殊失别试之初意。至是，依端平厘正之，复归大院。(《宋史》卷一五六)

上舍释褐：叶梦鼎。(《宋登科记考》卷一三)

补上舍释褐：赵崇淌。《咸淳临安志》卷一一胡泓《两优释褐题名》："淳祐癸卯，崇淌复以行艺校优，试入上舍优等第一人。"

(俞忱一)次札言科举三事：一曰考校拘执之弊，二曰誊录卤莽之弊，三曰弥封易换之弊。(《全宋文》卷八一七五方逢辰《俞公行状》)

淳祐四年　甲辰(1244)

正　月

丙寅(二十五日),以吏部尚书兼给事中金渊知贡举,吏部侍郎兼中书舍人濮斗南、礼部侍郎兼直学士院郑起潜同知,侍御史刘晋之监试。(《宋史全文》卷三三)

四年,(俞忱一)再为别头考官。前列如翁如汤,皆公所拔也。(《全宋文》卷八一七五方逢辰《俞公行状》)

是　月

刘克庄《送方蒙仲赴省》:童年鞲距已专场,何况而今益老苍。天网恢然罩鸾鹄,朝阳鸣矣革蜩螗。士谁与贺争同进,众亦推弘诣太常。可惜祠官无气力,不能搢笏诵阿房。(《后村先生大全集》卷一三)

二　月

壬申朔(一日),御笔:"朕妙简儒英,俾司文柄,冀得髦俊,以亮天工。学术必究其渊源,毋以涉猎为能;词章必主于典实,毋以浮靡为尚。毋滋蹈袭,毋取雷同。昔人典贡,多能以程文占器识。卿等其精意考校,以副朕侧席之意。"付金渊以下。(《宋史全文》卷三三)

省试赐知贡举御札:"进士设科,我朝得人为盛。济艰难,致隆平,皆此途出。比年中外多事,每有乏才之叹。岂有司衡鉴浸不如昔欤?朕妙简儒英,俾司文柄,冀得髦俊,以亮天功。学术必究其渊源,毋以涉猎为能;词章必主于典实,毋以浮靡为尚。毋滋蹈袭,毋取雷同。昔人典章,多

能以程文占器识。卿等其精意考拔，以副朕侧席之意。”(《咸淳临安志》卷一二)

(赵时焕)考省试，得策卷，喜曰：“必名世士。”揭晓，则徐君霖也。(《后村先生大全集》卷一五八《赵克勤吏部墓志铭》)

五　月

乙卯(十六日)，诏：“以权吏部侍郎兼国子祭酒项容孙、权兵部侍郎兼直学士院曾宏迪、殿中侍御史王瓒为殿试详定官。”(《宋史全文》卷三三)

丙辰(十七日)，御集英殿，策进士。(《宋史全文》卷三三)

丁巳(十八日)，御后殿，阅武举进士射。(《宋史全文》卷三三)

六　月

乙亥(六日)，御集英殿，赐进士留梦炎等敕，凡四百二十四人。(《宋史全文》卷三三)

丙子(七日)，赐特奏名进士魏汝贤等敕，凡六百二十一人。(《宋史全文》卷三三)

庚寅(二十一日)，御射殿，阅正奏名进士射。(《宋史全文》卷三三)

辛卯(二十二日)，阅特奏名进士射。(《宋史全文》卷三三)

进士名录：留梦炎，林望之，陈宗礼，丁式中，上官子进，王一鸣，王一鹗，王文端，王必先，王虎变，王宗旦，王奎，王持垕，王得一，王登，王梦廉，王寿桂，王迈，王德充，王履，王榉，毛兰，卞元虎，卞文显，文渊，方元美，尹四聪，毋邱久大，皮龙荣，吕士达，吕开元，朱天雷，朱元光，朱虎臣，朱盛载，朱景炎，朱祀孙，朱貔孙，伍行简，任西之，向元龙，安刘，阮霖，李士特，李大有，李以益，李有大，李吐琇，李竹解，李念祖，李时，李师复，李进，李祺,李梦蒋,李与龙,李总,李岩起,束元嘉,吴天泽,吴仁杰,吴由己,吴述,吴庠,吴坚,吴遇聘,吴梦龙,吴璞,吴应辛,吴瀹,吴骥,何田,何光,何梦然,何应新,余君节,余东,余孟成,余轸,余梦洪,佘桂荣,冷文英,汪一鹗,汪梦雷,汪应龙,沈必愿,沈溁,沈应龙,宋秉孙,林公玉,林公槐,林申,林禾,林易,林官高,林起岩,林振祖,林袷,林得龙,林雷时,林畴,卓石,易子炎,金晋,周天骥,周君陈,周清父,周梦升,周梦炎,周鼐,胡用虎,胡尚礼,胡季虎,胡崇,胡琦,胡裒然,胡梦魁,胡嵩,柯起龙,韦化鹏,俞恒,俞琰,俞勋,俞舜申,度洪,洪勋,姚昉,马韶,秦炳,袁燚,莫仲通,莫如德,庄应祥,连通,时湑,徐成章,徐源,徐霖,奚季虎,翁岩寿,高转,郭渊,郭闻,唐丙开,唐玠,唐炎,唐震龙,陆士朴,陆当可,陈一愚,陈子良,陈子和,陈元桂,陈方新,陈可仁,陈仝十,陈合,陈多福,陈肖孙,陈伯镂,陈初,陈植,陈梦辰,陈梦曾,陈绰,陈谊,陈熹之,陈奋豫,陈谟,孙廷玉,孙自明,孙桂发,孙豹,孙乾,孙梦发,孙应凤,黄一鸣,黄庚孙,黄拱辰,黄围,黄梦登,黄梦麟,黄迈伦,黄阑,黄龟助,梅汝嘉,曹士庄,曹元发,曹应龙,常贤孙,崔大辉,许天定,许月卿,许斗祥,许必发,许俊第,麻缄,章斗枢,章春,章采,章梦璞,章鉴,商大椿,尉越,张正国,张廷辅,张良孙,张弇,张桂子,张景元,张钦,张焯,张梦牛,张梦雷,张梦岩,张荣国,张镗,张显,项公案,叶自,叶西夫,叶政,叶梦河,叶实,万必车,葛实,董炎,程淳,程梦苏,程烨,程燧,傅涌,傅岩,舒文龙,舒泌,曾公巽,曾勋,冯偲,冯清贤,冯寅炳,冯钦,冯资福,冯亿,冯仪,汤逢辰,汤炎,汤汉,强应夔,杨光子,杨李埜,杨淑,杨肃,杨迈雄,杨关,雷子发,雷绍,裘珏,虞云翼,赵必同,赵必岊,赵汝楝,赵汝照,赵汝经,赵汝漭,赵希逸,赵希愃,赵希瑗,赵若佺,赵若淮,赵若瑻,赵宗楹,赵孟圭,赵洴夫,赵时焕,赵时掌,赵时楧,赵时锿,赵时瓒,赵时谖,赵崇缶,赵崇涉,赵崇袍,赵崇璔,赵崇怿,赵嗣琪,赵与絜,赵与仿,赵与琇,赵与碱,赵滪夫,蒋定国,蒋彝,廖庆,郑利宣,郑格,郑祥老,邓炎,邓堂,欧阳大巘,鲁仕能,刘一雷,刘志叔,刘坦孙,刘高,刘焕然,刘启宗,刘顺孙,刘实甫,刘德元,刘履,刘应守,刘应祥,潘仝,潘岿之,薛士豫,薛伯玉,薛峻,萧文会,萧必荐,萧谷,萧纲,卢垚,卢斐之,卢钺,钱牧,龙登,戴鑫,魏国龟,魏复,钟大猷,谢日新,谢仕夔,应叔采,缪元德,旷讫,苏浚明,苏龟明,苏谦,罗相之,饶梦雷,龚颀。

特奏名进士：魏汝贤，上官庸，上官应琪，王克济，王嗣翁，任叔辉，杜振，吴权，林桂生，林梦井，林应炎，翁士龙，陈卓，陈执礼，陈埜，陈阳甫，陈震龙，黄大中，黄汝江，邹丁，童元龙，汤奭，蒋应龙，郑轸，邓文勉，邓栗丁，邓演，刘登父，萧靖夫，赖记，赖应发，卢会龙，鲍璞，苏茂深，龚厚。

上舍释褐：郑玠。（《宋登科记考》卷一三）

补进士名录：其一，翁如汤。《全宋文》卷八一七五方逢辰《俞公行状》："四年，再为别头考官。前列如翁如汤，皆公所拔也。"

其二，谢昌元。《全元文》卷七三〇袁桷《师友渊源录》："谢昌元，资州人。淳祐甲辰别院第一，守封州提举。"

其三，陈梦立。赵与坦《漳浦县新学记》：淳祐甲辰，郡之捷南宫者三人，邑居其二。陈君梦立巍占甲科，吴君遇聘联名擢第。（《宋辽金元方志辑佚·清漳志》，第447页）

其四，张锐。《寿昌乘·贡士题名》："张锐，甲辰登第。"

辨正：安刘。《宋登科记考》卷一三据《宝庆四明记》卷一〇、《南宋馆阁录》卷七等，确定安刘乃淳祐甲辰年进士。又，《癸辛杂识·别集上》："安刘，字景周，一字子阳，四明人。嘉熙丁亥（酉），太学解试魁，戊戌周榜。"言之凿凿，姑备一说。

留忠斋梦炎、徐经畋霖在衢校，俱受之于俞教任礼。俞善濮斗南，俞以二人属之。徐魁南宫，留亦中选。每同诣濮，又同寓邸，而徐日湎于酒，无所闻知。时穆陵书"后义"、"克艰"二语，以锡丞相史嵩之，谢表及记，皆濮所为。留刺知之，不以语徐，遂以自拟对策，遂冠多士云。（《癸辛杂识·后集》）

抡魁、省元同郡，自昔以为盛事。熙宁癸丑，省元邵刚、状元余中皆毗陵人。淳熙丁未，省元汤琦、状元王容皆长沙人。绍熙癸丑，省元徐邦宪、状元陈亮皆婺州人。绍熙庚戌，省元钱易直、状元余复皆三山人。宝庆丙戌，省元赵时观、状元王会龙皆天台人。绍定己丑，省元陈松龙、状元黄朴皆福人。至淳祐甲辰，省元徐霖、状元留梦炎，皆三衢人。一时士林歆羡，以为希阔之事。时外舅杨彦瞻以工部郎守衢，遂大书状元坊以表其闾。既以为未足，则又揭双元坊以夸大之，乡曲以为至荣。二公不欲雄成，各以书为谢且辞焉。彦瞻答之，略云："尝闻前辈之言曰：吾乡昔有及第奉常而归，旗者、鼓者、馈者、迓者、往来而观者，阗路骈陌如堵墙。既而闺门贺焉，宗族贺焉，姻者、友者、客者交贺焉。至于仇者，亦茹耻羞愧而贺且谢焉。独邻居一室，扃鐍远引，若避寇然。余因怪而问之，愀然曰：'所贵乎衣锦之荣者，谓其得时行道也，将有以庇吾乡里也。今也，或窃一名，得一官，即起朝富暮贵之想。名愈高，官愈穷，而用心愈缪。武断者有之，兼并者有之，庇奸慝、持州县者有之，是一身之荣，一害之增也。其居日以广，邻居日以蹙。吾将入山林深密之地以避之，是可吊，何以贺为？'吾闻而异其言，因默识而谨书之。凡交游间，必道此语相训切，而非心相知者，不道也。执事于不肖，可谓心相知，而不以告，罪也。且今日此扁之揭，所以独异于寻常者，盖仆之望于执事者亦异焉。人于此时，每以谀献，仆乃独以忠告，非求异于人也，所冀进执事之德，成执事之器也。执事不以仆之言为然则已，若以为然，则是扁之揭，可以无愧矣。前之不贺者，必将先众人而贺矣。今冠南宫者，执事友也，幸亦以是语之。"二公得书，为之悚然。其后徐以道学名，留以功业显，或者此书有以启发之乎？(《齐东野语》卷一六)

赵与坦《漳浦县新学记》：自绍兴杨公椷登第之后，未有续遗……淳祐甲辰，郡之捷南宫者三人，邑居其二。陈君梦立巍占甲科，吴君遇聘联名擢第。积年天荒，一朝而破。由癸巳而距甲辰，一纪之言，信乎不诬。(《宋辽金元方志辑佚·清漳志》，第447页)

宋理宗《闻喜宴赐进士诗》：七开贡举六临轩，图济时艰取直言。访问修攘兼内外，敷陈议论有渊源。学惟正大为标准，志在忠清是本根。锡宴赐诗隆礼意，勉旃事业报君恩。(《咸淳临安志》卷一二)

刘克庄《喜汤伯纪登第》：老觉人间无一忻，怪来干鹊耳边闻。休嗔穷

鬼揶揄我，绝喜春官摸索君。畴昔先生有高第，即今后死与斯文。不应也跃看花马，忘却江天树与云。(《后村先生大全集》卷一三)

七　月

癸卯(五日)，初命监察御史一人监钤闱试，仍添差检点雷同官一员。(《宋史全文》卷三三)

是　年

郑起潜《状元留梦炎特授承事郎制》：朕惟进士设科，名臣辈出；寤寐英隽，图济时艰。临轩亲策，访以内修外攘之务。览尔洋洋之对，惟曰克艰，甚称朕意，擢为第一。授之京秩，开尔仕途，益涵远业，思称所蒙。

郑起潜《敕赐童子出身杨世奕可特补迪功郎仍赐袍笏制》：尔裔出龟山，年方幼学，博记而敏于文。两试童科，初以记诵选，再以程文优，诗书之泽，有自来矣。德性兼谨，俨如成人，尤其可嘉者。干云之干，养于拱把，尚勉之哉！

郑起潜《特奏状元魏汝贤特授迪功郎制》：特奏设科，所以求宿学，搜遗才也。首选与进士同科，比年由此途者多显用。盖其选既艰，则其才必异也。尔久蒙教育，晚冠此科，不负所学矣。授之初品，任以校官。官业方开，老当益壮。(以上均见《全宋文》卷七四一一)

淳祐五年　乙巳(1245)

三　月

李昴英《增城新创贡士库记》：曲江以文献重，增城以清献重。清献起陋巷，取巍科，至于今六十年矣。其间踵名第不乏人，文风郁乎日以盛，白屋之贫，则今犹昔也。县去行都里以千计者四，负笈一诣，费比中州数倍。州劝驾馈钱缗百，此天下都国所无，窭儒道敝，犹有失其常产者。南冠仕进不如北方之多，非艺之不敌，特病于地远而发身之难耳。淳祐元年，圣天子颁兴贤诏，凤岂经义词赋皆预选，久郁忽伸。明府何君喜邑人之所喜，礼遇视故例有加，以风动百里。一日，升堂语诸生曰："愚不敏，学制相乡，与衿佩日周旋。士习淳古，熏然有清献遗风，可敬也。"汉制，习先圣之术与计偕，县实给食。将久远利之，亟三百千之损，而更掌以学职，听民持所有抵而出之。复入则收其赢什二，积三岁，为羡钱若干，新贡士人五十千。合所得于州者，可不损家藏铢粒，但囊书幞被，足以优游往返先荐送。今还试者抑于贡额之狭，而激昂璧水，试者皆厚给有差，策名飞捷至，又助之犒。区条画目，纤悉曲尽。士欢然相告曰："业患不精，何患裹粮之不充！"自此西笑，惟一意温故知新，无复向来皇皇焉办装之窘，将又有清名高节如前修者出，惠岂细哉！凡力振人之匮缺，必艰难险阻备尝之人也。君虽身诗书之泽，未尝口齑盐之味，而拳拳为寒酸地。若深计其子孙于无穷，是真知斯文之为重，发于良心善性，油然不可御，天资过人远甚。傥益之问学，充拓其功用，将大可观。琴堂主人奋由布衣，扉屦相望。贡士库乃自君创始，他治状未暇论，只此一事，已无忝特笔矣。余又怪近世士大夫，欲盖其厉民之迹，必厚于内交士。谓游谈聚议，足以好丑我；浓墨大字，足以轻重我也。则礼貌焉，赠遗焉，惟恐少失欢。盖蠢且弱之，莫予毒也。则渔猎椎剥，苟可以自丰殖,无所不至。不知一得罪于百姓,已得罪于名教,虽日畀之千金,安能遏乡校议政者之喙!彼是非之心转移于小濡沫,是贱丈夫箪食豆羹见于色者,乌得为士乎!增城斗绝一隅,学者尽在庠序。乡居惟石滩为士区,至于深山穷谷,家牛犊,人耒耜,寥寥弦诵,声利于士信美矣。必充周于民而后其泽溥,君盍推所以膏润后进者施之田里,毋苛取,毋曲决,孰为之利必兴,孰为之害必除,则四民均受抚字,赐虽古鲁卓何以加?君名籍,月湖尚书其祖也。月湖在石城,送人赴省,有"道在功名小"之句。此意又超然利禄之表,试与友朋味之。五年上巳日,郡人李昴英记。(《全宋文》卷七九四三)

八　月

欧阳守道《进士家状籍序》:乙巳秋八月望,吾与友步月至郡贡院,至东门,天阔月高,夜色如昼,风从西来,古木撼响。相与席地而坐,感念畴昔话裹饭待晓时事,提笔鏖战,犹有壮心。顾谓予僮,归取酒来,予当醉此。明年今夕,此地为他人战场矣。酒至饮数行,月色正中,谯楼三鼓,望数十步外有一人,若携文书以来。"谁何之"?不应。旧时相传贡院有神,颇现物怪,予方心动,携文书者至,前揖指予瓶曰:"能与我共乎?"则酌之饮。又指贡院门曰:"何地无月,而饮于此?"予益心动。则示予所携文书,曰:"此为明年进士家状题名籍,日吉辰良,为我书其首,我挟笔在此矣。"予索笔问曰:"子氏名可得闻乎?"曰:"予即刘宝臣也。前岁题名籍首,君实书之。是岁得儁甚盛,愿修故事。"予于是释然,笑曰:"别子久不相忆,子几吓我。抑予初疑子鬼神,子是籍必灵。"取巨觞满引,戏祝宝臣曰:"愿子神相文盟,此籍收拾万人英。此籍得人子亦荣,子效其劳,相之成名。人之谢子,曰旨酒肥牲。"宝臣举酒曰:"敢不饮此,以从君祝!"于是各大笑去。(《全宋文》卷八〇〇八)

是　年

阳枋《策问淳祐乙巳大宁监》:问:济险难之深者未容以安静图;拯柔弱之极者,不可以寻常应。任今日治国之法,守株是乎?投机是乎?尝稽之《易》而有疑。蹇难也,坎陷也,均之为险矣。何圣人既以"见险能止"誉

《蹇》之知，而复以"心亨行有尚"论《坎》之功？岂险难之深，又当出险以平险欤？夫小过过也，大过过也，均之为过矣。何圣人以"不可大事"为《小过》之戒，而复以"利有攸往"为《大过》之亨？岂柔弱之势，又当至刚以济物欤？奚止于是。以逸待劳，以饱待饥，军之良法也。胡为先人夺人，晋复以是败秦欤？致人而不致于人，军之善政也。胡为宁我薄人，楚复以是驾晋欤？成安不塞井陉之险，而衄于背水之军，不可与语行有尚者。何减灶去魏，又足以收蹶上将之功欤？马服急进阏与之兵，已决争山之胜，似知所以戒栋桡者。何追至秦壁，反所以殆长平之师欤？其形势利害有不同欤？其人才智略有不侔欤？时异势殊，临机应变，不可胶于一欤？皆克敌取胜者所当讲明也。请以我国朝渡江之胜势言之。韩公世忠之备楚泗也，达赉纵铁骑以长驱，朝廷有诏班师，若可退保矣。公独奋兵逆击，以破其军。何趋利猛鸷而成功欤？刘公锜之往顺昌也，乌珠以铁浮图争利，城守未集，若难支持矣。公独力守拒战，以麾其众。何仓皇无备而决胜欤？吴公之保蜀也，饶风、散关，敌骑翕忽，若难应援矣。公独谓必不可越我，而遏以挫其锐。何执一果而得志欤？最后金亮百万临江，中外骇震，敌已深窥堂奥矣。虞公允文坐据采石，敌遂授首。何白面书生死中求活而立大勋欤？自其兵民财观之，诸将所部多不过数万，众寡岂相当欤？茶盐酒法，一切举行，租赋岂常继欤？数公亨《习》、《坎》之心，隆《大过》之栋，忠义慷慨，奋不顾身，而天人祐助欤？何丰功茂绩，如是伟晔也？蒙古知略颇类金人，而残忍暴殄，又复过之。蹂践三川，零丁十稔。兵非绍兴之兵矣，民非绍兴之民矣，财力形势又非绍兴以来比矣。敌心无厌，日肆凭陵。必欲效大仪之进击，则众寡有不敌之忧；必欲效顺昌之控扼，则边地风寒所备者众；必欲效和尚原、采石渡之坚守，则三关已彻，内之长江，又孰可为依据之地欤？幸而总戎元老克壮其猷，建旆桴鼓，天地震动，盖欲扼其吭而夺之。然士沮久矣，不知亦有分番迭射、冲敌阵以擒鹘眼者乎？财竭甚矣，不知亦有储三百万以待军兴者乎？民散久矣，不知亦有鱼凫千里、可备供亿者乎？无乃活危证者不必备百药之味，投机会者不必计众事之集乎？昔苻坚以百万之众，褫魄于八公山之草木。蜀自夔以西，金城荡日，云雉擎天。所以震惧敌胆者，又非风声之假借，庸可恃乎？牢之步阵严整，直挫大敌，气吞之尔。元戎十乘，有进无退，破敌大计，胸中区处已定。元冲私忧过计，可容已乎？诸君抱负经济，幸详订古人用兵进退之成算，国朝渡江战守之要道，以决今日进屯之大计，一破有司之惑。（《全宋文》卷七四八五）

淳祐六年　丙午(1246)

二　月

辛酉朔(一日),诏:礼部贡举。(《宋史全文》卷三四)

四　月

甲申(二十五日),诏曰:“朕临朝愿治,每念乏才,有意作成。既亲书扁题,分赐诸学,并赐诸生束帛,以示激励。其令三学官于前廊,长、谕及斋生中,公举经明行修气节之士,别议旌赏。京学如之。”(《宋史全文》卷三四)

六　月

壬辰(五日),诏以:“秋闱在近,文弊未革,令监学及诸路郡学,精加考校,崇实黜浮,以俟荐送。”(《宋史全文》卷三四)

八　月

己酉(二十三日),以太府少卿刘克庄文名久著,史学尤精,可特赐同进士出身,为秘书少监。(《宋史全文》卷三四)

玉音曰:“朕知卿文名,有史学。”即颁锡第之命,仍任责修纂。公退见果山,坐未定,宸翰已至:“刘某文名久著,史学尤精,可特赐同进士出身,除秘书少监。令与尤焴同任史事,庶累朝巨典,早获成书。”次日,兼国史院编修官、实录院检讨官。又三日,御笔兼崇政殿说书。公四辞锡第,再辞史事晚讲,皆不许。(《全宋文》卷七七三九林希逸《刘公行状》)

刘克庄《辞免赐同进士出身除秘少状》:照会某伏准省札,备奉御笔:

“刘某文名久著，史学尤精，可特赐同进士出身，除秘书少监。令与尤焴等同任史事”者。播告初传，惊疑靡措。惟国家之旷典，待场屋之遗才，远则陆游受知于孝皇，近则心传被遇于明主。然二人之述作，通四海以流传。顾如鲰生，莫望前辈。早缘薄技，遭贝锦之中伤；晚面清光，蒙玉音之嘉奖。甫奏刍言而退，已闻奎画之颁。由任子而锡儒科，起俗吏而贰册府。仍以信史，属之谀闻。方明廷集仪凤之才，使末学秉获麟之笔。事既创见，众皆骇闻。某上感君父卵翼之恩，下畏朝野指目之议，倘昧循墙而力避，将包挞市之深惭。已则有处非其据之忧，人亦起适从何来之诮。是用刳肝沥恳，顿首牢辞。欲望朝廷特赐敷奏，亟寝新命，俾仍旧官。愿以衰暮之余生，别效繁难之粗使。所有恩命，未敢祗受。

《再》：照会某昨准省札，备奉御笔：“刘某可特赐同进士出身，除秘书少监。令与尤焴等同任史事。”遂具辞免。伏准省札，备奉圣旨不允。续准省札备奉圣旨“刘某兼国史院编修官、实录院检讨官”者。恳避不俞，宠光狎至，久陈怵迫，仰冀矜从。某窃惟更化以来，擢才尤遴。今以稀阔之典，加诸庸常之人。虽奖拔出君父之异恩，然辞受乃臣子之大节。昔吕公著、王安石召试馆职不就，夫二公由高科而召试，券内之物也，然且辞之。某以门荫而锡第入馆，券外之物也，偃然当之。则是贪清切高华之选，无辞逊羞恶之心，使中外之人皆曰紊流品、辱科目、贱名器，实自某始，厥罪大矣哉！欲望朝廷特赐敷奏，收回前后恩命，令供旧职。庶几小臣量己之义，免累圣主知人之明。

《三》：庶僚除授，止于再辞；异数超逾，忘其三渎。伏念某前略援陆、李之事，今细考史牒所书，皆锡第于初年而纂史于晚岁。事既有渐，众遂无哗。今此三命之颁，萃于一朝之顷，若披襟而当前一辈稀阔之盛举，执简以从诸学士笔削之后尘。已心自觉不安，物情讵以为允！欲望朝廷谅其忱切，赐以敷陈，尽寝优恩，免才清议。或与痛裁于新渥，庶几少穆于师言。

《四》：三辞异数，复闷俞音，自顾幺微，不应渎告。但某窃见向来史局，盖有士人被选者，如曾巩辟陈师道之类。近岁杜斿、曾三异之流，皆起韦布，领校勘。惟某所被恩数太优，实不敢当。欲望朝廷特赐敷奏，令某以太府少卿兼校勘，俾得厕迹馆中诸学士下陈，服劳铅椠，少助涓埃。其赐第少蓬恩命，欲乞亟行追寝，庶几事体叶宜，观听不骇。(以上均见《后村先生大全集》卷七六)

九　月

刘克庄《谢赐同进士出身表》：臣某言：伏准御笔，特赐臣同进士出身，除秘书少监、兼国史院编修官、实录院检讨官、兼崇政殿说书，已于九月十六日祇受赐出身敕命者。奉身去国，曷尝一饭之忘君；锡第登瀛，亲遇九重之知己。承学之流咸劝，明主之恩不赀。臣某中谢。窃以儒科至荣，史笔尤重。韩维廷试不就，因见遗仁祖之朝；曾巩总叙既成，且莫副神宗之意。如臣者，少虽勤苦，晚益惰荒。当刘蕡未对之时，莫拔一第；及宗元久斥之后，绝意复收。起废徙中，奉使江表。不图白首，尚简清衷。招屈原于修门，悯其憔悴；见贾谊于宣室，访以治安。天颜咫尺之不违，云汉昭回而下饰。遂举朝廷久虚之典，如待岩穴特起之材。无同进与争时名，有至尊以为座主。昔先人掌太史，盖尝窥金匮之书；今天子诏诸儒，复使陪石渠之论。遭逢出于千载，光采震于一时。人以为夸，臣之所惧。兹盖伏遇皇帝陛下，改弦更化，设虚待贤。虽得士于举选之中，犹拔才于尺度之外。臣朔三千之牍，始谓报闻；臣洪六十之年，乃蒙亲擢。实惟不世之遇，愧非能言之伦。臣猥以暮迟，忝兹优渥，不愿矜文章之小技，但当蹈节义之大闲。惟孝惟忠，念君宠母恩之难报，则笔则削，奚天刑人祸之足忧。臣无任，感天荷圣，激切屏营之至。谨奉表称谢以闻。(《后村先生大全集》卷一一三)

刘克庄《赐第谢丞相》：对玉座而乞身，未容还里；赐金丹而换骨，仍使登瀛。虽奎画之明扬，实化钧之密启。宠光百倍，辞受两难。窃以稀阔之举惟其人，遇合之际系乎命。名相如陈正献，仅除元履之官；前辈谓史太师，不了放翁之事。魏则终身而长往，陆方锡第而左迁。未有既齿名于皇朝俊造之科，复著籍于上帝图书之府。是为异数，当属奇才。如某者，学欠精专,性多遗忘。河阳耕牧,莫能成周南太史之书;汾曲田庐,但欲卒铜川府君之业。其进非由秀孝茂异之选,所望不过国舍虞比之迁。辰献瞽言,午颁细札。兹所谓本朝之旷典,举而华孤士之一身。黄牒怀归,绝胜桂生于坟上;青编老去,恍惊藜照于阁中。旧无千佛之姓名,新有群仙之指点。众羡致身于清望,独知回首于钦翘。昔在端平,早陪末至。岂必立定夫于暮雪,居常坐公掞于春风。前以宗伯侍迩英,已辱纂修之荐;后乎秀岩开史局,未酬推挽之言。及甄陶归掌握之中,果位置越拘挛之表。何异加冠巾于澄观,施朱粉于无盐。笔砚久荒,忽忝场屋遗才之举;布韦相语,将有渠观无人之讥。兹盖伏遇某官,开诚心如武侯,持众美如房相。谓取士之规模宜广,谓有司之尺度太拘。育英才在大臣,所以储国家之用;以科第与风汉,得无贻门馆之羞?况荒浅未能诵《祈招》之诗,而辨博不足奉帝丘之问。恐干清议,徒切隐忧。某取数过多,受恩罔极。向春风夸得意,非复走马看花之时;以纪传易编年,徒有绝笔获麟之感。过此以往,未知所裁。(《后村先生大全集》卷一一九)

是　秋

(张渊微)流寓湖北,赴运司试,中选,贡礼部。(《隐居通议》卷一六《张侍郎简牍》)

十一月

(庚申五日)诏:"昨令三学各举经明行修气节之士,而诸生合辞控免,陈义甚高。其令在籍诸生,并赴来年省试一次。临安府学长谕亦如之。以称搜罗之意。"(《宋史全文》卷三四)

是　年

刘克庄《鄂州贡士田记》:士贡于乡,古也。使士赍粮重趼而至,非古也。古者,井地均贫富,道路有委积,士起闾里而达于王朝也甚易。至汉,犹令县次继食。然贡禹以明经洁行征,自言鬻田百亩以供车马。当时所以待特起之士仅如此,则于群然应聘者抑可知矣。禹亦幸而有田可鬻尔,贫于禹者当何如哉?近世宾兴,郡太守具卮酒饮饯之外,舟车扉屦皆士自任。贫而远者难是行如登天，有不能行者。天台贾公为铸钱使者，斥羡币十万缗市田，为番贡士庄，余以赡番学。去而董饷鄂渚，时阃帅创南阳书院，公给以官田百三十亩，复斥币如番之数，以惠鄂士。士饮公德，以余与公有世旧，俾书其事于石。自吾有狄患，边不解甲且三十年，供亿繁，调度阔。牧民之官往往奉急符从事，失其常度。至于主计之臣，执牙筹，析秋毫，苟免乏兴，俛仰自叹曰："吾不得为盛德之事矣！"非特材臣能吏然也，雅士莫不然矣。故余于公之事有慨焉。昔汉人论酂侯馈饷乃万世功，意且有他谬巧，而其言不过曰养民以致贤而已，盖为汉植根本者。桑大夫则异是，以盐铁酒榷均输为国大利，而疾贤良文学之士如仇，汉之根本遂摇动而不复安。公于笏画鞭算之暇，师饱马腾之余，又时有所蠲弛以宽民，教养以收士，与酂侯之意合，彼桑大夫之流闻风盍少愧矣！夫江汉，楚之旧封，异时以辞令争衡中夏。登高能赋，而志节与日月争光者，皆楚产也。国家有事西北，必于上流，谓宜培植其人才，以待缓急之用。公所望于鄂之士者在此。其田之顷亩，与夫行者居者赒廪之式，则有司存。公名似道，字师宪，以儒术治赋。始至军，无见粮。未几，而有一岁之储。天子宰臣材公之为，由尚书郎九卿超拜地官小司徒云。(《后村先生大全集》卷八九)

方澄孙《发举谢颜教授》：乡邦校艺，屡先余子之鸣；胄监策勋，遂玷主司之选。众咸称于具眼，私倍切于铭心。窃以庠序科目之制，既殊教养选用之方。亦异家自为学，人无常师。季有考，月有书，殆匪进身之路；言以庸，艺以举，多非肄业之流。故豪杰俯视学校而不来，惟疏庸幸有场屋之可觊。若夫印可幸蒙于大匠，明扬不出于若人，真为乡曲之美谈，非讲师生之私谢。伏念某，全昧世事，粗有天姿。少也诵书，见称孺子之可教；长而能赋，深疑壮夫之不为。逮研穷理义之味深，觉驰骋科名之事浅。欲绝意于利乐，且用力乎圣贤。念大父以经学登考亭之堂，中岁已恬于进取；家君以词赋为莆中之望，衰年未免于奇穷。诗书之绪转寒，户门之担至重。勉追时好，终愧初心。兹逢宾诏之来，群集都城之下。以缊袍之极陋，与纨袴以争先。方怀鼓瑟之疑，忽有得卢之喜。齐飞并驾，人推两陆之弟兄；前引后从，世拟三苏之父子。为荣多矣，是孰使之！兹盖伏遇某官，太学名流，圣门嫡派。以负荷斯文为己任，以汲引后进为盛心。粤从贽见之初，即辱赏音之重。犹记告别，特屢赠言。谓作文不必求奇，莫先平易；谓得名最患太早，当自矜持。使非先生长者之曲成，安得门人小子之有造。某敢不少图寸进，仰答已知！得进士归，未足报相期之意；到圣人处，尽可为不朽之恩。（《翰苑新书》续集卷四一）

淳祐七年　丁未(1247)

正　月

(戊寅,二十四日)以兵部尚书兼侍读吴潜知贡举,权兵部侍郎兼直学士院应由、起居舍人兼国子司业黄自然同知,殿中侍御史周坦监试。(《宋史全文》卷三四)

《庄子》云:“游无眹。”眹,直忍反,兆也。朕字,直稔反。吾州解试,赋家以朕字作兆,眹押韵者皆见黜。又广夏考《仁圣之风赋》,“广”字少一画者皆不考。肵,浑字。浑,胡本反。漕试《存心养性以事天赋》,以“浑”字作平声者皆不取。近有《押韵大全》,辨之甚详。圣人久于道而化成,人多拟为省试赋题。淳祐七年,考官供此题,知举云:“恒字讳,如何写出处?”自是此题人不复拟。(《吹剑四录》)

二　月

乙酉朔(一日),御笔付吴潜以下:“崇雅黜浮,俾得士用。”(《宋史全文》卷三四)

省试赐知贡举御札:“朕惟祖宗盛时,名公卿相望,厥亦惟科目是进。肆朕临御,七选士于南宫矣,法壹是而得人歉焉。岂世果乏材?抑有司奉吾诏不勤也?矧今政瑟既更,贤路加辟。爰命尔公于文衡,其精鉴裁,示趋向。因文艺以观器识,崇雅正而黜浮诞。俾国家得士之用,必如谷粟之足以养人,则予一人汝嘉。”(《咸淳临安志》卷一二)

四　月

壬子(二十九日),广西漕臣劾贵州守臣陈鉴:“迫胁考试官,私取士人,

坏《科举法》。"诏:"再镌一秩,勒致仕。"(《宋史全文》卷三四)

五　月

戊辰(十六日),以遂宁府观察支使赵希湄监试鬻举,诏削一资。(《宋史全文》卷三四)

乙亥(二十三日),以权吏部侍郎兼中书舍人赵汝腾充殿试详定官,权工部侍郎兼直学士院尤焴、左司郎中尹焕同详定。(《宋史全文》卷三四)

丙子(二十四日),御集英殿,策进士。(《宋史全文》卷三四)

淳祐七年殿试,上讶士人入迟。左右言:"尚书郑起潜建议搜怀挟。"上曰:"非所以待士。"诏勿搜。后半入者幸而免。(《吹剑四录》)

六　月

癸巳(十二日),御集英殿,赐正奏名进士张渊微等及第、出身,凡五百二十七人。(《宋史全文》卷三四)

乙未(十四日),赐特奏名进士敕,凡七百五十人。(《宋史全文》卷三四)

进士名录:张渊微,黄蜕,雷宜中,丁抑,丁煠,于元通,上官天锡,王大猷,王元野,王公大,王心亭,王光亨,王呈,王序,王长孺,王若讷,王宗洙,王珪,王桂,王卿云,王烜,王焕,王景伯,王渊,王弼,王霆瑞,王璪,王应龙,王镠,毛洪,毛鼎新,方大任,方元善,方吉甫,方策,方蒙仲(误),水丘裒,艾勺,左云龙,史崇文,丘景明,丘富国,包秀实,包雷轨,吉万石,吕大圭,吕中,吕梦符,吕震卿,吕应梦,朱祐之,朱时中,朱焕,江奎,牟积中,杜幼丙,李仁叔,李公足,李文叔,李有传,李杞之,李伯辉,李武仲,李峻,李国梁,李清叔,李梦震,李雷奋,李蔡,李应酉,李应雄,李鸿翼,车东,贝良臣,吴文容,吴必大,吴光,吴全之,吴囦,吴尚深,吴易直,吴洸,吴珪,吴起沃,吴起涯,吴琪,吴炜,吴源,吴寿孙,吴龙朋,吴应之,吴应梦,吴骥伯,何子举，何中行，何垓，何攀，余有闻，余伯符，余季芳，汪立信，汪玠，汪衍，汪惟熙，汪澄之，汪应南，范宏忠，范处义，范严，林士恺，林子善，林介甫，林孔旸，林汝作，林希道，林孟焕，林祐仁，林祖恭，林桂发，林几，林梦畴，林应发，林绎，林鉴，卓梦吕，金之焱，金昌年，金亮，金炳，周文礼，周秉礼，周岳，周霆震，周应星，胡士行，胡用存，胡民望，胡伯虎，胡居仁，胡庭芝，胡时中，胡晞令，胡震，胡穗，胡铿，柯腾云，段仁叔，俞一旗，姜育，姜辉，洪天骥，洪元忠，姚元龙，姚垣，姚遂，马大原，马廷鸾，袁晃，袁采，袁符，莫梓，庄元龙，庄光华，庄弥明，连梦魁，夏之时，夏行可，夏闯午，倪梦龙，徐日宣，徐旦，徐成大，徐仲南，徐杞，徐庚金，徐孟馨，徐洪，徐彬，翁文龙，翁旗，翁归仁，高仝谊，高梦虪，郭公署，郭凤，唐文若，唐洪，陆宇，陆鹏升，陈一中，陈元龙，陈有宗，陈存，陈沂夫，陈坡，陈茂濂，陈昂，陈佺，陈南仲，陈昭锡，陈泰兴，陈晟，陈宩，陈梓，陈坚，陈尧举，陈栋孙，陈雅，陈景仁，陈梦龙，陈钚，陈福龙，陈德元，陈学心，陈应元，陈应角，陈燮，陈献，陈鉴之，陶桂一，孙若满，孙鼎来，孙梦霆，孙熙，孙懋，孙嵘叟，黄士隆，黄友龙，黄知崇，黄敏学，黄万石，黄顺卿，黄与仁，黄驷，麦进成，曹有开，曹良朋，常楙，国子才，许汝能，许桂年，许觥，康行之，康维新，章一贵，章用，章汝龙，章孝参，章炳，章梦旗，章泽祖，商梦鹤，张友文，张申甫，张自期，张伯酉，张晏然，张堂，张翔龙，张瑞秀，张楫，张汉杰，张櫄之，张瑃，张疆，彭仁师，彭拱辰，彭振采，彭梦登，彭炜，叶士驹，叶秀发，叶茂洪，叶隆礼，叶栋，叶维华，叶德俊，叶昙，叶应得，叶观光，葛炳午，葛铸，董榆，董朴，董鹏，闵圜，程森，程烨，程燧，傅正则，舒大成，舒斗祥，舒椅，舒济世，邬秀实，邹逢吉，邹得源，曾大发，曾万敌，冯元龙，冯文，冯主发，冯济国，宁鳞，杨光穴，杨更，杨炎午，杨思成，杨炳，杨硂，杨掞，裘概，赵子寅，赵必邡，赵必槐，赵必福，赵必请，赵必浡，赵汝岏，赵汝沓，赵汝柳，赵希墫，赵希听，赵良乾，赵若秀，赵若椪，赵若滖，赵若沪，赵若蕊，赵若释，赵沾夫，赵孟傣，赵孟墅，赵孟燧，赵彦瀊，赵时芹，赵时佼，赵时鹿，赵时煴，赵时橐，赵时皞，赵时櫄，赵时龄，赵时钒，赵师櫄，赵崇迢，赵崇秸，赵崇娊，赵崇珲，赵崇璃，赵崇锌，赵崇销，赵崇骕，赵崇炉，赵崇镊，赵与岑，赵与退，赵与琇，赵与钦，赵与椯，赵与霆，赵与赋，赵与谆，赵与熹，赵与寰，赵与樯，赵儆夫，赵阚夫，赵穮夫，赵继洋，赵霁夫，蒋用丁，蒋梦清，蒋晓，蒋觋，蔡志学，蔡益，蔡渤,蔡仪国,臧垕,郑士胄,郑子广,郑太初,郑珪,郑能定,郑能应,郑景仁,郑祺先,邓品,邓应金,楼枝,楼洌,楼楳,楼柿,楼滤,欧阳居义,鲁鼎卿,刘子升,刘国华,刘瑄,刘蕃卿,刘锡,刘镕,谈采,潘鼎新,潘应桂,薛元龙,薛廉生,萧元英,萧元龙,萧弁,萧倓,萧澥,卢士申,卢时中,鲍度,龙熹,戴登贾,戴汉宗,檀伸,檀契,钟季玉,钟積,钟钥,谢大发,谢垚,谢起南,谢章,谢载,谢翼孙,应逢子,应偶,缪应符,聂渊潜,苏天民,苏烈,苏应时,罗一鹗,罗应潮,窦全器,龚梦龙。

特奏名进士:彭彝甫,王域,王崇玉,王梦龙,方轸,丘应方,李子渊,李泰来,李真英,李梦庚,李谦之,李应明,林辰建,林明昺,林宗益,林桂生,林得龙,林暹,林澡,卓台辰,周士曾,胡有德,马护才,袁逢午,唐尧辅,陈之亮,陈立,陈洪进,陈应斗,陈应和,孙杓,黄梦鉴,黄概,黄裳荣,黄攀龙,曹孝则,曹焕雷,叶三益,叶谔,冯坦,冯钥,温得一,杨宗宇,杨惠仁,蒋日卿,蔡士端,郑天骥,郑汝嘉,郑伯东,郑刚中,郑应魏,刘掞,潘荣,潘怀甫,肖邦杰,魏清之,谢石孙,谢敬,苏茂深,罗荣孙,谭应子。

上舍释褐:方虎臣。(《宋登科记考》卷一三)

补进士名录:其一,陈宏甫。《宋登科记考》卷一〇据明清地方志将其系于淳熙八年进士名录,误。《全宋文》卷七九九五郭梦龙《雷州府学登科题名记》:"岁在丁未,州学正陈宏甫果以经学第进士。"

其二,阳炎卯。《宋登科记考》卷一三将其系于端平二年进士名录,误。详说见前。

其三,龚梦灵。《东南纪闻》卷二:"龚斗文梦灵,崇阳人,淳祐丁未登进士第。"

辨正:方澄孙,字蒙仲。(详见《后村先生大全集》卷一六二《方秘书蒙仲墓志铭》)

刘克庄《蒙仲唱第归约朝服相见》:向来襆被出关时,恩大身犹草芥微。仅有两生携酒送,不如二谏得诗归。负杨临贺滔滔是,客卫将军落落稀。老接亲朋惟野服,寄声夷甫莫朝衣。(《后村先生大全集》卷一八)

七　月

甲寅(三日),进士及第张渊微等言:“天久不雨,乞免琼林锡宴礼。”上从之。(《宋史全文》卷三四)

壬戌(十一日),御射殿,阅正奏名进士射。(《宋史全文》卷三四)

癸亥(十二日),阅特奏名进士射。(《宋史全文》卷三四)

宋理宗《闻喜宴赐进士诗》:我朝家法盛崇儒,长养搜扬礼特殊。匠圃栋梁收巨用,泾舟维楫赖烝徒。俊髦喜见盈庭集,忠鲠仍观极意敷。勉力各坚金石节,再令复俗致唐虞。(《咸淳临安志》卷一二)

八　月

蔡抗《登科续题名记》:淳祐甲辰之冬,皇上奋发英断,更新大化。又明年,以麟庠之胄,苦隳肝胆,力扶纲常。于是,赫奕奎文,诞扬黉宇,赐之束帛,试之春官,优之升擢。意气激昂,多士兴起,至临轩之日,擢第者凡三十三人。稽之壁记,未有盛于斯者。诸生以记石已溢,别斫而续之,请记焉。抗闻之:君臣上下之大伦,天之经,地之义,所谓民彝也。士君子当国家之急,陈义慷慨,词气激烈,如惊湍怒涛、万折而必东者,岂有所为而为之哉?亦出于秉彝好德之不可遏焉尔。虽然,此未仕时者也。今仕矣,如之何?呜呼!士生斯世,其未达也,孰不以直道自任?一旦儋人之爵,立人之朝,富贵饵于前,患难怵于后,志昏于气,义夺于利,鲜有不易正为邪而失其素履者。是则诸君今日既仕之后,益当自勉于学问,以培植气节之根本。且知夫士之所当为者,不止于是也。不然,壁记之续自我始,后之人历指其名而数之曰:“是人也,始于正,终于正;是人也,始于正,终于邪。”可不惧哉!淳祐丁未八月朔日。(《咸淳临安志》卷一一)

是 年

刘克庄《陪新进士公宴用太守韵》:去年黄敕许怀归,拭目乡邦一段奇。老马不堪空冀野,大鹏自合化天池。琼林花发浑如昨,玉塞锋销未有期。汲汲九重方旰食,吾侪何以补明时?(《后村先生大全集》卷一八)

淳祐八年　戊申(1248)

包恢《建昌登科录序》：皇帝淳祐之七年，亲策天下士，而我盱江张君渊征实为第一，皇帝亲擢也。邦人闻之，叹曰："魁有四星，若二曰璇，三曰玑，则固尝下照吾郡矣。独天枢第一星之流光，则前乎此者之所未见，而今始见之，岂非盛事乎！"且一时同年之士，又皆他日盱水之秀，璧水之英，炳相扶而蔚相辉，殆德星以类而聚欤？越明年，张君荣侍双亲归，邦人真若乍见景星而争先睹之为快者，荣之也，而张君不自以为荣，方自视焰然也。同年毕集，乃相与谋曰："以举旧制，以纪君赐，以诏乡里，今其时矣！不宜因就简陋。事固有当更新者，有当创始者。若题名旧虽有刻石，已失条叙，合在更新之科。题名外，宜有小录，尚为阙典，合在创始之科。"议既定，郡守石公、通守赵公皆助厥费，乃鼎建二碑于伟观，而题名一新矣。此则已有大监童公之记，以发挥其盛美，兹不复赘。若小录，则颇效期集所之例，而并总括前后久近并书之，辑为巨编，刊成大册。始自太平兴国八年以迄于今，凡二百二十六年、八十有六科，得三百八十七人。或以文章学术名，或以气节事业显，一郡之才，一录并见，非徒以备故事而已。使观者心开目明，闻其风而为之兴起，岂曰小补之哉！录既成，欲某与之叙其本末，愧不文而辞，弗获，然不敢一以颂而不以规。尝闻文定胡先生训其子和仲曰："有志于学者当以圣人为则，有志于天下者当以宰相自期。"是皆贵进于第一者。然则张君既以长策为第一人矣，可不志此第一义乎！元者，天之则而善之长，万善之所从出也，乃天所命我以为善性者。圣人不过尽善尽性耳，是之谓元圣。养而成之，广而充之，进而上之，则为宰相之调元，以佐王之体元，人皆可为，无他道也。张君果然不以今日状元自足，则必伟然以长善之元自励，是人善之元也。谦则益，吾莫量其所至矣。

诸君同年者同此善，则同出此元也，盍亦善与人同其□此志乎？回视前辈之在录中者，其文章学术，其气节事业，孰有一非自元善中出者？多识前往以畜其德善，进而以享以达，兼善天下，孰能御之？乡国善皆可友，论世友尤可尚，使后来之将继此录与凡愿登此录者，又皆能常体之善意，勿替引之，则积善成名，元元不已，生生不穷，□湖之泽将益深，其变化之状当益神，未知何时而已也。敢以是为诸君勉，且以告将来。然似有颓老生迂阔不切之谈者，尚其谨择之。(《全宋文》卷七三二九)

郭梦龙《雷州府学登科题名记》：国家三岁一举士，士挟所长战艺于京师者以万计，至上其第于太常则往往惟中州为盛，岭以南仅一二焉。岂地之生材尔殊哉？或者功名否泰之机，其消长有候耳。比年以来，雷之文士日益振，乡曲之英联镳西驰，殆风作而气使之。岁在丁未，州学正陈宏甫果以经学第进士，是正郡博叶梦材典教也。越明秋，叶郡博职满，梦龙以及瓜至，视篆甫一月，宏甫亦以衣锦归桑梓，与有荣焉。同志者谂余曰："是雷之盛事也，欲镂石以纪氏名，可乎？"余跃然曰："昔刘蜕首以荆州乡举取科，乡人称之为破天荒，既而举不乏人。今宏甫亦雷之破天荒者，继自今源源相续，其视丁未进士榜犹增光焉，合碑于学以待来者。"众曰诺，请为纪之，予不能逊其责，于是乎援笔以书云。(《全宋文》卷七九九五)

淳祐九年　己酉(1249)

闰二月

癸卯朔(一日)，诏：礼部贡举。(《宋史全文》卷三四)

三　月

己亥(二十七日)，诏：增通、泰、扬、真、和州、安庆府解额。(《宋史全文》卷三四)

以臣僚言："士子又有免解伪冒入试者，或父兄没而窃代其名，或同族物故而填其籍。"于是令自本贯保明给据，类其姓名先申礼部，各州揭以示众，犯者许告捉，依《鬻举法》治罪。(《宋史》卷一五六)

上舍释褐：陈仲琳，陈褒然，陈龙光。(《宋登科记考》卷一三)

是　秋

绍兴戊辰，王佐为状元；庆元丙辰谅阴榜，莫子纯以省魁为状元，皆越人。嘉定丁丑，状元吴履斋潜；淳祐辛丑，状元徐公望俨夫。至己酉年，履斋帅越，徐在别榻。会鹿鸣宴，僚属作乐语，皆不惬意。履斋乃自草之，末云："对丁丑辛丑之状元，座中盛事；继戊辰丙辰之举首，乡曲美谈。"(《吹剑四录》)

龚斗文梦灵，崇阳人。淳祐丁未登进士第后，校文醴阳。醴阳解额五人，赋二，《诗》、《书》、《记》檄一。偶得《周礼》一卷，极爱之，欲下《礼记》，而取《周礼》。已批点，置枕旁矣。中夕惊觉，若有鞭榻之声。未几，梦有神约以木横门，云："若取此，当以此木断汝前程。"次早，遂败兴。越一日，与他试官细味其文，定议取上。是夕，鞭榻之声愈急。次日，会诸公疑议不决，监试以为莫若申州取行，下云："年例取《礼记》，今《周礼》优长，未委如何？"而州报只照旧例，遂只以《礼记》充贡，其《周礼》置之乙魁。然龚心终怏怏也。既出院，乃知治《周礼》者昵妾而薄其妻，见有离婚之讼在江陵。功名信非偶然也。(《东南纪闻》卷二)

阳枋《策问淳祐己酉试宗室》：问：神明之胄，国家所恃以维藩维翰也。藩者国之屏，翰者国之干，以文治欤？以武功欤？其城郭封畿以为固，道德藩篱以为卫欤？无事则隐然敌国，有事则恢拓疆宇，始称其任欤？帝胄之教，曰温曰直，曰宽栗，曰刚简，其文武兼全之义欤？周家大封同姓，以藩屏王室。姬公内则制礼作乐，以底文明之治；外则三年东征，惩荆膺狄，驱廉践奄。遗大投艰之事，一切以身任之。大勋伟绩，藩欤？翰欤？召公膺维翰之寄，述公刘以戒民事，营洛邑以建王业，分陕治功，与周公并称。藩翰之责固如此欤？宣王中兴，平淮命召虎；平王复振，扞艰得文侯。其它城濮战楚，黄池霸吴，皆能敌王所忾。当时公行公族，莫不执干戈以卫社稷，似又专以武功为屏翰者，与周、召同乎否也？汉唐之际，更生以经著，元王以诗显，献王大雅，东平为善，殆类《关雎》、《麟趾》之应，于藩翰其有合乎？淮南小山入湘累之阃，刘向《大传》推天人之应。至若朱虚、刘贾之注措，仅寥寥之星辰，于藩翰亦有同乎？李贺腾声于高轩，李白驰誉于大鹏，鲠亮宏远，仅称勉石，藩王室者谁欤？《五色》一赋，词华彪蔚，日影八砖，誉闻萧爽。其功略著闻者，孝恭、道宗而已。彻疆土者谁欤？葛藟所以庇根本也，汉宗室类多增辉王度，岂诗书自有安强之势欤？藩屏所以护堂奥也，唐宗室工于黼黻河汉，岂词章中存翊卫之功欤？季世璇源，事不如古。或谓今昔异时，文武殊致，各有任其责者，诚然欤？岂无他人，不如我同姓社稷宗庙之寄？要当重在此而不在彼也。恭惟国朝教养宗英，注意属籍，所以为深根固本计者，至矣尽矣。秉钧之任，远媲宗周，而建大勋、辟国势者，犹仰周、召而慨慕焉。廷魁之彦，高掩汉唐，而为世豪英、为宗室标的者，每于景元子孙河间、江夏而遐想焉。岂削平戡定所以护根本，而宁静无为亦所以充实其气脉欤？夫文章当效《常武》之什，而勿徒光焰之万丈;功业当如《江汉》之咏,而勿但神游于八表。储情月露,属意蜂蝶,策勋于"春草萋萋"等句,所谓整簪裳而援溺,锵珩瑀而救斗,非今日国家所望于宗英也。今江汉之波未澄,则宗子维城,方宵旰于召虎之来铺;淮楚之氛尚恶,则大宗维翰,正侧席于晋文之夙驾。子玉请战,谁为横击之公族?东郊不开,谁为惟征之伯禽?河汉浏天一之清,必有滴大空而洗甲兵者。诸君考古验今,各言其志,以副有司之精择。(《全宋文》卷七四八五)

方岳《南康大比劝谕榜》:某惟庐山多士之邦,异材杰出,适兹大比,谬守得以劝驾,与寓目焉,岂非甚幸!辄不自揣度,敢以其身之所亲历者,为诸贤告。此虽龌龊者之事,然而一试至重,事体则同,诸贤其幸听之!某家本穷空,无力就学,父兄攻苦食淡,遣之从师。以故每至秋闱,所以自爱其身者无所不至,惟恐不得尽心于一试,以负父兄。率先众人入城数日,盖恐暑途之冲突,亦忧狭路之喧争。既至邸中,杜门跧伏,未尝追逐同队,一出城闉。深虑玉石不分,或遭殴击,精神散逸,何以为文!如此而见黜有司,不可一归之命也。每记辛卯浙漕试,林大卿介为临安尹,与陈司业埙为姻家,司业厅待试于江涨桥,临安供帐如达官居。一时朋友凡十七人,某实与焉。十四日,尹送酒肴甚设邸中,主人适又以桂花来,朋友之豪者作兴剧饮,某固不得辞也。薄暮乘醉,相携出遨,止之不可则逃之。幸邸中主人闭予于其他室,诸人者久而不返,势亦难寻。夜半,待试者四起矣,方见汹汹百十人拥入邸中,则朋友皆为群小所伤,流血被面,临安卒护之以来者也。向使非司业之客,是亦安保性命者耶?匆匆入场,气息不属。有永嘉方兄者,匍匐棘门外,曰:"吾不能试矣,欲归邸,如何?"某时怒之曰:"君但自去场中,断不到得寻老兄不见,将合干人杖一百也。"旁观者莫不大笑。是十七人者,亦有三四人笔端极高,尽在孙山之外,惟某侥幸耳。盖为人殴击如此,虽有百二十分文章,亦自一辞不措矣。诸贤固不至此,而区区爱助之意,不敢泯嘿。盖学者不可以一日之乐易终身之忧,而三年灯火之勤亦常败于顷刻间,血气之使,可不戒哉!夫公卿大夫由此其选,知读书之苦,识作文之难者,岂肯以其可以为公卿大夫之身,而轻儇以为闾阎市井之行!意者鼓噪场屋,喧哄街衢,必不知读书、不能作文、不望为公卿大夫者也。谬守虽不肖，不得不代其父兄教之。苟至于此，不惟非其父兄之所望，亦岂谬守之所欲哉！乡曲之英，相观而善，其胥教诲，胥保惠，以仰称国家选举之盛心。毋忽！（《全宋文》卷七八八三）

方岳《回南康军举人第一名熊东之启》：藉甚文名，老熊当道；褎然举首，凡马空群。得圣人笔削之心，重乡老宾兴之选。恭惟妙探绝学，独抱遗经。谁不黜伯而尊王，是陈言耳；或者褒子而贬父，如名义何？放出一头，了无众手。以此战何不克，得臣将寓目焉；惟不矜莫与争，晋霸在此行矣。

方岳《回第二名陈大猷启》：众人逐鹿，何有何亡；老手射雕，每发每中。虽曹参之第二，知李广之无双。恭惟熟讲《中庸》，卓为茂异。许孟容有礼学，典章多所裁之；公孙弘举贤良，郡国无以易也。迄援枹而再鼓，又拔帜以先登。鹿洞古而聘君来，莫如之子；鼍洲圆而状元出，其在此行。

方岳《回第三名刘震西启》：项羽敌万，不亦壮哉；荀伯在三，几少屈矣。叹伏老苍之笔，惊嗟英妙之年。恭惟赋声摩空，诗才论斗。文章有气，意其与庐山高；学问藏身，乃亦如椰子大。于此见士之秀，何必曰老而成！勉旃此行，逐鹿斫广寒之桂；毋曰得意，跃马看长安之花。

方岳《回第四名于震龙启》：经穷羲画，妙在函三；帝谓晋公，合居第四。真是射雕之手，又登荐鹗之书。恭惟风云轩轩，灯火兀兀。文章则有若司马，早负隽声；郡国无以易公孙，每先宾贡。在此行矣，其必勉之。声圆而神，已作连茹汇征之兆；气刚以直，无为看花得意之诗。

方岳《回第五名于方启》：失李方叔，五色已迷；得曾南丰，一言可决。亦喜穷波斯之识宝，要是古战场之惊人。恭惟能读三坟之书，自成一家之学。众人固不识也，几为爨下之弃遗；小子不知裁之，真似暗中之摸索。忽惊杰作，足张吾军。其必勉之，奋修鳞于春蛰；毋令或者，笑老眼之冬烘。

方岳《回第六名段梦贤启》:登楼王粲,赋自有声;入洛陆机,年不可及。遂占《易》爻之六,独当笔阵之千。恭惟谱传甲族于文昌,学富酉阳之杂俎。八叉手顷,已成掷地之奇;五色目中,顿有摩空之想。是收英妙,宾贡贤能。三荐一门,可想诗书之盛;重闱双庆,又观袍笏之归。

方岳《回第七名王桂启》:《诗》有六义,大肆厥辞;作者七人,适当其数。伟横秋之健翮,遄击水以雄飞。恭惟笔墨无尘,诗书有种。千人小异,尝识君宾退之交;三年不鸣,果惊人文战之捷。勉图远业,亟奋修程。今仲舒何如古仲舒,但喜姓名之似;杜子夏自为两子夏,不妨科目之同。

方岳《回第八名何德新启》:太冲妙思,赋必十年;荀鹤异才,名高第八。要是摩空之手,不孤掷地之声。恭惟修水之英,弘斋之学。垂髫颖异,孟母之贤可知;落笔老苍,何蕃之归复别。果锵文响,勇拔荐书。有客点头,不负平生之灯火;为君烧尾,顿惊一夕之风雷。

方岳《回第九名陈道可启》:周有六官,雅闻作者;阳为九数,屈使居之。聿登天府之贤书,知是年家之子姓。恭惟志在姬旦,学于河汾。我思伯兮,有一千佛名经之在;人言今者,当十九年继霸之时。名果不虚,书宁无种?荀明经取科第,岂惟家世之相仍;以是编致太平,罔俾古人之专美。

方岳《回第十名彭梦文启》:老彭世家,故多学者;伏生口授,类以《书》闻。是兴大比之贤,适在就盈之数。恭惟庐山之秀,弘斋之宗。怪怪奇奇,遂入不雷同之眼;浑浑噩噩,更须极潜圣之心。愿鼓行于南宫,必改图而东辙。文章官样,自是朱衣之点头;衣钵家传,岂但青衫之入手?

方岳《回第十一名李镳启》:庐山之阳,居多人杰;弘斋之后,今见闻孙。遂以伏羲之书,来群鸣鹿之彦。恭惟梦吞三画,辞辟九师。尔尚迪前人,探花开庚戌之榜;式克至今日,齐芳适甲子之周。若有数然,厥在此矣。山房九十卷,难藏文字之光;胪传第一人,当入衣冠之盛。

方岳《回第十二名刘梦六启》：精神之接，非想非因；文字之祥，不五不七。岂以音同于袍色，宜乎名在于荐书。恭惟早有赋声，信为人瑞。翁忍穷而教子，书岂穷人；文得助则通神，居吾助汝。蘧然有蝶，讯以化鹏。插翮九霄，以其数则然矣；连鳌一钓，将与子其成之。

方岳《回第十三名陈□启》：名登荐书，勋在翰府。十三卦之取象，正得异才；二千石之观光，亦惊老眼。恭惟秀出玉峡，锵为金声。泉石地灵，况是鹿鸣之诸子；文字天巧，难稽鹍化之修程。维其勉旃，在此行矣。文惠公之衣钵，毋曰遥遥；胪句传之姓名，自当表表。

方岳《回第十四名凌鼎龙启》：上林司马，气欲凌云；北溟有鲲，风斯运海。快矣天池之徙，飘其月府之登。恭惟掷地文声，补天赋手。雕虫篆刻，何恨中眉之三；荐鹗横飞，遂联科目之一。幸甚观驾，勉旃着鞭。亦步亦趋，我则惭为于鸡口；必胜必取，君当勇跨于鳌头。

方岳《回第十五名利卓启》：泮水采芹，雅知能赋；秋风撤棘，相贺得人。足为乡校之光，未觉庐山之老。恭惟人今而心古，齿宿而意新。白发无情，每叹中眉之屡；青衫有种，未嫌入手之迟。竟擅名场，观光上国。卫灵之第十五，牛后何居；庄冥之击三千，鹏飞讯矣。壮哉晚节，其在此行。（以上均见《全宋文》卷七八九〇）

方岳《南康燕考试官乐语》：思皇多士，伟制诏之宾贤；作者七人，实文章之司命。甫尔彻棘，幸哉识荆！敢敬奉于壶觞，窃愿闻其衡鉴。恭惟主文，胸罗斗宿，手抉天章。五经纷纶，取青紫而芥拾地；八韵晷刻，补造化而声摩空。乃持玉界尺以裁量，无复古战场之遗失。监试与闻选事，获并英游。烦弹压于秋风，谅属厌于春藻。而我知郡身尽之驾，言留尔驱。何幸斯文，日五色而不迷过眼；劝容此老，酒一樽而细与论心。尚有黄华，可无清句？庐山谁与主文盟，分得光芒北斗星。笔可补天亲奏赋，芥如拾地久明经。诸贤等是良眉白，五色难迷老眼青。来岁不妨连举送，编排详定又彤庭。

方岳《南康鹿鸣燕乐语》:庐山高哉几千仞,士学如林;礼部试者七十人,公堂劝驾。君子豹变,工歌《鹿鸣》。解元高词媲皇坟,劲气沮金石。自卧床上,使客卧床下,想一时挥翰之豪;仆战河北,将军战河南,极数路得人之盛。凯书飞驿,宾贡充庭。凡月府之曾来,并春闱而送上。莫不登高能赋,稽古明经。胸著千年,取青紫而芥拾地;笔裁五色,补造化而声摩空。不孤学海之鲸呿,快睹云津之龙跃。宗卿侍御,皆前进士,古卿大夫。亲策集英,自是文章宿老;宾兴通德,欲分姓字光芒。凡此坐中人,尽为天上客。知郡亲逢盛事,恍记旧游。笑老子到头,曾动摇于星斗;为诸公烧尾,催变化于风雷。何以鼓行,听予好语:庐山千仞倚天青,人杰如林挟地灵。一片宫商词客赋,百年礼乐圣人经。秋横鹏鹗登天府,玉作蟾蜍对帝庭。盛事公堂宾与主,琳琅满眼尽魁星。(以上均见《全宋文》卷七九一一)

南康建昌县有神童山,每大比,试童子至百人,七取其一。有邓文龙,年八岁,颖出诸童子右。方岳巨山守南康,欲祝为子,父谓之曰:"汝,予所钟爱。太守固欲祝汝,将若何?"文龙曰:"第许之。"巨山一日招诸名士,如冯紫山深居兄弟者,而邓父子与焉。席上太守及诸公衹服褙子,文龙以绿袍居座末。坐定,供茶,文龙故以托子堕地,诸公戏以失礼。文龙曰:"先生衩衣,学生落托。"众为一笑。酒酣,巨山戏曰:"口红衣绿如鹦鹉。"文龙应曰:"头白形乌似老鸦。"又令赋君子竹,即咏曰:"潇湘子猷宅,平将风月分。两轩浑似我,一日可无君。"众异之。后易名元观,年十五领乡荐,登上第。(《山房随笔》)

是　年

(王太冲)言:"臣顷考太学秋赋,参详省闱。论体贵精密,今粗疏如括策;策体贵明整,今繁冗如经义;词赋当字字精粹,今亦引语录,殆类方言。宜以有变之。"上欣纳。他日语大臣:"王某所论文体诚是。"(《后村先生大全集》卷一五五《王郎中墓志铭》)

李昴英《送三举人》:己酉乡贡,邻曲得三士,甚为之喜。玉帐鹿宴有诗,已即席和二首，归而别成一首，赠三杰之行。铜蟾滴砚不曾晴，命到通时文乃亨。善射定知杨破的，力耕必获稼如京。锦旗门巷夸联荐，椽笔春闱又中程。擢第三人如下问，定将四字语元城。(《全宋诗》卷三二五八)

淳祐十年　庚戌(1250)

正　月

辛卯(二十五日)，以朝议大夫、试给事中兼侍讲董槐知贡举，权礼部侍郎兼侍读张磻、殿中侍御史叶大有同知兼监试。(《宋史全文》卷三四)

淳祐庚戌春也，(丘迪嘉)为省试参详官。(《后村先生大全集》卷一五四《丘公墓志铭》)

庚戌，(李丑父)省试检点官。(《全宋文》卷七七四〇林希逸《李公行状》)

二　月

丁酉朔(一日)，御笔赐董槐以下曰："卿等老于文学，秉司衡鉴，以赋而得仲淹，以论而拔苏轼，顾不伟欤？贡举成法，最为严重，宜加申儆，以取实才。"(《宋史全文》卷三四)

省试赐知贡举御札："朕惟治，古敷纳以言，用熙庶绩。汉唐设科，取士类多得人，而本朝为盛。议论根乎六经，职业粹于群下。酞化懿纲，赖有与立。比年士习风靡，文气日醨，岂世道所趋而然？将选举有未至也。卿等老于文学，秉司衡鉴，以赋而得仲淹，以论而拔苏轼，顾不伟欤？贡举成法，最为严重，宜加申儆，以取实才。"(《咸淳临安志》卷一二)

六　月

邓益《韶州进士续题名记》：国家盛治，莫胜于庆历。韶之襄公，庆历四谏之臣也。公登天圣二年进士第。韶之同登者三人，公尤名位俱显。

以天圣进士为庆历名臣，孰谓科举不足以得人哉？嗣后二百余载间，第者或间见，郡之长老咸归咎于山川裂而风气分，如刘夔州大音不全之说。长沙杨大异持广东宪节，爰究爰度，乃垩断港，辟通阛，筑书堂于帽峰之址，钟接扶舆之气。祠周元公，与诸生讲其学，盖韶乃元公徐按洗冤旧治也。郡博士汤露生龟山槎溪之乡，得其的传，以淑艾多士。士知明理达义，以余力学文，而文日醇。庚戌春官，四士联升，遂复天圣之盛。气之复耶？数之复耶？抑讲学之力耶？然余窃观文公书白鹿之简，正以乡科举为近利，则学圣人之学者，岂专为采荣计？清淑之气，合则斯昌。进取之技，较之深精，汇征连茹，后进当几倍于昔。必也思平日所学何事，明正道，养直气，使进士皆襄公，则盛治皆庆历。山川又因人物而灵，义理不因利禄而轻矣。圣天子宾兴之诏，又曰师古之文，务内之学。致远之器识，视祖宗盛时歉焉。诸君懋哉！淳祐十年六月八日。(《全宋文》卷七九九九)

七　月

庚辰(十六日)，诏："殿试改用八月十五日。"(《宋史全文》卷三四)

八　月

(程元凤)差充殿试复考官，悉心选抡，方逢辰、黄大任皆出衡鉴下。(《全宋文》卷八二四八程述祖《程公家传》)

戊申(十五日)，御集英殿，策进士。(《宋史全文》卷三四)

己酉(十六日)，御射殿，阅武举进士射。(《宋史全文》卷三四)

九　月

己巳(六日)，御集英殿，赐正奏名进士方梦魁等及第、出身、同出身，凡五百一十三人。(《宋史全文》卷三四)

辛未(八日)，赐特奏名进士敕，凡六百一十五人。(《宋史全文》卷三四)

甲戌(十一日),诏:"进士第一名方梦魁,改赐名逢辰。"(《宋史全文》卷三四)

淳祐九年己酉乡举,以梦魁名预首选。明年,中省试第一等。理宗临轩策士,以公所答敷陈鲠亮,擢为进士第一。御笔改今名,昭异渥也。(《全宋文》卷八二〇七文及翁《方公墓志铭》)

进士名录:方逢辰,刁应南,王之渊,王元持,王以宁,王耒,王同叔,王自,王合,王祖直,王振,王惟明,王深,王达父,王景曾,王弼,王梦龙,王端,王应器,王应丰,王灿,毛登龙,勾龙杰,勾龙传,方吉,方季仁,方登,方梦玉,方梦开,方畿,方应发,尹天凤,甘润,史俊卿,丘闻之,丘应从,邢居仁,吕范,吕修,吕浩,吕焕,吕杰,吕传,吕源,朱金,朱宗强,朱桂,朱桂高,朱振,朱晰,朱景,朱端方,朱应龙,向公行,江一鹗,牟学先,杜篪,巫双端,李子芳,李元勇,李公孺,李本,李自明,李旬,李宏远,李周翰,李桂高,李时,李得,李寅杰,李补,李雷奋,李端,李震天,李震亨,李应午,李应材,李应星,李鏖,吴西,吴君闳,吴括,吴洪德,吴泰,吴珩,吴茝,吴逢龙,吴贲,吴梦得,吴梦节,吴愈,吴庆龙,吴应丑,何正已,何光觉,何起龙,何揆,余应中,余应雷,汪雷显,沈士龙,沈因夏,沈发,宋持正,范有功,范廷杰,林之泳,林公登,林公庆,林仲仔,林均,林亨甫,林昌实,林泳,林禹玉,林黄,林开先,林焆,林演,林潜,季庚,侍其师龙,金万里,周元成,周元焕,周伯嵩,周坦,周茂育,周明之,周景祖,周森,周福升,周荣相,周熹,周应合,周应鳌,胡士武,胡元,胡斗元,胡仲云,胡似翁,胡杲,胡垓,胡发,胡梦麟,胡德高,胡翼龙,胡驿,柳昱,俞能千,涂应元,洪心会,洪翌,洪翚,洪应辰,洪兰,姚坦,姚坦,姚鼎发,马季麟,袁垚,袁桂,袁应春,庄孟方,桂本,倪安国,倪普,徐宗仁,徐海,徐绳祖,高桂,高惟日,高复古,郭本忠,郭珏,郭晦,唐良遇,陆浚,陆梦正,陈士迈,陈子冲,陈子祥,陈天麟,陈无咎,陈元植,陈元德,陈西应,陈仲实,陈君宓,陈若水,陈杰,陈昌玄,陈和,陈南强,陈皆,陈炤,陈时,陈师吕,陈埜,陈绍求,陈鼎新,陈埙伯,陈垲,陈梦吉,陈与鳌,陈预,陈霆,陈宽中,陈宁祖,陈纬,陈锡,陈应弼,陈应雷,陈兰孙,陶传,孙希程,孙附凤,孙林,孙林,黄士虎,黄大任,黄文雷,黄秀实,黄宏子,黄时若，黄国用，黄遇龙，黄裕，黄梦炎，黄雷，黄恺伯，黄裳，黄维锐，黄潮东，曹茂冲，娄应元，许廷轰，许安国，许森，许梦炎，许诜，许该，许震，商又新，张元孙，张同老，张廷彦，张全，张枋，张尚德，张珦，张师望，张能，张清之，张梦高，张樵翁，彭文森，彭师锡，叶中正，叶文新，叶桂，叶符，万斗祥，万镇，董元发，董淡，董璜，景震午，单崔明，程洙，傅均礼，舒瑀，舒梦刀，曾士得，曾王臣，曾如骥，曾宏定，曾森，曾渊子，曾应龙，曾鸿子，冯廷发，冯腾茂，冯宝，游明复，富宗礼，杨少愚，杨仲立，杨垕，杨岘，杨朝南，杨鼎，杨景山，杨乔年，杨震西，杨潮，杨兴伯，虞逢午，雍溥，赵卯发，赵立，赵必官，赵必洱，赵必寋，赵必褙，赵必樘，赵必抚，赵必薪，赵汝与，赵汝催，赵希真，赵希喔，赵良份，赵良佑，赵良侍，赵良钰，赵良铢，赵若珥，赵若琺，赵若清，赵若愚，赵若铦，赵若壁，赵若瓘，赵孟侃，赵孟愈，赵孟燧，赵孟俨，赵孟钻，赵时仔，赵时镉，赵时钬，赵海烃，赵崇颁，赵崇滜，赵崇雕，赵崇禅，赵崇誊，赵崇筹，赵枨夫，赵顺孙，赵嗣壑，赵与珉，赵与涔，赵与埭，赵与塈，赵与臻，赵熄夫，赵观，蒋宗伟，蒋桂发，蒋梦炎，蒋梦符，蒋梦发，蔡太初，蔡义和，厉能，厉宁，管应炎，郑一鹗，郑子发，郑天骥，郑元芳，郑奎英，郑桂发，郑会龙，郑绵，郑震，郑应大，郑浚甫，漆大登，漆秀彦，邓艮，邓祐孙，邓益孙，邓得遇，邓梦荐，樊梦辰，欧阳一麟，刘元高，刘元常，刘有龙，刘拱济，刘洋，刘域，刘朝俊，刘应霆，潘同叟，潘泾，潘德远，潘镐，潘鹏，薛梦龙，萧斗元，萧立等，萧和，萧季定，萧汉杰，钱万选，戴杰，戴佥，戴庆炣，戴应星，韩楮彦，韩容，魏文俊，钟大鸣，谢梦叶，应节严，苏必贵，谭必子，谭炳发，谭癸原。

特奏名进士：上官彦华，王正，王炳，王震龙，方大钧，方叔元，任伟伯，阮士轸，阮康老，吴虎臣，吴华夫，余日严，余应龙，汪元龙，宋亨龙，林士元，林士元，林大成，林大举，林公颐，林宜之，林崇子，林开祖，林梦康，林霆，林藻，周似曾，夏梦龙，徐光大，徐硕，翁次益，郭士显，陆洽，陈士行，陈子信，陈子翀，陈子继，陈天应，陈东，陈迪，陈南叔，陈起渭，陈偕，孙方舆，黄有大，黄雷奋，黄应琯，黄应雷，黄龚甫，曹利用，许伯珍，张天应，叶春，叶熙孙，程燏孙，傅奕之，冯冶父，杨霆，詹烨，蔡德言，郑镕，邓尧焕，欧阳熹，欧阳焘，刘良贤，潘起，萧靖夫，戴尧龙，谢石孙，缪雷奋。

上舍释褐：方顾孙，伍功甫，缪幼节。(《宋登科记考》卷一三)

补进士名录：其一，冯去辨。《全宋文》卷七六九七孙德之《冯公墓志铭》："次去辨，庚戌进士，分司干官。"

其二，林栋。《宋登科记考》卷一三将其系于宝祐元年进士名录，误。《全宋文》卷七七四二林希逸《林国辅墓志铭》："君讳栋，字国辅，一字与守。……戊申升舍，己酉上舍，文声籍籍。既擢庚戌第。"

其三，李旬金。《全元文》卷四八五吴澄《存古正字序》："至元之季，于金陵识先达李君仲和父。……仲和，讳旬金，宋淳祐庚戌进士出身。"

累举殿试，以蜀士故，迟至五六月。淳祐十年，以盛暑非临轩之时，改用三月。初，省试中秋日，廷试九月六日。唱名状元严州方梦魁，赐名逢辰，右足跛，左目瞽。第四名川人杨潮，南省元泉州陈应雷，皆瞽一目。夫糊名考校，固以文取。然周进士必辨官材，汉弟子员必仪状端正，唐文武选必体貌丰伟。卢仝诗："孰谓人面上，一目偏可去。"方魁及同榜方登、方吉，皆唐诗人缺唇处士方干之后，与严子陵、范文正公为钓台三贤。

吾州赵和仲顺孙，童科免举。淳祐九年，再以《春秋》魁荐。考官罗教授垚用监试，韵批其卷云："汗牛试卷浩无涯，划尽雷同别一家。冰鉴不容心潦草，风檐宁复眼昏花。嘉文似织鲛人组，健笔如轮虎士挝。收拾真才报天子，此行端不负皇华。"次年，复以秋魁南省。然其经义承题云："善察天下之势者，不贵乎得定之似，而贵乎得定之真。"六经、《语》、《孟》无"真"字，凡经义皆不用"真"字。

婺州倪君泽普，淳祐十年廷对为第三名。其族弟伯骥之祖，素奉五圣，有林檎园二百亩，于内创书院。其师初授书，骥辄坐树下，及上口即背诵，由是日以为常。其师但自诵二十篇，不二年，骥尽通九经，以童科免解，而家遂陵替。今年二十七，貌寝材劣，竟未省试。然以童科显者百不二三，少聪慧长昏懵者十常八九。(以上均见《吹剑四录》)

宋理宗《闻喜宴诗赐状元方逢辰》：肆予临御九宾兴，蔼蔼盈庭俊乂升。喜赖谠言调八事，欲垂景运进三登。摅忠社稷惟名节，济用邦家必器

能。丰芑涵濡盛今日，勉思德意共钦承。（《全宋诗》卷三二九二）

方云峰《贺蛟峰先生及第书》：某揆时白苹风劲，黄菊露鲜。共惟某官，徜徉帝里，领袖神仙，穹厚协扶，台候动止万福。某粤自夏新，躬造屏庑，摅展贺忱。过廛尊府肃入，得以服膺老成之论，唤醒久矣君子之思。春风满面，秋水照人。黄钟律吕之韵入耳著心，尘埃为之退却三舍，铭镂肺肝，又在豆觞殷勤外也。临行而魁骑回辕，虽得略伸庆悰，第若来鸿去燕，适相遇于江湖之渚，踵复东西，有言莫罄，不满至今。自是判别，瑰仪伛植，瑞蓂五换，杓明岳峻，徒厉清梦。某久仰执事负湛卢之器，蕴相如之学，文光百丈，笔力千钧，摘髭一第，固其余事。然而，以壮怀而掇巍科，侪膴仕，荣双亲，耀一族，实所罕见。况执事进黄君之地位，破严濑之天荒，吾邦增重，士类生辉，虽牧圉刍养亦且踊跃不禁。则凡励志萤窗、攻心雪案者，当何如其鼓舞耶！若兹盛事，殆未可以寻常庆语形容也。继今以往，驽骀下质、朴樕小才，亦将淬锋厉刃，刮垢磨光，愿踵芳躅，又宁肯甘心暴弃耶？如某者，兰宫退鹢，今年未能窃魁宿之辉，以同姓作同年，良亦饮恨。然大事业固不敢起幸觊心，或者以华家喧轰在前，恐可叨光借润，追逐遐轨，高明谓何？载惟执事，虽今日名魁四海，恩宠九重，大可喜而可贺，而愚心所期，直欲为国家梁栋，作苍生霖雨，勋猷与伊傅齐驱，岂以一大状头便为兄足哉！敢冀酌乾之运，辅泰之主，式玉其躬，以需新渥之宠。拱俟锦衣荣还，敬敢趋走崇墉，尾贺宾后。先此擘笺寄鲤，以寓贺私之万一，伏丐台照。（《全宋文》卷八二一二）

十　月

癸巳（一日），御集英殿，阅进士射。（《宋史全文》卷三四）

（丙午，十四日）诏："国家以儒立国，士习微恶，世道所关。端平初，增诸郡解额，寝漕闱牒试，正欲四方之士安乡井、修孝悌，以厚风俗。比岁殊失初意。可令逐州，于每举待补人数内，分额之半，先就郡庠校以课试。取分数及格者，同待补生给据，赴上庠补试。其天府一体施行。"（《宋史全文》卷三四）

是　年

淳祐十年，江西运判尹焕按瑞州，解试官永兴簿周梦炎出策题云："男子以七尺躯，为天地最灵物，造化刮裂元气，取其精英以藏之。"怪诞可骇，乞褫一资。按：此数语，乃徐骧《北征记》入头全文。(《吹剑四录》)

刘克庄《方汝一下第饯诗盈轴余亦继作》：纷纷肉马上青天，骥耳双垂亦可怜。郊岂因穷吟遂辍，蕡虽不第策犹传。会须有集鸣当世，肯为无媒怨盛年。斗气烛君文卷里，更于何处觅龙泉？(《后村先生大全集》卷一八)

刘克庄《邵武军军学贡士庄》：闽无富士，樵士尤窭。旧有贡士庄，薄甚，士无以自资。而官之所以资之者又微，盖有不能行者。莆田方君来教樵学，节浮费，去冗食。岁余，会学廪之赢，益以所却茶汤钱，得旧楮三万二千，买田七百余秤。积三岁之入，可得万楮。君曰："旧庄待四邑之士常不足，吾庄姑为学设。由学而贡者，岁率十人。人获千楮，足矣！"自科举法行，续食礼废，道路扉屦皆士自赍。劝驾之吏不过草草宴设，卮酒篇诗之外，毫发不任也。是庄之有无，既非执事之责。故虽雄都巨镇，临之以达官显人，有可为之力而不暇议此甚迂之举。若夫文学掾号冷厅，一室之内，萤雪之几，苜蓿之盘，微矣薄矣！乃能以其不足之饭，与素所教育之英才剖而食之。使君稍进而受天子兵民之寄，必固结，必勤恤，必不肥于厩而殍于野也，必不富其家而饥其师也。又进而居庙堂之上，必不忍存我而不厚其苍生也。初，寓贵尚书杜公杲欲助田未果。至是，二子庶、庬以三千楮来助。君名澄孙，字蒙仲。(《后村先生大全集》卷九〇)

淳祐十一年　辛亥(1251)

七　月

癸未(二十四日),上谕辅臣曰:"去岁罢京学类申,欲令四方之士各归乡校,以课试理校定,稍复乡举里选之意。近览土著士人投匭之书,谓犹有未还乡井者。科举在近,可令临安守臣晓谕士子,早还本乡。所有土著人,自依此制,行岁校之法。其游士出学年久不能赴乡举者,与赴浙漕试。令行考校,仍取待补,以示优恤。"(《宋史全文》卷三四)

是　年

贡院,旧在延祥寺之西,中遭兵火,焚毁殆尽。绍兴以来,三岁科举试于僧舍,皆病其隘。绍兴元年四月,郡侯赵公伯津辍州家之羡余,舍郡士之助金,移教场于土门外,取其址为贡院。大门、中门各五间,封弥、誊录位夹两旁,正厅五间,两庑各一十三间,后堂五间,中扁曰"衡鉴堂"。气象雄壮,冠于岭表,赵侯书额,吏部尚书谢谔作记。端平甲午,岁当大比,郡侯张友以岁久屋宇损敝之甚,廊庑且皆坍倒,遂鼎行葺造,内外焕然一新,视昔尤伟。时委保昌赵令与泳、尉上官启宗监督营缮,计用钱四十万,米七十石,皆州郡那融以应之。所买木植,并照时直支钱,一毫无扰于民。嗣时厥后,美意不续。每遇诏岁,官吏并缘取之于民,不可胜计,民敢怨而不敢言。淳祐壬子,诸士友列词于郡,乞分团保出竹木备工役,仍愿委教授张晞颜、保昌主簿谭必子以董其成,于天井中新添两挟廊,东西各六间。是役也,官无所损,民以为便,咸愿以是科为准云。(《宋辽金元方志辑佚·南雄路志》第789页)

淳祐十二年　壬子(1252)

二　月

乙卯朔(一日),诏:礼部贡举。(《宋史全文》卷三四)

胡纯《进士题名碑记》:天下山最横绝处,其气必有所钟。故论潭湘之秀,不但曰山川云霓,杞梓楩楠,人得之有俊杰焉。矧衡之南,岭界南北,桂阳分郡,跨岭临武,水始驶南,气尤盘郁。三金久竭,万峰俱章,气果穷乎?昔贤求才德俊秀蔑闻,必汩于佛老。然地杂峒瑶,污染寨社刀剑。皇宋开基,文治四洽,父子世科者有矣。建淳以后,师牧之奏奖,师友兄弟之教督,世熏岁益,明经取第有佳士,弟兄叔侄且交辉荐,文墨之盛,岂专风土之产?其习然也。今建乡序,广教育,师友读书明善,尚志希贤,自异于流俗。岂特持文荐名,取第迈前而已?学宫旧缺题名,勒此以励人,间出骇四方,将继此有秉大椽之笔者。淳祐壬子二月吉旦记。(《全宋文》卷七九二八)

五　月

李峻《贡士规约记》:郡距京,航浮陆走,千七百里而远。三岁献书有司,续食亡具,使为士者退怵于啼饥号寒,进窘于爨桂炊玉,闻者病之。然是邦之士,濡染苏、黄余泽,颇知崇节行,尚气岸,故未至奔迸四出,失色失口于人。余尝以为是邦士习犹有古味,深惧始进之时,无以养其廉,或得为良心之累。自分教来廪士,葺废之外,圭黍无妄费。比满,吏持捧卷而进,积二十有七月,末帮悉命住给,爰会诸帑,共得羡钱一万五千。暨寓公孟帅璟捐助一万,始议置田。不就,则为之营公库,既杀其息以便民,更鸩其赢以惠士。合三岁所称,得子钱一万八千,益以贡庄粟。于是,续食之计始充充然。事成，条次规约，大书深刻，诏来者守之。峻惟命于两间谓之人，秀于凡人谓之士，士之名甚贵，责亦甚大也。国家宾兴，设科目以网罗之，为其人能讲明五帝三王之道，孔、孟、颜、曾之学，异时端弁搢笏，与天子论道经邦，必曰斯人而后可。然则平居之时，苟一毫取非其有，又安能植立于他日哉！道学不明，人心陷溺。每见近世之士，策一名，取一荐，轩然喜见眉色，藉是为理财之媒。奉父生师教之身，俛颜袖刺，不餍不止，其人卑之无远到明矣。间有一二，幸而成就，及夫位稍尊，名稍著，始追怍一时之所为，顿足浩叹，洗濯莫可。由此观之，义利界限，其可一日不严哉！此余爱是邦士习之古，甚欲扶持封殖之，毋俾一啖于味，复陷是焉。是举也，非殖尔之利，实完尔之气；非濡尔之竭，实磨尔之节。众曰："然。愿寿诸石。"于是乎书。淳祐十二年五月日，从事郎、佥书寿昌军判官厅公事兼军学教授李峻记。

规约如后：一，贡士库本钱十七界官会二万五千贯，月息二分，每年合解息钱六千贯。合三年所收，共一万八千贯。一，贡士庄田种五十一硕六斗，课谷三年总计可收三百六十六硕九斗。一，照得解库息钱，以岁月计之，虽有定额，然课谷则有旱涝不同，难以预定。众议将钱谷随三年所收见在数，总为十分，均送开具如右：乡举发解人三分，太学、国子漕试士人发解人一分，乡举免解人漕监免者并同一分，赴太学补试人乡漕、国子及旧举人赴补并同三分先以一分，就本军分送赴补人，为发路之费。冒请不去者，追索二分。就京于试前三日，会实到人于一所，均送。牒到身不到，不预，假名冒请，就索。本郡人在朝者或在学者主之，或从知佥贻书朝士主之，或会于本郡承受之家，均送，新请举人赴补不预，过省人新旧举同一分半，上舍赴殿者同，参学人半分，升补内舍、补上舍与解省补试三年一次者，先后不齐，难以预定分数。榜到日，升内舍人送十七界京交五百贯，升上舍人送京交一千贯。释褐同特恩。未出官人请举，照上舍人例，分送文学已上者非。一，已上分送，专为本贯人设，借贯、流寓人不预。若土著曾应本军举人、借他州贯者，亦在举送之数。一，寄居远省人，已经前举分送，更不再送。一，逐项分数人众则均送，独则全请，偶阙人，则椿管其前项升舍。及特科未出官人请举过省，合送钱数，于此项数内支拨。有余，则于次举仍作十分均送。如本科士人过省，两员以上，此项余钱并均送。一，贡上庄房屋园地钱，三年可收钱一百四十贯足。除减放及贡士庄支遣，三年只以八十贯为率。内除一十贯办乡漕新举人拜大成殿酒礼钱，七十贯并驰送鹿鸣宴人充费用旧举人不用不赴宴者不送。一，本学应干名色，并不于此项钱谷数内支破。一，州郡劝驾，自有常式，与军学规约并无干涉。(以上均见《寿昌乘·贡士规约记》)

六　月

戊辰(十六日)，上谕辅臣曰："迩年科举取士，鲜得实学。士风人才，关系气数，何策以救之？"潜奏："乞于省试额中，辍一二十名，令有司公举海内行义、文学之士，庶尚存乡举里选微意。"曩时，朱熹、真德秀亦有此请。(《宋史全文》卷三四)

八　月

乙未(是月癸丑朔，无乙未日，当为己未之误。《宋史》卷四三作"己未"。己未，七日)，诏："明年省试，仍用二月一日，以四月殿试。"先是，淳祐九年台臣陈垓奏："省试用三月，殿试八月。"远方之士，留滞逆旅。至是复旧。(《宋史全文》卷三四)

是　秋

姚勉《和郡侯劝驾韵》：圣朝珍重设儒科，总总英贤入礼罗。天下岂无偕计上，日边此独得人多。仙桥快应龙头谶，工席忻聆燕衎歌。雅志不为温饱计，尚期勋业等山河。

睎颜欲进圣门科，何意嫦娥剪绿罗。拾紫不知如芥易，一红也觉占春多。兴贤借此双旌重，得士欢于《五袴歌》。九万扶摇风力健，稳吹槎驭上天河。(《全宋诗》卷三四〇一)

姚勉《发解谢判府蔡寺丞启》：天爵自修，初不作场屋争名之想；荐书偶及，聊以娱老亲教子之心。方惭溢誉之过情，敢以浮荣而炫俗。辄裁尺楮，祇述寸心。自乡举里选之道乖，而德进言扬之实泯。糊名圜棘，上之待士者愈轻；负笈踏槐，下之失己者皆是。世俗如此，古风谓何？然不为应举觅官之谋，无以行致君泽民之志。故英人伟士，亦屑于科举之学；而名公巨卿，率由乎进士之途。伊川格言，亦曰修举业以及第；紫阳前辈，且尝自儒级以发身。虽进以文，无悖于道。况混成一赋，可以觇台辅之器；而削平等语，可以占将相之材。因言以观，其志斯见。有如某者，非曰能之。第思方驾于前修，何敢争衡于时辈！笔砚之生涯甚涸，箕裘之冷绪欲灰。念瀛洲学士疏国爵于丰城，书脉之传七百载；而江西夫子擢伦魁于京汴，文派至此百余年。继之八行之贤，首于三舍之选。赋廉颇之童子，幕府泛莲；志蜀江之先生，文闱擢桂。以至椿庭之老隐，亦尝槐市之先鸣。其业儒非崛起骤兴之家，而在今为任大责重之事。苏之一族，得坡老乃能兴味道之文声；韩之两世，惟退之若为扶安定之门地。故夙夜每痛心而疾首，虽梦寐亦刺股而垂头。此为家谋，犹有国虑。生斯民而觉其觉，敢忘伊尹之心；先天下之忧而忧，每诵希文之语。匪名扬而身立，奚幼学而壮行？遂奋身于词场，期获齿于仕版。抟鹏九万里，锐欲图南；梦翼八重天，每成战北。屡罢辟雍之群试，遂媒京泮之类申。论士秀升，渐已近长安之日；逐客令下，乃不遇洛阳之春。弹铗而归故山，带经而锄夜月。求之有道，得之有命，已悟孟轲无益之言；病乎在己，顺乎在天，是则陈生速化之术。仰父俯子，读书著文。衿佩来游，正其谊不谋其利；准绳自律，据于德亦依于仁。知古今之学，所为不同；求圣贤之心，所乐何事？虽亦随群而就举，未尝决意于求名。岂期豆爆于冷灰，遂作黍生于寒谷。走卒儿童之呼舞，见谓已迟；父兄师友之诲言，未尝自足。是盖功名之轫，于此乎发；岂如世俗之器，易至于盈。正学以言，尚欲陈敬王之仁义；救时以道，正思拯犹己之溺饥。宠辱不惊，温饱非志。一箪食一瓢饮，主有圣亦愿辅之；数仞堂数尺榱，我得志皆弗为也。方将以孔门事业自见于世，安肯效唐人浮薄取嫉于时。然而吹送之上天，必也作成之有地。判府寺丞，端明世德，御史家声。明道化以淑浇风，重学校而护善类。刻正心修身之语，用以训人；揭持志养气之言，见于劝驾。至于孱琐，尤辱眷知。青萍登薛氏之门，绿耳入王良之御。笺曹乏使，亦采其骈花俪叶之文；讲席说经，尤赏其划华归根之学。甚至主张于义事，到今铭刻于厚恩。既邦君得师帅之良，宜岁贡尽能贤之实。不弃非葑之下体，亦为桃李于公门。某敢不益厉践修，愈加爱重！奉天人三大对，愿摅董子之忠；作人物第一流，必遂勉斋之志。过此以往，未知所裁。

姚勉《发解谢赵府判启》:连锦水于市河,虽已启功名之会;烨文星于场屋,乃能罗俊异之真。权衡一定于手中,玉石自分于眼底。非有人而率属,畴为国以搜贤。别驾有展骥之才,一榜尽如龙之士。窃谓无崔鄘之司贡士,必无吴武陵之荐牧之;有永叔之知举闱,斯有梅圣俞之得坡老。盖取士贵能择士,而惟贤然后知贤。使贪根缪种不得乱其是非,必真见远识乃能权其可否。董试一逢于具眼,怀才多谢于知音。所欣士类之有遭,不为己私而独喜。如某者,厄杨最久,散栎无庸。砚席同盟,半是青云之士;弓箕冷绪,未收黄卷之功。固思击三千里水而九霄,每不进百尺竿头之一步。洴澼绕不手龟之药,人或以封;甓浮图病颡驹之流,时皆有遇。独成不武,颇类无文。辟雍五试之辛勤,京泮两年之苦淡。忽悟外求之无益,何如内乐之有余?事亲且适于家居,逐客幸逃于吏议。人不吾与,知我者其惟天乎;时自尔迍,有性焉不谓命也。志道据德,种学绩文。达则致吾君而泽吾民,穷则载之书而传之后。真已无心于得丧,未尝妄想于飞腾。岂其寒谷之黍生,遂作冷灰之豆爆。走卒儿童之呼舞,见谓已迟;父师朋友之诲言,未尝自足。是盖功名之轫,于此乎发;可如世俗之器,易至于盈。正学以言,尚欲陈敬王之仁义;救时以道,政思拯犹己之溺饥。宠辱不惊,温饱非志。所喜天府同登之士,率多月评共许之人。举首先鸣,自是平生之畏友;榜中最盛,半为同舍之俊游。使诸生不患有司不明,亦大夫曰贤国人曰可。精矣暗中之摸索,飘然送上之吹嘘。府判监试,天禄书胸,金銮诏手。赋鲲鹏水之句,公在杭州;得龙虎榜之英,人如陆相。眷惟孱琐,尤辱提撕。取数过多,感恩有二。司笺改命,故得安于乡里秋赋之常;典贡加严,故不厄于主司冬烘之缪。持文衡者且服两眸之月皎,说战场者岂忧五色之目迷。荐才虽自于吴公,举士实由于赵孟。某敢不操修愈力,远大自期!冠圣门之科而首朝廷之科,愿应北斗魁四星之象;不众人之报而为国士之报,誓坚南丰香一瓣之心。过此以还,未知所措。

姚勉《发解谢新昌赵判县启》:芝亭布政,文星依临照之光;桂籍浮香,化雨沐沾濡之赐。倘匪作成之有地,谁其吹送之上天?认叶寻根,饮泉知脉。窃以宜丰之邑,实为多士之林。锦水发源,春动墨池之浪;桂峰拔秀,霄峥文笔之尖。英气攸钟,异人间出。至近时之西府,尝首选于南宫。有若寒宗，尤为著姓。粤自瀛州之学士，肇开剑水之国封。由子而孙，遂家是邑。南唐仓监当五代之乱世，首避地于灵源；江西夫子以七举而伦魁，益有声于乡郡。为弟子以千数计，至今日仅百余年。试询竹楼书院之基，犹在梓里故山之侧。继以八行状元之名子，尝都三舍释褐之上游。高传而曾，儒益以世。如王大父生三期而失怙，以奇童子十四岁而荐名。官虽粗至于泛莲，文则愈昌而未艾。在我书厨之祖，方徒附庸；然而天府之名，尚仍故邑。惜以世传之再，各地安著之拘。两岐之派既分，一线之脉几断。北宗禅析二兄，犹继捧于乡书；南阮家贫诸父，乃不收于文效。虽以椿庭之老隐，仅于槐市以先鸣。某也小生，念此重事。上欲继六百年之书种，下欲为千万人之儒英。力加黄卷之功，冀大青箱之学。苏之一派，得坡老乃能兴味道之家声；韩之两世，惟退之若为扶安定之门地。每痛心而疾首，至尝胆而卧薪。作赋拟黄门郎，抱经如玉川子。抟鹏九万里，锐欲图南；梦翼八重天，每成战北。方当丁岁踏槐之始，几成甲戈鏖敌之功。偶因新昌壮邑之无人，竟以高安小子而败绩。使早仍于本籍，当已策于隽功。人事偶缪于差毫，天意殆嫌其背本。况松楸之皆在，而葛藟之尚蕃。苟不溯源，岂其徼福？噬脐虽悔，强项不回。逮两科之在乡邦，如前之失；先二年之居京泮，方旧之思。久塞复通，随试辄效。虽报罢公闱之旅进，亦尝魁天邑之类申，仍旧贯则如之何，人有言而必中；操土风不忘其旧，事虽大以可成。然与其左亲戚、去坟墓而远游，又不若安乡井、崇孝悌之计得。自念充宾之未晚，乃先逐客以来归。读书著文，仰父俯子。求之有道，得之有命，奚烦无益之谋；病乎在己，顺乎在天，是为速化之术。达则用伊洛诸公之学而及于物，穷则以河汾六世之书而淑诸人。均为无忝于尔生，但欲勿忘其所始。首随群而应举，初无意于求名。偶然寒谷之黍生，遂作冷灰之豆爆。或者先祖矜孙枝念旧之意，抑亦造物慰老亲教子之心。岂伊鲰生，能取鹗表？人以为快，我则未然。正学以言，尚欲陈敬王之仁义；救时以道，方将拯犹己之溺饥。此但功名之路，于是乎开；可如世俗之器，易至于满。独惟在邑，多号通经。令二士皆以赋而登，此一榜盛得人之兆。先达尊吁俊之举，将复见之；贤令尹作人之功，有自来矣。兹盖恭遇判县，公族麟角，帝家龙驹。笔粲五花，烨长庚之绚采；眼空万卷，凛太乙之垂光。香名曾满于杏园，政最今腾于花邑。圭璋儒宝，砥砺文锋。是虽侨寓于邻邦，亦若亲聆于道韵。爱日容光之必照，景星快睹之莫先。鲁有澹台，虽不至武城之室；秦用士会，实旧为晋国之人。终借吹嘘，用神变化。某敢不操修愈力，远大自期！继乡枢兰省之先登，更高一步；进先祖枫宸之独对，移在正科。不辱大夫之知，是为国士之报。心声欲写，手迹奚殚。(以上均见《全宋文》卷八一三〇)

十一月

乙酉(五日)，上谕辅臣："年来文体稍浮，科举在近，宜少革之。"方叔奏："欲变文体，当自奏议始。"上曰："《经济录》奏义可为法。"(《宋史全文》卷三四)

是　年

广南西路言："所部二十五郡，科选于春官者仅一二。盖山林质朴，不能与中土士子同工。请援两淮、荆襄例别考。"朝廷从其请。自是，广南分东、西两路。(《宋史》卷一五六)

姚勉《词赋义约序壬子代刘簿作》：国初殿廷惟用赋取状元，有至宰相者，赋功用如此也。吾瑞先达竹溪雷公，亦以赋魁南宫，位枢府。由是以声律鸣者愈众，摇锋词场，赋为盛，贡于乡、第于太常相继也。预计偕者须续食，己酉辄倡义为约以奉之。是年赋四人，皆在约。明年，予侥幸偕约中人擢第，掌籍而试别头者亦第，赋四而第者三焉，亦可为盛矣。旧约曰："得隽者陆续之。"兹弗敢渝，谨捐金佐约，相与充此义而大之。石桥横波，谶合连河，抡魁之应，必在是科。当有以赋取状元、至宰相者，岂止魁南宫、位枢府哉！榜中得人，一时最盛。敢以嘱之同志，愿皆曰如约。(《全宋文》卷八一三五)

刘克庄《送丁南一》：畴昔奇君志不凡，天风万里送云帆。只须读赋惊崔郾，何待移书祝陆傪。墨点不施红勒帛批卷：知举墨笔，参详以下朱笔，锦衣与换白襕衫。定知慷慨丹墀对，千载平津尚有惭。

刘克庄《送方楷》:才子囊书入帝京,鹗飞安敢料鹏程。赴南宫缓功夫久,携北碑多嗜好清。玉镜台边无别泪,金花笺上有芳名。可怜病叟如蜗缩,呵冻题诗当饯行。

刘克庄《送方实孙》:丹诏求贤切,西行不可徐。便乘天厩马,莫跨霸桥驴。太白《清平调》,相如《谏猎书》。定将新述作,一一寄田庐。

刘克庄《送方至》:老去怜才癖转深,爱君笔力擅词林。抟扶摇上二虫笑,从渥洼来万马瘖。舒号醇儒渐者远,弘称曲学到于今。汉家旃厦崇经术,莫事推敲枉费心。

刘克庄《送林与桂》:曾与元方友,因知季子贤。乌衣况推笏,黄甲必还毡。华发询安问,重瞳览奏篇。此行宜努力,忠孝几人全。(以上均见《后村先生大全集》卷一八)

方逢辰《题家状籍》:举人书铺翁生持一籍来,曰:"我将以此访丑科之省元、状元。"且谒予序。余戏之曰:"昔陈抟有《双元集》,尝持以语人曰:'天下省元、状元尽在予集中。'今子亦抟之术乎?"虽然,抟之术数也,天地之通塞、人才之隐见有理焉,君子不谓数也。方今天下林泽空缺钺钝,赤子如沟中瘠,明诏搜材,正将以得经纶天下之大器,岂徒询词艺云乎哉!严之山峭水秀,代不乏人。子试以此求之,虽未学陈抟之数,而来科之省元、状元当在子籍中矣。(《全宋文》卷八一七三)

宝祐元年　癸丑(1253)

正　月

甲辰(二十五日),诏:"以权礼部尚书兼直学士院陆得舆知贡举,中书舍人兼侍讲郑发、秘书少监兼侍立修注官崇正殿说书牟子才同知,侍御史程元凤监试。"(《宋史全文》卷三四)

二　月

己酉(一日),诏知贡举陆得舆等:"崇雅黜浮,丕变士习。"(《宋史全文》卷三四)

省试赐知贡举御札:"朕临御以来,十诏宾兴,公卿大夫,由此途出。比年,经术不穷指趣,而惟牵合对偶;词章不本渊源,而务雕琢刻削;论策则非出胸臆,而多用帖括。斯文关世道消长,顾念未有以作新之者。卿等方提文衡,各宜以对越为心,以选择真才为务,去取之际,崇雅黜浮,使士习由此丕变焉。昔仁宗嘉祐初,命欧阳修知贡举,时进士文体大坏,修乃悉取词义近古者,而险怪相高者尽黜之,文章自是变而复古。卿等其勉之!"(《咸淳临安志》卷一二)

四　月

甲寅(七日),申严廷试挟书之禁。(《宋史全文》卷三四)

是　月

士人太学补试。士人入试,蹂践而死者众。(《宋季三朝政要》卷二)

五　月

甲申（七日），以工部尚书兼直学士院兼侍读尤焴、工部侍郎兼侍讲林彬之、国子司业兼崇正殿说书叶梦鼎，为御试详定官。（《宋史全文》卷三四）

乙酉（八日），御集英殿，策进士。（《宋史全文》卷三四）

姚勉《廷对策宝祐癸丑科》：臣对：臣恭惟皇帝陛下，十诏宾兴，九临轩御，求贤靡倦，博采刍荛。兹者进臣等于廷，策之以选举之八事，而欲得夫学术、才智之二者以扶世道，真尧舜之用心也。臣来自远方，怀忠欲吐，意陛下必策之以当世之务，理乱安危之机。而圣问所及，乃止于此。其虑臣等触时讳而不使之言乎？抑亦虑臣等有待对之帖括而问其所不备乎？甚非策士之本意也。虽然，人才亦国家之重事。陛下求学术者，则欲其达性命而学圣贤，挺气节而发言议；求才智者，则欲其理国家而究民事，裕邦计而捍边陲，亦皆时政之大者。臣敢因陛下之问而条其所以对，然后以臣所欲言者为陛下言之，惟陛下试垂听焉。

臣闻求天下之士以文，不若淑天下之士以道。以道而淑天下之士，正其心也；以文而求天下之士，蛊其心也。上帝降衷，蒸民有则，孰非良心善性之赋？惟民生厚，因物有迁，则教之者非其道耳。《中庸》曰："天命之谓性，率性之谓道，修道之谓教。"言古先圣王所以教天下者，惟修其性中之道也。《大学》曰："大学之道，在明明德，在新民，在止于至善。"言古先圣王明其心之明德，以新天下之民，而皆止于义理之极也。古之所以淑天下者如此。自乡举里选首废于周，而策士有科始见于汉，既非古意矣，犹未至以词章也。隋唐以来，始有进士。科目之诱既设，利禄之习益牢，然后天下之士愈不知所谓道。心术日坏，以至于今，士习之趋，犹唐旧也。虽然，变今之士习，臣犹以为易致力焉。何也？自孔孟绝响以来，士不知道，隋之世惟一王通，唐之世惟一韩愈。然皆得圣门之仿佛，莫造斯道之精微。如通以圣人之心迹有殊，愈以人之性有三品，其于圣道，皆昧指归。学道之士且然，而况科目之士？故士习难骤变焉。天开我朝，道统复续。艺祖皇帝问赵普曰："天下何物最大？"普对曰："道理最大。"此言一立，气感类从，五星聚奎，异人间出。有濂溪周惇颐倡其始，有河南程颢、程颐衍其流，有关西张载翼其派。南渡以来，有朱熹以推广之，有张栻以讲明之。于是，天下之士亦略闻古圣人之所谓道矣。虽为科目之学蛊其心术，而道学之功每从而救之，识之明者亦多觉焉。臣故曰：变今之士习为易。使上之人不专以文求天下之士，而专以道淑天下之士，则学术才智之士，宜出而为国家用矣。陛下聪明天锡，问学日新，接尧舜精一执中之传，得孔孟《中庸》、《大学》之旨，陛下可谓知道之君矣。抑臣犹愿陛下推是道以淑天下之士也。而陛下之所以策臣者，则未免于以文耳，是非所以淑天下之士也。教之无素，求而得之者，亦陋矣。间有能为天下用者，亦天资暗合耳，岂以道用天下者哉！古之盛时，自八岁入于小学，其所学则洒扫应对进退之节也，礼乐射御书数之艺也。十有五而入大学，其所学则格物、致知、诚意、正心、修身、齐家、治国、平天下之序也。此古之士所以多全才也。后世以来，所习者词章，所志者利禄。进士可以求仕，则挟书、假手者有之矣；学校可以求进，则诡名、冒贯者有之矣。世禄之家，能学有几？里社之人，可试尚多。贤良惟僻书奥传之观，而道则不知；词科惟奇文丽藻之习，而道则愈暗。武科则岂真有山西将帅之学？遗逸则不过惟终南捷径之求。道之不闻，弊乃至此！无他，上之人求之者以文，则下之士应之者亦惟以文也。陛下而欲一新乎士习，盍亦先正乎人心？人心正则士习新，虽以科目求士，亦皆得人矣。尚何学术才智之乏哉！臣请为陛下疏言之，谨昧死上愚对。

臣伏读《圣策》曰：“朕临政愿治，夙夜不遑康宁。每惟自昔帝王莫不急亲贤之为务，今选举之法未背于古，而得人之效有不如人意，所以每当馈而叹。子大夫咸造在庭，其相与茂明之。”臣有以见陛下求治之切，欲得人以为用，而叹选举之难得士也。臣闻求于末者，不若求于本。心术者本也，选举者末也。本之正，则选焉而得，举焉而获。本之不正，惟欲于末以求之，虽日变其法而使详，日讲其术而使精，天下之所以应之者亦止于如是之人耳。何则？本之不求而求之末，固如是也。求之本则道矣，求之末则文矣，文岂足以观人才乎！故成周之时，以德行道艺兴天下之贤能。德则六德，知、仁、圣、义、忠、和也；行则六行，孝、友、睦、姻、任、恤也；艺则六艺，礼、乐、射、御、书、数也。而独不言所谓道，岂非道贯乎三者之中？而有德、行、艺者，皆不可以不知道乎！是以文武不殊科，有武者亦皆有文；将相不殊途，可相者亦皆可将。古之人何以能如是也？无所不通之谓道，知道则无所不能也。成周曷尝求之选举之末哉？乡以三物教万民而宾兴之，先教后兴，盖有素矣。兴而曰宾，盖有礼矣。岂若后世圜棘以试之，糊名以考之，待之者亦甚贱乎！况乎古之所以用乎士者，所献之书虽登于天府，所仕之地则不出其乡闾，故天下之士皆知所以自重，而无所谓奔竞之习。今之所以教天下，则异是矣。六艺云者，古人之所谓末节也，今之士亦皆不复知矣。而况所谓六德、六行哉！未仕者志高科，已仕者志高位，不得不止，愈进愈贪。弃父母，左亲戚，背坟墓，远乡邦，逐逐然惟利禄之计，则科举之法有以坏之也。科举已久其行，何敢轻议变革？臣但愿陛下以道而淑天下，使天下之士知天爵之可贵，而人爵之不足贵；知义荣之可尊，而势荣之不足尊。利禄之心轻，则科举之念轻。不得已而后应科举，则恬退静重之士出，而顽钝无耻之风亦可以少息矣。安有得人之效不如人意者哉！

臣伏读《圣策》曰："夫学术者，君子所以维持斯道者也。达于性命之原，穷乎圣贤之指，形于气节，见于言议，平昔之所讲贯，其要可得闻欤？才智者，则所以经纶斯世者也。或识国家之大体，或知民事之本末，材术足以裕邦计，谋略足以扞边陲。平昔之所蕴蓄，其亦有所本否欤？今朕所以搜罗天下士者，无所不用其至，而膺斯选者，卒无其人。何欤？"臣有以见陛下思得夫学术才智之士以为天下用，而慨今世未有其人也。臣闻学术、才智一事也，学术其体，而才智其用也。有学术而有才智，其人则君子；有才智而无学术，其人则小人。陛下之求人才，必皆求其两全之人，最不可各求其一也。至圣问所及学术之四事、才智之四事，则脉络相贯，事理相关，亦不可以异观者。是故达性命之原，则能穷圣贤之旨矣；秉正直之气节，则能发忠鲠之言议矣；识国家之大体，则知民事之本末矣；有裕邦计之材术，则全捍边陲之谋略矣。臣请为陛下条陈之。夫圣贤教人，惟性命之学而已。在天为命，在人为性。命则天命之自然，性则仁义礼智四端之固有也。是故为士者，当全天所畀付之命，而尽人所固有之性。天命之性，则有善而无恶，不可执气质之性以为性也；四端之性，则一真而非伪，不可泥释老之所谓性以为性也。圣贤教人，不过如此。今之学者，则异是焉。资禀之下者，局于功利之申韩；资禀之高者，溺于虚寂之释老。高谈性命，藐视辈流。好虚议论者，无实事功；尚虚声名者，无实践履。为程颢之体认"天理"二字者谁欤？为程颐之求孔孟所乐何事者谁欤？为朱熹之欲为朝廷措置大事者谁欤？明善忧身之言，资士大夫谈柄而已，固不知善若何而明，身若何而忧也；格物致知之说，窃先儒绪论而已，固不知物若何而格，知若何而致也。道之在天下，体可以达用，精可以贯粗。而今之言道者，则以为无用之空谈，不能见于有用之实学，圣贤岂如是乎！臣故曰：达性命之原，则穷贤圣之指者，此也。夫议论者，自气节而发也。天下安有无气节而有议论者哉！王素为谏官，以独击鹘见称，则王素之气节为之也；刘安世在言路，以殿上虎见惮，则安世之气节为之也。有欧阳修之气节，则能排夏竦之奸邪。如王拱辰，则初虽弹竦，而终则攻杜衍矣。有吕诲之气节，则能劾王安石之巧诈。如常秩，则始虽立节，终则附安石矣。无气节而有议论，天下有是理哉！今之士大夫，气节言议，视先正似若少逊矣。以讦直为矫亢，以缄默为安静，以随声附和为不立异，以无所指斥为不近名。陛下非不容受直言也，又非不舍己从人也，而曾未有言焉者。今天下之窃议时政，惟曰：内批也，营缮也，近习之弄权而外戚之除授也。然而缴还内降如杜衍者谁欤？论张尧佐四使如唐介者谁欤？请不再建玉清昭应宫者谁欤？夺任守忠节度，指曾觌、龙大渊奸利者又谁欤？苟有一言，臣知陛下必从之也。无一人为陛下言者，而徒诿曰恐陛下之不受，得毋类于欺君乎！是皆气节不立之过也，而何言议之有？臣故曰：秉正直之气节，则必发忠鲠之言议者，此也。国家大体，其本在仁。艺祖皇帝陈桥驿之言，紫云楼之誓，子孙万世，根本在斯。爱养元元，是为大务。胡今膏泽不下于民，陛下《仁厚论》中所谓以术辅贪、以材济虐者，往往皆是。有如去岁，迭见重灾。九郡生灵，为鱼鳖之墟；众大民居，为灰烬之地。不加赈恤，民命谓何？撤阛阓而广通衢，略无救正之谏；侈土木而穷事力，第先应办之谋。以至监司、守令之官，罔知承流宣化之任，而诸路台节旷职甚多。弄印不除，褰帷何有？贪吏朘民之脂髓，虐吏戕民之肌肤。陛下深拱九重，亦安知此？是盖不知有国，故不知有民也。臣故曰：识国家之大体，则知民事之本末者，此也。今之备边，重在兵食。食苟不足，兵何由强？而今之兵财，体统乖异。制阃则曰食少，总饷则曰兵多；制阃则曰乏粮，总饷则曰虚籍。岁行和籴，内斫本根；边有屯田，竟无效验。徒耗物力，不立规模。寇至则逃，敌去则舞；乘虏之退，则以为功。愚弄朝廷，希觊酬赏。侧闻壬子之蜀祸，甚于丁酉之虏兵，而掩败不言，惟以捷告。观其夺回虏掠三十万计，则知残害鱼肉凡几何人。生聚良难，岂堪频蹂？边之不能御，政坐不能练兵足食以为备，而徒以欺朝廷为心也。臣故曰：有裕邦计之材术，则全扞边陲之谋略者，此也。是皆不知道而然也。无道中之实用，而尚虚文以欺世，其失固宜矣。故臣愿陛下求才智于学术之中，而无求才智于学术之外。苟不求其学术，而第求其才智，虽求士无所不用其至，非所谓至矣。陛下而先审乎此，则选举八事，臣得以次第而熟数于前。

臣伏读《圣策》曰："进士一科，自唐而重。祖宗盛时，或一榜才百二十人，而得四贤相。或胪传之际，日有五色，而多得名臣。果何道而臻此欤？近岁州乡贡举，率多混淆。考核之法，有不容略。故既选于礼部，又复试于中书，朕拳拳于作新者至矣。棫朴之茂，丰芑之仁，子大夫其亦有以称朕意者欤？"臣有以见陛下加意于进士之科，而欲如祖宗得人之盛也。臣闻求天下之士者，科目也；坏天下之士者，亦科目也。士不务道，惟知工于声病之文；用不适时，惟知习于套括之学。其未仕也，用力惟在于此；其既仕也，从政曷知其方？失在于所学非所用，所用非所学也，非科目坏之乎？大抵科举之取士，惟在于文，不在于道。故天下之士，不习乎道，惟习乎文。每至三年，谓之大比，群聚以考其艺，誊录以观其文。不求之乡评，不本之宿望，惟其文足以惑有司足矣，初不必素行之可以服乎乡里也；惟能窃用先儒之言，而谓之明理学足矣，初不必用力真在乎义理也。词赋不本乎理致，日以雕镌；经义不求其指归，日以穿凿。至于论策之作，欲观其通达之才，而乃俪叶骈华，抽黄对白，竞为纤巧之制，无复浑厚之文。世变如斯，可为太息！然此犹自能之者也。固有平时不稔于文声，一旦忽腾于榜帖，由私径以鬻举，挟厚赀以倩人。公道益亡，科举遂陋。臣观有唐取士，乡贡以荐而充，虽或间有私情，不敢大废公论。有如武陵之托杜牧一赋，韩愈之荐侯喜数人，允为得才。今岂能及？故唐之世，虽曰私而犹有公议；今之世，虽曰公而实用私情。臣为科举之谋，其说有二：一曰严考校于其始，一曰公复试于其终。科举所选考官，必由出身科第之人，然后可在考校之列。不知出身之士，半是假手之人，以若持衡，安能得士？臣愚以为方今诸州贡士之际，以至省闱廷对之时，精选考官，以惠多士。其或谬得科第，决不使与校文，则不至于滋缪种矣。昔仁祖朝用欧阳修典贡举事，一脱西昆之体，丕变嘉祐之文，用能革险怪之刘几，得名世之苏轼，皆考官得人之验也。臣故曰：严考校于其始。今日省闱取士之后，必行复试，可谓良规。独于州县取解之时，虽有帘引，未免文具。使乡举果皆得实，则省闱安有不通？而州郡之间，奉行不恪，以覆护为长厚，以驳放为过苛。不知取此庸流，他日又将安用？臣谓州郡奉行之意不恪，亦由朝廷连坐之法不严。倘自今以往，省闱复试不通者，所属州郡真行连坐之罚，则必可以得实材矣。前日都堂复试，已极堤防。然虽能察张奭曳白之庸，未能觉温岐潜救之巧，似闻掩覆，大是吏奸。今已噬脐，后当加意，毋使人谓清明之世而犹有是也。昔艺祖时，徐士廉诣登闻诉榜不公，始命复试。当时考核，可谓至公。虽以陶谷之子登科，亦必在所审察。此复试尽公之法也。臣故曰：公复试于其终。虽然，此犹未为淑其心也。朱熹在同安，尝因县酺明布训谕，俾父兄毋为子弟假手，以教之欺。陛下傥能以道淑人心，使人知此义，则能而肆假手、庸而求假手者，皆愧矣。榜才一百二十人，而得四贤相；廷唱之际，五色云见，而得名世臣，何患不如祖宗盛时乎！

臣伏读《圣策》曰："学校之设，所以教养作成。庆历中，湖学最盛，置治道斋，以讲明世务，遂取其法，以教太学。而胡瑗职教京师几二十年，是岂徒校一日之长者欤？今负箧担簦，云集行都，来者甚众，而与选者甚寡，朕心为之恻然。其当何道，使无道路之劳，而坐收教养之实欤？"臣有以见陛下轸念天下学校之士，而欲加教养之功也。臣闻学校者，最近民而易以化民者也。今之天下莫不有学，而学校以养士，科目以取人，两不相关，学遂虚设。于其艺而不于其行，考其暂而不考其常。能为发策决科之文，则曰能事已毕，问其根本当然之事，则茫然不知。气习一浮，风俗遂薄。内则有燕居废学之实，外则有佻达在阙之愆。逐利惟竞于锥刀，养指遂失其肩背。失在于所养非所教，所教非所养也。太学四方所聚，实系观瞻，而乃诡冒成风，遂成奸弊之薮，祈恩趋利，尤开侥幸之门。太学尚然，况乎天下有如省闱之试，辄求泛免之恩。使朝廷确然不行，则幸门何由而启？而乃务为姑息，复与放行，弊例一滋，公法何在？朝廷曩欲士子之安乡井，乃遍州郡而行类申。曾不几时，又复中变。于是，补闱之士，云集京师。无鼓箧逊业之风，如鍪弧先登之状，蹂死不可胜计，仁人岂所忍闻！是皆启侥幸之心，所以激纷纭之祸。迩者廷臣欲分路而试，其法亦可谓良。而臣为学校之谋，其说有二：一曰定教育之良法，二曰示奖励之微机。夫养士，欲养之为异日用也，而可徒教以无益之时文哉！是必教之以三纲五常之道，教之以修齐治平之序而后可也。今天下监司、郡守，有能知理道之人，乃于学校之外，创立精舍，讲明义理，意固善矣。而精舍讲道，学校习文，然则学校之士不必知道乎？又不当如此异其趋也。昔先儒程颢有言曰："治天下，以正风俗、养人材为本。宜访经术克备、足为师表、笃志好学、才良行修者，朝夕相与讲明正学，其道必本乎人伦，明乎物理，自洒扫应对以至修其孝弟忠信，明善忧身以至于化成天下，其学皆中于是者为成德。取材识明达可进于善者，使之受其业。"若颢此言，则臣所谓教育之良法也。科目、学校，自是两途。欲立学校之规，当于科目之外。方今太学舍选，亦与科举并行，固亦此意。然舍选所取，亦惟其文，其所谓行则坐斋满季，无私过议罚之谓耳。行止如是而已乎？此特蔡京之法也。况太学为然，而天下之学不皆然乎？程颢又曰："择学明德尊者为太学之师，次以分教天下之学。择士入学，县升之州，州宾兴于太学。聚而教之，岁论其贤者能者于朝。凡选士之法，皆以性行端洁、居家孝弟、有廉耻礼节、通明学业、晓畅治道者。"若颢此言，则臣所谓奖励之微机也。虽然，师儒则每难于择焉。昔仁祖朝，命胡瑗以为太学师，取湖学以为太学法，瑗教人以有用之学者也。当时伊川程颐实在表倡之列，天下士安有不知道者乎！陛下而以道淑天下，取程颢之言以为法，命胡瑗之类以为师，则士无道路之劳，而有教养之惠矣。

臣伏读《圣策》曰："资荫入仕，与寒畯同升。患其不学，故严程试。近岁浸成文具，若祥符之诏令。于国学习书二年，乃送审官考试。淳熙之议，欲令铨试，本经法律，各取其半。令举行之可欤？书判之选，唐铨部常用之，至有龙筋凤髓之誉。建隆、天圣，立拔萃科，或于内殿，或于秘阁。朕比以吏道之衰，复书判于吏部，以考狱官县令之能否，亦唐世与祖宗之旧也。其法可加详否欤？"臣有以见陛下欲察任子于未仕之初，且欲察县令狱官于已仕之后也。臣闻已仕未仕之人，皆当使之知道。苟不知道，则未仕者固无所取材，已仕者又何所取材哉！臣请先以任子言之。方今冗官之弊，全在任子之多。三载取士，仅数百人。而任子每岁一铨，以百余计，积至三岁亦数百人矣。泛观州县之仕，为进士者不十之三，为任子者常十之七，岂进士能冗陛下之官哉！亦曰任子之众耳。阀阅鼎盛，亲故复多，挟厚赀而得美除，结奥援而图见次，考第未满，举削已盈。寒畯之流，亦安能及？使任子其人，皆能才识如吕端，问学如张栻，岂不足以为天下之用？独斯人之不多得耳。身燠锦绮，岂知陛下之民之寒；口饫膏粱，岂知陛下之民之馁。庸者受成胥吏，虐者擅作威福。寒畯生长诗书，明习义理，决不至有是也。臣谨按：《春秋》讥尹氏之世卿，讥仍叔武氏之子弱，则任子之不当有明矣。臣观古人赏曰“世延仕曰世禄”，使之有田禄而已，初非使之世其官也。任子之法，起自汉朝。必父兄真知其子弟之有才，然后保任而授之位，非如今之官及则任也。儒者未仕之前，皆知任子之可抑。才玷郎秩，荫可及门，则不复为是言矣。是私也，非公也，为己子之计，故不复以任子为非也。是必为父兄者，如先正之不为子弟祈恩；为子弟者，如先正之自取儒科，不受门荫，则善矣。然而难能也。臣谓任子之恩，朝廷当稍加裁抑，不至冗纷。三岁一郊，少减奏荐之数；每岁一铨，必严考核之法。如祥符之诏令，于国学习书二年，使稍知道，然后如淳熙之议以试之，斯可矣。否则亦文耳，文岂足知任子之贤否哉！至若令录之官，尤当深识道理。使为县令者常有学道爱人、弦歌为邑之意，为狱官者常有失道民散、哀矜勿喜之心，则书判虽不试而何害？苟惟不尔，虽有龙筋凤髓之誉，徒美观也；虽中书判拔萃之科，亦虚文也。士而能为文章，安有不能书判？此但可以观其是非曲直之识耳。其贪如狼，其苛如虎者，亦何自而知之哉？虽然，臣犹幸铨闱之试尚可以惧愚騃之任子，书判之试尚可以惧庸谬之令录也。抑臣闻之，试则当公，不公则不必试。闻之道路，铨闱固可捐厚赀而得传义书判，亦可先嘱省吏而得案牍也。傥或无之，言之者固无罪；万一有此，闻之者不足以为戒乎？试已非古矣，试而私焉，曷若不试乎？惟陛下察之。

臣伏读《圣策》曰：“贤良之举，祖宗以收魁垒杰特之士，如富弼、张方平辈出焉。自熙宁以试进士策与大科无异，由是罢之。绍兴、淳熙，追思前宪，下诏复置，而应书绝少。今可复之，茂异之才，其出否欤？自绍圣以宏词十二体取该博华藻之士，比年以来，应选亦稀。朕方患词采之衰，欲令四方人士共兴其习，议者乃谓立法未尽善，何欤？"臣有以见陛下欲复贤良之科，以收魁垒杰特之士；又欲新宏词之科，以收该博华藻之士也。臣闻异等大科，皆当知道；苟不知道，名贤良者固无足观，名宏博者亦无足观也。臣请先以贤良言之。今世贤良久废不举，盖自淳熙以后无之矣。夫贤良者，所以待非常间出之士也。三岁大比之时，所得恐或常士，于是又设贤良之科以取之。能谋王断国，斯可谓之贤良；能直言极谏，斯可谓之贤良，此名未易当也。熙宁之朝，以贤良与策士无异，由是罢之，盖有深意。自苏轼兄弟以直言对策，简知仁宗，其后立朝，风节坚劲，争论新法，积忤大臣。故当时怒影移木，并贤良之科而罢。然而，本朝贤良知道盖亦可数。如富弼，如张方平，如苏轼、苏辙，是真贤也，是真良也。奸邪之夏竦，倾险之李清臣，亦谓之贤良，可乎？读人所不知之书，何如知人所共由之道；为世所不能之文，曷若为世所可用之才？千门万户之书，何补于晋之衰；济水帝邱之对，何益于唐之乱？公孙弘之贤良，固不若董仲舒之贤良；牛僧孺之贤良，固不若裴垍之贤良也。贤良今不复试矣，贤良之才，臣不敢诬天下以无人也，但所以取之当以其道耳。臣谨按：《春秋左氏传》，楚左史倚相能读《三坟》、《五典》、《八索》、《九丘》，而《祈招》之诗，则不能知以救楚围之法。是知记问之浩博，适足以为玩物丧志也。贤良之策，亦始于汉朝。观其策，晁、董、公孙之徒，无非问之以谋国之大方，为政之大略，初未尝以隐僻难知之事而策之也。臣记杨万里上书孝宗皇帝，有曰："孟子之时，去周未远也，而诸侯去周之籍，孟子已不闻其详。孟献子去孟子尤近也，而有友五人，孟子已忘其三。则记诵非孟子之所能也。乃若孟子则有所能矣，孟子曰：'天之欲平治天下，当今之世，舍我其谁？'此孟子之所能也。今贤良之科，不求孟子之所能，而乃求孟子之所不能。"万里此言，则上所以策贤良之道也。程颐亦有言曰："汉策贤良，犹是人举之，如公孙弘犹强起乃就对。至如后世贤良，则自求举耳。若曰廷对，欲直言天下事则尚可。若志富贵，而得志则骄纵，失志则放旷与悲愁而已。"若颐此言，则下所以为贤良之道也。至若词学之科，其文犹当贯道。文不载道，虽华奚观？文章所以黼黻皇猷，号令所以鼓舞天下。词气萎苶，世道系之，不可不加意也。陛下近者明诏四方，自今三年省闱，别立小词科一试，激昂表厉，陛下可谓得其术矣。但愿陛下力而行之，必有蔚赡之才出应搜罗之意。谨毋以舍大就小,即易去难,为浮议所摇,方行而复辍也。又既设此科,当寿其脉。倘使真无可取,亦当短中求长,市骨而骏马自来,悦画而真龙必至。苟进取之无阶,则习尚之无益。然臣闻之:异科之才,多负劲气,出为世用,每不见容。熙宁之罢贤良,盖以苏轼兄弟之故。近时词科之不取士,陛下亦知之乎?亦由前日词臣忤于当国,既已逆其心而拂其意,所以止其身而罢其科。不然何名存而实废也?惟陛下察之。

臣伏读《圣策》曰:"右科之设,本以示右武而求韬略,非徒校虚文而课骑射也。兵兴累年,未闻慷慨以英略著者,其故何欤?"臣有以见陛下概念时艰,思欲得武略之士以为用也。臣闻以武设科,虽曰右武,以文求武,反不得人。今之武科,臣得而议之矣。贡荐额狭,选举路艰,于是以武为捷径而求为右科之试。能诵兵法者,罕能兼骑射之习;能使弓马者,罕能兼刀笔之长。于是,能文者代课《七书》,能武者代执鞭弭,是无非欺朝廷也。间有能兼二者之长,亦不过苟一时之试。求其英略,阒尔无闻。今之文科,必有五削而后改京官;今之武举,不出十年而可至郡守。既登武级,复试文闱,换授其官,已在通籍之上矣。此天下之士所以指右科为速化,而竞以趋之也。陛下于此,方且求其英略焉,可谓按图而索骏矣。寇准器兼将相,非右科也;韩琦、范仲淹才兼文武,非武举也,此犹文士也。岳飞、韩世忠诸将,亦尝自武举中来乎?臣愿陛下以道淑天下之士,毋使人指武举为速化之地,则英略者出矣。

臣伏读《圣策》曰:"遗逸之召,当取人于岩穴,如艺祖之招王昭素,太宗之召陈抟,真宗之起种放,有光简册矣。今日亦未有可副明扬之旨者,抑又何欤?"臣有以见陛下广罗人才,而取遗逸于科目之外也。臣闻逸民之举,天下归周;幽人之求,民心附汉。遗逸固有国之所先也。然而,不求闻达而后可谓之遗逸,借此以钓名者非也;不慕荣贵而后可谓之遗逸,借此以媒进者非也。汉有樊英,终于败节;唐有藏用,亦至损名。本朝邵雍、常秩,其初亦无大异,审观其后,然后秩伪而雍真矣。其羹藜饭糗,非不欲膏粱也;衣荷制芰,非不愿文绣也,将有所待也。是作伪也,非真隐也。夫治天下者,进恬退之人,固可以风奔竞之士。然而,恬退之伪者进,则奔竞者愈竞矣。恬退之伪,奔竞之真也。种放之出,人犹议之,况又不及放者乎?如王昭素,如陈抟,斯可矣。臣愿陛下以道淑天下之心,毋使人以遗逸为仕宦之捷径。然后诏内之侍从、台谏，外之监司、郡守，举有道之士不事科目者而旌用之，则竞科目、逐利禄者亦可以少弭矣。

陛下之所以策臣，与臣所以奉大对者，已略陈其概。而陛下于其终复策之曰："夫是八者，上之所以求于下。法意之未尽，可为商确者，固朕所欲闻。若学术、才智二者，则下所以应上之求，有关于世道之大。子大夫贲然来思，必不耻于自言。其合而具陈之，毋略。"臣有以见陛下求言之意有加无已，以八者责之己，而以二者责之臣等也。愚臣浅陋，何足以仰承圣问？抑臣之意，则终愿陛下以道淑天下之士，而不必求之法也。今之法意，亦可谓尽矣。而陛下犹以为未尽者，是无乃详于法而略于道乎？今日之患，正在于下之求上者切于上之求下。上之所以求于下者，虽广其路以招延之，亦密其防而检束之，已非求士之意。而下之所以求上者，投牒觅举，肆欺售伪，无所不至，又岂止如汉人之自鬻哉！是尤非古意也。若是者既皆不以为耻，又岂特耻于自言而已乎！风俗益薄矣，陛下不以道挽而回之，臣不知其后之所趋又当何如也。然此选举事也。臣观陛下发策大廷，前乎此时，莫非问以当世之大务。独惟己丑、壬辰，不敢深及时政。此则陛下养明于晦之时，而当路忌言之日也。而今亦若是焉，何哉？甚非臣之所望也。臣欲深而言之则僭，欲隐而不言则欺，敢因陛下之所及而略言之可也。圣问之中，有气节、言议之说，臣于今日正不满于是二者，敢以二说，为陛下献焉：一曰立中道以用天下之贤，二曰奖直言以作天下之气。何谓立中道以用天下之贤？汤之执中也，曰立贤无方；武王之建极也，曰无偏无党。是故周而不比，和而不同，而后可谓君子。君子者未尝有所谓党，而上之人亦不当以党视之。禹、皋叶忠于事舜，而言焉不合，则有吁咈，不苟同也。旦、奭同心于辅周，而事有不可，则或不悦，不诡随也。唐有白居易，不附僧孺，亦不附德裕；本朝有苏轼，不狥熙、丰，亦不附元祐。君子之所自立者如此，若之何而以党视之？小人之欲空人之国者，必惑其君，而指君子以为党。空党锢以危汉，空清流以祸唐。而指元祐臣僚为奸党者，当宣、靖之时，空国而无君子，其祸尤不忍言也。独惟有道之朝，虽倡为朋党之论而不胜。方庆历诸贤之用事也，夏竦等辈结内侍蓝元震，上疏谓仲淹、修、洙、靖，前日蔡襄谓之四贤，四贤得时，遂引襄以为同列，以国家爵禄为私惠，胶固朋党以报谢当时歌咏之德。仁宗虽不之信，未几，诸贤相继皆去。是仁宗之明如此，而小人亦得以行其动摇之术也。独惟仁皇，天意终定，浮云暂蔽，白日即昭。循至嘉祐之时，皆用庆历之彦，而成功致治，竟是当时指为朋党中之人。然则，君子之党何负于人之国哉？何代无贤，固有居今之时，义胆忠肝如庆历诸贤者，而或者以哗竞朋比目之。陛下本无是心也，臣意必有倡为是论者矣。夫使真哗竞，真朋比，固可嫉也。第恐以好论国事为哗竞，以志同道合为朋比耳。夫以好论国事为哗竞，则喑默唯阿、辕驹仗马者为是乎？以志同道合为朋比，则怀奸相结、根蟠株据者为是乎？此臣之所不能晓也。大概今日之弊，在于用一宰相，则用一般人。一相既去，则凡在其时者皆指为某相之党而尽去之。非如范仲淹既出，而吴育犹奏行其事者也；非如张浚既罢，而赵鼎犹不变其所用之人者也。去年以庶官而论台谏者有二，前日大臣进拟，其一乃已得衡山之麾，其一则犹絷白驹之谷。得非前日之论台谏者，其台臣已去，故可以擢用；后之论台谏者，其谏臣犹在，故有所妨嫌耶？今之谏臣，心乎体国，则必如彦博之不憾唐介，夷简之不憾仲淹，夫亦何嫌于此？况西蜀之贤，乃其所劾，亦已得郡乎？而乃同罪异罚，一用一舍，臣恐非中道也。中者，执一之谓也。元祐调停，为祸不细；建中靖国，何所谓中？陛下至德深仁，矜念远谪，谓除误国殄民之外，并有放令自便之恩。而初议指扚，他皆未及。独惟前日之柄相密党数人，首拜此惠，是得无类于调停以平旧怨者乎？夫其据言路、为宰属之时，陷忠良不知其几，误国殄民孰有大于此！而首蒙湔濯，臣甚为执事者羞之。臣愿陛下与大臣，自今进退人才，秉持公道，不肖者终身可弃，忠良者一眚不遗。且毋使大夫有东人西人之讥，毋使天下有川党洛党之说，则人才之气节者出矣。臣故曰：立中道以用天下之贤者，此也。何谓奖直言以作天下之气？舜闻一善，若决江河；禹闻昌言，下车以拜。切直之言，明主所欲急闻。而入有法家拂士，则出无敌国外患也。汉有汲黯，淮南为之寝谋；唐有温造，悍将为之堕胆。二鲍可以敛贵戚，一勉可以尊朝廷。直言之有功于人国者如此，上之人安可以轻视之？古之危邦，未尝不箝谏者之口，以自涂其耳目。贺琛之言，未为切直，梁武罪之。他日侯景之祸，竟无与言。张九龄之谏，可谓忠鲠，唐明皇黜之。他日禄山之变，曾不知觉。泛观史传，如此甚多，不可枚数也。独惟盛时，则不若是。仁祖朝士气最盛，直言最多。攻夏竦之枢密，十八疏上而竟行其言;攻陈执中之宰相,十九疏上而竟可其奏。叩铜环之呼,事关宫禁也,仁祖虽以是出仲淹,竟以是擢仲淹;灯笼锦之诋,事关廊庙也,仁祖虽以是谪唐介,亦以是召唐介,仁祖之容养直言者如是。陛下端平初政,天日昭苏,积郁顿舒,久蛰咸奋。谏官论事,御史斥奸,侍从有论恩之忠,百官有轮对之直。以至草茅投匭,学校上书,华国直言,何减庆历?当时天下延颈太平,徒以一鉴早亡,诸贤失助,相踵而去,渐已销声。淳祐初年,柄相当国,纯用私党,布满朝端。示缙绅以意,而使之不敢言;扼学校之吭,而使之不敢议。于是直气日销矣。今虽更化,稗政未收,噤无能言,萎瘁滋甚。泛观士大夫之奏疏,无复我先正之绪余。凡而封事之文,类如举子之策,平平论事,小小立言,惟恐伤时,姑以塞责。臣谓直言之不振,原于直气之久销。陛下责诸臣以先正能言之风,当责圣躬以祖宗受言之事。陛下圣度天广,靡直不容。然而,直臣去朝,竟未有如范仲淹、唐介再蒙显用者,得非陛下虽能容批鳞之直,而终不能无逆耳之厌乎?台谏许以风闻,祖宗自有典故。陛下迩者宸翰,乃责其廉访之不真,如必待其真而后言,臣恐自此无言者矣。况其一台臣已去职,其一则犹未至国也,而并罢之可乎?夫其逊避再三,久而后就,臣意其人必有可言而恐不见听者。陛下曾不待其一言而去,其为结言者之舌,不亦甚乎!前日台臣之罢,或如圣训之言。然而,外议纷纷,则不谓是。咸曰:台臣之仆隶,怒于近幸之貂珰,浸润密行,由此遂去。臣知此事万万无之,第惟台臣未去之先,偶有仆隶交斗之事,是以外议不能无疑。心固不然,迹则相似。万一因循不革,遂长此风,则汉之常侍必横干司隶,唐之中尉必横于南衙矣。陛下固不纵其至此,然亦不可不防其微、杜其渐也。苏轼有言曰:"奸邪之始,以台谏折之而有余;及其既成,以干戈取之而不足。"又曰:"弹劾积威之后,虽庸人亦可以奋扬;风采委靡之余,虽豪杰不能以振起。"今日之患,深似此言。臣尝终日废餐,终夜不寐,以为方今事势,盖有莫大之隐忧。火未及然,安于薪寝,所赖朝廷有见远识微之士,必能为陛下陈长虑却顾之谋。而迩日以来,言者畏忌,天下有患,谁与陛下销之?臣愿陛下上法仁祖之盛时,次用端平之初政,广辟言路,旁通下情。言不可从,置之无害;傥或可用,岂小补哉!则人才之言议者出矣。臣故曰:奖直言以作天下之气者,此也。

臣草茅愚生，不识忌讳，忠爱一念，与生俱生。陛下可为忠言，故敢于圣问之外，竭其狂瞽，亦可谓出位犯分矣。大则殛而投之鼎镬，小则退而屏之山林，其甘如饴，九死无悔。虽然，陛下必不然也。陛下自即位以来，未尝以直言罪士，岂以臣一蝼蚁而累陛下天地之仁哉？第惟臣言历议弊端，旁忤贵幸，将恐第刘蕡之策者，虽嘉其忠而不敢进之陛下之前耳。然而臣自幼以来，所学者道。事君之始，安敢不忠？且谀悦以取高科，非臣本志。苟有一语可裨时政，虽黜不恨也。臣固万不及刘蕡，而堂堂天朝，岂唐比哉！臣可以无恐矣。惟陛下矜其愚忠而幸听之，臣不胜惓惓。臣谨对。(《全宋文》卷八一二八)

初考：议论本于学识，忧爱发于忠诚，洋洋万言，得奏对体。一上。臣经孙。

复考：以求士以文，不若教士以道，立说一笔万言，水涌山出，尽扫拘拘谫谫之习。张、程奥旨，晁、董伟对，贾、陆忠言，皆具此篇矣。一上。臣良贵。

详定：规模正大，词气恳切。所答圣问，八条皆有议论，援据的确，义理精到。非讲明理学、该博传记者，未易到此。奇才也，宜备抡魁之选。臣熺、臣彬之、臣梦鼎。(《雪坡集》卷七附录)

丙戌(九日)，御射殿，呈武举七射。(《宋史全文》卷三四)

姚勉《赠仰巅峰先元二字说》：仰巅峰设阅人肆于三元楼前，先唱第数日，予与一二友步月因过之，戏书一“元”字，俾解析。巅峰曰：“‘元’字添两笔，则‘先’字，必在人先。”又曰：“兀然而居第一甲。”一笑各散去。未几，予忝第一人赐第，巅峰揖于马前，谓其言验。明日来期会所，求予诗之。予谓巅峰，虽未尝明许其为第一人也，然纷纷往来中，已能知其为第一甲，亦难矣。况谓之必在人先，其亦第一人之类欤？方未唱第时，欲为状元者何限？巅峰亦难于许。若予则不必作状元者，偶然得之，故巅峰亦偶然而中之欤！冗不暇诗，聊申“元”与“先”二字之义，作数语以赠：退之有言，责在人先。刚不为首，其斯曰乾。元善之义，大可统天。吾其求仁。

庶几颜渊。曾何足称。举首褒然。子会此理，立峰之巅。苟拂厥经，其颐则颠。书此赠之，某亦勉旃。(《全宋文》卷八一三八)

己亥(二十二日)，赐礼部进士姚勉以下及第、出身有差。(《宋史》卷四三)

姚勉《廷唱日待漏丽正门》：觚棱片月影将西，鹄立宫门待启扉。骄马似龙旗似雨，不知谁是状元归。(《全宋诗》卷三三九八)

进士名录：姚勉，丁颐，丁应奎，于东郊，王子和，王文龙，王必谦，王自然，王安道，王西发，王良，王飞卿，王时用，王师禹，王植，王策登，王维新，王震寅，王霖龙，尤三英，毛振，毛应发，文及翁，文继桓，方应龙，方绩，尹栋，孔宗武，孔梦协，平昌，田子锡，田子镇，史有之，史季温，史梦锡，丘挺，白震，存光孙，吕圭，吕拆，吕直之，吕翊龙，朱洪范，朱淮，朱谦亨，朱鹏飞，任起潜，任桂发，危昭德，汝秉文，杜幼存，杜幼垕，李士埙，李心月，李先发，李志道，李枋，李居信，李桂，李特昭，李梦科，李碧山，李硕(误)，李闻，李玺，李儒珍，李应炎，李应扬，李应龙，车尧，吴元之，吴元龙，吴秀发，吴君擢，吴炳，吴洪，吴琰，吴遇吉，吴载坚，吴龙起，吴鳞，何一鹏，何明仲，何炎午，何炳炎，何得贤，何椿，何衢亨，余元吉，余巽龙，余辅，冷应登，汪奎，汪翔龙，沈翥，宋洪，宋景，范登，林友龙，林公衡，林丑父，林孔范，林孔贤，林自悫，林灼，林坤载，林泳，林津龙，林起鳌，林贡子，林峻，林黄，林埜，林琦，林栋(误)，林梦来，林福翁，林霆，季可中，季赂虎，金九万，周子元，周文举，周尧咨，周景励，周智叔，周应复，周攀龙，冼一龙，胡文举，胡升，胡咸中，胡哲义，胡从礼，胡云龙，胡维嘉，柳奕，修武丹，侯从震，俞振，施泰孙，洪承祖，洪庆龙，姚君元，姚梦兆，姚梦犇，姚燿，马元演，秦时立，秦应寅，袁士复，袁吕，夏之才，夏仲亨，夏崇节，夏椅，柴林发，时少章，徐壮猷，徐起滨，徐琦，徐槱，奚世选，高达之，高载，郭圭，郭孝祥，郭时中，郭凤，唐元龄，唐发，唐震，涂泰亨，涂演，陆宇盛，陆勉，陆逵，陈大震，陈子美，陈元恬，陈中正，陈方，陈用和，陈立翁，陈秀璋，陈升，陈定，陈厚，陈思善，陈垕子，陈咨，陈刚翁，陈域，陈翊龙，陈焕武，陈淳伯，陈琥，陈琰，陈复祖，陈启，陈梦卓，陈梦实，陈梦发，陈梦雷，陈梦圆，陈汇夫，陈翥，陈寿孙，陈谏，陈懋钦，陈应选，陈灿，陈镇，陈赞，阴幼遇，陶宗海，孙子先，孙若金，孙炳炎，孙象先，孙梦魁，孙雷轰，孙震孙，孙獬孙，孙应高，孙继学，黄介，黄介龙，黄方，黄林圆，黄拂，黄明，黄岳，黄飞雄，黄彪，黄撲，黄景师，黄翔龙，黄恺，黄福老，黄播，黄应掞，黄灿文，黄岩孙，梅用和，梅应发，曹翁余，曹应甫，娄暹，娄应庚，娄应新，许元龙，许登龙，许雷发，章持敬，梁梦雷，张千，张天瑞，张甲龙，张光远，张志立，张果，张明，张连，张逌，张巽之，张梦弼，张澄渊，张锡留，张泽，张应梦，张应新，项公澜，项汝明，彭子西，彭振辰，叶木，叶桂发，叶闳祖，叶景师，万道同，董叔度，揭崇庆，单德旗，程一飞，程元岳，傅文振，舒大邦，舒渚，舒梦庚，舒梦炎，舒璋，邬东之，曾丰，冯南炳，冯科，冯寅启，冯应及，蒙化龙，蒙铸，杨文仲，杨京孙，杨高，杨万里，杨巽，杨烨，杨擒虎，杨壁，贾万金，虞逢西，赵介如，赵卯，赵必廷，赵必衫，赵必埒，赵必晄，赵必浸，赵必寓，赵必椽，赵必瑫，赵必燧，赵汝案，赵汝祥，赵希协，赵良坦，赵良伦，赵良杰，赵良增，赵若珗，赵若瑰，赵若墀，赵直养，赵孟逮，赵孟达，赵彦伐，赵时泥，赵时细，赵时嘉，赵时历，赵崇展，赵崇硐，赵崇荣，赵崇鋈，赵崇颙，赵崇锑，赵崇穆，赵崇黎，赵崇鎏，赵圣夫，赵嗣漳，赵嗣谨，赵与桁，赵与宿，赵与钘，赵与谙，赵与龙，赵与权，蒋峒，蒋应雷，蔡公亮，厉文翁，臧元孙，齐梦龙，齐鲁瞻，郑子西，郑帝俞，郑得助，郑福元，郑珔，邓必凯，邓祥隆，邓道，邓震登，欧阳炎起，滕武子，刘三清，刘友隆，刘以仁，刘光午，刘仲渊，刘君遇，刘寅，刘震霆，诸葛鸣凤，潘文卿，潘希白，潘孜，潘宗权，潘梦说，潘凤，潘旗，潘应大，薛文虎，薛正己，薛梦桂，萧德老，霍超龙，钱拱之，钱保，钱恢，戴得之，蓝应午，钟大吕，鲜于应昌，谢月卿，阙耸，苏太古，苏文洪，苏必铼，苏和，苏泰孙，苏梦应，严正己，罗勋，谭日严，饶团。

特奏名进士：乐雷发，丁南一，丁焯，王思节，王炳，王震龙，方应景，丘炳炎，江易简，阮士轸，阮宗洙，李特士，吴汉章，冷元益，邵弥大，林士炳，林大成，林大举，林权，胡幼裘，洪卓，陈子继，陈天应(误)，陈平子，陈向源，陈茂发，陈泰卿，陈采，陈梦符，陈应甫，黄逢源，黄旗，黄万卿，黄魁甲，黄准，黄龙翔，常晞尹，常显伯，张钧，张寿卿，张赓，叶一龙，叶秉仁，叶起龙，叶震，曾子正，蒙应庚，杨雯，赵崇琏，赵与缗，郑日千，郑有声，郑省老，郑则俛，欧阳祖传，欧阳应星，刘半千，刘光伯，赖梦铃，卢泰父，魏士泰，谢可

贵，谢恩，苏嵩嗣，谭应雷。（《宋登科记考》卷一三）

补进士名录：其一，吴节卿。《全宋文》卷八一三二姚勉《回文本心榜眼书》："又见吴同年节卿亦在其间。"

其二，陈景初。《全宋文》卷八一三二姚勉《回文本心榜眼书》："会陈剂院景初同年方能言其故。"

其三，邓方渊。《全宋文》卷八一三三姚勉《通提刑郑南谷书》："清漳佥判邓从政，名方渊，温陵人，登癸丑第，于某为同年。"

其四，程澥。《宋登科记考》卷一三据《宝祐四年登科录》将其系于宝祐四年进士名录，又引姚勉《谭氏孺人墓志铭》。两条文献资料自相矛盾，《宋登科记考》未加辨析。或《宝祐四年登科录》误，或宝祐四年乃另一人。《全宋文》卷八一三四姚勉《混一华夷疆域图序》："仆尝过程君澥于西山，酒间出书一编，视其目，则曰《混一华夷疆域图》。……同年生姚某序。"又，《全宋文》卷八一四三姚勉《谭氏孺人墓志铭》："余与兴国军教授豫章程君澥第南省同年。"

其五，万定翁。《全宋文》卷八一三五姚勉《跋李彝甫廷对策稿》："万同年定翁、程同年则明，皆其门人，以策擢上第。"又，《全宋文》卷八一三九姚勉《万诚翁爱贤堂记》："同年万定翁之兄诚翁。"又，《全宋诗》卷三四〇二姚勉《寄题武安节推同年万君定翁露香堂》。

其六，程则明。同上。

其七，洪述。《全宋文》卷八一三五姚勉《书洪玉父奏稿后》："宝祐癸丑，幸得与徽猷公四世子孙述为同年生。"

其八，吴伯大。《全宋文》卷八一四〇姚勉《竹溪记》："吴君伯大，家于剑溪之上。……伯大，延平人也，今为同年生。"

其九，方哲。《全宋文》卷八一七五方逢辰《癸丑严陵乡会题名记》："宝祐初元夏五之四日，皇帝临轩策士。越二十有二日，赐文武正特奏名，发严陵进士洪承祖暨方哲凡一十人。"

其十，卫钥。《寿昌乘·贡士题名》："卫钥，癸丑登第。"

其十一，王子巽。《明清堂记》："潼川王侯为句容之明年……侯字彦斋，名子巽，宝祐癸丑进士云。"（《〈宋登科记考〉拾补——以碑刻文献为中心》）

辨正：其一，林栋，淳祐十年进士。详说见前。

其二，李硕，景定三年进士。《全元文》卷四三二戴表元《李君墓志铭》："李氏，越余姚人。……父硕，以太学词赋高选，中壬戌进士鼎科。"

其三，陈天应。《宋登科记考》卷一三据《淳熙三山志》卷三二《人物类七·科名》，于淳祐十年、宝祐元年特奏名进士名录皆载陈天应，必有一误，待考。

南康刘以仁尝手杀其叔，里族买静，不经有司。后竟登宝祐癸丑第，及官长沙令。江古心尝云："糊名考校中，诸行百户，何所不有？虽盗贼大辟，亦可登科改秩云。"(《癸辛杂识·续集下》)

宋理宗《闻喜宴赐进士诗》：粤从御宇九临轩，嘉与英髦讲治原。问举八条观素蕴，对披群策乐忠言。事功匪在虚文胜，名节须兼实用存。精白一心期砥砺，岂惟宴衎示荣恩。(《咸淳临安志》卷一二)

赵汝腾《勉癸丑新进士》：霞州守吏庆筵开，喜为朝家得俊材。九曲山川增气概，八元人物照樽罍。谶佳将报淮沙合，文焕新迎御扁来。不朽荣华轩冕外，君看云谷胜云台。(《全宋诗》卷三二六二)

姚勉《廷唱谢恩》：赭袍黄屋俨临轩，独立班头领众仙。五色云乘金殿日，一声雷绕玉除天。浮荣何敢矜科第，实地惟知学圣贤。深重君恩无以报，疾风草劲雪松坚。

姚勉《恭和御赐诗》：叨尘愧甚鹤乘轩，誓报洪私敢塞源。回有圣明真愿辅，轲于仁义岂忘言？清朝长欲诸贤在，公论常扶一脉存。湛露独沾惭过厚，盍推四海遍皇恩。(以上均见《全宋诗》卷三四〇二)

姚勉《赐第谢表癸丑》：伏以相上帝而作之君，实兼师教；有天下而选于众，在得仁贤。方获望于清光，遽宠承于异数。叨荣过分，报德无涯。中谢。恭以尧舜亲贤，惟求实用；汉唐取士，始尚虚文。利禄竞趋，风俗愈薄。

欲聿新乎圣化，必首正于人心。臣等识不通今，志惟好古。毋曲学以阿世，盖出真忱；以直言而取人，幸逢盛际。求才棫朴，垂问刍荛；咸造大廷，对扬休命。修道谓教，愿立《中庸》之经，明德新民，当知《大学》之本。庶各安于趋向，皆可副于选抡。冒陈狂瞽之言，简在高明之听。误膺亲擢，未协佥谋。兹盖恭遇皇帝陛下，仁洽道丰，行高恩厚。惟精惟一，允执厥中；无党无偏，皇建其极。爰究心于选举，详为法以搜罗。遂使谬庸，亦蒙甄拔。臣等誓操素节，仰答洪私！怀仁义以事其君，敢昧平生之志；有谋猷则告于内，愿输他日之忠。

姚勉《赐闻喜宴谢表》：伏以恩叨赐第，仰承晋日之清光；礼寓肆筵，载举需云之盛宴。辉生觞豆，喜动簪裳。中谢。窃以极荣者九陛之龙光，殊遇者一时之燕衎。野食苹而取义，盖施诸群臣嘉宾；露在草以兴歌，独言夫君子令德。敢谓儒科之始进，亦蒙帝渥之下沾。臣等文乏咀华，学勤味道。天涵地育，久渐丰芑之仁；雾滃云蒸，乃与镐京之饮。馈陈八簋，酒拜三行。歌且舞以有仪，燕以敖而是则。凡而饱德，均此陶和。兹盖恭遇皇帝陛下，酌道之源，求士如渴。商惟醇之善政，官不及私；周《既醉》之太平，人皆有行。推至忱而与共，俾嘉惠之恭承。秩若无哗，翕然胥乐。臣等志存冰檗，愿匪膏粱。饮之得尽其心，肯狗醪醨之俗；食焉不怠其事，誓逃餐素之讥。

姚勉《赐御制诗谢表》：伏以君赐之食，式均鼎养之恩；帝劝以歌，庸示贲成之化。儒科增重，士类知荣。中谢。恭惟皇帝陛下，圣笔成书，王言作命。尧章焕乎，其有德运乃文；周道粲然，复兴功烈于雅。天颁一札，风厉四方。臣等钦睹昭回，祇承训迪。作诵虽惭于吉甫，美在任贤；载赓窃效于皋陶，谨毋隳事。

姚勉《赐谢花表》：伏以恩沾露草，萃生意于群芳；香动天葩，散阳春于万宇。宠光所被，枯卉皆萌。中谢。恭惟皇帝陛下，中庸素根，道德为丽。广开众正，爰揽其英；博采直言，以华吾国。特颁异贶，昭示至荣。臣等志慕垂馨，学思就实。孤忠报主，敢求桃李之门；洁操厉躬，愿在蕙兰之畹。

姚勉《赐冰谢表》:伏以《湛露》沾恩,式绥宴衎;颁冰示宠,祇服光荣。当暑之隆,不寒而栗。中谢。恭惟皇帝陛下,渊衷水止,静鉴天昭。临政万机,凛如履薄;谨微一念,深戒坤凝。载分玉井之珍,增耀琼林之集。臣等敢不忠清秉节,精白承休!睍见阴消,仰赞去邪之决;天寒地净,愿为固圉之图。(以上均见《全宋文》卷八一二五)

姚勉《及第谢牟存斋启》:斗瞻重望,愿登四海之龙门;天遂初心,得附九霄之凤翼。沾寸阶而非喜,拜文席以为荣。平生所期,一旦而称。惟先后有相须之理,而感应亦必然之机。东坡慕欧阳子于儿时,竟归门下;道原为司马公之史学,遂入选中。立心素有于依归,造化乃为之成就。使介甫为考官,则东坡在所不取;如熙宁用新经,则道原有所不能。泛观所逢,亦系于数。某生当后晚,志慕前修。虽爱读东坡之文,无能为役;偶生在道原之里,窃慕其人。钓名射利之念甚轻,医国砭时之心则重。独于平日,仰止高风。闻其论谏,则以为今之欧阳;敬其德望,则以为昔之司马。无阶望履,有志执鞭。偶来群试于兰宫,忽值并持于藻鉴。恃斯文之有主,可肆斐狂;以直言而取人,果蒙赏识。垂云霄之只手,濯江汉之穷鳞。拔之众人所不好之中,有此诸卷莫能及之许。赋或讥其体字,公则称其工致于发明;论或疑其剽文,公则称其奇杰而隽壮。谓之抚余子而立其上,谓之必素学之饱于中。至于三策之敷陈,尤辱一言之奖借。如仆辈不可胜数,岂真在于下风;无高论令今可行,安能动于人听。虽过情之声闻,亦定价于品题。舍旃舍旃,苟亦无然,几为缶弃;类我类我,久则肖矣,独以钵传。方忧身之察察,而受物之汶汶;乃谓人之诺诺,不如士之谔谔。不嫌金跃,力与玉成。向来欲敬为南丰之瓣香,今日乃得拜西山之风采。文章小技,岂尽所长;节义大闲,愿与之立。必作硬脊梁之人品,庶为好脚迹之门生。一时未足以尽人,异日当观其立己。粤从弛担,自合抠衣。属当待对于君庭,未敢谢恩于师席。舍馆定而见长者,固负深愆;杖屦撰而侍先生,终修庸敬。蜕身仙举,肉骨恩深;永言感藏,何敢背负!兹盖恭遇某官,国家硕望,宇宙直声。古者有臣,如汲黯斯近矣;天之欲治,舍孟轲其谁哉!代言摛盘诰之文,作史秉权衡之笔。奉诏求士,为国搜贤;不遗菲葑,俾厕桃李。某敢不力鞭所学,益砺厥修!为欧阳之苏而不为之奇,为司马之刘而不为邢恕。饮冰食檗，忍冻看梅；归洁其身，弗畔于道。纵横对三千字，已摅殿陛之忠；结裹作第一流，庶不门墙之辱。心丹有蕴，手墨未殚。

姚勉《及第谢郑慥堂启》：平生立志，愿出正人君子之门；一旦进身，果在弟子门人之列。忝毡书而非喜，在炉冶以为荣。岂惟夸吾榜中之得人，盖将称于天下曰知己。虽至宝不为众好，非妙耳宁赏绝音。韩子之文，好则皆以为笑怪；东坡之学，或者亦谓之纵横。然而有陆宣公，则置韩于虎榜之间；有欧永叔，则进苏于龙门之上。非韩苏之难得，盖陆欧之罕逢。古之奇闻，今者复见。小材如某，拙样背时。非孔孟之书不观，惟程朱之言是好。求之有道，得之有命。不羡宠荣，迩之事父，远之事君，但知忠孝。屡蹇场屋，分甘山林。偶然秋赋之充，聊尔春官之试。静观世事，深切私忧。默而不言，是负所学；讦而肆论，必忤于时。但思突梯卷脔以得官，不若拙直狂疏而失利。矧今时之牟、郑，即古者之陆、欧，可恃以言，未为不遇。私意自期而语口，老天果使之如心。虽云机会之来，盖亦气类之感。眇然窥管，曷当卓识之褒；钝甚割铅，曷当劲气之许？至谓已腾踔余子之表，又岂止荣华一字之褒。只手云霄，怪鳞风雨；非逢春育，几困冬烘。平生不袭陈言，而疑其剽文；所学一本先儒，而谓之碍理。粲然一笑，知者几何？不入他人之笼中，亦奚所憾；获出先生之门下，盖极其荣。向来欲敬为南丰之香，今日乃果得李君之御。文章小技，岂尽所长；节义大闲，愿与之立。必作硬脊梁之人物，庶为好脚迹之门生。有此遭逢，何敢背负！兹者恭遇某官，两间正气，四海名流。伟望压时，黄河泰山之高大；孤忠许国，青天白日之清明。主京泮则勇击奸佞，对承明则极言时事。处己如此，求人亦然。故使小材，遂蒙大造。某敢不如韩于陆，为欧之苏，归洁其身，弗畔于道。领英雄三百辈，何知科第之荣；作人物第一流，庶不师门之辱。矢心已定，腐舌莫宣。（以上均见《全宋文》卷八一二九）

姚勉《及第回徐国博札子》：依光梓里，久借余辉；唱第大廷，误膺亲擢。虽出冕旒之异眷，亦由衡鉴之至公。属未拜于君门，尚迟趋于师席。仰勤贲翰，深纫谦光。礼辱先施，事成倒置。念挈提之至此，将称塞之谓

何？天下有三达尊，侥与乡童之进；世间第一人物，愿从长者之游。(《全宋文》卷八一三〇)

姚勉《殿直求赋状元游六街诗》：玉丝鞭袅散天香，十里栏干簇艳妆。但念君恩思报称，懒骑骄马过平康。(《全宋诗》卷三三九八)

姚勉《赐第后谒先圣祝文》：子路问事君，子曰："勿欺也，而犯之。"臣等日奉大对于廷，弗敢背先圣训，尽勿欺之义，抗犯颜之忠，昭事君之初也。圣天子容受直言，误膺亲擢，臣等非敢以是干禄也。臣事君以忠，愿终始之。(《全宋文》卷八一四四)

程鸣凤《赐武举第一谢恩表》：臣鸣凤上言，伏蒙圣恩赐臣等闻喜宴于礼部贡院，谨奉表称谢者。集英唱等，仰瞻离照之辉；闻喜赐筵，旋拜需云之宴。仰承优渥，俯极欢愉。伏念臣等，蚤以诗书，淹于场屋。假途黄石，剽余论以求伸；赐策丹墀，偶强言而见取。猥叨龟列，仍忝鹿鸣。挈彼控地之踪，畀以登天之路。荣矣甚矣，恩斯勤斯！兹盖伏遇皇帝陛下，清问如尧，好言若禹。谓饮食以将厚意，匪侈外观；俾忠嘉然后尽心，使知内省。致兹驽蹇，例受宠光。臣等敢不誓殚小忠，力酬大造！头颅已换，岂徒温饱之恩；心口自期，庶竭涓埃之报。(《全宋文》卷八一五一)

是　月

特、正奏名进士宗子必晄等二人特授保义郎，若瑰等二十九人承节郎，敕略曰："必晄等取应及选，咸补右阶，盖欲诱之进学，而教以入仕也。其毋以是自画焉。"(《宋史》卷一五七)

七　月

姚勉《正谊书院祭魁星祝文》：魁第一也，北斗七元在天为众星首，而魁者乃斗之第一星也。魁之枕参，则曰参首；杓之携龙，则曰龙角。东苍龙角，亦二十八宿之第一星也。杓之所携犹第一宿，而况魁乎？魁杰立名，取象在此。前辈有言曰："科第当作状元，仕宦当作宰相，学术当至圣人。"皆言当为第一也。士之远大自期,立志要当若是。此吾正谊师友平日之所讲明也。岁壬子,诏宾兴。壬为天一,子首十千。明年癸丑,丑为斗牛分,魁兆闻矣。维七月朔,乃三秋之第一日。用率众俊,蒇礼大魁。神之相之,贡于乡若曹,第于太常,策于大廷,臣正谊之人皆第一。自此卓然为第一流人物于斯世,维魁星实照临之。(《全宋文》卷八一四四)

姚勉《圆沙桂籍序》:"淮尾沙圆,宰相状元。"建古谶也。癸丑七月,蓝君义行访予于期集所,曰:"建之沙圆矣,谶必应。义行有季父,每宾兴岁,必为建之士辑卷以试。子为我序之,庶徼福焉。"余曰:"前辈有言:'科第必状元,仕宦必宰相,学术必圣人。'言皆当以第一自处也。建自紫阳先生暨二西山,皆以圣人之学术为天下第一,建之士膏渍馥熏久矣。以第一之学术,出而擢第一之科,跻第一之仕,余事也。圆沙云乎哉!"后之人当验诸此籍。(《全宋文》卷八一三五)

方逢辰《癸丑严陵乡会题名记》:宝祐初元夏五之四日,皇帝临轩策士。越二十有二日,赐文武正特奏名,发严陵进士洪承祖暨方哲凡一十人,续郑琫又以今科中。严之杰士,山涌泉出。或齿稚且壮而先登,或器大以周而成晚,或以韬略而出间道,或以法理而收奇功。视丁、庚两科,未逊也。乡之仕于朝、居京者杨钻,约乡之新进,循比讲序,拜礼乡寓致礼者,或自远而来馈者,或留京而预集者。乡贵郡侯李镛辈偕诸邑尹,多以币将意,乃差谷盍簪于湖山之四面亭。礼毕,泛舟从游,笾豆洋洋,绚履锵锵,斯亦乡邦之伟举欤!时孟秋后五日也。(《全宋文》卷八一七五)

八　月

姚勉《武宁田氏魁星堂记》:武宁田德彝伦距所居里余,有山曰石狮,溪曰金鸡,水折而汇焉,其境特秀。岁嘉熙庚子,里人有梦魁星临于兹山之巅者。是年,从孙允中首荐于洪;癸卯,弟伟继荐;戊申,子可与又以童科擢,由是益神所梦,即山建祠,祀魁星焉。溪前立精舍,号龙峰书室,萃秀子弟讲习,魁兆日彰矣。顾未有记。癸丑,田君与同年余君巽龙会予于京,请记之。夫魁,北斗上四星也。斗在天酌四时,运阴阳,众星辰皆宗焉。斗,星之首也,魁又斗之首也。魁枕参首,其所枕者亦首,故首者必曰魁焉。首科第曰抡魁,首相曰魁弼,非以其卓然冠于多士之表而绝于百僚之上欤?士有所期,未尝不斯二者也。虽然,必有以副是名焉。材识俊者曰魁杰,曰魁垒;器度闳者曰魁伟,曰魁岸,皆以其卓然者也。夫惟德以充其才,学以进其识,高明光大以开豁其器度,所以自立,皆非寻常品汇所能及。选而高科,仕而极品,余事也。在我者,苟未有以出乎人,而徒曰欲冠多士之表,欲绝百僚之上,纵得之,靡足称也。士所自期,岂止斯二者哉!世之人固有魁一邑一郡之月书者,则沾沾自喜,若人所不能及。又进而魁乡举,则益喜;又进而魁南宫,则大喜;又进而魁廷唱,则益大喜。自视其身甚高,真若人所不能及。方擢科目时已如此,贵穷卿相,位极人臣,自处不愈高乎?自处虽高,亦可谓甚卑也。人惟能视科目为不足矜,然后能视富贵为不足艳。仆尝记东山杨先生有曰:"冠帝王之科目易,冠素王之科目难。"冠其易者,夫岂无人?仅可称者一人,曰董仲舒。冠其难者,千载一人,曰颜渊。然则冠策士之科者,必也董仲舒;冠德行之科者,必也颜渊乎?止于董仲舒,又不若进而颜渊也。正其谊,不谋其利;明其道,不计其功,董子也。克己复礼以为仁,四代礼乐以为邦,颜子也。士苟至于颜子,则穷可以乐陋巷箪瓢,达可以辅明王圣主,虽冠百世之士可也,岂止冠天下士哉!田君其与子若弟,懋之祠之。前有二桥,左曰"登云第一",右曰"应星"。龙峰之茶所曰"涌月",阁曰"绿绕"。惟讲堂未名,因而命之曰"志学"。周子志伊学,颜说也。祠与书堂并立,故牵连得书。祠成于己酉之十月,凡五年而后记。记为谁?瑞姚某也。八月十五日谨记并书。(《全宋文》卷八一三九)

是　年

虞云翼《宾州学进士题名碑》:古宾隶南交趾郡,以琅琊名。夫琅琊,齐疆也。齐与鲁,并称也。宾俗犹齐、鲁之邦,陶乎理义,有圣贤之余化。故至郡部观者,曰有冠冕之遗风,名非苟信矣。国朝定三岁一取士之制,宾之解额则倍于贵、柳、象,与桂林大藩等。独去京师远,士膺劝驾者率以米如珠,薪如桂,惮于冒雪而策蹇驴。其平时讲习,知有理义之学,未知有科学之学,故登礼部者少。淳祐庚戌,三山王侯节被临轩之命来宾。明年春，释奠学宫，首出毅斋郑先生践行诗示诸生，因曰："毅斋得晦翁一言，魁天下而参大政，无非本诸学问而形诸事业。为士可不思学而优则仕邪？"郡博士邢复翁且进诸生于馆下曰："是必晦翁传之毅斋，王侯将以淑诸人。"遂刻其诗于明伦堂之左，以为诸生勉。侯且创置进士库，以为远试南宫者行囊之助。绍兴壬午（按：《全宋文》校注："似当作'淳祐壬子'。"），郡士之与试偕如京师者始七八焉。宝祐改元，礼部奏合格进士，而宾士果联镳策勋，曰破天荒。昔绝无而今二进士俱以经学决科，信乎礼义之学源深流长如此。昔常衮设乡学以教闽士，其邦民之秀有如欧阳詹者出焉，时人谓之"龙虎榜"。闽之士风为天下冠，七年三度状元来，至今人称之。今宾阳士子诚能有志于学，沉潜于义理，奋发于文章，则异时千亿题名，将仿佛东闽士夫之盛，益信菊坡、毅斋、矩堂、溪庄诸老先生之所以启迪后学，与夫郡侯王先生所以激作士气者，岂但利名而已哉！当以前贤之事业自勉焉。（《全宋文》卷八一二三）

姚勉《及第归入江西界》：得得还初隐，秋风信马蹄。此心宸极北，今日大江西。戏彩呈君赐，擎珠教御题。家庭真乐近，蓐食听晨鸡。（《全宋诗》卷三四〇〇）

姚勉《奕世状元坊记》：勉闻诸长老，六世祖小三评事时，有卜地者指今之灵源先茔，谓评事公兄弟曰："是当有魁天下者。"兄弟相谑，死者先葬也，乃祝宗祈死。未几评事公殁，葬于是。特奏状元进贤府君振，其子也。释褐八行状元黄州府君旦，其孙也。亦再验矣。癸丑，勉又以六世孙叨赐状元及第，是何卜地者之神欤！卜地者之神未足尚，其言之验不验未可知。遽先以死，遂其葬，宁亡身以裕后。为子孙者，讵可忘之哉！郡太守邑大夫嘉吾族之六世而三其验，为门闾以表宅里。勉不足道也，继自今吾宅长少，睹檐宇之翚如而思翱翔，瞻栋楹之屹如而思直立，鹏骞风而龙跃云，以世世此科第，使卜地之言其验愈广，庶无负吾祖宗忘身以遗子孙之意，勖哉！时郡守蔡谟、邑宰赵时稼既立坊于官道去治之六十里，复表其里。勉因为记以示后。（《全宋文》卷八一四一）

姚勉《郡守宴状元乐语》:竹州出状元,果应市河之谶;道院迎仙客,真为珂里之荣。帘幕卷以争看,山川为之改观。一时盛事,万口欢声。恭惟府佥状元正字,气盖诸公,眼高四海。儿童走卒,皆知雪坡之名;弟子诸生,几坐春风之里。信所谓国人之彦,是宜为天下之魁。千佛首题,九重亲擢。虎榜首登,凤池身到,独夸地位之高;龙头眷重,鹤发恩深,两副君亲之望。行看金瓯之覆,益增瑞郡之光。恭惟府判华文郎中,董试有功,得人报国。以堂下之言知繇蔑,于举子之时识富公。望著簾篁,半刺平分于风月;手提衡鉴,八元高举于云霄。故今为首唱之英,即向者吹送之力。而我判府秘书寺丞,胸涵星渚,肩拍卢山。衣钵亲传,早策枫宸之第;觚棱入梦,伫回荷槖之班。惟此邦文宿之加临,故今岁魁躔之转现。气类相感,不自后,不自先;宾主交欢,醉言归,醉言舞。共饮西湖风月,相期北汉星辰。笑红绫饼馅之曾尝,记黄甲姓名之如旧。清欢卜夜,暖气排冬。成此一段风流,何惜十分酩酊。玉勒成行状元过,此日亲逢;沙堤新筑宰相行,他时并命。某等縻身乐部,拭目台躔。辄贡俚言,仰陪芳宴:几多文士踏槐黄,实出抡魁在瑞阳。千古河连留地谶,一声胪唱破天荒。金钗笑拥龙头客,宝篆浓熏燕寝香。方国荐贤蒙上赏,匪晨有诏下芝堂。(《全宋文》卷八一四五)

宝祐二年　甲寅(1254)

二　月

庚申(十七日)，诏："饶州布衣饶鲁，不事科举，一意经学，补迪功郎、饶州教授。"(《宋史》卷四四)

是　年

监察御史陈大方言："士风日薄，文场多弊。乞将发解士人初请举者，从所司给帖赴省，别给一历。如命官印纸之法，批书发解之年及本名年贯、保官姓名，执赴礼部，又批赴省之年，长贰印署。赴监试者同。如将来免解、免省，到殿批书亦如之。如无历则不收试。候出官日赴吏部缴纳，换给印纸。应合免解、免省人，亦从先发解处照此给历。如省、殿中选，将元历发下御史台考察，以凭注阙给告。士子得历，可为据证；有司因历，可加稽验。日前伪冒之人，可不却而自遁。"遂自明年始行之。(《宋史》卷一五六)

熊良治《新昌贡士庄记宝祐二年》：汉制，计偕之士，县次续食。今置庄以待贡士，厥意惟同。江西十一郡，有此庄者不多见。县计尤非郡比，凡有司簿书所不责者，皆谓之不急。新昌有贡士庄田，新昌有赵令君也。新昌距行都千五百里而遥，往复必裹三月粮。三岁大比，士幸得与荐者，辄有居者行者之虑。故事，相与裒金定约，待同盟之与荐者而赆之行。今宝庆元年，诏郡国贡士共寻旧约，君慨然曰："士以气为主，而俾困心衡虑于裹粮之窘，可乎？"捐俸助银，激以序引，士气跃然。明年，郡贡士试春官，凡占籍新昌者，咸与奏名。君不徒喜，为怀永图，乃捐镪六十万，得腴田若干，属职稽其岁收而谨储之，待邑士有贤能献者而分馈焉。度三岁之积，剂量其丰杀之宜,若新荐,若旧举,若对策大廷之士,赆之有差,为规制约条甚详允。君之惠于邑士,可谓远也已矣。而今而后,问津皇路者益得以涵养其气而淬励其术业,发策决科,踵随袂属,斯无负于赵令君之美意乎!乃相与请于君,愿识其事。君曰:"未遂也。由今规模而增广之,吾方有望于来者。"是不可以无述,于是乎书。(《全宋文》卷八一二三)

宝祐三年　乙卯(1255)

二　月

戊辰朔(一日),诏:礼部贡举。(《宋史全文》卷三五)

五　月

辛丑(六日),上谕辅臣:“近来士风未纯,文体太浮,宜思所以转移之。”方叔等奏:“考官命题主意,先自穿凿,士子希意从之。科举在近,当行下约束。”(《宋史全文》卷三五)

七　月

姚勉《乙卯七月庚子,魁祀礼成,同舍诸新元相与宴,拟鹿鸣也。故敢亦拟劝驾诗呈幸领此意》:四州八邑此同窗,铿石锵金日击撞。鹏翼相将抟北海,龙头更夺过西江。蒿苹是日开先宴,萸菊他时捷各邦。横浦自期吾岂敢,玉山对策又无双。(《全宋诗》卷三四〇二)

姚勉《乙卯秋祭魁星祝文》:某等谨以连荐早登高甲之仪,致祭于北斗第一魁星之神曰:昔在癸丑,魁躔炳灵。俾某驽钝,误恩天庭。此魁非难,三岁而有。魁而难者,衣钵授受。猗欤圣代,何仅二尧?实以兄弟,首胪天朝。若颢若固,去华师德。父子科名,世此魁脉。卓卓横浦,嗣以应辰。有斐师友,皆第一人。前美罔专,愿继芳躅。尚期显相,斯文之福。(《全宋文》卷八一四四)

是　秋

文天祥《次鹿鸣宴诗时提举知郡李爱梅迪举送,弟璧同荐》:礼乐皇皇使者行,光华分似及乡英。贞元虎榜虽联捷,司隶龙门幸缀名。二宋高科犹易事,两苏清节乃真荣。囊书自负应如此,肯逊当年祢正平。(《文天祥全集》卷一)

陈著《乙卯乡贡鹿鸣宴次韵》:结发书痴气吸川,壮年才得预宾筵。射穿杨叶心何武,梦入梅花骨已仙。设席肆筵劳送上,著鞭跨马欲飞前。令君早晚朝天去,桃李妍春正耐烟。(《全宋诗》卷三三六七)

陈著《乙卯乡贡鹿鸣宴次韵制使陈方叔名昉劝驾》:我朝自开国,聚奎五星明。人物辈稷契,制作谐茎英。从来词赋学,尤负器识名。沂公事业富,蜀公德望清。手提文正印,身为国长城。藐然予小子,亦知师长卿。细将状月露,壮欲吞幽并。消磨凡几载,侥幸才一鸣。自谓锥颖脱,犹有剑气横。师帅重吹送,寒贱分光荣。向前步骤阔,平生温饱轻。终怀劝驾礼,肯愧鹿鸣声。(《全宋诗》卷三三七八)

邓林《发漕解谢游瑞守》:觅举敕绫,拂拭曾经于象管;较文漕棘,吹嘘偶玷于鹗书。兹邓仲华之得效寸名,皆游伯始之不为曲笔。足未登于画戟,身已在于洪钧。窃谓漕举以收乡曲之遗才,登仕以待门馆之佳士。故祖宗官之为宰相之客,在乾淳阶此得名儒者流。自我皇大开进取之门,而吾党竞借功名之径。虽富民居多以赀而入,然贫士亦或假韶以鸣。三年大比之兴贤,数路得人之为盛。如某者,学徒泥古,好每悖今。又看诸父之擢科,芥如拾地;长试有司而求举,梯若登天。亦尝反观其失意之文,未始大戾于中程之作。时未来而姑顺,定有知高山流水之音;志愈挫而亦坚,终不改上林甘泉之技。濩落半生之煮字,崎嵚万里之束书。俗人笑其享弊帚之千金,识者知其怀连城之双璧。脱迹东华之软土,犯身南粤之瘴云。梅花雪片之冬深,偶逢青眼;桂子天香之秋老,其奈白身。尽倾十余岁之笔耕,以取三尺绫之试具。艰难图此,庶几解额之稍宽;侥觊得之,聊奉慈颜之一笑。既得护身符而旅试,必须大手笔之标题。适方依仁道院之州,遂获问字签房之舍。幸造物谅其穷之久,俾假途由此选而升。余甘齿颊之回,已输崖蜜;高飞羽翮之举,莫御海鸿。兹盖伏遇判府寺丞郎中先生，名世故家，清门伟望。一麾作守，樵川星渚之去思；再转为丞，农扈夏卿之分赞。未厌竹符之畀，而为芝瑞之来。遂令客寓之踪，亦拜主盟之力。某敢不益励钝足，随试别头！集英斜日之丹墀，倘叨赐对；高安朝天之旧路，愿看归班。感激维深，敷宣罔既。(《全宋文》卷八〇二四)

是　年

建昌乡试取士，解额三十七名，而《周易》义当其一。宝祐乙卯岁，公(张渊微)服丧里居。是岁，贡举试士。时盱城张天民明易，其文笔冠一时。而同经之能者又五十有二人，意其间必有一中选矣。及榜出，则中者乃余裕新城俗子也，大失众望。于是，天民等五十三人联名致书于公，言："余非才冒举，辱《易》经，负举选。"意若以公为本经盟主，而赴诉之。公因《易》以答，笔力甚伟。其书曰："某自罹陟岵之忧，庐深山，莫与往来。厌讳氏名，不得通于故交。时英游鳞，何从尺素书抵寓驿中，自家上归，得之，亟薰香奉观。视其题，条冰之光，修史学士其人；伸其幅，联璧之辉，先觉天民其元。某何人？何以得斯？何以称哉！谨再三读，文采巨丽，词势纵横。主《易》经之齐盟，立善类之赤帜。足张吾军，不胜击节。惟是洁静精微之学，昔尝从事于斯，而不得其师。惟天民诸君子，发天之秘，扩圣之疆，精祲六爻之梦，度越九师之说，竞秀于盱，名震于京师。盖所愿学而未遇者，明天子兴贤，卿大夫荐书。此一举也，群五十三隽，铿锵乎文鸣。杨、陆、张、黄、胡、涂、王、邹此八人者当时考试官也固已蹶动耸遻，相顾太息，吾盱之有人。于此五十三隽，复拔其尤以先登，犹有二十八宿为云台之储，二十四气当凌烟之选也。顾舍是而他，有一焉。黄钟弃而瓦缶鸣，贤士无闻，如来翰之所云云。辱经辱盱辱科，岂不太骇观听耶！试为诸君子说《筮》云：是谓睽之归妹，莩甚负涂之豕，变为无血之羊。始于载鬼，终于虚筐。睽卦不在三十七数，而归妹又不在五十三数。以睽之三十八，而厕诸三十七人之列，非据也。以归妹之五十四，而加诸五十三人之上，非人也。非据则名必辱，非人则身必危。既辱且危，祇掇祸也。是卦也，离之震，亦震之离。晋献公筮嫁伯姬，亦遇之，是反复同一凶也。且其由曰：'士刲羊，无血也；女承筐，无贶也；西邻责言，不可偿也。'彼妄一人，以柔乘刚，以小人乘君子之器，蒺藜之据已甚，高墉之射莫逃。无号，终有凶耳。岂特责言不可偿,殆有甚焉!史苏不云乎:车脱火焚,归妹睽孤。六年其逋,明年其死于高梁之虚。吁!可畏也。是岂特终朝之三褫也欤?识者窃为彼悲之。尝试为诸君布蓍,四营而得艮之渐。艮之止,时止也。物不可以终止,故受之以渐。渐之进也,是盖《易》之五十三卦也。其在五言,有序中正之言,终莫之胜。吉艮之渐,三岁得所愿也,三年将寻师焉。拔茅连茹,以其汇征吉矣。今日院竖子顾劳悉师邪。抑天民有言,虽圣人不敢尽其机。或因邓侯从天民愿,学而得所谓机焉。其亦有以折衷乎!此不宣。"(《隐居通议》卷一六《张侍郎简牍》)

姚勉《送童子敬赴省乙卯》:满望飞腾几许年,一闻充赋喜如颠。金经炉冶锋方锐,木饱风霜节始坚。此去稳登云里路,定知荣冠籍中仙。近闻上蔡鸬洲合,一似前年锦水连。

姚勉《送王元高兄弟东上乙卯科》:前岁亲从月殿回,素娥引领到瑶台。桂枝指点教先折,仙籍披陈看后来。恰见拱辰名字接,一如公序弟兄魁。预将消息而今报,好作百花头上梅。

去去龙门客又新,一鞭猛过禹涛春。伫观极论陈三策,切莫潜兵救八人。沂国素无温饱志,梅溪不作谄谀臣。二难兄弟当如此,及第归来喜拜亲。(以上均见《全宋诗》卷三四〇一)

姚勉《乙卯词赋义约序》:魁躔丽天,次舍不即迁;秀灵发地,气脉必久萃。此数也,亦理也。福之萧、郑,苏之黄、卫,近时盱之陈、张,严之黄、方,所以相踵而魁天下欤?吾乡每诏岁词赋,人必自为义约,作胜气。壬子,友人郴主簿刘君董约某代为之序,首谓国初惟以赋取状元,第以张赋之军,非敢自许也。癸丑,误忝亲擢,幸不辱斯序,有如神发此语。然则,相踵而魁天下,斯语当复验矣。某不敢数,特为乡曲作先驱耳。吕圣功既以《训练将士赋》魁天下,胡周父尝谓之曰:"待我明年作第二人,却输君一筹。"明年,亦以《不阵而成功赋》魁天下。吾乡英杰如林,岂无自许如周父者乎?虽然,为周父之科名可也。里后学姚某书。(《全宋文》卷八一三五)

刘克庄《送赴省诸友·徐懋功茂叔》:小陆词章海内传,名场久盍着先鞭。惯看余子瓦枢坏,太息斯人铁砚穿。畴昔熏香过半世,即今拾芥已中年。病翁拟拭昏花眼,快向茅檐读奏篇。

《林德遇逢丁》:原夫辇岂敢追攀,每叹君文似左班。不许犬鸡舐丹鼎,肯为鼷鼠发黄间。主司一洗冬烘谤,老子前知昼锦还。空诵子虚不能荐,送行未免有惭颜。

《卓怡丈涣》:辇下银袍似堵墙,名途个个着鞭忙。期年操木何容易,一日看花得许狂。韩子吟披惟六艺,沂公吃着岂三场?临岐不待殷勤祝,涵养功深讲贯详。

《郑耕道旗》:束发词林久著名,及兹书剑始西行。里人预谶龙头喜,相者兼言豸骨清。笔老定非场屋作,声和必为国家鸣。汉廷儒术多通显,不说公孙说董生。

《方善夫昆仲准至》:君家科级每蝉联,何况高才更妙年。肄业机云同屋住,论文坡颍对床眠。一双璧有连城价,九转丹能拔宅仙。来岁亲朋迎昼绣,病翁亦出至溪边。

《林汝大栋》:天性怜才老未衰,爱君笔力绝新奇。引弦连发天山箭,举手高攀月窟枝。藻蕴科名通谱牒,旦希优劣系修为。穷人只有诗堪赠,空耸山肩捻雪髭。

《柯德明应》:昔人抱璞经三献,今子排云叫九关。千佛经应冠鳌顶,大人赋可动龙颜。探梅腊雪园林后,对策熏风殿阁间。若见故人询病叟,但言深入万重山。

《林少嘉灏翁》:此君词翰逼晁秦,万鹄袍中少拟伦。色笔探怀如有助,朱衣点首岂能神?长安市素多游侠,天子廷曹怀士人。玉座临轩亲发策,可无鲠论披龙鳞。

《方云卿昆仲霖孙》：先朝取士尚雕虫，前辈皆因此显融。衡鉴集中推范老，混成篇里得沂公。杏园饮畅莺声早，梨岭飞高雁影同。岁晚交游各西上，不留一个伴溪翁。(《后村先生大全集》卷二二)

宝祐四年　丙辰(1256)

正　月

甲辰(十二日),上谕辅臣:"试阁职止两名,立为定格:非武举前名,更不召试。"(《宋史全文》卷三五)

丁巳(二十五日),以礼部侍郎、权吏部尚书陈显伯知贡举,权刑部侍郎兼给事中姚希得、国子祭酒权修注官戚士逊同知。(《宋史全文》卷三五)

胡仲弓《观丙辰省试宣锁作》:四海文章属品题,老夫刮膜有金篦。诸君熟读《阿房赋》,未必能为五色迷。

撤幕焚香冰鉴开,观君切莫负多才。黜边取迪浑闲事,只恐纷纷掷甓来。

一窗丝雨一帘风,当日齑盐滋味同。见说主司多好句,肯将蚕蚁待诸公。(《全宋诗》卷三三三六)

是　月

陈造《送师文二臧子赴省试序》:吾儿偕臧子与、子仪学,盖兄弟之异姓者。儿奉亲颇以文字解颜,二臧子笔力尤杰骜隽发,吾所畏服。同就南宫试,求言以慰其行。岁壬子,三子试尝质可否,予许之,皆得焉如所言。癸丑春,同绌于有司。或者曰:"是癖于誉儿,且党所厚者。"此其为谤,未有以自解。去秋复质可否,予许之,所言如壬子时。是行也,吾犹信吾所言也,子辈盍信子所有?自信之果者,有时而见信。其或失诸彼得诸此,瞢于昔售于今,得以信其屈、刷其耻,吾亦藉以间执谤者之吻,不其快哉!行矣,毋自疑。(《全宋文》卷五七五八)

二　月

省试赐知贡举御札:"朕取士于南宫,十诏攸司,而又有一于今矣。然时艰未济,岂果乏材?往往辩论多而建明少,浮伪胜而真实希,尚何望其庶绩之凝也。爰柬儒臣,董司校艺,尔其公而权衡,明而鉴裁。词章造理者必有道之士,议论可行者必适用之才。辨雌霓之讹,去师众之凿,革昆体之异,使英豪忠实之彦得以自见,而无竞维人,则予以怿!"(《咸淳临安志》卷一二)

五　月

丁酉(七日),以新除权吏部侍郎时暂权中书舍人兼侍讲陈大方、新除起居舍人兼权直学士院兼权直舍人院兼侍讲林存、太府卿兼检正诸房公事饶虎臣,为殿试详定官。(《宋史全文》卷三五)

御试敕差:详定官:朝奉大夫、新除权吏部侍郎、暂兼权中书舍人、兼国史院编修官、实录院检讨官、兼侍讲陈大方,朝散郎、新除起居舍人、兼权直学士院、时暂兼直舍人院、兼国史院编修官、实录院检讨官、兼侍讲林存,中大夫、新大府卿、兼检正诸房公事饶虎臣。编排官:中奉大夫、行大理少卿高衡孙,朝散郎、尚书吏部员外郎、兼资善堂赞读皮龙荣。初考官:奉议郎、干办行在司审计司鲍成祖,朝奉郎、行在左藏东西库、封椿下库、安边库陈梦炎,文林郎、行国子正陈合。添差初考官:承议郎、差充尚书省提领市舶所主管文字吴湜,奉议郎、行在左藏西库徐梦发,承直郎、主管尚书吏部架阁文字徐彬。复考官:朝请大夫、尚书工部郎中赵逢龙,朝奉大夫、行宗正丞、兼权尚书左郎官胡大神,朝奉大夫、行秘书省著作郎、兼司封郎官张渊微。添差复考官:朝奉郎、新除大府寺丞余鳌,朝奉郎、行国子监主簿徐,承直郎、秘书省正字,从政郎、行在丰储西仓斛面官、兼机密郑。初考检点试卷官:文林郎、特差充临安观察推官方熙孙。复考检点试卷官:从事郎、改添差两浙西路安抚司干办公事王应麟。对读官:承直郎、差充提领户部犒赏酒库所干办公事陈应星,从政郎、添差两浙路转运司干办公事陈问,从政郎、监行在省仓下界斛面官唐再炳,从政郎、监行在车路院门余孟成，文林郎、差充两浙西路转运司准备差遣魏正子。封弥官：朝请大夫、新除大理寺主簿张棐，朝散郎、干办行在诸司粮料院张蕴。巡捕官：朝奉郎、将作监主簿吴溥，宣教郎、行藉田令史椿卿。（《宋宝祐四年登科录》卷一）

戊戌（八日），御集英殿，策进士。（《宋史全文》卷三五）

八日，御试策题："盖闻道之大，原出于天。超乎无极，太极之妙，而实不离乎日用事物之常；根乎阴阳五行之赜，而实不外乎仁义礼智。刚柔善恶之际，天以澄著，地以靖谧，人极以昭明，何莫由斯道也？圣圣相传，同此一道，由修身而治人，由致知而齐家、治国、平天下。本之精神心术，达之礼乐刑政，其体甚微，其用则广，历千万世而不可易。然功化有浅深，证效有迟速者，何欤？朕以寡昧，临政愿治，于兹历年。志愈勤，道愈远，窅乎其未眹也。朕心疑焉。子大夫明先圣之术，咸造在廷，必有切至之论，朕将虚己以听。《三坟》而上，大道难名；《五典》以来，常道始著。日月星辰顺乎上，鸟兽草木若于下。九功惟叙，四夷来王，百工熙哉，庶事康哉，非圣神功化之验欤？然人心道心，寂寥片语，其危微精一之妙，不可以言既欤？誓何为而畔？会何为而疑？俗何以不若结绳？治何以不若画像？以政凝民，以礼凝士，以天保采薇、治内外，忧勤危惧，仅克有济。何帝王劳逸之殊欤？抑随时损益，道不同欤？及夫《六典》建官，盖为民极，则不过曰治、曰教、曰礼、曰政、曰刑、曰事而已。岂道之外，又有法欤？自时厥后，以理欲之消长，验世道之污隆，阴浊之日常多，阳明之日常少。刑名杂霸，佛老异端，无一毫几乎道、驳乎无，以议为。然务德化者，不能无上郡雁门之警；施仁义者，不能无末年轮台之悔。甚而，无积仁累德之素，纪纲法度，足以维持凭借者又何欤？朕上嘉下乐，夙兴夜寐，靡遑康宁。道久而未治，化久而未成，天变洊臻，民生寡遂。人才乏而士习浮，国计殚而兵力弱，苻泽未清，边备孔棘，岂道不足以御世欤？抑化裁推行有未至欤？夫不息则久，久则证，今胡为而未证欤？变则通，通则久，今其可以屡更欤？子大夫熟之复之，勿激勿泛，以副朕详延之意。"（《宋宝祐四年登科录》卷一）

文天祥《廷对策》:臣对:恭惟皇帝陛下,处常之久,当泰之交,以二帝三王之道会诸心,将三纪于此矣。臣等鼓舞于鸢飞鱼跃之天,皆道体流行中之一物。不自意得旅进于陛下之庭,而陛下且嘉之论道。道之不行也久矣!陛下之言及此,天地神人之福也。然臣所未解者,今日已当道久化成之时,道洽政治之候,而方歉焉有志勤道远之疑。岂望道而未之见耶?臣请溯太极动静之根,推圣神功化之验,就以圣问中“不息”一语,为陛下勉。幸陛下试垂听焉。

臣闻天地与道,同一不息;圣人之心,与天地同一不息。上下四方之宇,往古来今之宙,其间百千万变之消息盈虚,百千万事之转移阖辟,何莫非道?所谓道者,一不息而已矣。道之隐于浑沦,藏于未琱未琢之天,当是时,无极太极之体也。自太极分而阴阳,则阴阳不息,道亦不息;阴阳散而五行,则五行不息,道亦不息;自五行又散而为人心之仁义礼智、刚柔善恶,则乾道成男,坤道成女。穹壤间,生生化化之不息,而道亦与之相为不息。然则,道一不息,天地亦一不息;天地之不息,固道之不息者为之。圣人出,而为天地立心,为生民立命,为往圣继绝学,为万世开太平,亦不过以一不息之心充之。充之而修身治人,此一不息也;充之而致知,以至齐家、治国、平天下,此一不息也;充之而自精神心术,以至于礼乐刑政,亦此一不息也。自有三坟、五典以来,以至于太平六典之世,帝之所以帝,王之所以王,皆自其一念之不息者始。秦汉以降,而道始离,非道之离也,知道者之鲜也。虽然,其间英君谊辟,固有号为稍稍知道矣,而又沮于行道之不力。知务德化矣,而不能不尼之以黄老;知施仁义矣,而不能不遏之以多欲;知四年行仁矣,而不能不画之以近效。上下二三千年间,牵补过时,架漏度日,毋怪夫驳乎无以议为也。独惟我朝,式克至于今日休,陛下传列圣之心,以会艺祖之心;会艺祖之心,以参帝王之心,参天地之心。三十三年间,臣知陛下不贰以二,不参以三,茫乎天运,窅尔神化。此心之天,混兮辟兮,其无穷也。然临御浸久,持循浸熟,而算计见效犹未有以大快圣心者。上而天变不能以尽无,下而民生不能以尽遂,人才士习之未甚纯,国计兵力之未甚充。以至盗贼兵戈之警,所以贻宵旰之忧者,尤所不免。然则,行道者殆无验也邪?臣则以为:道非无验之物也。道之功化甚深也,而不可以为迂;道之证效甚迟也,而不可以为速。“维天之命,于穆不已”,天地之所以为天地也;“之德之纯,纯亦不已”,圣人之所以为圣人也。为治顾力行何如耳,焉有行道于岁月之暂,而遽责其验之为迂且远邪?臣之所望于陛下者,法天地之不息而已。姑以近事言,则责躬之言方发,而阴雨旋霁,是天变未尝不以道而弭也;赈饥之典方举,而都民欢呼,是民生未尝不以道而安也。论辩建明之诏一颁,而人才士习稍稍浑厚;招填条具之旨一下,而国计兵力稍稍充实。安吉、庆元之小获,维扬、泸水之隽功,无非忧勤于道之明验也。然以道之极功论之,则此浅效耳?速效耳?指浅效速效,而遽以为道之极功,则汉唐诸君之用心是也。陛下行帝而帝,行王而王,而肯袭汉唐事邪,此臣所以赞陛下之不息也。陛下傥自其不息者而充之,则与阴阳同其化,与五行同其运,与乾坤生生化化之理同其无穷。虽充而为三纪之风移俗易,可也;虽充而为四十年囹空刑措,可也;虽充而为百年德洽于天下,可也;虽充而为十世过历亿万年,敬天之休,可也。岂止于圣问八者之事,可徐就理而已哉!臣谨昧死上愚对。

臣伏读《圣策》曰:“盖闻道之大,原出于天。超乎无极,太极之妙,而实不离乎日用事物之常;根乎阴阳五行之赜,而实不外乎仁义礼智。刚柔善恶之际,天以澄著,地以靖谧,人极以昭明,何莫由斯道也?圣圣相传,同此一道,由修身而治人,由致知而齐家、治国、平天下。本之精神心术,达之礼乐刑政,其体甚微,其用则广,历千万世而不可易。然功化有浅深,证效有迟速者,何欤?朕以寡昧,临政愿治,于兹历年。志愈勤,道愈远,窅乎其未朕也。朕心疑焉。子大夫明先圣之术,咸造在廷,必有切至之论,朕将虚己以听。”臣有以见陛下溯道之本原,求道之功效,且疑而质之臣等也。臣闻圣人之心,天地之心也;天地之道,圣人之道也。分而言之,则道自道,天地自天地,圣人自圣人;合而言之,则道一不息也,天地一不息也,圣人亦一不息也。臣请溯其本原言之。茫茫堪舆,坱圠无垠;浑浑元气,变化无端。人心仁义礼智之性,未赋也;人心刚柔善恶之气,未禀也。当是时,未有人心,先有五行;未有五行,先有阴阳;未有阴阳,先有无极、太极;未有无极、太极,则太虚无形,冲漠无朕,而先有此道。未有物之先,而道具焉。道之体也,既有物之后,而道行焉;道之用也,其体则微,其用甚广。即人心,而道在人心;即五行,而道在五行;即阴阳,而道在阴阳;即无极、太极,而道在无极、太极。贯显微,兼费隐,包小大,通物我,道何以若此哉？道之在天下，犹水之在地中。地中无往而非水，天下无往而非道。水一不息之流也，道一不息之用也。天以澄著，则日月星辰循其经；地以靖谧，则山川草木顺其常；人极以昭明，则君臣父子安其伦。流行古今，纲纪造化，何莫由斯道也！一日而道息焉，虽三才不能以自立。道之不息，功用固如此夫！圣人体天地之不息者也。天地以此道而不息，圣人亦以此道而不息。圣人立不息之体，则敛于修身；推不息之用，则散于治人。立不息之体，则寓于致知以下之工夫；推不息之用，则显于齐家、治国、平天下之效验。立不息之体，则本之精神心术之微；推不息之用，则达之礼乐刑政之著。圣人之所以为圣人者，犹天地之所以为天地也。道之在天地间者，常久而不息。圣人之于道，其可以顷刻息邪？言不息之理者，莫如大《易》，莫如《中庸》。大《易》之道，至于乾道变化，各正性命，保合太和。而圣人之论法天，乃归之自强不息，《中庸》之道，至于溥博渊泉。上天之载，无声无臭，而圣人之论配天地，乃归之不息则久。岂非《乾》之所以刚健中正、纯粹精也者，一不息之道耳？是以法天者，亦以一不息。《中庸》之所以高明博厚、悠久无疆者，一不息之道耳。是以配天地者，亦以一不息。以不息之心，行不息之道，圣人即不息之天地也。陛下临政愿治，于兹历年。前此不息之岁月，犹日之自朝而午；今此不息之岁月，犹日之至午而中。此正勉强行道，大有功之日也。陛下勿谓数十年间，我之所以担当宇宙，把握天地，未尝不以此道。至于今日，而道之验如此，其迂且远矣！以臣观之，道犹百里之途也，今日则适六七十之候也。进于道者，不可以中道而废；游于途者，不可以中途而画。孜孜矻矻，而不自已焉。则适六七十里者，固所以为至百里之阶也。不然，自止于六七十里之间，则百里虽近，焉能以一武到哉？道无浅功化，行道者何可以深为迂？道无速证效，行道者何可以迟为远？惟不息，则能极道之功化；惟不息，则能极道之证效。气机动荡于三极之间，神采灌注于万有之表，要自陛下此一心始。臣不暇远举，请以仁宗皇帝事，为陛下陈之。仁祖一不息之天地也。康定之诏曰："只勤抑畏。"庆历之诏曰："不敢荒宁。"皇祐之诏曰："缅念为君之难，深惟履位之重。"庆历不息之心，即康定不息之心也；皇祐不息之心，即庆历不息之心也。当时，仁祖以道德感天心，以福禄胜人力，国家绥靖，边鄙宁谧，若可以已矣，而犹未也。至和元年，仁祖之三十三年也，方且露立仰天，以畏天变；碎通天犀，以救民生。处贾黯吏铨之职，擢公弼殿柱之名，以厚人才，以昌士习；纳景初减用之言，听范镇新兵之谏，以裕国计，以强兵力。以至讲《周礼》，薄征缓刑，而拳拳以盗贼为忧；选将帅，明纪律，而汲汲以西戎北塞为虑。仁祖之心，至此而不息，则与天地同其悠久矣。陛下之心，仁祖之心也。范祖禹有言："欲法尧舜，惟法仁祖。"臣亦曰：欲法帝王，惟法仁祖。法仁祖，则可至天德，愿加圣心焉。

臣伏读《圣策》曰："三坟以上云云，岂道之外，又有法欤？"臣有以见陛下慕帝王之功化证效，而亦意其各有浅深迟速也。臣闻帝王行道之心，一不息而已矣。尧之兢兢，舜之业业，禹之孜孜，汤之栗栗，文王之不已，武王之无贰，成王之无逸，皆是物也。《三坟》远矣，《五典》犹有可论者。臣尝以《五典》所载之事推之，当是时，日月星辰之顺，以道而顺也；鸟兽草木之若，以道而若也；九功惟叙，以道而叙也；四夷来王，以道而来王也。百工以道而熙，庶事以道而康。光天之下，至于海隅苍生，盖无一而不拜帝道之赐矣。垂衣拱手，以自逸于土阶岩廊之上，夫谁曰不可？而尧舜不然也。方且考绩之法，重于三岁，无岁而敢息也；授历之命，严于四时，无月而敢息也；凛凛乎一日二日之戒，无日而敢息也，此犹可也。授受之际，而尧之命舜，乃曰："允执厥中。"夫谓之执者，战兢保持，而不敢少放之谓也。味斯语也，则尧之不息可见矣。河图出矣，洛书见矣，执中之说未闻也。而尧独言之，尧之言赘矣。而舜之命禹，乃复益之。以"人心惟危，道心惟微，惟精惟一"之三言。夫致察于危、微、精一之间，则其战兢保持之念，又有甚于尧者。舜之心其不息，又何如哉？是以尧之道化，不惟验于七十年在位之日；舜之道化，不惟验于五十年视阜之时。读"万世永赖"之语，则唐虞而下，数千百年间，天得以为天，地得以为地，人得以为人者，皆尧舜之赐也。然功化抑何其深，证效抑何其迟欤？降是而王，非固劳于帝者也。太朴日散，风气日开，人心之机械日益巧。世变之乘除不息，而圣人之所以纲维世变者，亦与之相为不息焉。俗非结绳之淳也，治非画象之古也，师不得不誓，侯不得不会，民不得不凝之以政，士不得不凝之以礼。内外异治，不得不以《采薇》、《天保》之治治之，以至六典建官。其所以日治、曰政、曰礼、曰教、曰刑、曰事者，亦无非扶世道而不使之穷耳。以势而论之，则夏之治，不如唐虞；商之治，又不如夏；周之治，又不如商。帝之所以帝者何其逸，王之所以王者何其劳。栗栗危惧，不如非心黄屋者之为适也。始于忧勤，不如恭已南面之为安也。然以心而观，则舜之业业，即尧之兢兢；禹之孜孜，即舜之业业；汤之栗栗，即禹之孜孜；文王之不已，武王之无贰，成王之无逸，何莫非兢兢业业、孜孜栗栗之推也。道之散于宇宙间者，无一日息；帝王之所以行道者，亦无一日息。帝王之心，天地之心也。尚可以帝者之为逸，而王者之为劳耶？臣愿陛下求帝王之道，必求帝王之心，则今日之功化证效，或可与帝王一视矣。

臣伏读《圣策》曰："自时厥后云云。亦足以维持凭借者，何欤？"臣有以见陛下陋汉唐之功化证效，而且为汉唐世道，发一慨也。臣闻不息则天，息则人；不息则理，息则欲；不息则阳明，息则阴浊。汉唐诸君，天资敏，地位高，使稍有进道之心，则六五帝、四三王，亦未有难能者。奈何天不足以制人，而天反为人所制；理之不足以御欲，而理反为欲所御；阳明不足以胜阴浊，而阳明反为阴浊所胜。是以勇于进道者少，沮于求道者多，汉唐之所以不唐虞三代也欤！虽然，是为不知道者言也，其间亦有号为知道者矣。汉之文帝、武帝，唐之太宗，亦不可谓非知道者。然而亦有议焉。先儒尝论汉唐诸君，以公私义利分数多少为治乱，三君之心，往往不纯乎？天不纯乎人，而出入于天人之间；不纯乎理，不纯乎欲，而出入乎理欲之间；不纯乎阳明，不纯乎阴浊，而出入乎阳明阴浊之间。是以专务德化，虽足以陶后元泰和之风，然而尼之以黄老，则雁门上郡之警不能无；外施仁义，虽足以致建元富庶之盛，然而遏之以多欲，则轮台末年之悔不能免；四年行仁，虽足以开正观升平之治，然而画之以近效，则纪纲制度，曾不足为再世之凭藉。盖有一分之道心者，固足以就一分之事功；有一分之人心者，亦足以召一分之事变。世道污隆之分数，亦系于理欲消长之分数而已。然臣尝思之，汉唐以来为道之累者，其大有二：一曰杂伯，二曰异端。时君世主，有志于求道者，不陷于此，则陷于彼。姑就三君而言。则文帝之心，异端累之也；武帝、太宗之心，杂伯累之也。武帝无得于道，宪章六经，统一圣真，不足以胜其神仙土木之私。干戈刑罚之惨，其心也荒。太宗全不知道，闺门之耻，将相之夸，末年辽东一行，终不能以克其气血之暴。其心也骄，杂伯一念，憧憧往来，是固不足以语常久不息之事者。若文帝，稍有帝王之天资，稍有帝王之地步，一以君子长者之道待天下。而晁错辈刑名之说，未尝一动其心，是不累于杂伯矣。使其以二三十年恭俭之心，而移之以求道，则后元气象，且将骎骎乎商周，进进乎唐虞。奈何帝之纯心，又间于黄老之清净。是以文帝仅得为汉唐之令主，而不得一侪于帝王。呜呼！武帝、太宗，累于杂伯，君子固不敢以帝王事望之。文帝不为杂伯所累，而不能不累于异端，是则重可惜已。臣愿陛下监汉唐之迹，必监汉唐之心，则今日之功化证效，将超汉唐数等矣。

臣伏读《圣策》曰："朕上嘉下乐云云。抑化裁推行，有未至欤?"臣有以见陛下念今日八者之务，而甚有望乎为道之验也。臣闻天变之来，民怨招之也；人才之乏，士习蛊之也；兵力之弱，国计屈之也；虏寇之警，盗贼因之也。夫陛下以上嘉下乐之勤，夙兴夜寐之劳，怅岁月之逾迈，亦欲以少见吾道之验耳。俯视一世，未能差强人意。八者之弊，臣知陛下为此不满也。陛下分而以八事问，臣合而以四事对，请得以熟数之于前。何谓天变之来？民怨招之也。天视自我民视，天听自我民听，天明畏自我民明威。人心之休戚，天心所因以为喜怒者也。熙宁间大旱，是时河陕流民入京师，监门郑侠画《流民图》以献，且曰："陛下南征北伐，皆以胜捷之图来上，料无一人以父母妻子迁移困顿、皇皇不给之状为图以进者。览臣之图，行臣之言，十日不雨，乞正欺君之罪。"上为之罢新法十八事，京师大雨八日。天人之交，间不容发。载在经史，此类甚多。陛下以为今之民生何如邪?今之民生困矣！自琼林大盈，积于私贮，而民困；自建章通天，频于营缮，而民困；自献助叠见于豪家巨室，而民困；自和籴不间于闾阎下户，而民困；自所至贪官暴吏，视吾民如家鸡圈豕，惟所咀啖，而民困。呜呼！东南民力竭矣！《书》曰："怨岂在明，不见是图。"今尚可谓之不见乎?《书》曰："怨不在大，亦不在小。"今尚可谓之小乎？生斯世，为斯民，仰事俯育，亦欲各遂其父母妻子之乐。而操斧斤，淬锋锷，日夜思所以斩伐其命脉者，滔滔皆是。然则腊雪靳瑞，蛰雷愆期，月犯于木，星殒为石。以至土雨地震之变，无怪夫屡书不一书也。臣愿陛下持不息之心，急求所以为安民之道，则民生既和，天变或于是而弭矣。何谓人才之乏？士习蛊之也。臣闻穷之所养，达之所施；幼之所学，壮之所行；今日之修于家，他日之行于天子之庭者也。国初诸老，尝以厚士习为先务。宁收落韵之李迪，不取凿说之贾边；宁收直言之苏辙，不取险怪之刘几。建学校，则必欲崇经术；复乡举，则必欲参行艺。其后国子监，取湖学法，建经学、治道、边防、水利等斋，使学者因其名，以求其实。当时如程颐、徐积、吕希哲，皆出其中。呜呼！此元祐人物之所从出也。士习厚薄，最关人才，从古以来，其语如此。陛下以为今之士习何如邪？今之士大夫之家，有子而教之。方其幼也，则授其句读，择其不戾于时好、不震于有司者，俾熟复焉；及其长也，细书为工，累牍为富。持试于乡校者，以是；较艺于科举者，以是；取青紫而得车马也，以是。父兄之所教诏，师友之所讲明，利而已矣。其能卓然自拔于流俗者，几何人哉！心术既坏于未仕之前，则气节可想于既仕之后。以之领郡邑，如之何责其为卓茂黄霸？以之镇一路，如之何责其为苏章何武？以之曳朝绅，如之何责其为汲黯望之？奔竞于势要之路者，无怪也；趋附于权贵之门者，无怪也；牛维马絷、狗苟蝇营、患得患失、无所不至者，无怪也。悠悠风尘，靡靡偷俗，清芬消歇，浊滓横流。惟皇降衷秉彝之懿、萌蘖于牛羊斧斤相寻之冲者，其有几哉？厚今之人才，臣以为变今之士习，而后可也。臣愿陛下持不息之心，急求所以为淑士之道，则士风一淳，人才或于是而可得矣。何谓兵力之弱？国计屈之也。谨按国史：治平间遣使募京畿淮南兵，司马光言："边臣之请兵无穷，朝廷之募兵无已，仓库之粟帛有限，百姓之膏血有涯。愿罢招禁军，训练旧有之兵，自可备御。"臣闻古今天下，能免于弱者，必不能免于贫；免于贫者，必不能免于弱。一利之兴，一害之伏，未有交受其害者。今之兵财，则交受其害矣。自东海城筑，而调淮兵以防海，则两淮之兵不足；自襄樊复归，而并荆兵以城襄，则荆湖之兵不足；自腥气染于汉水，冤血溅于宝峰，而正军忠义空于死徙者过半，则川蜀之兵又不足。江淮之兵，又抽而入蜀，又抽而实荆，则下流之兵愈不足矣；荆湖之兵，又分而策应，又分而镇抚，则上流之兵愈不足矣。夫国之所恃以自卫者，兵也。而今之兵，不足如此，国安得而不弱哉！扶其弱而归之强，则招兵之策今日直有所不得已者。然召募方新，调度转急。问之大农，大农无财；问之版曹，版曹无财；问之饷司，饷司无财。自岁币银绢外，未闻有画一策为军食计者。是则弱矣，而又未免于贫也。陛下自摅肝鬲，近又创一安边太平库，专以供军。此艺祖积缣帛以易贼首之心也，仁宗皇帝出钱帛以助兵革之心也。转易之间，风采立异，前日之弱者可强矣。然飞刍挽粟，给饷馈粮，费于兵者几何？而琳宫梵宇，照耀湖山，土木之费，则漏卮也。列灶云屯，樵苏后爨，费于兵者几何？而霓裳羽衣，靡金饰翠，宫庭之费，则尾闾也。生熟口券，月给衣粮，费于兵者几何？而量珠辇玉，幸宠希恩，戚畹之费，则滥觞也。盖天下之财，专以供军，则财未有不足者。第重之以浮费，重之以冗费，则财始瓶罄而罍耻矣。如此，则虽欲足兵，其何以给兵耶？臣愿陛下持不息之心，急求所以为节财之道，则财计一充，兵力或于是而可强矣。何谓虏寇之警？盗贼因之也。谨按国史：绍兴间，杨么寇洞庭，连跨数郡，大将王𤫉不能制。时伪齐挟外使李成寇襄汉，么与交通，朝廷患之。始命岳飞，措置上流。已而，逐李成，擒杨么，而荆湖平。臣闻外之虏寇，不能为中国患，而其来也，必待内之变；内之盗贼，亦不能为中国患，而其起也，必将纳外之侮。盗贼而至于通虏寇，则腹心之大患也已！今之所谓虏者，固可畏矣。然而，逼我蜀，则蜀帅策泸水之勋；窥我淮，则淮帅奏维扬之凯。狼子野心，固不可以一捷止之。然使之无得弃去，则中国之技，未为尽出其下，彼亦犹畏中国之有其人也。独惟旧海，在天一隅，逆维冗之者，数年于兹。飓风瞬息，一苇可航，彼未必不朝夕为趋浙计，然而未能焉。短于舟，疏于水，惧吾唐岛之有李宝在耳。然洞庭之湖，烟水沉寂；而浙右之湖，涛澜沸惊，区区妖孽，且谓有杨么之渐矣。得之京师之耆老，皆以为此寇，出没倏闪，往来翕霍，驾舟如飞，运柂如神，而我之舟师不及焉。夫东南之长技，莫如舟师，我之胜兀术于金山者以此，我之毙逆亮于采石者以此。而今此曹，反挟之以制我，不武甚矣！万一或出于杨么之计，则前日李成之不得志于荆者，未必今日之不得志于浙也。曩闻山东荐饥，有司贪市榷之利，空苏湖根本以资之，廷绅犹谓互易。安知无为其乡道者，一夫登岸，万事瓦裂。又闻魏村、江湾、福山三寨水军，兴贩盐课，以资逆雏，廷绅犹谓是。以扞卫之师，为商贾之事；以防拓之卒，开乡道之门，忧时识治之见，往往如此。肘腋之蜂虿，怀袖之蛇蝎，是其可以忽乎哉！陛下近者，命发运兼宪，合兵财而一其权，是将为灭此朝食之图矣。然屯海道者非无军，控海道者非无将，徒有王𤫉数年之劳，未闻岳飞八日之捷。子太叔平符泽之盗，恐不如此。长此不已，臣惧为李成开道地也。臣愿陛下持不息之心，求所以弭寇之道，则寇难一清，边备或于是而可宽矣。

臣伏读《圣策》曰："夫不息则久，久则征。今胡为而未征欤？变则通，通则久，今其可以屡更欤?”臣有以见陛下久于其道，而甚有感乎《中庸》、大《易》之格言也。臣闻:天久而不坠也以运，地久而不陨也以转，水久而不腐也以流，日月星辰而常新也以行。天下之凡不息者，皆以久也。《中庸》之不息，即所以为大《易》之变通;大《易》之变通，即所以验《中庸》之不息。变通者之久，固肇于不息者之久也。盖不息者其心，变通者其迹。其心不息，故其迹亦不息。游乎六合之内，而纵论乎六合之外;生乎百世之下，而追想乎百世之上。神化天造，天运无端，发微不可见，充周不可穷，天地之所以变通，固自其不息者为之。圣人之久于其道，亦法天地而已矣。天地以不息而久，圣人亦以不息而久。外不息而言久焉，皆非所以久也。臣尝读《无逸》一书，见其享国之久者，有四君焉，而其间三君为最久。臣求其所以久者:中宗之心，严恭寅畏也;高宗之心，不敢荒宁也;文王之心，无淫于逸，无游于畋也。是三君者，皆无逸而已矣。彼之无逸，臣之所谓不息也。一无逸而其效如此，然则不息者，非所以久欤? 陛下之行道，盖非一朝夕之暂矣。宝绍以来，则涵养此道;端平以来，则发挥此道;嘉熙以来，则把握此道。嘉熙而淳祐，淳祐而宝祐，十余年间，无非持循此道之岁月，陛下处此也。庭燎未辉，臣知其宵衣以待;日中至昃，臣知其玉食弗遑;夜漏已下，臣知其丙枕无寐。圣人之运，亦可谓不息矣。然既往之不息者易，方来之不息者难;久而不息者易，愈久而愈不息者难。昕临大庭，百辟星布，陛下之心，此时固不息矣。暗室屋漏之隐，试一警省，则亦能不息否乎? 日御经筵，学士云集，陛下之心，此时固不息矣。宦官女子之近，试一循察，则亦能不息否乎? 不息于外者，固不能保其不息于内;不息于此者，固不能保其不息于彼。乍勤乍怠，乍作乍辍，则不息之纯心间矣。如此，则陛下虽欲久则证，臣知《中庸》九经之治，未可以朝夕见也;虽欲通则久，臣知《系辞》十三卦之功，未可以岁月计也。渊蜎蠖濩之中，虚明应物之地，此全在陛下自斟酌，自执持。顷刻之力不继，则证久之功俱废矣。可不戒哉! 可不惧哉!

陛下之所以策臣者，悉矣;臣之所以忠于陛下者，亦既略陈于前矣。而陛下策之篇终复曰:“子大夫熟之复之，勿激勿泛，以副朕详延之意。”臣伏读《圣策》至此，陛下所谓详延之意，盖可识已。夫陛下自即位以来，未尝以直言罪士。不惟不罪之以直言，而且导之以直言。臣等尝恨无由以至天子之庭,以吐其素所蓄积。幸见录于有司,得以借玉阶方寸地,此正臣等披露肺肝之日也。方将明目张胆,謇謇谔谔,言天下事,陛下乃戒之以"勿激勿泛"。夫泛固不切矣;若夫激者,忠之所发也。陛下胡并与激者之言而厌之邪?厌激者之言,则是将胥臣等而为容容唯唯之归邪。然则臣将为激者欤?将为泛者欤?抑将迁就陛下之说,而姑为不激不泛者欤?虽然,奉对大庭,而不激不泛者,固有之矣。臣于汉得一人焉,曰:董仲舒。方武帝之策仲舒也,慨然以"欲闻大道之要"为问,帝之求道,其心盖甚锐矣。然道以大言,帝将求之虚无渺冥之乡也。使仲舒于此,过言之则激,浅言之则泛。仲舒不激不泛,得一说曰:正心。武帝方将求之虚无渺冥之乡,仲舒乃告之以真实浅近之理,兹陛下所谓切至之论也。奈何武帝自恃其区区英明之资,超伟之识,谓其自足以凌跨六合,笼驾八表,而顾如此语忽焉。仲舒以江都去,而武帝所与论道者,他有人矣。臣固尝为武帝惜也。堂堂天朝,固非汉比,而臣之贤,亦万不及仲舒。然亦不敢激,不敢泛,切于圣问之所谓道者,而得二说焉,以为陛下献,陛下试采览焉。一曰:重宰相,以开公道之门。臣闻公道在天地间,不可一日壅阏。所以昭苏而涤决之者,宰相责也。然扶公道者,宰相之责;而主公道者,天子之事。天子而侵宰相之权,则公道已矣。三省、枢密,谓之朝廷,天子所与谋大政、出大令之地也。政令不出于中书,昔人谓之斜封、墨敕,非盛世事。国初,三省纪纲甚正,中书造命,门下审复,尚书奉行。宫府之事,无一不统于宰相。是以李沆犹得以焚立妃之诏,王旦犹得以沮节度之除,韩琦犹得出空头敕以逐内侍,杜衍犹得封还内降以裁侥幸。盖宰相之权尊,则公道始有所依而立也。今陛下之所以为公道计者,非不悉矣。以夤缘戒外戚,是以公道责外戚也;以裁制戒内司,是以公道责内司也;以舍法用例戒群臣,是以公道责外廷也。雷霆发蔀,星日烛幽,天下于此咸服陛下之明。然或谓比年以来,大庭除授,于义有所未安,于法有所未便者,悉以圣旨行之。不惟诸司升补上渎宸奎,而统师躐级,阁职超迁,亦以夤缘而得恩泽矣;不惟奸赃湔洗上劳涣汗,而选人通籍,奸胥逭刑,亦以钻刺而拜宠命矣。甚至闾阎琐屑之斗讼,皂隶猥贱之干求,悉达内庭,尽由中降。此何等虮虱事,而陛下以身亲之,大臣几于为奉承风旨之官,三省几于为奉行文书之府。臣恐天下公道,自此壅矣。景祐间,罢内降,凡诏令皆出中书、枢密院。仁祖之所以主张公道者如此。今进言者,犹以事当间出睿断为说。呜呼!此亦韩绛告仁祖之辞也。“朕固不惮自有处分,不如先尽大臣之虑而行之。”仁祖之所以谕绛者,何说也?奈何复以绛之说,启人主以夺中书之权,是何心哉!宣、靖间,创御笔之令,蔡京坐东廊,专以奉行御笔为职。其后童贯、梁师成用事,而天地为之分裂者数世。是可鉴矣。臣愿陛下重宰相之权,正中书之体。凡内批,必经由中书、枢密院,如先朝故事。则天下幸甚!宗社幸甚!二曰:收君子,以寿直道之脉。臣闻直道在天地间,不可一日颓靡。所以光明而张主之者,君子责也。然扶直道者,君子之责;而主直道者,人君之事。人君而至于沮君子之气,则直道已矣。夫不直,则道不见。君子者,直道之倡也。直道一倡于君子,昔人谓之凤鸣朝阳,以为清朝贺。国朝君子,气节大振,有鱼头参政,有鹘击台谏,有铁面御史。军国之事,无一不得言于君子。是以司马光犹得以殛守忠之奸,刘挚犹得以折李宪之横,范祖禹犹得以罪宋用臣,张震犹得以击龙大渊、曾觌。盖君子之气伸,则直道始有所附而行也。今陛下之所以为直道计者,非不至矣。月有供课,是以直道望谏官也;日有轮札,是以直道望廷臣也;有转对,有请对,有非时召对,是以直道望公卿百执事也。江海纳污,山薮藏疾,天下于此咸服陛下之量。然或谓比年以来,外廷议论于已有所未协,于情有所未忍者,悉以圣意断之。不惟言及乘舆上勤节贴,而小小予夺,小小废置,亦且寝罢不报矣;不惟事关廊庙上烦调停,而小小抨弹,小小纠劾,亦且宣谕不已矣。甚者,意涉区区之貂珰,论侵琐琐之姻娅,不恤公议,反出谏臣。此何等狐鼠辈,而陛下以身庇之,御史至于来和事之讥,台吏至于重讫了之报。臣恐天下之直道,自此沮矣。康定间,欧阳修以言事出,未几即召以谏院;至和间,唐介以言事贬,未几即除以谏官。仁祖之所以主直道者如此。今进言者,犹以台谏之势日横为疑。呜呼!兹非富弼忠于仁祖之意也。弼倾身下士,宁以宰相受台谏风旨,弼之自处何如也?奈何不知弼之意,反启人君以厌君子之言,是何心哉?元符间,置看详理诉所,而士大夫得罪者八百余家。其后,邹浩、陈瓘去国,无一人敢为天下伸一喙者,是可鉴已。臣愿陛下壮正人之气,养公论之锋。凡以直言去者,悉召之于霜台乌府中,如先朝故事。则天下幸甚!宗社幸甚!盖大道之行,天下为公;周道如砥,其直如矢。自古帝王行道者,无先于此也。臣来自山林，有怀欲吐。陛下怅然疑吾道之迂远，且慨论乎古今功化之浅深，证效之迟速，而若有大不满于今日者，臣则以为非行道之罪也。公道不在中书，直道不在台谏，是以陛下行道用力处虽劳，而未遽食道之报耳。果使中书得以公道总政要，台谏得以直道纠官邪，则陛下虽端冕凝旒于穆清之上，所谓功化证效，可以立见。何至积三十余年之工力，而志勤道远，渺焉未有际邪？

臣始以“不息”二字为陛下勉，终以公道、直道为陛下献，陛下万几之暇，傥于是而加三思，则跻帝王、轶汉唐，由此其阶也已。臣赋性疏愚，不识忌讳，握笔至此，不自知其言之过于激，亦不自知其言之过于泛。冒犯天威，罪在不赦，惟陛下留神。(《文天祥全集》卷三)

廷试前两日，先生(文天祥)苦河鱼，且不能食。试之日，丑寅间强起，乘篮舆，趋驰道外，几不能支吾。至昕，诸进士趋丽正门之旁门，先生随群拥并而入，顶踵汗流，顿觉苏醒。至殿廊，恭受御策题，就题命意，文思涌泉，运笔如飞，所对且万言。未时已出矣。或谓有神物者荡涤其中，以吐其奇，是岂偶然之故哉！道体堂谨书。(《文天祥全集》卷三)

二十四日，皇帝御集英殿唱名。赐进士文天祥以下及第、出身、同出身，共六百一人。当日赴期集所。(《宋宝祐四年登科录》卷一)

(文天祥)对策集英殿。时理宗在位久，政理浸怠，天祥以“法天不息”为对，其言万余，不为稿，一挥而成。帝亲拔为第一。考官王应麟奏曰：“是卷古谊若龟鉴，忠肝如铁石，臣敢为得人贺。”(《宋史》卷四一八)

及大廷试策，有司置予(文天祥)第五，理宗皇帝览予对，亲擢为第一。(《文天祥全集》卷一七《纪年录》)

丙辰(二十六日)，赐特奏名进士袁复元等敕，凡六百六十人。(《宋史全文》卷三五)

二十八日,三省同奉圣旨:文天祥添差签书宁海军节度判官厅公事,仍厘务。(《宋宝祐四年登科录》卷四)

进士名录:文天祥,陈赏,杨起莘,丁至,丁迈,王一奇,王公及,王里,王良臣,王良翁,王南杰,王桂发,王刚中,王刚中,王唐,王朝佐,王遇龙,王景倓,王巽申,王震午,王应凤,王壑,王体文,毛文叟,毛沆,毛浚,毛铸,勾印,文午荣,文月能,文有年,文拱辰,方从龙,方义夫,方寿明,方霖孙,方宝印,甘谈,石子该,石午合,石介,石公瑾,田真子,田镇则,史思兼,句炜,包伯驺,包云龙,成竺,吕岳,朱一冲,朱大德,朱及甫,朱天与,朱西吉,朱埴,朱晰,朱龙,朱宝臣,朱鉴孙,先南巽,伍安然,任公震,任汝贤,任镗,向洪举,夙武伯,江山德,阮以和,阮次膺,杜刚久,杜梦冠,杜应之,李子龙,李天骥,李文昌,李卯孙,李有大,李成大,李光大,李仲,李仲龙,李君锡,李周瀚,李劲,李核,李振祖,李时中,李时发,李容,李敏子,李斌,李登,李填,李梦吕,李雷应,李会龙,李会龙,李应革,李镇,李觉民,李懿文,李轮,车景福,吴之道,吴之选,吴有定,吴良弼,吴英发,吴松龙,吴定,吴思睿,吴景伯,吴钘,吴璞,吴灿,何井,何式,何安然,何果昌,何时,何梦牛,何德华,余士明,余君锡,余梦璜,余嗣道,余学古,汪有道,沈亨辰,沈旼,沈达可,沈梦忠,沈梦龙,宋日隆,宋应瑞,邵焕有,林元复,林伯介,林季昌,林孟磁,林春,林春一,林时遇,林黄,林尧龙,林杰,林梦协,林雷,林耸,林应昂,林应嘉,林镗,卓云,易正大,季可,金庚,周千能,周方,周正子,周明复,周炎发,周清子,周清老,周焱,周裕,周淼,周炜,周焘,胡三省,胡元壹,胡宏子,胡英发,胡炎午,胡炎发,胡拱辰,胡岩如,段舜咨,俞士千,洪子寿,洪文伯,洪斗南,洪伏龙,祝洙,姚桂,姚会之,纪应炎,马光国,马廷琰,马初,马从龙,马梦桂,马嵘,秦养浩,袁甲龙,袁森,袁梦册,莫子材,庄孟芳,夏鼎,夏诜仲,柴随亨,时梦洪,毕时中,倪洪,倪澄,徐希林,徐宏,徐理,徐景符,徐焱,徐梦宏,奚雷发,翁仲德,高若拙,高若霖,郭炎金,郭珏,郭兴世,郭龙发,唐天麟,唐逢午,唐湘,唐梦庚,容熊孙,陆秀夫,陆梦发,陆镗,陈子元,陈元发,陈卯东,陈必达,陈仲宾,陈秀举,陈若蒙,陈英发,陈明同,陈南一,陈俞,陈起东,陈桂,陈逢,陈著,陈埜,陈国华,陈绍大,陈绍南,陈绍商,陈绍裘,陈闳,陈景行,陈咏,陈宁祖,陈梦吴,陈预,陈经国，陈宁祖，陈实，陈震炎，陈锡，陈锡荣，陈龙复，陈懿伯，陶叔量，陶寅，孙南己，孙益大，孙砺，黄中，黄午，黄公立，黄去圭，黄必大，黄幼可，黄有，黄宏子，黄炎午，黄容，黄启，黄遂，黄梦冠，黄梦履，黄梦荐，黄雷利，黄嘉，黄震，黄潜，黄澄，黄应辰，黄骥子，梅应春，曹翁善，曹琦，曹庆龙，闭复亨，许一鸣，许孔明，许自，许安国，许君辅，章一桂，章又新，章魁孙，章贽，张士毅，张公谨，张未僧，张申，张用泰，张合，张酉庆，张枋，张桂龙，张清之，张咏之，张冯，张梦高，张详荣，张雍正，张震金，张颐孙，张声子，张应元，张应中，张浚仲，彭方迥，董公揆，董楷，单公选，喻用国，程师望，程雷发，程澥(误)，程应甲，傅一新，傅勉之，舒杭，舒岳祥，舒梦桂，邬崇节，童可，曾惠迪，曾梦吴，曾肃翁，冯斗祥，冯正子，冯更，冯治，冯寅起，冯概，冯逊，冯腾茂，汤长卿，鄢晋，蒲丙，蒲拱壬，蒲鸣凤，蒲荣午，蒲震檦，蒙英昂，杨乙，杨于，杨山龙，杨公儿，杨申，杨次郑，杨艮孙，杨酉明，杨奇遇，杨叔济，杨泰，杨琦，杨森，杨梦斗，杨梦斗，杨梦符，杨梦魁，杨震式，杨怿，杨应辰，杨应霆，詹梦璧，雍汜，赵子发，赵友焕，赵正元，赵必成，赵必坩，赵必畊，赵必洤，赵必烇，赵必流，赵必偶，赵必棍，赵必揆，赵必膜，赵必逻，赵必橙，赵必铮，赵必堪，赵必瞎，赵必寰，赵必聪，赵必矿，赵汝漯，赵酉泰，赵良埈，赵良茝，赵良铨，赵良烿，赵君竩，赵若玤，赵若硂，赵若琲，赵若焯，赵若祺，赵若钰，赵若播，赵若鲁，赵若瓘，赵果，赵孟佱，赵孟定，赵孟奎，赵孟涔，赵孟浑，赵孟檦，赵孟熄，赵孟镭，赵孟澜，赵孟俨，赵孟续，赵孟铸，赵孟钻，赵珐，赵时冰，赵时洮，赵时悟，赵时贯，赵时瑜，赵时溱，赵时垦，赵时赛，赵崇回，赵崇田，赵崇湁，赵崇铤，赵崇铬，赵崇墀，赵寅龙，赵复，赵寝夫，赵巽，赵嗣昌，赵嗣恩，赵嗣达，赵嗣樟，赵与东，赵与种，赵与栲，赵与椇，赵与溥，赵与铦，赵与樀，赵与遴，赵与谌，赵与锅，赵震己，赵震文，赵璪夫，赵谟夫，赵简，赵继珪，蒋卯发，蒋拱寅，蒋科，蒋砳，蔡源，蔡福嗣，蔡震，臧灼，管南，廖子实，郑士颖，郑木润，郑必复，郑自立，郑君荐，郑茂大，郑宗源，郑居智，郑泾，郑梦霖，郑与言，郑会龙，郑瑶，郑应雷，漆秀实，邓之寅，邓幼杰，邓冠，邓蜚英，邓观光，樊廷茂，樊汝舟，樊汝霖，欧宬，刘大有，刘午道，刘文甲，刘幼发，刘臣，刘师中，刘祥南，刘曾，刘梦骍，刘汉传，刘应老，刘应辛，刘应炳，诸葛文庚，潘天与，潘方，潘希圣，练梦华，薛文龙，薛埴，薛嵎，萧易，萧榉，卢廷直，卢深夫，卢万里，穆演祖，钱真孙,钱震午,鲍同孙,钟文珍,谢次鲁,谢见斗,谢枋得,谢炎午,谢乘运,谢云之,聂庆龙,聂嚞,边云遇,颜太来,苏文龙,苏良,苏直方,苏景瑞,苏德载,严合龙,严艮老,严桂发,罗斗南,罗有容,罗林,罗椅,罗雷发,谭方平,庞琦,兰梦登,龚席珍。

特奏名进士:袁复元,王大节,毛鸿,方永仁,方安邦,方安国,方禼,方德元,孔道传,左膺午,史即之,史常之,吕比,吕似孙,吕兵,吕嘉,吕嶸,朱廷直,朱伯乐,朱应午,江寅简,阮志远,杜应龙,李以秉,李本固,李桃,李国宝,李雷雨,李肃,李应奎,吴仲明,吴季子,吴琳,吴梦岩,何仕全,何应昂,余邦彦,余行甫,余起尧,余梅叟,余善述,汪旗,汪寅简,林一枝,林介,林杞,林迥,林康民,林绍,周云龙,胡安国,胡叔林,胡康侯,夏己震,柴元亨,时赛,倪俊明,徐一锋,徐汝元,徐汝周,徐从龙,留梦森,郭陈庚,唐廷瑞,唐解,涂槐,陈子畊,陈子龙,陈仰,陈孝嗣,陈宏,陈良策,陈修,陈泰之,陈振起,陈偰,陈鼎,陈鼎新,陈晔,陈暨,陈震午,陈价,黄大同,黄章,黄深,黄峣,曹艮孙,常时尹,许德著,章霆瑞,张全,张虞,张应驿,叶梦登,叶应之,冯懋,曾仕倬,杨垌,杨道济,杨震雷,赵之祐,赵必桄,赵若谊,赵定夫,赵时铫,赵崇普,赵崇槭,赵崇槱,赵与莚,蒋日卿,蒋斗荐,郑士洪,郑文龙,郑伯忠,郑伯荣,郑荞,郑苼,郑褎,郑应东,邓林,楼世仁,樊汝周,欧阳应马,刘木润,刘廷梁,刘英,刘叔向,刘定国,刘南强,刘域,乐谊,萧光大,谢文纪,谢谦,应野,罗梦棫,罗雷春。

上舍释褐:王龙应,方大亨,方大猷,方时戊,黄大林。(《宋登科记考》卷一三)

补进士名录:其一,曾士倬。《文天祥全集》卷一〇《跋曾子美万言书稿名士倬》:"集英殿赐某等进士。第入局,一日,同年曾兄子美来访。"

其二,王廷瑞。《宋登科记考》卷一三将其系于宝庆二年进士名录,误。详说见前。

补特奏名进士:李应龙。《全宋文》卷八一三五姚勉《跋李彝甫廷对策稿》:"岁丙辰,试太常,复不利,以特奏恩奉大对。余时在江南泉石间,谓朋友言:今年特奏第一人必松麓。新榜至,松麓乃第在三人。"又,《全宋诗》卷三四〇五姚勉《送松麓李应龙彝甫携阿颍鹏升参学》。又,《文天祥全集》卷一〇《跋李龙庚殿策》:"丰城李君彝甫,有文学,且评所尊称,晚乃屈就南庑,试名在第三,众共惜之。"

辨正:程澥。宝祐元年进士名录亦有一程澥,辨正见前。

宝祐丙辰之策士也,既日昃,再驾临轩,有少年首上对。彻亲览,卷首有"临御以来,如日正中"语。及唱第,进呈次第七,上手擢易首。唱第七,既又不满,置首;唱第四,第四则三山陈俞也。于是,宝庆三十又三年矣,特讳言久,前别院命赋题"久于道"。以忤闻,故草茅附会如再中。然前彻览,后易置,皆命也。而俞策亦实有及雪丘者。舜卿尝语余:"考官不能使俞第一,天子不能使俞第七。"其自信无怨如此,而亦从是退飞矣。(《全宋文》卷八二七六刘辰翁《陈礼部墓志铭》)

宝祐乙卯,(聂嚞)始拔清江解。明年,试南宫,知举竹所陈公显伯定其赋魁天下,忠斋留公梦炎读其论曰:"此有学识士也。"策微误,竹所以本房副卷朱君值易之,竟以第五名赋人等。今湖南帅干邓君林留京语人曰:"林得之颐斋邓公垌省魁,初取清江聂嚞。"因谢有司,竹所谓先生曰:"公为省元七日。"科第高下固分定,人皆为先生惜,先生处之裕如也。(《全元文》卷八六王义山《聂先生行状》)

刘克庄《尤溪赵珤廷策》:尤溪赵君肖翁示余丙辰廷策一编,首尾八千余言,专以《乾》《坤》二卦奉对。其析义理极精,其辨忠邪、条治乱极沉著痛快,其规切君相极忠愤忧爱。君生于庚寅,是岁方二十七,而危言老气律崒如此。昔人以杜牧居第五为屈,乙科第九,得无少屈君乎?汉唐策士于廷多矣,如晁错、公孙弘、牛僧孺之流,皆裒然为选首,不旋踵取卿相。然溯其言以求其心,千载而下,方笑未已。其粹然出于正、浩然有所守者,江都相尔,刘布衣尔。本朝策士于廷亦多矣,自叶祖洽非先烈以合时好,迄宣、靖一甲子间无直言人。南渡百余年,求其可继董、刘二子者,横浦张公耳,梅溪王公耳。穷达系一时之命,贤佞有万世之论。君其益讲学、益进德，以错、弘、僧孺、祖洽自鉴，以董、刘、张、王四君子自勉，使后之评君者曰：是真能践其言者！(《后村先生大全集》卷一〇八)

邓林《及第谢太守启》：射策太狂，堕枫宸之末第；修辞往谢，贽竹使之彝恭。虽位置之无堪，然陶成之有日。伏念某，植姿颇戆，抱识良偏。少也读书，常慕昔人之慷慨；壮而觅举，每羞今世之诡随。迄龃龉以难投，遂崎岖而遍走。玉龙洞里，曾穷天下之环观；金鲫池旁，屡览日边之胜概。不肯录录，何为栖栖？瞻言诸父之收科，妄期克复；偶荷名流之知己，相与维持。常携三尺之绫，晋扣千钧之笔。既蒙飘洒，更沐吹嘘。俾寄径于冰台，遂登书于天府。竟成藉手，冒中别头。又从紫闼以试文，方许丹墀之奉对。念一生之所学，何可负君；昧万死以极言，但知爱国。攻上身而稍力，谨储教以为先。谗夫女谒之当防，戚里官阉之宜抑。上而凤阁毋久付于具臣，次则乌台盍悉求于端士。凡有辞而皆讦，然非道则不陈。披腹效忠，自哂杜园之贾谊；殚心论事，孰知丰旅之马周。司衡鉴者媚之，彻冕旒而难已。甚安殿后，讵复争先？弓矢纷披，懒角殿廷之射艺；科条杂沓，倦呈铨锁之刑书。谁能躁求，姑且静退。卷怀黄牒，甘迟吏部之差；归着蓝衫，聊奉慈闱之粲。已为侥幸，亶出坯镕。兹盖恭遇某官，伊洛渊源，龚黄政事。以宽慈绥百姓，鼓荡春风；以义理淑诸生，沾濡化雨。皂盖朱轮，再书于上考；紫纶丹綍，佥徯于中除。遂使朱愚，亦题墨淡。某敢不秉持素守，增益未能！挹瑞彩于金芝，已借此时之披拂；峻清班于玉笋，尚祈他日之提撕。皈倚罙深，敷宣罔既。(《全宋文》卷八〇二四)

姚勉《跋李彝甫廷对策稿》：松麓李彝父自为举子时，以策鸣场屋。如万同年定翁、程同年则明，皆其门人，以策擢上第，独松麓不偶。岁丙辰，试太常，复不利，以特奏恩奉大对。余时在江南泉石间，谓朋友言：今年特奏第一人必松麓。新榜至，松麓乃第在三人，皆咎予言之不验，予亦自怪也。不几时，邹君鼎实归自京，道东庄饶先生之语，谓始奏松麓为特奏科第一人，偶正科之首亦自其选，不欲皆出己，姑位在三。既上，乃别亲擢以首正科，遂两失之，大悔恨，误屈松麓。人始信余言之不妄，余亦自喜其有以知松麓也。特松麓厄于命而不得逞耳。夫厄松麓于特奏，命矣；又厄松麓于第三,尤命也夫!虽然,唐文宗时,李郃第贤良,刘蕡不第。自当时观之,皆以为蕡惜;由今日观之,士皆诵刘蕡策甚习,知蕡切直名甚著,初不知有李郃也。本朝欧阳永叔知贡举,初欲以第一处东坡,疑其为门人曾子固,屈之第二。是年廷唱之首,则章衡。自当时观之,皆以为东坡惜;由今日观之,但知东坡气节文章为吾宋第一,初不知有章衡也。然则,以刘蕡比松麓,不必恨其不太常为擢第;以东坡望松麓,又不必恨其不特奏第一也。所谓第一,盖有大于此者矣,岂在于第之中否!科之正,特高下哉!松麓为人,气宇轩然。自为举子时,发为文章,盖已抚余子而立其上,必有以第一自处者。勉斋黄先生曰:"异日结果,须要作世间第一流人物。"呜呼!若勉斋此念,斯其所以为第一乎!余也固以是望松麓。(《全宋文》卷八一三五)

文天祥《跋李龙庚殿策》:三代以下,无良法取士者,因仍科举不能变。士虽有圣贤之资,倘非俯首时文,无自奋之路,是以不得不屑于从事。而其所谓文,盖非其心之所甚安。故苟足以讫事,则已矣。丰城李君彝甫,有文学,旦评所尊称,晚乃屈就南庑,试名在第三,众共惜之。门人好事者,取君所对策,刻诸梓,予得而读之。君信能事矣!然由君言之,当时寸晷之笔,何啻刍狗?君姑借此脱韦布,盖将有所行于时,而岂以是为有余哉!此非好事者之所得知也。君非碌碌,意积蓄必有深厚,故予独探其心,表而出之。(《文天祥全集》卷一〇)

六　月

一日,准敕:依格赐进士期集钱一千二百贯文,《小录》钱五百贯文。(《宋宝祐四年登科录》卷一)

七日,谢阙。(《宋宝祐四年登科录》卷一)

十三日,谒谢先圣先师兖国公、邹国公。(《宋宝祐四年登科录》卷一)

二十九日,赐闻喜宴。同日,降赐御诗于礼部贡院。(《宋宝祐四年登科

录》卷一)

宋理宗《闻喜宴赐进士诗》:道久于心化未成,乐闻尔士对延英。诚惟不息其明著,治岂多言在力行。华国以文由造理,事君务实勿沽名。得贤功用真无敌,能为皇家立太平。(《咸淳临安志》卷一二)

马廷鸾《恭和御制赐进士韵》:熙朝道化聿求成,龙衮天临策俊英。清问详延敷乃听,嘉犹入告底于行。尧章焜耀欣承渥,汤训丁宁戒近名。圣主得贤功烈盛,小臣稽首愿升平。(《全宋诗》卷三四六二)

文天祥《集英殿赐进士及第恭谢诗》:于皇天子自乘龙,三十三年此道中。悠远直参天地化,升平奚羡帝王功。但坚圣志持常久,须使生民见泰通。第一胪传新渥重,报恩惟有厉清忠。(《文天祥全集》卷一)

七　月

一日,准省札,为期集所支用不敷,再给降《题名小录》钱一千七百贯文。(《宋宝祐四年登科录》卷一)

四日,拜黄甲。同日,叙同年于礼部贡院。(《宋宝祐四年登科录》卷一)

文天祥《门谢表》:臣以赐第之初,未经门谢,未敢祗拜札命。申乞指挥,续准省札,七月十一日三省同奉圣旨,令朝谢讫之任,臣谨遵奉旨挥,诣阙庭朝谢者。御大廷而发策,式广旁招;奉清问以摅忠,误承亲擢。尚阻紫宸之谢,遽叨黄纸之除。旷世遭逢,瞻天感激。臣窃以宾兴下诏,同天地宗祀之彝;科举取人,代造化爵贤之柄。岂曰利人才之进取,其间实天道之流行。肆万乘之临轩,受诸侯之贡士,占小善者率以录。咸造在廷,取一人焉,拔其尤,必有名世。岂应庸琐,可在搜罗? 臣禀质既凡,闻道尤浅。才非洛阳之年少,偶玷荐书;学非广川之大儒,遽尘举首。自叨异数,亦既三年。回思胪唱之蒙恩,莫与凫趋而奉表。有怀就日,无路笺天。方彷徨于丘园,乃宠绥其禄秩。辄请展为臣之礼,幸许修诣阙之恭。

兹盖伏遇皇帝陛下，德体乾行，道符常久。世更三纪，远追成周式化之风；岁启后庚，近接艺祖开基之运。凡际风云之会，咸依日月之光。遂令一介之姓名，亦被九重之记录。臣敢不誓坚素守，勉企前修！自揆读书，非为平生温饱之计；愿言竭节，用副上心忠孝之期。(《文天祥全集》卷四)

二十五日，立题名碑石于礼部贡院。(《宋宝祐四年登科录》卷一)

十一月

(丙申，九日)诏："正、特奏名御试，毋得更循旧制例，以武功资帖比折，升甲升等。"(《宋史全文》卷三五)

是　年

命在朝之臣，除宰执、侍从、台谏外，自卿监、郎官以下至厘务官，各具三代宗支图三本，结立罪状，申尚书省、御史台及礼部，所属各置簿籍，存留照应。遇属子孙登科、发解、入学、奏补事故，并具申入凿。后由外任登朝，亦于供职日后，具图籍记如上法。遇胄试之年，照朝廷限员，于内牒能应举人就试，以革胄牒冒滥之弊。(《宋史》卷一五六)

姚勉《邹氏同宗义约序》：瑞阳年来为义者盛，岁大比，自三邑共为约、各邑自为约外，又有所谓同气义约者。昉于陈，继于蔡，今复有邹，非相为习也，为义者不厌夫多也。邹为瑞儒，应举者众。有以《春秋》连为贡首者，有以《诗》学取荐名者，又有以词赋擢第者。气类之盛，皆彬彬乎王门；曳裾之英，卓卓乎王国。道乡之彦也，其为约也则宜。余又闻之，六十年甲子一周，周则气数未必如旧。其庆元丙辰魁天下者，昭武大参邹公也。今兹又丙辰矣，甲子周而气数复矣，其必有邹之姓魁天下者乎？邹阳之言曰："交龙襄首奋翼，则浮云出流；雾雨咸集，辰龙也。"大参之襄龙首，盖以龙之岁。与是约者，再襄是龙。敢以邹阳之说，告邹氏之同约。(《全宋文》卷八一三五)

宝祐五年　丁巳(1257)

宝祐六年　戊午(1258)

二　月

辛巳朔(一日),诏:礼部贡举。(《宋史全文》卷三五)

是　年

吴潜《乡举鹿鸣劝驾戊午》:上苑春光已探来,诸公逸驾莫迟回。点头定有文惊坐,烧尾何妨酒吸杯。自是功名难躲避,须知气节要壅培。老夫亲手传衣钵,来岁图经用再开。(《全宋诗》卷三一五六)

吴龙翰《戊午诏与弟文战棘闱,自惭师衄,况有炊臼之梦,不能为怀。幸故人有荐乡书魁漕闱者,良以自慰》:霜叶秋风下,寒窗著病身。乾坤为逆旅,岁月转车轮。白首无贤妇,青云有故人。愁怀今日解,漫啜瓮边春。(《全宋诗》卷三五九〇)

叶梦鼎《建府戊午鹿鸣宴致语》:伏以侯邦贡士,共登天府之贤书;二席燕宾,喜遇春官之座主。秩初筵之俎豆,侈盛事于衣冠。恭惟诸省元先辈,经富总龟,赋工校猎。渊源问学,腹载考亭之书;藻火文章,神授山房之笔。踏槐花而程艺，穿杨叶以奏功。螯弧先登，一人当百；鹗书中隽，八十加三。合计闱学馆之英，群胄子宗枝之秀。众科盛矣，一举裒然。宫使知院大资大参相公，天下达尊，国中元老。进为伊、吕，功社稷，泽生民；退友松、乔，身江湖，心魏阙。四海觇其出处，九重想其遄归。平地神仙，聊作紫微之引领；翘材人物，终期黄阁之转钧。观使判府侍郎，有迁固才，传朱李学。平岩领啸，不妨饮山绿以哦诗；禁闼予环，行见佩水苍而入侍。判府工部郎中，受斋贤子，省户望郎。谏笏犹存，上记名臣之风烈；深衣独乐，士知前辈之典刑。观使提举告院郎中，才美硕肤，襟怀光睿。虎符龙节，所至有良吏之声；宫锦渔蓑，非晚归侍臣之列。判府武传郎中，九秋直干，千顷澄波。舟薄蓬莱，平上玉溪之月；骑喧竹马，催颁壶峤之春。常簿郎中，松节高寒，棣华竞爽。访麻源之三谷，聊复拂衣；横野渡之孤舟，正须作楫。秘阁郎中，北手梧竹，东序钟镛。公休侍温国之旁，从容洛社；晦叔祉吕蒙之美，大小申公。都运监丞郎中，庆历丞相之家，皇华使臣之节。木牛给饷，已高诸侯之勋名；金马直庐，行踵二苏之步武。提举资讲郎中，诸儒北斗，一道福星。义实仁声，兼有春生秋肃之气；直言正色，宜在朝论夕思之班。判府集撰侍郎，笔橐从臣，词章岳牧。冰壶秋日，镕为西涧之清；魁极台符，下照东瓯之分。为诸贤之劝驾，食上佐以礼宾。编衣紫绶之相辉，蓝袖银袍之交映。指沙圆之佳谶，送天上之飞翰。鼓瑟吹笙，此日升歌于苹野；传衣付钵，明年同宴于琼林。辄献伶歌，以铺吉语：黄堂燕衎盛衣冠，人道魁星照建安。多士权衡推月旦，一番桃李属春官。升歌鸣鹿陪樽俎，好与溟鹏插羽翰。发策致身须正学，功名久远要人看。（《全宋文》卷七九三三）

姚勉《新昌义约序》：新昌，瑞望邑也。郡未以瑞芝易号时，新昌邑有芝瑞于亭。文子记故邑为三之最，非近也，古矣。梅子真汉人，所居今尉山是；陶渊明晋人，所居今故里是，皆人物之最也。而尤最于我朝，士出就选，必为天下最。竹溪雷文简公以南省魁天下，某不肖，癸丑亦滥恩焉。士今愈最矣。岁戊午，相率以为约，取五百名中第一之义。人五百金，取"玉殿传金榜，君恩赐状头"诗为十籍，分敛而专聚，蚤计而预储，如京师者可无桂玉虑。是约义矣，愿申有约焉。吾里英才如林，冠首书毡，书首胪句,必跬相接,竹溪之地步,尤可拾级上。某不足道也,愿相与如古人。其能义不阿权门,上书诋王氏;义必扶正统,愿立孔子后,如吾里子真者乎!其能义不事小人,即赋《归去来》;义不负晋朝,惟书甲子号,如吾里渊明者乎!是所谓义也。如是而后,足为天下最。愿皆曰不背约。

姚勉《惠应庙塑魁星像序》:大乾,主功名之神也。行庙在新昌,士奉之应如响,欲相率像魁星以祀。维吾新昌,魁脉相续。竹溪雷公以南省魁天下,某不肖,亦误膺亲擢焉。譬之武事,某特先驱破阵者尔,建大将鼓旗者,方来未已也。像魁星而祠之,实甚宜。抑梅亭李公赞魁星,有曰:"魁一仲舒,为汉典刑;魁一僧孺,稔唐祸形。"然则吾新昌继自今魁天下者,为仲舒而不为僧孺可也。神必福之。

姚勉《高同父卷子纸序》:国重士,士重文,文重君。士入棘闱,试有司,辄焚香拜贤能书,登王亦拜受之,不重士乎?选士必选文,文之佳如青铜钱,万选亦万中,不重文乎?玉之籍也以藻,则玉重;锦之包也以茅,则锦辱。上重我乃如此,我乃不自重,曰:"吾姑以藻吾文耳,岂在卷!"何自轻其文如是哉!故重其文者,尤当重卷。此高氏同父所以得自重,而又欲与朋友皆知所重也。岁次戊午,求士诏复自天而至,士皆治卷求试。同父欲率朋友略出费十一二,而以己资先市佳楮,然后责偿。欲使士皆玉锦其文,贵以藻而不贱以茅,为有司所爱重,取举第如拾芥。成己成物之意厚,朋友知自重,其皆翕然和之乎?己未,三千礼乐字入对,卷彻宸览,相君以金篦指读上前,皆此其基也。同父高氏,过其名也,盖佳兆云。(以上均见《全宋文》卷八一三五)

刘克庄《送德甫侄省试》:绝出雕虫辈,相期竹马年。二魁家有样,四世里兴贤吾家尤利乡举。雪鬓吾还笏,霜蹄汝著鞭。微疴真换骨,骨换不难仙。(《后村先生大全集》卷三〇)

开庆元年　己未(1259)

正　月

己巳(二十五日),以权吏部侍郎兼国子祭酒、权直学士院张镇知礼部贡举,起居郎兼侍讲吴衍、太常少卿兼权中书舍人王景齐同知贡举,左司谏沈炎监试。(《宋史全文》卷三六)

(饶应子)进国子博士,参详省试。(《后村先生大全集》卷一六二《饶公墓志铭》)

二　月

乙亥朔(一日),御札付知贡举张镇已下:"择体国筹边,尊主庇民之学。"(《宋史全文》卷三六)

省试赐知贡举御札:"朕惟四方无竞维人,得真儒则天下无敌。本朝以文取士,我武维扬,能自西贼胆寒者,实自科举出也。今宾兴之诏凡几,而命之以官者又不知其几矣。然往往临事乏使,岂搜罗之未至欤?抑鉴裁之未精欤?抑亦去取之不公欤?爰柬儒魁,董司文柄。议论端确者必忠于体国,智略雄伟者必善于筹边,识明气直者必负尊主庇民之学。尔其决择于是,使经术、词章卓乎汉唐之上,而得贤立太平之基,庶几开宝、庆历之盛观!"(《咸淳临安志》卷一二)

三　月

程森《贡士庄记》:士莫重于所养,而爱士者惟恐或失其所养。所养之完者固不暇计乎其外,而所养之由以完,则有不能不资乎其外。自举子投牒求试于有司，而县次续食之意不闻，行有赢粮十无一二，病于爨桂炊玉，而失口失色于人者多矣。呜呼！士吾士也，或至于累其所养，君子于是有不怿焉。长沙杨侯允恭以舍选高第，试邑宜川，首阐紫阳之教，淑我多士，鸢飞鱼跃，悉归鼓舞，亦既彬彬盛矣。贡士有庄，自我作古，其亦念士之可重在所养，而或失其所养，得非我之责与？爰咨爰度，积以三年，得田百一十余亩，岁收二百八十斛。租有籍，掌有职，由乡邑而监漕，隆杀丰约，行必有赆。其经营缔创者如是，而所望于后来继今者有加焉。而今而后，策隽于秋试，较艺于春官，不必辞东家而西家待馈，盻盻然有觊于彼也；不必藉口于寸管尺纸，而冀一朝之享于富贵人之门也；不必趦趄嗫嚅于奔走伺候之间，以索吾抱负之素也。宿舂聚粮，恃以无恐，而吾之耿耿者不可胜用矣。然则，侯之斯举，非殖尔之利，实抗尔之志；非濡尔之竭，实励尔之节。造士之功，不亦远且大哉？嗟夫！今之为卿大夫，昔之为士者也，得百里之地而君之，不过曰严催科以塞责，健擿发以为能，神听断以取誉耳，鲜有暇为人材计者。侯也力固裕于彼，而心又存于此，一作新之，士气已百倍，荐名直近效耳。而且重为扶持封殖无穷之思焉，学道爱人者固如是乎！侯之领袖六馆，森为诸生，乃今赘丞是邦，弦歌之音日属乎耳，故益嘉其事，而且以为多士告云。开庆元年三月望日，宣教郎、添差通判抚州军州兼管内劝农营田事程森记。(《全宋文》卷八一五三)

五　月

(乙卯，十二日)以权工部侍郎兼侍读翁应弼、秘书少监兼权直学士院崇政殿说书洪芹、秘书郎兼资善堂直讲史若讷为殿试详定官。(《宋史全文》卷三六)

丙辰(十三日)，御集英殿，策进士。(《宋史全文》卷三六)

丁巳(十四日)，御后幄，阅武举进士射。(《宋史全文》卷三六)

辛未(二十八日)，赐正奏名进士周震炎以下四百四十二人及第、出身、同出身。(《宋史全文》卷三六)

壬申(二十九日),赐特奏名进士三百九人。(《宋史全文》卷三六)

进士名录:周震炎,林公一,章应雷,丁辉,丁学古,丁应南,于巽,王允之,王祐,王桂发,王复,王台,王宝之,毛翔,文璧,方辰孙,方宗胜,甘希圣,平天祐,史介之,丘枢,成周用,朱子允,朱文备,朱俊龙,朱国英,朱绍远,夙师清,杜采,李元春,李文虎,李以圭,李以兴,李俊,李起萃,李国秀,李萼,李复道,李雷奋,李体学,東南金,吴中,吴光国,吴灼,吴君召,吴度,吴庭,吴益,吴庆,吴浚,何柬之,何应斗,余用虎,余应登,佘千之,沈千龄,宋无隐,邵应辰,邵继子,武举,范又新,范金,范达知,范铸,林千之,林文龙,林方春,林升翁,林象祖,林梦象,林嵩,林霆元,林履中,林济舟,林爚,季时飞,季应旗,金鳌,周三省,周山甫,周中和,孟醇,荆惟日,胡立本,胡如龙,胡英孙,胡桂芳,胡从义,胡云龙,胡霆桂,胡范,胡机,胡锜,胡龟朋,胡应炎,胡跃鳞,柳正孙,帅以达,俞浙,俞道明,洪榕,马逢卯,袁天任,袁同,桂壮孙,晏垚,倪白,徐宗斗,徐彪,徐润祖,翁定子,翁蒙正,高应松,郭圻,郭梦履,唐汝谐,唐奇震,唐俊英,陈大猷,陈元善,陈仁玉,陈介,陈文道,陈必庆,陈伯大,陈君骖,陈炎发,陈宜孙,陈时行,陈逢鲤,陈海,陈登凤,陈梦虎,陈梦魁,陈熙,陈硕,陈德午,陈徽伯,陈应元,陈应骐,陶应元,孙性之,孙真孙,孙善因,孙雷荣,孙应点,黄文光,黄斗祥,黄石,黄芝老,黄廷瑞,黄吴老,黄禹锡,黄彦,黄惟寅,黄瑞龙,黄德父,黄黻,黄应星,黄应犇,许再胜,许雷应,章介甫,章可大,章杰,章楙,章应选,梁瑨,张元凯,张必先,张叔英,张崇大,张雷震,张庚,张铉,张源,张霆龙,张瑾,张震龙,张兴祖,张龙应,项子合,项仕明,彭子与,彭飞,彭斯爽,彭雷轰,彭应旴,叶汝舟,叶宪章,万正,董近仁,董雷发,覃登龙,傅曾礼,曾逢龙,冯泌,汤大勇,游安世,杨友龙,杨壬伯,杨纲,解龙翔,赵大务,赵必光,赵必钉,赵必衢,赵良才,赵良塘,赵良焊,赵良锦,赵良锉,赵良镡,赵若伉,赵若汪,赵若柚,赵若授,赵若樘,赵若抚,赵若鐩,赵炎年,赵孟垒,赵垟夫,赵时文,赵时哼,赵时渥,赵时塈,赵崇榞,赵崇转,赵与复,赵与谥,赵点,蒋世珍,蒋世杰,蒋缜,管炎发,郑大津,郑拊翼,郑琚,郑蜚声,郑应普,邓旗龙,邓俨,楼森圭,楼极,樊挺芳,欧阳庆祖,腾岩瞻,刘仲实,刘泾,刘翔龙,刘瑞龙,刘龙骏,刘应龙,潘材,潘时晦,潘藩,乐斗之,薛斗祥,薛堉,萧俊叔,萧琳，萧楠，赖济川，卢天祐，鲍志及，鲍逖，独孤君选，谌贤甫，戴庆焆，戴曜鳞，韩庆午，魏桂臣，钟吉昌，谢师圣，简谅，关文季，严幼清，罗天酉，罗季禹，罗耕，谭一鹗，饶庚龙，龚元，龚荐。

特奏名进士：林济孙，王巽扬，王震严，伍子正，伍文炳，伍文资，伍民瞻，伍邦彦，伍仲询，伍见独，伍纯忠，巫藻，李子渊，李子潜，吴必胜，吴仲衡，吴虎臣，吴融，余时举，林萃夫，林讲，胡景伊，姜文茂，洪梦桂，神应龙，倪龙跃，徐行中，郭大信，陈五垒，陈文约，陈春，陈洵，陈梦龙，黄申，黄唐臣，黄荣，张赓，费昆，郑荐玉，邓亨云，邓拱辰，刘补，刘黼，乐霖，钟琢。

上舍释褐：方仲立，方钧之，方应箕。(《宋登科记考》卷一三)

镇江有谶云："老虎逐鹿走，状元出京口，丞相背后走。"宝祐戊午春，虎逐一鹿，自甘露寺后入城，突入故将李显忠家。诸孙皆勇悍，攒枪拒之。鹿死，虎复从故道出城遁去。次年，三邑举人入京赴省，集饮丰乐楼下。中间杰作者醉中踊跃，自谓必应此谶。时丞相丁大全闻而恶之，意谓状元应谶，丞相当走矣。丁，镇江人也。阴嘱省闱官吏，默识三邑试卷，皆不取。及揭晓，悉遭黜落。时丁之气焰熏灼，邦人敢怒而不敢言。是年冬，丁罢相，出判乡郡。继而遭劾，代之守镇江者乃焦炳炎，尝为武举状元，与丁素有深憾。到郡未几，适丁有谪居之命，焦遣勇将数十辈押发，如捕强盗，丁狼狈就道。是知"状元出，丞相走"谶应乃如此。(《东南纪闻》卷一)

开庆己未，(林公一)登进士第。廷对，有奇伟气，本哀然魁天下，会奸相丁大全党其私，易置第二。当时谣语云："惟有林公一个。"(《全宋文》卷八一五七刘黻《林道初察推墓志铭》)

宋理宗《闻喜宴赐进士诗》：体天法祖肇新元，喜听群英进谠言。欲治欲齐心必正，惟精惟一道常存。得人信可宏功业，强国宜先护本根。燕衎式颁期远到，好摅素蕴整乾坤。(《咸淳临安志》卷一二)

闰十一月

乙未(二十六日)，诏：降周震炎第四甲出身。(《宋史》卷四四)

景定元年　庚申(1260)

上舍释褐:谭用式,谭应时。(《宋登科记考》卷一三)

聚桂坊。名义:旧名神童,盖市心有唐尧臣、包时习与弟时中、时飞俱中童科,后徐闻诗又以童科第进士故也。尧臣后人梦符、震龙、天麟又相继擢第,景定庚申,请于郡改是名。(《至元嘉禾志》卷二)

景定二年　辛酉(1261)

二　月

癸巳朔(一日),诏:礼部贡举。(《宋史全文》卷三六)

刘克庄《科举诏景定辛酉》:朕临御垂四十载,科诏数下。既柬拔其魁杰者为梁栋,其汇征而朋来者亦次第收拾,以备桷榱之用。故内修外攘而治功成,东驰西骛而人才出。岂非累科得人之效欤?前世招徕非一途,采取非一艺。今拔解之路有三:曰国庠,曰乡赋,曰漕牒,乃成周俊造里选、先汉游学之意。决科之艺有二:曰经义,曰词赋,亦古者三杨之义。议者或病其多而欲限其来,厌其陈腐而欲新其体制,殆未之思也。自唐人已有主司不明之论,有决得失于一夫之目之叹,今之衡文者,岂必皆遴选欤!朕惟以言取人,有时而失,然先正先儒场屋之作,有传诵至今为矜式者。谓程文不足以尽人之材,非笃论也。属岁大比,其播告中外,精择主司,各公乃心,拔尤取颖。子曰:"有德者必有言。"韩愈曰:"仁义之人,其言蔼如。"于经义、词赋之中,求其醇粹典则若先正先儒者,上之春官,朕将亲策。

刘克庄《拟撰科诏回奏》:臣某今月廿六日遵依圣旨,拟撰科诏进呈。至灯后准御笔,令臣"不必拈出王曾等人,尤见本朝得人之盛不可缕数之意。韩子合称名,余依所拟。"臣伏读圣训,如发矇然。幸以翰墨小技待罪视草,词意有未稳处,仰荷明主亲洒奎画,不啻面命耳提。谨以"览赋而得王曾、陈俊卿,读经义而得陆九渊",改作"先正先儒场屋之作,有传诵至今为矜式者";并"韩子"改作"韩愈",共十八字。随奏进呈,伏乞睿照。(以上均见《后村先生大全集》卷五三)

辛酉正月，将降《科举诏》，公（刘克庄）以非科第辞。同院进稿，不称旨，命庙堂改属，曰："非刘某不可。"（《全宋文》卷七七三九林希逸《刘公行状》）

三　月

己巳（八日），诏礼部国子监："以有出身人附铨试场，应词学科。照嘉熙二年例。"从之。（《宋史全文》卷三六）

九　月

癸酉（十四日），诏："增潭州解额三名。"以终场及万余人故也。（《宋史全文》卷三六）

是　年

胄子牒试员：宰执牒缌麻以上亲增作四十人，侍从、台谏、给事中、舍人小功以上亲增作二十七人，卿监、郎官、秘书省官、四总领小功以上亲增作二十人，寺监丞簿、学官、二令大功以上亲增作十五人，六院、四辖、省部门、史馆校勘、检阅大功以上亲增作十人，临安府通判牒大功以上亲增作八人，余应牒亲子孙者，一仍旧制。（《宋史》卷一五六）

姚勉《瑞州经赋义约序》：词赋、明经，今世皆进士。士诣春官，合为约，义也。分而二之，有计多寡牟利心，非义矣。今复合名约曰"又新龙门客"，又新之义也，亦分者又合之义也。雷之赋，闵之经，必又偕见于今矣。某余勇不足贾也。景定辛酉诏岁，里生前敕赐进士第姚某书。（《全宋文》卷八一三五）

景定三年　壬戌(1262)

正　月

戊寅(二十一日),诏:"三学免解外行食生员,两赤县解试终场人,及临安府学职事,特令赴省一次。"以建储恩优异之也。(《宋史全文》卷三六)

辛巳(二十四日),以礼部尚书兼直学士院杨栋知贡举,兵部尚书、太子詹事叶梦鼎同知,右谏议大夫孙附凤同知兼监试。(《宋史全文》卷三六)

刘克庄《拟戒饬知举以下手诏》:朕试天下士于春官,凡十有三诏矣。名卿由此途出,项背相望。朕又表章儒先、崇尚理学以倡率之。然文治日隆,文弊日滋。大率断章剿句以命题,而词赋牵合,有惭古风;经义破碎,甚于词赋。言理者不切乎事,论事者不根乎理,往往流于高虚鄙浅。非文之弊也,衡文者之责也。唐命贽而得愈、观,先朝命修而得巩、轼,士论既惬,文体亦变。卿等皆极一时之选,其体朕意,以贽、修自勉,定去取于重厚浮薄之间,察抱负于言语文字之表,必有真才实学出焉。朕将亲策于廷,以验卿等之藻鉴。故兹札示,想宜知悉。壬戌省试前,余当瀀直,得旨令拟此诏。既进章矣,及引试则是御制一诏,中间说文弊及戒典举处略采进本,然辞意皆经圣笔刊润。始悟余所草者,近于厌薄程文,而御制浑厚,有君师作成人才之量,非小儒意度所及。既归里,因治旧稿见之,漫存于此,以见陛下圣学高妙、肆笔成书之盛。景定甲子十月题。(《后村先生大全集》卷五三)

二　月

丁酉(十一日),诏:"朕试天下士于春官,凡十有三诏矣。名公巨卿,胥此途出。朕又表章儒先,崇尚理学,以熏陶涵养培植之久,莫非夙夜强学以待问、怀忠信以待举、力行以待取者。比既谨简名流,执斯文之柄,亦号极一时之选。如世之所病：剿句断章，以命题牵合，破碎以害理；与夫言理不切乎事，论事不根于理，皆必无之。然不患有司之不明，但患有司之不公。明自公出，苟至于公，则有真才实学，当如烛照数计，毫发莫能遁。言刈其楚，庸玉于成，斯为不负朕作人之意。审尔：则命陆贽而得韩愈，命欧阳修而得巩、轼，则予一人汝嘉。"赐杨栋已下。(《宋史全文》卷三六)

戊申(二十二日)，诏："省试中选士人，复试于御史台。为定制。"(《宋史全文》卷三六)

五　月

戊午(三日)，以刑部侍郎兼给事中徐经孙、工部侍郎兼司业常挺、太常少卿兼太子侍讲吴坚为殿试详定官。(《宋史全文》卷三六)

(文天祥)充殿试考官。(《文天祥全集》卷一七《纪年录》)

丞相文公天祥、制帅赵公日起、参政常公挺为考官，置(方)回首选，不遂，犹与第一甲。(《全元文》卷二二五方回《先君事状》)

(吴叔告)差殿试复考官。(《后村先生大全集》卷一六四《吴君谋少卿墓志铭》)

己未(四日)，御集英殿，策进士。(《宋史全文》卷三六)

辛酉(六日)，御射殿，阅武举进士射。(《宋史全文》卷三六)

丁丑(二十二日)，御集英殿，赐礼部奏名进士方山京等敕，凡六百三十有七人。(《宋史全文》卷三六)

太学生陈宜中等六人并赐廷对。(《宋季三朝政要》卷三)

(陈宜中)既入太学，有文誉。宝祐中，丁大全以戚里婢婿事权幸卢允升、董宋臣，因得宠于理宗，擢为殿中侍御史，在台横甚。宜中与黄镛、刘黻、林测祖、陈宗、曾唯六人上书攻之。大全怒，使监察御史吴衍劾宜中，削其籍，拘管他州。……由是，士论翕然称之，号为"六君子"。宜中谪建昌军。大全既窜，丞相吴潜奏还之。贾似道入相，复为之请，有诏：六人皆免省试，令赴。景定三年，廷试，而宜中中第二人。(《宋史》卷四一八)

王义山《殿策》：对：臣恭惟皇帝陛下，抚大有为之机，中三才而立。登极于甲申，即艺祖皇帝登极于甲辰；中兴于庚申，即艺祖皇帝创业于庚申。气运循环，无往不复。兹者，进臣等于廷，策之以三才之奥，且及于阴阳、刚柔、仁义之理，而归之于艺祖开国之功。臣不佞，有怀欲吐久矣。幸得借玉阶方寸地，此而不言，臣则有负。敢以《圣问》中"民极立而天地自位"之语为陛下勉。

臣闻：帝王能为生民立极，则能为天地立心。何则？帝王中三才而立，惟有大规模，然后能开拓乾坤；惟有大力量，然后能担当宇宙。是故天职司覆，必有帝王者作，而后天得其所以为天；地职司载，必有帝王者作，而后地得其所以为地。天之道不外乎阴阳，而帝王一心，阴阳之理具焉；地之道不外乎柔刚，而帝王一心，柔刚之理存焉。此帝王定之以仁义，而为三极之宗主欤？盖自艺祖皇帝收拾五季破碎之天下，以仁义一理扶人极于无穷，正天地之常经，明古今之通谊，用能定天下为一。陛下景定改元之诏有曰："洪惟艺祖之开基，远迈成周之卜世，神策之受甲子，用笃祐于眇躬。历首之起庚申，实同符于兴运。"臣于是而知陛下之所以位天地、育万物者，此一大运气，不特与艺祖同，且超越乎古今者有二。盖天下之数起于甲，而天下之势合于庚。自大挠作甲子，而有理，即有数。据邵雍《皇极经世书》谓：帝尧在位一百年，而即位之元为甲辰。因是而逆推大挠甲子之数，则知盛帝明王即位之元多在甲。黄帝受命之元，其元为甲子，主三才之统一百年；少昊受命之元，其元为甲申，主三才之统一百年；帝尧受命之元，其元为甲辰，主三才之统一百年。若夫经世纪年所载，帝舜受命之元，其元为甲申；大禹受命之元，其元为甲戌，而寿皆百有余岁。彼数圣人者，其合乎甲之数，止得其一，而主三才且百余年之久。陛下电绕之年，实在甲子；龙飞之年，实在甲申；亲政之年，实在甲午。是陛下之大气运，又兼乎黄帝、少昊、尧、舜、禹之所未有。此臣所以拜手稽首，而为陛下诵于万斯年之诗也。臣谨按：《西汉律历志》有三统之说：天统甲子，人统甲申，地统甲辰。是陛下兼三才而统之矣。乃者，庙谟雄断，边尘肃清，成不世之骏功，建丕天之鸿业，又在乎庚申之岁。是三才合为一之时也。盖帝王受命之数多在甲，而古今混一之数皆在庚。六国之合，合于其年之庚辰；三国之合，合于其年之庚子；南北朝之合，于其年之庚戌。艺祖得天下，其年为庚申；而合诸僭伪为一，又在太平兴国五年庚辰。程颐曰："庚者，更也，三才更新之象也。"不然，古今凡几甲，而陛下之临御，独兼乎先甲后甲之数；古今凡几庚，而陛下之中兴又据乎先庚后庚之期。是陛下之一身，天地之大气运皆归焉。此所以能为生民立极，故能为天地立心也。然而，论数不论理不明，论理不论数不备。陛下既得乎先甲后甲、先庚后庚之数，与艺祖同符矣，而又能以理贯乎其间，则《圣问》中所谓"阴沴未全消，海宇未全清，疏附奔走而动叹才难，掊克背侧而居多民蠹，与夫法制者国家之纲，储蓄者兵民之命，财用者政事之纪，军师者封疆之卫"，皆可以据理而行矣。臣谨上愚对。

臣伏读《圣策》曰："盖闻立天之道曰阴与阳，立地之道曰柔与刚，立人之道曰仁与义。此非兼三才而两之者乎？然《易》有太极，是生两仪，不曰生三才何也？或曰三才之中，各有两仪，所以立其道者，各具二名：阴阳也，柔刚也，仁义也。故曰六者非他也，三才之道也。然四象生八卦，不曰三才生六爻，又何欤？"臣有以见陛下身为三才之主，而欲又求三才之奥也。臣谨因陛下之问《易》，质诸夫子之赞《易》，其发明三才之道于《系辞》、《说卦》，乃各一见。其《系辞》曰："《易》之为书也，广大悉备。有天道焉，有人道焉，有地道焉，兼三才而两之，故六。"此其列天道于上，列地道于下，而必列人道于其中，以见人者天地之心。自太极既判以来，苟人道不正，则变天之道，乱地之理，三才之大有不得其位者矣。然犹统言人道，而未指言圣人植立之方也。至其《说卦》始曰："立天之道曰阴与阳，立地之道曰柔与刚，立人之道曰仁与义。兼三才而两之，故《易》六画而成卦。"此则言立天道于首，言立地道于次，而究言立人道于其末。以见立者，乃圣人植立之功，惟皇极之圣人有作。致中和以位育，尽至诚以参赞，俾斯世悉为仁义之民，以全其天地之性，而不失其为天地之心。然后，人极立而天地与之俱立矣。臣尝考夫子所以赞《易》者于三才之道，凡两及之。而圣问于立三才之道，独一问焉。臣固知陛下有意于为生民立极，以为天地立心。盖天地非人不立，而人道又非圣人不立。周敦颐作《太极图说》，原夫太极动而生阳，静而生阴，分阴分阳，两仪立焉。而亦归之圣人，定之以仁义，立人极焉。《图说》之作，大《易》之旨也。夫子于《易》，三言夫天地人之所以立；敦颐于《图》，亦申言夫两仪人极之所以立。然则，天地于人，立则俱立。而人非圣人，立不徒立。且当五季溃乱之初，天地磔裂，生民糜烂。自我艺祖皇帝再造民彝，开辟天地。一日，召王昭素议《易》，至《乾》"九五，飞龙在天"。昭素曰："此正当陛下今日之事。"万世咸谓艺祖善体《易》，昭素善言《易》。今陛下得艺祖之正传，臣敢袭昭素之遗意，故因立三才之道之问，衍而立为民极以立天地之说，抑非臣臆见也。尝闻端平改元，其年甲午，其日庚子。陛下梦艺祖于殿上，亲承圣谟。越三日，宗臣以御容进，一瞻天表，俨如梦中。臣尝恭读《圣制》纪述，有曰："在天之灵，将启我后，于惟休哉！敢不祗若休命，是立民极，以立天地之责。"艺祖盖亲授其托于陛下矣。况此梦之祥，不于他年，而必于端平之甲午；不于他日，而必于三日之庚子。是立民极，以立天地之气运，艺祖又长发其祥于陛下矣。大责任如彼，大气运如此，陛下何以仰嗣艺祖？何以大慰三才？岂有他道哉！亦有仁义而已矣。仁义者，即在天之阴阳，即在地之柔刚。阴阳、柔刚，其形而下之器；仁义，其形而上之道也。陛下惟自其恻隐仁之端，而充之以极于仁之至；自其羞恶义之端，而充之以极于义之尽。则上好仁，而下争先仁；上好义，而下争先义。皇极一立，民极自正，而三极尽入经纶矣。此谓全天地之性，以立天地之心。而立天地之心，即所以赞天地之化育。陛下继艺祖之能事始毕矣。

臣伏读《圣策》曰："朕以凉菲，荷祖宗之休。父事天，母事地，子育兆民，兢兢业业，垂四十年。三才之托，任大守重，亲策多士，十有二矣。今朕垂问乎三才之奥，春夏生长，秋冬收藏，著明于日月星辰者，非阴阳之成象乎？东南温厚，西北严凝，著见于木火金水者，非刚柔之成质乎？亲亲敬上，明察于父子君臣者，非仁义之成性欤？是皆生于太极两仪之自然，非由人为明矣。然而，立尔极者，又必有待于圣人，何欤？三极之道立于圣人，然后阴阳和，风雨时，九州攸同，水土平治，伦明于上，民亲于下。此盛帝明王尽人物之性,赞天地之化育者也。何修而臻此?”臣有以见陛下身任三才之责,而又知人者所以统乎天地之心也。臣尝求三才之理于太极未判之先矣。道之隐于浑沦,而藏于未雕未斫之天者未漓也。是故未有人心,先有五行;未有五行,先有阴阳;未有阴阳,先有无极太极。自无极而太极,太极动而生阳,静而生阴。分阴分阳,两仪立焉。得气之轻清者为天,帝王则以一心之微,而天道之统系焉;得气之重浊者为地,帝王则以一心之妙,而地道之统关焉。陛下谓三极之道立于圣人,是知帝王此身,乃仁义之宗主,贯三才为一者也。臣尝证之《易》矣。《易》六十四卦,或以后言,或以君子言,或以先王言,不一而足。独于圣人,则罕言之。盖圣人非可以常论,是故《易》言圣人,必于天地并言。故《易》于《彖辞》,言圣人者凡四,未尝不兼天地而言之。在《颐》则曰:“天地养万物,圣人养贤,以及万民。”在《咸》则曰:“天地感而万物化生,圣人感人心而天下和平。”在《豫》则以天地圣人一于顺动,在《恒》则以天地圣人同于悠久。由是言之,圣人与天地为一明矣。陛下谓阴阳之未和,然与其求阴阳和于阴阳,不若求阴阳和于此心,盖此心中自有二气也;陛下谓风雨之未时,然与其求风雨时于风雨,不若求风雨时于此心,盖此心中自有四时也。九州攸同,此心之一,天宽地容也;水土平治,此心之一,地平天成也。盖是理之在吾心,即陛下所谓立人之道曰仁与义者。盖人道立,则天地之极与之俱立。千古在前,仁义之道不息;万古在后,仁义之道无穷,则天地亦与之相为无穷。朱熹有言:“天高地下,人位乎中。”天之道不外乎阴阳,地之道不外乎柔刚。舍仁与义,亦无以立人道。臣谓舍仁与义,天地亦无以自立矣,岂特人道哉! 乾德间,有言于伪蜀者曰:“宋氏启运,不类汉周,一统海内,其在此乎!”是三才之道不幸而否于汉周,而又幸而泰于艺祖。开基之日,陛下能以艺祖之所以主张三才而主张之,则生民之极立,而天地之心立矣。

臣伏读《圣策》曰:“自汉儒傅会,而《春秋》、《洪范》为灾异之书。今阳居大夏,而阴沴未全消。欲和顺乎阴阳,何所考?自裔夷污窃,而一家文轨有南北之限。今义当混一,而海宇未全清。欲柔远能迩,何所赖?自邪说充塞,而诸子百家坏吾仁义。今表章正学,而弊习未全革。欲正人心,何所先?或曰两仪之道皆存乎人,民极立而天地自位。仰观俯察,不若近取，亦有仁义而已矣。”臣有以见陛下念天变之未消，思地图之未复，而又虑人道之不得其常也。何谓天变之未消？臣闻《书》曰：“皇天无亲，惟德是辅。”又曰：“惟天佑于一德。”然则，天命之所以去留者，德实为之。本朝以道德永天命，中间大变故、大灾异虽间见层出，然上天仁爱之心，则未尝一日忘。最是去夏之水，尤可以见天之仁爱陛下也至矣。汉永始中，日有食之，京师见，四方不见，谷永以为在内之兆。明年，日又食之，四方见，京师不见，谷永以为在外之兆。盖四方见而京师不见者，其祸浅；京师见而四方不见者，其祸深。陛下景定以前，如星变，如火灾，天之出灾异以谴告者，固不一而足。然而，多难乃兴邦之基，殷忧乃启圣之渐。独是去夏以来，洪流暴浸不见于四方，而独见于京师之近畿。不特京师之人见之，陛下将亲见之矣。陛下为之减膳撤乐，为之救灾恤贫，即此一念，已足以回天意矣。然而，人主之答天也，因恐惧而加修省则可，徒恐惧而不修省则不可。今阳居大夏，天时虽已顺，而阴沴尚干于阳明，岂非人道犹有未至欤？继自今以往，能以《易》之恐惧修省者为心，则人道立矣。如是，而阴沴未全消，臣不信也。何谓地图之未复？臣闻自昔取天下者常易，收天下者常难。唐神尧以一旅取天下，后世乃不能以天下取河北，其势然也。何者？人之情，轻于用己之所有，重于用己之所爱。故殴非己之民，食非己之粟，而收非己之城邑，则往往肆意为之。从陈以东，与齐王信而不靳；取越以北，王彭越而不吝。如汉高之为，而卒之以创业于天下，盖其能勇于为而已。晋元抚江东之胜，兼吴越之饶，又有新附之豪杰，如祖逖辈，如顾荣辈，自可集事矣。而终于江左偏安，其心爱夫一隅之可以自托，惴惴然惟恐用之而并失也。若元帝者，可谓志不刚、力不勇，不足与中兴矣。盖中兴之道有二：有中兴其祖宗创业之政治者，有中兴其祖宗创业之土宇者。今文轨一家，版图有将合之机，而未至于大一统者，岂非人道之犹有当思欤？继自今以往，能以《诗》之所以复古者修政事，则人道立矣。如是，而海宇之未全清，臣不信也。开宝五年，河大决，命曹翰往塞之。上曰：“霖雨不止，又闻河决，朕经宿以来焚香上祷。若天灾流行，愿在朕躬。”艺祖斯言，其知所谓立人道者欤！自人道立于艺祖，而天道与之俱立。开宝元年，一夕大雪，上扣普门，谓普曰：“吾睡不能著，一榻之外，皆他人家。”普曰：“陛下小天下耶！南征北伐，今其时也。”艺祖斯言，又知所谓立人道者欤！自人道立于艺祖，而地道与之俱立。陛下表章正学，崇伊洛之儒先，而天地间之正理复明；去荆舒之从祀，而天地间之邪说不作。思无邪有训，而仁义之道本于心；得毋不敬有箴，而仁义之道见于躬行。《中庸》、《大学》有赞，而仁义之道又得于讲贯精而践履熟，固宜天道顺于上，地道顺于下。而阴沴未全消，海宇未全清，尚有如圣问之所及者，岂非仁义之道知之非艰，而行之惟艰欤！

臣伏读《圣策》曰："今疏附奔走，动叹才难。而掊克背侧，居多民蠹。虽劝励戒饬，诏旨丁宁，毋乃吾仁有所未至欤？法制者，国家之纲也；储蓄者，兵民之命也；财用者，政事之纪；军师者，封疆之卫。虽及此闲暇，日计岁省，未底于治，毋乃吾义有所未尽欤？"臣有以见陛下思人道之当立，而又欲仁之至、义之尽也。且陛下所谓"疏附奔走，动叹才难"者，岂非人才之乏使乎？臣闻自三光五岳之气分，而天下无全才久矣。然而惟用人，而后可以办集天下之事；惟用中，而后可以造就天下之才。人才固不可以一律求也。谨畏自修者，无用世之具；疏畅自许者，多生事之嫌；优游不断者，有废事之迹；跅弛不羁者，有负俗之累，此人才之通患也。圣人知其然，开九德之品，以裁其宽简之偏；立三俊之目，以约其刚柔之失；严三德之用，以克其沉潜高明之过。凡此者，皆所以为爱惜人才地也。孟轲曰："君子中道而立，能者从之。"盖中者不易之地，彼能者固协于中，而不能者亦望而取其中。又曰："中也养不中。"盖以己之中，而成人之中。陛下惟能执此中于用人之际，则有才者皆得以自见，尚何忧人才之乏使，而吾仁之有未至哉！且陛下所谓"掊克背侧，居多民蠹"者，岂非贪吏之未尽去乎？臣闻贪吏之诛求，世之所共嫉也。惟不仁于贪吏，然后能仁于民。端平以来，戢贪之诏凡几下，有人心者不于此而变焉，真冥顽无耻者也。古之圣人，其待天下士者何厚，而天下士自待其身者亦厚。周官十有二禁，民商工贾皆与焉，而独不及士。汉宣帝诸诏，为吏而下者半，不曰营私，则曰欺谩，而赃之一字犹未之及。是汉之待吏犹厚也。然而，上之所以待吏者固厚矣，而今之为吏者反不能以厚待其身，何耶？臣谓欲去贪吏，当自击巨贪始。盖元载之家财既归于有司，则十五道之官吏皆知所畏。陛下惟能即其巨贪者去之，则人人相率而为廉矣。尚何患贪吏之不革，而吾仁之有未至哉！经制者，国家之纲也。臣闻汉大纲正，唐万目举。本朝万目虽未甚举，而大纲则甚正。臣尝求纪纲之所以正，内侍官不过留后，而无汉唐恭显之僭；戚里不得预政，而无汉唐吕霍之变；政归中书而置以参贰，则汉唐专权之患无之；财布中外而总以三司，则汉唐殖货之患无之。凡此者，皆纪纲之大者也，肇创于国初，而承袭于历代。暂紊于熙宁，而修复于绍兴，抑臣拳拳有望于陛下者。政权之纪纲坏，自大观创违御笔之法始；兵权之纪纲坏，自宣和之用贯、黼始。圣明之朝，万无是事，然内批、节帖间亦有之。伏惟陛下以朝廷之纪纲，一付于公议，何患法制之不立，而吾义有未尽者！储蓄者，兵民之命也。臣闻古者，民务农桑而家有余积，上之人俾自藏以待水旱之灾。故疆埸有积食，乡里有委积。设有水旱，以荒政十二聚万民，是时富藏在民。三代而下，此意不古。战国平籴，已与古异。虽曰富藏在官，其实亦为民计也。自平籴之后，又有移粟之令。武帝因水潦之灾，下巴蜀之粟于江陵，皆仁民之一术。去夏水潦为患，野无青草，臣谓斯民止旦夕命矣。陛下视饥溺由己，讲求荒政，而斯民复有更生之喜。伏惟陛下常以积贮为心，则民食足而兵食与之俱足，尚何患储蓄之不丰，而吾义有未尽者！财用者，政事之纪也。臣闻财用之在天地间，止有此数，不在国则在民。汉唐中世，兵祸频仍，事力雕耗。尝取《食货志》，即其君臣所以理财者观之。若算商车、告缗钱等事，汉史皆非之，而独取其国用饶给，而民不益赋；若散青苗、征竹木等事，唐史皆非之，而独取其用平准法，而敛不及民。数年以来，国用竭矣，而号为善理财者，惟求多于无聊之民，是于根本之地而寻斧。而今边烽息矣，宽之一分，民受一分之赐，其时也。伏惟陛下常以节财为心，则将见“百姓足，而君孰与不足”，尚何患财用之不给，而不得以尽吾义！军师者，封疆之卫也。臣闻师不必众也，而效命者，克世之为将。惟务多兵，而不知兵至于三十万不可用矣。前代以六十万而胜楚，以四十万而胜秦，惟王翦、项籍二人。汉初，合诸侯兵五十万败于彭城，以三十万众困于白登。王恢以三十万伐马邑无功，王邑以百万败于昆阳。凡此，皆以兵多而败也。今日之兵，不患于寡，而患于不精；不患于无功，而患于老弱之未汰。伏惟陛下常以练军实为心，则韩家军、岳家军不得专美于前矣。尚何患军师不勇，而不得以尽吾义！而又法艺祖之量才甄奖者用人才，法艺祖之不赦掊敛者惩贪吏，法艺祖之易藩镇于杯酒间者振朝纲，法艺祖之发军食贷民饥者散储蓄，法艺祖之积二百万匹者丰财用，法艺祖之择精锐为禁旅者整军师，果如是也，将见天下之势皆定于一也。此为生民立极，为天地立心，臣愿陛下以艺祖为法者此也。

陛下之所以策臣者，臣既熟数而详陈矣。而陛下复策之曰："肃观史臣作《太祖皇帝总叙》，谓太祖更立天下，与民为始，天地五行，人事之理，乱而复正。肆朕嗣守丕绪，思有以修艺祖之功，答天地人之望，施之罔极，其道何由？子大夫其别由熟复，悉心以对，朕亲览焉。"臣不识忌讳，既以陛下同符艺祖得天地庚甲之数者陈之篇首，而又以艺祖之治国平天下者条举而详言之，惟陛下取为法，则中兴混一之功可不劳而举矣。臣幸生明时，获近清光，陛下之所问者，既空臆而言矣。其所不及者，隐而不言，臣之罪也。敢以切于今日者为陛下告：一曰居重驭轻，二曰居安虑危。何谓居重驭轻？古者，兵无常聚，故将无常守。西汉凡兵皆属天子，而命将出于临时。按：汉掌兵之官，或置或罢，初无定制。将军皆因征伐而置员，因所领之兵而立号。是故丞相可将，九卿可将，列侯、郡守可将，事已辄罢。终汉之世，大权利器尽在天子把握中。唐府兵之制始于西魏，因于周隋，而大备于唐。内有十六卫，外开折冲果毅府。举天下不敌关中之半，则以重制轻，无尾大不掉之患。兵散于野，将归于朝，国家每调发，下符契于郡，郡守参验乃发，则权自上出，所谓握兵于外者无之。艺祖皇帝聪明神武，大勋既集，诏天下精锐咸遣诣阙，自是天下无重兵。虽有侍卫、三司，不过呼呵指导于陛前耳，故京师之势重。今天下之势，固未有内轻外重之弊，然五大不在边，五细不在廷，或者有当加意乎！臣故曰居重驭轻者，此也。何谓居安虑危？汉文帝时，烟火万里，海内富庶，言者皆曰天下已安已治矣。而贾谊《治安》一策，方以寝薪厝火为虑，谓有可痛哭流涕者，谊岂好为是张皇哉！盖安危祸福，相为倚伏。有臣如谊，如之何不为汉深长思？唐太宗四年以后，斗米三钱，外户不闭，致治之美，几于成康。孰不为太宗喜？而帝也常以未治为忧。尝谓侍臣曰："朕有二喜一惧：比年丰稔，斗米三四钱，一喜也；北虏久服，边鄙不耸，二喜也；治安则骄侈易生，一惧也。"古人防微杜渐如此。艺祖皇帝削平僭叛，天下宁谧，而乾乾自持，不敢怠荒。尝乘快指挥一事，忽忽不乐，且曰："为天子亦大艰难。"圣谟洋洋，万代龟鉴。今天下之势，固无内阻外讧之患，然制治于未乱，保邦于未危，或者有当究心乎！臣故曰居安虑危者，此也。臣愿陛下审天下大势之所趋，而为偏重之防；察天下大机之所伏，而为久安之计。则宗社幸甚！臣干冒天威，罪在不赦，惟陛下矜而宥之，臣不胜惓惓。臣谨对。(《全元文》卷八八)

己卯(二十四日)，赐特奏名进士敕，凡七百四十有三人。(《宋史全文》卷三六)

进士名录：方山京，陈宜中，丁一凤，于则仕，王一桂，王一谔，王山甫，王子直，王介，王文质，王自然，王孟孙，王垚，王国望，王梦震，王义山，王鸰，王勋，王应时，王鰋，王爚，尤栋，方回，方炎午，方逢振，方槐，方荣龙，方龙荣，方权，孔梦斗，左元龙，田应武，丘就道，丘应甲，司马梦求，吕应焱，朱一飞，朱士可，朱天民，朱梦端，朱龙文，朱应象，任六吕，任长，危炎震，江泌，江景仁，江应春，阮治凤，李天碌，李元凤，李有守，李延龙，李辰庚，李明哲，李炎发，李珏，李珍之，李振龙，李朝，李梦英，李睦，李义虎，李嘉龙，李寝雷，李毅通，李应符，李济孙，吴天雷，吴元凯，吴玉润，吴泰来，吴雄飞，吴雷奋，吴震，吴澄，何元春，何处伊，何崇斗，何善孙，何梦开，何晔，何霖，余元泰，余行成，余坦，余季方，余义端，余凭，汪鼎亨，汪复，汪鸿渐，沈芑，沈桂，沈庆孙，宋梦德，范友谅，范光大，范昌斗，范淳之，范紫芝，范埙，林元中，林友龙，林斗南，林申旦，林任，林则祖，林起东，林寅公，林登龙，林琦，林镗夫，郁正大，季高鳌，金起炎，周子俞，周奂，周彦约，周原甫，周濂，周应雷，宗必经，宗必应，房元龙，胡元叔，胡顺昌，胡梦高，胡嵩，胡宪，柳培之，柳培之，韦成功，段梦傅，侯雷，俞天倪，俞斗南，俞克堪，俞君选，俞旸，施有政，施郁，洪登，洪梦斗，洪刘发，洪龙起，袁洙，袁登，华景山，桂逢辰，夏鼎，徐天祐，徐斗祥，徐沂，徐君轴，徐炎午，徐昺献，徐思立，徐卿孙，徐渊浩，徐粲，徐应祥，徐簪，奚从圭，高登，唐日晋，唐必先，凌万顷，涂应雷，家之巽，陆天骥，陈中庸，陈东一，陈宗翰，陈建中，陈庭芝，陈洙，陈尧通，陈开先，陈闵子，陈翔文，陈雷震，陈解，陈震，陈绘，陈岩石，陶铭，孙丙文，孙惠时，孙钧，孙应籍，黄文育，黄名梓，黄克济，黄系翁，黄辛解，黄桂，黄遇龙，黄焱，黄梦炎，黄龙高，黄应高，黄镛，曹杰，曹瑞午，曹鹏举，许元沐，许希仲，许炎震，许栗，许权，章光谦，章廷俊，章应子，梁蕃，张大圭，张山翁，张光，张洪，张彪，张得济，张栋，张湘，张槐应，张霆，张汉辅，张润孙，张熹，张默，阳少箕，项震，彭晞武，叶天得，叶张遇，叶提，葛森，葛应鳣，董正中，董烈，董应钟，单奕，喻菜，程清，程应常，傅炎发，舒津，舒榉，童应刘，曾南宝，曾晞颜，曾会龙，冯一荐，冯骥，宁文彦，杨公溥，杨自得，杨宜先，杨起西，杨启，杨义方，雷光定，雷光庭，詹复，解白，褚著，赵子诚，赵文藻，赵必功，赵必苙，赵必梱，赵必链，赵必鑵，赵次晋，赵希哲，赵希族，赵良琅，赵良硂，赵良熺，赵良炉，赵若扦，赵若抡，赵若激，赵若霖，赵若烛，赵炊，赵炎年，赵孟滉，赵孟瑫，赵孟塾，赵孟穆，赵孟礼，赵时堃，赵时耆，赵时琤，赵时潳，赵时铼，赵时镳，赵师楩，赵师穗，赵崇回，赵崇爽，赵崇寀，赵崇植，赵崇筀，赵崇恻，赵崇道，赵崇泮，赵崇积，赵崇镳，赵嗣通，赵嗣莲，赵与芙，赵与晦，赵与塈，赵兰孙，蒋思，蒋常春，蒋梦璧，蔡顺孙，闻人珏，齐兴隆，郑天岩，郑圭，郑滁孙，郑宪，熊震龙，邓有俊，邓光荐，邓林，邓雅言，欧良，欧阳文虎，鲁天麟，刘士器，刘元龙，刘文川，刘辰翁，刘炎发，刘扬祖，刘景丰，刘养正，刘霖，刘举发，刘璪，刘黻，刘镕子，诸葛起潜，谈文炳，潘文振，潘仕林，潘从大，潘梦午，乐仲谦，乐谊，练晞颜，薛作霖，薛严，萧大成，萧成之，萧来新，萧起夫，萧曾，萧焱龙，萧雷震，萧雷龙，萧硕，卢龙应，卢应常，钱梦炎，钱选，鲍珏，鲍至大，鲍顺老，龙文伟，龙应桥，戴觉民，韩观国，魏一翁，魏登，谢元龙，谢光庭，谢廷荐，谢焕，谢梦祥，谢梦符，应辰，应翼孙，濮桂发，严应子，罗黄裳，罗尧焕，罗铸夫，谭光国，谭祖烈，饶季理，饶履，饶应子。

特奏名进士：吕人龙，任已，李必大，吴士楚，吴发，汪应甲，林子济，林有道，林莘夫，胡大亨，徐大光，翁木，陈羽，陈叔友，陈格，陈刍，陈举龙，陈颖，黄当时，曹利用，曹深，曹融，曹绘，张渊，彭火龙，费楷，费朴，赵震龙，蔡益老，郑子简，谢有进，应麟。(《宋登科记考》卷一三)

补进士名录：其一，陈宗。《癸辛杂识》续集卷上“开庆六士”条载：“陈宜中、曾唯、黄镛、刘黻、陈宗、林则祖，皆以甲辰岁史嵩之起复上书，倡为期之论。……时人号为‘六君子’。既贬旋还，时相好名，牢笼宜中为伦魁，余悉擢巍科，三数年间皆致通显。”林则中，《宋史》卷四一八作“林测中”。其中四人已见上述“进士名录”,遗漏二人。

其二,曾唯。同上。

其三,萧献可。《全宋文》卷八二七〇刘辰翁《虎溪莲社堂记》:“余与同年萧献可皆公客。”

其四,钟谌。《全元文》卷八〇王义山《西湖倡和诗序》:“同年宜春钟谌醵客为兹游。”

其五,李硕。《宋登科记考》卷一三将其系于宝祐元年进士名录,误。详说见前。

其六,陈天应。《全元文》卷二一八方回《潘友文涣字说》:“回同年乙科进士陈此竹天应,建宁乡前辈。”

其七,葛与山。《全元文》卷五〇五吴澄《存与堂记》:“南丰州判官葛君,世居豫章新建之石江。其父与山翁,景定壬戌进士。”

其八,徐云屋。《全宋词》第五册刘辰翁《摸鱼儿·酒边留同年徐云屋》。又,《全宋诗》卷三三五二王义山《挽云屋徐侍郎》:“雁塔题名墨尚鲜,九州四海此同年。”

壬戌,某(王义山)尘忝廷对复考,秘书文公天祥批第一等,上拟擢在首选。时给事侍郎徐公经孙为详定,同邑人也,他有所主。先得某所献策,以极言时事,抑之乙科。(《全元文》卷八七王义山《稼村自墓志铭》)

吾庐陵科第,景定壬戌榜最得人,盛至三十三人。类名士宿辈,皆进士选,不如他举多者,间以宗姓恩比袭也。(《全元文》卷六四二刘将孙《梅所王公墓志铭》)

宋理宗《闻喜宴赐进士诗》:宴开闻喜萃儒冠,朝野清平共解颜。礼乐三千言中节,声诗十二律循环。邦基允赖英贤力,人极长扶天地间。久远功名方发轫,相期精白古风还。(《咸淳临安志》卷一二)

刘克庄《恭和御制闻喜宴诗并序》:臣叨蒙圣慈,赐臣闻喜宴御书圣制诗一轴者。仰惟皇帝陛下,策多士于汉廷,宴嘉宾于镐邑。儒有厚待,沾宫花绫饺之荣;帝庸作歌,俪仙籍恩袍之句。辉光下烛,稀阔罕逢。臣位虽忝于论思,材有惭于赓载。辄忘固陋,恭和御诗一首,昧死僭尘乙览以闻。臣无任瞻天望圣,激切屏营之至。□□□□□□□冠,圣世君师自铸颜。海运而南六月息,辰居于北众星环。宴开镐邑升平际,乐奏钧天缥缈间。惭愧微臣蒙特起,羡他先辈夺标还。(《后村先生大全集》卷三二)

六　月

乙巳(二十一日),御射殿,阅正奏名进士射。(《宋史全文》卷三六)

丙午(二十二日),阅特进奏名进士射。(《宋史全文》卷三六)

九　月

丁丑(二十四日),都省言:"温州布衣李元老读书安贫,不事科举,齿逾百岁。乞照令甲,特赐抚存。"诏:"补迪功郎致仕。"(《宋史全文》卷三六)

是　年

文天祥《壬戌童科小录序》:景定壬戌,童子十人,挑诵国子监。既中,试中书,如初考。吾里王元吉为首。该恩许两试太常,以次九人一试。童子归而课业,当为来科新进士。否则再试,能又中,即待年出官矣。噫!其亦咄嗟乎哉!山林之士,白首占毕,有终身不得名、荐书齿下士于朝者。童子未离幼学,已得以所长,颉颃当时。虽其得于天者不凡,而贵之也,人无异辞。然世之厄于命者何限?若此,独不以自幸哉!童子岁月,方来而未艾也。天下事有大于科目之学者矣,则将何如?韩子送张童子序曰:"暂息乎其所已学者,而勤乎其所未学者。"予谓:童子其所已学者,经也。经,载道书也。童子向记其言语而已。而沉潜义理,变化气质,蕴之为德行,行之为事业,未之及也。童子而能自其所已学者,温习䌷绎,深加履践,希贤希圣,求之有余师。而其所未学者,徐徐而勤之,不为后也。大学之法,禁于未发之谓"豫",当其可之谓"时",童子有之。予也有志乎竞辰者,日斯迈而月斯征,愧悔多矣。敢无以相童子,童子倘有利于予言矣乎?(《文天祥全集》卷九)

刘克庄《次韵徐守宴新进士》:银袍鹄立帝当阳,曾看天街马缀行。一鼓诸君俱作气,七襄吾老不成章。先贤肯靠三场饱,男子须留百世芳。学取侯家棋埜样,奏篇日月可争光。(《后村先生大全集》卷三二)

景定四年　癸亥(1263)

是　秋

王义山《甲科义约序》:甲乙科,汉制也,进士歆羡之。国朝以甲乙分科第,自兴国八年始。衡之安仁,宜阳乡举进士者,以《甲魁义约》籍来访,约以甲魁名,其有取于甲子而为一郡魁乎?抑将甲大廷之选而魁天下乎?虽然,科目之荣耀,一时也;名节之久远,万古也。金吾驺从,传呼状元,抛去苎袍,香满蓝袖,士固荣于甲科也。东坡而乙科,齐贤而丙科,亦奚拘于甲科!明年皇帝御集英殿,赐第一人及第,有自此籍中出者,请以李文定、王沂公、张横浦、王梅溪甲科事业为勉,罔俾先正专美于前。(《全元文》卷八〇)

王义山《衡州安仁兴德乡义约序》:续食,汉制也。自续食之意不古,而士始为聚粮计。衡州安仁兴德乡以兴德名约,义举也。古者三岁大比,考其乡之德行道艺,而兴其贤者能者。士之产于此乡者,其古所谓有德而可兴者乎?嗟乎!床头金尽,士无颜色,囊不留钱,羞涩万状。彼盖未知道耳。吾胸中有耿耿者在,何至预以乏粮馁吾气?雪絮马头,梅花送上,司金饯行,鹿皮盈箧,毋以腰缠十万贯,德色则器识宏矣。槐黄逼眼,青云在步武间,一鼓作气,勉之哉!(《全元文》卷八一)

是　年

上舍释褐:程扬祖。(《宋登科记考》卷一三)

景定五年　甲子(1264)

正　月

丁丑朔(一日),诏:"朕粤稽盛帝明王,制治保邦,曷尝不以人材为先务?盖虽尧、舜之法度,文、武之方策,苟非得人,是迪是懋,则亦徒法而已。故必赖济济之贤,蔼蔼之士,布列中外,道德一而风俗同。然后,可望其举行不悖,相维于长久也。我国家因唐之旧,进士一科,得人为盛。三百年间,所以保乂王家、垂休亿载者,厥功茂哉!弊久蠹滋,迩年尤甚。非无佳士颖出,由此其选。然穷经学古者,或病于词华;植德砺行者,难究其蕴奥;高才大器者,往往局于纤悉绳墨之末。是以官甚冗而才愈乏,家殊俗而风益漓。至于冒国法以苟营,假儒冠而挟册,俚言乱雅,剿说趋时,使习之者反贼其良,而取之者莫任其咎。人情至此,咸欲变通。盖尝披阅先朝名臣奏议,其论取士之法非一,惟程颢、颐兄弟深知治道,酌古通今,纲条详明,用意纯切。令三省详议,参酌其可行者,条具以闻。务于科举令甲,无大更张,以妥安士心。而于进士举之外,所以崇尚经术、考察德行,选用材能之道,立为一代之典,陶成四方之风。庶几丰芑之仁,垂之万世,顾不美欤!"(《宋史全文》卷三六)

欧阳守道《送胡素行赴省序》:庐陵郡上胡梦高素行于春官,得人矣。士固取有用也,使皆如予书癖,焉用之?汉取明经术、通世务者。予昔与君之先人古潭君友,每读书,未尝不及世用。而予无古潭之才,每叹斯人胸中自有一部《水心外稿》,而未之笔。惜其仅得一第,竟不及用,其有俟于素行也。素行为布衣,才名在诸公间。君而第,知君者当交相庆,方信古潭为老苏矣。虽然,请赠一言。才遇时而后见,临事而后见。君此行,以诗赋、论策取知春官而已。天子亮阴不言,未遑亲策,君经纶满腹,无由一吐于大廷，则又何以语他人？为前时知己在天朝、在方面者，正不必使之知在何所。试前试后，静坐客舍，屏绝书问，休养精神，且了身事以归。且吾方为礼部进士，而缙绅先生与四方之闻人相传曰：素行至矣，将属目焉。此招忌之阶也。凤鸣高冈，《周诗》歌之；西狩获麟，《春秋》悲之。凤长羽族，高冈去人远，来莫知所自，去莫知所之，其鸣也可闻而不可即。麟非凤比也，不能倏来倏去，乃轻身出原野，而混杂于猳狘狐兔之间。噫！不谓麟为四灵之一，而于此不灵也。圣人感此自伤，而《春秋》之笔绝。君今遭逢明时，出为世瑞，为周凤不为鲁麟，斯予所以赠言已。虽然，君何以告居者？景定五年岁除后五日丙寅，欧阳某序。（《全宋文》卷八〇〇七）

二　月

萧𣂏《进士题名后记景定五年》：进士题名，礼部贡院刻石已，郡学石之何？志其进士皆学出尔。进士一科，非孔子四科意，然学孔氏名石于学，亦宜之。临江，古文献之地，前多闻人，名著在石，若景星焉。景定庚申，兵毁石，而有未尝毁者，物色旧刻，犹有存。甲子，徐君卿孙始与同年友共图不朽，用合众力，买石新之，旧则临刻。名耶？实耶？进士矣，视此为一片虚名；石者荒，视此为可以攻玉石者。曷况人之视之，枚指其实，云某善行，某善言，某政事精，某文学高，是不能以一科畔四科。某否某否，公评最无情，可畏哉！新石之得三：以复前题名，忠先进也；以劝实胜名，忠同人也；以俟后登名，忠来哲也。尽三忠，仕必尽忠，石非虚石。是年二月朔记。（《全宋文》卷七九五六）

丁未（二日），诏：礼部贡举。（《宋史全文》卷三六）

诏：贡举尚淳厚，收纯雅。（《宋季三朝政要》卷三）

八　月

甲辰（三日），诏："壬戌别院董试，台臣纵游士假手，物论喧哗。今春铨闱复然，尤为无忌。秋闱在迩，可令御史台严为关防，毋踵前弊。"（《宋史全文》卷三六）

九　月

乙未(二十四日),建宁府教授谢枋得校文宣城及建康漕闱,发策十余问,言:“权奸误国,赵氏必亡。”左司谏舒有开劾其:“怨望腾谤,大不敬。”窜兴国军。(《宋史》卷四五)

(谢)枋得考试建康,擿似道政事为问目,言:“兵必至,国必亡。”漕使陆景思衔之,上其稿于似道。坐居乡不法,起兵时冒破科降钱,且讪谤,追两官,谪居兴国军。(《宋史》卷四二五)

景定中,江东转运司行贡举,引试北方士人一科。时叠山先生谢公枋得为考试官,发策以中原为问。问目笔力甚伟,当时远近传诵,今将五十年矣。故书中得旧本,恐失之,谩录于此。“问:事有利害不切身而伤怀,人有古今不同时而合志,吾亦不知其何心也。登冶城,访新亭,欲问神州在何处?自南渡百四十年,惟见青山一发,眇眇愁予。耆老不足证矣,安得不梦寐东晋诸贤乎?衰草寒烟,犹带齐梁光景,徒以重人黯然耳。不知秦淮旧月,曾见千载英雄肝胆乎!惜其远而不可诘也。北来诸君,忠义之泽在心。慨叹黍苗,悲歌蒲柳,岂能忘情故都哉!本朝道德仁义之教,三代而后未有也。士大夫苟且偷惰,无能远犹,晋宋人物所不为也。自隆兴至端平三大败,缙绅不敢问中原矣。兵端不可妄开,国事不可再误,思目前之危急,舍分外之经营。兹犹可借口柏城涧水,草木自春,不知谁家坟墓乎?每岁寒食夏畦,马医之子,无不以麦饭洒其松楸者,长陵抔土,讵容置而不问哉!刘裕入长安,道洛谒五陵,时晋寄江左百十有三年矣。五胡云扰,岂暇念晋陵庙?舜野禹穴,谁敢以疑心视之?此臣子不忍言之至痛也。由端平至今,又三十年,八陵不复动凄怆。秦始皇、陈隐王之冢,犹有人守之三岁;禋沛义夫节妇坟墓,亦禁樵采。况祖宗神灵所眷乎!士大夫沉于湖山歌舞之娱,何知有天下大义!诸君北风素心,岂随末俗间断哉!公卿谈学问,自许孔孟;谈功业,自许伊周。若限田,若乡饮,若论秀,若举逸,皆欲彷佛三代。此一事,乃堪在晋人下哉?或谓本朝取中原者,其失有四:不保全名将,不信任豪杰,不招纳降附,不先据中原。不知诸君所闻何如也？后来童稚，班荆辍音，固晋人所深恨。西北流寓，抱孙长息于东南，同父已知中原决不可复矣。一旦闻有北方豪俊，试于漕闱，有司安得不惊喜也！犹记乾道壬辰，辛幼安告君：'相仇虏，六十年必亡，虏亡而中国之忧方大。'绍定验矣。惜乎斯人之不用斯世也。诸君亦有义气如幼安者，百尺楼上，岂可不分半席乎？"或谓：策问当设疑问难，今一笔说去，似非问目。然文气振发，终是一篇好文字。其问目即藏于议论之中，但恐难为对耳。(《隐居通议》卷二〇《江东运司策问》)

是　秋

湖学甲子岁科举后，士友有请仙问得失者，赋词云："凄凉天气，凄凉院宇，凄凉时候。孤鸿叫斜月，寒灯伴残漏。　落尽梧桐秋影瘦，鉴古画眉难就。重阳又近也，对黄花依旧。"此人竟失举。(《齐东野语》卷一六)

是　年

刘克庄《勉千里侄秋试六言四首》：而翁二子绝奇，其季虎中最怒。期此郎甲科郎，跨王父曾王父。

童习好雕篆作，相业寓《混成篇》。犹之射者百中，勉旃原夫一联。

茂才异等息响，太祝斋郎比肩。汝伯何由漆发，我家旧有青毡。

子心思犹盛壮，吾光阴已耄耄。不堪鳌弧先登，尚可鼓旗傍噪。(《后村先生大全集》卷三四)

宋理宗年间

宦者董宋臣宠幸用事，(朱)貔孙发策试胄子，极论宦寺专权之患，宋臣讽言者论罢之。(《宋史》卷四一一)

宋度宗　咸淳元年　乙丑(1265)

七　月

癸亥(二十七日),以谅阴,命宰执类试。阮登炳以下,依廷试例出身。(《宋史》卷四六)

省试赐知贡举御札:"国家试士于南宫,名公巨卿,胥此途出。矧自先皇帝,表章儒先,崇尚正学,涵养薰陶之日久矣。济济多士,皆先朝培植以遗我后人者也。顾予在疚,未皇进之大廷而亲策之,爰柬儒彦,俾司文衡。载循申饬之旧章,敢忘勉厉之至意。惟平乃心,惟竭乃力,取士必公,则可革场屋之私弊。摭才以实则,毋徇词艺之空文;理趣必深长,毋使浮靡获售;正气必昌达,毋使忠谠见遗。登崇俊良,新美初政,于以续先朝敷遗之仁,则予汝嘉!"右咸淳元年付马廷鸾已下。(《咸淳临安志》卷一二)

陈丞相文龙,咸淳初为太学生。是年,学中引放。公试之旦,适奔驰弗及。既至公闱,则试者毕入,已扃钥绝关矣。公既弗得入,亟陈于当国者,贾师宪特笔送入试。已而,同舍生忌公才名,幸其不试,又以为此贾相送至,有司必观望私取,则有妨同进,竟白于监试者。卒不启关,公以此终不得试。惟以一启谢庙堂,当时传诵。(《隐居通议》卷二一《陈丞相启》)

进士名录:阮登炳,佘安裕,何梦桂,丁熺,王白,王伯松,王所,王峻,王集珍,王渭应,王煓,王广寿,王应子,王镭,毛友龙,毛孟明,毛梦发,方公权,方贡孙,尹京,史唐卿,史蒙卿,吕顺,吕渊,吕跃龙,朱安国,朱沐,朱若招,朱牧,朱珍,朱津龙,朱焕文,朱尧佐,朱鼎来,伍应简,危彻孙,江士龙,江均德,江润身,安梦文,阮应桂,李大宾,李天麟,李午,李方载,李丙翁，李邦聚，李成大，李行可，李芮，李果，李昱，李炳，李埈，李时静，李寅孙，李道儒，李解，李溶，李谨思，李继蹈，车若春，吴大顺，吴日起，吴良弼，吴君揆，吴彦恂，吴桂发，吴浩，吴梅，吴彪，吴遂初，吴焱，吴嗣亮，吴凤孙，吴凤举，吴震，吴应炎，吴应发，吴焘，吴攀龙，利子远，何仲翔，何逢年，何晋，何桂发，何尧，何扬祖，何景文，何梦与，何应龙，余丙发，余炎午，余绍鸿，余谦一，汪元龙，汪昌寿，沈起岩，沈应子，沈应申，宋庆之，邵渊，邵梦接，林子宣，林子仪，林永，林永年，林圭，林君荣，林梅发，林崇悦，林埙，林维，林衡，郁绍庭，卓起炎，金琀，周三德，周秉纯，周建，周彬，周景祥，周与端，周澥，郎升，胡大浩，胡元采，胡泰来，胡起龙，胡梦魁，胡震，胡震元，胡镇孙，茹珍，皇甫雷，俞午，俞相，俞湘，俞应佥，洪恢，洪梦斗，姚梦荐，姚龙起，姚鹗，马贵玉，秦季良，袁儒，袁灏颐，桂岩，连如琦，夏雷震，徐十朋，徐士鲁，徐元善，徐何，徐重望，徐遇顺，徐龙云，徐灏，奚迎泰，翁燧，高子墪，高烈，郭熙，唐昭伯，涂幼庆，陆觉，陈大有，陈天瑞，陈天骥，陈仁夫，陈介，陈文翁，陈君采，陈庚金，陈厚，陈奎，陈炳誉，陈炤，陈眉，陈莘，陈原，陈师圣，陈容，陈鄂，陈绍谦，陈道全，陈虞之，陈诗川，陈溥，陈辅伯，陈震龙，陈德高，陈霖，陈应星，陈应期，陈zhuj，陶复亨，孙治凤，孙朝瑛，黄三接，黄公绍，黄以牧，黄丙炎，黄君伟，黄明丰，黄庭兰，黄桂，黄渊然，黄荣甫，黄应午，黄应鼎，麦雷奋，曹一新，曹元凯，曹应时，盛真子，常惟之，许子宏，康梦吉，章申子，章桂发，章荣，梁龙庆，张天任，张平，张朴，张有庆，张光孙，张开龙，张梦高，张霄龙，张应奎，张应飞，张应高，项雷震，彭子绅，彭玮，彭履道，彭应祈，叶培，叶培，叶墪，叶登云，叶梦牛，叶荣龙，叶德秀，万一鹗，万元善，董殊，揭梦拱，揭梦登，程东凤，程淳祖，程龙，程应世，程应明，傅仕龙，傅贵早，傅梦澄，舒济川，邬炎，邹宁孙，曾尹，曾先之，曾革，曾登龙，冯兴子，冯骥先，汤芳，汤居易，宁永已，宁安常，鄢鼎新，杨仲甫，杨首龙，杨森，杨椅翁，杨应时，杨应祥，杨畴，雷震，虞况，赵大珏，赵大胜，赵元卿，赵元凯，赵友直，赵友淯，赵友溷，赵由漳，赵由灿，赵由权，赵必太，赵必平，赵必仔，赵必忘，赵必朵，赵必弜，赵必佩，赵必佽，赵必沭，赵必弦，赵必恪，赵必洳，赵必翊，赵必格，赵必造，赵必侹，赵必途，赵必渂，赵必墪，赵必逑，赵必采，赵必徕，赵必遒，赵必淅，赵必淡，赵必焄，赵必琢，赵必堞，赵必博，赵必达，赵必万，赵必棣，赵必钧，赵必道，赵必渚，赵必涙，赵必椶,赵必照,赵必银,赵必竩,赵必煓,赵必墉,赵必台,赵必熜,赵必渗,赵必瑑,赵必朋,赵必侏,赵必锐,赵必潭,赵必垦,赵必锳,赵必锟,赵必锿,赵必键,赵必炽,赵必穗,赵必瞻,赵必儵,赵必滥,赵必滟,赵劣夫,赵汝唐,赵汝宩,赵汝悳,赵汝襂,赵汝稿,赵汝檀,赵汝僫,赵汝巘,赵守通,赵希坏,赵希杇,赵希呐,赵希迭,赵希轨,赵希崴,赵希造,赵希竚,赵希莛,赵希秸,赵希遂,赵希椻,赵希璀,赵希憍,赵希橰,赵希桥,赵希衡,赵希蹬,赵希曣,赵希锈,赵良夫,赵良玕,赵良仁,赵良玢,赵良坡,赵良明,赵良玿,赵良倧,赵良偭,赵良钠,赵良琏,赵良樋,赵良熛,赵良璨,赵良僬,赵良璎,赵若沁,赵若冈,赵若定,赵若恢,赵若珪,赵若桄,赵若株,赵若涌,赵若埱,赵若异,赵若悠,赵若琯,赵若渊,赵若辁,赵若辅,赵若谌,赵若谆,赵若浵,赵若畤,赵若漕,赵炎,赵宗范,赵孟至,赵孟回,赵孟仲,赵孟安,赵孟圻,赵孟沭,赵孟建,赵孟逌,赵孟亶,赵孟烋,赵孟珣,赵孟华,赵孟梃,赵孟秝,赵孟琇,赵孟坚,赵孟望,赵孟琠,赵孟葆,赵孟诉,赵孟焴,赵孟滔,赵孟溶,赵孟领,赵孟澵,赵孟颙,赵孟德,赵孟浴,赵孟穗,赵孟锅,赵孟櫄,赵孟潆,赵孟滷,赵孟宝,赵孟耀,赵孟灅,赵硡夫,赵彦老,赵彦订,赵彦湳,赵彦虞,赵彦灅,赵梠夫,赵栭夫,赵时夫,赵时吉,赵时仿,赵时扏,赵时灼,赵时弟,赵时星,赵时玲,赵时凌,赵时偂,赵时钔,赵时琥,赵时僙,赵时钐,赵时瑠,赵时领,赵时赏,赵时卫,赵时焁,赵时缔,赵时璌,赵时历,赵时黎,赵时谚,赵时燧,赵时临,赵时砺,赵时爝,赵师棣,赵崇,赵崇中,赵崇夸,赵崇肜,赵崇沔,赵崇汰,赵崇易,赵崇衦,赵崇毗,赵崇段,赵崇倘,赵崇恁,赵崇旃,赵崇祥,赵崇球,赵崇探,赵崇复,赵崇运,赵崇琜,赵崇碏,赵崇节,赵崇钵,赵崇煜,赵崇溥,赵崇淛,赵崇瑕,赵崇熏,赵崇滸,赵崇隧,赵崇颊,赵崇燧,赵崇楸,赵崇璥,赵崇懦,赵崇缕,赵崇襜,赵崇懒,赵崇潆,赵崇巉,赵崇钘,赵崇箓,赵崇镊,赵得夫,赵堣夫,赵善胜,赵善谒,赵埬夫,赵嗣元,赵嗣诏,赵嗣锿,赵嗣锭,赵嵱夫,赵与忌,赵与机,赵与则,赵与恂,赵与垐,赵与栗,赵与涔,赵与埚,赵与桴,赵与俤,赵与鼎,赵与钞,赵与钮,赵与莲,赵与榕,赵与塨,赵与仆,赵与暹,赵与侣,赵与课,赵与沅,赵与杬,赵与樕,赵与钬,赵与燧,赵与濩,赵与澴,赵与缜,赵与壑,赵与镉,赵与镞,赵与辟,赵与摄,赵与镶,赵与灅,赵与傥,赵闾夫,赵熼夫,赵应时,赵沪夫,赵垄夫,赵宝夫,赵继夫，蒋汝霖，蒋来叟，蒋梦升，蒋应炎，蔡崇予，蔡梦龙，廖梦元，廖应和，郑及之，郑曰卿，郑希点，郑遇龙，郑新之，郑嘉遁，郑应子，郑献翁，熊翊龙，熊舜选，邓祥龙，邓应龙，楼岩，樊必荐，刘三异，刘天声，刘仁荣，刘正己，刘有开，刘坦，刘若济，刘诜，刘声道，诸葛复明，潘文虎，潘百福，潘希点，潘应庚，乐椿夫，萧元登，萧必强，萧庚龙，钱梦高，鲍起渊，鲍福卿，戴天定，戴程，韩淳，韩福孙，檀仲，魏公圭，魏应，钟维祺，钟彝，谢元卿，谢国光，谢应鹏，阙定甫，颜应焱，严逢原，罗可权，罗均宝，谭奇可，龚斗南，龚老行。

特奏名进士：王淮，方元秀，朱惟贤，李果，吴应辰，何敏学，余大章，汪革，汪高，林逢午，郁梦蟠，胡元符，唐尧臣，陈台，孙林发，黄宜发，刘应旗，卢逢圣，钱允文，阙闳，谭应雷。

上舍释褐：沈震孙，林铸，毕祖高，赵必琬，赵必翔，赵良俙，赵良镓，赵孟括，赵孟頖，赵与恪，蒋元，邓元观。(《宋登科记考》卷一四)

补进士名录：其一，徐可大。《何梦桂集》卷二《贺徐提管可大得子》："谩道同年我是兄。"

其二，赵崇讪。《全元文》卷七〇五陈纪《赵公行状》："公讳必瑑，字玉渊……盐干生崇讪，修职郎、南安军司户参军。司户生公。……咸淳乙丑，侍司户同试南宫，父子联名登高科。"

咸淳乙丑省试，考官得其(何梦桂)文，深异之，擢置首选。时罢临轩，比廷唱，以第一甲三名进士及第，时俗所谓状元探花郎是也。(《何梦桂集》附录一《何先公潜斋先生传》)

临江丁熺，乙丑谅闇榜第四人。为他恩例所压抑，居第八，授永州教。章采代为作启谢辨章云："诸公衮衮，皆自下以升高；一介休休，独瞻前而忽后。"廖群玉亟称于贾，改隆兴节推。(《浩然斋雅谈》卷上)

度宗初，以雷同假手之弊，多由于州郡试院继烛达旦，或至次日辰、巳犹未出院。其所以间日者，不惟止可以惠不能文之人，适足以害能文之

士。遂一遵旧制,连试三日。(《宋史》卷一五六)

刘克庄《咸淳龙飞大魁之归,卿大夫以某兄弟有一日之长,俾主其事。水村农卿谓某当为诗,为壶山唤回百年英灵之气。客散诗成,翌早录呈,且约同社属和》:倾城迎侯锦归忙,儿女鲜衣伎晓妆。龙首榜来春满郡,鸡栖车已夕还乡。团司局结慈恩寺,一炬灯传旧弼坊。莫作寻常先辈看,淳熙相府甲科郎。(《后村先生大全集》卷四七)

九　月

叶隆礼《进士题名序》:进士题名何始乎?始于唐之雁塔。而后碑礼闱以纪同年,碑郡县学以纪同乡,彬彬惟本朝为盛。嘉禾、行都、扶风郡独欿乎?以阙事告郡博士吴君春、管君寅午,相与谋曰:"国家自开基以来,列圣以道统授受,诸大儒金声玉振,至乾道、淳熙而大备。乾、淳天子实毓圣是邦,千古英灵,刚大之气,天发地育,典章文物之懿,溥华夏而施蛮貊。是邦有阙事,可乎?"乃属前庑士纂辑书载,稽诹散逸,胪列而刻之石。首岁年,次氏名,次邑里,粲然秩然,可挹典刑而追步武也。渡江之前,与宗胄之贯玉牒者或未详,则存位置以俟续补。吁!是举也,昭先登,厉后来,斯文非小补矣。前进士叶隆礼谂诸友,作而言曰:"祖宗以儒立国,以科举得儒,吾乡举不乏人。冠制科者、冠廷对者、冠礼部试者,烨奕相望,由是为宰执大臣、为侍从显官无虑数十。固有清风竣节,一奋不顾,攻新法如仇,甘贫贱如饴,苏玉局公尝惙惙悯惜之。然递芳流沃,千载下凛有生气,盖未可穷达计也。其他才品之高下,学识之醇驳,事业之伟劣,权衡而取则之,方寸中有灵龟在,毋徒日工程文以拾青紫云。"乃作题名序,咸淳改元九月吉日书。(《至元嘉禾志》卷一六)

十　月

欧阳守道《登云庄记》:乙丑初冬,予与二三子适于野,遇输官租者盈道。予前至一田舍憩焉,余粒在地,一童子扫而拾之,盖输租者之居也。壁间有诗,曰:"云兮云兮,变化有神灵兮。卷起地下黄飞去。天上青兮仙人乘云,天尺五借我清阴覆赤土。云间逍遥人间苦,年年苦时望君雨。"予问童子谁题此诗，对曰："庐陵县有登云庄田，吾翁与乡邻耕之。此诗吾翁作也。"问："尔亦晓此乎？"童子不对，仰瞻云而歌之，其声婉转悠扬。予为之感动，顾二三子曰："识之！此我辈人语也。"他日，令君鄱阳熊侯访予，语及登云庄，予以所见诗告，侯惊焉，曰："是语俚，其意长，所望于庇民之君子岂浅乎？震龙初领此邑，知学有贡士庄，以市量计田租八十有七斛尔。嘉熙间前宰永嘉项公模所创，谢公子强稍增之，意美矣而田少。即动心曰：使得终三年去，吾力尚可拓此。于是锱铢累积，得钱一千余缗以买田，岁复收租九十八斛有奇。一道士以屯田二十解献，视其意无他，且为数也微，遂收之而附焉。郡国贡士，县续食，汉法也。今士出邻境，莫我肯恤，为令者自以区区致吾意。米又重不可负，则易钱而藏之。士将行，发新旧庄三岁之藏而分赆焉。诸贡于乡、于漕、于胄监者，若往年尝贡而再上春官者，若阶对者，其数有差。而尝有籍于吾学则加优。学之前廊司其出纳，今年春尝一赆矣。名今庄曰登云，别于前庄，且示相期也。然吾意彼田舍翁知之矣。"予因请于侯曰："士受侯赐甚厚。顾以米易钱，岁无常直，米贱钱少，米贵钱多。为赆贡士计者，幸其贵而多乎？抑宁贱而少乎？"侯太息曰："吾固尝以语此于学之士也。去年民艰食，邑无廪可发，独有此二庄耳。不能待此区区者以赆士，欲亟借此区区者以赒民。赒于此无以赆于彼，则视时之宜，姑损其半而出之。损微而施狭矣，吏犹疑而告曰：'若尔，来年得赆之士将患少。'吾视吏不足语，语于学之士，曰：'今兹为我积钱，明年受此赆者必诸君也。诸君得志，宜有膏泽下于民。且行时岂自一钱以上尽为爨桂炊玉资哉？乞我新丰一酌之余，分彼翳桑一饷之饱，谅与我同此心。夫直虽损时之半，较之丰岁犹赢也。吾党岂幸直之贵者乎？'则皆欣然曰：'诸生若窃第入仕，损己益民可也。焉有妄拟公家之赐以为己有，而计较多少乎？夫此一举而士与民两利焉，则其势自相维持而无弊，请自今日永为后法。'吾祝赞之曰：'诸君皆志士仁人也，天心至仁。诸君此志当天心矣，高科非诸君而谁？'此吾去年以二庄平粜之始也，子为我记之。"予遂为之记曰：士之用心常如所以对侯，是无负于登云名庄之意。我辈田舍翁，真有望于斯人矣。咸淳元年十月丙寅，邑人欧阳某记。（《全宋文》卷八〇一八）

十一月

林景祥《华亭县登科题名记》:云间乡校石刻,高下峰列。余尝拂拭龟趺,摩挲苔字,观其纪载。如往哲芳躅,创始遗规,采经籍格言,修学田经界,至射圃古甃细事,莫不□□镌记,摹拓者无停日。独里之登科题名,浸成阙典。□学校事力不办,悠悠岁月而已。余向游斯校,与学正壶中陆梦龙对风雨床,共琴书案,尝见其亹亹叹曰:"登太常第,吾里盛事也。行辈彬彬,辉昔耀今,未能镌诸金石,以垂不朽,如某负大歉。"余闻此语十年矣。前此又不知壶中此抱几十载。壬戌秋,清朝作新乡校,创立县教员,余以毗陵锡邑尉曹改注是阙。交事初,壶中首以此相勉。开山伊始,倥偬未暇。乙丑初,余去交替期不远,壶中拳拳之请则锐而不可遏,谓今失此机,后将无及。因就浼壶中独任斯责。即日命匠磨石,旁搜博采,凡枌乡毡书姓名,自国初以至今日,一一登载。非惟彰既往,焕今兹,方来者且源源,壶中之志大矣!非惟壶中之志,抑亦壶中经营之力,余敢识岁月云。乙丑改元十一月上浣,三山梅丽林景祥谨识。(《全宋文》卷八二一二)

是　年

以锁厅应举宗子两请、举人遇即位赦恩,并赴类试。其曾经复试文理通者,照例升等;文理不通及未经复试者则否;第五等人特与免铨出官。(《宋史》卷一五七)

方大琮《帝王本仁祖义论乙丑乡试》:人主有一旦之言而求复其初,是必有所见而发也。昔之圣人与道周旋,有终身履之而不自知者。安有跃然一悟之顷,而后求其要指者哉?圣人安行之事,不敢以望后世。或者慨然有慕古之心,而又窃闻吾道之名而嘉尚之,遂欲借行道之名以遂其慕古之志。然圣人之道安有一蹴可致之理?用志愈力,而去道愈邈。终身驰骛,而茫然莫得其所归,然后反而思圣人之于道殆不若是泛然也。发之于心,体之于身,其要指若是而已。使一念之加力,则圣人之道未必不自跃然一悟者得之。武帝元朔之诏曰"帝王本仁祖义",盖十二年而后有是言,帝之见略定矣。吾尝求之于古帝王矣,有曰行仁者,有曰性仁者,无所谓本之名；有曰由义者，有曰遵义者，无所谓祖之名。武帝何见而创为此名耶？岂万世不传之旨而帝骤得之耶？然而，帝外施仁义之主也。外施者以名求仁义也，本祖者以实求仁义也，是二者正相戾也，帝何以发此言？吁！孰知本祖之论正自外施者得之？凡人之情，趋向之穷而后归根之论兴，志虑之衰而后悔悟之机动。外施而不获遂，然后退而寻其本矣，此理也，亦势也。大抵后之人主有终身力行仁义者，则本祖之论固隐于不言之中；有素不屑意于仁义者，则本祖之论将置于念虑之外。而未有名慕而实违，外似而中不可如汉之武帝者。盖帝也见高而意锐，见高则不肯俯伏于帝王之下，意锐则不能舒徐以求仁义之实。其所以为是崇儒重道者，君子知其非出于本心。使仁义之名可以求而得，帝王之盛可以企而及，则本祖之论不复见于元朔之初矣。十二年间，咸五登三之意无日无之，非不知仁义之实皆自其内心以生，然好名之念驱于其中，而不暇屈意于践履之地，直欲乘方锐之气，以外窃仁义之名而已。虽尝奉高年，恤孤寡，然而仁之末也，而非本也；救东瓯，伐匈奴，然而义之小也，而非祖也。执其小者末者，而欲遂帝王远大之事，不独群臣疑之而不敢言，虽帝亦自疑之而姑庶几其获遂焉。惟其不可遂也，则本祖之论欲无发而不可得。向者上嘉下乐之言不绝于口，一旦乃能回思却顾，而求帝王所由昌之道；向者外施之意茫然无据，一旦乃能探本寻源，而求所谓本祖之地。亦其世故熟而至理明，锐气衰而本心见，脱去人欲而窥见帝王之本真，君子亦幸其有归宿之地矣。前乎是者建元之策，帝虽非以仁义问，而或者觇大道要极之问，意帝其知之耶？然仲舒历举仁义之端，而勉之以加意，言虽急而帝则缓，是帝未知本祖也。继乎是者元光之策，至有仁义何先之问，帝今其知之矣。然公孙分析仁义之条，帝采其辞而略其意，是帝犹未知本祖也。欲效唐虞之言昌发于廷，若将以是为臣下夸诧。汲直“外施”一语，深切帝病，而艴然之色随见，是帝正在迷而未复之中也。当是时，志刚气炎，谓帝王之道可以立谈致，虽使数子历举其所谓仁义者，曰如是而为本，如是而为祖，其如帝之不听何？迨夫精神志虑鼓舞倦矣，徬皇四顾，莫得其指归，而后知畴昔艳慕之情皆不足据，本祖之论不待人发之而帝自发之，元朔之初异乎前日之武帝矣。虽然，仁患于不知所本，义患于不知所祖。果知之矣，则终身践言可也。由元朔之初观之，火然泉达之始也；由元朔之后观之，蘧庐之一宿耳。穷兵黩武，仁者不为而帝为之；神仙土木，义者不为而帝为之。帝岂忘向者本祖之论耶？宣帝终身严毅，而宽大一诏，君子许焉，曾谓本祖仁义之言不足裨武帝之万一？然而有由也。宽大之诏，宣帝之末年也，则一见而遂定；本祖之论，武帝之中年也，见识之高则有时而能悟，信道未笃则未几而转移。故始者之不念，而元朔之诏是一悟也；继者之不力，而轮台之悔又再悟也。帝方心平气定以求归根之地，可以直造帝王无难也，然而仅止是者。故尝论之，元朔之诏，此正回心以复仁义之机也，而恨其不坚；轮台之诏，此正虚心以行仁义之时也，而恨其已晚。遂使上嘉下乐之叹，终为武帝之空言，悲夫！(《全宋文》卷七三九八)

周森《科甲题名记》：郡有学，学有进士题名记，易地皆然也。邵，楚国也。春秋时名卿大夫多于楚乎出，世谓楚材如杞梓皮革，地产然也。宋兴，邵士渐染元公之教，而学益正。其奋儒科，跻显宦者踵踵。题名之石，至淳祐七年而始立，何晚也？咸淳初纪，乡达尊佥谓卑狭且陋，欲易而新之。或曰："淡墨之书，明经之题，揭于虎榜雁塔者讵不荣耀？斯石之立已赘矣，焉用易？"曰："不然。进士题名，盛事也。于以彰厥往，诏方来。狭则不足以广千佛之题，陋则不足以称科名之贵。余备员冷席、修奎星阁，镵《太极图》，凡有不如式者，悉为之更新。矧新皇御极，新元纪历，人材与世运俱升。龙门嘉客，来者鼎鼎，则题名之石舍其旧而新是图，盖亦寓新美人才之意焉尔，曷敢不成人之美！"若夫名节之芳芬，事业之铿锵，勒鼎彝，垂竹帛，序次于凌烟麒麟之上者，名不厌其屡纪也，此又余深有望于郡之新题名者。(《全宋文》卷八一五二)

咸淳二年 丙寅(1266)

正 月

幸太学,谒先圣。礼成,推恩三学:前廊与免省试,内舍、上舍及已免省试者与升甲;起居学生与泛免一次,内该曾经两幸人与补上州文学,如愿在学者听。其在籍诸生,地远不及趁赴起居者,三学申请乞并行泛免一次,命特从之。凡诸生升舍在幸学之前者,方许陈乞恩例。(《宋史》卷一五七)

七 月

壬寅(十一日),礼部侍郎李伯玉言:"人材贵乎善养,不贵速成。请罢童子科,息奔竞,以保幼稚良心。"诏:"自咸淳三年为始罢之。"(《宋史》卷四六)

是 年

刘克庄《次韵丰守燕新进士》:联镳共醉杏园春,英辟龙飞为作新。诸老破荒□□宋,三台接武辅乾淳。贤侯推广崇儒化,先辈□□□士仁。珍重黄堂一杯酒,也沾白发旧词臣。(《后村先生大全集》卷三八)

咸淳三年　丁卯(1267)

是　春

诏:贡举以识治体为先。(《宋季三朝政要》卷四)

四　月

冯梦得《重建建康府贡院记》:重建建康府贡院,大使马公光祖任内。建康府贡院在清溪之南,创于绍兴初年,修于嘉定癸未。自后率三岁一葺,因陋就简,牵补目前。试已则借占,躏践靡所不有,殆弗止撤藩篱、毁薪木而已。屋既倾欹,地又卑湿,懔乎有覆压之虞。咸淳丁卯岁诏,大使亲即其所,爰究爰度,悉命撤而新之。鸠工聚材,筑基崇址,宏壮爽垲,视昔径庭。厅事之后,为堂三间,扁曰"衡鉴",翼以考官位次。薇阶莲沼,前后相辉,供帐什物,百尔具备。试场旧止四庑,众以为隘。乃即西偏辟地数百弓,添创两庑,为屋共二百九十四间。庖湢、守视之所,罔不整洁。又仿金华诸郡例,置长卓钉柱间,阑三门以来多士。中门之外,设封弥、交卷、誊录、对读所,各有司存,井然不紊。栋宇翚飞,与正厅埒。始置锁钥,属府学董之规模,于是乎详密矣。自是年四月□□日兴工,讫五月竣事,不月而成,民不知役。共縻钱十八界一十三万三千八百九十五贯有奇,米一千五百五十石,他物从官给者不与焉。右史冯公梦得为之记云。

冯梦得《建康府重建贡院记》:皇帝嗣位越三年二月初吉,诏天下郡国以士来贡。若曰:"宋德当天,奎聚五纬,文明景运,实此乎开。维兹岁行适合,维予一人,祗见先圣,阐道立教,聿兴斯文,维躬用劝,维尔多士懋旃。"于是,建康府新作贡院成,留守大制使、观文马公以书谂梦得曰:"维此文闱,乾道立之,绍熙辟之,嘉定葺之,今又四十有五年。每莅校比,有司取具目前，猿狙之杙，株儒之柱，苫盖檝掮，谓是则苟而可。老屋岌岌，不任风雨，垫隘湫底，爽气弗集。笈负而至者，外揵内韄，傀焉惧贳嚏之及，殆非所以使之簸羽翮而吐铿轰也。以吾为守长于斯，而是之弗虑弗图，毋已阙乎！乃鸠工虑材，培卑而崇，拓隘而广，规画褰举。再阅月，亟溃于成，而人未始知有役。国家之贤才自出，多士之气数攸关，可无文字以觉久远？子盍为我记诸！”梦得尝考宾贡之制，自周迄唐，其意浸以荒失，未尝不慨古之士贵以肆，而后世之士不然也。夫宾士以礼，而乡射行焉，所谓揖逊而升，下而饮，其雍容和衎之气象何如哉！逮至束缚检约，围棘重重，寒庑单席，如唐人所云者，则偪介已甚，于古意无复仿佛矣。我朝以儒立国，三岁大比，考其德行道义之法。虽未能纯用周制，而兴贤兴能，使长使治，其意亦何以异于周？六飞渡江，王气聚于东南，而金陵首当其会。警跸驻焉，地载神气，风霆流形，采芑新田，润泽丰美，是开中兴以来无穷之用。圣天子垂意文治，烝我髦畯，制诏一下，遐不作人。並並陪都，视周丰镐，所谓庶物露生，文武之德，有衍未艾也。居留重臣，用克知于德意，共明命而厚同气，有开必先，夫岂偶然！前五十年，文忠真公将指转输，始作漕贡院于是邦。越明年，即有冠南宫者。维马公之学，源流真氏，故知所崇尚类如此。升本多奇士，加之以新美之会，扶摇天飞，志气固应倍百。嘉定类闱得士之盛，吾知其殆有过之。公三至玉麟，十年之间，揆教奋卫，兴补润赖之绩不可选纪，而于是役尤汲汲焉。公之盛心盖可识矣。梦得于授简之辱，用次第其说，以笔受而不复以不文辞。若夫山川之美，方隅之吉，面势之宜，旧记具焉，不书。役用、材植、金谷几何，非见属之大指，亦不书。公在先朝，尝贰枢庭，名字系出，天下户知之，学士大夫尊之皆曰：裕斋先生云。是岁为咸淳三年四月甲子，朝散大夫、太府少卿兼权直舍人院、权直学士院兼侍立、修注官冯梦得记，朝散大夫、新除军器少监兼权国子司业兼权直舍人院兼景献府教授林应炎书并篆盖。（以上均见《景定建康志》卷三二《儒学志五·贡院》）

六　月

陈肖孙《免解升甲记》：皇帝嗣登大宝之三载，命臣肖孙出守嘉禾郡。越明年，丁卯有诏宾兴，惧无以称上旨，郡文学卢恢间有请曰：“郡为阜陵震夙之邦，士生斯地，沐浴皇泽，与河南、南阳等，宠甚腴也。愿勒珉以扬景烁。”恭惟孝宗皇帝衍丰，沐浴群材，翘薪刈楚，公卿皆此途选。秀是邦者出而柄招摇，躔紫微，履文石，名彪炳于乾淳盛时，视他郡为敻绝。开厥兆，或者王气扶舆所暨尔。理考笃昭祖烈，嘉淑辅藩，溥惠赉而洽多士。为腆请，及纪者免如监，再则不以年第，进士超一级，虽奏名亦与升等。湛恩汪涉，士何幸欤！钟鼎簪珂，宪宪相望，用敷遗于后人者无疆惟休！然以阜陵惠士之志，待穆陵而始广；则广穆陵之志，盖又于今日有所待。于皇圣治，柄用元勋，作成尔多士者尤至。风化酝淬，恩纪沕潏，英实日蕃以硕。非独禾郡之幸，亦阜陵之所深望也。抑士之自待者，盍亦不负所学，思以仰答累朝天涵地育之造，此则教养之初意。若但曰希恩宠、邀利达，则非所敢知。谨拜手稽首而记其实，于以对扬王休云。咸淳三年六月望日，朝散郎、权发遣嘉兴军府兼管内劝农事、节制澉浦金山水军陈肖孙记。(《至元嘉禾志》卷一六)

是　秋

刘克庄《次乡守赵计院鹿鸣韵》：幸际龙飞策士年，灵岩仙水执鞭先。夺标文妙三场称，劝驾诗高万口传。昔忝词臣曾草诏辛酉科诏，某所拟，先帝所改，今为乡老预兴贤。春风到耳鳌头选，尚可扶衰候马前。(《后村先生大全集》卷四一)

十二月

欧阳守道《吉州吉水县贡士庄记》：士大夫出从王事，有当为而不及为者矣，有可为而不能为者矣。为其所不必为者，有之乎？上不以命我也，下不以望我也，为之难，不为固无咎，如此而犹汲汲焉为之。其未为也，歉然如吾分之不尽也；其既为也，又歉然如吾义之不终也。是何必哉！人谓不必为也，吾见其不可不为也。嗟乎！世安得无斯人？然亦罕矣。三岁科诏，取士有司，第士之文，以其名上，谓之乡贡。其人诣行在，所远者至数千里，近犹千百里，旅食不与给也。能行与奉诏者，不知吾以其名上，吾责塞矣。异哉！贡也者，名上而实从之也。士不可以他贡比，请比之金玉之贡。贡金金至，贡玉玉至，不充庭非贡也。奈何士名既上，而能行与否吾不知耶？无他，彼谓上以禄利诱士，士真可以禄利诱也。吾上其名，在彼已荣，彼将自行。有不能行，吾何以患其不自营？不营不行，于科目何重何轻？持此心以待人，是自有科目，百世终无自重之士也。士不自重，曰吾举子气习则然，固宜为或者所厌薄。然以予观于庐陵郡邑好修自晦、介然有守者，虽城郭闾巷常有之，山林田野间正自不乏。顾彼无求于人，又不肯矫然自异，故人莫之知耳。闻科诏而出，以其艺献，君臣之义不可废也。有司既以为可贡，并日食易衣出者，始从今日求贷以行。人方羡吾与贡之荣，而不知吾于役之苦。然则，不若不贡，犹足以全吾平日之素履也。汉举明经术、通世务者，县次续食与计偕。今虽无此，然县有贤令，则视士之不能出吾境者宜少动心矣。吉水郡属邑之大者，应诏之士居八邑十二三焉，与选亦如之。异时由进士为臣者，诚斋先生杨文节公为第一，而公固寒士也。终身由夷之操已见为举子时，故老所传，犹略见其与贡而无以行之状，安步晚食，幸而能达。及既入仕而之官也犹然，去之百岁，后进有化之者。其不能行也，傥有不腆之田庐，则鬻之，无则止。车马仆赁之资，薪桂爨玉之费，一不以累人也。山川犹昔，固应生此秀士，又况前辈风流未远乎？今三山陈君升之宰是邑也，曰：生诚斋之乡，皆可望以诚斋之操。然而，士不肯求于人可也，我听其自行自止则不可。为政两年，下不忍刻其民，上不敢阙版曹之经赋，而余力犹能置田立庄。积其租入，易镪而藏之，三岁则发焉，而等第均送。君子曰："是举也，君之待士厚，而事上敬，岂货财为礼之谓哉！"君不谓士一与贡，皆汲汲于自行，而谓容有不能行，亦不以告人者，是一以诚斋待之也。所谓厚也。而何谓事上敬？君名庄曰"贡士"，岂以是区区者为士赐也？所重者其人贡矣，吾为吾君敬之，敬在贡也。贡而达，然后吾事毕也。庄成，适当分送之岁，士既德君，而请予记曰："庄有记则久，且虑后之守掌者或以一旦之急而移之他用也。"予曰："无之！夫君既为厚于前，其谁忍薄于后？况此为贡士设，则其存其否，上关于吾国之贡举焉。有上欲士之能来，而下乃夺其所以来之资乎？且其中有君所捐之俸在，君以惠士，而谁当取之也？不厚且不敬，是大不韪。后之君子，吾见因君之所为而增广之，焉用为彼虑哉！"庄之田租四百石有奇，是为记。咸淳三年腊月吉日，欧阳守道记。（《全宋文》卷八〇一五）

是　年

上舍释褐：赵必昌。(《宋登科记考》卷一四)

刘克庄《送陈德刚舍试子龙》：不消负笈趁槐黄，解褐惟于孔庙堂。士子堵墙观矍圃，公卿搢笏诵《阿房》。里中巨擘推吾子，阙下诸生有此郎。鹤发慈亲倚门待，锦标夺得早还乡。(《后村先生大全集》卷四〇)

咸淳四年　戊辰(1268)

是　春

诏行科举。曰:"国家用儒之效,与三代比隆。朕绍休圣绪,于今五年。粤若恭默之时,亦既选士,未遑亲策。兹将进于庭而问焉。恭惟仁祖临轩之初,太史奏云瑞,名臣辈出。施之事业,硕大光明,朕甚慕之。先帝道久仁洽,凡今宗工献臣,莫非丰水涵濡之泽,燕贻我后顾。惟天下之才无穷,长育而新美之,亦有无穷之用。思昔敷纳以言,明庶以功,兴贤举能,出长入治,所取皆有用之实。爰自以文设科,视古浸异。然经术词章,所以觇济时之蕴,徒文乎哉!学问粹而器识宏,其文浑厚雅正实用,于是乎见。朕既临雍,表章儒先,首崇善化,以风四方。矧景运维新,叶于五纬,聚奎之岁,尔多士其必跃然兴起矣。盍饬操履,以培其本,明理义以浚其源,勿事穿凿,以称作人之实。意群有司,尚亦公尔考择,明尔鉴裁。俾抱负器能之士,惟朕时举。庶得贤立太平之基,式克迪前人之光,其率朕志,无斁!"(《咸淳遗事》卷下。按:此诏作者乃王应麟,见《全宋文》卷八一九三)

省试赐知贡举御札:"国家右贤兴治,若古敷猷。其取士存乎法,所以取之存乎人焉。比年以来,法弊滋章,举场尤甚。今朕将亲策之始,详延四方之隽永。惟我朝莫盛仁祖,春官辨等,并臻廉茂,若时申饬。深戒诡谲浮夸、雕镌靡曼之习,用复温纯雅正,务明先圣之道。洋洋圣谟,亦惟当时群有司罔不钦承,懋乃搜择,以成得人之盛。肆朕谨柬儒彦,职我选事,庶几乎仁祖之风烈。夫士有所抱负,多为虚伪者掩之,往往挟其外假,能误衡文者。是必题目勿拘于字句,去取兼求于论策,索诸理以观其学,求诸气以觇其识。毋浮靡,毋穿凿,毋雷同。尚黜乃私心,厉而精鉴,烝我髦士,进之大廷。真才实能,式副甄擢,盖天之所以遗朕无穷之用者在此。

咸体朕意,匪曰具文。”右咸淳四年付雷宜中已下。(《咸淳临安志》卷一二)

咸淳戊辰龙飞,省试考官商议出题,题皆不欲出“天子圣人”。于是,别院出“乾”为天,正院出“帝德广运,皇天眷命”,皆大金年号。而“天眷”又正是徽、钦过北之时。时人为之语曰:“正院无天子,别院除圣人,广运与天眷,却把比咸淳。”(《钱塘遗事》卷六)

五　月

上临轩,亲策试进士。其试题曰:“天下之生久矣。邃古之初,绍天阐绎,由皇而帝,由帝而王,岂不同条共贯欤?而其大经大本,率惟自身而家,自家而国,其事可得闻欤?人有常言:天下虽大,治之在道;四海虽广,治之任心。夫自道心一语,舜以命禹,实为千万世人主之心法。根于其心,发于其政,仁义礼乐,皆其具也。当此之时,则至治已。《传》曰:‘善为化者,其道密庸,其功同大。’大道为公,其是之谓同欤?三代令王,同得其全,治之所由粹;汉唐诸君,同得其偏,治之所由驳。或粹或驳,吾将安考?道不行,千载无善治;道不明,百世无真儒。而群圣人之道,仅载之空言。岂心法不传,而治法随之欤?惟我艺祖,以何物最大质之元臣,上接三圣传心之印,洞开诸门,正如我心。用肇造区夏,丕式于后之人。朕获承至尊休德,乃念为君之难,望道未见。顾惟万派一宗,异情同理,思与宇内共臻斯治。然志洽而未治,躬化而未孚,其故安在?欲省赋敛,而官与胥为蠹民。是上泽壅于下流,而莫之省忧也。何以厚民生?奸者舞法,贪者坏法,便文自营,非为公家忠计者也。何以饬吏治?见大夫无可使者,深诏执事,非不荐人才也。应令者多,序绩者鲜。抑徼幸之门,戢浮竞之俗,非不正士习也。而一私缠绕,攘攘熙熙,利往利来,朕独安取?非不尊美屏恶也。今或以随声是非为公论,以纵释有罪为可喜,非不贱货贵德也。今或阴事于牟撷,或尝试于贡奉,是人心独未尝古也;关楮本以权钱也,弊轻多奸,是奉吾诏不谨也;今或官涎益馋,有因之以为利者矣,推排本以平赋也。旦暮吏来吾乡,并缘为奸,今或强宗巨室,有不可问者矣。兴言在兹,未烛厥理,朕所为祇祇兢兢,夙兴晨虑,于今五年。每下诏书,凡以为民而未有恩志。岂朕之心然,而千万人之心未之或然欤?心犹慊于道,故未能措时于理欤？昔孝祖龙飞策士，首及于循尧之道，期于不下堂而治。欿然于古之弗及，必于综核名实为大务，此朕家法也。繄欲立治以道，立道以心，举事事物物，一是为实之归，以庶几乎二祖之道德风烈，何若而可？今朕详延四方之士，始策于廷。子大夫其据古以对，靡有所隐，用宏理本，朕将亲览焉。"是岁，廷对之士五百三名，擢陈文龙为第一，各赐出身有差。(《咸淳遗事》卷下)

壬申(二十二日)，赐陈文龙以下六百六十四人进士及第、出身。(《宋史》卷四六)

上试进士，赐陈文龙以下及第、出身有差。文龙，元名子龙，唱第日赐今名。(《宋季三朝政要》卷四)

进士名录:陈文龙，傅菘之，黎立武，丁易东，丁显祖，王士表，王子翼，王元庆，王午孙，王介，王丙发，王明仲，王珏，王美质，王从，王寅，王道夫，王埙，王德辉，王应午，王应嘉，王显龙，方有孚，方桂英，方逢炳，方当涯，方鉴，方岩得，尹耕，孔景行，孔霆发，甘霖，艾可叔，左世兴，左孝先，石余亨，史崇芳，白至中，包原善，朱一鹗，朱士龙，朱文龙，朱叔麒，朱得之，朱梦魁，危彪，牟及，李大元，李大同，李天锡，李文豹，李必，李同卿，李同发，李同发，李晋之，李遇凤，李复登，李弼，李梦奔，李说，李渐，李鲁孙，李龙金，李应雷，李瓘，吴汝砺，吴良弼，吴良显，吴君抡，吴道泰，吴轼，吴源，吴兴龙，何士圭，何光龙，何宗炎，何洪，余梦魁，冷亨龙，冷秉，冷应荧，汪一龙，汪大有，汪有大，汪有才，汪有成，汪有明，汪有新，汪仑，汪注，汪宗臣，汪革，汪琦，汪梦得，汪会龙，沈迈，沈德炎，沈应发，宋朋年，宋梦池，邵正子，邵炎发，邵时中，邵惟敏，邵魁伦，范宜损，范荣道，范联，范应发，林天书，林天泽，林以弼，林正奕，林用中，林克己，林沆，林君实，林雄，林梦桂，林雍，林霆炎，林奖，林应申，林浚，林琼宗，易斗元，易体乾，季立道，金有义，金傅之，金渭，周一鼋，周天泽，周文纲，周忠嘉，周岳，周浩，周雄，周景颢，周椿，胡以巽，胡以逊，胡次焱，胡升，胡庸，胡应星，胡跃龙，胡显，韦居安，韦贤胄，俞廷简，施沆，施南一，洪以中，洪梦牛，洪熊子，祝人瑞，姚天瑞,姚云文,马应雷,袁范,莫仑,莫祯,夏雷龙,柴元彪,倪文一,徐元吉,徐文润,徐玉嘉,徐廷孙,徐炎发,徐唐佐,徐杰,徐硕,徐龙贵,徐应林,奚守仁,翁潜子,翁润之,留应奎,郭子炎,郭元亨,郭拱龙,郭载,郭新,唐复,唐鹗荐,陈大声,陈子升,陈元亮,陈方叔,陈邦达,陈自中,陈垌,陈范,陈雨润,陈卓,陈升,陈升翁,陈庚孙,陈庚雷,陈宗亮,陈定德,陈奚,陈浩然,陈开荆,陈遇龙,陈善道,陈登龙,陈溥,陈廙,陈震雷,陈亿孙,陈懋卿,陈龟龄,陈应森,陈应鳌,陈爚,陶回孙,孙朝瑞,孙铭,孙潼发,黄一元,黄志学,黄桂英,黄桂开,黄旹,黄梦角,黄雷复,黄蕾,黄履信,黄跃鳞,曹光远,曹泾,曹煜,盛惠,娄南良,康应凤,章采,商梦龙,梁世英,梁栋,梁瑞应,梁与子,梁畿,屠文彪,张中,张介,张可,张立智,张伯淳,张思基,张时得,张卿弼,张国维,张敬简,张朝英,张观光,彭逢辰,叶正已,叶亨孙,叶振文,叶寿朋,万应登,葛天民,葛寅炎,程有容,程若庸,程绍开,程禧,程显甲,傅正则,傅明龙,舒景云,邬季友,邬镇,邹一鸣,邹子直,邹臻,邹岩,曾子良,曾云祥,曾雷作,曾应魁,冯唐英,汤应奎,宁章,费绰,贺元正,靳骖之,杨希敏,杨珏,杨振西,杨德祥,杨龙伟,杨应时,杨麟伯,詹载采,赵必祐,赵必造,赵必道,赵必范,赵必璲,赵希秞,赵希漪,赵良坐,赵良炳,赵良悦,赵若沖,赵若琇,赵若碏,赵若璥,赵孟宋,赵孟宓,赵孟宰,赵孟穫,赵孟环,赵时俊,赵时栗,赵时敬,赵时饬,赵时瑞,赵时瑑,赵师鲁,赵崇伍,赵崇祐,赵崇臬,赵崇霍,赵崇宝,赵鼎臣,赵嗣助,赵嗣谅,赵与弦,赵与柎,赵与莲,赵由烨,蒋彦圣,蔡士铎,蔡方,蔡沂,蔡逢甲,臧璧,管浚发,管钥,廖槐,齐如珍,齐如庭,郑用大,郑同翁,郑君老,郑桂开,郑琥,郑景濂,郑巽,郑褒然,郑岼,熊幼学,熊汝垕,熊发,邓文炳,邓必元,邓志新,邓恢,邓纯,邓登龙,邓轮,邓德秀,邓燎,楼嵓,欧阳梦旂,刘元衡,刘文,刘次云,刘伯玉,刘晒元,刘裒然,刘梦曾,刘新民,刘荣钊,刘宾卿,刘震,刘颖叔,刘应祥,刘应远,潜尚友,乐萱夫,萧志行,萧规,萧符世,萧启宗,卢逢尧,钱伟,钱褒然,鲍西魁,戴仁寿,戴应高,戴应雷,魏恂,魏国杰,钟尧俞,谢贵卿,燮玄圃,瞿邦彦,严耕,严迈伦,罗惠孺,罗梦月,罗诚子,罗应新,谭湘龙,龚孟夔。

特奏名进士:周三则,王定,朱廷直,李朝用,吴作肱,何源,余煜,汪钦祖,汪韶,林贵孙,洪辰龙,洪开,徐功甫,徐端衡,奚世炎,翁履道,唐尧臣,陈廷佐，陈良策，陈荐鱼，孙士安，董巨川，靳玉成，杨游，廖同志，黎掞，刘丽江，薛梦溥，萧光大，萧桂发，赖梦泉，谢骏。

上舍释褐：洪焳。(《宋登科记考》卷一四)

补进士名录：娄甫。《全元文》卷四七九吴澄《送娄志淳太初赴石城县主簿序》："翁之伯子德刚甫，簿之父也，咸淳丁卯以诗赋贡，次年登进士科，授迪功郎，尉袁之万载。"

补特奏名进士：其一，张克嘉。《全宋文》卷七九三三叶梦鼎《张正谏墓志铭》："子男二……次克嘉，郑出，咸淳戊辰特科。"

其二，王子兼。《全元文》卷四三〇戴表元《王公行状》："明之奉化，有善士曰王公，讳子兼，字达善。……咸淳戊辰，公年五十，老矣。度少年进取事，愈不可为。始用累举恩，对策集英，授迪功郎、建德府瑞安县主学。"

其三，朱希一。《全元文》卷四九〇吴澄《题咸淳戊辰御赐进士诗后》："咸淳辛未岁，予与朱光甫先生同试省闱。试毕，同途而归，今四十三年矣。其子希一以戊辰特奏名时所得御赐诗墨刻示予，观之泫然。"

李瓘登第，自念禄不及亲，援淳熙王昂、绍熙李侨、嘉定史公亮、史天应纳禄封父母故事，以其官回授其父，乃挂冠而归。(《宋季三朝政要》卷四)

咸淳戊辰龙飞状元兴化陈文龙同郡李瓘，太学贯道斋内舍系第三甲正奏名。唱名后，乞以本身致仕合得恩例，尽以回赠父母。上书毕，辞先圣及三魁同舍，出钱唐门，脱绿袍，挂于门上，泛舟而去。时三魁同舍皆送别。瓘有诗云："人言学古思入官，我谓学易而官难。平生透出梦觉关，本来面目只儒酸。吾亲不俟若为欢，不如归去卧林间。殿前三策罄忠肝，多谢皇恩天地宽。绿衫卸了白衣还，扁舟飞过子陵滩。前修亦有逋与抟，圣世待之俱宽闲。何物种放大厚颜，山鬼移文伐其奸。此行无复出闽山，休音息影谷之盘。今朝酾酒酹云坛，便向钱唐门挂冠。"又有诗云："有手须搴龙衮衣，有头须叩九阶墀。有口须读《离骚》词，有腹须饱商山芝。有身不愿挂绿衣，笑问此身欲何之？石室山之巅，重湖水之湄，陶公云乐天，知

命复奚疑。”(《钱塘遗事》卷六)

马廷鸾《答陈状元文龙启》:龙飞亲策,胪唱首登。下明诏,发德音,大人造也;字灵均,名正则,君子宜之。伏惟某官,孕秀七闽,蜚英六馆。诵《上林》之伟作,相如最其善鸣;得广川之醇儒,仲舒褎然举首。声传寰海,欢动贤关。盛事占五色云,修程破万里浪。某比肩迩列,拭目奏篇。胡辱谦抑,过勤巽谢。发策决科,先天下事,已收盖世之鸿名;犯颜敢谏,古大臣风,好续传家之相谱。略陈赞颂,幸冀鉴融。(《全宋文》卷八一八三)

马碧梧知贡举日,有事宜状,论科举文字之弊,末云:“国家三岁取士,非不多矣。上之人犹有乏才之叹,下之人犹有遗才之恨者,何也?士一日之长,不能究其终身之抱负;有司一时之见,又不能罄士之底蕴。于是,新进小生有以词艺偶合而获选,醇儒硕学有以意见稍拂而见遗,岂不重可惜哉!祖宗时,常有度外之事。如张咏得以举首而逊其友,宋郊得以第一而与其兄。又如孙复、苏洵、雷简夫、姚嗣宗之徒,何尝尽以科目进乎!先帝尝采士论,命山林逸士以初品官而使之分教矣。臣愿续此意而充广之,是又于寻常尺度之中,略出神明特达之举也。”碧梧少年高科而有此论,可谓盛德百世之下,使人景慕。(《庶斋老学丛谈》卷下)

宋度宗《闻喜宴赐进士诗》:遹骏先猷在急贤,广庭亲策昉今年。精微历历参前圣,忠谠洋洋著大篇。天圣得人占上瑞,太平宴士秩初筵。缅怀丰芑无穷泽,久远功名尚勉旃。(《咸淳临安志》卷一二)

十二月

张九成孙象先力学饬行,不坠家声,其免一解示表厉。(《宋史》卷四六)

是 年

柴元彪《及第留吴门访史君黄松冈》:西江草木转精神,山谷松冈一样清。东海拾遗来汲黯,道州谏议得阳城。棠开春雨花千里,角动姑苏月五更。笑指齐云天已近,金銮又听玉珂声。(《全宋诗》卷三六〇七)

王应凤《通州贡院记》:古者,诸侯三岁一贡士,大国三人,其试之于泽、于射宫,匪直以言扬也。国朝仿汉唐之制,专以文字取士。通为淮左望郡,三岁大比,登名者三,仅如古大国之所贡。政和二年,以浑化增十人,至今夸诩,号利市州。中兴以来,贡额才及所增之数,密迩圻辅,陶化染学,文物益彬彬矣。咸淳四年六月辛巳,郡守冯侯弼新作贡院成,以图来请记,应凤不敢辞,则以问于侯曰:"昔尝读程文简公《三贤堂记》,则知通之有贡院久矣,不知废于何时?今日之创因旧而新之邪?抑改作邪?且其地焉在?""昔州治之东有水四周,自风云路而入者,淳熙中蒋侯雍所建也,其遗址今在壮武营中。逮于嘉定,文惠乔公来守是邦,病其湫隘,遂迁于州治之西溪紫薇旧宅。光孝塔峣然表于东南,因以为文笔峰,题其额者魏楼公也。嘉熙戊戌,南宫名第,郡士得其五,时乔公实押敕,视政和为尤盛。淳熙壬寅,疆吏不戒,几不为郡。越九年,贾公以衮钺来,旬始克往,城以有宁宇。先是,举场附于南徐,或寓海陵,其复试于乡。自宝祐乙卯,始即頖宫布几席,从权制也,士不以为便。兵部尚书李公建阃之九年,海冥淮清。弼得以暇日,固保障,备械用,文事武功不可偏废。昔岁之秋控于大阃,更试于总制之虚廨,盖嘉定贡闱之旧。然终非久远计。乃相攸高爽地,得郡之蔬圃焉。东北枕海山楼,可以开云梯之武;南则浮图屹立,可以继慈恩之题。重门罗棘,有堂、有厅、有庑,糊名易书,次舍严密,为间者八十有八。民不知役,逾月而成。鹄袍鼎来,文气自百,鼓行事雄,何止一助!是非弼之能也,亦惟怙冒天朝之福,禀承统府之命,讫就前人之所未为。而弼且将去矣,子其为我书之。"于是作而叹曰:今之吏,凡簿书所不责者谓之不急,况剖符于并边者乎!侯于是贤远于人。惟通濒江枕海,带连吴会,盖陈忠肃、仁忠敏之所尝居,王文惠、赵康靖之所尝治也。游于斯则郑毅夫,仕于斯则刘伟明,文采风流,衣被到今。若时先达,直馆吴公以谏诤显,京曹张公以清节闻,客曹俞公以词科进,而二崔为文宗,受知孝宗,肇以銮坡摄儤直之任,其两凤联飞,续闻趾美,为时名卿者,不可一二数。夫人与天地相通也,文与气相发也。古之人"无斁誉髦斯士",言士者心旧而尝一也;"攸介攸止,烝我髦士",言造士者新而不穷也。且今之新长桂丛者,非向之畦而茹者乎?向也汗陋,今也高明,地不改辟而气象异焉。学者志于上达,盖知所取舍矣。莫尊于道义,莫美于名节,以致远自期,以务实自励。夫是之谓修其天爵而人爵从,夫是之谓夙夜强学以待问,怀忠信以待举,力行以待取。通之士其尚懋哉！以无忘侯怀。侯世家匡庐,厚斋先生之子,学有源委,故为政知所先后云。(《全宋文》卷八二〇五)

刘克庄《次江权军宴新进士韵》:病翁无计出愁城,喜甲科郎竞拾青。主礼尤隆真刺史,华宗相望两魁星。董生至论惟三策,韦氏单传只一经。举首爱身如拱璧,修于家肯献于廷。

刘克庄《闻喜宴李教君瑞不赴小诗赞美》:脍人肝与采山薇,举世营营为饱饥。始信洋洋而逝矣,已烹鹅鹅复哇之。伏雌雉亦防身害,畴昔羊能兆祸基。独有广文君卓识,残杯冷炙也牢辞。(以上均见《后村先生大全集》卷四七)

咸淳五年 己巳(1269)

咸淳六年 庚午(1270)

二 月

一日,诏书敕门下:“朕闻为国之道,得士则重。隆周以乡里举,盛汉以州郡荐,莫不由此其选。唐众科之目,进士为尤贵。本朝因之,斯道浸昌,名臣辈出。盖其效可睹矣。朕自践祚,嘉与海内俊茂,臻于斯路永为。天地之间,惟理最大。先皇帝实表章之,以幸斯文。济济多士,文王以宁信乎其以宁也。前年群试,礼部深诏执事,务索诸理,以观其学,庶几成风,以章先帝诒谋之仁。思昔仁祖尝下诏书,以古道饬天下士,天下士皆自濯摩,亦翕然丕变,一归于正。若时得人号称最盛,至元祐而裕于所用,迄至隆平。今天下方闻之士,素所蕴抱,有志当世,而弗壹新美之真材,何由见朕?今有诏令,中外各举进士,勿以具文应。诸路转运使者,其为朕精择。有司越庶伯君子,尚既乃心,以考其艺。渊原正大之学,忠实剀切之言,朕所欲闻也。追琢其章,金玉其相,凡尔选造,其为时奋兴,式丕化于人文,称朕意焉。故兹诏示,想宜知悉。”(《隐居通议》卷三一《前朝科诏》)

五 月

余植《建德县进士登科记》:国朝以人文化天下,进士得人最盛。新定郡自咸平三年由乡贡擢进士第，首于建邑得王君冕，自是举不绝书，名踵相望，惟斯邑为盛。岂非千峰耸翠，双湍泻玉，瑰奇特杰之观，潇洒清绝之气，独萃斯邑乎？又得非由范、张、吕、陆泓涵演迤之学，仁义道德之化，首覃及斯邑乎？至如抗直节于东都，圮极之余；倡洛学于火德，再炎之始，又皆斯邑之景星凤凰，光绚宇宙，咸由科目进者也。今天子即位之元年，诏升藩府，遂以邑名其郡。粤四年，上御集英，亲策方内之士，植适以墨绶学制斯邑。未唱第，先默有感焉。已而，邑人首以恩贡掇第，应益彰也。是年，斯邑合得四人，其三皆比居于城，视他时尤盛。顾瞻邑黉，自咸平迄今，独未有题名以揭斯邑之伟观，殆非所以表列前修、兴起斯文者也。植兹幸书满，辄采旧闻，攻石而书之。斯邑士气夙醇，文风浸盛，方来者尚源源也，且阙以俟续书。俾后之观者，自其登名以要其远业之所到，知斯邑有人如此，则是记岂徒然哉！咸淳庚午长至，拟承议郎、知建德府建德县、主管劝农公事、兼弓手寨兵军正、赐绯鱼袋余植记。(《景定严州续志》卷五)

八　月

黄震《试院晓谕榜咸淳六年庚午监试》：窃惟灵于万物而为人，秀于万民而为士，纲常所赖以扶持，国家所资以共治，自昔莫不皆然，我朝尤所加重。三年颁诏，与郊祀天地之礼均；万乘临轩，视册拜公孤之仪等。士生斯时，而应斯诏，亦宜何如其自重哉！巍峨其冠，褎然举首，嘿嘿就列，各奏所长。以侧耳《鹿鸣》之三章，而安意丹墀之独对。士之自重，固莫不然。奈何士之贵重，歆艳者众，及其既久，遂成杂糅。市井游手，敢乘时混入以挠群；村鄙富民，敢忘意乞余而滥吹。使刻苦平生、待聘一朝之士，长廊寸晷，既苦于横目无籍之宣拏；西风走铃，复扼于铜臭小夫之攘窃。有识慨叹，几年于兹。乃者恭遇公朝，力革斯弊。尽复祖宗三日连试之旧制，痛惩市井一时溷扰之嚣风。披沙石所以拣金，去鸱鸮所以来凤。凡我士类，孰不忻忻！况越为帝乡，恩数独殊于俦等；士多魁杰，文声赫奕于方今。其能率先四方，倍加自重，以无负圣天子所以崇重作新之意必矣，何俟某赘祷。况某见申防嫌，俟候出院，亦何敢赘祷？然有奋游场居之鄙见，或可爰助，冒昧禀闻。某尝谓我辈赴解试，便当视如赴省试。省试拂明待门，寂然无哗；解试或夜半喧呼，先索其气。此以解、省二其心，而未能如省试自重也，今即请自重如省试。省试入门徐行，彼此礼逊；解试或排门填拥，相蹴至颠。此以解、省二其心，而未能如省试自重也，今即请自重如省试。省试见题就位，即刻操笔，往往未午了卷；解试或杂聚帘前，或纷走廊庑，不觉日西，至夜方窘。此亦以解、省二其心，而未能如省试自重也，今即请自重如省试。赴解试如赴省试，则赴解试即赴省试。气象雍裕，有开必先，万里修程，于兹发轫。其谨之哉！其念之哉！他或市井游手、村鄙富民，尚敢不悛，自有法在，其为士者谨勿预。并乞台照，某申禀。

黄震《又晓谕假手代笔榜》：窃照士君子钟扶舆清淑之气，为天下第一流品。平生读书，三年待试，近之荣亲在此举，远之致君在此举，上之报答造物，下之利泽生民在此举。此一字千金不换之时也。此足谷多财之家，平日骄我侮我者，一旦望我青云之上，羞愧俯伏之时也。近世乃有为微利所动者，反为富民代笔。搀取本身元有之禄料，而暗亏平生远大之前程，不晓何见，真可痛惜！世有富商大贾一旦失其本心者，得乞丐人一二糖饴，反尽弃平生所有珍宝财产以予之，擀掇乞丐为富人，而自身情愿受饥寒。读书人为村人发解及第，而身甘淹贱者，何以异此？越为帝乡，士风素厚，学识素高，固万万无此。近世既多此风，不容不僭及之。某申禀士农工商各有一业，元不相干。为士者多贫，虽至仕宦，尚苦困乏。惟为农工商贾而富者最为可庆，最当知足。盖人若不曾读书，虽田连阡陌，家赀巨万，亦只与耕种负贩者同是一等齐民。而乃得高堂大厦，华衣美食，百人作劳，一身安享，不惟一等齐民不能及之，虽贵而为士，至于仕宦禄赐有限，忧责无穷，亦岂能及之？富室若不知足，又当何人知足？近来风俗不美，富室间不安分，更欲挥金捐财，假手代笔，攘窃士人科第，盗取朝廷官爵，败乱官箴，赚误百姓。试且思量，老天肯否？故人众胜天之时，虽得热闹，粗瞒婢仆，及至天定胜人之后，终纳败缺，丧败户门。有因一时侥幸之后，狂图交结，至重费而败者；有因狃于为富之故习，贪黩犯赃而败者；有临官不能处事，书判不能动笔，受成他人，为其所累而败者。比比皆然，人苦不察耳。然此犹以近世之通弊言也。今朝廷清明，痛惩弊幸，以清入仕之源。前举省试前名，复试不中，尚不沾禄。徒然破家，求荣得辱，可为明戒。今举又备奉朝省指挥，应代笔侥幸者根究决配。本州以人情给解帖者,将来复试不行,知、通、教官一体坐罚。号令方新,断在必行。预告富家,勿讨烦恼。若知读书之好,若慕及第之荣,但请福上增修,力行好事,子孙必有读书起家、亲擢科第者。古人有言:"临渊羡鱼,不如退而结网。"某奉劝。(以上均见《全宋文》卷八〇三八)

是 秋

陈文定公宗礼,魁望立朝,平生以名节自任,缙绅高之。咸淳初为尚书,尝举婺州通判冷应元廉介。而两浙运使潜说友,因事诬冷贪酷。公即自劾,不报,径出国门。诏遣中使宣回,公谢,径归里。朝廷不得已,除公华文阁直学士、知隆兴府,以华其归。公不拜。己巳岁,改知广州,兼广东经略使。众谓公必终辞,而乃径赴镇。明年,除端明殿学士、签书枢密院事。是时,贾似道柄国,每以官爵笼络时贤,败其素履。众又谓公必不堕似道计。初犹力辞,似道以不能致公为慊,致书殷勤,公遂为动,答书许之。似道一日欣然语两浙运使赵德茂与值曰:"始谓千峰坚壁,近得报书,许为某出矣。"由是,中外失望。是年,适科举。有清江胡尉以逊,来盱江贡闱校文,当作次篇策题。胡因以大臣出处大节为问,既成章,以呈监试黎通守靖德及同院考试官。咸谓胡君文笔甚奇,而指摘太切,惧陈公借此以为辞召之柄,则朝廷推求,罪必相及。遂命他考官改为,而胡之策题竟置不用。其后既拆院,有得其稿者,予爱其文,今录于后。陈公既造阙,诏兼参知政事,甫两月,薨于位。君子曰:陈公晚节殊可惜,使可终于高卧不出,不过两月不入都堂耳!而全名高节,举世无俦,何至贻千古之憾哉!其文曰:"问:天高地下,古往今来,悠悠风尘,俛仰千载。贤者流芳简册,不肖者芜秽垓埏。荣华富贵,如浮云过太空,起灭瞬息。独士君子立身大节,垂之千古,与穷壤相为不朽耳!当此蕉鹿酣梦之场,宜有磊落轩昂、睥睨天地之士,翛然长往,万牛莫挽之,风以警醒之。此有司所以喜谈而乐道者。不知诸君所志何如也?古之君子,内重而外轻,己大而物小。其视富贵利达,举世之所攘袂而争者,犹如蠛蠓之过吾前,举无足以动其心。故于进退行藏,无一不合。后世名膻利饴,沉酣骨髓,直欲以有限之光阴,争无穷之宇宙。不知逆旅之炊粱未熟,而人间之大梦已觉矣。回视畴昔所营,了无所得,徒使后人而复哀后人也!东山雅志,每形言色;黄公酒坊,邈若山河。功名富贵,骎骎迫人;朝市山林,从此永隔矣。悲夫!一日,父子东归,初无奇节,初非甚高难行之事,送者车数百两,至泣下咨嗟,至写为图画以传。岂出其创见故耶?老子婆娑,正坐诸君辈,虽位极人臣,赀埒公上,曾不如云孙聊尔弦歌,萧然环堵。归来三径,出岫无心,稺子候门,班荆共酌,为差乐而无苦耳。古今贤相名卿士大夫不少,率于兹事不满人意。立初节易,保晚节难。岂亦有所憾而为是论欤?逍遥堂听雨,早归之约;快阁归船,横笛之盟。二公心事,皎如日月。山川鬼神,实与闻之。异时宦海风涛,卒不如志。岂士君子之出处亦天耶?功成谢事,幅巾东归,谁不愿此?由我者人,非我者天。昼锦故乡,黄华晚节,耆英洛社,白发苍颜,高名全节,照映古今。千载而下,想望犹天人也。乃有望复位而目穿,一斥去而涕泗。上待辅臣如此,曾无气节高迈、不贪禄位之人,以感动之。故年方四十,即求致仕而归者,意有在矣。好事之徒,乃谓急流勇退,是盖仙风道骨之人。无乃见其面而未识其心欤?自古被这般官爵,引坏名节。以君子观之,此理自不难见。言者乃曰:'此事今人不及,须于古人求之。'而天子亦曰:'只辞枢密一节,朕自即位以来,仅见此人。若他人,虽推之亦不去矣。'不知先朝盛时,难进易退之风,乃尔寂寥耶!当时固有不好官爵、不好奉养之人,辞官之章,多至十七八上。一语不合,即称疾而求去者,或又诋之为不情。何耶?再召赴阙,倍道兼行;投老钟山,书空咄咄。何以间执议者之口?岂矫于始者,不能不改于终耶?至若不念旧恶,称为长者。常候人主之意,未厌先求去。故能三入,殊非执拗不听人言者比。不知当时诸公唯唯,书纸尾而不敢辄有所豫者。何所疑惮而若是也?不宁惟是,平生所志,不在温饱。荣进素定,何有不为?而晚思再入,甘于自媒。去就如此,果能保其不以待复古者待我否?虽然,平生名节,为后生描画尽,惟有早退,以全晚节,吾爱之慕之!居庙堂之高则忧其民,处江湖之远则忧其君,吾亦爱之慕之!曾何优劣之敢云!况四郊多垒,人物渺然,宇宙内事,莫非己分内事。进居廊庙,而无充位行文书之讥;退处山林,而无晚节浮沉之诮。果何道而可?诸君里巷间与诸长老游,从其于出处大致,讲之熟矣。洗除场屋烂熟之谈,脱去常人喔促之态,而以胸中梗梗者吐之。有司于此观其人。敢问。"(《隐居通议》卷二〇《咸淳庚午科盱江拟策问》)

前载千峰陈公，晚节轻出，遂为胡尉发策献嘲。然策问措辞，形容太切。是年，盱学王教授寅，引放堂试，亦以此意发问。而其辞意，慷慨深沉，读者不觉，诚奇笔也。其问云："至人无己，神人无功，圣人无名。邀云将兮游鸿濛，蹑天根，问倏忽。大辩何讷，大智何愚，大勇何怯，大肆何拘？许由巢父，何孑孑而居？龙逢比干，何蹇蹇而诛？我将厘是非，混有无，旁薄万物，与天为徒。荐绅大夫划然而笑曰：'子殆未知天乎？古今天之昼夜，昼夜天之一息也。阴绌而阳施，阳蒸而阴摩，呼而炎，嘘而冷。天且为物絯，为气化，为形驱。子焉能违世而与道俱？且夫，乾吾父也，坤吾母也。其出也或为之君，其处也或为之友。虽尼山之老，邹峄之叟，尚役役焉同世趋。子又焉能一尔汝，忘形躯？使青州饥民尚数十万，耆英会上，忍家食以嬉乎？使西师怙虐，毡胆未寒，昼锦堂中，忍委身以归乎？二龙闲卧，洛水无波，清则清矣！青苗手实，满枰俱败，忍不为斯民借一箸乎！晨窗林景，云谷自春，高则高矣！潜邸旧人，出幽入明，忍不为国家伸一喙乎！借曰：太平无事，我可击伊川之壤；都督有人，我可织东湖之屦。然名教一家，中原万里，彼能忘之乎？四道狼烟，万宇俱尽，戎马迹独不到西山南浦间乎？倚梧而瞑，隐几而笑，当为是深长思，而奚以静为高？或曰：我且直之何如？大夫曰唯。夫静专动直，乾道也。子奚迂？而况盲风夜收，天宇为霁，狂澜不惊，上下一碧。非神龙出游，瞬息八极时乎？天下忧患一疏，大鸣于奸宄馋鼎之交。而庆历以后，大事若默，仅闻今日争濮议，明日争濮议，何故？河朔三镇一奏，力争于衮锋奔逆之冲。而建炎以来，晚节浮沉，舍典学数语外，寂寂无闻。何居？或曰：自仁祖朝优容言者太过。其始也以诋讦而去为贤，其终也浸寻而入于谀。静与直，胥失之此？数百年通患，而争新法之罪，吾党所以平之也。然则，容言非朝廷福，讳言反为朝廷福乎？直言非吾党幸，隐言反为吾党幸乎？语涉太后，忤之者固僭也。随之罢，谁速之乎？笼锦有闻，传之者固讹也。介之去，谁实激之乎？批答弗称，疑之者固轻也。镇之出，谁迫之乎？天章十条，挠之者侥幸乎？抑有出于侥幸之外乎？伯纪十议，忌之者僭叛乎？抑有出于僭叛之外乎？灯前夜雨，掩卷悠思，未尝不为志士一慨，而亦未知所适从也。顾凤冈之隆耸，想直讲之高风按：盱江城北有凤凰山，其麓有李直讲墓。直讲，名觏，铜陵石磴《南城县志》：西十五里有铜山。按：麻源三谷，华子冈，谢灵运诗："铜陵瑛碧涧，石磴泻红泉。"李善注《文选》云"铜陵,即铜山也",遁贤栖客,亦与倘佯乎其中。必有能祛世迷者。敢问。"此题既出,时学内外应试者数百人,皆莫悟其旨。予退而叹曰:"是殆为陈千峰发也。"盖千峰为贾公一出,公议既惜之,而入朝一疏,又乏骨鲠。视畴昔四大愿之说大异,于是逾失众望。今策问中有"静"、"直"、"讦"、"谀"四字,盖问目纲领。而所引欧阳文忠、赵忠简,直言不终,意甚可见。是时,即以出处语默为答。断之曰:士大夫未暇问语默,先当问出处。若出处之大节既明,则语默之小疵可略。曰静、曰真、曰讦、曰谀,明问伟矣。顾纤悉于小节,而阔略于大闲。吾不知风范一溃,廉耻道丧,尚琐琐于言語,谀激之分,一何末哉!其意以为:千峰一动已误矣,又何必复校其论谏之是非。王公大喜,遂于数百卷中擢予为第一,远近传诵,翕然许可。予往谢,王公谓予曰:"初得此卷,以为决非建昌城内诸公所能作。若非金溪,即临川人材也。缘三年在此,考校多矣。若目前诸公之文,皆能识之。此卷文字风骨伟然,非寻常所有。故疑其为远方之文耳。已而折号见姓名,乃知其为南丰作者,甚自喜。所拟之不谬,而又甚恨相识之晚。"自是与予定交,相得欢甚。明年三试,皆中前列。未几,公授代,再注南安郡教授。别后犹不忘,常寄书求予文,期予以远大。甫三数载,江西陷,漫不相闻矣。公庐陵人,咸淳乙丑由江西运司混试补入成均,戊辰即中省试,以内舍生得注教官云。此策题失去者十有五年,常思见其文不可致。戊子六月,宗人景周偶以此本见示,因备录之,并记当时事,为之慨然。(《隐居通议》卷二〇《盱学策问》)

王义山《稼村书院庚午义试》:问:科目取士古欤?非古也。古今言乡举里选者,必曰三代。科目昉此乎?若然,则三代未尝无科目也,特不以科目名耳。谓三代无科目,何欤?考之《周礼》,以宾兴者不一,若所谓三物者,曰德,曰行,曰艺,是也。或谓德不足,则取之以行;行不足,则取之以艺。若然,则有德行者,固可无艺;有艺者,果可以无德行欤?所谓德、行、艺者,又皆条而六之。德则异之以知、仁、圣、义、中、和,行则别之以孝、友、睦、姻、任、恤,艺则析之以礼、乐、射、御、书、数。或谓六德、六行、六艺之中,得其一者,皆可以与乡里之选举。其说然与?汉兴,有贤良、孝廉、茂才等科;唐兴,有明经、进士、秀才等科。洪惟本朝,选举之法虽不三代,而士风淳一则三代也。然而,制度沿革,有当讲明者。贤良方正,旧以四通为合格,其后又以五通为合格,其后有以五通中选者一人,又有二人皆四通而报罢者。何待人不广欤?博学宏词,盛典也。旧以三古三今为题,其后以四今为题。以三古三今为题,谓之大词科;以四今为题,谓之小词科。近年试小词科,非有出身者不可。如大词科,则虽无出身、任子亦许试。或谓中间有侍从私其子而为之地者,何小词科反不与试欤?解试,旧例并用。八月五日锁院,选日引试,由是举人多冒贯。其后诸大学及诸路,除四川,并以中秋日试。不知始于何年?诸路差考官,先是从礼部所请,诏诸州隔一郡差,以防请托之弊。其后有建议者隔三郡差,不知始于何人?宗室不差考试,熙、丰以来行之。其后有请差宗室为试官者,或谓淳熙间吏书建此议。胡为至今不尽差欤?馆职有试,其初止诗、赋。谓非经国治民之道,请改试论、策。于是,诏馆职试论一道、策一道。胡为至今止试策,而不及论欤?三岁取士,旧例也。建、绍间尝展年矣。其后复立为三年定例,不知复于何科?进士廷射,旧无有,淳熙间始行。凡中的、中帖、中垛者,推恩有差。不知始于何榜?殿试止从初、复考,不许详定别自立等。或谓嘉祐间详定为之,彼果何人耶?锁厅人不为状元,非故事。先朝乃翰林学士子,先已赐进士出身,后复廷试为第一名。不知何人建议,以斋郎对策不当为第一,乃赐第二名?或又谓皇祐间,时宰为之,彼果何见邪?宗女夫许赴漕,人皆谓始于近年政府之请。不知有因宗女夫所言于孝庙者,凡孤遗宗女,虽白屋,亦许同有官漕试,三十人取一。不知创宗女夫之试者谁欤?大学弟子员,旧例三岁科举后混试,时未有待补。其后有因就试者多,创为待补。不知立待补之法者谁欤?复试权要子弟,国初制也,中间尝罢行矣。其后又诏两省、台谏、待从有服亲省试合格者,命后省复试。今不问权要,例与复试,是欤?非欤?廷试赐烛,旧有之。然旧例,正奏名赐烛降一甲,余罚各有差。或谓其后有因赐烛而纳卷最后,上读其策,叹其忠谠,亲擢第一。果尔,则降甲之说然欤?否欤?某科禁怀挟,某科置誊录,某科每举十人为一保,某科给举人往来公券,某科诏进士律赋并次第平仄用韵,某科礼部秋放榜,某科诏臣僚奏荐毋得乞进士及第,某科定释褐状元恩例、比廷试第二人,某科始分甲及赐同出身,某科始唱名,此制度沿革之大略也。乃岁仲春,宾兴诏下,天下士莫不洋洋然动其心。诸君行将试集英矣。某科赐御书,某科赐进士诗,某科宴琼林苑,某科诏金吾给状元,骀从七人,清道传呼,听引双节。此又诸君唱名以后得意时事也。“绿袍不怕露痕湿,走入乱红深处来”,诸君毋以状元一时之荣耀自满。“雪中未问和羹事,且向百花头上开”,诸君当以状元他日之事业自期。迩者,申明科举之制,且有歇日之禁。凡场屋弊例,将次第罢去矣。设若有司以科举条例为问,当思所以对。(《全元文》卷八八)

刘埙《南丰县庚午科鹿鸣宴》:南台沙合,新进士喜快著鞭;西笑路遥,邑大夫亲行劝驾。气数重逢未榜,名题又占甲科。爰即花城,肆开苹宴。恭惟新恩先辈,笔惊风雨,气吐虹霓。织天孙之锦裳,各妙当家机轴;鼓帝子之敖曲,远追前古声音。明经收拾芥之功,作赋蔼摩空之誉。伟然三杰,扫彼千军。偕冰台公族同升,与月府前修齐上。对丹墀三千字,今番定看浑花;先黄榜五百名,此邑要教喝采。端明枢相,三魁瑞气,四海高标。唤状元声,想尚记平康之梦;有宰相器,即催押文德之班。在坐众官,先达缙绅,后来冠冕。软红道上,未忘囊日旧游;淡墨榜中,试看近时新进。烨增燕席,送上龙门。我知县小试弦歌,为陈笙瑟。问西湖柳,也曾随举子奔忙;种河阳花,何幸见诸公贾勇。放昔日县续食之遗意,举今日乡礼宾之盛仪。清宵听及第词佳,来岁见登科记满。蹑云攀桂,倚看万里骑蟾;踏雪探梅,好去一杯上马。殷勤韵语,从容荣途:南丰文献盛江西,宴彻嵩苹上帝畿。鹏背天风方隐隐,马头雪絮正霏霏。百花魁有梅传信,十里堤催柳染衣。恰好明年又逢未,不妨争取状元归。(《全元文》卷三五二)

先师纪梅臞先生,赴咸淳庚午举,自谓必中选,而誊录所失其第三场。及揭榜后,拆席屋,有一卷插于笆辫间,乃其第三场策卷也。(《书斋夜话》卷四)

是　年

欧阳守道《进士第一堂题名记》:进士第一之堂建于庐陵县学,自宝祐丙辰始也。是岁,文君天祥为进士第一,县大夫东阳刘侯汝砺即其宿昔肄业之所为堂以旌之,既成,求书于守道,请名以此。今诏岁庚午,士当试礼部，学官眉山史君普为立碑焉，曰："必有继丙辰盛事者。"予惟进士之有第一，千百年矣。庐陵自欧阳文忠公以来，甲科相望，丙辰最盛，继此其可知也。汉初，尝第功臣第一曰萧何，次之者莫敢异议，何之功足以当之也。士则异时有董仲舒，可谓褎然举首矣，犹未以第一称。由今观之，孰有出仲舒之上者乎？近世第一往往由天子亲擢，天下以为至荣。如其人可继仲舒，是真第一也。丙辰第一，予固有望焉。夫群天下士而试之，天子擢其一，冠之英俊者数百人之上，由此大用，公卿皆由此选，得之者如登天然，信乎其至荣矣！虽然，第一人所通愿，亦人皆可为也。明道先生之教人曰："第一不以逊与别人。"言学便以道为至，言人便以圣为至。然则，明道先生所谓第一也，岂非人皆可为者乎？以此第一为国家科第之第一，其必有人！谨拜手于碑，以畅刘侯之指。(《全宋文》卷八〇一九)

咸淳七年　辛未(1271)

正　月

二十五日,锁院。(《隐居通议》卷三一《前朝科诏》)

省试戒饬考试官御札:"我朝取士之途,惟进士一科,得宾兴遗意,事莫重焉。出为世用者,台莱杞李之材相望也。近年士风盛而古意衰,习竞浮华,辞昧体要,真材不足以胜谀闻,雷同反得以敝帚幸出,朕甚非之。尝于秋赋澄其原,且令复引汰其谬,能者伸矣。比复豫戒春闱,以论策定去取,经赋定高下,此则苏轼所谓以文章言论策为有用意也。兹简儒彦,参典文衡,其既乃心,其详乃视。毋苟且,毋偏执,所置先后惟其当,不必以不自己出为嫌。为国得人,益绵丰芑之泽,则予一人以怿。"付方逢辰以下。(《隐居通议》卷三一《前朝科诏》)

敕差。知贡举:中奉大夫、权尚书吏部侍郎兼侍读严陵方逢辰君锡,朝散郎、权尚书礼部侍郎兼权中书舍人兼侍读东嘉陈宜中与权;同知贡举:朝散大夫、起居郎兼权兵部侍郎括苍陈存体仁,朝散大夫、起居舍人兼权直学士院兼国子司业兼侍讲古涪文及翁时学;监试:朝散郎、殿中侍御史南丰曾渊子广微。参详官一十二员,点检试卷官三十员,主管牒试避亲官一员,监大门官一员,监中门官一员,中诸司官二员,封弥官六员,誊录官三员,对读官二十四员,巡铺官八员,弹压受卷官一员,总辖诸司官一员,同主管官一员,外诸司官一员。各有衔位,不尽录。是年,省元吉州刘梦荐。别院试敕差,监试官:朝散郎、监察御史古括张志立泽民,癸丑姚榜;主文官:朝奉郎、新除将作监兼崇政殿说书长沙丁应奎圭叟,癸丑姚榜;承议郎、守秘书丞兼权度支郎官兼庄文府教授三山许自资道,丙辰文榜。考试官二员,点检试卷官七员,监门官共二员,封弥、誊录、对读、巡铺等官共八员,今不尽录。(《隐居通议》卷三一《前朝科诏》)

是　月

以寿和圣福皇太后两上尊号,推恩三学,在斋生员并特与免解赴省一次。(《宋史》卷一五七)

二　月

初一日、初二日、初三日,引试大学、诸州军正解、免解,诗、赋、论策三场。引试避亲并诸路漕举、监举进士诗、赋、论策三场。(《隐居通议》卷三一《前朝科诏》)

初六日、初七日、初八日,引试大学、诸州军正解、免解,经、义、论策三场。(别院)经、义、论策三场。(《隐居通议》卷三一《前朝科诏》)

初九日、初十日、十一日、十二日,引试大学避缺四字赋、论策二场。同日,引试武举内地平等正请正免人七书义兵机第二场。又引试两淮正请正免武举并绝伦人及安东州、江陵府进士七书义兵机策二场。(《隐居通议》卷三一《前朝科诏》)

十二日,引试宗学公试经赋、论策二场。(《隐居通议》卷三一《前朝科诏》)

十二日、十三日、十四日,引试博学宏词三场,并宗子取应二场。(《隐居通议》卷三一《前朝科诏》)

十四日、十五日,引试大学公试经义、诗赋论策二场。(《隐居通议》卷三一《前朝科诏》)

十五日、十六日、十七日,引试武学公试七书义、论、策三场。(《隐居通议》卷三一《前朝科诏》)

十八日，引试三学泛免一场。（《隐居通议》卷三一《前朝科诏》）

十九日，引试京学频申一场。（《隐居通议》卷三一《前朝科诏》）

二十日，引试京学零分一场。（《隐居通议》卷三一《前朝科诏》）

是　月

四川类省试。举送：大中大夫、权兵部尚书、四川安抚制置使、兼总领四川财赋军马钱粮专一报发、御前军马文字、兼提领措置屯田、兼夔州路计度转运使、兼本路劝农使、兼知重庆军府事、兼管内劝农使、南部县开国子食邑五百户、赐紫金鱼袋阆中朱禩孙千载，甲辰留榜。监试官：朝议大夫、直宝章阁、潼川府路提点刑狱公事、兼本路劝农提举河渠公事、提举弓手寨兵、兼本路转运判官、四川制置使司缺八字邓益季谦，乙未吴榜。主文、考试、点检、监门、封弥、誊录、对读等官，皆不录。（《隐居通议》卷三一《前朝科诏》）

陈梦实《仙居县进士题名碑》：进士续题名碑，由淳祐甲辰累举未暇书。今上龙飞，亲策天下士，邑之同登者视昔尤盛。学宾金君钤，鸠众斫石，鳞次汇刊碑□，如尚书吴公实居其首，嗣是有以布衣入馆锡爵□□由□举由□□下缺。□□□□□□梦实学制于兹，俾识上方。窃谓科目以名节重，□榜中得人最多，垂芳青史，不专在科目也。有志之士，企前修而愿学焉，当与此石为不朽。咸淳辛未二月既望，宣教郎、知县事永嘉陈梦实。（《全宋文》卷八一六〇）

三山董先生，名师谦，咸淳辛未别省院试赋魁也。（《书斋夜话》卷四）

五　月

四日，御试集英殿。敕差。详定官：中顺大夫、试尚书吏部侍郎、兼权吏部尚书、兼给事中、兼侍读章鉴，朝散大夫、权尚书工部侍郎、兼中书舍人、兼直学士院、兼祭酒侍读卢钺，奉议郎、守右正言、兼侍讲陈伯大；编排官：朝议大夫、新除大府少卿邓益，朝请郎、尚书吏部员外郎、右司陈纬。初考、复考、点检、对读、封弥、巡铺等官，共二十六员，皆不录。(《隐居通议》卷三一《前朝科诏》)

御试《策题》："问：厥初颢穹，实生兆民。孰总其群，乃作之君？孰牖其迷，乃作之师？君治之，师教之，礼乐刑政之所由生。与其天下国家者，壹是以元元为命脉。凡议论所讲明，政事所设施，罔非为邦本计。夷考载籍，率与天并言之。明威视听，皆自我民。其不可轻者，固如此欤？三圣传心之要，不越执中数语，斯盖万世君师之大纲领。究其指归，则曰：非后何戴，非众罔守。然则，一中妙用，固所以为维持固结之道欤？道之出有原，道之传有统，前圣后圣，同一揆欤？我国家诞受天命，以奄有九有，列圣代光，绍明大保，人斯无疆。我先帝迪畏天显，怀保小民四十一年，跻敬履仁，用能延洪基绪，式克至于今日。盖其精神心术之妙，融会于六经之奥，《要语》一书，口传面命，其示轨范者在是。朕祗遹猷训，行其所知。召故老，求贤才，以尚贤也。然召未能至，求未尽获，何以致信顺之助？训守牧，戒贪残，以布治也。然训未必孚，戒未必革，何以新治象之观？求牧与刍当谨也，既不用姻戚，每选用贤良，宜有厚生之政，而未见田里之无愁叹。竭泽而渔弗忍也，既力却贡奉，且禁献羡余，宜有益下之说，而尚闻郡邑之有征敛。义廪之发，恃以赈饥，而侵牟或不免；田租之蠲，本以宽赋，而苛取或如故。至若豁诸州之积负，损版曹之故额，俾纾急绝之扰，深寓省忧之实，而民未有惬志。势若中隔，泽不下流，历思之，汔不得其说。意奉宪者导之未明欤？岂吏罕廉平，则治道衰欤？将治生乎积，非可速成欤？抑习锢于玩，未易遽革欤？朕寅念先帝诒谋，常恐羞之，重为之惕然也。子大夫博古通今，夙抱经济之蕴，其据经以对，毋有所隐。朕将亲览焉。"此题视草学士不知为谁，气卑文弱，黯无晶光，甚非王言之体也。当是时，襄围正急，事所宜问，孰大于此？恬不之及。乃枚举六七事之泛常者，谬矣！(《隐居通议》卷三一《前朝科诏》)

张镇孙《对制策》：臣对：臣闻帝王之治天下，自积一念之仁始；帝王之仁天下，自积一念之敬始。仁之为道大矣，非敬无以行之。惟无一念而非仁,则有以充其用之大;惟无一念而不敬,则有以极其体之全。故必混融乎方寸之微,而后充周乎民物之众;持守乎隐微之地,而后显行于运用之天。究诸其端,亦在乎积之而已。尝观之天,以一元运行,无间容息。元而亨,亨此元也;亨而利,利此元也;利而正,正此元也。正下起元,而生理又续之于无穷,万物之囿于其间,其生亦无穷也。使天之生理有一息之间断,则非所谓盛德;万物之生意有一毫之壅阏,则非所谓大业。日新之谓盛德,惟积故能日新;富有之谓大业,惟积故能富有。显仁藏用,夫岂一日二日之故哉?其所积者渐也。故仁者造化生物之心,帝王得之以为心。上天生物之仁,犹以积而成;帝王爱民之仁,岂有不积而成乎?《易》曰:"天行健,君子以自强不息。"天积此健,所以为天;帝王积此不息,所以为帝王。惟帝王之敬,与天同运,兹帝王之仁所以与天同流也欤?臣恭惟皇帝陛下,自天生德,体元长人,临政愿治,八年于兹,固宜薄海内外无一不被吾仁矣。然犹虑夫泽不下流,治未见效,策臣等于廷,询实惠以及民,盖欲充此仁以极其用之大也。臣愚以为充其大用非难,而极其全体为难。谨摭圣问中"治生乎积"一语,细绎以对,惟陛下幸垂听焉。

盖天体物而不遗,仁体事而无不在。礼仪三百,威仪三千,无一之非仁也。昊天曰明,及尔出王;昊天曰旦,及尔游衍,无一之不敬也。恻隐仁之端,积一念之恻隐,则仁不可胜用;博爱仁之事,积一念之博爱,则仁不可终穷。仁不止于公也,积之无不公,则仁在是矣;仁不止于恕也,积之无不恕,则仁莫近焉。由一念之仁,积之皆可极其用之大。夫仁之全体,非积其一念之敬,未易全也。何者?仁者心德之浑全,莫非天理,而亦不能不累于人欲。而敬也者,所以克去人欲,而全其天理也。尧、舜性之,固无待于积,而危微精一犹致谨焉。此尧之钦,舜之恭,所以为盛帝也。汤、武身之,则有待于积矣。故不迩声色,不殖货利,敬以胜怠,义以胜欲,必致戒焉。此汤之敬跻,武之敬用,所以为令王也。故必有尧舜性之之仁,而后有时雍不犯之仁;必有汤武身之之仁,而后有子惠安民之仁。孰谓积一念之仁,不自积一念之敬始乎!洪惟国朝以仁立国,盖自艺祖皇帝陈桥驿一誓,紫云楼一语,对越天地,远辈帝王,社稷灵长,终将赖之。此仁之积,可谓厚矣。陛下缉熙有暇,尝谕臣邻曰:"艺祖创业垂统,皆自不嗜杀人一念基之。"大哉王言!真足以知立国之本矣。抑亦知艺祖立心之本乎?乘快指麾,终日不乐,且有“为天子易邪”之语。战战兢兢,如对日星,如警雷霆。积此敬心,以立其礼,故能积此仁心以达诸用。凡其不嗜杀人一念,皆敬心积而大之也。至我仁宗,抚熙洽之运,此仁之积,愈深愈厚。范祖禹所谓爱人恤物之心上极于天,下达于地,内则诸夏,外则夷狄,山川鬼神草木无不及者,盖至论也。而仁宗所以积是仁者,则有由矣。毓德储宫,不妄言笑,此一敬也;临朝端庄,具有圣度,此一敬也;朝夕奉先,未尝敢怠,此一敬也;至忱所感,以致天应,亦此一敬也。四十二年之间,始终积此敬,故四十二年之间,始终积此仁。体全而用大,非有所积,曷由登兹?越我理考,俪美仁宗。臣观御制《仁厚论》,有以见先帝积仁之大用。又尝拜观《思无邪》、《毋不敬》二铭,有以见先帝积仁之全体。四十一年之积,功深力到,恩厚泽溥,博无穷,施罔极,本一“毋不敬”之心充积之耳。陛下绍休圣绪,亲得心传,乃月正元日,虑仁心仁闻隔而不通,则拳拳乎戒贪。虹流瑞旦,暴殄庖厨,实所不仁,则拳拳乎戒杀。即此一念,已足以追配三圣之仁矣。夫贤才所以辅吾仁也,召而未至,求而未获,仁几于壅;吏治所以宣吾仁也,训而未孚,戒而未革,仁几于间。牧守非不选也,而厚生之仁未溥;贡献非不却也,而益下之仁未周。发义廪,蠲田租,而吏或得以梗吾仁;豁积负,损赋额,而下未得以沾吾仁。岂仁之用未能积而大之邪?毋亦仁之体未能积而全之也?夫仁之用不难积也。积之一日,则有一日之仁;积之一岁,则有一岁之仁。日复日,岁复岁,积水以成渊,积土以成山,愈浚则愈深,愈培则愈高,何患其用之不大?特患不能积其体之全耳。有一毫慢易之心,则腐此仁之体;有一毫非僻之心,则亏此仁之体;有一毫怠忽间断之心,则离此仁之体。陛下燕闲蠖获之中,幽独得肆之地,亦尝戒谨不睹,恐惧不闻否乎?亦尝勿贰以二,勿参以三否乎?亦尝在宫如在庙,使民如承祭否乎?孔子告子张以为仁必先以恭,告樊迟以为仁必以恭敬。至于告颜渊以天下归仁之目,必曰:“非礼勿视,非礼勿听,非礼勿言,非礼勿动。”皆主敬之谓也。是虽圣贤讲学之要,而帝王行仁之体,实不外此。臣愿陛下以先帝毋不敬之心为心,尝有以积其敬;复以先帝仁厚之心为心,益有以积其仁。而仁之全体大用,上足以续艺祖、仁宗一脉相传之仁,圣问所及,特仁之余用耳。臣谨昧死上愚对。

臣伏读《圣策》曰:“厥初颢穹,实生兆民。孰总其群,乃作之君?孰牖其迷，乃作之师？君之治之，师之教之，礼乐刑政之所由生。与有天下国家者，壹是以元元为命脉。凡议论所讲明，政事所设施，罔非为邦本计。夷考载籍，率与天并言之。明威视听，皆自我民。其不可轻者，固如此欤？"臣有以仰见陛下念天为民而立君，体天以子民，欲其仁之如天也。臣闻：乾坤，天地之初；屯蒙，人物之初。民之初生也，草木榛榛，鹿豕狉狉，不能不资之养也。必需之饮食，自其资于养也。爪刚者搏，力强者夺，小者以讼，大者以师，纷然而莫之统一。一有聪明圣知者生乎其间，则天必命之为亿兆之君师。治之而争夺息，导之而生养遂，教之而伦理明。此天下所以比而归于一人，而礼乐刑政所由生也。礼以明其分，乐以宣其情，刑以防其奸，政以齐其俗，皆所以仁之也。故天下国家以民为命脉，圣人以仁而寿斯民之命脉。一都俞吁咈之间，讲明此仁也；一纪纲法度之立，设施此仁也。天佑下民，作之君师，苟不能推广一念之仁，使斯世斯民咸囿并生之中，宁不有负于君师之初意哉！古昔圣人所以惕然加敬畏之心，而不以下民为微贱而忽之，敬天命也。粤稽载籍，言明畏必曰自民，言视听必曰自民，言天畏棐忱必曰民情可见，言来绍上帝必曰畏于民碞。良以民心之所归，即天命之所佑；民祇之可畏，即天显之可惠。惟天惠民，惟辟奉天，惠民所以奉天也。惟天生民，惟聪明时乂；聪明时乂，乃所以奉天也。故尧不畏洪水，而畏昏垫之未安；舜不畏烈风雷雨，而畏烝民之未粒。旱非汤之畏，而栗栗之忧，惟恐涂炭之未拯；大风非成王之畏，而祇勤之心，惟恐蠢动之弗宁。惟其敬心无日而不存，所以仁心无往而不周。而臣愿陛下积一念之敬，而无或懈弛，则能积一念之仁，而无不洽浃矣。

臣伏读《圣策》曰："三圣传心之要，不越乎执中数语，斯盖万世君师之大纲领。究其指归，则曰：非后何戴，非众罔守。然则，一中之妙用，固所以为维持固结之道欤？道之出有原，道之传有统，前圣后圣，同一揆欤？"臣有以见陛下慕三圣之传心，本一道之无间，欲其仁之如古也。臣闻道之本原出于天，圣人之心即天也。尧之命舜，自执中之外无他说；舜之命禹，益以三言，而且拳拳曰："众非元后何戴？后非众罔与守邦。"其忧之益深，其言之益切矣。盖中即仁之体，而惟精惟一，所以全是仁也。先儒胡宏曰："中者性之道，仁者心之道。惟仁者为能尽性，岂有二道哉！"尧得是道，故凡厘百工，熙庶绩，光四表，和万邦，无非此仁。舜得是道，故凡徽五典，穆四门，命九官，咨十二牧，无非此仁。禹得是道，故凡六府孔修，三事允治，万世永赖其功，无非此仁。圣人所以维持固结斯民之心，岂它有操制之术哉！仁之感民者无穷，而民之戴其仁者亦无穷。《书》之所谓"守邦"，即《易》之所谓"守位"也。道统之传，本无绝续，世变所趋，自有淳漓。统一圣真，武帝非有志于道之君乎？外施之政，终莫揜其多欲；远辈尧舜，太宗非悦慕于道之主乎？劝行之功，卒税驾于末年。此无他，敬心不存，故人欲足以害天理而已。臣愿陛下积一念之敬，使道心不汩于人心，则能积一念之仁，而与尧舜同符矣。

臣伏读《圣策》曰："我国家诞受天命，以奄有九有，列圣代光，绍明大保，人斯无疆。肆我先皇帝迪畏天显，怀保小民四十一年，跻敬履仁，用能延洪基绪，式克至于今日。盖其精神心术之妙，融会于六经之奥，《要语》一书，口传面命，其示轨范者在是。朕祗遹猷训，行其所知。"臣有以仰见陛下得先帝之心传，欲天下之仁遂也。臣切谓三代以来，未有如我宋之仁。艺祖仁之元也，仁宗仁之亨也，我理宗仁之利而正也。青阳开动，品物发生，其元之时乎？汛扫五季衰陋之宇宙，抚摩五季疮痍之蒸黎，时则有以开天运之元。朱明假大，万有茂长，其亨之时乎？培植丰芑之深根，滋衍蓼肃之厚泽，时则有以畅天运之亨。至于万宝告成，庶物就实，是利而正之时也。人知先帝所以博仁之用者，一利泽之心，孰知先帝所以充仁之体者，一正固之心乎？先帝之心，惟纯乎敬也，故尚贤则始终尚贤，不以不肖参之；布治则始终布治，不以贪黩累之。生欲其厚，则常存爱人之心；下欲其益，则常持节用之心。荒政当行，田租当减，则此心无少怠；宿逋当贷，课额当省，则此心常如初。凡其所以持敬者，不特一《思无邪》、《毋不敬》之铭而已。四十八箴之首，揭以敬天命，又摭六经之言天者，编而图之，曰《敬天图》。《易》之跋曰："人君动静语默，政化云为，无非一《乾》。先帝之心即《乾》也。"《书》之跋曰："人君深知天命之靡常，如能疾敬厥德，则可以祈天永命。先帝之心即天也。""上帝临汝，毋二尔心"，见于《诗》之跋，则此心无时不在帝左右；"忱之不可揜，忱之毋自欺"，见于《记》之跋，则此心无时不间邪存忱。至于《周官》之法则，则不徒事文物典章之饰；《春秋》之灾异，则不徒诿列国证应之言。敬之所积，如此其至。以其跻敬之心，而为履仁之心；以其迪畏天显之心，而为怀保小民之心，仁固自敬中来也。精神心术之妙，上绍五三之传，密探六经之奥，而《要语》一书，所以口传面命于陛下者，真尧舜禹之相授受也。陛下忱能端居而念，澡心以思，玩味以细绎，则知《书》之《尧典》曰“钦”，《易》之《乾》曰“忱”，《诗》之蔽曰“思无邪”，《记》之首曰“毋不敬”，《周礼》之列名度数非繁文，《春秋》之笔削褒贬非纪事。其要旨所在，盖与《敬天图跋》同一关键。臣愿陛下于此而行其所知，则敬非虚文，而仁皆实惠矣。

臣伏读《圣策》曰：“召故老，求实才，以尚贤也。然召未能至，求未尽获，何以致信顺之助？”臣有以见陛下虑仁之不能遍爱，而急亲贤之为务也。臣闻乌鸢之巢不毁，而后凤凰至；鸣犊之贤不见用，则仲尼临河而返。贤者之去就，盖有所觇也。陛下自践祚以来，弓旌四出，葑菲不遗，台莱皆在位之贤，薰莸无共器之害，气类可谓翕合矣。王春之始，都俞庆会，当泰道之既长，思实才之是求，涣颁一札，趣召二老，真情实意，恳恻至到。而考槃在涧，生刍空谷，犹未肯幡然而起者何耶？意者进而在列者，弗获以容其用，故退而在野者，宁甘于藏其用邪？切怪紫囊献替，或禁闼之莫留；白简绳愆，或车轮之难止。沽激者敢于好名，则虽不沽激者岂敢不卷舌？才高者敢于任气，则虽不任气者岂敢不韬光？夫人才之在天下，当涵养以冀其成，不当摧沮以速其败；当取其长而弃其短，不当责其备而求其全。先帝诏曰：“朕以礼义遇士大夫，以仁厚培养人才，畦积器使，区区惟恐弗逮。”其急于亲贤如此。臣愿陛下积一念之敬，笃信君子，勿有一毫厌薄之心，留意人才，每为先时培养之计，则养贤及民，仁之所施者博矣。《易》之所谓“信顺尚贤，而获天人之佑助”者，不在兹乎！

臣伏读《圣策》曰：“训守牧，戒贪残，以布治也。然训未必孚，戒未必革，何以新治象之观？”臣有以见陛下虑仁不能以自达，必饬吏以兴治也。臣闻豺狼当道，安问狐狸？舍大恶而谪小过，张纲为之埋轮不行。吏习之美恶，盖必有所仿也。陛下申饬守令，加惠元元，字民牧民，有训有铭，固宜令百里者皆抚字其人，守千里者皆养育其人。往往王春之始，涣颁奎画，犹虑贪残之相尚，而责监司、郡守不先摭实求士，将以茈慝之罪罪之。夫监司者一路之纲，郡守者一郡之纲。子帅以正，孰敢不正？有褰帷纠恶之风，则受财之吏自去；有悬鱼在庭之清，则献馈之丞自惭。今任按察之寄者，或乏直清之誉；居方伯之任者，鲜闻廉介之称。源则浊矣，何以责流之清？甚而荐剡则立定直，辟剡则责厚报。嫉廉者之不附己，则刻而去之；喜贪者之能奉己，则举而进之，求其不茈慝不可得也。始于小大之相尚，成于上下之相蒙。小吏之贪以锱铢，大吏之贪以钧石。小吏之贪，特穿窬之智；大吏之贪，乃囊橐之藏。陛下虽有仁心仁闻，谁与达哉！先帝戒贪之诏曰："监司、郡守，固望其奉法循理，正己帅下。今若此，复何赖焉？"其严于饬吏如此。臣愿陛下积一念之敬，劝奖大吏以为小吏之倡，禁戢大吏以为小吏之惩，则吏称民安，仁之所及者远矣。《礼》之所谓"布治于邦国都鄙，而亲万民之观听"者，不在兹乎！

臣伏读《圣策》曰："求牧与刍当谨也。既不用姻戚，每选用贤良，宜有厚生之政，而未见田里之无愁叹。"臣有以仰见陛下谨选循吏、欲以厚生之政仁斯民也。臣谓欲厚民生，当先戢吏。先王为民设官，有官则有吏。府史胥徒庶人之在官者，奉行文书，奔走力役而已。后世始有所谓轻黠吏，有所谓豪恶吏，有所谓深刻吏。尹赏、王温舒之徒，犹能擒制而用之，未有若今日官弱吏强也。盖居官者递迁，而为吏者长子孙；居官者懵于法，而为吏者舞文法。谬者仰吏，懦者畏吏，贪者资吏，酷者任吏。吏曰可则可，吏曰否则否。据案占位，书纸惟谨，此官所以反听命于吏也。是以政以贿成，狱惟货宥，虽有循良之吏，果能以身任刍牧之寄乎？陛下用谏臣之言，汰去冗吏，为蠹国虑也，盍亦蠹民虑乎？先帝御笔戒饬守臣"毋纵吏奸为平民害"，正虑此也。陛下体《书》之正德厚生，而以敬心行之，则循良用而奸黠屏，田里无愁叹之声，而仁声洋溢矣。

臣伏读《圣策》曰："竭泽而渔，不忍也。既力却贡奉，且禁献羡余，宜有益下之说，而尚闻郡国之有征敛。"臣有以仰见陛下严止征敛，欲以益下之说仁斯民也。臣谓欲知益下，莫先损上。国家取民之法，纤悉不遗。昔以暴赋横敛为非，犹知赋敛之名，今直取之而已；昔以收大半之赋为非，尚有其半也，今直尽之而已。府库金帛，皆生民膏血。郡邑官吏鞭捶丁壮，系累老稚，铢铢寸寸以诛求之，以输于帑庾，陛下不可得而见也。南亩之民黧面涂足，终岁勤动而不厌糠核，陛下不可得而见也。徒吏坐门，叫嚣隳突，吾民伐桑枣、鬻妻子以饱之，愁叹之声载道，陛下不可得而闻也。思复损上以益下得乎？陛下自初即位，止贡奉，却羡余，天下咸知陛下之仁；无土木营缮之侈，无匪颁赐与之需，天下咸知陛下之俭。日积月累，固宜邦计裕而民力宽。臣来自远方，侧闻奉宸之储瓶罄，大农之积子虚，是果何为而然耶？卮不盈者漏在下，木不茂者蠹在内。韩琦论减省浮费自宫掖始；宋祁论三冗三费，终之曰："人不率则不从"。衣服醪膳，无益旧规，请自乘舆始；珠玉锦绣，不得浮费，请自后宫始。先帝因经筵讲《易·丰卦》，有曰："丰，亨，盛大之时，人主之侈心易生，不可不戒虑此也。"陛下体《易》之损上益下，而以敬心行之，则百姓足，君孰与不足？郡国无征敛之政，而仁政行矣。

臣伏读《圣策》曰："义廪之发，将以赈饥，而侵牟或不免；田租之蠲，本以宽赋，而苛取或如故。至若豁诸州之积负，损版曹之故额，俾纾急绝之扰，深寓省费之实，而民未有惬志，势若中隔不下流。历思之，迄未得其说。"臣有以仰见陛下轸忧民莫，欲无一事之不本于仁，无一夫之不被其泽也。臣窃以为义廪之发，田租之蠲，欲公其利，则臣前所言欲厚民生，莫先戢吏，其说粗可得行。积负之豁，故额之损，欲去其害，则臣前所言欲知益下，莫先损上，其说粗可用。请终言之。自去岁旱涝相仍，民已告歉；今春常寒为咎，阴雨弥旬。谷再种而不入，麦虽秀而不坚。糠核既尽，惟草根木叶是食，民不聊生甚矣。朝廷蠲租发廪，正欲民拜一饱之赐。然常平之积，平时侵牟移易，以虚相付受，至是则乘时消豁者有之矣。幸而有积，则借补欠之说，而官吏瓜分其钱者有之矣。甚而坐视流殍，不肯发廪，并缘支拨，揜其实蠹。吏则肥矣，如民何？田赋之纳，郡邑预借或二三年，至是则文具应诏者有之矣。幸而富州大邑未至预借，则以畸零当放，而欺诳小民者有之矣。甚而包放重催，虚破补解，盗窃府库，欺弄簿书。吏则丰矣，如民何？此臣所谓莫先戢吏是也。诸州积负，当豁则豁，仁也。上供之数，或不足以供调度之需，能保版曹之不刬刷乎？冗费未节，而先积负之豁，是不揣其本而齐其末也。版曹故额，当损则损，仁也。破分未除，或足以贻异时之害，能保州县之不横取乎？浮费未省，而先赋额之损，是不节其流而窒其源也。此臣所谓莫先损上是也。先帝御笔令诸州建平籴仓，必命监司严督守臣，使小民无艰食之患。至蠲放水旱田租，必戒守令奉行以实。常赋取赢于额外，敝租或见于重催，必一一申儆之。陛下倘能以敬行之，则约己裕人，戢贪惠下，仁意充塞乎宇宙矣。

臣伏读《圣策》曰："意奉宪者导之未明欤？岂吏罕廉平，治道衰欤？

将治生乎积，非可速成欤？抑习锢于玩，未易遽革欤？朕寅念先帝贻谋，常恐羞之，重为之惕然也。”臣有以仰见陛下叹仁道之难尽，思所以光绍先烈也。臣于陛下“治生乎积，非可速成”一语，愿益加圣心焉。盖积之说有二：有积习之积，有积累之积。人心久玩，吏治久郁，令之而不从，惩之而不改，此积习之积，仁之蠹也。力行不息，持敬不怠，有悠久无间断，有缉熙无作辍，此积累之积，仁之基也。陛下忱能体之于心，行之于身，不以未治而自止，不以小康而自务，不以小善为无益而弗为，不以小过为无伤而弗改，不以灾异为适然而有忽心，不以祥瑞为美观而有德色。一敬之积，愈积而愈厚，则先帝贻谋数世之仁，又自陛下益迓续于万世矣。彼奉宪者未明训导，为吏者未底廉平，特积习所致尔。一整饬间，气象改观，日变月化。人心之积习，岂不自圣心积累之功有以感之欤？臣窃观圣心，或者未能积其敬也。夫主一之谓敬，无适之谓一。思虑未萌，知觉不昧，则静而有以养此心；事物既接，品节不差，则动而有以养此敬。今也恐惧于旱涝常寒之警，固知敬矣；悦怿于瑞芝之观，何所积之未纯邪？齐庄于圭璧荐享之时，固知敬矣；转移于霞光迎导之际，何所积之有间邪？先帝“毋不敬”之心，恐不如是也。臣愿陛下加积累之勤，以充此仁之体而极其全，博此仁之用而极其大，则治虽未可以速成，亦未有积而不成者也。

陛下谦虚逮下，所以策臣者亦以勤矣。区区愚忠，亦已历陈，熟数于前矣。至终复策之曰：“子大夫博古通今，夙抱经济之蕴，其据经以对，毋有所隐，朕将亲览焉。”臣益见陛下好问之忱，有加无已，必期臣子之尽言也。臣束发读书，粗知有犯无隐之义。幸逢明盛之朝，陛下诏之以毋隐，臣而有隐，是负其所学矣。辄于圣问之终，所谓“习锢于玩”者，条其“玩”之说。盖去人心之玩，自去君心之玩始。一曰人言不可玩。苏轼《对策》曰：“天下无事，公卿之言轻于鸿毛；天下多事，公卿之言重于泰山。”夫天下岂无可言之事，而亦有可言之阶。视之为重，虽轻亦重；视之为轻，虽重亦轻。重则敬心生，轻则玩心生矣。当安平无事之时，犹不可以玩心视之，今何如时哉？水旱盗贼之奏日陈于前，《无逸》、《酒诰》之书日诵于左。露囊霜简，言言药石；月课风闻，事事箴规，非无敢言之人也。陛下虚心访问，和颜容纳，必精思谛听而审其可否，则言之善者用矣。二曰天变不可玩。范祖禹奏疏曰：“圣人无一日而不事天，天无一日而不佑圣人。”所谓无一日而不事天，以其敬心而事之也；天亦无一日而不佑圣人者，以其无玩心而佑之也。事天之敬，有时而间断，则天必出灾异，以警其玩心也必矣。人君知其然，故夙夜自儆，以畏天之威，左右如在，以敬天之怒，犹惧获咎，而况敢逸豫乎哉？今日食于春王三朝，水灾于江浙两淮，玉烛未调而乖气致异，天心之仁爱，端可识也。陛下侧身修行，战兢自持，以我之天会乎天之天，则灾异之来可弭矣。三曰虏情不可玩。夫夷狄之不仁也犹豺狼，而其恶鸱枭不若也。张耒有言曰："鸱枭不鸣，谓之孔鸾；见其不噬，待以犬马，斯亦过矣。"今之夷狄何如哉？和好之使虽来，而骄黠之情叵测；境土之界日蹙，而溪壑之欲难盈。此正鸣噬迫人之秋也。陛下思祖宗之天下，尺寸不可以与人；鉴女真之世仇，覆辙不可以再蹈。兢兢业业，如大敌在前，兵甲相接，而罔或怠忘焉。臣见庙庙之筹策，为谋既臧；樽俎之折冲，其勇自倍。不然，日愒岁玩，遗患将深，虽有孙、吴，无所用之。此尤国家之远虑，古今之通患也。陛下于此尤加之意，而去其积玩之心，则恢复之期有日矣。夫积习之积不可有，积累之积不可无。仁心之不能积而大之者何也？以其积敬之功未至也。敬心之不能积而全之者又何也？以其积玩之心未除也。忱能去其积玩之心而为积敬之心，勉积敬之心而为积仁之心，天下尚安有不被吾仁者哉？臣一介草茅，不识忌讳，罄竭忱悃，冒进狂瞽，惟陛下裁赦。臣谨对。（《全宋文》卷八三四〇）

二十一日，皇帝御集英殿唱名，赐进士张镇孙以下及第、出身、同出身五百二人。当日，赴期集所。第一甲共十七人，第二甲共三十九人，第三甲共七十七人，第四甲共一百九十八人，第五甲共一百七十一人。特奏名第一名吴清伯附第五甲。（《隐居通议》卷三一《前朝科诏》）

上试进士，赐张镇孙以下及第、出身有差。国朝廷试，始于开宝癸酉，终于咸淳辛未。廷试之日，天必开霁。是岁，大雨如注。天不言，以象示之而已。赵嗣惠登第，乞援李瓘等乞回本身官致仕恩例封赠父母，上从之。（《宋季三朝政要》卷四）

严后省复试法，比校中省举人元卷字踪，互异者黜之。复试之日，露索怀挟。辛未榜李钫孙者，少时戏雕摩睺罗于股间，惧搜者之见，蒙纸其上。搜者视之，骇曰："此文身者！"事闻被黜。当此边事危急之际，束手无策，而以科举苦举子，何其缪耶！(《宋季三朝政要》卷四)

进士名录：张镇孙，杜文甫，陈钺，丁卫，丁衡，丁应高，王元甲，王有开，王叔和，王尧佐，王斌，王梦发，王龙应，方桂森，甘棠，石天祥，史戊炳，史笔，丘必明，丘尧章，丘梦炎，母梦牛，朱仲长，朱焕，朱梦炎，任仲高，江雷，阮麟翁，牟应龙，杜淑，李大临，李文发，李正发，李用庚，李肖龙，李若虚，李定甫，李勉耘，李贯，李梦生，李雷复，李熙，李端，李震，李谦，吴去疾，吴仲轩，吴名扬，吴安朝，吴英卿，吴炎午，吴柬，吴淇，吴禄午，何天声，何君弼，何炎起，何熊，余天麟，余发林，汪昌哲，汪炎，汪维岳，汪应辰，汪应炎，宋茂子，宋朝英，宋鼎，宋爰，宋奋午，邵宗斗，邵桂子，林一龙，林宗悦，林定祖，林栋，林顺豫，林榘，林熙载，林应成，易准，易震，易观，金遵正，周仁勇，周可翁，周用霖，周惟安，周维岳，周墀，周霖，周勋，周钟，胡天牖，胡元，胡廷桂，胡定，胡埜，胡朝京，韦升，侯于周，洪天瑞，洪仁杰，洪振孙，洪应高，姚铉，袁再泰，袁秀发，袁明，袁禹锡，袁镛，莫若，莫雷显，庄嗣孙，夏起龙，夏钟应，毕济，晏兼善，倪以仕，徐元凤，徐木润，徐叔炎，徐桂子，徐卿弼，徐逢震，徐梦张，徐鉴，高庆嵩，唐中立，唐儒，凌碧潭，涂幼度，陈斗孙，陈布禄，陈松龙，陈宗原，陈时遇，陈恕翁，陈处恭，陈处义，陈从史，陈淑，陈淼，陈震雷，陈应沐，陈应相，陈腾龙，陈觉伯，陈继发，陶宏道，陶枋，孙长儒，孙耕，孙焕龙，孙应蕊，黄公选，黄仲元，黄炎发，黄相，梅升龙，梅宽夫，曹告春，曹玮，曹应条，盛应庚，国长京，许方，许仕鉴，许若彭，许齐贤，康民献，章如玉，章如旦，章佺，梁彦国，张宏毅，张舜俞，张雷龙，张经，张广德，张应斗，张应明，项公辅，项虎特，项琥，彭幼珍，彭梦龙，彭应龙，叶三得，叶桂锡，叶登龙，叶梦雷，叶霆发，董定得，董师谦，董璇，喻元，程用霖，程宇，程伯侃，程宙，程尧，程巽申，程应奎，傅合，傅定保，舒荣，邹炎午，邹遇午，邹迈午，邹应卿，邹兰孙，童潮，曾仲光，曾奉先，曾唯，曾应革，冯士选，汤傅，宁子真，杨梦牛，杨梦有，杨滉，杨潭，杨涛，贾昌忠，贾纯孝，詹应嘉，赵友义，赵由台，赵用信，赵必凑，赵必楸，赵希咦，赵希润，赵良钧，赵良瑱，赵良龙，赵良证，赵若固，赵若淼，赵孟何，赵孟衍，赵孟纯，赵孟瑮，赵孟漕，赵孟侪，赵孟谦，赵孟瑽，赵时曦，赵时缜，赵崇因，赵崇祄，赵崇籥，赵嗣德，赵与玉，赵与泌，赵与校，赵与微，赵与憀，赵与熛，蒋国器，蒋湘儁，蔡彦才，厉元吉，裴济，闻人恪，郑大中，郑山，郑用吉，郑茂，郑起鸿，郑真辅，郑翔，郑霦，郑澥，熊朝，熊瑞，熊震，熊应瑞，邓震孙，欧阳性可，黎廷瑞，黎珣，刘介元，刘文举，刘方大，刘志学，刘茂炎，刘振玉，刘能可，刘敏，刘梦荐，刘雷震，刘新民，刘獬，刘谦夫，潘文伯，潘梦申，萧尹，萧益孙，萧藻，萧岩受，赖东升，鲍尧，戴表元，韩斗，魏有庆，魏新之，钟逢午，钟离常，谢在鉴，谢云之，聂古，罗太孙，罗开礼，谭獬，龚雍，龚恺。

特奏名进士：吴清伯，丘自明，唐梦介，黄志召，傅桂发，傅岩起，曾光朝，曾应高，赖梦符，谢辛。

上舍释褐：林景曦，赵次刘，齐龙高，刘璧。（《宋登科记考》卷一四）

补进士名录：其一，文伯纯。《全宋诗》卷三六四二戴表元《相逢行赠文伯纯同年》。

其二，潘昌朝。《全宋诗》卷三六四四戴表元《送同年潘昌朝》。

其三，赵汉弼。《全元文》卷四一六戴表元《春秋法度编序》："乡郡赵君汉弼，与予为同年生。"

其四，牟成甫。《全元文》卷四一九戴表元《陵阳牟氏寿席诗序》："其长子余同年弟成甫。"

其五，陈应子。《全宋诗》卷三七〇五黎廷瑞《寄朱野翁兼简月观陈同年应子》。

其六，黄仲明。《全元文》卷五一六吴澄《黄亨叔墓志铭》："临川黄君亨叔……其宗兄知县君仲明。仲明与予同为咸淳庚午贡士……明年……仲明登进士丙科。"

其七，赵孟跻。《全元文》卷六四一刘将孙《赵君墓志铭》："君讳孟跻，字仲仁，本宋艺祖秦王宫诸孙。……登咸淳辛未第。"

其八，赖平可。《全元文》卷六九〇何中《赖氏行述》："宋年尤重科第，而庐陵尤盛。葛溪之上游，距欧阳氏泷冈四十里而近，名小岭者，赖氏居焉。……平可国学生，咸淳辛未，登进士第，调抚州宜黄尉。"

补特奏名进士：游子贤。《宋登科记考·附录》："南宋特奏名登进士第。"《全元文》卷四三一戴表元《游县丞墓志铭》："君讳子贤，字俊伯，游氏。……今为信上饶人。……辛未岁，遂用累举恩授容州文学。"

登科五百二人，不能尽录，姑载三魁姓名于前，则五百名可以类推。盖亦存古之意云尔。革命以来，不能存此者多矣。贾氏子犹存此录，乃其二父曰昌忠、曰纯孝者，俱以辛未登科，故有此也。其本贯乃蜀之怀安军金堂县人，兄弟皆治《书》中选，可谓盛事。(《隐居通议》卷三一《前朝科诏》)

文天祥《贺刘省元梦荐登科辛未省元，甲科第九人，衢教》：兰宫拔颖，甲第传胪，过千曰俊，过万曰英。人间健笔，第一为魁，第九为弼。斗北修名，柯峰翠湿于飞缨，泮水清摇于振铎。行彻皋比之席，即归鹭翻之班。某正僻耕宽，遂稽笺贺。赋云：山之红树，焉得往从？摩石室之苍苔，不堪持赠。(《文天祥全集》卷七)

张镇孙《谢恩诗》：当宁宵衣务得贤，草茅何足副详延。天人要语垂清问，仁敬陈言上奏篇。愧乏谋猷裨乙览，忽惊姓字首胪传。乾坤大德知难报，誓秉孤忠铁石坚。(《全宋诗》卷三六二九)

六　月

一日，准敕：依格赐进士期集钱及小录钱，一科计一千七百贯文十八界。(《隐居通议》卷三一《前朝科诏》)

五日，朝谢。(《隐居通议》卷三一《前朝科诏》)

十七日，谒谢先圣、先师。(《隐居通议》卷三一《前朝科诏》)

七　月

十日，赐闻喜。同日，降赐御诗于礼部。(《隐居通议》卷三一《前朝科诏》)

御制诗赐之，诗曰："临轩再策匪虚文，要语谄谋敢勿遵。昭假天心惟致敬，封培邦本在深仁。详延喜见洋洋对，来誉知为蹇蹇臣。始进便当思远到，会须华国有儒珍。"(《咸淳遗事》卷下)

张镇孙《和御赐诗》：圣主游心六艺文，先皇成宪自常遵。天人亲屈九重问，岭海同归一视仁。已忝胪传魁众俊，复叨燕衎逮微臣。终身只佩丁宁训，远到功名愿自珍。(《全宋诗》卷三六二九)

十八日，拜黄甲。同日，叙同年于礼部贡院。(《隐居通议》卷三一《前朝科诏》)

是　月

准敕：依格赐进士期集钱及小录钱第二次、第三次，共三千四百贯文十八界。立题名碑于礼部贡院。期集所职事官：纠弹、笺表、主管《题名小录》、掌仪、掌计、典客、掌酒果、掌膳、掌器、司门诸职，并于五百名内选差。谒殿职事：初献张镇孙，亚献杜文甫，终献陈钺。纠弹、掌仪、赞礼、读祝、奉币、酌酒、诏礼、分献、直樽、直盥洗、举鼎、直爵，诸职依上选。(《隐居通议》卷三一《前朝科诏》)

十二月

辛亥(二十一日)，初置士籍。(《宋史》卷四六)

冯梦得中书舍人请置士籍。时贾相患举人猥众，御史陈伯大请置士籍。开具乡贯、姓名、年甲、三代、所习经赋、娶妻姓氏，令士人书之，乡邻著押保结，于科举条制并无违碍，方许纳卷。议者谓："士而有籍，与禁何异?"(《宋季三朝政要》卷四)

御史陈伯大奏行士籍。先是，朝廷患科场弊倖百出，有收解过省而笔迹不同者，有冒已死人解帖免举者，多方措置。乃议：今后凡应举及免举人，各于所属州县给历一道，亲书历首，将来赴举过省，参对笔迹异同，以防伪滥。时人谓之"系籍秀才"。咸淳庚午科已行之矣。时人有诗曰："戎马掀天动地来，襄阳城下哭声哀。平章束手全无策，却把科场恼秀才。"太学生萧某有词云："士籍令行，伯仲分明，逐一排连。问子孙何习？父兄何业？明经词赋，右具如前。最是中间，娶妻某氏，试问于妻何与焉？乡保举，那当著押，开口论钱。　祖宗立法于先，又何必更张万万千！算行关改会，限田放籴，生民凋瘁，膏血俱朘。只有士心，仅存一脉，今又艰难最可怜！谁作俑？陈坚伯大，附势专权。"(《钱塘遗事》卷六)

咸淳辛未，正言陈伯大建议，以为科场之弊极矣，欲自后举始，行下诸路运司，牒州县先置士籍。编排保伍，取各家户贯、三代年甲、娶谁氏、兄弟男孙若干之数。其有习举业者，则各书姓名，所习赋经。子孙若凭所书年甲，如十五以上实能举业者，自五家至二十五家，而百家，百家而里正，许其自召其乡之贡士，结罪保明，批书举历，然后登士籍。一样四本，县、州、漕、部，各解其一。仍从县给印历，俾各人亲书家状于历首，以为字迹之验。不许临期陈状改易。或有随侍子弟，合赴曹牒，诸色漕试者，各令赍历先赴县批凿，前去各处状试。每遇唱名后，重行编排保伍取会。如有新进可应举者，续照前式保明付籍。或有事故服制者，并画时申闻批凿。或毁抹，如虚增人名，妄称举子，其犯人与里正保伍，并照《贡举条例》施行。大意如此。御笔从行，遍牒诸路，昭揭通衢。或撰《沁园春》云："国步多艰，民心靡定，诚吾隐忧。叹浙民转徙，怨寒嗟暑；荆襄死守，阅岁经秋。虏未易支，人将相食，识者深为社稷羞。当今亟出陈大谏，箸借留侯。　迂阔为谋，天下士如何可籍收？况君能尧舜，臣皆稷契，世逢汤武，业比伊周。政不必新，贯仍宜旧，莫与秀才做尽休。吾元老广四门贤路，一柱中流。"又有诗云："刘整惊天动地来，襄阳城下哭声哀。庙堂束手浑无计，只把科场恼秀才。"察院陈文龙上疏，颇有愤抑之意，遂以理少出台。自是士之有籍，严行天下，或稍有瑕疵，皆不敢有功名之望，士论纷纷。直至贾老溃师之后，台中首劾置士籍之陈伯大，变七司法之游汝，行公田之刘良贵，沮宽恩之董朴，称翁应龙为简斋先生，写万拜申禀之朱浚，欲变类田法之洪起畏焉。(《癸辛杂识・别集下》)

咸淳八年　壬申(1272)

六　月

曾大发《进士题名碑记》：圣朝以文明治天下，文之古，由欧阳公始。公，永丰人也。永丰为吉望邑，山耸于泷冈，属诸崆峒；水发于云盖，达乎文江。是故扶舆磅礴郁积，实公发之。自是人才之盛，与斯文逐日以新。际今盛时，合海内士第书天子廷者，仅三四百人，而永丰或一二，或五六人焉。欧公之试国子监、试礼部，俱第一。中兴，参政董德元为御试第一。噫！盛哉！绵绵延延，以至于今，英蜚茂腾，取科第者，殆与建浙一大郡、淮湖一路等。盖极其盛也，而进士题名缺焉。况邑建于至和甲午，而云盖乡之地隶焉。迁莺乡之来属，则又昉于绍兴辛巳。董兴于云盖，曾著于迁莺，如彼其久也；地势离合，如彼其不齐也。每欲尽见前修科级之先后，家世之陆续，茫无所证，非所以昭既往、传方来也。咸淳辛未，余丐外以归田，谂一二同志，则佥谓不可复缓。又得博闻之士互考详讨，靡有遗缺，乃命匠伐石于庐山之麓。越明年，碑立于学宫。以二百一十九年之缺文而讫成于今日，抑有数存欤？砆龟赑屃，鼎立其二，既大书深刻矣，留一以俟来者。于戏！士君子所立，磊磊欣揭天地，铿轰炳耀，荡人耳目，初不系碑之有无也。然使后之览者，将于是而有考，则碑亦不为无助。景行先哲，尚懋之哉！其年季夏朔吉记。(《全宋文》卷八二五二)

八　月

文天祥《吉州州学贡士庄记》：物之在天地间，自铢粟以上，莫不有主名。独贡士庄所储，以拟夫三岁大比，士之送上春官者，有司不知谁宜得之。取什伯于千万，亦无敢自必为已得。其予夺之，殆有物焉。逸史称：隋末一书生，所居抵官库，有数万钱，欲取之，神人诃之曰：“此尉迟公钱也!”泉者,天之利器,惟天能以与人。则夫任贡士庄者,殆为天守利器,以俟夫天之所以与人者。充是心以往,真无所为而为之,其为仁岂不至?而为义岂不尽乎?咸淳六年,简池赵君必褕来为庐陵教授,作兴斯文,教养毕具。则按贡士庄之旧,稽其所出内,岁钱谷几何。庐陵士甲江右,一科数路,资送四五百人。裒多益寡,称物平施,末之云耳。于是,有增田之议。一之日,置尹氏租,为米八十斛;二之日,置彭氏租,为米一千一百九十二斛。赵君犹以为未足,则曰:“传而益之,其来者之事哉!”添差教授番阳程君申之继至,相与诣郡,请蠲赋。吏持难易,阁弗下。永嘉缪侯元德甫下车,二君申其请,侯慨然曰:“奈何与吾党校琐琐乎!”复之不崇朝。予闻而异之,以为侯与广文之用心,皆所以奉天道之不及者也。古之爵人,言必称天。国家谨惜名器,自他蹊者,悉名侥幸。惟进士科,使四方寒畯操瓢而进,付得失于外有司,而定高下于殿陛之亲擢。公卿大夫,由此其选。当是时,天子宰相,一不得容心于其间。予尝谓今世惟科举一事,为有天道行焉。士修于家,试于乡,如探筹然,以信夫天命之所遭。而为贡士计者,积仓裹粮,共其道路,先事而为之备,随天命之所与而后与之。是心也,岂复有内交要誉之私哉!予故曰:皆所以奉天道之不及者也,是宜书。且夫取士于天下,将以为天下用。人之常情,其穷也不为利疚,则其达也不可以非义屈。后之临大节、断大事,决非异时箪食豆羹见于色者之所能也。夫使郡国上其贤能,而汉人续食之意,隐然寄于学校。士得以直走行都,而无仆马后顾,所望于人也轻,则所以全于己也大。是邦学者,世修欧、周之业,人负胡、杨之气,如有用我,执此以往。是举也,世道微有赖焉。盖益可书也已。是庄创始于尚书胡公榘,隶于学者米二千二百斛有奇,前丞相叶公梦鼎为郡增六百三十斛有奇,前教官黄君恺伯增一千三百六十斛有奇,前赵侯典樠增四百一十斛有奇。自二教创后,施君郁、郑君师皋增二百五十斛有奇。合今所增,通为米六千一百斛有奇。以学谕提点庄事。刘少南、张敏子云,八年八月记。(《文天祥全集》卷九)

咸淳九年　癸酉(1273)

正　月

诏:"举士以明体适用之学。"(《宋季三朝政要》卷四)

是　秋

癸酉岁,庆元秋试,两浙运司干官临川龚孟镆为考官。龚道出慈溪,忽梦有人以杯汤饮之,且作"四"字于掌中。晓起,便觉目视䀮䀮。及入院发策,第一道中误以一祖十三宗为十四宗。于是士子大哄,径排试官房舍,悉遭棰辱,至有负笈而逃者,龚偶得一兵负去而免。刘制使良贵亲至院外抚谕,遂权宜以策题第二道为首篇,续撰其三,久之始定。于是好事者作隔联云:"龚运干出题疏脱,以十三宗作十四宗;刘制使下院调停,用第二道为第一道。"龚后为计使所劾。明年秋,度宗宾天,于是十四宗之语遂验。(《齐东野语》卷一七)

熊禾《谢贡举启》:伏以后生为朝廷措事,策愧无考亭之三;明公与天下求材,赋辱在《阿房》之五。岂特有司公明之选,亦见当世英雄之同。深感已知,庸伸私谢!切谓国朝之取士,独由科目以得人。持衡者不当徒较其词章,当以收拾人材为务;操管者不当徒志于爵位,当以扶持世道为心。矧方艰难多故之时,而有文武欲尽之叹。圣主念事会之无极,欲广贤路之招徕;廷臣慨士气之未昌,犹惧以科条而隔截。恩施非不厚于士,意向何来白于人!有司怀触讳之疑,语生辄思;举子有患失之虑,气馁可知。以此取士,何以得人材?以此入官,何以扶世道?稍有志者,盖已羞之。某幼读父书,粗承世学。少而好赋,第知小夫篆刻之工;壮而读书,颇识《大学》知行之要。益求实事,不竞虚文。勉焉自力于躬行,切亦有志于世故。

尝借计吏，出试奉常。自顾时事之已殊，又惟学问之未到。积累三年，方求病艾；顾瞻一世，愈激忧葵。难径入以扣阍，又俛从而借径。气郁勃其已久，言过多而莫知。赋皆佩诵之辞，既以“二典”、“三谟”之钦为主；论必究极其说，又以《中庸》、《大学》之诚为言。至于三策之条陈，是亦寸忱之忧爱。谓当内外交急之会，初非上下相蒙之时。圣君当畏惧存心，不可自怠而沮人材之气；大臣必诚公尽下，不可独运而失天下之几。冀可措以转闻，庶不为于虚论。人谓场屋非言事之地，何妨屈蠖以求伸；我知科举乃进身之初，宁忍获禽于诡御？已置得失于度外，敢期摸索于暗中。请省侥逾，端由幸合。兹盖伏遇座主仙尉秘书郎卿先生，领袖后学，鉴衡斯文。雪案檠光，已久抱经纶之蕴；风帘烛影，不徒取华藻之文。将求实材，以奉明诏。何冯宿之畏太甚，次排直言于下等之科；赖了翁之见独高，姑置古学于五名之后。盖识者有见于救时当随之义，而先儒亦戒夫在下浚恒之凶。忠焉能勿诲乎，服之不敢失也。第自愧深山之苦学，误蒙称碧水之奇材。虽曰有诚而誉，但恐无实以副。某敢不益加鞭辟，无负甄陶！倘策之大庭，决不效平津阿世之学；然与以一命，讵得行明道泽物之心。惟不愧于为人，是即酬于知己。(《全元文》卷五八七)

是　冬

王义山《杭州府学癸酉冬季堂试》：责吏之说何始乎？夏商以前未闻也。虞廷九官之命，不曰“往钦哉”，则曰“往哉汝谐”。“百僚师师，百工惟时。”温乎家人父子之唯诺。虽曰三代考绩，而黜幽之典不得已而见之明盛之朝者，不多见于时。庶绩康，庶事熙，何往而非实？世道一趋，官刑制矣。果厚待士夫意欤？或谓官刑之制，儆之也，非真刑之也。始吾读《商书》，一则曰敢有，二则曰敢有，是淫、乱、巫之风未有也。然其辞峻厉而震发，君臣相与之气象，微刻露矣。世道奈何哉！迨至成周，《周官》一书，其所以恳切训告者，亦甚费辞矣。今观自三事大夫而下，岂真有利口覆邦者？岂真有败谋荒政者？岂真有不学面墙莅事惟烦者？或谓成王过为士大夫虑也，果然欤？至《周官》六典之作，其所以待士大夫者又不古矣。今观一曰治典，以治官府；二曰教典，以教官府；三曰礼典，以统百官。夫曰治、曰教、曰礼，此任官之常也。至于政典，以正百官，政者，正也，必有不正者矣。成周士大夫果有不正者欤？其甚也，又有刑典，以刑百官。呜呼！何忍欤？犹幸其以事典终焉。事典所以任百官也，不终于刑，又从而任之。严于先，而宽于后，又何欤？汉宣帝诸诏，为吏而下者不一，不曰营私，则曰欺谩。是何汉之吏薄待其身，而上烦人主之叮咛告戒如此哉！皇上自即位以来，责吏之诏屡矣。非徒事声色之化也，播告之修不匿厥旨，王用丕钦，则下用丕变矣。然而，渎乱官常、瘝旷职守者，其风犹未殄。诏书屡下，丕应邈如。《易》曰："君子居室，出其言善，则千里之外应之。"诲之谆谆，听之藐藐，何欤？岂尚口乃穷欤？或谓躬修实践，虽无愧于宫庭，而真意实德，犹未孚于天下欤？孟子曰："爱人不亲反其仁，治人不治反其智，礼人不答反其敬。行有不得者，皆反求诸己。"又曰："至诚而不动者，未之有也。不诚未有能动人者也。"苟诚矣，苟反求诸己矣，而犹曰吏奉吾语不勤，果在上者责欤？抑在下者责欤？迩者，月正元日出一札以风天下，且于士大夫风俗不满焉，而归之于无耻。周子曰："人不幸，不闻过；大不幸，无耻。"为士大夫者，悚然于圣天子叮咛告戒之下，夫亦闻过矣。而奈何乎耻心之不生哉！古之君子，以不能尧舜其君为愧耻者。噫！彼独何人哉！夫人为万物之灵，圆颅方趾，履后戴皇。具五常而为之体，揭三纲而为之伦，别四民而为之业。秀于其间者，为大夫士。析人之圭，儋人之爵，一以无耻之心行之，则为贪、为虐、为奔竞、为谗谄，夫亦何所不至哉！管子谓礼、义、廉、耻为四维。又曰："一维绝，则倾；二维绝，则危；三维绝，则覆；四维绝，则灭。"柳子厚谓义之绝，则廉与耻其果存欤？廉与耻存，则义果绝欤？审如是，则二维也。杨诚斋则断断然又以耻为一维。谓知耻，则知礼、义、廉矣。二者之说，孰是孰非欤？夫礼、义、廉、耻之四维，与仁、义、礼、智之四端，又果同欤？《孟子》四端不言耻，而以义为羞恶。羞恶，耻也。管子既言义矣，而又言耻，何赘欤？呜呼！耻之于人大矣哉！"嘑尔而与，行道之人不受"，谁谓路人而有此见？予唯不食嗟来之食，以至于此，谁谓饿者而有此语？文人不爱钱，武人不惜命，谁谓介胄之士而能有此言？圆冠峨如，大袖襜如，而不能以礼、义、廉、耻维其身者，吾惑焉。虽然，世不皆若人也。"箨兮箨兮，风其吹女。"一鼓舞间，当有精白以承休德者。愿相与讲明之，有司当以复于上。（《全元文》卷八八）

是　年

时诸州郡以乡贡终场人众而元额少，自咸淳九年为始，视终场人多寡，每二百人取放一名。以士子数多，增参详官二员、点检试卷官六员。又以臣僚条上科场之弊，以大院别院参详官、点检试卷官兼考雷同。又监试兼专一详定雷同试卷，不预考校。遂罢帘外点检雷同官，国子监解试雷同官亦罢。(《宋史》卷一五六)

凡无官宗子应举，初生则用乳名给据，既长则用训名。其赴诸路漕司之试，有一人前后用两据、印二卷者。至是，命漕司并索乳名、训名各项公据，方许收试，以杜奸弊。(《宋史》卷一五七)

文天祥《衡州耒阳县进士题名记》：《衡州进士题名记》设于学，耒阳隶焉。去年历兵火，浸湮毁，耒阳宰郴江王某，始与其士刻石邑庠，以自为一同人物记。邦人郁林教授周君道兴介予曰："县之立是碑，属岁大比，将作兴士气也。"冀予为之记。予嘉其勤，不得辞。按：衡进士姓名可考者，自祥符省元郑向而始。景祐八人俱擢第，郡人侈为浑化，时耒阳居其三；嘉定郡贡十八人，耒阳又半之。间岁往往多得士。今邑人于花州之谶，翘乎其未整也。虽然科第之末，不足为儒者道，天下事固有大于此者矣。衡有石鼓书院，朱文公实为记。其论世俗之书，进取之业，以为志于己者所羞言。至谓学校科举之害，不可以是为适然而莫之救。先生所以正人心、破俗学者，顾乎其志也。前辈之流风未远，学者之分内何限？属邑之士，其得无所闻乎！然则县之此碑，将以纪姓名也，岂曰使人歆慕夸羡，矻矻然为务外之归哉！夫在上有师道，则在下有善人；修于家有正学，则天子之庭有真儒。此令尹与凡邑之士，兢兢终日而不能已者也。若夫苟焉而学，泛焉而仕，冒焉而题，则后人指之曰："某也若何，某也若何。"呜呼！是可不凛凛乎哉！(《文天祥全集》卷九)

吴语溪《赠退斋同年贡举》：看花携手鬓俱青，一转头来昨梦惊。四海同年今有几，相逢此日得无情。著书君已名千载，废学吾方悔半生。离合升沉何足计，相期进德是功名。(《全宋诗》卷三六三九)

咸淳十年　甲戌(1274)

是　春

甲戌,(刘黻)典贡举,试吏部尚书。(《全宋文》卷八一五七刘黻《解氏墓志》)

省试士人各给一号,书就省人姓名、印押,如卫士直入宫门之状,于门下两处辨验。不许登仕免举。至乙亥,仍许登仕免举。(《宋季三朝政要》卷四)

先是,州郡乡贡未有复试。会言者谓:冒滥之弊,惟在乡贡。遂命漕臣及帅守于解试揭晓之前,点差有出身倅贰或幕官专充复试。尽一日命题考校,解名多者,斟酌分日。但能行文不缪、说理优通、觉非假手即取,非才不通就与驳放。如将来省复不通,罪及元复试漕守之臣及考校官。十年,省试,命大院、别院监试官于坐图未定之先,亲监分布坐次,严禁书铺等人,不许纵容士子抛离座案,过越廊分,为传义假手之地。时成都已归附我朝,殿试拟五月五日,以蜀士至者绝少,展至末旬。又因复试特奏名至部犹少,展作六月七日。近臣以隆暑为请,复命立秋后择日。(《宋史》卷一五六)

是　夏

王义山《杭州府学甲戌夏季堂试》:于戏!自古泰和之盛者,厥亦惟曰唐、虞、成、周。唐、虞、成、周之盛,莫盛于虞朝;虞朝之盛,莫盛于九官。刘向谓舜命九官,众贤和于朝。今观九官之外,又有四岳、十二牧者焉。而四岳、十二牧之名,不见于经,何欤?尝以舜九官、周六官而考之。九官之命,始于伯禹之宅揆,与天官冢宰固同矣。周官自冢宰而下,即继之以地官司徒，为民计也。舜自命禹而后，即以民食寄之稷，其为民计也，均矣。然尝疑之。周人自司徒而下，以春官宗伯掌礼，而舜则以典礼居五，礼可后欤？周人以夏官司马掌兵戎，刑用甲兵也，而舜则止于刑，而兵不预焉，何欤？周人以秋官司寇掌刑，居六官之五，舜则先刑而后礼，刑可先于礼欤？周人以冬官考工居末，为技巧工匠而末之，此艺成而下之意也。舜则置此官于典礼、典乐、纳言之先，百工之事，果可先于礼、乐、纳言之官欤？或谓舜之命官，皆有次序，非周人设官意也。治天下不可以无相，故命禹以宅揆。民苦于无食也，故命弃以为稷。民既富矣，不可以无教，故命契以为司徒。司徒，教民之官也。既教之，而民不能皆帅教，民不能以帅教，不得已而有刑，故命皋以为士。凡此者，皆治人之先者也。先者举矣，则可以治末矣。工者，治之末也，故垂以共工。于是，治人之事具，则推而及于鸟兽、草木，故命益以为虞。夫其所以治至于鸟兽、草木，则天下治之极矣。天下之治极，则可以立礼之时，故命伯夷以典礼。夫治至于鸟兽、草木，而又有礼以节之，此功成作乐时也，故命夔以典乐。舜犹未敢以天下为已治，而谓吾无过之可言也，故命龙以纳言，而卒至于无言之可纳。呜呼！盛矣哉！论者以是为舜命官之次序，果然欤？然有可疑者。伯禹之贤，舜知禹也素矣，何待于四岳之荐，而后畀之以宅揆之任？自咨四岳，而后必至于佥曰然后俞之，何欤？子夏谓舜有天下，选于众，举皋陶，而不及禹，何欤？自禹而下，相逊者凡四，稷、契、皋陶、夔，龙独无逊，何欤？果同寅协恭和衷之意欤？殳斨伯与朱虎、熊罴，乃垂、益所荐者。以垂、益所荐者，至于非其人，舜皆不之用，何欤？或谓舜尝以朱虎、熊罴为益之助，果何所证欤？舜命九官，而后即继之以咨汝二十有二人。以四岳、九官、十二牧参而计之，殆不止二十二人之数。释者于九官之中，独指禹、垂、益、伯夷、夔、龙六人，而稷、契、皋不与焉，果然欤？或谓四岳乃一人领十二牧。果尔，则以四岳为一人，通九官、十二牧，始合二十二人之数。审如是，则释者果何所见，而指四岳为四人？又去九官之三欤？或谓禹、益、垂、伯夷皆新命，故畴于众人。而后用弃、契、皋陶、夔，旧为是官，特因其已任之职而申敕之，果然欤？诸君幸而生于登明选公之时，行将仕于时矣。愿举虞朝之所可疑者以告。(《全元文》卷八八)

八　月

殿试。度宗以疾，未及临轩而崩。上谅阴，类试，王龙泽等比廷试出身。策问求贤，时似道方恶言者，吉州人胡幼黄以含和吐气为说，而榜第三，士论耻之。(《宋季三朝政要》卷四)

九　月

辛巳(八日)，复试文武举士人。(《宋史》卷四七)

壬午(九日)，复试文武举士人。(《宋史》卷四七)

己亥(二十六日)，试正奏名进士，赐王龙泽以下出身有差。(《宋史》卷四七)

是　秋

王义山《稼村书院甲戌秋课试》：《大学》一书，以身、心为纲领。有主于修身者，则曰紫阳不云乎："须就自身心上做工夫，方始应得万事。"审如是，则《大学》之纲领当在身。有主于正心者，则曰紫阳不云乎："此心之灵，苟得其正，则无不合于理。"审如是，则《大学》之纲领当在心。二者果何所折衷欤？孟子尝曰："天下之本在国，国之本在家，家之本在身。"此又以身为主而心不与焉，何欤？仲舒又谓："正心以正朝廷，正朝廷以正百官，正百官以正万民。"此又以心为主而身不与焉，何欤？至唐韩愈《原道》一篇，其言"古之欲明明德于天下者，先治其国；欲治其国，先齐其家；欲齐其家，先修其身；欲修其身，先正其心；欲正其心，先诚其意。"是身与心皆无遗论矣。然自诚意而上，不及格物致知，又何欤？至于《进学》一解，自《春秋》、《易》、《诗》以至于《书》，四者备矣，而《礼记》独不与，何欤？无怪乎愈于《大学》未详也。本朝自道理最大之言发于开国之元臣，而吾道之脉有所寄。迨至仁祖，宋兴已七十余年矣，而斯道之在天下既衍而昌，既沃而光，日以鸿庞。自天圣五年赐进士《中庸》篇，宝元元年赐进士《大学》篇，而后周、程、张之学始出。盛哉！仁祖之有功于斯道也。迨至理皇，又从而表章硕大之，而理学又大明于天下。虽然，理学一源固得于我祖宗阐明之功，然《大学》入门学者之所以用工者，自心始乎？抑自身始乎？或者，则曰《大学》自物格至于天下平，由内而外，由始而终，其序有八，而心居中焉。心之外为身，身之外为家，家之外为国，国之外为天下，四者等级不可紊也。由心而上，有所谓知，知者心之识悟，非心之外别有知。由知而上，有所谓物，格物者，此心穷极事物之理，非心之外别有物。三者不可以等级论也。为是说者，是以七者之纲领在心，果然欤？又有以身为纲领，其说谓修身在诚意、正心、齐家、治国、平天下之间，犹皇极居九畴之中。意与心，知与物，皆包于身。家、国、天下，皆基于身，则断断以自天子至于庶人，壹是皆以修身为本。为是说者，是七者之纲领皆在身，果然欤？由前之说，则《大学》纲领在心者为是；由后之说，则《大学》之纲领在身者为是。诸君细绎此义熟矣，愿相与讲明之。(《全元文》卷八八)

十一月

癸未至乙酉(十一日至十三日)，复试特奏名士人。(《宋史》卷四七)

己丑至庚寅(十七日、十八日)，复试特奏名士人。(《宋史》卷四七)

壬辰至癸巳(二十日、二十一日)，如上复试。(《宋史》卷四七)

进士名录：王龙泽，路万里，胡幼黄，于泰，王午龙，王易，王庚孙，王桂开，王寅，王森，王舜弼，王梦应，王楫之，王荣，王龙友，王镃，王应高，王应雷，毛应龙，毛蟾孙，文涣，方逢昌，尹谦孙，艾天鲤，史愿，成镗，吕文，吕荣孙，朱汝岳，朱利，朱牧，朱炎，朱彦兢，朱校，朱钊，朱逢泰，朱程，朱舜臣，朱梦环，江三德，江士昌，杜国华，杜番镕，杜雷发，李大同，李文子，李允方，李可方，李必先，李再芝，李奎，李淯孙，李浙，李涓孙，李琳，李胜茂，李道夫，李温如，李楷，李雷复，李雷震，李雷泽，李荣，李樗，李霄震，李应珍，李瀛，吴元复，吴元履，吴化龙，吴斗祥，吴可孙，吴见国，吴与权，何子成，何希之，何伦，何逢年，何清，何梦牛，余以道，余逊之，汪式震，汪伯晦，汪东正，汪思学，汪漂，汪标，沈桂，沈岩起，宋应登，宋鉴孙，邵士英，邵时元，幸文兴，范樵，范镳，林介卿，林文龙，林名喜，林桂芳，林海，林海发，林袭龙，易奇，岳祠，金镕，周子禄，周元亹，周亦杰，周汝暨，周英纠，周叔翰，周垕，周超岩，周梦桂，胡大浩，胡之纯，胡元卿，胡希寅，胡珪，胡从义，胡与权，胡传心，胡震，胡褎然，段炎发，俞奇，洪彪，洪野，洪煜，祝泌，胥作霖，秦时敏，秦时荐，袁易，袁添倪，袁遵行，夏如愚，夏师尧，夏益朝，夏贵一，徐南强，徐商卿，徐梦得，徐楷，徐恺，徐鲤，翁自道，翁从龙，翁归，留文奎，高先登，高祥，郭廷炜，唐汝晦，唐泾，唐震龙，唐锜，陆启祯，陆碧泽，陈之栋，陈井，陈天畴，陈中子，陈文杰，陈有勋，陈延凤，陈合，陈叔仁，陈息卿，陈坚，陈敬叟，陈圣求，陈梦魁，陈魁祥，陈震龙，陈霖，陈桧，陈应元，陈应庚，陈观，孙伋，孙耘，孙桂发，孙亿，孙锐，黄孟寯，黄桂林，黄龙友，黄应桂，曹淓，曹应符，曹櫰孙，区文焕，崔应林，许倬，许埜，麻昭伯，章士祐，章士龄，章天升，章桂，梁志道，梁泰来，张元晋，张本，张伯澄，张棫，张蒙泉，张会龙，张锐，项士龙，项文荐，项悳，彭进登，彭瑞子，叶一枝，叶仲济，叶杞，叶味道，叶采，叶挺芳，叶景武，叶澄，葛元善，葛克勤，闵辰应，程正臣，程龙斗，程应奎，傅虎臣，傅登炳，傅雷龙，舒栻，邬济民，邹次陈，邹兼善，邹璒，邹济民，童伯和，童为政，曾希鲁，曾宋珍，曾晞，曾寅，冯奇，冯昶，冯章，冯玙，费文凤，杨邦彦，杨邦杰，杨伯珂，杨牧，杨侃，杨段，杨亮，杨刚中，杨发，杨严，虞开，詹贵应，詹綮，赵士烜，赵士环，赵友德，赵由暹，赵必�，赵必洵，赵必熢，赵必霡，赵必浟，赵希沥，赵良汝，赵良坦，赵良健，赵良淧，赵良镰，赵若垓，赵若涯，赵若棚，赵若焮，赵若墅，赵若槃，赵若�，赵明，赵冈夫，赵宗强，赵神夫，赵孟渚，赵孟龙，赵孟璬，赵孟灋，赵时彩，赵时笃，赵崇崃，赵崇琜，赵崇微，赵崇浇，赵渥，赵巽，赵嗣元，赵嗣龙，赵嗣滢，赵与景，赵与憕，赵与熄，赵霆晨，赵爽熄，赵璠，赵谔夫，蒋天锡，蒋捷，臧文通，裴钺，裴俭，裴仪，裴铎，廖甫，郑云龙，熊介，熊禾，熊朋来，熊桂，熊新民，邓舆，邓应时，欧阳化龙，欧阳庶瑞，欧阳梦皋，卫汝功，鲁景周，刘元禧，刘化龙，刘次中，刘叔智，刘洪福，刘逢吉，刘国华，刘惟贤，刘惟总，刘景皋，刘巽翁，刘应李，刘应凤，诸葛梦宇，潜祖昌，潘嵋，潘熊，薛思齐，薛洪士，薛万里，薛敦信，薛敦诗，薛敦义，薛敦实，薛敦礼，薛魁祥，薛汉杰，萧元澥，萧炳，萧惟清，萧浑，卢世仁，卢好礼，卢京，卢栗之，卢嘉猷，卢维纲，卢霖，卢应龙，钱梦骥，鲍材，龙洪甫，龙鑫，戴震辰，韩升会，韩温，韩俦，韩涛，韩铸，魏谦，谢天祐，谢介翁，应天銮，应珩，应森孙，蹇世芳，聂三凤，简廉，罗沆，罗应奇，谭登龙，谭雷发，庞行之，饶正孙，窦应年，龚倡。

特奏名进士：池梦鲤，王猷，李唐英，余应龙，汪从溢，范仕衡，胡应巩，胡俨，徐肇，涂禹，陈纪，陈懋卿，张致麟，彭举正，董模，邹允恭，冯梦龟，蔡诩，郑时中，郑钺，卫伯英，卫惟寅，萧应龙，卢子宪。

上舍释褐：方斗南，朱之纯，陈麟之，黄思诚，郑朴翁。(《宋登科记考》卷一四)

补进士名录：其一，吴安行。《全元文》卷四三一戴表元《吴君墓志铭》："吴氏，饶德兴建节人。……生二子：长安行，以词赋中甲戌进士科，调信州贵溪尉。"

其二，刘景直。《全元文》卷四七八吴澄《送彭泽教谕刘芳远序》："予之齐年友刘君景直，年二十入太学，二十有六成进士，授江陵户曹，未及禄而代改。"按：吴澄生于淳祐九年，是年二十六岁。

其三，曾唯斋。《全元文》卷四七八吴澄《赠兰谷曾圣弼序》："临川西乡查林曾氏唯斋翁，专门治《周官》六典。宝祐乙卯初与贡，咸淳庚午再与贡。其再贡也，予忝同升。越五年，甲戌免举，试礼部，登进士科。"

度宗崩，幼君谅阴，榜第一名王龙泽，二名路万里，三名胡幼黄。京师为之语曰："龙在泽，飞不得；万里路，行不得；幼而黄，医不得。"(《钱塘遗事》卷六)

宋恭帝　德祐元年　乙亥(1275)

赐太学生张景忠等并出身。(《宋季三朝政要》卷五)

德祐二年　丙子(1276)

宋代科举资料长编

南宋卷

（上）

诸葛忆兵 编著

凤凰出版社

目　录

上

下

宋光宗

宋宁宗

宋理宗

宋高宗　建炎二年　戊申(1128)

正　月

八日,大理少卿吴瓌言:“神宗熙、丰间,将旧科明法念诵无用之科,改为新科明法。今来此学浸废,法官阙人,乞复立明法之科。诸进士曾得解贡人就试,多取人数,增立恩赏,诱进后人,以备采择。”从之。(《宋会要·选举》一四之四)

癸巳(八日),复置明法科,尝得解或被贡人许就试,用大理少卿吴瓌请也。初,本朝取士之制,自进士外有诸科,而明法在其中。熙宁中既罢诸科,而独存明法。然以旧科但取记诵之学,故更号新科。崇宁初,并其额归进士。至是,瓌以法官阙人为请,遂从之。然未及行。(《系年要录》卷一二)

二十一日,国子监言:“近诏:本监正解、免解合赴试人,于开封府类试。如在外路、愿就本路试者,听。乞令所在召京朝官一员,结除名罪,委保正身,无伪冒,委逐路审验收试。候开院,具收试到姓名、人数及家保状、合格人姓名,申送礼部、本监。如有违碍,保官申取朝廷指挥,犯人并同保人先次改正、驳放,仍依《贡举条法》科罪。”从之。(《宋会要·选举》四之一九)

二　月

二日,礼部侍郎王绹言:“诸路类省试举人,除正解、免解人及前年秋运司得解人、所随亲见在本任者,就元得解路分类省试外,其有虽曾在运司牒试发解而所随亲已替罢者,乞并许就见居本乡或寄居处,召文官二

员，结除名罪，委保就试。如涉伪冒，试人虽合格，亦行驳放，保官各依法施行。”从之。(《宋会要·选举》四之一九)

九日，礼部言：“《崇宁贡举法》系以《元丰条令》及后来申明等修立，其《元丰法》与《崇宁法》不同者，自合遵依《元丰法》。若不该载者，即参照《崇宁条令》。”从之。(《宋会要·选举》四之一九)

壬申(十八日)，中书舍人汪藻、滕康、卫肤敏并罢为集英殿修撰，提举江州太平观，用谏官李处遁疏也。处遁言：“后省比试，四方荐士，而何烈用廷试策体，数处称‘臣’。陛下贷其草茅陋学，不加以罪则可矣。而臣子戴上之分，讵宜如此？望将烈黜落，并正元考官卤莽之罪。”诏：“降烈为下州文学。”于是，三舍人俱罢。(《系年要录》卷一三)

二十三日，诏：“诸路类试，开拆试卷，并委提刑官；如提刑不在本州，委走马承受；若走马承受不在本州及不置路分，委类试所在州守臣。”(《宋会要·选举》四之一九)

二十六日，兵部言：“武举人自来州军即无解发额，止是赴兵部取解。依条：以七十人赴省试，系军头引见司于内弓箭库试验弓马，及省试别试所附试程文。今行在扬州即无省试院，军头引见司亦无处试验。欲乞应就试得解及免解武举人，并依文士例，各召京朝官二员，结除名罪委保，赍所属给到公据，赴兵部呈验引保，于行在殿前司试弓马讫，就淮南转运司所在别场，附试程文。”从之。(《宋会要·选举》一七之二五)

(庚辰，二十六日，)礼部请：“令曾得解及免解武举人，就淮南转运司，附场类省试。”从之。(《系年要录》卷一三)

三　月

一日，起复添差京东转运副使李祓，监试举人。时诸路类试，以转运使副、判官一员监试，以京东西路阙官，故命之。(《宋会要·选举》四之一九、

二〇）

四日，诏："诸路已解发到材武人，令兵部将元给公据勘验。如不曾揩改姓名、月日，及所给公据在建炎元年六月十三日赦前，投试文状在今年三月初三日已前，并许收试。其靖康元年五月二十七日指挥更不施行。"（《宋会要·选举》一七之二五、二六）

四　月

七日，诏："今来下第举人，进士六举、曾经御试，八举、曾经省试，并年四十以上；进士四举、曾经御试，五举、曾经省试，并年五十以上，内河北，河东，陕西举人特与各减一举。曾经元符三年以前到省，前后实得两解，并免解共及两举人，更不限年。令诸路转运司、开封府保明，申礼部绍兴五年以后，诏止令礼部勘会，特与奏名，许就殿试。元符三年以前到省一举，见年五十五以上者，令本贯州县当职官勘实，无违碍，结除名罪保明，申礼部。开封府、国子监，令召见任承务郎以上二员，结除名罪保明，委本属关送礼部勘验，逐旋闻奏，当议特与推恩。"绍兴元年十一月二十二日诏"崇宁二年以前到省"；五年七月十一日诏"崇宁五年以前到省"；八年五月二日诏"大观三年以前到省"；十二年二月二十四日诏"政和二年以前到省"；十五年二月五日诏"政和五年以前到省"；十八年三月四日诏"政和八年以前到省"；二十一年四月九日诏"宣和三年以前到省"；二十四年二月十五日诏"宣和六年以前到省"；二十七年二月十五日诏"建炎二年以前到省"；三十年二月十九日诏"绍兴二年以前到省"。以上并同建炎二年之制。

同日，诏："进士请到解并免解、因事故不曾赴今次试人，与理为到省一举。进士两处取解、已及今次特奏名举数人，虽已违限、未曾经所属保明并举之人，特许并举推恩。进士元符三年得解、因事故至崇宁二年到省试下人，理元得解年，为省试下。进士门引不到，因事故赴试不及，若举数已该奏名，依南省下第人例，令礼部勘实，疾速施行。如合该取会并下所属保明之人，且令就试，不给唱名号，其敕牒等，并令礼部收掌。候到，如无违碍，召保官当官给付。若有违碍，即具因依并敕牒等，缴申尚书省。"绍兴元年十一月二十二日诏"崇宁二年得解，至崇宁五年到省"；五年七月十二日诏"崇宁五年得解，至大观三年到省"；八年五月二日诏"大观二年得解，至政和二年以前到省"；十二年二月十四日诏"政和元年得解，至政和五年以前到省"；十五年二月十四日诏"政和四年得解,至政和八年以前到省";十八年三月四日诏"政和七年得解,至宣和三年以前到省";二十一年四月九日诏"宣和二年得解,至宣和六年以前到省";二十四年二月十五日诏"宣五六年得解,至建炎二年以前到省";二十七年二月十五日诏"靖康元年得解,至绍兴元年以前到省";三十年二月十九日诏"建炎四年得解,至绍兴五年以前到省"。以上并同建炎二年之制。(《宋会要·选举》四之二〇、二一)

按:仁宗嘉祐二年,廷试始免黜落,然则自后凡经御试者,无不出官之人。熙、丰年间,亦尝有曾经御试推恩之令,盖为嘉祐二年御试不中者设也。今中兴之初,复有此令,则自建炎上距嘉祐以前,盖七十余年,岂复有曾经御试之人乎?又恐是特为科试入下等,不理选限、未出官者而设,盖此曹亦谓之曾经御试,故令其再试而官之,以示优渥之恩。史志所载不明,当考。(《文献通考》卷三二)

五　月

三日,诏:"旧试论日兼试律义并改试《孙子》义指挥,并更不施行。"先是,臣僚建请:"乞以七书代律义。"得旨:"自后举兼试《孙子》义一道,其律义更不施行。"礼部侍郎王绹言:"昨兼律义,举人全以功力治经之外,方及论策。以律义不系去留、升降,不暇留心。但无杂犯,并凿合格。若以《孙子》义代之,又为文具。今已复元祐诗赋、经术兼收之制,元祐两科试论日不兼律义。"故有是命。同日,中书省言:"已诏后举科场讲元祐诗赋、经术兼收之制。今参酌拟定:《元祐法》:'习诗赋兼试经义。'今欲习诗赋人止试诗赋,不兼经。第一场诗、赋各一首,第二场论一首,第三场策三道。《元祐法》:'不习诗赋人令治两经。'今欲习经义人,依见行,止习一经。第一场本经义三道,《论语》、《孟子》义各一道,第二场论一首,第三场策三道。解额、省额,旧法考校,依条以所治经十分为率均取。若有余、不足,听通融相补,各不得过三分。今欲计数各取,通定高下,除诗赋自无有余、不足外,将诸经听通融相补,不得过三分。数内逐经各留一分,添取诗赋。如无合格人,听阙。殿试并同试策。诗赋、经义两科欲注疏《三经》义,许从使用,取文理通者。音义如不同,听通用徐、尹、平,音义同。余并依格。"从之。(《宋会要·选举》四之二一、二二)

丙戌(三日),诏:"后举科场,讲元祐诗赋、经术兼收之制。"中书省请:"习诗赋举人不兼经义,习经义人止习一经。解试、省试,并计数各取,通定高下。"礼部侍郎王绹请:"前降举人兼习律义、《孙子》义等指挥,勿行。"从之。自绍圣后,举人不习词赋者近四十年。绹在后省,尝为上言:"经义当用古注,不专取王氏说。"上以为然。至是,申明行下。(《系年要录》卷一五)

自绍圣后,举人不习诗赋,至是始复。遂除《政和令》命官私相传习诗赋之禁。(《宋史》卷一五六)

十一日,曲赦:"河北、陕西、京东路逐路免解举人,应今年就省试下而举数、年甲各应特奏名条格者,并与特奏名谓:如八举、年及四十岁,五举、年及五十岁之类。内又因守御该赏者,与升等推恩。应逐路举人,本因举数或年限已该常免解而又因守御功赏得常免解者,亦与特奏名。"(《宋会要·选举》四之二二)

十四日,礼部言:"欲将应该恩举人家状内,以前为病故不曾赴省试,实有建炎元年五月十四日以前赦恩,依条召保官,经所属给到公凭之人,即与理举数。其去年五月一日以后旋给到公据,并不许收使。"从之。(《宋会要·选举》四之二二)

七　月

礼部言:"试词学兼茂科朝奉郎袁正功题曰:《诫谕将士协心戮守》、《唐八坊记》、《代宰臣以下谢宣召赴经筵听讲表》、《汉定著三十五家兵法序》,考入次等,循一资,比类施行。"(《宋会要·选举》一二之一〇、一一)

礼部贡院言:"应词学兼茂科朝奉郎袁正功合格。"诏:"减二年磨勘。"(《系年要录》卷一六)

八　月

甲戌(二十二日),上策诸道正奏名进士于集英殿。(《系年要录》卷一七)

上御集英殿，试礼部奏名进士。内出制策曰："盖闻治道本天，天道本民，故视听从违，不急于算数占候，而惟民是察。持以至诚，无远弗届，古先哲王，罔不由斯道也。朕承宗庙社稷之托于俶扰阽危之后，怀父母兄弟之忧于携贰单微之时，念必抚民以格天，庶几悔祸以靖难。逾年于兹，寝兴在是。故府库殚匮，军费倍滋，而赋敛加薄；外患未弭，寇盗尚多，而追胥有程。择守令以厚牧养，责按廉以戢贪暴，命令为民而下者十常六七。凡曰聚所欲、去所恶者，朕有弗闻，未有闻而不恤，恤而不行也。然而迎亲之使接武在道，而敌情未孚；保国之谋刻意在兵，而军势未张；躬纯俭以厚本，而骄侈之习未悛；扩大公以示训，而私枉之俗尚胜。刑赏不足以振偷惰之气，播告不足以革狂迷之心。田亩未安，旱蝗害岁。岂朕不德，无以动天？抑政令失宜，而民以为病乎？何精诚之弗效，而祸患之难戡也！伊欲复亲族，奠疆场，清寇壤，善风俗，使百姓安业而亹亹迓衡，何修而可以臻此？子大夫涉艰险以副详延，诚亦勤矣。其必有至言欲为朕陈者，其悉言之，毋隐。若乃矜空文而无补于实，咎既往而无益于今者，非朕之所欲闻也。其以朕所未闻而宜于时者言之，朕将亲览焉。"得正奏名李易以下四百五十一人，第为五等，赐进士及第、出身、同出身。内何元仲等五名同学究出身。是岁，以兵兴道梗，诸路进士赴殿试不及者：河北路李汇等二人，京东路祝师龙等二人，四川类试正奏名进士八十三人，陕西类试正奏名周忠厚等十六人，并赐同进士出身。特奏名进士张鸿举以下，赐进士及第、同进士出身、同学究出身，登仕郎、京府助教、上下州文学、诸州助教。特奏名自来常格，第一等第一名赐同进士出身，第二名、第三名并赐学究出身。时上初即位，御殿试举人，特恩也。(《宋会要·选举》八之一、二)

胡铨《御试策》：臣闻国将兴听于民，将亡听于天。汤武听于民，其兴也勃焉；桀纣听于天，其亡也忽焉。方桀纣之未亡也，谓已有天命，曰："我生不有命在天！"彼以天命为真可恃，偃然自谓子孙帝王万世之业也。及其亡也，诸侯归商者三千，兹以胜夏，则成汤以兴；诸侯归周者八百，兹以胜商，则武王以兴。汤武听于民而反以兴，非民兴之也，修人事以应天，是以兴；桀纣听于天而反以亡，非天亡之也，恃天命而虐于人，是以亡。兴亡之端，厥监在民，而不在天，甚易晓也。而中材庸主，每每反之。此忠臣义士之所以深悲，天下之所以乱亡相寻，而世主不悟也。陛下起干戈锋镝之间，适值天下倥偬不暇给之秋，外乱内讧，憸人秉朝。边方有风尘之虞，中原有新羁之马，赤子入无知之俗，民愁盗起，祸稔萧墙，王室摇摇然几如一发引千钧。当此之时，可谓乱甚矣！臣愚谓陛下宜焦心尝胆，听于民之时也。而陛下策臣等数十条，大概质之于天。首曰："盖闻治道本天，天道本民。"又曰："岂朕不德，无以动天？"又曰："何精神弗效，而祸乱之难戢也？"似皆听于天者。此臣所以深疑，而愿为陛下直言无讳也。

伏读《圣策》曰："盖闻治道本天，天道本民。故视听从违，不急于算数占候，而惟民是察，持以至诚，无远弗届，古先哲王罔不由斯道也。"臣有以见陛下听于天而不听于民之弊也。臣铨按《春秋》祸乱之由，与祖宗已然之故事，为陛下陈之。为《春秋》之说者曰："正次王，王次春，王者上承天之所为，而下以正其所为。"此汉儒傅会之论，臣谓不然。臣闻圣人作《春秋》，尊一王之法，为万代之训，未尝有明言天者。盖谓天道难测，若深言之，则遂以为茫昧莫究而忽于天；若浅言之，则天下后世遂溺于阴阳灾异而蔽于天。圣人推其变于天常，与人事杂而书之。至其变见祸败，或应于数十年之后，甚则或不旋踵而应。国家将有失道之败，天必先出灾异以谴告之；不知自省，又出怪异以警惧之；尚不改悔，覆败乃至。苟无其事，变不虚生。若痛自惕惧，侧身修行，则祸灾灭塞，祸可转福。此《春秋》之大凡也。以是知天心之爱人君而欲止其乱也。自非大无道之世，天尽欲扶持而安全之，此古先哲王所以持其至诚而不急于算数占候。诚知夫天人相与之际，甚可畏也！我国家自江南平定，太祖感宇县分割，生民受弊，恻然涕下，思有以布声教而抚养之。是时，识者知天命固已牢不可解矣。且如择一法官，细事也，而太祖择王济，则曰："无或有冤滥以致天灾。"任一宪台，细事也，而真宗选诸道提典刑狱，则曰："一夫受冤，即有沴灾。"夫一夫受冤，宜未害也，而祖宗惕然动念，惧致天罚，则民之不可忽，而造物之不可欺也明矣。陛下龙飞之初，传檄四走，天下莫不翕然响应。臣愚虽不识天理，以人事验之，知天意固已有在。比来圣虑渐弛，浸不克终，国势委靡而不振，生民愁苦而无聊，天意向背，殆有不测，可胜寒心！臣愿陛下持以至诚，以《春秋》为戒而谨持之，以祖宗为监而力行之，毋以草茅之言而罢之，则天下幸甚！

《圣策》曰："朕承宗庙社稷之托于俶扰阽危之后，怀父母兄弟之忧于携贰单微之时，念必抚民以格天，庶或悔过以靖乱。逾年于兹，寝兴在是。"兹又陛下听于天而不听于民之弊也。呜呼！陛下兴言及此，亦知有宗庙社稷之托乎？亦知有父母兄弟之忧乎？知有宗庙社稷之托，所与任其托者为谁？知有父母兄弟之忧，所与分其忧者为谁？任其托，分其忧，一非其人，则天下之大势无复救矣。臣闻天下大器得之甚难，败之甚易，莫不由夫祖宗辛苦艰难以成立之，莫不由夫子孙顽率奢傲以覆坠之。成立于百年，而覆坠于一日，遂使祖宗艰难之业并与祖宗社稷之业，一旦成墟。是以圣人作《春秋》，于乱君亡国痛以王法绳之。谨按：昭公二十二年书："王室乱，刘子、单子以王猛居于皇。"是时，新有景王之难，王猛以幼冲而嗣大位，刘、单以庸材而相幼君，社稷危如赘疣，则王室安得不乱！夫王室，天下根本。根本一乱，而播迁于皇，则俶扰阽危亦甚矣。卒之天王蒙尘，避子朝之难。终昭公之世，仅复成周。至黄池之会，天下奔溃。而圣人独反复书之，重社稷也。陛下以单微幼冲之资，独戡多难，则危如王猛；左右大臣，以憸佞之才而佐大计，则庸如刘、单，臣恐王室之难又甚于子朝之难矣。安知江都之幸，不变为狄泉之胁迫乎！是陛下知承宗庙社稷之托于俶扰阽危之后，而未知荆卿、何罗窃发于肘腋之间。愿陛下思太祖得天下之难而早图之，监《春秋》王室之祸而慎守之，毋谓怀父母兄弟之忧于携贰单微之时而遂解体也。谨按：襄公二十八年书曰："公如楚。"二十九年书曰："公在楚。"又曰："公至自楚。"窃原鲁公如晋、如齐、如京师，皆未尝书"在"，独于楚书"在"，何也？曰：楚虎狼之国也，襄公如楚既非常，而逾年不返，祸且不测。书曰"在楚"者，盖臣子痛君之失所在也。以今两宫有沙漠之狩，孰与如楚之危哉？且襄公二十八年如楚，至二十九年而归，《春秋》深危之。况两宫暴露于穹庐，三年于此矣，则陛下怀父母兄弟之忧，臣愚不知何以处之？为陛下计者，独不念"在楚"之事乎！臣愿慎择贤佐，惟断惟果，侧身忧灾如宣王，励精综核如孝宣，锄去乱略如光武，刚明果断如宪宗，复仇刷耻如勾践。以《春秋》为戒而谨持之，以祖宗为监而力行之，毋以草茅之言而罢之，则天下幸甚！

陛下首策以此，中则曰："府库单匮，军费倍滋，而赋敛加薄；外患未弭，盗寇尚多，而追胥有程。择守令以厚牧养，责按廉以戢贪暴。命令为民而下者十常六七。凡曰聚所欲、去所恶者，朕未有闻而不恤，恤而不行也。”此又陛下听于天而不听于民之弊也。臣闻治天下者正如疗疾。方天下之未受病也，府库单匮，军费倍滋，则病在血脉矣；外患未弭，盗寇尚多，则病在肠胃矣，客邪干正矣。择守令以厚牧养，犹导之以汤液醪醴而助真气也；责按廉以戢贪暴，犹投之以砭剂而攻强阳也。如使人血脉受病，肠胃又受病，而导之以汤液醪醴者，或失节焉，则疾日甚。疾既甚而投之以砭剂者，又非良焉，只速其死耳！医国者亦然。故方天下受病之际，府库竭矣，外患炽矣，寇盗多矣，乃牧之以不贤之守令，扰之以不才之按廉，是犹疾已深而投之野葛，岂不殆哉！臣请历言其弊。臣闻府库单匮、军费倍滋者，以兵冗而坐食也，以师老而费财也，以生寡而食众也。三者今之大弊也。自古兵无事则不可使聚，聚则不可使无事而食，其势然也。昔汉之兵制，有践更之卒而无营田之兵，京师亦不过南北期门、羽林之兵而止。至于边境有事，诸侯有变，则皆以虎符调发郡县之兵，事已辄罢。是以其兵虽不知农而天下不困，兵甲未尝聚也。唐制十六卫，无事则力耕而积粟，非但自赡，且以广官储。是以其兵虽聚于京师，而天下亦不困者，未尝无事而食也。我朝沿近代养兵之法，一兵衣粮给与，岁约五六十缗。太祖得周代之兵，中外止有二万而已。至乾德间，中外止有十万兵耳。太宗尽有天下，添兵至多，亦止三十余万。真宗当全盛之时，乃始五十余万而已。当时军数非多，尚虑耗蠹调度，命汰疲冗。周莹不奉减兵之诏，则怒而罢之；向敏中奏军额渐多，则反复诘难之。诚知夫兵无事则不可使聚，聚则不可使无事而食也。臣故曰：兵冗而坐食，今之最大弊也。按兵法：兴师十万，日费千金。以日计之，费已如此，况今旷日弥年，兵连不解！百人仰食县官则挟千夫之名，大概虽数百为辈，要归则无异于数十万之兵。而坐食连年，无毫发功，则农夫之力，安得不乏？馈饷之卒，安得不疲？谨按：庄公八年春，师次于郎；夏，师及齐，师围郕；秋，师还。《春秋》书用兵，未有历三时而复返者。独于此书春、书夏、书秋，恶庄公无故劳师，兴围郕之役，卒之郕降于齐，而鲁师无功，至秋乃还。故书曰“师还”者，恶其夏已无功，秋始班师，暴露滞留之甚也。是后二十八年，有告籴之举，其祸正基于围郕之役。以今征役之久，动至累年，较之《春秋》三时返者，不已太甚乎！

则府库竭而军费滋，自不足怪。臣故曰师老而费财者，今之最大弊也。兵冗而坐食，师老而费财，加以生寡食众，人少用多，陛下虽赋敛加薄，而州县之追科实厚，何则？用度既匮，则其势不得不取于民矣。臣前所谓追胥有程，而外患未弭、寇盗尚多者，其弊在朝廷多过，生灵多怨。使朝廷无过，生灵无怨，则外患、寇盗亦何名而动哉！盖古奸雄如陈涉、吴广之起于秦，赤眉、黄巾之起于汉，苏峻之乱晋，安史之乱唐，本皆巨盗凶渠，伺朝廷之过，执以为辞，幸生灵之怨，倡而称义，遂至迭起州县，劫令杀守，相挺为乱。今明盛之朝，岂有大过？窃闻长老之谈，或谓戚近挠权，奸臣窃柄，刑赏不必行，小人不尽除，纪纲不胜振。此岂过之渐耶？何则？自古乱天下国家，多自近戚挠权始，如汉之诸吕、窦、霍，唐之诸武、韦、张，窃弄朝柄，一败赤族，国家几破。今乃有肺腑领枢柄，戚属将卫兵，汉南北军之祸，其监不远。倘不少戢，是增朝廷之过，而起奸雄之胆。大乱之后，岂宜复然？晋赵王伦、石勒之徒，心窥人主，口责宰相，实奸雄伺过而后动。不幸因之以饥馑，加之以灾荒，生民愁苦而无聊，则奸人乘隙奋飞，血流千里。此外患所以未弭，寇盗所以尚多，是虽追胥有程，何以救其乱？谨按：昭公十一年，“楚子虔诱蔡侯般，杀之于申”。蔡般弑逆之贼，王诛之所必加，《春秋》反恶楚灵，何也？曰：讨蔡般可矣，诱而讨之，此匹夫之贱行，《春秋》所甚恶也。前日下诏书，招纳叛亡，许以不死，此辈皆投戈请命，谓陛下示以大信也。然而阳示以信，阴加以刑，是诱讨也。陛下为人父母，奈何以天子诏书，为诱人之饵？臣恐大信一失，则后来以招降为悔。自今上下猜忌如寇仇，聚处得间，则更相鱼肉，惟先发者为雄耳。何怪乎寇盗之未弭也！臣前所谓择守令以厚牧养，而守令多不贤者，朝廷轻守令也；责按廉以戢贪暴，而按廉多不才者，朝廷轻按廉也。守令一不贤，则郡县受祸；按廉一不才，则守令敢于为奸。故择守令在择按廉，此祖宗之成法。太祖、太宗注意守令尤切。太宗尝亲选诸州长吏，又亲书其历，戒曰：“公务刑政，惠爱临民，奉法除奸，方可书为劳绩。”因顾钱若水曰：“朕暑中书此，岂不劳乎？盖谓任官择人，以安百姓耳！”呜呼！太宗不惮盛暑而亲札赐行，今守令则未有召对者；太宗躬自选择而延见便殿，今乃有赴吏部而注拟者。是朝廷轻守令也。朝廷轻守令，则守令轻郡县；郡县之职一轻，则牧养之方尽废。使要近州县或非其人，彼畏朝廷耳目之近，尚惮不敢逞。若远方细民，虽使盗跖为之守，梼杌饕餮为之令，斯民虽千百为群，号呼聚骂，朝廷不知，其为害岂不大哉！臣闻太祖以钱文敏知泸州，戒之曰："比闻郭思济掊敛不法，恃其遐远，谓朝廷不知耳。至则为朕鞫之。"夫泸州去京师四千余里，而郭思济不法，朝廷已尽知之。今州县稍远者，其守令过失，朝廷乃不闻，则远如泸州者，陛下必不能知矣。彼何惮而不为盗耶？然则，所赖以纠察其弊者，尚赖按廉耳。如按廉又非其人，则其祸可胜言哉！臣闻太宗以按廉之职，出为朝廷耳目，或由圣选，或由举充。选之既艰，则任之亦重。凡宽一按廉，是坏一路之事；一路不治，是使数百万军民受殃。自太宗即位，励精求治，诏转运使考核职任之废举，又遣使廉察官吏之污洁。如刘文质察举部内官吏，则有选移之宠；如王德裔部内不治，则有黜削之罚。赏罚如此其严，则按廉振威；按廉振威，则守令振职。厥今守令不职，是按廉未得人也。往者遣使抚谕诸道，天下想望风采，以为行被大惠。卒之厨传骚然，贿赂公行，甚者责子女于郡县，辇家属以偕行。虽官以抚谕为名，而民有供输之苦。守令之外，复增一蠹。夫远方细民，不幸遭不贤守宰，终岁抱冤，引领辎轩之出，以雪其愤。而按廉又不才，是使终身怀冤而莫之控诉也，则民安得不多怨而易动？此奸雄所以窃发也。谨按：《春秋》闵公元年，"齐仲孙来"，圣人嘉而字之，重其将命从宜，以安邻国之难。方闵之初，叔牙、庆父媒孽鲁祸，闵公始立，国人危如赘疣，齐人可折棰而取之。当是时，鲁之轻重在齐，仲孙乃能说其君，务宁鲁难，卒使闵不失国，而鲁人以安，湫其力也。《经》书仲孙之来，喜其出而安民存鲁也。以今两河淮甸兵革之余，岂不甚于鲁国之难？而按廉之出，未闻如仲孙以务宁鲁难为意者。以《春秋》之法责之，则罪人矣。臣故曰守令不职，是按廉未得人。夫以守令既不职，按廉又失职如此，则陛下命令为民而下虽十常六七，而壅遏诏书十常八九矣。是陛下有恤民之诏，无及民之惠；州县知有守牧之令，不闻有天子之诏。三数年来，边防用兵，凡百科敛，不以四方有无物之处，但严令督责之。近海州军例科枪杆，居山州县例买鹅翎。有司既不辨有无，州县或罕能条奏，官取一物，民费数倍。且如前日劝诱一事，监司责办于郡，郡责办于县，县移文于乡。假军期急迫为名，迫若星火，一有不至，则械系苦掠。人皆畏死，其敢有辞！是名为劝诱，而实暴敛之。监司郡守但务上供以悦朝廷，则忽而不知省；宰相大臣但务足用以悦陛下，则知而不敢言。上下相蒙，民穷无诉，是陛下恤民之诏虽多于孝文，而天下干耗乃甚于孝武。伤和召怨，咎将安归？臣闻咸平中议改元，赦书颇多蠲免，或谓三司必以惠泽太广为言，真宗责曰："非理害民之事，朝廷所不可行。若赦令既行，必使良人受赐矣。"时方午，雷震，帝恻然曰："岂赦令少及民之惠，上天以雷震朕耶！"呜呼！祖宗以赦令未遍，惧速天罚，则陛下命令多壅，实悖天心，其害殆不为细。愿陛下以《春秋》为戒而谨持之，以祖宗为监而力行之，毋以草茅之言而罢之，则天下幸甚！

陛下中策以此，又念："迎亲 之使接武在道，而敌情未孚；保国之谋刻意在兵，而军势未张；躬纯俭以敦本，而骄侈之习未悛；扩大公以示训，而私枉之俗尚胜。刑赏不足以振偷惰之气，播告不足以革狂悖之心，田亩未安，旱蝗害岁。岂朕不德，无以动天，抑政令失宜，而民以为病乎？何精诚之弗效，而祸患之难戢也。"此又见陛下听于天而不听于民之弊也。臣谓陛下躬纯俭而骄奢弗悛者，是陛下未必纯俭也；扩大公而私罔尚胜者，是大公未必能扩也；赏罚不足以振偷惰，是大柄下移也；播告不足以革狂悖，是危乱之兆也；田亩未安而旱蝗害岁，则生民失职而怨沴并作也。乃若遣迎亲之使而敌情未孚，则臣窃有说焉。臣闻庆历中契丹聚兵境上，遣其使萧英、刘六符来聘。是时，使来非时，而兵既压境，中外忿怨。仁宗皇帝命宰相择所以报聘者，得左正言富弼，片言折六符之谋，卒挫虏主。自景德以来，北方无事，八十余年于此矣，岂惟弼之力哉！是时，宰相则晏殊，参政则范仲淹，枢密则杜衍、韩琦，谏官则余靖、欧阳修，皆天下所仰望，而北虏之所畏惮者。彼知朝廷有人，故弼之计得行，而虏计不得逞。以今庙堂之上，宰相有如晏殊者乎？参政有如范仲淹者乎？枢密有如杜衍、韩琦者乎？谏官有如余靖、欧阳修者乎？臣知陛下必无此等人物矣。而欲求敌情之孚，此臣所大惑也。臣闻猛虎所以为百兽畏者，为爪牙也。使弃爪牙，则孤豚特犊皆得抟噬之。譬之国无劲兵，则蕞尔丑虏皆为劲敌。故《春秋》虽恶穷兵之祸，至于兵不素养而取具临时者，又深罪之。谨按：僖公二十六年，"齐人伐我北鄙，公子遂如楚乞师。公以楚师伐齐，取谷。"说者曰："乞，重辞也，重师也。"臣谓圣人非惟意在于重师，盖甚恶鲁之无备也。夫齐为鲁难久矣，自甗之役，齐败于宋而鲁不救，是时孝公有切骨之恨。至二十六年春侵我西鄙，怨已结矣。为鲁计者，正宜蚤夜预防，常若寇至。乃恬然熟卧，养成腹胁之疽，报不旋踵而齐人伐我北鄙矣，乃至乞师于楚以取谷焉。假夷狄而伐中国，不可之最大者也。以今丑虏大张，害甚于齐，而兵不素养乃甚于鲁，议者乃欲借助兵于高丽，何异乞师于楚以伐谷者哉？是陛下徒知军势之未张，而不知军将之未练，可为陛下痛哭流涕者此也！国初，剑南、交广各僭大号，荆南、江广不通贡奉，西戎、北狄未尽宾服。太祖垂意将帅，命李汉超等守关南，命郭进御并寇，命姚内斌守庆州。以为既得名将，非厚通其意，无以得其死力，故许收逐郡关征酒榷之利，不惟养犒士卒，兼使丰富其家。又虑所费不足，仍许图回，其家属在京师者，并厚抚之。则将帅之心，更无私虑，但专力于边事而已。又虑奏陈之事，未尽机要，特许入朝自陈，至升殿赐坐，又复厚赐遣之。以故边臣多富于财，得以养募死力，使为间谍，尽知蕃夷情状，多致克捷。二十年间，无西北之忧，平西蜀，复湖湘，下岭表，克江南，尽得东南之地。虽诸将之功，实太祖驭将之力也。以今将士偏裨，其雄挺孰与李汉超？其才略孰与姚内斌？其镇重孰与马仁瑀？其运筹决敌孰与韩令坤？以今陛下驾驭诸将，孰与太祖？然而借之重权，禄之显秩，赐之重赏，其恩已过先朝数等矣。是陛下择将不如太祖，而恩礼则过之，适足以启诸将之骄心，而长奸臣之觖望。假令收复两河，迎还二圣，陛下何以加之？夫战胜之兵，勇智百倍；败亡之卒，没世不复。盖所以战胜者，气也。今之士不战而气已索，此天下之忧也。昔者六国之际，秦人出兵于山东，开关延敌，六国之师皆逡巡不敢进。然长平之败，廉颇犹能收拾余烬，北摧栗腹，西抗强秦，振刷磨淬，不自屈服。是时，秦围邯郸，梁王使新将军如赵，遂欲帝秦，而鲁仲连慷慨流涕，深以为不可。非徒惜帝秦之虚名，惜天下之大势有所不可也。而议者乃谓宜尊奉夷虏，不可一触其意，陛下何不以鲁仲连抗秦之事谕之？然则何怪乎军势之未张也。夫《春秋》何为而作也？为天下无王而作也。周衰，天下不知有王，陪臣窃国命，家臣僭大夫，圣人有忧之，作《春秋》以代王之赏罚。书天子、书王、书天王者，诛赏之大柄也。书天子、书王，皆其常称也；其曰天王，则至大之称。天王与《周官·司服》所称天王，皆以嗣君之初，君道未著，人心未宁，正危疑之机，大奸之所伺，非常之时，故大威武以防之。称天王者，大威武以防天下之时，故曰非常也。然则，又书天子、书王，何也？曰《春秋》作，王者威权丧矣。大政大法，诸侯擅而行之，怙强恃众，迭相吞据，是本弱末大之势，名分大乱之日。非刚健大过人之才若九五焉，不足以震其弱；非毒众穷讨之役若唐太宗焉，不足以戢其乱。故仲尼于《春秋》，凡有出于王为之者，皆书天王，言于斯时王之所为，当大诛赏，不可循常，冀后世兴王之知变也。是时，吴楚之君皆鸱视虎踞，僭号称王；诸蛮群酋，荐据中土，如此则文辞之告，犹可治之也欤？霸侯暴国，迭相吞噬；伯子之存，不能十数，如此则诛赏之令犹可治之也欤？故曰："如有用我者，吾其为东周乎！"东周仅存礼文而已，非拨乱反正之道也。故《春秋》必书天王者，正赏罚于大乱之时也。若事非王为，但从诸侯之称。只书王者，礼之常也。其曰天子者，所谓至贵以亲诸侯也。庄王不称天王，以其宠弑逆之人，不足以当至大之称，故去"天"字以重其讥。重庄王之讥，则鲁桓之罪彰矣。《春秋》大逆，外始于州吁，内始于鲁桓，圣人著其恶如此。若曰世乱则从恶者众，趋善者鲜，善若不予，则是赏不足以有劝；大奸大恶不加诛，则是罚不足以有惩。赏罚不行，而能兴衰拨乱者无有矣。陛下临御之初，正《春秋》危疑之机，书天王以临下之时。大柄大权，乃悉窃弄权臣之手，太阿倒持，收之良难。是陛下有《春秋》之乱，而无《春秋》之赏罚，何以驾驭群雄而平大乱也？窃观太祖、太宗所以取天下，其大要在赏罚二事而已。当时赏则常薄，刑则常严。方澶渊之役，李继隆有疾战破虏之功，但加开府阶耳。臣尝怪真宗何赏如是之薄也，其深意以谓既杀虏将而不能破其众，此将之可责也。有将帅之寄而独赏内臣，不可以为后世法，此所以薄其赏一也。又以自古宦者领兵，未尝不为乱。如太宗朝内侍王继恩出平蜀乱，有大功，止受宣政使尔。谨守先帝之法而不敢违，此所以薄其赏二也。至驭之以刑，则未尝不严。且如主将战没则降黜别将如王继勋者，诛戮亲兵如荆罕儒者，威令如此严，则人皆死力求赏。故太祖兵法罪在不赦，《春秋》兵法尤严于驭军。城濮之役，楚师败绩，则得臣死之，书曰"杀其大夫得臣"，罪在得臣也。鄢陵之役，楚又败绩，则子反死之，书曰"杀其大夫公子反"，罪在子反也。二子皆以失律丧师，不逃重戮。则见夷狄用兵，其刑赏常严，而中国常宽，此夷狄所以常得志。成、襄之后，中国累累受制于吴、楚者，抑有由矣。厥今军势未张而动见败衅，是有春秋之乱，而无《春秋》之赏罚。臣故曰赏罚不足以振偷惰，则是大柄下移也。如使大柄一移，则陛下徒拥虚器而已，何怪乎播告不足以革狂悖也。然臣愚不识狂悖者为谁？谓前日诋忤权臣者为狂悖乎？谓左右便嬖为狂悖乎？谓前日诋忤权臣者为狂悖，则臣不敢奉诏；如谓左右便嬖为狂悖，则陛下岂不能断然而去哉！窃料陛下所不能去之者，则是推委权臣之弊也。自古以推委臣下为盛美，然亦或以治，或以乱。汉高祖推委群杰则治，至其后推委王凤、王音至于王莽则乱；光武推委二十八将而取天下则治，至其推委后族至于董、吕、二袁则乱；魏委荀彧则治，至委司马懿则乱；唐文皇驾驭英豪而取天下则治，至明皇推委李林甫、杨国忠则乱。初以推委而天下治，终以推委而天下乱，何弊之然哉？当推委之际，超擢十人，上从其九，是九分之恩出乎下矣。如此则数年间，左右前后皆权臣之党也。若斥削十人，上从其九，是九分之威出乎下矣。如此则数年间，中外远近无敢忤权臣者。以故忠义解体，而君上之势孤也。前日将相大臣放意诛戮，冤及无辜，陛下不得一举手，此岂推委之弊耶？明皇天宝之祸未大远也，此可不为寒心哉。厥今天下大体皆坏，独祖宗德泽未泯，人心未厌。譬尫病之人，奄奄待尽，独气血仅存尔。如使人心一离，则是气血又将绝，天下无复可言者矣。而陛下以田亩未安、旱蝗害岁为患，则是生民失职、人心将离、气血将绝之时也。谨按:《春秋》，灾异变见常与人事相符。灾异见于上，则祸败应于下，犹铁炭之低昂，其效可信者也。凡《春秋》书虫者，旱蝗之害岁也。然书虫凡九，而哀公十数月之间，凡三书之，甚之也。甚之者，疾其害民之甚也。按:是时十三年之间，而帅师伐某、侵某、取某、战于某，比他公为特甚，干戈至此而糜烂其民矣，生民至此而为血肉矣。黄池之会，夷狄主盟中国，天下日趋于亡矣。乃复暴兴田赋，民怨祸稔，岁大旱蝗，人有艰食之苦，圣人于此不一年而三书虫，伤之也。是知旱蝗之患，实兵戈怨毒之余所由作也。比年以来，丑虏横行，干戈烂熳而不息，未尝一年不战，生民日委顿，四夷日恣肆，天下不知有生之乐，几年于兹矣。疮痍之民，肝脑涂地，丘陇发掘，暴露枯骨，胔腐血流者，不知几亿万生灵之命，陛下不得而见也。士卒死边野之外，妇哭其夫，母哭其子，寡妇弱子抱负辕车，望冤吊哀于千里之外，途悲巷哭，怨痛彻天，陛下不得而闻也。陛下不见其所不见，不闻其所不闻，驱民万死之地而卒无一毫之利，积毁销骨，积冤伤和，阴沴作而灾疫兴，何怪乎田亩之未安，虫蝗之害岁也！今者两河淮甸，赤地千里，飞蝗蔽天，公卿大臣熟视无计，而请为遣蝗之举。

呜呼！正使蝗而可遣，是移腹心之疾而置之股肱，不知他境之民何苦而加之哉！臣闻天禧中，真宗以再岁旱蝗，秋稼不稔，慨然动念，实虑政令阙失，有爽天意，因诏削盐茶条禁之峻刻者，以惩旱蝗之变。以今政令阙违，岂惟茶盐一二事而已。臣知旱蝗之害，实天心大警陛下也。而议者尚谓天灾流行，由历数运会，非政令失宜之咎。呜呼！天下有善则归诸己，天下有祸则归之天，此非圣贤之用心也。愿陛下少戢诛讨，少息调发，练兵实粟，养吾锐气，而全中国之力，以消旱蝗之灾，毋以精神弗效而怠荒，毋畏祸乱难戡而息志。以《春秋》为戒而谨持之，以祖宗为监而力行之，毋以草茅之言而罢之，则天下幸甚！

陛下中策臣以此。又念："朕欲复亲族，奠疆场，清寇攘，善风俗，使百姓乐业而亹亹迓衡，何修可以臻此？"臣于是有以见陛下真欲兴衰拨乱，以起天下之病也。窃睹陛下首怀父母兄弟之忧，中念迎亲之使，至此又以复亲族为言，是陛下痛念二圣銮舆暴露，而未有迎复两宫之策也。夫汉高祖所以还太公于楚军，岂独侯生力哉！臣尝料高帝有胜项王者五：以兵强力壮则楚不如汉，以三杰为用则楚不如汉，以驾驭诸将则楚不如汉，以关中廪粟之富则楚不如汉，以关中形胜之重则楚不如汉。五者皆项王所不如，则何苦而拘太公哉！以今凋疲之余，无汉之兵力，无汉之驾驭，无汉之三杰，无汉之廪粟，而又违远上都，弃去两河，则又无关中之形势，而欲求亲族之复，虽使如侯生等千百辈往焉，臣知其无能为也。故臣尝谓欲复亲族，莫如复两河。不得两河，则亲族不可复。今陛下以奠疆场为念，是欲复两河也。两河既失，系天下轻重。唐神尧起晋阳，以一旅取天下，子孙不能以天下取河北，其难如此。晋于春秋为大，尝驱役诸侯。至秦萃锐兵之晋，乃得韩，遂折天下脊。及韩信联齐有之，故蒯通知汉楚之轻重在信。宋武号英雄，得蜀、关中，尽有故疆十分之八，然不能使一人渡河以窥边。是两河之地，王者不得则不王，霸者不得则不霸，贼得之则天下不安。臣故曰不得两河，则亲族不可得而复也。咸平中，真宗与王济极论边事，济言："蠢兹丑虏，敢尔凭陵，盖谋谟当位之臣，未有昔人之比。且国家所恃，独两河耳。此诚急贤之秋。不然，臣惧北戎饮马于河渚矣。"呜呼！济之言，诚切中今日之病。臣谓欲复亲族而收两河，亦诚陛下急贤之秋，当以济言为鉴也。然当今最大患者，亲族之未复，疆场之未奠，寇攘之未清，而臣愚所最患者，风俗之败坏也。风俗，天下之筋络也。譬之人身，所恃以维持气血者，惟筋络耳。风俗一败，则筋络又绝矣。汉唐之亡，其弊皆风俗之先坏也。故臣尝论东汉之亡，与李唐大略相似。东汉之季，阉人乱政，毒被生灵，豪杰据郡而起，天下遂裂为三国。唐末，宦者蠹于内，藩镇溃于外，天下遂磔为五代。然三国之士，其好恶去就尚有可观。天厌汉德，而刘氏犹拥虚器，亦卒以禅代。终五季之乱，其臣皆凶狠顽鄙，戕贼君亲，专为枭雄。岂天于东汉之季独多君子，而唐末专为小人哉？诚风俗渐染然也。中原乱亡，自古更迭，亦天下常事。盖未有不亡之国。然当其时，有推变于天道而言者，有以人事前知而言者，有握节而死者，有卫社稷而死者，有愤国破亡、奋不顾身并家族破灭者，亦有知几之士挂冠而去之不蹈其祸者。我国家涵养天下之久，士大夫受君父之赐亦甚久矣。一朝国家有难，自公卿剑履间以及天子之百执事凡几人？自王畿以达郡邑有位者凡几人？前知而言者为谁？死名节者为谁？死社稷者为谁？推变于天而知其将亡者又复为谁？殉国者为谁？知几而挂冠者为谁？方晋南渡，士流尚有聚于新亭，伤国之衰，对江山而下泣者。周之东迁，尚有不恤其纬而忧宗周之殒者。以今两宫播越，则非直东迁之辱也；陛下仓皇远狩，则非直南渡之迫也，谁复有泣对江山而忧宗庙之殒者哉！自晋风俗之坏，而海内横溃，生灵鱼肉几二百余载。以晋监今，其祸可胜言哉！昔田横，齐之豪士，耻北面臣汉，遂自杀，从者五百余人皆死之，无一人降汉者。诸葛诞，魏室之一叛臣，及其既败，所养死士三百人就戮，皆曰："为诸葛公死无憾。"今之士大夫蒙国厚恩，何啻齐卒之受恩于田横，死士之就养于诸葛哉？而含垢忍耻，视君父之僇辱甘心焉。呜呼！纵不愧田横之客，而宁独不愧诸葛之奴耶？臣故曰今之最大患者，风俗之败坏也。风俗一败，则筋络又将绝矣。愿陛下以《春秋》为戒而谨持之，以祖宗为监而力行之，毋以草茅之言而罢之，则天下幸甚！

虽然，陛下策臣等数十条，皆当今之大弊，臣已极言之矣。而《圣策》尚谓："子大夫涉艰险以副详延，诚亦勤矣。其必有至言欲为朕陈者，其悉言之无隐。若乃矜空文而无补于实，咎既往而无益于今者，非朕之所欲闻也。其以朕所未闻而切于时者言之，朕将亲览焉。"臣又有以见陛下真有意求苦口之言，以救天下之弊也。然臣观陛下求苦口之言虽若甚切，而在廷之士必不敢尽言无讳,何也?臣闻鹊巢覆则凤不至,直士受祸则忠臣杜口。往者从东南来,道路藉藉,咸谓陛下即位以来,不旬月之间戮直言者三,有是乎?岂道路之妄议乎?倘如所言,则伤威损德,为害不浅。谨按《春秋》,"陈杀其大夫泄冶",说者谓泄冶以直谏被诛,国之大恶。时盖宣公九年也,而十年有征舒之祸,十一年楚子入陈,不三年之间而陈国大乱。呜呼!戮直士,而祸至于此!然而,泄冶被诛,权不在陈灵而在征舒。前日义士被诛,权不在陛下而在左右。专杀之祸,《春秋》大恶,而况专杀直士,恶又甚焉。此楚子入陈,所以得借口而讨征舒也。丑虏乘隙,将以假讨恶之名,而蹑入陈之轨矣。臣是以卜在朝之士,必不敢尽言无讳也。然而臣犹敢区区竭愚者,窃自惟念陛下诏臣等无矜空言而陈实务,则陛下知前日滥诛为过而改之,是陛下乐闻其过矣。臣而不言,是臣负陛下;言而不听,是陛下负臣。抑臣尝闻太平兴国中,有布衣皂囊献书者,其辞狂妄,太宗览之弗罪,因谓宰相曰:"比降诏书许言事,故虽狂悖,弗加罪。"至淳化中,武程上疏狂瞽,李昉请加黜削以惩之,太宗责曰:"朕曷常以言罪人哉!"呜呼!太宗乐闻直言如此,而大臣尚请黜直言之士,幸而太宗不从。如使太宗不乐直言,而李昉之请得入焉,则武程者俎上肉矣。今臣累千万言,则其罪过于皂囊之书,以臣疏贱则甚于武程,而有狂瞽之论。使陛下乐闻谠言,尚患见忌,借使人主一恶直言,大臣如李昉者又从而媒孽之,则臣亦危矣。幸陛下以祖宗为监,而扩太宗纳谏之量;大臣体陛下之意,而无李昉恶直言之心,则畏避而不敢言者,亦臣之所窃耻也。臣故曰:愿陛下以《春秋》为戒而谨持之,以祖宗为监而力行之,毋以草茅之言而罢之,则天下幸甚!臣谨对。(《全宋文》卷四三〇一)

乙亥(二十三日),策特奏名进士。(《系年要录》卷一七)

九　月

以军兴道梗,权宜诸路类试。(《宋会要·选举》一之一五)

庚寅(九日),上御集英殿,赐诸路类省试正奏名进士李易等四百五十一人及第、出身、同出身。而川陕、河北、京东正奏名进士一百四人,以道梗不能赴，皆即家赐第。特奏名张鸿举已下至五等，皆许调官。鸿举以龙飞恩，特附第二甲。易，江都人；鸿举，邵武人也。故事，殿试上十名例先纳卷子御前，定高下。及是，御药院以例奏，上不许，曰："取士当务至公，既有初、复考、详定官，岂宜以朕一人之意更自升降？自今勿先进卷子。"(《系年要录》卷一七)

十日，宰臣黄潜善奏曰："昨日唱名至申时，圣体良劳。"上曰："昨日归内，观书良久方憩。朕以艰难中，四方之士来会行在，策以时务，高等多得远方之士。朕意甚喜，不觉劳也。"同日，上宣谕宰执曰："御药院尝奏：'殿试上十名，例先纳卷子，御前定高下。'朕谓：取士当务至公，既有初、复考、详定官，自足凭信，岂宜以朕一人之意，更有升降？已处分，今次勿先进卷子。"(《宋会要·选举》八之三九)

故事：进士唱名，宰执、从官侍立左右。有子弟与选者，唱名之次必降阶称谢，搢绅间颇以为荣事。建炎初，车驾在扬州，会放进士，时杨中立龙图以侍读侍立，而其子遹以特奏名预唱名，中立亦降阶称谢，时遹之年已五十余，中立七十余矣，前此所无也。(《却扫编》卷上)

十六日，诏："状元李易以下，依例赐钱一千七百贯文。"自后每举皆同此赐。(《宋会要·选举》二之一四)

丁酉(十六日)，赐新及第进士钱千七百缗，为期集费，自是以为故事。李易等以上忧劳，辞闻喜宴，从之。(《系年要录》卷一七)

二十一日，李易等言："乞权罢闻喜宴。"从之。自后五举皆免宴。(《宋会要·选举》二之一四)

进士名录：李易，王大宝，于闶，上官汝明，王聿求，王如，干克勤，王良弼，王玠，王尚宾，王彦存，王珪，王琦，王绛，王訚，王璠，王镇，王献民，木盈，毛必达，公乘博文，文彦光，方元昭，方可，方行可，方牧，方昭辅，方畴，孔谦，左友德，石茂良，田如鹏，史定之，史皋，史诚，史绘，丘立之，令狐刁，令狐宾，吉与忠，吕安上，吕就，朱方，朱扬休，朱扬烈，朱斐，朱槐，朱辂，朱询武，朱遹，朱励，朱涛，朱莺，伍渊，任古，向中亮，汝宣，牟国才，杜居实，杜颖，李公懋，李文会，李邦达，李守卓，李孝恭，李材，李佑正，李迪，李侁，李素，李能一，李贯，李朝正，李棠，李乔木，李舜臣，李敦正，李准，李汇，李烨，李熊，李谔，李赟，吴永，吴芑，吴廷宾，吴自得，吴希说，吴叔虎，吴俊彦，吴栗，吴时修，吴师尹，吴适，吴震，吴谦，吴枥，何元仲，何邦昌，何先觉，何舟，何南仲，何思远，何柔中，何烈，何筌，何榘，余安族，余良弼，余敦义，汪杞，汪利往，汪莘，汪偰，沈大廉，沈幼，沈长卿，沈道，沈裴，沈震，沈浚，宋庭直，宋棣，宋敦朴，邵才，邵咨，邵浚，苗元裔，范邦彦，范仲凯，范如圭，范周翰，范津，范渭，茅锡，林安宅，林茂，林致用，林迈，周天成，周天佯，周庄仲，周畤，周岫，周璋，胡文炳，胡文炜，胡邦直，胡利宾，胡兖，胡乘，胡棣，胡舜举，胡琏，胡铨，胡端彦，胡端揆，皇甫义山，俞芾，俞处俊，俞植，俞敷，俞麟定，姜绍，洪靖臣，祝师说，祝璆，姚师文，姚齐贤，马固，马檝，秦从周，秦颀，秦荣，袁自省，袁道明，庄光，夏绶，时举，倪成修，徐光实，徐俊卿，徐洪，徐珣，徐徕，徐彻，翁粢，留俊，高时升，高常，唐开，唐烨，唐阅，唐畴，凌揆，陈千龄，陈王业，陈文昌，陈在廷，陈有道，陈汝舟，陈辛，陈卓，陈性，陈宗古，陈珏，陈南美，陈俛，陈炳，陈刚中，陈耜，陈康国，陈贯，陈尧民，陈叶，陈发，陈远，陈节，陈瑶，陈辑，陈穆，陈澥，陈琦，陈颜，陈谠，孙汝翼，孙安义，孙梦良，孙卫，孙遹，孙观，黄延年，黄仲选，黄汝能，黄笈，黄唐发，黄彭祖，黄植，黄雷，黄铨，黄操，黄衡，黄丰，黄观象，梅守卓，戚晖，盛光祖，许山，章籍，梁友正，梁仲宽，梁岳，梁思齐，张士民，张士襄，张文郁，张成美，张汝明，张洙，张匪，张勍，张理，张雩，张掞庭，张登，张嗣良，张询，张嘉宾，张睿，张裳，张震，张稷，张审，张颖，张毂，张隶，彭宗彦，叶宗武，叶棻，叶隆吉，叶义问，叶熙，叶熙元，叶广，叶荐，叶衡，叶观，万温卿，万锷(误)，董天成，董元量，董良史，董强立，董黼，景苏，景鹭，喻榆，喻樗，程止，程揆，傅大猷，傅实，傅谢，焦焕，邹及，邹邦直，邹聿，曾强立，曾慥，冯容，汤邦德，汤裕，强公述，杨光凝，杨廷春，杨祝，杨珪，杨炲，杨景，杨干，杨璟，杨谭，詹彦若，赵才，赵伯药，赵震，蒋汝功，蒋恺，蒋褒，蒋夔，蔡宿，蔡嵩，廖昂，廖瑜，郑大说，郑邦哲，郑孝廉，郑知刚，郑桂，郑焕，郑扬，郑悫，郑锷，邓孝廉，邓柞，邓泾舟，邓祥，邓湜，邓谭，欧阳言，欧阳敷言，欧阳颖士，刘中伟，刘孔修，刘德象，刘德骥，刘锜，刘獬，潘邦彦，潘莘，燕介，薛邦彦，薛倞，薛徽言，钱周材，钱寿朋，鲍宏中，鲍彪，龙溥，阎楷，戴巽，韩邦光，韩邦俊，魏志，魏郁，魏思问，魏涤，魏懋，钟世明，谢邦彦，谢知常，谢致平，应孟明，苏迪民，严抑，严广，严褒，严翼，罗上行，罗武冈，罗烈，罗时举，罗棐恭，饶邦休，顾起莘，续商贤。

特奏名进士：张鸿举，王大任，王符，方僎，丘山，江勃，何之才，余壹，邵畬，林大荣，林文卿，林字，林晟，林彬，林问，林轵，林寿千，卓显天，柯偶，马友直，连希尹，倪本，陈芰，陈昂，陈南夫，陈思，陈美成，陈涣，陈范，黄蔼，许宗彦，张知，彭大正，叶继颜，曾本昌，富延年，杨適，贾元孙，詹林宗，赵天宠，赵思温，赵彦，郑安世，郑若德，熊衮，邓克昌，欧阳方，欧阳晔，黎克俞，刘元，刘诩，刘渐，潘殖，储敦史。(《宋登科记考》卷九)

补进士名录：其一，沈清臣。《宋名臣言行录别集》上卷四："(王大宝)知袁州。宗丞沈清臣以诋和议忤时相，贬沅，道过袁。公曰：'吾同年生也。'留之数日。"

其二，施逵。《西塘集耆旧续闻》卷六："施逵，字必达，建阳人。少负其才，有诗名，建炎间早擢上第。"按：建炎年间，朝廷惟是年科举。

辨正：万锷。登政和二年进士第。详说见前。

高宗行幸扬州，郡人李易为状元；次举驻跸临安，而状元张九成亦贯临安，时以为王气所在。方李易唱第时，上顾问："此人合众论否?"时相对曰："易乃扬州州学学正，必合众论。"人笑其敷奏之陋。(《老学庵笔记》卷六)

蔡文饶嶷帅维扬，郡庠有士子李者，不拘细行，以豪自任。文饶闻其名，呼与之言，遂延致书室，以教诸子，且不责以课程。已而，文饶易镇青社，携与俱行，邦人疑之。经岁辞归，文饶赠遗甚厚，又惠槐简一云："此嶷释褐所赐，足下不晚亦当魁天下，官职、寿数与嶷悉相埒。"后皆如其言。李即顺之易，建炎龙飞第一人也。(《挥麈后录》卷八)

罗钦若、李东尹与胡邦衡同在学舍，甚相得。他日同就试，钦若见邦衡试卷，问曰："此欲何为？"邦衡曰："觅官也。"钦若因抚邦衡背，指示卷中一讳字，谓曰："与汝一官。"邦衡改之，是榜遂中选。故邦衡有启谢钦若，具述"与一官"之语。(《独醒杂志》卷六)

扬州士人，失其姓名。建炎二年春，因天气融合，纵步出城西隅，遥望百步间有虹晕烨然，如赤环自地吐出。其中圆影，莹若水晶，老木槎枒，斜生晕里，下有茅舍机杼之音。试徐行入观，潇洒佳胜，了非尘境。有机数张，皆经以素丝。白皙女子四五辈，绾乌云丫髻，玉肌雪质，各衣轻绡，朱衣揎腕，交梭组织白锦。转眸一顾士人，正色端容，抽筘不息。逼而视之，锦纹重花交叶之内，有成字数行。第一行之首曰李易，稍空，次又一人姓名，复稍空，又一人焉，如此以十数。乃拱手问之曰："织此何为？"一人毅然而对曰："《登科记》也，到中秋时候当知之。"余无一语。士人遍观舍中，窗壁玲珑，风露凄切。自念此身，真如腐鼠，而得造瑶林琼圃，瞻近群玉。既情致淡泊，不相答礼，揖而辞退，诸女皆目送之。迨出虹晕，回头注目，荡无所睹。乃蹑故道归。时过二更，郭门已闭，遂宿于旅邸。恍疑午境为梦，而历历分明可记。是岁之春，高宗车驾南巡，驻跸扬都，四方贡士云集。至八月，始唱名放榜，第一人曰李易，其下甲乙之次，无一差，易正扬人也。于是，悟首春所届，盖蟾宫云。(《夷坚支志》庚卷九)

(范如圭)对策廷中，极论人主正心立志之方，力诋和议宴安之失，言甚壮切。张公时为考官，读而异之，第以为选首。而同列有病其言者，抑置乙科。(《全宋文》卷五六七六朱熹《范公神道碑》)

十　月

二十三日，大理少卿吴瓌言："国家科举，兼用诗赋，而《政和令》命官不得以诗赋私相传习之禁，尚未删去，望令刑部删削。"从之。(《宋会要·选举》四之二二)

是　月

诏："以进士及第第一名李易为左宣教郎、签书江阴军判官厅公事，第

二、第三人为左宣义郎，第四、第五人为左儒林郎，第一甲第六人以下为左文林郎，第二甲并为左从事郎。”(《宋会要·选举》二之一四)

第三甲以下并左迪功郎。特奏名第一人附第二甲，赐进士及第；第二、第三人赐同进士出身；余赐同学究出身。登仕郎、京府助教、上下州文学、诸州助教入五等者，亦与调官。川、陕、河北、京东正奏名不赴者一百三人，以龙飞特恩，即家赐第。(《宋史》卷一五六)

十一月

二十二日，《南郊赦》：“应诸路进士，曾经政和二年以前绍兴元年《明堂赦》‘政和五年’，四年《明堂赦》‘政和八年’，七年《明堂赦》‘宣和三年’，十月《明堂赦》‘宣和六年’，绍兴十三年《郊赦》‘建炎二年’，绍兴十六年《郊赦》‘绍兴元年’，二十二年《郊赦》‘绍兴五年’，二十五年《郊赦》‘绍兴八年’，二十八年《郊赦》‘绍兴二十一年’省试下，贡士退归本贯合理举人，并政和八年以前御试下；开封府、国子监进士、贡士，政和八年以前省试下，退归本贯合理举人，并曾经政和八年以前御试下以上三项，绍兴元年赦‘宣和三年’，四年赦‘宣和六年’六年、七年赦‘建炎二年’，绍兴十年赦‘绍兴二年’，十三年赦‘绍兴五年’，十六年赦‘绍兴八年’，二十二年赦‘绍兴十二年’，二十五年赦‘绍兴十五年’，二十八年赦‘绍兴二十一年’，御试下开封府、国子监‘绍兴十八年’，三十一年赦‘绍兴二十四年’；及诸路进士曾经省试下，贡士退归本贯合理举人各及四举，并开封府、国子监进士、贡士两举到省，并特与免将来文解。”绍兴四年赦免七年文解，七年赦免十年文解，十年赦免十四年文解，十五年赦免十七年文解，十六年赦免二十年文解，绍兴八年御试下人特免十七年文解，十九年、二十二年、二十五年、二十八年赦并免将来文解。同日赦：“应诸路举人合于元得解路转运司类试，昨缘道途艰阻，却就别路类试下，特许理为一举。”绍兴元年九月十日《明堂赦》同。(《宋会要·选举》一六之一)

二十三日，赦：“诸路省试到并合格特奏名试人，以道路艰阻，既到行在，已过试期，不愿赴将来殿试人，亲身经礼部陈状，勘验诣实，召京朝官二员，结除名罪委保，申尚书省。正奏名赐同进士出身，特奏名与州助教，仍依下州文学恩例。”三年十一月三日德音，绍兴二年闰四月五日，诏：“在外正奏名，令逐路漕臣据元举送奏状乡贡，治经验实，特奏名验实年甲、举数，并召保官保明，

申尚书省。”九月四日赦，并同此制。(《宋会要·选举》四之二二、二三)

是　年

初试童子，祖宗朝皆天子亲试，其命官、免举，皆临期取旨，无常格也。(《宋会要·选举》九之二六)

建炎三年　己酉(1129)

八　月

五日，诏："武举发解依文举人，展至来年春取旨。"(《宋会要·选举》一七之二六)

闰八月

陈与义《送王因叔赴试》：枫落南纪明，秋高洞庭白。自是天涯人，更送湖上客。人生险易乘除里，富贵功名从此始。不须惜别作酸然，满路新诗付吾子。(《陈与义集校笺》卷二二)

是　年

诏："过省进士赴御试不及者，令漕臣据元举送状申省，给敕赐同进士出身。其计举者，赐下州文学，并释褐焉。"左司谏唐烽言："旧制，省试用六曹尚书、翰林学士知贡举，侍郎、给事中同知贡举，卿监、郎官参详，馆职、学官点检，御史监视，故能至公厌人心。今诸道类试，颛委宪臣，奸弊滋生，才否贸乱，士论嚣然，甚不称更制设科之意，请并还礼部。"遂罢诸道类试。(《宋史》卷一五六)

建炎四年　庚戌(1130)

三　月

九日,礼部言:"建炎三年十一月三日赦:昨因用兵,展后举殿试一年。所有建炎四年合下诏月日,令礼部检举。"诏:"许发解。"(《宋会要·选举》一六之一)

四　月

二十四日,诏:"淮南西路残破州军建置科场未得者,令转运司分就别州附试。"(《宋会要·选举》一六之二)

三十日,礼部言:"诸路解额,除不经残破去处,乞依靖康元年额发解外宣和五年,诸路解试并用均添人数为额。靖康元年七月七日,诏用为例,内经残破州军,就试人数稀少,乞以终场人数,权取前举例分数解发谓如某州元额二十人,靖康元年终场二千人,即以百人解一人,有零分者听更解一名。"从之。(《宋会要·选举》一六之二)

五　月

二十一日,权礼部员外郎侯延庆言:"行在职事及厘务官随行,有服亲若门客之类,欲乞立应举法,以国子监进士为名。其解发人数依旧制,以就试终场人为率,七人取一名,余分亦听取一名。"诏:"门客请解取人,合依《崇宁贡举令》外,余依所乞。"仍就转运司附试。(《宋会要·选举》一六之二)

壬戌(二十一日),诏:"行在职事官及厘务官子弟,并赴国子监别试。"

(《系年要录》卷三三)

二十二日，诏："京畿、京东、京西、河北、陕西、淮南路士人，许于流寓所在州军，各召本贯或本路及邻路文官两员，结除名罪保识。每员所保不得过二人。仍批书印纸，听附本州军进士试。别为号，以终场二十人解一名，余分或不及二十人处亦解一名。不及五人，附邻州试。"从都官员外郎侯延庆请也。(《宋会要·选举》一六之二)

二十七日，祠部员外郎章杰言："诸路举人贡籍，兵火烧毁不存。乞下诸路转运司取索，诸州军令举人各召保官二员，结除名罪，委保元符二年以后节次得解、升贡等因依，及户贯三代治经状，作册。"从之。(《宋会要·选举》一六之二)

六　月

四日，礼部言："宣和五年立定解额指挥并案牍，自渡江并皆散失。将来诸路解发到合格人数，难以检察。欲下转运司，令遍下所部州军，候发解开院毕，具合格人数、姓名并试卷，及缴连本部元立定解额指挥真符赴部。如曾经兵火州军，令当职官及考试官结除名罪，人吏结编配罪保明。若稍涉虚冒，不依元立解额，致大放举人，虽已出官，令行改正。仍乞不以去官赦降原减。"从之。(《宋会要·选举》一六之二、三)

七　月

四日，诏："京畿、京东西、淮南、荆湖北路，既已分镇，监司并罢。其本路科举，令提举茶盐司差官，于逐路可置科场州军，分赴就试。"(《宋会要·选举》一六之三)

八　月

三日，敕中书门下省：尚书省送到礼部尚书谢克家等札子。契勘：诸州、军不住申明试诗赋格式及出题、书写试卷式样等。本部今参定到下项：

一，出题式：《周以宗强赋》等，画一候指挥。仍连元札子，八月三日奉圣旨，并依令礼部镂版颁降。

一，出题式。《周以宗强赋》以"周"、以"同姓强固王室"为韵，依次用，限三百六十字以上成：出《史记》叙《管蔡世家》曰："周公主盟，太任十子，周以宗强，嘉仲改过。"《天德清明诗》以题中平声字为韵，限五言六韵成：出《毛诗》"清庙，祀文王也。"注："天德清明，文王象焉。"《尧舜性仁赋》以"其性好仁，得于自然"为韵，不依次用，限三百六十字以上成：出《孟子》曰："尧舜，性之也；五霸，假之也。"注云："性之者，其性好仁，自然也。"《玉烛诗》以"和"字为韵，限五言六韵成：出《尔雅·释天》云："四时调，为玉烛。"官韵八字一平一侧相间，即依次用；若官韵八字平侧不相间，即不依次用。虽官韵一平一侧相间，亦许主司临时写不依次用，即举人亦不依次用。

一，举人书写试卷式。奉试《周以宗强赋》以"周"、以"同姓强固王室"为韵，依次用，限三百六十字以上成云云。《天德清明诗》以题中平声字为韵，限五言六韵成云云。涂注乙共计若干字。如无涂注乙，即云涂注乙无。举人书写试卷，但于官题后更不写出某书。试卷第一行，写"奉"字；第二行，写试《周以宗强赋》字；第三行，一行内用小字分写以"周"、以"同姓强固王室"为韵，依次用限三百六十字以上成；第四行，便写所作赋。写赋毕，次行便写诗题，更不加"奉试"字。写诗毕，即结涂注乙。其诗赋首尾，更无对及谨对之类。省题诗，假令《玉烛诗》，临时主司或定"和"字，或定"时"字，但平声字皆可。

一，旧额。应举人依义题程试，内有辞学精赡、援据稍远者，但不失题意，依理考校。应赋官韵，有疑混声者，许上请。应押韵，及句末所用字如经子史释文及注有两音者，许通用。应试卷犯名讳谓于式应避者，即笔误而义非者，不为犯。其余字，经、子、史有两音者，许通用谓如《尚书》，"金"作"赎"，"刑"一作"石"，欲切之类。即犯旧讳，文虽连属，意不相属者非。谓用"元元休息"、《顺宗实录》之类(《贡举条式》)

九　月

十一日，诏："利州试官宋愈、陈协，各特罚铜十斤。"臣僚言："驻跸会稽，是为首善之地。愈出策题，谀宰相为得王佐；夏旱秋霖，而协以为雨旸

时若。导谀如此,何以求切直言?"故有是罚。(《宋会要·选举》二〇之三)

十五日,赐御史台主簿韩璜同进士出身。璜以召试中书,故有是命。(《宋会要·选举》九之一七)

十一月

十二日,尚书省言:"自来省试,正月锁院。今来诸路进士解榜,道途梗涩,犹未尽到。欲改八月上旬,定日就行在锁院。"从之。(《宋会要·选举》四之二三)

是 年

复川、陕试如故。(《宋史》卷一五六)

汪藻《建炎四年科举诏》:国家承百年积累之基,赖多士维持之力。每张设于科目,务收揽于人材。为兼学业之长,用济功名之会。昨缘多故,莫守旧章。已失三年之期,遂为一切之制。兴贤乡老,虽由本郡之计偕;较艺春官,姑付外台而类试。幸国有从权之法,使士无失职之嗟。逮亲策于明廷,果允符于众望。曷从此举,今复其时?缘敌国之尚侵,恐行期之靡定。念欲便群髦之集,莫如遵近岁之宜。朕方慨慕古人,共图今日之治;尔其各从秋赋,以待有司之公。苟中度程,何忧爵禄!(《全宋文》卷三三六九)

绍兴元年　辛亥(1131)

正　月

一日,德音:"太学上舍已该再免省试、合赴绍兴元年殿试人,特免赴殿试,并与赐同进士出身。下等上舍免解、合赴省试一次、至绍兴四年再免、方合赴殿试人,特令赴今次殿试。内舍优等、平等校定人,依昨降指挥,各有免解次数,并与递减省试一次。"(《宋会要·选举》四之二三)

一日,德音:"祖宗设贤良方正能直言极谏科,不惟朝廷阙失得以上闻,盖亦养成士气。近屡诏内外士庶等直言朝政阙失,虽有不当,并不加罪。尚虑所闻未广,仰有司讲求贤良方正直言极谏科旧制,条具取旨。"礼部讲求到典故:"一,旧制:科场年春降诏,九月赴试,命尚书两省谏议大夫以上、御史中丞、学士、待制各举一人,不拘已仕未仕。命官不拘有无出身,仍以不曾犯赃私罪人充。各具词业缴进词业谓策论五十篇,分为十卷,随举状缴进,入举词,送两省侍从参考,分为三等:文理优长为上等,文理次优为中等,文理平常为下等。考试缴进,次优以上召赴阁试。看详:天圣七年复置贤良方正能直言极谏等六科,召试,首云:'皆考士节之无瑕,采乡评之共许。'嘉祐二年诏举贤良方正而下九科,亦令采察文行,若不如所举,并坐举者。四年,旌德县尉汪辅之已试六论,过阁及殿试亦考入第四等,而言者以无士行罢之。故苏轼有云:'凡预中书之召命,已为天下之选人。然犹使御史得以求其庇,谏官得以考其素,一陷清议,辄为废人。'盖国家自昔制科取人,中选之后,多至大用。其考察之严,不得不尔。今朝廷设科之所取,固不在于文记问而已。欲乞今后遇有应贤良方正能直言极谏科,并须尚书两省谏议大夫以上、御史中丞、学士、待制三人奏举,先考其素行,无愧于清议,然后召试。举非其人者坐之。欲将今来条具指挥,并依旧制施行。一,阁试一场,论六首,每篇限五百字以上成,差楷书祗应。题目于九经、《十七史》、《七书》、《国语》、《荀子》、《扬子》、《管子》、《文仲子》正文及注疏内出。内一篇暗数,一篇明数。如绍圣元年阁试《舜得万国之欢心论》,出《史记·乐书》'舜弹五弦之琴,歌《南风》之诗,而天下治'云云。夫《南风》之诗者,生长之音也。舜乐好之,乐与天地同意,得万国之欢心,故天下治也。此谓暗数。《慎事成六德论》,出《毛诗》'皇皇者华'笺注。此谓明数。四通以上为合格。仍分五等,入四等以上,召赴殿试。论引上下文不全,上下文有度数及事类,谓之暗数。所引不尽谓之粗。差翰林学士、两省官考试于秘阁,御史台官监试,及差弥封、誊录官。考讫,以合格试卷缴奏,御前拆号。看详旧制,兼注疏内出题。今来复科之初,切恐疏义繁多,士大夫鲜能通习。欲乞除权罢疏义出题外,余并依旧制。一,殿试,皇帝临轩,制策一道,限三千字以上成。试卷用表纸五十张,草纸五十张。旧制,宰相撰题。绍圣元年,特命翰林学士林希撰题。依进士殿试,有初考、复考、详定官。赴试人引见,赐坐殿廊两厢,设重帘帏幕、青褥紫案,差楷书祗应。旧制,差内侍赐茶果,仍谢恩。对策先引出处,然后言事。第三等为上等,四等为中等,第五等为下。第四等以上系制科人,第五等进士出身,不入等与簿尉差遣。天圣七年故事,入第三等,比进士第一人,授大理评事、佥判或知县,一任满与通判;第四等,比进士第二第三人,授两使职官,二任回,磨勘改合入官;第五等比进士第四第五人,授令、录,一任回,两使职官。以上并为白身人。有官人应中取旨,比类推恩。天圣八年、景祐元年故事,有官人入第四等以上,并转一官,各升擢内外差遣。看详:嘉祐二年诏书,其初中选所推恩,命别加裁定。厥后须视才能否差次进用,不得更援旧比,无名超擢。"诏:"疏义出题及撰题官,临时取旨。其将来考校中选推恩,依天圣、景祐年故事,余并依旧制。并礼部看详到事理施行。"(《宋会要·选举》一一之二〇、二一、二二)

一日,德音:"应该恩赏免解举人,昨因兵火毁失公据,有去失处陈乞因依干照文据者,召京朝官二员,各结除名罪委保,经所在州军勘验,出给公据讫,仍具元连干照、保状,缴申礼部注籍。"(《宋会要·选举》一六之三)

（己亥朔，一日）复贤良方正直言极谏科。……自绍圣废制科，至是，始因德音下礼官，讲求故事。然未有应者。（《系年要录》卷四一）

二 月

二十九日，诏曰："朕宵衣图治，侧席思贤。昨诏谕于绵区，俾宾兴于髦俊。兹阅贤书之献，将偕计吏之来。言念杪秋，适当大飨。有司校艺，于祀事以或妨；多士在途，恐行期之靡逮。姑从近制，分试外台。用比岁之彝章，临大庭而亲策。既克成于朕志，亦良便于尔思。可将省额合取分数，下诸路提刑司，差官于转运司所在州类试。就今年八月上旬内择日引试。其余应合行事件，并令礼部比附建炎三年十二月二日指挥，条具申尚书省，于来年三月上旬择日殿试。"（《宋会要·选举》四之二三，据《全宋文》卷三三六九汪藻《绍兴元年科举诏》补）

丙申（二十九日），复诏诸路提刑司类省试。于是，川陕宣抚处置使张浚，始以便宜合川、陕举人，即置司类省试。自是，行之至今。（《系年要录》卷四二）

于是，四川宣抚处置使张浚始以便宜令川、陕举人，即置司州试之。会侯延庆言："兵兴，太学既罢，诸生解散，行在职事及厘务官随行有服亲及门客，往往乡贡隔绝。请立《应举法》，以国子监进士为名。"进转运司附试。又诏："京畿、京东西、河北、陕西、淮南士人转徙东南者，令于寓户州军附试，别号取放。"（《宋史》卷一五六）

自建炎军兴，蜀士以险远，许就制置司类试，与省试同。间有愿赴行在省试者，亦听之。蜀士因谓之赴南省，以大驾在东南也。（《老学庵笔记》卷六）

三 月

（辛亥，十四日）诏："婺源县进士胡学海免文解一次。"学海上书论事，上令赴都堂审察，而有是命。（《系年要录》卷四三）

四 月

三日，赐太学上舍生高闶、元盥同进士出身。以依德音，免赴殿试故也。(《宋会要·选举》九之一七)

二十日，礼部言："昨诏免解人，令召保官二员，并五人结为一保，申国子监注籍给据。今来若委实无同路及一般赴试进士结保，欲比附贡举，令更增召承务郎以上二员，一员添充保明，一员充职官，并结除名罪，保识诣实，即与给据赴试。"从之。(《宋会要·选举》一六之三)

六 月

九日，臣僚言："窃见近诏诸路进士，令提刑司差官于转运司所在州类试。然改科之初，考试官未必尽晓词赋。去秋榜出，远方之士诉有司者已多。今若止令提刑司差官，不惟预有干请，亦恐未必皆系通习声律之人，则所差可知矣。乞诏执政大臣，于诸路漕宪或帅守中择词学之臣总其事，使于所部精选考试官，务令公审，庶几上副设科更制之意。"从之。除分镇路分令提举茶盐事司依诸路转运司类试条例外，诏："两浙路差提刑施垧、福建路差帅臣程迈、江南东路差帅臣吕颐浩、江南西路差帅臣朱胜非、荆湖东西路差转运判官孙绶、广南东路差帅臣赵存诚、广南西路差转运判官王次翁，其川陕路并令张浚于逐路帅臣、转运、提刑内选差有出身之人。"(《宋会要·选举》四之二三、二四)

十日，礼部言："宣州申到建炎四年发解并试建康府、太平州、广德军举人，称各依元额解发。建康府应举二十四人，合格一十人；太平州应举一十九人，合格一十人；广德军应举二十一人，合格五人。"诏："各取一名，其余多解人数，并行驳放。"(《宋会要·选举》一六之三)

(丁丑，十二日)录故太学博士何涣子梗为将仕郎。涣，青城人，举进士，廷试第一。其弟宣义郎、通判利州洙，援杨置等例，乞推恩。张浚为之请，乃有是命。(《系年要录》卷四五)

八　月

十九日，诏："五路举人依旧制，别项考校，每一十四人取一名。如有零分，听更取一名。"已而，滑州进士翟轸陈乞依建炎二年例，与诸路进士衮同考校。得旨，依。自后每举，皆衮同考校。(《宋会要·选举》四之二四)

(癸未，十九日)诏："宣抚司类省试五路举人，许依旧制，别项考校。"以陕西陷没故，优之也。(《系年要录》卷四六)

二十日，国子监丞袁正功言："昨诏国学两次得解进士，并罢贡法贡士，及太学内舍试数未尽，及太学守御免解之人，并令召京朝官两员委保，五人结为一保，本州保明，申转运司勘会，申国子监注籍给据。今试期甚逼，若更经国子监陈乞给据，委是迟滞。欲乞有当时所属给到公凭照验，本州已勘实给据之人，令转运司一面审实收试，仍类聚缴申国子监注籍。如将来本监勘验，见得却有违碍，即行驳放。"从之。(《宋会要·选举》一六之三、四)

是　月

考试两浙类试进士，公(刘一止)语同列：科举方变，欲文学之外通时务尔，凡言涉浮靡者尽黜之。既皆患无其人，公袖出一轴曰："是宜为首。"及启号，乃张九成也。九成以行谊推重乡里，余多一时闻人，众始厌然服矣。(《刘一止集》卷五四《刘公行状》)

刘一止《临安类试所策问》：问：盖闻为治之道，必由于人才；用才之术，莫先于人望。人望所在，民心归焉。昔者晋悼公即位于朝，始命百官，而用赵武、祁奚等六官之长，皆民誉也，晋国所以复霸。元帝渡江，王导劝用贺循、顾荣辈以收人心，群才并至，江左以之中兴。岂中兴、复霸之功，必待是而后立，且其人之事业果有异于人耶？抑用此以为收人心之术也？汉高帝以马上得天下，所用皆丰沛故人，鬻缯、屠狗、轻滑之徒，有所不择。所过郡邑，询问贤豪，及于麾下骑士。甚者登坛拜大将，而一军皆惊，恶在其为人望也哉？至光武则小异，其所与共起南阳者，固多一时亭长、县吏。及天下稍定，以厚礼聘严光，以三公起卓茂，特见尊宠，则又或以人望为重。此其故何也？或曰：创业中兴，其事不侔，顾理势不得不然。诸君讲明于人才之说，宜有日矣。今圣天子乐闻之，并陈于篇，以俟采择。(《刘一止集》卷九)

建昌李朝隐，字兼美。其家素事伍子胥之神甚谨，民俗呼为相王，有祷必应。李在太学，以寇至守城得免举，梦神遣驶卒示以赋一首，其题曰：《光武同符高祖》。梦觉，不能记忆。次夜再梦，且使熟读，遂悉记之。绍兴辛亥，江东、西举子类试于饶州，正用前句作赋题，遂奏名。后官至左通直郎。(《夷坚支志》景卷五)

九　月

四日，赦："川陕进士趁赴今年殿试不及之人，虽合令本路漕臣保明，并许赴宣抚司自陈，令本司保明，申尚书省给敕。"(《宋会要·选举》四之二四)

(甲辰，十一日)礼部言："自今应贤良方正科，乞并用从官三人荐举。不如，所举者坐之。"故事，阁试六题，以五通为合格。及是，侍郎李正民、员外郎王居正言："今复科之初，使士大夫徒能记诵义疏，亦无补于用。欲权罢义疏出题外，余如旧制。"诏："兼于义疏出题，仍以四通为合格。"(《系年要录》卷四七)

十八日，《明堂赦》："朕驻跸会稽，行将三载。应越州举人曾得解者，并特与免将来文解一次。"(《宋会要·选举》一六之四)

是　秋

郑刚中《谢漕司秋举启》：合三路之秀，谩尔随群；较一日之长，适然居上。与之偕者逾千辈，出其后者Ⅱ三人。得非所宜，愧亦增重。窃以还科举而复熙丰之制，设漕试以防州郡之私。论其为法则岂复有加，所以待士者无所不至。文章丕变，追还浑厚之风；场屋一新，革去对偶之病。顾常规之稍彻，宜清鉴之无差。如某者，江浙孤坐，箕裘末系。弟兄终鲜，事朋友则小巫之见，访问儒雅之风。矧属古文，暂罹中否。科举乃祖宗之旧，人材皆教化之余。不应多故之时，无待价深藏之玉；遂用新科之制，求处囊立见之锥。当得乡贤，使为举首。如某者，受才冗恶，赋性疏愚。蚤尝踊跃于功名，今渐侵寻于齿发。然愤时振翼，忘其为腹背之毛；顾影长嘶，恨正作缠牵之马。心怀秘计，梦骋良图。旋闻科诏之音，勉作书生之事。恋耕锄而首犹踟蹰，学诗赋而口尚嗫嚅。忘意桑榆，非缘利禄。譬犹滋味，自知咀嚼之迟；徒若秕糠，常在簸扬之首。得之增愧，尤所归恩。此盖判府给事，国士无双，唐朝第一。非徒笔语妙天下，盖亦智术过古人。留威名于朔庭，布仁恩于辅郡。孤城屡寇，指麾才及于期年；万井俱生，全活不知其几口。复引邹生之吹，散为寒谷之春。恨借寇之无由，惜丐戎之已晚。但坚操节，上报恩私。庶因堂下之言，可备笼中之药。过此以往，未知所裁。(《全宋文》卷三八九七)

杨希仲，字季达，蜀州新津人。未第时，为成都某氏馆客。主人小妇，少而荡，诣学舍调客，欲与绸缪。希仲正色拒之，遂去。其妻在乡里，是夕梦人告曰："汝夫独处他乡，能自操持，不欺暗室，神明举知之，当令魁多士以为报。"妻觉，不知何事也。岁暮，夫归，始言其故。明年全蜀类试，希仲为第一人。(《夷坚志》丙卷三)

十二月

二十二日，宰执进呈侍御史曾统论进士设科，乞止用词赋，未须依元祐兼经。上曰："经术、词赋取士各有说。神宗皇帝尊崇经术，方时承平，王安石之说得行。盖以经明道，谓非尧舜之道不敢陈于王前。朕观古今治乱，多在史书，以经义登科者，类不通史。"吕颐浩曰："经术、词赋，均以言取人。今若且用词赋，亦得顾所得人材如何耳。"(《宋会要·选举》四之二四)

侍御史曾统请取士止用词赋，未须兼经，高宗亦以古今治乱多载于史，经义登科者类不通史，将从其议。左仆射吕颐浩曰："经义、词赋均以

言取人,宜如旧。"遂止。(《宋史》卷一五六)

是　年

郑刚中《送相士张允序》:绍兴辛亥,张居士以相术游婺女。是年,朝廷类试礼部进士于临安,吾乡中选者七人,多居士之所预言。而余之名次高下,言之皆验。(《全宋文》卷三九〇四)

绍兴二年 壬子(1132)

正 月

二日,诏曰:"朕缵承基绪,若涉渊冰,夕惕晨兴,焦劳愿治。永惟万事之统,虑失厥中,纳谏求言,思补阙失。尚惧图回康功,未之获也。乃复考西汉元光之诏,宪本朝制举之文。爰命攸司,讲明其旧,益广求贤之道。庶几方正博洽之士,英伟拔俗之才,进由此途。敷陈谠言,有补当世之务,以辅予治,岂特修故事、崇虚文而已也!祖宗以来,百余年间,尝以此科获致豪俊,有显闻于天下矣。朕方求才以济艰难之运,尚期得人,远追前烈,庶亦无愧于斯焉。今后科场,复置贤良方正能直言极谏科。自尚书、两省谏议大夫以上、御史中丞、学士、待制各举一人,不拘已仕未仕,以学问俱优、堪备策问者充。仍具本人词业缴进以闻。"(《宋会要·选举》一一之二三)

诏举贤良方正能直言极谏科。一遵旧制,自尚书两省谏议大夫以上、御史中丞、学士、待制各举一人。凡应诏者,先具所著策、论五十篇缴进,两省侍从参考之,分为三等。次优以上召赴秘阁,试论六首,于九经、《十七史》、《七书》、《国语》、《荀》、《扬》、《管子》、《文中子》内出题,学士两省官考校,御史监之,四通以上为合格。仍分五等,入四等以上者,天子亲策之。第三等为上,恩数视廷试第一人;第四等为中,视廷试第三人,皆赐制科出身。第五等为下,视廷试第四人,赐进士出身;不入等者与簿尉差遣,已仕者则进官与升擢。(《宋史》卷一五六)

二 月

三日,赐朝散郎李汇同进士出身。汇,措置招收王企中一行蕃贼前来归朝,自陈尝发解于河北转运司,类省考试合格,以道阻赴殿试不及,乞依

例赐出身,故有是命。(《宋会要·选举》九之一七)

辛未(九日),上谕辅臣:“将来御试举人,止造席棚于讲殿之前,不必更修别殿。”吕颐浩因赞圣德,以为如此可以示四方士人,使知陛下恭俭如此。(《系年要录》卷五一)

绍兴初,省闱试《兼听尽天下之美赋》。魁卷第六韵云:“三千同德,谁云大武之有惭;四七合谋,孰谓中兴之未尽!”美则美矣,惜“有惭”二字乃成汤,非武王也。《左氏传》载季札观周乐,见舞《大武》者,曰:“美哉!周之盛也其若此乎!”见舞《韶濩》者,曰:“圣人之宏也,而犹有惭德,圣人之难也。”札言盖本《书·仲虺之诰》得来,“有惭”二字岂可借用?(《瓮牖闲评》卷五)

三　月

十六日,御药院言:“自来御试进士,引试、唱名并作两日,第一日正奏名并应举宗子等,第二日特奏名并武举取应宗子。昨扬州御试,缘特奏名并举人数不多,共作一日引试、唱名。今来未审合作几日?”诏:“并依扬州例。”(《宋会要·选举》八之三九、四〇)

二十二日,诏:“以饶州童子朱虎臣为承信郎。”虎臣十岁,诵《七书》,排冲方阵,兼习步射。(《宋会要·选举》九之二六)

童子朱虎臣,七岁能诵《七书》,排阵步射,与其兄端友偕来。上召对于内殿,端友以诵经子书赐束帛,而虎臣为承信郎。虎臣,浮梁人也。(《系年要录》卷五二)

以军兴道梗,权宜诸路类试。(《宋会要·选举》一之一五)

二十三日,上御集英殿,试礼部奏名进士。内出制策曰:“朕承中否之运,获奉大统,六年于兹。顾九庙未还,两宫犹远,夙兴夕惕,靡敢康宁。

闵国步之久艰,悼已事之失策,虚心求治,不惮改图。故详延子大夫于廷,咨当世之急务,冀闻长计,以兴大业。将核其言,收其用,非特循故事、设科举、塞人情而已。古先辟王,继中微之世,承思治之民,芟夷大乱,事半而功倍。少康一旅而复有夏,宣王兴衰以隆成周,光武三年而兴汉祚,肃宗再岁而复两京。皆蒙前人之绪业,拨乱反正,若此其易也。今赖四方黎献翊戴眇躬,列圣之泽未远也。朕焦心劳思,不敢爱身以勤民。然屈己以和戎,而戎狄内侵;招携以弭盗,而盗贼犹炽;以食为急,漕运不继,而廪乏羡储;以军为重,选练未精,而军多冗籍;吏员猥并,而失职之士尚众;田莱多荒,而复业之农尚寡;严赃吏之诛,而不能革贪污之俗;优军功之赏,而无以销冒滥之风。方今非外攘夷狄则不足以靖民,取于民有制则不足以给车徒之众。为人父而摧其子,则又何以保民而王哉?朕弗明治道,仍暗事机。凡此数者,常交战于胸中,徒寝而不寐,当食而叹也。子大夫与国同患难久矣,宜考前世中兴之主,其施为次序有切于今者;祖宗传序累世,其法度有可举而行者;平时种学待问,奇谋硕画,本于自得,可以持危扶颠者,其悉意以陈,朕将亲览。”是日,上批赐御试考校官曰:“今次殿试对策,直言之人擢在高等,谄佞者置之下等,辞语尤谄佞人与诸州文学。仍限十日考校。”得正奏名张九成以下二百五十九人,第为五等,并赐进士及第、出身、同出身。是岁,四川类试正奏名杨希仲等一百二十人,第一人依殿试第五人恩例,余并赐同进士出身。特奏名石公辄以下一百五十八人,赐进士出身、同进士出身、同学究出身,登仕郎、京府助教、上下州文学、诸州助教。(《宋会要·选举》八之二、三)

甲寅(二十三日),上策试诸路类试奏名进士于讲殿上。谓辅臣曰:“朕此举将以作成人才,为异日之用。若其言鲠亮切直,他日必端方不回之士。自崇宁以来,恶人敢言,士气不作,流弊至今,不可不革。”因手诏谕考官:“直言者置之高等,尤谄佞者居下列。”盐官进士张九成对策曰:(略)《九成家传》云:公对策言刘豫比之狐狸、鸱枭,豫怒,手剑属客,欲刺之。乃与策语不同,《家传》小误也。上感其言,擢九成第一,余杭凌景夏次之。尚书左仆射吕颐浩言:“景夏之词,实胜九成。”欲以景夏为第一。上曰:“九成对策虽不甚工,然上自朕躬,下逮百执事之人,无所回避。擢置首选,谁谓不然?”遂赐九成已下二百五十九人及第、出身、同出身。而川陕类省试合格进士杨希仲等一百二十人，皆即家赐第。时举人策有犯庙讳及文理纰缪者，上命黜降；又有犯御名者，命收置本等。希仲视廷试第五人恩例，余皆同出身至助教，凡七等。特奏名入五等，依扬州例，许调官。龙图阁直学士致仕杨时遗九成书曰："廷对自更科以来未之有，非刚大之气，不为得丧回屈，不能为九成。"故枢密直学士鉴曾孙希仲，新津人；公辙，山阴人也。时举人陈之茂等十一人，二人以犯讳降等，九人以文理纰缪与诸州助教。锁厅人右从事郎范寅宾、枢密院计议官杨愿等六人，各进秩一等。愿辞不受，寻诏助教人调官，依特奏名例。辅臣再请，乃并文学人并附正甲。之茂，无锡人；寅宾，致虚从子也。愿已见建炎元年四月甲子锁厅，迁官在五月甲子，今并附书之。唱第在四月丙寅，今但书策试之日，以便叙事。《日历》：绍兴二年四月戊寅，后殿进呈新第正奏名助教，乞依特奏名例推恩。上曰："初降旨，令考官以鲠正为上，谀佞居下，此以示朕好恶。凡士人常须自初进别其忠佞，庶可冀其有立。然而学子远来，朕悉务优容，命助教九人者，悉依特奏名例推恩。"如所谓五年七月庚寅，殿中侍御史谢祖信奏："绍兴二年陈之茂等十九名，为文理纰缪及犯名讳，各补下州文学，后来并附第五甲末。前此与议，以为纰缪之文，乃缘触犯忌讳之故。其后大臣知之，于是奏附正甲。"祖信所奏，与《日历》元降指挥全不同。以《进士同年小录》考之，是年第五甲后，别有文学一十一人，系陈之茂至陈宗周，下注"同进士出身"，则是果附正甲也，但《日历》遗之耳。然《日历》称助教九人依特奏名例，而文学乃有十一人，数又不同。按：《日历》四月丙寅殿试进士，有犯庙讳者，上曰："犯宗庙讳，当依格降等。"然则九人之外，又有犯讳降等者二人。故祖信所奏合纰缪又犯名讳之人，通言之也。《日历》载祖信奏状，作一十九人，疑传写字误，当求别本参考。《中兴圣政》：臣留正等曰："自乡举里选之法坏，而设科取士之制行。乡举里选，务观其行；设科取士，独考其言。其事若不相同而皆可以得贤，亦各一时之宜也。故尝谓：观其行则必其行之至纯，考其言则必其言之不诡。若使谀佞之言得以进，则是污秽之行亦可容，为法以取士，顾宜如是乎？然而，以董仲舒之贤，犹有不切之讥，若刘蕡之直，则有不第之恨。道之艰于自信，与夫难于必行也。尚矣！非上之人有以优容之，何以作成士气而收其显效！太上皇帝之策士以鲠正为上、谀佞为下，言之切直无所回避者必置之首选，至犯御名者又曰免降黜，其优容也如是，何患于不得其人乎！(《系年要录》卷五二)

御书三十二字：考校试卷，当以忠正直言、利害切当、文辞富赡为上等，阿附谄谀、文辞芜累为下等。(《高峰文集》卷一一)

廖刚《御书三十二字跋尾》:绍兴二年春三月甲寅,上御便殿,策试进士。越翼日,遣中使持宸翰,遍示考官以去取之旨,凡三十有二字,且命留赐详定官。臣等祗奉训词,敢不悉心,以奉休德。窃惟理乱之机,常在于听纳之际。忠言入则正道胜,而治所由兴;谀言入则邪道胜,而乱所由起。人主悦谀而厌忠,古今一辙,故治常少而乱多。今陛下求言之诚、择善之审如此,用图中兴,其庶几乎!详定官、左宣教郎、守尚书礼部员外郎臣林待聘,左朝议大夫、行右司谏臣方孟卿,左朝散郎、权尚书吏部侍郎、兼侍讲、赐紫金鱼袋臣廖某谨书。(《全宋文》卷二九九七)

世传:张九成尝扣殿陛赐烛,纳卷最后,上取其策观之,叹其鲠亮,遂擢为榜首。其实不然。(《宋史全文》卷二九上)

张九成《状元策》:臣对:臣闻祸乱之作,将以开圣人也。商道不衰,何以见高宗;四夷不叛,何以见宣王?汉无昌邑之变,则无以启宣帝;唐无宫壸之变,则无以启明皇。是以知君天下者,遇祸逢乱,当以刚大为心,无遽以惊忧自沮。灼知此理,然后可以知天意之所在矣。臣尝历考前古兴衰拨乱之君,以谓莫善于宪宗,莫不善于文宗,何以言之?宪宗当唐室陵夷之际,藩镇跋扈,主权下移,乃能左顾右盼,慨然起恢复之心。不幸廷臣异议,刺客在朝,京师皇皇,朝不谋夕。惟宪宗当宁发愤,屏声却欲,讨贼之心愈厉。明年平夏,又明年平蜀,又明年平淮、蔡,元和之功,卓然为天下冠。此以刚大为心者也。文宗当昭愍之后,阉寺执柄,主威不宣。虽能高举远蹈,毅然有扫除之心,不幸委任失当,害及非辜,甘露之祸,言之使人酸楚。岂非文宗遽以泣下沾襟,魂飞气索,自比周赧,又自比汉献,又自谓无与尧舜,又自纵酒,以伤其生。悲辛愁苦,不复以朝廷为意。此以惊忧自沮者也。故臣尝断之曰:若宪宗可谓知天意之所在,若文宗者又何足与论天意哉!盖祸乱之作,正圣人奋励之时也,何至以惊忧自沮乎!今陛下痛九庙未还,两宫犹远,又悯国步之久艰,悼已事之失策,然深察祸乱之故,是乃皇天所以启至圣也。伏惟陛下谨之重之,以刚大为心,无遽以惊忧自沮。庶几与商高宗、周宣王、汉宣帝等相揖于千载之上,合皇天所以畀付之意,不胜臣子至愿。然以刚大为心者,要当夙兴夜寐,恶衣菲食,屏远便佞，登崇俊良，好切直之言，戒声色之惑，先定规模，以定大事。臣观古之圣人将大有施为于天下者，必先默定规模，而后从事。其应也有候，其成也有形，非若顺风扬帆，一求快意而无所归赴也。商君之法，非良法也，然而规模先定，故能兵雄天下，臣服诸侯；苏秦之术，非善术也，然而规模先定，故能合六姓之异，却强秦之兵。淮阴对高帝，以北举燕、赵，东击齐，南绝楚之粮道，而西会于荥阳，无一不如其言者，规模先定故也。耿弇对光武，以定渔阳，取涿郡，还收富平，而东下齐，无一不如其言者，规模先定故也。伏仰陛下欲迎九庙，归两宫，安国步而康庶事，扩扩规模，固已定于圣心。而又元枢捷报，歼厥渠魁。自前世之君观之，固有满假而自大，以速天下之谤者矣。独陛下不然，乃抑谦不居，躬御便殿，亲颁德音，以前世中兴之君为问。至于攘夷狄，弭盗贼，足食练兵，澄冗官，复农业，革贪污而消冒滥，宽民力而给车徒，前世中兴之施为，祖宗传绪之法度，下询于承学之士，曰："本于自得，可以持危扶颠者"，此有以知陛下用心之效也。臣虽智识浅陋，然而仰见规模宏阔深大，辄整冠肃容，再拜稽首曰：猗欤盛哉！有君如此，天下何忧乎！宗庙社稷何忧乎！二圣六宫，暂淹蛮貊，亦何忧乎！臣学术至空虚也，然忠愤所激，敢不敷陈管见，上裨日月之光！臣谨昧死上愚对。

臣伏读《圣策》曰："古先辟王，继中微之世，承思治之民，芟夷大患，事半而功倍。少康一旅而复有夏，宣王兴衰以隆成周，光武三年而兴汉祚，肃宗再岁而复两京。皆蒙前人之绪，拨乱反正，若此其易也。"臣有以见陛下规模远大，知所以为中兴之本也。臣闻禹有治水之德，民心怀之，故其有天下也十有七世，历年四百六十有二。少康一旅而复有夏者，祖宗之德在人也。稷有播种之德，民心怀之，故其有天下也三十七世，历年八百有余。宣王兴衰以隆成周者，祖宗之德在人也。汉高祖有宽仁之德在人，故其有天下也二十一世，而历年至于四百。然则光武三年而兴汉祚者，岂非蒙高祖之德哉！唐太宗有仁义之德在人，故其有天下也二十四世，而历年仅及三百。然则肃宗再岁而复两京者，岂非蒙太宗之德哉！皇宋一祖六宗，英灵在天，功德在民，中兴之运，正归今日。傥能扩此规模，济以兢谨，果何往而不可乎！

伏读《圣策》曰："今赖四方黎献翊戴眇躬，列圣之泽未远也。朕焦心劳思，不敢爱身以勤民。然屈己以和戎，而戎狄内侵。”臣有以见陛下规模远大，知祖宗之德，士民之归，将乘此时为两宫中国雪积年之耻也。臣观金虏有必亡之势三：夫好战者必亡，失其故俗必亡，人心不服必亡，而金虏皆与有焉。臣请为陛下历陈之。始皇并吞六国，可以止矣。恣心快意，复征南越，曾不知骊山之役未成，而二世、子婴已被害而就擒矣。此以好战而亡也。隋文帝远平江东，可以止矣。炀帝嗣位，亲驾征辽，曾不知锦帆未过隋渠，而大盗已据其都矣。此亦好战而亡也。蠢尔金虏，亦何足以秦、隋比？顾论好战必亡，因以及之。夫蕞然疥癣，臣事高丽，奴事契丹，中国视之，如居霄汉而观蝼蚁，曾何足以污齿牙！乃不自循分，陆梁咆哮，自靖国兴兵，越于今三十余载矣。适国家当此否运，乃敢欺天叛人，犯我王略，侵我中国，夺我两河，又捣我都城，又要我二圣，又入我淮右，践我江浙。呜呼悲夫！集骨如山矣，流血如河矣，夷城如墟矣。皇天昭昭，灭亡无日！此臣所以言好战必亡也。西晋之乱，匈奴、鲜卑纷纭于中国，而其豪杰间起，为之君长。如刘元海、苻坚、石勒、慕容儁之俦，皆以绝异之资，驱驾一时之贤俊，其强者至有天下太半，然终覆亡相继，不过一传再传而灭，何也？夷狄之心，固安于无法也，而束缚于中国之法。中国之心，固安于法度也，而苦于为夷狄之行。君臣相戾，上下不安，虽建都邑，立城社，其心岌岌然，常若寄寓于其间，其能久乎！蠢尔金虏，亦何足与元海、苻坚比，故论失其故俗，因以及之。夫其不安窟穴，既灭契丹，复陵中国，意将诵诗读书，佩玉鸣鸾，效我中国之制。沐猴带冠，爰居闻乐，想其忧愁无聊，如被五木而居九地，终身不快，卒于死而已矣。此臣所以言失其故俗必亡也。始皇灭韩，张良奋椎击其车；朱泚僭号，段秀实提笏击其额。天下之人，其视金虏，谁不欲寝处其皮而食其肉？顾其路无由耳。今虏我中国，士庶入于窟穴，固亦有豪杰慷慨之士欲图之久矣。而又骂辱及于公卿，鞭扑行于殿陛，贵为将相，而不免有囚徒之耻，将见有愤惋郁结而思变者矣。此臣所以言人心不服必亡也。区区一刘豫，欲收中国之心，呜呼愚哉！中国之心，岂易收乎？彼刘豫者，何为者耶？素无勋德，殊乏声称，天下徒见其背叛于君亲，而委身于夷狄尔。黠雏经营，有同儿戏，何足虑哉！然金虏虽有必亡之势，而我有必兴之理，不可不讲也。臣观古人所以谋人之国，必有一定之计。越王之取吴，是骄之而已；秦之取六国，是散其从而已;高祖之取项籍,是离间其君臣而已。今越之计,秦之计,高祖之计,宜次第而用之。当先用越王之法骄之,使其侈心肆意,无复忌惮,天其灭之,将见权臣争强篡夺之祸起矣。臣请备论越王所以取吴之术,惟陛下听之。范蠡曰"卑辞厚礼以骄之",越王则自称曰"草鄙之人",自称其国曰"贡献之邑"。范蠡曰"玩好女乐以骄之",越王则先之以皮币,随之以管籥,使大夫女女于大夫,士女女于士。其称吴为天王者,范蠡使尊之以名也;其请亲为前驱者,范蠡使以身为市也。今日之骄虏,当损益其法可也。呜呼!越王含辛茹苦,志在报吴,非笃志之君,其孰能之?以民之不蕃,而兵之不给也,乃下令于国中,曰:壮者无娶老妇,老者无娶少妻。女子十七不嫁,丈夫二十不娶,则罪其父母。生男子也,赐束修、一犬;生女子也,赐束修、一豚。生三人,公与之母;生二人,公与之饩。支子死、当室者死,则哭泣之,葬埋之,如其子也。载脂与粱以食孺子,身耕妻织以裕国人。国人荷其恩,感其德,愤其土地之狭,而悯其会稽之耻也。于是父兄请战,不许。父兄则又请战,而致其辞曰:"越四封之内,其视君也,犹父母也。子而思报父母之仇,臣而思报君之仇,其敢不尽力乎!"及其将行,父勉其子,兄勉其弟,妇勉其夫,曰:"孰谓是行也,而可无死乎!"陛下欲灭金虏,当先结吾民之心可也。越王之在国也,觞酒豆肉以分左右,饮酒不尽味,听乐不尽声,求以报吴,今陛下有是乎?病者问,死者葬,老其老,长其幼,慈其孤,求以报吴,今陛下有是乎?富者安之,贫者与之,救其不足,裁其有余,求以报吴,今陛下有是乎?南事楚,西事晋,北事齐,春秋皮币、玉帛、子女以宾服焉,未尝敢绝,求以报吴,今陛下有是乎?如其有也,天下幸甚!若犹未也,伏愿陛下勉之。越王归国四年,愤祖宗之仇,思欲一战以快心,范蠡曰:"未可也。"五年而吴王信谗喜优,憎辅远弼,又欲乘其间以伐吴,范蠡曰:"姑待之。"七年吴王杀申胥,又欲乘其间以伐吴,范蠡曰:"姑待之。"七年而吴国蟹、稻不遗种,又欲乘其间以伐吴,范蠡曰:"姑待之。"今之金虏虽有必亡之势三,然而信谗乎?喜优乎?憎辅而远弼乎?曾杀贤如申胥乎?曾有天灾如蟹、稻不遗种者乎?必也俟其天时去,人事失,然后可以图之。越王归国二十年,乃得举兵以遂其志。其举兵也,必智以度天下之众寡,仁以供三军之饥劳,勇以断疑而决大事。又舌庸使之审赏,苦成使之审罚,大夫种使之审物,大夫蠡使之审备,大夫皋使之审声。其将行也,则背屏而立，委夫人以内政；背檐而立，委大夫以国政。其至军也，则斩通行赂者；又明日徙舍，则斩不从令者；又明日徙舍，则斩不用命者。又明日徇军，则归无兄弟尽在军者；又明日徇军，则归有昏眊之疾者；又明日徇军，则归筋力不足以胜甲兵、志行不足以听命令者。虽列国之君不足以为今务，然其禁密如此，亦可喜也。故能一战而败吴于囿，再战而败吴于泓，又战而败吴于郊。夷其城，犁其庭，墟其庙，以雪积年之耻。陛下欲报金虏，愿观其用心，而以越王之法用之，不亦可乎！

伏读《圣策》曰："招诱以弭盗，而盗贼犹炽。"臣有见陛下规模远大，欲攘夷狄而先靖中国也。臣闻唐太宗之说曰："民之所以为盗者，由赋繁役重，官吏贪求，饥寒切身，故不暇顾廉耻尔。当去奢从俭，轻徭省赋，使民衣食有余，则自不为盗。"韩愈之说曰："刺史不得其官，观察不得其职，财已竭而敛不休，人已穷而赋愈急，其不去而为盗也，亦幸矣！"此皆论良民为赋敛所困，故不得已而为盗尔。今日之事，则又甚于此！其横行于州郡，啸聚于山林者，类皆军兵尔。此曹在太平时，帖首妥尾，惟上之令。不幸中国多故，朝廷权轻，何尔动辄怨怒耶？而一夫倡乱，百夫从之；百夫倡乱，千万人从之。然使吾无间而可入，则朱滔不能起卢龙之卒，而李怀光不能强邠宁之兵。今其所以一呼响应者，其心不服也。其心所以不服者，无乃吾恭俭未至乎？用人未当乎？赏无功而罚无罪乎？昔唐德宗放象豹，出宫人，以恭俭服天下；罢常衮，用崔祐甫，以用人服天下；赏淄青将士以折其奸谋，杖邵光超以惩其贪冒，又以赏罚服天下。时李正己持兵十五万，雄视山东，其将士闻德宗所为如此，皆投兵相顾曰："明天子出矣，吾辈犹反乎！"不特此也。吐蕃恃其强大，以凌侮中国，非一日积也。德宗即位，使者归告其国主曰："新天子出宫人，放禽兽，威德英武，洽于中国。"吐蕃大悦，遣使入贡。夫德宗恭俭委任，信赏必罚，行于户庭之间，而强蕃悍卒自格于千里之外。使其恪守此心，终始不变，则贞观之风亦不难到。奈何其自败坏也。臣愿陛下笃恭俭，谨用人，明赏罚，以收天下之心。若曰我有甲兵，可以诛其不服；我有招降，可以俟其改过。诚恐去一大盗，其事卒未已也。诚能用臣之说，非特悍卒格心，而蕃戎亦且悔过也。故臣以太宗、韩愈、德宗之事为献。

伏读《圣策》曰："以食为急，漕运不继，而廪乏羡余；以兵为重，选练未精,而军多冗籍。"此有以见陛下规模远大,知兵食之不可不虑也。臣以谓漕运不继,宜选财赋之官;选练未精,宜责将帅之职。唐代宗以国用虚乏,馈饷纷纷,独得一刘晏。斡山海,排商贾,制万物低昂,操天下赢赀,而军用以给,以财赋得其人也。臣愚欲于常赋之外,创置一司,名曰"军兴"。凡关市榷酤载在有司者,不与其数,独变通有无,权制轻重。使利归公上,敛不及民。出入钱谷,勾检簿书,则付之士类;书符檄,觇低昂,则付之皂吏。明敏精悍如刘晏辈,实司其职。夫何忧漕运之不继乎!马燧之在河东也,驭马厮役,教以骑射,制甲有长短之等,造车为行止之宜。比及二年,得精兵二万。以将帅得其人也。臣愚欲于冗兵之数,创置一军,名曰"精锐"。凡攻卫战斗、功在有司者,不与此选。独招降之兵,擒获之兵,俾弓矢戈矛,随器而使。有能者则书之尺籍,其无能者则驱之屯田。择强力勇毅如马燧辈,实司其职。夫何忧选练之未精也!

伏读《圣策》曰:"吏员猥并,而失职之士尚众;田莱多荒,而复业之农尚寡。"此有以见陛下规模远大,知吏农之不可不虑也。臣以谓吏员猥并,宜行辟举之法;田莱多荒,宜行屯田之法。昔沈既济欲宰臣叙群司,州郡辟僚佐,其意欲无失职之士也。臣愚欲使宰臣精选太守、部使者之职,若群僚则太守辟举,若监当、若巡尉则使者辟举。举而不当,重者褫其职,轻者罚其金,吏部、台谏得以纠正之。每辟一员,则具二人以待之;补者既上,则又辟一人以待之。前后相承,虽怠者亦励。夫国家所以设官分职,将惟贤才之求,非为尔衣食之资也。志在衣食,胡不为工乎?为商乎?为农而力田亩乎?胡为在缙绅之列也?夫责之以士人,则朝廷待之亦不可轻。凡太守、监司之赴官也,若内若外,皆陛辞而后行。监司为一辈,郡太守为一辈,当行之日,陛下亲御正殿,借辞色。告监司则曰:"一路官吏,实汝之托。"告郡守则曰:"一郡官吏,实汝之托。汝当夙夜以思,宣我所以爱民之意。予有大赉报汝功,亦有大罚惩不恪。"庶几贤才并用,则失职非所患也。昔邓艾欲行陈、颍以东,屯田两淮,得谷五万斛,其意欲得复业之农也。臣愚不敢远引,且以镇江一路论之。屯兵江口无虑数万人,就以二万人论之,人必有家,家止五人;人日二升,口计二千斛,月计六万斛,则岁百万斛矣。顾此馈运,非由天降,非从地出,皆当取之于民。三吴之间,旱暵仍岁;长淮以北,草莽连云。去岁到今,米斗千余。今此下民,谁救其迫?

而又追需急于星火，棰械酷于秋霜。开元屯田之法，振武屯田之法，不知其可用乎？勋官八品以上，前资七品以上，此建官之法也。土柔则五十亩而一牛，土刚则二十亩而一牛，此耕耨之法也。如是之法，出于开元。募人为十五屯，屯置一百五十人，令各就高为堡。东起振武，转而西过，极云州界，中出入河山之险八百余里。寇来不能为害，人得肆耕其中。如是之法，出于振武。臣愿自淮以北，开置屯田，参开元、振武之法。非特足以招复业之农，而军储所资亦足以宽其忧矣。

伏读《圣策》曰："严赃吏之诛，而未能革贪污之俗；优军功之赏，而无以消冒滥之风。"此有以见陛下规模远大，欲清流俗而惩侥幸也。昔毛玠为尚书，而士大夫不敢鲜衣美食；杨绾为宰相，而豪贵功臣为之彻乐、毁第、减驺御，赃吏贪污流风远矣。臣愿陛下去声远色，躬俭节用，以励朝廷；朝廷宰相却苞苴，断货贿，以励猾胥而惩狡吏。又何患贪污之弗革乎！昔元载、王缙秉政，四方以贿求官者相踵于门。大者出于载、缙，小者出于卓英倩，皆如所欲而去。代宗欲得士大夫之不阿附者为己用，乃擢李栖筠为御史大夫，事出主意，宰相不知，缙等由是稍绌。臣今欲用此策以消冒滥，可乎？凡大将以功来上，陛下亲据其中一二人，晏见而劳问之。果有功者优加拔擢，其或言语不伦，事涉诞罔者，痛加惩斥。又何患冒滥之弗消乎！

伏读《圣策》曰："方今欲外攘夷狄，则不足以靖民；取于民有制，则不足以给车徒之众。为人父而権其子，则又何以保民而王哉！"此有以见陛下规模远大，恤民如是之深也。臣伏读圣问至此，不觉涕泗交颐，仰知陛下仁心如天地之大，而天下弗知也。臣观滨江郡县为守为令者，类无远图。阳羡、惠山之民，何其被酷之深也！率敛之名，种类闳大。秋苗之外，又有苗头；苗头未已，又行折八；折八未已，又曰大姓；大姓竭矣，又曰湮实；湮实虚矣，又曰均敷；均敷之外，名字未易数也。流离奔窜，益以无聊。前日桑麻沃润，鸡犬相闻；今为狐狸之居，虎豹之宅，苍烟白露，弥望满野。彼所谓守令，独抵几而言曰："与其委之于盗贼，孰若输之于国家？"呜呼！安得此委巷之语乎！堂堂国家而下比于盗贼，不忠之罪莫大于此矣。夫节财即生财之道也。今藩方大使，各置使臣，收召亲戚，竭民膏血，以市私恩。或曰准备，或曰干办者，不知其几人也。色目纷纷，难以数举。凡医巫卜祝之流,皆在其选。又诸县添置武尉,尤为无用。见敌则走,小胜则杀贫民以要功。居山则卖私茗,滨海则鬻私醝,未及交付,则已捕之为己功矣。不知平时剥肤椎髓,敛怨招谤,以廪此曹,果何谓哉!臣愿陛下明降诏书,戒饬藩方,罢去武尉,以苏凋瘵。此亦保民之道也。

伏读《圣策》曰:"朕弗明治道,仍暗事几。凡此数者,交战于胸中。徒寝而弗寐,当食而叹。子大夫与国同患难久矣,宜考前世中兴之主其施为次序有切于今者,祖宗传绪累世其法有可举而行者,平时种学待问、奇谋硕画、本于自得可以持危扶颠者,其悉意以陈,朕将亲览。"臣有以见陛下规模远大,谦冲退托,将以追配前王,绍述祖宗,旁搜远取,以尽愚夫之虑也。臣窃谓中兴之主,大抵以刚德为上。是故震伐鬼方者,高宗之刚;有严有翼者,宣王之刚;信赏必罚者,宣帝之刚;赳赳雄断者,光武之刚也。陛下之欲中兴,当以刚德为主,去谗节欲,远佞防奸,此中兴之本也。祖宗传绪之意,大抵以俭德为主。恭闻仁祖服浣衣,寝绝被,力行恭俭,不忍费一毫以伤民力。至今父老言我仁祖,必泣下沾襟。盖俭必仁,仁必能感天下。陛下欲绍祖宗,当以俭德为主,珍奇弗御,玩好弗求,此祖宗之意也。夫攘夷狄,弭寇盗,足食练兵,澄冗官,复农业,革贪污而消冒滥,宽民力而给车徒者,臣以一言而该之:不过曰刚与俭而已。然刚俭之德,圣心自明,天下犹未信者,何也?臣窃有说焉。臣尝读《左氏传》,见吕甥论君子小人情状于秦穆公,何其切至也!其曰:"小人戚,谓之不免;君子恕,以为必归。"又曰:"小人曰秦岂归君,君子曰秦必归君。"又曰:"小人曰必报仇,君子曰必报德。"夫士人所见高远,故其言多恕;小人所见浅狭,故其语易深。善夫!孟子有曰:"百姓皆以王为爱也,臣固知王之不忍也。"夫百姓以齐王为爱牛,以小人之见每如此也。然小人满天下,而所谓士人者几何?虽家置一喙,言提其耳,不能胜众多之口也。则人主于食息謦欬之间,其可以弗谨乎!夫文王一饭,武王亦一饭;文王再饭,武王亦再饭。是武王以身试文王之安否也。盖一饭则我力微矣,今吾亲一饭而已,力不其微乎?此其所以可忧也。再饭则我力强矣,今吾亲至于再饭,无乃寿考之期乎?此所以可喜也。夫武王之于文王如此。若陛下之心,臣得而知之。方当春阳昼敷,行宫别殿,花柳纷纷,想陛下念两宫之在北边,尘沙漠漠,不得共此融和也。其何安乎?盛夏之际,风窗水院,凉气凄清,窃想陛下念两宫之在北边，蛮毡拥蔽，不得共此疏畅也。亦何安乎？澄江泻练，夜桂飘香，陛下享此乐时，必曰："西风凄劲，两宫得无忧乎？"狐裘温暖，兽炭春红，陛下享此乐时，必曰："朔雪袤丈，两宫得无寒乎？"至于陈水陆，饱奇珍，必投箸而起曰："雁粉腥羊，两宫所不便也，食其能下咽乎？"居广厦，处深宫，必抚几而叹曰："穹庐区脱，两宫必难处也，居其能安席乎？"今闾巷之人，畎吏之伍，皆知有父兄妻子之乐，家室聚处之欢；陛下虽贵为天子，富有四海，以金虏之故，使陛下冬不得温，夏不得清，昏无所于定，晨无所于省。问寝之私，何时可遂乎？在原之急，何时可救乎？日往月来，何时可归乎？每岁时遇物，想惟圣心雷厉，天泪雨流，抚剑长吁，思欲扫清蛮帐，以还二圣之车。此臣心之所以知陛下者如此。若小民之心则不然，以谓搜揽珍禽，驱驰骏马，道路之言有若上诬圣德者。此臣所以食不甘味，寝不安席，不量微贱，思为陛下雪之也。深察其言，盖亦有自焉。唐阉人仇士良致仕，其党送归私第，教以固宠之术，曰："天子不可令闲，尝当以奢靡娱其耳目，使日新月盛，无暇及他事。"又曰："谨勿使之读书，亲近儒生。彼见前代兴亡，知忧惧，则吾辈疏斥矣。"其党拜谢而去。此术既行，卒使天子昏惑于上，大臣壅蔽于下，兵柄在手，官爵在手，废立在手。至自称曰"定策国老"，而称昭宗曰"门生天子"。呜呼！不臣之态，臣岂忍陈于君父之前。彼私求禽马，动以陛下为名，此臣之所以耻也，又何怪乎小民！陛下欲尊临宸极，泽及寰区，何不反其术而用之？勿为其所陷也。且阉寺闻名，国之不祥也。是以尧舜阉寺不闻于《典》、《谟》，三王阉寺不闻于《誓》、《诰》。竖刁闻于齐而齐乱，伊戾闻于宋而宋危。今此曹名字稍稍有闻，此臣所以忧也。窃惟万乘之尊，深居邃宇，万机之暇，何以为情？贤士大夫晏见有时矣，宦官子女安居前后矣。有时者易疏，前后者难间，圣情荏苒，不知其非。不若使之安扫除之役，复门户之私，凡交结往来者有禁，敢与政事者必诛。陛下日御便殿，亲近儒者，讲诗书之指归，论古今之成败，追求典故，历访民情。不在于分文析字，绨章绘句，为书生之学，以取天下之名也。呜呼！隋炀帝、陈后主岂曰不文？适足以亡国而已，果何补于人主之学欤？臣愿陛下之为学也，见前世道德之主，英明之王，则瞻之仰之，退而自省曰："吾其以此为法乎！"见前世暴虐之主，则震焉沮焉，退而自省曰："吾其以是为戒乎！"读贤臣传，默观百僚中有类是者，任之勿疑；读佞臣传，默观左右有类是者，诛之无赦。久之不倦，将闻阍寺之言，见便佞之态，如狐狸夜号而鸱枭昼舞也。则陛下之圣德进矣。昔唐宪宗卓卓为中兴之主，其必有以也。及观其与宰相论道于延英殿，日旰暑甚，汗透御服，宰相请退，宪宗留之曰："朕入禁中，所与游者独宫人、宦官尔。故乐与卿等共谈为理之要。"此其所以兴乎！臣闻"鸣鹤在阴，其子和之。"陛下勿谓深宫密殿万事无迹也，然善恶未究，四海已知。历观前史所载宫闱之谋，床笫之语，想见时君以谓宫中不得而知也，而况外庭乎！外庭不得而知也，而况天下乎！然而皎如日星，不可掩没，卒为天下后世之所嗤笑。呜呼！其亦可畏也哉！故古人有言曰："莫见乎隐，莫显乎微，故君子谨其独也。"谨独之学，其用甚大，陛下不可不知也。古之圣人，所以端拱岩廊，而四方万里日趋于治，天地清明，日星循轨，百谷用成，蛮夷率服，用此道也。心一不善，足以伤天地之和；心欲悔过，固已同天地之德。古之圣人，所以趋众善之门而得改过之要者，不过听谏一路而已。此臣所学于师，盖以为持颠扶危之术也。舜，圣人也，而益戒之以"罔游于逸，罔淫于乐。"武王亦圣人也，而召公戒之以"不矜细行，终累大德。"以至禹有善言之拜，汤有改过之称。汉高祖何人也，止能听谏，故能成四百载之大业；唐太宗亦何人也，止能听谏，故能成三百载之洪基。至于商纣杀谏臣，其祚终归于周室；成帝杀谏臣，其祚终移于王氏；明皇杀谏臣，其祚终微于禄山。杀一谏臣，真若无与于治乱也。然乱臣贼子，苛政虐刑，一切不得闻也，不亡何待乎！故臣愿陛下先以谨独为心，后以听谏为意，奖借言路，以旌直士之风，以至远阍寺、亲儒臣，以成就规模之大。此臣所望于陛下也。

草茅贱士充赋在庭者，志在一第尔。独臣不揆愚贱，妄议国体，负罪于不可赦，可谓愚矣。然臣闻天下之事，宰相能行之，谏官能言之。职不在此，虽抱奇策、拥雄材，无路可进，卒于老死而已。伏惟国家策士之制，上自公卿之子弟，下至山林之匹夫，皆得自竭以罄其所怀。非天子黜陟赏罚之吏，而得议百官之长短；非天子钱谷大农之吏，而得推财赋之多少；非天子帷幄将帅之臣，而得论兵革之强弱。则夫宰相、谏官之事，一旦得以详说而悉数之，而臣何敢无说以处于此！又况晏子一言而使齐侯省刑，田千秋一言而使武帝念太子，柳伉一言而使代宗黜程元振。谁谓皇皇大宋，无其人乎！《皋陶谟》曰："天叙有典。"是父子之间，君臣之际，无非天理也。臣处闺门之内,勉明孝道久矣。今自山林中来,望见陛下,突兀孤忠,卓然发于悃愊,不可遏也。此盖天理自然,无足怪者。臣或志在爵禄,不为陛下一言,臣谁欺?欺天乎?故臣宁吐一言,退受𫓧钺之诛于司败,不忍欺天以昧此心也。惟陛下幸赦其愚。臣谨对。(《张九成集·横浦集》卷一二)

张子韶廷对,时欲写至"竖刁闻于齐而齐乱,伊戾闻于宋而宋危"等语,诸珰在殿下者来窃窥之,子韶卷卷,正色谓曰:"方欲言诸君,幸勿观也。"皆惭恚而退。子韶又论刘豫事云:"彼刘豫者,何为者也?素无勋德,殊乏声称。天下徒见其背叛君亲,委身夷狄耳。黠雏经营,有同儿戏,何足虑哉!"间谍得之,传以示豫。豫大不平,会其左右,出其文,令榜于汴京通衢,召刺客欲刺子韶。或人以告,子韶未尝为之动。其事达上听,他日,子韶陛对,上语之曰:"刘豫榜卿廷策,谋以致害。非卿有守,岂能独立不惧乎!"褒嘉久之。(《独醒杂志》卷六)

张子韶对策,有"桂子飘香"之语。赵明诚妻李氏嘲之曰:"露花倒影柳三变,桂子飘香张九成。"(《老学庵笔记》卷二)

二十六日,权礼部侍郎赵子画言:"御试正奏名其取会不圆之人,先次就试,不给唱名号。内有试在上三人或高甲,合殿前祇授恩命,别有曲谢。欲乞权给号唱名,其敕牒候取索圆备给付。"从之。绍兴五年九月九日,诏试在第一甲人,先给敕。二十七年三月八日、三十年三月九日,诏第一甲上三人先给敕。(《宋会要·选举》八之四〇)

二十九日,诏:"特奏名进士,如试在第五等人,特依扬州例,补下州文学。"(《宋会要·选举》八之四〇)

四　月

一日,进呈殿试《升降册》。因奏有犯御名及文理纰缪者,上曰:"犯御名,格当扶出,然使文理可采,亦可惜。至于纰缪,乃不当复收。"宰臣吕颐

浩等曰:“圣度如此,真得取士之体。后当守以为法。”(《宋会要·选举》八之四〇)

五日,唱名殿试。进士有犯庙讳者,上曰:“犯宗庙讳,当依格降等。”至犯御名者,上曰:“此虽格法,朕岂以己名妨士人进取耶?”特命收置本等。(《宋会要·选举》八之四〇)

进士名录:张九成,凌景夏,郑刚中,丁汝能,于庭式,上官烨,上官徽,王文,王允明,王世昌,王古思,王伯庠,王谷,王郊,王勉,王宣哲,王莘,王湛,王玮,王义朝,王寿明,王巩,王麟,元益,尤著,毛萃,毛崇,毛璋,方升之,方淑,方楹,方扩,孔括,甘陶,石延庆,石昌国,石愋,史纯臣,丘之奇,丘崇,丘钦若,白孙,成勋,吕虞卿,吕靖,朱三思,朱孔举,朱岊,朱懋,朱璧,伍颖达,仲并,江知常,安致虚,杜因,杜师旦,李三俊,李用,李邦美,李守柔,李安,李孝谦,李沆,李昭隐,李信,李彦礼,李珣,李晞甫,李植,李侨,李朴,李济忠,李璇,李简能,吴巨山,吴民先,吴民瞻,吴芾,吴尚,吴忠孺,吴勃,吴华,吴球,吴处诚,吴康年,吴淦,吴徽柔,邱铎,何子端,何懋,何铎,余玑,汪勃,汪皋会,沈舆,邵拱,邵点,范苣,范良嗣,范彦辉,范寅宾,范埙,林廷芳,林聿,林宋弼,林宋臣,林昌言,林庭信,林庭彦,林蕴,周之才,周世昌,周孝能,周孝偁,周孝杰,周华国,周靖,周模,周广誉,周播,周绰,孟叔弼,胡彦达,胡烈,胡致一,胡绍烈,胡溢,韦民望,韦安雅,段时发,俞民康,俞篪,施涣之,施偁,姜宿,洪知彰,洪基,姚若中,秦名虚,秦芳,秦言,秦宗周,袁汝羲,莫知微,晁公武,徐若讷,徐昌国,徐珍,徐时举,徐琛,徐扬,翁彬,高登,郭季舒,郭镇,唐俊义,唐尧封,陆本仁,陆承休,陈一鹗,陈之茂,陈之渊,陈仙,陈廷杰,陈孝威,陈良臣,陈若冲,陈叔嘉,陈秉直,陈周,陈汨,陈宗周,陈祖言,陈琦,陈棠,陈无逸,陈敦仁,陈肃,陈端,陈宾,陈纲,陈德一,陈腾,孙彦朝,孙朝彦,孙雄飞,黄子游,黄子鲁,黄有文,黄廷瑞,黄仲适,黄京,黄时晦,黄衮,黄章,黄焕国,黄勋,黄钺,黄溥,黄嘉礼,黄齐,黄颜荣,梅成和,常城,笪元衮,许叔微,许舜求,许虞卿,章服,梁彦雄,梁国林,张大中,张行成,张秀颖,张庭寔,张洙,张棁,张纲,张震,张操,张晓,张灌,项旦,项悫,彭汝霖,叶莳,叶粹,叶荣,叶蕃,叶颙,万贞，董天成，董良史，董衍，董褎然，董绘，覃良能，程楫之，税元颙，傅霖，傅霖，邹丕宪，邹敦礼，邹愈，邹德懋，曾晞常，曾发，冯麟，强巘，杨邦彦，杨志，杨希仲，杨炬，杨秬，杨彦祥，杨华，杨耜之，杨开，杨迈，杨兴宋，杨愿，贾廷佐，雷友直，雷谹，虞惟几，虞翔，农奭，赵思，赵时善，蒋允升，蒋允济，蒋善昭，蒋颖，蔡圻，裴虞卿，廖拱，廖梓，郑公明，郑仲熊，郑俊民，熊祐，邓知常，邓鬲，楼材，楼图南，欧元一，欧阳佑，欧阳庠，欧阳清卿，刘四愚，刘安世(按：是年特奏名进士名录中亦有刘安世，必有一误)，刘昌寿，刘知昌，刘禹锡，刘冕，刘康时，刘淮，刘粲，刘准，刘僩，刘仪凤，刘德中，刘泽，刘曙，刘藻，诸葛尚，潘飞英，潘惟一，潘舜辅，潘祺，薛靖，萧颖，卢习，钱汋，钱南，钱复思，龙次山，戴廷坚，韩昌期，韩屏，韩悠，魏公启，魏宪，谢秉运，谢誉，颜晞哲，严习己，严弼，谭惟寅，酆伸之，饶廷直，饶裕，顾时中，龚次山，龚汲，龚安国。

特奏名进士：石公辄，王旁，方安正，方忻，方贞，方翊，方敦，方衡，石邦镇，朱正叔，江垕，江萃老，李敦复，李发，李瑰，吴一德，邵全，林宦，林孝宗，林晟，林彬，林确，周子质，周亨明，洪元康，姚祖虞，徐石，高选，郭天麟，郭延年，陈中，陈仲良，陈行中，陈言，陈宋宝，陈荀，陈振，陈时仲，陈皋谟，陈师文，陈瑞仁，陈当，陈嘉会，陈熙，陈适，陈檠，黄文思，黄永年，黄卷，黄纯，许持，许衍之，许祥，彭延年，叶升，程嘉德，傅共，邹天麟，蒋珪，廖玖，郑良臣，郑擢，邓熙载，刘安世，刘发，钟祖仁，罗从彦，谭丕，龚时可。(《宋登科记考》卷九)

补进士名录：潘致尧。《宋登科记考·附录》："北宋末南宋初登进士第。"《楼钥集》卷七三《跋潘刑部致尧诗卷》："彦先，济南潘公之字也，登绍兴初进士科。"

仪真许叔微累举不第，寄迹浙右村落中，合药施人。久之，梦人赠四句曰："药市收功，陈楼间阻。堂上呼卢，喝六得五。"叔微，张九成榜过省唱名第六，以系合推恩人升第五，乃在陈祖言之下、楼材之上。所谓呼卢者，胪传也。(《泊宅编》卷九)

子韶省榜中有《春秋》试官一门生亦与试，其试官尽授以平生所作《春秋》，又云："场中当出某题某题，宜熟记之。"有人微知其情，且以告陈皋卿，盖皋卿、宗卿皆《春秋》也。曰："春秋额最窄，此不可不计。"皋卿曰："有命。"他日考试毕，择明日当奏名。是夜，有一试官，忽群鼠斗，不可睡。听之，鼠斗落卷笼中，其试官起驱之，则寂然无有。再睡，其斗如初，审听之，果落卷笼中也。又起驱之，复寂然。如是者三，其试官乃心动，曰："岂是中有卷子乎？"燃烛，尽取落卷阅之，果得一书卷，大佳。试官曰："事已定，虽得此何为？"姑留之。明日，试官方会茶，俄而，下座有一小试官起白知举曰："《春秋》止当取二人，取三人已侵他经分数矣。今只取若干人于《书》额，大亏矣。乞行处分。"遂袖中出一状，称说云云。知举曰："业已定，奈何？"其试官曰："固知无及矣。然今日论列之，万一有谪罪，庶几免罪尔。"众试官曰："去一《春秋》易耳，顾何所得书卷乎？"其夜来试官遂陈鼠斗之事，皆大惊。因出书卷观之，众皆称善，遂出一《春秋》，正其门生也。其《春秋》试官犹争不已，众人不可，竟见黜。而皋卿、宗卿皆过，岂不谓有天理乎！皋卿名文茂，常州人。

子韶榜中有许叔微，尝梦有人告之曰："汝无及第分。"叔微梦中遂恳其人："以何道使某可第？"其人曰："分止尔，奈何？"叔微曰："行阴德，可否？"其人颔首而去。叔微自此遂学医，颇有得。无何，其乡中大疫，叔微遂极力拯疗之，往往获全活者颇多。一夕，复梦其人，唱四句云："呼卢殿上，请何是主；王陈间隔，呼六为五。"及是榜，子韶既魁，王郊第四人，陈祖吉第五人，叔微第六人。叔微又系该恩人，升一名，遂得第五人恩例。所谓"王陈间隔，呼六得五"，其亲切如此。呼卢者，传胪之谓也。（以上均见《北窗炙輠录》卷下）

绍兴间，临安府教授许叔微字知可，真州人，家世通医，常以药施人。知可既获纳荐，将试之夕，梦人遗诗云："药饵阴功，陈楼间处。殿上呼卢，喝六作五。"莫晓所谓。已而，预礼部奏名，廷试中第六名，上名陈祖言，下名楼材。俄以文理优长，升作第五，果符所梦。唱名日，殿上传呼谓之"胪传"，故云"呼卢"，借为"胪"也。（《陶朱新录》）

绍兴初，张子韶亦梦魁天下。比省试，类榜坐位图出，其第一人则张九成也。公殊怏怏。及廷试，唱名亦冠多士，与元宪事正同。（《老学庵笔记》卷九）

越人石公辙妙年乡举，抵京，梦帘中出一纸，只“邻州”二字。石后累举，年逾五十，不得已，就特奏名，遂为第一，例赐出身。是时，上驻跸临安府也。（《泊宅编》卷九）

里谚有“张果老撑铁船”之语，以为难遇不复可见也。乡人杨元皋为举子时，尝梦人告之曰：“子欲及第，除是撞着张果老撑铁船。”元皋心甚疑之。绍兴初，以乡举就吉州类试，一禅刹为试院。元皋试毕，忽回顾壁间，有画一老人撑船，旁题云：“此张果老撑铁船处。”元喜，以为符梦中之言。榜揭，吉州之士中者六七人，元皋预其一。元皋名迈。（《独醒杂志》卷一〇）

绍兴二年，庐陵董良史廷试罢，诣红象道人作卦影，欲知其低昂。卦成，有诗曰：“黑猴挽长弓，走向天边立。系子独高飞，中人嗟莫及。”良史不能晓，占者曰：“事应乃可解。”及唱名，张子韶九成为榜首。张生于壬申，所谓黑猴者也。长弓，张字也。良史在三甲，其上孙雄飞，所谓“系子高飞”也。其下仲并，所谓“中人莫及”也。（《夷坚志》甲卷一〇）

绍兴二年，两浙进士类试于临安。湖州谈谊与乡友七人，谒上天竺观音祈梦。谊梦人以二楪贮六茄为馈，恶之。惟徐扬梦食巨蟹甚美。迨旦，同舍聚坐，一客语及海物黄甲者。扬问其状，曰：“视蝤蛑差小，而比螃蟹为大。”扬窃喜，乃以梦告，人以为必中黄甲之兆。洎榜出，六人皆不利，扬独登科。后二年，谊复与周元特操赴漕司举，又同诣寺。前一夕，周梦与诸人同登殿，谊先抽签，三反而三不吉。余以次请祷。周立于后曰：“所以来，唯欲求梦尔，何以签为？”众强之。方诣筒下，遇妇人披发如新沐者，从佛背趋出。谓其贵家人，急避之，遂寤。明晨入寺，谊所启三签果不吉，余或吉或否。周但焚香再拜，愿得梦。是夜，梦乡人徐广之持省榜至，凡列三等，己为中等第一人。已而贺客四集，有道士在焉。明年七月，省试罢，

□□与待榜。他日阅市，闻呼于后曰："元特奉贺！奉贺！"回顾，乃徐广之也。云："适过郡门，见□□□司榜内一人，与君姓名同，聊相戏耳。"周方谯责之，则又有言曰："省榜自南门入矣。"遂相与散。周及家而报至。次日，数客来贺，一道士俨然其中。周曰："与君不相识，何以辱顾我?"道士笑曰："君岂忘之邪？去年君过我卜，我推君五行，知今年必及第。今而实然，故来贺，以印吾术，非有所求也。"遽辞去。沉思其人，乃开元寺卖卜者，始验昨梦，无少不合。周果居中等，虽非首选，而于吴兴为第一人。夫广之之戏谈，黄冠之旅贺，皆偶然细事也。而梦寐魄兆，已先见于旬月之前。人生万事不素定乎！(《夷坚志》丙卷九)

十五日，诏："同进士出身人，与特免铨试一次。"(《宋会要·选举》二之一四)

十七日，进呈新第正奏名助教，乞依特奏名例推恩。上曰："初降旨，令考官以鲠正为上，谀佞居下，此以示朕好恶。凡士人当自初进便须别其忠佞，庶可冀其有立。如张九成对策，上自朕躬，下逮百执，言之无所回避，擢在首选，其谁曰不然？然而举子远来，朕悉务优容，命助教九人者，并依特奏名例推恩。"(《宋会要·选举》八之四〇、四一)

二十八日，吏部侍郎綦崇礼言："今次新及第人，自四甲以上，并合依条集注。恐临时发遣不尽，乞将司理并判、司、簿、尉，如系见今阙满及过满见阙已差下人、未曾申到任者，并许作黄甲阙差注，合替已差下人。将来到任年满缺，候集注了日依旧。"诏司理特许权注一次，余从之。(《宋会要·选举》二四之一八)

刘一止《答张状元启》：伏审造廷射策，唱第居先，荣动缙绅，声流华夏，恭惟欢庆。某官受才英特，种学邃深，微言造于六经，卓行师乎百代。当英主枕戈尝胆之日，正贤士竭精励志之秋。岂特求一日之长，庶几闻三道之要。窃窥大对，益致精忠。意深切而有加，言舒徐而不迫。皆前日未闻之论，兴圣心见晚之嗟。名盖出于预期，士同知其不敌。念莫遑于修庆,情过辱于腾笺。内揆庸虚,仰惭谦厚。识吊古精思之作,不敢谓能;得为国远虑之人,兹为可贺。眷言欣颂,罔既敷陈。

刘一止《答特奏名状元启》:伏审祇奉胪传,趋登举首,得人之喜,有识所同。恭惟某官,赋杰异之材,蕴深醇之学。文辞少作,已擢秀于士林;闻誉老成,久推先于州里。当英主枕戈尝胆之日,正贤士毕精极虑之秋。侧闻至言,颇契大问。向来伏枥,宁忘千里之思;此日惊人,未觉一鸣之晚。既受知于亲擢,行阔步于安途。念修庆之莫遑,辱腾笺之误及。眷言末契,实倍欢悰。(以上均见《刘一止集》卷二一)

沈与求《贺张状元启》:伏以法驾亲巡,不废详延之问;纷袍族议,已推绝类之才。乃下胪传,果先科列,伏惟庆慰。恭以某官,躬行笃实,资禀魁闳。久于湮沦,独高乡曲之誉;素所蓄积,绰有廊庙之谋。一朝遂冠于英豪,诸老尽惊其剀切。莫可尚已,夫岂偶然!主上痛悼往图,渴闻至论。以为饮食尝胆之日,必有痛哭流涕之言。特下诏音,专求谠直。御戎三策,殆兴见晚之嗟;寤主一言,孰先慎独之戒?方将摅发旧学,践履亨涂。庶几写平生忧国之心,何止为今日决科之具!属兹晚岁,窃伏下风。未遑柔翰之修,先辱珍函之贶。感铭丹臆,倍蓰常情。(《全宋文》卷三八六二)

王洋《贺张子韶状元启》:宗伯书名,最先淡墨;太常奏第,首被浓恩。光动宸枢,庆传寰宇。某官言无枝叶,学有本根。群心推德行之尊,独步擅文章之美。时方艰棘,道在扶持。读刘蕡诵言之辞,但知叹息;睹公孙曲木之喻,将见事功。岂惟育材之光,是谓得人之盛。某株愚鲜俪,流落无堪。尝借辩于墨卿,获纵观于笔阵。欲修竿牍,惭冗惫而莫先;过辱缄縢,第兢惶而罔措。(《全宋文》卷三八七四)

郑刚中《谢及第启》:丹墀待问,谩怀千虑之愚;清禁胪传,缪玷三人之列。省躬羞愧,闻命震惶。窃以取士之科,得人为贵。然在上者或偏私而自用,则在下者多谄媚以求名。苟容汲黯之忠,岂乏刘蕡之策。国家运罹极否,数启中兴。于干戈仅息之时,讲科举必行之制。求此多士,坐之广庭。圣诏谦恭，深见虚怀之意；众心感激，谁非流涕之人？宜得英材，式符优选。如某者，东阳冷族，南巷贫家。虚功业于半生，耻姓名之三上。昔游学校，妄求乌啄以充饥；回顾诗书，似种石田而无效。志虽坚而身向老，禄未及而亲已无。瘦马嘶风，饥鹰侧翅。念晋州男子，尚包苇席以自言；彼新店民家，犹因畋猎而得谏。幸厕奏名之籍，敢虞犯上之诛！既逭斧斤，复叨绅笏。但犹滋味，颇嗟咀嚼之迟；徒愧粃糠，多在簸扬之数。深惟忝冒，实有夤缘。此盖仆射相公，学贯古今，材兼将相。以周公、伊尹之业为己任，以宣王、光武之事望吾君。机务益繁，智力旁出。取虞渊之日，再俾光明；坚魏阙之心，不辞险阻。大慰苍生之望，实为洪业之基。永鉴卖冰，无烦乞火。致兹庸琐，亦预甄陶。某敢不益励前修，勉图后效！不能衡跃，过为私己之谋；惟有朴中，无负恩门之赐。过此以往，未知所裁。(《全宋文》卷三八九七)

闰四月

一日，上宣谕宰辅曰："廷试举人，以鲠直者为上，谀佞者降之。朕此举将以作成人材，为异时之用。若其言鲠亮切直，他日必端方不回之士；其言谀佞委靡，他日必无可用之实。故朕因此举崇奖直言，冀士知朝廷所尚，习成风俗。崇宁已来，宰相恶人敢言，当时士气不作，流弊至今，不可不革也。"(《宋会要·选举》八之四一)

(乙未，五日)诏："诸路类试进士赴殿试不及人，正奏名与进士同出身，特奏名与诸州助教，调官如文学例。"以道梗特优之也。(《系年要录》卷五三)

五　月

六日，诏："张九成系类试第一名，合升一甲；唱名又系第一甲第一名，可特转一官，授左宣教郎、签书镇东军节度判官厅公事。"同日，诏："正奏名进士范寅宾、杨愿、孙朝彦、张庭实、严习己、王宣哲，系有官人，未曾推恩，各与转一官。内选人循一资，仍占射差遣。"(《宋会要·选举》二之一四、一五)

十二日，敦复言：去场屋逾二十年，加以年齿浸衰，旧学荒废，乞罢召试。诏别与差遣。（《宋会要·选举》三一之二〇）

十八日，诏："董悯特送五百里外州军编管，永不得应举，其保官除名勒停。"悯召保，陈乞年五十二、五举合赴特奏名；礼部照元年家状，年五十六，共两举，前后不同故也。（《宋会要·选举》四之二四）

六　月

二日，诏："进士陈献边事利便，内有可采，及有自河北、京东远赴行在之人，理宜优恤，并收充效士。每月各支钱一十贯、米一石，令枢密院检详官置籍总辖，以便差使。"（《宋会要·选举》一八之二五）

七日，臣僚言："伏见今岁廷试人，如同进士免铨试，文学免归本贯，许于行在次第保明参选，又减其举官之数，诸州助教依文学出官，皆援扬州初榜恩例。其甚至于有官人登科，尽令循转官资、占射差遣，皆前此所未有。欲乞今后科举廷试恩数，并依旧制。"从之。（《宋会要·选举》二之一五）

是　月

诏：川陕合赴省试人于宣抚司类试。（《续宋编年资治通鉴》卷三）

七　月

九日，臣僚言："伏见近诏：特奏名进士第一名，添为教官格。今年新榜第一等四人赐进士及第、同进士出身，并权许指射教官一次，尤为侥幸。欲望追寝，以厌公论。"从之。（《宋会要·选举》二之一五）

八　月

二十三日，诏："以汀州童子万顷为文林郎，仍改赐名严。"顷十岁，诵经子书十一种，内殿引见。诏："顷既通文武，诵声如流，略无差误。"故有是命。（《宋会要·选举》九之二六）

十　月

十三日，赐徐俯进士出身。御批："志气刚方，早闻于世，其于文学直余事。"故命之。(《宋会要·选举》九之一七)

十一月

乙亥(十八日)，赐新除殿中侍御史曾统进士出身。时统以故事任子不除台职，又与谏官徐俯连姻为言。诏："统，元祐石刻名臣之子，特赐进士出身。"统乃受命。(《系年要录》卷六〇)

十八日，赐右朝请郎、尚书左司员外郎曾统进士出身。以统言新除殿中侍御史，国朝故事，无出身人不任台职，乞行寝罢。诏："统系元祐石刻名臣之子。"特有是命。(《宋会要·选举》九之一七)

二十六日，敕中书门下省：尚书省送到礼部尚书洪拟状。准绍兴二年十一月四日尚书省札子，礼部太常寺申准绍兴二年九月十六日敕。中书门下省吏部尚书兼权翰林学士沈与求札子，奏："臣伏见自汉以来，御名皆有他字代之，用为定制。渊圣皇帝御名涉前代姓谥最多，而臣下迁就回避，有可概见者。如鲁公则谓为允公，齐公则谓为小白，皆以名易其谥也。周王则谓为壮王，汉帝则谓为刚帝。或谓齐、鲁二公为安公，他皆效此。随意更易，无复质据。至于姓则去木为亘，而有司行移，有不可通晓者。士人科举程文，枉被黜落，往往有之。矧今经筵进读《春秋》，而称谥称名，具存褒贬之例。循用私说，于义未安。臣愚伏望睿慈特诏礼部，议以他字代之，使姓氏名物义例相通，略如汉制。庶几四方臣子得以遵用，不胜幸甚！取进止。"九月十六日，三省同奉圣旨，令礼部太常寺同共议定，申尚书省："伏睹渊圣皇帝御名，见于经传义训不一。或以威武为义，或以回旋为义，又为植立之象，又为亭邮表名，又为圭名，又为姓氏，又为木名，又为水名，当各以其义类求之。今谨按：《诗》曰：'渊圣御名，武志也。'孔颖达曰：'有威武之义。'又按：《诗》曰：'渊圣御名渊圣御名武王'，郑康成曰：'有威武之王。'又按：《诗》曰：'圣祖名王渊圣御名拨'，毛公曰：'大也。'又按：

《书》曰:‘勖哉!夫子尚渊圣御名渊圣御名。’孔安国曰:‘武貌。’又按:《尔雅》曰:‘渊圣御名渊圣御名,烈烈威也。’凡此皆以威武为义也。若此之类。今欲定读曰威。又前代帝王公侯谥号,在谥法:辟土服远曰渊圣御名,能成武志曰渊圣御名,克敌服远曰渊圣御名,壮以有立曰渊圣御名,克咸厥功曰渊圣御名,凡此亦皆以威武为义。其前代谥号,亦当读曰威。又按:《易》曰:‘盘渊圣御名,利居贞。’孔颖达曰:‘盘渊圣御名,不进之貌。’又按:《庄子》曰:‘鲵渊圣御名之审为渊。’郭象曰:‘未始失其静默。’凡此皆以回旋为义也。若此之类,今欲定读曰旋。又按:《礼记》曰:‘三家视渊圣御名楹’,孔颖达曰:‘四植谓之渊圣御名。’又按:《周礼》曰:‘公执渊圣御名圭’,郑康成曰:‘双植谓之渊圣御名。’又按:《说文》曰:‘渊圣御名亭,邮表也。’又按:《集韵》曰:‘亭邮四角建大木,贯以方版,名曰渊圣御名表。’凡此皆以植立为义。若此之类,今欲定读曰植。若姓氏,今欲定去木姓亘从二从日,思缘切。如《书》曰:‘西倾因渊圣御名。’水名也。《玉篇》曰:‘渊圣御名木叶似柳。’木名也。若此之类,皆欲定曰亘从二从日,思缘切。又缘汉法,邦之字曰国,盈之字曰满。止是读曰国曰满,其本字见于经传者,未尝改易。司马迁,汉人也。作《史记》曰:‘先王之制,邦内甸服,邦外侯服。’又曰:‘盈而不持则倾。’于邦字、盈字亦不改易。今来渊圣皇帝御名,欲定读如前件外,其经传本字即不当改易。庶几万世之下,有所考证。”申闻事札,送拟看定,申尚书省拟看详,本部太常寺同共议定:“改避渊圣皇帝御名,推求义类,别无未尽,伏候指挥。”十一月二十六日,三省同奉圣旨:“依洪拟看详到事理施行。”(《贡举条式》)

十二月

癸巳(七日),礼部尚书洪拟请依《元祐法》,兼用词赋、经义取士。已而,御史曾统以为未须兼经,可止用词赋。上曰:“古今治乱,多在史书。以经义登科者,类不通史。”吕颐浩言:“均以言取人第,看所得人材如何耳。臣尝见太祖皇帝与赵普论事书数百通,其一有云:‘朕与卿定祸乱,以取天下。所创法度,子孙若能谨守,虽百世可也。’”(《系年要录》卷六一)

十七日,知枢密院事、宣抚处置使张浚言:“遵依诏旨,选官就成州锁院类试陕西路发解举人，考到合格周模等一十三人，已恭依便宜圣训。第一名特赐进士出身，余并特赐同进士出身讫。"诏："依。令尚书省给降敕牒。"(《宋会要·选举》二之一五)

宣抚处置使张浚即成州置院类试陕西发解进士，得周汉等十三人。浚承制，赐汉进士出身，余同出身。癸卯(十七日)以闻，诏令尚书省给黄牒。赵甡之《遗史》："姚岳，京兆人，避地入蜀。张浚欲收陕右士夫心，绍兴初解试，令陕右流寓进士尽作合格，类省试亦如此。惟杂犯黜落一二人而已，岳为榜首。由是，陕右流寓进士三十余人皆过省。"按：宣抚司所奏，岳乃第十一人，非榜首，甡之恐误。然所云"流寓进士，尽作合格"，理容有之，今附见此，更求它书参考。(《系年要录》卷六一)

是　年

旧制，潜藩州郡举人，必曾请举两到省已上乃得试。帝尝封蜀国公，是年，蜀州举人以帝登极恩，径赴类省试，自是为例。(《宋史》卷一五六)

权秘书少监王昂言："御试举人，其合用入殿供应书籍，自来本省都监司排办，本司行下国子监关借。若不系监书，依条不行取索。"见《馆阁录》并《秘书省圣旨簿》。(《南宋馆阁录》卷六)

绍兴三年　癸丑(1133)

二　月

一日,尚书省言:"昨建炎四年八月依条发解,合至绍兴元年省试、殿试。缘当年行明堂大礼,展至绍兴二年三月殿试。所有发解自合理绍兴二年殿试年分。"诏:"于绍兴四年发解。"(《宋会要·选举》一六之四)

三　月

十一日,辅臣进呈诵书、习射童子求试于有司者凡九人。上曰:"上有所好,下必有甚焉。盖由昨尝推恩一二童子,故求试者云集。此虽善事,然可以知人主好恶,不可不审也。"有旨各赐束帛,归本贯。(《宋会要·选举》九之二六)

丙寅(十一日),诏:"读书习射童子求试者九人,惟习射者召见,余赐帛罢之。"(《系年要录》卷六三)

甲申(二十九日),诏:"自今进士策问及铨试选人时议,并以七书为题一首。"既而,言者以为文具,遂不行。(《系年要录》卷六三)

四　月

庚子(十五日),给事中黄唐传乞立武选之格,以科举人数三分之一待武士,中第者注县尉。他日有统兵官阙,并先选武士。诏:"兵、吏二部条上。"建炎中,国子监并归礼部。丁未(二十二日),始诏驻跸所在国子监量养士,仍置博士。然未果行焉。(《山堂考索》后集卷二九)

二十一日，诏："以童子彭兴祖为迪功郎，刘毂为进武校尉。"兴祖，神武右军将官彭胜之子；毂，小校刘武之子，各年五岁。本军都统制张俊以闻，内殿引试，兴祖能诵《孝经》、《语》、《孟》，毂善骑射，皆中格，既赐袍笏，而有是命。(《宋会要·选举》九之二六)

五　月

八日，诏："以饶州童子张揉为迪功郎。"揉九岁，诵经子书九种，习为古风诗、《孙子论》，皆应题答问，上亲试之，故有是命。(《宋会要·选举》九之二六)

是　月

立武科。(《续宋编年资治通鉴》卷三)

六　月

一日，诏："徽州童子林佐国与免文解一次，赐绢十匹。"佐国九岁，诵经子书十六种。(《宋会要·选举》九之二六)

七日，诏："四川得解进士，有愿赴行在省试之人，给与进义副尉驿券，津遣前来。"(《宋会要·选举》四之二四)

庚子(十七日)，给事中黄唐传言："陛下将以武遏乱略，而所用非所试。愿诏有司，稍复武选之格，酌三岁科举取人之数，以三分之一待武士，互保应举如文士法。其程试，先以射艺决去取，次以兵策第高下。中第者注县尉，它日有统兵官阙，并先选武士。"事下兵部，论者以为非急务，遂不行。(《系年要录》卷六六)

二十二日，诏："童子邹庭闻、林次融与免文解一次。"(《宋会要·选举》九之二六)

七　月

六日，都司言："工部侍郎李擢奏：乞取绍圣宏词与大观词学兼茂两科别立一科等事。看详：绍圣法以宏词为名，大观后以词学兼茂为名，今欲以博学宏词科为名，以制、诰、诏书、表、露布、檄、箴、铭、记、赞、颂、序一十二件为题。古今杂出六题，分为三场，每场一古一今。愿试人先投所业三卷，朝廷降付学士院，考其能者召试。依宣和六年指挥，以三年一次，附省试院试，不用从臣荐举。应命官不以有无出身，除归明、流外、进纳人及犯赃罪人外，并许应诏。命官非见任外官，许径赴礼部自陈。若见在任，经所属投所业，应格召试，然后离任。每次所取，不得过五人。若人材有余，临时取旨，具合格等第字号，同真卷缴纳中书省看详。内制、诏书依例宰执进呈，推恩则例比旧制更加优异。以三等取人：试入上等，有出身人转一官，选人与改京官，无出身人赐进士及第，并免召试除馆职；中等，有出身人减三年磨勘，与堂除差遣，无出身人赐进士出身，择其尤，召试馆职；下等，有出身人减二年磨勘，与堂除差遣一次，无出身人赐同进士出身，遇馆职有阙，亦许审察召试。"从之。(《宋会要·选举》一二之一一)

博学宏词科，绍兴三年七月始置。绍圣间，既废制科不用，乃创宏词科；大观中，改为词学兼茂。至是，用工部侍郎李擢奏，别立此科。以制、诰、诏、书、表、露布、檄、箴、铭、记、赞、颂十二件为题，古今杂出六题，分三场，每场一古一今。遇科场年，应命官除归明、流外、进纳及尝犯赃人外，许径赴礼部自陈。先投所业三卷，朝廷降付学士院，考其能者召试。见任官经所属投所业，应格召试，然后离任。礼部贡院知举官，分三等考校，以合格真卷纳中书省看详，宰执将上。上等迁一官，选人改京官，无出身人赐进士及第，并免召试，除馆职；中等减三年磨勘，与堂除，无出身人仍赐进士出身，并择其尤者，召试馆职；下等减二年磨勘，与堂除一次，无出身人同进士出身，遇馆职有阙，亦许审察召试。初，词科惟有出身许应此科，上以用武权停此。擢请复此科，而其子益能粗有文墨，于是有司看详，兼许任子就试，亦非旧典，盖为益能计也，然益能卒不与选。自立科后，入中等者惟汪叔詹、洪景严、汤进之三人，其六十九人皆下等，盖靳之也。旧例：每举合格不得过五人。若人材有余，临时取旨。绍兴后，所取未尝过三人。淳熙八年以后，又止取一人。庆元五年，应宏词者三十有一人，无合格者也。(《朝野杂记》甲集卷一三)

二十日,荣州文学郭滋自陈:“政和五年准敕赐童子出身,历任成三考,用收捕建州军贼功赏转从事郎。今来吏部将滋作崇观以来不由科举补官,审量追改荣州文学,乞赐改正。”诏:“与给还迪功郎。”(《宋会要·选举》九之二六)

八　月

五日,诏:“饶州童子卓玙与免文解一次,赐束帛。”玙十岁,诵经子书十七种,及能挽弓二斗,亲引试,并通。(《宋会要·选举》九之二六、二七)

十二日,赐右通直郎唐恕进士出身,除太常少卿。制以恕经术深醇,议论坚正,奉身引退,韬隐累年,故有是命。(《宋会要·选举》九之一七)

十　月

二十七日,臣僚言:“科举之设,实用人材之根本。而省试最为重事,必于六曹尚书、翰林学士中择知贡举,诸行侍郎、给事中择同知贡举,卿、监、郎官为参详官,馆职、学官为点检官。又以御史监察其中,故能至公至当,厌服士心。间因军兴,遂以此权付之诸路漕司,所差试官不过数人。其选皆出于漕臣,奸弊百端。乞今后省试,并就行在遴选近臣,付以兹事。”诏:“检坐累降指挥施行。”(《宋会要·选举》二〇之三)

戊申(二十七日),诏:“今后省试并赴行在。”自诸路置类省试,行之才二举,议者以为奸弊百端。且言:“本朝省试,必于六曹尚书、翰林学士中择知举,诸行侍郎、给事中择同知举,卿监为参详官,馆职学官为点检官,又以御史监视。故能至公至当,厌服士心。今盗贼屏息,道路已通。若以此试复还礼部,不过括诸路漕司所费,输之行在,则必裕然有余矣。”诏:“检坐累降指挥,申严行下。”于是,遂罢诸路类试。(《系年要录》卷六九)

是　年

郑刚中《赐第后告祖庙文》:某爰自总角,考妣付之师友,使读书,事科举,非谓某可教也,盖上世之业不可坠也。去年礼部上某名于天子,天子策问而官之。忝窃科名，遂叨仕版，非某之能也，盖上世之德覃于后也。持牒奉告，君命惟宠。拜陈于庭，惟我曾大父下逮考妣之灵鉴之！（《全宋文》卷三九一一）

绍兴四年　甲寅(1134)

三　月

十一日,诏曰:“汉策贤良,博究天人之学;唐分科目,广收卿相之才。爰及本朝,亦循前轨,咸平立制,继传而至仁宗;天圣临轩,一举而得富弼。肆英髦之辈出,考名迹以相望。迨今论世之隆,最号取人之盛。顾予纂绍,履此艰难。思贻则之永图,悼设科之久废,间尝下诏,俾复旧章。讫兹三岁之期,靡觌一人之举。岂眇躬凉薄,无能徕天下之贤?将俗学湮沦,未克振斯文之敝?属当秋试,申命春官。遍咨侍从之臣,别进多闻之士。采乡评而无玷,必先行谊之修;访时务而可稽,斯取艺文之富。观其素业,待以规程,庶因选择之公,获睹治安之策。惟尔群隽,体予至怀。”(《宋会要·选举》一一之二三、二四)

十八日敕节文中书门下省:尚书省送到礼部状。国子监申,勘会:“旧本《韵略》前后所载,举人通知考校格式并庙讳之类。缘自复行诗赋后来,续有申请删改,若止据旧本雕印,窃虑别致抵牾。欲乞从本监参照见行条式改正,雕印施行。伏候指挥。”三月十八日奉圣旨,并依国子监所申,奉敕如右,牒到奉行。(《贡举条式》)

四　月

丙申(十七日),诏:陕西路科举,手诏令川陕宣抚司给付。初,吏部遣使臣,持诏往陕西路。而所遣者惮行,乃付大理狱,更遣它使,其母讼于御史台。言者以为:“陕西隔绝,不通士人,逃生不暇,岂复更有士子应举?”乃命传送焉。(《系年要录》卷七五)

五　月

（甲子，十五日）徽州进士汪仲卿言：有二子汝贤、汝嘉，习童子举，乞考试。诏：赐钱五十千，罢之。（《系年要录》卷七六）

六　月

五日，礼部言："荆湖北路州军累经残破，士人全少。除德安府已令解二人外，其余州军发解，并依建炎四年四月三十日指挥。如无合格卷，听阙。"从之。（《宋会要·选举》一六之四）

十四日，诏："川陕合赴省试人，令宣抚司于置司州军置试院，选差有出身、清强、见任转运使副或提点刑狱官充监试，于逐路见任京朝官内，选差有出身、曾任馆职学官或有文学官充考试官。务依公精加考校，杜绝请托不公之弊。"（《宋会要·选举》四之二四、二五）

先是，诏省试并就行在。至是，礼部侍郎兼侍讲陈与义奏川陕道远，恐举人不能如期，故复令类试焉。（《系年要录》卷七七）

十四日，国子监丞王普言："科举取士，《元丰法》与《崇宁法》不同者，已诏并依《元丰法》。《元丰贡举令》：转运司发解，每七人解一人；《崇宁贡举令》：每十人解一人。前举诸路运司所解人额，奉行不一，乞下诸路，遵依建炎二年二月九日已降指挥。"从之。（《宋会要·选举》一六之四）

二十五日，诏："礼部贡院更添差参详官一员，点检试卷官二员；别试所更添差参详官一员，点检试卷官二员。"（《宋会要·选举》二〇之三）

二十七日，诏："今岁科举，权免差知县、县令充诸郡考试官。"以知婺州李擢言："今岁应办大礼钱帛，若知县、县令差出考试，不免付之权官，首尾断绝，难以办集"故也。（《宋会要·选举》二〇之三、四）

七　月

二十五日,诏:"应流寓举人,应合召保官,不拘本贯及本路、邻路官,并许充保。"(《宋会要·选举》一六之四)

八　月

绍兴四年,蜀道类试进士。成都使臣某人祷于梓潼神,愿知今岁类元姓字。夜梦至庙中,见二士人握手出,共歌《汉宫春》词"问玉堂何似茅舍疏篱"之句。神君指曰:"此是也。"明日复入庙,将验昨梦,士人来者纷纷不绝。久之,有两人同出,携手而歌,果梦中句也。省其状貌皆是,即趋出揖之曰:"二君中必有一人魁选者。"具以梦告,皆大喜。已而更相辩质,曰:"自我发端。"曰:"我正唱此。"一人者,仙井黄贡也,奋然曰:"此吾家旧梦,何预君事邪?吾父初登科时,梦神君赠诗云:'玉堂消息近,金榜姓名高。'觉而喜,自谓必为翰林学士,然但至成都教授而终。以今思之,端为我设。所谓'玉堂消息'者,正指词中语耳。"是岁,贡果为第一。两世共证一梦,虽一时笑歌。亦已素定于数十年之前,神君其灵矣哉!(《夷坚志》乙卷八)

九　月

六日,赐史馆校勘邓名世进士出身。(《宋会要·选举》九之一七)

六日,诏:"史馆校勘邓名世以所著《春秋谱》六卷、《辨论谱说》十篇、《古今姓氏书辨证》十四卷来上,赐进士出身。"(《宋会要·崇儒》五之三一)

十一月

十一日,以武举正奏名进士杨蓬补承信郎。蓬乞依文举进士杨希仲等例,引用二年九月四日赦书免殿试补官例,故有是命。(《宋会要·选举》一七之二六)

十二月

九日,赐右迪功郎王苹进士出身,除秘书省正字。苹以权发遣平江府孙祐荐，授右迪功郎，继赐出身。苹辞免，上谓辅臣曰："苹起草茅，而论议进止若素宦于朝。大抵儒者能通世务，乃为有用。"卒赐之。（《宋会要·选举》九之一七）

震泽王苹，少师事龟山。高宗宿闻其名，又以诸郎官力荐，驾幸吴门，起召赐对，以布衣赐进士出身，正字中秘。制曰："朕于一时人才，苟得其名目，稍有自见，往往至于屡试，而治不加进。于是，从而求所未试者，至于岩穴之士，庶几有称意焉。尔学有师承，亲闻道要。蕴椟既久，声实自彰。行谊克修，溢于朕听。延见访问，辞约而指深。师友渊源，朕所嘉尚。赐之高第，职是校雠。岂特为儒者一时之荣，盖将使国人皆有所矜式。勉行而志，毋负师言。"上意盖谓龟山也。（《四朝闻见录》甲集）

（戊戌，二十四日）温州文学、承、扬、泰三州水寨参谋赵安节，特许赴将来省试。安节尝举进士，未赴礼部。至是，以劳补官，乞依旧省试，特许之。（《系年要录》卷八三）

绍兴五年　乙卯(1135)

正　月

七日，诏："将来省试，权展至今年六月十六日锁院。"时车驾幸平江府故也。(《宋会要·选举》四之二五)

二　月

二十一日，诏："临安府曾得解举人，依绍兴府驻跸恩例，与免文解一次。"(《宋会要·选举》一六之四)

四　月

(丙辰，十三日)将仕郎上官世谦与免将来文解，其付身令尚书省毁抹。世谦调官吏部，自言因驾幸宝箓宫，于御前问《庄》、《老》大旨皆通，奉敕补初品官。吏部以为非格法，故追夺焉。(《系年要录》卷八八)

丁巳(十四日)，诏："省试举人许于临安府内外寺观安泊。"(《系年要录》卷八八)

二十三日，权吏部侍郎兼权尚书晏敦复等言："本选旧法，初及第出身《拟官格》：上舍第二、第三人文林郎，上舍第四、第五人从事郎。绍兴二年闰四月集注：黄甲正奏名第二人至第五人，皆依旧法拟官。欲乞将《格》内'上舍'字改作'进士'字。"从之。(《宋会要·选举》二之一五)

五　月

一日，赐右承务郎、尚书礼部员外郎任申先进士出身。是月九日，除秘书少监。制曰："朕念党籍之人，若子若孙，无不甄录，所以来忠节也。然贤者之后，未必皆贤。向者匪人，迎意掠美，乃援浮薄不肖，与尔同升。尔于是时，守正不阿，为不肖所惎，奉身而去。其后颠蹶，悉如尔言。先见特立，有如此者。朕方招延英俊，养之书省，道义相率，尤资老成。往司省事，其克钦哉。"（《宋会要·选举》九之一七、一八）

六　月

九日，中书舍人刘大中言："前举登第注官之人，有纰缪尤甚之日，四方传笑。愿诏有司，精加考校，勿尚浮虚，勿讳切直。其文不乖于理，其言有补于治乱，则以充选。庶几所得，皆可用之实材。乞前期榜谕。"从之。（《宋会要·选举》八之四一）

十五日，御史台主簿閤丘昕言："崇、观、宣、政以来，士不以心明经，而以经明经，发为文辞，类皆骩骳。今四方多士群试于大宗伯，讵可复取无用空言？伏望训饬有司，商搉去取，毋以摘绘章句为工，而以渊源学问为尚。或事关教化，有益治体者，不以切直为嫌；或言无根柢，肆为蔓衍者，不在采录之数。庶几网罗得人，可备他时器使。"诏令礼部行下贡院照会，仍出榜晓谕。（《宋会要·选举》四之二五）

二十日，诏："惠、贺州、南安军合驳放举人，内已到行在人，悯其远来，特许收试。如试下，不理为举。"三州皆残破处，合依建炎四年四月指挥解发，乃以旧额多取人。礼部言合驳放不该，故有是命。（《宋会要·选举》一六之四、五）

二十二日，诏："应省试举人程文，许通用古今诸儒之说，并出自己意。文理优长，并为合格。行下省试院照应，及出榜晓谕。"七年亦同此制。（《宋会要·选举》四之二五）

二十六日，以翰林学士孙近知贡举，给事中廖刚、中书舍人刘大中同知贡举，合格奏名进士樊光远以下二百一人。（《宋会要·选举》一之一五）

中书门下省检正诸房公事吕祉、殿中侍御史张绚、吏部员外郎董弅、礼部员外郎许抟、都官员外郎董将、工部员外郎程克俊，并充参详官；秘书省正字李弥正、高闶、胡珵、张嵲，秘书省校书郎李公懋，御史台主簿闾丘昕，御史台检法官方庭实，大理寺丞黄邦俊，主管官告院宋棐，司农寺丞金安节，诸王宫大小学教授刘长源、钱观复，监尚书六部门孙莻，太常寺丞王普、庄必强，将作监丞张宇，知大宗正丞沈禹卿，国子监丞张戒，枢密院编修官王钵、李谊，枢密院计议官方云翼、李寀，并充点检试卷官。太常少卿陈桷充别试所考试官，司勋员外郎林季仲、吏部员外郎范同、枢密院编修官孙汝翼、敕令删定官左时并充点检试卷官。(《宋会要·选举》二〇之四)

(戊辰，二十六日)礼部侍郎唐辉入见，奏举人已至行在，习诗赋者一千五百余人，经义者一千余人。上曰："他时习诗赋者当益多，然经义亦不可废，元祐皆兼习。"(《系年要录》卷九〇)

七　月

(壬申朔，一日)饶州进士朱嘉积言：子召虎，十岁能诵经、史、兵书，步射命中，乞挑试。诏：赐帛二十匹，罢归。(《系年要录》卷九一)

八日，礼部贡院言："参详官张绚为祖母疾，依条先次出院，合行补差。"诏："差监察御史周葵。"(《宋会要·选举》二〇之四)

十七日，诏："今次省试举人除合取人数外，特更取十名。有官、锁应、宗子零分，特更取一名。"(《宋会要·选举》四之二五)

十九日，殿中侍御史谢祖信言："前此陛下策多士于维扬，将入助教人并依下州文学特理选限。绍兴二年复援此例。其后星变肆赦，又以不曾赴试者亦许自陈，缘此冒恩者众。至如前榜，有官人登科循转官资，同进士出身并免铨试，皆非旧典，实启幸门。今选人在部未有差遣者近六百人，缘桩留黄甲窠阙，无可注拟。今若在末甲人与免铨试助教人，复依下州文学恩例注官，则加小惠于新进，而在部之人何罪焉？乞下侍郎左选，

除指留黄甲窠阙外，将其余一面注拟在部选人，庶免留滞之叹。"从之。（《宋会要·选举》二之一五、一六）

殿中侍御史谢祖信言："今日之患，官冗最为大弊。臣尝谓自今以往，澄其本原，非三十年有不能清，而况日月增加之乎？今额以十四人而取一人，正为中制。倘又增之，不足以为德，而适启侥幸之人尔。特奏进士老于场屋，祖宗以来，矜其既衰，赐之一命，以荣其身而已。又择其尤者为京府助教、文学，许其出官，德莫厚焉。然元祐之初，苏轼知贡举日，极论其害。今官冗之弊，视元祐为百倍；而版图陷没，视元祐才十之四。州郡困匮，黎元凋瘵，视元祐无十之一。前此陛下策多士于维扬，有司不为国家长虑，却顾徒以苟悦一时举人，将入助教人，并依下州文学，特理选限，固已不胜其滥矣。绍兴二年乃复再援此例，益启侥幸。其后星变肆赦，又以不曾赴试者亦许自陈，缘此冒恩者众。臣不当先事建言，但恐朝廷忽有行遣，则论奏不及。至如前榜，有官人登科，循转官资，同进士出身，并免铨试。皆非旧典，实启幸门。又，臣体问得吏部，选人在部未有差遣者近六百人，伺候日久，穷困流离，大段失所。乞下侍郎左选，除指留黄甲窠阙外，其余一面注拟在部选人，庶免留滞之叹。又，勘会绍兴二年陈之茂等一十九人，为文理纰缪及犯名讳，各补下州文学，后来并附第五甲末。夫犯名讳在不考试，有司之法也。祖宗以来，加惠多士，特赐文学助教之科，示不弃黜。盖有常典，未闻再许附进士之科也。至如文理纰缪之类，尤宜详精考校，务厌众心。前此舆议，以为纰缪之文，乃缘触犯忌讳之故。其后大臣闻之，于是奏附正甲。此盖一时失于慎重，遂紊祖宗之制。既失而得，进士举不足贵矣。今廷试在迩，伏乞戒谕有司，慎重其事，无蹈前失。"诏："正奏名缘科举曾经展限，已降旨特更取十名。余并依奏。"（《系年要录》卷九一）

申命淮东西宣抚司：优恤淮北士民之来归者。先是有旨：举人免文解一次。（《系年要录》卷九一）

是　月

礼部贡院言："试博学宏词科左修职郎、新详定一司敕令所删定官王璧,左迪功郎、明州州学教授石延庆题曰《观文殿学士江南西路安抚大使授永兴军节度使开府仪同三司都督川陕荆襄路军马事制》、《汉宣室箴》、《御书无逸图赞》、《唐折冲府记》、《统元历序》、《唐天下兵马大元帅克复京师露布》,考入下等,各减二年磨勘。"(《宋会要·选举》一二之一一、一二)

兵部尚书吕祉,以贤良方正直言极谏科荐,赐对便殿,公(胡铨)论持胜及纳谏,及虔寇,及营田事。……改通直郎、枢密院编修官。(《杨万里诗文集》卷一一八《胡公行状》)

八　月

(甲辰,三日)礼部贡院放榜,考校到合格进士樊光远等二百人,博学宏词科新敕令所删定官王璧、新明州州学教授石延庆二人。(《系年要录》卷九二)

(己酉,八日)翰林学士孙近、给事中廖刚、中书舍人刘大中以知贡举毕,同班入见。自是为例。(《系年要录》卷九二)

九日,翰林学士、知制诰孙近言:"祖宗廷试进士,差官初考、复考、详定,盖欲参用众见,以求实材。初考既定等第,乃加封印,以送复考;复定等第;而详定所或从初考,或从复考,不许别自立等。至嘉祐间,因王安石充详定官,始乞不用初、复考两处等第,别自立等,至今循袭为法。如此则高下升黜,尽出于详定官,而初考、复考殆为虚设。欲望复用祖宗旧制。如初、复考皆未当,即具失当因依奏禀,方许别立等第。"从之。右谏议大夫赵霈言:"崇宁御试《贡举令》,自有'隔二等累及五人,许奏'之文。臣近充详定官,以试卷与初、复考等第不同者闻奏,奉御宝,令编排所定夺。是使编排官得以兼详定之职,非特废法,恐自此遂为定例。乞今后隔二等累及五人,各开具集号,某说可取、合升某等,某说非是、合降某等,许依令奏闻,免令复加定夺。"从之。(《宋会要·选举》八之四一、四二)

九日,著作佐郎李公懋等言:"进士唱名,自政和以来,阁门浸废旧制,

令秘书省官立殿下，非故事，欲乞复祖宗之典。”有旨，除省试官外，余许依旧制，殿上侍立。(《南宋馆阁录》卷六)

于是，右谏议大夫赵霈为详定官，以试卷初、复考不同者具奏，御宝批送编排官、殿中侍御史谢祖信定夺。祖信别有升黜，悉依所定。(《系年要录》卷九二)

二十二日，上御集英殿，试礼部奏名进士。内出制策曰：“朕德菲陋，绍承大统，遭家多难，求济未获。是以博延豪俊，咸造在廷，觊闻治道之要。子大夫其必尽精极虑，乐为朕言之。盖闻在昔圣王之治天下，正心诚意，躬行乎上者，固自有道。而措诸事业之间，则或宽或猛，或质或文，变通随时，不胶于迹。故其成效，布在方册，昭昭乎其可观也，朕甚慕之。越自即位，九年于此矣，思欲雪父兄之耻而复祖宗之烈，夙夜祇惧，罔敢荒宁。而施为缪戾，治效缺然，深惟其故，不惮改作。间者乃下铨量之令以择吏，而真才犹未显也；严科敛之禁以恤民，而实惠犹未孚也；谨简练之法以治兵，而冗食犹未革也。夫吏道未肃，民力未苏，兵势未强，朕之治所以未效也。顾何以辑事功，弭祸乱哉？而建议之臣，并欲考课以核殿最，省官以抑奉稍。力役不足以供饷馈也，为之屯戍、营田以宽之；赋入不足给调度也，为之平准、均输以佐之；爵赏未艾也，为之定武功之等；纪律未明也，为之参府卫之制。凡若此者，其合于古、便于今乎？其或有不然者耶？虽然，此治之迹也。上之欲三辰明，四时序，灾沴不生，而动植遂性；下之欲风化行，习俗厚，奸宄不作，而中外协心。兹可以占天人之助矣，夫何敌不克？何难不济？兴复大业，其庶几乎！子大夫以为何修何营而可以臻此，其条列而茂明之，务适于用，朕将有稽焉。”得正奏名汪洋赐名应辰以下二百二十人，第为五等，赐进士及第、出身、同出身。内王日休为杂犯，赐同学究出身。特奏名汪乔年以下二百七十二人，赐同进士出身、同学究出身、京府助教、上下州文学、诸州助教。(《宋会要·选举》八之三、四、五)

二十二日，上御集英殿，策试武举进士。(《宋会要·选举》一七之二六)

二十三日，上御集英殿，策试武举弓马。(《宋会要·选举》一七之二六)

二十四日，御药院言："进士祝公达妄称该免解，赴试过省。"诏："特免驳放，候唱名降等推恩。"(《宋会要·选举》八之四二)

周紫芝《拟廷试策》：臣闻人臣以直谏为忠，人主以听言为明，此尧舜三代不易之道也，臣独以谓不然。夫直言以立忠臣之节，固人臣之愿也。然言不贵直而贵在可用，言而不可用，则言虽直，适足以杀其躯而已矣，果何补于治哉！善听以纳天下之言，固人主之职也。然言不贵听而贵在必行，所听不能行，则听虽勤，适足以眩惑其耳目而已矣，亦何补于治哉！尧舜三代之时，臣不自以为忠而有言，则期于必用；君不自以为明而听言，则期于必行。是以君明臣良，都俞赓歌于堂陛之间。辞若缓而所以告戒之意甚切，事若微而所以虞祸之意甚深。谏行于帷幄之间，而利及于四海之外，天下之人皆由之而不知也。今陛下策士于廷，躬劳圣问以求天下之直言。不知陛下求天下之言，将择其可用者而行之乎？抑姑以示兼听博询以为天下之观美而已耶？臣愚一介书生，僻在田野，郡太守、部刺史不以臣不肖，使得充赋随计在廷。顾臣之愚陋，岂足以仰承大对。然臣窃披圣问，至其"茂明之务适于用"，然后知陛下之意不徒求其言之有可采，盖将推而行之也。臣固愿效匹夫负薪之言，少裨前旒黈纩之听，唯陛下择焉。

臣伏读《圣策》曰："朕德菲薄，绍承大统，遭家多难，求济未获。是以博延豪俊，咸造在廷，冀闻治道之要。子大夫其尽精极虑，乐为朕言之。"臣于此有以见陛下之好言非特求之，盖将用之也。恭惟圣朝临轩策士，访以当世之务，所以图大计而定国是，达下情而求民隐也。然而国初以来，沿袭旧制，犹且试以声病之文，兼以子史之论，谓之三题。当时固有豪杰之士，怀经济之策，而不得少伸其喙。自熙宁庚戌以来，始变以策，而直言敢谏之士相继杰出，可谓善矣。然而议者犹以三年策士以求至言，特有司奉行故事而已。未闻取其言而用之，以布告中外，使晓然知之曰：朝廷之行某事，用某臣之言也。是下有敢言之士，而上有用贤之实矣。今陛下绍承大统，遭家多难，求济未获，而博延豪俊，冀闻治道之要。且使尽精极虑，乐为陛下言之。则陛下之求言，岂止奉行故事而已！臣闻天下多事则匹夫之言重于太山，无事则公卿之言轻于鸿毛。今天下可谓多事矣，此匹夫之言得以自达之秋也。臣窃见周之成王，承文武治安之后，遭国家多难之时，商民未靖，管蔡流言，天下殆哉，岌岌乎其危矣。成王以幼冲之资，嗣无疆之服，而勤勤求言，常若不及。故《访落》嗣王谋于庙之诗也，《小毖》嗣王求助之诗也。其诗曰："闵予小子，遭家不造，嬛嬛在疚。"又曰："未堪家多难，予又集于蓼"也。"闵予"者，哀痛恳恻以求之之辞也；曰"予小子"者，谦抑自损以冀闻其言之辞也；曰"在疚"、曰"集于蓼"者，告以病而且苦之辞也。盖人主之求言恳切则言愈逊，言愈逊则下之告上也情益至焉。此祸难所以可平，而太平所以可致也。今陛下以遭家多难，求济未获，博延豪俊，冀闻治道之要，则可谓如成王之用心矣。臣恐陛下求言未必如成王之切，听言未必如成王之诚，而用言未必如成王之速也。使陛下果能竭成王求言之心，体成王听言之道，博问以增其所未闻，广听以求其所不逮，虽太平之治可图，何止是陛下求济未获之心而已矣。

臣伏读《圣策》曰："在昔圣人之治天下，正心诚意，躬行乎上者固自有道，而措之事业之间，则或宽或猛，或质或文，变通随时，不胶于迹。故其成效著在方册，昭昭乎其可观也。朕甚慕之。"此陛下志诚愿治，欲远追唐虞三代，以跨越汉唐之陋者也。臣闻圣王之治，有本有末，及其成功也，要在随时而已。尧以是道而传之舜，舜以是道而传之禹，禹以是道而传之汤，汤以是道而传之文、武、周公，此治之本也。夏尚忠，商尚质，周尚文，三代之忠质文相救如循环，此治之末也。圣人端本于上，垂拱无为而天下治。至于应时之务，则或宽或猛，或质或文，亦视其时之如何尔。臣尝诵尧舜二《典》，以考二帝之治矣。尧之治其载于书者甚简。至舜则申命九官以缉熙庶政，流窜四凶以威服强梗，巡狩诸侯以观省风俗，其为治甚详焉。非特二帝之治如此，自唐虞而观三代，则唐虞建官不过于百，夏商则倍之。岂尧治简而舜治详，唐虞官少而夏商官倍，固相违异如此哉？亦时焉尔。陛下道德广大，智虑渊深，其于治道之要固已得之于心术之间矣。宜其变通随时，不胶于迹，而一时之治犹若未能与尧舜三代分路而扬镳，此陛下所以谆谆而慕之也。昔人有言："临渊羡鱼，不如退而结网。"临政愿治，不如退而更化。陛下与其远慕于前圣，曷若近法诸心术？凡吾心术之所得者，亦前圣之所行也。在陛下加以至诚不苟之心，济以力行不倦之志,去其憸薄邪佞之人,抑其歆羡不急之好,度凡可以汩心术而害治道者屏而去之,然后推吾所得于前圣之书者而力行之,则是能传尧舜禹汤文武周公之道于寥寥千载之后也,顾不韪哉!

臣伏读《圣策》曰:"越自即位,九年于兹,思欲雪父兄之耻,而复祖宗之烈。夙夜祗惧,罔敢荒宁。然而施为缪戾,治效阙然,深维其故,不惮改作。"此又陛下内怀谦冲退托之意,外严恐惧修省之行,思欲广大孝于天下,嗣历服于无疆者也。窃惟陛下躬行尧舜孝悌之德,蹈文武忧勤之劳,日夜念治,而又不惮改作,宜其治道益隆,海内益安,可以柔远而能迩,可以治人而事天,可以偃武而修文,可以制礼而作乐。方且自谓治效阙然,深求其故,而又不惮改作。臣谓陛下既有求治之意,则又当深明乎求治之术也。陛下即位九年于兹,左右辅弼之人进而用者不知其几也,法度号令之施变而更者又不知其几也,陛下岂乐为是纷纷者哉?盖将以求治安之效焉尔。而治且如此,则盍亦反其本矣。尧之九官皆终其身而官不徙,成汤之相得一伊尹而商治举矣,成王之相得一周公而周治举矣。陛下之用相,远不过三年,近不逾再岁,方进而用,旋复罢遣。故前相之所用,后相之所去;前相之所行,后相之所易。人才之贤否在所不问也,政事之是非在所不问也,而一切变易之,则陛下之用人可谓不专矣。吏部铨选之法,百官由此以进退,政治之废兴在此也。今有补授官曹至于累岁,而为有力者夺而去之。赦令宽恤之书,与天下更始,四方之所取信在此也。今有天子诏旨犹挂壁墙,而催科之吏已遍墟落,则陛下之号令可谓不一矣。陛下专心图治,不惮改作,不恤群议,如盘庚之迁都,周公之征三监可也。若止于如是而望治古之盛,是犹却行而求前也,不亦远乎?臣愿陛下专辅相之任,谨号令之出,使用而必可信,令而必可从。然后慎守而力行之,俟以岁月,自然功成。又何必以不惮改作为勤哉!

臣又伏读《圣策》,见陛下以下铨量之令而真才未显、严科敛之禁而实惠未孚、谨拣练之法而冗食未革为忧,臣然后知陛下之果有意于图治功也。人主之相士,如九方皋之相马。九方之相马,骊而谓之以黄,牝也而谓之牡,彼其所得者在于精神心术之表,而不在乎骊黄牝牡之间。故寓目而顾,则冀北之群为之一空。汉高一见韩信,未有尺寸之功而付大将之任,果立大功。金日磾牵马过殿下,武帝呼而上,与之言,倚以腹心,为汉忠臣。乃知人主之知人在于心术之间，殆不可以言喻而事举。陛下下铨量之令而求真才，是犹按伯乐之图而求良马。且天下之大，人才之众，不可胜察久矣。陛下何不论一相而用之，使之旁招俊乂，列于庶位，则陛下之人才有不可胜用者矣。何忧真才之不出欤？昔齐威公出游，见父老，命之食，曰："请遗天下食。"遗之衣，曰："请遗天下衣。"曰："吾府库有限，安得而给？"曰："春不夺时，农即有食；夏不夺蚕，农则有衣。"今陛下严科敛之禁，将以孚实惠于民而益贫，此无他，陛下有忧民之心而州县无行法之吏也。臣在田野，与父老语，咸谓陛下诏令温厚，每下宽大之事，未尝无恤民之意。奈何州县之吏恬不介意，如急文移以敛既捐之租，抑邻里以偿逋逃之赋。民之输粟一斛，必取其倍，谓之羡余；州县差夫，朝廷明禁而官吏公行，谓之和雇。若此之类，未易毛举。监司不问，朝廷不知，甚负陛下恤民之意也。臣以谓严科敛之禁未足以惠民，不若察州县之吏，诛其暴虐，使不夺其时，是开天下衣食之源也。何忧实惠之不孚欤？先王立司马之官，设六军之众，因井以制军赋，而税以足食，赋以足兵。大抵地方一里为井，井十为通，通十为成，成十为终，终十为同。同方百里，同十为封，封十为畿。畿方千里，而六军之制备矣。当是之时，民隐于农，食足于赋，兵有定员，赋有定数，又安有冗食之弊哉！而又连帅比年以简车卒，正三年以简徒群，牧五载以大简车徒，此兵所以皆精而食所以无冗也。今天下之兵付以一二大将，尺籍伍符漫不复省。盖未闻上功首虏，差六级而下之吏削其爵者也。遂使大将滋冗兵以市恩，朝廷按空籍以给食。臣愿陛下稍加绳约，岁遣大臣简阅车徒，仿佛先王之制而为之诛赏，则又何忧冗食之弊欤！

臣又伏读《圣策》，以建议之臣欲考课以核殿最，省官以抑俸稍，屯戍营田以宽力役，平准均输以给调度，以至定武功之等以立赏罚，参府卫之制以明纪律，求合于古而便于今者，顾臣之愚，何足以知之？臣闻唐虞之际，圣明在上，内有百揆四岳，外有州牧侯伯，九官并任，济济相先。而众贤和于朝，固无幸位之臣矣，而九载之间犹不忘于黜陟。成周之盛，凡吾有官君子，非学古入官之人，则乡举宾兴之士。内之六卿分职率属以倡九牧，外则六服群辟罔不承德，亦无幸位之臣矣，而三年之间犹不废于诛赏。则考课之法非不善也。京房以谓帝王以功举贤则万化成，以毁誉取人故功业废。而欲创考功课吏法，然其法烦碎，令上下相司而卒不可用。彼殊不知三代以直道而行，则毁誉出于公；后世专任私情，则毁誉出于口。此考课之法所以无益于实用也。陛下果欲行之，必得持公心、申直道、清介无私之人，为陛下精核其人则可矣。不然，则法制虽密，是未免于京房之弊也。设官所以治民，官得其人则民受其利，官非其人固已不可。至于兵盗之余，下不胜困，宜拊以清净，养以膏粱，简事以息其力，薄敛以丰其财。而乃官吏增多，胥徒浸盛，大抵不过吏部铨曹欲泄冗流，而不知官多所以病民也。汉光武以英敏之资，躬百战之劳而得天下。即位之初，未遑他事，但闻首减内外四百余县而已。意者其为斯民息黥补劓，莫此为急乎？由是观之，陛下欲省官以息民，正今日之急务。臣窃以谓欲省猥多之员，必先革冗官之弊；欲革冗官之弊，必先清入仕之流。流清则官可省、员可减矣。不然，则骤而去之，官必失所，怨必上闻，非人之情也。屯戍营田之法，昔人固尝用之矣。能使敛不增于民而军资以给，得不谓之良法乎？臣愚闻制而用之谓之法，推而行之存乎人。法虽良而推行者未得其人，不见其利也。昔赵充国与汉宣帝议屯田，反复二千言。初上奏则曰："臣所将吏士月费粮谷十九万九千六百三十斛，难久不解，徭役不息，诚非素定庙堂之策。"宣帝不从。既而，又上奏曰："屯田内有亡费之利，外有守御之备。敌见万人留屯，为必擒之计，其归德宜不久。此不战自破之策也。"宣帝乃用充国计，卒成破羌之功。夫以全盛之汉而备一方之寇，其长虑却顾犹且如此。况我国家连年用兵，兵食一岁不知其几，而独仰于常赋之出，非计之得也。曩者朝廷讲明屯田利病，申饬有司，耕垦废田。法非不善，令非不严，而奉行者未必尽得其人。一切苟简，务应文书而已。陛下诚欲得营戍屯田之法，必得其人如充国者然后可也。昔者公仪子之相鲁也，之其家见织帛，怒而出其妻；食于舍而茹葵，愠而拔其葵，曰："吾已食禄，而又欲夺园夫工女利乎！"董仲舒以谓天子大夫者，下民之所视效，又岂可以居贤人之位而为庶人之行哉！武帝用桑宏羊以取民利，仲舒之言盖激而有云。平准均输之法，与坐市廛者争什一之利，不得已而用之。虽足以纾一时之急，而未免后世之訾也。今天下之大，四海之广，贡赋之入，山泽之饶，陆海县郡不知其几，顾何求而不得？臣愿陛下岁下汉文之诏，使劝课农桑出入阡陌者咸得其人，则益敦本而国用自足，何必区区取汉唐之弊法而行之乎！凡臣所陈四策，在陛下择其可行者断而行之尔。至于武功之等，府卫之制，则臣尝闻之矣。初，秦爵一级曰公，必至二十曰彻侯。高祖既定天下，分为十有七级。班固皆谓制级以赏功劳，此汉之定制也。武帝元朔六年，始诏置武功赏，以宠战士，其诏曰："今大军将仍复克获，受爵赏，而无所流貤，其议为令。"而有司请丰武功赏。夫征伐者将帅之功，爵赏者人主之柄。今也与以爵而使流貤，则是无功者可以买爵，而天子之柄下移于将帅矣，臣不知其可也。武帝宠用卫青失于太过，而恩泽缪滥以至于此。陛下定武功之等，必先明将士之功，然后予以爵焉，则足以厌天下之心矣。汉武之法不足为陛下用也。府卫之制起于西魏、后周，成于隋而备于唐。唐之制，六卫曰翊，曰骁骑，曰武，曰屯，曰御，曰候，皆有左右，是为十二卫。凡天下一道置府六百三十四，皆有名号。关内三百六十有一，皆以隶诸卫。将帅有事则出征，事已则复归于京师。是以兵重于内而轻于外，权归于天子而不在于诸侯。陛下果欲参府卫之法，必先收诸将之权，宿兵于内，然后其制可得而参矣。

臣伏读《圣策》曰："虽然，此治之迹也。上之欲三光明，四时序，灾沴不作而动植遂性；下之欲风化行，习俗厚，奸宄不作而内外协心。兹可以占天人之助矣。夫何敌不克？何难不济？兴复大业，其庶几乎！"臣闻天道至远，其视听则甚近；人心至众，其好恶则甚同。圣人知天道之甚近也，故钦承之而不敢忽，面稽之而不敢背，兢兢然，业业然，朝夕儆惧，惟恐贻谴于天而不可解也。天知圣人畏之者如此，则其爱人君之心亦如是其至也。是以三光明，四时序，灾沴不作而动植遂性焉。圣人知人心之甚同也，则必因民之性而不敢违，顺民之心而不敢逆，一言一动，一念一虑，惟恐不合乎民之情而致其所恶也。人知圣人顺之者如此，则其戴而仰之亦如是其至也。是以风化行，习俗厚，奸宄不作而内外协心焉。恭惟陛下以不世出之资，而膺千载难逢之运，上谨天戒，下畏民言，臣犹为陛下进之。孔子曰："唯天为大，唯尧则之。"《诗》曰："上天之载，无声无臭。仪刑文王，万邦作孚。"陛下克谨天戒，恐惧而不已，则又将上同乎唐尧、周文，与天同德而无间焉，臣之惓惓犹以此而望陛下也。董仲舒曰："尧舜之民，比屋可封。"《诗》曰："既醉以酒，既饱以德。"人有士君子之行焉。陛下祗畏民言，戒慎而不已，则又将跻民于尧舜、成周之域，臣之惓惓犹以此而望陛下也。陛下神潜智独,优入圣域,则其所闻所知固已迈五帝而跨三王。傥能尊所闻而行所知,则尧舜、周文之盛似不难到,事在强勉而已矣。然则何敌不克?何难不济?何足为陛下道哉!

臣愚山林薮泽之士,固不足以讲明当世之务,独其所闻于古者如此。意可以少摅涓尘之虑,上裨日月之明。困于无阶,不得上达。今幸与韦布,得望穆穆之清光于宸廷之下,愿效一鸣,以伸昔志。陛下始诏臣,使尽精极虑,以陈治道之要。中策臣以当世之务,且终以天人和同之事,臣固以条陈其万一矣。然是三者,在陛下皆优为之,而臣所愿于陛下者,益圣学以广帝王之业,而略近效以收圣神之功也。陛下越自即位,九年于兹,思欲雪父兄之耻,复祖宗之业,似若亟于图治,上勤圣虑者。臣请以唐事明之。天宝十五载,安禄山陷长安,肃宗即位于灵武。是年九月癸卯复京师,壬子复都,其于克复之效可谓神速矣。然而,肃宗赖将帅之忠贤,收成功于指顾,而父子夫妇之间内无可称,君臣上下之际外无可述,固不足多美。孔子曰:"如有王者,必世而后仁。"《易》曰:"圣人久于其道,而天下化成。"臣愿陛下体孔子必世之言,遵羲易化成之道,俟以岁月,持以诚心,将见陛下垂拱无为以底巍巍之治矣。臣所谓略近效以收圣神之功者,此也。如此,则何治之弗举?何患之弗除?凡陛下博询于多士者,皆不足以勤圣心之虑矣。臣愿陛下体天地包容之量,恢圣人临照之明,恕臣之愚,察臣之意,毋谓臣言迂阔而不适于用,实万世无疆之休。唯陛下察焉,幸甚!臣谨对。(《全宋文》卷三五一四)

是　月

川陕类试第一人,依殿试第三名推恩。(《续宋编年资治通鉴》卷四)

九　月

四日,诏:"唱名应不给敕人,依例并赐袍笏。"同日,特奏名进士吕衍等状:"祖宗优恤五路人,唱名乞特赐升等。"从之。七年二月九日,诏王岩叟等三十四人,八年五月二十九日,诏李斐彝等各并升一等。(《宋会要·选举》八之四二)

四日,广南东路漕臣特降两官。以差无出身人陈涣充封州考试官故

也。(《宋会要·选举》二〇之四)

四日,诏:"进士唱名日,除省试官外,馆职依旧制殿上侍立。"自政和以来,浸紊旧制,令立殿下。至是,著作佐郎李懋有请,从之。(《宋会要·职官》一八之二六、二七)

五日,上御射殿,宰执呈黄中策卷第一,系有官人。上曰:"故事如何?"沈与求曰:"臣闻皇祐元年沈文通考中御试进士第一人,系有官人。仁宗曰:'朕不欲以世胄先天下寒俊。'遂以冯京为第一,文通第二。"上曰:"可用此故事。"遂擢汪洋为第一。(《宋会要·选举》二之一六)

乙亥(五日),上御射殿,赐进士汪洋等二百二十人及第、出身。时右修职郎黄中对策言:"陛下贵为天子,富有四海,而两宫北狩,阙然温清之奉者,十年于此矣!人生天地之间,如白驹之过隙,所谓十年者,岂可多得?陛下思念及此,岂不为之痛心?然臣恐陛下有思念忧惧之言,而未有思念忧惧之诚心也。故凡有是诚者,必有是事。臣不识陛下所改作者,果何等事耶?今天下之弊可谓极矣,臣不能以遍举。要之,非蹈常袭故者所能为也。臣愚以为独在于陛下,安之以诚,益之以刚健,明诏二三执政大臣,思有所矫拂于世俗,事事刮磨整齐之。必尽去天下之宿弊,而为之一新其耳目。然后治效将有可观,祖宗之烈为可复,父兄之耻为可雪也。陛下欲实惠及民,当先为省财之术,宜约祖宗兵数,立为定制。自今募兵,皆以年二十以上,至年五十而罢遣之。痛削任子之法,纵未能如祖宗之数,要亦不可过三岁取士之制。此省财之一端也。"

洋策言:"治道之要,不在乎他,在反求诸己而已。臣不知陛下之志,将行帝王之道耶?抑将为霸者之事耶?今圣策乃以正心诚意为言,则帝王之道,陛下固知之矣。臣愿陛下以帝王之道为可以必至,以圣人之言为可以必信,勤而行之,不自懈怠。夫都邑之迁徙,宰臣之废置,进取之前却,政事之措划,人才之进退,皆当今之大事而不可不为者。乃纷纷不定,则陛下所以为自治之计,从可知矣。臣恐敌国之有以窥陛下也。彼刘豫之为逆臣,神人共愤,固不当与之较彼此之势。然使彼一旦遽能迁善而改过,发政而施仁,有以深服于人心,则陛下之势岂不危哉?愿陛下以混一区宇为心,使施设措置莫不当理,从谏如转圜,见善如不及,纯而不已,盛德日进,使海内皆有归往之心。然后大举六师,削平蓄伪。所谓以天下之所顺,攻亲戚之所叛也。惟陛下力行之耳。今日之事,陛下将责之宰相,兴利而除害耶。苟非陛下信之笃而用之专,如齐小白之于管仲,则宰相之贤者方且畏惧而避嫌,而其不贤者又将因循以败事矣。将责之台谏,使之进贤而退奸耶。苟非陛下谏则必行,言则必听,如唐太宗之于魏郑公,则台谏之贤者方且量力而就规,而其不贤者又将观望而言事矣。又将责之山林特起之士,使之献可而替否耶。苟非陛下尽礼以致之,克己以从之,若蜀先主之于诸葛亮,则山林之士其贤者方且奉身而退,而其不贤者又将谄谀以求进矣。"

详定官、中书舍人胡寅等定中为首选,辅臣奏中系有官人,上问故事如何,沈与求曰:"臣闻皇祐元年,沈文通考中第一,仁宗曰:'朕不欲以贵胄先天下寒畯。'遂以冯京为第一,文通第二。"上曰:"可用此故事。"遂擢洋为第一。时新复诗赋,上欲重其选,策试日,谓大臣曰:"诗赋取士,累年未闻有卓然可称者。俟唱名日,可将省试诗赋高等人特与升甲,以劝多士。"遂诏省试魁赋郑厚循二资,与升擢差遣。中,潜善族孙;厚,莆田人也。

同日赐特奏名进士汪乔年以下二百七十二人同出身至助教。诏:"五路人依祖宗故事,与升等。"而取应宗子不尤等四人,武举正奏名进士张深等五人,亦次第补官。自是以为例。(《系年要录》卷九三)

汪应辰《廷试策》:臣闻治道不在多言,顾力行何如耳。行帝道则帝,行王道则王,行霸道则霸,未有力行而不至者也,未有不能力行而能至者也。今陛下策臣于廷,询之以天下之大计,曰觊闻治道之要。顾臣浅陋,何足以奉承大问,臣谨以所闻于师者言之。窃以为为治之要,特在于反求诸己而已。盖天下之事,未有不本于一人之躬行也。天下皆不仁,宜不可为也,然人君一为仁,则天下相率而趋于仁矣。天下皆不义,宜不可为也,然人君一为义,则天下相率而趋于义矣。故爱人而人不亲,则是仁有所未至也,能反吾之仁,则人自亲矣。治人而人不治,则是智有所未至也,能反吾之智，则人自治矣。凡行有不得，皆反求诸己。吾之一身既正，则天下心悦而诚服，若风草之必偃，自然之理也。故曰治道之要，莫先于此者也。以修己安百姓为病，此尧舜之所以反求诸己也；以百姓有过为在予一人，此汤武之所以反求诸己也；小人怨詈则皇自敬德，此高宗、中宗、祖甲、文王之所以反求诸己也。“古之欲明明德于天下者，先治其国；欲治其国者，先齐其家；欲齐其家者，先修其身。”孔子之言治未尝不反求诸己也。“天下之本在国，国之本在家，家之本在身。”孟子之言治又未尝不反求诸己也。是道也，尧以是传之舜，舜以是传之禹，禹以是传之汤，汤以是传之文、武、周公，文、武、周公以是传之孔子，孔子以是传之孟轲。数圣人者，达而在上，则力行此道以泽天下；穷而在下，则力行此道以诏万世。自孟轲之死，始不得其传，此微臣所以有望于陛下也。今陛下果能反求诸己而力行之，则凡所以问于臣者，臣虽不言而治道固已举矣。不然，则臣虽欲言之，无益也。然而《圣策》下询，则臣之言有不得而默者，谨一二而对。陛下当见此理之昭然，而不复疑矣。

伏读《圣策》，首慕古先圣王之治，若有所仰望而不可企及者。臣窃以为圣王之治，其则不远，陛下反求诸己，在先立其志尔。陛下聪明神武，首出庶物，其于天下之事，若不足为者，但陛下未之为耳。夫以金人之入中国，莫有当其锋者，宜若不可与之较也。然去冬警奏既闻，陛下赫然震怒，亲总戎辂，号令六师，而敌人自遁。所以然者，以陛下之英断而不惮于勤劳也。湖湘之寇，弄兵潢池，为患久矣。陛下委之贤将，授以方略，不出数月，遂能歼厥渠魁，去历年深根固蒂之盗，而安千里刀刃之余民。所以然者，以陛下之明略而长任使也。夫以陛下已能之事如此，而可见之效又如此，此臣所以知陛下之必能复古先圣王之治，第恐圣志有未加焉耳。臣不知陛下之志，将兴衰拨乱行帝王之道耶？抑将趋小利，急近功为霸者之事耶？今《圣策》乃以正心诚意为言，则夫帝王之道陛下固已知之矣。曾子曰：“尊其所闻则高明矣，行其所知则光大矣。”陛下诚能以其所闻所知，尊而行之，则高明光大，孰能御之哉！至于措诸事业之间，宽猛文质之宜，特其余事而已。臣愿陛下立志以为本，以帝王之道为可以必至，以圣人之言为可以必行，法天行健，不自懈怠，日进一日，新而又新，则二帝三王之事岂有不可为者哉！惟陛下力行之尔。

伏读《圣策》，以“粤自即位，九年于此，思欲雪父兄之耻而复祖宗之烈，夙夜祗惧，罔敢荒宁，施为缪戾，治效阙然，深维其故，不惮改作。”臣以为此则在陛下反求诸己而先自治也。昔杜牧论收复山东之策，而以自治为上。牧之言，万世之砭石也。今陛下欲雪父兄之耻而复祖宗之烈，盍亦先于自治乎？草茅之士，不知朝廷所以为自治之计者何也。昔之人君，虽当干戈扰攘之际，亦必先择形胜之地，以为根本之图。故高祖之兴，根本关中；光武之兴，根本河内。今也不然，譬彼舟流，不知所届。自维扬而之临安，自临安而之建康，自建康而之会稽，自会稽而再之临安，是都邑之迁徙，未始有定论也。越王之欲伐吴，与种、蠡协谋，凡二十年然后得以逞其志。今也不然，今日以某人言某人之善而相之，而明日又以某人之毁而罢之。自艰难以来，所置辅相凡几人矣，是宰相之废置未始有定论也。中间尝用留守兵，欲率励群帅复收赵魏矣，几渡河而辄罢。又尝以宰相都督诸军，议遣大将，欲涉淮以趋宿、泗矣，俄而中辍。是进取之前却，又未始有定论也。至于号令之间，如所谓前降指挥更不施行之类，则于措画政事，何其无定论也！如所谓以差下人别与差遣之类，其于进退人才，又何无定论也！夫都邑之迁徙，宰臣之废置，进取之前却，政事之措画，人才之进退，皆国家大事不可易为者，而乃纷纷不定如此，则陛下所以为自治之计，臣窃恐为敌国之所窥也。如此而欲雪父兄之耻，复祖宗之烈，正犹却行而求及前。九年之间，治效阙然，固其宜也。今陛下果能翻然奋悟，不惮改作，则中兴之业殆犹反手之易。愿先定大计，然后从事，毋为此纷拏错乱而无归宿也。凡我之所以自治者，无所不至，卓然有不可胜之备，则为之而成，动之而功，将无不可者矣。又何以治效之不进为忧乎！惟陛下力行之尔。

伏读《圣策》，以真才之未显，实惠之未孚，冗食之未革为虑。臣以为此诚当今之宿弊，而其所以治之，则在陛下之反求诸己也。夫吏道未肃，宰相之责也；民力未苏，郡守县令之责也；兵势未强，诸将之责也。臣窃谓天子之于天下，所欲必得，所求必至。上之所好者玩异，则下之人以玩异而献矣；上之所好者财利，则下之人以财利而献矣。盖未有上好之而下违之者也。今陛下下铨选之令，则诚有意于肃吏道矣；严科敛之禁，则诚有意于苏民力矣；谨拣练之法，则诚有意于强兵势矣。然而真才之未显，则是宰相进贤退不肖有未尽也；实惠之未孚，则是守令承流宣化有未良也；冗食之未革，则是二三将臣训兵整旅有未善也。夫人君之诏也若声，而其下应之也若响。苟好恶一萌于方寸，虽不形于言词气色之间，而下之人逆探其意而迎合之矣。今陛下以是三者为宵旰之忧，发于诏令，而下之人犹不能奉承之，无乃陛下诚有所未至耶？苟诚未至而徒为空言，则虽日下诏书，果何补于事哉！臣窃见朝廷前日以郡县之吏多非其人，乃诏侍从、台谏、馆阁之臣，使各举所知，以备其选，一时在位之士，盖尝以其所知而举之于朝矣，而未尝出其姓名而试其用也。又尝下诏，以今之守令有历任虽多而才非所堪者，皆使退从散局，当时盖尝略行之矣，而今则又复废弃而不举也。则是择吏诚有所未至，此真才所以未显也。数年以来，民不堪命，虽诏书出于上，而虐令阻于下。诳以出力自保，则调发其丁夫；恐以犒设赡军，则厚裒其钱谷。弓材弩料，竹箭皮革，日日征求，物物取办，夤缘奸弊，下不聊生。乃复宽下赦文放其租负，而律文又以分数为限，实不能免。苟以欺之，则是恤民诚有所未至，此实惠所以未孚也。今士卒骄惰，赏罚不明，无所别择，一切安养姑息之，惟恐一夫变色不悦，幸其无故则已矣。教习击刺，叫噪号呼，有如聚戏。金鼓旗号，白梃小队，皆效敌人，节制荡然，虽其将帅莫敢自保。至于冒请月俸，虚糜饩廪，盖有诡名而请者矣，盖有以使臣之名而请者矣，盖有借补官资而请者矣。朝廷知之，莫敢禁止，则是治兵诚有所未至，此冗食所以未革也。凡此三者，陛下苟能加之以诚心，则必有能为陛下任其事者。苟诚心未至，则在下之人虽欲奉承而行之，有不可得矣。惟陛下力行之尔。

伏读《圣策》，且欲考课以核殿最，省官以节俸稍，屯戍、营田以宽力役，平准、均输以佐赋入，以爵赏之未艾则欲定武功之算，以纪律之未明则欲参府卫之制。臣以为此皆今之良法，而其所以行之，则又在陛下之反求诸己也。昔唐虞之法则九载而黜陟，周官之法则三岁而诛赏，而朝无幸位，官无旷职，是考课固所当先也。光武下诏，减内外四百余员；太宗创制，定文武七百余员，而国用以足，民事亦理，则省官又在所当先也。二者之法，诚足以核殿最而节俸稍矣。然臣以为法之必行，陛下不可不先正其心术也。司马光有言，曰："考课之法，其本在于至公至明而已。"功状者，迹也；功明者，心也。己之心不能治，而欲以考人之迹，不亦难乎？诚以人主一有偏党之心，则以愚为智，以是为非，但徇一己之爱憎，不复问其人之贤否，而人才于是乎溷淆矣。此考课之本所以在于正心术也。荀况有言，曰："省官不如省事，省事莫如清心。"诚以人主嗜好既形，下皆辐辏而趋之，各求自售，则名器必自此滥矣。此省官之本所以又在于正心术也。陛下诚能不以亲疏贵贱异其心，喜怒哀乐乱其志，使邪佞不得以惑之，谄谀不得以入之，如此则考课省官之法始可得而行矣。屯戍、营田，韩重华常用之矣，终足以赡边将之用而省度支之费；平准、均输，桑弘羊常用之矣，终能使敛不及民而上用自足。则二者之法，诚足以宽力役而佐赋入矣。然臣以为欲法之必行，陛下不可不先明于任使也。汉宣帝与赵充国议论疆埸之事，一时在廷之臣，或以为是，或以为非。充国以为明主可为忠言，条列利害，反复凡数千言。宣帝信任而不疑，终获破羌之功，而收屯田之利。以充国之事观之，则营戍、屯田，在陛下安得不明于任使也？唐之刘晏，初得渠河之利病，乃畏为人牵制，而移书于朝廷。朝廷以其言为可行也，遂以漕事委之，故晏得以尽其才。及臣考其行事，晏之掌邦计也，凡始于广德之二年，而终于建中之元年，前后十有六年，乃始得以成其功。以晏之事观之，则平准、均输，在陛下安得不明于任使也？陛下诚能搜揽人材，经略世故，取其所长，弃其所短，久任而责成之，则屯戍、营田、平准、均输之法始可得而行矣。武功之等，在秦则凡一十七级，然臣以为纪纲先振然后始可得而定其等也。昔唐之肃宗，当干戈多难之际，朝廷之势日以委靡，爵赏滥冒，莫此为甚。将军告身，才易一醉而已。夫所以至此者，皆本于纪纲之不振而然也。惟上之纪纲日以不振，故其下皆有觊觎之心以邀其上，而上之人不得而不与，此武功所以滥冒也。然则，今日之事盍亦取监于肃宗而先振其纪纲乎？府卫之制，在隋则凡十二卫，在唐则凡十六卫，然臣以为亦必纪纲先振然后始可得而参其制也。昔唐之明皇，承晏安太平之后，苟且偷安，昧于远图，政令日弛，法度日隳，诸卫之兵，浸以贫弱，百姓苦之，而张说始献彍骑之议。夫所以至此，亦以其纪纲之不振而然也。惟其上之人纪纲日以不振，废而不举，弊而不修，此府卫所以败坏也。然则，今日之事又盍亦取鉴于明皇而先振其纪纲乎？凡此数者，考之于古，验之于今，以臣观之，莫不可行。而其所以行之，则在陛下正其心术，明于任使，而振其纪纲焉耳。古人所谓神而明之，存乎其人，有治人无治法者，凡以此也。惟陛下力行之尔。

伏读《圣策》，曰上之欲三辰明，四时序，灾沴不生，动植遂性，臣愿陛下反求诸己而应天以实可也；下之欲风化行，习俗厚，奸宄不作，而中外协心，臣愿陛下反求诸己而动民以行可也。臣闻之《诗》曰："文王陟降，在帝左右。"《书》曰："面稽天若。"言圣人之奉天，如在其上，如在其左右也。是以颠沛造次不违于仁，出入起居罔有弗钦，凡以畏天之威而奉之尔。大抵天道虽至高而下，虽至远而迩，虽至神而明。人君一念一虑之失，则足以伤天地之和；一言一动之善，则足以同天地之德，善恶之应，速于桴鼓。臣窃观于今岁之夏，甘雨愆候，陛下焦心劳思，上惧天戒，下忧民瘼，不忘于食息之间。既有膏泽继降，不出于旬日之内，盖以陛下诚有惨怛之心也。古之人所以大过人者，无他焉，善推其所为而已。陛下诚能因前日之所已为，而推今日之所未为者，扩而充之，则天意昭格，将保佑宋祚于千万年矣。昔孟子以齐宣王有爱牛之心，且曰"是心足以王"矣。况陛下如天地之大，推此以往，其何所不至乎？此应天以实之效也，惟陛下力行之尔。臣闻得十人之心者，可以将十人；得百人之心者，可以将百人；得千万人之心者，可以将千万人。今陛下将大有为于天下，宜先有以深服天下之心。而天下之心亦未易服也，刑威不可得而制，权势不可得而胁，惟人主力于为善，勤于进德，始足以服其心尔。昔宣王承厉王之烈，小雅尽废，四夷交侵，而终能复文、武之境土者，以其所以躬行于上者，能服天下之心也。故序《诗》者称之曰："侧身修行，天下喜于王化复行。"盖方其侧身修行，而天下之人固已胥庆，知王化复行矣。此民心所以归也。光武初入关，冯异送之曰："当行人所不能为者。"光武于是乎招徕俊乂，屈己从谏。邓禹之徒，闻风慕义，裹粮而归，相与扶持协赞，以成再造之业。陛下诚能体二君之所为，使圣德日新，昭著天下，则民之不幸而陷于强敌，将日夕引领而望王师之来苏，惟恐其后。况吾东南之民，安有不协心以为陛下用哉！惟陛下力行之尔。

臣窃见陛下临政愿治，当宁太息，不以臣等愚浅，幸赐诱进，而以治道为问。仰慕先圣之成效，而追悔前日之失策，深思历年之宿弊，而欲行昔日之良法。而又上欲得皇天之意，下欲收黎庶之情，圣虑深远，规模广大，皆非愚臣所能及。恭捧问目，沉吟久之，不知所对。周思历算，窃以为今日之事,惟陛下可以为,他人皆莫能为也。故因大问之,及而辄求所以反求诸己之道,诚不敢务为多言以上惑圣听。臣不知陛下之意,将以今日之事,责之于谁耶?将责之大臣,陛下即位以来,大臣不为不多矣。以为不贤耶,则告廷之命,以某为有道,以某为有德,陛下何自而得之?以为贤耶,而中兴之功又终无以副陛下之意也。陛下亦思大有为之意,果能无愧于前王乎!苟为不然,则所谓大臣者,虽负经纶之方,方且畏惧而避嫌;而其不贤者,又且持禄而保宠矣。是无惑乎治效之蔑闻也。将责之台谏,陛下即位以来,台谏不为不多矣。以为不贤耶,则训诰之词,以某为正直,以某为謇谔,陛下又何自而得之?以为贤耶,而中兴之功又终无以副陛下之意也。陛下亦思大有为之意,果能无愧于前王乎!苟为不然,则所谓台谏者,有怀忠徇国之心,方且待信而后谏;而其不贤者,又且希旨以求进矣。是无惑乎治效之蔑闻也。抑将望之四方之贤才耶?陛下即位以来,所以招徕而用之者,不为不多矣。以为不贤耶,则或得之众论,或得之荐举,或朝奏而暮召,或一岁而九迁,陛下又何所见而然也?以为贤耶,而中兴之功又终无以副陛下之意也。陛下亦思大有为之意,果能无愧于前王乎!苟为不然,则天下之士,其贤者方且奉身而求退,而不贤者往往旅进而旅退,患得而患失,阿谀谄佞,无所不至矣。是无惑乎治效之蔑闻也。以此言之,今日之事惟在陛下自为之而已矣。苟能反而求之,勤而行之,奋然先有以自立,则智者愿效其谋,勇者乐效其死,举天下之大,惟陛下所欲,将无不可者矣。不然,则群臣虽有伊、吕、稷、契,亦安能为陛下计哉!此臣所以愿陛下力行反求诸己之道也。臣不胜惓惓,惟陛下留神省察,实万世无疆之休。臣谨对。(《全宋文》卷四七七九)

楼钥《恭题汪逵所藏高宗宸翰·绍兴五年御书廷试策问》:高宗皇帝践阼之九载,当绍兴五年,岁在乙卯。二月,车驾始自平江还临安;八月癸亥,策士于行在所射殿。时虏兵败退,厉精求治,亲御翰墨,咨以当世之急务。一士条对剀切,褎然为举首,则信之汪洋也。自幼天资高迈,十行俱下,笔力绝人。其在布衣,名已闻于当世。胪传第一,年始十有八。圣意寤寐英杰,得之喜甚,且曰:"惟昭陵天圣八年王拱辰魁多士,年实相似。"赐名应辰,诚为儒林盛事。既负重名,益进于学。八年,为秘书省正字。

寻以论和议不合，权臣恶其不附己，屡摈于外，几二十年，而其学沛然莫御。更化之明年，始入为吏部郎，望临一时。自尔入从出藩，四方以其出处为世轻重。位虽止于内相文昌，用不尽其学，至今学者尊敬，真有泰山北斗之望，可谓不负亲擢矣。公之次子逵能继世科，恪守家法，仕为吏部尚书、太子詹事，博学多识，绰有父风。一日谓臣某曰："先公所试策问，思陵御墨既传于外，得为私藏。禁中装潢亦非人间所及，是殆天赐以为家宝也，其为逵识之。"臣某再拜耸观，叹仰惊眩，前所未睹。窃惟国家三年一廷试，士子固必有首选。惟此举策问既出奎画，下宠多士，云汉昭回，照耀编简。汪公一代真儒魁天下，今贤嗣又得真迹，藏去以诏将来，光明俊伟，未有如此者。其家法书甚富，此特为希世之遇。虽夏之琱戈，商周鼎彝，款识甚高古者，亦当在下风矣！谨识于后而归之。公少名师闵，故字孝伯。既得赐名，丞相赵鼎字之以圣锡云。（《楼钥集》卷六七）

五日，尚书省言："拟到武举进士正奏名张深以下六人推恩：策入优等二人，与保义、承节郎；平等四人，第一、第四人与承节郎，第二、第三人武艺不合格，与进武校尉。各展减磨勘年有差。"从之。（《宋会要·选举》一七之二六）

进士名录：汪应辰，黄中，李孟博，丁希旦，丁雄飞，王元量，王日休，王日勤，王伯序，王定国，王俊彦，王执中，王宾，王维则，王纶，王扩，王观国，毛叔度，方大中，方梓，方慎，方迈，尹顾，孔元勋，甘庭珪，石师能，史师雄，吕景蒙，朱冠卿，朱涣，朱端禀，伍杞，任山，任文荐，任造，任云涛，任尽言，任质言，江修，江华，江汇，杜育德，李宗臣，李宗辰，李奕，李祖枢，李格，李球，李寔，李嘉建，李穆如，李继，吴仲达，吴武陵，吴康，吴咏，吴说，邱璀，何待聘，何逢原，何坚，何谓，何灏，余永年，余永弼，余执度，余国才，余康乂，余检，余豳，余瀚，余赫，汪若容，汪冠卿，汪逌，汪廓，沈功永，沈同，沈作喆，沈昱，沈发，宋茂，宋椿，邵棐，范成象，茅崇，林大鼐，林上达，林仲熊，林芘，林亮功，林干，林嘉猷，林耸，卓庶，季用谦，季南寿，周方雄，周芹，周承弼，周伟，周鼎来，周楙，周操，胡沂，胡表东，胡倬，胡敦实，胡琏，胡褒，郑升卿，俞毕，洪宜，洪毅，祝公达，姚虞卿，马迥，马亮，袁炎，莫应龙,毕豫,徐人杰,徐良能,徐时动,高安世,郭异一,郭郊,郭珣瑜,席畸,唐大中,唐文若,唐邦保,涂埙,陆景端,陈千能,陈之奇,陈之纯,陈元师,陈心,陈夷行,陈佐尧,陈宋霖,陈良翰,陈柏年,陈昭度,陈从易,陈尧年,陈彭老,陈绶,陈爟,孙及,孙仲鳌,孙松寿,孙起卿,孙褒,孙镇,黄有立,黄光弼,黄廷本,黄抗,黄究,黄佾,黄庚,黄部,黄贡,黄衮,黄钺,黄熙,黄龟从,黄聂,黄颜荣,梅才秀,曹明之,曹伟,曹筠,曹袭,许直可,许居安,张在庭,张行,张良裔,张良翰,张敦实,张宁,张潮,项思默,万清,葛延年,葛堪,葛温卿,董仕,景弼,程敦厚,程迈,程澮,焦吉甫,邹汝贤,曾旺,曾景,曾质,冯延晖,冯羽仪,冯昌期,冯涣,冯盛,冯琇,冯耀卿,汤之尹,汤保衡,汤耘之,汤莘叟,绚纺,杨大同,杨安厚,杨秀颖,杨宏材,杨依,杨时发,杨董才,虞仲琳,虞仲瑶,虞杞,詹叔沄,詹叔羲,褚籍,赵汝逴,赵志尧,赵敦临,赵绩之,赵显孝,蒋元凯,蒋伟,裴述,廖安节,廖贵高,廖颙,郑必明,郑汝楫,郑若谷,郑厚,郑铣夫,邓嘉猷,邓献可,翟杰,樊光远,滕恺,滕恺,鲁訔,鲁訾,刘汝霖,刘庭圭,刘师亮,刘凯,刘诠,刘涛,刘贽,刘藻,潘文孝,潘良能,薛允功,薛召,薛槐,萧规,赖绂,卢如晦,卢绚,卢灿,钱宏,戴节性,戴觉,戴觉,韩咏,魏元受,魏思谦,钟定,钟恩义,谢如圭,谢忠厚,谢时举,谢敦夫,谢凤,濮俊民,蹇懋,关注,罗恺,饶郊,饶傅。

特奏名进士:汪乔年,上官廷彦,王庭俊,吕秉文,吕衍,阮诜,李卓,李发,吴中孚,吴希侁,吴闳,何俦,耶教,林长孺,林秉文,林项,莫凝,徐础,翁邦彦,高壮,唐斌,陆文昌,陈汝能,陈武佐,陈建侯,陈祖尧,陈涣,陈贯,陈凯,陈瑞,陈邈,黄元吉,黄神,黄英,梵禹俞,张彦辉,阳淑秀,叶专,傅惟康,冯俔,游骏,蒲谷,杨世永,蔡可义,郑甄,郑溥,欧阳三英(误),欧阳亶,刘辅宗,萧汝规,魏康太,谢用宾。(《宋登科记考》卷九)

补进士名录:其一,薛元功。《睽车志》卷五:"毗陵薛季成元功,绍兴乙卯登科。"按:疑即薛允功。

其二,苏济。《宋登科记考》卷九将其系于绍兴八年进士名录,所据《嘉庆广西通志》,误。《宋辽金元方志辑佚·桂林志》:"苏济,义宁人,绍兴乙卯登第。"(第863页)

辨正：欧阳三英，宋宁宗嘉定十三年特奏名进士。《宋辽金元方志辑佚·南雄路志》："欧阳三英，庚辰科中第四等，敕授邵州文学。"（第808页）

汪洋未唱第十日前，余于广坐中见中贵石企及甫云："外间皆传汪洋作状元，何也？"至考卷进御，洋在第二，魁乃黄中。以有官人，奏取旨。圣语云："科第本以待布衣之士。"即以洋为魁。（《春渚纪闻》卷二）

汪圣锡本名洋，集英胪唱赐第，御笔更名应辰。或谓取王拱辰十八岁作大魁之义。（《独醒杂志》卷一〇）

绍兴二年，张无垢九成为状元；次举，省元樊光远、状元汪应辰。上语九成曰："二魁皆卿门人，深用嘉叹。"对曰："夏侯胜以明经取青紫语门人，臣尝鄙之。何敢复以此耸诱其徒！"文豹谓：三代而后，言学者与汉唐。汉尚传注，唐尚词章，虽所尚不同，要皆有利禄之心。醇如仲舒，未免科目之累；贤如昌黎，而喜功名，慕富贵。至以卿相潭潭之说，夸诱其子，则其诲馆下诸生者可知已。惟我朝诸公，为义理之学，仿佛圣门气象尔。（《吹剑四录》）

赵鼎荐之（张九成），召入著庭。时樊光远首南宫，汪应辰魁大对，上语九成曰："殿、省举首，皆卿门人。"对曰："臣不敢以利禄之说诱其徒，惟知讲明经术，庶尽忠孝。"（《咸淳临安志》卷六七）

明州赵敦临为太学生，政和戊戌年，诣二相公庙乞梦。梦云："状元今岁方生。"绍兴乙卯，敦临始登第，状元乃汪圣锡，生于戊戌。时年十八矣，果符昨梦。（《夷坚志》甲卷一一）

南剑州将乐人黄士杰，母余氏梦人持省试榜告曰："尔子得官。"母曰："吾子不读书，何由得？"曰："天命已定。"出示之，乃黄光弼也。母曰："吾长子士安已入道，少者名士杰，无此人。"曰："改名而字元翰可也。"母志诸壁而不言。绍兴四年，士杰欲应秋举，母曰："若素不学，徒有往反费，不可。”士杰以告叔父，叔为之言，母曰：“必欲往，须更名。名不改，不可试。”叔谓士杰曰：“汝母所见若是，其可违！”乃具纸笔往请，母即书“黄光弼，字元翰”。果预荐，次年登科。士安后名大成，予尝见之于岭外。(《夷坚志》乙卷九)

绍兴乙卯，临安有相士曳一牌，长三尺，题云：“寻今年状元。”汪圣锡省试罢，与同辈十余人在茶肆。士熟睨户外，趋而入，注视汪不瞬目。起执其手曰：“吾求大魁久矣，乃在此耶。”访馆寓所在，随以往，丐一纸书其事，曰：“吾言不妄，当与我五万钱。”汪弗许，同舍劝勉，于是为之书。士置其牌于汪馆曰：“从今不复出，指日俟捷耳。”汪是岁省闱第九，继冠多士，如其言。(《夷坚支志》戊卷一〇)

汪应辰《及第谢丞相启》：清问扬廷，获预详延之列；严宸赐第，辄居充赋之先。揣蕞质之无庸，玷巍科而非据。凌兢失次，辞避莫遑。窃以国家之安危，系于人材之进退。号称多士之众，必曰先王之时。上而三事大夫，下而百司庶府。凡厥在位，罔匪正人。有台有莱，德音是茂；或薪或樵，髦士攸宜。若采芑于新田，若菁莪于中沚。吁俊以尊上帝，养贤以及万民。所以用之而不穷，抑亦求之为有道。始于教养，终以宾兴。德进言扬，广开数路。乡举里选，曲尽群情。敷奏其言也，必明试而后庸；论辨其才也，必位定而后禄。朝廷有责实之政，君相有知人之明。如其不然，何以得此？至于后世，浸失遗风。选举法存，祇以塞人情而应故事；仕进流冗，类皆追时好而取世资。上有取士之名，士无学古之志。虽曰无似，常以为忧。洪惟真人，纂承丕绪。体尧舜之孝弟，躬文武之勤劳。方当干戈多事之时，不替科举三年之制。盖欲讲求于阙政，亦将搜揽于遗才。共图复古之康功，仰继得贤之盛事。岂于今日，徒尚空文！宜有间出之异人，来副旁招之妙选。如某者，赋才短拙，禀性颛蒙。学僻而迂，齿少且贱。离疏释孱，粗求师友之渊源；研精覃思，莫见圣人之涯涘。姑守庸愚之分，敢萌侥幸之心。以童稚无闻之人，负贤能所难之任。仰孤君父之意，俯畏朋友之讥。退省其私，不知所处。此盖伏遇史馆都督仆射相公，蓍龟当代，师表万邦。堂堂汉相之风，赫赫周民之望。有刚大不屈之气，足以任天下之重;有诚明自得之学,足以格君心之非。收拾群才于士风凋丧之余,发明吾道于邪说纵横之际。载念章江之临镇,获观泮水之规模。渐渍熏蒸,亲承德化。奖提诱掖,曲荷眷怜。遂致困穷,益励懦夫之志;粗知趣向,愿为君子之归。自惟不才,何以图报?虽无治安之策,上赞庙堂中兴之谋;敢以中庸明道之书,永为座右修身之戒。

汪应辰《及第谢信州太守启》:待问枫庭,愧乏片言之善;登名桂籍,误居多士之先。拜命若惊,循涯知幸。窃以四郊多垒,非国家闲暇之时;万乘临轩,有社稷安危之计。诚渴闻于至论,岂徒徇于空文。宜得间出之异材,来副中兴之嘉会。谁云庸懦,首与甄收。如某者,学僻而迂,齿少且贱。离疏释孱,粗求师友之渊源;研思覃精,莫见圣贤之涯涘。姑守庸愚之分,敢萌侥幸之心。以童稚无闻之人,负贤能所难之任。仰孤君父之意,动畏友朋之讥。退省其私,不知所处。凌竞失次,辞避无从。某官黼黻斯文,楷模后进。揭二天之日月,临千里之江山。遂令蕞尔之资,亦玷褒然之举。空惭晚学,莫伸拔薤之规;愿与邦人,共咏甘棠之爱。其为感佩,未易名言。(以上均见《全宋文》卷四七七六)

八日敕中书门下省:尚书省送到礼部状。准敕,臣僚札子奏:"臣窃见《贡举令》,诸《春秋》义题,听于三传解经处出。注云:'缘经生文而不系解经旨处者非。'详考立法之意,盖以《春秋》正经载十二公二百四十二年之事,解语简约,比之五经为略。立之学官,历时滋久。问目所在,易于周遍。比听于三传解经处出题,已载诸甲令,惜乎中更奸臣之私意,遂行废罢。学者不见圣人之经,久矣。靖康之初,渊圣皇帝毅然复之以取士。然是岁即遇科举,朝廷深虑四方之士未能精熟,因降指挥,止于正经出题。行之十年,于兹学者诵习既久,有司出题既众,往往州郡问目重复甚多。晚生后进,转相传写,每过程文,少不相犯。此混乱实学之大弊也。臣愚欲望陛下特降睿旨,举行贡举之令,听后举取士亦于三传解经处相兼出题。庶问目稍广,学者因得旁加考究,可以深求圣人之经旨矣。取进止。"三省同奉圣旨,并令礼部讨论,申尚书省本部。今讨论,欲依所请。贡举条令施行,更合取自朝廷指挥。申闻事,九月八日奉

圣旨,并依。(《贡举条式》)

十九日,敕赐进士及第汪洋言:"名系远祖讳,乞改名。"诏:"改名应辰。"(《宋会要·选举》二之一六)

(己丑,十九日)敕:赐进士及第汪洋乞避远祖嫌名。洋年十八,上以其与王拱辰同岁,赐名应辰。时言者请赐新进士《儒行》及《中庸》篇,诏正字高闶校正,上将亲书以赐。闶言:"《儒行》词说夸大,类战国纵横之学,盖出于汉儒杂记。望止赐《中庸》,庶使学者知圣学渊源,而不惑于杂。"上从之。(《系年要录》卷九三)

楼钥《恭题汪逵所藏高宗辰翰·御书〈中庸〉篇》:高宗皇帝自履大位,时当艰难,无他嗜好,惟以翰墨自娱。始为黄庭坚书,改用米芾,动皆逼真。至绍兴初,专仿二王,不待心慕手追之勤,而得其笔意,楷法益妙。五年策士,首得汪应辰。九月十九日,言者乞依雍熙故事,赐新进士《儒行》篇,以励士检。有旨仍添赐《中庸》,送秘书省校勘。正字张嵲校《中庸》篇,高闶校《儒行》篇。二十二日,闶入奏:"《儒行》虽间与圣人之意合,而其词夸大,类战国纵横之学。盖汉儒杂记,决非圣人格言。欲望止赐《中庸》一篇,庶几学者得知圣学渊源,而不惑于偏邪驳杂之见。"上可其奏,御书《中庸》,以十月四日赐之。仰惟思陵书六经,以幸承学之士,此固余事。然《中庸》无虑三千五百余字,万几至烦,而浃日之间,书就终篇,书生勤笃者亦安能及此?尊经崇儒之意,真可为万世法。时赵鼎为左仆射,例得墨迹为家藏,仍摹刻分赐。鼎晚谪海上,而素重应辰,遗言以此卷归汪氏。应辰次子逵既以御题示臣,并示此卷,可谓汪氏二宝矣。高宗寿考,遐不作人,鸢飞鱼跃,儒风日盛,中兴之业实本于此。应辰上不负天子,下不负所学,躬行直道,以终其身,以及子孙。君臣际遇,猗欤盛哉!流传千载,何止一时之荣也。(《楼钥集》卷六七)

二十四日,赐进士出身郑厚言:"乞辞免唱名日循两资升擢、差遣恩命。"诏不许。(《宋会要·选举》二之一六)

十　月

三日，敕中书门下省：尚书省录送到学士院咨报，准尚书省札子节文："礼部勘当到左朝奉郎大理寺丞黄邦俊札子，开具到诗赋平侧管见事，令本院看详。今看详到下项，伏乞照会施行。'数内一诗，每句第二字与第三、第四字俱用平声，或俱用侧声，则为失平侧。若第三字用平侧以间之者非。然叠用四句，亦当合抹。'看详：'诗第二字与第三、第四字俱用平声，或俱用侧声，则为失平侧。若第三字用平侧以间之者非。然叠用四句，亦合当抹。'欲依本官所乞施行，仍只于诗赋失平侧项内注入一诗。'四句外用题目一字合当抹，连用两字即合不考，押官韵者非。'看详：诗四句外用题内一字，祖宗旧制考校格内，即不曾立为杂犯。如省元欧阳修《府学释奠诗》第六句'樽罍奠两楹'，系犯题目'奠'字。解元林希《下善齐肃诗》第六句'善问若撞钟'，系犯题内'善'字之类。今相度：如止犯一字，自不为杂犯；欲犯两字，合作一点；三字以上，即作一抹。难以便行，不考。"十月三日奉圣旨："依看详到事理施行。"(《贡举条式》)

五日，臣僚言："准令，初入官人所在州保明正身，给公据赴任，经所属令次第五甲出身人参选，权免出给公据，止许结保参部。"从之。(《宋会要·选举》二之一六)

六日，诏："以及第进士第一人汪应辰为左承事郎、签书镇东军节度判官厅公事。"(《宋会要·选举》二之一六)

丁巳(十八日)，秘书省正字喻樗面对，言："今岁省试所得二百人，其间尝业于太学者殆百二十人。今学校渐废，非长育人材为久远之计。欲望姑即府学增养之员，严补试之法，择学行有文之士一二人以为教官。其余诸路亦遴其选，令帅守择士之颖异者具以名闻。陛下访之近臣，随材褒赏。庶几海内向风，人材辈出。"事下礼部，未及行。(《系年要录》卷九四)

(戊午，十九日)诏："川、陕类省试合格第一名，依殿试第三名例推恩；余

并赐同进士出身。特奏名人,令宣抚司置院,差官试时务策一道。"以道远,举人赴殿试不及故也。(《系年要录》卷九四)

是年,川、陕进士止试宣抚司,特奏名则置院差官,试时务策一道,礼部具取放分数、推恩等第颁示之。(《宋史》卷一五六)

二十八日,赐苏符同进士出身,除司勋郎官。(《宋会要·选举》九之一八)

是　月

赐新及第进士汪应辰以下《中庸》篇。(《宋会要·选举》二之一六)

十一月

四日,赐右迪功郎周孚先同进士出身,添差充临安府学教授。(《宋会要·选举》九之一八)

右迪功郎、监明州鹤鸣买纳盐场周孚先赐同进士出身,添差临安府府学教授。孚先,临晋人,尝从程颐学,既用积举得官。著作佐郎张九成等言:"孚先问学渊源,操履方正,久游庠序,士论推服。欲望朝廷处以师儒之职,使为后学矜式,庶几尽其所长,少补教化。"故有是命。(《系年要录》卷九五)

十九日,诏:"川、陕类试过省第一人,特赐进士及第,与依行在殿试第三人恩例,余并赐同进士出身。仍令川陕宣抚司开具姓名申尚书省,给敕牒。"(《宋会要·选举》二之一六)

十九日,诏:"令川、陕宣抚司,将今次合该特奏名进士,置院差官,试时务策一道。其取人分数并推恩等第,令礼部开具,申尚书省,行下本司照会。"(《宋会要·选举》四之二五)

四川类省试第一,恩数视殿试第三人。盖绍兴五年以军兴道梗,十一月戊子(十九日)有旨:"川、陕类省试第一人,赐进士及第,与依行在第三人恩例,余并同进士出身。"(《朝野杂记》甲集卷一三)

二十八日敕中书门下省:尚书省送到礼部状,准都省批送下白札子,为乞今后取士。"元祐二年十一月十二日指挥,皆习经义、诗赋,用诗赋为第二场。其试经义道数,并经书数目,并依见行条制。"状后批送部勘当,申尚书省,寻下国子监勘会去后。"今据本监申到下项:一,勘会元祐二年十一月十二日,台省集议,已降指挥。'取士系分四场:第一场,本经义二道,《论语》或《孟子》义一道;第二场,律赋、律诗各一首;第三场,论一首;第四场,策三道。'契勘上件指挥,当时系曾经台省集议,委得允当,欲依所请外,其所乞经义道数依见行条制。缘见行:第一场,试经义三道,《论语》、《孟子》义各一道。今勘当,合取自朝廷指挥。一,勘会欲乞遍行下诸路州军等处,自指挥下日遵依施行。庶至将来科举士人兼习经义、诗赋,已见成就。本部今勘当,合取自朝廷指挥,申闻事。"十一月二十八日奉圣旨:"并依元祐二年指挥施行。内经义道数遵依见行条制,余依国子监所申。"(《贡举条式》)

是　年

朱敦儒,字希真,河南人,汪应辰榜同进士出身。(《南宋馆阁录续录》卷七)

敦儒始幡然而起。既至,命对便殿,论议明畅。上悦,赐进士出身,为秘书省正字。(《宋史》卷四四五)

绍兴六年　丙辰(1136)

二　月

丙午(八日),赐兵部尚书折彦质进士出身。时参知政事沈与求数求去,赵鼎欲引彦质代之,以其进不由科第,乃有是命。(《系年要录》卷九八)

十七日,敕中书门下省:尚书省送到礼部尚书李光札子。"勘会:已降绍兴五年十一月二十八日指挥。今后科举取士令皆习经义、诗赋,用诗赋为第二场。其试经义道数并经书数目,并依见行条制。试经义三道,《论语》、《孟子》义各一道。虽已施行外,缘将来绍兴七年系是发解年分,今相去月日不多,切虑从来专习经义旧进士该免解之人,恐未能遽改。所有绍兴七年发解并省试,欲乞且依绍兴四年发解并五年省试已行条例施行。其已后科举取士,今遵依绍兴五年十一月二十八日所降指挥。候指挥,又送到白札子:'元祐详定诸路贡举敕,应不兼诗赋者,以《周礼》、《左氏春秋》、《礼记》为大经,《易》、《诗》、《书》、《仪礼》、《公羊》、《谷梁春秋》为中经内《公羊》、《谷梁春秋》共为一中经。于大经内各治一经治《周礼》者兼《易》或《仪礼》,治《左氏春秋》者兼《公羊》、《谷梁春秋》或《书》,治《礼记》者兼《书》或《诗》,仍兼治《论语》、《孟子》。即愿治两大经者听。诸进士试场不兼诗赋人,第一场,大经义三道,《论语》义一道;第二场,中经义三道,《孟子》义一道;第三场论一首限五百字以上成;第四场子、史时务策二道。'勘会:免解进士习业既久,恐难遽改。"二月十七日奉圣旨:"理年、理举该免文解进士,特与依元祐不兼诗赋人条法施行。如愿依绍兴五年十一月二十八日指挥兼诗赋者,听。"(《贡举条式》)

四　月

(己酉,十二日)诏:"川陕宣抚司类省试武举合格陈绍业等四人并补官。

并文士所赐敕降，付制置大使司换给。”时川陕宣抚副使吴玠专治兵，应选举、差注、民事皆隶制置司故也。（《系年要录》卷一〇〇）

六　月

（丁未，十一日）秘书省正字兼史馆校勘喻樗面对，言：“自三代云远，学校贡举之制，一切苟简。故苏轼有言：‘自政事论之，则策论、诗赋均为无用。’诚笃论也。臣伏见进士之外，有博学宏词，以表、制、诏、书、布、檄、箴、铭、记、赞、颂、序为十二目，实为有用之文。然法须命官，方许召试。彼一命之士，既有职业，则文艺之习，比之举人，不能精专。欲望明诏天下应举人，有愿兼应宏词科者，于科诏到后，以所业上之县，县上之州。州察其性行温厚、乡评无玷者，以姓名、文字保明，上之礼部。礼部上之朝廷，朝廷降学士院或后省看详。文字典重、议论渊源者，报礼部赴试。西北人在行朝、无州县可以保明者，令清望一二人荐举，其程试之法略如见行条法。所取人数，临时取旨裁定。申选者免省试。行之数年，将见人材辈出，文章尔雅，可备朝廷选用。”事下礼部，后不行。（《系年要录》卷一〇二）

二十八日，四川制置大使言：“科举冒滥之弊，无甚于牒试。欲乞今后帅臣、监司并诸司属官子弟、亲戚、门客等合避试者，并令本司长官保委，州县官令知、通、县令保委，责结罪状，审验无妄冒，方许就试。如有不实，许人陈告。除依条施行外，仍将保官先与降一官，然后取勘。”从之。同日，诏：“流寓举人，每十五人解一名，余分或不及十五人，亦许解一名。不及五人处，预牒本路转运司，类聚附试。仍召文臣二员委保，不得过三人。”（《宋会要·选举》一六之五）

甲子（二十八日），诏：“自今委保举人避亲牒试不实者，许人告，保官先降一官，然后取勘合负罪犯。”用四川制置大使席益奏也。旧法：见任官子弟去本贯二千里，及监司、守贰有服亲、门客与婚姻之家，皆牒赴转运司别试，七人而解试一人。后多冒滥，亦有以贿得者。前举，成都路漕司就试者三千余人，解四百四十人；潼川路漕司就试者二千余人，解三百人。益请于朝，故有是命。（《系年要录》卷一〇二）

七 月

七日,赐右朝奉郎、主管台州崇道观吕本中进士出身,除起居舍人。制以本中"学术渊源本于前哲,文采声誉绝于缙绅,更历险夷,遂为耆旧"。故有是命。(《宋会要·选举》九之一八)

八 月

(庚子,五日)饶州童子梁玙赐束帛,免文解一次。玙年十岁,能诵五经及《七书》,射鹄六发四中。(《系年要录》卷一〇四)

八日,敕中书门下省:尚书省送到礼部状,准敕礼部状,准尚书省札子。秘书省正字兼史馆校勘喻樗札子,奏:"欲望凡应举、免举之士,悉用元祐条制。不须立大经、中经之名,治某经者兼某经,第一场试某经、第二场试某经,诗赋人所试经义并于第几场引试。凡治经之目,策问之数,考校之法,皆使归一,使四方推行不至疑惑。"札付礼部勘当,申尚书省:"本部今勘当,欲依礼部尚书李光札内事理。将绍兴七年发解并省试,且依绍兴四年发解并五年省试已行条例施行。其已后科举取士,今遵依绍兴五年十一月二十八日所降指挥施行,更合取自朝廷指挥。"奉圣旨:"依喻樗所奏,余令礼部条具,申尚书省。"寻下国子监勘会,条具去后:"今据本监申,遵依已降指挥,以元祐并崇宁贡举法及靖康后来至今续降指挥,参考条具,欲拟下项:一,欲拟进士治经。下项应兼诗赋者:于《易》、《诗》、《书》、《周礼》、《春秋》正经内治一经,仍兼习《论语》、《孟子》。应不兼诗赋者:于《易》、《诗》、《书》、《周礼》、《春秋》正经内专治一经,于《礼记》、《仪礼》、《左氏》、《公羊》、《谷梁春秋》内兼治一经内《公羊》、《谷梁春秋》共为一经,仍兼习《论语》、《孟子》。一,欲拟进士引试场第,经义、策问等道数。下项兼诗赋人:第一场,本经义三道,《论语》、《孟子》义各一道;第二场,律赋一首限三百六十字以上成,律诗一首限五言六韵成;第三场,论一首限五百字以上成;第四场,子、史时务策二道。不兼诗赋人:第一场,本经义二道,《论语》、《孟子》义各一道;第二场,兼经义三道;第三场,论一首限五百字以上成;第四场,子、史时务策三道。一,勘会考校进士。依《元祐法》:系通以四场工抽定去留、高下，更不分经考校。《崇宁法》：以所治经十分为率均取。若有余、不足，听通融相补，各不得过三分。通以经义、论策定去留、高下。昨绍兴六年六月二十八日，申明解额、省额，诗赋、经义两科，各计就试终场人数为率纽取。今欲拟定解额、省额，依绍兴四年六月二十八日申明，将经义、诗赋各计就试终场人数为率纽取，指挥施行。其考校各法，欲以进士经义、诗赋、论策四场通定去留、高下。内不兼诗赋、专治经义进士，既五经终场人数不等，自合以十分为率均取。若有余、不足，听通融相补，各不得过三分。内一经人数虽少，亦取一名。如无合格者，即听阙之。本部今欲依国子监条具到事理施行，伏候指挥。”又送到太常博士兼权国子监丞黄积厚札子：“窃见所定将来科举，于习诗赋人兼治一经项内，废去《礼记》。若元习《礼记》人改习诗赋，则是创习诗赋而又须创习一经，显见不均。欲乞添入《礼记》。不兼诗赋人，于《易》、《诗》、《书》、《周礼》、《春秋》正经内专治一经，于《礼记》、《仪礼》、《左氏》、《公羊》、《谷梁》内兼治一经内《公羊》、《谷梁春秋》共为一经。经之名既不正，仍将来色目稍多，难以参考。且《左氏》、《公羊》、《谷梁》，皆本于《春秋》正经。名曰三传，几同注解，乃立为二经，此名不正也。专治之经五，兼治之经四。每专治一经者，有四色兼经如治《易》者或兼《礼记》，或兼《仪礼》，或兼《左氏》，或兼《公》、《谷》，则有二十色试卷矣。此色目多也。今欲乞只存六经之正，依喻樗所请，更不立大经、中经之名。因士旧习，即为所专之经外，更令兼习一经。仍依仿元祐条制，限定所兼之经，庶几色目不多。如治《易》者必兼《周礼》，治《周礼》者却必兼《易》；治《礼记》者兼《诗》，治《诗》者却兼《礼记》；治《春秋》者兼《书》，治《书》者却兼《春秋》治《春秋》者，仍听于三传解经处相兼出题，缘经生文而不系解经旨处者非。如此，则止是有六色程文而已，庶几便于分场出题，仍易于考校参定。其引试道数，《元祐法》与今来礼部具到不同，自合遵依《元祐法》。兼诗赋人：第一场，经义二道，《论语》或《孟子》义一道。不兼诗赋人：第一场，经义三道，《论语》义一道；第二场，经义三道，《孟子》义一道。内不兼诗赋人，以《易》、《诗》、《书》、《论语》为第一场，以《周礼》、《礼记》、《春秋》、《孟子》为第二场。如此，即无抵牾，可为永法。候指挥。”八月八日奉圣旨：“进士兼诗赋人，治经并考校格法、取人分数，依礼部条具到事理施行。余依黄积厚所乞。”一，准部省批送下本部状：“据国子监申勘会,已降绍兴六年八月八日敕,命指挥进士兼诗赋人治经,并不兼诗赋人治经色目,及引试场数,并考校格。元祐作中经,今合作兼经法。取人分数,系为永法。本监今开析下项,欲于所降敕前,一就镂版,连粘行下。庶使诸路奉行,不致疑惑。伏乞详酌施行,申部候指挥。所据国子监申到前项事理,伏乞朝廷详酌指挥施行,申都省候指挥。”后批:“八月二十二日送礼部,依所申施行。一,兼诗赋人:许于《易》、《诗》、《书》、《周礼》、《礼记》、《春秋》正经内治一经,仍兼习《论语》、《孟子》内治《春秋》者,仍听于三传解经处相兼出题,缘经生文而不系解经旨处者非。第一场,经义一道,《论语》或《孟子》义一道;第二场,律赋一首限三百六十字以上成,律诗一首限五言六韵成;第三场,论一首限五百字以上成;第四场,子、史时务策二道。一,不兼诗赋人:许治《易》、《周礼》,或治《礼记》、《诗》,或治《春秋》、《书》,各治两经,仍兼习《论语》、《孟子》内治《春秋》者,仍听于三传解经处相兼出题,缘经生文而不系解经旨处者非。第一场,《易》、《诗》、《书》经义三道,《论语》义一道;第二场,《周礼》、《礼记》、《春秋》经义三道,《孟子》义一道;第三场,论一首限五百字以上成;第四场,子、史时务策二道。一,发解、省试,以经义、诗赋各计就试终场人数为率纽取。其考校格法,以进士经义、诗赋、论策四场通定去留、高下。内不兼诗赋、专治经义进士,既五经终场人数不等,自合以十分为率均取。若有余、不足,听通融相补,各不得过三分。内一经人数虽少,亦取一名。如无合格者,即听阙之。”(《贡举条式》)

九　月

癸未(十八日),武举童子江自昭年十二,能诵兵书及步射,诏赐帛罢之。(《宋史全文》卷一九下)

二十三日,赐布衣胡宪进士出身,添差建州教授。宪先召赴行在,以母老辞召,故命之。(《宋会要·选举》九之一八)

十　月

九日,赐张解同进士出身,与升擢差遣。以上殿奏对可采,故命之。(《宋会要·选举》九之一八)

十一月

乙丑朔(一日),进士詹叔霆特免文解一次,仍赐帛三十匹。叔霆,玉山人,尝投匦上书,且献《平定策》。枢密院检详诸房文字王迪言其可采,故旌录焉。(《系年要录》卷一〇六)

十六日,赐赵卫同进士出身,与差诸州教授。以上殿奏对称旨,故命之。(《宋会要·选举》九之一八)

十二月

十五日,诏:"川、陕进士合预殿试人,发赴行在,仍破五人衙官驿券。经由州县,依条施行。"(《宋会要·选举》八之四二)

十八日,诏:"应令行在所及行宫枢密院、都督府效士,并令附来年春选人类试所就试时务策一道,分优、平两等考校,具合格姓名,申尚书省。其试中优等人,再令学士院召试,以时务、文理优异者取旨推恩。"(《宋会要·选举》一八之二五)

绍兴七年　丁巳(1137)

二　月

(辛丑,九日)诏以太阳有异,氛气四合,令中外侍从各举能直言极谏之士一人。自复贤良方正科,久未有应者,至是,张浚乞因灾异降诏,上从之。(《系年要录》卷一〇九)

九日,诏曰:"朕以寡昧,御艰难之统,明不能烛,德不能绥,思闻谠言,以辅不逮。乃稽旧章,设贤良方正之科,而历载臻兹,未有应令。岂朕菲德,不足以来四方之贤欤?抑搜扬之道有未至也?朕既遭家不造,茕茕在疚,而天戒朕躬,太阳有异,氛气四合,朕甚惧焉。中外侍从之臣,其遵前后诏旨,各举直言极谏之士一人。朕将详延于廷,诹以过失,次第施行,用承天意。"吕祉举选人胡铨,汪藻举布衣刘度。上即日除铨枢密院编修官,而度不果召。(《宋会要·选举》一一之二四)

十一日圣旨:"将来发解并省试进士所试诗赋、经义场分,且依前举已行条例收试。"(《贡举条式》)

四　月

(甲午,二日)镇江府进士蒋将上书论十事,诏永免文解。(《系年要录》一一〇)

五　月

十三日,殿中侍御史石公揆言:"乞诸州发解,令转运司取词赋、经义两等,各差考试官,以投试人多少定其数,不得卤莽偏异。先期选合差之人，密行桩定，免致临时无官可差，却将昏老庸谬之人充数。并不许辄有规避，及请求免差。”诏：“令礼部行下诸路转运使司照会。”(《宋会要·选举》二〇之四、五)

(甲戌，十三日)殿中侍御史石公揆奏：“今以词赋、经义取士，而考校者患不能兼通，升黜安能得实？今岁科场，望令诸路转运司取词赋、经义两等，各差考官。”从之。(《系年要录》卷一一一)

二十一日，诏：“行在职事、厘务官，并宗子应举取应及有官人，并于行在赴国子监试。”(《宋会要·选举》一六之五)

二十三日，行宫吏部言：“类试所考校到效士合格人陈寿昌等，在优、平等计一十人，不合格人计四十三人。”诏：“试中优等人，依已降指挥。平等人与免将来文解一次；如已系免解人，与永免文解；已系永免人，即此比附优等推恩。不预等人，令吏部支赐束帛，各从其便。”(《宋会要·选举》一八之二五、二六)

七　月

壬午(二十二日)，右宣教郎、直徽猷阁张滉特赐进士出身，与郡。滉奉其母至行在，上引对而命之。中书舍人张焘言：“自宣政以来，奸臣子弟滥得儒科。陛下方与浚图回大业，当以公道首革前弊。滉首蒙赐第，何以塞公议？”上以浚有功，欲慰其母心，乃命起居郎楼炤行下，炤又封还。秘书省著作郎兼起居舍人何抡曰：“贤良之子，宰相之兄，赐以科第，不为过也。”乃书黄行下。后旬日，滉引嫌复辞，寻除知镇江府。(《系年要录》卷一一二)

明年，(张焘)以兵部侍郎召，诏引对，上曰：“卿去止缘张滉。”焘曰：“臣苟有所见，不敢不言。如内侍王监，陛下所亲信，臣尚论列，岂有宰相亲兄自赐出身，公论不与。臣若不言，岂惟负陛下，亦负张浚。”(《宋史》卷三八二)

是　月

陈渊《辞免举贤良状》:右,修职郎、改差监潭州南岳庙陈渊,准尚书省绍兴七年六月一日札子:左朝散郎、充徽猷阁待制、提举江州太平观胡安国奏:"承潭州公文,准礼部牒,三省、枢密同奉手诏,中外侍从之臣各举能直言极谏之士一人者。臣伏见右修职郎、权江西按抚制置大使司主管机宜文字陈渊,深究先圣之微言,能谈当世之要务,通达国体,晓知政经。若获造廷,俾摅所蕴,必有忠说,上副详延。伏候敕旨。"五月二十八日,三省同奉圣旨,札与胡安国,依绍兴元年九月十一日已降指挥,具陈渊词业缴进。札付渊,须至申闻者。

右,渊窃以贤良方正能直言极谏之举,起于汉之孝文,盛于武、宣,逮其衰世,犹不敢废,故得人之盛,至今称之。唐因其制,进士之外,设为制举,以待非常之才。一时名臣,多此途出。至于本朝,尤重其选。既举之以侍从之公,又稽之以平昔之业。必也行艺适称,然后试之以六论;词学俱优,然后考之以廷对。盖每发必中,始获与选,斯亦可谓难矣。自非深穷经史百氏之书,博考传记诸儒之说,通达国体,明习世务,必不能仰副朝廷招徕之意。如渊学问荒疏,志业无取,至于文墨,尤不足观。岂可苟冒荣名,自取黜辱?所有缴进词业指挥,不敢承命。谨具状申尚书省,伏乞照会施行。谨状。绍兴七年七月日具位。(《全宋文》卷三二九三)

八　月

十八日,宰执进呈礼部侍郎吴表臣论科举当通取诗赋、策论。上曰:"文学、政事,自是两科。诗、赋止是文词,策、论则须通知古今,所贵于学者修身齐家治国以治天下。专取文词,亦复何用?"(《宋会要·选举》四之二五)

戊申(十八日),权礼部侍郎吴表臣言:"科举校艺,诗赋取其文,策论取其用,二者诚不可偏也。然比年科举,或诗赋稍优,不复计策论之精粗。以致老成实学之士,不能无遗落之叹。欲望特降谕旨,今年秋试及将来省闱,其程文并须三场参考。若诗赋虽平,而策论精博,亦不可遗。庶几四方学者知向慕，不徒事于空文，皆有可用之实。”辅臣进呈，上曰：“文学、政事，自是两科。诗赋止是文词，策论则须通知古今，所贵于学者修身齐家治国以治天下。专取文词，亦复何用？”张守曰：“此孔门四科，所以文学为下科也。”乃如所奏行下。（《系年要录》卷一一三）

乙卯（二十五日），诏：“来年礼部奏名进士，依祖宗故事，更不临轩策试。”先是，祠部员外郎兼权礼部勾龙如渊引天圣、治平谅闇故事为请，召侍从讨论。吏部尚书孙近等言：“皇帝临御天下，发号出令已逾十年，即与前世嗣君新立谅闇不言事体不同。所有将来御试贡士，乞用临轩之制。”奏可。未几，权礼部侍郎陈公辅入见，请罢经筵、策士等事。以为三年之内，凡涉吉礼者，皆未宜讲。上以为然。（《系年要录》卷一一三）

李仁甫十八岁为眉州解魁，时第二人史尧弼，字唐英，方十四岁，人疑其文未工也。赴鹿鸣燕，犹著粉红袴，太守命坐客分韵赋诗，唐英得“建”字，即席援笔立成，有云：“四岁尚少房玄龄，七步未饶曹子建。”（《浩然斋雅谈》卷中）

是 秋

莆田方翥次云，绍兴丁巳秋，将赴乡举。常日能邀致紫姑神，于是以题目为问。神不肯告，曰：“天机不可泄。”又炷香酌酒，祷请数四，乃书“中和”二字。翥时方十八岁，习词赋。遂遍行搜索，如“天子建中和之极”、“致中和天地位”、“以礼乐教中和”、“中和在哲民情”，如此之类，凡可作题者，悉预为之。是岁，以士子多，分为两场。其赋作，前题曰《中兴日月可冀》，后题曰《和戎国之福》，始悟所告。翥试前赋，中魁选。予少时犹传诵之，其警联云：“八纮地辟，符一马之渡江；六合天开，光五龙之夹日。”“伫观僚属，复光司隶之仪；忍死须臾，咸泣山东之泪。”翥次年登科，然蹭蹬三十年，才为秘书省正字而止。（《夷坚支志》戊卷二）

葛立方《答严公举解元启》：精蓝肄业，曾同凿壁之灯；浙部荐贤，并中穿杨之箭。君遽罹于大故，我滥预于末科。究所从来，咸自规磨之赐；未遑驰谢，敢图赞喜之先。恭惟某官，道先王之法言，知古人之大体。八吟魁众，昔知贾谊之升堂；六籍授徒，今有闵骞之在寝。华笺下逮，贱迹有光。言逾布帛之温，文有丹青之炳。三年素鞸，虽少滞于方闻；万里青云，行即观于轩翥。(《全宋文》卷四四三六)

陈长方《谢解启》：执经问学，本心非为于决科；谋禄代耕，末路几同于志食。滥尘荐牍，复冠时髦。嗟驽马之居先，盖播糠之靡后。省循非据，黾勉怀惭。窃以兴学者有国之宜先，为己者为学之切务。粤从近世，相习成风。造务外虚远之词，元非实效；为甚高难胜之论，初不可行。追考其私，则所言皆肝胆之秦越；进而在位，则素学为鱼兔之筌蹄。由兹虚诞之风，驯致凌迟之渐。盖学术不善，则难以望人材之贤；人材不贤，则何以隆邦家之庆！若彼五胡之猾夏，初缘二晋之清谈。欲张斯文，允归硕德。如某者，零丁质弱，洴澼伎迂。幼禀家传，既匪狥时之学；长从师氏，又非适俗之规。甘放意于丘樊，已冥心于科目。逮睹靖康之诏，复还正始之音。勉缉旧闻，以追群彦。南宫自献，曾贻郑璞之羞；外计重来，方愧刘郎之诮。岂意伏遇某官，欲兴古道，务正人心。以得士之多为报国之术，于取材之道视所学之方。知来龙当在于图形，而市马亦先于骏骨。是令庸谬，误辱品题。某敢不益励简编，更亲师友！庶十驾之可至，免五伎之遂穷。(《全宋文》卷四五七三)

黄公度《和戎国之福赋解试》：上圣图治，远戎请和。民获安而不扰，国膺福以滋多。俯亲庶俗之情，信行蛮貊；诞保有邦之祜，时戢干戈。尝闻帝王盛时，不无蛮夷猾夏。治失其术，则咸尚诈力；御得其道，则悉归陶冶。惟天子修盟讲好，德莫厚焉；俾戎人稽首称藩，国之福也。莫不肤使交聘，丹诚远通。厚赐之子女玉帛，俾修其朝觐会同。用珪章而结好，无甲胄以兴戎。我无诈而尔无虞，遐陬内附；灾不生而祸不作，百顺来崇。时其万国怀柔，四方澄寂。内不耸于边鄙，外靡攘于夷狄。措乃国于龟鼎，脱斯民于锋镝。良由礼招携而柔服，故得道建极而敷锡。揉兹荒裔，俾为不二之臣；介尔中邦，永保无疆之历。大抵异域之情兮，乍臣而乍叛；中国之治兮，或替而或升。征之弗克者，尚且闻于败衄；绝之弗通者，犹未免于凭陵。曷若此无老师而耀武，无好战以矜能？下有方来之比，福如川至之增。所以事彼昆夷，果见周家之盛；会于戎子，因知晋室之兴。彼有汤后征南，宣王伐北。或隆肇造之业，或启中兴之德。虽曰奉天而致讨，岂不蠹财而伤力？必也礼怀远裔，道交邻国。巩王业以永固，祐圣时于罔极。毡裘气暖，行观塞草之长；沙漠风清，坐见边烽之熄。前古既远，后王不思；惟务力制，类非德绥。侯空号于定远，将徒劳于贰师。闭玉关而谢质者，不闻世祖；罢朱崖而切谏者，无复捐之。殊不知秦帝击胡，必底乱亡之患；武皇征虏，迄成虚耗之危。上方敦庞泽以抚绥，冀狼心之辑睦。务使迩安而远至，蔑有兵穷而武黩。故勤勤然诚意以通和，骈臻百福。

黄公度《贤人国家之利器赋解试》：贤进在位，时称得人。为国家之利器，实社稷之名臣。挺生命世之英，素韬大业；推作有邦之用，宰制群伦。惟王以一己之微，受四方之寄。谓万机尤难于独断，非众材孰与之共治。顾此先知先觉，是谓真贤；施诸有国有家，兹为利器。文武兼备，功名两全。国论未当兮断制尔待，政体未善兮刳裁尔专。基永隆于不拔，患潜消于未然。足倚大事，斯为巨贤。五百年哲匠间生，才名不世；千万里遐冲坐折，英锐无前。挺奇草泽之间，露颖岩廊之地。昔之穷也，固尝蓄锐以待敌；今之达也，讵可藏锋而避事。故或小而制锦兮，恢恢游刃之施；大而补衮兮，恪恪官箴之备。隐而未见，姑为囊颖之藏；动则有成，岂若铅刀之利？彼有称为大宝者，盖有取于瑰奇；号以重器者，示可镇于倾危。未若此刚节素禀，坚忠不移。厉其锷则清廉之操，淬其锋则智勇之资。其用若是，何利如之！倘令追琢文章，词锋益锐；假使削平祸乱，智刃攸麾。兹盖有学校渐摩兮与之陶成，有爵禄砥砺兮使之勉饬。动每济世，功斯利国。专外阃则排折患难，立中朝则剪锄奸慝。良由上圣之善任，遂使百工之效职。邦有史鱼之矢，直道而行；邑皆言偃之刀，歌声不息。厥后任文吏者徒事刀笔，为武士者孰宣爪牙？位徒参于上列，利何补于公家？譬终日使钝，而薄效不就；虽穷年用力，而寸功莫加。遂令颂激王褒，铸将求于巧冶；赋陈贾谊，钝窃叹于镆铘。惟古圣明，求兹英俊。以敌忾则援干橹于礼义，以御侮则全甲胄于忠信。由是而治天下焉，其有余刃。（以上均见《全宋文》卷四五七七）

十一月

(丙申,八日)龙图阁直学士汪藻奉诏,举乡贡进士刘度应直言极谏科,且上其词业。诏两省官参考以闻,不果召。(《系年要录》卷一一七)

十二月

(壬午,二十四日)温州布衣黄石应诏上书,论内事之可治者七、外事之可治者四。诏与免文解,仍赐束帛。(《系年要录》卷一一七)

是　年

熊彦诗《永州科举劝谕》:某窃以国家诏书取士之意,盖欲搜求贤才,以为时用。上则公卿辅弼,下则百僚庶工,分布内外,以兴治道。三年科举之设,虽较一日之长,它时建立事功,乃有无穷之闻。凡世名德,皆出此途。上之待士,可谓甚厚矣。零陵一郡,在湖南号为士乡,今古胜流,多尝至此。故士风所竞,习为儒雅。今年诸邑试于有司者几于千人,比造州廷,仪冠甚伟。虽初学童幼,俨如成人,投贽笺启,粲然可观。士乡之称,信不虚语。某区区之意,尚有望于诸友者,愿先儒夙学训诲诸后生,各务遵修士检,祗畏乡评,整齐衣冠,出入场屋。使儒风之盛、法礼之美不愧传闻,庶几上副朝廷求士之意。某不学,无能久游庠序。及为太学博士,数预考较,每见太学士人群试贡院,唯展纸濡笔之声,寂无人语。前辈有诗云:“无哗战士衔枚勇,下笔春蚕食叶声。”盖谓此也。皆以揖逊相先,以起居相问。凡取士之数,固已有定额。虽未必尽中前名,然皆不失为名士。而某忝守士乡,归居里闾之下,道零陵之庐,亦预荣幸。辄此布闻,各宜兢慎。(《全宋文》卷四〇·七六)

绍兴八年　戊午(1138)

正　月

十五日圣旨:"后举发解并省试进士所试诗赋、经义场分,并依绍兴七年二月十一日已降指挥施行。内初应举并前举于应举不终场人,并止听习诗赋。仍令礼部疾速遍牒施行。"(《贡举条式》)

二　月

六日,诏:"建康府本贯曾得解举人,并依临安府驻跸例,特与免文解一次。"(《宋会要·选举》一六之五)

三　月

(甲午,九日)诏:"平江府曾得解举人,依临安、建康府例,免文解一次。"以乡贡进士陈长方等言,自建炎以来,四经巡幸故也。(《系年要录》卷一一八)

二十一日,中书门下省言:"武节郎赵令芹累经朝廷陈献文字,皆有可采。昨任潮州兵马都监,本路监司韩璜等四员列衔保奏,乞与换文资。兼本人系已预贡,合还赴省试。"诏:"赵令芹令中书后省召试时务策一道,换授文资。"(《宋会要·选举》三二之五)

四　月

二十七日,以翰林学士、知制诰朱震知贡举,给事中张致远、起居舍人勾龙如渊同知贡举,合格奏名进士黄公度已下二百一十二人。(《宋会要·选举》一之一五)

右司员外郎程克俊，吏部员外郎庄必强，户部员外郎钱观复、宋瀚，祠部员外郎高闶，工部员外郎李良臣，监察御史施庭臣、黄缓，并充参详官；左朝散大夫李鞔，诸王宫大小学教授施巨，枢密院计议官陈沃，监登闻检院詹肇，枢密院编修官胡铨，秘书省校书郎许忻，秘书省正字常明、黄衡、凌景夏、孙道夫，主管官告院徐注，干办诸司粮料院石嗣庆，左宣教郎蔡安强，枢密院计议官李琳，左宣教郎马竑，左宣义郎周执羔、黄丰，敕令所删定官方畴，临安府府学教授周孚先，左从政郎石延庆，并充点检试卷官。尚书司封员外郎王铢充别试所考试官，仓部员外郎高俨、宗正丞陈确、著作佐郎朱松、敕令所删定官周林并充点检试卷官。(《宋会要·选举》二〇之五)

是岁，增参详官二员。(《系年要录》卷一一九)

二十八日，中书门下奏："礼部、国子监言：程克俊、黄丰，并曾充绍兴七年国子监发解试官，不合更考省试。"诏："考功员外郎郑刚中差充参详官，太常博士孙邦差充点检试卷官。"替程克俊、黄丰出院。(《宋会要·选举》二〇之五)

绍兴八年，省试《天子以德为车赋》。试毕，知举张致远、句龙如渊上殿，上诵第二名赋云："'有夏，昏坠也，见黜于《汤诰》；商王，颠覆也，贻诮于《周书》。'朕记得颠覆厥德，是《允征》篇。《允征》，《夏书》，非《周书》也。不知可以如此用否？"刘大中奏曰："昏坠颠覆之语，只是形容车字。语意虽工，要是用事错误。若论礼部考校式，止合作一抹耳。"(《能改斋漫录》卷一四)

黄公度《天子以德为车赋省试》：治盛天子，尊临帝居。每安行而在德，遂取用以为车。独操驭世之权，履兹宝位；克广长民之道，端若安舆。夫惟上纂洪图，俯绥赤子。外以动化于群下，内以操修于一己。正宸心而御极，其术何先；运大德以为车，莫安于此。岂不以贵主大器，富包普天。一猷为兮，立兆民之表正；一号令兮，举万国以风传。是必动有彝训，事无过愆。禀聪明睿智之资，坐而抚御；体笃实辉光之大，用以周旋。由是俨万乘之威仪，耸群方之瞻视。为輗軏以寓其赏罚，谨衔辔以张其纲纪。恭俭无尔伪之载，忠信有在衡之倚。其用若是，非德曷以？言无不听，前瞻进善之旌；政在必行，下顺纳民之轨。懿夫！名，德之舆也，名久必泯；权，主之车也，权倾则危。曷若此厚以载物，动而中规。同五帝以载骤，与三王而并驰。世底安宁之治，上无颠覆之为。出必自于圣门，靡闻过举；行每遵于王路，罔蹈非彝。故得仁义由行兮虞舜与稽，圣神广运兮唐尧是则。器蔑小人之盗，舆有君子之得。侍从仆御无非正乘，岂假于王良；出入起居罔不钦，谏何烦于广德？厥后循治轨者世乏显显，蹈覆辙者日益骎骎。不能任重而致远，岂知执古以御今？以至化不流行，无复置邮之速；治亡祇惧，徒嗟朽索之临。上方慎保基图，务绥黎庶，中以视履，动而顺豫。既无陨越之失，又绝奔驰之虑。然则有大物者无他，在审其御。(《全宋文》卷四五七七)

五　月

庚寅(六日)，诏："衢州布衣柴宗愈与免文解一次。"宗愈献《中兴圣统》，大略谓："夏少康、汉光武可为标准，周宣王、汉宣帝、晋元帝、唐元宗、宪宗可为鉴戒。"后省奏其言有补，故录之。(《系年要录》卷一一九)

丙申(十二日)，诏："韩愈《昌黎集》中有佐佑六经、不抵牾于圣人之道者，许依《白虎通》、《说文》例，出题以取士。"用翰林学士、知贡举朱震等请也。震寻以疾出院，遂卧家不起。(《系年要录》卷一一九)

十二日，诏："楼玮为贡院对读官，规避妻党，牒试托故出院，特降一官。"(《宋会要·选举》二〇之五)

六　月

一日，礼部贡院言："试博学宏词科左迪功郎、新鄂州武昌县尉詹叔羲，右迪功郎、新平江府司法参军陈岩肖，左迪功郎、新饶州鄱阳县东尉王大方题曰《观文殿学士提举醴泉观兼待读授护国军节度使开府仪同三司江淮荆襄路宣抚大使制》、《汉辅渠铭》、《慰谕川陕诏》、《汉城长安记》、《代宰臣以下贺收复京西路表》、《唐会要序》,叔羲考入中等,减三年磨勘,与堂除差遣;岩肖、大方下等,岩肖赐同进士出身,大方减二年磨勘。”(《宋会要·选举》一二之一二)

十八日,上特御射殿,引见礼部正奏名、特奏名进士。正奏名同四川类试合格人参定,第为五等,得黄公度以下二百九十五人,赐及第、出身、同出身。特奏名林恪以下,赐进士出身、同出身、同学究出身,登仕郎、京府助教、上下州文学、诸州助教。(《宋会要·选举》八之五)

壬申(十八日),上特御射殿,引见礼部合格举人黄公度已下。遂以南省及四川类试合格举人黄贡等共三百九十五人,参定为五等,赐及第、出身、同出身。奏名林格已下出身至助教。(《系年要录》卷一二〇)

上以亮阴,不临轩,参以四川类试人,赐黄公度二百九十人及第。(《续宋编年资治通鉴》卷四)

进士名录:黄公度,陈俊卿,陈修,丁娄明,王九龄,王大治,王之望,王日华,王必中,王嘉彦,王谊,王履,王镃,毛允闻,毛朝弁,勾龙亶,方泾,方翥,甘晋,石磅,申屠亨,田如鸿,朱介卿,朱份,朱安国,朱岳,朱棫,仰文蔚,江广,江鹏,杜鼒,巫伋,巫孝立,李若凤,李弇,李师中,李处宜,李异,李贲,李彭年,李焘,吴允协,吴邦杰,吴玠,吴冈,吴弼,吴迈,何元亮,何熙志,何蕴,余汝弼,余遇,余观能,汪彦中,汪涓,汪澈,沈介,沈晞颜,沈询,宋松年,宋藻,邵允蹈,范世修,范愉,林孔彰,林季狸,林寅,林疑,林邓,林瀛,林阐,郁处厚,金非熊,周尚,周宗望,周宜禾,周倚,周照,周与,周际可,周迈,周贽,周额,宗序,胡庚,胡敦诗,胡襄,南宫瑞,姜俊民,姚廷槐,姚蹈,莫知彰,莫浚,连潜,夏元辅,夏献民,柴瑾,晁公溯,晁武,倪师尹,倪偁,徐廷献,徐作则,徐蒧,徐谊,翁之章,高仁,高倬,高沄,唐友闻,唐钦若,陆之渊,陈山,陈天觉,陈升卿,陈光祖,陈早,陈休烈,陈仲德,陈作德,陈亨朝,陈长方,陈炳,陈扃,陈得心,陈斯立,陈嘉猷,陈端行,陈弥作,陈铸,陈璇,陈曦,陶与谐,陶稷,黄士龙,黄元量,黄友德,黄石,黄宋翰,黄拱，黄清问，黄万顷，黄童，黄瑀，黄瑜，黄箎，黄幡然，黄毅，曹翊，曹崇，崔若砺，章炜，章综，张公卿，张汝弼，张屏，张康成，张敦颐，张搏，张维，彭公永，彭君弼，彭时举，叶山，叶义权，叶实，万孝骞，万忠显，万嘉谟，葛去病，葛立方，董天民，喻仲远，嵇琬，傅深，童用宾，童邦杰，温珏，杨仁，杨辉，雷申锡，虞公辅，詹如松，赵公旦，赵公硕，赵公称，赵伯揆，赵彦端，赵善时，蒋烈，蒋椇，蒋棠，蔡损，蔡毅，蔡韫，闻同初，廖伯宪，廖谦，郑彦仕，郑荣年，郑肇，熊辉，邓廷言，邓觉，邓莺，巩庭芝，欧阳迪，刘丙，刘安矩，刘尚达，刘洽，刘懋，刘嵘，谈谊，潘文饶，薛良朋，薛直言，薛叔渊，卢时，钱建，钱丰，鲍同，戴松，戴昂，韩珣，魏邦基，魏勖，魏清臣，谢三俊，谢史，谢如埙，谢特，谢袭，缪若虚，缪渥，丰渊，颜唐，苏济(误)，严伯庄，谭宗，顾汝义，龚茂良。

特奏名进士：林恪，王元龟，王廷佐，王廷珪，王廷翰，王求，王维，文敦，方之邵，方调可，丘遇，朱岘，伍利用，李由直，李安行，李坦夫，李若虚，李宗旦，李彧，李彬，李斐彝，李扔，邱谌，何天光，余珎，范坦，范桂韶，林元圭，林若谷，林靖，林骍，金天麟，周彦时，洪则，袁焕章，徐彬，陈大讷，陈邦式，陈安国，陈时升，陈烜，陈埴，陈得时，陈淑，陈琪，陈尧问，陈弼，陈嘉绩，陈辅，陈维楫，孙隽，黄亢，黄民先，黄民师，黄邠，黄宋臣，黄卓，黄敦节，黄硕，张元老，叶闻，程克一，傅惟深，钧轸，曾世昌，冯朝宗，杨通，郑光祖，郑汝羲，郑国宾，卫介石，刘忭，刘易简，刘侯圭，刘俊，刘劢，萧宗颜，萧稷臣，卢如宪，韩岦，谢美中，缪昌朝，谭武，谭掞，谭颙。(《宋登科记考》卷九)

补进士名录：其一，胡水孚。《全宋诗》卷二〇〇七黄公度《桂阳宰胡达信水孚同年见赠三首次韵》。

其二，章倧。《韵语阳秋》卷一八："某黄公度榜……女夫章倧同榜。"又，葛立方《蛛砚铭》："绍兴戊午五月，余与妹夫章道祖待省试于临安之资国……未几，余与道祖偶皆预赐第之末。"(《全宋文》卷四四三七)

辨正：苏济，登绍兴五年进士第。详说见前。

王之望……初举进士，考官孙道夫异其文，欲置魁等，众议不同。他

日,知贡举朱震持以示人,曰:"此小东坡也。"(《系年要录》卷一五一)

黄公度,兴化人。既为大魁,郡人同登第者几三十人。余一日于江路茶肆小憩,继一士人坐侧,因揖之,且询其乡里,云:"兴化落第人也。"余因谓之曰:"仙里既今岁出大魁,且登科之数,复甲天下,是可庆也。"其人叹息曰:"昔黄涅槃有谶语云'拆了屋,换了椽,朝京门外出状元'。初,徐铎振文作魁时,改建此门。近军为变,城门焚毁,太守复新四门,而此门尤增崇丽。黄居门外区市中,而左右六人同遇。虽一时盛事,亦皆前定,非人力所能较也。"(《春渚纪闻》卷二)

梓潼神梦之灵,前志已载矣。成都人罗彦国,累试不第。既四举,斋戒乞梦,梦蔡鲁公谓曰:"已奏除公枢密直学士矣。"次年省试又下,乃以累举恩得密州文学。犀浦人邵允蹈,绍兴七年被乡荐,亦乞梦于神。梦神告曰:"已与卿安排甲门高第矣。"及类试,果为第一,乃刻石纪于庙西庑。后罢眉州幕官,赴调临安,舟行至闸口镇,病死。始验甲门之语,盖闸字也。(《夷坚志》乙卷五)

绍兴戊午,黄师宪自莆田赴省试,与里中陈应求约同行。以事未办,后数日乃登途。过建安,诣梨岳李侯庙谒梦,梦神告曰:"不必吾言,只见陈俊卿已说者是已。"黄至临安,方与陈会,询其得失,陈盖未尝至彼庙也,辞以不能知。黄逼之不已,陈怒,大声咄曰:"师宪做第一人,俊卿居其次,足矣!"黄喜其与梦合,乃以告之。暨揭榜,如其说。(《夷坚志》丙卷一五)

鄱阳士人黄瀛,字李逢,善属文。宣和间在太学,负俊声,屡梦人称为"黄状元"。瀛固自恃不浅,每为交友言之。然才入举场,辄不偶。绍兴八年,以免举赴省试于临安,而黄公度魁多士。是岁,无廷对,遂唱名第一。瀛始悟,叹曰:"二十年梦黄状元,今乃为他人所夺。"怏怏而归。久之,仅得特奏摄官而卒。(《夷坚支志》丁卷四)

林开三命,世俗日者多托其书以自附,然初未睹厥真也。宣和间,其人在京师，莆田黄至一静以太学上舍登科，除秘书省正字。尝邀之论命，长子方龆龀，立于旁，亦漫令谈休咎。林曰："此儿科名远胜君，至究竟处，但只相似耳。"其后，至一终于朝奉郎。长子者，师宪也，状元及第，然亦仅至郎官而止。宪初发乡举时，以绍兴五年试南宫，既出院，梦题院门曰："依旧家山万里，重新场屋三年。"是岁，本中优选，以误用韵榜罢。八年，遂冠省闱，以无廷对，擢居正奏第一。先是，其伯父梦神人告曰："君家有此双名玉，天下流传第一人。"又邻人王氏，梦其居挂金符，榜曰"状元坊"。自谓子孙必应兆，每夸语于里闾。久而益贫，遂货于黄氏，不数年，师宪捷书来。初命名时，盖慕东汉隐君子鼻祖叔度之为人，已而，年寿才止于四十八，与叔度同。

黄师宪魁省闱时，胡邦衡以枢密院编修官点检试卷，得其程文。黄袖启谢之，有"欲治之主不世出，大名之下难久居"之语，胡虽赏其骈俪精切。而讶"难久居"之句为不祥。后胡获罪来福州，黄致子鱼、红酒为饷，胡报以诗曰："盈尺子鱼来丙穴，一瓶女酒敌新州。"自言以子对女、丙对新为工，盖新兴酒绝佳，闽人重之，故形于诗句。未几，胡再谪新州，黄亦不至达官，所谓难久之词，皆先谶也。（以上均见《夷坚支志》戊卷九）

金陵府鲍府史生三子，少时皆俊秀，读书有声。父梦道人，青巾、白袍、皂绦，抱墨桶置其庭阶，如世所谓吕先生。顾其三子曰："兄弟三人同及第。"故悉使更名，伯曰同，仲曰回，季曰冏。其后，独同登第，而回、冏不第，乃验其语。（《夷坚支志》庚卷九）

绍兴间，黄公度榜第三人陈修，福州人，解试《四海想中兴之美赋》第五韵隔对云："葱岭金堤，不日复广轮之土；泰山玉牒，何时清封禅之尘。"时诸郡试卷多经御览，高宗亲书此联于幅纸，粘之殿壁。及唱名，玉音云："卿便是陈修？"吟诵此联，凄然出涕。问卿年几何，对曰："臣年七十三。"问卿有几子，对曰："臣尚未娶。"乃诏出内人施氏嫁之，年三十，赀奁甚厚。时人戏为之语曰："新人若问郎年几，五十年前二十三。"其年第五人方翥，兴化人，解试《中兴日月可冀赋》一联云："伫观僚属，复光司隶之仪；忍死须臾，咸泣山东之泪。”亦经御览，亲笔录记。唱名日，特命加一资。上恢复初志，随寓发见，感愤如此，而卒于不遂。秦桧之罪，可胜诛乎！(《鹤林玉露》乙编卷六)

莆田方翥试南宫，第三场欲出纳卷，有物碍其足。视之，则一卷子，止有前二篇，其文亦通畅，不解何以不终卷而弃于地也。翥笔端俊甚，以其绪余足成之，并携出中门，投之幕中。一时不暇记其姓名，翥既中第，亦不复省问。他年，翥为馆职，偶及试闱异事，因及之。偶有客在坐，同年也，默不一语。翼日，具冠裳造方，自叙本末。言：“试日，疾不能支。吾扶拽而出，所谓试卷者，莫记所在，已绝望矣。一旦榜至，乃在选中。恍然疑姓名之偶同，幸未尝与人言。亟入京物色之，良是。借真卷观之，俨然有续成者，竟莫测所以。今日乃知出君之笔。君，吾恩人也。”方笑谢而已。(《齐东野语》卷五)

葛胜仲《次韵中散兄庆立方赐第》：儿曹春榜预言扬，窃吹知难服士乡。黄绢未能摛好语，青毡偶幸继前芳。穿杨喜共东床客，攀桂同标北寺房鹿苑寺，以其肄业堂榜曰双桂。圣世选材如华岳，积尘曾不弃毫芒。(《全宋诗》卷一三六七)

王之望《登第后投魏侍郎》：空山学仙子，旧识安期生。青霄许相接，凡骨难为轻。一朝行业满，九转丹砂成。安期忽东来，从帝游玉京。下视一笑莞，依然有余情。借我白云车，导以虹蜺旌。摄身出尘土，随君凌紫清。机会倘一失，千载何由丁？(《全宋诗》卷一九四二)

王之望《谢及第启》：阶任子之恩，已更贱役；应兴贤之诏，复忝巍科。循鄙分以非宜，抚疏才而自愧。窃以国家惟百年之计，留意人才；学者以一日之长，致身科目。凡彼公卿之蹊径，悉由文字以权舆。始类浮文，终收实用。遂使清朝笃意，谓糊名较艺之足凭；后进希声，以射策决科为可贵。故此艰难之际，亦严搜选之方。神州尚隔于一隅，江表自称为多士。虽未复限淮之地，亦不虚造榜之天。方三祀之亮阴，肃九重而恭默。龙池辍试,将权衡于近侍之臣;雁塔书名,等甲乙于春官之考。训辞甚切,圣意有加。精求赋日之才,博采济时之略。谨其声律,盖将观组织之工;访以古今,所以考经纶之术。自非词兼众体,才擅数长,则何以副睿哲之旁求,处英贤之上列?如某者,衣冠寒族,庠序晚生。无博观广览之资,有孤陋寡闻之累。专心弱岁,攻书剑以徒劳;刻意前修,佩韦弦而自饬。妄起功名之意,早游教化之原。博士一经,生徒数载。月程文艺,屡收得隽之功;秋试贤能,亦在先鸣之列。自诡穿杨之审,不知拾芥之难。龙门未跃于西河,鲸鬣遂掀于东海。合繻以出,弹铗而归。继缠风树之悲,无复星槎之兴。十年兵火,脱盗贼于中原;万里风波,从衣冠而南渡。讲道于绝粮之际,谈经于弛担之余。素患难以安行,尝险艰而已备。偶缘世赏,获厕官联。铁消铸砚之心,金负满籯之训。绝意冥鸿之寥廓,甘心斥鷃之翱翔。然素业传家,惧弓冶箕裘之堕;青衫入仕,有尘埃棰楚之羞。痛自激昂,载加勉励。家无文史,重兴五厄之嗟;官有簿书,更苦三余之窘。心耗于囊中之句,目昏于檠下之书。过时已觉于难成,中道几思于自画。向用朝廷之事比,许还首善之荐名。来求礼部之选抡,偶犯有司之程度。霜蹄遂蹶,剑气空呈。复垂翅于回溪,独倚辀于虞阪。功同猿臂,疑骨相之难封;命肖龙章,恨神仙之多障。有求弗获,欲罢不能。属诏綍之肆颁,厉辞锋而再鼓。既与漕台之计,复观王国之光。朋来集四海之英,颖出尽一时之秀。时方用赋,皆升堂入室之流;士必通经,多专门名家之学。玉有荆山之韫,珠无沧海之遗。可谓盛哉,吁足畏也。方锱铢之必较,忽糠粃以居前。然而求剑刻舟,守旧方而甚滞;好竽鼓瑟,追时尚以尤疏。文或病其雕虫,技几成于画虎。既瑕瑜之不掩,宜葑菲之俱遗。何图骫骳之词,犹玷公明之选。人非东晋,莫与刘琰之流;赋异《阿房》,终居杜牧之下。尚次甲科之后,获尘乙夜之观。自揣奇穷,已为侥幸。此盖伏遇某官,才高人杰,道契天民。以兼资文武之才,膺注意安危之寄。计存庙社,威名独重于朝端;位冠臣邻,风采想闻于天下。久持魁柄,力运化枢。折遐冲于敌人窥伺之秋,镇雅俗于国势危疑之日。临大事而不乱,盖胸中之气有余;推至公而必行,故宇内之心自服。国有中兴之渐,士无先识之忧。致此庸虚,有兹叨冒。某敢不益崇儒行,勉服官箴!随所遇于他时,期粗伸于素志。被君相作人之泽,虽匪成才;师圣贤行己之方,则为报德。(《全宋

文》卷四三六三)

王之望《登第告考妣文》:某爰自孤露,洊历艰苦,每遵先训,不敢废学。乃今年旅试省闱,叨在第六,蒙恩赐第,改授左官,且有师儒之命。此皆先考妣积善余庆,流于后人。故不肖之孤,克继绪业。永惟罪逆,致身迟暮。虽窃一第,不及拜亲。感慕悲哀,痛贯心骨。但当谨奉遗体,恪守义方。思所以立身扬名,显我父母者。恭陈薄荐,以告庙筵。(《全宋文》卷四三七二)

葛立方《谢及第启》:提无援之孤军,谓当折北;奋卑飞之弱羽,敢冀图南?忽惊较艺以奏名,继冒临轩而赐第。逢辰特幸,揣分奚堪!窃以国莫重于人材,士要先于器识。虞、夏、商、周之际,本德义以明扬;秦、汉、隋、唐以来,用文词而博举。盖深于涵养,则其归必至于浑厚;而慎于践履,则所到未易以测量。惟睿主之作成,斯贤才之观化。国家偶中否之运,圣上挺勃兴之资,当用武而尤急于搜贤,方在疚而不忘于试士。以贤良吁俊而仍举三年取士之制,以诗赋抡才而兼求六经探道之人。既容门子之登场,又集宗英而战艺。欲仗俊髦之众,共扶基本之强。宜得英能,以光拔举。如某者,碌碌余子,空空鄙夫。早被训于鲤庭,旋抠衣于虎胄。大小百战,首末十年。抱椠怀铅,屈首短檠之灯火;汗颜血指,何心长铗之车鱼!得齿官联,本缘门调。侵寻岁月,奔走尘埃。念弟兄中第者四人,而父祖联科者三世。失寿陵之步,恐负初心;学裘氏之吟,期承素业。再鼓余勇,复理旧文。旅笔阵之千人,效铅刀于一割。敢图精鉴,不弃下材。矧避旁亲之嫌,关付别头之试。纷然多士,取者五人。非夙荷于吹嘘,岂遽容于叨冒!兹盖伏遇某官,中兴基杖,后学蓍龟。斯文鲁国之真儒,此道商民之先觉。每品题于人物,用培植于邦基。狂狷不违,是亦教诲而已;贱微兼取,而况亲炙者乎!实有夤缘,致此侥幸。某敢不恪遵士检,笃守官常,勉所不能,鞭其不及!龙门沓沓,粗逃点额之羞;天汉迢迢,更假乘槎之便。(《全宋文》卷四四三六)

陈长方《谢及第启》:校艺南宫,滥居下列;拜恩北阙,遂觐清光。顾事业之空疏，被宠荣而祗惕。伏念某得依丈席，爰自孤童。意广而材卑，心空而质薄。磨砻朴斫，每勤匠氏之功；长养护持，倍费场师之力。讫无堪称，徒阅岁年。以至遍走师门，获交多士。指南所自，发轫云初。皆君子之使然，非小生之能尔。谁知末路，浸失本心！以平生之所闻，望有司而求售。江湖巨浸，中道而乃变污潢；培塿学山，卒岁而仅同丘垤。尚祈诱掖，使有依归。恭惟某官，盛德典型，斯文羽翼。忘名忘世，久从造物之游；呼马呼牛，一听时人之目。江山宴坐，声教邮传。凡称斯世之龙门，咸指当今之吴下。耆年如卫武，名齿如商翁。行膺三老之求，无复五噫之叹。某敢不力行旧学，克谨官箴！无愧前修，庶几后日。既下酬于素志，勉上报于深知。

陈长方《答谢特奏启》：伏审荣被奏名，入瞻睟色。已拜命书之赐，实为儒者之光。惟古今取士之殊途，以科第示公于当世。持衡校艺，敢云铢两之差；按剑投珠，每深凿枘之叹。眷本朝之懿典，扩数路以求材。凡偶佚于春官，卒终归于仕版。尽收英俊，仰副忧勤。失之东隅而收之桑榆，均为自致；虽有姬姜而毋弃蕉萃，行听旁求。某官早践英躔，夙推俊誉。由祭酒项斯之不偶，故礼部何蕃之复然。晚沐上恩，乃膺初秩。将军善饭，尚可用于赵人；新息据鞍，定立功于骁骑。某滥同李洽，有愧刘蕡。忝冒以居，彷徨无措。欲腾笺而不敢，奉华翰以弥惭。（以上均见《全宋文》卷四五七三）

七　月

十三日，吏部言："今年六月十六日敕，礼部将贡院省榜正、特奏名进士等分为五甲，乞朝廷给降敕牒。"从之。同日，礼部言："依《条格》：初及第拟官，进士第一人左承事郎、签书节度或观察判官厅公事。今来黄公度系与李釜榜事体一同，本部案牍烧毁，无凭契。勘会得李釜同榜人仓部员外郎高俨称：元符三年状元李釜，系就吏部黄甲榜上注授定州观察判官。是时未有选人七资法，第二、第三名各得初等职官，第四、第五名各得初等令、录，其元注拟差遣各已遗忘。"诏："黄公度特补左承事郎、签书平海军节度判官厅公事。"（《宋会要·选举》二之一七）

进士及第黄公度为左承事郎、签书平海军节度判官厅公事。礼部言："祖宗故事，不策试则榜首补两使职官。"上特命授京官，自是以为例。(《系年要录》卷一二一)

时闻徽宗崩，未及大祥，礼部言："故事，因谅闇罢殿试，则省试第一人为榜首，补两使职官。"帝特命为左承事郎，自此率以为常。(《宋史》卷一五六)

八　月

三日，赐右承事郎陈渊进士出身，除秘书丞。渊，争臣陈瓘从孙。学有师承，通达国体，故有是命。(《宋会要·选举》九之一八)

陈渊，字知默，以几叟行。年十八，首乡荐……建中靖国二年，龟山任荆南教授，公随侍。牒试，首选赴南宫。主司喜其文，欲以魁多士，有指摘其间用东坡语犯时忌，遂不偶。宣和六年，以特恩授吉州永丰簿……七年，诏举能直言极谏之士，胡安国以公应诏。陛对称旨，赐同进士出身，除守秘书丞。(《宋辽金元方志辑佚·延平志》，第423页)

十　月

三日，赐右朝奉大夫邵博进士出身，行秘书省校书郎。制以博"祖、父道德学术为万世师，而父经明行洁，博趣操文词，不忝父祖"。故命之。(《宋会要·选举》九之一八)

十二月

二十五日，赐右朝奉郎莫将同进士出身，除起居郎。九年正月二日，除司农卿，制以将"由疏远上封事，议论慷慨"，故命之。(《宋会要·选举》九之一八、一九)

绍兴九年　己未(1139)

正　月

五日,新复河南州军赦:“自祖宗朝,谅阴中特奏名进士五等人,并许出官。今来绍兴八年特奏名进士试在第五等人,并与特依下州文学恩例施行。”(《宋会要·选举》二之一七)

五日,诏:“右朝奉大夫王伦,除端明殿学士,签书枢密院事,仍赐同进士出身。”是月十七日,除东京留守。制以伦“将命殊邻,修两国之好,且以境土复归舆图”。故命之。(《宋会要·选举》九之一九)

五日,赦:“应进士、诸科曾经刘豫伪命后得解者,将来并与理为举数。”(《宋会要·选举》一六之五)

(丙戌,五日赦)绍兴八年特奏名进士试入第五等人,并特依下州文学恩例。(《系年要录》卷一二五)

五　月

(癸卯,二十四日)左迪功郎张行成献《刍荛书》二十篇。谓:国朝以诗赋取士,又有免举推恩之法。如贤良之试六论,皆注疏之学,豪杰之士岂肯俛首作此?方今外有巨敌,正急人材之秋。如谋任帷幄、武堪将帅、辩可奉使,若此等类,宜使在位各举所知,阔略细故,务得奇才。如是,而英雄豪杰庶无在下之叹。(《系年要录》卷一二八)

二十六日,诏:“饶州童子王文明与免文解一次,赐绢二十匹。”文明十

岁,诵经子书十三种,兼习步射。(《宋会要·选举》九之二七)

六　月

十七日,赐史愿同进士出身。(《宋会要·选举》九之一九)

七　月

七日,敕中书门下省:尚书省送到礼部员外郎兼充实录院检讨官刘昉札子:"伏见绍兴七年二月十一日圣旨:'将来发解并省试进士,所试诗赋、经义场分,且依前举已行条例收试。'绍兴八年正月十五日圣旨:'后举发解并省试进士,所试诗赋、经义场分,并依绍兴七年二月十一日已降指挥施行。内初应举并前举于应举不终场人,并止听习诗赋,仍令礼部疾速遍牒施行。'今年六月二十日,又准都省指挥,令礼部备坐已降指挥,再行遍牒逐路监司州军照会施行。昉窃详:朝廷分经义、诗赋以取士,盖各从其所长。今若将初应举人专习诗赋,则数举之后,不复有以经义应举者,恐失朝廷兼用经术、词章取士之意。欲望详酌,特降指挥,于元降指挥内删去'内初应举并前举初应举不终场人并止听习诗赋'二十字,仍遍牒施行,庶使四方之士不致疑惑。候指挥。"七月七日奉圣旨依。(《贡举条式》)

二十六日,左迪功郎赵善时状:"系无官宗子应举过省。窃见沈晦榜,初罢三舍,改科举,宗子无官应举,补修职郎。今若只补迪功郎,是与庶姓进士一同。望特赐改正。"从之。其后有司以渡江散失条法,每举循例推恩。(《宋会要·选举》二之一七)

十一月

(己丑,十二日)户部侍郎周聿言:"陕西士人学术久荒,拙于为文。若与四川类试,必不能中程。乞别立字号。"上曰:"陕西久陷伪境,朕欲加惠远方,可令礼部措置。"川陕分类试额自此始。(《系年要录》卷一三三)

十二月

(己酉,三日)御史中丞廖刚言:"国朝治平以来,诏三岁一举士。自是率用今年大礼,明年科场,又明年省殿试。故荫补与登第人往往先后到部,于注授为便,而漕司岁费亦无相妨,诚经远之计。昨建炎元年,殿试为军兴展至明年,就维扬试;绍兴元年,殿试为明堂又展一年,就临安府试。今,明年当试进士,复与大礼相妨,且省司财计难以应办,此不便一也。近岁,初官人率待四五年阙。若奏名人与荫补人同时到部,愈见差注不行,此不便二也。傥更展一年,则大礼、科场省殿试皆得如古制矣。况来年不独举大礼,且山陵营奉有日,豫备两宫回銮,差官置局,日分亦恐不给。安得不权时而制宜哉！兼河南、陕西士人各罹乱政,学业荒废,姑缓一年,亦无不愿。"诏礼部讨论申省。(《系年要录》卷一三三)

三岁取士,祖宗旧制也。建炎元年,当省试,以围城故,展用二年。绍兴元年,当殿试,以行明堂礼,亦展用二年。十年,当秋试,廖中丞刚建言:"自治平以来,三岁举士,率用大礼。科场省、殿试为三年,故任子与登第人注阙无妨,而漕司经费亦给。自军兴再展,今秋试与大礼相妨,请展一年,以应古制。"上纳其言,乃诏诸州以十一年发解,而十二年省殿试焉。自后科场以十二年为准。(《朝野杂记》甲集卷一三)

廖刚《论科举札子》:臣契勘:国朝自建隆以来,每岁开科场,间或停举一二年。淳化中,盖尝连停四年。天圣、宝元中,各尝停三年。每停必降诏,或以前举取人已多,或以频年科场有妨肄业,或以营奉山陵诏,或以程文未精停。嘉祐二年,则诏间岁开科场。至治平三年,乃始诏三岁一开。自是以来,率是今年大礼,明年科场,又明年省试、殿试。其该恩文学人,须候来年郊恩,召保官从本州次第保明,方许赴部。如此,故正奏名与特奏名人赴部年分不同,而大礼初荫补人与特奏名人往往相先后到部,不至同时拥并,吏部便于注受。而转运司逐年应副财费,并无相妨,诚为经远之计。昨建炎元年系殿试年分,当年为军兴,展至明年,就扬州试。次举合系绍兴元年殿试,为与明堂大礼相妨,又展一年,就临安府试。缘展过前项两年,是致绍兴十年当举进士,复如七年,与大礼相妨,省司财计不易应办,在今日尤为不便,一也。近年初出官人,率待四五年阙。若正奏名与特奏名、初荫补人三色同时到部,侍郎左选,愈见差注不行,在今日尤为不便,二也。倘稽祖宗故事,用建炎、绍兴初年例,更展一年科场,则大礼、科场、殿试皆得如旧制,永不相妨。若不展,则数事相妨,循环无有已时。臣愿陛下断自宸衷,特展一年,于举人利害甚轻,而于国家事体为甚顺也。盖士人虽急于进取,然亦何尝不以国家为念?岂惮一年之淹,而不为国谋乎?必不然也。况来年不独当举大礼,按行山陵营奉有日,两宫回銮预须祇备,差官置局,日力亦恐不给,安得不随时而制宜乎?且士之就科举,亦欲得禄而已。今诚为之裁处,使登第到部无拥并之患,易得阙次,则若迟而速,未为不便。臣故曰利害甚轻。且如前此,正奏名之在末甲者方待铨试,而特奏名用乃前一年大礼保官先注受去,事皆倒置。若展一年,则亦无此。兼河南、陕西士人,久罹乱政,学业荒废,姑缓一年就举,宜亦无不愿欲。臣愚以为事理灼然,似无可疑。倘合圣意,乞依祖宗故事,降诏施行。(《全宋文》卷二九九一)

绍兴十年　庚申(1140)

二　月

十七日，诏曰："永惟三岁兴贤之制，肇自治平，爰暨累朝，遵为彝典。顷缘多事，洊展试期。致取士之年，属当宗祀。宜从革正，用复故常。可除科场于绍兴十年，仰诸州依条发解外，将省、殿试更展一年，于绍兴十二年正月锁院省试，三月择日殿试。其向后科场，仍自绍兴十二年省试为准。于绍兴十四年，令诸州依条发解。内将来绍兴十二年特奏名、合出官人，有年六十一岁者，许出官一次。"先是，礼部言："建炎元年省、殿试，因军兴展至建炎二年。次举省、殿试，合攒至绍兴元年。除省试分诸路转运司类试外，其殿试又为明堂相妨，再展至二年。续于五年、八年两次省、殿试，合系十年秋举，十一年省、殿试。今臣僚奏陈，若展一年科场，于今年大礼不至相妨。并特奏名人到部，与正奏名人注授不至倒置。其向后科场，自十二年省试为准，于十四年令诸州发解。如此则经久，依得祖宗旧制，委不相妨。"故有是诏。(《宋会要·选举》四之二六)

三　月

二十三日，诏曰："朕遭世艰难，临朝愿治。思得一时俊杰，博古通今、质直忠谠之士，讲求治道，以成当世之务。乃远稽汉唐之遗文，近循祖宗之旧制，屡下诏书，开贤良方正之科，将加详延，冀闻至言，以辅不逮。十年于兹，未有称荐以名来上者，岂访求之道有未至邪？何为久之而未有闻也？侍从之臣，其思为朕益广搜择，以副侧席之求。庶几得人，追配前古，以共济于斯时。宜体至怀，钦承毋忽。"(《宋会要·选举》一一之二四)

五　月

十三日，赐处州孝童周智童子出身。智六岁丧父，哀毁过制，不茹荤。

庐墓,芝产于侧。父老列状于州,守臣以闻故也。(《宋会要·选举》九之二七)

七　月

二十九日,诏:"前东京留守司效士夏颖达、孙定、张汉、吕弥文、李光朝,并与免文解一次,差充诸州效士。"自东京脱身来归故也。(《宋会要·选举》一八之二六)

八　月

十一日,诏:"前东京留守司效士林云与免文解一次,差充江州效士。"自东京脱身来归故也。(《宋会要·选举》一八之二六)

九　月

十日,诏:"应进士、贡士、特奏名,将来科举合补文学,可依赦前授命人法施行。"(《宋会要·选举》四之二六、二七)

十日,《明堂赦》:"河南新复州军,已诏于逐路类试发解。近缘贼虏侵犯,不曾引试去处,与展至绍兴十一年秋试。"(《宋会要·选举》一六之五)

十七日,诏:"饶州童子晏章永免文解。"晏十岁,诵经子书十二种,兼习步射,排变阵势。(《宋会要·选举》九之二七)

二十五日,诏:"应得解得贡诸路举人,自省试下至绍兴十一年,已及一十二年之人,如有绍兴十年秋试得解,候将来过省、殿试唱名,取旨别与升名推恩。"(《宋会要·选举》四之二七)

十　月

乙亥(四日),诏:边县注武举出身人,凡武人射两石弓、马射九斗,谓之绝伦。苟绝伦,虽程文不合格,并赐第。(《朝野杂记》甲集卷一三)

十六日,礼部言:"转运司就试举人,与试官合行回避者,欲比附国子监发解体例，于试院内别行擗截一位，视就试人多寡，于所差试官内分差一二员，专引考校。于外试避亲位前，安排避亲举人坐次，别出题目。其试卷令封弥所用避亲字印别号，关送誊录所，专置历送避亲官考校。候考校申号讫，先次出号状，委转运司官专行收掌草卷，实封送弥封官。候差拆号官对号开拆，立项放榜。”从之。从太常少卿陈鼎请也。（《宋会要·选举》一六之五、六）

（丁亥，十六日）乡贡进士王文献进所注《司马法》，诏免文解一次。（《系年要录》卷一三八）

十一月

二十二日，诏：“诸州遇科场年分，封弥、誊录之类，先从本州取会见任官，有无亲戚赴试。如别无应避之人，方许差。若本州皆有应避亲数少人充被差官，不得托故辞免。”（《宋会要·选举》二〇之五、六）

是　年

绍兴十年，常州秋试，有术士言：“今岁解元姓名，字中须带草木口。”闻者皆谓：“人名姓犯此三者固多，岂不或中。”及榜出，乃李荐为首。荐字信可，姓中有木，名中有草，字中有口。余人皆不尽然。（《夷坚志》乙卷一四）

绍兴十一年　辛酉(1141)

二　月

二十二日，敕中书门下省：尚书省送到国子司业高闶札子，奏："契勘：臣比蒙圣恩，得赐对，获瞻穆穆清光，不胜荣幸！臣面经陈奏：《大学》者，教化之本，而礼制文章皆本乎此。子思《中庸》之言曰：'非天子，不议礼，不制度，不考文。'推此言也，凡礼度、文章皆当出于天子。今陛下复兴太学，固已自出于睿断。所有养士、取士合行事件，有司不敢专，辄欲乞恩。许令本学条具，并乞取自圣裁。即蒙睿旨俞允，许臣条具将上。而最所当先者，经术是也。臣窃惟古者设太学，唯讲经术而已。先王之时，大乐正以《诗》、《书》、《礼》、《乐》造士。至汉以来，六经各自置博士，各有弟子员。而后世所建斋舍，所差学谕，所问疑难，亦各分经。其所谓诗赋、论策者，皆其经术之余耳。然则太学者，乃讲明经术之地。今复兴太学，自宜以经术为本。而太学旧法，每旬有课，月一周之；每月有试，季一周之。亦皆以经义为主，而兼习论策。为三场，苟加一场，则旬课季考之法遂不可行。为士子者，连日就试，固已疲劳，而有司互场通考之际，亦将纷错而不能精矣。自元祐以来，虽臣僚累奏，请加诗赋，通为四场，而终不施行者，盖为此也。自罢诗赋之后，朝廷恐专门之学未尼以收实用，乃别设词学一科，试以制、诏、表、章之类，通谓之杂文。臣今参合条具：太学课试及科举三场事件，如后第一场，《元丰法》绍圣、元祐、大观同：本经义三道，《论语》、《孟子》义各一道。今太学之法，正以经义为主。欲仰乞圣断，许令依旧。第二场，《元祐法》：赋一首，诗一首。今以经义为第一场，其第二场欲以诗赋。第三场，《绍圣法》：论一首，策一道。今以诗赋第二场，欲望乞圣断，以子、史论一首并时务策一道为第三场，如公试法。臣契勘：太学补试依《元丰法》，合试经义一场宣和法同。今为士人多习诗赋，鲜通经义，难以纯用经义收补。其旧习经义士人，或不习诗赋，又难以纯试诗赋。窃见前仁宗皇帝朝，判国子监胡瑗所补监生，只试论一首。今来秋补，欲权依此例，且试论一场。系是经义、诗赋士人素所共习，庶几均一。自绍兴十四年春补，并依《元丰法》。欲仰乞圣慈，特出自睿断，以幸学者。自今日始，永为定式。伏候降敕旨。"又奏："臣闻三代之王天下，莫不以教化为先务。故立太学以教于国，设庠序以化于邑，皆所以明人伦也。人伦明而教化行，其理义之悦人心，有不知手之舞之，足之蹈之者。所谓君子能长育人材，则天下喜乐之矣。臣伏见陛下以文王之小心，发为拨乱之志；以武王之达孝，用成来远之功。偃甲息兵，以坐伸乎子职。自古中兴之君，未有能如陛下之察于人伦，感动天地，光于四海，一至于此。臣窃惟君臣父子者，人之大伦，教化之本也，学者学此而已矣。陛下既躬行之，又尝下诏郡国，皆置学官，修黉舍，迪彝教于四方。今复下诏兴太学，以风动之。凡规摹经画，尽出自圣意，四方闻之，固已欣跃鼓舞。仰见陛下亲亲以教天下，既作之君，复作之师，虽大舜善与人同，何以加此！然自乡举里选之法废，而士不考素行久矣。比岁以来，尤失我祖宗法意。郡国虽有学，而与选举不相关。举人鲜肯甘心，学舍往往指为宿食之地。而教官之视举人，亦若秦人视越人之肥瘠，泛然不相统属。今者陛下复兴太学，以首善天下，当如身使臂，如臂使手，如手使指。使天下车同轨、书同文、行同伦，以仰副陛下作成之意。臣今谨参取祖宗旧制，通以当今之宜，拟到补试取解事件如后：一，补太学生。以诸路住本贯学满一年、三试中选、不曾犯第三等以上罚游学者同，或虽不住学而曾经发解、委有士行之人，教授委保，申州给公据，赴国子监补试。臣契勘：今秋四方士人来就补试，恐有已到行朝，或见在路其间，有不曾住本贯学之人，难以阻回。欲乞权将执到本贯公据人，许补试一次。一，诸路举人以住本贯学半年，或虽不住学而两预释奠，及齿于乡饮酒礼者县学同，仍籍记姓名，本学次第委保教授，审实申州，听取应。仍自绍兴十四年为始。"二月二十二日，三省同奉圣旨，并依奏。（《贡举条式》）

五　月

二十五日，诏："饶州童子江安国、江定国与免文解一次。"安国九岁，

诵经子书九种;定国七岁,诵经子书六种。(《宋会要·选举》九之二七)

七　月

四日,礼部言:"将来御试新科明法,合赐出身。御药院拟定:第一等本科及第,第二等本科出身。"从之。(《宋会要·选举》一四之四)

八　月

十五日,礼部言:"臣僚乞科诏下日,令逐路漕司先次取会本路知、通户贯,并不许差本任官充本贯试官及监试官。本路两有户贯,亦令预申运司,不得临期申请。若转运司故违法禁,或本路隐匿户贯,不预申供,从朝廷依贡举已得降指挥断罪。欲依所乞。"从之。(《宋会要·选举》二〇之六)

九　月

二十四日,赐直秘阁、荆湖南路提刑何麒同进士出身。以引对可采,故命之。(《宋会要·选举》九之一九)

是　冬

王十朋《送表叔贾元范赴省试》:贾公西赴大试,乡人于其行也,咸祝之曰:公昔不远千里,徒步京师,游太学,战艺术之场,登贤能之书矣,不幸见黜于礼部。今日之行,焚舟之举也。又祝曰:吾邑士风委靡不振,自舍法罢,四阅科举,群试有司,无占名者。公此行,雪寒乡累年之耻矣。又祝曰:国步方艰,圣君侧席,下诏求士,非止修故事而已。公平昔议论挺挺,激昂士类,今试艺南宫,发策帝庭,固宜一摅素蕴,直言救世,非为取一第资也。某采舆人之祝,作诗以送之。河东先生才行高,昔游太学联烝髦。雄文伟论万人敌,糠秕歆向奴刘曹。抟风自许九万里,肯作斥鹨游蓬蒿。礼闱一战果得隽,妙割不折庖丁刀。礼部无端抑韩子,至今士论犹嗷嗷。霜蹄暂蹶志益锐,不学郊岛徒悲号。圣君图治方侧席,兹复下诏求贤豪。壮怀思雪会稽耻,广场猛效兰皋鏖。焚舟决胜在此举,乡闾属望心焦劳。天庭射策决素蕴,忠言为国驱腥臊。区区一第溷君耳,要将事业窥伊皋。琼林宴罢跃归骑,熏风拂面吹恩袍。(《王十朋全集·诗集》卷二)

周必大《送陆先生圣修府赴春闱绍兴辛酉冬》:送君南浦惨离情,握手依依数去程。日薄云浓风转劲，江寒水落浪还生。此时执别仙舟稳，后夜相思山月明。好把嘉猷献丹扆，中兴天子急升平。（《全宋诗》卷二三一九）

周必大《送陆先生府赴春闱代十弟 绍兴辛酉》：九重诏下选贤能，又见先生启远行。离恨暗随流水去，朔风稳送片帆轻。休嗟此日睽违事，预发来春晋锡荣。一去鹏程应九万，始知佳梦合金精。

周必大《同前代李及之》：何幸天涯款绪余，轩昂气概识雄图。滔滔腹稿盈千轴，凛凛词锋敌万夫。方对芝眉蒙数载，乍惊绛帐失规模。从兹稳步青云上，始信沙堤梦不诬。（以上均见《全宋诗》卷二三三二）

是　年

绍兴十一年，程克俊进呈，乞以贡院所考合格宗室善能，特令附正奏名殿试，以示劝奖。从之。高宗曰："天族之贵，溺于燕安，往往自陷非法。若以邦典绳之，则非所以示叙睦之恩；置而不问，又无以立国家之法。唯择其好学从善者，稍加崇厉，以风厉其余，是亦教化之术也。"宗室取应赐出身自此始。（《清波杂志》卷一一）

绍兴十二年　壬戌(1142)

正　月

十九日,敕中书门下省:尚书省送到礼部状,准都省批送下广东转运司申。勘会到广州乡贡进士李杰等,论诉本州绍兴十年科举发解,重别差官考校私弊等不当。其本州勘问,得李杰等供通并无实迹等后,批送礼部。勘详:"李杰等所论当与不当,具状申尚书省本部,寻下国子监勘会去后。据本监申看详:广州进士李杰等论本州发解考校不当等事,除指论梁进、李登等程文纰缪、杂犯,及陈告试官等私弊,系妄行装点外,其陶弼亮赋第三韵云'罔俟西邻之禴,无烦宣室之厘'。又用'茂介纯禧',为重叠用韵。据广州所委官张抟中'厘'字,实有两义。其陶弼亮所押受'厘'字,系引用贾谊传受厘事。应劭注:'厘,祭余肉也。'其押'禧'字。经传所用'禧'字,皆是训'福'。又《礼部韵》所载不得双押字,如'徕'字与'来'义同,即明言不得双押。'厘'字一项,却不曾有不许双押明文,是致本人便行引用,考官因而不敢黜落。今详看《礼部韵》所载赋,有疑混声者,许行上请。其陶弼亮既用二韵,设有所疑,自合上请。今来已行考取合格,欲乞且与收试。如将来过省、赴殿试,即乞降甲施行外,仍乞今后诗赋如押受'厘'字,即不得更押'禧'字。本部今看详:欲依国子监所申事理施行,更合取自朝廷指挥,伏候指挥。"国子监供到状,契勘:"今后诗赋如押受'厘'字,即不得更押'禧'字。如押允厘百工、王厘尔成之'厘',即合更押受'厘'字。若已押祠官祝厘、上方受厘,即不得更押'禧'字。申闻事。"正月十九日奉圣旨:"依礼部所申并国子监供到状内事理施行。"(《贡举条式》)

二十四日,以给事中程克俊知贡举,中书舍人王铢、右谏议大夫罗汝

楫同知贡举，合格奏名进士何溥已下二百五十四人。(《宋会要·选举》一之一五)

军器监刘才邵，吏部员外郎江少齐、梅克实，户部员外郎吴傅，刑部员外郎周林，比部郎中林保，监察御史施巨，秘书丞孙汝翼，并差充参详官；太常丞吴棫，秘书省秘书郎周执羔、张汉彦，秘书省著作佐郎王扬英，秘书省校书郎程敦厚、陈之渊，秘书省正字张阐、范雩，太常博士吴秉信，诸王宫大小学教授石延庆、陈惇持，大理司直钱周材，大理寺主簿周楙，详定一司敕令所删定官周之翰、潘良能、吴芾、凌哲，监登闻鼓院孙傅，左朝奉郎勾龙庭实，临安府府学教授许叔微，并差充点检试卷官。刑部郎中晏孝纯差新科明法出题参详官，大理评事袁相差充新科明法点检试卷官，太常少卿施坰充别试所考试官，宗正寺丞江邈、国子监丞何许、太常博士王言恭、御史台检法官闻人颖并充点检试卷官。(《宋会要·选举》二〇之六、七)

二　月

四日，礼部贡院言："别试避亲有孤经人，欲依《崇宁贡举令》，却送贡院，与本院同经人一处收试。止合避所避之官，令过落司送别位考校。"从之。(《宋会要·选举》四之二七)

二十七日，礼部贡院言："试博学宏词科右承务郎、新提辖行在杂买务杂卖场洪遵，敕赐同进士出身沈介，右从政郎、新浙西提举茶盐司干办公事洪适题曰《皇叔庆远军承宣使授昭化军节度使封安定郡王同知大宗正事制》、《周成王搜岐阳颂》、《代枢密使谢赐玉带表》、《汉五家要说章句序》、《克敌弓铭》、《唐勤政务本楼记》，遵考入中等，赐进士出身；介、适下等，介减二年磨勘，适赐同进士出身。"(《宋会要·选举》一二之一二)

绍兴壬戌词科，《代枢密使谢赐玉带表》，文安公曰："有璞于此必使琢，恍惊制作之工；匪伊垂之则有余，允谓便蕃之赐。"主司喜焉，擢为第一。(《容斋三笔》卷八)

辛卯(二十七日),给事中、知贡举程克俊等言:"博学宏词科:右承务郎洪遵、敕赐进士出身沈介、右从政郎洪适并合格。"遵,适弟;介,德清人也。秦桧以所试制词进读,上曰:"是洪皓子邪!父在远,能自立,此忠义报也。可与升擢差遣。"上又言:"遵之文于三人中为胜。"遂以遵为秘书省正字,介、适并为敕令所删定官。自中兴以来,词科中选,郎入馆,自遵始。(《系年要录》卷一四四)

洪氏遵试《克敌弓铭》,未知所出。有老兵持砚水密谓洪曰:"即神臂弓也。"凡制度、轻重、长短,无不语洪。有司以为神。洪独不记太祖即位之三年作神臂弓以威天下,何耶?(《四朝闻见录》甲集)

洪景伯兄弟应博学宏词,以《克敌弓铭》为题,洪惘然不知所出。有巡铺老卒睹于案间,以问洪曰:"官人欲知之否?"洪笑曰:"非而所知。"卒曰:"不然。我本韩太尉世忠之部曲,从军日,目见有人以神臂弓旧样献于太尉,太尉令如其制度,制以进御,赐名克敌。"并以岁月告之。洪尽用其语,首云"绍兴戊午五月大将"云云,主文大惊喜,是岁,遂中科目,若有神助焉。此盖熙宁中西人李宏中创造,因内侍张若水献于裕陵者也。(《挥麈三录》卷三)

刘才邵《贺宏词魁洪学士启》:伏审荣冠异科,肃膺新命,得人之庆,有识所同。窃以负稽古之勤,得摛辞之妙,本末相副,古今所难。朴学无奇,真类操金之愚贾;浮华自媚,仅同依草之落花。既非文质之具宜,何以纵横而应用?于皇圣旦,丕阐文风。设科既袭于前规,立制复增于旧格。博延茂异,期副简求。宜有杰才,克当妙选。恭以正字学士,士林伟望,俊域奇标。英辞铺经纬之文,默识富渊源之学。果摅绝艺,独冠上游。岂比诗人,到月宫而遽止;遂同仙种,溯银阙而高翔。贤路已亨,禁途伊迩。某顷缘参校,敢擅品题。以尝从事于斯,尤欣先睹之快。惊来者之可畏,惭少作之未工。继闻俞音,倍深庆抃。未遑赞喜,先辱鸣谦。枉从骑以宠临,委华笺而申贲。情文过厚,感愧交怀。佩贺实深,敷宣难及。(《全宋文》卷三八四五)

洪适《谢试中词学启》：追攀逸驾，驽骀方困于奔驰；推择遗材，瓦砾幸逃于沙汰。既擢桂枝之秀，更联棣萼之华。人以为荣，己独甚愧。尝谓昔人之学，实期大道之明。远绍旁搜，究圣哲行藏之蕴；博闻强识，达古今治乱之原。未尝汲汲于功名，宁复区区于文艺？迨后世设章程而取士，故诸儒追时好以谋身。略奥义以榛芜，既潢潦根源之失；窥陈编而渔猎，皆馥膏沾丐之余。故穷经淹贯者，或拙于文；而摛藻遒丽者，又短于学。举由一律，畴克两全。愚贾操金，遂见讥于书簏；轻缣窘幅，终莫擅于词宗。分辔并驱，滥觞滋久。惟昭代广搜贤之路，有词科笼拔萃之才。为异时翰墨之储，极一旦搢绅之盛。是必撑肠拄腹，该《九丘》、《八索》之遗言；出胁穿心，骋《三都》、《二京》之殊轨。夫能偶古作者，兹可为时闻人。如某者，愚钝亡长，迂疏甚陋。材既同于樗散，性实肖于枣昏。自家君有去国之行，故幼岁失趋庭之训。瞻云在望，思学治之相传；历日弥长，惧析薪之弗继。杂绮襦而篷迹，对缝掖以汗颜。期自致于青霄，遂力亲于黄卷。然舌耕莫之有得，而腹稿终亦无奇。窥豹一班，可笑管中之浅见；食鸡千跖，漫寻纸上之空言。虽非倚门墙而诵韩庄之书，抑亦处畎亩而乐尧舜之道。落花点缀，聊以自娱。雌霓连蜷，伊谁见赏？怅荣名而尚邈，虑素志之终违。既不能脱一行吏籍之劳，将何以慰万里亲庭之望？决科孔易，徒枉事于雕虫；作文不成，殆何心于刻鹜。遂捐旧业，遽习殊科。扬雄宁免于客嘲，班固屡酬于宾戏。甫临勍敌，辄厕俊游。戴纵垂缨，于于焉而来矣；抽毫进牍，戛戛乎其难哉！搜石室之旧文，拟玉堂之丕律。成功曰颂，惭周什之清风；作器能铭，愧郢歌之《白雪》。记序不工于述事，表章复拙于陈情。方虞鼠技之已穷，岂意雁行之并列。获绍满籯之业，遂逃饮墨之羞。骤掇虚名，敢自希于双璧；尚遗季弟，终有愿于三珠。顾此叨逾，由夫幸会。兹盖伏遇相公，中兴名相，间出真儒。国势既尊，增大吕九鼎之重；台躔有烂，应泰阶六符之光。虽伊吕之佐无以加，彼萧曹之功不足进。当君子长育之盛世，推大臣教载之仁心。遂至冥顽，亦蒙甄采。某敢不磨砻事业，砥厉廉隅！刻意读书，愿入崔公之室；铭肌报德，敢荒陆氏之庄。知举直院给事，受天英气，名世真儒。追浑噩以还醇，极内相代言之美；竭忠嘉而论事，振东台批敕之风。怀推毂之仁心，典扬衡之公选。吞云梦者八九，既已包荒；取武城之二三，未尝求备。幸托枌榆之好，漫成桃李之阴。曾是冥顽，亦蒙甄采。参政明堂梁栋，清庙鼎彝。遭圣主而上下交欣，沛巨鱼之纵壑；有忠臣而奸邪不起，凛猛虎之在山。伟然百世之师，卓尔万夫之望。当长育之盛世，推教载之仁心。遂致冥顽，亦蒙甄采。某敢不磨砻事业，砥砺廉隅！倾液漱芳，庶足三冬之用；骋妍抽秘，或推一日之长。誓殚犬马之诚，少效珠环之报。枢密明堂梁栋，清庙鼎彝。伟然百世之师，卓尔万夫之望。发谋右府，赖曲逆之腹心；将命遐方，得月支之要领。每极招求之道，曲怀推挽之心。(《全宋文》卷四七二九)

三　月

十四日，诏："进士、贡士已系四举、年五十以上，七举、年四十以上，各许将昨展过省、殿试三年理为一举，并自到省试至今已及二十七年，前后实得两解贡并免解共及两举人，并特与奏名，许就殿试。"十五年三月初九日诏同。三十年二月十九日，诏："诸进士若系四年得解、五年到省试下之人，与理作三年到省试下，作二十七年。"余同。(《宋会要·选举》四之二七)

十四日，御药院言："在京御试举人，引试、唱名并作两日。建炎二年以后三举，赴试人数不多，各作一日。将来御试，欲作一日引试，两日唱名。"从之。(《宋会要·选举》八之四二)

二十二日，上御集英殿，试礼部奏名进士。内出制策曰："朕以凉薄之资，抚艰难之运，宵衣旰食，未知攸济。今朕祗承上帝，而宠绥之效未著；述追先烈，而绍开之勋未集。至德要道，圣治之本也，而欲未得；散利薄征，王政之所先也，而势未行。设科以取士，而或以为虚文；休兵以息民，而或以为不武。至若宗社迁寄，扈卫单寡，士狃见闻而专用私智，民习偷惰而莫知返本。子大夫所宜共忧也，其何以助朕拯几坠之绪，振中兴之业？详著于篇，朕将亲览焉。"得正奏名陈诚之以下二百五十三人，第为五等，赐进士及第、出身、同出身。叶侁杂犯，与同学究出身。林观国犯讳，与下州文学。特奏名胡鼎才以下五百一十四人，赐同进士出身、同学究出身，登仕郎、京府助教、上下州文学、诸州助教。(《宋会要·选举》八之五)

乙卯(二十二日),上御射殿,引试南省举人何溥已下。是举,两浙转运司秋试举人,凡解二百八人,而温州所得四十有二,宰执子侄皆预焉。溥,永嘉人也。朱胜非《秀水闲居录》云:"东南诸州解额少,举子多求牒试于转运司,每七人取一名。比之本贯,难易百倍。秦桧于永嘉引用州人,以为党助,吴表臣、林待聘号党魁。名为是官,实操国柄。凡乡士具耳目口鼻者,皆登要途,更相扳援,其势炎炎,日迁月擢,无复程度。是年,有司观望,所荐温士四十二名,桧与参政王次翁子侄预选者数人。前辈诗云:'惟有糊名公道在,孤寒宜向此中求。'今不然矣。"(《系年要录》卷一四四)

右通直郎、主管台州崇道观秦熺对策言:"天子建国,右社稷,左宗庙,是故宗社不可无所依。今神州未归职方氏,则考卜相攸,莫如建康。谓宜申饬有司,早立宗社,权为定都之制。"举人陈诚之策言:"圣人以一身之微,临天下之大,惟度量廓容,举天下之大纳之胸中,而成败得丧不能为之芥蒂,斯绰绰有余裕矣。成汤不爱牺牲粢盛以事葛伯,文王不爱皮币犬马以事昆夷。汉高祖解平城而归,饰女子以配单于,终其身而无报复之心,故韩安国称之曰:'圣人以天下为家。'光武卑辞厚币,以礼匈奴之使,故马援称之曰:'恢廓大度,同符高祖。'盖帝王之度量,兼爱中外之民,不忍争寻常,以毙吾之赤子也。陛下诚得金使如侯生,则梓宫可还,母兄可复,至德要道之欲可得矣。臣闻东晋之所恃者,国险也。可以自守,语其攻人则未也。宋文帝自恃富强,横挑强邻,末年遂有百牢之耻;陈宣帝狃于屡胜,进辄不已,自蹙其境。惟齐武帝惩元嘉之败,保本境土,聘问不绝。当是时,外表无尘,内表多裕。梁武帝初有意用兵,及萧宏洛口之败、萧宗彭城之败,乃遣使议和,遂得国家闲暇。岂非自守之效乎?今日之事,审彼己之状,校胜负之势,利害相半,虽战无异也。故臣之深思,窃以休兵息民为上策。自古大有为之君,所以图为大业,经营庶务,莫急于任贤,莫先于纳谏,莫善于崇俭。今陛下任贤不贰,兼听无私而行之,又能躬节俭以先天下。臣之区区,复以此进于陛下,此岂陛下之不足欤?唐太宗不世出之君也,然究其始终,容有可议者。在贞观初,求士如渴,得贤则信而任之,取其所长,惟恐不及。及其久也,以众贤举而用,以一人毁而弃,或累岁信而任,或一朝疑而斥。则是任贤之方,始勤而终怠也。纳谏、崇俭,浸不克终。岂非其勤有所未至?惟陛下行之以诚一,则振中兴之业又何难乎?"

杨邦弼策言:"陛下躬信顺以待天下,又得贤相,相与图治,中兴之功,日月可冀。"又论吴越之事,以为:"使越王与大夫种、范蠡,不量力度时,轻死而直犯之,是特匹夫之勇,而非贤君相所宜为也。顾以为今日休兵息民之计,诚为得策。"(《系年要录》卷一四五)

二十二日,上御集英殿,策试武举进士。(《宋会要·选举》一七之二六)

二十三日,上御幄殿,阅试武举弓马。(《宋会要·选举》一七之二六)

二十五日,诏:"饶州童子程宏远与永免文解,程宏父免文解一次。"宏远十一岁,诵经子书十种,兼习诗、赋、论、策;宏父九岁,诵经子书七种。(《宋会要·选举》九之二七)

四 月

五日,诏:"饶州童子章林与免文解一次,仍赐束帛。"林九岁,诵经子书九种,兼习步射,排诸葛八阵形势。(《宋会要·选举》九之二七)

庚午(七日),上御射殿,引正奏名进士唱名。……有司定熺第一,诚之次之,邦弼又次之。桧引故事辞,乃降为第二人,特遣左朝奉郎、通判临安府,赐五品服。自诚之已下赐第者二百五十三人。新科明法,得黄子淳一人而已。(《系年要录》卷一四五)

辛未(八日),上御射殿,放合格特奏名进士胡鼎才等二百四十八人,武举正奏名陈鹗等五人,特奏名潘璋等二人。是岁,始依在京旧制,分两日唱名。自是以为例。(《系年要录》卷一四五)

八日,尚书省言:"拟到武举进士正奏名陈鹗以下五人推恩:策入优等一名,与承节郎;平等二人,与承信郎、进武校尉。特奏名潘璋以下二人,平等,并与进义校尉。各展减磨勘年有差。"从之。(《宋会要·选举》一七之二六)

十三日，诏："唱正奏名进士进卷，内'升一甲'字下，可添入'末'字；其'降一甲'字下，亦合添入'首'字。余举人升降，依此以为定法。"(《宋会要·选举》八之四二)

十八日，诏："张弼于唱名唐突，又进状告论有司，为系举子，不欲付于理。令临安府差人，押归本贯收管，日后更不得奏名。"(《宋会要·选举》八之四二)

进士名录：陈诚之，秦熺，杨邦弼，王允恭，王旦，王存之，王汝翼，王羽仪，王伯广，王若讷，王居中，王彦举，王盈，王时奇，王悦，王祥，王旌，王朝，王裳，王墨卿，王泽，王观国，公傅，文浩，文绍，方序，方粢，方溥，甘若虚，甘阅，史尧俊，丘程，白珏，朱安时，朱贲，任禧，江廷宾，江符，江汉，宇文任，阮僎，牟丙，杜永甫，杜莘老，杜藻，李巨源，李次辰，李忞，李彦衡，李浩，李章，李惟深，李橺，李敦德，李粢，李谦，吴秉仁，吴唐友，吴授，吴伟，吴群，吴璲，何三才，何作哲，何昌孺，何俌，何绅，何溱，何溥，余侁，余时言，余扬庭，汪若思，汪俣，汪万夫，汪悫，沈以庄，沈汝一，沈义闻，沈敷，宋周，宋敦书，邵延孙，苗昌言，范文建，范仲符，范仲敏，范仲纶，范卣，范涓，范梓，林安国，林玠，林栗，林伟，林熙载，林观国，尚元鼎，周直清，周升，周居仁，周倜，周紫芝(误)，周澄，周灏，宗周，胡元凤，胡邈，郑次云，侯适，俞仲清，俞观能，施士衡，姜涛，姚孚，姚康朝，纪可久，马佐，马祖武，秦昌时，秦昌龄，秦吁，袁通明，袁鳌，庄璇，桂缜，夏康佐，毕宰，徐任，徐宅，徐挺之，徐几，徐椿年，徐维，翁舆权，高夔，郭丹，郭异二，郭能，郭峣，唐子之，唐希勔，唐孚，唐阅，陆之望，陈士宏，陈千云，陈元裕，陈介，陈公秀，陈古，陈禾，陈存，陈知柔，陈秉哲，陈挺卿，陈晋锡，陈烈，陈复亨，陈榕，陈锐，陈璘，陈颐，陈玮，陈鹏飞，陈骀，陈夔，孙迢，黄元之，黄公廙，黄邦直，黄彦才，黄彦正，黄烈，黄康国，黄望尧，黄琮，黄端，黄顾言，梅克明，曹岠，曹距，许光国，许伸，鹿汝明，鹿汝弼，章炳，张公平，张邦闻，张廷直，张廷杰，张扶，张武景，张忠，张刚，张云翼，张密，张弼，张滂，张瑾，张摅，张夔，项忱，项膺，彭尉，叶之渊，叶汝士，叶羽成，叶侁，叶宗咏，叶真卿，叶玮，叶黯，万汝楫，万拓，董安稷，楮棣，程文炳，程叔达，程几，程枸，程权，傅世修,傅伯祥,傅溥,曾廷直,曾度,曾献,冯获,冯谔,汤景仁,宁尹,费锴,詹百之,詹林宗,詹承家,赵公晰,赵公傅,赵志尧,赵义荣,蔡士龙,蔡兹,蔡晟,闾丘某,廖清臣,郑昂,郑晞颜,郑景衡,郑炜,熊大盈,邓三凤,邓廷美,邓服采,邓俊彦,邓师况,邓深,邓觐,巩湘,欧阳充,欧阳孚,鲁艺,刘士龙,刘天民,刘中,刘邦昌,刘仲西,刘如愚,刘希杰,刘知变,刘祖向,刘珙,刘贡,刘师贽,刘望之,刘细,刘铨,刘仪,刘獬,刘觉,潘允,潘亘,潘郢,乐伯舆,薛珩,萧之敏,萧隶,卢汝弼,卢苇,钱移哲,钱俦,鲍安世,鲍纪,戴宏中,蓝晔,魏元若,魏杞,钟泽,谢二连,谢祖信,谢闳,应汝砺,丰至,颜师鲁,严康朝,严焕,罗无咎,罗恂,谭嘉言,饶思,骞谊,骞骐,龚概。

特奏名进士:胡鼎才,王弁,王逢中,方晔,方阗,方夔,吕荣义,伍伯思,任熙,李则,李实,李确,吴南公,吴逢,吴嘉猷,何宗韩,沈亮功,宋范,邵大亮,邵中孚,林日华,林日强,林同,林行中,林宋卿,林俊民,林彦常,林格,林国材,林翊,胡觉,姜正臣,庄鸣道,徐邵,徐武京,徐锐,高灌,郭邦文,郭体,陈大安,陈公佐,陈君翼,陈明卓,陈季仲,陈宗禹,陈南强,陈昭美,陈时可,陈琮,陈嘉绩,陈宾,陈维时,黄知新,黄秉德,黄须,梁显,张之才,张元佐,张良能,张尚智,叶彦光,傅若,曾琅,曾庾,湛峣,詹犹圣,赵天辅,赵端行,蔡大成,廖鹏飞,郑庭止,欧阳元亨,欧阳皤然,刘伟,刘贯,刘实,韩师孔,谢郏,缪朝选,罗闾。(《宋登科记考》卷九)

补进士名录:徐淮。《宋登科记考·附录》:"徐淮,字佑元。北宋前期,试礼部,为《礼经》第一。""北宋前期",当为"南宋前期"之误。《全宋文》卷四三二七胡铨《徐奉议墓志铭》:"君讳淮,字佑元。庚申秋再荐春官,为礼部第一,声名藉甚。"

补特奏名进士:潘端夫。《睽车志》卷二:"平江潘择可……其弟端夫衣绿随其后。至政和三年,择可以上舍释褐。后三十年,端夫始就恩科。"政和三年后三十年,正是此年。

辨正:周紫芝,是年特奏名第三名。(《周紫芝年谱》)

秦熺作状元时，蔡京亲吏高拣犹在，谓人曰："看他秦太师，吾主人乃天下至缪汉也。"(《老学庵笔记》卷八)

秦熺以状元及第，李文肃公邴贺秦相："一经教子，素钦丞相之贤；累月笞儿，敢起邻翁之羡。"秦甚喜。浮溪贺启："三年而奉诏策，固南宫进士之所同；一举而首儒科，乃东阁郎君之未有。虽迫于典故，姑令王勃以居前；而结此眷知，行见鲁公之拜后。"或以为讥刺，用是得谤。(《西塘集耆旧续闻》卷一〇)

秦熺状元及第，汪彦章以启贺会之，有云："三年而奉诏策，固南宫进士之所同；一举而首儒科，盖东阁郎君之未有。"本意求属对之工，非有意薄之也，而熺父子怒以为轻己。彦章自此得罪，羁置湖湘，至终身不得还近地。语言之速咎，盖有无心而致之者，可畏也哉！(《寓简》卷八)

秦桧子及第，当时暗号有"赋无天地、诗有龙蛇"。后汪彦章贺启有"气塞两仪，及东阁郎君"之句以讥之。(《密斋笔记》卷三)

傅世修，会稽人。乡举不利，梦入省闱，试《德隆则晷星赋》。次夜又梦如初，试卷内画巨钩，钩下有髯龙，用爪覆李伯时马五六纸。傅以梦稍异，因志之。后三年乡贡，明年省试《天子以德为车赋》。默念车有轨，轨者，晷也。当□□，已而不利。又三年，复赴省，试《天地之大德曰生赋》，策问马政，遂中第。乃悟昨梦，自解曰："德隆者，大德也。星者，曰生也。卷中画马，马政也。"而不了髯龙之义。既奏名，谒谢坐主。见勾龙庭实校书，言傅所试卷在其房中。勾龙状貌甚伟而富髯须，乃尽晓画中意。时绍兴十二年。(《夷坚志》甲卷一三)

壬戌省试，秦桧之子熺、侄昌时、昌龄皆奏名，公议藉藉而无敢辄语。至乙丑春首，优者即戏场设为士子赴南宫，相与推论知举官为谁。或指侍从某尚书某侍郎当主文柄，优长曰："非也。今年必差彭越。"问者曰："朝廷之上，不闻有此官员。"曰："汉梁王也。"曰："彼是古人，死已千年，如何来得?”曰:“前举是楚王韩信,信、越一等人,所以知今为彭王。”问者嗤其妄,且扣厥指,笑曰:“若不是韩信,如何取得他三秦?”四坐不敢领略,一哄而出。秦亦不敢明行谴法云。(《夷坚支志》乙卷四)

(李浩)中绍兴壬戌进士第。是岁,秦熺挟宰相子以魁多士,同年多往见之。或拉公行,毅然卒不往。(《全宋文》卷五七四四张栻《李公墓铭》)

汪藻《贺宰相子状元及第启》:伏审令嗣,亲承圣问,擢冠群英。朝廷欣贡举之得人,天下庆公台之有子。胪传一出,舆颂交驰。恭惟某官,勋塞两仪,泽流百世。惟圣德神明之克相,故英才似续以方兴。赫门闾之光辉,新江山之气象。三年而奉诏策,固南宫进士之所同;一举而首儒科,盖东阁郎君之未有。擅场屋敢言之气,入衣冠盛事之图。老成识面以争先,童稚祝身而愿学。虽迫于典故,姑令王勃以居前;然结此眷知,行见鲁公之拜后。藻传闻榜帖,属守麾符。沧溟徒看于鹏抟,大厦莫陪于燕贺。暑风清淑,机务优游。愿求有粹之和,益茂象贤之庆。(《全宋文》卷三三八二)

方云翼《贺秦相子登科启》:侯门积庆,相种传弓。诗礼名家,蚤擅过庭之训;贤良擢第,果高对策之才。喜动亲闱,声浮寰海。恭惟某官,三朝国老,一代人豪。孤忠密佐于陶唐,斯文久传于洙泗。有邺侯之三万轴,足备家藏;举鲁国之一丈夫,独膺儒服。士林标准,宦海舟航。致身虽在于庙堂,诲子无忘于场屋。当春弦而夏诵,犹日锻而月磨。抽调梅鼎鼐之功,勤于菑播;示折桂云霄之手,授以箕裘。矧以门有宁馨,人惟是似。少负风云之志,初无纨绔之骄。睹较艺于春闱,横搴骥足;听胪传于晓殿,高亚龙头。飞鸣何止于惊人,摛掞真堪于华国。连登膴仕,即士亨途。岂惟寒畯之争知激昂,是致膏粱者莫不歆艳。陈称黄散,尤须人门兼美之家;周拜司徒,足见父子并为之盛。某登龙下士,去国逋臣。第引领于岩瞻,冀飞驰于燕贺。愿随天籁,入乾坤喜气之中;尚异化工,点丹青枯茎之外。(《全宋文》卷四〇八三)

秦熺《谢及第启》:春闱较艺,已误甄收;天陛赐科,更叨亲擢。名浮于实,愧甚于荣。窃惟载籍之传。深著坦明之制。上之取科也,必求实用;士之为学者,不俟空言。虽居环堵之中,已懋佐时之略。躬耕莘野,期斯道以觉民;爰起傅岩,遂交修而迪后。盖蓄积之有素,岂侥幸于偶然?千载之逢,一见而决。为选举之本意,将网罗于若人。暨乎中世之陵夷,匪复前踪之仿佛。学祇谋于利禄,志靡在于经纶。弃旧俗者,下乔而就幽;求速售者,变情而狗势。高谈王道,为周、召而乃留;夷考事功,终管、晏之弗及。顾规模之陋矣,嗟人物之眇然。肆吾皇之绍开,属昌期之兴起。表章圣教,发明六艺之归;润色先猷,度越百王之上。方巍巍而措治,兹汲汲而得人。遵三岁之规,骤发由中之诏;偕四方之计,朋来拔萃之才。逮宗伯之贡名,御广朝而临试。威颜咫尺,清问丁宁。格上帝而绍祖宗,行孝治而安社稷。虑万机之有阙,合群言而博询。毕竭臣愚,求称上旨。是必论议成当世之务;文章追作者之风。讲天人之际如仲舒,明治乱之原如贾谊。仰膺帝举,庶协众心。如某者,性质甚卑,渊源独浅。佩父师之教诏,乐朋友之渐摩。第求家学之传,宁计世资之取。谓一行作吏,必将奔走于簿书;而万卷有神,曷若周旋于简册。莫窥阃奥,徒积岁阴。怅素志之未充,惧修名之不立。实惭韩愈,自谓无学而能;敢效文饶,耻就有司而试。攀英豪之逸驾,奏翰墨之新功。怂涌欲前,回皇失后。幸诸公之过听,与多士以同升。释屩离蔬,俾脱泥途之辱;驭风骑气,获从汗漫之游。内省虚庸,独忧忝冒。兹盖伏遇某官,善惟引类,仁欲达人。默付无心,可谓至公之选;一经精鉴,孰怀偶失之忧?士喜遇于知音,弊悉更于往辙。致兹薄技,亦玷殊科。某敢不克己好修,服膺知勉!士非为禄,虽自信于夙心;才不逮人,恐渐忘于故步。誓益勤于大业,期少答于深知。过此以还,未知所措。(《全宋文》卷四二九八)

王之望《贺秦相子登第启》:魁擢南宫,鼎升上甲。并桂枝而争秀,持荷橐以跻荣。凡在陶熔,悉同鼓舞。窃以世传素业,从古为难;报至后昆,其天已定。负大实由于积厚,源深必致于流长。惟君择臣而臣择君,茂熙帝载;宜子生孙而孙生子,叠冠贤 科。恭惟某官,盛德格天,阴功盖代。跻斯民于仁寿,可谓无前;育天下之英材,固应有后。遂使含饴之爱,争先入彀之雄。袭威凤之羽毛,夺老龙之头角。《中庸》继统,与子思而皆然;《江

汉》陈篇，看召公之是似。某远闻盛事，喜倍常伦。三叶貂蝉，方仰传家之庆；一巢燕雀，尤倾贺厦之诚。(《全宋文》卷四三六七)

陈诚之《谢及第启》：枫宸射策，仰酬乐只之诚；萱陛第同，叨中褎然之选。祇膺涣大，深切兢惭。窃以圣世搜贤，非止奉行于故事；儒冠奏艺，岂徒崇尚于虚文。欲其明于道而达于时，是以考其言而求其效。自成周取士之法坏，至西汉取人之路多。浸更魏晋之空疏，荐历隋唐之绮靡。士风浇薄而操守无法，道术缺裂而议论不公。又况经术之弊，至于乖异而尚专门；辞章之失，至于雕篆而暗大体。虽人材之盛，号出于流辈；而科目所得，何补于国家？追还上代之纯风，允属中兴之华旦。皇家投戈讲艺，归马修文。详延四海之时髦，荐讲三千之里选。讲王体而持国论，虽式资钧轴之臣；下明诏而发德音，犹博访草莱之士。秉谦冲而在御，发清问以临庭。俯收药石之言，尽捐鞶帨之说。毋甚高论，汉文所以命张释之；莫取虚名，卢敏所以告魏文帝。兹实大公至正之选，宜得绝类离伦之人。自非洞识时宜，详达国体，如仲舒好古，平昔所蕴者尽发于三篇；如姚崇自知，始终所行者不外于十事，则何以上副宸旨，下当众心？如某者，本匪过人，行惟修己。轨躅圣贤之训，箕裘诗礼之家。少成慕曾省之三，壮识愧渊知之十。岁升黉馆，分经旧占于无双；季试乡闱，较赋复居于第一。然而发辞未广，困踬尤多。意增益不能而先拂其所为，故黾勉不及而犹恐其或失。幸随凤诏，忝预鹗书，勉陪济济之俊躔，俄扫堂堂之中阵。十陪增价，喜逢伯乐之知；一鸣惊人，顿耸齐庭之听。退惟虚冒，实有夤缘。兹盖伏遇某官，间世硕儒，斯民先觉。当吾道不传之任，振斯文久坠之余。谓学者狃于见闻，竞肆异同之论；以公道正其取与，用敦教化之原。既严选以待真才，又兼收而无弃善。遂令孱琐，亦预品题。某敢不益励操修，磷全业履！动警维鹈之诮，勉全制锦之能。渗漉恩生，上答飞龙之造；帡幪庇厚，永怀栖燕之安。至此以还，未知所措。

陈诚之《谢及第启》：献策枫宸，敢意四夔之列；第名桂籍，俄参八骥之联。逾分已多，视荣惟愧。于皇烈考，肇新宏规。即义理之在人心，明道德以训天下。士纯习尚，芟夷雕篆之浮华；经有师承，剔抉章句之固陋。

越离明之继照，佑人文以化成。稽神措于熙丰，昭前功于崇观。鄗都首善，浚学海之渊源；泮水承流，广化风之鼓舞。革历世相因之科举，还百王已坠之宾兴。与周并休，自我作古。睿谟蚤定，浮议莫摇；大典肆颁，舆情更庆。弦歌相属，癃老扶杖以倾闻；冠带环居，远夷解发而向化。一同中外，咸仰声明。虽樵叟笑不谈王，而懦夫皆有立志。中材知进于君子之域，曲士还比于大方之家。术业增崇，英豪间出。矧及三年之比，沓来万国之儒。扶摇抟北海之鹏，羽翼振西雍之鹭。巨鱼纵壑，快若争先；仓庚鸣春，恶能自已。宜得方闻之彦，允膺简拔之光。如某者，识愧疏通，器非凝远。才能至下，初乏豫章之知；乡里常闻，未探会稽之穴。零丁末族，孤苦余生。早贻手泽之悲，中困鸰原之戚。虽冰霜之志操有在，而土木之形骸仅存。妄觊亨衢，慕从方饵。乡书四上，屡叨前列之龟；礼部数奇，更类退飞之鹢。谁念黄金之虚掷，谩嗟明月之暗投。进退茫然，迟回久矣。忍清时之自弃，幸新学之具修。泮涣芹莱之游，黾勉灯窗之乐。方首登于贡板，复滥中于春闱。宜鼫鼠之技易穷，而铅刀之割难再。岂容侥幸，每玷甄收！至于披典谟浑灏之文，拜礼乐制作之问。彤庭靓密，仰尧天之俯临；寸晷迅驰，觉雄思之益苦。敷绎罔究，扬搉未工。即今考古而事颇阔疏，以言足志而文几骫骳。辄上尘于睿览，俾崇与于甲科。忝冒若斯，夤缘有自。兹盖伏遇判部侍郎，佐王远业，命世宏材，德厚而纯，气刚以大。抚循京兆，人有去思；协赞秋官，世称平允。上眷忠嘉之节，士依衡监之公。是俾寸长，得偕殊选。某敢不益修名检，祗服官箴，勉所未能，期于有至！蹈履率循于义命，施为庶见于事功。上酬覆焘之恩，次答吹嘘之力。过此以往，未知所裁。（以上均见《全宋文》卷四三七六）

五　月

二日，诏："以及第进士第一人陈诚之为左承事郎、签书镇东军节度判官厅公事。"同日，诏："及第进士秦熺许用第一人恩例，转三官，为左朝奉郎、添差通判临安府，仍赐章服。"熺本第一甲第一人，以父桧辞免，除为第二人，以省试上十名与第一人恩例。吏部言："熺元系右通直郎，已用举主考第关升知县资序。"故有是命。（《宋会要·选举》二之一七、一八）

六　月

四日,赐张本同进士出身。(《宋会要·选举》九之一九)

癸未(二十二日),有举子上书,乞用王安石《三经新义》,为言者所论。上曰:"六经所以经世务者,以其言皆天下之公也。若以私意妄说,岂能经世乎?王安石学虽博,而多穿凿以私意,不可用。"(《系年要录》卷一四五)

九　月

十四日,诏:"川、陕类试正奏名,来行在趁赴殿试不及,赐同进士出身人,与免铨试。"从礼部侍郎施垌之请也。(《宋会要·选举》二之一八)

十一月

(己亥,十一日)诏:"皇太后回銮,士人曾经奉迎起居及献赋颂等文理可采者,令后省看详,申省取旨。"时献赋颂者千余人,而文理可采者仅四百人。……诏:"有官人进一官,进士免文解一次。"于是,吴县范成大亦在数中。(《系年要录》卷一四七)

太后居于慈宁殿,宰臣、文武百官上表称贺。亦有献赋颂雅歌称美圣德者,令中书舍人程厚第其高下。厚以建昌军进士童藻为第一,知真州张昌为第三,进士陆涣为第四。昌特转一官,进士免文解一次。(《三朝北盟会编》二一二)

二十五日,诏:"特奏名不该出官人,与免纳敕牒,许赴十五年再试。"(《宋会要·选举》八之四二)

十二月

(庚申,二日)乡贡进士董自任永免文解,充太学录。自任,永丰人,献所著《春秋总鉴》于朝,起居舍人程敦厚言其论盟于宋暨齐平之类,皆得圣人之遗意,有出于先儒之表者,故录之。(《系年要录》卷一四七)

三日,诏:"童子张岩叟、张岩卿各与免文解一次,岩叟仍支绢十匹。"岩叟九岁,诵经子书十四种;岩卿九岁,诵经子书十二种。(《宋会要·选举》九之二七)

是 年

赐陈诚之以下《周官》。(《宋会要·选举》二之一六)

王庭珪《赵逢源今春当赴省试,以事失期,乃督钱纲往行在,且欲观母后回銮之庆,作诗速其行》:去年秣马望行宫,飘然气若摩霄鸿。不学提携百金剑,不倚能弯两石弓。徒夸读书饱藜苋,笔阵欲敌千人锋。要登月窟取官职,不使官出兜鍪中。丈夫功名自有日,春闱已过落花风。今当献计随群吏,到时万井欢声沸。慈宁殿前催趁班,看君入贺鸣靴鼻。(《全宋诗》卷一四五二)

陈诚之《谢状元以下赐〈周官〉表》:圣经雅奥,诞申儆于百官;宸翰昭回,用垂贲于多士。得兹未有,恍若自惊。中谢。窃念臣等猥以迂愚,粗勤学问。身与诸生之列,名叨六艺之科。考师友之渊源,盖惭于甚浅;论政事之得失,或愧于不知。载省其中,未堪自信。陛下矜其无状,将试临民。谓何必读书,恐弗充于为学;而不克师古,亦因匪于攸闻。若昔大猷,布在方策。虽在群儒之所习,尚忧一旦之或忘。爰札《周官》,以彰圣训。上不及于簿书期会之务,下无问于米盐细碎之烦。戒于典常,劝之功业。道本稽于文武,炳若丹书;笔夐掩于钟王,倬兹云汉。窃瞻伟观,仰认渊衷。乐此光华,下逮愚陋。兹盖伏遇皇帝陛下,德参化育,诚茂经纶。念夫法令为师,恐流于刻薄;要以诗书临政,可致于中和。于其筮仕之初,导以见经之旨。肆令幺幺,均与恩盼。臣等谨以十袭宝藏,三复告诫。不惟逸豫,将终身而由之;奉以周旋,顾从政乎何有?其为感极,至于涕零。(《全宋文》卷四三七六)

绍兴十三年　癸亥(1143)

二　月

庚申(二日),国子司业高闶特引对。闶言:"陛下复兴太学,凡养士、取士之法,当取圣裁。"上曰:"自有祖宗成法。"闶曰:"有庆历、元祐、绍圣、崇宁法,有司未知适从。若出于圣裁,则行之乃久。"……闶又奏:"有一事最先,经术是也。"上曰:"经不易通,士习诗赋已久,遽能使之通经乎?"闶曰:"先王设太学之意,惟讲经术而已。"上曰:"近侍读官程瑀亦论经术。"闶曰:"国初犹循唐制,用诗赋。神宗始以经术造士,遂罢诗赋。又虑不足以尽人材,乃设词学一科,试以杂文。"上曰:"诗赋亦杂文也。"闶曰:"取士以经义为主,不过三场。后加诗赋,为四场,不能无碍。今欲经义第一,诗赋第二,论策各一第三。"上可之。(《系年要录》卷一四八)

十二日,敕中书门下省:尚书省送到礼部状,准都省批送下左朝散大夫黄积厚札子,理会乞将连绵两字收入《礼部韵》。后批送礼部看详,申尚书省本部,寻行下国子监勘会去后。据本监申,契勘:"黄积厚札子论《礼部韵》多有阙谬,谓如连绵上下两字皆收者计一百一十七连,只收一字者计一百八十五连。欲乞上下二字皆收入韵。本监今看详:《礼部韵》内先收上下两字一百一十七连,其间多是可以两押或可倒押者。且如两字一义,如'曈昽'、'喔咿'、'涟洏'、'哇咬'之类。其'曈'字、'喔'字、'涟'字、'哇'字,自可别押。两字一物,如'駏驉'、'鸳鸯'、'鸧鹒'、'瑚琏'之类,其'駏'字、'鸳'字、'鸧'字、'瑚'字,亦可别押。如'玲珑'二字,古人或押'珑玲';'璠玙'二字,古人或押'玙璠'。'鵔鸃'二字,虽是一物,内'鵔'字又别有义。其余类多如此。故《韵略》内两字俱收。今所乞添一百八十五字,多是僻字,难可两押。只有'倥侗'之'倥'字,可以添入。'嶙峋'之

'嶙'又一音,里忍切,可押'嶮嶙',却已曾收入十六'轸'字韵。'螳蜋'之'螳',虽不收入。按《集韵》,'螳'通作'螗',今十一'唐'字韵已有'螗'字,故不重出其韵。内不注义训,如'犨'字、'trans'字,皆只注曰'人名',谓除人名之外,举业中少用此字。又如'鹭'字之出于《诗》,'偩'字之出于《礼》,逐经内自有义训,不必于《韵》中解释。伏缘《礼部韵》,专谓约束举人程文,只得押韵内字,庶几便于考校,故名《礼部韵略》。若广引训释,及添入不要紧字,即与《广韵》无异。今看详:于'空'字韵内添入'倥'字,及于'螗'字下注云通作'螳',其余乞更不施行。"今看详:"欲依国子监看详到事理施行。"奉圣旨:"依礼部看详到事理施行。倥,新制于上平声'空'字韵下添入。螳,新制于下平声'螗'字下添入'通作螳'。"(《贡举条式》)

(己卯,二十一日)国子司业高闶言:"太学者,教化之本。而最所当先者,经术是也。自汉以来,多置博士。而后世所谓诗赋、论策,皆经术之余耳。太学旧法:每旬有课,月一周之;每月有试,季一周之。亦皆以经义为主,而兼习论策,为三场。苟加一场,则旬课、季考之法,遂不可行。自元祐以来,虽臣僚累奏,请加诗赋,通为四场,而终不施行者,盖为此也。自罢诗赋之后,朝廷恐专门之学未足以收实用,乃别设词学一科,试以制、诏、表、章之类,通谓之杂文。臣今参合条具太学课试及科举三场事件:第一场,大经义三道,《论语》、《孟子》义各一道;第二场,欲以诗赋;第三场,以子史论一首,并时务策一道。永为定式。"闶又言:"今比岁郡国虽有学,而与选举不相关。今参取祖宗旧制,通以当今之宜补太学生,以诸路住本贯学满一年、三试中选、不曾犯第三等以上罚游学者同,或虽不住学而曾经发解、委有士行之人,教授保委,申州给公据,赴国子监补试。诸路举人,以住本贯学半年,或虽不住学而两预释奠,及齿于乡饮酒礼者县学同,仍籍记姓名,本学次第委保,教授审实,申州听取应。仍自绍兴十四年为始。"皆从之。(《系年要录》卷一四八)

(二十一日)国子司业高闶言:"契勘太学补试,依《元丰法》,合试经义一场宣和法同。今为士人多习诗赋,鲜通经义,难以纯用经义收补。其旧习经义士人,或不习诗赋,又难以纯试诗赋。窃见仁宗皇帝朝,判国子监胡瑗所补监生,只试论一首。令秋补欲权依此例,且试论一道。系是经义士人素所安习,庶几均一。自绍兴十四年奏补,并依《元丰法》。伏望睿断,以幸学者。自今日始,永为定式。”诏从之。(《宋会要·崇儒》一之三三)

二十三日,国子司业高闶言:“复兴太学,宜以经术为本。今条具三场事件:第一场,《元丰法》绍圣、元符、大观同,本经义三道,《论语》、《孟子》义各一道。今太学之法正以经义为主,欲依旧。第二场,《元祐法》,赋一首。今欲以诗、赋。第三场,《绍圣法》,论一首、策一道。今欲以子史论一首并时务策一道。如公试法,自今日始,永为定式。”从之。(《宋会要·选举》四之二七)

三 月

六日,国子司业高闶言:“旧法,补试系正、录初考,博士复考。今学官共置五员,若就试人多,阙官分考。欲乞遇就试及千人以上,许差丞、簿同考。其封弥职事,许本监申吏部,差在任有出身官。”从之。(《宋会要·选举》二〇之七)

四 月

五日,诏:“大学补试及私试,并用誊录。”从左迪功郎张保大请也。(《宋会要·崇儒》一之三四)

七日,诏:“吴镛考试刑法官,出题失当,特降一官。”从殿中侍御史李文会所劾也。(《宋会要·选举》二〇之七)

六日,礼部言:“比部郎中林保奏请,乞将所具修定乡饮酒矩范仪制,乞遍下郡国。本部寻行下明州取索昨讨论已行仪制,与林保所具规式参酌修具如右,望镂版颁行。”从之。……约束凡九事:……其七,不系学籍及齿于乡饮者不得称进士。(《宋会要·礼》四六之一、四)

三十日,高闶又言:“《贡举令》,诸《春秋》义题,听于《三传》解经处出。

此法殊失尊经之意。今欲只于《春秋》正经出题，庶使学者专意经术。”从之。（《宋会要·选举》四之二七）

闰四月

二十一日，进士蔡直方撰到《椒通览》二册，与永免文解。（《宋会要·崇儒》五之三四）

五　月

辛未（十五日），诏：“左从事郎郑厚自今不得差充试官及堂除。”厚尝著书，号艺圃，折衷其言，有诋孟轲者。驾部员外郎王言恭言于朝，诏建川毁板，其已传播者皆焚之。（《系年要录》卷一四九）

十九日，诏：“福州童子陈丕绩与免解一次。”丕绩十岁，诵经子书九种及书大字。（《宋会要·选举》九之二七）

七　月

壬申（十五日），时国学新成，补试生员四方来者甚众，几六千人。丙子（十九日），揭榜取徐骧等三百人。（《山堂考索》后集卷二七）

初，命国子司业高闶等补试生员，四方来者甚众。丙子（十九日），有司上合格三百人，以徐骧为首。（《系年要录》卷一四九）

八　月

十五日，诏：“祖宗旧法，诸路州军科场，并限八月五日锁院。缘福建去京师地远，遂先期用七月。川、广尤远，又用六月。今福建、二广趋行朝不远，可并限八月五日锁院。内川、陕州军特以六月。若依近例，类省试即亦以八月五日锁院。”以臣寮言：“试下举人生事，冒贯而再试于他州，或作亲嫌而冒试于他路，失于彼者未必不得于此。”故有是命。（《宋会要·选举》一六之六）

九 月

乙未(十一日),国子司业兼崇政殿说书高闶乞率诸生上表,请车驾临幸太学。上曰:"太宗幸学,尝令学官讲经,及各有恩例,其令有司检故事来上。"既而,闶侍经筵,讲毕,奏曰:"国学落成,臣奉诏试补诸生,几六千人。自中兴以来,虽三年省闱,亦未有如此之盛。"上曰:"乍脱干戈,人皆向学,此诚可喜。"闶曰:"近来场屋不无怀挟、假授之弊,前日顿革,皆不敢犯。"上曰:"朕亦闻之,此美事。"(《系年要录》卷一四九)

十八日,诏:"科举在近,诸路举人有不曾预释奠、乡饮酒之礼,或因期丧丁忧,至来年科举有住学月日不足之人,并许赴来年科举取应一次。"(《宋会要·选举》一六之六)

二十一日,诏:"今秋试补不合格终场人,趁赴释奠不及,令国子监报本贯,并许趁将来取应。"(《宋会要·选举》一六之六)

十 月

十五日,诏:"川、陕发解,科诏到日,便行锁院。逐路运司并令六月前锁院,当月中开院。"以知成都府张焘乞就春月锁院,得解士人可赴行在引试,礼部言系三月降科诏,月分相妨故也。(《宋会要·选举》一六之六)

绍兴十三年,初立同文馆试。凡在行朝去本贯及千里以上者,许附试国子监。旧诸州皆以八月选日试士,举人有就数州取解者。至是诏诸道发解并以中秋日引试,四川则用季春,而仲秋类省焉。

太学博士王之望言:"举人程文,或纯用本朝人文集数百言,或歌颂及用佛书全句,旧式皆不考。建炎初悉从删去,故犯者多。"诏申严行下。(以上均见《文献通考》卷三二)

十一月

八日,《南郊赦》:"昨下第进士、贡士,应政和二年已前到省一举、年五十五以上者，已诏令本贯州县验实，结罪保明推恩。有本贯阻隔、致未沾恩之人，许依开封府、国子监进士，于所在州县，召见任承务郎以上二员，结除名罪委保，当职官同罪保明，申礼部验实以闻。”自后明堂、南郊赦皆同此制，惟到省年不同，已见于每举许推恩诏。（《宋会要·选举》四之二七、二八）

十二月

五日，诏：“饶州童子朱绶与免文解一次。”绶九岁，诵御制《劝学》、《渔父词》及经子书十四种。（《宋会要·选举》九之二七）

五日，礼部言：“知南外宗正事士㒜保明到宗子学谕李轸在学实及二年，委是文艺卓然，众所推誉。乞与免解。”诏免文解一次。（《宋会要·崇儒》一之七）

二十七日，礼部言：“昨在京日，有宫学教养在京睦亲等宅，宗室在外，就西南两外宗学教养，每遇科场，不以已未有官，并听赴国子监、转运司请解。及无官，非袒免亲，许赴国子监取应。本部契勘：除内外宗室须应举取应自合遵依见行条法指挥外，昨在京日宗子学法，系行三舍。后于绍兴五年六月内，复置诸王宫大、小学，所有见在学教养宗子，许依进士科举法取应。未出官者，亦许入学听读，实及一年，方许参选出官。愿就举者，听。”从之。（《宋会要·崇儒》一之七、八）

是　年

绍兴癸亥，予（陆游）年十九，以试南省来临安。（《剑南诗稿校注》卷五二《武林》）

绍兴十四年　甲子(1144)

二　月

三日,诏:"秦州见在举人,权附成州引试,依流寓举人例,每十五人终场解一名,不及十五人亦解一名。"(《宋会要·选举》一六之七)

庚辰,诏:"太学养士三百人太少,宜更增二百人。"(《山堂考索》后集卷二七 按:是月壬午朔,无庚辰日,待考)

三　月

高宗皇帝幸学之明日(按:己巳幸学,庚午降诏,乃十九日),降诏曰:"朕以兵革之后,创建太学,特为临幸。至养正、持志二斋,详观诸生砚席之游,诚嘉多士文学之集。所幸二斋长谕:已免解人特与免省,未免解人与免解,其学生并与免将来文解一次。"(《咸淳临安志》卷一一)

二十八日,诏曰:"朕以寡昧,奉承圣业,夙兴夜寐,罔敢自暇自逸。思得海内方闻之士,咸造于庭,冀获嘉言,以助不逮。历载于兹,而贤书缺焉。夫古之人不借才于异代,而十室之邑,岂无忠信之士乎?公卿、侍从,其为朕博选贤良,遣诣公车。朕将虚心以听,待以不次。庶几异才辈出,如我祖宗之时,顾不美欤?"(《宋会要·选举》一一之二四、二五)

四　月

二十七日,礼部言:"盱眙军系创置州军,未有立定解额,欲依《崇宁贡举条令》,满二十人解一人,不满三十人解二人,三十人以上解三人。候至后举,别行参酌,立定解额。"从之。(《宋会要·选举》一六之七)

二十八日，诏："诸路选差试官如不足，或无经术精通之人，即许于见任宫祠中通选。"从臣僚请也。(《宋会要·选举》二〇之七)

七 月

十八日，臣僚言："新科明法得解人，亦许取应，更不兼经。白身得官，其科反易于有官试法。"礼部看详："前举立定取解格，发解五人取一名，省试七人取一名，零分亦取一名。比之进士，取解太宽。欲发解及省试各递增二人，其发解内本路若就试人不及七人，止有五人已上，亦许收试取一名。其省试零分不及，不在收试之限。所试断案、刑名粗通，以十分为率，断及五分，所试《刑统》义文理全通为合格。若不合格，虽有人数，亦不许收取。虽《刑统》义全通，断案不及分数，许行驳放。仍自后举兼经。"从之。(《宋会要·选举》一四之四)

是 月

邓端若，少时传得召紫姑咒诀，而所致皆女仙，喜作诗。绍兴甲子岁，科举将开之前，在家塾与数密友会食，或请邀问试闱题目者。诵咒方毕，仙已至，乃尽诚扣之，答云："经义赋题，吾悉知之。故天机严密，不容轻泄。姑为预言省诗题慰诸君意。"于是大书"秋风生桂枝"五字。客皆不信，已而果然。(《夷坚三志》壬卷五)

八 月

甲申(五日)，右正言何若为国子监发解所监试。……监学降敕，差试卷官，自此始。(《系年要录》卷一五二)

以右正言何若充国子监发解监试官，秘书少监游操、吏部员外郎严抑、户部员外郎边知白充考试官，详定一司敕令所删定官骆庭芝、贾庭佐、秘书省校书郎陈诚之、秘书省正字沈介、太学博士杨邦彦、太学正关注充点检试卷官，刑部员外郎吴桌充小院考试官，驾部员外郎叶庭珪、将作监主簿施德修充点检试卷官。(《宋会要·选举》二〇之七)

癸卯(二十四日),殿中侍御史汪勃言:"陛下兼爱南北之民,力定和议,与天下更始。崇儒重道,同符祖宗。臣愚以为今年科场,当国学初建,万方多士将拭目以观取舍,为之趋向。欲望戒敕攸司,苟专师孔孟而议论粹然、一出于正者,在所必取。其或采摭专门曲说,流入迂怪者,在所必去。"(《系年要录》卷一五二)

二十五日,宰执进呈殿中侍御史汪勃奏:"今日科场,当国学初建,万方多士拭目以观取舍。欲望戒敕攸司,一去一取,尤在所遴。苟专师孔孟而议论粹然、一出于正者,在所必取。其或采摭专门曲说、流入迂怪者,在所必去。"上曰:"汪勃所论甚善。曲学臆说,诚害经旨,当抑之,使不得作,则人之心术自正矣。可依所奏。"(《宋会要·选举》四之二七、二八)

二十八日,礼部言:"国子司业宋之才陈请,欲立同文馆,收试士人见在行朝、去本贯及一千里以上,无处取应之士。令实通乡贯,五人为一保;召文官二员,结罪委保乡贯、士行等诣实,仍赍保官付身赴监官呈验讫,许纳试卷应举。令附本监发解试,别立号考校。每三十人取一名,通取不得过三十人。看详:欲依所乞,保官每员所保不得过十人。如不实,其保官依委保转运司就试人不得实例,先降一官,取责罪犯,申取朝廷指挥。仍令本监续行取会就试举人,本贯州军审察勘会。于贡举条制如有违碍,不该赴试,或两处应举,虽已得解过省,即行驳放。犯人并保官、保人,依法施行。"从之。(《宋会要·选举》一六之七)

是　秋

史浩《得解谢主文启》:一经取艺,敢擅誉于鳌头;三岁程能,幸收功于鼎足。得逾望外,愧溢颜间。窃以在昔致治,莫尚于贤能;历世取士,最详于科目。惧尔音之金玉,张吾法于网罗。尊经术则先经义之求,贵文章则惟词赋之尚。眷二者以迭盛,历千古以莫兼。属我右文之期,重广得人之路。稽汉唐之故,以通其变;酌祖宗之制,以取其中。合为一科,期于两得。顾上之所以责望者厚矣,则下之所以图报者奈何!探义理之渊源,励词华之典雅。锋生绛帐,尽期折角以解颐;光溢青箱,咸底凌云而歌雪。

身兼数器，技匪一长。固无慊乎《春秋》决狱而《禹贡》行河，亦何伤乎贾谊升堂而相如入室。征茅茹以在列，脱囊颖以争先。咨舜牧于四岳之前，岂徒询事；议汉杰于诸将之上，畴敢论功！宜有通材，可膺妙选。如某者，识非造理，学不逮人。甫当就傅之年，遽罹陟岵之祸。茕茕在疚，断机犹赖于母慈；业业持身，投杼惧乖于子职。念箕裘之末绪，每冰炭于中肩。名萃鹗书，慨先猷之未泯；香浮桂籍，余仲父之独存。岂无意于续貂，愧不成于画虎。顷偕漕计，旋遭退鹢之风；兹应乡书，谬举焚舟之策。固难拾芥，徒愧雕虫。初非黄绢之词，偶得青毡之旧。是为幸会，厥有夤缘。兹盖伏遇某官，学海津梁，儒绅领袖。望隆江左，行登策府之道山；政播日边，聊式武陵之莲幕。爰操衡鉴，来主棘闱。荆璞期珍，几至卞和之刖足；爨桐何幸，遇逢蔡氏之知音。致此弃遗，独蒙收录。固当趋席，力叙谢诚。而兹短削之投，猥在众人之后。仰繄陂度，尚赐海容。某敢不勉策疲驽，期追逸骏！少遂致身之愿，当酬知己之恩。

史浩《得解谢钱通判启》：某官世载忠嘉，时推俊杰。骖鸾瀛阁，展骥海城。文笔生花，缥渺仙人之梦；诗囊佩锦，雍容公子之游。绿野江山，每兹得助；红蕖风月，奚止平分？爰驰万斛之珠玑，上赞九天之韶濩。柳御史淮夷之雅，未足差肩；韩吏部圣德之篇，谅思退舍。伫拜紫泥之诏，即膺丹扆之求。日转甘棠，散作万家之美荫；风翔頖水，泛为多士之恩波。致此妄庸，亦蒙收采。

史浩《得解谢贾签判启》：某官才追梁傅，语妙君房。莲幕推贤，佩风流之迈众；棠阴止讼，表政术之刬繁。爰督战于棘闱，遂腾声于芹頖。听春蚕之食叶，悄夜壁之衔枚。式令贾勇之人材，喜见太平之场屋。

史浩《得解谢刘教授启》：某官学海津梁，贤关领袖。策陈一览，名在甲科。爰报政于锡山，遂主盟于頖水。问钟答响，陶士类于渊骞；发铎宣风，化海滨为洙泗。

史浩《得解谢王参政启》：某官道德宗师，文章元老。议论为四海之标的,进退系一时之重轻。顷膺睿主之知,参总台衡之重。年高而德弥劭,是孔子之徒欤;位贵而身愈恭,则周公其人也。方期秉轴,遽请挂冠。风月香山,时讲白乐天之会;烟霞留邑,果从赤松子之游。方中兴图任于老成,顾上哲曷宜于韬晦。未许浮沉之晋国,思庸矍铄之伏波。凡素服于下风,悉许归于东阁。致兹孱琐,猥遇甄收。

史浩《得解谢晏尚书启》:某官江左儒宗,山东相种。隐然有祖风烈,盛哉奕世贤才。早陟巍科,旋登延阁。风声所暨,顽懦必兴。振领天官,正赖山公之启事;请符琳馆,喜从莱子之斑衣。荣联雁序之芳,还奉版舆之乐。东山虽好,其如天下之苍生;北阙非遥,伫拜日边之丹诏。方申申而在宴,犹断断以有容。凡愿出于龙门,悉许攀于凤翼。致兹庸琐,亦预甄收。(以上均见《全宋文》卷四四一一)

十 月

甲午(十七日),右正言何若言:"自赵鼎唱为伊川之学,高闶之徒从而和之,乃有《横渠正蒙书》、《圣传十论》。大率务为好奇立异,而流入于乖僻之域。顷缘闶为国子司业,学者争投所好,于是曲学遂行。虽然,凡试于有司者,未有不志于得也。伏望申戒内外师儒之官,有为乖僻之论者,悉显黜之。如此。则专门曲学不攻自破矣。"辅臣进呈,上曰:"若所论甚当。程颐当哲庙之初,在经筵,奏曰:'陛下记得臣说否?如记得,明日可对臣说过。'是时,宣仁圣烈皇后闻之,大怒,曰:'皇帝虽年少,然宫中不自废学。措大家不识事体如此!'"(《系年要录》卷一五二)

庚子(二十三日),诏:"州县文臣初至官,诣学,祗谒先圣,乃许视事。"亦用左奉议郎罗长源请也。长源言:"士大夫皆学夫子之道以从政,而不知所自。望令先诣学宫,以彰风化之本。"后遂著为令。长源又言:"朝廷通好息民,兴崇学校,多士潜心经史,而终岁未有升进之望。乞以诸州进士解额留七分以备科举,余三分归于学校。稍取大观三舍之法,参酌而增损之,务从简便。"事下礼部。(《系年要录》卷一五二)

十一月

吏部员外郎严抑面对，乞：《春秋三传》释经处许出题以取士。上谓大臣曰："为人君、为人臣，皆不可不知《春秋》。往者建言之臣，欲罢读《春秋》，盖不思之甚矣。如不可读，则圣人不修此经也。"(《系年要录》卷一五二)

十二月

辛巳(五日)，降旨：《三传》许出题。(《系年要录》卷一五二)

吏部员外郎严抑言："正经其辞至简，为题者历历可数，使士子私习满百篇，则有司出题殆无逃者。罢去《三传》，虽曰尊经，其于考校，实有未便。"诏："依《崇宁贡举法》，于《三传》解经出题。"(《宋会要·选举》四之二七)

己丑(十三日)，左朝奉郎、知资州杨朴献《礼部韵括遗》。诏："迁一官。"朴，资阳人也。(《系年要录》卷一五二)

王之望《看详杨朴〈礼部韵括遗〉状》：近承朝廷降下杨朴所进《礼部韵括遗》，令监学官看详。契勘：礼部韵止为场屋程文而设，非如《广韵》、《集韵》，普收奇字，务为该洽，故谓之《韵略》。元祐间博士孙谔等申明，谓经传所用之字，《礼部韵略》所不载，只取举人常用者附入数十字。今杨朴所进，分为五门，采摭之功，颇为详悉。博涉经史，足有可嘉。其可收者，欲依所乞附韵，或注云"一作"，或别出一字。内字非常用，如"庐"之为"卢"，"泜"之为"湿"之类；或别无经见，如"辂"之为"迓"、"愉"之为"偷"之类；或非韵所押，如"单"之音"善"，"众"之音"终"之类，于科举之文无所轻重，恐疑学者，并乞不收。其音不必改一项，既关先儒义训，不当以私意改更。兼释文自出本音，或诸家已有别说，近时学者自不改读，徒立异同，何裨损益？其字不必附一项，如"旦明"之为"神明"、"缮怒"之为"劲怒"之类，率多假借，或出谬误。《礼部韵略》元所不收，广示搜罗，几于芜赘。然其间如"术"之为"遂"、"遍"之为"辩"，"肉好"之"肉"读为而救切，音释明白，《韵略》所无，既欲增添，却宜收附。至于"执"之为"势"，"食"之为"饮"，

“揄”之音“由”，“焉”之音“嫣”，“荼”之音“舒”，《韵略》已收，难以重出。杨朴又谓“箛篍、蕣蔆皆已入韵”，以此为例，其类实繁。前人所收，不无冗长；今之所附，岂可效尤？今各于逐字下开具奏闻，伏候敕旨。(《全宋文》卷四三五三)

绍兴十五年　乙丑(1145)

正　月

十三日，诏："诗赋、经义分为两科，各计终场人数为率，依条纽取。试经义人：第一场本经义三道，《论语》、《孟子》义各一道，第二场论一首，第三场策三道。试诗赋人：第一场诗、赋各一首，第二场论一首，第三场，策三道。"(《宋会要·选举》四之二八)

二十一日，诏："饶州童子宁伯拱与免文解一次。"伯拱七岁，诵御制《建炎古诗》、《渔父词》及经子书十六种。(《宋会要·选举》九之二七)

二十四日，以右谏议大夫何若知贡举，权吏部侍郎陈康伯、秘书少监游操同知贡举，合格奏名进士林机以下二百三十人。(《宋会要·选举》一之一五、一六)

若、操尝为发解所试官，及是再命之，非故事也。(《系年要录》卷一五三)

右司员外郎钱时敏，吏部郎中王言恭，司封郎中李涧，吏部员外郎周执羔，司勋员外郎胡涓，监察御史黄应南、李柽、巫伋，并差充参详官；刑部员外郎许太英，太常丞王湛，大宗正丞陈惇时，大理正李颖士，大理寺丞周楙，枢密院编修官王墨卿、魏元若，详定一司敕令所删定官陈澥、邓文饶，国子监丞文浩，诸王宫大小学教授陈孝恭、马云夫，御史台主簿陈夔，宗正寺主簿詹棫，监进奏院余尧弼，干办诸司粮料院沈虚中，监登闻鼓院范彦辉，国子监主簿陈彦修，太学录王之望，国子正冯谔，浙西安抚司准备差使鲍同，并差充点检试卷官。驾部员外郎孙傅充别试所考试官，大理寺丞周

赞、秘书省正字黄公庭、临安府府学教授钱密、国子监书库官孙仲鳌并充点检试卷官。(《宋会要·选举》二〇之八)

三　月

绍兴十五年三月十五日，予在临安试词科第三场毕出院，时尚早，同试者何作善伯明、徐搏升甫相率游市。时族叔邦直应贤、乡人许良佐舜举省试罢，相与同行，因至抱剑街。伯明素与名倡孙小九来往，遂拉访其家，置酒于小楼。夜月如昼，临栏凡焫，两烛结花，粲然若连珠。孙娼固黠慧解事，乃白坐中曰："今夕桂魄皎洁，烛花呈祥。五君皆较艺兰省，其为登名高第，可证不疑。愿各赋一词纪实，且为他日一段佳话。"遂取吴笺五幅置于桌上。升甫、应贤、舜举皆谢不能，伯明俊爽敏捷，即操笔作《浣溪沙》一阕，曰："草草杯盘访玉人，灯花呈喜坐添春。邀郎觅句要奇新。　黛浅波娇情脉脉，云轻柳弱意真真。从今风月属闲人。"众传观叹赏，独恨其末句失意。予续成《临江仙》，曰："绮席留欢欢正洽，高楼佳气重重。钗头小篆烛花红。直须将喜事，来报主人公。　桂月十分春正半，广寒宫殿葱葱。姮娥相对曲栏东。云梯知不远，平步揖东风。"孙满酌一觥，相劝曰："学士必高中，此瑞殆为君设也。"已而，予果奏名赐第，余四人皆不偶。(《夷坚支志》景卷八)

十八日，诏："取应宗子伯摅，令赴正奏名廷试。"先是，上谕宰执曰："朕阅其程文，多引《诗》、《书》，颇不易得。"故有是命。(《宋会要·帝系》六之一八)

高宗尝谕宰臣曰："朕阅取应宗子伯摅程文，多引《诗》、《书》，良不易得，可令赴正奏名。"及临轩，放进士刘章以下，至第九人，见君名，顾廷臣曰："是能力学取高第，诚可嘉也！"召见称奖，欲加进擢。……汪公勃归自西府，闻乡人誉君甚，曰："吾顷为廷试诸位官，尝爱其策，恨未识之。"……初，陈文恭公康伯知贡举，擢君为举首。(《楼钥集》卷一〇九《赵君墓志铭》)

戊辰(二十三日)，进呈廷试策题。(《系年要录》卷一五三)

二十三日，上宣谕宰辅曰："廷试策题，亦欲使士人初入仕途，皆知趋向之正。"秦桧曰："士人趋向不正久矣，亦风俗使然，正在陛下力与变革。"上曰："朕观五十年前人材，皆是仁宗时涵养所致，以此知人材正在作成也。"(《宋会要·选举》八之四二、四三)

二十四日，上御集英殿，试礼部奏名进士。内出制策曰："盖闻古先哲王，博求贤能，而任使之。故治功昭著，名声流闻，邈乎不可以跂及。朕甚慕焉。今朕托士民之上，不敏不明，郁于大道。所赖以济者，惟真贤实能是望。然扶世导民，须德行也，乃或同于乡原；排难解纷，须智略也，乃或专于谋身。为政苟趣办，则不修廉隅；摛文徒华藻，则不本忠信。平居下轻上爵，肆贪得之心；临事避剧就易，蔑首公之节。岂古之所谓德行智略，政事文章，心术节概，与今举异欤？将教化不明，狃于末习而然欤？子大夫学优而仕，于斯数者，其自处固已审，使风俗旷然大变必有术。悉之复之，详著于篇，朕将亲览焉。"得正奏名刘章以下三百人，赐进士及第、出身、同出身。内汪安仁杂犯，特赐学究出身。徐涓、李程犯庙讳嫌名，特与下州文学。特奏名林洵美以下二百四十七人，赐同进士出身、同学究出身，登仕郎、京府助教、上下州文学、诸州助教。(《宋会要·选举》八之五、六)

举人刘章答策言："陛下既以先修其身，而又任用真儒，始终如一。"又曰："陛下法守古先，得一贤者，必思先王所以任之之诚；得一能者，必思先王所以使之之方。彼贤者、能者，孰敢不尽忠竭节于下哉！"王刚中策言："帝王之应世，非治天下之难，必得真贤硕能之用为难。"许必胜策言："今日庙堂之上，其所以董正百官者，竭诚尽忠，以谋国事。缙绅知之，将见观感视效，自然而化。"又曰："国家庙堂之上，秉握钧衡，总揽庶职者，其于节义之事，在人耳目，辉映今古。天下缙绅方且相与取正而激励。今陛下乃以士大夫偷堕为患，其亦陛下之过计。"有司拟章第三，及进呈，上亲擢为首，刚中次之，必胜又次之。(《系年要录》卷一五三)

二十四日，上御集英殿，策试武举进士。(《宋会要·选举》一七之二六)

二十五日，上御幄殿，阅试武举弓马。(《宋会要·选举》一七之二六)

戊寅，上谓宰执曰："朕观古之太学，有养士至二三千，亦朝廷一盛事。"乃诏："添养士一百人。"(《山堂考索》后集卷二七 按：是月丙午朔，无戊寅日，待考)

是　月

礼部贡院言："试博学宏词科右从政郎、新建州政和县令汤思退，右朝奉郎、太府寺主簿王㽦，右承务郎、新两浙路转运司干办公事洪迈题曰《少保镇南军节度使充两浙东路安抚大使兼知绍兴军府事授少傅镇南静江军节度使充江南东路安抚大使兼知建康府事兼营田大使行宫留守加食邑食实封制》、《唐凝晖阁浑天仪记》、《代守臣谢赐御书〈周易〉〈尚书〉表》、《汉麟趾袅蹄赞》、《明道籍田颂》、《汉中和乐职宣布诗序》，考入中、下等，赐进士出身、同进士出身。"(《宋会要·选举》一二之一二、一三)

乙丑年，《代谢赐御书〈周易〉、〈尚书〉表》，予曰："八卦之说谓之索，奉以周旋；百篇之义莫得闻，坦然明白。"尾句曰："但惊奎璧之辉，从天而下；莫测龟龙之秘，行地无疆。"亦忝此选。(《容斋三笔》卷八)

四　月

三日，诏："太学博士杨邦弼御试进士，对读试卷，有所脱漏，罚铜十斤。"(《宋会要·选举》八之四三)

四日，诏："童子潘汝功与免文解一次。"汝功十岁，诵经子书十一种。(《宋会要·选举》九之二七)

癸未(八日)，赐正奏名进士刘章等三百人及第、出身、同出身，正奏名张镃新科明法及第。(《系年要录》卷一五三)

甲申(九日)特奏名林洵美等二百四十七人，武举正奏名应褒然等二人，特奏名三人，授官有差。(《系年要录》卷一五三)

凡特奏名赐同学究出身者，旧京府助教今改将仕郎。是岁，始定依汴京旧制，正奏及特恩分两日唱名。(《宋史》卷一五六)

九日，尚书省言："拟到武举进士正奏名应褒然以下五人推恩：并策入平等，正奏名二人，与承节郎；特奏名三人，并与进义校尉。各展减磨勘年有差。"从之。(《宋会要·选举》一七之二六)

进士名录：刘章，王刚中，许必胜，丁维翰，王大方，王石，王述，王庭，王皋，王淮，王驰，王枢，王遵路，王瀹，王铎，王麟，太史洵武，毛宏，公孙熊，方正己，方典，尹问民，史浩，史纯臣，令狐鹏，朱世臣，伍升，任渊，江邦溥，李大亮，李材，李庚，李亮，李彦质，李恂，李秩，李瑆，李鼎，李渥，李嵩，李辅，李绮，李荐何，李衡，李应，李应时，李藩，吴大年，吴中，吴公辅，吴交如，吴昉，吴知常，吴祇若，吴珪，吴迈，吴庆宗，吴龟年，何元达，何迪，何美成，何师中，何纯佑，余去病，余商霖，汪大猷，汪安仁，汪安世，汪贲，沈子霖，沈铢，沈端弼，沈枢，宋延祖，林大节，林友，林仰，林并，林昌言，林信厚，林陈义，林湜，林节，林霆，林机，林懋，季大老，侍其图南，周秉心，周度，周逵，周楠，周维，周颉，周麟之，房巨，胡克己，胡洵直，胡适，胡渐，胡镐，茹绍庭，查文颇，查琛，查维，皇甫秉文，施皋，施鼎，施霆，施锐，洪嘉瑞，祖逢清，祝鼎，祝端表，姚公特，姚甄，袁去华，袁孚，袁综，莫冠卿，莫济，庄衡，桂绩，夏侯孚先，夏畴，柴致一，柴额，员南圭，倪必强，徐世英，徐晋老，徐涓，徐琪，翁翊臣，翁万春，翁德粹，高闾，郭份，郭景仁，陆筠，陈友直，陈伯达，陈良能，陈忠言，陈则，陈律，陈庭筠，陈彦先，陈宣，陈师尹，陈师孔，陈伟烈，陈伟然，陈云翼，陈溉，陈靖，陈嘉猷，陈熙年，陈端彦，陈谏，陶世臣，孙希，孙观德，黄安仁，黄希文，黄亚仲，黄升，黄恬，黄琇，黄巽，黄槐卿，黄浒，黄德显，黄彻，黄岩肖，黄观志，黄观政，黄钥，盛崇，崔源，崔维孝，过美中，许文刚，许晟，章朝，梁仲广，张大经，张之纲，张世衡，张恢，张康，张揆，张嗣亨，张图南，张济，隋兴祖，叶民极，叶时，叶利用，叶倚，叶端行，叶仪凤，程九万，程伯通，傅晞俭，傅里，邹杭，邹定，冯方，冯庭训，冯愈，费公权，杨永言，杨汝南，杨丞，杨定，杨鄂，杨偰，杨誉，贾挺，雷桢，詹左，赵之辅，赵伯摅，赵师涣，蒋大亨，蔡绍，蔡爽，蔡椿，蔡燠，蔡权，郑丙，郑伯熊，郑洙，郑耕老，郑闳，邓祖予，石安民，邓执规，邓玮，欧阳柄，鲁可简，刘公辅，刘尧臣，刘奎，刘度，刘庭直，刘衮，刘颀，刘虢瑞，谈虑，潘文礼，潘良翰，潘冠英，潘纬，薛抗，卢傅霖，卢绹，钱佃，鲍格非，韩武补，钟三杰，谢邦基，谢安宅，谢逵，谢绂，应材，丰渐，苏磻，严杭，严阜成，罗振，罗汇，罗巩，顾士则，顾冈，龚冲，龚宗杰。

特奏名进士：林洵美，王倜，方立，方庠，方师心，方复明，江洵直，李文，吴大任，林公迈，林邦逵，林宏，林伟，周希孟，胡义问，姚邦宪，马宗传，夏寅，徐捷，陈大年，陈才弼，陈世材，陈光表，陈任，陈向，陈昭，陈修辅，陈彦宁，陈国珍，陈惟则，陈达，陈蕃，陈议，黄大声，黄元，黄邦佐，黄光实，黄甸，黄秉哲，黄枸，黄级，黄铎，康献民，张立己，张邦杰，张孝友，张尚德，张尧咨，叶继益，蒲良翰，杨孔昭，杨孝杰，杨绾，雷靖，赵去问，赵湘，郑球，郑霖，刘忱，刘祥，刘遵，潘璋，卢冈，韩茴，谢大亨，谢恂直，缪朝选，边惇德，颜大猷，顾闻。(《宋登科记考》卷九)

补进士名录：石𡼖。《全宋文》卷五六八一朱熹《石君墓志铭》："吾友石君子重讳某……年十八擢进士第……其卒以淳熙九年六月乙丑，享年五十有五。"又，《全宋文》卷五五一七朱熹《答石子重𡼖》。依据其生卒年推断，是年中第。

龙游有石而锐，古记有之："尖石圆，出状元。"绍兴十有四年，岁在甲子，大水去其锐。次年乙丑，公遂魁天下，人皆以此为奇谶，而公处之泊然不有也。(《楼钥集》卷七五《刘资政游县学留题》)

三衢境内地名张步，溪中有石，里人号曰"团石"。有谶语云："团石圜，出状元；团石仰，出宰相。"乙丑岁，水涸，石忽如圜镜。明年，刘文孺章魁天下。前岁大水，石乃侧仰，而去年余拜相。此与闽中"沙合南台"盖相似也。(《挥麈余话》卷二)

清漳杨汝南，少年以乡贡试礼部。待捷旅邸，夜梦有以油沃其首，惊而寤。榜既出，辄不利。如是者三，窃怪之。绍兴乙丑，复与计偕。惧其复梦也,榜揭之夕,招同邸者告以故,益市酒肴,明灯张博,相与剧饮,期以达旦。有仆倦卧,忽呻吟如魇,亟呼醒之。具言:有二人扛油鼎,自楼而登,执主而注之,我争而呼。汝南闻之大恸,同邸亦相与叹息,罢博。及明观榜,其名中焉。视傍,若有迹,振衣拂之,油渍其上。盖御史莅书,以夜覆灯盌故也。功名之前定如此。(《东南纪闻》卷二)

沈持要枢,湖州安吉人。绍兴十四年,妇兄范彦辉监登闻鼓院,邀赴国子监秋试。既至,则有旨:唯同族亲乃得试,异姓无预也。范氏亲戚有欲借助于沈者,欲令冒临安户籍为流寓,当召保官,其费二万五千,沈不可。范氏挽留之,为共出钱以集事。约已定,沈殊不乐。而湖州当以八月十五日引试,时相去才二日耳,虽欲还亦无及。是日晚,忽见室中长人数十,皆如神祇,叱之曰:"此非尔所居,宜速去。不然,将杀汝。"沈惊怖得疾,急遣仆者买舟归。行至河滨,见小舟,呼舟人平章之。曰:"我安吉人,贩米至此,官方需船,不敢归。若得一官人,当不取其僦直。然所欲载何人也?"曰:"沈秀才。"复询其居,曰:"吾邻也。虽病,不可不载。"即率舟中人共舁以登,薄暮出门,疾已脱然如失。十六日早,抵吴兴城下,见白袍纷纷往来。问之,云:"昨日已入举场,而试卷遇暴雨多沾渍,须易之,移十七日矣。"沈遂得趁试。所亲者来贺曰:"徙日之事,特为君设耳。"试罢且揭榜,梦大雷震而觉,出庭中视之,月星粲然。心以为惑,欲决之蓍龟。迟明,有占轨革者过门,筮之,得震卦。画一妇人病卧床上,一人趋而前,旁书"奔"字,其词有龙化之语。占者曰:"公占文书甚吉,但家内当有阴人病,然无伤也。"卜者出,报榜人已至,姓名曰贲胜音奔,沈中魁选。及还家,妻果卧疾。明年赴省,以范为考官,避入别院。一之日试经义,且出,有厢部逻者,守之不去。时挟书假手之禁甚严,沈颇讶其相物色,曰:"何为者?"曰:"见君箧中一二烛甚佳,非湖州者邪?若无用,幸见与。"沈悉以与之。次日,试诗赋,其人又来,曰:"适诣誊录所,见主司抄一试卷,至于五六,绝类君所书,必高捷。今夕勿遽毕,吾已设一次于户外矣。"沈意其欲得烛,又以赠之,受而还其一。曰:"请君留此以自照,三年一来,不可不致详也。"晚出中门,引手招就坐,设一几,四顾无人。沈欲纳卷出,挽使再读,至家藏孝经诗,乃觉误押两方字,亟更焉。明日,入访之,了不复见。

始验神人以其误,委曲为地也。是年,遂擢第。盖旅中所见,邻人拏舟,雨污试卷,轨革之卜,逻者之言,皆有默相之者,异哉!(《夷坚志》甲卷一九)

缙云汤丞相、四明史丞相,绍兴十五年乙丑俱在临安。汤公以政和令赴词科,史公以进士赴省试,同诣韩慥问命。慥时方葺所居,仅留一席地,每客来立谈即逝。及二公至,各言甲子,慥呼小女设倚,延坐置茶。咨叹良久,拱手曰:"二公皆宰相,即日亨奋矣。"皆不敢自谓然。是年,并擢第。汤公由馆阁翰苑登枢府,以丁丑岁拜相。史公方为太学博士,常语人曰:"韩慥言汤公,信神验。何独至于我而失之?今之相望,真天冠地屦也。"庚辰之冬,汤公自左揆免归,史公正直讲建邸,用攀附恩亟迁,癸未春拜相。(《夷坚志》丁卷七)

袁仲诚,绍兴十五年赴省试罢,还丹阳,夜梦人叩户,袁叱之曰:"汝何人?安得夜半敲我门!"答曰:"来报省榜耳!"犹未信,自隙中窥之,乃一黄衣人持文书而立。欣然启门,取其书展读,见己姓名在第二。自余间三四名,或五六名,辄缺其一。复诘之曰:"汝所报若此,非全榜也!"曰:"不然。君知士人中第非细事否?要须有阴德,然后得之。大抵祖先所积为上,己有德次之。此所缺姓名,盖往东岳会阴德司未圆故尔。"既觉,历历记其语,甚异之。后奏名,果居亚列。(《夷坚志补》卷三)

辛丑(二十六日),左从政郎、新和政县令汤思退,左朝奉郎、行大府寺主簿王晅,并为秘书省正字;左承务郎洪迈为敕令所删定官。……三人皆以博学宏词合格赐第,故有是除。(《系年要录》卷一五三)

史浩《及第谢秦太师启》:兰省奏名,偶参八士;枫宸唱第,复玷丙科。得过所期,荣不盖愧。窃以先王致治,宜莫急于贤能;后世取人,乃独详于科目。自庠序乏商周之教养,致师友无游夏之渊源。党同伐异者,皆训诂之腐儒;文丽用寡者,类雕刻之童子。好恶已殊于凿枘,取舍每病于参商。亦既背驰,谁其兼善?属圣君有为之日,正贤辅相逢之秋。崇雅黜浮,一变斯民之耳目;息邪距诐,大恢吾道之纪纲。探义理于圣人之言、贤人之言，辨典则于诗人之赋、词人之赋。近酌祖宗之遗制，远追唐汉之颓风。合为一科，期于两尽。诏音所至，士气顿伸。鼓箧鼎来，扬鞭雾集。怀折角解颐之辨，蕴凌云歌雪之奇。当八面之锐锋，应两端之善问。较以穿杨之艺，莫不争先；要之折桂之荣，岂诚易得！如某识非造理，才不逮人。蚤罹陟岵之悲，长赖断机之训。顾箕裘之末绪，每冰炭于中怀。昼供菽水之庭闱，夜对简编之灯火。栖身岩谷，绝意云霄。兹逢偃革之时，遂起弹冠之兴。初偕漕计，再预乡书。岂期下里之邑人，偶簉高阳之才子。贾谊升堂而相如入室，惭非能赋之流；高堂传礼而徐氏为容，滥得明经之誉。载惟幸会，必有夤缘。兹盖伏遇某官，道格神祇，勋隆古昔。以一命衮，为万乘师。伊躬暨于成汤，天开一德；周公传之孔子，时集大成。礼制乐作，而措率土于一陶；仁渐义摩，而起斯文于五厄。力扶王道，大正人心。俊良既乐于登崇，顽懦亦思于兴起。致兹骫骳，亦被选抡。某敢不增所未高，修其可愿！趋风有便，慰执鞭欣慕之心；在冶云初，污造物甄陶之手。誓竭寻常之效，仰酬万一之恩。

史浩《及第谢秦内翰启》：较艺南宫，偶参八士；献言中禁，复玷丙科。揣分已逾，抚躬知愧。窃以古今共道，惟得贤而立邦基；国家有为，乃观文而化天下。自尧舜广招徕之路，至汉唐发科目之程。识高伊管者，实洛下之诸生；才似班扬者，亦开元之进士。翱翔丹陛，比比有闻；照映青编，班班可考。迨圣王之抚运，得良弼以中兴。肆霖雨之命而追高宗，歌清风之诗而继宣后。三载定棘闱之制，四门多槐市之游。博采布韦，驾诸侯之轺传；申求阀阅，与刺史之计偕。赋就凌云，岂惟司马；经明拾芥，不数夏侯。率归典雅之流，尽去浮华之习。裒然出当是举，翕尔咸高其材。至于雄据上游，盖亦郁为名士。顾兹殊选，宜属可人。如某者，湖海穷徒，乾坤长物。鲤庭一问，已缠陟岵之悲；轲室三迁，尚赖断机之训。啜菽每怀于养志，荷锄敢怠于带经。雪积萤飞，饱听霄中之更漏；花开叶脱，几经林下之春秋。属逢偃革之时，遂起弹冠之兴。秋天荐鹗，漕台常预于后尘；春浪化鱼，天路俄闻于首唱。事既分于霄壤，势闻隔于仙凡。怀卞和泣玉之诚，敢辞再刖；举明视焚舟之策，当在此行。果簉迹于荀龙，复分香于郄桂。虽度长挈大，未足为优；而吹枯嘘生，岂无所自？兹盖伏遇某官，道优圣域，文掞国华。绛帐谈经，鄗向、歆之立异；彤墀射策，极晁、董之未言。遂结主知，允谐人望。北门视草，焕王者之丝纶；东观提纲，蔼诸儒之领袖。居之甚宠，进也未央。行趋青琐之班，即拜白麻之诏。门凝瑞气，森然画戟之多；位处台躔，美矣缁衣之并。收士尚勤于吐握，成人每借于齿牙。致此孱庸，亦蒙采录。某敢不益坚操履，深懋进修！附骥攀鳞，犹念昔年之场屋；砻刀错玉，正祈此日之陶镕。誓竭驽才，仰酬洪造。(以上均见《全宋文》卷四四一一)

五　月

四日，诏："以及第进士第一人刘章为左承事郎、签书镇东军节度判官厅公事。"(《宋会要·选举》二之一八)

九　月

二十一日，秘书省言："明州进士陈旸投献书籍七百五十六卷，并是本省合用之数。"诏："与永免文解。"(《宋会要·崇儒》四之二七)

十　月

二日，普州安岳县进士秦真卿上家藏书明皇赐近臣古史三节，墨迹一轴。诏："真卿与免文解一次。"仍令本州支赐钱一千贯。(《宋会要·崇儒》四之二七)

十一月

一日，诏："饶州童子戴松、戴槐与免文解一次。"松十岁，诵御制《渔父词》及经子书九种，讲《禹贡》、《说命》、《无逸》、《周官》；槐八岁，诵御制《渔父词》及经子书九种。(《宋会要·选举》九之二七)

三日，臣寮言："行在宗室并赴国子监试，如在外任并宫观岳庙并赴转运司试。其赴国子监试者，有官锁应，每七人取三人；无官应举，每七人取四人；无官袒免亲取应，文理通者为合格，不限人数。唯赴转运司，所取之数，即与进士一同，非所以奖进宗子之意。欲诸路宗室不以有官、无官，愿赴行在应举、锁应者，依熙宁旧制，并许赴国子监，请解赴省。如不愿，即依崇宁通用贡举条施行。”从之。(《宋会要·选举》一六之七、八)

十一日，诏：“通判眉州李彦辅，核实避亲举人失当，致有侥滥，展二年磨勘。”彦辅虽会赦，特有是命。(《宋会要·选举》一六之八)

是 年

张嵲《毛达可尚书文集序》：自熙宁、元丰以来，崇尚经术，文章以醇粹近道为右。士子不能奉承兹意，故其弊也，失于颓靡不振，不能上下古今为深博。好文之士，颇或病之。其后有司因循故习以取士，其弊滋甚。当是时，公方以举子作为《科举章程》，文字固以挺特奇怪得名场屋间。世人所知者如此而已。(《全宋文》卷四一一五)

绍兴十六年　丙寅(1146)

正　月

戊寅(八日),时太学养士已七百人。戊子(十八日),诏增为一千人。(《山堂考索》后集卷二七)

二　月

三十日,礼部言:"熙宁以来,诏罢诸科,许令曾应明经及诸科举人,依法官例试断案、《刑统》义。至崇宁元年,上件解省额尽归为进士解省额讫。兼见今自有官人许试刑法,其新科明法欲自后举废罢。"从之。(《宋会要·选举》一四之四)

四　月

戊午(十九日),兵部上武士弓马及选试去留格。初补入学,步射弓一石。若公私试,步、骑射不中,即不许试程文。其射格自一石五斗以下至九斗,凡五等。上可其奏。(《系年要录》卷一五五)

五　月

八日,诏:"诸路解试,若经义、诗赋人数相等,即依终场人数纽取。或有余、不足,即以文理优长听通融相补,不得过三分。"从礼部请也。(《宋会要·选举》一六之八)

六　月

八日,诏:"宗子不慎与免文解一次。"以西外宗正司言"在学二年,文艺卓然,众所推誉"故也。(《宋会要·崇儒》一之九)

七　月

太学之初兴也，春补就试者五千人，遂分数场，有改名冒试至再三者。秋七月辛未(四日)，中丞何若言："今秋补人数又多，乞于贡院引试。"上曰："士人进取之弊，一至于此！所系甚大，不可不革。今日之所养，则他日之所为可见也。"(《山堂考索》后集卷二七)

戊寅(十一日)，国子监言："今年秋试，额外补中之人，乞令待阙。至科场年，许赴监，依不满年人例取应，仍自来春住补。俟科场了毕，有阙，日检举施行。"先是，四方就补者益多，乃分场引试。士有更名冒试，至于再三者。御史中丞何若尝以为言，上曰："士人进取之弊，一至于此！不可不革。今日之所养，则它日之所为可见矣。"于是，学官以为言，乃改用三岁之法焉。(《系年要录》卷一五五)

(壬辰，二十五日)提举秘书省秦熺奉诏立定《献书赏格》。诏镂板行下，应有官人献秘阁阙书、善本及二千卷，与转官；士人免解。(《系年要录》卷一五五)

九　月

六日，秘书省国子监言："抚州布衣吴澥进《宇内辨》、《历代疆域志》各十卷，《寡见论》、《责实论》各二卷，《谨始论》五卷。又，抚州布衣吴沆进《易璇玑》、《三坟训义》各三卷，《群经正论》四卷。文理皆有可采。内《易璇玑》犯仁宗皇帝旧名。"诏：吴沆为犯庙讳，吴澥与永免文解。(《宋会要·崇儒》五之三五)

十一月

庚午(四日)，言者奏："近来诗赋、经术，各以旧试人数分取，其间不无轻重。大抵习诗赋者多，故取人常广；治经术者鲜，故取人常少。今若专以就试之人，立定所取分数，则诗赋人常占十之七八，而治经者止得十之一二，但恐浸废经术之学矣。欲望命有司再加讨论。如通经之人有余，听参以策论，圆融通取，明立分数，庶几主司各有遵守。"上曰："当日行诗赋，

为士人不读史。今若专用诗赋，士人不读经。大抵读书当以经义为先，所论宜令礼部看详以闻。”(《系年要录》卷一五五)

绍兴十七年　丁卯(1147)

正　月

(辛卯,二十七日)左迪功郎陈介言:"国家颁降乡饮酒仪式,而诸郡所行,疏数不同。望令三岁科举之年,行之于庠序,即古者三年大比饮酒于序之意也。"国子监言:"唐人亦止行于贡士之岁。欲依介所请,如愿每岁举行者,听从其便。"从之。(《系年要录》卷一五六)

三　月

(二十四日)"门下:朕惟自古圣王之治,莫先得士,而国家科目之设,最为周密。往者宇内多故,犹不忘三年之举;矧今疆垂日靖,学校兴行,人知乡方,顾不能率厥旧典、网罗群材虖?可令有司搜取茂异,咸与计偕,朕将试之春官,亲策于廷,靡以好爵。几有益于治道。布告天下,体朕意焉。故兹诏示,想宜知悉。"(《绍兴十八年同年小录》)

四　月

二日,诏曰:"国家踵汉唐旧制,贤良之科,盖以待天下非常之士也。暨朕纂承,亟议斯举。屡诏中外,博加搜访,而历年于兹,曾未有卓然为举首者。夫何世无材,岂今宇宙不复见古之人乎?抑招延未备,郁而不得通也?公卿、侍从,其为朕各举所知,俾咸造于朝。朕将临轩亲试,诹以治道,亦庶蒙得贤之福,顾不休哉!"(《宋会要·选举》一一之二五)

六　月

戊申(十六日),太学博士王之望面对,论:"举人程文或纯用本朝人文集数百言,或作歌颂及用佛书全句,旧式皆不考。建炎悉从删去,故多犯

者。望申严行下。”从之。(《系年要录》卷一五六)

王之望《乞禁约举人文体奏议》:臣伏睹国家贡举之制,专试艺文;有司考校之科,皆有程度。中间累举,属在艰难,场屋取人犹多阔略。陛下聿兴大业,垂意斯文,恢辟胶庠,遍于中外。布韦之士,皆得专讲习于其间,彬彬之风浸复承平之旧矣。则选取之法,固宜益加详密。且如连用本朝人文集十句,在熙宁、元丰、崇宁、大观法,皆黜落不考;元祐法与建炎所修,虽降从轻,尚为一抹。而今举人殊不知避,一篇之内或纯用数百言,主司不以为非,更谓该洽。又如试文内作歌颂,及用佛书全句十字以上,大观法亦系不考,而建炎式删去不收,以致举人尤多犯者。若此之类,未易悉举。秋试在近,其可不革乎!伏望圣慈特赐睿旨,检举见行条法,申严行下,令考官遵守,举子通知。其遗漏未尽者,更照前后格式量加参定。庶几去取之际,不至疑惑。取进止。(《全宋文》卷四三五三)

七　月

十日,诏“宗子子涣特与免文解一次。”以西外宗正司言其“在学日久,文艺为众所推”故也。(《宋会要·崇儒》一之九)

八　月

以监察御史宋敦朴充国子监发解监试官,司封员外郎汤思退、司勋员外郎沈介、祠部员外郎陈诚之、刑部员外郎吴桌充考试官,枢密院编修官唐稷、详定一司敕令所删定官喻彦先、曹筠、国子监丞陈孝恭、秘书省正字孙仲鳌、太学博士王之望、国子正冯谔、国子录吴武陵充点检试卷官,诸王宫大小学教授林大鼐充国子监小院发解官。时以附铨试院,小院止差一员。(《宋会要·选举》二〇之八、九)

十七年再举,先生(刘安世)对策极言:“守令不才,致民流殍。”其语痛刺骨,考官不乐,降在第四。明年,登进士第。(《杨万里诗文集》卷一一八《刘先生行状》)

是　秋

（朱熹）举建州乡贡。考官蔡兹谓人曰："吾取中一后生，三篇策皆欲为朝廷措置大事，他日必非常人。"（《朱熹年谱》卷一）

绍兴丁卯秋，枢密沈公以临安教授被漕檄考试括苍。既入院，梦朱衣六人坐于堂而会议。时考官至者已六人，予亦被檄考校，而独后未至。沈与同官言其梦，曰："郭簿必不来矣。"暨予寻至，皆谓其梦无验。俄而，同官龙游县丞有亲戚当就试者，举子哗言纷纷，丞竟不自安，引嫌不待试而出。考校竟止六人。（《睽车志》卷六）

绍兴十七年，京师人刘观为秀州许市巡检，其子尧举买舟趋郡，就流寓试。悦舟人女美，日夕肆微言以蛊之，女亦似有意。翁媪觉焉，防察不少懈。及到郡，犹憩舟中。翁每出则媪止，媪每出则翁止，生束手不能施。试之日，出《垂拱而天下治赋》、《秋风生桂枝诗》，皆所素为者，但赋韵不同，须加修润，迨昏乃出。次日，试论复然。既无所点窜，运笔一挥，未午而归舟。舟人固以为如昨日也，翁媪皆入市，独女在。生径造其所，遂合焉。是夕，生之父母同梦人持榜来，报秀才为榜首。傍一人曰："非也，郎君所为事不义，天敕殿一举矣。"觉而相语皆惊异。生还家，父母责讯之，讳不语。已而，乃以杂犯见榜。后舟人来，其事始露。又三年，从官淮西，果魁荐，然竟不第以死。（《夷坚志》丁卷一七）

王十朋《丁卯秋赴鹿鸣宴次太守赵殿撰韵》：食苹开燕副招求，梦草诗成宠士流。要得异才联虎榜，亦容下客盗狐裘。早修慧业钦灵运，妄赞元经愧子游。刺史笑谈风满席，定应吹拂到瀛洲。（《王十朋全集》卷三）

王十朋《赴省治装有感》：记得离家柳未黄，归来三径菊花香。一年强半身为客，席未遑安又趣装。（《王十朋全集·诗集》卷三）

汪藻《回永州秋试举人启》：伏审远偕计吏，荣诣太常。词场推较艺之公,乡举有得人之庆。解元才华俊发,学术精深。万选钱中,气已吞于余子;三条烛下,名伫冠于群英。猥记衰残,尝参耆旧。既俯临于蓬荜,仍请贽于琼瑰。悚感兼深,敷宣罔既。(《全宋文》卷三三八一)

史浩《余姚县燕贡士致语》:三岁而兴贤能,雅重圣朝之举;十室而有忠信,郁为吾邑之光。宜陈觞豆之清欢,用庆衣冠之盛集。恭惟旧举某人,月评望重,风鉴才高。久淬砺于文锋,兹翱翔于上国。新举某人,共推饱学,俱在妙龄。或蜚英于璧水漕台,或驰誉于乡举里选。画戟门中贵公子,锦囊社里贤王孙。行追雁塔之诸儒,同上龙门之三汲。某官政先儒雅,气合宾僚。式邀桂苑之群仙,来作琴堂之重客。光芒书剑,相将紫府之游;杂沓笙歌,看取玉山之倒。某等叨居乐部,幸对芳筵,不揆才荒,敢呈口号:玉京才子宴瑶池,雪压梅梢春近时。尽道舜江登舜牧,却归尧殿侍尧咨。鹏抟看即掀双翼,鲸饮何辞酒百卮!好是嫦娥倚丹桂,拟教人折一枝枝。(《全宋文》卷四四二一)

十一月

丁卯(七日),权礼部侍郎周执羔请:"复赐新及第进士闻喜宴于礼部贡院。"从之。自军兴废此礼,至是乃复。(《系年要录》卷一五六)

礼部侍郎周执羔言:"旧制,御试进士已唱第毕,赐闻喜宴于琼林院。舍法行,改赐于辟雍。宣和间,复置科举,而琼林之宴亦因以复焉。车驾移跸以来,士子申陈免赐,因循六大比矣。乞举行旧制,赐闻喜宴于礼部贡院。"从之。(《宋会要·选举》二之一八)

十二月

癸卯(十三日),婺州进士施谔进《中兴颂》、《行都赋》各一首,《绍兴雅》十篇。诏永免文解。(《系年要录》卷一五六)

是　年

李处权《衢州新建贡院记》:古之取士,论终身之行,不试以一日之长。

居州处于学，及其贡于天子也，亦自学而宾兴之。及既贡而选之也，则取其行能同耦者射于泽宫，泽宫者所以择士也。古之择士之所惟见于此。自是而降，汉以秀孝贤良，魏以中正九品。惟贤良射策于天子之廷，其余则考其素行，无试于有司之文。至隋建进士法，唐因隋旧而浸盛。其贡士之制，又有明经、明法、书算，每岁仲春各郡县馆监课试其成，以礼遣之，试士之法，始见于此，犹未有所也。惟汉以前去古未远，俗尚敦朴，有司一出于公，士亦信其所有。一介自修，爵禄随至，故无僻远幽隐，而废滞毕举。及其后世风俗浸衰，公道化为私恩，人材怵于势利，廉耻汩没，奔竞成风，如贾求赢，侥幸一得。于是有三互之法，粘名之制，有挟假之禁，革滥防奸，如此其备。自古文物之盛，莫过于本朝。主上继统承业，尤留神于取士。三岁大比，取士至数百人，而州郡之充赋于有司者，大郡至数千人，其次犹参伍其一。故寺舍官府殆不足以赢之，芟舍棘藩，取具一切，湫隘暴露，防禁不严，奸弊滋起。有司玩习，恬不知省。衢为大郡，在东南号称多士，每三岁来试于有司者，无虑四千余人，然亦无所谓贡院者。中书舍人襄阳张公作牧之二年，适政之成，补苴罅漏，无以不理。会三岁诏至，吏以故事告公，乃慨然相州之西北隅，得元爽之地，实始建焉。肇自丁卯之七月，而成于其十二月。籍旧逋以其用，故人不病扰；取游食以助役，故工不告劳。作堂于中，各五楹，重其后堂，挟以左右庑，为吏舍庖湢之所。其前堂为东西序，又其前为长廊，东西相重，以待试者。外为大门，挟以两庑，以处凡有司之隶于试所者。为屋百间，从四十丈，广半之又加六焉。高其闬闳，厚其垣墙，前日之弊事革无余。既成，会行乡饮礼，于是率州之宾老士大夫以落之。卒事，相与周览四望，惊所未见。此邦固多士，先是龙丘刘君章廷对第一人，益有奋心，争相磨厉，风俗为移，盖数百年未之有也。而襄阳公之治，威行爱立，吏畏民服，遇所未为，指麾亟办，不俟终日。是役也，一方之士赖焉，又岂数百年所有哉！或曰：“虽然，今为是耽耽者旷数年以待，不几月之用，其为不急之务欤？”处权曰：“不然，凡国家取士，岂非所谓至公者耶？斯院之役，使人人得安意挺志以毕技于前，而秋毫之私无所隐，所以奉承法令者。苟嫌于豫备逆设，而苟且是图，盖为政之公患耳。且子欲以取士为虚文乎？虽无院可也。”或曰：“然则盍书之？”乃刻石以记。（《全宋文》卷三八〇一）

绍兴十八年　戊辰(1148)

二　月

二日，提举秘书省秦熺言："进士武杰献李邕《披云帖》，已缴进。"诏："与免文解一次。"(《宋会要·崇儒》四之二九)

四日，上宣谕宰执曰："两浙运司举人发解，间有势力之家，行赂假手，滥占解名，甚喧士论。今贡举锁院在迩，可令礼部重立赏格，明出文榜，许人告捕，务在必行，庶使士人心服。"(《宋会要·选举》一六之八)

五日，礼部言："省试系是遴选实才。访闻就试举人内，有势力之家，多输贿赂，计嘱应试人换卷，代笔起草，并书真卷。或冒名就试，或假手程文，自外传入，就纳卷处誊写。宜严行禁止，依条许人并就试举人告捉。委的实犯人，从贡院先送所司，申朝廷，重作施行。告获人优与推赏。"诏："依。内士人该赏，取旨补官，仍赐出身。"(《宋会要·选举》四之二八)

十二日，以权吏部侍郎边知白知贡举，权礼部侍郎周执羔、右正言巫伋同知贡举，合格奏名进士徐履以下二百三十二人。(《宋会要·选举》一之一六)

左朝奉大夫郑鬲、司农寺丞周庄仲、国子监丞沈虚中、左朝散郎周林、秘书省正字葛立方、御史台主簿陈夔、太常寺主簿林大鼐、宗正寺主簿王葆并差充参详官，监尚书六部门张颉、监登闻检院余仔、太常博士蔡宰、详定一司敕令所删定官丁娄明、国子监丞李琳、诸王宫大小学教授叶绋、皇太后宅教授秦从周、大理评事蔡埙、太府寺主簿余宾兴、干办诸司审计司汤允恭、左承议郎郭彦参、黄汝能、主管官告院章夏、左宣教郎祝闵、钱密、元益、王悦、临安府府学教授何溥、知临安府仁和县方升之、左迪功郎孙良辅并充点检试卷官，殿中侍御史余尧弼充别试所考试官，枢密院编修官林机、干办诸司粮料院谢邦彦、监行在左藏东库钟世明、监行在杂卖场鲍同并充点检试卷官。(《宋会要·选举》二〇之九)

旧例，进士试礼部下，历十八年得免举；又四试礼部下，始特奏名推恩。秦桧既以科第私其子，士论喧哗，为减三年以悦众。执羔言祖宗法不可乱，由此忤桧，御史劾罢之。(《宋史》卷三八八)

某赴省试时，众士人拜知举。知举受拜了，却在堂上令众人少立，使人大喝云："知举答拜！"方拜二拜。是古拜礼犹有存者。(《朱子语类》卷八七)

十八日，引试诗赋一场。

十九日，引试论一场。(以上见《绍兴十八年同年小录》)

戊辰年省试，出"刚中而应"。或云："此句凡七出。"某将《彖辞》暗地默数，只有五个。其人坚执，某又再诵再数，只与说："记不得，只记得五出，且随某所记行文。"已而出院检本，果五出耳。又云："只记得《大象》，便画得卦。"(《朱子语类》卷一〇四)

二十日，引试策一场。

二十二日，引试经义一场。

二十三日，引试论一场。

二十四日，引试策一场。(以上均见《绍兴十八年同年小录》)

晦庵省试,经题出“刚中而应”。连案者云:“此句凡七出。”先生嘿数止五出,乃据所记对义。及出院检视,果只五出,乃悟同经者相忌。是年先生登科。(《吹剑四录》)

三　月

壬戌(四日),诏:“政和八年已前实得两解贡人,不限年,并特与奏名,许就殿试。到省一举、见年五十五以上者,令本贯保明申部;内开封府、国子监举人,召见任京朝官二员保奏,并结除名罪,当议特与推恩。”(《系年要录》卷一五七)

靖康之乱,省部文字散失不存。南渡之后,有礼部老吏刘士祥者,大为奸利。士子之桀黠者,相与表里,云“某岁曾经省试下合该年免”,既下部,则士祥但云“省记到”,因而侥幸,遂获推恩者,不知其数。(《挥麈余话》卷二)

二十三日,引试御试敕差。初考官:左朝议大夫、权尚书礼部侍郎兼直学士院沈该,左朝散大夫、尚书右司员外郎兼玉牒所检讨官吴栗,左奉议郎、守尚书祠部员外郎陈诚之;复考官:左朝散郎、权尚书户部侍郎李朝正,左宣教郎、守尚书司封员外郎汤思退,左奉议郎、守尚书司勋员外郎沈介;详定官:左朝奉郎、试工部尚书詹大方,左朝奉郎、监察御史张杞,左宣教郎、太学博士王之望;编排官:左中大夫、新除尚书户部侍郎兼权兵部侍郎李椿年,左朝请郎、殿中侍御史兼崇政殿说书余尧弼;初考点检试卷官:左从事郎、详定一司敕令所删定官吴武陵;复考点检试卷官:左文林郎、秘书省正字兼提举秘书省编定书籍官孙仲鳌。续承指挥添差到对读毕、充初复考同共考校:左朝散郎、通判临安军府事黄衮,左宣义郎、诸王宫大小学教授曹筠,左承议郎、干办行在诸司粮料院谢邦彦,左奉议郎、监行在左藏东库钟世明,左从事郎、监行在杂卖场鲍同,左从政郎、主管尚书刑工部架阁文字詹承家。(《绍兴十八年同年小录》)

是　月

礼部贡院言:“试博学宏词科左迪功郎、新常州武进县尉周麟之,左从政郎、新婺州州学教授季南寿题曰《保信军承宣使提举万寿观授宁远军节度使充万寿观使进封加食邑食实封制》、《黄帝景钟铭》、《兵部侍郎除宝文阁直学士枢密都承旨诰》、《汉上林清台箴》、《绍兴新修太学记》、《唐通典序》，并考入下等，各减二年磨勘。”(《宋会要·选举》一二之一三)

贡院言：“博学宏词科武进尉周麟之、婺州州学教授季南寿合格。”诏：“并与堂除。”自是恩始杀矣。(《系年要录》卷一五七)

族叔初试宏博，以所业投汤岐公。时季元衡南寿待制亦投文字，汤尝师之，初许其夺魁。一日，谓季曰：“近有一周某至，先生当处其下。”既奏名，季果次焉。(《清波杂志》卷三)

葛立方《答宏词周学士启麟之》：摛文如披玉藻，夙钦黄绢之工；收科若摘颔髭，载彼青钱之选。士歆稽古之力，朝有得贤之荣。恭惟宏词学士，性天高明，材地敏给。泰初真礼乐之器，长舆有梁栋之资。奋鹏翼于俊秀之科，英声已茂；屈骥足于东南之尉，清议未孚。乃奏西掖之篇，旋召南宫之试。摅游夏渊源之蕴，发卿云黼黻之词。伏读可谓正音，披玩诚为孤技。食数千枚之鸡跖，固知殖学之多；探八百里之牛心，亲见控弦之效。(《全宋文》卷四四三七)

四　月

三日，上御集英殿，试礼部奏名进士。内出制策曰：“朕观自古中兴之主，莫如光武之盛。盖既取诸新室，又恢一代宏模，巍乎与高祖相望，垂统皆二百祀。朕甚慕之。今子大夫通达国体，咸造于廷，愿闻今日治道，何兴补可以起晋唐之陵夷？何驰骤可以接东汉之轨迹？夫既抑臧宫之锐，谢西域之质，则柔道所理，必有品章条贯。要兼创业守文之懿，视夏康周宣，犹有光焉，固子大夫之所蓄积也。其著于篇，朕将亲览。”得正奏名王佐以下三百三十一人，第为五等，赐进士及第、出身、同出身。特奏名俞舜凯以下四百五十七人，赐同进士出身、同学究出身，登仕郎、将仕郎是年京府助教改将仕郎、上下州文学、诸州助教。(《宋会要·选举》八之六、七)

庚寅(三日),上策试正奏名进士于射殿。先是,权吏部侍郎、知贡举边知白上合格举人徐履等。上问以“欲起晋唐之陵夷,接东汉之轨迹”,及“柔道所理,当有品章条贯”。右迪功郎、董德元策言:“晋之失不在于虚无,失于用兵故耳;唐之失不在于词章,亦失于用兵故耳,东汉固无如是之失也。”陈孺策言:“今日中兴之盛,以言乎内治:则大臣法,小臣廉,百姓遂其衣食,万物蒙其丰年;以言乎外治:则讲信修睦,夷夏交欢,边鄙无虞,五兵不试。东汉之事未足慕也。愿申饬边郡守臣,俾两相抚辑,庶几边隙不生,远人益服。此品章条贯之一助。”举人王佐策言:“王羲之言:隆中兴之业,政以道胜,宽和为本,盖讥当时不务息民保国,而欲以兵取胜也;杜牧有言:上策莫如自治,盖讥当时不计地势、不审攻守,而徒务为浪战也。况陛下今日任用真儒,修明治具,足以铺张对天之宏休,扬厉无前之伟绩,则光武之治不足深羡。”权礼部侍郎兼直学士院沈该初考,权户部侍郎李朝正复考,工部尚书詹大方详定。乃奏德元第一,孺次之。既而,以故事递降。遂擢佐为首,赐佐以下三百三十人及第、出身。(《系年要录》卷一五七)

三日,上御集英殿,策试武举进士。(《宋会要·选举》一七之二七)

四日,上御幄殿,阅试武举弓马。(《宋会要·选举》一七之二七)

十七日,皇帝御集英殿唱名,赐状元王佐以下及第、出身、同出身,共三百三十人释褐。(《绍兴十八年同年小录》)

十八日,赴期集所。纠弹:江宾王、钟离松、葛郘;笺表:俞处约、陈丰、陆升之、俞光凝、莫汲;主管《题名小录》:何腾、何钦承、刘安世、程千里、田兴宗、叶谦亨、柴卫、韩彦直、张宗元;掌仪:万介、徐履;典客:余彦广、朱登;掌计:萧肃;掌器:潘观国;掌膳:张颖;掌酒果:王允功;监门:方颜、袁富文。(《绍兴十八年同年小录》)

十八日,尚书省言:“拟到武举进士柯熙以下八人推恩:正奏名七人,策入优等,第一名与保义郎;平等六人,第一名与承节郎;第二、第三人武艺不合格，与承信郎；第四至第六人，与承节郎；特奏名一名，策入平等，与进义校尉。各展减磨勘年有差。”从之。(《宋会要·选举》一七之二七)

乙巳(十八日)，特奏名进士俞舜凯等四百五十七人、武举进士柯熙等七人、特奏名一人赐第，授官有差。于是，始以将仕郎易京府助教。(《系年要录》卷一五七)

进士名录：王佐，董德元，陈孺，王人鉴，王允功，王汝嘉，王芾，王东里，王昉，王忠彦，王念安，王宗衡，王亮功，王师愈，王桷，王欣，王康年，王章，王尧臣，王万修，王杰，王滋，王宾，尤袤，毛介，毛惠直，勾龙雱，勾龙震，勾龙骥，方师尹，方绾，方简舆，方颜，毋过，甘定中，甘焯，左庆延，石才孺，石仲集，田兴宗，史央，史杶，冉徽之，丘崇，包府，朱三省，朱永裔，朱江，朱伯雄，朱呰，朱登，朱熙载，朱熹，朱燮，任源，朱鹤，江宾王，江献可，牟子正，芮辉，芮烨，李几，李升，李左，李用之，李伊鼎，李全之，李杭，李承，李彦颖，李祖德，李时亨，李兼善，李进修，李清，李开，李敦仁，李渊，李皦如，李蘩，吴杉，吴利见，吴良骥，吴邵年，吴彦夔，吴特，吴帱，吴琇，吴琼，何昌邦，何性仁，何耕，何瑛，何钦承，何颙，何骙，何腾，余彦广，余童，余溥，冷世光，冷世务，汪处实，汪端彦，沈中立，沈文德，沈寿康，邵颖，范仲较，范仲微，范时中，林大受，林公望，林光祖，林次融，林杆，林思永，林清卿，林翰，林镎，卓冠，金鼎，周光远，周汝士，周孚，周邵，周彦，周习，周富邦，周毅，宗升，孟致诚，胡元质，胡元龟，胡百能，胡佑，胡师徐，胡镕，胡权，胡观国，茹骧，柳仲永，段友直，俞光凝，俞处约，俞晔，俞肇，施贯之，洪邦直，洪泽，马炳，秦渊，袁炎，袁富文，袁观，莫冲，莫汲，索扬，柴衡，倪宽，徐日章，徐存，徐履，高选，唐仅，陆升之，陆光之，陆师古，陈大方，陈王宾，陈天麟，陈旦，陈式，陈光，陈仲谓，陈秀实，陈伯山，陈良弼，陈长源，陈思文，陈俱，陈康嗣，陈滂，陈经国，陈闻远，陈篆，陈德修，陈举善，陈丰，黄文昌，黄克仁，黄岱，黄汇，黄嗣廉，黄适中，黄璋，许冰清，许登，许琇，章朝宗，章驹，章谧，梁汝昌，梁南一，张士儋，张永年，张忠，张宗元，张宗沆，张恪，张伟，张商卿，张密，张然，张溥，张诺，张穆，张颖，张观国，彭邦光，叶元凯，叶民极，叶翊，叶翔凤，叶衡，叶谦亨，万介，葛郜，景黄裳，喻邦佐，程千里,钩宏,钩昌期,邹孟,邹樗,童大定,童用宾,曾贲,冯公亮,冯用休,冯忠嘉,温镗,游寿宁,蒲尧仁,蒲尧章,杨大全,杨昂,杨岳,杨廷坚,杨浚,杨靖,杨獬,杨应,杨骞,贾渤,雷行之,虞育,詹亢宗,詹叔善,詹锐,雍有容,雍恩,赵子修,赵不悔,赵不愧,赵公斌,赵公懋,赵邦,赵伯茂,赵伯术,赵伯瑗,赵彦文,赵彦恂,赵彦龄,赵师孟,赵善岫,赵善珏,赵像之,赵俨之,蒋元老,蔡琩,郑之纯,郑国翰,樊宾,欧阳文起,黎梓,黎商老,刘公特,刘安世,刘希旦,刘坦,刘季裴,刘庭扬,刘焕,刘棠,刘韪,刘镇,潘观国,潘庭翼,练概,薛璨,萧南式,萧肃,萧燧,卢彦文,鲍安行,鲍乔,鲍慎履,戴振,戴几先,韩大宁,韩彦直,韩炳,魏师逊,魏宪,钟将之,钟离松,谢份,谢芘,谢芷,谢鸿,麋师旦,蹇驹,聂端权,藩庭翼,苏升,严第,严瑀,谭守约,谭照,谯筌,庞守,庞愈,顾澣,龚尹,龚梦良,龚滂。

特奏名进士:俞舜凯,方泌,伍致达,伍时可,任悦,江致尧,李依仁,李颙,何晦,余璠,邵说,林庭佑,林祖文,林埙,林寿,明廷桀,胡德载,洪庸,胥当,姚光亨,唐宋臣,陈元,陈邦光,陈安仁,陈国老,陈达,陈惠,陈景,陈斌,陈察,黄作德,黄稷,黄丰,许觉,梁守卓,张尚,张登,叶能报,程嘉成,傅知新,冯辰,冯易,冯杨,宁宗乔,蒲迈,杨旦,杨安中,杨赣,解陟明,赵大问,郑公坦,郑文,郑安邦,欧阳懿,刘良干,刘渐,薛徽,魏绎,谢徽柔,蹇时□,谭维勤。(《宋登科记考》卷九)

补进士名录:刘长方。《王十朋全集》卷九《和短灯檠歌寄刘长方》:“戊辰仲冬二十有三夜……既而思友人刘长方……去秋同与上庠荐刘,遂登乙科。”

无锡乡士张公尚,字思齐,三舍时为名进士。蹭蹬至绍兴戊辰,始预特奏名试。待廷对间,梦人语之:“官人往和州请衣。”既觉,叵测。有解之:和州请衣,必是食禄之地。张自念脱或侥幸,亦未应衣赐。及唱名,在末等,补和州助教。始悟衣者医也,为助教设。人劝纳敕为后图,张曰:“神告之矣。”乃拜命。因赋四十字以自况:“老未脱场屋,揆才无寸长。九重虽射策,一命不为郎。尚喜衫仍绿,仍怜牒是黄。活人何不可,政自有良方!”竟不沾禄而卒。(《清波杂志》卷一〇)

永丰董体仁德元，少年魁乡举，士林中亦知名。后累试礼部不第，流落困踬，竟就特奏名，补文学，初任道州宁远簿。尚待次其生徒，富家刘氏子邀与俱试漕司，复预荐试礼部合格，廷对遂为天下第一，遣书报其家人，有诗云："御笔题封墨未干，君恩重许拜金銮。故乡若问登科事，便是当初老榜官。"庐陵之俗，谓特奏名为"老榜"。初，体仁既预漕举，谒一达官，干东上之资。达官语坐客，有"老榜"之语，体仁颇不能平，故其诗及之。时绍兴戊辰，体仁年五十三矣。(《独醒杂志》卷六)

董体仁参政少时乡举对策，其篇首曰："圣人序卦，《噬嗑》之后继之以《贲》，《习坎》之后继之以《离》。噬嗑者，有物为间之象也。习坎者，乘时覆险之象也。为我之间者，不可以不去。既已去矣，用文之时也。故《贲》之彖曰：'观乎人文，以化成天下。'为我之险者，不可以不除。既已除矣，用明之时也。故《离》之彖曰：'重明以丽乎正，乃化成天下。'"其说云云。后遂为举首。晚年就乙丑特奏名，廷试复用其说，策入四等，补文学出官。继获漕举，复试礼部合格，廷试仍以此说为对。时圣策以汉光武为问，体仁申其说曰："光武取诸新室，则去间除险之时也。又恢一代之规模，则观文重明之时也。"遂为天下第一。(《独醒杂志》卷一〇)

庐陵董体仁参政德元，累举不第，用特恩得州助教。贫甚，无以自养，乃从富人家书馆。绍兴丁卯秋试，诸生有赴漕台请举者，欲使偕入贡场。董年时已高，无复有功名奋飞志，不肯往，强挽以东。道过临江，郡守彭子从合乡人也，视其刺字，曰："老榜官耳，何足道。"略不加恤。是岁，预荐选；次年，南省奏名。廷试居第一，以有官之故，诏升王宣子居上，而董次之，恩例与大魁等，得左承事郎、签书镇南军判官。归次临江，彭守遣介持公状迎候，董批绝句于纸尾，曰："黄牒初开墨未干，君恩重许拜金銮。故乡知已来相迓，便是从前老榜官。"彭闻之惭悔。自是六七年，董骤进用为侍御史，彭不敢出求官。已而，董执政，适揆路虚席，遂行相事。起彭为广东使者，人善其能捐怨云。(《夷坚支志》景卷五)

董(德元)参政举场不利，作《柳梢青》云："满腹文章，满头霜雪，满面埃尘。直至如今,别无收拾,只有清贫。功名已是因循。最懊恨,张巡、李巡。几个明年,几番好运,只是瞒人。”(《夷坚三志》乙卷七)

澧州士人李蒙,绍兴十七年,与辰沅靖州举子会试于武陵。未引保间,梦省榜到,省元曰“李用之”。又有人从旁言曰:“只候奉使回。”明日,急取家保状,改名“用之”。先是,蒙已两请文解,其友谓之曰:“彦发已是得解举人,若更今名,则遽舍前来举数,似为可惜。”蒙断然不疑。及秋闱揭榜,用之预荐。来春省试,边知白侍郎方奉使金国归,遂知贡举,尽如其梦。有种道人者善相,留诗四句与之云:“道成元未是,再至却须成。但看西行日,归来一饷荣。”是岁,于王佐榜登乙科,调潭州善化主簿,之官三月而卒。“一饷荣”之兆,其亦浅矣。(《夷坚三志》辛卷四)

淳熙(按:当为“绍兴”之误)间,省元徐履因功名之念太重,遂有心恙之疾。殿试用卷子写一枝竹,题曰:“画竹一竿,送上试官。”朝廷亦优容之。以省元身后,一官与其子。子亦恙,官亦绝。(《贵耳集》卷下)

俞舜凯,徽州人。绍兴十八年赴省试,梦红黑二梯倚檐间,有使登红梯者。俞顾梯级甚峻,辞以足弱不能蹑,遂登黑梯,造其颠而寤。是岁中特奏名一人。(《夷坚志》乙卷四)

是年登科者三百三十一人,惟朱晦庵先生卓绝千古,传于后世。科名之重人欤?抑人之重科名也?特附于此,以志景仰云。(《隐居通议》卷三一《前朝科诏》)

又因问举业,先生笑曰:“某少年时只做得十五六篇义,后来只是如此发举及第。人但不可不会作文字。及其得,也只是如此。今人却要求为必得,岂有此理!”(《朱子语类》卷一〇七)

二十六日,依令赐钱一千七百贯。

二十九日,朝谢。(以上见《绍兴十八年同年小录》)

王之望《回第三人陈学士启》:赐第宸廷,联名鼎甲。传玉音而申谕,蔼桂籍以生光。恭惟某官,经史淹该,文词赡蔚。卓尔功名之志,见于议论之英。以赀为郎,欲献相如之赋;随计诣阙,果蒙汉武之知。殊科收摘颔之功,绝技有中眉之恨。高名始唱,实居季孟之间;故事攸拘,遂处王杨之后。昭声华于白日,开途辙于青云。某顷预有司,获观大对。收象犀之实,本自因人;擅龙虎之称,徒欣得士。过纡盛服,贶以长笺。佩谦德之光亨,增鄙情之感激。

王之望《回第四人莫学士启》:献赋春闱,试言天陛。屈一时之髦士,连处上游;知万选之高文,难亏定价。恭惟某官,青云令器,白雪高标。气涵苕霅之清,光射斗牛之上。闺门竞秀,蔚珠树以联三;场屋先登,擅桂枝而擢一。金声既振,纸价随高。以五千言宏伟之词,参二三子巍峨之选。云衢自致,肯屈身世赏之延;天泽骤加,遂脱迹铨曹之冗。某比窥大对,深叹雄才。搏虎捕龙,敢角衰残之力;擢犀拔象,坐收奇伟之观。徒得隽以为荣,顾知音而何有?乃迂都骑,贶以长笺。感幸惟深,敷陈莫罄。(以上均见《全宋文》卷四三六四)

五　月

二日,就法慧寺拜黄甲、叙同年。

五日,赴国子监,谒谢先圣、先师、邹国公。(以上见《绍兴十八年同年小录》)

六日,诏:"郭印前任永康军通判,牒试避亲举人不当,特降一官。"印虽会赦,特有是命。(《宋会要·选举》一六之八)

二十七日,诏:"以及第进士第一名王佐为左承事郎、签书平江军节度判官厅公事,第二人董德元为左承事郎、签书镇南军节度判官厅公事。"德

元本系第一名,以有官降充第二名,故有是命。(《宋会要·选举》二之一八)

是　月

立题名石刻于礼部贡院,赐状元王佐等闻喜宴于礼部贡院。(《绍兴十八年同年小录》)

六　月

三日,诏:"御书石刻《儒行篇》,就闻喜宴赐进士及第王佐以下人各一本。"自是每举,遣内侍就闻喜宴赐焉。(《宋会要·选举》二之一八)

丁未(二十一日),上谕辅臣曰:"近有布衣上书,请行三舍法,恐未暇及此。"(《系年要录》卷一五七)

八　月

八日,礼部言:"四川省试高等人,为见先有推恩等第,虑御试却致低甲,往往在路迁延,不肯前来趁试。欲将四川类试合格人第一等并赐进士出身,余并赐同进士出身。今后依此。"从之。(《宋会要·选举》二之一六、一七)

癸巳(八日),权礼部侍郎沈该乞:"四川类省试合格、不赴殿试人,第一等并赐进士出身,余人同出身。"从之。自行在吴中,蜀士不就廷试,榜首率依第三人推恩。讲和后,稍稍来奉大对。是举,类试策问:"古今蜀人材盛衰之故。"而德阳何耕对策,极论"蜀士狥道守节,无心于世",引楚相子文三仕三已之说为证。又言:"李固无大雅之明哲,卒陷于跋扈将军之手,议者固已少之。若相如作《封禅书》,盖孟子所谓'逢君之恶';杨子云作《美新》以媚贼,又蜀人所羞道。"有司定为榜首。秦桧见其州里,大恶之,曰:"是敢与张德远为地耶?"会耕以后至,乞推恩,桧批送礼部措置。该喻其意,即言:"今举有试中高等之人,为见先有已降等第推恩名色。及虑御试却中底甲,往往在路迁延日月,才候试毕,便白陈为病,趁赴不及,显属太优。"桧入熟状,画可。自是遂为故事。(《系年要录》卷一五八)

四川类省试第一，恩数视殿试第三人。……何道夫耕以《对蜀人才策》为丞相所怒，乃令礼部奏云："类试高第人多在道迁延，不肯即赴御试。望自今第一等人，并赐进士出身。"奏可。自是，无有不赴御试者。惟上不亲策，则类试第一人恩数如旧，第二、第三人皆附第一甲，九名以上附第二甲云。（《朝野杂记》甲集卷一三）

蜀俗厚。何耕类省试卷中有云："是何道也夫。"道夫，耕字也。初未必有心，耕有时名，会有司亦自奇其文，遂以冠蜀士。士亦皆以得人相贺，而不议其偶近暗号也。师浑甫本名某，字浑甫。既拔解，志高退，不赴省试。其弟乃冒其名以行，不以告浑甫也，俄遂登第。浑甫因以字为名，而字伯浑。人人尽知之。弟仕亦至郡倅，无一人议之者。此事若在闽、浙，讼诉纷然矣。（《老学庵笔记》卷三）

是　年

葛胜仲《回第一人董状元启》：唱第中宸，冠名上甲。虽事从故典，拥龙首以居先；而恩出清衷，并桂林而擢秀。恭惟某官，文知体要，学有渊源。望久重于乡闾，声特高于场屋。屡泣荆州之璞，知者其谁；独腾丰剑之光，终然莫掩。遡春官而累上，沾皇泽以兼收。有孤黄卷之心，耻试红尘之吏。气不衰于再鼓，人忽惊于一鸣。冕旒凝乙夜之观，轩陛首春雷之震。对贤良而举首，遂继家风；起徒步而封侯，更看晚节。某顷因乏使，忝预攸司。设网于河偶，值灵龟之人；窥斑以管讵，穷文豹之奇。方喜得于真才，忽过蒙于盛礼。（《全宋文》卷三〇六八）

绍兴十九年　己巳(1149)

八　月

(辛酉,十二日)宗正寺丞王葆面对言:"国家役法:应女户单丁与夫得解举人、太学生并免丁役,盖本先王仁先孤寡、贵肄多士之意。顷议者历陈丁役之弊,遂有募人充役指挥。……得解举人名已登于天府,今乃同籍于役人;太学生身已隶于上庠,今乃心累于执役。是二者,其家或有兼丁,则力役自不妨于充募;若乃单孑一身,而能留意于科举,奋身于庠序,遂不得自别于齐民,甚非陛下仁先孤寡、贵肄多士之意。欲望特诏有司,俾是三者重加看定,庶几孤寡得所,而士知爱重。"……既而,本部乞:"女户无子及得解举人、太学生单丁并免身役,即特旨及因恩免解人听募人充役官司,毋得追正身。"从之。(《系年要录》卷一六〇)

九　月

丙戌(七日),左奉议郎、知大宗正丞杨偰面对,乞:"太学私试锁院,考官不得辄归私家,出入传送之禁,并依补试法事。"下礼部。其后,但令辰入昏出而已。明年二月辛亥(四日)施行。(《系年要录》卷一六〇)

十一月

二十四日,《南郊赦》:"绍兴五年省试下人,本合绍兴二年取解,绍兴三年赴省试。昨缘展退省试至五年,可特与理作三年省试下,及绍兴十二年以前御试下人,并与免将来文解。"二十二年《郊赦》,绍兴八年省试下人,理作六年,及绍兴十五年以前殿试下人;二十五年《郊赦》,绍兴十一年省试下人,理作九年,及绍兴十八年以前殿试下人;二十八年《郊赦》,绍兴十五年省试下人;三十一年《明堂赦》,绍兴十八年省试下人,并同此制。(《宋会要·选举》一六之八)

二十六日，礼部言："臣僚奏：'乞今后于未下科诏以前，令诸州军及属县长吏籍定来岁合应举人数、姓名，关县学职事。限来年二月，令县官将家保状缴申本州，行下州学。遇行乡饮酒之礼，令州学职事前期核实，申教授，预先引保一次。或有事故出在外州，或随侍他处，并具因依，申本州关送试院外，若有临时投状射保者，并不收试。'欲并依所请。其在诸路流寓举人，亦乞依此。"从之。(《宋会要·选举》一六之八、九)

十二月

己未(十一日)，诏："无子女户、得解举人、太学生之独居者并免役。"(《宋史》卷三〇)

是　年

诏："自今科试前一岁，诸军州及属县长吏籍定合应举人，以次年春，县上之州，州下之学，核实引保，赴乡饮酒毕，送试院。其临期投状射保者，皆勿受。"(《宋会要·选举》四之二八、二九引《文献通考》)

绍兴二十年　庚午(1150)

三　月

汪藻《永州刻崇宁三年太学上舍题名记》:神宗皇帝以经术造士,始于熙宁之初,当时欲遂放三舍天下,未暇也。徽宗益新月书季考之法,崇宁三年,首命太学上舍生赐第者十六人,盖经术之兴至是□三朝矣,而得人,此其选也。粤是政和翰林学士刘公实在选中。后五十年,公之子襄通守此州,愿刻之石,以纪其盛,于是乎书。绍兴廿年三月,左太中大夫、提举江州太平兴国宫、永州居住臣汪藻书。(《全宋文》卷三三八六)

五　月

四日,诏曰:“朕以寡昧,承奉宗庙,战战兢兢,若涉渊冰。永惟四方之贤良,明于古今王事之体,冀获谠言,以辅不逮。诏书数下,越二十年于兹,未有应者。岂朕所以求之之道未至,而方正博洽之君子壅于上闻与?抑教之不明,弗能振起之与?朕甚悆焉。侍从之臣,朕所亲礼也。天圣、嘉祐诏书具在,其参酌成宪,博问旁招,使获天下方闻之士,以荐于朝。朕将发策察问,极优崇之遇,以厉贤才焉。”(《宋会要·选举》一一之二五)

七日,诏“宗子学谕公迥特与免文解一次”。以知南外宗正事士㻪言“公迥在学,实及二年,文艺卓然,众所推誉”故也。(《宋会要·崇儒》一之九)

八　月

以监察御史汤允恭充国子监发解监试官,秘书少监汤思退、中书门下省检正诸房公事陈夔、吏部员外郎沈虚中充考试官,宗正寺丞王葆、国子监丞李琳、秘书省校书郎葛立方、秘书省校书郎孙仲鳌、太学博士吴武陵、太学录周麟之充点检试卷官；监察御史林大鼐充小院考试官，秘书省著作郎林机、详定一司敕令所删定官魏师逊充点检试卷官。（《宋会要·选举》二〇之九）

鄱阳石门士人潘良显，为举业，极俊敏。绍兴庚午诣乡举，年才十九岁。赴春闱未归，父梦数黄衣报省榜于其家。取看榜尾，有“潘三十四正过”六字，而书于后曰：“知贡举教授侯正道。”虽无良显名，而三十四者乃其行第。侯君者已登科，与之姻连，用是深喜，谓厥子必高选。然是榜乃不利。自后凡五试有司，及三十四岁而卒，侯君亦亡。则知无名者，盖示不第之兆，如刘若虚之义等也。（《夷坚三志》己卷五）

胡寅《新州鹿鸣宴致语口号》：秋气清高肃雁行，贤侯劝驾会黄堂。宾朋满座曳珠履，鼓吹喧天飞羽觞。题柱弃繻俱有志，班荆折桂正相望。明年春色催行李，衣锦荣归耀故乡。（《全宋诗》卷一八七五）

黄公度《庚午秋观进士入试》：棘扉晓辟万袍趋，邹鲁虽微士所都。三献有人怀楚璞，滥吹何事试齐竽。要令庾语题齑臼，莫把元文覆酱瓿乡人以黜卷幕酒。袖手傍观君勿怪，个中曾是老於菟。（《全宋诗》卷二〇〇六）

傅敞，字次张，潍州人。为士子时，以绍兴二十年过吴江，纵步塔院，见僧房竹轩雅洁，至彼小憩。其东室有殡宫，问为谁，僧云：“数岁前知县馆客身故，闻其家在福建，无力归窆，因权厝于此。”敞恻然怜之。既还舟次，是夜，梦儒冠人持名纸来见，曰：“三山陆苍。”自叙踪迹，与僧言同。将退，拱白曰：“旅魂栖泊无依，君其念我！”明旦，敞以告邑宰，亦有旧学院小吏知其事者，遂迁葬于官地上，仍修佛果资助之。至七月，敞赴转司运试，寓西湖小刹，复梦陆生来，再三致谢。且云：“举场三日题目，苍悉知之，谨奉告。切宜勿泄，若泄之，彼此当有祸。”敞寤而精思属稿，洎应试，尽如其素，于是高擢荐名。（《夷坚支志》景卷三）

九　月

十二日，侍御史曹筠言：“近年考试，多以私意取专门之学。至有一州

而取数十人,士子忿怨,不无遗才之叹。欲望戒饬试院,其有不公,令监察御史出院日弹劾。”从之。(《宋会要·选举》四之二九)

自神宗朝程颢、程颐以道学倡于洛,四方师之,中兴盛于东南,科举之文稍用颐说。谏官陈公辅上疏诋颐学,乞加禁绝。秦桧入相,甚至指颐为“专门”。侍御史汪勃请戒饬攸司,凡专门曲说,必加黜落。中丞曹筠亦请选汰用程说者。并从之。(《宋史》卷一五六)

是　秋

李石《谢解启》:辛苦荆山,已劳于三献;依栖楚舍,忽遂于一飞。初知公道之开,且有亲帏之庆。扪心益耻,贺德有归。列棘外台,本优子弟;挑囊中选,粤有师儒。限程较艺者止斗七人,滥进冒求者动逾十辈。本是别嫌疑之地,岂期成侥幸之门。古诗率衍于邹、枚,时务相高于晁、董。百蠢动而春蚕竞食,九天净而秋鹗争飞。宜多间世之英,副此宾兴之选。如石者,少虽力学,志不为名。地无三百廛之禾,家有五千卷之学。亲养未甘于藜藿,衡门半掩于蓬茅。自惭不是诗礼人,意谓终为田舍子。窃慕古人之禄仕,潜惊壮志之功名。军再鼓而气则不衰,人未遇而足则有刖。五陵仗剑,幸喜夜游;一榻横经,何求昼卧!漫栖迟于黄卷,徒游戏于青衿。但惟马帐之风流,岂有晁生之讲诵?一吟一酌,半友半师。势虽借于王公,誉盖由于乡曲。比因士论之收拾,往应有司之选抡。对大手以不工,画广眉而相似。愧非士秀,谬称古学之多;因预计偕,偶占乡书之数。弹棋聊耳,推毂有人。揣分业之合宜,非夤缘而奚自。恭惟某官,儒林师表,学海老成。孟轲之执德不回,伏湛之与人无竞。南门缓带,已高七纵之谋;东郡分符,常觌一麾之政。治良田而去螟螣,磨石鉴而照狐狸。踵蹋前贤,提携后进。超沟中之万木,发爨下之五音。致兹孱琐之微,预在扳援之列。念其进隗之始,与其筮仕之初。曲引晚生,非公莫能耳;不忘厚德,舍我其谁欤!石敢不益励前修,勉思来效!歌啸江山之助,辛勤灯火之余。用三冬之远图,期六月之一息。过禹门而成变化,登汉殿而诵平生。暖律已回,喜透一时之冰雪;飞梭欲化,更烦半夜之风雷。

李石《谢解启》:四科取士,方程度之甚严;三载通经,愧渊源之未博。能书滥及,末学何堪!窃以人才盛衰系国家之强弱,道术纯驳关文风之废兴。惟圣天子欲求经明行修之人,诏良有司以公乡举里选之法。宜得专门之学,以宽侧席之忧。岂谓谬庸,误蒙采择。伏思石性资凡下,智识迂疏。粗知求至道之指归,不敢议先王之制作。慨念周家太平之典,文固闳深;或谓战国阴谋之书,谈何容易!妄意姬公之梦,庶几宣子之知。岂期于文字语言之间,少得于训诂传注之外。偶逢宗匠,不弃散才。虽无颜以见邻里乡党之人,幸有辞以塞父母昆弟之望。其徼幸至如此者,非教化孰使然哉!兹盖伏遇某官,谈笑春风,胸怀云梦。舌本吐忠厚之论,笔端形典雅之文。昔也鲁公曾许侯芭之问字,今焉潘县不妨子贱之鼓琴。士知所归,人皆用劝。遂令狂简,得借吹嘘。石敢不益谨操修,更勤学问!诵杞宋之遗礼,独识所从;继齐鲁之诸生,庶无可愧。(以上均见《全宋文》卷四五六一)

绍兴二十一年　辛未(1151)

二　月

二日,殿中侍御史汤允恭言:"切闻前次省闱就试之士,或有凭借多赀,密相贿赂,传义假笔,预为宴会期约。凡六七人共撰一名程文,立为高价,至数千缗。侥冒苟得,欲占异等。寒苦之士,虽怀材抱艺,岂能与数人所撰较优劣于一日之间?徒为忿懑叹恨而已。"诏令:"礼部严行禁止,许同试举人陈告,取旨免省。"(《宋会要·职官》一三之一〇)

三　月

七日,以礼部侍郎陈诚之知贡举,殿中侍御史汤允恭、右正言章夏同知贡举,合格奏名进士郑闻已下二百三十七人。(《宋会要·选举》一之一六)

左朝议大夫刘将、吏部郎中沈虚中、左朝奉大夫洪兴祖、礼部员外郎林机、左朝请郎邱砺、左朝散郎王扬英、太常博士丁娄明、秘书省校书郎孙仲鳌并差充参详官,左朝散大夫吴概、浙西安抚司主管机宜文字余时乂、大理寺丞谢邦彦、详定一司敕令所删定官魏师逊、将作监主簿施彦辉、监尚书六部门钟世明、干办诸司审计司史祺孙、左朝奉郎黄铬、国子监主簿史才、太学博士吴武陵、新通判广州罗长民、权知临安府钱塘县事魏宪、左承议郎富元衡、左奉议郎林仲熊、左宣教郎朱三思、太学录周麟之、监行在文思院下界门王复、监行在赡军激赏西酒库林安国、左文林郎季南寿、临安府府学教授何溥并差充点检试卷官,左朝议大夫余应求充别试所考试官,左朝请郎刘无极、新通判婺州王巩、左承议郎叶义问、临安府府学教授王纶充点检试卷官。(《宋会要·选举》二〇之一〇)

杨万里《达斋先生文集序》：绍兴庚午，与叔父达斋先生同举于礼部，皆闻罢。甲戌，再同举于礼部，遂同年策第。（《杨万里诗文集》卷七九）

四　月

九日，礼部贡院言："试博学宏词科左迪功郎、监潭州南岳庙莫冲，左迪功郎、临安府钱塘县主簿叶谦亨题曰《安远军节度使龙神卫四厢都指挥使御前诸军都统制授太尉殿前副都指挥使制》、《汉石渠议奏序》、《代守臣进瑞麦芝草五色雀图表》、《汉瑄玉铭》、《皇祐紫宸殿大安乐颂》、《唐庆善宫记》，并考入下等，各减二年磨勘。"（《宋会要·选举》一二之一三）

是　月

湖州学，每岁四仲月，堂试诸生。三场誊录、封弥，与常试等。其中选首者，郡饷酒五尊，第二、第三人三尊，第四、第五人两尊。绍兴二十一年，唐嘉猷尧封为教授。既试，将揭榜，游学进士福州人陈炎梦登大成殿，夫子赐之酒五尊。子夏怒形于色，举足蹴其二。觉而异之，以语同舍生。及榜出，名在第二。嘉猷告之曰："君本居魁选，坐误引子夏事，故少贬。"始验所梦。（《夷坚志》丙卷七）

闰四月

丙子（六日），上策试南省举头郑闻已下于射殿。制策曰："朕惟祖宗创守之宏规，举可掩迹三五。然而中遭厄运，变起弗图。盖许国之臣无几，而自为谋者总总也。今朕承中兴之运，任拨乱之责，所赖于有官君子为至切矣。顾狃于闻见，小慧相先，谓了官事为痴，谓履忠信为拙，以括囊为深计，以首鼠为圆机。子大夫读先圣之书，通当世之务，其为究复。何洒濯可以格旧俗？何陶染可以成美化？明著于篇，副朕延伫，且以观子大夫入官之志。"举人赵逵对策略曰："君臣父子之间，天下真情之所在。陛下以神器之大，方与元老大臣，协谋比德，以缉熙中兴之功。而百执事之人，因循旧习，不与圣人同忧。盖自艺祖即位，尊礼赵普，以为社稷臣，重其权，信其人。虽一时举职如雷德骧，不能间也。显然示天下以好恶之所在。磨以岁月，而天下之士洗濯自新，风俗一变。承平日久，士为曲学阿私之计,而风俗坏。尚赖祖宗之泽未远,廊庙大臣有质正不挠者,出身捍难,作多士之气,以摧折仓卒之变。维持至今,此道不坠。今陛下已尊任其人矣。是宜明谕天下以好恶所在,而又有以振厉之。若既知其为小人,确然不惑,无使得干庙堂之正议。愿陛下尊其所闻,每进一人,惟其痴,惟其拙;每退一人,惟其深计,惟其圆机。则天下之士庶几稍知向方。傥尤不悛,陛下赫然震怒,治其尤者一人,夫谁敢不服?然臣尚有私忧过计者,虑陛下尊所闻之不坚,异时或有言今之痴者为真痴,今之拙者为真拙,今之深计者为有德,今之圆机者为有谋,而陛下疑。虽圣主在上,贤臣辅相,臣不敢谓安静之福如今日。”详定官拟逵第五,上览策谓有古文气,乃擢为第一。遂赐逵等四百四人及第、出身。先是,潼州府路提点刑狱公事杨椿被檄,考四川类省试,策问:“方今君臣同德之懿”,因论汉文帝不任贾谊为公卿等事。举人张震答策言:“文帝屈己和亲,而谊欲以表饵系单于,此不适时之论。”又言:“主上渊嘿思治,上天眷佑,为生贤佐,一德之诚,克享天心。”椿定为榜首,桧大善之。及唱名,震居第四。(《系年要录》卷一六二)

绍兴辛未,震对策集英殿……时尚书郎王公彦光为复考官。(《全宋文》卷四九八八张震《王公墓志铭》)

赵逵《御试策》:臣闻君臣父子之际,天下真情之所在也。惟实之为贵,而文有所不必备也;惟以心为感,而言有所不必足也。文有加乎其实,言有违乎其心,是之谓欺,臣不敢以用于君,子不敢以用于父。恭惟皇帝陛下发德音,下明诏,招来四方草茅之臣,咸至于庭,降清问而亲策之,岂特取其华藻文章哉!臣知陛下必不以此也。顾以神器之大,祖宗畀付之重,方与元老大臣叶谋比德,以缉熙中兴之功。而百执事之人,因循旧习,不与圣人同忧。古者一命以上,食其禄者任其事。今也不然,己则不勤,而又为它人为之非宜,则陛下将谁与治天下者!故夫营私自便,虽曰士风苟且,实陛下家事也。臣等布衣,陛下必不谓其贱且疏,一朝之间,访以家事。臣虽昧陋,亦能仰认陛下至神至圣,广大明白,亲待臣等如此,敢不率其意之所欲言者,图报万一,而徒为泛滥之辞,以负陛下临轩之勤,以干不诚事君之诛,臣甚惧焉!谨昧死上愚对。

臣伏读《圣策》曰："朕惟祖宗创守之宏规，举可掩迹三五。然中遭厄会，变起弗图。盖许国之臣无几，而自为谋者总总也。"臣有以见陛下想慕前列，而追咎前日兆变之臣，欲与天下一起颓风，而绍复祖宗之盛轨也。臣仰惟艺祖以武定天下，太宗文以守之，列圣丕承，卷甲不用者几二百年。四方无虞，人物岁滋，尧舜三代之盛，所不能及。虽圣圣相承，盖自艺祖即位，尊礼赵普，为社稷臣，重其权，信其人。虽一时举职如雷德骧，不能间也。显然示天下好恶之所在。磨以岁月，而天下之士始各识知朝廷之意，洗濯自新，争为功名，由是风俗廓然变矣。事无微而不举，法无小而不遵，吐气嘉生，熏为太平，不亦宜乎！承平日久，志狃于恩而不知威，见其小而忘其大，移昔日忧国爱民之心，而为曲学阿私之计。党同伐异，议论起而风俗坏。风俗一坏，变故遽起，宜乎陛下深恨之也。尚赖祖宗之泽未远，廊庙大臣有执政不挠者，出身捍难，作多士之气，以摧折仓卒之变。维持至今，此道不坠。今陛下既已尊任其人矣，宜明谕天下以好恶所在，而又有以振砺之。使其知为曲学之计，不若为国家之计，则凡陛下之所以策臣者，非所患也。

臣伏读《圣策》曰："今朕承中兴之运，任拨乱之责，所赖于有官君子为至切矣。"臣有以见陛下欲得贤才，与之共济中兴之运也。臣闻天下至大，万民至众，独智之所不能察，独力之所不能举。自尧舜三代以至于我祖宗，必取天下之才，任天下之士。今内而台府、寺监，外而职司、郡县，皆陛下取而任之以家人子弟者。百口之家有严君焉，已不自理，惟子弟是信，任百口之责。不以严君之心为心，而其察是谋，亦足以知其不令子弟矣。子弟之不令，父母犹将责之，况夫天下之柄，独无若人何哉！

臣伏读《圣策》曰："顾狃于闻见，小慧相先。"臣有以见陛下欲得真才硕能，而恶夫琐琐之乱政也。臣闻天下无事，庸人扰之。夫所谓庸人者，非果庸常无能之人也。庸常之人举足畏法，而何足以扰天下！古者非庸懦无能之足忧，而小智小惠之可畏。帝尧之广大，而谗说殄行，震惊朕师，有不容者，知其能扰民而乱政也。夫所谓真智大惠者，危论不能摇，邪说不能感，静而为止水明鉴，动而为开物成务。小人不然，窃其近似而矜耀之，自谓不惑于流俗，而不知为蜂虿蛇虫之毒人也。老子曰智慧出而有大伪，谓此等也。孟子之论盆成括见杀，其为人也小有才，未闻君子之大道也。由是观之,小惠既以毒人,又以杀身,为天下亦安用斯人哉！虽然,古之所以必疾乎小人者,以其智辩足以移人主之听而已。指白为黑,谓正为邪,皆此人也。人主惟说其言辩,高其才智,而不议其归,鲜有不为动摇者。今陛下既知其为小人矣,确然不惑,无使得干庙堂之正议,臣将见其术穷矣。

臣伏读《圣策》曰:"谓了官事为痴,谓履忠信为拙,以括囊为至计,以首鼠为圆机。如此则国家何望焉!"臣有以见陛下别白邪正,卓然不惑也。臣尝论之:惟天下之大人,为能立天下之正论;惟天下之小人,为能败天下之正论。非正论之可毁也,事不自己,而疾它人之有成也。盖尝闻之秦穆公,"如有一介臣,断断猗无他技,其心休休焉,其如有容。人之有技,若己有之;人之彦圣,其心好之。"曰是能保我子孙黎民者。至于嫉人之技而不乐,闻人之彦圣而违之,而以之保子孙黎民,则不免于殆焉。呜呼！此千古不易之论也。今请因陛下之问,而极言其故。夫谓"了官事为痴"者,幸人无成之人也;谓"履忠信为拙"者,天资巧诈之人也;"以括囊为至计"者,不恤国事之人也;"以首鼠为圆机"者,左右反复之人也。何谓幸人无成之人？国家设令,有功则有赏,有罪则有刑。天下之贤遭逢大有为之君,趋事赴功,夙夜不怠。彼见其然也,则为朝廷必将有以旌其劳,而天下亦皆谓其为能人。自视缺然,虑其进而我不逮也,则先为不伟之论,曰是痴人也。既以自解,又且幸其人之惑我言,信而自殆,弃其前修,亦与我均耳。故曰:谓了官事为痴者,幸人无成之人也。何谓天资巧诈之人？臣闻水火不并用,熏莸不同器。天下之理,有善有恶,善者天地鬼神知福之,不善者天地鬼神亦知祸之,而况人乎！故夫巧诈之人,以己之所为必有所不快于人也,又况乎忠信之人,以其忠信而形吾巧诈也,则曰是拙人也。既以自快其一时俊放之流,且冀其有以欺世俗也。故曰:谓履忠信为拙者,天资巧诈之人也。何谓不恤国事之人？有二焉:一曰全身之人,二曰无才之人。天下之言,有合有否,合则利,否则害。利害者,人主听群臣之柄也。今夫人言而利害未知也,是以不敢有所言。有人于此入不善之言,触不测之刑,则相指为戒。至于善言受赏者,又从而嫉之,全身者唱之,不才者和之,以自晦于清议,而谓为得策。曷若辞人之禄而使贤者居之也！故曰:以括囊为至计者,不恤国事之人也。何谓左右反复之人？臣闻好富贵而恶贫贱，天下之情一也。夫全身之人，与不才之人，既以括囊不与议论矣。犹有侥幸富贵之人，欲扬声言事则不敢决，欲缄口不言则不足进。于是持不可指之论，以左右人主之心。言合则蒙其福，不合则罹其害，视方正之臣，甘心殊科而无愧。故曰：以首鼠为圆机者，左右反复之人也。今朝廷清明，法令备具，而邪人不利，犹扇为四者之说，宜陛下谓其无望于尔也。臣愿尊其所闻，每进一人，惟其痴，惟其拙；退一人，惟其至计，惟其圆机。则天下之士庶乎稍知向方矣。

臣伏读《圣策》曰："子大夫读先圣之书，通当世之务，其为究复。何洒濯可以格旧俗？何陶冶可以成美化？明著于篇，副朕虚伫。"臣有以见陛下博听群臣之言，欲以君子长者之道待天下也。臣闻人心无常，惟上所化。盘庚迁都，民咨胥怨，上至百官族姓，议及朝廷，若哄然而起。盘庚不诛而明告之，终之天下咸服，商室中兴。今小惠相先，肆为四者之说，而陛下所以询及臣等，谓洒濯革旧习，陶冶成美化。陛下真得盘庚之用心矣！顾臣何说，以处于此！尝读《易》至《咸》曰："咸，感也。天地感而万物化生。"圣人感人心，而天下和平。德之至于感人也实难，德至于感人心，则天下能事毕矣。然受之以常，何也？曰：天下之事，未可遽革者也。革之以骤，其变必速；革之以渐，其持必久。故曰：天地之道常久而不已也。日月得天而能久照，四时变化而能久成。圣人久于其道而天下化成。今陛下推至诚以待天下，所以感其心者至矣。诚于进人之际，惟其痴、拙，不惟深计、圆机者，持之既久，金石可动。况士大夫必有心腹肾肠，何自不洗濯，为上所命，而自弃于浮薄之域哉！傥犹不悛，陛下赫然震怒，治其尤者一人，夫谁敢不服！臣非敢劝陛下用刑也，顾势有所不得已而必致于是耳！

陛下既策之以此，又于其终诏之曰："且以观子大夫入官之志。"臣有以见陛下欲以名节励臣等也。臣闻不能爱身者，不可言忘身；不能忘身者，不可以言事君。自古人臣皆知名节之为美，而不忠不正之可疾也。然一旦持保禄位，丧失本心而不觉者，其患初起于能不爱其身。是故以之耽耽于富贵，而不能以自脱偃然，日以为爱身之至矣。而不知爱身之至者，非富贵利禄之谓，而名节之谓也。人臣知此，然后可以事君父，言忠孝矣。今陛下起草野之臣而爵禄之，大恩至德，夫何以加！况又训戒明切如此，人非木石,孰不忘身以事陛下！此又非独臣而然也。凡陛下之所以策臣者,臣得条陈于前矣。然尚存私忧过计者,虑陛下尊所闻之不坚也。臣请申言之:夫天下之事,未有不可为者也,为之必成,行之必至,不成不至,必有害之而中变者。是以古之明王将有为也,必先观天下之势而逆为之谋。谋之既臧,则又固执之,以要其成,而不牵于众人之多言。陛下今已知群言是非之所在矣,异时或有言今之痴者为真痴,今之拙者为真拙,今之深计者为有德,今之圆机者为有谋,而陛下疑焉。虽圣主在上,群臣辅佐,不敢谓安静之福如今日也。陛下天机洞照,圣略如神,虽万无此理,然不言则无以尽臣之忠。臣不胜拳拳。(《全宋文》卷四七〇三)

七日,上御集英殿,策试武举进士。(《宋会要·选举》一七之二七)

八日,上御幄殿,阅试武举弓马。(《宋会要·选举》一七之二七)

己卯(九日),宰执进呈进士洪毅上书。……洪尝入太学,为内舍生,乃诏免文解一次。(《系年要录》卷一六二)

甲申(十四日),左承事郎、签书平江军节度判官厅公事王佐,左承事郎、签书镇南军节度判官厅公事董德元,并为秘书省正字。自秦熺后,进士第一人甫除官即入馆,至是,始复旧制焉。(《系年要录》卷一六二)

十七日,上御集英殿,试礼部奏名进士。内出制策曰:"朕惟祖宗创守之宏规,举可掩迹三五。然而中遭厄会,变起弗图。盖许国之臣无几,而自为谋者总总也。今朕承中兴之运,任拨乱之责,所赖于有官君子为至切矣。顾狃于闻见,小慧相先,谓了官事为痴,谓履忠信为拙,以括囊为深计,以首鼠为圆机。如此则国家何望焉?子大夫读先圣之书,通当世之务,其为究复。何洒濯可以格旧习?何陶冶可以成美化?明著于篇,副朕虚伫,且以见子大夫入官之志,毋忽。"得正奏名赵逵以下四百四人,第为五等,赐进士及第、出身、同出身。内杜时可为四犯,犯庙讳嫌名,特与下州文学。特奏名昌永以下五百三十一人,赐同进士出身、同学究出身,登

仕郎、将仕郎、上下州文学、诸州助教。(《宋会要·选举》八之七)

中兴以来,得人始盛。(《宋史》卷一五六)

十八日,尚书省言:"拟到武举进士正奏名汤莺以下六人推恩:第一名策入优等,与承节郎;平等五人,并与承信郎。各展一年磨勘。"从之。(《宋会要·选举》一七之二七)

戊子(十八日),特奏名进士昌永等五百三十一人、武举进士汤莺等六人,授官有差。(《系年要录》卷一六二)

进士名录:赵逵,蒋芾,余松,丁三畏,丁长卿,王三锡,王垂,王垂佑,王柟,王致中,王时升,王师尹,王庸,王森,王敦礼,王履初,王献民,毛公圭,毛世显,方天保,方汝强,方焕,方将,甘开,石仲达,石安持,石知退,石知几,田材,史正志,史清,邢炳然,成端亮,吕定,朱安国,朱奕,朱致恭,朱绂,朱玑,任三杰,任续,江秉钧,杜民表,杜时可,巫孝恭,李元礼,李木,李石,李半千,李多闻,李奉政,李宗启,李异,李纶,李毅,李兴绍,李俨,吴三锡,吴化鹏,吴石,吴振,吴渐,吴颋,何伯益,何伯谨,何和,何睿,何端友,何谦之,余经邦,余凤,汪虚中,沈希尹,沈洵,沈尧夫,沈复,沈颖,宋翔,范处仁,范嗣蠡,林一鹗,林之奇,林文勉,林仲熊,林自,林次龄,林宋可,林岊,林枅,林昌朝,林育,林思诚,林羔,林桷,林虞仲,林麟,卓津,季颖,周必大,周因,周炎,周彦耀,周淳中,周鼎,周蒙,周稷,周德祐,周颖士,胡搏,胡嗣立,胡震,查籥,侯叙,施一灵,施知彰,姚仲钦,马千里,马待问,秦尹,袁昺,庄震,徐大亨,徐大受,徐梓,徐诩,徐端卿,奚国翰,郭知运,郭祚,唐友闻,唐孝友,唐准,涂四友,涂端卿,陆楠,陈士表,陈士英,陈王业,陈元圭,陈文彦,陈廷杰,陈行先,陈安卿,陈武子,陈居仁,陈昭,陈俞,陈泰定,陈庄,陈特立,陈从古,陈庸,陈焕,陈景肃,陈梦良,陈损,陈经武,陈嘉善,陈宾,陈纲,陈奭,陈骈,陈镐,陈岩,孙大中,孙处厚,孙叔杰,黄子谅,黄元逊,黄巨澄,黄石,黄汝舟,黄兑,黄振,黄时伸,黄刍,黄衮,黄朝卿,黄奥,黄解,符祖文,符愈,许世将,许佐车,章伦,章焕,张大允,张元龙，张允恭，张廷筠，张孝立，张俊民，张处厚，张轵，张栖筠，张逊，张震，张德庄，张翾，张权，彭彦邦，彭龟年，叶仲翱，叶叔侨，叶群，万叙，万舜臣，葛元隲，董时伸，揭秀实，揭商霖，程大昌，程文辉，程舟，程宏远，程闻一，程鹗，傅钦臣，童宗说，曾孝颖，曾景奎，冯大声，冯仲夷，冯赏，汤彦升，汤烈，汤衡，游凒，费义，蒲世南，杨邦翰，杨纯臣，杨棫，杨嘉绩，杨齐雄，杨愿，雷丰，虞屿，詹彦通，詹仪之，赵不槁，赵公迥，赵公硕，赵公说，赵伯聪，赵昌，赵侃之，赵彦信，赵彦深，赵彦博，赵彦傒，赵师久，赵伟之，赵偁之，赵雄飞，赵济，赵鉴，綦毋常，綦毋宁，綦清卿，蒋行简，蒋雍，蒋亿，蔡瑀，蔡蜚英，蔡悬，蔡骥，臧桶，裴定，闻人大雅，廖邦宁，廖挺，郑大一，郑如，郑作求，郑伯海，郑闻，熊克(误)，邓郊，鲁璭，刘大辨，刘令猷，刘向，刘合孙，刘夙，刘孝恭，刘孝恭，刘昂，刘采，刘享(误)，刘信，刘洵直，刘师尹，刘葵，诸观，潘慈明，萧竑，萧德藻，卢炎，卢炎，卢珉，卢宽，卢熊，钱俣，钱万中，鲍安国，龙泳，戴友正，魏介卿，魏敦仁，魏谐，谢邦直，应颐，颜发，严褒，谭颖敷，庐屿。

特奏名进士：昌永，王大猷，王文柔，王白，王冲，王垂裕，方琥，吕翼，杜鼎，李如璋，李泽，吴楫，余深，林光亨，林汝弼，林奎文，林持道，林会，柯端，庄竑，徐多文，徐嘉谋，徐奭，郭宏，郭义重，陈久，陈木渐，陈邦光，陈尚文，陈尚忠，陈俊义，陈晞愈，陈从道，陈将，陈杰，陈煜，陈维嘉，陈谐，黄元，黄介，黄允升，黄仲臣，黄彤，黄知远，黄特，黄龟，黄浚，许可久，张伦，程铎，冯舒，杨大猷，赵拱，蔡中行，郑若虚，郑彝宪，刘知过，卢廷言，戴廷珪，韩彦，苏廷彦。(《宋登科记考》卷九)

补进士名录：其一，黄安国。《全宋诗》卷一九八五李石《送黄安国同年》。

其二，李鼎。《全宋文》卷四五七〇李石《李隐君墓志铭》："君于余为诸父行，君之犹子鼎为同年进士。"

其三，庄伯威。《全宋文》卷五一五七周必大《泛舟游山录一》："辛未，谒同年庄伯威知录。"

其四，陈朝举。《全宋文》卷五一五八周必大《泛舟游山录二》："乙亥，新青阳主簿陈朝立纪相访。其兄朝举，同年也。"

其五，赵不怯。《全宋文》卷五一五八周必大《泛舟游山录二》："丙子，晴。漕司主管文字赵承议不怯，同年也。"

其六，赵不病。《全宋文》卷五一五八周必大《泛舟游山录二》："壬午，尉赵修职不疚相访，同年不病之弟也。"

其七，赵彦萃。《全宋文》卷五一六〇周必大《奏事录》："同年丁忧赵司法彦萃并相候。"

其八，皇甫自闻。《全宋文》卷五一六一周必大《南归录》："左奉议郎浙西检法皇甫自闻、左奉议郎监分差镇江粮料院陆楠……皇甫暨陆皆同年也。"

其九，黄山立。《全宋文》卷六七九五程珌《黄君茂龄墓志铭》："彬生山立，辛未进士。"

辨正：其一，熊克，绍兴二十七年进士。《宋登科记考》卷九据《南宋馆阁续录》卷八将其系于绍兴二十一年进士名录，误。《南宋馆阁续录》卷八："熊克，字子复，高安人，绍兴二十七年王十朋榜进士出身。"

其二，刘亨。乃"刘焞"之误。《南宋馆阁续录》卷七："刘焞，字文潜，成都人，赵逵榜进士及第，治《春秋》。"又，《全宋文》卷五一六〇周必大《乾道庚寅奏事录》："庚辰，同年刘文潜焞著作相过。"

诸暨举子孙大中，政和中在上庠，升补颇高。一夕，忽梦有人谓曰："俟再兴太学，子始及第。"既觉，殊不可晓。连蹇甚久，靖康之乱，成均遂废。至绍兴壬戌，再兴贤关，大中复补试入籍，登第云。(《投辖录》)

卢熊，邵武人，校书郎奎之子。绍兴二十一年，赴试南宫。母樊氏，梦数人舁棺木至中堂，曰："此夫人母也。"号泣而寤。以告奎曰："人言梦棺得官。若三郎者熊行第三，恐有登科之兆。如君者，或有迁官之喜。今乃吾亡母，此何祥也？"奎未能遽晓。质明，出视事，既归，有喜色，遥呼其室曰："吾为尔释昨梦矣。尔母何姓？"樊氏矍然悟，盖其母乃熊氏也。于是知熊必擢第，已而果然。(《夷坚志》甲卷一三)

绍兴二十一年,秀州当湖人鲁璪赴省试。第一场出,忆赋中第七韵忘押官韵,顾无术可取。次日,彷徨于案间,惘然如失。皂衣吏问知其故,言曰:“我能为君盗此卷。然吾家甚贫,当有以报我。”丁宁至三四,璪许谢钱二百千,乃去。犹疑其不然。未几,果取至,即涂乙以付之。询其姓氏,曰:“某为蔡十九郎,居于暗门里某巷第几家。差在贡院,未能出。”且以批字倩璪达其家。璪试罢,持所许钱及书访其家。妻见之,泣曰:“吾夫亡于院中,今两举矣,尚能念家贫邪?”是年,璪登第,复厚恤之,仍携其子以为奴。(《夷坚志》丙卷七)

王垂仲共,南城人,绍兴乙丑赴省试。闻术士史言方有声,往谒之。史问知乡里,曰:“旦者,仙郡李鼎、周楠、余去病、石仲堪四先辈来问命,言独不取石君,余皆当高过。”又询所业经,曰:“习《易》。”史曰:“适南剑邓晞先辈亦云治《易》,此人今年当擢第。”语罢,始推王五行,曰:“毋讳吾说。君非但今兹不利,后举亦不得乡荐,岁在庚午当再举,辛未必成就也。”王不乐而退。已而,六人得失皆验,所谈王后来事,的的不差。既廷对,又与同年乡人江秉钧往谒,史已不忆前事。独云:“二君复何问,岂非欲知高下耶?然科级皆不高,王君尚可居黄甲。更有一说,江君生乙巳,带格角杀,必过房义养者。”二人相顾叹异。盖江本甘氏子,来为江翁后云。暨唱名,王第四甲,江末等。史生之精妙如此。(《夷坚志》丁卷一九)

宜黄涂四友,字文伯,幼丧母,其父光不再娶,与四友及长子四岳皆清居陋巷茅檐,萧然自足。绍兴庚午之春,四友昼寝,梦妇人姿容靓丽,引右手示之,乃金字题诗两句,曰:“秋举君须中,危科子必登。”又引左手示之,亦金书六字曰:“文伯之妻杜氏。”既寤,以白父兄。是岁,秋闱榜出,果中选。郡人杜学谕遣媒妁来议,欲妻以女,资装殊不丰。悟梦告先兆,即就其约。遂登辛未科,仕至柳州守,与杜氏偕老焉。(《夷坚支志》乙卷二)

绍兴辛未春,庐陵郡贡士对策集英者四人。(《全宋文》卷五一七四周必大《刘君令猷墓志铭》)

蒋芾《谢及第启》:紫宸射策,上尘乙夜之观;黄甲升华,中介三人之列。方流辈耸瞻于举首,而姓名忽次于胪传。人为之惊,己得不愧?伏以国家接千岁之统,文章同三代之风。凡公卿大夫之多,皆庠序科举中出。经纶事业,在当时固已发挥;耆旧老成,至斯世赖其康济。得人之盛,振古所无。洪惟上圣之兴,允继右文之治。自顷夕烽之未息,犹讲艺于投戈;迨今外户之不扃,益崇儒而重道。礼闱大辟,士论交欣。纷然蹑屩以担簦,举愿策名而委质。其进也争于售玉,而选焉吝于汰金。附凤翼而攀龙鳞,孰无是志;拔犀角而擢象齿,竞欲相先。然微如爝火者,或惊见日月之光;且来从下国者,或未知朝廷之体。则取青紫未易于拾地芥,而收科第安能如摘颔髭?矧惟龙腹之荣,宜得鳌头之俊。岂伊蒙陋,获与选抡!如某者,赋性迂疏,受才谫薄。幼荷鲤庭之训,粗工虫篆之能。三纸无驴,自知寡要;一斑窥豹,难语通方。猥以世恩,许联士籍。两玷外台之鹗荐,每至南宫而鹢飞。乏万选万中之才,怀再进再屈之耻。技止此耳,望几绝于清流;行或使之,前遂忘于大敌。嗟困兽之犹斗,俄死灰之复然。然孟明三举以焚舟,仅成霸业;卞和两献而刖足,幸遇良工。勉造明庭,钦奉大对。趋玉陛方寸之地,瞻天颜咫尺之威。恭传上问之渊源,均见中兴之枢要。辄引经谊,仰冒宸聪。惟《易》一书,历世三古。识非辅嗣,谁知初上始终之爻;才谢退之,乌睹洁净精微之义?逡巡短晷,细绎成文。何草茅之微言,误冕旒之亲览。惟惧汗颜而血指,敢言志目而中眉。初无黄绢之词,复得青毡之旧。收故物于三十年之后,窃异等于几千人之中。百数何补于时,曹参宜次于萧相;二者皆出其下,吴起敢先于田文。冒宠已多,归恩有自。兹盖伏遇某官,禀天间气,为世大贤。蓄文武之全才,蕴经纶之妙略。忠嘉许国,已深当宁之知;典策酬庸,伫慰具瞻之望。梯航吾道,羽翼斯文。包荒得尚于中行,采葑无以其下体。致兹庸贱,亦预甄升。断木何知,误被青黄之饰;镆铘自跃,实系陶冶之功。某敢不益励操修,恪遵检押!鹏抟鲲化,尚庶几九万之程;狗盗鸡鸣,期不愧三千之客。过此以往,未知所裁。(《全宋文》卷四六七〇)

赵逵《谢状元及第表》:君门九重,入奉临轩之问;愚者千虑,误叨绝等之恩。非臣疏愚,所克负荷。中谢。伏念臣才质迂下,学问空虚。骤起草莱,不识朝廷之忌讳;轻献狂瞽,盖本忠义之激昂。敢期一日之间,辱在多士之首!此盖伏遇皇帝陛下,文武天纵,辉光日新。方恢中兴之功,不求匹夫之备。谓臣言语之至拙,察臣志趣之非邪。特畀殊科,以主正论。臣敢不洗濯素志,益励前修!恩重丘山,敢自荣而侥幸;身轻丝发,宁有惮于糜捐!(《全宋文》卷四七〇三)

周麟之《回状元启》:伏审亲承圣问,卓冠儒科。方明主表章六经,详延天下之士。以匹夫动寤万乘,灼见仁人之言。胪唱传呼,俊躔竦慕。伏惟状元先辈,器博用远,学成行尊。以海涵地负之才,兼玉洁日光之操。穷年待问,手不停百家之编;盛旦决科,笔独扫千人之阵。当明圣修润色之业,谓《春秋》为揽权之书。诵语于庭,岂止论天人之际;正辞以对,诚能明礼义之宗。默契上心,擢居前列。在时论以为龙虎榜,不愧盛名;如道家所谓蓬莱山,固宜平步。某滥司史笔,叨赞文衡。仰睿鉴之天临,眩英辞之绮合。鳣堂纠教,素知国士之无双;桂殿呈书,复见仙宗之第一。

周麟之《回第二人启》:伏审奉对枫宸,策名鼎甲。危言不顾,遂痛革于秦拘;大器难量,讵耻居于王后。直臣增气,公道有光。伏惟某官,六馆旧人,四川名士。多文是富,岂惟食鸡跖之数千;广业不荒,固已吞云梦者八九。以三冬积学之彦,为万里观光之行。奋扬孤忠,入奉大对。尽言无隐,当宁为之改容;下笔有神,旁观莫不缩手。遂以朝阳之凤,亚于前列之龟。行展高程,立登要路。某叨司载笔,备数程书。白袍纷纷,坐阅人材之盛;一士谔谔,独知王室之昌。(以上均见《全宋文》卷四八二一)

十　月

丁卯朔(一日),司勋员外郎、权国子司业孙仲鳌面对,论:"近制士人愿入上庠,州县次第勘验,于贡举无违碍,及非殿举屏斥之人,给据赴补,真良法也。今就试之士,未必皆由本贯,往往随其所寓,托称游学;甚者,诡名冒贯,设巧求据。兹弊不革,士将轻桑梓而弗顾,弁行检而弗修。欲望且停将来上庠补试,略仿舍法,诏天下严郡庠之补,月书季考,精察其行艺。或一岁,或间岁,遴选一二尤异者,升之上庠,充弟子员。其道远、贫

不能行者，官给路费，如贡士续食。”事下礼部看详，后不行。(《系年要录》卷一六二)

是　年

赐赵逵以下《大学》。(《宋会要·选举》二之一八)

诏：“礼部贡举案许于省试前一年六月一日添差手分五人、贴司三人，通本案人吏行遣。其当行职级二人，并本案及添差到手分、贴司各八人，于见请外每人每日各添破别给钱二百文，内贴司减半，不理为次数。于本曹四司职级、手分、贴司内选差，并罢身分文字，以次人承权。及自六月一日，许添支夹表连纸各一千张，于国子监息钱内收买应副。内别给钱系自十月一日起支，并至唱名了日住罢。”(《宋会要·职官》一三之六)

绍兴二十二年　壬申(1152)

二　月

丁丑(十二日),上谓大臣曰:“近有士人投献诗赋之类,其间文理可采者,可取旨与免文解。”(《系年要录》卷一六三)

七　月

辛酉(二十九日),司勋员外郎兼权国子司业孙仲鳌言:“今日习《礼》之士,比之他经,十无一二。以前举言之,天下荐名于礼部者,凡二千七百五十余人。而习《礼记》止四十人,习《周礼》止五十人,可谓鲜矣。窃恐《礼》学浸以无传,此亦扶持斯文者所当深虑也。望令州郡,有能明习二《礼》者,优加延请,使主讲说,以为学校劝率。及令将来科举考校并省试官,究心诱进,毋以所习者少,或遂废之。则经学幸甚!”诏礼部措置。(《系年要录》卷一六三)

绍兴二十三年　癸酉(1153)

三　月

癸卯(十四日)，平海军承宣使、知南外宗正事士琣言："宗子善轸在学实及二年，文艺卓然，众所推誉，乞免文解一次。"上曰："近日宗子多读书，殊可喜也。"(《系年要录》卷一六四)

五　月

一日，诏曰："昔汉命公卿，荐延特起之士；唐设科目，待遇非常之才。言备究于天人，道或侔于伊吕。暨皇朝之稽古，建制举以兴贤，萃人物于一时，轶治功于二代。朕绍休谟烈，注意方闻，颁诏札以屡求，阅公车而未集。兹当大比，申饬迩臣。举尔所知，择四方之豪隽；辅朕不逮，应三道之咨询。庶敷纳于谠言，以章明于洪业。其承敦谕，来副虚怀。"(《宋会要·选举》一一之二五、二六)

乙卯(二十七日)，立淮南诸州举人解额。(《宋史》卷三一)

六　月

(癸未，二十五日)秘书省校书郎董德元面对，言："明年省试，太学士人承教已久，入仕必众，须用补试，以收后来之俊彦。欲乞诸州补试人各限其数，上郡不得过二十人，中郡十五人，下郡十人，临安府倍上郡之数，流寓各在寄居郡数之内。每以省试年夏季为率，许士人诣本州投状，令佐保明，委教授帘试赋一首，或经义二道。取文理优者，申州给据，赴太学补试。若当年省试下愿就补者，听，不在此数。不许非时投状乞试。如此，则人知天子之学不可造次，而入凡预补者无不自爱。臣又闻：既补入学，而听读日少,在告日多。长假与特给假固有法矣。今则特给展至三年,而不禁在学与在假,固有法矣。今则三年在假而取解,与在学者等。如此恐不足以为惩劝。欲望委国子监,自今秋科举以后,检举学令施行。则人皆勉励,无复轻去上庠矣。"诏:"礼部看详申省。"(《系年要录》卷一六四)

八　月

以监察御史胡襄充国子监发解监试官,吏部郎中沈虚中、秘书省校书郎董德元、秘书省校书郎王佐充考试官,诸王宫大小学教授王义朝、司农寺丞钟世明、诸王宫大小学教授王纶、大理寺正谢邦彦、左承议郎王之望、宋似孙充点检试卷官;太府寺丞史祺孙充小院考试官,国子监主簿郑仲熊、左文林郎鲍彪充点检试卷官。(《宋会要·选举》二〇之一〇、一一)

诸路发解举人,而右文殿修撰秦埙当就两浙转运司取应。桧亲党或谓平江府观察推官萧燧曰:"秋试必主文。"燧诘其故,曰:"丞相有孙就举,漕台将以属君。"燧谢曰:"燧初仕,敢欺心耶!"漕檄下,乃秀州也。至则溢员,就院易一张教授者去,埙果前列。(《系年要录》卷一六五)

舍法之后,诸州解额多未复其旧。庐陵解六十八名,至绍兴癸酉,其数亦未足。时郑少卿作肃为守,既拆号、书榜毕,谓考官曰:"解额未尽复,诸公尚有试卷可取者否?"曰:"有。"遂令再取一名,以足其数。诸试官因将所留卷择之,添取一名,乃刘廷隽。廷隽遂擢第。(《独醒杂志》卷一〇)

是　秋

陆游《陈阜卿先生为两浙转运司考试官,时秦丞相孙以右文殿修撰来就试,直欲首选。阜卿得予文卷,擢置第一,秦氏大怒。予明年既显黜,先生亦几蹈危机,偶秦公薨,遂已。予晚岁料理故书,得先生手帖,追感平昔,作长句以识其事,不知衰涕之集也》:冀北当年浩莫分,斯人一顾每空群。国家科第与风汉,天下英雄惟使君。后进何人知大老,横流无地寄斯文。自怜衰钝辜真赏,犹窃虚名海内闻。(《剑南诗稿校注》卷四〇)

范成大《南徐道中以下赴金陵漕试作》：生憎行路与心违，又逐孤帆擘浪飞。吴岫涌云穿望眼，楚江浮月冷征衣。长歌悲似垂垂泪，短梦纷如草草归。若有一廛供闭户，肯将篾舫换柴扉！（《范石湖集》卷一）

杨万里《考试湖南漕司南归值雨》：我亦知吾生有涯，长将病骨抵风沙。天寒短日仍为客，酒暖长亭未是家。又苦征夫催去去，更甘飞雨故斜斜。旧闻行路令人老，便恐霜毛一半加。（《杨万里诗文集》卷一）

陆游《谢解启》：倦游场屋，分已归耕；首置贤书，出于过听。得非其分，荣不盖惭。伏念某行已迂疏，禀资穷薄。生逢圣代，岂愿老于渔樵；性嗜古文，了不通于世俗。因息四方之志，专为一鳌之谋。比游都城，适睹明诏，复踊跃而自献，信习气之难除。内负初心，外惭旧友。然而废放已久，尽忘科举之章程；得失既轻，颇有山林之气象。譬之进昌歜于玉食，陈侏儒于燕朝，方以怪而见珍，故虽朴而不废。恭惟某官，行为世表，经为人师。早学长安，识子云之奇字；晚游吴会，得中郎之异书。心术正而无邪，文章简而有法。愤雕虫之积弊，疑草野之可收，遂致庸虚，辄先豪俊。自知不称，敢辞同进之争名；所惧流言，窃谓主司之好异。其为愧悚，实倍寻常。（《渭南文集》卷六）

刘子翚《送彭奭应礼部试》：君家诗礼冠南区，文阵堂堂尽壮夫。汉杰姓名归大族，周官事业属吾儒。争题玉字传金榜，悉奋朱鸾与凤雏。月桂香传南北巷，千言长策耀天衢。（《全宋诗》卷一九二二）

朱熹《补试榜谕》：盖闻君子之学以诚其身，非直为观听之美而已。古之君子以是行之其身，而推之以教其子弟，莫不由此。此其风俗所以淳厚而德业所以崇高也。近世之俗不然，自父兄所以教其子弟，固已使之假手程文以欺罔有司矣。新学小生自为儿童时，习见其父兄之诲如此，因恬不以为愧，而安受其空虚无实之名。内以傲其父兄，外以骄其闾里。终身不知自力，以至卒就小人之归者，未必不由此也。故今劝谕县之父兄有爱其子弟之心者，其为求明师良友，使之究义理之指归，而习为孝弟驯谨之行，以诚其身而已。禄爵之不至,名誉之不闻,非所忧也,何必汲汲使之俯心下首,务欲因人成事,以幸一朝之得,而贻终身之羞哉!今兹试补县学弟子员,属熹典领,故兹劝谕,各宜知悉。(《全宋文》卷五六四八)

十　月

周必大《绍兴三年十月丙辰,长沙郡贡士三十人于公堂,太守周某赋诗一篇,代鹿鸣之歌》:风雅因遗楚,离骚遂变湘。江山清得助,日月烂争光。之子俱勍敌,斯文合擅场。三元犹未远,准拟再名坊。(《全宋诗》卷二三二六。按:绍兴三年十月壬午朔,无丙辰日。又,是年亦无贡士。绍兴二十三贡士,明年礼部试。周必大则于绍兴二十一年登第,故此诗当作于登第后。疑此诗题目缺字"二十"。)

十一月

甲午(九日),右正言郑仲熊言:"工部员外郎杨迥、监察御史胡襄,心向胡寅之门,有识之士为之切齿。……襄比当秋闱监试,题目众已议定,襄乃中夜自易之意,私其党。初,赵鼎立专门之后,有司附会,专务徇私,不论才与不才。有是说,必置之高等。士子扼腕二十年于兹。今襄又为之倡,欲使人人尽归于赵鼎、胡寅之门而后已。"(《系年要录》卷一六五)

是　年

方回《读〈宏词总类〉跋》:绍兴二十三年癸酉,钓台陆时雍守建昌军,刊《宏词总类》,以秦桧之文冠其首,作序谀之。"日下有五色云表",以君喻日,以臣喻云,固可喜。谓桧意在"捧重轮而瑞圣朝",则巧于佞者矣。《擒颉利露布》大窘束,惟"明明庙谟,请付史官之直笔;矫矫王造,应有儒生之雅歌"一联佳。谓其志在攘夷以静中国,则和戎误国,未尝有擒颉利之心。虽佞,殊不切题。《汴都志序》、《楚汉龙渊铭》,俱平平。是科也,绍圣三年,以经术取士,罢词赋,故立科曰宏词,四题分作两场。大观七年,更名曰词学兼茂科。南渡后绍兴二年,以工部侍郎李擢奏,乞取绍圣宏词、大观词学兼茂科,更加裁订立科。左司王冈等乞以博学宏词科为名,六题分为三场。桧乃宣和五年以密州教授中词学兼茂科也。近世废之为是。又以士不习偶俪，杀其恩数以试，俗呼为“小词科”。自绍圣创学，以至靖康之乱，凡有司之命题与试者之作文，无非力诋元祐，以媚时相。四六于是愈工，而祖宗时文章正气扫地，天下文人才士心术蛊坏，知猎一时之荣，而不恤万世之有公议。痛哉！(《全元文》卷二一五)

绍兴二十四年　甲戌(1154)

正　月

九日，以御史中丞魏师逊知贡举，权礼部侍郎汤思退、右正言郑仲熊同知贡举，合格奏名进士秦埙以下二百六人。(《宋会要·选举》一之一六)

吏部郎中沈虚中、秘书省著作郎丁娄明、秘书省校书郎董德元、太学博士王义朝、宗正寺主簿张士襄、诸王宫大小学教授刘珙、左朝请大夫孙荩、左朝请郎陈孝则、左宣教郎张扶并充参详官，左承议郎林迈、临安府府学教授王复、左奉议郎元益、左宣教郎石迈、余翔、巩湘、左儒林郎黄士龙、左从事郎李绮、左从政郎周之翰、商言诗、戴觉、左迪功郎王常、袁观、曹明之、何泳、周直清、王执中、张之冈、包府并差充点检试卷官；左朝请大夫木榲充别试所考试官，左朝奉郎范津、左宣教郎鲁察、两浙西路安抚司准备差使张允恭、临安府盐官县主簿周因并充点检试卷官。(《宋会要·选举》二〇之一一)

绍兴二十四年春，直学士院汤公思退以礼部侍郎同知贡举。时百官多阙，大抵一人兼数职，凡进士出身皆入试闱，独留监察御史王公纶，盖备拆号也。(《玉堂杂记》卷中)

绍兴甲戌，省试别院以中和节为诗题。举人上请，主司答云："元宵已过，寒食未来，盖谓此二月节也。"(《独醒杂志》卷二)

二十日，诏："今后国子监、临安府、两浙转运司与诸路州军并转运司，依条并以八月五日锁院，十五日引试。"(《宋会要·选举》一六之九)

旧诸州皆以八月选日试举人,有趁数州取解者。二十四年,始定试期并用中秋日。四川则用季春,而仲秋类省。(《宋史》卷一五六)

二　月

十二日,礼部贡院言:“试博学宏词科左从事郎、平江府录事参军莫济,左迪功郎、监潭州南岳庙王端朝题曰《端明殿学士知洪州军州事江南西路安抚使授保宁军节度使知福州军州事福建路安抚使加食邑实封制》、《汉灵台十二门诗序》、《代守臣贺庆云瑞粟野蚕成茧表》、《汉宝鼎神策颂》、《咸平龙图阁五经图记》、《汉芝草铭》,并考入下等,各减二年磨勘,与堂除差遣一次。”(《宋会要·选举》一二之一三、一四)

辛丑(十八日),诏:“直秘阁、主管佑神观杨倓、杨偰特令赴正奏名廷试。”(《系年要录》卷一六六)

二十四日,诏:“今后请到解或理年举依条免解举人,合该赴省试。内有不及之人,与比附定例,免经所属陈乞召保,理为到省一举得解举人。若后举还试下,与理作今举年分试下举数。如不愿还试,亦理为到省试下一举。”以肇庆府进士王朋赴试不及,乞接续引试,事下礼部看详,故有是命。(《宋会要·选举》一六之九)

(陈骙)是年与科举,省试第一,时秦桧当国,以秦埙居其上。(《南宋馆阁录续录·附录五》)

(陆游)锁厅荐送第一,秦桧孙埙适居其次,桧怒,至罪主司。明年,试礼部,主司复置游前列,桧显黜之,由是为所疾。(《宋史》卷三九五)

三　月

八日,上御集英殿,试礼部奏名进士。内出制策曰:“朕承列圣之休,偶中否之运,遘大投艰,罔知攸济。赖天悔祸,中外宁一。及闲暇之时,延见儒生,博询当务,子大夫裒然咸造,其精思经术,详究史传,具陈师友之渊源。志念所欣慕,行何修而无伪?心何治而克诚?不徒观子大夫之立志，抑国家收取士之实效，夫岂小补？其详著于篇，靡有所隐。”得正奏名张孝祥以下三百五十六人，第为五等，赐进士及第、出身、同出身。特奏名吕克成以下四百三十四人，赐同进士出身、同学究出身，登仕郎、将仕郎、上下州文学、诸州助教。(《宋会要·选举》八之七、八)

辛酉(八日)，上御射殿，策试正奏名进士。先是，秦桧奏以御史中丞魏师逊、权礼部侍郎兼直学士院汤思退、右正言郑仲熊同知贡举，吏部郎中权太常少卿沈虚中、监察御史董德元、张士襄等为参详官。师逊等议以敷文阁待制秦埙为榜首，德元从誊录所取号而得之，喜曰：“吾曹可以富贵矣。”遂定为第一。榜未揭，虚中遣吏逾墙而白秦熺。及廷试，桧奏以士襄为初考官，仲熊复考，思退编排，而师逊详定。虚中又密奏：乞许有官人为第一。至是策问诸生：“以师友之渊源，志念所欣慕，行何修而无伪？心何治而克诚？”埙对策曰：“自三代而下，俗儒皆以人为胜天理，而专门为甚。言正心而心未尝正，言诚意而意未尝诚，言治国平天下而于天下国家曾不经意。顽顿亡节，实繁有徒，虑亡不怀，谄而嗜利自营者。此而不黜，顾欲士行之无伪，譬犹立曲木而求直影也。”举人张孝祥策曰：“往者数厄阳九，国步艰棘。陛下宵衣旰食，思欲底定。上天佑之，畀以一德元老，志同气合，不动声色。致兹升平，四方协和，百度具举。虽尧舜三代，无以过之矣！”又曰：“今朝廷之上，盖有大风动地不移存赵之心，白刃在前独奋安刘之略，忠义凛凛，易危为安者，固已论道经邦，燮和天下矣。臣辈委质事君，愿视此为标准，志念所欣慕者此也。”曹冠策曰：“自伊川唱为专门之学，蔽于一曲，不该不遍，述正道而称邪侈，好夸大而无实用。盖其初有得于释氏，潜窃其说，入室操戈而伐之。习其学者尤为迂诞，为师者不传旨要，而使之默会；为友者不务责善，而更相比周，适足以戕贼善端而已。故凡为伊川之学者，皆德之贼也。”又曰：“自西学盛行，士多浮伪。陛下排斥异端，道术亦有所统一矣。至此而或有弗悛，则嵬琐之徒，尧舜所不能化者也！岂容逭于两观之诛乎？臣愿陛下至诚乐与，勿贰勿疑，惟和惟一，时则勿有间之，则于万斯年受天之佑，异端何自而芽蘖哉？”于是，师逊等定埙为首，孝祥次之，冠又次之。上读埙策，觉其所用皆桧、熺语，遂进孝祥为第一，而埙为第三。赐孝祥以下三百五十六人及第至同出身。时桧之亲党周夤唱名第四，仲熊兄子右迪功郎时中第五，秦棣子右承务郎焞、杨存中子右承事郎倓并在甲乙科。而仲熊之兄孙缜、赵密之子成忠郎雍、秦梓之子右承事郎熁、德元之子克正、曹泳之兄子纬、桧之姻党登仕郎沈兴杰皆中第，天下为之切齿。(《系年要录》卷一六六)

八日，上御集英殿，策试武举进士。(《宋会要·选举》一七之二七)

九日，上御幄殿，阅试武举弓马。(《宋会要·选举》一七之二七)

二十二日，尚书省言："拟到武举进士正奏名郑矼以下一十六人：策入优等四人，第一人保义郎，第二至第四人与承节郎；平等一十人，内八人与承信郎，张彦述、岳建寿各转一官；特奏名二人，第一人与进义校尉，第二人杂犯，与下班祇应。各展减磨勘年有差。"从之。(《宋会要·选举》一七之二七)

乙亥(二十二日)，赐礼部进士张孝祥以下三百五十六人及第、出身。(《宋史》卷三一)

丙子(二十三日)，特奏名进士吕克成以下四百三十四人、武举进士郑矼等十六人、特奏名二人，授官有差。(《系年要录》卷一六六)

进士名录：张孝祥，曹冠，秦埙，丁康臣，王少恺，王公衮，王邦彰，王回，王汝弼，王宋瑞，王柄，王洪，王师古，王淑孙，王将，王万章，王楫，王箴，王机，王瀹，方雄，左璠，石邦彦，丘畤，吕珣，朱孝闻，朱时敏，朱纹，朱鼎，江灏，杜申，李允升，李玢，李长庚，李昂，李知己，李昱，李珪，李恕，李阳焕，李濬，贝钦世，吴大吉，吴珯，吴浚，吴渊，吴燠，何士良，何异，何齐，余仲忱，余舜宾，余宁，汪安行，汪宏中，汪南一，汪械，汪远猷，沈必豫，沈兴杰，沈杞，沈宗契，宋傅，范成大，范处义，范崧，范端臣，茅宠，林文潜，林同，林次崇，林桴，林纶，林德彦，林观，季棠，周仲昌，周鼎，周硕，周夤，周镐，胡珪，胡当可，柯宋英，侯登，哀彬，哀蕴元，施元之，施升，施德，姜淑，洪元芳,洪闵,祝文明,祝华,祝褱,姚述尧,马大同,秦熇,秦焞,袁损之,莫源,庄行成,庄鸿举,倪允,徐文远,徐仲悦,徐安世,徐浚,徐彭年,徐朝鼎,徐梦莘,徐嘉言,徐锐,高翥,郭文,郭重,郭彖,郭敦熙,唐仲友,唐仲温,唐铎,涂光大,陈太鼎,陈用中,陈孚先,陈良祐,陈彧,陈禹锡,陈晋卿,陈刚中,陈萃,陈崧卿,陈闳,陈资深,陈摹,陈骙,陈巘,陈驥,孙楙,黄中立,黄世昌,黄永存,黄光宗,黄良辅,黄茂材,黄居信,黄苌,黄开,黄闶,黄钧,黄槐,黄阁,黄维则,黄敷忠,黄谦,黄钟,曹纬(误),曹兴宗,区志平,许可久,许叔达,许知新,章木,章沐,章洽,梁安世,张文昌,张坚,张敦义,张嘉谋,张潜,张鹗,项琯,项寿,彭奭,叶昌嗣,叶革,叶翥,万庚,万钟,葛郯,葛掞,董克正,辜宗尧,惠迪,惠哲,单偁,程佐,傅牧,舒显祖,邹解,曾光,冯稷,汤修年,杨公长,杨思济,杨倓,杨万里,杨善,杨曾,杨椿年,杨与,杨辅世,杨兴宗,甄龙友,虞允文,虞时中,赵大猷,赵不同,赵不迁,赵不黯,赵仍,赵公彬,赵公豫,赵伯溥,赵荆,赵思,赵彦丞,赵彦亮,赵彦泽,赵师训,赵善渊,赵善礼,赵载,赵粹中,赵雍,蒋继周,蔡林,管澥,廖珪,郑大年,郑木,郑茂,郑卓,郑南,郑俅,郑时中,郑逸民,郑缜,邓布,邓祖善,樊璇,欧阳椿,卫稷,鲁文谧,刘之衡,刘廷俊,刘苡,刘敦,刘靖之,刘溥,刘璠,刘体,潘必强,潘琛,潘宪叔,乐备,萧倬,赖遂良,霍驥孙,卢彦德,卢逮,钱良臣,鲍文,戴达先,魏吉甫,韩致尧,钟洽,谢垣,窦思永,顾琯。

特奏名进士:吕克成,王琥,王扬庭,王钦若,王咏,方昌朝,方庭秀,石侁,丘似我,吕旃,李葵,吴良干,余袭庆,汪逮,林公嗣,林廷俊,林伸,林樟,林赓,周逢,胡元忠,施献功,施权,连锐,陈九思,陈全美,陈孝昌,陈卓,陈迥,陈和中,陈策,陈登,陈侗,陈纬,陈颖,黄允功,黄邦直,黄禀,梁作心,梁端宇,张发,彭公立,叶宏中,宁宗谔,杨景申,赵虞仲,郑士说,郑秀颖,郑郊,刘大韶,刘珪,萧宗说,卢师孟,魏文通,谢成章,谢湜,应权,缪次回,谭德臣。(《宋登科记考》卷九)

补进士名录:其一,李深之。《范石湖集》卷六《李深之西尉同年谈吴兴风物再用古城韵》。

其二,赵正之。《范石湖集》卷九《次韵赵正之同年客中》。

其三,郭见义。《宋登科记考·附录》:"郭见义,字季奭,河南府人。

南宋登进士第。"《全宋文》卷四九六一郭见义小传:"郭见义,字季勇,洛阳人,逵后。以进士登科。"《范石湖集》卷一四《送郭季勇同年归衡山》。数条记载,名同,字有一字之异,待考。

其四,何正仲。《范石湖集》卷一八《青城县何子方使君同年园池》;《吴船录》卷上:"发青城县,同年雅州守何正仲子方来见。"

其五,王亢。《吴船录》卷上:"嘉守王亢子苍留看月榭。"《范石湖集》卷一八《别后寄题汉嘉月榭》:"同年,谓王子苍。"

其六,许耀卿。《范石湖集》卷二八《送许耀卿监丞同年赴静江倅》。

其七,杨愨。《吴船录》卷上:"有同年杨愨伯勉。"

其八,钱袭明。《杨万里诗文集》卷二八《叶叔羽集同年九人于樱桃园,钱袭明、何同叔即席赋诗,追和其韵》。

其九,江季通。《于湖居士文集》卷三八《江季通》:"同年义均兄弟。"

其十,何奫。《全宋文》卷三八八五何麒《道州学记》:"以癸酉冬经始,越明年夏六月告成。邦人遣其子弟鼓箧来游者以百辈。又明年,试于春官,而李长庚、何奫擢进士第。"

其十一,赵公迈。《全宋文》卷六九六七陈宓《赵公墓志铭》:"赵公,讳公迈,字志行。……擢廿四年太常第,赐进士出身。"

辨正:曹纬。元符三年另有一曹纬登第,此处将两位曹纬混为一谈。详见前说。

高宗酷嗜翰墨。于湖张氏孝祥廷对之顷,宿酲犹未解,濡毫答圣问,立就万言,未尝加点。上讶一卷纸高轴大,试取阅之,读其卷首,大加称奖。而又字画遒劲,卓然颜、鲁。上疑其为谪仙,亲擢首选。胪唱赋诗,上尤隽永。张正谢毕,遂谒秦桧。桧语之曰:"上不惟喜状元策,又且喜状元诗与字,可谓三绝。"又叩以诗何所本,字何所法。张正色以对:"本杜诗,法颜字。"桧笑曰:"天下好事,君家都占断。"盖嫉之也。张廷对时,天下犹未尽许之。(《四朝闻见录》乙集)

熊叔雅彦诗,伯通之孙,早有文名。绍兴初,入馆权郎。秦会之秉钧,指为赵元镇客，摈不用者十年。慈宁回銮，会之以功升维垣，叔雅以启贺之云：“大风动地，不移存赵之心；白刃在前，独奋安刘之略。”会之大喜，起知永州。已而，擢漕湖北。其后王日严晅为少蓬，权直禁林，会之加恩，取其联入制词中，翌日即除礼部侍郎。甲戌岁，策士于庭，有引此以对大问者，遂魁天下。(《挥麈后录》卷一一)

郑始留意星历学。绍兴癸酉取解漕台，问《斗为帝车赋》，省试复以“日星为纪，三台色齐”为诗赋题，其所为贯穿甘、石之学甚详。小孙女夜梦郑登楼至十六级而止，筮之，为省闱第十六人之祥，已而果然。余作诗赠之曰：“张铃走帜到金溪，喜子文闱预品题。名字巍峨先蕊榜，词章斐亹动文奎。阶梯已合婴儿梦，星斗先分天老题。后日胪传当第一，天伦科甲尚为低。”时郑弟部王佐榜甲科第七人。(《韵语阳秋》卷一八)

越人黄汝楫，家颇富。宣和中，闻方腊犯境，以素所积金银缗钱，计值二万贯，瘗于居室，而避地于深山。忽有贼执白旗游弈者来，其揖且拜，黄惊惧答拜，认其人，盖旧仆也。且言：“吾主将拘掠士民女，闭之空室，从索金帛。取赎则放，否则杀之。”黄恻然曰：“所囚人几何？”曰：“无虑数千。”黄曰：“我藏物于家，约值二万缗，欲尽举以赎千人之命，可乎？”仆曰：“足矣！”令归白之，明日当奉报，遂去。而旦至，如其请，乃悉发所瘗，辇输其营，千人皆得归。诣黄谢，为其念佛祈福，欢声如雷。乱平后，梦金甲神人长丈许，从天而下，呼谓曰：“玉帝有敕，以汝活人甚多，赐五子登科。”至绍兴中，为浦江令，其自开、阁、闶同登乙科，次举又二子中选，如神所告。(《夷坚志补》卷三)

安国由乡荐得捷集英，考官置第七，秦埙为冠。埙试浙漕、南宫，皆第一。先胪传一夕，进御安国卷，纸既厚，笔墨复精妙，上览之喜甚，擢为首选，实以抑秦。秦不能堪，啃曰：“胡寅虽远斥，力犹能使故人子为状元邪！”已而廷唱，上又称其诗，安国诣谢。秦问学何书？曰：“颜书。”又曰：“上爱状元诗，常观谁诗？”曰：“杜诗。”秦色庄，笑曰：“好底尽为君占却。”(《齐东野语》卷一三)

杨诚斋初欲习宏词科，南轩曰："此何足习，盍相与趋圣门德行科乎？"诚斋大悟，不复习，作《千虑策》，论词科可罢曰："孟献子有友五人，孟子已忘其三；周室去班爵之籍，孟子已不能道其详。孟子亦安能中今之词科哉！"晚年作诗示儿云："素王开国道无臣，一榜春风放十人。莫羡榜头年十八，旧春过了有新春。"(《鹤林玉露》甲编卷三)

葛立方《喜侄郯登第》：飞铃走帜到金溪，喜子文闱预品题。名字巍峨光蕊榜，词章斐亹动文奎。阶梯已合婴儿梦，星斗先分天老题。后日胪传当第一，天伦科甲尚为低。(《全宋诗》卷一九五五)

四　月

三日，诏："秦埙转三官，兼实录院修撰，许陈乞亲属章服一名。"埙第一甲第二人，以两府亲属，依第一名恩例。吏部乞用秦熺例取旨，有是诏。(《宋会要·选举》二之一八、一九)

十五日，诏："以及第进士第一人张孝祥为左承事郎、签书镇东军节度判官厅公事。"(《宋会要·选举》二之一九)

五　月

癸亥(十一日)，监察御史王纶罢。以御史中丞魏师逊奏纶，因其兄绰、弟纮举进士不第，而怒形于色，谤骂考官也。(《系年要录》卷一六六)

七　月

乙卯(四日)，诏："国学生住学三年内，实历打食不及一年之人，遇取应日，别立字号，依宣和指挥，以八人有奇解一人。"以国子司业沈虚中看详有请也。(《系年要录》卷一六七)

八　月

壬午朔(一日)，敕令所删定官杨造面对，论："宗室登科换京秩者，初未经任，即授大县，虑于民事未能谙练。望依仿进士例，俟历任有举主者，乃授以县。庶几仰副陛下加惠元元之意。”诏吏部措置。其后吏部请:“似此之人,并注县丞或监当差遣,理作亲民资序。俟一任回,任内有举主一员,方许注授知县。”从之。(《系年要录》卷一六七)

是　秋

(四川类似)张舍人安国答策遂有“一德大臣”之言,乃擢第一。(《朝野杂记》卷一五)

周必大《某绍兴甲子赴试此地卜居,今十年,三历秋举,每遇中秋,必与新旧歌舞之。今岁大病,使令辈散遣萧然,偶伯信仲威携子侄相过,喜成四韵》:上元甲子此攻坚,卜筑安居正十年。登堞遥观灯夺昼,归家却赏月流天。丹台旋葺新炉灶,绛帐都抛旧管弦。赖有故人将骥子,功名不断复青毡。(《全宋诗》卷二三二九)

十一月

《初补承事郎授镇东签判诰》:敕赐进士及第张孝祥:朕敕天之命,夙夜祗惧。兹亲策多士于庭,尔以正对,发明师友渊源之义,深契朕心。擢冠群英,佥言惟允。授尔京秩,赞画辅藩,此我朝待抡魁彝典也。往钦初命,益务培养,器业将于此乎观。可补承事郎,特差签书镇东军节度判官厅公事。奉敕如右,牒到奉行。绍兴二十四年十一月十日。(《于湖居士文集·附录》)

是　年

赐张孝祥以下《皋陶谟》。(《宋会要·选举》二之一八)

绍兴二十五年　乙亥(1155)

正　月

(一日)何麒《道州学记》:本朝文物益盛,庆历中,何询直首中甲科。自是或五六人,或四三人,登贵仕者踵相接也。绍兴十二年壬戌,州以令修学校,得胜地于州治之东北隅。楼观隐然,极其壮丽。而逾纪无登第者,士子疑焉。郡守赵公暇日过薛公故所为基,慨然有移学之志,顾谓诸生曰:"兹地也依大舜之祠,据宜山之麓,旁临二派,远揖九疑,秀气会焉,不可易也。"诸生欢诺,俾以私财经营,而公田廪庤凡所养士者则为辑之。以癸酉冬经始,越明年夏六月告成。邦人遣其子弟鼓箧来游者以百辈。又明年,试于春官,而李长庚、何齑擢进士第。如持筹而算,如灼龟而验也。是果江山所为耶?(《全宋文》卷三八八五)

三　月

(一日)温革《漳州府重建学记》:天子方且贪贤育材,益培太平不拔之基,乃诏天下郡国皆置学,实庆历二年岁在壬午也。学据州治之巽隅,是惟文明之地,溪流自丁以朝焉,卜之云吉,多士宜之。厥后崇宁癸未,徽庙诏推行三舍之法于天下,诸生益众。为郡者乃截讲堂为二斋,而以贡院听事为讲堂。至大观间,增养士至五百员,则又以迎恩驿分为四斋。政和癸巳,移学州治之左。至宣和辛丑罢舍法,以科举取士,率遵祖宗之旧,则学之迁盖九年矣。自后连五榜,与乡贡者辄皆不中春官之选,于是士子病之,谋复旧焉。时户部贰卿李公弥逊以徽猷阁直学士知州事,教官今新婺倅范侯津率诸生以请,公忻然允之。乃以缗钱贰万付士之有材干者,自为经营。基址乃庆历之旧,规模惟政和之新。盖建议于绍兴己未,经始于庚申,落成于辛酉也。由是累榜始复有登科甲者。(《全宋文》卷三八二八)

四　月

戊子(十二日),诏:“四川制置司每三年科举,就类省院别差应格考试刑法官二员,专一校试。”以本司援宣抚司例有请也。(《系年要录》卷一六八)

十　月

乙亥朔(一日),秘书省正字张震面对,言:“陛下临御以来,兴学校,制礼乐,天下学士靡然乡风。臣愿申敕天下学校,禁专门之学,使科举取士,专以经术渊源之文。其涉虚无异端者,皆勿取。庶几士风近古。”从之。(《系年要录》卷一六九)

十一月

十九日,《郊赦》:“免解进士昨缘散失案籍,增召保官二员。今来礼部自有文籍,除流寓无本贯士人外,与免增召保官。”(《宋会要·选举》一六之九)

二十五日,提举秘书省秦熺言:“眉州进士苏藻献《苏元老文集》二十五册、柳公权等书画三轴。又彭州进士王偃献蔡襄、米芾书、黄筌、孙知微等画,共一十五轴,望赐推恩。”诏:“与永免文解。”(《宋会要·崇儒》四之二九)

二十八日,安定军承宣使、同知大宗正事士篯言:“窃惟天下之才成于激昂,败于自弃,况天族之贵乎!陛下建宫学,选师儒,所以崇奖宗子,委曲备至。比年以来,布衣韦带与进士群试有司者甚盛也。望令今后得解宗子,不以有官无官,愿与异姓举子混同考试者,听。如有中选之人,乞稍加采擢。如不愿与异姓举子混试者,只依旧法施行。庶几人思自励,奇才辈出,以彰宗党得人之盛。”从之。(《宋会要·帝系》六之二三)

绍兴二十六年　丙子(1156)

正　月

九日，殿中侍御史汤鹏举言："近年试官容私，公道不行，故孤寒远方士子不得预高甲，而富贵之家子弟常窃巍科。将期预差试官，以通私计，而知举、考试官皆登贵显，天下士子归怨国家。伏乞申严，革去容私之弊。挟书、代笔、继烛，必欲尽禁；封弥、立号、誊录，必欲依条；考校定去留，分高下，必欲至公。如知举、参详、考试官，临期御笔点差，以复祖宗至公之法。"从之。(《宋会要·选举》二〇之一一)

(辛亥，九日)殿中侍御史汤鹏举言："今科举之法，名存实亡。或先期以出题目，或临时以取封号，或假名以入试场，或多金以结代笔。故孤寒远方士子不得遇高甲，而富贵之家子弟常窃巍科。又况时相预差试官，以通私计。前榜省闱殿试，秦桧门客、孙儿、亲旧得占甲科，而知举考试官皆登贵显，天下士子归怨国家。伏乞申严有司，革去近弊。如知举、参详、考试官，乞临期御笔点差，以复祖宗科举之法。"从之。(《系年要录》卷一七一)

二十六年，岁在丙子。高宗更化之初，公道大开，申挟书之禁，防闲甚密，秋赋多趑趄其行。(《楼钥集》卷一一一《黄仲友墓志铭》)

二　月

七日，诏："诸路州军将绍兴二十三年各州土著进士就试终场人，计若干人取一人，将当年发解就试。流寓终场人数每及土著人分数，即添解一人。或零分及流寓人少去处，依土著所解人十分为率，及三分亦解一人。若已后发解就试人多，不得过绍兴二十六年所取之数。仍立为定制。若已用流寓户贯得解之人，许自陈，并入东南户贯。其已得举数，即合通理。如有违犯，并依贡举条法。若州军辄行大解，当职官吏并发解官依法徒二年科罪，举人即从下驳放。”以荆湖北路转运判官程敦临言，乞流寓进士并避亲、门客移试之人，与土著人通立为额混试故也。(《宋会要·选举》一六之九、一〇)

(丁酉，二十五日)权礼部侍郎兼权国子祭酒周葵言：“科举所以取士。近年，主司迎合大臣之意，多取经传之言可为谀佞者，以为问目。学者因之，专务苟合时好。如论伊尹、周公，则竞为归美宰相之言；《春秋》讥贬失礼，则指为褒称之事。其悖戾圣人之意，大率类此。至于前古治乱兴亡之变，以时忌，绝口不道。后生晚辈往往不读史，历代先后有不知者。望诏国学及将来秋试考试官，精选通经博古之士，置之上游。其穿凿迎合议论、乖僻不合体式者，皆行黜落；若矫枉过正、不顾所问、务为诋讦者，亦复勿取。”从之。(《系年要录》卷一七一)

三　月

十五日，诏：“诸路转运司所差发解试官，务在尽公，精加选择。如所差徇私及庸缪不当，令提刑司按劾，御史台、礼部觉察闻奏。”(《宋会要·选举》二〇之一一)

二十二日，诏：“今后省试、太学国子监公试、发解铨试，并试刑法。令国子监印造《礼部韵略》、《刑统》、律文、《绍兴敕令格式》，并从官给。”上先谕宰执曰：“自来举人许带《礼部韵略》入试院，多缘此夹带别文字，难以检察。”故有是诏。同日，执政进呈类试院人吏、兵士邀阻赴试人，乞取钱物事。上曰：“闻试院中整肃，士人极喜。自此有实学者进，而寒俊之士伸矣！伪滥苟得者革，而侥幸之风息矣！祖宗贡举之法，无不周备。顾有司奉行如何耳。可令类试所严行禁止，仍令礼部立法。”(《宋会要·选举》四之二九)

既而，敕令所修到法：“诸贡院人吏并把门兵级辄将赴试人邀阻，不即放出，及人吏收接试卷作弊，乞取钱物，罪轻者杖一百，赃重者自从重。”从

之。(《宋会要·职官》一三之一一)

乙丑(二十四日),诏:"近年士风浸薄,冒户、挟书、代笔、传义,靡所不为,负国家选举之意,岂所望哉! 自今委监司觉察,重置于法,务在必行。"(《系年要录》卷一七二)

二十四日,内降手诏,戒饬试院欺弊。诏曰:"自昔愿治之君,急于求贤,以协济事功。而当时之士,亦各务修饬,以承休德。用能发挥所学,克副简求,朕甚嘉之。自即位以来,率由祖宗之宏规,屡下三年之诏,详延俊茂,縻以好爵,所以加惠多士,可谓无愧于古矣。是宜咸加策励,以称所求。而近年以来,士风浸薄,巧图牒试,妄认户名,货赂请求,重叠冒试。逮至礼闱,不遵绳矩,挟书代笔,传义继烛,种种弊欺,靡所不为,不惟负国家教育、选举之意,兼使有素行、负实学之人俱蒙其耻。一至于此,岂所望哉! 夫待之厚则责之深,出于礼则丽于法。傥名检之全亏,实自干于邦宪。继自今其克黜乃心,明听训言,无蹈非彝,以贻后悔。在外委漕臣及监司按察,在内令主司觉察,御史台纠劾以闻,当重置典宪,务在必行。故兹戒谕,想宜知悉。"(《宋会要·职官》一三之一一)

四　月

三日,诏曰:"朕以非躬,托于士民之上,宵旰图治,罔敢康宁。仰惟祖宗,设科目以待非常之材,所得名臣,前后相望。肆朕纂承,遵用成宪,冀闻谹议,登济丕平。然诏书屡下,而未有应者,岂国家招延之礼有所未尽欤? 夫十室之邑,必有忠信,何海内多士,而无其人也? 抑奉吾诏者不虔,不能悉心询访,而贤良方正之士或壅于上闻欤? 方今恢张庶政,广开言路,适兹大比之岁,公卿、侍从,宜体朕意,各举所知,俾造于庭。朕将虚怀,访以治道,庶几得人之效,无愧于古,顾不休哉!"(《宋会要·选举》一一之二六)

十七日,执政进呈礼部状,参酌均定诸州解额。温州添解额五人,台州、婺州各添解额三人,融州、福州、静江府、明州、衢州、湖州、严州、宾州、徽州、秀州、叙州、汀州各添解额二人。上可其请,因宣谕曰:"解额窄处自当量与增添,宽处却不可减,皆欲优之也。"又曰:"今次科举,措置详密。如挟书、代笔及冒牒试之类,悉已革去,庶得实有才学之人。寻常之见,往往以此为末事,不复留意。朕以此最为大事,人才所自出,士风之所系,皆本于此,岂可不留意耶?"(《宋会要·选举》一六之一〇)

戊子(十七日),诏:"增温州解五人,台、婺州各三人,静江府、明、处、湖、衢、严、福、徽、秀、汀、宾、融州各二人。"以三郡终场二百人已上始解一人,而静江及诸州百人始解一人也。其四川诸州,令漕司取会,视此数而增之。先是,尚书省言诸郡解额多寡不均,诏礼部参酌均定,申省取旨。及是进呈,上曰:"解额窄处自当量与增添,宽处却不可减,皆欲优之也。"乃命行下。(《系年要录》卷一七二)

二十七日,臣寮言:"欲乞科举保任并依旧制,虽不预乡饮酒者,皆许赴试。"从之。(《宋会要·选举》一六之一〇)

左承议郎、新通判抚州张洙行国子监丞。洙召对,乞:"士人虽不预乡饮酒者,皆许赴试。"事下礼部。其后,礼部言:"今后科举,欲并依旧法。其乡饮酒礼,愿行于里社者,听从其便。仍不许官司干预。"从之。(《系年要录》卷一七二)

二十七日,新通判抚州张洙言:"昨因臣僚献言,士人应举并须先赴乡饮酒,注籍给据,方许赴试,欲以革冒贯者。且乡饮酒所以明长幼之序,兴礼逊之风,当其与科举并行而不相悖。欲望科举保任,并依旧制,虽不预乡饮酒者皆许赴。"国子监看详:"欲依所请。今后科举依旧法,其乡饮酒礼愿行于里社者,听从其便,仍不许官司干预。"从之。(《宋会要·礼》四六之四、五)

六　月

八日,宰执进呈祖宗典故:"乾德六年三月,王祐知贡举,擢进士陶邴中第,邴乃翰林学士承旨谷之子。翌日,诣阁门谢,帝曰:'如闻谷不能训子,安有登进士第者?'遽命中书复试。诏:'自今应诸色举人内有父兄食禄者,委礼部贡院于奏名之时,并别具开析,当议更与复试。贵于公道无所屈焉。'"上曰:"秦埙中甲科,所对策叙事皆桧、熺语,灼然可见。朕抑之,置在第三,不使与寒士争先。祖宗故事,今可举行。"遂诏贡院:"遵依咸平三年三月诏旨,所试合格举人内有权要亲族者,具名以闻。"(《宋会要·选举》四之三〇)

戊寅(八日),沈该等奏:"今次科举,臣等子弟亲戚,并令归本贯就试,国子监、转运司并无牒试之人。"因进呈检会到祖宗典故。(《系年要录》卷一七三)

十五日,秘书省正字叶谦亨言:"向者朝论,专尚程颐之学。士有立说稍异者,皆不在选。前日大臣则阴祐王安石,稍涉程学者,至一切摈弃。程、王之学,时有所长,皆有所短。取其合于孔孟者,去其不合于孔孟者,皆可以为学矣。又何拘乎?愿诏有司,精择而博取,不拘以一家之说,而求至当之论。"上宣谕曰:"赵鼎主程颐,秦桧尚王安石,诚为偏曲。卿所言极是。"于是,可其奏。(《宋会要·选举》四之三〇)

十六日,通判泉州黄祖舜言:"仰惟国家,祖功宗德,子孙炽昌,怀负才能,固不乏人。然不加之训导,则虽有忠如朱虚、贤如河间、德行如东平,将无以自见矣。臣窃见仁宗皇帝朝,以吴充为吴王宫教授,方正清谨,名重一时。尝于宗司辟除听事,施设讲席,教导有方。秩满,作《宗室六箴》以献。当时命录赐南北宫,缙绅荣之。今西外、南外敦宗院,虽有教授,未尝讲说。宗子无课程之规,徒事虚文,无益治道。臣愚欲乞自今以往,谨择教官,以经明行修之士充选。间日讲说,课习程试如大学之制。岁终,以诸生程文真卷缴申礼部,下太学司业博士看详。词理优长者,与免文解;文学超异者,特与推恩。教授训导有功,亦乞量加褒擢。以此激劝,庶有成效,仰副陛下惇忠睦族之意。"从之。(《宋会要·崇儒》一之九、一〇)

戊子(十八日),左朝奉郎、新通判泉州黄祖舜言:“取士先行实而后文艺。今有抱道怀德之士,不就科目,乃老于布衣,无以自达。而群试有司,其间轻儇之流,躐取膴仕,往往而有。以此较彼,轻重大不相侔。臣愚以谓:乡举里选,不可遽行;文艺、行实,难以骤改,参酌而用之,或有补于治道。欲望布告中外,自科举取士之外,有能学行修明、孝悌纯笃为乡曲素所推重者,县荐之州,延之庠序,以表率多士。其卓行尤异者,州以名闻,縻以好爵,以此激励天下。庶几士风归于淳厚,亦乡举里选之意。”上曰:“文学、德行,自是两科。若果有德行纯笃、不求闻达之士,所当搜扬。”乃以其奏下礼部。(《系年要录》卷一七三)

(丙申,二十六日)左迪功郎、充皇后宅教授林同言:“太学养士千余人,而月试人数或不及五之一,良由知以科举为优,不知以舍选为重。如此,则与方州取士何异?恐非国家立学校之本意也。今科举密迩,欲望特降指挥,诸州教官惟许上舍登科人注拟。庶几士子有所歆慕,以舍选为荣,则将重去学校,而人材成就。”诏吏部看详申省。(《系年要录》卷一七三)

七　月

三日,诏:“诸州试院于常限之外,如三千人以上,与展开院五日,五千人以上倍之。”以臣寮言:每州以三千人就试,则程文几万卷,而使六七人考之,限以三四十日之期,不能遍览研究,故有是命。(《宋会要·选举》一六之一〇)

丙辰(十七日),诏:“进士因事送诸州军听读,可特放逐便,仍许取应。”(《系年要录》卷一七三)

二十九日,诏:“今举行在职事、厘务官随行亲属,如依得服属,不以已未有官,并令赴国子监请解;其有官人,即不得依前循例陈乞,赴两浙运司试。”从礼部请也。(《宋会要·选举》一六之一〇)

八　月

(戊寅,九日)诏:“敷文阁直学士秦埙,左承事郎郑时中、秦熺,左承务郎秦焞，左迪功郎沈兴杰，所带阶官并易‘右’字；左宣义郎曹冠、左从事郎周寅、左迪功郎郑缜并驳放。”先是，左承议郎、提举淮南东路常平茶盐公事朱冠卿应诏上书，论：“故相当权，不遵祖宗故事，科举虽存，公道废绝，施于子孙，皆置优异之选。又私于族裔亲戚，又私于门下憸人秽夫。前举一榜，如曹冠、秦埙、周寅、郑时中、秦焞、郑缜、沈兴杰、秦焴，凡有八人，其间乳臭小儿，至于素不知书，全未识字者，滥窃儒科，复占省额。欲乞于曹冠等阶官以‘右’易‘左’，俾正流品。却将向来侵取人数，复还今举省额。”诏：“侍从、台谏同共看详，申省取旨。”于是，户部尚书韩仲通等言：“冠卿所奏，物议甚当，委可施行。”右正言凌哲言：“稽之师言，诚为允当。”御史中丞汤鹏举言：“冠卿所请，于祖宗条制别无更改，委得允当。但以有官人赴试者，合带‘右’字；如无官人赴试者，合行驳放。然后以前榜侵取之数，于后榜收使，庶协公论。”故有是旨。(《系年要录》卷一七四)

(甲申，十五日)镇江府发解举人，而闽人有冒贯者。举人周晋等持梃欲击之，守臣直秘阁林大声率府寮往视，为飞石中其帻，吏士有被伤者。大声即捕举人十八人属吏。事闻，诏停举，令金部郎中、总领淮东财赋董苹审问。晋遁去，其徒顾作猷等皆坐编管、殿举有差。其后，右正言凌哲奏：“举人喧竞，盖大声遣卒护送闽人冒贯，激使之然。”于是，大声亦罢。(《系年要录》卷一七四)

绍兴丙子，(钱弼)就试京口。郡守欲庇其乡之士，俾冒郡籍以试，来者数十。郡人援贡举制以争，不胜，则期以试日遏入。守知其谋，亲以兵卫拥入之郡。人不胜忿，群起诪张，兵卫前却。守愧且怒，因诬以犯上，发卒大搜儒冠者辄执之。至莫，执者七人，公其一也。顾谓同执曰：“今日之事非七人之为，为之者阖郡之人也。虽然，彼阖郡之人既免矣，而吾七人者以不幸执，傥因吾七人者而遂究其余，则被祸不已多乎！盍相与自执其咎？”守欲竟党与，锻炼百计，公等以身任，竟不及其它。会言者直其冤，守以罪去，公等亦末减，郡人德公，而高其节。(《全宋文》卷六八四八刘宰《钱贤良行述》)

十六日，宰执沈该等奏曰："今次科举见已引试，闻试院中甚严肃，昨日有数人传义者已依条施行。如前日宗子善积怀挟，亦令扶出，示天下至公。自此科举之弊，当尽革去。"上宣谕曰："朕于此事极留心。异时宰执、侍从皆由此途出，若容冒滥，所谓拔本塞源也。"该曰："陛下于贡举如此，可谓知人材之所本矣。"(《宋会要·职官》一三之一一)

是　月

以殿中侍御史周方崇充国子监发解监试官，秘书少监杨椿、国子司业王大宝、吏部员外郎沈介元充考试官，秘书省著作郎周麟之、国子博士王晞亮、秘书省校书郎王纲中、秘书省正字张孝祥、太学博士何俌、国子正陈天麟充点检试卷官；监察御史樊光远充小院考试官，太府寺丞方师尹、国子录周操充点检试卷官。(《宋会要·选举》二〇之一二)

绍兴二十六年，宜春郡士钟世若谒仰山乞梦，以占秋试得失。是夜，梦自庙外门进抵庭下，顾见廊庑间背缚一人于柱，回望钟，欣然有喜色，且笑且语。因惊寤，为朋友言，不能晓其指意。迨入试，出《反身而诚乐莫大焉赋》为题，始默念昨梦：背缚者，反身之义；顾笑者，乐也。神既告以题，必可中选，乃精思运颐。第五韵押"焉"字，欲用《孟子》"君子有三乐，而王天下不与存焉"，及"仰不愧于天，俯不怍于人"等语，患无他经句堪对，不觉伏几假寐。仿佛见黄衣一吏，叱之曰："场屋日晷有限，岂汝昼寝时耶！"钟曰："正为寻索故事作对未得。"吏问其故，具以告，吏曰："胡不用孔子'不怨天，不尤人'与'饭蔬食饮水，乐亦在其中'为对乎？"钟洒然而起，遂缀辑成隔联云："孔不怨尤，饭疏食在其中矣；孟无愧怍，王天下不与存焉。"书毕自喜，为得神助，持卷而出。考官阅读，批其榜云："隔对浑成，可以冠场。"置之首选。洎揭榜，经义为都魁，钟居其次。(《夷坚支志》甲卷七)

张孝祥《考试呈周茂振舍人陈季陵国正》：胸中五斗棘，厌此十日读。纷然湘罗帕，犹作春笋束。先生择泆眼，一阅不再复。探囊得至宝，每出辄惊俗。孟公更超绝，泾渭饱渟滀。从容了官事，茧纸唾珠玉。鄙夫闻道晚，衡鉴恐不足。冥搜夜无寐，惭愧费官烛。何时即三昧，屈指社瓮熟。

秋容日夕好,应到堂前菊。(《于湖居士文集》卷三)

绍兴二十六年里选,(余端礼)赋《至公广招贤之路》,云:“圣如文考,太公归而伯夷归;明若昭王,乐毅往而剧辛往。”有司异之,贡以前列,遂第进士。(《杨万里诗文集》卷一二四《余公墓铭》)

九 月

十五日,太学博士兼武学博士周操言:“武举登科者,第一人与巡检差遣外,其余例处以监当。使其舍平日所习,一旦从事于管库之间,似非选练武举之本意。乞自今武举登科人,高等者枢密院籍记姓名,候一任满日,无过犯,有劳绩,即加擢用。其次者亦免充财谷管库之任。”从之。(《宋会要·选举》一七之二七、二八)

是 秋

史尧弼《谢解启》:某闻之:物无小大,必有用于世;人无贵贱贤不肖,必有事于天下。农以耕,贾以货,工以器,百执技艺各以其能,听天下之役而不敢后。非有他也,天之所以命我者当然而不可已耳。君子之立于当世,岂无所命之者哉!得之于天,根于性命之间,发而为道德仁义、忠信孝友、黼黻文章之光,举而措之天下,以成事业者。盖君子所受命于天,而不可已者也。农不可一日不耕,贾不可一日不货,工不可一日不作器,百执技艺之人不可一日不事其事,故君子亦不可一日不求用于天下。古之仕者,三月无君则吊。虽一日出疆,亦载质焉。是岂乐进取,慕名位,而干富贵者哉?要以正夫天之所以命我者而已。某愚不肖,敢自列于古之人哉?然内度其区区,则亦有不敢自弃。往年所亲虑其所闻不广于四方,爰命以远游。是以万里冒犯湍悍,以至东南,既而,幡然涉沅湘以归。此其心虽非必于求进者,然其中之亦欲有用于世,以正夫天之所以命之者,则亦未尝一息而少忘。故场屋之役,或未能免焉。伏蒙某官,不鄙夷其愚,羽翼而推挽之者百方,意欲使之有所著见于当世而后已。则今尺寸之获,虽无足言,然亦有自。呜呼!天其欲摈厄其身,使伏草莽,不得施则已。或者欲有以用之于世,必将始于今日,其为赐何如也!夫有以千金与人而人不喜，有一言之相与而人终身为之不忘。况三阅岁之间，日拜于下风，而又蒙奖借而诱掖之，似有以知其中之所怀，不至于碌碌，欲与之相期于高明博厚悠久之域者。《诗》云："我思古人，实获我心。"况其生于今而能获其心者耶？此其不可以不谢，谨具启事。述悃愊之万一，以布下执事。(《全宋文》卷四八二六)

熊克《谢漕司发举启》：假馆而依漕节，猥亡籍甚之声；越境而干荐书，偶中褎然之首。众口谓如拾芥，私心愧若负芒。窃念大江之西，夙号长材之出。庐陵居士乃今世之孟韩，临川先生即本朝之燕许。以至晏曾父子，刘孔弟兄。鲁直拥诗坛之麾，泰伯振经邦之铎。典型尚在，风俗犹存。比类升于计台，更裁损于贡籍。缙绅走集，率远千里而来；布韦宾兴，仅有九人而已。如某者，才礫裂而少韵，学肤浅而不根。蚤空羡于云鹏，进每旋于风鹢。凡三宾于乡老，未一第于春官。兹避东瓯之嫌，俾赴南昌之试。虽移邻部，乃即故乡。访先祖之庐，莫复知于隐处；按大宗之谱，有同预于计偕。览山川之秀而所得已多，冠贤能之登而其幸弥甚！此盖伏遇运使秘书先生，受才杰异，造理精微。四部秘文，典职亚麟台之长；一经妙学，决科联凤穴之儿。辅荡鼎来，誉髦辈出。遂致沟中之断，亦叨席上之珍。某敢不勉所未能，求其可致！上下驰骋，益考数千载之间；南北抟扶，妄冀九万里之上。

熊克《谢漕司发举启》：豹尚依于倅馆，猥出后尘；鹗预荐于漕台，忝登前列。众惊拾芥之取，自笑偷毡之存。窃以侯门之客三千，率多长策；使部之民十万，间有异材。兹类举于星轺，爰选升于天府。当获飘飘之韵，岂庸碌碌之流！如某者，学勉嗣于家传，文强追于古作。谓大夫能赋，愈研雕篆之心；顾小子成章，倍费画墁之力。掘九仞而泉及，覆一篑而山成。纷旅试于词场，滥偕行以计籍。此盖伏遇某官，道心渊静，德性冲和。誉满四方，卓尔士夫之望；词高一代，挺然父祖之风。蚤入践于锦闱，暂出持于绣节。简其隽秀，猥及庸凡。某敢不省厥已成，究所未达！数千载上下驰骋，益务进修；九万里南北扶摇，妄期变化。

熊克《谢乡举启》：望道未见，方规夫子之裁；在邦必闻，又玷诸侯之荐。众口谓如拾芥，私心愧若负芒。窃以周公居而四国是讹，孔父在而九夷何陋！真儒所至，美化自成。故汝上文风之兴以欧阳子，而洛中士俗之厚由司马公。自昔传闻，于今亲见。惟建支郡，更采累朝。绵绵秀气之兴，衮衮异材之出。由一介言天下事，四首擢于枫庭；掉三寸为帝者师，五身跻于槐位。虽故家尚有存者，而后世乃无传闻。昨因公衮之临，顿使儒冠之盛。如某者，天资洪傀，地胄伶俜。生平固愿于激扬，进取每伤于迟钝。凡再举于礼部，未一第于太常。壮怀之耿耿何存，穷熊之栖栖已甚。方欲纂茂陵之稿，守遗说而究始终；葺汾曲之庐，安愚分而置穷达。偶因诏下，复与朋来。虽拘挛缀拾而成章，亦底滞迂疏而取笑。岂图收于旧物，仍窃占于上游。此盖伏遇观使枢密大资，茂业格天，元勋盖世。故国非谓乔木，时则有若巫贤；学者仰如泰山，窃自比于孟子。力兴古道，乐取人材。采其毫发之长，振以齿牙之重。遂致沟中之断，亦为席上之珍。某敢不惟师友之渊源，振文章之光艳！先进于礼乐，后进于礼乐，固有择焉；知我惟《春秋》，罪我惟《春秋》，岂无识者！

熊克《谢乡举启》：思乐于泮，累玷上游；论秀于乡，复尘前列。愧未交于弱冠，欣已获于能书。望逾所期，感极且叹。窃以士贵道原之造，儒先世务之通。方中兴欲制于天骄，而外御正资于地险。兹条三道之要，首考六朝之宜。盖近徙吴头，藉淮上藩垣之固；而远戍蜀口，赖汉中犄角之强。然譬之犹万雉之城，则防在四门；八尺之躯，则护止数处。正须硕画，岂尚虚谈！倘是策之所优，则他文之可略。如某者，闾阎贱子，庠序孤生。偕冠者五六人，笑老儒之迂阔；陈武成二三策，考重镇之要冲。误合有司，谓真可采。向非两场之黜，定居一榜之魁。岂但毫厘之致差，所幸桑榆之救失。槐花乍踏，杨叶偶穿。此盖伏遇知府侍御龙图，义气薄云，忠心贯日。峻居南榻，厉风霜纯肃之严；邃直西厢，护河洛宝储之秘。屈临巨屏，务育英材。肆异轮囷，亦蒙粉泽。负贾谊而置门下，欲践前言；遣张叔而诣京师，勉须后举。惟自勤于修进，庶不务于作成。（以上均见《全宋文》卷五〇〇六。按：熊克绍兴年间多次应试，此四文姑系于此。）

周必大《广德军鹿鸣燕乐语代外舅，绍兴二十六年》：兴贤能而献王，妙选已书于乡老；实币帛以将意，旧章必燕于嘉宾。伏惟解元诸先辈，梦笔才高，然其思敏。能赋拟卿云之作，穷经谈伏郑之非。连东海之六鳌，气吞余子；定联城于一箭，勇过三军。知郡某官，辍自经帷，来分符竹。体圣上崇儒之意，敦郡侯劝驾之风。爰即黄堂，遍延珠履。况右席雍容之别乘，乃异时论撰之名流。宾主俱贤，疑是德星之聚舍；吏民改观，肯信儒冠之误身？重茵争看于翻红，叠鼓屡催于举白。若古有训，不醉无归。但某等谬列伶人，叨持乐色。虽贱工之无取，幸盛礼之亲逢。不度荒芜，敢陈口号：才子观光入帝京，使君劝驾意殊深。骑蟾定喜攀仙桂，鸣鹿先须咏野芩。好去玉阶方寸近，休辞金盏十分斟。明年三月莺花丽，洗眼宫袍宴上林。(《全宋文》卷五二〇五)

闰十月

九日，诏："鄂州通判任贤臣监试不职，容纵举人假手传义，特降一官。进士王昌言论试官庸缪不实，有害士风，特送邻州编管。"(《宋会要·选举》二〇之一二)

二十四日，宰执进呈权兵部侍郎兼国子祭酒杨椿言："今时经学者白首一经，如蠹书之鱼；词赋者骈四俪六，如儿女之戏，而皆不读史。乞下明诏训导，使学者博约兼通。"上曰："士人不习史，何以知古今治乱兴亡之迹？"沈该等曰："诚如圣谕。今来臣僚所言，当札下国子监，令长、贰晓谕诸生。"上曰："又举人多习诗赋，习经义者绝少。更数年之后，恐经学遂废。当议处此。"沈该等曰："前此固尝以经义兼习诗赋，若两科兼习，庶不偏废。欲乞来春省试毕施行。"上曰："甚善。"(《宋会要·选举》四之三　)

十一月

五日，诏："今后内外臣僚，不得辄以子弟亲戚陈乞，特赴殿试。"(《宋会要·选举》八之四三)

壬午(十四日)，上谓大臣曰："近太学试补弟子员中程者，诗赋多而经

义少，后生辈往往皆诗赋，数年后恐经义科废矣。宜令兼习经义。"沈该等请俟省试毕，上可之。(《系年要录》卷一七五)

二十六日，诏："考试除六经依条通融相补外，其经义、诗赋两科合格人如有余、不足，内诗赋不得侵取经义文理优长合格人，有余许将诗赋人材不足之数通融优取。仍以十分为率，不得过三分。"吏部员外郎王晞亮言："切见国家取士，词赋之科与经义并行，取人之数初不相过。比来学者惮试选革弊之严，去严就易，竞习词赋，罕有治经。臣昨备员国子博士，每孟月课试学生，治经甚少，二《礼》才两三人。继为国子发解所点检官，阅试学生九百人，习经义者仅二百人，《礼记》、《春秋》则不过十数，而《周礼》一经乃绝无有。"故有是命。(《宋会要·职官》一三之一一)

十二月

癸丑(十六日)，尚书右仆射万俟卨上重修《贡举敕令格式》五十卷。(《系年要录》卷一七五)

是　年

本朝中兴初，建康府解额一十名；绍兴二十六年，增为一十一名。绍兴通用贡举格：建康府解额一十人。及准绍兴二十六年二月七日指挥节文：西北流寓东南，可将二十三年各州土著进士终场人数计若干取一人，谓如某州解一千人就试，终场一百人解一人之类。当年解就试流寓终场人数，每多土著人分数，即添解一人。或零分，流寓人少去处，依土著人十分为率，三分亦解一人。谓如土著人每百人解一人，其流寓人就试零三十人以上亦解一人之类。若以后解秋试人多，不得过二十六年所取人数。续据乡贡进士李伊等四十二名状，乞将流寓、土著士人绍兴二十六年二月七日指挥混试，本府取放一十一名。本府遂申尚书省并礼部，乞赐施行。回准。省札指挥节文寻行下，国子监勘当得本府所申，既流寓人与土著人混试，逐举取放一十一人，札付本府照应。(《景定建康志》卷三二《儒学志五·贡士·解额》)

绍兴二十七年　丁丑(1157)

正　月

一日,诏:"遵依咸平典故,以见任两省、台谏、侍从以上有服亲为权要,候放榜日,令礼部将过省合格人姓名取索,有无上件服属人,开具闻奏。自后每举申明举行。"(《宋会要·选举》四之三一)

绍兴二十七年,诏:两省、台谏、侍从有服亲,省试合格,命后省复试。(《玉海》卷一一六)

九日,以御史中丞汤鹏举知贡举,中书舍人王纶、起居郎赵逵同知贡举,合格奏名进士张宋卿以下二百四十三人。(《宋会要·选举》一之一六)

枢密院检详诸房文字刘章、尚书仓部郎中黄祖舜、尚书吏部员外郎张洙、尚书刑部员外郎邵大授、监察御史何溥、监察御史王珪、秘书省校书郎唐文若、秘书省著作佐郎黄中并差充参详官,枢密院编修官潘莘,太常博士张庭实,诸王宫大小学教授娄玮、陈常,秘书省校书郎季南寿,秘书省正字汪彻、胡沂、叶谦亨,御史台检法官褚籍,宗正寺主簿祝闶,国子监主簿方淑,皇太后宅教授左璠,皇后宅教授林同,太学正胡靖、史浩,国子录汪贲,太学录范成象,主管尚书吏部架阁文字王淮,新明州教授郑次云并充点检试卷官;右正言凌哲充别试所考试官,大宗正丞喻樗、秘书省正字林之奇、太常寺主簿任文荐、太常博士鲍彪并充点检试卷官。(《宋会要·选举》二〇之一二、一三)

十日,诏:"经义、诗赋两科合格人,如有余、不足,内诗赋不得侵取经义。若经义文理优长,合格人有余,许将诗赋人材不足之数,听通融优取。仍以十分为率,不得过三分。”以臣僚言:“学者竞习词赋,治经甚少。又于六经之中,舍其所难,则经学浸微。乞于二科所取分数,稍损诗赋而优经义。”故有是命。(《宋会要·选举》四之三一、三二)

二十八日,诏以见任两省、台谏、侍从以上有服亲为权要亲族,候放榜了日,令礼部将过省合格人姓名取索有无上件服属之人开具奏闻。(《宋会要·职官》一三之一一、一二)

二 月

一日,诏:“今后国子、太学公私试及将来科举取士,并令兼习经义、诗赋。内第一场大、小经义各与减一道,余依绍兴十三年二月二十二日指挥施行,永为定制。”(《宋会要·选举》四之三二)

五日,诏:“今后考校,如《二礼》文理优长,许侵用诸经分数,特与优取。”以尚书省言:“近年习《二礼》之人最少,理宜优异。”故有是诏。(《宋会要·选举》四之三二)

九日,礼部贡院言:“试博学宏词科左迪功郎周必大题曰《检校少保宁国军节度使提举祐神观某授检校少傅武昌军节度使知荆南府荆湖北路安抚使马步军都总管进封加食邑制》、《汉白虎议奏序》、《代交趾进驯象表》、《汉紫坛颂》、《绣衣卤簿记》、《汉庙鼎铭》,考入下等,减二年磨勘。”(《宋会要·选举》一二之一四)

(丁未,十一日)礼部贡院奏:“应博学宏词科左迪功郎周必大合格。”诏:“堂除建康府府学教授。”必大,管城人,寓居庐陵。普安郡王见其所试,以为有掌诰才,大善之。(《系年要录》卷一七六)

周益公与韩无咎同赋词科,试《交趾国进象表》,有“备法驾之前陈此”,无咎句也。益公止改“陈”字作“驱”字,遂中大科。“陈”字不切,“驱”字象上有用。又用拜舞周章,出《本草》注。(《贵耳集》卷上)

周必大《中博宏谢左相启》：艺苑三年，仅刻宋人之楮；词源八月，误乘汉客之槎。脱铨曹守选之劳，假留府谈论之任。众以叨荣而指目，心知逾分以兢惭。窃惟宏博之科，实待誉髦之士。泰陵致治，首举彝章；宁考继明，率循故事。逮圣皇之御极，参唐制以正名。昔旄头彗于紫薇，尚勤博采；兹东壁明于秘府，益慎详延。试言虽附于春官，拟制实关于睿览。惟大册高文之有体，暨洽闻殚见以无遗。乃能合程度之严，或可备甄收之数。如某者，生而孤陋，长则蠢冥。坦坦吁吁，屡欲乞天孙之巧；奇奇怪怪，固尝送文鬼之穷。幸承素业于百年，早窃清朝之一第。既迫渊明之为米，宁辞萧傅之抱关。鹍化鹏飞，绝望南溟之徙；猿惊鹤怨，空负北山之移。鬓虽未点于吴霜，梦已不生于春草。嗟子厚方心之靡凿，昧淳于曲突之告邻。回禄祝融，怅庐垣之黔赭；孤臣孽子，宜操虑之危深。翻旧书于忘废之余，辑冗语于荒芜之后。但励疲驽而自进，其如粪朽之难镌。未能知祭公谋父之诗，况于补圣历侍臣之赞。滥巾隽轨，整辔文场。刿目鉥心，无钩章之间见；汗颜血指，愧巧匠之旁观。两端既叩于鄙夫，千虑遂殚于愚者。谓占小善率以录，容或得之；若诸大夫皆曰贤，盖无是也。方笑黔驴之伎尽，旋惊塞马之福来。幸固自天，恩岂无地！兹盖伏遇某官，经邦哲辅，命世真儒。道德致君，美化渐摩于庶俗；文章入相，余波沾丐于群材。遂容凡下之资，猥被作成之赐。宠之所至，惧亦难任。再念衰宗，夙叨雅契。王父中庚辰之第，拜先正于龙门；严君登戊戌之科，踵后尘于虎榜。夫何小丑，复玷大钧。既祖孙三世以依归，殆今昔一时之幸会。某谨当深思忝冒，益务进修。应义理之文，敢继严助、枚皋之作；鸣国家之盛，愿追李翱、张籍之风。过此以还，未知所措。(《全宋文》卷五〇七六)

二十八日，宰执奏事，上曰："蜀中举人，前此有赴殿试不及者，皆赐同进士出身。恐其间有俊秀能取高第之人，例皆置之下列，甚可惜也。今次若来者尚少，宜相度展日少待。"(《宋会要·选举》八之四三)

三　月

八日，上御集英殿，试礼部奏名进士。内出制策曰："盖闻监于先王成宪，其永无愆。遵先王之法而过者，未之有也。仰惟祖宗以来，立经陈纪，百度著明，细大毕举。皆列圣相授之谟，为万世不刊之典。朕缵绍丕图，恪守洪业，凡一号令，一施为，靡不稽诸故实，惟祖宗成法是宪是若。然画一之禁、赏刑之具犹昔也，而奸弊未尽革；赋敛之制、经常之度犹昔也，而财用未甚裕；取士之科、作成之法犹昔也，而人材尚未盛；黜陟之典、训迪之方犹昔也，而官师或未励。其咎安在？岂道虽久而不渝，法有时而或弊，损益之宜，有不可已耶？抑推而行之者非其人耶？朕欲参稽典册之训，讲明推行之要，俾祖宗致治之效复见于今，其必有道。子大夫学古入官，明于治道，蕴蓄以待问久矣。详著于篇，朕将亲览。"得正奏名王十朋以下四百二十六人，第为五等，赐进士及第、出身、同出身。上宣谕宰臣沈该等曰："殿试卷子，其间极有直言者。论理财有言欲省修造，如崇台榭，起楼阁，以为虚费之事。朕虽无此事，然喜其直言。至说销金铺翠，朕累年禁止，尚未尽革，当焚之通衢，并可立法，必于禁止。前后廷对，未见有此。朕谓祖宗设科，非特网罗人材，盖将以求直言之士。朕前日谕考试官，令取直言，置之上列，非为虚文。可将任贤'辉'字号卷居第一。"特奏名李三英以下三百九十二人，赐同进士出身、同学究出身，登仕郎、将仕郎、上下州文学、诸州助教。（《宋会要·选举》八之八、九）

八日，上御集英殿，策试武举进士。（《宋会要·选举》一七之二八）

九日，上御幄殿，阅试武举弓马。（《宋会要·选举》一七之二八）

王十朋《廷试策》：臣闻：有家法，有天下法。人臣以家法为一家之法，人君以家法为天下之法。人君之与人臣，虽名分不同，而法有小大之异。至于能世守其法者，则皆曰权而已。人臣能执一家之权，守一家之法，以示其子孙，则必世为名家；人君能执天下之权，守其家法以为天下法，贻厥子孙，而施诸罔极，则必世为有道之国。盖法者，治家治天下之大具；而权者，又持法之要术也。今陛下亲屈至尊，廷集多士，访治道于清问之中，首以监于先王成宪、恪守祖宗之法为言，是则陛下欲守家法以为天下法者，固已得之矣。臣获以一介草茅，与子大夫之列，仰承圣诏，其敢不展尽底蕴，茂明大对，以为陛下遵祖宗守成法之献耶！臣之所欲言者无他焉，亦曰揽权而已。尝谓:君者,天也。天之所以为天者,以其聪明刚健,司庆赏刑威之权而不昧也;君之所以为君者,以其能宪天聪明,体天刚健,司庆赏刑威之权而不下移也。天执天之权而为天,君执君之权而为君,故天与君同称大于域中,而君之名号必以天配。以天道而王天下也,则谓之天王;以天德而子兆民也,则谓之天子;居九五正中之位,则谓之天位;享万寿无疆之禄,则谓之天禄。五服、五章者谓之天命,五刑、五用者谓之天讨,就之如日者谓之天表,畏之如神者谓之天威。居曰天阙,器曰天仗,法曰天宪,诏曰天语。天之大不可以有加,君之大亦不可以有加者,以其咸能司域中之权而已矣。恭惟陛下蕴聪明之德,体刚健之资,躬亲听断,动法祖宗。一诏令之下,而万民莫不鼓舞者,如天之雷风;一德泽之布,而万民莫不涵泳者,如天之雨露;开众正之路,杜群枉之门,而万民莫不悦服者,如天之清明;为政日新,日日新又日新,而万民莫不拭目以观者,如天之运行而不息。巍巍乎,荡荡乎,固不可以有加矣。而臣犹以法天揽权为言者,盖陛下之德,虽不可以有加,而臣子之心,每以有加亡已而望陛下。此臣所以昧死尽言,而不知讳也。

臣伏读《圣策》,首以"监于先王成宪,其永无愆;遵先王之法而过者,未之有"为言;次及于祖宗立经陈纪,列圣相授之道;又次以今日奉行而不能无四者之弊为问。臣有以见陛下知致治之道,在乎守成宪、遵祖宗,欲革今日之弊也。臣窃谓陛下能揽威福之权,率自己出,则成宪有不难守,祖宗有不难法,时弊有不难革,天下有不难治。凡所以策臣者,皆不足为陛下忧矣。不然,陛下虽勤勤问之,臣虽谗谗诵之,无益也。臣观自古善言治之人,未尝不以揽权为先;自古善致治之君,亦未尝不以揽权为先。惟辟作福,惟辟作威,惟辟玉食,臣无有作福、作威、玉食者,箕子告武王之言也;天下有道,礼乐征伐自天子出,至于无道,则自诸侯大夫出者,孔子垂戒后世之言也;谓庆赏刑威曰君,君能制命为义者,左氏记时人之言也;谓堂陛不可以相陵,首足不可以相反者,贾谊告文帝之言也。此臣所谓善言治之人,未尝不以揽权为先也。三皇官天下者,揽福威之权以官之也;五帝家天下者,揽福威之权以家之也;三王计安天下而历年长且久,揽福威之权以安之也。汉宣帝善法祖宗之君也,然其所以能守祖宗之法、致中兴之业者,无他焉,以其能革霍光专政之弊,躬揽福威之权而已。观其总核名实，信赏必罚，斋居决事，听断惟精。而神爵、五凤之治，号为吏称民安、功光祖宗、业垂后裔者，盖本乎此也。光武亦善法祖宗之君也，然其所以能守祖宗之法、建中兴之功者，无他焉，以其能鉴西京不竞之祸，躬揽福威之权而已。观其总揽权纲，明慎政体，退功臣而进文吏，戢弓矢而散马牛，建武之政号为止戈之武，系隆我汉、同符高祖者，盖本乎此也。唐明皇善法祖宗之君也，然其所以能守祖宗之法、致开元之治者，以其能革前朝权戚干政之弊，躬揽福威之权而已。初，明皇锐于求治，姚崇设十事以要说之，其大概则劝其揽权也。帝自谓能行，由是励精为治，责成于下，而权归于上矣。宪宗亦善法祖宗之君也，然其所以能守祖宗之法、致元和之治者，以其能惩前日沾沾小人窃柄之弊，躬揽福威之权而已。初，宪宗锐于致治，杜黄裳惧不得其要，劝其操执纲领，要得其大者，帝嘉纳之。由是励精为治，纪律设张，赫然号中兴矣。此臣所谓自古善致治之君，未尝不以揽权为先也。

陛下惩前日权臣专政之久，收还福威之柄，运独化于陶钧，裁万几于独断，天下翕然称陛下为英主，凛凛乎汉宣帝、光武、唐明皇、宪宗之上矣。而臣尤劝陛下揽权者，非欲陛下衡石程书如秦皇帝，而谓之揽权也；又非欲陛下传飡听政如隋文帝，而谓之揽权也；又非欲其强明自任、亲治细事、不任宰相如唐德宗，而谓之揽权也；又非欲其精于吏事、以察为明、无复仁恩如唐宣宗，而谓之揽权也。盖欲陛下惩其所既往，戒其所未然，操持把握，不可一日而少纵之。使福威之柄，一出于上，不至于下移而已。臣窃谓陛下欲守祖宗之法，莫若躬揽福威之权；欲揽福威之权，又莫若行陛下平日之所学。五经泛言治道，而《春秋》者人主揽权之书也。陛下圣学高明，缉熙不倦，万几之暇，笃好此书。固尝亲洒宸翰，以书经传，刊之琬琰，以诏学者矣。迩者，又命儒学近臣于经筵讲读之。是则夫子二百四十二年行事之迹，固已默得于圣心之妙。至于其间可谓揽权之法者，臣请为陛下诵之。《春秋》书王曰天王者，所以为人君法天揽权之法；有书王不书天者，所以为人君不能法天揽权之戒；书朝书会者，欲朝会之权必出于天子也；书侵书伐者，欲征伐之权必出于天子也；书僭礼乱乐者，欲其收礼乐之权也；书僭赏滥罚者，欲其收赏罚之权也。权在诸侯则讥之，如践土之盟之类是也；权在大夫则刺之，如鸡泽之盟之类是也。先王人而后诸侯者，欲权在王人也；内中国而外夷狄者，欲权在中国也。书盗一字者，所以戒小人之窃权也；书阍一字者，所以防刑人之弄权也。凡一字之褒重于华衮者，皆所以劝人君揽权以作福；凡一字之贬重于斧钺者，皆所以劝人君揽权以作威。臣愿陛下尊圣人之经，行圣人之言，以是正天下之名分，以是定天下之邪正，以是成天下之事业。则何患乎不能监先王之宪、遵祖宗之法、革今日之弊耶？

臣伏读《圣策》曰："仰惟祖宗以来，立经陈纪，百度著明，细大毕举，皆列圣相授之模，为万世不刊之典。朕缵绍丕图，恪守洪业，凡一号令，一施为，靡不稽诸故实，惟祖宗成法，是宪是若。"臣有以见陛下谦恭仰畏，不以聪明自居，必欲行祖宗之法，以致中兴之治也。臣以谓陛下欲法祖宗以致治，又不可不法《春秋》以揽权。臣谨按：《春秋》有"变古则讥之"之书，有"存古则幸之"之书，有"复古则善之"之书。经书初献六羽者，讥隐公不能守祖宗之法，而轻变先王之乐也；书初税亩者，讥宣公不能守祖宗之法，而轻变成周之彻也，此所谓"变古则讥之"者也。书犹三望者，讥僖公不郊而幸其犹三望；书犹朝于庙者，讥文公不告朔而幸其犹朝于庙，此所谓"存古则幸之"者也。襄公十一年书作三军者，讥其变古也；昭公五年书舍中军者，善其复古也，此所谓"复古则善之"者也。《书》曰"无作聪明乱旧章"；《诗》曰"不愆不忘，率由旧章"。汉惠帝用曹参，守萧何之法，而海内晏然；武帝用张汤，取高皇帝之法纷更之，而盗贼半天下。守祖宗之法者，其治如此；变祖宗之法者，其乱如彼。为人主者其可自坏其家法耶？我太祖、太宗，肇造我宋之家法者也；真宗、仁宗至于列圣，守我宋之家法者也。先正大臣，若范质、赵普之徒，相与造我宋之家法者也。在真宗时，有若李沆、王旦、寇准；在仁宗时，有若王曾、李迪、杜衍、韩琦、范仲淹、富弼之徒，相与守我宋之家法者也。侧闻庆历中，仁宗出御书十三轴，凡三十五事：其一曰遵祖宗训，二曰奉真考业，三曰祖宗艰难、不敢有坠，四曰真宗爱民、孝思感噎。故当时君圣臣良，持循法度，四十二年之间治效卓然者，盖本乎此。又闻熙宁中，先正司马光于经筵进讲，至萧何、曹参事，谓参不变何法，得守成之道，且言祖宗之法不可变也。异日，吕惠卿进讲立说以破之，谓法有一年一变者，正月始和，布法象魏是也；有五年一变者，巡守考制是也；有三十年一变者，刑罚世轻世重是也。光随而折之，曰："布法象魏,布旧法也,非变也。诸侯有变礼易乐者,王巡守则诛之,王不自变也。刑,新国用轻典,乱国用重典,平国用中典,是谓世轻世重,非变法也。”观二臣之言,亦足以见其人之邪正矣。陛下自即位以来,固未尝不遵守祖宗成法,比年有出于一时申请、权宜而行者,致与成法或相抵牾。迩者,陛下面谕群臣,谓国家政事并宜遵守祖宗。今又发于清问,以求致治之效,臣有以见陛下得持盈守成之道,真仁宗之用心矣。然臣复以揽权为言者,盖《春秋》讥时王失揽权之道,故诸侯遂有变法之弊。今陛下欲守祖宗之法,宜用《春秋》赏罚之权以御之可也。大臣有清净如曹参者,宜命之持循;忠正如司马光者,宜俾之讨论;变乱如张汤者,则诛之;异议如吕惠卿者,则斥之。如是,则祖宗良法美意,可以垂万世而无弊矣。尚何患乎天下之不治哉!

臣伏读《圣策》曰:“画一之法、赏刑之具犹昔也,而奸弊未尽革。”臣有以见陛下欲行祖宗之法,在乎明赏刑以革弊也。臣窃谓:欲奸弊之尽革,不可不法《春秋》以揽权。盖《春秋》之法,非孔子之法也,成周之法也。故杜预曰:“周公之志,仲尼从而明之。”《经》有书赏者,如锡命威公、锡命文公、锡命成公之类,皆所以讥时王之滥赏,非周公之赏也;有书刑者,如杀其大夫、放其大夫、杀其公子之类,皆所以讥时君之滥刑,非周公之刑也。时王失周公赏刑之法,不能革当时之奸弊,故仲尼以笔削之权代之,善劝而淫惧焉。我祖宗制赏刑之法,载在有司,画一之章,昭然可睹。创之者如萧,守之者如曹,未尝有滥赏也,而赏必当乎功;未尝有淫刑也,而刑必当乎罪。历世行之,弊无不革者,盖以圣祖神宗能揽权于上,而群臣能奉行于下故也。故司马光自为谏官及为侍从,尝以人君致治之道三献之仁宗,又献之英宗,又献之神宗。而其二说,则在乎信赏必罚也。三宗既用其言,以致极治矣。光以清德雅望,执政于元祐之初,躬行其言,以革时弊。进退群臣邪正之甚者十数人,天下皆服其赏刑之当,一时之弊亦无不革者。我三宗真盛德之君,而光亦可谓救时贤相也。迩者,陛下躬亲万几,一新时政,斥逐奸邪,登用耆旧,禁锢者释,告讦者诛,兹赏刑之至公,而革弊之甚大者也。《圣策》犹以奸弊未革为忧者,岂今日朝廷犹有僭赏滥罚如《春秋》时乎?臣不敢不陈其大概。夫人主赏刑之大者,莫若进退天下之人才。今陛下每进一人,必出于陛下素知其贤,亲自识擢可也;不然,则出于大臣侍从公心荐举可也;不然,则采于舆论,而天下国人皆曰贤可也。苟不出于三者,而一旦遽进之,则议者必曰:“某人之进也,出于某人阴为之地也。”如是,则一人之滥进,有以损陛下作福之权矣。陛下每退一人,必出于陛下灼知其罪,震怒而赐谴可也;不然,则出于谏官、御史公言论列可也;不然,则得于佥言,而天下国人皆曰有罪可也。苟不出于三者,而一旦遽退之,则议者必曰:“某人之退也,出于某人阴有以中之也。”如是,一人之误退,有以损陛下作威之权矣。昔舜举十六相,而天下悦其赏之当;去四凶人,而天下服其罚之公。陛下苟能以祖宗制赏刑为法,以虞舜用赏刑为心,执《春秋》赏刑之权以御之,则何患乎奸弊之不革耶?若夫有某劳进某秩以为赏,犯某事得某罪以为罚,此特有司之职耳,非人主福威之大者,臣不复为陛下言之也。

臣伏读《圣策》曰:“赋敛之制、经常之度犹昔也,而财用未甚裕。”臣有以见陛下欲行祖宗之法,在乎裕财用以经邦也。臣窃谓欲财用之有裕,又不可不法《春秋》以揽权。谨按:《春秋》书臧孙辰告籴于齐者,讥庄公不节国用,一岁不熟而告急于外也;书初税亩者,讥宣公不节国用,变成周什一之法,至于履亩而税也;书作丘甲者,讥成公不节国用,至于以丘而出甲也;书用田赋者,讥哀公不节国用,至于用亩而出军赋也。《春秋》书告者不宜告,书初者不宜初,书作者不宜作,书用者不宜用,臣由是知《春秋》赋税之书,为人君节用裕财之训明矣。昔孔子对齐景公之问政,不曰政在生财,而曰政在节财;有若对鲁哀公之问年饥,不告之以生财之术,而告之以盍彻,臣又知裕国之术,实在乎节用也。侧闻太祖皇帝有言曰:“我以四海之富,宫殿悉以金银为饰,力亦可办。但念我为天下守财耳,岂可妄用!古称以一人治天下,不以天下奉一人。”呜呼!大哉言乎!真可为万世子孙保国之训也。又闻仁宗圣性尤务俭约,器用止于漆素,衾褥止用黄絁。嘉祐间临轩策士,出《富民之要在节俭》以为御题,时吕溱赋曰:“国用既节,民财乃丰。”仁宗悦之,擢为第一。观仁宗取士命题之意,又真可为万世子孙保国之训也。又闻熙宁初,司马光、王安石同对,论及救灾节用事,安石曰:“国用不足者,以未得善理财者也。”光曰:“善理财者,不过头会箕敛以尽民财,民穷为盗,非国之福。”安石曰:“不然,善理财者不加赋,而上用足。”光曰:“天下安有此理?天地所生财货万物,止有此数,不在民则在官。譬如雨泽,夏涝则秋旱。不加赋而上用足,不过设法阴夺民利,其害甚于加赋。此乃桑弘羊欺汉武帝之言,太史公书之,以见武帝不明耳。”司马光之名言,真可谓节用理财之法,聚敛毒民者之深戒也。陛下自和戎以来,兵革不用二十年矣,是宜仓廪富实,贯朽粟陈,如成康、文景时可也。而《圣策》乃以财用未裕为忧,虽臣亦窃疑之。岂国家用度之际有所未节乎?奢侈之风有所未革乎?不急之务、无名之费尚繁乎?今赋入不及祖宗全盛之日,而用度不减祖宗全盛之时。三年郊祀之礼所不可免者,而臣下赏赐之费有可得而省也;不得已之岁币所不可免者,而使命往来之费可得而省也;百官之俸所不可免者,而冗官可得而省也;六军之养所不可免者,而冗兵可得而省也。臣所谓用度之际有所未节者,如此之类。不止乎此也。朝廷往尝屡有禁销金之令矣,而妇人以销金为衣服者,今犹自若也;又尝有禁铺翠之令矣,而妇人以翠羽为首饰者,今犹自若也。是岂法令之不可禁乎?岂宫中服浣濯之化,衣不曳地之风未形于外乎?臣所谓奢侈之风有所未革者,盖在乎此也。臣又闻之道路,谓远夷外国有以无益之奇玩,易我有用之资财者;池台、苑囿、车骑、服御,有未能无所增益者;中贵、外戚、便嬖、使令、倡优、伶官之徒,有未能无非时赏赐者。臣所谓不急之务、无名之费尚繁者,盖在乎此也。昔汉文帝躬行节俭以化民,而海内至于富庶。臣愿陛下揽权于上而革众弊,以文帝及我太祖、仁宗恭俭为法,以《春秋》所书为戒,则何患乎财用之不裕乎?若夫自同于聚敛之臣,献生财之术,则臣不敢也。

臣伏读《圣策》曰:“取士之科、作成之法犹昔也,而人才有未盛。”臣有以见陛下知致治之道在乎得士,而欲人才之盛如祖宗时也。臣窃谓陛下欲人才之盛,宜揽育才取士之权。臣谨按:《春秋》书作丘甲,《谷梁》因论古者有四民,而以士民为首。范宁释之曰:“士者,治道艺者也。”又按,经书单伯送王姬,《谷梁》曰:“单伯者,我之命大夫也。”范宁释之曰:“古者诸侯贡士于天子,大国三人,次国二人,小国一人。”又按,《公羊春秋》曰:“什一行而颂声作。”何休因论及成周之时井田校室之制、大学小学之法、养士取士之说为甚详。又按,经赦许止之罪,《谷梁》曰:“子生三月,不免水火,母之罪也;羁贯成童,不就师傅,父之罪也;就师傅学问无方,心志不通,己之罪也;心志既通,而名誉不彰,朋友之罪也;名誉既彰,而有司不举,有司之罪也；有司举之，而王者不用，王者之过也。”《春秋》伤时王失育才取士之权，而默寓其意于笔削之际，公羊、谷梁、范宁、何休之徒从而发明之，亦可谓有功于风教矣。我祖宗以来，取士于科举，是古者诸侯贡士之法也；养士于太学，是古校庠序之法也；又有制科以待非常之士，是有取于汉唐盛世之法也。进士科或用诗赋，或用经义，虽更变不同，而未尝不得人也；大学之士，或出于舍选，或出于科举，虽作成不同，而亦未尝不得人也。二百年间，名臣巨儒，建勋立业，背项相望，莫不由此途出，可谓盛矣。陛下往者虽在干戈日不暇给之中，而亦未尝废俎豆之事。自偃兵以来，复兴太学，以养诸生。其取士之科，作成之法，一遵祖宗之旧，恩甚渥也。而《圣策》犹以人才未甚盛为忧者，臣辄献揽权之说焉。今取士之科，作成之法，虽曰犹昔，而人才非昔者，由福威之权下移于前日故也。夫法之至公者莫如取士，名器之至重者莫如科第。往岁，权臣子孙、门客省闱、殿试，类皆窃巍科，而有司以国家名器为媚权臣之具，而欲得人可乎？朝廷比因外台之言，例行驳放，士论莫不称快。臣愿陛下常揽福威之权以御之，严诏有司，谨取士之公法，而无蹈往年之覆辙可也。至所谓作成者，盖欲作成其器，如鸢飞鱼跃，涵养其平日之刚方，而成就其异时之远大者耳。非取其能绨章绘句，以媒青紫也。自权臣以身障天下之言路，而庠序之士养谀成风，科举之文不敢以一言及时务，欲士气之振可乎？臣闻嘉祐间，仁宗以制科取士，时应诏者数人，眉山苏辙之言最为切直，考官以上无失德，而辙妄言，欲黜之，独司马光慨然主其事。仁宗曰：“朕以直言求士，其可以直言弃之耶？”擢置异等。此陛下取士之家法也。臣愿陛下以仁宗为法，以前日权臣之事为戒，命庠序去谤讪之规，科举革忌讳之禁，有司取忠谠之论。将见贤良方正、茂才异等、直言极谏之士济济而出，如仁宗时矣。尚何患人才之不盛乎！

臣伏读《圣策》曰：“黜陟之典、训迪之方犹昔也，而官师或未励。”臣有以见陛下知致治之道在乎得人，而欲官师之励如祖宗时也。臣窃谓欲官师之励，宜揽黜陟贤否之权。谨按：《春秋》隐十一年书滕侯，至桓二年则书滕子，范宁曰：“前称侯，今称子者，盖时王所黜。”隐二年书纪子，至桓二年则书纪侯，范宁曰：“前称子，今称侯者，盖时王所进。”臣窃谓《春秋》时王不能黜陟诸侯，是必夫子以赏罚之权，因其贤否而黜陟之也。又按，经书楚曰荆,《公羊》曰:“荆者何?州名也。州不若国,国不若氏,氏不若人,人不若名,名不若字,字不若子。”何休释之曰:“圣人因周有夺爵之法,故备七等之科以进退之。”臣是以知《春秋》实夫子黜陟之公法也。故为臣而知《春秋》者,则必为忠臣,盖《春秋》以责忠臣之至,训迪天下之为人臣者也;为子而知《春秋》者,则必为孝子,盖《春秋》以责孝子之至,训迪天下之为人子者也。我国家任官之法,上自公卿百执事,下至一郡一县之吏,无非以公道黜陟之,固无异虞舜三载考绩之法也;有学以教之于未仕之前,有法以禁之于筮仕之后,无非以公道训迪之,固无异乎成周训迪厥官之方也。故当时为官师者,罔不勉励厥职。坐庙堂之上,与天子相可否者,是宰相之励其职也;立殿陛之前,与天子争是非者,是谏官之励其职也;言及乘舆则天子改容,事关廊庙则宰相待罪者,是御史之励其职也。百官励其职于朝,守令励其职于郡县,是以祖宗之世,内外多任职之臣,故其致治之效,远出汉唐之上。今陛下任贤使能,以建中兴之治。黜陟之法,训迪之方,无非遵祖宗之时,而《圣策》乃以官师未励为忧者,臣辄献揽权之说焉。今黜陟之法、训迪之方虽曰犹昔,而治效非昔者,由福威之权下移于前日故也。夫法之至公者莫大乎黜陟,而治乱之所系者莫重乎官师。曩者,内外用事之臣,多出乎权门之亲戚、故旧、朋党。文臣或非清流而滥居清要之职,武臣或无军功而滥居将帅之任,贿赂公行,其门如市。郡县之吏,其浊如泥,是皆官曹澄清时可堪一笑者。至于一言忤意,虽无罪而亦斥;睚眦之怨,虽忠贤而必诛。其一时黜陟,皆出乎喜怒爱憎之私,无复有唐虞考绩、李唐四善二十七最之法,求欲其尽瘁励职可乎?若夫所谓训迪者,盖将以忠义训迪之,使其忘身徇国而已。非欲训迪其巧进取、善造请,以事权势也。当权门炙手可热之时,搢绅相率为佞之不暇,孰有以忠义相训迪者乎?至于今日而官师犹未励者,以其承积习之后,而余弊未革故也。陛下必欲官师咸励厥职,莫若大明黜陟于上,而以黜陟之次者付之宰相,又其次者付之吏部,又其次者付之监司可也。昔庆历中,仁宗黜夏竦等,用杜、韩、范、富以为执政,以欧阳修、余靖、王素、蔡襄为谏官,皆天下之望,鲁人石介作《圣德颂》以揄扬之。此陛下黜陟之家法也。臣愿陛下以仁宗为法,以前日权臣之事为戒,执福威之大柄以为黜陟之法,明忠孝之大节以为训迪之方。如是,则尚何患乎官师之不励职如祖宗时乎!

臣伏读《圣策》，谓“奸弊未尽革，财用未甚裕，人才尚未盛，官师或未励，其咎安在？岂道虽久而不渝，法有时而或弊，损益之宜有不可已邪？抑推而行之者非其人邪？朕欲参稽典策之训，讲明推行之要，俾祖宗致治之效复见于今，其必有道。”臣仰见陛下愿治之切，思慕祖宗之深，欲聿追其盛德大业者，可谓勤且至矣。然臣已陈揽权之说于前，且以《春秋》为献。抑尝闻先儒曾参有言曰：“尊其所闻则高明矣，行其所知则光大矣。”《春秋》之学，陛下既已深得之，复能尊其所闻，行其所知，揽福威之权以守祖宗之家法。则赏刑当而天下悦矣，奸弊不患乎不革；节俭行而天下化矣，财用不患乎不裕；取士公而贤能出矣，人才不患乎不盛；黜陟明而邪正分矣，官师不患乎不励。祖宗致治之效，又何患乎不复见于今邪！若夫所谓“道虽久而不渝，法有时而或弊，损益之宜，有不可已者。”臣按：先儒释《春秋》，有变周之文，从周之质之说。又有商变夏、周变商、春秋变周之说。臣以谓春秋未尝变周也，特因时而救弊耳。又尝闻董仲舒之言曰：“先王之道，必有偏而不起之处，故政有眊而不行。救其偏者，所以补其弊而已矣。”我祖宗之法，譬犹大厦，弊则修之，不可更造。苟不知遵守，而轻务改更，臣恐风雨之不庇也。损益之宜，有不可已者。臣愿以仲舒补弊之说为献，可乎？若夫所谓推而行之，有非其人者。臣按：《春秋》书“乃”一字，如“公子遂如齐，至黄乃复”之类。《谷梁》释之曰：“乃者，亡乎人之辞也。”盖言任用不得其人耳。又尝闻荀卿之言曰：“有治人，无治法。”夏、商、周之法非不善也，苟得其人，监于成宪，常如傅说之言，遵先王之法；常如孟子之言，率由旧章；常如诗人之言，则夏、商、周虽至今存可也。汉、唐之法亦非不善也，苟得其人，常如曹参之守法，宋璟之守文，魏相、李绛之奉行故事，则汉、唐虽至今存可也。祖宗之法非不甚善也，苟得其人，常如司马光之徒，持守成之论，则垂之万世，与天地并久可也。陛下既知前日推而行之非其人矣，则今日又不可不慎择焉。臣愿以荀卿有治人之言为献，可乎？若夫参稽典策之训，则有历朝之国典在焉，祖宗之宝训政要在焉，有司之成法在焉，朝廷之故事在焉。陛下宜诏执政与百执事之人，参稽而奉行之可也。若夫讲明推行之要，则无若乎揽权，陛下提纲振领，而以万目之繁付之臣下可也。

陛下终策臣曰：“子大夫学古入官，明于治道，蕴畜以待问久矣。详著于篇，朕得亲览。"此陛下导臣使言，臣不敢不尽言也。臣闻人主开求言之路，必将有听言之实；人臣遇得言之秋，不可无献言之诚。盖求言之路不常开，而得言之秋不易遇。今陛下开求言之路，而臣遇得言之秋，陛下有听言之实，臣其可无献言之诚乎！臣复有一言以为陛下献者，欲陛下正身以为揽权之本也。按：《春秋》书正者，杜预谓欲其体元而居正，《公羊》又有君子大居正之说。谓正心以正朝廷，正朝廷以正百官，正百官以正万民者，董仲舒之论正也。谓人君所行必正道，所发必正言，所居必正位，所近必正人者，刘蕡之论正也。臣观自古人君能正身以化下者，莫如周文王；不能正身以化下者，莫如汉武帝。文王宅心于正道之中，其勤劳则日昃不遑暇食，不敢盘于游田，以庶邦万民惟正之供。故能刑于寡妻，至于兄弟，以御于家邦，见于《思齐》之诗。在位之臣皆节俭正直，见于《羔羊》之诗。人伦既正，朝廷既治，天下纯被其化，又见于《驺虞》之诗。文王能自正其身，而其下化之如此。若夫武帝则不然。其所以自治其身与其下应之者，皆不正也。帝好谀也，故公孙弘曲学以应之；帝好刑也，故张汤曲法以应之；帝好利也，故孔仅、桑弘羊以剥下益上应之；帝好兵也，故卫青、霍去病以拓土开疆应之；帝好夸大也，故司马相如作《封禅书》以应之；帝好神仙也，故文成、五利之徒以左道应之。武帝不能自正其身，而其下应之如彼。臣愿陛下以文王为法，以武帝为戒，端厥心居以为化本，非正勿视，非正勿听，非正勿言，非正勿动。其用人也，不必问其才不才，而先察其正不正。是果正人也，其进则为治之表，其可以其才不足而不与之进乎？是果不正人也，其进则为乱之机，其可以其才有余而使之进乎？其听言也，必观其言之是与非，斯可以见其人之邪与正。有逊志之言，必将察之曰："彼何为而投吾之所好哉？是必不正人之言也，是言之有害于我者也，其可以其逊吾志而受之邪？"有逆耳之言，必将察之曰："彼何为而犯吾之所恶哉？是必正人之言也，是言之有益于我者也，其可以其逆吾耳而不受邪？"左右誉言日闻，必察之曰："是必不正人也，是必阿大夫之类也，是必善结吾左右以求誉者也，退之可矣。"左右毁言日闻，必察之曰："是未必非正人也，是必即墨大夫之类也，是必不善结吾左右以致毁者也，进之可矣。"如是，则一念虑无非正心，一云为无非正道，左右前后侍御仆从，罔匪正人。殆见四方万里风行草偃，莫不一于正矣。臣愿陛下以是为揽权之本，而又任贤以为揽权之助,广览兼听以尽揽权之美。权在陛下之手,则所求无不得,所欲皆如意。虽社稷之大计,天下之大事,皆可以不动声色而为之,况区区四者之弊,尚何足以轸渊衷之念哉!臣闻主圣臣直,惟陛下赦其狂愚,不胜幸甚。(《王十朋全集·文集》卷一)

十四日,诏:"正奏名进士、从义郎赵不息母曹氏,特封咸安郡夫人。"以其子殿试合得两官恩例为请也。(《宋会要·选举》二之一九)

十四日,御笔宣示殿试官曰:"对策中有指陈时事、鲠亮切直者,并置上列。无失忠谠,无尚谄谀,用称朕取士之意。"(《宋会要·选举》八之四三)

十六日,上宣谕宰臣曰:"今次策士,考校官编排处极详密,内有犯讳、杂犯之人,亦令且与考校。并戒励有司,抑谄谀,进忠亮。盖以临轩策士,正欲闻切直之言也。"(《宋会要·选举》八之四三)

十八日,上宣谕宰臣曰:"今次殿试,举人程文议论纯正,仍多切直。自此,人才极有可用。"(《宋会要·选举》八之四三)

丙戌(二十一日),上御射殿,引正奏名进士唱名。先是,汤鹏举以御史中丞知贡举,上合格进士博罗张宋卿等,上亲策试。既而,御笔宣示考试官曰:"对策中有鲠亮切直者,并置上列,以称朕取士之意。"时乐清王十朋首以法天揽权为对,其略曰:……晋原阎安中策言:"太子,天下本。自昔人君嗣政之后,必建立元子,授之匕鬯,所以系隆社稷,基固邦本,示奕世无穷之休。臣观汉唐史,东海王强之于显宗,宋王宪之于明皇帝,既皆为太子矣。暨天命定于后,莫不优加职秩,大封殊礼,退就宫邸。当时无间言,后世无异议。孝成帝即位二十五年,立弟之子定陶王为子。今陛下之心,祖宗之心也。圣虑经远,神几先物,尝修祖宗故事,累年于兹矣。日就月将,缉熙光明之学,其历试周知,不为不久也,而储位未正,嫡长未辨。臣愚深恐左右近习之臣,浸生窥伺,渐起党与,间隙一开,有误宗社大计。此进退安危之机也!臣愿陛下断自宸衷,蚤正储位,以系中外之望。"详定官定十朋为第九，编排官孙道夫奏其辞语鲠切，上览之，前三日谓大臣曰："今次举人程文，议论纯正，仍多切直。似此人才，极有可用。"翌日，又谓大臣曰："昨览进士试卷，其间极有切直者，如论理财则欲省修造。朕虽无崇台榭之事，然喜其言直。至论销金铺翠，朕累年禁止，尚未尽革。自此当立法，必禁之。去年交趾献翠毛五百尾，朕未尝用，当焚于通衢。"汤思退进曰："陛下旌直言，以冠多士；焚翠羽，以革侈靡，皆盛德事。昔公孙弘射策，太常奏弘第居下，武帝亲擢为第一。今此九名试卷，若不经御览，安得独先多士？"上曰："其中亦有不实处，但取其直耳。"思退曰："太宗时，有雍邱尉武程上疏，愿减后宫嫔嫱。太宗谓宰相曰：'程疏远，未悉朕意。纵欲败度，朕所不为。内廷执掌有不可去者。'李昉欲黜程以戒妄言，太宗曰：'朕曷尝以言罪人！但念程不知耳。'士人论事，不究虚实，陛下能容之，实千载之遇。"上曰："正不消与辨。"陈诚之曰："天下自有公论。陛下此举，大足以感动天下。愿陛下自此益崇俭约，以节浮费。"上曰："卿等在朕左右，见朕曷尝一日不以此为念？"诚之曰："愿加不息之诚，则天下幸甚！"时上临御久，主器未定，大臣无敢启其端者。安中对策，独以储贰为请，上感其言，擢安中第二。遂赐十朋等四百二十六人及第、出身。或曰：安中与举人黄成孙同县，相友善。成孙父源尝为书言储贰事，安中得其说以对，上大赏之。始蜀人之未集也，上数有展日之命。沈该奏："天时向暄，恐陛下临轩不无少劳。乞一面引试，后有至者，臣等策之中书，定其高下。"上不许，曰："三年取士，朕岂惮一日之劳耶！"及唱名至安中，又至第三人双流梁介，上连举首谓该曰："如何？"该大惭悚。(《系年要录》卷一七六)

王十朋《丁丑二月二十一日集英殿赐第》：太平天子崇儒术，寒贱书生荷作成。槐市育才叨舍选，枫宸唱第冠时英。圣恩宽大容愚直，御墨褒嘉佩宠荣。却笑刘蒉不遭际，徒令纸上有虚名。(《王十朋全集·诗集》卷一一　按：此诗当作于三月)

二十二日，尚书省言："拟到武举进士赵应熊以下一十六人推恩：正奏名一十五人，策入优等，第一名武艺绝伦，又省试第一名，特与保义郎、阁门祗候，余人并与承节郎；特奏名一名，与进义校尉。各展减磨勘年有

差。"从之。(《宋会要·选举》一七之二八)

赵应熊武艺绝伦，又省、殿试皆第一，即令为阁职焉。(《朝野杂记》甲集卷一三)

丁亥(二十二日)，特奏名进士李三英等三百九十二人、武举进士赵应熊等十五人、特奏名一人，授官有差。(《系年要录》卷一七六)

二十四日，宰执奏事。宰臣沈该等曰："两日唱名，上劳圣躬。"上曰："今次魁选，文武皆得人。朕乐于得士，虽临轩终日，不觉倦也。"(《宋会要·选举》八之四三)

二十七日，宰执进呈赵应熊拟江南东路安抚司准备将。上曰："应熊所试弓马甚精，文字亦可采。徽宗时，如马扩与马识远者，皆以武举擢用，或衔命出疆。今来所得，亦不可谓无人。"(《宋会要·选举》一七之二八)

进士名录：王十朋，阎安中，梁介，丁康时，王三杰，王日章，王文震，王允才，王佐，王作谋，王宗巳，王珏，王禹锡，王起宗，王益，王万，王道，王维，王兴，王觉民，王夔，太史劭，毛邦翰，勾龙亶，文仔，方士举，方南强，方彦中，方洋，方梦祥，方台符，方闻一，左玶，石应城，史尧文，史尧弼，丘大猷，丘哲，皮汝平，吕防，朱君，朱英，朱佾，朱琇，朱梦良，朱懋德，危琯，江文叔，李友直，李友谅，李占，李芝才，李汝明，李安上，李好古，李伸，李伯时，李冲，李表辰，李起，李时珍，李盛，李瑜，李远，李闻，李诵，吴人瑞，吴三杰，吴允成，吴正己(误)，吴丙成，吴廷俊，吴杞，吴飞英，吴偁，吴博古，吴遇，吴汤辅，吴蕴古，何邦光，何若，何偁，余禹成，余绍祖，余端礼，辛陈道，沈大节，沈作乂，沈宗禹，沈清臣，沈黼，宋宜之，邵德一，邵锐，范大用，范大用，林介，林文瑞，林秀，林宋显，林思问，林思绍，林颖，季光弼，季翔，周之才，周邦弼，周汝能，周直亮，周秉文，周朋米，周敏卿，周尧夫，周贲，周懋，周谟，周谨思，京镗，宗振，孟叔献，胡一之，胡尹朋，胡南逢，胡晋臣，柯岳，查子固，施晋卿，施师点，姜之茂，祝霆，姚宗之，姚筠，姚愈，姚泽，袁凤，袁澄，莫大猷，莫澄，莫贽，员兴宗，倪履信，徐孝伯，徐宗振，徐巘，留清卿，高伉，高似，郭一飞，唐光谦，唐庭坚，涂葳，陆琰，陈大年，陈元礼，陈邦庆，陈自修，陈芷，陈作乂，陈阜，陈昭嗣，陈施明，陈岘，陈师正，陈务敏，陈许国，陈尧明，陈登，陈嘉猷，陈端友，陈确，陈余庆，孙安国，孙冀，黄元，黄中立，黄文度，黄庚，黄俊民，黄笏，黄涣，黄抡，黄常，黄崇，黄启宗，黄万顷，黄敦义，黄嘉运，黄辅之，黄适，黄维之，黄澈，黄藻，黄灏，曹逢时，曹觉，许予绍，许从龙，康景杰，章惠仲，章谏，章谦，梁子辅(误)，梁子韶(误)，张文焕，张仲迈，张宋卿，张春，张柟，张宣，张羔，张康国，张淏，张敦诗，张硕，张广，张樗年，张嵘，参徐，项宋嚞，彭奕休，彭椿年，彭范，彭泽宗，叶子强，叶永龄，叶亨中，叶齐山，董文昌，董振，喻良倚，喻良能，程中正，程令说，程伯盛，程坦，程骧，傅攸受，曾大鼎，曾光，杨世称，杨充，杨良，杨起，杨梦龄，杨虞仲，杨睫之，贾伟，贾祺，詹元鼎，詹汝贤，雍敏，雍尧佐，赵不忧，赵公丑，赵公迁，赵汝舟，赵汝能，赵汝弼，赵汝谌，赵伯洙，赵伯湆，赵彦深，赵彦堪，赵彦弼，赵彦操，赵师文，赵善俊，赵善宰，蒋之才，蒋康国，蔡椿老，蔡皝，裴叔度，闻人阜民，闻人符，闾邱明，郑之奇，郑升之，郑汝谐，郑克进，郑茂，郑承，郑昺，郑庶，郑显文，邓朴，邓行中，樊抑，樊汉炳，欧阳旦，卓庆集，刘大亮，刘之方，刘立义，刘邦杰，刘清之，刘鼎，刘颖，刘璧，刘铎，诸葛廷瑞，薛伟，薛凤，萧之美，卢雯，鲍祖文，鲍纶，阎苍舒，戴雄飞，魏晋臣，谢均玉，谢谔，谢灏，虞机，应士龙，应材，颜度，苏向，严兴义，罗良弼(误)，谭次山。

特奏名进士：李三英，王仕，王佐，王栗，王常，方唐卿，方兴，方济，左玙，朱庭异，朱璧，李廷杰，吴明，吴骥，吴汉臣，宋训彦，林师孔，林浃，林得一，林柽，徐斌，郭南金，陆隽卿，陈用中，陈廷珪，陈卓，陈起说，陈黄中，陈琦，陈杰，陈诩，陈镐，黄渭老，崔宋佐，张师旦，彭与，杨大猷，杨颜，贾铬，雍伯彻，蔡楫，蔡颐，郑光朝，郑东卿，郑承，郑箕老，卫康臣，潘德裕，卢璨，钱天纲，魏康国，储闳，苏良翰，顾瞻。

上舍释褐：吴异。(《宋登科记考》卷九)

补进士名录：其一，王茂材。《全宋诗》卷二三五三喻良能《湖上用王茂材同年韵》。

其二,李诚之。《全宋诗》卷二三五七喻良能《次韵李同年诚之见贻之什》。

其三,宇文绍奕。《全宋文》卷四五七一李石《云巢子墓志铭》:“太守宇文侯绍奕为同年。……登绍兴二十七年进士第。……云巢子姓李氏,讳占。”

其四,熊克,《宋登科记考》卷九将其系于绍兴二十一年进士名录,误。详说见前。

其五,赵彦德。《全宋文》卷五六二七朱熹《跋谢艮斋所作〈静斋铭〉》:“卷中又有同年赵彦德题字”。谢谔,号艮斋。

其六,赵不悥。《叶适集・水心文集》卷二六《赵公行状》:“公姓赵氏,讳不悥,字仁仲。……中绍兴二十七年进士第。当超两秩,请以益其母封。法止令人,高宗嘉之,封曹氏咸宁郡夫人。”

其七,赵祐之。《宋会要・职官》六一之二五、二六:“二十七年三月二十九日,诏:赵祐之母程氏特封太孺人。祐之以宗子赐进士出身,乞用唱名合得循资恩例回授,故有是命。”

其八,吴仁杰。《夷坚志补》卷一:“吴信,字正之,洛阳人。……丙子岁……其子仁杰荐名乡书,竟用此举免解登科。”

辨正:其一,梁子辅。即是科第三名梁介。梁介,字子辅。

其二,梁子韶。即是科第三名梁介。梁介,又字子韶,亦作子绍。《王十朋全集・诗集》卷二二《子绍至云安复和前韵见寄酬以二首》:“细阅皇朝进士科,第三人最得贤多。”

其三,罗良弼,是科特奏名进士。《全宋文》卷四三二六胡铨《罗长卿母朱氏墓志铭》:“岁在丁丑,良弼以累举特奏,召为右迪功郎、赣州会昌县东尉。”

其四,吴正己,当为吴巳正。《夷坚志》乙卷一,周必大《二老堂诗话》皆作“吴巳正”。

王龟龄年四十七魁天下,以书报其弟梦龄、昌龄曰:“今日唱名,蒙恩赐进士及第。惜二亲不见,痛不可言!嫂及闻诗、闻礼,可以此示之。”诗、礼,其二子也。于十数字之间,上念二亲,而不以科名为喜;专报二弟,而不以妻子为先,孝友之意皆在焉。(《鹤林玉露》甲编卷六)

王龟龄,绍兴丙寅岁同其弟补试太学,寓湖上九曲寺,得失之心颇切。忽梦揭榜有王二,既觉,以为其弟且中选。弟曰:"王二者,兄当为第二人耳。"既而亦然。又甲戌年赴省试,寂无梦兆。尝独行窗下,见故纸堆积,默祷求谶。乃信手揭之,得败纸半幅,如占五行者,字皆灭矣,唯"丁丑"二字可辨。是年不利,至丁丑岁,遂魁天下云。(《夷坚志》乙卷四)

王益,字茂升,崇仁士人也。绍兴庚申,与其兄茂谦盈祈梦于仰山庙,梦人语之曰:"君姓名不在张九成下。"觉而甚喜,谓异时科第巍峨,当如张公。既获荐,以壬戌春赴省。是时贡闱在下天竺寺,暨人试,其设案处有前人题名"张九成"三大字,适当坐右,意必符昔梦,愈益喜。然是岁乃不利,盖神所告但指坐次云。初,茂升父国光尚宾,尝梦室中挂巨榜,一人从旁言曰:"此君家子孙及第时赋题也。"杳茫仿佛,不可尽睹,仅识其末一"美"字。乃谕子弟,凡"美"字可作题目者皆当牢笼。又作《适尧舜文王为正道论》,意若未惬,更易者数四。茂升蹭蹬,至丙子岁旦,得开元一钱于道中,光洁可爱。私念曰:"吾今年当免举,而以元日得钱,岂省场策问及此邪?"于是精考钱币本末,广为之备。丁丑到省试,其赋曰《兼听尽天下之美论》,题正昔日所作;策首篇问泉货,遂登科。国光、茂谦,前此已擢第矣。父子继踵,为儒家所歆艳,惜其宦途不大也。(《夷坚支志》乙卷二)

永嘉士人或梦至大山下,见岩穴豁开,祠庙赫然。一神正中坐,而绿袍判官持文书前白曰:"呈今年举人解榜。"士人偪而观之,仅见"王夔"二字。判官指之曰:"此平阳王廷用也。"士人固与廷用善,答:"彼不名夔。"判官曰:"须用改名乃可。"梦者觉而喜,以书告之,使更名,廷用曰:"士子得失,盖自有命存。岂应信他人一梦!"不肯改。旬日,梦复如初,又以告,其意确然不移,遂至于三。判官颇怒曰:"王秀才执志顽悍如此,我必要他改了。"梦者以屡遭沮却,不复言。会秋闱不远,举人各纳试卷,连粘家状。廷用手写十纸,皆错误不堪用,瞿然而悟,即书为"夔",一上中选,继登第

于丁丑王十朋榜中。(《夷坚支志》景卷八)

吴五承事者,合州赤水县人,其家颇饶于资。传四世皆一子,专务阴德,凡可以济众振贫者,无所不尽,至五承事遂生两男。其婿张溥司户劝其次子庚读书,招邑士张垣于馆舍。及赴乡举,垣黜而庚预荐。将就类试,乃捐钱百千,结同举勾龙涣以为助。追入类场,则两人分坐东西厢。是岁绍兴丙子,场屋严肃,不得相往来。庚才短思涩,窘迫无计,仿佛见垣在侧,取其试卷,一挥而成文。凡三日皆然,遂中高等。张溥扣其所著,略不能言。溥曰:"正使全出勾龙手,独不稍记梗概以答交游间问讯者乎!"庚曰:"与勾龙对廊坐远,甚失望。非赖张先生力,殆成曳白矣。"溥感垣之德,亟往见道谢。垣骇曰:"垣既不发解,何由入得类场?君无戏我。"俄,庚亦来谢,垣怪叹其异,曰:"是亡它,乃君家累世阴骘,彰闻天地,神祇故以善祥相报。"庚登科,调果州相如主簿。按《登科记》,丁丑榜无此人姓名,疑未必然,或年岁有误也。(《夷坚支志》丁卷二)

台州士人左玼文琰,有声场屋,戊辰岁赴省闱。考试官某者,房中有《周礼》义卷子极佳,立号甚优,将白主文者,置之上列。玩味之际,忽假寐于几间,梦中有人谓曰:"此台州进士左玼程文也,合中第久矣。顷因嘱某事受赂五十万,致有枉死者,坐此获阴谴,减折寿禄,未得登科。然一第之后即死,君幸无取之也。"既寤,且信且疑。如是者凡三日三梦,悉符于前,竟黜摈之。洎出院,于落卷中检视,果玼之文,考官甚惊异,后每以语人。玼至王十朋龟龄榜,始解褐。是年,随孙道夫太冲奉使,为书状官,死于燕山。(《投辖录》)

绍兴二十七年,御试进士四百二十六人,温州王十朋为之首。其乡人吴已正缀末。特奏状元则福州李三英,例赐出身,附名正奏之后。已正有诗:"举头不忍看王十,回首犹欣见李三。"(《二老堂诗话》)

熊克《谢及第启》:献贤能之书,屡偕于秋计;陈治安之策,猥第于春庭。年浸老而可羞,名浪得而为惧。窃以设科不求实行,世莫复于商周;

对策徒尚空言，人孰追于晁董？非洞开寥阔之见，曷振起拘挛之文？自熙宁天子之下询，方讲明庶事之阙；而眉阳苏公之上疏，已讥斥诸生之谀。厥后在元祐者专事变更，居绍圣者盛陈继述。惟上人先定于国是，则多士不至于学非。当圣君御极之初，固乐取刍荛之议；独大臣秉均之久，每讳闻骨鲠之辞。比亲揽于权纲，庸特黜于附会。降十行之训札，既饬于有司；宜一介之谠言，岂虞于不第？如某者，才底滞而不韵，学荒浅于不根。应举觅官，未免雕虫而篆刻；卖文为活，又几毁瓦而画墁。数报罢于太常，每见怜于先达。今者方锁闱之柝号，诸公犹恐其或遗；及淡墨之标名，举子共怜其才遇。未有作者之毫发，空溷时人之齿牙。既而旅见法宫，辈试文陛。谓圣明出治固巍乎，其有成功；则疏贱进言宜卑之，无甚高论。宁姑为升斗之计，不敢犯咫尺之威。聊脱落于白丁，猥注拟于黄甲。此盖伏遇参政，妙宗道壶，雄帅文坛。学者仰如泰山，言皆折衷；苍生望为霖雨，时即登庸。行大道以示公，得英材而为乐。遂使沟中之断，乃为席上之珍。某敢不挹师友之渊源，振文章之光艳！直言极谏，虽莫绍于世科；博学宏词，尚勉追于时辈。亦可弗畔，不知所裁。（《全宋文》卷五〇〇六）

进士试御前，考官定号名来上。所谓高第者，天子常亲擢赐之，天下以此占上意好恶，而士之遇否、治之通塞系焉。绍兴二十七年，永嘉王龟龄为第一，临海王夷仲实第四。于是高宗临政久，日新其德，思与草野奇杰士共起世务。遍阅所对策，取能伸直节、吐敢言者，无问下第，即拔置之。而夷仲至举司，前后顿挫，十数往返，儽然穷老矣。忽一日受明主不赀之恩如此。龟龄既为一时所宗，而夷仲与同时登甲科者亦皆获重名于世。至今称策士之盛，必曰丁丑榜为然。然则，岂士能自高耶？盖上好之尔。……在馆，为省试点检，得诗赋卷，白于众，以为绝出也，独一参详及同知论未合尔。明日，同僚来告曰："事去矣！同知升谏长，参详亦入台矣。"夷仲曰："不然。此程文工拙也，无关台谏。"力辨之，竟放高等。四方士补试于贡院，晨门未启，值忌日行香，至亲王不得前。取别巷，过宰相街司竞棘丛中，或传"坐此罢太学矣"。夷仲论对，从容为上言。上曰："闻无赖者亦来耶？"夷仲曰："诚然。万人之聚，固无不有。然异日为陛下栋梁者，皆是也。"上意解，浮语浸息。（《叶适集·水心文集》卷一八《王公夷仲墓

志铭》)

四　月

二十七日,诏:"以及第进士第一名王十朋为左承事郎、签书建康军节度判官厅公事。"(《宋会要·选举》二之一九)

五　月

十一日,诏:"四川监司、帅臣、守倅亲属、门客牒试,及属官干办官以上、本贯别路随行缌麻以上亲,去户籍二千里外,应合赴运司试得解人,并令前来行在省试。其余四川依旧类试。如愿赴行在省试人,并沿路给券。"以臣寮言:议者乞将四川解发举人尽赴省试,道远狼狈,欲望且仍旧贯。若监司、帅臣子弟,力足以致侥滥,可令前来。下礼部看详,故有是诏。(《宋会要·选举》一六之一〇)

(乙亥,十一日)初,朝廷以蜀道远,命举人即宣抚制置司类省试。行之既久,议者或以为不能无弊,欲罢之,悉令赴南省。事下国子监,权尚书兵部侍郎兼祭酒杨椿曰:"蜀士多贫,而使之经三峡,冒重湖,狼狈万里,可乎?欲去此弊,一监试得人足矣!"遂请选差清强有才行郎曹以上一人,往莅其事。仍令监司、守倅宾客子弟,力可行者赴省,余不在遣中。是日,宰执进呈,诏付礼部。其后,本部乞:"士人愿赴南省者,给驿券。"选官不行,余从之。(《系年要录》卷一七七)

六　月

(戊午,二十四日)诏:"太学月试并依《贡举条制》,锁院考校,仍毋过十日。"议者以国子博士何俌多私亲旧,故有是旨。俌逾年卒,罢。(《系年要录》卷一七七)

七　月

九日,同知枢密院事陈诚之进呈:"拣试本院人依例差八厢事。上曰:'天下事惟在至公。前此科举之弊,朕断然尽革去之,人皆帖然,无或异

论。'臣诚之曰:'致治之要,实在于此。'枢密院人拣试利害亦不轻,乞御前差八厢察视。"从之。(《宋会要·职官》三之四一)

十一日,诏:"今后太学、武学,每岁春季补试一次,于三月内锁院。遇省试年分,即用四月。立为永制。"(《宋会要·职官》二八之二五)

八　月

己未(二十六日),诏:"左承事郎王十朋系亲擢进士第一人,尚待远次,可特添差签书镇东军节度判官厅公事。"(《系年要录》卷一七七)

九　月

秘书省同学官看详:"兴化军免解进士彭与上所撰《周易义解》一十册、《神授易图》四册、《太极歌》一册、《易证诗》一册、《羲文图》贰轴。潜心象数,多所发明;训释卦爻,辞义淹贯。"诏:"与补上州文学,仍特许免解,令赴省试。"(《宋会要·崇儒》五之三五)

十一月

郭份《道州进士题名记》:湘中九郡,长沙为会府,三岁选士不过三十人,而中程春官者步武相接。春陵支郡,计偕之数与会府等,其升俊造亦不乏人。然世之士大夫类以地望论人物:"汝、颖多奇士,山东多相家。"盖泥纸上语,至若遐僻处,往往未肯屈指。惟春陵渐有虞之化,习俗朴古;感薛伯高之教,文儒世振。虽绳瓮枢牖,知所向慕,苟衣食自足者,皆推其余以督义方,故方领矩步比他郡为盛。异时濂溪先生周茂叔以德行道义为儒者师范,伊洛之学由此出焉,所著《通书》四十篇传于世,皆深造自得,渊源宏远,醇乎孟氏而凌轹况、雄也。苟嗣有以濂溪之所存者充乎其内,则盛名之发昭若日星,又何科目之足云乎!宋兴至今二百余年,进士取人凡九十余科,春陵之登第者且百余人。其间持橐卧锦、揽辔分符、超躐显美、彰阐声闻多矣,询其姓名,郡人漫不能省。非惟先达闻人湮没休称,而后之学者亦不知景仰而激劝焉。旧有题名记,中更遭兵厄,不知所在。因复寻究裒次,刻于泮宫,留其余俟后来者,且书其刻石之岁月云。绍兴二十

七年十一月初吉。(《全宋文》卷四九六二)

是　年

赐王十朋以下《学记》。(《宋会要·选举》二之一八)

绍兴二十八年　戊寅(1158)

二　月

三日,宰执进呈太学录陈良祐奏:"比诏兼习经义、诗赋,然法行之初,学者不复加意声律,而有司考校又专以大义定去留。欲望申敕有司,自今考校,通取经义、诗赋之优者。"上曰:"今兼用两科,已有定制。若更议改易,恐士无所适从。"宰臣沈该等奏曰:"良祐请令有司于经义、诗赋各取其优,使不相胜,欲依所奏。"从之。(《宋会要·选举》四之三二)

三　月

四日,诏:"福州童子庄大成与免文解一次。"大成七岁,诵御制《宣圣七十二贤赞》及经子书十种。上谓辅臣曰:"朕自即位以来,童子以诵书推恩多矣,未闻有登科显名者。向有万顷,自言能诗,尝指金唾壶命题试之,笔阁不下,盖出其不备耳。"沈该等奏曰:"此等但能读诵,未必能通义理作文。"(《宋会要·选举》九之二七、二八)

四　月

(戊申,十九日)左奉议郎洪适知荆门军。适至官,首奏便民四事。……又荆门自兵火后,学校废弛,遇大比则附试江陵,解额五才得一。适力请于朝,由是军得自解发,额亦稍增其旧。(《系年要录》卷一七九)

洪适《复解额申省状》:本军据军学进士张礼等一百二十九人陈状,称本军旧解额五人,靖康元年范如圭、任彦直、高扬、田幡然、扈夔同年发解。范如圭见任利路提刑,任彦直见任恭州监税。顷因剧盗,以荆门为巢穴,军治鞠为荆棘,人民死徙略尽。至绍兴五年收复,方以武臣作守,驱除虎狼,鸠合遗萌,始有人烟。至绍兴七年,省部会问靖康元年终场人数,纽取立额。其时本军士人逃散未归,知军胡修武不以儒生为意,只就军城据流寓陈天将供称,靖康年有二百二十人终场,其年就江陵附试,遂以四十四人解发一人。续后本军士人渐归,却见解额人数异同,遂于绍兴二十一年经转运司及本军陈诉,称在承平时本军初未曾及二百人终场之数。蒙追问陈天将供称,系是应天府流寓人,当来实不曾就荆门取应靖康年科场,盖是一时公吏且欲回报上司,令天将妄乱供报。所有本军士人,除建炎、绍兴之初两次无人取应外,绍兴七年,江陵府附试终场七人,解发一名;至绍兴二十六年,终场四十六人,亦只解发一名。今来士子蒙朝廷养育作成垂三十年,已及承平人数。缘本军去江陵一百八十里,贫者乏于裹粮,而幼者父母不容远去,遂使每次不能尽往附试,致见人数不增,只以一人备数。乞行申明复额。某遂取责到本军绍兴二十六年乡饮酒,除疾患不赴人外,有八十八人成礼,并见今系籍学生共一百六人。并会问到邻近州府体例:江陵府以省记到靖康元年数系十人,七分取一人;绍兴七年终场五十二人,解发三人;绍兴十七年终场一百六十六人,解发十一人,已复旧额。峡州靖康元年系八人取一人;绍兴七年终场二十人,解发三人;绍兴十四年终场七十三人,解发五人;已复旧额。归州靖康元年系七人,五分取一人;绍兴四年终场二十人,解发三人;绍兴十年终场二十九人,解发四人,已复旧额。复州靖康元年系十二人取一人;绍兴十年终场五人,解发一人;绍兴二十六年终场三十人,解发三人。某检照本军公案,有绍兴二十一年内取责到靖康元年发解人高扬主簿供称,当年终场系是六十五人,并见存乡贡进士丁庭瑞,亦系靖康取应之人,所供符同。其陈天将供伏妄报,文状具在可考。某切闻胡文定父子俱在荆门寄居,故朱内翰之类远来就学。如朱内翰、胡侍郎皆是荆门预荐登科,所以荆门士人师授颇有渊源。今既解额顿窄,又附试他郡,惮远不能尽行,致令荐送数损,无以激劝,有阻远方士人进修之意。某又伏睹绍兴重修《荐举法》,备载绍兴四年指挥,缘淮南两路无靖康元年终场之数,只比附泰州之数,权立诸州解额,每十三人解一人。今湖北诸郡并是十五人以下解发一名,不应荆门独以四十余人为额,显是多寡不均。如江陵府只是凭据人吏省记立额,本军见存靖康发解取应之人,可验不诬。已将会到诸州府解发人数录白申纳礼部，准备取索照会讫。谨具申尚书省，伏望钧慈怜念远方士人，乞将绍兴二十九年科场比附本路邻近州军体例，别赐详酌，改立解额行下。（《全宋文》卷四七二八）

二十六日，礼部言："就试举人怀挟，诏令重别增立法禁。今欲应因怀挟殿举，并令实殿举数，不以赦恩原免。如再犯，永不得应举。"从之。（《宋会要·选举》四之三二）

五 月

甲戌（十五日），宗正少卿杨偰乞将取应宗子比府监进士理年免举。上曰："此自有成法，遵守可也。祖宗以来若可行，不至今日矣。"（《系年要录》卷一七九）

六 月

五日，礼部言："讨论童子引试典故，大中祥符四年，吉州童子黄敖以能赋诗，送中书再试推恩，合遵依祖宗故事。今后遇有奏乞，及诸州保明到童子，即合先送国子监验讫。如合格，取旨送中书复试。宰执聚厅，各人批试。如入格，取旨推恩。若记诵外更能赋诗作文，别具取旨。"从之。（《宋会要·选举》九之二八）

八 月

八日，诏："饶州童子孙材与免文解一次，仍赐束帛。"材八岁，诵御制《为君难说》及诸子书十种。（《宋会要·选举》九之二八）

乙未（八日），增泸州解额三人，眉、汉、嘉、邛、简、忠、涪、资、叙、昌、西和州、遂宁府、石泉、永康、长宁军、仙井监解额各二人。以逐路转运司言，皆以终场百人以上取放一人故也。（《系年要录》卷一八〇）

九 月

辛酉（五日），太学博士唐尧封罢。先是，国学私试，第七人诗赋失韵，诸生以为言，侍御史叶义问奏其事，乃罢尧封。（《系年要录》卷一八〇）

十一月

二十三日,《南郊赦》:"进士被州县刑责,依条令所属审定,保明闻奏。虑恐所属多系元断官司,嫌避迁延,不为保奏。仰诸路监司,遇有诉理之人,即取索元案看定。如委系枉断,即令所属疾速依条保奏施行。"(《宋会要·选举》四之三二)

绍兴二十九年　己卯(1159)

二　月

庚子(十五日),诏:"曾得解进士祖父母年八十已上,特与官。"……以庆寿诏书所未及也。(《系年要录》卷一八一)

二十五日,左正言何溥言:"乞将武举一科,参照祖宗典故,修立入官资格。历从戎事,免使监当。其有才略出伦,许令帅司保举,试之阵队,以观其能,御侮扞城,量加擢用。"吏、兵部看详:"武举旧法,未入亲民,注三路镇寨都监、监押初任注双员、巡检、驻泊、捉贼,无遗阙,注监当。次任余路。进武校尉,注经使监当。昨来指挥,武举正奏名保义郎以上,注沿江巡检,承信郎、承节郎注两浙、江南、福建未榜监当阙一次。又臣寮乞武举第一人与堂除差遣,余保义郎以上注巡检、驻泊、捉贼、押队,承节郎、承信郎、校尉注准备差使、缉捕盗贼。欲自今武举承节郎、承信郎与通注沿边亲民巡检、县尉,或监当窠阙,其校尉止依已降指挥差注。"从之。(《宋会要·选举》一七之二八、二九)

三　月

一日,诏:"今后四川类省试,用九月十五日锁院。朝廷于帅臣、监司内,选差监试、考试官各一员,于锁院二十日前,用金字牌遣降。在院官吏如有挟私违戾,令监试官径行劾奏。余官,制置司精加选差。"以吏部侍郎周绾言:四川类试之弊,乞选差行在清望官充监试,以路远不可差,故有是诏。(《宋会要·选举》二〇之一三)

先是,集英殿修撰周绾为吏部侍郎,建言:"四川进士类省试,所奏差试官,乃取一路。帅臣职司,封部既异,在院官吏势难总一。欲望今后选差行在清强官一员,或假以御史之名,充监试。”诏:“礼部看详申省。”于是权礼部侍郎兼侍讲孙道夫言:“臣僚所乞,委得允当。但四川去行在遥远,难以差官前去,更合取自朝廷指挥。”故有是命。是日,道夫侍经筵,犹请罢类试,令赴礼部。上曰:“早方与执政议,今岁已无及,后举当遣御史监之。”道夫曰:“御史监试,事体固重。然所关防,不过试闱中传义、代名等弊。其有前期投举业、问题目、以秘语为契验,则无迹可寻。必令赴礼部乃为允也。”(《系年要录》卷一八一)

十九日,诏曰:“昔汉设贤科,欲闻大道之要;唐开制举,以待非常之才。迨及本朝,参用前宪,故所得多天下豪杰之士,而所言皆国家治乱之端。其在当时,岂云小补? 朕自绍履休运,旁招隽能。图治功者逾三十年,犹惧有阙;下郡国者也八九诏,未见其人。属当大比之期,敢废详延之举? 凡兹迩列,各为明扬,俾褎然而造庭,将诹尔以当务。必有崇论竑议,可行于今,庶几博问遐观,无愧于古。”(《宋会要·选举》一一之二六)

二十八日,宰执进呈监察御史、公试补试类试监察试官沈枢奏:“乞少宽传义之禁,虑有不实。”上曰:“向来举场,纵弛太甚,此奏若行,又复前日之弊矣。朕所以必欲禁止者,以取士之原,实在于此。异时公卿大臣皆由此途出,利害至重。况挟书传义,类非佳士。傥使有实学、知廉耻者,必不肯为。枢此奏盖欲沽士人之誉尔。”沈该奏曰:“乞更不施行。”从之。(《宋会要·选举》四之三二、三三)

甲申(二十九日),权礼部侍郎孙道夫言:“四川类省试已降指挥,选差监试、考试官各一员。今看详:别试所收试避亲进士,其利害关防比之类省试,事体无异。欲望亦自朝廷选差监试并考试官各一员。所贵选举尽公,仰副圣世取士之意。”从之。(《系年要录》卷一八一)

五　月

十七日,诏:“武举人依府监年数与免解。”(《宋会要·选举》一七之二九)

七 月

四日，四川安抚制置使司言："准诏：四川类省试用九月十五日锁院。缘去行在地理遥远，若以九月十五日锁院，依条限考校，至十一月放榜，窃恐举人趁赴御试不前。欲望于八月内锁院。"从之。(《宋会要·选举》四之三三)

四日，诏四川类省试院："监试官差成都府转运副使王之望，考试官差知嘉州何逢原，别试所监试官差知邛州费行之，考试官差知荣州李烨。令王刚中将逐官差札酌度锁院日分给付，候指挥到日，起发入院供职。监试官依监学条法，取摘试卷详定。如监试官有故，即所差考试官兼监试职事。"(《宋会要·选举》二〇之一三)

乙酉(四日)，诏："直秘阁、成都路转运副使王之望充四川制置司类省试院监视，左朝奉郎、知嘉州何逢原充考试官，左朝请大夫、知邛州费行之充别试院监视，左朝奉郎、知荣州李晔充考试官。监试官依监学条法，取摘试卷详定。类省试敕差官自此始，仍以金字牌递给降敕，札付制置使收掌，俟试近发出。"先是，蜀中弛挟书律，而就试者率以达旦为常。之望始禁之，然卒不果。(《系年要录》卷一八三)

王之望《论监类省试朝札》：某契勘：四川贡士类试于蜀，盖三十年矣，积弊不可胜言。其尤甚者，往往冒入解名而就试，倩人入试而过省。代笔之价至万余引，轻薄子多以致富，风俗大坏。考试之官争出题目，阴抛记号，各有所主，常至纷纷。习俗见闻，恬不为怪。今次主司，自朝廷差委，事体增重。某与阖院同事更相戒饬，务尽公严，上下一心，毋敢挟私横议。五旬讫事，略无异同。规画之未当者，悉厘正之，向来弊端，一扫而尽。前期约束，杜绝奸萌，作过士人望风引却者凡数百辈。合格人数减于前榜十有八名，老成淹滞多获预选。一方取士之路，自此遂清。若非仆射相公留意人才，主张公道，洞见事宜于万里之外，何以及此！仰惟采听之广，必有舆论达于庙堂，岂容厚诬以干欺罔之诛也！伏幸照察。(《全

宋文》卷四三五八)

八日,四川安抚制置使司言:"合赴类省试得解、免解人,缘夔路州军地里遥远,临试取会不及。欲内有小节不圆之人,先收试。如后来有违碍,虽试中,即行驳放。"从之。(《宋会要·选举》四之三三)

二十七日,诏:"诸路运司今后遇考试阙官,合差县丞,须先期申画指挥,备坐移牒。如无许差指挥,听县丞遵依专法,缴纳差牒不行。"在法,县丞不许差考试。先是,间有阙试官处,漕司尝申乞差一次。自后每举沿袭,吏部以为违法差出,破坏考第。臣僚申明,故有是诏。(《宋会要·选举》二〇之一三)

八　月

九日,诏:"四川等处见在进士,为路远,归乡赴试不及,可特令就两浙转运司附试一次。仍别行考校,取旨立额。"先是,二十六年终场四百二十八人,诏令发解八名。至是归附免解,复请文解三次,各自陈,故有是诏。(《宋会要·选举》一六之一一)

后试者七百五十人,诏令解发十五人。(《系年要录》卷一八三)

壬申(二十一日),中书舍人洪遵等言:"太学、武学、临安府学诸生,以皇太后圣寿八十,上表称贺,文理可采。"诏:"两学大职事十六人并永免文解,两学小职事四十五人、府学正录三人并免解一次。"(《系年要录》卷一八三)

是　月

新城吴中,字克明,绍兴乙卯赴乡举。其兄在邑,于初场之夜梦克明归云:"小经义第四句,言'神圣有作',大是惬意。今兹中定发举。"觉而书于壁。克明试归,兄遽问曰:"汝作小经义,得毋用'神圣有作'之句乎?"克明骇然,念所为程文元来未尝示人也,兄何以知之。即引观壁间所书。未几预选,后十年登科。(《夷坚支志》乙卷一〇)

胡仲徽以绍兴中两请乡解，毛山人之相，鳌头先生之卜，皆已书于《庚志》，而犹有遗者。癸酉之秋，将入试，寓馆于城隍庙巷人家。楼上有富家翁，送其子应举，欲胡为助，许以钱三百千。胡谢之曰："吾固甚贫，然学业有限，所谓自照一身犹未光者，何暇推余波及他人乎？"翁去，胡念厚饵可恋，贮怀抱间未决。夜梦黄衣卒登楼上报榜，胡问己得失，曰："正为姓名在榜，所以来报。"胡甚喜，卒既下，复还，白曰："秀才解名虽定，更须莫要管闲事乃可。"胡矍然而寤。思昼日富翁之嘱，力却之，果预荐。己卯之秋，以兼经就试郡学。士子或梦人云："今年'垂'字赋作都魁。"觉以告亲朋，莫晓所谓。是岁，赋题出《天子与日月并明》，以天子无私明并日月为韵。满场第一韵押"明"字者十人而九，胡独押"私"字，前两句曰："圣德高拱，天光下垂。"考官击节嘉叹，遂置首选。乃知片言只字，罔不素定，又岂可复容私意哉！（《夷坚支志》戊卷二）

乡士吴雱远泽，绍兴己卯秋赴乡举。梦往谯楼下观榜，至则万众杂沓，不可容步。但闻在前者共语云："垂某作魁，而莫知己之得失。"于是排拶勇进，而榜揭愈高。隐隐望魁选者果姓垂，名字不可辨。历视行间，方大书己姓名，粲然可观，喜不自胜，连叫曰："雱了！雱了！"俄而觉，亟炷灯志于策，且以告朋侪，皆言世间元无垂姓者，恐未必尔也。后数日，贡闱拆封，吴恃有佳梦，自往候之，乃占第二十六。来贺者谓解元胡飞英，与梦不同。已乃闻之，胡本习《礼记》，是年诗赋兼经以《天子与日月并明》为赋题，其首句曰："圣德高拱，天光下垂。"所谓垂某者此也。（《夷坚三志》己卷五）

以侍御史朱倬充国子监发解监试官，秘书省少监任古、吏部员外郎胡沂、祠部员外郎张洙充考试官，国子监博士陈豈、秘书省校书郎陈之茂、秘书省正字查籥、太学博士李荐、详定一司敕令所删定官李浩、太学正林栗充点检试卷官；考功员外郎陈棠充小院考试官，枢密院编修官刘藻、主管官告院王瀹充点检试卷官。（《宋会要·选举》二〇之一三、一四）

周必大《宣州解试策问一首》：问：学校兴则教化明，王室尊则名分正，立言垂训孰有大于此者乎！孔子天纵将圣，生于庠序废坏之际，欲驾其说，则四代之学政固宜谆谆乎时君之听，而洋洋乎七十二子之耳也。三复《鲁论》，乃无闻焉。谓青衿不至无预治道而弗言与？则古之王者建国君民，何独以教学为先也？谓夫子虽言而门人弟子弗之记与？则凡寝食衣服之节，指顾趋进之容皆谨书之，何为舍其大而录其小也？然则平居之不言，二十篇之不载，殆有深意于其间矣。七国纷争，成周不竞，孟轲氏以亚圣大才历聘于是时，宜惓惓尊王，少抑僭乱。今以二百六十一章考之，曾微片言。谓齐梁方强不可告之与？则土地甲兵莫强于秦，秦犹为逢泽之会而朝天子，何独齐梁不可告也？谓战国之君不足责以大义与？则尧舜之道高矣远矣，轲也犹且日陈于前，何为不可语以尊周也？然则宜言而不言，或言而不书，岂无深意也哉！恭惟主上缉熙光明，既得孔孟之心学，崇儒游艺。复取二书而肆笔焉，副墨所颂，遍于郡国。诸君久被奎壁之照，获以圣王为师，口诵心唯，必将有见于此。敢问《论语》不言学校，其说安在？孟子不及尊周，其指安出？记诸善言者，孔子弟子也，或曰有子、曾子门人所作耳。然则刘向之言非与？著书七篇者，孟轲也，或曰万章、公孙丑所记耳。然则赵岐之题辞非与？愿摅素蕴发明之，庸称今日尊崇孔孟之意。(《全宋文》卷五一三八)

九　月

十四日，侍御史朱倬言："近者国学发解，凡六经人数通一千一百七十六人，而治《书》者七百七十有八人。余合五经之数，不及其半。至于《二礼》，若亡而仅有。欲望委大臣精加订议，率以十分，痛损《书》之有余，以补《二礼》之不足。其它三经，并行裁定。仍乞择精于《二礼》者，俾为博士。"从之。(《宋会要·选举》四之三三)

十一月

二十二日，礼部言："将来省试，依条正月九日锁院，合于十二月二十五日以前引保纳卷。其限外续到举人，若锁院后、引试前，内有续到之人，欲许赴部引保，纳卷收试。"从之。(《宋会要·选举》四之三三)

十二月

赦:"应今来新复州军进士,将来科举年分,所属检举条法,许令应举。见年五十以上,特与免将来文解一次。其诸科曾经金国得解者,并与理为举数。"(《宋会要·选举》一六之一一)

是　年

韩元吉《送沈信臣赴试南宫五首》:山城寒陟夜飞霜,枫叶青红带夕阳。夹道梅花有春色,不妨冲雪到钱塘。

仆射吴兴自世家,乃翁勋业著金华。似闻玉座询名字,会伏青蒲掌白麻。

共踏槐花记昔年,一弯新月夜移船。君行为问灵泉水,梦到松林石壁前。

漫仕虽同官事殊,故人来往未全疏。因君时一论文字,难我穷年困簿书。

吾谋不用可无人,小技文章亦有神。一第区区儿戏耳,请君折取桂为薪。(《全宋诗》卷二〇九八)

李流谦《谢类省奏名启》:易地以嫌,固浪战者;揭名而殿,盖危得之。深惟平平之人,宜在下下之列。自揆过矣,敢云缺然!窃以科目而论人材,已愧筑岩钓渭之举;文章而用场屋,更惭经天纬地之功。然天下不皆英才,故哲王为此中制。比词联韵,亦知小技之易工;析句分章,岂必耆儒而后可。在豪杰屈首而就,于儿童执笔而能。自昔以来,号多士之盛选;由此而出,半一时之伟人。故凡有志于飞腾,孰谓能逃于笼络?虽圣天子亦矜署刺之浮荣,若才相公竞抱题名之遗恨。况欲绍弓裘之习,宜自勤萤雪之功。念世赏之蕃酥,岂妨自致;顾儒科之清切,亦许同升。宜有异能,允符清举。况试分于别所,率人号为畏途。城小而坚,士倍于斗。水澄而游鱼可数,鉴静而秋毫易分。负笈引归,滔滔者皆是也;援戈角逐,戛戛乎其难哉!欲邀一战之勋,宜有万人之敌。如某者,襟灵不爽,性识甚凡。虽立志之似高,顾为力之弗逮。佩觿从傅,已妄意于古人;束发趋庭,亦剽闻于绪论。谓六经道之大统，而三代文之正宗。此有志焉，是为学者。愚而自信，不知适楚而南辕；战则屡奔，始悟干齐而操瑟。从诮骂之四至，积悔惭而再思。惟先世之起诸生，以高文而擢上第。尝经乙夜之览，独蒙宸画之褒。使之无传，命曰不肖。而况举遗书而亲授，勤勤肯播之功；责旧物之必归，切切盖棺之语。遂易弦于危柱，旋更辙于通逵。步趋于有司绳尺之间，模仿乎时流方策之作。调柔舌本，约束毫端。仅居庄岳之数年，粗能齐语；不见阿蒙之三日，非复吴人。旅韦带以偕来，挟铅刀而一割。笔头快意，但知三峡之倒流；纸尾缀名，不觉五穷之在侧。本期一得，宁有二言？谓隽功之收岂足夸，而先志之酬为可喜。秦强周弱，初无蛮触之争；王后卢前，仅有唯阿之辨。静言侥冒，抑有夤缘。此盖恭遇某官，道极高明，器怀博大。间千百年而独出，指九万里以横飞。奉对大庭，并龙头而高举；垂绅法从，参豹尾以雄骞。勤方召于塞垣，辍严徐于词掖。轸白驹在谷之念，推缁衣好善之心。梯磴险途，羽翮病翼。度木而遗长短，恐弃真材；相马而略骊黄，欲收骏骨。致令么琐，亦在甄镕。某敢不益励壮图，愿卒前业！划笺训之腐说，归求本心；扫缀缉之虚辞，专究实用。幸棘闱之遂远，欣墨饮之可逃。随意啸歌，纵口议论。出入三百首，岂复十二言之拘；驰骋数千言，不须五百字之限。放苍虬于学海，驰健鹘于义天。始欣学术之自由，更觉语言之有味。虽云薄艺，犹能咏歌于圣时；纵是虚名，亦足报偿于国士。(《全宋文》卷四九〇一)

李流谦《别院监试费运使启》：某官学造箕畴，妙探羲画。蕴钩深致远之识，禀开物成务之姿。剖刺史符，式重分忧之寄；持使者节，始为持橐之阶。适当论士之秋，分握衡文之柄。责大指而众哄自息，推赤心而群疑卒亡。封殖陈荄，周旋误墨。策名而降杜牧，殆非本怀；逢人而说项斯，具有正眼。(《全宋文》卷四九〇二)

绍兴三十年　庚辰(1160)

正　月

五日，诏："国学进士减三年免解。"在法：诸州进士得解，省试下十八年免解，国学进士及十二年免解。绍兴二十八年十一月《郊祀赦》："诸州绍兴十三年到省进士，许赴绍兴三十年省试。"系比旧法减三年与免解，其国学进士止用旧法。至是改之。(《宋会要·职官》二八之二五)

九日，以御史中丞朱倬知贡举，右谏议大夫何溥、起居郎黄中同知贡举，合格奏名进士刘朔以下二百五十四人。(《宋会要·选举》一之一六)

大理少卿张运、吏部郎中杨朴、工部郎中张庭实、吏部员外郎虞允文、吏部员外郎洪迈、司勋员外郎陈俊卿、比部员外郎沈枢、监察御史沈浚并差充参详官，太府寺丞马骐、太常博士杜莘老、枢密院编修官陈良祐、诸王宫大小学教授王必中、秘书丞刘珙、秘书省校书郎王淮、秘书省正字刘度、冯方、御史台检法官张阐、司农寺主簿陈窾、太学博士谢笠、武学博士朱熙载、太学正程大昌、国子正张恢、敕令所删定官唐闶、主管官告院严致明、主管礼兵部架阁文字王东里、主管刑工部架阁文字程千里、提辖杂买务杂卖场左友德、点检酒库所主管文字钱豫并差充点检试卷官；监察御史任文荐充别试所考试官，知大宗正丞祝公达、国子监丞余时言、太学博士郑闻、国子录邹樗充点检试卷官。(《宋会要·选举》二〇之一四)

二十七日，礼部贡院言："引试有官、锁应、宗子三十四人，内一名公高治《春秋》，系孤经。欲乞将公高试卷依公精加考校，如文理优长，即乞前期具合格真卷，缴申尚书省，取朝廷指挥。如不合格，乞从本部一面黜落。

如已后更有无官取应孤经之人,亦乞依此。”从之。(《宋会要·选举》四之三三、三四)

《礼部韵略》所分字,有绝不近人情者。如“东”之与“冬”,“清”之与“青”,至于隔韵不通用。而为四声切韵之学者,必强立说,然终为非是。如“撰”字至列于上、去三韵中,仍义训不一。顷绍兴三十年,省闱举子兼经出《易简天下之理得赋》。予为参详官,有点检试卷官蜀士杜莘云:“‘简’字韵甚窄,若‘撰’字必在所用。然惟撰述之撰乃可尔。若‘杂物撰德’、‘体天地之撰’、‘异乎三子者之撰’、‘欠伸撰杖屦’之类,皆不可用。”予以白知举,请揭榜示众。何通远谏议初亦难之,予曰:“倘举场皆落韵,如何出手?”乃自书一榜。榜才出,八厢逻卒以为逐举未尝有此例,即录以报主者。士人满帘前上请,予为逐一剖析,然后退。(《容斋五笔》卷八)

王之道《折丹桂·送蘧、著、迈三子庚辰年省试》:照人何处双瞳碧,欲去江城北。过江风顺莫迟留,快雁序、飞联翼。　西湖花柳传消息,知是东君客。家书须办写泥金,报科名、题淡墨。(《全宋词》第二册)

二　月

七日,礼部贡院言:“试博学宏词科左迪功郎、衢州西安县主簿唐仲友题曰《捧日天武四厢都指挥使华容军承宣使充阶成西和凤州安抚使兼知成州授武泰军节度使侍卫亲军步军都虞候充京西路安抚使马步军都总管兼营田使兼知襄阳府制》、《少皞氏官名记》、《代提举国史进哲宗皇帝徽宗皇帝宝训表》、《汉考工令箴》、《宝奎殿太宗皇帝御书赞》、《唐文思博要序》,考入下等,减二年磨勘。”(《宋会要·选举》一二之一四)

东莱与唐悦斋同试宏词。问唐:“路鼓在寝门里,寝门外?”曰:“在门里。”及试出检视,始知为其所诒。既而,悦斋中选,东莱语之曰:“只缘一个路鼓,被君掇在门里。”(《吹剑四录》)

七日,诏:“监察御史任文荐与外任。”先是,文荐为礼部贡院别试所考试官。时福州进士刘度、吴渐传义者,文荐与同本贯,不即依条扶出,止令移往帘前，仍旧收试故也。同日，四川安抚制置使王刚中言："类省试已从朝廷选差监试、考试官，所有特奏名进士，试官亦合从朝廷选差。"诏："监试官差利州路转运判官苏钦，考试官差知简州房与之。监试官取摘试卷，同共详定。"(《宋会要·选举》二〇之一四、一五)

丁巳(八日)，四川安抚制置使王刚中言："本司引试四路特奏名进士，乞降敕差官。"诏："左朝请郎、利州路转运判官苏钦监试，左朝请大夫、知简州房与之充考试官。"自是以为例。与之，成都人也。刚中奏下在去年十一月二十四日，今并附差官之日。(《系年要录》卷一八四)

三　月

九日，上御集英殿，试礼部奏名进士。内出制策曰："朕承祖宗之休德，临御丕图，于兹三纪。宵衣旰食，以求治功，志勤道远，未知攸济。今详延子大夫于廷，冀闻古昔之宜，以裁当世之务。其悉意致思，朕垂听而问焉。盖闻善为国者，仁以得民，义以制事，宽猛相济，政是以和，无异道也。而《记》称商周尊而不亲、亲而不尊之异，议者乃有尚严者尊、尚恩者亲之说焉。史述齐鲁有举贤上功、尊尊亲亲之异，议者乃有齐政近商，周公治周，乃所以治鲁之说焉。圣贤之为国，若是其不同欤？抑道初无二，而因时制宜，有不可得而同者欤？施之当今，亦将有所取舍欤？汉七制皆贤君也。太宗躬行恭俭，以德化民，宽足尚矣，而议者谓不若孝宣之严明；显宗法令分明，幽枉必达，严足尚矣，而议者谓不若章帝之长者。然则治道所尚，又将孰从而可欤？今世之当务多矣！吏道之未勤也，士风之未醇也，民力之未裕也。将宽以御之，则无以革偷惰之习；将严以督之，则惧其有苛察之失。伊欲风流而令行，实修而名立，比迹两汉，而庶几三代，其何道以臻此？子大夫茂明之，朕将亲览焉。"得正奏名梁克家以下四百一十二人，第为五等，赐进士及第、出身、同出身。特奏名黄鹏举以下五百一十三人，赐同进士出身、同学究出身，登仕郎、将仕郎、上下州文学、诸州助教。(《宋会要·选举》八之九、一〇)

戊子(九日)，上策试礼部举人刘朔等于集英殿。既而，得右迪功郎许

克昌为首,用故事降为第二。遂赐晋江梁克家等四百十二人及第、出身、同出身。(《系年要录》卷一八四)

绍兴庚辰殿试,上取特奏名进士试卷阅之。一日御小殿,召对读问云:"'鹤鸣'却写作'雀鸣','鸣呼'却写作'呜呼',何也?"临川人李德远浩时以删定官充对读,即启云:"臣读至此,亦窃疑之。然以其本正如此,不敢改易,尝以针穿记其侧,乞宣正本审验。"上令取视之,果如其言,称叹德远之精审者久之。(《独醒杂志》卷三)

九日,上御集英殿,策试武举进士。(《宋会要·选举》一七之二九)

十日,上御幄殿,阅试武举弓马。(《宋会要·选举》一七之二九)

十三日,诏:"童子姚亿年与免文解一次,仍赐束帛。"亿年诵御制《损斋记》及九经,兼习步射弓矢,引试并通故也。(《宋会要·选举》九之二八)

二十二日,尚书省言:"拟到武举进士樊仁远以下二十人推恩:正奏名一十九人,策入优等七人,第一名与保义郎,六人并承节郎;平等一十二人,并承信郎;特奏名一名,与进义校尉。各展减磨勘年有差。"从之。(《宋会要·选举》一七之二九)

癸卯(二十四日),赐礼部进士梁克家以下四百一十二人及第、出身。(《宋史》卷三一)

甲辰(二十五日),赐特奏名进士黄鹏举等五百十三人同进士出身至助教。是日,取应宗子彦髣等三十一人、武举进士樊仁远等十九人、特奏名一人,并授官有差。(《系年要录》卷一八四)

进士名录:梁克家,许克昌,丁时发,丁锜,于泳,王三恕,王亘,王成,王廷瑄,王若,王明弼,王明发,王定方,王信,王进之,王椿,王僖,王齐舆,王烨，王质，卞圜，方思，方万，方显，尹宗，田渭，丘翔，白禄，吕棐，吕篆，朱大和，朱用亨，朱处约，朱若虚，朱藻，任天麟，任文茂，阮先，阮竑，芮嘉言，杜定，李由，李林，李宗望，李冠之，李处全，李淙，李贯，李概，李纶，李衡，李宪，吴天常，吴芸，吴英，吴宗旦，吴时显，吴师尹，何仕先，何武仲，何恪，何纮，余宗，汪鸿举，沈山，沈元宪，沈宗说，沈祖德，沈撰，沈蔚，沈瀛，宋若水，林大中，林元奋，林仁寿，林公明，林文蔚，林世用，林外，林永弼，林良，林英，林思齐，林彪，林湜，林准，林扔，林岳，林誉，金端臣，周孚先，周祐，周贵抿，周梦若，周粹中，周震来，周擢，承宾，胡俊杰，胡商隐，胡应宗，胡籍，柯知彰，柳大雅，侯持国，俞商衡，姜噩，祖世英，祝櫺，姚廷衮，姚松，姚俊之，姚浩，姚应变，马先觉，秦唐辅，袁孝显，袁震，耿秉，莫若晦，莫堂，桂友龙，夏允迪，徐廷圭，徐宗振，徐傅，徐寿，翁方中，留正，留洪，高文虎，高遹，高昙，高衡夫，郭冕，郭熙，郭酁，唐仲义，唐汝舟，唐舜恩，陆律，陈大亨，陈元应，陈公亮，陈公绍，陈邦俊，陈伯广，陈伯震，陈明章，陈易，陈宗召，陈华，陈唐佑，陈执刚，陈康延，陈朝章，陈觃，陈舜韶，陈善，陈梦鹏，陈义，陈翥，陈兢，陈汉亭，陈峤，陈遹，陈环，陈谧，孙叔约，孙琏，黄元晟，黄由，黄冲远，黄杲，黄闻，黄柭，黄灏(误)，梅梁，曹峰，曹椝，曹机，娄栗，崔耕，崔敦诗，崔敦礼，鹿何，章汝楫，章湛，章渭，商份，梁汝永，张公显，张仲远，张仲远，张安问，张安国，张孝恺，张伯垓，张竑，张时发，张师，张商卿，张绂，张鼎，张駉，张谏，叶山，叶之望，叶之仪，叶允升，叶世美，叶延寿，叶秀实，叶时，叶晞旦，叶尧蓂，傅淇，舒粼，冯田，冯时敏，冯预，冯适之，冯懋，盖经，杨丙，杨守，杨克忠，杨昉，杨恂，杨渊，杨当时，杨兴宗，杨颖，虞少詹，虞韶，解梓，赵子卓，赵不愚，赵企之，赵希仁，赵壮，赵迪，赵岳，赵祈之，赵彦逾，赵彦鬀，赵师正，赵师岘，赵师章，赵师善，赵善佐，赵善佑，赵善祥，赵善登，赵善邻，蒋韶，蔡翔，管镈，郑永年，郑守浩，郑非之，郑物，郑岳，郑寅，郑旸，郑噩，郑锷，熊彦琦，熊胜之，邓伦，楼世南，楼铉，楼锷，樊广，欧阳汝从，卫博，鲁可封，鲁唐佐，刘旦，刘俣，刘朔，刘处仁，刘甄夫，刘适正，诸葛说，练梦鹏，薛元鼎，薛仲雍，薛珪，萧德棻，钱益，钱闻礼，鲍旂，韩成章，魏钧，钟作霖，钟照之，谢洪，谢源，谢源明，谢霆，谢莹，应世昭，应扬，缪从龙，缪梦弼，边察，苏邦俊，严均，严伯庄，罗规，顾宣，龚丕显，龚遂良。

特奏名进士:黄鹏举,丁瓘,王宓,王韦,王登,王传,方元老,方昕,方硕,孔绍祖,白杰,安淳,杜正民,杜恭先,李文纪,李以成,李旦,李武子,李刚,李纯臣,李庆孙,李俦,吴自牧,吴高,何晋之,林黄中,林构,林纬,周召,胡腾,马昌彦,徐克仁,高元康,郭祖仲,陈大知,陈文翁,陈车,陈利宾,陈坦然,陈制中,陈宗伯,陈荚,陈兼善,陈皓,陈梦卿,陈绾,陈震,陈耀卿,崔邦哲,崔时亨,章竑,梁大任,张修己,张开,傅从,傅靖,曾浚,冯衡,杨邦彦,杨侠,杨提,杨凯,杨遵,赵三捷,赵巩祥,蔡振,郑方庆,郑齐奭,欧阳渭卿,刘宗翰,刘隆,刘赓,刘瓘,薛镐,戴元喜,韩任,谢尧年,罗辉,庞良臣,顾汝隆,龚明之。

上舍释褐:葛与国。(《宋登科记考》卷九)

补进士名录:其一,冯显。《全宋文》卷四八〇四韩元吉《冯君墓志铭》:"冯显,字子容。……绍兴三十年,遂以中第。"

其二,陈甲。《夷坚志》甲卷一七:"陈甲,字元父,仙井仁寿人。……甲以绍兴三十年登乙科。"

补特奏名进士:赵师古。《宋会要·选举》四之三四:"礼部言:"取应宗子赵师古,《三经》复试不中,年四十三岁,乞推恩。……"诏:"与补承信郎。"

辨正:其一,黄灏,隆兴元年进士。《全宋文》卷五七二〇黄灏《应君墓志铭》:"隆兴癸未,灏以进士升籍于吏部。"

其二,孔绍祖,宋宁宗嘉定十三年特奏名进士。《宋辽金元方志辑佚·南雄路志》:"孔绍祖,庚辰科中第五等,廷射合格,迪功郎监潭州南岳庙。"(第808页)

泉州南安县金溪渡,去县数里,阔百许丈,湍险深浚,不可以为梁。旧相传谶语云:"金溪通人行,状元方始生。"郡人皆欲副其谶,姓金者多更名"通行",姓方者更名"始生",然莫有应者。江给事常自京师丁母夫人忧,归泉南。建炎丁未,卜墓地于渡之南岸,工役者日有履险之劳。南安宰事江公谨甚，命暂联竹筏为小桥，仅可轻单往来。未几，复为水所坏。是年实生梁丞相，所谓“通人行”之语，其应如是。(《夷坚志》丁卷一一)

上饶龚丕显，绍兴十七年得乡贡。明年省试后，梦入大官局，立廷下，与其徒数百人，皆著白袍居西边。王者坐于上，吏一一呼名讫，引居东。其宗人滂亦预选，丕显随呼且东矣。判官趋升殿，有所白，旋下，入东廊，抱文书巨沓而上，揭以示王。王翻阅移时，连颔首，判官复下，却挽使西。愠而寤，怃然不乐。是年下第，滂独登科。丕显知梦已验，但不晓坐何事婴罚，自是无进取意，蹭蹬恰一纪。用免举到省，乃获正奏名。既廷试，喜曰：“事毕矣。”尚以唱名系念。又梦适旷野，徘徊伫立，望神人冉冉由云端下，顾己曰：“汝欲见及第敕乎？”出袖中小轴，展示之，乃黄牒也，其前大书“龚丕显”三字。又细书曰：“为不合争论昏姻事，展十二年。”惊起，具语所亲曰：“不善事不可为。顷时，乡里有失行妇人与恶子通者，吾之甥闻而讦之。恶子惧，与妇人约，急纳币结昏，吾甥亦强委禽焉。恶子不能平，讼于官，甥谒吾求援，吾与为道地，竟得妻。一时良以为得策，不谓阴谴分明乃如是，悔之何及也！”丕显为余干尉，竟不达而卒。(《夷坚志》丁卷一二)

绍兴二十八年九月，潮州揭阳县治东斋梅花盛开。岭外梅著花固早于江浙，然亦须至冬乃有之，邑人甚以为异，士子多赋诗，大抵皆谄令尹。时梁郑公正为馆客，寓此斋，亦作一篇曰：“老菊残梧九月霜，谁将先暖入东堂。不因造物于人厚，肯放南枝特地香。九鼎燮调端有待，百花羞涩敢言芳。看来冰玉浑相映，好取龙吟播乐章。”语意不凡，殊类王沂公“虽然未得和羹用，且向百花头上开”之句。明年还泉州，解试第一。又明年遂魁天下，致位上宰。(《夷坚支志》景卷七)

钟照之，字彦昭，乐平湖围人，吾邑佳士也，长于词赋。绍兴己卯之春，夜读书窗下，过三鼓，闻有吟哦诗句于外者，曰：“霖作商岩雨，薰来舜殿风。”惊听之，复诵至再。启户视之，无人焉。以为神物所告，谨志于策，秘不语人。至秋试，以“膏泽多丰年”为诗题。钟押“丰”字韵，用此两句入第五联。考官读之，击节称叹。批其侧曰：“形容得膏泽意好。”竟置之魏

级。……钟以次年一举登科，然仅得改秩而卒。(《夷坚支志》癸卷一)

周麟之《回状元梁先辈》：伏审奉枫宸之大对，诵语数千；题雁塔之高名，收科第一。拾地芥得明经之效，破天荒为平海之光。宾胪宣传，士论交庆。伏惟某人，造道自得，下笔有神。俊气横秋，见一鹗之直上；辞源柱石，障百川而东之。兹陈乙夜之篇，旋擢甲科之冠。星槎可问，云路非遥。某谬直禁林，叨程儒艺。拔茅连茹，方观多士之朋来；志目中眉，又见英才之角立。

周麟之《回状元许先辈》：伏审光奉宸谘，显膺魁擢。自中兴以来十策士，皆至尊亲拔其尤；而首列之选三有官，用故事屈居其次。名虽少抑，道则弥光。伏惟某人，问学海涵，才华云肆。大门奏赋，犹传白雪之遗音；再世腾芳，复得青毡之旧物。虽俯就词人之目，实同沾举首之恩。某备数銮坡，程材桂殿。品题高下，岂能尽合于众心；议论正平，此独亲闻于天语。

周麟之《回第三人丁先辈》：伏审发策九重，联名三隽。能落笔论士大夫之气，信不雷同；非著鞭追古作者之文，何由颖出？盛年得志，同闬增辉。伏惟某人，笃学起家，清才迈俗。文如江汉，流万折而赴于东；俊若駃騠，生十日而超其母。果发挥于鸿藻，遂参列于上游。坐令故乡，顿起颓俗。某程书邃殿，拭目英辞。三人必有师，为叹老成之几及；一第犹溷子，弥知大器之难量。(以上均见《全宋文》卷四八二二)

四　月

二十四日，诏："以及第进士第一名梁克家为左承事郎、签书平江军节度判官厅公事，第二名许克昌为左承事郎、签书奉国军节度判官厅公事。"克昌系第一名，以有官降充第二人，故有是命。(《宋会要·选举》二之一九)

二十五日，礼部言："取应宗子赵师古，《三经》复试不中，年四十三岁，乞推恩。依已降赦文：应宗子《三经》复试不中，令礼部具申尚书省，取旨推恩。兼依条：宗室非袒免亲服取应《三经》，复试不中，年四十以上者，勘

会申尚书省取旨，量材录用。”诏：“与补承信郎。”(《宋会要·选举》四之三四)

是　秋

(四川类似)张阁学真甫为榜首，《答君臣策》极其赞美，秦丞相喜，谕主司于三名外处之，由是真甫唱名第四。赵舍人庄叔自七、八名外，上亲擢为第一人。其实，庄叔廷策实甚阿时，至引赵普、雷德骧故事，且有“欲诛异议之人”之语。上第以其首句：“君臣父子之间，天下真情之所在。”谓有古文气也。(《朝野杂记》乙集卷一五)

十一月

王刚中《进士题名续记》：国家三岁大比，以进士题名置贡闱，盖唐曲江之遗制也。自皇祐五年田宣简公知成都，取太平兴国五年成都进士田望之已下姓名，复刻于府学石室东厢之石柱，所以纪西蜀文物之盛，且表示学者而使知勉焉。圣上中兴，驻跸吴会。建炎元年诏：川陕去在所远，乃分省额，就蜀置院考校，以合格姓名奏于朝。自是，成都登科者益众矣。然自皇祐创制，迄绍兴甲戌，凡一百五年，环柱刻之既尽。一再举，无以自列，殊失劝励之意。于是，攻石为柱，而继刻之，以补前人之阙，使来者睨柱而书，亦将尽而有继云。绍兴三十年十一月初一日记。(《全宋文》卷四三四八)

十二月

(己酉，五日)太学博士郑闻言：“太学补试，弟子员至五六千人。望自今以举人居本州县学满一年、三试中选、及不犯罚者，州县保明给据，听赴补试。”从之。(《系年要录》卷一八七)

庚申(十六日)，诏：“《春秋三传》非系释经处，毋得出题以取士。”用右正言王淮奏也。自秦桧擅权，举人对义者多附会时政，失经旨，故淮奏及之。(《系年要录》卷一八七)

是　年

赐梁克家以下《经解》。(《宋会要·选举》二之一八)

周必大《御书〈礼记·经解〉石刻跋》：右，御书《经解》一卷，绍兴三十年三月，诏摹本赐新进士梁克家以下。临安守臣端礼因以别本遗百执事。臣某时为太学录，谨受而宝藏之。(《全宋文》卷五一二二)

吏部侍郎洪遵上奏曰："臣窃见川蜀士人，水陆万里，来奉廷对，其意皆欲即日沾恩，归荣乡党。而科第在五甲者，法当守选，必俟铨试中格，乃许调官。一复蹉跌，则有逾岁旅食之忧。臣视诸铨曹有川阙百五十余，而留待黄甲者不过数十。累举以来，川人赐同进士出身者例控告朝廷，皆得免试拟注，实惠及人，士子感泣。唯是二广士人，经涉炎瘴，远者数千里，群试南宫，每举登第率不过三两人。其入五甲者，亦须候铨试注授，独不得与蜀士为比，情实可矜。至于海南四州，远涉鲸波，遐陬闻见不广，类多下第。及其垂老，特恩幸而得文学以上，又必俟郊霈，方许入官，空行空反，尤为可念。臣愚欲望圣慈令有司看详，著为定令：自今举为始，川广进士中第法当铨试者，并候黄甲集注毕，以余阙差拟。其海南特奏名人当铨试者，与免试，当候赦者与放。选入五等者亦乞特与出官一次。庶几远方寒士皆获寸进，无有留滞栖迟之叹，以副陛下不忘远之意。"(《历代名臣奏议》卷一六九)

绍兴三十一年 辛巳(1161)

正 月

壬寅(二十九日),右谏议大夫何溥上疏,论经义、词赋合为一科之弊。以为:"两场俱优者,百无一二。而韦布之士,皓首穷经,扼于声病之文,卒无以自见于世。望将经义得免解举人,及应举进士年五十以上,许兼一大经,于诗赋场引试;其不愿兼经者,亦听。庶几宿学有以自展。"议者多以为经义、词赋不能并精,又减策二道而并于论,故策问太寡,无以尽人。且一论一策,穷日之力不足以致其精,虽有实学,无以自见。愿复经义、诗赋分科之旧。诏:"礼部国子监、太学官看详,经久可行,申尚书省。"(《系年要录》卷一八八)

二 月

二十二日,诏:"经义、诗赋,依旧分为两科。取士分数,依绍兴二十七年正月十日指挥,诗赋不得侵取经义。若经义文理优长,合格人有余,许将诗赋人材不足之数,听通融优取。仍以十分为率,不得过三分。自今年三月太学公补试为始。"以臣僚言:"自经义、诗赋合为一科,老成经术之士,强习辞章,不合声律。后生习诗赋者,不能究经旨渊源。场屋之内,病于偏枯。策问太寡,议论器识,无以尽人。有司去取,不以此为重轻。士守传注,史学浸废。"故有是诏。(《宋会要·选举》四之三四)

乙丑(二十二日),诏:"经义、诗赋依旧分为两科以取士。"……至是,权礼部侍郎金安节等奏:"依旧为两科,诗赋不得侵取经义分数。若经义文理优长合格人有余,许将诗赋人才不足之数听通融优取。仍以十分为率,毋得过三分。自今年太学补试为始。"于是,行之至今。(《系年要

录》卷一八八)

二十三日,国子录邹樗言:"多士程试,拘于时忌之说,蓄缩畏避,务为无用空言。至有发明胸臆、援证古今者,苟涉疑误,辄以时忌目之,不得与选,使人抱遗材之恨。欲望布告中外,应场屋程文有涉疑误被黜污者,依理考校,不许以时忌绳之。庶使去取精确,文风丕变。"从之。(《宋会要·选举》四之三四)

四　月

乙巳(三日),言者论州郡之学:"其间无进取之路,故士之去就甚轻,所养无素。乞权罢太学补试,而于诸州养士每百人中,选其行艺之精者,岁贡两三人入太学。庶几所得皆素养之士,且非一日之长。而士之在郡学者,皆以实能为尚,学校不期而自重矣。"事下国子监。已而,国子监言:"自罢舍法,复以科举取士,奉行日久,难议施行。"事遂止。(《系年要录》卷一八九)

五　月

(甲申,十二日)礼部郎中王普转对,论取士分科之弊。以为:"后生举子竞习词章,而通经老儒存者无几,恐自今以往经义又当日销,而《二礼》、《春秋》必先废绝。窃惟国初至治平,虽以诗赋取士,又有明经、学究等诸科。当时唯明经略、通大义,其它徒诵其书,而不知其说,非今日经义比也。然犹且别立解额,多于诗赋,而不相侵紊。逮熙宁后,应举者莫不治经,故解额可以混而为一。今经义、诗赋既分为两科,而解额犹未分。夫取易舍难,人之常情,故此盛彼衰,势所不免。望诏有司,追效旧制,将国学及诸州解额,各以三分为率,其二以取经义,其一以取诗赋。若省试,即乞以累举过省酌中人数,立为定额而分之。仍于经义之中优取《二礼》、《春秋》。庶几两科可以永久并行,而无偏废之患矣。"诏:"礼部国子监看详,申尚书省。"(《系年要录》卷一九〇)

十六日,臣僚言:"比年科举之士,益尚奇怪。科举之文,风俗之所趋也，异说胜则诡激之行起。欲望严饬有司，凡务为奇说，而不本于圣人之旨者，痛加扫除。庶几人知所向，习正言，闻正道，风俗可得而厚。"从之。(《宋会要·选举》四之三四、三五)

绍兴三十二年　壬午(1162)

闰二月

十九日，礼部言："唐、邓二州，乞依本路诸州例，于襄阳府并试，以一路诸州军人数通衮，二十人终场取一名，余分亦取一名。"从之。(《宋会要·选举》一六之一一)

三　月

丙寅(三十日)，诏：举贤良。(《宋史》卷三二)

诏曰："朕屈群策以康济，辟数路以详延，参稽历代贤良之科，冀得天下方闻之士。顾岁月之浸久，亦诏旨之屡颁，曾无卓尔之才，来副褎然之举。岂器业之茂，有惭于古；抑招徕之道，未备于今？惟予侍从之臣，宜广搜扬之术。使异人辈出，无愧汉唐之时；庶治具毕张，尽复祖宗之盛。其体予意，毋怠钦承。"(《宋会要·选举》一一之二六、二七)

四　月

辛未(五日)，诏："淮南新复州军举人，许于近便州军一处并试，每终场十三人解一人。"(《系年要录》卷一九九)

五　月

九日，诏："来年礼部奏名进士，可依祖宗故事，更不临轩策试。"时以钦宗丧，故有是命。(《宋会要·选举》八之四三)

癸亥(二十七日)，上谓大臣曰："自去年完颜侵扰之后，中原士民不忘

祖宗之德,归正者不绝。……士人从便入学,及令应举。"(《系年要录》卷一九九)

六　月

十日,诏:"应福建路愿取应宗子,依二广体例,比附国子监条法,初试许于所在州军召保,结保勘验。于贡举条制别无违碍,连宗枝图保明,申送转运司勘验,别场引试。将合格人数缴申礼部,行下大宗正司勘会。如有伪冒违碍,虽已赴试合格,先次改正驳放。其犯人并保官,申朝廷取旨。其复试合赴行在,所有取人分数依例初试,附国子监发解。"南外宗正司言:宗子赵荣之等,乞只就本路转运司取应故也。(《宋会要·选举》一六之一一)

十三日,《登极赦文》:"应举人,除犯徒罪以上及真决人外,其余因事殿举及不得入科场之人,虽有不以赦降原免指挥,可并许应举。"同日,赦书:"勘会太学、国子学、武学生,系是久被太上皇帝教养之士,宜因庆霈,特加优异。应见在籍人,并与免文解一次。已系免解人,候登第日,与升甲。如就特奏名试,亦与升等推恩。上舍已系免省人,特与先次释褐,赐进士出身。内愿赴将来殿试者,与堂除差遣一次。"(《宋会要·选举》四之三五)

十三日,《登极赦书》:"应合该特奏名人,并与免试。内曾经六举以上到省人,与补将仕郎;五举,上州文学;四举,下州文学;三举,诸州助教。合补助教人,愿赴将来特奏名殿试者,亦听。"(《宋会要·选举》一三之二)

十三日,寿皇圣帝《登极赦书》:"宗室曾经锁试两次得解人,许赴将来殿试;曾经锁应人,许赴将来省试一次。"同日,《登极赦书》:"宗室实请文解之人,并与推恩。宗室无官人,依建炎元年五月一日赦,与量试推恩。"(《宋会要·选举》一八之二一)

二十三日,诏:"绍兴三十三年礼部奏名进士,依祖宗故事,更不临轩策试。"(《宋会要·选举》八之四三)

二十九日,殿中侍御史张震言:"太学免解,已非旧典,今当免者千二百余人,其间固有已得解者。今此一免,数举之后,不失一官,已为优幸。而此外或以驻跸,或以藩邸,或以节镇,皆得曲为之辞,转相攀引,则是当免解者几二万人。窃虑来春取人,数倍常举。乞下礼部,预行条约,庶几上不失推恩之旨,下不启侥倖之路。"诏:"礼部看详。"其后,礼部言:"建、洪、宣州进士,各以今上皇帝藩邸,乞依故例推恩。太上皇帝登宝位,旧领州镇进士并各等推恩。今虽有建炎故例,缘今降条约之旨,欲将三州比拟旧例,特奏名候殿试唱名取旨,免解进士并减一举;特奏名如该正奏名,候唱名取旨;乡贡进士及应乡贡进士曾三应举终场,并免将来文解一次。"从之。(《宋会要·选举》一六之一一,一二)

七　月

八日,诏:"宗室及第人,今后不许陈乞注授教授。"(《宋会要·选举》一七之一)

八　月

五日,国子监发解,命监察御史周操监试,宗正少卿刘度、国子司业陈棠考试,太府寺丞魏杞、太学录郑升之点检试卷。(《宋会要·选举》二〇之一五)

十三日,礼部言:"宗子无官人,该登宝位赦量试推恩。看详:并依国子监公试附试例,别场引试。愿试经义,量试本经义二道,试诗、赋各一首;试论人论一首,作一场引。余并依建炎二年二月之制。合格人从本院具姓名,申朝廷推恩。"从之。(《宋会要·选举》一八之二一)

二十六日,礼部言:"无官宗子依赦量试推恩之人,若不立定年甲,例皆陈乞,窃恐太滥。欲自今降赦文以前,凡无官宗子见年二十五岁以上,方与量试。其行在无官宗子经大宗正司,在外经宗正司,即去宗正司远,经所在州军陈乞,各勘会年甲无违碍,给据赴部,下大宗正司勘会取试。"从之。(《宋会要·选举》一八之二一)

是　月

鄱阳士人林子安，居于石门。绍兴三十二年秋，入州赴举。行半程，饭旅店，逢一客某州教授者来，相与讲礼。客盖谋为饶试官，欲从坑冶使者魏彦成求荐牍，因从客问林曰："魏户部何如人?"林曰："子安与之姻戚，其人慷慨急义。"客有喜色，屏左右，延林入室，置酒输写胸臆，曰："君于魏托契厚薄如何？某今实莅试于饶，君苟能致力，则当任一举之责以为报。"林悚然弗敢承。至于再三，始请其说。客询所习经，以《尚书》对，客曰："某正用《书》登第。尝择题目难控搏者，为答义三道，不曾示人。兹以相授，幸藏之，勿泄勿失！便当以此三题试举子矣。"林捧接愧谢，旦而告别。洎入举场，教授者搜此卷不见，遍访它房索之，亦无有，殊以负负。才出院，林往谒之，白曰："蒙先生成就之意甚厚。适试前一日，忽得疾，极危困。及明，朋友邀勉挽掖以进，而头如受斧，寸步莫前，遂成空返。所以留连未还里者，须先生之出，达此谢意。虽云无成，直与受恩等耳。"竟为力祷魏公，得一章与之。(《夷坚支志》庚卷一)

乐平程觉，元名采，专习词赋。绍兴辛巳岁，梦入官府，见紫袍者据案书判，一吏宣读曰："治《周易》程觉，明年当作解元。"遂改今名，且将以《易》经应举，而未能深究旨趣。及试期渐逼，预诣郡城，访求《易》师。扣谒老儒张世韩，便执弟子礼，仍尽述梦兆。张与之昧平生，适有他故，不赴场屋。矜其诚至，乃语之曰："新天子方践宝位，如'同声相应，同气相求。水流湿，火就燥，云从龙，风从虎，圣人作而万物睹。'正是趋时好题，自宜为之备。"于是教以破题及主意大概，程欣然而退。才归邸，即全用所戒，缀成一篇。迨首场引试，适出此题。第二篇又曾立稿，日亭午，所对已毕，殊为惬快。三日竟，留邸俟榜，复梦神人告曰："汝本当占都魁，缘与张大用漏泄之故，降下七名，然终不失一魁也。"洎揭榜，果居第八，实为本经魁。(《夷坚三志》己卷五)

九　月

壬戌(二十九日)，诏："吴怿、刘藻、黄开、陈骙、陈岩肖、周允闻、沈尧

闻、沈尧咨、汪必明、褚观、刘祖礼上书，皆已亲览，有补治道。京朝官可减二年磨勘，选人与循一资，布衣进士与免将来文解一次。”(《系年要录》卷二〇〇)

是　秋

楼钥《谢发解启》：决战文场，喜鏖大敌；策勋计版，幸缀群英。心既歉然，颜之厚矣。窃以真主嗣临于万国，宸心经略于中原，正紫髯将军抚剑之秋，岂白面书生鼓箧之日！然用武必有文备，当修德以来远人，况一士可以止百万之师，寸舌可以贤五千之骑。搴旗斩将者特匹夫之勇，敦诗说礼者乃元帅之资。丁字徒知，固难处强弓之右；毛锥可用，当争雄大剑之间。得奇才自足有为，用真儒必将无敌。爰命郡国，选修洁之士；且使乡遂，献贤能之书。广数路以取人才，诏直言以增士气。将取布韦之贱，以为将相之储。草莱期王佐之才，畎亩任天下之重。坐使有志之男子，羞为无用之尘言。附凤翼而攀龙鳞，咸起功名之愿；擢犀角而拔象齿，始膺藻鉴之求。如某者，赋性枣昏，受材樗散，幸家声之未远，冀世业之永传。誓收黄卷之功，益振青箱之学。十载空随于举子，一言未售于有司。良弓之子必为箕，有自来矣；吹竽之门而攻瑟，如不好何？欣逢不讳之朝，深惜难逢之会。一鼓作气，已为胜敌之谋；三年不鸣，期遂惊人之举。及奏功于里选，仅厕迹于行间。虽叨鹗荐之书，犹愧鹏飞之化。沙砾已甘于在后，驽骀敢望于争先？静惟贱士之拔茅，实赖大人之推毂。兹盖伏遇某官，才高今古，名压搢绅。久居喉舌之司，卧治股肱之郡。爱民如子，惟忠厚以存心；遇事生风，信精神之满腹。天子思大夫之国器，布衣求吏部之门生。遂使庸愚，亦与抡择。某敢不益严笔阵，力淬词锋！敌无畏于万人，霸当成于一战。雕在秋天之外，已借高风；鱼掀春浪之中，更资余泽。(《楼钥集》卷五八)

杨万里《送施少才赴试南宫二首名渊然，蜀人，予取魁漕试》我岂登名晚，今仍作吏卑。文能追古作，子未要人知。取第真成漫，危言良独奇。新知谁不乐，所要白头期。

十日九奔命，同行半倦游。出城愁不早，思子悔何由？脚底已衡岳，

眼中犹橘洲。似嫌疏过子，吾过更谁尤？（《杨万里诗文集》卷一）

杨万里《回施少才谢漕司发解第一名启》：文之勍者，不应无以异于人；举以褎然，抑或足以当其价。繄外台之论秀，任一路之拔尤。私忧无瑰奇杰出之英，以塞属望；竟得此简古天成之作，更益光华。恭惟某官，词则油然而幽，气则浩乎其沛。平生所闻于声实，久矣神交；一旦得见于仪刑，欢焉心契。莫知笔阵之合，谬与堵墙之观。过眼而迷，岂日赋之不别？垂竿而钓，果查头之至前。幸藉手以见诸公，将贵纸而夸列郡。能未忘于私谢，知贪得于大篇。方当新天子太息愿治之初，敷求剀切；行上子大夫悉意正议之对，愿毕忠精。侧听第一之胪，式快少双之望。其于感颂，难以历陈。（《杨万里诗文集》卷四九）

韩元吉《回得解举人启》：伏审光膺里选，荣与计偕。朝廷合经术词赋之科，聿新多士；有司考学问文章之蕴，盖难其人。伏维解元先辈，德履粹纯，才华敏妙。词源如倒峡水，久知制作之工；科第犹摘颔须，将有飞腾之便。矧建安之名郡，号儒素以传家。鼓箧来游，小淝水锐师之数百；弹冠并进，多鲁堂高弟之十三。既豪杰之靡遗，宜乡闾之无负。解元云："既豪杰之居前。"尚观射策，以庆成名。某误绾县章，欣逢岁比。奉诏书于庠序，莫助品题；辱翰墨于门阑，惟知踧踖。（《全宋文》卷四七九一）

十　月

五日，敕礼部状："据太常寺申，本寺契勘。今来人姓有犯御名及同音从小从真字，若从其便改易，虑恐不一。今欲改作填字音镇。所有经史书籍文字内，有犯御名及同音从小从真字，如系谨戒之意，即定读曰谨；如系地名、人姓、山川、国名，即定读曰填音镇。其经传本字，依绍兴二年十一月二十六日指挥，即不当改易。欲乞候指挥下日，令都进奏院遍牒施行。本部今欲依本寺申到事理，伏乞朝廷详酌指挥施行，伏候指挥。"十月十五日奉圣旨："依礼部所申。"一，契勘：昨缘举人于所试程文内引用頙字、敬字，有司以其字旧系庙讳，致有疑惑。准尚书礼部取到太常寺状，见今避讳，合遵依文书式内该载名讳。其祧庙即不合回避，今来本监已于《韵略》内

收入不合回避二字。瑱字,系顺祖祧庙,于上声迥字韵收入。敬字,系翼祖祧庙,于去声劲字韵收入。(《贡举条式》)

十一月

四日,赐枢密院编修陆游、尹穑并进士出身。枢臣荐游等力学有闻,故有是命。(《宋会要·选举》九之一九)

孝宗即位,(陆游)迁枢密院编修官兼编类圣政所检讨官。史浩、黄祖舜荐游善词章,谙典故,召见,上曰:"游力学有闻,言论剀切。"遂赐进士出身。(《宋史》卷三九五)

陆游《辞免赐出身状》:准尚书省札子,奉圣旨,赐进士出身者。孤远小臣,比蒙召对,从容移刻,褒称训谕,至于再三。仰惟天地父母之恩,固当誓死图报。惟是科名之赐,近岁以来,少有此比。不试而与,尤为异恩;揣分量材,实难忝冒。欲望敷奏,特赐追寝,以安冗散之分。

又:近蒙恩赐进士出身,尝具状乞行追寝。以谓科名之赐,近岁以来,少有此比。不试而与,尤为异恩,揣分量材,实难忝冒。今月六日,准尚书省札子,奉圣旨,不许辞免。蝼蚁至微,曲烦申谕;雷霆在上,其敢饰辞。然义有未安,若不自列,强颜冒宠,获罪愈大。盖特赐科名,虽有故事,必得非常之人,乃副非常之举,甚非所以重儒科、杜幸门也。重念某一介疏贱,行能无取。比蒙召对,面加训奖,退而感激,至于涕泗。今者但使获安冗散之分,以效尺寸之劳,则于上报主恩,不敢惮死。(《渭南文集》卷五)

陆游《谢赐出身启》:明廷锡对,晨趋甲帐之严;亲札疏恩,莫拜丙科之宠。感深涕陨,愧极汗流。窃以国家取士之方,固非一路;学者进身之始,又恶多岐。故祖宗非私于俊造之科,而公卿罕出于选举之外。至膺特诏,尤号异人。颂诗足以配弦歌,则梅尧臣出于皇祐;文章足以垂竹帛,则王安国起于熙宁。或友朋借誉而不以为私,或兄弟当途而莫之或议。厥由至当,故可无惭。如某者,才朴拙而无奇,学迂疏而寡要,自悲薄命,久摈名场。敢谓一朝,遂叨赐第。门外之袍立鹄,恍记少时;诏中之字如鸦,犹疑梦事。兹盖伏遇某官，股肱王室，领袖儒林。以谓设一目之罗，盖非得雀之道；至于售千金之骨，抑明市骏之心。宁借妄庸以风四方，不忍拘挛而废一士。某敢不讨寻旧学，企慕前修！儒者之弊，劳而无功，暂少求于实效；圣君所行，即是故事，将时得于遗材。敢仰贺公道之兴，非独叙私情之谢。

陆游《答人贺赐第启》：比对明廷，猥尘特举。两章控避，莫回天地之恩；一纸来临，复拜友朋之赐。未知称塞，积有惭惶。伏念某才本迂疏，识尤浅暗。顷游场屋，首犯贵权。既憎糠播之偶前，复恶瓦枢之辄巧。讼刘蕡之下第，空辱公言；与李贺而争名，几成奇祸。敢期末路，复齿清流。晨趋甲帐之严，莫拜丙科之宠。此盖伏遇某官，学穷游夏，文媲卿云。槐花黄而并游，每记帝城之旧；荔子丹而共醉，未忘闽岭之欢。特假溢言，俾膺异选。千名记佛，虽叨学者之光荣；一日看花，宁复少年之意气。但怀感佩，未易敷陈。（以上均见《渭南文集》卷七）

十七日，礼部言："宣、洪、建、鼎、剑州，系今上皇帝藩邸，得旨，进士应举三经终场并曾得解之人，免解一次。窃虑逐州不明谕举人，依式召应作保之官结罪委保，知、通验实保明，卤莽申发，致误赴试。及以不应免解人与合免解人混杂保明，作不圆申发。既逼试期，遂欲许先次收试，致多端冒滥。今欲前期立式行下，须逐人责令，确实召保，知、通审察验实，结罪保明。至期稍有不圆，并不许依放旧弊诉乞，先次收当职官，从本部按劾。"从之。（《宋会要·选举》一六之一二）

十九日，礼部言："宗子量试止一场，难以比附取应条格补官，将合格第一人补承节郎，余合格人并补承信郎。如不合格，自不在推恩之限。取应宗子到省试下，若年及二十五岁，欲乞比附宗子实请文解之人，免量试，并补承信郎。其合陈乞，今已立定期日，或以赴不及为辞，并不在推恩之数。所贵不致冒滥。"从之。（《宋会要·选举》一八之二一、二二）

十二月

二十九日，大宗正司言："无官宗子，依赦量试推恩，在外宗子并召见任文武臣宗室委保。缘在外宗子,亦有未曾召保,先结文据,已赴行在之人,引试日逼,若候取会,虑使徒费往返。相度如年果及,于引试前赍所居州军赴量试公据,乞看详,先次引试,以俟审无增年诈冒,即与放行推恩。即有虚伪,自依所获旨治罪。"从之。(《宋会要·选举》一八之二二)

是　年

四川类省试。诏:"成都府路转运判官何逢原监试,知邛州房与之考试,权知眉州范仲恺别试所考试兼监试。"(《宋会要·选举》二〇之一五)

上舍释褐:李炳,陈简,黄万顷,曹植,张涛,钱闻诗。(《宋登科记考》卷九)

绍兴年间

一,绍兴重修《贡举令》。诸《春秋》义题,听于三传解经处出缘经生文而不系解经旨处者非。诸试卷犯不考者,具事因,送弥封所复视。同,即以元试卷及具乡贯姓名送考试所,先次点落,仍晓示。诸考校试卷,并分五等,逐分上、中、下。诸举人试卷犯点抹者,五点当一抹,五抹降为下。

一,绍兴重修通用贡举式。试卷犯不考但一事不考,余皆不考:犯名讳谓于式应避者,即笔误而义非者,不为犯。文理纰缪全无文理,即为纰缪。试赋论不识题,策义不应所问而别指事略应所问而全指别事,已解问意而广为证说者非。漏写官题谓全漏官题者,如止少字及有误,依脱字例。策义写问目,或不写道数,及不依次谓先第二后第一之类,即字误而文依次者非。诗赋题全漏写官韵。论题全漏写,限五百字以上如止少字,依脱字例。诗赋不压官韵如文意分明,止是漏书字,即依脱字例。谓如赋官韵,用"华"字压,云"祥开日",漏"华"字。"诗"字韵,用"居"字压,云"山河壮帝",漏"居"字之类。诗赋落韵如文意分明,止是误书字,即依字误例。谓如赋"祥开日华",误书作"日草"之类。诗赋重叠用韵如文意分明,只是误书字,即依字误例。谓如赋官韵,用"东"字压,云:"阴魄既没,大明在东。吐象成字,昭文有融。"误书作"昭文有东"之类。诗官韵用"灵"字压,云:"善鼓云和瑟,尝闻帝子灵。冯夷空自舞,楚客不堪听。"误书作"楚客不堪灵"之类。赋协韵正韵重叠。诗赋失平侧。小赋内不见题。赋少二十字。诗赋数少剩。诗全用古人一联。诗两韵以前不见题。论少五十字。卷内切注及书。试卷不写奉试及对,或谨对论曰或谨论,及涂注乙若干,并无涂注乙字。试卷犯点抹。抹:文理丛杂,文意重叠,误用字,脱三字,文意不与题相类,诗赋重叠用字,诗赋不对赋初用韵及用邻韵引而不对者非,诗破题及诗赋末两句亦不须对,诗赋属对偏枯,小赋四句以前不见题,赋压官韵无来处,赋全用古人一联语,赋第一句末与第二句末用平声不协韵,赋侧韵第三句末用平声今谓赋眼。如第一句用侧声,即第三句用平声,亦许,赋初入韵用隔句对、第二句无韵用长句引而协韵者非,赋少十字,论策、经义连用本朝人文集十句,诗全用古人一句,诗叠用两字两字各一叠,或一字两叠皆是,诗用隔句对,论少二十字。点:错用一字,脱一字,误一字,赋少五字,论少十字,诗叠用一字。

进士书卷草纸顺连于卷前,仍于卷首留白纸半张,以备封弥,余试卷准此:治经义人。第一场,奉,试某经义三道谓如治《易》,则二云《易》义之类。第一道,对云云,谨对。第二道,对云云,谨对。第三道,对云云,谨对。《论语》、《孟子》义各一道。《论语》一道,对云云,谨对。《孟子》一道,对云云,谨对。涂注乙共计若干字俱无则云无涂注乙。诗赋并余试卷,并准此。第二场,奉,试某论具所试题,限五百字以上。论曰云云,谨论。第三场,奉,试策三道。第一道,对云云,谨对。第二道,对云云,谨对。第三道,对云云,谨对。治诗赋人。第一场,奉,试某赋具所试题,以某字为韵,依次或不依次用,限三百六十字以上成云云。某诗具所试题,以某字或题中平声字为韵,限五言六韵成云云。第二场、第三场,论策依治经义人。

一,绍兴重修御试贡举式。不考:策少一百字。书卷不如式谓如全不写奉御试策一道,或限一千字以上之类。

书试卷:奉,御试策一道限一千字以上,特奏名则云七百字,武举至宗室非袒免亲取应则云五百字。臣对云云,臣谨对。涂注乙共计若干字。(《贡举条式》)

绍兴省试《高祖能用三杰赋》,一卷文甚奇,而第四韵押"运筹帷帐"。考官以《汉书》乃"帷幄",非"帐"字,不敢取。出院以语周益公,公曰:"有司误,非作赋者误也。《史记》正是'帷帐',《汉书》乃作'幄'。"(《鹤林玉露》甲编卷三)

刘才邵《赐科举诫谕诏》：敕门下：自昔愿治之君，急于求贤，以协济事功。而当时之士，亦各务修饬，以承休德。用能发挥所学，克副柬求，朕甚嘉之。自即位以来，率由祖宗之宏规，屡下三年之诏，详延俊茂，縻以好爵，所以嘉惠多士，可谓无愧于古矣。是宜咸知策励，以称所求。而近年以来，士风浸薄，巧图牒试，妄认户名，货赂请求，重叠冒试。逮至礼闱，不遵绳矩，挟书代笔，传义继烛，种种欺弊，靡所不为。不惟负国家教育选举之意，兼使有素行、负实学之人，俱蒙其耻。一至于此，岂所望哉！夫待之厚则责之深，出于礼则丽于法。傥名检之全亏，实自干于邦宪。继自今其克黜乃心，明听训言，勿蹈匪彝，以贻后悔。在外委漕臣及监司按察，在内令主司觉察，御史台纠劾以闻。当置典宪，务在必行。故兹诫谕，想宜知悉。(《全宋文》卷三八四一)

史浩《衢州取沈尧夫卷子申监试官状》：契勘：本房考到合格诗赋卷子，系“疆”字号，文理实是优长。却于策卷内有“蚓”字。检准绍兴文书，令诸犯圣祖名、庙讳、旧讳、御名改避外，余字谓式所有者有他音谓如角徵之类及经传子史有两音者，许通用。某窃详：“蚓”字止有上声，十六“轸”字韵内收，系以忍切下注云：亦作螾。所有上项式内止有“螾”字，即不曾该载“蚓”字，是不系式内余字分明。若作犯讳，暗行黜落，切恐有负朝廷取士之意。某已看详得上件卷子，自系上声，既不系式内字，又于去声羊晋切韵内无正“蚓”字，显是止讳去声“螾”字。设若卷内正写“螾”字，亦有两音，依得条式，许行通用，即不为犯讳。况上件试卷只写“蚯蚓”之“蚓”，自不相干。某已行考上上件卷子，窃虑同考试官各有疑误，谨此供申。将来如蒙上司点对，委系犯讳，所有考官罪名，某乞身坐，不敢以累众人。庶几不为身谋，仰副朝廷取士之意。(《全宋文》卷四四〇九)

程嗣先《跋杨公〈劝学文〉后》：昔闻人未知学，常衮奏设乡校，亲加讲导，由是风俗丕变，岁贡士与内州等。时欧举进士，遂迁居龙虎榜。噫！才固不乏于世，脱颖铲彩，特视激劝之方何如耳。乃者安得杨公之莅廉泉也，税驾伊始，以作成人材为先务，述文劝谕，揭示属邑，交口讽玩而不能自已。每念三岁大比，彰明预荐常甲诸邑，两举反是，有识太息。劝谕一颁，衣冠目击，竞相致勉。暨诏试艺，重围撤棘，公榜得人，果复冠带。由此观之，自非我公激劝于其始，又安得收此成效于其终乎！回视常衮造士，斯异世而同轨也。《易·渐》之六二："鸿渐于盘，饮食衎衎，吉。"今学者勉而不已，进得录赴功名之会而符《易》之深旨，则我公之德可胜纪乎！嗣先试吏下风，窃观盛举久矣。濡毫吮墨，俟其验，践其实，而书于后，庶几附斯文而不泯焉。（《全宋文》卷四八七一）

宋孝宗　隆兴元年　癸未(1163)

正　月

八日，兵部言："武举省试，例附礼部贡院别试所。今降旨更不临轩。其免省还试特奏名武举人，合试兵机策一道，欲乞就差本院考试官出题考校。"从之。(《宋会要·选举》一七之二九)

九日，以翰林学士承旨洪遵知贡举，兵部侍郎周葵、中书舍人张震同知贡举，合格奏名进士木待问以下五百六十人。(《宋会要·选举》一之一六)

秘书少监胡铨、吏部郎中杨民望、司勋郎中宋似孙、都官郎中钱豫、吏部员外郎吴龟年、工部员外郎魏杞、监察御史陈良翰、芮烨参详官，秘书丞唐阅、太府寺丞陈天麟、枢密院编修官尹穑、著作佐郎龚茂良、国子监丞王悦、诸王宫大小学教授吴祗若、大理司直惠迪、将作监丞邹樗、军器监丞张之刚、秘书省正字王东里、方翥、张宋卿、御史台检法官郑丙、司农寺主簿陶去秦、武学博士刘敦义、国子录高遹、临安府府学教授陈禾、监登闻检院单时、监太平惠民和剂局范成大、权行在榷货务都茶场潘慈明、主管吏部架阁文字俞晔、主管刑部架阁文字刘大辩、临安府府学教授莫冲点检试卷。同日，右正言周操言："天下之事，当权轻重而为之，不可执一。国家三岁省闱取士，近年以来，多以台谏长官为知举，盖重之也。此日处置边事，务各机宜，盖当以边事重于礼闱可也。所有知举官，欲望朝廷于翰苑、六部、两省官内选差，乞存留台谏官在外，相与参酌事宜。枢密院官属不可暂阙，仍乞不令入院。兼今岁缘免举赴省人数至多，与常岁不同，其所差官，欲望量加添增，所贵依时开院，不致滞留。"从之。添参详官二员，点检试卷官四员，别试所点检试卷官添二员。(《宋会要·选举》二〇之一五、一六)

（庚子，九日）是日，锁礼部贡院，敕差翰林承旨洪遵知举，兵部侍郎周葵、中书舍人张震同知。以免解就试人众，增参详官二人，点检官四人。国子司业王十朋为别院考试官。（《全宋文》卷五一五四周必大《龙飞录》）

士风颓靡，文气骫骳，千人一律。懋吉因考礼部试，不专用有司尺度。或守朴学、不事空言、不徇时好以授人耳目，皆被收采。于是，老于文学、屡试不售者皆在选中，时称得人。（《全宋文》卷三四九四孙觌《惠公墓表》）

十一日，诏："将来特奏名人，进士请解并免解、因事故不曾赴今次试人，与理为到省一举。两处取解已及今来特奏名举数人，虽已违限，未曾经所属保明并举之人，特许并举推恩。绍兴四年得解贡，合赴五年省试，因事故至八年以前到省试下，理元得解贡年。及前举已降旨，诸路进士许将展过省、殿试理为一举，赴特奏名殿试。今如有四举年五十、七举年四十以上，应曾展过省、殿试之人，并许理为一举。若在七年得解、八年到省试下之人，与理作六年到省，并许赴特奏名试。进士门引不到，因事故赴试不及，若举数已该特奏名，依南省下第人例施行。如合该取会并合下所属保明之人，且令就试。其将来合推恩敕牒等，并令礼部收掌，候勘会，召保官给付。若有违碍，即具因依，并敕牒缴申尚书省。今年既不临轩策试，应该特奏名人，于省试院接日试策一篇。"同日，诏礼部贡院："今举省试，进士、贡士年四十以上，六举曾经御试、八举曾经省试；年五十以上，四举曾经御试、五举曾经省试；内河北、河东、陕西举人，特与各减一举；及曾经绍兴五年已前到省，前后实得两解贡，或免解共及两举，各不限年，令礼部勘会，许赴特奏名试。其五年以前到省一举、见年五十五以上者，令本贯州县当职官勘实，别无违碍，结除名罪，保明申礼部。内开封府、国子监，即各令召见任承务郎以上贰员，亦依前结罪保明，本属关送礼部，勘验闻奏，当议特与推恩。"（《宋会要·选举》一三之二、三）

十三日，诏："宗子进士赵不忮等五人，并补将仕郎。"登极覃恩，无官宗室曾请两举，并免省赴廷试。不忮等止一请解，先有旨，并取应得解人，并补承信郎。不忮等诉乞比附两举人推恩，故有是命。（《宋会要·选举》一

八之二二)

十四日,右谏议大夫刘度言:"窃闻贡院为赴试人众,分为三场,而第三场专引外州覃恩免解人。臣未敢以为然,何以言之?向年覃恩免赴试人,得者最少,以此怀疑,谓主司特别撰号,阴为摈黜之计。虽实无此事,而语言籍籍,不可开晓,非清朝至公之体也。欲乞将赴试人,不拘中外,得解免解,互相参杂。止据经义、诗赋人数,通融相补,分作三场,混同考校。将来得失多少,自系程文工拙,初无彼此形迹。下以示主司之无心,唯才是取;上以彰圣恩之广大,实惠具孚。法意人情,皆为允惬。"从之。(《宋会要·选举》四之三五)

十六日,诏礼部贡院:"以前举取过人数,共添取一百人。"(《宋会要·选举》四之三五)

二十七日,礼部贡院言:"去年覃恩免解进士,除鼎、剑州不曾申数外,国学一千三百四人,建宁府一千八十九人,洪州二百三十八人,宣州二百七人,计二千八百三十八人。内八百六十五人未就试。欲乞于近所获旨增添一百人额内,存留三十人,充未到人合取之数。"从之。(《宋会要·选举》四之三五、三六)

戊午(二十七日),贡院言:"承指挥,比前举取过人数共添取一百人。检照前举凡三千五百四十四人,终场取过二百五十四人,今合取三百五十四人。而去年覃恩免解,徐、鼎、剑州不曾申到数目外,国学一千三百四人,建宁府一千八十九人,洪州二百三十八人,宣州二百七人,已上共二千八百三十八人,内有八百六十五人未来就试。今于增添一百人额内措留三十人,充未到合取之数。"从之。贡院言:"常举,共得钱一万二千贯,酒二百石。今官吏增多,乞增钱六千贯,酒一百八十石。"诏给半。(《全宋文》卷五一五四周必大《龙飞录》)

二　月

十日,礼部贡院言:"承前逐举省试奏号,多不过三百。所差拆号官,率以下晡到院，先即封弥所点号整足，然后入院。往往夜漏既上拆号，抵明方毕，放榜以示天明为限。今年省试约七百余号，人数增培，虑拆封逼促拥并，致有差互漏泄。今欲拆号前一日四更奏号，乞自朝廷灯时付拆号官赴院检拆，次日不限早晚放榜。”从之。(《宋会要·选举》四之三六)

十一日，诏：“今省试诸科进士，务取学术深淳，文词剀切，策画优长。其阿媚阘茸者，可行黜落。”(《宋会要·选举》四之三六)

十一日，礼部贡院言：“宗子量试终场七百余人，约三分文理稍通，余程文皆不答所问，或全写他文者。若止取文理稍通并答元题为合格，仅可取三分以上。虽文理稍通，偶尔杂犯，亦多有之。”诏：“取放文理合格人，合格杂犯于榜后，仍展二年出官。”(《宋会要·选举》一八之二二)

十七日，翰林学士承旨、知制诰、知贡举洪遵等言：“考校‘驫’字号试卷，学问渊源，论议切直，为前后场之冠，已考入魁选。偶策卷误犯哲宗旧讳。”诏：“楼钥特降末等头名。”(《宋会要·选举》四之三六)

隆兴改元，某就试南省，先生以秘书少监为参详官。某策卷误犯泰陵旧讳，知举内相洪公方欲为之奏闻，先生赞其决，遂叨末第，盖优恩也。(《楼钥集》卷七四《跋胡澹庵和学官八诗》)

楼钥《谢省闱主文启》：薄技中程，岂谓单辞之误；上恩从厚，犹沾末第之荣。靖言侥幸之由，实自生成之力。德无所报，感不知言。窃惟选举之公，本朝为盛；科条之备，今日尤严。凡群试于有司，当首遵于成法。未问词章之工拙，先观品式之从违。苟有一毫之差，必为终篇之累。惟时公讳，尤异常规。虽在祖宗，不致山川器币之废；然为臣子，当明浒势秉机之嫌。著之甲令，以谨临文之疑；揭之棘闱，以备入门之问。倘律度之不中，宜衡鉴之弗容。自非词华惊绝代之工，议论如古人之正，又安得特加拔拭，曲赐甄收？既宽司败之诛，仍玷主文之选。如某者，伶俜无取，坎壈数奇。猥承簪绂之余，期绍箕裘之业。念踵登桂籍者，已三四世；而不书雁塔者,几数十年。幸兄弟之联飞,喜门庭之少振。愿修世学,益大家声。滥由乡老之书,来赴春官之试。孺子不谨,尝约日而后期;穷鬼为妖,复转喉而触讳。问山犯名之二者,犹有不学之愧;书马与尾而四者,尚怀谴死之忧。矧明见于条章,乃自为于卤莽。深虑布韦之贱,不胜鈇钺之诛。敢谓巨公,曲成孤迹。略去片言之失,力收一日之长。委堕甑于道中,已甘绝望;取焦桐于爨下,实赖知音。既援例于先朝,遂飞章于清禁。异恩俯及,同辈皆惊。虽不能豪夺于锦标,然固已宠逾于华衮。三神山上,人怜不及于鳌头;千佛经中,自愧得陪于骥尾。退量叨冒,良有夤缘。兹盖伏遇某官,正始名流,开元故老。公车谠议,与秋霜烈日以争严;召驲重来,快凤凰景星之先睹。假道蓬山之上,主盟兰省之中。凡属品题,莫逃藻鉴。虽小善之占必以录,尽收天下之英雄;而斯言之玷不可为,尤费笔端之造化。遭逢若此,称报谓何?某敢不痛自激昂,益加详谨!对千人而不犯,愿尚友于先儒;号一庄而复荒,肯下同于流俗?誓捐顶踵,以报丘山。(《楼钥集》卷五八)

二十一日,诏:"已降旨,今举诸科、进士,务取学术深淳、文词剀切、策画优长之人。令礼部将省试上十名策卷编写投进,以备亲览。如有可行,当下三省取旨施行。"上初即位,从谏如流,求直言如渴,故有是命。(《宋会要·选举》四之三六、三七)

二十三日,礼部言:"伏见已降指挥,应省试年分,于二三日间,许行开补。今岁未合补试,缘赴省试下第之人已皆留此待试。有旨令礼部取见有无阙额,申尚书省,特与开补一次。本部续下国子监勘会,太学外舍生一千人为额,自今额足,即无见缺。欲乞将在学免解在假一百余人,开补一次。候逐人参假日有阙,依次拨填施行。"从之。(《宋会要·崇儒》一之三八)

三　月

十七日,诏:"量试不中宗子,年四十以上,特补承信郎,展三年出官。余人许将来省试年,再量试一次。"(《宋会要·选举》一八之二二)

十九日，秘书省正字张宋卿言官冗之弊，欲望立为定法："进士自绍兴甲子以来，必二十年而后免举，必一举三十年、五举年五十而后推恩。其有援近例以为比者，并不得受其辞。"诏："吏、礼部看详。"已而，逐部看详，遵依见行条指施行。(《宋会要·选举》四之三七)

二十一日，礼部言："太学生邵南一等引《登极赦书》，诉乞在籍学生免解恩例。其南一等各请长假，除程限已满一年之人，依条各除籍，缘降赦日并在籍。"诏："南一等准条除籍，与免文解一次。"(《宋会要·选举》一六之一二)

二十三日，殿中侍御史胡沂言："国家艰难以来，屡颁诏旨，数路搜扬将臣，然臣窃以谓犹未尽也。夫设武举，立武学，盖将有所用也。及临轩唱第，名在一二者，固蒙褒擢，余皆吏部授以榷酤征商之事，所养非所用，所用非所养，殆非上之求材、下之应举之本意。欲望与大臣审度计议，取近岁应中武举之人，量其高下，与其考任之浅深，定为品格，分差沿边屯驻将下准备差使。旧沿边各有巡检，其下士卒亦有部伍，今之资历深者亦可为之乎？淮甸、荆襄之间，邑各有尉，其下弓级亦习武艺，今之资历浅者亦可为之乎？如是，则武艺之士，岂犹已中选者人人思奋。而遐方远邑方习举业者，亦皆欣然相率而应上之所求矣。"从之。(《宋会要·选举》一七之二九、三〇)

二十三日，诏："特许开补一次，其取到人，候有阙拨填。"先是，都省勘会："近因臣僚上言，太学每岁补试，无益事实，虚令远近之士岁岁奔走道途。欲自今举以后，应省试年分，于二三月间许开补一次。已降指挥依奏。今岁未合补试，缘赴省试下第之人，已皆留此待试。诏令礼部取见有无阙额，申尚书省，特与开补一次。据国子监申，自今即无阙额。乞将学免假在假一百余人作阙开补。"故有是命。(《宋会要·职官》二八之二五)

甲寅(二十三日)，夜与共甫宿省中，来日复试权要亲族过省者。(《全宋文》卷五一五四周必大《龙飞录》)

乙卯(二十四日),雨作,寒。引试七人《礼义积而民和亲论》。初,秦氏子侄窃高科,而诸将亦行赂效之。桧死,议者请按乾德、咸平故事,凡两省台谏侍从以上谓之权要,其有服亲登第,皆令复试,虽有旨依而未尝举行。今岁赵密之子右承事郎赓过省,众疑其假手也,欲验之,而赓果托疾不来。(《全宋文》卷五一五四周必大《龙飞录》)

二十五日,诏:"今年特奏名进士,试在第五等人,并与特依下州文学例施行。"(《宋会要·选举》一三之三)

二十六日,礼部言:"太学生邵南一等状:'恭遇登极赦书,应在籍学生与免文解一次。南一等于降赦日并科举前实系在籍,乞依赦给据,以凭后举选试。'今据国子监申,邵南一等五十七人参长假日,虽有违限,降赦日并系未经除籍人数,缘去年国子监以免解试。"诏:"邵南一等依条除籍,与免文解一次。"(《宋会要·职官》二八之二五。按:礼部言当在是月二十一日,朝廷诏当在是日)

四　月

三日,诏:"建宁府特奏名进士翁德舆,特赐同进士出身。"德舆试入第二等,以皇帝潜邸,援绍兴八年袁焕章例自言,故有是命。(《宋会要·选举》一三之三)

十二日,上御射殿,引见礼部奏名进士正奏名木待问以下五百三十七人,第为五等,赐进士及第、出身、同出身。翌日,引见特奏名梅瑛以下二百七十七人,赐同进士出身、同学究出身,登仕郎、将仕郎、上下州文学、诸州助教。同日,引见武举进士正奏名孙显祖以下三十七人。显祖补保义郎,余悉补承节郎,减磨勘年有差。材武汪国材降二等,补进义校尉。(《宋会要·选举》八之一〇)

十三日,上御射殿,引见宗子彦瑷,特赐同进士出身。以取应省试第一人推恩也。第二、第三人补保义郎,余四十人承节郎,七人承信郎。旧制,取举第一人许赴廷试,以是举不临轩策士,故彦瑷有是命。(《宋会要·

选举》一八之二二、二三）

十五日，诏："福州念书童子陈绎永免文解。"绎八岁，诵经子等书十通，送中书再试，而有是命。（《宋会要·选举》九之二八）

十五日，翰林学士承旨知制诰洪遵、兵部侍郎周葵、中书舍人张震言："昨知贡举，切见宏词卷仁义'张'字号所撰《讲武颂》及露布等文字，冠绝一场，偶表制中有疵，因不敢开拆。系左迪功郎、前舒州怀宁县尉陈自修，学问文词，委皆赡拔，望稍进以职。"诏："吏部注近阙教官。"（《宋会要·选举》一二之一四、一五）

（洪遵）隆兴元年知礼部贡举，皇城逻卒挟内侍王允修侵辱士人，公引苏轼奏陈慥故事以闻。闽士揖其友，逻者指为传义，欲掖出之，公命卒业。一士赋擅场，又有对策剀切，皆傍犯名讳，公为取旨，许降等奏名。前二人林光朝、楼钥也。陈自修试词科，拟制一语聱牙被黜，公荐其才学，特与教官。其爱惜士类如此。（《全宋文》卷五一八五周必大《洪公神道碑》）

进士名录：木待问，黄洽，丘崇，丁可，丁邦友，丁光远，丁松年，丁尚友，王中行，王仁，王仲卿，王阮，王恬，王师尹，王唐，王恕，王逨，王章，王裒，王豪彦，王畿，王藁，王谦，王椿，王艺，王瀛，毛琦，勾龙庆，方有开，方廷坚，方玠，方叔珪，方果，方竑，方哲甫，方崧卿，石斗文，石昼问，石邻，申锡，史仲千，史受，召旦，成钦亮，吕旦，吕祖谦，吕球，朱三锡，朱子泳，朱如璋，朱晞颜，朱琏，朱璩，朱济，仲大年，任孝友，任肯堂，任敏仲，任虞，羊光宋，江介，宇文子震，宇文价，杜汲，杜乔，杜韨，李一鸣，李廷直，李冰，李拓，李叔豹，李旼，李宗思，李唐卿，李祥，李纯孝，李曼，李焕，李轸，李遂夫，李椿龄，李雍，李慥，李嘉言，李霖，李应，李颙年，李献明，吴天骥，吴孝纯，吴拱辰，吴偰，吴会，吴践言，吴澥，吴镃，岑弥高，何汝听，何伸，何焕，何万，何祺，何炜，何庆长，余直方，余席珍，余闳，余舜扬，余瑮，辛世德，汪大辩，汪介，沃兴祖，宋之瑞，宋中和，宋午，宋晋之，宋超，宋钦，宋纬，邵文炳，邵文饶，邵浩，邵裒然，邵谟，范人杰，范璋，林大明，林大和，林圭，林光祖,林光朝,林希,林垧,林炳然,林师萃,林虒,林楄,林处厚,林虡,林淳,林贵任,林榕,林颐,林颖秀,林颙,郁异,卓迪,季文蔚,季吁,周去非,周承勋,周莘,周抡,周焯,周烨,周熺,胡大方,胡元功,胡持,胡恭,胡纮,胡璩,俞平一,俞光庭,俞希尹,俞亨宗,俞直方,俞沦,计衡,施誉,姜凯,祝兴宗,姚申之,姚舜陟,姚瀛,马之纯,马信卿,秦璘,袁文中,袁采,袁宗仁,袁珽,袁珣,袁说友,袁枢,莫子震,莫抃,莫叔光,莫祥,庄方,桂轮,柴子春,柴必胜,时铸,徐大节,徐孝恭,徐庚,徐柟,徐庭玉,徐闶,徐鄰,徐枢,徐峣,徐衡,翁珽,翁国瑞,留澄,郭大全,郭杞,郭宏置,郭明复,郭德麟,唐子寿,唐铸,涂昌期,陆琚,陈力学,陈士逊,陈之方,陈文卿,陈申,陈仕荣,陈必大,陈秀习,陈言应,陈宋鼐,陈季平,陈洙,陈纪,陈益,陈曼卿,陈雁,陈葵,陈敦修,陈渥,陈梦龄,陈诚,陈德明,陈泽,陈谟,陈应时,陈说,孙自成,孙宓,孙東之,孙逢吉,孙崇,孙祺,黄子张,黄缶,黄府,黄珍,黄度,黄时亨,黄师傅,黄师绾,黄惟孝,黄辅,黄遹,曹木,曹晟,曹熙,崔世举,许及之,许介,许亚璟,许苍舒,章子获,章箴,章瀣,商侑,张中,张可速,张仲可,张孝伯,张孝忠,张序,张良臣,张叔椿,张庚,张泌,张居易,张咸,张杰,张渊,张演,张增,张缜,张体仁,张籥,项頔,项鸣,彭亘,叶元翼,叶伟,叶开,叶楠,叶肃,叶薿,叶谦亨,叶岩叟,万源,葛邲,董伯熊,董居安,董端义,喻中选,程文彪,程仲虎,程迥,程起宗,程淳,程泽,傅伯成,傅伯寿,邹企宗,曾炎,曾撙,冯西,冯侃,冯衮,冯伟文,游少游,游岳,游桂,贺三聘,蒲文宪,蒲晨,杨文仲,杨方,杨秀实,杨迪,杨咸亨,杨起岩,杨皋,杨翼之,雷升卿,虞松,虞寅,虞鼐,虞俦,詹岳,詹体仁,雍夔,赵不迹,赵不逐,赵不逷,赵公高,赵公逮,赵汝作,赵汝明,赵伯允,赵伯泌,赵希仰,赵彦秬,赵彦真,赵彦竦,赵彦瑗,赵彦卫,赵师仁,赵师湜,赵师龙,赵容,赵雄,赵善伋,赵善言,赵善待,赵善洙,赵善章,赵善滂,赵善敕,赵震,赵济川,蒋蘗,蔡元和,蔡直方,蔡珏,蔡鸿裂,厉汪,管偁,郑文炳,郑方与,郑伯英,郑伯药,郑若容,郑偁,郑揆,郑瑞,郑椿年,郑搏,郑嗣诚,郑德舆,郑澄,郑毂,邓高,邓舜臣,楼钥,樊仁远,卫庚,卫翼,鲁可宗,刘已立,刘允迪,刘更生,刘易,刘国宾,刘绰,刘翿,刘德秀,刘曙,刘础,潘景宪,潘梦得,潘赫,薛敏忠,薛黼,萧尹躬,萧鹗,霍去病,霍虎,卢岠,卢俦,戴师愈,戴规,韩必大,韩忠,魏中复,魏鼎臣,钟岳,钟祐,钟应辰,谢大方,谢之任,谢若时,谢修,谢酬酢，应孟明，应振，简世杰，苏昂，严九龄，顾宗哲，顾待问，顾强，龚安国。

特奏名进士：梅瑛，上官粹中，王嗣宗，毛翔，方泳，方起莘，令狐古，令狐绛，吕敦复，朱同寅，朱玖，朱玠，朱赓，任黯，江藻，阮处约，巫晦，李才美，李山，李文髦，李永，李逸，李云，李棠，李侗，李献可，吴文瑞，吴居仁，吴昭，吴与权，吴衡，余升，邵尚志，林邦干，林光大，林芘，林迪，林问礼，林梦翼，林褒，林绩，卓咏，周南，周兴亮，郝钧，胡舜庸，柯廷宾，姚知常，耿宪，连斗文，倪公佐，徐可用，徐衎，徐洵美，徐敦智，翁德舆，郭用中，郭邦光，唐涛，陈九龄，陈士龙，陈公衡，陈向，陈邴，陈柳，陈尧佐，陈敦厚，陈慥，陈肃，陈嘉善，陈嘉运，陈嘉猷，陈齐年，陈缘，陈鸿，陈誉，黄文璨，黄郛，黄度，黄珪，黄宬，黄琳，黄鬃，黄丰，许升，许通，许惟高，许骥，张九思，张公焕，张承祖，张棐，张芸，彭公衮，叶作新，叶建，傅佑，傅檩，冯量，游允之，杨大安，杨文卿，杨逌，杨时登，杨万，雷彦国，雷硕，詹羽，詹时发，雍之邵，赵汪，赵浑，蔡中孚，郑文融，郑宜民，郑邈，邓大同，欧阳杲，刘天麟，刘侯度，刘嘉谋，刘敷，薛大鼎，萧宗旦，萧声显，储国瑞，应惇良，严日华。(《宋登科记考》卷一〇)

补进士名录：其一，张邦达。《范石湖集》卷一四《逍遥楼席上赠张邦达教授，张癸未省闱门生也，同年进士俱会楼上者七人》。

其二，翁处度。《楼钥集》卷六《同年翁处度招游北山次韵》。

其三，王速。《楼钥集》卷九四《王公行状》："公讳速，字致君，姓王氏。……隆兴改元，中进士第。"

其四，陈雍父。《楼钥集》卷七三《跋陈君彦直楚芗图》："又知为同年雍父之季也。"

其五，张唐英。《全宋诗》卷二五七六袁说友《和同年张唐英怀弟晋英韵二首》。

其六，张元善。《全宋诗》卷二五七八袁说友《同张元善集癸未同年》。

其七，薛来庆。《全宋诗》卷二五七八袁说友《和薛子晋来庆癸未登第韵二首》。

其八，张季良。《全宋诗》卷二五七九袁说友《和同年张季良少卿馈家酿韵三首》。

其九,范仲芑,字西叔。《全宋文》卷四六五八林光朝《祭范谏议西叔文》:"同年进士具位林某等敬致祭。"

其十,黄灏。《宋登科记考》卷九将其系于绍兴三十年进士名录,误。详说见前。

其十一,张孟远。《吕祖谦全集·东莱吕太史外集》卷五《送张孟远序》:"吾同年友张孟远也。"

其十二,洪杞。《宋登科记考》卷一〇将其系于乾道五年进士名录,误。《全宋文》卷六七四四朱著《洪氏墓志铭》:"季讳杞,三荐首,癸未进士乙科。"

补特奏名进士:其一,萧许。《宋登科记考》卷一一误其为宋光宗绍熙元年特奏名。《杨万里诗文集》卷一二八《萧岳英墓志铭》:"今天子嗣位,庆赖海内,公以特奏名授将仕郎。……淳熙三年春,光尧庆寿,恩加奉议郎,赐五品服。"萧许仕于宋孝宗年间,当为宋孝宗初年特奏名。

其二,赵伯涣。《全宋文》卷四三二五胡铨《赵公墓志铭》:"伯涣……以累举赐癸未第。"

其三,苏总龟。《宋辽金元方志辑佚·清源志》:"苏总龟,字待问。居太学十六年,试中上舍优等第一人。孝宗登极,恩赐释褐登第,授衡州教授。"(第435页)

木尚书待问,癸未年为状元。孝宗问木姓出何代,对曰:"容臣退思。"故永嘉有魑魅魍魉之诮。(《吹剑录全编·唾玉集》)

隆兴改元,永嘉进士得人最盛。尚书木蕴之既在魁选,一郡同登至二十七人。(《楼钥集》卷一一五《宋君墓志铭》)

温州城东有唐李卫公庙,州人每精祷祈梦,无不应者。绍兴三十二年,郡士木待问蕴之得漕荐,谒庙扣得失。梦著紫衫独立于田间,士子数千辈拥一棺驰去,皆回首视蕴之。明旦,以语同舍生潘柽,柽解曰:"君当魁天下。棺之字从木从官,君得官无疑;数千辈舁之,明皆出君下也。"果如其言。时同郡木子正亦梦神告曰："明年本州再出状元，其姓名曰木渠。"子正以为神报己，必继王十朋之后，遂更名渠。既而渠试下，蕴之登科。子正始悟木之身乃"十"字，移旁两笔，合渠之上为"朋"字，其下复一"木"焉。则十朋之后，踵之者姓木而非渠也。(《夷坚志》丁卷一一)

邦人何汝听，习《书》义，居上庠，暂归乡里。刘往见，自为筮之，其诗曰："中兴天子大如日，诏书速下搜群贤。重重稽古复稽古，总在唐虞第一篇。"时绍兴壬午春月也。及秋荐送，孝宗已即位，御名与第一句"大如日"符合。因用其兆，拟作首篇义题"若稽古帝尧"、"若稽古帝舜"，果登科。(《夷坚三志》壬卷三)

李田者，台州仙居人。其子某，梦人推一车过门，满载皆书卷。问何等文书，曰："他年南省及第人姓名也。"揖而求借观，许之。遍阅无己名，独有李遂夫者。车人指曰："是尔姓名乎？"漫应曰："然。"其人曰："此一乡皆食牛，而尔家三世独不食，当父子皆登科。"既觉，亟更名遂夫，果与父相继擢第。

隆兴癸未，礼部试进士，葛楚辅在场屋。并案有江阴顾待问者，砚压其姓之左，当见右旁，葛意其颜氏也，凡三日，皆呼为"颜丈"。试后旬余，葛寝未起，有客持刺字求见，仆者辞之。顾曰："我即与汝主公场中邻坐误呼为'颜丈'者也。适得一好梦，故急来言。"仆入报，葛披衣起延接。顾曰："吾见春榜矣！"葛惊问故，曰："昨夕梦到仙府，正见放榜，末甲有'顾待问'字，而墨涂去之。扣所以，一真官曰：'以汝爱食牛肉，姑示罚耳！'方窘挠无以为计，友人曰：'盍祷之？'即谢过曰：'自今已后，不敢再食。'真官者又曰：'汝果自此不食邪？'应曰：'然。'遂取笔复注姓名。因借榜细观，见亲朋中选，历历能记者三十二名。觉而忘去，独能记君名，盖又处吾下也。"洎揭榜，果然。顾自是不食牛。(以上均见《夷坚志补》卷四)

(郑)伯英，癸未甲科第四人。(《直斋书录解题》卷一八)

葛立方《喜子郯登第》:吾家五世十三人,竞撷丹枝撼月轮。庆历贤科开后裔,隆兴儒业继前尘。泥金帖报家庭喜,烧尾筵张帝里春。从此传芳应未艾,桂香应已袭天伦。(《全宋诗》卷一九五五)

袁说友《和薛子晋来庆癸未登第韵二首》:云雾油然托应龙,姓名偶彻大明宫。胪传殿庑千官肃,声到旌旗万马雄。黄蝶飞来惊拜命,青衫误著敢言功。如何李郃犹能第,造物何心本至公。

寒荄也趁百花新,眼懒犹贪上国春。五技怪能成薄命,一名却喜继前人。唤将好意诗频赋,洗却闲忧酒再巡。底事牛堪有归序,韩公平日最相亲。(《全宋诗》卷二五七八)

五　月

一日,诏:"新及第进士第一人木待问补左承事郎、签书诸州节度判官事;第二人黄洽、第三人丘崇、四川类试第一人赵雄,并左文林郎、两使职官;第四人郑伯英、第五人袁枢并从事郎、初等职官;第六人以下至第四甲,并左迪功郎,诸州司户、簿、尉;第五甲守选。"(《宋会要·选举》二之一九)

一日,礼部贡院言:"试博学宏词科右迪功郎、新严州桐庐县尉、主管学事吕祖谦,考入下等。上所试文六篇:《皇兄保大军节度使检校少保河阳三城节度使权主奉吴王祭祀进封加食邑实封制》、《周师氏箴》、《代提举编类圣政所进建炎绍兴诏旨表》、《汉舆地图序》、《太祖皇帝开便殿颂》、《晋征虏将军征讨大都督破苻坚露布》。"诏:"减二年磨勘,堂除差遣。"祖谦既中选,赐同进士出身;相继放进士榜,又登上第,故有是命。(《宋会要·选举》一二之一五)

吕祖谦《皇兄保大军节度使除检校少保河阳三城节度使权主奉吴王祭祀进封加食邑实封制》:门下宣制阃之威,夙重维城之望。典宗藩之祀,载通左棘之班。乃睠英贤,素推近属。爰举陟明之律,肆疏易镇之荣。播告路朝,诞敭涣号。皇兄保大军节度使某,慈祥而肤敏,信厚而忱恂。动思法度之循,居远奇衺之习。总群书而奏七略,蚤是正于词林;献雅乐而对三雍，亦裁成于治具。蔼然誉处，达于听闻。自席宠于斋坛，益蜚声于属籍。棣华韡韡，增光伯仲之联；瓜瓞绵绵，袭庆神明之胄。朕仰观英祖之遗烈，有怀吴邸之贤王。时惟闻孙，允蹈前宪。肆简克家之懿，俾膺摄祭之权。分彝器以展亲，贲之物采；归脤膰而致胙，享以忱诚。是用视亚保之仪，更大邦之节。篆车希冕，于昭命服之华；豹尾神旗，有赫元戎之重。出盟津之新组，上鄜畤之旧麾。申启国封，陪敦邑食。於戏！因心则友，朕方隆兄弟之恩；继别为宗，尔尚衍本支之绪。往肩吉履，式究令猷。可特授检校少保、河阳三城节度使、权主奉吴王祭祀，进封加食邑实封。主者施行。

吕祖谦《周师氏箴》：谏之道有三难焉：曰远，曰疏，曰骤。远则势不接，疏则情不通，骤则理不究。其言之不行也，固也。彼周设师氏之官渊乎！其用意之深乎！师氏之官，实居虎门之左，而诏王以美者也。其势近，其情亲，其言渐，若江海之浸，膏泽之润，日加益而不知焉。周公之设官三百六十，官必掌一事，事必寓一意。而师氏独列地官之属，实周公致意之深者。想夫成周之隆，出入起居同归于钦，发号施令同归于臧者，师氏抑有助焉。昔周太史辛甲命百官，官箴王阙，而《虞人之箴》独传。窃意师氏之所献，必反复䌷绎，辞顺意笃，足以为百代箴规之法。然求之于蠹书漆简之中，虽断章片辞，邈不可得。是可叹已！用敢追述其事而为箴。曰：若昔忠臣，格君之非。启心沃心，日化月移。虽有嘉猷，情或未信。势疏地远，千说一听。苍周之兴，稽古建官。左右贤俊，治格多盘。时惟师氏，诏王以美。巽以入之，曰义曰理。原念美恶，水火背驰。火盛水竭，美胜恶微。燕闲穆清，诚意恳款。先养所长，姑置所短。性复其源，善迎其端。辅翼圣学，功不可刊。侈丽之欲，将发复止。暴慢之虑，将萌复已。师氏之谏，惟一惟精。君失无迹，我谏无形。于惟辟王，独制万乘。必求畯贤，举以自近。旦承暮弼，前赞后襄。气体默移，其道大光。苟不鉴此，正直屏弃。仆隶之臣，诺诺唯唯。堂下日远，堂上日高。虽复虚宁，乌知民劳！圣人复作，斯理不易。小臣司规，敢告执戟。

吕祖谦《代提举编类圣政所进建炎绍兴诏旨表》：臣某言：舜历在躬，大一人之圣孝；尧言布下，辑三纪之睿谟。爰勒成书，上干乙览。臣某诚惶诚恐,顿首!顿首!恭以光尧寿圣太上皇帝,道参覆载,功冠古今。凡诏令之播敷,若风雷之鼓舞。辨邦诬而刊谤史,前烈用光;弛党禁而录后昆,士气如洗。辟正路以来箴谏,塞幸门而严宪章。饬革辂以劳军,万屯思奋;肃芝车而耕耤,九扈告丰。恤刑必至于无刑,急士并收于多士。揭于象魏,固井井而有条;扬之康衢,亦洋洋而盈耳。登泰和之休运,启授受之公心。继照云初,增光是笃。肆趣朌于宸指,俾具设于攸司。肇自建炎之元,及纪绍兴之号。旁加裒集,胥协编摩。言如丝而出如纶,昭华简册;大作纲而小作纪,布列章程。集致治之楷模,萃保邦之轨辙。于帝其训,与时偕行。恭惟皇帝陛下,明两作离,函三为极。问龙楼之寝内,闻性命之精微。细凤检之书外,考典谟之浑灏。逮此奏篇之御,翕然发政之新。臣服在宰司,幸规丕范。初何劳于率属,第有愧于视成。皋陶见而知之,岂容伦拟;子夏得其书矣,乌测渊源!臣无任,瞻天望圣,激切屏营之至。所有建炎、绍兴诏旨,谨随表上进以闻。臣某诚惶诚恐,顿首!顿首!谨言。

吕祖谦《汉舆地图序》:舆地之有图,古也。自成周大司徒掌天下土地之图,以周知广轮之数,而职方氏之图复加详焉。迨汉灭秦,萧何先收其图书,始具知天下厄塞、户口多少之差,然则尚矣。武帝元狩六年,将立三子为王,御史大夫奉《舆地图》,请所立国名,乃开齐、燕、广陵之封。《舆地图》之名,至是始见,史迁之所载可考也。光武皇帝之徇河北,邓禹杖策而从之,说以大策,有“天下不足定”之语。其后,帝登城楼,披《舆地图》,指示禹曰:“天下郡国如是,今始乃得其一,子前言‘天下不足定’,何也?”禹复申其说。盖光武志在天下,当神州赤县未入经略之际,其君臣更相激厉如此,故能兼制六合。司空之所掌,无寸地尺天不归于封域。按图分封,并建诸子,以为藩屏。呜呼盛哉!用敢䌷绎其意而为之序。曰:自古合天下于一者,必以拨乱之志为主。志之所向,可以排山岳,倒江海,开金石。一念之烈,无能御之者。光武之在河北,崎岖于封豕长蛇之间,瞋目裂眦,更相长雄,积甲成山,积血成川,积气成云,积声成雷。九流浑淆,三纲反易。虽十家之市,无宁居者,则光武果何所恃哉?亦恃其拨乱之志而已。光武之志,以皇天全付所覆于我有汉,今乃瓜分幅裂,沦于盗贼,此子孙之责也。责之所在,虽有登天之难不敢辞,虽有暴虎之厄不敢避,虽有蹈水火之危不敢回。奋然直前,以偿吾祖宗之所负,必使吾祖宗之旧物咸复其初,然后吾责始塞焉。此志一立,故虽处一郡之地,而视天下之广皆吾囊中物。蚤夜以谋之,反复以思之。其披《舆地图》之际,慷慨愤悱,气干云霄,拨乱之志盖肇于此矣。方其志之未立,则一郡至小,而群贼之地奚翅十倍!吾众至少,而群贼之兵奚翅十倍!恢复之功,犹捕风系影,若不可期者。及既有其志,则规模先定,机谋先立,兆之于前而必之于后。若青若齐,若陇若蜀,若楚若越,皆吾志中之一物也。若盆子若王昌,若嚣若述,若步若丰,皆吾志中之臣仆也。彼方缮塞置戍,而不知吾已破之于堂上;彼方峨冠被衮,而不知吾已缚之于胸中。是以论光武克复郡县之迹,则有难易焉,有先后焉。若夫光武恢复之志,则一披《舆地图》而三万里之幅员皆入于灵府。岂尝得一邑而始思得一州,得一州而始思得一部哉!大矣,光武之志也!斯其所以祀汉配天不失旧物欤!厥后建武二十二年,匈奴右薁鞬日逐王比遣使奉《匈奴地图》;二十四年,比款五原塞愿为藩蔽,乃立之为南单于,俾预藩臣之列。是知光武有一天下之志,非特《舆地图》之所纪皆为臣妾,而《匈奴地图》之所纪亦为臣妾焉。则志也者,其拨乱济世之枢极欤!故述之以告来者。谨序。

吕祖谦《太祖皇帝阅武便殿颂》:臣仰惟艺祖皇帝天造神断,手提干将,洒扫华夏,以丕灵承上帝之威命。建隆之元,诏天下简骁锐之士,咸集阙下,罢其选懦者,命郡国搜补其数焉。四方之兵,鱼鳞杂袭,投石思奋,什伯其耦。阅习以程其能,亲临以作其气,所以摩厉之者甚至。至于三年,乃屈銮辂御便殿而阅武。陛戟百重,彤廷如砥,扛鼎翘关之雄,落雕穿杨之技,彯缨鸣剑之锐,并效其能。天容日表,不违咫尺,视其勇怯以为殿最。赏春罚秋,风动营垒,用能东征西伐,显有丕功。一举而平荆湖,再举而平蜀汉,三举而平刘铱,四举而平李煜。兵锋所向,如雷如霆,如摧枯,如破竹,无不陨灭者,盖艺祖阅习之功有以先之也。呜呼!艺祖阅之于殿陛之间,而收功于千里之外;阅之于践祚之初,而收功于历年之远。所以启佑列圣,开炎宋丕丕之基者,阅武之功居其多焉。大矣哉!圣人创始之沉几也。臣谨窃述其事,拜首稽首而作颂。曰:天造草昧,野战群龙。分割河山,风气不通。皇矣艺祖,受天景命。神武奋张,六合底定。开乾辟坤,厥惟初元。肆发神指,布于幅员。尺籍伍符,简其剽锐。造于王庭,庸较厥艺。羊质虎皮,力不胜兵。是汰是斥,练择惟精。时其三年,天临广殿。曰熊曰罴,贾勇自献。陛廉九级,左墄右平。旌旆如植,有闻无声。贝胄朱绶,流星白羽。肃其戎容,行行伍伍。前迭杨叶,后贯戟支。连袂逢蒙,比肩由基。剑跃长虹,弓翻满月。怒气回薄,发冲眦裂。静如盘石,动如飘风。出奇入正,灭没无踪。帝临轩陛,乃嘉乃奖。积金至斗,视劳第赏。辕门之下,交相激扬。虽怯必勇,虽柔必强。灵旗南指,荆湖衔璧。万仞剑门,如入吾室。俘囚刘铱,海波不兴。煜惟狂童,羁以长绳。于赫王旅,动而无敌。揆厥本原,繄阅习力。艺祖圣武,同符禹汤。混一书契,于古有光。艺祖圣谟,克开鸿业。列圣阅武,相望史牒。岂无显德,其规未洪。亦有骊山,其刑未公。大哉斯举,百王之极。小臣作颂,扬之金石。

吕祖谦《晋征虏将军征讨大都督破苻坚露布》:尚书五兵臣石等言:臣闻众胜天而定胜人,终归助顺;直为壮而曲为老,乌可恃强！自古以来,斯理可考。所以牧野若林之旅,罔敌有周;昆阳彗云之锋,亦歼于汉。蠢兹狂虏,挠我清时。迨兹妖孽之平,永息烟尘之警。恭惟皇帝陛下,握符出震,秉箓乘乾。嗣元帝之鸿图,绍隆基绪;继金行之正统,维御纪纲。俊彦具来,烝黎咸乂。惟苻坚之凶虐,据中夏以凭陵。陷张掖而吞西凉,失吾藩辅;破荆州而得凿齿,俘我英贤。罔知倚伏之机,徒肆骄淫之欲。徙其氐户,弗念阿脂之歌;宠厥鲜卑,不顾鱼羊之谶。将取灭身之祸,乃兴入寇之谋。荡析里闾,诛求车甲。远则忘故老垂绝之论,近则忽群臣至切之言。扫境而来,罔民于死。将整师而临沧海,欲投鞭而断江流。臣石等督率烝徒,奋扬义武。彗侵箕尾,谪久见于盗区;岁次斗牛,祥已开于王略。休符默兆,勇气倍增。彼方严洛涧之屯,我已效梁成之首。舍项城之蚁聚,瞰淝水以狼贪。隔岸相持,对营并峙。用辅国之良策,因朱序之漏言。谓欲交锋,盖先退舍。所赖神夺之鉴,天诱其衷。辄阴触于祸机,独自投于死地。初意乘危邀险,势若建瓴;宁知进易退难,败同解瓦。既前部之告溃,复阳平之云亡。弓拨矢钩,纷争投于铠仗;辙乱旗靡,竞大弃于营屯。时惟谢玄,功冠诸帅。以八千之慓悍,剪百万之腥膻。苻坚流落草莱，间关险阻。伤既深于流矢，食不厌于壶飧。颠踬穷途，过项籍乌江之窘；零丁匹马，犹本初官渡之归。残息仅存，措躬无所。臣石等滥司戎律，亲奉睿谟。云起龙骧，运际功名之会；风声鹤唳，威加僭乱之区。援枹鼓以忘躯，奏镈钟而献恺。斯皆王灵远被，圣略遥临。复前世之深仇，雪遗黎之宿愤。华夷闿怿，日月清明。登灞岸而望长安，共兴感慨；封狼居而禅姑衍，当效驱驰。臣等无任庆快，激切屏营之至。谨遣某官奉露布以闻。（以上均见《吕祖谦全集·东莱吕太史外集》卷四）

吕祖谦《中两科谢主司启》：问津邹鲁，未知经术之渊源；学步班扬，讵识词章之统纪？揣己初无于一可，逢辰乃幸于兼收。得之若惊，荣不盖愧！窃以自昔广招贤之路，若时开入仕之门。众俊朋来，烝髦辐集。略于始进，罔拘流品之浊清；考以终身，徐待是非之坚定。故上无甚重甚轻之弊，而下无必贵必贱之人。气俗敦厖，风声醇厚。高弗以此自满，卑弗以此自惭。道降质衰，辞繁用寡。执笔操牍，阔视承明之庐；蹑跷担簦，平步高门之地。一升俊造之列，即为腾跃之阶。指日而须，若偿所负。虽怀经济之蕴，堕在冗散之流。抗颜议事为病狂，刺口论文为犯分。仰望云汉，邈无津涯。异意者方痛诋而力排，知己者特熟视而窃叹。彼此之势既激，怨隙之萌遂形。间生英豪，大振颓靡。邓攸在晋，不去王官而举孝廉；德裕仕唐，耻与诸生而从乡赋。夫岂厌清华之选，又非避博雅之名。察其所存，则亦有说。盖欲安常业于夸诩之际，抑浇风于奔竞之余。示以不争，固将自反。惟国朝发进士之举，肆绍圣立宏词之科。屈宋比肩，渊骞接袂。然观抑扬之深意，少知阖辟之微权。柳崇仪素号儒宗，晚纡武弁；韩黄门奋由世禄，尝主文闱。俾于陟降之间，莫见厚薄之迹。凡名为士，当识此心。如某者，章句謏闻，箕裘衰绪。信书滞固，几类鲁人之皋；涉世舒迟，殆同齐俗之缓。妄睎畯轨，辄篷词场。千里驱驰，变星霜于邮传；连年胶扰，付编简于尘埃。以椎鲁僻陋之资，加废忘扞格之久。应敌类夏侯之疏略，序事多马迁之繁芜。敢梦寐于末行，矧觊覦于选中？顾浅缪如此其极，犹且得之；谓奇杰必出于斯，亦以疏矣。论科目之难尚，至鄙贱而益明。独惭驽蹇之踪，上致权衡之误。此盖伏遇某官，典司文柄，培养化源。为桷为宲，坐致群才之用；采葑采菲，每思下体之遗。旁及孱愚，亦容忝

冒。某谨当服膺古训,尚志前修!书子张之绅,力行笃敬;锄不疑之色,深戒骄矜。(《吕祖谦全集·东莱吕太史文集》卷四)

六日,敕:"赐进士及第袁枢,诏特与第五人恩例。"枢,省试第五人。是岁,上不临轩策士,有司编排科甲,枢乃在别试所第一人之下,自言而有是命。(《宋会要·选举》四之三七)

八日,权知万州李刚中言:"本州每举往夔州附试,原其始,盖为士人数少,官惜费用。承平既久,士子益盛,昨仲秋释奠,预其事者五百余人。乞下本路转运司,许本州自置试院,解发举人。"礼部勘当:"若就试士人委及百人以上,令本州依条设置试院;如不及数,且循逐举例并试。"从之。(《宋会要·选举》四之三七)

六　月

二十九日,诏:"罢太学补试。每遇有试年分,本学刷具见阙人数,以诸州解发举人赴省试下者,随缺额多少拨入。如阙多,则以逐州解额十分为率,拨二分;阙少,则以逐州解额十分为率,拨一分之类。临时斟酌,并从逐州解榜上名拨入。上名已过省,更不拨下名。其合拨人不愿入学者,听。不许以次人充填。其合升拨之人,并赴帘前试讫,注籍为太学生。"先是,礼部侍郎黄中等言:"看详到百官应诏封事言:太学就补试者,每次不下数千人,多不申本贯,保明给据。故其间或有隐忧匿服、不孝不悌、得罪于乡党闾里之人,有司无由知之。使其中选为太学生,岂不有玷士类?欲望行下州县补试之法,其补中本贯州学,从上拨入正额。给食者,住学一年,堂试三次合格,不犯第三等已上罚,教官保明申州给据,方许赴太学补试。又士庶封事言:宜罢太学春试,而以州郡应举终场人数裁为定额。令州学每岁月书季考,取其秀者若干人,而贡之于太学。"都省送部,下国子监看详。本监契勘:"太学补试,虽有绍兴三十一年指挥,今来臣僚条具弊事,令赴试之人,须管住本贯州学一年,私试三人等、不犯第三等以上罚,委教授保明申州,本州保明给据,前来赴试。其州郡往往卤莽,多不照应原降指挥次第保明,止是随壮给据,泛称于贡举条例并无违碍。如此之类，十有四五。本监临时难以却回，再行保明，不免申取朝廷指挥，先次收试，然后勘会。其间或有隐忧匿服、曾犯刑责、得罪于乡党闾里者，无从稽考。又就试万余人，恃众喧呼，至有不请据、不纳卷、不引保、平白入场，称云失试卷，一面就帘前请准备试卷。或就前后两场赴试之人，不遵士检，亦无忌惮，理宜更革。"故有是命，皆本监请也。（《宋会要·崇儒》一之三八）

九　月

七日，吏部言："将仕郎苏讓、蔡雍、冯荩臣、张光庭，言系四川六举奏名，诣阙补官。今以铨试杂制，未获参部。伏见川蜀正奏名进士第五甲人，于格亦合铨试，已蒙自朝廷特免试参注。伏望许依第五甲人例。"从之。（《宋会要·选举》一三之三）

十　月

五日，诏："吉阳军免解进士符昌言，特补下州文学。"昌言贯南海，尝请四举，遇登极覃恩自言。有司以昌言荒远士人，且实获四举，在海外为罕，理宜优恤。以其事闻，而有是命。（《宋会要·选举》一三之三）

十一月

八日，资州特奏名进士陈齐年言："于绍兴七年请解，当年试下，赦前实四举，年五十以上，准《赦文》，应该特奏名人并免试推恩，合该下州文学。礼部误称绍兴七年无展年例，未放行。欲望委官参详，放行推恩。"诏："陈齐年补诸州助教，特依下州文学恩例。"（《宋会要·选举》一三之三）

隆兴二年　甲申(1164)

正　月

十四日,诏:"应武举第三名已上人,一任回,仍赴枢密院陈状,铨量与合入差遣。其才识卓越者,具名以闻。"(《宋会要·选举》一七之三〇)

二　月

十二日,诏:"雷州进士王抡,与补诸州助教,特与下州文学恩例。"以抡自陈,绍兴四年请解,因事不曾赴省,依指挥理到省一举,计应举二十七年推恩也。(《宋会要·选举》一三之四)

二十日,中书门下省言:"进士张士谦、费廙、孙庭光、任天林、朱躬厚,并于绍兴七年得解,当年试下。检排至赦前及二十七年,并合赴隆兴元年四川特奏名试。缘各州保明,作免试推恩,以故不曾赴试。即与其它缘事不曾赴试事体不同,合比附第五等人推恩。"诏:"并补诸州助教,特依下州文学恩例施行。"(《宋会要·选举》一三之四)

三　月

十三日,铨试、公试、类试,命监察御史阎安中监试,吏部郎中杨民望、兵部郎中吴龟年、大理正俞长吉考试,大理丞章谭、太常博士何俌、大理评事张绶、巩衍、秘书省正字莫冲、张宋卿、武学博士刘敦义、国子监主簿单时、国子正程宏考试、点检试卷。(《宋会要·选举》二〇之一六)

七　月

(庚寅,七日)孝宗初受禅,以官冗恩滥,思有以革之。乃议定制,百官已任子者，遇郊恩权免奏荐；开贤良科，令中外普荐；而罢特奏名。手诏左谏议大夫王之望、殿中侍御史尹穑、右正言晁公武参酌来上。既而，瞻叔言："陛下即位未久，恩泽未遍，此二事关于士大夫者甚众，望少宽之。不已，则宜立奏荐限员，逾数者许回授，罢门客、亲戚漕司之试，止移邻州。如是，则省额可减百十人。此救弊之策也。"子止亦乞增损制举荐员，朝官年七十未致仕，则住荫子。(《朝野杂记》乙集卷一五)

王之望《论恩榜任子革弊奏议》：臣今月初七日准御封降下御札文字付台谏官，谓："朕自临御以来，躬率俭抑，每念官冗恩滥，思革积久之弊。将来任子、贡举，若停三年之限，必胥动以浮言。今欲遇郊祀之恩，已经奏补者并权免荫补一次。开贤良方正之科，许令中外普荐真材。其免解该恩榜人且权住罢赴试。卿等各宜公协乃心，参酌所宜，条具上来。朕审处而行之。"臣猥以庸虚，备数谏省。伏睹陛下天资英睿，济以果断，励精求治，约己救时，近古帝王盖所未有。即位以来，慨然愤积弊之久，欲一切惩革，以大有为于天下，斯千载之一时也。臣不肖，待罪谏省，得奉咨询，何其幸欤！然臣闻更化者不欲骇俗，而除弊者不可循常。人情安于侥幸苟且历数百年，乃欲一旦革而正之，势必至于纷纷而不靖。将遂行而不恤欤，则必失天下之心；将中道而复止欤，则后日无以为政。是不可以不审也。若曰更化除弊，难恤流俗之议，亦须在我者词直而有名，犹当反复调伏，使无所发其忿怼不逞之心，始可以无悔。况其未然乎？汉文帝时，诸侯强大，僭上不轨，景帝愤之，峻加裁削，于是七国俱反，汉几失山东，此乃循常骇俗之至也。其后，武帝用主父偃之策，各使封及支庶，诸侯不削而自弱，盖处之得其道耳。任子恩科，祖宗时有之，遽停三年，必不免浮言之胥动。庆历中，仁宗开天章阁，命辅臣陈当世急务，范仲淹、富弼辈条上数事，减任子其一也。未几谤讟大兴，一时名臣皆狼狈而去，所言卒废格不行。神宗熙宁中，减进士状头恩数，而苏轼亦极言其非。大抵更化除弊为至难，在祖宗时已然。况风俗久坏，纲纪未振，如今日之甚者乎！且名位有高卑，子侄有多寡，若已经奏补者并免荫补一次，则贵贱不分，而人有幸不幸矣。特奏名之人，举数有多少，年齿有老壮，若并权住罢，则举多者受屈，而年老者无聊矣。至于开贤良之科，广中外之荐，自是国家求才，与任子恩榜非所以相乘除也。自靖康以后,兴复此科,十有余举,竟无一人应诏。虽令普荐,亦恐虚名而无实也。陛下欲大有为于天下,每事不可求速,宜为之以渐,使侥幸之俗日减月朘,愈久愈效而无后悔,则善矣。以陛下之英睿果断,励精求治,十年之后,何事不立?今即位未久,虽勤俭仁孝之德孚于天下,而恩泽之沾渍者尚未深也。如此二事,关于士大夫者甚众,愿陛下姑少宽之,以为后图。必欲稍救其弊,则亦有说矣。夫人之情笃于爱其子以及其孙,其次则兄弟若侄若甥,以至于疏属。于其至亲,则利害之心切,其余亦泛泛而已。先王因其亲疏之别,制为五服,此人情之杀,天理之自然也。今文臣自带职朝奉郎以上,隔郊奏荐;中散大夫以上,每郊奏荐;太中大夫以上,虽致仕,遇郊亦得奏荐。其子孙近亲皆已官矣,又及其疏属。每荐一人,有纳贿至数千缗者。其寿考之人,有荐至数人者,甚无谓也。今若立制,自某官以下,子孙之外,不许奏期亲;某官以下,不许奏大小功亲;某官以下,不许奏缌麻亲。其许奏者,差其官品,立定员数。以郊恩致仕遗表通计,数已足矣,虽有恩泽,不得奏补,只许回授与已有官人。仍不得名他子孙为己子孙,以冒荫补。无子息者,许养一人。如此,则一郊所省,文武不下数百员。然于其人之利害,初亦不甚切也。此救任子之说也。方今科举之弊,莫甚于转运司之牒试,祖宗时无若是之滥也。有避一人亲而牒三四十人者,而所谓亲未必亲也,所谓门客而未必门客也。每三岁诏下,士人奔走,竞求牒试。富者行贿赂,巧者干请托,改换乡井,诡冒宗支,败坏礼俗,莫此为甚。就试者,十人解一人,到省则十四人取一人。若牒一百四十人,是暗添一员省额矣。天下每举,诸路转运司所解不下数百人,则省额安得不滥乎?十四人之中令举一人,而余十三人者,十七八年之后皆免解进士也,则恩榜安得而不多乎?免解就试之人众,非徒恩榜众多,而正奏名省额亦自暗增,盖以十四人则额当取其一也。今若将中外官门客牒邻州服属疏者免牒试,试院帘内、帘外官别作措置,仍申严保官批书之法,务在必行,则转运司试人绝少。每举正奏名,可减数十人,而将来免解之数又不知其几矣。此救科举之说也。凡为此者,所以修法度,重名器,柅奸幸,核诈欺,而于祖宗之制非有所戾也,不亦辞直而有名乎!虽有纷纷,亦不能为患矣。此其大略,其余纤悉,当命有司条具以闻,而陛下审处之。臣素怀愤世之心,最疾冒滥。今在得言之地，遇非常之主，非不欲将顺隆旨，以一扫宿蠹，顾事有不可以骤语者。臣区区之愚，惟欲吾君政法流行而名誉光美，不愿求欲速之效，使兴讹造讪者得以窃议于其间也。伏惟圣慈留神采择，幸甚！取进止。（《全宋文》卷四三五六）

八　月

十二日，诏："念书童子柯仲博免文解一次。"仲博诵《诗》、《书》、《易》、《二礼》、《语》、《孟》、御制赞记十三通，送中书复试，而有是命。（《宋会要·选举》九之二八）

九　月

赵公硕《新建试院记》：事有至难而易，至易而难，不在乎他，系乎人之才不才、力与不力二者而已。临川为郡，甲于江右。自宋朝以来，敦崇学校，教育人才，士风之盛，为一时最。其间躐巍科，登显仕，前后相望，不可胜数。独试院一事，尚为阙典。每科诏下，例以寺之宝应为郡试之所。士子云集，不下数千辈，隘迫不能容，悉以为苦。试罢，狼藉污触，荡然一空。所谓寺僧者，弊于岁久，亦不复加缮葺，遂使殿宇廊庑，日就颓毁。非唯怠于香火之供，而檀那因此皆为之解体。沿袭至今，不知其几年矣。郡侯陈君以名德之重镇此邦，下车未几，百废具举，慨然以谓："天下之事，乌有难而不可为者！"一旦，卜基于城之西北隅，面山川之秀，得天地中和，唯此地为胜。于是，储粮鸠工，涓日之吉，取材于邻郡，借力于游手，初无毫发扰于民，又无片瓦尺椽资于县。不动声气，谈笑而办。曾未两时，轮奂一新，朱碧照耀，逾二百间，雄伟壮丽，几为诸路冠。观其规模宏远，非高才余力，出人数等，又安能成此至难之事于数百年之后若此其易耶？岂特举子受其赐，而一寺得以久安永逸，享无穷之福矣。其为利岂不溥哉！公硕客游大府，获睹盛事，方叹服歆艳之不暇。一日，陈君谓余曰："试院告成，子为我记之"自视荒陋，恐不足发扬君子之美，然平时辱知最厚，焉敢固辞？姑叙其大概。古语云："金石台分丞相出，文昌堰合状元生。"其将复应于此乎？若夫陈君之用心，异时当自有知之者，固不待仆之言也。隆兴二年重九日，赵公硕记。（《全宋文》卷四七六〇）

十四日，守右正言龚茂良言："特奏名进士自得解、免解以至该恩赴殿试，大约皆尝五试于礼部，每次必有缴到本贯公据，与夫家保状可照也。今有初未尝预荐到省，止凭保官状，作开封府及西北隔绝州军得解人，直乞赴特奏名试，及乞用覃恩，径行补授。无片纸可以考验，一切用赇得之，此不可以不痛革者也。欲望明诏有司，立赏许告，重赏之法。仍乞先立宽限，听其首原。应今后特奏名人，本部若无元得解及逐次到省可照文据，并不得召保放行。"从之。(《宋会要·选举》一三之四)

十一月

二十日，赐兵部尚书兼户部尚书钱端礼同进士出身，寻拜端明殿学士，签书枢密院事兼权参知政事，兼提举德寿宫。(《宋会要·选举》九之一九)

闰十一月

十四日，赐少保、尚书左仆射陈康伯男安节同进士出身。依庆历宰相庞籍子元英例，故有是命。(《宋会要·选举》九之一九)

洪适《赐陈康伯辞免长男伟节除直秘阁次男安节赐同进士出身不允诏》：夫寓直道山，有登瀛之美；列名科籍，如折桂之荣。要路由此权舆，士林之所歆艳。卿柱石之老，邦家之光。肯力疾以造朝，见竭忠而忧国。顾无优礼，可示㢈怀。既给扶获，上于禁墀。故疏宠用，沾于子舍。盖祖宗尝行之事，在简牍具存其文。荐览来章，力辞异数。当勉承于恩意，勿固执于㧑情。(《全宋文》卷四七〇九)

宋孝宗　乾道元年　乙酉(1165)

正　月

一日,《南郊赦书》:"勘会诸路进士,各有立定额解。比年间有缘事在路,不能趁赴本处解试。虽昨权令附两浙转运司,缘人数太多,解额至少,日后难以更行附试,虑误举人进取。令礼部遇科举年分,预期行下诸路转运司并诸州军,分明散榜,晓谕举人通知,各就本处解试。庶免奔驰道路,趁试不及,却成殿举。"(《宋会要·选举》一六之一二、一三)

二　月

七日,礼部言:"准诏书,应文学出官进士理年免举,并依前郊赦例,先次施行。欲将绍兴三十一年《明堂赦书》挨排递趱。"从之。(《宋会要·选举》四之三七)

二十九日,诏曰:"开学校以育一时之英,设科举以来四方之俊,悉从大比,率用三年。宜安里选之公,各就秋闱之赋,出胸次蕴藏之富,应司存程度之严。与计吏以偕来,造大廷而亲策,用副虚心之待,岂惟好爵之縻。当体至怀,勿云故事。"(《宋会要·选举》一之一六)

是　月

丞相陈公已病,公(钱端礼)为援典故,以长子伟节为直秘阁,次子安节赐同进士出身。(《楼钥集》卷九七《钱公行状》。按:隆兴二年闰十一月,陈安节赐同进士出身,辞不受。至是乃受之。)

三　月

七日,礼部状:"据国子监申,太学收补并系遵用旧法,补试入学,即无别行拨入条法。止缘隆兴元年六月内一时指挥,依士庶封事,罢太学补试,以诸州解发举人赴省试下者,随阙额多少,拨入本监。今指定,若永罢补试,止拨省试下进士,即四方未曾得解士人,更无可以入学之望,难以杜绝士人词诉。欲乞遵用隆兴元年三月七日旨挥,候省试了毕日开补。仍乞以本学在籍过省人数为额取放,立为定制,委是合得祖宗旧法。”从之。(《宋会要·职官》二八之二五、二六)

周必大《送黄秀才序》:宜春黄生景云学广而辞赡,著诗文数万言,意欲窥鲍、谢之堂奥者。国家举场一开,屠贩胥商皆可提笔以入,而生独皇皇焉,望棘闱不得进,是可悯也。昔公冶长、越石父皆在缧绁,一遇圣贤,或明其非罪,或赎以左骖,其后卒有闻于世。今生虽尝为有司所诬,幸会大赦,名未尝丽丹书也,特以不能赇吏,抑厌至此。嗟夫!以生之才,使其有过,犹将推圣贤之心拂拭之,况无过哉!予诚怜生而力不足以振之。生其归本郡,郡守黄公贤者也,予尝识面焉,仁必能哀生,明必能直生。或谓是当决之外台,予曰:转运朱公、史公又贤之尤者也,往并为尚书郎,予尝同朝焉。其好士也心益切,其直枉也力愈大,而献生之文,陈生之词,其无以处生耶?今年秋试,吾必睹生姓名矣。虽然,预有以告生:士之致远先器识,臣鳌之启、龙标之诗勿作可也。乾道元年三月九日。(《全宋文》卷五一一七)

二十五日,尚书吏部侍郎叶颙言:“臣仰惟陛下,自即大位,首霈异恩,至于累到省试人,自四举以上即授以官,或试入下等与升等恩例,德至渥也。但比来到部,毋虑数百人,无阙可以处之。彼该恩者,无非迫于晚景,欲丐寸禄。欲乞将特奏名见在部人,依西北留寓人例,权与岳庙差遣一任,愿就者听。庶人被实惠,而无淹滞之叹。”诏:“后省看详。”其后省看详:“特奏名进士,难仿西北流寓注格岳庙,缘该大霈,欲特注破格一任文学、助教,仍理为权官。已注官者,不许更援以为比。”从之。(《宋会要·选举》一三之四、五)

二十五日,铨试、公试、类试,命监察御史程叔达监试,国子司业阎安中、吏部员外郎梁克家、大理丞蔡洸考试，太府寺丞邹樗、秘书丞刘贡、武学博士刘敦义、大理评事徐子寅、吴子康、燕世良、秘书省正字施师点、国子监主簿昌永、太学正胡元质考试、点检试卷。(《宋会要·选举》二〇之一六、一七)

二十六日，诏曰："朕祗迪先猷，参稽古制。设贤科而取士，自汉已然；由制举而得人，我宋为盛。豪英辈出，名迹相望，谹议著乎当时，丰功显于来世。凡信史之所载，视历代而有光。肆纂绍于丕基，期奉遵于成宪。思得天下方闻之彦，咸使在庭；极陈国家治乱之原，以辅不逮。属当大比，申饬迩联，选于众以明扬，举所知而程奏。庶闻谠论，有补治功。咨尔攸司，体予至意。今岁科场，其令尚书、两省谏议大夫以上、御史中丞、学士、待制各举贤良方正能直言极谏一人，仍具词业缴进以闻。"(《宋会要·选举》一一之二七)

四　月

五日，礼部言："前举行在职事官自监察御史已上，许牒门客一名，赴两浙转运司请解。今举乞依前例施行。其门客依条须秋试前客见任官实及半年，即许牒试。若辄请托，妄称门客牒送者，自有立定《贡举条法》论罪。"从之。(《宋会要·选举》一六之一三)

七日，诏："福建路念书童子何迈永免文解。"迈八岁，诵经子等书十六通，送中书再试，而有是命。(《宋会要·选举》九之二八)

五　月

十一日，诏："成忠郎、新荆湖南路安抚司准备将领孙显祖，昨应武举，程文第一，武艺绝伦，补保义郎，可依赵应熊例，加阁门祗候，仍改殿司军中差遣。"(《宋会要·选举》一七之三〇)

六　月

二十九日，臣寮言："科举之制，州郡解额狭而举子多，漕司所解，其数颇宽。士取应者,往往舍乡贯而图漕牒,至于冒亲戚、诈户籍而不之恤。且牒试之法,川、广之士用此可也,而福建则密迩王都,亦复牒试;见任官用此可也,而待阙得替官一年内亦许牒试;本宗有服亲用此可也,而中表缌麻之亲,亦许牒试。或宛转请求,或通同托嘱,至有待阙得替官一人而牒十余名者。倘不稍加禁约,窃恐冒滥太甚。欲乞明颁睿旨,申严诈冒之禁于见行条法后。今举既毕,付之有司,重详损益,立为中制。”从之。(《宋会要·选举》一六之一三)

是　夏

杨万里《送胡季永赴漕试》:兔目著花官样黄,冰轮飘子秋风香。谁骑瘦马踏词场,澹翁庭阶玉雪郎。天于贤佞真不省,不应阿翁有阿永。景升儿子漫谷量,未识一丁惟啖饼。阿永胸中几许书,石渠奄有仍更余。毛锥半点不籧篨,羽镞一脱无犀渠。当家衣钵更谁付,锁厅小借梯云路。澹翁严冷纵不嬉,归来膝上安文度。(《杨万里诗文集》卷三)

七　月

七日,广南西路转运司言:“本路二十五州军府先申明朝廷,将比近州并置试院外,静江府等处及本司共置试院十四,缘地里僻远,少有出身文官。旧例,每试院差考试官二员,合差二十八员。本路出身官,今止二十四员,阙少四员,无官可差。今欲差特奏名文学出身人添同考试,又缘有碍见行《贡举条法》,深虑差那不行。伏乞详酌指挥。”礼部看详:“欲将特奏名文学权差试官一次。”从之。(《宋会要·选举》二〇之一七)

八　月

五日,国子监解发。命监察御史张知刚监试,国子司业汪涓、吏部员外郎鲁訔、将作监丞苗昌言考试,知大宗正丞芮辉、秘书郎郑升之、正字胡元质、太学博士吴蕴古、国子监主簿昌永行、国子正黄钧点检试卷,秘书丞刘贡别院考试,国子录关耆孙、太学录范端臣点检试卷。(《宋会要·选举》二〇之一七)

十二日，《册皇太子赦书》："应国学进士先曾请到文解，又该遇昨来登极覃恩免解，系一请一免之人，特许理为两举到省试下，与免文解。"（《宋会要·选举》一六之一三）

楼钥《永嘉试院谢曾史君送酒》：一帘疏雨洗尘埃，满架酴醾自在开。正恨烹茶杀风景，忽惊门外白衣来。

脱身场屋几春秋，故步重寻我自羞。闭置有如三日妇，画成应遣一生愁。与钱谁是老司业，送酒更无贤郡侯。掩卷出门花下坐，真成一酌散千忧。（《楼钥集》卷六）

是　秋

乡士詹林宗，绍兴三十二年读书于成西妙果塔院。晨起，巾栉有小蛇，正据巾上，移时方去。逮秋试，中第五人。乾道元年，当科举，往近村大塘湖僧庵肄业。默自祷曰："前三年灵瑞已得第五，今举或魁选，当感大蛇为兆。"祷之明日，方独坐，作《尚书义》。有蛇不知从何来，蟠其坐侧，伸首顾眄，惊之不动，久乃趋出。詹殊自喜，及揭榜，果第一人。（《夷坚志》乙卷八）

王十朋《闻诗闻礼不赴秋试，以七月二十五日离太学，八月二十六日至兴国军，喜其来也，因作是诗》：不将蜗角与人争，走侍双亲蜀道行。免为家书忧子美，饱闻情话悦渊明。一名所得知多少，万事真宜审重轻。更愿相随且归去，田园薄有要同耕。（《王十朋全集》卷一九）

周必大《答士人谢解启》：伏审命乡论秀士，升之司徒；群吏献贤书，登于天府。听月评之无间，知秋赋之有光。恭惟解元先辈，毓质粹醇，降才高劭。学专为己，期为君子之儒；仕欲及时，聊应主司之试。眷言兹土，实异他邦。家稷契而人咎由，下视士乡之十五；德渊骞而文子夏，倍蓰门弟之三千。惟选于众以甚艰，则拔其尤而可想。丽矣骞云之思绪，壮哉倒峡之词源。鹗在秋天，已播少双之誉；莺迁春谷，即闻第一之传。某幸恋荣名，猥膺盛德。忆盘姗之旧步，尚觉槐忙；诵璀璨之新篇，不胜草偃。感由

中积，意讵言传。(《全宋文》卷五〇七八)

十一月

王之道《鹿鸣宴》：乾道乙酉，无为太守吕公以冬十一月庚戌举送进士，循旧典开鹿鸣之宴，部使者梁公以建台于此而与焉。吕公不鄙，谓之道于是邦年齿最高，实为乡老，俾从观礼。之道自念顷在宣和甲申，获同弟兄联中科第，迄今未见有继之者，士风不振甚矣。因作是诗，记今日之集，且以勉诸君。是行联名春闱，为时盛事，大慰州间之望。苍颜华发老书生，来赴公堂宴食苹。曾预宣和闻喜集，重观乾道计偕行。绣衣劝驾追前哲，熊轼宾贤继列城。久矣邦人虚桂籍，正须公等振英声。(《全宋诗》卷一八一五)

十二月

四日，周必大《送七兄监庙赴南宫兼呈大兄知县二首乙酉十二月四日》：俊兄才学众人知，富贵功名自有时。海运今看鹏怒击，韶成始是凤来仪。状头谩诧文阶峻，榜眼常多紫绶垂太上朝连十榜进士第二人，所历官皆过大魁。家有郑公遗笏在，一闻吉语即相贻上世有楷笏遗训传登科者，今某守之，兵火以来故物惟此耳。

河梁曾诵送行篇，蜗角牛毛十五年庚午冬，某赴省，兄诗云尔。毕竟中间皆梦耳，只今相对各苍然。萧萧暂隔连床雨，荡荡初行万斛船。谁近上林看跃马，东阳诗句定先传。(《全宋诗》卷二三二一)

十七日，礼部言："来年正月九日，省试锁院，所有流寓举人，除有贡籍人已有绍兴三十二年四月诏旨免召保官外，其曾经请西北州军绍兴元年以前文解、陈请免解等无贡籍照据之人，即乞依前召保施行。如保官非见任并正解保人，无得解文验，并不收试外，其余未圆事节，欲乞并依前举例，先次收试。有违碍不实，虽已过省，并驳放。如愿于行在别召保官之人，若所召保官依得条旨，即从本部取索印纸，批书施行。"从之。(《宋会要·选举》四之三七、三八)

二十六日，中书门下省言："勘会近年，士人公然受赂，冒名入试，致叨取解名，亦有登科者。今省试在近，理宜禁戢。”诏：“应令人代名及为人冒名赴省试者，各计所受财，依条坐罪外，并真决编配千里外州军，同保、知情人永不得应举。如士人告获，与免一次文解，诸色人赏钱三百千。仍令尚书省榜谕。”（《宋会要·选举》四之三八）

是　年

四川类省试。诏：“权潼川府路转运副使何逢原监试，直敷文阁知遂宁府马骐考试；权知汉州张行成别试所监试，权知眉州晁公溯别试所考试。”（《宋会要·选举》二〇之一七）

诏：“四川特奏名第一等第一名赐同学究出身，第二名至本等末补将仕郎，第二等至第四等赐下州文学，第五等诸州助教。”（《宋史》卷一五六）

晁公溯《今岁试士，竟置酒起文堂，延主司，且作诗送之》：吾州俗近古，他邦那得如。饮食犹俎豆，佣贩皆诗书。今年属宾兴，诏下喧里闾。白袍五千人，崛起塞路衢。入门坐试席，正冠曳长裾。谈经慕康成，对策拟仲舒。吟诗必《二雅》，作赋规《三都》。传闻选主司，考阅须鸿儒。果然提权衡，未尝谬锱铢。得者固惊喜，失者亦欢呼。乡党为叹息，是事盖久无。老守蒙此声，增重西南隅。何以为子谢，举觞挽行车。少留尽一醉，归驾且勿驱。

晁公溯《赠罗仲思。仲思今夏来试群士，八月，予被朝命为别试所考试，仲思亦来》：子初至我邦，受命蜀行台。群士森如林，手自拣条枚。试席莫敢哗，棘门乃大开。知是诤臣乡，所出非凡材。益州外南宫，将遣与计偕。诏书选主司，帝谓汝往哉。深喜与子逢，再持钧石来。因得享成事，笑歌杂诙谐。秋风吹帽裙，白露入酒杯。饮我玻璃江，泻子琼瑰怀。相看语不厌，预忧归驾催。

晁公溯《杨承父与予同在别试所聊戏之奉简》：近时文章衰，浅陋亦可怜。走趋王公门，书记争翩翩。开读令人惭，语吃意莫宣。今晨忽惊喜，赠我手一编。笔端吐虹霓，直上欲干天。樊南甲乙中，乃有猗那篇。如听正始音，复回元祐年。借问安能尔，气刚得其全。用为良有司，吾实无间然。要知取士公，考阅外已传。何由置汉朝，直柄遂当权。伏阁日论事，不减阳城贤。（以上均见《全宋诗》卷一九九五）

晁公溯《答文将仕谢解启榛》：尚学尊儒，盖出蜀郡守之后；考艺论秀，遂预周乡老之书。皆谓世家，当膺乡举。某官学勤负笈，志务肯堂。况今多士之佥言，尽叹乃翁之清节。抽手板而还丞相，确不可回；乘肩舆而见主人，超然自得。高风如此，嗣子宜贤。沛然流泽之有余，行矣决科之可冀。益坚兹志，即副斯言。

晁公溯《答赵监税谢解启彦材》：凡在庠序，皆长孟子之诗书；见称主司，孰若文王之孙子？果膺论秀，共喜得贤。某官通书属文，授诗卒业。入为王卿士，自先世之多才；乐有贤父兄，宜盛年之好学。勉哉待问，行矣决科。献大夫贤能之书，岂徒从于乡举；上长安都国之颂，当更取于主知。兹因华翰之贻，略致善言之祝。

晁公溯《答诸解元启》：预乡大夫之献书，良为公选；为郡刺史以劝驾，实有光荣。特枉来笺，敢忘至意。恭惟某人才兼俊造，学富渊源。远自先儒，不减西河之化；善为高论，犹有东坡之风。及试于广福之庭，殆多于矍相之圃。鞠躬以入，拭目可观。嗟我士无哗，不闵有司而不累长上；诸大夫皆曰，以补文学而以为郎中。盖考行以宜然，顾历年之未有。岂其老守，蒙此休声。当更懋于远图，遂前登于高第。

晁公溯《答史解元运司发解启》：厌乡党之考艺，不足发名；就计庭而决科，俱云得士。凡为知识，同助欢愉。某人为蜀显家，出周惇史。非逃于杨而入于墨，顾常守于师承；岂愚于虞而智于秦，盖始逢于赏鉴。勉登高第，以副愿言。

晁公溯《答杨解元启光雅》：大比之年，将考道艺之士；计庭所得，多出公卿之家。皆无间言，可谓精选。某人传其旧学，博以异闻。盖廊庙之老臣，乃大门之诸父。兄弟之子犹子，信与其众不同；仁义之心良心，固宜所蕴者大。还家少憩，蹑屩遂行。请歌宵雅之肄三，看擢礼闱之第一。家声不坠，乡党斯荣。(以上均见《全宋文》卷四六八三)

晁公溯《试恭南进士策问一首》：问：尧之时，怀山襄陵之患作，亦多故矣。而历象日月星辰，恭授民时，未尝敢后。然终之阴阳和，五谷登，光被四表，罔不率俾，岂非圣人奉天时之效欤！今国家内修政事，外辑遐方，夙夜不遑康宁。而犹命郡国博求治历之士，将以讲明天地之纪，以正四时之序。呜呼！其得尧之为心乎！有司宜承上之意，而询于吾子也。夫数象之学尚矣，或生于律，或起于大衍，或推而至于三统，皆可用而为历者也。而古今历家，不能经百世而无弊。若曰四时寒暑与夫天日月星之象，一有一无，出入升降，淹速之不同，故久而不免于差忒。然大衍之法，后世无以易，何也？必曰推而上之，考于古之占候而无爽，然后传之也。远则戊寅之元，与《诗》、《书》、《春秋》、汉之《太初》皆合，而行之才三世，辄疏阔而不可用，又何耶？将谓所学有精粗，故其传有久近，则古历六家，圣所作也，而学者疑其纰谬，曾不及唐都落下闳之所为，殆可惑也。然律也，大衍也，迄于今依仿而行之。至夫《春秋》之于日月尤谨，每书朔书闰，或遇夫司历失之，必正焉，犹历法也。是以刘歆取以作《三统历》，班固称其密要。而或者以为傅会之说，后世无传焉，是果不可用欤？抑微妙之学通之者鲜欤？以至五帝而来，所用之历亦有可施于今者乎？《传》曰："通天地人曰儒，通天地而不通人曰伎。"吾子业于儒者也，宜尝讲此，愿详著于篇，以待上之采择。(《全宋文》卷四六九七)

晁公溯《鹿鸣宴乐语》：考德行道艺而兴贤者，虽曰旧章；有饮食琴瑟以燕嘉宾，是为高会。共言兹部，无及我邦。永佑陵再有宾兴，首冠四海；文忠公尤为畏避，放出一头。闾里相传，风流未远。某人早知强学，果预献书。议论得东坡之余，人物宜南宫之最。浩然方策，数千百载之洽闻；屹然岷山，三十六峰之擢秀。行登上第，式劝后生。知郡击节嗟称，举觞劳勉。论士秀者，深嗟有司之明；以礼宾之，爰设初筵之秩。通判尝临试士,所愿成名。业患不能精,更当勤于讲习;酒行可以起,无自溺于宴安。某等喜刺史别驾之尊儒,观长老先生之在坐。请诵食苹之雅,以荣折桂之行。

口号:吾州人物盛当时,放出声名压九围。不日会看金榜挂,何人先夺锦标归?得陪对策瞻龙衮,何止横经在虎闱。再向南宫为第一,他时相继到黄扉。(《全宋文》卷四七〇一)

乾道二年　丙戌(1166)

正　月

五日,大宗正司言:"有旨量试不中宗子,年不及四十之人,许将来省试年再试。昨偶服制或疾病赴不及,亦并令前期陈乞。如在远州军未曾召保,先给据到行在之人,难以伺候取会,欲仿旧旨施行。"从之。(《宋会要·选举》一八之二三)

九日,以中书舍人蒋芾知贡举,权户部侍郎林安宅、起居舍人梁克家同知贡举,合格奏名进士何澹以下四百九十二人。(《宋会要·选举》一之一六、一七)

宗正少卿胡沂,秘书少监陈岩肖,吏部员外郎汪大猷,户部员外郎王伯庠,监察御史张敦实、单时,司农寺丞沈洵,著作佐郎黄石参详,太常博士徐良能,枢密院编修官李远,国子监丞邱铎,国子博士李彦颖,秘书省正字梁介、王徧、施师点,宗正寺主簿刘大辩,武学博士李简能,国子正龚滂,临安府府学教授蒋继周、严焕,左承议郎林信厚,新江州通判郑升卿,监行在榷货务都茶场潘慈明,左承务郎曾元,监潭州南岳庙吴汤辅,吏部架阁文字万钟,户部架阁文字叶份,监行在文思院上界郑舄点检试卷。(《宋会要·选举》二〇之一七、一八)

绍兴中,京都相传有梦经德生员为省试第一者。已而,增创三斋。乾道丙戌,何澹遂由经德冠南宫,有诗刻石纪其事,又为书其斋颜。诗曰:"太学中兴七十年,续添经德梦先传。不才如我惭休应,革故从新定胜前。"(《咸淳临安志》卷一一)

二十四日，诏："郑缜、曹纬，赴将来省试一次。"先是，上语辅臣："郑缜、曹纬，乞再赴殿试，此宜如何？"洪适等曰："太上皇帝更化之初，诏求天下直言。淮东提举朱冠卿奏秦桧当权，科举悉由私意，如曹冠、秦埙等八人，滥窃儒科，合于阶官以右易左。既而，台章论列，有官赴试人带右字，无官赴试人并驳放。郑缜者，乃驳放之数。至如曹纬，于祖母服制中赴试，兼系曹泳之侄，招致人言，所以一例驳放。"上曰："赴殿试难从。"特有是命。(《宋会要·选举》四之三八)

二　月

三日，诏："右承事郎韩格免文解一次。"格十四岁，诵《易》、《诗》、《书》、《周礼》、《春秋》、《道德经》、御制赞记、《文选赋》十一通，送中书再试，而有是命。(《宋会要·选举》九之二八)

十二日，礼部贡院言："第二场策卷误犯庙讳嫌名，从口从休。"洪适等曰："前举楼钥误犯庙讳旧名，从人从庸，诏特降末等头名。"上以嫌名比旧名为轻，令依等第取放。(《宋会要·选举》四之三八)

十三日，礼部贡院言："试博学宏词科右迪功郎、新绍兴府新昌县尉鲁可宗，考入下等。上所试文六篇：《定江军节度使提举祐神观特授检校少保崇信军节度使知庐州军州事淮南西路安抚使马步军都总管兼营田使加食邑实封制》、《舜韶箾颂》、《代常德府谢赐府额表》、《汉武功爵记》、《迩英延义二阁记注序》、《汉玉卮铭》。"诏："减二年磨勘，堂除差遣。"(《宋会要·选举》一二之一五)

十七日，礼部贡院言："量试不中宗子，许今来再试。考校合格彦椿等二百十有六人，合格杂犯彦逘等五人。"诏："赵彦椿补承节郎，余并补承信郎，赵彦逘等五人展二年出官。"宰臣洪适等奏："前举试者七百余人，榜首补承节郎。今试人数不多，然为榜首者乃前举丁忧，今方就试，即非已黜再试之人。"上曰："前举未试，可依例补官。"适等又言："前举黜落人，续降指挥，年四十亦推恩承信郎，仍展二年到部。今举取圣裁。"上曰："前此一

时指挥，今岂得 援例。”(《宋会要·选举》一八之二三)

三　月

七日，绝伦人须晋，诏与免省，候唱名日降等推恩。先是，晋乞依赵应熊例奏裁，洪适等曰：“绝伦人在法不以策义优平，或一场稍可采者，并奏裁。昨试院推行，已失法意。”上问程文如何，适等言文理亦粗可采，上以有专法，遂命之。(《宋会要·选举》一七之三〇)

九日，上御集英殿，试礼部奏名、特奏名进士。内出制策曰：“朕以不敏，嗣承大宝，循尧之道，于兹五载。寤寐俊秀，始得亲策于庭。子大夫裒然待问，必有崇论远虑，副朕详延。盖闻唐虞之世，法度彰，礼乐著，不赏而民劝，画像而刑措，都俞赓歌，不下堂而天下治，朕甚慕之。今朕夙兴昃食，兢兢业业，惧无以协帝华而绳祖武，若涉渊冰，未知攸济。间者，设举荐之科，下聘召之命，而实材犹未出也；塞徼幸之门，申奔竞之禁，而公道犹未行也。广言路，恢治具，而纪纲未立；择守令，务宽恤，而民俗未裕。赃墨之刑非不严，而未能使人皆君子之行；钱谷之问非不勤，而未能使国有积年之储。屯田以实塞下，或谓兵不如农；改币以赡邦用，或谓铁不如楮。岂为之不得其要欤？抑文胜而弊难革欤？何视古之弗及也。夫内修政事，宣王所以兴周；综核名实，中宗所以隆汉。考之方策，其施行之迹何如？子大夫通达古今，明于当世之务，凡可以移风易俗、富国强兵者，悉陈无隐，朕将览焉。”得正奏名萧国梁以下四百九十四人，第为五等，赐进士及第、出身、同出身。特奏名黄硕以下二百九十五人，赐进士出身、同进士出身、同学究出身，登仕郎、京府助教、上下州文学、诸州助教。同日，试武举进士。内出制策曰：“有阵必有名，有名必有数。吴之常山，郑之鱼丽，太公之五行，李靖之六花，即其名可以知其义，即其数可以知其法，固有不待考而明者。至于握机之阵，其制出于黄帝。因丘井之法而开九方，因方隅之位而分奇正，虽后世有天智神略，莫能出其阃阈。今考其问对之辞，所谓数起于五，何以不起于四？数终于八，何以不终于九？四为正，不知何者为正？四为奇，不知何者为奇？阵间容阵，队间容队，所容者何地？散而成八，复而为一，所别者何形？其后，又有论风后八阵者，谓衡抗于外，轴布于内，风云附其四维，所以备物。虎张翼以进，蛇向敌而蟠，飞龙翔鸟，上下其势，所以致用，不知又何以分乎？子大夫讲此熟矣，其详著于篇，朕将亲览焉。”得正奏名蔡必胜以下二十人。必胜补成忠郎，余悉补承节郎，减磨勘年有差。第二名李可久、第三名林桂与第一人恩例。可久先有官，复进官二等，用龙飞榜恩例也。(《宋会要·选举》八之一〇、一一、一二)

廖行之《制科策》：臣对：臣闻为治有至理。自尧舜以来，所以统御人群，宰制万有，其端甚要而不可诬，其势甚顺而不可御，事业以之而成，治功以之而立，皆得是理而用之天下，莫之能违也。恭惟皇帝陛下，临政愿治，广览兼听，思欲尽天下之心以兴天下之治，虽草茅之贱咸得造廷待问，岂将应故事而隆虚文哉！顾以祖宗统业之重，太上畀付之勤，不以独智自矜，乐与多士讲论治道，将求至当之理，以振起当世，德至渥也。臣诚愚戆，不足以奉大对。然尝读《易》至《恒》，而得圣人为治之说。《恒》之《象》曰：“圣人久于其道而天下化成。”夫所谓其道者果何谓哉？亦曰至理而已。理之所在，有驯致之功，而不可求旦夕之效。苟徒锐于其初，则用意过当，不以自弊则以弊天下。故《恒》之初爻有“浚恒”之戒，《象》曰：“浚恒之凶，始求深也。”然尤不可以非其道也。故《恒》之九四又有“田无禽”之喻，《象》曰：“久非其位，安得禽也？”苟非其道，久之犹无益耳。故道虽贵于久成，而久尤贵于其道，此圣人为治之成说也。夫已得其道而持之以久，天下化成，何往而不济哉！如此而犹虑实材之未出，公道之未行，纪纲不张，民力尚困，人无君子之行，国无积年之储，与夫实边赡用茫无定效，臣未之闻也。谨昧死上愚对。

臣伏读《圣策》曰：“朕以不敏，嗣承大宝，循尧之道，于今五载。”臣有以见陛下不以天位为乐，而日以循道为心也。臣闻：“惟天为大，惟尧则之。”天之为天，果何如哉？四时之运行，万物之生化，一由乎理，故造化之功成于自然而不匮。尧之为道亦若是而已，垂衣裳而天下治，非遗物惮勤无意于天下也。事事物物各付诸理，如衣裳上下之不紊，则天下何忧不治哉！恭惟光尧寿圣太上皇帝，临御三纪，成功大业，见诸政教之设施，法度之维持，风移俗易，兵强国富，治迹巍巍，尽善尽美，贻则万世。陛下既循其道矣，则夫为治之至理，心传神授，陛下固已得之，诚天下之幸也。

臣伏读《圣策》曰："寤寐俊秀，始得亲策于庭。子大夫褎然待问，必有崇论远虑，副朕详延。"臣有以见陛下不自恃其聪明，将以博尽下情而求至当之理也。臣闻舜受尧之天下，恭己无为，尽循尧道。然而好问察言、舍己从人之心切切不少怠，诚以为君之难莫如保治之不易，苟非求贤以自辅，则将任己而徒劳。舜虽以大智之资，犹不忘取人之善。然则，绍尧而循道，其要如是而已。今陛下思洪太上之业，虚己详延，下及臣等。臣知陛下之心，虞舜绍尧之心也。夫岂无博识洽闻之士，忠言嘉谟如虞廷之臣，上裨圣治者哉！臣愿陛下坚持此心，则虞舜之盛不难及矣。

臣伏读《圣策》曰："盖闻唐虞之世，法度彰，礼乐著，不赏而民劝，画象而刑措，都俞赓歌，不下堂而天下治。朕甚慕之。"臣有以见陛下稽古唐虞之盛，将以增光太上之业，而比隆尧舜之治也。臣尝读《书》至益之告舜曰："儆戒无虞。"夫无虞之时，人以为忽而益以为戒，何哉？诚以保治之不可易也。而其儆戒之说，则惟在于守法度，去逸乐，专于任贤而果于去邪，谋有疑而勿成，志无往而不熙，不违道以干誉，不咈众以从欲，持之以无怠荒之心，则远人殊俗皆归往而诚服。治而至此，无余事矣。彼法度礼乐久而愈明，庆赏刑罚设而不用，岂无其故哉？宜乎都俞赓歌，不下堂而天下治，凡以此欤？陛下以舜绍尧之心，而法舜行尧之道，伯益之言，臣愿以为龟鉴，则凡所以策臣数条，皆不足虑矣。此唐虞至治之理也。

臣伏读《圣策》曰："朕夙兴昃食，兢兢业业，惧无以协帝华而绳祖武，若涉渊冰，未知攸济。"臣有以见陛下求为治之理而谓可以勤而得之也。臣闻勤者人君之能事，而非为君之至理。苟惟徒勤而非道，则虽劳力而无功。舜之无为而治，彼岂以勤为难哉？诚知为君之至理在乎得人而仰成。古人所以劳于求贤而逸于享治，为是故也。当舜之初，未遑他务，而急于十六相之举。逮乎九官既命，十二牧既建，未几地平天成，九功惟叙，教孚而刑允，礼明而乐和，下而至于远人柔服，舜未尝屑屑然自用其力也。臣窃闻陛下留神万几，事皆自决。虽一官之命，悉由亲擢，宰相奉行中书而已。臣不知陛下之心，谓天下之事必自为之乃为勤耶？抑以为必如是而后足以举天下之治耶？诚恐有意于唐虞而未得其理也。臣愿陛下毋专一己之勤，而以求贤为勤，则协帝而绳祖武，何往而不济哉！

臣伏读《圣策》曰："间者设荐举之科，下聘召之命，而实材犹未出也。"

臣有以见陛下欲收揽才俊而未得其理也。臣闻天下未尝无才，特在乎人主意向如何耳。夫人之才，扬之则为精锐，抑之则为庸钝；用之则为功业，弃之则为浮沉。诚以人才之盛衰，系乎君上之举错。今侍从之举徒云注籍，监司之荐唯曰审察，初未尝孰何其人而忱恂其实也，故记其名为他日序进之阶耳。其贤其否，朝廷曾无特然旌别之意，则凡举荐聘召皆文具耳。侧闻比者议臣之请，以人材之尚乏而有别流品、明劝惩之言，窃以为人材之未盛，其原正在乎此。苟流品之无别，则清浊方弊于混淆；劝惩之不明，则污累旋加于擢用。是虽科目日增，鹤书时下，彼贤能之士乌可以旅进而得之哉！如此而望人材之盛，臣故曰未得其理也。愿陛下采议臣之言，精选任之际，则实材辈出，为国家用矣。

臣伏读《圣策》曰："塞徼幸之门，申奔竞之禁，而公道犹未行也。"臣有以见陛下欲封殖正谊而未得其理也。臣闻公道之与私意，二者不能并立。公道行则私意泯，私意胜则公道晦。然皆非下之人所能为也。恭闻仁宗皇帝，尝患躁求之弊，欲旌静退之人，乃因宰臣之言，擢用好古之士。其后正人咸萃于朝，私意不萌于下。然则公道之行，上之人实为之。陛下前日减岁荐之数，意将以清仕途而省冗员也。然荐员之减，徒能沮寒畯耳。其数既狭，则有力者挟势而可得，平进者虽才而不及，奸巧之流皆自结于要人以媒进，而甘于沉滞者殆莫之察也。是乃窒正途而开邪径耳。如此而望公道之行，臣故曰未得其理也。愿陛下深稽仁祖之意，特旌静退之人，则公道自伸而私意泯矣。

臣伏读《圣策》曰："广言路，恢治具，而纪纲未立。"臣有以见陛下欲振纪纲以立国，而未得振之之理也。臣恭惟祖宗尊奖台谏，擢用正人，弹雀之谏赏赉而优容，四谏之臣并命以章服。圣人深意，岂惟倚之纠正官邪以杜奸佞之萌，抑亦赖其箴规过失，以端出治之本。臣窃见比来谏者，唯置独员。此非可省之官，有阙七人之例。陛下岂自谓无过之可言耶？抑恶人之多言而姑省其员耶？夫人臣之义，有犯无隐，陈力就列，孰无此心？然出位而言，侵官是戒。苟见陛下省员之意，皆以无言责为解，甘心立仗之马，以保刍秣之丰。其为人臣之身谋似若有得，而于陛下之国事何补万分！臣窃以为果有意于振纪纲，则必自尊用台谏始。诚能选用纯正之人，列处风宪之地，俾得展心毕虑，明目张胆论天下之事，裨国政之阙，则纪纲立而国势尊矣。

臣伏读《圣策》曰："择守令，务宽恤，而民俗未裕。"臣有以见陛下欲裕民俗以崇本，而未得裕之之理也。臣恭闻太宗皇帝，尝亲择循吏，且谓郡县之不理，皆由择之之不当。诚以斯民之休戚，系乎守令之贤否。苟吏得其人，则民被其泽也。陛下留意吏治，凡监司郡守之除授，必召见而亲察之。又尝特诏吏部铨量县令，以其才之短长，而处邑之剧易，德意深至，笃于爱民。然而不职而被劾，贪残而获罪，相踵而未已，此其故何耶？臣观州县之间，朝夕所急者财用而已。守令相与督责，他不暇恤也。添差之官，就养之卒，月增而岁益，经费已不支矣。而送迎供馈，蠹穴百出，官吏侵渔，溪壑无厌。盖有律外增租，罔利暴取，巧为名色，并缘为奸。欲民力之裕不可得也。臣愿陛下精选循良之吏，稍宽征敛之责，俾得究心惠养，苏息财力，则民俗可裕而国本固矣。

臣伏读《圣策》曰："赃墨之刑非不重也，而未能使人皆君子之行。"臣有以见陛下有意于抑贪而崇廉矣，然理则未至也。往者禁戢赃吏，诏书屡下，将无择于贵贱而一施于刑诛，意至切矣。然前日守郡贪残之人罢黜未几，复玷清选，以致论驳之言。此何为者耶？至于岁举廉吏之命，又有如无听阙之文。夫一郡一道，员亦多矣，借曰全材之难，岂无一节之士？彼抱负清洁，多耻自媒，上官未必说之。责以必举，犹恐有遗；开之以无，有阙而已。臣愿陛下深求抑之崇之之理，而毋牵制于其间，则何虑贪污之不革，而节行之不著哉！

臣伏读《圣策》曰："钱谷之问非不勤也，而未能使国有积年之储。"臣有以见陛下有意于裕财而富国矣，然理则未至也。往者宰相之制国用，未闻有周公均节之方；发运之置使，未闻得刘晏取予之义。然犹未至病民也。今岭南盐法之变更，官民皆告病矣。始由侥幸之人贪慕爵禄，倡为捐利，予民之美名，不恤利害相生之实祸。夫官自斡盐以济经费，虽非令典，不过排商贾而已。今公无倚办之赀，谁能自赍以取给？请之于朝而不继，则有取之民而已。况养兵之费最不可阙，苟避乏兴，宁无征敛？若其爱民而不忍，必且朘兵以兆怨。诚恐天下之广，此类实多，皆由妄意于更张，不究财用之本末。臣愿陛下深求裕之富之之理，而一就法度之中，则何患乎蠹弊之不去，而储积之不厚哉！

臣伏读《圣策》曰:“屯田以实塞下,或谓兵不如农。”臣有以见陛下急于实边,求之于屯田,而未究其理也。夫国家之图事,不可轻举而泛为。苟轻举而泛为,则非唯事之难成,人且得而窥其虚实矣。此最不可不谨也。且屯田亦古人足食一策耳,然必先有一定之规,而后可行也。浩亹之事,充国讲之熟矣,故力持其说,虽责谯而不改。然必罢骑以省费,乃能岁月而成功。今淮汉之域,旷土弥望,度为屯田,此非甚难。而兵农之议久而不决,岂在位之臣皆无充国之忠谋耶?陛下诚得若人而任之,则若兵若农,彼必有一定之说。迟以岁月,当见其成,但非可以旦夕冀效耳。此屯田之说也。若夫实边之至理,臣谓莫若练兵而省费。今兵之在籍者动以万计,其间老羸懦弱不足任战什盖二三,而窜名虚籍往往而有。平时耗费大农,莫此为甚!诚能拣汰冗弱,检核虚伪,则非唯卒乘皆精勇之人,抑使大农无蠹耗之弊。此又实边之本也。

臣伏读《圣策》曰:“改币以赡国用,或谓铁不如楮。”臣有以见陛下急于赡用,求之于改币,而未究其理也。夫济一时之事者,不可不知轻重之权。苟无轻重之权,则非唯不足以济事,只以自困而已。

夫刚断足以济天下之务,神几圣略冠于百王,以此移风易俗,以此富国强兵,将何求而不遂?然二十余年,治未加进,其必有由矣。无亦立政之不审,用人之不择,轻举泛听,徼幸速成有以害之欤?此皆未得为治之至理,而徒急一时之近功。是以实材未兴,公道尚晦,纪纲弛而未振,民俗弊而未苏,贪墨尚多而士节未励,取予非宜而蓄积未丰,至于实边赡用曾无成效,陛下盍亦察其故乎?愿陛下毋为苟且之计,必求至当之理。将立一政,必稽其所敝而毋妄于兴作;将用一人,必察其所安而毋轻于许予。详思熟虑而后发,谨守固执而行焉,则移风易俗、富国强兵之效,皆可次第而举矣。臣不胜拳拳。臣谨对。(《全宋文》卷六〇八八)

蔡戡《廷对策》:臣对:臣闻有为之君,汲汲而求治;敢言之臣,拳拳而纳忠。古之人君有求治之心,必有求治之实;古之人臣有纳忠之志,必有纳忠之诚。慕其名,无其实,虽政令百变,何益于治?有其言,无其诚,虽奏牍万纸,何有于忠?君而有求治之实,臣而有纳忠之诚,言听计从,志同道合,此尧舜所以为圣帝,稷契所以为忠臣也。恭惟陛下以有为之资,居得致之位，临御之初，励精求治。召用耆旧，斥去宦官，出宫人，节浮费，凡此数事，耸动观听。海隅苍生相与议而言曰：圣天子出矣！中兴太平，日月可冀。数年于今，治效未著，无以大慰天下愿治之望，亦有由矣。臣一介书生，幸遇陛下龙飞，亲策多士。盖欲求谠言直论，上裨日月之光，岂惟应故事而已！臣窃谓饰固陋之说，献佞谀之辞，形容圣德，铺张太平，非特臣有所不能，恐亦非陛下之所乐闻也。臣狂愚不识忌讳，独有区区之诚以献陛下，惟陛下留神。

臣伏读《圣策》，上慕唐虞之盛治，下及周汉之中兴，条举当今八者之弊，俯询草茅，臣有以见陛下求治之切也。夫有求治之心者，必有求治之实；有求治之实者，必有致治之效。陛下求治之心如此其切，致治之效寂然无闻，故臣得以妄议陛下求治之实有所未至也。盖天下之事，有本有末，其本既正，其末不足治矣。陛下欲知所以求治之实，先求所以为治之本，其本无他，正心而已。臣请推其本而言之，然后答《圣策》所问。陛下能正其本，则唐虞不难致，周汉不足为，八者之弊可以类举矣。夫天下之本在国，国之本在家，家之本在身，心者，又一身之本也。《大学》曰："古之欲明明德于天下者，先治其国；欲治其国，先齐其家；欲齐其家，先修其身；欲修其身，先正其心。"故汉董仲舒以此告武帝曰："正心以正朝廷，正朝廷以正百官，正百官以正万民，正万民以正四方。"唐刘蕡亦以此告文宗曰："人君所发必正言，所履必正道，所居必正位，所近必正人。"盖人君惟有一心，而攻之者众。或以勇力，或以巧佞，或以货利，或以声色，各求自售，以取宠禄。人君心不正，则乘间而入。故心志眊乱，耳目壅蔽，是非淆殽，黑白纷错，靡所不有。小足以害其身，大足以坏天下。惟人君者当宅心于正道之中，非正勿视，非正勿听，非正勿言，非正勿动。吾不好驰逐，则孟贲、乌获无所施其勇；吾不乐谄谀，虽弘恭、石显无所用其巧；不殖货利也，桑羊、孔仅不能乱其志；不迩声色也，郑声、越女不能动其心。夫如是，所视无非正，以视则明；所听无非正，以听则聪；所言无非正，言而为天下法；所动无非正，动而为天下则。以之齐家，则宗族化之；以之治国，则国人化之；以之平天下，则天下化之，无所施而不可。侧闻太宗皇帝尝有言曰："人君当淡然无欲，不使嗜欲形见于外，则奸佞无所自入。朕年长无他欲，但喜读书，用监古今成败尔。"大哉圣人之言！诚万世子孙之谟训也。又闻仁宗皇帝尝有言曰:“朕于声伎之间未尝留意,常于禁中阅奏之暇,恬然默坐,不以外物动心也。”大哉圣人之德!诚万世子孙之标准也。陛下不居其圣,动法祖宗正心之道,所素行者固不待臣喋喋之言,然爱君之诚不能自已也。臣不敢远引前代,姑以祖宗近事为对。

伏读《圣策》曰:“朕以不敏,嗣承大宝,循尧之道,于兹五载。寤寐俊秀,始得亲策于廷。子大夫褎然待问,必有崇谋远虑,副朕详延。”此有以见陛下求言之切也。臣草茅之士,智虑短浅,不知朝廷之大体。陛下策之于廷者,岂以其言为真足听欤?且庙堂之上至于百执事之臣,有大臣以陈善闭邪,有侍臣以献可替否,有台官所以绳愆纠缪,有谏官所以补阙拾遗。在内又有轮对之制,在外间有召对之命。凡可以言者,非一人也。天下之事岂无可言者耶?岂内外之臣默默而无所言耶?抑亦言之而陛下不能行之耶?何八者之弊如《圣策》所问者,尚劳宵旰之忧乎!盖人君其大如天,其尊如神,其威如雷霆。君巍然而在上,臣渺然而在下,温颜以接之,软言以慰之,犹且畏而不言。又况临之以势,厉之以威,自非忠义之士奋不顾身者,孰肯抗天触神忤雷霆哉!不言固然也。纵有所言,非搜摘微颣,则指陈细务。天下有大弊,人君有过举,撄逆鳞者谁欤?在廷之臣畏而未必言,言而未必听,听而未必行,孰谓草茅之言为真足听欤?昔太宗尝谓大臣曰:“在昔帝王多以尊极自高,颜色严毅,左右无敢言者。朕与卿等周旋款曲,商榷时事,盖欲通上下之情,无有壅蔽。”臣愿陛下以太宗为法,先正其心,容受直言。然后审其是非邪正,择其善者而从之。如是,则天下之人乐告以善,崇论远虑日陈于前矣。

《圣策》曰:“盖闻唐虞之世,法度彰,礼乐著,不赏而民劝,画象而刑措。都俞赓歌不下堂而天下治,朕甚慕之。”此有以见陛下求治之切而远慕唐虞也。臣闻尧之所以传舜,舜之所以受尧者,不过曰正心而已。当时都俞之言曰:“人心惟危,道心惟微。惟精惟一,允执厥中。”惟其正心于一堂之上,故天下化之,法度彰,礼乐著,赏刑不用,一正心而天下定也。昔汉武帝上嘉唐虞,汲黯面数之曰:“陛下内多欲而外行仁义,奈何欲效尧舜之举?”盖尧舜之道自正心始,不能正其心而欲效尧舜,是犹立曲木而求其影之正也。臣愿陛下仰稽尧舜之道,先正其心,以治天下国家,则前圣后圣异世同符。不然,徒慕其名,无益也。

《圣策》曰:“今朕夙兴昃食,兢兢业业,惧无以协帝华而绳祖武,若涉渊冰,未知攸济。”此有以见陛下求治之切,念祖宗、太上皇帝畀付之重也。臣谓祖宗所以贻厥孙谋,太上皇帝所以传之陛下者,亦不过曰正心而已。昔仁宗御书三十五事,以为儆戒,其大要则曰:戒喜怒,防满盈,惧贵骄,求中正,斥谄佞,守信义,此祖宗正心之要也。太上皇帝正心之道,得于祖宗之传,虽非愚臣所得而知,然而三纪之间,上无失德,下无废事,天下庶几于治,非正心之功,畴克臻此?臣愿陛下仰稽祖宗之道,次守太上皇帝之训,先正其心以治天下国家,则可以增帝华、光祖武。不然,求之于他,无益也。

《圣策》曰:“设荐举之科,下聘召之命,而实材犹未出。”此陛下委任群臣而群臣挟私之过也。臣闻堂上远于百里,君门远于千里。人君以一身处于九重之内,聪明智虑有所不周,贤否并进,忠佞杂沓,岂一人所能尽知!况外而州县,远而山林,非群臣荐举,人君何自而知之乎?陛下以公道而付群臣,群臣徇私情而负陛下,所荐之人皆有所挟。或以权势而荐,或以贿赂而荐,或以亲旧而荐。甚者身为大臣,移书命而求荐其亲属,侍从、台谏、监司、郡守更相荐其亲属。有不知其人者,有不识其面者,其能与否,固不暇问也。陛下因其所荐而用之,又无可否于其间。荐举之事,收为私恩;聘召之命,及于不才。寒畯之士,何因而前?如此,欲实才之得,难矣。天圣间,有漕臣任皋荐县令向昱者,仁宗谓辅臣曰:“昱之荐者才一人,未可遽进。”又有帅臣陈升之荐卫尉司丞丘浚者,仁宗曰:“浚雅无能称,惟以口舌动人。今升之荐其才,无乃长薄否?”臣愿陛下以仁宗为法,先正其心,以察其荐者与其所荐之人。其人贤耶,则所荐之人可知矣,果贤焉,用之又从而赏之;其人非贤耶,则所荐之人亦可知矣,果不肖焉,去之又从而责之。其间挟私以为党者,罪之而不赦。无信于一人之言,无惑于左右之誉,实才庶几可得也。

《圣策》曰:“塞侥幸之门,申奔竞之禁,而公道犹未行。”此陛下宠嬖近臣而近臣招权之过也。臣闻天无私覆,地无私载,日月无私照。王者奉三无私以劳天下,其爵赏刑罚、废置予夺,一归至公,与天下共之,未闻有亲疏远近之间也。陛下即位以来,藩邸旧臣宠任太过,初无奇才异识、殊勋茂烈,躐次而骤用之。庸人腐夫,何所知识?怙势矜宠,招权纳贿,有所不免。鲜廉寡耻之徒，幸求躁进，宰相执政出其门，侍从台谏出其门，监司郡守出其门。四方之士奔走辐凑，举袂成云，挥汗成雨，其势炎炎，炙手可热。陛下塞侥幸之门，而侥幸之徒日多；申奔竞之禁，而奔竞之风日长。如此，而欲公道之行，难矣。昔真宗时，藩邸之人颇怨留滞，真宗曰："此等苟求侥幸，本以因缘际会，傥加升擢，何以塞舆议？"盖国家爵位不可轻也。仁宗时以王举正为参知政事，谓之曰："卿恬于进取，故不次用卿。"又以彭乘修《起居注》，指之曰："此老儒也，雅有恬退名，无以易之。"臣愿陛下以二祖为法，先正其心，以察群臣。劲正而廉退者则用之，邪佞而浮躁者则屏之，其间招权以乱政者又斥之而不疑。威福生杀之柄揽之一己，进贤退不肖之任责之宰相，无以爵赏任私意，无以名器假小人。如此，则公道庶几可行也。

《圣策》曰："广言路，恢治具，而纪纲犹未立。"臣闻台谏者，朝廷纪纲之地。广言路所以立纪纲，言路既广，而纪纲不立者，未之闻也。方今台谏虽号数人，位卑而在下者又有言事之禁，言事之官一二人而止耳。或有累月而虚席，或以庸才而备位。间得慷慨敢言之士，往往朝奏暮斥，非特不能用其言，并其人而去之。是故委靡阘冗之流，碌碌以苟延岁月，日复一日，浸以成风。忠言至计，陛下何自而闻之？陛下恢治具以立纪纲，而言路如此，无怪乎纪纲之未立也。昔仁宗时，增置谏官四员，以欧阳修等为之，所以遇之甚宠。尝曰："自欧阳修等为谏官，皆言事直亮，无所顾忌，其第赐章服以宠之。"此祖宗赏谏者也。英宗时，侍御史龚鼎臣居职少所建白，英宗曰："近岁谏官多不职，如鼎臣未尝言事。"因命出之。此祖宗罪不谏者也。臣愿陛下取法二祖，正心以正台谏，导之使言，言之必听，则言路渐广而纪纲立矣。

《圣策》曰："择守令，务宽恤，而民俗犹未裕。"臣闻择守令欲以裕民俗，守令既贤而民俗未裕者，未之闻也。方今郡守不啻百数，县令又数倍之，陛下岂能人人而亲择？又岂能尽得贤者而用之乎？在陛下驭之如何耳。凡今之人，聚敛以献羡余者谓之善生财，拷掠以督租赋者谓之能办事，吹毛之察人以为明，刺骨之暴人以为健。或饰厨传，待过客，以要名誉；或置苞苴，赂权贵，以求荐达。如此等人，朝廷方且增秩改命，以为之宠。不可干以私者谓之僻，律己以廉者谓之矫，抚字心劳、催科政拙者又以为无能。相率成风，恬不为怪。守令既无爱民之心，斯民也有赋敛之不均，有狱讼之不平。间有水旱盗贼之变，流离困踬之苦，将何所赴诉乎？陛下务宽恤以裕民俗，守令如此，无惑乎民俗之未裕也。昔太宗亲书历子以赐守令，曰："惠爱临民，可书为劳绩。"此太宗以惠民为先也。仁宗尝诏监司，曰："凡有牧宰贪残自恣、不务恤民者，悉以名闻。"此仁宗以爱民为本也。臣愿陛下取法二祖，正心以正守令，推爱民之心，行恤民之政，则守令皆化而民俗裕矣。

《圣策》曰："赃墨之刑非不严，未能使人皆君子之行。"臣以为刑以齐小人，德以化君子。秦人尚刑名而风俗愈薄，陛下严刑罚而欲人皆君子，不可得也。士之仕也，所以为贫，使其稍廪少优，可以事父母、育妻子。自非性贪而好利者，谁肯自陷于刑辟。今也夺其圭田，削其资给，为吏者何以养廉？吏责甚至，俸入甚微，有田可耕，孰愿从仕？贫悴之人不得已而仕者，禄既不足以糊口，则不惮于受赂，不幸者败，幸而可以逃戾。又况化远自近始。朝廷达官，享禄千钟，或且受金，有司不敢问，刑责不能加。而欲严刑以禁州县之小吏，难矣。昔仁宗时，有议减百官俸赐者，仁宗曰："朕所欲去乘舆、服御、宫掖奢侈奇巧之费，国家择人以任职，至于俸赐，自有定例，何用纷纷裁减，以骇中外乎！"又有议废职田者，仁宗曰："执事之吏禄薄，不足以自养，不肖者卒以贿败，朕甚愍焉。其命三司裒公田之数而均给之。"祖宗所以厚官吏如此。臣愿陛下正心以驭吏，归其圭租，复其资给，使之有余，则人皆修饰矣。如此，而尚有赃墨之吏，严刑以治之，不为过也。

《圣策》曰："钱谷之问非不勤，而国无积年之储。"臣以为生财无术，节财为先。汉武好聚敛而海内虚耗，陛下问钱谷而欲国有储蓄，不可得也。人君之于天下，仰人以援己则难为功，俯己以就人则易为力。广取以给用，不如节用以廉取；以天下而奉一人，不如以一人而化天下。今朝廷之间，宫掖之内，无名之费，不急之务，可省者未尽省，可罢者未尽罢。陛下不此之务，而与司会之臣朝讲夕论，求所以生财之计，难矣。昔仁宗谓辅臣曰："朕惟先王不宝远物，身先以俭，故天下化之。今府藏珠玉犀象皆长物，藏之何益？其悉付之有司，贸易以佐财用。"又尝出内帑金帛，计直数百万缗，以佐三司支费。且曰："朕以为藏之内府，不若付之有司，以宽财赋也。”祖宗之制财用如此。臣愿陛下正心以节用，无名之费、不急之务，日求而去之，则国用足矣。如此，而尚有匮乏之忧，臣不信也。

《圣策》曰：“屯田以实塞下，或谓兵不如农。”臣以为屯田古之良法也，不可遽行于今。今未可遽行，不若行力田之制，庶几无遗利之患矣。仁宗尝曰：“唐、邓、汝等州旷野甚多，其募民耕之，且宽为赋税之期，庶使民乐于趋业。”此祖宗重农之意也。为当今之计，两淮、荆湖之间，沃壤千里，募民以耕之，立爵以诱之，假其种粮，略其租赋。及其隙也，教以武事。行之岁月，可以获利。

《圣策》曰：“改币以赡邦用，或谓铁不如楮。”臣以为楮币今之权宜，不可行之于久；久而可行，不若蜀交子之制，庶几无伪造之弊矣。仁宗时，益州寇瑊欲禁民为交子，仁宗曰：“蜀民贸易有无，用交子久矣。一旦罢之，可乎？”下使者议，以为官置务，可以利民，而止其争欺。此祖宗用币之意也。为当今之计，用蜀之制，必治其欺伪之罪，使猾吏不能欺，而奸人不敢伪。又以今之钱币兼而用之，申冶人销毁之禁，严边鄙遗弃之制。行之于久，可以无弊。

《圣策》曰：“岂为之未得其要欤？抑文胜而弊难革欤？何视古之弗及也？”夫天下未尝无弊，亦未尝有不可革之弊。得其要则弊日革，无其要则弊日滋。今日之弊，文胜也。陛下知其文胜，何不求其实？陛下知求治之实，天下之事不劳而治，何弊之有！

《圣策》曰：“内修政事，宣王所以兴周；综核名实，中宗所以隆汉。考之方册，其施行之迹何如？”陛下始策臣以唐虞之治，终问臣以周汉之兴，此有以见陛下求治之切，无所不用其至也。臣闻尧舜之德，冠绝百王；唐虞之治，超越万代，岂二宣可同年而语哉！陛下既有志于尧舜，二宣不足道也。宣王之所以兴周者，其要曰谨微接下、侧身修行而已，故诗人称之；宣帝之所以隆汉者，承昭帝因循之后，用严以救弊而已，其它无取焉。史臣美其信赏必罚，综核名实，枢机周密。以臣观之，宣帝无是也。王成之赏，赵、盖、杨、韩之诛，赏罚为如何？有伪增户口者，有妄指鹖雀者，名实为如何？甚者恭、显小人，职典枢机，枢机果周密乎？后世谓元帝优游不断，汉家之业衰焉。臣谓汉业之衰，兆于宣帝。元帝之用恭、显以乱天下，宣帝有以启之也。又况宣帝专以刑名绳下，虽能起一时委靡之俗，无仁恩以结之，人心亦自此去矣。臣故曰汉业之衰，兆于宣帝。

《圣策》曰："子大夫通达古今，明于当世之务。凡可以移风易俗、富国强兵者，悉陈毋隐。"此有以见陛下求言之切，虑臣隐而不言，诱之使言也。陛下诱之使言而臣不言，臣则有罪矣。是以毕其狷狂之说，惟陛下赦之。臣谓移风易俗，在陛下正心修身，先天下为风俗。天下之人视陛下为风俗，陛下之所好恶，下必有甚焉者矣。至于富国强兵之术，此战国之君切切以咨其臣，战国之臣哓哓而告其君者也，臣未之学焉。陛下能先正其心，以治天下国家，虽不求以富国而天下有余，不求以强兵而天下无敌矣。臣又闻之：居安虑危者，人君保治之道；私忧过计者，人臣爱君之心。古之君臣，思患而预防之，未尝一日自安也。方今故疆之侵未归，敌人之患未释，盗贼窃发，饥馑荐臻。生民苟安而非诚安，百度粗举而未尽举，是皆今日大计。陛下于蠖濩之中、燕闲之际，以为可忧乎？可无忧乎？陛下当枕戈尝胆，乌能忘忧！微臣当沥血披肝，乌能忘言哉！臣谓今日罢兵讲和，少苏雕瘵之民，不可恃以为安也。且反复变诈之虏，其情未易测。陛下谓已安已治，敌人不足畏，故疆不必复，虽可为旬月计，为患将来，可胜道哉！仁宗时，元昊请和，范仲淹、韩琦言曰："元昊屡胜，而求通顺，实图休息。国家以生灵为念，不可不纳。陛下当隆礼敦信，以盟好为权宜；选将练兵，以攻守为实务。彼不背盟，我则抚赐无倦；彼有负德，我则攻守有宜。"此策之得也。若夫今日之举，复仇之师也，与仁宗之时大异矣。仁宗犹不忘于备敌，况于陛下，其可一日自安乎？万一边场有警，陛下所与运筹策者谁欤？给馈饷者谁欤？战胜攻取者谁欤？凡所以备敌者，臣皆未之闻焉。如此，而陛下自以为安，臣所以寒心也。臣闻之道路曰：陛下自近岁以来，倦于万机，日以驰逐为乐。臣始未之信。及久客辇下，一日见武夫数辈，跃骑而驰，将命者传呼，络绎于道。臣问之，行路之人皆曰：此侍陛下击球者也。臣虽未之尽信，亦不能无疑。夫千金之子，坐不垂堂；百金之子，立不倚衡。何则？彼知所以自爱也。贵为天子，富有天下，其所爱者当有重于此。昔张建封好击球，其门下士昌黎韩愈上书，极言球之为害。以为五脏之系络甚微，垂于胸臆之间，而颠沛驰骋，似非所以养寿命。其言恳切极至。夫士之忧其主也如此，况臣之爱君乎？虽然，道路之言未可尽信也。陛下生知之性，洞达祸福之机，固不应有此。万一有之，改过不吝，从谏如流,亦帝王之盛德也。深有望于陛下焉。

臣既辱大问,不敢有隐,终始以正心为陛下献。于其末也,又及于此。臣非不知狂妄之言,上渎天威,下犯众怒,罪在不赦。然区区之诚,深虑在廷之士,志于取甲科、得美仕而已,不复为陛下尽言者。臣既言之,退膏𫓧钺,其甘如荠。陛下矜其愚而赦之,幸甚!臣昧死。臣谨对。(《全宋文》卷六二五六)

九日,有司言:“唱名日,取会未圆人,三名前权与给敕。”上问辅臣三名以后人,洪适等奏:“以后人圆备方给。”从之。(《宋会要·选举》八之四三、四四)

十日,上御幄殿,引呈武举人射。(《宋会要·选举》八之四四)

十六日,御药院言:“正奏名宁远‘嘉’字号试卷,犯不考式。”洪适等奏:“写御题外,仅及二百字。”上曰:“此必假笔。朕欲先拆见姓名,取省试卷比较,使见情迹。卿等一面取开。”适等奉诏进。翌日,呈拆见姓名,乃宗子忠训郎伯山。为锁试,两获文解,昨遇覃恩,特免省。适等乞与换授文资,带右字。以文不合格,法当不考,罢之。(《宋会要·选举》八之四四)

十七日,礼部言:“今次御试进士,龙飞恩例,所有等第合推恩数。检照崇宁二年典故,进士霍端友以下分为五甲,第一、第二甲并赐及第,第三、第四并赐进士出身,第五甲赐同进士出身。第一人宣义郎,第二、第三人承事郎。第一甲两使职官,第二甲初等职官,特奏名第一人赐进士及第。建炎二年,特奏名三人:张鸿举赐及第,黎克俞、丘山并赐同进士出身。伏乞朝廷详酌指挥。”诏:“正奏名第一甲第一名宣义郎,第二、第三人并承事郎,第一甲并文林郎,第二甲并从事郎。特奏名第一等第一名赐进士出身。”(《宋会要·选举》二之一九、二〇)

十七日,兵部言:“旧例,皇帝登宝位,临轩策试,系推龙飞恩例。今举已降旨,依典故施行。武举进士合推恩数,缘崇宁、建炎年该龙飞典例,自渡江案牍散逸,无凭契勘。伏乞详酌。"诏:"比附进士正奏名例,第一名特更与转一官,第二、第三名依第一名恩例。"(《宋会要·选举》一七之三〇)

十八日,中书舍人蒋芾言:"国家开设武学,教养智勇之士。然既第之后,问其所职,则莞库而已。夫孙子、吴起之术,非可用于勾稽;由基、飞卫之技,非可施于钱谷也。愿诏本兵大臣议定其制。继自今以武举登第者,悉授以军中之职,安知异时无郭子仪者出于其间哉?"诏:"应武举出身人,候关升亲民,实历一任。如有材能,许监司帅守荐举,取旨,与将副差遣。"上复问宰臣巡检比将副高下,洪适等曰:"在巡检则为亲民,武举初任人亦可入,止带权字,所以欲关升后,始命以将副。"上曰:"恐太骤,须议之。"(《宋会要·选举》一七之三〇、三一)

丁卯(二十四日),赐礼部进士萧国梁以下四百九十有三人及第、出身。(《宋史》卷三三)

进士名录:萧国梁,赵汝愚,赵烨,丁逢,丁敦夫,上官骏,王及,王日永,王日新,王正之,王克俊,王利用,王长世,王庚,王孟博,王政,王相,王枏,王厚之,王浩,王恕,王莱,王推,王焯,王静,王宁,王铸,支自中,毛嘉会,方耒,方烈,方晟,方渭,方懋恭,方应之,孔彰,石孝友,田质,史尧仁,丘何,丘商尹,丘微之,令狐继隆,邢世材,吕商隐,吕寔,朱大宝,朱子愚,朱益,朱纮,朱焕,朱绎之,江司直,江至德,江涛,池复,杜士英,杜炎,杜弼,李充,李如愚,李岐,李松龄,李宗甫,李时中,李秩,李浩然,李容,李揆,李舜臣,李嘉猷,李嘉谟,李椈,李机,吴尹,吴伯凯,吴东,吴俯,吴景辰,吴源,吴荐,何次举,何松,何珪,何澹,余仁时,余有徽,余宰,余偁,余震,沈大任,沈尧俞,宋刚仲,邵暹,邵骥,幸邦辅,范汝砺,范浩,范熏,林中,林光,林岳,林宗臣,林奕,林寀,林梓,林复,林资深,林颐叔,林丛,卓时敏,周子友,周文擢,周孚,周建,周洎,周纪,周益,周抡,宗武,孟纶,胡价,胡汝器,胡长卿,胡达可,南朝英,柳梓,段毅,俞允成,俞茂系,俞注,俞丰,施纯仁,洪中行,祝禹圭,祝浩,祝惟珍,莫檩,庄鸿渐,连茹,连逢辰,夏尚忠,倪思,倪端臣,徐大忠,徐大章,徐元英,徐木,徐向,徐似道,徐安国,徐玠,徐知柔,徐辙,奚商衡,翁梦麟,翁德广,翁点,高仁杰,高获,郭有凭,郭昌明,郭惟仁,郭梦济,唐光,陈大顺,陈之筠,陈少英,陈以,陈孔光,陈邦,陈序,陈宏规,陈叔达,陈所得,陈研,陈炳,陈祐,陈匪白,陈师尧,陈悦,陈焕,陈隆礼,陈隆礼,陈琦,陈尧卿,陈朝老,陈善竦,陈登,陈梦材,陈损之,陈滂,陈僖,陈范,陈德铭,陈朴,陈应侑,陶敏功,陶嘉绩,孙有庆,孙逢辰,孙绍先,孙琳,黄人杰,黄士宏,黄公槐,黄孔光,黄何,黄希,黄东,黄依仁,黄朋举,黄度,黄晔,黄铸,曹汝翼,娄机,崔渊,许仲容,许时,许琮,许开,许镗,康人杰,章次郇,章纯,章深,章堪,章复,章烨,章潜,章樾,章辟之,梁京,张少英,张可宗,张光远,张任,张汝晦,张坦之,张叔振,张宗仲,张特夫,张博文,张扬卿,张煜,张经,张德言,张翰,张泽,张翼,张籍,彭大年,彭仲刚,彭奎,彭恪,彭演,叶才老,叶天祐,叶少颜,叶有秩,叶伯起,叶镐,粟旁,程宏图,程昌龄,傅颐,邹澈,曾三聘,曾植,曾忝,冯如松,冯恬,汤诰,游雩,宁璩,杨王休,杨天奇,杨甲,杨延年,杨冲,杨梅卿,杨寅,杨叶,杨楙,杨辅,杨绶,杨谦之,杨侻,贾敦,虞汝翼,赵不迪,赵不俄,赵不隘,赵不伪,赵公植,赵幼闻,赵汝功,赵汝翼,赵利,赵伯玉,赵俅之,赵彦初,赵彦敏,赵彦璨,赵彦臬,赵师尹,赵师正,赵师份,赵善老,赵善珂,赵善坚,赵善悉,赵善调,赵善择,赵溥,赵壵,赵学宪,蔡天若,蔡伯尹,蔡致一,蔡戡,蔡概,蔡潆,闾丘仲忱,管璆,郑公显,郑栗,郑略,郑焕,郑绅,郑棠,郑郧,郑湜,郑椿年,郑获,郑颖,郑瀚,熊桂,邓光,黎毓,滕良知,刘三杰,刘去病,刘仲光,刘志行,刘昌仪,刘明老,刘岳,刘庚,刘居正,刘乘,刘敞,刘诚之,刘确,刘潮,刘浚,诸葛渊,潘克和,薛甫,薛绍,薛澄,萧必豫,萧宾,卢芷,卢瑀,卢篆,钱伋,钱宇,钱哲夫,鲍明,鲍义叔,戴桂先,戴履,魏誉仲,谢时举,谢倜,谢深甫,谢震,应策,聂洧,严思义,严嘉宾,罗全略,罗愿,顾友直,续耆。

特奏名进士:黄硕,上官莹中,王朝俊,方翼亮,令狐谔,吕竑,伍冕,杜居易,杜雄飞,李升,李恢,李瑛,李杰,李裕,李骥,吴昭忠,吴筠,余邹,林天复,林杲,林宗孟,林炳然,林榕,林硕,林迈,胡汝舟,胡宗茂,侯迈,施实德,洪春卿,徐利用,唐师颜,陈上达,陈文达,陈芘,陈彤,陈筠,陈诜,陈辉,陈弥,桑实,黄宗翰,黄槐,黄粹中,黄鼐,张世昌,张丕宪,张申卿,张仲,张惟宋,叶季亨,葛懋,喻鼎,冯济,杨搏,雍孝广,赵岑,赵宗翰,赵嵩,

赵亶，赵夔，郑升，黎纶，刘庚，刘懋，薛璆，萧佑之，谢济川，严徽。(《宋登科记考》卷一〇)

补进士名录：其一，邓才卿。《全宋诗》卷二四八八周孚《邓才卿同年两顾弊庐，病睡不克见，别后次庭藻送行韵谢之》。

其二，李克。《全宋文》卷五〇七九周必大《回新进士启孙逢辰、罗全略、徐御、陈邦、陈梦才、刘浚、李克》按：是年进士名录有李允者，吉州人，疑即李克。

其三，王寿嵩。《宋登科记考·附录》："渠州邻水县人。元祐中登第。"《全宋文》卷七一一七魏了翁《王君墓志铭》："家于蜀，今遂为广安右姓。……生子寿嵩，登乾道二年进士第。"邻水县现隶属于四川广安市，《附录》据《嘉庆四川通志》所载，误。

榜首本赵汝愚，以故事降居第二。(《宋史全文》卷二四下)

洪适《跋赵子直尊人家录》：乾道丙戌，廷唱进士名，时著作君为第一。某偶备相位，侍立上侧，奏言："近岁宗子甚好学，前举伯摅擢甲科，儒林以为创见。今汝愚遂魁天下，可谓瞻前无邻。本朝故事，科举先寒畯，有官人退居第二，乞只依胪传次序，勿令后来居上，以见麟趾之盛。"天颜有喜，良久曰："姑循故事。"(《全宋文》卷四七四〇)

祖宗时，宗子无预于科举。神宗始诏有官者许锁应，未命者从其应举，自是宗子始得预进士第。自元祐三年戊辰至嘉定元年戊辰一百二十年间，已一千三百四十四人，而嘉王、汝愚皆为廷对第一。彦中以博学宏词中选，亦可谓盛矣。初，汝愚唱名时，洪文惠公适为右相，侍立上侧，奏言："近岁宗子甚好学，前举伯摅擢甲科，儒林以为创见。今汝愚遂魁天下，可谓瞻前无邻。本朝故事，科举先寒畯，有官人退居第二。乞只依胪传次序，勿令后来居上，以见麟趾之盛。"天颜有喜，良久曰："姑循故事。"此事予得之于文惠所作《赵氏家录》跋语，因并记之。(《云谷杂纪》卷三)

萧公登科岁，第一人本丞相忠定赵公。故事：设科以待草茅士，凡预属籍，挂仕板者，法当逊避。唱名日，升萧公为榜首。故萧公对御吟有“名传玉阶星辰晓，泽霈金枝雨露春”之句。其谢启有云：“预飞龙之选，淮安论次以当先；无汗马之劳，酂侯何功而居上。”盖用宗室及萧家事。(《游宦纪闻》卷四)

(李舜臣)中乾道二年进士第。时朝廷既罢兵，而为相者益不厌天下望。舜臣对策，论“金人世仇，无可和之义，宰辅大臣不当以奉行文字为职业。”考官恶焉，绌下第，调邛州安仁县主簿。(《宋史》卷四〇四)

晋陵丁端叔连，乾道初元赴乡举。未试前数日，梦人授以敕牒，视其文曰“乡贡进士丁可留”云。端叔既寤，私喜，欲易名可留，又念语不雅驯，乃止。既试毕，考官丁可者见一试卷，绝爱之，以病先出院，属同考官必令置之前列。及发封，乃端叔也。始悟丁可留之证。竟以是举登科。

锡山许宗美琮，绍兴己卯随计吏试礼部，与同舍祷于太一宫，默以所见为得失之谶。触目一牌云：“竺落黄茄天宗美。”以犯“落”字，大恶之，是岁果被黜。后入太学为诸生，以寿皇登极恩赴省，复诣宫如前祷焉。祷已，周行廊庑间。才举足，则见二神位云“河魁”、“从魁”，宗美甚喜而出。洎南宫揭榜，何自然为省元，而宗美以诗赋魁。(以上均见《睽车志》卷五)

蜀人杨甲对策言“恢复之志不坚者二事”，其一谓“妃嫔满前，圣意几于惑溺”；其一谓“策士之始，其及兵者不过一言而已，是以谈兵革为讳，论兵革为迂也”。上览对不悦，置之第五。(《宋史全文》卷二六上。按：《宋史全文》错将此条置于淳熙二年三月，据《宋会要·选举》二之二〇订正)

福州福清县大平乡修仁里石竹山，俗曰虾蟆山，去邑十五里。乾道二年三月三日夜半后，居民郑周延等咸闻山上有声如震雷，移时方止。或见门外天星光明，迹其声势，在瑞云院后石竹山上。明旦，相与视之，山顶之东南有大石，方可九丈，飞落半腰间。所过成蹊，阔皆四尺，而山之木石，略无所损。县士李槐云:"山下旧有碑,刊囊山妙应师谶语。顷因大水,碑失,今复在县桥下。其语曰:'天宝石移,状元来期。龙爪花红,状元西东。'"邑境有石陂,唐天宝中所筑,目曰天宝陂,距石竹山财十里。是月,集英廷试多士,永福人萧国梁魁天下。永福在福清西,闽人以为应谶矣。又三年,兴化郑侨继之,正在福清之东。"状元西东"之语,无一不验云。(《夷坚志》乙卷二〇)

谢子肃,台州临海人。元名某,为举子时,梦人告曰:"君若改名某则小吉,名深甫则大吉。"绍兴己卯岁,先用某名赴州学春补,教授金华季翔喜其文,既中选。自是,月书季考,连占前列。及应举试,始更为深甫,已而不利。至壬午秋复然,私自笑曰:"鬼神戏我如是,岂非当止于州学生乎!"乾道乙酉岁,议别更名,逼期复梦前人告曰:"终不成这回又不得。"惊而寤,仍以深甫投牒,遂预计偕,明年登第。

常州士人丁逢端叔,绍兴二十九年梦人告曰:"汝若逢丁可则及第矣。"觉而改名为"逢"。是岁秋闱不利,乃叹曰:"安得有人姓丁而名可者,吾必不第。"如是又两举。至隆兴元年省榜出,果有天台丁可姓名,虽窃自喜,然度其调官须次,尚犹数载,未必出其衡鉴之下。乾道元年秋试,丁可待阙家居,漕使念其贫,檄为常州考试官。逢洒然自庆,知必中程。而可于贡院被病出,逢大失望。迨揭榜,乃在选中。后谒谢主司,诸人皆言:"丁主簿临去时,手执一卷程文,授吾辈云:'自得此卷,便拟置诸前列,会以疾不克如志。愿诸同院勿遗此人,可虽死不憾。'及会卷之际,各有所主,不暇为他人计。适点检一试卷犯讳当黜,仓卒难访寻,遂以充数,盖吾子也。"逢始以昔梦告之。(以上均见《夷坚支志》景卷九)

乾道二年,豫章钱某赴省试,馆于贡院前姚氏店。试罢即归,临出门,姚媪忽持其手而泣,钱不胜惊讶。须臾,邻里聚观塞途,至数十百人。媪曰:"非有他也,此官形貌绝似吾亡儿,故不觉恸哭耳。吾儿亦读书,曾补国学,不幸以某年月日去世,今十八年矣!有遗文一册尚在。"钱时正年十八,问其亡日,又与己生日同,悚然而叹。请媪入取书,乃《周礼》义六篇。

展读之，盖已发解及省闱程文，不差一字。相对感怆，为留数日始归。约曰："若获科第，当再来。"是岁登科，调官后，迎姚媪至家，事之如母。(《夷坚志补》卷一一)

何参政澹，年二十一魁南省，父玉雪先生遣就上庠从游。后以绿衫随诸生迎驾，孝宗召入秘书。(《吹剑录》)

采伯皇考未第时，谒灵康，梦神赠金鱼一枰，空中呼为"碧落侍郎"。尉剡时，梦樗浦庙神延见七层塔上，金书牌"相"字，下有谢某名。乃知鼎贵已前定，岂容人力。按：采伯乃深甫之子。(《密斋笔记》卷五)

王之道《书子莱丙戌登科题名小录后》：屈指宣和岁在辰，于今四十有三春。吾家又得莱追继，丛桂从兹不乏人。(《全宋诗》卷一八二〇)

周必大《回新进士启孙逢辰、罗全略、徐彻、陈邦、陈梦才、刘浚、李克》：龙飞擢第，凤诏除官。亲鄗辉光，士心慰惬。于穆文明之代，有严俊造之科。三岁下诏，则与郊见天地之理均；万乘临轩，则与册拜公孤之仪等。况今皇帝垂唐虞之问，咨实学而匪事虚文；宜子大夫以晁董之才，贡昌言而非徒干禄。两相求而适值，一被选则为荣。某官天之降材固殊，学以为己尤至。凡著在简编而甚富，皆措诸事业而可行。宜其出谷，敏于迁乔。取青易于拾芥。俊杰出我门下，岂惟座主之荣；英雄入我彀中，想见天颜之喜。载仰儒先之蕴，讵专科甲之求。惟圣朝重此以来名世之英，故志士假之而作致君之路。尚摅贤业，迄副乡评。某僻处郊关，猥勤鞭驭。瞻泰定之字，固应轻万户之侯；味春容之篇，殆类鬻九戎之髦。其为欣感，未易敷陈。(《全宋文》卷五〇七九)

杨万里《得省榜，见罗仲谋、曾无逸策名，夜归喜甚，通夕不寐，得二绝句》：淡墨高垂两客名，夜归到晓睡难成。却缘二喜添三喜，听得黄鹂第一声。

两日阴晴较不常，嫩寒轻暖杂花香。今晨天色休休问，卧看红光点屋

梁。(《杨万里诗文集》卷三)

是　月

有诏监司、帅臣、管军、侍从诸使习熟武艺，讲论兵机，谙识调发，委以事任，则凡绝伦抱艺者得以效其长。望令有司详议，就军中别立优异窠阙，如准备之类。使经历两任，然后擢之朝列。他时将帅之储，取用于此。诏："令兵部相度。"本部相度："武举出身人有立定注授差遣条法，乞从朝廷指挥，参酌立定窠阙任使施行。"从之。(《宋会要·选举》一八之四)

四　月

二日，臣僚言："应贤良方正能直言极谏之科，乞令权于经、史、诸子正文出题，其僻书注释不得以为问目，追复天圣十科事。"有旨，令礼部集馆职、学官共议，讨论闻奏。(《南宋馆阁录》卷六)

二十五日，上御集英殿唱名，取应宗子师份以下三人，特补保义郎；汝舟以下三十六人，特补承节郎。(《宋会要·选举》一八之二三)

五　月

十六日，礼部言："参酌旧制，除随行本宗大功以上亲许牒试，及诸州守倅本宗大功以上亲、有户贯在所任州军许牒本路运司，帅臣等官本宗大功以上亲在所置司有户贯者，许牒邻路运司就试外，余并令本贯州军取解。武臣任准备差遣、巡辖马递铺之类，除亲子孙许牒试外，余并不许。权摄官虽亲子孙亦不许。仍令转运司自今以二十人解一人，零数亦解一人外，有发解年称缘事到行在，赴乡试不及，诉乞赴两浙转运司附试之人，亦皆泛滥。欲自今并不许，亦不有陈。"诏并从之，省额仍依旧制。(《宋会要·选举》一六之一三、一四)

是　月

诏："新及第进士第一人萧国梁、第二人赵汝愚并补左宣义郎，第三人赵烨左承事郎，并签书诸州节度判官事；第四人陈孔光、第五人杨甲以下，并左文林郎,两使职官;第二甲,并左从事郎,初等职官;第三甲至第五甲,并左迪功郎,诸州司、户、簿、尉。第三甲免试注官。”汝愚本第一人,以宗室,且有官,故降居次,仍与第一人恩例。(《宋会要·选举》二之二〇)

六　月

七日,臣僚言:“自建炎南渡以来,每三岁大比,圣诏丁宁,命以制科荐士,如承平之旧。陛下纂承鸿烈,遵而勿失,历载亦已久矣,犹未闻有一人应书者。窃意责之至备而应之者难,求之不广而来者有隔故尔。欲望参稽前制,间岁下诏,权于经史、诸子正文出题,其僻书、注疏不得以为问目。追复天圣十科,开广荐扬之路。”诏:“礼部集馆职、学官同议以闻。”礼部侍郎周执羔等参议:“切见国初,制科止令诸州及监司解送。乾德二年,又以无人应制,下诏许直诣阁门请应。今若举乾德自请之诏,则将启狂妄侥倖之心,或恐浸成烦渎。不若仿国初之制,少加斟酌,许用侍从荐举,或守臣、监司解送。及权罢注疏出题,其余悉依旧制。庶几真才实学,不致遐遗,而有以副今日搜扬之意。”从之。(《宋会要·选举》一一之二七、二八)

苗昌言奏:“国初尝立三科,景德增而为六。仁宗皇帝时,李景请依景德故事,亲策贤良秘阁,六论专取《六经》及问时务,其史传注疏乞不条问。帝亦以为问隐奥观其博,不若取其能明世之治乱,有补阙政。又诏以景德六科定为制举之目,俾少卿、监已上奏举内外京朝官;增置书判拔萃科、高蹈丘园科、沉沦草泽科、茂材异等科,总为十科,并许布衣应诏。于是何咏、富弼、余靖、尹洙、苏绅、张方平、江休复、张伯玉辈出焉。其立法宽,故得士广也。自绍兴复科,三岁一下诏,垂四十年,未闻有一介魁垒豪杰之士出应制书,岂盛治之世无其人耶?盖责之至备,而应之者难;求之不广,而来者有隔尔。臣请参稽前制,间岁下诏,权于正文出题,其僻书注疏不得以为问目。追复天圣十科,开广荐扬之路,振起多士积年委靡之气,太平之治不难立也。”上诏礼部集馆职、学官议之,皆曰:“注疏诚可略,科目不必广。天下之士屏处山林,滞迹遐远,侍从之臣岂能尽知?伏见国初制科,上命监司、守臣解送。乾德中,以无人应制,许直诣阁门请应。若依乾德故事,恐起侥幸,请如国初之制。”诏可。(《文献通考》卷三三)

八日，诏："武举正奏名承节郎吴瑄，差充侍卫步军司准备将职事。"以主管步军司陈敏言：瑄素蕴韬略，愿从军效力，故有是命。（《宋会要·选举》一七之三一）

十四日，礼部言："太学补试，人数猥多，遂致喧竞。欲遇省试年分，将当年诸州请到文解到省试下，并以前曾经得解之人，许行补试，仍将太学过省阙额补填取放，即不得额外别行增添名数。待补国子生，欲将有期亲在朝作清要官谓太学博士馆及监察御史以上，许牒子弟作待补国子补试，别号考校外，如在学太学生，遇有期亲在朝作清要官，却改作国子生取应，仍别号考校。若国子生所随亲替移，亦依此改作太学生。"从之。（《宋会要·职官》二八之二六）

七　月

二十七日，中书门下省言："绍兴重修《贡举令》，诸应武举被举人，限六月到阙。承前多以七月中引试，自绍兴二十四年指挥定用八月十五日。今若令举人六月终到阙，恐在旅日久。"诏："自今应举人并限七月到阙，限内不到，并不收试。余依见条。"（《宋会要·选举》一七之三一）

八　月

九日，诏："今举系龙飞，特奏名第三等、四等人，令吏部特与依建炎二年赦，放行参选；其第五等人，元系诸州助教，已降指挥，特与依下州文学恩例，自合待郊出官。"（《宋会要·选举》一三之五）

十一月

二十六日，礼部言："无官宗子赵岩夫、南夫、善钦，于绍兴三十二年请成都府路转运司取应文解，未曾到省，乞依赦文推恩。年皆十六以下，虑赴试假名传义，冒滥不实。今措置，无官宗子赦前取应合格未曾到省之人，依已赴省试下赦前委年及二十五岁，方与补官。"从之。（《宋会要·选举》一八之二三）

十二月

十六日，礼部言："国子监看详臣僚所请，将诸路进士八举、年四十以上，五举、年五十以上，并初举甲子绍兴十四年得解、十五年到省试下之人，即不曾经展过省、殿试年，自合依旧制，自得解到省试下实及三十年，并许赴特奏名殿试。伏乞详酌施行。"从之。臣僚言："隆兴元年，言者乞立定法，进士自绍兴甲子以来，必一举三十年而后推恩。而国子监看详，不曾推原，乃后举而为三十年之数，是致今举犹守旧比，才及二十七年人，年未及五十、不及五举赴特奏名试者，有四倍之多，乞行厘正。"再下看详，而有是命。(《宋会要·选举》一三之五)

十八日，诏："今举四川特奏名进士，第一等第一名为该龙飞恩例，特赐同进士出身；第二人至本等末，并赐将仕郎；第三等至第四等，并赐下州文学，依建炎二年赦，放行参选；第五等，并赐诸州助教，特与依下州文学恩例施行，仍待郊赦出官。"(《宋会要·选举》一三之五)

是　年

晁公溯《去八月同张文饶考试，始遂言集，执经问道，至今不敢忘，因成二诗》：属者俱被命，敕书黄札光。同将舜权量，与较蜀文章。投分虽已晚，传经何可忘。对床风雨地，长记此升堂。

通变莫如《易》，韦编存至今。如传仲尼手，尽见伏羲心。此去被清问，岂惟蒙赏音。要通天下志，观象得惟深。(《全宋诗》卷二〇〇三)

晁公溯《答新及第杨宣教启》：顷为主司，分试诸彦。大比三年，考其艺不获尽观；朝取一人，拔其尤亦足自喜。所得厚矣，何辱谢焉？某官未尝窥园，今果射策。幸逢愿治之主，将使悉著于篇。十哲之列四科，吾岂夸多而为贵；百夫不如一士，子当极意以尽言。傥今天下称别闱之得贤，庶几异日为老夫之增重。

晁公溯《答新及第张宣教启》：比在别头，莫观举首。盖如草木区以别,无由亲选其材;尽使桃李在其门,于是莫谐此志。何有衰迟之力,难当推挹之辞。某官多闻前言,深识治道。贤能将献于其上,再拜受之;功名要卜于此行,一见决矣。敢伸善颂,以报来笺。

晁公溯《答新及第官员启》:近亦预被汉庭之分命,乃在别闱;不得尽观蜀士之缀文,少窥丽藻。何为谦谢,猥及衰迟。某官屡以言扬,果膺籍奏。无谓决科之已晚,当思学道之可行。念是邦文物之实繁,监于二代;顾有司品题之所取,作者七人。宾兴虽少于他州,名节要高于异日。斯言不负,其得则多。岂徒太守之与荣,抑亦诸公之改观。(以上均见《全宋文》卷四六八三)

周麟之《论乞与四川进士父母年高者先次补官续行照验》:臣恭睹诏书,应得解进士父母年八十以上与初品官封,德至渥也。自降诏以来,凡诸州奏到封母者,并经司封关会礼部,考验贡籍,俱以施行。唯是四川得解进士,其贡籍不在礼部而在制置司,每得关会,礼部必称无贡籍可照,不见得解,因依致不放行。经今年余,积压留滞。臣今耿见数目,有资州得解进士史尧仁等七十四人,例未曾上钞,若待取会,道途往返,愈见淹延。欲乞且据逐州保奏文字,并与先次放行,具钞给降诰命,续下四川制置司照验贡籍。如有伪冒,即行改正。庶几远方高年,早得均被上赐。取进止。(《全宋文》卷四八一七)

乾道三年　丁亥(1167)

二　月

四日，诏："平江府念书童子吕伯奋免文解一次。"伯奋年八岁，诵《易》、《书》、《诗》、《二礼》、《论》、《孟》、御制赞记十三通，送中书再试，而有是命。(《宋会要·选举》九之二八)

三　月

二十六日，铨试、类试。命监察御史张敦实监试，国子司业程大昌、考功员外郎沈复、刑部郎中王彦洪考试，知大宗正丞唐孚、大理丞徐子寅、著作佐郎黄钧、大理评事单夔、梁总、秘书省正字李远、武学博士杨兴忠、国子监主簿汪若思、国子录冯仲夷考校、点检试卷。(《宋会要·选举》二〇之一八)

闰七月

十日，诏："福州念书童子高应免文解一次。"应八岁，诵《易》、《书》、《诗》、《二礼》、《春秋》、《论语》、《孟子》、《孝经》、《老子》、御制赞记十八通，送中书再试，而有是命。(《宋会要·选举》九之二九)

八　月

十五日，诏："周寅、沈兴杰、郑缜、曹纬，并令赴乾道五年以后省试。省试下人愿就特奏名试者，听。"(《宋会要·选举》四之三八、三九)

十　月

四日，礼部尚书兼吏部尚书周执羔言："检照乾道二年十二月敕书：特奏名进士绍兴十四年得解、十五年到省试下，缘不经展试，须实理三十年，方许试特奏名。进士免解，即与特奏名事体齐同。欲望将进士免解年限，自绍兴十四年甲子岁以后，并依旧制。得解到省试下，方州理十八年，府、监理十二年，方许免解。即诸州军得解、绍兴二十四年省试下，国学进士得解、绍兴三十年省试下人，候年限及祖宗旧制，方许免解。”从之。(《宋会要·选举》一六之一四)

七日，诏：“福州念书童子张光祖免文解一次。”光祖诵五经、《论》、《孟》、《孝经》、《扬子》、御制赞记二十一通，送中书再试，而有是命。(《宋会要·选举》九之二九)

十二日，太学博士吴飞英言：“诸州考试官以进士有出身者充，意者止谓见任人。近乃有差寄居，不差见任之弊，止欲应副食闲之人。转运司每遇大比，括责所部可充试官乡贯及有产业亲戚去处，诚恐所差之地或有妨嫌。近乃有指地求差之弊，甚者一道十州供具，八州有嫌。若是二弊，士论切齿，为日已久。欲乞自今诸道考试官，并止于所部见任中选差。如或不足旧例所差之数，不过少展考试程限，不必拘一月开院之例，则事无不办。而考官所供避嫌州数，大率三分及二分以上者，即不必差。其有托辞指地求差者，许漕臣按劾，置之典宪。”从之。(《宋会要·选举》二〇之一八、一九)

十一月

二日，《南郊赦书》：“应举人因事殿举及不得入科场之人，除犯徒罪以上及真决未曾改正、编管人未放逐便外，可并许应举。及枉被刑责，或因罪押赴州军听读，令所属具元犯审定，保明闻奏。内听读人当议此类。命官编羁管人，理年放还。”六年十一月六日、九年十一月九日《南郊赦书》，并同此制。(《宋会要·选举》四之三九)

二日，《南郊赦书》：“勘会：昨于乾道二年内，有合赴特奏名进士试，系该龙飞恩例，缘事赴试不及之人，将来殿试唱名，特与依前举龙飞恩例，升等施行。”六年十一月六日《南郊赦书》同。(《宋会要·选举》一三之五、六)

是　年

杨万里《送王才臣赴秋试序》:予退居于南溪之北涯三年,户不闭而无客,未尝扫迹,而出无所于往。间一出,则遇乡里之达官要人呜呵传呼,则又匿草间以俟其过,乃敢行。及所至,或逢商有无,议什伯,纷如也。闻予来,则泯默罢去,若燥湿,若酸咸。至于时之所指以为迂儒寒士,达不多于予,而穷不少于予者,则往往日来而月不去,晨坐则际夕,宾主面有饥色,而谈有余味。人不唯以嗤居者,亦以嗤来者。不惟人之嗤也,予亦自嗤且自惑焉。谓予与人相同,于无相同则后之称奚以合?谓予与人相异,于无相异则前之称奚以睽?使予不惑而不得也。最后得王生子俊才臣者,其于古圣贤书,一见便领其妙,下笔无俗,下语亦不之彼而之此,生其有以哉!居数月,告予以行,曰:"将试于有司,愿请所以赠。"予曰:生之是行,志于得科目而已也?将其志不止于得科目而已耶?志于得科目而已也,则生之挟时之悦,生之鬻时之售,有余也。科目足道哉?其志将不止于得科目而已也,则予欲不言,得而不言耶?上之不置乎士,士之不遁乎上,生以为为何等事耶?静则道,动则功。出处语默,世则仪之;天地人物,身则福之,是之为也。场屋之文,夸以贾惊,丽以媒欣,抑末矣。是之为耶?士之言曰:"我将先之末,继之本。"嗟乎!本以先犹末以继,而又末以先者耶?是故为士者植其初,用士者计其终,而取士不与焉。盖曰"姑以是取之"云尔。古之人不介不达,不挚不见。场屋之文,其士之介与挚也欤?介之辩若吃也,挚之恶若微也,于宾之贤若否也,无系也。士之愚良,系不系于场屋之文哉?种玉者不碈,艺稗者不禾,奈之何其以末先、以本继也?生其力乎其所以植,以堪乎其所以计,则生之得科目,非生之得也,上之人之得也。介与挚乎尔,夸与丽乎尔,则生之得,生之得也,上之人得也耶?生行也,予于生乎观。(《杨万里诗文集》卷七七)

乾道四年　戊子(1168)

正　月

十九日,诏臣寮集议牒试冒滥等事,将旧法删修,立为成法:"应本贯川、广而任别路差遣,或本贯别路而任川、广差遣者,随行本宗及异姓缌麻以上亲愿应举,而无户籍,二千里外,许所在州投状勘实,申送转运司试。其武臣大小使臣以上,本贯川、广任别路,及或别路任川、广仿此外,止许牒亲子孙。知州、通判亲戚,本贯在所试州,即牒本路。若经略官、安抚、总管、钤辖、监司或发运、提举主管茶事买马、提点坑冶铸钱、制置解盐、提举市舶官亲戚,有本贯在所辖路应避者,即牒邻路谓进纳之类,碍吏部注授格法者。请解者每四十人解一人外,有零数或请解不及四十人者,亦解一人。在京职事官,文臣监察御史以上,武臣任在京职事而职事杂压在监察御史以上者,各牒门客一人,并须锁院前在逐门下及半年者,听牒本路运司试。在京职事官监察御史以上,及武臣任职事官班序在监察御史以上者,并召京朝官二员委保。大功以上亲,牒待补国子解。"其后,两浙转运司申明条制,于是礼部言:"昨乾道四年立牒试条法,缘臣僚屡陈旧法泛滥,是以措置之时,多方削去。其间有户贯绝远之人,都虑邂逅,或至殿举。今以两浙运使申,参酌未立法之意,欲将在京职事官亲戚门客,若及诸州知州、通判、监司亲戚门客,若该依新法已牒,而所牒官在锁院前一月替任者,亦听牒试。武臣大小使臣合牒子孙,若替任在锁院前一季者,其所牒人亦听收试。诸路运司依此施行。诸路监司、守倅牒试门客,所牒官到任虽未及半年,其门客实贯本州,及为门客实及半年者,依条亦听牒试。"并从之。(《宋会要·选举》一六之一四、一五)

二　月

十二日,赐兵部侍郎王炎同进士出身。寻拜端明殿学士,签书枢密院

事。(《宋会要·选举》九之一九)

三　月

一日,诏曰:"盖闻治道以得贤为首,非博采而精鉴之,贤奚由进?惟我祖宗以来,建学设科,以风厉四方之多士,取其尤贤者,置之公卿大夫之列。二百余年间,治效昭然,视汉、唐有光矣。朕祗承洪业,夙夜不敢康,惟豪杰之士,所在而有,常惧其逸遗也。三年宾兴,著在令典。有司其为朕选择可者,令偕计吏,升于春官。朕将进之大廷,询以言而试以事焉。布告天下,使明知朕意。"(《宋会要·选举》一之一七)

二十一日,铨试、公试、类试:命监察御史李简能监试,国子司业程大昌、吏部员外郎李浩、刑部郎中王彦洪考试,大理正贾选、太常丞刘季裴、知大宗正丞唐孚、国子博士陈损、大理评事燕世良、周阶、秘书省校书郎范端臣、太学正陈骙、武学谕章谦考校、点检试卷。(《宋会要·选举》二〇之一九)

二十三日,诏曰:"盖闻自汉以来,众建科目,网罗天下之士,而贤良文学实为之首。本朝袭其制,增重其选,元臣硕辅由此途进,十五六焉。太上皇思得其人,屡下明诏于四方。朕率而行之,曾未闻褎然为时而出者。尝与议臣深求其故,以谓学有原本,则不贵太泛,故略注疏之命题;身在幽隐,则无由自达,故许监司、守臣之劝驾。抱负器业者,庶几不壅于上闻矣。适兹大比,肆命执事,博问旁招,有能应,朕所将延纳而尊显之。今岁科场,其令尚书、两省谏议大夫以上、御史中丞、学士、待制各举贤良方正能直言极谏一人,仍许监司、守臣解送,具词业缴进以闻。布告中外,体朕意焉。"(《宋会要·选举》一一之二八)

二十九日,臣僚言:"科举元法,定用八月五日锁院,十五日引试。缘考官于八月五日以前,虽至所差州军,其监试官例托以日数未及,不即入院,迁延至初五日方入。考官入院,坐待之久,并无禁约。既涉嫌疑,亦生奸弊。欲乞明降指挥,锁院不得过八月五日,考试官并限前期至所差州

军。有一先至监试官,登时锁院。仍乞修入《贡举条敕》。”从之。(《宋会要·选举》四之三九)

四　月

三日,淮南路转运司言:“本路赴试举人,扬、真、通、泰、楚州、高邮军六郡置试院,计合差考试官十二员。本路有出身知县、幕官,于锁院前见任止计五员,委分差考试不足。”礼部看详:“于许淮南、于江浙近便州军选差,淮东即差常州、镇江府,淮西即差太平、池州官。仍先具合差官数,牒逐路令留,关报淮南。”从之。(《宋会要·选举》二〇之一九)

是　月

赵善珏《南雄州进士题名记》:乾道三年夏四月,右承议郎建安黄公洧来守是邦,首念学宫之陋,甫逮农隙,僦工辍材,命一新之。阁奉宸章,序图从祀,拓卑辟隘,益所未备。越明年三月既望,偕通守右朝请郎眉扬孙公宪文临观厥成。孙公顾谓善珏曰:“南雄素号东广佳郡,初实离曲江为之。在唐有张文献公,国朝复有余襄公,文化薰染,寖久益盛。闻自天圣迄绍兴初,保昌、始兴登进士第者凡三十人,浸阶通显亦不下十数人。偶罹兵焚,余三十年寥寥罕继焉者。借曰风土有盛衰,如俗尚世习其可得而移。矧今田庐日复,户口以繁,藏修之地,庖廪之储,自不谢畴昔,尚奚尤哉!盍悉采前达名氏刻而植之,虚其右以俟来者,因勉诸生,不亦可乎?”善珏喜而谢曰:“善珏之愿也,敢不承于是乎?书尚各惟所撰焉。”(《宋辽金元方志辑佚·南雄路志》第 804 页)

五　月

二十八日,淮南路转运司言:“今岁科举,淮南合差试官十五员。所管八州军,见任有出身官止五员,分差不足。具申朝廷,许于江浙近便州军选差,淮东差镇江府、常州官,淮西差池州、太平州官。切虑逐路所定州府有出身官员数有限,虽本司临期详择,又恐本路士人巧生弊倖,预有嘱托,致艰于关防。欲望详酌,将东、西两路所差考试官,前期互行关会,各据实用员数,许于镇江府、常州、太平州、池州官内通融选差。庶几员数稍宽,

不致阙事,兼可关防士子侥倖请托之弊。"从之。(《宋会要·选举》二〇之一九)

六　月

十二日,国子监发解别试所言:"收试庶姓有官应举者,右修职郎汪策治《书》,忠翊郎沈嘉猷治《春秋》,并孤经。若止有二人,委难以取放。欲乞依逐举例,将汪策等牒试两浙转运司,取人分数即与本所庶姓有官不碍格人分数皆同,所贵两不相妨。"从之。(《宋会要·选举》一六之一五)

二十二日,国子监发解所言:"发解数内不满年太学生,终场止五人,无额取放;兼满年国子生以终场人数纽取外,余一人三分有奇,无额取放;及待补国子生纽取人外,有零数三人九分九厘九毫以上,无额取放。伏乞详酌施行。"诏:"零数更取一名。"(《宋会要·选举》一六之一五)

七　月

七日,诏:"遂宁府布衣雍山赐进士出身,添差遂宁府府学教授。"山,志行修洁,好学,多所通究,尤邃于《易》。守臣杜莘老以名闻,诏召不起。至是,守臣张震、漕臣马骐乞就褒擢,乃有是命。(《宋会要·选举》三四之四五)

十四日,礼部言:"太学上舍生杨应,绍兴三十一年升补下等上舍;至绍兴三十二年,用上舍恩例免解;隆兴元年到省试下;乾道二年合该免省赴殿试,以丁忧不赴。今合还赴乾道五年殿试。乞比类赦文,计理龙飞恩例。"诏:"候将来殿试,许收试。"(《宋会要·选举》八之四四)

鄱阳县吏李某,乾道四年七月,梦出城过东岳行宫,道上见故同列抱文牍从中出,告曰:"此本州今秋解试榜,来书岳帝。"李问吾所亲及乡里何人预荐,曰:"但有君巷内赵哲一人耳。"梦中思之,无此子,以为疑。其人曰:"赵医秉德之子也。"李曰:"此吾近乡,熟识之。渠名中兴,非哲也。"曰:"吾言不妄,君当自知之。"遂去。时此吏死数年矣。李异之,出诣赵,欲话其事。遇诸途，赵曰："吾已纳保状。夜梦人相劝云：'朝廷方崇太平之业，而予尚名中兴，又与国姓同，不可。能易之乃佳。'吾甚惑此梦，今将谋之朋友。"李大笑，具道所见，使改名哲。且曰："子若荐送，吾以女嫁子。"是岁，哲果登名于春官，李遂纳为婿。(《夷坚志》丙卷一一)

八 月

五日，国子监发解：命监察御史李简能监试，国子司业程大昌、吏部员外郎李浩、郑伯熊考试，秘书郎李木、国子博士陈损、国子正潘叔宪、太学正陈骙、干办行在诸军审计司徐宅、主管官告院徐大忠点检试卷，考功郎中张敦实别院考试，国子录郑汝谐、太学录沈清臣点检试卷。(《宋会要·选举》二〇之二〇)

是 月

乾道四年，校试长沙，场屋喧动，同列逾垣避之。公(孙逢吉)谕以义理，众方帖息。(《楼钥集》卷一〇二《孙公神道碑》)

(宋晋之)校文三山，士逾二万，杜君申有场屋声，又尝名荐书。文卷已遭摧剥，君识于众人中，引义力争，竟置举首，果以经魁南省，人尤服鉴裁之明。(《楼钥集》卷一一五《宋君墓志铭》)

士人应科举，卜筮之外，多求诸梦寐，至有假托神奇以自欺者。若出于他人之口，则谓堪信。予得浮梁两事，的的可录，辄并记之。其一曰冯一飞，以乾道戊子秋试罢，偕里社友交归所居寿安乡。道遇村民售豆腐者，舍担敬揖而请曰："诸郎君幸少住，我将以梦为相得失。"历视数人毕，遂指冯曰："吾官定得第一名。我于前两夜梦我祖告曰：'吾乡秀才有生得眉毛直立者，必作魁。明日当过此，可审细求之。'观君面貌是已。"及榜出，冯果用辞赋为首选。往求昨民，持钱帛致犒。(《夷坚支志》庚卷二)

九 月

姚述尧《念奴娇·重九前二日登西塔观县治，用前韵》：江山清绝，正箫台花县，霜秋时候。寻胜登高环望处，碧瓦参差铺绣。五岫藏云，两溪吞月，古市渔盐凑。青帘斜扬，家家香泛丹溜。　况是东鲁风流，看儒冠济济，垂天赋就时科举后邑中预荐者四人。陶令从容官事了，把菊高吟闲昼。草鞠圜扉，香凝燕寝，豪饮挥金斗。公庭无事，珍祥休问驯兽鲁恭驯雉也。(《全宋词》第三册)

壬申(十四日)，礼部员外郎李焘论对，论科举等事。上曰："科举之文，不可用《老》、《庄》及佛语。若自修于山林，何害？傥入科场，必坏政事。"(《宋史全文》卷二五上)

二十七日，诏："兴化军仙游县布衣林彖赐进士出身，添差兴化军军学教授。"知泉州周葵言："彖行义修洁，凡六经、百氏之书，无所不读。杜门自守，不谋婚娶，不应科举。所居之乡，鄙恶之民，往往化为良善。顷加君命，固辞不起。乞检会故事，赐以先生处士之号。"同知枢密院事刘珙奏："祖宗自有典故，太上皇时，曾召臣乡人胡宪。两召不至，赐同进士出身，差本州教授。今若召之不来，故事可用也。"再召不起，遂有是命。(《宋会要·选举》三四之四五、四六)

是　秋

张孝祥《诗送荆州进士入都》：人才收楚产，宾荐谨《周官》。就日三吴近，披风七泽宽。解包珍贡入，瑑玉宝光寒。簇仗春旗里，看君策治安。(《于湖居士文集》卷九)

周必大《谢解启代十四年弟，乾道四年》：上践祚之七年，正切新田之采；诏求贤于三载，岂徒旧贯之仍！惟江右之多才，而庐陵为称首。既有司劳于考阅，故不肖得以叨尘。虽曰幸焉，亦云愧矣。窃为科举非以待英杰，而名卿以为仕进之阶；试程岂所为文章，而前辈或观公辅之器。自西汉以来，未能易此。虽仲舒之学，恒必由之。逮本朝博问以旁询，历诸老深思而熟讲。虽规模岁月，间有更革；而经术词章，要无等差。上以是求，下以是应。故糊名围棘非礼也，而不敢以为薄；裹饭担簦非高也，而不敢以为嫌。惟其举出于公心，是亦何伤于直道！譬之索马市骏骨，则千里之足来；如彼披沙得金矿，则百炼之精在。倘由此圣贤之相遇，则自然世道之交兴。如必厚之非才，岂斯文之敢议？徒以少失先人之绪训，莫承奕弃之清芬。仅尝屈首以受书，终愧强心而为智。雕虫可笑，况在他人；画虎不成，果为何物？虽已无心于利禄，顾惭有道之贱贫。方旅进八千人之中，仅逃曳白；俄同升于七十子之内，大类夺朱。既非出于素期，宜甚惭于公论。此盖伏遇其官，心潜圣哲，名震华戎。以孤忠亮节仪禁途；以崇论宏言侍帝谟。暂游绿野，行转洪钧。翰墨篇章，国人皆有所式；施为注措，天下想闻其风。既幸仰高，敢忘立懦。偶缀宾兴之末，率繄指授之余。某敢不思奋远图，更殚薄技！事惟求遂，于以少副明天子采择之公；归则有名，庶几不负乡先生作成之赐。（《全宋文》卷五〇九一）

十　月

七日，周必大《鹿鸣宴坐上次钱守韵戊子十月七日》：制举巍科世有贤，闻孙传业中兴年。贡才合益诸侯地，宠饯真开刺史天。有弟已容持布鼓，无能仍许罍栀鞭。太平故事西昆体，指日皇都万口传。（《全宋诗》卷二三二二）

周必大《回得解士人启》：皎皎白驹而在彼空谷，久闻乡誉之高；呦呦鸣鹿而示我周行，果预计偕之宠。一传榜帖，肆协舆言。恭惟解元先辈，学通众说之郛，文号诸儒之倡。惟其负势莫当之勇，是以收战必胜之功。闾里叹咨，亲交庆羡。冠名南省，继欧老之遗风；策第太常，合鹭洲之旧谶。士所望者，君其勉旃！某特枉长笺，仰钦厚眷。缀梁台之响，幸目击于俊游；传汉殿之胪，尚耳闻于吉语。（《全宋文》卷五〇七九）

十一月

陈天麟《重修建康贡院记》：古者，自京师至于乡邑皆有学，自秀士至于进士然后官使之。考王制之所载，士未始不出于学也。后世学校、科举之法并行，以学校养士而以科举取士。养之、取之，各异其所。群试州里，拔其尤者与计偕，又群试于春官。故自京师至于郡国，莫不有取士之所焉。士方集,有司设案,主司而下下堂,再拜焚香,肃士就位。则礼闱之设,虽近沿唐制,亦所以贵进士之科而不敢苟也,于古何戾哉！建业多士,异材辈出,曩有魁群儒、首异科而为名公卿者,项背相望也。故其后子弟益自勉,应三岁之诏者常数千百人。兵兴,百事卤莽,有司不暇治屋庐以待进士,始夺浮图黄冠之居而寓焉。郡凡几守,率置不问。或告之,则曰:“此非吾之所急也。”史侯自天官贰卿出镇之明年,诸生以是为请,而其故基为闾阎营舍者四十年矣。侯慨然念之,指地而易其居,捐金而偿其迁筑之费,取羡余之木,为屋百有十楹。适它郡潦伤,民流移江上,侯因募之,使食其力,不足则助以厢卒。经始于季夏,中休,竟事于中元。是岁,乾道四年也。面秦淮,接青溪,挹方山,气象雄秀。侯集宾客而落其成,揖诸生而告之,以进德修业之方荐绅,韦布之士作为歌诗以赞其善,且曰:“侯于吾建业之士至矣,愿求文以识其功。”侯因以属予,予为之言曰:“世之为吏,非通材不济也。欲兴利起废,无经画于事之先,则缩朒而不敢为。不然,则不恤财之匮、民之勤,而惟吾有司之事是集,是亦安取于吏也？侯,通儒也,于书无所不读,于天下之事无所不悉。故是举也,国人不及知而办于咄嗟之顷,其它拨烦济剧率称是。其与核实而浮名,饰外而遗中,本末首尾,衡决倒植。而兴学校,益庖廪,谓之崇儒。证辞于民,则曰:独奈何厉我勤是不急为者,其当戾何如也？于戏！侯亦贤矣哉。自兹,取巍科,登显仕,追迹耆旧,皆侯赐也。建业之士勉之！”侯名正志,字志道,丹阳人。十一月旦,左朝散郎、充敷文阁待制、知镇江军府事宣城陈天麟记,左承议郎、通判建康府事姑苏严焕书,左朝请郎、直显谟阁、权发遣江南东路计度转运副使公事浚仪赵彦端书额。(《景定建康志》卷三二《儒学志五·贡院》)

十二月

十八日,赐建宁府布衣魏掞之同进士出身,除太学录。以知福州王之望等言,掞之节行孤高,才识超迈,不求闻达,召对称旨,故有是命。(《宋会要·选举》九之一九、二〇)

(魏掞之)以布衣入见,极陈当世之务,大要劝上以修德业、正人心、养士气为恢复之本。上奖叹开纳，劳问移时。明日，遂有诏赐同进士出身，授左迪功郎、守太学录。乾道四年十有二月也。(《全宋文》卷五六七八朱熹《国录魏公墓志铭》)

是　年

四川类省试。诏："权成都府路转运判官郑丙监试，权利州路转运判官梁介考试，权成都府路提点刑狱公事张行成别试所监试，权发遣简州关耆孙别试所考试。"(《宋会要·选举》二〇之一九、二〇)

吴芾《余壬戌春校试进士，同事者五十五人。至戊子岁，因阅小录，所存者止四人，感而有作二首》：校试群才一日中，当时五十五人同。二十七年零落尽，只存我与二三公。

只存我与二三公，可叹人生瞬息中。纵使老来身未死，知能几度见春风？(《全宋诗》卷一九六五)

王之望《福唐解试告谕举子文》：福唐今年秋赋，投家状于有司者万有七千人。乡举之众，天下莫比，亦闽中昔日之所未有也，可谓盛哉！前榜自大魁而下，联科甲者五人，与胪唱者六七十人，国家于此邦人士诚无负矣。本州仰体朝廷之意，以科举为重事，开斥贡院，编排坐次，增添内外执事之人，种种如法，州郡于此邦举子亦不苟矣。诸君盍澡身砺行，思称宾兴！父兄戒其子弟，长老训其后生，朋友之间更相劝约，咸趋礼义，尽革嚣浮。毋怙众以作非，毋自轻而取侮，绝博塞之戏，息锥刀之争。出于里巷之间，必有矜持之色，众庶归重，儒服自尊。凡所观瞻，孰不起敬？士风如此，顾不美欤！或有不靖之徒，多士宜共疾之。岁律三更，科诏一下，贤材待时藏器，指日奋身，岂容猖狂，以致颠沛？且大开选举，精考艺能，乃功名富贵所由之途，非凶暴豪强兴争之地。正使捷如庆忌，勇若孟贲，何取于翰墨之场乎？一犯严科，即罹公法。与夫鹿鸣开宴，黄堂享劝驾之仪；豹变还乡，绿袂耀观光之宠者，荣华缪辱，乌可同日道哉！又阔步既腾，亨衢甚坦，稽古所获，奚止于斯？夫以万七千人群萃于此，其间琐碎，宁无短长？在于宽和，无事阔略。三日借路，岂责其全；一忿忘身，虽悔无及。将来引试，切忌搀先。题目出于有司，必待举人尽入，何须竞进，以冒隘途！虽少迁延，未淹晷刻，远于蹂践，方免忧危。宅心既宁，下笔熟洁。至如案设既定，尺寸有分，移徙乱行，扰动实众。我欲自便，人将谓何？呜呼！在丑不争，先圣之格言；畏威如疾，前贤之明戒。凡我应书之众，勿屑细故，以远大期。鸿鹄秋天一飞，万里安可量也！惟诸君勉之。故兹告谕，各请知悉。(《全宋文》卷四三五九)

乾道四年试贤良，唱名亦如进士唱名之制。(《南宋馆阁录》卷六)

乾道五年　己丑(1169)

正　月

九日,以吏部尚书兼侍读兼权翰林学士汪应辰知贡举,给事中兼侍读兼直学士院梁克家、右谏议大夫兼侍讲陈良祐同知贡举,合格奏名进士方恬以下三百九十人。(《宋会要·选举》一之一七)

秘书少监汪大猷、司农少卿胡襄、礼部员外郎李焘、兵部员外郎晁公溯、都官郎中陶去泰、金部员外郎芮辉、国子监丞陈禾、著作佐郎刘季裴参详,枢密院编修官施元之、秘书省校书郎杨兴宗、刘惇、国子监主簿卢傅霖、太学正钱俣、国子正薛凤、监左藏南库刘国瑞、临安府府学教授周祐、行在榷货务都茶场陈从古、左从政郎郑昺、太学正楼锷、左通直郎施知彰、新潼川府府学教授朱璩、左迪功郎陈善、御史台主簿宋敦书、诸王宫大小学教授胡镐、左从政郎张驹、左从事郎袁枢、监潭州南岳庙程宏图点检试卷。(《宋会要·选举》二〇之二〇)

十一日,臣僚言:"比年科场所取试文,遽不及前,论卑而气弱,浮虚稍稍复出。甚者,强掇禅语,充入经义。又非止脱形器之累,极渊妙之际,如晋人之谈《老》、《庄》也。相习相同,泛滥莫之所届。此岂为士人罪哉?荐绅先生则使然。伏愿深诏辅弼,明敕有司,自今试士,必取实学切于世用者。苟涉浮虚,及妄作禅语,虽甚华靡,并行黜落。庶几学者洗涤其心,尽力斯文,以称陛下总核之政。"从之。(《宋会要·选举》四之三九)

十二日,量试宗子彦辅、致夫、彦京等言:"昨该覃恩,量试不中,准指挥许再一试,以忧制未赴。窃见五州该恩士人,今已还试,乞许还赴量试施行。”礼部勘会:“更许附今举一试。后举再有仿此之人,下诸州军,无得保明申发,本部亦不受词。”从之。(《宋会要·选举》一八之二四)

十七日,礼部贡院言:“进士避亲,依条牒送别试院收试。如别试所牒还避亲孤经之人,许令止避所避之官,就贡院收试,互送别位,依公精加考校。其续到应有合避亲之人,与别试所发回孤经之人同经,即从本院一面却行牒送别试所收试施行。”从之。(《宋会要·职官》一三之一三)

二十六日,礼部贡院言:“引试有官锁应宗子七十三人,一名《春秋》,一名《诗》;无官应举宗子五十五人,一名《周礼》,一名《礼记》,一名《易》,各系孤经,欲依公精考。如文优合格,前期具真草卷缴尚书省取裁;即不合格,径从本院黜落。后更有无官取应孤经之人,乞依此施行。”从之。(《宋会要·选举》一八之二四)

二十九日,诏贡院并别试所:“依前举例,每十五人,四分纽取一名,零数各取一名。”(《宋会要·选举》四之三九)

三十日,礼部贡院言:“契勘‘隋’字,元系隋国名,隋文帝初封随公,后去其‘辵’以为代号。其‘隋’、‘随’两字,如系国名,即音义并同。景祐元年所修《集韵》,已曾收入,具注分明。《礼部韵略》合于‘随’字下注‘亦作隋’,旧失收载。缘未有许行压用之文。今所试举人多以‘隋’字压韵,未敢去取。欲望详酌,许令压用。”从之。(《宋会要·选举》四之三九、四〇)

淳熙中,王季海为相,奏起汪玉山为大宗伯知贡举,且以书速其来。玉山将就道,有一布衣之友,平生极相得,屡黜于礼部,心甚念之。乃以书约其胥会于富阳一萧寺。与之对榻,夜分密语之曰:“某此行,或者典贡举,当特相牢笼。省试程文《易》义冒子中,可用三古字,以此为验。”其人感喜。玉山既知举,搜易卷中,果有冒子内用三古字者,遂竟批上,置之前列。及拆号,乃非其友人也,私窃怪之。数日,友人来见,玉山怒责之曰:“此必足下轻名重利,售之他人,何相负乃如此!”友人指天誓日曰:“某以暴疾几死，不能就试，何敢漏泄于他人？"玉山终不释然。未几，以古字得者来谒，玉山因问之曰："老兄头场冒子中用三古字，何也？"其人泯默久之，对曰："兹事甚怪，先生既问，不敢不以实对。某之来就试也，假宿于富阳某寺中。与寺僧闲步庑下，见室中一棺，尘埃漫漶。僧曰：'此一官员女也，殡于此十年矣，杳无骨肉来问，又不敢自葬之。'因相与默然。是夕，梦一女子行庑下。谓某曰：'官人赴省试，妾有一语相告，此去头场冒子中可用三古字，必登高科。但幸勿相忘，使妾朽骨，早得入土。'既觉，甚怪之。遂用前言，果叨前列。近已往寺中葬其女矣。"玉山惊叹。此事冯此山可久为余言，虽近于语怪，然亦不可不传，足以袪人二蔽：一则，功名富贵，信有定分。有则鬼神相之，无则虽典贡举者欲相牢笼，至于场屋亦不能入，此岂人之智巧所能为乎？一则，人发一念，出一言，虽昏夜暗室，人所不知，而鬼神已知之矣。彼欲自欺于冥冥之中，而曰莫予云觏者，又惑之甚者也。（《鹤林玉露》丙编卷二。按：汪应辰惟是年知举。且，汪应辰淳熙三年卒，王淮淳熙八年相。罗大经所记有误，姑系于此。）

二　月

三日，诏："平江府念书童子吕仲堪、吕叔献并免文解一次。"仲堪九岁，诵《易》、《诗》、《书》、《二礼》、《论》、《孟》、御制赞记赋论二十一通；叔献八岁，诵《易》、《诗》、《书》、《二礼》、《论》、《孟》、《孝经》、《老子》、御制赞记、《春赋》二十通，送中书再试，而有是命。（《宋会要·选举》九之二九）

六日，诏："考校博学宏词，如更有文理优长，许通取二名。"八年同此制（《宋会要·选举》一二之一五）

十三日，礼部言："在法：诸举人，因子孙授官若进纳及摄官应免解，愿纳补授文书赴省试者，听。盖谓未有官作举人时请解，后因逐色补授官资，而欲用元得解年月免举，愿纳补授文书，方许赴省。昨有司不详法意，致赴省冒滥。今欲将未有官作举人时请解，后因逐色补官，理年举合该免解，方许纳补授文书免解。如因进纳逐色补官之后，赴运司试请解之人，不许纳补授文书免解。"从之。（《宋会要·选举》四之四〇）

二十五日，枢密院检详诸房文字林栗言：“窃见省试举人，考定字号闻奏，准敕差台官拆号放榜。武举绝伦，止委封弥官，轻重不等。欲乞自今武举省试，并依避亲举人考校字号，先具闻奏，并付拆号官下考试院考校。承前并以举人三场分送三房，各随一场最优处攒类编排。盖欲参取所长，兼防奸弊。近者被命考校，独武举程文，前后两场试卷并入一房，深虑非宜。遂令互考，理或可行。欲乞详酌。”从之。(《宋会要·选举》一七之三一)

二十八日，礼部言：“将来省试，举人投纳试卷，并令更纳草卷一幅，依式装界，以备誊录。”从之。其后礼部言：“四方举人，纸色参差，深恐未便。欲依旧下所属，增价买高厚连纸，务令如法。仍将纸样从本部印押，封送主司并誊录所。如不及元样，及誊录非善书人，并重科罚。”从之。(《宋会要·选举》四之四〇)

三　月

一日，密州归正过省进士徐济川进状：“系京东密州人，陷于伪境。因魏胜先复海州，臣同父好古纠集密州乡人数户，赤心归朝。臣陷虏日，应进士科，取到文解三次，后来过省殿试下。伏见青州郑谟系三举到省、一般过省殿试下归正人，已补惠州文学。臣累状陈乞，蒙批下礼部，本部更不照臣先状，便作一举到省，至今不蒙改正。”诏：“特补下州文学。”(《宋会要·职官》六二之一〇)

六日，诏：“应贤良方正能直言极谏科眉州布衣李垕，词业令缴进。”用翰林学士汪应辰之荐也。(《宋会要·选举》一一之二八)

七日，诏：“四川止奏名进士李延上、冯直臣、文伯振，权赴殿试。候毕日，各令陈乞，改正户贯施行。”延上等各用西北户贯，有司引绍兴二十六年并东南户贯指挥，谓不应法。试日既迫，以其状闻，而有是命。仍下逐路漕司，将似此西北之人改正。(《宋会要·选举》八之四四)

七日，礼部言：“量试宗子经隔两举止有八人，即无黜落，第一名难依前旨补承节郎。欲将今举合格公俣、伯逵、伯康、升之、彦辅、致夫、师邈、彦楫八人，并补承信郎。"从之。(《宋会要·选举》一八之二四)

八日，上御集英殿，试礼部奏名、特奏名进士。内出制策曰："盖闻虞舜无为而天下治，周文王则日昃不遑暇食。汉文帝宽厚长者，务以德化民；而宣帝则严综核之政，以法绳下。此四君者，为道不同，同归于治。然则劳逸宽猛之宜，亦各因其世耶？朕以菲薄，获承丕绪，循尧之道，兢业万机，罔敢逸豫。亦惟治古帝王，是训是式，八年于此矣。而德有所未至，信有所未孚，阙政尚多，虚文尚胜。敦朴以示化，而逾制者尚繁；钦恤以祥刑，而抵法者尚众；严入仕之途，而铨曹犹未清；察长民之官，而循吏犹未著。至于士风之未厚，民俗之未淳，广储蓄而食未丰，蠲赋租而人未裕。有劝农之官，而田不加辟；任观风之使，而民或告冤；侧席幽人，而贤才尚遗；伏轼勇士，而猛将犹阙。屯田积谷，或以为兵不如农；择帅安边，或以为文不如武。救弊之术，时措之宜，子大夫之所讲闻也。其悉心以对，毋枉执事，朕将亲览焉。"得正奏名郑侨以下三百九十一人，第为五等，赐进士及第、出身、同出身。特奏名刘鼎以下二百九十一人，赐同进士出身、同学究出身，登仕郎、将仕郎、上下州文学、诸州助教。同日，试武举进士。内出制策曰："昔唐太宗与其臣李靖讲论兵法，至终篇，发最深之问，靖则等而三之：一曰道，谓神武不杀也；二曰天地，谓天时地利也；三曰将法，谓任人利器也。太宗亦以不战而屈人兵为上，百战百胜为中，深池高垒为下。要使学者由下以及中，由中以及上。其言是矣！然任人利器，深池高垒，此在我者，固可以自善其术。至若不杀之武，不战之功，虽我之本心，然有不可得而自必者。我欲待之以诚信，彼且复我以诈谋；我欲怀之以德义，彼且应我以强暴。若之何其使学者习而进于上乎？太宗身百战，以平祸乱；李靖穷兵沙碛，每出于中下之举。终莫能践其上者，岂亦言之易而行之难乎？抑自治之策，伐谋之兵，精神之折冲，道德之安疆，亦有说乎？子大夫儒而谈兵者也，其悉以法之最深者，为朕条陈之，毋略。"得正奏名赵鼒以下二十九人。鼒补保义郎，余悉补承节郎。特奏名郑砺进武校尉，吴嘉宾进义校尉，减磨勘年有差。(《宋会要·选举》八之一二、一三)

刘光祖《乾道对策》:臣闻帝王之治,守约而不求详,任道而不役智,广览兼听而未尝自用。夫自用则多失,兼听则多得;役智愈精,则违道愈远;而求详太过,则天下之事日繁。故曰:“端其本,万事理。”此古今治道之要务也。臣窃惟皇帝陛下,即大位以来将八年于兹,宵衣旰食,求所以补弊兴滞者,无所不用其至矣。而行之愈勤,邈然望治效而未之见。今者策臣等于廷,意欲闻切直笃实之言,以药当世之病。虽臣昧陋,岂敢诵圣德而忘苦言,以负陛下明诏哉!且陛下之所谓十数条者,臣已详闻之矣。上之论古帝王因时为治之不同,次之论当今弊政之不一。而所施之先务,将求所以美教化,省刑罚,清官曹,察循吏,厚士风,变民俗,广储以足食,蠲赋以裕人,劝农桑以辟田畴,任使者以求民瘼。至于旁搜遗逸、阴察武勇、屯田积谷、择帅安边之事,凡若此类,杂然靡所不思。陛下之用心可谓勤且劳矣,陛下之为政可谓精且核矣。然而七八年之间,勤劳而不倦,总核而不置者,凡皆为此。而是十数者之中,未有一二效焉,何哉?则以陛下未得其本故也。且陛下睿察太精,宸断太严,求治太速,喜功太甚,夫是以勤劳而无益,总核而无补。臣非敢空言也,臣意陛下之诸臣发言盈庭,目前之计易入,而久远之计难效;督责之论似切,宽大之言似迂;机智之谋似辨,老成之谋似拙。如是,则圣听之所向,在彼而不在此矣。凡臣之所欲言者,与陛下之所欲行者异,陛下得无谓臣言为书生不急之常谈而忽弃之?虚心以察焉,则臣之狂言不为虚语也。臣窃见比年以来,天变见于上,民心摇于下。饥馑连年,盗贼须时而起,风俗薄恶,纪纲陵夷,夫此岂细事也?陛下试反复思之,今将革弊而弊愈甚,将治法而法益失者,其咎安在?而左右之臣方且为兵刑财利之说、奋发果敢之论,以此迎合主意,曰如此而可以大有为于时。此岂不大失也哉!故臣愿陛下操其本,治其要,用人而不自用,然后向之所问十数条者,可得而举也。臣不胜区区,谨昧死上愚对。

臣伏读《圣策》曰:“盖闻虞舜无为而天下治,周文王则日昃不遑暇食。汉文宽厚长者,务以德化民;而宣帝则严总核之政,以法绳下。此四君者,为道不同,同归于治。然则劳逸宽猛之宜,亦各因其世耶?朕以菲薄,获承丕绪。循尧之道,兢业万机,罔敢逸豫,亦惟法古帝王是训是式。八年于此矣,而德有所未至,信有所未孚,阙政尚多,虚文尚胜”者。臣有以见陛下思古之治，酌今之宜，盖将师文王之忧勤，法宣帝之总核，以此举当今之阙政，而扫末世之虚文也。臣知之矣，而窃有说焉。臣尝谓舜、文王劳逸之迹虽殊，至其以道自任、以事任人者，盖同辙而趋也。汉文、宣致治之迹虽近，至其宽猛之分，使德胜而汉泽厚，法胜而汉泽衰者，是未可同日而语也。臣请为陛下陈之。臣尝读《书》，考虞舜之所以无为而治者，盖当是时，遵尧之道，未尝以一毫私智加其间。凡天下之事，悉举而任之九官，曰："禹，汝平水土。"曰："后稷，汝播百谷。"曰："契，汝敷五教，在宽。"曰："夔，汝典乐，教胄子。"曰："皋陶，汝明刑。"以至垂之工，益之虞，龙之出纳，皆信之笃、任之专。三载而考绩，三考而黜陟其人。舜之所以无为而治者，盖得任人之道故也。至于文王，岂不然哉？文王之所以忧勤，日且昃而犹不暇食者，方是时，纣之虐政迫民于水火之中，文王视民如伤，望道而未之见。夫是以谨身修政，而至于忧勤焉。然而文王之政则有在矣，勤于大，不勤于细；以道为本，以事为末也。文王之时，所谓"予曰有疏附，予曰有先后，予曰有奔走，予曰有御侮"者，盖文王惟知择人而任之，而已不与焉。盖周公教成王曰："文王罔攸兼于庶言、庶狱、庶慎，惟有司之牧夫是训用违，庶狱庶慎，文王罔敢知于兹。"夫一国之事亦非轻矣，而文王既委之人，则不敢兼且知焉。诚以为任之不专，则责治之无所也。是舜、文王一道也。今陛下独知师文王之忧勤，而不能任人以为治。臣之所以妄意陛下不能任人以为治者，臣以为天子之职，莫大于任相。今陛下置相，而独取夫奉职守法、顺旨而易制者充焉。凡今宰相之事，不过奉行文书条理而已矣。一政事无不从中治也，一听断无不己出也。陛下好自用，而使宰相循循而入，唯唯而退，臣不知陛下亦安赖是为哉？且君犹元首，臣犹股肱也。陛下弃股肱而运动，废耳目而视听，臣恐宰相权轻，则近习得以乘间而议政，此大不可也。东汉之事可鉴矣。光武惩王氏窃国之祸，矫枉过正，虽寇、邓、耿、贾之贤，而犹不大任之，以吏事责三公。不十余年之间，而易置者凡十数，折辱如奴隶，来去如传舍，子孙承之，终东汉之世，卒以宰相之权轻，而其天下抟弄于后戚、宦寺之手，可哀也已！今日之事，陛下当用老成忠直、识虑过人者，礼而任之，勿问勿疑，而使得专意于当今之大计，则舜、文之治，陛下得之矣。自古及今，未有不任宰相而能为治，陛下之所宜察也。若夫汉文以德化人，汉宣以法绳下，是二君者，臣不敢以宣帝望陛下也。臣读史，观文帝之治，温然有三代之风。劝力田，而务农者众；除肉刑，而犯法者寡；惇孝弟，而尺布斗粟之谣可以见民德之归厚；省力役，而红腐贯朽之积可以知治效之必至；听张释之，不用啬夫之辩口，而秦亟疾苛察之风为之衰息；与匈奴俱弃细故，偕之大道，而疮痍之民得以休养。凡此之务，皆孟子言于战国不见信用者，而文帝乃能行之。文帝之治纯于德，故能基四百年之业，则其所以结民者至矣。若夫宣帝之中兴，其一时之政非不美也，然而其役智也察，其用法也深，信赏必罚之间，中和之意亡矣。盖宽饶以忠直见杀，而王成以欺伪见褒。当是时，有识之士察微而知著者，咸谓德不足而法有余，汉之业未有不暂兴而亟衰者也。王吉、路温舒皆长者之言，而谓为迂阔，不见听用。自今观之，衰汉之业者，岂不自神爵、五凤之间诛名责实之过哉？陛下徒察其励精总核之迹，以为算计见效，优于孝文，此群臣之说误陛下也。臣窃观今日之治，谓之责实，而失实莫大焉。凡天子欲有为，则群臣以有为之说进；陛下喜辩给，故朴忠者退，而机巧者自饰于其间；陛下好才智，故沉厚有谋者或不见察，而轻矫自售者得逞于其内；陛下重武夫，而儒者为迂阔之具；陛下思法吏，而忠厚之人蒙不职之罚。凡此皆宣帝之失也，而陛下又无魏相、丙吉之徒为之佐，臣恐有其失无其治也。臣非不知陛下之意，盖将举弊政而更新之。然臣窃惟当今事势，虽有缓病，而不可绳之以急政；虽若无法，而不可一之于用法。以急政救缓病，以用法救无法，臣恐今日之治，行之不得其中，则衰乱继之。故天下，大器也。器久不用，则蠹空其中。然而举败器而急持之，则破坏分裂，不可复为全器矣。病之深者，非一夕可攻而复，今者百药皆试矣。怒其不为功，而以毒攻之，使异时良医措手之无所，此甚可思而动也。故臣愿陛下廓然立乎广大之域，坦然行乎仁义之途，勿邀近功，勿喜小利，急当今之所缓，缓当今之所急，则宣帝之治，陛下当自过之。奈何欲效杂霸之主乎！臣之所论劳逸宽猛之说如此，陛下勿徒谓各因其时而已也。陛下自以为德有所未至，信有所未孚，此诚未至且未孚也。陛下承大统以来，求古帝王之治而训式之。然师文王之忧勤，而不师其任人；喜宣帝之总核，而不察其杂霸，则德何以至？信何以孚欤？数年之间行之，不为不力，而阙政尚多，虚文尚胜，则是陛下之已行者未得其道。盍亦反其本而已矣！此大事也，故臣反复详言之如此。

臣伏读《圣策》曰："敦朴以示化，而逾制者尚繁；钦恤以祥刑，而抵法者尚众。"臣有以见陛下欲美教化、省刑罚之意甚切也。臣闻民无有不可化，而患化之之道未至；刑无有不可措，而患措之之心未切。汉之文帝闵秦俗之奢丽无法也，躬为俭约以先之，衣弋绨之衣，惜露台之费。帝王举动敦朴如此，而当时之民犹且富人大贾而帝服、倡优下贱而后饰者，往往有之。文帝不以罪民也，而愈自黜降，期于必化。卒之革秦之俗为汉之俗者，文帝敦朴之功也。今陛下俭约之德，虽远方夷狄皆知之。然而后宫妃嫔以华靡相尚者有矣，岂能皆衣不曳地，如汉夫人乎？执政侍臣以声色自奉者有矣，岂能皆清俭自守，如唐杨绾乎？刑之于家，然后可以化之于国；为之于近，然后可以效之于远。然则，敦朴之化，臣愿陛下力行之而已矣。唐之太宗见隋乱之初定也，用魏征之言，勉行仁义，贞观之末，岁断死罪二十九人，几至刑措。太宗勉强以行仁义，犹足以收刑措之功。向使信封伦之说，一切以鬼蜮待其民，法令密于猬毛，诛罚甚于汤火，则刑者相望，犯者相继，虽有百皋陶，无益于愚民之陷溺而抵死也。今陛下钦恤之诏虽曰屡下，而诚心不加焉。俗吏不知爱护赤子，而以斩罚煅炼为治，用法酷急，循文刻深，赂贿公行，而无辜蒙戮，至于穷极根株、网罗罣误者尚多有之。而陛下又躬行督责之政，奖用武健之吏，以此示之，臣谓刑人之众无怪也。然则，钦恤之意，臣愿陛下允蹈之而已矣。

臣伏读《圣策》曰："严入仕之途，而铨曹犹未清；察长民之官，而循吏犹未著。"臣有以见陛下欲清冗官、用循吏之意甚至也。臣闻古之立法者，禁其一必开其一；古之责吏者，责其实必略其文。唐陆贽劝德宗爱惜名器，虽虚爵不以妄予，可谓严矣。至其论考课之法，则曰核才取吏，有三术焉：一曰拔擢以旌其异能，二曰黜罢以纠其失职，三曰序进以谨其守常。如此，则高课者骤升，无庸者亟退。其余绩非出类，守不败官，则循以常资，约以定限。贽于法度之外，所建如此，则清吏道之源也。今日严铨试之法，重任子之举，申实历之禁，革岳祠之幸，行之以渐，议者自息。然臣独于限员改秩之事，必谓不可，此贤愚同滞之弊也。当今行陆贽之三术，然后功过白而黜陟明，吏道之不清非所患矣。故臣曰禁其一必开其一者，此也。汉龚遂为渤海太守，请于帝曰："勿拘臣以微文，臣请得以便宜治。"故遂之政，非俗吏之所能为。今也令顾守，守顾监，使上下相承，虚文自营,期于免过。盖目之外有不见,足之外有不履也。簿书期会之间,一不报,则大吏谴至,尚何暇为古循吏之事乎?陛下惠恤元元,精择守令,不可谓不加意也。臣谓宜于召对之时,察其人忠实可用,则许之以凡爱利之政得自为之。如此,则循吏之效当不愧于两汉矣。故臣曰责其实必略其文者,此也。

臣伏读《圣策》,叹士风之未厚,悼民俗之未淳,臣独至此而有激焉。曰:此陛下事也。士风之所以未厚者,是陛下轻之故也;民俗之所以未淳者,是陛下忽之故也。夫以士风之未厚为陛下轻之者,臣闻鲁甘齐饵而孔子行,秦任惠文而四皓隐,汉杀三良而二疏去。何则?此三君者,意不在士也。然孔子行而鲁弱,四皓隐而秦亡,二疏去而汉亦衰矣。盖士重则国重,士轻则国轻。自古人君轻士,则士散而之田亩,遁而伏山林,非其时也,深藏而不仕。至于浮薄轻伪之徒、贪冒嗜利而无耻者,然后陷爵禄而不知出,触刑辟而不知悔,此士风之所以丧。上之所以待士者益薄,士之所以自待者益不重而轻,臣不意乃于今而见此也。近时士人知有爵禄,不知有礼义,岂惟陛下贱之,虽臣亦贱之也。然陛下过矣。臣闻之陛下尝谓取人不必由此,至以科举为可废,学官为可罢。臣不觉中夜叹息,自愤近世士风之不立,至令人主有厌薄吾徒之意,则吾徒之罪也。然驽马之不进而因欲废车,粃粟之不良而因欲废食,虽陛下亦知无是理矣。胎卵之不杀,则麟凤来集;鱼鳖之各遂,则龟龙来游。陛下勿谓书生为无用赘疣之物。汲汲然求所以长育成就,洗濯磨淬之,严学官之选,重科举之意,则士无贤不肖皆知感激奋迅,求所以报上,而真材实能出矣。夫以民俗之未淳为陛下忽之者,臣闻汤武兴而民好善,幽厉兴而民好暴。故太公好仁,邠国归市。上之所示,下之所趋也。《书》曰:"敝化奢丽,万世同流。"商民之化如此,而周之君臣必欲使之有士君子之行如周民焉,然则风俗教化,古帝王之先务也。今也,士大夫不知有节义廉耻,小民不知有孝慈悌顺,见利则趋,见便则夺矣。刺绣文不如倚市门,伏农亩不如持兵杖,习之久则居之也安,风俗如此,可不大哀而救之耶?陛下朝夕与大臣图议者,皆目前之事之为急。所谓民俗者,古之君子于此察焉,以观兴亡,以考得失,而今也恬不加省。如今之俗,荡而不反,则臣将见鄙暴胜而贼民兴,天下一日有急,不知所恃矣。陛下宜先励士大夫之节,举清远之人,黜贪鄙之士,然后小民可得而济矣。

臣伏读《圣策》，至有所谓"广储蓄而食未丰，蠲租赋而人未裕"。臣以为储蓄虽广而非诚广，租赋虽蠲而非诚蠲，何也？臣闻古者无九年之蓄曰不足，无六年之蓄曰急，无三年之蓄曰国非其国矣。方是时，公私共之。《周官》大司徒之职，掌乡里之委积以待凶荒，掌县鄙之委积以恤艰厄。后世王制既衰，杂以权术。故魏用平籴之法，汉置常平之仓，社仓起于隋，义仓兴于唐，其实皆一也，所以制低昂而权敛散，以利民也。而今也，虽有常平、义仓之名而无其实。储蓄之数，虚挂簿书，移用者十三，侵盗者十五。故旱荒岁饥，则饿殍之民填委沟壑。故臣谓储蓄虽广而非诚广。此在陛下申戒有司，专以惠民为急，勿徒曰应法而已，则善矣。古者取民有制，故民力常宽。汉之时，盖兵戈之余，故时有所赉予。赐民田租半，赐三老孝悌力田帛人若干匹，岁时有餔，鳏寡有养，此犹有近古之风也。而当是时，实惠及民，民拜汉之德不忘。近者陛下加意黎元，去远方虚额之数，放四道夏租之半。陛下于急迫之时而行宽大之政，此人主之用心也。然而陛下虽有蠲利之名，而讲利之臣未去；虽有惠民之意，而扰民之吏犹在。臣恐实利未必及民，如汉文景之时也。故臣谓租赋虽蠲而非诚蠲。此在陛下逐去聚敛之臣，示天下以爱民之意，则常赋之外不至他敛，民将有息肩之所矣。

臣伏读《圣策》曰："有劝农之官，而田不加辟；任观风之使，而民或告冤。"此又陛下重民本、求民瘼之言也。臣观方今虚名之事非一，而守令之劝农为甚；旷职之吏非一，而监司之廉察为最。自古劝课农桑，积以岁月，使斯民菽粟如水火者，三代而下未有若汉文帝之时也。当是时，力田有官，一岁而诏数下，诚意如此，不为虚文也。今日守令以劝农为职，而大抵皆困于钱谷狱讼之间。田莱荒而吏不知，游手末作之人多而官不禁。方春农时，太守率吏民饮近郊，应故事，事已则退，非真能下问父老、劝勉子弟、察视原野、忧勤水旱、夙夜究心于其间，切于其身也。臣谓今宜严守令劝农之课，视其殿最而黜陟之，亦在陛下加之意而已矣。自古遣使郡国以助耳目，然适足以病民而无益者，汉武帝末年是也。当是时，绣衣直指之出，以督捕盗贼为名，恣为威暴，郡邑苦之。今朝廷遣观风之使，其意将以求民疾苦而除去之也，吏有害于民得以按奏。而今之监司，大抵率无数人称职。私意胜则察举有所不公,宽猛失当则民情有所不适。今天下凡几道,监司不过十数人。此宜使宰相精择其能,不以轻授。陛辞之日,陛下又丁宁而训敕之。陛下视天下如一身,手足疾痛则腹心不期而自救。如此为治,虽幽遐之民,皆获所欲,如在辇毂之下矣。

臣伏读《圣策》曰:“侧席幽人而贤才尚遗,伏轼勇士而猛将犹阙。”臣于此窃有疑焉,而不敢不为陛下陈之也。臣观自三代之衰,世之君子安其富贵,而不复思天下有遗佚不举之民。汉唐以来,则皆徇其名而实未尝行其道。间者,陛下诏郡国,举山林之遗才,时亦有应诏而出者,陛下辄官之。臣不知陛下举其人,将行其道耶?抑不知陛下姑采其虚誉,而姑与之虚名而已耶?臣之来,闻之道路,谓陛下外优儒生,而心实轻之。如此,则陛下之所谓侧席幽人者,臣未敢以为诚然也。孔子曰:“先进于礼乐,野人也。”今陛下春秋鼎盛,方锐意求治之时,群臣之间,正乏所谓野人者。以正言直道立乎其中,不忌不疑,是非毁誉不能摇,利害重轻不能夺,如此,则凡为陛下立大事、断大议者,必此人也。今陛下左右讲读之臣,率皆以阿世取媚者为之,养成陛下,至使陛下例以为儒生之说好守古以非今,好言人主之过以自是,其学空虚无用、迂阔难从。夫是以意常轻之,此何幽人之可致乎?陛下必先信其道,尊礼其人,然后如臣所谓能为陛下立大事、断大议者出焉,非若世之所谓白首穷经、槁死无用之人而足也。臣又观今之将帅不若昔之将帅,今之士卒行伍不若昔之士卒行伍,此陛下之所忧也。然而陛下伏轼临观之际,将自察之,臣窃以为未也。本朝得狄青于行伍之间,岂独取其武力而已哉!陛下愤大辱之未雪,慨然有清中原之心,而目中诸将不足为用。平时寇盗窃发且不能御,而况此大功欤?陛下何不忍之岁月,待其可为然后动?而臣窃闻之陛下亲擐甲胄,躬试球马,虽有谏者,每拒而不纳。臣知陛下之意非溺乎此也,盖将以有为也。然就使一旦有警,陛下岂将亲统六师以督战乎?夫人主自将,危道也。陛下盍不念太上皇帝险阻艰难之备尝也哉!臣恐介胄球马之事,不足以示武于敌人,适足以贻笑于黠虏。陛下无谓伏轼既久,猛将未出,而轻为此举也。陛下有知人之佐,将为陛下举得其人,未有不能为用者也。若夫屯田积谷,或谓兵不如农;择帅安边,或谓文不如武,此议者过也。使屯田积谷,能如赵充国之于西边,诸葛孔明之于渭上,曹操之于许,羊祜、杜预之于荆襄、两淮之间,则何有乎兵不如农!使择帅安边,能如韩琦之于河北,范仲淹之于陕西,威德并行,夷虏震惧,则何有乎文不如武!臣之所虑者,独在屯田无一定之策,而轻试迎合之言;择帅非可用之人,而徒取轻言之士。如此,恐误陛下事也。

陛下之所问十四条者,臣悉已陈于前矣。而终策之曰:"救弊之术、时措之宜,子大夫之所讲闻也。其悉心以对,毋枉执事,朕将亲览焉。"夫救弊之术、时措之宜,前所陈盖具之矣,而臣之拳拳思所以悉心而对者,不过愿陛下操本而治,清心而应,勿急近功,以害大事,如斯而已矣。盖以陛下智出庶物,有轻待人臣之心;才兼众人,有独驭天下之意。先事而察,未审而断,欲为之志嚣然而不宁。于是,有求详之过,有役智之病,有自用之失,故勤劳总核之效不见于十四事者之中。况使陛下居晦以用明,处静以制动,分职而任之人,择人而付之职,有功则加赏,有罪则加罚,其道岂不甚约而易行也哉?以陛下英明之主,而七八年之间未有所立者,是陛下即位之初,小人以邪学导诱陛下,劝陛下揽威权以自用,此其所以为失也。夫古之立威权者,诚亦有说。方时之弊,或在于女后与政,或在于强臣专国,或在于宦寺窃权,或在于藩镇方命,使太阿之柄倒授,堂陛之势逆置。盖名分僭差、国威潜削之后,于是乎人君乃总权以立天下之大分,汉唐中兴之君是也。方时之病,上下姑息,风俗苟且,解纵绳墨,人自为意。狃恩而不知义,稍疏其恩则生怨;纵欲而不知法,稍节其欲则思叛。盖纪纲陵坏、风采消委之余,于是乎人君乃立威以变易天下之耳目,我艺祖皇帝之创业是也。然威权用于一时,而德泽垂于万世,盖古之帝王唯恐一失人心,则虽有威权,无所用之。今陛下独惩近世委靡颓堕之弊,思有以振作之,而小人遂劝陛下以独断自用,此岂为治之祥也哉!臣愿陛下择忠朴正直之人而委任之,察左右近习之奸而逐去之,虚心以接物,和颜以听谏,布德泽以结民心,优儒礼以长人才。谨边备,勿轻用兵;省国费,勿多取财。毋以小谋败大作,毋以嬖人疾庄士。如此,岂惟可以小康,乃大有为之基也。臣之所谓本者,此也。诗云:"迨天之未阴雨,彻彼桑土,绸缪牖户。"今牖户虚矣,幸陛下留意。臣愚不识忌讳,言涉狂蠢,惟陛下幸赦!臣谨对。(《全宋文》卷六三一三)

十一日，上御幄殿，引呈武举人射。(《宋会要·选举》八之四四)

十三日，诏："正奏名进士该赴乾道二年殿试，因事故不曾赴殿试人，令还试唱名。如在第五甲，与免铨试。"(《宋会要·选举》二六之五)

丙子(二十日)，赐礼部进士郑侨以下三百九十有二人及第、出身。(《宋史》卷三四)

二十一日，上御集英殿唱名，取应宗子善宽以下三人特补保义郎，彦侃以下三十五人并特补承节郎。(《宋会要·选举》一八之二四)

二十七日，诏："监司、帅臣、管军、侍从，于见任、待阙寄居武举人内荐，岁具有无文状以闻，诸州军监守臣仿之。"(《宋会要·选举》一七之三一)

乾道五年廷试，始依文举给黄牒，同正奏名三十三人，榜首赐武举及第，余并赐武举出身。(《文献通考》卷三四)

二十九日，御试主管文字使臣刘伯适言："今月二十日、二十一日两日，不赴唱名举人正奏名第二甲第二十人杨子方等计六人，并为患不赴。"诏令尚书省："将子方等六人敕降付礼部，候逐人痊安，各召保官二员，当官给付。"(《宋会要·选举》八之四四)

进士名录：郑侨，石起宗，汪义端，丁南强，丁朝佐，王五恭，王由，王仲强，王希吕，王炎，王待问，王时叙，王时会，王执中，王基，王欣，王深仁，王葵，王极，王遇，王诚之，王瑶，王迈，王蔺，王铸，王观国，毛崇，毛璞，公谟，勾龙京，勾龙复，文日新，文伯振，文炎，方元功，方括，方恬，方炳，方烜，方烝，方懋烈，申屠寅，史俞，史弥大，白选，吕洙，吕容，朱逮，朱绂，朱景文，朱谔，江璆，江默，汝修，杜申，李大理，李卞，李廷光，李延上，李宗元，李宗允，李拱，李修已，李复老，李澈，李缨，吴三省，吴中，吴津，吴师礼，吴纯臣，吴达善，吴箕，吴荣，吴汉英，吴灵，吴骧，何淇，何植，余宋兴，辛机，汪泳，汪洪，汪径，汪义荣，汪熙，汪胶，沈成章，沈焕，沈迁，沈镗，沈继祖，沈鉴，宋京，邵自明，范仲艺，范盍卿，林之懿，林子辉，林可行，林丙，林廷瑞，林汝能，林叔秀，林昂，林奎，林振，林琰，林万，林棣，林裒，林豫，林璞，岳牧，周东，周明仲，周枞，周熺，孟必先，孟浩，柯肱，韦楫，施康年，施迈，姜大中，姜廓，洪杞(误)，洪格，胥挺，马玚，袁章，莫子春，莫漳，柴厚义，徐之屏，徐长卿，徐辉，徐总，翁子翀，高岑，高南寿，高鼎，高融，郭昭子，郭峣，唐虞卿，陆九龄，陆洙，陆峻，陈九德，陈山甫，陈元实，陈安民，陈孝锡，陈茂英，陈来仪，陈俟，陈祖仁，陈刚，陈师孟，陈泾，陈球，陈尧佐，陈斯光，陈嘉运，陈枢材，陈震之，陈朴，陈骏，陈浚，陈炉，孙回，孙鼎，黄光宗，黄宙，黄则，黄俣，黄时亨，黄师尹，黄揆，黄景说，黄楫，黄裳，黄訚，黄缣，黄鲤，黄黼，黄钟，常浚孙，许巽，章元崇，商刚中，梁光，梁叔栝，张伯宗，张伯温，张注，张持，张烜，张符，张贵谟，张循然，张震，张震，张穆，张岩，张观，彭扶，彭龟年，叶昉，叶鼎，叶诞，葛逢时，葛兴宗，董恪，景吉祥，舒光，舒振，童谓，曾三复，曾同，曾秘，曾晞，曾概，曾丰，冯直臣，冯图南，汤岩起，汤麟，杨子方，杨世方，杨叔元，杨晦之，杨焕，杨楷之，杨应，杨简，杨观，贾光祖，雷孝友，虞大中，詹洙，詹渊，赵辰，赵伯逊，赵希鄜，赵希济，赵定祥，赵彦中，赵彦琇，赵彦鼎，赵彦为，赵彦辅，赵彦棣，赵师丞，赵师彤，赵师沔，赵师宣，赵善周，赵善登，赵善宽，赵善泽，赵善誉，赵善缥，赵驯，蒋鹗，蔡易，蔡温舒，蔡汉杰，臧度，臧衡，廖俣，廖德明，郑三贤，郑公敏，郑申之，郑钧，郑钧，郑舜卿，熊可量，邓远举，鲁璠，刘子政，刘介然，刘光祖，刘炜，刘兴祖，刘怀英，卢南金，钱大寿，钱之望，钱仁，钱文，戴樟，钟十万，钟元鼎，鲜于造，谢雩，濯庾，缪仲虎，颜敏德，颜应时，苏十能，严汝砺，罗植，罗维翰，罗维藩，谭希元，谭景，顾冲，顾炳，龚嶒，龚舆。

特奏名进士：刘鼎，上官泰亨，方纬，方襄，吴大年，吴端甫，林光，林充，林希文，胡昌龄，郑晋卿，徐大中，陈才邵，陈光宣，陈夏卿，陈旃，陈梦兆，陈义，陈擢，陈愿，陈袭，陈显，黄作，黄彬，黄涛，许邦弼，章世安，张梦祐，冯诚之，游伯绚，赵从善，蔡天锡，蔡如松，郑畋，郑端忠，欧阳寅卿，刘季山，刘玮，刘庆祖，潘孜，潘预，卢大猷，钱允弼，钟克绎。(《宋登科记考》卷一〇)

补进士名录:其一,赵善与。《楼钥集》卷一〇八《赵公墓志铭》:“乾道五年试礼部,俱为第一,登进士第。……仲弟善与同登科。”

其二,王卿月。《宋登科记考》卷一〇载其乾道二年武举登第,五年再登文科进士第。

其三,彭元忠。《全宋诗》卷二六〇八曾丰《中都寄广东提干彭元忠》:“同年同郡更同官。”

其四,赵善琏。《宋登科记考·附录》:“赵善涟,字清卿。开封府浚仪县人。南宋登进士第。”《夷坚志》丁卷一四:“赵善琏……遂以乾道五年登第。”两者或为同一人,待考。

辨正:洪杞,隆兴元年进士乙科。详说见前。

永福古有谶语曰:“天保石移,瑞云来奇;龙爪花红,状元西东。”乾道间,福清天保瑞云寺后石崖,横山而行,啮地成蹊。既而永邑东乡石壁溪岩,松上产龙爪瑞花。其年萧公国梁,果魁天下。次举黄公定,胪唱第一。盖瑞花生处,西之于萧,东之于黄,各三十五里,此“状元西东”之应也。又次举郑公侨,廷试复先多士。邑宰作诗云:“狮峰、龟岭与龙屿,三处家山一壮哉。相去未逾一百里,七年三度状元来。”盖萧公狮峰,郑公龟岭,黄公龙屿也。(《游宦纪闻》卷四)

邵武人张汪,绍兴丁卯秋试,梦人以箸插于髻,曰:“子欲高荐,当如此乃可。”既寤,熟思之,曰:“吾名汪,若首加点则为注。”乃更名注。是年,果荐送。将试春官,又梦绿衣小儿自褓中曳其衣,曰:“勿遽往,可待我也。”既而,不利。至乾道己丑,始以免举再行。而同里丁朝佐,亦预计偕,二人同登科。朝佐正生于丁卯,始悟前梦。戏谓丁曰:“为尔小子,迟我二十一年。”相与大笑而已。(《夷坚志》丁卷二)

莆田郑侨惠叔,乾道己丑春省试中选。未廷对,梦空中一梯,云气围绕。窃自念曰:“世所谓云梯者,兹其是欤?”俄身至云梯侧,遂登之。及高层仰望,则有大石苍然如镜面。正惧压己,忽冉冉升腾,立于石上。惊觉自喜,但不晓登石之义。既而,为天下第一,其次曰温陵石起宗。先是,考官用分数编排,石君当居上,临唱名始易之云。

泉州南安县学前,有溪名黄龙。乾道四年,邑令天台鹿何趋府归,过学门,闻路人喧呼。轿卒皆驻足惊顾,怪问之,曰:“黄龙溪上龙见。”鹿停车熟视,波澜汹涌中,一物高数丈,崭然头角,出没其间。须臾,雷声大震,烟雾蔽蒙,腾空而上,人多有见其尾者。鹿为之骇愕,知此地必有嘉祥,因赋诗勉诸生,得句云:“鸡渡已符当日谶,龙溪仍见此时祥。”士大夫多属和。明年,大廷策士,县人石起宗初为榜首矣,既而列在第二。龙之为灵,其非偶然!父老谓顷曾鲁公擢第时,溪龙亦见。公廷试第一,以一足微跛,降第二人。两事甚相类云。(以上均见《夷坚志》丁卷一一)

赵善琏与其弟居衢州,肄业城内一寺,榜小室曰“亦乐斋”。是岁获解,而绌于春官。或为言:“乐”与“落”同音,士子所深讳,而以名其居,宜不利矣。乃改为“居易斋”。久之,梦老翁高冠雪髯来相访,指而言曰:“子所以易此者,正以‘乐’字为不美。独不思居易者,唐白乐天之名乎?‘白乐’之称,尤为未韪。”琏谢曰:“然则何为而可?”曰:“当命为‘存心斋’可矣。”觉而更之。遂以乾道五年登第,调章贡幕官。(《夷坚志》丁卷一四)

罗维藩,字价卿,吉水人。乾道五年省试罢,梦其父告曰:“尔在举场,不可与福唐杜申争,缘尔家校杜申亏了二十八年阴德也。”两人皆以治《诗》有声。暨榜出,杜为经魁,罗同奏籍,而在杜之下二十八名。殿廷唱第,杜居第二甲,罗第四甲,相去甚远。(《夷坚支志》甲卷七)

刘玮、黄则,皆宜黄士人。乾道戊子,黄冠乡书,刘免举,偕赴己丑省试。邵武人谢极者,精地理学,尝游术临川,与二子相识。是时,在其乡士张德庸家宿,梦人告曰:“黄则及第,刘玮做官。”觉以语张,张曰:“刘君当恩科乎?”曰:“然。”“然则可知矣。渠必不正奏名,故只说做官也。”已而,黄登科,刘特恩入第三等,补文学。谢生喜其梦应,他日到抚州,为言之,皆抵掌一笑。(《夷坚支志》乙卷一〇)

施德远，湖州人，参知政事大任巨侄孙也。乾道五年赴省试，正月一日，梦参政公来，语之曰："汝今年与我同岁。"觉而恍然。参政生于元祐壬申，是时七十八矣，殊不晓其意。试罢，入太学，见同舍生问一士曰："尊丈年今几？"曰："七十七。"德远忆所梦，漫言之，同舍喜曰："君必登科。七十八者，过省也。"未几，果奏名郑侨榜第三甲及第。(《夷坚支志》丁卷六)

邓似凯乾道戊子祈得诗曰："戊月年逢鼠，水边少人武。双剑斗高飞，万人看远举。"乃更名远举，即获解，遂策名。(《夷坚志补》卷二〇)

乾道五年廷试，未唱名之先，参政郑公侨梦升梯至一所，梯傍皆云气绕之。自念世所谓云梯者，兹其是欤？未至间，有大石横亘于梯之表，不复可进。有顷，疾风骤至，石已在下，侨遂履石直上。及唱名，侨为第一，次名乃石起宗也。先是，考官用分数编排，石当居上，临唱名始易之云。(《云谷杂纪》卷四)

汪应辰《回郑状元启》：伏审某官，条陈大对，首魁诸儒。凡在见闻，莫不称羡。三年之科第尚矣，而独被主上亲擢者尤荣；一日之文词灿然，而素为公论推重者未易。兼此全美，蔼然休声。应辰顷奉诏音，俾司贡士。方窃得人之喜，庶逃不职之愆。辱都骑之过存，贻长笺而见宠。徒增感慰，罔既敷陈。(《全宋文》卷四七七四)

周必大《回新进士启》：伏以我后劳于求贤，盖三举矣；吾州慨然上对，得五人焉。继前辈起家之荣，为后生稽古之劝。举有惬志，曾无间言。窃惟致治之由，用儒为急。昔者三王而上，确乎一道之承。异端兴于七雄，始缀甲兵而讥书策；大乱极于五季，专用枪剑而鄙毛锥。观历年长短之不同，则择术是非之可见。今朔马尚驰于中土，而重兵未撤于近边。常情皆言用武之秋，明主独切右文之念。思多士生此王国，岂徒夸三年应诏之多；有一德克享天心，实欲冀异日行言之实。使齐疆复归于鲁，而晋盗悉奔乎秦。儒效若斯，武功何有？孰仰当于睿意，良有待于儒英。恭惟某官，躬迈往之资，擅博闻之誉。以通经而拾地芥，固所优为；由举首而破天荒，殆同创见。况棣萼继登于虎榜，而莱衣同拜于鲤庭。家庆方来，可验斯文之力；邦荣有待，伫恢所学之功。某赞喜未遑，驰辞先辱。《鹿鸣》歌而杨侯举，已预荣观；龙标夺而卢肇归，更逢盛事。其为欣幸，未易殚论。（《全宋文》卷五〇七九）

王炎《登第后谢舅氏汪仲和启》：才知丁字，讵能起于儒家；滥玷乙科，实借辉于母党。未及造门而谢，遽勤飞翰之颁。静言思之，得罪多矣。重念炎天资陋甚，生计萧然。无负郭五十亩之收，焉能糊口；虽插架三万轴之富，何足谋身！自伤偃蹇之踪，敢有飞鸣之望。偶缘天幸，获厕时髦。伏遇舅长，学探根源，识精藻鉴。谓生子必过其父；固误深知；然非舅安有此甥，亦由余庇。炎敢不铭心自励，衔德无忘！题进士科名，已觉徼荣于此日；成外家宅相，敢期振迹于他时。过此以还，未知攸措。（《全宋文》卷六〇九九）

四　月

九日，礼部贡院言："试博学宏词科左迪功郎、新筠州州学教授姜凯，左从政郎、新广德军军学教授许苍舒，考入下等，上所试文各六篇。题曰：《龙神卫四厢都指挥使武信军承宣使利州西路驻札御前诸军统制特授武当军节度使捧日天武四厢都指挥使主管殿前司公事进封加食邑实封制》、《汉陆贾新语序》、《代讲读官谢赐尚书正义表》、《蜀诸葛亮八阵图赞》、《武学箴》、《唐义仓记》。"诏："各减二年磨勘，堂除差遣。"（《宋会要·选举》一二之一五、一六）

十二日，诏："念书童子陈骥免文解一次。"骥八岁，诵《易》、《诗》、《书》、《二礼》、《论》、《孟》、《孝经》、御制赞记等十八通，送中书再试，而有是命。（《宋会要·选举》九之二九）

十八日，诏："新及第进士第一人郑侨补左承事郎、签书诸州节度判官事，第二人石起宗、第三人汪义端并左文林郎、两使职官，第四人贾光祖、第五人史俞并左从事郎、初等职官，第六人至第四甲并左迪功郎、诸州司、

户、簿、尉,第五甲守选。”(《宋会要·选举》二之二〇)

廷试进士,勾龙京复犯哲宗旧讳,特授下州文学。京自陈:“旧讳凡有两音,其一余封切,谓售役于人,即旧讳也;其一痴容切,谓均直于下,音义各殊。”下秘书省看详,与楼正同。已而,诏:“特附第五甲末。”(《宋会要·选举》四之三六)

九　月

四日,户部状:“准批下饶州保明到进士程衮,乾道四年正月至六月粜过米谷,并借与近邻,共计二万四千五百三十六石八斗五升,今年认粜谷米共五千一百五十石,乞赐推赏。本部契勘:程衮系粜过米谷二万四千余石,价亦不甚高贵,欲比拟补下班祗应。”诏:“特与免文解一次。”(《宋会要·职官》五五之五〇、五一)

十　月

四日,户部言:“建宁府进士游九龄减价赈粜米六千三百余石。”诏:“特与免文解一次。”(《宋会要·职官》五五之五一)

十一月

二十七日,礼部言:“四川安抚制置使司试院,考校合格特奏名进士王献明等九十一人,乞推恩。依故例及已获旨,合依乾道五年行在殿试未升降以前,比附行在特奏名进士人数,纽计分数,开具五等推恩。前所具逐等内有剩取之人,亦从本部,依例递攒,于次等内从上名次安排。谓如第一等剩取一名,递攒作第二等首之类。数内该赴乾道二年特奏名试,缘事赴试不及,欲将似此之人,照所降旨,特与依下州文学恩例,待郊出官。”从之。(《宋会要·选举》一三之六)

十二月

二十五日,礼部言:“李垕词业已经御览,诏特令来年三月,依格召试中书。”臣僚言:“李垕词业未曾参考,而又止一名,召试恐非典故。”诏:“两省、侍从官参考闻奏。”其后，户部尚书曾怀等参考：“援证既详，遣词亦赡，欲为次优。”诏：“中书召试。”(《宋会要·选举》一一之二八、二九)

三十日，诏：“福州念书童子陈师孔免文解一次。”师孔八岁，诵《诗》、《书》、《易》、《礼》、《春秋》、《论》、《孟》十通，送中书再试，而有是命。(《宋会要·选举》九之二九)

乾道六年　庚寅(1170)

正　月

十九日，敷文阁待制、提举佑神观刘章乞复武举制科，不必如汉唐科目之繁，召试天下士，以备将帅之用。上曰："此一事甚善，当令详酌立科。"(《宋会要·选举》一七之三二)

二　月

十一日，诏："泉州念书童子陈应之免文解一次。"应之八岁，诵六经、《论》、《孟》、《孝经》、御制《春赋》，送中书再试，而有是命。(《宋会要·选举》九之二九)

二十五日，铨试、公试、类试：命监察御史罗巩监试，国子司业芮辉、礼部员外郎郑舋、刑部郎中王次山考试，秘书省著作佐郎詹亢宗，正字赵汝愚、林光朝，武学博士刘敦义，国子监主簿卢傅霖，太学正薛元鼎考校、点检试卷。(《宋会要·选举》二〇之二〇、二一)

三　月

二十六日，诏："武学生李国勋，将来省试，令还省试绝伦弓弩一次。如合格，许赴殿试绝伦。即有不中，依旧赴三等弓马。"国勋该免省，乞赴廷试绝伦，下兵部勘会，而有是命。(《宋会要·选举》一七之三二)

四　月

丙午(二十六日)，始命诸州试官皆隔一郡差，以绝请托之弊。时刘通靖章为礼部侍郎，用其请也。(《朝野杂记》甲集卷一三)

八　月

五日，隆州言："本州元隶四县，后废两县。今蒙仍复贵平、籍两县，归隶本州，解额自合增添。乞详酌比类，增添施行。"礼部勘会："宣和间罢三舍法，分立诸州解额。时贵平、籍县士人，已累举在成都府简州取解。今既将贵平、籍县拨归州，欲将成都府解额拨一名还籍县，及将简州解额拨一名还贵平县，并入隆州，立为解额。"从之。(《宋会要·选举》一六之一五、一六)

十　月

六日，国子司业芮辉言："本监补试已拆号放榜，所取试卷，宁国府汪琚于第七韵落韵，正系辉分考试卷内所取人数。欲望将汪琚驳放，仍将辉罢黜。"中书门下省检准《绍兴御试贡举令》："点检试卷官专点检，杂犯不考。"诏："汪璩驳放，点检试卷官薛元鼎特降一资。"(《宋会要·选举》二〇之二一)

十一月

六日，《南郊赦书》："昨礼部贡院下第进士、贡士，应绍兴十二年以前到省一举、年五十以上者，已降旨挥，令本贯州县验实，结罪保明，申乞推恩。窃虑其间有本贯阻隔，致未霈恩。如有似此之人，许依开封府、国子监进士已降指挥，于所在州县，召见任承务郎以上二员，结除名罪委保，当职官同罪保明，申礼部验实以闻。"九年十一月九日《赦书》，递趱一举及该述贡士外，悉同此制。(《宋会要·选举》一三之六)

六日，《南郊赦书》："诸路绍兴二十四年省试下进士，昨承指挥，自到省试下实理十八年，方许免解。前举科场不曾免解，可将二十四年省试下人与免将来文解，及国学进士先请后免，或先免后请，已得解人可并与免将来文解一次施行。"九年十一月九日《赦书》，除递趱一举，及不该述前举科场不曾免解外，余同此制。同日，《南郊赦书》："应诸路进士、贡士四举，开封府进士、贡士实请到本府文解，并国子监进士、贡士两举人，并依旧制，与免将来文解。”九年十一月九日《南郊赦书》同。同日,《南郊赦书》:“应诸路进士曾经绍兴三十年以前御试下,及开封府、国子监进士,昨承旨挥,自到省试下实理十二年,方许免解。前举科场不曾免解,可将绍兴三十年省试下,或绍兴三十年以前御试下,并与免将来文解。”(《宋会要·选举》一六之一六)

六日,《南郊赦》:“应贡士年五十以上,五举到省,合赴乾道五年特奏名殿试之人,缘事赴试不及,若将来殿试唱名,补授文学;年六十以上,与理乾道五年年甲,用今年赦恩召保参选,特差岳庙一次。”(《宋会要·职官》五四之三九)

是 年

诏:“诸道试官皆隔一郡选差。”后又令历三郡合符,乃听入院,防私弊也。(《宋史》卷一五六)

关耆孙《大贡院记》:国家用唐制,以进士取士,三岁大比,士由州县升者曰乡贡,诏有司进退之,此贡院之始也。太宗览进士榜,喜曰:“天下英雄尽在是矣。”当时以为美谈。余则曰:自周乡举里选之法坏而士失其寓,犹赖春秋、战国之间,齐、晋、郑、卫之君以君子多寡为盛衰,而田文、赵胜之徒客多则强。士虽失周之寓,然各随其所寓而安。至秦则忌之,忌之则杀之,以为之窖可以尽掩天下士,而不知萧何、曹参、陈平、张良之徒,则秦不能掩之也。汉用秦士起,汉则先收士。于是惠文而下,有选举之法,曰贤良、曰力田、曰孝廉、曰明经,皆其目也。汉以选举寓士,故亦不失其寓。王莽、曹操睨先后之弱而欲袭之,则又忌士。士遇莽、操,如遇秦。然秦不能杀萧何、曹参、陈平、张良之徒于前,而莽、操亦不能杀寇恂、邓禹、周瑜、诸葛亮之徒于后,士之未易笼络如此。汉扬子云曰:“周之士也贵,秦之士也贱。”谓周贵士可也,谓秦贱士,则秦岂得而贱之哉!唐因隋旧,以进士取士。其始也,得士如狄仁杰、张九龄、姚崇、宋璟、裴度,则亦能为唐强;而其末也,如郑朴、杨知至,则为唐之亡矣。取士一也,何始末之异也?余观太宗初兴,本有忌天下英雄之心,既不能用秦之杀,则欲以进士为饵而销之。吾取士欲以此销士,而乃诳人曰以此取士,士不识吾心且已,识则南山之南，北山之北矣。吾将几万钟、几千驷可要而来之哉！识吾心者不来，则来者宜其为郑朴、杨知至之徒也。国家取士用唐制，累圣待士则非太宗之心，所以得士。上励精求治，思欲得天下士，与共大功业。今取士一途，而贡院实为进士取士之始。则其容略乎？夔一路十五郡，而合六都进士试于夔。初无贡院，以破寺寓之。寺破尚可也，而夔一城惟一寺，一岁而天申、会庆两节，郡臣子舍是可无以东向而祝尧也。岂可又以之为贡院，而三年一残破之乎？夔则寓贡院于此，历几岁乎而不问也。岁庚寅，前侍御史王君伯庠来镇夔，下车之明日，慨然叹曰："托释氏以见臣子之尊君，贡多士以示诸侯之报国，岂细故事！而弊于前，不问于后，可乎？况今取士惟进士一途，吾待进士试不薄，俾士亦不自薄进士，而后得士，则贡院为郡第一事也。"下令创新之。然退而顾公帑，视民力，则敝不可仰。欲迟之，则已下令，郡进士鹄立待也。于是，公私之须皆一归于节，专力治之，凡五阅月而成，为屋一百一十间，一毫不取于民。民但见其成，而不知其为力也，则相与歌之。以为君曾为上耳目官，知国体者，君不薄进士，是欲士不自薄进士，得士而贡上也。君之为政，可谓知其本矣。君济南人，君之考君讳次翁，尝参大政，事光尧寿圣太上皇帝。君自立，不以公卿子弟官，而世进士科。今守一藩，能不忘本如此，视古以曲江题名为非，以家有《文选》为过者，何啻九牛毛耶？贡院落成，郡士属余书，辄记其月日云。（《全宋文》卷四四二九）

鲍同《贡院记》：郡国贡闱之兴废，可以观政之善否。同辙半天下，还省所历，盖有初有而废之者矣，未有亡而兴之者也。邦之大政，莫先于取士。本朝置郡国，岁选于里，升于乡，而养之教之，三岁则群贤而试之。宾之兴之于朝，其养之也有学，其试之也有闱，岂细故哉！将取而贡之，则接之必以礼；又其众也，会之必有所。于体于事为宜，而置不讲，政之阙也。然为政者往往辄救目前，尽心力于钱谷、狱讼、簿书、期会间，至于此则不暇。学虽罔敢废，视之已不为急务焉。尔若贡闱，则藐不省，十有八九废且亡之矣。近科诏下，乃卒然治故驿，辟僧院，因陋就寡，取具一时。而类皆湫隘颓阙，支撑补葺，不免草创疏略。既非所以待士，而奸弊复不禁，坏乱法制，熟视莫救。凡今郡国能奋然有作，不蹈此辙，盖甚寡。而靖江往时亦无以异。自置郡数百年升府，又数十年更立帅守，不知几人，未有加意者。乾道二年，今经略使、左朝奉大夫、直徽猷阁剑津张公来领府事，甫报政，即怀此志。而府之经费百度，皆仰漕台，财用无所从得，又乏旷址可卜，久未果为。每叹曰："吾起诸生，而弗就是役，则终有愧。"会西城慈寿寺火，乃以学迁焉。既迁，则欲即旧学作之，以毕前志，乃与提点刑狱滕公、转运判官姚公谋。其时盐法初复，官以鹾为市，凡于此取办，乃捐鹾之以箩计者五百，而公与宪均任其飞挽之责，贸鹾而取其资。于是，以五年十二月鸠工，以明年十月告成。其地居滕仙门之西南，凡为屋若干，修丽宏伟，莫不快目而增气。高明爽垲，可以展舒而不迫，甚称士子校艺之勇。考官则为之厅，为之堂，而又寝息有室，庖湢有处，靡不至当。至于诸司职守官吏，若帘之内，帘之外，次舍咸备，各有其序。为役甚伙，而民不知，猗欤伟哉！自我朝开科之盛，工力之富，亦不曰易，而况于此乎！诸从事请刻记以告来者，公曰："土木不足录也。士者国之重器，文王以济济而宁。且有邦之治功，与夫有司之职业，孰非士为之？凡今之公卿大夫，鲜不由此途出。是役也，不可不记，焉知来者之不如今也！"夫人物钟乎山川之秀，地理阴阳之说，圣人不废焉。郡之秀气，慈寿据其先，旧学据其次。前既以慈寿为学，今又以旧学为贡闱，异材将辈出矣。姑记此，以俟其验。

(《全宋文》卷四四三三)

乾道七年 辛卯(1171)

正 月

二十五日,敕赐进士出身、成忠郎赵师恺言:"《登极赦书》,宗室曾经锁试两得解,许赴殿试。臣幸预两请文解,附木待问榜,准敕赐进士出身。伏见祖宗以来格法,应宗室武臣因应举换授,并于元官上先转两官,然后改换文资。于去年陈乞改换,吏部谓臣已用恩例免省,不许又行转官。窃详:同榜免省宗子赵善洙等二十余人,与臣事体实同,已皆用恩赦转官换授。伏望与臣于见官上转两官换授施行。"诏:"特与转官上换授文资。"(《宋会要·选举》一八之二四、二五)

二 月

八日,《册皇太子赦书》:"勘会建宁、隆兴、宁国、常德府、剑州进士贡士,如内有实请到三举文解、到省试下之人,许将绍兴三十二年覃恩一举凑成四举,免将来文解。"(《宋会要·选举》一六之一六)

十四日,四川宣抚司言:"来年科举,被受阵亡恩泽补官之人亲子孙合收试外,余本宗异姓有服亲愿欲应举,未尝从违。缘法无该载明文,欲望详酌。如许收试,乞下所属,各令召文臣二员结罪委保,州县次第勘验,审实保明,仍依碍格人分数取数取放,庶几有以激劝。"从之。(《宋会要·选举》一六之一六、一七)

二十五日,铨试、公试、类试:命监察御史刘季裴监试,国子祭酒芮辉、司农寺丞留正、大理正胡仰考试,秘书郎许克昌、太常博士邱崇、国子博士杨万里、大理评事陈溓、俞子陵、吴宗旦、秘书省正字丁时发、唐仲友、武学

博士孙显祖考校、点检试卷。(《宋会要·选举》二〇之二一)

二十七日,诏:"福州念书童子詹伦免文解一次。"伦六岁,诵《诗》、《书》、《易》、《周礼》并他书十通,送中书再试,而有是命。(《宋会要·选举》九之二九)

三　月

一日,诏曰:"朕稽列圣之诒谋,本右文而为治,每在虚己,务在得人。遵三年大比之常,庶博收于儒效;举四海来游之彦,顾敢后于宾兴? 要使无失职之嗟,期各懋济时之略。既嘉言之罔伏,宜庶绩之咸熙。可令有司,精核多士,俾偕秋计,较艺春官。且将亲策于廷,以尽求贤之道。布告天下,明体朕怀。"(《宋会要·选举》一之一七)

二日,试起居郎兼权中书舍人留正言:"切惟太学时文,四方视以为法。而士风厚薄,人材盛衰,皆可盖见于此。国家取士,三场各有体制,故中选者谓之合格。数年以来,有司去取以意,士人志于得而已,程文多不中度。故议论肤浅,而以怪语相高;对策全无记问,而以浮辞求胜。大抵策尤卑弱,不足以传示四方。今次太学见引公试,伏望明诏主司,精加考校。诗赋取合律,经义求得体,论策以记问该博、议论渊源者置之上游。庶几传布四方,士子知所适从,于时政亦有所补。"从之。(《宋会要·选举》四之四〇、四一)

十五日,陆游《王侍御生祠记》:乾道七年二月,知夔州济南王公新作贡院成。越三月,夔、归、万、施、梁山、大宁六郡之士,不谋同辞,曰:"夔虽号都督府,而僻在巴峡,无赢财羡工。公之为是役也,寸寸铢铢,心计而手度之。累月乃成,形容为癯,发为尽白。其德于士,岂有既邪! 盍思所以报者?"乃相与筑祠于院之东堂,画像惟肖,又相与属予记之。予曰:"公之施厚矣! 祠未足报也。"士则曰:"吾等将日夜勉于学,父兄诏子弟于家,长老、先生训诸生于乡,期有以应有司之求,如是足乎?"予曰:"未也。郡国贡士于天子,天子命近臣与馆阁文学之士选其尤者,而亲策之于廷。策既上,天子为亲第其名,谓之进士。进士,将相储也。自是而起于朝,其任政事,毋伏嘉言,毋丑众正;其任言责,毋比大吏,毋置宵人;其任百执事,守节秉谊,宿道乡方,毋怀谖,毋服谗。使天下称之,史臣书之,曰:'是夔州所贡士也!'士以是报公,公以是报天子,乃可无愧,而予于记亦无愧辞矣。若何?"皆曰:"唯敢不力!"(《渭南文集》卷一七)

叶秀实《仙居县登科题名记》:衣冠题名,非止为乡里荣观,亦寓劝焉。仙居地隘民朴,其初学而仕者盖少。皇祐中,陈襄密学宰是邑,兴学尚士,人始知勉。由贤书登名者比相望,其小试州县者率皆有声,而得志以显者又以材业刚正名于时。里人矜耀之,家激以劝,每三岁大比之士,甲于丹丘属邑。令尹赵公良臣、尉簿余公闳笃意县庠,废修弊革,凡学之事一新。顾惟题名未立,无以彰往劝来,乃访诸邑老,次第其登科之先后而镵诸石,其以材武举者亦参著其间,庶于教之事为备。乾道七年三月十九日,左修职郎、添差充台州州学教授叶秀实记。(《全宋文》卷五四二三)

二十日,诏:"隆州念书童子张寿免文解一次。"寿五岁,诵《易》、《诗》、《书》、《论》、《孟》、御制赞记等十九通,送中书再试,而有是命。(《宋会要·选举》九之二九)

四 月

四日,诏曰:"盖闻制科取人,盛于两汉。然或阴阳靡调,或以方内靡安,乃敕郡国,举而行之。本朝则不然,无事而勤求,有为而获用,上下交应,为后世法。肆朕绍服,于今十年,诏书数下,勤勤恳恳。间复略传注,宽举荐,几以招徕修洁博习之士,辅朕不逮。属者有司,尝以一二应书,既命待诏公车矣。岁当大比,其博求之。夫寤寐忠言,宁厌乎多士;抱负器业,或患乎无时。朕之诚意,子大夫其著闻矣。'来游来歌,以矢其音',不在此时?今岁科场,其令尚书侍郎、两省谏议大夫以上、御史中丞、学士、待制,各举贤良方正能直言极谏一人,守臣、监司亦许解送,仍具词缴进以闻。"初,宰臣奏降诏,上曰:"数十年未有此选者。"虞允文等曰:"昨李垕已得旨召试,或有与其父焘不相乐,声言欲沮之。垕以此乞随侍之任,得旨已许其请。”上曰：“今可以召试矣。”允文又言：“昨绍兴指挥，春降诏，九月召试。”上因令其九月试中。(《宋会要·选举》一一之二九)

是　月

陆游为夔州试院监试官，有诗十七首：《晚晴书事呈同舍》、《乡中每以寒食立夏之间省坟，客夔，适逢此时，凄然感怀二首》、《试院春晚》、《倚栏》、《自咏》、《午兴》、《风雨中望峡口诸山奇甚戏作短歌》、《夜坐庭中》、《新蔬》、《初夏怀故山》、《初夏新晴》、《定拆号日喜而有作》、《睡起》、《四月二十九日作》、《苦热》、《拆号前一日作》。(《剑南诗稿校注》卷二)

陆游《答发解进士启》：都骑来临，方快景星之先睹；雄文授贽，更惭明月之暗投。藏去为荣，幸甚过望。伏惟解元先辈，材高众隽，学富三余，将鸿渐于天廷，姑龙骧于学海。岂图羁宦，适与荣观。万里抟风，莫测云程之远；一第溷子，行闻桂籍之传。欣佩兼怀，敷宣罔既。(《渭南文集》卷八)

五　月

九日，礼部言：“淮南路今岁科举，庐州、黄州就试士人，如各及百人以上，及所差试官足备，别无违碍，依条令置试院。如不及百人以上，并所差试官不足，即合依逐举例并试，各用本州解额，别立号考取施行。”从之。(《宋会要·选举》四之四一)

二十四日，诏：“宁国府特增解额一名。”以皇子判宁国府、魏王澧言：宁国解额并流寓旧十一名，自并试止解十名，乞增依旧也。(《宋会要·选举》一六之一七)

六　月

二日，尚书省勘会：“命官本贯川、广、福建，任别路差遣，并试院官及所试州知、通牒试条令：缘新法未得适中，今删润旧法，将命官川、广、福建任别路差遣，或本贯别路而任川、广、福建，得替一年内未起离，许牒试缌麻以上亲之文，改作得替在锁院前一季，及诸司应避。旧不载避之目，今

增入'亲戚有本贯在所辖路'九字。"从之。(《宋会要·选举》一六之一七)

十八日,皇太子领临安府尹惇言:"临安府学生董元鼎等陈,乞附两浙转运司取解。契勘:往岁科举,朝廷矜恤四方孤寒士人无力归乡,取旨附两浙转运司试,已于乾道四年住罢不行。今董元鼎亦系四方孤寒见住学人。"诏:"许收试。"(《宋会要·选举》一六之一七)

二十二日,试秘书少监兼权兵部侍郎周必大乞:"将应试武举人,虽发奏在三月以后,权许收试。"虞允文奏曰:"文士应举,初不用保奏,临期投卷,便可就试。武举须保奏,又限以当年三月以前,拘矣。"上复问:"旧法限以三月,何故?"允文曰:"盖虑试人太冗耳。"上皆然之。(《宋会要·选举》一七之三二)

七　月

五日,臣僚言:"命官牒试,贡举条法亦既详备。循习旧弊,尚或结托改移乡贯以就远,或迁服属以为近,宛转干求。至预作保官文书,交通书铺,公立价出卖族坟姓名,冒滥百出,欲乞严行禁止。"诏:"礼部行下诸路转运司检坐见条,严行核实。如或违戾,告者赏钱五百千,取受者以赃论。仍并依《贡举条制》,书铺知情受赂,重加配流施行。"(《宋会要·选举》一六之一七)

十四日,成都府言:"进士杜庭珍等披诉:本府系西南大藩,举人率常增添。又西北流寓多在本府混试,侵占解额。今以广都县籍镇割隶隆州,仍割本府解额一名,展转侵损,乞量添解额取放。"礼部勘会:"欲给还一名。"从之。(《宋会要·选举》一六之一七、一八)

十七日,中书门下省勘会:"诸路运司解额,其避亲门客及有官碍格人,已有定数。旧法每十人解一人,乾道新法乃以四十人解一人,诚为太狭。今以酌中之数,依乾道二年之制,令二十人解一人。试人虽多,亦不许逾元立解额之数取放。"从之。(《宋会要·选举》一六之一八)

十七日,国子监司业刘焞等言:“绍兴二十六年复兴武学之后,就举人数浸多,非复向日之比。而逐举将免解人数算除,解额日就仄狭。今欲将免解人赴省试外该赴解试人,立定若干人为额,庶得允惬。”诏:“正解以五十人为额。”(《宋会要·选举》一七之三二)

十七日,两浙路转运司言:“《绍兴重修贡举令》,试院以本州通判监试,若无或阙,若以次官。今临安府府学罢通判,未审合差何官充监试?”诏:“差推官。”(《宋会要·选举》二〇之二一)

十九日,诏:“隆州念书童子张维永免文解。”维七岁,诵六经、子书等二十三通,初免文解一次。维援陈绎等例自言,再降是命。(《宋会要·选举》九之二九)

杨万里《送蜀士张之源二子维、焘中童子科西归》:岷山玉样清,岷水眼样明。风流文彩故应尔,又见张家双骥子。小儿八岁骨未成,诵书新作鸾鹤声。大儿十二气已老,觅句谈经人绝倒。豫章七年人得知,駃騠三日世便奇。天生异材能几许,更饱风霜也未迟。(《杨万里诗文集》卷六)

八　月

一日,中书门下省奏:“旱伤州军有赈济上户,许州县保明申朝廷,依今来所立格补授名目。无官人一千五百石补进义校尉愿补不理选限将仕郎者听,二千石补进武校尉如系进士,与免文解一次;不系进士,候到部与免短使一次,四千石补承信郎如系进士,与补上州文学,五千石补承节郎如系进士,补迪功郎。”从之。(《宋会要·职官》五五之五一)

三日,中书门下省勘会:“在法,奏举武举人,内外各许奏举一名,人数太狭。”诏:“自今,内外各许奏举二名。”(《宋会要·选举》一七之三三)

五日,国子监发解:命监察御史陈举善监试,国子司业刘焞、将作少监萧燧、太府寺丞钱俣考试,诸王宫大小学教授陈居仁、太常寺主簿赵粹中、国子正叶翥、武学谕吕昌、太学录袁枢、梁汝永点检试卷；知大宗正丞刘敦义别院考试，太学正沈揆、主管户部架阁文字贾伟点检试卷。（《宋会要·选举》二〇之二一）

（六日）周必大《论科举代笔札子》：臣闻科举之害，莫切于代笔。大约州郡数十人方解一名，亦有至一二百人者。其间富民乃或捐厚利以假手，主司但知据文考校，往往叨预荐送，遂使实学之士反遭黜落。前后条令虽曰详备，然棘闱既辟，旅进动以千计，为巡捕者纵欲禁止，势不能也。臣愿诏诸州，就鹿鸣宴之前，委教官或有出身官二员，集得解举人就州厅，试论一首，如太学兼引南省复试之法。知通躬亲监视，严为防闲。须文理不至纰谬，用字不至颠错，方给解牒，令赴省试。或有不能动笔，及大段错谬者，即行驳放，仍推究代笔人。依条施行，却将驳放之数次举补还。其转运司发解者准此。盖治之于科场之中，则人众而势或难行；核之于既定之后，则人寡而真伪易辨。此法既立，代笔之风不禁而自熄矣。取进止。（《全宋文》卷五〇五九）

七日，宗正少卿兼权中书舍人林机乞复流寓试，虞允文等曰："此乃西北士大夫随车驾南渡者，在法，烟爨满七年，许用户贯。自建炎置流寓试，至绍兴二十六年而罢，今又十五年矣。"上曰："已四十余年，难以更议。"允文因请将辛巳以来归正之人，依仿祖宗陕西、河北赴南省试，别立号取人最优之制，措置收试。上曰："西北人多强记，特不甚能文耳。"（《宋会要·选举》四之四一）

十四日，尚书省札子：令秘书省讨论召试应贤良方正能直言极谏科合行事件。（《南宋馆阁录》卷六）

是　月

乾道辛卯，饶州将秋试，是时以荐福寺为举场。鄱阳士人李似于八月七日夜，梦行天庆观街，逢报榜人络绎，呼云："解元是王播之秀才！"未及细问而寤。遍思朋游卓卓者，皆无此姓名。独念《尚书·盘庚》篇，有"王播告之修,不匿厥指。王用丕钦,罔有逸言,民用丕变”之句,是一好《书》义题目。因入州学,与其友方千里子材曰:“梦如是,恐必出此。正系子材本经,决非偶然,故密以相告,盍预为之备!”子材曰:“固已曾商量,未必然也。”殊不介意。及引试,果为第一篇题。子材悔不从李言,怊怅失色。暨揭榜,遭黜。吴雱远泽遂以《书》居首。李似者,元名某。后三年甲午,梦人持一张纸如试卷者示之,标五字曰:“鄱阳李似诗。”李盖习《诗》,觉而喜,即更名。又三年丁酉,乃被荐第四,而于《诗经》为魁选。(《夷坚支志》癸卷一)

林亦之《江西试罢还故里,八月二十九日过飞猿岭,连日遇雨》:万里崎岖愁不禁,飞猿更听雨淋淋。剩将暑药凉无用,未著秋衣寒已深。刻鹄雕虫成底事,牧羊矮鸭负初心。还家渐近病渐好,得句自题时自吟。

林亦之《秋试归访绿烟亭》:竹径萦纡去,相逢情若何?江从木杪见,秋向菊边多。谩有风涛想,如今岁月过。唯于交旧里,听取碧云歌。

林亦之《秋试后再寄林井伯》:方国三年一合围,圜门屡战定高飞。人如我友无青眼,天岂斯文厌紫微。苦县老聃终遁去,敬亭小谢未须归。丈夫谋宦非身计,荔子山前有彩衣。(以上均见《全宋诗》卷二五〇八)

九　月

林亦之《秋试罢重九过沧峡》:野阔村归如暮鸦,路沿溪曲似春蛇。不谙水土愁多病,忽听乡谈喜近家。一带青山将屋绕,数行绿竹倚门斜。年年逆旅逢重九,今岁须看篱下花。(《全宋诗》卷二五〇八)

十八日,礼部言:“武功大夫、忠州团练使、知施州潘才卿应进士举,夔州路转运司第三名发解,乞赴将来省试。”诏令解罢知州职事,赴省。(《宋会要·选举》四之四一)

二十一日,诏故广南东路转运判官王梁材、孙卫卿进崇宁以来手诏一

十六册，并编录诏旨宽恤文字七册，与免解一次。(《宋会要·崇儒》五之三八)

二十七日，命翰林学士王曮、起居舍人李彦颖，就中书后省考试参详制科。曮等上李垕论六首：《明主有必治之道》、《汤法三圣》、《人者天地之心》、《律历更相治》、《三家言经得失》、《扬雄张衡孰优》论。(《宋会要·选举》一一之二九)

周必大《回李贤良垕启》：君人者劳于求贤，孰当明旨；子大夫褎然为首，独副详延。富哉八千言甚伟之文，应此七十载久虚之典。冕旒动色，韦布增光。窃观圣朝，最重制举。艺祖当艰难创业之际，已设三科；仁宗享盛大持盈之期，至颁十诏。惟所询皆当世之要务，故所得率一时之异人。乃知用儒纳谏之极功，岂以右武好文而殊辙？天之未丧，文不在兹。恭惟某官，博洽本于家传，精勤充乎天性。贤人事业，罔不穷探；流俗施为，未尝肯顾。积岁心潜于载籍，一朝名震于京师。维昔眉山，有如苏氏。明允抱才而不遇，文忠励志以有成。肆惟黄门，亦绍素业。谓古人不可作矣，而今者谁其继之？岂无他人，适在同郡。况尊公方正之学，早为先达之所宗；而难弟功名之心，方勉后图而未艾。猗中兴之盛际，复嘉祐之遗风。某托契颇深，缔交恨晚。讨论盛举，幸预于司存；胪句广廷，复陪于山立。曾未遑于展庆，乃先辱于摛词。惟欣感之交怀，非叙陈之可究。(《全宋文》卷五〇七九)

是　秋

舒璘《谢解启》：栖迟里闬，雅无温氏之知名；荐举乡书，辄似白家之中第。殊非所冀，岂不自惊！窃以诗人作而风雅之体兴，汉儒起而《离骚》之格变。假物情而写志，援古义以方今。再兴于梁宋之间，大备于隋唐之世。平仄必谐于声律，重轻不失乎锱铢。虽则对白抽黄，亦必本仁祖义。斩白蛇而述英武，备知太傅之才；铸农器而颂清平，于显晋公之识。极其成效，可谓得人。惟我皇朝，不更近古。擢犀角而拔象齿，附凤翼而攀龙鳞。扫开李杜藩篱，蹴破班扬蹊径。蔚若缙绅之妙选，隐然宗社之名臣。彼何人斯，由此途出？肆吾皇之再造，崇列圣之旧规。首复是科，以幸多士。连箱累牍,再瞻日月之光;耸壑昂霄,莫非廊庙之器。推行既久,宁免阔疏!划革一新,大为允协。振儒风之委靡,还士气之中和。俾收百战之功,来副春帏之选。非巨富之学,何以联珠而缀玉;非甚巧之技,何以结绣而镂金?旅进实繁,见收无几。获逢遴选,宜属茂伦。如某者,棫朴小材,箕裘末业。学《诗》学《礼》,早闻慈训于过庭;事亲事君,再得师言于避席。蒲编竹简,重惜分阴;雪案萤窗,几徂清夜。文固惭于吐凤,技窃尚乎雕虫。忽当大敌之前,遂有东隅之获。九人而已,介伯仲之中间;十目其严,指乡闾之希有。岂意以灵芝之秀,悉归棠棣之华。幸出自天,恩归有地。兹盖伏遇某官,琼宫近侍,璇极文星。挟富贵以来游,蕴才能之固有。斗间光艳,管风月于毫端;口角雌黄,判是非于意表。式副九重之倚,来分百里之忧。道则可行,国则无小。春风巷陌,儿童歌元白之诗;秋霁郊原,父老话龚黄之政。芹藻秀从宫之彦,弦歌皆学道之民。兰籍得香,雾行蒙润。昔年里选,几定例于一夔;今岁贤书,遽齿名于四杰。行报治功之最,属兴得晚之嗟。元勋载想于凌烟,清问愈勤于宣室。优贤峻秩,正唯人主能官人;载路欢谣,尽谓相门真有相。故兹孱懦,光入陶镕。某敢不益励前修,更新末习!擐甲鼓先登之勇,焚舟为必胜之期。却指乃心,誓无虚辱。已藉吹嘘之力,远送轻翰;更期埏埴之恩,不遗窳器。(《全宋文》卷五八五一)

十　月

二十七日,礼部言:"检照祖宗故事,策试贤良方正,即无唱名之例。今欲候初、复考、详所考定等第缴奏,再付朝廷取旨推恩。"从之。(《宋会要·选举》一一之二九)

二十八日,御药院言:"已降旨,应贤良方正直言极谏科李垕令赴殿试。契勘:御试举人,唱名毕,其正奏名进士第一甲策文,并写作册进御,并进德寿宫,及焚进诸陵。今李垕策文,伏乞指挥。"诏依例修写。(《宋会要·选举》一一之二九、三〇)

二十九日,权礼部侍郎周必大言:"初复制举,事体至重。欲斟酌是日驾坐，文臣常参官以上、考试六论官、贴职、秘书省官并常起居讫，依旧就殿门外祗候，宣召即入。”从之。（《宋会要·选举》一一之三〇）

周必大《申明试贤良日百官常起居状》：契勘：本部条具册试贤良方正内一项，合侍立官从，閤门检点殿试进士仪注斟酌施行。缘閤门数十年来未曾行过上件仪注，无凭斟酌，止检会到殿试进士见行令式。御试举人日，谏议大夫、待制以上，并侍御史、秘书省正字以上，并贴职省试发解官，并殿门外祗候，宣召即入宣和举官、点检试卷官已下同入，前五日内告报，仍关秘书省。唱名日入殿起居祗候官阁报准此。今来初复制举，事体至重。当皇上正殿临轩之际，而群臣略不朝谒，只许立于殿门之外，于事体实为未安。今欲斟酌是日驾坐，文臣常参官以上，及考试六论官，并贴职、秘书省官，并令常起居讫，依旧就殿门外祗候，宣召即入。乞下閤门照应施行，候指挥。（《全宋文》卷五〇七四）

十一月

二日，山阴陆某再拜复书先辈足下：贡举之法，择进士入官者为考试官。官以考试名，当日夜专心致志以去取士，不可兼莅他事。则又为设一官，谓之监试。监试粗官，不复择，盖夫人而可为也，甚至法吏、流外，平日不与清流齿者，亦得为之。故又设法曰：监试毋辄与考校，则所以待监试可知矣。某乡佐洪州，适科举岁，当以七月到官，遂泊舟星子湾。几月，闻已锁院，乃敢进。非独畏监试事烦，实亦羞为之。今年在夔府，府以四月试。试前尝白府帅，愿得移疾，已见许矣，会部使者难之。某驽弱，畏以避事得罪，遂黾勉入院。某与诸试官皆不相识，惴惴恐其以侵官犯律令见诟，自命题至揭榜，未尝敢一语及之。不但不与也，间偶见程文一二可爱者，往往遭涂抹疵，令人气涌如山。然归卧室中，财能向壁叹息。盖再三熟计，虽复强聒，彼护短者决不可回，但取诟耳。若可回，虽诟固不避也。如足下之文，又不止可爱，诚可敬且畏者。而一旦以疑黜，此岂独足下不能无言，虽试官与拔解诸人亦啧啧称屈。某至是直欲以粗官不与考试自恕，其可乎？将因绍介再拜请罪于门墙而未敢也。不图足下容之察之，更辱赐书，讲修朋友之好，而以前者不能无言为悔。方是时，使足下遂能无言,固大善。然士以功名自许,非得一官,则功名不可致。虽决当黜,尚悒悒不能已,况以疑黜乎?某往在朝,见达官贵人免去,不忧沮者盖寡。彼已贵,虽免,贵固在,其所失孰与足下多?然犹如此。今乃责足下以不少动心,亦非人情矣。前辈有钱希白,少时试开封,得第二。希白豪迈,自谓当第一,乃诣阙上书诋主司。当时不以为大过,希白卒为名臣。夫科举得失为重,高下细事耳。希白不能忍其细,而责足下默默于其重者,可不可邪?是皆已往事,不足复言。区区仰叹足下才气,思有以奉广,故详及之。(《渭南文集》卷一三《答王樵秀才书》)

四日,上御集英殿,试贤良方正能直言极谏李垕。制策曰:"朕承太上之诒谋,绍祖宗之丕绪,宵衣旰食,十年于兹矣。日与一二大臣图回治道,兴起治功,庶几无负付托之重。然躬节俭以先天下,而侈靡之俗尚众;持公正以杜群枉,而阿私之习未革。富国在所先也,理财或未尽其术;强兵亦所急也,军政或尚多宿弊。非不遴选守令,而未闻抚民有方,尽如古循吏;非不广求将帅,而未见智勇兼备,尽如古名将。田野虽辟,仓廪尚虚;法令虽明,犯法多有。夏秋以来,雨不时若,江湖数郡,民多乏食。救荒之政何施,而可使无流离失业之患?国家经费,多资煮海之利。比缘江湖岁事不登,而榷货所入,顿减常岁。懋迁之术何为,而可使商贾通行,以足军士之须?论役法之未善者非一日,其法孰为最善?言楮币之为弊者非一端,其弊何以拯救?是数者,皆今日之急务,朕所乐闻也。今子大夫褎然而起,副朕久虚之选,朕甚嘉之。其尽心悉意以陈,毋忽。"垕策考入第四等,赐制科出身。(《宋会要·选举》一一之三〇)

五日,礼部言:"策试贤良方正,即无唱名之例。若照仿逐举进士,皇帝御殿推恩,足以彰崇儒求言之盛。"从之。先一日,上谓辅臣:"策试制科,既已临轩推恩,事体尤重。虽不唱,亦须引见受赐。"至是,遂从其请。(《宋会要·选举》一一之三〇、三一)

七日,诏:"今月八日御殿,贤良方正推恩,依逐次举人唱名例,殿内赐应奉官等茶酒。"(《宋会要·选举》一一之三一)

戊寅(八日),赐垕制科出身。(《宋史》卷三四)

自复制科七十年,但得李仲信垕一人而已。初,绍兴七年冬,吕安老举选人胡邦衡,而汪彦章举布衣刘汝一,邦衡遂除枢密院编修官。乾道三年,虞雍公抚蜀,首荐仲信于朝,不报。五年春,汪圣锡为吏部尚书,复以应制诏,上其词业。时垕父仁父为秘书少监也。其年冬,礼部言李垕词业,乞送两省、侍从参考讫,依绍兴元年九月指挥施行郑仲一权侍郎。三省勘会:李垕词业已经御览陈应求、虞并父为左右相。有旨:特令来年三月依格召试。命下,左正言施德初元之方候对,因为起居郎兼权中书舍人林景度机言:故事无独试者,当缴之。景度即奏:"制举所以待非常之才,渡江以来,从臣亦尝论荐其人,若刘度、祝鉴是也。然皆寝而不报,盖事体至重,不可轻也案:胡邦衡亦以吕安老举贤良词业,上即日除枢密院编修官,景度盖未知此也。今复此举,必依祖宗典故,勿使论者可得而议其失,则国家可以示公,而垕得此名亦无忝矣。谨考旧制,具本人词业缴进,送两省、侍从参考,分为三等,次优以上召赴阁试。糊名考校,无一人独试者。今垕词业未经参考,而又独试一名,恐非典故。今所有录黄,未敢书行。"德初亦奏:"祖宗制科之设,自有典故。今李垕词业虽除付后省,未有许令参考缴奏指挥。遽有召试中书之命,即是未应前后典故。兼国子监看详,明言合送两省、侍从参考。况将来阁试六论,本朝典故亦须三、四人以上糊名考校,无一名独试者。乞重此非常之科。且以垕词业,令有司公共参考来上。俟相继有一二人,然后俾之就试,庶几有得贤之实,无幸进之讥。"诏:除汪应辰、李焘有妨嫌外,令两省、侍从官参考闻奏十二月丙午指挥,仁父时兼权左史。既而,上闻二人握手私语,乃大怒之。左相陈应求奏:"元祐中,有独试故事,机为人所使。"因极论二人之奸。后二日,诏:"林机、施元之身居出纳言责之地,朋比相通,可并放罢。"十二月二十九日庚戌指挥。六年夏,两省、侍从参考到垕词业,援证既详,遣词亦赡,欲为次优户部曾钦道为首。有旨:八月下旬召试四月十二日癸巳。后十余日,利路又缴到吴淇应贤良方正科词业,诏参考闻奏二十六日丙午。又月余,应求坐论祈请事免相五月十九日己卯,仁父亦出漕河北六月二十七日丙子。时虞并父独相,仁父与应求素善,疑当路沮之,入辞面奏,疏言:"制举独试一人,虽有颖贽、林陶、李孜、高志宁、钱彦远、吴奎、赵彦若、谢悰故事，而垕涉学荒浅，恐不足当此异恩，别致人言。乞候将来更有进卷合格当召者，许令同试。”上不许。仲信乃乞随侍，并父为奏，有旨别听指挥。七年春，科诏既下，并父因进呈召试贤良当降诏。上曰：“数十年来，未有应此选者。”并父曰：“昨李垕已得旨召试，或者与其父焘不相乐，声言欲沮之，垕以此乞随侍。”上曰：“今可召试矣。”令九月召试中书四月四日戊申降旨。九月戊戌，召试中书后省。前一日，命学士王日严考试，左史李秀叔参详。比试仲信凡五通。六论题：一曰《明主有必治之道》，二曰《汤法三圣》，三曰《人者天地之心》，四曰《历律更相治》，五曰《三家言经得失》，六曰《扬雄张卫孰优》。十月乙巳进呈，上曰：“昨览垕程文亦好，一日之间成数千言，良不易也。”并父曰：“记试题诚难，垕能记其五。”上曰：“汤法三圣，出《功臣表》，而垕以为《诸侯王表》，却是记得全文不差。”十一月甲戌，上亲策于集英殿，有司考入第四等。戊寅，上特御殿引见，赐制科出身。故事，贤良方正无唱名之例，而礼部言：“若仿选举进士，皇帝御殿推恩，足彰崇儒求言之盛。”遂从之周子充为礼部侍郎，林谦之兼权郎官。(《朝野杂记》甲集卷一三)

(二十二日)周必大《论发解考校之弊札子》：臣闻政有似缓而实急者，科举是也。夫以士子一日之长，而欲验其终身之事业，疑若迂阔矣。然昔人赋“有物混成”及“金在镕”，而识者遂以公辅期之。盖有学有文，形于笔端，决非阘茸之士。而骫骳剽窃者，必常才也。本朝取人虽曰数路，然大要以进士为先。陛下笃意人才，士之求试于有司者日益众。惟是三岁发解，凡州县官，苟有出身，不问才否，例差考试。其间富于学识固不乏人，亦有工声律者未必通经，习经术者未必能赋。或学殖不丰，懵于文体；或久去场屋，忘其旧业。命题发策，往往颠倒事实，背于义理。故当校艺之际，则平凡者收，优异者斥。至使真才实能抑郁而不伸，庸人假儒侥幸而滥中，非所以崇雅黜浮、劝勤抑惰、罗英俊、育人才也。兹事体大，臣心知其弊而未敢轻为之说。愿下此章于学官，俾之博询诸生，条上利害，然后命廷臣杂议而详处，其当断自后举行之。非特于学者甚惠，抑庶几名臣辈出，如祖宗盛时，于以助陛下之大有为，不亦善乎！取进止。(《全宋文》卷五〇五九)

二十八日，诏："四川类省试院进题目，考试官何耆仲所撰第三场第三道策题，用事差错，特降一官放罢，今后不差充试官。"(《宋会要·选举》二〇之二一、二二)

十二月

十七日，中书门下省："应武举绝伦进士李岳、顾谅状，已于比试弓弩合格，程文取中，又于解试弓弩皆合格，试程文被黜。在法，武艺绝伦，不以策义优平，或一场稍可采者奏裁。其李岳、顾谅弓弩并应法外，试卷文义稍有可采。"诏："李岳、顾谅并特免解一次。"(《宋会要·选举》一七之三三)

二十八日，武举解进士游梦协等言："武举每当大比，到省率以七十人为限，合格不许过三十人。缘今绝伦人到省已十余，上舍免省又加三四，皆在三十名省额算除之数，比之常举，亏数已甚。乞以绝伦人别作一科，及免省人勿复算除省额。"勘会："今举正解五十人，免解二十九人，绝伦十一人，省试三十人为额，免省三人。"诏："今举武举省试，除免省三人外，以上十人为额取放。"(《宋会要·选举》一七之三三)

是　年

四川类省试。诏："直秘阁、权知泸州梁介监试，潼川府路转运判官何熙志考试，直敷文阁、知潼川府马骐别试所监试，权潼川府路提点刑狱公事杨祖职别试所考试。"(《宋会要·选举》二〇之二二)

楼钥《温州进士题名序》：永嘉自晋为名郡，宋兴六十余年，人物未有显者。至天圣初，朱君士廉第进士，邦人荣之，以名其闾。自天圣至今历四十有八年，举其上第者凡三百三十有七人。夷考乡荐之额，初止二人，中十有三，今益以五。他由大学、外台以进。一举所第，率过乡荐书之数，而魁南宫者四，冠大廷者再。呜呼！亦盛矣。河南二先生起千载之绝学，以倡学者，此邦之士渐被为多，议论词篇类有旨趣，进士之盛岂其是欤！某滥授于兹，乐儒风之方兴，爰考姓名之高下、岁时之后先，次而书之，刊置学官。又访其氏族、爵里，别为一编，咸虚其末，以待来者。虽然，程氏之学，大要在知本而敬以行之，事业、文章皆其发也，而禄爵之得丧不与存焉。向以此邦之士，因故家之传充而不止，沿流而达于源，其为盛也。又将有立言者乐为此邦书之，某也斯拱而俟。(《楼钥集》卷五〇)

林亦之《辛卯岁应举过西峡渡》：白鹿山头云欲颓，峡门滩下水如雷。锦囊破裂元无用，席帽嵚崎还更来。我自未能逃世俗，人谁便解脱尘埃。扁舟且趁牛羊渡，莫问如今第几回。(《全宋诗》卷二五〇八)

乾道八年　壬辰(1172)

正　月

三日,诏:“应国学进士不曾请举该覃恩免解之人,后如实得解,并曾经外路请举后入学该覃恩免解之人,并理为一免。”(《宋会要·选举》一六之一八)

九日,以翰林学士、知制诰兼侍读王曮知贡举,中书舍人兼同修国史兼实录院同修撰赵雄、侍御史叶衡同知贡举,合格奏名进士蔡幼学以下三百八十九人。(《宋会要·选举》一之一七)

太常少卿黄钧、将作监刘季裴、监察御史颜度、太常丞赵思、司农寺丞留正、著作郎林光朝、杨兴宗、著作佐郎赵汝愚参详,秘书丞尤袤、秘书郎萧国梁、枢密编修官崔渊、敕令所删定官杨恂、王质、王公衮、国子博士木待问、秘书省校书郎丁时发、正字吕祖谦、唐仲友、蔡戡、御史台主簿柴卫、宗正寺主簿王卿月、国子监主簿邵说、太学博士姚宗之、太学正陈自修、国子录沈瀛、主管吏部架阁文字曾植、主管礼部架阁文字俞光凝、监军器所门李嘉言点检试卷,大理寺丞吴渊主管牒试避亲。(《宋会要·选举》二〇之二二)

十三日,诏:“应国学进士不曾请举、该覃恩免解之人,后如实得解,并曾经外路请举、后入学、该覃恩免解之人,近旨并理为一免外,国学生该绍兴三十二年覃恩,先曾升补内舍生,或住学已及十五年,曾经公试或私试中选人,并特放行今来省试。”(《宋会要·选举》四之四二)

蔡尚书幼学师陈止斋，乾道壬辰同赴省试，止斋知其必魁取，乃自下赋卷。已而，师生经赋俱为第一。赋场先试《出圣人之于天道论》，次场《天地之性人为贵》，其文意步骤，全仿止斋，盖有所授也。(《吹剑四录》)

八年，公(陈傅良)之高弟蔡公幼学为省元，公次之，徐公谊又次之。(《楼钥集》卷一〇〇《陈公神道碑》)

十八日，诏："武学生该遇绍兴三十二年覃恩，先曾升补内舍生，或在学已及五年，曾经公试或私试中选人，并特与放行今来省试。"(《宋会要·选举》一七之三三)

二　月

周必大《礼部看详举人状》：准都省批下白札子，赴省试前场人照对赋题，官韵限字内"走"字，系是上声子口切一音，却点作则候切，入在去声。今来场中士子多用杜牧《注孙子序》"犹盘中走圜"之"走"，押走字韵，其出处实无音释，委合如字，于上声韵内押。兼西汉《蒯通传》载"犹如阪上走圜"，亦无音释。凡经传无音释者并如字，显见合遵上声如字押用分明。伏乞特赐牒送贡院详酌考核施行，伏候指挥。

后批：送部看详，申尚书省。检照《礼部韵略》，上声"走"字不训其义，去声"走"字注云："疾趋也。"缘《礼部韵》往往本于《广韵》。按：《广韵》上声"走"字注云"趋也"，去声"走"字注云"疾趋也"，既皆训"趋"，则义亦相通。今见行《礼部韵》，如"防"、"探"字之类，平侧异音；"被"、"视"之类，上去异音。元祐间看详，许随韵通押。若有独音，方从本音。今来举人所用"盘中走圜"之"走"、"阪上走圜"之"走"，既《广韵》皆训"趋"，如出处无独音，自当依见今《礼部韵》所载元祐已行条制，随韵通押。今看详如得允当，乞下贡院照应施行。候指挥。乾道八年二月一日札下礼部贡院，依礼部看详到事理施行，仍榜试院门晓谕。(《全宋文》卷五〇七四)

十日，礼部贡院言："试博学宏词科左迪功郎、新建昌军军学教授傅伯寿，右迪功郎、前临安府富阳县主簿汤邦彦，考入下等，上所试文各六篇。

题曰:《观文殿学士特进授少保醴泉观使兼侍读制》、《唐泾阳受回纥献功颂》、《代文武百官为光尧寿圣宪天体道太上皇帝寿圣明慈太上皇后加上尊号册宝礼成贺皇帝表》、《周太常铭》、《天禧御制元良述赞》、《南北军屯记》。"诏:"伯寿减二年磨勘,堂除差遣;邦彦赐同进士出身。"(《宋会要·选举》一二之一六)

十一日,诏:"赐衢州吕嗣兴童子出身,补右从事郎。"嗣兴四岁,诵《易》、《诗》、《论》、《孟》、《孝经》并《天官》、《中庸》、《儒行》、《左传序》及他杂文。虞允文等奏:"近应此科者多,然皆六七岁以上,如四岁者绝少。"上曰:"已赐束帛,俟其试罢,优与推恩。"送中书再试,而有是命。(《宋会要·选举》九之二九)

十四日,赐吏部侍郎王之奇同进士出身。寻拜端明殿学士,签书枢密院事。(《宋会要·选举》九之二〇)

二十七日,赐户部尚书曾怀同进士出身。寻拜参知政事。(《宋会要·选举》九之二〇)

陆九渊《问唐取民制兵建官省试》:对:古之是非得失常易论,今之施设措置常难言。论古之是非得失,而不及今之施设措置,吾未见其为果知古也。然则,古亦岂可以易言乎哉?取民、制兵、建官之法盖莫良于三代,遭秦变,古先王之制扫地而尽。由汉以来,因循苟简,视三代之法几以为不可复行。盖不知大冬之寒,可以推而为大夏之暑;毫末之小,可以进而为合抱之大,顾当为之以渐,而不可以骤反之也。唐因魏、隋之旧,而成租调、府卫之制,官约以六典,而省之至于七百三十。此可以为复三代之渐,而唐之所以为可称者也。至于贫无以葬者,许鬻永业;自狭乡徙宽乡者,并鬻口分,启兼并之端,开避地之衅,此固失在于其法。省官之初,自谓吾以此待天下贤才足矣。既而增员外,置浸广而不复除,此固失在于其身。居重御轻之说,在唐固不能无蔽。而府兵之废,实出于版图隳而不可考,阅习弛而不可用,其源盖与授田相表里,皆其立法之遗恨也。彍骑、两税,虽皆一时可喜之事，而坏经常简易之法，驯致巨创大蠹而不能救。承良法之弊，不知修而复之；苟且变更，以偷一时之利而不顾其后，此尤君子之所深恶，不可诿前人之失而逭其诛。至于斜封、墨敕之滥，则诚无足深责。大抵君子之望于唐者，欲其等而上之而唐愈下，欲其推而进之而唐愈退，其是非得失，岂不较然甚明哉！至推之于今日，则又有难言者。唐租调之法，固可以为复井田什一之渐矣。然连阡陌者难于行削夺之法，厌糟糠者无以为播种之资。削夺之法不行，则田亩孰给？播种之资既乏，则租调孰供？况今之取于民者，斗斛之数定而输再倍，和市之名存而直不给，殊名异例，不可殚举。而州县遑遑，有乏须负课之忧；大农汲汲，为支拄权宜之计。于此而议复租调之法，谁曰为通世务者？唐府兵之法，固可为复军旅卒伍之渐矣。然授田之制不行，则府卫之制不可复论。况迩者两淮流徙之民，朝廷欲因振救之粟，使耕荒弃之地，以成屯田之业，而议者犹惧资储之乏，事弗克究。列营而居、负米而爨者，或者犹惧拊循之未至，居处之未安，习勤之未集，而遽欲望被坚跖劲于田亩舍锄释耒之人，亦已难矣。于此而言府卫之制，盖索商舶于北溟之涯者也。唐、虞官百，夏、商官倍，周官三百六十。而唐承隋后，官不胜众，骤而约之，七百有奇。则复古建官，亦莫近于唐矣。今之内而府寺场局，外而参幕佐贰，可以罢而省之者盖不为少。天下莫不知之，而朝廷之惮为此者，则惧夫衣裳之流离而无以生也。今虽不省，而受任者或数千里，需次者或八九年，夺园夫红女之利，不复可以责士大夫。为省官之说，则又不可无以处此。故曰论古之是非得失者易，言今之施设措置者难。然则三代之法，其终不可复乎？曰：大夏之暑，大冬之推也；合抱之木，毫末之进也。况夫修己以安百姓，笃恭而天下平，仲尼谓期月而可，三年有成。有包荒之量，有冯河之勇，有不遐遗之明，有朋亡之公，于复三代乎何有？愚不佞，他日执事大人论思之次，愿与闻焉。(《全宋文》卷六一五一)

三　月

六日，礼部言："昨臣僚申请特奏名自合依旧制，自得解到省试下实及三十年，许殿试定例，并无实及三十年之人。当时臣僚一时申请，大率以十举为三十年。今将宣和六年旧制定例参照，自绍圣四年至宣和六年，系十举二十九年。即与今绍兴十四年省试下，到乾道八年，恰及十举二十九年，比较旧制一同。今欲依旧制定例，将绍兴十四年得解、十五年省试下之人，许赴今举特奏名试。内有因事至十八年到省试下人，许理元得解年为省试下，逐举带行，后举亦依此递趱。”从之。（《宋会要·选举》一三之六、七）

十三日，诏：“四川正奏名进士雍大荣，令殿试。”大荣遗失赴殿试公据，以券历为验，及召保识四人。礼部以闻，许之。（《宋会要·选举》八之四四、四五）

十四日，礼部言：“国学进士该覃恩，已许理为举数。其藩邸州军进士有实请解、免解举数尚少一举之人，乞许将到省该覃恩一举搂举，赴特奏名试。”从之。（《宋会要·选举》一三之七）

十七日，上御集英殿，试礼部奏名进士。内出制策曰：“朕丕承大命，司牧兆人，寅畏严恭，惧德弗类。是以顺考帝王之宪，铺寻载籍之传，求其可师，以济于治。惟七制之明后，若三宗之显王。固本培基，则有务德之君；振旅治兵，则有雄材之主。习闻其号，亦观厥成，咸有所偏，未臻于极。若孝文之德，则罪不孥，宫不女，惜露台之费，除租税之征，可谓仁矣。然而，恬芒刃之施，释斤斧之用，唯尚宽厚，其威不伸。朕以孝文之文也，而能厉之以武，不亦善乎？若孝武之功，则选明将，讨不服，匈奴远遁，百蛮向风，可谓盛矣。然而积尸暴骨，快心胡越，财贿耗而不赡，干戈因以日滋。朕以孝武之武也，而能本之以仁，不亦善乎？呜呼！文者，帝王之利器；武者，文德之辅助也。文之所加者深，则武之所服者大。唐之太宗，实惟兼之。观其内平祸乱，外除戎狄，安靖黎元，各有生业。史氏所以称其功德兼隆，由汉以来未之有者也。瞻言清风，切所向慕。伊欲规其能事，跂其成绩，何修何饰，而外户不闭、行旅不赍？何取何营，而断狱几刑措、米豆直三钱欤？家给人足，厥道曷由？仁义功利，四者之宜，当安所施？子大夫习先圣之术，通当世之务，合志度义，其知之矣。其明以启告朕，悉意正论，毋枉执事，朕将亲览焉。”得正奏名黄定以下三百八十九人，第为五等,赐进士及第、出身、同出身。特奏名陈瑀以下四百八十一人,赐同进士出身、同学究出身,登仕郎、将仕郎、上下州文学、诸州助教。同日,试武举进士,内出制策曰:"朕惟在昔修攻战之具,设守御之备,常出于国家无事之时。而富国强兵之道,率皆取于人事。锄耰以当矛戟,簦笠以当甲楯。春钹夏耨,乃其步骑也;田里相伍,乃其符信也。凡所以取于民者,何其顺且便?而教其民者,何其简且易欤?今江淮襄汉,榛莽千里,故号沃壤,抑欲推古人已行之事而时措之。留屯万人,如赵充国之在金城欤,则兵不安于为农,而或妨于阅习;将兵民杂耕,如诸葛亮之在渭南欤,则兵农不能以相安,而或至于两废。何古人行之,功效如此之可必;而今日为之,如此其难也?岂规画之未尽,抑奉行之不得其人耶?子大夫为朕推原其所以然,无略。"得正奏名林宗臣以下三十三人。宗臣赐武举及第,补保义郎;余悉赐武举出身,补承节郎。特奏名吕庭彦补进武校尉,李元老补进义校尉,减磨勘年有差。(《宋会要·选举》八之一三、一四)

乾道壬辰,黄定《对策》谓:"以大有为之时,为改过之日月。"又云:"虽有无我之量,而累于自喜;虽有知人之明,而累于自恃。"又云:"欲比迹太宗,而操其所不用之术。顾眄周行,类不适用,则曰腐儒,曰好名,曰是党耳。于是始有弃文尚武、亲内疏外之心。何不因群情之所共违,而察一己之独向?"其言皆剀切。孝皇擢之第一,有以见容直之盛德,而秉史笔者未之纪焉。(《困学纪闻》卷一五)

陈傅良《壬辰廷对》:臣恭惟陛下发德音,下明诏,博考汉唐已然之效,下问承学之臣,慊然有师古不自用之心。顾臣浅陋,何以称塞?抑臣闻自古建议之臣,赴功之臣,翊扶治道之臣,类窃叹曰不遇圣主。如遇圣主,当不自用,则言无难行,事业无难就者。臣亦稽之汉唐兴,王虽六七作,考论君德,鲜能全美。是以规模褊迫,而治效凡近。陛下宽仁神武,对于三五之隆,粤自绍尧,所以剪除文具,脱略边幅,嘉与群臣,洗凡而破陋,以跻至治,以迓宏休,甚盛甚美。臣愚妄自量度,陛下之圣,诚具二美。何谓二美?臣观比年有大更张,有大施设,造命之初,虑不可夺。一旦事状陈露,陛下顿悟立改,曾无留难。天下咸曰陛下之无我。自昔所进,今不知其几为何人矣。以其间盖有违诏令,负任使者。陛下察见情伪,一予一夺,动中公议。天下咸曰陛下之知人。夫以无我之量、知人之明,于汉唐可俯视焉。

而臣伏读《圣策》曰:"朕丕承大统,司牧兆人,寅畏严恭,惧德弗类。是以顺考帝王之宪,铺寻载籍之陈,求其可师,以济于治。"盖方慊然师古而不自用如此,则臣所谓言无难行、事业无难就者,舍此时尚安须耶?然而十有一年于兹,而治绩未进于古,下情犹郁,公论犹沮,士大夫犹有怀不敢尽,独何欤?或者陛下之所以圣,亦所以累盛德欤?不自用之心虽能形之于言,未能充之于事欤?臣窃迹前事。曩者创复发运,经营移屯,当时廷臣亦有疏其非是者,而陛下姑惟试之,终于无状。今谋者有谴矣,将命者有谴矣,岂惟朝野诵九重之不吝而服其英断哉?虽陛下将自喜矣。苟惟自喜,是以为累。夫有去故之喜,则有图新之谋。抑臣未知来者之献计,果有以异乎此否也?以臣参之舆言,揆之事情,其诞谩苟且,举是类耳。陛下舍彼取此,而不察其适相类,臣恐后之悔今,亦犹今之悔昔。无乃以大有为之时,徒费而为改过之日月乎?夫以天子圣明,春秋鼎盛,何向不立?今且一纪,历日弥长,岁复一岁,改过不给,可不为惜乎!汉元帝、唐德宗宠任群佞,不移如山。遇主如此,政复何恨!奈何以虚心大度、过不惮改,而仅足以度越庸主,而究竟无所施也!听言之道,亦于误者察之耳。假如曩者以好边功误,继今言边功者,无遽听可也;反而求之,爱根本可也。曩者以徼近利误,继今言近利者,无遽听可也;反而求之,识大体可也。且陛下何不一思曩者谁为主张是乎?时不再来,事且积废,每试不效,曾未决舍。已乃数悔而频改之,岂所以图全耶?臣是以妄议陛下虽有无我之量,而累于自喜也。且陛下之所尊信、所宠任,其果以为皆忠实而无欺乎?深谋远虑而无败事乎?若果待之如此,臣知陛下必已举国以授之矣。今乃不然,虽已尊信,已宠任,盖至于论人论事之际,陛下类有执而不从,从而不尽者。然则尚疑之欤?夫尚疑其人,则必既见其情,而待遇如故,委寄如故,何耶?岂非圣明之意,自谓吾能知之,吾能驾驭之,彼虽欲为欺不可,虽欲害吾治不可,姑亦纵舍而弗问乎?以此自恃,所患滋大。何者?聪明所加,岂无限极?万机之务,乌能遍知?陛下之所执拒十不一二,而转移侵窃于冥冥之中,殆不可胜数矣。夫未知犹可耳。既已知之,彼且求固。凡所以自归于君上者，惟有恭顺耳，惟有伺候趋和耳，惟有养交借誉以盖前愆耳。陛下见其如此，因置弗虑。岂知面从者皆所以为背违之地乎？苟无诚悫，岂足凭借？今予之事权，假之岁月，足以遂其私矣。徒曰驾驭，阴受其害，此臣所大惑也。大抵使贪使诈，惟爪牙之贱役可也。股肱心膂，要须忠良。用人之道，百王一法，不宜以洞见是非，易此弗守。臣是以妄议陛下虽有知人之明，而累于自恃也。夫陛下之慊然师古，岂不曰吾将不自用也？然而陛下以无我之量，而累于自喜；以知人之明，而累于自恃。如臣管窥，陛下之所以师古，是诚不自用耶？抑名曰师古而实自用也？

臣伏读《圣策》曰："惟七制之明后，若三宗之显王，固本培基，则有务德之君；振旅治兵，则有雄才之主。习闻其号，未睹厥成。咸有所偏，未臻于极。"夫乐其号而考其成，患其偏而要其极，诚如所言，信陛下有师古之实矣。抑臣有疑焉。何也？臣伏读《圣策》曰："若孝文之德，则罪不孥，宫不女。惜露台之费，除租税之征，可谓仁矣。然而恬芒刃之施，释斧斤之用，惟尚宽厚，其威不伸。朕以孝文之文也，而能厉之以武，不亦善乎！"臣固知陛下慕文帝之宽仁足以富民，而所阙者武功也。且陛下自度所以富民者何如文帝耶？臣观文帝以钱谷问丞相，而陈平不对，谓是有司事耳，非所以烦庙堂。由是，汉之计臣得以自尽，仓廪之吏至以氏其子孙。臣不识今之所谓冢宰制国用，于左藏之外别为南库者何也？且其辞曰：经费一领于大农，而增羡币余之入，南库受之，其名顾不甚美乎？然而，操制国之权，与司农孰为轻重？增羡者，遄有迁擢，经赋亦否，则莫能黜陟也。厥今漕臣、守臣，类多自营。观此二途，意将安向？是以比岁经赋日耗，而南库之积日滋。大农告匮时，捐数百万缗以相补足，比及奏闻，屡有德色。且均之为国用耳，虚彼盈此，竟何谓耶？夫兵廪如昨，吏禄如昨，凡岁百须如昨，而大农甚匮，将安取？此陛下信以为版曹诸臣自卖以取办乎？抑甘受阙额，拥虚数，坐俟乏绝，被诛谴乎？不能为此，必且他为谬巧，以苟逭岁月之责。是以上不加赋而民生嗷嗷。夫暴征横敛出于朝廷，则群臣得以论列，细民得以赴愬。今也州县之赋，一按故籍，无秋毫加益焉。而有司巧为斡旋，暗相资奉，旁缘科色，诛求锱铢。群臣欲论列之耶，细民欲赴愬之耶，而独无彰彰之名可以指摘。所以至仁在上，恻隐至矣，而泽不下流，是可不为寒心？夫文帝以司农理财，至于寡取；陛下以宰相理财，至于多取。臣故曰陛下慕文帝之富民而不由其道，所以评文帝者诚善矣，而无益于治也。

臣伏读《圣策》曰："若孝武之功，则选明将，讨不服。匈奴远遁，百蛮向风，可谓盛矣。然而积尸暴骨，快心胡越，财贿耗而不赡，干戈因以日滋。朕以孝武之武也，而能本之以仁，不亦善乎？"臣固知陛下慕孝武之雄才足以强兵，而所不取者薄于仁也。且陛下选将厉兵，亦尝用武帝故事乎？臣观武帝操纵将帅，最有绳尺。一旦乃以爱故，欲将贰师。夫以帝之威灵，宠一偏将，其谁敢议？而帝也必枚卜诸将，贰师最吉，然后行之。诚不欲以女子之故，弛废家法，抑绝廷议也。今天下之兵，不属之三衙与边帅乎？或云：近者禁扈之除，专阃之寄，往往由径。抑臣疏远，未知信否？间亦得之防夫走卒、街谈巷议，以为诸将平时所以侵克廪钱，隐占伍籍，贸易称贷，以谋聚财，大抵将以结交媒进身耳。臣窃愤之。夫以陛下笃意戎事，妙选授钺，虽大臣且不预议，尚安有此？日夜思念，莫执其咎。或者左右朝夕积誉之渐，游谈之久，亦足以宿留宸聪而密回天听耶？患生所忽，殆不易知。陛下习闻姓名，忽不以次用之，当是时岂敢有诵言论荐者乎？盖其于简记之先，借助多矣。夫断自宸衷，恩顾归下，赂入私室，怨在公家。凡有爱君之心，谁忍闻此？况又将帅素轻，士不素附，而欲望其立功靖边，不亦难乎！且武帝以私选将，犹不废公；陛下以公用人，奈何不稽于众，顾得以容私耶？臣故曰陛下慕孝武之强兵，诚得其所长，而择将之理未尽，臣未见其能强兵也。

臣伏读《圣策》曰："文者帝王之利器，武者文德之辅助也。文之所加者深，则武之所及者大。唐之太宗，实惟兼之。观其内平祸乱，外除夷狄，安靖黎元，各有生业。史氏所以称其功德兼隆，由汉以来，未之有也。"臣又以知陛下小汉家之偏尚，而想贞观之独隆。陛下之志岂不大，而学岂不博哉！然臣据汉鉴今，未能无惑。而折衷诸唐，殆有四未谕焉。夫陛下以古问臣，臣不敢徒以古对。如陛下诚有慕于唐欤，臣请言今之所以异于唐者，愿陛下审择而更张焉。则岂惟如唐，将有隆于唐者，惟陛下所欲耳。太宗谏官入阁之制，非以求谏耶？而陛下不乐忤意之臣，此臣之所未谕者一也。太宗幕府学士之选，非以崇儒耶？而陛下有轻视儒生之名，此臣之所未谕者二也。太宗感魏征之言，使群臣不存形迹，陛下乃以近名责臣下，此臣之所未谕者三也。太宗屈意雠臣而不以秦府自卫，陛下乃以合党疑外廷，此臣之所未谕者四也。臣非但以太宗望陛下者，安敢怀所未谕，而不试陈于前？曩者议除发运，议遣泛使，论思之臣一语不合，往往罢斥，甚或流窜，事亦少异矣。虽然，是尚有可诿者，曰是非官守言责也。日近除授，而台谏有所弹奏，舍人不书黄，学士不草诏，是不曰官守言责乎？盖职分常事耳。而夜半一纸忽从中出，或废或逐，曾不淹辰。而吏卒讥诃，不容置辇毂下。夫震霆不及掩耳，古所以待桀猾也。此皆陛下忠爱臣子，进退惟命，安用若此匆匆，惶惑民听哉！夫陛下有混一夷夏之志，而不能容一二龃龉之臣；将以垂宗社无穷之休，而不能少屈须臾之听。省闼台掖，虚位几月。臣窃怪此何景而见于不讳之时也？太宗独不怒谏臣乎？宫中无发之语，尚能忍之，深知言路开塞，乃人主切身利害。彼纷纷以口舌争者，果谁为也？臣以为陛下诚慕太宗，当自求谏始。腐儒空谈，只乱人听，岂惟人主厌此？虽稍知务书生，固自厌此。陛下不与共事，其谁念之哉？然而腐儒端不可用，而不可有轻视儒生之名，何也？非所以招徕其类也，非所以令众庶见。脱有真儒，亦其俦辈，或以取轻为愧，而一动“归去来”之心，陛下安能有之？夫燕昭之礼郭隗，其虚声犹足以致士。焉有圣人抚御，天涵地育，而一旦有弃士之名哉？且以陛下临御以来，凡所谓陋儒其被戮辱、蒙顿挫者，谁乎？盖未之见，而远方之士风传，料想往往过当。或曰经筵特虚器耳，科诏特故事耳，赐出身特未混流品耳，无乃阙盛美矣乎！十八学士，岂尽全才？间亦无过区区章句、文墨浅事，而太宗兼取并蓄，厥意不独为缘饰也。臣以为：陛下诚慕太宗，当自崇儒始。夫好名之士，貌异而心不同。如其浮躁刚愎，掠美于已，而归过于君，诚不足顾惜也。以臣泛观，人才无虑数等，盖亦有介直而不隐，疏易而寡虑，其温言似掠美，其愤悱似归过者。要其存心，至拳拳也，至不自为计也。若以好名概视，无乃非所以全爱之乎？且陛下亦知其所以失者乎？其器度不宏，其所养未厚焉耳。夫惟容小所以见大，纳污所以成深。人主固当有远过天下之量也。傥亦以不推逊为讳，不弥缝为嫌，不几于示天下狭耶？正使不然，而以圣德洪深。责备臣子，稍稍矜露，亦恐凡百在位，俱不足以望清光、佐下风矣。陛下将谁与共理乎？臣故以为：陛下诚慕太宗，惟无以近名责臣下可也。独不观魏征请以谏稿付史官乎？脱欲争名，将以焚草为贤矣。仆碑之谗，乃晚节一恨，又何足法？臣窃考自昔党议，多兴于下。何者？此人臣相倾之私，而非君上之愿也。盖党成则大官重权，利归于己；诛戮斩杀，怨在一人，而祸归社稷。若其不成，又将沉浮苟免耳。由此观之，党议成否，一无便于上者。此太宗所以中持衡焉，无所偏倚，以销伏其争而和平其心。臣愚不识近日戒令何为而合党之言累累发也？以臣观今，群臣大抵外同内异，惟身是计，何暇相党。假如议一大政，疏一大臣，甲才谴诃，乙且退缩，其余立而观之耳，甚者反是而迎合耳。陛下何不审观比年亦有议一事而连章不置，如曩时濮议、新法事乎？亦有用一人更数年不奉诏，如曩时李定入台，宋敏求、李大临、苏颂之徒乎？亦有逐一人而同列乞与俱坐，如曩时范仲淹、尹洙、余靖之徒乎？正患人臣不同心耳。而陛下方以为党，此人臣私议，于国何利？而可倡于君上哉！臣故以为陛下诚慕太宗，惟无以合党疑外廷可也。牛李之祸，唐之所以亡也。岂太宗家法乎！

臣伏读《圣策》曰："瞻言清风，窃所向慕，伊欲规其能事，鼓其成绩。何修何饰，而外户不闭，行旅不赍？何取何营，而断狱几刑措，米斗直三钱欤？家给人足，厥道何由？仁义功利，四者之宜，当安所施。"臣以为太宗能事成绩，略尽君道，不越数端。陛下所为修饰，莫若去其不如太宗，而就其如太宗者。舍是，将有所营取焉，非臣之所敢知也。且陛下试思臣之所未谕者，其与太宗异，果何由欤？岂非恃天资之高明，谓天下可独运而专断欤？昔贞观之初，盖有以独运之说惑太宗者矣，而太宗卒莫之听，是以后功利先仁义，而收家给人足之效。陛下欲比迹焉，而操其所不用之术，臣窃为陛下惜之。方今下情犹郁，公论犹沮，士大夫犹有怀不敢吐。而陛下方且顾盼周行，类不适用，慨叹当世殆无其人。非以忤旨而去，则曰是腐儒耳，则曰是好名耳，则曰是党耳。然则陛下临事，腹心将安寄乎？于是乎始有弃文尚武，亲内疏外之心。臣岂不知陛下固非好违经常，率然改图，而徒蒙不韪之议哉！诚以一时闻望之士，历试而甚亡具，十年以来，凡许国者，皆不践言也。大功未立，万绪缺然，展转周回，莫能与济。是独非人臣负陛下至此哉！虽然，意有所偏，则事有其祸。《诗》不云乎："无田甫田，惟莠骄骄。无思远人，劳心忉忉。"臣窃忧陛下之他有所求，将以独运专断,而去道愈远,徒以劳心也。且陛下之所以右武,臣未知何如也?窃聆近制,削下拜之礼,升杂压之序。夫操驭英雄,亦顾圣略何如耳,安用此琐琐为耶?是固其细者也。彼闺阁宾赞之臣,肺腑之戚,强名曰武,特服饰类焉耳,爵号类焉耳,欲实安能?而陛下优游容与累年之久,而再畀之枢管之地,岂惟缙绅烦言,韦布丧气,下至于老兵悍卒,亦籍籍后议,有侮视不平之心。方当大有为之时,而但曰不必右武,诚迂阔矣。若陛下但以名取,苟服饰、爵号仅与文士异,辄取而宠之百僚之上。罢亦不失麾钺,居不足与谋也,出不足与战也,无乃似武而卒非乎!夫以似是而非之人,躐处民上,而曰以作士气,以起戎功,臣恐其去腐儒无几也。陛下何不因群心之所共违,而察一意之所独向乎?且陛下清心寡欲,不玩细娱,彼侍御仆从之臣,凡所以承间而取怜者,一无惑焉。则陛下岂偏厚内廷者哉!或者徒以好事远略,好察臣下,兴利除害之心动乎其中,而或为容悦者所中耶?何者?欲击射之便,则不可与外廷共习;欲探伺之密,则不可与外廷共议;欲用尝试之说,则不可与外廷共施行,势非此曹安用乎?夫陛下用之,才不过此耳,而影响气焰,足以倾人。不惟容奸,殆且生患。比年群臣或以言斥,或以事斥者相继也,独侍御仆从未有闻焉。岂在位皆浮伪,而彼独无所蔽欺耶?其地密迩,其弥缝之计精也。陛下手挠指顾,彼因而趋之矣;陛下声嗟气叹,彼从而和之矣。若是而不能幸免,将谁幸免耶?外议因是谓果亲之也,患且必至。陛下何不因群心之所共违,而察一意之所独向乎!

陛下《圣策》之末丁宁于臣曰:"子大夫习先圣之术,明当世之务,合志度义,其知之矣。其明以启告朕,悉意正论,无枉执事,朕将亲览焉。"臣诚浅陋,无所称塞。区区之愚,独以为陛下有师古不自用之心,而顾恃于独运专断,任一意之所独向,而忽群臣之所共讳,是以下情犹郁,公论犹沮,而士大夫犹有怀不敢尽。故于卒篇乎献焉,而不复他云。《诗》云:"心乎爱矣,遐不谓矣。"臣不胜拳拳。(《全宋文》卷六〇三二)

蔡幼学《乾道壬辰廷对策》:臣闻有道之世,言路不壅,禁忌不立,而下情毕通。今一介之士,群至阙廷,耳所素闻,而目所骤见者,皆足以扞格其欲言之诚。有如陛下临轩之问,不加圣意,姑应故事而已,则其间虽有能言而不讳者，何益于陛下？愿陛下少留神焉，而臣切言之。恭惟陛下天姿聪明，措志高远，临治精廑，远出前世，凡百事几，靡不灼见，苟有所见，断在必行。臣虽无似，亦足以窥陛下之万一。顾尝以为，陛下资虽聪明而所存未大，志虽高远而所趋未正，治虽精廑而大原不立。陛下反而思，嗣位之初，岂不以太平之效旦莫可待？今既十年矣，不惟无成也，风俗益坏，将难扶持；纪纲益乱，将难整齐；人心益摇，将难收拾；吏慢兵骄，财穷民困，将难正救，陛下亦知之乎？

臣伏读《圣策》曰："丕受大命，司牧兆人，寅畏严恭，惟德弗类。是以顺考帝王之宪，铺寻载籍之传，求其可师，以济于治。"是非盛德之谦辞，是乃为君之常道。若不求贤自辅，与下同心，窃恐寅恭之诚有时必怠，稽古之学无所箴规。顷者陛下耻名相之不正，一旦更制，庶几近古，二相并推，以为美谈。执政大臣骎骎除拜，不问班品，而以为非常之举。臣之愚见，则谓不然。宰相，人主之腹心，天下之根本。诚有老成伟德，学问真儒，历试无疑，久任有绩，使之共政，国将永赖。由是正名，臣复何惑？今也，或以虚誉惑听，自许立功；或以缄默容身，不能持正。陛下病于欲速，始姑且信任，见其相安，复使并进。彼将卒事壅蔽，因以为欺。或者退避知难，强而就列，悠悠岁月，岂不败露。陛下欲望其戒饬启沃之言，安可得乎？就使有之，亦不过顺旨巧辞。谩以塞责，陛下恭畏之诚，将何倚赖而不有阙乎？稽古之学，将何考正而不有失乎？他日知之，悔无及也。比有以和籴强取于民，而因言黜职者，试问其人，则尝为相臣而用之。陛下始任之也，宁不曰"是得人"？今罪之也，宁不曰"是非人"乎？陛下择相一一如此，而且欲为治，甚为陛下不取也。若夫执政之除拜，则有大不可者。文武之别，有出身、无出身之辨，在古盛时，未闻此法。诚有人仅如前之所言，使参政机，国与有赖，勿问常格，臣亦何忧？今也不然，往往持巧取附益之术，挟猖狂无实之谈，下至于戚姻连属、闺门奔走之小人，亦得攀援附会，分据要途。今侍从给舍之中，其知有国家者，不忍嘿嘿言而去之矣；其不言不去者，其人可知也。卿监而下至于百执事，盖有待而发者矣；否则，畏忌不敢吐而已矣；否则，将事请托，以求富贵而已。况夫诗书冠带之士，市肆田野之民，苟闻此言，莫不寒心丧气；而宫禁之宦官卫士，营垒之列校走卒，不以是轻玩其上，则将由是徼幸于其上。陛下以为是可以安也，此而不改,正气日消,邪气日长,非所以应天顺人者也。他日知之,其悔益甚矣,陛下之圣,奚自至此?盖择相不当壅蔽之渐、顺旨之素,而陛下不悟,恭畏之诚不于是而反思,稽古之学不于是乎知鉴,则亦何用哉?臣故曰十年于兹,非徒无成,而乱日益甚者,所存未大,所趋未正,而大原不立也。陛下苟以为然,则凡所以策臣者,虽不言而有益于陛下;若以为未也,请详及之。

《圣策》曰:"惟七制之明后,若三宗之显王。固本培基,则有务德之君;振旅治兵,则有雄材之主。习闻其号,亦观厥成,咸有所偏,未臻于治。"陛下诚深思焉,所以为基本者必有在矣。如曰雄材务德,均有所偏,则似轻重之不察者。陛下以为固本务德与雄材好武者可同日而语乎?若昔圣王,匹夫匹妇,皆被其泽,蛮夷戎狄,莫不来王,区区雄材,能及此否乎?天下至重也,人主至难也。古人有言:"出则无敌国外患者国常亡。"敌国外患之时,庶几人主知所畏敬,不敢伥伥然自谓无虞。所恃以无虞者,惟固根本耳。脱谓吾有不堪之忧,将治兵振旅,奋发其勇,冀必可济,殆恐覆亡无日。臣切谓后世之君,苟知固本培根,虽威之不振,尚可勉也。苟徒振旅治兵,是亡国之事。况兵未必治哉!陛下不察其轻重,而概曰偏。臣恐陛下与大臣议论之间,有不深求,而大臣亦无以补陛下之阙也。

《圣策》以"孝文有德而无功,孝武有功而无德。欲以孝文之文,而厉之以武;孝武之武,而本之以仁"。陛下试深思焉,二君之所以异者亦判然矣。然孝文之德,若止如《圣策》所谓罪不孥、宫不女、惜露台之费、除税租之征,则陛下之慈俭,天下知之,岂少孝文哉?今人心不能如孝文时,陛下尚以为惧,或者斯民之心不可以少节得也。使慈俭遽能得民心,则天下亦易治矣。孝文之为文也,识三代之遗风,而愧不及之。举动必尚中正,用人悉使敦厚,其不敢尚斧斤之用者,岂不能哉?今日之患,正以小人在位,贤者失路,举事不中,人情多惑。陛下苟知一小人,未尝不断然斥逐;苟知一过举,未尝不翻然悔悟。一小人去,而更进者或多;一过事寝,而创立者益大。陛下行之,当时不自觉乎?万一自觉,试省其所以然之故,岂非容有自任妄动、眩惑轻信之心乎?如以臣言为不足信,则文帝二十年间,治几前代,不可厚诬。陛下以其文,而厉之以武,嗣位十年,功当倍之,而乃不称,何也?傥以其无攘夷狄之功,则当是时,匈奴无大患于汉,使景、武继之，益厚其本，则何患其不惩？

《圣策》又谓："选名将，讨不服，百蛮向风，匈奴远遁，武帝之功，可谓甚盛。"质其本末，此亦夸者之谈。夫汉之匈奴，蕞尔大县尔。汉四五十年，富民足兵；武帝四五十年，竭力用之，虚耗海内，竟不满欲。况今邻国之悖慢，有天下太半，吾将不足用，甲兵不精，人民之耗已不当武帝之末年矣。尚恐卒有缓急，无以应之，陛下方欲用武，终将若何？且武帝自用兵以来，任将甚重，如卫青、霍去病，固可以横行匈奴中，帝不问其所出微贱，辄尊宠之。自大司马、大将军之权尊，而丞相始轻。公孙弘为相，青方用事，弘苟合取容不诤，而终帝之世，相业无有。虽未亡汉，而大司马、大将军之号遂以不废。宣、元用许、史，成帝用王氏，哀帝用丁、傅，而卒为元始之祸。汉所由亡，武帝实为之阶。帝之初心，岂谓至此？徒以尚武宠将，陵夷致败。今陛下已蹈其辙矣。而其人又无一才可取，宰相忍与同列，曾不羞辱，按其罪谴，宜在公孙弘之上。过此以后，未知所终，臣窃悲焉。夫取武帝之武，未施于用兵，而其失已暴露，本之以仁，不亦难乎？陛下悯国运之中衰，卓然有恢复之志，诚思向时之所以中衰者其故安在，则今日之所以恢复者循循有序，决不可自任而妄动，眩惑而轻信也。

《圣策》所谓："文所加者深，而武之所服者大。唐之太宗，实能兼之。观其内平祸乱，外除夷狄，安堵黎元，各保生业，史臣称其功德兼隆，由汉以来未之有也。瞻言清风，窃所向慕。伊欲稽其行事，跂其成业，何修何饰而外户不闭？行旅不赍？何经何营而断狱几刑措？米斗直三钱欤？家给人足，厥道曷由？"陛下诚深思焉，太宗之所以过人者，亦必有道矣。臣尝考其终身所可言者，不过一二事，而资之聪明、志之高远、力之精廑，有不论焉。盖使徒挟是三者，而不知其本，将安用之？今夫独取孤隋，尽攘群盗，英雄之气，震慑天下。彼魏征仇人也，仁义之论，直言无忌，太宗亦直从之无他恤，悉心下风，期与致治。以如彼之气，受如此之言，陛下以为轻信者能之乎？今日所用，乃虚诞贪婪之小人，亦既二年，靡补分寸，而又益崇用之，料陛下亦以其可与言恢复耳。使有如魏征，首以仁义之论至，陛下能从之否乎？此亦太宗之所可言者，而陛下未能也。反复太宗之书，得其所言，不过求谏。魏征一病，而谓"数日不见，朕过已多。"《十渐》等疏，开怀领略，纵不能用，亦鲜置罪，故终身赖以寡过。陛下以为自任者能之乎？今宰相奏事，侍从以上已见，百执事亦轮对，皆求谏之路，而最切者台谏耳。迩日之事，陛下发不中节，苟有血气，皆知其非。给舍之缴驳，台谏之章奏，朝廷公论，尚未泯灭。十年之间，涵养士气，仅有此耳。就使欲行者不可回，而敢言者亦可亮。今不旋踵逐之，不忍须臾。彼特人臣耳，雷霆之威，亦焉用暴哉？台谏虚位，二旬有余；侍从迁易，九重自便。陛下亦念祖宗以来，涵养士气，远轶汉唐者，曾如是之雷霆震厉而不顾其体貌；台谏虚位，曾如是之经旬累日而不顾其旷官。太宗之朝，有如是乎？今之直言极谏、奋不顾身者，有如魏征之戆直者乎？陛下之从谏如流，能大度包容，如太宗乎？故臣以为必上有如太宗之能受直言，而后有如魏征之直臣。否则，阳博开言路之名，而阴以箝敢言之口，虽延恩之匦日盈，伏阙之章日上，而于国家之政事、主德之纯疵，无丝毫裨益也。且贪生而恶死者，人之恒情。今雷霆斧钺之威，朝上书而夕即至，无怪乎大臣之以持禄全躯，近臣之以希风阿世，风俗相沿，日甚一日。其弊将至于任事者以生事自危，效忠者以忤旨摈斥，不至于九重深拱，而群臣尽废，多士盈庭，而一筹莫吐，不止也。

《圣策》又以"侍臣之启沃，不能深究乎仁义功利之辨，而多狃于近功小利之说。"此诚正谊明道之本也。夫不谋其利，不计其功者，三代圣王之治也。若近世，则皆未免觊功贪利，间或有成，亦不足法。陛下若稽古昔，以询侍臣，必有所得于此。臣恐侍臣之中，未必皆体此意。或乃因缘为说，实无本源；或乃开导不明，见谓迂阔，不足以坚陛下之诚。诚一不坚，而近功小利之说起矣。以迩日之用人举事，臣知陛下于仁义功利之宜果无定论，而讲之未始明白也。十年之间，九重之上所以图治者不定，而大臣之论治也不明，臣甚惑之。使陛下享国长久，百年而未艾，悠悠碌碌，犹如今日，岂不误天下苍生也哉？

陛下复策臣以"习先圣之术，明当世之务，其以明告朕，悉意正论，毋枉执事，朕将亲鉴焉"。夫一介之士，群至阙庭，其间岂无可采之议？然世之习为冗熟无用之语抑多矣，陛下苟疾其无用，将并弃而不留神焉则不可。且腐儒之可疾，岂惟人上者疾之，稍知求为有用者亦自疾之。然所贵为人上者，有以阴革潜消，使人回心而转方耳。陛下深欲信任，未尝非儒，必谓是能决国家用也。以臣观之，所谓腐儒，莫大于此。天下之士，以为彼视我无加焉，而皆得尊荣，则虽告之曰“吾疾腐儒”，彼将安信？告之且不信，况欲其自化哉？陛下他日悟所任之不足用，将全归咎于儒，变法更政，只以生乱，而不知反其本。臣窃谓陛下欲用真儒，而不知儒之所以真；徒恶腐儒，而不知儒之所以腐。不先自尽，而见无由明，进贤退佞且不可得，其何以化天下乎？自尽之道，要有攸止。以陛下之圣，日损其过，何所不至？臣虽获戾，其敢避乎？义不可嘿，情难毕陈，臣不胜昧死。（《全宋文》卷六五八〇）

十七日，赐吏部员外郎苏峤同进士出身。寻擢起居郎。（《宋会要·选举》九之二〇）

十八日，上御幄殿，引呈武举人射。（《宋会要·选举》八之四五）

二十三日，兵、吏部言：“已降旨，武举正、特奏名进士，并依文举例，唱名日给黄牒告命。缘文举正奏名黄牒，称赐进士及第、进士出身、同进士出身。承前武举唱名，止给付身，称保义、承节、承信郎、校尉之类，并及展减磨勘。今欲于武举敕牒前衔作‘武举正奏名某’，绝伦人于正奏名上添‘绝伦’二字。其后拟第一名赐武举及第，余并赐武举出身，并所补官。特奏名前衔作‘武举特奏名某’，后拟所补官资、展减磨勘一节。候黄甲指挥下，令吏部出给公据。”从之。（《宋会要·选举》一七之三三、三四）

四　月

一日，诏：“蜀州正奏名进士赵甲等六人，并与依格例升名。”以甲等援太上皇帝潜藩例，自言也。（《宋会要·选举》八之四五）

一日，集英殿武举唱名。其间有策系优等，绝伦、武艺并应格者，反具在平等之后，如第一名亦止补保义郎。上顾虞允文等曰：“此恐未当，宜别措置。”同日，诏：“唱名武举进士，本贯系潜藩人，令兵部比附文举升名。”其后唱名，第十六人吴克孝贯建宁府，系皇帝潜藩，令升名。有司言：“武举比之文士，即无五甲。欲令吴克孝用升名恩例，将已展一年磨勘更不展

年。"从之。(《宋会要·选举》一七之三四)

二日，御药院言："契勘：御试举人，内有应举宗子漏写限一千字以上，杂犯不考。自绍兴二年以后，未有此例。检为绍兴二十四年赵不同系应举宗子，合升一甲；为犯怀挟，合降一甲，得旨比折更不升降。今欲依赵不同例，比折更不升降。"从之。(《宋会要·选举》八之四五)

二日，上御集英殿唱名，取应宗子知夫以下三人特补保义郎，公茂以下三十八人特补承节郎。(《宋会要·选举》一八之二五)

杨万里《四月二日进士唱名，万里以省试官待罪殿庐，遇林谦之说诗，夜归，又得林柬，因纪其事》：清晓朝帝所，就列复少须。不遇林夫子，于何得故吾？宫云霁犹未，宸风爽亦初。说诗怜新体，信美古则无。将无古人拙，未必今制疏。夜归辱良讯，送似谈笑余。病怀翻不乐，此意从谁舒？短歌纪幽事，老矣复焉如？(《杨万里诗文集》卷六)

八日，诏："已唱名武举进士内有本贯系潜藩之人，可令兵部比附文举升名。"(《宋会要·选举》一四之一〇)

十五日，赐进士闻喜宴于礼部贡院。诏："用四月二十六日。"是日，赐及第进士御书《益稷》篇。(《宋会要·选举》二之二〇)

进士名录：黄定，黄艾，刘下，丁可久，丁梦锡，卜芸，王大有，王圭，王成，王次春，王孝严，王岳，王庚，王居仁，王堂，王贲之，王斐，王瑀，王辉，王荡，王铎，文章，方壶，尹邦正，尹邦俊，石宗昭，田及，田澹，吕拱芳，吕庭坚，朱泳，朱钦则，朱辟非，朱霖，任惟寅，任岩叟，向公行，危崧高，江士隆，江士龙，江公范，江泰，江涔，汝佾，李大异，李日休，李正通，李沐，李泳，李夏卿，李浩，李梦熊，李岁，李端臣，李枢，李震，吴绍，吴雱，吴敦义，吴兢，吴铣，何中实，汪洪，汪逵，沈千里，沈作霖，沈荣祖，宋光远，邵子厚，邵景之，邵观，范之柔，范椝，范藻，林行可，林秀友，林尚德，林彦常，林致，林淳，林棨，林�，林辉，林鼐，林璘，周吕龄，周邠，周忠厚，周盈，周章，周梦先，周简，胡时，胡朝颖，胡廙，胡济，柳荣祖，俞言，俞茂先，俞庭椿，洪叔庄，洪无竞，姚宋佐，秦膺刚，莫士先，莫元忠，庄傅，夏融，夏蹈中，徐宋英，徐鼎，徐愧(误)，徐纲，徐谊，奚国器，翁韶，留定，留寅，高介卿，高安世，高宗商，唐廙，涂南鹏，陆九渊，陈士楚，陈公亮，陈允，陈仕璋，陈百昌，陈百揆，陈光祖，陈仲礼，陈东，陈南，陈炳，陈纪，陈桂，陈晃国，陈绍是，陈鼎才，陈傅良，陈嗣明，陈广寿，陈篆，陈亿，陈衡，陈谦，陈绎，陈铸，孙大同，孙吴，孙岑，孙逢年，孙晔，孙侨，黄大本，黄太，黄方开，黄旦，黄岳，黄衍，黄震，曹纬，曹骧，常浚孙，许衍，许开，章泳，章洙，章杰，章纲，梁文，梁甫，张左，张布，张有为，张成招，张亨辰，张拱辰，张时举，张涣然，张熊，张纲，张汇，张锷，叶先，叶宏，叶明之，叶挺，叶铦，程复，傅泉，舒烈，舒璘，汤懋，汤觉，游士衡，宁渊，贺次章，杨大全，杨炳，杨潜，杨继祖，雷霆，虞李，詹易守，雍太荣，赵不沮，赵不柔，赵甲，赵汝晦，赵汝嘉，赵伯省，赵汴，赵彦俉，赵彦弼，赵洵，赵师炳，赵师烜，赵师渊，赵师誉，赵庾，赵万，赵杰之，赵善侃，赵善珍，赵善恭，赵善远，赵善择，赵善憴，赵善臒，赵焯，赵梦极，赵巩，蔡幼学，蔡浩然，蔡诜，廖颜，郑三友，郑少魏，郑汝止，郑东，郑晞祷，郑遹，郑鉴夫，邓友昂，邓友龙，欧阳光祖，欧阳昌邦，欧阳朴，刘子隆，刘少集，刘文礼，刘吉，刘邵，刘知，刘牧，刘春，刘垣，刘爚，刘骥，潘元震，潘宇，潘朝卿，潘雷焕，薛叔似，萧诚意，萧说，卢子材，卢宜之，卢特，钱悌，钱闳，钱寀，鲍升之，鲍潚，韩永德，钟鼎臣，谢汝为，谢安邦，谢时举，谢敷经，濮坦，边密，颜顾，严福，罗全材，罗克开，罗端诚，顾时大。

特奏名进士：陈瑀，王之铎，王公举，王伸之，王时中，王纯臣，王藻，方庞，方斫，方拱辰，吕发，朱箕寿，李伦，李宾，李岩起，吴待聘，吴逌，邱先民，余廷秀，余思聪，宋昌国，邵若无，林丙，林白，林奉先，林从，林概，林颖中，周师尹，马骥，倪珪，徐易，翁炳，高焕章，郭梦俊，陈介，陈文行，陈世德，陈恭，陈著，陈敦厚，陈馨，陈铎，孙邵，孙逑，黄行中，黄炳，黄景良，黄补，黄凤，黄惯，黄浚，叶元凤，叶望之，葛少微，曾元夫，曾丕烈，曾首，富邦彦，杨惟则，赵炳，赵球，赵余庆，管节夫，廖裕，郑莘夫，郑凌，郑揆之，郑资深，樊文懋，刘季云，刘思衡，卢宜，卢应时，钱大椿，韩待聘，应懋商，罗寅。(《宋登科记考》卷一〇)

补进士名录：其一，林多益。《全宋诗》卷二五二八陈傅良《送同年林多益丞宁海》。

其二，周介之。《全宋诗》卷二五三四陈傅良《送周介之同年赴德化宰》。

辨正：徐愧，当为“徐槐”之误。《宋登科记考》此处所引文献乃陈傅良《止斋集》卷四七《徐叔楙圹记》，该文作“槐”。

止斋陈氏傅良，字君举，永嘉人。早以《春秋》应举，俱门人蔡幼学行之游太学，以蔡治《春秋》浸出己右，遂用词赋取科第。词赋与进士诗为中兴冠，然工巧特甚，稍失《三元衡鉴》正体，故今举子词赋之失，自陈始也。(《四朝闻见录》甲集)

平阳周秀才，元名石。临应举，梦人告曰：“君且及第。”袖出将来省榜示之，遍阅始末，无己姓名。其人指吕九龄以示之曰：“此是也。”既觉，大以为不然，而思索其故，不能去心。忽幡然曰：“吾不应改姓，姑取吕龄二字为名，或可应之。”闻者颇嗤笑。果于乾道八年黄定榜擢高科。(《夷坚支志》戊卷八)

韩元吉《回殿试第一人启》：伏审射策宸廷，亲被圣神之选；锡名天陛，蔚为俊造之先。治世得贤，文科增重。窃以道术裂于天下，由诸儒有以自失其传；议论诡于圣人，故众言无因会归其统。于昭大有之运，思启非常之元。发明礼乐制作之原，聿求天人和同之际。将修七政九赋之本，以正中国之气；必资三表五饵之策，以制外国之谋。大哉王言，褎然举首！状元学士，学优而问博，文赡而才华。达君子之中庸，知吾道之一贯。九重虚怀而动色，钦味谠言；多士敛衽以向风，共推隽望。耸英声于月旦，首盛事于明时。尚观翰墨之畴庸，以启功名而得路。某久聆雅誉，未觌清扬。辱骑气之临，已为甚惠；荷函书之贶，非所敢承。感佩之悰，叙言奚既！

韩元吉《贺第二人启》：伏审射策宸廷，亲被圣神之选拔；拜恩天陛，高名遂亚于伦魁。治世得贤，文科增重。窃以道术裂于天下，由诸儒有以自失其传；议论诡于圣人，故众言无因会归其统。于昭大有之运，思启非常之元。发明礼乐制作之原，聿求天人和同之际。将修七政九赋之本，以正中国之气；必资三表五饵之策，以制外夷之谋。大哉王言，褒然举首！状元学士，蕴学至厚，赋材不群。贯穿百家，以求孔孟之中；酬酢万事，以为晁董之业。小试绝尘之步，果先众隽而鸣。深惟平日之所期，盖以尽言而无负。上以称九重侧席之意，下以慰多士弹冠之心。尚观翰墨之畴庸，以启功名而得路。某早承雅契，获际英标。辱骑气之临，已为甚惠；荷函书之贶，非所敢承。感佩之悰，叙言奚既！

韩元吉《贺第三人启》：伏审射策宸廷，亲被圣神之选拔；拜恩天陛，高名遂亚于伦魁。治世得贤，文科增重。窃以道术裂于天下，由诸儒有以自失其传；议论诡于圣人，故众言无因会归其统。于昭大有之运，思启非常之元。发明礼乐制作之原，聿求天人和同之际。将修七政九赋之本，以正中国之气；必资三表五饵之策，以制外国之谋。大哉王言，褒然举首！状元学士，学问深博，才猷俊明。气概腾虹，贯井络千寻而下；词源翻水，导岷峨万里而来。声华靡愧于渊云，名第果追于卢骆。上以称九重侧席之意，下以慰多士弹冠之心。尚高翰墨之畴庸，以启功名而得路。某久聆雅誉，未觌清扬。辱骑气之临，已为甚惠；荷函书之贶，非所敢承。感佩之忱，叙言奚既！（以上均见《全宋文》卷四七九一）

吕祖谦《答特奏赵状元启》：黄发陈篇，已快先鸣之听；青衫行卷，乃修后进之恭。其赐则隆，于礼为过。法有特奏，国之旧章。谓三岁科选，不足以尽天下之才；故九重咨询，常欲多得老成之论。静言其始，岂专为恩？某人入纾渊谋，仰奉大对。述先儒之训故，固后学之罕观；陈前辈之典刑，亦近年之未有。以是首选，可见上心。某有职殿庐，无劳衡石。顷在父兄之侧，粗闻耆旧之余。每思南渡以前，恍如天外；不意北方之学，复到眼边。（《吕祖谦全集·东莱吕太史文集》卷四）

陈傅良《乾道壬辰进士赐第谢太上皇帝表》：疏愚之对，爰契九重；声教所陶，聿来三纪。推本功德，度越古今。中谢。窃迹本朝家法之详，究观列圣心传之要。规模一以经术,事业付之书生。皇帝陛下所以载缵大猷,曲垂清问。臣等顾遭逢之幸甚,而循省之缺然。其何称塞招延之休,徒以生长涵养之泽。兹盖伏遇太上皇帝陛下,道久忘世,仁深入人。光昭斯文,燕及今日。退藏于密,资万物于乾元;长发其祥,生多士于王国。臣等敢不益坚精白,茂对龙光!言念何由,庶几无斁!□□□士,将无负虞舜聪明之朝;遐不作人,其敢忘周王寿考之赐。(《全宋文》卷六〇二五)

陈傅良《及第谢陈克斋先生启》:北面受经,久厕青衿之列;南宫擢第,偶收黄卷之功。起自布韦,齿之簪绂。凌兢知愧,俯伛归恩。窃以学之邪正,系乎所传;道之废兴,视其所授。事无偏举,理实相资。故传之得其宗,则若升泰岳而知众山;傥授之非其人,则必下乔木而入幽谷。在人之取友必端矣,而此亦择善而从之。夫《易》所以当明辩物正言,莫难探赜;而师所以传道授业解惑,实藉举隅。是以汉人之言,本之田何;焦生之说,托之孟氏。苟不有先觉之民为之倡,则孰能使后进之士知所从?伏念某知识迂疏,气质卑下。掘井而几为废井,学山而不至于高山。雕虫篆刻而旋觉其非,切摘韦编而深违其旨。自志于学,已近为人。数十年结发从师,虽未若施雠之久;三万言训故举义,乃幸读了公之书。故令微踪,滥窃寸禄。恭惟某官,受天间气,为世儒宗。含英咀华而作文章,研精覃思以立训传。偶栖迟于枳棘,即腾踔于云霄。而乐善无厌,诲人不倦。大明君子之教,以育天下之才。弥纶天地之道,则先生相与言;溥博渊泉之功,则弟子不能学。自怜朽质,几侍络纱。虽循循然善诱人,与其进不与其退;然断断兮无他技,得其言未得其书。岂意决科,乃能中选?究言侥冒,皆出提撕。某敢不益励丹心,仰酬素愿!学优则仕,仕优则学,固无卒业之年;人而为鬼,鬼而为人,未尽服勤之义。(《全宋文》卷六〇三八)

(蔡幼学)中乾道八年进士第。……孝宗亲策,将为上首,公乃言:"陛下始即位,冀太平旦暮至也,奈何今十年愈益坏乎!"语谆切,如家人父子。又宰相虞允文、梁克家养虚誉苟容,而张说姨子预兵柄,有许、史、丁、傅之渐,孝宗初不过也。或疑"天子圣德方日新,公少年论谏,盍顺导婉达!"由是不得高第。(《叶适集·水心文集》卷二三《蔡公墓志铭》)

五　月

一日，诏："新及第进士第一人黄定补左承事郎、签书诸州节度判官事，第二人黄艾、第三人刘卞并左文林郎、两使职官，第四人王圭、第五人夏蹈中并左从事郎、初等职官，第六人以下至第四甲并左迪功郎、诸州司、户、簿、尉，第五甲守选。"(《宋会要·选举》二之二一)

一日，国子监言："据太学正、录所申到正特奏名、唱名、长假等，共二百一十七人阙额。并据湖州州学生刘谦等状：'伏睹朝廷常年省试后放行太学补试一次，乞早赐放行。'本监契勘：既太学申到阙额共二百一十七人，欲依乾道六年已降指挥，开补施行。"从之。(《宋会要·职官》二八之二七)

六日，权尚书吏部侍郎韩元吉言："今岁黄定榜内，应举宗子赵师烜系第一甲第十六名进士及第。窃详：殿试第一甲，依格合注授教官，即与其它宗室有出身事体合，稍优异。欲乞将宗室及第殿试第一甲应格之人，许集注教官差遣外，余并不许陈乞及注授。"诏从之。前降绍兴三十二年七月指挥更不施行。(《宋会要·选举》一七之一)

六日，权尚书吏部侍郎韩元吉言："应举宗子赵师烜，乾道八年四月黄定榜敕赐进士及第第一甲十六名，依条合注教授。昨经吏部自言，缘有绍兴三十二年七月之制不许。窃详：殿试第一甲，依格合注教官，即与其它宗室有出身事体合稍优。别乞以宗室及第一甲应格之人，许集注教官差遣，余不许除注。"从之。(《宋会要·选举》一八之二五)

二十八日，知饶州王秬言："本州去年荒歉……有余干县进士董时敏粜米一万三百石，乐平县进士程轪粜米四千三百石。"诏："董时敏与补右迪功郎，程轪与免文解两次。"(《宋会要·职官》五五之五二)

七　月

十二日，诏："朝请大夫毛奎孙劝进钦宗皇帝御书十轴，与免文解一

次。”(《宋会要·崇儒》六之二二)

十八日,潭州进士刘光祖非等第户,率先献米五百石赈济,及躬亲劝率有力之家出米三千八百余石,诏:“与免文解一次。”(《宋会要·职官》五五之五三)

八　月

八日,敕中书门下省:尚书省送到礼部状,准都省批送下四川宣抚使司申,据左奉议郎、成都府通判王敦诗札子:“昨准宣抚使司札子,差充四川类省试院点检试卷官。点检得举人程文赋内有押‘歧’字韵者。检照《礼部韵略》五支六脂七之韵内止收‘岐’字,系从山从支,注云‘山名’。即无从止‘歧’字。缘从来相承,以从山‘岐’字为‘文王治岐’之岐,以从止‘歧’字为歧路之歧。据国子监刊行《集韵》内‘岐’字下注云:‘或从山,因岐山以为名。一曰旁通道。’即系两意许行通用。又元祐间太学试《博习不与师说赋》,第一人沈回小赋押‘惧惑多歧’,已曾经取放合格。又准建炎二年五月四日敕节文:‘但系国子监刊行经书内,所有音义并许通用。’看详上件指挥,其《集韵》音义自合通用,似无可疑。却缘《玉篇》山字部内收‘岐’字,又于止字部内别收‘歧’字,并张孟押韵所引经语,如‘导岍及岐’及‘麦秀两歧’,亦作两字收入。致得考官疑惑,将押‘歧’字韵赋不敢取放,暗行黜落。缘其间颇有文理优长之人,一例被黜,恐未副朝廷搜广人才之意。欲乞备申朝廷,乞下国子监详定,若许通用,即于‘岐’字注‘山名’之下,添入‘一曰旁通道’五字。或文意偏旁各别,即乞添收从止‘歧’字。庶使承学之士得以遵用。”后批:“送部看详,申尚书省。”寻行下国子监看详去后。(《贡举条式》)

十六日,赐工部侍郎姚宪同进士出身。寻擢左谏议大夫。(《宋会要·选举》九之二〇)

十　月

八日,诏:“自今御试唱名,第一日唱文举正奏名,应举锁应宗子,武举

正奏名；第二日唱文举特奏名，取应宗子，武举特奏名。"(《宋会要·选举》八之四五)

十一月

十一日，诏："诸州军将归正士人，许与本贯士人混同补试，入学听读，不得非理邀阻。"京西运判张拣奏："归正士人，乞照已降指挥，申严行下。许于所居州县，赴学破食听读。"礼部勘会："依条，诸路进士入学听读，系赴补试考中合格，方行入学听读。今来若径令入学破食，即恐士民混杂，败坏规矩。"故有是命。(《宋会要·选举》一七之二)

十四日，诏："饶州念书童子方宋英永免文解。"宋英十岁，全诵《易》、《书》、《诗》、《周礼》、《论》、《孟》、《孝经》、《扬子》、《老子》，及摘诵《春秋左氏传》、《礼记》、《荀子》、御制诗赋、诸家故事，及排比阵法，开射弓矢，全篇为诗赋，送中书再试，而有是命。(《宋会要·选举》九之二九)

十九日，诏："永州乡贡进士蒋励献助米一千五百石赈济，更减价粜米三千石，与免文解一次，仍候将来赴殿试，与升甲恩例。"(《宋会要·职官》五五之五三)

二十一日，权礼部尚书胡沂、秘书省秘书郎兼权礼部郎官萧国梁造《贡籍》成，上之。沂等因条陈事宜："士人诉乞收试，并以本州元得解旧籍、家状参照年甲、举数，的无差误，方许保明，申发本部参照。如有不同，更不受辞。或他处请解，后归本贯，须用当时得解的实年甲、举数、发解年，遇开榜，将得解人于解状姓名下，开具乡贯、治经、三代、年甲、举数及终场人数，同合格试卷解发赴部，凭将卷首家状，参照修籍。科举年，僻远州军候发解开具，先将得解举人解状及终场人数，自守倅点验保明，先附急置申部。候解发试卷，参照收试。免解进士诉乞赴省，具有条限。如实有缘故，并具出限事因，州县结罪保明，以凭勘实，即不得临试期申发及止执公据。国学士人，本部自有贡籍。乞自今止凭贡籍、年甲、举数，并国学进士赴解，令国子监以所供家状参照入学旧籍一同，方许放行。"从之。同日，礼部尚书胡沂、秘书省秘书郎兼权礼部郎官萧国梁言："勘合已编《贡籍》进呈，其间亦有丁忧、病疾事故，往往不曾到省赴试，及有死亡，并后来改名取解过省之人，难以尽行编入。如将来有似此未曾到省赴试之人，欲乞别立一籍，再照旧籍编入，补足照用。"从之。(《宋会要·选举》四之四二、四三)

十二月

二十一日，臣僚言："祖宗采李唐之法，置武举以待四方英俊，此将才渊薮也。自渡江以来，西北之士流落蜀汉者，往往无力以进。而又限以保奏之官，寒微何由可得？故每举就试，不过数十人，其取人不广如此。欲望颁武举之法于四川，令四路帅臣、宪漕、知州、军监、钤辖、路分及寄居侍从以上，每举各保一员，而兴元府、利、阆、金、洋、阶、成、西和、凤州各保三员，较其艺能，命之以官而任使之。他日，诸将中未必无郭子仪辈出也。"兵部勘会："四川文士解额七百二十五人，纽算武举合取二十一人，省额六人，比试额四十二人。欲乞令四川宣抚司酌度均拨下逐路转运司，照本部条旨收试。其已得解人，并赴宣抚司类试。仍令本司将合格省试人发赴行在，与本部武举人混杂殿试。今四川武举既初创行，恐试者尚寡，欲乞令本路转运司据数比试，以二人解发一名。如四川得解人通未及二十一人之数，即三人五分，与放省额一名。他有未尽，令宣抚司续具申明。"从之。其后，四川宣抚司言："昨臣僚奏请，盖为西北流寓素习武艺之人，多寄居利州路，所以许兴元府等处所保人数，比他路所以独多。今先以省部所立四川武举解试、比试额通四十二人参酌，以十分为率，分拨利州路四分，计十六人。余六分，依省部勘当，以三路文解多寡酌度均拨，成都府路十二人，潼川府路十人，夔州路四人，并为额。"从之。(《宋会要·选举》一七之三四、三五)

是　年

乾道壬辰，吴县簿权晋陵县事张贵谟为记云：宣和癸卯，国家复科举，岁升名荐书，考五邑合四十三人。越五年，江阴复军，分解九名。至绍兴丁巳，添流寓解名二。自是，贡士以三十六人为额。记丙子年始罢流寓他郡,率以隶正籍。独兰陵谓附试数不登,仅增其一。次举,江阴复为县,又上充五邑之数,并失异时。仅增其一者,自己卯再复江阴军及今,凡五举,亦正取三十四人。太守晁公率郡丞葛公郯、张公坚奏复于,朝从之。公名子健。(《咸淳毗陵志》卷一一《解额》)

乾道九年　癸巳(1173)

二　月

二日,诏:"故中书侍郎陈过庭孙进士述进钦宗御书十四轴,端明殿学士张深曾孙伯成进三朝御书十三轴,并续进钦宗皇帝诏旨一轴,各与免文解一次。"(《宋会要·崇儒》六之二二)

二十五日,铨试、公试、类试:命监察御史陈举善监试,国子司业林光朝、秘书郎萧国梁、大理丞晏绶考试,知大宗正丞刘敦义、宗正寺丞钱俣、著作佐郎木待问、国子博士黄钧、大理评事吕公进、沈公孙、俞澄、秘书省正字陈自修、武学谕盖经考校、点检试卷。(《宋会要·选举》二〇之二二、二三)

三　月

二日,赐吉州李如圭童子出身,补迪功郎。如圭六岁,诵《诗》、《书》、《易》、《论语》、《孝经》、《老子》全,摘诵《二礼》、《春秋》、《孟子》及御制诗赋三百篇,各《礼记》篇名、《周礼》三百六十官名,《诗》、《书》、《易》、《礼记》、《论》、《孟》、《老子》重句,群书大义皆通,及画《易》六十四卦,故有是命。(《宋会要·选举》九之二九、三〇)

六　月

二十七日,诏:"福州念书童子邵应祥永免文解。"应祥八岁,诵《诗》、《书》、《易》、《礼》、御制诗赞,又能讲《书·尧典》、《礼·学记》、《论语·学而篇》及《孝经》、《扬子》诸章篇,呼吸切字,送中书再试,而有是命。(《宋会要·选举》九之三〇)

九　月

二十一日，国子监上舍试所状："勘会太学上舍试取人，依条通取不得过三分，人材不足则阙之。今来乾道九年太学上舍试，就试终场六十六人，依条每十人取三人，共取一十九人。外有二人六分有零，系少六分有零，取不及二十人。本所未敢便行将零分取放一名。"诏："零分许取一名。"（《宋会要·崇儒》一之四〇）

十一月

四日，赐干办行在诸军审计司陈升卿同进士出身。（《宋会要·选举》九之二〇）

乾道年间

四明自国初以来，端拱二年至乾道末，登进士科者几二百人矣。（《楼钥集》卷一一四《姚君墓志铭》）

宋孝宗　淳熙元年　甲午(1174)

二　月

二日,诏曰:“盖闻君唯急于求贤,国莫强于得士。校其行艺,在周尝谨于宾兴;试以文辞,至唐尤备于科举。永念累朝之制,具存三岁之常。翕受群英,明熙庶绩。朕祗承体绪,丕阐大猷。纯化懿纲,将踵帝皇之盛;通儒硕学,尚虞岩穴之遗。肆因大比之期,率用有司之典。爰加诏谕,咸俾朋来。业有尔勤,爵无予吝。谅浑涵于素蕴,当淬励于宏图。考诸乡而献书,党闻定论;造于庭而亲策,敢缓详延。布告多方,使知朕意。”(《宋会要·选举》一之一八)

二十三日,兵部言:“武举依逐举例,系八月初二日或初三日先试比弓马。今举系奏举二名,比前举增添数多,恐举人皆七月终到阙,不唯于比试弓马日逼,又恐内有诈冒,稽考违碍不及。乞依条于六月终以前到阙,如限内不到,并不收试。其被举人,往往于比试前一两日投下奏状,使有司仓卒难以辨验。乞自今须管于六月终前投下,如在七月一日已后,并不许收换。今举奏举增倍数多,若依例于八月初二日或初三日比试弓马,窃恐是日值雨泥泞,于引试程文日分相逼。乞从本部于七月下旬择日比试弓马。”从之。(《宋会要·选举》一八之一)

四　月

(辛酉,五日)自置童子科以来,未有女童应试者。淳熙元年夏,女童林幼玉求试,中书后省挑试所诵经书四十二件,并通。四月辛酉,诏特封儒人。(《朝野杂记》乙集卷一五)

十日，诏曰："朕惟制科之设，所以待非常之才也。昔我仁祖临御，亲选天下士十有五人，崇论竑议，载在方策。庆历、嘉祐之治，上参唐虞，下轹商周。呜呼，何其盛也！肆朕纂绍洪业，侧席茂异，深诏执事，搜聘来上。冀闻切直，辅朕之不逮。十有三年于今，应书者盖鲜，岂朕详延之礼未至欤？抑人材之多寡自有时欤？不然，何望吾仁祖之盛而莫及也。夫士之韬藏器能，考盘岩穴者固耻于自献。非吾公卿明扬而历选之，则奚由进？诏下，其各以所知对，朕将亲策于庭，收得人之效焉。今岁科场，其令尚书侍郎、两省谏议大夫以上、御史中丞、学士、待制，各举贤良方正能直言极谏一人，守臣、监司亦许解送，仍具词业缴进以闻。"（《宋会要·选举》一一之三二）

十六日，诏："桂阳军三县应有蛮峒去处，令差人入峒，说谕首领，择其可教子弟，前来军学听读。依在学生员例，每月支破钱米养赡。"知桂阳军徐涓言："本军管下三县，各有溪峒蛮傜，缘素不知书，纵略识字，亦莫晓义理，由是好暴喜乱。臣亲访傜人，见其言峒中亦有子弟读书，但无训导之人。乞令择可教子弟，发遣前来州军学听读。选有学行士人专一教导，使稍知理义即遣归，转相教训，化顽为良。"故有是命。（《宋会要·选举》一七之三）

二十八日，诏："乾道七年十月二十三日指挥，自今考试官并不许差知县，合于旧法内注文改'县丞不得差充考试官'为'知县不得差充考试官'。"（《宋会要·选举》二二之一）

五　月

九日，臣僚言："诸路漕司今秋考试官，除知县不许差外，其余并止于见任官选差。如或不及旧来所差之数，则听那展考校程限，不必拘一月开院之例。如或其间实有阙少员数过多去处，即欲令转运司申取指挥。"从之。（《宋会要·选举》二二之一）

二十九日，明州进士沈悫上《海东三国史记》五十卷。诏："与免文解

一次,仍赐银绢一百匹两。其书付秘阁。”(《宋会要·崇儒》五之三九)

六　月

四日,臣僚言:“近岁科举,士子习诗赋者比之经义每多数倍,至于《二礼》、《春秋》之学,习者绝少。加以有司考校,或全经不取,遂令士子惮习。除《二礼》已有指挥,许侵用诸经分数优取外,如《春秋》文理优长,亦乞许侵用诸经分数取放。”从之。(《宋会要·选举》五之一、二)

九日,诏:“考试刑法官一员,于郎官卿监内差;点检试卷官三员,于在京职事官内差。依绍兴二年七月指挥施行。”知开州吴宗旦奏:“试大法官常附铨试,故事,差大理少卿或刑部郎官一员充考试,正、丞、评事共三员充考校。比年以来,止差丞一员充考试,评事三员充考校。所出题目,语言太繁,使人迷惑,铺引错谬。乞自今依旧差少卿或郎官一员充考试,正、丞、评事共三员充考校。但曾任左断刑官,虽在别部他寺监,亦乞通差。所出题目,限以千字,直问法意,毋事诡谲。”故有是命。(《宋会要·选举》二二之一)

二十二日,四川类试。诏:“成都府路转运判官赵不悫监试,权发遣成都府路提刑李蘩考试,知嘉州何耕别试所监试,知利州崔渊别试所考试。”(《宋会要·选举》二一之一)

初,蘩宰眉山,校成都漕试,念吴氏世袭兵柄必稔蜀乱,发策云:“久假人以兵柄,未有不为患者。以武、宣之明,不能销大臣握兵之祸;以宪、武之烈,不能收藩镇握兵之权。危刘氏,歼唐室,鲜不由此。”吴挺以为怨。(《宋史》卷三九八)

八　月

一日,臣僚言:“武举进士试期已近,而无保举者尚多。乞令兵部关报,应合举官未曾保奏武举人者,各令依数保奏。其无保官者,令人状互保,依前举例放行比试,试中即赴解试。俟解试中,仍召升朝保官一员,赴省试。候试毕,令敕令所别行立法。”先是,进士诸葛文明等言:“今举已奏人数,方及二百余人,在外已得奏状未投者凡五十余人,而未得保官者五倍,乞展限收接奏状。”诏:“展半月。”至是,臣僚以为远方士子赴举,欲求剡奏,诚未易得,故有是请。(《宋会要·选举》一八之一)

五日,国子监发解:命监察御史陈升卿监试,国子司业兼权礼部侍郎戴几先、户部员外郎周澂、将作少监兼权礼部郎官姚宗之考试,刑部郎中徐宅、太常博士许苍舒、秘书省著作佐郎郑侨、太学博士章谦、国子正袁说友、权监左藏东库钱宇并点检试卷,宗正少卿颜度别试所考试,太府寺丞元伯源、太学录楼锷并点检试卷。(《宋会要·选举》二一之一)

九日,礼部言:“昨福州进士黄启宗上表:‘《礼部韵》内,有经典所载之字,举人所常用,而《礼部韵》不收入者。各逐本韵,次为条目,一一收附。’绍兴十三年六月二十八日指挥,许《礼部韵》后别项刊具,令士子通知。自后场屋,士人指为续降补韵,往往径行压用,有司以非正韵,尽行黜落。乞将启宗所类字,各随声韵添入,令士人通压。自淳熙二年省试日为始。”从之。(《宋会要·选举》五之二)

二十四日,两浙转运司言:“临安府学生陈大有等见在学一百七十一人,并系川、广等处士子,无力归乡,已逼试期,特令就两浙转运司附试别考,取旨立额。自今不得援例。”终场八十七人,诏令解发一名。自今各赴乡举,不许陈乞附试。(《宋会要·选举》一六之一九)

是　秋

范成大《淳熙甲午桂林鹿鸣燕辄赋小诗,少见劝驾之意》:维南吾国最多儒,耸看招招赴陇书。竹实秋风辞穴凤,桃花春浪脱渊鱼。月宫移种新栽桂,江水朝宗旧凿渠。况有状头坊井上,明年应表第三间。(《范石湖集》卷一四)

周必大《答杨寿仁谢解启》:越在妙龄,骤膺高荐。贾谊用能书而称于郡,彼已后于二年;杨侯当始冠而举其乡,今更先于四载。庭帏悦豫,谱牒光华。解元天与隽拔过人之才,家传疏通知远之教。中都名士,犹云折辈行而与游;同里诸生,畴敢露锋芒而角胜!果中有司之式,即观天子之光。某昔陪乃公游翰墨之场,今见郎君赴功名之会。身虽老矣,心则欣然。荷飞盖之来临,阅摛词而增感。

周必大《答甲午解元而下启而下有墨书作刘德礼启》:率马以骥,来空北土之群;化鲲为鹏,往运南溟之翼。一时得隽,万目注观。解元先辈,学有渊源,行无瑕玷。月旦素推其名誉,秋闱果压于英髦。载窥笔下之波澜,足见胸中之锦绣。先鸣南省,应同六一之无双;首唱东堂,宁复冲之之第二。方图展庆,已荷摛词。惟欣感之交怀,非叙陈之能究。(以上均见《全宋文》卷五〇八〇)

韩元吉《鹿鸣宴》:金殿春风策隽贤,上林弧矢更争先。不辞老懦聊推毂,要见飞腾总着鞭。勋业肇端登凤沼叶公始登政地,词章接武侍甘泉侍从诸贤前后多领文字之职。明年贡籍还增倍,定作东州盛事传东阳解额甚窄,主司有遗才之叹。国朝故事:所解全中南宫,则次举许倍增人数云。(《全宋诗》卷二〇九六)

孙应时《发举谢乡帅启》:献赋秋闱,惭非饱学;登名天府,猥预荐书。顾揣己以何堪,实知恩之有自。切以朝廷广至公之路,诚乐取于台莱;郡国有大比之常,惧或遗于草野。考其来之自古,皆藉此以得人。在周家则贤能俊造之宾兴,至汉氏而茂异孝廉之岁举。无非本平生践履之素,是以成天下纯实之风。有如进士之名科,号为后世之重选。虽文章决一日之胜,然规模亦三代之遗。自唐世以相高,迨国朝而尤盛。窃观前辈,历数巨公。宏才实学,涵养于未试之先;元勋伟节,发挥于可为之日。非若悠悠世俗之志,苟遂区区利名之私。士而未及于古人,心岂无愧于兹举?矧今天子振非常之烈,深诏执事求有用之才。六经之学,孰深造于圣门;三策之条,孰兼通于世务?凡在持衡之下,宜无滥吹之容。如某者,诗礼家传,簪绅世旧。念宣献以来,源流学术之粹;顾春明之望,冷落艰难之余。

铭心愿复于青毡，束发粗勤于黄卷。慨余风之未远，顾童子以何能！强习雕虫，敬出诸先生之后；敢图荐鹗，乃玷乡大夫之知。兹盖伏遇某官，为国近臣，当今硕望。解喉舌中朝之任，分股肱辅郡之忧。适三年劝驾之时，助九重求士之切。淬励作成，既出于寻常之外；甄收简拔，不遗于尺寸之长。致兹光荣，及于幺么。某敢不力思远大，深自激昂！进所学于未能，坚其志以有立。阶梯今日，傥不坠先世之名；鞭策他年，亦以为门下之报。

上公作牧，亦躬劝驾之劳；畸士应书，仅齿登名之末。羌众隽之所笑，抑有司之至明。矧惟岩石之素瞻，而使宫墙之自托。是为徼幸，敢不知荣！尝考周家致太平之端，深识先王命乡老之意。夫贵为师保，本非一职之可名；而分总郊圻，使董三年之大比。出偕群吏，而举宾兴之礼；入见天子，而献贤能之书。盖道隆德骏，既足以使人才之向风；事重体尊，尤所以示朝廷之敬士。邈中古之既降，喟此道之莫追。郡之选举，几于具文；主者好恶，或其私意。祢鹗抱卑飞之叹，齐竽多滥吹之讥。孰如今兹，适有幸会。屈衮衣绣裳之重，为国求才；使筚门圭窦之人，逢时自奋。仰大公之在上，知小善之必收。如某者，生长穷乡，抱持朴学。虽少而有志，初非富贵温饱之谋；而壮且益贫，实有父兄门户之责。三年之鸣未振，再鼓之气不衰。忽惊铅椠之生光，不作陶钧之弃物。顾雕虫篆刻之技，亦何足言；然攀鳞附翼之途，或由兹始。兹盖伏遇某官，三朝公辅，一代宗师。衣钵文章，五世袭为儒之贵；鼎彝事业，九重深求助之思。方虚左以迎归，岂居东之淹久？兴怀场屋之际，垂意权衡之间。曾是妄庸，及于甄录。某敢不益加砥砺，仰称作成！与计吏偕，虽曰肩众人之下；见大敌勇，或能策第一之勋。

家声满世，忍负读书之传；地著有年，许从寓里之选。曾谓雕虫之陋，猥叨荐鹗之荣。知振起之可期，仰作成之有自。盖闻唐虞三代之治，所甚急者人才；恭惟祖宗列圣之心，尤加重于科举。凡衣冠之胄子，与韦布之诸生，各尽力其所长，得乘时而自奋。彬彬继出，卓卓可观。学术议论，能追数千载之渊源；道德功名，遂以扶二百年之社稷。肆今初政，率由旧章；涣发明诏，匪为虚文。风厉名士，俾为实学。岂使齐竽之滥，要求鲁服之真。如某者，涑水诸孙，山阴北客。念中朝之盛，敢忘先训之箕裘；顾南渡以来，未睹世科之衣钵。喟夙宵之黾勉，惊岁月之蹉跎。何献赋之未工，忽登名之误及。双亲一笑，粗不为灯火之羞；小子自量，犹恐作权衡之玷。厥惟幸会，有此侥觎。兹盖伏遇某官，事业格天，文章经世。三公为乡老，薄烦衮绣之镇临；一气转洪钧，共庆鸢鱼之飞跃。亲为劝驾，俾与计偕。无患有司之不明，遂令小子之有造。某敢不激昂素志，磨励新功！得隽南宫，傥可拾青毡之旧；拜恩东阁，正应歌赤舄之归。(《全宋文》卷六五八三)

十一月

十一日，礼部侍郎龚茂良言："比岁举人日经朝省披诉，其间或援久例乞升甲，或旋添年乞就特奏名，或因一次免解恩乞理年永免，或谓住学岁久乞再赴省试。凡类此，殆难缕数。乞申儆在位，杜绝幸门。"从之。(《宋会要·选举》五之二)

十二月

二十六日，诏："省试近在旬浃。比年试官不以三场通融取人，至有一言一对偶同其私意，遂以为合格。自今有司须参考三场，以较优劣。"从臣僚请也。(《宋会要·选举》二二之一)

是　年

饶州自建炎后，就荐福寺试举人。淳熙初，提点刑狱丁时发将别创贡院，委学正鲁时以下，访隙地可以营建者。或曰："七里外县社坛，处势空旷，且旁无民居，用之最便。但为县徙社于它处足矣。"议未决。其首谋者梦一士人来，与谈是事，曰："取之无害，但非旱干水溢，可变置社稷乎？"谋者惧，乃白于丁，寝其说，而置院于学官之东。士人以片言而能止大役，盖神云。(《夷坚支志》庚卷六)

辅臣进呈奏名进士射殿最。上曰："进士射，前来未尝举行。今可将中上等人优加旌赏，以示激劝。"(《山堂考索》后集卷二九)

淳熙二年　乙未(1175)

正　月

六日,诏:"应进纳补官、曾请到文解、已年及合该免解之人,并依绍兴二十九年十二月二十八日指挥,许纳补授文字,免解赴省试。其乾道五年二月十三日指挥更不施行。"既而,以乡贡进士马俦等状:"各系进纳碍格将仕郎及助教,曾经得解,赴省试下,已及十八年,合该免解。伏睹《贡举条制》:'诸举人因子孙授官,若进纳人及摄官应免解,愿纳补授文书者,听。'及绍兴二十九年沈介申请指挥,乞将应元因进纳或助教及别因事补授得解,依得祖宗条制,合该免解,凡三举,一依上件指挥。乞续因乾道五年白札子申请,却将碍格有官人不与理举,冲改前项指挥。乞照祖宗条制及绍兴二十九年体例,纳补授文书,免解赴省。"又乡贡进士苏彦直、莫浃状:"虽承乾道五年指挥,当来系是臣僚一时申请,有失祖宗法意。乞依祖宗立定旧法,理年免解,缴纳补授文书赴省。"故有是诏。(《宋会要·选举》五之二、三)

九日,以翰林学士、知制诰兼太子詹事兼侍读王淮知贡举,给事中胡元质、侍御史范仲芑同知贡举,得合格奏名进士章颖以下二百四十四人。(《宋会要·选举》一之一八)

尚书右司员外郎王晐、吏部郎官王希吕、司封员外郎巩湘、仓部员外郎江溥、军器少监薛元鼎、太常丞傅伯寿、秘书郎王公衮并参详,秘书郎吴飞英、司农寺丞何万、太府寺丞沈揆、删定官曾植、国子博士葛邲、太府寺丞朱绎之、太学博士刘溥、刘甄夫、删定官石起宗、盖经、乐备、国子监主簿彭椿年、国子正胡一之、武学谕何澹、国子录胡南逢、太学录王维之、知江

阴军蒋雍、宣教郎张驷、临安府府学教授周硕、陈易、迪功郎郑锷并点检试卷。(《宋会要·选举》二二之一、二)

十三日,礼部贡院言:"进士陈乞避亲,若有别试所发回孤经人,欲依前举已降指挥,止避所避之官,就贡院收试,互送别位考校。其续到应有陈乞合避亲,若与别试所发回孤经之人同经,即依本院,一面却行牒送别院收试。"从之。(《宋会要·选举》五之三)

十八日,权吏部侍郎赵粹中言:"近来臣僚申请以《二礼》、《春秋》习者绝少,欲科举考校,或《三经》士子稀少处,虽无优异卷子,其文理通者,每经各取一名。臣谓:科举取士,正欲得真才实能。若无优异卷子,其文理通者亦取,则他经优异者反被黜落。乞依绍兴四年六月指挥,将五经终场人数,有余、不足,通融相补,各不得过三分。内一经人数虽少,亦取一名。如无合格者,听阙。"从之。(《宋会要·选举》五之二)

二十四日,诏:"今次武举,缘有免省九人,令通取三十九人。"五年正月二十八日有免省十一人,诏通取四十一人。(《宋会要·选举》一八之一)

二十八日,诏:"今来省试每一十六人取一名,零分更取一名。"(《宋会要·选举》五之三)

二　月

十二日,诏:"自今将举人程文并江程地里图籍兴贩过外界货卖或博易者,依与化外人私相交易条法施行,及将举人程文令礼部委太学官点勘讫,申取指挥刊行。"(《宋会要·刑法》二之一一八)

十八日,礼部贡院言:"试博学宏词科承务郎、监行在左藏库中门李巘,修职郎、荆门军录事参军赵彦中,合格,所试六篇。题曰:《检校少傅昭庆军节度使四川安抚制置使兼知成都军府事特授奉国军节度使开府仪同三司判建康军府事充江南东路安抚使兼行宫留守加食邑实封制》、《唐帝范序》、《代宰臣修进四朝国史列传表》、《唐黄道游仪铭》、《淳化大射图赞》、《汉漕渠记》。"诏:"巘赐同进士出身,彦中减二年磨勘,比类施行,与堂除差遣一次。"又诏:"彦中系宗室,试中宏词,特循文林郎。"(《宋会要·选举》一二之二二)

是　月

章茂宪颖,临江新喻人。淳熙乙未岁,赴省试毕归乡,因过近郊一僧寺,意中小不适,头目昏困,遂托宿。初更时,梦为人迎入官府,堂上设几案,胥吏满前,各抱文牍,白章书判。既而曰:"更须候有雨乃可。"遂引立庭中。少顷,雨大作,每一点著身,变如血色,随觉清凉,头涔涔然如生角之状,复导升堂。群吏以次进,或持狱讼公案,使之决遣,凡数百项。有脑上戴树枝及草叶者,各随所掌咨禀,又以树叶一二百片请花押。或列竹筹如算子,其多无数,亦一一押字,不胜倦苦。迨五更乃醒。明日报榜人至,奏名为第一。(《夷坚支志》戊卷二)

三　月

二日,诏礼部贡院:"下第举人,进士贡士八举、曾经省试、年四十以上,五举、曾经省试、年五十以上,内河北、河东、陕西举人,于逐项举数内特与各减一举。"同日,诏:"进士贡士,曾经绍兴十八年以前到省,前后实得两解贡,或并免解共及两举,更不限年,令礼部勘会,并特与奏名,许就殿试。"(《宋会要·选举》二之二一)

二日,诏:"进士、贡士,应绍兴十八年已前到省一举,见年五十五以上者,令本贯州县勘会诣实,及别无违碍,结除名罪保明,申礼部。内开封府、国子监,即各令召见任承务郎以上二员,亦依前项,结除名罪保明,礼部勘验,逐旋闻奏,当议得与推恩。将来特奏名人,令礼部子细勘验诣实,疾速施行。如合该取会并合下所属保明之人,且令就殿试,不给唱名号。其敕牒等并令礼部收掌,候申到,如别无违碍,召保官当官给付。"(《宋会要·选举》五之三)

十八日，上御集英殿，策试武举进士。每举同。(《宋会要·选举》一八之一)

二十三日，上御幄殿，阅试武举弓马每举同。同日，尚书省言："拟到武举进士正奏名蒋介以下四十一人推恩：第一名补秉义郎，第二、第三名补保义郎。策入优等七名，平等三十一人，内三十人与承节郎，有官人郭光转一官；特奏名二人，与进义校尉。各展减磨勘有差。"从之。(《宋会要·选举》一八之一，二)

二十四日，诏："武举正奏名殿试，策入优等一名，补秉义郎，堂除三衙并诸军计议官；第二、第三名补保义郎，注授诸路安抚司准备将领，一任回，与转忠翊郎，不隔磨勘；第四、第五名补承节郎，注授诸州兵马监押，一任回，与转保义郎，不隔磨勘；余人并依逐举例补官及旧法注拟差遣。已上如曾经省试上三名武学上舍生，与注诸路安抚司准备将领。旧指挥武举绝伦人并三平等人，殿试程文俱入优等，即绝伦人，合升在优等人之上。若平等人已系第一名，即绝伦人不升，止与第一名恩例。如绝伦人系优等第一名，除推恩外，临时听旨。"先是，上宣谕令武举人比类进士及第第一人以下所授官品并合注差遣，校量轻重，作旁通进呈。旧制：武举第一人补保义郎，堂除三衙或诸军主管机宜文字。上曰："可补秉义郎，令与进士第一人承事郎相等。所差机宜，元不得预军州事，须创置一官，令在机宜之上，使得裨赞主帅，庶见所长，以备擢用。自第二人以下，并以进士赐第人恩例为准，取旨裁定。"又令吏部自今省试前一年刷阙，依黄甲注授。若第一名系绝伦，合得第一名恩数外，其第二名亦系绝伦，止依今来立定第二名格推恩。如又系省试第一名，即与第一名恩例。余绝伦人候一回任，各更转一官，并不隔磨勘。内第二人如已该第一名恩例，更不加转。吏部自今省试，将见榜诸路安抚司准备将领二十四阙，依黄甲例留充前项武举人集注。(《宋会要·选举》一八之二)

詹骙《谢赐进士及第表》：伏以彤庭对策，叨奉纶音；金榜标名，忝登科甲。恩荣所被，揣分自惭。臣骙申谢。伏惟皇帝陛下，道宗尧舜，德迈禹汤，巍乎其功，焕乎其文，诚有以弥纶天地之大，宜教化之所作兴者，无微不著也。臣骙生际明时，久濡清化，谫焉末学，获陪大对。虽竭愚衷，罔知所措。猥蒙采录，忝预魁名。修省存心，极深惶汗。敢不策驽钝，俯殚报效之诚，仰酬渊涵之造！淳熙二年三月二十五日。（《全宋文》卷六三九四）

四　月

三日，诏："自今武举特奏名进士唱名日，各特赐紫罗窄衫一领、一十两数金镀银五子荔枝腰带一条。"（《宋会要·选举》一八之二、三）

乙卯（四日），赐礼部进士詹骙以下四百二十有六人及第、出身。（《宋史》卷三四）

（王卿月）为殿试编排官。（《楼钥集》卷一〇九《王公墓志铭》）

进士名录：詹骙，罗点，邓驲，丁大举，丁大声，丁次固，王子阳，王光乎，王勇，王得遇，王万全，王韶，王遇，王与箕，王廓，王熙，王毓，尤概，尤鹏，毛宪，方士卨，方壮猷，方秉文，方挺之，方铨，方夐，石朝英，申伯时，史大亨，丘巽之，包安，包克，朱士挺，朱良茂，朱雷复，任希夷，江立叔，巫孝杰，李千之，李元升，李友直，李中，李光辅，李浃，李掞，李过庭，李万之，李登，李义先，李铨，李谦，吴少明，吴丕绩，吴挺，吴桂，吴从龙，吴森，吴发，吴节，吴猎，何晦，何辉，余伯宽，余禹和，余禹绩，余禹畴，余端人，余敦，汪必进，汪必达，汪洗，沈季丰，沈淳之，邵倬，邵梦得，范文寿，范斗南，林井，林文仲，林立之，林夙，林昂，林牧，林庚，林思聪，林泾楫，林惟宁，林梦英，林颖，林榶，林瀓，季子拱，周之纲，周伯起，周常，周复，孟涣，胡有开，胡思诚，胡极，柳东，韦君载，韦梓，段昌世，段硕辅，侯午仲，俞厚，洪朝卿，祝材，姚宗虞，姚济，马子严，秦泽，袁时举，莫秀发，莫若冲，桂森，柴景宪，晁百谈，倪民献，倪恕，徐元长，徐向，徐烈，徐晟，徐陈力，徐楠，徐啬，徐荣，徐谦亨，徐应龙，奚士达，奚士逊，翁宏，翁华，翁颐，留浩，高迈，唐锜，陆伯正，陈大奎，陈少皋，陈孔硕，陈开，陈次公，陈志同，陈升，陈宗召，陈咸，陈造，陈规，陈接，陈绅，陈万，陈经，陈嘉荣，陈枢，陈聪，孙昭先，孙洵，孙晔，孙应时，孙觉之，黄斗南，黄宜，黄符，黄万中，黄锐，黄翰，黄锜，曹琰，曹傒，盛勋，常建，许可，许成，许伯凤，许诚，许询荛，许锡，许环，章之纯，章程，章颖，商飞卿，梁文虎，梁奎，张少良，张斗南，张有闻，张存之，张汝明，张玘，张叔向，张逢年，张启祖，张舜卿，张僖，张德炎，张谔，项安世，项预，彭公信，彭松，彭焕，叶立功，叶初，叶英，叶宗鲁，叶淑辉，叶楠，叶维休，叶衢孙，万圭锡，葛绯，董南一，程振，程准，程翼，乔梦符，傅庸，傅梦泉，焦振，邹补之，曾光祖，曾恕，冯惠，冯发，冯震，汤硕，游仲鸿，寻旦，费士寅，费士戣，蒲俊，杨大法，杨友谅，杨仲堪，杨南弼，杨炳，杨掀，杨敏中，杨伟，杨梦惠，杨晔，杨震仲，贾遵祖，詹效之，解涣，赵汝映，赵汝萃，赵汝楫，赵伯璜，赵忠，赵彦珖，赵彦呐，赵彦通，赵彦清，赵彦远，赵彦骧，赵师侠，赵师焕，赵师渥，赵师会，赵师浔，赵师泽，赵师琨，赵崇古，赵崇规，赵善，赵善沛，赵渭夫，赵僖之，蔡仲堪，蔡胜之，蔡尽忠，郑大成，郑建德，郑晞颜，郑集之，郑肇之，郑应辰，暨寿隆，邓元，邓宁民，巩嵘，黎昭义，卫藻，鲁玗，刘公予，刘允迪，刘甲，刘邦本，刘名世，刘省成，刘烈，刘崇之，刘过，刘商衡，刘深之，刘棠，刘德礼，潘必胜，萧用章，萧寅，萧朝凤，赖亭，钱万顷，钱万选，戴翊羽，戴闿之，钟必胜，钟宜之，钟禔，鲜于焯，谢世英，谢岳，谢思孟，谢时，谢逵，谢遗规，谢荐，谢谘，应子和，濯赓，缪友皋，关文通，罗光汉，谭良显，饶干，龚史良。

特奏名进士：陈应行，王嘉谋，王瓘，方刚，方谟，丘纲，吕通，吕惟用，阮士举，李逌，吴旦，吴贯林，吴钦若，吴甄，辛元膺，汪黻，林汝皋，林牧，林洪，林时中，林皋，林祥，林猊，林舜举，林渭，林雷，卓云，周光宗，周良臣，孟维翰，胡元佐，柯夐，洪九畴，洪仲将，洪居实，姚知默，纪大圭，袁莘老，徐宗礼，高发，高誓明，唐少恺，陆自新，陈孔铸，陈正中，陈由仁，陈幼颐，陈孝宁，陈若砺，陈泮，陈问道，陈景程，陈复之，黄文纲，黄斗南，黄光度，黄芹，黄真，黄衷，黄确，黄余庆，梁大临，张弓，张甲元，张伟，张普，项观古，彭叔度，叶元宪，傅坤，曾会，冯巽，汤鼎臣，杨强，杨震，蔡天钧，蔡豸，廖鼎，郑元实，郑周叟，邓天鹏，翟僖，欧景新，刘升，萧辎，赖绍烈，卢迪，韩颖，钟迪，钟遂，谢章，谭砺。

上舍释褐：刘尧夫。(《宋登科记考》卷一〇)

补进士名录：其一，张汝明。《宋登科记考》卷一二据《嘉靖建宁府志》："张汝明，字叔晦。邵武军建宁县人。嘉泰二年登进士第。"《楼钥集》卷八八《先兄严州行状》："与张元晦汝明厚善。乙未，张赴省闱……场屋中一挥成篇。既在选，谓所亲曰：'吾沾一第，益友之赐也。'"两者当为同一人，《宋登科记考》误。

其二，单演之。《全宋文》卷七〇九六魏了翁《长宁军贡院记》："绍兴十四年，始以士之请，寓试于郡之龙华僧舍。越十六年，增流寓贡额二名，合旧为三。越十四年，而单演之始登进士第。"以此推算，单演之应于是年登第。

罗春伯，抚州崇仁人。淳熙甲午，就馆于邑人吴德秀家，受业者数辈。吴梦馆之西偏，有物类狗，起于芭蕉丛下。已而两角嶷然，奋身飞跃，历舍东，升于天，光采粲然，照耀远迩，遗鳞脱甲，委堕满地，方审为龙也。觉而喜，遍以告人，不知为谁祥应。比秋试，独罗中选，其所中居正在邑西。未试前，与一友同行占响卜，约以首语为友证，次者为罗证。约方定，闻路人回顾曰："来不得。"友即失色。又有相谓曰："桂枝香。"盖用四平语呼其侣共归也。是岁友黜，罗次年廷策为第二人。初名维岳，字伯高，肄业于郡城西南之别墅。梦报榜者至，名乃点也，遂更之，以乾道戊子获乡荐。又梦到官府阅金书扁榜，中有"两举登科，四遭荐达"八字，竟两到省闱，几魁多士。春秋四十五，超佐枢庭，然未两月，终于位。所谓"四达"之兆，兹未能晓。(《夷坚支志》乙卷二)

刘尧夫，字醇叟，抚州金溪人。本名单，将诣郡赴春补，梦有以文卷示之者，题曰："太学饶尧夫。"觉而思之，以姓氏不类，姑先易名。既而中选入学。偶家急，不暇请假，倩友人严太伯具状，严误书"刘"为"饶"。他日再至，见而恍然，元未尝以昨梦语人也。后补入太学，临当秋试，忽苦头痛不可忍，叹曰："吾必死。"前一日，邻斋生梦人来告曰："刘尧夫作魁。"视其试卷，涂注五百余字，以报刘。刘谢曰："感君爱我厚，然吾今日不知死所，岂复计较功名事哉！"邻生退，密为投卷，薄暮始告之。明旦，强起，以巾遮脑扶掖坐，信笔塞白。洎日中，洒然而醒，读程文而笑，悉抹去，凡数百言，而改为之。揭榜,果第一。既升上舍,邻生又梦学门洞启,从者传呼而来,曰:“刘吟诗释褐。”刘闻之曰:“邵先生诗有‘尧夫非是爱吟诗’之句,此殆为我也。”遂以两优赐第。(《夷坚支志》乙卷一〇)

临川罗彦章,酷信风水。有闽中赖先知山人者,长于水城之学,漂泊无家,一意嗜酒,罗敬爱而延馆之。会丧妻,命卜地。得一处,其穴前小涧水三道平流,唯第三道不过身而径入田。赖诧曰:“佳哉!此三级状元城也,恨第三不长。若子孙它年策试,正可殿前榜眼耳。”其子邦俊挟十三岁儿在傍立,拊其项而顾赖曰:“足矣!足矣!若得状元身边过也得!”所谓儿者,春伯枢密也。年二十六,廷唱为第二人。(《夷坚三志》壬卷一)

周必大《答詹状元骙启》:六事咨询,方求殚洽;一言寤合,遂冠伦魁。喜动天颜,欢传士类。窃以得人众寡,关世盛衰。方试艺于广廷,初莫分其贤否;逮收科于异等,乃举集于英髦。观苏氏之遗书,叹仁皇之多士。其在鼎甲者垂四十,不为公卿者才五人。惟其获助于皇天,是以生才于王国。厥今盛际,与昔同条。某官学足以窥圣经,材足以应时用。平日著乡闾之望,一朝居俊造之先。事业文章,其谁不信?功名富贵,夫岂易量!某甫趋龙尾之阶,适际鳌头之选。方将赞喜,已辱飞文。佩谦柄之相先,激感悰而无斁。(《全宋文》卷五〇八〇)

楼钥《回詹状元启骙》:清禁传呼,喜闻第一之选;长笺委贶,更惊骈四之工。恭惟某官,学富三冬,才优六馆。驰隽声于艺苑,承一门诗礼之传;奉大对于昕庭,为四海英雄之冠。贤关增气,里社重辉。盍从台阁以问津,会见功名之发轫。某顷由殿幕,先揖辞华。待尼父于季孟之间,愧文衡之非据;举公孙为贤良之首,仰天鉴之独高。敢意谦抑,反为巽谢。(《楼钥集》卷五八)

(罗点)淳熙二年进士甲科。时孝宗皇帝以俗儒少实,颇有厌薄。公对策曰:“臣闻儒者之道,与天地相为终始,与古今相为表里,与风俗相为盛衰,与治乱相为升降。昔者天地之始,民生其间,混然无别。圣人者作,为之正君臣以相接，为之笃父子以相爱，夫妇则相宾，贵贱则相资，上下则相维，儒者之道已默行于其间矣。至今赖之，以安以佚，以生以息，而不为匪僻邪暴者，谁实使之？故曰与天地相为终始。圣人犹虑后世之无传也，书之简编，示之标准，如是而安治，如是而危乱，可以为师，可以为戒。后人得以按籍而求，随索而获，故曰与古今相为表里。夫风俗之美，非自美也，常自仁义始；风俗之恶，非自恶也，常自功利始。儒者之道，必尚仁义，必缓功利。仁义之效迟，功利之效速，人情厌迟而喜速，所以舍彼而取此。然久而后成者，又不可以遽坏；旦暮可获者，不足以久安，故曰与风俗相为盛衰。夫儒者之道，非必广学校、增生徒也。畏天修己，任贤爱民，恭俭乐谏，不自用，不变古，此用儒之实也，如是者必治。儒道之不用，非必摈斥士类、毁废经籍也。忽天自怠，弃贤虐民，恣玩好，恶谏臣，自恃其聪明，轻变其成法，此不用儒之实也，如是者必乱。故曰与治乱相为升降。昔汉高帝不喜《诗》、《书》，轻毁儒生，而遇子房、四皓也良厚，惟恐赤松之志一动，而采芝药不改，此所谓务实也。患莫甚于名是而实非，人主当求其真，不可惑于似。如谷粟之必可以养生，如药之必可以伐病，是真贤也。言之若可听，而用之则罔功，是腐儒也。惟真贤是用，而毋以腐儒参之，则治具毕张矣。"其大指如此，天子览而嘉之，擢为第二，时年二十六。（《全宋文》卷六三七九袁燮《罗公行状》）

四日，诏："新及第进士第一人詹骙补承事郎、签书诸州节度判官事，第二人罗点、第三人邓驲并文林郎、两使职官，第四人段昌世、第五人李掞并从事郎、初等职官，第六人以下至第四甲并迪功郎、诸州司、户、簿、尉，第五甲守选。"（《宋会要·选举》二之二一）

五日，诏："武举特奏名樊仁迈、许惟能并策入平等，马步射一事应格，授进义校尉，减三年磨勘。"（《宋会要·选举》一八之三）

帝欲令文士能射御，武臣知诗书，命讨论殿最之法。淳熙二年御试，唱第后二日，御殿，引按文士詹骙以下一百三十九人射艺。翌日，又引文士第五甲及特奏名一百五十二人。其日，进士具襕笏入殿起居，易戎服，各给箭六，弓不限斗力，射者莫不振厉自献，多命中焉。天子甚悦。凡三箭中帖为上等，正奏第一人转一官，与通判，余循一资；二箭中为中等，减二年磨勘；一箭中帖及一箭上垛为下等，一任回不依次注官；上四甲能全中者取旨；第五甲射入上等注黄甲，余升名次而已。特奏名五等人射艺合格与文学，不中者亦赐帛。(《宋史》卷一五六)

上御射殿，进士第五甲及特奏名按射。上顾行间有黎华者，遣内侍问姓名。上曰："观其人物服饰，似壮士，射亦闲习，宜略与旌别。"既而，传旨黎华，可特免铨试，与注黄甲差遣。上又曰："自此须立一规矩，今将帅稍知书。晓文书禁卫出身，如光武故事，令习《孝经》。"使文士能射御，武士知诗书。(《山堂考索》后集卷二九)

寿皇尝谕大臣，欲令文士能射，武臣知诗书。于是，寿皇特御射殿，引詹骙以下按射。翌日，引第五甲及特奏名，皆具襕笏起居，易戎服以射。正奏名中的、中帖上垛者推恩有差，特奏名五等人射合格者与文学，其它例赐束帛。凡用绢三千匹云。(《宋史全文》卷二八)

七日，诏："特奏名内愿射射者，听。仍依正奏名，比拟推恩。"国子监将正奏名逐等推恩："比拟应射艺精熟、能全中者听旨：第五等同射入上等，第一名循一资，余免铨试，内文学免待郊出官；入中等，一任回，不依名次注官，内文学候到部日收使；入下等，一任回，升一年名次，内文学候到部日收使。第射入上等，与依下州文学恩例；入中等，与带阶官，注应格岳庙一次；入下等，与带阶官，注破格岳庙一次。"从之。(《宋会要·选举》二之二一、二二)

十三日，诏："武举朝集，增给钱三百贯。"自此每举如之。(《宋会要·选举》一八之三)

五　月

二日，宰执进呈忠训郎张世奕状，元系武举出身，授殿前司主管机宜文字，阙远，愿从军，乞差殿前司正副将。上曰："若自外从军便为正副将，恐妨军中升转。令别踏外路诸军差遣陈乞。"(《宋会要·选举》一八之三)

九日，诏："特奏名射不合格人，如系第五等助教，并与换下州文学，不理选限。"先是，宣谕执政曰："特奏名第五等若不出官，与助教无异。因射而与之，亦有名。"故有是命。(《宋会要·选举》二之二二)

十日，赐进士闻喜宴于礼部贡院。是日，赐新及第进士御制诗一首。(《宋会要·选举》二之二二)

宋孝宗《闻喜宴赐进士诗》："振鹭飞翔集凤庭，诏开闻喜宴群英。已看射艺资能事，更觉人材在作成。冀野乍空千里隽，桂林争占一枝荣。他年共庆功名遂，莫负夔龙致主声。"右淳熙二年赐詹骙已下。中兴赐进士诗始此。(《咸淳临安志》卷一二)

周必大《恭和御制闻喜宴诗乙未五月十日》：臣以经筵官预闻喜宴，恭睹圣制赐詹骙已下诗，不敢自嘿，谨斋沐赓和一篇，仰渎宸严，臣无任震惧俟罪之至。圣武将犁老上庭，艺文先选彀中英。天扶基业生多士，世遇君师集大成。享备钧台同夏启，果分汉会愧桓荣。尧言一日周天下，应陋诗人切响声。(《全宋诗》卷二三二四)

六　月

八日，臣僚言："贡院封弥、誊录两处须务谨密，乃免泄漏。所用贴司等人，旧差省部、寺监、临安府诸县公吏，可所顾惜。近来皆是罢役游手人，每遇考试，占据代名。有至二十年者，内外结连作弊，乞严作禁戢。自今止许差省部、寺监及临安府诸县见役公吏正名，不得令递年代名人入院，乃不许两处私相往来。"从之。(《宋会要·职官》一三之一三)

十五日，诏："自今差充贡院帘内试官，并不得出帘外，干预帘外职事。如违，令本院长官觉察，具名闻奏，重作施行。"从国子监请也。(《宋会要·

选举》二二之二)

二十日,诏武冈军:"溪峒子弟能向学人,许入军学听读。将来愿应举人,令与本军士人通用本军解额取放。"(《宋会要·选举》一七之三)

七　月

十一日,诏:"自今国子生解试、补试,其合避亲并别院收试,其或避亲嫌官,不得差充别院试官。"(《宋会要·选举》二二之二)

二十五日,诏:"今次武举比试,量增一十人,通取一百一十人为额。"(《宋会要·选举》一八之三)

九　月

十九日,礼部侍郎赵雄言:"近日太学补试进士,多至万六千人,场屋殆不能容,理宜裁节。今欲依仿绍兴三十一年旧令,诸州教官岁取本州士人住学最久、试中最多者,从上保明。仍别立定额。本州解额一名处,听保明五人赴补试;解额十名处,听保明五十人,至一百人止。州学保明申州,州申监,监申礼部。过数者,教官、守、贰坐之。人数不足者,听阙。其有驰骛他州、要求保明者,依贡举冒乡贡条法科罪。"从之。(《宋会要·崇儒》一之四一)

闰九月

十八日,翰林学士王淮、兵部侍郎兼直学士院周必大,举眉山布衣李塾堪应贤良方正直言极谏科。(《宋会要·选举》一一之三二)

周必大《同王内翰荐李塾试贤良札子》:臣等窃见朝廷复制举,以收海内方闻之士,历年滋久,未有特起应诏者。陛下临御,始得李垕一人。盖是科之设,不徒取其文学,且复采其行艺,然后策以当世之务,详观有用之才。其选既艰,宜应书者鲜矣。臣等伏见布衣李塾,博闻强记,经史百代之学无所不通,议论英发,有补治体。而敏识特操,蜀士所推。盖塾眉山人也，与其兄垕素师慕苏轼、苏辙之遗风，是以俱有志于此。求之流辈，未见多得。臣等叨直翰苑，稽诸故实，所宜荐闻，以备采择。今保举堪应贤良方正直言极谏科，伏望圣慈特降指挥，令有司检会累次诏旨施行。庶几异才继出，彰中兴得人之盛。取进止。闰九月十八日，三省同奉圣旨，依令礼部检会施行。(《全宋文》卷五〇六〇)

韩元吉《回李贤良启》：大廷发策，尽循天圣之规；多士向风，复见元光之旧。兹为甚盛之举，宜得非常之才。伏以贤良学士，奥学自于家传，敏识殆其天赋。议论不苟，悉本仁人之言；治安可期，实明王事之体。盖设施之有待，岂诵说之徒云？久驰藉甚之声，果占褎然之首。顾惭衰懦，获际清扬。究观落笔之雄，重枉飞书之贶。文章擅于天下，岂特振眉山之风；功业盛于朝廷，当遂继平津之踵。(《全宋文》卷四七九一)

十　月

十二日，有旨：抚州童子王克勤令后省试，令史院检点能文童子故事。(《南宋馆阁录》卷六)

十一月

(王克勤)赐童子出身，授从事郎，秘书省读书。(《南宋馆阁录》卷六)

十二月

十七日，《庆寿赦》："应太上皇帝潜藩州军进士，赴淳熙二年特奏名，试在第五等，缘升降格该载不尽，未沾恩霈，令礼部保明，特与升等恩例。应淳熙二年特奏名进士，试在第五等人，如年七十以上，特与差，破格岳庙一次。应淳熙二年特奏名进士，已授诸州文学、应出官人，与减升朝官举主一员，便与放行参选。淳熙二年赴特奏名试进士，如系归正人，试在第五等，特与升等恩例。"(《宋会要·选举》二之二二)

淳熙三年　丙申(1176)

二　月

二十五日，铨试、公试、类试：命监察御史齐庆胄监试，吏部员外郎王迭、礼部员外郎范端臣、军器少监俞子陵考试，大理寺丞商份、枢密院编修官袁说友、太学博士刘甄夫、大理评事王尚之、周珌、国子监主簿柯宋英、秘书省正字何澹、诸王宫大小学教授宋宜之考校、点检试卷。(《宋会要·选举》二一之一)

三　月

二十五日，礼部尚书赵雄言："《庆寿赦》：'得解进士父母年七十以上，并与初品官，妇人与封号。'窃虑有增加年甲，计嘱州郡保明，若例与放行，侥幸为多，恩赏泛滥。臣谓得解进士父母年甲，犹有试卷、家状可凭。绍兴二十九年以前不可检照，止凭州郡保明放行外绍兴二十九年至今已十八年，略计进士父母年亦老矣，故便与放行，自绍兴三十二年以后五举试卷、家状尚全，犹可考按。已委郎官将举人家状内所载父母年甲尽入本名贡籍，如诸州保明到父母官封，并将贡籍点对，纽计父母年甲。至今若实及七十以上，立与具钞放行。如年未及七十，不应赦，即与驳下。司封所掌亦如之却会礼部取实年甲。仍下国子监，应上舍、内舍、外舍生父母准此。"从之。(《宋会要·职官》九之一三)

四　月

三日，礼部国子监言："大小职事该遇庆寿赦，参酌推恩人：内舍生永免文解。绍兴三十二年以前升补、已有升甲升等、占射差遣恩例人二名，候将来到部日，与循一资。贺表首名内舍生有平等校定人一名，与永免文解。内舍生永免文解,有平等校定人一名,候将来过省、殿试唱名日,与升甲。上舍生免省,合该升甲人七名,候将来殿试到部日,与占射差遣一次。内舍生永免文解,并上舍试中平等人一名,候将来过省、殿试唱名日,与升甲。外舍生永免文解人一名,候将来过省、殿试唱名日,与升甲。上舍生免解、将来合该升甲人三名,候将来过省、殿试唱名到部日,与占射差遣一次。内舍生永免文解,有平等校定人二名,候将来过省、殿试唱名日,与升甲。内舍生永免文解人三名,候将来过省、殿试唱名日,与升甲。内舍生有平等校定人二名,与永免文解人四名,候将来过省、殿试唱名日,与升甲。不系免解人二十四名,与免文解一次。学生并赐束帛。"诏并依拟定。内鲁秉礼、汪南金并特与免省,更不循资。潘贸已补官,更不与免解恩例鲁秉礼、汪南金系举人;学录潘贸系外舍生,年七十八。(《宋会要·崇儒》一之四一)

五　月

六日,台州守臣赵汝愚举宣教郎姜凯,信州守臣唐仲友举迪功郎郑建德,堪应贤良方正能直言极谏科。诏:"以其词业,令两省侍从官参考闻奏。"周必大、李焘为有妨嫌,与免参考。(《宋会要·选举》一一之三二)

六　月

二十四日,礼部言:"四川州军依绍兴二十八年九月八日指挥,并用四月五日锁院,十五日引试。闻四川诸州赴试举人最多去处,至有四五千人,最少处亦不下千余人,举人皆有暑途奔走之患。乞遇科场解试年分,许并进用三月五日锁院,十五日引试。"从之。(《宋会要·选举》一六之一九)

解试取士以四月五日锁院,后十日引试。公请避盛暑,递先一月。皆著为令。(《全宋文》卷五一七九《范公成大神道碑》)

八　月

四日,诏:"进士增改父母年甲以冒封爵者,坐以学规一等之罚,限一月自首改正。"从吏部尚书韩元吉请也。(《宋会要·职官》九之一四)

九　月

二十五日，吏部侍郎赵粹中举亳州布衣马万顷，堪应贤良方正能直言极谏科。诏："粹中缴进词业。"(《宋会要·选举》一一之三二)

二十五日，太府少卿韩元龙奏："童子一科，乞诏有司立为中制，下秘书省讨论典故。"(《南宋馆阁录》卷六)

十一月

十二日，《南郊赦》："国学进士，先请后免，或先免后请，可并与免将来文解一次。"六年赦同。(《宋会要·崇儒》一之四一)

淳熙四年　丁酉(1177)

正　月

十一日,诏:"自今科举策试,必以时务发为问目。"从臣僚请也。(《宋会要·选举》五之三)

二十二日,礼部言:"逐举科场,依条于三月一日降旨许发解,仍令学士院降诏。续承淳熙三年六月二十四日指挥,四川州军发解改用三月五日锁院,即与降诏书日分相逼。"诏后科场于二月一日奏裁,仍令敕令所立法。(《宋会要·选举》一六之一九)

二　月

一日,诏曰:"朕惟四术以造士,三年而兴贤。崇化厉俗,未有或先于此者。粤予凉菲,寤寐髦隽。郡国诏书,凡五下矣。期无愧于前闻,有补于当世,此岂为虚文也哉?兴言大比,今复其时。乃饬攸司,申谕朕志。其各以贤能之书来上,朕将亲策于廷,使在吾选中者,皆足以章明治教,振宣事功。岂惟予一人以宁,时尔多士,亦与有无穷之闻。"(《宋会要·选举》一之一八)

五日,诏:"阶、成、西和、凤四州今次科举,令四川制置司取见举人的实乡贯,别无诈冒,方许收试。其发解自依逐州解额取放。将来省试,别作一项考校,以十四人取一名。如合格人数少,听阙。"(《宋会要·选举》五之三)

二十五日,铨试、公试、类试:命监察御史傅琪监试,国子司业郑伯熊、大理少卿吴交如、著作郎何万考试,知大宗正丞刘溥、太常博士章谦、大理正燕世良、大理丞梁总、陈倚、太学博士苏总龟、秘书省校书郎黄定、大理司直徐存考校、点检试卷。(《宋会要·选举》二一之一)

三　月

三日,诏:"淮南、京西人户有产业,如烟爨实及七年以上,应举即许依贡举法收试。"兼详定一司敕令单夔言:"乾道敕:非本土举人往缘边久居,或置产业为乡贯者,杖一百,押归本贯。今据庐州条具到乾道敕与贡举法文意相妨,乞详酌行下,遵守施行。窃详国家立法,务在便民。若民户有愿徙居宽乡者,即合听从其便。况缘边州郡,惟要招集四方人户,置产久居,以壮边势,岂有返行禁止、断罪押归之理?"故有是诏。(《宋会要·选举》一六之二〇)

八日,吏部尚书韩元吉等言:"旧制:贤良词业缴进,送两省、侍从参考。分为三等:文理优长为上等,次优为中等,平凡为下等。考讫缴奏,次优以上召赴阁试。臣等众参考,得李塾、姜凯、郑建德、马万顷,词业为次优。"诏:"并令中书召试。"(《宋会要·选举》一一之三二、三三)

十日,诏曰:"朕为乾德兴邦,咸平熙载,天圣御图之始,绍兴复古之初,皆设制科,博询谠论。粤予凉德,欣慕前规。兹当贡举之秋,仍下方闻之诏。翘翘其楚,冀贤隽之无遗;谔谔而昌,抑家邦之有赖。咨尔闺台之彦,暨夫岳牧之官,或荐进于中朝,或搜扬于外服。俾攄所蕴,陈古今致治之原;将策于廷,振臣庶敢言之气。毋借才于异代,庶复德于我家。布告多方,明知朕意。今岁科场,其令尚书侍郎、两省谏议大夫以上、御史中丞、学士、待制,各举贤良方正能直言极谏一人,守臣、监司亦许解送,仍具词业,缴进以闻。"(《宋会要·选举》一一之三四)

周必大《缴进李塾词业状淳熙四年二月》:右,臣昨任敷文阁待制,侍讲日,曾同翰林学士王淮保举李塾堪应贤良方正直言极谏科。后来王淮除签书枢密院事,礼部检会李塾词业,欲令周某取索缴进。准尚书省札子,

备奉圣旨,依礼部所申。今来取到李塾词业五十篇,计十一册,谨随状缴进以闻。伏候敕旨。(《全宋文》卷五〇六一)

二十日,诏:“四川类省试,令就安抚制置使司置院类试。”时已罢宣抚司故也。(《宋会要·选举》二二之二)

四　月

范成大《鹿鸣宴》:岷峨钟秀蜀多珍,坐上儒先更逸群。墨沼不忧经覆瓿,琴台重有赋凌云。文章小技聊干禄,道学初心拟致君。富贵功名今发轫,愿看稽古策高勋。(《范石湖集》卷一七)

范成大《鹿鸣席上赠贡士》:登陆由来说四明,台星光处更魁星。海滨二老尊周室,馆下诸生右汉廷。秋赋重增人物志,春闱俱上佛名经。一飞好趁扶摇便,咫尺西兴是北溟。(《范石湖集》卷二一)

五　月

丁未(八日),陆游《彭州贡院记》:国家三岁一贡士,天子先期为下诏书,与郊祀天地埒。及试于礼部,既中选矣,天子亲御殿发策,询天下事,第其高下,又亲御殿,赐以科名,其礼可谓重矣。盖以为所与共代天理物,而守宗庙社稷于无穷者,实在是也。然则郡国贡士,顾可不重邪?彭州旧无贡院,每科举,辄寓佛祠。祠乃在城外,士不以为便。淳熙三年,知州事王公敦诗、通判州事邓公枢,始采进士穆滂、陈仲山、杨伦、苏松等议,取废驿故地为贡院。凡郡之士,奔走后先,肩袂相属,甓坚材良,山积云委。自正月壬子,至七月癸亥讫事,用缗钱万五千六百有奇,役工称是。重门大堂,高闳邃深,缭以修庑;沉沉翼翼,分职庀事,各有攸处。既成,王公徙利州路转运判官,书来属予为记。邓公又继以请。明年正月,朝奉大夫王公序来知州,则又以请。予发书叹曰:俗坏久矣!上下相戾,后先相倾者,天下皆是也。今彭之士大夫,与王公、邓公谋同心协,若出一人,固已异矣。后王公事不出己,而不忌其成,不掩其能,惟惧后之无传,可不谓贤哉!使士之贡于朝而仕者,揆时之宜,从人之欲,以举万事,如王公、邓公;视人之

善，若已有之，如后王公，则利泽被元元，勋业垂竹帛，将孰御焉？士尚知所勉哉！(《渭南文集》卷一八)

六　月

七日，江南西路转运司言："本路诸州军合差试官，旧例系五十员，计阙一十六员。乞于本路寄居、待阙官内，曾经试中宏词及教官，或进士殿试第一甲，省试前十名，曾经升补上舍人内，选差一次。"从之。(《宋会要·选举》二二之二)

二十五日，诏："今岁科举，淮东、西两路所差试官，许于太平州、池州管内通融选差。如所差不足，即依淳熙元年五月九日已降指挥，那展考校程限，不必拘一月开院之例。"(《宋会要·选举》二二之二、三)

七　月

八日，中书后省言："昨来召试，止系李垕一名，宣差制举考试官一员、参详官一员。今召试四人，稍多，欲于参详官内增差一员，比附省试差知举官例，临期特降御笔点差。仍差封弥、誊录、对读、监门官各一员。其巡铺官，于入内内侍省差。引试前一日，宣押入院。"诏：试所止就后省。余并依。(《宋会要·选举》一一之三三)

十六日，诏："自今两学、诸州、漕司解试及将来省试、公试所差试官，并令先考脚色，将习诗赋、经义之人相半差充。候到院，许监试各以所治经与诗赋分拨考校。其有年高昏眊、视听已衰之人，不在兹选。若见任官不足，在内许差到部人，在外许通融于比近州县官选充。其封弥所换易家状，誊录所隐匿试卷，不与尽行誊录，及对读所不躬亲对读、点检，并请监试官督责，严行关防。稍有违戾，按劾以闻。诸军州士人赴试，襕幞入院，或有衩袒，并令扶出。或有鼓噪场屋，令所属官司依已立定法条，停试殿举。仍连坐同保。"从殿中侍御史谢廓然请也。(《宋会要·选举》一六之二〇、二一)

二十四日，中书后省言："本院官吏，将来引试贤良方正，缘就试员数增多，欲乞以十日开院，于引试前二日锁院。"诏："锁院、引试、开院，通限六日。"(《宋会要·选举》一一之三三)

二十九日，诏："以少保、观文殿大学士史浩前知福州，规画编类科举事件，下临安府雕版，印造成册，遍牒诸州，参照施行。"以浩言："昨守福州，适当科场，尝为规画数十事。是岁，试者二万人，济济有序。臣当时措置晓示，编类成书。今以上进，若有可采，乞降付礼部、国子监，行其一二。"礼部、国子监看详："浩措置条项，委可颁行为式。"故有是诏。(《宋会要·选举》一六之二一)

八　月

五日，国子监发解：命监察御史徐诩监试，尚书考功员外郎施师点、尚书礼部员外郎范端臣、太常丞黄洽考试，详定一司敕令所删定官楼钥、诸王宫大小学教授喻良能、秘书省校书郎石起宗、何澹、国子监主簿王维之、国子正高文虎点检试卷。别院，尚书户部员外郎丘崇考试，枢密院编修官葛邲、太常寺主簿李巘、主管户部架阁文字田渭并点检试卷。(《宋会要·选举》二一之二)

四年秋，国子监试进士上舍，考官以子弟预上舍试，引嫌自列。特旨别开院，以公(王逨)持文柄，鉴裁精甚，士论称惬。(《楼钥集》卷九四《王公行状》)

公(徐诩)受诏监秋试。有国子生江元者，陈牒愿与太学生同试。元，殿中侍御史宰掾溥之犹子也。溥以文书讽有司，公不答。(《杨万里诗文集》卷一二五《徐公墓志铭》)

十三日，礼部考试官施师点等申："男括等各赴太学上舍试，委有妨碍。本部欲候别试院开院了毕，别行差官锁院引试。"从之。(《宋会要·崇儒》一之四二)

十四日，诏："游学人黄鉴大等四百余人，特令就两浙转运司附试一次，仍别行考校，依例取旨立额。后举令礼部先一年行下约束，不许附试。"王淮奏曰："鉴大等陈乞同文馆试。"上曰："何不归本贯应举？"李彦颖等奏："临安府学、钱塘县学，多是外处士人就食。前举曾行一次，只解一名。今共有四百余人陈状，令赴漕司附试，量取二三名足矣。"故有是诏。(《宋会要·选举》一六之二一)

十九日，诏：以二十五日引试应贤良方正能直言极谏科李塾、姜凯、郑建德、马万顷。命中书舍人钱良臣为制举考试官，太常少卿兼崇政殿说书齐庆胄、左司谏萧燧并为参详官，宗正寺主簿胡南逢为监封弥官，大理寺主簿陈资深为监誊录官，武学谕王蔺为对读官。论六首：一曰《因者君之纲》，二曰《易数家之传孰优》，三曰《前世历法多差》，四曰《十二节备如何》，五曰《王学本贾氏》，六曰《动静繁寡如何》。(《宋会要·选举》一一之三三)

二十六日，诏："制举六论，已权罢注疏出题，可以五题通为合格。"先是，监察御史潘纬言："制举以待非常之才，汉唐素重兹选，圣朝尤号得人。如富弼、张方平、苏轼与其弟辙，皆由此科进。既号大科，欲孚众望，必乡评共许。士行无瑕，无愧斯名，始可应此举。陛下崇尚科目，奖拔人才。旧制：命尚书、两省谏议大夫以上、御史中丞、学士、待制各举一人，今许用侍从荐举，或守臣、监司解送；旧制：试论于经史、诸子正文及注疏内出题，今已权罢注疏，皆所以诱其来也。窃谓应是选者，一缴进词业，二试六论，三对制策。所谓缴进策、论，共五十篇，类多灯窗著述之文。策限三千字以上，虽曰无所不问，以考博通之识，亦岂无平日备对之语？唯是六论，于注疏命题，人以为难。况此一场，谓之过阁，乞尤当加意。今引试有日，若据令再于注疏出题，亦已何及？如依旧制，以四通以上为合格，则与应进士举一场试经义五篇者何异？臣愚欲六题皆通，方为合格，选之遴，则其得之也荣。"故有是命。(《宋会要·选举》一一之三三、三四)

二十七日，中书舍人兼侍讲钱良臣等言："准敕：考试制举试卷四号。

臣等依准近降指挥，以五题通为合格。今考到试卷内，多有不知题目出处，又引用上下文不尽，止有仅及二通者。”诏：“并赐束帛。”（《宋会要·选举》一一之三四、三五）

制科六题，旧以四通为合格。淳熙四年，李仲信之弟季修塾复举贤良方正，南士颇嫉之，而近习贵珰又恐制策之或攻己也，共摇沮焉。会台守赵子直举宣教郎姜凯，信守唐与正举迪功郎郑建德，吏部侍郎赵粹中举亳州布衣马万顷应诏。上问辅臣：“故事，召试贤良，尝有黜落者否？”执政对曰：“昨来召试，止李垕一人。他日若试数人，须有优劣。”既而，潘察院纬又上章言：“制科论策，皆灯窗著述之文，而策限三千字，亦岂无平日待对之语？惟六论一场，所当加意。若罢注疏命题，而复以四通为合格，则与应进士举一场试经义五篇者有何异？”试之日，有诏：以五题通为合格。是岁，始命糊名誊录，如故事。所试六论：一曰《因者君之纲》，二曰《易数家之传孰优》，三曰《前世历法多差》，四曰《十二节备如何》，五曰《王学本贾氏》，六曰《动静繁寡如何》。后二日，考试院言：“试卷内多有不知题目出处，及引用上下文不尽，止有仅及二通者。”上命赐束帛，罢之。举者周益公辈皆放罪。或曰：故事，六题一明一暗上下文有度数及事数，谓之暗题。是时，舍人钱师魏素与周、李诸人异趋，且承燮近旨，奏言：“制举甚重，须稍难其题。”御笔因差师魏考试，故所命皆暗题云。仁父时为礼部侍郎、同修国史，仲信为著作郎。未几，仲信被旨考上舍试，因策问本朝制科典故，有云：“苏洵辈皆尝黜落，富弼、张方平粗识题意，亦不免错误。”坐此为台官所攻，皆罢去，仲信亦遄死。明年秋，言者又论注疏命题，盖以观其博洽，谓宜复旧。又从之。十一年夏，校书郎虞商衡转对，论：制科取士，不必拘三年之制。上谕大臣曰：“贤良得人，国家盛事。”遂特以六月五日降诏，然未有应者。十二年春，李献之以右史直禁中，面奏：“贤良之举，肇自汉文。本求谠言，以裨阙政，未闻责以记诵之学也。使其才行学识如晁、董之伦，而注疏未能尽记，于治道何损？”乃复罢注疏命题。于是，陈天与守池，举郡人庄治；丘宗卿守平江，举郡人滕成。十三年六月，召试。六论题：一曰《身者治之本》，二曰《圣人通天地之心》，三曰《五星为经纬》，四曰《历律本于易》，五曰《六德以民为纪》，六曰《岑彭冯异之功孰大》。二人皆四通。

颜侍郎师鲁为考试官，言其文理平常，不应近制，遂罢之。自是制科无复得试者矣(《朝野杂记》甲集卷一三)

九　月

周必大《李仁甫赋诗送其子塾下第归次韵为赠丁酉九月》：余力犹能诵稗官，奥篇隐帙复何难。求贤正市千金骏，当赋终征百羽抟。唤渡吴江秋水涨，解鞍蜀道雪山寒。归来趁贺郎罢相，东阁重寻一笑欢。(《全宋诗》卷二三二四)

是　秋

福州长溪人林刘举在国学，淳熙四年，将赴解省，祷于钱塘门外九西五圣行祠。梦成大殿，见五人正坐，著王者服，赞科如礼。闻殿上唱云："五飞云翔，坐吸湖光。子今变化，因溯吾乡。"觉而不能晓。是秋获荐，来春于姚颖榜登科黄甲，注德兴尉。既交印，奠谒五显庙，知为祖祠，始验梦中之语。(《夷坚三志》己卷一〇)

叶适《鹿鸣宴诗》：鹿鸣著周雅，取士各惟时。永嘉近千载，文物盛于斯。贤侯奉明指，荐棘锁秋扉。希宝难聚识，独鉴防群嗤。诚云得之慰，重为失者悲。鄙夫素寡学，已老谩将知。仰欣多材聚，俯愧只影踦。晴霜万里肃，威凤正高飞。朝阳羽翙翙，春梧绿蕤蕤。新荣忌轻觅，苦节誓终期。(《叶适集·水心文集》卷七)

十一月

二日，诏："自今省试，帘外官同姓、异姓亲若门客，亦令依帘内官条法回避，牒送别院试。"(《宋会要·选举》五之三、四)

二十七日，礼部国子监言："每遇科举年分，诸州依解额取定合格人赴省试外，乞将其余解发不到试卷，纽计终场人数，每　百人取三人，零分不及三十亦取一人，名曰待补太学生。考试院具姓名，申本州置籍。俟太学开补，本州给据，申国子监，赴补试一次。其以前曾实得解到省试下人，愿就补者，召保官一员。当年得解赴省人，只照元发解公据赴补。"从之。先是，监察御史潘纬言："太学比年补试，繁冗太甚，中选者类多假手。欲自今秋科举为始，诸州依解额取定合格试卷外，仍取备卷，作待补太学生。即于经义、诗赋、论策内，有两场或一场文理优长者，并行存留，许赴补一次。其实曾得解人每补，听试。"礼部国子监看详来上，故从其请。（《宋会要·崇儒》一之四二）

是　年

淳熙丁酉，议者以混补太学，人数猥冗，遂立待补太学生之法。以终场人数定其额，百人取三，继又倍之。预选者，是亦薄收场屋之效。时多嘲谑之语。独司业计公衡，名之曰"贡余"，尤觉隽永。（《游宦纪闻》卷二）

四川类试。命潼川府路提点刑狱公事何耕监试，知汉州杜民表考试，知利州黄锄别试所监试，知嘉州王亢考试。（《宋会要·选举》二一之一，二）

罢同文馆试。（《宋史》卷一五六）

上舍释褐：林至，陈允升，黄唐，杨范，鲁东礼。（《宋登科记考》卷一〇）

陈造《送赴省七子》：忆昔涂抹鬓未秋，著书初不缘穷愁。交契往往第一流，爰且助之恩意周。翳桑盘饭惊浪舟，如锞转毂需膏油。疾需妙剂寒需裘，李郝砚席初绸缪。陈赵进修警堕偷，出语凿凿珊瑚钩。三臧笔底风雨遒，丁年出我便一头。儒林丈人拔其尤，贤书政用谭笑收。七子寂寂从我游，穷人累人君信不？迄今里闬闻沉浮，玉音下天正旁搜。南宫之行勿夷犹，巨鱼纵壑鹰辞鞲。雁塔岐路邻昆丘，捷音联翩走吾州。壮志此去不啻酬，士抱奥学追前修。噤不施世吾侪羞，肯卧少室甘沉幽。肯闯侯门提蒯缑，贤科夷途古共由。论才君等谁与俦，可学老子拙自谋。所向数奇老不侯，一樽上尽犹未休。索句轧轧茧绪抽，不作儿女声悲啾。倚须接武拱帝旒，付我一竿钓沧洲。（《全宋诗》卷二四三〇）

陈造《送七子赴省》:旋转玑衡运化枢,嗣皇袭六待耆儒。斗南誉望俱难四,邺下才华旧不孤。郡赋今推作者并,王庭可但诤臣趋。竹林昔隐休回首,四辅三公此首途。(《全宋诗》卷二四三四)

韩元吉《婺州贡院记》:淳熙四年秋七月丙辰,婺州贡士之院成,太守秘阁修撰李公书来请曰:"椿之始至郡也,会诏书以是岁兴贤能之士,而校艺未有其所。前太守敷文阁直学士张公津尝鸠其费,且留以待椿也。椿以多病之余,顾其政之不暇,惧无以为矣。既而,乡老、士子咸以为请,而七邑之大夫又请为助。于是,取于帑廪之余,合以属县之力,而通判州事赵君彦丞奋然愿督其役。起于三月壬子,仅数月也,今幸而集焉。凡为屋三百六十有四间,培薄以为高,刓砥以为平,廊庑四辟,堂舍环列,盖无一弗备。观者悚叹,以为面势之雄伟,规制之稳密,自浙而东所未有也。敢自以为能哉?斯郡人之志,诸大夫之劳,同事之敏,前二千石之贤以遗于我,而适臻兹尔。抑又闻之,君亦尝为是州,实基此也。故郡人愿得君之文,以识其始末。则何如?"某于是拜而不敢辞,曰:古者养士于学,以为弦诵肄业之所;选士于宫,以为宾射揖逊之地,有故常也。自隋暨唐,以文决科,国朝又加密焉。重扉布棘,群试于有司,宾主肃拜,以就研席。究其经史词赋之习,质以古今当世之务,引毫伸楮,使其志气有所感发,才思有以摅尽。非居处闳敞,庭陛显设,殆不足见朝廷招贤之美,诸侯待士之恭矣。惟东阳郡置自吴宝鼎之初,稽诸星躔,上直须女。故其俗工织纴而事组紃,物众地广。中兴则为辅藩,德教所及,风化所被,俗变以文。三岁之举,至五六十人。豪杰相望,公辅踵出,足为东南之表仪。异时试者寓于僧庐,褊陋局隘,弗称是邦之大。淳熙改元春,某滥膺左符,岁适有秋。《鹿鸣》既歌,深有愧于俊造之论,始得爽垲于郡城西南隅,负巍峰,俯大川,废榷酤之场,彻二廨以广之。工筑方兴,而某易守建安矣。逮张使君来,经营未几,又移帅于越而去。今李公之至也,宽以惠其民,俭以率其下,凡事宴游而饰厨传者,一切不务。计吏将登,栋宇是亟,故斧斤之声未闻,而丹雘之施已具。问于其境,盖有弗及知者。则其无烦于人,不扰于物,为可见矣。且推而不居,犹有逮于吾焉。夫天下之事不难于基之,而难于成之,岂特是役为然哉!惟成而不自以为功,则其于事也无难矣。昔鲁作泮宫，史克颂之，故其诗曰："无小无大，从公于迈。"言民之无不从也。吾意东阳之士，怀长材，抱素业，以奉天子明诏，其从公之教益多，则游斯者功名自是以发轫焉。必有颂声以述公之美政惠爱，又何俟于吾文？虽然，不可以无传也。故百有二十五日之间，其工与费皆不足书，举其大者，以告于后之人云。具位韩某记。(《全宋文》卷四七九七)

淳熙五年　戊戌(1178)

正　月

辛丑(六日),侍御史谢廓然乞戒有司:“毋以程颐、王安石之说取士。”从之。(《宋史》卷三五)

侍御史谢廓然言:“近来掌文衡者主王氏之说,则专尚穿凿;主程氏之说,则务为虚诞。夫虚诞之说行,则日入于险怪;穿凿之说兴,则日趋于破碎。今省闱引试,乞诏有司,公心考校。毋得狥私,专尚程、王之末习。”从之。(《宋史全文》卷二六下)

七日,以权礼部尚书范成大知贡举,试尚书刑部侍郎兼侍讲程大昌、试右谏议大夫萧燧同知贡举,得合格奏名进士黄涣以下二百二十六人。(《宋会要·选举》一之一八)

太常少卿兼崇政殿说书齐庆胄、司农少卿戴几先、太府少卿傅淇、尚书吏部员外郎兼太子侍读阎苍舒、尚书兵部员外郎何伯谨、监察御史潘纬、徐诩并参详,宗正丞沈揆、大宗正丞刘溥、秘书丞袁说友、大理正林元奋、太常博士章谦、枢密院编修官宇文作、详定一司敕令所删定官吴天骥、秘书省著作佐郎郑鉴、诸王宫大小学教授何鹿、秘书省校书郎胡晋臣、叶山、宗正寺主簿胡南逢、大理寺主簿陈资深、监登闻检院黄阁、干办行在诸军审计司吴博古、提辖文思院万钟、提辖行在杂买务杂卖场张商卿、监行在草料场周文擢、临安府学教授高朿、监行在编估打套局门陈义并点检试卷。(《宋会要·选举》二二之三)

十四日，应博学宏词科张谔称："同知贡举萧燧之子，系谔亲妹之夫，法当回避。"贡院契勘："淳熙二年，亦有词科陈乞避亲之人，止就贡院差不应避亲官出题考校。"诏："依前举指挥。"(《宋会要·选举》五之四)

十九日，诏："敕令所将贡院帘外誊录、对读、封弥、监门等官避亲，修入省试条法。"既而，敕令所依淳熙四年十一月二日敕，并照应《崇宁通用贡举敕》内余官避亲之文，参酌拟修下条："诸试院官谓主司及应预考校之官亲戚谓本宗袒免以上，或同居无服亲，或缌麻以上亲及其夫、子，或母妻缌麻以上亲及大功以上亲之夫、子，或女婿、子妇期以上亲及试院余官谓监门、巡铺、封弥、誊录、对读之类亲戚谓本宗大功以上亲，或母、妻期以上亲，并亲女及亲姊妹之夫、子，并两相避。若见在门客每员止一名，亦避。右入《绍兴重修省试令》。"从之。(《宋会要·选举》五之四)

二　月

十日，礼部贡院言："试博学宏词科从政郎、监建康府户部赡军东酒库周洎，从事郎、筠州军事判官倪思，合格，所试六篇。题曰：《武康军节度使左金吾卫上将军特授少保宁武军节度使侍卫亲军马军都指挥使镇江府驻札御前诸军都统制兼知扬州军州事充淮南东路安抚使加食邑实封制》、《唐献获大安宫颂》、《代文武百僚谢宣赴光尧御书阁观石经表》、《周乘马法记》、《御制敬天图赞》、《汉十八家历谱序》。"诏："洎、思各减二年磨勘，比类施行，与堂除差遣一次。"(《宋会要·选举》一二之二二)

韩元吉《回周垍谢中宏词启》：伏审校艺词场，擅清时之伟誉；奏篇黼座，膺显命之重褒。喜动簪绅，光生简册。窃以国家设科取士，虽均为罗海内隽杰之才；天子制度考文，盖将以备朝廷著作之选。故于茂异之次，别设宏博之名。运际中兴，礼为特异。岂止儒学之冠，率惟卿相之阶。宜得英贤，乃厌舆议。宏博省干学士，器宇深厚，材猷俊明。蚤擢秀于能书，尚卑栖于左宦。习三坟五典之奥，问祈招而足知；通九夷八蛮之殊，识楛矢其来远。逮兹奋笔，果见搴旗。追刘柳之词华，信为余刃；继裴陆之事业，即上要津。某久渴披承，重迂顾逮。飑陨皂枥，秖有负于壮心；凌厉烟

霄,第徒钦于隽躅。其为愧佩,曷罄敷宣!(《全宋文》卷四七九一)

周必大《回中词科周监酒洎启淳熙五年四月》:伏承再提文笔,独冠试闱;捷音一传,公论胥穆。某官气涵温厚,识蕴通明。问学渊源,挹洪波于沧海;词章挺拔,钟秀气于赤城。早收俊科,思贾余勇。方其即席,同志莫不避锋;逮此擅场,有司为之击节。既成名于盛旦,行策足于要津。过勤笺敬之施,仍叙宗盟之好。艺文甚富,已惭大布之阮咸;名誉方新,更愧小冠之子夏。永言欣感,交集襟悰。(《全宋文》卷五〇八〇)

二十一日,知贡举范成大等言:"照对举人程文,赋内押'惚怳'字,或书作'怳',或书作'恍'。除'怳'字《礼部韵》已收入外,其'恍'字按《老子》云'无物之象,是谓惚恍',系从心从光,《礼部韵》却不曾收载。近年虽曾增广,亦失附入。按《集韵》:怳、恍,并虎晃切,皆以昏为义,即'恍'、'怳'二字并通。恐碍后来举人引用,乞下国子监详定修入。"从之。(《宋会要·选举》五之四)

二十五日,知贡举范成大等言:"比年试院多有计嘱拆换卷子之弊。谓如甲知乙之程文优长,即拆离乙文,换缀甲家状之后。其卷首虽有礼部压缝墨印,缘其印狭长,往往可以裁去重粘。臣等今措置,于卷首背缝添造长条朱印,以'淳熙五年省试卷头背缝印'为文,仍斜印之,使其印角横亘家状、程文两纸,易于觉察。乞自后应于试院,依此施行。"从之。(《宋会要·选举》五之四、五)

三　月

亲试举人,赐姚颖以下及第、出身有差。(《宋史全文》卷二六下)

五年,(周必大)为御试详定官。(《楼钥集》卷九八《周公神道碑》)

(郑丙)充御试编排官。(《全宋文》卷五一八二周必大《郑公丙神道碑》)

叶适《廷对》：朕绍休圣绪，厉精万机，夙夜靡皇，庶克有济。今兹登进多士，咸造在廷，将以讲明治道，考观素蕴。角虚文而废实用，朕无取焉。历稽邃古，三皇之书谓之《三坟》，以言大道；五帝之书谓之《五典》，以言常道。夫出治之经，要本诸《五典》，而《三坟》所载曰大道云者，果何所谓耶？仲尼之门，难疑答问，惟仁尤重。或以爱人为仁，或以刚毅近仁，或以克己复礼、天下归仁。其他论仁不一而止。夫圣人立教，宜有定说，乃多为之目如是，后之求仁者果安所从耶？汉高帝制礼，欲度其所能行。齐、鲁两生，召之不至。谓"必俟百年而后兴"。惟叔孙通达于时变，定一王之仪。二者之见，其孰是耶？唐太宗论乐，谓"治之隆替无关乎此"。杜淹疑其不然，虽魏征亦曰"乐在人和，不在声音。"二者之论，其孰当耶？朕上宪帝皇之道，中参将圣之训，下监汉、唐之迹，烛理未深，治不加进。故欲强国势而威令未孚，欲恢王纲而规模未广，士风惰而未振，民力艰而未裕。抑尝览苏轼之论，言"天下之势，中国士民，优游缓带，勇气消耗，而戎狄之赂，转输天下。"以为一时深弊，朕有感焉。子大夫以选待问，其考引古初，攟摭经史，博举先儒之言，茂明当世之务，条著于篇。勿迂勿泛，朕将亲览！

臣恭惟陛下天锡勇智，临御九有，实开有宋无疆之业。故能不以草茅之陋，爰命有司，博举秀异，亲降色辞，问以道、仁、礼、乐之大要，当世之先务。圣心之所向，参验酌取，图惟厥中。臣愚不肖，窃独自念，以为古之忠臣未尝不愿言天下之事，古之明君未尝不乐闻天下之言。然而，听之者常以为难而言之者终不敢尽，何哉？岂非君臣之情不通，而上下之势不合耶？今陛下虚己宏大，畴咨众言，凡伊尹、傅说之流伏藏于农役之贱而不敢发，贾谊、陆贽叫呼于堂陛之间而不见听者，亦既举以访之矣。宸衷恳恻，诏策深厚，臣而不言，其又何责！虽然，君听在乎广大，臣言贵乎切近。臣闻以庸君行善政，天下未乱也；以圣君行弊政，天下不可治矣。伏睹今日之故，承末流之极弊而不及其本，厌众说之太烦而不求其要；或以浅末之议而废经远之论，或以一时之效而易久大之规；朝廷一体也，而□□内外；文武一道也，而互为抑扬。是以上下喜无事，群臣不任责，当天下积累之后而无根固不拔之势，以生齿日滋之众而有贫弱就衰之萌。至于大本不立，大义不明，少不为虑，则天下之事又将有出于意料之外者，岂非以圣君行弊政之故欤！如其条贯统纪，臣不得以尽言也，敢因圣问之所及而疏其略。

臣伏读《圣策》之所以诏臣者曰："朕诏休圣绪，厉精万机，夙夜靡皇，庶克有济。今兹登进多士，咸造在廷，将以讲明治道，考观素蕴。角虚文而废实用，朕无取焉。"臣仰见陛下勤政愿治十有七年，周旋万机之变，多阅义理之会，深患虚文之误世矣。故将以卓然可见之实下求臣等。臣闻虚文者，实用之所因以见，非舍言语文字之外而有所谓实者也。陛下聪明圣知，度越古昔，所受群臣章疏书奏、阏论密语、大廷广对，凡几何矣。考览载籍，上自尧、舜、禹、汤之德业，孔氏之所记录，与秦、汉以来废兴成败之迹，百家众说无不明矣。嗣服以来，四策多士，其间山岩遗弃，抱不能已之人，投匦肆言，利害百出，固已众矣。陛下亦尝得其所谓实乎？古之治道，皆有一定必然之说相传而不变，彼尧、舜、禹、汤号为圣人者，特奉行之耳。自圣人不作而治不明，战国、秦、汉之君臣日乱其统，而儒者独传之。董仲舒、刘向、王通，盖稍欲广推发明其意矣。而位不足以行其言，才不足以发其志。若苏绰之辅宇文，魏征之劝太宗者，二君既亲见其利矣。虽然，祖宗立国之定势，则常因儒者之学以求三代之旧而施之于政事之际，二百余年，《六经》、孔氏之说益以著明，凡古人之所以治天下之常道无不尽顺，今之世反厌其熟烂迂阔而不可信用。陛下翻然改虑易念，将求一新之乎？臣恐其无所据矣。陛下盍亦因已然之众说，详考而择其中乎！则凡今之所谓虚文者，随其高下皆足以为实。不然，则虽《六经》、孔氏之书均为无用，而何益于治哉！夫十有七年，天下颙颙，海内向风，而治道之实终于未定。今欲拨去虚文以幸天下，而士亦不免以空言应上之求，是将孰从而取之？故其素所蕴积而自见者，亦于此观之足矣。孟轲曰："我知言"，未有不知言而能得其人者也。

臣伏读《圣策》，有"历稽邃古，三皇之书谓之《三坟》，以言大道；五帝之书谓之《五典》，以言常道。夫出治之经，要本诸《五典》，而《三坟》所载曰大道云者，果何所谓耶？"臣窃惟陛下本《五典》以出治，则古人治天下之常道，陛下既得之矣。《三坟》之书，孔氏不序，而安国独言之，何欤？彼将以为天地运化之始，阴阳消长之会，羲、农、黄帝所以开天极而制化原者乎？敬天爱民，尊道保法，执赏罚之信，示予夺之公，此尧、舜、三代之所以治天下而立人纪也。尧、舜、三代以人合天，而后之为异学者，夸焉以为羲、农、黄帝是以天应人也。故其高诞恍忽者，入于佛、老；而迂僻下俚者，流为阴阳、卜筮、纵横之方，其技其意，莫不自托于大道以惑世主。臣愿陛下执《五典》之常道而无疑乎安国之偏辞，则出治之经正矣。

臣伏读《圣策》，有“仲尼之门，疑难答问，惟仁尤重。或以爱人为仁，或以刚毅近仁，或以克己复礼、天下归仁。其他论仁不一而止。夫圣人立教，宜有定说，乃多为之目如是，后之求仁者果安所从耶？”臣闻仲尼亲见周之衰坏，中国、夷狄并起而争，以为本于其君之不仁。其君不仁，故其臣贪诈邪虐，而不为信谊忠厚之事以报其上。君臣流毒，被于天下，纲纪隳坏，人文不立，而天下之民物不能自必其命。当是之时，仲尼退与其徒求所以为仁之方，发其所厚，消其所薄，根于心术，见于事变。虽其质之所受者有异，性之所习者有偏，而仁之为道未尝远也。或曰爱人，或曰刚毅，或曰克己复礼，与其他不一之论，广大充满，上下周流，而仁在是矣。以为虽未能以救当时之患，而犹可以启后人之心也。嗟夫！荜门委巷之士，其势与力不足以自存矣，可谓微也，而犹不忘于求仁。乃若陛下，承尧、舜付托之重，守累圣太平之业，欲从而意得，恩博而泽厚，所谓操可致之实，有能致之势矣。陛下圣性得之，犹复加圣心焉，则有喜有怒，有生有杀，应天下之众变而不失吾心之至仁，此孔氏之本旨也。若夫拘牵于文谊，训释乎章句，因有得焉，亦足以助陛下之仁，然而未敢为陛下言之也。

臣伏读《圣策》，有“汉高帝制礼，欲度其所能行。齐、鲁两生，召之不至，谓‘必俟百年而后兴’。惟叔孙通达于时，定一王之仪。二者之见，其孰是耶？”臣闻周之礼至秦而亡，汉氏初起，以其智力角逐一世而仅得之，则秦之礼至汉亦亡矣，其君臣上下未有长久之意也。使汉仪不定，则何以系其心？如必积德百年而后兴，则汉不及积矣。若其文物以纪之，声明以发之，上下有章，登降有数，举无失乎天人之常理，则非积德百年有不能至也。士欲及时以致功，达权以致变，则通意诚近之矣。耻为一时之用而宁甘没世之无闻，两生殆未必知礼之用也。虽然，一代之大典，则必与斯人之徒议之，此固非叔孙通之所能识也。

臣伏读《圣策》，有“唐太宗论乐，谓‘治之隆替无关乎此’。杜淹疑其不然，虽魏征亦曰：‘乐在人和，不在声音。’二者之论，其孰当耶？”臣窃以为两生之论高祖未可以制礼，而犹制之，盖尊卑贵贱之序不可一日废也。若太宗，则治既效矣，功既成矣，可以作乐而犹未作也，反以谓治之隆替无关焉者，何耶？魏征智足以知仁谊而不足以知礼乐，知人之和而不知声音之致和，故其所以辅太宗者亦仅是耶！陛下求道于《典》、《坟》，求仁于孔氏，是既然矣；求礼乐于汉、唐，则非所求也。汉、唐之始，不及政事，何暇礼乐！且高帝不喜儒，不知学，先王圣人之道无所入于其心，然犹曰“度吾所能行者”。太宗经理世务，动询儒生，天资明锐，尤喜文学，然乃曰：“治不必为乐，乐不足为治。”夫不稽之古，不谋之道，而苟欲循其所安，陛下何取焉！深惟今世，上自郊庙，下至田野闾里，制度文为之节，脱略而不备，浅陋而不经。嫁娶、祠祀、饮食、生养无所取法，贫富相逾，无所纪极，而天下之治因以不举，其患皆坐于礼乐之不明。礼乐不明，则政事不立；政事不立，则财用竭而天下匮矣。陛下慨念天下之大，将奋然有所自为，而不先定其本，则仁心仁闻何由而著？王功帝德何由而隆？且夫祖宗之盛，盖尝有意于礼乐矣。屡举而不遂，欲行而辄止者，陛下知之乎？汉、唐苟简之说杂乎其中，旧臣元老未能深识礼乐之意以有所论建也。故臣愿陛下将兴礼乐以为出治之本，而无求乎汉、唐之陋，则天下之士必有出而赞陛下者矣。

臣伏读《圣策》，有“朕上宪帝皇之道，中参将圣之训，下监汉、唐之迹，烛理未深，治不加进。故欲强国势而威令未孚，欲恢王纲而规模未广，士风惰而未振，民力艰而未裕。抑尝览苏轼之论，言‘天下之势，中国士民，优游缓带，勇气消耗，而戎狄之赂，转输天下’。以为一时深弊，朕有感焉”。臣伏读至此，窃知陛下以当世之要务，圣心之所向，形之训词，开导诱掖，使之有知而必言，有言而必尽。臣不佞，盖于其始也。愿陛下即虚文而求实用；于其次也，愿陛下执常道以正治经，存至仁以厚民望；又其次也，则欲立礼乐以定出治之本。凡陛下之所以策臣者，不敢不条列而对也。若夫当世之要务，则虽圣问之所不及，而因其所及，可一一而陈也。圣志之所向，虽众人之所未喻，而臣之所自喻者，可反复而论之也。其本末可见，其次第可知，陛下试幸听之毋忽！陛下留意天下之大计，而不蔽于一偏之见，不任独知之明，是以上法三、五，中稽孔氏，下验汉、唐。凡道、仁、礼、乐之大要，皆泛观而博取之，然而非圣志之所向也。陛下以今日之事为何如耶？以陛下夙兴夜寐，精实求治，十有七年之久，而迄未有尺寸之效，能使陛下有以自慰其心者，亦尝思其故乎？独运于上而未得其人以自辅也。且陛下临政之初，尽起诸臣于废弃休老之余，举国论而听之，而其人既足以副陛下之望也。陛下又自简拔，至兴于梦寐，取之具员疏远之中，一朝而暴亲贵之者，不知其几人焉，而其人又多为罪戾以负陛下之知矣。使陛下徘徊四顾，莫识谁可，丞相之席虚而不登者二三期矣。然而卒以付之旧学之臣也，尝辅政于十五六年之前，则陛下观之亦审乎？群情嗷嗷，观听是举，其亦有以佐陛下之大有为乎？虽然，宰相失其职久矣。自崔亮、裴光庭以铨法自守，世谓吏部为失职。此特一有司之事耳，犹可为也，而至于宰相专限资格，助吏部行有司之事。今也管库之小臣，在外职司之僚属，进拟不足，除授不行，相视莫知所以为计；四方之士大夫，足相摄于政事堂，不自知其贤不肖，而皆取必于上；若乃侍从近臣之进退，又常曰不敢预闻。不知丞相之职，真若是而已乎？天下大事，于今有几？其所施设，宜何后先？王业偏安于一隅，庶政积废于今日，臣不知今之所谓大臣者，能进此道而任此责乎？三代之佐，臣不敢论。若诸葛亮、王猛，振起治功之臣也；唐之裴度，近世之韩琦、富弼，维持法度之臣也。宰相之职为最大，而居今日为甚艰，以其失职之久而不自知也。从坚中实，未能革伪；苟绝亲党，岂云守功！臣愿陛下诏大臣交修协济，纪律粲然，以回天之视听，而无蹈于失职之过而不自知，则众务可以渐举也。谏官、御史，各有分职，不可相侵。规切谏诤，以人主之得失、国家之大体于己任者，谏官之职也；明于人臣之忠邪，以排击奸佞、肃清班列为己任者，御史之事也。今谏官侵御史之事矣，非惟侵御史之事也，且又失谏官之职矣。往者祖宗之世，谏官、御史以言事为贤，或除授有不当，废置有不宜，所言不见听，连章谨哗，至于空台省而去。更出迭入，议论不衰，岂不多事而可厌乎？然而祖宗不厌，益置员数，分命荐举，若是者何也？以为不厌其多事，直差可以无事尔。伏自顷岁，有论除授之不当而去者数人，陛下既觉悟而亟还之，超迁而尊遇之矣。六七年间，以沉默相承，而天下遂至于无可言之事。然则真无可言之事欤？抑其有而不敢言欤？抑不惟不敢而亦不知言欤？不敢言固可畏，不知言又大可畏也。虽然，陛下之于谏官，多阙而不补，而比者独以一人长之，又何欤？天下固不为无可言之事矣,而使他人不得言,言之则为越职,为生事。臣愿陛下益置员数如祖宗之旧,择今之所谓以名义材实自任者处焉,而责之以天下之所当言,其必有可言者,而国是可以渐定矣。朝有政令,虑其遽行而不审也,而集两制以上议之,所以广谋智,重改作也。此先王之典,而汉氏之所以尝行。然臣窃怪其所议者,多不急之细故,有司之烦文。小臣转对,无以为应故事而为臆说者,陛下既以乐听不拒之意而付之近臣,又不以正义大体明其不足论,乃委曲迁就,犹为之辞。徒闻某州添一通判事,某路添一参议者而已。陛下所任两制、侍从,以为心膂经画之地。今也弊精神于无用微文,而不讲天下之大政要务,以为数千百年经久之规,天下之祸不切而最深,孰有甚于此者!愿陛下责之以远且大者乎!若夫法令苛密之为患,使天下度外之士无以自容;人才衰少之为忧,使缓急倚伏之际无一可保。陛下圣志且有所向,而内治数端,近在目前,犹或未举,何欤?岂非并志于所向而不还顾其所行乎?然则,"欲强国势而威令未孚,欲恢王纲而规模未广",于此乎之得矣。

"士风惰而未振",陛下思振之欤?陛下必以今世儒者最为无用,而科举之士多文少实,陛下且欲任使而不可得乎!臣请析之。臣闻周公太宰之治,以九两系邦国之民,有曰:"师以贤得民,儒以道得民。"儒者职业,在周公时犹未大也。其后孔子修群圣之道,付之儒者使世守之。而秦、汉以还,习于功利杂伯之政,与群圣人之道不类,故儒者诵孔氏之遗言,取《六经》之具载者而切劘之。彼直抱圣人所传之道耳,至其用之则在人主。夫其忠信孝友以为行,言语文字以为能,谈谊而不谈利,计德而不计功,朋友无间言,乡党无过行,斯可谓修洁博习之贤,亦足当卿大夫之选矣。凡今儒者,正当是耳!陛下如欲求卓异特起之士,如孟轲、子思、周公、召公,以兴起治道,则宜详择而遍观之。天下生是人也不数矣。陛下望之太深,责之太备,以大贤之任而欲众儒者之皆能,臣是以知其难也。天下不察,猥谓陛下不好儒,斯言过矣。科举之法,凡今大略皆所以堤防不肖而欲贤者自振于其中,此直幸耳。其多得不肖而不自振者,此之法之所宜有也,而又何怪焉!虽然,振之在陛下耳。

"民力艰而未裕",臣日夜念此久矣。以陛下忧闵元元之心,天下奏报为民,而上常蒙画可。而今东吴数州赋役差轻之外,自浙水而西,江水以东，民终岁勤动而有仅足以输者，何欤？一遇水旱，不能偿种，逃田尽室而去之，不知论议之臣亦尝以告陛下乎？陛下盖恻然兴叹，以为俟版图之复也，当尽捐天下之赋在于常科之外者，天下无不感陛下之言也。然臣以为陛下诚欲大有为也，则必先有大慰天下之望。故夫能捐横赋而后可以复版图，俟版图之复而后捐之者，无是道也；能裕民力而后可以议进取，待进取之定而后裕之者，无是道也。陛下徒因今之法而少宽之，此不足以裕民；果裕民也，更为之法可也。以臣所论，今天下之财，自一缕以上无不尽取。陛下清俭寡欲，至于太息而言财利。主计之臣，甘受聚敛之名而不辞；郡县之官，明行侵刻而不愧；非以奉陛下无益之用、奢靡之资也。为天下之大蠹，十分之九以供之，而犹不足者，兵是也。自唐之末年，固已困于兵，而藩镇四起，乱亡相继。艺祖受命，收节度之权，严阶级之法以安天下，而养兵之患未暇去也。太宗、真宗，继有西北之事，天下之兵遂以增益而不省。而本朝之大，独当前世养兵之患矣。祖宗之已然者姑不暇论，而以今天下之半，专给百万之兵，可乎？流弊之极，至于陛下犹豫而不知所以处之，数年之后，陛下亲见之矣。陛下诚思所以处此也，则民力裕而百度修。不然，民未裕也。

陛下圣志之所独向，臣愚不肖，不足以窥测万一。然臣独以为使宰相得其道，谏官得其职，近臣与大计，儒者守常度，至于宏大规模于文法之外，振起人才于名义之中，减兵费，宽民力，治官之冗滥，去吏之弊害，凡急政要务十数条者，陛下一朝改定以幸天下，使民志定而人心悦，则圣志之所向，始有可得而言者矣。夫复仇，天下之大义也；还顾境土，天下之尊名也。以天下之大义而陛下未能行，以天下之尊名而陛下未能举，平居长虑远想，当食而不御者，几年于此矣。陛下上则重违太上皇帝问安侍膳之意，下则牵于儒臣深根固本之说，徒与二三亲信密计而深筹之。然犹不欲诵言其事，方借苏轼之论以旁训臣等，此亦公卿大夫不能建明之罪也。夫轼之论，为祖宗平世而发也，故以“优游缓带”而讥其俗，“转输戎赂”而惜其费。若曰不爱金帛乎？今日复仇之义不得旋踵，而今也四十年不举矣。陛下若欲教天下以为人子之义，使枕戈北首，虑不顾身，天下之人其又何辞！而徒有感于轼之论而已乎？虽然，臣则有忧于此，何也？为复仇之论者有矣，不过欲斗胜负于兵革而已，自用兵以来无他画也。为固本之论者有矣,不过欲久和好以无事而已,自通和之外无长虑也。为国之道,必有次第;天下大事,不容苟简;岂可不出于用兵则出于通和哉?陛下圣志之所独向者,其固有本末次第之可考乎?抑亦未免徒出于用兵也?如其本末可见,次第可知,则陛下行之而已;如未免于用兵也,则臣以为过计矣。往者隆兴之初,聚重兵于淮水之上,使辅臣督之。方其未战也,天下交口而议其后;及其一战而不胜也,大兵溃散,飞檄告警,督师罢黜,而复与虏和矣。今日之事,其去隆兴之初有几?粮储备乎?器械精乎?士卒练乎?所恃者如此而已,可谓眇矣。且夫复仇者,本非用兵之谓也。合数十利口之臣,操胜负常势之说,以误陛下,一战弃之,而陛下之大功不可立也。直使王猛、王朴辈为陛下计之,必不出此。此天地之大义,国家之大体。救御之术,消复之方,转祸为福,因败为功,以辅成陛下之志者,天下岂无人耶?陛下何不博求而公选之,赐以清闲之燕,姑告其圣志之所独向者!必坚决,必刚健,必信任,必不息,必无使小人参之。天下之事,在陛下岁月之顷耳,起膏肓于神药,还醇厚于重裘,可立而待也。

陛下之所以策臣者,而于终曰:"子大夫以选待问,其考引古初,攈摭经史,博举先儒之言,茂明当世之务,条著于篇,勿迂勿泛,朕将亲览。"臣不肖,所闻不广,孤陋自成,无以极古初之道,摭经史之传,妄以其意之所以欲言者,略而言之。臣闻谈天下之常理,必近乎迂;为天下之正论,必近乎泛。古之圣人,平心以来天下之言而不责其必中,其听之似迂也,其取之似泛也,而切言实论始可得而识也。责其必中而不乐夫迂且泛之言,则奇怪可喜之说交至而莫能择,歆艳夸衒,捭阖箝制,而人主之心术始为天下之所窥矣。名实之辨有不乱乎?臣伏惟陛下求治岁久,未亲成效,深知夫天下之事,似足以乱真,名足以欺实。是以策臣于始,既责之以实用;策臣于终,又戒之以勿迂。然而臣恐陛下乐闻切近之论,而怪奇可喜,不计本末,不参古今,乘间而为说以中陛下之欲者,不为少矣。陛下之爵足以贵,陛下之禄足以富,名器之所予而奔走之,彼为怪奇可喜之说者攫取而去,陛下将何便于此!陛下诚存广大以为听之之道,而使人臣得因贵仕以输切近之忠,规为定于上,法守行于下,怪奇可喜之说不得参于其间,驯致而责其成,则禹、汤之功不难到矣。陛下有上圣之资而行乎久弊之政,方将新美众事,兴举百废,以济大业,以定治本。以追禹、汤之骏功,而听言

之道不幸有近于臣之所忧者，故列于末，惟陛下财幸！（《叶适集·水心别集》卷九）

四 月

一日，诏："静江府、崇庆府、严州并系太上皇帝潜藩，其正奏名、特奏名进士，依例升等升名。"（《宋会要·选举》二之二二）

（辛未，七日）赐礼部进士姚颖以下四百十有七人及第、出身。（《宋史》卷三五）

周必大《次韵陈叔晋舍人殿试笔记戊戌四月七日》：帝垂清问切恢图，士贡昌言敢导谀。高下共知归至鉴，考评聊许备先驱详定所先批分数，封送编排所，然后定其等甲。四帷迥隔心常渴初考、复考、详定、编排凡四幕，皆隔以屏，欲其声迹不相闻，三榻横连体叵舒方丈之地，并设三榻。乌府凛然贤执法，紫垣籍甚古通儒上尝书"通儒"二字赐钱舍人。墨朱同异容兼采初考纯用墨书臣名、等第，送监封。弥封官封印送复考所，纯用朱书臣名、等第，然后详定官启封而酌，其中书臣及等第以朱，而书名以墨，等级从违得细书考校法第一至第五凡五等，每等分上中下。至详定所，从初考或从复考，亦或别定。尚酝时颁缸面酒日给常酒分外，三日一赐黄封缸面酒，出《法书要录》，大官日馔腹前胪御厨给食颇丰，但品味未尝易。腹前胪，出韦昭《辨释名》，谓肥肉是也。天香漫炷熏常歇虽赐香而火禁严甚，不许炷炉，贡茗虚沾样顿殊诸位总赐茶三百斤，旧每斤即一红绫袋，凡十余围。今乃给黄袋，析而分之，以一饼为一斤，殆典吏移易也。晨壁摇风愁幕冷就廊庑设次，以幕为壁，夜窗透月喜帘疏临阶以帘为窗。九宾屈指胪连句唱名比逐举展五日，千虑倾心智与愚。会得诏恩三日沐，湖山寻胜任舟舆给歇泊假三日。（《全宋诗》卷二三二五）

十一日，诏："新及第进士第一人姚颖补承事郎、签书诸州节度判官事，第二人叶适、第三人李寅仲并文林郎、两使职官，第四人徐元德、第五人姚祖赓并从事郎、初等职官，第六人以下至第四甲并迪功郎、诸州司、户、簿、尉，第五甲守选。"既而，右丞相史浩言："以殿试第一名姚颖合得差遣，具前举詹骙例奏陈，拟承事郎、签书宁国军节度判官厅公事。蒙宣谕，不欲令其待阙,并前三名皆与添差。续奉御笔添'仍厘务'三字。缘姚颖系臣亲戚,实有妨嫌,不敢拟进。欲望圣慈许姚颖依旧注宁国军签判,待阙。其余第二、第三名,若在部受阙,却待远次,欲依已得指挥,特与添差。"诏依。又臣僚言:"照对添差恩,依从来止为宗室、戚里,著在令甲,续又以此优恤归正官及职事官补外者。祖宗旧法:第一名堂除签判,第二、第三名赴吏部注授职官。自南渡以来,每举依此遵守。乞申敕攸司,不得违戾成法。"从之。(《宋会要·选举》二之二二、二三)

十一日,尚书省言:"拟到武举进士正奏名陈说以下四十四人推恩:第一名补秉义郎,第二、第三名补保义郎;策入优等十人、平等三十一人,与补承节郎。成镛转两官,候一任回,更转一官。各展减磨勘有差。"从之。(《宋会要·选举》一八之三)

二十四日,赐进士闻喜宴于礼部贡院。是日,赐新及第进士御书《旅獒》篇。(《宋会要·选举》二之二三)

以阶、成、西和、凤州正奏名比附特奏名五路人例,特升一甲。(《宋史》卷一五六)

进士名录:姚颖,叶适,李寅仲,王元鼎,王中立,王化原,王方,王正嗣,王世绩,王申空,王芝,王自中,王克,王克臣,王岐,王佐才,王叔简,王宗浩,王思济,王敏行,王梦得,王颐起,王总孚,王镐,王党,元德,支元龙,牛宗孟,勾士奇,文榕,方同,方岳,方叜,方畴,甘同叔,石正,包敏,吕炎,吕灿,朱元之,朱木,朱清,任汝弼,任烨,任阅,伊枞,江芹,江珣,江彻,宇文价,安丙,杜发,李大问,李日宣,李廷光,李尚,李昌龄,李昌龄,李郭,李鼎,李复,李楚彦,李朴,贝袭庆,吴中,吴仁杰,吴季衡,吴竿,吴惺,吴雄,吴道,吴梦符,何坦,余及,余元一,余崇龟,汪宏,汪南金,沈有开,沈明远,宋希祖,宋华祖,宋国光,宋迈,宋蕴,邵朴,范仲黻,范应辰,林士豪,林子蒙,林孔昭,林仲懿,林升,林采,林刘举,林懋,卓珣,卓杰,卓寘,尚朴,金葵,周日严,周世楠,周申甫,周共辅,周有永,周近,周泰来,周栗,周寅亮,周绪，孟程，胡坦，胡飞英，胡栝，柯才耸，柯甲，姜尧章，祝林，姚迥，姚祖赓，姚耆寅，袁离，耿弅，莫柯，夏偰，柴椿年，倪求己，倪愿，师忞，徐元德，徐邦杰，徐自明，徐伯忱，徐盈，徐诩，徐庆余，翁允明，翁忱，留骏，高谊，郭延世，郭晞宗，陈大应，陈子择，陈介卿，陈公显，陈方，陈石，陈申，陈用之，陈召，陈廷杰，陈自强，陈宋辅，陈祀，陈君举，陈武，陈东，陈明作，陈季雅，陈忈，陈晅，陈宲，陈绚，陈椿年，陈宁，陈纲，陈震，陈丰，陈献臣，陈耀，陈觉先，孙晞甫，黄汝嘉，黄序，黄度，黄泰，黄豹，黄涣，黄越，黄杰，黄樵仲，黄畴若，黄瀛，曹庄，区昊，区海，盛庶，娄武，康元德，康职，章吕，章良能，章泳，梁大亮，梁文恭，张之德，张元晋，张午，张古心，张仲纲，张若霖，张品，张釜，张纯，张翯，张衡，张涛，张泰，项堪，彭梦赐，叶三锡，叶可行，叶可行，叶维芑，丘良翰，万珪，董居厚，董钧，程以贵，程拱辰，程淳，程愈，傅芷，傅岩，舒杠，舒杲，舒琥，邹安道，曾天若，曾天从，曾春，曾槐，曾跃鳞，冯文载，冯申祖，冯承祖，冯震武，湛循，汤致，杨光，杨奇卿，杨炎运，杨枘，杨原兴，杨楫，杨榆，杨荣祖，杨济，贾焕，詹克爱，詹炳，詹贤玉，义太初，赵汝伋，赵汝涧，赵汝铲，赵伯谷，赵伯薇，赵伯瞻，赵彦玚，赵彦济，赵彦瓛，赵师逮，赵师懔，赵善欣，赵善闰，赵善稼，赵善谔，赵巽，赵辂，赵实，赵琎夫，赵默，蒋文会，蒋必端，蔡迪，厉居正，廖光，廖焕，郑克己，郑禧，郑应申，郑岩，郑铸，郑瓒，熊以宁，邓林，邓约礼，欧阳俞，刘文富，刘允成，刘允济，刘岳，刘宗，刘炳，刘起晦，刘策，刘褒，谈子英，潘凤，潘麟，练文，薛士颖，萧国均，萧国馨，鲍仕良，戴溪，韩充，钟鹗，谢芑，谢鼎，应恰，颜绂，苏养直，严汝霖，严揆，罗明弼，饶梦龙，顾宗尹，龚友良。

特奏名进士：上官伯忠，上官贲，王有，王渊，王梦有，王愈，王经仲，方与权，朱永叔，李大光，李次膺，李莘起，李樗，何子庾，余介卿，沈述，林永叔，林次山，林云，林谊，卓汝显，卓薿，金声，周亨升，周惠，徐迅，徐宗义，高俦，高岳，陆玠，陈士器，陈自得，陈安仁，陈亨甫，陈宗亮，陈刚中，陈唐佐，陈敏修，陈硕，陈宾，陈辉英，陈穆，黄元质，黄公辅，黄宗谅，黄枢，黄德基，崔公泽，崔俊，叶之盛，冯异，杨宗旦，杨珍，杨济，蔡棠，郑午成，郑希孟，郑谟，刘彦宏，储杓，缪守愚，缪巩，瞿民裕，顾澈。（《宋登科记考》卷一〇）

补特奏名进士：戴岘。《宋登科记考》卷六将其系于元丰五年特奏名进士名录，误。详说见前。

水心，进士第二人也。骊塘危公稹尝以龙川“书气振”对“策气索”，盖是要做状元也。水心本为第一人，阜陵览其策，发有“圣君行弊政，庸君行善政”之说。上微笑曰：“即是圣君行弊政耶？即是庸君行善政耶？”有司遂以为亚。(《四朝闻见录》乙集)

人之赋命，岁月日时同，则寿夭荣悴亦大略相似。丰城甘同叔、莆田林直卿皆以绍兴甲寅年、丙寅月、甲子日、甲子时生，皆为士人，同中淳熙戊戌省科，年四十有五矣。林以母服，不及廷试，甘先擢第，调静江府司户参军待阙。林以辛丑还试，得监某州税郎，之官，甘方赴任，逾岁而卒。林莅事仅一考，用他故去，未几亦卒。其所享禄食均，甘但多被青袍三年耳。(《夷坚支志》甲卷一〇)

资州人杨某，干办诸司审计，卒于官。其家不能归，寓居临安打绳巷。不数年，妻曹氏亦亡，皆寄攒野寺。一子光，苦志学问，获漕台荐送，淳熙戊戌，赴省闱。试罢，偶贡院西墙为大风雨所攻，颓仆数丈。临安教授高棐为点检试卷官，夜在房门首考阅程文。忽于烛下见妇人，年五十许，拜而致恳，语言操蜀音，云：“老妇资州人，有子忝入举场，此卷子正其所作，愿收置下列。傥侥幸一命，则旅骸可西归矣。”高曰：“观汝子之文平平耳，未必可得。”复申扣甚力，乃许之。恍然而惊曰：“媪何以能到此？”曰：“数夜徘徊于外，望金甲神人周匝围绕，无路可入。适间风雨打了墙，诸神亦避，故从墙隙而至，不敢迟久。”遂不见。高始慑怖，终夕不寝。明日，携此卷诣所录参详官郑少卿，道媪之请，遂收置末级。洎拆封，果杨光也。廷对注官，调涪州教授，因奉二亲之柩归。高改秩为德兴宰，谈其事。予案：《登科记》是年无杨光，疑姓名不然也。(《夷坚支志》癸卷二)

淳熙五年，道州得解免举士人偕赴省试，同寓临安一邸。试罢，以路远不可即归，悉留旧舍，以待得失。逆旅主人夜梦报榜人至，云：“此店有易官人及第。”明日，以告群士。长沙及旁郡故多易姓者，而是时独无。春

陵义太初，历数诸人，用《易》经应诏者惟己一人耳，私切自喜，果登科。（《夷坚三志》辛卷八）

新城士人刘溥，将应绍兴庚午秋试，其父与邻人陈七翁相好，来言："吾昨梦看本军解榜，其间有刘彦宏姓名。贤子似可用此名就试，傥契吾梦。"父呼溥告之，乃以彦宏应诏，而字曰先觉，果预荐送。然蹉跎至淳熙戊戌，始特补奏《大学》。（《夷坚三志》壬卷五）

四明自国初以来，端拱二年至乾道末，登进士科者几二百人矣。淳熙五年，姚君颖始以第一人及第，实为吾乡之光。……（姚颖）由漕台试南宫，参知政事范文穆公成大以宗伯知贡举，得公文奇之。及发策集英，推明《中庸》、《大学》之旨，几数千言，末论敌国事宜尤备。孝宗皇帝以其议论正大剀切，亲擢首选，而戒勿版行，盖不欲传于外也。闻喜宴御书《旅獒篇》以赐。授承事郎、签书宁国军节度判官厅公事，特命员外置。力祈寝免，上嘉叹而许之。（《楼钥集》卷一一四《姚君墓志铭》）

周必大《回姚状元颖启》：伏承文经乙览，名冠甲科。仰窥圣鉴之精，俯听舆言之允。某官气涵温玉，质挺修梁。才华独步于乡闾，术业先鸣于场屋。比摅素蕴，奉对青箱。并包乎百家诸子之长，持守以《大学》、《中庸》之约。多为贵者，言同老氏之五千；一以贯之，辞异公孙之数万。既越拘挛之表，宜居俊造之先。龙首兆祥，驰沧溟之驿使；鲤庭拜庆，破鄞水之天荒。人知稽古之荣，国享得贤之福。某偶陪诸彦，进侍严宸。环汉祖之坛，初莫知于韩信；擢武皇之第，始共服于平津。方欲驰词，遽劳枉驾。勤厚更贻于盛赀，感惭滋激于懦衷。

周必大《回第二人叶状元适启》：伏承言合宸衷，名联举首。初传胪唱，大契舆情。某官赋超迈之资，济精勤之业。学术渊源乎六籍，词章驰骋乎多闻。偕俊杰以造廷，悉聪明而上对。切时要论，自是一家；备问陈言，略无半语。人或积日精思而不足，我惟一朝伏奏而有余。究观方册之遗文，实相上下；谁谓陛帘之远地，曾不拘牵。繄抱负之非常，于功名乎何有？某未遑展庆，先辱飞文。积感悚以在中，岂叙陈之可究。

周必大《回第三人李状元寅仲启》：伏承拔尤蜀道，得隽汉廷。巍乎鼎甲之科，籍甚承先之誉。此盖伏遇某官，材资英茂，问学精深。庆本家余，继夜光之述作；美由世济，腾鼍采之辉华。万里宾王，一心悟主。谓求速成者无远略，而顾近忧者亏永图。对扬大问之数条，理明而赡；申献断章之十语，意婉而忠。既蒙亲擢于轩墀，即并英游于馆殿。某猥由肤浅，预听胪传。象应三魁，共喜去天之迩；祥开五色，原知赋日之工。高谊不遗，长笺先逮。其为欣感，交集襟悰。(以上均见《全宋文》卷五〇八〇)

(姚颖)淳熙四年秋，浙漕高选。明年春，南宫奏名。范公成大领贡举，见君笔力雄豪，亟称之。奉大对集英殿，于是孝宗皇帝临御十有七年矣，渴闻嘉言，以臻极治。君首言："《中庸》、《大学》，治道根柢。为天下国家之要，在于九经。正心修身之效，见于治国平天下，本末内外，相为贯通。世固有好是书者，乃谓绪余土苴，不足以尽道，举而归诸希夷旷荡、不可容声之境。言不适用，人主疑焉。故功利权术之说，得出而乘之。"又言："秦王衡石程书，天下病其苛；汉宣帝用刑余，任法律，而政治沦于杂；光武夺三公之权事归台阁，而东汉之规模浅狭；唐太宗兼行将相事，而有好大喜功之病；德宗强明自任，而韦渠牟、李齐运、裴延龄之流得肆其奸。臣愿陛下握其道揆，毋以多事自弊，操执纲领，俾群臣莫不精白以承休德。"又曰："力一则强，分则弱。圣人治天下，惟于先务用其力，而末节俱不暇讲。艺祖皇帝肇造之初，一统之号却而不受，惟诸国是图。始得蜀而黜王全斌，所以为江南计也；始下江南而惜使相于曹彬，所以为太原计也。泽潞之役，赵逢扈从，惮太行之险，止于怀州，以坠马辞，则贬逐加焉，所以惩避事也。自奉极于俭约，而用兵之费独无所靳。惜诸国之帑藏，裒岁用之赢余，将以收山后诸郡，易敌人之首也。艺祖惟用力不分，是以征伐四出，莫不如意。今天下最大患者，金人未殄，中原未复尔。惟陛下通艺祖创业之法而经营之，则必有道矣。"又曰："中国有以自立，而后外域可图。今士大夫安于苟简，和议一成，则以言为讳。烽火不接于江淮，羽檄不驰于荆蜀，则甲兵之问不至于庙堂。怠惰之风成而勤恪寡，畏懦之习胜而勇气消，无能奋身为国家当大事者。臣以为当今之务,必内有以作士大夫之气,而外有以伺敌人之隙。盖金人之悍,不可以力胜,而可以计取。汉高帝之取项籍,不在于垓下之合围,而在于陈平之反间。彼其权臣擅政,骨肉相残,一动于萧墙之变,吾投其机而间之,则攻取易为力。武帝百战而不能灭匈奴,不乘其隙也。其后匈奴扰,五单于争立,宣帝推亡固存,一投其隙而呼韩款塞,元帝亦因以斩郅支,皆乘其隙也。臣愿陛下为先定之计,以待敌人之隙。”又曰:“樊哙欲以十万众横行匈奴,其气非不壮,而见诮于季布;晁错为景帝削七国之地,其志非不锐,而见愚于扬雄。高后不用哙言,而天下免于疮痍之祸;景帝惟用错计,而七国之变,几至于不支。”凡此皆深谋远虑,切于当时,非独书生无用之语,故表而出之。对者四百余人,有司奏君策第三,天子览而异之,擢为第一,年二十有九。君进诗以谢,后四句云:“六典未新周礼乐,三河正想汉官仪。平生作计非温饱,可但区区诧郄枝。”盖用王沂公语也,闻者壮之。时远人有献驯象者,上因思不宝远物之戒,书《旅獒》一篇赐君等。故事,例给墨本,今奎画独藏君家,夐无前比。(《全宋文》卷六三八二袁燮《姚君行状》)

叶适《谢宰执登科》:群士并进,未知孰贤;特恩所加,忽为异等。下有惭于朋友,上或累于朝廷。惟先王度德以任官,司徒命乡而论秀。必使行义已著,天下豫知其人;然后车服肆颁,国家始赖其用。固无以动世俗之耳目,斯可以为治道之楷模。科举之兴,古今殊制。考之以无所统一之言语,寄之于不可测度之权衡。靡人不求,惟艺是择。虽复方州论荐,宗伯选抡,以至亲烦明主之尊,屈访大廷之问。防堤最密,谓非不肖之可容;条对甚多,庶几实才之出。此犹且士无定品,家有冀心。方其想望于进读之时,侧听于传呼之际。曾莫识其素守,遽超越于辈流。市井叹惊,乡党夸耀。习惯既久,见闻谓何?况如某者,少经历于贱贫,学不专于师法。悔尤未尽,禄仕为难。是以私自退藏,甘心农役之贱;复无田里,可供公上之求。虽黾勉而应书,每旁皇而却顾。不谓锡以过分之宠,拔于偶然之中。集众人之所荣,为一身之厚愧。始迷弗悟,徐揆厥由。此盖伏遇某官,蹈履中庸,左右皇极。圣贤相遇,持守康宁之基;忠厚成风,力行宽大之政。思皇多士,咸造在廷。以为笃意于举贤,未若无心而得俊。遂令凡陋,致此叨逾。某不敢恃以自强,因之有立！追观前辈之盛,莫匪能臣之流。岂伊勋庸,可践轨躅？尚庶几于十一,以报答于万分。(《叶适集·水心文集》卷二七)

(王自中)四年,再举,登明年进士第。周益公必大为详定官,谓公论宣和、大观事,皆人所不能言。暨殿试,中第一,孝宗皇帝宣问,籍记其姓名。(《全宋文》卷七一一八魏了翁《王公墓志铭》)

五　月

(八日)周必大《贡院赐进士闻喜宴口宣》:有敕:唱名春殿,乐得英髦;设醴贡闱,备昭慈惠。惟兹荣遇,其各钦承。今差入内内侍省东头供奉官韩世荣赐闻喜宴,想宜知悉。(《全宋文》卷五〇三五)

十一日,右谏议大夫萧燧言:"比言诸路士人并有寡廉鲜耻,贪他郡解额之宽,诈冒以侥幸于一得。土著士人争讼纷纭,场屋鼓噪,无所不至。乞下诸州,严为之禁。自今士人赴乡举者,必须实系土著,方许赴试。仍从本县保明烟爨申州,以凭结保。若揭榜有非烟爨冒贯得解人,并行驳放。其借以户名与之妄认者,同底于罚。"从之。(《宋会要·选举》一六之二一、二二)

六　月

十一日,礼部侍郎郑丙言:"恭惟陛下恢崇儒术,深烛文弊,延策多士,率取直言,置之前列。今岁秋举,窃虑远方之士未悉圣意,尚循旧习,或事谀佞。望申敕中外,场屋取士,务求实学纯正之文,无取迎合谀佞之说。"从之。(《宋会要·选举》五之五)

二十四日,权礼部侍郎齐庆胄言:"流寓解额,并归本州。凡烟爨及七年以上,许与本贯士子混试。国子监昨来申请,又令流寓户贯得解人并入东南户贯。后生晚辈,但见生长于是,慷慨仗义,谁与共之？乞自今科举流寓士人,烟爨七年,与土著混试,自依新法外,其贯籍听依旧用西北旧贯。"从之。(《宋会要·选举》一六之二二)

七　月

十一日，礼部言："已降指挥，待国子生并已补满年，不满年国子生尽赴别院收试。比之逐举人数增倍，其别试所差试官，依例止差考试官一员，点检试卷官二员，委是考校不逮。"诏："添差点检试卷官一员。"(《宋会要·选举》一六之二二)

八　月

三日，臣僚言："国家设制举，必先试以六论，虽注疏，悉皆命题，以观其博洽。今乃去注疏命题，谓宜复其旧。"有诏，令礼部监学官看详。既而条具，欲从所请："并检照祖宗朝自天圣八年试富弼等，至元祐六年试王普等，阁试六论，并出经题一篇或两篇，方杂以子史注疏。今六论欲依故事，出经题作第一篇，然后杂出九经、《语》、《孟》内注疏或子史正文题目。"从之。(《宋会要·选举》一一之三五)

十九日，诏："武举解试、省试只依旧额，其保官自今许文臣升朝官、武臣正使以上，各保奏二人。"(《宋会要·选举》一八之四)

二十七日，臣僚言："武举登科人，须于军中任，不隔磨勘。通及七年，无遗阙，愿离军者，差充三衙并江上诸军书写机宜文字或干办公事，任满，入诸路副将。第四名、第五名并省试第一名，堪充兵将官、愿从军人，依旧法补官，差充三衙并江上诸军同准备将，依正额人支破请给。到军及七年，无遗阙，愿离军者，差充三衙并江上诸军准备差遣，任满，入诸路安抚司准备将领。第六名以下堪充兵将官、愿从军人，依旧法补官，差充三衙并江上诸军准备差遣，任满，入诸州兵马监押。已上，若后来立到军功，或人材出众，特旨擢用，不拘此限。其堪充兵将官、愿从军人，令枢密院铨量。如不愿从军，或虽愿从军，人材不应选人，并依乾道八年已前旧法，第一名补保义郎，注沿江巡检、驻泊、捉贼、押队；不入等，承节郎、沿边亲民巡检、县尉、准备差使、缉捕盗贼。第二名以下补承节郎；不入等，承信郎，注沿边亲民巡检、县尉、准备差使、缉捕盗贼。"上曰："武举本欲取将帅之

才,今前名皆令从军,以七年为限,则久在军中,谙练军政,将来因军功擢为将帅,庶几得人。”(《宋会要·选举》一八之三、四)

十二月

周必大《论解试试官札子》:臣窃惟当今仕进之途固多,而以进士、任子为重。二者之中,进士又加重焉。其所以取之之路,不过解试、省试、殿试而已。省试初有点检试卷官,次有参详官,最后乃至知举官。殿试有初考,有复考,有详定,有编排,其详如此。惟解试聚一州一路举人,动以千万计,方能否未辨、真赝杂进之时,考校可谓至难,事体可谓至重。而去取之际,专在一夫,何其略也!且以一州言之,三千人就试,共解三十人,而所差试官止于六人,则是每员合考校试卷五百副,取合格者五名。当监试分卷子之时,初无差等。假令甲房程文偶然优异,而所取不过五人;乙房程文偶然平凡,亦必足五人之数,幸与不幸,系乎临时。又况所差之官,间有昏耄废学、挟私自用者,则其卤莽又可知矣。臣愚欲望圣慈念解试为取士之原,理宜精审,特诏监学详议可行之法,稍革旧弊。庶使计偕得人,国享吁俊之福,实学预选士无遗才之叹。取进止。十二月二十四日三省同奉圣旨依奏。(《全宋文》卷五〇六三)

是　年

陈亮《与吕伯恭正字祖谦书》:廷试揭榜,正则、居厚、道甫皆在前列。自闻差考官,固已知其如此。然犹遗恨于德远、应先、少望,何也?正则才气俱不在人后,非公孰能挈而成之?天民对后,有无指挥,益恭闻亦得对,计亦有遇合之理。此君蹉跎,日已老矣,六十以后,虽健者不能有所为也。(《陈亮集》卷一九)

王希吕仲衡知绍兴郡,举进士。有为二试卷,异其名,皆中选。黜者不厌,哗然诉之。王呼其首问曰:“尔生几何年,凡几试矣?”众谓怜其潦倒,则皆以老于场屋对。王曰:“曾中选否?”曰:“正为累试皆不利也。”王忽作色曰:“尔曹累试不一得,彼一试而两得,尚敢诉耶!”叱而出之。(《齐东野语》卷八。按:王希吕是年知绍兴府。)

淳熙六年　己亥(1179)

正　月

二十三日,诏:"简州解额,仍旧作七名取放。"礼部、国子监言:"简州元应举七百九十八人,立额取放七名。乾道六年,缘本州贯贵平镇改县,拨隶隆州,将解额七名内拨一名入隆州。时贵平县止有四十七人赴试,却侵取简州解额一名。今据四川安抚制置使司申,淳熙四年,简州解发就试终场一千二百二人,止取六名,委是亏额。"故也。(《宋会要·选举》一六之二二)

二　月

二十五日,铨试、公试、类试:命监察御史余端礼监试,将作监潘纬、尚书户部郎官何耕、刑部郎官潘景珪考试,将作监丞吴天骥、大理正王尚之、大理寺丞张维、大理评事钱蓄、秘书省校书郎詹骙、秘书省正字赵彦中、籍田令叶子强、迪功郎向楫考校、点检试卷。(《宋会要·选举》二一之二)

二十九日,臣僚言:"乞将特奏名人,每三名取一名,置在第四等以前,第五等人止许纳敕再试一次。特奏名系潜藩州军进士及五路人,久在学校,曾充职事人,并与正奏名恩例,止与升名。"从之。(《宋会要·选举》二之二三)

三　月

特奏名进士,旧二人而取一。淳熙初,议者以为冗滥,尤甚请裁节之。诏:"吏部同给舍详议。"于是,尚书程泰之、给事中王仲行、舍人陈叔晋等,奏乞三人取一人。其不入四等人,旧许纳敕再试,今止许一试。旧免解人有故不入试者,理为一举,今不理。旧潜藩五路举人及久在学校充职事人,并升甲,今止升名。奏可。六年三月也。其后,朝廷每有庆霈,则前后不中选者,尽取而官之。往往千数百人,充塞仕路,遂成熟例,不可复减矣。(《朝野杂记》乙集卷一五)

四 月

二十四日,宰执进呈礼部状,乞修贡院。上曰:“岁久不修,恐致倾倒,可令漕司修盖。”赵雄等奏曰:“秦桧盖造如贡院、太学、秘书省等,大抵皆宏壮。”上曰:“秦桧亦有才,若能公而无私,便是贤相。”(《宋会要·职官》一三之一三)

九 月

十六日,《明堂赦》:“昨礼部贡院下第进士,应绍兴二十一年以前到省一举,年五十上者,已降指挥,令本贯州县验实,结罪保明,申乞推恩。虑其间有本贯阻隔,致未沾恩。如有似此之人,许依开封府、国子监进士已降指挥,于所在州县,召见任承务郎以上二员,结除名罪委保,当职官同罪保明,申礼部验实以闻。”以后郊赦并十三年正月一日《庆寿赦》同。(《宋会要·选举》二之二三、二四)

二十七日,诏:“国子监上舍试,零分取一名。”(《宋会要·崇儒》一之四三)

十 月

九日,诏:“太学两优释褐之人,与依状元体例,先与外任一次,然后授以职事官。”以给事中王希昌言:“天子临轩,策天下之士,取其尤异者一人曰状元。舍法选举,有司考校,取其两优者一人曰释褐。状元虽一命得京官,必出而为签判。而释褐之人,一命亦得京官,即入为学官。又贤良判入三等,方任京官、签判;入四等者,止得选人幕官。而宏辞中选者,亦不过止得选人教授。今两优之人,即以京官而为学官;释褐之人,方其未中也,固尝以学官为师矣。一旦中选,则与先生并列。方其未中也,固尝以学录、学谕为师矣;一旦中选,则向之为师者反在北面弟子之列。事之不

当,莫甚于此。”故有是命。(《宋会要·崇儒》一之四三)

十一日,诏:“自今上舍试中两优之人,与依殿试第二名恩例。”既而,知滁州张商卿言:“进士之第一人也,必取之以签判,盖欲其先历州县。今上舍试中两优者,则便释褐,命之京秩,处以学官。不数年,便可为监司、郡守。狱讼财赋,非所素习,岂能保其不谬?乞自今上舍两优之人,依殿试三名前体例,且与资次,注授幕职官一次。候任满日,方与学官差遣。庶使入仕之初,稍更民事。”故有是命。(《宋会要·崇儒》一之四三)

太学上舍生积校已优,而舍试又入优等者,就化原堂释褐,号释褐状元。……丙申(十二日),诏与殿试第二人恩例。(《朝野杂记》甲集卷一三)

十一月

周益公为吏部尚书,始请宗室充学官及考试。(《朝野杂记》甲集卷一三)

周必大《论差宗室作教官试官札子淳熙六年十一月二十七日》:臣窃见熙宁二年始诏:祖宗祖免亲将军已下愿出官者听,愿换文资官与,试衔知县愿锁厅应举者依外官选。今岁月已久,往往争自淬励,才华议论殆与寒士齐驱,则其任用之际不宜薄也。昨绍兴三十二年七月十二日曾降指挥,宗室及第人今后不许乞教授差遣,吏部亦不许注授。至乾道八年五月七日,因第一甲及第人师烜自陈,方许集注教官,其第二甲以下依旧不许。又外路差解试官之际,亦多不及宗室。且锁厅试既依外官,则注授考试何可独为限隔?得非以其取之之易,故疑其学术之未至耶?窃见近降十一月初七日指挥,宗室有官锁应,无官应举,省试每十人取一人,比之诸路得解进士,分数已不相远。今若一用省额取放,却将考试注授及朝廷擢用之类并令与庶姓登科人一同,则取之既精,待之益厚,才如歆、向将复见于今日。如合圣意,乞付有司施行。取进止。(《全宋文》卷五〇六四)

十二月

潼川府路言马补行义文学。召不至,赐出身,补本府教授。(《宋史全

文》卷二六下)

是　冬

宋孝宗《科场取士之道论》:朕观刘光祖《答策》论科场取士之道,前后论之者多矣,皆未为切当。今因论此一节,极言其弊,亦激士气之一端尔。夫近世取士莫若科场,及至用人,岂可拘此?诗赋、经义,学者皆能为之,又何足以分重轻乎?夫科场之弊,不精考文格之高下,但以分数取之,直幸与不幸尔。至于廷试,未尝有黜落者,尽以官资命之,才与不才者混矣。是科场取士之本已弊也。(《全宋文》卷五二七九)

是　年

成都新繁有藏艺祖御容者,莫知始何年,令长交事椟护,畀付惟谨。淳熙间,胡给事元质制置四川,闻之,谓偏陬下鄙,非所宜有,命归之府。议以为乾德平僭伪,虽銮舆不亲幸,而耆定一方,实为隽功,欲扳援章武端命故事,建殿以严毖奉。遂斥羡财鸠工,伐巨木千章,卜地筑宫有日矣。僚采或谓郡国私建宗庙,谊盍先以闻,俟报可。胡竦然,乃暂辍役,驿书请于朝廷。议果不以为然,弗之许。胡大沮,念木石已具,且动观瞻,不容已,会贡院敝甚,因撤而新之,既毕工,壮丽甲西州焉。(《桯史》卷一〇)

(郑丙)复列上五弊:一曰取士代笔、传义公行,富人以贿得科第。(《全宋文》卷五一八二周必大《郑公丙神道碑》)

周必大《与王才臣子俊书淳熙六年》:科举事,病之久矣。再为仪曹,即入文字,云:"殿试有初考、复考、详定、编排,省试有点检、有参详、有知举,皆经三四手,犹患不能尽得实才。解试为取士之原,乃决得失于一夫,又期限促迫,去取不公,是汩其源欲流之清也。"既下国子监详议,迄今乃无定说。本意欲五十人解额处,元差试官五人,各令五倍取之,却再誊录,此一百五十副。别差复考官两员,使不相通,再加审择,取所谓五十人者。庶几二人得以精选,而分房容私之弊可革。或者乃疑常岁试官犹不足数,安所求此两员者?又五员知中否不在我,将卤莽应之,能者愈无路可进矣。坐此，半年文书犹未上，而蜀士忽献云：士人得第之后，旧业并为弃物。不若令尽习词科，但明示出题所在可也。朝廷主之甚力，便欲施行。仆谓：科举大事，熙宁、元祐间，两制、三馆议论纷然，今安敢造次更张？且经义、诗赋，考官童而习之，白首犹纷如。若变为宏词，则自唐以来退之已有今古之辨，况今日乎？恐愈荒唐难考也。《淮西碑》、《溪堂诗》，正符皇雅关键，岂易知邪？本朝至嘉祐，太平已百年，而欧阳公在朝亦久矣，加之名公巨卿欲变文格者多，然须俟知贡举，明示好恶，使士人自为从违，犹召闹于一时，后乃自定，初不在改法也。东坡议状盖尽之矣。不知于差解试官处，别有何策可救目前之弊？其亦付之偶然，使士人各试其命耶？向为吾才臣、萧伯和兄弟及陈杲卿辈不平久矣，前年秋偶见温州叶适者，文笔高妙，即以门客牒漕司。适会有石司户，识见颇高，遂置前列。省试幸在行间，廷试遂居榜眼。旦夕录其三次程试拜呈，若时文皆尔，亦何不可之有？然叶行年三十，在乡曲未尝发荐，以此知遗才甚多，此才臣诸公所以未遇也。（《全宋文》卷五〇九五）

淳熙七年　庚子(1180)

二　月

二日，诏曰："盖闻人材众而邦国宁，儒术行而治化美。思皇多士，周并命于六卿；间出异人，汉旁开于数路。洪惟圣代，丕阐文风，既通才硕学之攸兴，乃巨德元勋之相望。逮予菲质，率是彝章。属览有司之陈，当修贡士之制。爰加诏谕，咸俾言扬。献贤能之书，傥精求而上达；陈治安之策，庶延进以周询。岂袭虚文，尚图实用。布告中外，明识朕怀。"(《宋会要·选举》一之一八、一九)

二十五日，铨试、公试、类试：命监察御史京镗监试，户部郎官陈居仁、刑部郎中潘景珪、将作少监王信考试，枢密院编修官汪义端、大理正时佐、大理寺丞杜祓、秘书省校书郎赵彦中、太常博士宋之瑞、太常寺主簿宋若水、大理评事宋作宾、主管刑工部架阁文字樊抑考校、点检试卷。(《宋会要·选举》二一之二)

二十五日，武学公试。诏："蔡必胜充武学公试考校官。"宰臣赵雄言必胜系武举魁首故也。(《宋会要·选举》二二之三)

三　月

三日，兵部尚书王希吕言："淳熙元年及四年两举，承指挥将武举无保奏人放行比试。今举恐士人临时复引前例陈乞，如循例放行，不唯冲改成法，兼无以机察奸弊。乞明示举人，依条召保奏举。如无保官，不许收试。"从之。(《宋会要·选举》一八之四)

四日，宰执进呈兵部《措置武举贡举补官差注格法》，并从之。《武举贡举格》：绝伦：弓两石，兼马射九斗力，策入优等。三平等并依旧法：第一等，弓一石一斗力，兼马射七斗；第二等，弓一石力，兼马射七斗；第三等，弓九斗力，兼马射七斗。已上，殿试合用马射，令就大教场内引试，宰执按阅。其《补官差注格法》：第一名堪充兵将官、愿从军人，补秉义郎，差充三衙并江上诸军同正将，依正额人支破请给；到军及五年，无遗阙，愿离军者，除诸军计议官，任满，入诸路正将。第二、第三名堪充兵将官、愿从军人，补保义郎，差充三衙并江上诸军同副将，依正额人支破请给；到军及五年，无遗阙，与转忠翊郎。（《宋会要·选举》一八之四、五）

十日，诏曰："盖闻求贤能，尚忠直，此二帝三王所由昌也。朕承太上慈训，托于王公之上，常惧不逮，亡以绍休圣绪。夙夜兴念，宣招四方之士，而官使之。永惟通儒，明于古今王事之体，朕所嘉尚。乃即位以来，诏书三岁一下，而应是选者未能尽当朕意。岂询求之路未广，而考择之法或严耶？将朕诚意未孚，而真贤实能莫为时出也？且望之重，则责之宜备；待之异，则取之宜精。中外侍臣，若部使者、郡守，皆国家所赖以广聪明、美治化，将何以助朕辟四门、来众善哉？其各悉心，搜选俊异，以名来上。名儒茂才，有能称吾诏者，当崇显焉。今岁科场，其令尚书侍郎、两省谏议大夫以上、御史中丞、学士、待制，各举贤良方正能直言极谏一人，守臣、监司亦许解送。仍具词业，缴进以闻。"（《宋会要·选举》一一之三五）

旧制：监察御史以上，许保任武举一员，后增为二。会阁门舍人林宗臣请宽保任之法，增其人数，是月辛未（十九日），又诏："通直郎、武翼大夫以上，皆得举二人。"（《朝野杂记》甲集卷一三）

四　月

二十四日，江西转运司言："今岁科举，本路诸州军见任出身官共四十六员，内一十员系六月以前任满，计阙一十九员。若用淳熙四年体例，差寄居、待阙内试中教官、宏词、省试上十名、殿试第一甲人，缘本路昨来所差寄居、待阙，今已赴官事，故别无应格之人。乞权于本路寄居、待阙官，

选差文学优长曾充试官者一次。”从之。(《宋会要·选举》二二之三、四)

五　月

一日,臣寮言:“川、广、福建牒试冒滥,止缘所牒缌麻姑姨之子等皆异姓,可以为欺。乞将旧法命官本贯川、广、福建而任别路差遣,或本贯别路而川、广、福建者,‘随行缌麻以上亲’改为‘随行本宗缌麻以上亲’。仍令召保官二员,结罪保明批书。如有委保不实,从贡举申明,保官先降一官,然后勘罪。”上曰:“若改作本宗亲方许牒试,则冒滥自革矣。”(《宋会要·选举》一六之二二、二三)

四日,臣寮言:“科举条例,自八月十五日为始,连日引试三场,此天下通法。独饶州试院乃是隔日入试,凡五日方始终场。乞下漕司严饬饶州,今岁科举须接连三日引试。如敢唱竞,将鼓倡之人置于法。”从之。(《宋会要·选举》一六之二三)

六　月

壬寅(二十日),进呈秘书郎李巘奏:“窃观国朝太平兴国元年,诏学究兼习律令,而废明法科;至雍熙二年,复设明法科,以三小经附。则知祖宗之意,未尝不使经生明法,亦未尝不使法吏通经也。谓宜略仿祖宗旧制,使试大法者兼习一经,及小经义共三道为一场。”上曰:“古之儒者以经术决疑狱,若以俗吏,必流于深刻。宜如所奏。然刑与礼实相为用,且事涉科举,可专令礼部条具来上。”既而,礼部条具:“欲从臣僚所请,第四场经义,大经一,小经二。”诏从之。(《宋史全文》卷二六下)

是　月

秘书郎赵彦中疏略云:“士风之盛衰,风俗之枢机系焉。且以科举之文言之,儒宗文师,成式具在。今乃祖性理之说,以浮言游词相高。士之信道自守,以六经圣贤为师可矣。今乃别为洛学,饰怪惊愚,外假诚敬之名,内济虚伪之实,士风日弊,人材日偷。望诏执事,使明知圣朝好恶所在,以变士风。”从之。(《宋史全文》卷二六下)

七 月

十一日，兵部言："前举奏到武举止有二百余人，今举缘文武臣许保奏二名，已奏到约有七百余人。若不申明分场引试，窃恐连夜试验，弓马不精，别生奸弊。乞将绝伦弓并三平等人步射，先作一日呈试；将合格人照元给呈试弓马关子，于次日绝早赴教场门首，令马军司差有心力、识字使臣三五员照验，放令人赴马射。如代名呈试，并依贡举条法科罪。"诏："分三日引试。余依。"(《宋会要·选举》一八之五)

八 月

五日，国子发解。命监察御史余端礼监试，军器监王信、户部郎中陈居仁、秘书丞袁枢考试，秘书省秘书郎何澹、太常博士宋之瑞、军器监丞叶子强、将作监主簿王谦、干办行在诸司审计司李舜臣、干办行在诸军审计司张伯垓点检试卷；秘书省秘书郎范仲艺别院考试，大宗正丞蒋继周、主管户部架阁文字李祥点检试卷。(《宋会要·选举》二一之二、三)

八日，诏："临安府见有远方游学士人，试期在近，归赴举不及。特令就两浙转运司附试一次，别项考校。候见终场人数，取旨量立解额。"(《宋会要·选举》一六之二三)

是 月

州军监守臣荐举武举人，诏："自今内外各许奏举二名。"至是，阁门舍人林宗臣言："乞诏有司，宽保官之法，增其人数。"上曰："来之欲广，择之欲精。"故有是诏。(《宋会要·选举》一八之五)

胡给事既新贡院，嗣岁庚子适大比，乃修其事，命供帐考校者，悉倍前规。鹄袍入试，茗卒馈浆，公庖继肉，坐案宽洁，执事恪敬，誾誾于于，以鬯于文，士论大惬。会初场赋题出《孟子》"舜闻善若决江河"，而以"闻善而行沛然莫御"为韵。士既就案矣，蜀俗敬长而尚先达，每在广场，不废请益焉。晡后，忽一老儒擿礼部韵示诸生，谓"沛"字惟十四泰有之，一为"颠沛”,一为“沛邑”,注无“沛决”之义,惟它有“霈”字,乃从雨为可疑。众曰:“是。”哄然扣帘请。出题者偶假寐,有少年出酬之,漫不经意,亶云:“礼部韵注义既非,增一雨头无害也。”揖而退,如言以登于卷,坐远于帘者,或不闻知,乃仍用前字。于是试者用“霈”、“沛”各半。明日,将试《论语》,籍籍传,凡用“沛”字者皆窘。复扣帘,出题者初不知昨夕之对,应曰:“如字。”廷中大喧,浸不可制,噪而入,曰:“试官误我三年,利害不细。”帘前闹木如拱,皆折,或入于房,执考校者一人殴之。考校者惶遽,急曰:“有雨头也得,无雨头也得。”或又咎其误,曰:“第二场更不敢也。”盖一时祈脱之辞,移时稍定。试司申鼓噪场屋,胡以不称于礼遇也,怒,物色为首者,尽系狱,韦布益不平。既拆号,例宴主司以劳还,毕三爵,优伶序进。有儒服立于前者一人,旁揖之,相与诧博洽,辨古今,岸然不相下。因各求挑试所诵,忆其一,问:“汉四百载,名宰相凡几?”儒服以萧、曹而下枚数之,无遗,群优咸赞其能。乃曰:“汉相吾言之矣,敢问唐三百载,名将帅何人也?”旁揖者亦诎指英、卫,以及季叶,曰:“张巡、许远、田万春。”儒服奋起争曰:“巡、远是也,万春之姓雷,历考史谍,未有以雷为田者。”揖者不服,撑拒滕口。俄一绿衣参军,自称教授,前据几,二人敬质疑,曰:“是故雷姓。”揖者大诟,袒裼奋拳,教授遽作恐惧状,曰:“有雨头也得,无雨头也得。”坐中方失色,知其风己也。忽优有黄衣者,持令旗跃出稠人中,曰:“制置太学给事台旨,试官在坐,尔辈安得无礼。”群优亟敛容,趋下,喏曰:“第二场更不敢也。”侠陀皆笑,席客大惭,明日遁去。遂释系者。胡意其为郡士所使,录优而诘之,杖而出诸境,然其语盛传迄今。(《桯史》卷一〇)

九　月

四日,礼部言:“淳熙六年指挥,宗室有官锁应取解诸路运司,每七人取一名。续有旨,宗室解试有官锁应,每七人取三人,与昨降指挥不同。兼不曾该载运司取解明文,今两浙转运司试院,有宗室终场止有五人。”诏:“取一名。”(《宋会要·选举》一六之二三)

淳熙庚子秋,余镛仲庸赴饶州乡举还家。贡闱未启之前,其仆程信梦报榜数人怀小帖,云:“至余知府宅。”才入门又出,曰:“错了,错了,自是猫十一郎耳。"明日以语镛,镛不乐。十一郎者,其族子知权,虽能作程文,然学艺出镛下。猥者,里俗戏相标谑憨痴之类也。及九月十日榜至,果先访镛家,徐以为误,而适知权处。得酒一壶,饮竟,而持正榜者来,乃镛荐送。盖造榜之际,侦人例以小纸疏举士姓名,匆匆探赜,或预选,则蕝摺为证,以故妄谬者多。有顷,知权来贺,镛慰拊之,而偿其所犒酒。(《夷坚支志》乙卷三)

是　秋

陆游《答抚州发解进士启》:士论推贤,方恨定交之晚;乡书擢秀,遽勤授贽之恭。恭惟某官,奥学海涵,英姿玉立。山川信美,生大儒名世之邦;弦诵相闻,陶圣主右文之化。将鹏抟于宦海,姑鸿渐于名场。某偶此乘轺,遂叨劝驾。宸廷射策,岂惟庆榜帖之驰;藏室雠书,尚及见云霄之举。解魁云:藉甚闻名,方恨定交之晚;褎然擢秀,遽勤授贽之恭。(《渭南文集》卷一一)

彭龟年《和临江庚子鹿鸣宴诗韵》:风流蕴藉足仪型,小屈旌旗镇列城。笔下雄深过班马,胸中洒落似张程。载赓宵雅推多士,宁许皇荂继大声。闻说河南诗有序,从今亦有口传名。(《全宋诗》卷二五九四)

周必大《论宗室省额批付三省札子》:臣伏见陛下于宗室解试、省试立额事,曲轸宸虑,至于再三。盖欲悠久可行,固难轻易出令。臣适思之,解试虽是取士之源,而入仕多寡全在省试。今解试已自终场,放榜之日甚近,臣欲乞来日宣谕三省,将解额随宜降旨,所有省额续听指挥。盖其间节目颇多,近者有司缘日子迫促,不暇仔细分别。今去省试尚有半年,熟议而行,似未为晚。(《全宋文》卷五〇六四)

淳熙八年　辛丑(1181)

正　月

八日,以吏部尚书兼侍读兼修玉牒官王希吕知贡举,礼部侍郎郑丙、侍御史黄洽同知贡举,得合格奏名进士俞烈以下三百人。(《宋会要·选举》一之一九)

八年,吏部尚书王希吕知贡举,公及侍御史黄洽副之。有沮公者谓:"丙、洽皆福州人。"上曰:"恐有偏邪,然皆无私。"暨揭榜,三人同对,上曰:"考校甚公,远方多得人,虽不分路可也。"(《全宋文》卷五一八二周必大《郑公丙神道碑》)

左司郎中杜民表、吏部员外郎沈揆、刑部员外郎吴宗旦、监察御史余端礼、颜师鲁、著作郎朱时敏、袁枢、秘书郎范仲艺并参详,太常丞汪义端、宗正丞王蔺、枢密院编修官李嘉谋、徐谊、删定官郭明复、奚商衡、著作郎詹骙、李巘、校书郎赵彦中、熊克、杨辅、尚书六部监门赵大猷、秘书省正字刘光祖、将作监主簿王谦、主管吏部架阁文字吴天骥、主管工部架阁文字樊抑、监行在丰储西仓门周震来、监行在惠民南局徐玠、提领户部犒赏酒库所干办公事刘德秀、监行在太平惠民北局方有开点检试卷。(《宋会要·选举》二二之四)

故事,南省开院后,以上十人试卷修写成册进入,行之久矣。淳熙辛丑岁,上命王仲行尚书知举,郑少嘉侍郎、黄德润侍御同知。既入院矣,或谓郑、黄皆闽人,恐有私。上乃议令贡院取三十名前卷子,于揭榜前五日,付辅臣考校。然未出命也。居数日,宰相赵温叔因审其事,且言:"如必欲行,则早令试院知之。"上曰:"朕亦有少疑,更欲与卿等议之。"温叔觉上意已变,即奏云:"臣等亦深疑之,未敢遽奏,恐有避事之嫌。陛下既选任知举三人,又令臣等考校,则是三知举不足信矣。况又有不可知者。臣等受恩至重,今日固当尽忠考校。但恐此例一开,后来宰执有挟者,得以容其奸。"上曰:"朕亦思之,不可开此门,姑已之。"后旬日,乃命开院日,将上二十人真卷先次进入。会仲行策题中有"太上皇帝匹马渡江"之语,上不乐,以谕辅臣。时临安已镂板行之,亟命毁板。仲行不自安,数请外,后数月出知绍兴。(《朝野杂记》乙集卷一五)

十一日,诏:"自今省试封弥官,依祖宗典故,差郎官、卿、监以上,在院供给并依参详官例。"臣僚言:"封弥、誊录、巡捕官,多是差刑部及厘务官,既不谙事体,又官卑人微,不敢谁何,弊幸多在封弥所。至有涂抹试卷,漏泄字号,折换印缝,能文者反被其害。景祐五年,翰林学士丁度知举,其封弥官则三司副使姚仲孙、殿中侍御史方偕也;庆历二年,翰林学士聂冠卿知举,其封弥官则龙图阁直学士孙祖德、直集贤院田况也;庆历六年,翰林学士孙抃知举,其封弥官则侍御史仲简、三司判官周陵也。封弥所差官多清望之官,故奸弊亦消于未然。近时差官既轻,吏辈益无忌惮,其弊有不可胜言。"故有是命。(《宋会要·选举》二二之四、五)

二十六日,诏贡院别试所:"引试避亲举人分数,依淳熙五年取放施行,零分更取一名。"以本所奏请,故有是命。(《宋会要·选举》五之五)

二　月

十日,礼部贡院言:"试博学宏词科从政郎、滁州州学教授莫叔光合格,所试六篇。题曰:《宁江军承宣使侍卫步军副都指挥使授安德军节度使侍卫步军都指挥使加食邑实封制》、《汉元公侯籍序》、《代宰臣进修仁宗皇帝英宗皇帝神宗皇帝玉牒表》、《禹待贤虡铭》、《天禧太清楼观书赞》、《汉洛阳十二门记》。"诏:"叔光减二年磨勘,与堂除差遣。"先取到二名,内一名第六篇漏写"限三百字以上",杂犯不考,今止考校到一名。(《宋会要·选举》一二之二二)

十一日,礼部贡院言:"逐举省试开院后,合造上十人进册及副本。所有今举,合从例修写。"诏:"候开院日,将上二十人真卷先次进入。"十一年同(《宋会要·选举》五之五)

三　月

周必大《廷试策问三月十三日得旨留身面谕撰进》:盖闻舜受尧禅,七政齐于上,十二州肇于下。唐太宗亲传高祖之业,兵寝刑措,开四夷为郡县,大功盛烈,咸在初载,何其速也!朕以寡昧,祗承内禅,宵衣旰食,二十年于兹。惧无以扬祖宗之功,副太上之托,思与贤隽讲论治道。子大夫群至在廷,怀才待问,朕甚嘉之。愿闻昌言,以辅不逮。夫民者,邦之本也。朕时使薄敛,冀臻乎富庶。然小遇旱干,则倾仓廪发封椿,犹或不足。岂承流宣化者失其职欤?抑无常产者多逐末欤?贤者,邦之基也。朕数路取人,宜不胜其用矣。然济济多士,犹愧以宁之世。岂作成有未至欤?抑招聘有未备欤?文王卑服,则在位化之。今朕节俭先众,何以俗犹侈靡?宣帝总核,则吏称其职。今朕励精率下,何以俗犹惰偷?小大之臣,罔不延见,咨询考察,亦云至矣。或曰貌言有时而失,然则知人之法孰要?卿士牧守,更出迭入,旋观详试,亦云备矣。或曰人材各有所宜,然则器使之道何先?勋十二转,古之赏也。近岁有功者进官加职而已,赋禄所以滋多,任子所以日众。勋品具在,今可复乎?司寇圜土,古之刑也。近世杀越人于货,徒流而已,复出为盗,将何以惩?圜土之制今可议乎?虽然,此特政事耳。天之所辅者德也,所助者顺也;民之所怀者仁也,所助者信也。其修在此,其应在彼。使朕躬行不怠,以获乎天人之祐,虞唐功烈,庶几乎驯致。亦曷敢有迟速计哉!子大夫其茂明之,朕将亲览。(《全宋文》卷五〇四〇)

周必大《奏殿试策问题空札子》:臣近拟进御试进士策题,缘草本内有合题空之类,失于奏禀,并欲更改一字。今具下项:"祗承内禅","内禅"字合题起;"天之所辅者德也","天"字合题起;"天人之祐","天"字合题起。"复出为恶","恶"字未足以尽之,今欲改作"复出为盗"。右,欲望圣慈至期一并降付御药院照应施行。取进止。

周必大《奏改正策问内怠字札子三月二十三日》：臣适见御药院缴御试策问赴中书省，内"躬行不怠"，误雕作"躬行不迨"。恐举人答策有害文义，欲望圣慈特令改正。取进止。（以上均见《全宋文》卷五〇四四）

己巳（二十三日），上御集英殿，策进士。有曰："司寇圜土，古之刑也。近世杀越人于货，徒流而已。复出为盗，将何以惩？圜土之制，今可议乎？"是日，宰执先赴奏事，宣宗御试题。圣谕云："成周圜土之法，乃以处奸恶。今配隶盗贼甚多，欲举行其法，故以此发问，观其对如何。"（《宋史全文》卷二七上）

二十八日，礼部言："淳熙五年已纳敕之人，系在六年详议止许纳敕一次指挥之前。如今来唱入第五等，欲自淳熙八年更与纳敕一次。"从之。（《宋会要·选举》二之二四）

闰三月

六日，尚书省札子："秘书省状：准见行令，诸举人唱名日，秘书省正字以上并赴起居侍立。今来缘本省官多系曾差充省试官，所有唱名侍立，伏望朝廷敷奏施行。"有旨，并令侍立。（《南宋馆阁续录》卷六）

九日，宰执进呈武举特奏名，依文举当殿给敕牒，拟称赐武举特奏名补官。上曰："其间恐有下班副尉之类，未合称官。"乃改作武举推恩。同日，宰执进呈："蜀中武举进士薛九龄以疾趁今岁殿试武艺不及，次日却曾赴策试，兵部欲比作一事不中之人唱名补官。"诏："令承旨司就大教场按试。"（《宋会要·选举》一八之五）

戊子（十二日），赐礼部进士黄由以下三百七十有九人及第、出身。（《宋史》卷三五）

十二日，诏："新及第进士第一人黄由补承事郎、签书节度判官事，第二人王奭、第三人张伯源并文林郎、两使职官，第四人陈希点、第五人孙元

卿并从事郎、初等职官，第六人以下至第四甲并迪功郎、诸州司、户、簿、尉，第五甲守选。”(《宋会要·选举》二之二四)

周必大《论殿试宗室换官恩科推恩札子淳熙八年闰三月十五日》：臣伏见殿试来日唱名，偶有管见二事，密以奏闻如后：一，宗子试有两等：其一原是武官试换文资，谓之锁应。旧格先转两官，然后换授今次共有八人。其一原是白身直来就试，谓之应举。旧格特循一资，然后注授今次共有九人。臣谓锁应人先转两官，恩数委是太优。新制寝罢，已得允当。但应举人依旧循资，却似不均。今契勘得锁应八人，除忠训郎善宲合换京官外，其成忠郎汝僚、师粟、师愚、师程四人并合换从事郎，保义郎伯友、希垾二人并合换修职郎，承节郎汝寯一名止合换迪功郎，别无恩数，反不若无官应举人却循一资之为优也。欲望圣慈临时当殿降旨：有官锁应宗子如所换官只是选人，即候参部日特与依无官应举人例，各循一资或循两资亦未为过，盖须用考第、举主方改京官耳。京官则否。比之逐举先换两官，尽改京秩，其利害大段不侔，而又可以示均，一昭恩意。况善宲等陈词未已，将来岂免量加循转。不若出自圣意，先与施行之为善也。一，臣近者恭聆圣谕，以为今次恩科虽曰三分之二，入第五等。然既许纳敕，则后举赴特奏名者益众，三人取一，其数仍在。臣退而再三思虑，欲乞出自圣意，候第五等人给敕谢恩之际，特传恩旨。如不愿纳敕，并令吏部特给绫纸，与补待阙。既无所得，又非品官，而使日暮途远者有以藉手而归。窃计欣然愿就者不少，可以坐销后举再试之人，实清将来入仕之路。(《全宋文》卷五〇六四)

二十四日，尚书省言：“拟到武举进士正奏名江伯虎以下四十四人：第一名江伯虎补秉义郎，第二名黄万石补保义郎，余皆平等，补承节郎。特奏名四人，一人补进武校尉，三人补进义校尉。各展减磨勘有差。”从之。江伯虎等十八人愿从军。(《宋会要·选举》一八之五)

进士名录：黄由，王奭，张伯源，丁南金，于公粱，于革，王允初，王用亨，王丞，王昂，王知章，王宗度，王宗传，王栐，王保大，王泰之，王恕，王琳，王智中，王瑜，王椿，王概，王齐翼，毛可释，勾廷永，方仲能，方奇之，方叔瑜，方宲，左章，田晓，史元一，冉鉴，白炎震，包履常，朱元龟，朱汧，朱承孙，朱鼎，朱渊，朱端常，任逢，任谓，池申，芮宜言，杜湜，李三有，李公升，李允升，李廷忠，李延正，李行成，李时敏，李宲，李寅，李绅，李贲，李梦符，李肃，李睿，李端本，李鼐，李翱，吴大用，吴季真，吴畂，吴柔胜，吴华，吴瑄，何次常，何庇，何叔忱，何究，何剡，何迈，何润，余深美，汪尹，汪义和，沈明祖，宋鼎，宋蒙，宋驹，邵渊，范九畴，范晓，林一鸣，林谷，林享，林拱辰，林浩卿，林偁，林尧辅，林焞，林应辰，林观国，周郁，周居信，周愚叟，周端节，周震，胡元衡，柳说，俞南仲，俞烈，俞闻中，姜石，洪公巽，洪绂，洪铸，姚汝龙，马晞骥，袁倬，袁夔，耿羽，华延年，莫若拙，庄夏，柴宏休，时澜，徐宏，徐蒙发，徐愿，翁伯贲，高三美，高可行，高禾，郭囦，郭泰亨，郭唯，郭应祥，郭琫，唐彪，唐烨，陆子愚，陈士表，陈之纯，陈之纲，陈天宜，陈可行，陈永叔，陈民望，陈朴，陈茈，陈希点，陈宏甫，陈冈，陈季礼，陈宗训，陈修，陈珪，陈珙，陈邕，陈章，陈尧佐，陈铭，陈绰，陈履祥，陈谦，陈砺，陈黼，孙元卿，孙格，黄有成，黄佐之，黄禹畴，黄椭，黄梦良，黄瑾，黄弥邵，黄镃，黄鉴，曹易，曹彦约，曹进之，许元老，章相，章夔，商逸卿，商许，梁汝明，张再兴，张叔椿，张逢辰，张雩，张绂，张绍，张蒲圻，张维允，张辉，张钢，张镇，张颢，叶介，叶正，叶作民，叶恢，叶师德，万郯，万爟，葛有兴，董居谊，喻宾敖，程大辩，程晞，傅丙，傅兆，傅思谦，傅诚，舒邦佐，曾烈，曾钚，曾晔，冯椅，汤涣，杨子谟，杨邠，杨汝明，杨武，杨是甫，杨恪，杨能，杨偁，杨楚材，杨证，詹林宗，解邦俊，赵午，赵方，赵石祥，赵廷昂，赵汝胜，赵汝僚，赵伯友，赵庚，赵炳，赵师栗，赵师晨，赵师程，赵琦，赵善宲，赵德辉，赵兴通，蒋佑，蒋南金，蒋斌，蔡冲飞，蔡开，闻人纲，郑元鼎，郑平，郑伯麟，郑绍伊，郑舜扬，郑褒然，郑灏，巩丰，欧庚，滕宬，滕璘，刘大正，刘子磷，刘有闻，刘忠卫，刘孟容，刘思忠，刘奕，刘陟，刘特，刘唯然，刘刁，刘椝，刘弥正，刘镛，诸葛千能，诸葛浩，诸葛鉴，谈钥，潘士表，潘叔豹，潘涓，乐明，萧轸，卢友源，卢永年，钱有嘉，鲍楙，鲍粹然，鲍树，魏挺，钟元震，谢牧，濮阳楫，缪次袭，颜质，苏士凤，罗大聘，罗全德，顾杞，顾祎，顾简。

特奏名进士第：陈缜，王士廉，甘霖，黄延世，李仲倚，何大正，何升之，何宗，何孟文，余祈，邵纬，林庚，林定国，林惠辅，林谕，连楹，徐孝宁，高梦卿，陈癸，陈贲，陈雷，陈绾，陈应辰，黄宋昌，黄真卿，黄时中，黄瑄，黄开，黄景祥，黄体中，商俊，张仲堪，张铉，张灏，张骥，项杞，傅藻，杨朴，蒋励，管贺，廖德远，郑冲之，邓万，戴厚，戴举，钟秀颖，谢齐石，应士廉，缪椿。(《宋登科记考》卷一〇)

补进士名录：其一，赵善冞。《宋登科记考·附录》："字深甫。濮王六世孙。先以武臣任监当官，淳熙间登进士第换官。"《全宋文》卷五〇六四周必大《论殿试宗室换官恩科推恩札子淳熙八年闰三月十五日》："今契勘得锁应八人，除忠训郎善冞合换京官外，其成忠郎汝僚、师粟、师愚、师程四人并合换从事郎，保义郎伯友、希垾二人并合换修职郎，承节郎汝寯一名止合换迪功郎。"又，《全宋文》卷四八〇六韩元吉《毛氏墓志铭》："赵氏之子将葬其母，踵门而泣曰：'善冞生四年而失先君子'……淳熙之八年也，夫人生朝，方燕亲族，而善冞贡名礼部。"是年进士名录有赵善寀者，疑即同一人。

其二，赵师粟。同上。是年进士名录有赵师栗者，疑即同一人。

其三，赵师愚。同上。

其四，赵希垾。同上。

其五，赵汝寯。同上。

其六，林直卿。《夷坚支志》甲卷一〇："莆田林直卿……中淳熙戊戌省科，年四十有五矣。林以母服，不及廷试。……林以辛丑还试，得监某州税郎。"按：《宋登科记考》是年进士名录中有"林浩卿"，莆田人，疑为同一人。

平江里俗旧传谶记云："潮过唯亭出状元。"又云："西山石移，状元南归。"淳熙庚子三月二十二日，吴县穹隆山大石自麓移立山半，石所经草木皆压藉，宛然行迹可验。其秋八月十八日夜，海潮大至，过唯亭，环城而西。穹隆在城西，唯亭距城东北四十五里。明年省试，平江岁贡者尽下，唯黄由以国学解中选。未廷试，皆传黄由魁天下。已而，唱名，果然。由字子由，平江人，而用国学发荐，南归之验也。(《睽车志》卷一)

穹窿山在城之西，里老相传云："穹窿石移，状元来归。"一夕，闻有风雨声，诘旦视之，果有石自东而移西者。淳熙辛丑，黄子由遂魁多士。昆山虽去松江不远，旧无潮汐，绍兴中方有之，犹不及二十里外。李乐庵尝见一道人云："潮到夷亭出状元。"后以此语叶令子强，因作问潮馆识其语。今已过夷亭矣，但未知验于何时？然潮汐起于昆山，邑人必有当此谶者。(《中吴纪闻》卷六)

处州士人华延年，字庆长，入太学，肄业禔身斋。尝与同舍聚坐炉亭上，斋仆报处州陈官人参斋，华奋跃而起，喜色可掬。众异之而扣之，曰："往岁过三衢，诣老刘卦肆求占，得诗曰：'邺鉴总龟如往学，未见才名能广博。希点若来参学时，同年从此不须疑。'今陈君者正名希点。盖比岁葛、郑、苏三先生为学官，吾三试南宫皆不利，而陈亦阻忧患，不得到省。兹其有同年之兆乎？"果以淳熙辛丑同登第。希点字子与，为第四人。(《夷坚支志》甲卷四)

黄左之，福州人，为太学生，预淳熙七年荐书。是岁冬，池阳士人王生亦赴省试，其家甚富，以钱百千与黄，招之结课。王生事某神极灵验，黄致祷，梦神告曰："君来春必及第。"指一女子示之，曰："此君之妇也。"黄视女状貌不甚长，簪罗帛花于髻，恍惚间以爪掐黄手。既觉。手犹微痹。自念："若榜下娶妻，岂无珠翠之饰？顾簪罗帛花乎！"王与黄游处颇久，相得益欢，遂约曰："君若登科，当以息女奉箕帚。"明年，果中选，遂为王婿，得奁具五百万。成礼之夕，俨是梦中所见者，簪花亦然。黄初调南城尉，为人道此。(《夷坚支志》甲卷七)

临川杨汉卿，幼年习童子举，无所成名。侵寻弱冠，梦人自门呼曰："杨证也做官。"觉而自喜。适淳熙庚子秋试，遂书同音数字，信手拈其一，得"证"字，即更名，而字子谏。是科，果中贡籍，明年擢第。证数能谈命，所见出他术士意表。是时东赴省，数与同途乐绍先言曰："吾必登第，正恐死不久。脱或下第，庶可少延。"然为功名之心所驱，卒入试。试罢还家，梦促装复东，恚曰："吾跋涉千里，息肩未几，而又行役，其何以堪？"母释之曰："吾为汝办轿乘以往，勿忧也。"寤而捷音至。证文思如倾河，日能作万言，廷对前忽困目赤痛，仅得成章而出。乡人之善者相为惜之，迨唱名，堕于末甲，才压一名。待铨，竟调潭州善化主簿须次。及到官，数月而卒。(《夷坚支志》乙卷二)

黄子由未第时，以淳熙二年六月一日梦至大廷下，手进文字一轴，须臾得旨云："文气不甚骄，可擢第一。"卫士在傍者摘之曰："谢恩合要笏记，当即为之。"觉而悉能寻忆，密志于策，未尝语人。后六年过省，与同舍生福堂潘涓赴廷对，始顾之曰："此与向梦中所睹不小异。"潘趣就席答圣问，未暇质其详。晚出，乃询之，且曰："子由平时得梦，无一不应，比曾感兆否?"方答以二年所云。虽未知入何甲，窃料必忝甲首。潘贺曰："要笏记叙谢，非大魁不足当之。"及唱名，果为第一。仓卒间，即用梦笏作记，不易一字。(《夷坚三志》壬卷五)

新安汪义和会之，生于绍兴辛酉，至于己卯，十有九岁矣。歙士赴举者二千人，而解额才十二，制胜为难，而会之得预计偕。族老来贺其祖彦及枢密曰："几郎必践世科，吾夜梦省试别院报榜，云已荣中。"枢密答其意，而中心不怿。已而，省闱失利，始以告之曰："我自闻彼梦，固知事在他年，盖今春无亲可避也。"后蹉跎五荐，至淳熙辛丑，复到选。而弟义端充之为文院点检试卷官，牒诣别头，乃奏名。以黄由榜登第。(《夷坚三志》壬卷六)

鄱阳詹林宗，少时以隆兴壬午赴乡举，梦人告曰："君它日过省，须与蒋佑同年。"及预计偕，来春入都诣贡院看混榜，无所谓蒋生者，意间不乐，是岁下第。乾道乙酉，魁荐于乡，仍不利。至丁再免举。当淳熙辛丑，已五到省矣，始见别院混榜有常州蒋佑，窃喜焉。未及，别榜先揭，蒋中选，詹又益喜，果奏名。于是，往访蒋，道昨梦，叙同年相亲之意。讶其春秋鼎盛，徐扣甲庚，乃生于壬午，盖初得梦之岁。(《夷坚志三补》)

淳熙中，殿试进士。有邓太史者，告周益公："魁星临蜀。"胪传先一日，又告："夕有震雷，魁星自蜀移照吴分。"及期，上忽以第一卷与第二卷

互易之，吴人果第一，蜀人第二。当时咸奇验其言，此事甚神。（《隐居通议》卷二八《魁星移次》）

史浩《贺状元黄学士启》：伏审文经一览，名冠甲科。万选青钱，素已期于必中；一枝丹桂，今果见其居前。凡其听闻，孰不赞颂？恭惟新恩某官，箕裘家学，领袖贤关。出偶圣时，肆敢言之直气；上当睿意，摅坚忍之忠谋。既首唱于胪传，实豫基于相业。顾惟衰老，稔服英声。结驷过门，荷华笺之见宠；骈肩观堵，喜陋巷之增光。感幸之私，敷宣罔罄。

史浩《贺第二人王学士启》：伏审枫陛扬名，桂林得俊。惟昔偕于计吏，虽千万人；及今究其成功，殆一二数。士林增气，朝著有光。恭惟新恩某官，江汉渊源，岷峨峻拔。春蚕下笔，陈鲠论之万言；振鹭充庭，听胪音之再唱。岂独萃一时之晁董，盖将为异日之皋夔。退顾衰残，方兹慕用。辱临敝宇，遽宠长笺。有嘉锦绣之贻，殊乏琼瑶之报。其为感愧，莫既敷宣。

史浩《贺第三人张学士启》：伏审唱第朝端，收名鼎甲。扪参历井，靡辞仰胁之劳；就日望云，遂启沃心之论。果膺殊选，大慰佥期。恭惟新恩某官，粹美真才，渊源博学。擢犀角而拔象齿，谋猷已契于一人；附凤翼而攀龙鳞，事业行参于三杰。顾惟晚景，夙仰下风。曾未造于行轩，荷先迂于大旆。一缄贻宠，十袭谨藏。荣感之私，敷宣莫既。（以上均见《全宋文》卷四四一一）

舒邦佐《登第谢辛帅启》：南宫放榜，偶缀春风淡墨之中；北阙传名，又到玉皇香案之下。虽收末第，颇愧平生。握管于兹，汗颜多矣。恭惟尧舜相传之世，尤盛汉唐得士之朝。兰台角艺者余四千人，毡笔题名者仅二百辈。锦标竞夺，衣钵喧传。鲤有三十六鳞，争跃天池之峻；鹏抟九万余里，并图风背之高。尽收四海之英髦，不及孤生之名姓。如某者，嵚崎可笑，结约忘言。鹗早横秋，鳞重点额。惟自养其山林突兀之气，终亦羞上场屋骫骳之文。有屋数椽，堆书四座。落月满梁而浩歌今古，新凉入室而长抱简编。精勤灯火于三十年间，力探圣传于千百载上。亦尝搔首，颇欲著书。谓文字倘为不朽之传，则金珠莫酬此价之重。故以名教为乐地，而视富贵为傥来。然念前辈，未尝一饭忘君；岂可贱子，独占半山自老。揞笻千里，昂首一鸣。敢夸食叶之蚕，但怯伤弓之翼。寒灰已死，不谓复然；塞马归来，方知无失。桃浪三层而直透，杨叶百步而的穿。遂辱春官，奏名丹陛。奈何能不自揣，直肆其狂。曒曒寸心，每视天下不平之事；拳拳一策，妄献玉阶得路之时。既不能消刚为柔，则动是转喉触讳。置之在末，愚也甘心。虽居虎榜之后乘，已许鹭庭之并集。静循侥冒，实有夤缘。兹盖伏遇某官，抱经纶廊庙之材，负整顿乾坤之业。无斧凿痕，无脂粉气，诗歌盖出于天成；有霹雳手，有雨露恩，政事岂容于人测？扫绿林而剿其类，提赤子而置之安。活江湖几十万之生灵，民心固矣；复京洛数百州之疆土，圣主期之。暂为江左之长城，行作天边之霖雨。凡叨化育，悉荷陶熔。致令蹇步之驽材，亦获标名于雁塔。某敢不益鞭此志，不负所天！全操履以为立已之方，广见闻以为效官之法。秉心夙夜，岂但一时酬国士之知？惟命东西，已誓此身为吾君之报。

舒邦佐《贺隆兴签判黄状元启》：开向百花头，敢叙弟兄之列；屈为数旬客，忻临父母之邦。谅半面之未忘，烱寸心而先吐。某官笔下不数晁、董，胸中自负伊、周。入对丹墀，亲承清问。观尧阶坚忍之二字，敌申公力行之一言。有以当乎上心，褒然为之举首。擢居海内之第一，允符江夏之无双。碧桃住而闹花深，岂但群仙之步逐；丹桂芳而灵椿老，又听两日之胪传。入衣冠盛事之图，表父子传家之学。姑从旧制，暂佐潜藩。红莲绿水之相依，孤鹜落霞之重赋。鸾岗鹤岭，是为千里一息之时；虎榜凤池，何待一举十年之后？况圣朝显拜，每先魁斗之求；而旧弼重求，已有台星之验。继此而相，非公其谁？某百战沙场，一官簿领。题名于慈恩塔，常衬步于青云；望气于函谷关，今增荣于梓里。虽篁柳之高低有间，念龙鲤之变化曾同。谅不隔于同年，故敢为是问礼。厦一成而燕贺，枝三绕而鹊依。皆托诸辞，以序不敏。（以上均见《全宋文》卷六〇七七）

（杨子谟）七年就外省试，文靖胡公得其文，以为有格君气象，置诸优等。入对大问，方阜陵锐意于治，发策数十条，公对略曰："帝王躬行之实，莫大于学。学者，政事之本也。虽然，欲极乎学之用，不可不求其要。何谓要？行之以至诚，要之以不息，是也。《大学》之道自正心诚意以至乎平天下，《中庸》之道自尊贤以至于来远人，皆不外乎至诚之一言。臣不知陛下之躬行果诚与？抑未欤？臣试以天人之应而卜陛下之诚，则知容有未至也。”又曰：“臣闻之道路，谓陛下左右近习之人虽无显然害治之迹，而谄谀欺矫，实繁有徒。故凡求于速售者，率造宦寺之门，珠玉锦绣，以充苞苴，络绎于道，而陛下有所不知。此非细患也。”孝宗嘉其直，擢置甲科。（《全宋文》卷七一一六魏了翁《杨公墓志铭》）

四　月

五日，诏：“武举进士从军人，欲令习知军务，以俟器使。如因职事已见委系利便，许赴主帅陈述。遇有过犯，合加罪责，申枢密院取旨施行。”（《宋会要·选举》一八之五、六）

五　月

十一日，武举进士及第江伯虎等乞：“先次参部，出给料钱、文历，却行从军差遣。其料钱、文历，乞依不愿从军之人一例帮行，及比附不愿从军人历巡尉、知寨差遣。从军及六考，并许理作关升资序。”从之。（《宋会要·选举》一八之六）

十四日，诏：“武举进士出身人，已有淳熙七年三月四日指挥，其淳熙二年、五年武举不愿从军人，并合依乾道八年指挥施行。内已历过差遣人，与依旧差注。”（《宋会要·选举》一八之六）

六　月

临安士人以不预补试，群诣台谏宅陈词。台谏畏其势，以好语谕之。是夜，集吏部侍郎郑丙之门，诟骂无礼。或疑京尹王宣子怒丙，激使然也。郑遂徙家避之。次日入奏，待罪乞去。上已密知其故，遂批出：“郑丙无罪可待。令临安府将为首作闹人重作行遣。”既而，宣子颇回护之，上怒云：“设使郑丙容私，自当讼之朝廷，安可无礼如此！若不得为首人，王佐亦当坐罪。”且令宰执宣谕。宣子越一日奏：“勘到作闹士人府学生员丁如植为首，其次许斗权、罗灊。”御批：“并编管邻州。”如植仍杖八十科断。(《齐东野语》卷一)

是　年

(童子试)始分为三等：凡全诵六经、《孝经》、《语》、《孟》及能文，如六经义三道、《语》《孟》义各一道、或赋一道、诗一首为上等，与推恩；诵书外能通一经，为中等，免文解两次；止能诵六经、《语》、《孟》为下等，免文解一次。复试不合格者，与赐帛。(《宋史》卷一五六)

淳熙九年 壬寅(1182)

二 月

十八日,太常少卿余端礼言:"试院全籍门禁严密,以防奸弊。缘监门多差监当及在部小官,皆得慢易。乞自今监门官并差六院官及临安府通判。"从之。(《宋会要·选举》二二之五)

五 月

七日,诏:"访闻武举从军之人,往往自高,不亲戎旅。如自今职事勤恪,从主帅具名保奏升差。其或懈惰不虔,亦许按劾以闻,当行黜责。"(《宋会要·选举》一八之六)

八 月

四日,诏:"国子生今举发解,依前降指挥,并送别院收试。"先是,二年七月十一日,诏:"自今国子生解试,并别院收试。其合避亲嫌官,不得差充别院考试官。"(《宋会要·崇儒》一之四三)

九 月

十三日,《明堂赦》:"国子监乾道八年省试下进士,实理十二年,可并与免文解。"(《宋会要·崇儒》一之四三)

十二月

十六日,右谏议大夫黄洽言:"诸命官本贯川、广、福建而任别路差遣,或本贯别路而任川、广、福建者,随行缌麻以上亲愿应举而无户籍,或去户籍二千里外,许于所在州投状,申送转运司。此见于祖宗旧制,然也。但以官司奉行不谨，故勘会止于文具。兼不取应牒官及保官印纸批书，是以伪冒生焉。夫有服亲牒试而至于伪冒，固在所禁，议者因而改缌麻亲应牒之法，无乃非祖宗立法本意乎？其有服亲牒试，乞只依祖宗旧制，唯严批书之法。"从之。(《宋会要·选举》一六之二三、二四)

二十五日，铨试、公试、类试：命监察御史颜师鲁监试，将作少监朱时敏、左司郎官王信、刑部郎官吴宗旦考试，宗正丞楼钥、秘书丞蒋继周、大宗正丞郎明复、大理寺丞杜敍、大理评事莫柄、王资之、敕令所删定官徐珦、大理司直赵焯考校、点检试卷。(《宋会要·选举》二一之三)

淳熙十年　癸卯(1183)

二　月

二十五日,铨试、公试、类试:命监察御史陈贾监试,将作少监蒋继周、军器少监陈倚、考功郎官章森考试,宗正丞张叔椿、秘书省秘书郎刘光祖、大理正俞澂、大理寺丞钱密、大理评事沈枢、秘书省正字罗点、太学博士黄艾、太学正章颖考校、点检试卷。(《宋会要·选举》二一之三)

三　月

一日,诏曰:“国家侧席俟贤,辟门吁俊。三年大比,仿周制之宾兴;百郡群招,集汉科之茂异。咸副明明之选,用隆济济之风。岁属启于举闱,求弥先于艺实。俾升名于外府,仍论秀于春官。朕将延对大庭,周询上务,庶博收于翘彦,期协济于功荣。咨尔庶邦,体予至意。”(《宋会要·选举》一之一九)

十日,诏曰:“朕惟招尊方正贤良文学之士,帅举直言,汉唐之君所以稽参政事,咨访阙遗,达民心而通治道也。洪惟祖宗,率由斯义。朕祇若前宪,诏书比下,充赋盖阙。昔汉策晁错、董仲舒,对者以百数;唐举姜公辅等,所取至二十五人。国朝异人辈出,视古为盛。今朕思政求贤,历载弥长,效未云获,其故安在?岂德薄道寡,化不下究,贤人君子,郁于上闻?旰昃销志,思以广宣厥道。宜遵近制,特俾详延,庶收茂才,以鉴不逮,成朕虚己勤求之意焉。今岁科场,其令尚书侍郎、两省谏议大夫以上、御史中丞、学士、待制,各举贤良方正能直言极谏一人,守臣、监司亦许解送。仍具词业,缴进以闻。”(《宋会要·选举》一一之三六)

十九日，两浙漕臣言："本路合差试官八十二员，其间有任满事故疾病替移之人，不及所差员数。昨淳熙四年，江西转运司已蒙朝廷许，权于本路寄居、待阙官内，将曾经试中宏词及教官，或进士殿试第一甲、省试前十名并升补上舍人内，选差一次。本司今乞于前项寄居、待阙官内权行选差。"从之。(《宋会要·选举》二二之五)

二十三日，礼部侍郎郑丙言："绍兴以来，礼部贡院与四川类试并以十四人取一名。隆兴元年，礼部免解人多，率一十七人取一名。自后遂为定例，惟四川类试仍旧。以数校之，礼部为窄，四川差优，二者要当均一。"诏："四川类试，自今以一十六人取一名。"(《宋会要·选举》五之五)

八　月

五日，国子监发解：命监察御史陈贾监试，秘书少监沈揆、大理少卿章森、司农少卿施温舒考试，太学丞刘颖、宗正丞张叔椿、秘书丞宋若水、著作郎李巘、司农寺丞方有开、国子录赵焯点检试卷；将作监蒋继周别院考试，秘书郎何澹、太府寺丞勾昌泰、枢密院编修官李嘉言并点检试卷。(《宋会要·选举》二一之三)

九日，诏："自今诸州解试终场人，以百人取六人充待补。"(《宋会要·崇儒》一之四二)

是　月

崇仁黄溥，初名某，久游场屋。淳熙九年秋七月，夜梦报榜人至，亟出观之，惟著燕服，不类走卒状。而二兄皆白袍列立，黄询仲兄曰："得者为谁?"曰："汝也。""名为何?"曰："溥。"梦中不曾问若何书字，旦而识诸壁，念同音非一，莫知所从，拟欲用"普"字而未决。冬十月，宜黄李元功来访之，喜而语曰："畴昔之夜，梦人持解榜报予长子预荐书，崇仁惟得一人，黄姓而名从水。"黄私自贺曰："李君之梦，其造物欲赞吾'溥'字之疑耶!"次年更此名，请举，遂中选。李之长子果同升云。(《夷坚支志》乙卷二)

是 秋

舒邦佐《回善化钟解元启》:有司论秀,虽出公心;吾邑得人,岂不私喜!然匪武城弦歌之宰,又非泮宫芹藻之师,岂料长笺,亦及短簿!载观文阵,可谓披沙而已得真金;愿淬笔锋,行当白战而不持寸铁。然既助湘灵之十字,岂难透禹浪之三层。锦里荣归,将请贺青衫俯拾之易;钱囊羞涩,恨莫资红裙争看之游。

舒邦佐《回善化刘解元启》:会府宾贤,吾邑得士。方倒迎门之屣,遽贻衔袖之书。非其所当谢,则公失之谦;缓其所可贺,则我为之愧。某君屋润而文富,貌硕而中丰。半夜萤窗,书读想开于万卷;三秋鹗表,才难遂列于九人。已鸣鹿食之苹,行上龙飞之榜。某倦游湖路,将踏京尘。十字赋湘灵,想并夸于神助;一举魁天下,看谁继于乡声?愿副心期,尚图面庆。(以上均见《全宋文》卷六〇七七)

曾丰《送江鹏解元赴省序》:赣于江西为穷绝之处,其地逼广,其俗逼蛮。自晋为郡,至于唐,始有士。至本朝,始有名士。而其初大抵学于他州,游从得其人,陶染成就,或安土焉,虽成就亦陋。会昌之为邑又赣之穷绝处也,本朝教养二百年,邑之士仅得国子博士尹天民、枢密院编修唐稷,稍稍有文声,其希阔盖如此。淳熙九年,余以郡檄为其邑令,廉士籍中,齿与余不相上下者得数人。诘之,类一再上计者。子弟行得二人焉,曰刘鼎、江鹏。资可上而气未揉,有志于学而未得广充反约之道,月课而第其艺,每出诸生上。余从臾之,子有骄色,而中下者或噪焉。余恐其骄未艾,则噪未艾也。从而恢拓之,有悔色;又从而檃括之,有瘠色。予方骎骎也,顾余所挟未足以塞所扣,思所以谢税无由耳。明年秋,郡守魏侯歌《鹿鸣》而送鹏于朝。于其行也,挽而与言:"子于水见章贡,于山见崆峒,于师见乡先生而已。子今往航而北,有庐阜、彭蠡;车而东,有麻姑之峰、浙江之潮,皆足以改章贡、崆峒之观。更于师焉求之,当得学识之老于余者,出而从臾。子也骄色不形焉,恢拓、檃括继之矣。子姑屏气滉融之,会有机相契,自率性扩而充之,至于赞化育;又自赞化育反而约之,至于无声无臭。

出秋毫为泰山,收泰山为秋毫,无不可者。虽甲乙科、东西府,子犹以为浼我,区区一上计,胸中岂复有哉!挟而归,追诵乡之每课辄出诸生上之文,犹为汗下,况其中下之嗓者欤?风声气习所移,噪一变至于吃,吃一变至于嘿,嘿之中,又各有所见焉。余知会昌不亶可为闽子,不亶可为欧阳詹也。尚勉之。"(《全宋文》卷六二八一)

十　月

十二日,秘书省著作佐郎兼权礼部郎官范仲艺言:"近日科举之弊,如假借户贯,迁就服纪,增减年甲,诡冒姓名,怀挟文书,计嘱题目,喧竞场屋,诋诃主司,拆换家状,改易试卷,如此等弊,不可胜数。而代笔一事,其弊尤甚。间有败露,而官司不复穷治。此奉行法令者之不力也。望申敕有司,自今有戾于《贡举条制》者,并置于法,务在必行。庶几取士可得实才。"从之。(《宋会要·选举》五之五)

十六日,诏礼部申严约束,州郡文移、市肆牌额,不得辄犯庙讳。(《宋会要·职官》卷一三之一四)

曾丰《送进士陈景年赴省序》:岁在壬寅,余以赣辟为会昌令,三山陈景年随其兄尉公先余至,累月一再谒次,遽请执弟子礼。顾未有以借口却之,笃而言:"万物之初,有道而已。道大而莫明其所以然,则姑诿曰天理;又有莫明天理之所以然者,则诿曰人伦。而疏其目:则为君臣,为父子,为兄弟,为夫妇,为朋友,而师弟子不与焉。夫朋友为道设也,师弟子之于道,岂徒若朋友然哉?而人伦之目,圣贤去此而取彼,盖道之所在,君不得加于其臣,父不得加于其子,兄弟又不论也。古之君,盖有待其臣如朋友,示相密也,虽然,朋友以臭味为伦耳;又有待其臣如父兄,示相亲也,虽然,父子兄弟以气为伦耳。至于先学而后臣,终师而不臣者,则示相尊也。亲密者,爱而已;尊者,敬也。爱非敬等,则师弟子之伦,比之君臣、父子,加重矣。而伦之目不与焉,无乃师弟子以道为伦,例书之,恐非所以示尊故耶?然则曷不特书?曰:不例书,只所以为特书也。故自君臣、父子至于朋友,凡理所宜然,皆安受而不辞。若夫师,虽理所宜,如孟子犹辞焉,况其与孟子相千万者哉！子必欲师，四海不可欺。尝试裹粮以求，求之得不得，归更过我，我其有谂子者。"而子怀安足迹，若不忍弃余门。明年秋，吾江西计臣第其所为文而乙之，荐于上。子喜见眉睫，窃以怀安为得策。余恐幸不幸相为倚伏，于其将戒途也，挽而告之。以为兹行，殆天假以求师之便欤？士之轻千里而求师，盖有得之者矣。信未盖疑，沃不酬渴，翻不若无所得而归，自求之之为愈也。子姑往试春官，罢，求师勿惮劳。或者无所得而归，余始以有所得为子贺。当是时，余欲师子之不暇，而子尚何以师余为哉？子始颔为然，而心终犹豫，遂次其说，为送行序，使途诵而意逆焉。十月二十一日书。(《全宋文》卷六二八一)

十二月

十二日，著作郎兼权中书舍人李巘言："国家设科举之制，以文取士，而人才之进，多由其中。然场屋之文，为经义者，或取其驾说之支离；为辞赋者，或贵其下语之轻靡；为论为策者，或尚其浮辞之胜，而实学有所不问。故浑厚典雅之文为难得，而记问该博之士为难致。此科举之大弊也。望诏有司，将来取士之际，先采其体制浑厚，辞章典雅，答问详尽之人。浮靡轻弱，空疏浮滥者，置而勿取。"从之。(《宋会要·选举》五之五、六)

二十一日，监察御史谢谔言："近来诸州举场所取，浸多浮冗。义与论策，易成泛滥。小经义一篇，或多于论。有司所出策题，如策之长，殊非体要。今来省试，合行戒饬。俾待取者科节浮冗，而考校者以体要为先。"从之。(《宋会要·选举》五之六)

三十日，礼部国子监言："太学大小职事，该遇庆寿赦，参酌推恩人：上舍免省四名，赴唱名日，已有升甲恩例。候将来到部日，与占射差遣一次。内舍生永免解三人，即无恩例。候将来过省、殿试唱名日，与升甲。上舍生永免解一名，已有升甲恩例。候将来过省、赴殿试唱名日，更与依格升名。内舍生今举得解一名，即无恩例。候将来过省、赴殿试唱名日，与升甲。内舍生前举免解、今举还试二名，并无恩例。候将来过省、赴殿试唱名日，与升甲。上舍生未该免解一名，系升补未及一年。候将来过省、殿试唱名日,已有升甲恩例,与免文解。内舍生永免文解八名。外舍生永免文解二名,并无恩例。候将来过省、赴殿试唱名日,与升甲。内舍生今举得解,见陈乞升补上舍填阙一名,已有升甲恩例。候将来过省、赴殿试唱名日,更与依格升名。内舍生今举得解九名,内舍生今举还试一名,并无恩例。候将来过省、赴殿试唱名日,与升甲。上舍生系升补未及一年,未免免省,今举不该免解一名,已有升甲恩例,欲与免文解。内舍生未该免解一十四名,外舍生未该免解四名,并无恩例,并与免文解一次。内三名陈乞该遇覃恩日升补内舍,及在外学四年已上,各承放行。今次省试,候将来过省、赴殿试唱名日,与依格升名。学生五百八十四人,各倍赐束帛。"诏并依拟定。(《宋会要·崇儒》一之四四)

是　年

叶适《题椿桂堂》:九官八士古之良,灵椿丹桂后腾芳。冯公诗意虽短陋,闾里传诵终难忘。君家同生五兄弟,短檠伴夜东方启。黄旗两纪张庆闹,纻袍三号趋文陛。辞华标角人力能,科名均齐天所兴。作堂不须栋梁好,但种此木高千层。透日垂阴香未歇,满庭车骑同时列。更将磊坷替团团,留与北风观壮节。嘉禾莫氏,兄弟五人,元忠、若晦、似之、若拙、若冲。自绍兴庚辰以来,相先后登进士第,县以"五桂"名其坊,又自揭所居堂曰"椿桂"。姑苏通守与余同僚,属赋此诗。(《叶适集·水心文集》卷六)

淳熙十一年　甲辰(1184)

正　月

八日,诏:“刑部侍郎兼权兵部侍郎曾逮,监试武举弓马。”(《宋会要·选举》一八之六)

九日,以户部尚书兼侍读王佐知贡举,中书舍人兼侍讲王蔺、右正言蒋继周同知贡举,得合格奏名进士邵康以下二百四十六人。(《宋会要·选举》一之一九)

监察御史朱安国、太常少卿王信、宗正少卿史弥大、秘书少监沈揆、尚书右司郎中朱时敏、宗正寺丞张叔椿、秘书省著作郎何澹、著作佐郎范仲艺并参详官,太常丞李嘉言、秘书丞黄伦、大理寺丞赵善誉、赵大猷、司农寺丞方有开、太府寺丞赵巩、敕令所删定官张涛、王三恕、程宏图、国子监丞彭仲刚、诸王宫大小学教授梁汝永、国子博士莫叔光、太学博士章颖、太常主簿谢修、军器监丞胡长卿、司农寺主簿张逊、监都进奏院王厚之、张伯垓、主管官告院计衡、监左藏南库郭象并点检试卷,监登闻检院赵善坚、大理评事钱宇并差监大门,提辖榷货务都茶场孙逢辰差监中门。大理评事王欣差主管牒试避亲官,监察御史陈贾充别试所考试官,大理司直郑湜、校书郎奚商衡、太常博士倪思、太学博士王叔简并点检试卷。(《宋会要·选举》二二之五、六)

有《礼记》义绝出流辈,已见黜,公(蒋继周)力主之,拔置高等。及启封,则吴人卫泾也。已而,廷对遂为第一。(《渭南文集》卷三五《蒋公墓志铭》)

十四日，臣僚言："科举成法，如怀挟、传义、代笔之禁，不可不严者，所以来实学而抑奸弊也。每见科场士人之谨畏者，不以遵法为难，但以疑似为忧。盖巡逻等人，未必究知事体，例多轻率。见士人适然相逢，便谓传义、代笔；或因傍近有他人所弃掷纸札之属，及于座侧，便执座上之人，以为怀挟。士人必苍皇失措，莫能便说，致使场屋众情不安，适所以挠其文思。又试官在于帘内，无由得知。及其收来，彼此猜忌，难于不从。臣备员太学，见有前举因疑似被收者，后来契勘，并无实迹，乃得改正。且疑似之处在于一时，入人之罪为甚易，而人之以疑似被收者，或至穷年累岁而不能以自明。待士之本意，正不如此。今来省试，乞晓谕应怀挟、传义、代笔，并合照法严行外，如有犯禁被收者，亦要据见的实，不许于疑似之间，泛有尤执。如此则法严而信，有合待士之体。"从之。(《宋会要·选举》五之六、七)

二　月

曾丰《答任子厚秀才序》：淳熙十年秋，部使者以天子诏檄官六，试隆兴士，余其一也。每一题出，与五人者商略若为处，则以科举律戒焉，一黍絫不合辄黜士。试讫，余阅数百卷，其为文不诡谲则腐，不旷荡则拘，不峭崛则弛。求其纯与律合，蔑如也。肆余所见，与其腐也、拘也、弛也者之终必不进，宁若诡谲者、旷荡者、峭崛者之容或可收也。虽然，终必不进者，与律仅合；容或可收者，往往相违矣。凡有司从事，以律不以见，故余所取五卷，类非所喜者。发而视之，皆丰城人。既又思丰城至宝之气所在，钟而为人，盎而为文，不应若是而已。明年春，复以檄留府。有丰城士以谒入，其题为任宾坐，少选，出《镜古录》，前有识，其字为子厚。余览之，大抵议论战国君臣居多。苏秦、张仪，术至高也，子厚窃卑之，更求出其上。其为文犹其为术也。余追省向所阅数百卷，其中类是间有之，比之腐者、拘者、弛者信愈矣。其如不与律合，何哉？虽然，犹幸其可收也。至宝之剑，其气粹，可欲之谓善也；其质厚，有诸己之谓信也；其锋藏，充实之谓美也；其焰属天，充实而有光辉之谓大也；其跃入延平津，大而化之之谓圣也；其幻为龙而莫穷所归，圣而不可知之之谓神也。子厚收至宝之精，融之文章，其焰烛天矣，而断续之状时见焉。意其初，非自气粹质厚而发之欤？

相过从累日，熟知其为人，犹其为文也。故余欲子厚以《论语》之《乡党》养其气使粹，以《礼记》之《中庸》、《大学》培其质使厚，以《易》之《坤》、《颐》、《大畜》收其锋，使藏俟其久且满也。而自然发焉，小则韩子、文中子、扬子、荀子，中则孟子、曾子，大则五经。大而化，化而神，则《易》矣。子厚识机明，尝试权之。与其求吾术之出仪、秦上，孰若求吾道之出荀、扬上耶？子厚学力强，尝试践之，其持久也以坚，其持满也以虚。更十年后，天下士不特慕子厚为文而已，又将慕其为人也。若夫晚年之业，顾又于光辉之上加功否，余未敢前言之。二月一日序。（《全宋文》卷六二八一）

三日，诏："今次考校博学宏词，令取二名。"（《宋会要·选举》一二之二三）

八日，礼部贡院言："试博学宏词科从政郎、临安府临安县丞李拱合格，所试六篇。题曰：《保宁军节度使提举万寿观授武安军节度使右金吾卫上将军制》、《汉大初官名记》、《代史官进〈资治通鉴长编〉并举要表》、《汉漏刻四十八箭铭》、《皇祐明堂乐舞颂》、《唐车舆衣服令序》。"诏："拱减二年磨勘，添差堂除差遣一次。"既而，礼部贡院言："本院今次考校博学宏词，令取二名，今考校止有一名合格，更合取自朝廷指挥。"诏："止取一名。"（《宋会要·选举》一二之二二、二三）

十三日，礼部贡院言："逐举省试开院后，合造上十人进册并副本。除已从例，候开院了日计置修写。"诏候开院日，将上十人真卷先次进入。（《宋会要·职官》一三之一三、一四）

二十七日，四川类试。命夔州路提刑杨概监试，知荣州钱盈考试。（《宋会要·选举》二一之三）

三　月

十一日，臣僚言："奉旨差贡院拆号，至进士章仲衡姓名，见朝士皆言章谦有子与选。盖谦本贯处州，尝官于朝。其子随侍，人多识之。及观仲衡家状，则用鄂州户贯。三代则父名谈，而云未仕。自祖以上，与谦之父祖名讳不殊,于是人始疑之。近者访问得仲衡随父谦为江西参议官,于法合归本贯应举。乃宛转经营牒试,故冒章谈户籍,牒赴江西漕试,夤缘得发解。然不知鄂州果有章谈户籍否?或云仲衡伪作过房为谈之子,却欲他日改正归宗。又不知谈果仲衡亲叔否?既作过房,曾经官司陈乞除附否?臣恐未必尽然也。仲衡方应举觅官,乃辄冒户贯,不有其父。他日移此心以事君,其可乎?乞将仲衡特与究实,依《贡举条制》施行,是以厚风俗之一端也。"从之。(《宋会要·选举》五之七)

二十一日,宰执进呈赴特奏名试孙时敏等状,乞特奏名人不限纳敕次数。上曰:"可许纳敕三次,自今举为始。"(《宋会要·选举》二之二四)

二十一日,臣僚言:"国家间岁科举,集草茅之士,亲策于庭,所以求言者为甚广。其间岂无一事之可行?然有司一时考试,往往多以文末为尚,考在前列者,始经御览。其间有言及州郡军民利病实迹,偶文词不称,置之下列。文虽不工,而事则可行,往往壅于上闻,陛下亦无自而知之,遂失求言之本意,诚为可惜。乞自今御试正、特奏名卷子,有论及州郡军民利害事实,令初考、复考、详定所各节录紧要处,候唱名日,各类聚以闻。仍自今为始,庶几幽枉必达,有以副陛下取士求言之实。"从之。(《宋会要·选举》二之二五。按:《宋史全文》卷二四下,载此段言论于乾道元年六月二十九日丙午)

二十七日,侍御史刘国瑞言:"今月二十三日,御试进士,薄暮有未纳卷者三人。寻闻奉旨赐烛,仰见陛下所以待遇士子之礼至深至厚。然三人者,岂不知贡举之法不许见烛,而宫廷之内,自有火禁。一时特恩,假以须臾,犹之可也。而最后一名,乃迁延至一更四点,方纳试卷,则其慢令云甚矣。此而不惩,窃恐玩习成风,浸隳法制,理合弹奏。乞下御试所,将最后纳卷之人,取旨责罚降黜施行,庶使后来知有警惧。"从之。(《宋会要·选举》二之二五)

旧例,廷试举人至暮者许赐烛,然殿深易黑,日昃则殿上烛出矣。凡赐烛,正奏名降一甲,如在第五甲,降充本甲末名;特奏名降一等,如在第

五等，与摄助教。举人试艺于省闱及国子监、两浙转运司者，皆禁烛。（《文献通考》卷三二）

卫泾《集英殿问对》：问：盖闻道者适治之路，传万世而无弊者也。仁义礼乐，皆其具也；纪纲法度，所以维持治具者也。尧舜之所以帝，禹汤文武之所以王者，盖用此道也。朕膺光尧之命，承祖宗之绪，思所以阐文谟而扬武烈者二十有三年矣。志勤道远，治不加进；夙夜祗惧，莫敢遑宁。故博延豪英，访以当世之务。子大夫造延待问，必有蕴而欲陈者。且唐虞之盛，固未易议。至若夏之尚忠，商之尚质，周之尚文，皆绵世历年不能无弊。岂道有升降、政有损益而然欤？抑为治之具有未至欤？今朕正心诚意，体道之用，将以格物，而士风犹未一也；敦本抑末，崇尚礼教，将以范民，而俗化犹未醇也。义不胜利，何以厚民之生？刑不胜奸，何以防民之伪？意者仁义礼乐之用与夫纪纲法度所以维持治具者非耶？何视古之有愧也？伊欲道与世兴，风移俗易，士相与谈仁义、蹈名节而不矜靡曼之虚文，民相与兴礼逊、趋本业而不溺奢侈之末习，八政修而食货足，七教明而狱讼息，措国如唐虞，巍乎跨三代之隆而无忠质文偏胜之弊，其策安在？熟之复之，详著于篇，朕将亲览焉。

臣对：臣恭惟陛下聪明天纵，并隆五三，不自神圣。谦冲退托，亲屈帝尊，廷策多士，访以古今之治道、当世之急务，陛下岂以草茅之言为可用欤？然自陛下即位以来，六策多士，所以与之讲论治道亦不一矣。亦尝采其所言，见之施行，而有补于治者乎？抑草茅之士华文少实，不当于理，而不足以措之事业乎？抑亦临轩赐问，姑循祖宗之故实，而不要之于用也？夫科目之兴，始自西汉，而贤良之策，亦有时而措之用者，载诸史册，烂然可观。况陛下舍己从人，如大舜不矜不伐，如大禹广览兼听，以极群下之幽隐。开心见诚，以来天下之谠言，将与海内共臻至治。夫岂崇尚虚文，不究实用，徒应故事而已哉！虽然，君听存乎广大，臣言贵于切近。以陛下好问之勤、愿治之切，而徒泛为之辞，以娱观听，非士之所学也。臣闻成天下之治者，固惮于改作；革极弊之政者，尤患于因循。改作之患，至于扰扰多事；而因循之弊，将有委靡不振之忧。二者皆非所以为治。而因时制宜，则治道之所不废也。昔汉武帝以雄材大略之资，即位之初，侈然不满汉家之意，嘉唐虞、乐商周之言屡形诏策。董仲舒待问广延，乃劝帝以更化善治，卒之武帝纷更制度，日不暇给，而一时之治骎骎愈不如古。岂仲舒之言有以误之耶？终日变易法令而不出于簿书期会之间，正非仲舒所以拳拳于帝之意也。知仲舒之更化不在簿书期会之末，则知仲舒有救弊之名，无变道之实，诚古今不易之常理。从是而加之意焉，则以之振起治功，扫除积弊，跻一世于唐虞三代之隆，如《圣策》之所问，诚无难者。又岂在于变法易令，而以多事自累哉！《诗》曰："周虽旧邦，其命维新。"陛下亦悟于斯而已矣。谨昧死上对。

臣伏读《圣策》曰："盖闻道者适治之路，传万世而无弊者也。仁义礼乐，皆其具也；纪纲法度，所以维持治具者也。尧舜之所以帝，禹汤文武之所以王者，用此道也。"臣有以见陛下探治道之本源，而知帝王之为同条共贯也。臣闻道无精粗，治有详略，本末不可以偏废，而阖辟变化之用，则固有所主宰也。是故大原之所自，则不外于一心之微，而治具之在天下，亦不可一日废。此尧舜之所以帝，禹汤文武之所以王，固不外乎此道。然精一执中之妙，密相授受于心传之际。而皇极之编，九畴之旨，君臣上下所以孜孜讲切者，岂惟繁文末节是务？而庶绩之熙，九功之序，水土之平，礼乐庶事之备，固其形见之末效。而斯道之本原，固当求之于精微之运，诚不外乎中之一辞而已。不然，尧舜禹汤文武之君不能舍仁义礼乐、纪纲法度以治天下，而繁文末节，后世因欲持此以治天下不可胜穷之变，则亦无具甚矣。然则帝王之治，固不难致，亦惟探其本而不废其末，举其全而不溺于偏，求其所以致治之实用，而不惟繁文末节之是徇，则古今一天下也。而岂有异道哉！

臣伏读《圣策》曰："朕膺光尧之命，承祖宗之绪，思所以阐文谟而扬武烈者二十有三年矣。志勤道远，治不加进；夙夜祗惧，莫敢遑宁。故博延豪英，访以当世之务。子大夫造延待问，必有蕴而欲陈者。"臣有以见陛下念付托之至重，思宵旰之愈勤，疑治道之愈邈，虚记以问承学之臣，将以讲明济时之术也。顾臣微陋，何以塞明诏！臣闻天下非治效不进之可忧，而人情安于苟且因循之可畏。以陛下勤政愿治之诚，迈越前古，唐虞三代之治疑若引手可致。而二十三年于兹，计算见效曾未之闻者，是安可不求其故耶？毋亦愿治之心虽切，济时之术实疏，士大夫安于苟且，以为成习，而天下万事有不得其序耶？臣窃观陛下即位之始，锐于为治。念版图之未复，愤仇雠之未殄，慨然奋发，将一扫而清之。一旦起故老于废弃之中，擢将相于侪常之列，畀之大任，责以成功。而徒肆大言，习为诞谩，玩岁愒日，无补事功，比比负责而去。而陛下大有为之志，亦自是少弛矣。故夫前日之治伤于太急，而今日之治又失之太缓。惟其责效之速，故诞谩之徒得以肆其欺罔，窃取陛下爵禄而去；惟其习于纵缓，故庸常琐琐之流得以偷安固位，自为保持之计，上下苟且，莫肯任责。而治效之不进，风俗日以坏，士气日以弱，民生日以困，刑罚日以峻，徒为九重之隐忧，而不思所以救弊之术者。循是而不之反，则天下之患殆将有出于意虑之外，而何治功之成！臣愿陛下思所以济治之术，革人情于极弊之余，正纪纲，明赏罚，毋徒徇于虚名，而必责之实用。则今日苟且之俗，将易而为趋事赴功之臣，则天下之治有所不为，为无不成，惟陛下所志耳！

臣伏读《圣策》曰："唐虞之盛，固未易议。至若夏之尚忠，商之尚质，周之尚文，皆绵世历年不能无弊。岂道有升降、政有损益而然欤？抑为治之具有未至欤？"臣有以见陛下想唐虞至治之极，考三代治尚之偏，图惟厥中，以为救弊之术也。臣闻三代之治本于一道，道之所在，初无毫厘之差。而救偏补弊，特其济治之术由于时变之推移而生于人情不可已者也。唐虞之盛，忠质文之名未立也，而忠质文未始不为用。忠之变而入于质，质之变而入于文，此其世变之使然，有不容御。则周人之处此，若其极弊不可为之世矣。自常情观之，必将厌委曲而务阔疏，弃文采而尚朴素，以求还上古之无事也。然周之君方且务为繁缛之典，凡可以管摄人心而堤防风俗者，纤悉备具。是岂好为多事而繁文末节，如后世之纷纷也哉！彼其损益之相因，无非因人情之所系，而扶持设施之术，固有出于法度纪纲之外。此太和之效所以并称于唐虞，而弥文缛典皆足以起当世之治。使周之子孙世守而勿变，则千万世而长在可也，而何弊之可言！陛下盖亦即其所以救弊之术，原其所以为人情之虑者，略其异而反其同，则唐虞三代之治，亦在陛下运用而已矣。奚必拘于形迹之末哉！

臣伏读《圣策》曰："今朕正心诚意，体道之用，将以格物，而士风犹未一也；敦本抑末，崇尚礼教，将以范民，而俗化犹未醇也。"夫士风之不美，以其无所范也。今陛下以正心诚意之学，将以致格物平天下之效，而士风之未一,得毋以承末流之弊而源或未之正乎?夫俗化之不善,以其不知也。今陛下敦本业而抑末作,崇礼教而设防范,而俗化之未醇,得毋以流俗之渐渍者深而制度之不严乎?臣闻古之仕也,上下相待,以成其美;后之仕也,上下相胜,以败其事。夫仁义道德之本,孝弟忠信之实,古人之所以修于乡党,处于庠序,以为吾之所当为,初无所觊于上。而官爵禄位之设,车马衣服之奉,古人所以用于朝廷之上者,亦以为待天下士,而非有德于下。故士知修于家,以待上之求;上取夫士,以为天下之用。上之所以待其士者愈厚,故士之所以自待者愈不敢轻。上下交相待,而人才日以盛,固其宜也。后世则不然。上设其爵禄以待士之求,而士亦苟且修饰以有所要于上。士惧其无以自达,则巧取幸进,不顾礼义;而上亦惧其进之滥,则多为之防,以绳其来。此后世之通患。而按之今日,则尤甚矣。冒进之习滋,廉耻之道丧,苟侥幸于一得,则抵法禁而不知畏。天下固未始无卓然特立之士也,而以一眚之过而绝其终身之善,以一人之失而疑及天下之士,则亦自流于薄恶而已矣。而何怪于士风之不美欤!臣故曰:承末流之弊而源未之正也。臣闻古之治天下者将以定民志,后之治天下者将以便民情。古者上自天子而达之于民,尊卑贵贱之不相侔,则服食器用之间,截然等级之有辨。古人非故为是无益之文也,防闲之不至,则情伪之相滋;乐好之不厌,而弊将有不可胜言。深为之节,严为之限,故民志一定而分守自明。彼其趋向之一而风俗之厚,亦其理也。后世则不然。举圣人所以检押人心者,一切惟人情之便,而偷风薄俗亦复荡然于法制之外。富商大贾得以交通王侯,而乡曲豪右无别于贵近。自后世有所由来,而较之今日,则殆将不止于是者。车服上僭宫闱,家室略拟都邑。辇毂之下,四方之所观瞻,而此风益炽,上下恬然相视,不以为怪。则亦日流于无节文已矣,而何怪于俗化之未醇欤!臣故曰:俗之渐渍者深而制度之不严也。

臣伏读《圣策》曰:"义不胜利,何以厚民之生?刑不胜奸,何以防民之伪?"夫率民以义,则义之所在而利固存于其中,则民心之礼义若可以厚其生也。而义或不胜其利,得毋以义利之不能两立而趋于利,则或违其义乎?夫防民以刑,则刑章之立可以不试而民畏也。而刑或不胜乎奸,得毋以刑所以防民而求以胜民,则奸宄益不胜其多乎!臣闻古者先养民,又教民,然后治民。后世不知养民,不知教民,一于治之而已耳。夫日用饮食之须,冠昏丧祭之具,圣人初非举手以予民也。为之立其官师,制其田里,又教之以君臣上下之大分。民既知教,而民生益厚,故民乐出其力,以供上之用,亦不以为劳我而且厉我也。后世教养斯民之事曾弗之讲,民生之用皆民之所自为,而上之人又从而征敛困苦之。今日之民,其无聊赖甚矣,而何义之能知!山泽之饶,舟车之算,香盐茶酒之榷,凡桑弘羊辈所以笼天下之利者,无不悉为常赋。常赋有限,复令先期;常数既殚,复令别配。凡陆贽所以进疏于唐德宗者,无不尽用。陛下加惠元元,勤恤民隐,形于诏旨,无非以宽民力、厚民生为言。而守令之不奉行,徒亦文具而已。水旱有减放之令,而督促如初;岁久有蠲除之科,而追催犹故。所谓禾稼如云,问之父老,皆有忧色,曰丰年不如凶年。而况水旱相仍,曾无虚岁,上下迫蹙。如此欲民生之厚,其可得耶?臣闻古之制刑也,所以厚民俗;后之制刑者,所以罔民利而已矣。夫古之圣人不得已而制刑,盖为夫不孝不友不姻不睦者是禁,而山泽之利无不弛以予民。而或为之限节,盖亦禁其末作之为害,而非夺民利以自殖也。后世不明圣人制刑之意,而禁网之密,条章之具,无非与民争利。而茶盐之商贩,酒榷之私酤,毫发之不贷,纤悉之必计。刑禁之既加,而科罚又从而重困之。今日之刑,其冤滥亦甚矣,而奚伪之能防?故刑不足以胜奸,则奸宄之习滋炽。聚于山泽者为盗贼之区,而刑余之众不得与齐民齿者,亦将流而为盗。陛下广覆宇内,远近如一。通商贩之禁,宽酒榷之征,虽见于比年之诏,而有司诿曰国用之所须,无得以辞其责。故上有仁心而下不被其泽,有宽恤之美名而无宽恤之实惠。所谓罔民以为利,诱民以为奸,不反其本而徒治其末,欲奸宄之消,其可得耶?

臣伏读《圣策》曰:"意者仁义礼乐之用,与夫纪纲法度所以维持治具者非耶?何视古之有愧也。"诚如陛下所言,则信知后世之治所以不如古矣。陛下以古问臣,臣不敢徒以古对陛下。果有意于古也,盖亦稽唐虞致治之原,参三代救弊之政。一政令之未纯乎古,一设施之不合乎古者,振起而更张之,以作天下苟且因循之习,以起天下趋事赴功之心。则以之美士风,善俗化,厚民生,去民伪,亦惟磨以岁月,无不可矣。不然,陛下徒有慕古之名而无师古之实,则今日之策臣者徒为故事,而臣之所以告陛下者亦虚文而已，是将奚益？

臣伏读《圣策》曰：“伊欲道与世兴，风移俗易，士相与谈仁义、蹈名节而不矜靡曼之虚文，民相与兴礼逊、趋本业而不溺奢侈之末习。八政修而食货足，五教明而狱讼息。”臣愚以为世有先后，道无异同，由大原之所自出而观之，越千载犹一日。唐虞三代即斯道以为治，既有以措天下于无为之盛。况陛下心传之妙，得于授受之懿，则施之事业，移风易俗，诚无难者。若夫士相与谈仁义、蹈名节而不矜靡曼之虚文，臣以为莫若有以正人心；民相与趋本业、兴礼逊而不溺奢侈之末习，臣以为莫若有以定经制。夫礼义者人心之所同，惟其利害得失之心日胜，是以忠纯笃实之意日亡。是固科举之法有以坏天下之心术也。今陛下徒曰严法禁、谨堤防足以革士风之弊，臣以为无以善人之心，则未见徒法之可以自行也。夫科举之法，后世即以之取天下之人材，而天下之人材亦辐辏于科举之内。既取之于未用之初，盖亦择之于既用之后。广之以教化之本原，而恃之以趋向之所在，贪浊者黜之，廉介者用之，奔竞者抑之，靖退者进之，旌直言以来谏诤，伸士气以通下情，若是而曰士风之不美，臣未之信也。夫礼制固有一定之经，惟防范之既亏，故至荡然而莫知限节。是固民心之无常，亦上之人无以撙节之过也。今陛下徒曰躬节俭、务朴素足以先天下之俗，臣以为躬行之至虽为正风俗之本，而礼制之未明，经制之不立，则人心之无厌者方且苟于目前之便，未见徒善之足以有为也。今为之明其礼，定其经。上而乘舆之服御固有其度，降而公卿，又降而士庶人，冠昏丧祭之节，宫室器用之制，严为限量，设有科条，逾者有禁，断于必行。贪溺者无所歆艳，而豪右兼并、粟腐贯朽无所用之，则民志定而争端息。无甚富之民，则亦无甚贫之民；无甚侈之家，则亦无甚弊之家。人心有常，风俗归厚，若是而曰俗之未醇，臣未之信也。厚民之生，则莫若讲节用之策；省民之刑，则莫若谨按察之使。今日之利原竭矣，不可复兴矣。无已，则有节用之说乎！节用固多术也。曩者固尝限宫观之员，而宫观之除滥予犹故也；固尝省添差之数，而添差之恩妄授犹昔也。佞幸之赐，得毋有过度者乎？虚籍老弱之兵，得毋有坐糜廪食者乎？节之于彼而又节之于此，则民生之厚庶乎其有自矣。今日之刑滥矣，不可以复峻矣，盍亦谨按察之官而使之加意乎！命官非不谨也，州县之间责成案于胥吏，而长吏不以为意；付棰楚于狱卒，而狱官慢不知情。郡刺史足迹尝一至于圜土之门乎？监司之按行又能尽得于一见之顷乎？谨之于彼而复谨之于此，则好生之德庶乎其洽民矣。舍是而曰八政修而食货自足，五教明而狱讼自息，臣恐未免于揖逊救焚之举也。臣不佞，陛下召至阙廷，赐之清问，臣首以更化为陛下献。次愿陛下正人心以美士风，定经制以善民俗；次愿陛下节用以厚民生，谨按察以省刑罚，以为更化之说。请复为陛下终始言之。臣观艺祖皇帝为天下除大残，致民更生，兵不血刃，而天下归戴。征伐既下，诸国必先。已逋敛，蠲繁苛，一以仁厚为本。大抵兵以不杀为武，刑以不用为威，财以不费为饶，人以不作聪明为贤。此其立国之本意，而列圣守之以为家法者也。仁宗庆历间，承平既久，一时事类少弛。仁宗一旦振起之，不过于增谏员、减任子、展磨勘，虽一二节目之或殊，而大体卒不改易。故嘉祐之治，振古无及。社稷长远，终必赖之，由此道也。臣以更化为献，亦岂劝陛下以变更祖宗之法度哉！士大夫之偷惰者，从而振作；王业之偏安者，思有以规恢而广大之；万事之积废者，思有以作新而奋励之，而不失祖宗立国之本意，则士风之日美，民俗之日醇，民生之厚而刑罚之清，固有不期而致。则《圣策》所谓措国如唐虞，巍乎跨三五之隆而无忠质文偏胜之弊，其策舍此将安在耶？

陛下复策之于终，曰："熟之复之，详著于篇，朕将亲览。"臣有以见陛下咨访之意益勤，而使臣等得以竭其愚衷也。臣不度愚贱，窃有拳拳忧国爱君之忠，一旦得奉清光，条当世之事，陛下所以问臣等，固已略陈于前。若天下大体之所系，而国家安危理乱之所从出者，虽《圣策》之所不及，臣安敢有怀不吐，上负陛下详延之意！敢为陛下毕言之。臣闻宰相者朝廷之股肱也，台谏者朝廷之耳目也。非有知人之明，不足以进贤退不肖；非有硕德重望，不足以镇抚中外；非有不穷之才，不足以赞万机之务。择相而任之者，不可以不谨也。非有公忠之操，不足以排击奸回；非有刚强之守，不足以肃清班列；非有高明之见，不足以裨益冕旒。擢台谏而付之者，不可以不审也。苟曰以其久位而姑以迁之，幸其无过而因以任之，则何以称具瞻之望、起非常之功？专求州县之下吏，搜索钱谷之细务，姑以应故事；而朝廷之阙失，国家之大议，有不敢言，则何以通幽隐之情、辅圣明之德？臣愿陛下委任擢用之际，详择而审处之，疑之当勿复用，用之当勿复疑,必期有以尽其才然后可也。陛下爱惜名器,必无滥予之爵。然技术艺能之贱或充斥于朝路,而宫掖非泛之恩或不厌于公言,可不有以节之乎!陛下亲近儒臣,必无偏信之失。然是非毁誉之说或出于细微,而士大夫结托之私或竞趋于权要,可不有以抑之乎!陛下诚于是而留听焉,任宰相而重其股肱之寄,用台谏以谨其耳目之司,惜名器以励天下,戒偏信以示至公,则兹所以策臣四者之弊,特不过于事为之末,非圣明之可虑也。臣是以终篇之末论次其大者,以为陛下献。若乃襞绩故实以为有学,雕绘言语以为新奇,臣不惟不敢,亦不暇。惟陛下赦其狂僭,而录其区区。臣无任,昧死谨对。(《全宋文》卷六六二五)

是　月

亲试举人,赐卫泾以下及第、出身有差。(《宋史全文》卷二七上)

廖行之《过省谢知举启》:上策太常,曾无高论;拜恩文陛,亦玷末科。起白面之诸生,还青毡之旧物。抚躬何幸,揣分斯逾。静惟当世之污隆,壹视斯文之兴废。虽哓哓之习,初若纸上之虚语;然亹亹之实,乃关域中之至权。逦观书契以来,可验古今之证。诗书纯正于三王之盛,治亦如之;辞章浮靡于七代之衰,言之丑也。昧者莫知其说,取之弗自其原。谁能正己以仪刑,但曰与时而高下。况乎张科目之选,所以开功名之门。人竞而趋求,中有司之程度;风随以变,咸吹一律之笙竽。谓端厚浮薄之同流,于教化作成而何赖?天惟厌于俗弊,道乃兴于圣时。尽祛五季之余风,丕举一王之成法。引天下于科举,以陶冶英雄豪杰之气;使天下之才智,咸屈折文字笔墨之间。倡之以仁义道德之归,严之以规矩准绳之正。权衡一付于鸿硕,风俗乃为之粹醇。若王文正之抑新奇,竟罢贾边之异说;而欧阳公之黜险怪,能变刘辉之诡辞。乃知善世之方,端自得贤而振。于斯为盛,可考而知。言经纶康济之功,孰匪韩、范诸公之事业;虽议论文章之末,亦皆苏、黄数子之渊源。自夸诞之繁兴,几庞杂而无统。甚乃用禅流之语,皆追媚时好之人。此风一荡于轻浮,素行曾无于笃实。慨然当宁之念,属此抡材之秋。有是儒宗,付之文柄。将一洗于浇薄之习,以尽还夫正始之风。况临轩和颜,非但三年之故事;凡对策高第,必皆一世之豪英。苟非其人，不在此数。如某者，自怜顽钝，见谓迂疏。稽迟灯火者几三十年，奔走道途者逾二万里。盖尝闻先生长者之论，欲自致学士大夫之间。敢期五技之将穷，乃有一枝之可托。如斯际遇，厥有夤缘。兹盖伏遇某官，昭代名流，英躔隽望。上会稽，探禹穴，禀人杰之地灵；扶云汉，分天章，极儒先之事业。备藩宣于方国，最治行于都畿。将揆路以登庸，乃春官而借重。谓军国之容急于牧马，而淮浙之孰宜；且耕战之事莫若屯田，而兵民之未决。进诸生而博问，期当务之悉通。推黜浮崇雅之素心，见拔滞振淹之明鉴。遂令幺么，亦在甄收。某敢不益自勉于进修，谨忽忘于矜式！壮所行，幼所学，当无负于此心；上为德，下为民，期有见于斯世。是为报称，曷究敷云。

廖行之《过省谢田寺簿启》：某窃以群试春官，方惭五技；选登桂籍，猥占一枝。起白面之书生，还青毡之旧物。抚躬何幸，揣分斯逾。惟儒术之传有宗，故法家以师为重。立于一卷之习，严乎杨氏之是非；倡以六经之文籍，甚韩门之指授。由所得之不谬，则其成之可观。熙朝益隆劝学之风，诸公悉是茂才之选。若韩、范经纶之勋业，与欧、苏讲学之渊源。道匪虚行，世咸蒙赖。凡登进士之目，有辉千佛之名。必当其人，乃在此位。如某者，自怜顽顿，见谓迂疏。栖迟灯火者几三十年，奔走道途者逾二万里。独以尝亲规矩之诲，幸其不坠箕裘之家。静言此日之遭逢，端本异时之奖进。兹夫子之成我，其上天之诱衷。此盖伏遇某官，昭代儒先，斯文宗主。久回翔雍泮之地，方扬历鹓鸿之班。其成就弟子者滋多，实兼善天下所从始。遂令嵬琐，亦与甄收。某敢不益自勉于进修，谨无忘于训饬！期不负壮行之学，当尤严始进之时。击水而抟扶摇，已快亨衢之九万；排云而叫阊阖，更陈奏牍之三千。愿殚许国之忠，即是报恩之所。惟深感激，莫罄敷宣。（以上均见《全宋文》卷六〇八六）

四　月

五日，上谕宰执曰："殿试上三名，旧皆待阙。朕今欲亟试以民事，可并与添差差遣。前此臣僚乞寝罢上三名添差，意亦未尽。卿等可议来。"于是，王淮等进呈讫，上曰："朕既试以艺文，亟欲观其政事。今岁殿试上三名，可特与添差差遣，仍厘务。”淮等奏：“往日指挥，乃唱名后，所以有嫌。今先期降旨，不知何人得之，人亦何言？”上曰：“瓜田不纳履，李下不整冠，事亦须避嫌。若先降指挥，何嫌之有？”(《宋会要·选举》二之二六)

戊辰(十日)，赐礼部进士卫泾以下三百九十四人及第、出身。(《宋史》卷三五)

十一日，尚书省：“拟到武举正奏名进士林嘌以下四十三人推恩：第一名、第二名补保义郎，策入优等；余皆平等，补承节郎，内陶天麟系以绝伦首解、省试第一名，特补保义郎，更减二年磨勘。特奏名一名，补进武副尉。各展减磨勘有差。”从之。(《宋会要·选举》一八之六)

进士名录：卫泾，陈栋，王公迈，乙叔原，丁燧，王大猷，王天麟，王中纯，王由义，王克己，王材，王孟庸，王训之，王效，王益祥，王耜，王沦，王棠，王霆，王纲，王澄，王谦之，元伯泾，毛忠卿，公孙乙，文中，方可达，方祈，方寿曾，尹侔，石大昌，石辰之，石应孙，石镇，丘辙，白公绰，吕申，吕伯奋，吕启宗，朱常，伍褒，任武，江伯虎，李日与，李自得，李伯贤，李长民，李炎震，李居梦，李追，李衍，李彦寅，李昶，李时茂，李唐佐，李曼卿，李园，李橐，李鼐，李翱，李谦，李继，吴映，吴炳若，吴浩淳，吴琮，吴芸，何士显，何先之，何坦，何衮，何清卿，余用之，余杞，余伯麟，余宜卿，余嘉，辛克承，汪文振，汪雄图，汪煜，邵宗衡，邵康，邵颐，范祥，林士衡，林士谦，林文蔚，林立义，林良，林叔起，林昉，林庚，林万全，林复之，林复亨，林渊叔，林瑑，林璟，林环，季裕，金式，金堪，周士贵，周之邵，周升，周若思，周牧，周韭，周峻，周执权，周梦祥，孟醇，胡修，胡梦白，俞建，俞远，俞应符，施累，施雄，洪彦华，姚一谦，姚自舜，纪大章，莫似之，连虞凤，夏之时，夏允中，徐士卨，徐杓，徐初平，徐浩，徐得之，徐巨，徐筠，徐德全，翁庆偰，翁谦，留本，高文善，高似孙，高名世，高首卿，唐吉先，唐藻，凌寀，陆子忠，陆洋，陆翼，陈子冲，陈于约，陈元，陈介之，陈正卿，陈丕显，陈孝谦，陈克勤，陈秉，陈揀，陈梅叟，陈畦，陈雄，陈舜申，陈绾，陈熠，陈潮，陈缵，陶廷俊，陶汝贤，孙人杰，孙起予，孙浩，黄公信，黄奕，黄移忠，黄绍宗，黄勋，黄勋，黄善，黄杰，黄裳，黄演，黄实，黄迈，黄遵，黄龟鼎，曹一夔，曹杭，盛如廓，娄世初，崔敦义，许中应，章大蒙，章良肱，章浩，章徕，章赓，梁昺，梁待聘，张元观，张友谅，张文弼，张石，张克明，张沂，张革之，张起宗，张蒙，张声遒，张攀，张瀛，项牧，叶之易，叶文炳，叶立志，叶重开，叶洵仁，叶时，叶峻，叶景温，万允成，万锐，葛洪，葛师心，董之奇，揭飞雄，程松，程卓，傅公棱，傅良，傅诚，舒武，舒球，舒琬，邹非熊，邹洙，曾益，曾贯道，曾愿，冯仲渊，冯倚，冯学，冯颖叔，鄞康成，杨世谦，杨安，杨定，杨宜中，杨度，杨清烈，杨诚之，贾瀛，虞时忱，虞时宪，楮孝锡，赵汝述，赵汝逵，赵汝谈，赵汝俨，赵栻，赵师范，赵师俣，赵师雄，赵师端，赵善法，赵善嘻，赵善賔，赵善谠，赵玺睫，蒋如晦，蔡师言，蔡霆发，蔡谅，廖行之，郑光，郑其卿，郑叔皋，郑昌之，郑昉，郑革，郑时中，郑岂，郑师尹，郑域，郑嵩起，郑瓒，郑骧，熊允悊，邓良甫，邓明甫，邓涣，邓鹏举，卫汉，刘三杰，刘仕元，刘庶，刘淇，刘景修，刘袭，潘子仪，潘友端，潘世章，薛洽，薛绂，薛梦熊，薛梦龙，萧文蔚，萧玠，卢甫，鲍谓，蓝庭坚，韩圭，檀梦祥，储用，钟处仁，谢天锡，谢直，应雄飞，濮云，苏权，罗应辰，谯令宪，饶时亨，顾叔康。

特奏名进士第：宇文德望，王世则，王贤佐，方贯，方应赓，令狐午，朱可必，李介石，李延光，李宋翰，李唐卿，沈洪，邵延瑞，林可大，林左，林抃，林森，林奭，金师轲，柯造，夏徐，徐大受，徐文，徐邦卿，徐孝友，留俊求，高元翁，郭洙，唐楙，陈元炽，陈良弼，陈宗，陈奎，陈浚，陈楠，陈谦厚，陈藻，阴一鹗，孙企，黄忠，黄云，黄嵒，黄与，许惠卿，康人鉴，张才，彭缜，程洵，程万，舒琮，杨弼，詹利正，雍禧，蔡维翰，蔡谌，郑天麟，郑农，刘文漠，练翊，薛元龟，薛召，萧琚，萧雍，戴梦拯，缪嘉猷。

上舍释褐：汪克刚，林淳厚，易祓，周炜，秦榛，颜棫。（《宋登科记考》卷一〇）

补进士名录：仲至。《直斋书录解题》卷二〇：“巩丰仲至，淳熙甲辰进士。”

补特奏名进士：孙约之。《全元文》卷四八七吴澄《丰城县孙氏世谱序》：“其九世，淳熙甲辰特奏名、监潭州南岳庙约之。”

南城陈元,字常卿。淳熙十年,再以乡荐赴省试,寓贡院前旅馆。梦一吏呼曰:"王尚书送名纸来谒。"时王宣子为户部尚书,元与之无雅素,且未尝往谒。既觉,殊以为疑。越三日,王被命知贡举,元遂登第。(《夷坚支志》乙卷一〇)

莆田士人黄裳,字伯华。与其友戴松皆以绍兴乙卯某月某日寅时生,并居郡中,少相善。既壮,为学皆著称。有客工论命,二士共邀之,使分别优劣。客历阅家世平生,然后断之曰:"二命大略相似。但黄君是正寅时,戴君得寅气浅,当是丑末,其发迹当在后。"退而告人曰:"品格皆绝低,黄虽胜之,亦不足道也。"既而,戴但预荐,年不满五十,不第而卒。黄入太学,登舍选。淳熙壬寅,得免省,还闽守年。闻戴死,惧甚。福唐黄司业定为潮阳守,往访之,饮酒无算,中夜感风淫之疾。而甲辰廷试期已迫,强舁病诣郡,乡人为赂逻卒及阍者,容其跛曳,三四人掖之造廷。及唱名,亦如之。虽幸列于四甲,竟不可参选,乃求岳祠以归。岁满无痊意,凡三任而终,年止五十八。是虽登科食禄,视戴布衣早殁为不侔,然一纪残废,与死为邻,真不足道也。(《夷坚支志》戊卷八)

金堪,湖州安吉人,初名谷,淳熙庚子入州学义胜斋。当元夕,诸生尽告假出游,金独坐读书。夜半就寝,梦在家居燕坐,见一皂衣若县胥者揖庭下,持片纸前白曰:"有引追秀才上供折帛。"形容蹇倨,且含怒色。取视之,字绝草不可辨。愠其追呼无礼,率尔答之曰:"我自有尚书户部符在此,汝何为者?"回顾坐右,书案间文帖丛沓,果得符,即出以示,皂衣悚谢而退。明日以告同舍生,皆莫晓。江阴何洗适在学,为释之曰:"科举属礼部,铨选属吏部。今云户部,而转运司实隶之,得非讽吾人营漕台牒试乎?"金欣然经营半岁余,既而谋不谐,只就乡举。榜未揭数日前,又梦到一都会,过大石桥前,有甲第一区,垂杨夹道,门观华赫,颇似政府。正行桥上,遇报榜四辈,踉跄而来曰:"金堪得。"梦中应之曰:"我自名谷。今既以堪名,汉有张堪,台当改字为张仲矣。"遂寤。及榜出,亦不利。念二梦俱不然,殆进取未如意,为鬼神所戏罔。至于癸卯,复赴举。沉思故梦,往来厥心,将更名,又未决。往祷祠山庙乞签,签曰:"因借吹嘘送上天,縻官荣爵验前缘。音书千里无邀阻，那更相逢八月边。”遂以“堪”名纳卷，得预计籍。甲辰省试，以正月九日与诸人诣贡院，观宣押考试，而王宣子以户部尚书知贡举，跃如有会于衷。料四年前部符之兆其应不疑，果登第，再调为复州推官。

朱南功，字元绩，湖州安吉人。自幼嗜书，博览强记，目之所历，意之所会，皆手自抄写。诸子百家之书，摘奇会粹，名曰“笔耕”，曰“诸子粹言”。绍兴丙子岁，始预州贡。既而，退黜不偶，常客于诸公贵人之门。赵公硕彦肤与为友婿，既持闽使节，招致于馆舍，论心莫逆。淳熙甲辰，三就免举试。先两月，方从闽归，平生所作文，多不涉举业畦径。正月至临安，寓修文巷邸道陌边，杜不与流辈往还，满意焚舟一战，以偿夙志。省试罢，一夕，梦大神金甲煌煌，仪矩甚伟，持黑牌入室，其上惟大书“福”字，挂于壁。初时绝明白，须臾隐灭，与牌俱黑，遂寤。意以神告福字为嘉祥，稍语所善者。或疑字灭于黑，其兆当不得大佳。已而下第，勉应特恩，又入第五等，授福州助教。其时已六十三岁，不可纳敕，乃拜命。未几而卒。（以上均见《夷坚支志》戊卷一〇）

郡人郑元礼，以三十千占平生，内一年者云：“忽见池塘春草青，不轩訇处也轩訇。一重喜了一重喜，此际功名定有成。”郑居城门下，门前一池，方广二丈许，施板为阁道数尺，然后可出入。积水所潴，极为污秽，盛春臭不可闻。一岁，忽清沚切底，而其中藻荇葱葱然，染家至就以涤浴缣帛，皆云古未之有。是年秋，长子梦得与乡荐，次子昉试上庠，用《春秋》首冠。明年南省，复为经魁，卫泾榜第四甲擢第。池再浊如初，其渊妙如是。（《夷坚三志》壬卷三）

丙子（十八日），进呈进士射射日分。上曰：“进士射射甚好。”王淮等奏：“孔子射于矍相之圃，观者如堵墙。古人以射为重，后世乃废而不讲。”上曰：“古者有文事，必有武备。后世不知此意，所以朕举行之。”（《宋史全文》卷二七上）

赵汝谈《代状元及第正谢表》：嗣圣垂总章之访，俯逮刍荛；宾胪赞广陛之传，宠加韦布。侈千载遭逢之幸，拜两宫涵养之恩。进冒光华，退怀兢灼。夷考人材之盛，铺闻治古之隆。清问传询，畴咨公选。既自为股肱之用，励翼而致时雍；复留如元恺之才，封殖以待帝举。惟今日勋华之懿，来众言稷契之忠。尽循衢室之规，广辟四门之路。傥非崇论，曷副详延！臣等问学迂疏，器资窳陋。惟持朴直，以答休明。草芥荒芜，安识朝廷之典故；简编陈腐，不知言语之精粗。误尘中御之观，敷锡太常之第。退循其本，必有所尊；与天为徒，顺帝之则。崇诗书礼乐以造士，设庠序学校而明伦。陶教化于三纪之余，焕文章于百王之上。圣作明述，遹观润色之施；德进言扬，罔俾忠嘉之伏。特旌后学，勉继前修。臣等誓当尊其所闻，期以不负所学。如庸于熙载，愿尊法度以阜民；设命以亮功，敢使贤能之遗野？(《全宋文》卷六五六六)

赵汝谈《代状元及第谢东宫》：大夫而有孝弟闻，必使为辅翼之具。盖玉质之既粹，则金声之乃遐。凡以言扬，由其教染。故郡国举茂异之等，而乡閭献贤能之书。多士以宁，得人为盛。允赖元良之匹，聿来黎献之共。兹锡第于丹墀，宜荐诚于青禁。伏念某等，材奚足算，技亦无他。徒知畎亩之爱君，遂欲草茅而言事。荷两朝之率育，丁三岁之比兴。辄妄试于有司，不自量其无学。见闻甚陋，乌睹朝廷之宜；悃愊则忠，庶尽臣子之义。方惧猥尘于宸览，岂其佥预于胪传。宠冒实多，拜嘉敢后！雅崇经术，敬接儒宗。讲就将于闲燕之清，赞涵泳于雍熙之治。振洊雷之隆响，有鸢皆飞；扬少海之余波，何鲲不化？遂令孱品，亦玷贤科。某等谨当允蹈初言，笃持晚节。射天门之策，得之若惊；望甲观之光，敢不重拜。(《全宋文》卷六五六八)

卫泾《赐进士及第谢皇帝表》：臣某等言：伏蒙圣恩，赐臣等进士及第者。参纲条而上对，仅毕奏篇；侈命服以中朌，滥阶士版。名传胪句，声籍士林。虽为祖宗之成模，乃有臣子之深惧。中谢。窃以科目取士，虽势使然；言语求人，其难久矣。矧临轩之旧典，有操牍之常程。泛猎陈言，用塞明诏。学固不跻于奥阃，责岂专在于有司。尝绎幼闻，粗知深旨。惟贾谊之疏于汉，虽曰通达，而未谙诸老持重之谋；而刘蕡之策于唐，虽号谠忠，而尚贻史臣疏直之叹。夫岂贤者之过，抑知时论之难。辱在选中，施及臣等。永怀先哲，如景高山。虽释褐命官，曾不间于楚粤闽蜀之畯；然探端知绪，岂尽达于虞夏商周之宜！俯愧浅闻，仰辜清问。兹盖恭遇皇帝陛下，至诚赞化，皇极敷言。体柔克以居高，以刚中而行健。扶携直谅，诹访谋猷。要使刍荛之作兴，必先尺度之疏阔。致兹孱陋，有此遭逢。凫鹤短长，尽出阴阳之开阖；鲲鹏变化，可占江海之闳深。上以名求，下以实称。臣等誓坚素节，勉效前修！拜敕在廷，方被采葑之宠；捐躯报国，终存横草之忠。臣等无任。

卫泾《赐进士及第谢太上皇帝表》：臣某等言：云云。总章昼访，俯逮刍荛；广陛胪传，宠加韦布。侈千载遭逢之幸，拜两宫涵养之恩。进冒光荣，退怀兢灼。臣等中谢。窃考人材之盛，钦闻治古之隆。清问博询，畴咨精选。既自为股肱之用，励翼而致时雍；复留如元恺之才，封殖以待帝举。惟今日勋华之懿，来众言稷契之忠。俾无讳于有司，咸展尽于底蕴。傥非崇论，曷副详延？如臣等，问学迂疏，器资凡陋。亲逢盛旦，徒有朴忠。草芥荒芜，安识朝廷之典故；简编陈腐，不知言语之精粗。误尘中御之观，敷锡太常之第。载循其本，必有可遵。兹盖恭遇尊号太上皇帝陛下，与天为徒，顺帝之则。崇诗书礼乐以造士，设庠序学校以明伦。陶教育于三纪之余，焕文章于百王之上。圣作明述，遹观润色之传；德进言扬，罔俾忠嘉之伏。特旌后学，往继前修。臣等谨当尊其所闻，期以不负。敬修可愿，敢怀人爵之縻；增益未能，终冀天工之亮。臣等无任。（以上均见《全宋文》卷六六二〇）

卫泾《进士及第谢皇太子笺》：某等言：伏蒙圣恩，赐某等进士及第者。旒冕临轩，垂听而问；布韦造阙，悉意以陈。戴圣度之优容，湛恩光而下被。荣逾褒衮，惕甚履冰。窃惟勤学为太平之原，流化自京师以始。周之王世子而与俊造齿，示不废善良之求；汉之子大夫而有孝悌闻，必使居辅翼之任。盖玉质之既粹，则金声之乃彰。凡以言扬，由其教染。故郡国举茂异之等，而乡闾献贤能之书。多士以宁，得人为盛。允赖元良之正，聿来黎献之臣。兹锡第于彤墀，宜贡诚于青禁。伏念某等，材奚足算，技亦无他。徒知畎亩之爱君，遂欲草茅而言事。渐两朝之率育，丁三岁之比兴。辄妄试于有司，不自量其无学。见闻甚陋，乌识朝廷之宜；悃愊则忠，庶尽臣子之义。方惧猥尘于乙览，岂期佥预于胪传！冒宠实多，拜嘉敢后。兹盖伏遇皇太子殿下，雅崇经术，敬接儒宗。讲就将于闲燕之清，赞涵泳于雍熙之洽。振洊雷之隆响，有鸢皆飞；扬少海之余波，何鲲不化！遂令庸品，亦玷贤科。某等谨当允蹈初言，笃持晚节。射天门之策，得之若惊；望甲观之光，敢不再拜！某等无任。(《全宋文》卷六六三三)

卫泾《及第谢知举王尚书启》：枫宸肃穆，甫披疏直之衷；胪句飞腾，俄占英髦之右。上动九天之鉴，下惭一日之长。非据之讥，不胜是惧。窃以自科目之习既胜，而学术之用不明。初以为进身之阶，已乃无致君之略。措之事业而谬戾，责之节义而抵牾。故虽取天下之盛名，未足为君子之能事。欲扫末流之弊，岂无拔俗之人！因其已至之资，持以不移之操。益厚所养，庸观厥成。老于世故，则蒹葭既霜之余；达于时宜，则刀刃发硎之始。既成身而进德，可尊主而庇民。惟其功用之不渝，庶乎名实之相称。如某者，猥从末学，出篷英躔。非卓尔而不群，敢褎然而为首。顾家传之训诲，与师法之讲磨。尝原圣贤德行之大端，粗识古今理乱之至要。比承清问，辄进瞽言。谓更化以善图，成济时之急务。贵毋失累朝立国之本意，以振起斯世积废之治功。惧不足于对扬，致误膺于亲擢。靖惟忝冒，厥有夤缘。兹盖恭遇某官，才过万人，学关百圣，夙隆重望，蚤掇殊科。惟其素负宰辅之姿，故能厌服缙绅之议。久践扬于中外，结知眷于冕旒。持荷雨露之边，听履星辰之上。累更柄任，未究远猷。将以乘日月中兴之机，思汲引山林特起之士。岂期愚钝，夙荷陶镕。方天府之献书，既蒙推择；及春官之较艺，复预选抡。兹超越于等夷，遂许传于衣钵。顾惟成就，端有始终。某敢不仰止前修，服膺盛德！力勉欲行之学，思副难居之名。庶无负于已知，或少裨于世用。一得而足，嗟小器之易盈；十驾以驰，尚大贤之是效。

卫泾《谢黄参政启》：兴四方之英俊，咸造于廷；擅一日之科名，遂为之冠。视等辈以有靦，对宠光而若惊。窃惟古今治忽之所关，独以风俗苟且之为甚。常揆救时之策，莫如更化之宜。必也端本正源，使天下回心而向道；非曰变政易令，俾斯民耸听而骇闻。苟徒取高皇帝之法而纷纭，则正与董仲舒之说为背戾。某比承清问，冒献愚言。谓当世之可行，即汉儒之遗意。然而后进狂妄，末学谬疏。虽有草茅之忠，岂无科举之累！惟圣上励精之久，而群贤辅治之勤。既有经邦之人，上开敢谏之路。某虽不敏，志有所存。盖尝闲家训之严，亦颇有师承之自。惟其委曲而详说，是为直谅而不谀。既共上于奏篇，遽叨尘于异等。自量何以，而得此哉！兹盖伏遇某官，当路于时，事君以道。耸岩石具瞻之望，持菁莪乐育之权。彦圣有技者，每至而必容；耿介自持者，何言而弗受！虽居槐棘之贵，不弃非葑之微。致兹孱庸，亦与陶冶。某敢不仰体公朝作成之隆旨，茂明学者远大之成规！勉副难居之名，不为易盈之器。惟忠与孝，期力行孔孟之言；抱义处仁，尚可见鲁卫之士。

卫泾《谢田宗簿尤郎中李编修罗校书陈郎中启》：获从广延，冒上愚对，旅尘一揽，首玷胪传。拜解褐之宠光，抚躬荣甚；顾造廷之英俊，揣己惕然。窃惟礼乐诗书，四术之异教；文学政事，两科而同归。若昔大猷，思皇多士。行修于家者必可用于国，言出乎身者必可加乎民。尹虽处畎亩而耕，每怀味道而负鼎；说未由版筑而举，已欲济时而作舟。卒克遂其壮图，今可质之载籍。良以素养，任万钧之重；故弗苟售，规一组之荣。自更秦历汉以来，有发策决科之累。圆冠方屦，饰步趋之陋容；断简残篇，傅传注之碎义。或张皇而不提其要，或猥并而不别其条。以取世资，以追时好。方肆言而靡讳，意其抱王佐非常之才；逮既贵而蔑闻，曾不过俗吏所为之务。华罕副实，行多违心。此期年而化，反指为书生之空谈；而三道之要，未免涉辩士之诡说。上以是砥其捷径，下以是梯于荣阶。至求剀切而沃心，疏明而达体。告嘉于内，拳拳秉爱君之诚；展采乃僚，亹亹识当世之治。辄自奋于网罗之外，竟莫屑于程序之间。致兹贱儒之名，唱于叔代之议。斯亦为士者过也，岂但有司之责乎！我朝循规摹于三年，略绳墨于一日。考词章之精觕，以度其气质之厚薄；酌论议之崇庳，以占其局量之浅深。细绎所传，典刑具在。景仁尝耻于身献，文正不矜于志盈。凡平生慷慨而耸闻，即始进雍容而概见。上方宪章祖武，收揽人豪。思得前辈之实材，庸副明时之盛选。如某者，咸谓迂阔，自知朴忠。少维究怀于简编，壮颇妄意于竹帛。然而位非百辟，乌能陈四方之纲；职非九卿，安敢建万世之策。恃主圣而容直，忘己贱而贡诚。念锐于有为，则迎合幸进者得以钓爵禄，而丕绩弗用成；志厌于无补，则畏缩却行者得以苟岁月，而盛德不及究。欲调和元气而四达，在汛扫颓风而一新。初何识知，妄有论建！岂期偕圭璧之荐，遂获近冕旒之光。贷其狂愚，冠于等级。并游窃笑，果扬粃之在前；诸老骇观，胡积薪之居上。叨逾臻此，称塞若何！兹盖恭遇某官，持美以效君，好彦如出己。操修绠以深汲，借朽株之先容。嘉其吐词似梗概而足取，庶乎措事或方略之可条。故于对扬，为之第奏。致令孱品，辱在殊伦。某敢不期报以蒙，求适于用！涉道甚浅，愧未窥游、夏之渊源；托儒自文，誓不效弘、宽之润饰。

卫泾《谢萧尚书葛舍人黄校书颜祭酒启》：冒进愚言，方切空疏之惧；大逾始望，躐居英俊之先。退自揣于么微，实难任于光宠。非前达巨公与为之宗主，则后生晚进何自而作成？虽据非宜，尚知倚重。自科举之习既胜，而学术之用不明。初则以为进身之阶，已乃略无济时之策。措诸事业而谬戾，责之节义而抵牾。故虽取天下之大名，未足为君子之能事。欲振末流之弊，岂无拔俗之人！因其已至之资，耻为易盈之器。益厚涵养，愈坚操持。老于世故，则蒹葭既霜之余；达于时宜，则刀刃发硎之始。既诚身而进德，可尊主而庇民。惟其体用之不渝，庶乎名实之相副。如某者，猥从末学，出造英躔。非卓尔而不群，乃褎然而为首。顾家传之训诲，与师法之讲磨。尝原圣贤德行之大端，粗识古今治忽之至要。若有远志，不惟近图。顾择词之欲明，而用力之不足。岂期初步，忽玷殊科！此盖伏遇某官，主张斯文，振作多士。当朝廷规恢之日，正人物兴起之时。谓软熟之语，或失于太卑；而矫激之言，又几于过甚。惟其虽直而不讦，乃为有用而可行。弗图谬妄之文，端被敷陈之力。某敢不茂明至意，克励所存！岂特一时，毋累大儒之题品；尚期他日，罔辜圣主之明扬。(以上均见《全宋文》卷六六三六)

五　月

五日，赐进士闻喜宴于礼部贡院。(《宋会要·选举》二之二四)

卫泾《谢赐闻喜宴表》：臣等言：伏蒙圣恩赐臣等闻喜宴者。据经上对，甫趋广殿之庐；式宴示慈，重拜大官之品。仰沾膏饫，俯极感藏。臣等中谢。伏念臣等，猥以寒生，适逢熙运。业仅专于铅椠，乐不改于箪瓢。黼座雍容，特垂清问；卮言猥并，各罄丹衷。怀野人愿献之芹，遇治世求箴之木。匪独就班于科级，继蒙均赐于宾筵。簪会曲江，不数唐人之故事；乐谐《韶箾》，获闻虞氏之余音。肴核践嘉，豆觞交错。洽醴醪而自愧，夸里巷之为荣。兹盖恭遇皇帝陛下，广运圣神，旁招俊乂。需云渥采，衣被草茅。湛露灵光，发辉葵藿。俾知燕喜之盛，独在贤材之多。臣等敢不祗佩殊恩，答扬异数！加笾有秩，既歌饱德之诗；覆悚是羞，弥笃食功之训。臣等无任。

卫泾《谢赐花表》：臣等言：伏蒙圣恩，赐臣等闻喜宴花者。燕锡公堂，甫拜需云之泽；花颁禁籞，仍沾湑露之恩。香风遍袭于衣冠，淑景顿移于尊俎。事维循旧，宠实更新。臣等中谢。伏念臣等萧艾凡姿，草茅鄙习。秀发尚惭于儒藻，奇芳未吐于天葩。追攀杏苑之英游，滥陪式衎；缅想鹤林之佳致，忽睹仙标。叨被恩荣，益增愧惧。兹盖伏遇皇帝陛下，作人有绩，与物为春。密移造化之功，大肆乾坤之渥。臣等敢不祗承帝赉，荣戴龙光！追琢其章，谨拜生成之赐；英华发外，愿宏充实之辉。臣等无任。

卫泾《谢颁冰表》：臣某等言：伏蒙圣恩，赐臣等闻喜宴颁冰者。翕若需云，方启初筵之秩；霈然湛露，遽叨凌室之颁。尽涤烦嚣，顿忘炎燠。臣等中谢。窃以夏颁秋刷，虽常诵《周官》之文；阳出阴藏，亦窃窥鲁史之旨。顾方安藜藿之陋，奚暇为饔飧之谋！不图寒士之幸逢，亦预夏时之蕃锡。惟其疵贱，敢自意于属餍；故此战兢，凛莫胜其履薄。兹盖伏遇皇帝陛下，功参化育，义笃臣工。大烹不吝于养贤，菲饮惟专于挹己。烛知悃愊，怀忧时若渴之心；澡雪肺肠，过推食解衣之惠。臣等敢不益思修洁，仰对恩荣！厚泽所加，方咏春开之雅；躁心一洗，先逃夕饮之讥。（以上均见《全宋文》卷六六二〇）

九日，诏："殿试武举第一名林嵘与堂除计议官，第二名林可久与准备将领。"（《宋会要·选举》一八之六）

二十四日，诏："新及第进士第一人卫泾补承事郎、签书诸州节度判官事，第二人陈棣、第三人王公迈并文林郎、两使职官，第四人邵康、第五人林璟并从事郎、初等职官，第六人以下至第四甲并迪功郎、诸州司、户、簿、尉，第五甲守选。"（《宋会要·选举》二之二四）

卫公泾，字清叔，吴门石浦人。先五世俱第进士，至公为廷唱第一人。策中力陈添差赘员之弊，上敕授添差州佥幕。公即入札庙堂，以为"身自言而自为可乎？"有旨待诏，与佥幕正阙。（《四朝闻见录》甲集）

六　月

五日，诏曰："朕绍履尊明，宣招畯茂，思得方闻之益，讲求治理之原。越暨累年，尤廑虚己。虽贤书大比之岁，每务于详延；然制举非常之才，难循于定次。肆敷明旨，申命通臣。盖急闻切直之言，将令受策而察问；宜广选修洁之士，庶几崇化而厉贤。俾悉究于昌辞，曾靡拘于前制。咨时群彦，体我至怀。今后遇有应诏之人，令尚书侍郎、两省谏议大夫以上、御史中丞、学士、待制，不拘科举年分，各举贤良方正能直言极谏一人，各守臣、监司亦许解送。仍具词业，缴进以闻。"以宰执进呈秘书省校书郎奚商衡奏，制科取士勿拘三年之制，上曰："贤良得人，国家盛事。"故有是诏。（《宋会要·选举》一一之三六）

是　夏

谢谔《临江军进士题名记》：郡进士试焉贡于尚书礼部，又试焉奏名于上，又试焉而官之。郡必有题名记，非夸也，勉于后也。谓所居之郡前者有如是而后可加勉也,其必曰公曰勤,曰廉曰恕,莅夫事而功从之,毋为虚名而已。则上不负天子,下不负所学。前之所题者有若士焉,有见于此,所勉益毖。国家合吉、袁二属支邑以为临江,其人才鼎盛且未艾也。淳熙十一年夏,与旧友徐君得之相与谋一石而置诸泮宫,既谋之,又为以其意而记之。(《全宋文》卷四八七二)

十　月

一日,杨万里《淳熙甲辰十月一日拟省试〈万民观治象〉诗》:魏阙春风里,王城晓日端。三朝垂治象,万姓得荣观。老稚看如堵,章程炳若丹。九天新雨露,一札妙龙鸾。远览《周官》旧,重瞻汉诏宽。欢声将喜气,销尽柳边寒。(《杨万里诗文集》卷一九)

是　年

楼钥《知温州举胡宗应贤良科状》:右,某伏睹本州士人胡宗,左朝散郎衮之孙,修职郎序之子,家世业儒。自少颖悟,诵书属文,随见辄解。臣乾道七年为本州教授,蚤已见其不凡。去此十余年,闻其学问日进,有声上庠。兹叨假守,首访人物,而邦人又咸言宗习应制举,词业已就,因见其书。盖学有师承,文无蹈袭。博考经传,有志于斯文;参验古今,将期于世用。且其资禀温良,家居孝友,表里无玷,言行俱优,可谓儒林之俊士,圣世之英才。臣谨遵奉诏书,保举堪应贤良方正能直言极谏科,于贡举条制并无违碍。今具本人所习词业、策论合五十篇,谨缮写成八卷、目录一卷缴进。谨录奏闻,伏候敕旨。(《楼钥集》卷一八)

赵汝愚《论福建科场事疏》:臣照对今日员多阙少,一官至数人共之。如海口镇系京官窠阙,见任人汪檝今过满一年余,尚无人愿受。以此可见岁额难办,事理灼然。伏乞睿照。

一,照对本州今次科场所纳家保状,计一万六千余人,他州军未有其比。而解额只六十二人,系二百七十方解一人。场屋之内,宁免遗才!缘此士人遇大比年分,流溢散漫。或聚都城,或趣他路,陈乞附试,干觅漕牒。甚者久弃亲养,抵冒乡贯,伪滥之事,种种有之。朝廷前后约束非不谆切，而习俗相延，未能自反。臣询究士风，大抵地狭人众，户多业儒，进身之途既难，奔竞之心愈切，虽诚可罪，亦在可怜。臣窃见本州自崇宁三舍法行，岁贡士二十七人，即系三年共贡八十一人。及罢舍法，行科举，本州始定解名六十人。至绍兴二十六年，因罢流寓，试续添二名，共成六十二名。然罢舍法之初，当时就试人数大率不过三四千人。今六十年间，累举增加人数已逾五倍，而解名尚仍旧贯。窃闻今来又不放行附试，即临时奔还本贯就试，人数转多。欲乞朝廷特赐矜念一方士子之众，与依崇宁贡额，定取八十一人。虽近日官冗之患，正务撙节，然约所增解额，将来省试只添得一名。设使其中收罗得一二究心学业之人，上可不负朝廷设科之意，下可以慰邦人父老之心。其平日困于驰骛者，因今增添解名之后，或能安分乡闾，以待至公之举。风俗渐可归厚，所补多矣。

一，契勘本州科举之盛，实为天下之冠。然缘人数太多，考校不精，亦甚为害。臣尝以前举终场人数计之：一万五千余人，通三场，共为四万五千余卷。试官十员，正使穷日之力，岂容铢锱比较！臣询之父老，数十年前，就试者人数未多，当时场屋甚为整肃，考官得以尽心。士苟负才学、驰月旦之评者，无不预荐名。故人知力学自重。比年以来，人数不啻数倍，而所取之人，反不如旧。盖缘玉石相眩，长才实学，往往为庸流所混，且有程文不曾经考官之目而例被沉沦者，诚为可惜。窃惟国家设三岁大比之科，将以网罗贤才，为异日选用之储也。今乃以人数之多，致去取之际，复不能尽厌士论，岂足以仰副明诏丁宁郡国之本意哉！兼本州旧有试院，今缘士子众多，屡行改辟，犹自狭隘。以至通并转运行司，展移曹职官廨舍。每遇科举年分，动是数月，上下劳扰。至入场之际，韦布纷然，竞欲争先，深有奔突蹂践之患。每引试三日，官吏惴惴然，常恐别有疏虞。如所差誊录人，率用七八百人，并在旧屋数间之中，夜以继日，不容休息。每举常有疾病，以至死者。其间利害，不容殚举。臣伏见朝廷前此患太学补试之冗，尝创诸州待补之法，行之两举，天下甚以为便。臣今来欲乞于本州每举科场年分，预于二月中通定一日，从本州互差官下逐县，如武举法，先行比试一次，率两人取一名赴秋举。谓如一县千人比试，今先取五百人，则冗杂之流既以沙汰，而英隽之士不致漏遗，将来秋试易为考校。其所取待补人，即乞照累举体例，通以赴比试终场人数为额，更不裁减。

如蒙朝廷施行，一则可以收拾人才，而真伪不至于混淆；二则可以革去宿弊，而场屋不至于喧杂；三则可以省减有司之费，为一方永久之利。

(《全宋文》卷六一八八)

淳熙十二年　乙巳(1185)

二　月

二十五日，铨试、公试、类试：命监察御史谢谔监试，右司郎中周颉、刑部郎官陈倚、吏部员外郎杨万里并考试，秘书省校书郎莫叔光、倪思、大理寺丞沈枢、国子博士喻良能、敕令所删定官黄涣、太学录张体仁、大理评事许岱、陈杞并考校、点检试卷。(《宋会要·选举》二一之三、四)

杨万里《类试所戏集杜句、跋杜诗呈监试谢昌国察院》(《杨万里诗文集》卷一九)

二十六日，起居舍人兼国史院编修官、兼权直学士院李巘言："汉自文帝以来，始有贤良之举，不过求其谠言，以裨阙政，未闻责以记诵之学也。后世崇其科目，遴其选取，乃始穷以所未知，强以所不能。要之，举才之意，惟端正修洁是务，而区区记诵之末，则非所先也。近年以来，固尝举试数人，止用经子诸史正文为题，皆以记问不精，旋即罢遣，诚为疏矣。后乃兼用注疏，试者愈难。夫前者未用注疏，而不能试。今复增之，而欲其应诏，宜乎累年于此，而未有其人。仰惟陛下收揽英才，朝咨夕访，惟恐有阙。去岁尝下明诏，特举贤良，不以三岁为限，甚大惠也。然士犹未有以荐举闻者，良以注疏默记之难而已。然臣以为国家取人之实，要不尽在于此。使其才行学识如晁、董之伦，虽注疏未能尽记，于治道何损哉？乞特加参酌，令依旧降指挥，免用注疏出题。则士之应诏者不无其人，而可得端悫有用之才，庶几上副陛下侧席求贤、虚怀求谏之意。"从之。(《宋会要·选举》一一之三六、三七)

十　月

二日，太学博士倪思言："窃见近日学校科举之弊，患在士子视史学为轻。夫所谓史者，岂独汉、唐而已哉？而今之论史，独有取于汉、唐，至若三国、六朝、五代，则以为非盛世事，鄙之而耻谈。然其进取之得失，守御之当否，筹策之疏密，计虑之工拙，与夫兵民区处之方，形势成败之迹，前事之失，后事之戒，不为无补，皆学者所宜讲究者也。近者有司稍知其弊，命题之际，颇出史传，然犹有所拘忌。而又场屋考校，专以经义、诗赋定得失，而以论策为缓。乞申敕考官，课试命题，杂出诸史，无所拘忌；而于去取之际，稍以论策为重。庶几士子博古通今，皆为有用之学。"从之。（《宋会要·选举》五之七、八）

八日，宰执进呈池州守臣陈良祐奏，福州布衣庄治堪应贤良方正能直言极谏科。上曰："向来，李垕文字颇冗杂，郑建德却善作文，今安在？"王淮等奏曰："尝为删定官，不禄。"上曰："卿等看庄治文字如何？"淮等奏："文字亦有源流，但不知记问如何。兼一人，恐不可试。"上曰："不必拘此。可令后省看详闻奏。"既而，给事中葛邲看详，治议论文词详而有据，堪应召试。诏令中书召试。（《宋会要·选举》一一之三七）

十一月

二十二日，《郊祀赦》："特奏名文学，依法遇赦日、年已六十者，许二年内参选，注权入官。其年六十三岁以上，如有举主三员，可权差破格岳庙一次。"十三年正月一日《庆寿赦》、十五年九月八日《明堂赦》同。同日，《郊祀赦》："应进士年五十以上、五举到省、合赴淳熙十一年特奏名殿试人，缘事赴试不及，若将来殿试唱名入第四等以上，合补授文学之人，虽系年六十以上，与理淳熙十一年年甲，用今年赦恩，召保参选，特差岳庙一次。"十三年正月一日《庆寿赦》、十五年九月八日《明堂赦》同。（《宋会要·选举》二之二六）

十二月

十七日，礼部言："国子监指定归正、归明、归朝补官之人亲子孙愿应举者，委的见随侍在任所，别无赴试去处，欲令召升朝官二员委保，经见任州军陈乞，本州勘验，得别无诈冒，取索印纸，分明批书，从本州知、通结罪保明，送本路漕司，与碍格有官及门客等人混试施行。”从之。以从义郎、阁门祗候、添差两浙西路兵马钤辖滕忠信乞归正等人赴试故也。（《宋会要·选举》一六之二四）

是　年

叶适《科举》：何谓“今并与艺而失之为一害”？盖昔之所谓俊乂者，其程试之文往往称于世俗，而其人亦或有立于世。今之所以取者，非所以取之，其在高选，辄为天下之所鄙笑。而乡曲之贱人，父兄之庸子弟，俯首诵习谓之“黄策子”者，家以此教，国以此选，命服之所责者，乃人之所轻。且夫世之所重者，岂必知重其人哉？亦或其艺文之可称者耳。此固不足以卜其内。今其可称者又莫之获，而人之所轻者乃反得之。然则，上之求士而用之，公卿大臣由此途出，岂有始于为人之所轻而终也乃足为国家之所重者乎！何谓“化天下之人为士尽以入官为一害”？使天下有羡于为士而无羡于入官，此至治之世，而《兔罝》之诗所以作也。盖羡于为士则知义，知义则不待爵而贵，不待禄而富，穷人情之所欲慕者而不足以动其自守之勇。今也举天下之人总角而学之，力足以勉强于三日课试之文，则嚣嚣乎青紫之望盈其前，父兄以此督责，朋友以此劝励。然则尽有此心，而廉隅之所砥砺，义命之所服安者，果何在乎？朝廷得斯人者而用之，将何所赖以兴起天下之人才哉！何谓“解额一定为一害”？百人解一，承平之世酌中之法也。其时闽、浙之士少有应书，而为解之额狭矣。今江淮之间，或至以仅能识字成文者充数。而闽、浙之士，其茂异颖发者，乃困于额少而不以与选，奔走四方，或求门客，或冒亲戚，或趁籴纳。夫士之为学，其精至于性命之际，而其用在于进退出处之间，然后朝廷资其材力以任天下之重。今也以利诱之于前而以法限之于后，假冒干请，无所不为。然则，以其有是士之可取也而取之，此其义理之当然者耳。则解额之狭于彼者，何不通之使与宽者均乎？何谓“一预乡贡以官锡之为一害”？古之取士也，取之四五而后定其终身。而本朝之法不然，其乡贡也，一取之而已。一取而不复弃其人，三十年之后，怜其无成而亦命之官。盖昔艺祖之初，悯天下士有更五代困于场屋而犹不得自选者，因以为之赐。今也士人充塞，偶然一得，何足为言？则安用此而遂为常法乎！夫士者，人才之本源，立国之命系焉。四患不除，而朝廷于人才之本源，戕贼斫丧，不复长育，则宜其不足于用也。去四患，得四利，所谓养之于始，自拱把而至于桐梓，古人之言不可忽也。

叶适《制科》：用科举之常法，不足以得天下之才，其偶然得之者，幸也。自明道、景祐以来，能言之士有是论矣。虽然，原其本以至于末，亦未见有偶然得之者。要以为坏天下之材而使之至于举无所用，此科举之弊法也。至于制科者，朝廷待之尤重，选之尤难。使科举不足以得才，则制科者亦庶几乎得之矣。虽然，科举所以不得才者，谓其以有常之法而律不常之人；则制科庶乎得之者，必其无法焉。而制举之法反密于科举。今夫求天下豪杰特起之士，所以恢圣业而共治功。彼区区题目记诵明数暗数制度者，胡为而责之？而又于一篇之策，天文、地理、人事之纪，问之略遍。以为其说足以酬吾之问，则亦可谓之奇才矣。当制举之盛时，置学立师，以法相授；浮言虚论，披抉不穷，号为制举习气。故科举既不足以得之，而制举又或失之。然则朝廷之求为一事也，必先立为一法。若今制科之法，是本无意于得才，而徒立法以困天下之泛然能记诵者耳。此固所谓豪杰特起者轻视而不屑就也。又有甚此者。盖昔以三题试进士，而为制举者以答策为至难，彼其能之，则犹有以取之。自熙宁以策试进士，其说蔓延，而五尺之童子，无不习言利害以应故事，则制举之策不足以为能。故哲宗以为今进士之策有过此者，而制科由此废矣。是以八九十年，其荐而不得试者，其试而不见取者。其幸而取者，其人才凡下，往往不逮于科举之俊士。然且三年一下诏而追复，不俟科举之岁皆得举之，将何所为乎？设之以至密之法，与之以至美之名，使其得与此者，为急官爵计耳。且天下识治知言之人，不应如是之多。则三岁以策试进士，使肆言而无所用，是诚失之矣。今又使制举者，自其所谓五十篇之文，泛指古今，敷陈利害。其言烦杂，见者厌视，闻者厌听。且士人猥多，无甚于今世。挟无以大相过之实而冒不加之名，则朝廷所以汲汲然而求之者，乃为讥笑之具。今宜暂息天下之多言，进士无亲策，制举无记诵、无论著。稍稍忘其故步，一日天子慨然自举之，三代之英才未可骤得，亦不至如近世之冗长无取。非惟无益,而反有害也。

叶适《宏词》:法或生于相激,宏词之废久矣。绍圣初,既尽罢词赋,而患天下应用之文由此遂绝,始立博学宏词科。其后又为词学兼茂,其为法尤不切事实。何者?朝廷诏告典册之文,当使典直宏大,敷畅义理,以风晓天下,典、谟、训、诰诸书是也。孔氏录为经常之辞以教后世,而百王不能易,可谓重矣。至两汉制诏,词意短陋,不复仿佛其万一。盖当时之人,所贵者武功,所重者经术。而文词者,虽其士人哗然自相矜尚,而朝廷忽略之,大要去刀笔吏之所能无几也。然其深厚温雅,犹称雄于后世。而自汉以来,莫有能及者。若乃四六对偶,铭、檄、赞、颂,循沿汉末以及宋齐,此真两汉刀笔吏能之而不作者。而今世谓之奇文绝技,以此取天下士而用之于朝廷,何哉?自词科之兴,其最贵者四六之文,然其文最为陋而无用。士大夫以对偶亲切、用事精的相夸,至有以一联之工,而遂擅终身之官爵者。此风炽而不可遏,七八十年矣。前后居卿相显人,祖父子孙相望于要地者,率词科之人也。其人未尝知义也,其学未尝知方也,其才未尝中器也,操纸援笔,以为比偶之词,又未尝取成于心,而本其源流于古人也。是何所取,而以卿相显人待之,相承而不能革哉!且又有甚悖戾者。自熙宁之以经术造士也,固患天下之习为词赋之浮华而不适于实用,凡王安石之与神宗,往返极论,至于尽摈斥一时之文人,其意晓然矣。绍圣、崇宁号为追述熙宁,既禁其求仕者不为词赋,而反以美官诱其已仕者使为宏词,是始以经义开迪之而终以文词蔽淫之也。士何所折衷?故既已为宏词,则其人已自绝于道德性命之本统,而以为天下之所能者尽于区区之曲艺。则其患又不特举朝廷之高爵厚禄以与之而已也,反使人才陷入于不肖而不可救。且昔以罢词赋而置词科,今词赋、经义并行久矣,而词科迄未有所更易,是何创法于始而不能考其终,何自为背驰也?盖进士、制科,其法犹有可议而损益之者。至宏词,则直罢之而已矣。(以上均见《叶适集·水心别集》卷一三)

淳熙十三年　丙午(1186)

正　月

(一日)同日赦(《庆寿赦》):"应淳熙十一年特奏名试在第五第,如系国学、临安府进士,特与差岳庙一次,诸州进士与破格岳庙。应淳熙十一年特奏名文学,见年七十已上,依法不应出官,许召保官三员,委保正身,于所在州军陈乞,保明申吏部,与差岳庙一次。"(《宋会要·职官》五四之四一)

二　月

四日,诏曰:"周以三年而考艺,礼重贤能之兴;汉由数路而得人,制严郡国之选。粤我朝之取士,参前代之设科。崇太常讲劝之功,广司马论升之法。网罗该备,秀茂群臻。自朕初元,再涉周星之纪;若时常宪,八登乡老之书。菁菁方喜于人材,济济盖生于王国。属当大比,敢后旁招。饬秋计以偕来,即春官而明试。公卿多文学之士,要皆出于此途;英俊陈治平之原,将更勤于亲策。勉修素业,期副至怀。"(《宋会要·选举》一之一九、二〇)

二十五日,铨试、公试、类试:命监察御史冷世光监试,太府少卿胡晋臣、考功员外郎郑汝谐、刑部郎中陈倚并考试,秘书省著作郎兼权金部郎官黄伦、著作佐郎兼权兵部郎官梁汝永、大理寺丞谢深甫、秘书省校书郎邓驲、国子监主簿黄黼、大理评事钱宇、李洪、李直柔并考校、点检试卷。(《宋会要·选举》二一之四)

三　月

陈公亮《重建贡院记》:严陵为今三辅,士风日隆。顷当大比,应诏者已三千人。郡旧有贡闱，夹于两寺之间，其地湫隘喧嚣，其栋宇卑陋浅窄，不惟不足以容，殆非朝家严科制、崇儒礼士之意。然而郡治濒溪，每遇梅潦之溢，则渰浸城市，居民奔迸迁避，往往即官舍、佛庙而群处焉。予被命初，首访是邦利病，咸指水害为急，特未有以宾兴之所言者。比至往觇之，而气象萧索，若是其甚，大以弗称为恐。窃谓避水所急也，取贤敛才之宫，尤不可缓也。得一贤人，则天下被其福；得一才士，则天下蒙其利。始予固欲得高爽地，筑室数百间，为吾民避水计。而名不雅驯，与其区区惟水是防，孰若一新礼闱，以振士气？使它时贤能由此而出，将均其施于四方，岂是水之足虑！万一交流暴涨，有所未免，不妨斯民蚁赴而蜂屯。庶几一举两得焉。谋既定，会婺守待制洪公迈以召命经筵馆于是，因以见勉。于是相阴阳，审面势，得地于州序之西偏。计其广袤，适足以当堂庑之地。层峦前列，秀气可挹；崇冈后峙，旺势岿然。真角才战艺之场，摛藻振奇之地。同僚观者，咸曰休哉。乃鸠工度材，授以规模，政事余隙，必身督之。别驾二三公，既日相从于蓁丛中；而诸邑令佐，又悉能劝相。率富室之乐教者，以助其直，亦可以知众心所乡矣。经始于乙巳之孟冬，迨丙午王正告成，费不病伙，役不叹劳。为屋凡二百间，内外小大略备。檐楹飞耸，梁栋屹立，望其中则俨如，视其傍则翼如，井井绳绳，端若天造而地设焉。或谓其地盖熙、丰间贡士所，司谏江公公望尝于此取科级，兵寇后文记不存，无以考证。岂好事者附会其说，以张斯举乎？不然，则废兴各有时，信非偶然者。因以纪于其末。淳熙丙午三月一日，朝请郎、权知军州兼管内劝农事、借紫陈公亮记，浚仪赵仟之书。(《全宋文》卷六二一二)

五日，礼部国子监言："照得在法，应举者三人以上为保。今欲从臣僚所请，依条许以三人以上结为一保。窃详上条，自二十人之下，皆为三人以上，于内选曾发解人为保头。如无得解人，即将曾预秋试终场人、年齿稍高、才行为众所推之人，听为保头。若保内有鼓噪场屋、冗滥假伪之人，即将同保人依《贡举条制》施行。"从之。(《宋会要·选举》五之八)

五日，宰执进呈郑大中进父建德所著《汉规》。上曰："建德虽甚能文，议论可采，可付秘书省。大中与免文解。"(《宋会要·崇儒》五之四〇)

二十二日，中书后省言："今来召试贤良方正能直言极谏科庄治、滕宬，系是二人，即与昨李垕一名事体不同。乞依淳熙四年引试过李塾等前后申请已得指挥。"从之。(《宋会要·选举》一一之三八)

二十四日，诏："太学上舍生大职事刘愚等八人，两升甲、一升名黄櫄不愿释褐，愿赴十四年殿试之人，一升甲、两升名林弥明，一升甲章斯才等八人，不充职事潘子直，并与释褐，赐进士出身，给降敕牒、袍笏。以礼部、国子监检会十三年庆寿赦恩来上，故有是命内愿赴十四年殿试者，听。"(《宋会要·选举》二之二四)

四 月

八日，国学特奏名王世则等状："伏睹淳熙十三年正月一日《庆寿赦》恩内一项：应淳熙十一年赴特奏名，试在第五等，如系国学、临安府进士，特与差岳庙一次，诸州进士与破格岳庙。今来世则等各系赴淳熙十一年特奏名、试在第五等之人，并准敕授福州助教，已经礼部缴纳所授助教讫。今来各不愿赴淳熙十四年殿试者。"听。(《宋会要·选举》二之二六)

八日，诏："武学生年七十以上柯箕，特与补承信郎；免省上舍生潘子震、周应迪、蔡纮，依太学免省上舍生释褐恩例，并特与补承节郎，内愿赴淳熙十四年殿试者听。守年免省上舍生郑觉，与径赴淳熙十四年殿试；永免解内舍生陈昌龄等，并候将来过省赴殿试唱名日，各与减二年磨勘。内永免外舍生沈仲刚等，各与减一年磨勘。"以兵部检会庆寿赦恩来上，故有是命。(《宋会要·选举》一八之六、七)

二十九日，兵部言："今岁系武举比试发解年分，乞令武举人已有保官、合该收试之人，并于六月终以前到阙。其奏状并是展限至闰七月半以前投下，已后更不收接。如出违，今来立定日限，并不许收试。其无保官及不该收试之人，即不许临期引例陈乞。若许从本部所申，候指挥下日，遍牒诸路晓示。"从之。(《宋会要·选举》一八之七)

五　月

二十五日,诏:"以六月八日引试应贤良方正能直言极谏科庄治、滕宬。"命礼部侍郎兼国子祭酒颜师鲁为制科考试官,秘书监兼国史院编修官兼太子左谕德沈揆、侍御史陈贾并为参详官,司农寺丞陈杞为监门官,太常博士黄黼为封弥官,宗正寺丞宋之瑞为监誊录官,军器监主簿王厚之为对读官。论六首:一曰《身者治之本》,二曰《圣人通天地之心》,三曰《五星为经纬》,四曰《历术本于易》,五曰《六德以民为纪》,六曰《岑彭冯异之功孰大》。(《宋会要·选举》一一之三八)

六　月

十三日,朝散大夫、权尚书吏部侍郎兼国子祭酒、充制举考试官颜师鲁等言:"今考校到庄治、滕宬试卷二号,各有二题不通,系不知出处外,虽有四通,而文理亦多平常,不应元降指挥五题通为合格之数。"诏:"既不合格,可并赐束帛。"(《宋会要·选举》一一之三八)

七　月

九日,臣僚言:"乞自今后应干试院,如有应避亲人试卷,每避亲一卷,将所避一经中,取他卷九卷凑作十卷,混杂封弥,从省试发解。及应干试院体例,于真卷上用纸贴说所避之官,送誊录所。其誊录所不得实打避亲印子,止于誊录草卷上用纸虚贴,至分发处,即揭去所避官贴子,照应互送考校。"从之。(《宋会要·选举》五之八)

十三日,马军司状:"今来武举科场年分,依已降指挥,合于八月内引试发解两场弓马事艺。乞下内军器库,依例关借绝伦两石弓一百张,发赴本司,打硾封记应副,至日使用,候引试毕发还。今后如遇阙少,依此关借。"诏:"今后准此。"(《宋会要·选举》一八之七)

十三日,臣僚言:"切见近年诸路州军科举,转运司所差考校官,以见任官不足,听于待阙合格者选差。又考校官习诗赋者,未必熟于大义;习经学者，未必熟于声律。苟不参酌于其间，所取未必尽应程度，故所差不可不均。乞令诸路转运司，凡待阙被差者，止令考校，不与出题。其有学生就试者，试官自陈回避。如或隐而不言，后因事发觉，重置典宪。”从之。（《宋会要·选举》二二之六）

十六日，臣僚言：“国家设科举以取士，异时公卿大夫皆由此途出。然而诸郡间有浮薄举子，违戾冒犯，朝廷欲示小惩，遂免发解。且三年大比，利害非轻，阖郡罢试，事体亦重。事固有出于士子者，诚不足恤。然事之所起，亦或有以致之者，若止罪士子，岂不甚可悯哉！或措置乖方，或约束非理，或挟私泄漏，或出题差误，或委保违碍，或乡贯伪冒，起争之端，不一而足。议者以谓事或因于知、通，则当罪知、通；事或因于监试，则当罪监试；事或因于考官，则当罪考官；事或因于人吏，则当罪人吏；事若因于所独，则当止罪所独；事若因于所同，则当并罪所同。并行责罚，人亦无辞。今科举在近，事当预防。望训饬诸郡，如士子违犯喧闹，自合罢试外，其事有因起，委监司依公体究，诣实闻奏，重置典宪。”从之。（《宋会要·选举》五之八、九）

十八日，四川类试。命直徽猷阁、知遂宁府徐诩监试，权发遣利州路提刑张演考试。（《宋会要·选举》二一之四）

二十一日，福建路转运副使赵彦操、转运判官王师愈言：“窃见福州每岁就试之士，不下万四五千人，而考试官止差十员；建宁府亦不下万余人，而考试官止差八员。且以建宁府计之，通三场则三万三千卷，分之八房，每房皆四千八百余卷。在法，不满三百人，试官二员，每添五百人，添官一员。乞于福州添试官三员，建宁府添试官二员。庶几稍分其劳，不至以繁冗失士。”从之。（《宋会要·选举》二二之六）

二十五日，臣僚言：“三年大比，士子进身之始，国家所甚重。而前岁科举，所谓冒贯代笔之弊，犹或有之，轻犯有司，深为可惜。今秋试在近，乞下有司申严条制，防于未然之前。”从之。（《宋会要·选举》一六之二四）

闰七月

四日，臣寮言："士人诈冒户贯，妄引宗枝，以规图就试者，乞行下：应诸以伯叔兄等为户者，虽有条制施行外，仍各于家状前画宗枝图，须要与家状内同曾祖，结罪诣实，方许就试。如后来契勘得委是伪冒，将应人驳放，其同姓知情容纵，一例坐罪。"从之。(《宋会要·选举》一六之二四)

八　月

五日，臣僚言："向来解试，不差学官，岂不以月书季考，习熟其文，去取高下之间，虽未必容私，是非众多之口，然易以兴谤。与其决去防闲，欲使人各自尽其公心，孰若防闲具存，能使人不得议其私意。目今科场差官在即，乞依旧例免差学官，非特释举子之疑，亦足弭学者之谤。"从之。(《宋会要·选举》二二之六、七)

十二日，臣僚言："乞自今监、学省试差官，以至诸路州军科举，并须酌量经义、诗赋两科就试人数，均差治经人专考经义，习诗赋人专考诗赋。若文卷多寡不等，即以论策通融参酌。仍乞令两淮及其余远小州郡，若士人稀少去处，亦须至本月末方许开院。人数稍多，即量与展日。庶几差择精详，鉴裁加审，不失国家设科务在得人之本意。"从之。(《宋会要·选举》二二之七)

十四日，诏："国子监发解所监试官措置，将合避亲试卷尽送无亲嫌官，尽公考校。其有避亲嫌之官，亦不许干与出题。仍委监试官专一觉察，于考校日不得往来。"因臣僚奏请，得旨行下。(《宋会要·选举》二一之四)

十五日，国子监发解：命监察御史吴博古监试，宗正少卿张叔椿、试将作监京镗并考试，秘书省著作郎兼权金部郎官黄伦、秘书郎倪思、莫叔光、详定一司敕令所删定官刘崇之、太常寺主簿林湜并点检试卷。(《宋会要·选举》二一之四)

是　月

临川士人詹烨，淳熙丙午春，梦人告云："汝欲获乡贡，须遇当世之贤者乃可。"烨寤而思之，列郡秋闱考官，不过州县一命之吏，渠知孰为当世贤者？遍以语人，弟夔戏对曰："试官若考中吾之程文，则可谓贤矣。"相与大笑。迨入试，乃《文帝敬贤如大宾赋》。烨悟向来之梦，傥用以破题，既为的当，且不陈腐，不雷同。遂于第一韵领联云："凡当世之贤者，如大宾而礼之。"及揭榜，烨为赋魁，夔亦偕荐送。是岁，以赋求举三千人，唯二詹两句擅场，信非偶然者。(《夷坚支志》甲卷四)

营道士人吴沂，淳熙丙午获乡举。丁未下第，梦二龙挟其体，又梦人令更名"渗"，则当再获荐。至己酉春，上登宝位，吴自谓且平揖一第，每语人曰："二龙夹吾身，盖来岁龙飞策士，吾必魁天下，为龙首也。"遂更名。果再预选，乃居末缀，榜首盖其叔应龙，而待补小榜有石应龙，遂符其兆。洎庚戌省试，吴讫不偶，怏怏成疾。还家，忽具绿袍靴简服之，入揖祖母及母氏。家人怪问之，答曰："冥司请我作判官，今便赴上。"遽再拜，叙别而出，径赴井傍，直堕其中而死。(《夷坚支志》甲卷六)

淳熙十三年秋八月，邵武解试。十五夜，誊录院遗火，举子文卷亦多被焚爇。明日，入试者相率共治群胥，帘内亦令捕捉，皆奔迹隐处。或跧伏梁上，至夜不敢喘。俄见一黑物从空而下，状貌如鬼。携当三钱二十余，遍历视案，时有喜色，辄置一钱案头而去。既毕，持杖绕廊下，击诸坐人之不得钱者，或身仆，或笔坠，而举子了不觉。吏自念："岂非得钱者预荐，而遭击者当黜乎？"因默志其平日知识十数人以为验。迨揭榜，果与所料同。然则名场得失，当下笔作文之时，固有神物司之于冥冥之中，无待于考校论工拙也。(《夷坚支志》乙卷二)

淳熙十三年，福州科举进士黄德昭经营就牒赴两浙转运司试。行次建宁，骤得疾，四体发热，昏昏不知人。于醒梦间见一长人，介胄当前，叱起之曰："汝当服事唐太宗，安得在此？宜速归！"言之至再，遂不见。德昭私念:"今距唐朝五六百年,吾为生人,如何能服事古帝? 且业已至此,名为避亲,讵可却回,将何词以告朋旧?"会薄晚小间,复登途,宿于前店,疾益甚。又睹长人立于侧,骂曰:"汝不信吾言,必死此地!"始大惧。明日,遽南辕,才行二三里,神思顿清。又明日,洒然如平常。既抵乡里,旋投纳试卷。向者以《毛氏诗》应举,虑取人数窄,而素于词赋留意,乃用赋求售。试日,出《太宗功被九歌》为题,不胜踊跃,以为神告者此也。他人多只敷叙功业,惟德昭以太宗比大禹为说。主司读之激赏,谓为冠场之作,列于高等。然次年下第,竟终于布衣。(《夷坚支志》癸卷八)

三衢余山人,善相气色,又工听气物声。尝至婺源邑士李熙仲家,试其术。使立户外,而自登廊上鼓梯,执两椎敲击数四,乃呼入问之。即曰:"鼓有双声,当应两子弟喜庆事。击者亦非碌碌人也。"是岁,淳熙十三年也。及秋试,二子偕荐名,明年赴省。其叔智仲以左藏提辖充贡院点检点检试卷官,牒往别院,皆遭黜。(《夷坚支志》庚卷二)

廖行之《和丙午衡州鹿鸣宴诗》:丹诏飞来万国春,抡才美意属贤臣。几年志气风云壮,一旦声名日月新。好把良筹裨负扆,莫贪香饵堕垂纶。来年上国风光好,喜帖西驰沸路尘。(《全宋诗》卷二五二五)

彭龟年《和临江丙午鹿鸣宴诗韵》:暖日轻霜作小春,冥冥鸿雁正来宾。异时大比兴贤礼,今日元侯劝驾身。西汉循良知贾谊,菑川父老送平津。眼中俱是青云客,著我空惭迹已陈。(《全宋诗》卷二五九四)

十一月

三日,臣僚言:"窃见四川科举,于习诗赋之人,令先纳买《韵略》钱二千,至有无赀而改习经义者,近于科敛。乞明诏有司,应诸路州郡及漕司科举,不得以科买《韵略》为名科敛钱物。四川类试所费,并以系省钱充。"从之。(《宋会要·选举》五之九)

十二月

二十二日,臣僚言:"窃闻积雪之后,道路多阻,远方士子,奔趋省试,极为狼狈。兼以引试之日，春令尚浅，天寒晷短，笔砚胶冻，不能尽其所长。向来立定八月十五日引试发解，盖以关防诸州举人重叠冒试。至若省试，则因而立定正月十五日，非若解试有所关防。乞将今来锁院引试日分，稍展旬日，以惠四方寒士，不胜大幸。”从之。(《宋会要·选举》五之九)

上舍释褐：王中实，林弥明，陈愭，章斯才，潘子直，钱重，应枬。(《宋登科记考》卷一〇)

淳熙十四年　丁未(1187)

正　月

十九日，礼部言："今来省试，比之前举人数增多，兼锁院在即，见有数百人未有申发，并取会小节未圆之人，投纳试卷未得。乞从前举已降指挥，将执到公据申发未到之人，先次许令纳卷收试。"从之。(《宋会要·选举》五之九)

十九日，臣僚言："仰惟国家三岁大比，郡国俊秀咸试于礼部，而事犹小有未便而当革者，谨具下项：一，投纳试卷虽分幕收接，及至昏暮，不免壅并纷拏。吏辈要求，转加留难，掷弃地上。至夜收聚，多有足践、油污及指为不终场。窃见太学私试、别院武举试，并置木柜，穴其上度可容试卷者数穴，使就人自投纳其中。去秋临安府解试，亦多置大柜于逐幕安顿，委封弥官先自封锁。至卷纳绝，舁至封弥所，验视封锁，亲数试卷，誊上簿籍。各无毁失，委是利便。乞下临安府取索元柜，每幕各五六口，不足则令临安府添造。一，誊录人皆是六曹、寺监、转运司、临安府九县科差吏人，皆雇游手，本非正身，老弱残患，仅能书写。诸司虽给钱米，例为吏人减克。及誊录之所，上两旁毁坏文卷。每至帘内催迫，以老病之人日夜抄写，精神困弊，至多脱误。或字数稍多，擅自节略，致无文理，枉遭黜落。今乞严减克之禁，重节略之罪，增誊录之人，去老病之徒。若或雇倩老病及曾经作弊等人入院，其元差正名并乞重坐以罪。及誊录所务令夹截周密，庶免风雨损坏之害。一，对读虽有官，往往先令吏人点对，官员间抽摘二三，略辨鲁鱼之误。至帘内一有取索，方始子细对读。今乞增对读之官而厚供给，严卤莽之罚以警其惰偷。一，大院避亲举人牒送别院，取人最窄。或一经有二十余人止取一名，其余虽文理优长，皆在所出，考官但为之太息而已。照得旧来别院零分却归小院,初无定制。乞自今应有大院零分,并归小院听取一名。臣熟知其弊,不敢缄默。”诏对读官添差二员,余令礼部候锁院日行下试院,措置约束施行。(《宋会要·职官》一三之一四)

二十日,以翰林学士、知制诰兼侍讲兼修国史洪迈知贡举,权刑部尚书兼侍讲兼太子詹事葛邲、右谏议大夫陈贾同知贡举,得合格奏名进士汤璹以下二百七十九人。(《宋会要·选举》一之二〇)

监察御史吴博古、秘书监兼太子左谕德国史院编修官沈揆、太常少卿朱时敏、左司郎中兼太子侍读杨万里、枢密院检详诸房文字兼国史院编修官范仲艺、吏部员外郎石起宗、尚书考功员外郎郑汝谐、秘书省著作郎兼权金部郎官黄伦、著作佐郎兼权兵部郎官梁汝永、知大宗正丞兼权刑部郎官李祥并参详官,宗正寺丞宋之瑞、秘书丞谢修、太府寺丞刘崇之、大理寺丞谢深甫、秘书郎倪思、太常博士黄黼、枢密院编修官张涛、详定一司敕令所删定官郑湜、冯震武、沈清臣、王齐舆、秘书省著作佐郎兼魏惠宪王府教授黄唐、诸王宫大小学教授戴履、大理评事陈杞、秘书省校书郎邓驲、将作监丞王厚之、太社令赵伯成、主管官告院曾三复、提辖行在杂买务杂买场霍篪、干办行在诸司审计司周晔、孙逢吉、提辖行在左藏库李知己、主管尚书礼兵部架阁文字毛崇、主管尚书刑工部架阁文字沈有开并点检试卷。中书门下省检正诸房公事兼国史院编修官兼太子侍讲尤袤差别试所考试,太常寺主簿林大中、宗正寺簿许及之、监行在左藏西上库段世昌、监行在草料场陈来仪并差点检试卷。(《宋会要·选举》二二之七、八)

虞俦《丁未礼部贡院监门,次张伯子判院韵,兼简正甫判院三诗》:金门误喜缀朝班,犹自尘劳债未还。晓漏惊催门外鹄,春蚕空想管中斑。群公神遇无全目,老我旁观只汗颜。安得仙人修月斧,与君携手到中间。

禹凿门高竞化龙,桃花浪暖百川通。图南俱运云鹏翼,逐北谁收汗马功?锁钥仅能防宿弊,权衡正好变文风。抱关碌碌真吾事,窃喜清朝取士公。

槐市同登弟子员,齑盐灯火记初年。寻春紫陌风流在,通籍金闺步武

联。眼底要观新事业，笔端犹着旧山川。夜窗细话行藏处，始信于君有厚缘。(《全宋诗》卷二四六三)

二十二日，诏："礼部将乾道八年至淳熙十一年已令赴省试人，并令再赴今来省试一次。其庆典免解，候过省，特作升甲收使。"(《宋会要·选举》五之九、一〇)

二十八日，臣僚言："窃惟近年以来场屋之文，经义犹有可观，而诗赋类多空疏不工。至于论策，徒有泛滥之辞，而不切于理。以文求士，失实已多。苟无其文，又将奚取？乞宣谕今来省试知举官，将士人三场程试精加考校，取其语显而意深，辞简而理到，有渊源之学，而无空浮之病者，使居前列。"从之。(《宋会要·选举》五之一〇)

二　月

八日，诏："添省额三人，权以三十三人取放一次。"武举进士金汤楫等状："窃见武举省试，自来除上舍免省外，以三十名为额。隆兴元年，武学生该遇覃恩免解者五十余人，发解者一十三人，当举省试得添省额五名。今来在学生员该庆恩免解一百二十余人，在外发解者复取三十名，又年免者一十余人。较之隆兴元年到省人数，委是两倍。欲乞将隆兴元年与今来免解发到省之人，特与敷奏。"故有是诏。(《宋会要·选举》一八之七)

二十日，礼部贡院言："试博学宏词科从事郎陈岘合格，所试六篇。题曰：《中大夫知枢密院事特授太中大夫枢密使加食邑实封制》、《汉步寿宫记》、《代宰臣以下贺奉安仁宗皇帝英宗皇帝玉牒四朝史列传今上皇帝会要礼成表》、《周司会箴》、《新制铁帘铭》、《唐武德贞观两史序》。"诏："岘赐同进士出身。"(《宋会要·选举》一二之二三)

二十二日，宰臣王淮等奏："今春试宏词者二人，余人取到陈岘，昨已缴奏。"上曰："何故只取一名？"淮等奏："贡院申明合格者只此一卷。"上曰："岘文字古，可谓合格。《铁帘铭》题目甚新，岘为铭亦好。"(《宋会要·选

举》一二之二三）

三十日，翰林学士知制诰洪迈、权刑部尚书葛邲、右谏议大夫陈贾言："窃见近年举子程文，流弊日甚，固尝深轸宸虑。以臣僚建请，下之礼闱，盖将训齐士类，革去旧习。然渐渍以久，未能遽然化成。仰惟祖宗事实，载在国史，稽诸法令，不许私自传习。而举子左掠右取，不过采诸传记杂说，以为场屋之备。牵强引用，类多讹舛，不择重轻。虽非所当言，亦无忌避。其所自称者，又悉变'愚'为'吾'。或于叙述时事，继以'吾尝闻之'、'吾以谓'等语。其间得占前列，皆尘睿览。臣子之谊，尤非所宜。至其程文，则或失之支离，或堕于怪僻。考之今式，赋限三百六十字，论限五百字。今经义、策论一道，有至三千言；赋散句之长者至十五六字，一篇计五六百言。寸晷之下，唯务贪多，累牍连篇，无由精好。所谓怪僻者，如曰定见，曰力量，曰料想，曰分量，曰自某中来，曰定向，曰意见，曰形见，曰气象，曰体统，曰锢心，及心心有主、喙喙争鸣、一蹴可到、盥手可致之类，皆异端鄙俗文辞。止缘迂儒曲学，偶以中选，故递相蹈袭，恬不知悟。臣等虽择其甚者，斥去不收，而满场多然，拘于取人定数，不可胜黜。间有文理优长、置在高选者，亦未免有此疵病。乞以此章下国子监并诸州学官，揭示士人。使之自今以往，一洗前弊，专读经书史子，三场之文，各遵体格。其妄论祖宗与夫支离怪僻者，严加黜落。庶几士气一新，皆务实学，文理既正，传示四方。足以为将来矜式，上副明时长育成就之意。"从之。（《宋会要·选举》五之一〇、一一）

三　月

亲试举人，赐王容以下及第、出身有差。（《宋史全文》卷二七下）

周必大《廷试策问》：朕临政愿治，有年于兹矣。自强不息，法天之健，久而不已，如日之常。期仰对于慈训，以复我烈祖之德。而志勤道远，未获厥心。是用博延豪英，诹以先务。子大夫贲然来思，必有闳蕴，乐为朕言，肆垂听而问焉。夫移风易俗，本乎选士。汉尚经术，唐重词章，人才虽多，勋业盖寡。今朕躬教立道，训迪多士，伊欲知类通达，化民成俗，协于大学之道，厥路奚由？家给人足，莫如力田，自齐作内政而兵农分，秦开阡陌而井田废。今淮汉多旷土，江浙多闲民。伊欲三时务农，一时讲武，稍复成周之旧，其术安在？六条察州，自古固然。朕下臧否之令至丁宁也，而剌举之章虽交公车，循良之政罕闻。郡国黜幽陟明果可行乎？举尔所知，圣有明训。朕设荐举之制甚周悉也，而岁员溢于铨曹，寒俊沉于选调，以公灭私，得无说乎？何以使吏称其职，毋崇空言？何以使民安其业，毋事末作？何以使刑清而奸改？何以使迩安而远至？其质之古而不悖，酌之今而可行。悉意以陈，朕将亲览。(《全宋文》卷五〇四〇)

周必大《进殿试策问奏札三月十五日》：臣恭禀圣训，拟到殿试策问，别纸录进。深恐未副圣意，伏听处分。(《全宋文》卷五〇四四)

杨万里《三月二十六日殿试进士，待罪集英殿门》：金戺瑶阶日月边，晓风花柳带霏烟。千官剑佩鸣双阙，万国英豪到九天。玉座忽临黄伞正，御题初出紫衣传。小臣何幸陪诸老，待罪重来十六年余壬辰春以省试主司待罪。

九虎遮藏造化机，御题过午始闻知。乾坤阖辟兼文武，云汉昭回具训词。武帝上嘉真戏耳，放勋清问政如斯。诸儒莫作公孙子，千载何曾遇圣时？(《杨万里诗文集》卷二二)

四　月

戊子(十七日)，赐礼部进士王容以下四百三十五人及第、出身。(《宋史卷三五》)

御试正奏名王容第一。时帝策士，不尽由有司。是举，容本第三，亲擢为榜首。(《宋史》卷一五六)

上天姿英明，大廷策士，多自升黜，不尽出有司。是举，王容盖自第三亲擢为榜首。时儒生迭兴，辞章雅正，号“乾淳体”。(《文献通考》卷三二)

杨万里《四月十七日侍立集英殿观进士唱名》：殿上胪传第一声，殿前拭目万人惊。名登龙虎黄金榜，人在烟霄白玉京。香满乾坤书一卷，风吹鬓发雪千茎。旧时脱却银袍处，还望清光侍集英。(《杨万里诗文集》卷二二)

徐侨《殿庐考试毕》：地禁尘难到，亭深暑不奸。一杯天上把，千策日边看。频劳君恩重，危言士志殚。治安浑道未，臣亦欲披肝。(《全宋诗》卷二七七三)

二十五日，宰执进呈特奏名进士习射射仪，王淮等奏："人数比之前举颇多。"上曰："若人数增多，甚好。前此初行进士射射，人亦云云，以为儿戏。今却人皆相尚，亦可喜。"淮等奏："射者古人常事，后世乃废而不讲。今射者增多，亦激劝所致。"(《宋会要·选举》二之二七)

进士名录：王容，陈元，王居安，丁黼，于珵，王中虚，王化鹏，王仍，王正纲，王禾，王克恭，王克勤，王杜，王洋，王益之，王琳，王衡仲，王宪，王峦，毛俊乂，方壬，方沂，方泳之，方岩起，尹子房，石中立，石有大，石如圭，石宗万，田慈龙，史弥忠，史弥忞(误)，史弥悆，史弥远，丘次，吕焕，朱去奢，朱金发，朱执圭，朱著，朱翌，朱景献，朱庆弼，朱侪，朱权，危稹，江史，宇文绍节，杜思恭，李天叙，李申，李永南，李安行，李志甫，李忻，李庚，李闳，李楠，李震，李犝，李应祥，吴大成，吴申，吴孝龄，吴宗玉，吴格，吴振，吴逢源，吴补之，吴鲁卿，吴励，吴蕴申，何叔智，何湛，何蕃，何德固，何德彦，余光大，余禹安，余禹畴，余达先，余嵘，余丰，汪祚，沈仙，沈有成，沈忱，沈彦质，沈伦，沈康，沈观，宋宇，宋亿，茅无竞，林十全，林三英，林千，林子发，林公遇，林立节，林仲彝，林克忠，林伯成，林岊，林宗放，林拱之，林洽，林飞，林时英，林旂，林执刚，林寅，林琪，林炜，林选，林翘然，易开，季梦符，周之纲，周世厚，周若思，周彦敏，周炳然，周云，周寓，周应辰，胡有光，胡同祖，胡林卿，胡卿月，胡从龙，胡扬祖，胡熙载，柯垓，柯谦宗，柯应辰，柳著，段旦，姜岩，姚师皋，纪徽，袁韶，耿希作，莫及，莫光朝，莫彬，连之瑞，柴景望，倪千里，徐三畏，徐伯益，徐秉之，徐栻，徐逢，徐与彝，徐侨，徐澄，徐嵘，徐龟年，高如鸿，高龄，郭绰，郭仪，郭应龙，郭弥邵，唐由己，陆彦敏，陈元衡,陈公奉,陈方,陈芝,陈甫,陈沂,陈宋烈,陈思愈,陈洪,陈祖尹,陈舜耕,陈绂,陈诚中,陈诱,陈纲,陈震,陈亿,陈德豫,陈龟年,陈谦光,陈焘,陈籒,陈遼,孙衸,黄子善,黄允升,黄自诚,黄克仁,黄宏,黄宏,黄叔献,黄炎,黄恂,黄致一,黄楷,黄焘,黄槱,黄峦,麦怯思,曹溥,曹龟年,戚如玉,盛章,常楷,常绪,崔志,康仲颖,商佾,张大振,张有志,张如圭,张春,张师夔,张嘉谋,张德明,张兴祖,张应之,张释,张显父,张骧,彭杰,叶禾,叶建中,叶南夫,叶起,叶蓁,葛安,程度,傅大声,傅益,冯三槐,冯旦,冯宜之,汤璹,费埙,杨日新,杨迪,杨昭嗣,杨祖尧,裘万顷,虞仁仲,虞万,雍民献,赵大全,赵汝俞,赵汝萃,赵汝异,赵汝章,赵汝遇,赵汝璲,赵希言,赵希倧,赵希宰,赵希异,赵希怿,赵彦侀,赵彦法,赵彦适,赵彦伦,赵彦沧,赵彦演,赵彦璋,赵师俌,赵师晃,赵师雍,赵崇朴,赵崇讵,赵崇尧,赵崇宪,赵善涟,赵善谌,赵善谧,赵与裔,赵兴祖,蒋三畏,蒋天民,蒋廷英,蒋伯英,蒋昺,蒋纯臣,蒋迈,蒋谊,蔡元秀,蔡浩,裴仲虎,管文昭,廖谦,郑千之,郑之悌,郑直柔,郑昭先,郑庠,郑烨,郑肇,郑德美,暨庚,熊浚,邓仁勇,邓文举,楼观,黎献,滕珙,刘三益,刘大忠,刘升之,刘再,刘材,刘松,刘视,刘开之,刘源,刘鹗,诸葛贲,潘民师,潘恩,潘霆,萧珏,萧逵,霍权,卢南一,钱之奇,钱渡,钱汉臣,钱谦光,鲍华,魏光,魏复,谢伯常,谢良,应元衮,应武,应燮,缪倬,缪瑜,颜叔渊,罗仲舒,罗拱辰,罗时用,顾端臣,龚盖卿。

特奏名进士:方镐,丁明,王次皋,王良辅,王宾,方荐鹗,左伯畴,伍必胜,李才英,李芾,李坤臣,李茹,李烨,吴汲,吴季山,吴依尧,吴珏,吴炳,吴庸,吴溶,余昭攀,余飞公,余嘉会,茅汇征,林亚文,林昭序,林常,林雷,林懋和,林龟,林应辰,季概,金三复,金朋说,周介,周正,郎晔,胡汝奭,胡清,段格,马璋,徐季,徐起,郭天祐,陈永年,陈度,陈炳,陈恩,陈梦英,陈愈,陈璟,孙时敏,黄九龄,黄邦彦,黄亮,黄彦耸,许教,许调一,许驷,许韪,曾遹,冯嘉,杨特,杨兴之,管如麟,郑发,满谦吉,刘柬,刘埙,刘执,魏应之,谢恕,缪兴宗,苏元实,苏晋。

上舍释褐:周之瑞,施栝。(《宋登科记考》卷一〇)

补进士名录:张大正。《游宦纪闻》卷六:"先伯讳上大下正,字汝弼,登淳熙丁未第。初隆兴乙酉，请乡举，时主司命题云：'平康正直。强弗友、刚克，燮友、柔克，沉潜、刚克，高明、柔克。'已而，春官失利，梦神人告曰：'汝若再遇四克，始克有济。'自以为经旨中，别无四克矣。淳熙丁酉再试，题云：'抚于五辰，庶绩其凝，无教逸欲有邦。兢兢业业，一日二日万几。'场中遇程三畏，字景宣，厉声云：'汝弼可贺矣，不记向时之梦耶？今果有四克。'是年遂再荐，景宣为解首。"

补特奏名进士：李概。《杨万里诗文集》卷一三二《李仲承墓志铭》："仲乘讳概……淳熙丁未，始以累举试集英，初调武冈军武冈县主簿。"

辨正：史弥忞，宋宁宗嘉定七年进士。《宋登科记考》是年进士名录据《宝庆四明志》卷一〇《进士》录入。按：《宝庆四明志》卷一〇无史弥忞，有史弥悆，编者误录。又，《宋登科记考》卷一二嘉定七年进士名录亦有史弥忞。

浏阳汤璹君宝为士人时，游学于清江，每往来必过宜春。淳熙甲辰，谒仰山二王祈梦。是夕，梦行通衢，遇两士同途，揖问姓氏，其前人云姓王，其后云欧阳。少顷，一吏如典谒者，邀赴公燕。到一处，崇闳华屋，二少年衣冠烨如，若贵游子弟，与之坐，置酒高会。席罢径起，一僧在侧相问讯，拉诣别馆，见一钟绝大，挂于架。汤拊摩之，谓僧曰："试扣之如何？"僧曰："钟虽成，俟经洪炉陶铸乃可击，今未也。"又问其故，曰："今击之，其声止闻一方。若得洪炉坯冶之力，然后鸣蒲牢以撞之，当播闻四方，非兹日比也。"遂惊寤。岁在丙午，潭州秋试，以第三名中选，举首则王颜，次为欧阳问。丁未南省，汤魁多士，予实典贡举，乃悟洪炉之兆，盖默寓姓字。梦中二少年疑为王子，僧者小释迦云。汤作记刻石，兹仅传大略耳。（《夷坚支志》甲卷五）

袁州仰山有二王神祠，其灵甚著，士大夫往来者多祈梦于祠下。淳熙十一年，长沙汤璹经过，亦将乞灵。始至，宿于山下，是夜梦一贵人姓萧者，召与之谈。贵人自叹年老，若羡璹者，璹曰："璹贱，不足道。公由布衣而位至此，尚不满耶？"贵人俯首曰："否。"少焉，有徒御拥璹登车，曰："召公赴宴。"至则客主凡六人。明日，伏谒祠庭，见庑间有碑记，读之始知王萧姓也。琇遂再祷，乃梦被旨使高丽，琇挟矢负弩，跃马而行。方十余步，忽闻后有叹声，回顾视之，见二士，一王氏一欧阳氏。琇复前行，道险，偶一矢堕地，琇亟下取之，矢已随流水过前矣。须臾，见故仰山寺主僧本然，揖琇少憩。僧拥炉而坐，旁一侍者欲撞钟而复止。琇问何为而不声钟，答曰："未遇顺风，击之声只闻一方；待遇顺风，声可闻四方。"琇因谓僧曰："是钟未用耶？"僧曰："炉亦未用。"琇曰："洪钟之用在足下尔。"僧笑而止。翼日，且复得梦，读省闱前列文卷，殊莫晓其意。淳熙十三年，琇预荐名，在第三，其上则王与欧阳也。次年试礼部，知贡举乃洪迈景卢，琇遂为首选。(《云谷杂纪》卷三)

太学士人黄櫄以舍选当释褐。一日，忽梦阅廷试榜，己之上有"宣义郎"三字。櫄在学舍素负隽声，益以自喜，意必为首选也。及赴淳熙十四年廷试，揭榜，櫄在第三甲，上一名乃宣义郎史弥远。书榜者于弥远名下书"宣义郎"字，偶连属櫄姓名，恍然梦中所见也。(《云谷杂纪》卷四)

朱忠靖公，蔡人也。渡江之后，卜居于湖州，薨而葬于妙喜山下。既数年矣，术者过而叹曰："山势甚吉，恨去水太远，秀气不集。子孙虽蕃昌，恐不能以科名自奋。"朱公诸子皆知之，固不暇徙，而后死者复以昭穆次第祔窆。乾道中，公次子侍郎夏卿亡，子翌用治命，舍祖茔而别访地，唯以水为主。群从谏止之，不纳，竟如其志。得一穴，前临清溪。既葬二十年，侍郎幼子翼及翌之子侪遂擢丁未进士第。已而，侪弟偃及甲继之，殊衮衮未艾也。(《夷坚支志》景卷一)

括苍何湛叔存，清源王，曾孙也。淳熙丁未赴省试，馆于三桥旅邸。揭榜之夕，遣仆探候，久而不至，有忧色，因率同辈登桥听响卜。驻足未定，闻河畔妇人叫呼曰："婆惜你得！你得！"盖吴人愠怒欲行打骂之词，俗谓之受记，非吉兆也。湛独喜，亟还曰："可贺我矣！"同辈曰："叔存作意听响卜，而连四'得'字，夫复何疑！"湛曰："不特此也，吾少名正为'婆惜'。"众皆喜，方买酒欲饮而仆至，果中前列。(《夷坚支志》景卷一〇)

王南强容，潭州湘乡人，元名午。淳熙壬寅岁，肄业于岳麓书院。尝与同舍小有竞，既而悔之，谋欲更名，以示佩韦之义。其兄弟皆连之字，乃改曰“容之”；且取宽柔以教不报无道之说，仍字南强。癸卯春，在书院待秋试，其兄为诣本县投家保状。及试前数日，将纳卷，而视县所解簿，则单为王容。方以为疑，而兄至，谓曰：“我今以适为名，汝不必二名，径已除去‘之’字，兹即汝也。”遂用此入试，是举预荐。甲辰省试毕，闻兄亡而归。既到家，报榜人至，既奏名矣。旧师舒谊周仁来贺云：“二年前，有术士来湘乡，游县学，自言能相夫子像，而知士人登科之多寡。今圣像开口而笑，合主两士登科。如此举只一人，则后当有继之者。去岁初春，学长王仲淹汾叟亲书桃符曰：‘竞说素王颜有喜，定知黄甲捷先通。’吾尝思之：王者，君之姓；颜者，容也，实君之名；素王者，期丧之戚也；黄甲捷先通者，今岁阻廷对，后举还试必居黄甲，乃先通吉耗也。”其说颇传于士林。乙巳春，县学补试，王仁伯者，易名颜，遂中首选。丙午之春，舒周仁入府语南强曰：“王汾叟又书桃符，更可怪，曰：‘素王颜色津津喜，黄甲科名鼎鼎来。’汾叟写罢，惊悟曰：‘前年为王南强作先兆，今复为王仁伯作先兆邪？’吾独以为不然，是亦南强先谶耳。鼎鼎者，三名前也。”是岁，王颜为解魁，满意巍级，已乃下第，南强果魁天下。所谓术者不复至，惜不记其乡里姓名。长沙古语，尝有“骆驼嘴断状元出”之谣。驼嘴者，山也，其形似之，在州北，正直水口，其下曰麻潭，皆巨石屹立。淳熙七年，辛幼安作守，创飞虎营，广辟衢陌，许僧民得以石赎罪，皆凿于潭中，所取不胜计。后帅林黄中又增益南街，取石愈多。迨丙午之夏，驼嘴中断为两，不一岁而南强应之。桃符证应，已载于《癸志》。此得南强笔示本末，始知前记班班得其粗要为未尽，故再记于此。而《癸志》既刊于麻沙书坊，不可芟去矣。

王南强以淳熙十年暮冬，自长沙赴省试，过袁州，祷于仰山行宫。是夜，宿州东新市村邸，梦人歌《玉楼春》词曰：“玉堂此去香风暖，正飞絮马前撩乱。姮娥剪就绿云衣，待来到蟾宫与换。”才半阕既止。又一人白衣策马自远来，到王傍下马揖王，立谈曰：“今早承访及。”遂复骑而去。王自送之，半里许，别有过王者，指曰：“此乃仰山庙里人也。”耸然惊寤。盖神君之像，正著白道袍。明年，王奏名，以兄讣急还，未获廷对，亦验一曲弗竟之意矣。十四年正月，赴殿试，至袁申祷，梦与友孙君同饮于庐溪市，孙曰："尔饮酒与我同，做第二人却不与我同。"王曰："吾固未尝以第二自期也。"孙遽曰："但愿尔作状元。"遂觉。庙庑下有一偶像，戴僧帽，谓之应梦道者。孙君生而秃，全类僧状，故神假其人以告云。(以上均见《夷坚支志》戊卷八)

天台王居敬，字简卿。淳熙十三年，以布衣经过衢州，谒刘枢干问命。刘元不知其名，即书曰："此命当贵，但名下一字系旧庙所讳。今虽已祧迁，终不可达天听。"王大骇。既退，亟改为居安，而字资退。再诣刘肆，刘喜而迎曰："今名甚利，几于魁天下。而居官乃在水边，须待阙十年以上。"王默嗤笑其妄曰："乌有在魁甲而需久次之理？"来春省试第二人奏名，未廷对间，在太学旧斋宿泊。镊工季松诣之，再拜曰："来贺状元。"王谓相戏侮，咄之。松曰："那敢尔！夜得一梦，亟审上舍必做第三名状元。"王方询扣其说，曰："梦如常时入学，逢一老翁立门左，语曰：'今年太学出状元。'松请姓名，翁迟迟不出口。久而言：'作殿试第三人者，即省试第二人。'以是知为君不疑也。"迨唱名，果符其说。季松求赏，乃以为期集所上名亲事官。在局月余，得餐钱数十千。王调徽州推官，已而连遭家难，留滞恰十年，始干办江东刑狱公事，尽合刘占书。(《夷坚支志》癸卷一〇)

金溪黄炎晦叔，尝以盛夏诣族叔家。叔昼寝，梦人报云："司法在书院。"寤而观之，则炎亦假寐。俟其睡起，乃以告之。炎时为布衣，进取碌碌，望一官称甚难，私用自喜。已而，预淳熙丙午乡荐，丁未擢第，缘殿试在第五甲，迨铨中注安福尉。(《夷坚三志》壬卷五)

台州应武，淳熙丁未榜以《周礼》过省，唱名入三甲矣。(《夷坚三志》壬卷六)

永嘉诸葛贲，字文之，在太学，预淳熙庚子秋荐。辛丑正月，来试南宫，以十四日谒梦于学土地祠。是夜，裹巾著衣，偕数友即炉亭宿。梦到一大庭下，见环聚者二三百辈，若赴宴集，贲就中间一位坐。俄顷，黄衣伟丈夫别引一士至，乃同舍生潘景宪叔昌也。贲揖使居前，黄衣不可，曰："此人合列汝后。"既坐定，闻若读致语者，隐约见一木板在下，长数尺，书字满盈，而略不可晓。仅忆其两句云："金牛杂剧仍逢斗，芍药花开偶至明。"及旦，以告人，皆贺曰："今岁君必作大魁。金牛，盖辛丑也；斗者，魁也；芍药三月花开，是时廷试矣。"贲即深谓为然，意必高掇科举，已乃失利。后连两发举，迨丁未赴省，偶展试日，当二月初，试毕东还。二十五日揭榜，后三日，其叔祖母戴氏生辰，相招庆会，门首内用优伶杂剧。过四更，报捷者至，其日为辛丑，下直斗宿，方悟梦中上句之验。友生为言，芍药开时，正当集注，必得明州差遣，果注奉化尉。又一榜，潘叔昌始登科。（《夷坚三志》壬卷九）

王容《登第诗》：天上催班晓色晴，五星伏尽极星明。奎章读罢三千字，胪唱传来第一声。名实两言虽朴语，始终一节悉真诚。圣恩深厚难图报，愿罄愚衷毕此生。（《全宋诗》卷二七三六）

廖行之《和四十五叔庆谦子过省二首》：行年五十尚青衫，耿耿胸中负不凡。那意宁馨联桂籍，只知清白映冰衔。平生济叔耽《周易》，何日商宗起傅岩？好上公车治安策，绿缇飞诏下方函。

长笑痴儿恋戏衫，拖泥带水漫卑凡。何如一动君王听，不入徒劳簿尉衔。细水循除空瀌瀌，泰山终古镇岩岩。可怜司马身华宠，晚作谀书拟奏函。（《全宋诗》卷二五二五）

廖行之《谢伯玉贺谦子过省启》：猥辱华笺，过形溢誉，情虽甚厚，理不敢当。伏惟某人，好在游遨，谊崇乡鄙。南山胜概，驱入笔端；北牖清风，见于眉睫。乃迂步武，更费辞章。某才不逮人，志方养母。教子能仕，第怀报国之忠；应举觅官，偶中策名之选。侥逾甚矣，称塞若何？徒抱感惭，莫殚敷染。（《全宋文》卷六〇八六）

五　月

四日，赐进士闻喜宴于礼部贡院。（《宋会要·选举》二之二五）

九日，诏："新及第进士第一人王容补承事郎、签书诸州节度判官事，第二人陈元、第三人王居安并文林郎、两使职官，第四人萧逵、第五人李协并从事郎、初等职官，第六人以下至第四甲并迪功郎、诸州司、户、簿、尉，第五甲守选。"(《宋会要·选举》二之二五)

九日，右谏议大夫陈贾言："近者充员典举，备阅诸路赋题。其间有一时发策，莫非边防急切之务。流传所至，为害甚大。乞自今内外场屋，凡事涉边防利害机密，不许发为问目。严立法禁止，令遵依旧式，泛问古今，诚非小补。伏见今来约束，除经义、诗赋许印行外，其余策、论，并令禁止。所有论卷，自来不涉时事，乞许赐颁行。"从之。(《宋会要·选举》五之一一)

十四日，尚书省言："拟到正奏名进士黄裒然以下四十七人推恩：第一名补秉义郎，第二名补保义郎；余皆平等，补承节郎，各展减磨勘有差。"从之。(《宋会要·选举》一八之七)

六　月

一日，铨试、公试。命吏部郎中石起宗、刑部郎官吕公进并考试，太常博士黄黼、大理评事钱宇、陈杞、高诹之并点检试卷。(《宋会要·选举》二二之八)

十一月

二十五日，右正言黄抡言："国家以文章取士，莫盛于进士之一科，名公巨卿，项背相望。比年以来，文风不振，士气卑冗，为学者不根乎经籍，从政者罕议乎教化。故文章委靡，诈伪日滋，选用之际，常患才难，岂非积习使然耶？唐室中叶，文尚偶俪，破碎大道。韩愈以六经之文，为诸儒倡，然后一变而为纯粹。本朝嘉祐中，刘几倡为怪僻之文，士子翕然效之。欧阳修适知贡举，痛加排斥，然后文体复归于正。厥今韦布之士数千万辈，求售有司，莫不以文艺相高，取其中的者以为程式。彼司文柄者，纵未得人人如韩愈、欧阳修，亦宜妙极一时之选。近年往往推择不精，所取之士不厌人意，有司不明，诚或有之。臣尝推原其弊，其一起于朝廷以考校之官应副人情,其一起于朝廷以亲戚就试,而海行开具,以听御笔点差。应副人情则不问其能否,而惟视其厚薄;海行开具则莫知其底里,而惟付之于幸不幸,此有司所以多不得人也。今来省试在近,加以覃恩免解而来者甚多,尤非常年之比。乞预诏大臣,精加选择,勿以人情之故而为场屋之害。其或不免于开具,亦不多其数。而具其所可具者,以备采择。如或老或病,虽登科,碌碌无闻,勿以充数。"从之。(《宋会要·选举》二二之八、九)

淳熙十五年　戊申(1188)

二　月

十八日,提举浙西常平茶盐公事罗点言:"窃见平江府布衣滕宬,学问淹该,行义修洁,词章博赡,明习世务。昨因守臣丘崇荐举,蒙朝廷召试六论,内四题全通。虽以不逮近制报罢,然较之近时应此科者,记诵颇为精详。宬自报罢之后,杜门力学,益务修饬。臣辄再行保举堪应贤良方正能直言极谏科,乞赐召试。其词业,昨守臣丘崇缴进,已经降付侍从,考中次优。"诏:"令后举召试。"(《宋会要·选举》一一之三八)

二十五日,铨试、公试、类试:命监察御史黄谦监试,右司郎中范仲艺、大理少卿陈倚、户部员外郎罗点并考试,太府寺丞范处义、大理寺丞周珌、将作监丞郑湜、秘书省正字卫泾、大理寺主簿邵骥、敕令所删定官陈谦、大理评事龙准、陈榛并考校、点检试卷。(《宋会要·选举》二一之四、五)

七　月

十四日,权知广德军沈枢言:"乞自今后,令省试别试所照大院省解试体例,下封弥所,止取六经、诗赋终场各的确人数,据凭纽算取放,不得取讨姓名、乡贯、治经细数。乞下诸路州军,遵守施行。"从之。(《宋会要·选举》五之一一)

二十三日,国子祭酒何澹言:"窃惟太学兴建之初,月书季考,未甚严密。逮至绍兴二十七年,因本监长、贰申请,始建指挥,每月私试,并依贡举条制,锁院考校,仍不得过十数日。内监试官引试终场毕,先次出院,候考校毕,入院放榜。自后每月率以为常。窃谓既依贡举条例锁院考校,不应监试之官却乃先次出院。只缘在法，监试取摘试卷详定，不预考校，所以相承如此。再详法意，盖谓承平，学校养士额多，就试人众，为长、贰者难以遍阅试卷。今来每月私试多不过三百人以上，长、贰依贡举条例锁院考校，亦自不难。兼又临期入院放榜，一时所见，或未详尽。今乞向去私试，如遇就试人多，即长、贰同共在内，更不先出。如遇就试人少，即长、贰先放榜一日入院，明日折号，庶几可以子细看阅。”从之。(《宋会要·崇儒》一之四五)

十一月

十八日，国子祭酒何澹言：“去岁春闱，有司申请今后程文不许用祖宗故事。臣窃以为未然。祖宗盛德大业，见于二百年之间，制度典章，上追三代，下陋汉唐。设使士子平日不能究讲，则异时从政，沿革废置，有所不知，动必乖谬。乞今后士子答策，许用祖宗故事。其余，或引证谬误者，不许收使。”既而，又臣僚奏：“去岁省试之后，臣僚奏请：‘举子程文引用祖宗事实，类多讹舛，不择轻重，乞下国子监并诸州学官，揭示士人，一洗前弊。’窃缘有司之所请，不过欲令士子考究其实，无至讹舛而已。即非禁其程试之文，悉不得用祖宗故事也。而中外士人，转相传播。且谓自今场屋之文，凡用本朝典故者，必加黜落。往往士气为之少沮，文体为之少弱。若考官命题，问及时务，使士子不得用本朝故事，则将何辞以对乎？臣尝记绍兴二十七年廷试，御题专问遵守祖宗法度。若不用本朝故事者，若引证不当，剽窃不实，悉皆黜落。其有切当而精确者，自应收取。庶几士气稍长，文体自振矣。”奉诏：“令礼部一就条具闻奏。”本部据国子博士孙逢吉等申，今条具前项事理：“今后命题，杂以政治所关；士子对策，许用祖宗故事显然而有据者。若引证讹舛，或辄用野史杂说，即行黜落。窃恐科举在即，诸路士子未知上件因依，乞下诸路州军，遵守施行。”从之。(《宋会要·选举》五之一一、一二)

是　冬

赵彦典，淳熙十五年冬，梦贵人金章紫绶，直造所止修谒。谓其误至，方拟引避，已下马径前，入坐书室。典束带敬揖，未及问其何官，客遽云：

“偶携榜来,君欲观否?”典谢曰:“幸甚!”即探袖取文书揭壁间。视之,皆宗子名也,有彦珍者在行间。客指曰:“是君否?”答曰:“彦典本名实为彦珍,后以宗司检案他人相同之故,遂改今名,于此无所系。”客徐以笔图圜之,徘徊少选,复卷置袖内而去。典觉而深念,将欲仍旧,则非申宗司不可,姑记于书策,颇用为虑。次年,覃恩赦下,许赴量试,而期日已迫,愿改不能,但以典字。及揭榜遭黜,果有彦珍预焉。(《夷坚支志》癸卷七)

是　年

省试,旧以十四人取一名。隆兴初,建、剑、宣、鼎、洪五州进士,三举实到场者,皆以覃恩免解。有旨增省额百人,遂皆以十七人取一人。而四川类省试则十六人取一名,后不复改。淳熙十五年,范东叔仲艺为右司郎中,议:“以蜀去天日远,士惟科举一路,非有学校他歧进也。且隆兴省额,蜀人初不预,今乃例减名额,非是,当复故。”时留仲至正自成都召还,为参知政事,意亦主之、执政共议,曰:“上改用十五人取一名,有成说矣。”东叔喜,遍为礼曹、给舍、台谏诸人言之,亦无异议。会宇文子英价以兵部尚书兼侍读,当夜直,上以其蜀人也,以所议告之。子英不知其由,遽对曰:“类省十六人,视南省已优矣。尚何议?”翌日,执政奏其事,上曰:“朕已为宇文价言之,毋庸尔。”诸公乃退,盖用东叔之议,则类试每举当增省额七八人。子英率意而言,遂不可复。东叔深以为恨。(《朝野杂记》乙集卷一五)

池州旧试贡士,率寓景德寺,隘不能容,士病之。会阙守,公(周必正)兼领郡事,始作贡院,植八桂于门,名其门曰“擢桂”。是岁,贡士五人而三奏名,士以为公之赐。(《渭南文集》卷三八《周公墓志铭》)

淳熙十六年 己酉(1189)

正 月

二十六日,诏曰:"国家以科目取士,以三岁宾兴,得人之盛,视古亡愧。朕谨守成法,靡所变更。故于大比之年,首下详延之令,非直应故事,为文具而已。夫奔轶绝尘之才,或窘于声律;穷经嗜古之士,或昧于世务。宜令有司,考核其长。吏二千石以时劝驾,俾预计偕。朕将试之春官,亲策于庭,拔其尤异,縻以好爵。布告天下,使明知之。"(《宋会要·选举》一之二〇)

二 月

四日,《登极赦》:"应举人除犯徒已上及真决人外,其余因事殿举及不得入科场之人,虽有不以赦降原免指挥,可并许应举。"(《宋会要·选举》一之二〇)

四日,《登极赦》:"应临安府府学大小职事并本府曾得解进士,与免解一次。已曾免解人,候登第日,与升甲。如就特奏名试,亦与升等。学生并赐束帛。内该乾道九年以前领尹日在籍之人,令本府取索学籍,开具姓名、年甲,结罪保明,申礼部参酌取旨。应临安府本贯进士,在乾道九年领尹以前、两经秋试终场人,仰本府取索元初簿籍,开具人数、县分、年甲,结罪保明,令礼部审实,申尚书省。"同日赦:"荣州、恭州系潜藩,举人理宜推恩。可令礼部照应绍兴三十二年体例,条具取旨。"同日赦:"应太学、国子学、武学生见在籍人,并与免文解一次。已系免解人,候登第日,与升甲。如就特奏名试,亦与升等推恩。上舍已系免省人,特与先次释褐,赐进士出身。内愿赴将来殿试者,与堂除差遣一次。仍令礼部检照绍兴三十二年体例,开具人数,申尚书省。”同日赦:“应合该特奏名人,令礼部照应绍兴三十二年推恩体例,条具取旨。”同日赦:“应国学进士,已经绍兴三十二年六月覃恩免解、今该再免之人,许理年,赴将来特奏名试。”(《宋会要·选举》二之二七)

四日,《登极赦》:“应大学、国子学、武学生见在籍人,并与免文解一次。”(《宋会要·选举》一六之二四)

二十五日,铨试、公试、类试:命监察御史黄谦监试,军器监刘立义、刑部员外郎俞澂,秘书省著作佐郎莫叔光考试,大理寺丞李洪,太府寺丞范处义,枢密院编修官冯震武,国子监丞沈清臣,秘书省正字李寅仲、黄由,太常寺主簿林湜,大理评事宋思远、李珏,武学博士蔡镐考校。(《宋会要·选举》二一之五)

十六年,(杨王休)为四川类试考官。(《楼钥集》卷九五《杨公行状》)

是　春

王侍郎溉为潼川漕,始令试官每员皆历三郡合符,符合乃听入。后又行之西川,迄今不改。(《朝野杂记》甲集卷一三)

闰五月

十六日,礼部国子监言:“《赦书》内应太学、国学、武学生见在籍人,有未沾被恩例者,本监开具下项:一,见在籍见充小职事内舍生永免解,各已有升甲王璞、韩桶、缪景仁、陈咏、虞舜卿,内韩桶又有占射差遣一次恩例;一,见在籍内舍生系永免,各有升甲刘序、陈一新、张应、许浚、张大中、刘怡、萧国馨、王仁、潘宗昭;一,见在籍外舍国子生系永免解,各已有升甲人应琇等一百一人。照得逐人于本来赦内未有沾被。”诏:“候将来殿试唱名日,再与升甲恩例,作升名收使。”(《宋会要·选举》二之二七、二八)

十七日,臣寮言:“伏睹贡举旧法,有所谓随行缌麻以上亲牒试者,行之既久，与姓亲属诚有冒滥。故淳熙七年指挥，改作本宗缌麻以上亲之法。及淳熙九年指挥，又改新法，将随行有服亲牒试，只依祖宗旧制，惟严保官批书之法。行之两举，今有司复请从淳熙七年指挥。窃谓川、广、福建去朝廷远者，或二三千里，或四五千里，或七八千里。今去秋试无三月，指挥到日，已迫试期。窃见淳熙七年五月一日已降指挥，当时士人不得已而奔归，隆暑修程，或绝粮于道途，或暍死于舍馆，其有归至本贯者，秋试已无及矣。今来指挥又复差后，深虑士人奔迸狼狈，甚于昔日。欲乞收还今降指挥，特依旧法牒试此一举。仍申严保官批书之法，亦可以革冒滥。却俟后举，早降指挥施行。"诏："特与行今举，已后依淳熙七年五月一日指挥施行。"先是，礼部言："旧法，命官本贯川、广、福建而任别路差遣，或本贯别路而任川、广、福建，随行缌麻以上亲愿应举而无户籍，或去户籍二千里外，许于所在州投状，勘会无违碍，申送转运司。并淳熙七年五月一日指挥，欲将旧法'随行缌麻以上亲'改作'随行本宗缌麻以上亲'。淳熙九年十二月十六日指挥，将川、广、福建任别路差遣，或别路任川、广、福建者，随行缌麻以上亲牒试，只当依祖宗旧制。本部窃详前项条法，行之太宽，每举牒试，既是异姓冒滥为甚，虽有保官，并皆请托。今乞依淳熙七年五月指挥施行。"故也。(《宋会要·选举》一六之二四、二五)

七　月

十日，兵部言："今来武举，系是比试发解年分，从条，先于侍卫马军司呈试弓马。其程文系附国子监发解试院，合差本部长贰同马军司监试武举人比试发解弓马两场。"诏："差本部侍郎胡晋臣。"绍熙三年，差工部侍郎谢深甫。(《宋会要·选举》二一之五)

八　月

五日，国子监发解：命监察御史计衡监试，宗正少卿耿秉、吏部员外郎赵巩考试，司农寺丞孙逢吉、枢密院编修官李沐、秘书省秘书郎黄由、宗正寺主簿郑公显、秘书省正字吴镒点检试卷。(《宋会要·选举》二一之五)

二十九日，臣僚言："四川进士及宗子该遇覃霈补授，观其所陈之词，多系当得之人;求其所据之籍,则无可考之迹。盖缘四川去朝廷远,贡籍不以时至,或全举不申,或累年未到,或有正解之名而无免解之数,与行在省试之籍不同。移文取会,动淹岁月,待报之人,未免失所。乞下川蜀,将省部见行取会文字日下供报。其合发贡籍,遵依条令,速申省部。"从之。(《宋会要·选举》一之二〇)

是　月

秋大比,士子哗,讼某官墨不可。监试者复选东老摄通判州事,往董之。入锁闱,语考官曰:"诸君毋陋南州,异时张曲江、余襄公皆一代人物之英。愿留意,勿草草。"既揭榜,士称得人。(《杨万里诗文集》卷一三〇《曾东老墓志铭》)

抚州怀仁,小邑也。士人获乡荐者,前后唯三人,而皆出周氏:曰召字彦保,其子曰龙章字冠卿,孙曰孝若字君举。孝若初名某,淳熙丙午春,梦报榜者至,以杖荷席囊,声喏拱立于右阶之所。既揭榜,乃不在选中。友人袁公辅,梦有解帖两道至,其一为袁世成,一为周孝若,且托袁致之于周所。袁以语周,己酉秋闱,皆易名入试,遂俱荐送。而持榜恶少,衣装举止与所立处,俨同昔梦,无少差。(《夷坚支志》乙卷二)

建昌新城士人张诩,淳熙十六年初夏,梦游乡先达叶昭州氏极园,逢白髯老叟告曰:"君今秋应举,但用叶使君名,可得也。"诩觉而异之,以谓身为晚辈,岂得辄犯长者名。然私心窃喜,惟恐失之,乃只用下一字,更为"极"。是岁,中解试第二人。谒谢昭州,自言其梦以谢过。(《夷坚支志》乙卷一〇)

其一曰朱文郁,在县市居。以淳熙己酉试还家,三之日,其邻家来言:"昨夜梦一神人语我云:'县下文四十四郎已发解,可说与朱解元,教他知。'"朱莫测其意,念邑内虽有文四十四,乃市井常流耳,不读书,不曾应举。所谓说与朱解元之言,有何交涉?既而,朱获荐,始悟文生名郁,故及其姓氏云。(《夷坚支志》庚卷二)

乐平南冲姜氏，家世儒冠。至景淳兄弟，尤为秀爽。淳熙己酉当秋举，以春月祷梦于神。梦到一好处，楼观峥嵘，金璧光炫，门首揭大牌曰“大洞真人之殿”。朱衣吏引造廷下，其上三人皆王者之服，而金紫侍立者甚众。小童传旨，赐以文书，捧谢而出。及门外启视，但有一“强”字径尺。于是，更名梦强以应诏，遂得中选籍。其弟景和，绍熙壬子岁，肄业邑中道观。同舍陈仲礼，梦其为金甲数人所执，束以藁荐，两头然火焚之，觉以告姜。乃采两火之义，名曰梦炎。及秋闱，亦预荐，而皆未登第。或谓由梦得名者不大显，予以为不然。此神祇先以告人，使之知敬耳。(《夷坚三志》己卷六)

九　月

一日，两浙转运司言：“临安府见有远方游学士人，试期在近，归赴乡举不及。奉旨特令就两浙转运司附试别考，取旨立额。终场一千三百一十一人。”诏：“令解发十名。”三年八月二日降旨，亦令附试。(《宋会要·选举》一六之二五)

二十一日，右谏议大夫何澹言：“窃惟国家三岁一举士，事体不轻。四方士子，冲冒严寒，引试之时，春令尚浅，间遇风雪，则笔砚冰冻，终日呵笔，书字不成。纵有长才，莫克展布。年高之人，至有不能终场者。今欲展半月，定以二月一日引试。”从之。(《宋会要·选举》一之二〇、二一)

光宗初，建议者云：“省闱试士，春令尚浅，天寒晷短。间遇风雪，则砚冰笔冻，书字不成，纵有巨材，莫克展布。请展至二月朔，而殿试则于四月初选日。”从之。(《文献通考》卷三二)

是　秋

周南《谢解启》：甫离幼童，获齿贡牒；惭非夙慧，甚玷明扬。伏以环吴四封，行周大比。山藏泽育，谷处樊栖。通国皆称，岂无顾陆；后来之秀，必若机云。谁为糊名，成此蒿目？未闲占毕，已锐毫芒。稍应准绳，不嫌羁丱。于是老智逊夫壮决，后出睨其先传。流风嚣然，扫地尽矣。抑使生而小异,长则大奇。如云出山,待族而雨;若木初值,勿爪其肤。徐而采收,庶其堪用。如某者,未窥尊足,犹有童心。粤从趋隅,粗识揽笔。家庭肄业,谩经训之菑畬;场屋应书,类土砂之嬉戏。贡成滥吹,重累公衡。古云博系于投,信矣瓦注则巧。甘井尺泽,旱汲则浑。小儿疾趋,长老所惧。兹盖恭遇某官,诞宣明绰,崇属宽条。浮江而西,独峙膺门之盛;如星之斗,更高曾子之文。江山动颜,拱把入的。贤师友吹送之如此,里父兄宽假其偶然。某敢不严冬夜之书程,讲春闱之尺度!或能不辱,持以酬恩。过此以还,未知所措。(《全宋文》卷六六九一)

十　月

二十三日,诏:"自今武举人不许试换文资。"以宰执进呈知归州林颖秀言:"武举一科,均隶右选,悉谋锁换,以为捷径,然则是科殆可废也!乞明赐戒谕,或议条约。其间诚有学业优长、才兼文武者,乞令在内清望官、外台监司帅臣考察,如委堪保举,方得缴奏所业引试。庶几其人一意戎事,稍重武科。"上曰:"此说可从。既以武进,又却换文,甚非专设武科取人之意。"故有是命。(《宋会要·选举》一八之七、八)

十一月

二十五日,诏:"自今岁试闱,六经义并不许出关题,亦不得摘取上下经文不相贯者为题。"先是,以国子祭酒沈揆言:"六经自有大旨,坦明平正,不容穿凿。关题既摘经语,必须大旨相近。今秋诸郡解试,有《书》义题用在'璇玑玉衡,以齐七政',关'舞干羽于两阶,七旬有苗格'者。据此题目,判然二事,略不附近,岂可相关!谬妄如斯,传者嗤笑。此则关题之弊。有《易》义题云:'时乘六龙,以御天也;云行雨施,天下平也。'至此当止矣,而试官复摘下文'君子以成德为行'相连为题。据此一句,其义自连下文,若止已上四句为题,有何不可?此则命题好异之弊。"宰执进呈,上曰:"出题碍理,诚不可不革。见说近时科场文格卑陋,将来省试,须是精择试官。"故有是命。(《宋会要·选举》一之二一)

二十八日,右谏议大夫何澹言:"窃见朝廷以舍法取士,太学公试,乃外舍士子升进之阶，利害不细。常年则与铨试同在太院锁院，每遇省试年分，则铨试多在中夏。日子太迟，于是附试于省试之后，而就大院别委官以考之。所委官往往以省试为重，以公试为轻。又其披阅省试文卷之余，精力各以疲惫，日子又复迫促，未免卤莽，以求毕事。缘此，前后士子多不惬服。欲望今后省试年分，所有太学公试，令赴别院收试。庶几考官专精，升黜惟允。"契勘："省试别院卷子不多，例是先期开院。今若就考公试，实不相妨。又来春大院免解赴省之人，异于常年，重以考校公试，力愈不给，必致两有所害。移附别院，尤为允当。"从之。（《宋会要·崇儒》一之四五、四六）

袁说友《绍兴府进士题名记》：晋史谓会稽有佳山水，名士多居之，王羲之晚渡江，遂有终焉之志。顾恺之谓千岩万壑，竞秀争流，而一时人物如孙绰、李充、贺循、许询辈，皆文艺冠世。说友幼读史，长而从仕，谓今会稽实拱行阙，仕而有职于东，盖无难者，亦庶几见所谓以山水名天下与人物风流之盛者乎！而宦海萍游迄三十年，而志弗遂。淳熙十六年春，始得辱乘传典仓事。于是登秦望，探禹穴，识其委蛇盘礴之观，而得其温厚粹美之气。盖其钟灵孕秀，云行川流，胚胎蕴酿，发而为英杰，宜有独盛于斯世者。国朝崇儒右文，视古为重，而东南儒风宏楙盛美，会稽为最焉。杜祁公以道德文章、功业行实，克相昭陵，德在生民，勋在史册，足以仪万世而垂后学。如李公光入参大政，孙公沔晋贰枢管，顾公临典制北门，陈公扬庭执法中司，傅公墨卿正位常伯，陆公佃、石公景略皆以文学冠春官，夏公噩、齐公唐皆以贤良应大科，傅公崧卿以艺魁舍选，儒学之秀，颉颃上下。此非骞翔奋厉之所蕴，而雄深秀丽之所钟耶！建炎初，六飞渡江，尝驻跸于越，而越今为陪都，盖古三辅也。山川之所形见，风化之所渐被，其儒风士业，流闻彰布，益以昌大，要非余郡可比。王公佐、詹公骙相望二十余年之间，皆以大策冠多士；王公俊、石公廷庆、莫公叔光皆以进士中宏博，石公公辙以奏恩擢魁名。而三岁大比，赐第于太常者率十余人，其连取世科、伯仲联第者又间见层出。人物之茂实，为衣冠盛事，其亦有以权舆于此哉！郡之前进士石朝英、陆洋、张泽阖辞以告说友，曰："越之山川，则有郡之图志在；越之名卿才大夫，则有国之信史在，若无俟于登载者，然乡之宗老则惧晚学之未闻也。人浸远而浸忘事，愈久而愈坠，其不没前人之事者几希。朝英等将以郡之进士列名于石，且请于府帅阁学尚书王公，愿饬工镵石，置诸郡庠之讲堂，于以示劝激之意。然非文不传也，敢以请！”某幸以将指来越，而楚实有材，又所身见而目识者，其何可辞？则与之言曰：夫读古人之书，肄当世之业，岂止取科级、钓爵位，以夸荣侈盛于乡曲哉！其致君泽民，行道及物，实自读书、肄业始。汉世设科射策，劝以官禄，史氏讥之；韦氏教子一经，志于青紫，后世贬焉。士之学固有远者大者。今天子龙飞御天，适当兴贤之岁，越之士将企前慕昔，以接踵贤躅而振袂流风者，其盍思所以远者大者乎！虽然，越有君子六千人，昔人谓其有志行，犹齐之士、吴之贤良也。呜呼！千载之后，其必有仍盛美于前人者！某犹拭目以观之。题名起于庆历二年，前乎此者，考诸《登科记》，则乡里多不载，故不录。而杜祁公，则大中祥符元年甲科四名进士，盖可考云。是年十一月望日，朝议大夫、权两浙西路提点刑狱公事袁说友记并篆额。(《嘉泰会稽志》卷三)

十二月

十二日，诏：“武举从军人，今后年限已满，愿留军中者，仰主帅保奏，与依诸军体例格法升差。不愿从军者，照应淳熙八年闰三月十一日已降指挥施行。”以臣僚言：“近得旨，武举人不得试换文资，恐舍其故习而失其所长，可谓当矣。既绝其文资之望，亦宜为开升进之路。虽有指挥，武举从军人职事勤恪，即从主帅具名保奏升差。累年未见引用是条升差一人，岂其果无堪用者乎？乞诏枢臣，明立升差格法。如武举出身人从军年满，有智勇、艺能精熟者，令主帅述其所长，保奏来上。又命枢庭加审察焉。自同准备将以上，可以节次差补。”故有是命。同日，诏：“今后武举比试弓马，移于城东大教场，可差兵部长贰、郎官及殿步帅、统制等官监试，作一日引试。”从武举比试弓马所请也。(《宋会要·选举》一八之八)

是　年

上受禅，潜藩惟恭、荣二郡，皆在蜀中。是年类省试，京镗帅蜀，乃命三举，终场不更名。人皆赴，倍省额，三十二人而取一人，凡得二十六人。

议者以为滥，因请廷试入四等者乃赐第，余但文学出身云。（《续编两朝纲目备要》卷一）

蜀中类试，相传主司多私意与士人相约为暗号，中朝亦或有之，而蜀以为常。李壁季章、季永，同登庚戌科，己酉赴类省试。二公皆以文名一时，而律赋非所长。乡人侯某者以能赋称，因资之以润色。既书卷，不以诗示侯，侯疑其必有谓。将出门，侯故少留，李遂先出，而侯踵其后。至纳卷所，扣吏以二李卷子，欲借一观，以小金牌与之。吏取以示，则诗之景联皆曰："日射红鸾扇，风清白兽樽。"侯即于己卷改用之。既而皆中选。二李谢主司，主司问："此二句，惟以授于昆仲，何为又以与人?"李怳然不知所以。他日，微有所闻，终身与侯不协。（《齐东野语》卷八）

上饶余禹畴，待次全州教授。淳熙己酉科举时，玉溪门外李篙师梦青衣小童持笔五枝，授之曰："烦汝送去余教授处。"李接视，但三枝有笔头，其二只空管耳。明日往告，余不能晓也。洎贡闱揭榜，余氏子弟三预荐，二中待补选。次年，侄铸登科。（《夷坚支志》甲卷七）

淳熙重修文书式：

圣祖名：玄湖涓切，悬，县，弦，玹，□，□，伭，昀，□，泫，訇，胘，眩，□，誸，蚿，犳，妶，兹，獧。□卢党切，佷，崀，榔，寈，朖，悢，誏，眼，烺，□，睍，□，腁，硍，狼，筤，寏，阆，浪，埌。

庙讳：太祖：□去王切，筐，邼，眶，恇，劻，洭，□，□，蛭，茞，軭，□，眶，框，□，□，廷，轩。胤羊晋切，酳，鞘，□，引，朄，钔，□，□，□，涓，濥，□，戭，廴，枃，螾，□。

太宗：□古迥切，颎，炯，□，臩，□，颖，耿，□，□，□，□，昋，鎣，扃，憬，皛。

真宗：恒胡登切，峘，姮，佷，□。

仁宗：祯陟盈切，桢，贞，侦，郑，媜，征，□，症，浈，□，赁，掟，□。

英宗：曙常恕切，署，杼，睹，藷，薯，薯，潪，□。□殊遇切，□，□，侸，裋，□，竖，尌，佢，□，□，娡，豎，襡，澍，贖，属，□。

神宗:顼呼玉切,旭,勖,朐,□,□,琙,畜。

哲宗:煦吁句切,昫,朐,酗,詶,姁,呴,欨,休,咻,□,蚼,霱,□。

徽宗:佶极乞切,姞,郅,趌,狤,鮚,犵,佶,芞,趌,吉其吉切,咭。

钦宗:桓胡官切,梡,瓛,捖,完,丸,□,㤕,寏,院,峘,□,岏,洹,汍,絙,纨,綄,垸,芄,雚,莞,□,萓,□,萑,萑,鸛,鳩,萈,貛,羦,獂,獂,□,脘,欿,□,鶁,貆,□,狟,莞,□皖,垣,□,□,蚖,蒝。

高宗:构古候切,遘,媾,覯,购,冓,篝,磷,煹,傋,冓,□,篝,韝,□,姤,诟,逅,骺,□,呴,鴝,句,軥,怐,佝,雊,□,钩,询,□,岣,□,珣,穀,瑴,□,彀,□,构,㲉,毂,□,□,縠,谷,□,□,□,够,□,瞉,□,□。

孝宗:□时认切,慎,□,蜃,□,矜,蜄,鈏,欣,鋠。

光宗:惇都昆切,敦,□,□,墩,镦,□,蔑,憝,蠶,孰,□,弴,弡,邨,□,鶉,蜳,蠔,錞,□,燉,撉。

旧讳:光义,□乂,德昌,元休,元侃,受益,宗实,仲针,佣,□,玮。

今上皇帝御名:□阔镬切,廓,郭,□,□,霩,鞹,鞟,漷,扩,鄺,□,擲,籗,簹,篧,噼,漷。

濮安懿王讳让。

秀安僖王讳偁。(《贡举条式》)

舒邦佐《送履正赴省》:万里云衢著脚初,临行尚肯过吾庐。风云得助子方快,冰玉相依我不如。驿路响铃看报捷,殿门放钥待传胪。逾科又见龙飞榜,此度传衣应不虚。(《全宋诗》卷二五五二)

淳熙年间

淳熙间,赵温叔丞相常力荐郭明复、刘光祖、杨辅之,谓皆省、殿试前列,且云"大好士人"。寿皇宣谕云:"朝廷用人以才,安论科第?科第不过入仕一途耳。"温叔唯唯而退。越日,御制《科举论》,其略谓:"近世取士,莫若科场,及至用人,岂当拘此?诗赋、经义,学者皆能为之,又何足分轻重乎!夫科场之弊,于文格高下,但以分数取之,真幸与不幸耳!至于廷试,未尝有黜落者,尽以官赀命之,才与不才者混矣。是科场取士之弊也。夫用之弊,在乎人君择相之不审。至于怀奸私,坏纲纪,乱法度,及败而逐之,不治之事,已不胜言矣。宰相不能择人,每差一官,则曰:'此人中高第,真佳士也。'然不考其才行如何。孔圣之门犹分四科,人才兼全者自古为难。今则不然,以高科虚名之士,谓处之无不宜者,何尝问才之长短乎!夫监司、郡守,系民之休戚。今以资格付之,丞相虽择其一二,又未能皆得其人。及至陛对,既无过人之善,粗无凡猥之容,则又未能极精其选。国朝以来,过于忠厚。宰相而误国者,大将而覆军者,皆未尝诛戮之。虽三代得天下以仁,而启誓六卿曰:'不用命,戮于社!'羲和废厥职,犹惩之曰:'以干先王之诛。'况掌邦邑军师之大事乎!要在人君,必审择相;相为官择人,不失其所长。懋赏立乎前,严诛设于后,人才不出,吾不信也!朕延一二柄臣,皆能精白一心尽忠无隐,宜勉乎此。更勤夙夜,以懋庶绩,岂不休哉!"初宣示,温叔色变,上曰:"不谓卿等。"赵奏曰:"迅雷风烈,虽不为孔子,而孔子色变者,畏天怒也。"异日,上复宣谕曰:"朕所著《科举论》,或以为过,或以为是。以为过者,史浩也;以为是者,阎苍舒也。浩极长者,故不欲朕用威刑;阎苍舒趋事赴功之人也,故赞朕以为是。刘子宣《迩言》亦云:'场屋之文,朝廷假以取士,与学优则仕异矣。士大夫以此高下人物,更相矜傲,更相景慕,亦可悲矣!'善乎文节公之言!曰:'不为俗学所累者,可与言理道焉。'"(《癸辛杂识·前集》)

(宗室)旧解省皆七人取一,淳熙中诏省试十取一。(《玉海》卷一一六)

李焘《贡院记》:吴郡胡长文以龙图阁直学士安抚制置四川,遣人持书及类省试贡院图来武陵,属眉丹棱李焘。其书指言:"西南大都会惟蜀,异时学于京师甚众,盖敌齐鲁,斯文所从起也。国家习用文治,士愈辐辏。每三岁取士诏下,合成都九邑士来应有司之试者,数逾五千,日增而未止。旧贡院既狭小,不足以容,则更就佛寺,取具临时,为士者固非之,相仍已久。建炎初,始有诏即成都类试一路十五州进士之当试于礼部者。绍兴二年,宣抚司承制,并三路四十三州当试日,皆即成都试焉。由七年以来,类试成都率循二年之制。后或即阆,或即利,或即兴元,则随宣抚使所治所也。其十一年,试事虽属宣抚使,而试所还即成都。宣抚使既罢,则皆制置使专之。自始及今,历四十八年矣。西南昔号坤乡,而坤于卦为文,文士辐辏，匪云地势，抑天理欤！且天子分取士之权以畀外阃，事体至重也，岂郡国岁贡与计偕者所得比哉！而轻易苟简，惟佛寺是因。其徒数遭逐徙，咸惮墙屋穿漏，睨视弗葺，任其颓破。及寓试所，迅期趋办，表缀供张，务蔽目前，稍缺藩户，流弊滋出，殊不称明天子所以待天下士之意。属将明命，尽护全蜀，实董淳熙四年类省试事。所逢若此，惕然不安于衷，爰议改作。度隙地于锦官坊，直府治之南，其袤九十一丈，广五十一丈四尺。舆诵云吉，龟兆日时，鸠材筑基，久乃克为。凡为屋三百七十二楹，为墙三百二十六堵，用工十万九千四百六十六，费钱六万三千缗，米二千九百六十五石皆有奇。役起五年之秋，秋毫不以烦百姓也。今成矣，盍为我记诸?”余读其书竟，取图披观，规模诚为壮丽靡盬。喟然叹曰：长文用力于斯文久矣，其改作此信善哉！然切尝考礼部贡院之名，实自唐始。或谓始于文皇，非也。开元以前，贡举皆属吏部，命考功员外郎主之。二十四年，明皇谓考功望轻，乃稽贡举于礼部，命侍郎专掌其政，令别给以印，礼部贡院得名盖始于明皇也。国朝贡举，率循唐旧，间命他官知贡举，而贡院固属礼部。元丰尝废贡院，印亦随毁，寻复给印，而贡院则犹取具临时。元丰末年，开宝寺实寓贡院，火，试官有焚死者，而试卷悉为灰烬。此非有司苟简之过欤！崇宁弥文，创建外学，以待四方所贡士，则礼部贡院自是特起，不复寓他所矣。政和二年，又从董正封建请，令诸州遍立贡院。窃尝谓贡院属礼部，其设于京师则宜，四方遍立焉，殆非古制也。古者，诸侯三岁一贡士于天子，天子将祭则先习射于泽，已射于泽，而后射于射宫。说者曰泽盖宫名。天子之射宫在庙，而泽宫所在无文，盖即宽闲处近水泽而为之。泽射既获，乃射于射宫，射再获，则与祭于庙。与祭于庙，斯官爵之也。故泽非诸侯所当有。考以四代之学，辟雍其近是欤？古者取贤敛才必于学，故曰泽者所以择士，非舍学而即他所也。后世庠序，或废或立，或立而弗备，有司略不究。俊秀升进等级，凡四方之士宾于王者，举集京师。既无所程其技能，则不免取具临时，此贡院所以肇建于唐，与学并立，要亦非古制也。然有其举之则莫可废矣。近时诸州缘董正封建请，又争立贡院，往往挟士以扰民，识者病焉。当正封时，犹或有以借口。盖舍法方盛，课督日繁，游于学者不敢一日去而之他，则其选于乡者或可别即他所。舍法既罢，士不于学焉取之，而必为贡院以待三年四五十日之用，多见其不知务也。或又曰:士之选于乡者,日益增多,乡校不足以容焉。得不舍其旧而图其新哉?此又不然。学于天下,固不可一日无也。而古诸侯非天子命之教,则不敢立学,其严盖如此。本朝庆历间,用范文正公议,尝诏天下遍立学,此盛德事也。群下不克奉承,学未遍而诏亟寝。又崇宁从蔡昌化议,学乃遍立,虽遐陬荒裔,罔不遍焉。然事必核其真,匪直为观美也。今观庆历与崇宁,得士果孰多乎?孔子为乡大夫矍相之射,盖询众庶以取贤敛才,非圣人私为之,君所命也。犹今日郡国试士。然古以射,今以文,其名异,其实同耳。子路执弓矢延射,或闻誓言,则如堵者其半已不敢入。及裘、点扬觯而语,则仅有存者。故论士惟其贤才,若但以多为贵,非所闻也。使今之有司能为子路、裘、点之所为,则士亦何至杂沓若近时之难择,而必斥大栋宇以招徕之乎!此予素所持论如此,而长文乃属余记此,岂不误哉!虽然,言各有当也。余固曰贡院属礼部,其设于京师则宜。今天子分取士之权以畀外阃,事体至重,诚非郡国岁贡与计偕者所得比,实如长文所言。故改作类省试贡院以旌上赐,礼亦宜矣。此不可不记也。抑尝闻嘉祐以前,试于殿廷尚多黜落,临轩唱第,其不预选者几二百人,皆挥涕失声。仁宗怜之,故自嘉祐后廷试,无复黜落,君子未尝不称仁宗至仁,而哀士之浅薄也。乘舆巡狩吴越,士生西南,尤惮涉险。得与计偕,亦迟迟其行。天子委曲加惠,故即以古泽宫泽士夫典就付西南统帅。既择,乃趋行在所策试,遂官爵之。此政古所谓获于射宫则与祭于庙者,其法盖祖述仁宗廷试无复黜落故事,其恩意则愈益深厚矣。不宁惟是,士之积累举数当特奏名者,亦于是择取而径许之仕。凡考文者,天子又自选四人,锡命九重,遣以金节,密受制置使以时放焉。其事体岂不重乎!明天子所以待西南之士,至矣尽矣,果无负矣!唐代宗亦尝令两都分试,特以岁歉,暂为省食计耳。于义陋甚,非若我国家时措之宜,而便于今,且合于古。领斯事者得不思所以异其礼而委上赐于寻常哉!故类省试贡院之改作,斯可谓变之正也。《春秋》记礼之变,必谨其始。矧变之正可无记乎!继自今吏铨乡举要将必试于此,然则用此殆无虚岁矣,焉可不记也?余去乡久,于蜀故弗详。颇闻长文治蜀,慨然有爱民之心。尝奏减茶盐重课为缗钱几五十万,及上供金帛之白著者亦几二十万,皆遗黎数十年所患苦者,一旦得少苏息,式歌舞之。其听讼、治兵、搜访人物,罔不尽瘁极挚,类省试贡院特一事耳。故余并敢以素所持论作记，庶几学者竞劝，益思所以报明天子忧顾远方、养成寒俊之意，且无忘长文之德。(《全宋文》卷四六六七)

又大比取士，环贡院为庐舍，待赴试之士。用一征十，不胜其扰。君(石昼问)示以间架，任民自为，事毕彻去，吏第行文书，不得措手。(《全宋文》卷五一九一周必大《石大夫昼问墓志铭》)

宋代科举资料长编

北宋卷

（下）

诸葛忆兵　编著

凤凰出版社

宋英宗　治平元年　甲辰(1064)

三　月

二日,翰林学士王珪等言:"参详复置武举。除依旧制,欲乞较试以策略定去留,以弓马定高下。其间以策略、武艺俱优者为优等,策优艺平者为次优,艺优策平者为次等,策、艺俱平者为末等。如策下艺平或策平艺下者,并为不合格。朝廷既设此科,必欲招来豪俊,推恩命官,直稍优厚。欲望中优等者与殿直,次优者与奉职,次等者与借职,末等者与殿侍、三班差使。如有策略虽下而武艺绝伦者,未得落下,别取旨。其已有官人,并于旧官上比类推恩,仍并与三路沿边差遣,试其效用。"诏可。仍令:后武艺差直学士已上,或正任或横行使各一员,与军头司共试验。(《宋会要·选举》一七之九、一〇)

二十一日,翰林学士贾黯言:"近诏复试武举,臣愚以为如果欲得智勇武干之人,则于《韬》、《略》、《孙》、《吴》、《司马》兵法,或经史事涉兵机者,取为问目。以能用己意或引前人注说解释义理明畅者为通。"从之。(《宋会要·选举》一七之一〇)

四　月

十四日,司马光《贡院定夺科场不用诗赋状》:准中书送下天章阁待制、判国子监吕公著札子:"臣闻以言取人,固未足以尽人之才。今之科场,格之以辞赋,又不足以观言。国家承平日久,文物至盛,学者莫不欲宗经向道。至于浮华博习,有不得已而为之者。先帝察取上之弊,尝集近臣之论,形于诏文,则曰:'本学校以教之,然后可以求其行;先策论,则辨理者得尽其说;简程式,则闳博者颇见其才。'虽丁宁申谕,而有司不能奉行。

窃闻昨来南省考校，始专用论策升黜，议者颇以为当。臣犹恐四方疏远，未知所尚，有司各持所见，则人无适从。欲乞今来科场，更不用诗赋。如未欲遽罢，即乞令第一场试论，第二场试策，第三场试诗赋。每遇廷试，亦以论压诗赋，为先后升降之法。庶成先帝之志，永底人文之盛。臣谬司学政，盍进舆言。如允所奏，即乞预行告示。"令本院定夺闻奏者。当院看详：近世取人，专用诗赋，其为弊法，有识共知。今来吕公著欲乞科场不用诗赋，委得允当。然进士只试论、策，又似太简。欲乞今后省试除论、策外，更试《周易》、《尚书》、《毛诗》、《周礼》、《仪礼》、《春秋》、《论语》大义，共十道为一场。其策只问时务。所有进士帖经、墨义一场，从来不曾考校，显是虚设，乞更不试。御前除试论外，更试时务策一道。如此，则举人皆习经术，不尚浮华。若是依旧不罢诗赋之时，即先试后试，事归一体，别无损益。今若罢去诗赋，仍乞依吕公著起请，预行告示，使天下学者早得闻知。(《司马光集》卷二八)

六　月

癸卯(九日)，贡院奏："准皇祐四年诏，娶宗室女补官者不得应举。按贡举条例，进纳及工商杂类有奇才异行者，亦听取解。今宗室婿皆三世食禄，有人保任乃得充选，比工商杂类纳财受官流品为胜，岂可以姻连皇族，遂同赃私罪戾之人。乞许应举，以广求贤之路。"从之。(《长编》卷二〇二)

司马光《贡院奏系官亲人许锁应状》：先准嘉祐三年八月二日中书札子，供系官亲授班行人，云云。右，具如前。当院检会《贡举条例》，若奇才异行、卓然不群者，虽工商杂类，亦听取解。又，进纳人自来皆得锁应。看详上件系官亲人并是三代食禄之家，有人保任，方得充选。比于工商杂类、纳财授官之人，流品殊胜，其中固无奇才异行可以进用？岂可止以连姻帝族，遂同赃私罪犯之人，不得锁厅应举？求诸义理，全无意谓。欲乞今后应与宗室女为亲补转班行者，如别无事节违碍科场条贯，并许依其它武臣例，锁厅应举，以广求贤之路。(《司马光集》卷二九)

十五日，枢密院言："近复武举，除已定条约外，有未备事节。其武举并随科场开设，应武举人，不拘食禄子孙，并已仕未仕人等。内已仕人不曾犯赃及私罪情轻者，未仕人别无负犯，并许奏举。在京委管军臣僚及正任横行使、副使，知杂及三院御史、谏官、省府推判官、府界提点、朝臣、使臣，在外委安抚、转运判官、提点刑狱、知州军及路分总管、钤辖、都监，具所业，人材行止堪应上项科举，于十一月三十日以前，各具保明闻奏，人得奏举一名。于十二月终，令兵部类聚申奏。次年二月初，差馆职二人试策，考定等第，关送马军司试弓马讫，却送兵部参校名闻。”从之。(《宋会要·选举》一七之一〇、一一)

七　月

十七日，命殿中侍御史赵鼎、集贤校理王权、李綖、张洞、馆阁校勘孙洙考试开封府举人，直集贤院韩维、秘阁校理文同、钱藻、编校史馆书籍孙觉考试国子监举人，监察御史林大年、秘阁校理陈襄考试锁厅举人。(《宋会要·选举》一九之一三、一四)

陈襄《乞免解举人推恩状》：臣窃见外州军不系免解举人，近日甚有经中书待漏院及拦截宰相投状，陈乞免解，未蒙指挥施行。其间多是远方孤贫羸老之人，徒步入京，羁旅困穷，深可怜悯。访闻有经三四十年以前曾与乡荐，潦倒场屋，今来为见陛下龙飞初榜。嘉祐二年以前，府监一举进士尚许免解。以此扶衰戴白，奔走远来，有觊望一例推恩之意。若令白首空归，古人所叹。欲望陛下悯其衰暮之年，无所成立，因兹首榜，特与推恩。应进士经三十年、诸科四十年，以前曾与乡贡，不以举数场第，见在京师者，许依府监免解人例，与南省收试。如不愿就试者，并赐一本州文学、助教之名，不理选限，使归田里。沾朝廷一命之荣，必知上戴圣仁，死无遗恨。抑以见陛下隆儒优老之意，不为无劝也。谨具状奏闻，伏候敕旨。(《全宋文》卷一〇八〇)

孔平仲《国学解元谢启》：伏睹解榜，叨被荐名。切以国家之兴，文物甚盛，举天下之士甚多，至于十万。而预岁中之选者，不足乎二千。又况太学之居，尤为豪俊之会。南穷北际，陆走川浮，纷然而来，岂可胜计！以敌其小,不若敌其大之为武;得于外,不若得于中之为荣。皆抱师友讲习之功,累年积学之力,以相比量。复得馆殿儒雅之臣,深见伟识之士,为之衡鉴。苟充其数,为幸已深;矧在上游,岂易以处!如某者,学不足以通天下,而涉猎以自鄙;才不足以动世俗,而虫篆之为羞。幼承父兄教训之勤,长蒙庠序熏灼之美。仅能秉笔,趋于大较之前;不图积薪,辄在群公之上。默揣其自,诚有所因。此盖伏遇某官,为国旁求,存心乐育,采以下体,收其寸长,致此妄庸,免于黜落。敢不益勤修省,愈究精微。庶几后效之收,以为至公之报。(《清江三孔集》)

八　月

十九日,枢密院言:"近复置武举,所策略定去留,弓马定高下。弓,步射一石一斗力,马射八斗力,各满,不破体,及使马精熟,策略、武艺俱优者,为优等,与右班殿直。弓,步射一石一斗力,马射八斗力,各满,但一事破体,及使马生疏、策优艺平者,为次等,与奉职。弓,步射一石,马射七斗力,各满,不破体,及使马精熟、艺优策平者,为次等,与借职。弓,步射一石力,马射七斗力,各满,但一事破体,及使马生疏、策艺俱平者,为末等,与茶酒班殿侍、三班差使。弓射二石力,弩踏五石力,射得,策略虽下而武艺绝伦者,未得黜落,别候取旨。凡头偃为破体。"诏可。(《宋会要·选举》一七之一一)

九　月

丁卯(五日),遂诏:复置武举。(《长编》卷二〇二)

是　秋

张舜民《试院感怀》:朱户当昼扃,霜帘达夜悬。沉沉造广庭,皞皞接众贤。疏莛叩洪钟,短绠汲深渊。始知学不迨,内顾多歉然。忆昔居上庠,忝出流辈前。赋就千金直,诗成万口传。荀扬迥接迹,班马思比肩。一从苟干禄,永谢英俊躔。折腰府县中,糊口道路边。世俗多见轻,义士谁哀怜?憔悴有今日,光辉思昔年。今兹睹秋闱,犹欲争相先。枯鱼傍江湖,疲马忆蓟燕。凉风拂翠幕,陇月向人圆。物景近中秋,客意孤绵绵。

裴回望清光，欲揽不得全。永怀欢乐时，把酒谢婵娟。(《画墁集》卷一)

是　年

欧阳修《论逐路取人札子》：臣伏见近有臣寮上言，乞将南省考试举人各以路分糊名，于逐路每十人解一人等事。虽已奉圣旨，送两制详定，臣亦有愚见，合具敷陈。窃以国家取士之制，比于前世，最号至公。盖累圣留心，请求曲尽。以谓王者无外，天下一家。故不问东西南北之人，尽聚诸路贡士，混合为一，而惟材是择。各糊名誊录而考之，使主司莫知为何方之人，谁氏之子，不得有所憎爱薄厚于其间。故议者谓国家科场之制，虽未复古法，而便于今世，其无情如造化，至公如权衡，祖宗以来不可易之制也。《传》曰："无作聪明乱旧章。"又曰："利不百者不变法。"今言事之臣偶见一端，即议更改，此臣所以区区欲为陛下守祖宗之法也。臣所谓偶见一端者，盖言事之人但见每次科场东南进士得多，而西北进士得少，故欲改法，使多取西北进士尔。殊不知天下至广，四方风俗异宜，而人性各有利钝。东南之俗好文，故进士多而经学少；西北之人尚质，故进士少而经学多。所以科场取士，东南多取进士，西北多取经学者，各因其材性所长，而各随其多少取之。今以进士、经学合而较之，则其数均；若必论进士，则多少不等。此臣所谓偏见之一端，其不可者一也。国家方以官滥为患，取士数必难增，若欲多取西北之人，则却须多减东南之数。今东南州军进士取解者，二三千人处只解二三十人，是百人取一人，盖已痛裁抑之矣。西北州军取解，至多处不过百人，而所解至十余人，是十人取一人，比之东南十倍假借之矣。若至南省，又减东南而增西北，则是已裁抑者又裁抑之，已假借者又假借之。此其不可者二也。东南之士于千人中解十人，其初选已精矣，故至南省，所试合格者多。西北之士学业不及东南，当发解时又十倍优假之，盖其初选已滥矣，故至南省，所试不合格者多。今若一例以十人取一人，则东南之人合格而落者多矣，西北之人不合格而得者多矣。至于他路，理不可齐。偶有一路合格人多，亦限以十一落之；偶有一路合格人少，亦须充足十一之数，使合落者得，合得者落，取舍颠倒，能否混淆。其不可者三也。且朝廷专以较艺取人，而使有艺者屈落，无艺者滥得，不问缪滥，只要诸路数停。此其不可者四也。且言事者本欲多取诸路土著之人，若此法一行，则寄应者争趋而往，今开封府寄应之弊可验矣。此所谓法出而奸生，其不可者五也。今广南东、西路进士，例各绝无举业，诸州但据数解发。其人亦自知无艺，只来一就省试而归，冀作摄官尔。朝廷以岭外烟瘴，北人不便，须藉摄官，亦许其如此。今若一例与诸路十人取一人，此为缪滥，又非西北之比。此其不可者六也。凡此六者，乃大概尔。若旧法一坏，新议必行，则弊滥随生，何可胜数！故臣以谓且遵旧制，但务择人，推朝廷至公，待四方如一，惟能是选，人自无言。此乃当今可行之法尔。若谓士习浮华，当先考行。就如新议，亦须只考程试，安能必取行实之人？议者又谓西北近虏，士要牢笼。此甚不然之论也。使不逞之人不能为患则已，苟可为患，则何方无之？前世贼乱之臣起于东南者甚众，其大者如项羽、萧铣之徒是已；至如黄巢、王仙芝之辈，又皆起乱中州者尔。不逞之人，岂专西北？矧贡举所设，本待材贤，牢笼不逞，当别有术，不在科场也。惟事久不能无弊，有当留意者，然不须更改法制，止在振举纲条尔。近年以来，举人盛行怀挟，排门大噪，免冠突入，亏损士风，伤败善类。此由举人既多，而君子小人杂聚，所司力不能制。虽朝廷素有禁约，条制甚严，而上下因循，不复申举。惟此一事为科场大患，而言事者独不及之。愿下有司议革其弊，此当今科场之患也。臣忝贰宰司，预闻国论，苟不能为陛下守祖宗之法，而言又不足取信于人主，则厚颜尸禄，岂敢偷安而久处乎？故犹此强言，乞赐裁择。（《欧阳修全集》卷一一三）

司马光《贡院乞逐路取人状》：准中书批送下太子中舍、知封州柳材奏："伏见国家间岁一开科场，诏下州郡，使之乡举里选，遣诣京师，复试于礼部。虽幽远之士，咸与其进。然而，天下发解进士到省，常不下二千余人，南省取者，才及二百。而开封、国学、锁厅预奏名者，殆将太半；其诸路州军所得者，仅百余人尔。惟陕西、河东、河北、荆湖北、广东南西等路州军举人，近年中第者或一二。窃以科举既频，天下之士诚奔走之不易。而岭外尤为遐僻，每随计动经五七千里，往来不只百余程。跋履道途，蒙犯风雪，比至京师，扶持困踬之不暇，使与郊圻安燕之士角其艺能，固不可得也。既而不第，孤寒之路，最为蹭蹬。干进且难，往往废学。于臣愚见，似有未均。欲乞今后南省考试进士，将开封、国学、锁厅举人试卷衮同糊名。

其诸道州府举人试卷，各以逐路糊名，委封弥官于试卷上题以‘在京’、‘逐路’字，用印送考试官。其南省所放合格进士，乞于‘在京’、‘逐路’以分数裁定取人，所贵国家科第均及中外。如允所请，伏乞下两制详定者。”右，谨具如前。当院今将簿籍勘会，近岁三次科场内：嘉祐三年，国子监得解及免解进士共一百一十八人，及第者二十二人，约五人中取一人；开封府得解及免解进士共二百七十八人，及第者四十四人，约六人中取一人；河北路得解及免解进士共一百五十二人，及第者五人，约三十人中取一人；京东路得解及免解进士共一百五十七人，及第者五人，梓州路得解及免解进士共六十三人，及第者二人，并约三十一人中取一人；广南东路得解及免解进士共九十七人，及第者三人，约三十二人中取一人；荆湖南路得解及免解进士共六十九人，及第者二人，约三十四人中取一人；广南西路得解及免解进士共三十八人，利州路得解及免解进士共二十六人，夔州路得解及免解进士共二十八人，及第者各只一人；河东路得解及免解进士共四十四人，全无人及第。嘉祐五年，国子监得解及免解进士共一百八人，及第者二十八人，开封府得解及免解进士共二百六十六人，及第者六十九人，并约四人中取一人；京东路得解及免解进士共一百五十人，及第者五人，约三十人中取一人；荆湖南路得解及免解进士共六十九人，及第者二人，约三十四人中取一人；广南东路得解及免解进士共八十四人，及第者二人，约四十二人中取一人；河东路得解及免解进士共四十一人，陕西路得解及免解进士共一百二十三人，及第者各只一人；荆湖北路得解及免解进士共二十四人，广南西路得解及免解进士共六十三人，夔州路得解及免解进士共三十二人，并全无人及第。嘉祐七年，国子监得解及免解进士共一百一十一人，及第者三十人，约四人中取一人；开封府得解及免解进士共三百七人，及第者六十六人，约五人中取一人；荆湖南路得解及免解进士六十八人，及第者二人，约三十四人中取一人；陕西路得解及免解进士共一百二十四人，及第者二人，约六十二人中取一人；河北路得解及免解进士共一百五十四人，河东路得解及免解进士共四十五人，荆湖北路得解及免解进士共二十三人，及第者各一人；广南东路得解及免解进士共七十七人，广南西路得解及免解进士共六十三人，利州路得解及免解进士共二十八人，并全无人及第。以此比较在京及诸路举人得失多少之数，显然大段不均。盖以朝廷每次科场所差试官，率皆两制、三馆之人。其所好尚，即成风俗。在京举人追趣时好，易知体面，渊原渐染，文采自工。使僻远孤陋之人，与之为敌，混同封弥，考较长短，势不侔矣。孔子曰："十室之邑，必有忠信如丘者焉。"言虽微陋之处，必有贤才，不可诬也。是以古之取士以郡国户口多少为率，或以德行，或以材能，随其所长，各有所取。近自族姻，远及夷狄，无小无大，不可遗也。今或数路之中全无一人及第，则所遗多矣。国家用人之法，非进士及第者不得美官，非善为赋诗论策者不得及第，非游学京师者不善为赋诗论策。以此之故，使四方学士皆弃背乡里，违去二亲，老于京师，不复更归。其间亦有身负过恶，或隐忧匿服，不敢于乡里取解者，往往私买监牒，妄冒户贯，于京师取解。自间岁开科场以来，远方举人惮于往还，只在京师寄应者，比旧尤多。国家虽重为科禁，至于不用荫赎，然冒犯之人，岁岁滋甚。所以然者，盖由每次科场及第进士，大率是国子监、开封府解送之人。则人之常情，谁肯去此而就彼哉！夫设美官厚利进取之途以诱人于前，而以苛法空文禁之于后，是犹决洪河之尾，而捧土以塞之，其势必不行矣。《书》曰："无偏无党，王道荡荡。"国家设贤能之科，以俟四方之士，岂可使京师诈妄之人独得取之？今来柳材所起请科场事件，若依而行之，委得中外均平，事理允当。可使孤远者有望进达，侨寓者各思还本土矣。难者必曰："国家比设封弥誊录，以尽至公。其诸路举人所以及第少于在京者，自以文艺疏拙，长短相形，理宜黜退。今若于封弥试卷上题'在京'、'逐路'字号，必虑试官挟私者因此得以用情。"是大不然。国家设官分职以待贤能，大者道德器识，以弼谐教化；其次明察惠和，以拊循州县；其次方略勇果，以扞御外侮；小者刑狱钱谷，以供给役使。岂可专取文艺之人，欲以备百官、济万事邪？然则四方之人虽于文艺或有所短，而其余所长有益于公家之用者，盖亦多矣。安可尽加弃斥，使终身不仕邪？凡试官挟私者，不过徇其亲知乡党。今虽题"逐路"字号，若试官欲徇其亲知，则一路之人共聚一处，不知何者为其亲知。若欲徇其乡党，则一路之中所取自有分数，岂敢偏于本路，剩取一人？以此言之，虽题"逐路"字号，试官亦无所容其私也。今欲乞依柳材起请，今后南省考试云云，裁定取人。若朝廷尚以为有所嫌疑，即乞令封弥官将国子监、开封府及十八路，临时各以一字为偏傍立号。假若国子监尽用"乾"

字，开封府尽用“坤”字，京东路尽用“离”字，京西路尽用“坎”字为偏傍，其余路分，并依此例。委知贡举官于逐号之中，考校文理善恶，各随其短长，每十人中取一人奏名。其不满十人者，六人以上亦取一人。五人以下更不取人。其亲戚举人别试者，缘人数至少，更不分别立号，只依旧条衮同封弥，分数取人。其合该奏名者，更不入南省奏名数内。如允所奏，乞降指挥下贡院遵守施行。(《司马光集》卷三〇)

按：分路取人之说，司马、欧阳二公之论不同。司马公之意，主于均额，以息奔竞之风；欧阳公之意，主于核实，以免缪滥之弊。要之，朝廷既以文艺取人，则欧公之说为是。盖士既求以用世，则奔名逐利所不能免，不必深訾。至于弃亲匿服、身负过恶者，皆素无行检之人，此曹虽使之生长都城，早游馆学，超取名第，亦未必能为君子。若以为远方举人，文词不能如游学京师者之工，易以见遗，则如欧、曾、二苏公以文章名世，诏今传后，然亦出自穷乡下国，未尝渐染馆阁，习为时尚科举之文也，而皆占高第。然则必须游京师而后工文艺者，皆剽窃蹈袭之人，非颖异挺特之士也。(《文献通考》卷三一)

蔡襄《国论要目·择官》：今之取士，所谓制科者，博学强记者也；进士者，能诗赋、有文词者也；明经者，诵史经而对题义者也。是三者得善官，至宰辅皆由此也。(《全宋文》卷一〇〇三)

楼钥《跋袁光禄与东坡同官事迹毂》我高祖正议先生，教授四明前后三十余年，一时名公皆在席下。是时，赴乡举者才百余人，解额六人，试于谯楼。秋赋之年，先生谓舒公亶、袁公毂、罗公适曰：“二三子学业既成，不应有妨里人荐名。”于是，舒试于乡，袁试于开封，罗试于丹丘，三人皆在魁选，实为一时之盛。(《楼钥集》卷七五)

治平二年　乙巳(1065)

正　月

九日,以翰林学士冯京权知贡举,翰林侍读学士范镇、知制诰邵必并权同知贡举。准诏:放合格奏名进士彭汝砺已下二百一十三人。(《宋会要·选举》一之一一)

九日,以翰林学士冯京等权知贡举,龚鼎臣封印卷首,刘攽、顾临、黄履、王存、王觌充点检试卷官,张师颜、傅卞、蔡冠卿、孙固、朱公绰、王广廉充诸科考试官,集贤校理宋敏求、滕甫考试知举官亲戚举人。(《宋会要·选举》一九之一四)

二十七日,诏贡院:"如南省放榜故事,合格者以名闻。俟敕下,仍放榜。"(《宋会要·选举》三之三八)

刘攽《南宫锁宿戏题》:复阁深沉横九衢,京尘断绝闭门居。士人应怪跳壶术,汉使曾无系雁书。暝数月华将复缺,春和庭卉已非初。东风雷雨知何在,快意青冥看化鱼。(《全宋诗》卷六一一)

二　月

(丙午,十六日)赐贡院奏合格进士、明经、诸科鄱阳彭汝砺等三百六十一人及第、出身,汝砺等三人授初等幕职官,如咸平元年例,余授判、司、簿、尉,出身人守选。(《长编》卷二〇四)

进士名录:彭汝砺,薛向,贾昌朝,王长彦,王松年,王祖道,毛抗,毛浚，毛握，方希皋，孔平仲，朱甲立，朱伯熊，朱粹，任更，任轸，江汝钦，池鄂，杜常，李子高，李文渊，李去非，李伯亨，李亨伯，李受，李宗古，李潜夫，李谭，李权，吴立礼，吴象，何甫，余弼，辛琮，沈充，沈季长，宋焕，宋横，范咨，范象，林世规，周沃，周注，周密，周谭，胡宗回，胡宗炎，柯济，段藻，皇甫子仁，皇甫师中，马隆，秦谷，袁符，晁端仁，郭知章，郭琢，凌浩，陆彦回，陈衮臣，陈贻序，陈需，陈晔，陈端，陈毅，陈毅，陈让能，孙升，孙庭臣，孙载，孙路，孙渐，孙览，黄宁，黄觉，梅仲南，梅颢，曹极，许权，章粢，梁完，张允，张行古，张逢，张商英，张琬，张舜民，张滂，张德父，张磐，张镇，彭持，彭璟，董乂，董钺，乔执中，舒亶，曾觉，冯震，游洞，游师雄，杨规，杨景略，杨凝，贾思，雷璀，赵君锡，蔡申，蔡硕，廖子平，廖正古，廖平，廖有衡，郑俊，楼常，刘行甫，刘京，刘衍，刘蒙，刘鸬，刘抣，刘俨，潘景纯，练崧，萧规，鲍祇，鲍朝儒，鲍粹，戴士先，檀宗旦，魏森，钟正甫，苏咸，罗适。明经、诸科：高必献。特奏名进士：孙京，陈揘，陈据，詹适。(《宋登科记考》卷五)

补进士名录：王补之。《画墁集》卷三《原州赠王补之洛苑同年》。

杨康国为先子言：治平中，彭汝砺谅阴榜赴省试。时以汴河上旧省为试院，既闻榜出，与同试数人自往探榜。既出门，则报榜者纷然天汉桥。忽有一肥举人跨蹇自河路东来者，问报榜者曰："状元何人？"对曰："彭汝砺也。"跨蹇者闻之即时回，更不至省前。康国追问随行小童，曰："此雍丘许秀才名安世也。"康国骇之。次举闻安世第一人及第也。(《默记》卷中)

黄鲁直得洪州解头，赴省试，公与乔希圣数人待榜。相传鲁直为省元，同舍置酒。有仆自门披发大呼而入，举三指。问之，乃公与同舍三人，鲁直不与。坐上数人皆散去，至有流涕者，鲁直饮酒自若。饮酒罢，与公同看榜，不少见于颜色。

杜常及第时，在期集处为公言："先梦已及第，犹着白衣见主上。被发，常在众中骑马，意欲先行，为前三人拥而不得进。又过一大涧，几堕，后得一人状貌甚伟，扶掖而过。"果第四人及第，则前有三人之应也。后一

人，乃沈季长，正如梦中所见，时在谅闇中，即披发之应也。（以上均见《孙公谈圃》卷下）

杜常少年时，梦泛河至桥间，有自岸而呼者，其岸高峻，常凡再跃，始及岸。一人引至大木间，见伟丈夫衮服而坐，人指之曰“天帝也”。拜之。常起，帝召常，与钱二百文，曰：“此尔及第人数。”再请之，则曰：“过此，天机不可泄也。”常后应举累不第，嘉祐末，间岁科举，放登第者二百人，常遂中甲科。时英宗在谅阴中，木者，庙讳也。（《随手杂录》）

彭器资尚书汝砺、熊伯通舍人，本皆鄱阳人也。其父并为郡吏，而二公少相从为学。彭公既魁天下，闻报之日，太守即谕其父罢役。且以所乘马及导从，并命郡吏送之还家，乡闾以为荣。其徒相与言曰：“彭孔目之子既已为状元，熊孔目之子当何如？”次举，伯通亦擢上第。时前守已替去，后守悉用前例，送熊之父还家。自是一郡欣艳，为学者益深，每科举尝至数十人。（《曲洧旧闻》卷一〇。按：熊本，字伯通，登庆历六年进士第。彭汝砺有《熊公墓志铭》。此处传闻有误。）

冯京知举，张芸叟赋《公生明》，重叠用韵。已而，为第四名，窃怪主司卤莽。及元祐中，使虏过北门，冯为留守，始修门生敬酒边。冯因言：“昔忝知举，秘监赋重叠用韵，以论策佳，辄为改之，擢置高第。颇记忆否？”芸叟方饮，不觉酒杯覆怀，再三愧谢。（《齐东野语》卷五。按：《公生明赋》乃治平四年省试题，此处记载有误。）

赵抃《喜十二弟登第》：景祐初余唱第归，入门逢尔正儿嬉。如何二十二年后，继得蟾宫桂一枝。（《全宋诗》卷三四二）

是　月

诏：“南省合格进士，已降敕：及著白襕、重戴、丝鞭。其进士二十四日于兴国寺东经藏院、诸科于相国寺东经藏院期集，择日于阁门赐绿袍、谢恩。”（《宋会要·选举》二之一〇）

三　月

丁卯(七日)，诏贡院："经殿试进士五举、诸科六举，经省试进士六举、诸科七举，今不合格而年五十以上，第其所试为三等以闻。"乃以进士孙京等七人为试将作监主簿，余三十八人为州长史、司马、文学。(《长编》卷二〇四)

九日，知贡举冯京等引新赐及第进士彭汝砺已下，诣垂拱殿见，谢恩。退诣东上阁门，释褐。仍诏：罢闻喜宴。(《宋会要·选举》二之一〇)

十一日，诏："彭汝砺、薛向、贾昌朝、宋焕为初等幕职官，杜常等及明经、诸科，皆以为判、司、簿、尉，出身人守选。"(《宋会要·选举》二之一〇)

八　月

二十一日，命天章阁待制司马光、直史馆邵亢、直集贤院韩维、秘阁校理钱藻，就秘阁考试制科。光等上范百禄、李清臣论各六首：《一为君德》、《礼以本民性》、《五经简易》、《道体君德尽变》、《五占从其多》、《羊陆非纯臣》论。(《宋会要·选举》一一之一〇)

九　月

十二日，帝御崇政殿，试贤良方正能直言极谏秘书省著作佐郎范百禄、晋州和川县令李清臣。制策曰："自昔欲治之主，曷尝不进图贤材，以共论天下之务哉！终之名发事施，以传休于无穷，朕甚慕之。近代设策士之科，而失取人之实，所问或非要，而所言未必有合。至使迂忠愤之极论，角靡曼之虚文，情郁事辽，上下相失，曾何大道之补焉？朕享国之日浅，永惟任大而守重，欲闻谠直之言，以鉴不逮，而未始云获。子大夫褎然应书，其考于往古而不迂，质诸当今而易行，为朕竭思而茂明之。夫天人之际，灾祥各缘类而至也。故至治之时，必有休符，发为星辰、雨露、草木、鸟虫之祥。皇极之不建，乃六沴并作，害于尔民。而君人者，傥不思复天变，则遂至悖缪而不可扶持，此皆前世已然之效也。朕即位以来，非有歌钟狗马之娱，与夫外家女宠、爵位赏赐之过也。乃二月乙巳，大风昼冥；四月丁未，白气起西方；七月丁丑，太白昼见经天；八月庚寅，大雨霪京师。半年之间，巨异四发，岂朕不恭不忧、不决不达之致与？是以夙夜顾省，厥愆之靡宁也。矧今吏治之未醇，民风之未厚，官溢而滥入之原未塞，兵众而选用之法未精，工作淫巧于都中，豪右僭侈于公上。田野虽加辟，而农有饥寒之患；关市虽弛禁，而商无贽货之通。岂不欲人蹈名节，而廉耻常不立？岂不欲人远刑罚，而抵冒常不止？将以六政八疵察迹夫忠邪之端，则悼不能以情见；以七教三法化陶乎善恶之类，则患不能以家抚。来远、临人、节礼，曷为异同之论？生利、事神、保民，岂无后先之旨？设饮于乡，以岁行之，使知有恭老悌长之节，古独以为宜乎？敛谷于社，以时发之，使知有救贫恤荒之政，今独以为难乎？宋景一言而胜妖眚，朕下罪己之诏，甚祇惧也，而未有转祸之感；汉宣终世以核名实，朕发责吏之书，甚丁宁也，而未有饬职之应。昔仲舒之推灾异，专治《春秋》之学；刘蕡之对阙失，深陈社稷之计。远鉴百王兴坏之所由，近慕四圣功业之所就，何道而适世变？何修而当天心？子大夫其思销异致祥、救弊起治之术，熟之复之，毋枉执事，以称朕详延之意焉。"百禄等策并考入第四等。诏："百禄为秘书丞，清臣为秘书郎。"(《宋会要·选举》一一之一〇、一一)

李清臣《御试制策一道》：臣对曰：承学臣愚，生于太平之日，而游息于天地和气之内，与草木同其荣，与麋鹿共其乐，数十年矣。常以谓不见兵盗流亡之灾，虽老于农耕，比之危朝乱邦之臣，其犹万万于彼而无所憾。况今弹冠曳绶，款乎交戟之下，亲见圣主，得以尽其所学而言当世之事，人臣之幸，夫何以过于此？

《圣策》曰："自昔欲治之主，曷尝不进图贤材，以共论天下之务。终之名发事施，以传休于无穷，朕甚慕之。"此陛下虚己以来下情之至也。臣闻士无贵贱，道是则合；人无远迩，志通则应。昔第五伦为吏长安市，尝读诏书，叹曰："此圣主也，一见决矣。"及见光武，酬对政道，帝果深然其说。臣虽不肖，亦尝默观时事而商略陛下之志矣。陛下继统承政，恭俭之德，中大禹之法，而忧勤庶事，有虞舜、周文之心。杜女谒，抑阉寺，厚亲族，礼貌臣下，损无名之禄，罢不急之用。命信而不妄，罚严而必行，群下莫不耸涌淬涤，奋励怠惰之气，而思以忠信自结于上，于此知陛下有志于为治。而臣亦窃喜今日之可以言，庶乎第五伦之遇于汉，异世而同事矣。然臣窃有所虑者，天下之大利害隐于无形，言者或能言之，而常患人之不能见；利害之小者可以见，而言者常以为屑屑，耻之而不言。夫大事言之而不能见，小事耻之而不言，则天下之事无时而举矣。臣则不然，大不敢隐，小不敢弃，而听明王之所自择。陛下幸听之，则庶几有益于毫毛，而天下之利也。

《圣策》曰："近代设策士之科，而失取人之实。所问或非要，而所言未必所合。至使迂忠愤之极论，角靡曼之虚文，情郁事辽，上下相失，曾何大道之补焉？欲闻谠言，以鉴不逮。"臣闻百官各有职，小不得以语大，右不得以治左，惟宰相遍得治天下之事，而谏官、御史遍得言天下之事。下此则有六科。六科之人，一介贱士也，而独得论治乱之大计，天子之所宜闻，宰相之所当治，御史、谏官之所当言，无所不可言者。大臣以格荐之，陛下以礼而临试之，其可谓不轻而重矣。然臣窃有所怪者。自设科以来，卒未闻朝廷得一言，行一事，岂朝廷之虚设科选以收可用之才，而不系于言之可行与否耶？将言者务为浮语虚论，徒以惊世高俗，不切于实邪？朝廷虚设其选，则言者几为狂瞽而妄为。来于是科者，为无所益于国而专为进取之计。凡此者，臣之所深耻也。今陛下既招来下臣而亲屈大问矣，使臣言有可行，陛下举而行之，苟有以少补于世而迹不辱于天下，则刀锯不足以为臣忧，禄赏不足以为臣利，而臣之私愿毕矣。臣安敢不考古质今而为陛下详言之哉！

《圣策》曰："天人之际，灾祥各缘类而至也。故至治之时，必有休符，发为星辰、雨露、草木、鸟虫之祥；皇极之不建，乃六沴并作，害于而民。即位以来，非不歌钟狗马之娱，与夫外家女宠、爵位赏赐之过也。乃二月乙巳，大风昼冥；四月丁未，白气起西方；七月丁丑，太白昼见经天；八月庚寅，大雨霪京师。半年之间，巨异四发。"而陛下又退托于"不恭、不忧、不决、不达"。臣见陛下畏天省己之道有过于前古之君也。臣亦尝究天文、《洪范》、五行、六诊之学矣，盖六经皆记异而不书其说，圣人以为足以下戒时君之思而上不敢以己意期天事，如此而已。后世学者，往往指事推迹以言灾异，而终不免乎牵合，此其近于巫史之术，圣人之所不敢取也。今陛下取巨异四列以访臣，臣岂敢为牵合之说而苟塞圣问耶？学者以大风昼冥，则不过曰号令暴急；以白气太白，则不过曰当有蛮夷之兵；以大雨为害，则不过曰简宗庙、不祷祠。臣之言之，则异乎此。天地之大，譬之于人，人之所以为四支之强者，其本在下而为腹心肺腑，其本在上而为五官，其气有所经纬，而其神有所舍止。神有所敝，则气有缪戾矣，腹心肺腑之间有所攻塞，则五官有所不宁矣。善医者，原脉察色而知其疾之所自来。耳之病则知其出于肾，目之病则知其出于肝，此皆上下相牵而变动，事理之必然，而不足怪者也。然则，五官之不宁，其原亦在乎腹心肺腑而已矣。天地亦何以异于是乎？日月辰宿，天地之五官也；民人生聚，天下之心腹肺腑也。云雨其气也，变化其□也。今之风冥而气异，星变而雨淫，是其他哉？亦民人生聚之间有所疾痛不乐已。是故善治五官之疾者，不治五官而治腹心肺腑；善止天地之异者，不止天地之异，而止民人疾痛不乐。自古圣君贤臣，见天地之异，则相与咨嗟戒惧。故商高宗遭雊雉之异，而祖己戒之曰："祀无丰于昵。"唐太宗逢彗星之妖，虞世南谏之而悟曰："我不可以轻天下之士。"今陛下统政之始，宜有星辰、雨露、草木、鸟虫之祥以为明圣之表，而咎验众至，此上天爱陛下而以此戒陛下也。陛下损膳彻乐，下责己之诏，束敝政，访直言，是以应天顺人之一端矣。若夫聚缁黄无名之学，而为厌胜禬禳之事，此何所益于承天受民者哉！

陛下复策曰："吏治之未醇，民风之未厚。"陛下可谓深讲当世之敝矣。陛下无惑乎吏治之未醇、民风之未厚也，其原盖自乎朝廷而已。今朝廷喜于增官置局而不能责任贤能，多为条令而不行赏罚，鄙弃实用而崇尚虚名。寒士无途而阀阅易进，有为者多累而因循者获安，朋党相推而孤立之士沉退，文吏与武吏相嫉而不同心。官不恤民之私，民不趋官之事，而上下异志。朝廷务于蔽塞任子而不知厘革之本源，士大夫乐于进趋而不能安廉耻进退之分。儒臣不过循守令式以避过，疆臣不过颉颃贾直以为名。瘠民而肥吏，贫农而富游手。兹十数者未之去，吏治安得而醇，民风安得而厚哉？陛下熟讲而亟变之，则吏治醇而民风厚矣。

《圣策》曰："官溢而滥入之源未塞，兵众而选用之法未精。"此二者固当所留意而先治也，臣请为陛下言滥入可止之术。今文武之吏弁冕而治人者，岂特士人之多邪？有黥徒，有商贩，有僮仆，有胥史，有医技之亲戚，有官者之旁友附赘，有纨绔襁褓之子孙。士大夫其杂乱如此，朝廷因仍而弗汰则患其溢，汰之则虑其嚣而怨，是仕籍终不可得而清也。仕籍未清，则文武为君,周召为相,不可以为治,故滥溢不可以不汰。汰之者必有道,在籍者勿复汰,继来之滥,为令以却之。黥徒、胥史、医技,凡以杂色入流者,宠之本品而足矣,何得预仕籍?贵臣以恩请者,必冠而后可,无以与襁褓之幼。富人入刍藖菽粟于县官,援之假版,使得以赎小罪。与夫久劳于事者,毗畀之以他赐,无以名器授之。非所宜得,一切寝格而不下。夫已源塞而途隘矣,然后登进天下贤者,计民而置官,太平之化,可指掌而致也。然而,为是者在陛下,不可以委臣子。何哉?官赏者人主之柄,人主为之而天下莫不顺。唐一日罢斜封官三千,无敢作言以起事,议虽出于姚、宋,而明皇自为之也。张始均祸于魏而暨艳诛于吴,主未为之倡也。臣请复为陛下言兵众选用之法。臣闻兵在选而不在众。祖宗之时,兵不过数十万,而四夷奔走之不暇。今天下数至百余万,财力耗弊而威不行。然则苟不能选用,虽多兵,适所以为累,而何贵百万之众哉!今有卒于此,力可以彍疆弩婴胄而行,日可以驰二百里,其月禄为钱千、粟二斛;又有卒于此,疲冗而材甚下,其月禄亦为线千、粟二斛,则强勇之卒,必有不慊于心矣。见敌格斗,鼓旗相当,剑盾相薄,冗卒先奔而溃,而勇者不能不牵而动。故无事而居,杂以精冗,则消军之志;有事而用,杂以精冗,则为敌之福。中人十户之赋,岁不过十万钱,十户之赋仅足以养一卒。县官养兵之众,不胜其敝矣,尚何容疲冗于其间哉?然而,汰之不可以速,汰速则怨,老癃无归,群持瓢囊,行丐道路,伤战士心。今不若汰其老癃,□其壮子弟,壮子弟不失业而老癃有所归。其数不足,则择取下卒之秀者,兵不他募而可以足用,用之而人人知战事矣。陛下若欲天下之兵举可以用,皆有杀敌致死之力,而无不逊骄惰之气,则祖宗搜兵责师之法,载于国史,陛下可以为之也,今何俟而弗举耶?陛下又以工作淫巧、豪右僭侈之为患。夫僭侈者众则淫巧者多矣,其失则自乎礼制之不明。先王之为礼制,所以定丰约、限贵贱也。故使宫室有量,车服有节,器用有等,人徒有数,君子得以异于小人之群。小人虽有其财而不敢居君子之车,服君子之服,用君子之器,則淫巧可禁而僭侈可止也。今之天下礼制既不明,而法令亦不甚可畏,君子、小人侪并而肩随,三公之服与兵吏同色,里民之室屋与官寺争华,富人之妾被珠玉而僮走曳丝纨,百工争□新伎奇器以应之。始于中都,遍于天下。富人苟财之所及则足其欲,而惟力是视,小人桀骜,视君子亡如也。君子见轻，则虽为廉约不足以率下，此伪乱之始也。臣愿为礼制以示天下，而严为之法令，以别君子小人。上下之分立而争者知止，则淫巧僭侈庶几乎息矣。

《圣策》曰："田野虽加辟，而农有饥寒之患；关市虽驰禁，而商无贽货之通。"陛下之问下及于农商，此陛下欲为仁政而深论天下之弊也。臣请先言农之敝。今之天下为本者常不足，而为末者常有余，浮民贵而农民贱，家于田亩者不若居市里，以耒耜为业者不若操货财。浮民自以为材智之当然，而财力勤苦之民，盼盼焉不足于衣食，而常有赋徭之忧、寒饥之患。比者，陈、邓、许、亳尝饥矣，农人之死者不可胜计，而他业之民，富厚恬夷无异乎平日。有司不能救，朝廷为转米粮以为之食，事已则宴然而弗议，是岂强园均民之道哉！今天下之用，郡县百索，莫不出于农。枲赋纩褐，桑敏绨絮，上取米麦而下取稿芊；治堤埸、夷道途，河川之徒杠，亭传之茨塈，凡□时之输、暴集之役，其劳苦无时得息，此所以田野虽辟而农人不免于寒饥也。臣愿陛下为令以宽农人。杂征苛取，使出之于他业之民，而无专于农，以宽生民之力而厚其本，则可以鲜转徙寒饥之人矣。农之敝如此，而臣复请言商之敝。臣闻四民各有业而无不得其所，此三代之法也。是故吏而不农，农则有役；仕而不商，商则有征。今吏而兼农商者，太半于天下，农则不得而役，商则不得而征，民所欲为而吏以其强力遍为之矣，民安能不较之哉！欲农之寒饥之寡，则莫若使吏而农者无得免郡县之役；欲商之贽货之通，则莫若使仕而商者无得略关市之征。谨司察之而深置之法，甚者还之农商而无以为吏，则吏民不相慁而商可以少通矣。

《圣策》曰："岂不欲人蹈名节，而廉耻常不立；岂不欲人远刑罚，而抵冒常不止。"臣以谓廉耻之不立，此用人失实之过也；刑罚之不止，此守令非其人之罪也。陛下知人之所以不安其分，而有觊觎觖望之心乎？一卒无功而为将，则一军皆惊曰：我何谓不至于此；一士无能而得美官，则众人皆有所望曰：我之不获也，何哉？人知为善无效，则猖狂肆行于廉耻之外，而不力于名节之路矣。今陛下之用人，陛下以为可用而天下或以为不称；陛下以为人莫之及而天下或以为无能。士人不务为忠力以卜主上之知，而情有所下交，恩有所主出，此愚臣素所痛嫉而深愤者也。昔我太宗，曾擢张咏于常参之列，其绩效终如何哉？臣以谓陛下宜自擢其人于常参下士之列。其为守倅而还者,皆召问之,不惟可以博访四方之动静疾苦,观视其人之材智如何而为之用。言之可采者疏其名于屏壁,详择而以职事试之。此愈于群臣之所荐者远矣。夫既用人如此,则又参之以荐举,名誉无间乎世胄,科级而复考之以实。曰:某为是职,尝办是事矣;某言是事,尝有是效矣;某典是兵举是士,尝有是功矣,是虽用之而天下不敢有觊觎觖望之心也。励名节,长廉耻,孰大于兹乎?世之论治者莫不欲人远刑罚,而多患抵冒之不止,则遂欲变更律令,以为措刑将在于此。夫刑措在人而不在法。法者天下之大纪也,可以一贤愚、齐强弱,而不足以尽天下之变。皋陶之法,皋陶能举之;商鞅之法,商鞅能举之。人不任事,则法在而不举,而又将为巧吏奸民之资。借吏以为己威,借法以为己用,而刑不胜蕃矣。往者仁宗颁新法以示天下,苛者弛而为宽,疑者抉而为明,缺者补而为完。识者皆知其详,当而可从也。行之以及于今,而小人犹不能远刑罚,是诚何邪?守令不足以安民也。陛下欲人之远刑罚,则莫若慎择贤以为守令,使之为政,化以齐郡县之俗。守令贤则小人虽欲为罪,皆自屏匿而不敢辄发。陛下得一贤守而一郡之刑措,得一贤令而一邑之刑措,守令皆得其人则天下之刑措矣。臣故曰:刑罚之不止,此守令非其人之罪也。

《圣策》曰:"将以六政八疵,察迹夫忠邪之端,则悼不能以情见;以七教三法,化陶乎善恶之类,则患不能以家抚。"陛下既策臣以当世之务矣,又欲取古人之教而究观天下之情伪,使忠邪不得而逃也。故举六正八疵以为之目,抑陛下可谓仁圣察言好问之主矣。夫察言好问,固圣主之事。然而,访诸正人则正言进,访诸邪人则邪言进。明足以了邪正之辨,则察之问之而益广;明不足以别邪正,则察之问之而益疑。今陛下假宽容煦和之色,以尽臣下一见于前者,人人自谓可中上旨,真伪杂进,是非相纷,此正陛下用明之时也。陛下欲知忠邪之异乎?进而合于忠孝,退而合于仁义,言有益于圣主,而利可以兼被于天下,斯者忠已。进不为忠孝,退不为仁义,言无所益乎国,而利无所加于民,斯则邪已。陛下用此而忠邪判然,皆不得而混矣,而何取于六正八疵之辩、庄周之语乎?若夫《戴礼·王制》以父子、兄弟、夫妇、君臣,长幼、朋友、宾客命之曰七教,以兴民德。《周官》以三刺:一曰讯群臣,二曰讯群吏,三曰讯万民;三宥:一曰不识,二曰过失，三曰遗忘；三赦：一曰幼弱，二曰耄，三曰蠢愚，总之曰三法，以求民情、断民中，而施上服下服之罪，此皆二经之至要。陛下果得良吏而任之，使之明教慎刑而陶善恶之类，则何至于家抚而有治道之不兴乎？

《圣策》又曰："来远、临人、节礼，曷为异同之论？生利、事神、保民，岂无后先之旨"者。夫孔子之所以问同而答异者，皆视问者之所病而为之箴切讽厉。故一问之以为政，而孔子答之以政在来远，政在临民，政在节礼也。丘明为外传，载富辰谏王之辞，以其将举狄师而伐郑，伐之以内利三德，故曰"义所以生利，祥所以事神，仁所以保民也。"

陛下又策臣曰："设饮于乡，以岁行之，使知有恭老悌长之节，古独以为宜乎？敛谷于社，以时发之，使知有救贫恤荒之政，今独以为难乎？"陛下举二者而资之于臣，此圣明之意。悼天下之薄俗，无恭老悌长之节，而欲复乡饮；思朝廷之遗缺，未有救贫恤荒之政，而欲复社仓也。古者以井田治畿甸邦国之民，民有余力暇日，不迫于兵戎赋役之事，田夫宾贤祭蜡之时而从事于礼，为之坐立之位、俎豆之数，降升上下之文，以采饰之，而民莫不知节。今来为裕民之术，而欲先复乡党饮酒之礼，是将无益于天下，臣以谓独宜于古矣。社仓之作，其始也，本以备凶饥之时；及其末也，或取而为兵费，是以起于古而不行于今。今复之，则见于常赋之外，复有加焉。而臣恐有司之不能守，掠取以入县官，其名为恤民而其实为加赋。臣以谓难于今日。

《圣策》曰："宋景一言而胜妖眚，朕下罪己之诏，甚祗惧也，而未有转祸之感"者。臣闻天感于诚而不以浮文为感，宋景之言，其始非有意于感上天，而其心本不主于退火而取寿也。发于恳款，形于怛恻，而深格于神之听已，欲后己而先臣民，而天为之祐矣。臣有所区区者，辄因陛下求转祸之美策，而不敢不致忠赤于陛下。伏以仁宗皇帝纳民于富寿之中者四十二年，挈国玺而授之明圣，知陛下可以胜万世之托也。陛下至德如尧舜，有为如文武，然后可以副先帝之意，而满天下望。然三年于兹，尚未有兴利除害可以甚慰人心者，岂可谦揖而未遑耶？岂阴视天下之事，欲遍悉其情伪，可为不疑而后为之邪？贾谊曰："日中必𤇯，操刀必割。"言为治不可以后也。陛下殚精留神于万事之际，日夜思所以慰人之望，则安享福祚而比日月天地之无穷，彼宋景之事，曷足为至圣之慕邪？

《圣策》曰："汉宣终世以核名实，朕发责吏之书，甚丁宁也，而未有饬职之应"者。陛下欲为汉宣之政，可谓得救敝之道矣。陛下知汉宣之所以不失名实者乎？此在乎赏罚行而已矣。今天下之事因循而皆敝，其本则盖自乎赏罚不分。夫财用之不足，漕挽之不通，河防之不固，兵律之不严，狱讼寇盗之不止，马政之不举，此天下之所共知，陛下之所以为忧，而群臣多士积岁深论而不决者也。臣以一言该之，而数者行以自治，何也？陛下患财用之不足，漕挽之不通，则宜责计臣；患河防之不固，则宜责水官；患兵律之不严，则宜责将帅；患狱讼寇盗之不止，则宜责刺守；患马政之不举，则宜责牧职。皆任之以久而观其效，岁久而其敝犹是也，则深案而谨诛之，取其职以畀能者。夫赏罚既明，则无实之人虽与之烦权剧使，有睥睨而不敢者矣。此汉宣之为也。今陛下与辅相之臣，不务明赏罚以劝督群下，而历取天下之事以自任，勤劳而不能周，耗乱而不能举。平日列群司，赐厚禄；一有四方之事，则符敕纷纷，冠盖交道。而居其职者以谓事理之常然，而已无负于职，亦足怪已！陛下行赏罚以核名实，则汉宣之治何异于古乎？

《圣策》曰："昔仲舒之推灾异，专治《春秋》之学；刘蕡之对阙失，深陈社稷之计。远鉴百王兴坏之所由，近慕四圣功业之所就，何行而适世变？何修而当天心"者。此陛下拳拳于治，而远思董仲舒、刘蕡至切之对，欲以天人之学过望于愚臣也。仲舒治《公羊春秋》，好言灾异，而亦自用闭阴纵阳之术以治其国。其言报应相与之际，大略则具之于策，其详则载之于《繁露》之志矣。刘蕡以宦者之擅权、藩镇之窃命，指陈时病，虽有司不敢以入第，而天下正人传读其文，至有相对泣下者。如臣之愚，安敢望二子之域哉！然陛下之所访者，臣已粗道于前矣。臣尝历选百王兴坏之迹，三皇而五帝，五帝而三代，三代而东、西京，东、西京而魏、吴、蜀，魏、吴、蜀而西晋、东晋，东晋而后魏，后魏而东、西魏，东、西魏而宋、齐、梁、陈、后周，一之于隋而为唐，一之于唐而又为朱梁，为后唐，为石晋，为刘汉，为周室，然后至于圣宋。自余国而下，其微而特一爝火之明也，奚足论哉！若夫三皇五帝之世，虽其极治，亦未足以远过于圣宋者。臣观今之治，明圣五世，康乐百年，岂不足季仲视周汉而臧仆命晋魏邪？臣闻十一月之冰霰，小人皆知其寒也，而阳以之生；五月之日，小人皆知其暑也，而阴以之始。治乱之变，犹寒暑也。寒暑之期，三月而改；治乱之势，百年而迁。善岁之家，知寒暑之必至，是以在暑成裘，在寒成絺，其所以虑患之道先，是以终身无寒暑之患。为天下者，治而不可不忧乱，安而不可不忧危。危乱而后忧之，则虽有舜禹之材，亦无所措其智已。方今之世，其久安而无所事乃至于此，此常人皆以谓无足忧，而智者之所虑也。天下之福挂于昭昭，而天下之敝藏于默默，岂无憸臣邪党欲爚乱天子之视听，乘间而夺权？岂无夷狄之国欲连兵而为盗？岂无奸桀之民，伺民之不给，欲为亡命奋臂之倡？有一于此，臣窃为陛下忧之。若夫持久安之势，预为之备，以销天下之忧，则四圣之功业卓然见于天下，皆可以为后世法。惟陛下摭诸史氏，咨之于故老之口，取其要者，力为之而已矣。又何患世变之邪适，天心之弗当乎？陛下求消异致祥救敝起治之术，臣愿以摹治四圣为对。臣闻功莫大于天地，明莫并于日月。天地之功或有所不及，而粪壤补其用；日月之明或有所不照，而灯烛扬其光。以臣之浅陋，何以副陛下待之问之之意乎？虽然，或有益于朝廷之缺，而陛下纳臣之言，贳狂愚之罪，则臣不胜生死之幸也。谨对。(《全宋文》卷一七一〇)

十四日，帝御崇政殿，试武举人。以康修等七人迁左侍禁，余迁补三班借奉职、下班殿侍、三班差使。(《宋会要·选举》一七之一一)

甲戌(十七日)，以制科入等著作佐郎范百禄为秘书丞，升一任；前和川县令李清臣为著作佐郎。

百禄所对策言："《五行传》曰：'简宗庙，废祭祀，则水不润下。'鲁庄公丹桓宫楹，又刻其桷，以自夸大，天应时而水。夫傅饰非典，犹不卑其先君，其变且若是。况今朝廷陈奏，显言欲为两统、贰父之举，简宗庙者岂有愈于斯邪？昔汉孝哀尊共皇，而河南颍川大水；孝安尊德皇，而京师及郡国二十九大水；孝桓尊崇皇，而六郡地裂、水涌、井溢，又明年以平原王奉崇皇祀、尊马氏为崇园贵人，而京师雨水；孝灵尊仁皇而京师大水。历考数者之异，若有期会而至，异世同验，密如符节。彼衰世之主，岂足为昭代之所取而复道之哉！然足以明天心之不易也。今之为异，先事而发，有以见上天开祐有道之意，岂不昭昭欤？陛下之于濮安懿王，情可以杀而礼不可加也,恩可以断而义不可以降也。礼,为人后者为之子。陛下父事先帝,而继体承祧。古者特重大宗,则降其私亲,大宗隆也,小宗杀也。天地、宗庙、社稷之祀重也,门内之期轻也。宜杀而隆之,宜轻而重之,则不得于先王之礼矣。不得于先王之礼,则不得于人心;不得于人心,则不得于天意,此变异之所从来也。陛下明诏罪己,以求直言,冀以答塞天变。今逾月矣,然未闻朝廷有所改修。将有司之未尝言耶?抑言之而朝廷弗之行耶?有司而不言,则是有司不良以负陛下;言之而朝廷弗行,则是朝廷之不畏天变也。有司负陛下则有责,朝廷不畏天变,则天之责将何以复之耶?臣窃以是为过矣,朝廷无艰乎改之而已。古之圣帝明王未尝无过,然而贵乎能改,是其所以为圣帝明王也。商汤之过以旱灾而改,中宗之过以拱木而改,高宗之过以雊雉而改,成王之过以雷风而改,宣王之过以云汉而改。此五帝王者皆不能无过,然而或致太平,或为中兴,荣华迄今,歌颂不已,惟其能改过也。夫今之过特有司过言,而陛下未有过行也,是非世俗之所谓过也,盖仁者之情尔。孔子曰:'观过知仁。'今而改之,深诏有司勿复议追尊事。以礼言之,上不失尊天地、社稷、宗庙、一统之大义;以仁言之,则不失思慕闺门、顾复罔极之厚恩。臣愚请因濮安懿王建国,为之立长以为嗣王,世世奉祀安懿王,永为一国太祖。则神灵享于礼义,人心悦而天意解矣。大雨之眚,何用禳哉?"

清臣,安阳人,韩琦妻以其兄之子。欧阳修奇其文,以为似苏轼。及试秘阁,试文至中书,未发也,修迎语曰:"考官不置清臣第一,则缪矣"。发视,果第一。时同发策者四人,或谓清臣当以《五行传》对所问灾变,当复得第一。清臣曰:"此汉儒说,以某异应某事,清臣不能知,民间得无疾痛不乐可上者乎?"因言:"天地之大,譬之于人,腹心肺腑有所攻塞,则五官不宁。民人生聚,天地之腹心肺腑也;日月辰宿,天地之五官也。善止天地之异者,不止其异,止民之疾痛不乐者而已。"清臣竟在次等。(《长编》卷二〇六)

欧阳修《崇政殿试贤良晚归》:槐柳依依禁篽长,初寒人意自凄凉。凤城斜日留残照,玉阙浮云结夜霜。老负渔竿贪国宠,病须尊酒送年光。归来解带西风冷,衣袖犹沾玉案香。(《欧阳修全集》卷一四)

十一月

十六日,《南郊赦书》:"进士、诸科庆历二年以前殿试下,并进士三举、诸科五举殿试下,进士五举、诸科七举省试下,并与免解。举人殿举及永不得入科场人已经三赦者,许取解。"熙宁四年九月十日、七年十一月二十五日、十年十一月二十七日赦书,殿举人并用此制;永不得入科场人,仍限赦到半年内,于所在投状,缴申贡院定夺情理取旨。(《宋会要·选举》一五之一六、一七)

是　年

蒋之奇《制举投献第一书》:三代取士之法,本于行而不本于言。士之出于其时,能有所立于下,则上必莫之遗。于是勉励激率,以笃于行义之习,而华言枝辞无所用于天下。及其有言,亦皆近于可用。盖其非有要利之欲,挠于其心,则凡其所以言者,皆以情自竭,无所文饰,以求合于上,而必切于利害之际。下至战国之时,如诈伪反覆倾侧之仪、秦,聘其浮辩,以游说于诸侯,至提其国而卖之。当时之君,固有深仇而切恶之者,然至其有言,则回意易虑,无入不听者,何也?以其所道之利害,晓然别白乎其前,从之者安,不从者危,则虽欲不听,而其断亦不足以自守。彼仪、秦之徒,言纵则天下合,言横则天下散,其离合天下之势,如在于掌股之间。而其揣摩捭合,六国之君皆耸动振慑,改容加礼,真若得其所未闻者,岂非其言之切于事欤?惜乎不出于诚信,而用之于诡谲,以卒败其名。使其推是辩,以极于先王仁义之际,则何施而不适于用哉?自汉以来,患天下难得可用之言,于是设科举以待天下文学之士,而求其直言极谏,以究于天下之治乱,与夫政教得失、灾异之变。复有应诏之士,承问进退,类皆以射策决科为利,而其意不主于言,是以虚词滥说多近于迂阔而无用。其间可称者,才一二而已。甚哉!其言之难也。盖汉之董仲舒、公孙弘、晁错,唐之裴度、元稹、刘蒉之徒,此皆常以科举中而有闻于后世。就其所言,以观其行事,亦未必皆合。岂有言者不能行,能行者或不能言欤?然则,言者果足以信其实哉?夫董仲舒之谈王道,信粹美矣,然而泥于《春秋》灾异之说,则未为守经而据古。刘蒉之讦时务,信悻直矣,然而违于大《易》慎密之戒,则颇若无术而不逊。晁错之词章可观矣,而临事不足于权智;裴度之勋业可尚矣,而垂世不见于文采。至于公孙弘诡诈,元稹浮躁,盖无足道者。呜呼!上下千有余年之间,设科以待天下之士,而应选者不为鲜矣,而卓荦超越之士彦寥寥而无闻。幸而有此数子者,尚皆有曲学之蔽,以玷其纯而缺其完。则于今之时而求其全人者,盖益难矣!何则?其所以待之者,又不若于汉唐也。夫汉唐之所以策贤良者,皆及于其所谓大者,而不考其纤悉之记问。士之应诏者,前既有积久之学,而其心之所潜,莫非在于天下治乱之要,而究尽于天人之际。至于苛碎剥杂之说,皆略而不治。惟其所存者大,则其所得者亦大。是以仲舒之徒,以三年不窥园之精,一发而见于三道之对。虽未必尽究于理,而后世之学者遂不能出其右,此亦善取之效矣。而今之所以待天下之士则不然。始,密阁之试,收猎于百家笺传隐僻之说,度人之所不能及者,出而为论,以观其记否。及大庭之问,则又及于区区之名数,而所谓教化之要,灾异之说,则问者不切,对者不明。不识朝廷所以延直言之士,为将求其近小之记问,则今诸科之选自足以得之,而何至于须天下之士耶?且惟朝廷所以取之之术如此,故夫士之进者,虽有积久之学,而未尝措一毫之思虑,以及于天下治乱,惫精弊神,不知其他。是以今之学者不能望于汉唐之盛者,良以此。某不肖,学不足以明道,而词不足以达意,而妄欲从事于此。惟其所谓大者,盖切尝略而讲之矣;其小者,十或仅得其二三。今者不量,乃欲应诏而起。而或者以为,持此之学,与夫今之所取者,正异术也,往则必触于报罢,而无可以必得之理。与其蒙黜去之耻,孰若引而去之,则犹足以完其美名,而不至于自辱哉!噫!为是说者,其亦近于伪矣。昔者魏舒尝策孝廉,而宗党以其不足于学术,劝之不就,以为自高。而舒之意以为,进而不中者,自我之负,何可以虚窃不就之高而为荣哉!然则舒之说,乃某今日之说也。伏惟执事以经济之业,当明天子重任,方虚心垂意,以诱进天下之善。多士颙颙,想望风采,虽某之愚,犹欲振饰拯治,而一自通于门下也。伏惟执事,以其可进而进之,因其可就而就之。某之幸也,非所敢望也。

蒋之奇《制举投献第二书》:君子之为学,非有意于进取也,将以求明夫道而已。道之在内,沛然而有余;则势之在外者,眇然若不足荣也。始,愚之学也，闻道之美，盖尝深探远取，尽锐以求之耳。求之久，而卒莫之有得，于是乃知道之妙，盖在于无得也。天下之书，既略读之矣。方其未读也，知有所未得焉；及其既读也，亦不知其所得者，果何有也？始之立行也，以求夫超世出俗，无所羁束，以自为高。当天下之进，而独安于退；当天下之动，而独乐于静。盖自以为得之矣，无以加矣。已而，又自惟曰：天下皆进，吾独屑于进；天下皆动，吾独污于动。忘天下之进而进，虽进犹退也；忘天下之动而动，虽动犹静也。是故以退为可尚，而固持之者，何以异于进？以静为可乐，而固守之者，何以异于动？惟忘进退者知进退，忘动静者知动静。某之于万物，思有以兼忘之，而况于动静进退之际乎？于是有告某以世有进士之举，既往而偶得之矣；又有以告某以制科之举者，盖又世之所谓才者也，其亦何恤而不一游于其间哉？世之人皆曰：学者，所以仕也。学而不为仕，焉以学为？愚亦安知学之果为仕耶？果不为仕耶？亦何能介然自异，而不下同世之为说者耶？然则某之所以进者，非以此为足以得美仕也，盖所以为同俗者，不欲为苟异而已矣。伏惟执事，高才达识，出众人之表；明名广誉，倾天下之望。此固不肖者之所愿主以为归者也。进卷五十篇，其言略有次序，不阙一则。力不能殚写，谨掇其二十篇尘献。统绪不完，比赋不尽，赋诗断章，姑取其意焉。伏惟亮之而已。（以上均见《全宋文》卷一七〇五）

治平三年　丙午(1066)

四　月

诏："今后补试监生，只就六月内了当，更不许举人陈状乞展限。"从国子监请也。先是，元年补到监生六百人，有百一十道。至三年无人请领，又去失二十道。勘会自来补试，只于六月内了结，监牒上姓名、三代，取候举人来请时，旋书填给付。近岁为多在七月，比毕，则已锁试院，遂为预书之，乃致有余，因缘生弊。仍有是请。是月，国子监直讲黎錞言："本监有元年所余监牒一百六十道，无人请领。盖举人多有占籍开封府，而无意求补，聊随众就试，或复夹带无艺之人同在场屋。故奏名之后，却不请领，虚名人额。检会祥符三年本监奏称：'《六典》，学生初入学，行束修之礼于其师。国初以来，但补为生者，即纳束修二千，属监司公用。'又言：'监生及第后纳钱，谓之光监。'然实是初入学见师之礼，本非光监。乞令举人补监生，并各先纳钱二千，方许就试。如此，则非实愿补试，必不肯至。若补中，更不纳光监钱。"从之。(《宋会要·职官》二八之五)

七　月

赐大理寺丞姚复同进士出身。以枢密副使文彦博荐，召试学士院，命之。(《宋会要·选举》九之一二)

八　月

七日，命监察御史蒋之奇，秘阁校理陈襄、窦卞、曾巩，国子监直讲刘攽考试开封府举人，修起居注滕甫、直集贤院章衡、集贤校理郑穆考试国子监举人，殿中侍御史吴申、集贤校理孙觉考试锁厅举人。(《宋会要·选举》一九之一四)

是　月

治平丙午，先生(黄庭坚)再赴乡举，诗题出《野无遗贤》。主文衡者庐陵李询，读先生诗中两句云："渭水空藏月，傅岩深锁烟。"击节称赏。批云："此人不惟文理冠场，异日当以诗名擅四海。"先生遂膺首选。(《宋名臣言行录》续集卷一)

刘攽《进士策问》：问：古者藏冰以御雹灾，禁原蚕以蕃马，四时改火以救民疾，出土牛以送寒气。夫天人相感，皆以其类，凡此数者，其说谓何？且其说皆《春秋》、《周礼·月令》圣贤之记，非鄙近浅陋所传述者。诸生毋以不通而轻沮毁之也。

问：古有宗子者，以管领族人。今不知其说如何？为之者何人？分大小者何故？领族人之状何若？累世之后有所断绝否？今世亦可行之乎？当为明说焉。

问：古者议事以制，不为刑辟。今国家宪章完具，毫发以上皆存约束，而言治者尝曰不尽人情。其为吏者，皆便文自营，无恻隐之实，以故政事多不及古。或以为宜简节而疏目，求忠信之士、敦庞之人以付之。夫人不易知，恐未获议事以制之美，而矫虔吏舞文以害民矣。二者宜何从？愿与诸生议之。(《全宋文》卷一四九三。按：刘攽数度任试官，姑系于此。)

十　月

六日，诏曰："国家承祖宗之休，功成治定，而贡举之法，烦而未安。永惟致治之方，盖本得材之盛。先帝深诏执事，询求其故。诚以士久不贡，则学废于闲肆；时旷难逢，则人嗟于留滞。故易四载之旧，始为间岁之举。粤自更制，浸闻非便。乃以为里选之牒仍故，而郡国之取减半；计偕之籍屡上，而道途之劳良苦。朕甚闵焉。载图事制之中，俾从更定之令。今后宜每三年一开科场。应天下所解进士、诸科，并以本处旧额四分中解三分。内开封府、国子监以皇祐四年所解进士、诸科数，各四分中以三分为额。所有礼部奏名进士以三百人为额，明经、诸科不得过进士之数。凭限年取才，虽为法之末，力学从仕，乃服儒之常。毋专文辞而忘操履之修，毋矜帖对而昧义理之当。服我明训，务祗乃心，庶几得贤，无愧于古。诏示中外，咸体朕怀。"恩典不增，其贡举期缓，士得休息，官以不烦矣。(《宋会要·选举》三之三八、三九)

治平四年　丁未(1067)

正　月

一日,《西京德音》:"将来南省所试进士,除元定额外,更添五十人奏名;明经、诸科不得过进士所添之数。今后不为常例。应先朝举人,嘉祐二年以前进士一举、诸科两举殿试下,进士三举、诸科四举省试下,并特与免今来文解。其趁试不及者,即与免将来文解。"(《宋会要·选举》一五之一七)

二十二日,礼部贡院言:"看详:欲将《贡举条制》内解额,自后不得增添者,即用为旧额,依今敕施行。若曾经增添者,将新添人数并在《贡举条制》元额内,通计为数。然后于四分中解三分,永为定额。"又:"勘会:逐州军解额人数不等,其间有二人、三人、五人、六人、七人者,难折分数。今欲乞应请旧额四分中解三分,不满一人者并解一人。假设旧额十人,今四分中解三分,合解七人外,更有余分,即许解八人之类。每岁贡举,于三月一日起请。今既指定三年一开,欲乞除合开科场之岁,依旧三月一日起请外,其余二年更不申请。"并从之。(《宋会要·选举》三之四〇、四一)

二十五日,以龙图阁直学士司马光权知贡举,知制诰韩维、邵亢并权同知贡举。准诏:放合格进士许安世已下三百六人。(《宋会要·选举》一之一一、一二)

二十五日,以龙图阁直学士司马光等权知贡举,都官郎中郭灏、屯田郎中赵众监贡院门,屯田郎中范道卿、监察御史里行刘庠封弥,永兴军掌书记吕惠卿、三司检法官李常、编校昭文馆书籍沈括、编校秘阁书籍顾临、高密、广平西院小学教授黄履点检试卷，权发遣大理少卿大理寺详断官孟开、审刑院详议官吕孝廉诸科出义，大理寺检法官陈确、大理寺详断官李逵、刑部详复官胡援、开封府法曹参军靳绶、司农寺主簿姚舜谐考试，国子监直讲黎錞、楚王宫教授张参、韩王宫教授李实复考，集贤校理孙洙、陈绎考试知举官亲戚举人。(《宋会要·选举》一九之一四)

治平四年，京师省闱以《公生明》命赋题，司马君实司贡举。襄邑人本开封府襄邑县，蔡京改四辅拱州，后复襄邑许少张安世时为举子，诣帘前上请云："公生明者，公正生明公而自明，非自明之明。"主司恶其语赘，斥去之。君实走厕回，问诸公何为而喧，同列告以其故。君实默然，谓帘外官："请适来上请先辈相见。"再问之，少张问如前语，君实云："诸公不晓先辈意，所说极当，当依次第为文。"君实退与诸公言："诸公谓此同人上请耶?"诸人方诮其上请疏谬，君实微笑曰："是公非上请也，乃来考试吾辈尔。今日命题《公生明》，冷淡无体贴，如用离娄之明，则便是自明之明。吾辈可不领略而去。"及得许公程文，读至"依违牵制"云云，抚案曰："此非作《公生明赋》，乃公生明断案也。"遂为南省第一。少张廷试复魁多士，官至都官郎中、权中书舍人。(《山房集》卷八《杂记》)

许安世《公生明赋公不偏党，明则生矣》：事欲无蔽，心宜尽公。既守正以宅志，遂生明而在躬。祛一意之党偏，不私乎物；照百为之情伪，罔汩于中。若夫外交事变之繁，中固心诚之守，以谓虚己鉴物则枉直昭晰，挟情适事则是非纷纠。欲庶理之皆辨，舍至公而则不。中立不倚，始持正于群伦；旁烛无疆，遂致明于万有。无陂无侧，不阿不偏。非妄恶也，恶其众之所弃；非作好也，好其众之所贤。盖依违牵制者固已去矣，则明白洞达者乃其自然。百志惟宁，居绝倾邪之渐；五綦不乱，遂观昭旷之先。盖夫智因窒而后昏，性以私而有党。爱憎既绝，则真伪必审；取舍既平，则善恶不爽。抱纯正以中执，涵机灵而内养。所以主心善治，汤无蔽塞之忧；直道钦承，文有照临之广。岂不以湛静者人之性，偏暗者性之情？知静为本，故虚之则定；知暗为害，故去之则明。正厥心官，始闲邪而制物；发为智烛，终迪哲以通诚。大抵处有累之地者，莫不徇私；对无穷之变者，鲜能不惑。凡适理以非眩,由秉心之自克。得不保守天质,蹈行圣则!周而不比,无一曲之蔽情;静之徐清,有三知之入德。因知心乃物之鉴,公为职之衡。系吝既屏,纯明自生。以之察己则事至不惑,推而成务则物来敢名。是故君子养源,于以致忠邪之判;大人正己,岂徒无谮诉之行!嗟夫!有为者易失其本心,无惮者或迷于至理。故伾、文党与以丑正,恭、显庸回而嫉士。智尚昧于自保,识敢期于远视。惟夫以公正为心,明则生矣。(《全宋文》卷二四〇八)

三　月

权知贡举司马光等上言所考试合格进士许安世以下三百五人,分四等;明经、诸科二百一十一人,分三等。诏:进士第一,第二、第三赐及第,第四等赐同出身;明经、诸科第一,第二并赐及第,第三等赐同出身。敕下贡院放榜,安世及第三等三人,并为防御、团练推官,其余注官、守选如例。(《长编》卷二〇九)

进士名录:许安世,何洵直,郭仪,上官裕,王岳,王晦,王雱,王蒙,王默,王觉,王辟之,毛渐,毛敷,方仲宇,方孝述,方洵武,方晞道,方蒙,方演,邢思,朱君仪,朱敏元,朱绂,伍诰,江公著,江汝钦,江涣,江通,江炜,阮述,李介夫,李公弼,李本,李奕,李处道,李博闻,李潜,李岩,吴仕忠,吴仕恭,吴克,吴秉礼,吴师龙,吴纯觊,吴深,吴蔚,吴黯,邱舆,何友直,何正臣,何汉规,余乔,汪曼,汪适正,沈元,沈师中,宋级,邵彦,范师道,林皋,林端,林璋,周纯,周槐,周谭,周点,胡玠,胡宗原,胡彦明,胡蒙,胡愬,查应辰,俞师锡,姜子克,纪辉,马顺,莫哲,杜砺,徐积,郭大昕,郭良翰,郭纯,陈大卞,陈之问,陈良,陈时,陈祥道,陈贻范,陈景山,陈几道,陈瑄,陈损之,陈恺,陈噩,陈薷,黄兑,黄君俞,黄降,黄庭坚,黄彦臣,黄理,黄康民,黄远,黄辙,梅南仲,崔公济,许彦博,梁兴,张太宁,张汲,张更,张孚,张冕,张景修,张敦,张仅,张翥,张璘,张举,叶安节,叶牧,万公奭,景山,傅肩,傅楫,邹庸,邹极,曾肇,冯师古,贺景先,杨宇,杨昉,杨佾,杨恬,杨国宝,杨从,路复,解通,雍公诜,雍钧,蒋忱,蔡柏,廖克明,郑及,郑佾,郑侠,郑刚,郑总,邓向,欧阳伸,欧阳棐,黎志,黎珣,黎与几,刘寻,刘弼,刘谊，潘颖，骆欲，萧汝器，卢约，鲍康尧，鲍强，阎木，韩奕，谢诇，谢党，罗尚友，龚子与。

特奏名进士：黄谌，李忠辅，汪珣，王沛，林东注，胡时中，袁甫，徐概，唐彦龙，陈昌弼，陈嘉猷，谭和中。(《宋登科记考》卷五)

补进士名录：其一，邢恕。《宋登科记考·附录》："北宋中期登进士第。"按：《隐居通议》卷一四《年谱后序》："(邢)恕，治平四年始登进士第。"又，《宋史》卷四三三："(司马)康、(邢)恕同年登科。"司马康，熙宁三年登第。两说并存，待考。

其二，裴仲谋。《黄庭坚全集》第一辑《次韵裴仲谋同年》。

其三，郝辟之。《宋登科记考·附录》："郝辟之，字希孟。石州定胡县人。郝寅子。神宗朝登进士第。"《黄庭坚全集》第一辑《漫尉序》："……兼寄赠郝希孟胡深夫二同年。"

其四，胡深夫。同上。

其五，李夷伯。《黄庭坚全集》第二辑《闰月访同年李夷伯子真于河上子真以诗谢次韵》。

其六，黎充。《黄庭坚全集》第十辑《黎远字说》："龙水黎充，字子美，余同年进士。"

其七，王谹。《全宋文》卷五一八九周必大《王居士伯刍墓志铭》："曾祖谹，治平四年登第。"

其八，张公权。《全宋文》卷五一九五周必大《张公墓志铭》："登治平四年进士第、赠左正议大夫讳公权者，祖也。"

其九，吕希纯。《宋登科记考·附录》："吕希纯，字子进，寿州人，吕公著第三子。北宋中期登进士第。"按：《紫微诗话》："张先生子厚与从祖子进，同年进士也。"张举，字子厚，是科登第。《宋史》卷四五八本传作"张坣"。

先伯父治平四年举进士第一，少从丁宝臣，以文字为欧阳文忠公、王岐公所称重。其试《公生明赋》曰："依违牵制者既已去矣，则明白洞达者乃其自然。"此不刊之语也。(《彦周诗话》)

治平中，京师医僧智缘为王荆公诊脉，言当有子登科甲之喜。时王禹玉在坐，深不然之。明年，雱果登第。缘自矜语验，诣公乞文以为宠。公为书曰："妙应大师智缘，诊父之脉，而知其子有成名之喜。"翰林王承旨疑古无此，缘曰："昔秦毉和诊晋侯之脉，知其良臣将死。夫良臣之命，尚于晋侯脉息见之。因父知子，又何怪乎？"所书大略如此。许云："此非荆公之文，特其徒假公重名矜炫，以售其术尔。"(《清波杂志》卷一一)

抚州后土祠，灵响昭著。宜黄士人邹极未第时，致祷求梦。梦入庙詹敬毕，转眄东壁，有大书一诗，睨而读之。既觉，历历可记。诗曰："天道本无成，明从公下生。温黄前后并，黑暗里头行。大十口止各，常常啼哭声。两个齐六十，只此是前程。"邹玩其语多不佳，惧或死于疫。后以治平三年乡荐，赋题曰《天道无为而物成》。次年省试，赋题曰《公生明》。列坐之次，温州人居前，黄州人居后。时亮阴罢廷对，始验前诗二联之意。邹仕终江西提刑，盖"大十口止各"，"本路"字也。常常啼哭声，刑狱象也。与其妻并年六十五而卒。夫四十字之微，而场屋二题，坐次先后，朝家之变故，官寿之终极，与妻室之年，靡不先见。吁！其异矣。(《夷坚志》丙卷九)

陈良，扬州人。有学行，为乡里所推，八贡礼部。治平四年，与子景山同登进士第。良事亲孝，既登第而念亲之不见也，乃叹曰："先子令力学起家，今墓木已拱，而予方登第，不乃景山远矣。"有诗云："父子联荣世所希，予家何幸窃恩辉。自惭不及吾儿甚，得向亲前谢绿衣。"王君玉赠诗云："姮娥丹桂惜双枝，见说蟾宫影渐稀。龙过禹门和骨换，凤巢阿阁带雏飞。石渠典校前芳在，雁塔留题故事希。莫怪扬人争洗眼，上林春尽画船归。"(《宋辽金元方志辑佚·宝祐维扬志》，第259页)

二十二日，以新及第进士许安世、何洵直、郭仪并与防御、团练推官；黄降并明经九经及第，并注试衔判、司、簿、尉；诸科及第，并注判、司、簿、尉；进士第四甲等、明经、诸科出身，并令守选。(《宋会要·选举》二之一〇)

四　月

十三日，礼部贡院言："检会《贡举条制》，诸举人虽是外处人士，曾预府解者，本土虽有产业，亦许只依旧取解。如愿归乡者，经本院陈状，与通理举数。其外处虽有解数，不系本府户籍，即不得理入在京举数。嘉祐二年四月二十八日敕(略)。又三年正月二十四日诏(略)。又六年五月十九日诏(略)。看详上项条贯，盖欲举人尽归土著取应，则官司可以询察履行，稍近乡举里选之法。虽嘉祐六年本院奏乞，限至年终，许令陈首，通叙举数，还本贯取应，其举人多是不曾依应陈叙。欲乞应开封府并外州军举人，自来于三两州户贯、并一州三两县户贯请到文解者，与限至今年终，许经本贯州军陈述因依，合并归一处户籍。仍令本贯州军结罪保明，申贡院，勘会三代、年几并同，与通叙举数。如出限及无本贯州军保明，更不在叙举之限。即不得将外州军文解移徙入开封府、国学。"从之。(《宋会要·选举》一五之一七、一八、一九)

十　月

四日，三司言："国子监等处解发举人，并占寺院，秽污未便。欲乞自今后，锁厅以嘉庆院、国学以高翰宅充考试院。翰宅倒塌，见在一千八百间，相度只修一百二十五间。"从之。(《宋会要·选举》一五之二〇)

十二月

十一日，知谏院吴申言："延州应武举李严夫试策中第一等；弓马不中，再试，中第二等弓马，不系奏名。严夫对策，理有可采，伏乞特授一官，与沿边差遣。"诏："与茶酒班殿侍、鄜延路指挥使。"(《宋会要·选举》一七之一一)

治平年间

科场中，进士程文多可笑者。治平中，国学试策问体貌大臣，进士对策曰："若文相公、富相公，皆大臣之有体者；若冯当世、沈文通，皆大臣之有貌者。"意谓文、富丰硕，冯、沈美少也。刘原甫遂目沈、冯为有貌大臣。(《续墨客挥犀》卷七)

宋神宗　熙宁元年　戊申(1068)

正　月

壬寅(二十九日),诏太学增置外舍生百员。初,太学置内舍生二百员,官为给食。至是员足,远方之士待次而入者盖百余人,谏官滕甫、刘庠并以为言,故有是诏。(《山堂考索》后集卷二七)

五　月

国子监言:“自来补试国学监生,以六百人为额。今科场三年一开,窃见开封府国学各增解名三分之一,四方士人以此盛集京师。欲乞监生人数亦展一分,以九百人为额。”从之。(《宋会要·职官》二八之七)

是　月

(宋敏求)其议贡举,则曰:州郡有学舍而无学官,四方之士轻去乡里者,以求师也,今请州置学官一人。又三岁一下诏,得士三百人,今请二百人,试诗赋论策,糊名通考之如旧,其一百人请如敕文,令州郡论荐,转运使审核之。太学生则委国子监官。至御试,随其所学而试之,则文辞、经艺、行实之人皆无遗也。其后官不数变易,太学建三舍,命举人以官,置学官,三路取百人,皆公发之也。(《全宋文》卷八七三范镇《宋谏议敏求墓志铭》)

六　月

(国子监)又言:“访闻举人欲来本监投下家状,缘条制,每人用京朝官两员委保,不得过五人。欲乞亦许通用流外曾历任无赃罪选人,仍乞职官令录许保三人,判、司、簿、尉许保二人。所冀举人依限早就试补。”诏进纳及流外出身不许保任,余并从之。(《宋会要·职官》二八之七)

孙觉《上神宗论取士之弊宜有改更》:臣窃见朝廷设科以取天下之士,而所谓进士、明经者,乃因隋、唐、五代之弊。行之百有余年,其法愈密,得人愈疏。其间虽有劳烈之臣,建造功业,谋谟卓荦,有纪于世。必皆其人不因循于流俗,能自奋拔于昧漏浊淖之中,类非科试之方有以得之也。臣以谓天下之生才,非于古今偏有薄厚,在上所以驱之耳。今诚有道德之士,经纶之彦,不由科举,则无以进仕于朝廷。是使天下之才,皆汩没于雕虫篆刻之技,弃置于章句括帖之学也。古者,少而学之,壮而行之;今也,学非所以从仕,仕无用其素学。天下人才日少,而士常不足于用,其不自于此欤!祖宗之时,其法数变矣。然一时议者,亦多率其私意,以傅合当世之宜。故其法虽更,而其弊犹在也。臣窃计来年之春,当下诏选士。以陛下聪明睿智,将大有为于时,而取士之法,不早有所更定,则不足以尽天下之才;不足尽天下之才,则不足以新天下之化。臣谨条取士之弊,并所当改定者,具列如后:

一,文章之于国家,固已末矣,诗赋又文章之末欤!今乃拘以声势之逆顺,音韵之上下,配合缀缉,甚于俳优之辞。近岁以来,朝廷务以经术材识收揽天下之士,有司往往阴考论策以定去留,不专决于诗赋。学者亦多治经好古,修身谨行,至于诗赋之业,类不精于往时矣。臣谓人情之所共废者,圣人不能强使之兴。今上下厌弃,人人知其无用,朝廷因而去之,使天下学者学其所可用,仕者用其所尝学,顾不美欤!愿下群臣,讲求所当考试,以代去诗赋之法:

一,学究诸科,多不通经义,而猥以记诵为工。记诵不能,则或务为节抄,至断裂句读,错谬文辞,甚可闵笑。仁宗患其如此,始立明经科,将以变学究诸科之习。今西北诸州,颇愿习为明经矣。然变法之初,为法太密,类非中材可以勉强。往者尝设说书一科,亦多通经之士。臣愿更赐参酌明经新法,稍依说书之制,其逐州解发并登第人数,并减诸科额以处之。如此,则人数不增于旧,而学究诸科习通经术矣。

一,国家所取天下之士,专用进士、明经数科。然东南之进士,西北之诸科,则数略相埒。至于被边州郡,或更十数岁,乃无一人见收取者。虽由其业不精,无以应有司之格,然人情不能无望也。取士之意,务在得人。而臣愿朝廷别设科格,或以边臣保任,若汉六郡良家,专以取边州材武策略之士。所得人数，即以逐州充进士、明经、学究之额。

一，进士、明经诸科，旧各以三百人为额。治平中，更增五十员。三岁一取士，凡六百五十人，亦不为少。然不足以尽得天下之士，何也？所以取之之途狭耳。士苟可用，亦何必进士、明经哉！臣愿以治平新增五十人，每遇下诏取士时，许诸路转运使、提点刑狱、知州、通判，荐文行殊异，经术、政事，或有兵谋材略之人，若往时之遗逸；并许两制侍从官不以内外，各得推荐一人若二人，类所荐之士，别于试格，足收五十人而止。所举非其人，若已仕而坐法者，如律。亦因以观臣下荐贤之能。

一，朝廷自庆历以来，诏天下立学，郡县往往有学舍、官田、房廊之利，京师亦自析国子监之半以为太学。太学诸生常数百人，州学舍多亦或至百人。学校之盛，侔于汉、唐矣。然国家未有学校选士之法。臣愿诏天下州郡守臣，到任一年以上，得举所学者才行尤异，升之太学，无其人则阙。既至，官为廪给，更以日月，详观而屡试之。每岁，判国子监至直讲共荐十人，朝廷更以策试，然后推恩。所得人数，即以充进士之额。其公卿大夫之子弟，及旧在学生员，即乞别定入学之法。

右，臣所请改定取士凡伍条，皆博采群言，以为有补天下而便于旧格。其后三条，稍用保任荐举法，荐取材略文行之士，以广朝廷搜择之路，比之科场泛然收举者，利害不相侔矣。然臣不敢具为科格，伏望圣慈下两制、杂学士、待制以上，台谏官、三馆秘阁臣寮，博加论议，必有良法可以行之。有论议不同者，听为别状，朝廷取其最优者施行之。（《宋朝诸臣奏议》卷八〇）

八　月

七日，赐茂材异等科王安国进士及第。先是，上旨："以安国翰林学士安石之弟，安国素有行义学术，为士推尚，近阅所著《序言》，文辞优赡，理道该明，可令舍人院召试策论。"以所试中优等，命之。（《宋会要·选举》九之三）

王安石《赐弟安国特赐及第谢表》：臣某言：伏蒙圣恩召试臣弟安国，赐进士及第，注初等职官者。俊乂之求，外覃草野；龙光之施，首逮门庭。中谢。窃以躬国论听断之烦，而察知孤远之行；略门资贡举之法，而拔取滞淹之才。山林之所诵说而难遭,闾巷之所惊嗟而罕见。伏惟皇帝陛下,协德穹昊,比明羲皇,博临四方,洞照万物。如臣同产,为世畸人,少遭闵凶,自奋寒苦。虽强学力行,粗有时名;而少偶寡徒,几绝荣望。岂期圣听,俯及幽潜,遂使穷途,坐阶华宠。奖以诏书而试艺,赐之科第而命官。禄不逮亲,既永乖于养志;仕非为己,当共誓于捐躯。臣无任。(《全宋文》卷一三七四)

十一月

十八日,《南郊赦书》:"应贡举人,进士、诸科曾经仁宗朝皇祐元年以前殿试下,并进士、明经、前进士、诸科曾经嘉祐二年以前省试下、嘉祐四年以前御试下,并进士、明经御试下两举、省试下三举,诸科御试下四举、省试下五举,并与免取将来文解。应举人从前因事殿举者,特许候有科场,依例取解。其今日以前永不得入科场人,候经三赦,亦特许依例取解。"自是至元符《赦书》,殿举人并用此制。永不得入科场人限赦到半年内,于所在投状,缴申贡院、尚书礼部,定夺情理,遂旋闻奏。(《宋会要·选举》一五之二〇)

十八日,《南郊赦》:"昨复武科,特新选法,如闻三路颇有遗材。应河北、河东、陕西臣僚,今后当举奏武举人者,路分都总管、副都总管各委举三人,转运使副、提点刑狱、路分钤辖、勾管路分军马各三人,余依旧制。仍须是本路土著,不得以游士寄贯人罔冒充数。"(《宋会要·选举》一七之一一,一二)

十二月

癸丑(十五日),宗孟又言:"向者大臣为法,以节约进士、经生之数。举天下而计之,三年之间,率常数千万人而取三四百也。……方今所贵而宠用者,进士一科。以进士言之,使天下之仕者率三十而得京官,比及引年之日,不过为陛下中行郎中耳。然而其间几何而至此,其补奏而得仕、诵书而得入官者,又岂人人四十而尽京官邪!"(《长编拾补》卷三下)

是　年

程颢《请修学校尊师儒取士札子》:臣伏谓治天下以正风俗,得贤才为本。宋兴百余年,而教化未大醇,人情未尽美,士人微谦退之节,乡闾无廉耻之行,刑虽繁而奸不止,官虽冗而材不足者,此盖学校之不修,师儒之不尊,无以风劝养励之使然耳。窃以去圣久远,师道不立,儒者之学几于废熄。惟朝廷崇尚教育之,则不日而复。古者一道德以同俗,苟师学不正,则道德何从而一?方今人执私见,家为异说,支离经训,无复统一。道之不明不行,乃在于此。臣谓宜先礼命近侍、贤儒,各以类举;及百执事、方岳、州县之吏,悉心推访。凡有明先王之道、德业充备、足为师表者,其次有笃志好学、材良行修者,皆以名闻。其高蹈之士,朝廷当厚礼延聘。其余命州县敦遣,萃于京师。馆之宽闲之宇,丰其廪饩,恤其家之有无,以大臣之贤典领其事,俾群儒朝夕相与,讲明正学。其道必本于人伦,明乎物理;其教自小学洒扫应对以往。修其孝悌忠信,周旋礼乐。其所以诱掖激励、渐摩成就之道,皆有节序。其要在于:择善修身,至于化成天下,自乡人而可至于圣人之道。其学行皆中于是者为成德。又其次,取材识明达、可进于善者,使日受其业,稍久则举其贤杰以备高任。择其学业大明、德义可尊者,为大学之师,次以分教天下之学。始自藩府,至于列郡。择士之愿学、民之俊秀者入学,皆优其廪给而蠲其身役。凡其有父母骨肉之养者,亦通其优游往来,以察其行。其大不率教者,斥之从役。渐自太学及州郡之学,择其道业之成、可为人师者,使教于县之学,如州郡之制。异日,则十室之乡达于党遂,皆当修其庠序之制,为之立师,学者以次而察焉。县令每岁与学之师,以乡饮之礼会其乡老、学者,众推经明行修、材能可任之士,升于州之学,以观其实。学荒行亏者罢归,而罪其吏与师。其升于州而当者,复其家之役。郡守又岁与学之师,行乡饮酒之礼,大会郡士,以经义、性行、材能三物宾兴其士于太学,太学又聚而教之。其学不明、行不修与材之下者罢归,以为郡守学师之罪。升于太学者,亦听其以时还乡里,复来于学。太学岁论其贤者能者于朝,谓之选士。朝廷问之经以考其言,试之职以观其材,然后辨论其等差而命之秩。凡处郡县之学与太学者,皆满三岁,然后得充荐。其自州郡升于太学者,一岁而后荐。其有学行超卓、众所信服者,虽不处于学,或处学而未久,亦得备数论荐。凡选士之法,皆以性行端洁,居家孝悌,有廉耻礼逊,通明学业,晓达治道者。在州县之学,则先使其乡里长老,次及学众推之;在太学者,先使其同党,次及博士推之。其学之师与州县之长，无或专其私。苟不以实，其怀奸罔上者，师长皆除其仕籍，终身不齿。失者亦夺官二等，勿以赦及去职论。州县之长，莅事未满半岁者，皆不荐士。师皆取学者成否之分数为之赏罚。凡公卿大夫之子弟，皆入学。在京师者入太学，在外者各入其所在州之学，谓之国子。其有当补荫者，并如旧制。惟不选于学者，不授以职。每岁，诸路别言一路国子之秀者升于太学。其升而不当者，罪其监司与州郡之司。太学岁论国子之有学行材能者于朝，其在学宾兴考试之法，皆如选士。国子自入学，中外通及七年，或太学五年，年及三十以上，所学不成者，辨而为二等。上者听授以管库之任，自非其后学业修进，中于论选，则不复使亲民政。其下者罢归之。虽岁满愿留学者，亦听。其在外学七岁而不中升选者，皆论致太学而考察之，为二等之法。国子之大不率教者，亦斥罢之。凡有职任之人，其学业材行应荐者，诸路及近侍以闻，处之太学，其论试亦如选士之法，取其贤能而进用之。凡国子之有官者中选，则增其秩。臣谓既一以道德仁义教养之，又专以行实材学升进，去其声律小碎、糊名誊录、一切无义理之弊，不数年间，学者靡然丕变矣。岂惟得士浸广，天下风俗将日入醇正，王化之本也。臣谓帝王之道，莫尚于此。愿陛下特留宸意，为万世行之。(《二程集·河南程氏文集》卷一)

熙宁二年 己酉(1069)

二 月

臣僚上言:“乞今后天下州郡学举人欲补试于国子监,并先于本处投状,官司契勘合得贡举条制,及体访无伪滥,即给公凭,令自赴监,更不用在京保官。此稍近乡举里选之法。”诏:“国子监按验不虚,令五人至三人递相委保,如是假冒,甘勒出科场,即与施行。其品官之家随侍子弟,即于随侍处依此召官委保。”(《宋会要·职官》二八之七)

三 月

(戊辰朔,一日)上曰:“须别更讲求立法。今人仕之路多,如科场亦宜裁节人数。既已多取之而扼其进用,令人困穷亦不为有理。今欲裁官,当并科举议之。”(《长编拾补》卷四)

九日,诏:“贡院依例贡举。”上因问辅臣:“间岁与三年开贡举利害?”或对曰:“远方应举,往来甚劳,人以为不便,故改间岁为三年。”上曰:“彼自应举,非有驱迫也。亦何不便之有?”又论科场之弊,以进士第一人例与馆职为非,及西北人材多废,以为贡举法当议而改。乃下诏详议。(《宋会要·选举》三之四一)

是 月

苏辙《上皇帝书》:其一,使进士、诸科增年而后举,其额不增,累举多者无推恩。其说曰:凡今之所以至于不可胜数者,以其取之之多也。古之人其择吏也甚精,人知吏之不可以妄求,故不敢轻为士,为士者皆其修洁之人也。今世之取人,诵文书,习程课,未有不可为吏者也。其求之不难而得之甚乐，是以群起而趋之。凡今农工商贾之家，未有不舍其旧而为士者也。为士者日多，然而天下益以不治。举今世所谓居家不事生产，仰不养父母，俯不恤妻子，浮游四方，侵扰州县，造作诽谤者，农工商贾不与也。祖宗之世，士之多少，其比于今不能一二也。然其削平僭乱，创制立法，功业卓然，见于后世。今世之士，不敢望其万一也。士之多不及于今世，而功则过之。无足怪者，取之至少，则人不敢轻为士。其所取者，皆州郡之选人也。故为是法，使人知上意之所向，十年之后，无实之士将不黜而自减。且夫设科以待天下之士，盖将使其才者得之，不才者不可得也。吾则取之而彼则不能得，犹曰虽不能得而累举多者，必取无弃，则是以官徇人也。且累举之士，类非少年矣。耳目昏塞，筋力疲倦，而后得之。数日而计之，知其不能有所及也，则其为政无所赖矣。今有人畜牛羊而求牧，既取其壮者，又取其老者。取其壮者曰："吾取其力也。"取其老者曰："吾怜其老也。"如怜其老而已，则曷为以累牛羊哉！苟诚以为有遗才焉，则今所谓遗逸之书，有以收之矣。(《栾城集》卷二一)

四　月

(戊午，二十二日)诏曰："夫欲化民成俗者，必自庠序之教行；进贤兴功者，抑由贡举之法用。前王致理，何以尚兹。朕博览古今，详求体要，思广得人之路，莫先养士之原。然而，三岁设科，四方兴学，执经艺者或专于诵数，趋乡举者徒狃于文词。与夫古所谓三物宾兴之言，九年大成之业，亦已盭矣！朕念夫都邑之广，岂无茂异之伦；党遂之间，必有超绝之士。盖上之所求者，既拘于程式；则下之所贡者，或诎于阔疏。是则虽有德行道艺之人，何由自进于有司邪？今兹诏下郡国，招徕隽贤，惟其教育之方，课试之格。若曰但循旧制，则无以一道德而奖进于人材；若将别为新规，则必当图悠久而详延于众论。惟是台阁之列，与夫禁近之联，必有猷为，固尝讲议，俾悉条于利病，思有助于搜扬。宜令两制、两省待制以上、御史台、三司、三馆臣僚，各限一月内，具议状闻奏。仍令御史台牒催。噫！取士择人，兹圣王之先务；立法创制，亦贤者之存心。谅毋惮于讨论，具将观于趋舍。咨尔有位，宜体朕怀。"(《宋会要·选举》三之四一、四二)

两制、两省、三司、三馆议贡举学校之制，御史台亦议，仍趣限一月条上。翰林学士韩维议："请罢诗赋，各习一大经，问大义十道。"集贤学士苏颂议：(详说见下)直史馆苏轼言：(详说见下)程颢言："治天下以正风俗、得贤才为本，请修学校，尊师儒。县令每岁与学之师，以乡饮之礼，会其乡老学者，众推经明行修、材能可任之士，升于州之学，以观其实。郡守又岁与学之师，行乡饮酒之礼，大会群士，以经义、性行、材能三物宾兴其士于大学，大学聚而教之，岁论其贤者、能者于朝，谓之选士。朝廷问之经，以考其言；试之职，以观其材，然后辨论差等而命之秩。"(《玉海》卷一一六)

韩维《议贡举状》：右臣伏奉敕命，议考校贡举之法者。臣谨按：《周礼》大司徒之职，以乡三物教万民而宾兴之，曰六德，曰六行，曰六艺，所以修身事君，事父母，接兄弟、亲戚、朋友、乡党之道，无不教也。至于射御书数，亦皆时所资用，无非事而为之者，故起而仕之。则其所施设者，皆素业也。今之士固未尝教也，而又诱之以华靡无用之文，程之以诵记不讲之言，至于行能则漫然不省矣。故及其仕也，平居之所先务者，今则无所施矣；前日之所力习者，今则不足用矣。其所以时得贤俊之士而官之者，幸也。今欲讲图善法，以变其习俗，则当先去其无益者，而使就其益者。臣请以五事言之：一，罢诗赋。更令于所习一大经中令人通习某经，问大义十道。但以文辞解释，不必全记注疏。取其言典雅、得圣人之意者，通七以上为合格。一，本设明经。举其所取人数与诸科相通者，亦欲渐诱经生，使习义理之学。而比来中选尚少，盖进士患于不能记诵，诸科患于不能解释。今请少损贴墨之数，以来进士。所放诸科既少，则其翘然者，必须力学以趋此举。又诸科试大义常在末场，多是合格人数已定，虽有大义不中程，亦难复黜落今试大义，条中有不指义理而但引注疏，备为通，及六分为粗，当更改。今请稍移大义在前，黜其不通者，则诵记者不得专进。此皆所以儆厉诸科，使渐就明经也。一，州府军监诸学，每生徒百人以上生徒数以秋赋就试人为准，特置教授官一员；不及百人，以职官若曹官兼领教授官为两制、三馆、国子监官杂举，籍其名，遇其阙则授之。一，每当解发，自知州至凡当职官吏，及虽非当职而仕者，及虽不仕而以道艺处乡里者，并应举人。大会州之听事，或学之讲堂，令众评行义尤异者，以品目高下书为一状无尤异者听勿举，俟程试定合格人数。如所举人在得中者，升其名于上列，仍以名移南省。试日，稍加优异优异法别当议，殿试亦如之。一，于常试之外，别开数语。如近岁敦遣之比，其人材系自朝廷所欲得者，临时命科。凡此皆变旧法之尤无益者，而稍加奖厉之道也。若夫道德贵于朝廷，则下知所慕矣；教化明于太学，则四方有所成矣。惟在陛下与一二执政之臣力行而详处之，则明诏所谓"一道德而奖进人材"，斯无难矣。谨具状奏闻，伏候敕旨。(《全宋文》卷一〇六四)

苏颂《议贡举法》：臣窃谓以今之科试取士，比之往年，至为详密。往年专以词赋为考式，学古者或诎于声病；今则诗赋策论之通考，不专于一场取舍。往年虽通考三场，而学经术者或困于无文，今则有明经之举。往年敦朴之士，或不习科举，无由自达；今则有遗逸之荐。是则诗赋所遗者，取之于策论；策论所失者，选之于明经；二者又不能尽，则擢之于遗逸。天下苟有怀才负艺之人，靡不毕为朝廷收擢而任用之矣。今明诏犹以为不足者，臣窃谓其弊不在法制之失，而在于措置之未尽耳。夫措置之未尽，其说有四：一曰考试关防太密，二曰士子不事所业，三曰诈冒户贯取应，四曰取人多少不均。

所谓考试关防太密，弥封、誊录是也。夫弥封、誊录，本欲示至公于天下。然则徒置疑于士大夫，而未必尽至公之道，又因而失士者亦有之。何则？国家取士，行实为先。今既弥封、誊录，考官但校文词，何由知其行实？故虽有环异之士，所试小戾程式，或致退落；平时尝负玷累，苟一日之长可取，便预收采。士之贤否，而进退之间，系乎幸与不幸，往往是矣。是岂朝廷之本意耶？臣窃睹天圣四年仁宗皇帝诏书曰："如闻举送之士，操履罕修，黜于有司，则纷然起谤；升于科选，又多以败官。由习尚于虚浮，宜特行于敦戒。自今诸州发解诸举人，并须考访履行。或有乖僻彰暴，虽所试可取，不得一例解送。"以此见朝廷之意，先士行而后文艺也。若弥封、誊录，则何由辨其贤否，而得如诏书之敦戒乎？为今之便，则莫若去弥封、誊录之法，使有司得专参详考察。一则主司知朝廷委任不疑，益务尽心；二则负实学者得以自明，程文小疵，不虞见弃；三则浅陋之人，固无侥幸之望。至公之道，无大于此议者。或曰："此法行之已久。今多士竞进，一旦改革,必致喧讼,何以弭之?”臣以为士子之行,莫若乡曲最知其详。傥或素履无闻,因而黜落,自厌群议,复何畏乎多言邪?若其行完学富之人,偶不与荐,既知朝廷所以取之之意,则人人自重,不敢轻发。养其廉耻,异日足为嘉士,其所劝盖多矣。若曰:“南省聚天下之士不下数千人,主司无由一一知其贤否。虽见姓名,亦何益于公选?”臣以谓此法宜先施之州郡,亦庶几存乡举里选之遗范也。望自今并委知州、通判职官,常加察访本州行能之士,记其姓名,更相论辨。遇诏下转运司,为精择试官,依常赴院锁宿。其举人试卷更不弥封、誊录,仍别差官点检收纳,应有涂注乙处并印记讫。逐旋发送试院,不得稽留,令试官依公考校文艺。除杂犯不考式者先行黜落外,其余悉定高下讫报州。令知州、通判职官,同入试院,共加审复。以素有声称、著于乡里者为先,然后定其去留,依额解送。试官及州官若有偏曲私徇,令监司严加按察,具奏其事,重行黜降。如此诠择,必无幸进之人。比至南省,则是已经乡里察访,设令依旧弥封、誊录,只考文艺,亦不容无状之人得预奏名也。其殿试考式系之朝廷,非有司所当措议也。

所谓士子不事所业者,举人不纳公卷是也。旧制:秋试先纳公卷一副,古律诗、赋、文、论共五卷,预荐者仍亲赴贡院投纳,及于试卷头自写家状。其知举官去试期一月前,差入贡院,先行考校。内事业殊异者,至日更精加试验。如程试与公卷全异,及书体与家状不同者,并行驳放。或假借他人文字,辨认彰露,亦便扶出,永不得赴举。是举人先纳公卷,所以预见其学业、趣向如何,亦有助于选择也。景祐以前,学者平居,必课试杂文、古律诗、赋,以备秋卷,颇有用心于著述者。自庆历初罢去公卷,举人惟习举业外,以杂文、古律诗、赋为无用之言,而不留心者多矣。此岂所以激劝士人笃学业文之意邪?臣欲望自今举人请应,依前令投纳公卷一副,不得假借他人文字,并亲书试卷头家状,一准旧制。委知举考试官预先看详,以备将来与试卷参验是非,而升黜焉。如此,庶几人知向学,不为苟且之事矣。

所谓诈冒户贯请应者,今外郡举人赴开封府取应是也。天下州郡举子,既以本处人多解额少,往往竞赴京师,旋求户贯。乡举之弊,无甚于此。虽朝廷加以峻文而终不能禁止者,盖以开封府举人不多,解额动以数百人,适所以招徕之而使其冒法。欲革其弊,莫若预为之防。于罢举之岁,令本府下诸县察访见今土著,实有多少举人。候见得的实数目,开送贡院。比校外郡人数,酌中解名处量其分数,别立定额。外方举人知其如此,岂肯不远数千里冒峻文而求寄贯乎?其府中减下人数,却乞移与国子监添起名额。既已革寄贯诈冒之弊,又足广庠序乐育之风。如此行之,诚两有所便也。或曰:“府中减下人,国子监又复添额,则人人竞赴庠序投状,其于冒妄不亦均乎?”是不然也。在开封府则有诈名冒贯之弊,于国子监自是四方俊造进取之所,事体固不相类,容其趋进复何害耶?

所谓取士多少不均者,进士与制科、遗逸是也。臣窃以往年放进士,每榜不下四五百人。自间年放榜,亦尝近二百人。诸科大约依进士人数,而制科入等者不过两三人,明经不过三五人,遗逸之荐复未有定制。臣以谓举制科者,博通古今,贯穿经史,顾其积学,勤亦至矣。明经者,虽诵数或阙,而大义多通。遗逸之荐,纵不能尽如诏书之所求,要之皆乡里推许之人。此数科比之进士、诸科,初学幸中者多取之,亦未为谬滥也。臣伏睹新制,三岁科诏,每榜以三百人为限,是进士、诸科之路已广,而制举、遗逸议论犹未及之。况近制明经,已许均减诸科之数。虽取人未多,是已有定制,临时可以通融,损彼而益此也。臣愚欲望自今三年科举,进士每榜且以二百五十人为限,留其余五十人以待制举及遗逸之类。其制举策入优等者,自依常例。在下等者,望量添人数,比类赐以出身,以酬其积学之勤。其举遗逸,仍望立为定制。每放榜而后,下诏诸路州郡及转运司共察访,如士人中显有履行纯固、经术文艺优赡、为众人推许者,或场屋黜落,或丘园高蹈,咸许保荐。每路限以五人,并敦遣赴京师,依例试以策论,考定高下。优者赐以科名,与制举所增人共足所留进士五十人之数。下等亦望量推恩渥,或与免将来文解。如此,则取士之路益广,而行艺之人无有弃遗。奖育人材,敦激偷窳,上助风教,不为无益也。(《苏魏公文集》卷一五)

苏颂《议学校法》:臣闻古者立太学以教于国,设庠序以化于邑。虽王之诸子,卿大夫之子弟及国之俊选,皆造焉。三代所以教化行而习俗成者,由此道也。自乡遂之制坏,而学校从而废缺。汉晋而下,代有兴置,至唐而后备。上都立国子监，以总六学之务。设官，则有祭酒、司业为之长，博士、助教、直讲为之训导，监丞、主簿掌其政令。外则京府州县各有学，并置博士、助教以主训授之职。由是党庠、遂序、国学之制稍稍复矣。国朝自景祐以来，天下建学。庆历以后，数立规程，自是诸儒知所宗尚。岁月浸久，生师益增。然而黉校之间，未闻有业成通经之士显著于时，而副朝廷之选用者。今明诏将议改制，而降意于询访。兹诚治世之先务，而圣主所当留神也。臣窃谓本朝学制，大抵仿唐之旧。然而设官有未备，而教导有未至，故积日虽久，而成效无闻也。何以言之？唐制学官，国学则博士、助教各二人，直讲四人，大成十人，学生三百人；太学、四门学，则博士、助教各三人，学生各五百人，而四门又有俊士八百人。律书、算学，则博士、助教各一人，学生五十人至三十人。今之学官，惟直讲、说书共八人，而无国子、太学、四门之别，职事又无殿最之课。太学生止于三百人，广文生则三岁试补，但随秋赋而不转两学。听习律学，虽有其名，而无其职。书算则又阙焉。唐之学官，每岁终考校，以训授功业多少为殿最。学生则以业成通两经以上者，上于监；祭酒、司业策试优者，上于礼部；大成，上于吏部。今二者咸无焉！其法制灭裂如此，而欲责其壹道德而广教化，势不可得也。必欲别为新规，臣愚以谓积习既久，未易更张。莫若即旧法而增损之，则便而易行也。今学官八人，谓宜各令分掌职事。五人专职讲说，人各讲一经。《春秋》兼《三传》，《礼记》兼《周礼》、《仪礼》，并为大经，各限二年讲毕；《毛诗》为中经，限一年半；《周易》、《尚书》为小经，限一年。三人掌教授诸生，以诗赋、文论、经史大义及时务策，仍轮日直学，以待诸生请问疑义，并出公试题目。若考校试卷，则八人通主之。其教导有方、成效显著、为诸生凛伏者，候及三年，委判监官闻于朝廷，望赐召试馆阁职事。其不职者，罢免之。学生以五百人为额，逐日早分经听受，每经百人，仍兼习《孝经》、《论语》。听读罢，则课习文史。每月公试三，学官考校优劣，分三等，揭名于学，以为劝沮。监丞掌其课最，主簿纠其违慢。每一经讲毕，监上于判。监集官策试大义十道，次日口说十道，各定为三等。大义通十，并口说明白，能发明圣贤深蕴者，为优等；大义通六，及口说俱通者，为次等；不及六通，为下等。其通一大经或一中经兼一下经，试入优等者，上于朝廷，望加旌拔，或直送省试。仍许特奏名次等籍其名，以俟再试甄别。下等本学常加敦勉。其文行道艺超绝伦辈、朝野所知者,不拘常例,并许举荐,以备朝廷擢用。其律、书、算等,亦望各立一学,量置生徒。庶令学者粗知本原,以之入官,不至墙面也。州郡之学,每州请置经学博士一员或只以教授名官,内举人及三百人以上者,朝廷为选差正官。三年为一任,如能举职有效者,任满日本州为保荐之,乞加旌擢。其余本州辟召。有科名守选官员,或经行纯粹之士,上于本路,列奏朝廷,俟旨补授。仍给本学公钱为俸。亦以三年为任,任满保荐如正官法,内命官望加优奖。举人即授以闲官,再授教授之职。每州仍置说书一员生徒二百人以上三人,一百人以上二人,以本郡有经术文行之士、为乡里所推者充。仍从生徒众举,州为补置。本州无其人,则请于邻州,使专讲说。诸生听读课试,亦约太学之例。如有经术精博、文艺优长者,上于州;州为复试,籍其名以补学职。俟及三年,显有功效者说书同,举送国子监,与通经者同试。县学置助教一员或只以教授为名,推举如州说书例,兼主讲说、教授之事。诸生有业成通经者,上于州学,与通经者校试,举送州县。既立学校,须藉公费。望许摽拨本处闲田或户绝及僧寺庄土多处,斟酌移割入学,充职田天圣中,王随知江宁府,请以茅山道官庄田充本处书院职田,诏从之。随生徒多少,以定顷亩。州县为差人,主持勾收,课利入学,以助支费。条约既备,奖劝既行,则人人各务本业,穷经学文。不三五年,可以丕革旧俗矣!(《苏魏公文集》卷一五)

苏轼《议学校贡举状》:得人之道,在于知人;知人之法,在于责实。使君相有知人之才,朝廷有责实之政,则胥史皂隶,未尝无人,而况于学校贡举乎?虽因今之法,臣以为有余。使君相无知人之才,朝廷无责实之政,则公卿侍从,常患无人,况学校贡举乎?虽复古之制,臣以为不足矣。夫时有可否,物有废兴。方其所安,虽暴君不能废;及其既厌,虽圣人不能复。故风俗之变,法制随之,譬如江河之徙移,顺其所欲。行而治之,则易为功;强其所不欲,行而复之,则难为力。使三代圣人复生于今,其选举养才,亦必有道矣,何必由学!且天下固尝立学矣,庆历之间,以为太平可待,至于今日,惟有空名仅存。今陛下必欲求德行道艺之士,责九年大成之业,则将变今之礼,易今之俗,又当发民力以治宫室,敛民财以食游士。

百里之内，置官立师，狱讼听于是，军旅谋于是。又当以时简不率教者，屏之远方，终身不齿，则无乃徒为纷乱，以患苦天下耶？若乃无大变改，而望有益于时，则与庆历之际何异？故臣以谓今之学校，特可因循旧制，使先王之旧物不废于吾世，足矣。至于贡举之法，行之百年，治乱盛衰，初不由此。陛下视祖宗之世贡举之法，与今为孰精？言语文章，与今为孰优？所得文武长才，与今为孰多？天下之事，与今为孰办？较此四者，而长短之议决矣。今议者所欲变改不过数端。或曰：乡举德行，而略文章；或曰：专取策论，而罢诗赋；或欲举唐室故事，兼采誉望，而罢封弥；或欲罢经生朴学，不用贴墨，而考大义。此数者，皆知其一不知其二者也。臣请历言之。夫欲兴德行，在于君人者修身以格物，审好恶以表俗。孟子所谓"君仁莫不仁，君义莫不义"。君之所向，天下趋焉。若欲设科立名以取之，则是教天下相率而为伪也。上以孝取人，则勇者割股，怯者庐墓；上以廉取人，则弊车羸马，恶衣菲食，凡可以中人意，无所不至矣。德行之弊，一至于此乎！自文章而言之，则策论为有用，诗赋为无益；自政事言之，则诗赋、策论均为无用矣。虽知其无用，然自祖宗以来莫之废者，以为设法取士，不过如此也。岂独吾祖宗，自古尧舜亦然。《书》曰："敷奏以言，明试以功。"自古尧舜以来，进人何尝不以言，试人何尝不以功乎？议者必欲以策论定贤愚、决能否，臣请有以质之。近世士大夫文章华靡者，莫如杨亿。使杨亿尚在，则忠清鲠亮之士也，岂得以华靡少之？通经学古者，莫如孙复、石介，使孙复、石介尚在，则迂阔矫诞之士也，又可施之于政事之间乎？自唐至今，以诗赋为名臣者，不可胜数。何负于天下，而必欲废之？近世士人纂类经史，缀缉时务，谓之策括。待问条目，搜抉略尽。临时剽窃，窜易首尾，以眩有司，有司莫能辨也。且其为文也，无规矩准绳，故学之易成；无声病对偶，故考之难精。以易学之士，付难考之吏，其弊有甚于诗赋者矣。唐之通榜，故是弊法。虽有以名取人、厌伏众论之美，亦有贿赂公行、权要请托之害。至使恩去王室，权归私门。降及中叶，结为朋党之论，通榜取人又岂足尚哉？诸科举取人，多出三路。能文者既已变而为进士，晓义者又皆去以为明经，其余皆朴鲁不化者也。至于人才，则有定分，施之有政，能否自彰。今进士日夜治经传，附之以子史，贯穿驰骛可谓博矣，至于临政，曷尝用其一二？顾视旧学，已为虚器，而欲使此等分别注疏，粗识大义，而望其才能增长，亦已疏矣。臣故曰：此数者皆知其一而不知其二也。特愿陛下留意其远者大者。必欲登俊良，黜庸回，总览众才，经略世务，则在陛下与二三大臣，下至诸路职司与良二千石耳。区区之法何预焉？然臣窃有私忧过计者，敢不以告。昔王衍好《老》、《庄》，天下皆师之，风俗凌夷，以至南渡；王晋好佛，舍人事而修异教，大历之政，至今为笑。故孔子罕言命，以为知者少也。子贡曰："夫子之文章，可得而闻也；夫子之言性，与天道不可得而闻也。"夫性命之说，自子贡不得闻，而今之学者，耻不言性命，此可信也哉？今士大夫至以佛老为圣人，粥书于市者，非庄老之书不售也。读其文，浩然无当而不可穷；观其貌，超然无著而不可挹。岂此真能然哉？盖中人之性，安于放而乐于诞耳。使天下之士，能如庄周齐死生，一毁誉，轻富贵，安贫贱，则人主之名器爵禄，所以励世摩钝者，废矣！陛下亦安用之？而况其实不能，而窃取其言，以欺世者哉！臣愿陛下明敕有司，试之以法言，取之以实学。博通经术者，虽朴不废；稍涉浮诞者，虽工必黜。则风俗稍厚，学术近正，庶几得忠实之士，不至蹈衰季之风，则天下幸甚！(《苏轼文集》卷二五)

陈襄《议学校贡举札子》：臣伏睹先降诏书，令两制以下至台阁臣僚建议学校贡举之制，得以上闻者。兹见陛下讲求至治，思得求贤养士之要，以兴起王业也。臣近以谏官兼领国子监事，每至太学，视其斋舍颓敝，生徒佻达，官吏苟简，殊无法度。窃谓太学者，天子教化之宫，自古圣帝贤王莫之敢废。晋汉而下，虽无先王之法，然犹置师，弟子多至千数。唐贞观中，规制益广，增筑学舍千二百间，博士生员与藩夷子弟游于学者，至八千余员。岂国朝儒学之盛跨越汉唐，而弦诵之地寂寥至此？臣实耻之。盖艺祖创制，未遑斯事。当时谋议之臣，识虑不远，因循百年，未有太学。今生员所居，乃是司业厅事，与朝集数位而已。天下傒望，必行于陛下之手。事得其本，为之甚易。但陛下先求贤哲之士，使居师长之位。百度兴葺，乃其末事，可以不劳而成矣。伏见前授试大理评事、充忠武军节度推官、知许州长社县事常秩，性行纯明，专于古学，甘贫守道，不苟仕进，语默出处，非义不由。道德未加而人信之，此可谓以身治人者也。前授安州司户参军、充国子监直讲陈烈，忠孝仁勇，根于诚性，行与道合，心与俗违，博通群经,而尤明于礼学。思一物不获其所,则其心忧焉。仁宗朝尝以学官召之,数命不起。此可谓能自任以天下之重者也。二子之道则同,而其用或异,皆所谓学孔子者也。方今丘园有道之士,求烈与秩,未见其比。陛下方大有为之时,舍如是人,而使穷居家食,恐非虞舜之举十六相、文王待二老之意也。如陛下未即置诸左右,姑以礼命召至太学,使居博士之职,以经授弟子。帅公室公卿之子弟与国之俊选,咸得执经肄业,而以师礼处之,庶乎其可致也!有乡贡进士管师常者,履行正固,经术专精,东南士人多所从学。更练民事,而适于时用。尝为太学正,众论推服。乡贡进士程颐者,有高坚之行,怀经济之学,廷试不第,无复进取,守道用晦,名闻公卿。近闻诸路搜访遗逸,以应《赦书》,师常与颐,咸与荐达。亦望圣恩并除国子监一助教之名,庶几太学生员有所规法。《语》曰:"举逸民,天下之民归心焉。"正谓此也。所有近诏诸臣议学之制,论者固多。伏望陛下选择近臣,颁付详定,取其合于王制者,立为一代之法。固不为浅者之论,而遂沮止,则天下幸甚!取进止。(《全宋文》卷一〇八一)

王珪《议贡举庠序奏状》:右,臣得御史台牒,奉诏令议贡举庠序之法。夫以古之取士,莫不即之以乡里,考之以行艺,然后宾兴之。故得纯明朴茂之材,咸爵之于朝。今天下虽有学人,率多游放,未尽得土著之士,教授者又无训导之科。每下诏京师,增补监员,不可胜数。使饬身厉行者,与夫不肖丛然而并趋,将何以别焉?请选置天下学官,罢京师增补监员,尽命归就本贯。凡荐送,俟有司考定,命长吏发其名氏,参以行实而高下之。若素无检者,皆得以斥去。今既三岁设科,以大较群士,亦当间令诸道搜访高行之人,庶几远近无遗材。又诸科徒专诵数之学,无补于时。请自今新人毋得应诸科,皆令习明经,不数举间可以尽革其弊。若乃贡举以诗赋、策论取人,盖自祖宗以来,收揽天下豪俊,莫不用此,臣不敢轻议。(《全宋文》卷一一五〇)

刘攽《贡举议》:臣准御史台告报进诏书,天下学校贡举之法博访臣等,今得详议者。臣愚以谓人主之举事,与人臣之献议不同。人臣之议者,盛言古事以为高,侈言己忠以为博,迂远而不切事情,漫汗而不济世务。虽已自知其无益于治矣，而犹为之。何也？其言之有理，其持之有故，其名之所存，足以夸众眩俗，故敢为而不疑耳。人主之举事则不然，度时之所宜，因俗之所安，不为虚名而弃实效，不慕远业而捐近功，使令出而言必信，事举而俗必定。故与其出令不当而亟改之，不若谋事于始而慎虑也。今陛下患选举之法不明，教育之方未善，此必有以前古久远之事感动上听者，不可不察也。本朝承百王之末，创起律令，虽未及三代，其随时因俗，从宜应变，增损不常，亦成一朝之制。而选举之法行之百有余岁，累朝将相名卿及今之所谓贤材与共天下之论议者，皆非以他途进者也，而诬以未尝得人，臣窃以为过矣。且臣论之，今时选举之患，不在创法之未善，而在有司之弗良；不患试言之非要，而患听者之不察。何以言之？今国家求贤良异材之人，则使公卿荐举；求文学经术之士，则使郡县推择。此虽三代取士，何以过此？帝典之言曰："敷纳以言。"孔子曰："不知言，无以知人也。"然则未知人莫如听言，故国家试士以文词，亦二帝敷纳之比也。诚使有司兼仲山将明之才，怀孟子知言之术，精听慎择，则贤不肖岂不较然？由今观之，取士之法本未尝失，而有司之听或不能尽。今以有司之不能尽而变法，法虽亟变而不择人付之，虽法如三代，犹将终无益也。议者或谓文词之为艺薄陋，不足以待天下之士。臣愚以谓今进士之初仕者，不过得为吏部选人。国家待门荫恩泽者亦为选人，流外小吏亦为选人。选人如此之卑也，而天下之士以文词应此选，岂不固有余裕哉？朝廷设置何等爵禄，而更艰难其选乎？且进士成名者，国家亦何尝便以为才杰而任用之。或以文章显，或以法律用，或以善政事称，或以治财赋进，皆待其来日成效而后有取。则夫取士之始，亦何用靳靳吝惜，若不得已哉？且朝廷欲更选举之法，将以想望高材豪杰之士也。今天下之士至于礼部者，岁不下二千人，朝廷岂能以玉帛之聘、弓旌之招而遍得此乎？必亦使之投牒自进耳。士之投牒自进，必非豪杰之士。伊尹、管仲之俦，虽更其科，试而取之，徒小异其名目。然其得士，未有以异于前也。更恐好利衒鬻之人，崇虚名以乱真，则取士之失又甚于往日矣。议者又谓不如一用乡举里选者，此又知其一未知其二也。夫二汉之用乡举里选所以得人者，其时郡县之吏，自廷掾、诸曹、卒史、驭吏、亭长、游徼，皆贤士为之。故其临财不苟，则知其廉；值事能断，则知其智。文武材略，莫不毕效。故其誉之有实，举之不难。

自流品分别,郡县吏卒,弃绝为贱,不齿于搢绅,贤士不复从此役。士之居乡里者,何由察知?苟凭虚名以进人,后有不称,将复相与蔽护其短而谓之材,终亦不得真贤实廉矣。是乡举里选,又不可尽用也。凡此数端,皆臣所以深疑者也。不知臣之愚陋至此耶?抑亦千虑将有一得也?然愚者之志,专则难移。故臣愿朝廷且毋庸轻变选举之法,不如因旧法而慎选有司之为愈也。虽然,尚有一说。今有人于此,明辩足以判狱讼,智略足以治财赋,而文词不足以自发,经艺不至于浃洽,则将捐弃终身,无仕进之望,其才岂不可惜哉?臣愿陛下为设从政科,使公卿及监司举所知以充选;必有举者三人,乃召而用之;且毋以为真,试之三年,才任其事,然后命之以官。即不可使,复还为民,而坐其举者。如此,则天下之材士殆无遗逸矣。臣闻教育之法,所以治性也。性修则智明,智明则应物不惑,不惑则盛德之士也。自两汉以来,学者未尝不以利禄为心。夫可诱以利禄而勉强为善,则德性离矣。是故造士不及三代者,由此也。今陛下建学校,为置明师而诲导之,毋问其所学,毋限其所能,则贤材莫不养育矣。若恶文章之敝,而以经艺劝之,学者之志不出于为利禄也。则文章之士变而为经艺,虽曰不同,其离于德性也均矣。天之生材,有昏有明。智明材大者,非小智小识之所能掩也;及其浅晦下材,虽日挞之,亦终不能以致高大。士修之于家,足以成材,亦何待学官程课督趣之哉?臣愚,不足以知远略,惟陛下裁幸!(《全宋文》卷一四九四)

五　月

上得轼议喜曰:“吾固疑此,得轼议释然矣。”即日召见。……上曰:“欲用轼修中书条例。”安石曰:“轼与臣所学及议论皆异,别试其事可也。”(《长编拾补》卷四)

王安石《乞改科条制札子》:古之取士,皆本于学校。故道德一于上,而习俗成于下,其人材皆足以有为于世。自先王之泽竭,教养之法无所本,士虽有美材,而无学校师友以成就之,议者之所患也。今欲追复古制以革其弊,则患于无渐。宜先除去声病对偶之文,使学者得以专意经义,以俟朝廷兴建学校,然后讲求三代所以教育选举之法,施于天下,庶几可复古矣。所对明经科欲行废罢,并诸科元额内解明经人数添解进士,及更俟一次科场,不许新应诸科投下文字,渐令改习进士。仍于京东、陕西、河东、河北、京西五路先置学官,使之教导。于南省所添进士奏名,仍具别作一项,止取上件京东等五路应举人并府监诸路曾应诸科、改应进士人数。所贵合格者多,可以诱进诸科,向习进士科业。如允所奏,乞降敕命施行。(《全宋文》卷一三八三)

司马光《议学校贡举状》:臣准御史台牒,准敕节文:"天下学校贡举之法,宜令两府、两省、待制以上、御史台、三司、三馆臣僚,各限一月,具议状闻奏者。"臣闻《诗》云:"无竞惟人,四方其训之。"言欲立强于天下者,无如得人。得人而任之以事,则四方斯顺之矣。臣窃惟取士之弊,自古始以来,未有若近世之甚者也。何以言之?自三代以前,其取士无不以德为本,而未尝专贵文辞也。汉世始置茂才、孝廉等科,皆命公卿大夫、州郡举有经术德行者,策试以治道,然后官之。故其风俗,敦尚名节。降及末世,虽政衰于上,而俗清于下,由取士之术素加奖励故也。魏晋以降,贵通才而贱守节,习尚浮华,旧俗益败。然所举秀、孝,犹以经术取之。州郡皆置中正,以品其才行,一言一动之失,或终身为累,士犹竞竞不敢自放。隋始置进士,唐益以明经等科,而秀、孝遂绝,止有进士、明经二科。皆自投牒求试,不复使人察举矣。进士初但试策,及长安神龙之际,加试诗赋。于是进士专尚属辞,不本经术,而明经止于诵书,不识义理。至于德行,则不复谁何矣。自是以来,儒雅之风,日益颓坏。为士者狂躁险薄,无所不为,积日既久,不胜其弊。于是又设封弥、誊录之法,盖朝廷苦其难制,而有司急于自营也。夫欲搜罗海内之贤俊,而掩其姓名以考之,虽有颜、闵之德,苟不能为赋、诗、论、策,则不免于遭摈弃,为穷人;虽有跖跷之行,苟善为赋、诗、论、策,则不害于取高弟,为美官。臣故曰"取士之弊,自古始以来,未有若近世之甚者。"非虚言也。今幸遇陛下圣明,心知贡举之极弊,慨然发愤,深诏群臣,使得博议利病,更立新规,是千载一时也。议者或曰:"古人乡举里选。今欲知士之德行,宜委知州、知县者,采察其实,保而荐之。"臣独以为不然。古者分地建国,自卿大夫士,皆以其国人为之,犹患处士之德行不可得而详也。故又择其乡之贤者,使为闾胥、比长,自幼及长,朝夕察其所为，然后士之德行美恶，莫得而隐也。今夫知州、知县，杂四海九州之人，远者三岁而更，近者数月而更，或初到官即遇科场，遽责之知所部士人之德行，诚亦难矣。又应开封府举者，常不减数千人，而开封府狱讼之繁，知府者自旦至暮，耳不暇听，目不暇视，又有余裕可使之察数千人之德行乎？议者又曰："宜去封弥、誊录，委有司考其文辞，参以行实而取之。"臣独以为不然。夫士之德行，知州县者尚不能知，而有司居京师，一旦集天下之士，独以何术知之？其术不过以众人之毁誉决之。孔子曰："众好之，必察焉；众恶之，必察焉。"夫众之毁誉，庸讵足以尽其实乎？必如是行之，臣见其爱憎互起，毁誉交作，请托公行，贿赂上流，谤讟并兴，狱讼不息，将纷然淆乱。朝廷必厌苦之，而复用封弥、誊录矣。夫封弥、誊录，固为此数者而设之也。譬犹筑防以鄣洚水也，今不绝其源而徒去其防，则横流之患愈不可救矣。臣虽至愚，平生固尝竭其思虑，欲以少救其弊，今敢试陈二策，乞陛下俯加裁择。

臣闻上之所为，下之所归也。国家从来以赋、诗、论、策取人，不问德行。故士之求仕进者，日夜孜孜，专以习赋、诗、论、策为事，惟恐不能胜人。父教其子，兄勉其弟，不是过也。今若更以德行取人，则士之力于德行，亦犹是也。诚风化清浊之原，历代讹谬而不悟，必待圣朝然后正之者也。夫德行修之于心，藏之于身，虽家人有所不知，况于乡党，况于州县，况于朝廷，将何从知之？故必待明哲公正之臣知而举之，然后四海之士皆可得而官使也。然举荐之法既行，则于求属请诚所不能无也。要在所举非其人者，国家以严法绳之，勿加恩贷，则苟且徇私之人皆知惧矣。且国家以德行取士，则彼贪猾轻躁之人，依附权要枉道求进者，皆为清议所贬，见弃于时。虽有举者，必不多矣。臣愚欲乞今后应系举人，令升朝官以上岁举一人，提点刑狱以上差遣者岁举二人，谏议大夫或待制以上岁举三人。不以所部非所部，乡里非乡里，除自己亲戚及曾犯真刑，或私罪情理重曾经罚赎，及不孝不友、盗窃淫乱明有迹状者不得举外，其余皆得举之。仍于举状内明言"臣今保举某州某科某人有学术节行，乞赐召试"。若举状既上之后，却有前后诸般违碍事发，其举主并依律文贡举非其人分故失，从公私罪定断。受赃而举者，以枉法论。其举状，逐时送下礼部贡院，置簿记录。若应举人而不举者，岁终委贡院勘会姓名闻奏，乞严加朝典。

每遇三年一开贡举,委贡院截自诏下之日勘会。选择举主最多者,从上取之;举主数同,则以举状到省月日先后为次;其举主曾有赃罪,及见停闲身亡,或在合参人数外者,并不准。倍于每次科场南省奏名人数,具姓名闻奏,乞下本贯发遣赴阙。其本贯更不考试,即具申状解送赴贡院,仍出公凭给付逐人,令赴贡院照会。限十一月内取齐,十二月内引见,正月内委贡院考试。其试官或朝廷临时添差。进士试经义策三道,子史策三道,时务策三道,更不试赋、诗及论。明经及九经等诸科,试本经及《论语》、《孝经》大义,共四十道,明经加试时务策三道,其帖经、墨义一切皆不试。对策及大义,但取义理优长,不取文辞华巧。唯所对经史乖僻、时务疏阔者,即行黜落。其奏名人数,并依科场旧制。若合格者少,即不满旧数,亦听。至御试时,进士、明经各试时务策一道;九经等诸科,试本经大义十道。所有名字高下,并只以举主多者为上;举主数同者,则以举状到省月日先后为次。其举人所纳家状,及授官后吏部所给告身,并须开坐原初举主人数、姓名。若及第后犯私罪、情理重及赃罪,其举主并减一等坐之;未及第者减三等。皆不以去官及赦原。如此,则群臣不敢挟私妄举,士人皆崇尚经术,重惜操履,风俗丕变矣。

朝廷若不能行此保举之法,其次莫若修学校之法以取之。臣伏见自庆历以来,天下诸州虽立学校,大抵多取丁忧及停闲官员以为师长,藉其供给,以展私惠。聚在仕官员及市井豪民子弟十数人,游戏其间,坐耗粮食,未尝讲习,修谨之士多耻而不入。间有二千石自谓能兴学者,不过盛修室屋,增置庄产,广积粮储,多聚生徒,以邀虚名。师长之人自谓能立教者,不过谨其出入,节其游戏,教以钞节经史,剽窃时文,以夜继昼,习赋、诗、论、策,以取科名而已。此岂先王立学之意邪!于以修明圣道,长育人材,化民成俗,固已疏矣。臣欲乞自今天下州学,只许置教授一人,委本州长吏于本处命官中选择无过犯、有节行、能讲说、为众所服者,举奏补充。若本州无人,则奏乞下铨司选差,委铨司于见在铨选人内拣选进士、明经、诸科出身人,历任无赃私罪、能讲说经书者奏,补充逐州教授。仍令国子监试讲说经书。应举人初入学者,并为外舍生,唯赴听讲及公试外,不得于学中宿食。其教授每日讲书毕,取在学诸生姓名,书于签上,杂置筒中,抽取三人,问以听过书中疑义三条,使对众解说。通者置簿记录,粗者不问，否则有罚。每月中两次公试，各试所习举业，委教授考校，定优劣等第，具姓名出榜，示讫亦置簿记录。其有过犯者，小过则罚钱，中过则降等，大过则斥出学，亦置簿记录。每遇春秋释奠毕，委教授选择外舍生到学及半年以上，自前次释奠以来说书多通，公试多在优等，过犯情轻数少，即升入内舍，为初等生，始听于学中宿食。又选择初等生升为中等生，中等生升为高等生，皆如外舍生之法。其有二人已上比较难决者，即特令说书及试所业以决之。皆须具状申本州，委知州、通判更加审复。委得公当，然后给牒补之；如后来有过降等者，其牒即行抽取毁抹。其教授选择、纠举、升降等第若有不公，委知州、通判觉察取勘闻奏，乞行冲替。其开封举人，旧无府学，并令寓教于国子监。其国子监举人，须实是品官子弟，方得条入学。其教试选升之法，并与外州同。以直讲比教授，判监、同判监比知州、通判。凡国子监、开封府及诸州军内舍高等生额，并用本处解额之半。其中等倍高等，初等倍中等。若人数未足，则阙之，不得溢额补入。若遇诏下开贡举，委本处判监、同判监、知州、通判截自其日，勘会高等生补及半年以上者，具姓名结罪保明闻奏。仍给予公凭，许令免解直就省试。其高等生占不尽解额，方许本处其余举人取解。其中等、初等生于取解时仍别立号，常比其余举人多取分数。所有高等生至省试时，亦别立号，每七人中取一人奏名。如此，则举人亦稍向经术，敦行义矣。夫经术深浅，非程试所能知；行义美恶，非朝夕所能察。今使之处于学校，经二三年累经选择升至高等，又占解额，妨众人进取之路，若其行义少有过差，必不为众人所容矣。由此观之，其高等生经术则讲说常通，文艺则屡入高等，过犯则全然轻少，行义则为众所服。比之糊名、誊录，考其一日所试诗、赋、论、策，偶有所长而取之者，相去远矣。况近年举人或一无行能，横遇恩泽、幸得免解者，不可胜数。今高等生行能如此，裁免一解，岂足惜哉！此学校之法也。若朝廷又不能如此，只于旧条之中毛举数事，微有更张，则于取士之道无所益，徒更烦苛，不若悉循旧贯之为愈也。（《司马光集》卷三九）

吕公著《上神宗答诏论学校贡举之法》：臣谨按《学记》："古之教者，家有塾，党有庠，遂有序，国有学。"《王制》："命乡论秀士，升之司徒，曰选士；

司徒论选士之秀者，而升之学，曰俊士。”“乐正崇四术，立四教，顺先王诗书礼乐，以造士。”“大乐正论造士之秀者，以告于王，而升诸司马，曰进士。司马辨论官材，论进士之贤者，以告于王，而定其论。论定然后官之。”《周礼》乡大夫“三年则大比，考其德行道艺，而兴贤者能者。乡老及乡大夫帅其吏，与其众寡，以其礼礼宾之。厥明，乡老及乡大夫群吏献贤能之书于王，王再拜受之，登于天府”。自尧舜三代以来，其养士取人之法虽随时损益不同，然教必本于学校，进必由于乡里，此六七圣人所不易也。逮乎秦汉而下，圣王之迹既息，凡所谓礼乐教化之官皆以废绝。至于设科取士，则各出于一时之苟且。国家承其极弊之后，而因循未暇制作。虽天下学校颇尝修建，然取士之路不出于此，而欲人之就学也，不亦难乎？其为科举之法，则专以进士、经学，大抵皆袭唐制而已。夫上之取士者，将以治事而长民，而所以取之者，乃不过试之以辞章、记诵之学，盖亦乖矣！今诚不能革苟且之弊，兴废绝之法，而望贤才之加多，风俗之渐变，终亦不可得也。故臣窃以谓贡举之弊不可不革，而学校之制所宜渐复。虽进士、经学行之既久，为有司者安于课试之格，为士人者狃于进取之术，可以渐去而未可以遽废。莫若先建学校，兼而行之。学校所进者岁增，则科举所取者岁减。如此，不十数年间，士皆以学校进矣。所谓学校之法者，天子自立太学于京师，取道德足以为天下师法者主之；自开封府及天下州县皆立学，取道德足以为人师者主之。然学校教化，所以一道德、同风俗之原。今若人自为教，则师异说，人异习。故宜博选天下所谓有道德、可以为人师，先集于太学，使讲议所以教育之法，而朝廷以道揆其得失。讲议既定，然后取其得者，置之要会州府，使主其学。其余州郡，即委转运司与知州、通判，于本州及属县内，选经术通明、行谊素著者一人，使主州学。如本州无人，即转运司于同路州县选差，并令就见朝廷所置学官于本路会府，而受朝廷教育之法。或本州士人道德可以为人师而不仕者，委本州与转运司发遣赴阙，当度其可否，特与注官，就差本处主学，仍于太学受所以教育之法。所谓贡举之法者，应天下士人，并须本县公吏等结罪保明乡贡素行，方得入于州学。州学每岁贡士，量州府大小。大郡贡二人；其小郡士人绝少处，二岁若三岁贡一人。并知州、通判与主学官，于学生内选入学一年以上、经明行修者，贡于朝廷。而升于太学者，官为给食。太学每岁于学生内，选到住太学一年以上、经明行修、通世务、可以治人者七十人，进于朝廷。其在上等者，委中书门下量才官使；其在次等者，送流内铨依名次注官。计一岁所贡者七十人，三岁所贡者二百人，则后次科场进士、经学，南省奏名之数内可各减一百人。三岁之后，就学者众，诸州所贡人数可以倍增，而太学三岁可增置四百人，则进士、经学奏名内更各减一百人。又行之三岁，科举可尽罢，而士之进者皆出于学校矣。其到太学及一年以上、经术行谊入下等，及经虽稍通、行有毁玷者，并罢归本州。一不与选愿归者，亦听。其自太学罢归，非行有毁玷者，并不碍后来选贡。应天下知州、通判及掌学官，所贡士人上等者为最，在任皆最者特与旌赏；入下等为殿，在任皆殿者当行重罚。其本郡士人实有经行、蔽而不举者，委安抚、转运使、提点刑狱及御史台觉察以闻，当行重罚。又按《舜典》："命夔典乐，教胄子。"《王制》："乐正崇四术，立四教。""王太子、王子、群后之太子、卿大夫元士之适子，皆造焉。"《周礼》："大司乐掌成均之法，以治建国之学政，而合国之子弟焉。"古者，四民各有业而不杂，故士之子常为士。盖于治事长民皆其世业，则所学所行习见而易入。是以王者之于教学，莫不以国子为先务。盖庶人非秀异绝伦，不得为士；士之子非教养有素，亦不得在官。臣以谓应已有官者，并须入国子学。取道德足以为人师者主国子监，岁选学生十人或十五人闻于朝廷，而升于太学，如诸州贡士之法。既至太学及一岁以上，委太学官选经明行修、通于世务、可以治人者，天下士衮同进于朝廷。如到国子监一年以上、不与选、愿出官者，即学官委保，经义稍通、行无毁玷、年及格者，闻于朝廷，而关送审官院、流内铨，依无出身人例差注。又今年科举之法，既未可遽罢，则须权作处置。按进士之科，始于隋而盛于唐。初犹专策试，至唐中宗乃加以诗赋，后世遂不能易。取人以言，固未足见其实；至于诗赋，又不足以观言。是以昔人以鸿都篇赋比之尚方技巧之作，此有识者皆知其无用于世也。臣以谓自后次科场，进士可罢诗赋，而代以经。先试本经大义十道，然后试以论策。夫试于有司，固未能得人之实材。然此法既设，则人稍宗经。今建立学校，将以经术教养，则代赋以经，亦变法之渐也。又经学一科，虽其来盖远，然自唐以后，始加填帖。由是，应此科者专务记诵。此于章句、音切尚不能辨，然而举用之，曰"此可以治人"，不待有识者然后知其非也。臣以谓自后次科场

明经，止用正文填帖，更不以注，而增试大义。如此应明经者渐多，而诸科之弊自消矣。(《宋朝诸臣奏议》卷七八)

按：科举不足以尽取人之法，然自隋唐以来，入官者皆以是为进身之阶，及其人之贤否，则初不缘此。柳子厚《送崔符序》言："今世尚进士，故天下举归之，而更其科以为得异人乎？无也。惟其所尚，又举而从之。尚之以孝弟，孝弟犹是人也；尚之以经术，经术犹是人也。"姚康撰《科第录序》言："以颜、孔为心者，虽日视淫靡，莫能迁其操；以桀、跖为行者，虽日闻仁义，莫能治其性。若膺乡举里选，亦此流也；若搜茂材异行，亦此流也。则何必目秀才为朴，名进士为薄邪。"盖唐人已有此论，即坡公之意也，但变声律为议论，变墨义为大义，则于学者不为无补。然介甫之所谓"一道德"者，乃是欲以其学使天下比而同之，以取科第。夫其书纵尽善无可议，然使学者以干利之故，皓首专门，雷同蹈袭，不得尽其博学详说之功，而稍求深造自得之趣，则其拘牵浅陋，去墨义无几矣。况所著未必尽善乎？至所谓"学术不一，十人十义，朝廷欲有所为，异论纷然，莫肯承听"，此则李斯所以建焚书之议也，是何言欤！(《文献通考》卷三一)

先生与仆论熙宁殿试用策时，先生曰："诗赋、经术，皆是朝廷一取人之科目耳。使如三代、两汉、魏晋之时，采取名誉，岂不得人？然奔竞矫激之风胜矣。故以言取人，示公道也。殿试之用诗赋、策问，固无优劣。人但见策问比之三题，似乎有用。不知祖宗立法之初，极有深意。且士人得失计较为重，岂敢极言时政阙失，自取黜落？或居下第，必从而和之。是士人初入仕，而上之人已教之谄也。傥或有沽激慷慨直言之士，未必有益。故元和初，牛僧孺、李宗闵、皇甫湜对策，极诋时政，缘此纷争，分牛李之党，为缙绅之祸者几五十年。以此足可知也。盖朝廷设科目，无有难易。苟只以四句诗取人，人来应亦有得有失；或使之尽治五经、十二史，人以来应，亦有得有失。况登科之初，未见人材；及后仕宦，则其材智、名声、君子、小人、贵贱分矣。不必须得殿试可以别人材也。'敦厚浮薄，色色有之。'唐文宗之言至矣。"解曰：采名固失之浮，殿试诗赋诸作，若示公矣。而或不考其实，则亦何真才之可得哉！然则，其必如虞廷之敷奏，以言明试，以功而后可也。吾

师甘泉湛子尝论:举业、德业,二业合一,而后真才出焉,世道可望焉。其所感深矣。鸣呼!是在君相。(《元城语录》卷下)

六　月

二十二日,诏:"诸州军监举送发解、考试、监试官亲戚、门客,类聚送转运司,与锁厅、明经一处考试。各十分取一分半为额,即余分或应举不满十人,并五人以上听解一名。其四人以下,如灼然有文艺可称者,准此。以上,并不系诸州军解额。"从礼部请也。(《宋会要·选举》一五之二〇)

七　月

二十八日,诏:"今后三路知州军,举到武举本路土著人。"(《宋会要·选举》一七之一二)

八　月

十四日,以秘阁校理、同修起居注陈襄,集贤校理王权,秘阁样理王介、安焘、李常,馆阁校勘刘攽,考试开封府举人,虞部郎中陈偁监门;监察御史里行张戬,直史馆苏轼,集贤校理王汾、胡宗愈,馆阁校勘顾临,考试国子监举人,比部郎中张吉监门;集贤校理王益柔、秘阁校理钱藻考试锁厅举人,都官员外郎许懋监门。(《宋会要·选举》一九之一五)

陈襄《理会考校进士卷子状》:臣伏见今岁科场,开封府就试进士三千二百七十余人,合解发三百十人为额;国子监一千六百余人,合解百人为额,皆是十分之中未取其一。英俊既多,而剽辞挟书,真伪淆杂。若不精加考校,去留之际,不无差误。孤寒得失,所系不轻。《贡举条例》虽令考试官通考,缘三场卷子数目稍多,自来承例分定,方始考校。得失其间,好恶不同,未必取舍皆是。洎乎考到合格人数,便即类聚奏号。更不将退落卷子,令众官一处衮同再考。轻易漏略,非为不惜举人进取之艰难,殊不体认朝廷取士之意。臣今擘画:欲令今来考试官初考校时,权令分定卷子,除考到词理优长已合格者,及词理纰缪、与犯不考式者已系黜落外,将逐官退下中等卷子在去留之间者,令众官一处公共看详,与近下合格卷子比校优劣,然后升黜。仍将三场卷子连粘通考,所贵得士之实,不至差缪。所有考校虽无日限,校量一月之内,以诗、赋、策论通考,每人一日考得一十五副,至二十副已来。如将退落下等卷子,更令众官参考,须至更展日限,方得了当。今乞将就试举人卷子与考试官员数均定,日以二十副为准。自引试初场通计人数,与五、七日限,通考退落卷子。以引试日为始,计其日限。如更日限未足,未得奏名。所贵考校精详,不失辞业之士。谨具状奏闻,伏候敕旨。(《全宋文》卷一〇八〇)

(苏)轼为国子监考试官。安石既得政,每赞上以独断,上专信任之。轼发策云:"晋武平吴,以独断而克;符坚伐晋,以独断而亡。齐桓专任管仲而霸,燕哙专任子之而灭。事同功异,何也?"安石见之不悦。(《长编拾补》卷七)

苏轼《国学秋试策问二首》:

《勤而或治或乱断而或兴或衰信而或安或危》:问:所贵乎学士大夫者,以其通古今而考成败也。昔之人尝有以是成者,我必袭之;尝有以是败者,我必反之。如是其可乎?昔之为人君者,患不能勤。然而,或勤以治,亦或以乱。文王之日昃,汉宣之厉精,始皇之程书,隋文之传餐,其为勤一也。昔之为人君者,患不能断。然而,或断以兴,亦或以衰。晋武之平吴,宪宗之征蔡,苻坚之南伐,宋文之北侵,其为断一也。昔之为人君者,患不能信其臣。然而,或信以安,亦或以危。秦穆之于孟明,汉昭之于霍光,燕哙之于子之,德宗之于卢杞,其为信一也。此三者,皆人君之所难,有志之士所常咨嗟慕望旷世而不获者也。然考此数君者,治乱、兴衰、安危之效,相反如此,岂可不求其故欤?夫贪慕其成功而为之,与惩其败而不为,此二者皆过也。学者将何取焉?按其已然之迹,而诋之也易;推其未然之理,而辨之也难。是以未及见其成功,则文王之勤,无以异于始皇。而方其未败也,苻坚之断,与晋武何以辨?请举此数君者得失之源,所以相反之故,将详观焉。

《隋文帝户口之蕃仓廪府库之盛》:问:古者以民之多寡,为国之贫富。

故管仲以阴谋,倾鲁梁之民;而商鞅亦招三晋之人,以并诸侯。当周之盛时,其民物之数登于王府者,盖拜而受之。自汉以来,丁口之蕃息,与仓廪府库之盛,莫如隋。其贡赋输籍之法,必有可观者。然学者以其得天下不以道,又不过再世而亡,是以鄙之而无传焉。孔子曰:"不以人废言。"而况可以废一代之良法乎？文帝之初,有户三百六十余万,平陈所得又五十万。至大业之始,不及二十年,而增至八百九十余万者,何也？方是时,布帛之积,至于无所容;资储之在天下者,至不可胜数。及其败亡涂地,而洛口诸仓,犹足以致百万之众。其法岂可少哉？国家承平百年,户口之众,有过于隋。然以今之法观之,特便于徭役而已,国之贫富何与焉？非徒无益于富,又且以多为患。生之者寡,食之者众,是以公私枵然,而百弊并生。夫立法创制,将以远迹三代,而曾隋氏之不及,此岂可不论其故哉？(《苏轼文集》卷七)

刘攽博学有俊才,然滑稽,喜谑玩,亦屡以犯人。熙宁中,为开封府试官,出临以《教思无穷论》,举人上请曰:"此卦大象如何?"刘曰:"要见大象,当诣南御苑。"又有请曰:"至于八月有凶,何也?"答曰:"九月固有凶矣。"盖南苑豢驯象,而榜帖之出,常在八月九月之间也。(《东轩笔录》卷八)

刘攽、王介同为开封府试官,举人有用"畜"字者,介谓音犯主上嫌名,攽谓礼部先未尝定此名为讳,不可用以黜落,因纷争不已。而介以恶语侵攽,攽不校。既而,御史张戬、程灏并弹之,遂皆赎金。御史中丞吕公著又以为议罪太轻,遂夺其主判,其实中丞不乐攽也。《谢表》略曰:"彍弩射市,薄命难逃;飘瓦在前,忮心不校。"又曰:"在矢人之术,惟恐不伤;而田主之牛,夺之已甚。"盖谓是也。(《东轩笔录》卷九)

攽尝与王介同为开封府试官,试《节以制度不伤财赋》,举子多用"畜积"字。畜本音五六反,广韵又呼玉反,声近御名,介坚欲黜落,攽争之,遂至諠忿。监试陈襄奏闻其事,二人皆赎金,而中丞吕公著又言责之太轻,遂皆夺主判。是时,雍子方为开封府推官,戏攽曰:"据罪当决臀杖十三。"攽答曰:"然吾已入文字矣,其词曰:'切见开封府推官雍子方,身材长大,

臀腿丰肥，臣实不如，举以自代。'"合坐大笑。(《东轩笔录》卷一一)

是　秋

孔平仲《送董监部赴举》：西风槐半黄，行客车马动。扬鞭望都城，壮气不可控。朝廷新改科，诗赋斥无用。君能通古书，义理善折衷。先锋陈典谟，后骑出歌贡。以兹趋大敌，坐可图百中。青春闻喜处，醉弁宫花重。去矣当自强，勿作思归梦。(《全宋诗》卷九二四)

十一月

甲戌(十一日)，中书、枢密院言："伏以祖宗受命百年，皇族日加蕃衍，而亲疏之施未有等衰，甄叙其才，未能如古。臣等今议定方今可行之制：……愿锁厅应举者，依外官条例。其祖免亲，更不赐名授官，只许令应举。应进士者，止试策论；明经者，止习一大经，试大经大义及策。初试考退不成文理者，余令复试。取合格者以五分为限，人数虽多，毋过五十人。累经复试不中年长者，当特推恩，量材录用。"诏："宜依中书、枢密所奏施行。"(《长编拾补》卷六)

十二月

九日，诏："今后制科入第三等、进士第一人及第者，一任回，更不与升通判差遣，及不试充馆职，并令审官院依例与差遣。余如嘉祐诏书。"(《宋会要·选举》二之一〇)

旧制：进士第三人以上及第人一任回，并召试馆职；制科第三等人一任回亦然，仍并升通判资序。熙宁初，诏厘革，并令审官院依例与差遣。(《却扫编》卷下)

十一日，诏："礼部下第进士五举、诸科六举、尝经殿试，进士六举、诸科七举、经礼部试者，年五十以上以名闻。内三路人，第减一举。其庆历二年以前，礼部试下进士两举、诸科二举，并具姓名、年甲、乡贯以闻。"(《宋会要·选举》一五之二〇、二一)

三十日，司马光《论风俗札子》：臣闻国之致治，在于审官；官之得人，在于选士；士之向道，在于立教；教之归正，在于择术。是知选士者，治乱之枢机，风俗之根原也。窃见近岁公卿大夫好为高奇之论，喜诵老庄之言，流及科场，亦相习尚。新进后生，未知臧否，口传耳剽，翕然成风。至有读《易》未识卦爻，已谓《十翼》非孔子之言；读《礼》未知篇数，已谓《周官》为战国之书；读《诗》未尽《周南》、《召南》，已谓毛郑为章句之学；读《春秋》未知十二公，已谓三《传》可束之高阁。循守注疏者，谓之腐儒；穿凿臆说者，谓之精义。且性者，子贡之所不及；命者，孔子之所罕言。今之举人，发口秉笔，先论性命，乃至流荡忘返，遂入老庄。纵虚无之谈，骋荒唐之辞，以此欺惑考官，猎取名第。禄利所在，众心所趋，如水赴壑，不可禁遏。彼老庄弃仁义而绝礼学，非尧舜而薄周孔，死生不以为忧，存亡不以为患，乃匹夫独行之私言，非国家教人之正术也。魏之何晏、晋之王衍，相与祖述其道，宅心事外。选举者以此为贤，仕官者以此为业，遂使纪纲大坏，胡夷并兴，生民涂炭，神州陆沉。今若于选士之际用此为术，臣惧向去任官之士，皆何晏、王衍之徒，则政事安得不隳？风俗安得不坏？正始、永嘉之弊，将复见于今矣。伏望朝廷特下诏书，以此戒励内外公卿大夫，仍指挥礼部贡院，豫先晓示进士，将来程试若有僻经妄说，其言涉老庄者，虽复文辞高妙，亦行黜落。庶几不至疑误后学，败乱风俗。(《司马光集》卷四五)

是　年

范纯仁《上神宗乞设特举之科分路考校取人》：臣近奉德音，以朝廷不能均取四方之士，虑有遗才，令臣具合设科制及取人之法进呈。臣智识浅疏，不能画远大之策，上副诏旨。辄以所见，粗陈一二。窃以自祖宗以来，取人唯进士科为盛。凡举择公卿近侍，多取进士出身之人，故天下之士竞务此科而进。然进士举业，文、赋唯闽、蜀、江、浙之人所长。至南省，则与西北之人一处糊名通考，故西北之人得进者少。今若明行分别，则必东南之人兴难进之嗟，而寄贯巧伪者益多。不若用臣前来所上贡举之策。先于天下郡县各立学校、养士之法，仍择明师以教之。每科诏之下，委州郡长吏及学官，于进士、明经中唯取土著之人，先曾入州学各及三百日已上，才行优于众人者,许用解额中人数三分之一,特为荐送至南省,谓之特举之科。南省只试策、论、经义,仍各分路分考校,逐路各与优立分数取人,至御前亦依分数与放及第,则诸路得人无不均一。朝廷遂于贡举优立五路之法。又乞诏政府,今后举台省、馆阁、经筵职司,并于明经、进士或无出身人中数路参取,但择才行优长,不必限以科第。如此,则四方贤士可以俱进矣。更望圣慈,详酌施行。(《宋朝诸臣奏议》卷八〇)

熙宁三年　庚戌(1070)

正　月

九日,以翰林学士承旨王珪权知贡举,御史中丞吕公著、知制诰苏颂、直集贤院同修起居注孙觉并权同知贡举,合格奏名进士陆佃已下三百人。(《宋会要·选举》一之一二)

九日,以翰林学士承旨王珪等权知贡举。虞部郎中卢盛、职方员外郎徐九思监贡院门,监察御史里行张戬、御史台推直官张景真封弥,秘书郎李清臣,著作佐郎邓润甫,馆阁编校林希,西京留守推官苏辙,国子监直讲王汝翼、张巨,崇文院校书邢恕,馆阁校勘蒲宗孟点检试卷。审刑院详议官王彭、朱太简、韩晋卿,刑部详复官胡援,诸科出义;刑部检法官王圭,大理寺详断官邵奎、孟璋,刑部详复官陈端,前郓州中都县主簿傅宏,殿中丞袁廷之,祥符县丞田盛,考试;刑部详复官朱温其,御史台主簿钱长卿,吴王宫睦亲、广亲小学教授张元兴、宋璋,复考。天章阁侍讲吴申、监察御史里行程颢,考试知举官亲戚举人。(《宋会要·选举》一九之一五)

王禹偁元之久为从官,而未尝知举。有诗云:"三入承明不知举,看人门下放门生。"王岐公在翰苑凡十七八年,三为主文。常在试闱,戏书考簿后云:"黄州才藻旧词臣,几叹门生未有人。自笑晚游金马客,曾来三锁贡闱春。"(《墨庄漫录》卷一〇)

二十八日,诏:"将来于崇政殿御试举人,考校臣僚并诸司幕次,依今来御药院图子,贴定去处。应合行事件,令本院检举施行。"(《宋会要·选举》八之三四)

二　月

十二日，诏贡院："南省下第进士五举、诸科六举、曾经御试，进士六举、诸科七举、曾经省试下者，年五十以上，内三路者特各减一举，具姓名闻奏。"(《宋会要·选举》三之四三)

三　月

五日，诏中书门下，令别定御试举人封弥式样，送御药院。仍本院誊录两本，分送初、复考官。(《宋会要·选举》八之三四)

六日，诏贡院："应景祐五年已前到省举人，进士一举、诸科前后两举，见年六十五岁已上，令本贯州县当职官勘会闻奏，当议特与推恩。如开封府、国子监举人，令止召见任京朝官二员，结除名罪保明。其景祐五年已前到省进士前后两举、诸科合前后三举，更不限年；并进士七举、诸科八举、年四十已上、曾经殿试者，并令赴今来御试。"(《宋会要·选举》三之四三)

六日，诏："内庆历三年礼部试下，进士两举、诸科三举，亦不限年，与免解。"(《宋会要·选举》一五之二一)

七日，阁门言："自来假日，崇政殿视事，带御器械先延和殿起居。今来集英殿御试举人，起居、祗应次第依假日例，其带御器械欲令于需云殿先起居，其军头司祗应军员缘别无公事引呈，欲令更不入。"从之。(《宋会要·选举》八之三四、三五)

八日，上御集英殿，试礼部奏名进士。内出制策曰："朕德不类，托于士民之上，所与待天下之治者，惟万方黎献之求。详延于庭，诹以世务，岂特考子大夫之所学，且以博朕之所闻。盖圣人之王天下也，百官得其职，万事得其序。有所不为，为之而无不成；有所不革，革之而无不服。田畴辟，沟洫治，草木鬯茂，鸟兽鱼鳖无所不得其性者，其富足以备礼，其和足以广乐，其治足以致刑。子大夫以谓何施而可以臻此？方今之弊，可谓众矣。救之之道必有本末；所施之宜，必有先后，此子大夫所宜知也。生民以来，所谓至治，必曰唐虞、成周之时，《诗》、《书》所称，其迹可见。以至后世贤明之君、忠智之臣，相与忧勤，以营一代之业。虽未尽善，要其所以成就，亦必有可言者。其详著之，朕将亲览焉。"旧制：殿试进士以诗、赋、论，特奏名进士一论。至是，进士就席，有司又犹给《礼部韵》。及试题出，乃策问也。上顾执政曰："对策亦何足以实尽人材？然愈于以诗赋取人尔。"得叶祖洽以下三百五十五人，第为五等，赐及第、出身、同出身。翌日，试特奏名进士，内出制策曰："子大夫问学日久，阅义理多矣。唐虞三代所以治中国、兼夷狄，与夫秦汉以来天下所以存亡兴坏，其要可得而闻欤？尧舜圣而不可知也，而以能哲而惠为难，乃至忧驩兜，畏巧言令色孔壬，而不能使有苗化其道，安在乎其为神也。伯夷、柳下惠皆古圣人也，而孔子曰：'我则异于是。'杨朱、墨翟，虽不合大中之道，然其一以为为我，其一以为兼爱，于义未甚悖也。而孟子绌之，以比禽兽。此其故何也？各以所闻，详著于篇。"同日，试特奏名明经、诸科大义十道，得许铨以下四百七十四人，赐本科及第、同出身，授试监簿、诸州文学、长史、助教。(《宋会要·选举》七之一九、二〇)

公(吕公著)知贡举，在贡院密上奏，曰："天子临轩策士而用诗赋，非举贤求治之意。且近世有司考校，已专用策论。今来殿试，欲乞出自宸衷，惟以诏策，咨访治道。"是岁，上临轩，遂以策试进士。(《宋名臣言行录》后集卷八)

陆佃《御试策》：臣对：臣闻圣人之王天下也，教有条理，政有节目。其为数虽大且多，而其要乃在于任贤立本而已。盖其哲足以知人，然后有以任贤；其惠足以安民，然后有以立本。哲者，智之发也；惠者，仁之施也。其智能哲，其仁能惠，则其施于任贤立本之际也，无所不宜。使之以因任，责之以原省。翼修者无卑栖，器近者无远用。而长于教者不以典刑，审于礼者不以司乐。此百官之所以各得其职也。道德已明，然后次之以仁义；刑名已详，然后次之以分守。其治至于定，然后文之以礼；其功至于成，然后文之以乐。小大有秩，先后有宜，此万事之所以得其序也。当是之时，政教既成,道德同而风俗一。上有道揆,下有法守。朝信道,工信度。君子不犯义,小人不犯刑,所循者一理,所共者一意。而为之上者,有以见天下之赜,又有以见天下之动。而至精之神,足以通天下之志;至变之机,足以成天下之务。其所更者,必其民之所既倦也;其所循者,必其民之所已安也。是以凡所谓精义入神,备物致用,立成器以为天下利者,莫不家使之同,人与之共也。而又未尝不鼓舞以尽其神,变通以尽其利。此其有所不为,为之而无不成;有所不革,革之而无不服也。臣闻唐虞之际,建官惟百,至夏商而二百,又至于周而三百,其员亦可谓多且备矣。然迹而考之,官之为农而设者盖特众也。故方是时,闾有胥,族有师,与夫田畯大夫之徒,夙夜劝相,而其相见有至诚之喜。丝事既毕,而麻事继兴;野功既讫,而宫功寻至。藏蔬于其秋,以备不给之冬;索绹于其夜,以备不足之昼。勉之如此,其至也。然不耕者其耻无盛,而其罚有屋粟;不蚕者其耻无帛,而其罚有里布。驱之又如此,其备也。而井牧之内,十夫有沟,百夫有洫,千夫有浍,万夫有川。旱得以聚,水得以泄。此田畴之所以辟,沟洫之所以治也。当是之时,百度修而万事理,上下治而财用足。其神德有以范围天地之化,其圣功有以辅相天地之宜。而所交者有道,所奉者有礼。豺獭既祭,然后渔猎兴;鹰隼既击,然后罻罗设。妄斧者有诛,数罟者有禁。胎不得而损,巢不得而覆。四海之内,山繁川富,区萌达,羽翼奋,夏希革,冬氄毛,各得其时。而鱼丽之盛多,崇丘之高大,皆得而极焉。自晚周以来,而世所谓阴阳失序,非春而燠,非冬而寒,草木不待霜而落,昆虫不待雷而奋者,于此之时,盖未之有。此鸟兽草木之所以无不得其性,尽其宜。而其礼足以备,其乐足以广,其刑足以致也。是以唐虞之际,行天道以治人,行人道以奉天;建天官以熙人绩,建人官以亮天功;明之以俊德,神之以妙用。而政教之及,其远至于旸谷幽都之方,其详至于东作西成之事,其微至于希革氄毛之类,其象至于日月星辰,其器至于律度量衡。而推而下之,至于有周,其治又极矣。故其齐庄有造之德,至于始笄之季女,未冠之幼士;而其戒慎无愧之行,至于汉上之游女,林间之鄙夫。有后世壮夫老妇,礼义之士,愧而惧之者也。先王之往既远矣,自汉以来,其余泽已熄,其旧法已微。虽欲治之主、合谋之臣固多,而创法立制庶几于先王之意者,独有唐而已。盖常员定设官之制,永业限授田之法。置府卫之二兵,以寄习军之政；设租庸调之三法，以制取民之节。此其有以宜于当世，而庶几有古人立法创制之意，其详可得而言者也。若夫致今之治，革弊之本末，制宜之先后，盖陛下有天地之体，有神明之用，而方举贤于朝，协心委诚，敦守位之仁，讲理财之义，兴农桑以根天下之政事，开学校以本天下之礼义，一切不惑于流俗之言，可谓尧舜之用心而笃于自信者也。虽然，臣抑闻之：图天下之治者存乎意，无良法以施之，则虽有良意不能立；施天下之意者存乎法，无良材以守之，则虽有良法不能行。陛下之意，可谓有至诚恻怛求治之志，而其创设之法又已良矣。惟成之以不倦之勤，待之以勿亟之渐，而择天下之良材，尽得以任之。则所谓唐虞成周之隆可以坐致，而彼有唐之制焉足以参其议哉！臣昧死。臣谨对。(《全宋文》卷二二〇二)

(陆佃)礼部奏名为举首，方廷试赋，遽发策题，士皆愕然，佃从容务对，擢甲科。(《宋史》卷三四三)

十八日，诏御试详定所："如今来初、复考官考到试卷内等第相远者，更酌中别立等第。"(《宋会要·选举》八之三五)

壬子(二十一日)，上御集英殿，赐进士第。叶祖洽言："祖宗多因循苟且，陛下革而新之。"轼奏欲别定等第，上不许。案：《续宋编年资治通鉴》云：上试叶祖洽等二百八十九人，擢祖洽为第一，廷试策自此始。……薛应旂《通鉴》云：初，同知贡举吕公著在贡院中，密奏言："天子临轩策士而用诗、赋，非举贤求治之道，乞出自宸衷，以咨访治道。"至是上御集英殿试进士，遂专用策，赐叶祖洽以下三百人及第、出身。祖洽，邵武人，所对策专投合用事者。考官宋敏求、苏轼欲黜之，吕惠卿擢为第一。毕沅《通鉴》云：考官吕惠卿列阿时者高等，讦直者居下；刘攽复考，悉反之。李大临、苏轼编排上官均第一，叶祖洽第二，陆佃第五。帝令陈升之面读均等策，擢祖洽第一。(《长编拾补》卷七)

赐叶祖洽以下及诸科八百余人及第、出身有差。旧制，进士一日而兼试诗、赋、论，谓之三题；特奏人只试论一道。至是罢三题，始用策。翌日，试特奏名进士亦试策也。自王安石得政，每赞上以独断，上专信任之。于是，考官苏轼发策云："晋武平吴以独断而克，苻坚伐晋以独断而亡，齐桓专任管仲而伯，燕哙专任子之而灭，事同而功异，何也?”安石见之不悦。祖洽策言:“祖宗多因循苟简之政，陛下即位，革而新之。”初考为三等，复考为五等。上令宰相陈升之面读，以祖洽为第一。轼乃上言:“陛下试士，将求朴直之人，而阿谀顺旨者率据上第，臣窃悲之。”是以不胜愤懑，拟《进士对御试策》以进。上以轼所对策示安石，安石曰:“轼才亦高，但所学不正，陛下何不黜轼，岂以其才可惜乎?譬如调恶马，须减刍秣，加鞭棰，使其帖服，乃可用。陛下不可不察也。”(《编年备要》卷一八)

《司马光目录》曰:时韩维、吕惠卿初考，附者皆在高等，言直者多在下等。宋敏求、刘攽复考及之，吴充、陈襄从初考。祖洽:“考祖宗多因循苟且之政，建隆下革而新之。”初考为三等，吴允等奏泛与者。吕公著、苏轼编排上官均第一，祖洽二，佃第五，程尧佐奏名第三。以陆佃知新法，故易第二为第五焉。是岁进士二人，直诋时病，皆在下:开封范越，一不知名。(《太平治迹统类》卷二八)

春，差充殿试编排官。时御试始用策。上议差先生为考官，安石言先生所学乖异，不可考策，乃以为编排官。(《苏轼年谱》卷九《施谱》)

礼院、廷试始用策。初，考官吕惠卿列阿时者在高等，讦直者反居下。(刘)攽复考，悉反之。(《宋史》卷三一九)

自乡举里选之法坏，而取士惟虚文是尚。汉策贤良，虽未免以利禄入其心，科别或有未竟，犹不失言扬之意。唐进士得人为盛，特绨章绘句之习工，如日五色，何益世用?国朝策士，初袭唐人辞章之咎，至此始以策谘访治道，与汉制科等，其意美矣。然草茅言事，岂能皆若素宦于朝?而效忠献直，悉出于爱君忧国之真情。言之当，固不以人废;言之过，亦贵于能容人。君能容过直之言，市骏骨，揖怒蛙，感兴发作之下，孰不以安危治忽之实来告?苟有司喜阿逢而恶讦直，以行上下其手之私，如吕惠卿辈，美意一失，奚以临轩发策为哉!维我仁宗之策苏辙，其言宫中事过于直，上曰:“以直言求人，而以直弃之，天下谓我何?”可谓有大舜之大矣。是时，

考官则司马光、范镇、蔡襄。(《全宋文》卷七〇〇七洪咨夔《进熙宁策士故事》)

苏颂《吏部顿郎中……自注》:熙宁三年,神宗初御,集英放榜,予时以知举官侍立扆前,及赐闻喜宴亦预班列。(《苏魏公文集》卷一二)

刘攽《与宋次道舍人同在殿中复考进士,次道子侄同就御试,赠次道二首》:池上君今得凤毛,阶庭兰玉见儿曹。横参气象开衡石,丹桂芬香近赭袍。冀北群空经相马,海滨人去复连鳌。西亳里第乌衣巷,贺客无辞应接劳。

不恨郎潜有二毛,喜从仙禁接官曹。重吟紫殿森珠网,纵观诸郎夺锦袍。汗血来时皆骥子,神仙不动倚灵鳌。明堂梁栋抡材尽,世上那知伐斫劳。(《全宋诗》卷六一二)

苏轼《拟进士对御试策并引状问》:右臣准宣命差赴集英殿编排举人试卷。窃见陛下始革旧制,以策试多士。厌闻诗赋无益之语,将求山林朴直之论,圣听广大,中外欢喜。而所试举人不能推原上意,皆以得失为虑,不敢指陈阙政,而阿谀顺旨者又卒据上第。陛下之所以求于人至深切矣,而下之报上者如此,臣窃深悲之。夫科场之文,风俗所系,所收者天下莫不以为法,所弃者天下莫不以为戒。昔祖宗之朝,崇尚辞律,则诗赋之士,曲尽其巧。自嘉祐以来,以古文为贵,则策论盛行于世,而诗赋几至于熄。何者?利之所在,人无不化。今始以策取士,而士之在甲科者,多以谄谀得之。天下观望,谁敢不然!臣恐自今已往,相师成风,虽直言之科,亦无敢以直言进者。风俗一变,不可复返,正人衰微,则国随之,非复诗赋、策论迭兴迭废之比也。是以不胜愤懑,退而拟《进士对御试策》一道。学术浅陋,不能尽知当世之切务,直载所闻。上将以推广圣言,庶有补于万一;下将以开示四方,使知陛下本不讳恶切直之言。风俗虽坏,犹可以少救。其所撰策,谨缮写投进,干冒天威,臣无任战恐待罪之至。

问:朕德不类,托于士民之上。所与待天下之治者,惟万方黎献之求,详延于廷,诹以世务。岂特考子大夫之所学,且以博朕之所闻。盖圣王之御天下也,百官得其职,万事得其序。有所不为,为之而无不成;有所不革，革之而无不服。田畴辟，沟洫治，草木畅茂，鸟兽鱼鳖无不得其性。其富足以备礼，其和足以广乐，其治足以致刑。子大夫以谓何施而可以臻此？方今之弊，可谓众矣。救之之术，必有本末；施之之宜，必有先后。子大夫之所宜知也。生民以来，所谓至治，必曰唐虞、成周之时，《诗》《书》所称，其迹可见。以至后世贤明之君，忠智之臣，相与忧勤，以营一代之业。虽未尽善，要其所以成就，亦必有可言者。其详著之，朕将亲览焉。

对：臣伏见陛下发德音，下明诏，以天下安危之至计，谋及于布衣之士，其求之不可谓不切，其好之不可谓不笃矣。然臣私有所忧者，不知陛下有以受之欤？《礼》曰："甘受和，白受采。"故臣愿陛下先治其心，使虚一而静，然后忠言至计可得而入也。今臣窃恐陛下先入之言已实其中，邪正之党已贰其听，功利之说已动其欲，则虽有皋陶、益稷为之谋，亦无自入矣，而况于疏远愚陋者乎！此臣之所以大惧也。若乃尽言以招祸，触讳以忘躯，则非臣之所恤也。

《圣策》曰："圣王之御天下也，百官得其职，万事得其序。"臣以为陛下未知此也，是以所为颠倒失序如此。苟诚知之，曷不尊其所闻而行其所知欤？百官之所以得其职者，岂圣王人人而督责之？万事之所以得其序者，岂圣王事事而整齐之哉？亦因能以任职，因职以任事而已。官有常守谓之职，施有先后谓之序。今陛下使两府大臣侵三司财利之权，常平使者乱职司守令之治。刑狱旧法，不以付有司，而取决于执政之意；边鄙大虑，不以责帅臣，而听计于小吏之口。百官可谓失其职矣。王者之所宜先者德也，所宜后者刑也；所宜先者义也，所宜后者利也。而陛下易之，万事可谓失其序矣。然此犹其小者。其大者，则中书失其政也。宰相之职，古者所以论道经邦，今陛下但使奉行条例司文书而已。昔邴吉为丞相，萧望之为御史大夫，望之言阴阳不和，咎在臣等，而宣帝以为意轻丞相，终身薄之。今政事堂忿争相诟，流传都邑，以为口实，使天下何观焉？故臣愿陛下首还中书之政，则百官之职，万事之序，以次而得矣。

《圣策》曰："有所不为，为之而无不成；有所不革，革之而无不服。"陛下之及此言，是天下之福也。今日之患，正在于未成而为之，未服而革之耳。夫成事在理不在势，服人以诚不以言。理之所在，以为则成，以禁则止，以赏则劝，以言则信。古之人所以鼓舞天下，绥之斯来，动之斯和者，盖循理而已。今为政不务循理，而欲以人主之势，赏罚之威，胁而成之。夫以斧析薪，可谓必克矣。然不循其理，则斧可缺，薪不可破。是以不论尊卑，不计强弱，理之所在则成，理所不在则不成，可必也。今陛下使农民举息，与商贾争利，岂理也哉！而何怪其不成乎？《礼》曰："微之显，诚之不可掩也如此夫!"陛下苟诚心乎为民，则虽或谤之而人不信；苟诚心乎为利，则虽自解释而人不服。且事有决不可欺者，吏受贿枉法，人必谓之赃；非其有而取之，人必谓之盗。苟有其实，不敢辞其名。今青苗有二分之息，而不谓之放债取利，可乎？凡人为善，不自誉而人誉之；为恶，不自毁而人毁之。如使为善者必须自言而后信，则尧、舜、周、孔亦劳矣。今天下以为利，陛下以为义；天下以为害，陛下以为仁；天下以为贪，陛下以为廉，不胜其纷纭也。则使二三臣者，极其巧辩，以解答千万人之口。附会经典，造为文书，以晓告四方之人。四方之人，岂如婴儿、鸟兽，而可以美言小数眩惑之哉！且夫未成而为之，则其弊必至于不敢为；未服而革之，则其弊必至于不敢革。盖世有好走马者，一为坠伤，则终身徒行。何者？慎重则必成，轻发则多败，此理之必然也。陛下若出于慎重，则屡作屡成，不惟人信之，陛下亦自信而日以勇矣。若出于轻发，则每举每败，不惟人不信，陛下亦自不信而日以怯矣。文宗始用训注，其志岂浅也哉？而一经大变，则忧沮丧气，不能复振。文宗亦非有失德，徒以好作而寡谋也。慎重者始若怯，终必勇；轻发者始若勇，终必怯。乃者横山之人，未尝一日而忘汉，虽五尺之童子知其可取。然自庆历以来，莫之敢发者，诚未有以善其后也。近者，边臣不计其后而遽发之，一发不中，则内帑之费以数百万计，而关辅之民困于飞挽者，三年而未已。虽天下之勇者，敢复为之欤？为之固不可，敢复言之欤？由此观之，则横山之功，是边臣欲速而坏之也。近者，青苗之政，助役之法，均输之策，并军搜卒之令，卒然轻发，又甚于前日矣。虽陛下不恤人言，持之益坚，而势穷事碍，终亦必变。他日虽有良法美政，陛下能复自信乎？人君之患，在于乐因循而惮改作。今陛下春秋鼎盛，天锡勇智，此万世一时也。而群臣不能济之以慎重，养之以敦朴。譬如乘轻车，驭骏马，冒险夜行，而仆夫又从后鞭之，岂不殆哉！臣愿陛下解辔秣马，以须东方之明，而徐行于九轨之道，甚未晚也。

《圣策》曰"田畴辟，沟洫治，草木畅茂，鸟兽鱼鳖莫不各得其性"者，此百工有司之事也,曾何足以累陛下!陛下操其要,治其本,恭己无为,而物莫不尽其天理,以生以死。若夫百工有司之事,自宰相不屑为之,而况于陛下乎!

《圣策》曰:“其富足以备礼,其和足以广乐,其治足以致刑,何施而可以臻此?”孔子曰:“百姓足,君孰与不足?”兔首瓠叶,可以行礼;扫地而祭,可以事天。礼之不备,非贫之罪也。管子曰:“仓廪实而知礼节。”臣不知陛下所谓富者,富民欤?抑富国欤?陆贾曰:“将相和调,则士豫附。”刘向曰:“众贤和于朝,则万物和于野。”今朝廷可谓不和矣。其咎安在?陛下不返求其本,而欲以力胜之。力之不能胜众也久矣!古者刀锯在前,鼎镬在后,而士犹犯之。今陛下躬蹈尧舜,未尝诛一无罪,欲弭众言,不过斥逐异议之臣而更用人。必不忍行亡秦偶语之禁,起东汉党锢之狱,多士何畏而不言哉?臣恐逐者不已,而争者益多,烦言交攻,愈甚于今日矣。欲望致和而广乐,岂不疏哉?古之求治者,将以措刑也。今陛下求治则欲致刑,此又群臣误陛下也。臣知其说矣,是出于荀卿。荀卿喜为异论,至以人性为恶,则其言治世刑重亦宜矣。而说者又以为《书》称唐虞之隆,刑故无小;而周之盛时,群饮者杀。臣请有以诘之。夏禹之时,大辟二百;周公之时,大辟五百,岂可谓周治而禹乱耶?秦为法及三族,汉除肉刑,岂可谓秦治而汉乱耶?致之言极也,天下幸而未治,使一日治安,陛下将变今之刑而用其极欤?天下几何其不叛也,徒闻其语而惧者已众矣。臣不意异端邪说惑误陛下,至于如此!且夫宥过无大,刑故无小,此用刑之常理也,至于今守之。岂独唐虞之隆而周之盛时哉!所以诛群饮者,意其非独群饮而已,如今之法,所谓夜聚晓散者。使后世不知其详,而徒闻其语,则凡夜相过者,皆执而杀之,可乎?夫人相与饮酒而辄杀之,虽桀纣之暴,不至于此。而谓周公行之欤?

《圣策》曰:“方今之弊,可谓众矣。救之之术,必有本末;施之之宜,必有先后。”臣请论其本与其所宜先者,而陛下择焉。方今救弊之道,必先立事;立事之本,在于知人。则所施之宜,当先观大臣之知人与否耳。古之欲立非常之功者,必有知人之明。苟无知人之明,则循规矩,蹈绳墨,以求寡过。二者皆审于自知,而安于才分者也。道可以讲习而知,德可以勉强而能。惟知人之明不可学,必出于天资。如萧何之识韩信,此岂有法而可传者哉！以诸葛孔明之贤，而知人之明，则其所短，是以失之于马谡。而孔明亦审于自知，是以终身不敢用魏延。我仁祖之在位也，事无大小，一付之于法；人无贤不肖，一付之于公议。事已效而后行，人已试而后用，终不求非常之功者，诚以当时大臣不足以与于知人之明也。古之为医者，聆音察色，洞视五脏，则其治疾也，有剖胸决脾，洗濯胃肾之变。苟无其术，不敢行其事。今无知人之明，而欲立非常之功，解纵绳墨以慕古人，则是未能察脉而欲试华佗之方，其异于操刀而杀人者几希矣！房琯之称刘秩，关播之用李元平是也，至今以为笑矣。陛下观今之大臣，为知人欤？为不知人欤？乃者擢用众才，皆其造室握手之人。要结审固而后敢用，盖以为其人可与勠力同心，共致太平。曾未安席，而交口攻之者，如猬毛而起。陛下以此验之，其不知人也亦审矣。幸今天下无事，异同之论，不过渎乱圣听而已。若边隅有警，盗贼窃发，俯仰成败，呼吸变动，而所用之人皆如今日，乍合乍散，临事解体，不可复知，则无乃误社稷欤？华佗不世出，天下未尝废医；萧何不世出，天下未尝废治。陛下必欲立非常之功，请待知人之佐。若犹未也，则亦诏左右之臣，安分守法而已。

《圣策》曰："生民以来，称至治者，必曰唐虞、成周之世。《诗》《书》所称，其迹可见。以至后世贤明之君，忠智之臣，相与忧勤，以营一代之业。虽未尽善，然要其所成就，亦必有可言者，其详著之。"臣以为此不可胜言也。其施设之方，各随其时而不可知。其所可知者，必畏天，必从众，必法祖宗。故其言曰："戒之戒之！天惟显思，命不易哉！"又曰："稽于众，舍己从人。"又曰："丕显哉，文王谟；丕承哉，武王烈。"《诗》《书》所称，大略如此。未尝言天命不足畏，众言不足从，祖宗之法不足用也。苻坚用王猛，而樊世、仇腾、席宝不悦；魏郑公劝太宗以仁义，而封伦不信。凡今之人，欲陛下违众而自用者，必以此藉口。而陛下所谓贤明忠智者，岂非意在于此等欤？臣愿考二人之所行，而求之于今。王猛岂尝设官而牟利？魏郑公岂尝贷钱而取息欤？且其不悦者，不过数人，固不害天下之信且服也。今天下有心者怨，有口者谤，古之君臣相与忧勤以营一代之业者，似不如此。古语曰："百人之聚，未有不公。"而况天下乎！今天下非之，而陛下不回，臣不知所税驾矣。《诗》曰："譬彼舟流，不知所届。心之忧矣，不遑假寐。"区区之忠，惟陛下察之。臣谨昧死上对。（《苏轼文集》卷九）

陈襄《乞升陆佃优等唱名札子》：臣窃见进士誊录卷子内，有偲字一号，初、复考一处，考到等第，绝相辽远。初考定作第三等上，必专取其义理之学，而略其文辞；复考定作第四等下，必以其文辞不工，而遗其义理。臣与吴充等为见等第未安，已依近降圣旨指挥，酌中详定，作第三等下。虽立等不为不优，然已混在稠人之中，不能旌别，以副陛下求人之意。臣窃思陛下特以声律取人为患，故于庭试代以策问，是欲斥去虚文，以求博硕之士。似此一号，专以经义条对，学有本末。虽文采若不甚优，观其致精深，固已出于群隽。伏望陛下取其根本之学，不求词藻之工，临轩唱名，特赐省览。如实有可采，愿以优等置之。不惟上称陛下至诚文士之心，抑足以风劝后学。取进止。(《全宋文》卷一〇八一)

进士名录：叶祖洽，上官均，陆佃，上官济，王夬，王吉，王仲修，王昕，王诇，王裕民，王聘，勾仲通，勾龙纲，方次夔，方蓁，田毓，史邈，丘述，吕公美，吕升卿，吕俱，朱旦，朱哵，朱素，朱敏功，江汝明，江庶，李之纯，李公麟，李早，李冲元(误)，李如埙，李庚，李亮工，李泰，李庄，李绅，李植，李杰(误)，李椠，李适，吴孝宗，吴君偁，吴彦，吴桓，吴宰，吴处休，吴说，何景先，何与京，何与狷，余宏，余舜琪，汪安仁，汪沇，汪泌，沈祐，沈通，沈街，宋直方，宋景瞻，幸济，范子渊，范世亮，范越一(误)，林伯材，林辟非，林露，郁澄，卓天宜，周池，周昌谔，周思，周裕，周谊，周颖，周谔，孟闳，胡知默，胡璞，俞纯父，施述，施耕，洪师民，洪涛，秦定，庄谊，晁端禀，倪本，徐伸，徐思安，徐彦孚，徐绍，翁晛，郭思，郭峻，唐奕，凌民师，凌举，陆长愈，陈之邵，陈沐，陈奕，陈益，陈敏，陈植，陈铣，陈楚材，陈节，陈宾，陈稷，陈遹，孙迪，孙遇，黄贞，黄舒，黄群，黄诰，黄醇，戚山，许彦，章甫，章甫，章修，章傅，张中，张世望，张仲元，张安国，张建，张昱，张修，张崇，张与，张靓，张敷，项舜卿，彭迪明，彭育，彭复，叶之恕，叶表，叶阜，叶宗古，葛书举，程尧佐，傅霖，傅权，冯宰，冯景，冯道宗，冯继宗，汤景仁，杨天惠，解澄，蒋津，蒋应元，蔡卞，蔡京，臧浑，臧诜，闻人琳，闻人璪，管太初，管师常，郑汝贤，郑伸，郑景平，邓忠臣，邓祐甫，邓棐，翟思，刘志道，刘非熊，刘拯，刘致　，刘损，刘玮，刘寯德，刘襄，刘读，刘吁，潘立方，潘永，潘晬，薛之仪，萧惟申，萧崿，龙思，檀固，谢询，应亚，应昭式，苏松，苏缜，罗审里，党专，饶之翰，饶锐，窦天章，龚原。

明经、诸科：王砺，司马康，朱稷臣，李倚，李颀，徐布，陈邵，张颢，郑表，郑蕤。

特奏名进士、明经、诸科：许铨，王献臣，吴昌龄，汪茂，曾奂，杨璟，蔡接，郑瑜，刘亢。(《宋登科记考》卷六)

补进士名录：其一，顿起。《宋登科记考·附录》："元祐中登进士第。"误。按：《栾城集》卷四《送顿起及第还蔡州》："我去淮阳今不久，邻邦时得问音尘。"苏辙是年春为陈州教授。《苏轼诗集》卷一七《次韵答顿起二首》自注："顿君及第时，余为殿试编排官，见其答策语颇直。"

其二，赵挺之。《宋登科记考·附录》："熙宁中登进士第。"按：《石林燕语》卷三："宰相同在第一甲者……叶祖洽榜，蔡鲁公、赵正夫。"

其三，沈凭。《宋登科记考》卷六将其系于熙宁六年进士名录，误。《全宋文》卷二二一一陆佃《沈君墓表》："方是时，初识(沈)凭面，爱其平粹无碍。……其后，遂为同年之友。"

辨正：其一，李冲元，元祐三年进士。《全宋文》卷五一三四周必大《题鞠城铭》："里人李冲元，字元中……元祐三年亦登第。"

其二，李杰，皇祐五年进士，详说见前。

其三，范越一，乃"范越"之误，编者标点错误。《宋登科记考》此处引用文献为《太平治迹统类》卷二八，原文如下："是岁进士二人，直诋时病，皆在下：开封范越，一不知名。"

先是，叶祖洽梦神人许之为状头，惟指庭下竹一束，谓之曰："用此则为状元。"叶不解其意。及用策取士，叶果为首，竹一束乃策又梦中神为设狗肉片为"状"字，定数如此。叶因乡人黄裳劝神宗讲，知上意深喜《孟子》，尝以语叶，故叶对策始终援《孟子》以为说。(《四朝闻见录》甲集)

熙宁二年，叶祖洽得国子学解。其兄著作佐郎谊知建昌军南城县，寄书与祖洽，托邑人免解进士傅翼持之。翼夜梦人头在箧中，夕夕如此。乃

徙谊书于别箧，则又梦人头在其中。到京纳书于祖洽，然后无复此梦。明年，祖洽状元及第。(《能改斋漫录》卷一八)

叶祖洽儿童时，好骑羊为戏，翁见之曰："郎君当魁天下士，勉之，无戏！"祖洽遂折节读书。会黄右丞履丁内艰乡居，祖洽与邑子上官均执弟子礼，师事之。尝过小山寺，遇翁，翁逆谓曰："状元、榜眼，何自来此？"二人相视而笑，曰："宁有是？"翁曰："不特尔，又同年焉。吾为子选一题，可预为之备。"二人未之信，戏曰："题目谓何？"翁指庭下竹一束，曰："当作此。"二人笑而去。熙宁三年廷试进士，罢诗赋论三题，易以策问。祖洽遂首选，均次之。方悟竹一束，盖"策"字也。(《夷坚志》甲卷九)

京师优人以杂细物数十种布于地，使人暗记物色，然后遣沐猴认之。每沐猴得之，优人即曰："道着也马留。"留盖优人呼沐猴之名。熙宁庚戌春，市井之人见举子往往亦以马留目之。其年状元叶祖洽赴宴于池上，有下第进士寄诗曰："着甚来由去赏春，也应有意惜芳辰。马蹄莫踏乱花碎，留与愁人作醉茵。"细而绎之，乃是"着也马留"四字，盖四句各取上一字。(《诗话总龟》前集卷四〇)

楚公(陆佃)登科时，第四人张中在殿廷喜甚，挈楚公手，曰："如何得乡里知去？"楚公不答。及归，密谓所亲曰："此殆非远器也。"中为明州象山县官，坐私与高丽人朴寅亮和倡诗，停官，终身沉滞。虽一时不幸坐法，亦器宇非远大也。(《家世旧闻》卷下)

王禹玉历仁宗、英宗、神宗三朝，为翰林学士。其家自太平兴国至元丰十榜，皆有人登科。熙宁初，叶尚书祖洽榜，闻喜燕席上和范景仁诗云："三朝遇主惟文翰，十榜传家有姓名。"此事他人所无有也。(《石林燕语》卷九)

湖州戚山，嘉祐末梦人书玉旁页字示之，云："御名此，汝及第时。"戚多与亲旧道之。治平登极，而御名不如所梦，戚谓无验。不数年，神考龙飞，正协其字。乡人素闻其详，尤以为神。是举不预荐，方叹惋，忽有旨展年免解，湖州惟戚山一名预免。来年遂过省登第。(《萍洲可谈》卷三)

熙宁、元丰间，有僧化成者以命术闻于京师。蔡元长兄弟始赴省试，同往访焉。时问命者盈门，弥日方得前。既语以年月，率尔语元长曰："此武官大使臣命也，他时衣食不阙而已，余不可望也。"语元度曰："此命甚佳，今岁便当登第，十余年间可为侍从，又十年为执政。然决不为真相，晚年当以使相终。"既退，元长大病不言，元度曰："观其推步卤莽如此，何足信哉！更俟旬日，再往访之，则可验矣。"旬日复往，僧已不复记识，再以年月语之，率尔而言，悉如前说，兄弟相顾大惊。然是年遂同登科，自是相继贵显。于元长则大谬如此，而元度终身无一语之差。以此知世所谓命术者，类不可信，其有合者皆偶中也。(《却扫编》卷下)

温公子康中第，公奏留国子监听读。(《吹剑录》)

李颀，字粹老，不知何许人。少举进士，当得官，弃去，乌巾布裘为道人。(《春渚纪闻》卷五)

王珪《闻喜燕上赠状元叶祖洽》：黼座亲临唱第初，宴嬉犹及苑花余。清厢特访安危策，紫府应将姓字书。御酒连倾金凿落，宫床曾赐玉蟾蜍。从来晁董多奇论，三日英豪亦未疏。(《全宋诗》卷四九三)

未几，外人欢言将以新进士为校书。陆佃尝从安石学；张安国，安石客也；吕升卿乃惠卿弟，皆外人所指目者。于是，谏院胡宗愈言："故事：崇政校书，如未历外官及不满任者，不得选举。昨邢恕以新进士除校书，盖是朝廷未有法制。近闻新进士因此奔走权要，广为道地。乞自今须历一任乃除。"于是，命恕出为知县。(《编年备要》卷一八)

陆佃《及第谢启》：宗官奏籍，遽冠于英游；天子临轩，复跻于异选。退循忝冒，实有夤缘。此盖伏遇某官，器务并容，义敦善诱。致兹庸琐，获豫甄升。誓殚补报之勤,用答题评之厚。其于感愧,罔罄敷宣。

陆佃《及第谢二府启》:奏籍省闱,偶居于前列;试言宸陛,复玷于上游。祇荷宠灵,切深震栗。恭惟得士之实,要在取人之难。汉魏以还,法不如于三代;隋唐之际,弊尤甚于两京。篆刻相高,风流浸薄。维圣王之嗣历,迈治古以搜贤。焕乎其有尧文,粲然而兴周道。迨临轩之复试,改射策以甄收。于一朝俄忽之间,去千载因循之弊。宜获士林之秀,庶谐贤路之求。苟属非才,曷符群望?如某者,禀生椎鲁,趋世拙疏。清白遗孙,幸缘于祖庆;诗书教子,复恃于亲严。道之真治身,窃尝有意;古之学为己,终冀无惭。因迫势于贫穷,遂强颜而干进。瓦抠辄巧,糠簸忽前,猥自下陈,擢居异等。静言忝冒,实有夤缘。此盖伏遇某官,宏业经天,精忠许国,德功兼茂,名爵并尊。英雄入于彀中,为之进退;风采倾乎天下,莫不奔趋。无遗忘贱士之心,有长育贤才之志。收之不满之箧,振以有余之光。致此孱庸,预兹亨会。黄中通理,幸仰于嘉猷;精白承休,誓酬于大造。(以上均见《全宋文》卷二二〇七)

是　月

诏:"新及第进士叶祖洽已下授官守选,如嘉祐八年之制。"(《宋会要·选举》二之一〇)

苏轼《再上皇帝书》:陛下临轩选士,天下谓之"龙飞榜",而进士一人首削旧恩,示不复用。所削者一人而已,然士莫不怅恨者,以陛下有厌薄其徒之意也。今用事者,又欲渐消进士,纯取明经。虽未有成法,而小人招权,自以为功,更相扇摇,以谓必行,而士始失望矣。今进士半天下,自二十以上,便不能诵记注义为明经之学。若法令一更,则士各怀废弃之忧,而人才短长,终不在此。昔秦禁挟书,而诸生皆抱其业以归胜、广,相与出力而亡秦者,岂有他哉?亦徒以失业而无所归也。(《苏轼文集》卷二五)

四　月

丁卯(七日),以新及第进士叶祖洽为大理评事,上官均、陆佃为两使职官,张中、程尧佐为初等职官,第六人以下为判、司、主簿或尉,第三甲并诸科同出身并守选。仍命翰林学士范镇、龙图阁直学士张掞同吏部流内铨注拟。(《长编》卷二一〇)

二十五日,以兵部郎中、集贤校理王益柔,著作佐郎、馆阁校勘王存,考试武举进士。驾部员外郎陈叔夏监门,职方郎中李芬封弥,著作佐郎李大昕、许宗举誊录、对读。(《宋会要·选举》一九之一五)

五 月

(壬寅,十三日)先是,《丙戌赦书》令诸路搜访士有行义、为乡里推重者,以名闻,凡得二十九人。于是诏令:九月崇遣赴阙,仍给驿料,至则馆于太学,送舍人院试策、论各一道。(《长编》卷二一一)

七 月

癸巳(五日),赐大理寺丞王钦臣进士及第、秘书省正字唐垌出身。钦臣以文彦博奏举,垌上书言事召对,至是并试学士院,而有是命。钦臣,洙子;垌,询子也。初,垌为北京监当官,上书言:"青苗不行,宜斩大臣异议者一二人。"王安石谓垌宜在馆阁,故得召对。垌有才辨,韩琦甚爱之,既去,乃闻其言。(《长编》卷二一三)

王钦臣自西京一县令召入,议法与介甫不合,令学士院试赋一篇,但赐出身,却归本任。(《泊宅编》卷一)

八 月

二十三日,命翰林学士司马光、直舍人院吕大防、集贤校理孙洙、李清臣,就秘阁考试制科。光等上吕陶、钱勰、孔文仲、张绘论各六首:《先王上礼》、《禘郊祖宗不报如何》、《天刚不失时》、《治道在知邪正》、《九家皆股肱之材》、《王肃不好郑学》论。(《宋会要·选举》一一之一二)

吕陶《应制举上诸公书》:陶闻之:圣人之所谓道者,以简易为宗,以该天下之理;以仁义为用,以成天下之务。非幽远而难明,阔疏而难施,汗漫而不可考信。自微言既息,章句之学随流而兴。百家异骛,众说殊骋,各习其师,忘失统要。故为《易》者,不穷天地之本始,变化之至神,以推迹于人事,而务言上下无二经之异,《系辞》非仲尼之作;为《诗》者,不究风俗之代变,王道之初终,以参验于治体,而好议《商》、《鲁》二颂之不同,毛、郑两解之小异;为《春秋》者,不考赏刑之大原,权制善否,一归皇极,而争辨日月之为例,五始七等之成文;为《书》者,不取君臣上下都俞告戒之义,号令施设之体要,而竞论武、成之不可尽信,秦、费二誓之不当作。有释数字之文至数十万言,而是非无所处正。求以援世率民,又天下国家之大略,盖阙如也。昔者尧舜之盛,崇冠百王,而《书》称其德,乃曰:"顺考古道而行"。傅说戒于商宗,则亦曰:"师古,以克永世。"孟轲皇皇战国,开说诸侯,然非二帝三王仁义之语,未尝辄道。摭此而论,则君臣之际,舍斯文要道,安所稽法以全适治之具哉!是以二汉硕儒,若董仲舒、儿宽、公孙弘、夏侯胜、隽不疑、伏湛、侯霸、鲁恭、郑兴、桓荣之徒,皆以经术博强,果于适用。其辅导世主,推明治统,建大议,施远业,率有考据,不悖于三纲五常之分义。若持权衡,按绳墨,以审万物之轻重曲直,而毫忽莫敢欺也。永惟圣人立教贻训之心,则既如彼。君臣之际,师经式道,则又宜如此。而学不执六经之用,以酬世务之变,乃放肆纷纭,乐为衍说,而滋破碎之害,深足惜焉。抑又闻哲人志士之所存,不以难俗为高,求全于世而已。盖仁以为任远而逾励,大则欲恢隆先务,以跻至治之极;小则欲举偏补弊,以便安于一时故也。然三代之盛时,皆出于圣人经营创业之法,足以维持百世。是故井地以授民,什一以定赋,而天下之食足;九赋以待用,九式以均节,而天下之财丰;制乡遂以为六师,农隙则教战,而天下之兵强;自家党以上至于国都,皆立学以训导,而天下之士得其素养;六卿率属,辅昌王治,中外之务必举,而天下之官无倖位。凡所以用于政教者,皆可循而守之。其贤智才能之人,惟在办事,而不复有加损废置之作。迨夫两汉之兴,皆乘丧乱之极,三代之宏规大范,盖无存者。其君臣之计议,多出于一时之苟简,而百度未俱,不足为后世之袭用。及其弊生变起,则贤人君子,裁量撰叙,而为之策。是以七国交峙,而外有尾大之衅。反者将起,则晁错献削地之说,以弱诸侯,而强王室;百姓背本而趋末者众,淫侈之俗曰长，而财用大匮，则贾谊陈务农之计，欲驱游首而归之南亩，以广蓄积；兼并之路不塞，而富室拥资巨万，贫弱愈困，则仲舒贡限田之议，以检过制而补不足；牧人之吏屡见罢易，而生民不能绥静，则朱浮申苛察之戒，欲久其职，俾人服从上教；选举失实，贤不肖混乱，而无以协宣风教，则左雄抗限年之请，以考练名实，要之得人而任；刑烦禁密，世主以峻政为威，而元元陷于惨暴，则陈宠上蠲法之疏，愿除其溢于甫刑者，以应经中礼，而济群生。凡为是者，大概缀缉缺漏，枝拄倾邪，随形裁制，则措斯民于康靖之域而已也。抑又闻圣人之政，皆切致治，而不能无弊；学者之言，务好陈文，而未必可以适用。以不足适用之言，陈不能无弊之政，则华采浮胜，而事非根切，岂所谓有补于世哉？昔汉文以恭俭治天下，号为隆平。朝廷无大过，边鄙无大忧，天地道化无大变异，生民无大失职。然而献书者以为可痛哭、可流涕、可长太息，背理伤道，难遍以疏举。岂当时之势诚尔耶？盖亦激于忠愤，力为切直可畏之语，冀以感悟人主之意故也。陶尝读六经，探索要归，舍章句之习，而务以简要明切，为之本统。又尝历览旧史，窃迹近事，考究古今得失、盛衰、治乱、安危之变，而仅有得者，乃言而笔之。不溺于侈辞夸说，以求工于文，而庶几万一有以资治理之用。治平中，知者谓其可塞天子直言之诏，采而闻诸朝。验于今日，则时异事变，而畴昔之论多无取矣。然犹勉效区区，欲求合于科举之式度者，盖知其指归也。恭惟阁下德业文章之懿，充积于中，辉光于外。以二帝三王之道，献告吾君，讲修国具，以幸万世。博收天下之材，而权乎器任，俾尽其用。安以一介为微，而不见录于左右哉！《诗》曰："菁菁者莪，在彼中阿。"言君子长育人材，则天下喜乐而咏歌之矣。又曰："先民有言，询于刍荛。"言古之贤者谋及匹夫，而取其善也。夫二《雅》之奥训，皆明哲之所履蹈，以完其事业。陶固不足被长育之赐，亦庶乎先民之询者矣。惟阁下一与之进，幸甚！幸甚！（《净德集》卷一〇）

吕陶《又应制举上诸公书》：陶尝读旧史，以穷治乱之变，而察夫仁人志士之所存，盖亦见其略矣。昔汉文以恭俭治天下，号为安平，朝廷无大过，边鄙无大忧，天道地化无大灾变，生民无大失职。然而贾谊献书，以为事势可为痛哭者一，可为流涕者二，可为长太息者三。背理伤道者，难遍以疏举。岂当时天下之势，诚若是哉？盖谊之心发于忠愤，务为切直可畏之语，欲以感悟人主之意故也。既而，文帝亦深听纳，养臣下有节，封诸王有制。至于唐文宗承长庆昏惰之政，百度弛废，威令困弱，国体不完，然有意于太平之事。一日燕见，询于辅臣牛僧孺，以为大平无象，且曰："今四夷不交侵，百姓不流散，上无淫虚，下无怨䜀，私室无强家，公议无壅滞。虽未至理，亦是小康。"岂当时天下之势诚若是哉？盖僧孺之心，不能勉于有为，徒伺上意为顺悦之言，取容而已故也。既而，王室之政委坠不振，深足惜焉。今夫人之疾恙，虽感于外，而未为腹心之疴。扁鹊、仓公望而督之以亟治者，其人必有恐惧修慎之思，而庶以就愈也。及其有腹心之疴，而庸医告之曰"无伤"者，是速其死之说也。治安之时，政亦有弊，如疾之感于外也。谓其未至于沉疴，而不为是惊世动俗之论，以开其视听，使之恐惧修慎以就愈。及其势几于亡，而犹告曰无伤者，非扁鹊、仓公之用心，乃庸医之为术也。以汉唐之迹，推二子之言，则是非炳然矣。君臣之际，治乱安危之理，乌可以苟于言乎！国家设科，以延天下方正者，欲听其言也。不独欲听其言，而欲用其道也。士之存志而求以塞诏者，非夺以禄利而为美仕之阶也。天灾地异有谴告，人道物理有危微，纪纲有废缺，风化有流弊。德泽不养，而伤忠厚之政；体要不辨，而败盈成之功，皆世之大患，而不可顾望隐避也。陶惓惓于此久矣，材下虑浅，信道未笃，固不足以承天心而谋王治也。惟明公亮其言之不苟，而亦与之进，则亦庶几治朝询于刍荛，而君子乐育人材之道欤！(《净德集》卷一〇)

(辛巳，二十四日)翰林学士司马光言："奉职考试武举人，而法当先试弓马，若合格即试策。缘弓马者，选士卒之法，非所以求将帅者也。不幸而不能挽强驰突，则有策略将帅之才，不得预试，恐非朝廷建武举之意。况试弓马法，挽与把齐，犹不应格。自今欲乞试策优并挽弓及把者，皆听就试。"中书请如旧制。上批："再相度。"卒如中书所奏。(《长编》卷二一四)

九　月

一日，诏秘阁考试所："应就试举人所取合格，不得过五分。"(《宋会要·选举》一七之一二)

乙巳(十八日),御崇政殿,策贤良方正,又策试武举人。(《长编》卷二一五)

十八日,上御崇政殿,策武举进士。以右侍禁康大同为左侍禁,借职王袞为右班殿直,殿侍孟永吉为借职,奉职高兴宗减二年磨勘,余二十二人各随试等补奉职、借职、茶酒班殿侍、三班差使,仍并与三路沿边差遣。(《宋会要·选举》一七之一二)

戊申(二十一日),御崇政殿,试武举人骑射。(《长编》卷二一五)

二十四日,上御崇政殿,试贤良方正直言极谏太常博士吕陶、殿中丞钱勰、台州司户参军孔文仲、太庙斋郎张绘。制策曰:"在昔明王之治天下,仁风翔洽,德泽汪涉,四序调于上,万物和于下,兵革不试,刑辟弗用。内则俊贤居位,以熙于王职;外则夷狄向风,以修于岁贡。建皇极以承天心,敛时福以锡民庶。然后,日星雨露,鸟兽草木,效祥荐祉,书之不绝。朕甚慕之!其何术以臻此欤?朕承祖宗之业,托士民之上,明有所未烛,化有所未孚,而任大守重,艰于负荷。故详延魁垒之士,思闻谠直之言,以辅不逮,庶几乎治。盖人君即位,必求端于天而正诸己。惟五事得其常,则庶政协其应。朕享国以来,靡敢自肆,而和气犹郁,灾异数见。乃元年日蚀三朝,洎仲秋地震数路,而冀方之广,为灾最甚。岂朕弗德之致欤?夙寐晨兴,思其所以。是故图讲政务,则日至中昃,而犹多苟简之习;烝进人材,则官无虚假,而颇乏绩用之美。种羌非不怀徕也,而边候或时绎骚,以至临遣辅臣,儋明神武;烝民非不爱养也,而生业或未完富,以至外驰使者,宣布惠教。国用虽节,而尚烦于调度;兵籍虽众,而未精于简稽。宽关梁之禁而商靡通,损器玩之巧而工弗戒。夫风俗浮薄,根于取士之无本,道教之不明。而博询台阁之论,所执者不一,岂无救弊之道焉?刑罚烦重,出于设法之多门,沿袭之不革。而将加恩仁之政,使死者少缓,必有可行之术焉。予欲兴乎七教,兼乎三至,以底圣人之道,则宜条其先后之次;予欲明乎六亲,尽乎五法,以极天下之治,则宜叙其本末之要。乃至仲舒之言,班固谓切于当世,其可施于今者何策?崔实之论,范晔谓明于政体,其有益于时者何事？无以谓古人陈迹既久而不可举，无以谓本朝成法已定而不可改。惟其改之而适中，举之而得宜，不迫不迂，归于至当。《书》曰：‘言之非艰，行之惟艰。’子大夫其悉心以陈，朕亦不惮于有为焉。”文仲所对策考入第三等。手诏：“殿试所初、复考详定到‘调’字号卷子，定为第三等。详观其条对，大抵尚流俗而后是非，又毁薄时政。援正先王之经，而辄失义理。朝廷比设直言极谏之科，以开广聪明，来天下贤智之士者，岂非谓能以天下之情告上者谓之直言；人君有污德恶政，而能忘其卑高之势，以道争之，谓之极谏者乎！此人学识，恐不足收录，以惑天下之观听。可别具进呈。”既而，诏流内铨告示：“文仲发赴本任；陶升一任，堂除差遣；绘堂除判、司、簿、尉。勰不入等。”(《宋会要·选举》一一之一二、一三、一四)

(壬子，二十五日)诏：贤良方正等科太常博士、通判蜀州吕陶升一任，与堂除；太庙斋郎张绘堂除判、司、主簿或尉；前台州司户参军孔文仲，令流内铨告示发赴单州团练推官本任。陶等皆中选而文仲策初在第三等。手诏：“制科‘调’字号卷，详观其条对，大抵意尚流俗而后是非，又毁薄时政，援正先王之经而辄失义理。朝廷比设直言极谏之科，以开扩聪明，来天下贤智之士者，岂非谓能以天下之情告上者谓之直言。人君有污德恶政，而能忘其卑高之势以道争之谓之极谏者乎？以此人之学识，恐不足收录，以惑天下之观听，可再进呈。”而“调”字号乃文仲试卷也。于是，上读文仲试卷，至“专任德”，上曰：“德、刑不可偏，然救世亦有时而偏用，‘乂用三德’是也。”王安石遂言《周礼》三典及伐管、蔡并商人群饮事。上又读至“亨而后革”，安石曰：“革，巳日乃孚，革然后亨。若既亨，则安用革耶?”安石因言今文章之士不难得，有才智实识道理者至少。上以为识道理者殆未见其人。安石又论文仲，以为如范百禄以非濮王事合考官取高等尔。于是，冯京意助文仲，上不听，故有是命。是岁，举制科者五人，文仲所对策，指陈时病，语最切直。初考，宋敏求、蒲宗孟置第三等；上复考，王珪、陈睦置第四等；详定韩维从初考。陶语亦稍直，绘记诵该博，钱勰文稍工，皆入第四等。侯溥称灾异皆天数，又用王安石《洪范》说，云：“肃时雨若非时雨顺之也，德如时雨耳。”众皆恶其阿谀而黜之。维又奏勰文平缓，亦黜之。安石见文仲策，大恶之，密启于上，御批黜文仲。知通进银台司齐恢、孙固屡封还御批，维及陈荐、孙永皆求对，力言文仲不当黜。维章凡五上，略曰："陛下无谓文仲一贱士耳，黜之何伤？臣恐贤俊由此解体，忠良结舌，阿谀苟合之人将窥隙而进，为祸不细，愿改赐处分。"卒不听。始，维等争言文仲不当黜，时会安石奉祠，上以手诏问之。安石答诏曰："陛下患韩维辈出死力争文仲事，臣固疑其如此。文仲诬上不直以迎合考官不逞之意，若不如圣诏施行而用考官等第奖擢，则天下有识者必窃笑朝廷听察之不明，而疏远无知者谓陛下所为诚如文仲所言，而比周不逞之人更自以为得计，此臣不敢不奉行圣诏也。今韩维欲出死力争之，若陛下姑息从之，则人主之权坐为群邪所夺，流俗更相扇动，后将无复可以施为。今流俗之人，务在朋党因循，而陛下每欲考功责实，考功责实最害于朋党因循，则其欲挠陛下之权，固宜如此。陛下诚能深思熟计，以静重持之，俟其太甚，然后御之以典刑，则小人知畏而俗亦当渐变矣。其详，乞俟臣祠事罢入见奏论。"文仲竟坐黜。(《长编》卷二一五)

孔文仲《对》：臣伏惟：陛下下明诏，降清问，讲求万事之统，皆非愚臣之所能及也。然臣窃有深忧者。陛下求贤好善之隆名，远出百王之上。至于用言纳谏之道，有未尽其极尔。何者？陛下莅祚之初，首开转对，以延疏远切直之言。诏群臣以询安危利害之策者，此陛下天资谦恕，思德深谋至计，以补所未逮也。而言之既多，听之既久，卒未闻采一事、用一画见之天下。至于近日，四方之人与夫朝廷之上贤卿谊老，交章累疏，论列时政得失。臣考之公议，以为虽皋夔周召之谋，所以致君福民，宁九庙而安万世者，公说不能过此矣！而陛下闻之若不闻，见之若不见。岂其急近论而略远虑，安小补而捐大忠乎？此臣所大惧也。臣愿陛下首思听言用谏之义。不听则已，听则博同天下之心；不用则已，用则兼取远近之策。然后动无遗事，举无失计，而善政可行，太平可致矣。臣将论天下事，先述此以献。臣诚愚暗，不知大体，惟陛下省纳焉。

《圣策》曰："在昔明王之治天下，仁风翔洽，德泽汪涉，四序调于上，万物和于下，兵革不试，刑辟弗用。内则俊贤居位，以熙于王职；外则远国向风，以修于岁贡。建皇极以承天心，敛时福以锡民庶。然后，日星雨露，鸟兽草木，效祥荐祉，书之不绝。甚尊慕之！其何术以臻此欤？"臣闻天下之术有大小，而人君用之有先后。先其大而后其小，则用力不劳而天下治。宜先而后，可大而小，则用力愈劳而天下乱。天下之术，其大者能正其始是也，其小者不能正其始是也。在昔明王之治天下，仁翔而德洽，四序调而万物和，以至兵偃刑措，俊贤修职，远国纳贡，建皇极而天道应，敛五福而民气洽，吉祥见于上，珍符出于下者，正始之术行也。后世之治天下，万事失其序，而灾害荐至者，正始之术废也。陛下追慕古昔治功之美，而谘求致之术，臣请遂言正始之说。夫天下之道三：曰王、曰霸、曰强国。天下之本一，曰即位者王所以自正也。始不以正，及其末也，虽欲变而正之，亦无及矣。是故始为强国，未有能终之以霸政者也；始为伯政，未有能终之以王术者也。孔子作《春秋》，书"元年春，王正月，公即位。"夫"元年正月"者，一年一月也。而变之曰"元"与"正"者，欲人君当即位之初，体元以居正也。元者，善之本也；正者，道之极也。人君能于始初清明，力行善本，而躬履道极，此王道所以成也。且夫一之以道德，淳之以仁义，此王道也；行之以仁义，杂之以功利，此伯道也；专用权谋，不循义理，此强国之术也。及考其见之效也，王道行于数千岁之外，咏歌畏爱，犹深结于民心，而不忍去之。伯政止能及其身，至子孙之世，则废熄不讲。强国之术，民之视上，相疾如仇雠，伺其有间，则相与蹈藉倾覆之矣。凡三道者，得失之报，若白黑然。而世主趋王道者少，适伯政与强国者多，何也？盖王道所及甚远，不能取成于仓卒；伯政与强国为弊虽深，而能见效于目前。人之常情，薄远效而贵速成，是所以失趋适之正也。汉之文景，唐之太宗，皆有可致之资，又有能致之势。而致治安国不能与三代并者，失其所适也。伏惟陛下聪睿神武得之于天，可谓有能致之资矣；日月所被，皆在图籍，可谓有必致之势矣。当承祧践极之始，端本清源之日，欲王而王，欲伯而伯，欲强国而强国。得失之策，系于一举而已。譬犹御八骏之马，驰九轨之路，择而后往，则得其正。一或不慎，以意驰之，则宜之燕者或造于楚矣，宜往吴者或之于秦矣。则夫事物之间，不可不慎，所适如此。臣窃观近日朝野之论，而考陛下意之所适，求之于古，不能无疑。且天下之所以治者，贵义而不贵利也，奈何先之以兴利？仁人之所以尊者，明道而不计功也，奈何一之以望功？万事所以成就者，迟久也，奈何期之以急迫？四方所以畏爱者，恺悌也，奈何驱之以威刑？荀卿曰："国者，巨用之则巨，小用之则小。"扬子曰："好大而不为大，不大矣；好高而不为高，不高矣。"此而望仁翔而德洽，四序调而万物和，以至兵偃刑措，俊贤修职，远国纳贡，建皇极而天道应，敛五福而民气治，吉祥见于上，珍符出于下，岂不难哉？臣愿陛下扩然大变，而行众人之所不能为；卓然自致，而行前世之所不能到。尊尚王道，贱略强伯。其尊之也，若抱渴而需饮；其贱之也，若辞暗而即明。屏去谀佞，亲近忠直。数御东序，开陈图书。讲前代之兴亡，论百王之成败。以其善行，以其恶戒。幸而得之，辍寤以待旦也。有言逆于心，必求诸道；有言逊于志，必求诸非道。用其粹而遗其驳，掺其要而治其烦。凡此皆王道之术而正始之论也。陛下深讲而力行之，则驯致古昔明王之道，如决流抑坠尔。何患慕之而未臻乎？

《圣策》曰："朕承祖宗之业，托士民之上，明有所未烛，化有所未孚。"又退托于"任大守重，艰于负荷。思闻谠直之言，以辅不逮，庶几乎治"。此见陛下虚心访道、至诚恻怛之至意也。如臣之愚，何足以奉承之！而臣尝闻之曰：明欲被于万物，化欲孚于四方，未有不自治心始也。夫治心者，圣人所以穷理之术也。人之有心，犹天之有极也。是故晦冥阴默之中，不足以辨南北，而能考而正之者，极星是也；是非纷杂之间，不足以审真伪，而能别而分之者，心官是也。心也者，天下之至正也。又能养之以正，则善恶是非，万事之理，无不白矣。斋戒以持之，使其不失；清虚以守之，使其不乱。问以通之，谋以发之，此治心之始也。及其成也，不思焉，未尝不应于理也；不勉焉，未尝不合于道也。藏之为志气而无不充，发之为事业而无不济。如权衡设于此，而万钧之重、铢两之轻，无所不辨；如盘水设于此，而大如天地、细如毛发，无所不察。此治心之效也。心正则明尽，明尽则化至，此自然之道。陛下思闻谠直之言，庶几乎治，此天下之盛福也。臣闻适于耳目之娱，而为心腹之害者，柔从说顺也。虽芟夷之，而常患其有余。忤于一日之意，而为百世之利者，刚方谠直也。虽长养之，而常患其不足。古之圣贤，屈己执谦，和颜逊志，加之以劳来之厚，助之以劝赏之渥。凡以养天下刚方谠直之节，使森然立于吾庭，为国家庙社之福。故夫伏格趋鼎，引衣断槛，破裂麻制，封还诏书，如此之类，日常有之而不为怪者，所以广聪明而来下情也。臣愿陛下容忍近臣之献言，开纳远臣之论事，置谏诤之任以助闻见，补宪肃之官以振纲纪。而又力以谦冲假借，深养刚方谠直之气，如汉高祖之于周昌，晋武帝之于刘毅。然后可以得天下谠直之言，以辅治道。不然，犹却行求前，徒举以访臣，又安补于万一哉！

《圣策》曰："盖人君即位，必求端于天而正诸己。惟五事得其常，则庶政协其应。享国以来，靡敢自肆，而和气犹郁，灾异数见。乃元年日蚀三朝，洎仲秋地震数路，而冀方之广，为灾最甚。"自处于"弗德之至，夙寐晨兴，思其所以"。此见陛下畏天饬己、恐惧修省之盛德也。臣闻日食地震者，阳微阴盛也。而或曰：日食者，历之常数也。臣请辨之。一百七十三日有余，而为一交日，然后食，此历家之说也。而《春秋》襄公二十一年之九月、十月，二十四年之七月、八月，皆未及一交则食，此历之不合一也。二汉之政，西京为盛，东京为衰，大率皆二百余年尔。而西京四十五食，东京七十二食，食之疏密，应政之盛衰，然而曾无定数，此历之不合二也。是日食者非可托于历，其要为阴阳之盛衰也。阳浮为天而主于动，阴凝为地而本于静。宜静而动者，阴越其分而拟诸阳。阳与阴，君子小人之道也。君子道长，则阳气发于祥瑞；小人道长，则阴气见于灾变。此天人相与必然之应也。《易》自"复"之一阳至"坤"之六阴，凡十二卦，相往来于一岁之间。盖圣人告人，以君子小人之道，一有相更之势，贵于早防之也。在临则戒之曰：八月有凶；在泰则戒之曰：无平不陂，无往不复。欲其慎之于八月之前，消之于未陂、未复之始也。陛下欲应变求端，谨五事而协庶应，消大异而召和气，在乎尊阳抑阴，尊君子之道，抑小人之道而已。凡天下之道，有故有新，有大有小，有老有弱，有正有邪，有讷有辨，有躁有静。以对而言之，在上偏者，皆阳而君子之道也；在下偏者，皆阴而小人之道也。上偏欲其过厚，下偏欲其常损。宜厚而薄之，宜损而益之。则阴盛阳微，君子道消，小人道长，其弊至于不可扶持。此不可不察也。若夫旧劳必迁而新策必合，大臣依违而小臣执议，老臣沦伏而弱齿简拔，方直疏远而柔谀亲附，辨给者获用而迟蹇者被退，锐进者褒升而默守者遗落，而阴盛阳微之，莫著于此矣。天地告戒之意，不为不审。愿陛下思所以应之。夫阳不可以不尊，阴不可以不抑，君子之道不可不进，小人之道不可不退。不抑不退，其萌虽微，及其既盛，甚可畏也。周之衰，诸侯僭天子；又其衰也，大夫僭诸侯；又其衰也，家臣僭大夫；又其衰也，四裔盟中国。此阴盛之极也，而《春秋》至此绝笔矣。故臣愿陛下早思所以救之。

《圣策》曰："图谋政务，则日致中昃，而犹多苟简之习；烝进人材，则官无虚假，而颇乏绩用之美。"臣闻讲政务而绝苟简，在于贵迟久；进用人才而底绩用，在于练名实。《易》曰："圣人久于其道，而天下化成。"夫圣人之才，所过者化，所存者神。而至于论治定功成业，未尝不待之以久。何也？速则粗，粗则所得暴而所及浅；久则精，精则所收博而所被深。此圣人之意也。盖夫仁必久安，义必久由，志必久勤，法必久守，令必久行，官必久任，士必久养，兵必久练。游神于累岁之外，望化于必世之后。如是，则心一而虑精，事详而理究，德新而道大，化洽而泽流。动乎万物之上，被乎天地之间，又何患苟简之习哉？圣人无为不言而海内大治者，以能练群臣核名实也。官各守其分，谓之名；职各治其事，谓之实。丞弼之任，责之以论道德、和阴阳；财计之司，责之以通有无、定国用。谏官责之以直言得失，御史责之以弹戢愆违，侍从责之以尽规纳诲，将帅责之以安边却敌，职司责之以一路之政，守令责之以一郡一县之治。如此，举名以责其官，按实以督其职，而庶绩弗凝者，未之有也。今夫大臣下兼财计之柄，小官或侵将帅之权，侍从言责不得尽其词，职司守令不得专其治，未见其能无虚假也。朝廷设百官于外内，皆所以治天下万事，非徒为空名以付之也。欲立一事，重建一官；欲治一政，重遣一使，未见其能底绩用也。

《圣策》曰："种羌非不怀徕也，而边候或时绎骚，以至临遣辅臣，儋明神武。"臣以为：御敌之策失之于素而已。夫以边鄙之重，不责统帅之臣，而求希合幸进之小谋；金革之机，不为持重之算，而听轻举易动之疏计。是以其弊，在于苟争小功而忘大忧，专趋小利而失大信。此猾寇所以敢负怀徕之恩，践王围而抗官，亦吾有以致之而已。夫敌之未至，制之宜以经远之策；敌之既至，御之宜有应变之术。齐景公时，燕、晋为寇，景公患之，问于晏婴。而婴之所荐者穰苴，而穰苴卒能逐寇而安邦。唐宪宗时，刘辟为梗，宪宗患之，问于杜黄裳。黄裳所荐者高崇文，而崇文卒能擒敌而定蜀。陛下宜诏辅弼大臣，各荐将才而用之。则神武儋于天地之表，河湟之外，当有解椎髻袭衣冠来献国之地者。又岂患奔冲之寇不可御乎？

《圣策》曰："烝民非不爱养也，而生业或未完富，以至外驰使者，宣布惠教。"臣以为：陛下爱民欲其富而不足以富国，遣使宣惠教而适足以为弊,盖失所以先后之序矣。夫事有肇祸而法有起患者,不谓事之始、法之初也。累之至久,则弊败积而祸患起,此必至之势也。臣尝为陛下深虑后世之患,而必为无穷之弊,盖在乎富民之道不讲,而富国之谋太深也。凡赋敛之于民,古人贵其损之,而不贵其益。《春秋》书宣公初税亩,成公作丘甲,哀公用田赋,以为益之不已,则势穷力敝,必至于变故。孔子详录其事,以贻后世之戒。臣尝观富国之论,不起于丰大之世,而多出于战争之际。王者总制六合,所以服民心而重国体者,在吾道德之盛大,不系财货之丰盈。《易》之"小畜"者,德之小者也,则曰富以其邻。在"泰"与"谦",则道之大者也,皆曰不富以其邻。夫左右相比之谓邻。人君之与天下,中国之与四夷,皆邻也。人君所以运动天下,役使四夷,道有余者,不假于富。德不足者,须富行之。陛下固宜法谦泰之有余,岂可用小畜之不足?是以巨桥虽积,而商不能居;敖仓虽盈,而秦不能守。非无财也,道德不建而失天下之心也。夫鸟穷则啄,兽穷则搏,人穷则诈。陛下之民可谓穷矣。前世所谓无艺极之赋,大之山海,细之草木,其利皆入于官,而行于今矣。陛下徐思弛费息,用以宽民财而逸民力。若大禹卑宫恶服,汉文衣绨革舄,以泽天下,庶几不至大匮。而复出泉以取其息,置使以厚其征,而求富民宣惠之名,不可得矣。《易》之"剥"者始于下,其"象"曰:"上以厚下安宅,所以救剥也。"陛下取于下悉矣。上取下悉,则其势既极,而其象为"剥"。《孟子》曰:"君子用其一,缓其二。"用其二而民有殍,用其三而父子离。臣惧民心积穷,不知所出,渐为,以至剥落。虽有禹汤文武之才,无所复施其巧。《易》曰:"观我生,观民也。"《诗》曰:"念我皇祖,陟降庭止。"陛下观天下之势,易离难合,一危则不可再安;上念五祖之业,艰难勤苦,一欹则不可复正。则夫富国之谋,适足为深忧,未足为陛下利也。伏惟发于神断,罢法追使,以幸天下,以福万世。此四方裂眦决目之所共望,岂独贱臣之妄言哉!

《圣策》曰:"国用虽节,而尚烦于调度;兵籍虽众,而未精于简稽。"臣以为:国用虽节而调度烦者,未得节之之道;兵籍虽众而简稽疏者,未得简之之本也。九州土地之产,撮粟尺帛之赋,陆挽水漕,衔桅摩毂,日夜合杂,以输太仓者,以古准今,可谓盛矣。至于道途之艰,将负之疲,京师之一金,田野之百金也;少府之百金,民屋之万金也。夫以万金之费施之于一,燕好之中用之于一,赐予之内,此可胜计哉!地之财有时,民之力有限,人君之费无穷。以有时有限养无穷,此调度所以愈增而不已,民力所以愈困而不支也。古者宫庭之职百二十员,汉之文帝、明帝给事宦者不过二人,太祖养兵不过十二万。太宗尝谓近臣曰:"人君当淡然无欲,不使嗜好形见于外,则奸佞无自入已。"凡此皆清心节用之本,宽民养物之要。不务先理其本,而广为调度之求,故曰未得节之之道也。今夫能省内郡之黥兵而益以土兵,然后兵可简也。国家北失幽燕,西捐灵夏,守边捍塞,无百二之要阻。是以二边黥卒,恃为爪牙,不可以废。至于四方内无事之郡,百年不识兵革,而例说屯伍,坐蠹民力,此不可不制也。宜依前世府卫之法,使民得以口率出徒,而分天下郡为三等:上郡五千,中郡三千,下郡一千。而止番休迭,上不过什一,则武备修而简稽精矣。周公制礼,方五百里谓之大国,其车千乘,为五万五千兵。而民不告劳者,施之有序,制之有术也。今之所谓上户者,征敛甚厚而其力困;所谓下户者,庸役不及而其势逸。而上户居其一,下户居其十,是常困其一而逸其十也。家有二夫,古者皆出一兵。今则逸之而不能用,反敛有限之谷帛,以给不耕之惰民,此岂周公之心哉!故曰未得简稽之本也。

《圣策》曰:"宽关梁之禁,而商贾靡通。"臣闻:钱者无用之物,而圣人贵之者,以其能通有用之财也。夫以无用而通有用,是以贵其通而不贵其积。古之所以通货达财者,在乎商贾之职,而不在乎上。今之关市之地,密于布棋;均输之吏,苛于翼虎。商旅易业,转为征之,而求财货之通,难矣。

《圣策》曰:"捐器玩之巧,而工弗戒。"此在陛下约己以率尔。陛下约己于上,则六宫蒙化于内;百官率法于朝,百姓承流于下。及其久也,风俗转移,嗜好薄损。有其财而无其尊,弗敢逾制;有其力而非其道,不敢败度。则虽不捐器,而工自戒矣。臣又闻之,天下技巧华靡之玩,未有不始于京师。欲治四方,先治京师。古之道也,夫以千里之地而四方之俗皆有焉者,唯京师也。惟其难,制之宜甚详周法。六乡四郊之内,自比长主五家,积而上之。至卿大夫,凡万有八千九百三十六官,而后足以致京师之治。今京师治民之职,大不过京兆尹,次不过河南令,而求风俗敦朴,是以难也。惟陛下择之而已。

《圣策》曰:“风俗浮薄,根于取士之无本,教道之不明。而博询台阁之论,所执者不一。岂无救弊之道焉?”凡取士之道,不过二科:曰德行也,文辞也而已。臣以为:自三代以上,可以用德行;由秦汉以下,不过用文辞。而台阁所以异论者,盖不过二者之间也。陛下必欲以德行取天下之士,则井田当授也,侯国当建也,民必家给也,官必久任也,乡当读法也,家当有塾也。而后可以求全德真行,致之于位。如其未也,而独设选举德行之科,是亦无补而已矣。夫先世之吏正,故所举者必求仁义孝弟;今世之吏邪,故所举者不过请托嗜好。故曰:今日取士,不过可以用文辞耳。至于敦俗之本,教导之法,臣愿有献焉。盖士节之重轻,未尝不与国体之安危相应。如根本强弱于下,而枝叶荣枯于上也。昔周之士贵,秦之士贱。夫上有屈体,下无屈道者,贵也;舍己所守,求合于上者,贱也。周秦治乱,考此可见。盖夫士无守道自重之节,人有翾躁不耻之求,渐渍成俗,恬不为怪,未有甚于今日也。宜有以矫正其弊,使士知自重,而人蹈廉耻。凡潜德独行不求闻之君子,必深察之,而使之常在于必显;仰希俯合昧于宠辱之人,必深观之,而使之常至于不用。则天下皆知盛德之意,士节一变,敦俗之本,教导之法,自此致之可也。

《圣策》曰:“刑罚烦重,出于设法之多门,沿袭之不革。而将加恩仁之政,使死者少缓,必有可行之术。”臣观陛下之意,不过欲仿三代之肉刑,施之于从坐之死尔。是未尽观时制宜之道也。古者政敦事朴,虽以圣人之智,而因革之间犹有未尽者,肉刑是也。断民之肢体,使不为完人,此非圣人之心。而三代用之者,因革之理有未尽也。且立尸而祭,近于渎神;俎豆而食,近于甚野。岂若后世虚神之位、金石为器哉?肉刑之不可用于今,犹之不可尸祭而俎食。夫大辟之科,至死而不敢怨者,法当其罪也。倘欲加恩仁之政,宽从坐之死,则今之律令自有减死一等法。舍此不用,而断支刖足,为骇民惊俗之事,未足为可行之术也。昔子产欲止伯有之妖,必并立子孔之后。则夫政虽贵于推赏,而亦贵于慎名。使天下不知朝廷恩仁之意,而徒传告以断人之足而弃之,岂所以为慎名哉?

《圣策》曰:“予欲兴乎七教,兼乎三至,以底圣人之道,则宜条其先后之次;欲明乎六亲,尽乎五法,以极天下之治,则宜叙其始末之要。”此见陛下博稽古先,欲举载籍之所传,施之于今,以尽圣人之道,而尽天下之治也。臣请深论天下之道，先后之次，始末之要，而陛下酌焉。盖德与刑并行天地之间，如寒暑相将，未尝离也。于是之间，必有先后之次。上焉者，专德以胜刑，若尧舜之无刑、成周之措刑，是也；中焉者，假刑以助德，若西汉宣帝任刑名、东汉明帝善刑理，是也；下焉者，唯刑而已，秦以刑致乱、隋人以刑兆变，是也。此先后之次不同，故治乱之应异也。则夫敬老、尊齿、乐施、亲贤、好德、恶贪、廉让之七教至，礼不辞而天下治至，赏不费而天下悦至，乐无亲而天下和之，三至从而可明其次也。抑臣又闻之，恐惧寅畏者，政之始也；骄逸隳惰者，政之末也。周宣王中兴之盛德，而不慎于后，其诗终为变雅。唐太宗慈俭英武之主，而魏郑公、刘洎、马周咸谏，以为渐不及贞观者，盖崇高富贵之势，骄逸隳惰之所伺也。视其有间则入，而不能出矣。是以圣哲之君遐观远虑，思之于所不思，求之于所不求。方其大安也，必以危自厉；方其大荣也，必以辱自惕。不使非常之变起于不测，至于不可救也。岂非知治道本末之要也欤？则夫六亲之等，五法之数，又从而可推其要也。

《圣策》曰："仲舒之言，班固谓切于当世，其可施于今者何策？崔氏之论，范晔谓明于政体，其有益于时者何事？"昔班固载仲舒汉廷之策于史，其间讲天下治乱之理可谓详矣。举而行之，皆足以助治。而最可施于今日之策，臣以为莫如"天道先阳而后阴，王政先德而后刑"之论也。范晔纪崔实政论数十条于书，以为凡所辨论，通明政体，而言有益于今者，则臣以为不足深论者也。何者？实之大概，欲人主不能纯法上世，而宜参以伯政，严刑峻法，破奸宄之胆。以之行于汉桓帝衰替之世可尔，安足为陛下深论哉？

《圣策》曰："无以为古人陈迹既久而不可举，无以为本朝成法已定而不可改。惟其改之而适中，举之而得宜，不迫不迂，归于至当。"陛下议政法，而举适中得宜为言，此天下之望也。臣安得无辞以致之！盖势可以举则举之，则不失于陈迹；力可以改则改之，则不泥于成法。此因革之常道也。至于未适于中、未得其宜而改之，则今日之变法，犹或可议焉。臣读《易》至"革"卦，言天下之法至于有弊，则不可不革也。而辞曰："元亨利贞，悔亡。"然则，革之必至于元亨利贞，然后悔可亡尔。又曰："革而当，其悔乃亡。"然则，革之而不当，益以招悔也。夫革之必至于亨，然后可以议革;变之必至于当,然后可以言变。斯圣人之能事、《易》象之精义也。思之于冥冥,索之于昏昏,使尽合道义之中,而后革之,则一法出而天下倚之若山岳,此之谓革而亨;谋之以众多,待之以迟久,使尽得上下之宜,而后变之,则一制行而天下望之若云霓,此之谓变而当。古之为治,相与谟谋于庙堂之上,至于风移俗易,徙善远罪,而天下不知其措置之迹者,必亨而后革,必当而后变也。今则不然。一法,朝出而夕已嚣;一制,暮行而晓或弊。斧钺不足以禁谤论,窜黜不足以抑烦言。其故何邪?未决其亨而革之,未计其当而变之,举而不必适中,动而不必得宜也。臣愿陛下慎之而已。盖夫革而未尽其至,则其势必复。革而有复,则法以轻,而不信矣。法制数变,国家之大病也。汉徙甘泉后土之祠,自是之后,三十年间五徙,而天地之兆终不能定。故愿陛下慎之。则至当之论,无过于此矣。

陛下虑臣之惮言而不必行,则苟饰行以自免,则诏之曰:"言之非艰,行之惟艰。"又虑其畏避执事而不尽其悃愊也,则又曰:"悉心以陈,亦不惮于有为。"臣是以敢进其私忧过计之说。臣闻天下者大物也,是以治之者必得大才。苟未得大才而委畀之,则天下之政终无时而理矣。万钧之鼎,天下之至重也。而孟贲、乌获持之奔走,逾越险阻,若践平地。此无他,其力足也。使其力不足,负之而趋,不独折绝筋骨,又将隳器败竦,而不可救矣。《易》言天下万物之理至详密矣,而至于治天下之难治,而未尝不归之大才硕德之人。故"屯"之不宁,必待君子之经纶;"蛊"之败坏,必待君子之振育;"旅"之分散,必待智者之有为;"否"之欲休,必待大人之获吉。圣人以为:当四卦之时,不得四人者治之,则愈益其乱,而无补于治。昔汤之求伊尹也,见之耕者;高宗之求傅说也,见之岩筑;文王之求太公也,见之渔钓。三士者藏迹至深,而三君者能举而用之者,以其取之公、求之广也。唐文宗可谓恭俭慈仁勤于致理之主,当是时,李德裕在其廷而不用,裴度捐于外而不使,乃览《贞观政要》而叹息。又曰:"吾视开元、天宝事,则气拂吾膺。"然则,文宗所以忧勤尽心者,徒虚器尔。伏惟陛下,法成汤、高宗、文王公听广取以为法,鉴文宗舍本忧末以为戒。独观昭旷之道,驰驱域外之议。不论隐显,不间内外,不异远近,不殊明晦。才之当者取之,德之宜者予之,可大者治大,可小者治小,则天下之才继踵而出。凡陛下所举而询于臣者,不治而自治矣。陛下有为之术,何以先此!

古人有言曰："言切直而不用，则身危。"不切直则不可以明道。苟求所以明道，又避于危身，此势之不可并者也。说不由道，忧也；由道而不合，非忧也。苟求所以由道，又希于必合，此理之不可兼者也。臣学术浅陋，言论狂鄙，罪当万死，无所敢恨。幸陛下察焉。臣昧死。谨对。(《清江三孔集》)

孔经甫文仲为台州司户日，范蜀公举应制科。经甫对策，极言青苗、免役之害，语太忤直。宋次道为初考，以入三等；王禹玉复考，降一等；韩持国详定，从初考。王荆公见而恶之，密启于上，以御批黜之。遂下诏，发还本任，孙给事固封还制书，极言其不可。经甫将归，往见蜀公，公叹息其不遇。经甫曰："苟不负科目及公知人之鉴，足矣！不敢以穷达为念也。"公甚壮之，谓曰："君气节如此，无替古人。惟不替今日之志，则某之所愿也。"(《独醒杂志》卷四)

韩维《上神宗论制科之士不可以直言弃黜》：臣伏见应贤良方正举孔文仲对策入等，以论时政意异，诏文仲罢归。仰惟陛下导人使言，一有不合，便行弃黜，此后谁敢有言者！陛下尝嫉言事之人好同流俗，沮败朝廷行事。且行事在审理，审理在合时变，使流言自息，乃为善也。而欲黜责以止之，臣见其无益于行事，有损于治道也。陛下毋以文仲为一贱士而黜之，何损于事。古人于事常戒微渐，臣恐贤俊由此解体，忠良结舌，阿谀苟合之人得窥其间而竞进，为祸不细。文仲可取而逐之，臣恐于文仲未有所损，而其损顾在陛下也。愿改赐处分，以幸天下。(《宋朝诸臣奏议》卷八二)

熙宁中，孔文仲举贤良方正，制策入等，以忤时政，不推恩。孙靖公固言："科举徒取一日之长，言之虚华不足校，矧制举本以求直言，岂以忤而黜之耶！今朝廷以文仲之言足以惑天下，臣恐天下不惑文仲之言，而以文仲之黜为惑。"论者嘉之。(《渑水燕谈录》卷六)

熙宁三年，制科过合，孔文仲第一，吕陶亦在选中。既殿试，文仲陈时病，语最切直，吕陶稍直。宋敏求、蒲宗孟初考文仲，书第三等，王禹玉，陈睦复考，书第四等。王荆公见之，心不乐中，批出："黜文仲，令速发赴本任；吕陶升一任，与堂除差遣。"自是遂罢科。(《石林燕语》卷九)

钱穆父试贤良对策日，东坡晓往迓其归。置酒相劳，各举令为文，穆父得《傀儡除镇南军节度使制》。首句云："具官勤劳王家，出入幕府。"东坡见此两句，大加叹赏。盖世以傀儡起于王家也。(《能改斋漫录》卷一四)

(吕陶)应熙宁制科，时王安石从政，改新法，陶对策枚数其过。大略谓："贤良之旨，遣犯不贵隐。臣愚，敢忘斯义。陛下初即位，愿不惑理财之说，不间老成之谋，不兴疆埸之事。陛下措意立法，自谓庶几尧、舜，然陛下之心如此，天下之论如彼，独不反而思之乎?"及奏第，神宗顾安石取卷读，读未半，神色颇沮。神宗觉之，使冯京竟读，谓其言有理。司马光、范镇见陶，皆曰："自安石用事，吾辈言不复效，不意君及此，平生闻望，在兹一举矣。"(《宋史》卷三四六)

孔平仲《喜经父制策第一》：过阁程文推首出，临轩亲策复先鸣。大科江左未尝有，此事吾家真最荣。独步以才高宇宙，横飞不日到蓬瀛。翩翩斥鷃蒿莱下，岂识鹏抟九万程?

亲策贤良第一番，吾家羽翼蔚高骞。当时弃禄嫌民掾，此日登科胜状元。四海望风期将相，双亲闻榜庆儿孙。台州已有公台兆，预约当行必践言。(《清江三孔集》)

王珪《被诏考制科呈胡武平内翰三首》：奉诏金门草圣题，平明趋过殿西墀。宫床赐笔宣名早，赭案焚香上策时。朝论只应收俊杰，皇心非不监安危。玉堂词客承恩久，几度曾来醉御卮禁中屡颁醇醴，衔饮几醉。

清晓华芝度景阳，凝严又许对西厢。通宵客梦闻钧吹，几日朝衣带御香?东观图书经屡读，旧溪桃李见新芳。三千文字皆奇册，饱死侏儒讵足量?

忝班清禁接严徐，诏侍延英访对初。沧海烟霞连太液，丹霄日月近雕舆。明廷已奏河汾策，紫府谁将姓字书?从此青云知有路，致君材业不应

疏。(《全宋诗》卷四九三)

吕陶《谢登制科启》:圣问该明,深究一时之弊;刍言猥略,愧非三道之才。服宠过优,寄颜良厚。夫取人之术,惟名实之辨,不欺则可要以终;行己之方,惟义利之分,不惑则能伸其志。尝观制举之开设,莫盛本朝之选抡。公卿间出,而广有济时之功;豪俊继起,而屡闻康国之论。高风蔼矣,故事存焉。以科试论之,谓之名,而实乃询于阙失;以进取待之,谓之利,而义难苟于谀从。虽隆薄之在人,亦重轻之由己。如陶者,寒乡寡与,朴学粗坚,强为文辞,而气格不高。好穷事变,而术略无取。徒谓前良之可慕,又思圣主之难逢,辄不自量,庶几少立。幸被德音之召,俾从国士之游,咸造广廷,仰承清问。方朝家大有为之日,惟万物更新,而询于刍荛。非天下不敢言之时,故一夫进说,而宽其罪戾。况夫自汉而下,有唐以来,贤良为举者凡几人?得失最明者惟二子:以谷永之附托,而专攻世主之过咎,则今之愚者所不能;以刘蕡之亮切,而卒为有司之弃遗,则古之贤者或不幸。殊惭浅陋,亦预甄收。此盖以某官,讲求治体而务在得人,崇倡化风而乐于进善。权衡之平也,不私高下于彼物;钧轴之运也,不系刚柔于我心。是致孤生,偶尘高选。昔之谋道,素闻取舍之大方;今也丁辰,益励始终之常节。倘力行而寡过,亦论报之一端。过此以还,非敢语及。(《净德集》卷一一)

十　月

壬午(二十五日),诏:颍州进士常立就试舍人院。以侍御史知集事谢景温言:立行义修洁,昨预登遣,以疾不及试。故有是命。(《长编》卷二一六)

十一月

五日,诏:"今后期丧已满三月者,并听应举。"(《宋会要·选举》三之四三)

十九日,编修中书条例所详定:"应广南东、西路转运司,每二年一次以本路两举进士合差摄者。先定月日,差官三两员,考试公案五道,该涉刑名五七件,分作五场,赍所习文字就试,以通数多少挨排。仍契勘二年

合用摄官人数为额，以通数多者为合格，其余驳放。不限试数，并许再试。”(《宋会要·职官》六二之四一)

二十一日，诏：“贡院听期丧满三月者应举。”时因大臣言应制举陈知彦以期丧不赴召。既特召试，因降是旨。(《宋会要·职官》一三之九)

苏轼《送章子平诗叙》：观《进士登科录》，自天圣初讫于嘉祐之末，凡四千五百一十有七人。其贵且贤、以名闻于世者，盖不可胜数。数其上之三人，凡三十有九，而不至于公卿者，五人而已。可谓盛矣！《诗》曰：“诞后稷之穑，有相之道。”我仁祖之于士也亦然。较之以声律，取之以糊名，而异人出焉。是何术哉！目之所阅，手之所历，口之所及，其人未有不硕大光明秀杰者也。此岂人力乎？天相之也。天之相人君，莫大于以人遗之。其在位之三十五年，进士盖十举矣，而得吾子平以为首。子平以文章之美，经术之富，政事之敏，守之以正，行之以谦，此功名富贵之所迫逐而不赦者也。虽微举首，其孰能加之？然且困踬而不信，十年于此矣。意者任重道远，必老而后大成欤？不然，我仁祖之明，而天相之，遗之人以任其事，而岂徒然哉！熙宁三年冬，子平自右司谏直集贤院，出牧郑州。士大夫知其将用也，十一月丁未(二十日)，会于观音之佛舍，相与赋诗以饯之。余于子平为同年友，众以为宜为此文也，故不得辞。(《苏轼文集》卷一〇)

二十一日，舍人院试刘蒙等二十一人，赐出身。(《玉海》卷一一六)

十二月

(丁卯，十一日)赐布衣陈知彦进士出身、试衔知县，王辅同进士出身、试衔大郡判、司、大县簿尉。知彦以枢密副使吴充、翰林学士承旨王珪荐其辞学，辅以太原府敦遣赴阙，并试于舍人院中等也。(《长编》卷二一八)

十二日，三班院言：“据殿直雷珣状：乞试《六韬》、《孙》、《吴》三家兵书义理十道，仍乞射弓。寻试义理十道，内二粗二否，六通，及考试到弓马并条贯脚色以闻。”诏：“免短使，权边寨监押、巡检，理监当资序，支驿料。一

任回,依武举人例差注。”三班使臣乞试兵书,自珣始。(《宋会要·选举》一七之一二)

十四日,编修《阁门仪制例册》所奏:“诸发解、考试、对读官等并门辞入见,殿试官更不见,只随班起居。今参详:除知举官门辞入见外,其封弥、发解、考试、对读等官只门赐敕,不门辞,只门见;殿试官更不见,只随班起居。欲乞修入《仪制》。”从之。(《宋会要·选举》八之三五)

是　年

《南郊赦书》访求节行、才识、学术之士,诸路监司以刘蒙等二十一人应诏,送舍人院试而命以官。(《宋会要·选举》七之二〇)

熙宁初,诏:“进士、诸科经仁宗朝殿试,或进士、明经三举殿试、五举省试下,诸科五举殿试、七举省试下,并免解。因应举,授诸州司士、长史、文学、助教参军,不理选限。年未六十,注权入官。”三年又诏:“景祐五年以前,礼部试下进士一举、诸科二举,年六十五,若递加一举,则不限年,州县以名闻,特与推恩。府监举人,以京朝官二人保识,进士七举、诸科八举,年四十、礼部尝奏名者,并特赴殿试。惟河北、河东、陕西三路,各减一举以优之。旧止试论,至是,如进士试时务策一道,自同五经出身而降为九等。上等注官,次守选,次遇郊注官。及不理选限,各有差。”(《宋会要·选举》七之二〇)

诏:“诸州举送发解、考试、监试官,凡亲戚并门客,毋得试于其州,通其名上之转运司,使与锁应同试。率七人特立一额以解,不用其所避州解额。”(《宋会要·选举》七之二〇)

苏辙《送顿起及第还蔡州》:诏书京辅起沉沦,岁贡仍居第一人。不愧得官名暂屈,自夸对策语深淳。读书饱足终无厌,从宦奔驰自此新。我去淮阳今不久,邻邦时得问音尘。(《栾城集》卷三)

熙宁四年　辛亥(1071)

二　月

丁巳朔(一日),中书言:"古之取士皆本于学校,故道德一于上,习俗成于下,其人材皆足以有为于世。自先王之泽竭,教养之法无所本,士虽有美材而无学校师友以成就之,此议者之所患也。今欲追复古制以革其弊,则患于无渐。宜先除去声病、偶对之文,使学者得以专意经义,以俟朝廷兴建学校。然后讲求三代所以教育、选举之法,施于天下,则庶几可复古矣。明经及诸科欲行废罢,取元解明经人数增解进士,及更俟一次科场,不许诸科新人应举,渐令改习进士。仍于京东、陕西、河东、河北、京西五路先置学官,使之教导。其礼部所增进士奏名,止取五路进士充数,所贵合格者多,可以诱诸科向习进士。今定贡举新制,进士罢诗赋、帖经、墨义,各占治《诗》、《书》、《易》、《周礼》、《礼记》一经,兼以《论语》、《孟子》。每试四场,初本经,次兼经并大义十道,务通义理,不须尽用注疏。次论一首,次时务策三道,礼部五道。中书撰大义式颁行。量取诸科解名增解进士,以熙宁二年解明经数为率。如举人数多于熙宁二年,即每十人更取诸科额一人,诸科额不及三人者听依旧。不解明经处,每增二十人,如十人法。礼部奏名,于诸科解额取十分之三增进士额。京东、陕西、河北、河东、京西进士,开封府、国子监、诸路尝应诸科改应进士者,别作一项考校。其诸科内取到分数,并充进士奏名。将来科场,诸科宜令依旧应举,候经一次科场,除旧人外不得应诸科举。五路先置学官,中书选择逐路各三五人,虽未仕、有经术行谊者,亦许权教授,给下县主簿、尉俸。愿应举者亦听,候满三年,有五人奏举,堂除本州判、司、主簿、尉,仍再兼教授。即经术行谊卓然,为士人所推服者,除官充教授。其余州军,并令两制、两省、馆阁、台谏臣寮荐举见任京朝官、选人有学行可为人师者,中书体量,堂除逐路官，令兼本州教授。诸州进士不及二百人处，令转运司并邻近三两州考试，仍各用本州解额。殿试策一道，限千字以上。分五等：第一等、二等赐及第，第三等出身，第四等同出身，第五等同学究出身。”从之。朱本云：“自诗赋取士以来，学者雕敝聪明，及其中选，施于有政，无所用之，其弊所从来久，然莫能革也。自上即位，稽合先王，造立法度，而议者不深维其意，群起而非之。上以为凡此皆士不知义故也。故罢黜声律，而修明庠序之教，由是人务经术而识义理者多矣。”别项初试四场，后只试三场。初试大义、本经及兼经各十道，后未几时改初试四场，时务策三道是第三场。《新纪》书：“罢诗赋及明经、诸科，以经义、论、策试进士，置京东西、河北、河东、陕西路学官。”《选举志》第一卷云：“诗赋浮靡，不根道德，施于有政，无所用之，自唐以后，莫之能革。上稽合先王，造立法度，而议者不深维其意，群起而非之。上以为凡此皆士不知义，非其所习见，乃罢黜声律，俾王安石训释经旨，颁之天下。既知经术矣，因诏随所治经，以十分为率，均取之。张璪言：‘治礼举人，比《诗》、《书》、《易》绝少，宜加劝奖。’乃诏倍取。其后迄元丰间，大率约十分均取，有余不足相补，不过三分而已。始以本经、《论语》、《孟子》义为两场，论策各为一场。后以《论语》、《孟子》附本经止三场，毕试，考官互考一场，众定，乃去留之。殿试初考、复考文卷高下相殊者，许详定酌中别立等第。中选者分五等：第一等、第二等赐及第，第三等进士出身，第四等同出身，第五等同学究出身。惟同学究出身，独熙宁六年、九年行之。其后，第五等皆上特推恩，复赐同进士出身。（《长编》卷二二〇）

是　月

罢明经、诸科。其后有诏，许曾于熙宁五年以前应明经及诸科举人，依法官例试法，为科明法科。（《宋会要·选举》一四之一）

三　月

一日，诏：“应进士第一、第二等赐及第，第三等出身。”（《宋会要·选举》二之一〇）

十八日，《德音》：“进士礼部下三举、御试两举，诸科礼部下四举、御试三举，并免解。尝殿举者，许应举。”（《宋会要·选举》一五之二一）

是　月

苏轼《再上皇帝书》：陛下临轩选士，天下谓之“龙飞榜”。而进士一人首削旧恩，示不复用。所削者一人而已，然士莫不怅恨者，以陛下有厌薄其徒之意也。今用事者，又欲渐消进士，纯取明经。虽未有成法，而小人招权，自以为功，更相扇摇，以谓必行，而士始失望矣。今进士半天下，自二十以上，便不能诵记注义为明经之学。若法令一更，则士各怀废弃之忧，而人材短长，终不在此。(《苏轼文集》卷二五)

四　月

(戊寅，二十三日)赐右赞善大夫吴安度进士出身。先是，宰臣富弼言："安度召试舍人院，闻考试入三等，论四等，止以'绿竹青青'诗不依注解，作王刍萹竹，遂定入五等，改一官，报罢。窃详安度命意，必谓王刍萹竹柔脆常草，不足兴咏卫武公有德之人，以注说迂曲，非诗人本意也。又按《史记·河渠书》'下淇园之竹'，则知淇澳之竹，只是竹箭之竹也。又据陆德明《释文》：青止音箐，茂盛之貌。故安度直以绿竹茂盛立为题意，于理甚通，未为不识题义。乞赐再取安度所试三题详定，如俱入等，随其文艺，特与一科名。"下学士院看详，所试并为合格，惟诗不合自出己见，亦非纰缪，故有是命，复追先授一官。(《长编》卷二二二)

八　月

八日，知德州阎充国言："乞许旧读《春秋》举人，且于《三传》中治一经为业。"看详："诸路旧应《三传》明经人，如不愿改科应进士举者，欲令依旧应本科，仍依明经旧条考校。如合格，即于诸科额内解送。将来科场，非曾应《三传》明经人，不得辄应此科。"从之。(《宋会要·选举》一二之三一)

十　月

戊辰(十七日)，中书言："近制，增广太学，益置生员。除主判官外，直讲以十员为额，每二员共讲一经。委中书选差，或主判官奏举。其生员分三等，以初入学生员为外舍，不限员。自外舍升内舍，内舍升上舍，上舍以一百员、内舍以二百员为限。生员各治一经，从所隶官讲授。主判官、直讲月考，试优等举业，上中书。学正、学录、学谕，于上舍人内，逐经选六员。如学行卓然尤异者，委主判及直讲保明，中书考察，取旨除官。具有职事者受官讫，仍旧管勾，候直讲、教授有阙，次第选充。其主判官、直讲职事生员，并第增给食钱。”从之。(《山堂考索》后集卷二八)

是　年

(御史中丞杨绘)言：“以经术取士，独不用《春秋》。宜令学者以《三传》解经，不必专用《左氏》之说。”(《全宋文》卷二一五〇范祖禹《杨公墓志铭》)

熙宁五年　壬子(1072)

五　月

(辛巳,二日)诏:"宗室非袒免亲许应举者,试策三道、论一道,或大经议十道。初试黜其不成文理者,余令复试。所取以五分为限,人数虽多,不得过五十人。累复试不中,年长者当议量材录用。"(《长编》卷二三三)

甲午(十五日),上谓王安石等曰:"蔡确论太学试,极草草。"冯京曰:"闻举人多盗王安石父子文字,试官恶其如此,故抑之。"上曰:"要一道德。若当如此说,则安可臆说?《诗》、《书》、法言相同者乃不可改?"安石曰:"'柔远能迩',《诗》、《书》皆有是言,别作言语不得。臣观佛书,乃与经合,盖理如此,则虽相去远,其合犹符节也。"上曰:"佛,西域人,言语即异,道理何缘异?"安石曰:"臣愚以为苟合于理,虽鬼神异趣,要无以易。"上曰:"诚如此。"冯京言:"西北阙人教授。"王安石曰:"教授必可以为人模范者,非其人不若令习近人著述文字。"上曰:"西北人诚是茫然未有归著。"安石曰:"西北人旧为学究,所习无义理,今改为进士,所习有义理。以学究为进士,于士人不为不悦;去无义理,就有义理,于所习不为不善。其旧合放解额并还本路,东南士人不能侵夺,于士人乃无所损。既无所损,而令士人去无义理,就有义理,脱学究名为进士,此亦新法于西北士人可谓无负矣。"京曰:"西北人鲁难变。"安石曰:"旧科人虽不尽变,十须变三四,后生即往往尽变。凡革旧为新,亦须期成效在十年之后也。"(《长编》卷二三三)

六　月

癸亥(十五日),知制诰王益柔兼判礼部贡院。试法分四场,除第三、第四场策论如旧,其第一场试本经五道,第二场《论语》、《孟子》各三道。试官每一人试卷各分一场考校，考毕众官参定高下去留，仍许同差官三两员点检杂犯。其诸路州军举人如五百人以上，亦许差官一员点检。(《长编》卷二三四)

(乙亥，二十七日)初，枢密院修武举条令，不能答策者止答兵书墨义。王安石曰："今三路武艺人等、义勇第三等以上，皆已有旨录用。陛下又欲推府界保甲法于三路，即须每岁解发合试人赴阙录用。如此则录用武力之人已多，又广开武举一路，恐入官太冗。兼近方以学究但知诵书，反更愚鲁不晓事，废之。今又置武举墨义一科，其所习墨义又少于学究，所取武艺又不难及，则向时为学究者乃更应武举，若收得如此人作武官，亦何补于事？先王收国之勇力之士皆令属于车右者，盖亦不使此辈委弃于民伍，且以备御侮之用也。既所取在于勇力御侮而已，则令诵书答墨义复何为也?"上曰："朕亦语密院以墨义不可用。"至是，再进呈武举条制，乃悉从中书所定。(《长编》卷二三四)

闰七月

(壬子，五日)诏："武学生员以百人为额，遇科场前一年委枢密院降宣，命武臣路分都监及文臣转运判官以上，各奏举堪应武举者一人。其被举人遇生员阙，愿入学者听，仍免试。生员及应举者不过二百人，春秋各一试，步射以一石三斗，马射以八斗，或弓八斗，矢五发中的。或别习武伎副之策略，虽弓力不及、学业卓然者，并为优等，补上舍，以三十人为额。三班使臣无赃罪及私罪情轻，仕族或草泽人无违负，亦听入学。量试马射以六斗，步射以九斗，策一道，《孙》、《吴》、《六韬》义十道，以五通为合格。春秋试内舍生，马步射、马战应格，对策精通，士行可称者，上枢密院。虽不应而晓术数，知阵法，智略可用，或累试策优等，悉取旨补上舍。武艺又进者，枢密院审察人材，旋加试用。"(《长编》卷二三六)

八　月

(辛卯，十五日)诏："国子监外舍生以七百人为额，日给食，岁赐钱万缗。"(《长编》卷二三七)

(戊戌,二十二日)赐太学生叶适进士及第,为试校书郎、睦州推官、郓州州学教授。适,处州人。管勾国子监张琥等言适累试优等也。林希《野史》云:熙宁四年春,更学校贡举之法,设外舍、内舍、上舍生,春秋二试。由外舍选升内舍,由内舍选升上舍。上舍之尤者,直除以官,以锡庆院为太学。旧制:进士之外有明经,明经者,通三经,经各问义十道,而应者皆能充其科,文词有可观者。安石既罢诗、赋,独设一科,谓之明经进士。始议人通二经,后但命通一经而已,意使士人悦而易就,而乐从新科也。五年春,命判监、直讲者,试外舍生。有练亨甫者,久从雱学,安石亦爱之,意谓必在优等。既而榜出,亨甫乃在下列,安石父子大怒,诘责琥、定等,退而检取亨甫卷,对义但及九道,急令考官自首,亨甫更被黜落。安石遂命经义减半,别补外舍生。定希旨,请不弥封,事虽不从,而诸学官公然直取其门下生无复嫌疑。四方寒士,未能习熟新传,而用旧疏义,一切摈黜。自此士人不复安业,日以趋走权门、交结学官为事。叶适者,处之巨豪,前此斥于廷试,素以交结陆佃,为之引誉,琥、定遂推第一,欲诱动士心,贪利慕己。于是列奏适之文章、行义卓绝,遂赐进士及第、郓州教授,又留为直讲。而亨甫是秋发解,遂居第一。既限一经,又试义减用五道,以此诱轻薄急进者,遂致百家子史之言,一不经目,更不复阅习,惟以新传模仿、敷衍其语耳。是岁,国子监荐一百五十人,诸家门生占百三十人;开封荐二百六十人,诸家门生占二百余人。诸直讲扬言曰:"自此罢科举,但用太学春秋两试,所占上等如叶适直除以官。"于是士心惶惧,惟恐不得出诸学官之门也。(《长编》卷二三七)

是　月

以监察御史里行张商英、秘阁校理钱藻、馆阁校理蒲宗孟、太常丞邓润甫、崇文院校书张谔,考试开封府举人。命集贤校理兼直舍人院、同修起居注张琥,集贤校理李定,国子监直讲龚原、沈季长、王沇之、曾肇,考试国子监、锁厅举人。(《宋会要·选举》一九之一六)

苏轼《催试官考校戏作》:八月十五夜,月色随处好。不择茅檐与市楼,况我官居似蓬岛。凤咮堂前野桔香,剑潭桥畔秋荷老。八月十八潮,壮观天下无。鲲鹏水击三千里,组练长驱十万夫。红旗青盖互明灭,黑沙白浪相吞屠。人生会合古难必,此景此行那两得。愿君闻此添蜡烛,门外白袍如立鹄。(《苏轼诗集》卷八)

苏轼《监试呈诸试官》:我本山中人,寒苦盗寸廪。文辞虽少作,勉强非天禀。既得旋废忘，懒惰今十稔。麻衣如再著，墨水真可饮。每闻科诏下，白汗如流渖。此邦东南会，多士敢题品。刍荛尽兰荪，香不数葵荏。贫家见珠贝，眩晃自难审。缅怀嘉祐初，文格变已甚。千金碎全璧，百衲收寸锦。调和椒桂酽，咀嚼沙砾碜。广眉成半额，学步归踔踸。维时老宗伯，气压群儿凛。蛟龙不世出，鱼鲔初惊淰。至音久乃信，知味犹食椹。至今天下士，微管几左衽。谓当千载后，石室祠高朕。尔来又一变，此学初谁谂。权衡破旧法，刍豢笑凡饪。高言追卫乐，篆刻鄙曹沈。先生周孔出，弟子渊骞寝。却顾老钝躯，顽朴谢镌锓。诸君况才杰，容我懒且噤。聊欲废书眠，秋涛春午枕。(《苏轼诗集》卷八)

苏轼《试院煎茶》，《八月十七日复登望海楼，自和前篇。是日榜出，余与试官两人复留五首》。(《苏轼诗集》卷八)

苏辙《熙宁壬子八月，于洛阳妙觉寺考试举人，及还，道出嵩少之间，至许昌，共得大小诗二十六首》。(《栾城集》卷四)

苏辙《河南府进士策问三首》：问：法立于上则俗成于下。故两汉之间，经各有师，师各有说。异师殊说相攻如仇雠，异己者虽善不从，同己者虽恶不弃。下逮魏晋，争者少止。然后学者相与推究众说，从其所长。至唐而传疏之学具，由是学者始会于一。数百年之间，凡所以经世之用，君臣父子之义，礼乐刑政之本，何所不取于此！然而，穷理不深而讲道不切，学者因其成文而师之，以为足矣。是以间者立取士之法，使人通一经，而说不必旧。法既立矣，俗必自此而变。盖将人自为说而守之耶，则两汉之俗是矣。将举天下而宗一说耶，则自唐以来传疏之学是矣。夫上能立法，以救弊而已，成其俗者，必在于士。将使二弊不作，其将何处而可哉？

问：三代之治，以礼乐为本，刑政为末，后世反之。儒者言礼乐之效与刑政之弊，其相去甚远。然较其治乱盛衰，其比后世若无以大相过者。盖夏后氏自禹再传而失国，乱者三世，商人再衰而复兴，周人一迁而不振，其贤于汉唐其实无几。至于汉文帝、唐太宗，克己裕人，海内安乐，虽三代之盛王，何以加之？夫礼乐刑政，其功之异，岂特如此而已！今自祖宗创业，百有余年,法令修明,上下相维,四方无虞。求之前世,未有治安若今之久者。然而儒者论其礼乐,常以为不若三代,此为诚不若耶?为习其名而未稽其实也?不然,世之治安则不在礼乐欤?宜一有以断之。

问:《孟子》言:"五亩之宅,植之以桑,则五十者可以衣帛。鸡豚狗彘,无失其时,则七十者可以食肉。数罟不入洿池,则鱼鳖不可胜食。斧斤以时入山林,则林木不可胜用。"诚哉是言也!虽然,孟子将何以行之?岂将立法设禁以驱之欤?夫立法设禁而无刑以待之,则令而不行。有刑以待之,则彼亦何罪?请言孟子将何以行此。(《栾城集》卷二〇)

公试进士河南府,问:"三代以礼乐为治本,刑政为末,后世反之。儒者言礼乐之效与刑政之敝,其相去甚远。然较其治乱盛衰,汉文帝、唐太宗海内安乐,虽三代不能加。今祖宗法令修明,求之前世,未有治安若今之久者。然而礼乐不如三代,世之治安不在礼乐欤?"河南士人皆不能喻此意。司马温公问:"如此发策,亦自有说乎?"公曰:"安敢无说!"温公默然。既而,见文定,文定曰:"策题,国论也。"盖元丰间,流俗多主介甫说,而非议祖宗法制也。(《栾城先生遗言》)

苏辙《和子瞻监试举人》:登科岁云徂,旧学日将落。外遭饥寒侵,内苦忧患铄。传家足坟史,遗说本精约。群言久纷荡,开卷每惊矍。居官忝庠序,授业止干龠。朝廷发新令,长短弃前获。缘饰小学家,睥睨前王作。声形一分解,道义因附托。安行厌衢路,强挽就縻缚。纵横施口鼻,烂熳涂丹垩。强辩忽横流,漂荡终安泊。忆惟法初传,欲讲面先怍。新科劝多士,从者尽高爵。徘徊始未信,炫诱终难却。嗟哉守愚钝,几不被讥谑。独醒惭馆糟,未信耻轻诺。敢言折锋芒,但自保城郭。有司顾未知,选试谬西洛。群儒谁号令,新语竞投削。虽云心所安,恐异时量度。诡遇便巧射,晚嫁由拙妁。谁能力春耕,忍饥待秋获。闻兄职在监,考较笔仍阁。缩手看傍人,此意殊未恶。(《栾城集》卷四)

九　月

(辛酉,十六日)诏:"武学生试大义十道,分两场。"从御史刘孝孙请也。

后试武举人亦如之。(《长编》卷二三八)

是　秋

苏轼《送安惇秀才失解西归》:旧书不厌百回读,熟读深思子自知。他年名宦恐不免,今日栖迟那可追。我昔家居断还往,著书不暇窥园葵。朅来东游慕人爵,弃去旧学从儿嬉。狂谋谬算百不遂,惟有霜鬓来如期。故山松柏皆手种,行且拱矣归何时。万事早知皆有命,十年浪走宁非痴。与君未可较得失,临别惟有长嗟咨。(《苏轼诗集》卷六。按:安惇熙宁八年免解,熙宁九年中第。此诗姑系于此。)

十　月

陈襄《登彼公堂燕贡士登彼公堂,燕贡士也,因以勉之》:登彼公堂,维水汤汤。君子燕湑,其言有章。

登彼公堂,有松有柏。君子燕湑,其仪孔特。

登彼公堂,维山崔嵬。君子燕湑,其志不回。

登彼公堂,鸿飞戾止。君子燕湑,维其不已。(《全宋诗》卷四一二)

苏轼《送杭州进士诗叙》:右《登彼公堂》四章,章四句,太守陈公之词也。苏子曰:士之求仕也,志于得也。仕而不志于得者,伪也。苟志于得而不以其道,视时上下而变其学,曰吾期得而已矣,则凡可以得者,无不为也,而可乎?昔者齐景公田,招虞人以旌,不至。孔子善之,曰:"招虞人以皮冠。"夫旌与皮冠,于义非大有损益也,然且不可。而况使之弃其所学,而学非其道欤?熙宁五年,钱塘之士贡于礼部者九人。十月乙酉(十日),燕于中和堂,公作是诗以勉之曰:"流而不返者,水也;不以时迁者,松柏也。言水而及松柏,于其动者,欲其难进也。万世不移者,山也;时飞时止者,鸿雁也。言山而及鸿雁,于其静者,欲其及时也。"公之于士也,可谓周矣。《诗》曰:"无言不酬,无德不报。"二三子何以报公乎?(《苏轼文集》卷一〇)

十一月

苏轼:《送张轩民寺丞赴省试》:龙飞甲子尽豪英,尝喜吾犹及老成。

人竞春兰笑秋菊，天教明月伴长庚。传家各自闻诗礼，与子相逢亦弟兄。洗眼上林看跃马，贺诗先到古宣城。(《苏轼诗集》卷八)

十二月

九日，诏："应发解、省试，于锁院一月前，不许官员乞假出外，差官毕仍旧。"(《宋会要·选举》一九之一六)

十一日，赐太庙斋郎王震、试将作监主簿陈彦弼进士及第。以试经书、律令大义，词理稍优也。(《宋会要·选举》九之三)

十一日，赐祝康、李举之明经出身。以试经书、律令大义，词理稍优也。(《宋会要·选举》九之一三)

是　年

陈襄《杭州劝学文》：某尝谓学校之设，非以教人为辞章、取禄利而已，必将风之以德行道艺之术，使人陶成君子之器，而以兴治美俗也。杭，东南之会藩也。其山川清丽，人物秀颖，宜有美才生于其间。然自建学以来，弦歌之声萧然，士之卓然有称于时者盖鲜，反不逮于支郡，何也？岂非渤海之民，罕传圣人之学，习俗浮泊，趋利而逐末？顾虽有良子弟，或沦于工商释老之业，曾不知师儒之道尊，而仁义之术胜也。某之至是邦也，固当以教育为先务，而必致学者首明周官三物之要，使有以自得于心而形于事业，然后可以言仕。此所谓学之序也。虽然，自以为愚蔽弗明，而力不足，且胜其任责不逮。思得明诚笃行之士，相与讲议其道而推行之。(《全宋文》卷一〇八三)

李之仪《谢发解举人》：颁贻瑰玮，光贲衡茅；载佩谦冲，弥深感戢。伏以先辈，道惟务本，学必逢源。广坐剧谈，固已折经生之角；运斤善斫，盖尝汗巧匠之颜。挟万选万中之文，励一飞一鸣之志。登龙好语，方倾耳以听之；昼锦言归，更拭目于观者。(《全宋文》卷二四〇九)

曾巩《送李撰赴举》：湖水碧，槐花黄，山川摇落窗户凉。宿云星稀日东出，青冥风高雁南翔。华堂昨夜读书客，匹马今朝游大梁。锋芒拂尘见飞影，把握惊人持夜光。康衢四辟通万里，天驷得地方腾骧。我留东山意颇卓，屏弃外虑无毫芒。子能相从味冲漠，捉棰勿暂迟归装。（《曾巩集》卷五）

熙宁六年　癸丑(1073)

正　月

九日,以翰林学士曾布权知贡举,知制诰吕惠卿、天章阁待制邓绾、直舍人院邓润甫并权同知贡举,合格奏名进士邵刚已下四百八人。(《宋会要·选举》一之一二)

以翰林学士曾布等权知贡举。虞部郎中胡淮、职方员外郎穆珣监贡院门;权三司户部判官张讽、监察御史里行盛陶、馆阁校勘梁焘封弥;司农寺丞丁执礼,流内铨主簿张瑾,大理评事叶祖洽,崇文院样书黎侁、张谔,国子监直讲周谌、龚原、王沇之、孙谔、陆佃,审官西院主簿舒亶,北京留守推官上官均,试将作监主簿陈彦弼,新南京国子监教授莫京,前南京宋城县尉孙鳌抃,新蔡州汝阳县主簿赵彦,点检试卷。秘书丞胡援、屯田员外郎元凯、国子监博士傅亶、屯田员外郎虞肇、大理寺法直官刘赓,诸科出义;著作佐郎董唐臣,太子中舍徐育、邵奎,大理寺详断官周孝恭,刑部详复官汤希言、翟君陈考试;鲁王宫太学教授胡宗尧、睦亲等北宅讲书张详、国子博士霍大备、著作佐郎周定辞复考;馆阁校勘蒲宗孟、黄履考试知举官亲戚举人。(《宋会要·选举》一九之一六、一七)

二　月

(丙子,二日)礼部贡院言:"乞依发解条:以前次科场明经到省、及明经奏名人数同比较,系若干人到省取一人奏名外,据所剩奏名额,并拨添进士奏名。即虽到省人数多,合格人少,亦将不合格明经奏名人额添进士。"从之。(《长编》卷二四二)

三　月

甲辰朔（一日），诏："秦凤路效用进士窦长裕、窦解招纳蕃部有劳，贡院考试不中格，宜依特奏名人例就试。"（《长编》卷二四三）

六日，上御集英殿，试礼部奏名进士。内出制策曰："古之明王，求贤而听之，择善而使之。法不足以有行也，改之而已；人不足与有明也，作之而已。以守位则安，以理财则富，以禁过则听，以讨罪则服，以交鬼神则飨，以来蛮夷则格。以上治，则日月星辰得其序；以下治，则鸟兽草木得其性。朕夙兴夜寐，心庶几焉，而未知所以为此之方。子大夫其各以所闻，为朕言之。朕即位于兹七年，行义政事之失，加于天下多矣。往者或不可救，来者尚可图也。以所见言之毋隐。"余中已下三百四十八人，并赐及第、出身、同出身、同学究出身。（《宋会要·选举》七之二〇、二一）

七日，试特奏名进士，内出制策曰："唐虞三代，圣人之迹熄久矣。然其所以治心，其所以修身，其所以知人，其所以养民，其所以事天地，其所以交万物，见于载籍，盖有道矣。子大夫其各推原所学，明以告朕。《论语》曰：'谨权量，审法度，修废官，四方之政行焉。'四者之政行，恃此而已乎？又曰：'兴灭国，继绝世，举逸民，天下之民归心焉。'天下之民归心，恃此而已乎？且如何斯可以谓之逸民也？"得进士李仲熊已下四百七十五人，诸科廖舜元已下二百一十七人，并赐同出身、本科出身，试监簿、诸州文学、长史、助教。（《宋会要·选举》七之二一）

庚戌（七日），试特奏名进士。上以特奏名人阘茸，而多与官害治。又言学校法终当革。王安石曰："此余事，恐久远须立法。"命知制诰吕惠卿兼修撰国子监经义，太子中允、崇政殿说书王雱兼同修撰。先是，上谕执政曰："今岁南省所取多知名举人，士皆趋义理之学，极为美事。"王安石曰："民未知义，则未可用，况士大夫乎！"上曰："举人对策，多欲朝廷早修经义，使义理归一。"乃命惠卿及雱，而安石以判国子监沈季长亲嫌，固辞雱命，上弗许。已而又命安石提举，安石又辞，亦弗许。（《长编》卷二四三）

辛亥(八日),试奏名、特奏名明经、诸科。(《长编》卷二四三)

十一日,中书言:"御药院误以义由散《通礼》张篔等五人作义题。欲别试篔等于中书。"从之。令御药院具析以闻。(《宋会要·选举》八之三五)

丙辰(十三日),诏:诸路学官委中书选京官朝官选人或举充。又诏:诸路择举人最多州军,依五路法各置教授一员,委国子监询考通经品官及新及第出身进士可为诸路学官,即具所著词业以闻。(《山堂考索》后集卷二七)

庚申(十七日),诏:"春试出官人。上等赐进士出身,中等以上升一季名次。"(《长编》卷二四三)

壬戌(十九日),御集英殿,赐正奏名进士、明经、诸科余中以下及第、出身、同出身、同学究出身,总五百九十六人。中,常州人也。赐新及第进士钱三千缗,诸科七百缗,为期集费。进士、诸科,旧以甲次高下率钱期集,贫者或称贷于人。至是,始赐之。(《长编》卷二四三)

进士名录:余中,朱服,邵刚,丁注,丁执古,丁綖,丁梦弼,丁演,王之纯,王回,王任,王劭,王知元,王彦昌,王容,王熙,王汉之,王蟠,王鉴,毛沂,方价,方宙,方洵直,方通,方景,方辅宋,方谷,甘丰,石景略,石景衡,吕防,吕厚,吕奎,吕阳,吕适,朱京,朱定,朱师古,全旦,江中复,江公望,江汝舟,江彦适,江翊,江与机,李之仪,李元衡,李夷行,李勉,李浩,李澔,李通儒,李绛,李端夫,李撰,吴干,吴栻,吴翃,吴亶,吴嘉遁,吴璋,吴辟,何恭,何执中,余行之,余授,余伟,余清,汪闻,汪倲,汪鸿,沈冲,沈初,沈彦明,沈特,沈寅,沈义,沈笺,沈铢,沈凭(误),邵如,邵材,邵枢,邵潜,邵篪,邵权,范镗,林式,林安道,林修,林程,林嗣先,周之才,周申,周述,周泌,周革,周彦仲,周彦质,周秩,周常,周诚,周纾,周璠,周谞,周穜,周镇,胡解,胡兢,胡赉,柳庭俊,韦著,侯天经,侯雍,俞仲翁,俞括,俞纬(误),俞说,施大任,施天倪,施令,施闻,祖洽,祖理,姚鼎臣,纪孙永,马希孟,华棣,夏臻,晁端礼,徐世英,徐明,徐唐臣,徐绩,徐麟瑞,郭周孚,郭时亮,郭几，陆元光，陆周，陆傅，陈中复，陈次升，陈孝纯，陈珏，陈珏，陈祐，陈琉，陈唐，陈开，陈景参，陈诩，陈璪，陶兑，孙冲，孙冲，孙谔，黄公器，黄汝平，黄安中，黄安节，黄好信，黄抗，黄叙，黄彦，黄洽，黄寔，黄发，黄祥，黄实，黄颉，黄儒，黄宪章，梅贡，梅灏，曹格，常安民，许大希，许公孙，许通，许巽，梁公价，梁宽，张元方，张耒，张汝贤，张希甫，张易直，张益，张著，张常，张象仁，张舜咨，张励，张镇，张颜，项傅，彭醇，叶圭，叶杕，叶唐稽，叶唐懿，叶恕，叶景文，叶遵，叶隶，叶膺，叶涛，葛光，葛书思，惠均，程天民，傅汝舟，傅彦明，傅彦辅，舒焕，邹棐，曾昉，曾谔，汤俞，游勋，杨夙，杨郊，杨迁，虞防，詹文，赵屼，赵睿，蒋之美，蔡渊，蔡蹈，臧谌，管师仁，管师渐，廖汉章，廖择，郑仔，郑安道，郑知微，郑弁，郑习，郑盘，郑毅，邓宁，樊忱，刘川，刘次庄，刘安世，刘泾，刘觉，练亨甫，霍汉英，韩羽，韩作，钟希孟，钟升，谢伯宜，应适，苏遇，关澥，谭昂，顾林宗，龚程。

诸科：方滏，李昭素，李移忠，吴世南，林嗣宗，林说，林枢，周长卿，柯辟，徐清臣，翁抃，翁载，陈砺，黄国材，郑玠，欧阳伸，刘希文，韩昌国，严索。

特奏名进士：李仲熊，王安雅，王景纯，吕伯畋，吕鉴，伍锡，江测，吴卑，何冠卿，林格，林诰，林巩，陈忭，陈浚，陈爽，陈景弼，陈绻，黄洞，许淑，傅翼，盖淑，蔡奭，郑聿，戴瑜，严介。

特奏名诸科：廖顺元。(《宋登科记考》卷六)

补进士名录：其一，徐正夫。《张耒集》卷一七《酬同年徐正夫司户时欲卜筑嵩洛间》。

其二，邵子发。《张耒集》卷二三《寄滁州邵子发同年二首》。

其三，柳子文。《全宋诗》卷九七七柳子文《次韵呈文潜学士同年》。《全宋诗》卷九七七小传："柳子文，字仲远。神宗熙宁六年进士。"

其四，许几。《宋登科记考》卷四将其系于景祐五年进士名录，误。详说见前。

其五，桂堂。《宋辽金元方志辑佚·眉州志》："桂堂，字公明，彭山人，登熙宁六年进士第。"(第1034页)

补诸科名录：邵公辅。《全宋文》卷二九二〇董询《邵君墓铭》："君讳公辅，字子正，潍州北海县人。……熙宁六年，举九经，一上中第。"

辨正：其一，沈凭，熙宁三年进士。详说见前。

其二，俞维，当为"俞伟"之误。此处据《宝庆四明志》、《延祐四明志》录入，两处皆作"俞伟"。

干鹊噪而行人至，蜘蛛集而百事喜。凡人小小通塞，亦先有符兆，不可诬也。某(张耒)应举时，已获荐赴南省，僦居省前汴上散屋中。初入屋，悬寝帐，忽见余帐后有一黄草新绳子垂下，草甚劲禁，自相纠绕成一"及"字。余曰："此乃佳兆。"盖闻人谓登科为"及"也。省试罢归，省榜将出，复至京师，寓相国一乡僧院中。晨起漱口，喷水门上，觉水湿处隐然有字，因洗视之，乃四字云"荣登在即"也。是岁，余叨忝。(《明道杂志》)

朱临年四十，以大理寺丞致仕，居吴兴城西。取《训词》中"仰而高风"之语，作仰高亭于城上，杜门谢客。一日，晓容来谒，公欣然接之。是时，二子行中、久中秋赋不利，皆在侍下，公强使冠带而出。容一见行中，惊起贺曰："后举状元也。老僧自此不复更阅人，往杭州六和寺求一小室寄迹，待科诏下，乃西游耳。"公初未之信，后三年春，久中偶至六和，容叩伯仲行期，久中告之，师曰："某是日亦当离杭矣。"是秋，二朱至京，舍开宝寺，容寓智海。相次行中预荐，明年省闱优等，唯殿试病作，不能执笔。是时，王氏之学士人未多得，行中独记其《诗义》最详，因信笔写以答所问，极不如意。卷上，日方午，遂经御览，神宗爱之。行中日与同舍围棋，每拈子欲下，必骂曰："贼秃！"盖恨容许之误也。未唱名前数日，有士人通谒，行中方棋，遽使人却之。须臾，谒者又至，且曰："愿见朱先辈。"行中叱其仆曰："此必省下欲出关者耳！"同舍曰："事不可知，何惜一见？"行中乃出，延之坐，不暇寒温，揖行中起，附耳而语曰："某乃梁御药门客，御药令奉报足下，卷子上已置在魁等，他日幸相记。"行中唯唯而入，再执棋子，手颤不能自持。同舍觉而叩之，具述士人之言。行中念容，独往智海，容闻其来，迎门握手曰："非晚唱名，何为来见老僧？必是得甚消息来。"行中曰："久不相见，略来问讯尔。”师曰：“胡不实告我？冯当世未唱第时，气象亦如此。”行中因道梁氏之事。师喜甚，为命酒留款，且曰：“吾奉许固有素，只一人未见尔，当邀来同饮。”仍戒曰：“此人蓝缕，不可倨见，亦不得发问，问即彼行矣。”烛至，师引寺廊一丐者入，见行中不甚为礼，便据上坐，相与饮酒斗余，不交一谈。师徐曰：“此子当唱第，先生能一留目否？”丐者曰：“尔云何？”师曰：“可冠多士否？”丐者摆头曰：“第二人。”师蹑行中足，使先起，密征其说，但曰：“偶数多。”更无他语而散。明日，饭罢，率行中寺庭闲步，出门遥见余行老亦入寺，师不觉拊髀惊叹，谓行中曰：“始吾见子，以谓天下之美尽此矣，不知乃有此人。”行中曰：“此常州小余也，某识之。”师曰：“子正怕此人。昨夕闻偶多之说，今又睹此人，兹事可知也。”行中发解过省，皆占二数。及听胪传，行老果第一，行中次之。行中释褐了，往谢师，师劳之曰：“子诚福人，今日日辰，以法推之，魁天下者官不至侍从。”其后，行老止带贴职领郡而已。行中名服。行老名中。（《泊宅编》卷四）

进士及第后，例期集二月。其醵罚钱、奏宴局什物，皆请同年分掌。又选最年少者二人为探花，使赋诗，世谓之探花郎。自唐以来榜榜有之。熙宁中，吴人余中为状元，首乞罢期集，废宴席探花，以厚风俗，执政从之。既而擢中为国子监直讲，以为斯人真可以厚风俗矣。未几，坐受举人贿赂而升名第事下御史府，至荷校参对，狱具，停废。熙宁执政者力欲致风俗之厚，士人多为不情之事以希合。故中以探花为败风俗，而身抵赇墨之罪，此不情之甚者也。（《东轩笔录》卷六）

熙宁癸丑，先公登第，天子擢居第一，为权臣所轧，故居第二，大父颇不平。湖州道场山有老僧，为大父言：“此非人事。道场山在州南离方，文笔山也，低于他州，故未有魁天下者。”僧乃丐缘，即山背建浮屠，望之如卓一笔。既成，语州人曰：“后三十年出状元。”大观贾安宅、政和莫俦相继为廷试魁。此吾家事，非诞也。（《萍洲可谈》卷三）

詹文登科后解嘲：“读尽诗书五六担，老来方得一青衫。佳人问我年多少，五十年前二十三。”（《吹剑录全编·唾玉集》）

葛密《喜子书思登第》:传家何用富金籯,教子何如只一经。庆历科名今已继,更教来叶嗣前馨。(《全宋诗》卷三九五)

抚人饶竦者,驰辨逞才,素捭阖于都下。熙宁初,免解到阙,因又失意。当朝廷始立青苗,方沮议交上,大丞相闭门不视事之际。生将出关,以诗投相阁,曰:"又还垂翅下烟霄,归指临川去路遥。二亩荒田须卖却,要钱准备纳青苗。"丞相亦以十金贶之。(《湘山野录》卷下)

熙宁六年,神宗廷策士,擢余中为天下第一,与开封礼部第一人皆著籍常州。是岁,州举进士中第者四十余人,号称东南儒学之盛。(《全宋文》卷三〇七六葛胜仲《施公墓志铭》)

二十三日,诏:"新及第进士、诸科等举人闻喜宴,差近上内臣一员押赐。"(《宋会要·选举》二之一一)

二十四日,诏:"新进士、诸科并特奏名赐同出身及授试监簿、长史、文学、助教等,并放谢辞正衙。如便欲归乡、不愿赴闻喜宴者,听。"(《宋会要·选举》二之一一)

(丁卯,二十四日)诏:"自今进士、诸科同出身及授试监簿人,并令试律令、大义或断案,与注官。如累试不中或不能就试,候二年注官。曾应明法举人,遇科场,愿试断案、大义者听,如中格,排于本科本等人之上。"(《长编》卷二四三)

是　月

诏:"新及第进士余中以下授官、守选,如三年之制。"(《宋会要·选举》二之一〇)

四　月

(乙亥,二日)以朝集院为律学。赐钱万五千缗,于开封府界检校库出息,以助给养生员。置教授四员,请给、人从视国子监直讲。命官、举人并许入学，试中，官给食。每月公试一，私试三。公试：习律令生员义三道；习断案生员案一道，刑名五事至七事。私试：义三道，案一道，刑名三事至五事。(《长编》卷二四四)

丁丑(四日)，龙图阁待制、权御史中丞、直学士李中师(按：李中师乃权三司使，《长编》误。)，龙图阁待制、权御史中丞邓绾，同注及第进士、诸科等官。(《长编》卷二四四)

辛巳(八日)，诏："进士、诸科及第等人，入谢免进银。"故事，既赐第，诣阁门谢恩，进银百两。至是，罢之。(《长编》卷二四四)

(壬辰，十九日)新赐进士及第余中为大理评事，朱服为淮南节度推官，邵刚为集庆军节度推官，叶唐懿为处州军士推官，叶杕为秀州司户参军，练亨甫为睦州司法参军，并充国子监修撰经义所检讨。上初疑杕等未称职，王安石曰："今乏人检讨文字，若修撰即自责成吕惠卿。"上乃许之。(《长编》卷二四四)

二十四日，侍御史刘孝孙言："武科之设，以大义为本，参之策问，与明经、进士不甚相远。欲依补试入学生员例，问大义十道，与策问分作三场。"诏："送中书取旨。"(《宋会要·选举》一七之一四)

(己亥，二十六日)诏："比许应明法举人，止愿依法官条试断案、大义者听。如合格，仍编排在本等人之上，令定所赐场第及考校样行之。仍改先降指挥明法为诸科。如敢冒应诸科人名试法，许人陈告，赏钱百千，同保人永停取应。"(《长编》卷二四四)

七　月

(乙卯，十四日)诏："自今曾应明经人、愿依诸科试断案大义者，合格，依诸科推恩。其特奏名授文学长史、愿依诸科试刑名者，听。"(《长编》卷二四六)

(丙寅,二十五日)诏:"自今进士及第,非上三人,并令试律令大义、断案,据等注官。"(《长编》卷二四六)

八　月

(壬申朔,一日)武学言:"春秋试法,内舍生马步射、马战应格,对策精通,士行可称者,上枢密院补上舍生;虽不应格,而能精晓术数、阵法,智略可用,或累试策优等,别取旨补上舍;武艺、策略累在下等者,复降外舍。上舍无过三十人,别斋增给食,如累试又优等及武艺进者,上枢密院审察人材试用。"从之。(《长编》卷二四六)

壬辰(二十一日),命权御史中丞邓绾、直舍人院许将、集贤校理刘攽、馆阁校勘黄履为考试制科、武举官,龙图阁直学士张焘、权枢密副都丞旨张诚一同军器监官考试武举武艺,武举合格所取毋过三十人。(《长编》卷二四六)

(己亥,二十八日)秘阁考试所言:"应制科陈彦古所试六论,不识题,及字数皆不足准式,不考。"盖自秘阁试制科以来,空疏未有如彦古者。自是,制科亦罢矣。(《长编》卷二四六)

九　月

辛亥(十一日),御崇政殿,试武举进士。凡武举,初试义、策于秘阁,武艺则试于殿前司;及殿试,则又试策于庭。于是诏:"武举人策入优等,武艺又入优等,与右班殿直;武艺次优,与三班奉职;末等与三班差使,减磨勘二年。策入平等,武艺优等,与奉职;武艺次优与借职;次等与三班差使,减磨勘二年。末等三班差使。"(《长编》卷二四七)

十六日,赐武举进士文焕及第,注两使职官、熙河路准备差使。侯抱真而下二十三人,授以三班奉职、借职差使,与沿边差使。复赐进士及第,为梓夔路察访司准备差使。(《宋会要·选举》一七之一五)

丁巳(十七日),赐武举进士文焕及第,注两使职官,熙河路准备差遣;

侯抱真而下二十三人,授以三班奉职、借职、差使,缘边差遣。后复赐焕进士及第,为梓夔路察访司准备差遣。(《长编》卷二四七)

十二月

(戊寅,九日)诏:"熙河路举人不以户贯年限听取,应熙州以五人、河洮岷州各以三人为解额。"(《长编》卷二四八)

是　年

文同《奏为乞置兴元府府学教授状》:右,臣自到本府,遂诣学舍点检。见其处所褊狭,僻在城下,屋宇卑陋,殆不可入。其中生徒,小大裁数人而已。臣因询问僚属,并遍访左右所以如此不振之由,皆言:本府自唐末以来,并无诸科修学及第之人。从前每有科场,皆是外州军进士,暂来就此,假籍寄应。纵获荐到省,皆下第无成,遂各归还本贯,不复住此修习。所以其民便谓读书无效,便不从学。近岁,府县虽稍有士人应举,终是素无师范,所肄之业多不能上合新格。臣初观本府山川、人物、土风次第,与东西二川大抵相类。彼处虽至小州郡,进士常不下三百人。而本府邑屋富盛,人民繁庶,若此,岂无秀异可教之士以备官使?但自来上下因循,相与废堕,使朝廷风教,独不沾浃。寥然一方,遂绝文采,深可叹也。臣伏见本府司理参军潘行,自熙宁三年到任,乃权府学教授。行能为之讲说经艺,教其对答大义,诱掖后进,孜孜不倦,日授月试,皆有条绪。近日府县子弟翕然尽愿入学,至于外郡士人闻之,间亦渐有来者。以此见人之趋向善道,悉由劝奖训励。傥得其心有所服,自然不可制御,而卒至成业矣。行今来举主考第,并已该磨勘,来年正月满当解罢。臣窃虑行去之后,俾他官承乏,料学者之所悦从,未必有能如行者。臣兼体问得本路兴、洋、利、文、龙等州,虽有进士,徒具名尔。其人亦尝自患所居僻陋,难得师友。臣欲望朝廷勘会本府并前件五州,自来实系少有举人修学及第之处,乞赐详酌,特置学官。就与行改转,使正充本府府学教授。所贵一府五州之人,悉得就近修学。不三二年,当尽变此俗,灿然与天下士人相侔矣。臣职在守土,所治之下,或有可请,不敢自默。臣无任恐惧激切屏营之至,谨具状奏闻,伏候敕旨。(《全宋文》卷一〇九九)

秘书省著作佐郎、充利州路转运司管勾文字臣冯山上封事曰：三曰正学校以厚风化。臣伏见京师广学舍，增生员，置经义所修撰官属，以养天下之士，训导资育，无所不至。世谓三代文物之盛不过于此，独臣以为沿虚而失实。窃以周制教贤能而宾兴之，皆属地官卿大夫之职，虽国有学，止以教游倅胄子而已。至汉，以六经残缺，始置博士弟子员于京师，然士亦多起畎亩。及其末也，太学生员至有三千余人，于治乱何有？古之养士也，未正养其心，既正养其材，既成养其用。未闻于数千里之远招致而饮食之，使之日夜相与缀烦凿虚，汗漫迂阔，杂然如释老之聚其徒而为养也。昔阳城为司业，而太学诸生辞归养亲者过半。今四方之士，舍父母，去乡里，裹粮糊口，坌集于都下，不啻五六千人矣。日驰骛求丐于公卿之门，纷纭周章，不本一乡之法，不知三物之教，不穷六艺之原本，不见历代之兴废，惟诵新义，习庄老。虽增至万员，广成十舍，道不足以通达治体，教不足以化成人文，徒贼粮食、害风教、损人才而已。臣又以为仲尼不生，六经之义未定也。第使学者求之而无倦，发之而日新，苟不出于仁义之大方，则其庶乎道也。何必诧诧推尊立为定说，以分限人之情性，使之必归于我哉？臣恐沿虚而失实，它日必为陛下养贤之累也。(《全宋文》卷一七〇八)

熙宁七年　甲寅(1074)

二　月

(辛未,三日)枢密院言:"武举补试生员,前此无立定时限,四方游士,困于伺候。乞随在学上舍生以春秋二时引试,仍下进奏院遍行,庶使远方通知朝廷招徕之意。"从之。(《长编》卷二五〇)

三　月

(庚戌,十三日)赐知岷州高遵裕子士充同进士出身。士充管押蕃部赴阙,诏试出身。而遵裕言寓通远军极塞,乏人照管,乞候边事宁息,遣赴试。遂特赐之,仍令乘驿亟还。(《长编》二五一)

是　月

馆阁言:"如遇殿试,即馆阁供书入殿。"从之。(《南宋馆阁录》卷六)

五　月

十四日,中书门下言:"勘会策试制举,并以经术、时务,今进士已能辞赋,所试事业即与制科无异。于时政阙失,即诸色人自合许上封论。其贤良方正等科,自今欲乞并行停罢。"从之。先是,中书条制所乞罢制举,冯京曰:"汉唐以来,豪杰多自此出,行之已久,不须停废。"上曰:"天下事可罢而未及,如此者甚众,此恐未遑改革。"吕惠卿曰:"制科止于记诵,非义理之学。一应此科,或为终身为学之累。朝廷事有可更者更之,则积小治可致大治,不须更有所待。"继而,秘阁考试所言:"应制科陈彦古所试六论,不识题及字数皆不足,准式不考。盖自秘阁试制科以来,空疏未有如彦古者。"是岁,制科遂无中格者,而制科亦自此罢。(《宋会要·选举》一一之一四)

六　月

二十二日，以端明殿学士王韶男淳为大理评事，赐进士出身。韶遣淳持木征贺表至京而赏之。(《宋会要·选举》九之一三)

十一月

二十五日，《南郊赦书》："应诸路进士、诸科，曾经皇祐元年以前省试下，皇祐五年以前御试下，嘉祐二年经御试下三举、省试下五举，诸科御试下五举、省试下七举；及开封府、国子监进士、诸科，曾经嘉祐六年以前省试下，嘉祐八年以前御试下，并进士、明经御试下两举、省试下三举，诸科御试下四举、省试下五举，并与免取将来文解。"(《宋会要·选举》一五之二一)

十二月

六日，熙河路经略司言："自置熙河路以来，惟举人未推恩。今两州学职掌士人该免解者，乞推恩。如礼部试下，乞许就殿试。余并免解。"从之。(《宋会要·选举》三之四四、四五)

熙宁八年　乙卯(1075)

三　月

九日,中书门下言:“据武学进士王致尧状:‘伏睹《条制》,武学比科场开设,自来进士唱名后四、五月间,方始差官兵部锁试、发解,以此致进士两处投下文字。失解后,旋看兵法,权习弓兵马,意务苟进。就试日,多怀匿文字,饰以虚辞,弓马不甚精习。不唯有误朝廷缓急使用,兼使学者不专其业。欲乞将来武举与进士同时差官锁试。’欲依所请。”从之。(《宋会要·选举》一七之一六)

十七日,诏:“自今武举与进士同时差官锁试。”(《宋会要·选举》一七之一六)

四　月

(壬午,二十一日)诏:所考京朝官班行选人,试经书、律令大义、断案。上等,大理评事梁子野赐同进士出身。(《长编》卷二六二)

(己丑,二十八日)诏:“特免河州进士梅惇等九人将来文解。”以惇等自陈收复以来未沾恩,乞如熙州例故也。(《长编》卷二六二)

闰四月

(丁未,十六日)赐大理寺丞欧阳发进士出身。发,修之子,以三司使章惇荐其有史学,乞特加奖擢,置之文馆,故有是命。(《长编》卷二六三)

五　月

七日,赐太学进士杨伋进士出身。伋初献撰《李靖兵法》并图,令擢武

学传授,后复召试中等故也。(《宋会要·选举》九之一三)

十二日,中书门下言:"贡院申:许与不许诸科举人叙本科免解后,改应刑法,便就省试?检会:明经改应进士已有指挥,与叙已前明经得解后丁忧、疾病,免解便赴省试,通理举数。今来诸科改应刑法,亦合依明经改应进士例施行。"从之。同日,中书礼房言:"欲令诸科举人试断案、大义者,以六场通考定去留高下,与其余诸科比量分数,据合格人尽数解发。"从之。(《宋会要·选举》三之四五)

癸酉(十三日),中书礼房言:"欲令诸科举人试断案、大义者,以六场通考定去留、高下,不与其余诸科比量分数,据合格人尽数解发。"从之。(《长编》卷二六四)

(丁亥,二十七日)诏:"应武举人丁忧,许就试。"(《长编》卷二六四)

七　月

戊辰(八日),试武举人。先试孙吴六韬大义共十道,为两场;次问时务、边防策一道。与锁厅人同考试。马军司试弓马,差官监试。武举试格前后参错,至是始加裁定。(《山堂考索》后集卷二九)

(壬午,二十二日)诏:"开封府、国子监举人,并就一处考试,仍以两处解额通计取人。"(《长编》卷二六六)

二十三日,中书门下言:"据专切编修《熙宁政录》练亨甫状:检会熙宁六年七月二十五日诏:'今后科场除三人及第依旧外,余并令试律令、大义、断案,据等第高下注官。'看详:立法之意,盖为先时官吏多不晓习刑法,决狱治讼,唯胥吏为听。所以令于入仕之初,试律令、大义、断案,入等然后注官。此诚良法。然其间独不令三人就试,于义未安。切缘进士第一名及第,便入上州签判;第二、第三名,便入两使职官,通与一州之事。比之判、司、簿、尉,事任不侔,于晓习刑法,岂所宜缓?兼前日官吏有讲习刑名，众皆指为俗吏，虽昨来试中法官恩例甚厚，而初应者少。今若独优高科之人，不令就试，则人以不试法为荣，以试法为辱，滋失劝诱士人学法之意。欲乞今后进士及第，自第一名已下，并令试律令、大义并断案。所贵编入《圣政》，使后世无以复议。”从之。（《宋会要·选举》一三之一八、一九）

（丁亥，二十七日）诏：“武举人先试《孙》、《吴》、《六韬》大义共十道，为两场；次问时务边防策一道，与锁厅人同考试。马军司试弓马，差官监试。”初，武举试格前后参错，至是始加裁定。（《长编》卷二六六）

八　月

一日，臣僚上言：“国子监保试只试一场，一千五百余卷，学官八员。计榜出之日，只以二日考毕。虽恐滞举人，而考较必须精审。”诏：国子监今后宽定日限。（《宋会要·职官》二八之八）

七日，兵部言：“三路臣寮奏举武举人，并须土著人，不得以游士寄贯充数。今来所举非本路人，即有碍条贯。欲乞虽系别路别州有户贯者，并许收试。内有因碍非本路土著，本部已牒所举官，更不发遣赴阙者，亦乞候后次科场召保官一员，不用举主，许令就试。”从之。同日，别试所言：“武举人试《孙》、《吴》、《六韬》大义。《六韬》本非完书，辞理讹舛，无所考据。欲止于《孙》、《吴》书出义题。”从之。（《宋会要·选举》一七之一六）

癸卯（十四日），赐（韩琦）孙治进士出身……用遗奏恩也。（《长编》卷二六七）

（庚戌，二十一日）中书言：“国学、开封府诸科举人孙义等诉所问题，并挑摘三两字，至有重叠数十字者。试院亦奏义等尝于帘前言朝廷欲废诸科，乞预行晓示，免使孤寒虚习勤苦。”诏：“并驳放，内为首者殿一举。”初，义等既就试，得所问义目，掷试卷于地，相率出外，遮宰相自诉。诏：“取义目进呈。”而有是命。（《长编》卷二六七）

是　月

以监察御史裹行蔡承禧、集贤校理李定、馆阁校勘徐禧、国子监直讲周谌、龚原，考试开封府、国子监举人；崇文院校书练亨甫、权检正中书刑房公事王震、国子监直讲彭汝砺，考试锁厅举人。(《宋会要·选举》一九之一七)

九　月

一日，吕陶《鹿鸣燕诗序》：自三代之衰，法制散亡，礼文残阙。后世考求于策牍之间，仿而用焉。其幸存而仅似者，盖无几也。周之时，乡吏教民于所治。至三年大比，则乡老与士大夫兴举贤能，饮酒以宾之。于是，歌《小雅》，合《二南》，以申其尊宠喜乐之意。井田既废，校序不讲，待士以科试，取士以文章。虽因宜施务，倡变治体，推迹源派，亦甚异于古矣。洎唐开元中，百宪具葺，文化浸隆。乃诏州郡，以贡士日行乡饮，用少牢，当时谓之中礼。则今之鹿鸣燕者，又从而繁饰之也。然犹取讲道修德之歌，以为美名，言嘉宾之可则效。是故饮食宴乐，且将厚意，庶几得尽心焉。窃详味其遗风余范，亦有以见前古之仿佛，虽加繁饬，愈于阙而不复见者。得非幸存而仅似欤？成都素号多士，比比向学，亲逢熙明，率以治经求举。今年秋既试于有司，而荐之礼部也。府帅蔡公，约用旧章，敦励良俗，致礼以燕之。时翰林范公得谢而归，适居右席，实为古之乡老。公与范公，洎集贤俞公、中秘段公，各为诗以美之，如方圭圆璧，光焰相烛。知与不知，皆视以为宝。儒林盛遇，超迈平昔。士大夫赓而献者凡若干篇，信盛矣夫！某窃维朝廷念蜀之深，慎简才杰，付畀事任。故取人待物之道，皆由悃诚，务尽体要。虽古之君子，长育人材，乐与贤共，劝驾明德，虚席多闻，谅不能过也。诸君方志经术，岂特务论说苟名第为哉？惟好学可以任道，惟慎行可以式俗，此诸公之所以有望于诸君也。某既赋诗，求附于后，又因而述其然，惟诸君勉之无怠。(《净德集》卷一三)

丙寅(七日)，别试所言："武举进士宋昇等六人弓弩绝伦，而策义在下等，未敢黜落。"诏："候殿试武举人弓马引呈。"自是弓弩绝伦者，虽策义不

合格，皆以名闻，著为法。(《长编》卷二六八)

(乙酉，二十六日)诏："进士江汝猷、王方谷各决杖二十，汝猷横州编管；大理评事宋保国降散官，黄州安置；试将作监主簿黄叔靖追官，舒州编管；进士宋昌年殿三举；右军巡使郭晙，令御史蔡承禧劾罪以闻。"初，以练亨甫、范镗、彭汝砺为别试所考试官，亨甫待士人不以礼。及引试第二场，故事，雨甚则罢试。是日大雨而不罢，众益怒，声言试院火，众皆惊起。有不逞者相率索亨甫，欲殴之。亨甫避匿复棚上得免，众大诟而退。既而，试院方出榜，别日引试，榜语复有涉侵侮者，众取榜毁之，而殴守榜军士。试院以事闻。诏开封府捕为首者，汝猷等见执，辞服，相推为首从，然无证左人，皆疑其冤。狱成而勘官郭晙不肯签书，知府陈绎、判官吴几复独以具狱上。汝猷、方谷皆衣冠家子，特不用荫，杖之；晙会赦，犹差替。(《长编》卷二六八)

是　秋

赵抃《次前人越州鹿鸣宴》：郡国秋闱吁俊辰，行修经治以名闻。芳筵缥缈开三岛，大乐喧哗彻五云。高桂折香期月窟，祥星垂彩应天文。集英唱第麻衣脱，得志无忘贤使君。(《全宋诗》卷三四二)

苏辙《次韵顿起考试徐沂举人见寄二首》：齐楚诸生俨鞸绅，人人愿得出君门。衔枚勇锐惊初合，弃甲须臾讶许奔。细读未辞灯损目，久留终厌棘为藩。定应亲刈翘中楚，把卷喧呼半夜言。

老年从事忝南京，海内交游尚记名。怯见广场心力破，厌看细字眼花生。新科未暇通三尺，旧曲惟知有六茎。空忆倚楼秋雨霁，与君看遍洛阳城前举与顿同试西京举人。(《栾城集》卷八)

十　月

(辛丑，十三日)诏："武学上舍生员曹安国依得解人例，赴秘阁再试。"以武学言安国材略可用故也。(《长编》卷二六九)

甲辰(十六日)，诏："国子监上舍生顾襄、安惇、丁执古、虞蕡、叶唐稷如

不得解，与免解；已得解，免礼部试。”(《长编》卷二六九)

二十九日，赐故龙图阁直学士、知渭州王广渊子得君同进士出身。(《宋会要·选举》九之一三、一四)

十二月

(庚寅，二日)诏：“诸路举人集京师，并令国子监觉察。有违进士检者，依学规行罚；或申中书量轻重殿举，及勒出科场；违法重者送开封府施行。”(《长编》卷二七一)

(丙申，八日)诏：武举人罢秘阁试，令止就贡院别试所考试。(《长编》卷二七一)

十三日，中书门下言：“据编修《贡举敕式》练亨甫状：检会秘阁考试武举人，所差官吏，供具烦费。昨来应武举近二百人，只就别试所收试。今秘阁所试人数至少，欲乞只就贡院别试亲戚所收试，极为利便。”从之。(《宋会要·选举》一七之一七)

是　年

颁王安石《诗》、《书》、《周礼》义于学官，谓之《三经新义》。先是，安石奏学官试文，且言黎侁、张谔文胜而违经旨，帝曰：“今谈经者人人殊，何以一道德？卿有所著，其以颁行，使学者归一。”安石曰：“已令陆佃、沈季长训释《诗义》矣。”帝曰：“佃辈信能发明奥旨乎？”安石曰：“虽命之训，而臣实商度也。”旧制，开封府发解三百余额，国子监额不及其半。至是，合试而通取之。(《文献通考》卷三一)

熙宁八年，轼知徐州日，有杭州盐官县安国寺相识僧居则，请轼作《大悲阁记》。意谓：旧日科场以赋取人，赋题所出多关涉天文地理、礼乐律历，故学者不敢不留意于此等事。今来科场以文义取人，故学者只务空言高论而无实学。以讥讽朝廷改更科场法度不便也。(《咸淳临安志》卷九一)

熙宁九年　丙辰(1076)

正　月

八日,以翰林学士邓绾权知贡举,知制诰邓润甫、集贤校理同修起居注蒲宗孟并权同知贡举,合格奏名进士张嶬已下四百二十六人。(《宋会要·选举》一之一二)

以翰林学士邓绾权知贡举。集贤校理同管勾国子监黄履、国子监直讲龚原、彭汝砺、秘书丞周谌、参详,职方郎中巩彦辅、屯田郎中王克存监贡院门,御史台推直官许仪、秘阁校理陈睦、馆阁校勘虞太熙封弥,国子监直讲周常、上官均、叶涛、叶唐懿、曹确、都提举市易司勾当公事欧阳成、秘书丞叶谊、审官东院主簿陆佃、武学教授文涣、国子监丞王白、睦州清溪县令李如嘌、前杭州司法许彦、太学正赵叡、前安州安睦县主簿王迪、殿中丞张须、颍川郡王院太学教授王汝翼点检试卷。祠部员外郎胡援、屯田员外郎李山甫、监国子监书库常谔臣、光禄寺丞刘赓诸科出义,屯田郎中虞肇、刑部详复官阳希言、刑部详议官周孝恭、大理寺详断官盖士安,著作佐郎陈龙辅、三司检法官王振考试,都官郎中万公仪、秘书丞安宗奭、度支主簿王彭年、太常寺主簿杨杰复考试。(《宋会要·选举》一九之一七)

十二日,以太子中允崇政殿说书沈季长、著作佐郎余中,考试知举官亲戚举人。(《宋会要·选举》一九之一七)

初命绾知举时,专以经取士,前史兴亡,治乱之迹,举者莫得习。绾于策问悉访史学,至是,奏进士张阙等合格,号为得人。事已,绾入对,上曰:“卿以史学问,矫学者,可谓举其偏矣。”(《太平治迹统类》卷二八)

(壬申,十五日)编修贡举敕式练亨甫言:“京东、陕西、河北、河东、京西到省举人并府监诸路诸科改应进士人,欲各作一项考校,以分数均取。”从之。(《长编》卷二七二)

二十四日,诏:“熙州举人自今解二人,河州一人,须户贯实及七年。”(《宋会要·选举》一五之二一)

二 月

一日,中书门下言:“举人自来于开封府冒贯户名应举,计会用贿,或被告奸,则犯刑宪,终身废弃。今欲乞遇科场,除国子监三舍生外,并令实通乡贯,十人为一保,召命官一员委保,纳光监钱三贯,给牒应举。其钱充试院及期集院支用。”从之。(《宋会要·选举》三之四五)

二日,修《贡举敕式》练亨甫言:“自来诸路举人,于开封府冒贯户名应举,计会书铺,行用钱物,以少约之,亦不下六七千。被告讦,则抵犯刑宪终身。有司虽明知伪冒,终不能禁止。今来国学、开封府既是并试,将两处解通取,举人宜皆愿于国学补试应举。缘补试多不中者,若不用贯户,则无处试,是犹未免前日之弊也。今欲遇科场,除国子监三舍生外,并令实通乡贯,十人为一保,召保官一员,委保于国子监,纳光监钱三千,给牒应举。其钱充试院及期集赐钱等支用。如此施行,不唯公私皆便,兼俾士人进身之初,无伪冒犯之累,稍趋行实。其余风化,不为无助。兼国子自来请监牒,纳光监钱二千一百六十文,今既与免补试贯户烦费,只令纳钱三千,则人情乐然,极为便利。”从之。(《宋会要·职官》二八之八)

十六日,诏:“天下进士、诸科举人,庆历六年已前到省进士两举、诸科三举,不限年岁;进士一举、诸科两举,年六十以上;进士五举、诸科六举,曾经御试下,进士六举、诸科七举、省试下,年五十以上;进士七举、诸科八举、曾经御试下,进士九举、诸科十举、省试下年四十已上。内系河北、河东、陕西进士、诸科,各减一举,并委本贯保明,当职官勘会诣实,依得《贡举条制》。其开封府、国子监,即令各召京朝官二员委保以闻,当议特与推

恩。”(《宋会要·选举》三之四五、四六)

三　月

一日,中书门下言:“贡院考试中刑法人,欲依熙宁八年例:第一等充法官,第二等循两资,第三等循一资,第四等与堂除,第五等与免试。京朝官依例比附推恩。内第一名王柏案数通粗,合在亲戚所第一名之上。以贡院言柏大义优长,乞与旌擢,今欲升作上名。”从之。(《宋会要·选举》一三之一九)

六日,上御集英殿,试礼部奏名进士。内出制策曰:“朕欲士之知德也,故造之以经术;欲吏之知政也,故迪之以刑名;欲民食足也,故本业而振贷之,为之除其徭赋,而修地之利;欲兵之强也,故选将搜卒,什伍丁壮,而教之旗鼓坐作进退之法。士亦知所学矣,而忠信可用者尚寡;吏亦知所守矣,而慢令犯法者尚多。一方水旱,民辄流亡莩踣。而蛮夷之骄悖未艾也。意朕设施之方有未善欤?不然,其故安在?朕闻先王之为民也,有礼以道之中,有乐以道之和,致天地位焉,万物育焉。其本数末度,宜有可考而复用者,其详为朕言之无隐。”得徐铎已下四百二十六人,并赐及第、出身、同出身、同学究出身。翌日,试特奏名恩泽举人,内出制策曰:“先王之于民也,知所以教之;及其不服也,又知所以刑之。故皆安富顺善,莫为邪慝。聚之询事则输其诚,率以犯难则致其死。及道之衰,非不欲生之也,而适所以害之;非不欲教之也,而适所以坏之;非无刑也,而或不在于有罪。民始穷困失职,鄙诈以诬其上,而莫为之用。盖先王之治也,为之必有数;后世之乱也,失之必有本。子大夫所宜知也,其为朕详著于篇。”得进士杨烨已下四百四十七人,诸科李均已下一百九十四人,并赐同出身、本科出身,试监簿、诸州文学、长史、助教。(《宋会要·选举》七之二一、二二)

壬戌(七日),策试特奏名进士及武举进士。(《长编》卷二七三)

癸亥(八日),诏:“邕、钦、廉三州进士,内韦尧询与本州文学,免试注权官;冯雄等六人,并令转运司与摄官。”尧询等各预本州解发,值交趾入寇,

其家例遭焚略，自言无所归，故特录之。(《长编》卷二七三)

十一日，上御崇政殿，试武举人弓马。以郭璪以下三十一人补殿直、三班奉职、借职、差使有差。(《宋会要·选举》一七之一七)

甲戌(十九日)，御集英殿赐进士徐铎以下并明经、诸科及第、出身、同出身、同学究出身总五百九十六人。(《长编》卷二七三)

会放进士徐铎榜，(常)秩密以太学生之薄于行者，籍名于方册，贮怀袖间。每唱名有之，则揭册指名进呈，乞赐黜落，如是者三四。上方披阅试卷，或与执政语，往往不省秩言，秩大以为阻，遂谒告不朝。(《东轩笔录》卷四)

乙亥(二十日)，赐特奏名进士、明经、诸科同学究出身，试监作主簿，守州军府长史、助教总五百九十三人。(《长编》卷二七三)

二十一日，诏："新及第进士徐铎以下授官、守选，如六年之制。"(《宋会要·选举》二之一一)

(戊寅，二十三日)赐新及第进士等钱五百千，诸科钱二百千，造小录等。以修《贡举敕式》练亨甫言："熙宁六年赐新及第进士期集钱三千缗，诸科七百缗，多假设名目，送遗游士，其余以资胥吏，乞止赐三百千，罢期集。"诏：加赐二百千。(《长编》卷二七三)

(己卯，二十四日)诏："自今礼部奏名第一，第十人以上，放榜日至第四甲未唱名者，取旨。"(《长编》卷二七三)

(辛巳，二十六日)诏："殿试进士初考官翰林学士陈绎，集贤校理孙洙、王存，崇文院校书练亨甫、范镗，审官东院主簿陆佃，各罚铜二十斤；复考官翰林学士杨绘、龙图阁直学士宋敏求、同修起居注钱藻、秘阁校理陈睦、崇

政殿说书沈季长、检正中书刑房公事王震，各罚铜十斤。”并坐考校第一甲进士不当也。(《长编》卷二七三)

二十六日，诏：“新进士于旧法不该守选人，特与免试，注合入官。候回日，依近降指挥施行。”(《宋会要·选举》二之一一)

进士名录：徐铎，陈师锡，丁湜，丁维，丁褒，上官彝，王平，王任，王全，王防，王其昌，王执中，王荐，王觊，尤询，毛衍，勾纯，方会，史安民，成允，吕常，吕蒉，朱彦，朱振，朱瑗，朱适玉，江立，江适道，安惇，杜屺，巫钺，李士燮，李彦武，李格非，李深，吴尚浩，吴洪，吴庸，吴遇，吴细，吴倚，吴邈，吴宝，余下之，沈冲，沈倚，沈伦，沈复，邵洵武，邵耕，邵涛，林回甫，林汴，林祖谊，林陳，林稙，林敷，林豫，卓厚，周尹甫，周邦嗣，周有，周明之，周知默，周绅，宗宜甫，宗常，宗毅，胡三省，胡舜卿，胡绩，胡觐臣，施遵，祝矶，姚世举，姚孳，马防，耿纯，耿枢，华峙，莫宗尧，徐允文，徐逢，徐轲，徐遘，徐辅，徐锐，高渐，郭际，涂伯达，陆子坚，陆涣，陈至，陈旬，陈汝器，陈志，陈伯强，陈京，陈瑗，陈廓，陈察，陈璟，陈谔，陶湜，孙诏，黄介，黄考甫，黄因，黄朋，黄彦，梅惇，曹将美，曹裕，许异，许梁，章綍，梁栋，张元素，张元弼，张茂直，张岷，张禹珪，张祖良，张咢，张勔，张康伯，张巇，张戣，张渐，彭仂，彭汝霖，叶之表，叶劭，叶胄，叶康弼，叶盖，叶勤，叶豫，叶锷，董必，董宜卿，惠旉，傅辅德，舒升中，邹锐，曾安止，汤乂，汤仁，强俶，强浚明，杨九泽，杨之道，杨勉，杨洵，杨时，杨镛，虞昆，虞逢源，虞贵，虞蒉，赵企，赵衡，蔡元方，蔡惟楷，蔡惟稽，管师厚，廖蒙，郑乂，郑邦直，郑彦，郑彻，熊俊民，熊冀周，邓洵仁，楼光，樊忱，欧阳经，刘孝立，刘勃，刘常，刘钦宪，刘湜，刘会元，刘诜，刘翥，刘演，潘温之，潘觊，练仪甫，萧彦，萧镇，霍同，卢洙，卢广，钱即，钱遹，鲍安昌，鲍贻庆，魏彦，魏裔，魏默，谢仪甫，聂复，颜怿，颜襄，罗畸，权风，顾襄。

诸科：王绎，方凑，宋琮，林国辅，林识，陈箴，黄周辅，蔡士衡，郑伯奇。

特奏名进士：杨烨，王访，王说，江渊，李宋卿，李英，求仲弓，吴经，胡戭，夏升，唐彦才，唐彦辅，陈诏，徐琦，张行，郑君陈，谭仂。

特奏名诸科：李均。(《宋登科记考》卷六)

补进士名录:其一,程建用。《宋登科记考·附录》:“熙宁中登进士第。”《苏轼年谱》卷一五:“程建用(彝仲)登进士第。苏轼尝有简预祝其成功。”《苏轼年谱》以下有较为详尽的考辨。

其二,孙敏行。《宋登科记考·附录》:“元祐中登进士第。”《苏轼年谱》卷二七:“孙敏行,眉州人。……嘉庆《眉州属志》引《宋雁塔题名碑》,敏行为熙宁最后一人,盖为熙宁九年进士。”

补特奏名进士:杜默。《宋登科记考·附录》:“和州人。熙宁中特奏名登进士第。”《苕溪渔隐丛话》前集卷二五“杜默”条:“熙宁末,以特奏名得同出身一命。”

丁晋公本吴人,其孙徙居建安,赀产豪盛。子弟中名湜者,少年俊爽,负才气,特酷嗜赌博。虽尝获胜,然随手荡析于狎游。厥父屡训责之,殊无悛心。父怒,囚缚空室,绝其饮馔,饥困濒死。家老妪怜之,破壁使之窜,父喜其去,亦不问,但谓其必挤陨沟壑。湜假贷族党,得旅费,径入京师,补试太学,预贡籍。熙宁九年,南省奏名。相国寺一相工,以技显,其肆如市,大抵多举子询扣得失。湜往访之,工曰:“君气貌极佳,吾阅人多矣,无如君相,便当巍峨擢第。”即大书纸粘于壁云:“今岁状元是丁湜。”湜益自负,而所好固如昔时。同榜有两蜀士,皆多赀,亦好博。湜宛转钩致,延之酒楼上,仍令仆携博具立于侧。蜀士见之而喜,遂戏于小阁。始约以万钱为率,戏酣志猛,各不能中止,累而上之。湜于此艺得奇法,是日所赢六百万,如数算取以归邸。又两日,复至相工肆,工惊曰:“君今日气色大非前比,魁选岂敢复望!误我术矣。”湜请其说,工曰:“相人先观天庭,须黄明泽润则吉。今枯燥且黑,得非设心不善,为牟利之举,以负神明哉!”湜竦然,具以实告,曰:“然则悉以反之,可乎?”工曰:“既已发心,冥冥知之矣。果能悔过,尚可占甲科,居五人之下也。”湜亟求蜀士,还其所得。迨庭策唱名,余铎首冠,湜为第六云。其侄孙德兴尉光民说。(《夷坚支志》丁集卷七)

公(吴絪)以业进士而得学究出身,非其志也。去之,再试有司,两居第一,复预廷试。神宗嘉其志,因诏下第并赐同进士,著为令,自公始也。

（《全宋文》卷三〇七六葛胜仲《吴公墓志铭》）

四　月

五日，诏贡院："新赐进士、诸科期集钱，如的确合用不足，仰本院公用钱相贴支用。"（《宋会要·选举》二之一一）

癸巳（八日），以及第进士徐铎为大理评事，签书越州判官王任为邛州判官，陈师锡为昭庆军节度掌书记。（《长编》卷二七四）

（丁酉，十二日）诏："河东、河北、陕西等路奏举武举，并须土著人。"（《长编》卷二七四）

五　月

（癸酉，十八日）上又论范仲淹欲修学校贡举法，乃教人以唐人赋体《动静交相养赋》为法，假使作得《动静交相养赋》，不知何用？且法既不善，即不获施行，复何所憾！仲淹无学术，故措置止如此而已。（《长编》卷二七五）

六　月

癸巳（九日），赐布衣冯正符同进士出身，与试衔大郡判司或县主簿、尉。正符，遂宁人，以御史中丞邓绾奏举舍人院试中等也。（《长编》卷二七六）

十　月

（己酉，二十六日，权御史中丞邓润甫）又言："近黜御史中丞邓绾，又逐中书习学公事练亨甫。亨甫身备宰属，而与绾交通。然臣闻二人所以能关通者，有冯正符为之往来，传导语言。绾信其说而幸其利，故正符以布衣直入台谒绾交私，论议无所忌惮，远近闻之，莫不惊骇，以为置宪府以来未尝有也。绾之所以怀挟回邪，伤辱国体者，正符有力焉。此奸人之尤，不可不治。"诏："夺正符所授出身以来文字，令开封府发遣归本贯。"（《长编》卷二七八）

是　年

彭汝砺《论上舍当罢糊名之法奏》：臣伏睹国子监考试上舍，依铨试例。臣伏念自王者之迹熄，而学校教养之法不明于天下。学者以言而不及道，于是，其实几亡焉。道之方行也，陛下以天明命，奋然震起而鼎新之。放淫辞，黜邪说，造之以经术，而学士大夫知所本矣。然风俗靡靡，未还忠厚，岂独俗之未成哉？亦由吾所以取之者，其私法未尽也。且夫科举之兴久矣，相因于千岁，而欲革于一旦之近，臣固自知其难也，盖亦有渐焉。今天下之士或聚或散，而行能之实非可以遽察，臣以谓当自庠序始。法度之行，自近及远，故又当自太学始。考试官以行能为差，虽未如古，盖亦殆庶几焉。今上舍尤所以风动四方，比他时益当慎选。而必用糊名之法，似非朝廷所以养育德义之本意也。且朝廷罢诗赋，废制科，欲取之以实也。今如是，则但察其词而已，何以异于以言也？论选士，学校不循科举之常，恐必非其人也。今如是，则不肖者亦可以侥幸，何以异于科举也？今六经之说，其明如日，虽老夫小子，皆得自托于义理之学，文不足患也。所虞者，其实未应而已。臣欲乞试内、上舍，皆以文行参考。如辞理优长、材行超卓，为一等推恩；行义无玷者为一等；如有过阙，文虽中，不与焉。夫上舍中，其恩不过免解，或遂得一命，而使人人知所以自爱而兴于德。所施者寡，而所及者远，夫是之谓要术。行之以渐，待之以久，古或可复矣。臣尝待罪学官，稍详本末。如臣所论，众不能废。今所以用封弥、誊录，欲如内舍者，恐物议难一，不敢自任其责。而朝廷所以如此者，亦以私疑之也。臣谓以陛下兴起学校，方将追还三代之美，而立政造法乃无以异于后世之科举，则所失多矣。夫行能有素，非可以一朝一夕为之，是非所系者众，亦非一人之所能专也。苟得其私，第当审其人而已，不可以非其人而废法也。臣欲乞只令锁宿考校，庶几专一。或以台谏官一人临之，以防议论之私。其它如试内舍体例，则学校之兴，不至废法之失矣。(《宋朝诸臣奏议》卷七九)

熙宁十年　丁巳(1077)

二　月

十三日,诏:"国子监上舍生自今应补中后,在学实及二年,无犯学规第二等已上过,委主判同学官保明,与免解,从上不得过三十人。内于贡举自合免解者,与免省试一次。已该免解后,又在学及二周年已上,别无公私过者,并免省试。"(《宋会要·职官》二八之八、九)

二十五日,广南西路《德音》:"应本路进士南省下三举,并特免将来文解。南省虽不合格,别作一项奏名。其因事殿举者,并许将来取应。"(《宋会要·选举》一五之二一,二二)

三　月

(辛酉,十一日)御史彭汝砺言:"太学试内舍生,皆用科场敕式,仍乞就景德寺试,物论纷纭,虽学者亦不自安也。且今日所以纷纷如此者,恐考试不公耳。学校风化之地,所系甚大。窃闻太学考试,旧法亦颇详悉,欲乞但因八年以前旧制,稍令加严,如在上舍,更赐加察,而以才行优异者宠进之。"诏:"国子监相度以闻。"(《长编》卷二八一)

四　月

癸未(四日),中书门下言:"新科明法及第出身人,当年秋以本业试中明法,至有循两资者,推恩太优。况进士及第不许试经义,武举不许更试武艺。今欲应明法及第人试中明法,除入第一等合差充刑法官与依例推恩外,余只免试,更不推恩。铨试经义入等者,自依等第推恩。"从之。(《长编》卷二八一)

四日，中书门下言:“勘会去年新科明法及第、出身人，多就当年秋试刑法。其间有试中第二等循两资，第三等循一资，第四等堂除差遣，第五等免试。缘新科明法人，既系试中断案、律、议登科，若更以本业再试刑法，等第推恩，颇为太优。况进士及第人既不许经义出官，武臣武艺出身人亦不许试武艺弓马，岂新科明法人独许以旧学再试？今欲应新科明法及第人就试刑法，如试中，除入第一等合差充刑法官人与依例推恩外，其人免试已上等第，并与免试，更不推恩。若就铨试试中，即便投下文字，其合得堂除已上恩泽，亦更不施行。如愿试经义，入等，自依等第推恩。”从之。(《宋会要·选举》之一四之一)

(丁酉，十八日)诏:“礼部进士依旧试策五道。又祖宗袒免亲已授官者，听锁应，及非袒免亲许应举。国子监及礼部别为一甲，试两场，五分为额，发解所取不得过五十人。殿试与正奏名进士试策别作一项考校。累举不中，年四十者，申中书奏裁，量材录用。”(《长编》卷二八一)

五　月

乙亥(二十六日)，诏:“太学公用钱可续给，候全入光州地课对除之。上舍生在学一年，并免解。”(《长编》卷二八二)

十一月

二十七日，《南郊赦书》:“应诸路进士、诸科，曾经皇祐五年以前省试下，嘉祐四年以前御试下，并进士、明经御试下三举、省试下五举，诸科御试下七举；及开封府、国子监进士、诸科，曾经嘉祐八年以前省试下，治平二年以前御试下，并进士、明经御试下两举、省试下三举，诸科御试下四举、省试下五举，并与免取将来文解。”(《宋会要·选举》一五之二二)

元丰元年　戊午(1078)

三　月

(乙亥朔,一日)诏:"礼部贡举。"(《长编》卷二八八)

九日,诏:"文臣,在京监察御史里行,在外路诸提点刑狱、府界提点以上;武臣,在京阁门副使,在外路分钤辖以上,各举堪应武举一人。"(《宋会要·选举》一七之一七)

四　月

(丁卯,二十四日)诏:"熙宁九年进士、诸科,并依六年指挥,试律令或断案注官。累试不中、不能就试,即满二年注官。"(《长编》卷二八九)

戊辰(二十五日),诏:"义勇、保甲毋得应进士举。今日以前,已习文业,听自陈。本州试验,若堪取应,即给公据,落籍本家一丁。"(《长编》卷二八九)

苏轼《次韵秦观秀才见赠,秦与孙莘老、李公择甚熟,将入京应举》:夜光明月非所投,逢年遇合百无忧。将军百战竟不侯,伯郎一斗得凉州。翘关负重君无力,十年不入纷华域。故人坐上见君文,谓是古人吁莫测。新诗说尽万物情,硬黄小字临黄庭。故人已去君未到,空吟河畔草青青。谁谓他乡各异县,天遣君来破吾愿。一闻君语识君心,短李髯孙眼中见。江湖放浪久全真,忽然一鸣惊倒人。纵横所值无不可,知君不怕新书新。千金敝帚那堪换,我亦淹留岂长算。山中既未决同归,我聊尔耳君其漫。(《苏轼诗集》卷一六)

六　月

(癸丑,十一日)诏:“武学上舍生在学一年,不犯第二等过,委主判同学官保明免解,从上毋过二人。内于《贡举法》自应免解,及已该免解,后更又在学二年以上,无殿罚,免阁试。”(《长编》卷二九〇)

七　月

五日,诏:“开封府、国子监举人,并通取解额并试。其诸州不满百人者,委转运司取近便州,各用本处解额,就一州考试。”(《宋会要·选举》一五之二二)

二十五日,诏:“自今在京发解并南省考试,《诗》、《易》各取三分,《书》取二分,《周礼》、《礼记》通取二分。”先以御史黄履言:“前岁科取,逐经发解,人数不均。如别试所,治《诗》者十取四五,治《书》者才及其一。虽糊名考校,务取实艺,然学者均受经业,不容优劣相远如此。乞自今于逐经内各定取人分数,所贵均收所长,以专士习。”故有是诏。(《宋会要·选举》三之四六)

(黄履)又言:“国子监生员著述议论,尽得讲官绪余。将来逐官例差考试,窃恐去取之际,或未能判然无疑。虽未必私徇以乱名实,其如参校所长,多就己见,此盖人情所不能免。如此,则外方疏远之人,偶不相合,遂致黜落,甚非朝廷兼收博采之意。臣愚欲乞将来止选近岁新科人为试官,或差近郡教授。”诏:“候差官日取旨。”(《长编》卷二九〇)

八　月

(壬子,十一日)诏:“自今科场考试刑法官,并中书差官。”(《长编》卷二九一)

十二日,知谏院黄履言:“贡举新敕以诸科口授旧条,删为进士传义之法。立赏既重,证验难明,施之礼闱,恐生诬罔。乞再删定。”从之。(《宋会

要·选举》三之四六)

(甲寅,十三日)诏:“在京发解进士,据入试人数立定解额。随所治经,以十分为率,均取之。礼部准此。”(《长编》卷二九一)

九　月

三日,诏:“自今科场奏策问,并具撰人职位、姓名。”先是,别头试官撰策问,辞意有不当,而不著氏名。上以问中书,莫知其谁撰,故有是诏。(《宋会要·选举》一九之一八)

苏轼《徐州鹿鸣燕赋诗叙》:余闻之:德行兴贤,太高而不可考;射御选士,已卑而不足行。永惟三代以来,莫如吾宋之盛。始于乡举,率用韦平之一经;终于廷策,庶几晁董之三道。眷此房心之野,实惟孝秀之渊。元丰元年,三郡之士皆举于徐。九月辛丑(三十日)晦,会于黄楼,修旧事也。庭实旅百,贡先前列之龟;工歌拜三,义取食野之鹿。是日也,天高气清,水落石出,仰观四山之晻暧,俯听二洪之怒号,眷焉顾之,有足乐者。于是讲废礼,放郑声,部刺史劝驾,乡先生在位,群贤毕集,逸民来会。以谓古者于旅也语,而君子会友以文,爰赋笔札,以侑樽俎。载色载笑,有同于泮水;一觞一咏,无愧于山阴。真礼义之遗风,而太平之盛节也。大夫庶士,不鄙谓余,属为斯文,以举是礼。余于嘉祐之初,以进士入官,偶俪之,畴昔所事。扬雄虽悔于少作,钟仪敢废于南音?贻诸故人,必不我诮也。(《苏轼文集》卷一〇)

苏轼《鹿鸣宴》:连骑匆匆画鼓喧,喜君新夺锦标还。金罍浮菊催开宴,红蕊将春待入关。他日曾陪探禹穴,白头重见赋《南山》。何时共乐升平事,风月笙箫坐夜闲。(《苏轼诗集》卷一七)

是　秋

赵抃《杭州鹿鸣宴示诸秀才》:秋闱贤诏出严宸,郡国详延在得人。豹变文章重君子,鹿鸣歌咏集佳宾。初闻素履称乡闬,终起英名动缙绅。预

想帝庭俱唱第，宠光荣宴杏园春。(《全宋诗》卷三四二)

吕陶《鹿鸣燕诗序》：成都诸进士，既中有司之式度，则藩侯为之设燕赋诗宠行。相与属和摹刻而传，循仍久之，号曰故事。今年秋，府帅刘公谓旧礼之不可废也，既燕之，遂以诗赠之，且述前人题柱夺标之事，而劝励焉。盖好贤乐善之心，发于咏歌，则教存其间也。自天章李公，洎僚属宾从及其诸生，相继而赋，凡若干篇。士林夸尚，光辉一时。昔王起三领贡籍，周墀作诗以贺，起亦答之。时一榜进士卢肇而下二十二人，尽能赓唱。后世好事者，摭其本末，纪为美谈，有以知朝廷文化之盛。多士逢辰之荣，想味余风，良可爱慕。然则鹿鸣唱和之传也，亦可以见西州学俗之美，而礼文之有足观者。(《净德集》卷一三)

吕陶《次韵刘希道龙图鹿鸣燕进士》：贤能书上鹿鸣时，欲步丹梯别钓矶。名世公卿加宠荐，故乡亲友待荣归。通经岂比籝金价，成器难藏璞玉辉。威凤有雏鹏有路，相将尽向九霄飞。(《净德集》卷三四)

黄裳《顺兴学记》：元丰改元之秋，列郡各贡进士于朝。南剑考诸五县之士而进之，十有八人。顺兴学者百数，无预贡者。温陵宋君适来为顺兴令，因怪闽中之士，每岁应诏，出为天子器使，最盛于四方。南剑在闽之中，累累有人焉。顺兴，南剑之支邑，前此有预计偕者，不见录于礼部，七十年于此矣。今岁更无预贡者，是岂教育之道？在上之人有所未至欤？(《全宋文》卷二二六三)

十　月

乙巳(四日)，诏："兵部以《贡举敕式》内武举敕条，再于诸处索文字，删类成《武举敕式》以闻。"(《长编》卷二九三)

十二日，苏轼作《日喻》，"讥讽近日科场之士，但务求进，不务积学，故皆空言而无所得。以讥讽朝廷更改科场新法不便"。(《苏轼年谱》卷一七)

苏轼《日喻》:生而眇者不识日,问之有目者。或告之曰:“日之状如铜盘。”扣盘而得其声,他日闻钟,以为日也。或告之曰:“日之光如烛。”扪烛而得其形,他日揣籥,以为日也。日之与钟、籥亦远矣,而眇者不知其异,以其未尝见而求之人也。道之难见也甚于日,而人之未达也,无以异于眇。达者告之,虽有巧譬善导,亦无以过于盘与烛也。自盘而之钟,自烛而之籥,转而相之,岂有既乎!故世之言道者,或即其所见而名之,或莫之见而意之,皆求道之过也。然则,道卒不可求欤?苏子曰:道可致而不可求。何谓致?孙武曰:“善战者致人,不致于人。”子夏曰:“百工居肆以成其事,君子学以致其道。”莫之求而自至,斯以为致也欤?南方多没人,日与水居也,七岁而能涉,十岁而能浮,十五而能没矣。夫没者,岂苟然哉?必将有得于水之道者!日与水居,则十五而得其道;生不识水,则虽壮,见舟而畏之。故北方之勇者,问于没人,而求其所以没。以其言试之河,未有不溺者也。故凡不学而务求道者,皆北方之学没者也。昔者以声律取士,士杂学而不志于道;今者以经术取士,士求道而不务学。渤海吴君彦律,有志于学者也,方求举于礼部,作《日喻》以告之。(《苏轼文集》卷六四)

十二月

(乙巳,五日)建州进士虞蕃上书言:“太学讲官不公,校试诸生,升补有私验。且陛下辨色视朝,而讲官赴太学常以巳入而午出;陛下日揽万机,经筵劝讲,尚不数年而《诗》毕,今讲官讲《周礼》七年,才及四卷。”又谓:“《论语》、《孟子》,道德之所在,圣贤之所为,陛下设科,使参大经,今未始有讲。乞令讲官依诸司例早入监,仍集诸生问答,闲日一升堂,伏腊假不停说书,及非假故毋因循废讲。”诏:“不公事委开封府根治以闻,内申请事令国子监主判官相度。”刘挚疏云:蕃以不得解,故上书讼学官。(《长编》卷二九五)

是　月

苏轼《次韵参寥师寄秦太虚三绝句,时秦君举进士不得》:秦郎文字固超然,汉武凭虚意欲仙。底事秋来不得解?定中试与问诸天。

一尾追风抹万蹄,昆仑玄圃谓朝跻。回看世上无伯乐,却道盐车胜月题。

得丧秋毫久已冥，不须闻此气峥嵘。何妨却伴参寥子，无数新诗咳唾成。(《苏轼诗集》卷一七)

苏轼《答秦太虚》：见解榜，不见太虚名字，甚惋叹也。此不足为太虚损益，但吊有司之不幸耳！……程文甚美，信非当世君子之所取也。(《苏轼文集》卷五二)

秦太虚举进士不得，东坡诗曰："底事秋来不得解，定中试与问诸天。"深为称屈也。李方叔省试不得第，而东坡领贡举，尝有诗赠之云："平生漫说古战场，过眼终迷日五色。我惭不出君大笑，行止皆天子何责。"山谷和云："今年持橐佐春官，遂失此人难塞责。"座主归过于己，门生归命于天，俱一世之贤也。(《韵语阳秋》卷一八)

是　年

刘弇《谢解启》：儒林吁俊，敢冀于并游；士版乡书，遽登于上列。初非自信，中亦多兢。窃以大道之在天下也，莫适而非真；先王之用人群也，无自而不可。苟惟善之以教，要必求其所长。既有庠序学校之制，作其材而使之新；又因劝沮抡弃之法，驱其后而为之范。经不专门，而士多自得之真趣；学无异师，而人致可勉之中材。贤能继踵以宾兴，豪杰望风而振起。泽浸久而不竭，功愈被而弥隆。迨去圣愈远，而道德裂于经术之不完；异端并起，而靡敝酣于人心之既溺。故家遗俗而失渊源之渐，奇言异行而无诛禁之防。胶坠绪于土梗之既残，而甚者昧适时之大方；擅多岐于轨辙之殊骋，而孰不乖同归之中道。且道本一致，歆、向父子也，而狃于同异之私；盖性非他求，缓、翟兄弟也，而牵于呻吟之蔽。款启寡闻者往往而是，离实学伪者人人有之。抗岁月于有限之终身，费精神于无补之末用。要之而无宿，得焉而不精。振古以还，其失弥甚。适遭上圣之抚会，远览前世而绍隆。去区区无用雕篆之空言，收历历可观圣贤之奥旨。张既设之科，而厌之以毕足之荣愿；宏已故之学，而授之以不二之师传。上自京师，则既已置员；下迨郡国，则莫不有教。时其三岁之始，取以一日之长。遂使各以类求，是用结登畿之绶；将令由此途出，无非收入彀之英。固宜得不常有之伟人，且以当未易量之盛选。如某也，生而不惠，少也多畸。能无毫发之足称，责有丘山之自累。揣摩投策而不适世用，薄曲谋生而动贻日忧。鬻技以百金，已意他时之必售；吹剑者一吷，曾何微韵之足闻。弊衣尘垢者二十春，大学齑盐者五六载。转蓬无定，一囊飘泊之孤踪；画狗非工，数幅殚残之绪业。尘埃徒被，冠履不完，任性而已矣，而骇之者指以为恣肆；俯仰狥俗，笑言自若，寄意而已矣，而疾之者议以为狂疏。而又以一身当众人风波之冲，凡十载居有司绳墨之外。自知命也，其谓人何？岂意三献于楚邦，尚鉴荆山之璞；一过于伯乐，遂空冀北之群。声因高而加隆，矢遇风而弥迅。为儒鲁国，宜不止于一人；论功平阳，犹取先于诸将。原其所自，良亦有由。兹盖伏遇某官，衡鉴至公，菲葑博取。虽有形而必度，无下体之或遗。凡有滞淹，孰不振起？熙如阳春，而物被其赐者无隐约之间；浩若溟渤，而川受其助者无大小之殊。故使孱庸之资，得预甄升之数。如某敢不奋曹沫劫齐之气，薄偿丧地之羞；脱孟明谢晋之骖，誓雪中流之愤。少酬微志，上答洪私。过此以还，未知所措。

刘弇《谢解魁启》：邯郸故步，失已弥年；赤水遗珠，得之此日。遽超伦等，载灼心颜。窃以学将为人，仕贵得路。兼笮云之敏者，志何有于伏枥？资运海之击者，势不存乎抢枋。在物则然，其谁无意？虽抱关不肯碌碌，而载质盖尝皇皇。经纶暂屈于壮图，翰墨决然于下策。三府辟召，汉士知名；十上苦辛，唐人相吊。洪惟睿圣之吁俊，参以声律而张科。主司熟视其中程，郡守力为之劝驾。一一之天球在东序，纷纷之振鹭集西雍。黄卷素心，青云余事。谓为独拔，宜属兼该。如某者，懵昧性资，阔疏人品。事焉无所苟而已，学也亦孰知其他。越自丱年，粗知笔气。箕裘爰绍，不意李公之复生；头角颇惊，皆谓柳氏为有子。终南之仕，途径虽捷；少室之山，人价徒高。无补蹉跎，殆成落魄。惩是取踬，勉哉应书。鼓胸中之气而仅盈，积后来之薪则居上。独惭高固之贾余勇，谁若票姚之再冠军？前抗第旌，邈飞凫舄。伯兄仕路，已捷先鸣；季弟英躔，仍陪逸驾。遗耻就刷，迷魂顿还。众口揶揄，一朝粉泽。董生之赋《仕不遇》，初若可怜；元亮之歌《归去来》，亦其自审。敢意叠双之巧，遽成借一之功。兹盖伏遇某官，采葑盛时，推毂多士。山玉移润，秋阳借辉。尚大而无所不容，行中而归则斯受。遂令孱琐，辄冒甄收。某敢不沦汰智源，剔刓学薮！回春于律，取敌以勍。高谢倦游，聊作勇往。不类雷门之鼓，徒有虚声；庶为陶壁之梭，使知速化。过此以往，未知所裁。(以上均见《全宋文》卷二五四八)

华镇《谢解启》：右，某启：蟠木谁容，始愧轮囷之丑；大匠无弃，卒收寻尺之长。旋自省循，益怀矜惕。窃以太常奏籍，必登秀异之伦；乡老献书，务极贤能之选。惟是辨论之重，实干治忽之几。振古所严，盛时惟甚。国家声猷累洽，俊乂克生。邹鲁万邦，唐虞七世。异人并出，有光西汉之隆；多士以宁，益迈岐周之盛。穆穆尽可封之俗，锵锵皆入彀之英。式新诏条，用精士选。申重登高之赋，遵明载道之经。根本艺文，英华音律。金声玉振，不容绣帨之迂；雷发云兴，讵溺雕虫之小？家受菁莪之育，人成翘楚之奇。驰骛儒林，耕锄道术。掞卿云之丽藻，挹姬孔之淳源。抡材邓林，自尽楩枏之美；阅马燕市，前多骅騄之良。允惟俊人，乃称公选。如某者，潜心往哲，述业晚生。步虽历于藩篱，识未通于堂奥。非谢家之兰玉，乏言偃之渊源。一日未忘，三余自励。奉过庭之训，虽夙闻于义方；抚满籯之金，尚有惭于世业。曩齿上庠之列，获参造士之联。愧擢秀于郄枝，辄颓翎于陶梦。惟齿发之尚少，抚志气以方刚。会逢凫藻之期，耻作鲈莼之客。欣闻丹诏，载曳长裾。效主雁之能鸣，冀囊锥之颖脱。桑林合舞，虽操游刃之余；牧野誓师，尚惮如林之旅。致兹忝冒，粤有夤缘。斯盖伏遇某官先生，识量恢闳，德明昭晰。藻色士类，翌赞帝猷。鸣律吹嘘，不间邹生之黍；运斤翦拂，兼容匠石之樗。爰俾散材，获先方物。某敢不日新学殖，时味道腴！锐朝气以无前，见大敌而鼓勇。当年铩翮，虽已愧于一飞；今日焚舟，誓图成于再战。庶无忝辱，少答恩私。

华镇《谢解启》：右，某启：今月十八日，伏睹解榜，叨预荐名者。文闱较艺，幸无罢黜之羞；士籍联名，仅预甄扬之列。循涯知愧，抚己自惭。窃以两汉得人，皆本孝廉之举；三代取士，必因州里之书。故为善于家者，方见任于朝；而未优于学者，不敢进于仕。贤能之选既废，言语之科聿兴。摛华多画饼之言，论道鲜成章之业。非慎妍媸之鉴，难忘菽麦之昏。操衡石之权者，苟无至当之归；事枝叶之辞者，谁是不刊之论？所以珉玉并进，驽骥争驰。决先众人，岂必八龙之秀；沉居下列，能无一鹗之才？若某者，幼承义方，长被明训。弃箕裘之绪业，玩竹帛之遗文。虽无三箧之奇，常冀五车之博。黄卷相对，几忘寒暑之迁；担石无储，不起纷华之悦。有意古人之学，无心流俗之同。文耻雕龙，辩羞炙毂。不顾巴人之和众，常怜郢曲之调高。屡尘明哲之知，敢固颛蒙之守？黾俛三春，栖迟数年。谨无朝夕之渝，肯有丹青之变？月评借誉，尝居多士之先；乡版荐名，曾玷一经之首。自意泾渭之易辨，岂期凿枘之相违。勉为方物之先，几作沟中之断。进观前列，且非刈楚之精搜；退处后尘，徒起积薪之永叹。弃捐仅脱，甄采有阶。此盖伏遇知府给事先生，青琐巨儒，黄扉元老。暂屈钧调之器，来专屏翰之权。志重提衡，务先推毂。曲直兼取，寻尺不遗。致兹散木之材，预此充庭之贡。敢不淬乃锋刃，整其羽翰！发扬搏击之心，凭借扶摇之便。冀秦明之再战，忍毛遂之备行。渡河焚舟，誓刷函关之耻；捧盘歃血，决成楚国之盟。庶鞭款段之资，仰答荐论之赐。过此以往，未知所裁。

华镇《谢解启》：某窃以求贤用事，明王尤重于得人；发策决科，君子宜先于尽道。取之苟且，则鲜不失士；得以侥幸，则祇自贻羞。上当严论辨之程，下必尽修明之术。核之匪实，能无滥进之人？应以有余，方免过情之诮。国家百年累洽，六圣重熙。文风畅于四方，声教覃于九有。操衡石之权者，宜有至明之鉴；摛华藻之文者，肯怀苟得之心。求之尽公，进必以礼。珉玉虽浑，驽骥自殊。（以上均见《全宋文》卷二六四六）

晁补之《谢解启》：伏睹解榜，偶被荐送者。迫强敌以当前，初虞逐北；挈孤军而冒战，遽预先登。进叨非据之荣，退积循涯之愧。窃以治非一道，三代之所同功；学非一师，百圣之所并宇。更末流于浅鲜之后，追大本于芒忽之为。五官犹具于天根，六凿未仍于物伪。行义忠信，粹乎常得于固存；言语文章，卓然皆出于可用。教化之所被及，风俗之所影随，中国无异于四方，野人知学于君子。王者之迹未熄，古人之体尚存，少变而为晚周，大坏而为战国。处士以诐行自售，公子以得人相倾。《离骚》滥于辞章，兵法穷于威武。禁游说者纵横以辩，显任使者推理以雄。俗僻则吴越无秀民，照奇则邹鲁无异行。陵夷百世，卤莽一途。汉沿秦余而莫醇，唐因隋旧而未善。际真人之抚运，混杂霸之余墟。英宗广于规谟，仁祖备乎文物。今上辟图书之府，重礼乐之司，息诵数为腐儒，废雕虫为土苴。奋乎百世之后，睹此六经之难。以是取人，谓宜得士。如补之者，拙非世用，僻与众违。有转喉触讳之穷，无炙手可热之助。流离百状，辜负寸心。搢绅之所未信而无庸，乡党之所共轻而窃笑。踽踽自守，无意于舍龟；伥伥何从，迨同于即鹿。亦尝侧闻长者之论，庶几得上君子之堂。十载属文，七年论学，蚤滥举首，辄困退飞。托患难之余生，守迂疏之旧习。仰箕裘而莫继，俯蓬瓮以增羞。望绝亨嘉，分投穷籍。诗常招隐，书或绝交。他人诮其逆施，智者以谓非异。不觉岁月之易失，窃省功名而自惊。远举何为，闻虚弦之已怯；相忘可乐，忘芳饵以复来。然而学不能偶当世之方圆，材不足当大人之取舍。僶俛自力，挛拳莫堪。一字固微，屡经营于燥吻；万言良富，愧滂沛于摇毫。尚赖庶明，过辱题品，掇其片善，跻以上游。斯盖伏遇某官，大雅不群，至诚乐与。譬之水正错而不动，与夫衡诚陈而不欺。有形焉得而苟藏，无物不可以自试。故容蕞陋，亦预甄收。某敢不增益浅闻，激昂壮节！鹏抟有待，固未忘九万之程；狗盗为功，犹不愧三千之客。(《全宋文》卷二七二〇)

元丰二年　己未(1079)

正　月

九日,以翰林学士许将权知贡举,知制诰蒲宗孟、天章阁侍讲兼直舍人院沈季长并权同知贡举,合格奏名进士三百四十八人。(《宋会要·选举》一之一二)

许将上合格进士朱浚明等。(《太平治迹统类》卷二八)

试官:邓忠臣,李公麟。《全宋诗》卷八七七邓忠臣《己未年春,与伯时较试南宫,同年被命者六人……》

(丁亥,十七日)诏:"宗室大将军以下愿试者,本经及《论语》、《孟子》大义共六道,论一首。大义以五通,论以辞理通为合格。"(《长编》卷二九六)

(戊子,十八日)御史何正臣言:"熙宁元年礼部试上舍生,并于试卷印'特免'字,恐于考较不合公议。今上舍赴礼部试,乞更不印号。"从之。(《长编》卷二九六)

二　月

(辛亥,十二日)诏礼部:"下第进士七举、诸科八举、曾经殿试,进士九举、诸科十举、曾经礼部试,年四十以上;进士五举、诸科六举、曾经殿试,进士六举、诸科七举、曾经礼部试,年五十以上者,听就殿试。内三路人第减一举。皇祐元年以前礼部进士两举、诸科三举,准此。仍不限年,其进士一举、诸科二举,年六十以上者,特推恩。"又诏:"开封府、国子监间岁科场以前到礼部,进士五举、诸科六举,年五十以上,许就殿试。"(《长编》卷二九六)

三　月

王珪《依韵和吴相公闻南宫放榜喜雨即事绝句》:紫掖清晨捧号来,门前桃李占先开。满城风雨逢寒食,更听春岩第一雷。(《全宋诗》卷四九六)

十一日,上御集英殿,试礼部奏名进士。内出制曰:"上古人材之盛,莫如唐虞之际。以为司空则水土平,以为稷则百谷殖,以敷五典则从,以明五刑则服。至于器用利,动植和,礼乐成,出纳允,与夫内岳外牧相为倡应,以成天功者,凡以材也。兹非其盛欤!其次莫若周,然有妇人焉,九人而已。则夏商之间,与夫文武之后,材之不足,为可知也。夫天下之事常有余,而人材每不足。以不足之材,治有余之事,则彼圣贤之君作而成功者,孰与济也?抑其材虽不及唐虞、成周之全,而得其杰然者足以兴之欤?将其君自为之,而无待乎材之富也。不然,其所就安得与之班乎?自嬴秦至于五代,或君擅天下,或霸据一方,其所兴所为及乎所成之功,于《传》故可见也。子大夫其各以所闻言之。"得进士、明经诸科时彦以下总六百二人,第为五等,赐及第、出身、同出身、同学究出身。(《宋会要·选举》七之二二、二三)

辛巳(十二日),诏:"今岁特奏名明法改应新科明法人,试大义三道。"(《长编》卷二九七)

十三日,试特奏名进士,内出制策曰:"朕惟前代圣帝贤王,稽道度时,制法御事,虽隆污不同,然收功显名,卒皆有成可观焉。朕以不德,缪承先烈,自初嗣服,盖窃已有志乎天下之政矣。故登延师臣,作成治法,行之四方,逮兹累年。而效不著见,俗未丕革,何也?岂设施后先失其序,而朕之寡陋不足以倡之欤?抑好恶未宣,奸邪尚得以震荡摇惑奉令者之心欤?不然,己日乃孚欤?子大夫学先生之经久矣,当世之务宜有以证之也,其各为朕详言之,无隐。"得进士、明经诸科总七百七十八人,赐同学究出身,授试将作监主簿、国子四门助教、长史、文学、助教。(《宋会要·选举》七之二三)

壬午(十三日),策特奏名进士,又策武举进士。(《长编》卷二九七)

癸未(十四日),御集英殿,试诸科、新科明法。(《长编》卷二九七)

丁亥(十八日),诏以经义论试宗室。(《玉海》卷一一六)

(辛卯,二十二日)御试编排官李承之等言:"熙宁九年,御试新科明法,正奏名三十九号,止以粗通资次编排。今一百四十六号,比前数倍。欲以二通为合格,分两等。"从之。(《长编》卷二九七)

癸巳(二十四日),集英殿赐进士、明经、诸科开封时彦以下及第、出身、同出身、同学究出身,总六百二人。(《长编》卷二九七)

甲午(二十五日),御集英殿,赐特奏名进士、明经、诸科同学究出身试将作监主簿、国子四门助教、长史、文学、助教,总七百七十八人。(《长编》卷二九七)

进士名录:时彦,陈瓘,丁致祥,丁掌,丁舜举,丁琏,上官公颖,上官行,上官敦复,王廷彦,王岐,王侃,王华,王涣之,王尧弼,王经,王维,王执之,王屿,王泽,王鸿之,王觉民,毛康民,文正权,文轸,文儒,方公衮,方安道,方劭,方原道,方师颜,白宗愈,吕同,吕衮,朱起,朱浚明,朱率,朱置,危之邵,江公佐,江鬲,江时,李友谅,李丹,李存,李持,李括,李珪,李格,李秸,李琦,李琰,李无党,李复,李敦锡,李诗,李端,李积中,李怿,李誉,李夔,吴子冀,吴明,吴思,吴亮,吴矜,吴纯,吴植,吴开,吴择,何大中,何述,余公正,余侔,余援,冷忞,沈千,沈仍,沈光远,沈偕,宋前,宋观,邵叶,林介,林种,林磐,林积仁,卓威,季几复,周邦式,周重,周祖轩,周纯,周干臣,周诩,周祯,周谌,周锷,胡安节,胡希,胡庶,胡慥,胡端修,胡遵道,柳庭俊,施常,洪中孚,洪敏修,祖通,祝允闻,姚宗尧,姚腾尧,马观,秦元亨,秦希甫,都随,都颉,华镇,莫表深,庄柔正,庄徽,晁补之,晏中,徐之纯,徐祐,徐常,留怙,郭履泰,唐最,唐嘉,唐觐,凌伯雄,家彬,陆元宾,陈杞,陈序，陈玠，陈郊，陈孟进，陈信臣，陈度，陈特，陈遇，陈湍，陈遘，陈嘉言，陈嘉邵，陈举，陈邈，陈璎，陶冶，孙夙，孙适，黄中，黄公绰，黄居，黄胄，黄致，黄培，黄盛，黄秸，黄植，黄德裕，黄鲠，梅源，崔登，符授，许弁，许遵，章粹，张好古，张咸，张彦辅，张恪，张庄，张时敏，张康国，张博文，张齐，张谔，叶大方，叶之渐，叶艾，叶唐稷，叶极，董天经，董天隐，董介卿，董若，傅耕道，曾安中，游醇，费古，杨安平，杨桓，杨谊，雷尧，詹国华，蒋天麟，蒋静，蔡二，蔡彦丕，蔡肇，蔡观，臧询，廖正一，廖汉卿，郑至道，荣子邕，邓球，邓灿，欧阳中立，刘良弼，刘秘，刘跂，刘蒉，刘锐，刘蹈，刘鹏，刘显，潘颉，潘鲠，薛开宗，薛强立，萧迪，钱著，韩浚夫，韩贲，钟绍庭，谢浚，谢斯立，应通，应皓，颜长民，苏汝楫，苏驷，严应期，罗仲彦，罗鼎臣，顾衮，顾章。明经、诸科：方延年，方伯通，方浚，吴闳，林迥，林思矩，林程，林楷，卓士龙，周石，洪仿，徐楷，郭甫，张国，刘弇，刘景山。

特奏名进士：王辟，方次皋，朱秉彝，朱轼，江霖，李觌，吴尧，何中衡，林东起，林从先，卓钧，胡偃，施国张，奚戭，陈仲辅，陈昌伦，陈况，陈宗衮，陈逢，陈瑊，陈楷，陈遵，孙宝，黄节，黄选，杨拱，蔡升，蔡亮，谢温其，苏傅，谭民表。(《宋登科记考》卷六)

补进士名录：其一，张康孙。《墨庄漫录》卷五："邦基从伯康孙，字曼老，时彦榜高科。"

其二，孙倚。《全宋诗》卷一〇九八李复《西溪酬孙倚李珪二同年依韵》。

其三，李昭玘。《宋登科记考·附录》："李昭玘……北宋中期登进士第。"《全宋文》卷二六〇七李昭玘《上郓州安抚刘莘老相公书》："某元丰间作举子，同相公二令息登进士科。"刘挚二子刘跂、刘蹈是举登科。又，《全宋文》卷二六〇七李昭玘《答刘秀才求先博士墓志书博士，刘孝嗣也》："自念与先博士元丰初擢进士第。"

其四，刘孝嗣。《全宋文》卷二六〇七李昭玘《答刘秀才求先博士墓志书博士，刘孝嗣也》："自念与先博士元丰初擢进士第。"

状头时彦，母怀之弥月，梦数人皂衣，肩舆一金紫人径入房中。明日，

犬生九子皆黑，晚遂生彦，故小名十狗。《同年录》见之。(《泊宅编》卷四)

金陵有僧，嗜酒佯狂，时言人祸福，人谓之风和尚。陈莹中未第时，问之云："我作状元否？"即应之曰："无时可得。"莹中复谓之曰："我决不可得耶？"又应如初。明年时彦御试第一人，而莹中第二，方悟其言"无时可得"之说。(《春渚纪闻》卷二)

韩持国大资知颍昌府，时彦以状元及第，为签判。初见持国，通谒者称"状元"，持国怒曰："状元无官耶？"自此呼时彦"签判"云。彦终身衔之。马涓巨济亦以状元及第为秦州签判，初呼"状元"，吕晋伯为帅，谓之曰："状元云者，及第未除官也。既为判官，不可曰'状元'也。"巨济愧谢，晋伯又谓巨济曰："科举之学既无用，修身为己之学其勉之。"(《邵氏闻见录》卷一四)

孙莘老初为太平令，有吕同者学于孙。一夕，梦试南宫，中高选，主文，孙也，衣绯鱼。觉以告孙，孙曰："子学已充，料不日取高第。而某方仕州县，何事文衡？况朱衣岂主文服耶！"熙宁初，吕赴礼部试，孙以记注、知谏院同知贡举，尚衣绯。吕大喜，必在高等。俄又被黜，大怅恨，自放江湖，无复仕宦意。元丰初，吕以五举免解，再赴礼部。孙以秘书少监知举，尚衣五品服。榜出，吕预高荐。及贽谢，孙厅宇侍执，宛如平昔之梦。(《渑水燕谈录》卷六)

科举自罢诗赋以后，士趋时好，专以《三经义》为捷径。非徒不观史，而于所习经外，他经及诸子无复有读之者。故于古今人物及时世之治乱兴衰之迹，亦漫不省。元祐初，韩察院以论科举改更事，尝言臣：于元丰初差对读举人试卷，其程文中或有云："古有董仲舒，不知何代人？"当时传者莫不以为笑。此与定陵时，省试举子于帘前上请云："尧舜是一事，两事？"绝相类，亦可怪也。(《曲洧旧闻》卷三)

礼部刘郎中莘老言："昔年郓州进士李矩赴公试，问同人李演云：'尧

舜如何可以对天地否?’演对云:‘似此疑惑事,切不可用。’闻者无不大噱。”(《文昌杂录》卷一)

(晁补之)举进士,礼部别试第一,而考官谓其文辞近世未有,遂以进御。神宗见之曰:“是深于经,可革浮薄。”于是,名重一时,遂中第。(《张耒集》卷六一《晁无咎墓志铭》)

苏颂《谢男驷赐进士出身》:臣某言:进奏院报今月日放进士榜,男驷赐出身者。计偕群彦,并膺亲策之荣;勋荫晚生,误窃世科之宠。方主臣之负罪,遘孺子之逢辰。报自胪传,庆丛私室,臣某中谢。伏以陛下发德音,下明诏,以求直言;有司进真贤,举实廉,以奉大对。革曩岁词章之旧,擢知经通博之才。询事考言,既以观其术略;因能任职,又将究其施为。盖择之而惟艰,加试之于已效。得人之盛,如古所称。其在朝廷,彬彬多文学之士;见于事业,凛凛几德谊之风。自非挟经世之谋,何以副扬廷之选。伏念臣承家有禄,教子无功。本惟朴学之传,妄厕诸生之列。适会诏新于科制,因令时习于师言。居处圜桥之门,浸闻讲议;诵吟裘氏之地,窃服儒名。滥随贤书,偶预奏籍。方时俊献明之际,难炫浅闻;乘春霆振滞之辰,遂叨赐第。伏况臣一门在仕,三世决科。逮于群从之间,继有策名之美。斯亦圣代衣冠之荣观,不胜远方父子之遭逢。闻命兢惶,举宗荣惧。此盖伏遇皇帝陛下,表章六学,损益百王。收揽四方之豪,乐闻三道之要。泽施无外,允臻至治之期;士生此时,固有非常之遇。何兹贱息,辄冒宠光。虽无籯金遗子之能,而有桂林衣彩之喜。但惭寡陋,仰玷明扬。臣谨当饬厉其衷,庶几于道。教之吏事,则法令之文可师;绳以古人,则忠孝之言具在。倘毫分之可报,虽糜粉以无辞!臣无任。(《苏魏公文集》卷三八)

李之仪《送陈莹中及第归洪州》:七月江南秋已到,江水如天鱼尾掉。处处团橘欲黄时,家家门前舣归棹。西山佳气彻青云,潘郎门巷如深春。陈家有儿新及第,新着恩袍归见亲。为报行人洗眼看,养儿如此谁不羡。愿儿不要重科第,事业功名他日见。(《全宋诗》卷九三六)

刘弇《贡院奏号奉呈》:朝来甲乙去闻天,喜色胚腪淡墨前。干斗已应千剑跃,抟风谁是一鹏骞?路岐稳步青霄近,闾里倾心古语传。收拾春光终未晚,烂游端属绿衣鞭。(《全宋诗》卷一〇四八)

晁补之《及第东归将赴调寄李成季》:先辈观涛沧海口,长啸横槎拂牛斗。野人醉著梦游天,九门历尽惊复还。嘈嘈广乐犹盈耳,出门依旧重人间。不知先辈今何往,仙标玉骨天应赏。千里东归暮景清,桑麻暗地日衔城。黄金宫阙初回望,青草恩袍偶自荣。归来瀚濯亲甘旨,却叹京尘误游子。家人饭黍慰辛勤,邻媪壶浆佐欢喜。君不见冯驩一剑星阑干,短歌慷慨不堪弹。男儿得意贵颖脱,功名有分劳跻攀。折腰正为五斗米,得饱约君寻故山。(《全宋诗》卷一一三二)

晁补之《及第后将谒告先归留赠成甫》:还家消息约蔷薇,眼看蔷薇日日稀。不踏龙头游碧落,君恩许伴晚莺归。(《全宋诗》卷一一四〇)

刘弇《谢及第启》:试言无补,方将求退于知难;为幸则多,旋见兼收而待用。冒宠滋甚,循涯已逾。国家恢百世光明盛大之隆名,振五代凋弛决裂之坠绪。永念求治,洪惟作人。士能自脱于颛蒙鲁固之余,俗亦浸敝于放僻邪侈之习。爰逮上圣,更新远图。划去隋唐声律无益之科,杂用商周学校致养之法。每当三岁而下诏,许以一经而应书。参能于小己,所以揽众而无遗;发问于临时,所以掩人之不备。既开之以胸臆激发之愤懑,又稽之以精力探讨之渊源。以上则有弼谐辅相之任,待豪杰为异时必得之荣;以下则有米盐簿书之职,拔淹滞为终身不废之渐。爵禄方且四出,岩穴为之一空。在异人则不俟乎聘招,虽中材而犹足以成立。荜门圭窦之下,无复平日之厄穷;驷马锦衣之徒,类皆新进之荣耀。末俗改弥壮之观,故里骇更增之辉。然大道之废兴也,虽然亦各有时;而君子之出处也,于此可以无悔。矫矫西山之雾豹,竞奋其潜;寥寥在汉之冥鸿,毕罗而下。一励壮节,决为显途。青云指期而可跻,白首转食而何愧?得之虽曰有道,居者尤难其人。如某者,单平孤踪,龌龊下品。生当太平而初不废学,出自晚节而仅能知非。浩博六经之津涯,过目随失;纷纶百代之枝叶,触途生疑。师友谓之无堪,父兄许其更进。虺嵬万状,萍蓬十秋。行止非人而任天,得失自是以听命。辕驹局促,而更觉每下;杜木拥肿,而谁怜非材?多兢弥剧于负芒,克苦几同于尝胆。抗尘容而走俗状,益厌薄游;登金门而上玉堂,分绝荣望。曩自计偕而入报,偶同俊杰以并驰。力既不量,分亦可料。烂漫春花之九十,豫指归期;间关帝里之三千,初迷去路。妄亦应敌,敢图成功?岂意技每出而未穷,气再鼓而滋奋。奏名礼部,偶处于下陈;著籍宸庭,复陈于中列。初类怒蛙之见式,仅同倦鸟之惊还。岂惟遭遇之适然,良由奖引以及此。兹盖伏遇某官,仁于成物,公以存心。弃小瑕于追琢之中,敛寸长于绳墨之外。寒荄豫沾于膏泽,残隙亦被于容光。借之乐善之片言,成此育材之大助。遂使铅刀之割,辄从尺蠖之信。某敢不激懦志于夙昔丧沮之初,收微效于蹉跎成就之后!上酬君造,次答己知。过此以还,未知所措。(《全宋文》卷二五四八)

李昭玘《谢及第启》:兴能而出治,虽先王本俗以教民;有德者必言,故近世考文而取士。发于里选,简在帝庭。暮辞褐博之卑,朝饰青緺之贵。圣人由是而政立,君子资之而道行。岂宜承学之琐材,冒厕诸儒之上列。恩深涣汗,愧若负芒。尝闻欲治之君,以得士为难;非常之材,必待时而奋。合谋以计其事,两作以继其明。惇德允元,二帝袭衣裳之化;尚贤绌恶,三王同道德之归。九官备而百工厘,八政齐而五士举。作人以东序西序,辨志于小成大成。论然后官,无假人之名器;教之不率,有移化之郊乡。后世失教育之方,学者丧艾淑之实。天地之全既缺,性命之理益微。操守不经,绣已加于鞶帨;童昏益乱,巧尚弊于雕虫。于皇我朝,奋越治古。方大明嗣服之始,实百度作新之时。发扬圣论,荡斥末学。神奇出而臭腐化,糟粕弃而醇精流。养成材于浸润之微,成德性于高明之至。近观之则言行斯富,大用之则礼乐可兴。自昔所难,于今为易。鸢飞鱼跃,莫知鼓舞之神;云翔风从,来格光华之会。如某者,器唯物小,性匪近中。论世读书,尝慕古人之远;游心窜句,尚迷俗学之迂。加之祸患侵陵,事为乖忤。三人行而二人惑,欲往何之;一日暴而十日寒,所存能几?以谓否必有喜,穷当益坚。幸留涸辙之躯,复鼓败军之勇。类陪岁贡,再践春闱。偶中艺于下陈,旋奔哀于故里。生无以养,游者何追;禄不逮亲,仕斯可已。度余年之残槁，悯衰系之飘零。勉奉宽恩，趨来上国。平日寡弹冠之援，高门无曳履之游。术本甚疏，谁恤不龟之药；义难自达，耻为跃冶之金。接武掖门，观光黼坐。触神游于感忽，奉清问于雍容。心目虽明，气辞几困。少年而动文帝，固惭贾谊之才；徒步以见太宗，窃感马周之遇。各使发言而观志，仅能引古以议今。盈沟之雨易穷，暴日之暄奚补？既乏甚高之论，但虞无赦之诛。舜用五臣，盖尽至精之选；羿亏一矢，遂无必中之功。尚优片善之求，过预六人之列。量材匪称，戴宠若惊。此盖伏遇某官，大雅存心，至诚格物。知识足以发天人之蕴，闻誉足以为邦家之光。才富而若虚，登高而善下。悯不能而如己，无求备以与人。过致缪庸，辄承甄采。敢不行其所学，不忘蚤夜之思；慎乃终身，少答生成之赐！过此以往，未知所裁。(《全宋文》卷二六〇九)

华镇《谢及第启》：右，某启：三月二十四日，皇帝御集英殿唱名，蒙恩赐进士出身，仍当日释褐者。太常奏籍，既参秀异之伦；司马择材，复预辨论之列。锡纶言而申饰，纡艾绶以增荣。荷宠惟惊，承休知愧。窃以登之天府，周家特重于宾兴；辟以诏书，汉室尤严于科举。尊大朝廷之体，赞宣政教之条。粤在右文之盛时，兹实经邦之大本。矧遘光华之旦，挺生龙凤之姿。绍祟构于丕基，迹遐踪于治古。划革浇漓之弊，澄清淳厚之源。沉戎柝于三边，畅儒风于九域。新辟雍之制，中都高揖于镐京；广泮水之规，列郡奄同于鲁国。振仲尼之木铎，辟高子之茅心。日星乎六艺之文，金玉乎多士之质。童子有造，异人并生。每丁大比之期，特降一封之诏。首六乡之内地，迨四海之遐陬。苟探竹素之微言，皆预贤能之清选。大钧广播，良器实繁。进多离目之明，名绝齐竽之滥。应书而起，兟兟均类菁莪；与计俱来，蔼蔼无非翘楚。矧春闱之较艺，委大匠以抡材。考核致精，去留惟允。鸠合万人之杰，来求一日之长。俯仰云泥，锱铢轻重。一经顾盼，价登十倍之高；偶跌毫厘，失迨千里之远。及丹墀之登进，降清问以诹咨。察其经济之才，责以该明之术。顾惟哲士，方称贤科。如某者，寻尺小材，支离末学。虽常游于艺苑，尚未及于圣门。断断一书，固惭于经笥；区区千虑，且异于智囊。宜逃美锦之讥，聊慕舞雩之乐。重念双亲将老，明世鲜逢。窃希三釜之欢，耻在一瓢之贱。乃于乡举，辄与计偕。谁知尚类于铅刀，仅施一割；自愧未殊于梦翼，不越九门。比力振于前功，粗不忘于故步。每惟见小而尝怯，敢期再鼓而不衰。偶逃饮墨之羞，复遂拾青之志。比冲天之翮，虽已愧于横飞；异抱玉之人，幸无惭于屡献。此盖伏遇某官，详明治本，阐绎皇猷。味云汉之章，务先作士；咏台莱之什，志重得人。潜资暖律之吹，密借长河之润。属鹤书之搜访，叨鹗表之荐论。致兹十驾之俦，玷此一枝之宠。某敢不益敦儒操，恪守官箴。慕从政于子张，动遵五美；效接人于杨震，居畏四知。仰酬天造之恩，次答己知之德。过此以往，未知所裁。(《全宋文》卷二六四七)

晁补之《及第谢苏公书》：祇荷宠光，出于己分，既愧且惧，不敢为荣。昔齐主父学《易》、《春秋》、百家言，游齐诸生间，莫能厚遇，相与排摈，不容于齐。西入关，资用乏，诸公宾客颇或厌之。乃上书阙下，一岁四迁。主父因言削诸侯、徙豪杰，或意其太横，主父曰："臣结发游学，厄日久矣。吾日暮途远，故倒行而逆施之。"补之读《史记》至此，以谓士穷不见遇，发愤感激，自食可也，而倒行逆施则为非计。私自记刻，虽穷不为。盖补之始拜门下，年甫冠，先人方强仕，家固自如。在门下二年，所闻于左右，不曾为今日名第计也。自吴归鲁，先人谢世，家四壁立，偏亲需养，婚嫁日逼，少业慵惰，不能作业。念无以奉朝夕，束书薄游，为苟且之图。分外得之，粗饱为幸。夫画虎类狗，既非本心；而转衣为裳，则所不能。昔望之不肯碌碌而反抱关者，夫岂得已？补之敢不益自检束，期终教育之赐。拳拳之心，言不能数，惟阁下裁择。(《全宋文》卷二七一七)

丁酉(二十八日)，诏："新进士依旧式赐钱五百千为宴集费外，特赐千缗，诸科三百千。"赐特奏名进士孙宝养真处士。以宝犯不考式，恩补摄助教不就，自言有修炼术，乞一名号归山故也。(《长编》卷二九七)

四　月

庚戌(十二日)，诏："新赐进士及第自第四甲以上，依熙宁九年推恩，诸科正及第、明经出身依熙宁六年推恩。"命御史中丞蔡确同判流内铨官注拟。(《长编》卷二九七)

刘挚《喜跂蹈登科注官余姚乌程》：祖门传子又诒孙，善庆儒科燕后人。雁塔继题三世字，桂林仍见两枝春。稽山照邑天如画，霅水浮州地绝尘。我亦浩然归思起，明年双棹趁吴莼。（《忠肃集》卷一八）

辛亥（十三日），以新科明法及第王壬为试衔知县、律学教授。（《长编》卷二九七）

五　月

二十八日，诏："引试武举生，用促张弓、减指箭射两石以上者，减一斗。"（《宋会要·选举》一七之一七）

（乙未，二十八日）诏："进士、诸科新及第人，免试刑法。"（《长编》卷二九八）

六　月

十五日，知制诰张璪、光禄寺丞陆佃赴秘阁，考试宗室。（《宋会要·选举》一九之一八）

陆佃《景德寺考试秋日即事四首》：朝来爽气雨初干，乔木阴阴锁昼寒。深院下帘风不动，夕阳幽鸟傍阑干。

秋声一夜满长安，密雨疏风次第寒。幽草落花归思乱，寂寥终日倚阑干。

西风吹绉一池秋，故殿疏帘半上钩。满眼夕阳归未得，菊花桐叶伴人愁。

看尽斜阳夕未还，夜天如水断云闲。玉楼咫尺无人去，月上珠帘第几间？

陆佃《又景德再考试秋日即事》：重来时节又秋深，黄菊香中一炷沉。浑觉去年无限恨，物华人意总如今。

陆佃《试院夜雨思秦叔仲至呈信道》：秋声秋色总无聊，千里相思鬓欲

凋。独绕曲廊花院闭，夜深灯火雨萧萧。(以上均见《全宋诗》卷九〇八)

七　月

(戊辰，二日)同判国子监张璪言："太学内舍、上舍生中选者免解或免礼部试，旧以直讲考校，不无挟情，容有私取。请自今补内舍、上舍，皆自朝廷差官考校。"诏："送详定学制所。"(《长编》卷二九九)

三日，赐右千牛卫将军叔盎进士出身。以秘阁考试中等也。(《宋会要·选举》九之一四)

(甲申，十八日)诏："应新科明法举人试断案，许以律令敕自随。"(《长编》卷二九九)

八　月

甲寅(十九日)，诏："增太学生舍为八十斋，斋三十人，外舍生二千人，内舍生三百人。月一私试，岁一公试，补内舍生。间岁一舍试，补上舍生。"(《宋史》卷一五)

颁《学令》：太学置八十斋，斋各五楹，容三十人。外舍生二千人，内舍生三百人，上舍生百人。月一私试，岁一公试，补内舍生；间岁一舍试，补上舍生，弥封、誊录如贡举法；而上舍试则学官不预考校。公试，外舍生入第一，第二等，升内舍；试入优、平二等，升上舍，皆参考所书行艺乃升。上舍分三等。学正增为五人，学录增为十人，学录参以学生为之。岁赐缗钱至二万五千，又取郡县田租、屋课、息钱之类，增为学费。初，以国子名监，而实未尝教养国子。诏许清要官亲戚入监听读，额二百人，仍尽以开封府解额归太学，其国子生解额，以太学分数取之，毋过四十人。(《宋史》卷一五七)

己未(二十四日)，诏："新赐进士第二人王涣之特许注官。"涣之年十九，碍铨格故也。(《长编》卷二九九)

（辛酉，二十六日）判国子监张璪言："治《礼》举人比《易》、《诗》、《书》人数绝少，乞自今在京发解礼部进士，《周礼》、《礼记》比他经分数倍取。"从之。（《长编》卷二九九）

九　月

（癸酉，八日）诏："五路礼部进士与新科明法人，通理人数均取。"（《长编》卷三〇〇）

十九日，颍州《德音》："本州到省进士一举、诸科二举，及曾到御前不以举数，并免将来文解。内曾到御前者，如将来南省考校不合格，奏取指挥。"（《宋会要·选举》一五之二二）

十　月

（戊申，十三日）诏：太常丞、集贤校理、兼天章阁侍讲、同修起居注、直舍人院、管勾国子监沈季长落职勒停；右正言、知制诰、兼侍讲、知谏院、同修国史、详定郊庙奉祀礼文、宗正寺修玉牒官、提举官告院、判国子监黄履免追官，勒停，听赎铜，除侍讲外，差遣并罢；枢密直学士陈襄罚铜十斤。季长坐受太学生竹簟、陶器，升补内舍生不公及听请求；履坐不察属官取不合格卷子，及对制不实；襄坐请求，皆因虞蕃上书，御史台鞫得其罪也。（《长编》卷三〇〇）

十一月

庚午（六日），诏："国子监直讲、颍川团练推官王沇之除名，永不收叙；太常丞余中追一官，勒停；监东作坊门，河南左军巡判官王沔之、秘书丞范峒冲替。"沇之坐受太学生章公弼赂，补上舍不以实，罪当徒二年；中坐受太学生陈度赂，罪当杖；峒坐为封弥官漏字号；沔之，沇之弟，亦坐纳赂，嘱请于中、沇之等。皆因虞蕃上书，下御史台案劾，又用御史何正臣之请。狱辞所及，虽蕃所不言，皆得究治。沇之等虽会赦降，犹特责之。沇之始议送湖南安置，既而止除名。然太学一狱，逾年方决，追逮遍四方，盖舒亶、何正臣为之。（《长编》三〇一）

王荆公在中书，作新经义以授学者。故太学诸生，几及三千人，以至包展锡庆院、朝集院，尚不能容。又令判监、直讲程第诸生之业，处以上、中、下三舍，而人间传以为凡试而中上舍者，朝廷将以不次升擢。于是轻薄书生，矫饰言行，坐作虚誉，奔走公卿之门者如市矣。会秋试有期，而御史黄廉上言："乞不令直讲、判监为开封国学试官。"又有饶州进士虞蕃伐登闻鼓，言："凡试而中上舍者，非以势得，即以利进，孤寒才实者，例被黜落。"上即此二说，疑程考有私，遂下蕃于开封府。而蕃言：参知政事元绛之子耆宁尝私荐其亲知，而京师富室郑居中、饶州进士章公弼等，用赂结直讲余中、王沇之、判监沈季长，而皆补中上舍。是时许将权知开封府，恶蕃之告讦，抵之罪。上疑其不直，移劾于御史府，追逮甚众。而蕃言许将亦尝荐亲知于直讲，于是摄许将、元耆宁及判监沈季长、黄履、直讲余中、唐懿、叶涛、龚原、王沇之、沈铢等皆下狱。其间，亦有受请求及纳贿者。狱具，许将落翰林学士，知蕲州。沈季长落直舍人院，追官勒停。元耆宁落馆职，元绛罢参知政事，以本官知亳州。王沇之、余中皆除名，其余停任。诸生坐决杖编管者数十，而士子奔竞之风少挫矣。(《东轩笔录》卷六)

十二月

戊戌(四日)，诏："自今解发进士，太学以五百人，开封府以百人为额。"旧制：开封三百三十五人，国子监百六十人。熙宁八年合为一，以解额通取。至是复分，而太学生数多，故损开封解额以益之。(《长编》三〇一)

乙巳(十一日)，御史中丞李定等言："窃以取士兼察行艺，则是古者乡里之选。盖艺可以一日而校，行则非历岁月不可考。今酌《周官》书考宾兴之意，为太学三舍选察升补之法，上《国子监敕式令》并《学令》，凡百四十三条。"诏："行之。"初，太学生檀宗益上书，言太学教养之策有七：一尊讲官，二重正禄，三正三舍，四择长、谕，五增小学，六严责罚，七崇司业。上览其言，以为可行，命定与毕仲衍、蔡京、范镗、张璪同立法，至是上之。太学置斋舍八十斋，斋容三十人。外舍生二千，内舍生三百，上舍生百，总二千四百。生员入学本贯，若所在州给文据，试而后入。月一私试，岁一公试，补内舍生；间岁又一试，补上舍生，封弥、誊录如贡举法；而上舍则学官不与考校。诸斋月书学生行艺,以帅教不戾规矩为行,治经、程文合格为艺。斋长、谕、学录、学正、直讲、主判官以次考察籍记。公试,外舍生入第一,第二等,参以所书行艺,预籍者升内舍;内舍生试入优、平二等,参以行艺升上舍。上舍分三等:俱优为上,一优一平为中,俱平若一优一不为下。上等命以官,中等免礼部试,下等免解。以升补人行艺进退,计人数多寡为学官之赏罚。缘升舍为奸者,论如违制律,不用去官赦原。学正增为五人,学录增为十人,学录参以学生为之。(《长编》三〇一)

元丰三年　庚申(1080)

正　月

十三日,颍昌府《德音》:"本府到省进士一举、诸科二举,及曾到御前不以举数,并免将来文解。内曾到御前者,如将来南省考试不合格,奏取指挥。"(《宋会要·选举》一五之二二、二三)

五　月

(乙丑,三日)编修学制所言:"奉旨立势要及国子监生、太学官亲属,许不以乡贯就开封府应举之法。臣等看详:监以国子为名,而无国子教养之实,恐未称朝廷建学育士之意。乞应清要官亲戚,并令入监听读,以二百人为额,解发毋过四十人。"从之。(《长编》卷三〇四)

六　月

(庚子,九日)兵部言:"武举,故事随制科锁试。昨两试武举,并随进士。今用新制,进士举罢,方试武举,重复差官,于事无补,但有浮费。与进士同时锁试为便。"从之。(《长编》卷三〇五)

八　月

八日,诏:"两制、台谏至总管、监司,各举堪应武举进士一人,以名闻奏。"(《宋会要·选举》一七之一八)

九　月

二十二日,《明堂赦书》:"诸路进士、诸科,嘉祐二年以前礼部试下、六年以前殿试下,并进士、明经殿试下三举、礼部试下五举,诸科殿试下五举、礼部试下七举；开封府、国子监进士、诸科，治平二年以前礼部试下、四年以前殿试下，并进士、明经殿试下两举、礼部试下三举，诸科殿试下四举、礼部试下五举，并免解。”(《宋会要·选举》一五之二三)

十一月

二十一日，曾巩《请令州县特举士札子》：臣闻三代之道，乡里有学。士之秀者，自乡升诸司徒，自司徒升诸学。大乐正论其秀者，升诸司马；司马论其贤者，以告于王。论定然后官之，任官然后爵之，位定然后禄之。论定然后官之者，郑康成云：谓使试守。任官然后爵之者，盖试守而能任其官，然后命之以位也。其取士之详如此。然此特于王畿之内，论其乡之秀士耳。故在《周礼》，则称乡老献贤能之书于王也。至于诸侯贡士，则有一适、再适、三适之赏，黜爵削地之罚。而其法之详，莫得而考。此三代之事也。汉兴，采董生之议，始令郡国举孝廉一人。其后，又以口为率，口百二十万至不满十万，自一岁至三岁，自六人至一人，察举各有差。至用丞相公孙弘、太常孔臧议，则又置太常博士弟子员。郡国县官有好文学、孝悌谨顺、出入无悖者所闻，令相长丞上属所二千石。二千石谨察可者，令诣太常受业如弟子。一岁皆课试，通一艺以上，补文学掌故缺。其高第可为郎中者，太常籍奏。即有秀才异等，辄以名闻。又请以治礼掌故，比二百石及百石吏，选择为左右内史、大行下郡太守卒史，皆各二人，边郡一人，不足，择掌故以补。中二千石属文学掌故，补郡属备员。其郡国贡士、太常试选之法详矣。此汉之事也。今陛下隆至德，昭大道，参天地，本人伦，兴学崇化，以风天下。唐虞用心，何以加此？然患今之学校，非先王教养之法；今之科举，非先王选士之制。圣意卓然，自三代以后，当途之君，未有能及此者也。臣以谓三代学校劝教之具，汉氏郡国太常察举之目，揆今之宜，理可参用。今州郡、京师有学，同于三代，而教养选举非先王之法者，岂不以其遗素励之实行，课无用之空文，非陛下隆世教育人材之本意欤！诚令州县有好文学、厉名节、孝悌谨顺、出入学悖者所闻，令佐升诸州学，州谨察其可者上太学。以州大小为岁及人数之差，太学一岁，谨察其可者上礼部，礼部谨察其可者籍奏。自州学至礼部，皆取课试，通一艺以上，御试与否，取自圣裁。今既正三省诸寺之任，其都事主事掌故之属，旧品不卑，宜清其选，更用士人，以应古义。遂取礼部所选之士，中第或高第者，以次使试守，满再岁或三岁，选择以为州属及县令丞。即有秀才异等，皆以名闻，不拘此制。如此者谓之特举。其课试不用糊名、誊录之法，使之通一艺以上者，非独采用汉制而已。《周礼》大司徒以乡三物教万民，而宾兴之，亦以礼乐射御书数也。如臣之议为可取者，其教养选用之意，愿降明诏以谕之。得人失士之效，当信赏罚以厉之。以陛下之所向，孰敢不虔于奉承？以陛下之至明，孰敢不公于考择？行之以渐，循之以久，如是而俗化不美，人材不盛，官守不修，政事不举者，未之闻也。其旧制科举，以习者既久，难一日废之，请且如故事。惟贡举疏数，一以特举为准，而入官试守选用之叙，皆出特举之下。至夫教化已洽、风俗既成之后，则一切罢之。如圣意以谓可行，其立法弥纶之详，愿诏有司而定议焉。取进止。(《曾巩集》卷三〇)

十二月

十二日，诏："开封府解额并拨属太学，其国子生解额，以太学分数取人。"(《宋会要·选举》一五之二三)

是　月

苏轼《答李端叔书》：轼少年时读书作文，专为应举而已。既及进士第，贪得不已，又举制策，其实何所有？而其科号为直言极谏，故每纷然诵说古今，考论是非，以应其名耳。人苦不自知，既以此得，因以为实能之，故譊譊至今，坐此得罪几死。所谓齐虏以口舌得官，真可笑也。然世人遂以轼为欲立异同，则过矣。妄论利害，搀说得失，此正制科人习气。譬之候虫时鸟，自鸣自已，何足为损益！(《苏轼文集》卷四九)

晁补之《澶州学生登科记》：周公封于鲁，礼乐传焉；孔子生于鲁，六经出焉。学之为圣人事，其求莫近于鲁也。孔子曰："鲁、卫之政，兄弟也。"鲁、卫固兄弟，而政岂兄弟也耶？虽然，周公教康叔以求商之遗民、贤人、君子、长者，康叔能修之。武公、文公有文章道化，盖美哉渊乎！忧而不困者，于诗具在也。孔子取之，适卫而言曰："庶矣哉！如有用我者，三年有成。”圣人之于卫，亦不可无泽也。秦并天下，立州郡，至于今不改。而君角之亡地，澶即其墟。始余自南州求济，中流而叹，知卫之美也。登南北城而望，则山川迤靡，图记可指，盖楚宫顿邱泉源、淇水须漕之地仿佛而在。其《诗》曰：“如切如磋，如琢如磨。”“彼姝者子，何以告之？”则原其国俗，好学而乐善，本于余习者如此。自季札见夫五人者，以谓“卫多君子，其国无故”，则其所从来者旧矣，非特孔子时为然也。而秦汉以降，士或忘其故习，不醇乎文学之绪，有夏育尚气任侠之风。述往事者，不善子羔脱身于孔氏之难，而喜道仲由结缨于台下之勇也。盖莫盛于汉，质直如汲黯，旷时而不一人。而倜傥喜战斗如后魏李崇辈，比者迄于五代，往往而出相望也。反而思之，然后知治天下病学校之不设。太祖、太宗，神武不杀，四夷屈降。真宗北巡，叛虏夺气，而澶之人始开门相往来。人人知本农桑、劝学校，以不忘其故家遗俗之盛，士亦稍稍能自有闻于时。由学生而取科第者，自兴国逮元丰，可考而记者若干人。其一时行事皆有可道，而不幸穷夭，且世无人者又不可胜访，斯已盛矣。今天子以儒术治天下，而汲郡韩公之守澶也，能推天子所以乐儒术之意行之其邦。始命其参军晁补之，率邦人诸生而与之游。且告补之曰：“无所待而兴者，豪杰也。降是，则君子不能无劝焉。士而知读书为儒，取科第，列士大夫以归荣其亲，荣其邦人焉，亦可尚矣。子无乃为次叙其名氏而记之！”予闻而益喜，曰：“不可一日而不治者，三晦之宅犹如此，目前之事犹如此，况人伦所以本乎！”跨浮梁而望大河之奔浑，为马图，为荣光，神气之发也，独人异哉？将必有君子，如季札之所道，其理然也。因历考其古之所以盛、所以衰，与夫风声气俗之变，而载若干人者于其后，使邦人诸生一过而知焉。后之大车驷马，洋洋乎四方人指以为劝者，亦知夫所以致此，自公之教而始也。公名琦，官右谏议大夫云。元丰三年十二月某日记。（《全宋文》卷二七三九）

元丰四年　辛酉(1081)

正　月

(庚子,十二日)中书礼房请:“令进士试本经、《论语》、《孟子》大义,论、策之外,加律义一道,省试二道。武举止试《孙》、《吴》大义及策。”从之。(《长编》卷三一一)

三　月

苏辙《送王适徐州赴举》:送别江南春雨淫,北方谁是子知音?性如白玉烧犹冷,文似朱弦叩愈深。万里同舟宽老病,一杯分袂发悲吟。明年榜上看名姓,杨柳春风正似今。(《栾城集》卷一一)

七　月

己酉(二十四日),国子监言:“学生入学,乞同县五人以上为保。如犯第一等罚不觉,举者与罪。许人告,赏钱三百千。未入学以前违碍,亦准《贡举法》。”从之。(《山堂考索》后集卷二八)

八　月

苏辙《试院唱酬十一首·戏呈试官吕防》:新秋风月正凉天,空馆相看学坐禅。满榻诗书愁病眼,隔墙砧杵思高眠。霜飞一叶凋琼玉,风绕双松奏管弦。闻道熊罴归梦数,侵天闱棘漫森然。

《次韵吕君见赠》:偶然倾盖接清言,不觉门前昼漏传。老病低摧方伏枥,壮心坚锐正当年。莫嫌客舍一杯酒,试论灊山三祖禅。明日程文堆几案,只应衰懒得安眠。

《观试进士呈试官》：松庭散朝日，棘户启秋风。鹄鹭纷来下，旌旗俨未攻。驰词看倚马，余力送征鸿。逸足谁先到，孤标想暗空。晶荧双镜并，高下片言公。老病方耽睡，飞沉一梦中。

《次前韵》：南国号多士，几人洙泗风？英材自入彀，坏阵不劳攻。文缛山藏豹，飞高弋慕鸿。蚩妍归品藻，得失付虚空。考行先推本，登贤旋奏公。期君缓归辔，一醉鹿鸣中。

《戏呈试官》：只隔墙东便是家，悄悄还似在天涯。客心不耐听松雨，归信犹堪饮菊花。翦烛看书良寂寞，披沙见玉忽喧哗。自惭空馆难留客，试问姮娥稍驻车。

苏辙《放榜后次韵毛守见招》：饱食安眠愧不材，疏帘翠帟幸相陪。深居正厌银袍乱，失喜初闻铁锁开。佳句径蒙探古锦，小槽仍报滴新醅。诸人欲见风流伯，不用招呼亦自来。（以上均见《栾城集》卷一一）

九　月

苏辙《燕贡士》：泮水生芹藻，干旄在浚城。桑鹗同变响，苹鹿共和鸣。秋晚槐先堕，霜多桂向荣。清尊助劝驾，急管发欢声。勇锐青衿士，淹通白发生。芬芳杂兰菊，变化等鹍鲸。去日衣冠盛，归时里巷惊。坐中词赋客，愧尔一经明。（《栾城集》卷一一）

是　秋

苏轼《与潘三失解后饮酒》：千金敝帚人谁买？半额蛾眉世所妍。顾我自为都瞧旺，怜君欲斗小婵娟。青云岂易量他日，黄菊犹应似去年。醉里未知谁得丧，满江风月不论钱。（《苏轼诗集》卷二一）

苏辙《送饶州周沃秀才免解》：少年工作赋，中岁复穷经。骥老终知道，剑埋新发硎。束装邻里助，答策友朋听。还似临淄贡，随风起北溟。（《栾城集》卷一一）

孔平仲《送周元翁赴省试》：静如秋潭月，秀比玉山岑。濂溪素积善，遗泽乃在今。一鸣先众人，再鸣慰我心。茁芽旧固好，浚养日愈深。岁暮冰雪气，关山车马音。去者辙相结，岂止旅思侵。期君贾余勇，枭俊将成禽。策功居第一，受赏绾千金。高堂迟捷布，华发正盈簪。(《清江三孔集·孔平仲集》)

黄庭坚《奉送周元翁锁吉州司法厅赴礼部试》：江南江北木叶黄，五湖归雁天雨霜。系船溢城秣高马，客丁结束女缝裳。贡书登名彻未央，不比长卿薄游梁。南山雾豹出文章，去取公卿易驱羊。与君初无一日雅，倾盖许子如班扬。囚拘官曹少相见，忽忽岁晚稼涤场。一杯僚友喜多在，谢守不见空澄江。澄江如练明橘柚，万峰相倚摩青苍。暮堂醺醺客被酒，艳歌聒醉烛生光。椎鼓发船星斗白，明日各在天一方。寒鸦满枝二乔宅，樽前顾曲忆周郎。鲈鱼斫脍蔗为浆，恨君不留谁与尝。殿前春风君射策，汉庭诸公必动色。故人若问黄初平，将作金华牧羊客。(《黄庭坚全集》第三辑)

十二月

二日，知谏院朱服言："伏见在京发解礼部试进士，随所通经，以十分为率而均取之。乞自今考试，以义理、文辞为高下去留，罢分经均取之法。"朱墨本云：无施行。(《宋会要·选举》三之四七)

是　年

黄裳《南剑州解元谢启》：辞去何缘，拟作西雍之鹭；归来亦分，却为南海之鹏。行止非人所为，得丧在予何累！受性真直，与世阔疏。谓古人所谓德者，要之所得无伪乎心；谓古人所谓行者，要之所行无害乎义。规规俗态，勿容毫发于胸中；荡荡道情，可置江河于度内。方圆周士之肆，边幅汉儒之劳。云山竹溪，或浩歌而往；春花秋月，或大醉以游。觉来无物，引去有谁？天籁自鸣，何求于金石？虚舟暗触，无意于风波。谓不能直情，而或隐忍以私，则其有动也，非情之和；谓不能适性，而或矫拂以伪，则其有为也，非性之正。上推小廉曲谨，以望天下之俗，故秦之士也拘；下饰奸言伪行，以罔方中之人，故今之愚也诈。或持屑屑之末节，乃诋闲闲之大方。伏惟某官，人器之内，受而不遗；心鉴之中，见其所抱。远移严牒，发扬小材；屡顾弊庐，感励后学。收青衿于城阙，舒黄卷于黉堂。讲道南来，承以多士；献书而去，出于群英。斗下夜明，孤锋艳艳；云中秋静，一鹗轩轩。临义挥毫，虽惭千虑之所得；因风展翅，且慰三年之不飞。其进疲驽，以酬荣茝。(《全宋文》卷二二四八)

元丰五年　壬戌(1082)

正　月

九日，以翰林学士李清臣权知贡举，知制诰舒亶、侍御史知杂事满中行并权同知贡举，合格奏名进士四百八十五人。(《宋会要·选举》一之一二)

知举李清臣上合格进士刘概等。(《太平治迹统类》卷二八)

十二日，诏："自今毋以大理寺官为试官。"(《宋会要·选举》一九之一八)

(己亥，十七日)太学言："生员万皋等五人曾经屏斥，未尝叙雪，而改名补试入学。"诏："并斥出学，实殿一举。今后妄冒入学者徒一年。"(《长编》卷三二二)

二　月

二十一日，梓州路《赦文》："本路进士礼部下四举、殿试下两举，诸科礼部下五举、殿试下四举，并免解。礼部不合格特奏名今来到礼部人，亦准此。"(《宋会要·选举》一五之二三)

三　月

庚寅(九日)，诏："河南府进士席旦特赴廷试。"旦，汝明子，上书论事合意也。(《长编》卷三二四)

十一日，上御集英殿，试礼部奏名进士。内出制策曰："朕闻礼以辨上下，法以定民志。三王之时，制度大备。朝聘、乡射、燕享、祭祀、冠昏之义，隆杀、文质、高下、广狭、多少之数，尺寸铢黍，一有宜称。贵不以逼，贱不敢逾。所以别嫌明微，释回增美，制治于未乱，止邪于未形。上自朝廷，下迨闾里，恭钦撙节，欢忻交通，人用不偷，国以无事。降及后世，陵夷衰微，秦汉以来，无足称者。庶人处侯宅，诸侯乘牛车。贫以不给而废礼，富以有余而僭上。宫室之度，器服之用，冠昏之义，祭飨之节，率皆纷乱苟简，无复防范。先王之迹因以熄焉。《传》曰：'礼虽未之有，可以义起也。'后之学者，多以为非圣人莫能制作。呜呼！道之不行也久矣！斯文不作也亦久矣！抑恣其废而莫之救欤？将因今之材而起之也？"得进士、明经诸科黄裳以下五百九十二人，赐及第、出身、同出身。翌日，试特奏名进士，内出制策曰："古之学校废兴，未尝不关世之治乱也。郑之《子衿》，鲁之《泮宫》，载于诗人颂刺。周衰，秦以夷狄擅天下，于是先王教养之遗迹绝灭，不复有闻于后世。故历世有为之君，虽慨然思有以仿佛治古之盛，追考其所成终始，则亦为一时美观而已，非有先王之故也。朕以不敏，荷祖宗积累久之大业，思与有德有造之士共承之。故尊延师儒，发释经训，庶几学者迪德矣。若夫以事示之，以象教之，则寤寐以思，弗获于怀。今欲使为士者，外备其文，内美其质，用修文事而无不宜，用作六师而无不及。子大夫以谓何施而可趣于此乎？其为朕详著设施后先之叙，稽于古而宜于今者，条著于篇。"得进士、明经诸科八百三十六人，授假承务郎、文学、助教、摄助教。(《宋会要·选举》七之二三、二四、二五)

黄裳《御试策》：臣闻致道则求诸人，以人者善之所在也，及其行道也，不可以求人，惟人求道；置法则从诸人，以人者情之所在也，及其行法也，不可以从人，惟人从法。圣人之为天下，合众善以为道，合群情以为法。其为教也，则宜民下无异习；其为政也，则宜臣下无异说。若夫蠡管之见，涓埃之善，奚足以致哉？圣人以为物态有新故，民情有好斁，俗有盛衰，时有彼此，事有变常，道有升降，法有损益，以道应时，以法制俗。当与万物之理相得于无穷，则夫善之所在未可以废也；当与万物之变相适于无常，则夫情之所在未可以废也。陛下所以三岁一诏，旁集天下之士，亲降圣问。而使一介草莱，类得发其涓埃之情，以助太山之崇高，沧溟之深远。如臣之愚，何足以与此！然而，臣闻大道之世，"货恶其弃于地也，不必藏于己”，则俗之于物轻矣；“力恶其不出于身也，不必为己”，则俗之于我轻矣。不以我累道，不以物累我。天叙之中，夫妇之情，父子之性，君臣之义，兄弟之序，所谓有物者也。天秩之中，父厚于义而薄于仁，母厚于仁而薄于义。君无为而尊，臣有为而累，所谓有则者也。方是之时，上下之分，乌用辨哉！不必持衡与之为轻重，而人自以为平；不必探筹与之为得失，而人自以为公。其正不必规矩，而天与之为方圆；其信不必符契，而天与之为取与。方是之时，上下之志，乌用定哉！以故天之象，地之器，鸟兽之文，土地之宜，未有仰观而俯察者，则象与器其孰制而用哉？法无所始，亦无所成；礼无所益，亦无所损。道之下降，在乎众器之间而已。人能轻物与我，而相与为天游，未有过礼而逾，不及礼而偪者，圣人盖未有患也。然而污尊而饮，捭豚而食，遂以为礼；抟土为桴，筑土为鼓，遂以为乐。营窟橧巢，羽皮毛血，圣人恶其鄙野太甚。贵贱之分，长幼之序，饮食居处，几与鸟兽草木无以异焉。以故圣人作为礼法，以文其实。营窟橧巢未利于居也，为之台榭宫室；草木血毛未利乎食也，为之炮燔烹炙；羽皮未利于服也，为之丝麻布帛；污尊抔饮未利于饮也，为之范金合土。网罟之利佃渔，耒耜之利稼穑，刳剡之利于川，服乘之利于途，弧矢之利御寇，击柝之利待暴，利用之法，详于此矣。然后制礼之文，施于饱食逸居之时，使远于禽兽。朝聘之礼，所以和君臣；冠婚之礼，所以正男女；祭祀之礼，所以交鬼神。为之射礼，以观其志体；为之乡礼，以辨其齿位。合其欢也，为之燕礼；致其钦也，为之享礼。虽然昔时鄙野之风，稍趋于文，而文之弊，使人役有涯之生，随无穷之情，忘不可乱之分，狥不可必之物。其性失中，其心失性。以菲废礼也偪，以美没礼也僭，遂丧天礼之自。尔者，性命之情日入于衰薄，有如横流之冲，失其大防，汗漫而难制。是以朝聘之礼不足以和君臣，冠婚之礼不足以正男女，祭祀之礼不足以交鬼神，乡射之礼不足以仁州乡，燕飨之礼不足以乐宾客。然则礼之数，岂可废哉？有数而无义，则其制礼也不足以因情；有义而无数，则其制礼也不足以定分。朝聘、乡射、燕飨、祭祀、冠婚之义，高下、隆杀、文质、广狭、多少之数，所以见于圣问，而臣以为礼法之行，自圣与贵者始。贤者先王以率愚，贵者先王以率贱者也，数度存焉。其在宫室也，庙各有数，堂各有尺；其在衣服也，冕各有章，旒各有寸；其在车旗也，常各有斿，车各有乘；其在器皿也，所食之豆,所献之爵,其数有多寡,其用有贵贱。虽然,礼数之于天下,岂特进其不及之才,敛其不平之气,以就绳约,然后以为得哉?有以多为贵者,以文为贵者,以大为贵者,以高为贵者,以其外心者也;有以少为贵者,以质为贵者,以小为贵者,以下为贵者,以其内心者也。内之为尊,外之为乐,少之为贵,多之为美。是故先王之礼不可多也,故常不丰;不可寡也,故常不杀,惟其称而已。天下之人顾其教则谨其分,明其义则进其德,此其所以致治于未乱,止邪于未形欤!不然,而礼之近者,适人之情;礼之远者,明德而反本。刍豢稻粱、庶羞酸咸以养其口,椒兰芳苾以养其鼻,雕琢刻镂、黼黻文章以养其目,钟鼓管磬、琴瑟笙竽以养其耳,疏房安车、越席床笫以养其体,此适其情者也。圣人以此救上古之鄙野,不能使后世无文之弊。目之于色,耳之于声,鼻之于臭,口之于味,四肢之于安佚,未有能克己复礼以为仁焉。则礼之近者,适足使人流而为淫泰,乘而为诈伪耳。山藻之僭,澣濯之陋,岂可废哉?是故圣人之制礼也,酒醴之美而玄酒明水之尚,黼黻文章之美而疏布之尚,莞簟之美而蒲越槁秸之尚,丹漆雕镂之美而素车之尚。是故礼虽道德之下及忠信之薄,而道德忠信所以不丧者,礼实明之也。礼之近者适人之情,而人情之适未常放者,礼之所尚不在乎美者而已。二帝三代,以法趋时,以义起礼,不能有异于此,特其详略未可同耳。故臣尝言道无常也,未始有弊焉,必有升降者,礼法为之也;时无止也,未始有弊焉,或有彼此者,习俗为之也。继道以致用者善也,制善以致治者法也。异法者彼此之时,异时者盛衰之俗,异俗者新故之物。物之新故,俗之盛衰,未始有常也。则以法趋时,以义起礼,岂有一定之论哉!是故圣人之在下者,或清或和,以矫一时之俗,而救其弊焉,则有三子之行;圣人之在上者,或损或益,以应一时之俗,而救其弊焉,则有三王之礼。然而,道失而后德,则二帝之趋时也,致隆于德,未能以为皇;德失而后仁,仁失而后义,义失而后礼,则三代之趋时也,致隆于业,未能以为帝。道也、德也、业也,皆圣人所能有者也,其用之异者,以制俗异之也;皇也、帝也、王也,皆圣人所能为者也,其名之异者,以应时异之也。臣谓有成与亏者法也,无成与亏者道也。无成与亏之中,注之不盈,酌之不竭。万法之造,费之弥多,资之愈有。唐而后成,周而后备,于形色名声,不可以为量数。若夫制于礼者为之,非特不可以致治也,必待数百岁,其智足以相备者而后全。若夫休道者虑后而致隆，则尧之所成，周之所备，伏羲旦暮而陈之，奚必俟唐与周哉？臣谓时之所缓，圣人不以为急；俗之所恶，圣人不以为好。是故五帝而上，其书谓之《三坟》，言大道也；二帝而下，其书谓之《二典》，言常道也。然而常道之用，又其大道之降者欤！不然，而忠质之过也，周以极盛之文而救之。盖自夏商之末，仁义失尽矣，则周之所以救其弊者，其有礼欤！尽仁之数以制礼，尽礼之数以制法，辨等之仪，教节之度，尤详于二代，则大道之降者，未足以为怪也。后世之难治，惟其物我大重。我重而逾，物重而偪，无穷之欲，不测之变，不可以略制也。行法之吏，至于三百六十而后已，岂其好详哉？礼以义起，法以时行而已。臣观三代之盛，忠质文之不同道，服器官之不同法，相沿以情，相革以迹。朝聘之勤，燕享之欢，祭祀之诚，婚姻之好，欢然有恩以相爱，粲然有文以相接。彰之以车服，扬之以声音，光之以《诗》、《书》，明之以藻色，其犹一元之散，遂华万物而为春欤！和气之中，声色万类，飞者翔，走者伏，潜者跃，并行而不相悖，并育而不相害，莫知为之者。三皇之世，未著于德义，其犹一元之含万物欤！二帝之喻，则向乎春矣。陛下体道在上，造化群材，因革庶政，教令刑禁，下行上施，其犹天道之运四时欤！作者使复，枯者使荣，则春之风雷；散者使敛，华者使实，则秋之霜露。将与有生之类，还淳反一，而为太古之游，固陛下之志也。若夫宫室之度，器服之用，冠婚之义，祭飨之节，率皆纷乱苟简，未复三代之遗法，岂可望哉！念此宜《圣策》之所及也。臣闻不能以礼趋时，则其为法也无功；不能以义起礼，则其为法也无道。礼乐之情同，明王以相沿，知礼有所因。三王异世，不相袭礼，则礼有损益。商因于夏，礼所损益可知也，损其文而益之以质故也。周因于商，礼所损益可知也，损其质而益之以文故也。其或继周者，虽百世可知也。文弊则质救之，质弊则文救之，文质相代，而趋于中，盖虽百世不能易也。伪者文之过，野者质之过，继文之过，必过于质而救之，此孔子所以欲从先进欤？时也，惟夏之从；车也，惟商之从；服也，惟周之从；乐也，惟舜之从。郑声之淫，非所可欲者也，文弊之俗皆溺于此乐，则惟舜之从，然后郑声可以放焉。自秦继周，礼之情不能有所因，乃滋法令，以酷天下。礼之文不能有所损，乃极奢侈，以穷其欲。不能以智出义，以义明德；不能以仁出礼，以礼明分。苟以徒法而制天下，礼之近者又从而充之，古远而难行者类弃而不为，遂使天下之俗流而为淫泰，乘而为诈伪。淫为郑声，殆为佞人，则其制天下也适足以为乱焉。岂能辨上下，定民志，使恭敬樽节，欢欣交通，以戴其上哉！若夫诸侯乘牛车，庶人处侯宅，贫以不给而废礼，富以有余而僭上，宫室之度，服器之用，冠婚之义，祭飨之节，率皆纷乱苟简，未足以为怪也。汉文帝好道家之学，以为繁礼饰貌无益于治，皆罢去之，专务朴素。然而文帝岂能监周之弊而致然哉？会其所好，适近圣人继周之意。故其屋壁得为帝服，倡优得为后饰，卖僮婢妾，富人大贾皆得以上僭，莫之制焉，斯亦文帝不能以义起礼之过也。呜呼！文帝畏甚高论而释之，与言秦汉间事而已。唐太宗好三代之礼乐，房、杜不能对者。故其为礼也，沿秦故以为汉，沿隋故以为唐，其治卒愧乎三代，而使三代本数末度寂寥数千载间，未有能振之者，可胜惜哉！陛下慨然有志于此，将欲贫者不至于废礼，富者不至于犯义，文不至于野，趋乎文质之中，非特天下后世受其赐也，斯文不亦幸乎！臣闻有其德而无其位，不敢作礼乐焉，为其无行礼乐之权也；有其位而无其德，不敢作礼乐焉，为其无立礼乐之道也。而今陛下尊为天子，有其权矣；德为圣人，有其道矣，何惮而不为？然而，不能因俗，则礼失人；不能制俗，则人失礼。礼失人也无情，人失礼也无分。陛下以义起礼，而臣言其所以因俗、所以制俗而已。寒暖燥湿异气，刚柔轻重异齐，器械异制，衣服异宜，饮食异和，此天理之所异者，俗之所宜，先王之所因。析言破律，乱名左道，淫声异服，奇技奸色，行伪而坚，言伪而辩，学非而博，顺非而泽，有疑于众，圭璧金璋，锦文珠玉，或不中度，或不中幅，或不中量，或不中仪，有行于市。此人伪之所异者，俗之所病，先王之禁。因其所宜而弗禁其所异，天下之人心与物化，志逐利往。譬如新生之犊，猖狂而趋，未知其所向，则虽以义明法，以数定分，敛其放肆，以就绳约，亦已劳矣！是故大司徒施十有二教，所以因俗者一，所以制俗者四。太宰以八则治都鄙，以礼驭其民则其制俗者也，以俗驭其民则其因俗者也。盖惟圣人以道出法，以德制行，然后能为因俗而与之同，能为制俗而与之异。其因俗而与之同也，则能使之欢欣交通；其制俗而与之异也，则能使之恭敬樽节。礼之远者，使之知所尚焉。则能明德反本，而不溺于忠信之薄，道德之下衰，三代之礼可得而终始也。此臣之计也。（《全宋文》卷二二四五）

王安礼《元丰五年殿试进士策问》：朕闻动民不以言，效上捷于令。三代之王也，正心诚意，出于衽席之上；移风易俗，至于江汉万里之远。是以德产茂遂，欢欣交通，伊古以来，号为极治。朕承祖宗之休，帝有天下，夙兴夜寐，期底治宁。有仁民爱物之心，而泽不下究；有明目达聪之意，而壅于上闻。责实循名，而乐事劝功之效未著；信赏必罚，而瘝官慢令之习不除。任职多素餐之人，居位鲜自公之士。廉义忠直，见讥于时；诐污私邪，以党相尚。历年于此，未就平成。岂朕之德有所未至？教有所未孚欤？将至治昧先后之理，而无其序欤？抑习俗之弊可以久成，难以速化欤？稽往古而不泥，施来今而可行，子大夫宜有志焉。其著于篇。

朕闻为君之难，莫难于知人。四海之广，万机之众，联事合治，不可一日阙其官；居位任职，不可一日非其人。苟无知人之术，则中无凝止而奸言并至，尝试之说滋起矣。用之如转石之速，或未尽于人材；去之如拔山之难，将有窒于贤路。择士以言，则能言者未必能行；选众以行，则有始者未必有卒。以貌则聪明者有守之以愚，以事则就义者或去之若热。察之以声闻，则忠正之士以刚直而陷求全之毁；考之以荐论，则阘茸之人以阀阅而致不虞之誉。然则，知人之道果何以哉？尧知人以九德，周弊吏以六计，魏晋有中正之官、九品之制，至唐又考以二十七最。凡此类者，施之于今，足以尽知人之术欤？抑非欤？子大夫其详言之。

朕闻先王之治天下也，感人以心，而人无不化；动人以行，而人无不随。故文王之陟降庭止，则在位者自公退食，无私交之行；不遑暇食，则从政者莫或遑息，无斯须之安。及其久也，群黎百姓遍为尔德，上自使臣之贤，而下至征夫之贱，内外不形惨悴之色，非特将帅之忠，而有见于仆夫之贱。君臣上下，忧勤百为，休戚一体，此先王所以德日起而大有功也。朕甚慕焉，夙兴夜寐，正心诚意，以躬率在位。然而，下之随上，曾未足以庶几先王之治。不识何道而能致先王之盛乎？子大夫事变之所更者多，则义理之所阅者博；耳目之所接者广，则志虑之所及者远。子大夫其精究而详言之。

朕闻边骑之为中国患，其来尚矣。自昔将帅谋谟之臣，如韩安国、王恢、贾谊、董仲舒、晁错、陆贽之徒，或欲怀其心，或欲坚其约，以一击十，以易制难，皆概乎其闻者也。今欲考众说之是非，以求至当之说，若验之于已行之迹。然古之御戎者，不过有命将帅而伐之者，有筑长城而绝之者，有奉金赍币而和亲之者，有卷甲轻举而破降之者。严尤以为古无上策，周得中策，汉得下策，秦无策焉。班固从而析之，以为尤论当矣。而刘况乃以谓严尤论而未详，班固详而未尽。然则，考古之事，酌今之宜，务求最上之策，以外威四夷，内强中国。子大夫以为何施而可乎？

朕闻王道之始，必本于农。故为之常平之政，使仓廪之积，农夫得以取其陈；为之免役之法，使官府之徭，耕者无或妨其力。然天下之民，犹且力本者寡，趋末者众。一遇水旱之灾，则强者散而之四方，弱者转而蹈沟壑。朕甚悯焉。永惟所以强本抑末之道，而未得其方也。呜呼！井田废，而为阡陌疆理之法不可复讲矣；口分世业之田坏，而为兼并限田之令不可复行矣。然则，率市廛之民，归南亩之业，使天下游手者寡，土著者固，丰年足以乐室家，凶岁有以御冻馁，子大夫以为何道而能臻此乎？

朕承祖宗之大统，永惟先王之所以化民成俗。观之以象，示之以事，德有所亏则成之，过与不及则均之。载之如扬舟，无或弃之物；养之如新田，有可采之芑。当是之时，学士大夫，外备其文，内美其质，用修文事而无不宜，用作六师而无不及。盖致其道，成其业也如此。周衰，《子衿》之诗作，独鲁僖公始修泮宫，道以政治，迪以武事，卒之以献功，故孔子犹有取焉。如魏之拓跋，唐之文皇，乡县立学，远人慕义，皆颇有其意矣。教养之实，亦有近于古者乎！朕方崇广三舍，而来四方之贤良。何修何饬，而能臻先王之盛欤？意者，井田已废，三代之法不可一朝而复。则魏唐之制，庶几有补于今欤？其无补欤？用之必有本末，施之岂无先后？子大夫其详言之。

王安礼《进策题札子》：臣近蒙宣谕，学校策义，令检阅故事，缀缉成文。臣牵强累日，仅就篇次。大惧词学浅陋，违失睿意。今具进呈，伏乞宸翰深赐窜改，或可施用。取进止。臣近奉手诏，令臣更拟策问五首。臣学不足以通古今之宜，文不足以达事物之理，夙夜勉强，仰塞睿旨。今已撰到五首，谨亲书进呈。伏望圣慈裁择刊改。取进止。（以上均见《全宋文》卷一八〇一）

(壬辰,十一日)诏:武举人御试日马射。(《长编》卷三二四)

甲午(十三日),策特奏名进士,又策武举进士。(《长编》卷三二四)

乙巳(二十四日),御集英殿,赐进士、明经、诸科黄裳以下及第、出身、同出身五百九十三人。(《长编》卷三二四)

元丰五年,黄冕仲榜唱名,有暨陶者,主司初以"洎"音呼之,三呼不应。苏子容时为试官,神宗顾苏,苏曰:"当以入声呼之。"果出应。上曰:"卿何以知为入音?"苏言:"《三国志》吴有暨艳,陶恐其后。"遂问陶乡贯,曰:"崇安人。"上喜曰:"果吴人也。"时暨自阙下一画,苏复言字下当从旦。此唐避代宗讳,流俗遂误,弗改耳。(《石林燕语》卷八)

戊申(二十七日),御试初考官:大中大夫苏颂,集贤校理王子韶、王陟臣,承议郎刘奉世,同知礼院杨杰,通直郎蔡京;复考官:龙图阁直学士安焘,知制诰王存,史馆修撰陈睦、曾巩,集贤校理赵彦若,太学博士张崇;详定官:翰林学士蒲宗孟,宝文阁待制何正臣,集贤校理陆佃,各罚铜三十斤。坐颂等考黄裳等下,上亲擢为第一,故罚之。鲜于绰《传信录》云:"祖宗时,状元通判乃赐茜袍,故有'不著蓝袍便著绯'之语。其后恩泽稍杀,为签判或知县,袍止赐绿。元丰中,黄裳为状元,有语'黄裳却作绿衣郎',就姓名咏之也。考官本考裳置第五甲,神宗尝见其文,因记其数句。至唱名,令寻裳卷,须臾寻获进呈,神宗曰:'此乃状元也。'乃唱名。同时,又有刘概者,前此一举,蒲宗孟为省试,喜其文,考概作省元。以策中'岁'字犯庙讳藩邸名,不得已黜落。散号日,蒲话于众,予概为省元,自此遂知名,敕差为学录。至是年,又为省元,神宗闻其名。放榜日,亦在第五甲。神宗呼至轩前,问曰:'卿学录几年?'概曰:'臣待罪学录三年。'又曰:'师何人?'概曰:'蒙陛下教养。'神宗嘉其应对,宣谕曰:'有司考校失实,置卿第五甲,今升第二甲。'时考试官知制诰曾巩辈以定黄裳、刘概试卷不当,各罚铜三十斤。"(《长编》卷三二四)

进士名录:黄裳,丁元宾,上官合,王尹,王田,王沃,王沇之,王南中,王彦至,王焯,王渥,王巽,王泽之,王藻,王籍,王瓘,毛注,毛奕,毛宽,方伯镇,孔淑,艾早,左书言,石处道,石景衎,石景术,石解,申祖锡,申积中,丘传,吕企,吕杭,吕傃,吕察,朱行中,朱玠,朱戬,危建侯,江柄,江炳,江衎,江栋,江准,安国,阮美成,杜仁圣,杜固,李友闻,李西美,李相,李彦升,李规,李移忠,李传,李谷,吴仁凯,吴公辅,吴公懋,吴仲虎,吴师礼,吴衮,吴陶,吴与,吴睿,吴履中,吴桧,吴点,何正功,何如石,何修辅,何彦立,何执礼,何嗣老,何谊直,何铎,余深,余干,沈彦声,沈衮,宋之才,宋圣龙,范弁,范祖舜,范嵎,林定,林师醇,林纮,林萱,林觃,林髦,周刊,周格,周寿,周需,周涛,孟醇,胡伯适,胡trapped,胡锔,韦师孟,皇甫璋,俞夔,姜猎,纪霖,马天来,秦宗臣,敖知言,袁应中,耿南仲,莫倚,莫群,夏千,晁说之,晁端禀,晏拯,徐子开,徐元,徐正彦,徐充,徐确,徐涛,翁升,翁援,高文中,郭思,郭蒙正,涂汲,陆元成,陈由,陈安道,陈秉,陈治中,陈俊,陈纯夫,陈琳,陈愈,陈扔,陈说,陶澥,孙大廉,孙昌期,孙淑,黄汝弼,黄君辅,黄果,黄昣,黄奕,黄恭,黄国材,黄庾,黄深,黄董,黄诏,黄静,黄毅,黄薮,黄觉,黄懿彦,曹滋,曹震,区杰,戚仪,许子伯,许公岳,许安雅,许尧夫,许循,许谓,康说,章元弼,梁俊,张及,张天彝,张巨,张洪,张根,张彪,张国辅,张湜,张驯,张稚通,张铸,张谋,张锷,张铎,彭子民,叶木,叶示,叶世隆,叶光,叶安节,叶孝玉,叶承,叶珪,叶默,万如石,葛思渐,董志,程庚,程祈,程书言,舒劭,舒勉,邹浩,邹辂,邹余,曾永,冯正卿,冯世雄,冯澥,游酢,强佐,强翊,杨同,杨伋,杨庭杰,杨彦修,杨恂,杨训,杨恕,杨询,杨厘禾,杨灌,詹京,褚景文,赵彦道,蒋师颜,蒋植,蒋谨修,蔡汉谟,蔡总,蔡绘,廖迈,郑中立,郑中立,郑琛,郑佥,郑济,暨陶,熊知常,熊倜,熊敦常,邓涣,邓琉,欧阳震,刘日章,刘安行,刘格,刘干,刘概,潘通,潘颐,萧服,萧美成,萧从,卢航,檀宗元,魏任,魏闳,魏骏,钟伷,谢若,谢皓,谢瓛,聂序,聂景纯,聂循矩,丰安常,严君邻,严肱,严华,罗敏功,饶师传,龚汉卿。

明经、诸科:刘得象,刘杰。

特奏名进士、诸科:王震,丘及,吴君元,何去非,余利宾,宋琥,林仕元,林勋,林愉,林贽,柯宣符,柯庸,俞易直,翁景文,翁绩,郭宏,郭寓,陈肱,陈翃,陈准,陈简中,黄允,黄彦博,黄敏,黄琰,许良肱,许伦,张祖关,叶伟,杨简,蔡雍,郑良,郑若谷,郑淳,鲍天一,戴觃(误),魏容。(《宋登科记考》卷六)

补进士名录：其一，周通叟。《全宋诗》卷一二〇七晁说之《谢周同年通叟诗卷》。

其二，李周翰。《全宋文》卷二八四八邹浩《祭李周翰文》："余同年进士四百余人，曾未十年，知其为异物者十二人矣，况耳所不接者。呜呼！子复从之而往乎！"

其三，蹇颀。《全宋文》卷七一一七魏了翁《蹇君墓志铭》："生二子，长曰颀，次曰颐。颀举元丰五年进士第二人。"

补特奏名进士：俞备。《全宋文》卷二二六七黄裳《法曹俞君墓志》："继伦生备，字几甫。……元丰六年，以特奏名为河南府助教。"按：俞备是年特奏名，次年出仕。

辨正：戴觇，即戴觇，宋孝宗淳熙五年特奏名进士。《宋辽金元方志辑佚·南雄路志》："戴觇，淳熙戊戌科中第四等，从事郎英德府军事推官。"(第807页)

元丰中，汶上梁逖，一夕，梦奏事殿中，见御座前揭一牌，箔金大书"黄裳"二字，意必贵兆也，因改名黄裳。明年，御前唱进士第，南剑黄裳为天下第一。(《渑水燕谈录》卷六)

蔡忠怀确持正，少年尝梦为执政，仍有人告之曰："俟汝父作状元时，汝为执政也。"持正觉而笑曰："鬼物乃相戏乎！吾父老矣，方致仕闲居，乃云作状元，何也？"后持正果作执政。一日侍殿上，听唱进士第，状元乃黄裳也，持正不觉失惊，且叹梦之可信也。持正父名黄裳。……此闻之于忠怀之孙橝子正。(《懒真子》卷三)

熙宁三年廷试，罢三题，专以策取士，非杂犯不复黜。然五路举人，尤为疏略。黄道夫榜，传胪至第四甲党铸卷子，神宗大笑曰："此人何由过省？"知举舒信道对以"五路人，用分数取末名过省。"上命降作第五甲末。(《挥麈前录》卷三)

黄冕仲未第时，尝有魁天下之意。元丰四年，南剑州谯门一柱忽为迅雷所击，冕仲闻之，口占绝句云："风雷昨夜破枯株，借问天公有意无？莫是卧龙踪迹困，放开头角入亨衢。"次年冕仲遂膺首荐，又次年对策为天下第一。(《能改斋漫录》卷一一)

黄裳《状元及第谢启》：卿吏献书，特为一鹗；春官奏艺，间在三人。引造帝庭，再上千言之策；收还桂籍，复先万国之儒。上辱圣恩，内惭士论。窃以堂室如诸夏，柱石如群英。法度者垣墉，文章者丹雘。欲隆夏屋之观美，必谨工师之搜求。然后丹雘得以为文华，垣墉得以为阻固。天变不能凌暴，人乱不能窥窬。然而，材或不备，则不可与防不虞；材或不嘉，则不可与图无弊。是以圣人之取才也无类，圣人之育材也有方。其才无气，则用之难乎有为；其言无德，则取之难乎有用。将致其才行，则先养其气于刚大；将致其言语，则先育其德于高明。使之致思以胜其所闻，则其德守天；使之灭私以制其所狥，则其气守性。始有当世修明之士，能为先王辅相之人。行止在我而不在乎人，此道所以行；富贵在德而不在乎物，此德所以立。读书万卷，岂学蠹鱼之死生？食禄千钟，亦同箪食之得失。嚣然为我，幡然为君。文章足以为丹雘，以其有德以立言；法度足以为垣墉，以其有道以制行。先王之泽衰熄，后世之风陵迟。沚中之莪，归为陈根；山下之泉，出为行潦。其德昧于然否，其气趋于穷通。言不以物来而鸣，才不以事至而运。青衿不见，谩嗟三月之何长；白发已生，尚恨一经之未究。性命之情，沦溺于陈迹；口耳之学，纭纷于异端。俗有不能兴之忧，才有不足用之叹。方悲此属，蠹六艺之空文；何幸吾君，瘉千年之曲见。论升以舍，作兴其才。行尽新书，黄卷探天人之邃；收残旧学，青天披云雾之深。道德之统，举以两端；礼义之序，弥于万类。庆小子之有造，慕壮夫之不为。至使空空之鄙夫，化为济济之多士。小者大者，薪之槱之。昔欲求心，既幸孔门之受；今兹行义，又蒙唐构之收。祇荷宠灵，诞膺荣幸。此盖伏遇主文内翰先生阁下，士类取法，儒宗得名，中开性天，下临文轴。甚识如鉴，以器取人。妍媸之形，见笑见颦；圆方之材，为轮为桷。乃若无似，亦皆不遗。为起齐庭之一飞，与透禹门之三级。德亏舆望，误传江夏之无双；策玷宸聪，遽擢平津于第一。宜其柔气以御事，育德以应时。慎守士

规，勉从官计。上酬覆盖之德，次答生成之恩。过此以还，未知所措。(《全宋文》卷二二四八)

黄裳《谢赐诗表》：赐臣等之第，其名已显；赐臣等之服，其身已荣。赐燕以尽臣之欢，赐金以加臣之幸。重重宠数，佩服难忘；亹亹宸心，优隆未已。俄闻星使，疾驱灵囿之中；忽见天章，荣照清章之上。辞掩金玉，翰生风云。拜受战兢，怀归荣耀。中谢。窃念臣等，下肩一介之贱，内服四端之荣。未输犬马之劳，先享云天之乐。岂意更玷仙藻，益光凡流。恭惟皇帝陛下，道贯三才，德通万类。忘言而复，则仆之以皇质；肆笔而书，则雕之以唐文。生于沚中者，则使发为殊英；出于山下者，则使流为巨浸。然后形见乐育之意，咏歌作成之才。垂圣训之文华，惇士风于高美。瑞光四座，蔼蔼春空之云；欢意一声，呦呦苹野之鹿。臣等方筮以仕，宜书之绅，慎守士规，勉从官计。动静役思于帝作，死生誓报于天临。

黄裳《谢赐燕表》：唱名中禁，既霈皇恩；锡燕上林，又将睿意。诞膺荣幸，祗荷宠灵。中谢。恭惟皇帝陛下，常叹才难，不忧道远。推至诚而乐与，开数路以兼收。尧心所宅，则如轻重之在权；舜目所过，则如妍媸之在鉴。将欲驱驰其行艺，且先镵刻以龙光。广推湛露之恩，微及菁莪之品。声具阴阳之和气，乐通天地之至情。待之以献主，则盏斝交飞；陪之以从臣，则金朱相照。恩袍色动，迷芳草之依依；仙籍香浮，引熏风之拂拂。窃惟臣等之卑贱，何幸圣朝之优隆！云上于天，果沾茂渥；鱼在于藻，莫测殊欢。相与尽心，佩服《鹿鸣》之礼；各思报上，讴歌《天保》之章。(以上均见《全宋文》卷二二四五)

仁宗赐进士及第诗云："恩袍草色动，仙籍桂香浮。"黄冕仲谢及第启，全用以为一联，云："恩袍色动，迷芳草之依依；仙籍香浮，惹春风之拂拂。"东坡戏之曰："好作闻喜燕酸文。"(《能改斋漫录》卷一四)

曾巩《新及第授官制》：朕立学以养天下之材，设科以进其造秀之士。其于教导推择，欲成美俗于四方，得群能于庶位者，可谓尽其意矣。尔以

经行文学，选自朕躬。命以一官，将观汝效。往祇厥叙，思称朕恩。（《曾巩集》卷二六）

陆佃《回黄裳状元以下新进士启》：伏审祇膺睿泽，荣擢殊科，伏惟庆慰。某官先辈，涉道宏深，受材广博，学该掺桂，思敏然萁。拳拳有爱君之心，亹亹明当世之务。果承清问，遂占上游。腾一代之风声，耸四方之观听。共期远业，即奋亨途。庆牍未遑，华缄首及。其为感佩，罔既敷陈。（《全宋文》卷二二〇七）

是　春

曾巩《拟代廷试进士策问三首·策问一》：朕有志于卑汉唐之治，而欲比迹于唐虞三代之盛。故于书无所不学，而通其意；于天下之事无所不讲，而极其本末。于人之材，长养成就之者甚厚，求而用之者甚至；于民之务，忧勤思念者甚详，抚而绥之者甚力。患风俗之敝也，正己以先百姓，而明于教示；患政理之陋也，稽古以定制度，而谨于持循。欲斥大疆土也，劳于经武；欲怀附夷狄也，广于推恩。人之所欲者不敢违，人之所恶者不敢强；赏不敢以喜而滥，刑不敢以怒而淫。群臣之进对者，夕请而朝见之；四方之奏事者，旦入而暮报之。未尝有声色之娱，未尝有畋游之好。不营宫室，不崇苑囿。衣服饮食，取具而已。兢兢业业，不敢暇逸，日慎一日，十有六年于兹矣。惟先圣王之烈，虽自视欿然，察其用心，如朕者亦可以无憾矣。然古之大有为之君，必有大效于天下，至于小能小善，亦各有小补焉。奚独至于朕也，意弥笃而功未见于人，行弥励而德未见于世。岂所谓是者非欤？所谓能者否欤？抑所行者为可止欤？所舍者为可用欤？将在位者奉承法令，苟为空文而不务究宣朕意欤？意者今去古远，先王之政不可以复欤？凡朕之所为由前者，其失安在？宜于今者，先后施设，其要如何？唐虞三代之所以成功德者，孰近于今，可推而行之？汉唐之卑者，孰存于今，可革而去之？其悉心以对，朕将自择。

《策问二》：夫有《二南》之化，则有《羔羊》之大夫，《兔罝》之士，《汉广》之女。其成人之材，则见于《思齐》；其成物之性，则见于《行苇》。盖王者之治，由近及远，其效如此。何其风俗美而流泽深也！今朕躬礼义以先天下，恐其未喻也，崇庠序以导之，縻爵赏以劝之。患其未从也，以政率之，以威董之，可谓尽心矣。然朝廷之臣，未能有素丝之节，正直之行；中林之士，未能有慎独之心；女子之谊，未能有翘翘之绝。况于有德有造，成人之材，牛羊勿践，遂物之性，可望其仿佛乎？朕于士民，惫精刻意，以待其善。而天下靡靡便文苟偷而已。何其习之难变也！夫先王之教，其本岂易于身先之？其具岂易于崇庠序、縻爵赏、修政刑以将之？与今之所务者同也。然以今方古，违从之效异，何也？岂今之所知者不明，所尚者不审欤？抑人散久矣，不可以复化欤？子大夫待问于廷，其以经对。

《策问三》：朕获承祖考，惧德不明，故小大之事，躬亲省决，以夜继日，不敢自暇，而政未加善；侧身践行，兢兢业业，不敢自逸，为天下先，而俗未加厚；崇庠序之化，信赏罚之法，以开导，而士未加励；悯农惠商，补其乏阙，除其疾苦，以劝助，而民未加富。砺器械，教士卒，所以经营之者甚具，而武事未立也；定制度，正官号，所以弥纶之者至备，而文治未洽也。至于百工未昭，彝伦未叙，四民未尽得其职，万物未尽遂其性，中国之势或诎于夷狄，九州之地未一于旧服。是一皆戾古。岂朕之不敏，所知者非其要，所由者失其统欤？抑群臣之在事者不称其任，不能辅朕欤？将乖缪之习久，更革损益之始，其功难见欤？朕之待物者，未尝不以诚，而下之应上者，皆文具而已，是何故也？意朕之所为，与古之所以致治者无异，而其效之不同，何也？二帝、三王、秦汉以来，迄于唐及五代，虽功德有间，然其所以治且昌，与夫所以衰乱失之者，其迹可考，其原必有在。方其治且昌也，所由之路，末本先后，其一致欤？抑有殊也？其衰乱失之也，浸渐积累，所以致之，一揆而已耶？抑不然也？知古今，明治乱，子大夫之职也。其具著于篇，朕将亲览。(《曾巩集》卷二六)

元丰六年　癸亥(1083)

二　月

二十七日,三省言:“国子监公试所策问:‘诸司之务,寺监有所不究;寺监之职,六曹有所不察;六曹之政,都省有所不悉。任其责者,殆未足以尽小大相维、上下相制之道。岂制而用之者,法未足与守?推而行之者,人未足与明?’乃起居郎蔡京撰。”诏京:“具所问事理,当如何救正?其所取诸生,如何者为上等?”既而,京言:“策之于诸生,而诸生皆未能有至当之论,其等上者多以经义为主。至于对问之言,或取其文词而已。”(《宋会要·选举》一九之一八)

四　月

(壬戌,十七日)国子司业朱服言:“相度入律学,命官公试律义、断案,考中第一人,乞许依吏部试法与注官。其太学生或精于律义、断案,就律学公试中第一,与比私试第二等注籍。”从之。(《长编》卷三三四)

闰六月

十二日,诏尚书兵部:“自今后文臣待制、三省郎官、正言、监察御史、提点刑狱以上,武臣横行及路分都监以上,各举应武举一人。”(《宋会要·选举》一七之一八)

十四日,尚书礼部言:“旧制:贡院专掌贡举,其印章曰‘礼部贡举之印’。遇锁试,则知举官总领。昨废贡院,毁旧印,以其事归礼部。准格:遇科场,牒印并公事。伏缘本部分曹治事,凡十有五,贡举乃其一事。若遇锁试牒印,即他曹事实有阙。乞别铸‘礼部贡举之印’。”从之。(《宋会

要·选举》三之四七)

七 月

神宗兴太学,初议堂试式,时唯经义、论、策凡三场。有司拟进,上批"季一周之"四字,遂著之令,遵行已久。勺元丰六年秋七月入学,年尚幼,见司业朱行中服奉行新规甚峻,生员犯不检,许人告,赏钱三百贯,同保皆连坐,屏斥出学,甚者殿举,人皆惕息。既以经术造士,恐其忘武备及不知法律,因令每旬休斋,轮五人过武学习射;又许生员附律,学生试律义,以合格者理为本学考察;又于论场添试律义一道。然学者于肄业苟简,至观者有"射天地四方"之语,答律义。或约法至徒八年,往往传以为笑。元祐初,皆罢。(《泊宅编》卷一〇)

十一月

五日,《南郊赦书》:"诸路进士、诸科,经嘉祐四年以前省试下、嘉祐八年以前御试下,并进士、明经御试下三举、省试下五举,诸科御试下五举、省试下七举;及开封府、国子监进士、诸科,经治平四年以前省试下、熙宁三年以前御试下,并进士、明经御试下两举、省试下三举,诸科御试下四举、省试下五举,将来并与免解。"(《宋会要·选举》一五之二三)

十二月

壬申(二日),诏监察御史陈师锡送吏部。师锡乞罢贡举及太学试律义,使学者得专意经术。上批"朝廷比年修广学校,训迪士类,兼用经术、法令,长育人材,俾之成就,以充任使。从政以法令为本,师锡不达朝廷造法大意,乃欲罢诸生习律,倡为诐说,惑乱士听"故也。(《长编》卷三四一)

时诏进士习律,师锡言:"陛下方大阐学校,用经术训迪士类,不应以刑名之学乱之。夫道德,本也;刑名,末也。教之以本,人犹趋末,况教之以末乎?望追寝其制,使得悉意本业。"(《宋史》卷三四六)

元丰七年　甲子(1084)

四　月

五日，礼部试饶州童子朱天锡。年十一，念《周易》、《尚书》、《毛诗》、《周礼》、《礼记》、《论语》、《孟子》凡七经，各五道，背全通，无一字少误者。是日，礼部侍郎召本曹郎官赴坐，左右观者数百人，此童讽诵自若，略无慑惧。后数日，召至睿思殿，赐五经出身。昔晏元献公名贯抚州，近年何正臣名占临江，皆童子举。江南多奇伟，亦山川之秀使然耶！(《文昌杂录》卷五)

张景修……旧尝作古风《送朱天锡童子》云："黄金满籯富有余，一经教子金不如。君家有儿不肯娱，口诵七经随卷舒。渥洼从来产龙驹，鹫鹫乃是真凤雏。一朝过我父子俱，自称穷苦世为儒。雪窗夜映孙康书，春陇昼荷儿宽锄。翻然西入天子都，出门慷慨曳长裾。神童之科今有无，谈经射策皆壮夫。古来取士凡数途，但愿一一令吹竽。甘罗相秦理不诬，世人看取掌中珠。折腰未便赋归欤，待君释褐还乡闾。"初，景修为汝州梁令，作此诗。天锡既到阙下，忘取本州公据，为礼部所却。因击登闻鼓，缴景修诗为证。神宗一见，大称赏之。(《中吴纪闻》卷三)

张景修，字敏叔，常州人，余大父客也。少刻苦作诗，至老不衰，典雅平易，时多佳句。元丰末，为饶州浮梁令，邑子朱天锡以神童应诏，景修作诗送之。天锡到阙，会忘取本州公据，为礼部所却，因击登闻鼓，院缴景修所送诗为证。神宗一见，大称赏之。(《石林诗话》卷中)

(丁丑，八日)赐饶州童子朱天锡五经出身。天锡年九岁，礼部试诵《七经》皆通。上召入禁中，取诸经试之，随问即诵，叹曰："此童诵书不遗一字，又无所畏惧，乃天禀也！"延安郡王时在旁，上指天锡而抚王曰："汝能如彼诵书乎？"面赐钱五万，使买书以归，戒以后无废学。(《长编》卷三四五)

饶州自元丰末朱天锡以神童得官，俚俗争慕之。小儿不问如何，粗能念书，自五六岁即以次教之五经，以竹篮坐之木杪，绝其视听。教者预为价，终一经偿钱若干。昼夜苦之。中间此科久废，政和后稍复，于是亦有偶中者。流俗因言饶州出神童。然儿非其质，苦之以至死者，盖多于中也。(《避暑录话》卷二)

是　月

李新《与张君实书》：年月日，太学生李新振衣弹冠，撰书再拜君实明公阁下：新非义足不登侯门，名不通豪贵耳。平居以贾生自许，故言有近乎自誉而非誉也。然则自誉者古人多矣，高论以求知，矜诧以取信。少正卯不容于孔子，东方朔取讥于扬雄，舒元舆、员半千不售于盛唐之世。某不才，为言近似数子，而非数子之比也。谚曰："谁为为之，孰令听之？"仆将有望于阁下者，已几月矣。且某生二十有三年，无它知，喜与黄卷圣贤语，故于书无所不读。罗孔校孟，搜扬络韩，古人竹简，今人纸轴，百家九流，日与之偶。昔所谓董仲舒下帷卒业，三年不窥园者，殆将学之矣。且又有四方志，故尝走半天下，南经江淮，西过关陇，往来陕洛之郊，而索米长安者，尝再见秋。昔所谓司马迁自龙门历会稽，浮湘沅，涉汶泗，然后归而作史者，殆将学之矣。夫读书万卷，则下笔有神，文章骇人，则在处鬼物为之护持。少壮出游，则知山川形势；不守一乡，则通九州风俗。负是二者，故气宇廓落，志思洒然。酒肉交，儿女戏，未尝一日过门，而胸臆之论，豪愤不已。所以每重然诺，赴人之急，而囊无留储。尝谓万金只马，不告姓名，推以赒人，盖王义方、郭元振之细事，诚学术游从使之然也。比者西归，旅见左右，虽负戴迎遇，重于丘山。而希言无色，可敬而畏，如近冰玉武库，使人凛然。欲进一言而起其臭秽，辄复已矣。然丘墓之邑，桑梓之籍，实隶麾下。借未能求伸于清识，而苟有所闻见，亦可以备精思之余。则虽以言陈，何伤乎强聒？伏惟阁下，以非常之才，应非常之诏；以不羁之学,求不次之用。辩论国家体,敷陈宗社计,执事造廷,待天子问,虽万刘蕡不足介畏。讦宦竖则黄门骨寒,疏贵戚则近侍胆落。对御史所不能对,言宰相所不及言。论事回天,吐辞倒海。拔犀之角,擢象之齿,以为词刃。而螭头一言,士气增长。此阁下之素志,而仆亦与有操焉。且制举之废已十余年,而豪迈有为,不过窃进士之选。方今朝廷数路,旁招十科兼进,自以为不足以笼络天下之英隽,而兴复制举,以新儒林之耳目。而阁下独于此时自拔于蜀,其所推毂相为后先者,已得虢国公数人而已。是则一朝陈言,半夜悟主,昧旦而指期卿相矣。然后千金成诺,足以走冠盖;而一巾折角,足以作风俗。北斗以南,大海以北,风马牛所在,皆知所谓君实之名。仆于是时,将亦重其身于温隰,而摄阁下之踵,以就此选也。且株守一经,不能自植一家;雕篆数韵,不能耀名数世。仆之所愧,每每在此。幸不惜虚尺寸之地,以为仆之周旋。而仆之读书游观,浩闻多识,数事可谈,亦足以补助门下之万一。此其张本也。言乱不经,犹以青眼为望,不辱前席,且羞死矣。(《全宋文》卷二八八四)

五　月

李新《与张君实第二书》:五月日,李某再拜献书君实明公阁下:某愚不自揆,比尝为书污下执事,而辞语迂放,为它人言皆不省。会阁下在告,而阍者拒不内,退逾月,不蒙下气垂情,聊有所褒贬,私怀惓惓。因以未毕,或以谓阁下谨许可,苟无过人者,随一笑而遗忘。则某之区区,亦将以狂妄弃之矣。然迹将疏而意弥亲,弦欲绝而声愈急,倾座上之顾而质胸中之疑,此某所以复有献也。尝谓衣冠而称士者,宜有以异于流俗;应天子制诏而称非常之才者,宜有以异于士。治平以前,朝廷以词赋取人,而涉猎之学、章句之徒,操数寸之觚,画方尺之纸,无不拾取青紫,为宗族荣耀。一诗一赋之外,没齿不究。先儒义理,前人涕唾,鼠窃狗盗,亟不容手。自熙宁以后,朝廷以经术造士,而五经之奥、孔孟之旨,一旦与士大夫私门墙。然学《诗》者不通《书》,治《礼》者不知《易》。钻窥庄老隙窦,而俯掇甲乙科第。至三年廷问而一策之试,朴樕软懦,不能发明纪纲,敷陈治迹,以称明天子精选之意。借使问灾异必阇于《春秋》、《洪范》之学,询存亡则蔑通汉唐历世之为,而獐头鼠目之子,扬然自得。夫然后知制举所以责备于儒者，而其人必有异于士，故愚志此久矣。手不释方册，目不置简牍，居与书为邻而充栋宇，出与书为行而汗马牛，楚精神，磨筋力，十年于兹矣。然志大而谋不售，事左而身益困。虽于进士之选不能一得，而私自鄙之，以谓不过异于流俗而已。此豪杰之士所以既得而又歉焉。伏惟阁下，驰骋书传，镠辖古今。俯仰目仲舒，笑谈却刘贲，儿蓄公孙弘，吏役牛僧孺。如晁错、谷永、杜钦、元稹、白居易之属，虽累千百，缓急安可望哉！且吾蜀自有宋已来，应此选者不过十二三，而其间甚显者又不过四五人而已。顷者，苏氏兄弟一日过关而声驰四海。是时，有韩忠献公、欧文忠公为之后先，而宋廷文章，遂无出其右者，盖其志必欲异于士而已也。虽然，入朝争名者愈于锥刀，而一有不羁之才，则必为肩出者所害。往往齐与郑两大以家而不肯借门户，凤与鸾相高以飞而不肯借羽翼，是又不可不戒也。某今日之言，将以求知，而后日之进，将以求教。何者？阁下既已异于士矣，而某犹不得异于流俗？木植而水导之，使之不后陵之儒者，在阁下也。驽骖蹇服，知所趋向，而伸于知己者，复何人哉！下情所操，索言于此，俯伏待命。(《全宋文》卷二八八四)

八　月

(己丑，二十二日)权国子司业朱服言："天下郡县之学皆隶本监，四方之士多出太学。将来礼部试，虑诸路举人群集京师，自以不在学籍，无纠禁稽察之法，循缘旧习，浮纵寡耻。兼本学生交杂，相为掩蔽，难以办究。乞应举人到京，或有显过亏损行义，若博奕、斗讼、酗酒、不检、造为飞语、谤讪朝政，委本监检察闻奏，比附学规殿举。"从之。(《长编》卷三四八)

是　月

宗室子漪说书于秘书省，特授通直郎，服绯。令鮏、士浉等数人应进士举，取解别试所，衣白襕。一时新事也。(《文昌杂录》卷五)

九　月

开宝寺试国学进士，景德寺又为别试所。既开院，以车营务驴车数十，量载试卷赴礼部架阁，数日方毕。所落人数可知也。(《文昌杂录》卷五)

是 秋

吕陶《广安鹿鸣燕送诸进士》：文章得隽自雄飞，平地青云有路岐。劝驾寂寥惭汉诏，升歌仿佛见周诗。九秋烟雨登临日，三月风雷变化时。回首不须题竞渡，锦标争胜已先知。(《净德集》卷三六)

冯山《甲子鹿鸣燕上呈诸秀才二首》：诏书天上颁春泽，经义人间沸海涛。俊秀一时随品藻，文章万选即英豪。溟鹏乍见抟风起，郡守宁辞劝驾劳。当有奇才为时出，中元佳气似嵩高今年中元节旦，于郡城之北有奇云数千峰，凝然不动，如遇雨而望嵩岳也。

重阳高会最风流，为礼贤书席俊游。已爱食萍歌《小雅》，更宜攀菊赏清秋。荣观坐见邦人喜，壮志行期国士酬。酒到从容当尽醉，登仙名籍在瀛洲。(《全宋诗》卷七四四)

十 月

四日，礼部试饶州进士朱天申。年十二，念《周易》、《尚书》、《毛诗》、《周礼》、《礼记》、《孝经》、《论语》、《孟子》、《扬子》、《老子》凡十经，各有一百通。前日所试童子天锡之再从兄也。亦召至睿思殿，赐五经出身。(《文昌杂录》卷五)

八日，御史翟思言："乞自今在京发解礼部试进士，据入试人数，以解额随所治经，约十分数均取，有余不足相补，各毋过三分。"从之。(《宋会要·选举》一五之二三、二四)

(庚辰，十四日)诏："饶州童子朱天申对于睿思殿，赐五经出身。"天申，天锡再从兄。礼部言："天申年十二，试诵十经通也。"(《长编》卷三四九)

十八日，礼部言："举人有永停取应及殿举未满未得入学者，欲令应举入学。"从之。(《宋会要·职官》二八之一一)

二十七日，礼部试抚州进士黄居仁。年十二，诵《尚书》、《毛诗》并正义、《礼记》、《周礼》、《孝经》、《孟子》、《老子》及《太玄经》凡九经，合七十五通。又试《论语》大义三道，文理稍通。敕赐五经出身，阁门送袍笏，至礼部给赐焉。(《文昌杂录》卷五)

十一月

六日，诏："赐抚州童子黄居仁五经出身。"礼部言："居仁年十一，试五经通也。"(《宋会要·选举》九之二四)

(丁未，十一日)诏："应武举及试出身，并依进士试大义一场。第一等取四通，第二等取三通，第三等取二通，并为中格。"从司业翟思、朱服所定也。(《长编》卷三五〇)

十二月

礼部投纳试卷。因国学至天下所解进士者、诸科赴省试者，约六千人。辞场之盛，未有今日之比也。(《文昌杂录》卷五)

元丰八年　乙丑(1085)

正　月

九日,以尚书户部侍郎李定权知贡举,给事中兼侍讲蔡卞、起居舍人朱服同权知贡举。国子司业翟思、监察御史邵材为别试所考试官。(《宋会要·选举》一九之一八)

陈莹中云:元丰乙丑,为礼闱检点官,时范淳夫同在院,与淳夫同舍。(《野客丛书·附录》)

二　月

(辛巳,十七日)是夜四鼓,开宝寺寓礼部贡院,火,承议郎韩王冀王宫大小教授兼睦亲、广亲宅讲书翟曼,奉议郎陈之方,宣德郎太学博士马希孟,皆焚死,吏卒死者四十人。(《长编》卷三五一)

开宝寺为礼部贡院,二月十八日火,凡本部贡笺与夫所考试卷,须臾灰烬,略无遗者。自正月九日锁院,方定二十八日奏号。至是火。诏:以太学为贡院,再令引试,前此未有也。(《文昌杂录》卷六)

十八日,礼部言:"济、博、棣州举人状:'本州用熙宁四年敕,取诸科解发添解进士及本科解额,尽解新科明法,致考诸科合格人无额解发。'看详:今后进士及新科明法人,各合于诸科额内发解者,以诸科额十分为率,留一分解本科旧人外,以解进士及改应刑法人,通纽分数均取谓如诸科元额十人留一人外,剩额九人,假令增多进士并改应刑法人共一百三十五人,即每十五人取一名之类。余分,更解改应人一名。如无诸科取应及无合格人,方许尽数，亦依此解发。若诸科解额不及三人者，依旧。”诏：“将来一举，据今来逐人合格，诸科人从上。博州三人、济州七人、棣州四人并与免解外，仍在今来诸科留一分解诸科人外，候第二次科场，即止依旧科一分指挥。”余从之。(《宋会要·选举》一五之二四)

十九日，尚书省言：“进士、诸科举人，嘉祐二年以前到省、进士一举、诸科前后两举、年六十以上人，令本州贯子细勘会诣实。及于《贡举条制》别无违碍，结罪保明申部。内开封府、国子监，即各令召见任承务郎已上二员，亦依前项结罪委保，于本属投下，关送礼部勘验闻奏。当议特与推恩。”从之。(《宋会要·选举》三之四八)

丁亥(二十三日)，三省言：“礼部贡院火，试卷三分不收一分，欲令礼部别锁试。”从之。(《长编》卷三五一)

元丰末，叔父文正知贡举，时以开宝寺为试场。方考，一夕寺火大发。鲁公以待制为天府尹，夜率有司趋拯焉。寺屋皆雄壮，而人力有不能施，穴寺庑大墙，而后文正公始得出。试官与执事者多焚而死。于是，都人上下唱言：“烧得状元焦。”及再命试，其殿魁果焦蹈也。(《铁围山丛谈》卷三)

元丰八年，礼部贡院火，试官马希孟燔死，蔡卞亦几死。京方知开封，募力士逾墙入，挟卞以出，遂再引试。楚公知举，取焦蹈为第一。故当时谚云：“不因试官火，安得状元焦。”盖是岁谅阴，无殿试也。蹈答策有曰：“论经不明，不如无经；论史不达，不如无史。”楚公大爱之，以为有扬子云之风。(《家世旧闻》卷上)

元丰八年，尚书户部侍郎李定权知贡举，给事中兼侍讲蔡卞、起居舍人朱服同权知贡举。其夜四鼓，开宝寺寓礼部贡院火，承议郎韩玉、冀王宫大小学教授兼穆亲宅讲书翟曼、奉议郎陈之方、宣德郎大学博士马希孟皆焚死。其后别更，得焦蹈为魁。谚曰：“不因开宝火，安得状元焦。”(《能改斋漫录》卷一二)

三　月

二十六日，以兵部侍郎许将、给事中陆佃、秘书少监孙觉并权知贡举。准诏：放合格奏名进士焦蹈已下四百八十五人。先差尚书户部侍郎李定权知贡举，给事中兼侍讲蔡卞、起居舍人朱服权同知贡举，以贡举院火，至是再差也。（《宋会要·选举》一之一二）

右司谏蹇序辰、太学博士黄裳充别试所考试官，以遗火再试也。（《宋会要·选举》一九之一九）

陆佃《省试策问》：问：昔之善为士者，问学必有师，讲习必有友。以论经则明，以议史则达，以立文则工，以造行则美。其磨砻陶冶之渐，非一日也。今诸生蒙被德泽，而从事于斯，固勤矣。愿闻平居所以严师亲友之义，经如何观而得道之真？史如何阅而得事之要？立文曷为而工？造行曷为而美？其悉数之，以应有司之求，可乎？（《全宋文》卷二二〇八）

黄裳《集英殿考试酬唱》：玉皇亲自策才猷，谁作灵鳌上钓钩？俊思内窥天问邃，韶光中看御香浮。尚怀献艺趋前列，何幸持衡缀上流？欲向鸾舆心未放，更须银烛始回头上临轩策士，向晚颁烛后起。

磊落英游误许陪，相望楼阁倚云开。春风暗递天香到，星使俄传帝语来。紫府已知仙藉就，清都还逐化龙回。彀中喜得辞如海，不是区区小有才。

静窥千卷喜才华，不恨诗情未到花。欲醉春风归去近，晓来新得数声鸦。

雨过春空紫泰高，列星初拥绛纱袍。三题天汉文章丽，万字秋鹰气势豪。聊欲弯弓须尚志，谩劳谈律莫吹毛。行看衫色青于草，不觉南溟失素涛。

紫微方梦断，灯火解严时。日欲衔龙阙，风先扫凤池。自怜夜气在，谁笑道冠欹？岂为云团惜，消闲赖有诗庭中同事相戏不得吟诗，犯者有罚密云龙之约。（《全宋诗》卷九四〇）

是　月

陆佃《乞添川浙福建江南等路进士解名札子》：臣伏见诸路州军解额，多寡极有不均。如京东西、陕西、河东、河北五路，多是五六人辄取一人；而川、浙、福建、江南，往往至五六十人取一人。窃缘士人之盛，无如川、浙、福建、江南，今解名极少，不无遗才。其京东等路，荐送之数太宽，滥得者众。臣备员同知贡举，具见诸路举人程文。若五路试卷取至中等，仅能满数；余路虽中等以上，取或不及。契勘：熙宁中更选举制，自五年以后，诸科不许新人投下文字，却以诸科解名添充进士解额。今开封府诸科消减殆尽，见已有解额二百四十人。内除五十人近准朝旨添拨解发本府进士外，尚余诸科解额百九十人。及诸路逐次科场，诸科渐少，并已增解进士。缘五路进士，见今解名极宽。欲乞特诏有司，许将开封诸科所消解额百九十人，并自今诸路消到诸科合增解进士名额，并于川、浙、福建、江南等路举人至多解名极少州军，量行均拨。所贵五路州军不至滥取，余路解名窄狭去处得以兼取。取进止。

陆佃《乞立武举解额札子》：臣伏睹朝廷选举之制虽备，而诸路武举未有解额。遇有科场，止是兵部牒官。文臣自提点刑狱，武臣自路分都监以上，各保举一名，于兵部类试。其间寒素之士，或难得知旧论荐，往往有妨应举。欲乞令有司立法，每遇科场，许于逐路转运司类试，量行解发兵部，更不牒举。所贵寒素之士，得由艺业以公自进。取进止。(以上均见《全宋文》卷二二〇二)

四　月

六日，诏："再试进士及诸科、武举人，罢今年御试。内应直赴殿试者，以前举者等第名次编排，在今来正奏名之下；不曾赴省试者，即与正奏名进士同场别号，试策一道。"先以贡院火，试卷三分收不及一，故再试。以上在谅阴，罢御试。(《宋会要·选举》八之三六)

五　月

乙未(三日)，礼部言："贡院以合格进士郑奕、江屿、刘正夫、太史章犯高兖王讳，驳放。”丙申（四日），太皇太后曰：“此举人未通知，特与收录。”蔡确曰：“法当黜，以事初过误，恕之足彰盛德。”乃听依例附榜末。（《长编》卷三五六）

（壬寅，十日）诏：“科场推恩，依治平四年故事。正奏名进士、诸科，吏部给敕诰优牒；特奏名，中书给敕诰优牒。”熙宁中悉罢，今复之。（《长编》卷三五六）

丙辰（二十四日），正奏名进士刘逵等五百七十五人，特奏名八百四十七人，并释褐。武举进士三十九人，并赐袍、笏、银带。（《长编》卷三五六）

二十五日，武举进士赵图徽等三十九人，并赐袍、笏、银带。（《宋会要·选举》一七之一八）

进士名录：焦蹈，刘逵，倪直侯，丁希说，上官恢，上官惇，王乂宁，王公彦，王本，王仲修，王昭明，王叙，王衮，王庸，王梁材，王询，王履，太史章，毛勉，公孙敏，公孙谟，方希朴，方塽，石松，丘常，白时中，吕才，吕枧，朱禹，朱级，朱蒙正，江汝言，江屿，江旂，汝孝隆，阮阅，杜唐卿，杜植，李元，李翔，李熙载，李应汝，李鸿，李顾，吴天锡，吴孝能，吴朋中，吴桓，吴倜，吴逢道，吴常，吴铨，吴蕃，吴潜，吴骏，何朋，何息，余彦明，余宽，汪澥，沈彦升，沈纯诚，沈观，宋序，宋鼎，苗兼，范百嘉，范柔中，范致祥，范实，林黄中，林棐，卓元龟，季复，周天倪，周本，周何，周恭先，周叡，周耸，宗理，胡邦杰，胡份，韦寿隆，皇甫汉杰，侯晋升，侯涣，侯蒙，侯绶，俞应之，施贵，施迈，姜周臣，洪彦升，洪浩，祝亚，姚易，姚祐，姚舜仁，马衷，秦观，袁天倪，袁点，莫援，夏侯公绩，柴纯臣，倪直孺，倪陟明，徐处仁，徐章，徐傃，徐遵，翁邵，高宗信，高嵩，郭知微，郭惇，郭仪，席旦，陆如冈，陈孔明，陈民先，陈光远，陈汝功，陈衎，陈律，陈舜谘，陈遘，陈显，桑正国，孙渐，孙纲，黄叔延，黄从周，黄敦史，黄辅国，梅蟠，曹约，曹晔，盛昌孙，娄瑄，崔友直，许敦仁，许毂，章衎之，章毅，章绎，梁巨济，梁伟，梁遘，张大年，张大亨，张上行，张元仲，张君胄，张珏，张唐英，张浩，张彪，张为，张毂，张睦，张诚，张叡,张翱,张谌,张谭,彭佖,彭戢,彭构,叶廷辉,叶仲堪,叶确,万造,董渐,董励,单玮,程翰,傅勉,邹才邵,邹洵武,曾仔,曾说,游天经,游充,强渊明,杨存,杨希仲,杨英,杨固,杨拯,杨俊臣,杨烈,杨悦,杨蒙,杨璞,杨观,雷尧弼,虞芮,虞奕,虞宾,詹时升,詹辅,蒋敏修,蒋猷,蔡确,蔡徽卿,廖世修,廖圣谟,廖灏,郑叔侨,郑居中,郑奕,邓惇,楼异,欧阳知晦,鲁伯能,刘及,刘公挚,刘正夫,刘光,刘知至,刘定国,刘洵仁,刘通,刘渤,刘发,潘迥,潘震,薛昂,萧令修,钱铣,戴安仁,韩用章,储公桓,谢力为,谢世充,谢伯俞,谢冲,谢良佐,谢歧,谢棠,谢翔,谢湜,谢举廉,谢懋,严觐,罗少元,饶蒙,龚弁,龚起。

特奏名进士、诸科:王庚,王与,王觐,方廷坚,朱敏修,朱绖,阮之才,李勉,吴鉴,何总,余孟坚,宋理,林谧,卓士安,秦伯瑜,徐沔,徐膺,奚绅,奚群,郭朏,陈必,陈亘,陈存,陈南,陈傅,陈颂,孙逖,黄元夫,黄伯厚,黄待问,黄恕,黄绪,黄龟,许楫,张祖参,叶锐,舒彦中,蒋颖,郑伯舆,郑亨,邓醇,刘价,刘戬,卢周臣,卢禹民,魏茂,苏复,谭世南,顾孚。(《宋登科记考》卷六)

楼钥《跋元丰八年进士小录》:先祖少师以是年登科,为三等第十人。建炎虏蹰四明,诸父仓猝避难,室庐遭毁,故物一不遗。章公择,申公子也,实为同年生。其孙澥与某同登隆兴元年进士科,家藏此书。至绍熙改元,始得传录,以笃年契,以示后人。是时,当泰陵在谅闇,贡闱既试而火,时有"状元焦"之谣,已而果然。尝闻之长老,焦之文精而丽,亚魁刘公之文浑然天成。主文争或不胜,则曰:"魁恐终非远器。"焦竟不及禄,而刘遂为近臣。是书大略与今日相似,而不同者九:终榜无一宗子,盖天族未有试进士者;任子当有自锁试进,亦不见一人;既无廷试,止书第一,第二等;期集所供职才二十五人;卷首止以二版书杂事;试官书知举而不及参详以下;犹有明经科;谢恩延和殿,赐优牒于崇政殿门外,又不晓优牒之义;四月二十九日奏号,五月二十日御史拆卷封,三日奏名,六日奉敕放榜。此皆事之变。汪公澥职纠弹,秦公观掌笺奏,兹又一时之盛也。(《楼钥集》卷六八)

临江谢氏，世以儒鸣。元丰八年，有名懋者，及其弟岐，其子举廉、世充，同登进士第。连标之盛，侈于一时，时人谓之“临江四谢”。(《程史》卷一一)

侯中书元功蒙，密州人。自少游场屋，年三十有一，始得乡贡。人以其年长貌寝，不加敬。有轻薄子画其形于纸鸢上，引线放之。蒙见而大笑，作《临江仙》词题其上，曰：“未遇行藏谁肯信，如今方表名踪。无端良匠画形容，当风轻借力，一举入高空。　才得吹嘘身渐稳，只疑远赴蟾宫。雨余时候夕阳红，几人平地上，看我碧霄中。”蒙一举登第，年五十余，遂为执政。(《夷坚志》甲卷四)

姚尚书祐，字伯受，湖州安吉寒儒也，偕其兄依富室馆第。富翁择葬地，延一客名术者于家，使寓宿书馆，因与姚善。翁尝与之行视某处山，以为不堪用。既改卜矣，他日再往，则秀气呈露，俨然佳城。念前语之失，弗敢言，密以告于姚曰：“君从主人求之，俟得之，当指穴以告。”所谓某处者，翁家山也。姚方居父丧，乃从容请于翁，翁曰：“吾初心亦欲为先生求一佳地，今幸可用，吾复何辞！”客又语姚曰：“此翁傥悔之，将必争，必须立券乃可。”约既定，客引姚纵观而谓之曰：“此地两处皆有穴。就上穴，则二君服阕后即登科，骎骎要津，特患寿数不能长。若就下穴，则奋发稍迟，至三十年后乃盛，可出执政。二者唯所择。”姚曰：“吾方贫困，朝夕无以糊口。蚤得禄食足矣，何暇远意三十年外乎！愿处其上。”客曰：“然则姑营之。异时才小振，如吾言却徙而下亦可，但不复有执政耳。”遂如之。已而，兄弟联策名，伯受为符宝郎，伯兄卒于州通判。(《夷坚支志》景卷一〇)

杨申《四登科诗为谢岐、谢举廉、谢世充、谢棠同榜登科而作》：荣第时皆有，通家得者稀。德星一门聚，画锦四人归。苦学酬身世，佳名播帝畿。效官修政术，此去展才徽。(《全宋诗》卷一七七)

孔武仲《谢彦成子侄四人同时登科调官南归》：处士好孙子，秘书贤弟兄。弓旌万里会，兰玉一家荣。盛事酬先志，清风警后生。田园何足道，

力学是功名。(《清江三孔集·孔武仲集》)

先友提学张公大亨,字嘉甫,霅川人。先墓在弁山之麓,相墓者云:"公家遇丑年,有赴举者必登高第。"初未之信。熙宁癸丑,嘉甫之父通直公著登第;元丰乙丑,嘉甫登乙科;大观己丑,嘉甫之兄大成中甲科;重和辛丑,嘉甫之弟大受复中乙科。此亦人事地理相符之异也。(《春渚纪闻》卷一)

岐国公王圭在元丰中为丞相,父准、祖贽、曾祖景图,皆登进士第。其子仲修,元丰中登第。公有诗云:"三朝遇主惟文翰,十榜传家有姓名。"注云:"自太平兴国以来,四世凡十榜登科。"后侄仲原子耆、仲孜子昴相继登科,昴又魁天下。(《鸡肋编》卷中)

上蔡谢先生良佐,学于伊川。忽请归试,曰:"蔡人罕习《礼记》,易于取解。"伊川曰:"子贡高识,安肯规规于货利?但于丰约之间,未能忘殖情,故谓之货殖。富贵有命,而留情于此?故孔子以为不受命志于道者,必去此而后可。"先生自是不复计较,且教人曰:"知命之说虽浅近,亦可为进德之基。"故平生未尝求人,未尝谒执政。人或劝之,则曰:"有命!渠安能陶铸我!"命固不必问,然上达之士能安时处顺,由行于天理之中,故不屑屑于占算推测。中人以下,逐逐利欲,使其不知命分之所止,则猖狂妄行,将无所不至矣。(《吹剑四录》)

秦观《谢及第启》:光灵遽被,愧幸特深。窃以圣神临御之初,实惟祖宗熙洽之后,戈兵收偃,经艺著明。风俗莫荣于为儒,材能咸耻乎不仕。圜冠句履,求自试者几千万焉;血指汗颜,获见收者才数百耳。既甚严其程度,宜尽得于豪英。如某者,淮海孤生,衣冠末系。志在流水,尝辱子期之知;困于盐车,颇为伯乐之顾。徒以为养而求仕,故虽被黜以忘惭。惩于羹者吹虀,自知其妄;不量凿而正枘,人指为狂。岂意力田而逢年,亦称长袖而善舞。大羹焉用,以贵本而不遗;昌歜甚微,缘嗜偏而见取。方贤书之上献,俄吏议之旁连。窃鈇致疑,事非在我;解骖见赎,世鲜其人。尚赖平反,卒蒙昭雪。折剑既以重铸,死灰因而复燃。究其倚伏之难常,益信穷通之有定。属皇明之既照,推睿泽以横流。特免试言,径跻仕版。技能莫效,初如不战而屈人;名宦亟成,更类无功而受禄。退而省察,殆有夤缘。此盖伏遇某官,诱进人材,主张士类。离奇蟠木,素为左右之先;璀璨余光,复自比邻之借。致兹寒陋,亦预采收。敢不慎操修之方,明出处之致!庶期末路,获报明恩。过此以还,未知所措。(《淮海集笺注》卷二八)

十　月

(己卯,十八日)礼部言:"举人有永停取应及殿举未满,未得入学者,欲令应举入学。"从之。(《长编》卷三六〇)

十一月

十四日,诏:"还开封府解额百人。"熙宁中,罢开封府解额,并归太学,至是复之。(《宋会要·选举》一五之二四)

(丙午,十六日)诏:"武举人犯学规或贡举法被罪,听依进士量罪等级叙理。"从蹇序辰请也。(《长编》卷三六一)

十二月

(壬戌,二日)罢太学保任同罪法。《旧录》云:初,三舍法成,士或滥冒,于是立法,使五人以上更相保任,犯而情重及应送所属者,免夏楚听赎。至是因言者。从之。(《长编》卷三六二)

是　年

刘敞《李觏以太学助教召曾巩以进士及第归俱会郡下素闻两人之贤留饮涵虚阁》:孤鸾方北游,威凤复南翔。邂逅中道遇,其音何锵锵。太平向百年,此固多美祥。扰扰都人士,争先觌辉光。虽无醴泉流,江水清且长。虽无朝阳桐,翠树茂且芳。念将万里逝,愿得少彷徨。为君赋卷阿,因以谢楚狂。(《全宋诗》卷四七三)

元丰年间

朱行中知广州，东坡自海南归，留款甚洽，其唱和诗亦多。行中尝与坡言："裕陵晚年深患经术之弊，某时判国子监，因上殿亲得宣谕，令教学者看史。是月，遂以《张子房之智》为论题。上索第一人程文览之，不乐。"坡曰："予见章子厚言，裕陵元丰末欲复以诗赋取士。及后作相，为蔡卞所持，卒不能明裕陵之志，可恨也！"(《曲洧旧闻》卷二)

王荆公改科举，暮年乃觉其失，曰："欲变学究为秀才，不谓变秀才为学究也。"盖举子专诵王氏章句，而不解义，正如学究诵注疏尔。教坊杂戏亦曰："学《诗》于陆农师，学《易》于龚深之。"盖讥士之寡闻也。(《后山谈丛》卷一)

元丰间，特奏名陛试。有老生七十许岁，于试卷内书云："臣老矣，不能为文也。伏愿陛下万岁万万岁！"既闻，上嘉其诚，特给初品官，食俸终其身。(《萍洲可谈》卷一)

元英昔随侍太原，见是年秋解进士，正额外续解李霖，朝廷以故相曾有此比，令礼部收试。既而，正额所送多省下，榜出有霖姓名，遂及第，今为朝奉大夫。及至育州，秋试进士已锁院，今太府寺丞王璋以病在道久，八月半方到，州牒试院，亦令收试。文在优等，解送甚高，明年登科而归。信有命也。(《文昌杂录》卷四。按：此条乃庞元英元丰年间追记，姑系于此。)

刘弇《礼部取士议》：古人有言："伯乐一过，冀北之马群遂空。"彼伯乐诚知马者，使求马者浪以众人易之，则在伯乐初无增损，彼为马者顾无代耶？非马之罪也，冀北之不幸也。世之取士亦何以异此？三代已还，取士之法于周为最详。盖自闾胥而上，书其钦敏任恤者，或不书其孝友睦姻；书其孝友睦姻者，或不考其德行道艺。至州长所以书者考者悉矣，然后乡大夫即其大比，而兴所谓贤者能者。夫大夫以智帅人者也，智帅一乡而有大焉，则其知人宜每审矣。人亦孰能病之？彼唐以礼部侍郎知贡举，其有以易此乎？窃尝谓士人所取者，则义命吾所恤也；乃若夫得失，则非吾所恤也。千人临之，一人进退之，故士之去就，卒不胜有司之予夺。有司取人者，则明暗众所系也；乃若夫势位，则非众所系也。一人司之，千百人责望之，故有司之升黜，卒不胜士之毁誉。夫士或有以非义命而幸一日之私得失者矣，彼有司亦乌能以势位而掩天下之公明暗哉？则礼部侍郎与员外，轻重亦何择焉？盖取士之失，自汉魏则然矣，况末造之有唐乎！废乡举而为郡试，则儌幸嗜进之徒相与起，而朴茂废实之节因循丧；去经术而为词赋，则雕篆一曲之巧易为力，而闳深博大之学难为工。谓之宏辞，则掇拾传注、比缀声偶而已，非能直探圣人之真意也；谓以贤良方正，则市取直声、搀为言说而已，非能论列当世之大利害也。又况临难不顾，徇节宁邦，长才广度，沉迹下僚，与夫不求闻达，道侔伊吕。苟可以名一科者，无所不用，则顾以为少总猥矣。虽然，其始犹不害其为得人也。及夫糊名之法弛，而通榜之弊滋，或预为题品，或亟赏帘献。拔人之亲者，他日人亦拔其亲；摈人之故者，他日人亦摈其故。于是，苞苴竿牍之巧肆，而科举殆为贸易之奇赢矣。彼礼部侍郎果何补于唐耶！王起三擅文柄，当世以为美谈；许孟容末司考较，士子号为晚遇，其习俗妄自喜好乃如是。韩愈荐侯喜等十辈，辩则辩矣，其如侵官何？杜牧诚豪士也，彼吴武陵何为者？径欲以常列居之，欺矣！甚者至有援宰相子以取具，与夫妄意颜尧为鲁公之裔，则可胜慨邪！国朝虽因仍前代之习，乃若夫防制则加密矣。熙宁初，一切划去隋唐声律之科，既而博采三代教养之法。行之未几，旷然一变。士之应书而起者，往往骋绝羁、凌倒景。而时所谓明有司者，又能加公心、由直道，副上所以急人之求焉。譬彼冥鸿，初在辽廓，罗而下之，曾不留赏，则真弋者之殊巧也。彼礼部侍郎虽非正用，独何慊于得人乎？虽然，必欲使前代之旧物不废吾世，则姑若前日，援一二杰人，时即而假之，斯足矣。愚尚何说以献！（《全宋文》卷二五五六）

“《文选》烂，秀才半。”熙、丰之后，士以穿凿谈经，而选学废矣。（《困学纪闻》卷一七）

宋哲宗　元祐元年　丙寅(1086)

闰二月

(庚寅,二日)尚书省言:“礼部以掌贡举为职。伏见朝廷用经术设科,盖欲人知礼义,学探原本。近岁以来,承学之士,闻见浅陋,辞格卑弱。其患在于治经者专守一家,而略去诸儒传记之说;为文者惟务解释,而不知声律、体要之学。深虑人材不继,而适用之文,从此遂熄。兼一经之内,凡可以为义题者,牢笼殆尽,当有司引试之际,不免重复。若不别议更张,浸久必成大弊。欲乞朝廷于取士之法,更加裁定。”

又礼部言:“乞置《春秋》博士及进士专为一经。”

又侍御史刘挚言:“伏见国朝以来,取士设科,循用唐制。进士所试诗、赋、论、策,行之百余岁,号为得人。熙宁初,神宗皇帝崇尚儒术,训发义理,以兴人才。谓章句破碎大道,乃罢诗、赋,试以经义,儒士一变,皆至于道。夫取士以经,可谓知本。然古人治经,无慕乎外,故其所自得者,内足以美己,而外足以为政。今之治经,以应科举,则与古异矣。以阴阳性命为之说,以泛滥荒诞为之辞,专诵熙宁所颁《新经》、《字说》,而佐以《庄》、《列》、佛氏之书,不可究诘之论,争相夸尚。场屋之间,群辈百千,浑用一律。主司临之,珉玉朱紫,困于眩惑。其中虽有深知圣人本旨、该通先儒旧说,苟不合于所谓《新经》、《字说》之学者,一切在所弃而已。至于蹈袭他人,剽窃旧作,主司猝然亦莫可辨。盖其无所统纪,无所檃括,非若诗、赋之有声律、法度,其是非工拙,一披卷而尽得知也。诗、赋命题,杂出于六经、诸子、历代史记,故重复者寡。经义之题,出于所治一经。一经之中可为题者,举子皆能类聚,裒括其数,豫为义说,左右逢之。才十余年,数榜之间,所在义题,往往相犯。然则文章之体,贡举之法,于此其弊极矣。诗赋之与经义,要之,其实皆曰取人以言而已。贤之与不肖,正之与邪，终不在诗赋、经义之异。取于诗赋，不害其为贤；取于经义，不害其为邪。自唐以来，至于今日，名臣巨人致君安民、功业轩天地者，磊落相望，不可一二数，而皆出于诗赋，则诗赋亦何负于天下哉！或取一诗赋，或取一经义，无异道也。但有司考言之法，有难有易。有难易，故有利害；有利害，故去取或失其实，则所系者大矣。然则法不可以不改也，臣愚欲乞试法复诗赋，与经义兼用之。进士第一场试经义，第二场试诗赋，第三场试论，第四场试策。经义以观其学，诗赋以观其文，论以观其识，策以观其才。前二场为去留，后二场为名次。其解经义，仍许通用先儒传注或己之说，而禁不得引用字解及释典，庶可以救文章之弊，而适乎用。革贡举之弊，而得其人。亦使学者兼通他书，稍至博洽。”

又言：“汉制，因天见灾异，或政有阙失，则诏郡国及在位，举贤良文学之士，天子亲策，以求其言。至于国朝，沿袭故事，于是置为贤良、茂材科目，随贡举召试。其于得人，视古为盛。近时之制，遂罢此科。臣窃以为国家之道，得士欲广，故取之非一途。谓常选不足以致异人，故设制科，以收超绝之才。而每举中等，不过一二人而已。今夫官人之法，入流门户日益增多，未有澄汰，而于三年取一二非常之人，则废其科不用，此何谓也！臣愚伏乞复置贤良方正及茂材异等科，每遇贡举，诏近臣依旧制举试。所以广言路，求人材，继祖宗之制也。”

又言：“近制明法举人试以律令、《刑统》大义及断案，谓之新科。明法登科者，吏部将司法员阙先次差注，在进士及第人之上。臣窃以先王之治天下，以礼义为本，而刑法所以助之者也。惟君子用法，必傅之以经术，法之所治，理之所在也。故恶有所惩，而常不失忠恕之道。旧制，明法最为下科，然其所试，必有兼经，虽不知其义而止于诵数，而先王之意犹在也。今新科罢其兼经，专于刑书，则意若止欲得浅陋刻害之人、固滞深险之士而已。又所取之数，比旧猥多，调拟之法，失其次序。臣以谓宜有更张。欲乞新科明法，并加《论语》、《孝经》大义；登科之额，裁减其半；及注官之日，并依科目资次。所贵从事于法者稍不远义，而士之流品不失其分。伏望圣慈裁酌，如赐开允，即乞今年降诏，并自元祐五年秋试为始。”

诏：“礼部与两省学士、待制、御史台、国子司业集议闻奏。所有将来科场，且依旧法施行。”（《长编》卷三六八。按：据元祐二年十一月十二日三省奏

章,“所有将来科场且依旧法施行”之诏,当为本月庚戌(二十二日)事。见《长编》四〇七)

是　月

王存《上哲宗乞别详定制科考格》:臣准尚书礼部牒,准敕,尚书、侍郎、学士、待制、两省、御史台官、国子监长贰详议科举事。臣已与孙永等所议外,有制科一项,云依旧制,此为未安。臣窃见近世制科所试论策题目,务出于僻隐难知。是以应此科者,竞为记诵名数之学,非所以称方正之举。先朝深知其弊,遂行废罢。今议复置,傥蒙允降,若并依旧制,即不免袭前日之弊,无补治道。欲乞下有司,重行详定制科考格。所取务先识略,不专贵以记诵名数之学。至于取人多寡,推恩厚薄,并乞裁定。(《宋朝诸臣奏议》卷八二)

(王存)言:“比废进士专经一科,参以诗赋,失先帝黜词律、崇经术之意。”(《全宋文》卷二三八四曾肇《王学士存墓志铭》)

苏轼《复改科赋》:新天子兮,继体承乾;老相国兮,更张孰先?悯科场之积弊,复诗赋以求贤。探经义之渊源,是非纷若;考辞章之声律,去取昭然。原夫诗之作也,始于虞舜之朝;赋之兴也,本于两京之世。迤逦陈齐之代,绵邈隋唐之裔。故遒人徇路,为察治之本;历代用之,为取士之制。追古不易,高风未替。祖宗百年而用此,号曰得人;朝廷一旦而革之,不胜其弊。谓专门足以造圣域,谓变古足以为大儒。事吟哦者皆童子,为雕篆者非壮夫。殊不知采摭英华也,蔟之如绵绣;较量轻重也,等之如锱铢。韵韵合璧,联联贯珠。稽诸古其来尚矣,考诸旧不亦宜乎!特令可畏之后生,心潜六义;仁见大成之君子,名振《三都》。莫不吟咏五字之章,铺陈八韵之旨。字应周天之日兮,运而无积;荀合一岁之月兮,终而复始。过之者成疣赘之患,不及者贻缺折之毁。曲尽古人之意,乃全天下之美。遭逢日月,忻欢者诸子百家;抖擞历图,快活者九经三史。议夫赋曷可已,义何足非?彼文辞泛滥也,无所统纪;此声律切当也,有所指归。巧拙由一字之可见,美恶混千人而莫违。正方圆者必藉于绳墨,定槼括者必在于枢机。所以不用孔门，惜扬雄之未达；其逢汉帝，嘉司马之知微。噫！昔元丰之《新经》未颁，临川之《字说》不作。止戈为武兮，曾试于京国；通天为王兮，必舒于禁钥。孰不能成始成终，谁不道或详或略？秋闱较艺，终期李广之双雕；紫殿唱名，果中祢衡之一鹗。大凡法既久而必弊，士贻患而益深。谓罢于开封，则远方之隘者空自韫玉；取诸太学，则不肖之富者私于怀金。虽负凌云之志，未酬题柱之心。三舍既兴，贿赂公行于庠序；一年为限，孤寒半老于山林。自是愤愧者莫不颦眉，公正者为之切齿。思罢者而未免，欲改之而未止。羽翼成商山之父，讴歌归吾君之子。谏必行言必听焉，此道飘飘而复起。(《苏轼文集》卷一)

三　月

(壬戌，五日)司马光言："伏睹朝廷改科场制度。第一场试本经义，第二场试诗赋，第三场试论，第四场试策；试新科明法，除断案外，试《论语》、《孝经》义。奉圣旨，令礼部与两省学士、待制、御史台、国子监司业集议闻奏。臣窃有所见，不敢不以闻。凡取士之道，当以德行为先，文学为后。就文学之中，又当以经术为先，辞采为后。是故《周礼·大司徒》以六德六行，宾兴万民；汉以贤良方正、孝廉，质朴敦厚取士。中兴以后，取士尤为精审。至于公府掾属，州从事，郡国计吏、丞、史，县功曹，乡啬夫，皆择贤者为之。苟非其人，则为世所讥贬。是以人人思自砥砺，教化兴行，风俗淳厚。乃至后世陵夷，虽政刑紊于上，而节义立于下。有以奸回巧伪致富贵者，不为清议所容。此乃德化之本源，王者所先务，不可忽也。熹平中，诏引诸生能文赋者，待制鸿都门下。蔡邕力争，以为辞赋小才，无益于治，不如经术。自魏、晋以降，始贵文章而贱经术，以词人为英俊，以儒生为鄙朴。下至隋、唐，虽设明经、进士两科，进士日隆而明经日替矣。所以然者，有司以帖经、墨义试明经，专取记诵，不询义理。其弊至于离经析注，务隐争难，多方以误之。是致举人自幼至老，以夜继昼，腐唇烂舌，虚费勤劳以求应格。诘之以圣人之道，瞢若面墙，或不知句读，或音字乖讹。乃有司之失，非举人之罪也。至于以赋诗、论策试进士，及其末流，专用律赋格诗取舍过落，摘其落韵，失平侧，偏枯不对，蜂腰鹤膝，以进退天下士，不问其贤不肖。虽顽如跖、蹻，苟程试合格，不废高第；行如渊、骞，程试不合格,不免黜落,老死衡茅。是致举人专尚辞华,不根道德,涉猎钞节,怀挟剿袭,以取科名。诘之以圣人之道,未必皆知。其中或游处放荡,容止轻儇,言行丑恶,靡所不至者,不能无之。其为弊亦极矣!神宗皇帝深鉴其失,于是悉罢诗赋及经学诸科,专以经义、论策试进士。此乃革历代之积弊,复先王之令典,百世不易之法也。但王安石不当以一家私学,欲掩盖先儒,令天下学官讲解及科场程试,同己者取,异己者黜。使圣人坦明之言,转而陷于奇僻;先王中正之道,流而入于异端。若己论果是,先儒果非,何患学者不弃彼而从此,何必以利害诱胁,如此其急也!又黜《春秋》而进《孟子》,废六艺而尊百家,加之但考校文学,不勉励德行,此其失也。凡谋度国事,当守公论,不可希时,又不可徇俗。宜校是非之小大,利害之多少,使质诸圣人而不谬,酌于人情而皆通,稽于上古而克合,施之当世而可行,然后为善也。今国家大议科场之法,欲尽善尽美。以臣所见,莫若依先朝成法,合明经、进士为一科,立《周易》、《尚书》、《诗》、《周礼》、《仪礼》、《礼记》、《春秋》、《孝经》、《论语》为九经,令天下学官依注疏讲说,学者博观诸家,自择短长,各从所好。《春秋》止用《左氏传》,其《公羊》、《谷梁》、陆淳等说,并为诸家;《孟子》止为诸子,更不试大义,应举者听自占习。三经以上多少随意,皆须习《孝经》、《论语》。于家状前开坐习某经。又每岁委升朝文官保举一人,不拘见在任不在任,是本部非本部,各举所知。若系亲戚,亦于举状内声说。其举状称:'臣窃见某州、某县人某甲,有何行能,臣今举堪应经明行修科。于后不如所举,臣甘当连坐不辞。'候奏状到朝廷,下礼部贡院置簿,各逐路抄录本人姓名,注举主官位、姓名于其下,仍下本州出给公据,付本人收执。及令本州亦如贡院置簿抄录,准备开科场日考验公据。其举状既上之后,若所举之人犯赃私罪至徒以上情理重及违犯名教,候断讫,仍收坐举主,奏乞朝廷取勘施行。其人未及第者减五等,已及第者减三等坐之,一如举选人充京官法。臣窃料此法初行,其奔竞属请,固不能免。若朝廷必坐举主,无有所赦,行三五人后,自皆审择其人,不敢妄举。如此则士之居乡、居家,独处暗室,立身行己,不敢不审,惟惧玷缺有闻于外矣。所谓不言之教,不肃而成,不待学官日训月察,立赏告讦,而士行自美矣。每遇开科场,其有举主者,自称应经明行修举,仍于所投家状前,开坐举主官位姓名,有司检会簿上合同,方许收接。其无举主者,只称应乡贡进士举,如常法。每举人三人以上,自相结为一保。止保委是正身,及是本贯,不曾犯真刑,无隐忧匿服,此外皆不保。其本州及贡院考试,并依旧法,差弥封、誊录、监门、巡捕官。程试之日,严加检察,如旧试经学诸科法。各令求己,毋得移坐位相从,托商量相聚,传义传本,怀挟代笔,违者扶出。第一场先试《孝经》、《论语》大义五道,内《孝经》一道、《论语》四道。先须备载正文,次述注疏大义,次引诸家异义,次以己见评其是非。以援据精详、理长文优者为通,其次为粗,援据疏略、理短文拙者为否。三通以上为合格。不合格者先次驳放,合格者榜引。次场就试,如旧试经学诸科法。或合格人数太少,则委试官临时短中求长,详酌放过。次场试《尚书》,次场试《诗》,次场试《周礼》,次场试《仪礼》,次场试《礼记》,次场试《春秋》,次场试《周易》大义,各五道。令举人各随所习经书就试,考校过落,如《孝经》、《论语》法。次场试论二道:一道于儒家诸子书内出题,一道于历代正史内出题。次场试策三道,皆问时务。考策之日,方依解额及奏名人数定去留,编排高下。以经数多者在上;经数均,以论、策理长文优者在上。其余经明行修举人,并于进士前,别作一项出榜解发。及奏名,至御前试时务策一道,千字以上,弥封官于号上题所明经数及举主人数。候校考详定毕,编排之时,亦以经数多者在上;经数均,以策理长文优者在上;文理均,以举主多者在上。其经明行修举人,亦于进士前别作一项编排,先放及第。其推恩注官,比进士特加优异。他时选择清要官、馆阁、台谏等,并须先取经明行修人。其举主姓名,常于官告前声说。如此则举人皆务尊尚经术,穷圣人指趣,不敢不精;旁览子史,不敢不博。又不流放入于异端小说,讲求时务,亦不敢不知。所得之士,既有行义,又能明道,又能博学,又知从政,其为国家之用,岂不贤于今日之所取乎!所有今来乞复诗赋者,皆向日老举人。止习诗赋,不习经义,应举不得,故为此说,欲以动摇科场制度,为己私便。朝廷若不欲弃捐旧人,俟将来科场进士有特奏名者,令试诗赋,随其优劣等第推恩,亦无伤也。不可以此轻改成法,复从弊俗,误惑后生。若以为文章之士,国家所不可无,即乞许人于试本经合格日,投状乞试杂文,于试论次场引试:或律诗,或歌行,或古赋,或颂,或铭,或赞,或四六表启。临时委试官出题目,试某文,定篇数、字数,共须五百字以上,取辞采高者为合格。俟得解及奏名及第日,编排姓名高下,各在经数同等人之上。如此则文章之士,亦不乏矣。至于律令敕式,皆当官者所须,何必置明法一科使为士者豫习之。夫礼之所去,刑之所取,为士者果能知道义,自与法律冥合。若其不知,但日诵徒流绞斩之书,习锻炼文致之事,为士已成刻薄,从政岂有循良?非所以长育人材,敦厚风俗也。朝廷若不欲废弃已习之人,其明法曾得解者依旧应举,未曾得解者不得更应,则收拾无遗矣。臣愚所见如此,伏乞以臣所奏及礼部等官所议榜国子监门,及遍下诸州有州学处榜学门,令举人限一月内投状,指定何法为善,仰本州附递以闻。俟到京齐足,更委其他执政看详参酌,从长施行。"

先是,光以奏稿示范纯仁,纯仁答光曰:"举人难得朝士相知,士族近京犹可,寒远之人,允不易矣。兼今之朝士,未必能过京官选人,京官选人,未必能如布衣,徒令求举,未必有益。既欲不废文章,则杂文四六之科,不若设在众人场中,不须别设一科也。《孟子》恐不可轻,犹黜六经之《春秋》矣。更乞裁度!纯仁更有一说,上裨聪明。朝廷欲求众人之长而元宰先之,似非明夷莅众之义。若已陈此书,而众人不随,则虚劳思虑,而失宰相体。若众人皆随,则众人莫如相君矣。然恐为谄子媚其间,而正人默而退。媚者既多,使人或自信为莫己若矣,前车可鉴也。不若清心以俟众论,可者从之,不可,便俟众贤议之。如此则逸而易成,有害亦可改,而责议者少矣。若先漏此书之意,则谄谀之人能增饰利害,迎于公之前矣。"光欣纳之。(《长编》卷三七一)

(司马)光又欲进士得朝臣保任,乃许应举。公(范纯仁)曰:"不可。此议已行,人不我同,则虚劳思虑,而失宰相体;若遂从,则众人莫如公者。正人退,而谄谀得乘其间。不独乘间,且将增饰以迎公意。推此以往,何所不至?"(《全宋文》卷二四二七李之仪《范忠宣公行状》)

(辛未,十四日)诏:"太学每岁以公试归太学,使司业、博士自主之,如春秋补试法。"前此锁院如科场制,谏官王岩叟以为言故也。岩叟言:"臣伏见太学每岁有公试诸生法,朝廷锁院如科场制,欲以与学中一岁之十二试,参考其艺,而进之为内舍。行之累年,所进者无几。如元丰六年,预升补者三人;七年,一十四人;八年,四人而已。虽进而为内舍,亦于诸生未有沮劝,独比外舍增飡钱八金耳。议者以为公试之设,无系利害,然事体用度之盛,一如科场。且以今春公试言之,凡用官四十二员,胥吏一百七人,诸司供事者总二百三十七人,锁宿之法限一月,其为烦扰耗蠹,不可胜言,而于国家无分毫之补,臣窃为朝廷惜之。臣乞此后以公试归太学,使司业、博士自主之,如春秋补试法足矣,不必张大如此。况公私试本庠序之事,今设庠序之官,既备且众,自当责任俾尽。至公人或可疑,固在谨择,不当置之而反以疑心待之也。伏望圣慈特赐采察施行,朝廷亦足以省事而节费。"(《长编》卷三七一)

十六日,赐秦伯祥童子出身,仍赐服。先是,路州进士秦鹏言:"男伯祥,年十二岁,通诵《孝经》、《论语》、《孟子》、《周易》、《尚书》、《周礼》、《礼记》、《扬子》、《荀子》、《庄子》,乞依例召试。"诏:"礼部试验以闻。"继而,礼部言试验通也。(《宋会要·选举》九之二四)

二十一日,诏:"棣州童子张师古特赐童子出身,仍赐服。"以礼部试验所诵并通也。(《宋会要·选举》九之二四)

四　月

(己丑,二日)右司谏王岩叟奏:"法有为名则美而行之则艰,事有用意则良而施之则戾者,三舍是也。三舍之法立,虽有高材异能,未见能取而得之,而奔竞之患起。奔竞之患起,而贿赂之私行;贿赂之私行,而狱讼之祸兴;狱讼之祸兴,而防猜之禁繁。博士劳于簿书,诸生困于文法,非复浑然养士之体,而庠序之风或几乎息,此识者之所共叹也。臣窃谓庠序者,所以萃群材而乐育之,以定其志业,养其名誉,优游舒徐,以待科举也。不必以科举之外,别开进取之门,多岐以支离其心而激其争端,使利害得失日交战于胸中,损育德善道之淳意,非所以笃教化、成人材也。臣愚乞鉴已然之弊,罢三舍法,开先生弟子不相见之禁,示学士大夫以不疑。讲解之余,止以公私试第高下如昔时,自足以奖材气而厉风声,使多士欣于从学,则上庠宜复有雍容乐易之美,为四方矜式矣。乞下礼部及司业、博士共

议。”(《长编》卷三七四)

(庚寅,三日)右司谏苏辙言:“臣伏见礼部会议科场,欲复诗赋,议上未决。而左仆射司马光上言,乞以九经取士,及朝官以上保任举人为经明行修之科。至今多日,二议并未施行。臣窃惟来年秋试,自今以往,岁月无几,而议不时决,传闻四方,学者知朝廷有此异议,无所适从,不免惶惑澧乱。盖缘诗赋虽号小技,而比次声律,用功不浅。至于兼治它经,诵读讲解,尤不可轻易。要之来年,皆未可施行。臣欲乞先降指挥,明言来年科场一切如旧,但所对经义兼取注疏及诸家议论,或出己见,不专用王氏之学。仍罢律义,令天下举人知有定论,一意为学,以待选试。然后徐议元祐五年以后科举格式,未为晚也。”从之。先是,言者请兼用诗赋,尽黜经义,太学生改业者十四五。监察御史上官均言:“经术以理为主,诗赋以文为工。以理者于言为实而所根者本,以文者于言为华而所逐者末。先帝去数百年之弊,不为不艰,而议者不计本末,乃欲袭前日诗赋之弊,未见其为得也。源深流长,事大体重,张官置吏之原,安危理乱之本,愿陛下详听而谨行之。”又言:“方陛下临御之初,士之趣操未定,方引颈拭目以听教令,观好尚。正宜奖经术以厉学者之志,进行谊以励士大夫之操。今遽厌薄经术,崇奖诗赋,有司以文辞取士,学者以文辞应于有司,及其久也,逐华而遗实,徇末而弃本,固非细累。请令学者各占三经,杂以《论语》、《孟子》,不必专用《新义》。试策以二:一问历代,一访时务。禁用释典,不得专援《庄》、《老》。比于参用诗赋,使学者敝精神于无用之文,得失固相远矣。”章三上,又为六说以辟言者。其后诗、赋与经议讫参用云。(《长编》卷三七四)

十二日,诏:“进士经义,并兼用注疏及诸家之说,或己见。仍罢律义。”(《宋会要·选举》三之四九)

(庚子,十三日)国子监言:“武学上舍生刘贯公试弓马、策义,累入优等,比科场策艺俱优之人,自为异等。乞详酌施行。”诏:“刘贯特与三班差使,候武学谕有阙与差。”(《长编》卷三七五)

（辛亥，二十四日）诏："每遇科举诏下，令文官升朝以上、无赃罪及无私罪者，于应进士举人，不拘路分，不系有服亲，各奏举经明行修一名。候将来解发及南省奏名内，每人名下注'经明行修'字，至殿试唱名日，各升一甲姓名。如历官后犯正入己赃及违犯名教，断讫收坐，举主并依举选人转京官减一等。"先是，司马光言："昨已有朝旨，来年科场且依旧法施行。窃闻近有圣旨，其进士经义，并兼用注疏及诸家之说或己见，仍罢律义，先次施行。臣窃详朝廷之意，盖为举人经义、文体，专习王氏新学，为日已久，来年科场欲兼取旧学，故有此指挥，令举人预知而习之。臣所乞置经明行修科者，欲使举人知向去科场，朝廷崇尚行义，不专取文学，所以美教化、厚风俗。比于经义、文体，尤为要切，宜使举人预知。欲乞亦降朝旨，先次施行，况与进士旧法两不相妨。"从之。（《长编》卷三七六）

五　月

（戊午，二日）左司谏王岩叟言："太学条制：本学生徒须在学听读一年，方许于太学应举。臣以为既限以年，则凡人情之所迫，皆不复恤，使乐育之地而厌苛留之法，臣窃为上庠惜之。盖有羁穷艰苦，积时累刻以冀应格，而卒争一日之亏，遂成三年之滞者。复有曾经补中之人，或因谒告偶至爽期，乃逐新人再令补试，一失中程不容就举者。此皆有伤人情，无补国事。伏望圣慈特许，今后每遇科场，但曾经补中监生人，并许应举，其一年之限更不施行，实远方寒士之幸也。诏国子监立法，请令次科场，应自元丰三年兴学已来，在学前后通及一年者，并许取应。"从之。（《长编》卷三七七）

十二日，诏礼部："自今乞试童子诵书所属，毋得令收接。"（《宋会要·选举》九之二五）

六　月

（戊戌，十二日）诏："自今科场程试，毋得引用《字说》。"从殿中侍御史林旦言也。（《长编》卷三七九）

（壬寅，十六日）御史中丞刘挚言："臣伏睹近制，升朝官各举进士经明行修一人，及升等推恩，理为举主过犯同罪等事。臣窃原朝廷之意，患程试考校徒得文词，故更立此制，以进实行，天下幸甚。臣退而熟计，及考学士、大夫之议，以为法则善矣，然使升朝官举之，不若使州郡以上举之便。臣谨条上利害。按国朝旧制，臣僚任通判、知州乃得举官。盖知人实难，非行己谨、阅事久，诚未可责以保任。今升朝官无职罪若私罪重，此外不计资任、不察能否，诸科刀笔之吏，一切得荐士，此不可一也。经术深浅，问而可知也，至于行义污洁，非乡里、庠序群居久处，毁誉素著，谁能知之？不拘路分，但非有服亲，皆得奏举，臣恐流离之人虚伪见售，此不可二也。天下升朝官无虑几二千人，则所荐士亦如之，积累岁月，不被荐者无几矣。人人升等推恩，无以示劝，此不可三也。议者谓朝士固皆选择可任使之人，然品流不一，员品猥众。今势利相市，必有受赇造讼，以挠陛下之法者。臣诚浅薄，不敢臆度朝士大夫以为必然，亦不敢以为不然。然则选举之利未见，而奔竞之俗先成，此不可四也。《传》曰：'十室之邑，必有忠信。'计今天下之士，一郡一邑，随其众寡，必有善士，考乡里之行，询庠序之论，其势亲，其事察，无如州郡之吏。至于监司，则朝廷所任以按察；台谏、侍从，亦朝廷所倚以议论。故臣愿每遇科场诏下，委逐州长吏奏举经明行修进士一名。仍以应举实数二百人为率，不满二百人听举一名。每二百人加一名，至三人止。监司转运判官以上于本路，在京台谏以上于开封府、国子监，各许奏举一名。非乡贯及不经学校，或无可应诏，并听勿举。自余升等推恩、理举主同罪犯等，并依元降朝旨。"又言："臣愚以谓三代乡举之制未易遽复，欲少仿古，则诸侯岁贡之法，莫此为近。伏望详酌施行。"乃诏：朝官通判资序以上人，许举保。（《长编》卷三八〇）

二十二日，诏："朱君陟赐童子出身，仍赐服；朱君升赐绢三十匹。"以礼部言："试到朱君陟诵《易》、《诗》、《书》、《论语》、《孟子》、《老子》并通，为第一等；朱君升诵《易》、《诗》、《书》、《论语》、《孟子》各十通粗者，为第二等。（《宋会要·选举》九之二五）

七　月

十日，看详编修国子监太学条例所奏乞："太学生今次科场，但元丰三年兴学后在学通及一年者，许取应。内因假违限落籍生员，虑岁远，其中不无违冒。今欲乞将应落籍该取应之人，令召命官一员，或在学生员二人保识，赴国子监照验。”从之。（《宋会要·职官》二八之一一）

甲申（二十九日），诏：“武学上舍生补中及一年、公试弓马策义两次皆入优等、不曾犯五等罚，令保明闻奏，量材录用。仍每年不得过一名，令看详国子监太府条制所立法。”（《长编》卷三八三）

八　月

二十一日，礼部言：“《元丰贡举令》：诸进士于《易》、《诗》、《书》、《周礼》、《礼记》各专一经。今太学已置《春秋》博士，乞于上条内《礼记》字下，添入《春秋》二字。”从之。（《宋会要·选举》三之五〇）

（上官均言）：“进士科所谓特奏名者凡五例，其最滥者但一次预荐，仅及三十年即该推恩。其就廷试，则试题平易，字数减少，有司考校，又加宽假，但粗成文理，不至甚纰缪者，皆置第四等以上。年未满七十者，即便不须保任，便许出官。昨元丰八年特奏名，系第四等以上者四百余人，可谓冗矣。夫进士自秋试至省、殿，三处考校，于三千人中仅取五百，其间尚容幸得。又况偶或一荐，累试见黜，年高才耗，学术忘废，其比进士实固相远。而又五路学者鲜少，取人数宽，但获一荐，虽不事学，坐待及三十年，便该禄仕。大率多年五六十以上，既仕官谁肯荐保？夫以血气衰耗，有苟得之心，荐保不及，无向进之意，其能精明治事，廉洁自守者十无一二。其智识才力，方之进士，固有间矣。夫以特奏得官，与夫补荫流外之人，学术才行皆不足以方进士，而入仕之数常多于及第之人。……臣欲乞参酌祖宗故事，须实曾取到文解或经殿试计若干举，方许就省试。实得文解及经殿试若干举，方许就殿试，文理稍优者方得充四等以上，每等限定人数不过若干人。其余四等以外者，不理选限。其曾预一荐，虽及三十年，不在推恩之限。盖累曾取到文解或经殿试，即须稍有文学，不至空疏。四等以上限以人数，则有司所取不至冗滥，如此则稍可以革特奏之弊矣。”（《长编》三八六）

九　月

六日,《明堂赦文》:"诸路进士、诸科,经嘉祐六年以前省试下、治平二年以前御试下,并进士、明经御试下三举、省试下五举,诸科御试下五举、省试下七举;及开封府、国子监进士、诸科,经熙宁三年以前省试下、熙宁六年以前御试下,并进士、明经御试下两举、省试下三举,诸科御试下四举、省试下五举,将来并与免解。"(《宋会要·选举》一五之二四、二五)

十　月

癸丑(二十九日),刘挚言:"国子司业黄隐学不足以教人,行不足以服众。"又言:"故相王安石训经旨,视诸儒义说,得圣人之意为多,故先帝以其书立之于学,以启迪多士。而安石晚年溺于字说释典,是以近制禁学者毋习此二字而已。至其所颁经义盖与先儒之说并行而兼存,未尝禁也。隐猥见安石政事多已更改,辄尔妄意迎合传意,因欲废安石之学。每见生员试卷引用,隐辄排斥其说。"

癸丑(二十九日),吕陶言:"太学者,教化之渊源,所以风劝四方,而示之表则。一有不令,何以诲人?黄隐素寡问学,薄于操行。且经义之说,盖无古今新旧,惟贵其当先儒之传注。既未全是王氏之解,亦未必尽非隐亦能诵记。安石新义,推尊而信向之久矣。一旦闻朝廷欲议科举,则讽谕太学诸生,凡程文字不可复从王氏新义,或引用者,类多黜降。诸生亦闻安石之死,而欲设斋致奠,以伸师资之报者,隐辄形忿怒,将绳以率敛之法。此尤可鄙也。"

癸丑(二十九日)上官均言:"黄隐自官庠序,将及一年。考其行,则倨傲自任,倾邪无常;论其学,则暗于经术,不烛义理。兴建三舍以来,学规弛废,取舍失平,未有如今日者也。愿陛下博采公论,早行罢免,以副众心。"讫不行。(以上均见《山堂考索》后集卷二七)

是　月

苏轼《论冗官札子》:臣伏见近日言者,以吏部员多阙少,欲清入仕之源，救官冗之弊，裁减任子及进士累举之恩、流外入官之数，已有旨下吏部、礼部与给舍详议。臣窃谓此数者，行之则人情不悦，不行则积弊不去，要当求其分义，务适厥中。使国有去弊之实，人无失职之叹，然后为得也。欲乞应任子及进士累举免解恩例，并一切如旧，只行下项：一，奏荫文官人，每遇科场，依进士法试大义策论。如系武官，即试弓马，或试法。并三人中解一人。仍年及二十五已上，方得出官。内已举进士得解者免试。如三试不中，年及三十五已上，亦许出官。应试大义、策论及试法者，在京随进士赴国学，在外赴转运司。试弓马者，在京随武举人赴武学，在外转运司差官。一，进士累举免解合推恩者，并约嘉祐以前内中数目，立为定额。如所试优长，系额内人数，即等第推恩，并许出官。如系额外，即并与一不出官名衔。……进士累举，有词学人自得出官；若无所能，得虚名一官，免为白丁，亦无所恨。（《苏轼文集》卷二七）

十一月

（戊寅，二十四日）三省奏立经义、词赋两科，下群臣议，从之。（《长编》三九二）

国朝因唐制取士，只用词赋。其解释诸经者，名曰“明经”，不得与进士齿。王安石罢去词赋，惟以经义取士。元祐元年十一月，立经义、词赋两科，用侍御史刘挚之言也。（《燕翼诒谋录》卷五）

是　年

近见章子厚言：先帝晚年甚患文字之陋，欲稍变取士法，特未暇耳。（《苏轼文集》卷四九《答张文潜县丞书》）

秦观《登第后青词》：窃以天运至神，固不期于报效；群生多故，实有赖于祈禳。敢伸悃愊之私，仰渎高明之鉴。伏念臣生而固陋，长更屯奇。奔走道途，常数千里；淹留场屋，几二十年。既利欲之未忘，在过愆而奚免？深惧风霆之谴，窃萌豺獭之心。乃与母亲戚氏，爰自往年，愿修醮事。今则猥尘科第，叨预仕途。岂微躯之克堪，皆造物之冥赐。辄取甲寅之岁，祗就海陵之宫，依按灵科，酬还素志。伏愿上真昭答，列圣顾怀，增寿考于

慈亲,除祸殃于眇质。私门安燕,无疾病之潜生;宦路享通,绝谤伤之横至。臣无任。(《淮海集笺注》卷三二)

(鲜于侁)言:“制举,诚取士之要,国朝尤为得人。王安石用事,讳人诋訾新政,遂废其科。今方搜罗俊贤,廓通言路,宜复六科之旧。”(《宋史》卷三四四)

朱光庭《请用经术取士奏》:臣窃以圣朝用经术取士,冠越前代。止是不当专用王安石之学,使后生习为一律,不复穷究圣人之蕴,此为失矣。若谓学经术不能为文,须学诗赋而后能文,臣以为不然。夫六经之文,可谓纯粹浑厚,经纬天地,辉光日新者也。今使学者不学纯粹浑厚辉光六经之文,而反学雕虫篆刻童子之技,岂不陋哉? 甚非圣朝之美事。臣近已上封事论列,今再具以经术取士之法,约归义理之文,条理于左:一,第一场试诸经大义六道。乞令每人各治二经,每经各试大义三道。仍须先本注疏之说;或注疏违圣人之意,则先其注疏所以违之之说,然后断以己见及诸家之说。以义理通,文采优者为上;义理通,文采粗者为次;义理不通,虽有虚文,不合格。一,第二场试《论语》、《孟子》大义四道。《论》、《孟》各两道,考试之法,与经同义。一,第三场试论一道。乞于《荀子》、《扬子》、《文中子》、韩吏部文中出题。一,第四场试策三道。内两道乞问历代史,一道时务。省试五道,三道乞问历代史,两道问时务。右臣之所陈,欲令天下学者不失宗经,知根本之学,不专用王安石之凿说,各以己见、诸家之说,穷圣人之蕴。履之为事业,发之为文章,下之所以修身见于世,上之所以敛材置之用,皆不失道。此臣所以区区为朝廷力言也。伏望圣慈,察臣管见,如或可采,特赐主张施行。(《全宋文》卷二〇一二)

曾肇《上哲宗论经明行修科宜罢投牒乞试糊名誊录之制》:臣奉诏,详议三省所定科举条制。其经义、诗赋等科,已与吏部尚书孙永等连状详定奏闻外,有经明行修举人一项,臣窃有愚见,须至前议。臣伏以国家取士之制,人才之盛衰,风俗之美恶系焉。今设经义、诗赋等科,施之一时则可矣。然皆取人以言,而不本其行,方之于古,臣窃以为未也。至于诏内外官举经明行修之士，中第之日，稍优其礼，则不独取之以言，又本其行，其意庶乎近古。然徒使举之，而不由乡里之选，又无考察之实。与斯举者，随众投牒，试于有司，糊名、誊录，校一日之长。则不唯士失自重之谊，且于课试之际，无以别异于众人。则所谓本其行者，亦徒为虚文而已，恐未称所以命官荐举、优其恩典之意也。窃观三代、两汉人才之盛，风俗之美，后世所以不能及者，取士以行，不专以言故也。今虽未能尽复古制，故经义、诗赋等科未可尽废。然驯致先王之治，亦宜有渐。则经明行修谓宜别立一科，稍仿三代、两汉取士官人之法，因今之宜，斟酌损益，要之，无失古意而已。至于投牒乞试、糊名誊录之类非古制者，一切罢之。待遇恩数，尽居经义、诗赋等科之上。庶使学者知尊经术，笃行谊，人人勉于自修。自一乡推之，以至一县；一县推之，以至一州；一州推之，以至一路；一路推之，以至天下。则四方之士，莫不知尊经术，笃行谊，以待上之求，应上之用。如是，而人才不盛，风俗不美，未之有也。人才既盛，风俗既美，则所谓经义、诗赋等科，非以行谊进者，人将耻为之，不期于废而自废矣。如此，则经明行修之举，有得士之实，不为虚文而已也。或谓以行取人，则有浮伪矫诈之弊；尽去防检，则有交通请谒之私。臣以谓此殆论者之私忧过计也。夫左道乱众，色取仁而行违者，固圣人之所深恶。然必有以察之，试之于利害得丧之地，则可见矣。凡人之情，孰不好善？朝廷诚能正心诚意，进任正人，明利义之分，辨荣辱之境，以示天下，则虽蚩蚩之民，莫不用情以应上，况于士哉！然则，所谓浮伪矫诈之弊，非所忧也。明考察之方，公进退之法，以任人之得失，为举者之赏罚。行之以信，持之以久，风俗日入于厚，则交通请谒之私又非所忧也。三代、两汉之治去今远矣，然臣犹惓惓以此为言者，幸遇朝廷欲得经明行修之士，故臣欲由此而充之，以至于复先王之制，以成朝廷之美意。其言虽迂，其效虽远，然有志于古者，恐不能以彼而易此也。伏惟圣慈特加详察，如臣言万一可采，其设科举士之制，愿诏有司取三代、两汉之法见于今者，参时之宜，裁定其当。（《宋朝诸臣奏议》卷八一）

吕大临《上哲宗论选举六事》：臣窃惟古之长育人才者，以士众多为乐；今之主选举者，以士众多为患。古之以礼聘士，常恐士之不至；今之以法抑士，常恐士之竞进。古今岂有异哉？盖未之思尔。夫为国之要，不越得人以治其事而已。如为治必欲得人，则唯恐人才之不足，不患乎众多也；如治事皆任其责，则惟恐士之不至，不忧乎竞进也。今也取人而用，不问其可任何事；任人以事，不问其才之所堪。故入流之路不胜其多，然为官择士，则常患乏才；待次之吏历岁不调，然考其职事，则常患不治。此所谓名实不称，本末交戾。如此而欲得人而事治，未之有也。今欲立士规以养德厉行，更学制以量才进艺，立试法以试用养才，立辟法以兴能备用，立举法以复实得人，立考法以责任考功，其事目之详具于后。

士规：州县皆立学，皆立士籍，学官正、录掌之。凡士人不以侨寓土著，已仕未仕已仕至升朝官，未冠及年及七十者皆不籍，并居学不居学，应举不应举，皆委自乡郭邻里博访，以姓名申州县，长吏再加审核无遗，与学官参考行实无滥，然后书于籍皆供本贯、三代、年齿。其在学及应举者皆供所习举业，已任者供出身、历任。除居学者自有学制外，别立士规，略如学规禁过条目其大过，如兼为工商，所游非僻，博赌斗讼之类；其小过，如游非其人，非义干求之类，皆禁之。簿二道，一道记善凡有善可记皆记之，一道书过凡犯士规者皆书之。委州县学正于学外士人中，推择为众所服者，为外学正州城内量郡大小，自二人至六人，分坊总之；自一人至三人，分坊及乡总之。凡预籍者，又月轮一人，主书善记过，谓之“直月”。每月约日群集于学，释菜于先圣，退而食于堂。直月以所记过之状白于外学正，外学正与众评其可否而书之，而告其人凡善行，许众采之，告于直月，直月审其实而记之。有过则准许直月察之，至会，人悉告于学正，过亦立罚。如犯大过，既书，许其改过；不愿改及终不悛者，去其籍，不得与士齿，不得服士衣冠先定士及庶人衣冠以别之。朝廷考察德行，皆质于此。其学行素高，为众所推者，别加尊礼，不与众同。如出游他所，皆具所以游之事告。

古者四民不杂处，士所习皆有业。今也农工商贾尚各有事，惟士一职，多容游手罢惰之流。士风沦丧，人才不兴，皆原于此。自祖宗以来，州县立学，惟守令留意者，仅能劝督应举课业而已。乡里服士衣冠而与士大夫游，皆名为士，而贤不肖混淆，莫之能辨。德学之进者既无以旌别，无行之人又无忌惮，欲望美风俗、育人才，难矣。然比见所立学制，多欲士人居学日久，此极有害。大抵为士者，莫不有家，仰事父母，俯育妻子，皆人之大伦,养道安可有阙?今必使舍此而居学,先废人之大伦,纵博闻多识,将安用之?此失其本,不可不革。况古之至学,亦不在乎朝夕群聚,课试诵读,然后为学。盖必立明师,使时往请教,有所矜式可矣。今之议立士规,所以防其失。月书善恶,所以进善改过。非其人者,不得与士齿,所以清士流。此为之兆矣。兆足以行,则润泽之方,更系善治者措置如何耳。

学制:凡学之制,皆立大学、小学。小学课读诵、训诂,习少仪。十年以上至于十九,皆入小学。二十以上,择业成者,旬一试之。十试中格者,始得入大学,方许应举未中格者,且居小学,未得应举。大学分四科:一曰德行,二曰学术,三曰文辞,四曰政事。德行之科,居县者,县之令佐与学官令众推择,察得其实,以其名荐于州其学行略道其故。州之长吏与学官再加审察,得其实,以礼聘之。县令津遣赴州学,州命学官馆之,数与议论,以察其学识。旬月而归,以簿籍其姓名。俟科场,州长吏及学官又参求可以应诏者,贡于朝如居州学者,惟学官荐之,州长吏察之。学术之科,以多闻博识、明义理、辨节文、考典故为业。一曰明经经无多少,自一经至于六经。经为《易》、《诗》、《书》、《春秋》、《礼》、《乐》。如《礼》兼明三《礼》,如乐虽无经,亦参取六经所言而求之。凡明经必兼治《孝经》、《论语》、《孟子》,二曰习史究量历代治体安危成败及典故沿革。文辞之科,皆习杂文为业,如制诰、章奏、文檄、书问、碑铭、诗赋之类,如唐制。政事皆务究知利害本末及措置之法,如吏文条陈利害,如法令修立条约,不必文辞,惟取措置议论优长为善。已上惟德行一科皆从推择礼聘外,自学术、文辞、政事三科,并依科场法,许人应举。亦自逐县官以格升之州学,州学学官又选其能者籍之。每有科场,学官以其名闻于州,州申转运司,转运司选官考试,如旧法。额定中选人数,贡于尚书礼部。其课试高下之法,以所习之高下多少为等。凡学术、文辞之科,皆兼习史及文辞为上,所兼习或史或文辞者次之,止习三经者又次之,止习二经者又次之,止习一经或习史者又次之;习文辞者次之,习政事者为下。明经者,一经为一场,试义三道;习史者,试策三道;文辞者,试杂文二场,每场问目五道如兼习文辞、政事,止各试一场。已上德行科比制举,学术、文辞科比进士,政事科比诸科。

古者四十始仕,今则成童以上皆得应举。故人之子弟不务积学蓄德,自稍有知,已奔驰仕进之门。又为学之序,未尝分别大小,往往躐等以进,群应有司。其艺稍中有司之格者,十无二三。使人才不成,实原于此。故今立学制,分大小学之法。自十九以下皆居小学,二十以上其艺可升大学者,方升之大学,始得应举。则童子必能安业,所习有序,不致有违越之心,庶几成材,可得而取。又或以德进,或以事举,或以言扬,未尝一科取之。自汉唐之盛,虽未能方古,亦数路设科,以收人才。今专以进士一科取之,其所试者止于经义、策、论而已。及其中选,则百官之事皆得而任之。就其素学而论,盖欲明义理而习文辞也。当官决事,则所知义理莫知所以施为;一有辞命,则所习之文不足以应用。谓之贤欤,而不知其德之可任;谓之能欤,而不知其才之可使。盖所养非所求,所求非所用。养才、取人之失,无甚于此。议更改科举,复用诗赋,此特少济有司考校之末,无益朝廷育才用人之实。若明立四科,以笼人才,则庶几有得。又古之仕者,莫非上之人取之,非下有求而后予也。故上有下贤之美,士无失己之耻。今一切使之投牒自进,无以异于市井臣仆,非所以养士之廉。其本已丧,则为士者轻;为士者轻,则虽有美才令德,不足任也。今欲悉命学官采择,然后州长吏召而试之,少厉士风,不为无补。(《宋朝诸臣奏议》卷八〇)

毕仲游《学校议》:天下之事有至近且狭,偶得其道而行之,则虽累百世而不倦;有甚大极重,不得其道而行之,则终无补于天下。今所谓律令,皋陶之刑也。增损隆杀,近所以为治之道,遂成不刊之书。学校之设,欲以进贤养士为太平之具,不得其道,至今设为虚器而已,盖甚可叹也。古者家有塾,党有序,国有学,而养老、习射、读书、合乐、行礼于其中者,盖欲使知君臣之义、父子之亲、长幼之节,明是非,一好恶,积道艺,以为天下之用。颜子不迁怒,不贰过,孔子谓之好学。而后世始治赋廪,督课业,严禁令以从事,岂古人所以为学之道耶?其君臣之义,父子之亲,长幼之序,所以明是非、一好恶、积道艺者,犹未备也。而又欲丽师堂,广生舍,众徒弟以为盛,其去道愈远。盖闻熙宁之初,变诗赋为经义以取士,增太学郡国学官,设三舍,改定式令,以布行之。四方之人至京师者几数千,而是非不明,好恶不一,道艺进取未有异也。今复欲变经义为诗赋,退学官,更定式令以从事,则学士大夫之所以自得者果安在耶?试略言之。三代乡举里选之法虽难卒行,宜亦仿其大者,使学士大夫有以自得。而后诏先生博士,卒以君臣之义,父子之亲,长幼之序,与夫是非、好恶、道艺之正。而诗赋、经义则如古以射取士之法,行同能偶,然后序之。别为贡举,以待科举之士,存之而勿论。要使优游和易,而不迫化其心,而勿强复其迹,则庶乎先王所以为学之道。而久以岁月,则遂将适于实用,不为虚器而徒设,天下幸甚!

毕仲游《经术诗赋取士议》:事有求厚而得薄,欲与益期而损至者。熙宁之初,患诗赋声病偶俪为学而破碎乎道也,故以经术取士,使人治一经而立其说,庶几有补于道。而十余年间,道之破碎益甚。治经者不问经旨之何如,而先为附会之巧。一章之中有十意,一意之中有十说,至掇昔人之语言以经相配,取其谐而不问其理义,反甚于声病偶俪之文,有足叹者。杨、墨之乱儒也,其人则乱,其书不乱。杨自为杨,墨自为墨,儒自为儒,强相异而不相使也,万世之下犹得圣人之全经。今熙宁之举子,经旨不足以为奇,反破五经之正论,而强纳以佛老之说,圣人之经旨几芜没而不见。是徒为经术以取士,而不如诗赋之时,圣人之全经未破碎也。则求厚而得薄,欲与益期而损至者,可验于此。为今之策,莫若复诗赋以取士,而不累于科举,以进治经之人。复诗赋以取士,则高才识达、功名道艺或可以兼至;不累于科举,以进治经之人,则圣人之经旨庶不为科举之所乱。复之必得其术,进之必得其道。析诗赋、经义为两科,学诗赋者举进士,治经者举明经。取明经常少,取进士常多,十数年间,将自化而为诗赋。不以法制而渐复其旧,术之善者也。夫以经义取士,实虽不至而名近于古;以诗赋取士,实其至矣而名不及于经义。今区区者徒见朝廷罢经义、复诗赋,则以为可复而已矣,而不知经义之不可以累科举也。既罢之后,当诏天下,求穷经谋道、不累科举之人,如仁宗之朝孙复、石介者,置以为博士,使传道于诸生。则今日之所尚,才得经术之正而无破碎之患,道之美者也。盖旧政已废而复之者,戒于暴其名近古而易之,则民疑。然则设为两科以取士,使渐复于诗赋,又诏天下求穷经谋道、不累科举之人,任之为师儒,亦以为不暴而释民疑也。(以上均见《全宋文》卷二四〇〇)

刘弇《策问·复贤良方正科》:问:以言取人,则迹掩于浮誉之易移,而实丧于繁文之每胜，然考其犹有补者，其贤良方正乎！自孝文亲策晁错于廷，其后千有余载，虽贤君磊磊更出，治世凛凛相望，然褒然之诏不害为岁下，莫举之罪时议诸礼官，则诚以贤良方正佽助于人主为不少故也。是以一雨旸之，不若一日月之薄蚀，民焉有未知之利疚？国焉有未讲之隆替？一旦操笔天陛之旁，皆得列而言焉。决游氛之蔽亏，增白日之末光，古所谓不讳之朝，盖不过如此。奈何其罢之哉！彼说者不过曰：君子恶讦以为直，又其记诵琐琐，初非经奇，是应罢耳。曾不知得一通《春秋》、明王体，如汉之董仲舒；复一奋不顾身、排斥大阉，如唐之刘蕡，则彼贤良方正独何负于得人哉！自更科以来，豪杰魁磊之士抱器业、蓄愤懑，思欲一吐胸中之奇者，几人于兹矣。且罢之诚便，则古不宜有是科也。日者固已复诗赋矣。岂诗赋可复，而是科未可复乎？抑亦复之固自有渐乎？将复与不复，未足为科举之增损也。愿闻所以，不吾隐者。(《全宋文》卷二五五八)

元祐二年　丁卯(1087)

正　月

戊辰(十五日),诏:"自今举人程试,并许用古今诸儒之说,或出己见,勿引《申》、《韩》、释氏之书。考试官于经义、论、策通定去留,毋于《老》、《列》、《庄子》出题。及举经明行修,京东西、河北、陕西路各五人,淮南、江南东西、福建、河东、两浙、成都府路各四人,荆湖南路、广南东西、梓州路各二人,荆湖北路、夔州、利州各一人,委知县当职官司同保任申监司,监司再加考察以闻。仍充本州解额,无其人则阙之。"吕大防作《吕公著神道碑》云:"自熙宁四年,始改科举,罢词赋等,用王安石经义以取士,又以释氏之说解圣人之经。学者既不博观群书,无修词属文之意,或窃诵他人已成之书写之以干进。由此科举益轻,而文词之官渐艰其选。先帝以答高丽书不称旨,故当时以为言,议者欲以诗赋代经义,公著乃于经义之外益以诗赋,而先经义,以尽多士之能。又禁有司不得以《老》、《庄》之书出题,而学者不得以《申》、《韩》、佛书为说,经义参用古今诸儒之学,不得专用王氏。"(《长编》卷三九四)

二　月

癸巳(十日),右司谏王觌言:"臣伏睹今年正月十七日赦节文,举经明行修人,委州县当职官同状保任申监司,监司再加考察,仍于发解前牒报本州,与充本州解额。臣窃以朝廷设经明行修之举,非徒欲以得其人而任使,又将劝后进之士笃于学行也。今若以州县所举之人充本州解额,则臣恐未足以劝学行,而先有以败风俗矣。夫古之所谓士者,莫不以廉退自重也。自以科举取士,而士之不能以廉退自重,亦已久矣。今天下州郡应举者甚多,而解额至狭。凡挟册读书而未免于干禄者,莫不有竞进之心也。使经明行修而被举者不在解额之中,则后进之士,视其乡之经明行修者,其势必须出力推荐,而人人有君子长者之风矣。使经明行修而被举者遂夺其解额，则后进之士视其乡之经明行修者，其势必有内怀忌嫉，而谤讟诋讦，无不为者矣。如此，则学者之完人益少，而经明行修之举不几于废乎？盖必然之理也。臣故曰：‘若以州县所举之人充本州解额，则诚恐未足以劝学行，而先有以败风俗也。’夫天下之风俗浇薄淳厚之不同，岂皆其天性哉？顾所以导之如何尔。臣伏望圣慈指挥，于前项敕内改‘与充本州解额’六字作‘于本州解额外解发’，庶可以久行而无弊也。”贴黄：“臣兼看详前项敕内，逐路所举各有人数，惟不及畿内，恐是漏落，不可谓王畿之内而无经明行修之人也。亦乞指挥添入。”(《长编》卷三九五)

三　月

旧制：崇政殿试，景福殿复考，自熙宁移于集英。元祐二年三月二日，三省请如天圣故事，试于崇政，二十二日御延和殿，进呈文卷、唱名、放榜。诏：“依旧试于集英。”(《玉海》卷一一六)

辛酉(九日)，诏：“礼部贡举。”(《长编》卷三九六)

四　月

丁未(二十六日)，诏：“制科之设，旧矣。自西汉之世，始诏有司详求俊茂，亲临策问，受其条对。故天下魁伟绝特之材、守经自重之士，得以并进；而谠言正论，益以上闻。自斯以来，历世用之。逮夫祖宗，以神圣文武继继承承，设六科之选，策三道之要，以网罗天下之贤隽。百余年间，号称得人。先皇帝兴学校，崇经术，以作新人材，变天下之俗，故科目之设，有所未遑。今天下之士多通于经术而知所学矣，宜复制策之科，以求拔俗之才，裨于治道。盖帝王之道，损益趋时，不必尽同，同归于治而已。今复置贤良方正能直言极谏科，自今年为始。令尚书、侍郎、两省谏议大夫以上、御史中丞、学士、待制各举一人，不拘已仕未仕，以学行俱优，堪备策问者充，仍各略具辞业缴进。余依旧条。”(《长编》卷三九九)

五　月

李新《送张君实赴制举》：不用名矜自半千，高才十二许争先。乘轺远

道三千里，下笔谈王数百篇。忠胆自能倾白日，决科时似选青钱。山城送别无他祝，早属登瀛第一仙。（《全宋诗》卷一二五九）

七　月

（癸丑，四日）诏："制科入第三等并进士第一人及第，并除承事郎、签书节度或观察判官厅公事或知县；代还，升通判；任满，与试馆职。制科入第四等，除两使推官；代还，改次等合入官次。第五等，除初等职官；任满，除两使推官。有官人比类取旨。"（《长编》四〇三）

是　月

苏颂《论制科取士乞加立策等增取人数》：臣伏睹今年四月戊申及七月乙卯诏书，复置贤良方正能直言极谏科，并立定策入三等、四等次推恩条制，有以见陛下勤求俊良，乐闻谠论。士之抱术略、怀愤懑者，当继踵而赴诏矣。然臣窃观本朝故事，制科程式太严，取人太窄。自真宗以来，每举中第者多不过三人，少或一人，至有全不收者。使豪杰之士，有老于科举而不预甄擢，恐非朝廷听言求士之意。臣谨按：汉文二年始诏举贤良时，对策者百人，而晁错为上第。武帝元光五年，诏举对策者亦百人，而公孙弘为第一。历代沿袭，废置不常，至唐而特盛。每遇亲策贤良等科，中第者常不下一二十人。建中元年，姜公辅等二十五人；贞元元年，韦执谊等一十七人；四年，崔元翰等一十七人；十年，裴垍等一十七人；元和三年，牛僧孺等一十五人；长庆元年，庞严等一十五人；宝历元年，唐伸等一十九人；太和二年，裴休等二十二人。自余幽素、将相等几数十科，取人亦众。其得士若苏瑰、苏颋父子，张说、张九龄、韩休、裴垍、杨绾、崔群、韦处厚、姜公辅、牛僧孺、元微之、裴休辈，皆出此选，卒为辅弼名臣。此外，奇才博识之士垂名于后者，不可胜数。信乎制科亲策可以收揽英俊，有补于治道也！而当时应诏之人，或命州郡荐举，或许上书自陈。被召者径赴御试。其推恩等第，则第三等中书门下超资与处分，第四优与处分，第五等即与处分。由是言之，程序盖不甚严，而推恩亦不甚厚。至周显德四年，始诏逐处州郡依贡举人式例，别试解送尚书吏部，量试策论三道，共三千字。内取文理俱优者，方得解送上都。本朝之制，又加以六论，或试于中书，或试于秘阁,合格方得赴御试。其所试论题,务求深奥。每举转加艰难,致合格者少。盖以推恩过厚,故取人益艰。况国家承平日久,天下学士陶染风教,竞习艺文,而应此科者尤号该洽。其程文纵非优长,未合上等,亦皆于古今义理潜心有素。若蒙采收,施之为政,必须优于专经之人,不为无益于朝廷也。臣窃谓今来既立定策等,推恩有厚薄,则所取亦宜稍加人数。臣愚欲望将来或请应人稍多,即乞优加分数;如合格人少,即乞更加第五等,分为上下。入此等者,只依进士第二甲、第三甲注官,亦不为徼幸。若恐更添入流之人,即乞以进士、诸科御试不合格人数,留充制科数目,彼此通融,俱无所碍。如此,则四方特起之人,咸有荣进之望。圣世搜扬之路,蔑有壅蔽之嗟矣。(《苏魏公文集》卷一九)

八　月

御史中丞胡宗愈亦言:"先帝聚士以学,教人以经,三舍科条固已精密,宜一切仍旧。"(《长编》卷四〇四)

九　月

(丁巳,八日)诏:"礼部置诸科举人籍。"(《长编》四〇五)

是　月

陈师道《跋杨李二公诗》:元祐二年,始以诸科解额合进士为二十七人,而考官定者才二十二人。昔熙宁中,罢黜诸科以进学者,于是士兴于乡者过倍,其教化之效如此。出纳之吝,虽有司事,而非诏意。秋九月,大会群士,二公为诗以相劳之,邦人以为宠。又方请于上以复之,而皆见于诗,盖其志也,可谓贤矣。(《全宋文》卷二六六七)

是　秋

黄庭坚《次韵冕仲考进士试卷》:少年迷翰墨,无异虫蠹木。诸生程艺文,承诏当品目。床敷设箱箧,赋纳忽数束。变名混甲乙,誊写失句读。昼窗过白驹,夜几跋红烛。钩深思嘉鱼,攻璞愿良玉。谈天用一律,占毕压重复。丝布涩难缝,快意忽破竹。圣言裨曲学,割裘缀邪幅。注金无全巧,窃发或中鹄。翟公辟雍老,薪槱茂棫朴。御史威降霜,行私不容粟。吏部提来鉴,片善蒙采录。博士刈其楚,铨量颇三复。因人享成事,贱子真碌碌。(《黄庭坚全集》第五辑)

黄庭坚《和冕仲观试进士》:人围庙垣重,鼓作宫漏晓。晨门传放钥,坌入荒庭秒。初如求木猿,稍若安巢鸟。黄炉答拜辱,月淡秋天杳。发题疏疑经,按剑或惊矫。官曹严坐起,逻卒禁纷扰。儇趋蚁争丘,痴坐鹭窥沼。江淮有名翚,专场或孤鹭。袖手深槊礴,乞灵颇澴绕。稚旄半父子,相面多中表。鸿将雁行斜,牛舐快犊小。墨泓黝寒云,笔尾撼丛筱。雕虫寄鼻咏,攘略倾耳剽。剖蚌得珠难,扬沙见金少。遗形欹冠屦,忘味弃眗麨。虽挥鲁阳戈,余勇事未了。喧哄遂一空,星河明木杪。(《黄庭坚全集》第五辑)

晁说之《和斯立夜校试卷呈同舍十二韵》:校艺来从鲁,闻韶昔在齐。幸容葭倚树,欢会食甘藜。礼数延文士,雄豪动武奎。严凝池上雪,灿烂谷中霓。喜见双头锦,争求独角犀。化金思点灶,画酒愿分篦。气壮如观海,言危拟去梯。且思竭马力,焉敢效牛蹊。萧统闻香臭,刘郎善品题。铅黄方晏集,风雨惜分携。永遣愁城破,休教眉宇低。故乡吾自乐,归去逐群鸡。(《全宋诗》卷一二〇九)

十　月

(己亥,二十一日)先是,给事中赵君锡奏驳叶祖洽廷试策语讪宗庙,祖洽既罢新除礼部郎中,复为兵部郎中。既而,御史赵挺之、方蒙相继言:"君锡所驳极为未允,今取祖洽印本试策寻究,并无讥讪之言,不知君锡何以见其讥讪也。伏望令君锡具祖洽讥讪之言,下近臣参定,以明枉直,庶使策试之士、谋讥之臣悉心不回,毋惮后害。"祖洽亦上章自辩。诏翰林学士、中书舍人、谏议大夫同共参定。于是苏轼、苏辙、刘攽等言:"窃谓先帝亲策贡士,本欲令人人尽言,无所回忌。士之论事,欲究极始末,其语或及祖宗。事有是非,义难隐讳,但当考其所言当否,以为进退,不可一一指为谤讪。取到叶祖洽所试策卷子看详,其略云:'祖宗以来至于今,纪纲法度苟简因循而不举者,诚不为少。'又云:'与忠智豪杰之臣,合谋而鼎新之。'臣等以谓祖宗拨乱反正,承平百年,纪纲法度最为明备。纵使时异事变,理合小有损益,亦不当谓之'因循苟简',便欲朝廷与大臣'合谋而鼎新之'。详此:显是祖洽学术浅暗,议论乖谬。若谓之讥讪宗庙,则亦不可。"挺之等又言:"凡在朝廷大臣,率多当时考试之官,祖洽信有此语,安敢擢在第一?"轼因独奏:"祖洽及第时,臣轼系编排官,据初考官吕惠卿等定祖洽为第三等中,合在甲科;复考官宋敏求等定祖洽为第五等中,合是黜落。臣曾具事由闻奏,乞行黜落。兼据祖洽元试策卷子云:'祖宗以来至于今,纪纲法度苟简因循而不举者,诚不为少。'今祖洽上章自辩,却减落上件言语,只云:'祖宗以来至于今,纪纲制度比之前古,亦有因循未举之处。'显见祖洽心知'苟简'之语为不可,故行减落。"初,诏学士、舍人与谏议大夫参定,而孔文仲不联书轼等,别具奏章,言:"祖洽希合时政,躐取科级,据其用心,不得为无罪。"挺之、蒙等议遂寝。(《长编》四〇六)

十一月

十二日,诏:"礼部立诗赋格式以闻。"既而,礼部修立《考校条令》,《礼部韵》中备载,见遵用。(《宋会要·选举》三之五〇)

十二日,诏:"进士以经义、诗赋、论策通定去取,明法增《论语》、《孝经》义。将来一次科场,未习诗赋人依旧法取应,解发不得过元额三分之一。令礼部立诗赋格式以闻。"(《宋会要·选举》一五之二五)

(庚申,十二日)三省奏:"检会元祐元年闰二月二十二日指挥:'今来科场且依旧法施行。'四月十二日指挥:'仍罢律义。'六月十二日指挥:'今后科场程试不得引用《字说》,并许用古今诸儒之说或已见,即不许引用申、韩、释氏之书,考试官不得于《老》、《列》、《庄子》内出题。举经明行修人:京东、京西、河北、陕西路各五人,淮南、江南、江东、江西、福建、河东、两浙、成都府路各四人,荆湖南、广东西、梓州路各二人,荆湖北、夔州、利州路各一人。委州县当职官同状保任申监司,监司再加考察,依上项人数闻奏。仍于发解前牒报本州,与充本州解额赴省试。无其人则阙。'上件逐次朝旨并已施行外，今欲依下项：一，考试进士分为四场：第一场试本经义二道、《论语》或《孟子》义一道；第二场试律赋一首、律诗一首；第三场试论一首；第四场问子、史、时务策三道。以四场通定去留高下。一，新科明法依旧试断案三道、《刑统》义五道，添《论语》义二道、《孝经》义一道，分为五场。仍自元祐五年秋试施行。其诸路举到经明行修人，如省试不合格，即未得黜落，别作一项奏取指挥。"从之。(《长编》四〇七)

壬戌(十四日)，户部尚书李常转对，陈七事，曰：崇廉耻、存乡举、别守宰、废贪赃、审疑狱、择儒师、修役法。其"存乡举"，欲乞诏天下州郡，当贡士之岁，许于解额内弗试而贡一人。闾里之士，择其孝悌、忠信、通博者以告守令，守令同察而告之监司，监司复实可否而上之礼部，礼部萃而察之，等差而上之朝廷，朝廷随其等差，参诸贡士而官之。(《长编》四〇七)

十二月

二十三日，礼部言："今来初复制科，其举官遇科举，许收接投试人文字，限省试前十月先奏姓名到阙，及前一年十月奏举。并须于状内明言，以学行俱优、堪备策问，仍具辞业策论五十首缴进。今欲依旧制，试论六首，御试策一道。"从之。(《宋会要·选举》一一之一五)

是　年

冯山《上文太师干求举贤良书》：某前岁不度愚贱，三见相公于许，伏蒙相公重赐顾接。此古人以贵下贱、握发吐哺之义。而每言于人，无有信者。何者？相公位貌之尊，功业之隆，而某一介鄙士也，何所取者，而使相公三见而不倦哉！虽然，是未知某之所负，而相公之所取某也。士之所负，必曰行义高世，文章惊人。某愚不能此。然量所负，非特此二者以见相公也。培𪣻之高，污潢之深，懦夫孺子皆能奔逐其上而游泳其中。至于登万仞之崖，临不测之渊，仰观俯窥而不眩，安行危坐而不栗，则其气之所守，盖有过人者。寻常之士，相与谋于乡党朋友之间，而出见州县之吏，皆能闲视傲睨，高谈伟语，慷慨不顾。及一睹王公大人，则势胁于外而气夺于中，骇撼战栗，不知所措，其势然也。恭惟相公，贵穷乎公相，威振于天下，出殿近辅，达官显仕交出于境，逡巡而不敢入谒。某也远方下国之人，后进之微，小官之贱，无一日之故，先容之藉，率然而前。进退拱揖，不失常度；语言应对，无一差错。夫见相公而不惧，天下其谁惧者？天下所不能惧，则天下之事其有不可为者？此皆某之所负而相公之所取，而人之所以不知而不信也。幸甚！幸甚！今者愿有告于相公，愿垂听录，使某得终见其所负，相公亦将有取焉。某生无他长，幼知读书。既长，随流辈学时文，以升斗之禄，再上得官，本非所好，以为士之学要适天下之用。故前古废兴治乱之变，与当世利害得失之言，窃尝究其略矣。则又以士之显名于后世，不若见用于当时。王符、仲长统闭门著书，砭切时政，积千万言，其功之显名于后世，不若见用于当时。王符、仲长统闭门著书，砭切时政，积千万言，其功至矣。然不若主父、严、徐之徒，上一书，建一议，奋发于朝暮之为快。方先帝锐意太平，抽擢英俊之时，而某尚幼，方走场屋，未暇当时之务。今天下无事，百官守成，虽激昂眩鬻，自致于明时，而尚何所因者，窃自嗟惜。比者，幸逢天子以制策取天下之士，区区之愚，妄以求奋于此。且士孰不学，而某幸有志于当世之务；士或能有志于当世之务，而某幸天子以制策取天下之士；天下之士孰无心于制策之荣，然天子使两制大臣举其所知；两制大臣，天下之士识者无几，而某又幸尝三见相公。天其或者果有意于某欤？何其幸之多也！昔张说为相，而张九龄、房琯皆出其门，当时之士以为千载之下不可复得。今河阳李资政亦见于故忠献韩公之门，缙绅咨嗟，以为足继张、房之迹。相公位貌德业，诚已比侔于忠献矣，而某之愚，何敢望于河阳？然使相公之门如某辈犹不弃，则若河阳者接迹而至矣。如此，则岂独为某谋哉？拟进《策论》二十首，随书上献。伏希下执事略赐听览，以为可取，继以进。无任惶恐依归之至。(《全宋文》卷一七〇八)

李之仪《谢陶师中贡士启》：天下之患，常系乎不得其人；圣王之心，所贵乎无为而治。虽名分之必正，或事理之相违。诘所以驯至此途，盖在乎未尝留意。先皇帝肇新科举之制，今天子嗣成教育之方。谨其月书季考之文，参以里评巷议之实。讨论如是以明备，俊造自然而次升。靡一介之滥居，果多才之汇进。况乎首贡，岂是常珍！乃所谓鸣则惊人，似非徒学以干禄。伏惟某人，身虽家食，心则天游。白黑中分，故谈者之辨卓尔而默识;英华外发,盖君子之道闇然而日章。陋弹铗之兴嗟,不辍耕而取用。彼勤谨积成其效,我才出便占其先。糊名既开,士论胥庆。乡先生则云见面有数,郡太守亦曰闻风甚高。不辱其劝驾之恭,将表乎绝类之举。宁拘中下,径躐优长。伫腾大对之雄,深切当世之务。黄香来从江夏,终号无双;杜牧赋就《阿房》,岂止第五?某早蒙垂顾,继幸通名。适期款曲以相从,孰谓仓卒而引去。修途兹戒,大轴遽临。感佩不遗之诚,但深非据之愧。寒暄未定,保卫善持。钦迟光辉,别图裁叙。(《全宋文》卷二四〇九)

李廌《谢解启》:古之士重,今之士轻,时势使然,风俗乃尔。饭牛版筑,奚必诗书?钓渭耕莘,曾何科目?盖君子之学,以道义为己任,故古之仕者,以卿相为当然。有三顾五聘而未从,或千驷万钟而不受。今以言取士,但愧空文。凡应举觅官,邻于自鬻。宾兴久废,法禁益严,徒以困穷之身,愿入英雄之彀。某行年二十有九,蚤苦衰残,著书十余万言,常怀忠愤。谋己甚拙,许国惟坚。虽频待诏于公车,未得为郎于金马。屡作逐客,每叹虚生。第虑没世而无名,以累青云之知己。比缘秋试,偶尔计偕,辄生妄心,窃有荣幸。此盖伏遇某官,久垂教诲,曲赐题评。恩等丘山,义同卵翼。致滋昧陋,有望亨衢。敢不益厉操修,上副眷予!(《全宋文》卷二八五〇)

元祐三年　戊辰(1088)

正　月

六日，礼部言："河南、福建路转运司奏：'考到经明行修进士，并不经提刑司考察同奏举。今来省试日逼，恐误取应。'今欲乞且依转运司已奏，许令逐人先次就试。将来省试，如提刑司考察得内有违碍及与转运司奏举不同，即行驳放。"从之。(《宋会要·选举》一一之四三)

(庚申，十二日)诏："幕职州县官虽未经考，听举贤良方正能直言极谏科。"(《长编》卷四〇八)

乙丑(十七日)，命翰林学士苏轼权知礼部贡举，吏部侍郎孙觉、中书舍人孔文仲同知贡举。天下进士凡四千七百三十二人，并即太学试焉。"元祐三年正月乙丑，锁太学，试礼部进士四千七百三十二人。三月戊申，奏名进士五百人，宗室二人。子瞻、莘老、经父知举，熙叔、元舆、彦衡、鲁直、子明参详，君贶、希古、履中、器之、成季、明略、无咎、尧文、正臣、元忠、遐叔、子发、君成、天启、志完点检试卷。"此黄庭坚为孙敏行书石刻，今在敏行家。(《长编》卷四〇八)

以翰林学士、知制诰苏轼权知贡举，吏部侍郎孙觉、右谏议大夫孔文仲权同知贡举，合格奏名进士五百二十三人。(《宋会要·选举》一之一二)

黄鲁直少轻物，与赵挺之同校举子。一文卷使"蟒蛇"，挺之欲黜之，诸公尽然，鲁直独相持。挺之诚其言，问曰："公主此文，不识二字出何家？"鲁直良久曰："出《梁武忏》。"赵以其侮己，大衔之。(《过庭录》)

苏轼《省试策问三首》：

《汉文帝之行事有可疑者》:问:《孟子》曰:“君仁莫不仁,君义莫不义,君正莫不正,一正君而国定。”君子之至于斯也,亦可谓用力省而成功博矣。陛下嗣位于今四年,未言而民信之,无为而天助之。虽群臣有司,不足以识知盛德之所在。然窃意其万一,殆专以仁孝、礼义、好生、纳谏治天下也。子大夫生于此时,而又以德行道艺宾兴于庭,将必有意于《孟子》之言,正君而国定。愿闻所谓一言而兴邦,修身而天下服者。夫尧舜尚矣,学者无所复议。自汉以来,道德纯备,未有如文帝者也。今考其行事,而可疑者三:上林令,吏之不才;而虎圈啬夫,才之过人者也。才者见而不录,不才者置而不问,则事之不废坏者有几?然则兵偃刑措,何从而致之?南越不臣,宠以使者;吴王不朝,赐以几杖。此与唐之陵夷,藩镇自立,以邀旄钺者何异?不几于姑息苟简之政欤?《传》曰:“三王臣主俱贤,五霸不及其臣。”文帝不见贾生,自以为过之。既见,不如也。文帝岂霸者欤?帝自以为不如,而魏文帝乃以为过之,此又何也?抑过之为贤欤?将自谓不如为贤欤?汉文之所以为文,殆以是三者,而可疑如此。故愿与子大夫论之,以待上问而发焉。

《宰相不当以选举为嫌》:问:《易》曰:“神而明之,存乎其人。”《诗》曰:“无竞惟人,四方其训之。”文武之功,未有不以得人而成者也。仲尼,旅人也,而门人可使南面;重耳,亡公子也,而从者足以相国。汉之得人,盛于武、宣。皆拔之刍牧之中,而表之公卿之上,世主不以为疑,士大夫不以为嫌者,风俗厚而论议正也。宋蔡廓为吏部尚书,黄散以下,皆得自用,而廓以为薄己。今自宰相不得专选举,一命以上,皆付之定法。此何道也?昔常衮当国,虽尽公守法,而贤愚同滞,天下讥之。及崔贻孙相,不及一年,除吏八百,多其亲旧,号称得人。故建中之政,几同贞观。夫使宰相守法如常衮,则不免于贤愚同滞之讥;用人如贻孙,则必有威福下移之谤。欲望得人于微陋之中,而成功于绳墨之外,岂不难哉!子大夫学优而求用者也,当何施于今,而免于斯二者?愿极言之。

《省冗官裁奉给》:问:历观前世,天下初定,民始休息。下既厌乱而思静,上亦虚心而无作,是以公私富溢,刑罚清省。及其久安无变,则夸者喜名,智者贪功,生事以为乐,无病而自灸。则天下骚然,财屈力殚,而民始病矣。自汉以来,鲜不由此。汉初,置郡不过六十,而文、景之化,几致刑措。及唐中叶,列三百州,为千四百县,而政益荒。是时,宿兵八十余万,民去为商贾,度为佛老,杂入科役,率常十五。天下常以劳苦之人三,奉坐待衣食之人七,流弊之极。至元和中,乃命段平仲、韦贯之、许孟容、李绛一切蠲减,凡省冗官八百员,吏千四百员。民以少纾,而上下相安,无刻核之怨。今朝廷无事,百有余年。虽六圣相授,求治如不及,而吏惰民劳,盖不胜弊。今者,骄兵冗官之费,宗室贵戚之奉,边鄙将吏之给,盖十倍于往日矣。安视而不恤欤?则有民穷无告之忧。以义而裁之欤?则有拂逆人情之患。夫元和之世,彼四子者,何独能之?子大夫虽未仕,其详有所不知,而救此之道,当讲其要,愿悉著于篇。(《苏轼文集》卷七)

苏轼《省试宗室策问·汉唐宗室之盛与本朝教养选举之法》:问:昔周之盛时,其卿士皆周、召、毛、原,非王之伯叔父,则其子弟也。至两汉间,平、歆、向,世不乏人。而唐之宗室最近而易考,武略如道宗、孝恭,文章如白与贺者,不可以一二数。而以宰相进者,有九人焉。呜呼!何其盛也!建隆以来,不以吏事责宗子,虽有文武异才,终身不试。先帝独见远览,恩义并用,增修教养之法,肇开选举之路,盖十有余年矣。罢朝请而走郡县,释膏粱而治簿书者,固不为少。然名字暴著,可以追配古人者,盖未之见焉。意者谦畏慎默,而不自献欤?将教养选举之法,有所缺而未明欤?其悉于著篇,以俟采择。(《苏轼文集》卷七)

苏轼《和黄鲁直效进士作二首·岁寒知松柏》:龙蛰虽高卧,鸡鸣不废时。炎凉徒自变,茂悦两相知。已负栋梁质,肯为儿女姿。那忧霜贸贸,未喜日迟迟。难与夏虫语,永无秋实悲。谁知此植物,亦解秉天彝。

《款塞来享》:蠢尔氐羌国,天诛亦久稽。既能知面内,不复议征西。斥堠销兵火,边城息鼓鼙。输忠修贡职,弃过为黔黎。雪满流沙静,云沉太白低。巍巍二圣治,盛德古难齐。(《苏轼诗集》卷三〇)

苏轼《大雪乞省试展限兼乞御试不分初复考札子》:臣窃见:近者大雪

方数千里，道路艰塞，四方举人赴省试者，三分中未有二分到阙。朝廷虽议展限，然迫于三月放榜，所展日数不多。至时，若隔下三五百人赴试不及，即恐孤寒举人，转见失所，亦非朝廷急才喜士之意。欲乞自今日已往更展半月，方始差官。仍令礼部疾速雕印，出榜晓示旁近州郡，但未试以前到者，并许投保引试。若虑放榜迟延，恐趁三月内不及，即乞省试添差小试官十人，却促限五七日出榜。臣又窃见：自来御试差官，分为初考、复考、编排、详定四处，日限既迫，考官又少，以此多不暇精详。又缘初、复考官不敢候卷子齐足，方定等第，只是逐旋据誊录所关到卷子三十五十卷，便定等第。以此前后不相照，所定高下，或寄于幸与不幸，深为不便。不若只依南省条式，聚众考官为一处，通用日限，候卷子齐足，众人共定其等第。不惟精详寡失，又御试放榜，亦可以速了。臣窃意祖宗之法，所以分考官为四处者，盖是当时未有封弥、誊录，故须分别，以防弊幸。今来既有封弥、誊录，纵欲循私，其势无由。若只依南省条格，委无妨碍，乞赐详酌指挥。(《苏轼文集》卷二八)

(苏轼)元祐中，锁试礼部，每来见过，案上纸不择精粗，书遍乃已。(《黄庭坚全集》第九辑《题东坡字后》)

草堂刘先生曾见元城云："旧尝与子瞻同在贡院，早起洗面了，绕诸房去胡说乱说。被他挠得不成模样，人皆不得看卷子。及夜乃归张烛，一看数百副。"(《朱子语类》卷一三〇)

慕容彦逢《赴省试到阙偶成》：去年隋堤一丈雪，雪路苦寒那可行。行人畏寒兼畏滑，满蹊坚冰如鉴明。行装人与马成二，身不自惜旁人惊。崎岖千里到京阙，痛定回思双泪倾。伊予少小亲翰墨，应敌岂解前无勍？今者西来皆计吏，妄与群俊争文鸣。无田归耕曷为养，得失未易秋毫轻。作歌聊用写情素，拥鼻微吟同洛生。(《全宋诗》卷一二九三)

二　月

(己卯，二日)监察御史赵挺之言："贡举用《三经新义》取人近二十年。

今闻外议，以为苏轼主文，意在矫革，若见引用《新义》，决欲黜落。请礼部贡院将举人引用新经与注疏文理通行考校。”诏：送贡院照会。按轼初无此意，挺之因浮议以献言，用情诬实。(《长编》卷四〇八)

元祐中，东坡知贡举日，并行诗赋、经义。《书》题中出“而难任人，蛮夷率服。”注云：“任，佞也；难者，拒之使不得进也。”难任人，则忠信昭而四夷服。东坡习大科日，曾作《忠信昭而四夷服论》，而《新经》与注意同。当时举子谓东坡故与金陵异说，以为难于任人则得贤者，故四夷服。及东坡见说，怒曰：“举子至不识字，辄以难去声为难平声。”尽黜之，惟作难去声字者皆得。盖东坡元不曾见《新经》，而举子未尝读《注》故也。闻之于柴慎微。(《懒真子》卷一)

(癸巳，十六日)礼部状：“都省送下朝奉郎、监察御史、充集贤校理赵挺之奏：‘伏睹近制更易科举，参用经义、辞赋取人。以臣愚见，科场之中，得人失人，皆在试官能否。盖六经之义，固有渊意妙旨，而辞赋声律，就其术而论之，亦有精微至理。昔之学经义者，造道不能无精粗；学辞赋者，属辞不能无巧拙。以粗以拙者，尚不能知精巧者之所存，况其未尝诵读习学，而遽令主试考校，则去取、升降安有不谬者哉？辞赋之罢，几二十年，世以进士登科者，止治一经。向来科举差官，只问出身，而不论元初登科所治何经。以治《礼》之人乃使考《书》，以治《诗》之人乃使考《易》，是以一经登科而令遍考五经，往往差失谬乱。今若更令参考辞赋，窃恐难为去取、升降，其幸而得与不幸而失者必多，恐非朝廷设科取士、务在得人之意。臣愚欲乞特下有司，明立将来选差试官之法：每经各差试官一员，只考本经；别差辞赋登科，或曾应辞赋得解、后来用经入仕之人，专考词赋。量举人多少立定员数。如难得其人，即乞于通判人内兼差。或乞聚邻近州、军三五处，于一会要大郡类试。所贵试官之员易为充足，而考校之艺必须精致。’看详：‘发解及省试，虽兼用经义、辞赋、论策，然而各分一场引试，故学者得以尽其所长。若廷试并合经义，或策论、辞赋同为一日引试，深恐迫于晷刻，使举人仓遽难为尽工。欲乞依旧只试策一道，使其引古验今，足以见平日学识智虑之所存。’本部看详：所差试官，欲乞将来科场如差三员者，以二员经义、一员辞赋；两员者，各差一员。所有考校，自依条试。所乞聚类邻近州、军三五处类试，恐一郡之中难为应办，且依旧条施行。其殿试经义、辞赋举人并试策一道，合取自朝廷指挥，内外各依此差官。”诏：“并依礼部所定，仍先施行。”诏：“殿试经义、辞赋举人，并试策一道。”从赵挺之请也。《吕公著传》云：“公著在仁宗朝，尝请进士先试策论；神宗初，又献议以经术取士；及知熙宁三年贡举，遂密启临轩专用策试。未几，公著以言青苗等事得罪去，王安石专政，乃尽罢诗赋，一用经义。独以《春秋》为残缺不可读，废其学，学者不得以应试。安石又与其子雱及其徒吕惠卿、升卿撰定《诗》、《书》、《周礼》义，摹印颁天下，凡士子应试者，自一语以上，非新义不得用。于是学者不复思索经意，亦不复诵正经，惟诵安石、惠卿书，精熟者辄得上第。有司发策问，必先称诵时政，对者因大为谀辞以应之。又多以佛书证六经，至全用天竺语以相高。晚尚字学，复以《字书》去取天下士，于是学者不复解经而专解字，往往离析字画，说一字至数百言，去经意益远。由是中外议者皆咎经义，而思诗赋矣。元祐初，台谏、待从、馆阁及四方上封事者，争言科举之弊，请复仁、英旧制。公著曰：‘先帝更新法度，如试进士以经术，最为近古。且仲尼六经何负于后世？特安石课试之法为谬尔。安石解经亦未必不善，惟其欲人同己为大谬尔。’司马光亦以为诗赋不可复。然论者习见经义之弊，忿懑不可遏，乃定制：进士初场试经义，次赋诗、论策，对经义者许引用古今诸儒之论及己见。又诏立《春秋》科，太学置春秋博士二员，禁有司不得于《庄》、《老》书出题，程文不得杂用申、韩刑名之学及引释氏书，仍罢试律义。至是，将廷试，执政又以熙宁复策之初，进士叶祖洽讥议祖宗，自后对策者皆讪前朝，以阿当世，因以为策问可废，当复诗、赋、论三题。公著曰：‘天子临轩发策，延四方贡士，询以治道，岂非近古良法耶？至于对者之是非邪正，则在考官去取尔。’乃依旧试策。其后论科举者亦未息，以至公著没而诗赋益隆，期尽废经义而后已，非公著意也。”(《长编》卷四〇八)

(乙巳，二十八日)权知贡举苏轼，同知孙觉、孔文仲言：“臣等伏见从来天下之患，无过官冗。人人能言其弊，而不能去其害，惟往年韩琦、富弼等独能裁减任子及展年磨勘。发议之初，士大夫相顾莫敢以身当之者，以为必致谤议，而琦等不顾。既立成法，天下肃然，无一人非之者。何则？私欲不可以胜公议故也。流弊之极，至于今日，一官之阙，率四五人守之，争夺纷纭，廉耻道尽。中材小官，阙远食贫，到官之后，求取渔利，靡所不为，而民病矣。今日之弊，譬如羸病之人，负千钧之重，纵未能分减，岂忍更添？臣等自入贡院，四方免解举人投状，称今来是龙飞榜，乞为敷奏法外推恩者不可胜数,臣等一切不行。兼不住有经朝省下状,蒙送下,本院只是坐条告示。近准圣旨,依逐举体例,下第举人各以举数特奏名,已约计四百五十人。今日又准尚书省札子,取前来圣旨,特奏名外各递减一举人数。若依此数,则又添数百人。虽未知朝廷作何行遣,不当先事建言,但恐朝命已行,即论奏不及。臣等伏见恩榜得官之人,布在州县,例皆垂老。别无进望,惟务黩货,以为归计,贪冒不职,十人而九。朝廷所放恩榜几千人矣,何曾见一人能自奋励,有闻于时?而残民败官者,不可胜数。以此知其无益有损,不言可知。今之议者,不过谓即位之初,宜广恩泽。苟以悦此侥幸无厌数百人者,而不知吏部以有限之官,待无穷之吏;户部以有限之财,禄无用之人,而所至州县,举罹其害。乃即位之初,有所过举,谓之恩泽,非臣所识也。伏乞断自圣意,明敕大臣,特奏名举人只依近日圣旨指挥。仍诏殿试考官,精加考校,量取一二十人,委有学问、词理优长者,即许出官。其余皆补文学长史之类,不理选限,免积弊之极,增重不已。臣等非不知言出怨生,既忝近臣,理难缄默。”贴黄称:“臣觉见备员吏部,亲见其害,阙每一出,争之至一二十人,虽川、广、福建烟瘴之地,不问月日远近,惟欲争先注授。臣窃怪之,阴加访问,以为授官之后,即请雇钱,多者至五七十千。又既授远阙,许先借料钱,远者许借三月,又得四十余千。以贪惏无知之人,又以衰老,到官之后,望其持廉奉法,尽公治民,不可得也。”(《长编》卷四〇八)

翰林学士、朝奉郎、知制诰苏轼同孙觉、孔文仲札子奏:“贡院今月三日,据巡铺官郑永崇领押到进士王太初、王博雅,称是传义。问得举人,各称被巡铺官诬执。寻令巡铺官、宣德郎王厚将逐人卷子与众官点对,得逐人试卷内有一十九字同,即不成片段。本院检准条贯,惟经学不许传义,口授者同。至于进士,须是怀挟、代笔,方令扶出。今来逐人试卷,点对得只有一十九字偶同,别无违碍,显是巡铺官郑永崇举觉不当。兼两日内巡铺内臣屡将暧昧单词,令本院扶出举人,本院未敢施行。见奏取旨,及有巡铺所手分杨观作过,本院依法区分。其巡铺内臣并来帘前告属,坚要放免,本院亦不敢依随,以此挟恨罗织举人,必欲求胜。今来进士尚有两甲,诸利尚有一十五场未曾引试。若信令巡铺官内臣挟情罗织,即举人无由

存济。欲望圣慈速赐指挥，或且勾回石君召、郑永崇两人，却差晓事使臣交替，所贵不致非理生事。”(《苏轼文集》卷二八)

翰林学士、朝奉郎、知制诰苏轼同孙觉、孔文仲札子奏：“贡院今月三日，据巡铺官捉到怀挟进士共三人，依条扶出，逐次巡铺官并令兵士高声唱叫。至今月十一日扶出进士蒋立时，约有兵士三五十人齐声大叫。在院官吏公人，无不惊骇，在场举人亦皆恐悚不安。寻取到虎翼节级李及等状，称是巡铺内臣陈慥指挥，令众人唱叫。窃详朝廷取士之法，动以礼义，举人怀挟自有条法。而内臣陈慥乃敢号令众卒齐声唱叫，务欲摧辱举人，以立威势，伤动士心，损坏国体，本院无由指约。伏望圣慈特赐行遣。”(《苏轼文集》卷二八)

翰林学士、朝奉郎、知制诰苏轼同孙觉、孔文仲札子奏：“贡院今月三日，据巡铺官押领到进士卢君修、王灿，称是传义。却问得举人，称是卢君修来就王灿问道，不知耿邓之‘洪烈’，为复是‘洪烈’，为复是‘洪勋’？其王灿别无应对。当院看详：若将问字便作传义，未为允当。已一面且令逐人就试，乞早降指挥，合与不合，一例考校。”(《苏轼文集》卷二八)

(苏轼)权知礼部贡举。会大雪苦寒，士坐庭中，噤不能言。公宽其禁约，使得尽其技。而巡铺内臣伺其坐起，过为凌辱。公以其伤动士心，亏损国体，奏之。有旨：送内侍省挞而逐之。士皆悦服。(《栾城后集》卷二二《子瞻端明墓志铭》)

廌在元祐三年省试，策问有魏相时令者。廌之所对，大略与太史公之说同。但其卒曰：“王者应天以实不以文，故人和而天地之和应之，不必法其繁文末节。但时和岁丰，家给人足，则便为太平之实。若求夫芝草生、凤凰至等瑞，皆汉代君臣不务本，而区区尚其虚文也。汉之好复古者，无若王莽，而刘歆又以儒术缘饰之，奏祥瑞、作颂声者甚众，有益于治、可救其乱乎？”词多不能详，姑记其大概。昔既不效，何必道乎！(《师友谈记》)

东坡素知李廌方叔。方叔赴省试,东坡知举,得一卷子,大喜,手批数十字,且语黄鲁直曰:“是必吾李廌也。”及拆号,则章持致平,而廌乃见黜。故东坡、山谷皆有诗在集中。初,廌试罢归,语人曰:“苏公知举,吾之文必不在三名后。”及后黜,廌有乳母年七十,大哭曰:“吾儿遇苏内翰知举不及第,它日尚奚望?”遂闭门睡,至夕不出。发壁视之,自缢死矣。廌果终身不第以死,亦可哀也。(《老学庵笔记》卷一〇。按:章持当为章援之误。章援,字致平,是举中第。章持,绍圣四年魁南省。)

李方叔为坡公客,坡公知贡举而方叔下第,有诗云:“平生谩说古战场,过目还迷日五色。”山谷和之云:“今年持槖佐春官,遂失此人难塞责。”盖是时山谷亦在贡院中也。(阮阅《诗话总龟》前集卷二九)

李廌,阳翟人,少以文字见苏子瞻,子瞻喜之。元祐初知举,廌适就试,意在必得廌以魁多士。及考章援程文,大喜,以为廌无疑,遂以为魁。既拆号,怅然出院。以诗送廌归,其曰:“平时谩识古战场,过眼终迷日五色。”盖道其本意。廌自是学亦不进,家贫,不甚自爱,尝以书责子瞻不荐己,子瞻后稍薄之,竟不第而死。(《石林诗话》卷中)

元祐中,东坡知贡举,李方叔就试。将锁院,坡缄封一简,令叔党持与方叔。值方叔出,其仆受简置几上。有顷,章子厚二子曰持曰援者来,取简窃观,乃《扬雄优于刘向论》一篇。二章惊喜,携之以去。方叔归,求简不得,知为二章所窃,怅惋不敢言。已而,果出此题,二章皆模仿坡作,方叔几于阁笔。及折号,坡意魁必方叔也,乃章援。第十名文意与魁相似,乃章持。坡失色。二十名间,一卷颇奇,坡谓同列曰:“此必李方叔。”视之,乃葛敏修。时山谷亦预校文,曰:“可贺内翰得人,此乃仆宰太和时,一学子相从者也。”而方叔竟下第。坡出院,闻其故,大叹恨,作诗送其归,所谓“平生漫说古战场,过眼空迷日五色”者是也。其母叹曰:“苏学士知贡举,而汝不成名,复何望哉!”抑郁而卒。余谓坡拳拳于方叔如此,真盛德事。然卒不能增益其命之所无,反使二章得窃之以发身。而子厚小人,将以坡为有私有党,而无以大服其心,岂不重可惜哉!(《鹤林玉露》甲编卷五)

东坡知贡举，李方叔被黜，其家老乳母大哭，曰："遇苏内翰知举不及第，尚奚望?"闭门而逝。后东坡举白浮欧阳叔弼等曰："君为主司而失李方叔，兹可罚也。"时张文潜舍人在坐，举白浮东坡曰："先生昔为知举而遗之，其罚维均。"举坐大笑。想老乳母亦吐气泉下。(《密斋笔记》卷四)

先生知举时，致平为举子。初，致平之文法荆公，既见先生知举，为文皆法坡，遂为第一。逮揭榜，方知子厚子。(《云麓漫钞》卷九)

元祐中，圣功试南宫，论周秦强弱不变之弊，如太仓公言病，洞见根穴所起。东坡奇其文，置之高列。山谷曰："此某为太和令时，所与唱酬进士也。"因相庆得人。圣功由是名闻诸公间。(《全宋文》卷三八四六刘才邵《跋葛圣功诗》)

元祐中，东坡知贡举，以《光武何如高帝》为论题。张文潜作参详官，以一卷子携呈东坡，云："此文甚佳。盖以先生《醉白堂记》为法。"东坡一览，喜曰："诚哉是言!"擢置魁等。后拆封，乃刘焘无言也。(《挥麈后录》卷七)

苏轼《余与李廌方叔相知久矣，领贡举事，而李不得第，愧甚，作诗送之》：与君相从非一日，笔势翩翩疑可识。平生谩说古战场，过眼终迷日五色。我惭不出君大笑，行止皆天子何责？青袍白纻五千人，知子无怨亦无德。买羊沽酒谢玉川，为我醉倒春风前。归家但草凌雪赋，我相夫子非癯仙。(《苏轼诗集》卷三〇)

是　月

黄庭坚锁院诗：《考试局与孙元忠博士竹间对窗夜闻元忠诵书声调悲壮戏作竹枝歌三章和之》，《观伯时画马》，《题伯时画揩蛘虎》，《题伯时画观鱼僧》，《题伯时画顿尘马》，《题伯时画严子陵钓滩》，《题松下渊明》。(《黄庭坚全集》第五辑)

三　月

累举省试，锁院至开院，限以一月。如未讫事，则申展亦不过十日，所奏名以十四人取一为定数。不知此制起于何年。黄鲁直以元祐三年为贡院参详官，有书帖一纸云："正月乙丑锁太学，试礼部进士四千七百三十二人；三月戊申(一日)具奏进士五百人。"乃是在院四十四日，而九人半取一人。视今日为不侔也。此帖载于别集。(《容斋四笔》卷八)

己酉(二日)，三省言："奉旨，集英殿御试举人，欲依天圣年故事，皇帝御崇政殿试举人。二十二日，太皇太后、皇帝御延和殿垂帘，宰臣以下进呈文卷；皇帝御崇政殿，唱名、放榜；赐公服、靴、笏讫，次班于延和殿，谢太皇太后。"诏："旧例，崇政殿试举人，景福殿考复。自熙宁后，移于集英殿。可依已降指挥，就集英殿试。其殿试，进呈文卷、唱名、放榜，并皇帝御殿，俟赐公服、靴、笏谢恩讫，移班赴内东门，谢太皇太后。"(《长编》卷四〇九)

癸丑(六日)，诏："经明行修人如省试不应格，听依特奏名进士例，就殿试。"(《长编》卷四〇九)

十日，上御集英殿，试礼部奏名进士。内出制策曰："朕肇膺骏命，涉道寡昧，惧无以奉承太母之慈训，而彰先帝休德。夙夜以思，乐得天下之忠言嘉谋，庶以济兹。今子大夫群至在庭，朕甚嘉之。盖闻天之灾祥，以类而至。古之善言天者，能推斯变，以应斯事，若合符节。自去冬大雨雪，至于春二月不止，人大失职，广罹冻饥，莩踣者众。夫常寒之罚，久阴之异，必有以召之，其故安在？朕为政于兹四年，于是蠲天下逋负，轻征而散利，苟可益下无不为者，而民力犹未裕也。捐金币之赐，廓信义之度，以安边柔远，而戎心犹未革也。岂所谓至恩者未可谓本务欤？特施设之序或失其当欤？官之流至多门也，举天下之职不足以居其人；财之费至无艺也，量天下之入不足以为之出。将革之乎，或疑于伤恩；将因之乎，惧无以善后。必有至数，未烛厥中。先王之时，上之阴阳和、风雨节，下之稼穑茂、衣食充，官简而士贵，财通而礼行，四夷款附，边场按堵，又何修而至斯欤？夫切而不迫，缓而不迂，朕非求于空言也，盖将有考而行焉，其悉心茂明之。”得李常宁已下五百二十三人，并赐及第、出身、同出身。翌日，试特奏名诸科、进士，内出制策曰：“古之圣王，取士必有原，故广设学校；任人必以职，故分建六官；使民必有法，故均定力役；胥徒必有养，故禄农夫。先帝知是为政之端也，兴太学，修教养之法，将以隆经行，而学者或泥于诞迂一曲之说。建省、台、寺、监，使人专其官，官任其事，而文移期会有迂滞之讥；等差庶民之产，以多寡出金，所以宽力役，而编户多病于岁输；第群吏而赋之禄，所以养廉耻，而有司每患于冗费。论者及此多矣。输金而免役既罢，从旧法矣，然或者犹不以为便。伊欲学校盛而士向方，六官修而政务敏，力役均而民不劳，群吏养而冗费节，何施而可以臻此？子大夫固尝讲闻其要矣，其明著于篇。”得王邻臣已下五百三十三人，赐同出身，假承务郎、京府助教、诸州文学、助教。(《宋会要·选举》七之二五、二六)

刘挚《御试特奏名制策》：朕观先王之时，道德一于上，风俗同于下。家有孝悌，乡有忠信，人人知礼义之守、廉耻之行。其进退斯有制，取舍斯有分。虽虞人也，招之非其物则不往；虽乞人也，予之不以礼则不受。习俗既成，施于后世，虽世衰道丧，势利出其前，祸患临其后，而终不以易节。故奸雄或为之屈，寇盗或为之避。彼上之所以养之，与士之所以自养者，何道而至于此？国家昭德塞违，示人以不争；信赏必罚，示人以好恶。学士大夫，莫盛于斯时。然所谓道义重则轻王公，志道修而骄富贵，风之所被，使贪夫则廉，薄夫则敦者，其亦有是人乎？朕欲使仕者不独为贫，学者皆知为己，所以厉其节，兴其志，盖必有道。子大夫其考古之所宜施于今者，著于篇。(《忠肃集》卷一)

范祖禹《殿试复考和子由侍郎》：十五年前宿殿庐，伊川一纪卧岩居。雕虫尚忆《长杨赋》，汗简犹残《太史书》。日月当天瞻法座，烟霞落纸看华裾。品题幸预诸公末，更许追随侍玉除。(《全宋诗》卷八八七)

戊午(十一日)，试特奏名及武举进士。(《长编》卷四〇九)

庚申(十三日),试诸科及特奏名人。(《长编》卷四〇九)

癸亥(十六日),试武举进士射艺于崇政殿,推恩补官者十有五人。诏:"罢别考校祖宗祖免亲试法。"(《长编》卷四〇九)

己巳(二十二日),赐进士李常宁等二十有四人及第,二百九十有六人出身,一百八十有八人同出身。内宗室子湜为承务郎,令䎱为承奉郎。诸科明经七十有三人,各赐本科及第、出身、同出身有差。(《长编》卷四〇九)

庚午(二十三日),赐特奏名进士、武举诸科举人进士、经明行修王邻臣等同五经、《三礼》学究出身、假承务郎、京府助教、诸州文学助教、右班殿直、三班奉职借职差使,凡五百三十有三人。(《长编》卷四〇九)

苏辙《殿试武举策问》:问:王者之兵不贵诈谋奇计,至于临敌制胜,良将岂可少哉!朕以天下为度,怀柔四夷,而西戎背诞,腰领未得。凡吾接之以恩信,怀之以礼义者,固有道矣。若夫示之以形,禁之以势,使之望而不敢犯,犯而无所得者,其术何由?伐其谋,散其党,使之退而不得安,安而不能久者,其道何以?夫隐兵于民,井田之旧法也,材官府兵犹行于后世,而保甲之复,民以为劳;以车即战,丘甸之遗制也,武刚鹿角犹见于近事,而车牛之役,世以为非。古者兵有奇正,旋相为用,如环之无端,其出入之法,今几绝矣。敌有阴阳,客主异宜,易之则败,其先后之节,将何施焉?淮阴之伐赵,胜亦幸耳,使左车之说行,则计将安出?仲达之却蜀,非其功也,使孔明而不死,则胜将孰在?子大夫讲于兵家之利,而明于当世之务审矣。其以所闻,著之于篇,朕将览焉。(《栾城集》卷二〇)

苏辙《集贤殿考试罢二首》:振鹭纷纷未著行,初从江海觇清光。卷声风雨中庭起,笔势云烟累幅长。病眼尚能分白黑,众毛空复数骊黄。禁中已许公孙第,得失何私物自忙。

衰病相侵眼渐昏,青灯细字苦劳神。遍看大轴知无力,听诵奇篇赖有人。前日鼓旗闻苦战,明朝雷雨出潜鳞。殿庐困极唯思睡,却忆登科似后

身。(《栾城集》卷一五)

进士名录:李常宁,吕益柔,龚夬,丁沔,丁秩,丁通侯,丁景常,丁觏,丁权,王光祖,王廷杰,王佐之,王采,王伟,王资深,王端礼,王履古,王颐,方行可,方扬远,方骏声,方点,孔滋,史先能,史通,史声,史愿,吕仿,朱师回,朱朝倚,朱兴宗,朱献明,危咏,江滋,安铎,牟企,杜之邵,杜文粹,杜藻,李文简,李允,李回,李仲将,李充,李安,李知章,李肱,李恘,李厚仁,李莘,李博喻,李畸,李新(误),吴大明,吴天民,吴正平,吴材,吴君明,吴孜,吴昉,吴括,吴师圣,吴著,吴游宗,吴嘉成,余大老,余琉,余师民,汪子友,汪栝,汪礼,沈伯皋,沈畸,沈济,宋祯,辛之武,苻世英,范祖翼,范致虚,范敦乐,范筠,范峣,易管,金天受,周沔,周炳,周奚辨,周纯明,周炜,周绲,周焘,胡暇,胡穆,韦安,段万顷,俞伸,俞隆道,施象,祝粹,姚希,马存,马驭,秦昌朝,袁熙,袁谦,莫下,莫偕,师范,徐见可,徐幸隆,徐建常,徐适,高述,郭三益,郭奉世,郭畋,唐公绰,凌天钧,陆周,陆恂,陈册,陈序,陈知元,陈南夫,陈竑,陈彦恭,陈琉,陈敏功,陈杰,陈渥,陈戬,陈端,陈毅,陈臻,陈摅,陶达,孙道,孙发,孙实,孙勰,黄一正,黄邦彦,黄叔夏,黄彦先,黄得礼,黄习,黄琮,黄尧俞,黄覃,黄概,黄迁,黄藐,曹洪,曹传,曹迁,曹藻,崔国寅,许益,许宸卿,许国,许樊,许翰,章援,章综,张大忠,张元晖,张公明,张玘,张珏,张珌,张绍光,张弼,张适中,张徽言,彭汝发,彭闻,叶沃,叶时,叶赍,叶声,葛敏修,董宾卿,单拯,程完,程衮,税定国,傅列,傅绅,傅楙,邹元载,邹原中,曾怀,湛存,游煦,费贡,杨彭,杨敦仁,杨瑞,杨嗣庆,虞充,虞謩,詹丕远,解持国,赵子湜,赵令誹,慕容彦逢,蒋白,蒋浦,蒋瑎,蔡沔,蔡彰,郑少微,郑侃,郑修,郑常,郑常,郑与权,邓君仪,邓刚,邓绅,邓弼亮,欧阳吾,欧阳献可,刘中夫,刘介山,刘全,刘约,刘寿,刘摭,刘绶,刘毅,刘焘,练逢,练素,萧公瑜,萧守中,钱皋,鲍坚,戴怀,韩筠,鲜于翔,谢得仁,谢钧,谢潜,关沼,关治,严惇,庞东,饶造,龚觊。

诸科、明经:尹复凑,尹复性,林天锡,张宏。

特奏名进士:王邻臣,方参,方禴,朱缨(误),李诚,吴弼直,宋密,林元,洪延,连正臣,陆望,陈正卿,陈君弼,黄允升,黄唐,黄豫,张处厚,张云卿,邹异,杨汶,蔡元龟,蔡叔庠,郑子卿,郑预,刘康夫,刘渤,萧规,苏震。(《宋

登科记考》卷七)

补进士名录:其一,邵伯温。《邵氏闻见录》卷二〇:"元祐二年秋,以经行荐,明年春唱名集英殿,宣仁太后垂帘听政也。"

其二,李注。《苏魏公文集》附录一《魏公谭训》卷四:"祖父元祐三年为廷试详定,得李注元发,以为:'胸臆瑰奇,文章浩博似史迁;论事有本末,布衣而知天下事似陆贽。'欲以第一人。苏黄门诸公皆不悦,曰:'适出一曾旼,又擢一曾旼,不可。'意不能夺,才得乙科,士论惜之。"

其三,李冲元。《宋登科记考》卷六将其系于熙宁三年进士名录,误。详说见前。

其四,吴开。《全宋文》卷二九四九吴开《赵君墓志铭》:"予方总角,晦叔已游郡学有声。后十年,予中进士第。"按:古人以"总角"指十二三岁孩童,吴开生于1067年,是年二十二岁,符合其自述。《宋登科记考》卷七载绍圣四年,吴开"以澶州司理参军应宏词科,考入次等",即是年中进士第者。

其五,崔鹏。《全宋文》卷二九五二周行己《送刘絜矩序》:"余有友者十四人,举于礼部者十人。礼部第其可进,以名上于天子者孙勰、段万顷、欧阳献、崔鹏、王靓五人者。"《宋登科记考·附录》所载崔鹏,据《墨庄漫录》,当于元祐九年中第。两者疑为同一人,待考。

其六,王靓。同上。

其七,安亢。《李夫人墓志》:"先君讳子照,字诲之,姓安氏……厥后自皇祖考亢登元祐三年进士第。"(《〈宋登科记考〉拾补——以碑刻文献为中心》)

其八,吴柔嘉。《挥麈三录》卷一:"蔡丞相作《车盖亭》十诗……处厚亟请取读……于公宇冬青堂笺注上之。后两日,其子柔嘉登第,授太原府司户,至侍下。"按:吴处厚于元祐四年四月笺注上《车盖亭》诗,故其子当于是年登第。

辨正:其一,李新,元祐六年进士。《全宋文》卷二八九七李新《吊安康郡君词序》:"元祐己巳,某识周彦于鱼凫市门,语久意合。明年春,周彦具书币来致某,欲以文相会,馆某于华萼。……是年秋,某以书贡。春,解褐衣，通籍士部。”元祐己巳，即元祐四年。

其二，朱缨。宋宁宗庆元二年丙辰科特奏名进士。《宋辽金元方志辑佚·南雄路志》：“朱缨，丙辰科中第四等，迪功郎新州司法参军。”（第807页）按：《宋辽金元方志辑佚·南雄路志》：“今访问自建炎戚君晖以下得二十四人，书之于左。”故所记皆为南宋特奏名进士。

东坡知贡举时，得章贡孙勰之文于黜籍中，见而异之，擢置第五。榜帖既传，诽议藉藉，以勰尝游公之门也。会廷试，勰复中第五，舆论始服文章之定价。（《独醒杂志》卷四）

蒋芾曰：“臣尝记元祐三年进士第一人李常宁廷试策破题四句云：‘天下至大，宗庙社稷至重；百年成之而不足，一日坏之而有余。’”上（孝宗）曰：“诚为明言。”（《宋史全文》卷二四下）

元祐三年《状元笏记》，黄鲁直代云：“密对天光，恭承圣训。曾是草茅之贱，获沾雨露之恩。”又云：“顾得助于众贤，更图宁于多士。”（《西溪丛话》卷下）

甲戌（二十七日），增赐新释褐进士钱百万、酒五百壶，为期集费。（《长编》卷四〇九）

《李状元墓志铭》：君讳常宁，字安邦。自嘉祐中举进士，数为春官所却。至是，始获奉大对于廷。上刺六经之文，旁猎百氏之言，下通当世之务。其词奥衍，有汉唐之遗风。进御一读，遂为举首，天下莫不异之。（《淮海集笺注》卷三三）

周行己《送刘絜矩序》：余有友者十四人，举于礼部者十人。礼部第其可进，以名上于天子者孙勰、段万顷、欧阳献、崔鹍、王靓五人者，皆其才力自可以致功名、取富贵，一科目不足为道。不幸而黜于礼部者五人，余吊之者一人，则李廌方叔是也；贺之者一人，则吾子是也。方叔之学既成，文既工,而齿壮家贫,无父母兄弟可以为乐,累然如人赘。汲汲觅一官,以畜妻子,以显父母,以行其志而不可得,此非有以不若人也,此而后可以言命也。故余吊之者如此也。吾子年最少,二亲富于春秋,兄弟无故,不身营衣食,以优游文籍间,人生得如此乐者能几哉!吾尝以为人必有所艰难劳苦而后知道,安贫贱而后享富贵。如天使吾子于此既得之,则其进未可知也。既未得之,且能不为浅人者戚戚怨有司,非同列负抱其业而归以益进,其所未至者如此,则其进岂易量哉!故余贺之者如此也。余游京师今六年,百无一得。且受于天者,有不可移之愚,不能伺候时俗可否,独知古人为慕,汲汲于前修之言。惟日之不足,谓不得于此,必有以取闻者。以是龃龃龉龉,不与世俗合。至于瞽者聆其声音而翔笑之,聋者见其状貌而通侻之,虽百此顾,自信益厚,终不为是易操。此皆吾子亲见之者也。顾余心之乐者为如何哉?所以自负者为如何哉?去年秋,从试于有司,进既不获,固独喜之,谓:天其必有以大畀于我者!则益进吾道以迎受之。古之大有为者,未尝不如是,则吾何为遽戚戚耶!此余之志也,今又将进于子矣。吾子以为如何哉?吾子颀乎其形修,温乎其辞顺,才楚楚而志卓卓,吾知其不为尘埃中人也。要当进于其大者远者,则必浑浑浩浩,无愧于古人而后可也。则失之于彼,安知其不得之于此耶?故有以吊方叔者吊子,而子信之,则其进余不敢知也。以余之所以自喜者,为吾子之贺,则余之心也,所以望于君子者也。吾子以为如何哉?乡之人有以吊子者,亦必以是谢之,曰:“盍为周子贺也?”(《全宋文》卷二九五二)

是　月

苏轼言:“臣近领贡举,侍立殿上,祗候放榜,伏见举人程试有犯皇帝旧名者,有旨特许依本等赐第;又有犯真宗旧名者,执政亦乞依例收录,而陛下亲发德音,以谓此人犯祖宗庙讳,不可不降等;已而又有犯僖祖庙讳者,有旨押出。在廷之人,无不稽首欣服。与同列退相告语,非独以见圣人卑躬尊祖之意,亦足以知陛下严于取士之法,不好小惠以求虚名。臣备位禁近,固当推广圣意,将顺其美,而补其所未备。谨具贡举合行事件画一如左:

一,伏见祖宗旧制,过省举人,一经殿试,黜落不少。既以慎重取人,又以见名器威福，专在人主。至嘉祐中，始尽赐出身，然犹不取杂犯。而近岁流弊之极，杂犯亦或取录。遂使过省举人，便同及第，纵使纰缪，亦玷科举，恩泽既滥，名器自轻，非祖宗本意也。自来过省举人，限年累举，积日持久，方该特奏名恩。今来一次过省，殿试不合格，当年便得进士出身，此何义也？伏乞下有司立法：将来殿试，除放合格人外，其余并皆黜落，或乞以分数立额取人，所贵上无姑息，下绝侥幸之心。如闻已有去取二分指挥，然有法不行，与无法同。如已有法，即乞申明，仍告谕天下，将来殿试依法去取。

一，自来释褐举人，惟南省榜首或本场第一人唱名，近下者或有旨升一甲，然皆出自圣意，初无著令。今者南省十人已上及别试第一人、国学开封解元、武举第一人、经明行修举人，与凡该特奏名人正及第者，皆著令升一甲。纷然并进，士不复以升甲为荣，而法在有司，恩不归于人主，甚无谓也。窃谓累举奏名，已是滥恩，而经明行修，尤是弊法。其间权势请托，无所不有，侵夺解额，崇奖虚名，有何功能，复令升甲？人主所以砺世磨钝，正在科举等级升降荣辱之间。今乃轻以予人，不复爱惜，臣所未喻。伏望圣慈更与大臣详议前件著令，乞赐刊削。今后殿试唱名，除南省逐场第一人临时取旨外，其余更不升甲，所贵进退之权专在人主。其经明行修一科，亦乞详议，早行废罢。

一，臣近在贡院与孙觉、孔文仲同入札子，论特奏名人恩泽太滥，未蒙施行。伏乞检会前奏，降付有司，详议裁减，仍乞立法。应特奏名人授文学、长史之类，今后南郊赦书，更不许召保出官。

一，伏见近日礼部立法，今后科场差试官三人者，一人诗赋，二人经义；差两人者，诗赋、经义各一人。臣谓此法不可施行。凡差试官，务在选择能文之士。若得其人，则治《易》及第，不害其能问《春秋》；经义入官，不害其能考诗赋。若不得其人，纵用本科，不免错谬。顷自声律变为经义，则诗赋之士便充试官，何曾别求经义及第之人，然后取士？若必用本科各考所试，则经义、诗赋、策、论四场，文理不同，亦须各差试官一人而后可。此本言者私忧过计，而有司不察，便为生出此条。自有科场以来，无此故事。今后每一试院分两头项试官，问经义者，则主虚浮之文；考诗赋者，则贵声病之学。纷纭争竞，理则不疑，自此科场日有词讼，为害不小，了无所益。今来朝廷既复诗赋，又立此条，深恐天下监司妄意朝廷必欲用作诗赋之人为试官，不问有无词学，一例差充。其间久离场屋之人，或已废学，若用虚名差使，显不如经义及第有文之人。欲乞特赐指挥，今后差试官，不拘经义、诗赋，专务选择有词学之人。其礼部近日所立条贯，更不施行。”(《长编》卷四〇九)

翰林学士、朝奉郎、知制诰苏轼同孙觉札子奏：“臣等近奉敕权知贡举。窃谓朝廷待士之意，本于礼义，而辅以文法。虽有怀挟、传义之禁，然事皆付之主司，终不以此多辱士类，亏损国体。近年缘练亨父为试官，非理凌忽举人，遂致喧竞，因此多差巡铺兵士，南省至一百人，诃察严细，如防盗贼。而恩赏至重，官员使臣，减年磨勘，指射差遣诸色人，支钱多至六百贯。若非理罗织，却无指定深重刑名，缘此小人贪功希赏，搜探怀袖，众证以成其罪。其间不免冤滥。近者内臣石君召、郑永崇、陈慥非理搜捕，臣等已具论奏，寻蒙朝廷取问行遣讫。欲乞下有司立法，裁减重赏及减定巡铺兵士人数，如非理罗织举人，即重行责罚，以称朝廷待士之意。”

翰林学士、朝奉郎、知制诰苏轼同孙觉札子奏：“臣等近奉敕权知贡举。窃见自来条贯，分经取士。既于逐经中纽定分数取人，或一经中合格者少，即取词理浅谬卷子以足其数；如合格者多，则虽优长亦须落下，显是弊法。将来兼用诗赋，不专经义。欲乞今后更不分经，专以工拙为去取。”

翰林学士、朝奉郎、知制诰苏轼同孙觉札子奏：“臣等近奉敕权知贡举。窃见自来御试放榜日，馆职皆在殿上祗候，乃是祖宗旧法，以彰王国多士之美。熙宁中，因阁门偶失检举，不令上殿，自此遂为定制。欲乞检会治平以前故事施行。”(以上均见《苏轼文集》卷二八)

苏轼《拟殿试策问》：皇帝若曰：呜呼！维天佑民，实相乃后，锡以多士，咸造在廷，顾朕不德，何以致此？永惟子大夫释畎亩之安，轻千里之远，而从朕游者，夫岂为利禄哉！闻之于师，而欲献之于君；修之于家，而欲刑之于国者：子大夫之本意也。朕愿闻之。朕即位改元，于今三年，纵未及孔子之有成，犹当庶几于子路之言有勇且知方者。而风俗未厚，刑政未清，阴阳未和，厥咎安在？朕虚心忘己，以来众言，而朝廷阙失之政，斯民利害之实，有所未闻；含垢藏疾，以待四夷，而羌戎未叙，兵不得解；施舍已责，捐利与民，而农民未安，商旅不行。此三者，朕之所疑，日夜以思而未获者也。其悉言之，无有所隐，朕将亲览焉。(《苏轼文集》卷七)

四　月

(戊寅，二日)以御试中选进士杜藻，昭宪太后族孙，特授初等职官，令占射差遣。(《长编》卷四〇九)

(己卯，三日)左正言丁骘奏："窃睹明诏，欲于后次科举以诗赋取士，天下学者之幸也。然近时太学博士及州郡教授，多缘经义而进，不晓章句对偶之学，恐难以教习生员。臣愚欲乞下两省、馆职、寺监长贰、外路监司各举二人，曾由诗赋出身及特奏名入仕者，以充内外教官。盖经义之法行，而老师宿儒久习诗赋，不能为时学者，皆不就科举，直候举数应格，方得恩命。今或举以为教官，当能称职。伏乞二圣早降睿旨，使四方多士一变妄诞穿凿之风，而趋规矩准绳之学，天下幸甚！"(《长编》卷四〇九)

五　月

丙午朔(一日)，翰林学士兼侍读苏轼、户部侍郎苏辙同转对。轼言三事：

其二，独于名器爵禄，则出之太易。每一次科场，放进士、诸科及特奏名约八九百人；一次郊礼，奏补子弟约二三百人；而军职转补、杂色入流、皇族外戚之荐不与。自近世以来，取人之多，得官之易，未有如本朝者也。今吏部一官阙，率常五七人守之，争夺纷纭，廉耻道尽。中材小官，阙远食贫，到官之后，侵渔求取，靡所不为。自本朝以来，官冗之弊，未有如今日者也。伏见祖宗旧制，过省举人，御试黜落不少，既以慎重取人，又以见名器威福专在人主。至嘉祐末年，始尽赐出身，虽文理纰谬，亦玷科举。而近岁流弊之极，至于杂犯亦免黜落，皆非祖宗本意。又进士升甲，本为南省第一人唱名，近下方有特旨，皆是临时出于圣断。今来南省第十人以上、别试第一人、国子开封解元、武举第一人、经明行修举人，与凡该特奏名人正及第者，皆著令升一甲。纷然并进，人不复以升甲为荣，而法在有司，恩不归于人主，甚无谓也。特奏名人，除近上十余人文词稍可观，其余皆词学无取。年迫桑榆，进无所望，退无所归，使之临政，其害民必矣。欲望圣慈特诏大臣详议今后进士、诸科御试过落之法，及特奏名出官格式。务在精核，以艺取人，不行小惠，以收虚誉。其著令升甲指挥，乞今后更不施行。(《长编》卷四一〇)

丙辰(十一日)，以进士及第李常宁为宣议郎、签书镇海军节度判官厅公事，吕益柔为承事郎、签书保信军节度判官厅公事，龚夬为承事郎、签书河阳节度判官厅公事。(《长编》卷四一〇)

六　月

一日，翰林学士苏轼等言："将来科场既复诗赋，今来礼部新立条'将来经义一员、诗赋两员者，各差一员'。欲乞今后差试官，不拘曾应经义、诗赋举者，专务选择有词学人充，更不指定员数。"从之。(《宋会要·选举》一九之一九)

庚辰(五日)，诏："将来一次科场，如有未习诗赋举人，许依旧法取。应解发合格人，不得过解额三分之一。应解二人者，均取。即有零分及解额一人者，并通取文理优长之人。"(《长编》卷四一二)

(丁亥，十二日)诏："经明行修黄杲卿、黄颖并特与应天府助教。"以被举不至，御史中丞孙觉请各就除一官，教导后进，故有是命。(《长编》卷四一二)

九　月

八日，御史中丞孙觉、户部侍郎苏辙、中书舍人彭汝砺、秘书省正字张绩，考试应贤良方正能直言极谏科，觉等上谢悰论六首。(《宋会要·选举》一一之一五、一六)

苏辙《试制举人呈同舍诸公二首》：垣中不减台端峻，池上来从柱下严。同直旧曾连月久，暂来还喜二公兼仆顷与孙莘老同在谏垣，与彭器资同在西掖。直言已许侵弹奏，新告行闻振滞淹。顾我粗官何所与？西曹只合论茶盐。

早岁同科止六人，中年零落半埃尘。却将旧学收新进，几误今生是后身。肮脏别都遗老骥，沉埋秘府愧潜鳞制科前辈今独张公安道一人。后来未用，惟张去华而已。怜君尚胜刘蕡在，白首诸侯呼上宾。(《栾城集》卷一五)

九日，礼部言："勘会诸科举人，自熙宁四年将曾应本科人许依旧取应，新人许令改应进士及新科明法，至今已十六年，有年三十岁已下六十人。契勘：当时即无年十五岁人取应诸科，显有伪冒。缘本贯州县即无勘验、关防之法，礼部亦无诸科专籍。今欲乞将旧曾应诸科举人，每三人作一保，具乡贯、年甲，赴所属自陈。仍检元投下文字，照验置籍，具结罪保明，送礼部类聚。置籍内不见元投下文字之人，即将干照文字勘会诣实，并召本乡得解举人二人委保入籍。如遇科场年分，将得解到省人照验。有伪冒之人并保人，并依冒应法施行。合干官司，依贡举非其人法，知情者不以赦原。后有推恩事故之人，仰州县及礼部逐旋注籍、开落。"从之。(《宋会要·选举》三之五〇)

(壬子，九日)诏："尚书、侍郎、学士、待制，两省、御史台官，国子监长、贰，详议殿试用三题法。"(《长编》卷四一四)

二十四日，上御集英殿，试贤良方正能直言极谏谢悰。制策曰："朕以冲眇，奉承先帝遗绪，托于士民之上，烛理不明，涉道犹浅。尝下不讳之诏，询于蒭荛；亲临便殿，策访多士。而未有魁磊拔出之材，殊无俶傥之论，以开朕之耳目也。深惟贤良方正之士，旷岁不举，明诏执事，荐其所知。拂巾衽褐，进者十辈，待问于庭，子大夫一人而已，朕甚嘉之。其精乃心，以听朕命。盖闻正己所以治人，得人所以立政。自朕即位，于兹四年，夙夜兢兢，罔敢逸豫。临朝恭默，非礼不动，歌钟狗马、子女玉帛之玩，未尝迩也。朕之自治，亦庶几寡过矣。而风俗不加厚，何也？登延老成，搜访幽隐，其未得之，侧席以待；其既得之，委己以听。人望所在，收拾无遗。

朝廷之官,殆无虚位。朕之求人,亦庶几有得矣。而政事不加饬,何也?轻徭简役,责己施惠,欲以裕民,而百姓之力未宽;罢不急之务,损无名之费,欲以丰财,而公私之用益屈。吏不胜其冗,选部补授,至三人共一官;刑不胜其烦,岁报大辟,至五十余数。二者祖宗以来所未尝有,甚可骇也。以至四方水旱之灾,连岁代有;冬春尝寒之异,京师为甚。河失故道,迨今未复,阴阳之沴既如彼。氐羌扰边,士不得息,交趾邀地,溪徭弄兵,震以威则易玩,怀以利则无厌,夷狄之患又如此。岂朕施设悖缪,失其统欤?抑任贤使能,未得其理欤?不然,俗固不易变,弊固不可革欤?何其为日久,而见效迟也。孔子曰:'百年可以胜残去杀。'又曰:'必世而后仁。'又曰:'三年有成。'今言其时则过之矣,岂圣人之言有不必然者欤?以尧之为言,内则有丹朱,外则有共兜,其下则有瞽象,洪水泛滥,百姓艰食,禽兽逼人,苗民为虐,然则圣人之德亦有不可为者欤?子大夫明天人分际,通帝王制作。凡今之不逮于古,必知其原;所以救之,必有其术。其为朕详言之。至于九德九验,以知人材;九赋九式,以制邦用。清心省事,果省官之本乎?参辟刑书,果救世之要乎?自国朝至今,河流迁徙,几岁而一决,视汉孰为疏数?以天下之大,岁断死罪率,几口而一人,视汉孰为多寡?生齿之数,郡县之地,以今视古,孰为盛衰?以至纪明之破羌戎,诸葛之服夷众,威怀禽纵,其术如何?条次其名数,指陈其得失,使朕闻所未闻,见所未见。直谅多闻之益,非子大夫而谁哉!悉意以陈,毋悼后害,朕将亲览焉。"所对策考入次等,赐进士出身,除初等职官。(《宋会要·选举》一一之一六、一七)

己巳(二十六日),赐悰进士出身,除初等职官。右正言刘安世言:"臣伏见朝廷近复制科,秘阁所试之人皆不应格。陛下方务进人材,不欲并行黜落,曲收谢悰,以为天下学士之劝。而悰廷试之策,往往不能奉承清问,率意妄言,固多疏略。有司考复,既不人等。陛下特赐进士出身,擢为辅郡幕职,圣恩优异,极逾涯分。臣亦上体朝廷之意,不敢别有论列。而近见悰申尚书省辞免新命状,乃云有敕告未敢祗受,以'祗'为'抵',以'受'为'授',虚薄寡闻,一至于此。昔唐之省中有'伏猎侍郎',为严挺之所讥而罢。今陛下方当右文之代,初复制举,岂容有'抵授'贤良乎?又闻悰秘阁程文已不合格，而有司特为奏请，乞与假借。陛下曲收录用，为后进之劝，而廷试策纰缪益甚。考官范百禄有章疏历陈其尤亡状者凡数条，臣恐传播浸广，实累修洁博习之举。伏望陛下惩其浅陋，稍收误恩，追寝悰进士出身，以塞公议。”(《长编》卷四一四)

元祐初再复制科，独谢悰中格，特赐进士出身，补大郡职官。悰具状辞免，云：“所有告敕，未敢祗受。”而以“祗”为“衹”，以“受”为“授”，士大夫间传以为笑。谏官刘器之疏论之，曰：“昔唐之省中有伏猎侍郎，为严挺之所讥而罢；今陛下方当右文之代，初复制举，岂容有‘衹授’贤良乎？”悰字公定，希深之孙，亦有文采，“衹授”盖笔误也。(《却扫编》卷中)

十　月

吏部侍郎傅尧俞、范百禄，礼部侍郎陆佃，兵部侍郎赵彦若，中书舍人曾肇、刘攽、彭汝砺，天章阁待制刘奉世，国子司业盛侨、丰稷，御史翟思、赵挺之、王彭年，言：“准元祐三年九月九日敕中书省臣僚上言，臣昨因赐对，曾具奏陈及续进札子，言将来殿试宜即用祖宗试三题之法，并乞先赐诏谕中外之士，未蒙施行。伏缘朝廷既降朝命，科举兼用辞律，使天下学者习之矣。辞律之学，用志最勤，惟殿试之日，第其艺业而甲乙之，诸生进取于此为重。若复试策，则积日所勤，反为无用，而升降谬误，去取乖失。盖用策以来，其弊不一。其始用也，骤以政务赐问于廷，即未测知，可使人自献其说。然既著为定例，诸生在外，莫不宿造预作之，文不工者可以假托他人，学不充者可以累集古语，试日就所问目贯穿以成文尔。何则？礼部广场考核进黜，未必精密，荒唐滥中者每为不少，而又人主临轩，其所询访，必当时之大务也。如今春殿试，必问去冬寒雪之异及官冗之弊。此类皆举子所知，故宿造预作者可以应对而无疑。考校之官凭此以辨优劣，以第高下，安得实也？惟三题散出诸书，不可前料，诗赋以见其才，论以知其识，且无以伸佞时之说焉。盖对策之流，本缘进取而来，利害交其前，得失撄其心，于是佞辞以取说，妄意以希合者，比比皆是，如昨对策以阴雪为瑞之类者是也。既而朝廷例赐名第，则自谓其言见取，从而习以为常。其决科筮仕既以佞进，则从政立朝又将循而蹈之，其肯尽忠而忤时乎？故人才日益卑，风节渐衰，此亦驱之使然也。今天下学者既习辞律，渐知古今，臣请将来殿试，即用祖宗试三题之制，仍预赐指挥，以信学者。”贴黄称：“臣闻近降朝旨，将来一次科场，如有未习诗赋人，许依旧法取，应不得过解额三分之一。将来赴殿试人内有如此项，即乞权试以文论大义，比附试三题者。九月九日三省同奉圣旨，令尚书、侍郎、学士、待制、两省、御史台官、国子监长贰，疾速详议闻奏。臣等伏以天子亲试贡士，自汉以来未之有改，唐之进士虽试诗赋，然惟有司奉行而已。国朝开宝六年，太祖始召进士试之于廷，当时公卿不知建明，易以策问。而惟诗赋之用，因沿至今，莫之能改。神宗皇帝以为非，天子临轩，所以延见贡士，询求治道之体。熙宁三年始改问策，迄于元丰，五赐策矣。乃者陛下遵先帝之旧，亲策进士，所问灾异、侵伐、官冗、财费之类，皆今日急务，不可以已。而议者独疑以为定例，人可预造，何哉？且韦布草野之士，修于家，肄于学，日夜讲说者，固所以待问于上也。诚能摅其蕴蓄，应问如响，不失所对，虽预备而贯穿之，何害于得士？若夫知捃摭陈说，充以芜语，无当于对问，而弗加汰择；如荒唐滥中，佞谀希合，以异为瑞之类，而弗加纠绌，皆考官之过，非策之訾也。议者徒知对策之宿造预作，不知辞律之学亦有记诵类集之患；知进士之备问，不知贤良茂才之备问尤详也。臣等以谓学校教诸生，州郡发解，礼部考贡士，今已悉用诗赋，足以审其辞。所有御前试进士，宜一依先帝故事试策，合于古义，于体为允。其御试对策，虽有文采，而于所问义不相当，若词涉谀媚及文理疏浅者，宜约旧制量定分数，取旨黜落，不得雷同入等。如此则士无滥中，而考官不敢率意升降矣。”贴黄称：“制策所问，安有定制？或古今政务，或天人名数疑难之类，如汉董仲舒对策符命性情文质之异，杜钦以经对六事系目，临时诏旨，非疏远所能一一预度，不当偶以前日阴雪，众人所知，而谓皆可以宿造也。”(《长编》卷四一五)

十一月

壬子(十日)，中书舍人彭汝砺言：“臣准礼部牒，奉旨令两制、两省同共看详修立到考校诗赋并格式闻奏。臣伏念自井田之法坏，学校之教废弛，乡举里选之法不行，朝廷取士非古，其陋至于用诗赋，极矣。先皇帝受天明命，悼道之郁滞，奋于独断，初用经术造士，以革数百千年之弊，士知本且向方。而议者独病辞章之不工,欲踵隋、唐之弊法,狎玩经说,耗蠹道真,学者疑之,不知取舍。夫六经之说,更伏羲、尧、舜、禹、汤、文、武、周公、孔子十数圣人而后备,大穷天地之变,微尽万物之理,其要则人心而已。古之君子所以治身,所以治天下国家,未有出不由户,何莫由斯道也。周衰,典籍弃而不用。汉兴,访遗书,立博士,置弟子员,公卿大夫以儒雅缘饰吏事。虽已非古,而文章温厚,号令尔雅,犹有三代之遗风焉。其流至于桓、灵,士以节义自高,不为生死祸福屈。汉亡而后,犹更数世,自晋逮唐,又不能及汉。治乱之本,推原可知。诗赋不经,可以无辨,是犹滑稽俳优之戏,门巷讴唱之辞而已。而议者欲以此教人,欲以此取士,臣考于心,验于古,参于今,反复曲折,终未见其可。天之生斯人也,其聪明知虑皆有可为也,惟上之所以养之而已。昔者以诗赋取人,故人亦巧于对偶;以经术取人,故人亦巧于议论;使取之以德行,亦将为德行矣。昔罢诗赋从经术,是将引而进之也。其至于德行也,犹沿河而至于海,沛然莫之能御。如复用诗赋,是所谓下乔木而入幽谷也。夫善治者因人心,人心之所欲因而行之,人心之所恶不敢强也。士既为大人,今抑而为小人,既进矣,又却而止之,非所以养成人才也。先皇帝立政造士,非臣下所能窥测深浅、高下、小大,法之未完,或久而有弊,变而通之,推而行之,实有所待。臣愚以为今学校选举,宜一用元丰条约,因今经明行修、贤良方正之科而稍加损益焉,盖亦庶几矣。如诗赋决当寝罢。臣涉道浅陋,不足以单辞独见,咈众人之所同是。若朝廷以已行之法必未能改为,更乞下学士、大夫详议可否,以求其中,庶几是非好恶有所归宿。"

黄贴子称:"伏自朝廷有复诗赋议论,学士、大夫知其不可者众,难遂施行。比见催督太学即用此考校,又有乞殿试三题者,而朝廷不以为罪,乃知欲复诗赋不疑。夫天下之所以恃以治者,人才也。人才惟上所养而已,天下治乱废兴所由,风俗盛衰厚薄是系。今制为名声,列为爵位,引之以雕虫篆刻无用之文,败坏人才为甚。此其所系者大,臣实不敢不言,而使朝廷终负谤议于天下后世,惟陛下裁察。"(《长编》卷四一七)

闰十二月

二十三日,诏:"五路不习进士新人,今后令应新科明法,许习《刑统》,

仍于《易》、《诗》、《书》、《春秋》、《周礼》、《礼记》内各专一经,兼《论语》、《孝经》。发解及省试分为三场:第一场试《刑统》义五道,第二场试本经义五道,第三场《论语》、《孝经》义各二道,以三场通定高下。及以诸科额十分为率,留一分解本科旧人,一分解新科明法新人;不及十人处,亦准此。如无人赴试及无合格人,即存留,更不许添解进士第。若向去销尽诸科举人,即当留二分解新科明法新人。"(《宋会要·选举》一四之二)

御史中丞李常、侍御史盛陶、殿中侍御史翟思、监察御史赵挺之、王彭年言:

臣等近者累次论奏,乞以经义别为一科,令与诗赋科并行均取者,盖以见行科场诏条称,将来一次科场,如有未习诗赋举人,许依旧法取应解发合格人,不得过解额三分之一。以此观之,则是朝廷更无用经术设科取人之理,止以旧人未习诗赋,且于将来一次科场,量以分数收取,而欲阴消之故也。臣等所以区区者,非特为旧习经义举人顿然失业为言,直以上之好恶不可不谨。以义理论之,则以经术劝士为先,声律为下;以教化言之,则通经术者为利博,事声律者为害大。通经术则天下之士知道德之奥,讲礼义之要,修身治性,乃能履忠厚,崇廉耻,其磨砻成就,十有八九必为良士。异日择取以为公卿,相与修明政刑,宣扬教化,其为利顾不博哉!事声律则涉猎浮靡,讲习浅近,所谓道德之奥,礼义之要,弗学可也,而欲望其成忠厚廉耻之风则末矣。凡劝厉士人,而礼义廉耻之风不立,则中上之才,巧佞奸慝无不为矣,为害顾不大耶?臣等采之公议,且愿以经义与诗赋各设一科,材性自有所长,谓经义盖非止以一经,而又示之以新意之谓也,其详今附之于后。臣等承乏言责,固不敢以苛末小故及自执鄙见,屡渎天听。重念设科取士,其是非得失,实系时政之盛衰。今朝廷立法,黜抑经术,崇尚声律,天下皆知其非者,以干治乱之体为不细也。臣等若缄默不言,虽或言之不能详尽,是谓失职。惓惓之诚,所以屡献而未已也。

臣等窃闻今太学举人与四方之士,观望朝廷意旨,已皆不复治经旨。凡干义理之书,一皆斥而不谈。博士所讲,与其父兄之训,不复更及高远。群居切磨,惟是论声韵,调平仄,事属对,校比拟,以轻巧靡丽为务。此臣等所以虑道术日衰,以就废绝,将复如唐末、五代时学子志识浅陋,此有志之士每多太息而流涕也。熙宁中改科场，乃欲以经术消诗赋，于道则顺，言理则直，所不善者以私意教人耳。今也欲以诗赋消经术，于道不顺，为理不直。孟子曰："吾闻用夏变夷，未闻变于夷者也。"今施设乖戾，义理舛忒，亦何以异于斯耶？今将忘所以赞教化、成人材之大义而变之，于理安乎？倘以人材性有工于辞华，而或有可用也，莫如并取之为至当。臣等辄冒斧钺之诛，博采舆言，妄条具设科取士之所宜，以俟圣鉴而裁择焉。臣等今采之舆议，欲以经义、诗赋各设为一科：

一，经义进士科。欲试四场：第一场试经义六道，每经二道：欲于《易》、《书》、《诗》、《春秋》、《礼记》内，第一场各出题二道，人许占对三经，以古今注疏及已见所长，文理通赡者为合格，不得如旧日止记诵一家之义。第二场试经义三道，每经一道，《论语》、《孟子》各一道，共五道。第三场试论一首，第四场试策三道，并问子史时务。

一，诗赋进士科。四场：第一场试诗赋各一首；第二场试经义四道，出题同第一场，人许占对一经，试本经三道，《论语》、《孟子》一道；第三场试论一首；第四场试策三道，并问子史时务。

右伏望圣慈深惟国家教化之大，陶冶人物之重，四海执经之士七八万人，仰俟命令之所向，诏以臣等愚瞽之言付之有司。如或不谬，特降指挥，不胜幸甚。

又言：

伏闻外论纷纷，以科场之议至今未定，举人惶惑，莫知所向。臣等以谓诗赋既已复用，而经义一科岂可辄废？盖以士人操术趣向，皆视朝廷好恶。今于诗赋科内虽曰量留一经，若废经义本科，则天下学者必谓朝廷好声律，恶经义，不复更为根抵义理之学。相师浮薄，靡然成风，则人材自此坏矣。朝廷立法，本欲兴治救弊，乃于科场之中立破坏人材之法，此岂为社稷万世之利哉？

今之毁经义、崇诗赋者，以谓国朝以来，名卿贤相事业著于世者，皆自诗赋科举得之。盖不知学士大夫有闻者，由素讲经术义理，决科之后，进学不已，发其聪明，乃能自立，非由辞赋之技所能成也。或者又谓诗赋有章句平侧，于有司考校为易，经义汗漫，于有司考校为难。此则尤为偏蔽不尊经术之论。且六经之有义理,其简易如天地,昭明如日月。用以取人,犹权衡规矩诚陈,而方圆轻重不可欺也。议者不能深考,乃谓六经之义高远而难通,渊奥而难明,因欲以私意曲学谋渐废之。是将聋瞽天下之士,使不知道也。士不知道,则不能诚于身,信于朋友,孝于其亲,忠于其君,无施而可也。孟子谓陈相:"吾闻出于幽谷迁于乔木,未闻下乔木而入于幽谷者。"今科举之法,贵于诱进,成就人材。乃抑经术,重声律,是使学者下乔木而入于幽谷,岂不陋乎!

况王者之政,务顺人心。朝廷不以声律取士近二十年,略计天下言之,挟经应举者凡七八万人。一旦使之弃其所学而习其所不学,捐其所能而强其所不能,则皆颠沛失业,因有终身不复更望仕进者。事虽有系天下之大利害,亦不当矫革遽暴如此,况有害而无利乎!恭惟陛下遵迪祖宗之遗训,务以顺人,岂欲拂天下之士心至于此哉?议者又谓诗赋之法一定,岂必更恤士人之不能为者。是劝朝廷以不仁为政,推此心也,亦将何所不至?伏望陛下深加省察,必存经义一科,令与诗赋并行均取,以为万世之利。

又言:

臣等伏以设科取士,系天下利害为不细,前后臣僚累有奏请,乞留经义与诗赋各为一科,而均取其人。臣等近亦别状奏闻,区区之诚,未能上悟圣心,臣等夙夜不遑安处。臣等窃闻论者以科场之设,为取士一术,其人材美恶与得人失人,不系于此,经义、诗赋又何择也?今朝廷遂黜经义,存诗赋,则是必用诗赋乃为得人矣?不尔,安肯拂天下之士心而力为之哉?此议论之臣特欲行其私意,而不知坏天下人材始于今日,臣等极为陛下惜之。

朝廷设法本于忠厚,而其弊犹或至于凉薄。设法于凉薄,而其弊反归于忠厚者,自古未之有也。今以经义设科,是朝廷率人以知礼义,其有不知礼义者,非经术之罪,而士之罪也。今以诗赋设科,是朝廷率人以浮靡,其相率为浮靡者,非士之罪,而诗赋之罪也。倡率天下学士大夫趋向操术,不为礼义而为浮靡,可以谓之良法哉?浮靡成俗,则士无操行;士无操行,则回邪奸慝无所不为已。且朝廷公卿百执事皆由此途而进,今设科育材取士以为公卿百执事，将不谨其初耶？

夫尧、舜、三代之治迹，《诗》、《书》存焉；赏罚褒贬之大法，《春秋》存焉。《礼》以治其显，《易》以治其微。道德性命之理，人情事物之变，立身行己，仁民爱物之术，无不备载。先王用之训迪天下士，犹有学而不知道者，又况绝之以为无用哉？虽今诗赋举人，兼治一经，或并设而不均，以分数取之，则名存而实亡，以多而诱其寡。盖学者晓然知科举虽存经义，其去取升降皆不在是，尚复留意讲习耶？异时不过如昔日帖经，为一场之数，此与不令治经何以异也？又以多而诱其寡，度不数年，经义之学绝矣。古之为赋者亦有法度与规讽，其言又多瑰奇美丽，扬雄犹鄙之以为雕虫篆刻，而谓文丽用寡者相如也。如王褒、张子侨辈作为歌颂词赋，其才固美矣，武帝止以为贤于倡优博弈。然则文章之不主于义理者，历世之所不贵。况如今日之赋，文章、义理两皆失之，徒为残毁经义，破坏道德之一术尔。校其得失，何啻倍蓰千万也。

臣等所言，盖非出于私意。自有诗赋以来，名卿巨儒深排力诋，不可胜数，伏望圣慈特加省察。如诗赋未即废罢，伏乞存留经义一科，并行均取。不及十年，当见磨砻成俗，必有通今博古、殊才异行之人间出，以资公卿辅佐之选。书之史策，则以为美谈；行之天下，则以为美政矣。（《长编》卷四二〇）

是　年

毕仲游《理会科场奏状》：右，臣今年三月准宣命入内充进士复考官。及臣自守官以来，累蒙差入试院对读考校，熟见举人科场文字，颇知诗赋、经义取士利害之实。自朝廷议改科举，欲具奏陈，而臣备员府僚，事务繁并，猝无须臾之暇，得尽愚见。今臣获解府事，待罪儒馆。窃闻士大夫所论科举之利害，犹未有定说。尚诗赋者，则指经义为易习难考，而不言诗赋之名卑于经义；尊经义者，则指诗赋为雕刻无用，而不思经义于取士其实如何。诗赋、经义之利害固已未决，而又各匿其所短，暴其所长，此所以更相不信而无定说也。夫诗赋非经义之比易见也，使举子为声病偶俪之文章以应有司之求，与以圣人之经、原圣人之意而立其说，则道之尊卑，志之远近，不待言而可明矣。然诗赋之行几五六百岁而未厌，自隋唐以来，高才达识、立功名、有道艺者,往往出于其间。经义之行无二十年,天下已有倦色,而亟复诗赋。岂尊且远者不足以济务,而卑且近者反宜于世耶?盍亦要其本末始终而论之?盖经术者,古学也,可以谋道而不可以为科举之用;诗赋者,今学也,可以为科举之用而不足以谋道。今若使天下之士不为科举而治经,且如辅嗣之治《易》,康成之治《礼》,安国之治《书》,杜预之治《春秋》,则虽举隋唐以来诗赋,岂能及四人之所治?如纳四人于今日科举之间,则亦化为举子之文章矣。诗赋、经义之利害,至此而见。臣请明言之。扬子曰:"天俄而可度,则其覆物也,浅矣;地俄而可度,则其载物也,薄矣。"盖言圣人之经幽深闳远,如天地之高厚,非可以不道治也。孔子曰:"加我数年五十以学《易》,可以无大过矣。"而汉唐诸儒,亦多抱经白首,然后名家。近世如孙复治《春秋》,居泰山者四十年,始能贯穿,自成一说,人犹以为未尽《春秋》之旨意。而熙宁、元丰之进士,今年治经,明年则用以应举。谓传注之学不足决得失,则益以新说;新说不足以决得失,则益以佛老之书。至于分章析字,旁引曲取,以求合于有司。圣人之经术,遂但为卜利禄之具,要之应举得第而已。岂有正心诚意,治经术,谋圣人之道者哉?臣愚不知以经义为科举者,欲尊经术耶?欲卑经术耶?欲卑经术,固无此理。然使举子分章析字,旁引曲取,以求合有司,而为卜利禄之具,则是欲尊经术而反卑之。诗赋之学,固无益于圣人之经,而圣人之经术不为举子之所乱,尚自若也。士之有志者,不害于科举之外,正心诚意,治经谋道。若曰:"治经为佛老之学与分章析字、旁引曲取者,皆前在位者之所使,今而不为,何损于经?"则既以经术为卜利禄之具,使求合于有司,得失之虑交于目前,臣恐后日在位者之所使,有甚于前日者矣。要之为术不善则一矣,岂可逆知其无损?此诗赋、经义之利害可得论者一也。夫举子之取名第,止问得失而已。既问得失,则不得不趋时所尚。故王安石在位,则经义欲合王安石;司马光在位,则经义欲合司马光。其小焉者不可胜论,臣请论其大者。王安石不治《春秋》,熙宁、元丰之间,经义遂废《春秋》一科,而学者亦讳《春秋》不言。司马光治《春秋》,元祐之间经义皆班班附会《春秋》以为说。此可谓正心诚意、治经谋道之人乎?于圣人之道有损乎?有益乎?虽然,不可以责举子也,彼应举必有得失之虑,既虑得失,则不得不以经义取合于在位之人。王安石在位而经义不合王安石，则有司不敢取，知有司不取而应举，则不若勿应而已矣。天下应举者无虑数十万人，而人人皆以经义苟合于在位以卜利禄，则风俗伤败，操行陵夷，未必不由科举之致。故诗赋虽为无用，然作《圆丘象天赋》，则止赋圆丘象天而已矣；作《尧舜性仁赋》，则止赋尧舜性仁而已矣。虽欲取合于在位之人，其路无由。而取合固已无益，所以不为。难臣者曰："废经义而用诗赋，诗赋不可以取合，若以策论合于在位，则如之何？"臣应曰：以策论合于在位固所不幸，而又益以经义使为合，岂嫌取合之少乎？然科举之体，常以诗赋、经义定去留，策论定高下。彼于去留之间无以取合，则为高下而取合者必少。故治平之前以策论合在位者，未有如熙宁之后以经义合在位者甚众也。此诗赋、经义之利害可得而论者二也。夫取士之道，古亦有之，乡举里选是也。今朝廷若复乡举里选，方得取士之正，是求贤也，是求能也。如谓乡举里选未可猝行，则今日之取士非敢必曰求贤，亦非敢必曰求能，特为科举不可废而立法尔。若曰求贤，则诗赋、经义均不知人之贤否；若曰求能，则诗赋、经义均不知人之能不能。既贤能不可以科举得，则诗赋、经义姑问其为科举之后便与不便尔。盖诗赋虽若无足为者，而题目或出于经，或出于史，或出于诸子百家。而习诗赋者，必须涉猎九经，泛观子史，知其节目精华，始可从事。而策论之中，又自有经义。试取举人，未罢诗赋之前策论之中所说经义，与既罢诗赋之后专治经义者校之，相去几何？而涉猎泛观，必粗知前言往行，治乱得失，而聪明特起之士，因此自见于世者甚众。由是观之，诗赋虽若无用，而其术能使举人粗知前言往行、治乱得失而通于事。是其名则卑，而施于科举偶得其术而便尔。至于经义则不然，为《书》者不为《诗》，为《诗》者不为《易》，为《易》者不为《礼》，为《礼》者不为《春秋》，是知一经而四经不知也。虽有策论，而论题自见所出，易于为文。策则人人皆挟策括以待有司，不出掌握，举可问者具在其中，非所以广学问也。虽多闻博识之士世自不乏，而所治之书粗通，策问有备，遂可以得名第，其势不暇留意于其它书史。若非常从旧日科举之人，则所谓前言往行、治乱得失，殆无以自见于世。是经义之名则尊，而施之科举偶非其术而不便尔。而又自隋唐以来，高才达识、立功名、有道艺者，往往出于诗赋之科，似有成效。今朝廷必欲效古以兴贤能，则请俟复乡举里选。如止为科举不可废而立法，则异日设官分职，凡所与共天下之治者，必多由科举而进，非细事也。则诗赋、经义之学，不识当取施之科举已见成效与知其术可取者为之耶？当取施之科举未见成效与知其术之不便者为之耶？此诗赋、经义之利害可得论者三也。至于诗赋则有声律而易见，经义则是散文而难考。诗赋所出之题，取于诸书而无穷；经义所问之目，各从本经而有尽。诗赋则题目百变，必是自作之文；经义则理趣相关，可用他人之作。诗赋则难为豫备，足见举人仓猝之才；经义则易为牢笼，多是举人在外所撰文字。诗赋则惟校工拙，有司无适莫之心；经义则各尚专门，试官多用偏见以去取。如此小小利害，难以究述。今朝廷虽复诗赋以取士，而诗赋之上犹存经义，是诗赋、经义之利害均也。若以经义为可行，则无事复诗赋；若以经义为不可行，则既复诗赋而又略存经义，不过欲举人诗赋之外更知经尔。虽然，又非术也。昔科举之未变也，诗赋以观其词采，策论以观其经术。时务论题出于六经，是经术也；策问而及经旨，是亦经术也。岂必名为大义则谓之经术，不名为大义则不谓之经术？盖昔之策论虽非大义，而策问论题或出于《易》，或出于《礼》，或出于《诗》、《书》，或出于《春秋》。无所不出，则举人亦无所不留意。虽非纯于经者，而《诗》、《书》、《礼》、《易》、《春秋》必泛达也。今既于诗赋之外，人治一经而为大义，则策问论题必须避举人专治，而不敢出于五经之中。举人知策问论题不出于五经，所以备有司者约矣。则亦将为《书》者不为《诗》，为《诗》者不为《易》，为《易》者不为《礼》，为《礼》者不为《春秋》，是亦知一经而四经不知也。虽有诗赋，而举人为诗赋留意，与为经旨而留意五经者取舍不同，是诱之使浅，驱之令狭也。为今之策，莫若专复诗赋以取士，而不累于科举以进治经之人。专复诗赋以取士，则隋唐以来高才达识、功名道艺或可以兼至；不累于科举以进治经之人，则圣人之经旨庶不为科举之所乱。若论今之举子已习经义，虽复诗赋而有不能为者，则愿设嘉祐明经之科，以待不能为诗赋之人。所取之数与推恩薄厚，少增损于嘉祐之制，则人无难矣。盖明经近于经义，而术与今日经义利害不同。取明经常少，取进士常多，则天下之应举将自化而为诗赋。不以法制而渐复其旧，术之善者也。以经义取士，实虽不至而名近于古；以诗赋取士，实则几矣而名不及于经义。今区区者徒见朝廷罢经义、复诗赋，则以为好古而已矣，而不知经义之不可累以科举也。既罢之后，当诏天下，求穷经谋道如胡瑗、孙复、石介者，置以为博士教官，使传道于诸生，则今日之所尚，才得经术之正，而无科举之累，道之美者也。盖旧政已废而复之，其名近古而改之，则民疑。然则专复诗赋以取士，设嘉祐明经之科以待不能为诗赋之人，而又诏天下求穷经谋道、不累科举者，使传道于诸生，则政有并举，才无或弃，亦可以释民疑矣。惓惓之忠，惟朝廷裁择。

贴黄：臣窃见朝廷平日举事，虽事体不大，犹多循用故常，慎于更改。虑更改之后，恐有意外利害，非目前思虑之所能尽，不若循用故常之为便也。今以诗赋取士，所从来远。且以本朝言之，如吕端、李沆、王旦、鲁宗道、王曾、韩琦之徒，百十年之间，凡所与安社稷、治天下，多出于昔日进士之科，其为故常亦大矣。然则，凡今之所以论科举者，非止为科举而已，盖知异日亦将求柱石股肱于其间，非细事也。如度用经义决能取士过于诗赋之所取，则今日所论诗赋、经义皆是余事，勿恤可也。若未能臆度，恐误朝廷久远用人之计，即乞更加审谛，以平日举事慎于更改为意。诗赋策论四事之中，诗赋最难修习。自非超异绝出之才，作诗赋兼策论以从科举，未见其有余力也。今既为诗赋、策论，而又于诗赋之前增大义一场，深虑举人力所不逮。兼自来科场逼试之时，皆息力养锐。入试第一场诗赋，至次日入试论，文字不多方可，第三日却试策。今于诗赋之前，先以大义一场困之，至次日才试诗赋。不惟场第太多，考校增冗，兼举人就试必所患苦。然朝廷复诗赋又试大义者，必以大义为经术之故。但举人习诗赋止欲得名第，习大义亦止欲得名第，皆借以为干禄之具，非真所谓经术也。与诗赋何异？（《全宋文》卷二三八九）

李廌《下第留别舍弟弼》：缪承名卿后，煜煜赞皇裔。闵途遘伶俜，勉力济颠坠。百年能几何，三十已一世。胸中经纶策，偃蹇未获试。衰残蚤二毛，坎轲穷五技。探珠极溟海，耻逢骊龙睡。辛勤禹门浪，千仞复中踬。吾道有用舍，无乃天所否。岩廊与沟壑，荣悴同一戏。俱非本来物，吾无穷途泪。季父勉问学，弓治付吾弟。营营米盐虑，役役裘葛计。虽服贫贱劳，无损刚大气。慎乃百胜术，早拔万夫萃。老去重别离，悲歌感棠棣。

李廌《下第留别陈至》：明缗钓香饵，彼取亦已微。金丸往抵黾，我用一何卑。余生宇宙间,动辄多愿违。天王十二闲,玉勒黄金鞿。奈何骥与騄,不使备六蜚。盐车初未脱,伯乐第兴悲。宁甘生刍饿,不为场藿嘶。京都足风埃,士气随亦淄。君于万夫间,独若三秀芝。浩气久已定,得丧亮难移。对之忘忿戾,澹然移安夷。论交有斯人,是用久敬之。吾生三十年,二十九年非。末路各相望,畚庸会有时。贵如未可求,守余北山薇。

(以上均见《全宋诗》卷一二〇一)

元祐四年　己巳(1089)

正　月

(甲申,十三日)诏:"讲筵官许依秘书省职事官例,观新乐。赐闻喜宴,许依带职人并赴。"从崇政殿说书颜复请也。(《长编》卷四二一)

三　月

(甲申,十三日)中书侍郎刘挚上书曰:"近日又将科场一事,摇动荧惑。昨元祐元年,两制、侍从、台省臣僚,讲议定夺,凡一年有余,又经圣览,方此施行。亦是将祖宗先帝之法,合诗赋、经义为一科,是万世有利无害可行之法。今人情已定,止是安石之党,力要用经义。臣愿陛下坚守已行之法,勿为浮议所动。"(《长编》卷四二三)

四　月

(戊申,八日)诏:"应进士不兼试诗赋人,许依旧法取,应于本经外增治一经,增试一场,《论语》、《孟子》分两场试。合格人将解额与兼试诗赋人各解五分,令礼部立法以闻。"(《长编》卷四二五)

十八日,礼部言:"经义兼诗赋进士听习一经:第一场试本经义二道,《论语》或《孟子》义一道;第二场赋及律诗一首;第三场论一首;第四场子史、时务策二道。经义进士并习两经:以《诗》、《礼记》、《周礼》、《左氏春秋》为大经,《书》、《周易》、《公羊》、《谷梁》、《仪礼》为中经。愿习二大经者听,即不得偏占两中经。其治《左氏春秋》者,不得以《公羊》、《谷梁》为中经。第一场试本经义三道,《论语》义一道;第二场本经义三道,《孟子》义一道;余如前。并以四场通定高下去留。不以人数多寡,各取五分,即零

分及元额解一人者，听取辞理优长之人。其省试奏名额准此。”并从之。(《宋会要·选举》三之五〇、五一)

(己未，十九日)诏：“元祐二年以前诸科举人，改应新科明法听取应外，自今更不许改。其获冒应人，仍增旧赏。”从礼部、刑部请也。(《长编》卷四二五)

五　月

十九日，礼部言：“勘会：经义已得旨，许兼用注疏及诸家之说或己见。缘《诗》、《书》、《周礼》三经，旧注疏与新义不同，其音释亦有别处。虑考试官各随好恶，取舍不一。今考校辞赋程文，乞只用旧来注疏及音义。”又言：“勘会：试习《春秋》进士，缘只于正经内出题不多。今以《左氏春秋》为大经，自合兼出题目。近添《公羊》、《谷梁》二中经，亦出题不多，合于经传注文兼出题。又恐二传难以称经，乞以《公羊》、《谷梁》并为一中经，止于经传内出题。其先令治《左氏春秋》者，不得以《公羊》、《谷梁》为中经，乞勿行。”并从之。(《宋会要·选举》三之五一)

(甲午，二十五日)三省言：“太中大夫已上奏举到知州，见在部人数甚多，盖为每岁令举，致差注不行；及经明行修人，系每遇科场奏举。”诏：“今后并遇降诏方许奏举，所有岁举知州人及每遇科场奏举经明行修指挥，并不施行。”(《长编》卷四二八)

二十八日，诏：“经义进士并习两经，《左氏春秋》兼《公羊》、《谷梁》或《书》，《周礼》兼《仪礼》或《周易》，《礼记》兼《书》或《毛诗》。”(《宋会要·选举》三之五一)

六　月

八日，详定重修敕令所言：“兼诗赋进士，若将《公羊》、《谷梁》、《仪礼》为本经专治，缘卷数不多，即比其余六经，未至均当。所有兼诗赋进士，自合依元条，于《易》、《诗》、《书》、《周礼》、《礼记》、《春秋左氏传》内各习一经。”从之。同日，详定重修敕令所言：“近降敕：为进士将来兼用诗赋，不

专经义，遂更不分经去取。今经义进士，又添治一中经，亦乞更不分经去取。”从之(《宋会要·选举》三之五一、五二)

(戊辰，二十九日)(梁)焘又言：“臣伏睹科举之制，以经义、词赋进士各取五分。窃闻进士多从词科，十常七人，或举州无应经义者。如此，则五分之限固不可行。臣愚欲乞圣慈特赐指挥，更不以两科分取，止以两科入试人数多寡，用解额均取合格之人。南省奏名依此。所贵事归乎一，允协至公，上副陛下乐育英材之意焉。”贴黄：“假令有十人解额，却有百人入试，七十人经义，三十人词赋，即以七人解经义，三人解词赋；如有零分，则通取词理优长之人。”(《长编》卷四二九)

七　月

二十九日，礼部言：“立到五路不习进士新科明法新人，欲与诸科改应进士及五路进士新科明法旧人衮同，均取分数，并考校等第。应诸科奏名每十一人取一人，剩额以旧应诸科改应新科明法，及新科明法新人并改应进士，五路进士每路作一项到省人衮同，通纽分数均取谓如剩额三百人，到省通计一千九百人，即每九人五分取一人之类。余分奏新科明法旧人。今后御试本经义二道、《刑统》义三道，考校分为五等。其经义、《刑统》义两处考校，初、复考讫，即详定官合以两处等第参定。所有发解及省试，刑法考试官止是考定得《刑统》义通、粗、否，其去留自合是考试经义官以三场通定去留高下。”从之。(《宋会要·选举》一四之二、三)

八　月

(己未，二十二日)诏：“自今考校特奏名举人，进士入第四等中以上，诸科入第三等以上，各不得过就试人数之半。”(《长编》卷四三二)

九　月

十四日，《明堂赦文》：“诸路进士、诸科，经嘉祐八年以前省试下、治平四年以前御试下，并进士、明经御试下三举、省试下五举，诸科御试下五举、省试下七举；及开封府、国子监进士、诸科，经熙宁六年以前省试下、熙宁九年以前御试下，并进士、明经御试下两举、省试下三举，诸科御试下四举、省试下五举，将来并与免解。”(《宋会要·选举》一五之二五)

十　月

(甲寅，十八日)知杭州苏轼奏：“本州进士汪溉等一百四十人诣臣陈状，称：‘准元祐四年四月十九日敕，诗赋、经义各五分取人。朝廷以谓学者久传经义，一旦添改诗赋，习者尚少，遂以五分立法。是欲优待诗赋，勉进词学之人。然后天下学者日夜竞习诗赋举业，率皆成就，虽降平分取人之法，缘业已习熟，不愿再有改更。兼学者亦以朝廷追复祖宗取士故事，以词学为优，故士人皆以不能赋诗为耻。比来专习经义者十无二三，若平分解名，委是有亏诗赋进士。难使捐已习之诗赋，抑令就经义之科。或习经义、诗赋多少，各以分数发解，乞据状敷奏’者。臣曩者备员侍从，实见朝廷更用诗赋本末。盖谓经义取人以来，学者争尚浮虚，文字止用一律，程试之日，工拙无辨。既去取高下，不厌外论，而已得之后，所学文词，不施于用。以故更用祖宗故事，兼取诗赋。而横议之人，欲收姑息之誉，争言天下学者不乐诗赋，朝廷重失士心，故为改法，各取五分。然臣在都下，见太学生习诗赋者，十人而七。臣本蜀人，闻蜀中进士习诗赋者，十人而九。及出守东南，亲历十郡，又多见江南、福建士人皆争作诗赋，其间工者，已自追继前人。专习经义，士以此为耻。以此知前言天下学者不乐诗赋，皆妄也。惟河北、河东进士，初改声律，恐未甚工。然其经义文词，亦自比他路为拙，非独诗赋也。朝廷于五路进士，自许礼部贡院分数取人，必无偏遗一路士人之理。今臣所据前件进士汪溉等状，不敢不奏，亦料诸处以此申明者非一。欲乞朝廷参详众意，特许将来一举，随诗赋、经义数多少，各纽分数发解。如经义零分，不及一人，许并入诗赋额内。仍除将来一举外，今后并只许应诗赋进士举。所贵学者不至疑惑，专一从学。”贴黄称：“诗赋进士亦自兼经，非废经义也。”(《长编》卷四三四)

十二月

(庚申，二十四日)礼部言：“诸路申请贡举，敕经义兼试诗赋进士及经义进士解额各取五分。窃虑两科应者不齐，拘定五分，则似未尽，乞行均取。

看详:进士两科,试法不一,举人互有轻重难易之论。兼就试人数不定,则解额难以均当,终非通法,似不可久行。”诏:“来年科场,以试毕举人分数均取。后一次科场,其不兼诗赋人解额,依元祐三年六月五日所降朝旨。如有未习诗赋举人,许依旧法取应解发合格人,不得过解额三分之一。已后并依元祐二年十一月十二日敕命。考试进士分为四场:第一场本经义二道,《论语》或《孟子》一道;第二场律赋一首,律诗一首;第三场试论一首;第四场问子、史、时务策三道。以四场通定去留高下,内仍减时务策一道。”(《长编》卷四三六)

是　月

邹浩《上哲宗皇帝书》:元祐四年十二月某日,颍昌府教授臣邹浩谨昧死上书皇帝陛下。臣伏睹近降《贡举敕》:凡考试进士试卷,其习经术者以经术为去留,其兼词赋者以词赋为去留,其余数场,止以品定高下。所有以四场工拙通定去留、高下指挥更不施行。臣窃惑之。臣闻自先王宾兴之法扫荡不存,而后世所以取天下之士一以空言而已,德行道义不复谁何,以迄于今,莫之能改。就令此法不行,士之所务犹在言而不在实,况既行乎!臣见天下之士,不惟有愧于其实,又将有愧于其言矣。何则?法行之利,不胜其害,其弊必至于此。何谓利?两科之试各以四场,故习经术者不敢忽策论,兼词赋者不敢忽大义。方其群居,欲无所不工,则亦无所不知;欲无所不知,则亦无所不读,今也专以其科之所主者为去留,则士止务其所主者,不必杂然并习,如前日之扰扰,一利也。士之取舍一系有司,有司之好恶又各系其所习之如何。故尚经术者斥词赋,尚词赋者斥经术,尚策论者又并二者斥之,交相毁誉,迄无定论,而士之取舍直以幸不幸耳。今也严之以法,使有适从,则有司虽欲奋私意、执偏见,以自胜负,势有不可,二利也。何谓害?惟知经然后工于义,惟知子、史然后工于策论。至于词赋则往往裒诸家之集,纂六帖之类,左攘右窃,以速名第,而一时有司固莫之能辨也。且以今举校之。两科取士,初无轻重,然而不以经术应诏者已十有八九。今也重以去留之法导之,臣知天下之士自是以六经子史为弃物矣。盖士之所急者在去留,而高下非所恤故也,一害也。士之品有三:不待教者上智也,不足教者下愚也,教之则成、不教则废者中人也。而中人之才满天下。今也使之一趋于不该不遍之习，则是天下之才将沦胥以废而莫之振，二害也。国家自庆历以来，天下州县遍置学校；自熙宁以来，天下州县始命学官，诚有意以义理养天下之才。今也一以去留摇荡其心，虽力以义理强之，亦安能胜其所习？然则，所置学校特为虚器，所命教官徒耗廪禄，顾欲化民成俗，如古盛时，不亦难乎！三害也。上自辅弼之大臣，下逮州县之小吏，皆佐陛下行道者也。非欲其若司马相如、枚乘、沈佺期、宋之问之属，以文词供奉，谄颂功德而已。而乃养之不以其道，用之不以其实，谁恃以成天下之务哉！四害也。臣愚伏观陛下南向以来，以天地之德亭育万物，以日月之光别白万微，黜陟群臣，因革政令，斟酌人心，若合符节。至取士之法最务之急者，甲以为可，乙以为否，五六年间不知几变。今又变焉，曾未足以厌天下之望，臣窃惜之。陛下诚以其法为善，胡不尽罢数场之文，只以经术、词赋试之？然而不为者，臣知建言之臣虑失天下之士，不知有其名而无其实，其失犹在也。夫举事有名而无实，非朝廷之美也。万一所举复有与是比者，无乃重为圣政之累乎？《传》曰："设教于本，其敝且末；设教于末，其敝奈何？"又曰："为人君者，谨其所好恶而已矣。君好之则臣为之，上行之则民从之。"偏为去留，不可谓本；已著于令，不可谓非所好。陛下少须之，臣之二利四害之说行自判矣。且臣四害之中，如人才不振，无以成天下之务，尤有所当虑者。陛下视今日之人才，果有余邪？果不足邪？以为不足，则岩廊未尝无辅弼，左右未尝无侍从，诸路未尝无监司，州县未尝无守令。凡中外之百执事，亦未尝不备。其待选、待次、去来吏部者，又常倍蓰见任之数。以为有余，则自任以天下之重，辅导陛下与二帝三王比隆争治者几人？进退贤否惟其实，而不汲引亲旧、不遗弃疏逖以误陛下器使者几人？正色昌言，列百官之功罪，论庶事之得失，务存大体而不承望风旨以自媒者几人？持刺举之权以肃清所部，而不结权贵以殖私，不惜孤寒以示公者几人？承宣诏条，劝课农桑，使民安其所，不饮泣于猾胥黠吏之手者几人？夙夜修职，不敢苟且，以冀指摘之不吾及者几人？民贫，所当富也，则曰水旱如之何；官冗，所当澄也，则曰人情不可扰；人物，所当求也，则曰从古不乏才；国用，所当裕也，则曰治世耻言利；风俗，所当厚也，则曰不切于时变；边备，所当严也，则曰在德不在兵。其它觌缕，臣不暇悉。要之，为国谋不如谋其身，为百姓虑不如虑其子孙者众也。陛下端拱一堂之上，方以覆载为度，固不规规焉察臣下之私。然视朝之余，省奏报、听讲读之暇，亦尝念其所以然之故乎？此乃不明义理之验也。夫以义理养天下之士，士方平时师圣贤、谈道德，其取舍去就之际，若无以易其操者。一旦用焉，犹或幡然无以副朝廷承庸之意，况不知所以养之耶？董仲舒曰："不素养士而求贤才，犹不琢玉而求文彩。"臣尝以为知言。臣愿陛下诏有司，追用旧敕，以四场工拙通定去留高下。庶几经术、策论之试不为虚文，而士亦知陛下所以期之甚厚，相与精白，以承休德。而人才有余矣，岂甚难者哉！昔孔子不欲去饩羊也，非为饩羊也，为告朔之礼也；孟子不欲毁明堂者，非为明堂也，为王者之政也。饩羊不去，则告朔之礼犹可以意推；明堂不毁，则王者之政犹可以迹考。臣之区区，实在于此。臣寒乡鄙人也，生长和气之中，沐浴仁厚之泽，备员学校，为日久矣。重念古者工执艺事以谏之义，故敢因执事所及，轻犯天威，冒献瞽说。惟陛下采其一得，而赦其万死，则天下幸甚！臣无任瞻天望圣，激切屏营之至！臣浩诚惶诚恐，顿首稽首，昧死谨言。(《全宋文》卷二八二九)

元祐五年　庚午(1090)

三　月

朱光庭《上哲宗乞戒学者遵守正道》:臣闻圣王之治天下,以教育人材为先务。教育之道,在学得乎正而已。学得其正,则始于诚意正心,而终于致君泽民,足以成君子之事业。然则,所谓正者何也?乃尧、舜、禹、汤、文、武、周公、孔子、孟轲之正道,非释、老、庄、列、申、韩之他道也。学者苟得其正,则幼而诵习,长而讲解,久而入心成德,至于终身践履不离乎正,则养就美才皆此途也。伏自陛下临御之初,患天下学者狃习异端,未能纯一向道,尝下明诏,申敕有司,不得于庄、老出题及引用释氏、申、韩之说,此可谓教天下学者适正之本也。今来科场诏已降,窃闻学者狃习异端,未至悛革,兼有司将来考校,自当遵前日之诏进退多士。臣愚欲乞朝廷申明前诏,内自太学之官,外至诸州教授,俾告谕学者,一意遵守正道,不得依旧狃习异端。不唯自可以应科举之选,庶几从此人人适正,养就美材,隆太平基址。伏望圣慈特赐施行。(《宋朝诸臣奏议》卷八三)

是　春

毛滂《饶州州学进士题名记》:汉博士夏侯胜每讲授,尝谓诸生曰:"士病不明经术,经术苟明,其取青紫如俯拾地芥。学经不明,不如归耕。"仆初意古今取爵位,致登显,亦视吾材如何尔,将未必尽用经术。至读《霍光传》,观其立谊秉志,一謦欬系国家安危,卒辅幼主,为时阿衡,可谓社稷之臣矣。然以不学无术,闇于大体,身死肉未寒,而颠覆随之。乃知虽有光之材,苟不学,未免于闇人。不可以无学如是,况方且以此进取者哉!天下郡邑皆有学校,而废兴在守令。鄱学自范文正公出守,病其当阛阓,相东湖得佳处,将迁之,被召不果,以属张太守。中间既新复弊,其后先师更窘风雨矣。熙宁末，后范太守始易其圮桷腐瓦。逮姜使君下车，陋者新，隘者广，其经营之意，有古人之遗风，教官陈君巨中作记甚详。近考祖宗以来，鄱之士人由此学以闻道，出其道之余为文章，干有司，取科第，为世闻人，每络绎相望也。他日盖有佩金曳紫、朱丹其毂以归者，耆老见之，犹复指似云：此吾学舍诸生尔。天子好爵厚禄，不轻与人，今诸生书笥近在腹中，何当废之？暴其蓄积，决能炳然可观。其不为夏侯见弃，则爵禄真地芥尔。巨中尝上书，言浮屠之弊，引义雅正，天子嘉之。自县令得此官，盖将羽翼吾夫子之道，以行其志。仆尝谓：国家使人如使器，为器必有模范。模范不善，则虽成器不可用，其能为器之累如此。以故人材犹器尔，今教授，造作人材官也，不为人材之累者几人乎！巨中道足为人师，宜不愧此语。使异时鄱阳多士，盖自子厚之门出。元祐五年春，既刻《学记》，又刻教授《题名记》，又刻进士登科姓名。而大其碑，盖又以待诸生云。三衢毛某为作《进士题名记》。(《全宋文》卷二八五九)

七　月

十日酉时，准都省送下当月九日敕，中书省、尚书省送到礼部状，准都省送下太学博士孙谔等状："伏睹朝廷近颁《贡举法》，经义之外添诗赋一场，窃惟《贡举条制》诗赋格式该载或有未尽者。今举人初习声律，动多疑虑。加以经传音释与《礼部韵》间有不同，及自来传袭又多讹谬。虽主司考校，亦无定论，临时率以私意去取。如开封府国学试官众多，尚可佥议可否。而远方州郡所差试官不过一二人，虽有程文优长，用字偶涉疑似，主司无以商较，又仓卒无所捡据，狃于畏谨，或至阁行黜落。往往收平凡而退优异，深可悯惜。故韵有一字一义而两音者，如'廷'字、'防'字、'寿'字之类，不敢辄指一声押用。字有合用而私相传为当避者，如'分寸尺丈引'之'引'、'杼柚其空'之'杼'之类，举人不敢用，有司不敢取。又有韵合押而《礼部韵》或不收者，如傅说之'说'，及'皞'字、'扩'字之类。自合收用，虽经传所用字，《礼部韵》多所不载。今亦且举人常用者，收附入韵。谨采摭经传及《广韵》、《礼部韵》校对，得字及诗赋式，各具解释，画一如后。"看详："秋试在近，诸路州郡亦合颁降。本部今将孙谔等所申事理，并于逐项内勘当，讫伏候指挥。"七月九日，三省同奉圣旨："依礼部所申，仍先次施行，奉敕如右牒到奉行。前批：七月十日巳时，付礼部施行。”

一，字同义而有两音者：攻、闾、垠、防、廷、探、被、视、取、聚、柢、悌、悔、在、逮、蕴、緼、愠、蹇、衍、谳、巧、惰、假、订、寿、后、甚、赉。“应如此类者，欲乞许随本韵通押。其经传内有独音者，不从本音。如主司所出诗赋题，韵脚内有如此两音者，欲乞随题目告示，指从一处，令举人押用。”本部今欲依孙谔等所乞。

一，字义不同而经传多误用者：猒、厌、餍，否、否，厉、砺、励。“已上八字，欲乞各随意义音释使用，及韵内互相附入。”本部看详：欲依孙谔等所乞，于韵内互相附入。

一，系经传正文内字，举人所常用而见行《礼部韵》有不收者：厘、徕、哨、皞、委、甑、效、朴、说、扩。“已上十字，欲乞附入逐韵。”本部欲依孙谔等所乞，附入逐韵。

一，自来传袭以为合当回避，而实与庙讳不同音不当回避者：壹戎衣、杼。“已上二字，欲乞明降指挥，更不回避。”一，旧额，庙讳外无明文而私辄回避者：畜、慉。“已上二字，未委合与不合回避，欲乞明降指挥。”本部看详：“壹戎衣”并“杼”、“畜”三字，欲乞许随所出处释音用之。庸。“已上未委合与不合回避，欲乞明降指挥。”本部看详：“庸”字即非旧名本字，自不当回避，今合申明行下。

一，系祖宗朝合格诗赋有下项格式，及用字平侧不同，而近世不敢用者：准《贡举条》，赋初入韵，许用邻韵，引亦有声相近而非邻韵者。赋有用字平侧不同，如“储”、“思”者。诗以题中平声字为韵，题中有两字同韵而并押者。“已上三项，欲乞依旧许用。”本部看详：欲依孙谔等所乞，于贡举格式内添入。(《贡举条式》)

(乙亥，十二日)礼部言：“开封府解进士一百人，而就试二千余人。请依元祐二年例，于诸科解额内拨五十人，添解进士。”从之。(《长编》卷四四五)

十六日戌时，准朝省送到礼部状，勘会：“考校举人诗赋、策论格式，昨修入《贡举敕》，并附入《韵略》，已颁降。讫本部看详。举人程文内用字如有两义或两音，并未有所用执守明文若或差误者，亦未有约束。今欲乞如一字或两义或两音,并各依所用音义内差误者作一抹,欲先次施行。伏候指挥。”前批:七月十六日未时,付礼部施行,仍关合属去处。(《贡举条式》)

九　月

(己巳,八日)诏:“开封府诸科额二百三十二。已拨五十添解进士,今就试人多,特更拨一百五十。”(《长编》卷四四八)

是　秋

钱塘颜几,字几圣,俊伟不羁,性复嗜酒,无日不饮。东坡先生临郡日,适当秋试,几于场中潜代一豪子刘生者,遂魁送。举子致讼,下几吏,久不得饮。密以一诗付狱吏,送外间酒友云:“龟不灵兮祸有胎,刀从林甫笑中来。忧惶囚系二十日,辜负醺酣三百杯。病鹤虽甘低羽翼,罪龙尤欲望风雷。诸豪俱是知心友,谁遣尊罍向北开。”吏以呈坡,坡因缓其狱,至会赦得免。(《春渚纪闻》卷七)

元祐中,东坡帅杭,予自江西来应举。引试有日矣,忽同保进士讼予户贯不明。赖公照怜,得就试,因预荐送,遂获游公门。(《泊宅编》卷一)

秦观《兴国浴室院独坐,时儿子湛就试未出》:满城车马没深泥,院里安闲总不知。儿辈未来钩箔坐,长春花上雨如丝。(《淮海集笺注》卷一一)

刘季孙《送钱蒙仲赴举》:膝下五车就业,殿前三月亨途。日出唤君名姓,春风吹过江湖。

文价从今第一,家风经古无伦。不假湘灵十字,知君才倍前人。

俊气将探虎穴,清才早践龙门。故比隔江白鹭,万人回首王孙。(《全宋诗》卷七二三)

李廌《某顷元祐三年春礼部不第,蒙东坡先生送之以诗,黄鲁直诸公皆有和诗。今年秋复下第,将归耕颍川,辄次前韵上呈编史内翰先生,及乞诸公一篇以荣林泉,不胜幸甚》:半生虚老太平日,一日不知人不识。鬓毛斑斑黑无几，渐与布衣为一色。平时功名众所料，数奇辜负师友责。世为长物穷且忍，静看诸公树勋德。欲持牛衣归颍川，结庐抱耒箕隗前。只将残龄学农圃，试问瀛洲紫府仙。(《全宋诗》卷一二〇二)

十　月

四日，诏："今次奏应举制科日限，且依旧制，限十月终。"(《宋会要·选举》一一之一七)

癸丑(二十二日)，诏："近制：府监发解省试举人，经义每道不得过五百字，策不得过七百字，如过七百，虽合格并降一等。诸发解举人依此。"(《长编》卷四四九)

(己未，二十八日)右正言刘唐老言："臣伏睹《贡举条制》，考进士试卷，以四场工拙定去留高下。窃详此法，盖以分经取人，有多寡、幸不幸之异，故使程文均取，更不分经考校。然而主司以其四场通定之文，复于去取议论，所主不一。或以经义，或以诗赋，或以策论，各随习尚，互为升黜。缘举人所系利害大者，在于得失，而高下又其次焉。须其去留、高下之间，二者分为约束。如治平以前词赋取士，则去留主词赋；熙宁以后经术取士，则去留主经术。其论策二场，惟以品第高下。今既经术、词赋别成两科，须理各有所主。治经者必以义对为先，作赋者当以章句为重。臣欲乞将治经者，以大义定去留；诗赋而兼经义者，以诗赋主取舍，策论止于定高下，不豫去留之例，依旧更不分经考校。如此则主司议论既各有适从，士子得失亦不误所习。伏乞朝廷详酌施行。"从之。密疏五年十月二十八日，得旨在十一月二日，今并此。

殿中侍御史上官均言："臣窃见朝廷近缘臣僚上言，颁行《贡举条制》：治经之人以大义定去留，论策定高下；词赋而兼经义者，以诗赋定取舍，经义、论策定高下。新制一出，士大夫皆以为朝廷不复更取经义策论，学者相语以专事诗赋，不须考阅经史。盖以进士应举，以得失为重，高下次之。今以词赋定去留，则学者必尽力于诗赋，以幸有司之选，何暇以高下为计邪？臣窃观今次科场，以两科均取进士，府学试经义者，绝十分之二。以利害计之，将来学者必皆趋习词赋，天下之士皆应诗赋。而有司又执新制以定去留，臣恐自此学者为文诵书，惟一意于诗赋，不复治经阅史，探考义理之学、历代成败之迹。虽试义问策，仅如昔时帖墨耳。窃以朝廷昨来复添诗赋，盖缘自改经义以下，学者苟简，不该他书，不晓声律，故令兼习诗赋，与经义并行，以四场通定去留高下，非薄经义而尊诗赋。如朝廷之意欲卑抑经义，当时又岂复以经义为第一场，又以四场通定高下去留耶？言者不知朝廷之意，乃欲潜消经术，专进诗赋，黜理而尚辞，遗实而取华，不亦过欤？臣窃闻太平兴国八年，太宗下诏曰：'进士举人，只务雕刻之工，罕通缃素之学，不晓经义，何以官人？宜令礼部贡院，特免贴经，只试墨义二十道，较其能否，以定黜陟。'天禧元年，鲁宗道言：'进士所试诗赋，不近治道；诸科对义，惟以念诵为工，罔究大义。'真宗曰：'前已定进士兼取策论，诸科能通经者，别加考校。'至和《贡举条》：'诗、赋、论、策四件并上上，为第一等；三件并上次以上，一件中上，为第二等上；二件上次以上，二件中上，为第二等下。'熙宁四年罢诗赋，以经术、时务、义理、文词通定去留高下。由此观之，自祖宗以来，固欲兼用诗赋，又以策论通定去留高下，未闻专以诗赋去留也。而言者以为治平以前词赋取士，则去留主以词赋；熙宁以后经术取士，则去留主以经术。又以为缘不分经考校，故当时定四场通取之制，不亦过欤？言者以为主司以有四场通定之文，所主不一，各随习尚，互为升黜。臣以为学者所习，各有所长；四场程文，各有优劣；惟所主不一，取其优长，故无遗才。虽各随习尚，互为升黜，又何害耶？今就专以词赋去取，若赋不合格，则经义、策论虽精深闳赡，不可复取。如此则博学能文之士，所失多矣。又词赋之学，最为难工，治平以前，学者久习，精者犹鲜。况新复此科，进士尚以声病为患，文理疏略，非前日之比。况专以词赋去留，不免强取疏缪之文，以应法充数。则是诗赋虽缪，以法而不得不取；经义、策论虽精，以法而不得不黜。黜其所可取，取其所可黜，实非朝廷取士求才之本意。伏望依元祐二年条制，以四场通定去留高下，庶使无失人之弊。"

又言："臣昨具奏论科举条制不当专用诗赋去留，乞依元祐二年指挥，以四场通定去留高下，未蒙施行。臣窃以朝廷之务，莫重于建官；建官之原，莫先乎取士。取之有术，则天下之士知所学而不流于浅陋。取之非其道，则学者日趋于卑近，而以苟得为意。夫士之所学，以知道烛理为主，而文辞次之。知道所以立己，烛理所以应务，能文所以达意。此三者，士之所学，不可偏废也。朝廷以熙宁未改经义以前，祖宗相循，以诗赋、策论取天下之士。诗赋取其雅丽清新，协比声韵，以文辞为主；论策取治经习史，晓达世务，以知道烛理为本。以此四者参定去留高下，故天下之士，泛观博习以求应选，不敢专一技以希幸得。故历朝以来，名臣间出，勋德相望，代不乏人者，良由取士有法，未闻以诗赋专定去留也。夫法之所取，士之所向；法之所黜，士之所舍。今以诗赋去留天下之士，则为师者惟以诗赋为教，为友者惟以诗赋为习，父以诏子，兄以诏弟，无不一出于为诗赋。是天下之士，惟文辞之为习，不复治经阅史，研究理致，讲求世务。虽有经义、策论，殆为虚文尔！十年以后，新学后进，漫不知有义理之学，风俗日靡，入于卑陋浅薄，固非细累。国家列圣相继，升平百有余年，教化涵养，岁积日靡。士之所学，宜益纯正；士之所习，宜益成就。今乃偏尚诗赋，潜消义理之学，非所以奖养而成就之也。仰稽祖宗之制则非顺，下原学者之心则非便，又非朝廷近年兼用诗赋之本意。伏望陛下诏执政大臣审计得失，追改新制，以正取士之法，天下幸甚！”均后疏称以十一月二十六日上前疏，今并附刘唐老建请之后，更不出其月日。(《长编》卷四四九)

十一月

二日，右正言刘唐老言：“请治经举人，以大义定去留；词赋而兼经义者，以诗赋定去留，并以论策定高下。仍依旧分经考校。”从之。(《宋会要·选举》三之五三)

十二月

(戊申，十八日)殿中侍御史岑象求言：“近岁南省考试，分卷取人；又五路别立额，奏名颇滥。”诏：“礼部详定以闻。”又言：“近岁太学诸生无叩问师资之益，学官不以训导为己任，秘书省则多务燕间，少亲雠校。请立训导之法，定校雠之课。及闻太学补试，伺察不严，有假手之弊。”诏令：“礼部、秘书省长贰详度以闻。”(《长编》卷四五三)

是　年

先生元祐间，出帅钱塘。视事之初，都商税务押到匿税人南剑州乡贡进士吴味道，以二巨卷作公名衔，封至京师苏侍郎宅，显见伪妄。公即呼味道前，讯问其卷中果何物也。味道恐蹙而前曰："味道今秋忝冒乡荐，乡人集钱，为赴都之赆。以百千就置建阳小纱，得二百端。因计道路所经，场务尽行抽税，则至都下不存其半。心窃计之，当今负天下重名而爱奖士类，唯内翰与侍郎耳，纵有败露，必能情贷。味道遂伪假先生台衔，缄封而来。不探知先生已临镇此邦，罪实难逃，幸先生恕之。"公熟视，笑呼掌笺奏书史，令去旧封，换题细衔，附至东京竹竿巷苏侍郎宅。并手书子由书一纸，付示谓味道曰："先辈这回将上天去也，无妨来年高选，当却惠顾也。"味道悚谢再三。次年果登高第，还具笺启谢殷勤，其语亦多警策，公甚喜，为延款数日而去。(《春渚纪闻》卷六)

赵鼎臣《上廖明略谢解启》：伏审解文，亦叨名荐。荣逾望表，愧溢中藏。窃以国家宪商周得士之方，讲汉唐明文之治，思尽群策，一新大猷。复以声律而考其通才，兼之经术而究其学古。宿儒独高于故步，后进力就于新规。鬻玉市珍，固有素怀之宝；夺人贾勇，或推待敌之奇。弹冠结绶以朋来，求气应声而汇至。宜传文词典丽之隽，以副科程奖育之先。如某善性素冥，谀闻非敏。比缘世泽，获缀仕联。良冶志于为裘，敢忘前训；过庭闻乎学礼，常激初心。服黄卷以自勤，抚青衫而增愧。顾为童子之技，初无平日之功。方乍造于广场，骇以销于锐志。进而敛袂，甘攘臂之在先；居以下流，敢焚舟而决胜。岂谓斗筲之琐，亦膺衡石之收。揆己何胜？蒙恩有自。此盖伏遇某官先生，陶冶士类，黼黻圣文。推善诱以劝于将来，略汝疵未施于求备。致兹浅学，猥预登书。敢不佩服光辉，勉勤志力！一蒉而往，有觊于为山；百川而流，必期于至海。庶图寸效，用答殊恩。过此以还，未知所措。(《全宋文》卷二九七八)

赵鼎臣《谢乡举启》：大匠程材，深积弃菅之惧；群英入彀，遽叨采菲之收。始闻命以自疑，卒循涯而知愧。窃以君子盖先于事道，圣人尤贵于乘时。志或可为,何至漱流而枕石;学如有用,无惭结绶以弹冠。故书生有道谊之尊,而举子亦将相之事。矧遇明昌之运,适丁旦暮之期。贲戋帛以招贤,凤巢阿阁;饰翘车而吁俊,鹭集西雍。儿童羞比于管晏,樵采喜谈于王道。方程能于里选,尤鼓锐于儒流。初奋臂以争先,其来猥众;迨擅场而得隽,所取几希。自非隐豹之姿,曷称登龙之举?如某者,性惭早慧,识昧生知。瓠匏落以无容,樗曲卷而安用?过佩趋庭之训,勉从占毕之勤。力困绝韦,虽区区而有意;心劳刻楮,竟赫赫以无功。适当几冠之龄,亟值终天之衅。三年泣血,心未死而若灰;三日弹琴,命虽存而如寄。静叹孤穷之迹,甘依寂寞之滨。采半菽以茹饥,玩余阴而卒岁。然念青毡旧物,居怀委地之忧;白发慈亲,雅负倚门之望。即勉支以病骨,遂辄冒于词锋。方踵接以凫趋,独毛寒而猬缩。洛阳才子,孰非百炼之刚;稷下先生,悉是连城之价。嘿无心于角进,阴有意于退藏。岂繄下俚之音,辄累程衡之选。此盖伏遇某官先生,望隆当世,学擅斯文。揭字衮以垂褒,标月评而定誉。谓鼓皮之虽敝,用或无遗;怜鸡肋之何堪,弃如可惜。遂容鸠拙,辄预鹏图。某敢不刻意道腴,潜心圣训!勉强一鸣之勇,庶几三捷之勋。壮而欲行,倘振胸中之气;德无不报,敢忘门下之恩。(《全宋文》卷二九八〇)

元祐六年　辛未(1091)

正　月

九日，以翰林学士、知制诰范百禄权知贡举，天章阁待制吏部侍郎顾临、国子司业孔武仲权同知贡举，合格奏名进士五百一十九人。(《宋会要·选举》一之一二、一三)

己巳(九日)，命翰林学士兼侍郎范百禄权知贡举。天章阁待制、吏部侍郎兼侍读顾临，国子司业兼侍讲孔武仲同权知贡举。执政聚议，始欲用侍御史孙升同知，刘挚谓无旧比，乃止。挚意谓邓温伯必进补许将阙，其党疑升必论列，故谋以此五十日拘之也。诏："五路进士及诸科明法人就试终场零分，不满十人许解一人，仍取文理优长者。"以尚书省言通利军等处将终场，十人以下零数添解一人，不应《元祐贡举》敕，故有是诏。(《长编》卷四五四)

元祐中，省试《舜不穷其民论》，刘棠召美首选。其警句云："桀纣以淫虐穷，幽以贪残穷，厉以监谤穷，战国以侵伐穷，秦皇以督责穷，汉武以奢侈穷，晋以刘石穷，隋以巡幸穷，明皇以隐户剩田穷，德宗以间架税屋穷。"东坡见之，大加叹赏，以其不类时文，因以"刘穷"呼之。(《能改斋漫录》卷八)

是　月

彭汝砺上奏曰：右，臣顷以不肖任中书舍人，尝论列用诗赋之弊，前后累经臣僚议论，用四场通考。六经虽绌，犹有存焉者，如今所议尽废矣。窃缘诗赋科久不用，学者实未之习。今或以一联一句可取，即超躐并进，而治经之人竭精罢力，穷深极远，有至于皓首而偶遇。不习声律，遂取屏废,不得与浮靡之士望分寸之禄。此议者所以纷纭,而有志之士或至于太息流涕而不知止也。臣窃以为圣人不为已甚。今朝廷隆尚诗赋,诗赋既尊矣。通经之士虽未能皆是,然其口之所诵,心之所怀,皆所以治心、治身、治国、治天下。而议者过计,欲一切扫除屏弃,而独以无益之辞、未成之文理,超拔而尊宠之,臣不知所谓也。臣以谓国家取士,将欲得人才也。经义、策论可以得人才,诗赋亦可以得人才,何必纷纷为此异同也!臣今起请,且欲如元祐敕施行。如诗赋在优等,经义、策论虽不善亦取之,所以示朝廷以文词为贵也;经论在优等,诗赋虽不善亦取之,所以示朝廷以儒术为贵也;策在优等,诗赋虽不及亦取之,所以示朝廷以知时务者为贵也。如此,则有文词者得骋其辞,有学者得尽其蕴,有知识者得竭其虑。上无损国体,下不失士心。今开试日迫,未敢深尽本末,欲望圣慈特赐详酌施行。(《全宋文》卷二二〇〇)

二　月

辛丑(十二日),诏三省:"集英殿试举人,权罢春宴。"(《长编》卷四五五)

三　月

十日,上御集英殿,试礼部奏名进士。内出制策曰:"朕以眇躬,嗣承大统,思所以仰奉太母之慈训,无忝祖宗之盛烈,若涉渊冰,罔知攸济。是用详延天下之士,咸造于庭,冀有所闻,以辅不逮。故虚怀而问焉,其悉心以对!尝闻汉兴四十余年,孝文专用德化,遂能移风易俗,兴于礼义,断狱数百,几至刑措。章帝继建武、永平之政,事从宽厚,人赖其庆,郡国所上符瑞合于图书者,数百千所。呜呼盛哉!朕属当六圣之次,席造邦百年之休,寅畏以事上帝,哀矜以临兆民,而岁报重辟,至以千数。或既贷之,又相随以就死也。乃至寒燠僭差,水旱为沴,况敢望美祥之遝至哉?彼何修而臻兹?今何由而反是?朕甚恧焉。夫舍乐成之业而事纷纷者,朕所不取也;端拱无为、游于岩廊者,朕所欣慕也;天何言哉,四时行焉,百物生焉,此朕之所恭闻也。然而贤鄙之未明,徭赋之未平,法令之屡更,戎羌之不诚,蛮徼之未清,颇欲革而正之,安得无扰而定也?农,先王之首务也,何道可以尽其力?礼,治世之盛典也,何时可以制其宜?何以使人不趋利而矜节？何以劝士不惮劳而奏功？古之典刑必有切于今者，其用孰先？今之施设固有戾于古者，其失孰大？抑又闻患生于宴安，而事藏于所忽，地大物伙，孽芽其间。以天下之广，黎元之众，无乃有未萌而当豫防者乎？其消之弭之之术，又如何也？子大夫其具条之。勿猥勿并，务求其当；不激不谄，以适厥中。惟存之久则事详，得之深则理畅，其勉之哉！朕将亲览。"得马涓已下六百二人，并赐及第、出身、同出身。翌日，试特奏名诸科、进士，内出制策曰："朕尝观汉世以经术举士，而《春秋》之学尤见施用。凡朝廷有大议，天地有大变，赏刑有未中，风俗有未乂，必询于外廷，继以经义。故董仲舒之阴阳，公孙弘之典法，刘向父子之《洪范》，并推原天意，附益时政，前史称述，朕甚嘉之。昨诏有司，复经传之举，誉髦造士，稍稍在选。今将循往汉之制，遵一王之法，以之明是非、定犹豫、推天意、合人事，又虑未见至隐，徒起异端。以之谳狱辞，辨枉直，善善而恶恶，一以义断，得无与今律令之文有不合乎？或曰：古今异，宜将置而不讲。则夫素王立教，岂特空言？学者潜心，乃为无用？子大夫修先王之道，达当世之宜，试为条陈，以释滞论。"得刘必已下三百二十三人，并赐同出身，假承务郎、京府助教、文学州助教。(《宋会要·选举》七之二六、二七、二八)

李作乂知刚，楚公之婿，才极高，公爱之。作乂与马巨济善。巨济在太学有声，及赴省试，作乂拟杜子美杜鹃诗体，作诗戏之曰："太学有马涓，南省无马涓。秋榜有马涓，春榜无马涓。"公闻之不乐。作乂曰："某与巨济忘形，故有此戏。"公曰："与人交，当有礼。何谓'忘形'？凡世之交友卒为仇雠者，皆忘形者也。尝记熙宁中，与舒信道、彭器资同在景德考试，信道一夕中夜叩器资门，欲有所问。器资已寝，亟起束带。信道隔门呼曰：'不必起，止有一语，欲求教耳。'器资不答，束带竟，开门延坐，然后共语。信道颇不乐。然处朋友间，如器资乃是。"(《家世旧闻》卷上)

刘挚《御试进士制策》：朕闻六艺之教，同适于治，而礼乐为急。制中以节民情，导和以养民性。政行斯二者，刑防斯二者，四达而不悖，然后上下辑睦，一之乎中和。兹二帝、三王所由昌也。先皇帝悼道之郁滞，建官设属，以讨礼文。定雅乐，始自郊庙，行之朝廷，以风天下，规模宏远矣。

而美意未终,泽不下究。朕奉承遗烈,夙兴夜寐,嘉与宇内,臻于斯路。今天下之俗,分守不明,僭侈相胜,家自为礼,人不知乐。自学士大夫,齐人编户,率以其意从事。故是非生于贵贱,隆杀系其富贫,风俗流溢,和气弗兆。昔者圣人虽未制作,必因先王之礼乐宜于世者,用以教化。是礼乐之于天下,不可一日缓也。今颇欲考古今之宜,剖经史之义,立为婚姻丧祭之文、器服宫室之制。隆雅颂之声,斥优侏之音,使习俗知节,谬戾不作,建中和之极,以述成先皇帝鸿业。而其损益先后之序,朕不敢知,固以待周询而博访焉。子大夫以为如之何而可?或谓解今之法而更张之,民将骇而难从;姑因循其旧而徒加厉禁,又终不足以合乎先王之法度。然则考古便今,必有中制焉。昔汉修三雍,行大射,调八音,听乐均,号称永平。唐损益曲台制度,亦盛于贞观、开元之间。采其遗意,概之先王之法,其亦有合于今乎?不然,史家所载前代之迹,粲然具在,要必有可言者。至于贾谊、刘向其论深美而不见施用,房乔、杜如晦达于为政而不知礼乐,其失安在?乃若节文度数,其详则有司能言之,非所问子大夫也。其推古今之所以废兴,与施于当世而宜者,著于篇。(《忠肃集》卷一)

赵鼎臣《廷试策》:臣谨对曰:臣闻天下之势莫重于已安,圣人之虑常切于既治。古先盛王不以太平盈成为可乐,而以常治为难;不以垂裳拱揖为多暇,而以居安为惧。故衢室载放勋之问,总章志有虞之访,谋及卜筮,学至刍荛。凡以不恃独见之聪明,而思得天下之忠言嘉谟,以济其治也。不惟有以明已善,而又有以取众善;不惟有以鉴已然,而又有以防未然。圣而益圣,安而愈安,盖皆出于此矣。恭惟陛下承休祖宗,合德天地。仰奉太母之慈训,懋昭先帝之盛烈。据已安之势,揽既治之俗,犹于多士在廷,亲屈圣问。劳谦退托,质所未逮。此诚陛下推尧舜之用心,而使有若卜筮刍荛者咸得预谋而备问也。臣愚不肖,草野狂戆,妄殚所闻,思补圣德之万一。惟陛下赦其昧死,臣不胜至愿。

伏惟《圣策》推两汉之政,鉴方今之治,愍大辟之尚众,念寒燠之或差,此皆陛下求治之深也。臣闻善言古者验于今,善言天者验于人。陛下仁慈恭俭,视民如伤。置官立司,裁省浮费,而约赏节用,首自宫掖,则非特衣绨履革而已;铢金尺帛不妄赐与,台池苑囿无所增饰,则非特惜十家之产而已；发内库之金以赈冻馁，散上供之粟以赒饥馑，则非特除惨酷之科，著胎养之令而已。应天必以实，见异必修德，此宜天地之气交感旁畅，遐迩之氓承风向化，俗兴礼义而年谷和熟，以答陛下之休德也。然间有不能尔者，虽臣尝疑焉，请为陛下陈之。

臣闻人之怨咨郁于下，然后天之舒惨变于上。故水旱为沴，本民情之未和；民情之未和，由大辟之滋众。盖民无常产，因无常心；则放僻邪侈，无不为已。及陷罪而刑之，孟子所谓“罔民”，此不可以不戒也。臣窃谓方今有仁政而无仁吏，故郡县之政徒谨簿书，有司之臣讳言教化。化不下究，则民起而触宪网；食不家给，则人穷而为盗贼。督邮之所获，追胥之所执，岁不下以千百数。有司徒能据法以当其罪，而未尝谕陛下所以爱养元元之意，且思有以教之。此不亦有仁政而无仁吏邪？刑罚积而嗟叹兴，嗟叹兴而变沴作。则夫寒暑差僭，岂无自而致然哉？昔东海一女子耳，刑不以罪，犹能感致暵旱。况四海生齿之众，而曰死必当辜，刑必应罪，臣虽甚愚，窃未敢谓之然也。彼文、章二帝，因敝承峻，济以宽厚，故民气既协，而天理亦应。此其所以修而致之者。惟陛下以教化为首务，择良有司而奉行之，然后刑辟可清，嗟叹可平，而颂声和气固将熏蒸旁薄，发为嘉瑞。则水旱之变又何见于盛世哉！伏惟圣策慕无为之治，敬何言之化，又将明贤鄙而平徭赋，定法令而清蛮貊。革而正之，务求勿扰，此见陛下图政之备也。

臣闻任官以资格，则虽贤有所不伸；取人以言语，则虽鄙有所幸进。此其所以未明也。惟陛下稽唐虞考绩之典，仿周书黜陟之制。如此，则贤鄙明矣。臣闻户版既久，有虚名而增税；流亡不复，有诡佃而不征。贫以不足而重敛，富以有余而徼幸。至于课功调役，多寡随之，此其所以未平也。惟陛下采师丹限田之议，仿唐人口分之法，浸复古初，毋尚一切。如此，则徭赋平矣。臣闻之《易》于《涣》曰：“涣汗其大号。”于《巽》曰：“申命行事。”故先王之令也，坚如金石，信如四时，公如天地。以陛下之圣，布美意，画良法，合于人情，熟讲而力行之，虽万世可无敝。至于因时移易，应变屈伸，是乃所以为神化不倦者，又何患于屡更哉？顾其所设施何如耳。

臣闻四夷固不可礼谊接也。周人上策，不过乎严守御走集之利，俾其欲寇不能，愿臣不许而已。陛下临御，首诏疆吏，毋得擅兴侵略。斥堠既明，约束素定，持重养威，隐然有不可犯之势。是以鬼章跳踉，窃据边垒，而亟缚巨魁，生致阙下。蹈临洮之城，轔青唐之壤，云彻席卷，天威四震，此诚今日已然之效也。臣愿陛下谟谋岩廊，益询远略。采姚崇之意，不赏边功；取士燮之言，释为外惧。则又何患于不诚而且未清哉！

伏惟《圣策》咨劭农之首务，访制礼之盛典，欲人不趋利而务节，欲士不惮劳而奏功，此见陛下讲化之勤也。臣闻农尽其力，在敦本而抑末；礼制其宜，当缘情而示训。虽然，《传》曰："礼，先王未之有，可以义起也。"陛下德为圣人，位为天子，则夫以义起礼，固无便于此矣。而复访臣以制宜之道，此臣所以迟疑而不知对也。臣闻上好节义，则人不劝而自矜；朝有爵赏，则士虽劳而不惮。则夫不趋利而乐奏功，亦在陛下所以鼓舞之而已。至如汉之久任可以课吏治，隋之义仓可以御凶年，此善于今而可先者也。兵食之滋广，服用之无制，此戾于古而为大者也。善者以渐而复行，戾者以缓而除去，为政之善，宜必如此。

凡此数者，皆治国之大本，方今之急务，臣既言其略矣。而陛下复策臣以天下之广，黎元之众，虑有未明而当预防者。臣于此然后见陛下凡所以问臣者，岂徒为无用之空文，可喜之高论哉！又将深谋远虑，而及未然之得失。顾臣之愚，何足以识此！虽然，仰观陛下即位以来，仁深德厚，政良俗美，务行宽大之令，悉惩苛娆之吏。元元赤子，蒙被天地父母之恩，可谓至矣。然臣窃虑郡县疏远之吏，或不能明朝廷指意，妄谓厌明察而简易，务为优游懦缓之治，以至见非不举、闻恶不察。趋竞者矫以取名，偷懦者习以蒙幸。兹风一扇，流为姑息。此臣所大惧也。愿陛下惩其流而塞其源，正其本以禁其末。有若宣帝之政，信赏必罚；太宗之治，屈己从谏。此消弭之大略。臣愚不识忌讳，复附于末，惟陛下裁幸。臣谨对。（《全宋文》卷二九七七）

庚午（十一日），策试特奏名进士及武举。（《长编》卷四五六）

壬申（十三日），试明经、诸科、经律科，并诸科特奏名人。（《长编》卷四五六）

十四日，三省言："武举绝伦人辛育等十六人，弓应法，弩射得，与三班借差，减五年磨勘，边上指使差遣，依令支赐。弓不应法，弩射不得，欲且令温习事艺。内借职郭彦卿弓应法，欲减二年磨勘，特赐袍带靴笏。"从之。(《宋会要·选举》一七之一八)

壬午(二十三日)，御集英殿，赐进士、诸科马涓以下及第、出身、同出身，假承务郎、文学总六百有二人。涓，阆中人也。宗室八人，子漪自第四甲升第二甲，余递升一甲。宗室自英宗增置教官及讲课之法，神宗又广出官之制，人竞为学，今遂与寒畯群校进退。苏颂有孙象先在三甲，王岩叟有子摭在四甲，二人并诸宗室皆下殿谢。故事，两制以上方谢也。(《长编》卷四五六)

癸未(二十四日)，赐特奏名进士、诸科刘必以下同出身，假承务郎、京府助教、文学三百二十三人，武举进士贾君文等二十三人。(《长编》卷四五六)

进士名录：马涓，朱谔，张庭坚，丁澥，上官怡，王公济，王安民，王长孺，王周，王勋，王舜举，王诰，牛经，毛京，毛迥，毛蒙，方甸，方叔震，方昌武，方参，方鼎，方临，方琼，石公弼，田矩，史克恭，史瑄，丘贲，朱之纯，朱邛，朱任，朱衮，向九锡，江介，江公明，江惇裕，江雄，杜谌，李士观，李公权，李忱，李昌旦，李知刚，李彦弼，李彦瞻，李陟明，李师回，李祥，李宷，李税，李楙，李适，李谕，吴下，吴可，吴宗胜，吴时，吴偕，吴经，邱鄘，何志同，何皤然，余万，余园，汪奕，沈祀，沈扬，沈机，宋珍，邵榑，林天若，林成材，林迪，林岂，林讶，林虚，林玮，林玮，林辨，周之深，周日康，周因，周行己，周宗师，周国谠，周维，周绎，宗雨，宗泽，胡元珰，胡玉汉，胡充，胡岱，胡晋侯，胡从易，胡璪，柯远，段赉，侯刚，俞赉，施述，施访，施远，洪中，姚纯孟，马永逸，秦觏，袁天泽，袁灼，袁师奭，莫宗舜，晁端中，徐大任，徐舜元，徐载中，徐麟符，翁景述，高茂华，唐哲，唐翊，唐广仁，唐德润，涂大馗，涂大琳，陈公器，陈安仁，陈宬，陈与，陈兢，陈噩，孙迪，孙曾，孙渐，黄元杞，黄成允，黄同，黄叔敖，黄冠，黄特，黄从简，黄覃，黄策，黄赉，黄仪，黄毅，崔安仁，许贲，许谅，梁秉文，张士纲，张元达，张尧臣，张汝明，张述，张居，张时宪,张访,张悫,彭闻名,叶特材,叶摺,董行之,程骞,傅求,傅希龙,傅倚平,傅权,舒介,舒雍,邹起,童銲,曾釜,冯谷,游醉,富开,强陟明,蒲于之,杨求,杨朏,杨绾,詹铠,褚庭坚,赵子潲,赵子栎,赵鼎臣,赵庆之,蒋芊,蒋任,蒋佺,蒋琳,蒋开元,蒋园,蔡彤,辅璋,郑邦彦,郑廷宾,郑亨道,郑事道,郑彦,郑倞,欧阳天奉,欧阳辟,滕振,刘千之,刘安止,刘安正,刘况,刘棠,刘渭,刘盘,萧昞,卢彦达,卢炤,鲍由,鲍辉,龙滂,阎与道,戴孚中,戴临,魏志,魏需,钟镗,应选,苏象先,苏道,严武,严适。

特奏名进士:刘必,方元寀,方奇,方师旦,方颀,朱延,林畯,林从可,林穆,陈因,陈耕道,陈淑,陈复古,陈戭,陈谘,陈觉,张大亨,辜汇,程望之,郑彧,刘晞,薛成之,萧公訽。(《宋登科记考》卷七)

补进士名录:其一,吴味道。《春渚纪闻》卷六:"先生(苏轼)元祐间,出帅钱塘。视事之初,都商税务押到匿税人南剑州乡贡进士吴味道……谓味道曰:'先辈这回将上天去也,无妨来年高选,当却惠顾也。'味道悚谢再三,果登高第。"苏轼元祐四年三月知杭州,元祐六年二月罢杭州任。

其二,李新。《宋登科记考》卷七将李新系于元祐三年进士名录,误。详说见前。

其三,武得之。《全宋诗》卷一三一〇赵鼎臣《次韵志康赠武得之得之余同年也》。

其四,王粹公。《全宋诗》卷一三一〇赵鼎臣《送同年王粹公受代还朝》。

其五,赵宗说。《全宋文》卷二九八五赵鼎臣《赵八行墓志铭》:"其后,犹子宗说、直方继踵登进士第。……鼎臣与宗说、直方及第时又为同年生。"

其六,赵直方。同上。

其七,束斌卿。《宋登科记考·附录》:"郓州人。宋登进士第。"《全宋文》卷二九八五赵鼎臣《束邦宪母李氏墓志铭》:"斌卿,字邦宪。……与余同年登科。"

其八,黄乾。《宋辽金元方志辑佚·南雄路志》:"黄乾,保昌,元祐六年马涓榜第三甲。"(第806页)

马魁巨济之父，既入中年，未得子。母为置妾媵，偶获一处子，质色亦稍姝丽，父忻然纳之。但每对镜理发，即避匿，如有沮丧之容。父密询其故，乃垂泣曰：“某父守官某所，既解官，不幸物故，不获归葬乡里，母乃见鬻，得直将毕葬事。今父死未经卒哭，尚约发以白缯，而以绛彩蒙之，惧君之见耳，无他故也。”涓父恻然，乃访其母，以女归之，且为具舟，载其资装遣之。是夕，涓母梦羽人告之云：“天赐尔子，庆流涓涓。”后生巨济，即以涓名之。涓既赴御试毕，梦人告之曰：“子欲及第，须作十三魁。”涓历数其在太学，及预荐送，止作十二魁，心甚忧之。殆至赐第，则魁冠天下，果十三数也。（《春渚纪闻》卷一）

马涓，字巨济，为状元，乃刘元城取。涓不修门生之礼，曰：“省试有主司，故称门生。殿试则天子为座主，岂可谓他人门生？”器之大服。（《吹剑录全编·唾玉集》）

刘器之晚居南京，马巨济涓作少尹。巨济廷试日，器之作详定官所取也。而巨济每见器之，未尝修门生之敬，器之不平，因以语客。客以讽巨济，巨济曰：“不然。凡省闱解送，则有主文，故所取士得以称门生。殿试盖天子自为座主，岂可复称门生于他人？幸此以谢刘公也。”客以告器之，器之叹服其说，自是甚欢。（《挥麈前录》卷三）

隆德府屯留县王诰，字宣叔。少习文，应进士举，以家贫训幼学为业。屡取乡荐，而于省试辄不利。每赴省试，必梦胡僧，姿状雄伟，谓曰：“君此行徒劳耳。君骨相虽主有才，而不应得禄位。寿可过耳顺，外是，非余所知也。”年五十余，又将赴省试，梦前僧相贺曰：“君是举必登第无疑矣。”梦中诘之曰：“师向语我不当得禄位，今乃云登第，何也？”僧曰：“以君教导童子，用心笃志，不负其父母所托。为有阴德，故天益君算，而报君以禄位。”因引至一官府，指庭下所陈古乐器，曰：“君姑记之，异时当自悟也。”厥后，亦数有梦，但其僧不复见，而所陈乐器如初。时蜀公方献新乐，诏于延和殿按试。诰意廷试必问乐，凡古今乐事，无不经意者。逮试日，所得赋题，乃《乐调四时和》也。是岁，始预正奏名，遂于马涓榜下赐第。历官数任，

以奉议郎致仕，年七十有七，卒于家。潞人能言此事者甚多，因为记之。（《曲洧旧闻》卷五）

按：状元之目始自唐。而本朝科举取士之法，合以省试正奏第一名当之。今呼廷试第一名为状元，非也。元祐间，潞公在朝，因马涓来谢，尝言其事。自此人莫不知而莫能改也。（《曲洧旧闻》卷三）

元祐六年，象先蒙恩赐第，祖父谓贺客曰："本朝五世登科者，唯衰族尔。"故刘彦和诗有"五世登科只一家"之句。其后，晁氏、韩氏皆五世登科。（《苏魏公文集》附录一《魏公谭训》卷二）

（宗泽）程文有"心不可欺"之说，有司喜曰："吾为朝廷得人矣。"登元祐六年第。宣仁圣烈垂帘，有诏对策限以字数。同辈相告，必如诏可中程。公曰："事君自今日始，岂可希前列、效寒蝉乎！"遂力陈时病，几万余言。（《全宋文》卷七八〇八王柏《宗忠简公传》）

赵鼎臣《谢及第启》：献刍荛之言，方惭下俚；拜云天之赐，偶玷上游。冒宠若惊，抚躬知愧。窃以至德，将降文章反以蠹圣真；大道不行，聪明于是淫性本。言隐于坚白自私之论，辨生于暧昧末学之徒。六经支传，百氏蜂起。髦士不烝于田亩，硕人自放于涧阿。粤从两汉而来，无复三王之盛。我宋以右文基化，先王以治经铸人。古义虽明，灏噩之风不作；雅言不缺，丽则之赋未工。惟神圣之御时，兼词章而造士。非前瞻后顾之巧，中左规右矩之能。则何以掇如承蜩，取若拾芥。如某者，溺心放实，灭质睽方。永思簪绂之传，勉学箕裘之继。窃冒清明之选，企从群俊之游。人或握珠，士多怀宝。瓦墁放志，顾何有于成功；竽瑟献音，惧靡谐于尽善。敢图一介之技，谬厕十人之联。嘿计夤缘，实出幸会。此盖伏遇某官，至诚乐育，盛德兼容。越拘挛以求材，观昭旷而格物。凤飞羽集，温仁之气应时；茅拔汇征，上下之交离祉。在衡石之有取，虽葑菲而必收。遂俾孱庸，亦叨宠数。敢不进求宿道，益讲善经，罄臣子之孝忠，循圣贤之义命。冀十驾之驽步，蹑足飞黄；庶三尺之龙泉，淬锋清水。行平日所学之志，为

异时图报之心。过此以还,未知所措。(《全宋文》卷二九七九)

乙酉(二十六日),御延和殿,太皇太后宣谕曰:"今岁御试考较定后两日方唱名,于内中火禁非便。其令自今后见考试次第,旋定唱名日。"(《长编》卷四五六)

四　月

乙未(六日),诏:"复置通礼科,其解额分数及考校格式等,令礼部立法以闻。"仍令太常寺将《开宝通礼》重行校定,送国子监颁行。(《长编》卷四五七)

五　月

(丙寅,八日)国子监言:"乞今后补中、外舍生,榜出三日内不入学者,并落籍。"从之。(《长编》卷四五八)

(己巳,十一日)诏:"《府监贡举敕》考校武举内武艺绝伦、策义不入等、而文理稍有可采者,奏裁一节勿用。"(《长编》卷四五八)

六　月

(丙寅,八日)及第进士马涓为承事郎、签书雄武军节度判官,朱绂为忠正军节度推官,张庭坚为成都府观察推官。(《长编》卷四五九)

壬寅(十四日),给事中范祖禹言:"左谏议大夫郑雍奏:'贡举条,程文经义每道不得过五百字,策不得过七百字。如过二分,虽合格,并降一等。今辞理优长者往往过数,欲用旧制,自发解至御试文,并不以过数为限。广收闳博之儒,以副设科之意。'令礼部详定闻奏。窃谓对策字数不当立限,众所共知,理无可疑,不必更令礼部详定,乞并用旧制。"诏:"今后对策过二分,更不降等,惟经义犹依前降指挥。"祖禹又封还,以为不可。(《长编》卷四五九)

八　月

秘书省考试应贤良方正能直言极谏,上王普、司马槱、王当论各六首:

《因民常而施教》、《以蒙养正》、《汉行先王之政》、《大教在通人情》、《人主权断》、《二刘学通南北》。(《宋会要·选举》一一之一七)

九　月

(庚寅,五日)礼部言:"臣僚上言,国子监生员无叩问师资之益,学官不以训导为己任。诏本部相度以闻。今欲令生员遇有请益许见长贰。逐旬遇三日,学谕出题,内诗、赋、论许于经、史、子通出,集长、谕解说,归斋告谕诸生。次日早食鼓前纳,旬终送博士点检。仍间召生员,以所纳斋课,于讲堂上指谕,委博士逐月遍巡所隶斋,询考学生所业。凡私试不锁宿,欲令不罢讲说。"从之。(《长编》四六六)

六日,礼部言:"应补外舍附私试大义日,愿试诗赋者附第二场。仍各为号,博士锁宿。自引试日后,别限考校。千人以上限止十日,每少百人,减一日。人数虽少,即不得减过五日。取文理通者为合格。长贰与考校,封弥官同验号拆封,注籍晓示,仍申三省礼部。"从之。(《宋会要·职官》二八之一二)

八日,上御集英殿,试应贤良方正能直言极谏左宣德郎新知泸州合江县事王普、河中府司理参军司马槱、眉州眉山县布衣王当。制策曰:"皇帝若曰:盖闻昔尧舜,诚身明德,以化天下。故族姓百官惇励于内,庶邦黎民和应于外。爰及海荒,无知之俗,罔不祗率。是以天地应之,四时和平,生物茂遂,民无凶札,刑措兵寝,用不犯于有司。呜呼!曷其盛欤!朕甚慕之。朕以寡昧,获承祖宗之休绪,永惟天下之重,治安之久,不可以忽,思所以事天保民之道。洁斋玉帛,以奉郊庙。尊有德,诎凶佞,饬躬励行,敬修而力行之。庶几前王之效,以图称太母慈训。于今七年矣,而未克有获。乃五月朔,日有食之,阴阳不调,水旱并作,吾民饥垫,父子流散,朕甚惧焉!往数敕州县,崇施惠,平力役,务以厚农。今田甚辟,而民食不足;役甚省,而民力不给。宽刑罚,多赦宥,而岁断狱不衰于前;捐金帛,弃土地,厚之以德信,而蛮羌犹侮边不宁。百吏简惰,考绩无实;风俗偷靡,士节不励;朋党蕴伏,众正犹豫。呜呼!何志勤而功戾若兹乎!以视前王,朕甚恶焉。意修己之未诚欤？将施之不得其要欤？抑亦遇时，今非古欤？其犹可以庶几乎？昧旦而兴，辍食以思，若涉大水，未知攸济。故深诏中外，博举方正直言之士，亲访于朝。子大夫通于天人之要，明乎事物之变，皇帝王霸之异尚，道德刑政之殊用，既熟于胸中矣。其为朕究言其所以失得者，具以经对，周之极之，明谕其方。无得高言以为夸诞，无讳有司以悼后害。若夫人道先五而不及民，九经不同而行以豫，至治之道，极于赏罚，天下之将至于权术，为国家者不可不先知。必有精理，可得闻乎？汉魏而下，其议考课、中正之法众矣。与夫《政论》宽严之辨，《昌言》损益之要，有于今而可以救失者。各条陈之，朕将亲览焉。”(《宋会要·选举》一一之一七、一八、一九)

丁酉(十二日)，三省言："御试应贤良方正能直言极谏科制策，左宣德郎、新知泸州合江县事王普，初考第四等次，复考第四等，详定从复考；河中府司理参军司马槱初考第五等，复考第四等次，详定从初考；眉州眉山县布衣王当初考第五等，复考不入等，详定从初考。”诏："王普迁一官，除佥判差遣；司马槱特赐同进士出身，堂除初等职官；王当堂除簿尉。"先是，秘书省考试制科所考校到等第字号，诏普等御试，至是推恩。(《长编》四六六)

十　月

二十二日，诏："今后省试罢差参详官，差知举官四员。"从翰林学士范百禄请也。(《宋会要·选举》一九之一九)

郑侠《泉州进士题名记》：学非为禄利，然移孝为忠，以家干国，推其成达者于天下，舍仕无由。则士之于登科，君臣之始也，岂不荣哉！故自唐而来，进士之初第，必有《题名记》，世人指之为佛名经。推是说，则以科第之在己者为美哉！以其君臣际遇之初，而得以推其成达于天下者，实自兹始明矣。泉之进士，由欧阳、林氏兄弟而来，至于吾宋之元祐戊辰，凡既板以揭之矣。侠被命来为教官，适其年，而板书已足。又三年，复值贡士，乃更为新板以待。时黄冠自漕司被荐最，后诸生西上，侠尝为诗送之，曰：

"为报诸君各努力，别为新记待题名。"盖此也。明年，乃状元马涓之榜，登进士与特奏名、武举凡十有几人，遂以次列于新记焉。夫士学患在于不勤苦而无所成达，成而不售，命也。若戊辰而前，嘉道美绩，与时俱盛，而致身宰府者有其人矣。而戴君者，皆少岁勤苦，有邦闾行称，令名于朝。使诸生悉有志于成达，而可推于天下者，孳孳旦夜，期于必至。吾将见泉之特立奋起之士，自兹视前，当至倍百。则岁之揭名于是板者，不特一二十数也。故其板以甲为号焉。(《全宋文》卷二一七七)

元祐七年　壬申(1092)

四　月

(甲寅,二日)左正言姚勔言:"先帝表章圣学,用经术取士,诚欲以大道于变斯文。然议者以谓师用一家之说,习以成蔽,不能贯通,是以前日明诏,复用诗赋。此固陛下开广育材之路,求贤取士之深意也。然臣窃见学者自复诗赋以来,于今五六年,颇有未能工者。以臣衡论人材,其已学者复之,难成不至如此。就询其由,良亦有说。盖今贡举之法,习诗赋者仍试经义。既学者期于必得,则务在兼通,至有司责其俱优,则两难尽善。何则?业经者直求先王之道,断圣人之心;至于辞赋,雕镌离析破碎,主以声病为急。二者不可得全,犹责善视者必有听也。若用意散漫,则两俱不精;倘能偏长,则必有一短。又经义一科,行之稍久,壮齿以上,所业已成,一旦销磨,亦甚可惜。而况通经辨道,不犹愈于雕虫?又或闻将来经义举人,所取分数不多,而诗赋兼经者,又皆灭裂。则是经义之名苟存,而六艺之学浸废也。臣欲望朝廷并立诗赋、经义,各为一科,随所试人数多少,均为取士之格。如此则永远可行,而学者专精一艺,易见成就。惟陛下裁择,天下幸甚。"

七年四月二日敕,臣僚上言:"近睹科场限字条制不便,再具论列。乞今后赋论、策、经义,并不限字数。"今已得旨,策过二分,更不降等,而赋论、经义,未蒙指挥。臣之愚虑,以谓圣朝以言取士而禁其多言,未应古义,且非朝廷取士之良法。凡举人稍以文学自负者,于广场中不自骋其才力,夸示该博,使有以异于众人,则不能崭然见头角。故能文者常患乎太多,此理之常也。往时,开封举人路授倡为长赋几千言,但为浮辞,不求典要,当时能文者往往效之,得张方平摈斥而其文遂正。嘉祐初,刘几辈喜为怪僻,得欧阳修革去而其风复雅。此但系主司之风化耳。今朝廷立法,不问其文之浇淳，而校其字之多寡。责其不及，犹有劝惩；禁其多文，殊无义理。经义之初，士人各务炫其师学，故争为怪说，以鼓动人听。就使尚尔，亦在精择考官，仍参定考校法式，使之力省而易考。如泛滥不经之语，自可黜去，使学者知朝廷意在于文之邪正，而不在于字之多寡，不亦善乎！伏望朝廷更赐详酌。"诏："赋、论过二分并不降等，其经义文理优长者准此。"(《长编》四七二)

五　月

癸巳(十一日)，诏："秘阁试制科论题，于九经兼正史、《孟子》、《扬子》、《荀子》、《国语》并注内出，其正义内毋得出题。"(《长编》四七三)

六　月

(甲子，十二日)置广文馆解额。礼部状："近准都省批状，勘会开封府，遇科场岁，多有四方举人冒贯畿县户名取应。及太学生员依条须在学及一年，方预就试，其间有未及一年之人，亦不免有寄贯取应之弊。检会旧制，国子监取应举人，先于广文馆补试给牒取应。今欲复置广文馆生员，送礼部看详立法，申尚书省。礼部检会元祐贡举敕：进士解额，开封府一百人，国子生四十人；其诸科依旧条，开封府二百四十人。本部昨已曾乞将诸科量留四十人解额外，其余二百人，并开封府进士及国子生共为三百四十人发解广文馆生员。今再行看详：开封府进士解额一百人即乞依旧外，将本府诸科二百人并国子生四十人，共为二百四十人解额，并拨属广文馆，以补中生员，每十人发解一人。今拟修下诸条：开封府举人投下取应文字，限试补广文馆生员锁院前纳毕，违者更不在收接之限。如有事故服制节目拘碍，若至八月一日合该投下文字者，许令家人亲属投状，召命官二员保实，亦听收接。诸补广文馆生员，以二千四百人为额。诸进士解额，开封府一百人。如投下文字不及千人以上，即每十人听取一名。广文馆二百四十人以补中生员，每十人发解一名。诸试补广文馆生员，于科场岁六月五日锁院，委主司定日引试；诸广文馆生员，于开科场七月终以前，赍元授公据，赴国子监照验，并投纳保状、试卷请解。其公据至，并行毁抹。如请解不中，即仍去听别试补。又勘会四方举人，已置广文馆，许令就补别立解额。窃虑尚有诈冒开封府户籍取应，及本府举人亦有更易名字，于广文馆投下文字两处就试之弊，若不别立严禁，终是未能杜绝。今欲修立下条：诸举人诈冒开封府户籍取应者，杖一百；许人告，赏钱五十贯。虽已及第，并行驳放。保官及本属官吏、耆邻、书铺，知情并与户籍令诈冒者，并与同罪。同保人并殿二举。诸开封府举人，已于本府投下文字，更不得就补广文馆生员，违者依贡举两处应举法。”并从之。

礼部状：“勘会国子生，依条以二百人为额，其解额以四十人为定数。自来依条，若满一百人，依额发解；若不满一百人，并与国学进士混试发解。昨来就试近二千余人，太学解额四百七十六人，昨来就试人共一千九百八十五人，解发过三百九十六人，并避亲人在内。并国子监状太学生员：上舍一百人，内舍三百人，外舍二千人。元祐五年发解国学举人，每五人四厘二毫一忽解一人。”诏：“依礼部所申，今后太学举人，并国子生发解，并依元祐五年发解取人分数施行。”（《长编》四七四）

八　月

癸亥（十二日），兵部状：“检准《元祐贡举敕》：‘寺、监长贰，各许奏举武举一人。’今来御史台等处牒到：‘秘书少监二员，即系秘书省官。’本部看详：称省者在寺、监之上，兼逐官亦系少监。今相度秘书省长贰，欲并关报，各许保奏武举一人。”从之。（《长编》卷四七六）

十一月

十四日，《南郊赦文》：“诸路进士、诸科，经治平二年以前省试下、熙宁三年以前御试下，并进士、明经御试下三举，省试下五举，诸科御试下五举、省试下七举；及开封府、国子监进士、诸科，经熙宁九年以前省试下、元丰二年以前御试下，并进士、明经御试下两举、省试下三举，诸科御试下四举、省试下五举，将来并与免解。”（《宋会要·选举》一五之二六）

元祐八年　癸酉(1093)

二　月

辛未(二十四日),监察御史黄庆基言:"南郊《赦书》:'将来科场依元祐二年例,荐举经明行修进士。'此诚朝廷搜求人材,虑有遗逸,欲取之数路。而侥幸之徒,因缘请托,不容无滥进者。向者,荐经明行修之士,既与免解赴省试,及省试不合格,又例与特奏名。是凡被荐举者,皆可以入官也。臣闻元祐二年诸路所荐者,甚有不协士论。惟福建路荐朱朝倚,其人素有学问,久为太学职事;江西路荐李存,其人素有节操,累获乡举。如此二人,乃可充选。传曰:'进真贤,举实廉,则天下治。'欲乞朝廷申谕诸路监司、郡守,凡荐经明行修之士,必须精加考察,委有术业行谊为乡党所尊、士论所服者,乃许奏荐。或不如所举,则以贡举非其人之法坐之,庶几朝廷有得人之效。"从之。(《长编》四八一)

三　月

(十一日)赵鼎臣《送张氏二甥赴举序》:宋承五季之乱,人厌兵革。既脱去,即饱食而嬉,自庆苟免,因不向于学。祖宗闵之,始以记诵诱进田野朴茂之士。循习既久,益猥且众。顷遂增以新科,明法令者颛析律而不谈经,学者病焉。今天子即位,乃诏有司设为经律之目,兼记诵之业而识其义,通法律之文而去其蔽。学不拘贤愚,人争趋之。然世之护前而竞进者,犹以其与进士者异,习共讥焉,率常以为可罢。余谓请问今之贡士,犹古之贡士欤?今士之所以自养者,犹古所以自养者欤?不若是,则固未可以妄议而轻诮也。且士之公患,果安在哉?腐儒鄙滞而不通,俗吏浅杂而无术。今使人有明一经如卜子夏,通一法如萧相国,兼二人之长而用之当世,可不可耶?法立矣,未有其人,则是士之罪也,非法之过也。蓬莱张时中舅仲既习是科，终以议者之不与也，每窃自愧。故余因其将应选于乡老也，为说以广之。子去矣，有问子者，以余前所言语天子之意，以后所言明自守之学。则是行也，固将有荣耀焉，非特蔑愧而已。元祐癸酉季春十有一日，前进士东郡赵承之序。(《全宋文》卷二九八一)

庚寅(十三日)，礼部言："检准《元丰礼部令》：'诸开科场，每三年于季春月朔日取裁。'本部勘会：昨元祐五年发解，至今已及三年。"诏："所有今岁科场，依例施行。"(《长编》卷四八二)

(庚子，二十三日)中书省言："进士御试答策，多系在外准备之文，工拙不甚相远，难于考校。祖宗旧制，御试进士赋、诗、论三题，施行已远，前后得人不少。况今朝廷见行文字多系声律对偶，非学问该洽，不能成章。若不复行祖宗三题旧法，则学者未知朝廷所向。检会已降指挥，将来一次科场，如有未习诗赋举人，许依旧法取应，解发合格人不得过解额三分之一，已后并兼试诗赋。取到国子监状，太学见管生员二千一百七十五人，内二千九十三人习诗赋，八十二人经义不兼诗赋，以此可见中外学者习诗赋人数极多。"诏："来年御试，将诗赋举人复试三题，经义举人且令试策，此后全试三题。其杂犯举人未得黜落，别作一项闻奏。"(《长编》卷四八二)

四　月

戊辰(二十二日)，礼部言："大名府新科明法侯弼等状：'窃以先朝立法，废罢明经及诸科举人，许曾于熙宁五年以前应明经及诸科举人，依法官例试法，为新科明法科。自不许新人取应，欲销尽明经及诸科旧人。当日务从朝廷之意，而改应新科者十有七八。昨于元祐三年，又准朝旨，置籍拘定人数，更不许新人取应。今来五路却将新科举人与进士一例须要就试终场十人已上，方许解发一名，显是立法不均。欲乞依诸科例，十分中亦留一分解额，解发新科举人。'本部勘会：存留一分解额，有碍条制。如朝廷早要销尽各人，许留一分解额，乞自朝廷指挥。"诏："五路新科明法举人，今后取应人，系就试终场者，每实及七人，许解发一名；如取应终场，止有六人已下，亦许解一人。"(《长编》卷四八三)

五　月

癸卯(二十七日),礼部尚书苏轼言:(详见下条)诏:“依奏。今来一次科场,未得出制度题目。”(《长编》卷四八四)

苏轼《奏乞增广贡举出题札子》:“臣伏见《元祐贡举敕》:‘诸诗、赋、论题,于子史书出唯不得于《老》、《庄子》出。如于经书出,而不犯见试举人所治之经者亦听如谓如引试治《诗》、《书》举人,即听于《易》、《春秋》经传出诗、赋、论题;引试治《易》、《春秋》举人,即听于《周礼》、《礼记》出诗、赋、论题之类。’臣窃谓:自来诗、赋、论题杂出于九经、《孝经》、《论语》,注中文字浩博,有可选择,久而不穷。今详上条,止得于子史书出,所取者狭,虽听于经书出,又须不犯见试举人所治之经。如是在京试院,分经引试,可以就别经出题。至如外州军,只作一场引试,即须回避,只如子史中出,恐非经久之法。臣今相度:欲乞诗、赋、论题,许于九经、《孝经》、《论语》、子史并九经、《论语》注中杂出,更不避见试举人所治之经。但须于所给印纸题目下,备录上下全文并注疏,不得漏落。则本经与非本经举人所记均一,更无可避,兼足以称朝廷待士之意。本只以工拙为去取,不以不全之文掩其所不知以为进退,于忠厚之风,不为无补。”(《苏轼文集》卷三六)

六　月

辛亥(五日),礼部言:“检准元祐五年二月十六日敕:‘勘会科场新兼诗赋,虑诸路阙诗赋试官,其通判内有可差之人亦许差充。’又元祐五年三月十九日礼部状,准条:‘诸州应举不满百人,转运司预相度,指近便州并试。’欲诸州应举不满一百五十人者,权依上条并试。”从之。(《长编》卷四八四)

七　月

五日,礼部言:“五路进士及新科明法等,欲将旧诸科并经律、《通礼》三科举人,许于诸科额内各与一分解额。”诏:“以诸科解额分为十分,内以一分解旧诸科,一分解经律科,一分解《通礼》科,其余七分人数通入进士额。以进士及新科明法人共纽分数均取。仍须就试终场，进士每十人、新科明法每七人，各许解一人，零分亦各许解一名。”（《宋会要·选举》一五之二六）

是　秋

程俱《送朱伯修延年入京秋试》：朱生西游不负书，堆胸自有一千卷。囊中亦不贮黄金，肯学痴儿事游宴。会稽要待买臣归，洛中须使张华见。扁舟去日春正深，娇红嫩白粉成林。沙头酒尽一麾手，黄鹂亦作离群首。明年射策先髦杰，昼绣还乡春事歇。剩沽美酒脍鲈鱼，同醉垂虹亭上月。（《全宋诗》卷一四一七）

十二月

二十四日，翰林学士范祖禹言：“窃见祖宗时，知贡举官止以出题较艺为职，专意抡选天下之士，间得奇伟绝异之才，由其用心精一也。承平日久，举人浸多，比岁以来，法令益密。知举官受接词状，兼治杂事，日力常苦不给，为之者无不告劳，非复曩之优裕也。夫承平之世，政事所宜从容。况选贤取士，朝廷必重择其人，付以文柄。今乃疲弊于吏事如此，恐非设贡举之意也。臣愚欲乞每遇贡举，别差礼部郎中一员，专治杂事。凡词状之类，委知举官判送检法施行。庶使知举官专意于考校，以副陛下求贤之意。”又奏：“考试刑法举人，准例差官十四人。员数过多，亦妨本寺治事。臣等询问，可以减半。据今举就试人数，只合差官七人。乞今后减半差官。若就试人增减数多，即所差官亦随数增减。其专治牒亲戚官，止令考试刑法官一员兼领，并乞下礼部施行。”（《宋会要·选举》三之五四、五五。按：《全宋文》卷二一四一范祖禹《上殿论试院事札子》，小字标注：“九年三月二十四日，三知举院，对垂拱殿。”文字表达略有差异，内容与此相同，当为同一奏札。范祖禹元祐九年正月同知贡举，三月二十四日上殿奏对。《宋会要·选举》误。下条同此。）

二十四日，翰林学士范祖禹言：“伏见祖宗时差知贡举官，常以昼日入省。近岁每宣召知举官至阁门，须等候其余官，作一番押入。或已昏晚，则受敕于宫城门外，往往夜深方入试院。元丰八年孙觉同知贡举，臣为点检官，亲见觉宿于东华门外卫士榻上，天将晓，方隔门受敕而去。切帷朝廷差侍从、近臣、两省以上官知贡举及同知贡举，委以进退天下多士，其体不轻。而近世陵迟至此，恐非所以观示四方，为国光华也。臣欲乞自今宣知贡举官到阁门三人已上，令便受敕，先次差内臣一人押入。乞下礼部施行。"从之。(《宋会要·选举》一九之一九)

元祐九年绍圣元年　甲戌(1094)

正　月

十八日,以兵部尚书邓温伯权知贡举,翰林学士范祖禹、户部侍郎王觌、侍御史虞策权同知贡举,合格奏名进士五百一十三人。(《宋会要·选举》一之一三)

十八日,诏:"改差礼部侍郎孔武仲,试得解武举人武艺。"(《宋会要·选举》一七之一九)

十八日,礼部言:"诸州军就试进士及千人已上,差点检试卷官二员。每增五百人,添一员。人数虽多,不得过六员。"从之。(《宋会要·选举》一九之一九)

十九日,诏:"今后礼部贡院,以点检试卷官二十人分属知举官,使之相通考校。"从翰林学士范祖禹请也。祖禹言:"切见礼部贡举,差点检试卷官二十人。自来久例,点检官先考校书鉴、等第,送知举官,然后知举官再考定去留、高下。点检官自入试院,未誊录到卷子以前,及将卷子送知举官以后,别无职事,止是中间考校。及候知举考毕,然后分定合格卷子,点校杂犯。故前后空闲之日常多,考试点检之日常少。而知举官以夜继昼,力犹不给。臣愚欲乞将点检官二十人分属知举官,每员各得属官五员,使之相通考校去留、高下,可以共议。如此,则不独任一人之见,又得稍均劳逸,必更精审。"(《宋会要·选举》一九之二〇)

二十五日,右通直郎蔡安持言:"《贡举敕》:五百人以上差点检官一员。既与考官分校，然以应黜试卷为中程，止坐点检官，而考官不坐，考官将无肯协心考校者。欲于《贡举敕》内改‘点检’为‘考试官’字，庶几条约均一，士无遗滥。”从之。(《宋会要·选举》一九之二〇)

二　月

八日，邓温伯就院，除尚书左丞，以范祖禹为知贡举。(《宋会要·选举》一之一三)

范祖禹《省试策问二首》：问：古之士，与君言言使臣，与人臣言言事君，与幼者言言孝悌，与居官者言言忠信。自童子以至于成人，自洒扫应对以入于道德，学不凌节，教不躐等。有非其所问而问者，乡先生君子不以告也。譬如拱把之桐梓，长之养之，至于成材，无不适于用。如其未至而曰至，未能而曰能，则是贼夫人之子，非先王长育之意也。盖孔子之教曰：“文行忠信。”“兴于诗，立于礼，成于乐”。孟子曰：“谨庠序之教，申之以孝悌之义。”其所教者，皆以明人伦也。以孔子之圣，四十而始不惑，五十而知天命，虽曰知之，犹罕言之。性与天道，自子贡不得而闻，况其下者乎？近世学士大夫，自信至笃，自处甚高。或未从师友而言天人之际，未多识前言往行而穷性命之理，其弊浮虚而无实，锲薄而不敦。虽然，十室之邑必有忠信，天下之大，岂无豪杰不待文王而兴者？然圣人之教，必为中人设也。比年以来，朝廷患之，诏禁申、韩、庄、列之学，流风浸息，而犹未绝。夫申、韩本于老子，而李斯出于荀卿，学者失其渊源，承其末流，将无所不至。故秦之治文具，而无恻隐之实；晋之俗浮华，而无礼法之防。天下靡然，卒至大乱。此学者之罪，不可以不戒也。子大夫以文行举于乡群，至于有司，且登进于朝廷。风俗之美恶，政事之得失，将于此乎？在必有中正之论，以救斯弊，其悉陈之。

问：二帝三王之道，亦惟仁义而已矣。孔子传之，《诗》、《书》所述，为万世法。其要不过曰稽古法天、修身、亲亲、举贤而用之。其言甚易知，则宜其事甚易行。然自三代以还，后世之治，终莫能及焉。由汉至于有唐，其间明君贤臣为不少矣，其治曾不得庶几于古，何耶？岂其学者论卑而不足以有明欤？抑其时君不能勉而行之欤？昔孟子非尧舜之道不敢陈于王前，与王言未尝不以王道。如其不可行，岂徒为空言哉？以区区之齐，五十里之滕，孟子犹欲勉之以王，况不为齐、滕者乎？夫道之不明也，学者不讲之过也；既明矣而不行者，在上者之过也。古之学者讲而明之，所以待在上者举而行之。四代养士于学校，盖以此也。子大夫学于此久矣，其茂明之。(《全宋文》卷二一四五)

余绍圣初试礼部时，邓安惠公温伯以翰林学士承旨知举，亦就拜尚书右丞。时试已第二场，邓公自厅事上马扬鞭，左右揖诸生而去。(《石林燕语》卷四)

时范纯夫祖禹为内相，蔚有时望。与邓公同知贡举。引试第二场间，忽有中使宣押学士拜尚书左丞。范公方冠带迎肃，中使曰："宣押邓学士，非范学士也。"邓俄顷上马，回鞭揖诸公，颇有德色。数日，以病卒于位。黄道夫常为祭文云："中台三月，功名已遂于推扬；东府数宵，魂魄俄归于寂寞。"(《高斋漫录》)

二十三日，礼部言："立《御试三题条》，并约束。"从之。(《宋会要·选举》八之三七)

二十六日，三省言："今来南省下第举人，进士七举、诸科八举、曾经御试，进士九举、诸科十举、曾经省试并年四十以上；进士六举、诸科七举、曾经省试并年五十以上。内河北、河东、陕西举人，于逐项举数内特与各减一举。曾经嘉祐八年以前到省，进士前后实得两解、诸科实得三解；及嘉祐八年以前到省进士，并免解、共及两举，诸科共及三举，勿限年。欲令礼部贡院审会，并特与奏名，许就殿试，及关御药院依例施行。"(《宋会要·选举》八之三七)

吕颐浩《元祐甲戌二月省试夜分论经理诗以题中平声字为韵》：睿圣崇儒治，严宸夜已分。讲论经理切，紬绎帝心勤。铜鼓三更漏，牙签六艺文。

游心通二典,刻意究三坟。玉殿澄寒月,枫庭蔼庆云。迩英如厕迹,所学献吾君。(《吕颐浩集》卷七)

周必大《跋李先生先之〈礼记义〉》:右,章贡先生李公先之作《礼记义》四首。前两道绍圣元年省元程文,次两道元祐八年监元程文。是时,兼用经义、诗赋取士,公赋已盛行于四方。近德安府赣州刻公全集亦复收入,独经义不传。予幼从公族人养素处士学,手自抄写。往岁因吉水高君德懋留意是经,命甥李骥誊本遗之。今德懋之子谊携以相示,为题其后。不然,将莫知其为谁之文也。(《全宋文》卷五一三二)

三　月

六日,诏:"令次御试举人,依旧试策。"(《宋会要·选举》八之三七)

九日,监察御史郭知章言:"先皇帝隆尚儒术,增广庠序,设三舍之法,应上舍生上等中选者,有取旨推恩之例。然择之至精,俟之至久,故其得者亦难。自元丰以来,十余年间,上舍生推恩者林自一名而已。诱进激劝之法,莫善于此。元祐新令,推恩之例已罢,士论惜之。宜复元丰上舍推恩之例。"诏:"太学合格上舍生上等推恩,免省试。每次科场不得过二人,仍附春榜人数。余依元丰二年十二月指挥。"(《宋会要·职官》卷二八之一二)

十四日,上御集英殿,试礼部奏名进士。内出制策曰:"朕惟神宗皇帝,躬神明之德,有舜禹之学,凭几听断,十九年之间,凡礼乐法度所以惠遗天下者甚备。朕思述先志,拳拳业业,夙夜不敢忘。今博延豪英,猍于广殿,策以当世之务,冀获至言,以有为也。夫是非得失之迹,设施于政,而效见于时。朕之临御几十载矣,复词赋之选而士不知劝,罢常平之官而农不加富。可差可募之说杂而役法病,或东或北之论异而河患滋。赐土以柔远也,而羌夷之侵未弭;弛利以便民也,而商贾之路不通。至于吏员猥多,兵备刓缺,饥馑荐至,寇盗尚蕃,此其故何也?夫可则因,否则革,惟当之为贵,圣人亦何有必焉!子大夫其悉意陈之,毋隐。"得毕渐已下五百一十三人,并赐及第、出身、同出身。翌日,试特奏名诸科、进士,内出制策曰："古者极治之时，法度修，教化明，学术正，论议一。士之习于学者，皆原于道德之意、天地万物之理。及人材得其位也，辅佐人主治天下国家，与夫修身正心，一以六艺为法。以保民则惠，以发政则平，以制用则上下足，以更化则刑罚措，何其盛哉！朕甚慕焉。方今承六圣之烈，太平百有余年，兵革不试，泽流无穷，功化之盛，度轶汉唐远矣。然而议者犹以谓典章文物、礼乐度数，仿之先王未备也；学校之制、举选之法、人材之盛，较之治古未及也。至于习俗，则廉耻仁厚之节薄，侈靡夸诩之风成。所制之产，不足于用，或遇水旱，则散之四方，抵法者众。虽诏书数下，劳徕安辑，而吏或不能奉承，此何谓欤？夫欲因今之势，协用群策，以一二追先王之治，则损益因革，当由何道？矫薄从忠，当自何始？《传》曰：'先王之道，必有偏而不起之处，故政有眊而不行。'又曰：'三王之教，所祖不同。夏尚忠，商尚质，周尚文。汉宜少损周之文，致用夏之忠。'由今言之，则举偏补弊者何先？允治天下者何尚？若夫钦五事以明天道，介景福以成太平，用九验以观君子，谨三听以同国人，尚贤能以立功名，息邪说以明法度，此皆先王以试之效也。子大夫道问学，通世务，宜条其是非得失，与可施于今者著焉。无牵于文，切磋究之，朕将亲览焉。"得陈希伋以下三百四十六人，赐假承务郎、助教、文学有差。(《宋会要·选举》七之二八、二九)

绍圣元年，廷试进士，(李)清臣发策曰……主意皆绌元祐之政，策士悟其指，于是绍述之论大兴，国是遂变。(《宋史》卷三二八)

会廷策进士，李(清臣)、邓(伯温)撰策题，历诋元祐之政，有复新法之意，从而中伤元祐诸人。(《元城语录·行录附》)

苏辙《论御试策题札子二首》：臣伏见御试策题，历诋近岁行事，有欲复熙宁、元丰故事之意。臣备位执政，不敢不言。然臣窃料陛下本无此心，其必有人妄意陛下牵于父子之恩，不复深究是非，远虑安危，故劝陛下复行此事。此所谓小人之爱君，取快于一时；非忠臣之爱君，以安社稷为悦者也。臣窃观神宗皇帝，以天纵之才，行大有为之志。其所设施，度越前古，盖有百世而不可变者矣。臣请为陛下指陈其略：先帝在位近二十年,而终身不受尊号;裁损宗室,恩止祖免,减朝廷无穷之费;出卖坊场,雇募衙前,免民间破家之患;罢黜诸科诵数之学,训练诸将慵惰之兵;置寄禄之官,复六曹之旧,严重禄之法,禁交谒之私;行浅攻之策,以折西戎之狂;收六色之钱,以宽杂役之困。其微至于设抵当、卖熟药。凡如此类,皆先帝之圣谟睿算,有利无害。而元祐以来,上下奉行,未尝失坠者也。至如其他事有失当,何世无之?父作之于前,而子救之于后,前后相济,此则圣人之孝也。昔汉武帝外事四夷,内兴宫室,财赋匮竭。于是,修盐铁、榷酤、平准、均输之政,民不堪命,几至大乱。昭帝委任霍光,罢去烦苛,汉室乃定。光武、显宗以察为明,以谶决事,上下恐惧,人怀不安。章帝即位,深鉴其失,代之以宽,恺悌之政,后世称焉。及我本朝,真宗皇帝,右文偃革,号称太平。而群臣因其极盛,为天书之说。章献明肃太后临御,揽大臣之议,藏书梓宫,以泯其迹。及仁宗听政,亦绝口不言,天下至今韪之。英宗皇帝,自藩邸入继,大臣过计,创濮庙之议,朝廷为之汹汹者数年。及先帝嗣位,或请复举其事,寝而不答,遂以安靖。夫以汉昭、章之贤,与吾仁宗、神宗之圣,岂其薄于孝敬,而轻事变易也哉?盖事有不可不以庙社为重故也。是以子孙既获孝敬之实,而父祖不失圣明之称,此真明君之所务,不可与流俗议也。臣不胜区区,愿陛下反复臣言,慎勿轻事改易。若轻变九年已行之事,擢任累岁不用之人,人怀私忿而以先帝为词,则大事去矣。臣不胜忧国之心,冒犯天威,甘俟谴责。

臣近以御试策题有欲复熙宁、元丰故事之意,寻具札子,论先帝所行善政见今遵行者,自已非一。其间事有过差,元祐以来随宜修改以安天下者,正是子孙孝敬之义,未审陛下以臣言为然否?臣窃观自陛下亲政,于今已是半年。臣等日侍清光,若圣意诚谓先帝旧政有不合改更,自当宣喻臣等,令商议措置。今自宰臣以下未尝略闻此言,而忽因策问进士,宣露密旨,中外闻者莫不惊怪。譬如家人父兄欲有所为,子弟有不预知而亟与行路谋之,可乎?臣闻两喜必有溢美之言,两怒必有溢恶之言,喜怒不忘于心而以议天下之政,必有过甚而不平者。朝廷虽有今昔之异,其实一家。欲有所为,当爱惜事体,岂可如仇雠之相反,惟患不速也哉?顷者,元祐之初,初议改更,亦未免此病。故役法一事,随改随复,数年而后稍定。

臣于此时，初为谏官，后为御史，每言差役不可尽行而河流不可强遏，上下顾望，终不尽从。陛下以此察之，臣非私元祐之政也。盖知事出匆遽，则民受其病耳。议者诚谓元丰之事，有可复行；而元祐之政，有所未便。臣愿陛下明诏臣等，公共商议，见其可而后行，审其失而后罢。深以生民社稷为意，勿为匆匆，则天下之幸也。(《栾城后集》卷一六)

十四日，诏："南省下第举人，已曾经嘉祐八年以前到省、进士前后实得两解、诸科实得三解，更不限年，并特与就殿试。仍进士第四等以上、诸科第二等以上，各不得过就试人数十分之三。曾经嘉祐八年以前到省进士并免解、共及两举，诸科共及三举，更不限年，亦许就殿试。仍进士只以第四等以下、诸科只以第三第等以下为等第。关御药院依例施行。"(《宋会要·选举》八之三七、三八)

十五日，上御集英殿，策试武举进士。(《宋会要·选举》一七之一九)

十七日，中书省言："诸科初考所奏：元祐八年四月敕，复置《通礼》科，御试墨义五道、本经义三道。又五路《通礼》科，经义委初考所；《刑统》义、《通礼》墨义，委诸科初考所兼管。其书凿、等第、行遣、约束，并依进士试卷法。今欲申明，将五路《通礼》科墨义，只依旧诸科墨义，以通粗考校。"从之。(《宋会要·选举》八之三八)

十八日，三省言："呈试武艺人杨达等三十人听候指挥。绝伦人王士言等五人欲与三班借差，减磨勘五年；射不得人，且令温习。"从之。(《宋会要·选举》一七之一九)

二十四日，兵部请增修武举得解、免解举人等条。从之。同日，三省言："拟到武举人推恩：策入优等，上三人与右班殿直；四人以下与三班差使，减磨勘年外，并武艺绝伦及上舍人各减磨勘年有差。"从之。(《宋会要·选举》一七之一九)

范祖禹《上殿论试院事札子九年三月二十四日,三知举院,对垂拱殿》:臣等伏睹省试举人,尚书礼部贡举一案,文书吏人并随过贡院。知举官所治,乃是礼部侍郎官之职,事务繁冗,有妨考校。臣等欲乞今后省试,差礼部郎官一员专治杂务,令知举官得专意考校。又考试刑法举人,准例差官十四人,员数过多,亦妨本寺治事。臣等询问,可以减半。据今举就试人数,只合差官七人。欲乞今后减半差官。若就试人增减数多,即所差官亦随数增减。其专治牒亲戚官,止令考试刑法官一员兼领。并乞下礼部施行。取进止。(《全宋文》卷二一四一)

二十五日,尚书省言:"三班差使颜充状:'系省试正奏名。'据《熙宁法》:'武学已有官人,于旧官上比类推恩。'按:充元拟定于合得名自外,为系差使,更减磨勘二年,已赐诏可,欲更增减一年推恩。其入优等上三人,策入优等第四人以下,及策入平等人推恩外,系差使者更赐减三年磨勘有差。"从之。(《宋会要·选举》一七之一九)

丁酉(二十六日),上御集英殿,试进士毕渐以下《通礼》、诸科、经律及第、出身总六百人。时,初考官取管策者,多主元祐;杨畏复考,专取熙宁、元丰者,故渐为之首。太中大夫、守门下侍郎苏辙依前官知汝州。(《长编拾补》卷九)

考官取答策者,多主元祐,杨畏复考,专取主熙、丰者,故渐为之首。时策问乃中书侍郎李清臣拟进,其略有曰……于是,国论遂变。(《编年备要》卷二四)

会廷策进士,邦直撰策题,即为邪说,以扇惑群听。辙论之曰……奏入不报,再以札子面论之,上不悦。李、邓从而媒孽之,乃以本官出知汝州。(《栾城后集》卷一三《颍滨遗老传下》)

一日,三省同登,苏辙独进上前,论殿试策题,因引汉昭变更武帝法度事。哲宗怒曰:"安得以汉武比先帝!"辙再拜而退,曰:"臣引用失当,容臣待罪。”公(范纯仁)奏曰:“汉武雄材大略,史无贬辞。又辙所论,非异同正,欲救已行之言,望陛下宣住苏辙。”尚书右丞邓润甫越次言曰:“先帝法度,为司马光、苏辙坏尽。”公曰:“不然。法本无弊,弊则当改。”上曰:“人谓秦皇、汉武。”公奏苏辙之所论,事与时也,非人也。辙卒得罪去。(《宋名臣言行录后集》卷一一)

进士名录:毕渐,赵谂,岑穰,丁志夫,卜强本,上官恂,王文中,王永年,王迎,王禹得,王细,王愈,王肄,王源,王寿,王泽,王觉,尤辉,毛若冲,毛倜,毛景阳,毛迈,文融,方佩,方铛,方铎,孔源,石安道,包雄,吕佶,吕桓,吕贵,吕颐浩,朱南强,朱绂,朱绶,朱谌,朱巘,伍文仲,江义,江褒,阮骏,杜翊世,李天任,李仲行,李并,李孝先,李勉,李复,李楫,李维,李朴,李俨,求移忠,吴中起,吴见推,吴著,吴淮,吴献可,何成之,何贲,余孝持,沈希稷,宋之珍,宋彦弼,宋锡,邵绘,坦中庸,范冲,范桓,范琯,林成,林杓,季夔,金极,周熊,房察,胡安平,胡其麟,胡浃,胡曼,胡愓,胡绍,胡万柱,胡愉,胡经仲,胡斡化,胡谊,胡邃,胡继通,柯炤,柳庭杰,段修敏,俞衮,昝昌,姜仲修,姜蹈中,洪炎,洪刍,洪拟,冼积中,祝敔,姚侯,袁之邵,袁彦直,袁闽孺,莫群,连子友,徐立之,徐合,徐迪,徐当,翁彦深,留镕,唐庚,唐恪,唐寅,涂大经,家愿,陆立夫,陆惇彦,陆渐,陈元老,陈圻,陈杞,陈升,陈季渊,陈修,陈彦和,陈常,陈惟中,陈斌,陈裕,陈泽,陈显仁,孙昭远,黄中美,黄彦中,黄洙,黄轩,黄坚,黄符,黄晛,黄复,黄德明,黄献可,黄显,曹渥,盛勤,许之美,许文明,许昌元,许尧甫,许景衡,许贵,许滂,许德之,鹿敏求,章元任,章公弼,梁修泰,梁经,张孝裕,张冕,张得臣,张琮,张植,张粤,张诘,张纲,张德祥,彭祐,彭震,叶萃,叶楚材,葛豸,葛长卿,葛皋,葛师望,闵泾,程亢,程若稷,程致禄,程畲,傅谅友,傅严,舒彦举,邹括,曾旦,曾治,曾定国,曾瞻,冯荣,湛执中,富钧,强璇,杨光祖,杨明述,杨植,杨皓,杨循道,杨发,杨绩,杨泽,雷觉民,虞允,路乔年,詹尚,赵旸,赵资道,赵党,赵颢,蒋安上,蔡居厚,蔡持,蔡康国,郑元舆,郑默,滕申,刘化源,刘谷,刘昌,刘鼎臣,刘渤,刘軨,刘范,刘镃,刘艺,刘镕,潘志道,萧公厂,萧恒,萧时彦,萧磐,卢绹,阎师孟,钟祖猷,谢烈,谢泰,谢黼,蹇昂。

特奏名进士:陈希伋,王贲,王缅,李肃,李潜,吴尧封,吴诏,吴甄,林

迪,林衎,袁陾,陈汇,陈对,张弼,叶伯元,程诜,郑贻庆,刘民先,戴兴。(《宋登科记考》卷七)

补进士名录:其一,崔鶠。《宋登科记考·附录》:“字德符,号婆娑先生。开封府雍丘县人,徙颍昌府阳翟县。元祐中登进士第。”《墨庄漫录》卷三:“崔鶠德符,颍昌阳翟人。元祐中毕渐榜登科。”

其二,韩瑨。《全宋文》卷二八一九晁说之《韩公表墓志铭》:“绍圣元年,以诗赋奏名礼部。上初亲政,策士,对曰:‘国家承平久,直虑未形之祸,祸既未形,则非言之可示也。愿致慎其微,不在左右近习乎?’主司忌之,而又喜其文,乃第诸甲卷之中。是时,名瓌,字居表。后改瑨,又以新令,字公表。”

其三,张裕。《师友杂志》:“张裕益中亦以上书被罪……益中,毕渐榜登科。”

其四,刘丹。《夷坚三志》壬卷五:“绍圣元年甲戌,本境石坡人刘丹字彦宏,登进士第,任大和尉。”

其五,王孝迪。《太平治迹统类》卷二八载是年进士名录:“毕渐、唐寅……王孝迪。”

补诸科名录:穆翚。《全宋文》卷三三一九穆涘《宣德郎穆翚墓表》:“府君讳翚,字彦翔,元祐末登通礼科。”

毕渐为状元,赵谂第二。初唱第,而都人急于传报,以蜡板刻印“渐”字所模点水不着墨。传者厉声呼云:“状元毕斩,第二人赵谂。”识者皆云不祥。而后,谂以谋逆被诛,则是毕斩赵谂也。(《春渚纪闻》卷二)

公讳昭远,字显叔……登元祐九年进士第。时策问首及熙、丰,凡不主新法者皆在末甲,公其一也。(《全宋文》卷五一七〇周必大《孙公昭远行状》)

陈元老《登科》:引领群仙上紫微,云间相逐步相随。桃花直透三层浪,桂子高攀第一枝。阆苑更无前骤马,杏园都是后题诗。男儿显达当如

此，满袖馨香天下知。(《全宋诗》卷一二八三)

唐庚《谢及第启》：射策枫宸，已甘退黜；第名桂籍，尚获采收。叨被宠荣，惟知感慨。窃以文章君子之余事，忠义天下之大闲。国之休戚不系于文章，士之进退莫先于忠义。方天子临轩而策士，岂徒求摛藻之华；而诸儒充赋以在廷，盖亦取切时之论。欲考终身之节，必观筮仕之初。宜有谠言，少裨睿听。如某者，少不好学，老方读书。左右图史者十年，涉猎经传者万卷。杜心浸癖，窦性成痴。虽古今成败之原，粗知其略；而篆刻雕虫之学，本非所长。妄意拣金，谩来市璞。青天万里，堪嗟蜀道之难；白雪一声，难和郢中之曲。笙竽异好，水石难投。自知与世不谐，几欲拂衣而去。因缘附骥，侥幸化鹏。入瞻天日之光，亲奉丝纶之诏。周询要务，冀获至言。顾为学之荒疏，愧乎无补；若与时而高下，诚所不为。姑尽节以惓惓，宁抱关而碌碌？夫何献白，亦预拾青？此盖伏遇某官，匠石群才，钧镕众窳。与人而不求备，嘉善而矜不能。苟有寸长，未加尺退。谓其辞虽鄙讷，论不将迎。弃在边庭，必能裹尸于马革；置之言路，必能碎首于龙墀。薄示甄收，或堪器使。敢不冰霜志操，金石肝肠！狱讼簿书，岂辞劳于今日；功名事业，将有望于他年。庶免小人之归，永为国士之报。(《全宋文》卷三〇〇八)

四　月

四日，诏："今次科场第一人，与宣义郎、签书大郡判官公事；第二、第三人，承事郎、知县；第四、第五人，两使职官。第一甲入初等职官，第二甲以下依见行推恩条。"以及第进士毕渐为左宣义郎、签书山南东道节度判官，赵谂左承事郎、知彭州九陇县令，岑穰为左承事郎、知颍昌府长葛县。(《宋会要·选举》二之一二)

二十五日，诏："罢五路经律、《通礼》科，其额拨入进士正额。"(《宋会要·选举》一二之三二)

闰四月

七日，诏："太学合格上舍生，并依元丰二年法。内上舍上等该推恩注官者,每年不得过二人;免省者,每举不得过五人;免解者,每举不得过二十人。仍充省试发解额内人数,并依补中年月高下为次。其元祐法勿用。余三舍升补等法,令礼部、国子监推行旧制。”(《宋会要·职官》二八之一二、一三)

(癸未,十三日)殿中侍御史郭知章言:“太学补外舍,请依《元丰令》,一岁四试。”从之。(《长编拾补》卷一〇)

五 月

四日,诏:“进士罢试诗赋,专治经术。各专大经一,中经一。愿专二大经者,听。第一场:试大经义三道,《论语》义一道;第二场:试中经义三道,《孟子》义一道;第三场:试论一首;第四场:试子史、时务策二道。”(《宋会要·选举》三之五五)

四日,中书省言:“有唐随事设科,其名不一,故有词藻宏丽、文章秀异之属,皆以众之所难,劝率学者。今来既复旧法,纯用经术取士,其应用文词,如诏、诰、章、表、箴、铭、赋、颂、赦、敕、檄书、露布、诫谕之类,凡诸文体,施之于时,不可阙者。在先朝亦尝留意,未及设科。”诏:“别立宏词一科。每科场后,许进士登科人,经礼部投状乞试。依试进士法差官考校,试诏、诰或表、章、杂文共三篇。应者虽多,所取不过十人。中程者申三省看详,仍分为两等:上等循两资,中等循一资,承务郎以上比类推恩。词格超异者,临时取旨。”(《宋会要·选举》一二之二)

哲宗绍圣元年罢制举,惧无以收文学博异之士,于是置宏词,以继贤良之选。所试以章、表、露布、文书,用四六也;颂、铭、戒、论、序、记,杂用古今体,不拘四六也。许进士登科者就试,试以奏试上舍日附试,不立院也。四题分二日,试者虽多,取毋过五人。惟诏、诰、赦、敕,不以为题。又制诏,四题内二题以历代史故事。(《宋会要·选举》一二之一)

辛亥(十一日),诏:“内外学官非制科进士出身及上舍生入官者,并

罢。”(《山堂考索》后集卷二七)

二十三日,翰林学士承旨曾布等奏:“看详到应科人辞业,三人并优长,五人并次优,七人并平常。”诏:“次优已上人召试。”(《宋会要·选举》一一之一九)

六　月

癸未(十四日),礼部言:“太学博士詹文奏:恭惟神宗皇帝圣智高妙,盖极象数,尝念文字之学,世所不知,深诏儒臣,俾共探讨。而王安石实进其说,当时未及颁行而学者亦已见之,其于性命道德之理则思过半矣。元祐《贡举敕》乃令进士不得引用《字说》,而与《申》、《韩》、释氏之书同禁,乞除去《字说》之禁。”从之。(《长编拾补》卷一〇)

七　月

二十四日,诏:“宏词今后每年许经礼部投状,仍附春试。虽多,所取不得过五人。”(《宋会要·选举》一二之三)

二十五日,诏:“经律科曾得解人,许改应新科明法。愿试进士者,听。仍并通理举数。”(《宋会要·选举》一四之三)

二十七日,礼部、国子监言:“议定到举人将中经各随大经分定,《春秋》兼《书》,《周礼》兼《易》,《礼记》兼《诗》。所有愿治两大经指挥,乞不行。”诏:“将来科场,权且试一经,后次即依礼部所定。其所试《春秋》,许于《三传》解经处出题。虽缘经生文而不系解经旨处,不许出题。仍并试策三道。”(《宋会要·选举》三之五五)

国子司业龚原言:“将来科场,只令依古,专治一经。”从之。(《太平治迹统类》卷二八)

八　月

十五日,以御史中丞黄履、中书舍人朱服、左司郎中刘定、秘书丞李昭玘并赴秘阁,考试应贤良方正能直言极谏。履等上张咸等论各六首:《舜得万国之欢心》、《慎事成六德》。(《宋会要·选举》一一之一九)

张贤良咸,汉阳人。应制举,初出蜀,过夔州,郡将知名士也,一见,遇之甚厚。因问曰:“四科优劣之差,见于何书?”张无以对。守曰:“载《孟子》注中。”因检示之。且曰:“不可不牢拢之也。”张道中漫思索,著论成篇。至都,阁试六论,以此为首题,张更不注思而就。主文钱穆父览之大喜,过阁第一。黄六丈叔愚能记守之姓名,尝以见告,今已忘之。张即魏公乃翁也。(《挥麈前录》卷三)

二十三日,三省进呈秘书省考试到贤良方正直言极谏科陈旸等四人,内第二名赵天启考中第四等。上曰:“天启累上书,言事狂妄,岂可令就试?”初,谏官翟思尝言天启无行。又尝经尚书省,诉元祐三年阁试考中第五等,合直赴殿试,为大臣沮抑,极诋当日考官出题非是。又屡投匦献书,书奏不出。有旨令鼓检院不得收接文字。翌日,上谓章惇曰:“赵天启尝上书,极狂妄。朕始欲令羁管,又思之不欲如此,恐阻塞言路,所以只令不收文字。”至是,秘书省奏号,名在选中,特旨黜之。会御史井亮采亦言其凶险,上曰:“此众论不与尔。”(《宋会要·选举》一一之一九、二〇)

九　月

八日,上御集英殿,试贤良方正能直言极谏剑南西川节度推官华州州学教授张咸、右通直郎吴俦、布衣陈旸。命权吏部尚书王震、吏部侍郎杨畏、中书舍人林希、国子司业龚原、右正言张商英、秘书正字叶俦考定所对。咸、俦、旸中第三等,以咸为宣德郎,与佥判差遣;俦升一任;旸除初等职官,并与堂除。(《宋会要·选举》一一之二〇)

十一日,考试所言:“《元丰贡举敕条》分经取人,昨元祐间兼用诗赋,即不得分经。今既专用经义,未知止取文理优长者为合格,或分经通融分数去取。”诏:“依旧条分经取人。”(《宋会要·选举》三之五五)

十二日，三省言："试制科张咸、吴俦、陈旸三人，第三等推恩。"上曰："前日观所试策，亦与进士策何异？先朝尝罢此科，何时复置？"章惇等对曰："先朝初御试进士策，即罢制科。元祐二年复置，诚无所补。初举得谢悰，次举得王当、司马槱等，闻极疏谬。"上曰："极不成文理。"李清臣对曰："在汉亦不设科，遇选获异材，或因材、或因灾异，策问大事，即临时特召。"上曰："今已复进士殿试策，此科既无异进士策，况进士策其文理有过于此者。"郑雍对曰："顾其人何如尔。然自来多言时政阙失。"上曰："今进士策亦可言时政阙失。"因诏罢制科。(《宋会要·选举》一一之二〇)

二十六日，监察御史黄庆基言："立学限以一年，考察无玷，方许应举。其间行艺为乡闾推，考察最优者，自可保明，遣置太学。方今州郡未有学官处，可量士人多寡而增置之。或委长吏选择郡官之有学问者兼领。庶几庠序之教，遍于天下，以增光盛世之治功，非小补也。"诏送国子监。(《宋会要·崇儒》二之六)

三十日，礼部状："鼎州桃源知县姚孳、汾州灵石县令楼异，乞就试宏词科。缘逐人系在见任，今欲乞依试学官法，在外见任人候得替，许于礼部投状就试。"从之。(《宋会要·选举》一二之三)

是　年

吕颐浩《登第后道中灯下读书》：十载灯前笔下耕，如今雁塔幸题名。他年若遂平生志，肯为长檠弃短檠。(《吕颐浩集》卷七)

元祐年间

苏辙《拟殿试策题二首》：皇帝若曰：朕奉承祖宗丕绪，上观三王，下览汉、唐，考其为治之实。商、周之际，其政成于礼乐，而以法令辅之。至于汉、唐，其术一出于政刑，礼乐虽设，而非其所以为治矣。是以三代之盛，教化明于上，习俗成于下，后世有不能继者。然其治乱盛衰，朕盖有疑焉。自三代圣贤之君没，而子孙陵替，亦与汉、唐无异。岂礼乐刑政之效，遂无以大相过耶？今自祖宗创业，积之百余年间，律令明具，公卿奉法，郡县循理,兵民安业,大盗不作,四夷驯服。求之前世,未有治安若此其久也。其所以度越三代而超绝汉、唐者,祖宗何术而臻此哉?虽然,朕夙夜东朝,祗服明训,居安虑危,若蹈泉谷。永惟近岁之治,虽散利施惠以赒穷困,而民日益贫;虽勤身节用以阜财赋,而官日益匮。役民之力,将以厚其财也,而民或告病;驭吏以宽,将以责其耻也,而吏滋不肃。河决而西,导之使东,费不赀矣,而功不就;羌弱不振,招之使来,谋既久矣,而约不定。此六者,皆今日之所当虑也。子大夫明于古今,其讲之详矣。恃祖宗磐石之固,而忽今日之患,则朕所不敢。因今日之安,而推求祖宗致治之术,则士之所当知也。其悉心以陈,勿畏勿疑。朕将亲览,庶几有补焉。

朕惟天下之治,须才以济。凡吾左右前后之臣,皆儒者也。每三岁一举,所取必累数百。犹惧草野之中,耆旧好学之士,有或遗焉而不用者,是以亲策于廷。子大夫幼而习之,长而欲行之,阅天下之义理多矣。凡平昔之所怀,而欲效之于上者,皆何事乎?朕既不敏不明,惟取士之道,未得其要。今太学之士,动以千计;四选之士,员累数万。而临事须才,或患不足。引而进之,则官冗于上;抑而排之,则士壅于下。将制厥中,其道何由?子大夫身处其间,而有不知其说者乎?盖唐、虞稽古,建官惟百;夏、商官倍,亦克用乂。今设官之众,数倍于古,盖尚有可并省者矣。古语有之:"省事不如省官。"信如斯言,则士又何以处之?子大夫其推言本统,以开释朕意。(《栾城后集》卷一四)

元祐中,举子吴中应大科,以进卷遍投从官。一日,与李方叔诸人同观,文理乖谬,抚掌绝倒。纯夫偶出,见之,问所以然,皆以实对。纯夫览其文数篇,不笑亦不言,掩卷他语,侍坐者亦不敢问。他日,吴中请见。纯夫谕之曰:"观足下之文,应进士举且不可,况大科乎?此必有人相误。请归读书学文,且习进士。"吴辞谢而去。(《晁氏客语》)

丁骘《请禁绝登科进士论财娶妻奏》:臣窃闻:近年进士登科,娶妻论财,全乖礼义。衣冠之家,随所厚薄,则遣媒妁往返,甚于乞丐。小不如意,弃而之它。市井驵侩出捐千金,则贸贸而来,安以就之。名挂仕版,身被命服，不顾廉耻，自为得计。玷辱恩命，亏损名节，莫甚于此。陛下上法尧舜，旁规汉唐，开广庠序，遴择师儒，自京师以达天下，教育之法远过前古。而此等天资卑陋，标置不高。筮仕之初，已为污行；推而从政，贪墨可知。臣欲乞下御史台严行觉察，如有似此之人，以典法从事。庶几淳厚风教，以惩曲士。(《全宋文》卷一五八〇)

苏辙《南省进士策问》：问：三代、汉唐之法行于前世，而施之于今，辄以不效，何也？昔者，盖尝取经界之旧法以为方田，采府卫之遗意以为乡兵，举黜陟之坠典以为考课矣。然而，为方田则民扰而不安，为乡兵则民劳而无益，为考课则吏欺而难信。三者适所以为患，不若其已也。《孟子》有言："为高必因丘陵，为下必因川泽，为政必因先王之道。"凡今世之法，骎骎近古矣。政之近古，天下之所以治也。然而，如彼三者独何哉？岂古之法，遂不可施之于今欤？抑亦救之不自其本，为之不得其道，以至于此也？(《苏辙集·栾城集》卷二〇)

杨时《与吴国华别纸》：朝廷议更科举，遂废王氏之学。往往前辈喜攻其非，然而真知其非者或寡矣。某尝谓王金陵力学而不知道，妄以私智曲说眩瞀学者耳目，天下共守之非一日也。今将尽革前习，夺其所守，吾畏学者失其故步，将有匍匐而归者矣。国华为士人依归，欲何术以开后学乎？幸明告我，庶警不逮。(《全宋文》卷二六七八)

杨时《策问》：熙宁更新法度，登延儒臣，讲明六经之旨，尽革雕虫之习。未十余年间，士之应科举者类皆剽掠补缀，迭相祖袭，有司眩于铨择。识者患之，欲复加诗赋，而国论未一。诸君究观前世得失，试详明之，无或隐焉。(《全宋文》卷二六九二)

绍圣二年　乙亥(1095)

正　月

九日，礼部言："宏词除诏、诰、赦、敕不试外，今拟立程试考校格。一，试格十条：章、表，依见行体式；赋，如唐人《斩白蛇》、《幽兰》、《渥洼马赋》之类；颂，如韩愈《元和圣德诗》、柳宗元《平淮夷雅》之类；箴，如扬雄《官箴》、《九州箴》之类；铭，如柳宗元《涂山铭》、张孟杨《剑阁铭》之类；诫谕，如近体《诫谕风俗》、《戒百官》之类；露布，如唐人《破蕃贼露布》之类；檄书，如司马相如《喻蜀檄》之类；序，如颜延之、王融《曲水诗序》之类；记，亦用四六。以上考试官临时取三题作一场试。其章、表、颂、檄书、露布、诫谕、序、记，并限二百字以上成；箴、铭并限一百字以上成；赋八韵，限三百字以上。一，考格三条：词理俱优者为上等，词理次优者为次等，词理超异者取旨。上等循两资，次等循一资，承务郎以下比类推恩。"(《宋会要·选举》一二之三。按：错字、缺字，据《长编拾补》卷一〇改、补)

十三日，国子监司业龚原言："续降敕节文，论题并于子史书出，唯不得于《老》、《列》、《庄子》出题。缘祖宗以来，科场出题，于诸子书并无简择。乞删除前条。"从之。(《宋会要·选举》三之五五、五六)

十七日，诏："今来科场，承务郎已上锁厅赐及第、出身、同出身人，依元祐三年临轩第一榜例，并与堂除，合入差遣一次。"(《宋会要·选举》一四之一二)

二十八日，再立到《考试格》："其近降试格更不施行。今修立九条：章、表、露布、檄书，以上用四六；颂、箴、诫谕、序、记以上，依古今体，亦许

用四六。考试官临时取四题,分作两场引试,并限二百字以上;箴、铭限一百字以上成。"从之。(《宋会要·选举》一二之三、四)

二　月

二日,国子司业龚原等言:"大学公试,除依元丰旧制差长贰监试、轮差博士五员入院外,乞朝廷差官五员,同共考试。"从之。(《宋会要·选举》一九之二〇)

六日,诏:"宏词科别差考试官二员,候类省试毕日,就试院引试。"(《宋会要·选举》一二之四)

甲午(二十八日),罢广文馆解额,及将国子生四十人发还本监。从之。(《山堂考索》后集卷二九)

三　月

一日,臣寮言:"本朝自景祐初至今,凡六十余年,惟熙宁六年、九年两榜共百六十余人,系同学究出身。乞比前后榜同甲人,改为左列。先朝虽以此两榜末甲名为学究,然其官名不分左右,所以不碍诸般差遣。今既分为左右,虽欲应近日宏词,不可得也。六十年间,独此两榜,偶然一时名为学究,遂尔终身不为清列,何相远耶!当元丰间不碍差遣,犹之可也;今既动有拘碍,诚为未安。"诏:"熙宁六年、九年第五甲人,许应宏词科。"(《宋会要·选举》一二之四)

二十四日,三省言:"试宏词衡州司法参军黄符、滁州司法参军罗畸、开封县主簿高茂华、真定府户曹参军赵鼎臣、瀛州防御推官知鄂州崇阳县事慕容彦逢题曰:《欹器铭》、《诫谕三省枢密院修举先朝政事》、《迩英阁无逸孝经图后序》、《代嗣高丽国进贡表》,考入次等,各循一资。"(《宋会要·选举》一二之四)

慕容彦逢《谢试中宏词启》:试词伊肇,方搜颖出之才;献艺匪工,猥被鼎新之选。拜恩优渥,揣分战兢。窃惟斯文盛衰,与道升降。五帝而上,载籍盖靡详焉;三王以还,典章顾可考矣。暨战国干戈之扰,及暴秦煨烬之灾，异端并起如蜂，精义不绝如线。操觚之士，雕虫是师。景差、宋玉唱于前，枚乘、邹阳应于后。务豪则推嵩岱，喜怪则穷蛇牛，竞巧则较锱铢，纷华则绣鞶帨。虽贾谊节之以礼，扬雄戒夫不为，而气力不足以回狂澜，故支撑不足以起大厦。由汉及魏，浸淫迄于六朝；更隋与唐，败坏极于五代。中间若建安之称丽作，正始之指名流，咸高冗长之辞，无复中和之气。乃有不出月露之习，相变宫羽之谈。或击钵责程，或探囊按部，或成章于七步，或积思以十年。率意者流离于口占，湛思者妥帖于腹稿。宏衍若张衡，而以言艰为病；敏捷如任昉，而以才尽见讥。异轨同奔，去本益远。如孤峰绝岸者，施之廊庙则骇；如丽服艳妆者，类之风雅则乖。振叶讨源，尽扫彝伦之正；沉辞浮藻，徒滋夸竞之风。间有自奋而不移，抑亦可数者无几。我朝鉴积世造士之弊，先帝承累圣复古之心，登用儒臣，缉明教典。聿兴经术之学，斥去声病之科。焕乎人文，一变至道，渊然神化，百圣不惭。尚念应用之词，乃有设科之意。迨今上之总政，追神考之作人。爰建新科，以述前志。昭示古今之体，详求辞理之优。创置攸初，劝率甚厚。上意所注，众指为荣。纷如簪裾，粲尔翰墨。或握灵珠以自谓，或贱良骥而不珍。岂容孱姿，滥尘异擢！伏念某学惟自信，才不逮人。补苴徒劳而少功，濩落颇讥于无用。检身慎行，初不求于世知；闻礼言诗，盖第遵于家训。青毡惟旧，白云无心。享敝帚以千金，虽非审己；漱芳润于六艺，聊可怡情。谬当弱龄，亟玷荣第。斗升既窃于甘旨，簿领敢殚于劬劳！退食自公，开卷有得，乐分不竞，随处而安。勉试词场，实慰倚门之望；争先俊域，退惭应敌之难。偶兹褒甄，出于侥幸。此盖伏遇某官，命世英辅，觉民真儒。以道佐王，为时吁俊。谓凡马既收，则良马必至；谓假龙既好，则真龙乃来。容兹一日之长，备于五人之列。某敢不冰蘗励节，葵藿倾心！许国之诚，拳拳于忠义；致君之业，勉勉于猷为。上副穆清，次酬奖拔。过此以往，未知所裁。(《全宋文》卷二九三八)

赵鼎臣《谢宏词启》：右，某昨者就试宏词，叨尘下列，伏奉圣旨，与循一资者。访闻科制，人自谓于握灵珠；市上奏封，众皆喜于得大将。敢意甚精之选，遽收极陋之姿。恩逾分以起羞，声过情而知惧。窃以文者贯道，世实需才。当无事以详延，属有求而备用。时岂乏士？人皆愿忠。故济济登朝，穆若宗周之化；彬彬聚阙，炳然皇汉之风。率皆谨吁俊以旁招，务教英而乐育。课其笺奏，用观文吏之才；能彼誓铭，乃定大夫之位。所以网罗邦彦，追琢时髦。嘉有非常之人，俾厉无前之绩。国家奋炎开运，执象膺图。昭七圣以垂休，亘千龄而敷化。胜残去杀，戈倒载以言櫜；偃革辞轩，车结旌而奉御。奋乎百世之上，跻于三代之隆。上方洎乎无为，绰然有裕。广文声而继志，循尧道以储精。昭回之光下饰于万物，旁魄之德上畅于九垓。临雍泮以恢儒，坐王公而论道。贲戋戋之帛，凤使驰岩；絷皎皎之驹，鹤书降陇。江飞之凫盖少，冀群之马几空。犹复侧席幽人，梦想贤哲。讲兴能之茂典，复论秀之新规。谓篆刻乃童子之工，而经术固大臣之事。用专六艺，博劝诸生。邹鲁弹冠，读诏书而叹息；庠黉动色，习矩步以委蛇。然念士寡全能，才拘定分。德行政事，稽圣党以珠科；文苑儒林，较史流而异传。虑风雅之或寝，顾禄利之使然。思数路以兼收，庶一隅之不废。肆求古制，爰采唐科。且比事属辞，乃典章之故实；而骈四俪六，亦翰墨之弥文。岂壮夫而不为，固圣人之有取。而况歌功颂德，用有重于朝廷；驰檄飞书，事或严于师律。集诸难而求备，该众美以取长。虽投牒之且千，来思不拒；而限员之以五，中者几希。属当首选之辰，允谓难才之际。命春官而掌事，诏宗伯以程能。顾待遇之特优，宜校量之甚悉。自非文高变虎，操擅摛鸾。金掷地以腾声，锥处囊而耀颖。则何以青钱万选，动居掌握之中；黄鹄一飞，起篷云霄之上。侥惭窃吹，仰玷精求。伏念擅壑鲰生，翔蓬滞羽。幼木强而不慧，长椎钝以无奇。李蔡下中，素微于品目；贾山涉猎，夙病于空疏。敢萌拾紫之怀，分隔纡朱之愿。第以世蓄油素，家传布韦。堂克构以宁隳，毡表青而故在。岁不我与，惜年往以难攀；人莫己知，惧时来之不再。稍绝编而自厉，遂占毕以忘勤。顷者任子之恩，尝隶奉祠之役。未濡鹓翼，窃悔于初心；徒处鸡群，重增于懦气。因奋决科之志，妄驰干禄之情。缀《尔雅》之虫鱼，定非磊落；习枚皋之赋颂，颇类俳优。亟殚下俚之文，过忝上游之第。学惭为己，食愧浮人。千金屠龙，艺既成而安用；三年刻楮，技虽劳而可捐。辄辞补掾之符，归奉循陔之养。因磨砻于事业，获驰骋于古今。充栋汗牛，嗟腐唇而莫释；濡翰燥吻，笑琢肾以何愁？默萧散以累年，忽侵寻而再闰。自安鸠拙，孰冀莺迁？岂图遭会之优，重际设科之始。复强颜而干进，深画足以包羞。鲒鼠何知，不讳五穷之辱；由基甚戆，更希百中之能。森列棘以造廷，骇据梧而褫气。洛阳才子，绚锦脏以飞英；稷下先生，摛锦心而掞藻。争背城而借一，各奋臂以当千。骤见大巫，舌挢然而莫下；旁窥巧匠，思轧尔以如抽。徒勉课于缪悠，盖仅成于骫骳。自惭蓝缕，甘触于报闻；苟逭诋诃，讵期于中选。方决窜身之计，遽叨入等之荣。礼重续貂，遂兼收于犬尾；工嫌误墨，因强饰于蝇头。实非尝试之间，敢有庶几之望？再念少而闻礼，壮乃为箕。佩帨承颜，志方申于戏彩；赐金祖道，亲俄属于挂冠。感负荷以维艰，顾责委之诚重。迨停车而毕试，乃就驾以遄归。战胜则肥，有愧卜商之趣；檄至而喜，无惭毛义之心。荣独倍于众人，感固深于平日。此盖伏遇某官，权衡王道，衣被词人。入圣域以惟优，任天下而盖重。洪钧播物，并充良窳之求；巨冶铸金，举适方员之用。致容谀闻，亦附群英。某敢不寤寐前修，始终素履？约言枝而务本，探学海以穷深。性也不移，窃慕古人之节；时乎有用，愿酬国士之知。过此以还，未知所措。(《全宋文》卷二九七九)

六　月

二十三日，诏："将来科场，除本贯开封府人外，其外路旧人自参假上簿后、新人自补中后，计理月日实及一年，并听权附国子监取应，别行考校。以见阙上舍人、内舍国子生及外舍一时请假阙额解名，据数发解，每十人解一人。就试人虽多，不得过剩合取人数。仍今后毋为例。"(《宋会要·选举》一五之二六、二七)

九　月

十九日，《明堂赦文》："诸路进士、诸科，经治平四年以前省试下、熙宁六年以前御试下，并进士、明经御试下三举、省试下五举，诸科御试下五举、省试下七举；及开封府、国子监进士、诸科，经元丰二年以前省试下、元丰五年以前御试下，并进士、明经御试下两举、省试下三举，诸科御试下四举、省试下五举，将来并与免解。"(《宋会要·选举》一五之二七)

十　月

九日，太常少卿王子韶言："奉礼郎陈觉民于熙宁七年选中国子监上舍生登科，是时第五甲赐同学究出身，欲望用丁执古等免省试升甲恩例，改赐本官出身。”诏：“陈觉民特依升甲例，与当年第四甲同进士出身。”（《宋会要·选举》二之一二）

十二月

二十三日，提点荆湖北路刑狱陈次升言：“按《贡举敕》，举人因子孙授封官，或进纳得官，或摄授官后免解，或特奏名，而愿纳付身文书赴省试、御试者，听。今欲添入‘应奏授，不理选限官。准此’十字。”从之。（《宋会要·选举》三之五六）

陈次升《上哲宗论五路举人省试》：臣伏见熙宁间，朝廷以声律记诵之学不达先王道德之妙，欲行革去，遂以经义取人。罢声律，损诸科，以诱进学者。以京东、陕西、河北、河东、京西州军诸科为多，南省奏名，特以五路举人别作一项考校。盖以其遽罢诸科，所以优之也。行之逮今，二十余年，人习经义之学，与诸路举人无异。兼元祐以前，诸科解额有阙，并许发解进士。其举人赴省试者甚多，近年已行罢去。每及十人，方取一人。发解举人既少，南省奏名尚别作一项考校，显属未均。欲乞圣慈特降指挥，南省奏名除曾应诸科改应进士人外，其五路举人与诸路衮同考校，庶得均济。取进止。（《全宋文》卷二二四〇）

绍圣三年　丙子(1096)

三　月

三省言:"试宏词开封府开封县主簿、详定军马司敕例删定官林虚,宣德郎、知嘉州峨眉县刘弇,昭庆军节度推官、知舒州望江县滕及题曰:《太史箴》、《代宰相以下谢赐重修都城记表》、《绍圣元会颂》、《诫谕士大夫敦尚名节》,考入次等,各循一资。"(《宋会要·选举》一二之四)

刘弇《谢中宏词启》:右,弇启,蒙恩以弇宏词入等,减二年磨勘,仍除前件官者。功名爵禄,常恐造物之忽人;翰墨文章,独笑腐儒之左计。初如太行、孟门在前,而驱跛鳖者责之以胜任;忽若洞庭、彭蠡方至,而挹沧浪者濯之使徐清。得则居多,腼将安寄?且汉家兼起以数路,而唐人连中者八科。名实辨故不使病主司,途辙优故因以劝能者。洪惟上圣之有作,申以先朝之未行。乃设词场,爰代制举。九品以往,则皆课密以俟;一岁之始,则间聆风而趋。凡砥名砺节之流,尽提椠持铅之手。靡羞冯妇之搏虎,切陋朱泙之屠龙。大而经史之发挥,近则祖宗之故实。支离他学,奚啻公孙数万之诡辞;琐尾冥搜,间及虞初九百之小说。表章序记之腾踏,铭檄箴颂之葳蕤。吮嗽元和,粃糠正始。青钱万选,有心者所同;丹桂两春,所得者无几。要须刻烛倚马之敏,乃副当宁侧席之求。如弇者,幺么赋材,衰寒缀族。含蓼食蘖,屡更苦辛;镂冰画脂,殆少成就。愚贾操金而无益于学,枯鱼衔索而所惜者时。僶俛代耕,夤缘筮仕。州县徒劳人耳,岂出本心;富贵吾自有之,仅成虚语。一昨引对天陛,滞留神州,泛泛类水中之凫,累累如丧家之狗。薪刍价高而益惫,田园芜没而将归。稍激懦衷,猥偕群俊。夜中行猎,谁识灞陵之将军?跨下期人,半是淮阴之年少。巨题镇而万牛回首,私魄褫而六鹢退飞。固自无奇,仅能成缀。些魂招楚，暖律移邹。惊三任于数千里之余，收两科于十七年之后。置诸首善之地，责以育材之荣。亶其有由，悸不自定。兹盖伏遇仆射相公，斯民先觉，吾道主张。作股肱耳目而赓元首之明，取饮食教诲而任大臣之事。台光烛被，不间蔀居；钧力陶成，曾微窳器。庙堂销未形之患，邦家立太平之基。遂使孱愚，亦归甄采。弇敢不䌷绎故学，沦疏初心。收之桑榆，庶或未晚；困于觥疏，于焉取亨。间惩五短之易穷，尚冀三余之足用。方君相有为之日，行或使之；在犬马欲报之情，死而后已。过此以往，未知所裁。下情无任感恩衔遇、激切知归之至。

谢主文曰：斯民先觉，吾道主张。权衡持一世之平，水鉴得大形之正。因其行事焉而行志，取所恕己者而恕人。和气每余，有如青春之在桃李；公心备尽，不以下体而弃菲葑。遂使孱愚，亦归甄采。（《全宋文》卷二五四八）

四　月

十二日，诏："依《熙宁贡举式》，诸武艺绝伦、策义不入等，并奏裁。"（《宋会要·选举》一七之一九）

六　月

十二日，礼部言："近准诏：今后应开封府、国子监及诸路进士、诸科，若曾经得解、叙理举数、合该特奏名推恩及免解之人，并须于发解前具诣实，经所属自陈，勘会诣实申部，以贡籍及证据文字审验有无伪滥违碍。内免解者未发解前一月，特奏名者于省试开院后，立限保明闻奏。若逾限，证据未明，或会问未毕，并俟圆备，次举施行。"令礼部勘当立法。后，礼部言："得解举人许于发解开院，限半月投纳家保状，委开封府、国子监类聚，限十日连申礼部。特奏名及免解举人，于五月已前叙陈举数，连家保状两本，经所属自陈，勘验诣实类聚，限八月已前结罪保明，亦连申礼部。并于开封府司录司缴申本府，国子监即于本监，即用今举通理。合该特奏名者，于发解开院后，限半月自陈。礼部候申到，即将贡籍照据文字审验。内免解者于发解年十二月已前，特奏名者于省试开院后七日，保明闻奏。内特奏名者，用今次省试下一举，并勘验。"从之。（《宋会要·选举》三

之五六)

七　月

十七日,礼部言:“详定重修敕令所看详:举人取应,群至有司,校一日之长,以得科第。故其怀挟、代笔,为害最大。熙宁、元丰所立赏格,轻重适中,不为过当。元祐一切裁减从宽,以禁则缓,以赏则薄,是使学人无复忌惮,公然怀挟、代笔,以徼幸一时。除约束刑名、见行删修外,所有赏格愿尽依熙宁、元丰旧制。”从之。(《宋会要·选举》三之五六)

二十八日,国子司业龚原言:“将来科场,只令依旧专治一经。”从之。(《宋会要·选举》三之五六、五七)

八　月

十一日,礼部言:“举人御试而怀挟、代笔、传义者,并取旨送所属,其罪、赏并依省试贡举法。”从之。(《宋会要·选举》八之三八)

十九日,诏:“开封府解额,今后依元丰三年十二月十二日指挥,并拨属太学。”(《宋会要·选举》一五之二七)

绍圣四年　丁丑(1097)

正　月

十四日,以翰林学士林希权知贡举,刑部侍郎徐铎、起居郎沈铢同知贡举,合格奏名进士五百六十九人。(《宋会要·选举》一之一三)

汪信民试南省第一,颇收畜时文。无逸同试被黜,问信民用此何为?曰:"恐登科须作学官,要此用尔。"无逸曰:"前日不免为此,为觅官计尔。今尚复尔,是无时而已也。"信民痛自咎责,尽取所畜时文焚之。

信民、玉父与予会饮舟中,甚乐。玉父戏信民云:"某是范淳夫知举时过省,可以无愧。信民乃林希知举时作省魁,不得不惭于某也。"(以上均见《师友杂志》)

绍圣丁丑,章持魁南省,时有诗:"何处难忘酒?南宫放榜时。有才如杜牧,无势似章持。不取通经士,先收执政儿。此时无一盏,何以展愁眉?"(《清波杂志》卷四)

(陈瓘)尝为别试所主文。林自谓蔡卞曰:"闻陈瓘欲尽取史学而黜通经之士,意欲沮坏国是,而动摇荆公之学也。"卞既积怒,谋因此害公,而遂禁绝史学。计划已定,唯候公所取士,求疵立说而行之。公固预料其如此,乃于前五名悉取谈经及纯用王氏之学者,卞无以发。然五名之下,往往皆博洽稽古之士也。公尝曰:"当时若无矫糅,则势必相激,史学往往遂废矣。故随时所以救时,不必取快目前也。"(《宋名臣言行录后集》卷一三)

二　月

四日，诏贡院："考校五路进士，据合得分数人，二分五路通取，三分与府、监、诸路通取。新科明法依诸科例，每十一人取一名。"(《宋会要·选举》一四之三、四)

二十三日，三省言："特奏名进士，自今第一等上同诸科出身，第一等中、下假承务郎；第二等上、中、下，京府助教，依旧注官。两等通不过二十人。第三等上、中、下，上州文学；第四等上、中、下，下州文学。遇赦，见年六十已下、堪厘务者，许自本州县保明申转运司，本司保明申吏部，召升朝官三员奏举，注权入官，所取通不得过八十人。第五等上、中、下，下州助教；犯不考式，摄助教以上，更不许出官。特奏名诸科，第一等假承务郎，第二等京府助教，依旧注官，两等通不得过十五人。第三、四等推恩，及余悉如特奏名进士例。"从之。(《宋会要·选举》二之一二、一三)

二十五日，诏："罢《春秋》科。"《文献通考》：绍圣元年，诏礼部取凡内外试题，悉集以为籍。遇试，颁付考官，以防复出。罢《春秋》科。凡试，优取《二礼》，两经许占全额之半，而以其半及他经。既而复立《春秋》博士，崇宁又罢之。时有建请于《诗》、《书》、《周礼》三经义中出题以试举人者，朝廷下其议，有司承意，谓为可行。既而右正言邹浩言："三经义者，所以训经，而其书非经也。以经造士，而以非经之题试之，甚非先帝专用经术之义。"后出题讫依旧法。(《宋会要·选举》三之五七)

闰二月

二十一日，贡院言："试宏词新授陈州项城县令吴兹、宣义郎周㤥、新授杭州余杭县尉王孝迪、瀛州防御推官知潭州湘潭县丞方叔震题曰：《导洛通汴颂》、《诫谕学者词尚体要》、《代宰臣谢实录成赐宴表》、《籍田记》，考入次等，各循一资。"同日，别试所言："试宏词澶州司理参军吴幵题曰：《北郊大礼庆成颂》、《元丰新修尚书省记》、《喻安西西城沿边番部檄》、《诫谕转对臣僚言事要切》，考入次等，各循一资。"(《宋会要·选举》一二之四、五)

二十四日，上御集英殿，试礼部奏名进士。内出制策曰："古之明王，以道揆事，以贤任官，人得以尽其才，法足以行其意。小大之分得，远迩之俗同。因之以辅志而上无疑谋，劳之以劝相而下无拂心。以修在地之政，则省山而木兑，犹河而水翕；以协在天之纪，则日星顺其行，岁月得其序。至于礼备乐作而告其成功，呜呼！何施而可以臻此欤？朕获奉宗庙，惧不敏明，无以章先帝之休德。故自亲政以来，嘉与卿士大夫修明厥绪，申喻朕志，累年于兹。而推原本旨，或未尽察，人自为义，泽不下究。此其故何欤？《书》不云乎：'敕天之命，惟时惟几。'方今之务，所当损益、应时而造者，必有其序。为之于未有，谋之于未兆，必有其几。子大夫之所宜知也。盖自唐虞至于周，更六七圣人，而后其法大备。今其书具在，可考而言也。然则孰戾而不合？孰可推而行之？其详著于篇，朕将亲览焉。"得何昌言已下五百六十九人，并赐及第、出身、同出身。翌日，试特奏名诸科、进士，内出制策曰："朕闻先王之时，因任原省，而继之以赏罚之政，善恶别白，贤才众多，人羞其行而百志用熙。为之君者，垂拱无为而天下治矣。此'黎献共惟帝臣'所以称于虞，而'济济多士'之诗所以作于周也。朕绍休圣绪，以眇眇之身，托于王公之上，永惟万事之本，要在乎得人。是故修学校之政，建师儒之官，所以养之至详；开荐进之路，略资格之拘，所以求之至广也。是宜俊乂并出，至于不可胜用矣。今则不然，庶工多旷而分职不治，因事求才，患莫之得。岂朕作人之道未至欤？不然，其弊安在？以至助耕敛而民不富，旌功实而吏不勤，养士卒而兵不足，严刑罚而奸不止，其故又何欤？子大夫讲闻于此旧矣，其悉为朕言之，毋隐。"赐同出身、诸州文学、助教有差。内谢师古、陈汉奇以远人各赐绢二十匹，又李惟岳以高年赐十匹。(《宋会要·选举》七之二九、三〇、三一)

二十五日，上御集英殿，策试武举进士。(《宋会要·选举》一七之一九)

二十七日，上御崇政殿，军头司引见武举人张闳等五十六人试武艺。张闳等三十三人候指挥，刘师中以下二十三人与三班借差、减五年磨勘，边上指挥。仍依令支赐。(《宋会要·选举》一七之一九)

三　月

癸亥(九日)，御集英殿，赐正奏名进士何昌言并诸科进士等及第、出身,释褐六百九人。是日,未启封,读三人程文,至第四人,展读数百字,曾布与蔡卞俱云:“文字显不如第三人,恐不须读。”启封,乃章惇之子持也。至第五人,上宣谕曰:“对策言先朝法度当损益,可降。”布曰:“事有适于事变,近于人情,固当损益,恐无可降之理。使先帝在位至今,闻有可增损,亦当随宜损益。”翰林学士承旨蔡京进曰:“先帝则当损益,陛下方绍述先志,不当损益。”布曰:“恐无此理。”上顾卞曰:“如何?”卞曰:“不知欲何如损益?”京曰:“第言事当损益者,不可不损益。”布曰:“如此乃是。”卞亦默然。上曰:“更不须降。”然卒降为第七人。及启封,则李元膺,乃察之子也。(《长编拾补》卷一四)

进士名录:何昌言,方天若,胡安国,丁淳,丁稠,王公彦,王公辅,王炳,王尧辅,王舜举,王楫,王慥,王褒,王组,王霖,王涛,毛中,毛文懿,毛奎,毛随,方旬,方监,古革,田灏,吕天惠,吕杭,吕深,朱有文,朱沆,朱旂,朱辂,朱褒,任谅,向允中,向机,安郊,李大有,李元膺,李本,李廷谔,李延光,李良翰,李君泽,李坤殿,李居中,李彦发,李师聃,李逢源,李彬,李康,李深,李嵩,李熙蝦,李图南,李谷,李献臣,李籍,吴令升,吴逵,吴愈,吴璋,吴璋,何衮,何逵,余持中,余思,余彦直,余洁已,余赟,汪革,汪路,汪恺,汪恺,沈章,沈禋,宋锡中,邵嘉言,幸义,范致君,林亨,林虙,林敏元,林骈,林积仁,林颜,郁师醇,卓元规,金格,周公弼,周因,周武仲,周知微,周衮臣,周敦,周滂,周遵道,周谌,胡之辅,胡伋,胡自筠,胡自节,胡自简,胡聿,胡伸,胡其鳌,胡直孺,胡应莹,茹开,柯廷坚,皇甫琳,帅扬,俞授能,施天倴,洪羽,祝廷,祝忠彦,祝敞,姚舜明,马伸,袁尽规,夏敦,晏绍休,徐公辅,徐弁,徐庚,徐浩,徐虚中,奚知常,翁彦国,翁庆奕,郭元瑜,郭观,唐昌期,陆蕴,陈之邵,陈天常,陈天与,陈公格,陈平,陈汝锡,陈升,陈迪,陈彦,陈彦圣,陈洵仁,陈时敏,陈晏,陈国瑞,陈过庭,陈策,陈道本,陈与京,陈询,陈详,陈义夫,陈沟,陈逊,陈鲁詹,陈器则,陈讽,陈难,陈觉,陶节夫,桑观国,孙授,孙略,孙暄,孙范,孙穆,黄公述,黄成,黄玖,黄和甫,黄肩,黄庭言,黄唐佐,黄逸,黄遂中,黄远,黄巩,黄颖,黄说,曹序,曹恂,许安世,许师古,章防,章佃,章持,章思永,章授,章程,章桀,寇国宝,张大成,张天材,张公献,张廷珪,张仲友,张仲卿,张汝楫,张具中,张智常,张寓，张读，项范，彭合，彭衎，彭俞，叶正臣，叶钧，叶常，叶梦得，叶筠，叶源，叶辟，葛次仲，葛胜仲，董兴乾，程经，傅安节，傅伯通，傅恪，傅惟肖，傅默，焦大雅，舒夷中，童韫，曾定成，曾景清，曾诞，曾经，曾纶，冯躬厚，冯泾，汤峤，游晖，富洵，贺希仁，贺端，杨杰，杨鸣志，虞大猷，虞寅，虞雄，詹乂，詹从俭，褚英，赵俊，蒋之武，蒋务敏，蒋璿，蔡圭，蔡披，蔡巩，廖天觉，郑存，郑执义，郑崇，郑翢中，郑绷中，郑严，暨唐裔，刘介，刘允，刘汲，刘安上，刘揆，刘湜，刘滂，刘震，刘獬，潘潜，练祗刚，薛昌荣，萧子厚，霍旊，卢赍，钱捷，钱显道，鲍贻度，鲍禔，鲍耀卿，龙源茂，韩远举，魏宪，谢克家，谢舜举，谢潜，聂份，聂思孝，颜天经，苏伯材，严逾，饶彦纯，龚湜。

特奏名进士：力齐，方伯宗，杜懋，李惟岳，庄几，翁希愈，翁希宪，陈杭，陈汉奇，陈范，陈觊，张参，叶崧，叶珪，冯邦怀，郑祖仁，欧阳光（误），欧阳荣，欧阳翼，刘溥，刘熙，戴安之，谢师古，谢滂。

特奏名诸科：谭与父。（《宋登科记考》卷七）

补进士名录：邵叔承。《全宋文》卷三四九七孙觌《邵公墓志铭》：“邵氏世家金陵，南唐国除，徙常州宜兴县。……公讳某，字叔承。……擢绍圣四年进士第。”

补特奏名进士：常祐。《常君墓志铭》：“君讳祐，字百禄……绍圣四年，该科举恩授本州助教。”（《〈宋登科记考〉拾补——以碑刻文献为中心》）

辨正：欧阳光，宋宁宗庆元二年丙辰科特奏名进士。《宋辽金元方志辑佚·南雄路志》：“欧阳光，丙辰科该覃恩升等，从政郎象州防御推官。”（第807页）

绍圣四年殿试，考官得胡安国之策，定为第一。将唱名，宰执恶其不诋元祐。而何昌言策云：“元祐臣僚，不知君臣之义，父子之恩。”擢为首选。方天若策云：“当是时，鹤发宵人，棋布要路。今家财犹未籍没，子孙犹未禁锢。”遂次之。又欲以章惇子为第三，哲宗命再读安国策，亲擢为第三。昌言，新淦人，仕至工部侍郎。张邦昌之僭，昌言为事务官，既又改名善言，以避邦昌名。南都中兴，昌言已死，遂追贬。观其进身，可以占终

矣。(《宾退录》卷一〇)

初,殿试考官定公(胡安国)策为第一,将唱名,宰执以无诋元祐语,遂以何昌言为首选,方天若次之。又欲以宰相章惇子次天若,时策问大要,崇复熙丰,公推明《大学》格物致知,正心诚意,修身齐家,治国平天下,以渐复三代为对。哲宗皇帝命左右再读之,谛听逾时,称善者数四,亲擢公为第三。胪传至陛前,俄有圣语宣问:"师何人?"公对曰:"久处太学。"在廷者皆以为名对。(《全宋文》卷四一八六胡寅《先公行状》)

江西自国初以来,士人未有以状元及第者。绍圣四年,何忠孺昌言始以对策居第一,里人传以为盛事,故谢民师有诗寄忠孺云:"万里一时开骥足,百年今始破天荒。"盖记时人之语也。(《独醒杂志》卷二)

叶源,余同年生。自言熙宁初徐振甫榜,已赴省试,时前取上舍优等久矣。省中策问交趾事,茫然莫知本末。或告以见《马援传》者,亟录其语用之,而不及详。乃误以"援"为"愿",遂被黜。方新学初,何尝禁人读史,而学者自尔。源言之,亦自以为不然,故更二十年始得第。崇宁立三舍法,虽崇经术,亦未尝废史。而学校为之师长者,本自其间出,自知非所学,亦幸时好以倡其徒。故凡言史,皆力诋之。尹天民为南京教授,至之日,悉取《史记》而下,至《欧阳文忠集》,焚讲堂下,物论喧然。未几,天民以言事罢。(《避暑录话》卷三)

葛书思《喜子胜仲登第》:广场笔阵数千人,喜汝穿杨箭镞亲。庆绪绵长时幸会,文科兴复事还新。昔年继榜熙宁岁,今偶同科绍圣春。从此莫教书种断,孙曾应复值昌辰。(《全宋诗》卷七二一)

(十四日)布又言:"第二人方天若程文中,言元祐大臣当一切诛杀,又言子弟当禁锢之,资产当籍没之。古今政事中,殊无义理,此奸人附会之言,不足取。"上曰:"只是敢言。"布曰:"此有所凭恃,非敢言也。天若乃蔡京门客。"上曰:"不知。"布曰:"前放榜一日,章惇问臣曾闻宣谕否,布曰:'不闻。’惇曰：‘有一举人论元祐当诛，上甚称之。’既而林希为臣言此必天若。及放榜，惇亦对蔡卞言惇知此必是天若卷子。臣曰：‘恐是。’惇曰：‘何恐之有？决知是天若也’。”上惊曰：“惇何以知？”布曰：“非天若不敢尔，惇所以知之，况京乎？”林希曰：“天若在京家安下。”布曰：“惇每言人臣不可欺罔，此诚至论。陛下深居九重，若容人臣欺罔，何所不至！如天若欺罔，孰大于此？”上颔之。(《长编拾补》卷一四)

四　月

丁亥(四日)，翰林学士承旨蔡京言：“三学补试外舍法，春以三月，秋以八月。今来太学公试亦是同月，窃虑参杂。”诏：“补试外舍生，春用正月，秋以七月。”(《长编》卷四八五)

十三日，翰林学士、同知贡举林希等言：“应武举人止试策一道，太略，欲乞依进士试三道。”诏：“自今发解、省试，添试策一道。”(《宋会要·选举》一七之一九、二〇)

(丙午，二十三日)御史蔡蹈言：“吏部差注新赐进士、诸科及第官，用元丰三年指挥。司法阙，先注新科明法，次注明法人。窃详：先朝既废罢明经、学究科，特设新科明法，以变革旧业，故优为恩例，使趋新习。以至赐第之后，率先进士并注法司，盖变法之初，所以示劝。经今二十年，旧人为新科者十消八九，恩例之优，宜亦少损。欲乞明法与其余判司阙衮同从上差。”从之。(《长编》卷四八六)

二十四日，德音《赦文》：“陕西、河东路沿边州军进士南省下三举、御试下两举，诸科南省下四举、御试下三举，并特与免将来文解。”(《宋会要·选举》一五之二七)

(壬子，二十九日)吏部言：“今次科场进士出身人内，宗室非袒免亲，注官。”诏：“赵季同、赵不慘、赵子仁依吏部令，于本甲上名注拟；子璪依敕开名次。”(《长编》卷四八六)

五　月

甲寅朔(一日),御文德殿视朝,以及第进士何昌言为承事郎、签书武宁军节度判官,方天若为曹州节度推官,胡安国为常州军事判官。(《长编》卷四八七)

十一月

二十三日,兵部言:“武举骑、步射中程递升等,策、义入平等者不升。若骑、步射绝伦而策、义不应选者,不得以名闻。”从之。(《宋会要·选举》一七之二〇)

十二月

二十一日,监察御史蔡蹈言:“请下礼部,裒聚近年科场及国子监公试所出题目,编类成册,藏在礼部。每遇科场或国子监锁试,牒送考官照用。”从之。(《宋会要·选举》三之五七)

绍圣年间

绍圣中,罢《春秋》取士。(崔)子方三上书,乞复之,不报,遂不应进士举。(《直斋书录解题》卷三)

绍圣五年元符元年 戊寅(1098)

正 月

乙亥(二十六日),诏:有官人许入太学充监生,于二百人额内,不得过四十人。(《长编》卷四九四)

二 月

(戊申,二十九日)兵部言:"呈试武艺人,依敕限十二月以前到部。有疾趁限不及期者,虽蒙朝廷按用举人条例,许令次年就试,今后准此。缘其间不无违限冒称偶病之人,无以验实,若便与收试,即刑部条限却成空文。其举人事故,趁限不及不曾就试者,并召保官经所属自陈,审按出给公据保明,申兵部验实,次举就试。今来呈试武艺人,乞亦依举人条施行。"从之。(《长编》卷四九四)

四 月

辛巳(三日),三省言:"宣州泾县主簿邱鄘、江宁府右司理参军吉观国、辰州司理参军王天倪,试宏词科中选。"诏:"鄘循一资,观国教授河中府,天倪华州。"(《长编》卷四九七)

贡院言:"试宏词宣州泾县主簿邱鄘、江宁府右司理参军吉观国、辰州司理参军王天倪题曰:《大河复东流颂》、《三朝宝训序》、《代亲王谢赐外第表》、《司文殿记》。"诏:"观国为河中府教授,天倪为华州教授。"(《宋会要·选举》一二之五)

乙巳(二十七日),国子监言:"乞今后科场及太学公私试,所存留三分解

额,均作十分通融。先取《二礼》合格之人,不得过五分,次取他经。”从之。(《长编》卷四九七)

六　月

辛巳(四日),诏:“非袒免亲应举推恩,有司建明,浸失先帝初令之意,及见今多有贫乏之人。自今袒免亲锁厅应举,并依熙宁二年十一月指挥,应给钱米者,并计口支破。其应干条贯,令有司修定以闻。”(《长编》卷四九九)

七　月

(乙丑,十九日)诏:“特赐承务郎李景夏赐进士出身,为正字。”景夏初以六月戊子召对。曾布言:“陛下召对人材,不可不审择,凡进拟上殿人,须三省佥议以为可召乃可。今却但以执政所知,每人以三二人应召,故多不当。近闻召李景夏,乃定之子,眇小目,视不正,亦无他长。兼定既死,乃复还元职,用遗表得官,未经任使,众颇骇其豫召也。先帝擢定为谏官,当时论者纷然。”上曰:“自选人除,论者皆贬,是谁?”布曰:“苏颂、李大临、宋敏求皆落职,是日定亦罢。后以为检正官,而不甚晓事,以不称职,罢为管勾国子监。其后吕惠卿、章惇引之,至为翰林学士、御史中丞。”上曰:“是章惇引?”布曰:“惠卿引为知制诰,惇引为中丞、学士。后既贬,及官制行,终先帝世,止为侍郎。”上屡颔之。布曰:“景夏乃惇所引者。又有毕仲愈者,语言容止殊可笑,陛下一见当自知之。”上问其详,布曰:“大抵人物可笑,见自知之,其它恐更有不足召者。”上颔之。既逾月,景夏乃有是命。(《长编》五〇〇)

(乙丑,十九日)御史中丞安惇言:“太学补试所巡铺官,令兵士驱逐举人,损伤甚众。及封弥人吏,稽滞试卷,乞赐施行。”诏:“下大理寺勘劾以闻。”(《长编》五〇〇)

八　月

戊寅(三日),左司谏陈次升言:“举人就试,将烛入院者,乞依怀挟法。”从之。(《长编》五〇一)

十　月

壬辰(十八日),三省考试所试宗室艺业合格者八人,诏各迁秩,内士暕仍赐进士出身。(《长编》五〇三)

(邹)浩又言:“伏闻臣寮上言,乞于《诗》、《书》、《周礼》三经义中出题试举人,蒙指挥下合属去处勘当,以为可行。臣窃谓三经之旨,久为注疏所汩。自王安石父子奉诏训释以示天下,而学者知所适从,盖二十余年矣,其有功于名教岂小哉!然而谓之义,则止是训三经而已,非所谓经也。夫以经造士,而以非所谓经者杂试之,甚失先帝专用经术之意,其不可一也。不拘注疏,一概出题,乃试诗赋时事引以为比,又非先帝所以改科之意,其不可二也。若谓试题有限,当以此救其弊,则《诗》、《书》、《周礼》固各有义矣,不知《易》与《礼记》何以待之?五经同试而事体不均,其不可三也。学者既见三经义文字繁多,必择用力少者而习焉。岁月之间,将尽改《易》与《礼记》,而《诗》、《书》、《周礼》有时而为弃物矣,其不可四也。抑恐自此以后,又有建言,谓《易》与《礼记》可废,而专以有义三经出题考试者,势亦无以夺之,其不可五也。国体所系,尤当详慎。伏望圣慈,特降指挥,只令依旧遵奉先朝条制出题施行。”按:此邹浩奏不得其时,因是月十九日命官编纂《三经音义》,附见月末。其后出题讫依旧法,当是从浩言也。(《长编》五〇三)

十一月

二十日,《南郊赦文》:“诸路进士、诸科,经熙宁三年以前省试下、熙宁九年以前御试下,并进士、明经御试下三举、省试下五举,诸科御试下五举、省试下七举;及开封府、国子监进士、诸科,经元丰五年以前省试下、元丰八年以前御试下,并进士、明经御试下两举、省试下三举,诸科御试下四举、省试下五举,将来并与免解。”(《宋会要·选举》一五之二七)

元符二年　己卯(1099)

二　月

二日,国子司业龚原等言:“太学公试,除依元丰旧制差长贰监试、轮差博士五员入院外,乞朝廷差官五员同共考校。”从之。(《宋会要·职官》二八之一三)

三日,礼部言:“国子司业盛次仲等言:‘太学上舍生系元丰学制考察试中,依元丰者,只依元祐条与免解。’本部看详:内舍逐次考察公试,缘已是各随新旧条制升补,其内舍生已全用元丰学制。外舍生考察升补充内舍之人,自合依元丰条考察。及试上舍外,内舍学生已系用元丰学制,自外舍考察后,却用元祐公试入等,升补作内舍者,并依旧充内舍。候补中上舍该推恩日,只依元祐法。”从之。(《宋会要·职官》二八之一三)

三　月

戊午(十五日),诏:“礼部贡举。”(《长编》五〇七)

(庚午,二十七日)三省言:“试宏词睦州司理参军谢黼题曰:《代宰臣以下贺老人星见表》、《御书孝经及千字文勒秘阁赞碑阴后序》、《诏赐宗室坐右铭记》、《分赐镂文红管御笔铭》,考入次等,循一资。”(《宋会要·选举》一二之五)

五　月

己未(十七日),太学生杨昊等言:“本学式令一遵元丰法度,独解名元额未蒙举行。”诏:“依元丰七年例分数取人。”(《长编》五一〇)

八　月

(癸酉,三日)近科诏下有司检近例,欲以国子监解额,许开封府举人就试。盖士人有且养且耕者,私计多不能入太学,又他处无户贯,即不得应举,众皆以为未便。独蔡卞坚执元丰七年先朝已罢,不可改。同列自章惇而下议数四,终莫能夺。(《长编》五一四)

近岁奸憸之立朝者,多以元丰之法为不可改,一有议论及此,则指以为异意,欲以罗织善类,又或挟此以遂其私意。近科诏下有司,检近例,欲以国子监解名羡额,许开封府举人就试,每十人取一人,而下状者才三百人,所取多不及额解之半。宰执皆以谓:天下州郡皆得贡士,唯开封人不入学及一年者,不许应举,恐无此理。盖士人有且耕且养者,私计多不能入大学,及他处无户贯,独不得应举。众皆以为未便。独左辖坚执元丰七年先朝已罢,不可改。同列自夔而下,议论数四,终莫能夺。夔叹曰:"此岂先帝所为,此时正是卞及舒亶、朱服辈力主此议尔。"闻者莫不然之。既而,又闻谏官邹浩亦上章极论,上亦以元丰已罢拒之,盖先入之言也。卞自此专政益甚于前日矣。(《曾公遗录》卷七)

九　月

庚申(二十一日),诏:"太学上舍推恩并依元丰法,所有用元祐法考察试中上舍人与免文解。"(《长编》五一五)

是　秋

陈师道《送张秀才》:学又三年积,功收一日长。擅场推老手,附尾得诸郎。度鸟界晴碧,过云回夕黄。孰知诗有验,莫愠路无粮。(《后山诗注补笺》卷八)

陈师道《送孝忠落解南归》:妙年失手未须恨,白璧深藏可自妍。短发我今能种种,晓妆他日看娟娟。千金市帚宁论价,万户分侯信有年。清白传家有如此,归途囊尽不留钱。

陈师道《和赵大夫鹿鸣宴集》:赵侯诗律近风骚,雅意推贤答圣朝。鸿雁著行过渭水,凤凰览德下虞韶。三千著籍今为盛,九万论程不作遥。不读世书谈世事,卧看君自致青霄。

陈师道《和朱智叔鹿鸣席上》:三楚风流秀士林,英词从昔动修门。充庭初识苍龙础,赐醴行沾白兽樽。已上荐书轻一鹗,更凭诗力化群鲲。千年辽鹤空城郭,谁见朱公有异孙?(以上均见《后山诗注补笺》卷九)

十　月

(丁巳,十九日)户部状,乞造瞎征等靴并幞头。诏:"今后除蕃官及呈试人赐靴外,进士唱名及军校等更不赐。应赐靴者,令如法裁造。"旧来赐靴者,皆不堪著,又枉费官钱,故罢之。(《长编》卷五一七)

辛酉(二十三日),起居舍人周常言:"将来春试,更增知举官一员、参详官二员,使之分力考校。"从之。(《长编》五一七)

十一月

己丑(二十一日),礼部言:"按熙宁年中,不许新旧诸科人投下文字,于诸科额内添解进士。今进士到省人数增多,请将来省试增点检试卷官六员,共作二十员。"诏:"添四员,仍著为令。"(《长编》五一八)

乙未(二十七日),诏:"诸州置教授者,学生依太学三舍法考选升补。内上舍生每岁贡一人,内舍生每岁贡二人。上舍生限当年十二月到京,随太学补试,合格者与充内舍生,不合格许再试,三经试不中者遣还。内舍生不候试与充外舍。诸州贡上舍生到京,并权破外舍生食。诸路各选监司一员提举学校,仍令知、通专管勾诸州试。内舍、上舍,并监司选差有出身官一员与教官同考试,仍弥封、誊录。合用条贯,令于国子监取索行下,其外州不可行者,比类条具申尚书省。"(《长编》五一八)

陈次升《上哲宗论免补试人状》:臣伏睹近降初命,太学应系籍生员今年冬及来年春补外舍者。臣窃详尚书省札子元起请之意,盖谓元祐改用诗赋以来,不得专学经术;又试补之际,考校之官多务悦众,不得精选,所以再令补试。今闻太学生员,其间亦有在先朝元丰间试补入学,即非元祐试补之人。及有因先补试在学,依条该今次免省试免解。既该免举,于条不许就试,今举更不取应指准该免恩例。今若不许免举人免试,显是有误生员。及日近补试上舍生,系朝廷差外官考校,必无滥进。若一例试补外舍,别无恩例,理亦未安。欲乞圣慈详酌指挥,勘会元丰间补试在学生员,并今举系上舍合该免省试之人,及日近试院补中上舍生,别行处分。不胜幸甚!取进止。

陈次升《上哲宗乞催补试状》:臣伏睹近降朝旨,令太学生今年冬、来年春并补试外舍,至今未闻指挥今冬补试月日者。臣访闻太学生,多是今年不系解发举人。其有久违亲戚、思欲归省,或甚贫窭、日用不足,若不入学听读,难以久居京师。惟俟补试,以决行止之计。至今日,有补试月日,士人不遑宁处。伏望圣慈早赐指挥试补。不胜幸甚!取进止。(以上均见《全宋文》卷二二四〇)

赵鼎臣《回谢王履道解元启》:伏审雄擅词场,首偕郡计;名因实称,誉以诚归。尝观近古以来,莫甚取人之弊。俗以私胜,情为利移。由请谒以滋彰,致科程之愈密。较言词以顷刻,雅昧平生;定贤鄙于冥茫,岂殊占筮?举是重责,付于有司。俾专一己之聪明,求合众人之议论。质以疑似难明之说,课其浩博不穷之书。既多设其机缄,复巧为之关键。揆厥中失,按兹否臧。彼我都忘,初类九方之相马;妍媸乍判,终同象罔之得珠。顾取舍以良难,宜爱憎之未免。其或精求邦彦,默契乡评。推壮士以当千,置翘薪而居上。萧何第一,骤选于列侯;韩信无双,独堪于大将。则可以厚塞纷纭之论,遐彰鉴裁之能。非君而谁?得子是赖。伏以解元先辈,秀出艺苑,高标士林。骇天性以少成,吁后生之可畏。隽实屡得,鸣非遽惊。虽二北以何伤?竟一战而乃霸。盖汉廷之妙选,无以易尧;则江右之优评,固当归逊。搢绅动色,闾里相趋。窃顾琐才,旧窥丽藻。闻风动色,忘褒《曲水》之词；攘臂推先，辄许《阿房》之赋。幸知人之不谬，惭荐鹗以何功？讵图谦礼之隆，亟辱教函之贶。叨慰藉之良厚，第藏弆以为荣。感与愧深，意莫言尽。(《全宋文》卷二九七八)

元符三年　庚辰(1100)

正　月

癸酉(六日),礼部言:"近以天下解发并免解举人有不到京者,尝申请纳卷引保,各展限十日。今将限满,尚有千余人未到。闻远方举人正值雪寒,道路难阻,乞特展限锁院五日。其未锁院以前,并许纳卷引保。"从之,仍特展七日。(《长编》五二〇)

二　月

十四日,以尚书吏部侍郎徐铎权知贡举,给事中赵挺之、宝文阁待制何执中、起居郎吴伯举同知贡举,准诏:放合格奏名进士李釜已下五百五十八人。(《宋会要·选举》一之一三)

尚书司封员外郎朱京、太常丞吴细为别试所考试官。(《宋会要·选举》一九之二一)

二十日,诏:"南省下第举人,曾经御试进士七举、诸科八举,曾经省试进士九举、诸科十举,并年四十以上;曾经御试进士五举、诸科六举,曾经省试进士六举、诸科七举,并年五十以上,内河北、河东、陕西举人更各减一举。应曾经治平四年已前到省,进士前后实得两解、诸科实得三解,并免解。共及两举、诸科共及三举,更不限年,并特与奏名。治平四年以前到省,进士一举、诸科前后两举、见年六十以上者,并令本贯州县保明,送礼部贡院,次第闻奏,当议特与推恩。"(《宋会要·选举》三之五七)

贡院获举人挟书,开封尹蒋之奇将以徒定罪,(徐)铎争不可,之奇为从

轻比。既上省,章惇怒,罚府吏,举人竟坐刑,铎不复敢有言,众传以为笑。(《宋史》卷三二九)

曾叔夏尚书应举时,方待省榜,元夕与友生偕出,听响卜。至御街,有士人缓步大言,诵东坡《谢表》曰:“弹冠结绶,共欣千载之逢。”曾闻之喜,遂疾行。其友生后至,则闻曰:“掩面向隅,不忍一夫之泣。”是岁,曾登科,而友生果被黜。(《曲洧旧闻》卷九)

三　月

一日,尚书省言:“泾州新科明法范得仁状:‘先名胥,请到文解,为避亲讳,改今名。自此续请到六举。今贡院却依新条,只令以旧名就试,虑厘革请到举数。’本院检准:元符二年十月四日颁行条制,曾得解举人不许改名,亦不许通理后来举数。其范得仁即难以许令依今来改名就试。本部勘会:得解举人,旧有法不许改名,缘有司失于申谕,改名者多。今若并依新法厘革,即于举人叙年叙举实有妨碍。”诏:“未降元符二年十月三日指挥已前改名举人,并许召命官一员委保,依旧收试。以后改名者,依新条施行。”(《宋会要·选举》三之五七、五八)

庚寅(二十三日),敕下礼部,放正奏名进士李釜以下五百六十一人,第一第、二等赐及第,第三、第四等赐出身,第五等赐同出身。(《宋史全文》卷一四)

进士名录:李釜,范致明,林遹,丁天民,丁广,王元夫,王吉,王延世,王向,王汝贤,王安中,王防,王邵,王冈,王时雍,王宾,王纲,王遵道,王履,王谊,王谘,王瞻,王辟,元时杰,木辙,毛友童,方勃,方洙,方振,方逸,方开,方蜒,方锐,方禧,尹辉,石端中,石懋,史迅,史昶,史权,丘允,丘朝俊,令狐相如,成大亨,吕沆,吕税,朱授,朱琳,朱齐旦,朱褒,伍懋,向士凯,向子韶,米绶,江公亮,江汝功,江咨,江滋,李公彦,李平西,李安仁,李伯修,李完,李格,李惇,李裁,李富国,李蒉,李曦,李夔,李权,李晖,李麟,吴天将,吴公衮,吴伯正,吴彦,吴埙,吴源,吴经,吴埙,邱崇,邱伟,何格非,何镕,余忱,余拂,余京,余祖禹,余常,余衰,余复,佘刚,辛炳,汪公著,汪洙,汪师心,汪舜昭,沈公权,沈时升,沈贤佐,宋乃余,宋邦光,宋汝弼,宋执中,青阳回,范本,范蒉,林元定,林仲堪,林冲之,林宋翰,林迪,林登,季端淑,周天益,周孚,周洞,周烈,周师源,周裕,周廉,周穗,宗维,封赓,胡文修,胡仕贵,胡先知,胡尚轸,胡建宗,胡应珪,胡应珽,胡应珣,胡应璧,胡应玺,姜汝能,祝允哲,祝柔中,姚安仁,马之美,马天民,马成,马辨,袁希亮,袁颐正,华仲平,华镇,庄谌,柴天锡,柴文庲,柴文驷,柴良楫,倪登,徐端行,徐谷,徐敷言,徐徽言,徐绎,翁常,高公巘,高羲,高临,高俨,郭汝贤,郭安行,郭敦实,唐彦光,唐道,唐绩,唐顾言,凌唐佐,涂大任,陆恺,陆韶之,陈禾,陈次中,陈材,陈抃,陈武祐,陈坤吕,陈抱,陈侁,陈彦方,陈彦直,陈城,陈皋,陈高,陈雄,陈敦德,陈瑊,陈炜,陈辉,陈晔,陈适道,陈镬,陈锷,陈骥,陶旐,陶扩,孙安国,孙志康,孙昂,孙侑,孙宗鉴,孙康年,孙傅,孙潮,黄天衢,黄元,黄元庆,黄日新,黄伯思,黄沔,黄倚,黄唐俊,黄国镇,黄琮,黄无悔,黄无慝,黄诚,黄潜善,黄曦,黄晒,麦致远,曹中,曹辅,盛旦,常绩,娄眪,许中,许居仁,许宝文,张公厚,张公裕,张邦昌,张致远,张书言,张崇,张过,张遘,张勤,张渐,张谌,张缜,张劝,彭以功,叶秉圭,叶居申,叶彦谋,董正一,惠柔民,程不器,程商,程量,程舜霖,程廉,程迈,傅炳,傅谊夫,邹规,曾汝霖,曾安强,曾询,曾经,曾懋,冯伉,冯造,冯淮,冯轸,汤耘,汤书言,费若,蒲更,杨辰,杨道成,杨照,杨缥,虞沆,虞蕃,詹折,詹林,赵开,蔡翊,蔡峰,齐之礼,郑升之,郑均,郑修,郑晋,郑敏之,郑楫,郑与权,郑骧,熊安行,邓圆中,邓显道,翟汝文,楼弁,樊澥,刘允迪,刘允迪,刘安节,刘周,刘昺,刘彦敦,刘梦得,刘豫,骆祚久,萧韶,萧裦,萧俨,卢冕,钱克忠,钱随,锡充,邝彬,阎夷简,戴述,鞠杲,蓝奎,韩奕,魏贡,谢之才,谢孚,谢铉,聂堂,苏昌时,苏棫,苏烨,顾植,顾端礼,龚端。

诸科:龚允昌。

特奏名进士:方伯逢,方适,丘向,江既济,李文伯,李国良,李无双(误),吴稷,汪汝贤,宋直躬,宋瑢,林载华,神潜,姚振,倪仞,陈钺,陈谔,陈谞,黄侍举,黄章,黄适,叶宝臣,舒坦,刘炳,萧彬,卢机,韩光老。

特奏名诸科:许勘。(《宋登科记考》卷七)

补进士名录:其一,蔡靖。《石林燕语》卷四:“熙宁初,改经义取士,兴建太学。讫崇宁罢科,秋赋每榜魁,南省皆迭为得失。……李常宁、毕渐、李釜、蔡薿榜,章综、李朴、蔡靖、陈国林皆得。”

其二,周诜。《全宋文》卷五一一七周必大《曾南夫提举文集序》:“此吾先大父秦国公元符庚辰同年进士也。”又,《全宋文》卷五一二三周必大《跋初寮王左丞赠曾祖诗及竹林泉赋》:“大父太师与初寮先生同为元符庚辰进士。”《楼钥集》卷九八《周公神道碑》:“公讳必大……祖诜。”

其三,曹纬。《宋登科记考》卷九绍兴二十四年进士名录:“曹纬,字元象,一字彦文。颍昌府人。曹泳侄。”误。章定《名贤氏族言行类稿》卷一九:“曹纬字元象,颍昌人。元符三年擢进士第。”此曹纬,乃北宋末著名词人曹组兄,高宗年间大臣曹勋伯父。曹泳侄曹纬,秦桧去世后遭驳落,宋孝宗乾道三年特许其“赴乾道五年以后省试”(《宋会要·选举》四之三九)。乾道八年再中第。《宋登科记考》将两位曹纬混为一谈。

辨正:李无双,宋宁宗庆元五年己未科特奏名进士。《宋辽金元方志辑佚·南雄路志》:“李无双,己未科该覃恩升等,文林郎昌化军佥判。”(第807页)

余拂君厚,霅川人也。其居在汉铜官庙后,溪山环合。有相宅者言:“此地当出大魁。”君厚之父朝奉君云:“与其善之于一家,不若推之于一郡。”即迁其居于后,以其前地为乌程县学。不二三年,君厚为南宫魁,而莫俦、贾安宅继魁天下。(《春渚纪闻》卷一)

家兄门生有陆虞仲,崇宁初,同家兄赴省试。明日省榜出,是夜举子无睡者,惟虞仲酣寝如平日。黎明,报虞仲过,同舍皆噪以入,曰:“虞仲公过矣!”虞仲方觉,乃徐问曰:“彦发过否?”同舍曰:“偶遗。”虞仲曰:“彦发不过,吾事不可知矣。”复酣寝如初,人皆服其度量。……虞仲名韶之,即子正父也。(《北窗炙輠录》卷下。按:陆韶之是年中第。)

赵鼎臣《回贺李元量状元启》:右,某启:伏审简在上心,褒为举首,名光里选，声动士林，伏惟庆慰。窃以仕得志而可为，道将行其有命。夷吾干禄，三见逐而不容；稚圭穷经，九射策而乃中。故易失者圣人之日，难值者君子之时。未有奋起妙龄，超升上第，视青紫其若拾，逼云霄而已亲。沛然孰能御之？皜乎不可尚已。伏惟某官，学有家法，才高少时。议论屈老先生，交游皆前辈行。陈太丘之父子，羔雁成群；谢宣远之弟兄，华萼相饰。尝一战而已霸，洎再鼓而不衰。凛先多士之鸣，崛处诸儒之右。惟古三晋，实今两河。英豪尤盛于昔时，风采稍衰于近世。盖或以儒为戏，几且谓秦无人。幸闻擅场，足使增气。矧致身之若此，宜进德以何如？愿恢任重之图，以副仰高之望。某奇只不耦，约结亡奇。向缘檄于大邦，豫文于诸彦。嘉禾将御，辄先农父之尝；神龟效灵，偶出豫且之网。虽假手以何力，顾闻风而自倾。敢图谦冲，过用推致。鹪鹩既举，顾回首以何知；珍兔已羞，在敝蹄而可弃。窃深惭佩，靡罄叙陈。

赵鼎臣《回王履道先辈启》：右，某启：伏审策名英路，得隽贤科；昔之所期，今以为慰。惟邑里之轻重，视人物之盛衰。顾今中山，实古王国。山河控带，迹皆唐汉之陈；风气雅驯，俗有衣冠之旧。是宜多士，夫岂乏人？久乎寂寥，旷莫兴起。至乃阖郡无应书者累年，遂令后生益绝望于前辈。父老之所叹息，闾阎以为诮讥。傥非豪杰之才，孰鼓败衰之气？赖我良友，张吾此军。伏惟某官，行高乡评，学有师法。未任戴冠之日，已出惊人之鸣。曾屡鼓之不衰，殆百发而皆中。固宜决胜，谁与争锋？万钟何加我焉，一第盖愿子耳。某辱游最久，投分颇深。听伯牙之琴，旧已欣于同志；忘孟轲之寐，今尤喜于得人。敢图谦冲，特枉笺翰。方此逢辰之始，实惟事道之初。愿藏器以自珍，思为时而加饭。言非尽意，书岂能文？（以上均见《全宋文》卷二九七八）

石懋《谢及第启》：扬眉吐气，誓摩鹏翼之高程；血指汗颜，亦作龙门之下客。战之罪也，天实为之。窃以诗书无慕于功名，文艺久卑于器识。嵇康未尝挟策，豪伟横行于万人；相如不善决科，风采纵观于一座。历观慷慨可喜之士，类皆洒落不羁之才。扩闳灵府之宫庭，刷剔腐儒之章句。败编缺简，耻为纸上之尘言；名山大川，揽作胸中之秀气。平吞云梦而纵阔步，长揖乾坤之无四旁。盖抱其所得者骇世惊人，故施于有政者凌霄耸鼗。后世已矣，浇风奈何！本真烂熳于英华，名节飘浮于奔竞。伟服粲粲动数百群，枯肠寂寂无五千卷。安得巨力，障其颓波。幸逢君子之持盈，恭仰大人之继照。隆恩厚泽，蒸寰宇以交流；涣号温辞，杂歌声而四起。祖庆历宽平之治，重元丰教育之光。圣经无复面墙，童子皆能执笔。掀扬小技，叱迅雷浓雾之迟；敞豁大迷，睹白日青天之快。某也观此，居尝慨然。如切如磋，而师友起予；必躬必亲，而父兄诲我。奋发绵力，激昂壮心。知短晷之易流，惜亲时之难得。十年蒲叶，莫窥凤虎之文章；几度桃花，未耸蛟龙之头角。思慰双亲之愿望，辄干三岁之宾兴。获见收于卿大夫，遂入贡于春宗伯。况皇都搜拔之际，皆杰士奔腾而来。投五十犗之饵，以钓震海之鱼；开七百里之罗，以啖截云之翼。文决猛战，词森健锋。呜漏一残，绿袍烂拥。则有雄骜孟东野，汪洋韩退之。变化轰雷霆，光彩赫天地。掉臂旁若，峨冠自如。飞墨客之徽声，鼓丈夫之气焰。儒林根干，直欺山木之百围；笔阵波澜，倒泻银河之千尺。自笑浅识，轻追俊游。倾曦匿曜以迫逐钝辞，零雨其濛以催惊懦胆。吞声起而百官动，剑气冲而群怒张。焦唇燥吻者常然，舔笔含毫者屡矣。执卑凡自得之貌，而冰炭于时辈；饰怪险不媚之语，而锱铢于有司。置在末科，预知如此。盖伏遇某官，恢廓全度，掩包不能。凡为总角之儿童，亦识先生之姓字。谪仙之高吟，醉扫千首；焦遂之雄辩，卓惊四筵。傲视轩冕之傥来，急赋田园之归去。云泉漱玉，激幽人豹隐之情；腰带垂金，佩天子龙飞之渥。挈提后进，分贷余光。私怜谫薄之材，未免揶揄之笑。虽充唐彀，尚辱膺门。某敢不怀怯敌之余羞，勉力行之后学！妄贪寸禄，遂纡俗吏之青衫；谁识此心，长在古人之黄卷。(《全宋文》卷三〇三七)

王安中《谢及第启》：某启。三月二十三日，敕下礼部贡院放牒，蒙恩赐前件及第。四月二十九日，延和殿谢恩，仍当日释褐者。乡老宾能，已尘首举；春官奏艺，复玷乙科。仰承赐第之优，俯被章身之宠。祗膺甄奖，弥积凌兢。窃以国家之治乱惟人，世道之废兴有命。故立非常之事，必得非常之才；怀有为之资，必待有为之际。古今之理不异，彼此之势相须。以棫朴之能官，则文王以宁；以菁莪之乐育，则周士也贵。逮诸侯之割据，及战国之纷争。皇皇之人，犹且载质而出疆；区区之主，亦与分庭以抗礼。

盖上有好善忘势之诚意，虽管库俘囚之类，皆取而不疑；下无发策决科之空文，虽捭阖揣摩之言，尚近于可用。斯宗庙宾客所以各得其治，而草创润色所以不乏乎才。特无扶世导民之大猷，故有富国强兵之明验。去周浸远，由汉以还。德行道艺之书，略而不讲；经术词章之尚，更以相攻。或追雅颂之汪洋，或追圣神之恍惚。既践详延之地，均为进取之资。孰不可以得人，终亦见之行事。在当时之宠辱，实终已之枯荣。况设科至多，而进士最为高选；矧用人不一，而名公悉出此途。惟得贤则可立太平，惟吁俊则可尊上帝。大欲成庙堂之勋业，小欲著台阁之规模。自非天下之英才，曷副朝廷之本意？如某者，学不足以造道，器不足以适时。一乡偶擅于儒家，诸祖尽登于文学。遂服过庭之训，姑为挟策之游。然而亲侍无兼，既不能负笈裹粮以从师友；性资至介，又不能接席群君以处校庠。环堵以藏，坐井何见？谓当自勉，乃博观圣贤传记之书；耻不自能，乃兼为礼理声律之习。少也偶尔，长而适然。干名之来，试艺再更；志学之后，荐书四上。顾久嗟于不售，讵敢意于有成！志目中眉，竞悼初心之负；循顶至踵，尚荣今日之逢。共惟嗣圣仁明，辅臣忠厚。德隆上古，如成王文帝之时；道叶大中，兼嘉祐熙宁之政。实千载难逢之代，乃群英并进之秋。夫何鲰生，亦值亨合？此盖伏遇某官，诚存博爱，度极兼容。得循循诱人之方，有善善乐终之意。不与其退，固多场屋之光；先为之容，更及门墙之旧。遂令孱陋，辄预采收。惟古人之怀所知，宁有时已；虽君子不责其报，将如义何？退量匪堪，祇可自爱。无忘所学，岂惟遵官府之简书，不辱其门，安敢愧士林之风义？(《全宋文》卷三一五八)

是　月

三省言："试宏词知河中府录事参军、充兖州州学教授葛胜仲题曰：《瑞成殿芝草颂》、《代高丽王谢赐〈太平御览〉表》、《重摹太宗皇帝御飞白玉堂记》、《谕青唐种落檄》，考入次等，循一资。"(《宋会要·选举》一二之五)

葛胜仲《代高丽王谢赐〈太平御览〉表》：悃诚上诉，恳求秘府之文；恩渥继颁，曲徇殊邻之请。始终展诵，俯仰兢荣。中谢。窃以太宗皇帝自诚而明，惟睿作圣。师古而克永世，逊志而敏厥修。往行前言，已并包于圣学;博闻强识,更兼利于儒林。肆命词臣,广裒事类。囊括千经之蕴,网罗百氏之言。公孙数万之诡辞,披图可见;虞初九百之小说,开卷尽知。尝资睿览于西清,益萃灵辉于东壁。讨论至当,炳若丹青而不渝;伦类相从,焕乎朱紫之有别。论纂实繄于鸿博,流传尚隔于要荒。臣僻处小邦,粗惇末伎。在汉则伊秩尝闻于入学,于唐则吐蕃亦见于旧经。辄援旧比以上干,果奉睿恩而赐许。从沓简编之富,光华象纬之传。岂伊龙阁之珍藏,乃作鸡林之秘宝。兹盖伏遇皇帝陛下,深慈恤隐,宏量包荒。以孝奉先,故诞有前朝之美;以仁柔远,故曲从异域之求。念臣尝献于逸书,怜臣夙朝于北宇。申赐皇文之千卷,俾参旧约之八条。肆是误恩,猥沾遐裔。臣敢不敬铭厚赐,详绎群言。流播三韩,共仰文明之化;分传五族,俾知赉予之私。(《全宋文》卷三〇六六)

葛胜仲《重摹太宗皇帝御书飞白玉堂记》:绍圣初,天子躬亲听断,登用耆杰,协图康功,光昭祖宗之遗宪而崇起之。其大者固已措诸政教而福天下矣,其纤悉者亦欲恢显而不没也。于是翰苑之臣建言:“臣幸得以文墨俟罪禁近,国有宠恩侈赐,而湮汩不宣,无以夸艳等辈,臣之耻也。昔太宗赏飞白‘玉堂’等四字,惠贶词臣,而院榜未易,云章奎画,郁而不扬,殆无以荡天下耳目。臣愿敕有司,掇取‘玉堂’二字,临仿而揭之,俾观听者咸知太宗眷礼儒臣甚渥,且使臣等夙昔窥望,有荣耀焉。惟陛下幸察!”制曰:“可。”由是淳化睿藻,巍巍然玉堂之上矣。有旨命为文以献。臣窃惟太宗皇帝,手提干将,佐佑太祖,芟夷逋秽,荡五强寇如燎毛发。绍祚之始,独晋人未讫天诛,金鼓一临,蒲伏请命。余分闰位,既平既一;三辰宣精,戎貉轨道。农扈奏功,俗富无窭,熙熙乎纳俗轩农之右矣。固宜繁林药之观,盛金匏之奏,雍容无为,明示德意。而曾此弗乐也,方且恢儒右文,游意六籍,引天下瓌俊纳之禁途。机务间隙,则披怀虚己,与之推略坟索,严除西清,婆娑翰墨,伸纸濡笔,以贶赉臣下,咸足以寓惩戒而激忠谠。呜呼!其规摹深远哉!寻其宸画之工,前无伦对。心应手得,飞动变化,旁点斜阶,含蓄精意,八文六义,阴藏阳睹。殆非八十一家所能窥见仿佛,譬犹昭回之光下照群物烝烛,乌能抗之哉!初,苏易简以词学被眷遇,恩礼隆浃,他学士莫及。尝进《读翰林志》,上赐诗二章,因书四字宠之,谓曰:“异日为玉堂美事。”易简拜赐,即集僚佐,竞玩纵观。诏遣中谒者驰赐尊酒,日命内饔具膳。于时,大丞相李昉以下咸即席赋诗,以歆艳其宠。上曰:“讽卿等诗,益知儒墨之盛,而学士之荣也。”夫待之重则人不敢自轻,遇之勤则人不敢自懈。圣人盖将为后来劝,岂专为易简设哉!惟飞白始蔡邕,而唐文皇、高宗尝以赐刘洎、郝处俊,其迹虽与今略同,而轻重实不相准。盖太宗于洎,容其登床攫取,则礼废;高宗于处俊,以六翮待之,而缘事退斥,则恩亡。是皆琐琐不足望太宗余光,而字画工否,尚不论。呜呼!眷奖臣下,非太宗无以昭其仁;丕扬前美,非先帝无以笃其孝。凡我视草之吏,永敬之哉!臣愚贱,不能究尽圣德,姑记梗概云。臣谨记。(《全宋文》卷三〇七四)

葛胜仲《端诚殿芝草颂并序》:窃惟先皇帝临制海县十有六载,骏惠前烈,亿宁华戎。凡民所不便,若愿欲而未获者,罢行之。中外禔福,咸有惬志。旷典坠章,以次搜举。稽古礼文之事,雅垂意焉。绍圣制书若曰:“朕德不类,获执珪璧事上帝,常恐馨香无以交神明。惟躬祠泰坛,号国大祀,而前期斋祓,宫止帷帟,取具临时,已则废彻。玩岁愒日,苟偷弗虔如此,将何以配昭事而来福飨也哉!有司毋讳劳,其建宇以刬前陋。”工匠人既奉诏,则度地国南,经营结筑,丰显伉壮,华质适中,成于雍州荐玺之元年,而锡名“端诚”。日南至,上有事于南郊,大次小次,咸即新宫。于时,初阳晏温,荣光绕坛,槱烟既升,灌献竣事,幽灵肸响,百鬼迪尝,孚佑降康,简简著见。越明年夏六月,殿以产灵芝闻。舒彩扬华,映荡天宇,卓哉煌煌,图牒之上瑞,王者之伟观,不可贬已。彼有生于穹山峻壑,而荛夫牧人偶掇获之者,世犹族观聚叹,以为创见也。况乎云梢清跸,展寀紫坛,而上帝贶施,响答昭晰如此,其事岂特戋戋而已哉!噫!无诗歌以记馨烈,使芝房之奏专美前古,是殆司翰墨者过也。语曰:“君子有酒,小人击缶。”虽不可好,亦不可丑,徒取其意而已。臣愚过不自料,辄昧死再拜献颂,其辞曰:于铄圆精,临下有赫。厥棐惟忱,厥佑惟德。蓄藏休符,不轻付畀。阴骘监观,以待圣智。允文先王,君临昭代。敬迓天休,昭事匪懈。圆丘大报,将藏上仪。缊豫为纷,以虔以祇。帝曰帷宫,品式未备。往建斋祠,相我熙事。元符谒款,即于新宫。垓坛参陟,灌献有容。金枝玉梢,贰觞百末。肻萧始升，辟公对越。渎鬼岳祇，百神受职。灵斿晏娭，胙以元吉。煌煌灵芝，产于端诚。神仙之秀，瀛洲之英。蠲洁祥明，彤楹是托。走栱飞栌，辉映翕霍。菌蠢异状，或骈或离。厥色惟黄，表珍露奇。吐柯不凡，泛彩惟茂。蔓蔓九茎，蕤蕤三秀。神雀涵殿，青龙习阳。托质左陋，灵华不彰。紫脱匪珍，黄蓌匪异。历草佞枝，是掩是蔽。昔我章圣，登封岱宗。朱草荐祉，其报在功，于惟裕灵，肇建原庙。朱草荐祉，其报在孝。惟汉四世，亦生斋房。图牒披案，受福降康。宜作声歌，式荐妥侑。宜命绘素，式传永久。曰惟景亳，锡我神光。式今之瑞，与之相望。曰惟咸阳，胙我神玺。式今之瑞，与之兼美。天佑圣宋，子孙千亿。下臣作颂，以诏罔极。

(《全宋文》卷三〇七四)

葛胜仲《谢试宏词及三经义入等启》：享敝帚以千金，诚乖自见；取铅刀于一割，大竦众闻。感藏情途，愧溢眉宇。窃以唐室详于取士，词科尤盛得人。陆贽以建议而济兴元之功，李绛以忠谟而辅元和之治，杜遵素削权于诸镇，裴中立服叛于两河。巍峨勋庸，辉映简牍。乃若梦得夸毗于显仕，宗元附丽于要臣，科选虽优，操行何取？先帝懋廉能之众，诏书复词藻之科，文治猬兴，卿材辈出。大明继照，众畯鼎来；推择至公，劝奖尤厚。自非文列班、扬之伯仲，六籍探奇，学通游、夏之渊源，三冬擅富，服匿识单于之器，实沉穷大夏之神，则何以上副旁求，允膺妙简？如某者，会稡小伎，襬襶顽姿。风流莫篷于淹中，恢博顾惭于稷下。未识晏楹之奇字，迥殊汲冢之多闻。糟粕习传，岂免轮人之议；虫鱼缀缉，坐贻伧父之讥。迫就养于亲庭，勉争雄于场籍。怀铅学者，每玷上游；充赋王畿，屡尘第等。茂恩解褐，荣路彯缨。读书未逮于五千，补掾聊同于百六。栖栖奥渫，踽踽喧嚣。平亭日困于丹书，商榷浸疏于黄卷。聊吟《招隐》，屡作《抵疑》。耻为南郭之吹竽，每望西山而拄颊。静言计议，勉自激昂。汩没而抗尘，则殆昧乘时；进修而应令，则未为枉己。文战更思于借一，疲兵自贾于当千。髦士云翔，贵游波委。敏捷争先于倚马，华菁各擅于雕龙。岂期晚生，首玷清举。矧是二经之选，亦收　日之长。丹桂腾芳，已冒鲁山之一第；青钱中选，敢图阳峤之入科。揣分无堪，归恩有自。此盖伏遇某官，丕扬贤业，光辅圣时。务长育于人材，不遗忘于微贱。黍力吹于寒谷，芑过采于中乡。遂致琐材，获阶寸进。骏称千里，由吴坂之提撕；珍擅二都，本华阴之拂拭。某敢不退量侥冒，更务就将！不专事于辞华，益惇修于器业。黄香学浅，方求未见之书；任昉恩深，行献感知之赋。（《全宋文》卷三〇六八）

四　月

十八日，赐太学上舍生何大正同进士出身。以应诏上书可采，故赏之。（《宋会要·选举》九之一四）

二十一日，诏："特奏名进士、诸科，补授诸州助教，许遇赦召保注权入官，如文学例。"（《宋会要·选举》二之一三）

六　月

二十八日，诏："开封府进士许依旧发解，以一百人为额。"绍圣中罢开封府解额，并归太学，至是复之。（《宋会要·选举》一五之二七、二八）

七　月

二十五日，礼部言："国子监生员，乞将前举科场、后已曾在学一年、后请假、见上簿待阙生员，许令作在学人取应。"从之。（《宋会要·职官》二八之一四）

九　月

十五日，三省言："太学生自元祐改用诗赋以来，不得专意经术。又试补之际，察视不严，考校之官，不复精选，取人猥多，致后来补中之人，无阙可拨。动须岁月，方得入学。今既罢诗赋，专用经术，又拨开封府解额尽归太学，其在学解额既优，即所教养之士岂当尚如元丰兴学之初？应日前在学生，并乞重行补试。"诏："依元丰旧例，应系籍生员，今年冬及来春补外舍，并自朝廷差官考校。已系籍人，所取不得过三分，新补不得过一分半。已系籍人，经补试一次不中者，再试，并依新补人例。"（《宋会要·职官》二八之一四）

十 月

八日,诏:"太学上舍生并免再试,其恩例各依旧条。内舍人除元丰年升补人免试外,余并令再试。如再试中,即与依旧充内舍。所有今举得解生员,并元丰年补中外舍人,亦并免再试。"(《宋会要·职官》二八之一四)

十一月

二十七日,徐州州学教授范柔中言:"《春秋》之书,六经中独此经与《易》为全书。自熙宁、元丰以来,废经不讲,元祐中曾置,不久复罢。遂使学者不见天地之全,圣人之妙,深可痛惜。臣欲乞依旧立博士讲贯之,使孔子之志明于圣时,以慰学者之愿。"从之。(《宋会要·选举》三之五八)

宋哲宗年间

黄裳《谢赐贡举敕令表》:圣神吁俊,肇新贡士之规;郡国承流,幸拜成书之赐。中谢。伏以自古在昔,举贤与能,盖将图辅世长民之功,故必严循名责实之法。既因事而损益,亦视道之污隆。适丁甚盛之期,式备不刊之典。恭惟皇帝陛下,多能天纵,盛德日新。昭回之文,斧藻万物;渊懿之学,表章六经。首善师京,化成天下。念神考选才之制,资成周致治之方。遂推善述之心,爰下增修之诏。参稽载籍,敷绎旧章。条目纤微,虑无遗策;规模闳远,举必要终。臣贡自先朝,擢在多士。微生遭遇明恩,已愧于难酬;嗣圣缉熙成训,复叨于宠锡。退惟幸会,重积兢荣。奉以传家,敢怠为儒之业;勤于劝驾,庶逃旷职之愆。(《全宋文》卷二二四六)

孙实《台州州学登科题名记》:士有所见,则有所守;有所守,则有所建立。待文王而后兴者,凡民也;不待文王而兴者,豪杰也。方今庠序之教,周遍海宇,作成宾贡,岂皆待文王之凡民?盖豪杰之士游于斯,泳于斯,幸得时尔。神宗学政,舒王经术,今上以圣学缉熙之,真相以贤业弼亮之。上有所揆,下有所守,无非道德之治,性命之情。其所感化,何待镌谕?教授黄君作《诸生题名记》,亦建立之一端也。乃若贤能之书,故自有次第,学者当服膺之。(《全宋文》卷二八六二)

宋徽宗　建中靖国元年　辛巳(1101)

二　月

十二日,礼部言:"周杞、陈乞男无逸于元符三年秋赴郓州应进士举,准试院榜示称考中优等,于第三道策漏'谨对'二字,驳放。诣本部披陈,乞依脱字例发解。本部看详:举人试卷既已立定式目,自合一体。若有不依式书写,即恐暗作弊幸,最是紧切关防去处,与不干式样处脱误一二字事体不同。虽已引用前项朝旨告示施行外,窃虑向去诸路州军等处,亦有似此疑惑。今欲乞申明行下。"从之。(《宋会要·选举》四之一)

是　月

给事中上官均上奏曰:臣闻圣人择狂夫之言,好问至于刍荛者,乐于闻善也;诽谤之罪不诛者,欲以来直言也。盖君臣之势,隔如霄壤,进言直则有犯分之嫌,持论高则有出位之罪。畏嫌避罪,则爱身者熟视拱默而不敢论矣。政事有阙,偷安固禄而不敢论,则九重之奥、万事之机,安得闻欤?贾山有言:人主之威,非特雷霆势重,非特万钧开道,而求谏和颜色而受之,用其言而显其身,士犹恐惧而不敢自尽。况震之以威,压之以重,岂有不摧折者!如此,则人主不得闻其过失矣。圣人知尽言之难也,故赏谏臣以厉谀悦之臣,贷狂直以开正直之路。使工诵箴谏,瞽诵诗谏,公卿比谏,士传言谏,庶人谤于道,商贾议于市,所以集天下之善而成巍巍之功也。自陛下即位之初,开广言路,虚怀开览,择其可用者,赐官增秩,以奖其言。四方之士,欢欣鼓舞,人人出其所长,发其所蕴,露章抗疏,几无虚日。陛下神明天纵,道术精微,固所自得。至于政事之臧否,人臣之邪正,法宫之奥纤悉洞照者,殆亦收览众言之助也。臣以为进士殿举,比士大夫贬官,非轻罚也。张寅亮等疏愚狂瞽,诚不识朝廷忌讳,然志非怀邪,比庶人谤于道可也。今被之以重罚,疑非陛下开广言路之意。臣窃妄度陛下圣度容纳,非加怒于无知之小臣,特以其言有及执政之意,言涉犯分,故稍正刑罚,以明上下之体。然四方之远,难以户晓。必以为陛下前日许中外之人得上封事,既招其来,又罪其言,前日赏之,今日罪之,妄意朝廷有厌言之意。自中人以上,安宠顾利,政事之有缺,往往趑趄畏缩而不敢正议矣。且加罪一二进士,固未足惜,窃恐沮直臣之气,钳多士之口,自此始矣。臣以为狂言犯分,贷而不罪,其为害轻;诛责贱士,以沮直言,其为害大。臣愿陛下揆之圣心,权其轻重,更加矜容,以称陛下初政之意,以解四方之疑,天下幸甚!(《全宋文》卷二〇三六)

都水监丞李夷行乞:"复诗赋科,与经义并行。"彭汝霖劾夷行非所宜言,且云:"若不惩戒,则议欲坏神宗法度者接踵而起。"左仆射韩忠彦收其章不行。汝霖又言:"陛下方以继志述事为治,专用经术取士,而夷行狂瞽妄说,傥不明降指挥,则天下不知禁。"夷行遂罚金。(《太平治迹统类》卷二八)

三　月

十八日,礼部言:"太学博士张大亨称:'近复置《春秋》科。契勘:《春秋》正经内可为题者不多,乞于正经内《三传》解经处出题外,有缘经生文,即不系解经旨处更不出题。'礼部国子司业、太学博士同共议定:将中经各随大经分定,《春秋》兼《书》,《周礼》兼《易》,《礼记》兼《诗》。《春秋》于《三传》解经处出题,虽缘经生文,而不系解经旨处,不许一例出题。"从之。(《宋会要·选举》四之一、二)

是　月

三省言:"试宏词新信阳军司理参军晁咏之、敕赐进士出身程量、新颍昌府户曹参军孙宗鉴题曰:《皇帝展事于郊丘颂》、《代皇子谢赐生日礼表》、《诫谕守令劝课农桑》、《宗子学记》,考入次等,各循一资。"(《宋会要·选举》一二之五)

晁咏之《谢试中宏词启》:仕或为贫,则自鬻盖非获已;学当务本,虽屡中岂足言功?得非所宜,荣以为惧。窃以发天人之秘奥,陈道数之本原。

喻德意于四方,写英声于万世。仰参造化之灵气,是谓文章之极功。所以窥《雅》、《颂》之尊高,则商周之道德愈白;诵训诰之深博,则文、景之忠厚可知。苟其气质浅陋而已卑,则其事业湮泯而不显。盖国实须士,而治必尚文。此朝廷抡才之要津,而宏词设科之本意。故略其保任之法,使时不崇乎造请之风;而腆以推奖之方,使人自竭其磨砻之力。发于训戒,责相如视草之功;播于声诗,求子云奏赋之丽。载述以考叙事之法,表章以观应用之才。是所谓金马玉堂之文,岂容妄作;未尝窥石室柱史之藏,安得尸功?自非有妙当世之语言,乌足以中有司之尺度?如某者,受才甚下,涉道每疏。早预赏延,复尘科第。甘十年之不调,怅三釜之已违。似是马曹,恍复迷身于半世;不探虎穴,固知坎壈于穷途。旧学浸沉于尘埃,豪气遂移于忧患。骐骥久饿,谁为落毛?驽骀既疲,愈安伏枥。顾乏中人十家之产,可营负郭二顷之田。仲宝祖孙,未甘寂寞;西华兄弟,几至凋零。居有弗承之羞,敢怠必复之志?攘九折之臂,遂忘不武之惭;戛三咽之言,宁免无文之诮?岂期过听,俾效先鸣。此盖伏遇某官,协赞大中,作新多士。议论风采,四方仪型;教学陶钧,一世宗匠。方当崇起上臣事君之伟业,故不忍遗曲学泥古之空言。借以辉光,略其芜累。岂徒取其一日之所试,盖将责以终身之所成。某谨当不弃前修,更期来效。务求诸己,敢不敬业以乐群;无溺于文,庶几力行而造道。(《全宋文》卷二九〇九)

五　月

丙戌(二十六日),朝请郎梁宽言:"绍圣之初,奸臣特进,是时不惟朝廷之士革面迎合,虽田野书生,亦怀观望捭阖之术。举人毕渐,廷试对策,其心本欲附会时流,以窥上第。其间言语不顾轻重,有伤事体,传播四夷,所损不细。又如绍圣之际,方天若对策,其间以不诛南窜大臣家属为恨,以不没元祐公相家赀为惜。天若,闽中匹夫,于元祐大臣公卿有何宿憾!时以蔡卞用事,正持威柄,方务倾覆大臣,既欲行其妻父素志,又欲复其平日私仇。天若者,蔡京之门人,蔡卞之飞走也。鹰犬效力,仆妾事人,其言何所不至云云!伏见将来科诏不远,欲乞下礼部,每遇廷试,戒约举人立为法式,不得狂妄,不答所问。有违此者,罪在考官,然后罢黜此流,所贵少厚风俗。"(《长编拾补》卷一七)

十一月

二十三日,《冬祀赦文》:"应诸路进士、诸科,曾经熙宁六年以前省试下、元丰二年以前御试下,并进士、明经御试下三举、省试下五举,诸科御试下五举、省试下七举;及开封府、国子监进士、诸科,曾经元丰八年以前省试下、元祐三年以前御试下,并进士、明经御试下两举、省试下三举,诸科御试下四举、省试下五举,并与免将来文解。"(《宋会要·选举》一五之二八)

是　年

葛胜仲《勉夫示诗鸣其穷,甚哀,因次韵答之,极其贫悴之态,而卒勉之以科举,庶广其意也》:落落超余子,干时命未当。摧伤窘文阵,拓落尚书庠。赍货无山积,毛群欠谷量。蜗庐寒不展,龙具夜何长?牍谩三千富,年侵四十强。有车乘下泽,无梦入高唐。藜糗甘珍荐,桑枢自峻堂。书佣跧净院,舂赁寄修廊。异鬼时相笑,邻家许借光。低回涸辙鲋,进退触藩羊。原宪贫非病,荣期乐处常。财雄劣程郑,赀巨笑秦杨。甫里田多潦,浔阳径就荒。白驹嗟逸豫,黄鸟怨遗忘。薪乏支离束,钱空赵壹囊。晨餐烦乞米,夜读待然糠。词艺闻精敏,名声已激扬。登荣将赫奕,处困暂徊徨。志气宜轩翥,文辞忌怨伤。逐贫高赋就,丰廪换龟肠。(《全宋诗》卷一三六五)

元符、建中靖国年间

符、建间,有杭州学教授出《易》题,误写"坤为釜"作"金"字。一学生知其非,佯为未喻,怀经上请,教授因立义以酬之。生徐曰:"先生所读恐是建本,据此监本乃是'釜'字。"教授大惭,鸣鼓自罚三直。无名子以十七字诗云:"教授太昏沉,将'釜'却为'金',万福,你说《易》龚深。"龚原字深之,缙云人,尝著《易》书,舒王称之,后学之所宗也。然教授者,不久遂历清要,官至八座,近方殂谢。不欲显其姓名于此。姚祐尚书也。(《泊宅编》卷上)

三舍法行时,有教官出《易》义题云:"乾为金,坤又为金,何也?"诸生乃怀监本《易》至帘前请云："题有疑，请问。"教官作色曰："经义岂当上请？"诸生曰："若公试，固不敢。今乃私试，恐无害。"教官乃为讲解大概。诸生徐出监本，复请曰："先生恐是看了麻沙本。若监本，则坤为釜也。"教授皇恐，乃谢曰："某当罚。"即输罚，改题而止。然其后亦至通显。（《老学庵笔记》卷七）

熙宁以前，以诗赋取士，学者无不先遍读五经。余见前辈，虽无科名人，亦多能杂举五经。盖自幼学时习之尔，故终老不忘。自改经术，人之教子者，往往便以一经授之，他经纵读，亦不能精。其教之者，亦未必能皆读五经，故虽经书正文，亦率多遗误。尝有教官出《易》题云："乾为金，坤亦为金，何也？"举子不能晓，不免上请。则是出题时偶检福建本，坤为金字，本谬，忘其上两点也。又尝有秋试，问："井卦何以无彖？"亦是福建本所遗。（《石林燕语》卷八）

崇宁元年　壬午(1102)

二　月

十日,礼部言:“河中府进士常远猷状:‘先三次请到河中府文解,两次请到河南府文解,于今年六月内召保官二员,经汝州自陈,乞并叙归河中府一处,依条设后投纳免解文字。’看详:举人曾于他处得解,欲并叙举数归一处者,久来别无立定自陈日限。昨绍圣三年创立自陈日限,在于人情,亦容有所不知。乞行下河中府、河南府,保明无妄冒,先次出给公据,许令通理,经所属投下免解文字。如更有似此之人,在去年终以前陈乞者,令所属候今来指挥到院,限十日内勘会,保明申部。”从之。(《宋会要·选举》四之二)

三　月

三省言:“试宏词定州司法参军王云、敕同进士出身石忞、前衢州司理参军谢潜题曰:《代宰臣重修神宗皇帝御集表》、《玉磬铭》、《诫百官修举职事》、《重修秘阁记》,考入次等,各循一资。”(《宋会要·选举》一二之五、六)

六　月

二十九日,奉议郎、太学博士慕容彦逢言:“神宗皇帝以经术造士,故科举校所选之文,醇于义理,非深有得于经术者不能为也。绍圣纂承,惓惓以取士为先务。而元符之末,时事纷更,学校官稍非其选。或喜浮靡,或尚怪僻,或进纵横权变之学。其程文与上游者,传播四方,谓之新格。转相袭蹈,以投时好。陛下监观治体,灼见其原,追讲先猷,以幸教多士,固乡风承德矣。然余习犹未殄也。臣愿陛下因秋试进士,特诏有司,惩革其弊。其所取以义理为先,文采为后。凡浮辞僻论、踳驳不纯者,咸沮黜

之。庶几学者，唯义理之从，以副陛下继述神考造士之意。"诏："降付国学、开封发解所。"(《宋会要·选举》四之二)

七　月

二十八日，臣寮言："检会元符三年十一月从请置《春秋》博士，仍著令，听于《三传》出题，此殆失神考以经术造士之意也。窃惟《春秋》之经，其文约，其义隐，非与《鲁史》俱传，则当时事实莫可稽考。今事不书于正经，而出于《三传》所记述者多矣。其虚实是非，无自而知，将何以训迪多士，发明天下义理之蕴？此臣等所谓殆失神考以经术造士之意者也。乞诏进士勿治《春秋》，省博士增置员阙，正建议者罪，以定昭代继述之休。"诏："过今次科场罢。"(《宋会要·选举》四之二、三)

八　月

八日，礼部言："臣僚奏：五路诸科旧人见在应书者，今已无几。愿以所存进士解额悉解进士，使熙宁诱进诸科向习进士之意，至是始得纯一。欲遍行指挥，应有诸科解额今来无人取应者，并许并入进士解额。"从之。(《宋会要·选举》一五之二八)

十六日，臣寮言："乞检会元丰进士试论日兼试律义之文，参酌行之。此诚有助经术作人之道。"从之，仍后次科场施行。(《宋会要·选举》四之三)

甲戌(二十二日)，右仆射蔡京请："以学校为今日先务，乞天下并置学养士，如允所请，乞先次施行。一乞罢开封府解额，除量留五十人充开封府上着人取应外，余并改充天下贡士之数。所有诸州军额，各取三分之一添充贡士额。一，乞天下并置学养士，郡小或举人少，则令三二州学者聚学于一州。一，乞置州学，并差教授二员。一，乞增置田业养士，应本路常平户绝土田物业契勘合用数拨充，如不足，以诸色系省官田宅物业补足。一，乞以三舍考选法遍行天下，听每三年贡入太学，上舍试仍别为号令，为三等：若试中上等补充太学上舍，试中中等补充下等，试中下等者补充内舍，余为外舍生。虽补止及中下等，或不及等，及科举遗逸而学行为乡里所服，委知州、通判、监司，依贡士法贡人，委祭酒、司业、博士询考得实，当议量材录用。一，乞令郡守、监司保任贡士，若贡士到太学试中上等及考选升舍人多，即等第立法推赏。一，乞诸县置学于本县，委令佐擘画地利，及不系省杂收钱内桩充费用。一，乞学生自县学考选升州学。一，乞州县并置小学。一，乞并立学生在学升黜法。一，乞外任官子弟许入学，取应在外官子弟亲戚法。不合在本处取应者，许随处入学，即不升补与贡；在学迪及一年，给公据，许赴太学取应国子监解名。一，乞州县学职掌学谕、学长，许差特奏明人。一，乞禁不得教学生非经、史、子、书文字。"诏令讲议司立法颁降，仍差将作少监李诚于城南门外踏逐修置外学。(《长编拾补》卷二〇)

二十二日，宰臣蔡京等言："乞罢开封府解额，除量留五十人充开封府土著人取应外，余并改充天下贡士之数。诸州军额，各取三分之一，添充贡士额。乞天下并置学养士。郡小或应举人少，则令三二州学者聚学于一州置学。州并差教授，先置一员。在学生员及百人已上，申乞添置，不拘资序，并许选差。应元祐以来教授条制，更不施行。本路常平户绝田土物业，契勘养士合用数拨充。如不足，以诸色系官田宅物业补足。请以太学三舍校试法，删立颁降。升补为上舍生者，听每二年贡入太学，随太学上舍试，仍别为号。若试中上等，补充太学上舍中等；试中中等者，补充下等；试中下等者，补内舍。余为外舍生。虽不入等及科举遗逸而学行为乡里所服，委知州、通判、监司依贡士法贡人，委祭酒、司业、博士询考得实，当议量材录用。每路自朝廷选监司二人提举，知、通、令、佐仍每十日一诣学，监司一岁巡遍所部州学。凡贡士，自教授考选，推择申州，知州、通判审察，监司复按，监司、知州、通判连书闻奏，随奏遣赴太学。若所贡非其人，或应举而不贡，一等依律科罪。若贡士到太学试中上等及考选升舍人多，即等第立法推赏。请天下诸县皆置学，令佐掌之。学置长、谕各一人，并支俸禄。并职事人，相度随宜量置。除倚郭县不置外，有不置教授处，其州学听置，仍只依县学法。以知州、通判主之。及于本县委令佐擘画地利，及不系省杂收钱内桩充费用。诸学生在县学一年，学长、学谕考选行艺，报令、佐，审实申州，知、通验实，教授试其文艺，以入州学。不置教授州依此。应州县学生，若外舍在学实及二年，五犯规矩、两犯第三等已上罚，并五试不中第三等，而文艺无可取之实、行能无可教之资，立出学之法。则在学者不敢不勉，在外者有阙可试。既屏之出学，却许入县学。又三犯规矩、犯第三等已上罚，并五试不中第三等，则屏之出学。若犯杖已上罪，终身不齿，永不得入州县学。历在外官子弟亲戚，法不合在本处取应者，许随处入学。即不得升补与贡。在学通及一年，不犯第二等已上罚，给公据，许赴太学取应。国子监解名，知州、通判、教授选补职事不当，并依贡士法降二等坐之。请除见行书吏外，应邪说异书，悉不许教授。"从之。(《宋会要·崇儒》二之七、八、九)

二十二日甲戌，兴学校诏。诏曰："学校崇则德义著，德义著则风俗淳。故教养人材，为治世之急务。除京师置外学，待其岁考升之太学，已尝面谕外，余并依所陈，蔡京所请。仍讲议司立法颁付，礼部施行。"(《山堂考索》后集卷二八)

崇宁初，蔡京用事，章公惇谓客曰："蔡元长必行三舍，奈何?"客曰："三舍取士，《周官》宾兴之法，相公何为不取?"章曰："正如人家有百金之产，以其半请门客教弟子，非不是美事。但家计当何如?"闻者以为知言。(《高斋漫录》)

黄冕仲尚书，当徽宗之初，蔡元长议欲推行太学舍法于天下，裳谓："宜近不宜远，宜少不宜老，宜富不宜贫。不若遵祖宗旧章，以科举取士。"其后公私繁费，人不以为便，罢之。卒如公言。(《能改斋漫录》卷一三)

是　秋

李孝广崇宁间为成都漕，以点检邛州士人费义、韦直方私试试卷词理谤讪，庞汝翼课册，系元祐学术，诋元丰政事上闻，三人并窜广南。(《旧闻证误》卷三)

葛胜仲《送友赴试巨野，送之西门，时方有外舅之戚，极目无聊，归不得卧,作诗五首,却寄以风云入壮怀为韵》:三吴炊未熟,只命挈挈东。铅刀一何补,粮食赋颊宫。寥寥坐空庐,寂寞如扬雄。引脰望南境,不及马牛风。何如广文饭,终岁与子同。年颜吾老矣,痴愚心尚童。子虽齿发少,操行一老翁。岂独友于厚,政赖博我功。儒玄各精诣,衮衮倾谈丛。欲知不常处,乃在阿堵中。

此子早树立,抗志高浮云。委蛇处州巷,颇以隽秀闻。挟书从我游,追琢益自勤。便便经与史,用志初不分。疑篇了咄嗟,确论摧纷纭。文辞近道要,见者笔为焚。差肩鲁诸儒,蔼蔼扬清芬。秋风济阳战,足扫千人军。只今呼贺酒,伫子归策勋。

寒斋篁竹间,墙屋久不葺。旁穿及上漏,雨过满床湿。忍饥哦诗书,亭午或未粒。先生自不饱,濡沫岂能及?出门有纷奢,囊空自羞涩。世事不如意,八九更论十。问君胡不归,肄业乃其急。自言苦心志,更觉聪明入。谁能学仲卿,夜抱牛衣泣。说经已铿铿,青紫真可拾。

寥寥里选空,龊龊士风丧。狂澜欲东之,泛滥不可障。词场自衒鬻,相与计留放。夸毗徒一名,倾排至千状。不知厉术业,徒欲挤辈行。黄生独往资,风义古人抗。悠悠衰俗中,此士真可壮。

江南一纸书,沉忧割中怀。嗟予足忧患,生世苦不谐。匆匆子行色,适与远讣偕。破涕强出祖,尊酒不及排。还归坐讲肆,寒筱摇空斋。推门误相从,忽惊形影乖。谁云阻一舍,目断真天涯。念子早自力,清明播朋侪。触热赴夷路,跨马脚不鞋。自言取乡送,通显资其阶。临别何以赠,手板裁香楷。(《全宋诗》卷一三六二)

葛胜仲《青州试院次监门韵四首呈同事,李无咎补之签判,王柏立之、刘及至父二宰,郑与权存道司户,李致志道县丞》:朱颜幕府美如英,庇邑优闲闭讼庭。语掾气刚工论事,讲郎材拙只横经。相从此地初披雾,却望遥天想聚星。速发试题乘不备,毋令掩耳及惊霆。

东秦人士富豪英,乡老宾贤上帝庭。玉笋未知谁得地,金籯闻说剩通经。雄夸气各干云汉,妙制文多焕斗星。水镜诸公标鉴在,大声从此起非霆。

樽酒重阳泛菊英,此时应得到家庭。奔趋试席虽深贯,囚锁文闱苦未经。梦入故园时栩栩，愁侵衰鬓欲星星。评文赖有金闺彦，敏手从来号震霆。

前山云物望英英，拘窘无从出户庭。盖众未知除患术，居闲聊喜卫生经。客途淫滞将弥月，王事勤劳每戴星。已恨归期误占鹊，阿香何苦更飞霆。

葛胜仲《再次韵四首呈至父》其三、其四：文卷纵横未易名，欲搜佳笔送王庭。去留彼我心无著，工拙锱铢眼尽经。老信虚名真画饼，忙知急景甚飞星。自怜考阅专精甚，不觉猝然柱破霆。

披卷疲劳亦暂停，相携款睇聚闲庭。绘图细阅吴生品，茗盌分评陆子经。榜帖未应凭主第，文穷端已送奴星。毬场縈锁惊逾月，可信流光甚疾霆。

葛胜仲《出院有期呈同院二首》：门前舆马已纷纷，犹尔痴迷校艺文。山色未容飞盖赏，市声时得隔墙闻。裴头黄尾皆前定，王后卢前谩自分。颇忆安居卧斋榻，净看香雾起微焚。

旅怀牢落倦文场，宪网拘挛出处妨。眼力半消嫌夜烛，腰围顿减怯秋霜。到家会是扬三喜，取第谁同郭八郎？趣驾莫孤糕酒会，东篱菊蕊已金黄。

葛胜仲《次韵祝守康鹿鸣宴赠诸先辈》：清香画戟燕儒流，场籍英材喜博收。奋袖谈辞争落落，抠衣矩步更秋秋。新篇奖激华如衮，公议归怀缀若旒。蕊榜登荣即从政，定知果艺过由求。

观光六十富豪英，宾送春闱属巨卿。乐采旧知多藻茆，燕敖今喜食蒿苹。糊名选艺无私见，置醴优贤有颂声。成就旋归充贡职，鲁人歆艳始知荣。（以上均见《全宋诗》卷一三六五）

孙觌《送方嘉谟判官序》：崇宁元年秋，故司业方公自安吉宰持漕檄抵常州考进士试，今平江守大学士张公褒然为举首，而余亦在选中。时吾州之士群至于有司者三千人，乡老儒先以经义授诸生为领袖者盖以百数。余少年,贫甚,居闲碌碌,无可称道。一旦被搜选,荐名于礼部,闾里宗姻往往惊昧改观。予亦感励自奋,读书属文,不专治举子业。(《全宋文》卷三四七五)

十　月

二日,诏:"今后特奏名进士、诸科,并依绍圣四年二月二十三日指挥,并《元符令》施行。内州助教改为诸州参军,仍依州助教,不许出官。"(《宋会要·选举》二之一三)

戊辰(十七日),宰臣蔡京奏:"窃以周制大司乐掌成均之法,以治建国之学政。而王国之外,则党有庠,遂有序,卿大夫由是以兴贤能焉。故王制述四代之学,亦曰周人养国老于东胶,养庶老于虞庠,虞庠在国之西郊。先儒谓四代之学,或上西,或上东,或贵在国,或贵在郊,其制不一。要之,内外皆有学也。贾谊按《大戴礼》,以谓礼有五,学盖本诸此。历代唯唐贞观间,四夷皆遣子弟入学,国子监、三学之士至八千人。神宗皇帝元丰二年,始立太学,立三舍,分命师儒,以教养天下之士,盖有志于成周之宾兴贤能也。臣面奉德音,诏天下皆兴学贡士,仍建外学于王国之南。待其岁考行艺,升之太学,悉出陛下圣意。合于先王建学之制,而仰绍神宗皇帝之遗训,天下幸甚!今具外学条件如左:

一,国子祭酒总治外学事。今来既设外学,其官属欲增损,欲依下项人数立定员数。缘太学生将来减少,拨入外学,内外分为两学,亦须量增官员。今欲太学博士十二员,减六员为外学博士,增四员通作十员。太学正、录各五员,今欲减二员入外学,各增三员,通余五员。其余职事人亦仿此增减。外学官属,司业一人,丞一人,博士十人,学正五人,学录五人,职事人系学生充,学谕十人,直学二人。斋长每斋一人,斋谕每斋一人,外舍生三千人。

一,太学上舍一百人,内舍三百人。今诸路贡士既多,则上舍、内舍难拘旧额。欲候将来贡试到合格人,即增上舍作二百人,内舍作六百人。处上舍于太学,处外舍于外学。

一,外学置斋一百,讲堂四。每斋五间,三十人。

一，太学自讼斋，以待学生之不率教者，令移于外学别置。

一，外学生诸路贡到，并入外学，候依法考选，校试合格，升之太学，为上舍、内舍生。

一，见今太学外舍生，且令依旧法，在太学候。将来外学成日，别取指挥。

一，外学并依太学敕令格式施行。”从之。外学寻赐名辟雍。（《山堂考索》后集卷二八）

二十七日，宰臣蔡京言：“奉诏，天下皆兴学贡士，以三舍考选法遍行天下，听每三年贡入太学。上舍试仍别为考，分为三等。若试中上等，补充太学上舍；试中中等、下等者，补充内舍，余为外舍生。仍建外学于王国之南，待其岁考行艺，升之太学。今具外学条件：外学官属：司业一人、丞一人、博士十人、学正五人、学录五人，职事人系学生充。学录五人、学谕十人、直学二人，斋长、斋谕每斋各一人。外舍生三千人，太学上舍一百人，内舍三百人。欲候将来贡试到合格人，即增上舍作二百人，内舍作六百人。处上舍、内舍于太学，处外舍于外学。外学置斋一百，讲堂四，每斋五间，三十人。太学自讼斋合移于外学别置。诸路定到并入外学，候依法考选校试合格，升之太学，为上舍、内舍生。见今太学外舍生，且令依旧在太学，候将来外学成日，别取旨挥。外学并依太学敕令格式施行。”从之。（《宋会要·职官》二八之一五）

十一月

十二日，诏：“应宗室非袒免年二十五以上，许于礼部试经义或律义二道，取文理稍通者分两等，附进士榜，优异者取旨。其不能试，或试不中者，读律于礼部，别为奏名，止推一时之恩。勿著于令。”（《宋会要·选举》三二之五）

十二月

六日，试给事中王能甫言：“陛下明年临轩亲策进士，号为‘龙飞’。而预试于庭者，皆南省合格之士。南省合与不合，皆系于考校官之手。谨按：省试点检试卷官，名为点检，实预考校。除朝旨选差外，并主司奏辟。夫主司苟不能尽公，而或因亲戚，或缘故旧，不观其学术，不审其趣向，偶有出身，遂具闻奏，朝廷因是差焉。而一失其人，则安在其为取士以称陛下'龙飞'之时哉？欲将来点检官，除朝旨选差外，令主司于曾充太学上舍、内舍并学谕以上职事人，及于殿试第一甲、省试、府监发解十人内举辟。如上件人数不足，即以近离科场、久有声称人。所贵考校至精，无负多士进身之望。"从之。(《宋会要·选举》一九之二一)

是　年

崇宁初，薛门下昂为司成，士人程文有用史记西汉语者，薛辄黜落。元符中，尝上殿乞罢史学。(《能改斋漫录卷一二》)

徽宗朝增神宗教养选举法。尚书右仆射蔡京等言："伏考：宗室在祖宗朝制禄盖寡，至仁宗时，始除南班官，自率府、副率凡五、六迁，遂至正任。承平日久，皇支浸繁，神宗皇帝乃下诏书，别其亲疏，异其等杀，遂断自祖宗袒免亲，罢补环卫之官，尽除班行名目。袒免以外，更不赐名授官，止许应举。自熙宁至今，宗室人无官者已一千五百余人，宗女之未嫁者亦千五百有奇，皆宣祖、太祖之裔，或有贫困失所者。臣等伏考神宗诏书，盖为袒免既已赐名授官，若愿应举者自当依进士法。其非袒免既不赐名授官，故止令量试艺业，即推恩数，非若应进士举之难也。至于年长累试不中，则又有特与推恩、量材录用之制，则随其材器，收录尽矣。至于世数稍远及贫无依者，则又赐田存恤有差。逮元祐纷更，废量试之法，改依进士科举之制，是以自熙宁至元符初三十余年，中科举者才二十余人。既废量试之法，亦未尝有以年长推恩者。赐田之令，徒为虚文，虽有量给钱米之法，未能周济其乏，遂致宗室不能自给。臣等谨追考神宗诏书，推原本旨，稽之往者，增以当今所可行者，谨条具如右：一，非袒免亲，乃祖宗六世孙。伏请将上件服属宗室二十五以上者，今次许于礼部投状，试经义或律义一道，以文理稍通者为合格，分为两等，候至来春，附进士榜推恩内。文艺优长者，临时取旨。其不能试或试不中者，并赴礼部书家状，读律，列作一项奏名。"(《宋朝事实》卷八)

琼州进士姜唐佐，东坡极爱之，赠之诗曰："沧海何曾断地脉，白袍端合破天荒。"且告之曰："子异日登科，当为子成此篇。"及唐佐预广州计偕，过汝阳，见子由，时东坡已下世矣。子由因为足成其篇云："生长茅间有异方，风流稷下古诸姜。适从琼管鱼龙窟，秀出羊城翰墨场。沧海何曾断地脉，白袍端合破天荒。锦衣他日千人看，始信东坡眼力长。"唐佐是年省闱不利，则有负于锦衣之祝矣。(《韵语阳秋》卷一八)

徐遹《赋六人同舟赴省举》：陈李张黄苏与周，更添徐子分相投。竹林风月连三郡，北宿光芒聚一舟。作者定知同议论，争臣顿是合谋猷。胸中各有平津策，此去知谁作状头？(《全宋诗》卷一一九〇)

崇宁二年　癸未(1103)

正　月

十八日，以兵部尚书安惇权知贡举，尚书吏部侍郎刘拯、尚书吏部侍郎邓洵武、尚书兵部侍郎范致虚权同知贡举，合格奏名进士五百三十八人。(《宋会要·选举》一之一三)

崇宁二年霍侍郎端友榜，吾为省试点检官，安枢密处厚为主文，与先君善，一见以子弟待吾。处厚前坐绍圣间从官，放归田里，至是以兵部尚书召还朝。尝中夜召吾语，因曰："吾更祸重矣！将何以善后？"吾曰："公不闻蔺相如、廉颇、郭汾阳、李临淮、张保皋、郑年事乎？缙绅之祸，连结不解，非特各敝其身，国亦敝矣。公但能一切忘旧怨，以李文饶为戒，祸何从及？"处厚意动，矍然起，执吾手步庭下。时正月望夜，月正中，仰视星斗灿然。以手指天曰："此实吾心。"因问此六人大略，曰："四人者，吾知之。独不记保皋与年为何事？"吾言杜牧之所书《新史略》载之矣。还坐室中，取《唐书》检视。久之，曰："吾未有策题，便当著此，以信吾志。"遂论六人以策进士。(《避暑录话》卷三)

叶少蕴云：翟公巽作文艰得，然得必奇也。在西掖时，以草辞迟罚铜。崇宁间，与予同在试院。逼晚，商量作策题，以冗官为问。及晓问之，云："一夜仅成四句，云：'太平日久，人乐仕进。可为朝廷庆者一，可为有司虑者二。'"虽止四句，然实佳作也。(《能改斋漫录》卷一四)

二十五日，曲赦荆湖南北路："应本路进士省试下四举、御试下两举，诸科省试下五举、御试下四举，并特免将来文解。"(《宋会要·选举》一五之二八)

三　月

乙酉(六日),讲议司言:"诸路州学生,以前举终场人数二百人以上,以一百人为额,数少者,以二州或三州并附一州聚学。今聚学尚有不及二百人之处,即于法未有定额,欲将所并聚学并旧有教授不及二百人之处,听以前举终场三分之二立为定额。其上舍、内舍及拨定人,并视一百人之额随数减定。"从之。(《长编拾补》卷二一)

八日,上御集英殿,试礼部奏名进士。内出制策曰:"昔者圣人之用天下也,任之以道,立之以政,乂之以人。故敷五典则逊,修九功则叙,迪百工则厘,绥四夷则服。朕甚慕焉,而未知所以为此之方。永惟先帝盛德大烈,施及后世博矣!追而复之,罔敢坠失。盖以恩睦族,故为之品制禄秩而辨亲疏之等;以经造士,故为之众建师儒而兴庠序之教。平其市价,通其有无,以修理财之政;明其功赏,复其境土,以宣御戎之威;彰善瘅恶,以明君臣父子兄弟之义。凡此于朕志,谓庶乎其可矣!然而道德之难明,风俗之不一,何也?仪刑缉熙,欲其效见有加,而泽被生民,赖及万世,则必有道以致于斯也。子大夫其悉意为朕言之,无隐。"得霍端友已下五百三十八人,并赐及第、出身、同出身特奏第一名赐及第,余阙。(《宋会要·选举》七之三一)

亲试举人。赐霍端友以下五百余人及第有差。时李阶为礼部进士第一,深之子,而陈瓘之甥也。特奏名安忱对策云:"使党人之子阶魁南宫多士,无以示天下。"遂夺阶出身,而赐忱第。忱,惇兄也。又黄定等十八人,皆上书入邪等,上临轩召谓之曰:"卿等攻朕短可也,神宗、哲宗何负于卿等?"亦并黜之。后因大观四年赦,并与改官。(《编年备要》卷二六)

进士名录:霍端友,蔡佃,张守,丁挈,刁湜,王大年,王元石,王介寿,王公旦,王仲瑄,王次翁,王庚,王昭,王恬,王耆,王莱,王国光,王许,王云,王棐,王傅燮,王照,王福,王赏,毛贯之,勾涛,文彦明,文崇礼,方时可,方符,方喆,方赫,方訚,方叡,艾晟,古洵直,石彦和,史汝士,成巳,曲全昌,吕用闻,吕修卿,朱种,朱纮,朱蒙正,朱玶,任稼,任豫,江去惑,江汝极,江汝为,江汝弼,江信,宇文粹中,阮天辅,牟邦基,杜杰,李天植,李元,李兆,李充,李林,李育,李承,李彦升,李阶,李森,李敞,李熙靖,李端彦,李傅,李观,求元忠,吴升,吴作德,吴况,吴格,吴迁,吴锌,何天衢,何泳,何亮,何景仁,余秉,余彦,余敛,汪次言,汪伯彦,汪度,汪哲,汪藻,沈思,沈纯道,沈玮,沈经,宋天骥,邵林,邵珪,邵哲,苗安世,林廷彦,林抃,林作乂,林思明,林景渊,林震,卓毅夫,季守经,侍其瑀,金党,周铢,周随亨,周丰载,宗彦圣,孟庾,郝隆,胡交修,胡侔,胡刚中,胡国瑞,胡愈,胡赓,胡献可,柳允谐,侯明,侯敌,施衍,洪遘,祝伯瑜,姚棐忱,马鹏,秦忠,袁公概,袁仲规,袁植,莫汝明,夏骏,柴授之,柴援,徐公佐,徐孝闻,徐思,徐敏之,徐楫,徐质夫,翁珪,留阮,高迈,郭大受,郭元卿,郭允中,郭阜,郭信志,郭伦,郭执中,郭进修,郭齐年,郭颐,唐竦,陆汉卿,陆藻,陈天禧,陈公彦,陈由,陈伯牛,陈亨衢,陈宗孟,陈宗哲,陈禹叟,陈彦弼,陈洛书,陈惟刚,陈筑,陈乐天,陈涛,陶师道,孙近,孙陶,孙琳,黄公概,黄正彦,黄平,黄仲良,黄昌朝,黄昌衡,黄冽,黄炳,黄升,黄唐传,黄会极,黄塍,黄懋,曹中,曹夬,曹钦承,曹迁,曹襄,盛子充,盛良贵,常镇,崔百胜,崔伯乘,许份,梁成,张大任,张天民,张仁,张公庠,张公裕,张公黻,张汝舟,张安行,张安节,张固,张官,张相,张振,张著,张湍,张瑜,张维,张献臣,彭俊民,叶中行,叶杞,叶兑,叶祖义,叶焕,叶视,叶预,董之才,董天隐,董有林,董攸,程沆,程棣,邹霁,曾班,曾晏,曾益柔,曾开,曾弼,冯玠,冯师仲,冯适,汤纯臣,温威,费季真,杨三锡,杨天倪,杨明,杨桂,杨时,杨授,杨钺,虞用,虞思,詹大声,詹至,雍孝闻(误),雍钺,褚覃,赵滋,赵辅,赵霄,赵霖,蔡兴祖,蔡兴国,郑南卿,郑俊民,郑雄飞,邓时可,邓渊,欧阳言,欧阳琚,欧阳戬,黎简能,刘南立,刘湜,刘询,刘倜,刘谅,刘谊,潘兑,练干誉,骆谷,薛良显,钱远猷,鲍汝洵,韩谨,钟振,谢良佐,谢穆,应廓,严挺民,顾天倪。

特奏名进士:彭路,王孳,王震,朱宗愈,安忱,阮辂,李王佐,吴颙,汪滋,林安义,翁师回,郭郊,陈中,陈宜民,陈兼,陈从义,陈寿朋,陈济,陈灌,黄鉴,张伯立,张致麟,杨懿孺,赵逢,郑孚,郑震,缪昌道。(《宋登科记考》卷八)

补进士名录:其一,赵徽之。《全宋文》卷二九三九慕容彦逢《宗室故怀州防御使河内侯墓志铭》:"公讳徽之,字天和。……崇宁二年举进士。"

其二,文正思。《宋登科记考》卷八将其系于崇宁五年进士名录,误。《全宋文》卷四〇九一郭由中《范氏墓志铭》:"故文林郎、兴州州学校教授文正思致道之夫人范氏……教授公擢崇宁龙飞进士第。"

其三,陈敏。《宋辽金元方志辑佚·毗陵志》:"陈敏,乔六世孙也。登崇宁三年第。"(第237页。按:崇宁三年非科举年,当为崇宁二年之误。)

补特奏名进士:徐遹,特奏名进士第一人。《墨庄漫录》卷九:"徐遹子,闽人。博学尚气,累举不捷,久困场屋。崇宁二年,为特奏名魁,时已老矣。赴闻喜赐宴于琼林苑,归骑过平康狭邪之所,同年所簪花多为群倡所求,惟遹至所寓,花乃独存。因戏题一绝云:'白马青衫老得官,琼林宴罢酒肠宽。平康过尽无人问,留得宫花醒后看。'"

辨正:雍孝闻,此年殿试被窜海外,未登第。《挥麈前录》卷二:"雍孝闻,蜀士之秀也。元符末,有声太学,学者推重之。崇宁初,省试奏名第一。前此屡上封事剀切,九重固已默识其名。至是,殿策中力诋二蔡及时政未便者,徽宗大怒,减死窜海外。"

李偕晋祖,陈莹中之甥也。尝言其初被荐赴试南宫。试罢,梦访其同舍陈元仲,既相揖,而陈手执一黄背书,若书肆所市时文者,顾视不辍,略不与客言。晋祖心怒其不见待,即前夺其书曰:"我意相念,故来访子,子岂不能辍书相语也!"元仲置书似略转首,已而复视书如初。晋祖复前夺书而语曰:"子竟不我谈,我去矣。"元仲徐授其书于晋祖曰:"子无怒我乎,视此,乃今岁南省魁选之文也。"晋祖视之,即其程文,三场皆在,而前书云:"别试所第一人李偕。"方欲更视其后,梦觉。闻扣户之声,报者至焉。后刊新进士程文,其帙与梦中所见,无纤毫异者。(《春渚纪闻》卷一)

毗陵李端行与乡人霍端友同在太学。时霍四十余矣,一日倦卧,忽起坐微笑。端行询之,霍云:"我适睡,闻窗外有人云:'霍端友,子明年作状头。’故自笑也。”端行素轻之，因谓之曰：“尔迟暮至此，得一第幸甚，若果为大魁，则何天下乏才之如此也！”既而，二人俱中礼部选，御试唱第之次，端行志锐，意望魁甲。即前立以俟胪传，忽闻唱“霍端友”，而色若死灰矣。(《春渚纪闻》卷二)

(王)耆初及第，岐公长子仲修作诗庆之曰：“锡宴便倾光禄酒，赐袍还照上林花。衣冠盛事堪书日，六世词科只一家！”(《鸡肋编》卷中)

试院官旧不为小录。崇宁初，霍端友榜，安枢密惇知举，始创为之。余时为检点试卷官，自后遂为故事。进士小录，具生月日时者，叙齿也。安喜考命，时考官有善谈命者数人，安日使论之，故亦具生月日时，则过矣。(《石林燕语》卷五)

琼林锡宴，酒半，上方赐冰状元霍公端友，属公(汪藻)表谢，授纸笔立就，如素习，一坐叹惊。(《全宋文》卷三四八八孙觌《汪君墓志铭》)

汪彦章四六之工，自少年即妙。崇宁二年霍端友榜琼林苑宴，谢颁冰，彦章作谢表，有云：“使嗽润而吭清，得除烦而涤秽。顺时致养，俯同《豳》雅之春开；受命知荣，固异卫人之夕饮。”又云：“深防履薄之危，不昧至坚之渐。子孙传诵，记御林金碗之香；生死不忘，动宫井玉壶之洁。”(《墨庄漫录》卷一〇)

蔡京与(蔡襄)同郡而晚出，欲附名阀，自谓为族弟。政和(按：当为崇宁之误)初，襄孙佃廷试唱名，居举首，京侍殿上，以族孙引嫌，降为第二，佃终身恨之。(《宋史》卷三二〇)

邹浩《闻霍仁仲唱名第一》：吾乡魁选久萧条，深喜高才偶圣朝。天子六龙飞紫极，状元一鹗奋丹霄。拜亲此日荣谁及，报国他时事更超。四海欢然重改观，常州真是出英标。(《全宋诗》卷一二四一)

张守《谢第三人及第启》：自惟陋质，偶中巍科。顾此遭逢，出于幸会。窃以六艺之学，自昔以传道；三代之上，无意于为文。道既失而章句始兴，文浸隆而理义愈晦。上则设为科目，以取天下之士；士则竞驰枝叶，以应县官之须。随时抑扬，与世驰逐。苟以哗言取众，不知其非；争为巧说便词，用以自售。明经者但怀青紫之意，稽古者乃贪车服之荣。以彼其人，初若可用；既施于事，颇或不然。盖夫实不出而唯名之求，利既胜而于道为病。今天子励精求治，崇化尚贤。务惟要政之谋，闵兹气俗之陋。俾造大朝承圣问，勿事虚文；方下明诏发德音，讵应故事。所宜各露肝胆，著在简编；科别其条，尽言无讳。上副咨询之意，敢怀利禄之图。而某性本蠢愚，身更贫困。窃习《易》象之奥，精识圣经之微。谓开物成务尽备于此书，而极深研几斯可以御世。盖尝探赜索隐，俯察仰观。内揆一身，外稽万事。乃知文武之道未坠而犹存，不归尧舜之君持是而安往。幸因策试，获事圣明，自信于衷，敢肆其说。内既深惭于猥并，众犹或病其阔疏。窃忧稚圭之文，有不应于卑令；又惧公孙之第，且见贬于太常。岂期偶当上心，遽蒙亲擢。处之数百辈之上，独在二三人之中。重以不才，夫何所取？得之非意，可谓至荣。此盖伏遇某官，亲秉国钧，上毗王政。居然化育，遂兹品物之宜；凡所称量，妙尽权衡之信。故令幺么，显与甄收。某谨当自省初心，无忘故守。学几四十，虽未登无大过之年；德罔二三，亦庶几不远复之吉。或晚成于器业，庶仰答于私恩。

张守《谢及第启》：猥以琐材，滥登黄甲。自惟何者，曷克居兹？窃以道德之科，固有次第；文艺之事，至为浅微。虽在古则圣人之所弗先，于今则儒者于此可见。国家稽仿前制，课试诸生。苟无能称，类皆罢黜；凡其尤异，颇不弃捐。惟去留尽出于至公，而上下莫容于私意。故失之者不敢有怨，而得之者无所归恩。此本朝立法之良，于进士得人为盛。如某者，素不事学，何所取材！经固弗明，道未有见。至于自苦志力，而莫致稽古之效；粗修章句，而一无应敌之能。所以十年之间，屡鼓不胜。幸其气之尚盛，不至三竭而再衰。顾于文则已卑，仅出二中而四下。况复年龄已壮，时命未遭。闵岁月以如流，恐功名之不立。抱其穷拙，将老丘园；乃有夤缘，获见天日。方主上内惧有阙，退托不能，亲屈帝尊，下询治道。众所条对，皆可施行。而某以朴野固陋之人，奉盛大高明之问，怵惕危厉，不知所言，蔽罔迁延，几至失次。本已无心于上第，何惭尚列于丙科？视彼在前，邈焉勿及。使他人处此，或悔其大谬不然；而以某居之，则固亦甚喜其过望。此盖伏遇某官，主持王化，乐育人材。行以至诚，非但崇于空语；稽诸故事，固不止于具文。方将猎天下之英，览国中之秀，皆归录用，唯所指呼。致此凡庸，亦蒙甄取。唯兼收并蓄，愿推君子之广心，而报德酬言，敢负小人之素志。

张守《谢及第启受荫人》：猥以不材，获与诸生之列；自惟何幸，辄叨六艺之科。匪实其能，于兹有愧。窃以进士之选，为法最详，得人之多，莫此为盛。初以待未命之士，而不及已仕之人。顾于收材，或有未尽，又为之制，以广其求。虽既与于官联，苟未登于名第，许从韦布之列，同奏翰墨之功。所以执经相高，习业愈众。如某者，幸蒙世赏，不废父书。粗知师友之渊源，未究天人之分际。唯恐典型之失，弗克继于老成。故于礼乐之间，每务从于先进。然常持所学，见黜有司，姑息一惭，敢怀二事！至于屡辱，不以为尤。况夫平世之尚文，时乃异人之间出。风声所暨，造化一新。其有所长，孰不愿试？安能碌碌于俗吏，未肯没没以终身。某窃伏思维，深自砥砺。宁知将老，仅克有成。兹盖伏遇某官，道大经邦，德隆辅世。薰陶品类，盎然元气之中；教育人材，浸如时雨之化。致此庸陋，能与选收。昔德裕不喜决科，兹实太高之论；而王吉欲除任子，病夫不学之流。某志在适中，善惟从众。不敢为唐贤之异，而或免汉人之非。将益行其所知，庶以报于有德。(以上均见《全宋文》卷三七九二)

张守《祭胡尚书文》：昔在崇宁，射策紫宸，同里同年，十有六人。阅岁四十，生存无几，公与孙公，暨余而止。(《全宋文》卷三七九五)

是　月

贡院言："试宏词儒林郎新耀州州学教授祝天辅、登州防御推官知会州新会县杜林题曰：《崇宁圣德颂》、《重修都亭驿记》、《代宰臣贺庆云见表》、《占天万年历序》，考入次等，各循一资。"(《宋会要·选举》一二之六)

四　月

辛亥(八日),诏:"府界诸路提举学事司契勘,逐县粮如有余剩,即许额外增养学生。"(《山堂考索》后集卷二七)

二十一日,《赦书》:"除兴庆军进士、诸科元符三年十一月五日已降指挥外,兴仁、隆德军到省进士两举、诸科三举,并与免将来文解一次。"(《宋会要·选举》一五之二八)

六　月

四日,赐尚书右司员外郎林摅进士出身。(《宋会要·选举》九之一四)

八日,礼部言:"添修到《崇宁贡举通用式》,犯不考条内,添入'义、论、策卷辄作歌辞、画挂之类'一十二字,别不冲改前后条贯。"从之。(《宋会要·选举》四之三)

九　月

十日,臣僚言:"窃谓使士知经,咸欲如元丰之盛,莫若取诸经时文印板,一切焚毁。今后除府监发解、省试并太学补试、公私试第一名经义,方许印行,其余悉不得贾售杂乱。仍行下国子监,严立科条,开封府常切检察。"从之。(《宋会要·选举》四之三)

崇宁三年　甲申(1104)

正　月

己丑(十四日),诏:“诸路增县学子弟员。大县五十人,中县四十人,小县三十人。”(《山堂考索》后集卷二七)

癸巳(十八日),中书省勘会:“天下已置学养士。士在学校,月书岁考,行艺纯备,方与入贡,其选颇艰。而科举取一日之长,人乐侥幸,众易以趋。故异意与怠惰之人多惮于入学,甚失朝廷教养之意。”诏:“五路学生在学一年,方许取应。余路在学半年,仍通县学月日。即取应人众而学校所养数少,虽令在学半年,其不在学之人尚多者,仰学事司较量相度闻奏。”(《山堂考索》后集卷二七)

十九日,赐通直郎、鸿胪寺丞蔡攸进士出身,仍除秘书省秘书郎。以上殿应对详明,该博儒雅,诏特赐也。(《宋会要·选举》九之一四)

二十六日,诏:“岁考、月书,乡举里选之法,以其间有未便事节,近委有司别行讲究。虑修立法度忽遽,未易成就,犹须宽假岁月,精加考求。期于协顺人情,选拔寒乡俊秀而后已。所有后来科场,可更令参以科举取士一次。”(《宋会要·选举》四之三)

癸丑(按:是月丙子朔,无癸丑日,当为癸卯之误。癸卯,二十八日),中书省勘会:“天下已置学养士,士在学校,月书季考,行艺纯备,方与入贡,其选颇艰。而科举取一日之长,人乐侥幸,众易以趋。故异意与怠惰之人,多惮于入学,甚失朝廷教养之意。”诏:“五路学生在州学一年方许取应。余路在学半年,仍通县学月日,即取应人众而学校所养数少,虽令在学半年,其不在学之人尚多者,仰学事司较量相度闻奏。”(《长编拾补》卷二三)

九　月

壬辰(二十二日),诏:“诸州学别为斋舍,教养材武之士。随人数多寡,许令入学,并依进士法。其考选较试,并补取。”令武学条制,别看详修立颁下。(《山堂考索》后集卷二九)

三十日,赐宣义郎陈彦文进士出身,为尚书屯田员外郎。(《宋会要·选举》九之一四)

十一月

甲戌(四日),幸太学,遂幸辟雍。诏:学生郑南等十有六人授官,余免省试、免文解,恩赐有差。(《山堂考索》后集卷二七)

幸太学及辟雍。官论定之士十六人。(《编年备要》卷二七)

贡士,知举官阙,合格贡士一十六人。(《宋会要·选举》一之一三)

合格贡士:郑南,方闻,朱丁(误),汪致平,吴揆,林徽之,崔珏,叶祖义,程振。(《宋登科记考》卷八)

补贡士名录:其一,赵滋。《宋登科记考》卷八崇宁二年进士名录载有赵滋,或为同一人。《崇宁三年太学上舍题名序》:“崇宁三年十一月四日……躬幸太学,取论最之士十有六人……郑南,程振,赵滋,刘嗣明,吴揆,赵熙,崔珏,张绰,方开,李会,戴欣,叶祖义,江致平,林徽之,乔孝纯,胡尚文。”(《〈宋登科记考〉拾补——以碑刻文献为中心》)

其二,刘嗣明。同上。

其三,赵熙。同上。

其四,张绰。同上。

其五,李会。《宋登科记考·附录》:"李会,横州人,绍兴中登进士第。"当为另一人。(《〈宋登科记考〉拾补——以碑刻文献为中心》)

其六,戴欣。同上。

其七,乔孝纯。同上。

其八,胡尚文。同上。

辨正:朱丁,非此年贡士,详见上条资料。

丁亥(十七日),诏曰:"惟昔神考,尝议以三舍取士,而罢州郡科举之令。其法始于畿甸,而未及行于郡国。肆朕纂图制,诏有司讲议其方,成书来上,悉推行之。设辟雍于国郊,以待士之升贡者。礼文咸举,制度大略。乃择日,谒款先圣,临幸黉舍,延见诸生。择其当论选者而官之,增秩博士,加恩子弟,朕所以劝励学者可谓至矣。然今州郡犹以科举取士,而学校之法不得专行。故士心所向未一,岂朕之意哉!其诏天下,除将来科场如故外,并罢州军发解及省试法,其取士并由学校升贡。庶几洽往古作人之隆,绍先帝造士之美,以称朕图治之意。"(《山堂考索》后集卷二八)

十七日,诏曰:"神考尝议以三舍取士,而罢州郡科举之令。其法始于畿甸,而未及行于郡国。肆朕纂图,悉推行之。设辟雍于国郊,以待士升贡者,礼文咸举,制度大备。然今州郡犹以科举取士,而学校之法不得以颛行,故士心所向未一。其诏天下:将来科场如故事外,并严州郡发解及省试法,其取士并由学校升贡。"(《宋会要·选举》四之三、四)

(丁亥,十七日)诏:"今来兴建学校,废罢科举,欲考士素行,以绝幸冒,务得实材。然虑州县未能奉承诏令,人未劝向,尚有遗逸。致多士未尽在学。或艰于考选校定,所取上舍、内舍生不敷额数,或学宇卑陋,食饮疏薄,未足以称朕教养待士之意。已差提举学事官分诣天下,仰疾速遍行所部,推原法意,有不如令者,按罪以闻,除将来科举一次外,并由学校升贡。"(《长编拾补》卷二四)

二十六日,《冬祀赦书》:"应诸路进士、诸科,经元丰二年以前省试下、元丰八年以前御试下,并进士、明经御试下两举、省试下四举,诸科御试下四举、省试下六举;及开封府、国子监进士、诸科,经元祐六年以前省试下、元祐九年以前御试下,并进士、明经御试下一举、省试下两举,诸科御试下三举、省试下四举,将来并与免解。应举人因事殿举,并特候有科场,依例取解。其今日以前永不得入科场人,如经今三赦,亦限到半年内于所属投状,立便缴申礼部。令本部定夺情理,不至深重,特逐旋闻奏,许令取应。"(《宋会要·选举》一五之二八、二九)

十二月

王相《常州无锡县崇宁增建学记》:崇宁改元,上既庚用二三大臣,克笃前烈,追盛三代唐虞之治。爰诏冢宰,慎简乃僚,置司讲议政事当务之急。是秋,大丞相、司空嘉国公本原神宗皇帝以圣智稽古,即位之初,慨然追法先王,训经以迪士,置师儒以明道,广学校以教养。尝诏侍臣,欲考古者庠序之制,阊明堂辟雍,以施发政功。志未就,遭元祐变革,无复存者。恭惟皇帝陛下,盛德大业,修明法度,追而述之。深悼风化之微,而欲善天下之俗,非学不能成之,谨以学校为今日先务。制可之,遂诏天下郡县皆立学,以三舍法取士。粤明年甲申,乃下诏曰:"神宗皇帝尝欲以学校取士,而罢州县科举之令。其法始于畿甸,此学士大夫之所共知也。朕不爱百万之财,以教养天下之士,而以育材官人、善风俗、修政事为急。其诏有司罢发解及省试,取士并由学校升贡。庶几追复成周之隆,绍先帝之绪,以称朕所以图治之意。"其年十二月甲戌,皇帝视太学、幸辟雍,即敦化堂赐上舍释褐者凡十有六人,其次免省试者二十有六人,内舍生及畿内贡士皆免解,其数几半三岁赐第于集英者。于乎!盛矣!美矣!不可以有加矣!虽三代教养之隆,未有甚于兹时者也。《诗》曰:"周王寿考,遐不作人。"……宋兴盖百有五十年,而天下之学始克大立。稽古之制,放周之文,其养也教以经艺文辞,其取也考以材识行实,由三舍以察士之能否而命之以官,可谓希阔之举矣。是以诏下之日,遐迩庆幸,而奔走趋事者以后为羞。(《无锡志》卷四中)

崇宁四年　乙酉(1105)

正　月

甲午(二十五日)，江西提举学事司言："考上舍，有地远而学生少者，难于差官。乞并抚、筠、建昌于洪、虔、袁、南安、临江、吉。试毕，具合格人，报逐州学，参定升贡。"从之。(《山堂考索》后集卷二七)

乙未(二十六日)，诏："应入自讼斋进士及一年，令太学勘会，不犯第一等罚，从本州给公据，许入太学及本乡取应。"(《山堂考索》后集卷二八)

丙申(二十七日)，尚书省言："诸路州学升补上舍不得过三分，内舍不得过二分，虑法行之初，升贡数少。"诏："今岁权不以分数，据阙额升补。"(《山堂考索》后集卷二八)

闰二月

庚午(二日)，提举开封府界学事路瑗言："朝廷立法，增养小学生，每人日供一食。其所费钱，乞以太学生减半。"又言："已补试在学生，当免身丁。其请假除籍之人，依旧应役。"并从之。(《山堂考索》后集卷二八)

辛未(三日)，诏："应诸路州学据学粮余数额外增养学生，并依额内人条施行。其崇宁三年三月二十三日所降，遇额内有阙，即与县学升补之人隔间补填指挥勿行。"(《山堂考索》后集卷二八)

丁丑(九日)，诏："应州县学职事人，并先选州学三舍生补充。其特奏名进士，曾在太学试中上、内舍者，许依条差。所有见充职事，特奏名人如

不曾在太学试中上、内舍，即罢。”(《山堂考索》后集卷二七)

壬午(十四日)，诏：“诸州县生徒试补入学经试终场及自外舍升内舍者，免身丁；内舍仍免，借升上舍，即依官户法。”(《长编拾补》卷二五)

三　月

戊戌(十一日)，诏：“应学生试补已入学，经试能终场，免身丁；自外舍升内舍，免本户役；升上舍，免本户役外，仍免诸般役借。其应举得免丁人自依旧。”(《山堂考索》后集卷二八)

四　月

壬午(十五日)，诏：“诸州县学生试补入学，经试终场，及自外舍升内舍者，免身丁；内舍仍免役借；升上舍即依官户法。其三月八日指挥勿行。”(《山堂考索》后集卷二八。按：壬午原误作壬子，是月戊辰朔，无壬子日，据《通鉴长编纪事本末》改。)

八　月

戊辰(四日)，给事中郑居中言：“诸州学士百人，立上舍额五人。即是学生二十人，合补上舍一人。今乞余分五人已上者，更取一人。”从之。(《山堂考索》后集卷二七)

二十五日，诏：“宋乔年可特赐进士出身，仍除集贤殿修撰，充京畿转运使。”以委察访熙河一路利害，条析来上，精微该博，文理优赡也。同日，诏：“宣德郎、议礼武选编修宫王相可特赐进士出身，秘书省校书郎。”以上殿奏对详审，学问该博，故有是命。(《宋会要·选举》九之一四、一五)

九　月

乙卯(二十一日)，赐上舍生三十五人及第。(《宋史》卷二〇)

贡士，知举官阙，合格贡士三十五人。(《宋会要·选举》一之一三)

上舍释褐：俞栗，丁爽，丁奭，王礼，尤好问，邦方，朱胜非，向孔仁，周固，徐炳，孙达，崔问，叶翱，程振(误)，杨迈，权邦彦。(《宋登科记考》卷八)

辨正：程振，崇宁三年上舍释褐，详说见前。

蔡州城西军营中，有庙曰天台山庙，不知其义。……又有小白蟾蜍，雪色而朱目，常在水中。或至人家，则为吉兆。朱鲁公丞相胜非，郡人也。崇宁四年春，得之于所居堂户限下，以净器覆之，周围封志甚密，祝之曰："若果通灵，当自归庙。"至暮，举器无见矣。径往庙访视，乃在水中。是岁，朱公登第。(《夷坚志》丁卷七)

十二月

十二日，大司成薛昂言："今仿《周官》，每岁考德行、道义。三年大比之意，为岁贡之制。俟满三岁，则赴殿试。"从之。(《宋会要·选举》四之四)

是　年

诏："将来大比，更参用科举取士一次，辟雍、太学其亟以此意谕达远士，使即闻之。"时州县悉行三舍法，当官者子弟得免试入学，而士之在学者积岁月累试乃得应格。其不能辍身试补者，仅可从狭额应科举，不得如在籍者三舍、解试兼与而两得，其贫且老者尤甚病之。时人议其法曰："利贵不利贱，利少不利老，利富不利贫。"故诏书及此而加以审订，未遽废科举也。(《文献通考》卷三一)

崇宁四年，始行三舍之法，建辟雍之学。又虑山林之士不能月书季考，以游庠序，于是科场与学校並行。舍法则岁贡，科场则随大比之岁。(《山堂考索》后集卷二六)

陈渊《荆南府谢解崇宁乙酉》：燕国求贤，姑从隗始；汉坛论将，骤以信登。选虽自公，得岂无愧？窃以望隆南楚，境接西州。右襟唐邓之墟，左据衡湘之会。实四方游宦以为重地，故一时同进莫匪名家。父子彪、固之相传，兄弟机、云之并出。文摛锦绣，义薄云天。阳春白雪之歌，故应寡和；流水高山之意，况有知音。自非卓尔之才，曷称褎然之举？如渊者，性甚褕冥，材惟樗散。尝闻长者之謦咳，窃窥大道之渊源。同物我之殊观，会天人于一理。回亡未闻好学，妄意庶几；轲死不得其传，傥或在是。年今及壮，志尚未成。守业益坚，顾舍缦之焉敢；干时甚拙，嗟鼓瑟以何求？忆昨误玷贤书，偶随方贡。旋见遗于兰省，因自托于璧池。展黄卷以自娱，敢有齑盐之厌；望白云而兴叹，永怀菽水之欢。遂息虑于功名，仍退安于寂寞。不问鸡虫之得失，但知鹏鷃之逍遥。然而南亩投闲，虽一廛而已足；北堂致养，乏三釜以奚堪？遽离剑水之浔，再指梁园之曲。周旋往反者，驰驱动四千里；险阻艰难者，前后盖十余年。道心荡于名利之微，日力费于科举之末。素匪举万全之智，殆贻三战三北之羞。义所难安，事非获已。何蕃在学，久未宁亲；李汉求师，因而授室。虽在荆湖之远，实同洙泗之游。方探圣贤之用心，岂知岁月之将老。鸢鱼作士，分长谢于西雍；芹藻育才，偶暂留于鲁泮。方外台较艺之日，乃诸儒决胜之秋。勉临矢石之间，已甘气竭；缪借吹嘘之力，曲致灰然。何期扬粃在前，积薪居上。祢衡一鹗，既叨知己之荣；刘氏二龙，复与同门之庆。可谓幸矣，何以当之？此盖伏遇某官，吾道大醇，此民先觉。思皇王国之多士，乐得天下之英才。规矩准绳，足以器成后学；抑扬去取，自能风变斯文。致兹妄庸，首与抡采。荆龟纳锡，幸充前列之珍；齐鸟奋飞，愿鼓冲天之翼。过此以往，未知所裁。(《全宋文》卷三三〇二)

傅察《发解谢试官启》：词场较艺，初无语上之才；贡牒第名，偶与在中之列。静言忝冒，徒切凌兢。窃以崇经术者不特右文，立邦家者本于得士。在昔长育之道，惟时宾兴之方。自文武而已隆，至成康而大备。严四术而立教，纠八刑以防奸。道德馨闻，旋登司徒之版；才能秀出，随录乡老之书。时无滞才，朝尽公举。菁莪微物，在阿陵而获生；棫朴小材，为薪槱而有用。可谓盛矣，何以加诸？世德下衰，余泽浸息。三皇五帝之道，郁而不兴；诸子百家之书，荡而无法。兹风既煽，厥弊弥深。惟我宋之勃兴，追成周而继作。仁祖召八人而赐坐，推广上庠；神考任一相以经邦，肇新三舍。建上圣之纂业，先学校以广声。辟雍大辟于国南，泮水遍布于天下。既优给其廪饩，复众建以师儒。鸢飞云翔，鱼跃川泳。训迪经旨，开明士心。俾蔼蔼之吉人，有德有造；致济济之多士，来游来歌。焕乎成文，炳然于变。讲成均之良法，停科举之旧章。念将发策于此时，犹有焚舟之一战。然而漕台雄观，群俊会奔。杨王卢骆之才，许史金张之胄。应试者几一百辈，中选者不三十人。顾此精求，岂容滥处？如某者，耨文有志，耒墨无功。类童子之难言，非后生之可畏。徒以家传铅椠，世绍箕裘。磨砻于断简残编，渐渍于前言往行。虽云未达，岂曰无知？幸遇休明，勉应诏令。刻鹄类鹜，始诵伏波之言；误墨成蝇，何异不兴之画。得逾望外，愧溢颜间。此盖伏遇某官，大雅兼容，至诚乐育。作斯文之龟鉴，妍丑自呈；为吾道之权衡，重轻随应。得寸长而必取，惜片善之或遗。假以舟航，俾获善济；傅之羽翼，期遂横飞。致此空疏，亦被收采。实虽称于公选，私自揣其过情。某敢不淬厉壮心，激昂素志！十驾而致千里，不后骅骝；一钓而连六鳌，更穷渤澥。过此以往，未知所裁。(《全宋文》卷三九六五)

崇宁五年　丙戌(1106)

正　月

五日,以兵部尚书朱谔知贡举,御史中丞侯蒙、吏部侍郎白时中、大司成薛昂同知贡举,合格奏名进士六百七十一人。(《宋会要·选举》一之一三)

起居郎侯绶、起居舍人李图南考试官,宗正少卿姚尧仁、秘书少监罗畸、辟雍司业余深、何昌言、礼部员外郎李夔、祠部员外郎毕渐、太常博士叶唐稽、著作郎王孝迪、秘书省校书郎翟汝文参详官,辟雍博士谢孚、俞臬、赵资道,太学博士刘安上、路瓘、阎旦、曾楙点检试卷官。(《宋会要·选举》一九之二一)

知举朱谔上上合格进士吴倜等。(《太平治迹统类》卷二八)

吴倜字公度,吴兴人,试补太学为第一。崇宁五年,群礼部七千之士而魁之,其名声风采,人莫不求识面而愿交。(《齐东野语》卷一一)

三　月

八日,上御集英殿,试礼部奏名进士。内出制策曰:"朕稽成周之隆,以善养人而士由里选;以武禁乱而兵本于农,以八法八柄建邦诏王,以九职九赋九式丰财裕民。格于上则七政以齐,达于下则万物以遂。去古既远,人之不明久矣。惟我神考,追法先王,作新其材,造之以学校;联比其民,教之以兵法。治官府,驭群臣,任万民,敛财贿而均节之,与周匹休。中更诋诬,改革殆尽。肆朕缵承,永悼先烈,夙兴夜寐,举而措之天下,累年于兹。好恶明而民未丕变,国是定而士未退听,法度彰而政未大成者,独何欤？岂缉而熙之者未究，遵而扬之者未至欤？子大夫其考周验今，推原先志，明以告朕。若夫古圣人辅相裁成而和同天人之际，都俞畴咨而坐视天民之阜，何施而可以臻此？其著于篇，朕虚心以听焉。”得蔡薿已下六百七十一人，赐及第、出身、同出身特奏名阙。(《宋会要·选举》七之三一，三二)

己未(二十七日)，赐礼部进士及第出身六百七十人。时蔡薿揣蔡京且复用，其所对策曰：“熙、丰之德业足以配天，不幸继之以元祐；绍圣之缵述足以永赖，不幸继之以靖国。陛下两下求言之诏，冀以闻至言，收实用也。而见于元符之末者，方且幸时变而肆奸言，乘间隙而投异意。诋诬先烈，不以为疑；动摇国是，不以为惮。愿逆处其未至而绝其原。”于是，擢为第一，以所对策颁天下。(《宋史纪事本末》卷四九)

进士名录：蔡薿，柯棐，潘建中，丁安常，丁彬，丁权，王刊，王升，王宗元，王庶，王琮，王钧，王舜中，王翔，王篪，王韶，王绹，王遹，王缙，王涛，木輗，勾龙谔，文正思(误)，方里，方孟卿，方略，方翼，石端诚，申甫，史徽，包大有，成无玷，吕之才，吕之美，吕少蒙，吕若常，吕著，朱丞，朱升，朱明叔，朱庭杰，朱彪，任忠亮，任居实，任煊，江天一，江常，江煜，江跻，杜充，杜浩，杜常，杜量，李百药，李光，李回，李全，李好古，李邴，李宋臣，李直中，李侗，李南强，李奎，李偓，李预，李迈，李撰，李德昭，李隲，李谟，李弥大，李辙，吴仲交，吴次宾，吴炕，吴倜，吴伟明，吴渭，吴梦芳，吴愈，吴询，吴详，吴适，吴懋，何士行，何璧，余峰，余器，余宪卿，余应球(按：《夷坚志》乙卷一九作“余应求”)，汪天麟，汪文政，汪叔詹，汪思问，汪思齐，汪端生，沈时中，沈纯正，宋如璋，宋京，宋异，宋辂，邵愈，范伯进，范闻，林之平，林孝渊，林杞，林伯显，林宋卿，林彦质，林著，林焕，林经国，林俦，郁藻，卓雄，卓献夫，金誉，周制，周思，周蒙正，周嵩，周辟中，周绾，周颖达，郎申之，胡世将，胡仔，胡建侯，胡唐老，柳瑊，郑袤，段谔，侯延老，侯延年，俞宪卿，施垌，洪勋，祝伯玘，祝彦中，姚合，纪叙，马受，秦济，夏承，夏侯安雅，夏侯履道，师丙，徐上文，徐天启，徐陟，徐伟达，徐锐，翁廉，高仁彦，高志行，高举，郭信老，郭畲，郭衢衡，唐元衡，唐作求，唐进思，唐绾，唐龟明，凌翱，陆震，陈天申，陈邦光，陈牟，陈孝宽，陈昭度，陈时举，陈师立，陈处恭，陈国材，陈尧道，陈云，陈棐忱，陈靓，陶振，孙咣，孙量，孙虞卿，孙谨，黄友，黄文仲，黄邦光，黄华，黄哲，黄理，黄翊，黄量，黄愈，黄齐，黄宽，黄锐，黄荐可，黄翰，黄颖，黄龟年，梅执礼，曹文，曹时修，曹贯，曹闻，常刚中，常瑰，崔耀卿，笪敏，许天益，章伟，章谊，梁刁，梁熙志，张公厚，张布，张汝舟，张甸，张南宫，张章，张深，张钧，张翔，张端礼，张扩，张龟龄，张膺，张翼，彭寿，叶皋，叶逢辰，叶循祖，叶裕，万伦，葛安国，董天才，董管，董浚，闵师文，喻汝砺，程元允，程伋，程亮，程夔，童邦直，冯千龄，冯子济，冯正熙，冯滋，冯熙载，汤贡，汤梦观，温勋，游斌，杨郁，杨夏，杨通，杨晞，杨惇礼，杨与及，杨广，詹叔迥，詹叔宁，赵子崧，赵祚，赵鼎，蒋存诚，蒋琉，蔡绛，廖邦杰，廖莘，廖刚，郑民宪，郑良弼，郑畋，郑球，郑望之，郑强，郑兴，邓林叟，欧阳子槐，欧阳珣，滕庾，滕康，鲁詹，刘方翼，刘珏，刘亮，刘彦适，刘烜，刘将，刘登，刘绾，刘观，潘中，潘彬，潘辟，练表，练师中，萧雄，霍筠，戴特立，韩兼，魏扬用，储惇叙，谢施，谢祖仁，谢衮，谢锡朋，边知章，苏元老，苏均，严表民，严裕，罗巽，罗辉，谭胜非，饶文度，顾文，龚况，龚宽。

特奏名进士：徐遹(误)，方惟深，江渐，邱如嵩，宋时彦，邵瑰，林辰，林尚友，胡鹗，郭瑶臣，陈文伯，陈起莘，陈师九，陈援，陈复，黄廙，黄隩，许难，张汝霖，葛致，辜庇，杨武，杨茂先，杨智及，郑汝石，邓灏，刘拱，谢力行。(《宋登科记考》卷八)

补进士名录：其一，陈国林。《石林燕语》卷四："熙宁初，改经义取士，兴建太学。讫崇宁罢科，秋赋每榜魁，南省皆迭为得失。……李常宁、毕渐、李釜、蔡薿榜，章综、李朴、蔡靖、陈国林皆得。"

其二，傅察。《宋登科记考》卷八将其系于大观三年进士名录，误。《全宋文》卷三八二四李邴《傅公墓志铭》："年十七，崇宁五年同进士出身。"又，《全宋文》卷三四〇四晁公休《傅公行状》："公以元祐四年己巳十一月十六日生。……年十七，举进士。"

其三，王翱。《嘉泰会稽志》卷一九："王翱者，字文辉，开封陈留人，徙湖之安吉。登崇宁五年进士第。"

辨正：其一，文正思，崇宁二年进士。详说见前。

其二,徐遹,崇宁二年特奏名进士。详说见前。

崇宁初,茅山刘混康先生赴阙。一夕,拜章罢,诏问:"何久?"答曰:"值天门放春榜。"欲叩其所睹,乞书而密缄之,它日验其事。明年,殿唱毕,发视,止书二草二木,乃蔡薿、柯棐也。(《泊宅编》卷九)

梁山军人王刊,字梦锡,初名某。尝梦至大官府,见巨牌揭于壁间,有"王刊"二字,遂更今名。已而预贡,崇宁五年赴省。白昼遇黄衣卒于通衢,持试卷三通与之。刊愧谢,但有三百钱以劳之,曰:"我若及第,当厚报汝。"其人唯唯而去。遂以所得卷子入试,其年登科。竟不知为何人也。刊官至朝奉待。(《夷坚志》卷一四)

蔡薿文饶崇宁五年廷试第一,上甚喜其文,以御宝封试卷,付国子监,颁示四方。俄召对。(《古今事文类聚》前集卷二六)

赵鼎《登第示同年》:氤氲和气凤城春,正是英豪得志辰。雨露九重均造化,丹青千字富经纶。古来将相皆由此,今见诗书不误人。何处寒乡少年子,绿袍归拜北堂亲。(《全宋诗》卷一六四四)

是　月

贡院言:"试宏词前衢州司理参军孙近、通仕郎新虔州赣县令王劭题曰:《崇宁继述圣政颂》、《代贡士辟雍谢赐宴并御制诗表》、《新建殿中省记》、《诫谕诸路监司奏行诏令》,考入次等,各循一资。"(《宋会要·选举》一二之六)

七　月

甲辰(十五日),诏:"已降指挥,举行学制。比阅前后法令,犹有未备,虑失士心。或因而烦扰,有害学政。可依下项:一,天下学士,既令岁贡,将来入贡其数必多。所有辟雍,并令旧制,仍依崇宁四年十二月已前指挥施行。一,退送学生既展一年,俟之不为不久,待之不为不尽。比览科举旧法,有因赦理举、许特奏名推恩之法。学生贡至辟雍,三试退送之人,所以患无归。学生贡至辟雍,试不中并退送者,并与理为到省举数,依例施行。一,州县设学养士。访闻州县官吏并顽猾,并缘为奸。下行收买饮食什物,减刻侵欺,骚扰人户,难与供办,细民受弊。又人少学费有余,丰腆过甚;人多不足,则菲薄草具,甚非教养均一之义。缘学事辄科配率敛,及下行买卖者,徒二年,吏人、公人配千里。因而,乞取赃轻者准此。其饮食,仰学制所取太学见行法令,酌中修立闻奏。”(《山堂考索》后集卷二八)

八　月

乙酉(二十六日),诏:“学校升贡之法,虽有崇宁四年指挥,朕朝夕省阅,未至详尽,理当增损。诸州学以中格上舍生每岁入贡,仍以解额均为三分,每岁贡一分,有余分者第三年入贡,即人不足者阙之。太学试上舍生,以与三年科举相妨,故二年一试。今既罢科举而每岁一贡,其一年一试。州学上舍生每岁春试,秋下入贡,限年终至辟雍,路远者季首发遣。川、广、福建贡士给借职券,二千里以上给大将券,并以学钱充。天下置学教养多士,考其行艺,以复里选。由县升州,不当复立补入州学之法,容其杂进。五路解额可以岁贡余分拨一分贡武士。周制,三年大比。今以三年殿试,不失成周之意。然试中上等及乡里孝悌之人,使俟三年,虑成淹滞。可即推恩,引赴殿前释褐;余留太学,以俟三年殿试。”(《山堂考索》后集卷二八)

崇宁三年罢科举,三年岁贡法成三舍,天下教养之士一十一万余员,为屋九万一十余楹,费钱三百四十万余缗,米五十五万余石。(《古今源流至论》续集卷一〇)

九　月

甲寅(二十六日),学制局言:“臣等检会崇宁三年九月二十二日朝旨,诸州县学别为斋舍,教养武士。续有条画,颁下诸路,后来入学之人已多。昨因今年二月废罢,未曾复置。臣等伏睹御制学校新法,内一项逐州解额,五路已有指挥,十人取一名。可令前旁所解额,于数内以一分充贡武士额。臣等未审今来立教养武士法,合依旧遍行天下,或止于三路、五路施行。乞降睿旨,别具合措置事件闻奏。”御笔:“山西出将,气俗使然,所当先者。至如余路,间亦有之。平治之时,武不可废,可依已降指挥,置武士斋。仍以所给解额,取一分充贡额。有则贡,无则贡文士。"(《山堂考索》后集卷二九)

三十日,礼部尚书朱谔奏:"今将诸路元符二年、崇宁元年、四年三举就试终场人数,以国子监、诸州解额及已拨开封府额充诸州贡额,并五路诸科剩额发解人数,除出一分充贡武士额外,共二千三百三十四人,纽计约三十四人取一名,均拨诸州,共计一千六百四人。其畸零拨不尽数,亦以逐州人数多者,零十二人以上更添一人,共计八十二人。其逐州解额元多于今来所约人数者,更不增减。"诏:"东南占用五路解额,其五路多勇士,宜增一分为二分,以贡武士。余可就整立额,不及百人者,留以待天下孝悌特起之士,再可分拨闻奏。"(《宋会要·选举》一五之二九)

十　月

一日,礼部尚书朱谔言:"奉诏:令礼部将诸科六举、四举、两举已上贡举人,具姓名、人数闻奏,当议别行推恩。今契勘:元祐年中置经律、《通礼》两科,许于诸科额内解发。至绍圣元年废罢,并系一举之人,即与熙宁五年已前旧应诸科举人不同,将来别无科额。又,诸科并系熙宁元年累举以来,自得解后,不曾到省,其间恐涉伪冒。"诏:"七举与本科及第,六举本科出身,五举同本科出身,四举与上州文学,三举下州文学。两举、一举并经律、《通礼》科人,候将来科场,更令取应一次。仍依限其合推恩诸科举人,所应科目、姓名、乡贯、年甲、三代、户头、举数、年月,逐一开析、勘验,委是正身,于《贡举条制》别无违碍、虚伪,结罪保明,闻奏施行。"(《宋会要·选举》四之四)

十三日,礼部尚书朱谔言:"五路剩额并诸科正解人数,共六百五十四人,内除二分计一百三十人充贡武士外,有五百二十四人。依御批指挥,就整将五百人分拨诸州,余二十四人留以待天下孝悌特起之士。寻以应举人及诸州解额纽计人数分拨,内有不该添拨州军,亦各添拨一名充贡。今将上项五路额并国子监解额再分拨,诸州贡额元约三十四人,添一名。"

诏："福、建州所增太多，福州可拨四十人，建州三十人，高州十人，眉州二十人。余依所奏，其所减人数，留待天下孝悌特起之士。"(《宋会要·选举》一五之二九、三〇)

二十二日，德音《赦书》："到省进士一举、诸科二举，及曾到御前不以举数，并免将来文解。内曾到御前者，如将来南省考试不合格，奏取指挥。"(《宋会要·选举》一五之三〇)

十一月

九日，礼部尚书朱谔言："国子监解额四百七十六人，已奉朝旨，同五路剩额一处，添拨诸州了当。所乞留三分发解，计一百四十三人，今于已添拨诸州贡额内措置均减，留充本监将来一次科场发解人额。其权留外并不该权留处，已添拨人额，并合与本处七分解额，充今来三年分贡之数。"从之。(《宋会要·选举》一五之三〇)

十五日，礼部言："昨开坐崇宁五年省试下诸科，止为系近曾到省人数，依十月一日诏，即未有合如何施行指挥。窃恐省试后内有事故之人，今来欲依已降指挥，本属勘验到逐旋闻奏。其未经并叙举数者，今系理举数推恩。若本属保奏到内有未并举数，亦乞通理。申明行下。"从之。(《宋会要·选举》四之四、五)

乙巳(十八日)，大司成兼侍读薛昂、国子司业强渊明言："窃谓《周官》以六艺教民，而数居其一焉。盖于政治显有实用，故齐桓公设庭燎，以见献九九之术者，良有以也。神宗皇帝追复古制，修立算学之法，未及颁行。陛下嗣承先志，置学立法，有司推行，曾未就绪，今春裁节，遂置废罢。(按：罢算学，正月二十四日丁巳可考。)欲望圣慈特赐检会崇宁三年六月十一日指挥，许复置算学，仍依元降敕令格式施行。"从之。(《长编拾补》卷二六)

大司成兼侍讲薛昂、国子司业强渊明言："切谓太学之士，自县升之州，由州贡之辟雍，又合而试之，第为上舍、内舍之等，而推恩待殿试，或升之太学，其法可谓备矣。而武士之制，虽有武学外置解额，而选考升贡之法，未如文士之备。伏望睿慈特诏，依放文士，立为升贡武士之法，将见周王于迈，六师及之之盛，如成周之时。仰有以副陛下奖育人材之意。”从之。(《长编拾补》卷二六)

是　冬

诏：“今举取士，科场三分，学校七分，其贡额仍分年。”(《编年备要》卷二七)

是　年

朱季资以内舍辟雍录试于中书，赐第。(《云间志》卷中《进士题名》)

赵鼎《登第西归过甘罗庙题诗壁间》：初无勋德在生灵，徒以游谈致上卿。血食官祠尚千载，男儿要自勉功名。(《全宋诗》卷一六四五)

崇宁年间

崇宁以来，非王氏经术皆禁止，而士人罕言。其学者号“伊川学”，往往自相传道。举子之得第者，亦有弃所学而从之者。(《曲洧旧闻》卷三)

崇宁以后，王氏《字说》盛行，学校经义、论策，悉用《字说》。有胡汝霖者，答用武策，其略云：“止戈为武，周王伐商，一戎衣而天下大定；归马放牛，偃武修文，是识武字者也。尊号曰武，不亦宜乎！秦始皇、汉武帝、唐太宗既得天下，而穷兵黩武不已，是不识武字者也。”榜出，遂为第一。虽用《字说》而有理。(《高斋漫录》)

元祐名卿朱绂者，君子人也，尝登禁从。绍圣初，不幸坐党锢。崇宁间，亦有朱绂者，苏州人。初登第，欲希晋用，上疏自陈与奸人同姓名，恐天下后世以为疑，遂易名谔，字曰圣予。蔡元长果大喜，不次峻擢，位至右丞。未及正谢而卒，年方四十。(《挥麈前录》卷三)

大观元年　丁亥(1107)

正　月

一日,《改元赦文》:“应诸路进士、诸科,曾经元丰五年以前省试下、元祐三年以前御试下,并进士、明经御试下两举、省试下四举,诸科御试下四举、省试下六举;及开封府、国子监进士、诸科,曾经绍圣元年以前省试下、绍圣四年以前御试下,并进士、明经御试下一举、省试下两举,诸科御试下三举、省试下四举,并与免将来文解。”(《宋会要·选举》一五之三〇)

贡士,知举官阙,合格贡士四十人。(《宋会要·选举》一之一三)

二　月

乙丑(八日),御笔:“以学校三舍升贡次第著为令,编通用令,删之首。诸士自县学教养,升之州学。州学教养分为三舍,自外舍升为内舍,自内舍升为上舍,自上舍贡之辟雍,自辟雍登太学,俟殿试命以官。”(《山堂考索》后集卷二七)

三　月

十八日,诏曰:“学以善风俗、明人伦,今有教养之法,而未有善俗明伦之制。盖设学校,置师儒,所以敦孝悌。朕考成周之隆,教万民而宾兴以六德六行,否则威之以不孝不悌之刑。比已立法,保任孝、悌、姻、睦、任、恤、忠、和之士,去古绵邈,士非里选,习尚科举,不孝不悌,有时而容。故仕官临政,趋利犯义,诋讪贪污,无不为者。此官非其人,士不素养故也。近因余暇,稽《周官》之书,制为法度,颁之学校,明伦善俗,庶几于古。诸士有善父母为孝,善兄弟为悌,善内亲为睦,善外亲为姻,信于朋友为任,仁于州里为恤，知君臣之义为忠，达义利之分为和。士有孝、悌、睦、姻、任、恤、忠、和八行，见于事状，著于乡里，耆邻保伍以行实申县，县令、佐审察，延入县学，考验不虚，保明申州。孝、悌、忠、和为上，睦、姻为中，任、恤为下。保明如令，不以时随奏，贡入太学，免试为太学上舍。司成以下引问考验，较定不诬，申尚书省取旨，释褐命官，优加拔用。士有全备上四行，或不全一行而兼中等二行者，为州学上舍上等之选；不全上二行而兼中等一行，或不全上三行而兼中二行者，为上舍中等之选；不全上三行而兼中一行，或兼下一行者，为上舍下等之选；全有中二行，或中等一行而兼下一行者，为内舍之选；余为外舍之选。中三舍之选者，上舍贡入；内舍在州学半年，不犯第二等罚，升为上舍；外舍一年，不犯第三等罚，升内舍。被贡入太学者，上等在学半年，不犯第三等罚，司成以下考验行实闻奏，依太学贡士释褐法，取旨推恩；中等依太学上等法，待殿试推恩；下等依太学中等法。上舍上等，其家依官户法；中下等，免户下支移、折变、借倩、身丁；内舍，免支移、身丁。"(《宋会要·选举》一二之三三、三四)

诏："一，诸谋反、谋叛、谋大逆及大不恭、诋讪宗庙、指斥乘舆，为不忠之刑；恶逆诅骂、告言祖父母父母、别籍异财、供养有阙、居丧作乐、自娶、释服匿哀，为不孝之刑；不恭其兄、不友其弟姊妹、叔嫂相犯罪杖，为不悌之刑；杀人、略财、放火、强奸、强盗，若窃盗及不道，为不和之刑；谋杀及略卖缌麻以上亲、殴大功尊小功尊属若内乱，为不睦之刑；诅骂、告言外祖父母与外姻有服亲、同母异父亲若妻之尊属相犯至徒、违律为婚、停妻娶妻，若无罪出妻，为不姻之刑；殴受业师、犯同学友至徒，应相隐而辄告言，为不任之刑；诈欺取财罪杖，告嘱耆邻保伍，有所规求避免，或告事不干己，为不恤之刑。一，诸犯八刑，县令佐、州知通以其事自书于籍，报学。应有入学，按籍检会施行。一，诸士有犯不忠、不孝、不悌、不和，终身不齿，不得入学；不睦十年、不姻八年、不任五年、不恤三年，能改过自新不犯罪而有二行之实，耆邻保伍申县，县令、佐审听入学；在学一年又不犯第三等罚，听齿于诸生之列。"(《长编拾补》卷二七)

甲辰(十八日)，诏："有官人与贡士同试合格者，上等升二等差遣，仍赐

上舍出身;文学优者,取旨推恩;中等赴殿试。"(《山堂考索》后集卷二七)

自元祐仿古,创立经明行修科,主德行而略艺文,间取礼部试黜之士附置恩科,其时御史既已咎其无所甄别矣。及八行科立,专以八行全偏为三舍高下,不间内外,皆不试而补。则往往设为形迹,以求入于八行,固已可厌,至于请托徇私,尤难防禁。大抵两科相望几数十年,乃无一人卓然能自著见,与名格相应者。而八行又有甚弊。士子跅弛,公私交患苦之,不能谁何。乃借八行名称,纳之学校,使其冀望无罚应贡,则稍且自戢。而长史实恐缪举从坐,故宁使之占额不贡。以是知略实艺而追古制,其难盖如此也。(《文献通考》卷三一)

五　月

戊戌(十三日),学制局奏:"开封府申乞,立府学贡士额。今取到礼部状,开封府解额二百人,崇宁分拨下项三十人,留充土著人;解额二十人,入国子监,充诸县学生升国学解额;余人拨充诸州贡额。又辟雍供到开封府学生二百九十三人:一百六十三人诸县岁升学生,一百三人府学生,一十三人直学所会到畿县升到有校定学生。臣等看详:辟雍供到,即日开封府学生并诸县岁升学生,止共有二百九十三人。今若依已留土著三十人,并拨入国子监,充诸县学生升国学解额,共五十人。立为贡士定额,即虑太多。今欲以实在府学生,每十人听贡一人,零数亦贡一人,至五十人止。不足者阙之。"诏:"王畿庠序初建,学者未广。若不立宽额以俟来者,则人无向进之意。可以五十人为定额。"(《山堂考索》后集卷二七)

六　月

癸酉(十八日),御崇政殿,引见上舍生李邦彦等二十六人,孝悌进士三人,赐上舍及第释褐。以邦彦为承事郎、辟雍博士。(《山堂考索》后集卷二七)

上舍释褐:李邦彦,段拂,陈磷,叶观。(《宋登科记考》卷八)

补上舍释褐:侯栖筠。《夷坚志补》卷一八:"魏郡侯栖筠……大观元年，擢贡士第三人及第。”

初，怀州教授眉山任谅试诸生，邦彦每中优等。至是，果第一。(《太平治迹统类》卷二八)

八　月

十七日，资政殿学士、中太一宫使兼侍读郑居中札子奏：“近蒙圣慈，赐臣御笔八行、八刑书。欲望以所赐模写于石，立之学宫，次及太学辟雍、天下郡邑，如石经比。”从之。(《宋会要·选举》一二之三四、三五)

十　月

十日，诏：“材武之士，骑、射应格为上等，然绝伦之艺，世不乏人，法未该载，深恐失士。若文入优等而武艺超越，可令随文士岁贡，依上舍上等法。”(《宋会要·选举》一七之二〇)

闰十月

二十九日，赐皇叔祖右监门卫大将军、秦州刺史克家进士出身。(《宋会要·选举》九之一五)

十一月

丁巳(六日)，大司成强𤦺等言：“自今每岁贡士第一人，并乞于正月公试，锁院前择日引见。及应贡士始入辟雍，以元日释菜于先圣。”从之。(《山堂考索》后集卷三一)

庚申(九日)，御笔：“天下材武之士，渐向学校，今在学之人多寡不同。访闻河东路有六百六十人，贡十人；永兴军路有一百九十人，亦贡十人。多寡相远，未为均当。可以诸路并以在学人数，十五人贡一人。”(《山堂考索》后集卷二九)

十二月

一日，提举福建路学事陈汝锡奏：“乞今后诸路不限在外在学，惟其人则举之。”上批：“凡八行、八刑之士所在，皆得以名闻，法无在学不在学之限。可令学制局申明行下。”(《宋会要·选举》一二之三五)

御笔：“八行之士所在皆得以名闻，不限在学不在学，令学制局申明行下。”行提举福建路学士陈汝锡奏请：“崇宁四年正月庚子朔，中丞何执中言：窃闻迩来诸路以八行贡者，如亲病割股，或对佛燃顶，或刺臂出血，写青词以祷，或不茹荤，常诵佛书，以此谓之孝；或常救其兄之溺，或与其弟同居十余年，以此谓之悌；其女适人，贫不能自给，取而养之于家，为善内亲；又以婿穷窭，取而教之，为善外亲。此则人之常情，仍以一事分为睦、姻二行。常一遇歉岁，率豪民以粥食饥者而谓之恤。夫粥食饥者，乃豪民自为之而已，独为之恤，可乎？又有尝收养一遗弃小儿者，尝救一跛者之溺以为恤，如此之类，不可遽数。伏愿下之太学，俾长贰、博士考以道义，别白是非，澄去冒滥，勿使妄进。申饬天下郡县长吏及学事司，审察考验，要皆得行实。有其人则必公举，无其人勿以妄贡，务在奉承诏旨，不失法意而已。”从之。(《长编拾补》卷二七)

是　年

大司成强渊明言：“考礼经，士始入学释菜，请自今每岁贡士始入辟雍，并以元日释菜于先圣。”从之。(《文献通考》卷四四)

曾文清吉父，孔毅父之甥也，早从学于毅父。文清以荫入仕，大观初以铨试合格，五百人为魁，用故事赐进士出身。(《挥麈后录》卷一一)

大观二年　戊子(1108)

正　月

御制《辟雍记》：崇宁元年八月二十二日甲戌，议建外学；十月十七日戊辰，初建辟雍。御制《辟雍记》。乡举里选之法扫荡，而士累于科举。学不为己，舍本趋末，道听途说，以应有司之求。侥幸一日，行不考素，贤愚杂糅。俾之从政，不见大全，鲜廉寡耻，无不为己。历岁千百，有为之君，虽绝俗高见，其设施注措，终不能仿佛前古。习尚卑陋，市利之徒，学非先王故也。因误承陋，久莫能革。惟我神考，稽若古昔，训释经义，兴置学校，崇建师儒。天下之士靡然向风，始弃声律雕篆之技，游意于道德性命之理矣。朕奉承先志，追而述之。罢废科举，增教导之官。即国郊之南度地，相方建立黉舍。因先王礼以制之、乐以和之之意，命之曰辟雍。外圆内方，为屋一千八百七十二楹，以居天下贡士，首善于京。又润色熙丰之成法，月书季考，核其行能，待以岁月。士无苟得苟失之患，推三舍法，施于天下。由外舍升于内舍，内舍升于上舍。由县之上升于州，由州之上升于辟雍，由辟雍以登于太学。司成率其属，稽其籍，考其成，升其尤者，命之以官。三年大比，策以当世之务，别其等差，唱第于廷，释褐而任使之。教养之政，覃及蛮貊；弦歌之声，达于万里。父诏其子，兄告其弟，相率以善。曾不逾岁，咸以行实闻于朝廷，载在仕版，已逾千计。非祖功宗德，休养平治，何以臻此？昔郑人毁乡校，诗人序而刺之，曰："乱世则学校不修。"如今天下被教养之惠，凡一十一万余人；为屋以居之，凡万一千余楹；计其所费钱，二百四十一万余贯，谷五十五万余石。庠序之盛，多士济济，视古无愧矣。朕历观在昔教化，成人伦，明习俗，美至于成人有德，小子有造。盖上有立道兴教之辞，下有忘利守义之士，维持固结，卜世三十，卜年八百。其遗波余泽及于后世，犹有存者。则学校之数，治道之首，垂世之法，无以过也。文王作周,其诗曰:"于论鼓钟,于乐辟雍。"武王能广文王之声,其诗曰:"镐京辟雍,自西自东,自南自北,无思不服。"盖武王能广文王,以善养人,施之天下,而天下服也。朕克绍先烈于今,其庶几乎!大观二年正月朔日记。(《山堂考索》后集卷二七)

二十三日,以吏部尚书余深知贡举,给事中蔡薿、中书舍人霍端友同知贡举,合格贡士五十一人。(《宋会要·选举》一之一三)

二十三日,以吏部尚书余深知贡举,给事中蔡薿、中书舍人霍端友同知贡举。刑部郎中朱维、监察御史杨绩、大理正王崇、辟雍司业路瓘、校书郎宇文粹中为别试所考试官。(《宋会要·选举》一九之二一、二二)

三　月

二十四日,开封府学博士郁师醇言:"检会御笔:'自今应于乡村城市教导童稚,令经州县自陈,赴所在学试义一道。文理不背义理者,听之。'虑有假名代笔诈冒之人,欲乞依大观学令初入学生结保之法,仍乞试日依补试法,差官封弥试卷,送考校官。"从之。诸路依此。(《宋会要·崇儒》二之一一)

戊寅(二十八日),御垂拱殿,赐贡士成都王俣等十三人上舍生及第释褐。(《宋史全文》卷一四)

上舍释褐:王俣,李谔,何昂,施舜显,叶天倪,霍迪。(《宋登科记考》卷八)

四　月

二十九日,中书省言:"诸路州学限年应科举之法,系未罢科举已前条贯。今来士人并由学校岁贡,应缘科举载在《学令》者,已依《大观新书》冲改。所有权留三分科举一次,其应举人,除太学已有专法外,其诸路不以曾系学籍、不系学籍,自合取应,依贡举元条施行。其国子随行

亲及今年不曾附试贡士，合锁厅人，亦合令取解。”从之。(《宋会要·选举》四之五)

五　月

二十日，御笔：“自今学生愿兼他经者，听。逐经分场引试，免试《论语》、《孟子》。依格取合格者，至拆号日类聚比较。以中二经为上等，一经而在十名内者为中等，余为下等，别榜晓示。诸内舍生兼经曾入第二等以上者，听与贡士兼经人同试。兼经虽试中，而本经不预贡士举升补，不在类聚比较之限。兼经，每经十五号，取合格者一号。诸兼经人曾预贡士举，院试入上、中、下三等者，遇释褐或殿试唱名日，别作一项具名闻奏。若御试唱名上舍释褐人，曾预贡士举，院试兼经入上等者，与升一甲本甲上名不及十名者，仍通升十名。中等升十名，下等升五名已上如为第一甲者，即更不升。仍并预内外学官之选。”从之。(《宋会要·选举》四之五)

二十日，中书省据学制局状：“奉御笔：‘古之学者三年通一经，至十五年则五经皆通。熙宁中，迪士以经术，期之尚浅，故止专一经。今已三十余年，士益习矣。思得多闻博习之才，而虑专门之流弊，可自今学生愿兼他经者，听之。兼经多者，计所多量立升进之法，使天下全材异能得以进焉。’尚书省札付学制局，修立到诸学生本经外愿兼一经或二经等条。奉御笔：‘比阅所著法，颇密而难行。士固有皓首终身通一经不能究者，兼习五经，盖以待博识多闻之才，是为难能，不可立为常法。应兼三经以上，所在学考选校定在学一年，取分数多、八行之中兼有行实，每路岁贡二人入太学，长贰审试以闻，量材拔用。其在学生愿兼一经者听。’臣等今依御笔旨挥，修立兼经之制。经术深妙，既令兼治，恐当更俟以渐。今修立，诸学生本经外，愿兼一经或二经者听。臣等看详：本经之外各兼一经，则五经已有二十五色谓如本经治《易》，而所兼或《诗》、《书》，或《周礼》、《礼记》之类。又有兼二经，则其色额又多。若于试卷内明见其色额之异，则就试人姓名灼然可见。又况州郡人少去处，则私弊尤难关防。今将本经与所兼经每季轮与一经就试谓如本经治《易》，而兼治《诗》，则正月试《易》义，四月试《诗》义之类，则卷子内不见色额之异，可以久远通行，不致私弊。今修立诸私试经义，以所习经及兼经轮以一经就试。右并入太学、辟雍、诸路州学通用令。臣等看详:今来兼经既系别为奖劝之制,则所兼之经多少不同,所应之人有无不一。若试选兼经之法一概施于州郡之学,则节目既多,事难齐一。况州郡学校,私试已阅习其文艺,至贡士举院试笔,别为一项,逐经分场引试,庶得要而易行,可以经久。免试《论语》、《孟子》,以中二经为上等,一经而在十名内者为中等,余为下等,别榜晓示。诸内舍生兼经曾入第二等以上者,听与贡士兼经人同试。诸兼经虽试中,而本经不与贡士举升补者,不在类聚比校之限。右并入太学、辟雍通用令。贡士举院试兼经,每经十五号取合格者一号。右入太学、辟雍通用格。诸兼经人初入州学,以状自陈,别为一籍。曾入第二等已上者,其所中经,候升贡日,教授据籍契勘,列于贡状。右入诸路州学令。诸兼经人曾预贡士举,院试入上中下三等者,遇释褐或殿试唱名日,别作一项,具名闻奏。右入太学、辟雍通用令。御史唱名,若上舍释褐人,曾与贡士举,院试兼经入上等者,与升一甲本甲上名不及十名者,仍通升十名;中等升十名,下等升五名。已上如系第一甲者,即便不升。仍并与内外学官之选。右入三省通用令。”从之。(《宋会要·职官》二八之一七、一八)

二十九日,礼部言:“宗子博士毛若冲札子:‘州郡通判合差监试,并依差试官条,不得辄有规避。如前期在假,委监司审察。于试院事更加严密,应副不到,责在郡守。’看详:监试官已有不得差出及在假等条。将来科举发解所差监试官,如前期在假,更委监司审察。其试院关防事件,并已有《贡举条制》及应干州郡合应副事,自当责在郡守施行。”从之。(《宋会要·选举》一九之二二)

七　月

二十一日,常州奉行学校推恩,御笔手诏。诏曰:“学校兴崇,人材乐育,法备令具,劝惩已行。深虑有司失实,尚有遗材。《传》不云乎:‘进贤受上赏,蔽贤蒙显戮。’阅前日宾兴之数,较其试中多寡,惟常州为众。苟依常格推恩,非古人上赏之意。其知州、教授特各转一官。”(《山堂考索》后集卷二七)

二十七日，诏："诸州武士试补，与文士别场引试。马射九斗三上垛为五分，八斗三上垛为四分，七斗三上垛为三分，七斗二上垛为二分，七斗一上垛为一分。令学制局立法改正，马射八斗、九斗，一上垛、二上垛，并与理作分数。"从前宿州教授胡伋请也。(《宋会要·选举》一七之二〇)

八　月

十四日，发解所差监试官殿中侍御史刘安上，考试官辟雍司业陆蕴、国子司业潘兑、起居舍人俞㮚、符宝郎郑南。(《宋会要·选举》一九之二二)

二十二日，诏："有官杂出身人，殿侍、摄官、医学、祗候、博士、助教取解，每就试终场，十人解一人。若零数及四人，或请解不及七人者，亦解一人。"(《宋会要·选举》一五之三〇)

九　月

己未(十二日)，御笔："宗室升贡，试或不中，自今许入国子学。"初，学制局议遣归本学，上以为庶士既得辟雍，不可薄于宗亲，故有是诏。(《山堂考索》后集卷三〇)

十一月

五日，宣德郎、前利州州学教授何浩言："朝廷一新学校，革去科举之弊，而复兴乡举里选之制，法令至具矣。每年一试，类差有出身人以充考试官。而应举之士未尝经历学校，考以素行，徒用一日空言，定为去取。故诸州士人，亦意有出身官必差充考试，而取其空言也，往往编集平昔所集经义、论策之类，猥以投贽文字为名，交相请托于有出身官之门，以侥幸一得。且今合格之文，有司之公取也，尚不许印卖，使天下之士各深造而自得之。岂可容私自编集，以为请托之资乎？欲乞诸路州县，应有出身之人将来合差充考试官者，不得收接见任或他州县士人投贽所业经义、论、策文字，庶绝前日科举侥幸之风，而上称朝廷所以委任考求行实之意。"从之，仍先次施行。(《宋会要·选举》四之六)

是　年

皇帝临御之七年，实大观元年，诏班学令于天下。……二年，辟雍会试，郡国贡士无虑数千人。其升诸司马、命于天子者百四十人，而常州得士之多，为天下最，皇帝嘉之。（《全宋文》卷三三四二程俱《常州州学奖谕敕碑》）

大观三年　己丑(1109)

正　月

六日,以兵部尚书薛昂知贡举,吏部侍郎慕容彦逢、礼部侍郎李图南、给事中霍端友、中书舍人俞㮚、右谏议大夫蔡居厚、侍御史刘安上、符宝郎宇文粹中同知贡举,合格奏名进士六百八十五人。(《宋会要·选举》一之一三、一四)

二十日,诏:"国家承平日久,文物之盛,度越前古。今庠序之教兴,科举之制罢,试之贡院,逮七千人。有司较艺,额止百数,甚失兼收博访之意。贡院取士,可于额外增一百人。"(《宋会要·选举》四之六)

二　月

九日,诏:"科举已罢,士有年高德邵者,苟或弃遗,非贵老急材之道。其特奏名人,应限五举、六举、七举者,各特减一举;内河北、河东、陕西,又减一举。限年六十以上者,可减五年。"(《宋会要·选举》四之六)

十六日,提举黔南路学事戴安仁状:"契勘所管,多是新创州郡新民,其间亦有孝、悌、睦、姻、任、恤、忠、和之性,盖为生于僻陋之邦,习俗鄙夷,不知礼仪。方今朝廷广设学校,虽遐方僻邑,皆置师儒教导,必有其人。今欲晓谕乡村团落,间有孝、悌、睦、姻、忠、和者,次第保举一二人,量与推赏,以激劝风俗。"从之。(《宋会要·选举》一二之三五)

三　月

六日,上御集英殿,试礼部奏名进士。内出制策曰:"昔者先王治定而制礼，功成而作乐，以合天地之化。礼之数五，施之七教，形之八政，有典有职，定亲疏，决嫌疑，别同异，明是非，然后小大贵贱之分定。乐之数六，文之五声，播之八音，有序有政，和邦国，谐万民，悦远人，作动物，然后神示人物以和。朕嗣承祖宗休烈，述而作之，以追先王之绪，而继神考之志。子大夫以谓如之何而可以臻此？礼废乐坏久矣！去古悠远，矫拂其俗，非常之元，黎民惧焉。或曰：三王不相主沿袭，今乐犹古之乐，无事于改，则先王事神治人，移风易俗，终不可几欤？今乐成而人未化，礼议而制未颁，其考古验今，为朕详言之，毋隐。"得贾安宅已下七百三十一人，赐及第、出身、同出身特奏名阙。（《宋会要·选举》七之三二）

七日，御笔："贡士兴于乡，而科举较一日之艺，则贡士当冠科举。比览贡士已试程文，未足以魁多士。可令详定所以贡院所奏中选试卷，与廷试人卷参较，取最优者一名为殿试之首。若所取非贡士，则贡士次之。"（《宋会要·选举》八之三八）

乙丑（二十一日），御集英殿，赐进士贾安宅等及第、出身、同出身七百三十一人。宦者梁师成与焉，名在第一甲第十一。（《宋史全文》卷一四）

进士名录：贾安宅，杨浑，丁安止，于孜，于颐，工稑，上官公陟，王大中，王上辅，王山，王朴，王廷介，王玘，王言恭，王明哲，王奎，王俊，王彦中，王彦成，王彦偁，王耕，王珩，王益，王冕，王朝俊，王棠，王资深，王辅，王绾，王澄，王举，王俦，王辨之，毛友，毛孝立，仇悆，文郊，文彦奇，文振奇，方劭，方亚夫，方彦回，方闳，方敦夫，左誉，石公恕，目骥，史廷俊，史直之，史祖道，史旂，史与权，丘之立，丘升，丘价，丘柔，丘敷，西门解，成能，吕祚，吕宾，朱曰严，朱光，朱缶，朱俊，朱冕，朱景行，朱发，朱裳，朱璞，伍仲林，任颖，全琮，危泾，江汝昭，江汝奭，江秩，江衮，江惇禔，江蹈，江涛，宇文黄中，宇文虚中，杜圻，李大方，李天民，李元亮，李中，李升，李亘，李茈，李吭，李林，李尚行，李旼，李侃，李毗，李振，李健，李唐杰，李康权，李深通，李参，李舜田，李敦廉，李弼，李概，李端行，李谦，吴升，吴公诚，吴可，吴民瞻，吴安仁，吴秀实，吴表臣，吴昉，吴迪，吴师中，吴敏，吴淳夫，吴鼎臣，吴勋，吴敦复，吴暇，吴辇，吴德舆，吴璥，何如愚，何晦，何援，何鼎，何嗣业，何悫，余永，余安行，余恂，汪天任，汪希旦，汪知言，沈汝谐，沈松年，沈禹卿，宋旅，宋康侯，宋景淳，宋瑗，宋说，邵邦达，邵昂，青阳竞，范希平，范沆，范致厚，范越，范怀，林天申，林介卿，林公选，林宗孟，林云，林聪，卓骏，呼延次升，呼延范，周公彦，周美，周焕，周琛，周义，周纲，周疆，周励，胡旦，胡多闻，胡思，胡舜陟，胡弼，胡端平，胡宽，胡鉴，柯翊，郑嘉谋，韦经，皇甫存，侯彭老，侯铎，郗慥，施敦仁，姜索，姜师仲，洪元寿，洪中和，洪楫，洪范，洵聚，祝资谋，祝颜，姚师礼，姚彀，姚辉，纪交，马大年，马师友，袁正功，华初平，庄必强，庄积中，桂材，桂韶，夏千之，夏迪简，晏敦复，倪涛，倪权，徐大成，徐大明，徐天民，徐廷杰，徐昉，徐柄，徐华，徐师仁，徐几，徐源，徐渐，乌文仲，郭去病，郭彦成，郭溥，唐永年，唐懿，陆友谅，陈大任，陈大和，陈之元，陈天瑞，陈公衮，陈尹，陈充，陈安上，陈武平，陈易，陈性仁，陈彦卿，陈偶，陈训，陈隆，陈葵，陈雄，陈汤求，陈经邦，陈戬，陈琎，陈锡，陈琦，陈骙，陈怀古，陈麟，孙元量，孙忻，孙逢，孙高，孙棋，孙鈜，孙宝著，孙觌，孙癰，黄大名，黄子服，黄邦光，黄邦达，黄枕，黄彦威，黄夏卿，黄通，黄符，黄惟深，黄詹，黄预，黄硕，黄履中，黄声，黄锷，黄腾，黄鹭，曹宗臣，曹崇之，曹琏，崔宛，崔纲，崔瑀，过卓，符确，许邦，许光亨，许国，章夏，章履，梁师成，梁熙载，梁泽民，张大成，张大受(误)，张仲，张行己，张汝钦，张宇发，张克公，张豸，张坦，张迪，张定国，张昭，张晋卿，张宰，张康衢，张宿，张宷，张杰，张端彦，张端礼，张毅，张乐，张朴，张穆，张临，张浚，张绩，彭元达，彭式，叶天将，叶升，叶伸，叶定国，叶彦隆，叶夏卿，叶照邻，叶传，叶抟，万如邱，葛彦成，葛师仲，葛处厚，董之邵，董公偃，董振，董吁，惠安民，惠彦光，惠需，景敦，单师渊，程成，程若藻，程滂，程耸，傅察(误)，邹昌龄，道大亨，曾元忠，曾尚德，曾固，曾国器，曾琏，曾履，冯寅，冯源，游时升，游传，强公桓，费肃，蒲毂，杨武烈，杨尚文，杨信及，杨通，杨惇，杨巽，杨仪，杨课，杨浚，甄好古，甄盎，甄彻，雷杭，虞襄，詹之纲，詹公著，廉操，雍观复，褚唐举，赵子昼，赵文仲，赵亨松，赵冲，赵伦，綦母贲，蒋用行，蒋安义，蔡佃，蔡棣，臧言，闻人宏，郑王宾，郑存，郑廷芬，郑祖德，郑执邦，郑集，郑圣任，邓公衍，邓思，邓纯赤，邓万，邓翰，樊绎，欧阳珏，欧阳瑰，欧阳识，黎简廉，卫上达，刘亢宗，刘光，刘作，刘勉，刘祖韩，刘砥平，刘悦，刘琮，刘彭年，刘廓，刘滂，刘硕，刘实，刘翰，刘跃，潘杲，潘特竦，潘师孔，潘谧，练绘，萧行可，萧维，萧铧，卢察，钱耜，钱绅，钱扬，鲍翌，戴天休，戴天泽，韩岊，韩迪，韩郏，檀倬，魏大原，魏汝贤，魏贡，谢仲逸，谢桀，应时发，聂昌，瞿邦彦，关韶，严祖洽，罗兴，谭望，谭焕，饶伯达。

特奏名进士：王劭，王震，方希吕，方变，成杞，朱祖扬，江敌，李唐英，邱世京，余丰，林孝孙，林睍，林积微，林权，胡靖恭，柯新之，洪烈，夏奕，徐昭，唐俊，唐傅，陈希，陈明术，陈宜，陈修，陈旆，陈处约，陈报，黄托，黄理，曹汝砺，许思诚，张士宗，张方中，张由，张希颜，张洪，叶开，辜豫，傅耘，詹道中，蒋安上，郑沂，郑范，邓酢，樊权，刘擅，韩彰明，谢庄，缪刚，苏侯，苏谧。

上舍释褐：李弥逊，王棠，王震，李端方，周说，柳约，俞昌言，徐公益，唐重，孙杞，张宇，张宧，游觉民，赵令矜，郑建古，刘大中，刘才邵。（《宋登科记考》卷八）

补进士名录：其一，毛安节。《宾退录》卷二："按《登科记》：大观三年榜中毛安节者，盖其父。"

其二，李师稷。《全宋诗》卷一四八七孙觌《通守李师稷大夫同年挽词》。

其三，张中行。《全宋文》卷四二六一朱辂《张中行墓志》："公讳中行，姓张氏，系出清河。……公以大观三年擢进士第。"

其四，李上行。《梁溪漫志》卷六："大观三年，徽宗临轩策士……是榜，晋陵张氏宰，宷，后改名宧、宇、无锡李氏兄弟上行、端行皆中选。"

其五，王祖良。《王公墓铭》："公讳祖良，字汉英，世为广汉洛邑人。登大观己丑科。"（《〈宋登科记考〉拾补——以碑刻文献为中心》）

其六，马永卿。《直斋书录解题》卷五："马永卿大年者，从刘元城游，大观三年进士。"

补特奏名进士：赵察。《宋登科记考·附录》："赵察，滁州来安县人，宋特奏名登进士第。"《全宋文》卷二九四九吴幵《赵君墓志铭》："以特奏名释褐。又四年，调桂州永福县丞。……明年，予出守山阳……明年春，晦叔以疾不起，时政和五年正月二十五日也。……晦叔讳察，世为滁来安人。"据此，政和五年上推六年，赵察是年特奏名登第。

辨正：其一，张大受，宣和三年中乙科。《春渚纪闻》卷一："重和辛丑，嘉甫之弟大受复中乙科。"按：重和无辛丑年，当为宣和三年之误。

其二，傅察。崇宁五年进士，详说见前。

先是，小珰梁师成慧黠，稍知书，得为睿思殿文字外库，专主传上旨于外。至是，亦窜名进士籍中，在第一甲第十一名。中书侍郎林摅唱进士第，有姓甄而呼"坚"，名盎而呼"快"。于是，言者论其不学，传笑中外。(《编年备要》卷二七)

大观三年，徽宗临轩策士，赐贾公安宅以下六百八十八人及第。时方行三舍法，先一岁，辟雍会试郡国贡士，凡数千人。其升诸司马、命于天子者，仅百有四十人。而吾州至三十有二人，为天下最；其用他州户籍而登名者，又不止是。徽宗大喜，命推赏守臣教官，下诏曰："学校兴崇，人材乐育，法备令具，劝惩已行。深虑有司失实，尚有遗材。《传》不云乎：'进贤受上赏，蔽贤蒙显戮。'阅前日宾兴之数，校其试中多寡，惟常州为众。苟依常格推恩，非古人尚赏之意。其知州、教授特与转一官。"于是，知州事若蒙进官朝请大夫，州学教授虞迁宣德郎。诸生相与刻诏书于石，而信安程子山俱为之碑。是榜，晋陵张氏宰，宷，后改名宦、宇、无锡李氏兄弟上行、端行皆中选。初，张氏崇宁中参政公守既擢第，至是三兄弟又同升，而弟泰州通判实复以上舍试礼部，中优等，偶戾式被驳。于是，郡太守徐公伸取"灵椿一株老，丹桂五枝芳"之句，榜其闾曰："椿桂坊"。是举也，邦人仕于朝者多知名，宦达者踵相蹑。先大父讳肃亦是岁贡士也。(《梁溪漫志》卷六)

吴元中丞相在辟雍，试经义五篇，盖用《字说》，援据精博。蔡京为进呈，特免省赴廷试，以为学《字说》之劝。及作相，上章乞复《春秋》科，反攻王氏。徐择之时为左相，语人曰："吴相此举，虽汤、武不能过。"客不解。择之曰："逆取而顺守。"元中甚不能平。(《老学庵笔记》卷四)

甄彻，字见独，本中山人，后居宛丘，大观中登进士第。时林摅为同知枢密院，当唱名，读甄为坚音，上皇以为真音，摅辨不逊。呼彻问之，则从帝所呼，摅遂以不识字坐黜。(《鸡肋编》卷中)

故事：殿试唱名，编排官以试卷列御座之西，对号以次拆封，转送中书侍郎，即与宰相对展进呈，以姓名呼之。军头司立殿陛下，以次传唱。大观三年，贾安宅榜，林彦振为中书侍郎，有甄好古者，彦振初以"真"呼。郑达夫时为同知枢密，在旁曰："此乃坚音。"欲以沮林。即以"坚"呼，三呼不出；始以"真"呼，即出。彦振意不平，有忿语。达夫摘以为不恭，林坐贬。(《石林燕语》卷八)

玉笥飙御庙，乃西岳之别祠，初为云腾庙。许觉之书三大字，后改赐今名。唐之神，多唐衣冠传闻，其像皆唐所塑。帝像不冕，而冠盖章圣东封后，始册帝号。土人屡欲更像，迄不得。卜水旱疾疫，有祷辄应。远近数百里，举子当秋赋，亦皆往谒。始因刘公美中尝致祷，神降之，梦有诗云："来年三月春盛时，骅骝稳步金街西。"刘公自是举进士，中词科，出入中外，终于兵部尚书、显谟阁学士。故皆以为梦之符如是。外舅谢公世林，方舍法盛时，再贡不第。其居距祠不下数里，岁时奉祠惟谨。一日，以科目祷焉，梦中亦得诗句，云："欲留年少待富贵，富贵不来年少去。"乃乐天诗也。外舅自是不复南宫大廷之试，寻以疾终。(《独醒杂志》卷三)

大观间，乡人王耕被贡西上。入辟雍，丐梦于二相祠。是夕，梦在一楼上顾视，赋诗曰："楼上虚怀待月时，写景应难不赋诗。一天列宿坐中见，万里青山云外归。"明春，耕以上舍二十八名释褐。再任筠州司理，以旅榇归。岂云外之应邪？(《能改斋漫录》卷一八)

李子约撰生六子，长弥性，次弥伦、弥大，皆预乡贡未第。子约议更其名，以须申礼部乃得易，先改第四子弥远曰正路。正路年十六，入太学，梦人告曰："李秀才，君已及第。"出片纸，阔二寸许，上有"弥逊"二字以示之。李曰："我旧名弥远，今为正路，是非我。"其人曰："此真郎君也，何疑之有!”辨论久之,方寤,颇喜。惮其父严毅,未敢白。以告母柳夫人,夫人为言之,遂令名弥逊,而以似之为字。后数年,兄似矩尚书主曹州冤句簿,子约罢兖签就养。似之试上舍毕,亦归侍旁。报榜者一人先至,曰:“已魁多士。”索其榜无有,但探怀出片纸,上书“李弥逊”三字。方疑未信,似之云:“五年前所梦,岂非今日事乎?纸上广狭,字之大小,无不同。但梦中不著姓耳,必可信。”已而果然。时大观戊子也。(《夷坚志》甲卷六)

鄱阳高嵲就馆于邑宰,以无讼堂为学舍。池中莲生花双头,丞贾爔见之曰:“此嘉祥也。先君大观二年在吴兴乡校肄业,直庐后产此花,守兵白教授,率诸生来观之。折取谛玩,叶间隐隐有金书先君姓名三字。诸人共致庆语,勉令力学,以来岁大魁相期。轻薄子翕然笑曰:‘贾癞子作状元,是天下无士人也。’时正病疮遍体,故云。至秋获荐送,廷对为第一。”贾名安宅。(《夷坚支志》甲卷四)

王珩彦楚,自明州入京师赴省试。揭榜前一日,独在邸舍,时年方二十,以贫甚,不出游。俄有贫士前揖,谓为丐者,略不顾视。士忽发问曰:“秀才待榜乎?”王曰:“然。君岂善相人耶?珩今举可得否?”士曰:“秀才能从吾饮,当言之。”王曰:“我正乏旅费,囊无酒资。”士倾袖中钱数百,曰:“用此足矣。”王颇异焉。即相与诣旗亭,酌数杯罢,复叩之曰:“明日榜出,幸为决得失。”士曰:“后日方榜出,明日未也。”王曰:“恰已见宣押台官入贡院拆封,何由留连信宿?”士曰:“我但知如是耳。秀才猝未登第,直到五十八岁乃可。”王曰:“倘如所言,前程当不能远大。”曰:“却有些好处。才了当便任京局,不三年超迁卿监,连典大郡作监司,寿登八十。”王意色不怿,舍之去。顷之,遇太学斋仆过门,问以放榜事,仆曰:“奏卷错误,展作后日。”王始惊叹。已而不第。寻访贫士,更无识之者。后悉如其说。王以大观己丑成名,建炎初为京西转运使。(《夷坚三志》己卷一)

于时,兄弟同榜登科者三人(张宦、张宰、张宿),郡守以为先此未有,因表其里曰“椿桂”。(《刘一止集》卷五一《张公墓志铭》)

先是，开封首荐者率六岁一登科，谓之“雌雄榜”，其来甚久。公(章夏)始以雌榜得之，识者咸谓公以文取胜耳，宁有数哉！(《全宋文》卷三五三二周紫芝《章公墓志铭》)

黄预《谢第一甲及第启》：论秀上庠，曾玷崇宁之遴选；试言九陛，复参大观之群英。愧作者之七人，叨下士之一位。前天有宠，蹐地无容。窃以遂有序而党有庠，必先立教；师以贤而儒以道，然后得人。故学以明伦，则三代共之；而上之好贤，则四方至矣。绰彼圣人之化，系乎天下之才。松有托于景山，芑欲成于菑亩。思皇多士，宜王国之克生；无旷庶官，勖天工之是代。兹有室之大竞，实无疆之惟休。共惟熙朝，笃生睿主。率时昭考，若昔大猷。蕴圣学之渊源，推道德之土苴。为众父之父，开人天之天。俾学者以圣贤为师，故申之以孝悌之义。嗣兴雍泮，亲定诏条。考行艺以兴贤，顺诗书而造士。云开师席，雨化儒林。金玉成追琢之章，芹藻有荐修之美。百材皆就，菁菁之莪在阿；八行来思，皎皎之驹出谷。用三年而大比，屈万乘以俯临。王言亲出于丝纶，天威靡违于咫尺。文章丕焕，仰尧舜之难名；礼乐大兴，参唐虞之虚问。取人为善，以道观言。宜得博物洽闻之人，允副至诚乐与之意。矧兹前列，岂及凡流？如某者，樗栎散材，冶裘末习，过庭闻学，结发事师。力徒勉乎已千，智不闻于过百。向偕郡计，来隶贤关。忧患百罹，侵寻一纪。再经论辨，与一时合选之荣；更备使令，录两学生徒之事。采菲本甘于下体，拔茅何幸于汇征！咸追而在王庭，再拜而上愚对。刺经甚浅，诵策非工。自惭鼯鼠五技之穷，乃追逸骥六飞之骏。而况伯考并进，季也先登。误联王氏之珠，妄拟薛家之凤。仕进并由于三舍，宠光实萃于一门。循分奚堪，归恩有自。此盖伏遇某官，行持正直，政本中和。蔚为国器之良，暂式侯藩之寄。河波余润，溉千里之桑林；风力甚高，助九天之鹏翼。故虽愚者，亦与荣焉。某敢不励百拜以勉修，坚一心而自信！学不可已，思勉小人之儒；求为可知，庶惟君子之命。尚图后效，仰答殊恩。(《全宋文》卷三三四八)

刘才邵《及第谢李宣仲启》：三月二十一日，皇帝御集英殿放榜，蒙恩赐上舍及第者。文阵竞驰，已并驱于六骥；玺封诞告，复间列于三龙。再逢乙览之明，俄擢甲科之峻。顾惟忝冒，实有夤缘。此盖伏遇宣仲先生，厚德兼容，深诚善诱。各言尔志，常形与点之褒；有教无心，曲尽铸颜之巧。致兹庸品，亦预殊荣。未趋谢于宾闳，遽辱贻于缄翰。其为感佩，曷罄敷宣。(《全宋文》卷三八四五)

是　月

贡院言："试宏词将仕郎保安军司理参军樊察、通仕郎越州余姚县尉李耞、登仕郎李子奇题曰：《诫谕学事司推行教法询考行能》、《开封府贺狱空表》、《大庆殿受八宝颂》、《新建书学记》，考入次等，各循一资。"(《宋会要·选举》一二之六)

四　月

癸巳(十九日)，御制七言诗一章八句，赐贾安宅等。(《宋史全文》卷一四)

是　年

《大观闻喜宴六首》：状元以下入门，《正安》多士济济，于彼西雍。钦肃威仪，亦有斯容。烝然来思，自西自东。天畀尔禄，惟王其崇。

初举酒，《宾兴贤能》明明天子，率由旧章。思乐泮水，光于四方。薄采其芹，用宾于王。我有好爵，置彼周行。

再酌，《于乐辟雍》乐只君子，式燕又思。服其命服，摄以威仪。钟鼓既设，一朝酬之。德音是茂，邦家之基。

三酌，《乐育英才》圣谟洋洋，纲纪四方。烝我髦士，观国之光。遐不作人，而邦其昌。以燕天子，万寿无疆。

四酌，《乐且有仪》我求懿德，烝然来思。笾豆静嘉，式燕绥之。温温其恭，莫不令仪。追琢其章，髦士攸宜。

五酌，《正安》思皇多士，扬于王庭。钟鼓乐之，肃雍和鸣。威仪抑抑，既安且宁。天子万寿，永观厥成。(《宋史》卷一三九)

合天下贡士，而毗陵五十有三。上赐褒诏曰："进贤受上赏，郡守、校官进秩一等。"徐申立坊桥之南"进贤"，旁植亭曰"荣赐"，以侈其盛。(《咸淳毗陵志》卷一一《学校》)

大观四年　庚寅(1110)

正　月

一日,臣寮言:"陛下躬御翰墨,裁成典训,俾得以八行保任。非特考其艺能而已,所以优待行己修洁、学术已成之人,可谓至矣。待之既已如此之至,则责之不可以不严。切闻迩来诸路以八行贡者,多或违诏旨,失法意,而有司不以为非,臣恐由此浸以成弊。今略取其一二事状著明者论之。如亲病割股,或对佛燃顶,或刺臂出血写青词以祷,或不茹荤,常诵佛书,以此谓之孝;或尝救其兄之溺,或与其弟同居十余年,以此谓之悌;其女适人,贫不能自给,取而养之于家,为善内亲;又以婿穷窭,收而教之,为善外亲。此则人之常情,仍以一事分为睦、姻二行。尝一遇歉岁,率豪民以粥食饥者,而谓之恤。夫粥食饥者,乃豪民共为之而已,独谓之恤可乎?又有尝收养一遗弃小儿者,尝救一跛者之溺,皆以为恤。如此之类,不可遽陈。今所保任,多不言学术,意皆其乡曲寻常之人,非所谓士者。愿下之太学,俾长贰、博士考以道义,别白是非,澄去冒滥,勿使妄进,务在不失法意而已。"诏:"太学、辟雍长贰等,并诸路学事司考以道艺,别白是非,澄去冒滥。"(《宋会要·选举》一二之三五、三六。按:《长编拾补》卷二七载,此乃行提举福建路学士陈汝锡大观元年十二月奏请,俟考。)

十九日,以工部尚书李图南知贡举,尚书吏部侍郎慕容彦逢、尚书礼部侍郎霍端友并同知贡举,合格贡士一十五人。(《宋会要·选举》一之一四)

三　月

丙寅(二十八日),赐上舍生十五人及第。(《宋史》卷二〇)

上舍释褐:刘日新,林正,林安上,郭千之,陈伯觊。(《宋登科记考》卷八)

四　月

礼部奏拟,立到岁试辞学兼茂科试格:"制依见行体式,章、表依见行体式,露布如唐人《破蕃贼露布》之类,已上用四六。颂如韩愈《元和圣德诗》、柳宗元《平淮夷雅》之类,箴、铭如杨雄《九州箴》,又如柳宗元《涂山铭》、张孟阳《剑阁铭》之类,诫谕如近体诫谕风俗,或百官之类。序、记依古体,亦许用四六。临时取四题,分作两场。内二篇以历代史传故事借拟为题,余以本朝故事或时事。并限二百字以上,箴、铭限一百字以上。"奉圣旨依。(《能改斋漫录》卷一)

五　月

十六日,诏:"绍圣之初,尝患士之学者不复留意文词,故设宏词科,岁一试之。然立格法未至详尽,不足以致实学有文之士,可改立词学兼茂科。每岁附贡士院引试,听有出身人,不以京朝官、选人,经礼部投状就试。岁中所取不得过三人,如无合格则阙之。仍于旧试格内除去檄书,增入制诏,临时取四题,分作两场。内二篇以历代史故事借拟为题,余以本朝故事或时事。其合格人分两等考定,申三省看详。上等循两资,中等循一资。京朝官比类推恩,仍并随资任。内外差遣已系堂除人,优与升擢。内文理超异者,取旨除馆职。所有试格,令礼部比拟立定,申尚书者,取旨颁降。仍自大观五年春试为首,宰臣、执政官亲属不许与试。"拟立到程试考校格式,如绍圣二年正月宏词之制。(《宋会要·选举》一二之六、七)

二十八日,诏:"童子李天宠支赐绢一十匹。林天与等令尚书省试验,如委精熟,亦各支绢一十匹。今后更有似此之人,不许陈乞试验。"(《宋会要·选举》九之二五)

是　月

毛注《上徽宗答诏论彗星四事》:陛下修崇学校,迥绝前古。虑士有三年之淹,而岁为之贡,可谓尽善尽美。士生斯时,实为千载之遇。宜失职非所患者。然学校养士，州有常额，则额外之士无复预教养矣。天下州郡士人之多者，有至三五千人，预教养者惟四之一。岁之入贡多不过三四十人，少止三五人，补阙以备数者，岁惟止此。则自余无可进之地，其失职疑已甚矣。如留贡余三二分，暂存科举，以待学外之士，则士心翕然有归，而终不为弃物。和气可袭，而至是亦应天之一也。(《宋朝诸臣奏议》卷四五)

八　月

八日，赐承议郎、开封少尹张叔夜进士出身。(《宋会要·选举》九之一五)

戊寅(十二日)，诏："川、广、福建并二千里已上贡士给券条令勿行。多士悉由乡贡，虑有遗逸。自今取贡额三分，于大比前一年解发，不入学及虽入学而见系退黜者，方得取应。仍别作一项，贡士院即衮同考校，太学、辟雍月试，依绍圣格，更不誊录。诸路所贡士试上舍以合格者，取十人为上等，四十人为中等，五十人为下等，补武学内舍。逐等合格人不足者，听阙。余不入等，并充武学外舍生。武学监厨官，令国子监公厨官兼管，司计止差学生。仍令礼部取内外学制，将冲改事件参定取旨颁降。"(《山堂考索》后集卷二八)

十二日，诏："县学并州县小学，更不给食，愿陪厨者听。"同日诏："三舍之法，初颁四方，深恐有司奉行违戾。故学生三百人已上，命置教官二员。今行之既久，已见就绪。所在学生及五百人已上，许置教授二员；其不及五十人者，不置。以本州在任有出身官兼领，阙即知、通于本州在任官内选曾在太学、辟雍及得解与贡、经行可称之人，申学事司审察权差。所有合减罢官，依崇宁五年三月五日所降指挥施行。"同日诏："贡士被贡日，许长吏集合州官燕犒，破赡学钱，乃无限定之数，往往广有支用，实于养士有妨。可令今后许于公使钱内量支。"(《宋会要·崇儒》二之一五)

十三日，诏："策士于庭，诹以世务，深惟神考盛德美意，所宜遵承，以诏万世。比阅学制，贡士入上等者引见释褐，止以有司参校而不复策试于庭，岂神考之志哉？自今入上等者，与中等并留太学，以俟殿试。其'上等

人遇唱名取旨'，于已降学制内增入。"(《宋会要·选举》八之三八)

十三日，诏："学校之法，天下奉行之初，设官属，厚饩廪，所以劝励趋向，及今累年，颇见就绪。武举旧来奏名三十人，武学三人许免省试一人，量材录用，每举以官者三十四人。近以四海之大，人材之众，令以贡士每三人取一名为上舍，增至百人为额。比旧命官之数，计增两倍，积之累年，入流颇冗。兼近者所贡人数不多，若宽立额，所取既广，不无侥滥。况三人取一名，比之文士，所取分数大段隔远。可自今后，诸路所贡武士试上舍，以合格者取十人为上等，四十人为中等，五十人为下等，补武学内舍，逐等合格人不足者听阙。余不入等，并充武学外舍。一，诸州昨因教养武士，专以都监窠阙选注武举呈试事艺及诸军教头出身人充，委以兼充教导。今详学制：教谕听与武士就学，质问《七书》兵法，即不令指教武士弓马事艺。除武学出身人可以通晓《七书》兵法外，其呈试事艺及诸军教头岂能通晓？不唯于学制违背，兼于差注实有妨碍。可今后诸州都监，许先注武举及武士上舍出身人兼教谕外，余依近降指挥，遵依《元丰法》差注。其教谕阙，止委知、通于本州见任使臣内，选谙晓《七书》兵法人保明，提举学事司差兼。又阙，即依大观三年正月二十五日朝旨，对移武举及上舍出身人。"(《宋会要·选举》一七之二〇、二一)

十九日，诏："宗子升补上舍，系比旧日宗室应举之人得解。其赴贡士举试，系比省试。今不经殿试，便分三等命官，缘熙宁未有此法。可依贡士已降指挥，并留候殿试。其上、中等人遇唱名日取旨。"(《宋会要·选举》八之三八、三九)

九　月

十四日，兵部言："礼部检准大观四年八月十二日朝旨，自今取贡额三分解发，立为永法。其进士免解事务合行依旧外，即未审武举有无指挥，作进士例发解。本部契勘：今来即未审武举今后合与不合依进士例为永法？若亦合依文士为永法，其牒官奏举条令，合与不合行使？本部契勘：今来若三分发解为永法额，比旧额少。有依旧令内举官职任人，虑难依旧，合行改修。

缘《元丰法》后来有增添举官职任人,欲乞只依《元丰法》施行。”诏:“依进士例,其保举官依《元丰法》。”(《宋会要·选举》一七之二一、二二)

十　月

十四日,兵部言:“开封府武举人崔奕等状:‘伏睹今年八月十三日指挥,多士悉由乡校,必月书季考岁升,积久而后至。然士无常产久矣,事亲治家,单丁自营,艰于从学者有遗逸之叹。可自今取贡额三分,为大比前一年发解,许不入学之人及虽入学而系退黜者取应。奕等元系武学生,止以侍亲治家,贫窭不赡,难以守学,遂致除籍。今乞明降指挥,许奕等依前项指挥,许将来于大比前赴部投纳家状收试。’看详:欲乞将今日已前应元系在武学,因请假落籍不在学,及退黜之人,非因犯罪屏斥、别无违碍者,令经国子监自陈,勘会诣实申部,依已降指挥,许令来年取应。”从之。(《宋会要·选举》一七之二二)

大观年间

崇、观三舍,一用王氏之学。及其弊也,文字语言习尚浮虚,千人一律。尝见人说,当时京师优人有致语云:“伏惟体天法道皇帝,趋时立本相公,惟其所以秀才,和同天人之际而使之无间者,乐人也。”于是观者莫不绝倒,盖数语皆当时之弊也。(《扪虱新话》卷一一)

先大父大观初从郎曹得守九江,自乡里汝阴之官。有同年生宋景瞻者,姑溪人。其子惠直,为德化县主簿,迎侍其父以来。先祖爱其清修好学,甚前席之,教以习宏词科。日与出题,以其所作来呈,不复责以吏事。会王彦昭涣之出帅长沙,令作乐语,以燕犒之。时有王积中者,知名士也,以特起为佥书节度判官,且俾预席。其稿不存,但记忆三联云:“少年射策,有贾太傅之文章;落笔惊人,继沈中丞之翰墨。从来汝颍之间,固多奇士;此去潇湘之地,遂逢故人。况有锦帐之郎官,来为东道;且邀红莲之幕客,共醉西园。”先祖读之,大喜,以谓句句着题。荐之于时相何清源,即除书局。已而,中词科,自此声名籍甚。惠直字子温,其子乃贶也。绍兴间鼎贵亦不复相闻,今又未知其子孙犹知之否?(《挥麈三录》卷二)

慕容彦逢《论黄甲拟官奏状》:右,臣伏见神宗皇帝既废明经学究科,特设新科明法,优为恩例。至黄甲拟官,俾先进士,注诸州司法,盖将以变革旧习,故其初不得不然。绍圣四年,朝议以此法行之既久,昔人之为新科者,十消八九矣,恩例之优,宜亦少损。乃以司法及其余判司阙衮,从上差注。元符三年十二月中,因省部勘当,遂罢绍圣指挥,更不施行。臣契勘:新科明法等人,徒诵其书,未必晓其义。若以进士素不习法,难以轻授司法职任,其余判司等官,或以治狱,或以听讼,亦未尝待其学而后授之也。朝廷取士,患不得实材,果得实材,何施而不可?伏望圣慈特降睿旨,将来吏部注新赐及第进士出身等人,并依绍圣四年四月二十三日指挥施行。所贵德泽均被,上称陛下造士之意,谨录奏闻,伏候敕旨。(《全宋文》卷二九三四)

葛胜仲《进养士图籍札子》:臣窃以三代之盛,班治显设之方,尤备于成周。而周之隆教养作成之法,独推于文、武。文王之诗曰:"不显亦临,无射亦保。"故其效至于多士以宁。武王之诗曰:"丰水有芑,武王岂不仕?"故其效至于无思不服。虽圣人以神道设教,其精神心术之妙,不可推测。意者殆将以作人吁俊,为长久无穷之计,非特用于一时,以康庶事而已。《棫朴》云:"周王寿考,遐不作人。"《下武》云:"于万斯年,不遐有佐。"故子孙赖之,而国以长懋。呜呼盛哉!天佑斯文,越数千年而复生上圣,应世觉民之迹若合符节。惟皇帝陛下以徇齐渊懿之资,履熙洽隆平之运,圣学高明,道心昭彻。烛见治本在崇化厉贤,故自躬断以来,首议学政,大开雍頖,于以育众才,联师儒而命之。以宾兴考劝之法,革科举循沿之陋。升进之令,类出于亲制;程试之文,每尘于乙览。一岁饩廪,无虑数百万,别为一司,规画均制,不取于县官而坐有余资。且命诸道各设常产,以资永业。行之十有余年,典法大备,彬彬新美之才辈出,而晏晏忠厚之俗已成。虽《诗》歌文、武之盛,无以进焉。既又命礼部以天下养士之额,舍宇之数,费用之多寡,田业之顷亩,载之图籍,掌在有司。臣等恭承诏旨,讨论编次,随类编括,克有成书。取大观二年岁终为率,既以逐州县离为析数,又以天下合为总数,凡二十有四路,而中都两学之费不与焉。彼汉中世增弟子员三千人,而唐太宗千一百区,载之史牒,已称甚盛。顾视今日,

何足道哉！所有天下养士图籍，凡二十有五册，谨随状上进。干冒宸扆，无任战悸屏营之至！(《全宋文》卷三〇六四)

韩驹《上皇帝乞附试书》：臣闻成汤祷雨之词曰："士失职欤？"夫一士失职，何与于政事？而圣人以为忧。是以知至治之世，物物遂性。今陛下躬成汤之圣，则世宜无失职之士，此臣所以昧死以毕其愚者也，惟陛下幸赦之！臣九岁业进士，十七贡于礼部，二十又贡，然后学成而益穷，志勤而益困。方陛下建学以造士，甚盛德之举也。臣亟提所著书以愿入焉。会臣父官岳州，食贫口众，不能偕去，则使与其孥就食江南。及官荆州，则使臣如襄阳以入学。臣以去冬犯寒忍饥，携孥至京，而惫不能行矣。居京城几一年，义不苟取，又无他艺以为餍足之道，至饿不能出门户，况可远适哉！原宪瓮牖，仲卿牛衣，以臣方之二子，未为贫也。夫贫者士之常，臣亦何憾？然岁秋矣，天下之士皆得操觚秉牍，试于有司，而臣以流落故无所试其艺，其它固已息望。但比棘闱饮墨之人，尚不可得，此非近于失职欤？臣前居江南时，已不及预秋试。盖士抱利器以见试，尚惧不得，而臣不肖，六年不试其艺，其穷宜矣。退而惟之，当天子接千岁之统，求士如不及之时，人人得以自效，瘖聋跛躄亦各以其器食，而臣独不见试，是命也夫！虽然，《传》称尧曰："不废穷民。"古之圣人惟其加恻隐于穷失职之士，是以博施济众之效，后世不及。一夫不获其所，其臣犹或耻之。共惟皇帝陛下仁民爱物，度越尧汤，今天下大治，物物遂性，臣虽至贱，岂不得与一物之数乎！然而未获其所，愿陛下特诏臣附在京进士请解，以彰陛下博施济众，其度越尧汤如此。《书》云："人之所欲，天必从之。"陛下其仁如天，则亦从民欲矣。士莫不见用于世，然臣愚切谓冒进于他技者，类非安分之士，而自称荐者决非立功之人。昔者贾谊愿试属国，终军请受长缨，臣之不肖，尝切陋之。陛下即诏臣试，固未必中，然臣得其分，臣其受宠多矣。如闻报罢，则信其命之穷，无所望于世矣，便当绝学捐书，为人耕田，时时击壤，为诗歌咏太平，仰事俯育，以俟没齿而已。愚狂无所知识，罪当万死。

韩驹《再上皇帝书》：臣闻太宗皇帝，民有失一豭豚者，自诉于登闻，诏赐千钱。明日，谓丞相曰："以此细事，悉诉于朕，然亦安得不留意乎？"臣以此知圣人恤民深矣。今陛下勤政恤民如太宗,而臣之所言者又非止于失豭豚也,愿少加察焉。顷者臣上书乞附试,陛下怜臣羁旅,赦臣狂妄,使试于太学,此盖陛下博施济众之深仁也。有司策臣三道,擢在第一,窃自欣喜。以为至治之时,有一艺者率以收录,今幸得以文字彻圣听,试又合格,则必上蒙宠擢,次第试吏,以归慰其亲焉。然臣一介书生,从下国来,大臣不闻,诸臣不识,一奉明诏,与千百人试而直出于其上,谁为言者!会尚书使复试,遂寝不报。嗟乎!士以穷困羁旅之故,再不见试。今诏恩使试又合格矣,而犹不得与下士齿,岂非命乎!臣自上书至今,又二年矣,性褊才拙,无趋利之道,是以居京城衣不蔽躯,食不餍腹,当其触雪犯暑,而皇皇乎车尘马足之间,虽挤于沟壑,岂复有仕进之望哉!乃今年十一月,有司方谕臣以去年三月奉诏,补臣为太学内舍生。臣走问诸太学,则凡为内舍者,未得禄仕。往岁一试上舍而已,幸而中者或者补吏。夫臣穷旅于此,固未能委其孥于外,而不入学也。然臣初原陛下之意,岂非悯其失职,而开其入仕之路乎?而有司不使臣早隶于太学,今则将锁院矣。臣欲试上舍乎?则有司责臣以无校定,虽试且无益矣。而欲请解于州里乎?则益无及矣。进退不可,私自怜悼,将复坐观天下之士试艺于有司,以干禄仕矣。呜呼!士之不遇,一至此哉!忽翻然自悟曰:"昨六年不试,陛下尚怜悯之,况九年不试乎?"故复冒昧自进。伏惟陛下宽仁遍爱,既悯怜之于其始,宜容纳之于其终。念臣虽知分义,而家贫父老,不免于有求。察臣困穷挟策而不求众人,仰于君父,使臣依近例补上舍免省,以渐纾困穷,则德至渥也。陛下布新显号,泽及多方,庆施惠行,天下咸喜。而士有戚戚如臣者,虽若无足道,然政和之日,岂宜有一物不得其所?此臣所以投诚控告也,惟陛下睿断而从之。臣尝两预乡贡,一冠太学,又以治经余暇,学为古文。至于铺张陛下之宏休,论载陛下之伟迹,窃自以为无愧于古,畏懦羞缩,久不敢进。尝谓西汉武、成及唐明皇之世,乃有相如、扬雄、杜甫之属咏歌太平,而数君者亦辄能奖擢之。陛下致治如此,而又天纵明智,肆笔成书,昭回之光,下饰万物,自有书籍未之有也。顾未闻有如三子者起于草莱,以文词称上意,则是圣宋文物爲不及汉唐乎?臣诚不能愤激。近所作《政和颂》,虽浅陋无取,而比三子所赋,则颇为典实,谨投进以闻。愚戆不知大体,惟圣主哀怜之!(以上均见《全宋文》卷三五〇九)

政和元年 辛卯(1111)

正 月

十九日,以尚书吏部侍郎兼实录修撰、同修国史姚祐知贡举,中书舍人兼实录修撰、同修国史、充议礼局详议官宇文粹中,尚书礼部侍郎潘兑,并同知贡举,合格阙。(《宋会要·选举》一之一四)

二十六日,大司成张邦昌等言:"奉御批学制局札子,将分拨到五路诸科解额二分一百三十人,并州学解额八十人,充京畿等诸路武士贡额。令诸路以指挥到日,在学人数每十五人、五路每十四人贡一名。寻取会修立到诸路武士贡额共一百六十九人,兵部具到已得朝旨,武学依文士存留科举三分,许在学三舍生并曾经在学已除籍人取应,并于贡额内除豁三分,永充解额。看详:大观二年武举,依进士三分科场,系于武举旧解额八十人内取二十四人。今来若依兵部符,令本监于见立到一百六十九人数内除豁三分,即是合取五十一人,比之前三分发解,计增一培以上,显属太优,兼亏损天下贡额,亦虑未便。今来欲于旧解额八十人数内除豁三分,以充武贡发解额。武举既已降指挥依进士例,在学武士不合取应。缘今次未有奏举人,欲依文士许入学而不因罪犯见系退黜之人取应,仍纽分数,每一十人解一名,无人可解则阙之。武士贡额,仍依所立一百六十九人之数下诸路。武举省试,旧来正奏名止三十人。自大观元年已后,所增多二十人,本为贡士。今来科举,于旧省试奏名额内除豁三分,充科举奏名。"诏:"可依国子监契勘到事理施行。"(《宋会要·选举》一七之二二、二三)

二 月

二十三日,三省言:"试词学兼茂前郴州教授谭世绩、儒林郎蔡经国、通仕郎俞授能题曰:《雄武军节度使开府仪同三司授侍中制》、《夏禹九鼎铭》、《代宰臣以下谢赐御制冬祀庆成诗表》、《唐集贤殿书院记》,考世绩、经国入上等。”诏:“词学兼茂科,尤宜加意奖进教育,以资润色王猷之英材。今后可岁中所取不得过五人,余依旧制。今来考校中格人,属辞清劲,文理典赡,宜与升等收录,以为词学该博者之劝。可特依下项:世绩与改合入官,仍除馆职;经国与改合入官,仍堂除差遣;授能与循两资,仍堂除差遣。”(《宋会要·选举》一二之七)

二十九日,假将仕郎黄葆光特赐进士出身。以贡院别试所言:勘会春试出官,检准敕条推恩合格优等人,取旨推恩,赐出身。(《宋会要·选举》九之一五)

四　月

二十五日,吏部侍郎姚祐等奏:“乞礼部《贡举令》内,收入‘不得援引皇帝名’。”从之。(《宋会要·选举》四之六)

八　月

二十八日,大司成张邦昌等奏:“检会大观四年八月十三日圣旨,贡士入等者,自今与中等并留太学以俟殿试,其上等人遇唱名日取旨。又准《大观重修武学令》,诸贡士应补上等者,取旨释褐;中等俟殿试。欲望武士上等依文士上等已降指挥,留武学以俟殿试。”诏:“并依大观四年八月十三日贡士等已降指挥。”(《宋会要·选举》一七之二三)

十一月

十五日,臣寮言:“乞士大夫毋得体释氏之说为文,士子程文有引用佛书,或为虚无怪诞之言者,皆黜勿取。”从之。同日,臣僚言:“伏睹神宗皇帝,以声律偶对之文,雕虫篆刻,不足以发挥圣人之余蕴,遂罢诗赋,崇经术。元祐中,曲学陋儒自售其私,请以诗赋取士,仍争为篇章,更相酬唱,欲鼓天下之众而从之。哲宗皇帝深悯其弊,俄即废革,尽复熙、丰科举之法。陛下兴学养士,增光前烈,亲洒宸翰,训迪多方。元祐学术政事,悉禁毋习。然缙绅之徒，庠序之间，尚以诗赋私相传习，或辄投进，仰渎圣听。盖义理之学，高明而难通；声偶之文，美丽而易入。喜易而恶难者，世俗之常情也。傥非重行禁约，为之矫拂，恐复流而为元祐之学矣。”诏：“榜朝堂，委御史台弹劾。”(《宋会要·选举》四之六、七)

是　年

公讳章，字达夫。……今为信德府尧山人。……政和元年，以四举进士推恩，授相州林虑县主簿。(《全宋文》卷三八〇一霍□□《李公墓志铭》)

君讳挚，字通老……政和初以算学登第，授承信郎。(《全宋文》卷四二二七王灼《古挚墓铭》)

政和二年　壬辰(1112)

正　月

八日,以翰林学士蔡薿知贡举,尚书吏部侍郎慕容彦逢、给事中宇文粹中、起居舍人张漴并同知贡举,合格奏名进士七百一十三人。(《宋会要·选举》一之一四)

知举蔡薿上合格进士路允迪等。(《太平治迹统类》卷二八)

《上庠录》云:政和元年,尚书蔡薿为知贡举,尤严挟书。是时,有街市词曰《侍香金童》,方盛行。举人因其词加改十五字,作"挟怀"词,云:"喜叶叶地,手把怀儿摸。甚恰恨出题厮撞着,内臣过得不住脚。忙里只是,看得班驳。　骇这一身冷汗,都如云雾薄。比似年时头势恶,待检又还猛想度。只恐根底,有人寻著。"(《苕溪渔隐丛书》后集卷三九)

九日,御笔:"契勘:今次科举,赴省试人数颇多,取数甚少,深虑遗逸人材。如增解额,即于学校非便。若依崇宁、大观年例,增添省额,自与贡士两不相妨。今次可特添省额一百人。以朝廷之大,增士百人食禄,亦不为过举。宜依此行下。"(《宋会要·选举》四之七)

二十四日,臣僚言:"舆论以谓:士人溺于元祐挟书之习者,尚多有之。蝇头细字,缀成小册,引试既毕,遗编蠹简,几至堆积。兼鬻书者,以《三经新义》并《庄》、《老子》说等作小册刊印,可置掌握,人竞求买,以备场屋检阅之用。虽其法甚严,而前此有司往往爱惜士风,未之举行。遂致荒唐缪悠之人,公然抵冒,无复忌惮。窃谓义理本以待士,彼或冒法,则非士也,尚何恤乎！伏望圣慈，申严怀挟之禁，增重巡铺纵容之责。印行小字《三经义》，亦乞严降睿旨，禁止施行。”从之。(《宋会要·选举》四之七、八)

二　月

十日，诏：“契勘：内外试院自来晓示试人宗庙名讳，久例全书，兼张挂于墙壁，盛铺陈于途路，与文榜杂处，略无分别。使愚俗聚观、环读，宁免指斥祖宗庙讳乎！闻之嗟恻，有渎在天之灵。自今后，仰离拆书写须令‘渎’字曰‘水卖’之类，仍置木榜，张挂于屋下。仰立法，将上取旨。”(《宋会要·选举》四之八)

十一日，知成都府吴拭奏：“蜀州小学生张道安，年七岁，通诵《诗》、《书》、《易》、《礼记》、《周礼》、《春秋》、《论语》、《孝经》、《孟子》等书，无一字脱误。愿依近比，宠以一命。”诏：从之。(《宋会要·选举》九之二五)

三　月

十二日，上御集英殿，试礼部奏名进士。内出制策曰：“昔者明王以道御世，而以德化之，教以三物，纠以八刑。其民恭而不苟，逊而不争，亲而不怨，和而不乖。故道德一而民志定，分守明而礼俗成，是非取舍皆当于义，而无有私智犯上。余风遗烈，虽衰世之公子，干城之武夫，伐条之妇人，汉上之游女，莫不好德，无思犯礼，勉其夫以正。朕嘉与万民，共由斯道，夙夜以思，未知所以为之之方。朕若稽古以善天下，去古绵邈，世流于末习。卑逾尊，下僭上，贵贱失分，强弱相陵，小大先后，无复防范。忘义昧利，交相为瘉，习以成俗。士无操术，偷薄浮伪，朋邪罔上，无有忌惮。朕甚不取！夫易其俗，革其弊，以趋先王之盛，何修而可以跂及乎？《传》曰：‘子帅以正，孰敢不正？’如汉之文帝，躬行节俭，身衣弋绨，而庶人屋被文绣。岂其习俗之久，有不能化欤？岂其施为舛戾，不足帅欤？子大夫其考古验今，为朕详言之。”得莫俦已下七百一十三人，赐及第、出身、同出身。翌日，试特奏名诸科、进士，内出制策曰：“孝莫大于严父，严父莫大于配天。先王宗祀文王于明堂，以配上帝，仁之至，义之尽也。永惟神考，天德地业，施之万世，可谓博矣！朕嗣有令绪，夙兴夜寐，靡敢遑宁，期于报称,而尊严之典有所未至。顷尝诏有司,度地鸠工,将以作之。而议者或取四时五行之象,五室九室之仪,或谓在寝在郊,在国之南。欲稽于古,有所不合;欲循于近,恐或固陋;将以义起,恐不师古。然其义其位,其数其制,必有稽焉。子大夫当茂明之,昭事昊天,崇报烈考,不其韪欤。”(《宋会要·选举》七之三二、三三)

赐莫俦以下七百余人进士及第、出身有差。罢赐诗,改赐箴云。初,御史李章言作诗害经术,自陶潜至李、杜皆遭讥诋。诏送敕局立法,宰臣何执中遂请禁人习诗赋。至是,故赐箴。未几,知枢密院吴居厚侍御筵,进诗改为口号。后圣作屡出,士大夫亦不复守禁矣。(《编年备要》卷二八)

政和末(按:当为政和初),李彦章为御史,言士大夫多作诗,有害经术。自陶渊明至李、杜,皆遭诋斥,诏送敕局立法。何丞相执中为提举官,遂定命官传习诗赋,杖一百。是岁,莫俦榜,上不赐诗而赐箴。未几,知枢密院吴居厚喜雪,御筵进诗,称“口号”。自是上圣作屡出,士大夫亦不复守禁。或问何立法之意,何无以对,乃曰:“非为今诗,乃旧科场诗耳。”(《石林燕语》卷九)

二十一日,翰林学士蔡薿等言:“比岁学者妄相传播,谓学校以史书为禁,士子程文至于历代世次先后、古人名氏显著者,亦或差舛。乞今后时务策,并随事参以汉唐历代故实为问。”从之。(《宋会要·选举》四之八)

进士名录:莫俦,陈桷,丁宗旦,丁敏修,丁煜,丁驹,上官公绰,上官惕,上官愔,王升,王行己,王汝霖,王南夫,王禹同,王俊,王悦,王宰,王纯仁,王扬,王登,王照,王与权,王资,王闱,王濬,尤申,尤深,毛天粹,毛朋,毛泰亨,毛悦,毛喆,勾声,方天任,方俣,方纯彦,石有中,石彦明,石廉,石经,田如鹗,史易周,史沆,史经,丘畋,丘程,吕天觉,吕景著,吕斌,朱天任,朱枚,朱定国,朱庭佐,朱竑,朱恂,朱晋,朱常,朱异,朱泽民,朱綡,朱畴,伍先觉,任忠厚,任居中,米璞,江中立,江杞,江邈,阮校,李大老,李天休,李允成,李正中,李正民,李申之,李求,李林,李矼,李宗师,李班,李莘,李衮,李能,李接,李从,李章,李嗣宗,李嘉运,李裳,李僧瀹,李广文,李纲,李璆,李澈,李彝,李觉,李骥,吴作式,吴直亨,吴彦申,吴致尧,吴达,吴效,吴福时,吴兢,吴枢,吴樵,吴权,邱棠,何如霆,何莫,何师中,何静,伸意,余文,余光庭,余采,余尧佐,余尧弼,余嗣,余适,谷椿,辛次膺,汪廷直,汪邑,汪品,汪发,沈公绰,沈丕,沈造,沈虞卿,沈与,宋昌,宋朝英,宋熹,邵骧,青阳充,幸扩,范洪,范振,范逊,林子立,林芑,林保,林晨,林闳,林挚,林霆,杭济,卓刚中,易东,季陵,金铎,周公才,周孚先,周祐,周师道,周震,周离亨,宗奎友,胡汝明,胡铨,柯森,俞汝明,俞迎,洪壮,祝卞,祝光庭,祝周才,祝开,马毅,秦惇,秦恺,袁孝纯,袁机,耿诗,莫焕,莫钟,桂冲,夏廑,师与,徐元侯,徐光远,徐海运,徐众,徐复,徐熙迪,翁孝昭,翁谷,翁待举,翁彦约,翁范,高若虚,高桓,高遹,郭亢,郭允升,郭廷干,郭茂,郭劲,唐允彰,唐咨,唐时俊,唐稷,凌伯玉,陆守,陆绶,陈大声,陈大漠,陈之美,陈天助,陈天益,陈可大,陈汝仕,陈孝友,陈沃,陈宋辅,陈述,陈括,陈炳,陈哲,陈师尹,陈浩然,陈康年,陈尧常,陈杰,陈舜邻,陈几,陈旸,陈晕,陈蕃,陈范,陈衡,陈钦,陈谟,陈骓,陈绎之,孙坦,孙叔通,孙綎,孙畸,孙佥,黄文若,黄邦俊,黄存道,黄汸,黄卓,黄尚贤,黄府,黄法,黄彦辅,黄宣,黄珪,黄衮,黄达,黄与能,黄裳元,黄颊,黄觐,梅文,曹省,曹唐,曹继时,盛虎臣,常因,娄寅亮,崔天迪,崔实,过廷中,许元宗,许升,许亢宗,许尹,许允,许知微,许彦博,许登,许瑊,许端夫,梁义从,张公彦,张文,张光,张忞,张矩,张钒,张乘,张敏,张敦书,张辉,张遵,张黻,彭佶,彭拯,彭逵,彭寿,叶份,叶若清,叶逸,叶极,叶义雄,万冲,万俟卨,万格,葛正仲,董允中,董直卿,董彬,程林,程衮,程洵武,邬大昕,邹彦亨,曾公著,曾度,曾缥,冯安上,湛刚中,汤举,杨杞,杨栝,杨师锡,杨植,贾时昌,雷孚,雷协,虞景,路允迪,詹公荐,赵训之,赵野,赵溷,赵誉,蒋宁祖,蔡率,蔡登,蔡履,蔡兴世,臧祐之,臧崇之,廖方,廖翼,郑之才,郑甸,郑义,郑辽,郑熄,郑励,熊天桀,熊迪,熊梦跃,熊溥,邓植,邓义,欧阳方,欧阳盼,欧阳然,欧阳迁善,欧阳焘,刘天瑞,刘中,刘亘,刘延年,刘汝舟,刘宇,刘伯宪,刘甸,刘孟隆,刘畤,刘达夫,刘轸,刘温伯,刘纲,刘绾,刘震,刘宪,刘畴,潘佸,潘宗回,乐公衮,练居实,薛子才,薛良贵,薛彦时,薛弼,萧林,萧雅,萧邃,卢臣忠,卢光前,卢奎,卢楚,卢熙载,钱昌武,钱骧,谢如意，谢良翰，谢逸，应彬，应确，麋锴，简修，颜孚，颜为，严中，严憕，严环，罗汝楫，罗秉礼，罗复，罗荐可，谭知柔，怀芑，饶之翰，顾涛。

特奏名进士：莫寿，王朴，王宕，方师常，方慎进，方维，石锐之，阮中，阮时发，阮晞，吴京，余辟，汪临，邵荒，林其麟，林轩，林黄美，林几，卓立，胡良，柳珙，姚能举，徐徽，留汝弼，郭康时，郭椿年，凌琰，陈介，陈次宗，陈次颜，陈希孟，陈希楫，陈牧，陈彦达，陈祖武，陈基求，陈晞孟，陈报，陈扩，陈谟，陈宠，许冲远，张觊，张纵，湛谞，蔡和中，蔡庸，蔡莩，郑子元，邓承祖，邓鹏飞(误)，刘丰，潘寿，卢炳，戴天秩，戴天祥，谢锡，苏祥。

上舍释褐：师骥，王庭秀，勾龙庭实，方俊，石公揆，李元瀹，吴价，余时乂，汪思温，沈钦之，沈调，林大声，季陵，莫庭询，庄安常，连南夫，陈秉文，孙畋，孙时，黄彦远，黄静，张邦彦，彭图南，詹肇，蔡调，刘士英，诸葛材，钱时敏。

特赐：韩驹。(《宋登科记考》卷八)

补进士名录：其一，汪汝直。《全宋诗》卷一五四〇李正民《次韵汪汝直同年》。

其二，万锷。《宋登科记考》卷九将其系于建炎二年进士名录，误。《全宋文》卷四三一九胡铨《庐陵县重修先圣庙记》："郡太尹李公锐于养士，得梅池万锷为之师……锷，余同年进士也。"

其三，方允迪。《挥麈后录》卷一一："政和初，方允迪将就廷试，前期闻御注《老子》新颁赐宰执，欲得之以备对。会允迪与薛肇明有连，亟从问之，乃云无有也。一日，入薛书室，试启书箧，忽见之，尽能记忆。洎廷试，果发问，毛达可友得对策，大喜，即欲置魁选。而强隐季渊明为参详官，力争，谓其间赞圣德处有一二语病，必欲置十名之后，达可尤力辨。既而，中夜思之，时中人络绎于诸公间，万一转而上闻，非徒无益，乃议置十二名，犹在甲科。是时，陈彦方以术得幸，又令使预占今岁甲科几人。彦云七人，而中人辈欲神其说，密喻主司仅取此数。既而，傅崧卿以上舍，薛尚友、盛并以执政子，皆置甲科，卒取十人。允迪乃在乙科第四。允迪，即外舅之仲父也。"

补特奏名进士：王廷老。《全宋文》卷四三三〇胡铨《王公墓志铭》：“公讳廷老，字世臣。……政和壬辰，乃特奏名。”

辨正：邓鹏飞，宋宁宗开禧元年特奏名进士。《宋辽金元方志辑佚·南雄路志》：“邓鹏飞，乙丑科中第三等，迪功郎象州防御推官。”（第807页）

当政和正三年，大比试庭中，徽宗皇帝擢为第一，授承事郎。越日，特奏名士第一人适与公同姓名，徽宗曰：“非其伦也，名实混矣。”命去偏旁，名寿。比公入谢，会正奉公以兵部外郎从卿士奏事殿上，上顾见公，谓正奉曰：“俦少年耳，草数千言，文辞赡丽，皆切当世之务，遂为诸儒冠，卿可谓善教子矣。”嘉叹久之。（《全宋文》卷三四九四孙觌《莫公墓志铭》）

兵部郎中莫卞居场屋日，因赴浙漕，梦人就旅邸报姓莫人作状元，卞出迎之，乃云：“名俦，非卞也。”时卞已投卷，是举登科。明年得子，因名俦。后二十四年，俦作大魁，卞对贺客言之。（《墨庄漫录》卷三）

政和壬辰榜唱名，有饶州神童赴殿试中第，才十数岁，又侏儒。既释褐，卫士抱之，于幕上作傀儡戏，中贵人大笑。次日，特奏名人唱第，皆引近殿陛，恣其所陈。有自愬病者，出尚药珍剂赐之。（《萍洲可谈》卷一）

夏廑，字几道，卫州汲县人。崇宁、大观间，居太学甚久，未成名。家故贫，至无一钱。同舍生或相聚博戏，则袖手旁观，时从胜者觅锱铢，俗谓之“乞头”是也。一夕，束带焚香，对局设拜，曰：“廑闻博具有灵，敢以身事敬卜。今年或中选，愿于十掷内赐之浑化，不然，将束书归耕，无复进矣。”祝罢，即挼莎掷焉，六子皆赤。夏愕喜，不敢自信，又祝曰：“廑至诚斋心，以平生为祷，恐适者偶然，愿更以告。”复再投之，三采皆同，乃再拜谢神贶。是岁，果于莫俦榜登科。后官至中大夫、川陕宣抚司参议官。其家藏所卜骰子，奉之甚肃。（《夷坚志》丁卷一）

迪功郎饶州浮梁县丞陆元佐上书：“……恭睹政和二年春赐贡士第。

当时，有吴定辟、魏元勋等十余人，名意僭窃，陛下或降或革。”(《能改斋漫录》卷一三)

(李纲)政和二年，上舍及第。胪传之日，徽庙顾问再三，特旨升甲。(《李纲全集》附录二《李公行状》)

政和二年春，公(魏宪)佐知举，试天下贡士。有诏委知举察异论，公初弗知。既讫事，而誊录官许尚志上言贡士有言近诋讪者，录其文及号以进，适隶公考阅。虽已黜，犹坐不以闻，罢为通判单州。(《全宋文》卷三〇七五葛胜仲《魏公墓志铭》)

四　月

七日，中书省内降林伯达策卷，内签贴出“虞”当作“集”、“功”当作“窃”，及二项非所宜言八十七字，意涉诋讪等。奉御宝批：“贡院考校潮州贡士林伯达试策，用字舛讹，文辞纰缪。虽已黜落，缘论议不正，趣向倾邪，有害学术，所当惩诫。”诏：“林伯达驱出学，送永州编管，仍永不得入学。点检试卷官黄唐传、参详官魏宪送吏部，与合入差遣。知举蔡薿降两官，同知贡举慕容彦逢、宇文粹中、张漴各降两官。”(《宋会要·选举》四之八)

十二日，贡院言：“试词学兼茂文林郎滕康、卢益、李熙靖，奉议郎薛仓舒，通仕郎曹辅题曰：《保大军节度使授检校司徒保平军节度使制》、《汉六辅渠记》、《代宰臣以下贺野蚕生茧表》、《汉宣德殿马式铭》，考康等五人合格。”奉御宝批：“试卷已经省览，文词优裕。考按合格，可依格推恩，仍更量加甄擢，以劝来者。康为秘书省正字，益试辟雍博士，熙靖试太学正，苍舒为太仆寺丞，辅充详定敕令所删定官。”(《宋会要·选举》一二之七)

先是，崇宁以来，专意王氏之学，士非《三经》、《字说》不用。至政和之初，公议不以为是。蔡嶷为翰林学士，慕容彦逢为吏部侍郎，宇文粹中为给事中，张琮为起居舍人，列奏：“欲望今后时务策，并随事参以汉唐历代事实为问。”奉御笔：“经以载道，史以纪事，本末该贯，乃称通儒。可依所奏。今后时务策问，并参以历代事实。庶得博习之士，不负宾兴之选。”未几，监察御史兼权殿中侍御史李彦章言：“夫《诗》、《书》、《周礼》，三代之故；而史载秦、汉、隋、唐之事。学乎《诗》、《书》、《礼》者，先王之学也；习秦、汉、隋、唐之史者，流俗之学也。今近臣进思之论，不陈尧舜之道，而建汉唐之陋；不使士专经，而使习流俗之学，可乎？伏望罢前日之诏，使士一意于先王之学，而不流于世俗之习，天下幸甚！”奉御笔：“经以载道，史以纪事，本末该贯，乃为通儒。今再思之：纪事之史，士所当学，非上之所以教也。况诗赋之家，皆在乎史。今罢黜诗赋而使士兼习，则士不得专心先王之学，流于俗好，恐非先帝以经术造士之意。可依前奏。前降指挥，更不施行。”时政和元年三月戊戌（按：政和元年三月癸亥朔，政和二年三月戊午朔，皆无戊戌日。政和二年四月戊戌，十二日。据《编年备要》卷二八，系于是月）也。（《能改斋漫录》卷一二）

禁史学。从监察御史李彦章之请也。诏：“士毋得兼习史学。”初，翰林学士蔡薿等请令：今后试时务策，并随事参以汉、唐历代为问。至是，令寝前诏勿行。（《编年备要》卷二八）

按：尊经书，抑史学，废诗赋，此崇、观以后立科造士之大指，其论似正矣。然经之所以获尊者，以有荆舒之三经也；史与诗之所以遭斥者，以有涑水之《通鉴》、苏黄之酬唱也。群憸借正论以成其奸，其意岂真以为六籍优于迁、固、李、杜也哉？（《文献通考》卷三一）

二十四日，礼部言：“《崇宁贡举通用令》：诸举人已唱第，赐闻喜宴于琼林苑；诸贡士已推恩，赐闻喜宴于辟雍。系贡士并宗子、上舍与进士同榜释褐，所有赐宴恐合就琼林苑，并差押赐官。”诏：“用四月二十九日于琼林苑赐宴，差郑详押赐。”是岁罢赐御制诗。（《宋会要·选举》二之一三）

庚戌（二十四日），礼部言：“大观三年贡士并宗子上舍，与进士同释褐，就琼林苑赐宴。今合取旨。”诏：“宴就辟雍，仍用雅乐。”差知举蔡嶷押宴。（《山堂考索》后集卷三〇）

二十六日，臣僚言："唐开祖程试纰缪，主司校考不精，宜有薄罚，未见施行。臣窃谓：程文经圣览亲摘，见其疵病，而有司失考之罪，隐忍不行。则陛下之所不见，上下诞谩以相庇覆者，岂可胜言哉！伏望睿慈详酌，正主司差失之罚。"诏："唐开祖经义稍齐整。《孟子》义云：'即水以观性，离水以观性。'近佛语，又非是，策殊不工。知举蔡薿、同知举慕容彦逢、《易》义卷点检试卷官江天一、同知举宇文粹中、论卷点检官江致平、同知举张漴、策卷点检试卷官段拂、参详官胡伸，各罚铜十斤。其唐开祖，今后不得与学官、试官差遣。"(《宋会要·选举》四之八、九)

五　月

壬申(十六日)，臣僚上言：参以科举废罢，县学岁升之法非便。诏："自今并依大观三年四月以前指挥，其后降指挥，更不施行。"(《长编拾补》卷三一)

(壬申，十六日)罢科举。(《编年备要》卷二八)

六　月

二十二日，中书言："文林郎刘敦诗奏：'大观二年贡士第二名及第，已依进士第二名恩例授文林郎讫。伏望比附进士上三名一任回改官条例。'勘会故事：进士及第一任替回，自来未有推恩条例。今拟贡士及第一任回，第三至五人各循一资。"从之。(《宋会要·选举》二之一三、一四)

九　月

七日，诏："童子陈乞诵书今又九人，愈见滋多。所有近令辟雍长贰等通试人数，并今来并不试验。"时饶州进士范天佐等上书，并为有弟侄孙能诵书，乞召试，故有是命。(《宋会要·选举》九之二五)

十一月

(癸未晦，三十日)本朝自庆历、熙宁、绍圣以来，数垂意于学矣。崇宁元年，今天子实始考古，诏推神考之教法，颁之天下。凡所谓养士取才，悉归诸学。学者教有师,习有友,食有廪饩,书考有行艺。由行艺而贡有爵禄,非此族也不名为士。凛凛乎二帝三王之举矣。而士亦感厉自奋,故得爵禄者视科举爲多。以广汉推之,天下可知也。始,广汉之士由科举而进者,率三岁而得二人,甚者亦不过四、三人。今年春,得论定之士八人,而科举不与焉,可谓盛矣。凡学之士,莫不侈上之赐,而乐乡党得人之多。于是悉取自兴学以来所谓得爵禄者,次第其名氏,而来请文以记之。(《全宋文》卷二八二二苏元老《广汉学上舍题名记》)

十二月

诏:"童子陈乞诵书,两月又复八人。可依已降指挥,速行告示止绝。"以饶州进士朱天端等上书,并为有子能诵书,乞召试故也。(《宋会要·选举》九之二五)

是　年

政和二年,召还京师,复辅政,徙封鲁国,三日一至都堂治事。京之去也,中外学官颇有以时政为题策士者。提举淮西学士苏棫欲自售,献议请索五年间策问,校其所询,以观向背,于是坐停替者三十余人。(《宋史》卷四七二)

蔡既再相,门人苏棫者自漳州教授召赴都堂,审察献议。乞索天下学官五年所撰策题,下三省委官考校,以定优劣。坐是停替者三十余人。(《泊宅编》卷二。按:蔡京是年五月再相。)

政和三年　癸巳(1113)

正　月

甲寅朔(一日),议礼局奏:"州郡贡士有鹿鸣燕,古者宾兴贤能,行乡饮酒之遗礼,请易其名如古。"诏:"稽古者不必循其迹。州郡鹿鸣燕,乃古乡饮酒之意,可止以鹿鸣为名,有古乐处,令用古乐。"(《长编拾补》卷三二)

十九日,以试兵部尚书俞臬知贡举,给事中宇文粹中、试中书舍人张滎并同知贡举,合格贡士一十九人。(《宋会要·选举》一之一四)

十九日,以朝散郎、试兵部尚书俞臬知贡举,朝请朗、给事中宇文粹中,奉议郎、试中书舍人张滎,并同知贡举。朝奉郎、宗正少卿耿南仲,朝奉郎、殿中侍御史郭沔,奉议郎、秘书少监柯棐,奉议郎、尚书礼部员外郎黄齐,朝散郎、秘书丞李邦彦,朝散郎、监察御史许尚志,承议郎、秘书省正字王俣,承事郎、议礼局检讨官莫俦,并充参详官;将仕郎、太学正康执权,宣德郎、辟雍博士卢天骥、李鹭、周因,宣德郎、太学博士张悆、施垧,文林郎、太学录林徽之,将仕郎、辟雍录张穆,从事郎、国子正顾文,并充点检试卷官;朝请大夫、尚书刑部郎中钱归善,宣德郎、尚书司封员外郎方闻,通直郎、大理寺丞聂宇,奉议郎、秘书省著作佐郎黄颖,并充别试所考试官;宣德郎、辟雍录李才伯,文林郎、国子录黄哲,文林郎、辟雍正王礼,承直郎、大理评事高得仁,从事郎、国子正辛炳,并充别试所点检试卷官。(《宋会要·选举》一九之二二、二三)

三　月

贡士举院言:"试词学兼茂文林郎、隆德府司兵曹事孙傅题曰:《资政殿学士授奉宁军节度使制》、《尧大章颂》、《新修六典序》、《唐修文馆记》，考入合格，循一资。"（《宋会要·选举》一二之七、八）

翟汝文《孙傅试中宏词除正字制》：朕博求天下之俊髦，程其器能，唯恐失之。诏有司悉举艺文，以尔充赋。朕既得尔于语言，复欲见之行事，试之册府，以观践履。夫言之不可以已也，唯君子然后能文质相称而华实不渝，尔往钦哉！（《全宋文》卷三二〇七）

上舍释褐：陈公辅，范如松，胡松年，陈与义，黄觌，曹立，张公绰，叶三省，薛锐，罗暹。（《宋登科记考》卷八）

补上舍释褐：其一，潘择可。《睽车志》卷二："平江潘择可，崇宁五年以舍法贡入京。未至，夜梦衣褐，挽车三十辆，其弟端夫衣绿随其后。至政和三年，择可以上舍释褐。"

其二，胡兴义。《太平治迹统类》卷二八载是年上舍释褐名录："陈公辅、胡松年、胡兴义等。"

陈公辅国佐，台州人。父正，为郡大吏。归老，居于城中慧日巷。时国佐在上庠，有僧谒正，指对门普济院曰："俟此寺为池，贡元当上第。"正曰："一刹壮丽如此，使其不幸为火焚则可，何由为池？君知吾儿终无成，以是相戏耳。"僧曰："不过一年，吾言必验。"普济地卑下，每春雨及梅溽所至，水流不可行，寺中积苦之。偶得旷土于郡仓后，即徙焉。而故基卒为池，与僧言合。政和癸巳，国佐遂魁辟雍，释褐第一。后至礼部侍郎。（《夷坚志》甲卷五）

翟汝文《敕赐上舍及第第一人陈公辅除承事郎第二第三人胡松年陈与义并从事郎制》：古者司徒论俊造之士，司马辨论官材，所以崇养作成，将与为治也。朕宾兴贤能，如古学校，将以多君子使之在位，惠赉于众庶。汝等行艺策名，朕所加礼。夫学之为王者事久矣，其尊汝所闻。（《全宋文》卷三二〇八）

四　月

甲申(三日),宣义郎黄冠言:“窃谓成周之时,有所谓选士,有所谓俊士,有所谓造士,先王之命名不同如此。而后世则不论其人之成才与未成才,不辨士之预贡与不预贡,而均谓之秀才,则名之不正可知矣。欲令天下士自乡而升之县学,自县而升之州学,则通谓之选士可也,其称则曰外舍生。及其才向于成而升之内舍,则谓之俊士,其自称则曰内舍生。又其才之已成而贡之辟雍,然后谓之贡士焉,其自称也亦以是而已。若然,愚智处宜,贤不肖袭情,世之商贾、工岐、巫医、卜筮,假进士之名而称秀才者,固不待禁而止矣。”从之。(《山堂考索》后集卷二七)

闰四月

《考校程文官降官御笔手诏》政和三年闰四月三日:“稽若前古圣人法言,旨远言近,文直事该。故典谟训诰,微显阐幽,宏深灏噩,莫可尚矣。肆及后人,文胜于质,华绮支离,去道滋远,朕甚不取。近览太学生私试程文,词烦理寡,体格卑弱,言虽多而意不逮。一幅几二百言,用‘心’字凡二十有六,文之陋于此为甚。夫积于中既深,则发于言必厚,学无根本,词必浮靡。可令太学辟师儒校试考选,日后有犯,辟而黜之,文理纵复合格,亦居下流。使归典要,以称兹意。朕有好爵,与尔縻之。”(《宋大诏令集》卷一五七)

五　月

六日,赐承议郎徐禋同上舍出身。臣寮言:“舍法革千载科举之弊,进士之科因以罢去。禋之所赐,尚仍旧制,于名实有所未正。”故有是命。(《宋会要·选举》九之一五)

十六日,学校御笔:“乡举里选,三代所以宾兴贤能,以善养人者也。今学校之兴,教养之令修明备具矣。比来浸失本旨,至参以科举。罢废县学给食之法,害令惑众者非一。可并依大观三年四月以前指挥,其后降指挥更不施行。”(《山堂考索》后集卷二七)

二十四日，诏："太学、辟雍有官学生，如升补上等，依有官人附贡士升二等差遣，赐上舍出身。文行优者，取旨推恩。"从大司成刘嗣明请也。(《宋会要·职官》二八之二〇)

六　月

丁巳(八日)，诏："武学，州县外舍生称武选士，内舍生称武俊士。"(《长编拾补》卷三二)

七　月

(己亥，二十一日)新提举永兴军路学事施垧言："陛下制为八行法，行之累年，士以行实闻于朝廷，载在仕版，已足以劝矣。尚取行实之尤异者，旌其门闾，使乡里至愚者皆知迁善远罪。"从之。(《长编拾补》卷三二)

八　月

十九日，臣僚言："窃见以谓凡试院之事，虽尽在主司，至于关防周悉，全籍封弥官谨密详察。号既已定，岂容复有差互？臣今月十四日，差赴考试吏部参选出官人。考试所拆号，开拆到京选人试出官一封，'而'字号是假将仕郎施、埙，'置'字号是假将仕郎宋皋；续拆到'判'字号又是假将仕郎施埙，'惓'字号、'瘕'字号又是假将仕郎宋皋。显见封弥所并不子细点检对二人卷子，重叠用号，所失甚大。伏望重行黜责。"诏："管号官、朝请郎周劲特降两官，依冲替人例施行。系公罪，事理稍重。"(《宋会要·选举》一九之二三)

丁丑(二十九日)，提举京西南路学事陈适道言："大观武学令，诸外舍三经公试，若内舍三经试上舍而不与升贡，或三犯第三等以上罚者，外舍除籍。内舍，臣欲乞于曾犯第三等以下罚字，及添'三经校定而不与选'十字，庶免虚占学籍，有妨后学。"从之。(《山堂考索》后集卷二九)

九　月

癸酉(按：本月己卯朔，无癸酉日，当为癸卯日，二十五日)，诏："八行人多占

学额日久，致妨士人入学，可依条限贡发施行。”(《长编拾补》卷三二)

十一月

十五日，假将仕郎李雨状：“自兴三舍，预籍升补。昨被本路劝粜军储，补前件名目，缘此使雨引去学校。伏望许令进纳人元系上舍升补者，听依荫补人入学听。”从之。(《宋会要·崇儒》二之二一)

二十日，江南西路提举学事司言：“吉州助教孙德臣有孝、悌、睦三行，吉水县筠州上高县主簿曾缄孝行显著，及本人有睦、姻、任、恤四行事迹。朝廷敦劝八行，以厚风俗，而未许举八行明文，恐未尽搜贤士之意。”诏许令奏举。(《宋会要·选举》一二之三六)

癸卯(二十六日)，诏：“补荫入官人，随学入所在州学，仍别为斋，公私试附州学生，别作号考校。”(《长编拾补》卷三二)

是　年

禁中应奉者，多避语忌。大观中，主文柄者专务奉上，于是，程文有疑似之禁。虽无明文，犯必黜落，举子靡然成风。如“大哉尧之为君”、“君哉舜也”，皆以与“灾”字同音，并不用。“反者道之动”，易“反”为“复”；“九变而赏罚可信”，易“变”为“更”，此类不一。能文者执笔不敢下，憸夫善逢迎，往往在高第。政和初，言者论之，降诏宣谕：“虽暗于大体者，或以为忠，然爱君果在兹乎？”(《萍洲可谈》卷一)

蔡京专国，以学校科举箝制多士，而为之鹰犬者，又从而羽翼之。士子程文，一言一字，稍涉疑忌，必暗黜之。有鲍辉卿者言：“今州县学考试，未校文学精弱，先问时忌有无。苟语涉时忌，虽甚工不敢取。若曰：‘休兵以息民，节用以丰财，罢不急之役，清入仕之流。’诸如此语，熙、丰、绍圣间试者共用，不以为忌。今悉绌之，所宜禁止。”诏可。政和三年，臣僚又言：“比者试文，有以圣经之言辄为时忌而避之者。如曰‘大哉尧之为君’，‘君哉舜也’，与夫‘制治于未乱，保邦于未危’，‘吉凶悔吝生乎动’，‘吉凶与民同患’,以为‘哉’音与‘灾’同,而危乱凶悔非人乐闻,皆避。今当不讳之朝,岂宜有此!”诏禁之。以二者之言考之,知当时试文无辜而坐黜者多矣。其事载于《四朝志》。(《容斋三笔》卷一四)

政和四年　甲午(1114)

正　月

二十三日，以吏部尚书兼侍读、修国史张克公知贡举，吏部侍郎霍端友、兵部侍郎同修国史宇文粹中同知贡举，合格贡士一十七人。(《宋会要·选举》一之一四)

二　月

丁巳(十一日)，赐上舍生十七人及第。(《宋史》卷二一)

上舍释褐：张纲，蔡居中，汪万顷，洪绰，陈鹗，许旸，张铢，刘细。(《宋登科记考》卷八)

初，克公与同知举霍端友、宇文粹中皆太师蔡京所不喜者，时中丞蒋猷劾贡院必有违法邀名之事。下开封尹王韶体量，得知举联名书晓示一事，以为邀名。而门下侍郎余深言："晓示书名，以结两学之心，此风不可长。"克公因以札自辨，上言："祖宗朝有'三元'，今张纲有'四元'。"克公等又奏："纲凡五魁多士。"及是，唱名侍立，上以为得人，知举官有赏。于是，深语塞而猷亦色变焉。(《太平治迹统类》卷二八)

王沂公、欧阳公登第，皆有三元之目。沂公自乡而省，自省而殿，皆占第一。欧阳则自乡而监，自监而省，皆占第一。杨置在仁宗朝，自乡举至廷对皆第一。置未唱第，仁宗已顾在列曰："状元杨置乎？"启封，果然。盖置有先声彻宫禁也。既得置，上甚喜，在列以得人为贺。政和中，张伯纪纲以三舍释褐。徽宗御崇政殿，赐之及第，顾知举吏书张克公等曰："人言祖宗时有三元，今纲系四元，果何如？”克公等对曰：“纲自本州升贡，次公试，次内舍校定，次上舍合格，次升补上等上舍，皆第一人。所以，京师有‘五元’之目。”上曰：“可谓得人。自来止说三元，今张五处作魁，必不是偶中，当优奖之。”遂除太学博士。（《爱日斋丛抄》附录一《叶置坦斋笔衡二十一则》）

三　月

二十四日，贡士举院言：“试词学兼茂将仕郎孙覿、通仕郎王志古、滕庚题曰：《镇洮军节度使除太尉制》、《黄帝封泰山颂》、《代高丽王谢宴乐表》、《唐学士院记》，考入次等，各循一资。”诏：“依格推恩外，覿除秘书省正字，志古充《国朝会要》所检阅文字，庚充详定《九域图志》所编修官。”（《宋会要·选举》一二之八）

孙仲益试词科日，《代高丽国王谢赐燕乐表》曰：“玉帛万国，干舞已格于七旬；箫韶九成，肉味遽忘于三月。”又曰：“荡荡乎无能名，虽莫见宫墙之美；欣欣然有喜色，咸豫闻管籥之音。”（《容斋三笔》卷八）

孙覿《谢试中宏词启》：列棘程书，自愧北方之学；乘槎问汉，仰窥东壁之光。被宠若惊，过情而惧。窃以尧、舜、文王为正道，万物所共由；《诗》、《书》、执礼皆雅言，众人固不识。笃生先觉，丕阐斯文。用爽厥师，同归于治。洋洋《关雎》之乱，敷闻广乐之音；浑浑虞夏之书，大破专门之学。黎民于变，比屋可封。学圃学农，尽弃小人之事；逃杨逃墨，一归君子之儒。睎颜之人者亦颜之徒，诵尧之言者行尧之行。历观上世育材之盛，未有今日得士之多。自非粲然有文，孰能出乎其类！如某者，朴樕不足数，濩落无所容。智昧通时，岂栖栖而为佞；学知是古，但断断以无他。方大道之显行，偕群英而乐育。薄采泮宫之芹藻，备尝太学之齑盐。屈首一经，屡鼓齐门之瑟；折腰五斗，遂弹秦柱冠。坐席未温，茹荼遘愍；祥琴在御，新谷再升。念将母之不遑，欲怀安而未可。聊作代耕之养，敢形干禄之心。会公车之兴甿，揭词科而试艺。方奉三无私之世，实犯五不韪之诛。率尔而行，虽万人吾往矣；卒然而问，叩两端而竭焉。寸阴不留，长技尽废。周庭合雅，曹郐而下无讥；鲁史编书，游夏之辞莫措。岂谓曲成之赐，不遗千虑之愚。扬粃在前，积薪居上。四颁诏绰，褒进书林。秉太乙之青藜，对古人之黄卷。拂蝉辨蠹，初无从事之劳；画地复墁，真愧食功之意。叨蒙若此，报称谓何！此盖伏遇某官，斯道觉民，嘉谋告后。德业万夫之望，文章百世之师。至大至刚，虽有回天之力；多材多艺，已闻赉弼之祥。欣逢君子长育人材之时，复无大臣遗忘微贱之叹。致兹庸妄，亦预甄升。德大难酬，人微曷称？怀铅抱椠，已参蓬莱藏室之游；检玉泥金，或议泰山梁父之事。誓殚微效，用答鸿私！(《全宋文》卷三四四〇)

五　月

二十二日，诏："曹芬、骆庭芝同上舍出身。"以大司成冯熙载奏，国子监小学生合格优等曹芬、骆庭芝。寻于太学私试日，复令二人在敦化堂，出本经义题当面试验，文理可采故也。(《宋会要·选举》九之一五)

二十二日，诏："金时泽、李徽赐童子出身，并赴将来廷试。"以大司成冯熙载奏，国子监小学生合格优等李徽、金时泽，寻于太学私试日，对众学官，在敦化堂出本经义题，当面试验，文理可采故也。(《宋会要·选举》九之二五)

政和四年，小学生近一千人，尚有继至者，分十斋以处之，增教谕俸，不许受束脩。自八岁至十二岁，率以诵经书字多少差次补内舍、上舍。若能文，从博士试本经、小经义各一道，稍通补内舍，优补上舍。后曹芬以文优赐同上舍出身。(《文献通考》卷三五)

六　月

十三日，尚书省言："契勘诸州升贡士，其奏状并贡籍自来多随贡士秋间同到辟雍，本学旋行点检贡状，间有不合升贡之人，遂行驳退回州。不唯本人道途往返劳役，及有因而饰非，妄乱陈诉，致亏士行。"诏令："诸州候升补上舍毕，限十日具应贡之人，依贡状式急递至辟雍，预先点检。若有违碍，限当日入递，行下本州，更不升贡。"(《宋会要·职官》二八之二〇)

十九日，权发遣、提举利州路学事黄潜善奏："仰惟陛下推崇先志，凡非先圣贤之书，若元祐学术、政事害于教者，悉毋习。士宜强学待问，以承休德。而比年以来，于时文中采摭陈言，区别事类，编次成集，便于剽窃，谓之《决科机要》。偷惰之士，往往记诵，以欺有司。读之则似是，究之则不根于经术本源之学，为害不细。臣愚欲望圣断特行禁毁，庶使人知自励，以实学待选。"诏立赏钱壹百。(《愧郯录》卷九)

庚午(二十七日)，诏："小学仿太学，立三舍法。"(《长编拾补》卷三三)

九　月

十七日，新河北路转运判官张孝纯言："古者诸侯贡士，天子必试之于射宫。凡燕飨之际，未尝不用射也。国家恢崇学校，又学置射圃，俾士人旬休讲射，特未闻用射于燕飨之际。欲望诏诸路州郡，每岁燕贡士于学，因讲射礼。"从之。(《宋会要·崇儒》二之二五)

二十三日，臣寮上言："陛下制为八行之法，待豪杰异能之士。自崇、观迄今，海内蒙化。比虽民庶田野之间，有节义显白，如《诗》、《书》之所称者。朝廷旌赏，四方万里之民有不获知，宜令有司裒聚，颁降中外。"从之。(《宋会要·选举》一二之三六、三七)

十一月

壬辰(二十一日)，国子博士李迈言："伏睹三舍造士，肇自神考，成于陛下。近者，小学生乐就长育，人材之本实始于此。遂立小学三舍，庶几臣窃谓教化之行，自内及外，则自法不独可施于首善之地，固宜推而广之。使州郡小学，遵效新令，分为三舍。庶几内外均一。"从之。(《山堂考索》后集卷二七)

是　年

以邓洵武之子、鸿胪寺丞雍进颂文可采，特令直赴廷试。(《文献通考》卷三一)

葛胜仲《乞以学书上御府并藏辟雍札子》:准大观二年八月二十二日御笔,礼部掌教养之事。学之兴,内外协力,今已就绪。而养士之额,舍宇之数,费用之多寡,田业之顷亩,当识之图籍,掌在有司。续准圣旨,就差礼部长贰、郎中编修。并准圣旨,以大观二年岁终数月供具本部,即不曾乞置专局,糜费廪给。缘大观四年罢县学并州县小学给食及裁减学费,旧所取会,却非的数,遂乞别会政和元年岁终数。编纂未了间,承去年五月十七日敕:"学校之令,并依大观三年四月以前指挥。"合依元指挥,以大观三年岁终数编纂,今已成书。总天下二十四路教养大小学生:以人计之,凡一十六万七千六百二十二;学舍以楹计之,凡九万五千二百九十八;学钱以缗计之,岁所入凡三百五万八千八百七十二,所用凡二百六十七万八千七百八十七;学粮以斛计之,岁所入凡六十四万二百九十一,所用凡三十三万七千九百四十四;学田以顷计之,凡一十万五千九百九十;房廊以楹计之,凡一十五万五千四百五十四。既以逐州县离为析数,又以天下合为总数,凡二十有五册,而中都两学之数不与焉。恭惟陛下以有为之资,灼见治本,不爱数百万之费,使隶学士之版者皆不家食,所以加惠学者至深至厚。又亲洒宸翰,制教养升进之法,逮今一纪,人材作成,典法大备,调度有余。尽由朝廷兴学之初,经画永久之计,岁用不烦司农水衡,而坐以赡足,故其数之盛如此。盖自虞帝两庠、文武东西辟雍以来,未之有也!顾视唐汉,规模陋狭,志气蹇浅,何足为盛时道!臣等不胜大愿,伏乞以所编书,依元诏书上于御府,以其副藏辟雍,并宣示史馆。使陛下甚盛德之举,诏亿万年垂示无极。取进止。(《全宋文》卷三〇六四)

政和五年　乙未(1115)

正　月

六日,以户部尚书兼侍读王甫知贡举,刑部尚书兼侍读慕容彦逢、给事中同修国史翟汝文、大司成同修国史冯熙载同知贡举,合格奏名进士六百七十人。(《宋会要·选举》一之一四)

知举王黼上合格贡士傅崧卿等。(《太平治迹统类》卷二八)

翟汝文《省试进士策》:问:先王之法,隳于周季。漆书竹简,藏于屋壁,而学校废阙;音官瞽矇,入于河海,而礼乐残坏。士无宾兴贤能,而用非所养,更数百世莫之能起也。主上建辟雍,勃兴于去圣数千岁之后。乃者款先圣之庙室,见诸生,召儒官,讲说先王之道。学校既复古矣,铸金象物作乐,荐见郊庙,以和神人。乐成礼备,未有盛于此时者也。士生斯世,闻之者犹足以兴起,况于峨冠进趋其间,得与于斯文者乎!古者春夏学干戈,秋冬学羽籥,凡国之俊选皆造焉。然则合舞习吹,皆儒者之所有事也。不宁唯是,始释奠则既衅器矣。而皮弁祭菜,所以严恭也;班序颠毛,而属饮于序,所以贵齿也;饮爵尚能,闲之以射,才者养不才者也;乞言合语,明贵贱,皆有事于天子,所以达尊也;出征受成,释旅献馘,尊德乐道之实也。今朝廷辟雍作人之盛,将使因其时而教之道艺礼乐,且以观诸生之文献。则夫登歌舞籥释菜之容,序齿射侯乡饮之别,与养老受成献馘之礼,使三代之文,率礼无违。二三子学古入官者也,其懋明之,以语有司。

问:古者班诸侯宗彝,使镇抚其社稷,以世守之。盖铭其功伐,论撰其德,以承祭祀,使子孙无忘其章。故周之鼎铭曰:"官此栒邑,赐尔鸾旗、黼黻、琱戈。"卫孔悝之鼎铭曰:"六月丁亥,公格于太庙。"其铭或出于天子之命,或子孙自为之,所以宠嘉其先人,而著其后为能有继也。当是时,诸侯受彝器于王室而后能国,抑其为宝也重矣。今天子神圣,受天命制作礼器,格于神祇,祖考品式咸备。将欲如古者彝鼎之制,褒赐大臣与有功德于民者而宠铭之,视其命数,使得有事于家庙,祭其祖祧,不亦可乎!其著于篇。

问:昔先王制器尚象,本以使民亲用,而非以难知为贵也。凡起居饮食,相与周旋乎是,而名之曰礼。谓其有文章黼黻,能即于人心,而民乃肯行之。三代制作,至周弥文,犹以为远于古。是故为礼,必先以太羹玄酒,为乐必先以土鼓豳籥,使民不忘古意,而其实为世所便利者不废也。若必曰唯古之用,则周何以损益云哉?主上睿知圣神,大兴制作,取声于英茎之乐,考礼于夏商之器,三代备物,靡不毕集,尝出示群臣矣。于斯时也,若辟雍,若明堂,以至九鼎晟乐、圜丘方泽,悉见全古,岂止讲读六艺为空文也哉!将欲颁古器于天下,行今之礼,使学士大夫人人习见。如周人贵本之谓,去华就实,以渐复朴,庶有益乎?诸君其以所闻诵之。

问:古者取士于学宫,以言与行。而欲知是人也,必观其言于乐语,观其行于射御,是故以礼乐文之。春秋之时,学者游于城阙,国人议于乡校,论辩之法盖废矣。然孔子射于矍相之圃,观者如堵,使弟子扬觯而叙黜者三,鬳有存者,则射犹于此乎论士。诸侯大夫,歌诗以见志,齐大夫歌诗不类,而高厚逃归,则诗犹于此乎得其为人。今朝廷兴庠序礼乐之教,以经书试其言,乡里考其行,学者无盛于今矣。将欲如古者参以六艺,而审观其贤乎,恐人未必信。以为不然乎,古之人何以能独为此也?其设之必有本末,施之必有次第。诸君推言之,有司将以其言告于朝也。(《全宋文》卷三二一五)

二　月

二日,翰林学士兼侍读王甫等言:"窃以贡院锁宿前,朝廷专委用开封府官一员充诸司,与所差内侍预办供帐、什物等事,而于法未有前期差官点检之文,排办类不如法。乞每岁锁院前十日,令诸司官及管勾贡院什物库官具排办足备文状,申尚书礼部,差郎官一员专行点检,保明申尚书省。内贡院见管什物与举人就试书案,岁久数多,应办不足,所存亦皆弊坏。

乞特命有司措置添修。”从之，仍立法。(《宋会要·选举》四之九)

十五日，赐盛章上舍出身。(《宋会要·选举》九之一五)

三　月

九日，上御集英殿，试礼部奏名进士。内出制策曰：“古之圣人，以道莅天下，处无为之事，行不言之教，用之不穷，而物自化。朕昧是道，君临万方，夙兴夜寐，欲推而行之，神而明之。然物或行或随，或嘘或吹，或强或羸，或载或隳，相生相成，相形相倾，莫之能一。此道之所以难行，奸轨乱常所以难化，如之何而解其纷、合其异乎？昔之言道者曰：‘天法道。’又曰：‘道之大，原出于天，道非阴阳。’又曰：‘一阴一阳之谓道，道无为，而曰生之长之、成之养之；道无名，而曰可名以大、可名以小。’道一而已，其言之不同何也？尧舜三代以是而帝，以是而王。由汉以来，时君世主，莫或知此。朕方近述于千载之后，齐万殊之见，明同异之论，以解蔽蒙之习，未知其方。子大夫无流于浮伪，为朕详言之。”得何㮚已下六百七十人，赐及第、出身、同出身特奏名阙。(《宋会要·选举》七之三四、三五)

十六日，臣僚言：“伏见朝廷设法取士，最为严密。陛下昨降睿旨试院，令皇城司差察事亲事官二十人，唯贡士举院别试所未有差亲事官察视明文。别试所引试宗学、太学、辟雍、武举并开封府学三舍生人数不少，与贡举事体无异，若不预为关防，深虑他日玩习，复容奸弊。”从之，差六人。(《宋会要·选举》四之九)

十八日，尚书省言：“今次就试特奏名进士一千五十七人，特奏名诸科二人。检会崇宁五年、大观三年、政和二年就试特奏名诸科人，并第二、第三等以上所取人数。”诏：“今次特奏名进士第一、第二等所取，通不得过六十人，第三、第四等通不得过四百五十人；特奏名诸科随所试，合入等第推恩。余人依条施行。”(《宋会要·选举》四之九、一〇)

壬辰(二十二日)，臣僚上言：“伏乞陛下留神学校，度越前古，创法立制，纤悉备具。而八行条目,减资睿诏,四方万里当官者,仰承德意,守法不渝,乃为称职。苟或观望畏缩,废格不行,则诛罚之科,殆不可废。御制《学法》内一项,诸以八行中三舍之选者,上舍贡入内舍,在州学半年不犯第二等罚,升为上舍;一年不犯第三等以上罚,升为内舍。仍准上舍法,法意昭明,可循可守。诸路士人有能中选者,学司、州郡自当遵奉诏条,考察升贡。然臣访闻福州学生,有大观二年已保任行实,补于内、外舍,至今在学,首末八年而不升舍者。臣尝询考其故,盖缘远方当职官违慢有素,又以中遭纷更,阻抑学校,故本路一面违法不行至今。使人人所存如此,则陛下亲制成法,果何赖焉?臣愚伏望圣慈,特降睿旨,委路不干碍官体究,俟见实状。其前后违法官,并乞重赐黜责。贵使学法悉行,中外悚畏,不胜幸甚。"诏:"令本州具析不升舍因依,申尚书省。"(《山堂考索》后集卷二八)

二十三日,诏:"贡进士何㮚等依令赐钱一千五百贯外,特添赐钱五百贯文。"是岁,何㮚除校书郎。第一人赐校书郎自㮚始。(《宋会要·选举》二之一四)

二十三日,诏:"集英殿唱名人内,褚永为不对所问,其言狂妄,押出。令开封府押归本贯。仍下学事司,具师儒官、职位、姓名闻奏,取旨责降。并所试乖谬程文送国子监晓示行下。"(《宋会要·选举》八之三九)

进士名录:何㮚,潘良贵,郭孝友,丁邦哲,上官致孝,上官维祺,王仁寿,王亢,王禾,王言,王知章,王衎,王真卿,王致柔,王宰纲,王尧封,王遐年,王廉,王裳,王诰,王儒卿,王观国,毛选,毛濬,勾龙廷实,文浩,方元若,方安行,方庭实,尹耕,尹耕,石子建,石倪,田如鹄,田孝孙,史渠,史祺孙,吕大受,吕思正,朱希,朱俊,朱竑,朱校,朱震,朱跸,江少齐,江文中,江惇抑,江钿,江嘉闻,江哓,汝日休,宇文衮纯,安沆,杜师文,杜萃,杜鋈,李元裕,李友直,李公京,李公奕,李文刚,李允敬,李功懋,李去非,李克复,李利用,李沔,李宏,李茂,李郁,李和衷,李宗雍,李持正,李僧石,李涧,李颖士,李瞻,李袭,吴天驷,吴安中,吴庭书,吴致,吴师尹,吴师直,吴贯,吴达老,吴咏,吴溥,吴察,吴播,利泽,何志崇,何俱,何悊,余惠迪,汪芑,汪待举,汪掀,汪襄,沈友直,沈季孙,沈与求,宋大猷,宋忠,宋炎,宋棐,邵知柔,邵伟,邵嘉瑞,苗丰,范大亨,范同,范安节,范尧谘,范钦,范舜举,范济美,林伯兴,林冲,林君卿,林深,林勋,林霆,林庆老,季陵,季路,季质,季鹭,周邦直,周庄仲,周扬,周审言,周默,胡天矜,胡汝楫,胡汝砺,胡思中,胡涓,胡廉夫,胡准,柯宗孟,侯文炳,侯延庆,帅日宣,俞正图,俞次聃,洪逵,洪皓,洪纶,洪禧,洪谌,姚邦基,姚叙,姚处厚,姚橐,马守,秦桧,桂材,桂萃,晏敦临,徐天庭,徐成可,徐林,徐时中,徐登,徐瞻,翁子礼,翁开,郭中行,郭印,郭封,郭泾,郭择仁,唐之问,唐棣,唐辉,唐悫,唐谏,唐济,陆长民,陈大节,陈允扬,陈允翰,陈玉猷,陈丕显,陈邦彦,陈早,陈仲达,陈充,陈好谦,陈亨道,陈则,陈彦章,陈洪,陈纡,陈起,陈起宗,陈逌,陈时彦,陈能千,陈球,陈菱,陈博古,陈遇,陈杰,陈敦仁,陈曾,陈梦符,陈试,陈嘉谟,陈膏,陈熊,陈潜,陈积中,陈曦,陈显,孙朝宗,孙绰,黄天助,黄仲南,黄秀实,黄若时,黄况,黄俊卿,黄唐杰,黄伟,黄义,黄榛,黄褎,黄积厚,黄举,黄泽厚,黄锾,黄镇,黄铎,梅元实,曹渭,曹瑨贤,曹颖士,娄汝砺,崔纵,符行中,许牧,许尧允,康烈,章之邵,章元振,章芹,梁之嘉,梁天衢,梁中矩,梁弁,梁岩老,张大年,张公懋,张光国,张汝能,张亨,张忭,张述中,张明膺,张炎,张枏,张俞,张通智,张敏功,张康朝,张密,张达观,张弼,张亶臣,张颉,张翮,张谔,张宪武,张蕴,张篃,彭较,彭图南,叶乂,叶廷芬,叶汝平,叶若虚,叶庭珪,叶高节,叶薿,董伋,董俨,董铸,景懋,单子发,喻安雅,喻彦先,喻赀,喻变,程夙,程协,程宗泰,程达,傅中行,傅掖,傅岩叟,童蒙,曾屐,冯如为,冯玦,冯晋,冯时,冯熙绩,汤孙将,汤穆,温革,费绍祖,贺允中,蒲经,楚卫,杨申,杨汝贤,杨升,杨景,杨晖,杨献章,贾天英,虞少英,虞棐,虞祺,詹大方,詹汝升,詹卓然,詹砺,赵大任,赵天启,赵君模,赵泾,赵霈,赵举,蒋旦,蒋洵,蒋堂,蔡元璋,蔡仍,蔡伸,蔡衍,蔡倚,蔡枢,臧励,郑公才,郑中立,郑昂,郑扬远,郑载文,郑绩,暨商俊,熊将,邓升,邓公衍,邓邦宁,邓同寅,邓俊明,邓康臣,邓节,邓璋,翟显,楼炤,楼航,黎亨继,黎琬,卫开,刘之翰,刘天牧,刘正,刘安雅,刘作孚,刘牧,刘时敏,刘唐宾,刘敏才,刘无极,刘湜,刘诚,潘宗孟,潘蔚,薛尚友,薛嘉言,卢长卿,钱唐休,钱叶,钱湝,钱当时,钱缙,钱濬明,鲍昱,戴圭,戴纬,韩溉,储彀,钟建侯,钟恕,谢天奎,谢师厚,谢处道,谢喆,谢郧,谢敦,谢寻,应瓘,濯行,缪昌彦,颜采,颜晞孔,罗仁远,罗长庚,罗云从,罗构,谭申,谭思咏,谭综。

特奏名进士:王天任,王可,王佐,王宋臣,王旌,王诏,王资深,王朴,文耸,李国安,吴绾,吴默之,余公瑞,余思忠,汪思温,宋执古,林代工,林侃,林括,林康成,林淇,林瑄,林搏,林确,林勰,周光,周知和,孟灏,胡温恭,柯亨通,秦潮,袁诚,徐久中,徐宾王,翁瓷,唐循道,陈之远,陈木,陈公才,陈安中,陈志,陈南卿,陈泾,陈景先,陈觉,黄彦中,区枢,许君用,许宗成,张希参,张挺,张洵武,叶中,叶龚,蒙天民,杨瓒,蔡居中,蔡觉,郑邦伦,郑补,刘约,刘愈,薛遘,卢点,谢彦,谭纶。

上舍释褐:傅崧卿,王珉,李良臣,吴益,何铸,余涤,林待聘,施宜生,徐奕,陈孚,陈昂,陈锡,孙苊,张晨,曾几,杨邦乂,郑举之,刘峤,钱观复。(《宋登科记考》卷八)

补进士名录:詹友端。《宋登科记考·附录》:"北宋登进士第。"《全宋文》卷三五二〇周紫芝《送詹伯伊之大梁序》:"政和六年春,卿大夫举进士于礼部,得四人焉,吾友詹友端伯伊盖居其首。"政和六年非礼部科举年,或为是年之误。

国朝状元为宰相,自吕文穆公蒙正后五十年间,相继得者三人:王沂公,李文定,宋元宪。元宪后,百余年间未有继者。至靖康元年,何丞相文缜始为之。梓州临潼当西蜀之冲,有庙极灵。凡蜀之举子入贡京师者,必祷于祠下,以问得失,无一不验。文缜尝语余,顷欲谒而忘之。翌旦,行十余里,始悟。亟下马,还望默祷而拜。是夕,梦入庙庭,神在帘中,以诰投帘外,授文缜。发视之,略如今之诰,亦有词。文缜犹能成诵,略记有云"朕临轩策士"云云,"得十人者,今汝褎然为举首"云云。具结衔具所授官。文缜觉而思曰:"今廷试无虑五百人,而言十人,殆以是戏我耶?"既唱名,果为魁。而第一甲傅崧卿,以南省魁升附前甲末,始悟"十人"谓第一甲也。其所授官与诰略同。文缜又言:尝询他日,历历具告,而不肯言。然为相不久,遂委身沙漠,亦尝预知之否耶?(《避暑录话》卷二)

何文缜丞相在太学，与同舍生黄君诣日者孙黯问命。黯袒衣踞坐，丞相先占，既布算，黯正襟揖曰："命极贵，不惟魁天下，且位极人臣。"二人相视笑曰："何相侮邪？"黯愠曰："黯老矣，粗有生计。今谄一秀才，其获几何？奈何命实中格。"丞相曰："然则何时作状元？"曰："乙未岁。""何年为相？"曰："不出一纪。但有一事绝异，君拜相后，当死于异国。寻常奉使绝域者不过侍从官，何由有宰相入国者？此为不可晓耳。"初，丞相自仙井来时，过桐柏，于庙中上书乞梦。其夕，梦人报："霍侍郎来见何状元。"遂出相见。霍曰："将来殿策问道。"及至京，又求梦于二相公庙，梦人告如霍所言。既觉，试作策头数百字以示黄君，黄以为不佳。丞相时为邓洵武枢相馆客，又梦一人报霍侍郎来。既坐，霍曰："君昨拟道策甚谬。上所解《道德经》，更三日以赐二府，君当首见之，宜熟读也。"如期，邓公果拜赐，即录本，晨夕诵读。乙未岁廷试，果问道，悉以经语对，遂为第一人。后十二年，至靖康丙午，拜少宰，从二帝北狩，死于虏。皆如黯言。霍公盖先两榜为龙首者。(《夷坚志》乙卷七)

葛胜仲《答何状元启》：冠名英俊之躔，升华图籍之府。仲舒之为举首，启发道真；子政之校中经，夙昭人望。朝廷得士，寰海趋风。恭惟某官，学奥离伦，材高周用。元元本本，博穷载籍之传；济济洋洋，蚤预宾兴之列。果缘健笔，力取殊科。上兴见晚之嗟，人以睹先为快。名惊学子，笔稿至于欲烧；文播都城，纸价几于骤贵。敢图谦谢，亦附冗僚。退揆菲材，固难当于益美；仰窥佳藻，亦窃幸于珍藏。(《全宋文》卷三〇六八)

是　月

贡院言："试词学兼茂科儒林郎胡交修、将仕郎李木、张忞题曰：《镇海军节度使检校少保开府仪同三司授检校少傅加食邑食实封制》、《汉祀雍获一角兽颂》、《代公相以下谢赐御笔书夏祭神应记表》、《唐洛阳宫记》，考入次等，各循一资。"(《宋会要·选举》一二之八)

(胡交修)试词学兼茂科，时资政殿学士翟汝文以给事中同知贡举，读公文，以为胜己，擢第一，编修国朝会要所检阅文字。公文章宏达有气，不喜

琢雕为奇，词达而事称，无长语。自举进士至礼部试词学，皆一上中之，不再试。(《全宋文》卷三四八五孙觌《胡公行状》)

六　月

十八日，臣寮言："昨者江南东路提举学事司言，前饶州知、通、教授、县令佐审察八行贡士万宗孟，补充上舍，升入太学。本学考验，别无显迹，已行退黜。宗孟近因赴试到阙，复肆论讼。朝廷灼见狂妄，谓宗孟全无士行，寻被旨先次驳放，依屏斥法，而本路当职官谬举之罪，迄今尚稽典宪。"诏："提举学事官降一官，教授冲替，系公罪事稍重，知、通、令、佐罚铜十斤。"(《宋会要·选举》一二之三七)

七　月

一日，诏："武士曾经崇宁五年以前省试下，依开封府国子监进士例，许趁将来大比试。"(《宋会要·选举》一七之二三)

八　月

十一日，学校增员。御笔："学校以善养人，设师儒，建黉宇，备膳羞，教天下士，十有三年。道日益明，士日益众，庶几于古。养士之额尚循前数，有司拘以定额，士游学校外，不被教养于学者尚多有之，则野有遗材矣。诸路学校，额及百人以上者，三分增一分；百人以下，增一分之半。即陕西、河北、河东、京东路学生数少者，仰提举学事司具可与不可增，及所增数闻奏。"(《山堂考索》后集卷二七)

十八日，臣僚言："河北东路学事司奏：河间府考试官引试上舍，出《书》义题'无轻民事，惟艰'，作'为难'字，陛下赦其过失，止从薄罚。而合格学生张修等四人，学事司以其引题用字与本不同，悉已驳放。今看详：于经意别无违戾，欲望定夺其罪。"诏："元出题官特冲替，系公罪，事理稍重。张修等免驳放。"(《宋会要·选举》一九之二三)

九　月

二十二日，礼部言："荆湖北路靖州新学上舍生田汶，为试中合格，系文理优长,依条补充上舍。乞依杨晟等体例推恩。"取会辟雍称:虽与杨晟等事体一同,缘杨晟系特赐同上舍出身。诏:"田汶许依例特赐同上舍出身。如今后更有似此新民子弟升补上舍人,止依《贡士法》,依贡前来辟雍,依条选试施行。"(《宋会要·选举》九之一五)

十一月

庚辰(十五日),诏:"应县学生三经赴岁升而不预升入州学者,依三不赴条例除籍。"(《长编拾补》卷三四)

是　月

高丽遣士入学。凡五人。明年,亲策,赐四人上舍及第,遣归其国。(《编年备要》卷二八)

大观政和之间,天下大治,四夷向风,广州泉南请建番学,高丽亦遣士就上庠。及其课养有成,于是天子召而廷试焉。上因策之以《洪范》之义,用武王访箕子故事。高丽,盖箕子国也。一时稽古之盛,蹈越汉唐矣。(《铁围山丛谈》卷二)

是　年

周必大《大父秦公考试耀州倡酬诗卷》:政和乙未,大父知鄜之洛交县,与邵、封二公同考贡士于耀州。此当时倡酬也。(《全宋文》卷五一二三)

政和六年　丙申(1116)

闰正月

十一日，赐王鼎上舍出身。(《宋会要·选举》九之一五)

二十二日，以刑部尚书慕容彦逢知贡举，尚书礼部侍郎张漴、起居舍人宇文黄中同知贡举，合格贡士一十一人。(《宋会要·选举》一之一四)

慕容彦逢《贡院即事自崇宁癸未叨备从班，距今十有四年间，五知贡举，文官花在试厅前》：文官花畔揖群英，紫案香焚晓雾横。十四年间五知举，粉牌时拂旧题名。(《全宋诗》卷一二九四)

二　月

七日，权发遣陕州吴羽奏："乞今后每岁终，令有司类聚八行已推恩人，各着事实雕印，颁之郡县。庶薄海内外，咸知陛下德意之美。"从之。(《宋会要·选举》一二之三七)

二十九日，贡士举院言："试词学兼茂科宣义郎曹中、宣教郎艾晟、王谌题曰：《平川军节度使授开府仪同三司制》、《汉函德殿金芝颂》、《代公相以下谢宣诏赴穆清殿赐宴表》、《唐太微宫记》，考中入上等，晟、谌入次等。"诏："除依格推恩外，中除秘书省正字，晟除寺监丞，谌与书局差遣。"(《宋会要·选举》一二之八)

三　月

癸丑(十九日)，御崇政殿，赐太学上舍饶州臧瑀等十一人，并宗子学及

太医学上舍二十四人及第出身、同出身，并释褐。(《山堂考索》后集卷二七)

上舍释褐：臧瑀，上官闵，王元鼎，吴宗大，胡震，许列。(《宋登科记考》卷八)

补上舍释褐：莫廷芬。《宋登科记考》卷八将其系于政和八年进士名录，误。《刘一止集》卷四九《莫国华墓志铭》："君讳廷芬，字国华，湖州乌程人。……政和六年，赐上舍出身。"一说，登政和八年进士第。当以《墓志铭》为准。

程瑀尚书在上庠累为优等，而尚未登第。尝寄诗与乡人云："试问青山圆也未，不应久负壮图心。"明年，公试上舍，为第一人。(《能改斋漫录》卷一一。按：臧瑀，又名程瑀。)

四　月

二十日，诏："赐臧瑀以下闻喜宴于辟雍，知举官慕容彦逢押宴。"(《宋会要·选举》二之一四)

五　月

二十四日，诏："念书童子十岁以下许试。"(《宋会要·选举》九之二五)

六　月

礼部尚书白时中等奏："今将《崇宁贡举法》改修成《御试贡士敕令》格式，总一百五十九卷，乞冠以'政和新修'为名颁降。"诏从之。(《宋史全文》卷一四)

七　月

九日，广南东路提举学士孙璘言："乞命诸州应致仕居乡并许赴贡士宴，择其年弥高者而惇事之，使长幼有序，献酬跪伏有礼，人知里选之法，孝悌之义。"从之。(《宋会要·职官》七七之六〇、六一)

八　月

六日，礼部奏："昌化等军州学生陈善长、黄理、祥璨、覃德舆、吴拱状：'为整会本路学事司，检坐政和元年正月二十七日敕，修立到本路武士贡额五人。照会武士既用本路元立武士额发贡，即是诸州解额内元桩留一分文士贡额充武士，自不相妨。本司指挥出给公据，贡发前来。今来本路诸州并不曾将一分武士额桩留，例各充贡人数，合行驳退施行。'本路今勘当逐人所乞，难议施行。尚书省勘会：陈善长等并系逐州不合用武士桩留一分人额升贡前来，虽当驳退，缘系官司差误，自广南远地已贡到都，理可矜恤。"诏陈善长、黄理、祥璨、覃德舆、吴拱五人并特许升贡，参入辟雍，仍令学事司各理充逐州大比前一年贡额。(《宋会要·选举》一七之二三、二四)

九　月

十四日，提举江南西路学事郑滋："乞今后诸州已参定上舍贡士，后却见得系贡人，不该升贡，不得用下名人填额，亦以其阙，次年补贡。庶使学生无所侥求，杜绝词讼纷争之弊。"从之。(《宋会要·崇儒》二之二九)

十一月

《学生怀挟代笔监司互察御笔手诏》政和六年十一月十五日："学校以善养天下，比来法行令具，士有所养，余二十万人。弦颂之声，无远弗届。方周千里之畿远矣，朕乐与天下士共之。而吏缘为奸，士失所守。至假名代笔，觊免户役；挟书就试，侥幸苟得；请托求嘱，观望权要。比命有司，重置以法。此岂朕所望于士者！夫法久则弊，人玩则弛，其令诸路监司重置以法。知而不举，皆与同罪。提举教授，仍加二等。尚书省检举学事司官察其失职者罢之。"(《宋大诏令集》卷一五七)

十二月

十日，秘书省正字孙觌言："顷年科举之法，三岁诏下，以庙讳、御名大书之榜，揭于士人游集之地，腥秽混杂，途人蹂践，徒致亵慢。望特诏贡士院及内外学校，如遇试，许令前期出榜告谕，诸犯名讳为不考试，更不得揭

示偏榜及板榜之类。"诏:"更不出榜揭示。"(《宋会要·选举》四之一〇)

十四日,诏:"比来士失所守,假名代笔,挟书就试,干托请求,观望权要,岂朕所望于士哉！已命有司重置于法。其令监司互察,知而不举与同罪,提举、教授仍加二等。"(《宋会要·选举》四之一〇)

二十二日,诏:有官无出身、杂出身通仕、登仕、将仕郎、校尉,许入学作国子生,许附贡士。(《宋会要·职官》二八之二一)

是　年

政和六年,以通真善演、修文辅教、说经谈论、书符咒水、修真养命、诗书琴乐、煅炼金石七科铨择道士。许直以所学自陈道录院,考试一科合格,即保明解礼部审试,得实给牒,补充本科出身,以备差遣。其按仪斋醮、法事声赞两科,不在置科铨择之限。(《云麓漫钞》卷一四)

刘一止《寄提刑卢察院书》:某无似,生长于世,三十有九年矣。自少小读书,求为古人之事业盖甚笃。齿浸长,身名不列于搢绅,而学为科举之文,与韦布士群试有司,决是非于蒙昧之中。亦幸其有得,亦可谓求之公矣。然名六上于春官,一宾兴于学校,卒不得志。乃退而思之,凡某所谓科举之文,率不量力,务为表表异众者。为诡窃声称之计,抑私也,造物者弗与也,又何怪乎不得其求也哉！(《刘一止集》卷一六)

胡寅《谢贡启丙申》:论秀乡邦,深惭庸陋;献书天府,猥预甄收。初闻姓名之传,颇觉心颜之腼。窃以圣王有作,世道交兴。辟雍首善于京师,学校明伦于郡国。气蒸川泳,雷动云飞。惟楚国之上游,有荆门之要垒。沼藏珠而媚景,州产玉而得名。峡水西奔,词源可想;郢楼东峙,曲韵争高。衿佩之侣摩肩,弦诵之声盈耳。遇良辄取,宁空冀北之群;待贾而沽,多抱荆山之璞。欲当妙选,宜属美材。如某者,朴遬无庸,践修尤浅。家庭入侍,早闻诗礼之方;黉舍出游,幸被师儒之教。究难穷之事业,惊易往之岁时。黄卷青编,坐消寒日;朱颜绿鬓,独对春风。未居比数之流,敢有宾兴之觊。夫何末技，亦缀后尘！事虽傥来，恩实有自。某官士徒仪表，吾道宗师。澄学海之深澜，植儒林之美荫。文高万丈，灿然星斗之光；名压众流，响若风雷之转。惟兹后进，亦仰前修。遂使愚顽，猥蒙题品。某敢不勉其未至，增所不能！观绛阙之光，幸齿群英而入献；贡丹墀之策，期收薄效于决科。傥素志之未违，庶明恩之可报。过此以往，未知所裁。

(《全宋文》卷四一六八)

政和七年　丁酉(1117)

正　月

二十一日，以兵部尚书蒋猷知贡举，大司成王孝迪、中书舍人李邦彦、太常少卿贾安宅并同知贡举，合格贡士一十二人。(《宋会要·选举》一之一四、一五)

(李纲)差充礼部贡院参详官。(《李纲全集》附录二《李公行状》)

二　月

一日，臣僚言："仰惟陛下，缉熙先志，罢黜科举，以学校岁贡多士，群试于有司。间者辄敢怀挟，招致人言，朝廷始以皇城司亲从官察视其事。访闻贡院，所差人不知专以察视为职，其苛扰殆至诟詈侵辱，并及无辜。而编栏人等又或暗投文字，诬执士人，以幸赏典。欲望圣慈申命有司，礼闱之中，毋以凌蔑士人。访闻去岁贡院引试，有于学生坐次或得文字一册者，巡铺官争欲便牒送，赖知举等定验，其学生乃是治《书》，其日系试策文字，却是《易》义，事理辨明，仅逃刑宪。"诏：从之，仍札与皇城司。(《宋会要·选举》四之一〇)

九日，上御集英殿，试高丽学生金端等。策曰："朕惟道之在政事，以上治而观于天，则七政可得而齐，五辰可得而抚；以下治而察于地，则万物各得其宜，山川裕如，鸟兽鱼鳖咸若。通于神明，则裁成辅相，赞天地之化育，和同天人，而使之无间，顾何施而可以臻此？昔武王垂意而问，箕子尽道而陈。始之以五行，次之以五事，终之以五福。子大夫所常学而知者，悉著于篇，朕将施之于政，无俾前人专美有周，不其韪欤！"赐学生权适等

上舍及第释褐。以适为承事郎,赵奭、金端并文林郎,甄惟氏从事郎,令随进奉使李资谅归本国。(《宋会要·选举》七之三五)

三　月

庚寅(二日),御崇政殿,高丽学士权适等上舍及第释褐。以适为承事郎,赵奭、金瑞并文林郎,欧惟氏从事郎,令随进奉使李资谅归本国。太学俊、选、造士斋职事人并免省试。(《山堂考索》后集卷三〇)

十六日,贡士举院言:"试词学兼茂科迪功郎李正民、薛嘉言、文林郎宋惠直题曰:《观文殿学士中太一宫使授右弼制》、《汉麒麟阁名臣图记》、《圆象徽调阁奉安隆鼐颂》、《唐西海道行军大总管破吐谷浑露布》,考正民入上等,嘉言、惠直入中等。"诏:"正民与改合入官,除秘书省正字;嘉言、惠直合依格循一资,与书局差遣。"(《宋会要·选举》一二之八、九)

二十六日,诏:"诸科三经应举以上人,许赴来年学事司试一次。"(《宋会要·选举》四之一〇)

戊午(三十日),赐进士永兴军景彻等一十三人上舍及第、出身,释褐。(《山堂考索》后集卷二七)

上舍释褐:景彻,林颖。(《宋登科记考》卷八)

补上舍释褐:施逵。《夷坚三志》壬卷五:"施逵……后以舍选登政和七年贡士第,为第四人。"

四　月

十四日,兵部尚书蒋猷言:"比蒙差考试。窃见试所差巡铺官,例皆年幼,不甚谙练。乞自今后贡士贡院巡铺,并差三十以上者,庶几皆熟条禁。"从之。(《宋会要·选举》四之一〇、一一)

五　月

十九日，兵部言："免贡武士张晖状：'政和六年十一月冬祀赦文，赴将来大比试。'本部勘会：赦文止为进士，别无该载武士之文。"诏："武士与文士同，令兵部申明施行。"(《宋会要·选举》一七之二四)

六　月

一日，新差权发遣提举河北西路学事丁权言："乞今后差考试官，教授两员以上者，常留一员，独员者勿差。则不惟训迪无阙，章程不紊，亦所以绝奸弊之端。"从之。继而，臣僚上言："诸路州县有出身官，虽比年以来尽出学校，然既为州县有出身官，虽文吏则惟薄书、期会、狱讼、钱谷是急。回视平日所学，遂成陈迹。便当考校之任，与平时专以教导为职而朝夕于其间者，其为工拙，诚不相侔也。将元奏'请诸路差考试官教授两员以上者，常留一员，独员者勿差'指挥改正。"从之。(《宋会要·选举》一九之二三、二四)

癸亥(六日)，前提举永兴路军学事郭民瞻奏："乞将外任官随行亲内舍生，遇所在州军不系试上舍年，即依单经人法，于学事司附试。"从之。(《山堂考索》后集卷二七)

七　月

二十八日，礼部尚书许光凝言："三月二十六日诏：'许诸科三经应举以上人，赴来年学事司试一次。'契勘：自来诸科人应举，并经本县自陈，勘验申州收试。其应干取应文籍，并在所属州县。既未经解发，本部别无簿籍照证。欲乞行下诸路提举学事司，预报所部州县，委官取索自来诸科应举公案勘验，令三人以上结为一保。如一州不及三人处，即召命官一员保识引问。别无违碍，本州保明，申学事司收试，庶几杜绝伪滥。"从之。既而，蔡薿等复奏："京东东路提举学事司申明：'本路九州军诸科举人三百四十五人，未审如何纽计分数，取合格人？其考校取人分数，即未有明降指挥。兼附试新旧科明法、《尚书》、《毛诗》、学究、五经、《三传》人，未审合格，逐科目取人，为复通衮取人？'本部契勘：前次诸科一举、两举人，许附学事司试一次,缘当时别无解额,止取就试逐色合格之人赴政和六年贡士举院试,具得失取定。其不合格人,本部类聚闻奏。契勘:今来京东路学事司申明前件事理,除前次一举、两举人已有逐件赦文指挥施行外,今来三经应举终场人,止是各为应举,自来并不曾合格,比之一举、两举人,事体至轻,即未审合如何施行?”诏:“政和七年三月二十六日并七月二十八日指挥,并更不施行。”(《宋会要·选举》四之一一)

九　月

十七日,给事中毛友:“乞应补试入学之人,并如州学帘试县学生,应预岁升试,止免身丁。”从之。(《宋会要·崇儒》二之二九)

政和八年重和元年　戊戌(1118)

二　月

十八日,权发遣提举荆湖南路学事李侗言:"今后校定官免差入上舍贡院,庶使专一管勾。"从之。(《宋会要·选举》一九之二四)

三　月

十一日,诏:"十六日,嘉王楷令赴集英殿试。仍给食,就东廊排设幕次什物。"(《宋会要·选举》八之三九)

十六日,上御集英殿,试礼部奏名进士。内出制策曰:"朕惟昔之圣人,提挈天地,把握阴阳,以前民用。故黄帝始正天纲,临观八极,考建五常。原阴阳之化,类万物之情,穷性命之理,以迪后世。尧舜乃命羲和,历象日月星辰,在璇玑玉衡,以齐七政。箕子叙《洪范》,协水火木金土,推而见之于貌、言、视、听、思之五事。左丘明有取于六气之说,则曰:'阴阳风雨,晦明而已。'前圣后圣,其揆一也。而其言其用之不同,何也?今岁戊戌,赫曦之纪,太阳主之,太过之年,过与不及,相为终始。过者抑之,不及者举之。然五者相生相克,相沿相继,高下之相召,升降之相因,其变不穷。如之何可以财成其道,辅相其宜,使之适平,无有余、不足之患,而和同无间乎?朕将仰观俯察,运于一堂之上,兼明天下后世。子大夫其详著于篇,毋略。"得嘉王已下七百八十三人,赐及第、出身、同出身特奏名阙。(《宋会要·选举》七之三五、三六)

贡士,知举官阙,合格进士七百八十三人。(《宋会要·选举》一之一五)

知举陆德先上合格进士何大圭等。(《太平治迹统类》卷二八)

二十五日,诏:“嘉王楷,依贡士唱名、赐敕、谢恩。”(《宋会要·选举》八之三九)

二十六日,上御集英殿唱名,诏:“嘉王楷有司考在第一,不欲令魁多士,以第二人王昂为榜首。”(《宋会要·选举》八之三九)

进士名录:王昂,赵楷,张焘,丁偕,丁隽,刁渭,上官大宾,上官公举,上官祝,上官问,上官闳,王大卞,王允蹈,王廷彦,王宗哲,王建,王庭珪,王倬,王师心,王挥,王勋,王震,王翰,王镗,王镛,王宠光,毛玉,方宋宾,方时,方隅,方楫,方渐,甘之则,古亶,左守道,左知微,石邻,石粹中,田杞,史才,史仁彦,史似,史充,丘达,丘砺,白廷世,白祖武,成杲,吕夷则,吕延年,朱允,朱良弼,朱松,朱师善,朱涣之,朱虙,朱端彦,朱履,朱邈,任锐,任献夫,向亿,江少虞,江初,江长民,江辑,安邦宁,李中,李午,李文度,李邦杰,李廷实,李仲永,李汝翼,李珏,李南仲,李则,李彦昌,李时亮,李益,李舜卿,李发若,李椿年,李预,李德晖,贝宝,吴公才,吴岑,吴作谋,吴秉文,吴秉彝,吴宗达,吴叙,吴景偲,吴景温,吴斌,吴渊,吴概,吴嘉谟,吴灿,何大圭,何同,何兑,何棠,何盍,余伯达,余岘,余翔,余道潜,余适权,余漕,余遹,余献民,汪廷彦,汪钊,沈昭远,沈虞卿,沈肇,沈德友,沈瓛,宋之才,宋巨济,邵大受,邵素,范文,范杞,范希荀,范洵,范浩,范浚,林之纯,林天休,林天禧,林永,林充,林孝雍,林克明,林求,林亨时,林达卿,林实,林玙,林聪,卓特立,季洞,周天衢,周利建,周望,周开迪,周寓,周端虚,周端礼,周谘谋,周隐,周献民,宗平国,胡亦,胡近,胡昂,胡堥,胡概,胡醇,胡澄,胡观光,柯若禔,柯楫,柳绶,俞厚诗,俞彦与,施中行,施禹功,施巨,施锐,姜邦光,洪知柔,洪造,洪游(按:《夷坚志》乙卷一四作“洪斿”),祝奇,祝处仁,姚旦,姚持,姚景梁,袁天鹭,莫廷芬(误),莫仲珪,桂舟,桂南升,夏之文,夏之邵,倪镗,师民瞻,师成,师庚,徐中行,徐文虎,徐行可,徐抑,徐秉哲,徐彦道,徐时升,徐时彦,徐商霖,徐端臣,徐荐,翁由,翁采,高景德,高预,郭思柔,郭浩成,郭景纯,郭鸿,唐处仁,唐楫,涂天明,陈大中,陈才良，陈公衮，陈允功，陈丙，陈邦光，陈邦直，陈休锡，陈向，陈汝楫，陈克，陈作肃，陈武任，陈杲，陈升，陈昂，陈知常，陈秉，陈兖，陈宗翰，陈南仲，陈时举，陈刚，陈植，陈勋，陈温卿，陈煜，陈戣，陈橐，陈端虚，陈确，陈澈，陈骈，陈观国，孙之才，孙时升，孙鼎，孙鼎，孙谦亨，黄大知，黄元授，黄仰，黄次渊，黄良臣，黄彧，黄祖尧，黄绅，黄琳，黄琮，黄傅康，黄复，黄与权，黄与权，黄靖，黄韶中，黄驰，黄震，黄璘，曹仙，常同，章陟，梁之仪，梁宗范，梁国宾，张大卞，张永宁，张延寿，张仲和，张时彦，张浚，张参，张德本，张择亨，张夔，彭文定，彭从虎，叶大任，叶上达，叶宏中，叶庭杰，叶发明，叶询武，葛祐之，葛骐，董将，董朝奇，董嘉言，董端忠，董巩，喻燮，程允若，程敦临，傅仁，傅焉，舒廷臣，舒昌祚，舒清国，邹伟，邹扬，曾秀之，冯邦求，冯安期，冯桓，冯众，冯锐，冯檝，湛亨，汤鹏举，游其藩，游辅，强公谌，费季文，杨公度，杨申，杨杰，杨裕，杨翼，杨跻，虞浸，詹千之，詹天秩，詹太和，詹友直，解茂，赵士坦，赵士衡，赵伯璋，赵季成，赵季孙，赵蘉，蒋仲龙，蒋全，蔡章，蔡德升，蔡嵘，臧博文，廖揆，齐景直，郑邦彦，郑廷芳，郑彦敏，郑根，郑鬲，郑滋，郑瑴，郑范，郑瑴，郑护，熊俊民，熊琯，熊遹，邓序，邓柔中，邓根，邓嘉猷，卫阒，滕茂实，刘天衢，刘丕，刘在中，刘克，刘侯亚，刘冠，刘玮，刘义夫，刘滂，刘嘉成，刘僎，刘谦夫，诸葛行敏，潘天隐，潘偶，潘庆，练大明，练祇柔，骆仲举，薛朋龟，薛璇，萧振，萧铎，钱仲思，钱塘俊，鲍琚，鲍开光，谌思，戴彦成，韩忱，韩景雄，韩端卿，魏忱，魏贯，魏贲，钟岳，谢天启，谢升俊，谢良干，谢定之，谢庭芝，谢陟明，谢程年，谢诗，应晋释，濯行，锁政，颜天选，颜安时，颜博文，严汉宽，罗政，罗彬，罗巩，谭处恭，谭观光，饶好裕，饶惠卿，顾汝美，顾克明。

特奏名进士：上官愉，王戒，王志道，王时发，王棠，王宾，方志道，方柄，方复礼，方袁，方暹，李躬，何亨升，宋积，林先民，林兑，林端，林璟，周穆庆，柯梁，夏式，徐明，陈子临，陈子翼，陈受，陈特，陈远，陈暹，黄天显，黄与靡，黄辅世，张珍，叶宽，湛存，游天与，杨渭老，郑文，郑浚。

上舍释褐：勾龙如渊，朱翌，吴任均，沈该，洪兴祖，曹绩，项康国，葛价卿，綦崇礼，蒋宗鲁。(《宋登科记考》卷八)

补进士名录：方性夫。《全宋诗》卷一四五五王庭珪《次韵方性夫同年见寄》。

补上舍释褐:其一,任渊。《全宋文》卷四二六九冯时行《任全一墓志铭》:“姓任氏,讳渊,字全一。……登政和八年上舍第。”

其二,张璘。《全宋文》卷五一九五周必大《张公墓志铭》:“公讳璘……政和八年赐上舍及第。”

辨正:莫廷芬,政和六年赐上舍出身。详说见前。

熙宁间,始命宗室应科举;大观间,内臣有赴殿试者;政和八年,帝子亦赴殿试。宗子及第,始于令铄;内臣及第,始于梁师成;亲王及第,始于嘉王楷。故事:有官人应举,谓之“锁厅”,例不作廷魁。戊戌榜,嘉王第一人,登仕郎王昴第二人,颜天选第三人。上宣谕:“嘉王楷有司考在第一,不欲以魁天下,以第二人为榜首。”锁厅人作廷魁,自王昴始。(《萍洲可谈》卷一)

本朝殿试有官人不为第一人,自沈文通始,迄今循之,以为故事。然徽宗朝戊戌榜,嘉王楷第一人,登仕郎王昂第二人,颜天选第三人。徽宗宣谕:“嘉王楷有司考在第一人,不欲以魁天下,以第二人为榜首。”是岁,以有官人为殿魁。以此知有司亦失于契勘也。(《能改斋漫录》卷二)

王龙光,字天宠,资州人。入京赴上舍试,过剑州梓潼县七曲山,谒英显武烈王庙俗呼为张相公庙。梦一人持榜,正面无姓名,纸背乃有之。又有持席帽蒙其首者,觉而喜,谓士人登第则戴席帽。是岁免省不逮,但补升内舍。次举当政和八年方登科,已悟纸背之说。时方禁以龙、天、君、玉、王、主等为名字,唱第之日,面赐名宠光。头上加帽,盖谓是云。

林孝雍,字天和,明州人。政和七年,贡入辟雍学,将试上舍。林少时尝预荐书,应免解。或劝其先以免举试,如不利,则留今贡以待来年,林不听。同舍生杨公全扣其故,林曰:“吾年甫二十,蒙乡举,梦对策大廷,坐于西南隅。将出，有小黄门从吾求砚，心颇自负，以为必擢第。讯诸筮人，筮人曰：'君年四十八乃得官，今未也。'吾意殊不平。讫黜于春官，自是连蹇几三十年。今春秋四十七矣，当可觊幸，不为再战地也。"是岁果中选。廷试出，又告公全曰："试日正坐西南隅，小黄门乞砚，皆如梦中所睹。"三十年前梦，与卜者所言，无毫厘差。（以上均见《夷坚志》甲卷一八）

吴公才，字德充，弋阳人。入太学，年至五十，无所成。欲罢举归，决梦于二相公庙，梦童子告曰："君明年甚佳，自此泰矣。"吴信之，勉为留计。明年，上舍中选。自顾年益高，复起归思，又梦曰："即登科矣，无庸归。"明年，果于嘉王榜擢第。（《夷坚志》丙卷一二）

李仲永赴致和戊戌廷对罢，卜者某人云："君必居魁甲，全与黄裳状元等。"既而曰："恰所言小误，黄公入乾元祖土格，君乃坤元祖土，差不及之。然故不失十名前也。"及唱第，名在第七。（《夷坚支志》戊卷一〇）

政和末，张魏公与同舍二人自汉州从乡先生入京赴省试，诣一庙求梦。祷罢，皆寂无所感。先生者年长于诸人三十许岁，甚怒，曰："缘汝三子无敬心，累我不得梦。"斋戒三日，复往申祷。遂梦入殿庭，见大龙长百丈，夭矫拏空，一人奋而登其背。傍立者语之曰："此张天师也。"寤而甚喜，夸言于众，有得色。魏公曰："既云姓张，安知此梦不为浚设?"先生愠曰："汝之好胜一至于是耶!"是岁，公擢第，后位极宰辅，终于少师。（《夷坚志三补》）

政和八年廷试，问五运六气。公对数千言，极论阴阳消长、天人精祲与夫裁成辅相之道，天子嘉之，亲擢第三。（《全宋文》卷五一七八周必大《张忠定公焘神道碑》）

二十七日，集英殿唱名，诏：嘉王楷有司考在第一，不欲令魁多士，以第二人为榜首。是日，诏嘉王楷已赐第一人上舍及第，许谒谢先圣，与《题名记》并《同年小录》，所有期集并免。寻诏谢先圣亦免赴。（《宋会要·帝系》

二之二〇、二一)

二十八日,贡士举院言:“试词学兼茂科迪功郎新河中府河东县主簿崔嗣道、奉议郎前高邮军军学教授宇文彬、从事郎前越州会稽县丞张守题曰:《观文殿学士中太一官使兼侍读授应道军节度使上清宝录宫使制》、《汉神鱼舞河颂》、《代云南节度使大理国王谢赐历日表》、《唐史馆记》,考嗣道入上等,彬、守入次等,依格循资推恩。”(《宋会要·选举》一二之九)

葛胜仲《回王状元启》:胪传上第,首冠群英。下明诏于九天,恩先桂籍;收大名于一日,光映儒林。凡在见闻,孰不庆羡?恭惟某官,宏材耸壑,英气凌云。卓尔异人,时推于间出;伟然大器,不俟于晚成。以妙龄秀发之姿,奉高谊讲闻之对。诸老谁先于贾傅,天子亲擢于平津。喜黉舍之有人,掩名场而得隽。惟他日公卿之路,当由此而致吾君;凡一时父母之心,皆闻风而祝其子。华途方践,远业难量。某久共齑盐,更窥珠玉。知洋洋于流水,偶赞文衡;引皓皓于明星,实由圣鉴。拥长笺而肯顾,溢陋巷以生光。(《全宋文》卷三〇六八)

汪藻《代嘉王谢及第表》:袭庆璇源,幸备维城之列;阶荣桂籍,俄先入彀之英。广陛胪传,诸儒圜视。共欣千载之嘉会,亲值一人之至公。臣尝谓朝廷设科目以致英豪,学者用文章而守富贵。故自古布韦之士,有终身铅椠之间。既登雁塔之标题,至比龙门之变化。岂有恩隆于帝胄,更令名玷于贤书。班联玉笋之华,光动金枝之秀。由圣德曲成于小大,视人材无间于亲疏。虑汩没于膏粱,特甄陶于翰墨。肆垂渊问,猥及孱踪。仰渐圣化之深,虽能仅缀;俯揆天资之陋,终愧无奇。甫上奏篇,遽陈殊等。鹏击天潢之浪,莺迁帝苑之春。兹盖伏遇皇帝陛下,长育群材,并包众甫。谓秦之士贱,由先王教养之衰;方周以宗强,宜近属奖成之急。傥不俯同于寒畯,孰为自致于亨衢?昔惭假宠于分茅,今喜成名于拾芥。繄君父义方之素,致邦家儒术之尊。某敢不敦尚诗书,勉思忠孝!既与在廷之多士同值文兴,将令就傅之百男悉从隗始。(《全宋文》卷三三七六)

綦崇礼《及第谢乡郡守倅启》：逐队而趋，愧匪处囊之颖；缀行以出，亦陪入彀之英。仰被恩荣，伏深战惧。惟圣世之先务，以得人为最难。素养弗加，成材斯寡。委楩楠而莫植，孰观在沚之菁菁；舍騄骥而不闲，讵睹食场之皎皎。道有升降，时因盛衰。泮水不歌，子衿是作。遂使成周之里选，流为近世之科名。天佑斯文，运开列考。本六经而造士，建三舍以成能。训迪一新，尽黜雕虫之陋；指归有在，谁夸绣帨之工。渊源既纯，器质咸美。顾今日庙堂之老，皆当时庠序之才。迨嗣圣之膺图，伏先猷而燕翼。丕崇子构，有隆不拔之基；恢广文声，增耀无前之迹。干戈载戢，礼乐并兴。爰更取士之科，大阐育材之地。扫千年之弊习，追三代之宏规。简秀彦于一乡，采芹在泮；收英豪于万国，振鹭飞雍。神化诞孚，士风丕变。耆龆胥劝，弦诵相闻。贤关来鼓箧之游，农野无带经之苦。云汉每瞻于圣作，范模兼得于师儒。五尺之童，羞道威文之事；一介之贱，愿归尧舜之朝。既由学以化民，可因言而顾行。文皆尔雅，孰非体要之辞；仕必慕君，自许功名之会。翘翘竞秀，蔼蔼争驰。仰繄乐育之风，克底美成之效。属三年之大比，率多士以同升。宾兴已尽于贤能，辩论更先于俊造。虽人人抱玉，未免于遗珍；而一一吹竽，岂容于滥奏？顾此誉髦之选，宜登杰异之材。如某者，学术不优，性质甚下。徒守箕裘之业，仅闻诗礼之言。幸遘昌期，久濡善教；三充方贡，两冠贤书。倦翼何堪，望绝一飞之便；曲材无取，谁为万乘之容？方蹑屩以观光，遂操觚而试艺。中非尔力，命岂人为？偶叨兰省之奏篇，获与枫宸之赐策。宸章深灏，迈典诰之遗文；圣问渊微，究天人之妙蕴。岂彼腐儒之论，可当睿鉴之求？显黜是虞，明扬忽逮。篚駕鹭而并进，罗凫鹥以前趋。交戟森森，恍再游于帝所；睟容穆穆，惊并近于天光。传丹陛以宣恩，曳青纶而拜命。名联帝子，共夸金榜之荣；喜动亲颜，更乐萱堂之庆。布韦歆艳，闾巷咨嗟。夫何千载之逢，有此一时之幸！静言侥冒，厥有夤缘。此盖伏遇某官，黼黻帝庭，甄陶士类。不屑之教，曲尽于平时；有味之言，阴为于地道。俯怜衰踬，力赐提携。会因乡党之同推，更与郡侯而劝驾。遂容蹇步，亦陟亨途。某谨当恪守士规，浸娴吏道。幸保一经之遗子，更希三釜之及亲。学于田野之间，粗知为政；服在缙绅之后，敢怠修身？勉效古人，用酬知己。（《全宋文》卷三六五三）

四 月

五日,诏:“上舍唱名讫,准令赐钱一千七百贯文,可添赐钱七百贯文。”(《宋会要·选举》二之一四)

二十六日,梓州学事司言:“泸州公试上舍题目内,有差漏并错引事迹,及试经义题目失先后之序。除已重别差官前去别行引试学生外,所有考试官资州龙水县尉王行、合州司录钱挺显不子细,出题致有差错违误。”诏:“行、挺并放罢。”(《宋会要·选举》一九之二四)

二十八日,诏:“泸州今春引试上舍,考试官出策义题错误,致学生尤沔等率众论诉,显属失职。可并先次冲替,仰本路提点刑狱司疾速根勘,具案闻奏。其提举学事官差官不当,可案后收坐,取旨施行。”(《宋会要·选举》一九之二四)

五 月

九日,诏:“《同年小录》上用第一人皇子嘉王楷,字德远。”(《宋会要·选举》二之一四)

七 月

二十九日,赐赵遹上舍出身,除秘书省校书郎。以生擒卜漏,拓地千里,一方底定,蕃夷震叠,奏请编次事迹,以传永久,子永裔奏书来上故也。(《宋会要·选举》九之一五、一六)

八 月

戊午(八日),朝散郎、新知兖州王纯奏:“乞令学者治《御注道德经》,间于其中出论题。”从之。(《长编拾补》卷三七)

庚午(二十日),御笔:“道无乎不在。在儒以治国,在士以修身,未始有异,殊途同归,前圣后圣,若合符节。由汉以来,析而异之,黄、老之学,遂与尧、舜、周、孔之道不同。故世流于末俗，不见大全，道由是以隐，千有余岁矣！朕作新之，究其本始，使黄帝、老子、尧、舜、周、孔之教偕行于今日。可令天下学校诸生，于下项经添大、小一经，各随所愿分治。大经，《黄帝内经》、《道德经》；小经，《庄子》、《列子》。自今学道之士，应入学，并令州县勘会保明，不经刑责、不犯十恶、奸盗及违八行之人，许入州县教养。并依见行学法，所习经以《黄帝内经》、《道德经》为大经，《庄子》、《列子》为小经外，兼通儒书，俾合为一道，大经《周易》、小经《孟子》。其在学中选人，增置士名，分入官品。元士、高士、大夫、上士、良士、居士、逸士、隐士、志士，每岁试经拨放。及有度牒合披戴者并依旧外，唯须在学一年，方许披戴。州县学道之士，初入学为道徒，试中升贡，同称贡士。升贡到京，入辟雍，试中上舍，并依贡士法。三岁大比，许襕鞹就殿试，当别降策问，庶得有道之士，以称招延。元士以下资任、请给各随品，依品官法，唯人从不差兵士役人，止于宫观人内量差，其叙位在本品之下。应天下神霄玉清万寿宫、天庆观知及副知将来有阙，并以学校登科人充，其余宫观亦依此。志士以上，令礼部置名籍差注，并如吏部法。自兴道教，异人间至，深虑山林高蹈之士尚多有之。可令监司访之县，县下耆、保，各具所管地方有无高上之士，依八行法以礼延入学，并以名闻。或不愿入学，监司、郡守亲劝驾，给券马人船，差官伴送赴阙。又不愿，即具奏听旨，当赐玺书招聘。高上之士多隐于卒伍、工隶、仆厕之类，或身自犯刑责，以逃世离俗，令延纳招聘，一无所问，仰并以名闻。”(《长编拾补》卷三七)

闰九月

丙子(二十七日)，尚书省言:“已降御笔，处分道徒升贡，三岁大比，许襕鞹就殿试。欲令礼部依文士给号，祗候唱名，初入仕并补志士道职已上取旨，并赐褐服。高者，依文士。”从之。(《长编拾补》卷三八)

十　月

壬辰(十四日)，资政殿学士、知陈州陈洵仁奏:“本州学系籍学生止有九十一人，而一两月间，士之劝诱入道学及内外舍生愿换道徒者，将与儒士等，委是本州学教授当职官推行有方，提举学事置司在本州遵承诏旨，同共叶力奉行。州学内舍生宋瑀愿换道学内舍生，本人系故翰林学士宋祁之孙，已两预贡举，行艺清修，自来留心道学。旧有撰到《道论》十篇，乃近撰《神霄玉清万寿宫雅》一篇，谨具缴奏呈。”御笔：“宋瑀特与志士，仍许赴将来殿试。”(《长编拾补》卷三八)

十一月

一日，礼部言：“保庆军申：欲今后监试官入院后，果有疾病，依法同职官先行审实，申知、通，限当日差医官看候是实，别差官承替，许出院。如被差官委托疾病，并同职通情保明，及医官看候不实，并乞一等科杖一百私罪。”(《宋会要·选举》一九之二四)

政和年间

《政和鹿鸣宴五首》：初酌酒，《正安》思乐泮水，承流辟雍。思皇多士，贲然来从。雝雝济济，四方攸同。登于天府，维王是崇。

再酌，《乐育人才》钟鼓皇皇，磬管锵锵。登降维时，利用宾王。髦士攸宜，邦家之光。媚于天子，事举言扬。

三酌，《贤贤好德》鸣鹿呦呦，载弁俅俅。烝然来思，旨酒思柔。之子言迈，泮涣尔游。于彼西雍，对扬王休。

四酌，《烝我髦士》首善京师，灼于四方。烝我髦士，金玉其相。饮酒乐曲，吹笙鼓簧。勉戒徒御，观国之光。

五酌，《利用宾王》遐不作人，天下喜乐。何以况之，鸢飞鱼跃。既劝之驾，献酬交错。利用宾王，縻以好爵。(《宋史》卷一三九)

政和……咏举子赴省，有《青玉案》云：“钉鞋踏破祥符路，似白鹭，纷纷去。试盏幞头谁与度？八厢儿事，两员直殿，怀挟无藏处。　　时辰报尽天将暮，把笔胡填备员句。试问闲愁知几许？两条脂烛，半盂馊饭，一阵黄昏雨。”(《夷坚三志》己卷七)

政和间，学校方盛，诸州士子坌集泮宫，出必冠带。余干县帽匠吴翁，徙居饶城，谓之“吴纱帽”。日与诸生接，观其济济，心慕焉，教子任钧使读书。钧少而警拔，于经学颖悟有得。其比邻史老，与吴翁相好，虽为市贾，亦重儒术，欲以女归钧。结约既定，钧被贡入京。因适市，遇道人，戴碧纶巾，着宽白布裘，衣冠甚伟。持大扇，书"善相"字，迎谓曰："秀才勉旃，行作官人矣！"钧心喜之。自念如其言，岂不能于京华贵家及乡里富室择佳婚，奉二亲甘旨，顾惓惓一民女哉！但以父所约，又畏义，弗能决。他日，复遇其人，语之曰："君得无有负心事乎？吾前相有变矣！"钧抵言无之，道人曰："吾非能知人心，大抵观人骨法神气，要以阴德纹为先。今已散漫，不复可观，前程岂有亨理？"语毕，钧归馆，痛自悔责。逮夜，捧香于庭下，控首告天曰："任钧向起妄念，宜受罪罚，愿洗心改过。幸得成名，当走马为史氏婿，不渝旧约。"九顿首谢过，乃就寝。经旬，又见道人于众中，喜而言曰："君必登科无疑，前者之色隐起不少变，由此得志矣！"从而叩其他，不告而去。是岁，钧果以贡士起家，仕至提举江西常平，史氏遂偕老。钧每为人言，使知一念之间不宜欺心者如此。（《夷坚志补》卷二）

政和中，举子皆试经义。有学生治《周礼》，堂试"禁宵行者"为题。此生答义云："宵行之为患也大矣。凡盗贼、奸淫、群饮为过恶者，白昼不敢显行也，必昏夜合徒窃发。踪迹幽暗，虽欲捕治，不可物色。故先王命官曰司寤氏，而立法以禁之，有犯无赦，宜矣。不然，则宰予昼寝，何以得罪于夫子？"学官者甚喜其议论有理，但不晓以宰予昼寝为证之意，因召而问之："此何理也？"生员乃曰："昼非寝时也。今宰予正昼而熟寐，其意必待夜间出来，胡行乱走耳。"学官为大笑而罢。（《寓简》卷一〇）

重和二年宣和元年　己亥(1119)

正　月

二十一日,以御史中丞陆德先知贡举,给事中赵野、起居郎李纲同知贡举,合格进士五十四人。(《宋会要·选举》一之一五)

二十一日,以御史中丞陆德先知贡举,给事中赵野、起居郎李纲同知贡举。参详官:国子司业梅执礼、辟雍司业程振、吏部员外郎周固、祠部员外郎刘彦适、司勋员外郎倪涛、膳部员外郎权邦彦、秘书省校书郎胡松年;参详兼点检试卷官:大理寺丞张璞、大理寺正高述;牒避亲官:大理司直任林;点检试卷官:校书郎曹大同、《九域志》编修官翁彦约、国子正傅崧卿、太学博士臧瑀、曾几、辟雍博士郑庭芬、邓纯亦、辟雍录夏承、太学录何大圭、秘书正字李本、国子小学博士申迎、文林郎林闵、樊澥、新广亲宅宗子学录李唐俊、新湖南学勾滕葵、太学录刘国瑞。太医局考试点检官:太医学司业李康、太医学同上舍出身林充、太医录李则、翰林医官梁晔、保痊大夫张公恕、保安郎李保仁、太医学博士郑续、翰林医诊孙琳。(《宋会要·选举》二〇之一、二)

知举陆德先上合格上舍生程文,高下失当,乃别求升降。(《太平治迹统类》卷二八)

二十五日,诏:"县令今后不许差充试官。"从聂山请也。(《宋会要·选举》一九之二四)

三　月

辛未(二十五日),赐上舍生五十四人及第。(《宋史》二二)

上舍释褐：王俊义，江濩，黄次山，张元礼，赵士瑑，楼玮，卫肤敏。（《宋登科记考》卷八）

补上舍释褐：胡汾。《全宋文》卷五一八七周必大《胡公墓志铭》："靖州治中汾，宣和己亥上舍释褐。"

是　月

贡士举院言："试词学兼茂科朝奉郎海州州学教授陆韶之、从事郎新冀州州学教授王俊、迪功郎新泗州司士曹事李长民题曰：《彰化军节度使熙州路经略安抚使授检校少保雄武军节度使制》、《汉三雍颂》、《新修龙德太一宫记》、《唐大衍历序》，考入次等。"诏："依格与循两资减年外，韶之除书局官，王俊除博士，李长民除宗学博士。"（《宋会要·选举》一二之九）

石懋《谢试中宏词启》：战当孰胜，羞提大敌之戈矛；寸有所长，不负生平之笔墨。色与宠变，汗随魂飞。切评古今之伟观，盖是乾坤之英物。琼杯玉斝，辉煌希世之荣观；阵马风樯，洒落惊人之粹语。峭心胸之山岳，鉴咳唾之珠玑。张胆扬眉，写成和气；书牒点翰，收入太平。倘不为缙绅望《封禅书》，是必作《圣主得贤臣颂》。烜赫淮夷之雅，铺轰郊庙之歌。此李唐开博士之途，虽韩愈有中书之黜。独当一面，岂不诚大丈夫；连中八科，真可谓奇男子。故绍圣右文之际，使粉袍搦管而来。风荡而鸣，虎角而翼。填胸学海，震百川吞浪之声；破竹辞锋，森万丈倚天之剑。多多益善，凛凛大奇。尽搜天下之英才，不到孤生之名姓。某者羁酸牢落，勃窣盘跚。窥豹一斑，战蜗两角。顽颜钝颊，有穷乡冰雪之容；浊胃枯肠，无春草池塘之梦。绿芜安在，黄卷相怜。漫弯杨叶之弧，低跃桃花之浪。谓薰酣文史者不可夺其志，而沉迷丹墨者异乎吾所闻。三复斯言，名教之中自有乐；一行作吏，州县之职徒劳人。归栖得助之江山，再托可亲之灯火。浩叹伤弓之鸟，动辄惊弦；其如食槿之虫，未能忘苦。比趋文阵，强厕俊游。鼯鼠五技而穷，铅刀一割而钝。虽临邛之词客欲飘飘然，奈江左之将军但平平尔。望不及此，得之若惊。此盖伏遇某官，有猷有为，可愕可骇。气撼八极,此必神仙中人;心雄万夫,自是风尘表物。特挈互乡之童子,收为吏部之门生。某敢不增益所不能,敬修其可愿!辄驰窘步,望毫厘尺寸之功名;暂览遗编,老三万六千之日月。(《全宋文》卷三〇三七)

四　月

二十三日,礼部奏:"据辟雍申,契勘贡士等已推恩了当,所有赐日分并押宴官。伏乞朝廷,速赐施行。"(《宋会要·选举》二之一四)

九　月

二十九日,赐中散大夫、知袭庆府钱伯言进士出身,直秘阁。(《宋会要·选举》九之一六)

宣和二年　庚子(1120)

正　月

二十二日，以礼部尚书王孝迪知贡举，给事中卢襄、中书舍人梅执礼同知贡举，合格贡士六十六人。(《宋会要·选举》一之一五)

三　月

壬寅(二日)，赐上舍生二十一人及第。(《宋史》卷二二)

诏："贡院所定不伦。"乙夜亲览，次其高下，遂御崇政殿，赐祖秀实以下二十一人及第。(《太平治迹统类》卷二八)

上舍释褐：祖秀实，朱炎，李正邦，李弥正，吴仕逸，吴安国，吴舜卿，吴舜邻，范悰，陆竑，陈才辅，张宪武，曾荣，赵令詪，郑昭叔，龚日新。(《宋登科记考》卷八)

补上舍释褐：万叔永。《王十朋全集·诗集》卷七《万府君挽词字叔永，庚子登科》。

贡士举院言："试词学兼茂科从事郎前鄂州州学教授范同、通仕郎刘才邵、从政郎欧阳环题曰：《资政殿大学士提举上清宝录宫兼神宵玉清万寿宫副使兼侍读授宝宁军节度使兼河东路经略安抚使制》、《汉宣室箴》、《代公相以下谢赐御制宣德楼上梁文表》、《唐开元礼序》，考入次等，各依格循资推恩。"(《宋会要·选举》一二之九)

刘才邵《谢词学科第二人启》:效薄材于众体,文惭白璧之立谈;叨优选于两科,名协青毡之旧物。荷甄陶而不弃,揣芜累以何堪!幸出望初,愧生荣表。窃以圆虚著象,灿东壁之祥辉;丹穴储经,富西昆之秘典。既并包于道钥,实光启于言筌。书契聿兴,简编攸著。发真机而睹奥,会众妙以同归。炳若丹青,式如金玉。固垂世以不朽,岂能言之或加。自道术既裂于多岐,而谈囿竞张于长喙。空传炙輠,何取绣鞶?由汉以还,在唐之盛,咸设科而稽古,复崇雅以敷文。嚼若渊云之华,富哉贾马之奥。代言振藻,常、杨益务于深仁;鸣道吐辞,韩、柳独称于卓伟。凡同工而异曲,盖接迹而比肩。骋翔蛟跃凤之殊姿,振击石锵金之雅奏。淫哇革矣,渐臻灏噩之风;骫骳乘之,肇自凋残之际。三分鼎峙,继以浮虚;五季气衰,溺于卑弱。追惟众作之蝉噪,仅同两部之蛙鸣。攀往辙以无由,循末流而益远。言而无据,何异说铃;博矣不文,翻同书簏。辞林竞秀,翩翩依草之落英;学道随波,泛泛浮阳之细鬣。占一长者盖寡矣,欲兼得者其难哉!革害道之淫辞,振掞天之不律。克全能事,实待熙朝。诞阐弥文,式光成宪。刺六经而作制,炳三代以同风。云章倬彼以昭回,帝典坦然而明白。观人文以成化,德被八区;若庆云之垂光,物皆五色。既详延于俊乂,咸列布于清华。载设殊科,博求异等。该古今而摭实,岂若镂冰;俪绘绣以飞文,宁同愚贾。兼二难而遴选,分十格以命题。务收润色之才,以为该博之劝。丕昭彝宪,备载温纶。自非埒富五车,漱芳百氏,言泉川涌,辞彩霞敷,高文得论著之宜,大笔极铺张之妙,则何以仰膺选擢,式副简求,接逸轨于文场,吐奇葩于俊域。如某者,襟灵不慧,标置非奇。无轶伦泛驾之长才,乏耸壑昂霄之素誉。天心月胁,思测究而未能;蝉腹龟肠,觉空虚之可愧。夙受过庭之训,勉从鼓箧之游。泮水宾贤,首玷贡书之选;成均舍法,遂叨解褐之荣。连分教于二州,阅周星者十载。粗温旧业,敢怠初心!难期丹桂之两枝,妄意铅刀之一割。载驱庸干,试竭琐才。思乙乙以难前,直类操舟而上水;源涓涓而莫继,益惊燥吻以濡毫。顾安取于媲青,幸获逃于曳白。制乏雄浑之作,箴亏顿挫之规。代表述情,难继义山之甲乙;冠篇纪序,终怀杜牧之惭惶。方虞黜恶以堪羞,敢谓包荒而兼取。载循侥冒,实有因缘。此盖伏遇知举尚书先生,道觉民先,识该系表。揭照人之逸韵,富经国之远猷。量宇渊停,隽峰岳立,擅清芬于艺苑,策高步于天衢。分职春官，班列峻联于玉笋；调元台铉，姓名行覆于金瓯。肃奉诏音，典司文柄。多士耸闻于风采，群才定价于月评。事君以人，期台莱之并用；有教无类，虽狂狷而不遗。致此冥顽，亦预收录。某敢不行其素学，勉所未能！庶坚稽古之心，愈励立身之节。戴丘山之赐，岂易胜任；殚犬马之劳，益图报效。仰酬大造，次答真知。过此以还，未知所措。(《全宋文》卷三八四五)

七　月

丁卯(二十九日)，诏："武士该贡人，特许贡发。小学上舍上等，特许赴来年控试。如合格，与补太学外舍。太医学俟殿试人，特许赴来年特奏名试。"(《山堂考索》后集卷二九)

十　月

己巳(二日)，尚书省言："契勘：州县武学已罢，内外愿入京武学人，乞依《元丰法》试补入学，举试人。旧制，系与武举外舍人，类试取一百人，同上舍生发解。缘科举已罢，今此仿新旧法令，尚书省于大比前二年春季检举降敕，下兵部，依《元丰法》奏举。其被举人，限当年冬季到阙，与免补试入学，充外舍生，依与校定人赴次年公试。其考选、升补、推恩，并依《大观武学法》。"从之。(《长编拾补》卷四二)

十二月

十二日，诏："童子十岁以下许试指挥，更不施行。"(《宋会要·选举》九之二五、二六)

十四日，赐故吴王第二女夫承事郎李源上舍出身。诏：依故益王女夫郭璋例特赐也。(《宋会要·选举》九之一六)

二十二日，中书省言："勘会自来赦文：进士曾经省试下人，许理年、理举就大比试。昨降重和元年十一月一日并宣和元年十一月十三日赦，内除许理年就大比试外，未有理举赴试之文。"诏："诸路进士曾经省试下四

举，就许将来大比试。仍令礼部疾速施行。”(《宋会要·选举》四之一一)

二十四日，赐程俱上舍出身。(《宋会要·选举》九之一六)

宣和三年　辛丑(1121)

正　月

十二日,以翰林学士赵野知贡举,尚书兵部侍郎黄齐、给事中郭三益同知贡举,合格奏名进士六百三十人。(《宋会要·选举》一之一五)

知举赵野上合格进士宋齐愈等。(《太平治迹统类》卷二八)

二　月

二十日,诏:"太学以三舍考选,开封府及诸路以科举取士,并依《元丰法》。内舍、国子、上舍及未曾赴上舍试贡士,并国子生,并与免解,赴将来省试。以合就上舍试次数,理免解次数。"(《宋会要·选举》四之一一、一二)

二十日,诏罢天下三舍。太学以三舍考选,开封府及诸路以科举取士。州县未行三舍以前,应置学官及养士去处,并依元丰旧制。太学生并拨填太学旧额,辟雍旧额入太学者,拨入额外,依旧制遇阙填。国子生及诸内舍上等校定人,愿入太学者,与免补试。辟雍官属并罢。(《宋会要·职官》二八之二二)

二十一日,诏:"太学内舍、国子上舍及未曾赴上舍试贡士并国子生,并与免解,赴将来省试。以合就上舍试次数,理免解次数。"(《宋会要·选举》一五之三〇)

赵鼎臣《辛丑二月二十四日,以故事被檄诣贡院,榜下诃止观者。五鼓至院前,榜未出,假寐门台之上。忽忆秦夷行在院中,因作小诗戏之,预约西池之游。秦出当以呈也》:不妨肮脏倚朱门,坐睡聊醒宿酒醺。顾我尚犹堪御侮,逢公那敢更论文。水添池面今三尺,花减春光已二分。颇许韩非同传否,西城行乐念相闻。

赵鼎臣《榜出即事戏成》:黄纸争看淡墨书,人人自恐姓名无。用心正似争蛮触,出手何如得雉卢。路入广寒人共羡,捷传城濮气争呼。回思三十年前事,华发萧萧一病夫。

赵鼎臣《奇将赴廷试用韵》:忆昔先公一束书,起家儋石向来无。子孙但欲传仓库,婚嫁何曾议郑卢。孝弟一门贫自乐,科名三世喜相呼先公、鼎臣洎奇,七十年间相继以贡士登科。更须力献平津策,夺取龙头慰老夫。

赵鼎臣《育下第用前韵示之》:人生当读五车书,一第区区汝岂无?但可三冬长足史,何须一掷便成卢。少年决战虽当力,健将衔枚不用呼。莫共痴儿论朓朒,不能再鼓定非夫。(以上均见《全宋诗》卷一三一三)

三　月

十二日,上御集英殿,试礼部奏名进士。内出制策曰:“朕稽法前王,遹求先志,顾德弗类。永惟神器之大,不可为,不可执。故以道莅之,夙兴夜寐,惟道之从。祖无为之益,以驰骋乎天下万世无弊者也。然为道在于日损,物或损之而益,益之而损,损之又损,至于无为,则是无弊之道,损益随之。子大夫以为如之何而无损无益乎?朕粤自初载,念承百王之绪,作于百世之下,继志述事,罔敢怠忽。立政造法,细大不遗,庶几克笃前人之烈。推而行之,间非其人,挟奸罔上,营私背公。故庠序之教虽广,而士风凋丧;理财之术益多,而国用匮乏;务农重谷,而饥馑荐臻;禁奸戢暴,而盗贼多有。比诏有司,稍抑浮伪。事有弗利于时、弗便于民者,一切更张之,悉遵熙、丰之旧矣。盖可则因,否则革,权时之宜也。揆之于道,固无损益。然当务之为急,则因革损益,其在今日乎!子大夫详延于廷,为朕言之,毋隐。”得何涣已下六百三十人,赐及第、出身特奏名阙。(《宋会要·选举》七之三六)

十五日，尚书省言："今次就试特奏名进士，检会政和五年、八年就诸试人，并第二、第四等以上取人分数。依条：特奏名进士第一等已上，同本科出身；五经、学究、《三礼》第一等中、下，登仕郎；第二等上、中、下，京府助教。已上所取，通不得过二十人，依旧注官。第三等上、中、下，上州文学；第四等上、中、下，下州文学。已上所取，通不得过一百四十五人。遇赦，年六十以上召保，注权入官。第五等上、中、下，诸州助教或摄助教。欲今次特奏名进士第一等、第二等所取通不得过三十七人，第三等、第四等通不得过二百八十人。"从之。(《宋会要·选举》四之一二)

亲试举人。赐何涣以下六百余人及第、出身有差。诏："梁师成下使臣邓宏、曹组特令就殿试，赐同进士出身。"(《编年备要》卷二九)

韩驹《次韵王给事观殿试唱名》：已对丹墀眼尚生，金茎晓露逼人清。非关董相三篇切，自是重华四目明。勇似风摧山岳势，罢如雷卷海波声。曾叨应奉宫门外，老去空惊岁篇更。

马革包尸誓此生，岂知今日塞尘清。强随举子论兵要，直为君王下诏明。老将犹能贾余勇，少年未分怯先声。元戎十乘他时事，莫厌边亭夜报更。

漠漠春云晚自生，广寒宫里未为清。花深曲水潺湲出，柳暗长廊胧腮明。月近频移鳷鹊影，庭空自乐鸟乌声。此时欲寄王摩诘，字字烦君子细更。

集英春殿唱诸生，日转觚棱晓色清。近侍皆分金带赤，内人争看雪衣明内人多自升平楼上下观。罢朝诏赐群公坐，合殿欢传万岁声。我老倦随宫漏永，江南归去听鼍更。(《全宋诗》卷一四四一)

范宗尹《御试策》：臣闻天下无事，则苦言难入。臣观比年以来，日月薄蚀，雨阳失序。都城水潦，则居民备粮枨；淮甸旱荒，则死者蔽道路。四方郡县，盗贼群起，尤盛于东南。顷者钱塘之破，血流通衢，相庐小邦，一夕煨烬。陛下遣重兵，授神算，轸渊衷者，今数月矣。当此之时，谓天下无事可乎？天下有事之时，天子下求言之策，虽懦夫孺子，犹当激昂振厉，以忠言谠论仰承明诏。臣天资愚直,如水火湿热,不可少变。闻忠臣义士之风,则愿为执鞭;见谄谀之人,不忍正视其面。今乃得与海内多士望清光于九陛之下,其可饰固陋之辞,以歌讼圣德而已乎?然臣二亲垂白,生理萧然,禄养之心,莫此为急。今乃以难入之言,冒雷霆之威。臣蝼蚁之微,自顶至踵,不足以当斧钺,岂不危哉!独念忠孝者,天下之大本,而二者常不能以兼全。禄及其亲,私门之福;直言中病,天下之愿。捐私门之小福,合天下之公愿,就令上冒天威,必罚无赦,身残家破,取笑士类,亦臣所不恤也。杀身成仁,古人有之,臣何惮而不为乎!故敢展尽底蕴,极言不讳。惟陛下矜其愚焉。

臣伏读《圣策》曰:"朕稽法前王,遹求先志,顾听弗类。永惟神器之重,不可为,不可执,故以道莅之,夙兴夜寐,惟道之从。祖无为之益,以驰骋乎天下,万世无弊者也。"臣谓陛下既明乎此,实天下幸甚。何以言之?盖三代之所以得天下者,得其民也。得其民者,得其心也。天下之大,岂一人所能有,天下所共有也。天下虽共有,而四方万里必退听于一人者,以圣人有道于此,足以得天下之心。天下虽欲舍是而他适,有不可得者。故天下归往谓之王,而孟子亦曰:"天下不心服而王者,未之有也。"臣谓陛下知神器之大,则宜以仁恩德泽深结人心,无使奸雄之人得以伺其隙,则卜世卜年,将有隆而无替矣。夫天下之不可为、不可执者,非谓其纲纪可弛,法度可废,而一付之自尔也。盖纲纪不弛,而圣人所以维持天下,出乎纲纪之外;法度不废,而圣人所以宰制天下,出乎法度之外。但见其内自朝廷,远及天下,无一事之不理,无一物之不遂,人民阴受其泽,而不见其为之、执之之迹焉。古之以道莅天下者,意其如是而已。若曰纪纲可弛,法度可废,善者吾善之,不善者吾亦善之,信者吾信之,不信者吾亦信之,以是为莅天下之道,其致大乱也必矣。臣谓陛下知神器之大不可为、不可执,将以道莅之,则宜立纪纲,修法度,无使君子小人混淆并进。是非已明,赏罚次之,以合乎庄周九变之序,则太平之治不难致矣。昔盖公治黄老术,谓:"治道贵清净,而民自定。"曹参师其言,用之齐而齐治,用之汉而汉兴。则惟道之从,无为之益,诚治天下之要道。区区一曹参尚能用之一时,声垂万世,况陛下以天纵之圣,光明之学,其于道有神受而心得者,岂臣愚所能测识?然陛下以是策臣,臣得无言乎?愿陛下以清净为本,以无为为常，声色之美，观游之奉，勿复留意，则渊虚之宗，将默与道会，治乱之本，安危之机，不思而得矣。以是驰骋乎天下，乌往而不可哉？若乃穷楼殿之美以奉上真，兴土木之功以蠹邦用，以是为钦崇之道，非臣所敢知也。

臣伏读《圣策》曰："然为道日损，物或损之而益，益之而损，损之又损，以至于无为，则是无弊之道，损益随之。子大夫谓如之何而可以无损无益乎？"臣尝诵《书》，粗明损益之理，愿试言之。夫《典谟》之于尧、舜、禹、皋陶，皆称其"若稽古"。若之为言顺之而不违也，稽之为言考之而不泥也。道者，亘万世而无弊，故若之以尽其常；事者，相时而损益，故稽之以尽其变。"制治于未乱，保邦于未危"，此古今之所同，虽有至智，莫能易也，故言"若昔大猷"。全于帝王建官，其多寡之数不能尽合乎前代者，亦惟其时而已，故言"唐虞稽古"。由是言之，则无损益者道也，有损益者事也。然古之为道者，必贵乎日损，岂道有损益哉？犹之去沙砾而精金见焉，舍事法形名而道真存焉。所谓损者，如是而已。臣愿陛下求道于坦然易行之地，无烦圣虑于恍惚不可为蒙之中。傥以"制治"、"保邦"之要道朝念而夕思之，必无误矣。政事有当相时损益者，断自宸衷，决而行之，无恤邪论之纷纷也。

臣伏读《圣策》曰："朕粤自初载，念乘百王之绪，作于百世之下。继志述事，罔敢怠忽，立政造化，细大不遗，庶几克笃前人之烈。"此陛下遵先王之法以有为也。夫"乘百王之绪"，则规摹为有传；"作于百世之下"，则治乱为可考。乘百王之规摹而由其中，考前世之治乱而为之鉴，此神考之志也，陛下继此可也，此神考之事也，陛下之此可也。继志述事，既尽其善，则立政造事，岂不绰绰然有余裕哉！其细大不遗，盖无足道。恭惟国家抚有海内垂二百年，祖功宗德，积累深厚，皇天眷佑，笃生神考，乃大有为于天下。累圣丕图，一日大备，犹之五帝法始乎伏羲而成乎尧也，犹之有周十六王而武始定也。巍巍成功，振古鲜俪。陛下初绍大统，诚数千载一时也。臣愿陛下乘百王之规模，鉴前世之治乱，思祖宗积累之艰难，神考致治之光美，居安虑危，守成若缺，盘固基本，爱育生灵，为宗社长久之计，则所以笃前人之烈者，诚不可以有加矣。

臣伏读《圣策》曰："推而行之，间非其人，挟奸罔上，营私背公。故庠序之教虽广，而士风凋丧；理财之术益多，而国用匮乏。务农重谷，而饥馑荐臻;禁奸戢暴,而盗贼多有。比诏有司,稍抑浮伪,有事弗利于时,弗便于民者,一切更张之,悉遵熙、丰之旧矣。”此陛下除积年之弊以便民也。夫古者党有庠,遂有序,则庠序之教,古有之也。《周官》之书,理财居其半,则理财之术,古有之也。文、景下农桑之诏,而年谷屡登;太叔焚萑苻之泽,而郑盗以息。则务农重谷,宜无饥馑之灾;禁奸戢暴,宜无盗贼之患。而今日之弊,乃如《圣策》所谓者,岂无自而然耶?臣请为陛下言之。昔神宗皇帝造士以经术,养士以学校,然三舍之法止行于太学,科举之制不废于天下。故当时之士,隆师亲友,则竞游于学校;仰事俯育,则求进于科举。游学校者有讲习渐磨之乐,处田亩者有刚劲不屈之气,卓荦之才,比比相望。及行法之过也,则科举扫荡而无余,三舍推行于远裔。凡为士者,必游学校,斯有寸进。四方贡于辟雍者,岁千余人,拘縻牵制,动逾数年。为子弟者,不得从其养亲之心;为父兄者,不得从其营生之便。求去之计功,则得失之心重;得失之心重,则豪杰之气消,此所以庠序之教虽广,而士风凋丧也。国家开疆拓地,远过三代。其水土所生,不为不广;耕凿之力,不为不众。则财用之乏,诚非所患。祖宗以来,取之有道,用之有节,官无冗员,朝无滥赏,故都内有贯朽之钱,太仓有红腐之粟。十余年来,学校养士,其费不赀。增官置局,日以冗滥。臣僚赐第,十常二三;赏典之行,动以万计,内外帑藏之积,为之一空。乃始方田以增常税,均籴以充军储。茶盐之法,朝行暮改。纵有厚获,随即不继。是犹实危以江淮之流,岂不谬哉!此所以理财之术益多,而国用匮乏也。饥馑荐臻以气之不和,盗贼多有以民之失业。盖天地之所以生育庶物者以气,气之所以和者以人。人受天地之中、禀阴阳之和以有生者也,其精神心术与天地相为流通,故古之论人和者,必终之以天地之和应。今元元愁苦,吁号弗闻盖有年矣。如是而欲人和岁丰,岂不难哉!常人之情,仓廪实然后知礼节,衣食足然后知荣辱。使其仓廪不实,衣食不足,因之以饥馑,迫之以重敛,其势不为盗贼无以自全。使天下皆怯懦孺子,则气息奄奄,坐以待尽。使其间有一奸猾之人,智术足以笼愚,语言足以鼓众,则啸聚林麓,动逾千百,无足怪者,今东南之寇可以龟鉴矣。然此四事,不当归咎于法。既不归咎于法,则朝廷之间,必有任其咎者矣。《圣策》谓:“推而行之,间非其人,挟奸罔上,营私背公。”则陛下固已知其人矣。知其罪而罚不加焉,臣愚所以不识也。臣尝谓君之于臣，患不知其奸，知其奸而不能罚，则不若不知之为愈，何以言之？盖不知其奸，则彼犹惧其知也；知其奸而不能罚，复何惧哉！汉唐之君所以长跋扈之风，启僭逆之衅者，常以此也。臣愿陛下明指其人，正名定罪，上以安宗庙，下以谢生灵，为万世臣子之戒，岂不韪哉！

伏读《圣策》曰："可则因，否则革，权时之宜也。揆之于道，固无损益，然当务之为急，因革损益，正在于今日乎！子大夫详延于庭，其为朕言之无隐。"此陛下谦冲退托，智不自虑，而策臣等以因革之所宜也。夫权时之宜，古有定论。道无损益，臣亦略陈于前矣。敢以可否因革之说而献焉。事孰为可？民心以为可者，因之可也。事孰为否？民心以为否者，革之可也。陛下试历考古先哲王之所为，必无出于此矣。臣观去岁冬秋之交，陛下屡发德音，无非所以抑浮伪，当时仰而读之者，欢呼鼓舞，咸冀其复见太平。而比者学校之法一遵熙、丰之旧，多士之论，无不称快。则今日之事，可因可革，宜不论而知矣。

恭惟皇帝陛下出神天之本宗，应帝王之兴起，知神器之大，不可为，不可执，故以道莅之，因时损益，无必无我，上遵先王之法，下除积年之弊，而又谦冲退讬，访臣等以今日之所宜，虽尧舜之用心，不是过也。臣欲称述盛美，尽归报之诚，而才艺荒薄无以伸其喙。惟区区之忠，可以贯日月而动金石，故所以仰酬大问者，特此而已。呜呼！极言不讳者，人臣之尽忠；包容荒直者，圣人之盛德。臣之所以自处者，可谓忠矣；陛下所以处臣者，宜如何焉！(《全宋文》卷四二五一)

崇观以后，以言为讳。宣和辛丑策士，偶询时务，范宗尹肆言时忌，考官不取，以策缴进曰："某字号语言涉异，合取圣裁。"上嘉其直，令依次第编排，而众人终不敢置之前列，仅缀甲末而已。(《高斋漫录》)

宣和三年辛丑，盗起东南，上慨然有一新政事之意。廷策有二士，对甚切直，初考官陆德先等谓非宜言，乞唱名日行遣。有旨送复考，考置第三等。李丞相士美时以翰长充详定官，见二卷，大奇之，手疏论其忠鲠，仍定上上等，得旨甲乙科。已而呼胪，乃刘宁止、范宗尹也阙书名，当出赵子崧《朝野遗事》。心传尝疑此事，后见杨文靖公作《周中丞武仲墓志》云：为殿试考官,进士对策,有极言切直者,同列欲指为谤讪取旨。公云:“今盗起东南,正国家开言路之时,岂可吾侪先加以此名?”遂改为涉异奏之。已而降旨,皆取于前列。伯山,宣、政间本李士美客。由此观之,伯山所书,恐曲为士美地,未可尽信也。(《旧闻证误》卷三)

进士名录:何涣,王居正,罗孝芬,丁广,王休,王昌时,王忠臣,王秉,王康佐,王琥,王普,王宾,王宁,王璧,尤昱,毛大方,毛世显,文之奇,文复,方之平,方敦允,方耩,尹躬,毋丘斌,石嗣庆,史度,史藻,吕之望,吕伸,朱士美,朱元佐,朱友闻,朱定国,朱德行,朱雍,伍高宣,江琦,江舜俞,江楹,阮冠,阮符,杜友,杜轸,李申,李仕美,李邦,李吉孚,李汝舟,李材,李茂则,李章,李宷,李棠,李鼎,李景山,李樗,李操,李柽,李点,吴方庆,吴廷实,吴秉信,吴宗穆,吴昭,吴衎,吴逵,吴傅,吴逾,吴概,吴种,吴槱,何子发,何芾,何昌世,何知柔,何泾,何澄冰,余彦恭,余谊,汪发,沈允修,沈庄可,宋巨济,宋齐愈,宋瀚,邵居之,邵彪,幸宇,范引吉,范宗尹,范宗翊,范禹,范醇,林友,林安行,林松,林郁,林朝俊,林献材,林觉,季棣,金作砺,金举,周山,周之翰,周方崇,周世修,周孝嗣,周林,周备,周弼,周赞,胡早,胡份,胡彦先,胡昶,胡珵,胡添辉,胡寅,胡义和,柯彬,韦积,李聿兴,俞彦,计有功,施德修,姜柏,祝庇民,姚溥,马觉民,桂章,柴绂,晏肃,师敏功,徐林,徐咸,徐晖,徐嘉言,徐俦,徐显,翁起予,郭之纯,郭南仲,郭显臣,希益,涂正胜,陆彦昭,陈元有,陈允文,陈廷,陈延赏,陈孝则,陈克诚,陈秀颖,陈希孟,陈孚,陈良显,陈亚卿,陈秉成,陈定国,陈彦才,陈祚,陈升,陈翁,陈涣,陈康伯,陈惇持,陈最,陈棨,陈瑀,陈远,陈宾,陈枢,陈确,陈缋,陈赣,陶耕,孙邦,孙彦材,黄无咎,黄生,黄光庭,黄仲道,黄晷,黄修,黄亮,黄彦辉,黄时,黄唐杰,黄童,梅居实,曹组,国经,崔发,许世京,许昌,许彦正,许振,康宁,梁仲敏,张邦,张孝忱,张莘,张致远,张通庆,张晨,张国秀,张从,张翊,张参,张棫,张杰,张运,张嵲,张网,张毂,项利用,彭文嗣,彭渊,彭泽,叶英杰,叶南仲,叶舜臣,叶籍,葛清,董陟,董时敏,程大任,程元弼,程如式,程端缅,傅知柔,傅侁,傅葵,舒宾王,曾民瞻,曾悟,汤克悦,汤杲,游操,富说,强端臣,费介,费枢,贺绂,杨正权,杨羽衡,杨彦,杨师心,杨晨,杨发,杨椿年,杨楚材,杨环,顿涣,訾谌,詹宗孟，雍锜，赵公宣，赵世德，赵安仁，赵孝孙，綦母赍，蒋及祖，蒋荣祖，廖容，郑作肃，郑昌龄，郑季夫，郑国贤，郑晔，欧阳表，刘一止，刘大临，刘式，刘宏，刘庭均，刘彦和，刘倚友，刘益，刘浩，刘国镇，刘瑜，刘彰，刘宁止，刘德常，刘毅，刘颛，潘大年，萧彦章，卢安邦，卢彦亨，卢榕，钱大荣，钱涓，钱豫，龙骧，戴极，韩祉，韩铉，魏公晋，魏延世，魏孝孙，魏良臣，魏移中，魏懋，钟大方，钟琬，钟硕，钟燮，谢向，谢思成，谢洪，谢泽，藩赍，苏良，严安世，严挺臣，严致若，罗敏，罗复继，庞午，饶当可，龚克，酆析。

特奏名进士：郑测，王之纯，王时，王置，王粹，王觏，阮持，李九龄(误)，吴权，何宗愈，余猎，林大东，林汝明，林彦明，林彦启，林稷，林继晓，卓回，马章，庄欣，留浚，陈岳，陈舜庸，黄南老，黄硕侯，曹履正，崔申，张章，曾表正，冯期，杨蕃，贾诚，蔡肱，蔡衮侯，刘时升，刘照，薛蕃，谢楶，藩敏修，龚久中。

上舍释褐：丁祉，王利用，王胄，方懋德，吕祉，任钺，李彦辅，何抡，宋致一，林季仲，施庭臣，桂晔，徐揭，陆时雍，陈孝恭，许忻，张邵，张汉彦，冯南考，虞澐，赵沂，闻人颖立，郑漻，邓文饶，魏矼。(《宋登科记考》卷八)

补进士名录：其一，张大受。《宋登科记考》卷八将其系于大观三年进士名录，误。详说见前。

其二，李经。《宋登科记考》卷八将其系于宣和六年进士名录，误。李纲《闻七弟叔易登科》："尔今又登第，相去才九龄。"是年，距李纲登第恰好九年。李经，字叔易，李纲弟。

其三，林懿成。《刘一止集》卷五《林懿成检正见贻次韵谢之，林乃同年》

其四，唐仲章。《全宋诗》卷一八七三胡寅《古今豪逸……同年兄唐仲章闻而悦之》

其五，郭伟，字伯成。《全宋文》卷四一七五胡寅《送郭伟序》："同年友郭伯成自潫江访予于永山。"

其六，施扬休。《全宋文》卷四一八二胡寅《成都施氏义田记》："吾同年兄左史施公扬休家素贫。"

其七，储宏。《宋登科记考》卷八将其系于宣和六年进士名录，误。

《宋会要·职官》六一之一八、一九(宣和三年四月二十九):"诏:梁师成下使臣忠训郎储宏、承信郎曹组,特令就殿试,考中第五甲赐同进士出身,仍转一官。"

其八,席益。《太平治迹统类》卷二八载是年进士名录:"何涣、宋齐愈……席益……冯舜臣。"

其九,冯舜臣。同上。

辨正:李九龄,宋宁宗开禧元年特奏名进士。《宋辽金元方志辑佚·南雄路志》:"李九龄,乙丑科中第四等,敕授宜州文学。"(第807页)

曹组,字元宠,元象弟也。少游庠校,有声,著《铁砚篇》以自见。凡六举,蹭蹬不遇。宣和中,徽宗皇帝亲洒宸翰以赐曰:"曹组,文章之士。"尝命题作赋,限一日投进,援笔立就,文不加点,深得古风。诏赴殿试,赐进士第。锡予甚厚。(《名贤氏族言行类稿》卷一九)

时禁元祐学术甚厉,而以剽剥、颓阘、熟烂为文。博士弟子,更相授受,无敢异。一少自激昂,辄摈弗取,曰"是元祐体也"。公(曾几)独愤叹,思一洗之。一日得经义绝伦者,而他场已用"元祐体"见黜,公争之不可。明日会堂上,出其文诵之,一坐耸听称善,争者亦夺气。及启封,则内舍生陈元有也,元有遂释褐。文体为少变,学者相贺。(《渭南文集》卷三二《曾文清公墓志铭》)

李纲《季明之子登第戏成小诗并纪岩桂之异》:怪底春山桂开早,仙籍浮香远相告。固知钟爱在贤郎,谁谓笔根无显报。亲宾来贺如云奔,车马煌煌于氏门。七杯燕客吾未与,应欲特开东阁樽。(《李纲全集》卷八)

李纲《闻七弟叔易登科》:吾家世儒业,教子惟一经。迩来四十载,父子三成名。忆昔尘忝初,非才厕群英。胪传被殊渥,姓字落寰瀛。天子亲识擢,屡对云龙庭。玉音每褒谕,必及吾亲宁。同朝大明宫,搢绅以为荣。君恩太山重,欲报鸿毛轻。迂愚得放逐,不复叹飘零。尔今又登第,相去才九龄。勤劳酬素志，烜赫振家声。箕裘端不坠，义方益香芬。季弟亦乡选，来年试春卿。云鸿继高举，桂苑同飞鸣。子壮可起家，予衰欲归耕。勉哉修远业，正值时休明。(《李纲全集》卷九)

廖刚《答何状元启》：窃审胪传初下，巍级先登；朝庆得人，士歆出类。伏惟状元学士先辈，梗楠擢秀，奎璧含章。才名方藉于时评，谠论果倾于天听。无双妙技，共看申括之奇功；绝玷希珍，独擅连城之高价。虽盛美皆知其为国瑞，而快睹独幸先于众人。欢抃曷胜，余荣所被。尚讷词之稽致，遽谦翰之猥蒙。感怍并深，敷陈罔既。(《全宋文》卷二九九六)

辛酉(二十六日)，臣僚上言："自三舍法行，系籍学生并免差科。以是兼并上户之家，皆遣子弟入学，非人人俊彦也。往往以厚科假手，滥处庠序。其中下之户，差科倍增，老幼旁午于州县，力不能给，或至逃亡。今舍法既罢，乞不许更免差科。"从之。(《山堂考索》后集卷二七)

韩驹《题名记》：吾乡在成都之南二百里，其土瘠，故无万钟之家；其地左，故无千金之贾；其俗淳朴，不乐转徙。以是三者，故生子必使为诗书。及举进士为官，下者禄足以肥其家，上者见用于时，接踵相望，计其所得，与万钟千金者岂不相十百也？向使吾乡为通邑大都，则士或习它技，不复有今日儒学之盛。则向之三者，殆天所以相吾乡也。或者谓土瘠而地左，不若旁近郡，而吾乡之人亦以为耻，独不可以儒学之盛与之争衡哉？盖自国朝以来，举进士者稍稍出矣。至天圣中，伯祖父屯田公登科，自是登科者岁不乏人焉。宣和三年，信道兄既调官而归，顾谓某曰："吾方具石，欲尽刻乡人之登科者，子为我序。"嗟乎！某去州里久，不得捉笔而入乡校，以从乡人计偕，每以为恨。乃今得为序，托名乡人之右，实与荣焉，因不敢辞。某闻山川英淑之气，其发有时。今三隅不能秀，意其英淑皆钟于人，而乡人言后生之能为词章者益众。信道归，幸谢之，努力无怠，余将见尽三隅之石不足以纪吾乡之士云。宣和三年三月壬午记。(《全宋文》卷三五一一。按：是月丙申朔，无壬午日，俟考。)

四　月

五日,诏:“御史中丞陈过庭,近充殿试复考官,考校精密,特赐诏书奖谕。”(《宋会要·选举》二〇之二)

二十一日,贡士举院言:“试词学兼茂科承议郎、新详定一司敕令所删定官李公彦题曰:《保和殿大学士提举上清宝录宫兼侍读授威德军节度使加食邑实封制》、《汉开耕籍田颂》、《代夏国谢赐御制圣济经表》、《唐花萼相辉楼记》,考入次等。”诏:“依格推恩外,特除秘书省正字,候有阙差。”(《宋会要·选举》一二之九、一〇)

二十九日,诏:“梁师成下使臣忠训郎储宏、承信郎曹组,特令就殿试,考中第五甲赐同进士出身,仍转一官。”(《宋会要·职官》六一之一八、一九)

五　月

十三日,赐及第贡士闻喜宴于琼林苑,特降中使赐御制诗。先是,政和二年罢赐御制诗,至是复赐。(《宋会要·选举》二之一四)

六　月

十五日,三省言:“已诏取士并依《元丰法》,应在京及诸路未行三舍以前试院约束,并叙举数、违犯刑名殿举之类,并元丰后续降申明条件,乞依旧遵守。”从之。(《宋会要·选举》四之一二)

庚申(二十八日),尚书省言:“学校养士,以待天下贤能。可以作人材,敦士行,兴教化。自县学升之州,自州升之辟雍,升之太学,然后命官。则县学为升贡之本。令天下佐吏部注授,多非其人。俗吏则以学为不急,不加察治,纵其犯法。庸吏则废法容奸,漫不加省,有罪不治。以故,学生近来在学,殴斗争讼,至或杀人。盖令佐不加治训,州县不切举察,提举官失于提按,以致如此。不惟士失其行,亦官废其职。今具下项:一,州县学生有犯在学杖以下,从学规;徒以上,若在外,有犯并依法断罪。一,州县学生有犯，教授、令佐职事人不纠举，与同罪；知运减一等；提举官又减一等。若故纵，并加一等。欲令转运、提举司契勘，诸县官对移，上、内舍登科人随资序到任。二年以下人，充令佐，于学事司钱内支食钱三贯。如不是吏部注人，替满两考人，其被替人理一任，减一考改官。"诏依。(《山堂考索》后集卷二八)

八　月

十二日，两浙、江东、福建、淮南路《德音》："勘会：特奏名进士推恩人，内有并举未圆、合所属保明、诣省出给敕牒者，缘所属州军系被贼徒焚劫去处，别无案籍保明。可令礼部检照贡籍，如委是诣实，并令给赐敕牒。又勘会：东南诸路合免举进士，昨因方贼作过、道路阻节、不曾赴省试之人，并理为到省一举。仍令所属保明申礼部。"(《宋会要·选举》四之一二)

十　月

三日，赐王羲叔同进士出身。(《宋会要·选举》九之一六)

十一月

二十二日，诏："太学解额依《元丰贡举敕》，以五百人为额。内除拨二十四人归滑、郑州外，合解四百七十六人。国子监依《元丰贡举敕》，以四十人为额；开封府依《元丰贡举敕》，以一百人为额。崇宁分拨五路解额，系以剩额并诸科正解人数均拨，合依崇宁五年指挥，拨六百五十四人与诸路，令礼部均拨。"(《宋会要·选举》一五之三〇、三一)

宣和辛丑，罢郊学及贡法，并依熙、丰故事。翁养源为国子祭酒，颇患文敝，欲革之而未能。蒋存诚代之，白堂具，学官异论者众，请从罢黜。太宰王黼问："异论者谁？"对曰："固非一辈，而宋齐愈为之首。"黼曰："百家诸子，自前古不废。"忽悟言失，遽曰："但元祐学术不可不痛惩耳！"蔡太师闻之，因对，力诋黼"崇奖异学，将害陛下绍述之政"。又称"黼引用非人"。黼曰："洪炎，京所用，黄庭坚甥也。"因取蔡绦所撰《西清诗话》奏之，上令御史台弹劾，即逐炎。而蔡、王之党，自此始矣。(《泊宅编》卷七)

十二月

十三日,诏:"通议大夫、充徽猷阁待制、知河阳王序特赐进士出身。"(《宋会要·选举》九之一六)

二十五日,赐保和殿学士、中奉大夫、礼制局详议官、校正《内经》同详定官蔡翛进士出身。(《宋会要·选举》九之一六)

是　年

诏罢天下三舍法。开封府及诸路并以科举取士,惟太学仍存三舍,以甄序课试,遇科举仍自发解。(《文献通考》卷三一)

葛胜仲《四桂坊并引》:炖煌令狐吉先,首以文艺第进士,其季茂之、寿域,子建皆继登科,并时显仕,为冕绂盛家。余为汝州,榜其坊曰:"四桂"。岂独宠门阀之懿,且以劝来者。蕊榜连年诏墨黄,联翩恩绶月中香。家声旧踵三槐位,儒学今标四桂坊。酬唱共传花萼集,笑谈应聚德星堂。门同列戟知非晚,更遣乡评服义方。(《全宋诗》卷一三六六)

宣和四年　壬寅(1122)

二　月

癸巳(四日),初,贡院点检除朝廷选外,余听知举奏辟。既久,遂成私举。已诏罢奏辟,至是,言者谓:“春秋铨试,今尚奏辟,亦合依贡院法。”丙辰(二十七日),诏从之。(《太平治迹统类》卷二八)

三　月

十一日,诏:“……太学释褐守年郑行可等九人并与诸州教授,免省试。李彦辅、曹摅、丁祉并赐上舍出身。释褐学生孔端朝为系先圣子孙,赐上舍出身。释褐事人内舍、外舍生已该免解,并免省试。内舍生何希等一十人并与免解。武学免省试、俟殿试范约与补承职郎,赐公服。上舍生合赴将来省试魏之转等五人,并与免省试。内舍合赴将来省试郭禔等六人,并与免解。”(《宋会要·职官》卷二八之二二、二三)

是　月

三省言:“试词学兼茂科文林郎、建州州学教授曾益柔题曰:《诫谕百官遵守熙丰法度》、《汉甘露降未央宫颂》、《代宰臣谢赐御制赋同大成殿诗表》、《唐群书四录序》,考入次等,依格循资。”(《宋会要·选举》一二之一〇)

上舍释褐:曹摅。(《宋登科记考》卷八)

补上舍释褐:其一,李彦辅。《宋会要·职官》卷二八之二二:“十一日,诏……李彦辅、曹摅、丁祉并赐上舍出身。”

其二,丁祉。同上。

七　月

三十日,三省言:"已降指挥:'五路剩解额,依崇宁五年指挥,令礼部拨六百五十四人与诸路。'续取到礼部状:崇宁五年分拨五路剩额,并诸科正解等人数,与东南等路,系将诸路已应与就试终场人数纽计分拨。缘当时系有九百二十二人,每三十五人九分二里一毫三丝八忽均一人。今来除拨还太学额外,止有六百五十四人,合以五十人七分四厘均一名,均拨过六百五十二人外,有均拨不尽零数二人。"诏:"一名与杭州,一名与湖州,余并依。"(《宋会要·选举》一五之三一)

八　月

庚子(十四日),诏赐新除太仆少卿王棣进士出身。以安石孙,故旌之。(《长编拾补》卷四五)

是　年

先生(陈与义)与内翰綦公叔厚俱为太学博士,道合志一,力救文弊,黜三舍偶俪体,去王氏之论,而尊用程氏,稍索理致,为一时之法。参政周公葵时为诸生,专取先生之文以为准的,士类归之。(《陈与义集校笺》卷一七《无题》笺注引胡注)

宣和五年　癸卯(1123)

二　月

二十九日,诏:"今来尚书礼部贡院下第举人,进士六举曾经御试、八举曾经省试、并年五十以上,进士四举曾经御试下、五举曾经省试下、并年六十以上;内河北、河东、陕西举人,于逐项举数内特与各减一举。进士曾经绍圣四年已前到省,前后实得两解,更不限年;进士曾经绍圣四年已前到省,并免解共及两解,更不限年。令尚书礼部贡院勘会,并特与奏名,许就殿试。应进士举人,绍圣四年已前到省一举,见年五十以上者,令本贯州县勘会,结除名罪保明,申礼部贡院。内开封府、国子监,即各召见任承务郎以上二员,亦依前项,结除名罪保明,申礼部贡院勘会,逐旋闻奏,当议特与推恩。"(《宋会要·选举》四之一二、一三)

三　月

三省言:"试词学兼茂科迪功郎、前密州州学教授秦桧题曰:《代宰臣以下贺日有五色云表》、《唐擒颉利露布》、《新修东都志序》、《汉楚龙渊记》,考入次等,依格循资。"(《宋会要·选举》一二之一〇)

七　月

五日,诏:"县丞并常平主管官,并特许差充考试等官。"(《宋会要·选举》二〇之二)

二十七日,守尚书职方员外郎陈磷奏:"绍圣初,哲宗皇帝尝患学者专经,不复留意文词,故设宏词科,来天下异能之士。大观中,以其所立格法未至详尽,改为词学兼茂科。然设科既久,来者浸少,岁一试之,有司取必以备数,则不无幸中,而朝廷所以待遇亦轻矣。今来既罢每岁春试上舍,欲乞应词学兼茂科,许于省试院附试。”从之。(《宋会要·选举》一二之一〇)

八 月

陈与义《秋试院将出书所寓窗》:门前柿叶已堪书,弄镜烧香聊自娱。百世窗明窗暗里,题诗不用著工夫。(《陈与义集校笺》卷一一)

九 月

王洋《谢解启》:右,某启:伏睹九月初四日试院榜文,叨预荐送者。程能驶晷,惭非黄绢之好辞;启视糊名,因获青毡之旧物。得由望外,悸与喜并。窃惟国家承累世之基,方郡设三年之选。念在图治,亟于搜贤。有经术以究其渊源,有词章以观其藻丽。解颐折角,盖将求六学之端;吐凤掷金,岂止调四声之律?缘饰吏事,发挥国华。故其兼用于两科,将以旁求于庶士。矧属时之多故,方值世之中兴。条理政纲,敷宣天语。必也考治乱兴亡之迹,以密赞于帷幄;有温厚尔雅之文,以演绎于丝纶。庶得元逵之情,可下山东之泪。故文场之第品,取缛句以居多。属响哦声,岂尚丽淫之美;裁篇给韵,敢逾枯涩之艰。宜有实材,方膺茂选。如某者,枣膏钝质,冰氏寒踪。看屋梁多朴学之嗤,系车辕蔑雅音之赏。顾人心之爱日,感亲发之垂星。觊足代耕,辄就棘闱之较艺;偶叨首荐,幸蒙苹野之送宾。岂谓先鸣之鸡,反作退飞之鹢。收残军于麾下,作锐气于胸中。虽万全不战而屈人,宁一败便沮于成计。当时勾践,岂羞会稽之栖山;今日公孙,终作渑池之奋翼。赖有半段枪之杀气,幸成再夺矟之勇名。虽类积薪之讥,庶逃澄砾之耻。抚躬增愧,获幸有阶。兹盖伏遇某官,推毂士流,提衡儒教。文翁大兴于儒学,何武先见于诸生。望镇黄堂,十万户皆蒙其福;化行青佩,六七人多咏而归。故此采葑,亦劳劝驾。某敢不勉所未至,期于有成?秋槎已泛于河津,春浪伫成于头角。十三层之雁塔,名誓高题;九万里之鹏途,路从今举。过此以往,未知所裁。(《全宋文》卷三八七二)

是 秋

王之道《谢发解启》:十载家声,孰继三珠之植;五州乡赋,今同一鹗之飞。岂曰能贤，幸而获选。窃以祖宗设科举以取士，最号得人；崇观兴学校以育材，独闻稽古。惟诗赋之再复，与经术而并行。因元祐所尝用，以求俊良；肆靖康乃率由，以变风俗。一时韦布，方声律以相先；千里干戈，遽寇攘之见逼。逃虚既久，失职可怜。如某者，湖海浮萍，邱园断梗。穷有余于五鬼，文不逮于一钱。酒瓮饭囊，岂免祢衡之诮；驴鸣狗吠，敢逃庾信之讥！属世道之交兴，致中外之率俾。爰下三年之诏，用搜万国之英。抱椠怀铅，数多逾于百辈；拔犀擢象，名仅登于六人。岂谓疏庸，亦蒙简拔。此盖伏遇主文先生，用心若鉴，持法如衡。美恶惟形，人莫知其报德；低昂顺物，我亦何所容私！乐莫滥于齐竽，宝遂珍于郑腊。某敢不加勉所学，益坚乃心！将期驱羊而取官，用酬平昔；庶几指龟而论报，上答恩私。（《全宋文》卷四〇六三）

十　月

二十八日，礼部言："江南东路转运司管勾文字虞澈状：'先因父奏补，准告授迪功郎。'缘澈元系河间府贡士，随侍父任河北西路提点刑狱，于条移籍，入邻路河间府学。宣和元年二月内升补上舍中等，贡至辟雍，拨入审是斋。至宣和二年二月内，病在斋假。宣和三年正月内，系长假，并不曾赴上舍试。伏睹近降指挥，未曾赴上舍试贡士，许赴将来省试。寻行下国子监勘会，指定去后。本监勘会：本人虽已授官，前系已该贡、未曾经上舍试，今来本人合依未曾赴上舍试贡士与免解，赴将来省试。如更有似此之人，亦乞依此施行。本部欲依国子监申到事理施行。"从之。（《宋会要·选举》四之一三）

十一月

一日，臣僚言："窃见河北、河东路学事司昨奏，河间府考试官引试上舍，出《书》义题'无轻民事惟难'，作'为'字，合格学生张修等已驳放。近据张修等经辟雍陈诉，诏元出题官特冲替。辟雍看详：今来张修等试程文，既以新义所解，无违背，惟引题处并写作'为'字，是依随试官出题差错，即非不知经旨。"诏："张修、刘直忠、贺植，并改作依旧升贡。"（《宋会要·选举》四之一三、一四）

十一日,殿中侍御史惠柔民、秘书省著作佐郎柳约言:"准敕:差充府监发解别试所考官。九月二日,具武士合格字号奏闻。数内字号系内舍试上舍试卷,其当行人为是同场引试,却误同外舍试内舍印子,致有差误。除已改正,将当行人施行,并元封对号官已举觉外,所有臣等罪犯,伏望重行黜责。"诏:"惠柔民可罢殿中侍御史,柳约罢著作佐郎。"(《宋会要·选举》一七之二四)

十二月

九日,中书省、尚书省言:"怀州贡士刘叔虎与刘昺,系袒免无服亲,伏望行下本州,令叔虎就试。"诏:"刘昺系造妖言,亲属不合连坐。今后并依常法,脚色内更不声说。"(《宋会要·选举》四之一四)

是　年

宣和五年,三馆参校荣州助教张颐所进书二百二十三卷、李东一百六十二卷,皆系阙逸,乞加褒赏。颐赐进士出身,东补迪功郎。(《枫窗小牍》)

宣和五年,复罢舍法,而一归于科举。(《山堂考索》后集卷二六)

李纲《送邓志宏赴试南省》:杜门忧患余,戚戚常鲜欢。故人千里来,一笑解我颜。念昔寓沙阳,溪山郁回环。游从得良友,妙赏穷跻攀。别来几何时,岁月惊飞翻。索居无与游,衰病两鬓斑。子充观国宾,假道叩我关。草草具盘馔,把酒望西山。道旧访陈迹,相对如梦间。顾子若鸿鹄,整翮正高骞。轩然四海心,岂惮行路艰?努力取殊第,自致青云端。春风得意后,期子从兹还。

李纲《送韩茂遵解元赴试南省》:忧患余生日杜关,幅巾青顾得开颜。虚堂把酒延佳月,小阁哦诗对远山。子学鲲鹏将海运,我同猿鹤且云闲。都城故旧还相问,为道衰颓鬓已斑。(以上均见《李纲全集》卷一二)

宣和六年　甲辰(1124)

正　月

二十三日,以翰林学士承旨兼侍讲、修国史宇文粹中知贡举,尚书吏部侍郎、同修国史王时雍,中书舍人沈思、何㮚、王绹,左司谏高伯振,并同知贡举,合格奏名进士八百五人。(《宋会要·选举》一之一五)

二十三日,以翰林学士承旨、宣奉大夫、知制诰兼侍讲、修国史宇文粹中知贡举,朝议大夫、尚书吏部侍郎、同修国史王时雍,朝奉大夫。试中书舍人沈思,降授承议郎、试中书舍人兼资善堂直讲王绹,朝奉郎、左司谏高伯振,并同知贡举。承议郎、尚书水部员外郎龚端,承议郎、尚书职方员外郎陈磷,朝奉郎、尚书礼部员外郎孙傅,朝奉郎、尚书职方员外郎胡交修,宣教郎、尚书都官员外郎孙觌,朝奉郎、尚书都官员外郎胡秀实,朝奉郎、秘书省著作郎樊察,奉议郎、尚书礼部员外郎潘杲,通直郎、秘书省校书郎潘良贵,承议郎、尚书屯田员外郎张纲,奉议郎、开封少尹郑滋,朝奉郎、符宝郎周离亨,承议郎、大晟府典乐兼国史编修官刘国瑞,奉议郎、尚书吏部员外郎王俊乂,朝奉郎、秘书省著作郎康执权,朝奉大夫、国子司业黄哲,并充贡举参详官;朝奉郎、秘书省校书郎刘棐,朝奉郎、诸王府赞读尤深,承事郎、太学博士祖秀实,奉议郎、秘书省校书郎郭孝友,朝奉郎、诸王府直讲黎确,从事郎、秘书省正字何大圭,并充贡举点检试卷官。(《宋会要·选举》二〇之二、三)

知举宇文粹中上合格进士杨椿等。(《太平治迹统类》卷二八)

二十八日,诏:"天下士裒然来试礼部者逾万五千人,承平文物之盛,

前未之有。深念省试有定额,不足以网罗俊彦,可特添省额百人,差知举官五人。”(《宋会要·选举》四之一四)

宣和七年沈元用榜,正奏名殿试至八百五人,盖燕、云免省者既众,天下赴南宫试者万人,无逾此岁之盛。(《挥麈前录》卷三)

三 月

贡院言:“试词学兼茂科迪功郎何抡、奉议郎袁植题曰:《资政殿学士特进授检校少傅镇潼军节度使河北云中府路经略安抚使加食邑实封制》、《汉单于朝甘泉宫颂》、《代燕山府路进士谢赐及第表》、《大唐雅乐记》,考抡入上等,植入次等,依格推恩。”(《宋会要·选举》一二之一〇)

闰三月

二十三日,上御集英殿,试礼部奏名进士。内出制策曰:“在昔圣人,以道御气,以气御化,以化御物,而弥纶天地,经纬阴阳,曲成万物。因其盛衰,奇偶多寡,盈亏之数,左右之纪,上下之位,而范围裁成之道著焉。后世弊于末俗,浅闻单见,不足与明。朕承天休,宪法上古,思所以和同无间,以惠元元。然物生而后有象,象而后有数,数之不可齐也久矣。夫天数五,地数五,而有曰:‘天以六六为节,地以九九制会。’又曰:‘一而成天,二而成地,三而成人。’此天地之数,错综之不同,何也?《易》曰:‘当期之日,凡三百有六十。’《书》曰:‘期三百有六旬有六日。’《内经》曰:‘七百二十气为一纪。’岁纪之数,可坐而致,乃不一,何也?夫道生一,一生二,二生三,三生万物,而《传》曰:‘万有一千五百二十,当万物之数。’数之不可胜穷、不可齐、不可一也如此。将何以原始要终,合其同异,一其旨归,通其变,极其数,以尽天下之道?朕将有所施设焉,子大夫详言之,毋忽。”得沈晦已下八百五人,赐及第、出身、同出身特奏名阙。(《宋会要·选举》七之三六、三七)

(周武仲)差殿试初考官。进士对策,间有言极切直者,有例欲指为谤讪取旨。公云:“今盗起东南,正是国家开言路之时。岂可吾侪先加以此

名?"遂改"谤讪"二字为"涉异"奏之。已而降旨,皆取于前列。(《全宋文》卷二七〇〇杨时《周宪之墓志铭》)

是　月

陈与义《试院春晴》:今日天气佳,忽思赋新诗。春光挟晴色,并上桃花枝。白云浩浩去,天色青陆离。余霏遇晚日,彩翠纷新奇。天公出变化,惊倒痴绝儿。逶迤或耐久,美好固暂时。平生一枝筇,稳处念力衰。淡然意已足,却赴青灯期。

陈与义《试院书怀》:细读平安字,愁边失岁华。疏疏一帘雨,淡淡满枝花。投老诗成癖,经春梦到家。茫然十年事,倚杖数栖鸦。(以上均见《陈与义集校笺》卷一一)

四　月

癸丑(六日),赐沈晦等及第、出身、同出身凡八百五人。(《宋史全文》卷一四)

以贡士人众,特添省额一百人,赐御制诗。(《太平治迹统类》卷二八)

时,内侍梁师成益通宾客,招贿赂,士人纳钱数千缗,即令赴廷试,以献颂上书为名而官之,至百余人。及唱第日,侍于上前,奏请升除,皆出其口。其小史储宏者亦登第,而执厮养之役如初。(《编年备要》卷二九)

十一日,手诏奖谕周武仲:"朕承祖宗之宏规,招贤能于数路,取士以制,亲策于庭。盖将酌士论,来谠言,以广九重之听。倚在选抡,副兹虚伫。尔实主文衡,差次精密,凡预鼎科之目,悉皆魁选之英。胪唱初传,舆情共契。举善以善,固宜从类之求;惟贤知贤,斯有不远之则。惟予以怿,时乃之休。"(《宋会要·选举》八之三九)

十八日,诏:"状元沈晦以下及第,依令赐钱一千七百贯文,添赐钱五

百贯文。”(《宋会要·选举》二之一四)

二十六日，赐状元沈晦以下闻喜宴于琼林苑。(《宋会要·选举》二之一四)

进士名录：沈晦，周执羔，丁孚，丁昌朝，上官全节，王之深，王之道，王之义，王以咏，王朴，王迪，王南，王咸义，王昺，王洋，王冻，王浩，王晞韩，王从言，王琮，王葆，王扬英，王干，王筠，王绶，王亿，王翼，王璧，王鹗举，王观国，毛逢，文良，文涛，方邦基，方冈，方异，方深道，方云翼，方湜，石昉，田如鳌，史光，史和，史寅，丘之起，吕南夫，吕广问，吕应中，朱克明，朱作，朱伯临，朱倬，朱嗣孟，朱举直，江公荣，江祐之，江航，江逵，江灏，安仁，阮鹏，牟国才，牟睿，杜大成，李大鼎，李永，李邦光，李尚义，李拱，李衎，李师愈，李唐俊，李组，李朝弼，李轸，李开端，李就，李经(误)，李谊，李冀，李嚞，李蔼，吴元亨，吴元美，吴元衡，吴止道，吴介然，吴申美，吴亘，吴仲基，吴并，吴若，吴明卓，吴采之，吴处仁，吴将之，吴棫，吴遵路，何若，何建中，何涣，何许，何慈，余世泽，余仔，余充，余畲，余宾兴，余濬，辛永世，汪处厚，冷洙，汪利和，沈大舆，沈光定，沈直方，沈研，沈虚中，沈俵，宋廓，邵棠，范大方，范元凯，范升，范振，范雩，范闳，范游，范畴，林升，林邦彦，林仲纯，林孝友，林孝泽，林叔豹，林彦达，林通，林遵善，林俨，季祐之，季尧俞，金安节，周彦辉，周时举，周葵，周棐，周钦，周楙，周适，周禧，宗庠，郎希周，居世英，胡升，胡世仍，胡尚智，胡浚明，胡国佐，胡庸，胡扬，胡棐迪，胡悫，柯伯熊，柯发，查揆，柳谷，韦汤辅，侯知刚，俞宾兴，洪元英，洪元直，洪鼎，祖日新，祝陶，祝闵，姚思文，姚彦祥，马文虎，秦梓，都洁，华权，莫份，莫若，莫俦，桂南运，连康时，时衍之，师谌，徐升，徐文中，徐多逊，徐注，徐清，徐诰，徐嚞，逢汝舟，逢汝霖，高布，高贵，高颖，郭元侯，郭由中，郭勋，唐迪，唐悌，唐敏求，凌哲，凌遘，陆安民，陆俊民，陆祐，陆敏文，陈元巽，陈自仁，陈克勤，陈克举，陈希黯，陈郁，陈治原，陈宗礼，陈南复，陈洪范，陈祖礼，陈致一，陈刚，陈倬然，陈师孟，陈异，陈楫，陈与縻，陈慕，陈晔，陈宾卿，陈迁，陈谘，陈鹤，孙廷扬，孙伯达，孙宗鉴，黄公坦，黄次元，黄亨，黄祖舜，黄匪躬，黄悦，黄处仁，黄伟，黄朝佐，黄彻，黄褒，黄遵，黄鲔，曹及，曹禹功，曹粹中，常一，常明，章夏，章贲，章杰，章骧，梁大任，张大忠，张之邵，张旦，张汝楫，张安节，张戒，张杞，张希亮，张希传，张昌裔，张和叔，张周钦，张宗翰，张泰定，张抡，张绚，张梦祥，张翚，张鹏举，张阐，张体纯，彭南举，彭起，彭浩然，叶知新，叶珏，叶高笋，叶棠，叶义应，叶颛，葛立悌，葛立经，葛宏，董国庆，董悆，董颖，董观，单孝择，单时，程安厚，程克俊，程瑀(误)，程骏，程骥，傅大猷，傅源，舒允升，舒邦彦，邬执权，邹盛，邹莛，曾彦明，曾崇，曾纬，冯律，冯时行，冯尧庭，冯褒，汤允恭，汤东野，汤尧咨，汤选，游大亨，富元衡，贺细，杨世荣，杨早，杨沔，杨时，杨晏，杨椿，杨谆，杨朴，杨镐，杨潆，贾安常，贾敦夫，詹棫，詹柽，褚承亮，赵子潇，赵伯振，赵沂，赵雄飞，赵善结，赵卫，蔡仲平，蔡榕，蔡择言，模道成，臧椨，闻邛昕，郑文经，郑克，郑时，郑骧，熊彦诗，邓琇，邓骥，翟永固，翟熙，樊汝霖，欧准，黎九德，刘文中，刘巡，刘岑，刘希亮，刘昉，刘知己，刘昱，刘彦登，刘振，刘焕，刘督，刘衡，刘愿，诸葛行言，诸葛松，乐一宏，乐有声，乐起鹏，萧卞，萧杞，萧抡，霍云，卢景文，卢震，钱公举，阎安祺，戴舜钦，魏安行，魏发，储宏(误)，钟万，谢元礼，谢方，谢安仁，谢作，谢祖信，鸿时行，聂俊乂，边知白，苏振，苏钦，严日休，严有翼，严金，罗舆，庞奇，饶思永，龚浔。

特奏名进士：王志高，王纬，方秩，朱文渊，朱廷资，李严，吴巨源，宋逵，宋诚彦，林大麟，林正，林向，易元英，周绍稷，秦椿年，陈子硕，陈子翼，陈仁远，陈甲，陈武仲，陈和，陈兢，黄廷俊，许尧臣，许辉，张深，张枢，张鸿飞，张翼，傅行己，曾纮，曾绮，郑纪，欧阳孝仪，刘昌，刘俊民，刘国钧，萧浔，卢直友，颜具，苏绍，罗长明，顾时亨。(《宋登科记考》卷八)

补进士名录：其一，姚孝锡。《宋登科记考·附录》："姚孝锡，字伯纯。丰县人。政和中登进士第。"《齐东野语》卷一一："姚孝锡，字仲纯，丰县人，登宣和六年第。"

其二，余宅仲。《全宋诗》卷一八一八王之道《边公式、周表卿侍郎同年会》：侍郎边公式、周表卿，以绍兴十七年夏四月癸丑讲甲辰同升之好，与诸公把酒湖上，为泛舟之集。预会者余宅仲、李景圭、王端才、何才卿、蔡仲平、时昌臣、李宜仲、王彦光及之道，共十一人。

其三，李景圭。同上。

其四,王端才。同上。

其五,何才卿。同上。

其六,时昌臣。同上。

其七,李宜仲。同上。

其八,朱元直。《全宋诗》卷一九三七冯时行《送同年朱元直监税》。

其九,杨元直。《全宋诗》卷一九三八冯时行《送同年杨元直持宪节湖南二首》。

其十,曾子修。《全宋文》卷四〇六三王之道《赠孙明远序》:"因予同年曾子修获有请于明远。"

其十一,吴褒成。《吴公墓志》:"吴公讳褒成,字颂圣……宣和七年唱第,授登仕郎。"按:宣和七年非科举年,当为宣和六年之误。(《〈宋登科记考〉拾补——以碑刻文献为中心》)

其十二,杨允恭。《太平治迹统类》卷二八载是年进士名录:"沈晦、周执羔、王翼、杨允恭……沈灼……王椿。"

其十三,沈灼。同上。

其十四,王椿。同上。

辨正:其一,李经,宣和三年进士。详说见前。

其二,程瑀,政和六年上舍释褐。程瑀,又名臧瑀,《宋登科记考》卷八政和六年"上舍释褐"条已录入。《全宋文》卷四三二六胡铨《程公墓志铭》:"公讳瑀,字伯寓。……先是,王父以季女妻同邑臧氏,久而未字,王父念之。及公之生,乃命淑人举以嗣其姑,故公初为臧氏。……遂由上舍擢天下第一,释褐授承事郎、太学博士,时政和六年也。"

其三,储宏,登宣和三年进士第。详说见前。

沈晦赴省,至天长道中,梦身骑大鹏,抟风而上,因作《大鹏赋》以记其事。已而,果魁天下。(《春渚纪闻》卷二)

沈元用未赴殿试时,忽睹卖故物担上有旧书一小帙,闲取视之,乃历书也。漫以十余金买以归,且试观之终篇。未几,廷对策问历数,元用素未始经意，殊惘然。因追思小帙所记以对，不复遗忘。策成，与大问悉契，自谓神助，喜不自胜。已而唱名，果擢第一。岂偶然哉！（《投辖录》）

沈晦元用，宣和间以代笔获罪。既脱籍，遂中首选。时主司问《易》数，元用素留意，遂中第一人。有启谢主文孙仲益，孙答云："偶一时困刀笔于吏前，不祟朝动声名于天下。虽万人吾往矣，非特掉三寸之舌于十九人之中；借前箸以筹之，故能知一日之差在八百年之后。"谓此也。刘方明昉谓予云："宣和辛丑岁当廷试，是时已备《易》数为问。偶方腊为乱，议者谓当求直言，徽宗因封秘问题，以待后举。梁师成得之以授沈，故沈有素备。"（《能改斋漫录》卷一四）

宣和甲辰廷试进士，以气数为问。周表卿执羔素通此学，对策极该博，自谓当魁多士。或告之：沈元用从貂珰假筹布算而后答问，表卿惊曰："果尔，吾当少逊之矣。然亦不在他人下也。"翌日胪唱，元用居第一，表卿次之。（《独醒杂志》卷九）

余仔，字良弼。三舍法行，与余皆肄业郡庠，又以同经聚于一斋。良弼试上舍，义题自"假乐君子，显显令德"，至"千禄百福，子孙千亿"，良弼反复用天人之说，遂中高选。既贡京师，道由南徐，访一日者揲蓍。得卦影，画文书一轴，书"天人"二字于其上，下书两"甲"两"癸"；又画二雁，一入云中，一为箭所中。日者云："此文书二十年后可复用。"良弼以为不然。既试南宫，果不第，退舍而归。累试皆蹉跌，后罢舍法，以免举赴省，义题与预贡时不少异，即欲尽写旧作。同舍晓之云："文格与今不同矣，用之必不验。"良弼深以卦影之言为信，竟书之，不易一字。乡人用新格者俱见黜，独良弼得之。廷试后一第下世，时去揲蓍时适满二十年之数。（《中吴纪闻》卷六）

宣和六年，诸道进士赴省试者几万人。以六侍从典贡举，其下参详点检官又六十员。有旨令过试院外户，则亲书姓名，以防伪入者。既合籍，凡六十一人，主司疑之。悉招考官会坐，一一数之。又审于监门曰："每一人至，必下马自书，何容有两名理?”及取历阅视，果多其一，曰“宋应辰”。验诸铨曹云，中外无有此姓名，始知神物所为。于是主司遍论群公曰：“宋者国号，而名为应辰，必造化之中主张是者。考校之际，不可不谨也。”是岁登第者八百五人，为一代最盛之举。杨公全居前列，闻之于知举官王唐翁绹云。(《夷坚志》甲卷一八)

与兄之义、弟之深同登宣和六年进士第，缙绅荣之，榜其所居堂曰“三桂”。(《全宋文》卷五〇〇一尤袤《王公神道碑》)

宣和六年廷试，以历数为问。公既详对，又为说曰：“圣人兼天地之职，一物不遂，必任其责。凡《易》之大衍，《内经》之五运六气，《书》之闰月定四时，老氏一生二、二生三、三生万物，皆当裁成辅相以实之，然后可以和同天人之际。”考官嗟赏，擢置甲科。(《全宋文》卷五一八〇周必大《周简惠公葵神道碑》)

沈与求《舟中闻元用遂魁天下，士论归之，辄成五十六字呈宏父，车马至中都当举似也》：翰林发策冠诸儒先内相考中廷试第一人，以尝受任子恩，降为第二，再世重归汗血驹。醉后挥毫凌月窟，梦中插翼上天衢元用尝梦翅生两腋，一飞冲天。半生怀抱吞余子，一日声名振八区。归去玉堂清夜直，也应怜我老江湖。(《全宋诗》卷一六七六)

王之道《集英殿赐第出马上口占》：鞭丝曳雪缭官槐，绿阵中间一道开。高下未劳轻喜愠，相公曾作榜梢来。(《全宋诗》卷一八二〇)

孙觌《回沈状元启》：待金马门之诏，首冠殊科；论石渠阁之经，进膺栋宠。天子兴见晚之叹，诸儒艳稽古之荣。岩穴争光，缙绅竦慕。恭惟状元学士，学无不通，而尤邃于历；文皆己出，而自得之心。偶一时困刀笔于吏前，不崇朝动声名于天下。虽万人吾往矣，岂特掉三寸之舌于十九人之中；借前箸以筹之，故能知一日之差在八百年之后。奏篇称善，纸价骤增。举群惊北冀之空，击水运南溟之化。固大丈夫所以自期者当如此，岂妄男子出于尝试而幸得之！胪句一传，欢声四出。某服膺滋久，快睹宜先。窜迹穷闾，屡勤长者之车辙；书名淡墨，又陪学士之堵墙。殆兹贵名暴白之初，何翅邮命流传之速！同时流辈，自笑枪榆决起之卑；晚岁功名，行见松柏后凋之操。特迂鞭驭，驰况书滕。凛高义以卓然，愧劳谦之过矣。第深竦歉，莫究愿言。（《全宋文》卷三四三一）

綦崇礼《代回沈状元启》：伏审延对大廷，擢升上第。胪传首唱，屹先入彀之英；天语躬聆，躐与登瀛之选。传闻四海，歆艳群情。伏惟某官，文擅笔精，学耽书癖。誉高时辈，夙驰籍甚之称；气压名场，众许褎然之举。视科第如摘髭于颔下，语功名若探储于橐中。稍濡滞于翘车，欻腾骧于夷路。奏篇兰省，射策枫宸。勇敌万人，盖三军而鼎峙；雄飞一鹗，绝众羽以秋横。惟识该象数之微，肆言契圣神之间。衮褒甚宠，纶命特优。冠雁塔之题，践世科而继美；蹑麟台之职，超故事以夸荣。凡兹不次之恩，允属非常之品。盖姑试以图书铅椠之事，将径跻于言语侍从之班。期润色于皇猷，用增光于祖烈。私诚所向，公论同归。某窃伏下风，与观巨作。文闱传讽，固识稚圭之少双；黼座亲程，果见平津之第一。虽粗修于庆谒，顾久怠于笺仪。笃高义以相先，询英辞而甚丽。披寻以往，欣愧无穷。（《全宋文》卷三六五五）

沈与求《贺沈状元启》：伏审奉大庭之对，擢居多士之先；雠秘府之书，进列群仙之右。宠逾畴昔，声振绵区，恭惟欢庆。窃以国家数路设科，三岁下诏。岂特循祖宗之法，盖将收豪杰之才。纷然朋来，至以万计；蔚为首选，固多异人。曾未有梦兆一飞，恩加再见。家声踵复，袭两世之青毡；宸藻亲褒，焕九天之丹检。付以图书之职，示为翰墨之储。名虽先登，事岂前比？伏惟某官，文备众体，学总百家。节概轩昂，郁郁栋梁之气；见闻淹洽，滔滔江汉之流。蚤也从四方之游，固已擅一时之誉。竭来文陛，独冠英躔。上兴见晚之嗟，士有先睹之快。蓬山芸阁之直，何足道哉；金銮玉堂之除，可立待也。某沉迷簿领，荏苒岁时。未敢腾书，轻为赞喜之礼；乃蒙削牍，曲致㧑谦之词。愧感既深，名言罔既。（《全宋文》卷三八六二）

傅察《回沈状元启》:伏审唱第枫宸,独擅无双之誉;雠书芸阁,亟膺不次之除。风采耸闻,士夫交慰。惟圣神右文之旦,复祖宗取士之科。侧席求贤,既下三年之诏;命卿论秀,聿来四海之英。比收一战之功,盖有万人之敌。矧入瞻于法座,愿仰究于渊题。考象数之指归,极古今之同异。老生宿儒之未睹,穷年旷日之难明。阁笔相嗤,默轸才难之虑;奏篇称善,遽兴见晚之嗟。非持异能,曷孚殊渥?伏惟状元学士,清规迈往,敏识造微。探学海之渊源,潜神默记;本词林之根柢,奋笔纂辞。望久著于南邦,文将传于上国。棘垣较艺,参异等以标名;衡石程能,冠群才而称首。嗣闻天奖,亲结主知。骤从解褐之初,荐拜出纶之宠。岂特夐超乎近比,方将益播于前芳。登文石而陟赤墀,伫奉清闲之对;飞翠绥而拖鸣玉,遂跻禁近之联。顾此庸虚,曾微雅素。周庐寓直,幸窥豹于一斑;汉陛胪传,惊化鹏之万里。未遑修庆,乃辱惠音。披词采之烂然,愧推扬之过矣。

傅察《回第二人以次启》:枫宸射策,密契清衷;桂籍联名,独标上第。国赖多材之助,士歆稽古之荣。伏惟庆慰。窃以某官,秉德粹纯,挺资颖秀。洽闻殚见,穷六艺之渊源;发藻摛华,漱百家之腴润。早著乡闾之誉,浸腾庠序之声。属睿主之右文,复祖宗之取士。萃此万人之杰,观夫三道之长。诹象数之指归,考古今之同异。老生宿儒之未睹,穷年旷日之难明。阁笔相嗤,方轸才难之虑;奏篇称善,遽兴见晚之嗟。既留乙夜之观,遂擢甲科之宠。荐圭璋于清庙,岂无其人;骋骥騄于长途,自兹以始。未遑修庆,乃辱惠音。披文彩之烂然,愧推扬之过矣。(以上均见《全宋文》卷三九六六)

五　月

二十日,诏:"通议大夫、守殿中监兼校正御殿前文籍蔡行特赐进士出身。"(《宋会要·选举》九之一六)

二十二日,诏:"饶州童子包茂实、程渊诵书贯通,并补将仕郎。"(《宋会要·选举》九之二六)

七　月

一日，礼部言："转运司发解就试避亲门客，依《元丰法》，合行就试终场，每七人解一名；依《崇宁贡举法》，避亲门客合行就试终场人，每十人解一名。"诏："依《元丰法》。"（《宋会要·选举》一五之三一）

三日，赐朝散郎郭毅进士出身，为尚书考功员外郎。（《宋会要·选举》九之一六）

十一月

七日，赐开封尹燕瑛进士出身，兼侍读。（《宋会要·选举》九之一六）

是　年

以徐兢为国信所礼物官。兢之归，因撰《高丽图经》，备载其建国立政之体、风俗事物之宜上之。徽庙览其书大悦，召对便殿，赐同进士出身，擢为宗丞，兼掌书学。（《游宦纪闻》卷六）

宣和七年　乙巳(1125)

二　月

十二日,特赐奉议郎、开封尹蔡绍进士出身。(《宋会要・选举》九之一六)

三　月

二十九日,赐蔡絛进士出身。(《宋会要・选举》九之一六)

四　月

三十日,特赐新除京东东路常平杨逴进士出身。以奏对有理,人物疏秀,及曾国学与荐也。(《宋会要・选举》九之一六)

八　月

二十九日,特赐新知虢州安泳进士出身。以进《周易解义》也。(《宋会要・选举》九之一六)

十一月

十九日,《南郊制》:"向罢诸路三舍法,内有合三赴上舍试之人,试数未尽,又该永免者,特许赴将来特奏名试。应逐路进士,如将来省试下,除依例合减举、理年外,可特更与减一举,及递儹三年,许赴特奏名试。应举人因事殿举及不得入科场之人,除犯罪徒以上,及真决并假名代笔情理重人外,可并许应举。"(《宋会要・选举》四之一四、一五、一六)

十九日,《南郊制》:"应诸路进士曾经大观三年以前省试下,及贡士大观三年以前退归本贯合理举人,并政和五年以前御试下;开封府、国子监进士，政和五年以前曾经省试下，及贡士昨因政和五年以前退归本贯合理举人，并曾经政和五年以前御试下，及诸路进士曾经省试下，并贡士退归本贯合理举人及四举；并学生昨贡至辟雍、曾经升补太学内舍，宣和三年以前退归本贯合理国学一举人，并特与免将来文解。”（《宋会要·选举》一五之三一、三二）

是　年

王绹，字唐公……宣和乙巳，策士于廷，公为详定官，多取议论剀切者置甲科。（《中吴纪闻》卷六）

上舍三人：元盥，黄应南，王师亮等，并赐同出身。（《太平治迹统类》卷二八）

上舍释褐：黄应南。（《宋登科记考》卷八）

补上舍释褐：其一，元盥。《太平治迹统类》卷二八载是年上舍释褐："元盥，黄应南，王师亮等。"

其二，王师亮。同上。

葛胜仲《吾家故事：子侄登第，必有酬献诗什。去岁立悌、立经二侄并中科选，未有庆以诗者，偶示四韵》：充闾秀气我家多，又喜双龙并化梭。同榜连荣追绍圣予与伯兄大成同中绍圣四年第，传名跻甲首宣和顺之、权之并蒙恩升甲，吾家前未有。朝班鸣玉犹升舍顺之为奉礼郎，以国子上舍生试入等，冠岁横金又中科权之中科日已服紫锡带。四叶登华谁得似，会看盛事入编摩。（《全宋诗》卷一三六六）

宣和年间

补上舍释褐：其一，郭元迈。《云麓漫钞》卷八："郭公元迈，字英远。……政和初，由乡贡入上庠，宣和中上舍。"

其二，傅凝远。《渭南文集》卷三三《傅正议墓志铭》："公讳某，字凝远。……崇宁中，甫年十八，入太学，声名籍甚，试中高等。然犹几二十年，乃以上舍登第。”

慈溪蒋季庄，当宣和间，鄙王氏之学，不事科举，闭门穷经，不妄与人接。(《容斋三笔》卷六)

建安胡原仲宪，宣和中，赴省试于京郡。留中途，夜梦对白鹇而赋长篇。既觉，但能记四句云：“惟余虚名在，长江与苍山。不逢尧舜世，终此若鸟闲。”念之不乐，且起为同途士友言。以为方从事进取而得此诗，前岐事不问可知，必老死布衣，无为汲汲西笑也。诸友强挽之行，竟不第。(《夷坚三志》壬卷二)

宣和中，监察御史许景衡上奏曰：臣伏睹琼台郎黄宗源奏乞与文士衮同殿试，已降指挥者。臣窃惟国家取士虽有数路，唯进士一科最为清选。每三年一诏天下之士试于有司，比至春官奏名来上，然后陛下亲策于庭，赐第锡服而官使之。异时为名臣，磊落相望，皆由此出。今宗源乃道家者流，虽以程文擢为上舍，实应前日道学之格耳。今既罢道学，则与其科目并废之矣，尚何殿试之有哉！况进士之所学，而陛下之所策者，乃当世之务，礼乐刑政治天下，国家之大方，非宗源之所习也。盖道家以清虚淡泊为宗，以无为寡欲为教，宜其孤高自持，不与世接。今若使之操觚试艺，竞科甲之高下，以徼荣利，则非所谓不见可欲使心不乱者也，亦何取其为孤高绝俗者乎！且为黄冠师而与多士同趋大庭，不知所服何服？既中科目，则又不知所赐者何服耶？若赐以进士之袍笏，则非道官所应服也；若止于羽衣，则命士森列而衣冠独异，实骇众目。必有窃笑于班缀者矣。《易》之《同人》曰：“君子以类族辨物。”夫以宗源之艺业，一旦辄与进士同科，联名桂籍而叙同年，似非以类辨物之意也。孔子曰：“必也，正名乎！”臣观陛下稽古建极，亲御翰墨，是正百度。复公少宰相之官，易武选之称，辨内省六司之职，立命妇八等之封，名实相当，典章一新，诚万世法也。今独以进士科目杂以道家流，故议者纷然，以为未称陛下前日制作之意。而臣区区之愚，亦窃为朝廷惜之。其黄宗源许令殿试指挥，伏乞睿明详酌，特赐寝罢。

(《历代名臣奏议》卷一六八)

韩驹《先大夫元丰间及进士第,荣州伯父喜而赋诗。宣和四年信道兄登科,某时为著作郎,侍立集英殿,与观唱名。未几,信道兄调而归,某谨次伯父韵以送之》:坐看连名策太常,青云稳上不须忙。尽收骐骥无中驷,别拣楩柟有豫章。玉殿桂留今日影,琼林花记昔年香。闻君补吏成都去,更与重寻旧草堂。(《全宋诗》卷一四四一)

宋徽宗年间

祖宗时,进士殿试诗、赋、论三题,用亲札。熙宁三年,殿试用策,仍誊录,盖糊名之法,以示至公,当防弊于微也。近岁,宰相子弟多占科名。章惇作相,子持、孙佃甲科;许将任门下侍郎,子份甲科;薛昂任尚书左丞,子尚友甲科;郑居中作相,子亿年甲科。或疑糊名之法稍疏,非也。廷试策问朝廷近事,远方士人未能知,宰执子弟素熟议论,所以辄中尔。(《萍洲可谈》卷一)

(毛)注复采当世之急务,曰省边事,足财用,收士心,禁技巧。大概谓:"……今学校养士,盖有常额,额外之人,不复可预教养,岁贡之余,略无可进之地。愿留贡籍三分,暂存科举,以待学外之士,使无失职。"(《宋史》卷三四八)

韩驹《论文不可废疏》:臣闻方今陋儒之论,以为人主之治天下,直以礼乐刑政,而为士者亦务明于道德性命而已,文章不足尚也。臣窃以为过矣。昔者尧舜三代之世,文章焕然,周公、仲尼圣人之在下者,文章亦深远矣。今陋儒以己不能之故而曰不足尚,则是六七圣人者皆不足法乎?且夫尧舜三代,距今几千岁矣,其风俗之盛衰尚可考者,以其书知之也。故周之噩噩,不如商之灏灏;而商之灏灏,不如虞之浑浑。周之衰也,礼乐刑政尚未大坏,而其文章独先溃烂,无复浑灏之气。后世言治者,不过称汉唐,诵其诗,读其书,则亦皆差贤于后世。盖自古未有盛德之世而文章骫骳不振者也,是以圣人尚之。太祖皇帝时,天下初定,未遑文学之事。太宗皇帝数与侍臣论文,由是风俗翕然而变。尝喜而谓侍臣曰:“近时文物渐盛,它日必有著名者。”其后累圣临御,皆以叡文神学,超轶百王,又皆崇儒表善。盖自端拱、淳化之后,天下乂安,士得笃于文事,磨砻缀缉,以副上意。百余年间,异人间出矣。臣尝思之,此岂一朝夕力哉,是殆累圣奖励激劝之所致也。臣闻太宗始尚文教,则士有王禹偁、苏易简倡其风;真宗敦好词学,则有晏殊、杨亿为之冠;仁宗时则有若欧阳修,在神考时则有若王安石,此数公者,其文皆不愧于汉唐。而其余以文擅于一时者,尚不可一二数也。朝廷之上,文物之盛,至今耆老以为美谈,真太平之伟观,治世之休光也。陛下天纵明智,肆笔成书,虞歌汤铭,播示海内,自有书籍以来未之有也。臣窃度之,虽有相如之典策,终、严之奉对,常、扬之制诰,尚未足以仰望清光。必有赓歌之皋陶,陈谟之大禹,效伎于周卫之内,而后为称。方今虽不乏人,然而数年之后,壮者已老,老者已耄。则陛下所取以为侍从者,类皆今之少年进士也。臣为进士,顾所谓时文者,其体格曾汉唐之不如,则陛下它日所望以赓歌陈谟者谁乎?意者奖励激劝之道有所未尽,而后生小儒承陋儒之说,以为无事于此,是以日靡靡也。陛下广庠序之教,置师儒之官,进士之高选者,不惜好爵以尊显之,不可谓不奖劝,而士未有深于文者,虽臣亦疑之。进士之高选者,或幸得之,而未必深于文也。至体格卑弱者,又曾不屏黜,此固宜其不勉者矣。谓宜稍变其体,间求四方之能文者,不问疏贱而尊显之,则不十年,必有能赓歌陈谟者出焉。使夫尧舜之主,而有皋陶、大禹之臣,以继今日之盛。且陛下它日功成治定,亦当得此等纪太山之封,镂白玉之牒,与诗书并传而不愧,宜不为无益。故臣欲破陋儒之论,而先言治天下者文之不可废也如此。

韩驹《论时文之弊疏》:臣闻古之人其仁义充于内,则其文不期而自工。是故读《易》、《春秋》,则知周公、仲尼之道为闳深要眇矣,此必然之符也。有木于此,枝披叶落,而曰吾本根茂,则天下莫之信。士皆曰:“吾知行仁义。”而其言漫汗繁杂,无一言当于理,则其所谓仁义者,亦无乃非其实乎!陋儒之论,其不可听亦明矣。臣请遂论时文之弊。昔者神宗皇帝既罢词赋,始立经义之科。意以谓词赋非古也,而六经之作皆本于圣人,学者如通其大义,则其文章亦将渐复于三代。今之学者既以讲究道德,发挥章句，六经之旨亦略明矣。独其文章未能复古。后生小儒皆为偶俪之词，漫汗之文，纂错以为工，繁杂以为美。昔李翱言六经之文不拘于俪也。《诗》曰："忧心悄悄，愠于群小。"则不偶俪矣。其曰："遘闵既多，受侮不少。"则偶俪矣。惟晋宋之间，始拘于偶俪。故刘子元以谓：可一言而足者必衍以为二言，可三句而成者必增以为四句。然而偶俪之作，近世尤甚，是以至于纂错繁杂，而漫汗不可考。呜呼！臣不知始变斯文之体者谁欤！甚乎不仁者也。臣总角时从乡先生问为大义，乡先生曰："童子记之，大略如为赋而无声韵耳。"已而，臣游场屋，视同列者果皆如此。因退而叹曰：此岂神宗皇帝罢词赋之意耶！譬犹女工不欲作锦而坏其机，退而相与刺绣。夫锦之与绣则固不同矣，然其为纂错繁杂则一也。陛下万几之暇，亦尝取今进士之文观之乎？其偶俪漫汗，三代有之乎？六经有之乎？陛下圣学渊奥，博稽上古，此固无逃于圣鉴矣。夫文之偶俪始于东汉，而词之漫汗盛于东晋，至其纂错繁杂则又前世所未有也。臣窃惟神宗皇帝罢词赋、立经义，陛下崇学校，以三代之风期天下之士，而士止为汉晋之文以待天子之选，甚可羞也。恭惟陛下，奎文宸章，超轶尧禹。学者虽无以测知其万一，然而昭回之光，固万物之所仰睹也。又近岁黜异端之后，士非三代之书不读，诚可谓知本矣。其朝夕之所诵，舍六经则孟轲、扬雄、庄周、列御寇之书而已，六经何可及也？然《诗》之道志，《书》之述事，尚当取为法焉。至于孟轲之醇，扬雄之深，庄周之辩，列御寇之不华，皆曩之工文者所采取也。今徒剽其语而不能学其文，是独何欤？往者初立经义时，士以王安石为师。至今有司颁其书于天下数十百卷，可取视也，亦岂独偶俪漫汗之体哉！则是学者不能上陶风化，以复浑灏之气；而次亦未能希王安石立言之万一也，岂不陋哉！士方狃于素习，见有不偶俪漫汗者，则众指为异端，而有司亦不敢取。必若所云，则是六经、孟轲及王安石亦皆为异端乎？此亦积习之大弊也。愿下明诏，使为文者，上穷六经之体以为质，中取孟轲、诸子之作以为支，下如王安石义解之类以为义。至于汉晋之弊，则使痛刮而深钼之，然后游于璧池之上，不负吾圣天子教育矣。

韩驹《请慎择司文以风动天下疏》：臣尝谓学者之病，在名实之不相副。庠序之士所慕者三代，今其文愧于三代矣；其所陋者汉晋，今其文不幸类之矣。是犹躬行颜、闵之行，而服盗跖之服，曰："无伤也。"此岂可不革其弊哉！前日陛下制诏多士，词尚体要，使复三代之盛，甚大惠也。臣时闻之，踊跃太息，谓将立见浑灏之气。诏书恳切，然无士君子之深于文者倡其风，士因陋就寡，不能远希作者，徒为浅易之文，以应有司之选。烦言碎词，刊落不尽，违明诏，失圣意，臣甚为诸儒不取也。陛下即听臣言，诏革文弊，则当慎择有司，而严其法。臣尝计今天下郡国之士，不翅数十万人，既已讲解义理、发明经传为其所难矣，岂无轶群超俗之才，足以辅弱扶微，而庶几于三代之文者乎！特以有司非是不取也，不敢自骋于绳墨之外。凡臣之所患者，独恐有司升黜之际，未尽别白，则士专以守残，其弊未可以猝除也。国家初乘五季之乱，文章盖扫地矣。以太宗、真宗历年之久，声明文物之盛，然仅能革五季之风而已。及仁宗时，益务复古，是时缀文之士不为不众，而士亦未甚劝也。其后欧阳修执文柄，以度量多士，凡僻裂轻艳者揭其名而辱之，惟重厚典直者取焉，由是风俗一变。熙宁之初，僻裂轻艳之文既不复作，而雕虫篆刻之技犹在也。士君子亦皆知其弊，而不能自还，以上之所取者惟是而已。会王安石白罢词赋，神考从之，而安石布其书于天下，使以《新义》从事，士乃始去雕虫篆刻之技。向令仁宗、神考虽有复古立经之意，而无良有司以升黜继之，臣知其有所必不能矣。夫上言所好恶而以升黜继之，虽欲变天下之至难可也。仁宗之复古风，神考之立经义，比于陛下之欲词尚体要，可谓难矣。士犹勉力以副科举，而顺上之好恶，何则？利之所在，固众之所趋也。今荆、广、闽、蜀之间，去京师数千里，学者无所取师。而都下鬻书者岁取进士高选之文，集为版本，传播四方，谓之义格。后生小儒何识之有？徒见为是文者，例得高选，则皆摇唇燥吻，焚油继日，诵读以为师法。此岂可不澄其源而欲清其流乎？故其要莫若慎有司之选。陛下欲民之不散，则必择导民之官；欲农之不惰，则必择劝农之吏；欲士之深于文，则亦择司文者而已。必得如修及安石者，足以风动天下，而又谕以升黜之旨，仍大臣自太学博士及郡国教授每岁谨察其升黜之当否，以为赏罚。士虽未能遽复三代之风，然少须假之，不一二年，必有可观者。

韩驹《请立文章楷模疏》：臣闻士为科举之文，其工拙若无所系于国家，而臣谆谆为陛下言之者，不独以格气卑弱，负陛下教育之意，且陛下立政造事，皆将复三代之盛。臣愚以谓典谟训诰，所以播之四方，传之万世，亦当尽如六经而后为称。士生于此时，不能自振拔于颓波之中，使至治之世文事缺然，此贱臣所深惜也。夫文章虽小技，而古人未有不苦心勤力，而后仅能工者，甚非可以一旦把笔而学为也。如是，则陛下亦无怪乎学者之不能文也。彼志于禄而已，故自为儿童，而父兄教之以义格，比十余岁则已诵数百篇。稍长而能执笔，则皆不治它技，惟以模拟为工。已而试于有司，则固足以得禄矣。及其入官之后，年日加长，而志不加专，偶俪漫汗之文已熟于其手，而古文奇字或未始识也。夫文之体固不一矣，而今之为文者则一之。何则？其素所积畜者然也。然陛下它日使掌西掖之诰，视北门之草，与夫细石室金匮之书者，例皆取此。今不教之于初学之时，而欲责之于入官之后，臣以为难矣。及失职不称，然后摈斥之，此又非学者之罪也。士方未仕，固不可使杂治它技，以妨其业。诚如臣言，使为科举之文，已略仿依三代之体，则它日遣言立意，自当不愧于古人。且臣非敢厚诬天下之进士也，陛下何不试于清闲之燕，取义格而观之。观其遣言立意，它日有能为陛下编年记事，如刘向、班固者乎？有能为陛下陈谟奏议，如马周、贾谊者乎？有能歌功颂德，如柳宗元、韩愈者乎？有能发诰施命，如权德舆、白居易者乎？臣有以知其不能为也。此六七公尚不可及，况其上者乎？今之学者则以为此等皆不足为也，曰通经而已。甚乎其不思也！臣不敢借古人以为喻，今之所尊师者莫如王安石文集数十百卷，其间箴、铭、歌、诗、赋、颂、表、奏之类无不皆善，经术特其文章之一端尔。世有丑女，见邻妇之美而学之，其眉目、肤发、手足、鼻口举无所似也，独以一节之似，而曰我尽得其美，则未有不为人之所欧弃者矣。此则士学安石之比也。往者哲宗皇帝患其若此，始立宏词之科，陛下前又置词学兼茂科，欲以此等求天下之士，其意既美矣。第恐所得不广，不足以储他日之用。故臣窃效愚策，以为莫若教之于初学之时，又皆取六经、孟轲之体以为模楷，则自当不陷于邪说。前所谓宜间求四方之能文者，不问疏贱而尊显之，尚虑有司之选，有幸不幸，则士亦未劝也。臣闻累圣敦奖词学，当时群臣号能文者，无不旋被褒擢。臣畎亩书生，所记者才二三事尔。太宗尝夜读李度诗，朝而问丞相曰："度今何在？"丞相言度坐法居绛州，有诏乘传入直史馆。夫度小官，谪于外州，而一诗之善已蒙记识矣，则学者何得不劝焉？今四海之大，岂无如度者？陛下留意微臣之言，详延俊彦，以助圣化，不胜幸甚！

韩驹《请劝士博学疏》：臣闻儒者之患，非独其文之不振也，学之不博，抑又甚焉。陛下既诏学者复古之文，又当使之博学。今之说者曰："博溺心。"又曰："绝学无忧。"此乃老子、庄周绝俗之人刳心去智之说，何可法焉！自孔子之圣，而曰"不如丘之好学也"，又曰"我学不厌"。其晏居与门人应对之际，谆谆以学为言，故问礼、问乐、问官名，耻一物之不知。如曰"博溺心"，则肃慎之矢、专车之骨、巨鱼萍实，圣人亦安用之耶？太祖皇帝尚欲尽令天下武夫读书，而况庠序之士，秉笔操牍，其号曰儒？而所问辄不知，曰"是不足知也"，将谁欺乎！古人之博学者，臣不可遍举矣。今士专修夫子之道，夫子既学矣，其师慕者又莫如王安石。臣闻安石于书无所不读，故其讲解经传、训释文字，杂取百家诸子之说以发明之。诵其言而不知其所读之书，谓之尽得安石之学，臣不信也。往者安石初建经义时，独倡言道德性命之理，此其意非以文章学问为不足尚也，以为文章学问固儒者之本务。如女子而事组绣，法吏而读律令，自当然尔。今以为不足尚而不务也，是乃中人之情，乐于闲佚而为之说。臣尝游场屋间，见同列者专治一经，其所旁取以为资者，《老》、《庄》、《扬》、《列》、《三经义解》、《字说》而已。此数书不一年可遍阅，又其甚则二三年可成诵也，故士终日袖手书案之上，无所用心。骤而问之，不必巨鱼萍实之难知也，六经之事有不能知者矣。昔韩愈言阴阳、地土、星辰、礼乐之书，虽今仕进者不要此道，然古之人未有不深于此而后为大贤者。臣观汉董仲舒、扬雄之属，则果皆通于此，惟贾山以涉猎书传，则已不得为醇儒矣。陛下不惜官爵以待天下之士，如一贾山且不得见，则是陛下何时而得仲舒辈哉！虽然，士之不学，非其所不能也，特以上之所设科无所事于此。则当此之时，自非好名者，孰肯耗心疲力以腹贮万卷书耶？臣恐数年之后，百家诸子皆为故纸，以与家人覆瓿而已，甚可惜也。今诏自太学及郡国庠序，与十讲明经术之外，又劝之以不可无学，而时叩其所有。有博闻者优与升擢，而甚惰无所涉猎者，亦时屏黜二三，则士无有不劝者矣。苟其博学，则其文章亦必无前之弊，此尤不可以不先也。

韩驹《请尊显博学之士疏》：臣向之所论者，专为学者而已。然士之不学，非学者之患，而国家之所宜虑也。陛下无以臣为过。士之不学，不过稠人中闭口结舌，面赤汗下，使天下以为口实而已也。今之进士，类皆他日之公卿百执事也。彼方应举时，既无事于学，而其入仕之后，虽向之所读数书者又将捐去，则峨冠曳带所有者，特枵然之腹而已。陛下置公卿百执事也，大则欲其谋王体、断国论，小则欲其辩权事而决疑狱，上以备左右之应对，下以与宾客言。今以枵然之腹，立乎本朝之上，则陛下何望焉？其不学之患，今日未见也，他日见之矣。往者，学士刘敞奉使北虏，虏人道使者由他径，以夸示其郡国之大。敞素明于地理，因责问之，虏人畏服。是时，顺州山中有异兽，虏不能名，以问敞，敞为言此驳也，虏益畏之。父老为臣言，神宗皇帝时御殿放榜进士，有暨陶者，有司读暨为洎，而陶不应。侍郎苏颂曰："吴有暨艳，暨读为结，此得非其后乎？"问之果然。神宗皇帝喜谓颂曰："果吴人也。"庆历、元丰之际，士皆深于学矣。然微此二臣，则堂堂大宋，几何而不为外国之所鄙笑？多士之所讪薄乎？奈何今日不劝之使博学，以储他日之用？陛下欲有所问，则皆怳然相视，醉心拱手而不能知。然后仓猝四顾，而求多闻之士不可得矣。且夫效一官，总一职，非学亦不能也。真宗皇帝尝因放榜，谓群臣曰："天下至广，藉群学共治之，今又得千余分理州县矣。"以此而言，则是州县之吏，亦欲其知学也。郑子皮用一不学之人尹何以为邑，而子产譬之于伤锦。如吏部岁补数百尹何于天下，则数年之后，殆无完锦矣。自州县而上，其所职愈大，则所学当益富。今士通于道德性命之理，诚前世所不及。然一为吏，则素所蓄积不过以善其身而已，是何预于天下之事？而骤布于郡国之间，此臣之所以私忧也。陛下幸以此教学者，又宜诏大臣岁择博学者以名闻而尊显之，如真宗召崔偓佺于肥乡主簿，而特置龙图阁直学士以处杜镐，则海内皆承风，以不学为耻矣。昔人有种漆者，乡人皆笑之，十年而漆可以为器，向之笑者悉取资焉。士之学不学，于今诚未有损益，臣言之若迂阔，然不十年，陛下必收其用矣。惟陛下留神省察。

韩驹《请白崇经教士之义于天下疏》:臣愚无所识知,窃独闻之于士君子。陛下稽古如帝尧,好学如孔子,万几之暇,博览前载之书,至于夜分不寐。盖尝慨然以士寡学为叹,故臣略陈劝学之方,其详则在陛下下议郎博士议,以诏天下。臣尝窃怪西汉之士亦专一经,而其饰吏事、断疑狱皆出于此;今之学者亦专一经,而不能施于用。神宗皇帝所为罢词赋而建经义者,盖将使之见于行事也,非以为决科之具而已。今徒能诵王安石义训及义格以待问,此岂神宗皇帝所望于士者耶?臣知其然矣。臣尝以《尚书》试进士,请以《尚书》一经言之。《尚书》五十八篇,大约数万言,自帝尧至秦穆,其世次之先后,与其诰命誓训之所从作,杂见他书,学者所宜知也。奇文奥义,训注不能尽者,昔之老儒有白首而不能穷也。然其可以为有司之问题者,不过二千而已。二千之目,自元丰至今,凡太学公私试与州郡省试之所问者,皆不离此。而其所尝问者,又不再出,盖今之可以为题者,又才数百而已。数百之义,学者如竭其力,数岁可备也。数百义足以应敌,则其它虽吾本经,有不必究知者矣。有司按其义而可以合格,则又不敢不取。而鬻书者取士之所对义,刻为版本,若《书》则自《尧典》及《秦誓》,靡不皆有,谓之排类。后生小儒,晓夜课读,虽不敢尽用,然少增损之,亦足以合格。如是,而欲望其饰吏事、决疑狱,岂不难哉!六经之旨既为微妙,其间星辰、山川、禽鱼、草木,皆资他书以相参验,此王安石所以书无所不读也。然今之学安石所训之外,则不复研究;而有司之不可以为题者,又皆不复究知。独诵道德性命之言,以为学圣人之道者,如是足矣。盖昔之善医者,必先读神农之书,以遍识天下之药。虽其用药之妙出于自得,非书之所能尽,然未有不明于药性之寒温补泻而后能为方者也。后之庸医,以为治病之妙不在于此,独收古方,而不复读神农之书。则其所试之方,足以毒人而已。今之学者不幸类此。臣愚以谓宜于大义之外,令有司杂取六经中事,及安石之所未训释,或训释而未尽,与先儒之所疑而未决者,如今之策题以问士,常出其不意,而视其所通多寡以为升黜。则凡诵时文者不能有所儌幸,而通经博古之士出矣。凡臣之所言者,上自师儒,下逮进士,皆心知其弊,独口不言尔。其间豪杰之士,亦各欲暴露其所长,至于有所拘而不得驰骋,则尤不乐于此。而考试时文词一律,试官亦益厌之。但上下相循,以为习俗,无有言于朝者。臣愚不肖,窃欣太平之难遇，而嘉圣道之方兴，又重惜神考崇经教士之意不白于天下，是故勇不自制。既以其身当天下之笑讥，亦不虞蹈狂妄之罪，辄具为书，冒献于上。古人曰："士不通经，果不足用。"惟明主裁之。

韩驹《请仍用策论以定升黜疏》：臣闻方今贡举之法有三：曰义、论、策。大要以义为主，臣既科条之矣。策、论亦足以考士之所学，而非今日之所先也，故臣特言其略，而陛下试观焉。臣闻真宗皇帝时制诏取士，兼收策、论，尝谓丞相旦曰："时才政事，尽在二者。"臣窃惟神宗皇帝所以罢黜词赋，而独不废策、论者，以为取士之道，义以观其经术，论以察其智识，策以辨其谋略，则天下之士尽在吾彀中矣。是时太学诸生有策居第一者，其文词亦未有以大过人也，然神宗皇帝尚取而观，是以学者咸劝。经义之外，策、论亦彬彬可取焉。近日学子乃以是为余事，不过亦以偶俪漫汗之文，纂错繁杂以充试卷而已，此尤失作文之体矣。而有司曰："是余事也。"亦不以定升黜。又其所问率皆无益之事，类非所以取时才而询政事也。夫学者之未仕，其于时才政事，是岂能知而有以助万一邪？然既以设科，则不得不尽其实，此真宗之所以兼收，而神考之所以独不废也。今之学子，皆不观史书，则策、论之不工，为无足怪。臣观历代史记，其间车旆服器、礼乐制度，与夫守文之君、当途之士相与谋是非而断利害者，皆今所宜知也。《书》云："事不师古，以克永世，匪说攸闻。"太宗皇帝读《书》至《说命》，未尝不太息也。神考之圣训曰："汉之武、宣，唐之太宗，则吾无间然矣。自余治世盛王，则吾取二三策而已。"夫岂以史记为不足观邪？臣尝与市人读诏书于路，窃见陛下戒伶官则引同光之政，谕宗室则称刘向之美，盖学为王者久矣。汉丞相言："谨按诏书律令下者，文章尔雅，训词深厚。小吏浅闻，不能究宣。"因重掌故之选。自是公卿士吏，彬彬多文学之士矣。夫西汉之诏书无足道也，然犹恐浅闻者不能究宣。今圣天子诰命如此，而承学之臣率不知史书，此臣之所甚未谕也。陛下侧席求贤，用之惟恐不及，士之去为公卿盖无日矣。今日之论，则他日之陈谟，而为陛下讲治道者也；今日之策，则他日之奏疏，而为陛下议时政者也。宋兴以来，名臣几百人矣，其陈谟奏疏班然可睹也。此岂致身庙堂之上而后学为者？自为布衣，其学素明也。陛下试读今日之策、论，以预卜其陈谟奏疏，则他日之文物，恐未得如前日之盛。臣是以为陛下极言之。臣尝见一进士，工为文词，至为策、论则亦漫汗偶俪，无足观者。臣偶问之："汝何苦而为此?"则曰："不然，有司不我取也。"夫神考与陛下教育之意，当使天下洗濯磨砻，日夜奋发，务增其所未高，而极其所未至，以待国家之用。今以有司之故，而使豪杰之士破厓岸、去圭角，以自贬损，则自中人以下何可望其进邪? 盖古之教人者，思所以增益之；而今之教人，思所以摧抑之，甚非圣主意也。愿陛下诏有司，及考试时策、论所问，皆可以察智识而辨谋略者。其文非得体，则明教告之。而取经义之外，亦颇以定其升黜，庶使学者少通前代之典，无令空言不适于用，又时因得豪杰之士。凡此皆所以为异日名臣之资，此神考与陛下教育之本意也。(以上均见《全宋文》卷三五〇九)

宋钦宗　靖康元年　丙午(1126)

正　月

三十日丙申，太学生陈东上书乞诛六贼……“国家取士至公之选无如科举，士大夫所恃以自异者无如及第出身，人主所以笼络天下英俊以求将相者正在于此。而师成乃荐其门吏、使臣储宏，两次特赴廷试，赐第唱名。宏自登第之后，依旧充使臣之役。即是天子临轩策士，止可充师成趋走执役之吏，非特以左右奴仆玷辱士类，又所以轻侮朝廷选举之法。宣和六年春，上皇亲策进士八百余人，闻其中百余人皆以献颂上书为名，特赴廷试。卒多师成之力，尽是富商豪子，曾进纳及非从补授官职，士大夫不齿之人，或白身不足应进士举者。闻每名献钱七八千缗，师成便为奏请特赴廷试之命。师成所为既众，即又传令张补等将上。其它权幸遂相效以贾利，师成实启之。每遇赐名唱第之日，师成必在上侧，临时奏请，妄有升降，以乱公道，在廷之士往往解体。国家选举之法，为师成坏乱，几至扫地。此事缙绅士大夫上至朝廷人所共知，第畏师成不敢言耳。”(《三朝北盟会编》卷三二)

三　月

二日戊辰，诏：“德安府进士张柄、太学生雷观上书论事可嘉，并与进士出身，补迪功郎，除秘书正字。”(《三朝北盟会编》卷四二)

二十八日，诏：“陈东补迪功郎，赐同进士出身，除太学正录。”少宰兼中书侍郎吴敏言：“太学生陈东遭遇圣朝，忠义情发，首陈去奸之义，继上用贤之请，陛下虚已，即听其言。伏望录其忠诚，加以官使。”东力辞不拜。(《宋会要·选举》九之一六、一七)

四　月

八日，赐秘书少监颜岐进士出身。(《宋会要·选举》九之一七)

九日，少宰兼中书侍郎吴敏言："愿复立《春秋》学官，今岁贡举，遂以取士。"从之。(《宋会要·选举》四之一六)

九日，诏："布衣江端友为承务郎，赐同进士出身。"(《宋会要·选举》九之一七)

己未(二十三日)，复以诗赋取士，禁用《庄》、《老》及王安石《字说》。(《宋史》卷二三)

(十五日)臣僚上言："又若近习所引献颂，可采效用，宣力应奉，有劳特赴殿试之流，此皆殃民蠹国、败俗妨贤、奸凶取位、赇贿买官所叨恩数，不限高卑，一切追夺，还其本秩。"奉圣旨依奏。(《靖康要录》卷四)

二十三日，臣僚上言："窃以国家治乱在用人，用人在责实。熙宁间，王安石执政，改更祖宗之法，附会经典，号为新政。以爵禄招诱轻进冒利之人，使为奥援，挟持新政，期于必行，自比商鞅，天下始被其害矣。以至为士者，非性命之说不谈，非《庄》、《老》之书不读，上慕轩、黄，下比尧、舜、三代，以汉、唐为不足法，流弊至今，为害日久。晋以王衍溺为《庄》、《老》，遂至南渡。今天下之士，操笔弄墨，朝诲夕谕，升孔子之堂，宗虚无之教，而欲风教不坏，朝廷乂安，其可得乎！朝廷以科举取卓伟之才，以诗赋待才能之士，以策论试操守之节，或质之以吏学，或要时政。今之策士，尽成虚无不根之言，欲士详于古今治乱，不可得矣。国家以诗赋为名臣者，不可胜纪。变更旧章之后，至今五纪，特立不群为大臣，几何人哉！国富民康，果及祖宗之时乎？不待辨说可知矣。今国威不彰，由用人不责其实，救之之术，莫若遵祖宗成宪。王安石《解经》，有不负圣人之旨，亦许收用。至于《老》、《庄》、《字说》，并行禁止。"奉圣旨，送

礼部详议。(《靖康要录》卷四)

五　月

(十日)左谏议大夫冯澥言:“臣闻太学者,道义之所由出,风化之源,贤士之关也。博士讲明训迪于上,子弟切磋琢磨于下,委委蛇蛇,人无异论,此诚大学之盛也。国家自崇、观以来,行贡试之法,而乡举里选,徒蹈虚文。自是士失所守,而太学教养之法,一切不振。士不自重,务为轻浮。博士先生狃于党与,各自为说,无复至当,煽以成风。附王氏之学,则丑诋元祐之文;附元祐之学,则讥诮王氏之说,风流至此,颓敝莫回,兹今日之大患也。比者朝廷罢元祐学术之禁,不专王氏之学,陛下固欲中立不倚。六经之旨,惟其说通者取之,其谬者舍之,不主于一,此固甚盛之举也。臣访闻太学,校试去取于其上者,或主一偏之说;守经肄业于其下者,或执一偏之见,上下哓哓,甚非陛下开设学校、教养多士之意。臣又闻臣僚上言,乞罢安石配享,而谓安石之说为邪说。朝廷从言者请,罢安石配享而列于从祀,此固公议所在,其谁以为不然?若言者以安石之说为邪说,则过矣。安石之释经固不能无失也。夫孟子所谓息邪说者,谓杨朱、墨翟之言。若以安石之说便同杨朱之言为邪说,则复当禁之,此所以起学者之谤而致为纷纷也。士之担簦负笈,赴于天子之学以就教养者,非特欲以进取爵禄为心,亦愿其所养所学与操守者何如耳。今科举在迩,为士者若引用王氏之说,有司怀私,便为邪说而黜落之,则其利害所系甚重,臣固不得不论也。臣愿陛下明诏有司,训敕中外,凡学校科举考校去取,不得专主元祐之学,亦不得专主王氏之学,或传注,或己说,惟其说之当理而已。倘有司辄敢以私好恶去取者,乞重赐斥责,庶使天下学者晓然无惑,而庠序多士得以安其心矣。”奉圣旨依奏。(《靖康实录》卷五)

钦宗即位,臣僚言:“科举取士,要当质以史学,询以时政。今之策问,虚无不根,古今治乱,悉所不晓。诗赋设科,所得名臣,不可胜纪,专试经义,亦已五纪。救之之术,莫若遵用祖宗成宪。王安石解经,有不背圣人旨意,亦许采用。至于老、庄之书及《字说》并应禁止。”诏礼部详议。谏议大夫兼祭酒杨时言:“王安石著为邪说,以涂学者耳目,使蔡京之徒,得以轻费妄用，极侈靡以奉上，几危社稷。乞夺安石配飨，使邪说不能为学者惑。”御史中丞陈过庭言：“五经义微，诸家异见，以所是者为正，所否者为邪，此一偏之大失也。顷者指苏轼为邪学，而加禁甚切；今已弛其禁，许采其长，实为通论。而祭酒杨时矫枉太过，复诋王氏以为邪说，此又非也。诸生习用王学，闻时之言，群起而诋詈之，时引避不出，斋生始散。”诏罢时祭酒。而谏议大夫冯懈、崔鹍等复更相辨论，会国事危，而贡举不及行矣。(《宋史》卷一五七)

二十七日，诏：“诸路州府军监有习武艺、知兵书人，仰知、通不限数保明解发赴阙，朕将亲策于廷，量材拔用。其筹策深远，艺能绝伦，当不次升擢。在京武学士，仰礼部择日考试，具等第以闻。不系在学人，亦许自陈收试，策义、弓马优异者与推恩。其太中大夫及侍从官至路分都监以上奏举武举人，自依条法施行。”(《宋会要·选举》一七之二四)

六　月

十九日，太常寺主簿刘定言：“伏睹近有旨，令府州军监有习武艺、知兵书人并解发赴阙，亲策于廷。窃惟武艺之人，间有知书者，州县虑其不文，无以应大廷之问，则不敢解发。愿诏州县，有武艺精强而不知兵书者，令赴所在投状，州县阅试，别作一项解赴。殿前司按试艺能，使之前诣边陲，收大功效，以称强边却敌之用。”从之。令殿前司候解发到按试武艺精熟人，于崇政殿引呈。(《宋会要·选举》一七之二五)

是　月

钦宗雅闻公(吕好问)名，趣召公，驿书道相及。未至，除左司谏、谏议大夫，赐进士出身。(《吕祖谦全集·东莱吕太史文集》卷一四《东莱公家传》)

七　月

九日，诏：“已降指挥，复《春秋》一经。今秋试在近，可止于正经出题。”(《宋会要·选举》四之一六)

十一日，尚书省札子："江南西路转运司状：'伏睹少宰吴敏札子，乞复《春秋》一经。今岁贡举，遂以取士。奉圣旨，依奏。'契勘：《崇宁贡举令》，诸《春秋》义题，听于三传解经处出缘经生文而不系解经旨处者非。已有令文，该说分明。缘今岁科场，秋试在近，欲望详酌，早降指挥，申明行下，以凭遵守施行。伏候指挥。"七月九日奉圣旨，止于正经出题，申明行下。七月十一日三省同奉圣旨，依已得指挥。(《贡举条式》)

是 秋

中兴前，以僧寺为贡院，故永福寺大殿东壁尝有题字云。上即位明年，改元靖康，诏取天下士。毗陵八月乙未锁永福院，中秋引试二千二百八十有二人。监试：通判军州事朱发；考试：知盐官县事郑朴、富阳商友、嵊县丞崔耀卿、权越州税院娄寅亮、湖州士曹洪兴祖、杭州刑掾谢祖信、权吴县尉边知白。九月四日讫事，取《春秋》以下四十有三人。(《咸淳毗陵志》卷一一《贡院》)

十 月

十四日，诏："应进颂赐及第人敕并追夺。"(《靖康要录》卷九)

是 年

靖康初，李伯纪荐任申先世初自布衣锡对。……即批出赐进士出身，自是进用。世初，伯雨之子也。(《挥麈后录余话》卷一)

王炳文璧，明州人。靖康元年，赴淮南，试于楚州，寓龙兴寺。寺大门内有人题曰："东壁之光，下照斗牛。今年王璧当魁荐。"问诸僧及阍者，皆不知何人所书。是岁，王果为解头。(《夷坚志》甲卷二〇)

靖康二年建炎元年　丁未(1127)

五　月

一日,赦:"应合特奏名人,并与理举免试。内曾经六举以上到省人,与登仕郎;五举,补京府助教;四举,上州文学;三举,下州文学;两举,诸州助教。内两举合补助教人,愿赴将来特奏名殿试者,亦听。虽试在下等,不应出官者,亦取旨升等。其已赴殿试、缴纳敕牒、愿次举再试之人,亦依此推恩。应天府免省举人、特奏名并就殿试及再就殿试人,并与同进士出身,免解人与免省试。应宗室昨来预贡得解、未曾就试人,并与推恩。"(《宋会要·选举》四之一七)

一日,赦:"靖康元年得解及州学职事人,并与免将来文解一次。"(《宋会要·选举》一六之一)

一日,赦:"应去年锡庆院试中武士未经推恩人,仰本部限一月开具等第、姓名,申尚书省。"(《宋会要·选举》一七之二五)

(一日赦)新春合赴省试人,昨缘道路艰阻,复归本贯,及在京人即未有取应之期,令礼部检会故例,取旨施行。(《三朝北盟会编》卷一〇一)

六　月

十三日,内降《赦书》一道门下:"勘会科举之弊,至此极矣!苟无变通,则忠实异才之士何由而出?可讲元祐诗赋、经术兼收之制,著为近政。仍令礼部疾速条画闻奏。缘已降指挥,建炎二年正月九日锁院省试,今来日已逼近,难以遽改,可自后举依此施行。应诸路解发材武人,并锡庆院材武人，昨有偶缘事故、趁赴不及之人，窃虑遗材，仰经礼、兵部投状勘验诣实，当议特与别行收试，具合格姓名申尚书省，取旨推恩。”（《李纲全集》卷一七九《建炎时政记》）

九 月

（乙巳，十八日，东京留守宗泽上表）“伏睹国家，当变更三舍之法以取士。意谓皋、夔、稷、卨皆自此途出，卒之迫于月试，剽窃时文，罔有稽古者。是三舍果不足以取士也。”（《系年要录》卷九）

十二月

一日，诏：“诸道进士赴京省试，今春兵革，已展一年。国家急于取士，已降指挥，来年正月锁院。缘巡幸非久居，盗贼未息灭，道路梗阻，士人赴试非便，可将省试合取分数下诸路，令提刑司差官于转运司所在州类试。三省措置省试合放人额，纽计正解、免解。转运司正解并衮同，合以一十四人取一名，余分不及一十四人亦取一名，不终场者不计。内河东路合赴试人，令附京西路转运司所在试；国子监、开封府合就试人于开封府，诸路合就试人于转运司置司州军类试。内国子监合赴试人，如在外路州军，愿就本路试者，听。其国子监、开封府人令留守司、诸路令提刑司，依贡举法选差试官六员，两路者各差三员。内开封府令留守司差御史台官一员，诸路令提刑司临时实封移牒转运使副或判官一员监试，不得干预考校。如有合避亲之人，专委官依公考校，所避之官不得干预。合避非本路提刑者，依本路监司法，前期牒邻路。合避试官者，封弥官暗记，送别位。应逐场试卷，不得止送一位考校。仍令监试官专切觉察。”（《宋会要·选举》四之一七、一八）

（丙辰朔，一日）转运司类省试，以待亲策。先是，诸州发解进士当以今春试礼部，会国难不果。上以道梗难赴，乃命诸路提刑选官，即转运司所在州类省试。每路选官六员，临期实封移牒。漕臣一员监试，不得干预考校。仍用省额统计，率十有四人而取一人。省试之有类，盖自此始。（《系年要录》卷一一）

高宗建炎初，驻跸扬州。时方用武，念士人不能至行在，下诏："诸道提刑转运司选官，即置司州、军引试，使副或判官一人董之。河东路附京西转运司，国子监、开封府人就试于留守司，命御史一人董之。国子监人愿就本路试者听。"(《宋史》卷一五六)

是　年

诏曰："国家设科取人，制爵待士，岁月等阴阳之信，法令如金石之坚。顷缘寇戎侵犯京邑，爰致四方之隽，已愆三岁之期。比申饬于攸司，涓上春而明试，深虞道阻，宽伫浃旬。而驻跸行宫，时巡方岳，非若中都当远近之会，可使四方得道里之均。特从权宜，创立规制，分礼闱之奏额，就诸路之漕台，俾谨择于考官，用精搜于实学。士省劳费，乡烝誉髦，悉预计偕，以俟亲策。敷告多士，咸体至怀。诸道令提刑司选官，即转运置司州军引试，使副或判官一人董之。河东路附京西转运司；国子监、开封府人就试于留守司，御史一人董之，国子监人愿就本路试者听。"(《文献通考》卷三二)

富直柔，字季申，宰相弼之孙也。以父任补官。少敏悟，有才名。靖康初，晁说之奇其文，荐于朝，召赐同进士出身，除秘书省正字。(《宋史》卷三七五)

许景衡《乞展省试札子》：臣窃见去冬赴省试举人来自远方，值京城围，滞留道途，不敢前进，久旅狼狈，实可怜悯。昨准指挥，许令明年正月锁院就试。今来车驾巡幸驻跸之所，贡院窄小，什物不备，窃虑引试或致阙事。欲乞详酌，特降睿旨，喻以国家艰难、乘舆东巡之意，所有尚书礼部引试天下举人并仰别听指挥。庶使四方多士知朝廷旨意，不致远行劳费。取进止。再，臣窃闻议者欲就行在先引试东南诸路进士，如此，则是遂弃西北多士矣。天下一体，岂容偏举？理实未安，伏乞圣察。(《全宋文》卷三〇八九)

刘一止《平江试院策问》：问：文者贯道之器，道有升降，故文有变革。虞、夏、商、周之文，均于言道，而体则三变，曰：浑浑也，灏灏也，噩噩也。

典谟、训诰、誓命存焉，可得而知其辨欤？自汉至魏，辞人才子，文体三变，曰：善为形似之言也，长于情理之说也，以气质为体也。诗赋、纪传、书檄、论赞存焉，可得而知其辨欤？终唐之世，文之变亦有三：饰句绘章，则王、杨为之伯；崇雅黜浮，则燕、许擅其宗；嚅哜道真，涵泳圣涯，则韩愈倡之，柳宗元等和之。今其文具在，可考而知。不识所谓文之变者，其必因时而变欤？因人而变欤？抑时与人相待也？且所工又有所拙，所长必有所短，其在一时，孰得孰失，孰强孰易，孰同孰异？《书》曰："辞尚体要。"《语》曰："辞达而已矣。"虞、夏、商、周之文虽不同，皆不害为辞达与体要欤？汉魏及唐又何如哉？顾必有能臻是者，赫然与《诗》、《书》表里焉，不诬也。诸贤致力于斯文久矣，试摭其实，为有司论之。无以汉魏而下为区区不足道也。（《刘一止集》卷九）

国家古籍整理出版专项经费资助项目

宋代科举资料长编

北宋卷

（上）

诸葛忆兵 编著

凤凰出版社

图书在版编目（CIP）数据

宋代科举资料长编 / 诸葛忆兵编著. -- 南京 : 凤凰出版社, 2017.6
ISBN 978-7-5506-2617-1

Ⅰ. ①宋… Ⅱ. ①诸… Ⅲ. ①科举制度—史料—中国—宋代 Ⅳ. ①D691.3

中国版本图书馆CIP数据核字(2017)第129278号

书　　名	宋代科举资料长编
编　　著	诸葛忆兵
责任编辑	李相东
出版发行	凤凰出版社(原江苏古籍出版社)
	发行部电话025-83223462
出版社地址	南京市中央路165号,邮编:210009
出版社网址	http://www.fhcbs.com
照　　排	南京凯建图文制作有限公司
印　　刷	苏州市越洋印刷有限公司
	苏州市吴中区南官渡路20号,邮编:215104
开　　本	718×1005毫米　1/16
印　　张	178.75
字　　数	2660千字
版　　次	2017年6月第1版　2017年6月第1次印刷
标准书号	ISBN 978-7-5506-2617-1
定　　价	720.00元(全五册)
	(本书凡印装错误可向承印厂调换,电话:0512-68180638)

目　录

上

宋仁宗

下

宋英宗

宋神宗

宋徽宗

宋钦宗

引　言

科举制度肇始于隋唐，绵延发展，一直到清末，成为中国古代选拔官员的最为重要的制度。宋代是科举制度的成熟完善时期。宋代建立起弥封、编排、誊录、锁院等系列制度，且确立了乡试、省试、殿试之三级考试制度，由此建立起“一切以程文为去留”的公平公正录取原则。相应的，唐人公荐作法和“通榜”制度被废除。同时，宋人极大扩充了科举录取名额。唐代进士科一届录取的名额，少则不到十名，多则也只有二三十名。宋代进士科录取名额是唐代的十倍以上，甚至是数十倍。于是，科举制度成为宋代后备官员选拔的主要途径。而后近千年的科举考试，大体上延续了宋代制度。换言之，在科举制度史上，宋代处于极其关键的转型时期，科举制度因此走向成熟完善。

相对公平的科举制度的建立和科举录取名额的极大扩充，改变了宋代官员队伍的成分结构。大量勤奋刻苦有远大志向的知识分子涌入仕途，成为政坛上的主体力量。宋代高层官僚，绝大多数出身科举。《宋史·宰辅表》列宋宰相133名，科举出身者高达123名，占92%。其中，尤其是出身中下层的知识分子，通过科举进入仕途，成为现实政治和社会变革的最有活力的推动者，如范仲淹、王安石等。中国古代社会的形态也因此发生一定程度的变化。具体而言，真正的文官制度就是在宋代确立起来的。学者将宋代称之为“近世”，即着眼于此。

从宋代文学创作的立场观察问题，宋代科举制度与文学演变的关系变得更加宽泛、更加密切。纵观宋代文学家群体，有如下三点不同于以前朝代的特征：其一，绝大多数都是科举考试出身，其中相当一部分官至显赫；其二，这些科举出身的朝廷显贵，往往都是一流的文学家，领导了当时文坛的创作风气，如欧阳修、苏轼、王安石等等；其三，这些身兼朝廷权贵与文坛领袖者，许多人都做过科举考试的主考官，往往对科举制度的变革提出自己的意见，有的已经被付诸实践，反过来对科举制度的发展起了导向作用。他们同时也借助科举考试来引导当时文风。

宋代科举制度的演变，影响到社会风尚的转移。它将广泛阶层的注意力吸引到"寒窗苦读"上去，形成普遍的求学好学的社会风气，形成了对科举高中者尊尚的风气，形成了对文坛成名人物崇拜的风气。宋代历年参加贡举的人数不断增加，太宗即位第一次贡举时(太平兴国二年，公元977年)，已有5300人参加考试；真宗即位第一次贡举时(咸平元年，公元998年)，激增到2万人。其后，朝廷要求贡举解额压缩到4000人到15000人之间，但总是要超额。这是参加中央"省试"的人数。参加各地发解试的读书人更是一个庞大的数字，据估计，仁宗时全国参加发解试的人数在42万左右。南宋战乱稍稍平定，应试者"大郡至万余人，小郡亦不下数千人。"(《宋会要辑稿·选举》六之七)同样，两宋考取进士的人群数量也相当庞大，学者估计有十一万余人。

然而，关于宋代科举考试史料的整理、宋代科举制度的研究，却有诸多学术空白点。近年来，从科举制度的角度审视宋代文学演变已经成为研究的热点问题，祝尚书先生《宋代科举与文学考论》、林岩先生《北宋科举考试与文学》等专著陆续出版。比较起来，反而是宋代科举史学研究相对滞后。此前学者研究宋代制度史，对科举制度也只是叙述大概，至今没有一部比较深入详尽的宋代科举史问世。究其原因，与宋代文献资料过于浩繁有关。宋代印刷术有了极大发展，保留至今的文献书籍浩瀚丰富。与前代比较，宋代堪称信息爆炸的时代。在留存至今的科举文献资料没有得到全面爬梳整理之前，就无法对宋代科举制度做更为深入的研究。对宋代社会的转型、社会风尚的转移、文学风气的转变等等重大问题，也无法展开进一步的研究。宋代科举文献资料的比较全面之收集、编年、考辨，已经成为学术研究中的"瓶颈"。此项研究工作，涉及的文献面极其宽泛，工作量惊人，需要一点"皓首穷经"的精神。

近年来，大量宋代文献之出版，电子文献检索手段之多样化，皆为宋代科举文献资料整理工作提供了极大的方便。本专著力求"竭泽而渔"，全面整理宋代留存至今的史书、笔记、类书、别集、总集、地方志等等门类著作中所有与科举相关的文献资料，以时间为结构线索，编排罗列。对其中存疑的文献资料做出简要考辨论证，力图澄清事实，尽可能还原历史。资料编年有两条标准：其一，作年；其二，内容与该事件相关。编年依据便于阅读、便于事件梳理的原则，处理所有的科举资料文献。本专著依据资料长编模式，大致呈现出宋代科举制度演变之过程，揭示制度演变之原因，以及与此相关的社会制度、政治思想、文化观念、文学风气的转变发展历程。希望通过文献整理这个窗口，给学界提供一个相对完整的宋代科举制度发展史，从而推动今人对宋代学术之研究的全面深入。

本专著分为北宋卷、南宋卷、综合卷。凡综述性文献资料，皆入综合卷。综合卷简单依据史书、笔记、文集分类。又，文集文献无法确切编年者，姑置于综合卷，以避免系年部分过于臃肿。诗话、类书等等，且置于笔记类，以免分类芜杂。南宋末年数条资料，与南宋科举有关，然作于元朝，亦置于综合卷。部分诗文，今人所作之宋人年谱已有系年，然证据不足，暂置于综合卷。

如前所言，宋代书籍文献卷帙繁多，文献之重复时时出现，如史书与史书、史书与文集、史书与类书，等等。本专著在力求文献资料完备呈现的基础上，尽量做到精炼简约，避免相同文献资料的重复编录，避免拖沓冗长。重复文献资料之编录，大致依据两条原则：原始性和完整性，即编录最早的和最全面的文献资料。如，《续资治通鉴长编》和《宋会要》之资料有完全重复者，《续资治通鉴长编》往往取自《宋会要》，而加简写，故《续资治通鉴长编》资料不再重复录入。但是，如果重复的文献资料包涵不同的信息量，则一并编录。所有编录的文献资料，皆标明原始出处。或标明卷数，或标明页数，皆依据读者翻阅检索方便之原则，而不做简单的整齐划一模式，以避免繁琐。

此外，需要补充说明六点。第一，引用《宋会要辑稿》、《续资治通鉴长编》某些材料，为保持原段落完整性，不根据日期拆分。第二，锁院酬唱诗歌，内容与科举没有关联者，只录诗题，不录原文。第三，宋代学校教育兴盛，其教学原则大致依据科举考试之需求。如果文献叙述核心在于办学或教育，与科举关系相对疏远，就不一一编录，如各地的建学记等等。第四，宋人除科举考试外，其他场合亦多试策，如试馆职等。故，宋人文集中之策问，如没有明确标为科举者，皆不编录。第五，多数宋人都是屡次参加科举，其谢解文或非中第前一年之作，姑皆系于中第之前一年。其谢解、谢及第诸文，所作月日不可确定者，谢解文姑系于秋季，谢及第文姑系于"进士名录"之后。第六，武举文献资料，编录从略；医学、算学等考试文献资料，不予编录。

本专著文献资料之编录，尽量利用学者已有之学术成果，如校点、编年、笺注等等。在"引用书目"部分，大部分已有详尽著录。亦有大量年谱和编年著述在正文和"引用书目"中无法得以体现，如徐规《王禹偁事迹著作编年》、王兆鹏《两宋词人年谱》、李一飞《杨亿年谱》、王晓波《寇准年谱》、蔡维锬《蔡襄年谱》、颜中其等《苏颂年谱》、徐培均《秦少游年谱长编》、白敦仁《陈与义年谱》、于北山《陆游年谱》、于北山《范成大年谱》、于北山《杨万里年谱》、张剑《晁说之研究》、韩酉山《韩南涧年谱》、周梦江《叶适年谱》、彭东焕《魏了翁年谱》、申利《文彦博年谱》、方星移《宋四家词人年谱》等等，在此一并致谢。"引用书目"，用撰、著、编、编著、编撰、编集、校点、点校、笺注、校笺、整理、集注等，皆依原书封页标明而定，不强求一致。

欲以一己之力，穷尽宋代科举文献资料，且予以确切精当之编年，当然是万万不可能的事。本专著挂一漏万，疏漏舛误之处必多，尚祈方家不吝赐教。

宋太祖　建隆元年　庚申(960)

二　月

二十日,中书舍人扈蒙权知贡举,合格进士杨砺已下十九人。(《宋会要·选举》一之一)

先是,中书舍人安次、扈蒙权知贡举。庚寅(二十日),奏进士合格者杨砺等十九人姓名。(《长编》卷一)

(辛卯,二十一日)前乡贡《三传》孙兰治《左氏春秋》,聚徒教授。其门人有被黜退者,兰乘醉突入贡部,喧哗不已。下吏案之。壬辰(二十二日),兰决杖配商州。(《长编》卷一)

进士名录:杨砺,周立舜,李若拙(误),夏侯冕,翁处易,翁处厚,程浩然。特赐:谭桓。(《宋登科记考》卷一)

辨正:李若拙,乾德四年进士第五人。(《楼钥集》卷七一《跋金花帖子绫本小录》:"李公为乾德四年进士第五人。"又,《宋史》卷三〇七:"俄又举进士,王祐典贡举,擢上第。"是举,扈蒙权知贡举;乾德四年,王祐权知贡举。)

是　年

国初,诏诸州贡举人员群见讫,就国子监谒先师,迄今行之,循唐制也。(《渑水燕谈录》卷六)

建隆二年　辛酉(961)

二　月

十日,工部尚书窦仪权知贡举,合格进士张去华已下十一人。(《宋会要·选举》一之一)

进士名录:张去华,尹居业,宋白,师颃,商克俭,傅定基,杨澈。(《宋登科记考》卷一)

十一月

礼部贡院移牒。礼院云:"窃以千载昌期,聿兴文教,四方贡士皆集皇都,祇谒先师。素闻旧典,爰及近代,又废其仪,太学之盛礼未陈,夫国之群儒安仰!请检详仪制,礼院准礼阁新仪。"云:旧仪无贡举人谒先师之文,开元二十六年诏诸路贡举人见讫,就国子监谒先师,官为开讲,质问疑议,所司设食。自后遂为常礼。贡院遂议复行谒先师之祭,自后每岁十一月必行此祭,而贡举人集焉,无举人即不祭。(《山堂考索》后集卷三一)

建隆三年　壬戌(962)

三　月

十九日,翰林学士王著权知贡举,合格进士马适已下十五人。(《宋会要·选举》一之一)

进士名录:马适,王处厚,周渭,章诚。诸科:源获。(《宋登科记考》卷一)

六　月

周世宗之二年,始营国子监,置学舍。上既受禅,即诏有司增葺祠宇,塑绘先圣、先贤、先儒之像。上自赞孔、颜,命宰臣、两制以下分撰余赞,车驾一再临幸焉。于是,左谏议大夫河南崔颂判监事,始聚生徒讲书。上闻而嘉之。乙未(九日),遣中使遍赐以酒果。寻又诏用一品礼,立十六戟于文宣王庙门。(《长编》卷三)

九　月

(丙辰朔,一日)诏及第举人不得呼知举官为恩门、师门及自称门生。(《长编》卷三)

一日,诏曰:"国家悬科取士,为官择人。既擢第于公朝,宁谢恩于私室?将惩薄俗,宜举明文。今后及第举人不得辄拜知举官子孙、弟侄。如违,御史台弹奏。应名姓次第放榜时,并须据才艺高低,从上安排,不得以支科为贵。兼不得呼春官为恩门、师门,亦不得自称门生。除赐宴外,不得辄有率敛。并依后唐长兴元年六月敕处分。"(《宋会要·选举》三之一、二)

建隆四年乾德元年　癸亥(963)

正　月

二十八日,诏:"礼部贡举人,今后朝臣不得更发公荐,违者重置其罪。"故事,每岁知举,将赴贡闱,台阁近臣得公荐所知者。至是,禁止之。(《宋会要·选举》三之二)

旧制,台阁近臣每年得以抱文艺者公荐于贡闱,知举官去取不能无所徇。建隆四年,诏禁止之。(《隆平集》卷二)

二　月

二十二日,枢密直学士薛居正权知贡举,合格进士苏德祥已下八人。(《宋会要·选举》一之一)

权知贡举浚仪薛居正奏进士合格者八人。(《长编》卷四)

进士名录:苏德祥,何祯,宗度,喻韬。(《宋登科记考》卷一)

龙捷左厢都指挥使、汉州防御使马仁瑀,尝私以士属知贡举薛居正,居正实不许而阳诺之。及闻喜宴日,仁瑀乘醉携所属士慢骂居正,御史中丞刘温叟劾奏仁瑀,上虽怒,曲为容忍。(《长编》卷四)

苏德祥,汉相禹圭之子,建隆四年进士第一人。登第初,还乡里,太守置宴以庆之。乐作,伶人致语曰:"昔年随侍,尝为宰相郎君;今日登科,又是状元先辈。"言虽俚俗而颇尽其实。德祥孙丕有高行,少时一试礼部不

中,拂衣去,居淠水之滨,五十年不践城中。欧阳文忠公镇青,言于朝廷,赐号冲退处士。年八十余卒。(《渑水燕谈录》卷六)

八　月

十三日,诏曰:"一经皓首,十上干名,乃前史之明文,见昔贤之苦节。自今礼部贡院所试九经举人落第者,宜依诸科举人例,许令再应。"(《宋会要·选举》一二之二六)

诏曰:"旧制,九经一举不第而止,非所以启迪仕进之路也。自今依诸科,许再试。"(《宋史》卷一五五)

按:自唐以来,所谓明经者,不过帖书、墨义而已。愚尝见东阳丽泽吕氏家塾有刊本吕许公夷简应本州乡举试卷,因知墨义之式盖十余条。有云:"作者七人矣。请以七人之名对。"则对云:"七人,某某也。谨对。"有云:"见有礼于其君者,如孝子之养父母也。请以下文对。"则对云:"下文曰:'见无礼于其君者,如鹰鹯之逐鸟雀也。'谨对。"有云"请以注疏对"者,则对云:"注疏曰云云。谨对。"有不能记忆者,则只云:"对未审。"盖既禁其挟书,则思索不获者不容臆说故也。其上则具考官批凿,如所对善,则批一"通"字;所对误及未审者,则批一"不"字。大概如儿童挑诵之状,故自唐以来贱其科,所以不通者,殿举之罚特重,而一举不第者不可再应。盖以其区区记问犹不能通悉,则无所取材故也。艺祖许令再应,待士之意亦厚矣。(《文献通考》卷三〇)

九　月

丙子(二十七日),诏:"礼部贡举人,自今朝臣不得更发公荐,违者重置其罪。"故事,每岁知举官将赴贡院,台阁近臣得保荐抱文艺者,号曰"公荐"。然去取不能无所私,至是禁止。(《长编》卷四)

闰十二月

丁卯(十九日),召翰林学士、中书舍人于内殿复试吏部试中应拔萃科田可封、孙迈、宋白、谭利用。上临轩观之，试毕称旨。以利用为右拾遗，白为著作佐郎，各赐袭衣、犀带，利用加赐银鞍勒马。可封、迈，授赤县尉。（《长编》卷四）

建隆年间

补诸科名录：阎象。（《欧阳修全集》卷二〇〇，统改《阎公神道碑铭》："以《三礼》举，中建隆某年某科。"）

乾德二年　甲子(964)

正　月

壬辰(十五日),诏曰:"先所置贤良方正能直言极谏、经学优深可为师法、详闲吏理达于教化等三科,并委州府解送吏部,试论三道,限三千字以上。而自曩及今未有应者。得非抱倜傥者耻肩于常调,怀谠直者难效于有司,必欲兴自朕躬乎?继今不限内外职官、前资见任、布衣黄衣,并许诣阁门投牒自荐,朕当亲试焉。"(《长编》卷五)

十五日,诏曰:"炎刘得人,自贤良之选;有唐称治,由制策之科。朕耸慕前王,精求理本,焦劳罔怠,寤寐思贤。期得拔俗之才,访以经国之务。其旧置制举三科,一曰贤良方正能直言极谏,二曰经学优深可为师法,三曰详闲吏理达于教化。并州府解送,吏部试论三道,共三千字已上,当日内成,取文理优长、人物爽秀者中选。自设科以来,无人应制。得非抱倜傥者耻局于常调,效峭直者难罄于有司,必欲直对朕躬,以伸至业?士有所郁,予能发焉。今后不限内外职官,前资见任,黄衣布衣,并许直诣阁门,进奏请应,朕当亲试,以进时贤。所在明扬,无隐朕意。"(《宋会要·选举》一〇之六)

三　月

二日,翰林学士承旨、礼部尚书陶谷知贡举,合格进士李景阳已下八人。(《宋会要·选举》一之一)

太祖时,宋白知举,多受金银,取舍不公。恐榜出群议沸腾,乃先具姓名以白上,欲托上指以自重。上怒曰:"吾委汝知举,取舍汝当自决,何为白我？我安能知其可否！若榜出别致人言，当斫汝头以谢众。”白大惧而悉改其榜，使协公议而出之。(《涑水记闻》卷一。按：疑为陶谷，宋白太祖年间未曾知举。)

进士名录：李景阳，李永龄，潘仲敏。(《宋登科记考》卷一)

四　月

丁未朔(一日)，以前博州军事判官颖贽为著作佐郎。贽应贤良方正能直言极谏科，策试称旨故也。(《长编》卷五)

一日，以前博州军事判官颖贽为秘书省著作佐郎。时制科久废，诏许诣阙自荐，临轩召试。贽应贤良方正直言极谏科，召试称旨，故有是命。(《宋会要·选举》一〇之六)

五　月

(丁丑朔，一日)屯田员外郎、知制诰高锡以弟铣应进士举，属之开封府推官河南石熙载求首荐。铣辞艺浅薄，熙载弗许，锡深衔之，累于上前言熙载裨赞无状。(《长编》卷五)

七　月

庚寅(十七日)，中书门下上重详订翰林学士承旨陶谷所议《少尹幕职官参选条件》：“应拔萃判超及进士、九经判中者，并入初等职事，判下者依常选。”(《长编》卷五)

九　月

癸未(十日)，权知贡举卢多逊言诸州所荐士数益多。乃约周显德之制，定《发解条例》及殿罚之式，以惩滥进。诏颁行之。(《长编》卷五)

十日，权知贡举卢多逊言：“伏以礼部设科，贡闱校艺，杜其滥进，是曰宏规。所以发解之时，必责程试，取其合格，方可送名。岂有经试本州，列荐贡籍，考其艺能，动非及格？殊乖劝之道，渐成虚薄之风。请准周显德二年敕：诸州解发进士，差本判官考试。如本判官不晓文章，即于诸从事内选差。所试并得合格，方可解送。诸科差录事参军考试，如录事参军不通经义，即于州县官内抡选。本判官监试，如有遥口相授、传本与人者，即时遣出，不在试限。纸，先令长官印书，至时给付。凡贴经、对义，并须监官对面同定通否，逐场去留，合格者即得解送。仍解状内开说当州、府元若干人，请解若干人，不及格落下讫若干人。合格见解，其合申送所试文字，并须逐件朱书通否，下试官、监官仍亲书名。若合解不解、不合解而解者，监试官为首罪，并停见任，举送长官闻奏取裁。诸科举人，第一场十否者，殿五举；第二场、第三场十否者，殿三举；其三场内有九否者，殿一举。其所殿举数于试卷上朱书，封送中书门下，请行指挥，及罪发解试官等。令重举旧章，庶绝侥滥。”从之。(《宋会要·选举》一四之一三、一四)

诸州所荐士数益多，乃约周显德之制，定诸州贡举条法及殿罚之式：进士“文理纰缪”者殿五举，诸科初场十“不”殿五举，第二、第三场十“不”殿三举，第一至第三场九“不”并殿一举。殿举之数，朱书于试卷，送中书门下。(《宋史》卷一五五)

乾德三年　乙丑(965)

二　月

十五日,知制诰卢多逊权知贡举,合格进士刘察已下七人。(《宋会要·选举》一之一)

进士名录:刘察,莫奏,陈洪轸,黄澜。(《宋登科记考》卷一)

乾德四年　丙寅(966)

二　月

十七日,礼部员外郎王祜权知贡举,合格进士李肃已下六人。(《宋会要·选举》一之一)

(辛酉,二十六日)权知贡举王祜言进士合格者六人,诸科合格者九人。上恐其遗才,复令于不中选人内取其优长者,第而升之。(《长编》卷七)

进士名录:李肃,毕士安,郭延卿,龙镯。诸科:孔维。(《宋登科记考》卷一)

补进士名录:李若拙。《宋登科记考》卷一将其系于建隆元年进士名录,误。详说见前。

五　月

庚寅(二十六日),上亲试制科举人姜涉等于紫云楼下,从容谓翰林学士承旨陶谷曰:"则天,一女主耳。虽刑罚枉滥,而终不杀狄仁杰,所以能享国者,良由此也。"因论前代帝王得失,日晡乃罢。涉等所试文理疏略,不应策问,并赐酒食遣之。(《长编》卷七)

二十七日,帝于紫云楼下召翰林承旨陶谷,学士窦仪,知制诰王著、卢多逊、王祜,秘书监尹拙,州部郎中姚恕,国子监丞冯英等,同试应贤良方正直言极谏、经学优深堪为师法科。郝益、姜涉等所试文理疏略,不应策问,并赐酒食以遣之。(《宋会要·选举》一〇之六、七)

是　年

是月(闰八月),诏求亡书。凡吏民有以书籍来献者,令史馆视其篇目,馆中所无则收之。献书人送学士院试问吏理,堪任职官,具以名闻。是岁,《三礼》涉弼、《三传》彭干、学究朱载皆应诏献书。总千二百二十八卷,命分置书府。赐弼等科名。(《长编》卷七)

乾德五年　丁卯(967)

二　月

十三日,知制诰卢多逊权知贡举,合格进士刘蒙叟已下一十人。寻诏参知政事薛居正于中书复试,皆合格,并赐及第。(《宋会要·选举》一之一)

进士名录:刘蒙叟,李九龄(又,《直斋书录解题》卷二〇:"李九龄,乾德二年进士第三人。")。诸科:周导。(《宋登科记考》卷一)

三　月

门下省言:"准《制书》:进士、九经,判入初等职事官。又制:桂、应、洮等州书记选判成职事官充。今流内铨以前进士开封李肃拟保顺军节度掌书记,有违元制,准格下。"(《长编》卷八)

乾德六年开宝元年　戊辰(968)

三　月

权知贡举王祜擢进士合格者十人,陶谷子邴名在第六。翌日,谷入致谢,上谓左右曰:"闻谷不能训子,邴安得登第?"遽命中书复试,而邴复登第。因下诏曰:"造士之选,匪树私恩,世禄之家,宜敦素业。如闻党与,颇容窃吹,文衡公器,岂宜私滥!自今举人凡关食禄之家,委礼部具析以闻,当令复试。"(《长编》卷九)

十日,诏曰:"取士之道,责实为先。今岁辟礼闱,明悬科级,贤良之选,务在得人。世禄之家,尤宜笃学。如闻搢绅之内,朋比相容,论才苟爽于无私,擢第即成于滥进。自今应诸色举人内,有父兄骨肉食禄者,委礼部贡院于奏名之时,并别具开析,当议更与复试。贵于公道,无所屈焉。"先是,王祜知贡举,擢进士陶邴中第,邴乃翰林学士承旨谷之子。翌日,诣阁门谢,帝曰:"如闻谷不能训子,安有登进士第者?"遽命中书复试。因降是诏。(《宋会要·选举》三之二)

自是,别命儒臣于中书复试,合格乃赐第。时川蜀、荆湖内附,试数道所贡士,县次往还续食。(《宋史》卷一五五)

进士名录:柴成务,王延之,陶邴。(《宋登科记考》卷一)

八　月

柳开《送高铣赴举序》:柳子自谓得圣人之道,好闻人勤其心而专其学者,求其进而安其至者。尝曰:时之将幸也,吾道行之;时之不幸也,吾道去之。在于天耶？在于人耶？若果在于天，岂不好时之长幸耶？如不好，天其否而已矣！吾将谓不在于天而在于人也。苟君天下者有德也，行吾道者用之矣。君天下者无德也，则我先师夫子，昔生周末也，何尝能用之哉！由将用之，则天下之人皆若七十子矣。宋因于周礼，取文武之道，则而行之九年，万方毕来，归我太平。会八月，柳子病起东郊，来入于魏，得其人言：宋之同姓大夫逢掌文衡也。柳子知大夫之为人公且直也，天子今能用之。又言渤海人铣求试于京尹矣。柳子喜而颂曰：熙熙乎！煌煌乎！道也将行乎！吾也将出乎！时也将幸乎！子野、叔达、季雅从，语三子曰："余为天下乐得其良有司也，贤者进而不贤者退矣。二三子，汝知之乎？"渤海高生斯其贤者欤？上以得其人，下以得其时，吾将与汝永歌而同归吾之东郊，可无辞乎！(《全宋文》卷一二五)

是　年

上令诸道解武举者。命李昉、扈蒙试问所习之业，皆无悉，令罢之。(《山堂考索》后集卷二九)

乾德年间

补进士名录：宋珰。《宋史》卷二七六："宋珰，字宝臣，华州渭南人。……乾德中进士及第。"

开宝二年　己巳(969)

二　月

二十日,枢密直学士赵逢权知贡举,合格进士安德裕已下七人。(《宋会要·选举》一之一)

进士名录:安德裕,王献可,张绅,董循。(《宋登科记考》卷一)

此据《会要·登科记》,其日丁卯。是春,车驾亲征,不知何缘不停举。赵逢寻亦为随车转运使,岂即于行在所取士乎?(《山堂考索》后集卷三六)

十　月

六日,诏曰:"汉诏吏民明当世之务,习先圣之术者,县次给食,令与计偕,盖优贤之道也。朕开设礼闱,敷求俊乂,四方之士,岁贡而来。眷惟遐远之乡,虑迫道途之费,爰稽古典,用示朝恩。自今应西川、山南、荆湖等道所荐送举人,并给往来公券。仍令枢密院定例施行。"(《宋会要·选举》三之二)

远方寒士预乡荐,欲试礼部,假丐不可得,则宁寄举不试,良为可念。谨按:开宝二年十月丁亥,诏西川、山南、荆湖等道,所荐举人并给往来公券,令枢密院定例施行。盖自初起程以至还乡费皆公家,如是而挟商旅于关节,绳之以法,彼亦何辞。今不复闻举此法矣。(《燕翼诒谋录》卷一)

是　年

柳开《高铣下第序》:命之短长悬于天,道之屈伸系乎时,德之尊卑由乎己，名之善恶存乎人。所谓悬乎天者，寿与夭也，知其命而可自信矣；所谓系乎时者，用与舍也，专其道而可自任矣；所谓由乎己者，吉与凶也，务其德而可自择矣；所谓存乎人者，毁与誉也，慎其名而可自混矣。自信而不惑，自任而不废，自择而不怠，自混而不固者，圣人之徒也。不惑，则乐天；不废，则随时；不怠，则勤己；不固，则顺人。能乐乎天，则无忧；能随乎时，则无患；能勤乎己，则无阙；能顺乎人，则无过。乐天者以仁，随时者以智，勤己者以信，顺人者以礼。仁以齐之，能齐之者，岂有虞于命哉？是曰无忧也。智以经之，能经之者，岂有害于道哉？是曰无患也。信以诚之，能诚之者，岂有疑于德哉？是曰无阙也。礼以待之，能待之者，岂有损于名哉？是曰无过也。若渤海高生者，备于四者也。柳子闻之曰："高生能以仁乐乎天，命之短长也，信其寿夭。曰：'予何忧？'予曰：'固何忧矣！子必寿矣！'"又曰："高生能以智随乎时，道之屈伸也，任其用舍。曰：'予何患？'予曰：'固何患矣！子将用矣！'"又曰："高生能以信勤乎己，德之尊卑也，择其吉凶。曰：'予何阙？'予曰：'固何阙矣！子本吉矣！'"又曰："高生能以礼顺乎人，名之善恶也，混其毁誉。曰：'予何过？'予曰：'固何过矣！子难毁矣！'"天若不寿子，则子丧，而吾亦丧矣；时若不用子，则子厄，而吾亦厄矣。由乎己者，内求其实也，自我而专之也；存乎人者，外贵其华也，自我而取之也。若今有司枉子者，命、道、德、名之末耳。虞子之心不在于是，是亦不足极之也。勉乎哉，高生！天下嚣嚣，其谁知子？微我，则无此言以告于子矣。(《全宋文》卷一二四)

开宝三年 庚午(970)

正 月

十九日,诏:"诸道州府察民有孝悌彰闻、德行昭著、擅乡曲之誉、为士庶所伏者,籍满万五千户听举一人,有奇才异行者不拘此限。其所举人,自闾里、县邑至郡国官吏,第加审察,连书事状以闻。仍为治装,速令诣阙,朕将亲问其策,以置于位。"(《宋会要·选举》三之三)

三 月

壬寅朔(一日),诏:"礼部贡院阅进士、诸科十五举以上、曾经终场者,以名闻。"(《长编》卷一一)

甲辰(三日),得司马浦等六十三人。(《长编》卷一一)

三日,知制诰扈蒙权知贡举,合格进士张拱已下八人。续诏:取十五举未及第司马浦已下七人,特赐进士出身。(《宋会要·选举》一之一)

七日,诏曰:"汉诏有云:'结童入学,白首空归。'此盖愍乎耆年无成,而推恩于一时也。朕务于取士,期在得人,岁命有司,大开贡部。进者俾升上第,退者俟乎再来。而礼闱相继,籍到十五举已上贡士司马浦等一百六人,皆困顿风尘,潦倒场屋,学固不讲,业亦难专,非以特恩,终成遐弃。浦等宜各赐本科出身。今后不得为例。"(《宋会要·选举》三之三)

诏礼部阅贡士及十五举尝终场者,得一百六人,赐本科出身。特奏名恩例,盖自此始。(《宋史》卷一五五)

进士名录：张拱，王挽，张茂直，阮环，柳肩吾，张确，程羽。特奏名：司马浦。(《宋登科记考》卷一)

庚戌(九日)，诏："礼部贡院疏特赐出身人姓名各下所属州县，令官吏察其行实以闻，隐蔽者罪之。"(《长编》卷一一)

庚戌(九日)，复取十五举未经终场者四十三人，并赐出身。仍诏自今勿得为例。(《长编》卷一一)

十一日，诏："凡选官才，须敦士行。应特放出身人等，本贯州县察访向来行止。如涉乖恶，并条析以闻。"(《宋会要·选举》三之三)

十一月

先是，诏诸道举有德行者。于是，皆集阙下。命学士院试问吏理，而曹州所举人孔蟾所对稍优。丙寅(二十八日)，以蟾为章邱县主簿。(《长编》卷一一)

十二月

赐进策人樊若水进士出身。若水江南举进士不第，遂谋北归。因诣阙上书，言江南可取之状以求进用。召试学士院，有是命。(《宋会要·选举》九之三)

开宝四年　辛未(971)

二　月

二十四日,知制诰卢多逊权知贡举,合格进士刘寅已下十人。(《宋会要·选举》一之一)

进士名录:刘寅,卫续,刘瑗,莫潘,陈矜,罗庭忠。(《宋登科记考》卷一)

十二月

辛未(九日),召九经李符于内殿问经义,赐本科出身。(《长编》卷一二)

开宝五年　壬申(972)

闰二月

壬辰(二日),权知贡举扈蒙奏合格进士京兆安守亮等十一人,诸科十七人。上召对于讲武殿,始下诏放榜,新制也。(《长编》卷一三)

进士名录:安守亮,何昼,翁处廉,翁处朴,覃光佃,郑罕,刘鹗,谢膳。(《宋登科记考》卷一)

释怀古《送田锡下第归宁》:念别孤亲久,无成万里归。算程芳草尽,去国故人稀。栈阁浮空险,刀州入望微。前期有公荐,莫愧老莱衣。(《全宋诗》卷一二六。按:《咸平集》附录二《田锡年谱》:田锡是年上《藉田颂》,是诗姑系于此。)

柳开《上窦僖察判书》:后二月五日,开再拜,谨奉书于执事。今之所谓进士者,天下几百人。凡所能中有司之选者,其道有三:非材,非力,非智,即不得从其列。斯三者,能用其一,皆为取名之良者矣。材者为上,力者为次,智者为下。于三之中,苟复能参用其二者,即誉之与位,劳不失矣。有能兼是者,由来鲜哉!夫所谓材者,文章也;力者,权势也;智者,朋党也。文章之用,固如金石;权势之要,疾如风雷;朋党之附,密如胶漆。士或学深而行广,辞古而道周,昭明足以不昧其光,执确足以能守其节,是来取名也,有司果肯遗其材之异乎?士或门崇而地峻,父贵而兄显,荣辱足以擅动于世,上下足以尽归于己,是来取名也,有司果敢拒其力之大乎?士或颜苟而心谀,迹勤而言媚,趋竞足以巧结于众,偷贱足以曲屈于气,是来取名也,有司果能免其智之谋乎?若是者,果道之有其三矣。然以材而得之者，有誉而无谤；以力而得之者，有谤而无誉；以智而得之者，谤与誉也，俱泯然无所闻矣。何哉？材以众伏，力以众怒，智以众和。其所以于其己也，亦各从其所以尚也。能以材之取其名者，其为行也常，故日经久而誉增，业复修而位高，故曰上矣，如金石矣。能以力之取其名者，其为行也暴，故始或盛而终衰，事虽成而德败，故曰次矣，如风雷矣。能以智之取其名者，其为行也安，故时既平而道常，进莫知而退销，故曰下矣，如胶漆矣。友朋间凡进于有司者，开常以是言告之。其取名之者，彼于得失也，无能逃脱于此。或三者之中俱无一也，见其来而私惧焉。开本在魏东郊，著书以教门弟子，愿有终焉之志。不幸迩来父兄以家贫，令求禄以养生，交朋以时亨，勉趋仕以专道。故束带冠发，编修简策，欲陪士君子之下，有冀望于名焉。退而自度，其己之于时也，正在此常惧者耳。谓其材也，即文章不合于俗尚；谓其力也，即权势下列于民伍；谓其智也，即朋党绝疏于世务。如是求而望得也，可不艰哉！或谓子可从人以访诸用，决其得且失矣。开遂北走，是来愿伏门下，以冀执事之知。进退之间，唯执事之命耳。故以是书，敢为贽业之先容也。开再拜！（《全宋文》卷一二二）

九　月

有郑伸者，客崇矩门下几十年，崇矩知其险诐无行，待之渐薄。伸怨恨，击登闻鼓，告崇矩受太原人席羲叟黄金，私托翰林学士扈蒙与羲叟甲科，引军器库使范阳刘审琼为证。上大怒，召审琼诘问，审琼具言其诬，上怒稍解。癸酉（十七日），崇矩罢为镇国节度使。赐伸同进士出身，酸枣县主簿。（《长编》卷一三）

十一月

四日，赐进策人郑伸同进士出身，仍授开封府酸枣县主簿，赐袭衣、银带、器币。伸，即枢密使李崇矩之门人，依崇矩以图仕宦。经十余年无所成，伸不胜其忿，乃捃摭崇矩阴事，诣阙上言。故崇矩有华州之行，而伸有是命。（《宋会要·选举》九之三、四）

己巳（十三日），诏："诸道举人，自今并于本贯州府取解，不得更称'寄

应’。如从化外至者,先投牒开封府,奏请得旨,方许就试。其国学亦不得妄署监生,参预荐送。”(《长编》卷一三)

十四日,诏曰:“乡举里选,先王之制也。朕之取士,率由旧章,宜用申明,俾从遵守。应天下贡举人,自今并于本贯州府取解,不得更称‘寄应’。如化外人,即述归依因依,预于开封府投状,长吏具事取裁。其国子监举人,须是元在监习业,方许校艺解送,不得妄称监生。仍并令礼部贡院分明勘会,违者具名以闻。余省条制,委所司详酌行下。”(《宋会要·选举》一四之一四)

是　月

柳开《上卢学士书》:十一月日,乡贡进士柳开再拜,奉书于执事。开始将求进于有司也,或有告开者,曰:“古圣人思欲爱民也深矣,作卜筮以见乎神,存蓍龟以定其器。民有疑于事者,可以占夫利不利矣。今子将进于有司也,无乃须以谋于此乎?龟筮从以行之,龟筮违以止之,斯免子于妄进矣。”开对之曰:“夫人之作事于世也,物或可用之,物或可舍之,蓍龟于何有乎?且开读书著文,干进于时,自有上位之君子知夫利不利矣。必若已不能谋于人,假其蓍龟以告卜之,则吉凶未能胜于贤君子也。开其不若卜于上位之人矣!”开退而思之,私自言曰:今夫朝廷之贤者,独执事大矣,果将往而卜之。与之进而斯进矣,与之退而斯退矣,是可定于开之利不利矣。故夏初求先容以登于执事之门,直以恶文干于左右。洎乎面见执事,果执事不曰汝未可以进矣。凡近年举进士者,唯开封解为盛,礼部升而中第者十居其五。所以天下之士群来而求荐焉,争先而冀上焉。开实不忍弃之,大望其角胜矣,乃尝拜而有谋于执事也。执事当是时扬言而命开曰:“汝何必须开封解矣。去年李蔚解于郑而成名,有司不遗其材,斯果在于开封乎?汝但效其李蔚耳,无执于内外解也。”开退且喜曰:开之进也,知其利矣。明公赐开之言,如是见成败也。吁!向者告开以蓍龟而卜志者,果不能若开之始愿也。如走夷路而获良马焉,指八极而可坐到耳,实不觉气之雄,心之飞。迩者遂西入郑郊,果获首荐。开是知其进有利于有司矣,岂不尽系于执事乎!且士之立世而行道,显名而取位者,孰能自用而自荐乎？须以上位之人知而必爱其材也，可以遂其求矣。设上位之人不能知而爱其材，则虽有仲尼氏之圣之道，亦将困而遑遑焉，不获其志矣。自秦汉已来，有名之士登用于民上者，谁不曰某因某而彰于时，某因某而获于位乎？今由古也，弗可废矣。开虽不敏，愿从事于斯。开受性介僻，与世少合。今虽司贡士，执事不当于任，然望赐于执事也，誓心不迁矣。愿出于执事之门下，开实为荣。必有后之人言曰："柳开能有是，名有是，非柳开则执事不举矣，非执事则柳开不往矣。"苟获与古贤君子齐其休美，后之人果若是而称论之，则开虽朝受赐而夕死可矣。荷执事之恩，宜将何报？姑致谢而进斯言焉。开再拜。(《全宋文》卷一二三)

开宝六年　癸酉(973)

二　月

二十八日，翰林学士李昉权知贡举，合格进士宋准已下十一人。后下第人徐士廉打鼓论榜，诏于讲武殿重试，通放二十六人，贬试官李昉秩。御试自此始。(《宋会要·选举》一之二)

三　月

辛酉(七日)，新及第进士雍邱宋准等十人、诸科二十八人诣讲武殿谢。上以进士武济川、《三传》刘浚材质最陋，应对失次，黜去之。济川，翰林学士李昉乡人也。昉时权知贡举，上颇不悦。会进士徐士廉等击登闻鼓，诉昉用情，取舍非当。上以问翰林学士卢多逊，多逊曰："颇亦闻之。"上乃令贡院籍终场下第者姓名，得三百六十人。(《长编》卷一四)

癸酉(十九日)，皆召见。择其一百九十五人，并准以下及士廉等，各赐纸札，别试诗赋。命殿中侍御史李莹、左司员外郎侯陟等为考官。(《长编》卷一四)

十九日，帝御讲武殿，复试新及第进士宋准并下第进士徐士廉、终场下第诸科等，内出《未明求衣赋》、《悬爵待士诗》题。召殿中侍御史李莹、右司员外郎侯陟、国子监丞郝益为考官。得进士宋准已下二十六人、诸科五经已下一百一人。乃诏曰："国家悬科取士，校艺求人，有司虽务于搜罗，积岁不无其漏落。所以亲临考试，精辨否臧。或悯其年深，或允其才进，俾咸登于上第，谅克叶于至公。其进士宋准等百二十七人并赐及第、出身。"先是，礼部放准等十一人、五经郝镕等二十一人及第，谢于讲武殿。进士武济川、《三传》刘浚以人质蕞陋及占对失次，命黜去。又下第进士徐士廉等挝登闻鼓上言，以久困场屋，无由奋发，及诉知举李昉取舍非当。即诏贡部籍入策进士并终场经学，与准等并亲复于殿庭。御试举人自兹始也。仍赐准等钱二十万，令宴会。济川乃昉之乡人，既黜，昉亦责太常少卿。（《宋会要·选举》七之一）

乙亥（二十一日），上御讲武殿亲阅之，得进士二十六人，士廉预焉；五经四人，《开元礼》七人，《三礼》三十八人，《三传》二十六人，《三史》三人，学究十八人，明法五人，皆赐及第。又赐准钱二十万，以张宴会。责昉为太常少卿，考官右赞善大夫杨可法等皆坐责。自兹殿试遂为常式。（《长编》卷一四）

太祖皇帝开宝六年，命今仆射李公考试贡举人，取士有不能尽。是时，太祖方刻意务理，思与前代英主并立。然而，刑政德业，世用不变于唐。春，进士徐士廉谋曰："天子起艰难中，识艰难事，每外闻绔横直捷，为梗为利，即薙划增树，急如身病。我当上言有司之不良，堙压中善，取快于帝。"且伏阙下，求见太祖。太祖召与之见，廉即具道贡举人事，请太祖廷试之。曰："方今中外兵百万，提强黜弱，日决自上前，出无敢悖者。惟岁取儒为吏官下百数，常常赘戾，以其授于人而不自决致也。为国家天下，止文与武二柄取士耳！无为其下鬻恩也。"太祖即命礼部试所中、不中贡举人，列于殿廷试之，得百有二十七人，赐登高第，开幸在其数。（《全宋文》卷一二三柳开《与郑景宗书》）

自唐以来，进士皆为知举门生，恩出私门，不复知有人主。开宝六年，下第人徐士廉挝登闻鼓，言久困场屋。乃诏入策进士、终场经学，并试殿庭。三月庚午，御讲武殿复试新进士宋准以下一百二十七人。是岁，礼部所放进士十一人而已，五经止二十二人。艺祖皇帝以初御试，特优与取放，以示异恩。而御试进士不许称门生于私门，一洗故习，大哉宏模，可谓知所先务矣。（《燕翼诒谋录》卷一）

柳开少好任气，大言凌物。应举时，以文章投主司于帘前，凡十轴，载以独轮车。引试日，衣襕，自拥车以入，欲以此骇众取名。时张景能文有名，唯袖一书帘前献之，主司大称赏，擢景优等。时人为之语曰："柳开千轴，不如张景一书。"(《梦溪笔谈》卷九)

国朝取士，犹用唐故事，礼部放榜。柳开少学古文，有盛名，而不工为词赋，累举不第。开宝六年，李文正昉知举，被黜下第。徐士廉击鼓自列，诏卢多逊即讲武殿复试，于是再取宋准而下二十六人。自是遂为故事，再试自此始。然时开复不预，多逊为言开英雄之士，不工篆刻，故考校不及。太祖即召对，大悦，遂特赐及第。(《石林燕语》卷八)

时进士及诸科及第，宋准等三十八人入谢，太祖亲阅之，绌二人，又下第。徐士廉等诉讼，乃召对终场下第人阅之，得一百九十五人，令与宋准等试于讲武殿庭，以殿中侍御史李莹、左司员外郎侯陟、国子监丞郝益等考试，通得一百二十七人，并放及第。此云"卢多逊复试"，又云"再取宋准而下二十六人"，皆非。(《石林燕语辨》)

按是举复试，凡得进士二十六人，明经三十人，明礼十人，《三史》三人，学究十八人，明法五人，总诸科为百有二十七。叶公所云专指进士，汪公并诸科言之，是以不同也。(《旧闻证误》卷一)

进士名录：宋准，王文范，王利用，王住，王渭，左贞，田宝之，吕镑，任载，安肃，李巨源，宋玄庆，范翔，柳毗，柳开，索湘，徐士廉，郭成范，黄相，梁谊，张素，董箱，贾源，赵世南，赵白贞，裴询，刘洗，刘总。诸科：郝垍，郝镕，张雍。(《宋登科记考》卷一)

按：是年，进士名录二十六人，《宋登科记考》录二十八人。据《石林燕语》卷八载，柳开复试落第，乃特赐及第。《宋登科记考》断柳开非特赐及第，存疑。除去柳开，尚多一人，待考。

二十九日，赐故右赞善大夫陆光佩子坦同进士出身，监察御史王楷子衮同《三传》出身。先诏：朝臣有将命远方死事，录其子孙。有司以坦等来上，命学士院试所业而命之。(《宋会要·选举》九之四)

先是，诏朝臣有将命远方死王事者，得录其子。于是右赞善大夫陆光佩子坦赐进士出身，监察御史王楷子克同《三传》出身，右补阙吴光辅子用之、右赞善大夫刘师道子传庆并同学究出身，皆就学士院试所业，然后命之。(《长编》卷一四)

四　月

乙酉(二日)，诏："诸州考试官，令长吏精选僚属有才学公正者充。知贡举与考试官同看详义卷，定其通否，否即驳放，不得优假，虚至终场。申禁私荐属举人，募告者，其赏有差。举人勒还本贯重役，永不得入科场。"(《长编》卷一四)

辛丑(十八日)，翰林学士卢多逊等上所修《开宝通礼》二百卷、《义纂》一百卷，并付有司施行。诏："改乡贡《开元礼》为乡贡《通礼》，本科并以新书试问。"(《长编》卷一四)

二十四日，诏礼部贡院："先有《开元礼》科，自今宜改作乡贡《通礼》。逐年考试之时，用新本出墨义。"(《宋会要·选举》一二之二七)

是　月

诏："应考试官以举人所对义卷，明下通不。如有通数少者，逐场便须驳放，不得虚至终场。今后凡中外文武官僚荐嘱举人，便即主司密具闻奏，其被荐举人勒还本贯重役，永不得入举场。其发荐之人，必行勘断。犯者许逐处官吏及诸色人陈告，如得实，应幕职及令、录当与升朝官，判、司、簿、尉即与本处令录。其诸色人赏绢五百匹。以犯事人家财充，不足，以系省绢添支。"(《宋会要·选举》三之三)

八　月

草泽王德方上修河利害。辛卯(十日)，赐德方同学究出身。(《长编》卷一四)

是　年

诏:“贡士之下第者特免将来请解，许直诣贡部。”(《宋会要·选举》七之一)

开宝七年　甲戌(974)

二　月

十四日,诏曰:"学古入官,历代垂训,将期进用,必藉该通。其《毛诗》、《尚书》、《周易》三经学究,自今宜并为一科。及第后,依《三礼》、《三传》选数、资序入官。"(《宋会要·选举》一二之二七)

三　月

诏:权停贡举。(《长编》一五)

五　月

甲寅(七日),以密州所举贞廉德行忠孝人齐得一为章邱县主簿。得一初以五经教授乡里,弟子自远而至。晋末遭乱,其家为州将所屠,得一脱身免,诉诸朝廷,州将坐黜。得一乃还家,布衣疏食,不复仕进。于是应诏来京师,策试中选,故有是命。(《长编》一五)

开宝八年　乙亥(975)

二　月

二十四日，以知制诰王祜权知贡举，知制诰扈蒙、左补阙梁周翰、秘书丞雷德骧并权同知贡举，合格奏名进士王式已下二百九十人。(《宋会要·选举》一之二)

命权同知贡举，始此。戊辰(二十五日)，上御讲武殿，复试王祜等所奏合格举人王式等。因诏之曰："向者登科名级，多为势家所取，致塞孤寒之路，甚无谓也。今朕躬亲临试，以可否进退，尽革畴昔之弊矣。"式等皆顿首谢。于是内出诗赋题试，得进士王嗣宗以下三十人，诸科三十四人。江南进士林松、雷说，试不中格，以其间道来归，并赐《三传》出身。(《长编》卷一六)

二十五日，帝御讲武殿，试礼部奏名进士。内出《桥梁渡长江赋》、《龙舸习水战诗》题，得王嗣宗已下三十一人，赐及第、出身。翌日，试诸科，得《三礼》纪自成已下三十四人，赐本科及第、出身。(《宋会要·选举》七之二)

亲试进士王式等，乃定王嗣宗第一，王式第四。自是御试与省试名次，始有升降之别。(《宋史》卷一五五)

按：殿前试士始于唐武后，然唐制以考功郎中任取士之责，后不过下行其事，以取士誉，非于考功已试之后再试之也。开元以后，始以礼部侍郎知贡举，送中书门下详复。然惟元和间钱徽为侍郎知贡举，宰相段文昌言其取士不公，复试多不中选，徽坐免官。长庆以后，则礼部所取士，先详复而后放榜,则虽有详复之名,而实未曾再试矣。五代以来,所谓详复者,间有升黜人。宋太祖乾德六年命中书复试,则以帝疑陶谷之子不能文而中选,故复之,亦未尝别为之升黜也。至开宝六年,李昉知举,放进士后,下第人徐士廉等打鼓论榜,上遂于讲武殿命题重试。御试自此试始。昉等所取十一人,重试共取二十六人。然于昉等所取十一人内,只黜武济川一人,余十人则高下一依元次。而续取到二十六人,不过附名在此十人之后,共为一榜。然则是年虽别试而共为一榜,亦未尝有省试、殿试之分也。至八年,复试礼部贡院合格举人王式等于讲武殿,内出试题,得进士三十六人,而以王嗣宗为首。王式者,礼部所定合格第一人,则居其四。盖自是年御试始别为升降,始有省试、殿试之分,省元、状元之别云。(《文献通考》卷三〇)

进士名录:王嗣宗,王式,何朝宗,许衮,张确。诸科:纪自成,袁逢吉。(《宋登科记考》卷一)

补进士名录:刘克荷。《太平治迹统类》卷二八载是年进士名录:"王嗣宗、王式、刘克荷。"

王嗣宗,汾州人,太祖时举进士,与赵昌言争状元于殿前。太祖乃命二人手搏,约胜者与之。昌言发秃,嗣宗殴其幞头坠地,趋前谢曰:"臣胜之!"上大笑,即以嗣宗为状元,昌言次之。(《涑水记闻》卷三)

三　月

十八日,赐及第进士王嗣宗等钱百千,令宴乐。(《宋会要·选举》二之一)

八　月

辛酉(二十二日),诏停今年贡举。(《长编》卷一六)

十　月

十三日,诏曰:"周室荐贤,必由乡里;汉庭取士,或按版图。当察行以议年，务兴廉而举孝。朕尝观旧史，慨慕前王，匪敢荒宁，咸求俊乂。尚虑幽远难于自进，隐逸泥于所安。宜令郡国下属邑令佐，令佐下乡里耆艾，察民有孝悌力田、奇才异行，或文经武略、堪任用者，年二十已上、五十已下，第加铨择，具以名闻。仍速遣诣阙，当亲视臧否，以进退之。如乡邑无可塞诏者，亦以实告。或不尽称荐、壅于上闻者，当置于理。”（《宋会要·选举》三之三、四）

是 年

诏：“贡士之下第者，特免将来请解，许直诣贡部。”（《长编》卷一六）

国子监上言：“生徒旧数七十人，奏诏分习五经。然系籍者或久不至，而在京进士、诸科，常赴讲席肄业，请以补监生之阙。”诏从之。（《宋史》卷一五七）

宋太祖年间

（范杲）尝携文谒陶谷、窦仪，咸大称赏，谓杲曰：“若举进士，当待汝以甲科。”及秋试，有上书言伐阅之家不当与寒士争科第，杲遂不应举。（《宋史》卷二四九）

开宝九年太平兴国元年　丙子(976)

正　月

癸未(十六日),命翰林学士李昉、知制诰扈蒙、李穆等,于礼部贡院同阅诸道所解孝弟力田及有文武材干者,凡四百七十八人。及试,问所习之业,皆无可采。而濮州以孝弟荐名者二百七十人,上骇其多,召问于讲武殿,率不如诏。犹自言能习武,复试以骑射,则皆陨越颠沛。上顾曰:"止可隶兵籍耳。"众皆号泣求免,乃悉令退去,劾本州官司滥举之罪。(《长编》卷一七)

三　月

诏:权停贡举。(《宋会要·选举》卷一之二)

十二月

一日,命太子中允直舍人院张洎、右补阙石熙载考试诸州所贡进士,户部郎中侯陟、赞善大夫侯陶、太子中舍陈鄂考试诸科举人。(《宋会要·选举》一九之一)

是　年

是岁,高丽国人金行成始入学于国子监。(《长编》卷一七)

先友郭照为京东宪日,尝为先生言:其曾大父中令公赞,初为布衣时,肄业京师皇建院。一日方与僧对弈,外传南衙大王至。以太宗龙潜日,尝判开封府,故有南衙之称。忘收棋局,太宗从容问所与棋者,僧以郭对。太宗命召至,郭不敢隐,即前拜谒。太宗见郭进趋详雅,襟度朴远,属意再三。因询其行卷，适有诗轴在案间，即取以跪呈。首篇有《观草书》诗云："高低草木芽争发，多少龙蛇眼未开。"太宗大加称赏，盖有合圣意者。即载以后乘归府第，命章圣出拜之。不阅月而太宗登极，遂以随龙恩命官。尔后眷遇益隆，不十数年位登公辅，盖与孟襄阳、贾长江不侔矣。(《春渚纪闻》卷七)

宋太宗　太平兴国二年　丁丑(977)

正　月

七日,帝御讲武殿,试礼部奏名进士,内出《训兵练将赋》、《主圣臣贤诗》题,得吕蒙正已下一百九人,并赐及第。命翰林学士李昉、扈蒙阅所试,定其优劣为三等。(《宋会要·选举》七之二)

上初即位,以疆宇至远,吏员益众,思广振淹滞,以资其阙。顾谓侍臣曰:"朕欲博求俊乂于科场中,非敢望拔十得五,止得一二,亦可为致治之具矣。"先是,诸道所发贡士凡五千三百余人,命太子中允直舍人院张洎、右补阙石熙载试进士,左赞善大夫侯陶等试诸科,户部郎中侯陟监之。于是,礼部上所试合格人名。戊辰(七日),上御讲武殿,内出诗赋题复试进士,赋韵平侧相间依次用。命翰林学士李昉、扈蒙定其优劣为三等,得河南吕蒙正以下一百九人。庚午(九日),复试诸科,得二百七人,并赐及第。又诏礼部阅贡籍,得十五举以上进士及诸科一百八十四人,并赐出身。九经七人不中格,上怜其老,特赐同《三传》出身。凡五百人,皆先赐绿袍、靴、笏,锡宴开宝寺,上自为诗二章赐之。唐时礼部放榜之后,醵饮于曲江,号曰"闻喜宴",五代多于佛舍名园。周显德中,官为主之。上命中使典领,供帐甚盛。第一,第二等进士并九经授将作监丞、大理评事,通判诸州。同出身进士及诸科并送吏部免选,优等注拟初资职事,判、司、簿、尉。宠章殊异,历代所未有也。薛居正等言取人太多,用人太骤。上意方欲兴文教,抑武事,弗听。及蒙正等辞,特召令升殿,谕之曰:"到治所,事有不便于民者,疾置以闻。"仍赐装钱,人二十万。或云:太祖之幸西京也,洛阳人张齐贤献下并汾、富民、封建、敦孝、举贤、太学、籍田、选良吏、惩奸、谨刑十策。太祖召见便坐,问之,齐贤以手画地条陈,太祖善其四策,齐贤坚执其余策皆善，太祖怒，令卫士拽出。及还，语上曰：“我幸西京，惟得一张齐贤，我不欲遂官爵之，汝异时可收以自辅也。”于是齐贤举进士，上决欲置之高等，而有司第其名适在数十人后。上不悦，乃诏进士尽第二等及九经凡一百三十人悉与超除，盖为齐贤故也。(《长编》卷一八)

八日，宴新及第进士吕蒙正等于开宝寺，仍赐御诗二首以宠之。故事，吏部发榜后，敕下之日，醵钱于曲江，为闻喜之饮。近代多于名园佛庙。至是，官为供帐，为盛集焉。(《宋会要·选举》二之一)

九日，试诸科，得九经已下二百七人，并赐本科及第。九经、五经一人不合格，帝怜其老，亦赐同《三传》出身。自隋大业中，始设进士科，至唐以来尤盛。当时每岁不过三十人，咸亨、上元中，增旧额为七十人，寻亦复故。开成中，连数岁放四十人，旋复旧制。进士外，以经术登科者，亦不及百人。自帝即位，以州县阙官，故旬浃之中，贡士几三百人，将以补缺员而振滞淹也。(《宋会要·选举》七之二)

按：是年诸道所发贡士，得五千二百余人，赐第者共五百余人，为十取其一。(《文献通考》卷三〇)

十日，赐新及第进士、诸科绿袍、靴、笏。时未命官先解褐，非常制也。(《宋会要·选举》二之一)

赐诗自兴国二年吕蒙正榜始。(《渑水燕谈录》卷六)

进士名录：吕蒙正，丁纲，弋子元，王化基，王沔，吕祐之，吕龟祥，李至，李康，李义载，李灯，宋泌，金行成，韦亶，马汝士，夏侯峤，徐休复，陈宗道，陈恕，陈应期，许骧，章衮，张宏，张郁，张蔚，张齐贤，温仲舒，詹寰，赵昂，臧丙，廖如壎，郑元龟，郑浮，萧仲舒，韩国华，谢言。

诸科：邢昺，桑光辅，边鲁。(《宋登科记考》卷二)

补进士名录：其一，孔宪。《宋登科记考·附录》："孔宪，兖州仙源人，宋登进士第。"按：《宋史》卷四三一："次曰（孔）宪，太平兴国二年进士及第。"

其二，柳闵。《全宋文》卷一二八柳开《柳君墓志铭》："郰中大族，我家也。我世长者，故昭义军节度推官闵也，字肩回。……太平兴国二年，果始策名。"

其三，武允成。《宋会要·职官》四八之六："太常丞武允成除成都节度副使，仍预公事。允成太平兴国元年进士。"太平兴国元年停贡举，当为是年进士。

其四，王相。《太平治迹统类》卷二八载是年进士名录："吕蒙正、王相、李至……"

补诸科名录：程象明。《宋登科记考·附录》：程象明"太祖朝登明经科第"。《欧阳修全集》卷二一《程公神道碑铭》："太平兴国初，公之从祖羽，佐太宗自晋王即皇帝位，为文明殿学士，官至兵部侍郎。……初，公与其仲父象明同举《春秋》，皆中第。是时，从祖以给事中知开封府，召公及象明谓曰："吾新被宠天子，待罪于此，不欲子弟并登科。"使其自择去就。公因让其从父，自引去，从祖颇贤之。"居上下文意，当为是年中第。

国初，进士尚仍唐旧制，每岁多不过二三十人。太平兴国二年，太宗皇帝以郡县阙官颇多，放进士几五百人，比旧二十倍。正月己巳，宴新进士吕蒙正等于开宝寺，赐御制诗二首。故事：唱第之后，醵钱于曲江为闻喜之饮，近代于名园佛庙。至是，官为供帐，岁以为常。先是，进士参选，方解褐衣绿，是岁锡宴后五日癸酉，诏赐新进士并诸科人绿袍、靴、笏。自后以唱第日赐之，惟赐袍、笏，不复赐靴。（《燕翼诒谋录》卷一）

国初取进士，循唐故事，每岁多不过三十人。太宗初即位，天下已定，有意于修文，尝语宰相薛文惠公治道长久之术，因曰："莫若参用文武之士。吾欲科场中广求俊彦，但十得一二，亦可以致治。"居正曰："善。"是岁御试题，以"训练将"为赋，"主圣臣贤"为诗，盖以示参用之意。特取一百九人,自唐以来未有也。遂得吕文穆公为状头,李参政至第二人,张仆射齐贤、王参政化基等数人,皆在其间。自是连放五榜,通取八百余一人,一时名臣,悉自此出矣。(《石林燕语》卷五)

国初取进士,每岁有不止三十人者,此云多不过三十人,非也。(《石林燕语辨》)

按:太祖一朝放进士十五榜。李肃榜六人;刘察榜七人;苏德祥、李景阳、张拱榜皆八人;刘蒙叟、柴成务、安德裕、安守亮榜皆十人;张去华、刘寅榜皆十一人;马适榜十五人;杨砺榜十九人;宋准榜二十六人。惟开宝八年王嗣宗一榜放三十一人,叶不误也。(《旧闻证误》卷一)

吕文穆公父龟图与其母不相能,并文穆逐出之,羁旅于外,衣食殆不给。龙门山利涉院僧识其为贵人,延致寺中,为凿山岩为龛居之。文穆处其间九年乃出,从秋试,一举为廷试第一。是时,太宗初与赵韩王议,欲广致天下士以兴文治,而志在幽燕,试《训练将士赋》。文穆辞既雄丽,唱名复见容貌伟然。帝曰:"吾得人矣。"自是七年为参知政事,十二年而相。其后诸子即石龛为祠堂,名曰"肄业",富韩公为作记云。(《避暑录话》卷三)

太宗初即位,张齐贤方赴廷试,太宗欲其居上甲,而有司偶失抡选,置于丙科。帝不说,有旨,一榜尽与京官、通判。文定得将作监丞,通判衡州,不十年,位宰相矣出邵伯温《闻见前录》。按《会要》:太宗所取进士,太平兴国二年吕文穆蒙正榜凡五人,第一等除将作监丞,今之宣义郎;第二等除大理评事,今之承事郎,并通判诸州。三年,胡秘监旦榜七十三人;五年,苏参政易简榜百一十八人,皆仿此例。邵氏谓以文定故,一榜尽与京官、通判者,谬也。文定实吕文穆榜第一等及第。是时止分两等,安得有第三甲也?后十五年,文定乃拜相。(《旧闻证误》卷一)

洛阳龙门,有吕文穆公读书龛,云文穆昔尝栖偃于此。初有友二人,一人则温尚书仲舒,一人忘其姓名,而三人誓:不得状元不仕!及唱第,文穆状元,温已不意,然犹中甲科,遂释褐。其一人径拂衣归隐。后文穆作相,太宗问:"昔谁为友?"文穆即以归隐者对,遽以著作佐郎召之,不起。故文穆罢相尹洛,作诗曰:"昔作儒生谒贡闱,今提相印出黄扉。九重鹓鹭醉中别,万里烟霄达了归。邻叟尽垂新鹤发,故人犹着旧麻衣。洛阳谩道多才子,自叹遭逢似我稀。"(《青箱杂记》卷一)

吕文穆公未第时,薄游一县,胡大监旦方随其父宰是邑,遇吕甚薄。客有誉吕曰:"吕君工于诗,宜少加礼。"胡问诗之警句,客举一篇,其卒章云"挑尽寒灯梦不成"。胡笑曰:"乃是一渴俗语转音溘睡汉尔。"吕闻之,甚恨而去。明年,首中甲科,使人寄声语胡曰:"渴睡汉状元及第矣。"胡答曰:"待我明年第二人及第,输君一筹。"既而次榜,亦中首选。(《欧阳修全集》卷一二八《诗话》)

吕蒙正方应举,就舍建隆观。沿干入洛,锁室而去,自冬涉春方回。启户视之,床前槐枝丛生,高二三尺,蒙茸合抱。是年登科,十年作相。(《谈苑》卷四)

(太宗)赐吕蒙正诗有云:"帝泽虽宽异,官荣莫忘贫。"(《东原录》)

乙亥(十四日),赐乡贡进士孔世基同本科出身,褒先圣之后也。(《长编》卷一八)

三　月

二十三日,诏:"新及第进士吕蒙正以下,第一等为将作监丞,第二等为大理评事,并通判诸州,各赐钱二十万。同出身以下,免选,注初等幕职、判、司、簿、尉。"(《宋会要·选举》二之一)

庚寅(二十九日),知江州周述言:庐山白鹿洞学徒常数千百人,乞赐九经,使之肄习。诏:国子监给本,仍传送之。(《长编》卷一八)

五　月

丁亥(二十七日)，诏太子中舍陈鄂等同详定《玉篇》、《切韵》。(《长编》卷一八)

十　月

二十一日，诏曰："朕昨以振举滞淹，详求俊乂，乃以清闳之宴，亲校贤能之书。中我悬科，几乎数百，所宜暂停贡举，且使进修。其礼部贡举，宜权罢一年。今年诸州已得解举人，将来特免解。仍令有司颁行天下。"(《宋会要·选举》一之二)

太平兴国三年　戊寅(978)

三　月

十七日,诏礼部贡院:“自去年十月已前,诸科贡举人除《三礼》、学究等三科外,余并听于贡院投牒次,以八月朔俱至都下,俟引试。”(《宋会要·选举》一二之二七)

八　月

八日,命兵部员外郎刘兼、太子中允直舍人院张洎、左赞善大夫郭贽考试诸州特解送举人。(《宋会要·选举》一九之一)

(甲戌,二十二日)上先诏权罢贡举,复恐场屋间有留滞者,乃诏诸州:“去年已得解者,除《三礼》、《三传》、学究外,余并以秋集礼部。”(《长编》卷一九)

田锡《南省试圣人并用三代礼乐赋以“皇猷昭宣礼乐备举”为韵》:吾皇帝膺运承乾,惟师古以为先。化邦家而辑睦,因礼乐以昭宣。虽三代令王,稽沿革而殊矣;而千龄圣运,能损益而焕然。岂不以乐也者本乎天,礼也者本乎地,将化民以成俗,信有教而无类。礼能加肃,先俎豆之有仪;乐以导和,宜笙镛之大备。昔夏后之御历也,宪章于舜,祖述于尧,推历稽人统之正,用寅为岁首之朝。牲用乎骊,能降神于肹蚃;声均《大夏》,又何取于《箫韶》? 所以致皇猷穆穆,而王道昭昭。又若有商之统天也,以应天顺人,惟干戈兮是举;以逆取顺守,致彝伦兮攸叙。恭为礼本,嘉尚白于衣冠;《濩》为乐称,表均和于律吕。其以宗周之致理也,以道合乎地者称帝,仁合乎天者为皇。能兼帝皇之盛德,是为圣哲之令王。骍犊贵诚,加以用宗彝之郁鬯;黄钟本律,其始导天统于阴阳。是知三王之救衰弊而拯黎元也，不相袭乎至音，靡相沿乎大礼。亦犹五材迭用，运元化以成功；四序交新，致岁功而有体。今皇上嗣位而致升平也，前古之遗文必复，百王之阙政皆修。是以文章明备，声教同流。明堂辟雍，表尊崇于儒术；宫悬乐府，方远播于鸿猷。矧今卜代继于周姬，登歌美乎象箾，方期驾玉辂于鲁道，封金泥于泰岳。遐方咸走于梯航，太史远颁于正朔。小臣稽首而称之曰：穆穆皇皇，有以见我宋之礼乐也。(《咸平集》卷九)

九　月

甲申朔(一日)，上御讲武殿，复试合格人，进士加论一首，自是常以三题为准。得渤海胡旦以下七十四人。(《长编》卷一九)

按：《选举志》言是年试进士始加论一首。然考《登科记》所载，建隆以来，逐科试士皆是一赋、一诗、一论，凡三题，非始于是年也。(《文献通考》卷三〇)

乙酉(二日)，得诸科七十人。并赐及第，始赐宴于迎春苑，授官如二年之制。故事，礼部唯春放榜，至是秋试，非常例也。诏：自今广文馆及诸州府、礼部试进士律赋，并以平侧依次用韵。(《长编》卷一九)

太平兴国三年九月，始诏：自今广文馆及诸州府、礼部试进士律赋，并以平侧次用韵。其后又有不依次者，至今循之。(《容斋续笔》卷一三)

二日，帝御讲武殿，试礼部奏名进士，内出《不阵而成功赋》、《二仪合德诗》、《登讲武台观习战论》，得胡旦已下七十四人，并赐及第。翌日，试诸科，得九经已下八十二人，并赐本科及第。先是，去年诸州已发解，遽诏罢贡举。帝恐场屋间有留滞者，复诏郡国除《三礼》、《三传》学究外，悉以今年八月至阙下。及是，帝亲试而特放焉。故事，礼部唯春放榜，至是秋试，非常例也。(《宋会要·选举》七之三)

田锡《御试不阵而成功赋以“功德双美威震寰海”为韵》：圣人以德御天下，

威加域中，谅至仁以无敌，故不阵以成功。征《道德》之格言，谓乎善战；取《春秋》之经武，自服皇风。是知恩始乎于万灵，武实加乎七德。安民和众以为本，禁暴戢兵而是式。所以堂堂之阵弗施，而唯取柔怀；整整之旗何用，而陋乎刚克。昔者成汤革夏，泽及万邦，勍敌靡由乎力制，匪人自悦而心降。岂比夫祖龙霸秦，恃山河之百二；淮阴事汉，称智勇以无双。又若武王克商，灵旗前指，岂鹅鹳之是列，匪鱼丽之称美。自然威宣有亳，民率服以来归；师济盟津，众悦随而戾止。是知王者之取天下也，泽普群动，恩流九围，道德为城池之固，忠信为甲胄之威。所以箪食壶浆，迓王师而自速；靡旗乱辙，望圣德以如归。宜乎师克在和，动先观衅。仁义之施也，若风雨之速；威武之加也，若雷霆之震。《传》称因垒，美崇伯之归周；《书》曰舞干，纪有苗之服舜。今圣朝以民济寿域，道洽人寰，将铸剑于农器，方虚候于玉关。弭祸乱于未形，恩能服众；布英威于有截，礼以防闲。下臣赓歌之曰：化洽无私兮功符不宰，取仁义为胜兮岂干戈砺乃。德上冠于唐虞，政下任乎元凯。孙吴之阵法奚取？韩白之兵机弗采。宜乎车同轨而书同文，至化方流于寰海。(《咸平集》卷九)

田锡《御试登讲武台观兵习战论》：《春秋》曰："天生五材，民并用之。"又曰："谁能去兵？"是知尧舜禹汤而下，迨于宗周之至圣，鲜不以仁义道德牢笼天下，而以甲兵武备以制海内。故仲尼曰："不教民战，是谓弃之。"故周有井田之法，春搜夏苗，秋狝冬狩，乘三农之隙，以教民战。夫武有七德，禁暴戢兵，安民和众之为用也。故古先帝王临御天下，持威制之柄于上，以制四夷，而齐万国，得不以兵为本焉。昔晁错上汉文之书曰："兵不坚利，与空手同。"是知兵不得不坚，而战不得不习。唐开元之际，海内无事，明皇幸于骊山，讲兵而阅焉，于时称为威盛。今国家自先帝临御以来，弭祸乱而安黎元，胜兵数百万，所谓霸王之器在手，故远戎畏服，诸侯恭肃。岂非甲兵之用善，弛张卷舒由圣人乎？今陛下乘乾坤交泰之时，而当寰海宴清之际，虽以诗书礼乐以化天下，而致民于富寿之域，然能遵尧舜禹汤之用心，而弗忘战。以是知卜年之祚方远，而卜世之基弥固。登崇高之台以讲武焉，讲武之大体，实观兵之威武焉。既威且武，而有习战之术，以是众战，则何敌弗克？夫是三令五申，虽古之习战之法，而《易》贵师贞之吉。今睿谋神武，以兵战之机以时习焉，天下畏天威而服圣德，岂非前书者云“善师者不阵”者乎？四夷之心，咸走梯航，玉帛而来朝者，由陛下德先胜而兵有威也。今论兵甲之利，府库之备，士卒之勇，土田之广，疆场之安，虽汉武承文景之羡财而利甲兵者，弗能加焉；区域之安，蒸黎之泰，风雨时顺，天地气和，虽太宗革隋之余而善整武备者，亦弗能至焉。(《咸平集》卷一二)

田锡《御试二仪合德诗七言六韵用“心”字为韵》：圣主承祧兑泽深，乾坤玄化合尧心。黄舆比厚施生植，白日齐明远照临。周普至仁符积载，霧流睿渥若春霖。游鳞在藻方谐性，犷俗乘桴自献琛。和悦感人生瑞霭，穆清流咏在熏琴。小臣幸与观光试，敢效祈招颂德音。(《咸平集》卷一五)

二日，赐新及第进士胡旦已下绿袍、靴、笏。自是以为定制。(《宋会要·选举》二之一)

二日，诏：“自今广文馆及诸州府、礼部试进士律赋，并以平侧次用韵。”(《宋会要·选举》三之四)

国初，进士词赋押韵，不拘平仄次序。太平兴国三年九月，始诏进士律赋，平仄次第用韵。而考官所出官韵，必用四平四仄。词赋自此整齐，读之铿锵可听矣。(《燕翼诒谋录》卷五)

二日，诏：“自今进士及诸科贡举人被废疾者，诸州不得解送，礼部不得授牒。”(《宋会要·选举》一四之一四)

进士名录：胡旦，田锡，赵昌言，王利用，牛冕，李及，李昌龄，李蕤，宋太初，邵奕，陈仪，崔策，张肃，张鉴，董俨，焦晟，冯拯，赵晙，赵曮，韩丕，罗彧。(《宋登科记考》卷二)

补进士名录：其一，薛映。《宋登科记考》卷二将薛映系于淳化三年进士名录，误。《宋登科记考》依据资料为吕陶《净德集》和文莹《玉壶清话》等。《净德集》卷一四《薛文恭尚书真像记》：“太平兴国中，擢进士第。”《玉壶清话》卷三：“薛大谏映亦榜下生也。首问胡（旦）曰：‘过维扬，见董（俨）同年否？’”

其二，陈象舆。《玉壶清话》卷五：“赵参政昌言，汾人。……是时，陈象舆、董俨俱为盐铁副使，胡旦为知制诰，尽同年生，俱少年，为一时名俊。”

故事，进士期集，常择榜中最年少者为探花郎。熙宁中始罢之。太平兴国三年，胡秘监旦榜，冯文懿拯为探花，是岁登第七十四人，太宗以诗赐之曰：“二三千客里成事，七十四人中少年。”始，唐以礼部放榜，故座主门生之礼特盛，主司因得窃市私恩。上稍欲革其弊，既更廷试，前一岁吕文穆公蒙正为状头，始赐以诗，盖示以优宠之意，至是复赐文懿。然状头诗迄今时有，探花诗后无继者，惟文懿一人而已，最为科举之盛事也。（《诗话总龟》后集卷一）

胡旦少有俊才，尚气凌物，尝语人曰：“应举不作状元，仕宦不作宰相，乃虚生也。”随计之秋，郡守坐中闻雁，旦赋诗曰：“明年春色里，领取一行归。”诗人皆壮其言。明年果魁天下。终以俊才忤物，不登显位而卒。（《渑水燕谈录》卷四）

（太宗）赐胡旦诗有云：“报言新进士，知举是官家。”御注云：“每相见，但相劝为美善之事，莫教朝野人笑道主文官家知举不了。”（《东原录》）

十一月

二十日，以新及第进士胡旦、田锡、赵昌言、李豨并为将作监丞，崔策等七十人并为大理评事、通判诸州事及诸州监当。（《宋会要·选举》二之一）

十二月

是冬，诸州贡举人并集，会将亲征河东，罢之。自是，每间一年或二年乃置贡举。（《长编》卷一九）

太平兴国四年　己卯(979)

十　月

十四日，张咏《大名府请首荐张覃书》：应乡贡进士举张某，谨再拜献书于小宗伯席间：昨日公府试罢，群口腾议，以某名在张覃之右。虽未知实，恐惕无量。窃以张覃者，内实敏直，外示谦和，乐贫著书十五年，未尝一日变节。事继母恭惧，犹初授教时，一家熙熙，有若太和之俗矣。且魏大都也，万人毕词，谓之君子。况郝、马、魏之辈，十年往来，相与探讨。某也不佞，心常慕之。明公下车在近，计部旋遗，将以某之文近覃之文，未若覃之德远某之行万万也。窃敢僭冒，闻于视听，惶恐！惶恐！抑又闻古之取士也，先以德行闻；今之取士也，先以文辞闻。古之得士也鲜，今之得士也众。毕藉其用，克归于真。故周设俊造，专德行可进也；汉定四科，参众善可进也。迄于有唐，大正贡部，伟行奇业者尽取之，非行而文词者亦取之。流于百世之下，将为不易之典。国家四海久安，贤俊间出，得士之众，于古无上。犹复仄言思贤于内，诏诸侯贡士于外。恭惟明公，以德行宏才，克应其选。一命而通治大郡，再命而通治大都，皇上速于用明公也。欲因明公之贤，诱天下之贤。某亦何人，来预明试，始随贡士之列，卒得知言之地。感遇忻慰，通于胸怀，因欲尽陈其愚执，伏望悯怜之。某尝少年不量力，秉志励行，期到古人。十五年逼寒饥，绝往还。除比岁一宁亲，则月无废日。然其心顽难通，故文辞不逮于覃也；性复迂怪，执行望于覃远矣。明公决以某为先，是不知覃之善行，播某之恶也。若树覃为先，则诡薄之俗可易，仁义之风可扇，又乎乎古昔尊德上贤之教也。幸甚！幸甚！某若郁而不伸，则负掩贤之过，言之越职，则有犯上之罪。伏望终始鉴宥之。某再拜。(《张乖崖集》卷七)

太平兴国四年秋，与忠愍寇公同赴大名举，议将首荐公。公以同郡张覃素有文行，即率寇公上书，请以覃为冠。一府钦叹，遂如公言，士论多之。(《全宋文》卷八五九韩琦《张公神道碑铭》)

张咏在白士间，意概不群。秋试，求荐于大名，上书府公曰："昨日公府试罢，群口腾议，以咏名在张覃之右。且覃内实敏直，外示谦和，乐贫著书十五年，未尝一日变节。事继母恭慎，犹初授教时。一家熙熙，有若太和之俗。且魏大都也，万人同辞，谓之君子。"闻者无不佳咏善让，谓可以劝薄俗。又尝作《声赋》，虽未能高致绝俗，然豪迈有理致。朋游有劝咏以《声赋》贽先达者，咏曰："取一第，乃欲用吾《声赋》耶?"其自负如此。(《儒林公议》)

十一月

丙戌(九日)，诏："以明法科于诸书中所业非广，遂废之；学究并通《三经》，谅难精至，乃分为三科，仍兼习法令。"又诏："进士及诸科引试日，并以律文疏卷问义。"(《长编》卷二〇)

丙戌(九日)，诏进士及诸科引试日，并以律文疏卷问义。又，诏张咏、寇准同赴大名举，议将首荐咏。咏以同郡张覃素有文行，即率寇公，请以覃为冠。士论多之。(《山堂考索》后集卷三六)

十日，诏曰："禁民为非者莫大于法，陈力就列者当习其书。苟金科玉律之不明，虽食蘖饮水而何益？宜申沿革，式著典彝。自今礼部应进士、九经、五经、三史、《通礼》、《三礼》、《三传》，引试日宜于律及律疏中问义三五条。或执卷发其端，令面对一两事。"先是，学究通习《三经》之业，恐难精至。今分为三科，令各习一经，仍通习明法。所习律令等书，并准格以考试。(《宋会要·选举》一二之二七)

太平兴国五年　庚辰(980)

正　月

八日，以文明殿学士程羽权知贡举，御史中丞侯陟，中书舍人郭贽、宋白，殿中丞陈鄂，尚书博士邢昺，权同知贡举，合格奏名进士某乙已下若干人。(《宋会要·选举》一之二)

王禹偁《省试三杰佐汉孰优论太平兴国五年》：夫百姓不能自治，命圣人以治之；圣人不能独治，生贤臣以佐之。粤自有天地，建国家，历代已来，固非贤而不乂也。在昔嬴氏之有天下也，蚕食六国，虎噬兆民，君政猛于豺狼，人命轻于草芥。役五岭之戍，起阿房之宫，坑儒学之徒，惑神仙之事。筑城北塞，鞭石东溟，苍生嗷嗷，上诉求主。天命高祖，革秦之暴，纂尧之绪，斩蛇于大泽，逐鹿于中原。云飞丰沛之间，雷动崤函之地。将欲洗万人之涂炭，救六合之分崩，乃生三杰以佐焉。则有应炎汉之运，储昴宿之精，举不失贤，动无遗策。供转输于千里，约法令于三章，收图籍之书，令府库之利，使诸侯同反掌，定万国如走丸，此酂侯为一也。则有继韩国之裔，受黄公之书，解纷陈八难之諆，运筹决千里之胜。掉三寸舌，蔚为帝者之师；封万户侯，自是布衣之极，此留侯为二也。次乃勇冠三军，功深百战，下强齐如拾芥，虏叛魏如摧枯。七十阵征伐之劳光乎史策，四百年兴隆之祚垂之古今，此淮阴为三也。故高祖尝曰："此皆人之杰也，吾能用之，奋布衣而取天下，未为艰哉！"然则，汉犹鼎也，三杰为足以负之；汉犹天也，三杰为辰以烛之。鼎去一足，则有欹倾之虞；天阙一辰，则失经躔之度；汉亏一杰，则无霸王之业。岂非天之道启圣哲，救黎元，火乱秦，殄强楚，而兴大汉哉！不然，何龙虎风云会合之若是邪！噫！辅弼则同，优劣斯异。故谓"韩信之功如猎犬，虽云有获，盖指踪在乎人矣"。如是，则萧、张,人之功也;韩信,犬之劳也。优劣之义,不其明乎?其或得名遂之道,其在子房乎!故萧公受絷,韩信受戮,虽成功于前,终贻慼于后。未若定储君之计,从赤松而游,远害全身,垂名于万世者,不为优哉!(《全宋文》卷一五五)

闰三月

甲寅(十一日),上御讲武殿,复试权知贡举程羽等所奏合格进士,得铜山苏易简以下百一十九人,又得诸科五百三十三人。并分第甲乙,赐宴,始有直史馆陪座之制。进士第一等授将作监丞,通判藩郡;次授大理评事,知令、录事;诸科授初等职事及判、司、簿、尉。时刘昌明、颜明远、毗陵张观、宜黄乐史等四人皆以见任官举进士,上惜科第不与,特授近藩掌书记。唐有敕赐及第以表特恩,开宝以来,御试中第一者皆称之。其文臣有不由科第者,或因献文别试,以敕赐进士及第,或赐御前进士及第。又有同进士及进士出身之目。其后,复赐乐史进士及第,仍附是年第一等进士之下。(《长编》卷二一)

十一日,帝御讲武殿,试礼部奏名进士,内出《春雨如膏赋》、《明州进白鹦鹉诗》、《文武何先论》题。得苏易简已下一百一十九人,并赐及第、出身。(《宋会要·选举》七之三)

十一日,京兆府户曹参军颜明远、徐州节度推官刘昌言、洺州鸡泽县主簿张观、德州将陵县主簿乐史,并应进士举,殿试合格。帝惜科第不与,乃除明远中正军、昌言归德军、观忠武军、史武成军,并为节度掌书记。(《宋会要·选举》一四之八)

刘昌言,泉州人,常侍陈洪进为幕客,入朝为副枢。尝作《下第》诗,落句云:"唯有夜来蝴蝶梦,翩翩飞入刺桐花。"后为商丘记室,王元之赠诗曰:"年来复落事堪嗟,载笔商丘鬓欲华。酒好未陪红杏宴,诗狂多忆刺桐花。"盖为是也。(《诗话总龟》前集卷二六)

十四日，试诸科，得九经已下五百三十四人，并赐本科及第、出身。(《宋会要·选举》七之三)

十四日，赐新及第进士宴于迎春苑。(《宋会要·选举》二之一)

进士名录：苏易简，陈若拙，张秉，王旦，王仲华，王淮，王砺，吕奉天，向敏中，李含章，李沆，何士宗，何蒙，宋沆，宋湜，范坦，周缮，马亮，马诰，夏侯嘉正，晁迥，陶岳，康亚之，康戬，寇准，张九思(误)，张咏，张嵩，张适，张峤，单俫，税挺，蒯鳌，刘伯雍，薛峦，卢之翰，魏廷式，谢全，谢泌，苏揆，严储。

诸科：李觉，张曙，程元白，郑褒。(《宋登科记考》卷二)

补进士名录：其一，李逢。《全宋诗》卷九〇寇准《和李逢同年水阁闲望》。

其二，郭某。《张乖崖集》卷五《新市驿别郭同年》。

其三，田望之。《宋登科记考·附录》："田望之，益州华阳县人。太平兴国中登进士第。"按：《全宋文》卷四三四八王刚中《进士题名续记》："取太平兴国五年成都进士田望之已下姓名，复刻于府学石室东厢之石柱。"

其四，戴永。《全宋文》卷三九八晏殊《马忠肃公亮墓志铭》："戴永者，公之同年生也。"

辨正：张九思，《春秋三传》本科及第。《欧阳修全集》卷六二《张公墓志铭》："张氏世以明经仕宦。君少习《春秋三传》，太平兴国五年以中高第。"

易简少聪悟好学，风度奇秀，才思敏赡。太平兴国五年，年逾弱冠，举进士。太宗方留心儒术，贡士皆临轩复试。易简所试三千余言立就，奏上，览之称赏，擢冠甲科。(《宋史》卷二六六)

乖崖公太平兴国三年科场试《不阵成功赋》，盖太宗明年将有河东之幸，公赋有“包戈卧鼓，岂烦师旅之威；雷动风行，举顺乾坤之德”。自谓擅场，欲夺大魁。夫何有司以对耦显失，因黜之，选胡旦为状元。公愤然毁裂儒服，欲学道于陈希夷抟，趋豹林谷，以弟子事之，决无仕志。希夷有风鉴，一见之谓曰：“子当为贵公卿，一生辛苦。譬犹人家张筵，方笙歌鼎沸，忽中庖火起，座客无奈，惟赖子灭之。然禄在后年，此地非栖憩之所。”乖崖坚乞入道。陈曰：“子性度明躁，安可学道？”果后二年，及第于苏易简榜中。(《湘山野录》卷上)

蜀人严储者，与苏易简之父善。储之始举进士，而苏之子易简生。三日为饮局，有日者同席，储以年月询之，日者曰：“君当俟苏公之子为状元乃成名。”坐客皆笑。后归朝累亦不捷，太平兴国五年，果于易简榜下登第。(《续湘山野录》)

(张)秉举进士，仪状丰丽，属词敏速，善书翰，太宗喜之，擢置甲科。(《宋史》卷三〇一)

故尚书张咏尝谓人曰：“吾榜中得人最慎。重有雅望无如李文靖，深沉有德望、镇服天下无如王公，面折庭争有风采无如寇公。当方面寄，则咏不敢辞。”(《文正王公遗事》)

苏易简榜中，有登庸者四人：李沆、向敏中、寇准、王旦；其为参预及两禁以上者又数人，时亦号“龙虎榜”。(《东原录》)

高丽康戬举进士。初，肄业国学。(《玉海》卷一一六)

寇莱公十九举进士，时太宗取人，多问其年，年少者往往罢遣。或教公增其年，公曰：“吾初进取，可欺君耶？”(《古今事文类聚》前集卷二六)

五年，取天下所进士百二十一人官之，以苏公易简为首，至第三十五人，得寇公焉。同升之士曰李公沆、宋公湜、向公敏中、王公旦，文武之道，

于斯为盛。(《全宋文》卷四〇五五邵博《书寇莱公巴东〈秋风亭记〉后》)

戴表元《题李太常乡试稿》:江南多故家,以余所见,干戈以来,有身为名人子孙,问其祖父行事,而不能自言者矣。至于衣冠科目,声华词藻,相掩映数百年不坠,若宣城李氏,固不可多得也。李氏自唐已著,入宋,太常公以太平兴国五年登进士第。此卷即其试稿。中更散轶,六世孙宗正公能搜考访获,遂复为李氏物。今又再世,凡两经兵火,而其家装潢如新,良可人哉!太常公廷试时,犹用词赋,未改对策。士大夫廉耻自重,无挟书假借,无冒名请托,人人各以所学著见,故动辄得士云。(《全元文》卷四二〇)

王禹偁《谪居感事》:叨荣偕计吏,滥吹谒春司。仆瘦途中病,驴寒雪里骑。空拳入场屋,拭目看京师。技痒初调箭,锋铦欲试锥。甲科登汉制,内殿识尧眉。数刻愁晡矣,三题亦勉之。先鸣输俊彦,上第遂参差。罢举身何托,还家命自奇。唯惭亲倚户,敢望嫂停炊。竭力求甘旨,终朝走路歧。贪希仲由来,多废董生帷。丹桂何时折,孤蓬逐吹移。知怜无国士,志气自男儿。季子貂裘敝,狂生刺字隳。(《全宋诗》卷六四)

四　月

"百篇",国朝不设此科,来应者即命试。八日,应"百篇"赵国昌始自陈求试。帝御便殿,亲出五言四句诗为题,云:"松风雪月天,花竹云鹤烟。诗酒春池雨,山僧道柳泉。"凡二十字,字为五篇,篇率四韵。国昌至晚仅成数十首,皆无可取。帝欲激劝后学,故特赐及第。仍诏今后应此科者,约此题为式。吕原明《杂记》:"自唐来有应百篇举者,每诗一篇二韵,但日力能办,即中选。太宗时总为二题,以试之曰:'夫子七十二贤,贤贤何德;光武二十八将,将将何功?'皆不能措辞,遂废此科。"(《宋会要·选举》一八之二七)

戊子(十五日),襄州言襄阳县民张巨源五世同居,内无异爨,诏旌表门闾。巨源尝习刑名书,特赐明法及第。(《长编》卷二一)

五　月

一日,以新及第进士苏易简二十三人并为将作监丞,充诸道通判,余

为大理评事、知县。颜明远、刘昌言、张观、乐史以见任官赴举，并授节度掌书记。(《宋会要·选举》二之一、二)

六　月

赐江州陈裕《三传》出身。裕以讲学为业，帝闻而有是命。(《宋会要·选举》九之四)

是　夏

王禹偁《送张咏序》：宋天王嗣位之五载，亲选贡士，分甲乙科。中甲科者，通理郡事；乙科者，专任县政。尊以廷评之位，重以使者之车。县政有阙，得以擅革；县人有害，得以专易。既革且易，不康何待？诗所谓"能官人"者，岂独美于文王乎？清河张咏，字复之，本宅九河间。少有奇节，钓鱼侍膳外，读书无虚日。秉笔为文，落落有三代风。今春举进士，一上中选，将我王命，莅乎崇阳。分君之忧，使帝心休休乎；求民之瘼，使人心熙熙乎。江流之南，郡大惟鄂，鄂人得贤，亦孔之乐。波映鹦洲，烟藏鹤楼，白云芳草，思古悠悠。堂有鸣琴，足以振穆若之风；樽有醇醪，足以养浩然之气。维江汤汤，鉴其襟袖；维山峨峨，媚其户牖。鲙得鲂鲈，果多橘柚。吏隐于兹，足保无咎。且优且游，勿为江山羞。复之勉旃云尔。(《全宋文》卷一五二)

王禹偁《送进士郝太冲序》：大鄚郝生，好刚有文，立性不羁，耻屑屑为儒者行。凡议一事，吐一辞，未始不以皇王帝霸之道为己任。洎求名进身，则默而处，讷而言，盖恶趋附而好耿直也。去年秋，乡老竞荐，俛而从焉。笈文远来，会我阙下，彻盖一揖，交分如故。且嬉且游，昏旭累百。五年春三月，帝旨下有司，校群士之艺，预其试者八百人。缝掖之衣，雪晃贡部。生因叹而言曰："大丈夫处世，当拔立群萃，求明天子之知，恶能与阘茸辈从试于礼闱哉！"掷毫裂笺，忿而不就。王公大人为之兴叹，况同侪乎！洎予受知春卿，荐以甲科，喧喧我名，雷奋人耳。廷试不利，前功并遗。茫茫九衢，尘土相困，愤气一吐，高于虹霓。追乎郝生，有先见矣。然我朝甚明，我志俱壮，誓雪前耻，庸何恨哉！夫如是，偶负小屈，岂能芥蒂吾辈之心乎？毒飙扇空，炉焰天地，告我行迈，宁亲北堂。省台草平，漳水波冷，游赏之兴，不知暑天。俟乎凉风再鸣，寒露其零，期我乎上京，邀我乎紫庭。囊策袖书，款于帝扃。高吐三千言，直上九万里，未为难哉！前所谓“拔立群萃，求明天子知”者，岂空言也哉！小别不足为念，长揖而请行乎，郝生无背盟约。(《全宋文》卷一五三)

太平兴国六年　辛巳(981)

三　月

诏:权停贡举。(《宋会要·选举》一之二)

太平兴国七年　壬午(982)

九　月

八日,诏曰:"郡国贡士,有司抡材,朕必亲临殿庭,躬校能否,宴见䌷绎,日旰忘劳。亦既策名,即令解褐,不限选调,皆授以官,隆儒之风可谓至矣。而有矫情饰诈,盛貌深衷,口诵周孔之言,身为桀跖之行,乃至临莅,多触宪章。或假手以干名,或挟书而就试,渐成浇薄,宜用澄清。应西京及诸道贡举人等,自今所在长吏慎择部内清强官一人,精加考试。取版籍分明、为乡里所推誉者,须所试诗、赋、杂文合格,即许解送。仍令礼部自今诸道解到贡举人,依吏部选人例,每十人为保。内有行止逾违,为佗人所告者,并当连坐,永不在赴举之限。"(《宋会要·选举》三之四)

癸丑(二十五日),上以诸道进士猥杂,或挟书假手,侥幸得官,所至多触宪章,欲惩革之。甲寅(二十六日),诏所在贡举等州,自今长吏择官考试,合格许荐送。仍令礼部,自今解贡举人,依吏部选人例,每十人为保,有行止逾违为他人所告者,同保并当连坐,不得赴举。(《长编》卷二三)

太平兴国八年　癸未(983)

正　月

两京、诸道州府贡士一万二百六十人。甲子(七日),命中书舍人宋白等十人权知贡举。(《长编》卷二四)

七日,以中书舍人宋白权知贡举。知制诰贾黄中、吕蒙正、李至,直史馆王沔、韩丕、宋准,司封员外郎李穆,监察御史李范,秘书丞杨砺,权同知贡举,合格奏名进士王禹偁已下若干人。(《宋会要·选举》一之二)

上每试举人,多令公(王沔)读试卷。素善读书,纵文格下者,能抑扬高下,迎其辞而读之,听者无厌,经读者高选。举子当纳卷,祝之曰:"得王楚望读之,幸也。"(《玉壶清话》卷八)

王禹偁《省试四科取士何先论太平兴国八年》:昔仲尼以周道下衰,儒风不竞,痛九畴之攸斁,疾四维之不张。位屈陪臣,制作之功曷著?地无尺土,帝皇之业何施?祖述尧舜之心,宪章文武之道,历聘者七十国,授教者三千徒。于是设以四科,垂之万世。以为立身者莫若德,故德行以首之,则颜、闵、冉、仲其人也;表德者莫若言,故言语次之,则宰我、子贡其人也;化民者莫若政,故政事又次之,则冉有、季路其人也;经纬者莫若文,故文学又次之,则子游、子夏其人也。用能作万古法,为百王师,使后之君天下者,凡欲取士,必先考德。是以古者立乡里之选,采廉让之名,登于三庭,贡之天府者,斯之谓也。设若以言语取士,则不过善应对,专议论;及其失也,则捷给纵横,辩说之流进矣。以政事取士,则不过守循良,明法度;及其失也,则苛刻聚敛,刀笔之徒用矣。以文学取士,则不过通古今,明纪述;及其失也,则浮华巧艳,谄谀之辞作矣。是知修其德,立其行者,则言语、政事、文学可以兼而有也。何以明之?且先师曰:"吾与回言终日,其心如愚。"盖"夫人不言,言必有中",则回之言语可知也。又曰:"不迁怒,不贰过。""其殆庶几乎",则使回从政又可知也。又曰"闻一以知十","好学不倦","拳拳服膺",则回之文学亦可知也。由此观之,德行之于人,犹车之有轮,舟之有楫,不可斯须而离也。是以善取士者,必能使师表一人,富寿百姓。其为言也垂于后,其为政也利于时,其为文也归于理。不离坚合异以侈其言,不乱常变古以施其政,不寻章摘句以骋其文。赫乎功名,与天地共尽,则德行之效,不亦章章乎!方今酌古典,行帝道,执取士之柄,致得人之昌,文物声明,与古争辔,在乎厚德行而薄言语,卑政事而贱文辞。非经邦论道、献可替否者,其言不取,则言语得其士矣;非化人利俗、致君寿民者,其政不用,则政事得其士矣;非经天纬地、通古达变者,其文不贵,则文学得其士矣。然后四科之名,总而归乎德,使天下三尺童子,知吾君好德之心。则取士之道,其在兹乎!(《全宋文》卷一五五)

三　月

十五日,帝御讲武殿,试礼部奏名进士,内出《六合为家赋》、《鹦啭上林诗》、《文武双兴论》题,得王世则已下二百二十九人,并赐及第、出身。翌日,试诸科,得九经已下七百六十四人,并赐本科及第、出身。(《宋会要·选举》七之四)

丙子(二十日),上御讲武殿,复试礼部贡举人,擢进士长沙王世则而下百七十五人,诸科五百一十六人,遂并为定制。(《长编》卷二四)

进士名录:王世则,赵谏,丁思琦,王子舆,王挺,王禹偁,卞衮,文元美,文元望,石赞善,朱九龄,李士衡,李欣,李建中,李虚己,李巽,李简能,李简尧,吴铉,何球,何嗣全,邵希,邵晔,林偞,周绛,荆伯珍,胡平,韦襄,姚铉,涂悚,陈应期(按:又入太平兴国二年进士名录,必有一误),黄政,戚纶,崔遵度,梁鼎,彭垂象,万俟湘,喻惟和,曾致尧,冯伉,冯锴,杨覃,詹垂宪,詹寰(按:又入太平兴国二年进士名录,必有一误),尔朱荣,郑文宝,翟骧,欧阳程,刘文杲，刘昌言，刘鹭，薛昭，卢琰，韩见素，魏元枢，罗处约。

诸科：苏咸熙。(《宋登科记考》卷二)

补进士名录：其一，和㠓。《宋史》卷四三九："太平兴国八年，擢进士第。"

其二，高绅。《全宋诗》卷六四王禹偁《中牟县旅舍喜同年高绅著作见访》；《全宋文》卷一五九王禹偁《涟水军王御史庙碑》："吾友渤海高绅，以著作佐郎领涟水军事。……某于高君，进士同年生也。"

其三，宋抟。《宋史》卷三〇七："宋抟，字鹏举，莱州掖人。治《毛氏诗》。开宝八年，宋准典贡部，得第。"按：宋准太平兴国八年典贡举，《宋史》误为开宝八年。

其四，宇文愚，太平兴国八年进士。《宋登科记考·附录》："太平兴国中登进士第。"《寰宇通志》卷六一《成都府科甲》载其为太平兴国八年王世则榜进士。

其五，时旦。《时公墓志铭并序》："公讳旦，字慕周……今为徐州滕县人……公举进士太平兴国八年登乙科。"(《〈宋登科记考〉拾补——以碑刻文献为中心》)

五代之际，天下剖裂。太祖启运，虽则下西川、平岭表、收江南，而吴越、荆、闽纳籍归觐，然犹有河东未殄。其后太宗再驾乃始克之，海内自此一统，故因御试进士，乃以《六合为家》为赋题。时进士王世则遽进赋曰："构尽乾坤，作我之龙楼凤阁；开穷日月，为君之玉户金关。"帝览之大悦，遂擢为第一人。(《青箱杂记》卷二)

希夷先生陈抟，语人祸福，合若符契。王世则与韩见素、赵谏同诣先生，世则伪为仆，拜于堂下，先生笑之曰："侮人者，自侮也。"揖世则坐于诸坐之右："将来科名，君为首，冠诸君之次，正如此会。"明年，世则举进士第一，余如坐次。(《渑水燕谈录》卷三)

是年，李巽亦以《六合为家赋》登第。赋云："辟八荒而为庭衢，并包有截;用四夷而作藩屏,善闭无关。”此亦善矣,然不若世则之雄壮。巽字仲权,邵武人,以《蜃楼》、《士鼓》、《周处斩蛟》三赋驰名。累举不第,为乡人所侮曰:“李秀才应举,空去空回,知席帽甚时得离身?”巽亦不较。至是乃遗乡人诗曰:“当年踪迹困泥尘,不意乘时亦化鳞。为报乡间亲戚道,如今席帽已离身。”盖国初犹袭唐风,士子皆曳袍重戴,出则以席帽自随。(《青箱杂记》卷二)

姚铉,太平兴国八年进士第三人。(《直斋书录解题》卷一五)

乙酉(二十九日),斩孟州进士张两。两试吏部不合格,纵酒大骂于街衢中,言涉指斥,游徼吏捕以闻。上怒,故抵于法。同保九辈永不得赴举,州长吏罚一季俸。(《长编》卷二四)

四　月

二日,赐新及第进士宴于琼林苑,自是遂为定制。(《宋会要·选举》二之二)

六　月

戊申(二十四日),以进士王世则等十八人送中书门下,特授大理评事、知令录事;余送流内铨,并授判、司、簿、尉。未几,世则等移通判诸州,为簿、尉者改试大理评事、知令录,明年郊礼毕,迁守大理评事。上因谓近臣曰:“朕亲选多士,殆忘饥渴,召见临问,以观其材,拔而用之,庶使岩野无遗逸,而朝廷多君子尔。朕每见布衣搢绅,间有端雅为众所推誉者,朕代其父母喜。或召拜近臣,必为择良日,欲其保终吉也。朕于士大夫无所负矣。”(《长编》卷二四)

杭州进士吴铉尝重定《切韵》,及上亲试,因捧以献。既中第,授大理评事、史馆勘书。铉所定《切韵》,多吴音,增俗字数千,鄙陋尤甚。寻礼部试贡举人,为铉《韵》所误,有司以闻,诏尽索而焚之。(《长编》卷二四)

七　月

五日，以及第进士王世则等一十人并为大理评事、知县、录事参军，又以第二等进士吴铉为大理评事、史馆勘书。铉尝重定《切韵》，及殿试日捧以献。既中第，因令隶史馆，校定书字。(《宋会要·选举》二之二)

是　秋

诏曰："岁当秋赋，是曰彝章。爰自近年，遂隳前制，止一偕于计吏，许常赴于贡闱，岂足程功，颇容徼幸。复归旧贯，允叶至公。宜令诸道下第举人，依旧重请文解。"是年，试进士始分三甲，第一甲并知县。(《文献通考》卷三〇)

进士之举至今，本朝尤盛，而沿革不一。……分甲次自兴国八年王世则榜始。(《渑水燕谈录》卷六)

十二月

上谓宰相曰："迩来场屋混淆，颇闻有僧道还俗赴举者。此辈不能专一科教，可验操履，他日在官，必非廉洁之士。进士先须通经，遵周、孔之教，或止习浮浅文章，殊非务本之道，当下诏切戒之。"甲辰(二十三日)，令诸州禁还俗僧道赴举。进士免贴经，只试墨义二十道，皆以经中正文大义为问题。又增进士及诸科各试法书墨义十道。又诏诸道下第举人依旧重请文解，不得准近例常赴贡部。(《长编》卷二四)

二十三日，诏曰："朝廷比设贡举，以待贤材。如闻缁褐之流，多弃释老之业，反袭褒博，来窃科名。自今贡举人内有曾为僧道者，并须禁断。其进士举人，只务雕刻之工，罕通缃素之学，不晓经义，何以官人？自今宜令礼部贡院特免贴经，只试墨义二十道。较其能否，以定黜陟。其诸科举人，于本业外别试法书、墨义十道，著为定制。"(《宋会要·选举》三之四、五)

太平兴国九年雍熙元年　甲申(984)

六　月

诏:“国子监所解举人,自今但负勤苦,有父兄居官食禄、不在本贯乡里居止,监司谙知行止,便可收补发解,不必附监听读。即不得收不系食禄之家。”(《宋会要·职官》二八之一)

十一月

癸酉(二十七日),以建州进士杨亿为秘书省正字,时年十一。亿,徽之从孙,七岁能属文。上闻其名,诏江南转运使张去华就试词艺,遣赴阙。连三日得对,试赋五篇,皆援笔立成,上深叹赏。命中使送至中书,又赋诗一章,略不杼思。宰相骇其俊异,削章为贺。上曰:“可与一官留京师,时诏令赋诗于前以适意。”故有是命。(《长编》卷二五)

杨大年年十一,建州送入阙下,太宗亲试一赋一诗,顷刻而就。上喜,令中人送中书,俾宰臣再试。时参政李至状:“臣等今月某日,入内都知王仁睿传圣旨,押送建州十一岁习进士杨亿到中书。其人来自江湖,对扬轩陛,殊无震慑,便有老成。盖圣祚承平,神童间出也。臣亦令赋《喜朝京阙诗》,五言六韵,亦顷刻而成。其诗谨封进。”诗内有“七闽波渺邈,双阙气岧峣。晓登云外岭,夜渡月中潮”。断句云“愿秉清忠节,终身立圣朝”之句。(《湘山野录》卷上)

杨亿,字大年。始生,母口授以书,随即成诵。六岁学吟诗,七岁善属文。年十一以童子召对,试诗赋五篇,顷刻立成,太宗叹异,以为秘书省正字。制曰:“汝方在髫龀,不烦师训。精爽神助,文学生知。越景绝尘,一

日千里。予有望于汝也。”(《山堂考索》后集卷三二)

是 年

惟诸科试律,进士复帖经。(《宋史》卷一五五)

太平兴国年间

王仲举,营道人。母尝梦挟仲举入月,仲举修进士业,长兴化二年赴举,谒秦王。登第后,有诗谢秦王曰:“三千里外抛渔艇,二十人前折桂枝。”太平兴国中,仲举有子曰嗣全亦中进士第,乃挟两子入月之祥。(《诗话总龟》前集卷三六)

(梁颢)初举进士,不中第,留阙下。献疏曰:“臣历观史籍,唐氏之御天下也,列圣间出,人文阐耀,尚且渴于共治。帝求多彦,设科之选,逾四十等。当时秉笔之士,彬彬翔集,表著所以。左右前后,有忠有良,导化原、树治本者,享三百年,得人之由也。五代不竞,兹制日沦。国家兴儒,追风三代。方今科名之设,俊造毕臻,秉笔者如林,趋选者如云。贡于诸侯,考于春官,陛下躬临慎择,必尽至公。奈何所取不出于诗赋、策论,简于心者援而陟之,咈于心者推而黜之,宁无滥陟枉黜之失耶?其间阘茸妄进,滥厕科场者,间亦有之。若曰陛下嘉惠孤寒沉滞之士,罔计贤否,悉拔而登之,一视同仁。臣窃谓此非确论。盖圣人在上,则内君子而外小人。若薰莸同器,甚非所以正人伦、厚风俗也。况丘园之下,岂无宏才茂德之士。陛下诚能设科以擢异等之士,俾陈古今之治乱、君臣之得失、生民之休戚、贤愚之用舍,庶几有益于治,不特诗赋、论策之小技,以应有司之求而已。”疏上,不报。(《宋史》卷二九六)

雍熙二年　乙酉(985)

正　月

十八日，以翰林学士贾黄中权知贡举。右散骑常侍徐铉，知制诰赵昌言、韩丕、苏易简、宋准，礼部郎中张洎，直史馆范杲、宋湜、戴贻庆，权同知贡举。合格奏名进士陈充已下四百五十八人。(《宋会要·选举》一之二、三)

十八日，以翰林学士贾黄中等权知贡举。水部员外郎阎象、《春秋》博士袁逢吉、《毛诗》博士解损、秘书丞张雍、著作郎杜新、殿中丞赵化、右赞善大夫吴淑、著作郎杜镐、大理寺丞王炳、国子监丞杨文举等试诸科举人。(《宋会要·选举》一九之一、二)

癸亥(十八日)，翰林学士贾黄中等九人权知贡举。上谓宰相曰："夫设科取士之门，最为捷要。然而近年籍满万余人，得无滥进者乎?"(《长编》卷二六)

己巳(二十四日)，诏："自今诸科并令量定人数，相参引试，分科隔坐，命官巡察监门，谨视出入。有以文字往复与吏为奸者，置之于法；私以经义相教者，斥出科场，伍保预知，亦连坐。进士倍加研复。贡举人勿以曾经御试，不考而荐。"始令试官亲戚别试者凡九十八人。又罢进士试律，复贴经。(《长编》卷二六)

二十四日，诏曰："国家设俊造之科，启公平之路，务要艺实，以副勤求。近年举人动盈万计，奸伪之迹，朋结相连。或丐于他人，或传以相授，纷然杂乱，无以辨明。考核既难，妄冒滋甚。宜令知举官专察之。如有谬滥，具以名闻。”又诏礼部贡院：“应九经诸科举人，并令参杂引试人，贴科目字号，间隔就坐，稀次设席。轮差官二人在省门监守，分差官于廊下察视。勿容朋比，私相教授。犯者，永不得赴举。主司务求艺实，不得以曾经御试，一例放过。”(《宋会要·选举》三之五)

是　月

诏：“著作佐郎乐史先赐进士及第，宜附太平兴国五年第一甲进士之下。”(《宋会要·选举》九之一)

雍熙中，著作佐郎乐史特赐进士及第，诏附于兴国五年第一等之下。赐第附榜始于此。(《渑水燕谈录》卷六)

二　月

二十五日，诏左谏议大夫滕中正、兵部郎中杨徽之、屯田郎中孔承恭同试知贡举官亲戚。贾黄中等同知贡举，各以子弟甥侄籍名求别试。时苏易简妻兄进士崔范，故职方员外郎宪之子也。宪死，易简以外服请告。范服未阕，易简隐而不奏，荐名在高等。又有王千里者，故水部员外郎孚之子也。孚在蜀为翰林学士，易简父协即孚之门生，易简以故荐千里。太宗闻之，甚怒。范及千里并加罪，仍令御史台劾易简还私第，乃罢知制诰。(《宋会要·选举》一九之二)

三　月

己未(十五日)，上御崇政殿，复试礼部贡举人，得进士须城梁颢等百七十九人。(《长编》卷二六)

十五日，帝御崇政殿，试礼部奏名进士，内出《颍川贡白雉赋》、《烹小鲜诗》、《玄女授兵符论》题。得梁颢已下一百七十九人，第为三等。翌日，帝临轩唱名，面赐及第、出身。颢先以程试上进，帝嘉其敏速，以首科处焉。(《宋会要·选举》七之四)

庚申(十六日),得诸科三百一十八人,并唱名赐及第。唱名自此始。宰相李昉之子宗谔、参知政事吕蒙正之从弟蒙亨、盐铁使王明之子扶、度支使许仲宣之子待问,举进士试皆入等。上曰:"此并势家,与孤寒竞进,纵以艺升,人亦谓朕为有私也!"皆罢之。青州人王从善应五经举,年始逾冠,自言通诵五经文注。上历举本经试之,其诵如流,特赐九经及第,面赐绿袍、银带、钱二万。(《长编》卷二六)

(吕)蒙亨,举进士高等,既廷试,以蒙正居中书,故报罢。(《宋史》卷二六五)

十六日,帝按名一一呼之,面赐及第。唱名赐第,盖自是为始。(《宋会要·选举》一三之一)

十七日,试九经已下,得三百一十八人,第为三等,并赐本科及第、出身。是日,召考官分出问目,举人就坐既定,遣左右监视,非预考试者不得入殿门。是日,诏曰:"殿前不合格、南省已奏名进士内文采可取者,许令再试。"(《宋会要·选举》七之四)

十八日,帝复御崇政殿亲试,内出《庭燎赋》、《淡交如水诗》题。又得进士洪湛已下七十六人,并赐及第,以姓名附本等。湛以文采遒丽,特升为第三人。翌日,又试御前下第《三传》、《毛诗》、《尚书》学究三科,得三百二人,并赐本科出身。时有五经王从善能并注诵其书。帝取五经,举其端,从善应声念之,甚嗟赏,赐九经及第。(《宋会要·选举》七之四)

时左右献言尚有遗材,壬戌(十八日),复试,又得进士上元洪湛等七十六人(《长编》卷二六)

癸亥(十九日),得诸科三百二人,并赐及第。(《长编》卷二六)

故事,殿试唱名,编排官以试卷列御座之西,对号以次拆封,转送中书

侍郎，即与宰相对展进呈，以姓名呼之。军头司立殿陛下，以次传唱。(《石林燕语》卷八)

进士名录：梁颢，张惟明，钱若水，孔勖，句希中，任中正，全照，江嗣宗，李防，李协恭，李寅，李维，吴表微，吴拱辰，吴鹗，何保之，宋维善，易少仪，侍其颖，周仪，郝太冲，查盛，柳宜，洪湛，班绚，袁用成，徐泌，徐宗孟，翁处休，翁处恭，唐元，唐准，凌策，陈世人，陈世则，陈世卿，陈充，陈昭庆，陈彭年，陈诰，陈瞻，陶弼，孙冕，黄蝦，崔度，崔岥，康珣，康戬，章端，张延干，张贺，张诩，张彝叙，彭度，傅为，贾守谦，詹易知，赵及，赵安仁，蒋洙，闾丘陵令，刘天保，刘师道，刘溥，刘综，刘鹭，刘权衡，萧方，钱熙，鲍梓，鞠仲谋，谢思恭，聂茂元，边定，窦端，窦随。

诸科：王从善，胡令仪，高南金，郑顺。(《宋登科记考》卷二)

补进士名录：其一，张为舟。《全宋文》卷二九五杨亿《诸公寄题建州浦城县清河张君所居池亭诗序》："茂才清河君，于予盖乡先生丈人行也……雍熙二年，仲氏举进士，中乙科。淳化三年，季弟随计偕，列高等，推让致美，君之志也。"又，《全宋文》卷二九九杨亿《清河张君墓志铭》："君讳仲仁，字子信，其先清河人……生子三人：长为舟，举进士；次垂象，早亡；次为式。……予之与君犹丈人行也。" 按：张为舟为长子，前言"仲氏"，当为一时误记。

其二，裴湛。《太平治迹统类》卷二八载是年进士名录："梁颢年八十二作状元，张惟明、裴湛、钱若水、陈允。"

其三，吕防。《太平治迹统类》卷二八载是年进士名录："乙科：吕防、李昉、任中正、闾丘陵令。"

梁颢八十二岁，雍熙二年进士及第。其谢启云："白首穷经，少伏生之八岁；青云得路，多太公之二年。"(《续墨客挥犀》卷三)

陈正敏《遁斋闲览》："梁灏八十二岁，雍熙二年状元及第。其谢启云：'白首穷经，少伏生之八岁；青云得路，多太公之二年。'后终秘书监，卒年九十余。”此语既著，士大夫亦以为口实。予以国史考之：梁公字太素，雍熙二年廷试甲科，景德元年以翰林学士知开封府，暴疾，卒，年四十二。子固亦进士甲科，至直史馆，卒年三十三。史臣谓：“梁方当委遇，中途夭谢。”又云：“梁之秀颖，中道而摧。”明白如此，遁斋之妄不待攻也。(《容斋四笔》卷一四)

(陈彭年)太平兴国中举进士，在场屋间颇有隽名。尝因京城大酺，跨驴出游构赋，自东华门至阙前，已口占数千言。然佻薄好嘲咏，频为宋白所黜，雍熙二年始中第。(《宋史》卷二八七)

郡府间年贡士上列，宰相择辞臣、学官，躬五试之。岁三月甲子(二十日)，渤海高南金治《毛》、《郑诗》，中第在殿。方引卷召名，上视之，曰：“高书记子乎？”大臣复之，曰：“然复，复视其卷也。”上曰：“頔在乎？当老矣。”南金对曰：“臣父年八十一，在矣。”上曰：“朕昔迎后符氏，抵魏，王命頔曰佐朕膳。頔上手不懈，兢兢然，多礼人也。”大臣交赞，荐之。退，呼南金问者三。(《全宋文》卷一二九柳开《高公墓志铭》)

二十日，赐新及第进士御制诗二首。(《宋会要·选举》二之二)

甲子(二十日)，诏：“御前下第人有十五举已上者及贡院第四等人，凡八十四人，并赐同本科及第。”(《宋太宗实录》卷三二)

癸酉(二十九日)，赐新及第贡举人宴于琼林苑。(《宋太宗实录》卷三二)

四　月

丙子(二日)，复置明法科。分《周易》、《尚书》各为一科，附以《论语》、《孝经》、《尔雅》三小经；《毛诗》专为一科。明法亦附三小经。进士、九经以下，更不习法书。又以锁厅，求试者率多缪滥，始令诸道州府，自今择才学优茂而历官无过者乃举之，仍先奏俟报。(《长编》卷二六)

二日，诏曰："夫经术者，王化之本也。故设科取士，要在得宜；明经入用，期于专业。向者，以《毛诗》、《周易》、《尚书》三经各为一科，顾其大小不相伦等。况复序选之一致，岂容学艺之不侔！今后以《周易》、《尚书》各为一科，而附以《论语》、《尔雅》、《孝经》三小经。《毛诗》卷帙差大，可令专习。法家之书，最切于时，废之已久，甚无谓也。可复置明法一科，亦附三小经。进士、九经已下，更不习法书，庶使为学之精专，用功之均一。"(《宋会要·选举》一二之二七。按：《宋会要·选举》将"复置明法科"诏书系于雍熙三年四月二日，误，当以《长编》、《宋太宗实录》为准。)

十二日，以新及第进士第一等梁颢等二十一人为节度观察推官，第二等、第三等、诸科三等人令吏部依常调注拟。(《宋会要·选举》二之二)

六　月

七日，中书门下言："近日诸道州府解到官吏去官赴举者，礼部贡院考试，多是所业未精。欲望今后锁厅应举者，须是文学优赡，才器出群，历官无负犯之尤，检身有可观之誉。即委本处先考程试，如文艺合格，以闻待报，解送礼部考试。如所业纰缪，发解官与举送长官必置重罪，本人免所居官。"从之。(《宋会要·选举》一四之八)

丙戌(十三日)，命右谏议大夫刘保勋、兵部郎中杨徽之、屯田郎中孔承恭与判吏部流内铨王祐同就尚书省，以新及第进士、诸科名次先后，乡里远近之便注拟。自是为定例。(《长编》卷二六)

丙戌(十三日)，以新及第第一等进士梁颢等二十一人为节度观察推官，第二等、第三等并诸科三等人，令右谏议大夫刘保勋、兵部郎中杨徽之、屯田郎中孔承恭，同于吏部依常调注拟。(《宋太宗实录》卷三三)

雍熙三年　丙戌(986)

三　月

诏:权停贡举。(《长编》二七)

是　年

(孔)延世字茂先,以父死事赐学究出身。(《宋史》卷四三一)

(乐黄目)献所著《贡举事》二十卷,《登科记》三十卷,《题解》二十卷,《唐登科文选》五十卷。(《宋史》卷三〇六)

雍熙四年　丁亥(987)

九　月

一日,诏:"河南、西川、两浙、荆湖、淮南三举曾御试,四举曾荐名举人,年五十已下者,东、西京各三十人,节、镇各一十五人,防御、刺史、余州军各一十人,委长吏拣选人材心力,召官吏委保。别无行止逾滥者,具姓名解送赴阙。如不及数,即据拣到人解送。当议量材录用。如有违犯,官吏、保人并当连坐。"(《宋会要·选举》一四之一四、一五)

二日,赐殿前承旨徐半千同进士出身,仍赐绿袍及钱十万。以上章言时政也。俄又赐名严叟,授陈州司户参军。(《宋会要·选举》九之四)

十二月

雍熙初,贡举人集阙下者殆逾万计,礼部考合格奏名尚不减千人。上自旦及夕,临轩阅试,累日方毕。宰相屡请以春官之职归于有司。十二月庚寅朔(一日),乃诏:"自今岁命春官知贡举,如唐室故事。应已得解者,明年春集阙下;未得解者,许至秋取解。"知贡举宋白等请:"已得解在千里内者,委本处重加考试乃发遣;千里外者就两京,仍乞戒励试官,务令精核。"从之。(《长编》卷二八)

庚寅朔(一日),诏曰:"国家设贡举之任,悬俊造之科,必在敷求,取其艺实。使戋戋束帛,尽聘奇才;一一吹竽,更无滥进。眷言考核,宜在精详,委于有司,诚为旧典。可依往例,命官知贡举。应曾取解举人,限来年三月一日已前到京;其未取解者,许至秋取解。"(《宋太宗实录》卷四二)

一日，诏曰："贡举之任，宜在精详，委于有司，诚为旧典。可依往例，命官知贡举。应取解举人，限来年三月一日已前到京；其未取解者，许至秋取解。"(《宋会要·选举》三之五)

壬辰(三日)，以翰林学士、中书舍人宋白，右补阙、知制诰李沆，同知贡举。(《宋太宗实录》卷四二)

李沆作《贡院锁宿闻吕员外使高丽赠徐骑省》。(《全宋诗》卷五四)

十日，翰林学士、知贡举宋白等言："今进士、诸科八千余人，其间终场落者四百九十余人，御前落者六百八十余人。伏请应已曾解送举人在千里内，委本处重加考试；发解在千里外及两京发解者，仍乞诫励试官，务令精核。"从之。(《宋会要·选举》一四之一五)

三十日，诏："诸科举人，省试第一场十不者殿五举，第二、第三场十不者殿三举，其三场内有九不者并殿一举。其所殿举数，并于试卷上朱书，封送中书，请行指挥，及罪发解试官、监官。义卷子头上如有虚书举数场、场第，及诈称曾到御前者，并驳放、殿举。应合保，并五人已上为一保。监官、试官如受请求财物，并准枉法赃论。进士以德行为基，文章为业。苟容欺诈，何称科名？近年多有诈他人之述作，窃自己之声光，用此面欺，将为身计。宜加条约，以诫轻浮。今后如有倩人撰述文字应举者，许人告言，送本处色役，永不得仕进。同保人知者殿四举，不知殿两举。受倩者，在官停任，选人殿三举，保人殿五举，诸色人量事科罪。"(《宋会要·选举》三之五)

雍熙五年端拱元年　戊子(988)

正　月

六日,开封府发解官、直史馆王世则等言:"千里外举人并今年赴试人数不少,欲展限至二月二十日。兼乞下开封府晓示,须正月十五日已前到京投状、纳文卷试纸。"从之。仍令登闻院,出限进状者不得收接。(《宋会要·选举》一四之一五)

三　月

二十三日,以翰林学士宋白权知贡举,知制诰李沆权同知贡举。准诏令放合格进士、诸科程宿已下一百二十人。(《宋会要·选举》一之三)

二十三日,翰林学士、知贡举宋白言:"考试贡举人内有墨义十不者,请责罚举送官,以诫滥进。"从之。(《宋会要·选举》三之六)

知贡举宋白等定贡院故事:先期三日,进士具都榜引试,借御史台驱使官一人监门,都堂帘外置案,设银香炉,唱名给印试纸。及试中格,录进士之文奏御,诸科惟籍名而上。俟制下,先书姓名散报之。翌日,放榜唱名。既谢恩,诣国学,谒先圣先师,进士过堂阁下告名。闻喜宴分为两日,宴进士,请丞郎、大两省;宴诸科,请省郎、小两省。缀行期集,列叙名氏、乡贯、三代之类书之,谓之《小录》。醵钱为游宴之资,谓之"酺",皆团司主之。制下,而中书省同贡院关黄复奏之,俟正敕下,关报南曹、都省、御史台,然后贡院写春关散给籍而入选谓之春关。登科之人,例纳朱胶绫纸之直,赴吏部南曹试判三道,谓之"关试"。(《宋史》卷一五五)

五　月

二十七日,命直史馆王世则、国子博士李觉、秘阁校理杜镐重考试进士、诸科举人。(《宋会要·选举》一九之二)

闰五月

先是,翰林学士、礼部侍郎宋白知贡举,放进士程宿以下二十八人,诸科一百人。榜既出,而谤议蜂起,或击登闻鼓求别试。上意其遗才,壬寅(十七日),召下第人复试于崇政殿,得进士马国祥以下及诸科凡七百人,令枢密院用白纸为牒赐之,以试中为目,令权知诸县簿、尉。谓枢密副使张宏曰:"朕自即位以来,亲选贡士,大者为栋梁,小者为榱桷。今封疆万里,人无弃材,日思孜孜,庶臻上理也。卿与吕蒙正等,曩者颇为大臣所沮,非朕独断,则不及此矣。"宏顿首谢。白凡三掌贡士,所取如苏易简、王禹偁辈皆知名,而罢黜者众,因致谤议。时知制诰李沆亦同知贡举,谤议独所不及。旧制:锁院,给左藏库钱十万以资费用。是岁,诏改支尚书祠部钱,仍倍其数。罢御厨、翰林、仪鸾司供帐。先是,开封府发解,如诸州之制,皆府官专其事。是秋,以府事繁剧,始别敕朝臣主之。定名讫,送府发解如式,遂为永制。(《长编》卷二九)

十七日,帝御崇政殿,试礼部不合格进士,内出《暑月颁冰诗》题,得马国祥已下五十四人。翌日,又出《冰壶诗》题,得张熙尧以下四十七人。(《宋会要·选举》七之四)

十九日,又试诸科,内出《夏雨翻萍诗》题,得王又言已下六百二十一人。令枢密院给牒,以试中为目。先是,南省下第举人投登闻鼓,乞再试。至是,复亲临试。(《宋会要·选举》七之四、五)

六　月

十一日,帝御崇政殿,试武成王庙合格进士,内出《一叶落知天下秋赋》、《堂上有奇兵诗》题,得叶齐已下三十一人,并赐及第。又试诸科举人,得卢范已下八十九人,并赐本科出身。时郡县缺官甚多,前诏礼部放榜,帝虑有司遗才,故复命王世则等于武成王庙重试诸道进士、诸科,得合格者数百人。复亲试焉。(《宋会要·选举》七之五)

上既擢马国祥等,犹恐遗材,复命右正言王世则等召下第进士及诸科于武成王庙重试,得合格数百人。丁丑(二十二日),上复试诗赋,又拔进士叶齐以下三十一人、诸科八十九人,并赐及第。(《长编》卷二九)

进士名录:程宿,王扶,王世昌,古成之,江拯,牟衮,李亚荀,李晏如,宋天锡,林臻,周希古,查道,马国祥,师仲回,陈尧佐,陈龟图,陈应元,梁希言,张熙尧,张审言,叶齐,赵准,欧阳正,欧阳回,刘维,潘吉甫,卢稹,龚识。诸科:王又言,江日新,宋位,卢范。(《宋登科记考》卷二)

补进士名录:其一,赵稹,端拱元年进士。《宋登科记考》卷二将其系于端拱二年进士名录,误。《全宋文》卷五八八尹洙《赵公墓志铭》:"年二十六举进士,一上中第。"端拱元年,赵稹虚岁二十六,是年登第。古代年龄当指虚岁。《全宋文》卷一九七赵稹小传即定其为"端拱元年擢进士第"。

其二,刘孟坚。《刘府君墓志铭并序》:"公讳孟坚,字良史……端拱元年,一举中进士第,释褐大名府永济县尉。"(《〈宋登科记考〉拾补——以碑刻文献为中心》)

先高祖登第时金花帖子尚存。其制:用涂金黄纸,大书姓名,下有两知举花押;仍用白纸作一大帖贮之,亦题姓名于上。近吴南英于周参政处,模写王扶、盛京二帖子,名士题跋甚众,皆以为今世所罕见者。予因归而视其所藏,适与王扶同此一榜,规模无毫发不相似,但多白纸为护尔。今所谓"榜帖"者,盖起于此。(《中吴纪闻》卷一)

国初循唐制:进士登第者,主文以黄花笺,长五寸许,阔半之,书其姓名,花押其下,护以大帖,又书姓名于帖面,而谓之"榜帖"。当时称为"金花帖子”。后临轩唱名，兹制遂废。吴郡太平兴国中钱氏纳土，士始试于京师。端拱元年，郡人龚识初登科，其榜帖至今藏于龚元孙明之子昱处，乡人入之石。(《云麓漫钞》卷二)

唐进士登第者，主文以黄花笺书其姓名，花押其下，使人持以报之，谓之“榜帖”，当时称为“金花帖子”。国初，尚循其制。予家藏王扶、龚识二帖拓本，帖皆长五寸许，其阔半之。龚识又有大护帖，复书姓名于帖面。考《登科记》，盖太宗端拱元年程宿榜，扶第二人，识第十四。其下花押二：一翰林学士、尚书礼部侍郎知贡举宋白，一职方员外郎、知制诰权知贡举李沆。后临轩唱名，此制遂废。周益公家亦有咸平二年盛京所得者，其他不特未之见，久而湮没，知之者亦鲜矣。尝观《开元遗事》载：新进士及第，必以泥金帖子附家书，谓之喜信。是又足以见昔人之风范也。(《芦浦笔记》卷五)

陆游《跋龚氏金花帖子》：右龚氏家藏其先世金花帖子。嘉泰中，陈翰林考质史牒，以为先书姓名散报，始于端拱中。宋太素尚书知贡举时，自建隆至端拱，取士已久，始克举此故事。然予按：宋公有追念策名时诗，凡千言，略云：“吉音来碧落，帖子报红笺。清夜惊神王，昽明到省前。风中宫漏尽，日出榜绳悬。”宋公盖建隆二年进士，则国初已有前一夕报帖之事，唐制初未尝废。若曰五代草创，止用红笺，至端拱初乃如金华如唐时，则亦细事耳，不得云始举唐故事也。世必有知者。予复书此于后，以待博洽君子云。开禧丙寅夏四月丙寅，山阴陆某书。(《渭南文集》卷三〇)

周必大《辨登第金花帖子》：右王扶登科榜帖，以黄花笺为之，故名金花帖子。熙宁丙辰，其孙临记之矣。后九十九年，临之孙奉议羲民出以示予，乃随其大小摹而藏之。按《皇宋登科记》，扶实端拱元年程宿榜第二人，盖太宗皇帝朝第六榜。而临云三榜，且作端拱二年，当考。淳熙甲午岁十月五日，东昌周某题。(《全宋文》卷五一二九)

端拱初，宋白知举，取二十八人。物论喧然，以为多遗材。诏复取落下人试于崇政殿，于是再取九十九人。而叶齐犹击登闻鼓自列。朝廷不得已，又为复试，颇恶齐嚚讼，考官赋题，特出“一叶落而天下秋”，凡放三十一人，而齐仍第一。(《石林燕语》卷八)

陈文惠公尧佐，端拱元年程宿下及第，同年二十八人。时公兄弟俱未仕，父省华尚为小官，家极贫。魏野以诗贺之曰：“放人少处先登第，举族贫时已受官。”(《渑水燕谈录》卷七)

查道，淳化中赴举，乏资用，干诸亲旧，得数万缗。偶于逆旅次见一女子，甚端丽。询之，故人之女也。道乃倾囊择谨厚婿嫁之。其年道罢举，次年登科，其后位至侍从焉。(《青琐高议·补遗》)

是 年

试士，罢进士击鼓诉不公。(《宋会要·选举》一之四)

王禹偁《赠别鲍秀才序》：皇家耕籍之岁，仆始自廷评擢补谏官，分直于太史氏。越三月，以家寄江都，告假迎侍。亦既遂请，沿流而东，至止之日。会同年光禄丞河东薛公昭，屈文学之才，职关市之税。评文话旧，洽然得朋。公出文数十章，即进士鲍生之作也，命题立意，殆非常人。其为学也，依道而据德；其为才也，通古而达变；其为识也，利物而务成。求之广场，未易多得。仆固愿与之交，且贺薛之能知人矣。翌日，缝掖而来，光我衡荜。风骨俊茂，言论闲雅，非风尘之人。征其氏族，乃明远之裔耳，世以儒术为事。先君隶钱氏为陪臣，国小而才大，故功弗之立。归朝终太仆丞，位卑而道屈，故庆及后昆，其有后于宋乎？不然，又安得富生以天才，遇生以昌运乎？先是，皇上即位已来，策试贡士，必亲临之。是岁，始委有司，宜如故事。上且曰：“予官人牧民十有四载，歆贡举取士者实五年。重以郡县至广，官吏多阙。刺史二千石绝辟命之路，公卿大夫无资荫之恩。虽九品下僚，一邑小吏，必由乡举而后进。苟求备以取人，则其如庶官何？是以四科之中，所尚文行；三事之内，兼采言貌。或门阀沦坠者，继其绝以第之；或场屋衰晚者，哀其穷以与之。得人既多矣，补吏既足矣，是用厘革,复以典彝。凡今取才,必率英髦,所以慎名器而激风俗也。"天下寒俊,闻而乐之。夫如是,生何患于穷乎?青紫之贵,可俯而拾之矣。江梅堕枝,溪竹翻箨,困旅火以何适?縻王爵以言归。广陵秋风,望子之随计;曲江春色,见子之必荣。其间勤道以自强,加飡以自爱,勿辜我名声之望尔。生勉之!(《全宋文》卷一五三)

端拱二年 己丑(989)

正 月

十一日,以知制诰苏易简、宋准权知贡举,合格奏名进士陈尧叟已下三百六十八人。(《宋会要·选举》一之三)

是 月

右拾遗、直史馆王禹偁奏议曰:"二曰艰难选举,抑儒臣而激武臣也。自陛下统御,力崇儒术,亲主文闱,志在得人,未尝求备。大则数年便居富贵,小则数月亟预官常。或一行可观,一言可采,宠锡之数,动逾千万,不独破十家之产,抑亦起三军之心。臣亦其人,固自言耳。但恐授甲之士,有使鹤之言。望减儒冠之赐,以均战士之恩。"(《长编》卷三〇)

二 月

以国子监为国子学。(《长编》卷三〇)

三 月

二十一日,帝御崇政殿,试礼部奏名进士,内出《圣人不尚贤赋》、《五色一何鲜诗》、《禹拜昌言论》题,得陈尧叟已下百八十六人,并赐及第。翌日,试诸科,得九经孙奭已下四百七十八人,并赐本科及第、出身。时越州进士刘少逸年十三,中礼部之选。及帝临轩,亲试少逸诗赋之外,召升殿,别赐御题,赋诗数章,皆有旨趣。特授校书郎,令于三馆读书。(《宋会要·选举》七之五)

先是,翰林学士、知贡举苏易简等固请御试。壬寅(二十一日),上御崇政殿试合格举人，得进士阆中陈尧叟、晋江曾会等一百八十六人，并赐及第；诸科博平孙奭等四百五十人，亦赐及第；七十三人，同出身。赐宴，始令两制、三馆文臣皆预。赐尧叟等箴一首，勉以修身谨行、稽古效官之意。尧叟及会并授光禄寺丞、直史馆，第三人以下分授职事、州县官。越州进士刘少逸者，年十三中选，既复试，又别试御题赋诗数章，皆有旨趣，授校书郎，令于三馆读书。时中书令史、守当官陈贻庆举《周易》学究及第，既而上知之，令追夺所授敕牒，释其罪，勒归本局。(《长编》卷三〇)

时中书令史守当官陈贻庆举《周易》学究及第。既而上知之，令追夺所授敕牒，释其罪，勒归本局。谓侍臣曰："科级之设，待士流也，岂容走吏冒进，窃取科名哉！"乃诏："自今中书、枢密院、宣徽学士院、京百司、诸州系职人吏，并不得离局应举。"又诏："贡举人试科业毕，并令试读律。其有不能离经辨句及呼字乖缪者，皆驳放。如有通念一部，与本科及第。"是岁，又申明举人并请本贯文解之制。乡里在声教未通之地者，许于两京寄应。又，贡举人中有工贾杂类，或被废疾，及曾罹刑责，不得荐送。其杂类中有茂材异等卓然秀出者，许之。(《山堂考索》后集卷三六)

王禹偁《应制皇帝亲试贡士歌》：天王出震寰海清，奎星灿灿昭文明。诏令郡国贡多士，大张珠网罗群英。皇情孜孜终不倦，日斜犹御金銮殿。宫柳低笼三月烟，炉香飞入千人砚。麻衣皎皎光如雪，一一重瞳亲鉴别。孤寒得路荷君恩，聚首唯言尽臣节。小臣踪迹本尘泥，登科曾赋御前题。屈指方经五六载，如今已上青云梯。位列谏官无一语，自问将何报明主？应制非才但泪垂，强作登歌歌舜禹。(《全宋诗》卷六八)

端拱二年，亲试贡士，俾公面赋长歌。上览而喜曰："此不逾月，当遍天下。"(《苏魏公文集》卷六六《小畜外集序》)

进士名录：陈尧叟，曾会，姚揆，王言彻，王慈，阮中度，杜希言，李太冲，李公寅，李允及，李周士，李周道，李宗谔，李昭一，李照，吴季良，吴简言，何某，何亮，宋涛，周仲嘉，周琬，周归贞，胡用之，胡克顺，胡则，段鹄，俞献可，姜屿，胥正平，胥正伦，姚道古，莫铉，高惠连，陈文忠，陈垂象，陈从易，陈灌，黄震，梅询，盛度，崔拱，许待问，许载，章瑶，张成列，张仿，张岐，张知白，张智，张篆，彭应求，舒雄，冯琏，杨大雅，杨自牧，杨国华，杨说，赵稹（误），熊同文，刘少逸，刘日章，刘昌龄，刘易知，刘昱，刘颀，骆安世，魏清，谢炎，苏奂，苏国华。

诸科：宋玘，孟日新，陈贻庆，孙奭，蓝成务。（《宋登科记考》卷二）

辨正：赵稹，端拱元年进士。详说见前。

端拱二年，曾会由乡贡首擢进士第二人。廷试日，未昃，卷上奏御。时蜀人陈尧叟亦有俊誉，上览二人文相埒，敏亦如之，莫适高下。释褐，并授光禄寺丞，直史官。名虽甲乙，而实与等夷。会以亲老，愿补郡，迁殿中丞、知宣州。进士起家之荣，古今鲜俪。子文靖公亮、孙枢密礼宽、参政从龙亦其后也。（《密斋笔记》卷四）

伪蜀子城西南隅，有道士开卜肆，言人之生平休咎，皆如目睹。伪蜀广政中，进士苏协、杜希言同往访之。道士谓苏曰："秀才明年必成名。"苏未甚信之。道士曰："成固定矣，兼生贵子。"时内馈方孕逼期，因是积以为验。顾杜曰："秀才成何太晚耶？"杜不乐，以为妄诞，愠而退。明年春，苏于制诰贾舍人下及第，杜果无成。苏过杏园燕，生一子，即易简也，至礼部侍郎、参知政事。杜方悟道士之言，遂再谒之，问："名第虽云晚成，未审禄始何年？秩终何地？"道士曰："秀才勉旃，必成大名。然其事稍异，不能言之。"杜生请之，曰："君成事之日，在苏先辈新长之子座下。"杜曰："若保斯言，欲辞福禄得乎？"道士曰："从此以往，未之或知也。"其年，苏授彭州司法参军，改陆州军事推官。圣朝伐蜀，赴阙，累任外官。其子果以状元及第，端拱二年，由翰林学士知举，杜始得成都解南宫，奏名登第，授常州军事推官，不禄。时子弟侨游京师见杜，云："乡知唯吾友一人见某老成。"遂言老成之始末，故得书之。然死生有命，富贵在天，何道士见之远也。（《茅亭客话》卷二）

刘少逸少有俊才，年十三，端拱二年中礼选。及御试，诗赋外别召升殿，赐御题。赋诗数首，皆有旨意，授校书郎，令于三馆读书。故王元之爱其少俊，而赠之诗曰："待学韩退之，矜夸李长吉。"(《渑水燕谈录》卷四)

苏州童子刘少逸，年十一，文辞精敏，有老成体。其师潘阆携以见长洲宰王元之、吴县宰罗思纯，以所作贽二公。二公名重当时，疑所贽假手，未之信，因试之，与之联句，略不淹思。思纯曰："无风烟焰直。"少逸曰："有月竹阴寒。"又曰："日移竹影侵棋局。"少逸曰："风递花香入酒尊。"元之曰："风雨江城暮。"少逸曰："波涛海寺秋。"元之曰："一回酒渴思香海。"少逸曰："几度诗狂欲上天。"凡数十联皆敏，二公惊异，至闻于朝，赐进士及第。官止尚书员外郎。(《诗话总龟》前集卷二)

余靖《魏公墓志铭》："御试前一日，公(魏清)肺忓胸喘，坐卧艰苦，呻吟危笃之际，沉然而寐，梦一道士谓公曰：'姓名定矣，勿复忧之。'中夕痊平，诘早赴赤墀之试，无恙焉。初，礼部籍奏公名在九十一，暨临轩唱第，名次如旧，事与梦叶，闻者异之。"(《全宋文》卷五七六)

王禹偁《贺李宗谔先辈除校书郎》：秘省官清住帝乡，春来春榜探花郎。未吟红药归西掖，且着青衫侍北堂。射策更期挥健笔，骑驴犹得醉闲坊。同年佐邑应相羡，衣上芸香杂桂香。(《全宋诗》卷六三)

许载《及第后寄宜春亲友》：只把文章谒帝居，便从平地蹑空虚。分明有个上天路，何事儿孙不读书？(《全宋诗》卷七四)

胡则《及第》：金榜名传四海知，太平时合称男儿。五言似剑裁鳞角，七字如刀斫桂枝。御苑得题朝帝日，家乡佩印拜亲时。小花桥畔人人爱，一带清风雨露随。(《全宋诗》卷九六)

二十五日，赐新及第进士御制箴一首。(《宋会要·选举》二之二)

四　月

八日，以新及第进士第一人陈尧叟、第二人曾会并为光禄寺丞、直史馆，第三人姚揆为颍州团练推官。后数日，以揆恩命未优，改曹州观察推官。(《宋会要·选举》二之二)

太宗时，陈文忠公廷试第一，曾会第二，皆除光禄寺丞，直史馆。会继迁殿中丞，知宣州，赐绯衣银鱼，前无此比也。(《石林燕语》卷九)

六　月

上尝谓直史馆句中正曰："卿深于字学，凡有声无文者几何？"中正退，条为一卷以上。上曰："朕亦得二十余字，可并录之。"因命中正与史馆编修吴铉等撰定《雍熙广韵》。六月丁丑，《广韵》成，凡一百卷。诏书嘉奖焉。(《长编》卷三〇)

淳化元年　庚寅(990)

二　月

太宗朝,尝以京官带馆职赴内宴,阁门拒之,(李)宗谔献诗曰:“戴了宫花赋了诗,不容重睹赭黄衣。无聊独出金门去,恰似当年下第归。”盖宗谔尝举进士,御试下第,故诗因及之。(《青箱杂记》卷一)

三　月

诏:权停贡举。(《宋会要·选举》一之三)

四　月

乙巳(按:是月丙午朔,无乙巳日。《长编》前一条编年为“甲寅”,故乙巳当为乙卯之误。乙卯,十日),赐太子中允陈省华及其子光禄寺丞、直史馆尧叟五品服。先是,尧叟举进士,中甲科,占谢,词气明辨。上问宰相:“此谁子?”吕蒙正等以省华对。省华时为楼烦令,即召见,擢太子中允。于是,父子又同日面赐章服。(《长编》卷三一)

八　月

柳开《与朗州李巨源谏议书》:八日,开再拜。寓书于朗州谏议:历代充时用,为公相侯王,至下群吏,由辞学进士中出以为贵。同时登第者,指呼为同年,其情爱相视如兄弟。以至子孙累代,莫不为昵比,进相援为显荣,退相累为黜辱。君子者成众善,以利民与国;小人者成众恶,以害国与民。耳闻目睹,不越于此。太祖高皇帝开宝六年,今仆射李公为翰林学士,知礼部贡举事,始有廷试。开幸得与执事于上前登进士第,为同年者二十有六人。初仕惟状元宋得校书郎、直史馆,余遭诸州府置司寇、参军选，悉为之。到于今十八年矣，其间死者几半。存而居上位者，惟执事特受上知，自谏议大夫得权御史中丞公事。宋得入中书省知制诰，复不幸，宋病风，废死于家。其余若开辈，如走巅峰，缘危梯，系不能上、不能下者，其何可俟发白颜颓，壮心殆休！（《全宋文》卷一二四）

二十三日，太子中允和嵘上表献《皇宋御前七榜及第进士姓名记》，及编注父凝所撰《孝悌记咏十编》，诏直集贤院。（《宋会要·选举》三三之一）

是　冬

王禹偁《送孙何序》：天之文，日月五星；地之文，百谷草木；人之文，六籍五常。舍是而称文者，吾未知其可也。咸通以来，斯文不竞，革弊复古，宜其有闻。国家乘五代之末，接千岁之统，创业守文，垂三十载，圣人之化成矣，君子之儒兴矣。然而服勤古道，钻仰经旨，造次颠沛，不违仁义，拳拳然以立言为己任，盖亦鲜矣。富春孙生有是夫！先是，余自东观移直凤阁，同舍紫微郎广平宋公尝谓余曰："子知进士孙何者邪？今之擅场而独步者也。"余因征其文，未获。会有以生之编集惠余者，凡数十篇，皆师戴六经，排斥百氏，落落然真韩柳之徒也。其间《尊儒》一篇，指班固之失，谓儒家者流非出于司徒之职。使孟坚复生，亦当投杖而拜曰："吾过矣。"又《徐偃王论》，明君之分，窒僭之萌，足使乱臣贼子闻而知惧。夫《易》之所患者，辨之不早辨也，斯可谓见霜而知冰矣。树教立训，他皆类此。且其数千万言，未始以名第为意，何其自待之多也！余是以喜识其面而愿交其心者，有日矣。今年冬，生再到阙下，即过吾门，博我新文，且先将以书，犹若寻常贡举人，恂恂然执先后礼。何其待我之薄也！观其气和而壮，辞直而温，与夫向之著述相为表里，则五事之言貌，四教之文行，生实具焉。宜其在布衣为闻人，登仕宦为循吏，立朝为正臣，载笔为良史，司典谟，备顾问，为一代之名儒。过此则非吾所知也。岂止一名一第哉！告归许田，序以为赠，余非多可而易与者也。凡百君子，宜贺圣朝得贤，吾道之不坠尔。（《全宋文》卷一五二）

淳化二年　辛卯(991)

是　春

王禹偁《送丁谓序》：主上躬耕之岁，仆始自长洲宰被召入见，由大理评事得右正言，分直东观。既岁满，入西掖掌诰，且二年矣。由是，今之举进士者，以文相售，岁不下数百人。朝请之余，历览忘怠。然有视其命题而罢者，有读数句而倦者，有终一篇而止者。或诗可采，其赋则无有也；或赋可称，其文则无有也。能全之者，百不四五。况宗经树教、著书立言之士乎！去年得富春生孙何文数十篇，格高意远，大得六经旨趣，仆因声于同列间。或曰：有济阳丁谓者，何之同志也，其文与何不相上下，仆未之信也。会有以生之文示仆者，视之，则前言不诬矣。是秋，何来访仆，既与之交，又得生之履行甚熟，且渴其惠顾于我也。今春生果来，益以新文二编，为书以投我，其间有律诗、今体赋文，非向所号进士者能及也。其诗效杜子美，深入其间。其文数章，皆意不常而语不俗，若杂于韩柳集中，使能文之士读之，不之辨也。由是两制间咸愿识其面而交其心矣，翰林贾公尤加叹服。是知道之尊人也，岂位也乎哉！学之富人也，岂赀也乎哉！今之不勤于道、不力于学而望人之知者，宜视丁氏子之道何如哉？告归许田，序以为赠。(《全宋文》卷一五二)

是　夏

柳开《赠诸进士诗并序》：开淳化二年夏，归自桂林，寄家于许州。抵京师，见诸进士之尤者，作诗赠之。今年举进士，必谁登高第？孙传及孙仅，外复有丁谓。到京见陈访，好尚同韩洎。馆中诸仙郎，纶阁贤三字。翰林四主人，列辟群英粹。奔腾走大名，溯轰天邑沸。怒浪航斯济，骏蹄御良辔。缘险径梯空，饿肠劳填味。我何为欣欢，名身苦将悴。北塞绝戎勋，南荒政遭坠。焦焦家殚穷，口众食增累。雏豝余十辈，业学莫能器。发白壮心衰，不觉老之至。局缩步九衢，羞畏同腐婢。仰瞻尔数子，吾道终焉寄。无为忽于予，斯文幸专继。(《全宋诗》卷五四)

十　月

十日，赐泰州念书童子谭孺卿出身。(《宋会要·选举》九之二一)

十一月

庚戌(十五日)，左谏议大夫、史馆修撰杨徽之次对，上言："方今文士虽多，通经者甚少。愿精选五经博士，增其员，各专业以教胄子，此风化之本。"上顾谓宰相曰："徽之操履无玷，真儒雅之士。出理州郡，非其所长，置之馆殿，正得其宜矣。"(《长编》卷三二)

十二月

先是，左司谏、直史馆谢泌奉诏发解国子学举人，黜落既多，群聚喧诟，怀甓以伺其出。泌知之，潜由他径入史馆，数宿不敢归，请对自陈。上问："何官驺导严肃，都人畏避？"有以台杂对者。癸亥(是月丙寅朔，无癸亥日。《长编》前一条编年为"辛卯"，故癸亥当为癸巳之误。癸巳，二十八日)，命泌为虞部员外郎、兼侍御史知杂事。国子学发解举人，别敕差官主之，盖自泌始也。(《长编》卷三二)

是　年

吏部吕蒙正以为取士之门无出贡部，天下解荐颇失精研，望条制以惩谬滥。上曰："取士择才，国之令典，不可不谨。"(《山堂考索》后集卷三六)

王禹偁《送舍弟赴举因寄两制诸大僚》：堂上尊亲鹤发垂，十年禄仕不相离。何期膝下承颜日，却是山中谪宦时。未有重茵如子路，空披彩服学婴儿。全家送尔随乡荐，试向朝端献此诗。(《全宋诗》卷六四)

王禹偁《商州进士张齐说将赴春闱以诗别冯中允冯君酬和予亦次韵

继之》:风雨骑驴去入关,试期难伴二车闲。桃花好跃三门浪,芝草休寻六里山。锡宴待吟春烂漫,旧房从锁石孱颜。明年得意归来日,不见麻衣泣玉班。

王禹偁《再赋一章用伸赠别》:七榜御前搜俊造,商州终未识迁莺。可怜白屋孤寒士,更住深山寂寞城。独跨蹇驴云外去,仍携稚子雪中行。散官不敢将书荐,空解吟诗说姓名。(以上均见《全宋诗》卷七〇)

淳化三年　壬辰(992)

正　月

六日，以翰林学士承旨苏易简权知贡举。翰林学士毕士安，知制诰吕祐之、钱若水、王旦，权同知贡举。合格奏名进士孙何已下若干人。(《宋会要·选举》一之三、四)

六日，以翰林学士承旨苏易简等权知贡举。易简等以贡举重柄，义在无私，受诏之日，五人便赴尚书省锁宿，更不归私第，以杜绝请托。物论嘉之。(《宋会要·选举》一九之二)

诸道贡举人万七千三百，皆集阙下。辛丑(六日)，命翰林学士承旨苏易简等同知贡举。既受诏，径赴贡院以避请求。后遂为常制。(《长编》卷三三)

诸州贡士，国初未有限制，来者日增。淳化三年正月丙午(十一日)，太宗命诸道贡举人悉入对崇政殿，凡万七千三百人。时承平未久也，不知其后极盛之时，其数又几倍也。(《燕翼诒谋录》卷二)

国初，州郡贡士犹未限数目。太宗始有意广收文士，于是，为守者率以得士多为贵。淳化三年，试礼部遂几二万人，自后未有如是盛者。时钱枢密若水知举，廷试取三百五十三人。孙何为第一，而丁晋公、王冀公、张邓公三宰相在其间。(《避暑录话》卷三)

二　月

一日，命直昭文馆赵化成、张秉、右赞善大夫毕道升，同考试知贡举官

亲戚举人。(《宋会要·选举》一九之二)

三　月

四日,帝御崇政殿,试礼部奏名进士,内出《卮言日出赋》、《射不主皮诗》、《儒行论》题,得孙何已下三百五十三人,第为五等,并赐及第、出身。时御出赋题,孙何等不知所出,相顾惶骇,阁笔不敢措词。人教之上请,因相率叩殿槛,乞指示。帝初不为言,既所请再三,始为陈其大义焉。命三司使、翰林学士、丞郎、两省、给舍已上、三馆职事官等糊名考校,定优劣为五等。第一至三赐及第,第四、第五赐出身。(《宋会要·选举》七之五)

戊戌(四日),上御崇政殿,复试合格进士。先是,胡旦、苏易简、王世则、梁灏、陈尧叟皆以所试先成,擢上第,由是士争习浮华,尚敏速,或一刻数诗,或一日十赋。将作监丞莆田陈靖上疏,请糊名考校,以革其弊,上嘉纳之。于是,召两省、三馆文学之士,始令糊名考校,第其优劣,以分等级。内出《卮言日出赋》题,试者骇异,不能措词,相率扣殿槛上请。会稽钱易,时年十七,日未中,所试三题皆就。言者指其轻俊,特黜之。得汝阳孙何以下凡三百二人,并赐及第,五十一人同出身。上喻之曰:"尔等各负志业,中我廷选,效官之外,更励精文翰,勿坠前功也。"何等旅拜称谢。(《长编》卷三三)

本朝试进士诗赋题,元不具出处。因淳化三年殿试《卮言日出赋》,独路振知所出,遂中第三人。是年,孙何第一人,朱台符第二人,亦不能知,止取其文耳。自后所试进士诗赋题,皆明示出处。(《能改斋漫录》卷一)

辛丑(七日),又复试诸科,擢七百八十四人,并赐及第;百八十人出身。就宴,赐御制诗三首、箴一首。进士孙何而下四人,皆授将作监丞、大理评事、通判诸州,余及诸科授职事州县官。入谢于长春殿。上谓宰相曰:"天下至广,藉群材共治之。今岁登第者,又千余人,皆朕所选择。此等但能自检,清美得替而归,则驯致亨衢,未易测也。"时诏刻《礼记》、《儒行篇》,赐近臣及京官受任于外者,并以赐何等,令为座右之戒。初,内殿策士,例赐御诗以宠之。至陈尧叟始易以箴，用敦勉励。暨孙何，则诗、箴并赐，时论荣之。史馆修撰梁周翰、直昭文馆安德裕并为考官。(《长编》卷三三)

旧制：三史、《通礼》各试三十场，每场墨义十道。制自今只试墨义十五场，余十五场抽卷，令面读，能知义理、分辨其句、识难字者为合格，不可者落。(《宋会要·选举》一之四)

赐太常寺奉礼郎杨亿进士及第。亿时年十二，读书秘阁，因拟《文选·两京赋》，作《东西京赋》二道以进。太宗览而嘉之，诏学士院试《舒州进甘露颂》，随时而就。帝益赏其俊才，故有是命。(《宋会要·选举》九之一)

杨亿作《二京赋》，既成，好事者多为传写。有轻薄子书其门曰："孟坚再生，平子出世，《文选》中间，恨无隙地。"杨亦书门答之曰："赏惜违颜，事等隔世，虽书我门，不争此地。"(《枫窗小牍》卷上)

七日，试诸科，得九经王惟庆已下七百四十七人，并赐本科及第、出身。(《宋会要·选举》七之五)

进士名录：孙何，朱台符，路振，丁谓，于至，王利，王陟，王彬，王冕，王钦若，王曙，方圭，白稹，吕言，吕蒙周，任琏，任随，危拱辰，江俨，阮睿，李仲芳，李见素，李坦然，李泳，李畋(误)，李陟，李景和，李仪，吴敏，余贯之，汪仁谅，宋明远，宋柔远，初玮，范宗尹，林殆庶，周嘉贞，宗黄裳，胡日宾，胡咸秩，胡从义，查拱之，段全，马元方，莫旭，莫昇，晁宗简，倪旦，徐寅亮，徐赏，高鼎，高复初，唐拯，唐肃，凌咸，陆元圭，陈元稷，陈延赏，陈庶尹，陈尧封，陈梦周，陈渐，陈彝，陈纲，曹裕，崔罕，许孝恭，许南史，张士逊，张正符，张仿，张若谷，叶温，葛昭华，曾士尧，曾乾度，曾硕，曾铠，杨日休，杨日华，杨令问，杨希甫，杨蜕，杨峦，贾注，赵湘，蔡丕，闻见昌，郑天益，邓九龄，邓余庆，欧阳载，黎仲吉，刘说，刘绰，刘潭芳，潘令问，乐黄目，乐黄裳，薛奎，薛映，钱昆，鲍渊，阎熙璘，戴国贞，鞠咏，韩曜，程察，谢涛，颜严，罗鼎，党祺，龚纬。

诸科:王惟庆,程坦,靳吉,赵贺。(《宋登科记考》卷二)

补进士名录:其一,鲍当。《石林燕语》卷四:“祖宗时,见任官应进士举,谓之‘锁厅’。虽中选,止令迁官,而不赐科第;不中者则停见任,其爱惜科名如此。淳化三年,滁州军事推官鲍当等应举合格,始各赐进士及第。自是遂皆赐第。”

《辨》云:太平兴国五年,单涑、周缮赐及第,余皆节度掌书记,非皆不赐第也出汪端明《辨石林燕语》。此所辨未尽。按史:不中者停见任,乃雍熙二年宋惠安、李文正两相之请,非旧皆如此也。真宗天禧二年,既申严其制,刘烨知制诰,又请已受荫者不许锁试,不行。明年,礼部贡院奏锁厅不及格人姓名,诏罚金十斤,今后不得应举。天圣四年,宋宣献为翰林学士,又请不及格人许再取应,从之。盖自雍熙至天圣四十余年未尝有停任者。(《旧闻证误》卷一)

其二,柳湜。《宋登科记考·附录》:“柳湜,大名府人,柳肩吾子,北宋前期登进士第。”按:《全宋文》卷一二九柳开《柳君墓志铭》:“明年,之桂州。明年,归京师。明年,开以在全时嵠峒事出台狱,除充滁州团练副使。湜举进士,试殿庭,呼曰:‘臣,柳开侄也。’上审之实,赐登第。”《全宋文》卷二七一张景《柳公行状》:“淳化元年,移知桂州。明年诏归,明年为黥徒诉,入台狱,贬滁州团练副使。”两文对读,柳湜当是年中第。

其三,卞日华。《全宋文》卷五七五余靖《卞府君墓志铭》:“公讳日华,字某,曹州冤句人。……一举登第,解褐除陕州平陆主簿。……急召赴阙,廷见之日,德音奖劝,擢授大理评事、知宾州军州事,即淳化四年也。”

其四,毛文捷。《独醒杂志》卷二:“毛文捷,字长卿,吉水人。淳化三年进士及第,王冀公与之为同年生。”

辨正:李畋,景德二年进士。景德元年,知益州张咏敦勉蜀人张及、李畋、张逵就举,次年,三人皆登科。详见张其凡整理《张乖崖集》第266页《张咏年谱》。

孙何榜，太宗皇帝自出试题《卮言日出赋》，顾谓侍臣曰："比来举子浮薄，不求义理，务以敏捷相尚。今此题渊奥，故使研穷意义，庶浇薄之风可渐革也。"语未已，钱易进卷子，太宗大怒叱出之，自是科场不开者十年。（《东轩笔录》卷一）

太宗时，亲试进士，每以先进卷子者赐第一人及第。孙何与李庶几同在科场，皆有时名。庶几文思敏速，何尤苦思迟。会言事者上言："举子轻薄，为文不求义理，惟以敏速相夸。"因言："庶几与举子于饼肆中作赋，以一饼熟成一韵者为胜。"太宗闻之大怒，是岁殿试，庶几最先进卷子，遽叱出之。由是何为第一。（《归田录》卷一）

孙何、丁谓举进士第，未有名，翰林学士王禹偁见其文，大赏之，赠诗云："三百年来文不振，直从韩、柳到孙、丁。如今便好令修史，二子文章似六经。"二人由是名大振。（《涑水记闻》卷二）

淳化中，（路振）举进士。殿试《卮言日出赋》，独振知所出，而文亦典赡，遂登甲科。（《隆平集》卷一三）

薛简肃贽谒冯魏公，首篇有"囊书空自负，早晚达明君"句。冯曰："不知秀才所负何事？"读至第三篇《春诗》云："千林如有喜，一气自无私。"乃曰："秀才所负者此也。"（《东斋记事》卷三）

张邓公尝谓予曰："某举进士时，寇莱公同游相国寺，前诣一卜肆。卜者曰：'二人皆宰相也。'既出，逢张相齐贤、王相随，复往诣之。卜者大惊曰：'一日之内，而有四人宰相。'相顾大笑而退。因是卜者声望日消，亦不复有人问之，卒穷饿以死。"四人其后皆为宰相，共欲为之作传，未能也。是时，邓公已致仕，犹能道其姓名。今予则又忘其姓名矣。其人亦可哀哉！（《东斋记事》卷三）

河东柳先生开，以高文苦学为世宗师，后进经其题品者，翕然名重于世。尝有诗赠诸进士曰:“今年举进士,必谁登高第? 孙何及孙仅,外复有丁谓。”未几,何、仅连榜状元,谓亦中甲科,先生之知人也如此。(《渑水燕谈录》卷三)

国初,尚有唐人之风。赵叔灵,清献之祖也。初举进士,主司先题其警句于贡院壁上,遂擢第。(《西塘集耆旧续闻》卷八)

元之初知制诰,上疏雪徐铉,贬商州;召入为学士,坐辨孝章皇后不实,谪滁州;复召知制诰,撰《太祖尊号册》,坐轻诬,谪黄州,作《三黜赋》以自述。时苏易简知举,适放榜,奏曰:“禹称翰苑名儒,今将全榜诸生送于郊。”上可其奏。诸生别元之。口占一绝,付状元孙何曰:“为我多谢苏易简云:‘缀行相送我何荣,老鹤乘轩愧谷莺。三入承明不知举,看人门下放诸生。’”(《渑水燕谈录》卷七)

小说多妄,其来久矣。《玉壶清话》云:“王禹偁自知制诰出知黄州,苏易简榜下放孙何等进士三百余人,奏曰:‘禹偁禁林宿儒,累为迁客,臣欲令榜下诸生郊送。’奏可。禹偁作诗谢之,云:‘缀行相送我何荣,老鹤乘轩愧谷莺。三入承明不知举,看人门下放诸生。’”予年十六七时,尝以岁月推之:孙何榜乃淳化三年,岁在壬辰,明年癸巳,易简迁参政,是时禹偁谪外任未归;又明年甲午,方再为知制诰。至道乙未迁内翰,五月出知滁州,非放进士时。三年丁酉复召知制诰,咸平元年戊戌十二月罢,知黄州。二年己亥,放进士孙暨等七十一人,非三百也。且易简已为执政而死,其妄甚明。(《二老堂诗话》)

淳化二年,均州武当山道士邓若拙善出神。尝至一处,见二仙官议曰:“来春进士榜,有宰相三人,而一人极低,如何?”一人曰:“高下不可易也,独科甲可易耳,不若以第二甲为第一甲。”道士既觉,与其徒言之。明年唱名,上意适有宫中之喜,因谓近臣曰:“第一甲多放几人,言止即止。”遂唱第一甲,上意亦忽忽忘之,至三百人方悟。是年,孙何榜三百五十三人,而第一甲三百二人,第二甲五十一人。丁谓第四人,王钦若第十一人,张士逊第二百六十人。后士逊三人入相,致仕归乡,游武当山,若拙弟子常为公言之。仆为邓州淅川令日,闻之于郧乡士人刘可道。(《懒真子》卷四)

余靖《卞府君墓志铭》:(卞日华)初修进士业,众推强记,以善诗著名。既而,曰:"吾母戴白而恃吾养,岂宜博习以自私于名?当就速成之术,冀得禄以为亲荣耳。"乃夙宵砥砺,专诵《春秋》经传数十万言,果以明年一举登第。(《全宋文》卷五七五)

王禹偁《闻进士孙何及第因寄》:昨朝邸吏报商山,闻道孙生得状元。为贺圣朝文物盛,喜于初入紫微垣。(《全宋诗》卷六四)

魏野《赠孙何状元》:天非道莫尊,道非贤莫存。始知贤人生,与道为轮辕。明庭亲选士,虑彼贤愚浑。天子至文明,擢公为状元。一榜三百人,默默谁复言?有如凤在林,众鸟不敢喧。威棱鹰有角,度量海无垠。直入仲尼室,不顾孟轲门。文得古中新,陈熟甚已冤。一字如一星,光芒不见痕。首官来理陕,棠树换枯根。淑气春风和,美化冬日暄。至诚物莫欺,至明物莫昏。平思治地陕,清欲变河源。我生三十年,未尝离丘园。朴性昧巧习,惟知道可敦。贫巷无富车,闲地惟云屯。我愿为松竹,生在君子轩。早夜接清风,节高阴更繁。何当亲教授,如渴饮衢樽。斯言拙且直,堪将鬼神论。(《全宋诗》卷八七)

张士逊《雍熙中植桐于萧寺,壬辰登科后,告老来寺留题》:桐枝手植有桐孙,二纪重来愧此身。三匹衣鱼联贵仕,十洲轩冕接清尘。耕桑虽喜多新陇,耆艾堪嗟少故人。萧寺前题粉壁在,又书丁巳对壬辰。(《全宋诗》卷一〇〇)

九日,赐新及第进士御制诗、《儒行箴》各一首。(《宋会要·选举》二之二)

十五日,诏:"赐新及第进士及诸科贡举人《儒行篇》各一轴。"令至治

所著于壁,以代座右之诫。(《宋会要·选举》二之二)

二十一日,诏曰:"国家开贡举之门,广搜罗之路,采其乡曲之誉,登于俊造之科。近年举人颇隳前制,不于本贯取解,多是随处荐名。行止莫知,真虚罔辨。乃至工商之子,亦登仕进之途。令式明文,固合遵守,宜特行于条贯,庶永绝于混淆。应举人今后并须取本贯文解,不得伪书乡贯发解。州府子细辨认,如不是本贯及工商杂类、身有风疾、患眼目、曾遭刑责之人,并不在解送之限。如违,发解官当行朝典,本犯人连保人并当驳放。如工商杂类人内有奇才异行、卓然不群者,亦许解送。或举人内有乡里是声教未通之地,许于开封府、河南府寄应。其归本贯取解人,许通理自前举数。"(《宋会要·选举》一四之一五、一六)

二十二日,诏:"第一人孙何、第二人朱台符为将作监丞,第三人路振、第四人丁谓为大理评事,仍通判诸州;第五人任随已下,吏部流内铨注初等职事官并两畿簿、尉;宾贡王彬、崔罕并授秘书省校书郎,放归高丽。"(《宋会要·选举》二之三)

四　月

五日,滁州军事判官鲍渊、邓州录事参军杨令问、滁州清流县尉胡咸秩,并锁厅举,各赐及第。以渊为忠正军节度掌书记,令问为本州观察支使,咸秩为楚州山阳县令。是后,合格者皆赐及第、出身,命官、升差遣有差。(《宋会要·选举》一四之八、九)

是　年

赵湘《及第东归泗上遇孙穆之话别》:偶负同年约,知君先出京。相逢得酒病,欲别值蝉声。共立山当眼,分题雨过城。东归几人问,为子耻诗名。(《全宋诗》卷七六)

赵湘《送周湜下第归宁序》:周氏自文武克哲,且为圣人,其族茂而代有贤者出,不可略也。今厥嗣复有其人曰湜,少敏,性直烈,不为儿女子之气。好古，秉笔游学天下。淳化二年秋，客缙云郡，因为洗马林侯之荐，升礼部。有弟曰湛，自天府升礼部。有司明试，以艺工，并荐于天子之前。一旦二子俱为风波之困，其进也无喜色，其退也无怨容。昆仲相与而辞曰："吾家其有后矣！兄弟学古，俱获中于有司。其未称旨者，得非明天子爱吾兄弟也？励吾文学也？又得非其时也？有命也？今举于礼部，苟一战而称霸，是不能尽险阻艰难之身于场屋之间。其得官也，又恶能尽民之情伪，而终身不辱乎！"大哉，君子人也！今进无忻色，退无旷言者鲜矣。周君进不以文自胜，退不以文自负，知其时，达其命，古人所谓良田之不忧岁晚也。《传》曰："不知命，无以为君子。"周君其庶几乎！今将驾舟东归，慰慈母，淬辞锋。其复来也，吾知其擅场，无能争乎勇者，又何疑哉！湘旧与之游，是岁先鸣，负不让之愧，复爱周君不陨获之道，因致言送于都门之外。(《全宋文》卷一七〇)

柳开《与郑景宗书》：唐高祖、太宗，始命有司岁考郡县贡举人。至昭宗，二百八十年间，所得名将、名相、贤人、哲士、卿大夫，皆自中而出。故延十八世，天下同正朔。纵天宝后叛乱时起，而终不失承平基业者，以高祖、太宗能以文取士，尽海内之心如此也。唐之政以文而弊，继唐者循袭不革，所以梁与后唐、晋、汉、周五代，皆不永长。是不识事久即变，不变即虽帝王为道，终难妥泰无事也。春夏秋冬，天地之为变，成四时也；盈亏中昃，日月之为变，成昼夜也。是其为道者，有其变；无变者，道之失也。太祖皇帝开宝六年，命今仆射李公考试贡举人，取士有不能尽。是时，太祖方刻意务理，思与前代英主并立。然而，刑政德业，世用不变于唐。春，进士徐士廉谋曰："天子起艰难中，识艰难事，每外闻污横直捷，为梗为利，即薙刬增树，急如身病。我当上言有司之不良，堙压中善，取快于帝。"且伏阙下，求见太祖。太祖夕召与之见，廉即具道贡举人事，请太祖廷试之。曰："方今中外兵百万，提强黜弱，日决自上前，出无敢悖者。惟岁取儒为吏官下百数，常常赘戾，以其受于人而不自决致也。为国家天下，止文与武二柄取士耳！无为其下鬻恩也。"太祖即命礼部试所中、不中贡举人，列于殿廷试之，得百有二十七人，赐登高第，开幸在其数。后二年，廷试事如六年。明年，太祖崩，今上即位，廷试事亦如太祖。然其优赐殊恩，与太祖绝大。盖上多文好学,知变而谋久者也。到于今,上凡八试天下士,获仅五千人。上自中处门下为宰相,下至县邑为簿尉,其间台省郡府、公卿大夫,悉见奇能异行,各竞为文武中俊臣,皆上之所取贡举人也。是与唐取士为用,此变而大者也。唐高祖、太宗用文取士,止于委在有司,任之以大小吏职。亦止渐阶第进,殊无擢英拔秀,焕视惊听,朝为群儒,暮为群公者。尚能作固宗邦,垂三百年。非如夫太祖纳人一言,变古易式,取由朕、弃由朕也。今上恢阐其道,广穷俊能,海外区中,良才硕士,皆自我得。材智取异,名位取大,傍睨下视,尹、夔、旦、奭,逐逐如儿子辈。即何止于百千万,祀定其享天下乎!贤贤世世,齐天地为久耳。古之得一士者昌。"三人行,必有我师。"谓三人为众,众乃可有贤于圣者也。今上已八试贡举,得五千人,何古之得一士可比也!三人行,中有圣人之师者,可同也。斯五千人其为众也,将不啻倍于三人之行矣!是知得人之盛,无如于今。(《全宋文》卷一二三)

王禹偁《答黄宗旦书》:秀才足下:走仆枉书,惠顾迁客,幸甚!幸甚!且观来书之旨,似求知于某者,何其误也!又以某尝位于朝,与进士孙何、丁谓交,二子皆得高第,谓某能知人矣。复引"人不易知,知人则哲"之义,非知言也。夫知人之道,惟帝时难,敢轻议哉!某向之知二子之文,业文者知之,非某特知之也。是二子取高第者,命也,某何力之有焉?今足下之文,二子之文也,天下将知之矣,岂止某之一人哉?必曰立朝廷、司文翰者,能以心之公私,轻重于后进间,则非某之所闻也。杜紫微曰:古之圣贤,业大事巨,道行则不肖惧,道不行则不肖喜,故有不公。今进士者,业微事细,如其成名不肖,未有所喜惧,何不公邪?足下诚能知求名者文也,成名者命也,又何求乎某之知邪?又何后乎二子之名邪?某白。(《全宋文》卷一五〇)

淳化四年　癸巳(993)

三　月

诏:权停贡举。(《长编》卷三四)

十一月

一日,赐襄州旌表门闾刘方同进士出身。方五世同居,长幼凡百口。雍熙初,本道以闻,特赐旌表。至是,以寿宁节来贡,召对而有是命。(《宋会要·选举》九之四)

十二月

十四日,诏曰:"国家设取士之科,广得人之路,各懋专门之业,用为筮仕之资。至若三史之书,尤为奥博,括九流而兼备,与六籍以并行。《通礼》诸科,近再删定,酌百王之损益,别五礼之等差。如其执卷之流,罕著绝编之效。宜更条制,以劝精专。旧条,三史、《通礼》各试三十场,令特减其半。余一十五场,每场令知贡举官抽取三卷,发其端,俾之习读,能晓大义及识奇字者,并为合格。"(《宋会要·选举》一二之二八)

淳化五年　甲午(994)

三　月

戊辰(十六日),复以国子学为国子监,改讲书为直讲,从判学李至之请也。(《长编》卷三五)

诏:权停贡举。(《宋会要·选举》一之六)

五　月

十日,赐乡贡学究杨允升同本科出身,授汉州绵竹县令。允升即绵竹县人。王小波之乱,纠合子弟,募乡党敢死者,并力攻贼,屡挫其锋,仍为王师乡导,所向成功。昭宣使王继恩以闻,有是命。(《宋会要·选举》九之四)

十一月

丙寅(十九日),上幸国子监,赐直讲孙奭五品服。因幸武成王庙,复幸国子监,令奭讲《尚书·说命》三篇。至"事不师古,以克永世,匪说攸闻",上曰:"诚哉是言也。"上意欲切励辅臣,因叹曰:"天以良弼赉商,朕独不得耶!"遂饮从官酒,别赐奭束帛。(《长编》卷三六)

至道元年　乙未(995)

三　月

诏:权停贡举。(《长编》卷三七)

四　月

十四日,诏布衣潘阆对,赐进士及第,试国子四门助教。阆卖药京师,好交结贵近。有言其能诗者,因召见,而有是命。未几,追还诏书。(《宋会要·选举》九之一)

近世有好事者,以潘阆遨游浙江,咏潮著名,则亦以轻绡写其形容,谓之《潘阆咏潮图》。阆酷嗜吟咏,自号逍遥子,尝自咏《苦吟诗》曰:“发任茎茎白,诗须字字清。”又《贫居诗》曰:“长喜诗无病,不忧家更贫。”又《峡中闻猿》云:“何须三叫绝,已恨一声多。”《哭高舍人》云:“生前是客曾投卷,死后何人与撰碑?”《寄张咏》云:“莫嗟黑发从头白,终见黄河到底清。”皆佳句也。故宋尚书白赠诗曰:“宋朝归圣主,潘阆是诗人。”王禹偁亦赠诗云:“江城买药常将鹤,古寺看碑不下驴。”其为明公赏激如此。(《青箱杂记》卷六)

七　月

王禹偁《答郑褒书》:某白。郑生秀才足下:前年八月,仆自长洲令征拜右正言、直史馆。既满岁,迁左司谏、知制诰。天下举人日以文凑吾门,其中杰出群萃者,得富春孙何、济阳丁谓而已。吾尝以其文夸天子、宰执、公卿间。有业荒而行悖者,既疾孙何、丁谓之才,又忿吾之无曲誉也,聚而造谤焉。以吾平居议论,尝道浮图之蠹人者,乃代为吾《沙汰释氏疏》,盛于髡褐之徒。又云孙何论著以无佛,京城巨僧侧目尤甚。未几,吾坐朝事贬官商洛，谤者得志，喉加响而舌益滑也。明年，孙、丁俱取高第。又明年，吾被召赴阙，而谤焰稍衰。今春，吾自西掖召拜翰林学士，天子宠遇任委，过于往时。而憎之不乐吾者，复以前事啅吠。吾以为无能为也，在内庭果百日而罢。然迁秩临民，恩也；去近侍，治小郡，罪也。将理装之官，有进士林介者，食于吾家七年矣，私谓吾曰："今兹诏罢贡举，而足下出郡，进士皆欲疾走滁上，以文求知。"吾谓介曰："为吾谢诸公，慎勿来滁上，吾不复议进士之臧否以贾谤矣。今携文而来者，吾悉曰韩、柳也；贽赋而来者，悉曰裴、李也；赍诗而来者，悉曰陈、杜也。复加礼焉，谤则弥矣。区区者皆是，何其韩、柳、裴、李、陈、杜之多也！且吾学圣人之道，受明主之知，三掌制诰，一入翰林，以文章负天下之望，何其多可易与，胸中混混乎无分别之若是邪！不如绝之可也。"介亦以为然。既登舟，中夕思之，心又甚悔。夫士君子立身行道，是是而非非，造次颠沛，不易其心。吾以一失职而不交贤士，斯自弃也。下车以来，有进士皆接焉。数日前得生书读之，因自贺曰："向如前谋，则失郑矣。"洎与生语，见生言讷而貌庄，气和而心谨，吾益自喜于得生也。退而阅其文，句辞甚简，理甚正。虽数千百言，无一字冗长，真得古人述作之旨耳。会吾疡生颐颔，中心无憀，未遑与生款。生复贻书抵吾，览其言，可谓直而不肆者也。且出孙氏昆仲在陕郊时送生二序。孙之为人，刚果公正，未尝轻许可人。序生之文，情至而义切，非生不能致其然也。是生之道与孙、丁同而命未偶矣。吾又欲生谒滁之僚属，生固拒吾曰："某数千里来，所求见者执事耳，诣他人非本志也。"又问生之抵滁，舟邪？乘邪？生曰："徒步而至。"岂非不陨获于贫贱者欤？又非谋道不谋食者欤？以生之文高行修之如此，而患无所立，吾不信矣。生宜爱其身而有待也。生之书，首引孙、丁之事，故吾述其始末，文不觉繁。生持吾文而往，道如孙、丁者示之，可也；苟非其人，不独厚吾之谤也，又将窒生之进也，生志之！七月十三日，尚书工部郎中、典滁阳郡王某顿首。(《全宋文》卷一五〇)

王禹偁《送江翊黄序》：仆直翰林时，进士钱易数以文相售其中，往往有《赠江翊黄》诗，怪其名异于常所谓进士者。今京西转运、太常姚丞铉赴职时，来与余别，盛言生之才。用是于生之名甚熟，不知果如何人也。

夏六月自内廷谪官滁上，下车数日，生缝掖而见。观其风骨秀朗，言论和雅，则钱之交、姚之荐，斯得之矣。又继之以文，好古近道，趣向不俗，修之不已，可为闻人，况一第哉？遽来告行，书此为送。(《全宋文》卷一五二)

至道二年　丙申(996)

三　月

诏:权停贡举。(《宋会要·选举》一之六)

四　月

先是,五品以上官任子,皆摄太祝。上谓宰相曰:"膏粱之族,官勋固已荣贵,子孙仕宦者多至四五人,每覃庆,中书皆授摄官,未几即补正员,不十数年遂通闺籍。此甚弊政,亟宜革之。"乙未(二十五日),诏自今止赐同学究出身,依例赴选集。(《长编》卷三九)

九　月

(赐宋)贻广童子出身。(《宋史》卷二六四)

是　年

王禹偁《送郑褒归闽中》:褒也瓯闽士,文高行益修。干名逢诏罢,归计逼亲忧。鸥鸟终相狎,公卿谩欲留。刺桐花下宅,兰蕨奉晨羞。

王禹偁《赠朱严》:未得科名鬓已衰,年年憔悴在京师。妻装秋卷停灯坐,儿趁朝餐乞米炊。尚对交朋赊酒饮,遍看卿相借驴骑。谁怜所好还同我,韩柳文章李杜诗。(以上均见《全宋诗》卷六六)

王禹偁《送郑褒序》:闽人郑生成之,举进士来辇下,会诏罢去,枉趾滁上。是岁,日官置历,闰在孟秋。暑之烦酷,于前一月为甚。某性不能耐热,每见生,不表絺绤而出,且虑生怒某之失礼。生退则卧凉轩,更仆交扇,而流汗不减。因留生,俟秋而行。生曰:"褒有母且老,向之去数千里,别数百日者，欲干名而显亲。故虽远且久，若褒之在母左右也。今诏已下，将及闽。及闽，则乡人必以告吾母，必算程数日以待褒也。后一日，即贻母之忧。用是不敢闻命矣。”某曰：“生其纯孝欤！”昔颍考叔以遗之意感郑庄公，丘明美之。某无怙恃，不足以应生教。为生泣而赋诗，亦足以警世之为人子者。（《全宋文》卷一五二）

至道三年　丁酉(997)

四　月

十二日,赐进士张庶凝、杨嵎同进士出身。嵎即谕德砺之子,与庶凝同勘书于春坊。帝即位,遂有是命。寻并除光禄丞、直史馆。(《宋会要·选举》九之四)

五　月

九日,诏曰:"朝廷为官择人,设科待士,当惩滥进,方尽至公。应两京、诸道州府进士、诸科举人发解及贡院考试条贯,宜令翰林学士、中书舍人参议,先具发解条贯以闻。"翰林学士承旨宋白等议曰:"国家封域至广,州郡甚多,每岁举人,动以万数,将惩滥进,理在精求。欲乞不限两京、国学及诸道州府,应新旧进士、诸科举人,每秋赋各依前后敕命,委本处逐色差官考试。须是文章经义最精者,每进士一百人只解二十人,九经已下诸科共及一百人,只解二十人赴阙。如将来考试或有缪滥,其逐处发解官并依先敕殿罚。内州府不及一百人处,亦令约此数目解送,但十分中只解送二分。"诏依所奏。仍令"今年秋赋举人,并于本贯州府取解,不得寄应。逐处各选清廉通本业官,与本判官、录事参军同考试。如本判官、录事有文艺、通经,即不更差试官。仰知州、通判躬亲监试,但取合格有艺之人,不必依所定分数。虽有曾经终场及到御前者,如不合格,亦不得解送。若合格人少,据见考试到人解送,不得将不合格人充数。如于分数外辄受情妄荐,将来考试有诸科十否、进士纰缪者,仰贡院举奏,发解官并当勘罪敕停,干系官吏各重行朝典,举人勒出科场,更不得应举。仍仰逐路转运使副、提举尽公,稍违敕条,亦加深罪。如落下举人实无艺业,敢妄披陈,并仰勘罪,依法区分,不得赴举。仍令都官郎中黄夷简权收接省卷、家状,候

毕日,具奏取旨。"(《宋会要·选举》一四之一六、一七)

十六日,诏:"今岁贡举,宜令有司精较能否。或因循,如复试有不合格者,当行严责。"(《宋会要·选举》三之六)

(十八日)刑部郎中、知扬州王禹偁准诏上疏言五事:

其三曰:其艰难选举,使入官不滥。古者乡举里选,为官择人。士君子行修于家,推于众,然后荐之于朝,故政和而民泰。历代虽有沿革,未尝远去此道。隋、唐始有科试,得人之盛,与古为侔。然终太祖之世,科试未尝不难,每岁进士不过三十人,经学五十人。重以周祖之后,诸侯不得奏辟,士大夫罕有资荫,故有终身不获一第、没齿不获一官者。先帝毓德王藩,睹其如此,临御之后,不求备以取人,舍短从长,拔十得五。在位将逾二纪,登第亦近万人。不无俊秀之才,亦有容易而得。臣愚以为数百年之艰难,故先帝济之以泛取;二十载之霈泽,陛下宜纠之以旧章。伏望以举场还有司,如故事。(《长编》四二)

七　月

二十三日,赐念书童子段祐之出身。祐之,崇班童会之子,年十一岁,念得《四经》书。诏送国学考试,命之。(《宋会要·选举》九之二一)

(二十五日)吏部郎中、直集贤院田锡应诏上疏曰:"制举科目,不可具陈,今略举可设者:有贤良方正能直言极谏科,才识兼茂明于体用科,道侔伊吕才比管乐科,传道经典达于教化科,详明政术可以理人科,文堪经邦科,武足安边科。臣伏睹太祖朝曾设制科,于时敕限三千字已上成。字数既多,书写不易,赐食之后,就试以来,既对天颜,岂无兢惧?又值日晚,固不遑宁。虽有经邦之谋,岂能周悉?虽有安边之策,靡暇敷陈。今若设此科条,但用汉时公孙弘、董仲舒所试之法,则往复问答,既尽见其才谋,品藻甄升,信无遗于器业。"(《长编》卷四一)

九　月

壬午(二十日),左正言、直史馆孙何表献《五议》,上览而善之。

其二，申明太学。曰："士风偷薄，世态销刓，贱古道于儒宫，慕他岐于天府。阘茸之士，始入泮林，英豪之流，例趋京兆。而又兵戈继起，经制莫存，弦诵之义皆亡，郡县之学尽废。盖以定令之初，纲条疏阔。六馆升降，总限门荫之高卑；两京荐论，曾无科禁以厘革。遂令浅俗，扇以成风。外地则绝无学生，神州则悉号乡贡。下至工商杂类，方游太学、广文。青青由是不归，扰扰于焉兴刺。近降明制，惩科场之积弊，立贡士之新规，申命有司，十取其二。然臣以为尚有未尽者。国家必欲开孤进之路，辟至公之门，莫若再举令文，复严经术。使寒隽之士，由乡里以升闻；世禄之家，自成均而出仕。太学不得补庶人之子，神州不得贡卿士之门。贵介绮纨，府送者有罪；草莽韦布，滥收者黜官。其在外郡，或骈繁县，如富庶者，皆按旧典，重立学官。俾选耆儒、硕生，为之博士、助教，精加课试，公与荐延。岁终仍依新条，限以人数发解。必有轶群之异行，拔俗之英才，匪由乡庠，亦许公议。夫以文取士，既已失之；取之乖方，弊将安救？今士子名为乡举，其实自媒，投贽于郡府之门，关节于公卿之第。属词比事，合格者不过雕虫；任传弃经，入流者未逾章句。若不收之学校，选自州闾，实虑他时益成薄俗。兹事体大，惟陛下特达而行。臣出身之初，亦自府解，岂敢忘本，遽陈此谋？盖目击轻浮，心知谬滥，是以冒不测之罪，罄狂夫之言焉。"

其四，复制科。曰："唐室参古今之制，取天下英俊，失在礼部，得于制举。礼部则进士、明经，解诂句读、声病偶对者也。制举则贤良、体用等科，财成制度、寅亮经纶者也。国家廓土辟宇，立太平之基。然而制举未复，清途美官，惟进士、明经递资以升。岂不念林壑非常之士有遗弃乎？台阁所进之人有僭滥乎？"(《长编》卷四二)

监察御史王济上疏陈十事：

又曰："铨选之门，徒有其名，莫责其实。有殿者虽加厚罚，有最者莫见明扬。或骤遇宽恩，则不限其功过；靡逢举荐，则终困于徒劳。"又曰："贡举不严，则权势争前，而孤寒难进。必欲均之，莫若令皇朝三品及见任文武升朝官子孙、弟侄，荐名于两监；而未升朝官子弟及白屋之士，荐名于州郡，然后升于礼部，第其可否，亦两分之。若然，则权势异途，孤寒自进矣。"(《长编》卷四二)

二十一日，命直集贤院李建中、直史馆盛玄、太常丞陈尧佐考试开封府举人，直史馆路振、殿中丞杜寿隆考试国子监举人。（《宋会要·选举》一九之二）

是　年

孙何《送朱严应进士举序》：工之良者其器利，士之良者其艺备。开圣导古，尊王贱霸，仁义之文也；腾光跃价，掇名取第，雕篆之业也。唐试进士，观理于策论，呈才于诗赋。策论高者，稍近于仁义；诗赋精者，未离于雕篆。今朝廷取士之制虽古，用道较艺之术，犹专守唐代。得非仁义之文，道大而详难；雕篆之业，功小而见易？道大而详难，则举者必寡，而辩者或可汩其所守乎？功小而见易，则举者必众，而辩者无得遁其所鉴乎？历观贞元、元和之际，垂文章大名于后者，未始不兼善其事。故其发策决科，如取诸左右前后。自长庆已降，则文、赋、诗离为三家，专门自高，迭相谤斥。汩束于程试，则狼狈颠顿，失其所负。至有声华籍甚，而垂白场屋者，得非见有所未至乎？予尝思得才有余力，学去偏见，或古或律，无施不可者，而与之游。屈指贡籍，百无一二。沛国朱严，字仲方，秀出江表，士人中杰然若石之玉而羽之凤。观其文，有柳柳州之奇奥，皇甫湜之峻整；观其诗，有贾长江之讽谕，薛许昌之清新；观其赋，有独孤授之气格，李缪公之亲切。知言者谓仲方当拔解王府，甲天下士。无何，访旧盟津，为假收韩公、从事陈君知己之故，屈冠孟荐，聿来上京，道出许昌，再寻文盟。击节高谈，累日而后去。挥袪之际，摛毫为饯。（《全宋文》卷一八五）

宋太宗年间

太宗皇帝以亲邸勋望，绍有大统。深惩五代之乱，以刷涤污俗、劝人忠义为本。连辟礼闱，收采时俊，每临轩试士，中第者不下数百人。虽俊特者相踵而起，然冗滥亦不可胜言。当时议者多以为非古选士之法。故真皇嗣位之初，王禹偁首上疏言得失，谓举选非天子亲临之事，请以归有司。然太宗涤污革旧，一新簪笏，则明者亦默知其意焉。（《儒林公议》）

太宗临轩放榜，三五名以前皆出贰郡符，迁擢荣速。陈尧叟、王曾初中第，即登朝领太史之职，赐以朱韨。尔后状元登第者，不十余年皆望柄用，人亦以是为常，谓固得之也。每殿庭胪传第一，则公卿以下无不耸观，虽至尊亦注视焉。自崇政殿出东华门，传呼甚宠，观者拥塞通衢，人摩肩不可过。锦鞯绣毂，角逐争先，至有登屋而下瞰者。士庶倾羡，欢动都邑。洛阳人尹洙，意气横跞，好辩人也。尝曰："状元登第，虽将兵数十万，恢复幽蓟，逐强虏于穷漠，凯歌劳还，献捷太庙，其荣亦不可及也。"(《儒林公议》)

陈舜封以科第进。及为评事，太宗闻其父为伶人，责宰相不分流品，改授殿直。(《后村先生大全集》卷一四五《林侍郎神道碑》)

按：艺祖、太宗皆留意于科目。然开宝八年，王嗣宗为状元，止授秦州司理参军，尝以公事忤知州路冲，冲怒，械系之于狱。然则当时状元所授之官既卑，且不为长官所礼，未至如后世"荣进素定，要路在前"之说也。至太平兴国二年，始命第一，第二等进士及九经授将作监丞、大理评事，通判诸州，其次皆优等注拟，凡一百三十人。淳化二年试士，第一甲至三百二人，皆赐及第。太宗时，惟此二年科目恩数最为优渥。《涑水记闻》言太平兴国之事，以为太祖幸西都，张齐贤以布衣献策，帝善之，归语太宗曰："吾幸西都，得一张齐贤。我不欲官之，汝异日可收以自辅。"是榜齐贤中选，适在数十人后，及注官，乃诏尽与超除。如此，则是通榜恩数之厚，是太宗欲曲为张齐贤之地。马永卿《语录》载淳化二年之事，则以为武当山道士邓若拙尝出神，见二仙官相语曰："来春进士榜，有宰相三人，而一人极低，如何?"对曰："高低不可易也，独甲科可易，不若以第二甲为第一甲。"道士觉以告人。既而唱名，上适有宫中之喜，因谓近臣："第一甲多放几人，言止则止。"遂唱第一甲，上意亦忽忽忘之，至三百人，方悟。是年榜三百五十三人，而第一甲三百二人，第二甲五十一人，丁谓第四人，王钦若第十一人，张士逊第二百六十人。后丁谓、王、张皆为宰相。如此，则是黄甲人数之多，是神物欲曲为张士逊之地。二说颇涉偏私诡异，故李大性所著《典故辨疑》深言其不然。愚以为太宗寤寐英贤，如恐不及，时出特恩，以示奖励，故初无一定之例。有如太平兴国二年、三年，第一等、第二等并授通判，而五年则前二十三名授通判，八年则第一甲授知县，雍熙二年第一等为节察推官，淳化三年则止前四名授通判，则累科授官之崇庳无定例也。分甲取人，始于太平兴国八年，然是年第三甲五十四人，第二甲一百五十七人，反三倍于第三甲之数。端拱元年、二年，则又不分甲。淳化三年，第二甲五十一人，第一甲三百二人，反六倍于第二甲之数，则累科分甲人数之多少无定例也。好事者徒见二张致身宰辅，而不擢高科，而二科恩例适尔优厚，故必以为曲为二人之地耳。(《文献通考》卷三〇)

(马亮)上言诗赋小才，不足观士，愿先策论，以擢优长。(《全宋文》卷三九八晏殊《马忠肃公亮墓志铭》)

宋真宗　咸平元年　戊戌(998)

正　月

(丙寅,六日)翰林学士杨砺等受诏知贡举,请对,上召坐,语之曰:"贡举重任,当务选擢寒俊,精求实艺,以副朕心。"砺,建隆初及第为榜首。上在开封时,常问砺何年及第,砺唯唯不对。上后知之,谓砺不以科名自伐,益重焉。砺性刚狠傲辟,为文尚多,无师法,每作诗一题或数十篇。在翰林,制诰迂怪,大为人所传笑。(《长编》卷四三)

二　月

三日,诏曰:"春官取士,抑惟旧章。举而复之,所委甚重。冀从精择,以尽至公。宜令礼部贡院考试毕日,录合格人姓名以闻,当议降敕放榜赐及第。如复试有谬滥,知举官重行朝典。"(《宋会要·选举》三之六)

九日,诏曰:"久停贡举,颇滞时才,言念士伦,不忘勤恤。宜令礼部贡院,据合格人数内,进士放五十人,诸科共放百五十人。来年不得为例。"(《宋会要·选举》三之六)

十九日,以翰林学士杨砺权知贡举,知制诰李若拙、直昭文馆梁颢、直史馆朱台符权同知贡举。准诏放合格进士孙仅已下五十一人。(《宋会要·选举》一之六。按:此条当系于正月,见刘琳等校点本该条注。)

王禹偁《赠浚仪朱学士台符新知贡举》:潘岳花阴覆杏坛,门生参谒绛纱宽。西垣久望神仙侣,北部休夸父母官。雨屐送僧莎径滑,夜棋留客竹斋寒。何时僕直来相继,三入承明兴渐阑。(《全宋诗》卷六七)

进士名录:孙仅,高辅尧(误),朱严,王克从,王昱,成禹昌,阮昌龄,李亢颖,李若谷,李庆孙,吴千仞,余子谅,金成积,周湜,柳宏,段辅,毕申,郭贲,唐肃,凌震,黄宗旦,黄端,盛京,许铉,张景,张景休,曾易直,杨子祯,杨可,解希文,郑褒,刘元亨,刘筠,刘烨,乐黄庭。

诸科:王惟正。(《宋登科记考》卷三)。

补进士名录:其一,郑希甫。《苏舜钦集》卷一四《郑公墓志铭》:"咸平诏士,为乡族敦睦,出中进士甲第,调尉建阳。……二年,移知康州。"

其二,高辅国。《宋登科记考·附录》:"北宋登进士第。"按:《楼钥集》卷七一《跋金花帖子绫本小录》:"咸平元年,知举四人……主文极天下选,宜乎得人之盛!……高辅国曾祖季兴、祖从诲,俱为南平王,盖荆南高氏。"

其三,吕蒙休。《宋登科记考·附录》:"咸平间登进士第。"按:《楼钥集》卷七一《跋金花帖子绫本小录》:"咸平元年,知举四人……主文极天下选,宜乎得人之盛!……吕蒙休三代俱赠师傅,父龟图,母刘氏,徐国太夫人,文穆公蒙正之弟也。"

其四,句希吉。《宋登科记考·附录》据《宋史》卷四四一:句希古,"宋登进士第"。两者当同为一人,《宋史》或《楼钥集》有笔误。按:《楼钥集》卷七一《跋金花帖子绫本小录》:"咸平元年,知举四人……主文极天下选,宜乎得人之盛!……句希吉为中正之子"。

其五,刘璋。《全宋文》卷五八七尹洙《王氏题名记》:"其一题云:咸平元年翰林学士杨砺下进士五十一人。第九人刘公璋所刻也。"

辨正:高辅尧,咸平二年进士。《长编》卷四三:咸平元年十月"癸丑,命修《太祖实录》官钱若水等复考开封府得解进士试卷。……时以高辅尧为首,钱易次之。……乃以孙暨为第一,辅尧第二,易第三,余并如旧"。

尹洙《王氏题名记》:陕郡开元寺建初,院有进士登科题名二记在焉。其一题云:"天复四年,左丞杨涉下进士二十六人。"实唐昭宗迁洛,改元天祐岁,驻跸于陕,杨涉丞相所放进士榜第十四人,王公讳澥之嗣子工部追书也。工部讳某,开宝二年佐陕虢幕,作文以记其事。后十一年,工部从子盐铁推官守中奉使过陕,又志名于记末。其一题云:“咸平元年,翰林学士杨砺下进士五十一人。”第九人刘公璋所刻也。刘公大父太常卿岳,前天复榜中第十一人。刘公尝官于陕,故以东郡咸平榜嗣之。其第二十三人王公讳某,即天复榜第十四人王公之曾孙,累官某官,赠某官,庆历元年,赠官嗣子书先公赠官职方公按刑陕右,观建初一记,则高祖、先公登科二名,暨曾祖、伯祖真迹俱存,慨然感慕,命余次其年世前后。呜呼!天祐甲子距今百三十有九年,公家四世刻名佛舍,公今又继而书之,世德之厚者其将显乎!(《全宋文》卷五八七)

周必大《题盛京登科小录》:右盛京登科榜帖及小录,其家传已百八十余年,裔孙寓常之无锡,贫不能守,而同邑王驰左藏有之。驰,洪景卢妹夫也,故今归景卢家。初,景伯丞相作本朝登科记,自庆历后始有小录,悉书进士乡贯。前乎此,惟咸平元年孙仅榜亦然,正以尝见盛氏所藏耳。是遂注云:“时小录用绫,谓之金花帖子。”殊不知榜帖偶粘于小录之前,本是两事,岂可直以小录为金花帖子耶?予既摹其本,又列王临所记于卷首,使览者无疑焉。京盖文肃公度弟,其后仕宦至今不绝。此录多公卿题跋,姑掇知名者数人附于末。淳熙丙午四月十四日,周某题。

周必大《录洪景卢〈容斋续笔〉题后》:右,洪景卢既得盛氏小录,又于《容斋续笔》十三卷中详载其事。予谓当时所得金花帖子,止谓高四寸阔二寸,书登第人姓名,主司花押于下者,与小录自不相涉。故盛京曾孙华亦自跋云:“先伯祖登咸平第,此金花帖子及小录用绫。”既曰“及”,则为二事甚明。予以王扶帖子并粘于前,而辨景伯丞相之误,今申言之。嘉泰壬戌闰腊月戊辰,某再题。(以上均见《全宋文》卷五一二九)

唐进士登科,有金花帖子,相传已久,而世不多见。予家藏咸平元年孙仅榜盛京所得小录,犹用唐制。以素绫为轴,贴以金花,先列主司四人衔,曰:翰林学士给事中杨,兵部郎中知制诰李,右司谏直史馆梁,秘书丞直史馆朱,皆押字。次书四人甲子,年若干,某月某日生,祖讳某,父讳某,私忌某日。然后书状元孙仅,其所纪与今正同。别用高四寸绫,阔二寸,书"盛京"二字,四主司花书于下,粘于卷首。其规范如此,不知以何年而废也。但此榜五十人,自第一至十四人,惟第九名刘烨为河南人,余皆贯开封府,其下又二十五人亦然。不应都人士中选若是之多,疑亦外方人寄名托籍,以为进取之便耳。四主司乃杨砺、李若拙、梁颢、朱台符,皆只为同知举。(《容斋续笔》卷一三)

楼钥《跋金花帖子绫本小录王扶、盛京》:集贤王公金花帖子,其孙鄜州谓端拱二年太宗朝第三榜者,误也,当以益公所考为正。尚书宋公名白,时以翰林学士、礼部侍郎知贡举,其同知贡举则知制诰李公沆,帖子花押盖二公也。咸平元年,知举四人:杨给事砺、李舍人若拙、梁司谏颢、朱秘丞台符,盛公帖子花押乃此四人也。太宗以至道三年上宾,咸平改元,真宗谅闇,遂不廷试,而敕下礼部放榜。《登科记》亦称省试,故犹得以帖子报中选者,非以不临轩策试而废兹制也。知举止列祖父,不及三代。糊名复于淳化三年,至是已七年矣。艺祖一朝进士凡十五举,多者不过三十余人。太宗朝取士浸广,至二百余人。独孙何一榜,放三百五十五人,诸科合千余人。后世但骇其多,而不知前两年诏权停贡举,至是集阙下者万人。太宗既多取之,而后连四年俱有权停之诏。次五年为至道三年三月,以大丧不暇及。至咸平之初,诏以久停贡举,颇滞时才,令礼部据合格人内,进士放五十人,诸科百五十人,来岁不得为例。于是,进士孙仅等及高丽所贡并赐及第,此《小录》所载五十一人是也。祖宗时贡举之疏数,取士之多寡,惟上所命,非若近世之定制也。某高曾先祖,仍三世登科,中遭兵毁,故书无一存者。先祖少师,元丰末年焦蹈榜丙科,后从年家章氏传当时《小录》,虽印为大编,而与今制不侔者已十余条。又尝见嘉祐二年章衡榜东坡兄弟《小录》,与焦榜者不殊。今始见王、盛二家金花帖子及绫本《小录》,前此真未闻也。诸公跋语,如载知举家讳、私忌等外,若韵脚,明主空一字按:此下有脱落字句。诗限六十字以上成,论限五百字以上成,皆与今小异。今止书"第一人",此直书"状元"。外氏书其母之封五十人,贯开封者三十七人,不应如此之多。按:端拱二年有旨,国子监生并须品官子弟、开封府有户贯者充,岂以此故士子多用开封贯耶?贯建州者二人:一曰建宁军,一曰建州,书事不同如此者非一。祖父俱存者今曰"重庆",而第四人张景书“荣侍下”。父祖未仕者书“不仕”,三代名下书“皇任”者,柳河东作《陈京行状》云“五代祖某,陈宜都王。曾祖某,皇会稽司马。祖某,皇晋陵郡司功参军。父某,皇右补阙”云云。或谓书“皇”者,以表其仕于唐也。此又不然,多有称“皇”不仕者。又或止书见仕某官,每一顶各空一字,皆与今不同。此榜止五十人,可以绫书,不知前此孙何一榜三百余人,亦可以绫书耶?《小录》之作,近亦屡有轻以意改者。要知典故所在,前人多有深意,一遵其旧可耳。吁!又何止此耶。司谏、秘丞各称其官,杨公为翰林学士,而止称给事;李公知制诰,而称舍人,亦因可见前朝之官称云。杨公开国之初为第一人,李公为乾德四年进士第五人,梁公与其子固俱为大魁,朱公则孙何榜第二人。主文极天下选,宜乎得人之盛!仅继兄何,固为盛事;刘烨祖岳,父温叟,是终身不听乐者;中山刘子仪、参政李子渊皆在此榜。高辅国曾祖季兴、祖从诲,俱为南平王,盖荆南高氏。辅国之父保寅,不知在从诲十五子中为第几人,与继冲俱归本朝者也。吕蒙休三代俱赠师傅,父龟图,母刘氏,徐国太夫人,文穆公蒙正之弟也。王克从为彦超中令之孙,句希吉为中正之子,盛京为文肃公度之弟,乐黄庭父史任职方员外郎,是作《太平寰宇记》者,其任职方宜矣。李山房谓知名之士几三之一,后生寡陋,不能尽知,姑诵所闻。一时人物,不亦盛哉!借摹本于丰宅之有俊,老眼不能细书,令从子溉临写,藏于家,仍备书其后而归之。(《楼钥集》卷七一)

孙何、孙仅,学行文辞倾动场屋。何既为状元,王黄州览仅文编,书其后曰:“明年再就尧阶试,应被人呼小状元。”后榜,仅果为第一。黄州复以诗寄之云:“病中何幸忽开颜,记得诗称小状元。粉壁乍悬龙虎榜,锦标终属鹡鸰原。”并寄何诗曰:“惟爱君家棣华榜,登科记上并龙头。”潘逍遥亦有诗曰:“归来遍检登科记,未见连年放弟兄。”而陈尧叟、尧咨兄弟亦前后相继为状元,士林皆以为盛事。(《渑水燕谈录》卷三)

国初,官舟数少,非达官贵人不可得乘。……朱严第三人及第,赁舟赴任,王禹偁送诗曰:“赁船东下历阳湖,榜眼科名释褐初。”(《东轩笔录》卷一三)

龙图刘公烨未第前，娶赵尚书晁之长女，早亡，而赵氏犹有二妹，皆未适人。既而，刘公登科，晁已捐馆，夫人复欲妻之，使媒妇通意。刘公曰："若是武有之德，则不敢为姻；如言禹别之州，则庶可从命。"盖刘公不欲七姨为匹，意欲九姨议姻故也。夫人诘之曰："谚云：薄饼从上揭。刘郎才及第，岂得便简点人家女？"刘公曰："非敢有择，但七姨骨相寒薄，非某之对。九姨乃宜匹。"遂娶九姨，后生七子。(《青箱杂记》卷四)

咸平元年放进士榜，自状元而下十人，皆天府解。时张文景以古文驰名，第四人登第，不厌众望。有诗曰："惊天动地张文景，只得南宫第四人！"前榜丁晋公亦第四人，以诗赠文景曰："若校前来登第者，文章声价不相过。"(《诗话总龟》前集卷二七。按：张景，或又名张文景，俟考。)

高句丽始贡一人。(《宋史》卷一五五)

赐高丽宾贡进士金成绩及第，附春榜。(《玉海》卷一一六)

王禹偁《赠状元先辈孙仅》：病中何事忽开颜，记得诗称小状元予淳化辛卯岁赠君诗云"明年再就尧阶试，应被人呼小状元"。粉壁乍悬龙虎榜，锦标终属鹡鸰原。青云随步登花塔，红雪飘衣醉杏园。还有一条遗恨处，不教英俊在吾门。

王禹偁《送临清杨可主簿入蜀杨父为诸司使，祖有赠官，及第授官后以父命归拜祖坟，焚所赠诰》：脱白去焚黄，遥知祖德光。墓坟乔木老，襟袖桂枝香。回见梅含雪，归逢橘饱霜。子云应有宅，为葺草玄堂。(以上均见《全宋诗》卷六七)

梅询《送杨可及第还乡》：君恩兼喜拜维桑，路入家山道更光。春色殿前初脱白，秋风陇上见焚黄。偏留名纸呼先辈，喜着蓝袍到故乡。科第孝思俱已遂，却经剑栈莫凄凉。(《全宋诗》卷九九)

魏野《闻王衢王专下第因有所感》：忽见僧来说，千愁集病颜。闻君俱

下第,使我转思山。疑欲钻龟卜,穷应叹殖还。此怀何处写,月上太虚间。(《全宋诗》卷七九)

三　月

壬申(十三日),赐及第进士孙仅等宴于琼林苑,学士、两制、尚书侍郎、馆阁直官、校理皆预,后常以为故事。(《麟台故事》卷五)

五　月

十六日,以礼部及第进士孙仅、黄宗旦、朱严并为防团推官,余悉授判、司、簿、尉。(《宋会要·选举》二之三)

二十三日,礼部贡院言:"窃见诸州府及贡院考试诸科举人,于义卷上多书'粗'字,盖试官庇容举人,免作十否殿举。今后并须实书'通'、'否',不得依前以'粗'字庇容。如有固违,乞行朝典。又,举人中有工商杂类、曾犯刑责及素无行止之人,辄玷士流,冒取文解,并许诸色人陈告。犯人勘罪决放,永不得入科场。官司辄有容隐,人吏并决停,发解、监试官追一任。又,举人中或曾经御试,或称是旧人,有司须校艺能,逐举但增场数。自今后不问新旧人,并须文章典雅,经学精通。当考试之时,有纰缪不合格者,并逐场去留。如有容庇,发解、监试官并乞准前条勒停。自来,两京及诸道州府解送举人将近二万,春闱校艺,及格非多。去岁,朝廷特许十分内量解二分。自立规程,已成伦贯。今欲乞更不定分数,只严示诫惩。专委知州、通判、判官选差清强官程试,精选德行词学之士,到南省考校。不及格人数多,并乞依前项纰缪、十否条例停放。将来知举官不得庇容,如失举行,并当连坐。"从之。(《宋会要·选举》一四之一七)

六　月

庚寅(三日),密州发解官鞠傅坐荐送非其人,当赎金,特诏停任。仍令告谕诸道,以警官吏。上谓辅臣曰:"凡所举官,多闻谬滥,宜先择举主,以类求人。今外官要切惟转运使,卿等可先择人,令举之。"(《长编》卷四三)

三日，密州发解官鞠傅则荐送非其人，准法罚铜九斤，诏特停见任。仍令进奏院传报诸路，以戒官吏。(《宋会要·选举》一九之二、三)

九　月

十六日，淄州邹平县令正可象坐考试举人受钱三万，法当绞。诏：贷死，决杖，配少府监役。知州、通判各停官。帝曰："官吏如此，何以柬拔寒俊？"令刑部别定条制以闻。(《宋会要·选举》一九之三)

二十五日，以三司度支判官冯拯、直史馆孙冕、史馆检讨杜镐、太常丞欧阳随同考试开封举人，直史馆曾致尧考试国子监举人。(《宋会要·选举》一九之三)

二十八日，诏遣官试开封府、国子监发解官亲戚举人。故事，二司交互考试。帝虑涉情弊，故专命官焉。(《宋会要·选举》一九之三)

旧制，国子监、开封府举人有与发解官亲戚者，止两司更互考试。上虑涉私徇，是秋，特选官别试。(《长编》卷四三)

是　秋

王禹偁《送第三人朱严先辈从事和州》：赁船东下历阳湖，榜眼科名释褐初。宾职不忧无厚俸，郡斋唯喜有藏书。伴吟先买秋江鹤，醒酒时烹晚市鱼。廉使多情应问我，为言衰病似相如。(《全宋诗》卷六七)

魏野《送王衢赴举》：独荐因公道，孤寒去若何。遥装行李少，近事祖筵多。小雪飘嵩岳，微冰结汴河。归来乘驷马，林下愿重过。(《全宋诗》卷七八)

魏野《送王辟赴举》：何必问龟长，知音在玉堂。十全才众许，双美卷亲装。云少离山驿，尘多近帝乡。花时新榜帖，先为达岩房。(《全宋诗》卷八〇)

十　月

癸丑(二十八日),命修《太祖实录》官钱若水等复考开封府得解进士试卷。故事,京府解十人已上,谓之等甲,非文业优赡有名称者不取。时以高辅尧为首,钱易次之。易颇为流辈所推许,辄不平,遂上书指陈发解官所试《朽索驭六马赋》及诗、论、策题,意涉讥讪。又进士数百辈诣府讼荐送不当,辅尧亦投牒逊避,请以易为首。开封府以闻,故有是命。仍令两制议所讼题。时翰林学士承旨宋白深右易,考官度支员外郎冯拯奏易与白交结状,上大怒,遣中使下拯御史狱。拯力言易无行,不可冠天府多士。上亦以为士流纷竞,不可启其端,且欲镇压浮俗,乃诏释拯,罢两制议及复考,止令若水等擢文行兼著者一人为首。乃以孙暨为第一,辅尧第二,易第三,余并如旧。暨,开封人,宾之孙;辅尧,保寅之子也。易初以轻俊被黜,既而,太宗与苏易简论唐时文人,且叹不与李白同时。易简言:“易能为歌诗,殆不下李白。”太宗惊喜曰:“诚如是,吾当白衣召置禁林。”会盗起剑南,事乃止。(《长编》卷四三)

咸平元年,开封发解以高辅尧为首,钱易次之。易有时名,不得魁荐,颇不平之,上书言试题,语涉讥讽。辅尧亦请以解头让易。上命钱若水复考。既而,上以为士人争进,几不可长,止令擢文行兼著者一人为首,乃以孙暨为第一,辅尧次之,易第三,余如旧。(《渑水燕谈录》卷六)

是　年

孙何《上真宗请申明太学议》:臣闻《书》称教胄子,有虞庠辟雍之文;《易》载宾王,有乡举里选之制。皆所以导王化、育官材,牢笼英雄,陶冶风俗。必见推于太学,方获誉于公朝。从古洎今,斯道不易。东汉则诸生三万,李唐则学生八千,上所柬求,必由此出。亦有定兹岁贡,择彼时英,或州举谓之茂才,或公车宣为有道,县次给食,俾与计偕,下诏虽频,中选尤寡。及乎孝廉立格,进士设科,尚皆聘自高年,召从太守,上中下郡,人数有差。余皆附学读书,方得上名礼部。其后士风浇薄,世态销刓,贱古道于儒宫,慕他岐于天府。阘茸之士始入泮林,英豪之流例趋京兆。而又兵戈继起，经制莫存，弦诵之义皆亡，郡县之学尽废。原乎所以，抑有其由。盖以定令之初，纲条疏阔。六馆升降，纵限门荫之高卑；两京荐论，曾无科禁以厘革。遂令浅俗，扇以成风。外地绝无学生，神州悉号乡贡。下至工商杂类，方游太学、广文。伏见近降明制，惩科场之积弊，立贡士之新规，申命有司，十取其二。违则有辟，令在必行。斯实圣哲教导之方，朝廷画一之法。然臣以为尚有未尽者，请为陛下陈之。夫理归宗极，事有根源，将陈救弊之谋，须有从长之论。且生徒弃本，为日斯多，庠序不修，其来自久。国家必欲开孤进之路，辟至公之门，莫若再举令文，复严经术，使寒畯之士由乡里以升闻，世禄之家自成均而出仕。太学不得补庶人之子，神州不得贡卿士之门。贵介绮罗，府送者有罪；草莽韦布，滥收者黜官。其外郡或骈繁县之富庶者，按旧典，重立学官，俾选耆儒、硕生，为之博士、助教，精加课试，公与荐延。岁终仍依新条，限以人数发解。必有轶群之异行，拔俗之英才，匪由乡庠，亦许公议。得其士，受荐贤之赏；非其人，坐谬举之刑。寻常之流，一准上法。易贵变而能久，政在改而更张。臣谓此令既行，可使斯文复振，岂直四科取士，自当三代同风。难者或曰："今古异宜，质文迭用，但求至艺，勿系前言。"此又委巷之谈，陋儒之见。夫以文取士，既已失之，取之乖方，弊将安救？今士子名为乡举，其实自媒。贽投于郡府之门，关节于公卿之第。属词比事，合格者不过雕虫；任传弃经，入流者未逾章句。若不收之学校，选自州闾，实虑他时益成薄俗。兹事体大，惟陛下特达而行之。臣出身之初，亦自府解，岂敢忘本，遽陈此谋？盖目击轻浮，心知谬滥，是以冒不测之罪，罄狂夫之言。(《宋朝诸臣奏议》卷七八。按：此奏议，《长编》卷四二系于太宗至道三年九月壬午，或孙何真宗朝再度上奏。)

孙何《上真宗请复设制科》：臣闻王化基乎儒学，而治本根于文章。故历代取人，必先文学之士，贤辅、名将、良二千石皆由此途出。所谓学，非解诂句读之学也，必可以财成制度，弼厥治、助厥化者焉。所谓文，非声病偶对之文也，必可以寅亮经纶，寿吾民、致吾君者焉。唐、虞、夏、商，简略难嗣；炳焕可法，时唯宗周。始之以乡举里选，终之以察言观行。多士之脉，由兹而兴。垂之百王，宜无愧色。汉惩战国、亡秦之弊，追用周制，旌表孝悌，简拔茂异，或待之不次，或归之常调。苟不以纳粟拜爵、入赀为郎，凛然古风，庶几而复。由魏而下，迄于陈、隋，规模龌龊，无足比数。唐、五代之末，斟酌沿革，参用古今，纪纲四方，牢笼俊乂。失在礼部，得于制举。礼部之失，进士、明经等科是也；制举所得，贤良方正等科是也。凡进士、明经等科，前所谓解诂句读、声病偶对者也，非失而何？凡贤良方正等科，前所谓财成制度、寅亮经纶者也，非得而何？然是时流品洞分，除授有别。礼部所第，不过典校、辟置、郡掾、县佐，旷日持久，未出平迁；制举所得，必皆遗补、馆殿、台郎、御史，匪朝伊夕，奋为公辅。故所失无大害，所得必大利。事在前史，可复而验。李唐将季，干戈日寻，无用之词胜，化成之文废，始罢制举，专取礼部。五代执守，以为故事。虽复朝野多故，戎马荐生，至于文物寂寥，治道芜杂，衣冠千计，无一赫赫之称者，未必不由于此。国家有天下四十年矣，廓土辟宇，芟逆夷乱，高视百代，巍为太平；寤寐隽贤，励精贡举，乐才嗜善，敻无与邻。然犹未复贤良方正等科，清途华贯，唯以进士、明经递资而升。岂不念林壑非常之士，或有遗弃者乎？岂不念台阁所进之人，或有僭滥者乎？岂不念群官庶尹，或有才略无以自发者乎？岂不念一日万机，或有遗阙无以上达者乎？岂不念取士之制，因循近例，不可为子孙法者乎？意者群有司、百执事未之思耶？将兹事体大，非贱臣之所知耶？不然，何当置而未置，当复而未复如此之久耶？是则士传言，庶人窃议，不为僭矣。(《宋朝诸臣奏议》卷八二)

咸平二年　己亥(999)

正　月

十日,以礼部尚书温仲舒知贡举,御史中丞张咏、知制诰师颃权同知贡举。准诏合格进士孙暨已下七十一人。(《宋会要·选举》一之六、七)

乙丑(十日),命礼部尚书温仲舒知贡举,御史中丞张咏、刑部郎中知制诰师颃同知贡举,刑部员外郎董龟玉、太常寺博士王涉同考试及封印卷首,仍当日入院。礼部贡院封印卷首自此始。(《长编》卷四四)

十二日,赐隰州进士杨尹本科及第,仍附春榜。尹上疏言边防事,召试舍人院,中第,命之。(《宋会要·选举》九之一)

二十五日,以睦州童子邵焕为秘书省正字。焕尝召对,赐帛遣归。至是,复至京师,始十二岁。帝闻之,令阁门引对,面赋《春雨诗》一篇,援笔而就,赏其敏速,遂命以官。(《宋会要·选举》九之二一)

二　月

二日,命殿中侍御史谭尧叟,监铁判官、度支员外郎鲍中和,于太常寺试知贡举官亲戚举人。(《宋会要·选举》一九之三)

三　月

十日,礼部贡院言:“考试举人毕,请御试。”帝以谅阴中,不许,谓辅臣曰:“今岁举人颇众,若依去年人数,虑单平者有所遗落。进士可增及七十,诸科可增及百八十人。”寻以孙暨等二百五十名闻。诏:“除学究杜铨、

董希颜、侯世贤、王大雅、元用涉、李佑贤一举终场落下,自余并赐及第。”(《宋会要·选举》三之六)

癸亥(十日),诏:“今岁举人颇众,若依去年人数取合格者,虑有所遗落,进士可增及七十人,诸科增及一百八十人。”礼部寻以孙暨等二百五十人名闻。内诸科一举者六人特黜去之,余并赐及第。(《长编》卷四四)

进士名录:孙暨,钱易,王衢,王中孚,朱禹锡,江钧,李俊,李堪,李琼,林渭夫,侯延之,俞献卿,连作砖,徐寅亮,陈捷,陈绛,黄旦,黄汕,崔陟(误),崔偓佺,崔颐正,章楷,欧阳泽,鲁宗道,刘锴。

诸科:吕士元。(《宋登科记考》卷三)

补进士名录:其一,高辅尧。《宋登科记考》卷三将其系于咸平元年进士名录,误。详说见前。

其二,王辟。《全宋诗》卷八一魏野《闻王衢王辟登第因有寄贺》。

辨正:崔陟,何年登第,待考。《宋登科记考》卷三据《却扫编》卷中录入。《却扫编》卷中:“先友崔陟,字浚明,年未二十举进士。待试京师,一夕梦人告曰:‘汝父攘羊,恐不复见汝登科矣。’及寤,意大恶之。既果被黜还家,见有羊毛积后垣下,问何自得之,其父曰:‘昨有羊突入吾舍者,吾既烹而食之矣。’陟因大惊,而不敢言所梦。未几,其父卒。后数年乃登第。后坐元符末上书论时事,编入党籍,仕宦连蹇不进。先公领裕民局,辟为检讨官。未几局罢,后以宿州通判终。”据此,崔陟徽宗年间尚仕宦,显然不可能于此年登第。

魏野《闻王衢王辟登第因有寄贺》:人间第一荣,初得好科名。万乘登楼看,三台让路行。搜罗空草泽,宴会敌蓬瀛。榜眼兼衣钵,偏依野客情。自注:王衢为榜眼,王辟为衣钵。(《全宋诗》卷八一)

咸平二年,(李休复)奉乡老荐书,就试春官氏,实在高第,扬于王庭。

天子以其新进少年，欲抑之，俾进其业，遂用旅退。（《全宋文》卷二九四杨亿《与内弟李休复序》）

闰三月

二十八日，赐草泽邱续同进士出身。续上书言事，召试舍人院，而有是命。（《宋会要·选举》九之四）

四　月

二十六日，命直史馆刘蒙叟、曾致尧，直昭文馆尹少连，秘阁校理刁衎于武成王庙考试河北及青、齐等州举人。（《宋会要·选举》一九之三）

五　月

五日，赐进士高舆本科出身。舆言："自太祖朝应举，历场屋三十年。"召试舍人院而命之。（《宋会要·选举》九之四）

丙戌（五日），诏："天下贡举人应三举者，今岁并免取解，自余依例举送。必求实艺，无使遗贤，当俟奏名，朕亲临试。"（《长编》卷四四）

五日，诏："天下贡举人应三举已上者，今岁特免取解外，自余依例举送。务得俊贤，必求艺实，勿以孤贫遗至业，勿以豪势取非材。其有文行著称，安潜自守，宜加荐拔，无致沉沦。当俟奏名，朕当亲试。若发解者显不公之状，主文者彰滥进之踪，必振科条，定行黜责。"（《宋会要·选举》一四之一八）

进士旧无免解之条，咸平二年五月丙戌，诏：贡举应三举人，并免取解。若三举连中则是九年，三举不连中则有二三十年者，不若限以十八年之为均平也。若四举连中则亦罕有，不为滥矣。（《燕翼诒谋录》卷一）

九日，诏："礼部新及第进士孙暨等，特免选注官。"时帝问宰相："选几何？"张齐贤曰："进士五选集，《礼》、《传》、法、经、学究五选或七选集。"特

令各免选、与官。(《宋会要·选举》二之三)

九　月

二十七日，命直秘阁黄夷简、直史馆刘蒙叟、直集贤院刘骘考试开封府举人，直秘阁潘慎修、直史馆孙何考试国子监举人。所要小试官，各令举奏。(《宋会要·选举》一九之三)

是　年

上北征，赵安仁上言："当今有至要者五，其三求军谋。今武举已行，其军谋深远、武艺绝伦科，望依唐故事。"(《山堂考索》后集卷二九)

杨亿《送进士陈在中序》：陈君其亟随乡书，便卜西笑。有司方选擢寒隽，牢笼英杰，以副万乘虚左侧席之意。君博综文史，详练经术，词彩奋发，学植坚深。取片玉于昆岗之颠，鹨华缨于文石之陛，可以俯拾，未足为难。矧乃行有余力，深穷《系》《象》。天子方复三代之制，开庠序，聚生徒，选经明行修之士，列于学官，以教胄子。如君醇儒，当中兹选。仆谓君明圣人之道，将有以及于生民，扬于王庭，宜取显位。一博士之任，岂足为君辱哉！勉哉西游，努力加饭。(《全宋文》卷二九四)

咸平三年 庚子(1000)

二 月

三日,以翰林学士王旦权知贡举,知制诰王钦若、直集贤院赵安仁权同知贡举。旦知枢密院,复命史馆湛。合格奏名进士李庶几已下五百四十七人。(《宋会要·选举》一之七)

咸平三年,王魏公知举,数日即院中拜同知枢密院事,当时以为科举盛事。(《石林燕语》卷四)

二十六日,诏:"河北经戎虏侵轶州军举人,除已赴礼部试外,有实曾请解及经礼部试者,委贡院籍名以闻,当议别试。"(《宋会要·选举》三之六、七)

是 月

常山布衣窦翊上疏曰:……因进其《刍荛说》五篇。上览而嘉之,命入院召试,赐同《三礼》出身。翊,偁从子也。(《长编》卷四六)

三 月

一日,诏:"贡院所试及格举人内,有权要亲族者,具名以闻。"(《宋会要·选举》三之七)

十七日,帝御崇政殿,试礼部奏名进士,内出《观人文以化成天下赋》、《崇德报功诗》、《为政宽猛先后论》题。得陈尧咨已下三百六十五人,第为六等,并赐及第、出身、同学究出身。时命翰林学士承旨宋白,侍读学士夏侯峤、吕文仲,工部尚书张宏,给事中董俨,右谏议大夫李若拙,知制诰梁周翰、师颃、朱昂,知杂御史冯拯,为考官,列于殿之东阁。又命直昭文馆安德裕、句中正,直史馆姚铉、孙何、曾致尧,秘阁校理舒雅,诸王府翊善张蔚、杨澈、郭成范,三司判官施护,为考官,列于殿之西阁。又命国子博士雷说、著作佐郎梅询于殿后封印卷首。始命德裕等考讫,次命白等复之,然后取入等者,帝亲览之。赐第一、二、三等及第,四等出身,五等同《三传》学究出身。翌日,试诸科,得九经马龟符已下四百三十二人,第为三等,并赐本科及第、出身、同出身。命翰林侍读学士邢昺等十五人为考官。赐第一等本科及第,第二等同本科出身,自余第降同诸科出身。又试进士五举、诸科八举已上及曾经先朝御试、洎年五十以上者,内出《礼乐刑政致理何先论》题。时帝谓左右曰:"此辈潦倒场屋,皆已迟暮。傥例试三题,则遗落多矣。故止令试论一篇,粗观其智识也。"得进士张浩然已下二百三十六人,第为四等,并赐同学究出身、授试衔官。第一、二等赐同学究出身,第三等授试校书郎,第四等授试主簿。(《宋会要·选举》七之五、六)

甲午(十七日),上御崇政殿亲试,命翰林学士承旨宋白等与馆阁、王府、三司官二十一人于殿后西阁考复,国子博士雷说、著作佐郎梅询封印卷首。亲览入等者,赐陈尧咨以下二百七十一进士及第,一百四十三人同本科及《三传》学究出身。尧咨,尧叟之弟也。又命翰林侍讲学士邢昺等十五人考较诸科,得四百三十二人,赐及第、同出身。又试进士五举、诸科八举及尝经御试或年逾五十者论一篇,得进士二百六十人,诸科六百九十七人,赐同出身,及试校书郎、将作监主簿。赐宴日,以御诗褒宠之。以尧咨等五人,并为将作监丞、通判。第一等并九经为大理评事,知大县;第二等为节、察、防、团推官;余为判、司、簿、尉,试衔者守选。上连三日临轩,初无倦怠之色。所擢凡千八百余人,其中有自晋天福中随计者。校艺之详,推恩之广,近代所未有也。(《长编》卷四六)

十九日,试诸科,得三史刘昌已下六百九十七人,第为二等,并赐本科出身。(《宋会要·选举》七之六)

进士名录:陈尧咨,周起,胡用庄,丁咸序,丁时雍,刁湛,王元之,王立,王宗闵,王冕,王贯之,王盘,元守文,毛修,方慎言,方仪,尹诚,石昭,石待问,丘贲,吕夷简,朱咸熙(误),朱淑,朱巽,朱毅,任布,祁革,杜垂象,李垂,李起,李庶几,李经,李熙绩,李贤,李颖锁,李蔼,李绎,吴世范,吴待问,吴谓,吴应一,何拯,何朝宗,余仲吉,狄棐,沈士廉,沈同,沈厚载,沈缄,邵焕,范隆,范雍,林介,周薰,屈符,胡尧佐,胡肃,柳涉,姜遵,洪待用,马宪,徐任,徐起,唐固言,涂及,陈甲,陈汝砺,陈易则,孙侑,黄禹昌,黄务本,黄梦松,黄诰,黄奭,曹禹昌,曹寅,曹宿,盛贲,崔立,许式,许洞,康仁,章得一,章琮,章琛,章万,章岫,梁颁,张可正,张可敬,张安世,张季,张玮,张畸,项伯鲁,彭天益,董温其,董憃,程宾王,傅应中,曾易从,曾容,曾颙,曾颜,富言,杨令绪,詹瑞,蔡中正,蔡为善,裴奂,齐革,郑文哲,郑覃,郑为,郑载,邓希颜,欧阳陟,欧阳晔,欧阳颍,欧阳豫,欧阳观,刘光厚,刘直方,刘京,刘澄,刘济川,潘舜卿,骆安世,骆安国,骆起,赖克绍,霍启光,戴益,魏幽求,魏庄,鲜于端夫,聂致尧,苏季成,谭应,龚纪,龚会元。

诸科:马龟符,尹仲宣,林休复,胡宾王,曹宪。(《宋登科记考》卷三)

补进士名录:其一,龙起。《宋登科记考·附录》:"龙起,天圣间登进士第。"《青箱杂记》卷三:"丁咸序应举时,梦唱名已过,续有一龙蜿蜒腾上,又有一骆驼继之,不知其然。比唱名,有龙起、骆起二人在其后。"

其二,方仲荀。《宋登科记考》卷三将其系于咸平五年进士名录,以下则称其"咸平三年登进士第",当为编排错误。《宋元方志丛刊·新安志》卷八:"咸平三年陈尧咨榜:方仲荀。"

其三,范说。《宋登科记考·附录》:"范说,北宋前期登进士第。"《齐东野语》卷一五:"范说,咸平三年进士,同学究出身。"

辨正:朱咸熙。《宋登科记考》卷三录入是年进士名录,误。《苏舜钦集》卷一四《朱君墓志铭》:"(朱咸熙)同至都下自论,敕赐同学究出身,时咸平三年冬十一月也。"

咸平三年,(梅询)与考进士于崇政殿。真宗过殿庐中,一见以为奇材,

召试中书,直集贤院,赐绯衣银鱼。(《欧阳修全集》卷二七《梅公墓志铭》)

陈文忠公尧叟,字唐夫,端拱二年,状元及第。文惠公尧佐,字希文,端拱元年,举进士第十六人。康肃公尧咨,字嘉谋,咸平三年,状元及第。三人,皆秦国公省华之子也。方仲弟希元登第之明年,赐绯。与父省华,同日改秘书丞。故唐夫有启事云:"蟾桂骊珠,连岁有弟兄之美;鱼章象简,同时联父子之荣。"(《游宦纪闻》卷二)

(章频)与弟顿皆以进士试礼部预选,会诏兄弟毋并举,频即推其弟,弃去。后六年,乃擢第。(《宋史》卷三〇一)

当淳化、咸平中,公(孙侑)二兄连举冠多士,而公次举复登科,天下耸慕,皆目孙氏为大小状元家。至于父兄之训子孙,必举孙氏以为劝,唯恨其不及也。(《全宋文》卷八五七《孙公墓志铭》)

何拯《登第后作》:自古贲城继踵希,吾门多幸感昌时。姮娥不惜蟾宫桂,从此何家第二枝。(《全宋诗》卷一六二)

魏了翁《跋吕文靖公试卷真迹》:文靖公三相仁宗,以才识称。其卓卓可记者,如纳天书于方中,与夫止玉清营缮,正章懿丧礼,却契丹借兵,罢宦寺监军,杜母后专政之渐,谨人主御楼之拜,发郡国建学宗正睦亲之议,此非无素者所能办。虽与范、欧异论,晚年乃能同心戮力,以扶王室,是宜子孙之传。自惠穆、正献而后,荥阳、右丞、中书、驾部,代有显人,至成公而以学问名世,与宋靡已。猗其盛哉!此我太祖、太宗之德也,科举特为之梯航耳。(《全宋文》卷七〇八六)

王柏《题吕申公试卷》:自科举之法立,而乡举里选之制坏,此无足怪。盖取士之法坏于淫乱之妇人,历数百年,圣贤之君不能复,此为可恨。然犹有可诿,曰:国朝兼采时望也。至糊名之请行,而士之进退,一决于三日之虚文。虽纲常沦坏之人,贩缯屠狗之辈,不必择也。既登高科,则清官要职，执卷取偿。朝廷虽欲不与，不可得也。取士之法，至是不复可言。然名公巨卿，未有不出此途者。盖同行而异情耳，非法之果善也，乃法之大幸也。以一二人才之偶得，遂谓千万人之皆然，不亦太疏乎！凡诬经诡圣，希求苟合，莫不中选；而抱道守义，拙于华藻者，莫不屏黜。是岂法之果幸哉？乃士之大不幸也。呜呼！因观吕申公试卷中称名，是法犹未坏也。科举之法不复古，天下无可治之理，三叹而书于后。(《全宋文》卷七七九七)

四　月

戊申朔(一日)，赐进士陈尧咨等袍笏。(《宋史》卷六)

十一日，赐御书院祇候夏温其同进士出身，授保信军节度推官。温其自陈本进士，求试所业，令舍人院召试而有是命。(《宋会要·选举》九之五)

壬戌(十五日)，赐应制举人林陶同进士出身。陶就试学士院，不及格。上方欲求俊茂，故特奖之。(《长编》卷四七)

戊辰(二十一日)，诏："自今两京、诸路所解举人，宜先察访行实。或艺文可采而操履有亏，投书匿名、饰词讪上之类，并严加惩断，勒归乡县课役，永不得就举。如辄敢解送，所由官吏，必当论罪，仍令御史台纠之。"(《长编》卷四七)

诏曰："孔门四科，德行为贵。言念近岁，偷薄成风，务扇朋游，以图进取，潜相诟病，指摘瑕疵，有玷士伦，颇伤俗化。自今两京、诸路所解举人，宜先廉访行实，或艺文可采而操履有亏，投书匿名，饰词讪上之类，并严加惩断，勒归乡县课役，永不得就举。如辄敢解送，所由官吏必当论罪，仍令御史台觉察之。"(《文献通考》卷三〇)

二十三日，赐新及第进士御制五、七言诗二首。自此后，每放榜，即赐诗。(《宋会要·选举》二之三、四)

二十七日，以新及第进士第一人陈尧咨、第二人周起、第三人胡用庄、第四人朱巽、第五人李颖、锁厅人李绎，并为将作监丞、通判诸州。第一等四十二人，并九经关头为大理评事、知县；第二等节、察推官；第三等初等幕职；余判、司、簿、尉，试衔，令归乡守选。(《宋会要·选举》二之四)

是　月

诏新及第进士、诸科举人等，给假两月宁亲。(《宋会要·选举》三之七)

五　月

一日，诏："河北诸州军并青、淄、齐三州曾经蕃贼蹂践处，贡举人特免解赴举。"四年七月，复下此诏。(《宋会要·选举》一四之一八)

十三日，诏："两制、馆职详定武举、武选入官资序故事。"(《宋会要·选举》一七之五)

辛卯(十五日)，诏曰："去岁天下举人，数逾万人，考核之际，缪滥居多。盖其荐送之时，辄容侥幸。合申典宪，以儆官司。又自前贡院举奏诸州不合格举人，朝廷每虑停殿人多，或与宽宥。将惩前弊，再示明文：自今滥有解荐及遗落孤寒实艺之士，并从复试，有不当者，悉论如律。"(《长编》卷四七)

十八日，帝御崇政殿，试礼部奏名河北进士，内出《以贤为宝赋》、《膏泽多丰年诗》题。得齐革已下十三人，第为三等，并赐及第、同出身、同《三传》出身。召直集贤院梅询于殿内糊名，命两制、侍读、枢密直学士等考较，取艺业优长者亲览之。翌日，试诸科。得《通礼》已下三百四十五人，第为三等，并赐及第、同本科出身。是日，召殿试下第举人，暨先试武艺及乞量材录用者五百六十八人，各赐装钱三千，慰谕遣之。仍诏礼部并理为一举，且令归募勇士捍寇，俟有劳效，赏以官秩。(《宋会要·选举》七之七)

先是，诏刘蒙叟等试河北、青、齐等州举人，得合格者五百八十二人。

上亲试之,赐进士齐革等十三人、诸科三百四十五人及第、同出身。有下第求试武艺及量材录用者五百余人,各赐装钱,慰遣之。命礼部叙为一举,若能捍寇,即赏以官秩。(《山堂考索》后集卷三六)

二十四日,诏:权停贡举一年。(《宋会要·选举》一之七)

六　月

五日,宴新及第进士齐革等于琼林苑,帝作诗赐之。(《宋会要·选举》二之四)

十日赐以绿袍、靴、笏。(《宋会要·选举》二之四)

七　月

初,荆湖江浙都巡检使、西京左藏库使、康州刺史杨允恭以疾闻,诏其子大理评事告乘传侍疾,又遣中使抚问。是月,卒于昇州。甲辰(二十九日),赐允恭子告同学究出身。(《长编》卷四七)

八　月

十一日,赐草泽张嵩同进士出身。嵩上书言事,召试舍人院而有是命。(《宋会要·选举》九之五)

九　月

十七日,赐太子左赞善大夫宋贻序进士出身。贻序,故相琪之子,幼嗜学,好言边事,召试学士院而有是命。(《宋会要·选举》九之五)

十一月

(朱咸熙)同至都下自论,敕赐同学究出身,时咸平三年冬十一月也。(《苏舜钦集》卷一四《朱君墓志铭》)

是　年

田锡《上真宗论制科当依汉制取人》:臣窃惟唐设制科,有道侔伊吕科,有识洞韬略堪任将帅科,有贤良方正直言极谏科。自太祖朝兵部尚书张昭奏请兴制举,于时据所奏前代制举内选置三科:一贤良方正能直言极谏科,一经学优深可为师法科,一详娴吏理达于教化科。敕文略曰:“应天下诸色人中,不限前资任职官、黄衣草泽等,并可应诏送吏部。试策论三道,共三千言,以当日内。取文理俱优、人物爽秀者,方得解送。其登朝官亦许上表自举。”虽设制科之名,未尽取人之理。何以明之?夫汉诏取人,不限对策,字数随其所对,尽其所见。故孝文时,晁错对策不过二千字;孝武时,董仲舒对策不过二千余字。然上览之而异焉,乃复策之。凡诏策三问,而所对皆不及二千余字。洎公孙弘答策才五百余字。然汉之得贤良,斯为盛矣。观董仲舒所对策三道,亦非以当日内成。今但依汉之取人,则董、晁、公孙辈不独汉有也咸平三年上,时自知泰州召还。(《咸平集》卷一)

咸平四年　辛丑(1001)

正　月

十八日,朝廷《赦书》:"河南府孟、郑二州旧举人,特免将来文解。其新举人秋赋依例考试,未得解发,先定等第奏闻。已免解者,至省试亦先定所试,奏听朝旨。"(《宋会要·选举》一四之二〇)

是　月

武腾军节度使、知河南府李至表上故史馆编修杨文举所注尹玉羽《春秋字源赋》。诏:以赋送秘阁,赐文举子宁同学究出身。(《宋会要·崇儒》五之二〇)

二　月

丙寅(二十四日),诏:"学士,两省、御史台五品,尚书省诸司四品以上,于内外京朝、幕职、州县官及草泽中,举贤良方正、能直言极谏各一人,不得以见任转运使及馆阁职事人应诏。"(《长编》卷四八)

二十五日,诏曰:"汉命诸侯举贤良方正之士,唐诏吏部设直言极谏之科,所冀寤寐英翘,详延遗逸。朕嗣守宝历,于今五年,曷尝不日昃忘餐、宵分辍寐?忧勤庶政,景行前王,教化是修,咨询罔倦。其或有德者尚沉下位,怀才者不显公朝,则何以慰我旁求、辅予不逮?宜命多士,明剔所知。其令学士,两省、御史台五品以上,尚书省诸司四品以上,于内外京朝官、幕职、州县官及草泽中,举贤良方正之士各一人。当策以时务,朕亲览焉。"(《宋会要·选举》一〇之七)

三　月

(辛巳,十日)兵部尚书张齐贤上言:“终南山处士种放守道遗荣,孝行纯至,栖迟衡泌,历二十年,愿以备贤良方正之举。”乃赐放诏及装钱五万,令京兆府遣官诣山,备礼发遣。放辞疾不至。(《长编》卷四八)

十九日,诏:“所举贤良方正,应已贴馆职及任转运使者,不在举限。”(《宋会要·选举》一〇之七)

辛卯(二十日),以国子监经籍赐潭州岳麓山书院,从知州李允则之请也。(《长编》卷四八)

四　月

辛未(十三日),上御崇政殿,试制举人,命翰林学士承旨宋白等充考官。得秘书丞查道、进士陈越入第四等,定国军节度推官王曙入次等。以道为左正言、直史馆,越将作监丞,曙著作佐郎。(《长编》卷四八)

十三日,帝御崇政殿,试贤良方正秘书丞查道、著作佐朗李邈、前定国军节度推官王曙、前奉国军节度推官鲁骧、进士陈越。制策曰:“汉诏贤良,垂三百余载;唐策俊造,悬四十余科。得士者昌,于斯为盛。用能佐佑帝业,焜耀儒风。历代已来,其道中废;皇朝开国,复举而行。朕奉祖宗,不敢失坠。思得天下方闻之士,习先王之法、明当世之务者,以辅朕之不逮。《传》曰:‘三皇步,五帝骤;三王驰,五霸骛。’斯则皇帝王霸之异世,其号奚分?步骤驰骛之殊途,其义安在?称诏之旨,临御之方,必有始终,存诸典故。加以姬周始之三十六王,刘氏承之二十五帝,受授之端,治理之要,咸当铨次,务究本原。而又周有乱臣,孰为等级?秦非正统,奚所发明?勒燕然之石者,属于何官?剪阴山之虏者,指于何帅?十代之兴亡足数,九州之风俗宜陈,辨六相之后先,论三杰之优劣。渊、骞事业,何以首于四科?卫、霍功名,何以显于诸将?究元凯之本系,叙周召之世家,述九流之指归,议五礼之沿革。六经为教,何者急于时?百氏为书,何者合于道？汉朝丞相，孰为社稷之臣？晋室公卿，孰是廊庙之器？天策府之学士，升辅弼者谓谁？凌云阁之功臣，保富贵者有几？须自李唐既往，朱梁已还，经五代之乱离，见历朝之陵替，岂以时运之所系、教化之未孚耶？或者为皇家之驱除，开我朝之基祚耶？是宜考载籍之旧说，稽前史之遗文，务释群疑，咸以书对。"命翰林学士承旨宋白等考所对。道、越入第四等，曙入第四次等。以道为左正言、直史馆，越为将作监丞，曙为著作佐郎。邈、骧皆不入等。(《宋会要·选举》一〇之七、八)

杨亿《咸平四年四月试贤良方正科策二道奉敕撰》：朕闻古先哲王，疆治天下，亲附万民，必先务农，然后足食。故尧命四岳，谨于授时；禹别九州，先于平土。以地著为本，故建步立亩，克正经界之规；以生齿为限，故受田归田，式优筋力之礼。由是穑人狎野，品物嘉生，悉辟污莱，且无旷土。虽有水旱，不为凶年。然后礼让兴行，风俗归厚，劝功乐事，靡迁其心。既庶而富，爰服于教，此圣王域民之要道也。自周行井田，是为王制；秦改阡陌，乃成霸业。汉抑末而敦本，衣食滋殖；魏屯田而积谷，军国富饶。中代已还，人散久矣。我国家屡下宽大之诏，深惩游惰之民。关市之征，舟车皆算，恐其骋于末游；天灾流行，田租尽免，虑其去于南亩。广行劝诱之术，俾臻仁寿之域。而廪庾之积，未至陈陈相因；流亡之人，犹复稍稍而出。郡国振业之不暇，豪强倍称而益滋，未能小康，乃至重困。矧又西北寇孽作梗，二边飞挽供须，靡有虚日。千金之费，尚烦于经度；九年之储，何致于红腐？今欲复成周之法，即表畷素定，恐至扰人；遵商君之术，即贫富不均，无以复古。用李悝之平籴，即头会箕敛，出于无名；行夷吾之寓令，即赋车藉马，适增重扰。举赵过代田之策，即民服先畴，既难变业；专寿昌常平之议，即市有二价，罔或乐输。但赏罚以粟，即赎罪失于不经，卖官致于虚授；若耕战备寇，即陇亩非可使卒，塞垣难以安民。子大夫明识经邦，强学待问，多识前训，博极群书。宜考历代之是非，以定当今之用舍。强兵富国，何者当行？嘉谋嘉猷，虚怀以伫。

又：

问：古者乡老献贤能之书，登于天府；乐正论造士之秀，扬于王庭。或以事以言，以才以德，先选于州里，然服于官常。其后下三适之诏，聿明赏典；乘一封之传，令与计偕。或以户口为差，或以年齿为限。经学章奏，用别于文儒；力田孝廉，益增于科目。或但取世胄，或专引孤平。以王戎之清通，犹有门调户选之谤；以宣父之仁圣，尚闻以貌以言之失。自隋设进士，唐氏遵行，山东士人以不践为耻，朝廷卿相率由此而升。笑穷经白首之徒，专篆刻雕虫之巧。婉媚绮错，既事于词华；敦朴逊让，罔求于行实。流荡忘返，浸染成风。故玄宗临朝，深叹于薄俗；杨绾建议，愿复于明经。虽不果行，甚为嘉论。然而沿袭已久，改易为难。傥举选复行于州间，即人物之评，未能折衷；科级专求于经术，即章句之学，非可适时。各举所知，乃有比周之党；陈牒自荐，宁获贞退之贤？必取乎文质俱全，更伤于求备；但委乎郡国搜访，亦虑于遗才。至如限之以年，即颜回、子奇，岂须强仕；计之以口，即八龙、三虎，何必异乡！但取乎文华，即组绣鞶帨，徒为富艳；唯务于学业，即腐烂唇齿，弥益迂疏。国家官倍夏商，地广唐汉，吏员万数，皆须得人。百里一贤，将何充选？备陈历代之略，以副仄席之心。用期酌中，朕将亲览。(《全宋文》卷二八二)

杨亿《考制策毕学士院赐宴谢状》：右，伏蒙圣慈，以臣等考制策毕，特降中使，就学士院赐酒食管领者。临轩策试，方举于旧章；前席咨询，屡承于睿顾。信宿才终于考校，云天忽被于沾濡。特就禁林，俾开盛宴。辍大庖而供拟，为近署之光华。挹中儒之樽，徒知充量；享大官之膳，弥愧素飡。仰荷天慈，臣等无任云云。(《全宋文》卷二八七。按：杨亿多次考试制科，姑系于此。)

杨亿《谢贤良登科查正言启》某启：伏睹拜恩，已伸面贺。窃以汉崇儒术，始策问于贤良；唐设制科，多柬求于将相。既公卿而表荐，亦郡国之计偕。延见于白虎之庭，召试于紫宸之殿。设以三道，必人事而直言；宾于四门，咸茂才而异等。由是仲舒、晁错，明精祲相荡之源；居易、微之，中才识兼茂之选。故西京号为得士，贞元谓之尚文。烈于圣朝，聿修坠典。万乘端冕，坐于武帐之中；群臣髟缨，侍于文石之上。设幄幕之九张，给简牍之三千。赐盛馔于大官，示温颜于前席。束帛加璧，顾未为优；筑馆以金，曾何足算！而某官钦承清问，奋发雄才，翰动若飞，文不加点。吾丘之智略辐辏，自谓少双；平津之条对精详，果居第一。天子屡形于叹息，诸公咸愿于服膺。足光仄席之求，旋降出纶之命。仍于翌日，复对两阶。天威不违，犹恨相得之晚；异人间出，必立非常之功。方偃伏于下风，忽捧承于华检。仰窥谦退，非所克当。(《全宋文》卷二九二)

《贺试中贤良启》：贤良之选，今古攸难。汉道方隆，尝闻下诏；唐室之盛，式睹悬科。允属圣朝，恢复前制。恭惟某官，文辞英发，学术渊深。西洛驰名，早联衡于二陆；东堂较艺，曾得隽于一枝。旋膺聘于旗旌，久淹翔于樽俎。适大君之虚伫，果近列以明扬。只谒紫庭，恭膺清问。胶西条对，明三代之质文；主父登延，形一人之叹息。俄被丝纶之命，荣归翰墨之林。公朝盖示于育材，书府聊资于假道。默诵三箧，虽同安世之补亡；分判五花，即见相如之视草。方增喜颂，猥沐华笺。仰披藻缛之辞，尤切琢磨之恳。

《贺试中贤良启》：制科攸设，崇重贤良；仙殿肇开，是司图史。必得一时之俊彦，始膺万乘之选抡。恭惟某官，兰茝腾芳，珪璋挺质。钟东南之秀气，爰负美材；历州县之下僚，久淹初命。明诏适求于茂典，名卿爰睹于荐抡。召对紫庭，只膺清问。挥毫洒落，见武仲之不休；对策称嗟，升平津于第一。翼日便颁于成命，十洲咸庆于荣登。暂淹对月之曹，岂测抟风之势！(以上均见《全宋文》卷二九三。按：杨亿多次考试制科，姑系于此。)

五　月

二十日，赐南康军童子童轲出身。轲，六岁善诵书，江南巡抚使夏侯峤等以名闻。帝召入，使诵《周易》数卦，颇精通。又赋诗一章，亦授笔而就，遂奖录焉。(《宋会要·选举》九之二二)

六　月

丁卯(二十七日)，诏诸路州县有学校聚徒讲诵之所，并赐九经。(《长编》卷四九)

七　月

(己亥,三十日)诏:"淄、青、齐州及河北经蕃寇蹂践处,贡举人许免取解。"(《长编》卷四九)

八　月

己酉(十日),复亲试制举人。得成安县主簿丁逊、舒州团练推官孙仅,入第四等,并为光禄寺丞、直集贤院;秘书丞何亮、怀州防御推官孙暨入第四次等,以亮为太常博士,暨为光禄寺丞。(《长编》卷四九)

十日,帝御崇政殿,试贤良方正秘书丞何亮、怀州防御推官孙暨、舒州团练推官孙仅、大名府成安县主簿丁逊。制策曰:"朕祗若元符,为人司牧,昧旦丕显,虔恭寅畏。惧德之弗类,虑政之未孚。昔者,周命百官,皆箴王阙;汉设三道,用求直言。诞举旧章,思闻谠议。兹子大夫,逢时奋庸,有犯无隐之秋也。夫五材并陈,去兵未可;八政具举,足食是先。今国家北捍强胡,西御党项,岁遣介士,以防盛秋。弛边备则越轨之是虞,穷兵锋又征发之为扰。坚壁玩寇,固役车之未休;继好息民,复文治之靡及。故蒸庶不得安堵,弓矢无由载櫜。至于人获四鬴之余,始免艰食;国有九年之蓄,乃为太平。今壤土尚多,游手未复,劝课之道非不至,赋敛之数无所加。万钟之藏,蔑闻于都鄙;一谷不熟,遂抵于流亡。今欲倍算舟车,且驱之未尽归,而贸迁斯壅;给复租税,又惠之未及富,而经费不充。复常平之仓,则市井之价或有二;修平土之法,则经界之制未可行。自非时和而年丰,不免困穷而转徙。又如总领众职,莫急于求贤审官;申严百刑,莫先于明罚饬法。今疆宇辽邈,吏员众多,必得其材,然付以任。故文王之德,在于能官人;东汉之隆,本于责吏事。今但委有司之考课,亦第阀阅以未精;只遣使者之察廉,又饬厨传而为患。汉武之欲除吏,田蚡非可擅权;德宗之择县令,柳浑讥其失体。遵荀勖省官之议,则员难减者实多;体薛宣换县之规,则才适用者殊少。虽循名责实之斯切,而政平讼息之未臻。至若金科玉条,竹书丹笔,以禁多辟,所期无刑。其属三千,盖防于逾矩;断狱四百,用冀于胜残。虽然,慕陶唐之画冠,且免而无耻;体汉初之疏网,又奸乃益生。必待皋陶作士师，法宁可废？岂须定国为廷尉，民乃不冤？俟论报则久系是虞，但责成则舞文斯众。苟四目之罔及，乃一人之向隅。或罹非辜，足伤和气。子大夫策虑愊臆，智略辐凑。兵者凶器，必使归马放牛；食为民天，必致家给人足。考建官之意，当俾百工之允厘；稽立辟之由，期措五刑而不用。并陈历代之略，兼揣方今之宜，扬榷而言，朕将亲览。”命翰林学士宋白、梁周翰、师颜，知制诰李宗谔、赵安仁、薛映、杨亿，考定所对。逊、仅入第四等，亮、暨入第四次等。以逊、仅并为光禄寺丞、直集贤院，亮为太常博士，暨为光禄寺丞。唐贞元中，魏弘简以状元举贤良，自是无继之者。至是，暨、仅同以贤良登科，近古所未有也。（《宋会要·选举》一〇之八、九、一〇。按：策文据《全宋文》卷二八二杨亿《咸平四年八月试贤良方正策一道奉敕撰》订正。）

九　月

五日，赐太子中舍张宋诲进士及第。宗诲，兵部尚书齐贤之子，献《屯田论》三篇，命试舍人院，有是命。（《宋会要·选举》九之一）

先是，诏国子祭酒邢昺等校订《周礼》、《仪礼》、《公羊》、《谷梁传》、《正义》。丁亥（十九日），昺等上其书，凡一百六十五卷。命模印颁行，赐宴国子监，并加阶勋。于是，九经疏义悉具矣。（《长编》卷四九）

二十六日，命直集贤院田锡、梅询，直史馆孙冕，考试开封府举人。直史馆刘蒙叟、直集贤院李建中，考试国子监举人。蒙叟冗亡，以直史馆陈尧佐代。（《宋会要·选举》一九之三）

开封府秋试进士，遂以《玉津园宴送朱翰林归渚宫》为诗题，为时所贵尚如此。（《全宋文》卷三五五夏竦《朱公行状》）

田锡《开封府试人文化成天下赋以“焕乎文章化被天下”为韵》：大哉至明之君，膺景运，集洪勋。跻域中于皇极，化天下以人文。时属升平，焕声明于礼乐；道尊儒雅，发谟猷于典坟。岂不以丕光大之远图，阐雍熙之至化？

金革斯偃，朝堂多暇。遒人述职，方下采于诗声；真宰经邦，亦耻言于强霸。美哉文之为用也，至化攸先，明乎焕然。比万汇流形于厚地，三辰垂象于穹天。藻火衮裳，礼之文也，始饰容而有烂；羽旄缀兆，乐之文也，将达节以相宣。故尧舜化民以仁，禹汤跻俗以义。致玄德以招著，见皇风之光被。是以《鲁史》述汤之德也，则曰“齐圣广渊”；《虞书》美尧之仁也，则曰“聪明文思”。宜乎笾豆品数，车服采章。成均掌庠序之齿列，瞽宗司金石之铿锵。绘宗庙之彝器，炳日月之太常。皆文之于外者也。黎民阅之以恭肃，靡不昭彰。迨乎《易》之教也，厥旨精微；《书》之训也，俾人贞干；《诗》之教也，致流俗之惇厚；《春秋》之教也，惩贼臣之叛乱。斯乃文之于内者也。万国化之中正，炳然明焕。是知抚育中区，恭临宝图，纳生灵于富寿，致品汇于昭苏。亦犹挹水于器，而方圆自适；以木从绳，而规模罔逾。是以洋洋邹鲁之风，宜乎盛矣；穆穆唐虞之化，猗欤焕乎！今我后功格昊穹，泽流区夏。复风俗于淳古，播咏歌于大雅。悦灵台之偃伯，庆华阳之归马。小臣幸与试于王庭，抃蹈于双阙之下。(《咸平集》卷九)

田锡《开封府试守在四夷论》：《春秋》以天下有道，守在四夷。详丘明之书，观古人垂训，以为明君在上，以道德化育；良相作弼，以谟猷经纬。故地天交泰，品物咸亨。和气感于天，故四时六气无差节候矣；至化孚于地，故群动万汇悉遂于生成矣。当是时，诸侯之国秉璋执圭，奉朝廷之政令；四夷之长率贡纳贽，服帝王之威德。然圣人以道为城池，以仁为网罟。牢笼御备，使悉归于术内；范围包纳，俾咸入于彀中。故《春秋》曰：“天生五材，民并用之。”又曰：“谁能去兵？”孟子曰：“至仁无敌于天下。”是则干戈之用，以顺时教战也，用以威戎心也；仁义之用，以观俗设教也，俾以遂物性也。以时教战者，春搜冬狩，因农之隙，阅兵之实，俾民知御寇之教也。所谓安不忘危，理不忘乱。故仲尼曰：“不教民战，是谓弃之。”斯乃御侮之大端，而防患之先备者也。守在四夷之义，其在兹乎？虽以道德羁縻以服其心，然以威武震耀以制其力。守之至理，请试别白而论之。《鲁史》曰：“圣达节，次守节。”是则君子理一身，则守五常之教；圣人理天下，则守万机之要。守而得其道，则百职具举，而庶政允厘。百职既具举，而庶政既允厘，则四夷不得不畏服也。守之一说，亦取搜狩之狩。谓天下有道，海内无事,威制之柄,惟在四夷。故曰守在四夷也。何哉?戎人之心不可以仁信责之,不可以礼教束之,怙强则搔边,畏威则款塞。故贾谊有安边之策,晁错有御戎之辞,载在前书,确为嘉论。以为尧舜之圣,禹汤之明,文武之德,其覆之也如昊穹,煦之也若春景,万物靡不浃,群品靡不安。当时比屋可封而外户不闭,犹未能销释兵革,亦未能彻去备御。务在化中国以道,而制外夷以术也。今国家承百王之后,应五运之兴,阴阳和,风雨时,日月贞明,黎元胥悦,封疆万里,琛贡交至。虽汉武伸荡定之志,唐时置羁縻之郡,未侔于今日,未偕于圣朝矣。方今乃守在四夷之秋也。(《咸平集》卷一二)

十　月

赐抚州童子陈炫出身。炫,年十二岁能诵书,本州以名闻,而命之。(《宋会要·选举》九之二二)

闰十二月

杨亿《章频得解后之陕府谒严洪二从事》:春闱犹隔闰,逆旅苦栖遑。忽尔游分陕,飘然出大梁。食贫忧桂玉,策蹇冒风霜。杏苑归期近,棠郊去路长。幕中逢旧友,岁晚在他乡。鸡黍且相对,休嗟鬓发苍。(《全宋诗》卷一一七)

咸平五年　壬寅(1002)

正　月

十一日，以吏部侍郎陈恕、翰林学士师颃权知贡举，主客郎中谢泌、屯田郎中杨覃权同知贡举，合格奏名进士王曾已下七十八人。(《宋会要·选举》一之七)

陈晋公恕知贡举，精选文行之士，黜落极众，省榜才放七十二人，而韩忠宪公亿预在高等。(《东轩笔录》卷一三)

三　月

庚戌(十四日)，比部员外郎、直史馆洪湛削籍，流儋州。工部尚书兼御史中丞赵昌言、膳部郎中兼侍御史知杂事范正辞并削一任，昌言责授安远行军司马，正辞滁州团练副使。推直官殿中丞高鼎、主簿王化并削两任，鼎责授蕲州别驾，化黄州参军。

先是，有河阴民常德方者，讼临津尉任懿纳贿登第。下御史台鞫，得懿款云："咸平三年补太学生，寓僧仁雅舍。仁雅问懿就举有知识否，懿曰无。仁雅曰：我院内有长老僧惠秦者，多识朝贵，当为道达。懿署纸许银七铤。仁雅、惠秦私隐其二，易为五铤。惠秦素识王钦若，钦若时已在贡院，乃因钦若馆客宁文德、仆夫徐兴纳署纸钦若妻李氏。李氏密召家仆祁睿，书懿名于睿左臂，并口传许赂之数，入省告钦若。及懿过五场，睿复持汤饮至省。钦若遣睿语李氏，令取所许物。懿未即与，而懿预奏名登科，授官未行，丁内艰还乡里。仁雅为文德、惠秦辈所迫，驰书河阴，形于诅詈。"德方者，卖卜县市，获仁雅书以告。昌言具得其事，白请逮钦若属吏。

先是，钦若为亳州判官，睿即其厅干。及代归，以睿从行，虽久事钦若而未除州之役籍。贡举事毕，会州人张续还乡里持服，钦若托为睿解去名籍。至是，钦若自诉，云睿休役之后，始佣于家，而惠秦未尝及门。钦若方被宠顾，上谓昌言曰："朕待钦若至厚，钦若欲银，当就朕求之，何苦受举人赂耶？且钦若才登政府，岂可遽令下狱乎？"昌言争，不能得。乃诏翰林侍读学士邢昺、内侍副都知阎承翰，并驿召知曹州工部郎中边肃、知许州虞部员外郎毋宾古就太常寺别鞫，得懿款云："有妻兄张驾举进士，识湛。懿亦与驾同造湛门，尝以石榴二百枚、木炭百斤馈之。懿之输银也，但凭二僧达一主司，实不知谁何。"至是，昺等缘懿识湛，以为湛纳其银。湛适使陕西，中途召还。时张驾已死，宁文德、徐兴悉遁去。钦若近参机务，门下仆使多新募置，不识惠秦，故无与为证。又钦若固执知举时未有祁睿，而懿款已具，遂以湛受银为实，议法当死，特贷之。懿杖脊，配隶忠靖军。惠秦坐受简及隐银未入己，以年七十余，当赎铜八斤，特杖一百，黥面配商州坑冶。仁雅坐诅詈懿，杖脊，配隶郢州牢城。是狱也，仁雅虽坐诅詈懿索银，而不穷用银之端。

初，王旦与钦若知举，出为同知枢密院事，以湛代之。湛之入贡院，懿已试第三场毕。及官收湛赃，家实无物。湛素与梁颢善，假颢白金器，乃取颢所假者输官。昌言等皆坐故入并及于责。(《长编》卷五一)

二十三日，帝御崇政殿，试礼部奏名进士。内出《有物混成赋》、《高明柔克诗》、《君子黄中通理论》题，得王曾已下三十八人，并赐及第。翌日，试诸科，得九经高丙已下一百八十二人，并赐本科及第、出身。(《宋会要·选举》七之七、八)

己未(二十三日)，上亲试礼部举人，得进士益都王曾以下三十八人，九经、诸科百八十一人，并赐及第。以曾等五人为将作监丞、通判诸州，余及九经为大理评事、知大县，诸科判、司、簿、尉。先是，贡举人集阙下者万四千五百六十二人，命吏部侍郎陈恕知贡举，恕所取之士甚少，以王曾为首。及是，糊名考校，曾复得甲科，时议称之。旧制，试经科，复旧场第，始议进退。恕初试一场，即按"通"、"不"去留之。以是诸州举送官吏，皆被黜责，谴累者甚众。江南，恕乡里，所斥尤多。人用怨讟，竞为谣咏讥刺。或刻

木像其首,涂血掷于庭。又缚苇为人,题恕姓名,列置衢路,过辄鞭之。(《长编》卷五一)

取士至仁宗始有糊名考校之律,虽号至公,然尚未绝其弊。其后袁州人李夷宾上言,请别加誊录,因著为令。而后识认字画之弊始绝。(《能改斋漫录》卷一。按:糊名考校,始于真宗朝。)

陈恕领春官,以王文正为举首;岁中,拔刘子仪于常选,自云:"吾得二俊,名世才也。是不愧于知人。"杨文公以为然,谓王扬休山立,宗庙器也。(《后山谈丛》卷五)

进士名录:王曾,陈知微,李天锡,王渊,王随,王湛,方仲荀(误),李仲容,李枢,吴有邻,吴济,吴曜卿,周安贞,桂轲,夏焕,陈亚,孙冲,许铉,章得象,张尚祖,叶参,詹靖,欧阳冕,刘若虚,萧楚材,韩亿。

诸科:高丙。(《宋登科记考》卷三)

补进士名录:其一,汪白。《归田录》卷二:"咸平五年,陈恕知贡举,选士最精。……汪白、青阳楷二人虽不达,而皆以文学知名当世。"

其二,青阳楷。《宋登科记考》卷四据《嘉庆四川通志》等文献,景祐元年进士名录亦载青阳楷,前后相差三十二年,不知是否为同一人,待考。

辨正:方仲荀,咸平三年进士。详说见前。

莒公尝言:"王沂公所试《有教无类》、《有物混成》赋二篇,在生平论著绝出,有若神助云。"杨亿大年亦云:"自古文章立名不必多,如王君二赋,一生衣之食之不能尽。"(《宋景文公笔记》卷上)

王沂公曾青州发解,及南省、程试,皆为首冠。中山刘子仪为翰林学士,戏语之曰:"状元试三场,一生吃着不尽。"沂公正色答曰:"曾平生之志不在温饱。"(《东轩笔录》卷一四)

按《国史》:沂公以咸平五年第进士,后十八年,刘子仪始为学士。按:刘子仪咸平元年及第,在沂公前四年耳。天禧四年,子仪为学士,此时沂公执政久矣。(《旧闻证误》卷一)

咸平五年,南省试进士《有教无类赋》,王沂公为第一。《赋》盛行于世,其警句有云:"神龙异禀,犹嗜欲之可求;纤草何知,尚薰莸而相假。"时有轻薄子拟作四句云:"相国寺前,熊翻筋斗;望春门外,驴舞柘枝。"议者以谓言虽鄙俚,亦著题也。(《归田录》卷二)

用钱之法,自五代以来,以七十七为百,谓之"省陌"。今市井交易,又克其五,谓之"依除"。咸平五年,陈恕知贡举,选士最精,所解七十二人,王沂公曾为第一,御试又落其半,而及第者三十八人,沂公又为第一。故京师为语曰:"南省解一百'依除',殿前放五十'省陌'也。"是岁取人虽少,得士最多,宰相三人:乃沂公与王公随、章公得象;参知政事一人:韩公亿;侍读学士一人:李仲容;御史中丞一人:王臻;知制诰一人:陈知微。而汪白、青阳楷二人虽不达,而皆以文学知名当世。(《归田录》卷二)

初,文正携行卷见薛简肃公,其首篇《早梅》云:"如今未说和羹事,且向百花头上开。"肃读之,喜曰:"足下殆将作状元了,做宰相耶?"(《石林燕语》卷六)

予尝爱王沂公曾布衣时,以所业贽吕文穆公蒙正,卷有早梅句云:"雪中未问和羹事,且向百花头上开。"文穆曰:"此生次第已安排,作状元、宰相矣。"后皆尽然。(《湘山野录》卷上)

青州王沂公所居坊,有榜曰"三元文正之坊"。又尝见沂公登科报其父书曰:"曾今日殿前唱名,遂忝第一,皆先世积德、大人教训所致。然此亦是世间有底事,大人不须过喜。"(《家世旧闻》卷下)

王公随雅嗜吟咏,有宫词云:"一声啼鸟禁门静,满地落花春日长。"又

《野步》云:"桑斧刊春色,渔歌唱夕阳。"皆公应举时行卷所作也。(《青箱杂记》卷六)

陈亚诗云:"陈亚今年新及第,满城人贺李衙推。"李乃亚之舅,为医者也。(《老学庵笔记》卷二)

王沂公初就殿试时,固已有盛名。李文靖公沆为相,适求婿,语其夫人曰:"吾得婿矣。"乃举公姓名曰:"此人今次不第,后亦当为公辅。"是时吕文穆公家亦求姻于沂公。公闻文靖言,曰:"李公知我。"遂从李氏,唱名果为第一。(《石林燕语》卷九)

王文正公之父见破旧文籍,必加整缉,片言一字不敢委弃。一夕,梦孔子曰:"汝敬吾书如此,吾遣曾参为汝子。"因名曰曾。甫弱冠,省殿试俱第一。(《吹剑四录》)

王沂公状元及第,还青州故郡。府帅闻其归,乃命父老倡乐迎于近郊。公乃易服,乘小卫,由他门入。遽谒守,守惊曰:"闻君来,已遣人奉迎。门司未报,君何为抵此?"王曰:"不才幸忝科第,岂敢烦郡守父老致迓,是重其过也。故变姓名,诳迎者与门司而上谒。"守叹曰:"君所谓真状元矣。"遂许之远大。(《能改斋漫录》卷一二)

陈亚:张公吃酒李公醉,自古人言信有之。陈亚今年新及第,满城人贺李衙推。陈亚幼孤,育于舅家。舅姓李,为医工,人呼"衙推"。亚登第,人皆贺其舅,亚有诗云云。(《全宋诗》卷一一三)

四　月

三日,赐童子张待用出身。待用始七岁,诣阙自陈,能诵《周易》、《论语》,及献书诗一轴。召对便殿,诵《易》二卦,试诗二首,赐彩而命之。(《宋会要·选举》九之二二)

十八日，以新及第进士第一人王曾、第二人陈知微、第三人李天锡、第四人王随、第五人孙冲，并为将作监丞、通判诸州。夏焕等三十三人，九经高丙并为大理评事、知县。(《宋会要·选举》二之四)

九　月

杨亿《咸平五年九月试武举人策一道奉旨撰，试武举人王关》：皇帝若曰：夫五材並用，谁能去兵？七德孔修，于焉右武？故轩辕受符于玄女，所以兴涿鹿之征；吕望钓璜于磻溪，所以著金匮之法。历代之简编咸备，先民之轨迹具存。孙吴著书，首标奇正之说；卫霍为将，但问方略何如。然述兵法者，实祖于斯人；称天幸者，亦闻以前史。得失安取？是非焉从？至如魏武之善用兵，亦以新书从事；孔明之能胜敌，乃云节制之师。诸葛斯有准绳，何一时应变之寡术？孟德出于胸臆，何诸将违律者丧军？岂师古有胶柱之嫌，临机有脱兔之急？沿袭不同于前代，弛张固在于随时。常举要而剧谈，庶闻义而斯服。今国家尚勤戎略，式厉师贞，所以威制羌夷，保障生聚。而党项狂寇，犹假息于朝晡；猃狁残妖，颇肆毒于边鄙。调民转饷，遣戍防秋，内费资储，外勤征役。未能枭取虏首，悬于稾街；缚致胡雏，献于清庙。兹朝廷旰食之为念，谋夫高枕之未遑。子大夫识擒纵之方，练攻取之策。五饵系虏，贾谊之言可征；三章议边，鼂错之谋斯在。敦《诗》阅《礼》，何以得文武之全才？籍马赋车，何以致兵农之一混？约赍深入，何以登瀚海而勒燕然？保塞折冲，何以按榆溪而清蓟北？伐蛮夷者岂烦中国，形势如何？得地利者不如人和，胜负安取？参以前志，举尔所知；讲求便宜，敷陈指要。庶披确论，用达善经。(《全宋文》卷二八二)

是　秋

杨亿《次韵和章频下第书怀之什》：春闱三上败垂成，白雪新吟思转清。修竹园中曾献赋，慈恩塔下未题名。禹门烧尾他年事，楚客悲秋此日情。道在不须忧晚达，抟风九万是前程。(《全宋诗》卷一一七)

十　月

四日，以应武举进士王渊为海州怀仁县主簿。(《宋会要·选举》一七之五)

十一月

庚申(二十九日),河阳节度判官清池张知白上疏曰:“今进士之科,大为时所进用,其选也殊,其待也厚。进士之学者,经史子集也;有司之取者,诗赋策论也。故就试者惧其题之不晓,词之不明,惟恐其学之不博,记之不广。是故五常、六艺之意,不遑探讨。其所习泛滥而无著,非徒不得专一,又使害生其中,何为其然!且群书之中,真伪相半,乱圣人之微言者既多,背大道之宗旨者非一。若使习而成功,得不楺淳粹之性,荡中正之气?其为吏也,安能分挈治柄,使教令不黩哉!《中庸》曰:‘率性之谓道,修道之谓教。’孔子曰:‘性相近也,习相远也。’是知为儒不可不重其所习。董仲舒曰:‘《春秋》大一统者,天地之常经,古今之通谊。今夫师异道,人异论,百家殊方,指意不同,是以上无以持一统。法制数变,下不知所守。’此仲舒讥汉之失,引《春秋》大一统之说,言诸经统于天子,不得自专。亦犹百家之说,不得与圣教并进,惧乎乱皇王之大道也。今之世望汉之世,其章句之学弥盛,而异端之书又滋多乎数倍矣。安可不定其成制哉?况夫儒者之术,不以广记隐奥为博学,不以善攻奇巧为能文。若使明行制令,大立程式,每至命题考试,不必使出于典籍之外,参以正史。至于诸子之书,必须辅于经、合于道者取之,过此并斥而不用。然后先策论,后诗赋,责治道之大体,舍声病之小疵。如此,则使夫进士之流,知其所习之书简而有限,知其所学之文正而有要。不施禁防,而非圣之书,自委弃于世矣;不加赏典,而化成之文,自兴行于世矣。”(《长编》卷五三)

张知白上疏,其一言科举之弊,略云:“圣人居守文之运,将致清化源,在乎正儒术。古之学者简而有限,今之学者其书无涯,其道非一。是故学弥多,性弥乱。(下略,见上条)”上览而嘉之,召试舍人院,除右正言。(《太平治迹统类》卷二八)

咸平六年　癸卯(1003)

五　月

四日,诏曰:“贡闱之设,用采时髦。言念远方,岁偕上计,未遑肄业,遽已饬装,颇聚学之勤,有异育材之旨。宜令礼部,权停今年贡举。”(《宋会要·选举》一之七)

六　月

二十日,赐淄州诸科举人孙璧等五人学究出身。璧等皆尝经蕃冠侵掠,本州以闻。帝悯之,而有是命。(《宋会要·选举》九之五)

十　月

十六日,赐进士罗白本科出身。白上高祖《隐文集》,召试学士院,命之。(《宋会要·选举》九之五)

景德元年　甲辰(1004)

二　月

六日,赐进士柳察同出身,为楚州团练推官。察少志学,尝诣阙献文,召试,赐出身。至是,又拟白居易作《策问》七十五篇,目为《赞圣策林》;又续李德裕《丹扆箴》五篇以献,复召试而命之。(《宋会要·选举》九之五)

杨亿《试草泽柳察策二道》:问:王者专山泽之征,实惟周制;县官设盐铁之禁,盖自汉朝。所以牢笼货财,抑夺豪右,从来久矣,何莫由斯?国家奄有寰区,外制夷狄,用度斯广,经费实繁。东南之邦,茗荈攸产;池海之利,咸鹾是资。管榷之法载严,律令之文具备。设宪网而虽密,投罪罟者弥多。盖衣食之所由,纵水火而必蹈。今欲尽弛其禁,即九年之计不充;习以为常,即五刑之用未措。子大夫深达治体,必切事情。幸揣当今之宜,别陈经久之略。

又:

问:国家并建庶官,分领众职。守宰之任,风化出焉。故大邑庇身,子产征于引喻;惟良共理,汉宣发于叹嗟。今土宇混同,郡邑纷布,版图羡溢,吏员众多。守土之臣,多辍于台阁;字人之长,咸调于铨衡。皆程其器能,校其阀阅。因清闲之宴,必敷纳以言。虚己畴咨,曾旰食而忘倦;悬爵懋赏,俟期月之有成。虽慎柬惟勤,而颂声未洽。或驱鸡之无状,或治庖之不能,或贪墨以败官,或严残而剥下。恺悌之化斯郁,循良之称鲜闻。至于分遣察廉,饰厨传者率邀善誉;专考科第,拘殿最者多失巨贤。诏公卿各举所知,或称匪其人,恩移于下;俾牧守自署其属,即爱不吾叛,用必以私。益知审官之难,矧复长人之寄!子大夫博探载籍,深究政经,当述

选贤任能之方，且明兴化致治之本。条对所问，扬搉而言。必考古以验今，庶可行而不悖。(《全宋文》卷二八二)

七 月

十四日，赐翰林天文周克明进士出身。克明表陈，颇习词业，愿从明试。故命舍人院试赋而命之。(《宋会要·选举》九之五)

八 月

十五日，饶州浮梁县主簿李庆孙上书，自陈日能为十赋，命中书召试之。虽至晡成文，而荒浅无取。帝犹奖其敏，以为南康军判官。(《宋会要·选举》三一之一三)

九 月

十七日，令御史台谕馆阁、台省官："有以简札贡举人姓名嘱请者，即密以闻，当加严断。其隐匿不言，因事彰露，亦当重行朝典。"(《宋会要·选举》三之七)

是 秋

蜀中士子，旧好古文，不事举业。迨十五年，无一预解名者。景德元年，李畋与同门生张及、张逵诣州请解，先于承引司通姓名，下桑梓状。公判云："入试一日前，陈桑梓，二拜。"旁小注云："不得喝。"畋与同人却就客次，具襕鞹，各赍事业十卷、启状一通。公坐厅，衣朝服软履，客将着衫靴，遣接事业。公遍阅启状，回报云："承见示至业，未公试谢来。"寻差节度使推官韦宿充试官。试官申乞差监试官，公判云："知州亲监。"一日前，承引司复申桑梓状，公判云："免桑梓，客将引上厅客礼。"及试日，公送牌印付通判厅，曰："今为国家试举人，如有生事，则报来。"临试时，始问韦宿曰："今日试何题目？"对曰："试《上善若水赋》、《秋风生桂枝诗》。"公曰："诗题陈熟，改试《朝日莲诗》。"次日，又问曰："今日试何论？"对曰："试《禹稷之功王者事业》。"公曰："州郡岂合问他？吾曾见州郡中策举人问国家时务事，此亦非宜。"乃改试《文行孰先论》。公曰："只此，亦可见二三子于文行中所存之心也。”三人俱获解送,鹿鸣筵前三日,公率郡僚各赋《送三秀才应举诗》,公首唱五言古调诗,并序曰:(略)是岁,仍奏给三人驿券赴京。两川士子目为盛事,方奋起家荣乡之志。(《张乖崖集》卷一三引《宋朝事实类苑》)

初,蜀士知向学,而不乐仕宦。咏察郡人张及、李畋、张逵者皆有学行,为乡里所称。遂敦勉就举,而三人者悉登科,士由是知劝。(《宋史》卷二九三)

张咏《送进士张及赴举序》:益都去帝乡四千里,平昔俊英怠于进取。况更贼乱之后,例阙资生之计,乡老之荐,声响久绝。今年秋,华阳邑大夫以三进士为请,试官颂其文,闾里称其行,又嘉其迹,忘遐阔,心恋明圣,有以彰远人。既乂吾君,德泽流被于无穷也。近世取鹿鸣之什以飨贡士,斯筵之启,殆若是乎?举送官老不胜酒,亦醉且喜,因歌诗以将之。众君子词学争鸣,请为赓歌之。(《张乖崖集》卷八)

张咏《送张及三人赴举》:才雄扬子云,古称蜀川秀。千载遗英声,三贤继其后。文章积学成,孝友亦天授。远郡得充庭,期将免固陋。(《张乖崖集》卷二)

夏竦《开封府试三正循环宜用何道论》:先王应天祚,敷政令,历象为贵,因损为重。故《春秋》之义,正月居王之下,示正朔自王者出也。当帝道标季,王化资始,夏商周之君代王,寅丑子之正攸敉。夏后氏忧勤而治沟洫,禅让而陟帝位,以大簇为正。簇者凑也,万物凑地而生,阳德之盛者也。其色尚青,其乐《大夏》;祭礼尚气,牲用骊驹。商放桀而取神器,惭德而朝万国,以大吕为正。吕者助阳宣气,盛德之中者也。其色尚白,其乐《大濩》,祭求诸阳,时用日中。周伐纣而王天下,戎衣而威远迩,以黄钟为正。钟者种也,律吕施种而出,盛德之初者也。其色尚赤,其乐《大武》,礼贵兼用,牲取骍牲。於戏!商循于夏,不敢居盛而处中;周循于商,不敢处中而履初。故观之正,则其道可知也。仲尼曰:“行夏之时。”又曰:“吾欲观夏道,是故之杞,而不足徵也,吾得夏时焉。”盖知夏之律历,四气可以平分也。三代之季,秦以十月为正。汉初因其弊而终革之,太初已降率以夏正为定典。夫阳生于子,大人道长,群阴尚壮,天地闭塞,若政教立而未布,文章施而未焕。阳渐于丑,其气欲胜,宇宙凝沍,庶物犹蛰,若刑政孚而未达,化育至而未成。阳发于寅,其道大振,草木甲拆,土膏脉起,万物喜其嘉会,阴德伏其摧剥。若道德之教未毕,礼乐之文皆至,《易》所谓"圣人作而万物睹"之时也。吁!政有大小,德有盛衰。三王不可以共议,三正不可以同道,当循环而后知其政德焉。故史迁曰:"三王之政如循环,穷则反本。"国家革五代之弊,继隋唐之基,谓汤政多惭,周业孔武,恐不足以表仁义之化。宜乎用夏道,跻禹德,所以同时令齐闰余,节春夏之和,正历候之始,使告正朔于天下,而民知其盛德焉。君子曰:邦有道,虽商周之正可也;邦无道,用夏正将无补。(《全宋文》卷三五一)

十 月

九日,赐进士张起同出身,为寿春县主簿。起诣登闻上书,论边事,帝览而嘉之。始赐出身,复有是命。(《宋会要·选举》九之五)

景德初,契丹犯塞,真宗皇帝议亲征,将幸澶渊。公(杜起)曰:"此吾时也。"乃携所著《御戎策》诣阙以献,大抵举汉唐制虏之失,以质当今之宜,且言契丹可屈之状。上览而奇之。翌日,以褐衣诏对便殿,公又面进十奇,陈河北用兵形势。上大嗟赏,将试以官,且问其欲。公以母老,寓居寿州之寿春县,愿便于就养。于是,特赐进士第,授寿春县主簿以荣之。(《全宋文》卷八五七韩琦《杜公墓志铭》)

辛丑(二十日),赐监察御史王淳子元孺同学究出身。淳先通判麟州,会敌骑入寇,率厉士众城守有劳,故录其后。(《长编》卷五八)

是 年

(孔)圣祐,景德初始九岁,特赐同学究出身。(《宋史》卷四三一)

夏竦《上开封府廉献书》:伏以国家因袭唐制,小宗伯岁贡多士,率以至公之器，裁为慎选之具。而尚士流私议，泥而不通。身处孤寒，则望权门而怨豪族；名籍礼部，则陵后生而幸青紫。故贤能之书未上，而毁訾之言已满，殊不问其艺如何耳。某以为银黄之族不无材智，金玉之室亦有忠信。夫以乘黄越国，岂待十驾而迈？逢蒙射鹄，何须再发而中？是以林居野处，不足以自贤；三应五上，不足以自贵，惟善之所在尔。但孤进有材，则居豪右之上；鼎族多艺，则冠士流之首。又何待略践场屋，多历年所，而后预等甲英杰者哉？故某居寒贱未尝怨，肩隽造未尝忧，诚以公道有所属也。今伏遇执事，斡张斯文，采擷英特，岂敢自昧默而不言？伏念某四岁从师读书，七岁学诗，九岁学赋，十有一而学文。奈何天陋其辞，不能脱颖而出。今年甫冠带，方敢抱所有，冒乡举。苟执事照之以龟鉴，量之以公器，哀其说，右其技，得致师文阵，贾其余勇，辉焕士林，飞跃亨衢，则执事之惠非止谓生死而肉骨。于戏！以先王仁义之道取我者，我当以先王仁义之道报之，岂敢引蛇雀故事，饰为虚言？惟执事者裁察之。

夏竦《上晁迥舍人书》：伏以先王知文之可以守天下，士之可以司文德，故择聪明方正之臣，居左右侍从之列，思得荐进，以广儒雅。然则旒冕之侧，贤者不敢自私其禄，皆欲显忠良、拔沉滞以自效。故君明臣忠而后良士大夫造焉。帝宋龙兴，奄有万国，礼乐之臣列于王庭，而升文章之职，居顾问之地，十而有一，犹比肩也。迩者执事步台阁，蔚有令誉，帝用明试，擢居近臣，斯文载光，远近交庆。孤寒之士皆离蔬释跷，翕然有膏粱之望。诚以皇上之明，执事之忠，千载一时，不可失也。伏念某生长阎巷，结发事师，抱六经知谈仁义，执刀笔知为纪述。先哲之行，从政之事，虽失其具体，而得其枝派。其如栖栖京辇，困于尘埃。公卿门阃，峻如天梯，而不可履。物不终否，有时而泰。果遇执事不有清贵，惠顾寒贱，赐见于清闲之际，而勉其劳苦。固非敢徼一面之福，幸失得之举。但念服邹鲁之训，累岁月之功，不敢自贤以妄进，不敢自愚以自退。伏冀执事平权衡以権其轻重，开龟策以决其疑贰，设针石以导其聋瞽。使迷途无长往之叹，苦学无虚费之劳。《传》曰："朝闻道，夕死可矣。"踪迹如是，勤拙如是，惟明公裁之。(以上均见《全宋文》卷三五〇)

景德二年　乙巳(1005)

正　月

(丁巳,八日)免颍川学究段广将来秋解。广以户籍当运菽百二十石输澶州,复就献五百石助军,故奖之。(《长编》卷五九)

十四日,以翰林学士赵安仁权知贡举,右谏议大夫晁迥、龙图阁待制戚纶、直昭文馆陈充、直史馆朱巽权同知贡举,合格奏名进士刘滋已下四百九十二人。(《宋会要·选举》一之七)

二十八日,命侍御史鞠仲谋、直史馆陈彭年,于国子监考试知举官亲戚举人。(《宋会要·选举》一九之四)

杨亿《代王寺丞为弟乞应举状》:右,臣辄写私诚,仰干圣听,退量僭越,甘俟诛夷。伏念臣门袭素风,家承绪业。自先臣之沦逝,乃贱族以替凌。臣之二兄,并参朝列;俯邻一纪,俱掩泉扃。唯臣与弟乡贡进士贻序,勉绍箕裘,恐隳堂构。永怀陟岵,但深罔极之哀;相顾在原,同励自强之志。微臣幸缘世胄,获践官常。臣弟刻苦艺文,服勤简素,誓求一第,用慰九泉。咸平四年冬,叨京府之荐能,预泽宫之试艺。虽从退黜,靡敢怨尤。益坚学古之心,庶遂起家之望。今岁已颁诏旨,大启贡闱。南郭吹竽,岂容滥厕;东堂折桂,咸激壮图。而臣私室延灾,长主薨背。方缠哀于戚里,难旅进于名场。然而情迫由衷,理须犯上。盖以臣弟齿发已逾于壮室,姓名尚在于白丁。以旧相之遗孤,与编氓而等列。辛勤砚席,殆过于十年;嗣续衣缨,未沾于一命。况希逢于乡举,忧渐坠于门风。伏望尊号皇帝陛下,念微臣阀阅之微衰,悯臣弟身名之蹭蹬,不令公辅之后夷于平民,俾预

贤能之书升于天府。苟得齿四方之贡士，蒙再试于春官，妍媸虽卜于至公，存殁实衔于大造。(《全宋文》卷二八九)

二　月

二十三日，礼部贡院言："昨考试诸科举人，就座搜获怀挟书册节义者十七人，准例扶出，准条殿两举。其三场内九不者计四百九十二人，亦合准条殿一举。"诏特免之，令诸州告谕，精勤习业，将来复犯九不，即通计前数殿之。(《宋会要·选举》三之七)

三　月

杨亿《试草泽策一道景德二年三月二日》：问：四民并设，盖务穑之尤先；九序惟歌，实丰财而为急。国家富有区夏，勤恤黎元，训兵以备不虞，建官以熙庶绩。乃至宗庙宾客之费，名田奉邑之资，岁计所丛，国用尤广。虽复颁行恩诏，敦劝农功，奉顺天时，聿修稼政，罢不急之务，去冗食之兵，裁减赐予之规，斥弃奇巧之玩，敦本节用，斯为至矣。而九年之蓄，物力未完；一谷不登，流亡乃出。将何以致污莱尽辟，游惰悉归，足衣食而知礼文，值凶荒而无菜色？又何以致太仓之粟，陈陈相因；上林之钱，往往而是？然后家给人足，颂声浃于连甍；国富兵强，天威震乎殊俗。子大夫博通载籍，练达政经，必有嘉谋，悉以条对。(《全宋文》卷二八二)

六日，帝御崇政殿，试礼部奏名进士，内出《天道犹张弓赋》、《德輶如毛诗》、《以八则治都鄙论》题，得李迪已下二百四十七人，第为五等，并赐及第、出身。第一、二、三等赐及第，第四、五等同出身。又得特奏名五举以上进士江白已下一百一十一人，第为三等，并赐同进士、《三传》、学究出身。翌日，试诸科，得九经已下五百七十人，第为三等，并赐本科及第、出身、同出身。又得特奏名诸科《三礼》已下七十五人，第为三等，赐同学究出身，授试衔官。时命翰林学士承旨宋白等糊名考校，帝取封弥试卷观之，谓宰臣曰："考官恃无所私，不以取士为急，一切考入末等，内郭贽尤甚。如此，则例多摈斥，非所以助朝廷求才之意也。"遂命知制诰李宗谔等十人宿于殿东，复加考较，其中选者甚众。(《宋会要·选举》七之八)

甲寅(六日),上御崇政殿,亲试礼部奏名举人。得进士李迪以下二百四十六人,第为五等。第一、第二、第三等赐及第,第四、第五等同出身。又得特奏名五举以上一百十一人,第为三等,并赐同进士、《三传》、学究出身。翌日,试诸科,得九经以下五百七十人,第为三等,并赐本科及第、出身、同出身。又得特奏名诸科《三礼》以下七十五人,第为三等,赐同学究出身,授试衔官。上谓宰相曰:"昨亲阅考官所定试卷,意其入末等者过多,即别令详考,往往合格。比缘临试多士,糊名校复,务于精当。而考官不谕朕意,过抑等第,欲自明绝私,甚无谓也。迪所试最优,李咨亦有可观。闻其幼年,母为父所弃,归舅族。咨日夜号泣,求还其母,乃至绝荤茹素以祷祈。又能刻苦为学,自取名级,亦可嘉也。"以迪为将作监丞,咨及夏侯麟为大理评事,通判诸州。进士第一等为试校书郎、知令录,余为判、司、簿、尉。迪,濮州人;咨,新喻人也。先是,迪与贾边皆有声场屋,及礼部奏名,而两人皆不与。考官取其文观之,迪赋落韵,边论"当仁不让于师",以师为众,与注疏异,特奏令就御试。参知政事王旦议:"落韵者,失于不详审耳;舍注疏而立异论,辄不可许,恐士子从今放荡无所准的。"遂取迪而黜边。当时朝论,大率如此。初,安阳人陈贯喜言兵。咸平中,大将杨琼、王荣丧师,贯上书言:……上嘉纳之,将召试学士院,执政谓琼等已即罪,议遂格。……于是,贯举进士,试殿廷,得同出身。上识其姓名,曰:"是数言边事者。"擢置第二等,赐及第。(《长编》卷五九)

景德中,李迪、贾边皆举进士,有名当时。及就省试,主文咸欲取之,既而二人皆不与。取其卷视之,迪以赋落韵;边以"当仁不让于师",论以"师"为"众",与注疏异说。乃为奏,具道所以,乞特收试。时王文正公为相,议曰:"迪虽犯不考,然出于不意,其过可恕。如边特立异说,此渐不可启,将令后生务为穿凿,破坏科场旧格。"遂收迪而黜边。(《东斋记事》卷一)

九日,赐辅臣酒果,翰林学士等宴于本院,馆阁官宴于秘阁,以御试考较之劳也。自是遂为定制。(《宋会要·选举》八之三一)

九日,虞部员外郎、知郑州王矩上书自荐,求赐科名。帝以其自燕蓟

归化，历官清白，勤于词学，特赐进士及第，仍附新榜。(《宋会要·选举》九之二)

杨亿《喜王虞部赐进士及第时知郑州，奉诏乘驿赴闻喜宴》：中台高应列星文，千骑骖驔拥画轮。起草已夸双笔健，登科更占一枝春。龙津召宴芝泥湿，雁塔题名麝墨新。只待甘泉重奏赋，彯缨长奉属车尘。(《全宋诗》卷一一八)

杨亿《与王虞部先辈启》：窃以江左取士，东堂存策试之名；唐室求材，南宫设科第之盛。得贤之美，垂裕无穷，允属钦明，克敦文雅。临轩考校，前席咨询。张彀以揽英雄，错薪而刈翘楚。尧心定于取舍，轩鉴照于妍蚩。掩旷代之旧规，著圣朝之令典。顾惟褒博，实契遭逢。郎中先辈，羽猷奇姿，空峒劲气。夙负佐王之略，不阅非圣之书。彪炳成文，虎豹异犬羊之鞹；扶摇上击，鸿鹄非燕雀所知。矧以束带金闺，含香画省。拥彤襜而刺郡，曳朱绂以立朝。而犹献志业于公车，希汇征于贡部。钟鼓在宫之韵，固已声闻；琮璜成器之珍，岂烦试可？果颁芝检，高践桂科。题雁塔之姓名，荣联玉籍；赴杏园之宴集，载促星轺。极美事于昌辰，鼓芳风于文苑。宠章举集，显遇方初。敢谓恩私，特贻笺翰。(《全宋文》卷二九三)

十日，礼部贡院言："新及第举人，自今欲令状元用一节呵道，余止双控马首。遇常参官，敛马侧立。"诏可。近岁及第进士，导从过多，车服侈靡，故因是奏抑损之。(《宋会要·选举》三之七)

十三日，命权知贡举赵安仁等，复于尚书省考试河北举人赴常期不及者。其不合格而曾预防城者，进士、特奏名、诸科各进二场；至三场者许终场；应五举及经御试并年五十者，并奏名。虽不防城，应七举、年六十者，亦如之。瀛州城守有劳者，即赴殿试。以去冬河朔用兵，举人赴常期不及，故特命延限别试。(《宋会要·选举》三之七)

辛酉(十三日)，诏："诸王、公主、近臣，无得以下第亲族宾客求赐科

名。”时毕士安、寇准各以所亲为请,上不得已而从之,因有是诏。(《长编》卷五九)

杨亿《景德二年三月试草泽刘牧策二道奉圣旨撰》:问:化成之道,儒术为先。故太学之兴,存于《周礼》;博士之设,始于秦官。历代相沿,旧章咸在。国家盛胶庠之制,崇俊造之科,镂版以广圣言,祭菜以严祀典。传经请益,必选硕儒;讲肄胄筵,咸稽古训。而公卿之子弟,鲜隶籍于成均;州里之俊髦,率登名于乡老。岂劝诱之未至,将沿袭之或殊?何以复杏坛、槐市之规,遵小成、大成之制。弦歌不辍,诞扬洙泗之风;生徒浸多,克追唐汉之盛?愿闻嘉话,用洽永图。

又:

问:古者井田之设,兵农混然。居常力耕,不离于畎亩;有事调发,爰执于干戈。盖三代之旧章,历战国而无改。施及秦汉,沿袭渐殊。京师建南北之军,郡国有材官骑士。内增七校,外置楼船。自是已来,不能复古。而况五材并用,谁能去兵?天下虽安,未可忘战。今国家勤修武备,式遏外虞,所以保障黎元,震耀威德。将何以追司马六军之制,遵提封百万之规,免飞刍挽粟之劳,成家给人足之美?寓令于疆畔,其术如何?讲事于搜苗,厥旨安在?愿闻婉画,以阐大猷。(《全宋文》卷二八二)

是　春

魏野《闻周孟下第》:乙巳暮春天,端居忽怆然。一名伤圣祖,三榜作遗贤。我自空弹指,君谁可比肩。何由销此恨,独坐落花前。(《全宋诗》卷八一)

四　月

一日,命直史馆张复、何亮考试知举官亲戚、河北举人。(《宋会要·选举》一九之四)

九日,赐进士董经同进士出身。以父浔为安定郡王府翊善致仕,推恩

也。(《宋会要·选举》九之五)

十四日,宴新及第进士李迪等于琼林苑,召附榜王矩预焉。是晚骤雨,特旨:听宿苑中。诏:"以迪为将作监丞,第二人夏侯麟、第三人李咨为大理评事,并通判诸州。第一等并九经第一人,试秘书省校书郎、知县;第二等以下,判、司、簿、尉。其河北特放及第第一至第三人,与节、察推官,余如第二等注官。"(《宋会要·选举》二之五)

丁酉(二十日),枢密直学士刘师道责授忠武行军司马,知制诰陈尧咨单州团练副使。先是,师道弟几道举进士,礼部奏名,将廷试。近制,悉糊名校等。尧咨为考官,教几道于卷中密为识号。几道既擢第,或告其事,诏落籍,永不得预举。上初欲含容,不复穷理其事。而师道固求辨理,诏东上阁门使曹利用、兵部郎中边肃、内侍副都知阎承翰诣御史府杂治之,坐论奏诬罔,与尧咨并及于责。大理寺丞王湛者,咸平五年登进士第,与几道同,至是,狱词连及,亦削官。(《长编》卷五九)

五　月

十三日,帝御崇政殿,试礼部奏名河北举人,内出《建用皇极赋》、《昭德塞违诗》、《汉文宣二帝政理孰优论》题。帝召王钦若等一十一人,于内阁糊名考校,分为六等。别录本,去其姓名,召两制、尚书丞郎、两省给谏、馆阁官凡三十人,分处殿东西阁,复考之。帝遣中使宣谕,令尽公平,无得压降等第,令钦若总详之。是夕,内阁十人于殿后及试诸科举人,糊名、考定如例。得进士范昭已下一百四十六人,第为三等,并赐及第、同出身、同学究出身。翌日,试诸科,得九经已下六百九十八人,并赐及第、本科出身、同出身,授试监簿、诸州助教。(《宋会要·选举》七之九)

先是,诏礼部贡院别试河北贡举人,其曾援城者,进士虽不合格,特许奏名。诸科例进二场至三场者,许终场。五举及经御试并年五十者,并以名闻。虽不更城守,应七举、年六十及瀛州有劳效者,亦如之。庚申(十三日),上御崇政殿亲试,凡七日,得进士范昭等五十一人赐及第、四十五人出身，诸科赐及第、同出身并试秩署州助教者六百九十八人，特奏名进士、诸科，赐及第、出身至摄助教隶殿侍者六百六十二人。上以去岁河北用兵，民甚惊扰，其乘城捍寇奋勇力者，多出士人，欲广示甄采。所问经义有两出者，或具引为对，考官将黜去，上亲为发明焉。特奏名进士李正辞论文武先后，以为“文者本乎静，武者本乎动，动以止乱，而至乎静，则先后可知”。上嘉其近理，将擢上第，会有言其尝犯杖刑，遂补三班奉职。（《长编》卷六〇）

十五日，召抚州进士晏殊试诗、赋各一首，大名府进士姜盖试诗六篇。赐殊进士出身，盖同学究出身。后二日，召殊试诗、赋、论三题于殿内，移晷而就，擢为秘书省正字，赐袍笏。令读书于秘阁，就直馆陈彭年习诸科。时殊年十四，盖年十二，咸以隽秀闻。是日，帝亲试礼部举人，特召殊等面试，而有是命。（《宋会要·选举》九之五、六）

抚州进士晏殊年十四，大名府进士姜盖年十二，皆以俊秀闻，特召试。殊试诗、赋各一首，盖试诗六篇。殊属辞敏赡，上深叹赏。宰相寇准以殊江左人，欲抑之而进盖。上曰：“朝廷取士，惟才是求，四海一家，岂限遐迩。如前代张九龄辈何尝以僻陋而弃置耶？”乃赐殊进士出身，盖同学究出身。后二日，复召殊试诗、赋、论，殊具言赋题尝所私习，上益爱其淳直，改试他题。既成，数称善。擢秘书省正字，秘阁读书，仍命直史馆陈彭年视其所学，及检察其所与游者。（《长编》卷六〇）

晏元献公为童子时，张文节荐之于朝廷，召至阙下。适值御试进士，便令公就试。公一见试题，曰：“臣十日前已作此赋，有赋草尚在，乞别命题。”上极爱其不隐。（《梦溪笔谈》卷九）

人之学问皆可勉强，惟记性各有分量，必禀之天。譬之著棋，极力不过能进其所能，至于不可进，虽一著，终老不能加也。制科六论以记问为主，然前辈独张安道、吴参政长文题目终身不忘，其余中选后往往即忘之，盖初但热记耳。吴正肃公登科为苏州签判，至失心几年，医饵以一醉膏乃差。暮年复作，遂不可治。晏元献、杨文公皆神童，元献十四岁、文公十一岁，真宗皆亲试以九经，不遗一字，此岂人力可至哉！神童不试文字，二公既警绝，乃复命试以诗赋。元献题目适其素尝习者，自陈请易之。公初试，一赋立成，继又请，至五赋乃已。皆古所未闻也。(《避暑录话》卷二)

十六日，试特奏名进士。内出《射不主皮诗》、《文武之道何先论》题，召枢密直学士边肃、李浚于殿东阁考校。得马至已下二百五人，并赐及第、同出身、同学究出身，试监簿、助教，补三班奉职。(《宋会要·选举》七之九)

十七日，试特奏名诸科及瀛州防城举人，得九百九十七人，并赐及第、同本科出身，授试监簿、州助教，摄州助教，补殿侍，隶三班。帝以河朔用兵之际，士民惊扰，或乘城捍冠，率多劳苦。故广示甄采，无所遗弃。复躬自览阅。所问经义中有两说者，贡士或具引为对，考官将加摈落，帝特为发明焉。有特奏名进士李正辞，所试论以为："文者本乎静，武者本乎动，动止乱，以至乎静，则先后可知矣。"帝赏其近理，将擢以上第。会言其尝犯杖刑，遂补三班奉职。(《宋会要·选举》七之九、一〇)

进士名录：李迪，夏侯麟，李咨，王文义，王贻矩，元奉宗，毛元，毛焕，方慎从，尹绛，句希仲，司马池，吕宪，江任，宇文奇，李士廉，李宗源，李春，李唐，李渭，吴航，吴涟，何汝贤，沈及，宋武，范雍，林从周，金鼎臣，周畋，周屿，周瓘，郎简，屈周，郝居中，胡用时，胡用礼，胡拱之，胡顺之，胡晏，胥济，马绛，袁文缙，莫激，倪咸，徐舜俞，翁纬，高清，郭昭著，郭巽，陈元，陈正，陈坦然，陈知言，陈度，陈庄，陈贯，陈播，孙敏，黄迪，黄宗望，黄翼，黄觉，章冲，章铎，章频，梁审言，张及，张存，张合，张收，张君房，张贵和，张保雍，张弁，张逵，张处仁，张翼，叶宾，葛昂，覃庆元，闵惟庆，杨倚，欧阳企，欧阳哲，刘希元，刘宗望，刘拱，刘爽，刘湜，刘勤，刘滋，刘几道(误)，刘随，潘洞，卢慎微，卢察，钱冶，钱蒙吉，鲍当，边易从，饶利用。特奏名：江白，李正辞，范昭，洪融，马至，章可法，张为舟，苏某。

诸科：李定。(《宋登科记考》卷三)

补进士名录:李畋。《宋登科记考》卷二将其系于淳化三年进士名录,误。详说见前。

李文定公迪与夏侯鳞,各题诗于濮州王骥郎中屋壁。文定曰:"南巷萧条北巷连,君归未得伴君闲。郡楼独上最高处,尽日凭阑不为山。"夏侯曰:"夜来飞梦到瑶池,借得周王八骏骑。宴罢却归蓬岛去,五云狂踏影参差。"明年文定第一人,夏侯第二人及第。(《东原录》)

李文定公迪,美须髯。未御试,一夕,忽梦被人剃削俱尽,迪亦恶之。有解者曰:"秀才须作状元。缘今岁省元是刘滋,已替滋矣,非状元而何?"是岁,果第一人。(《青箱杂记》卷三)

李文定公在场屋有盛名,景德二年预省试,主司皆欲得之,以置高第。已而乃不在选。主司意其失考,取所试卷复视之,则以赋落韵而黜也,遂奏乞特取之。王魏公时为相,从其请。既廷试,遂为第一。(《石林燕语》卷八)

此说见范蜀公《东斋记事》。然景德二年乃毕文简、寇莱公为相,王魏公参政,云"王魏公时为相",非也。(《石林燕语辨》)

进士以累举推恩,特召廷试。已而唱名,次第赐进士或同学究出身。或试监主簿、诸州文学长史、四门助教、摄诸州助教,谓之"特奏名"。自景德二年始,是岁,进士第一人李文定丞相也。其后亦有补三班借职者,逐时不同。然试而不中选罢归职也,顾怜其老而无成,而遂捐一官与之,此盖国朝忠厚之政也。(《却扫编》卷上)

吕防尝应举京师,与市易刘神善相遇甚善,同上之市饮。吕曰:"某今岁如何?"刘曰:"且饮,奉为言之。"久而曰:"将来春榜,只有吕宪而无吕防,君其改之?"盖南省未试之前也。吕遂改名宪,果于李迪状元下及第。(《青琐高议·补遗》)

杨亿《送倚序》：今年汝举进士，有司荐名，我时侍从穆清，亲逢旦暮。天子又赐汝高第，自丙科而升乙科。俄顷之间，恩奖蕃缛。(《全宋文》卷二九四)

杨亿《谢弟倚特赐进士第二等及第表》：臣某言：臣亲弟进士倚，伏蒙圣慈，特赐本科第二等及第者。恩出公朝，庆深寒族，感激之至，抃蹈无从。臣某中谢。伏念臣爰从幼岁，即丧所天。无负郭之田园，以供糊口；有既孤之弟妹，俱未成人。世家渐坠于衣缨，旦暮将沦于沟壑。臣是以激昂志节，博涉艺文，割爱游方，出身事主。自神宗之御极，忝仙殿之雠书。迹游君子之林，月赋上农之禄。爰归故里，亲奉安舆，尽挈孤遗，寓居辇毂。臣弟适当幼稚，早失义方。春诵夏弦，再亲加于教导；羹藜含糗，固均给于有无。殆逾既冠之年，辄齿命乡之荐。春官较艺，幸预奏名；日昃临轩，躬承明试。方惧吹竽之滥，敢希中鹄之荣！尊号皇帝陛下，简在宸襟，形于清问。俯念司言之近列，特推延赏之深仁。擢自群伦，置于科级。仍载颁于睿旨，更超践于等夷。侧听德音，感深骨髓；传闻私室，喜动庭闱。顾同气之至亲，荷自天之殊泽。荣过始望，事出非常。内省微躯，上衔厚施。非土木之无识，岂不知恩？顾龟蛇之甚微，犹能报德。誓匪躬而自效，庶毕命以为期。臣无任云云。(《全宋文》卷二八六)

公(陈贯)既举进士，廷中唱第，得同出身。上顾其姓名，曰：'是数上边事者。'擢赐第二等及第。(《全宋文》卷五八九尹洙《陈公墓志铭》)

公(卢察)景德初以进士贡，有名称，吏部荐在高等。有以先相名闻者，且白："卢某男不当与科第。"上亟命以官，吏部复持公年未中格，遂以闲曹授之。(《全宋文》卷五九〇尹洙《卢公墓志铭》)

六　月

一日，诏曰："今岁荐辟礼闱，并臻时彦。四方之士，充赋斯来；两河之间，后期可念。既升名于贡部，乃射策于广庭。则有词旨优长，经义精富，悉登上第，允叶旁求。复有淹回岁时，潦倒场屋，嗟其晚暮，亦用甄收。重念贡举之门,因循为弊,躁竞斯甚,谬滥益彰。至有属词未识于师资,专经不晓于章句,或攘窃古人之作,或怀藏所习之书,或假手以成文,或遥口而授义。众已惭于丑行,自犹振于屈声。匪徒黜落以贻羞,固亦诈欺而有咎。士之干禄,岂若然乎!且爵秩者,圣人之公器,孰得而徇私?道义者,仕进之身谋,必由于逊志。求名得名,盖在勉之而已。其贡举宜令权住二年。庶使各务服勤,更专学术,无失大成之义,将符虚伫之怀。仍委礼部贡院,今后科场精加考试。比者,亦有州郡全无解送。如其实负苦辛,何以使之淹滞?不能贡士,是谓旷官。将来秋赋,有敢顾避,全不解人,必行朝典。"(《宋会要·选举》一之七、八。按:据《玉海》卷一一六《景德劝学诏》修改增补。)

丁丑朔(一日),诏应进士、诸科同出身试将作监主簿者,并令守选。故事,登科皆有选限。近制,及第即命以官。咸平三年,初复廷试,赐出身者,亦免选。至是,策名之士尤众,多设等级以振淹滞,虽艺不及格,悉赐同出身,试秩解褐。故令有司循用常调,以示甄别。又下诏劝学,权停贡举二年。时命两制各撰《劝学诏》,赵安仁所作最切于科试之病,特俾用之。(《长编》卷六〇)

八日,赐新及第进士范昭、马至已下御制诗各一首。(《宋会要·选举》二之五)

七　月

五日,前陇州汧源县主簿刘质赐同进士出身,授试秘书郎,知陈州项城县事。质上书,献《边防兵要论》,召试中书而命之。(《宋会要·选举》九之六)

甲子(十八日),诏复置贤良方正能言直谏、博通坟典达于教化、才识兼茂明于体用、武足安边洞明韬略、运筹决胜军谋宏远、才任边寄等科。令尚书吏部传告诸路,许文武群臣、草泽隐逸之士来应,委中书门下先加考试,如器业可观,具名闻奏。时上谓寇准等曰:"方今文武多士,岂无才识优异、未升进者耶？至于将帅之任，尤难得人。前代试以制策，观其能否，用求材实，亦为国之远图也。”因出唐朝制科之目，采其六用之。(《长编》卷六〇)

十八日，诏曰：“朕纂绍丕图，宪章前古，并建众职，允厘百工，用广详延，庶臻茂异。至于悬科而较材等，前席而待敷陈。举尔所知，屡博询于卿士；无悼后害，当再策于贤良。莫不登于公朝，縻之好爵。尚虑耿介之秀遗逸于丘园，高尚之姿隐沦于屠钓。抱文武之术，莫效于当年；怀经济之谋，颇沉于下位。十室岂无于忠信，大国固多于贤才。傥进善之未周，或俟时而兴叹。今复置贤良方正能直言极谏、博通坟典达于教化、才识兼茂明于体用、武足安边、洞明韬略运筹决胜、军谋宏远材任边寄等科，宜令尚书吏部遍下诸路，许文武群臣、草泽隐逸之士应此科目。程品之制，方策具存。考其否臧，必先于公府；刈其翘楚，乃扬于王庭。盖所以慎重选抡，遵行典故。委中书门下先加程试，如器业可观，具名闻奏。朕将临轩亲试，旰食畴咨。较艺实于至公，推宠荣于不次。宣布中外，咸使闻之。”帝谓寇准曰：“方今文武多士，岂无才识优异未升达者？至于将帅之任，尤难得人。前代试以制策，观其能否，用求才实，亦为国之远图也。”因出唐朝制科之目，采其六用之。(《宋会要·选举》一〇之一〇、一一)

国初，进士科场尚宽，礼闱与州郡不异。景德二年七月甲戌(二十八日)，礼部贡院言：“举人除书案外，不许将茶厨、蜡烛等入；除官韵外，不得怀挟书策，犯者扶出，殿一举。”其申严诚是也。而元丰贡院之火，死者甚众，则是法不行也。(《燕翼诒谋录》卷二)

丙子(三十日)，龙图阁待制戚纶与礼部贡院上言：“今岁诸道进士仅三千人，诸科万余人。其中文理纰缪、经义十否、九否者甚众，苟非特行约束，必恐益长因循。又虑官吏坐此殿罚，因而避事，全不荐人。窃惟取士之方，合垂经远之制。今请诸色举人各归本贯取解，不得寄应及权买田产立户。诸州取解，发寄应举人，长吏以下请依解十否人例科罪。其开封府委官吏觉察，犯者罪如之。乡里遐远、久住京师者，许于国子监取解，仍须本乡命官委保，判监引验，乃得附学。发解日，奏请差官考试。近年进士多务浇浮，不敦实学。惟钞略古今文赋，怀挟入试。昨者廷试以正经命题，多懵所出。旧敕止许以篇韵入试，今请除官《韵略》外，不得怀挟书策。令监门巡铺官潜加觉察，犯者即时扶出，仍殿一举。咸平三年诏旨，进士就试，不许继烛。每岁贡院，虽预榜示，然有达曙未出者。今请除书案外，不将茶厨、蜡烛等入。如酉后未就者，驳放之，仍请戒励专习经史。自今开封府、国子监、诸路州府，据秋赋投状举人，解十之四。如艺业优长，或荒缪至甚，则不拘多少。《开宝通礼义纂》请改为《义疏》，今后《通礼》每场问本经四道、《义疏》六道，六通为合格，本经通二、《义疏》通三亦同。今岁秋赋，止解旧人，新人且令习业。西川、广南旧取解举人，并许免解。今后及第《三史》、《通礼》、《三礼》、《三传》，除官日比学究、明法，望授月俸多处，贵存激劝。"上以分数至少，约束过严，恐沮仕进之路，乃诏两制、知贡举官同详定以闻。于是，翰林学士晁迥等上议："令诸州约数解送。或自来举子止有三两人者，欲听全解；或其间才业卓然不群者，别以名闻。南省引试前一日，分定坐次，榜名晓谕，勿容移徙。远人无籍者，令召命官保职，就京府取解。文武升朝官嫡亲，许附国学。先寄应令还本贯者，不得叙理。前举《尚书》、《周易》、学究、明法，经业不广，宜各问疏义六道、经注四道，六通为合格。《三礼》、《三传》所习浩大，精熟尤难，请问经注四道、疏义六道，以疏通三以上为合格。余如戚纶等条奏。"从之。(《长编》卷六〇)

十一月

二日，赐进士姚孝友同进士出身。孝友上书，自言："昨应诏举贤良，著《政通》十卷，有司考校闻罢，不能预试。且孤贫无依，愿沾一命之秩以自效。"令中书召试而命之。(《宋会要·选举》九之六。按:《宋会要·选举》一〇之一二、一三载:景德三年十一月十五日李孜上书事，文字与此条相同，当有一误。)

是　月

夏竦《上章圣皇帝乞应制举书》:景德二年十一月，将仕郎、守润州丹阳县主簿臣夏竦谨斋戒昧死再拜，上书崇文广武圣明仁孝皇帝陛下:伏以国家采汉唐故事，恢复制科，网罗贤俊，熔范太平。陛下圣政日跻，广分条品。崇二圣之丕绪，冠百王之盛事。万方文明，多士勇进。《嘉鱼》有得贤之咏，《白驹》无空谷之恋。臣生逢圣明，幼肄简谍，久困寒贱，不能自达。去年秋荐名天府，属边障多故，羽书纛午，陛下临遣宰臣，折冲河朔。先臣供传遽之职，立矢石之地，忘家殉国，失身行阵。陛下哀臣孤幼，任之州县。鞅掌之暇，服膺稽古，欣睹明诏，遽释忧虑。何则？陛下广文武之科，而兴文武之治。夫铅椠方策，文之器也；辞藻辩博，文之用也。御器以道，则仁义忠信无所不至矣；御用以变，则刑政教化无所不达矣。步骑金革，武之器也；敢毅勇捷，武之用也。御器以道，则奇正威惠无所不逮矣；御用以变，则盈虚纡直无所不计矣。盖古者爱其道，而今也爱其器；古者观其变，而今也观其用。故文武之材比及于古者可多得。若能临器而知道，临用而知变，精儒墨者兼之以韬略，善攻取者赞之以学术，则将相之材，去此焉往？愿陛下详而察之。若陛下必择狂夫之言，思纳愚者之虑，垂旒下拱，渴待忠谠，则臣愿以贤良方正能直言极谏科召赴明试，则贤良之科斯为具体。夫贤者智之苑囿，良者德之蹊径，方者慎履名教，正者斥远邪佞，直言足以陈时弊，极谏足以敷谠议。时弊既陈，则明于体用；谠议既敷，则造于教化。明体用者，岂昧于六建？达教化者，岂微于七德？故臣之区区，尽在于此。惟陛下口口所志，辨而明之，裁而择之。若陛下以枕石漱流为达，则臣世居市井；若陛下以金榜丹桂为材，则臣未忝科第，若陛下以鸠杖骀背为德，则臣始逾弱冠；若陛下以荷戈控弦为勇，则臣生本绵弱；若陛下令臣待诏公车，条问急政，对扬紫宸，指陈时事，犹可与汉唐诸儒方辔并驱而校其先后矣。伏愿陛下念忠臣之后，宽万死之责，召诣阙下，令毕其辞，退就鼎镬，死且无恨。干忤圣德，臣无任待罪战汗惶惧之至。臣某稽颡顿首，死罪！死罪！(《全宋文》卷三四七)

十二月

己卯(五日)，礼部贡院言："昨详进士所纳公卷，多假借他人文字，或用旧卷装饰重行，或为佣书人易换文本，是致考校无准。请自今并令举人亲自投纳，仍于试纸前亲书家状。如将来程试与公卷全异，及所试文字与家状书体不同，并驳放之。或假用他人文字，辨认彰露，即依例扶出，永不得赴举。其知举官亦望先一月差入贡院，考校公卷，分为等第。如事业殊异者，至日更精加试验。所冀抱艺者不失搜罗，躁进者难施伪滥。”又言：“《尚书》、《周易》学究，近年并为一科，欲请试本经日，每十道义，二经各问二道，仍杂问疏义五道，经注五道，以为定式。向来明法止试六场，今请依《尚书》例试七场。第一场、第二场试律，第三场试令，第四场、第五场试小经，第六场试令，第七场试律，仍于试律日杂问疏义五道。《三礼》、《三传》经业稍大，难为精熟，请每十道义中问经注六道、疏义四道，以六通及疏通二、经注通三为合格。”诏翰林学士邢昺与国子监官同议可否，昺等言：“《尚书》、《周易》学究、明法，经籍不多，望各问疏义六道、经注四道，六通者为合格。其《三礼》、《三传》请如贡院所奏。”并从之。(《长编》卷六一)

五日，诏礼部贡院：“自今《周易》、《尚书》学究试本经日，各问经注四道、疏义六道，以为定式。明法，比来六场，自今依学究例七场。第一、第二场试律，第三场试令，第四、第五场试小经，第六场试令，第七场试律。仍杂问疏义五道、律文五道。《三礼》、《三传》，自今每遇十道义中，问经注六道、疏义四道，为合格。”先是，贡院有请，下其奏，令翰林侍读学士邢昺等定议。诏昺更与学官等同议可否。初，昺请令《尚书》、《周易》学究并明法各杂问疏义五道，缘此二科经旧籍不多，宜问疏义二道、经注四道，通六为合格。余乞依昺奏，故有是诏。(《宋会要·选举》一二之二八)

是　年

夏竦《上知润州陈天丽书》：伏以外诸侯之重，二千石之贵，唱首太平，必举贤隽。夫良药之厩，乘黄伏皂；工倕之室，梗楠在御。岂有贤太守之庭而无良士？盖知与不知尔。伏念某四岁结发从师，执铅椠者十五余载矣。去年再践场屋，荐名天府，方将交辟春闱，鼓行文阵。属边阵多事，筒书蜂午，遣宰辅折冲河朔。先人奉辟请之命，供传遽之职，发兵间道，陷于戎事。帝用追念，行加等之赠，举嗣袭之典，命于柴毁之际，固让不听。外廷有补以县吏，夙心素业，堙郁无诉。今者岂谓遭遇执事，总秉部政，威望隆峻，铨度人物，哀恤孤幼，故敢以片言薄技深自媒荐。所望执事近观厥言，远察其行。萧艾之畹，可择兰菊；凫鹥之渚，亦有鸿鹄。勿谓冗官，而非秀孝。《诗》云："惟其有之，是以似之。"《书》云："知人则哲。"《传》曰："举尔所知。"《礼》称："推贤而进达之。"《易》谓："拔茅连茹。"故文子之举管库，赵孟之出淹滞，善有所在，人其舍诸？然某之所望不敢逮此，但觊执事鉴其好学，少迴惠顾，使他人无庸贱之谤，公府减奴隶之责。令勾乙之暇，得和铅弄翰；荐举之际，许解官就试。必能昂首掉尾，自求腾踔。上以副先人之心，下以遂为儒之志。遂得待问都堂，扬榷今古，射策紫墀，条对急政，将不在他人之后，以辱公举。语其报效，则有先王仁义之道在，惟下执事者裁之。(《全宋文》卷三五〇)

景德三年　丙午(1006)

二　月

(庚辰,七日)贡举人因事殿举及永不得入科场,非被杖者,并许复应举。(《长编》卷六二)

丙申(二十三日),令开封府应制举人投牒者,并待以客礼。(《长编》卷六二)

五　月

(丁未,六日),莱芜监判官欧阳冕求应贤良方正,而大言自荐,以姬旦、皋、夔为比。且云:"使臣日试万言,一字不改;日览千字,一句不遗。"由是,促召赴阙,令中书试五论、三颂、诸诗四十首,共限万言。题既出,冕惶骇,自陈止应贤良,不应万言,幸假贷。乃以所上表示之。冕不敢复言,至晡但成五论、一颂,共三千字。既奏御,上令问表中所陈条目,冕伏躁妄之罪,责授连州司户参军。(《长编》卷六三)

七　月

己巳(二十九日),以应制举人所纳文卷付中书详较。初,命翰林学士晁迥等考定。又命侍读学士吕文仲、吕祐之,龙图阁待制戚纶、陈彭年重考。上犹虑遗才,故复委辅臣裁择。(《长编》卷六三)

八　月

十七日,召应百篇太子右赞善大夫张化基赴中书试百题。至日晡,仅成六十五篇,罢之。(《宋会要·选举》一八之二七)

二十二日,诏曰:"朝廷所设制科,盖期得士,比申推择,颇虑遗才。朕听政之余,遂加亲览。其间缀述,亦有可观,特广示于搜罗,宜并从于较试。其赵宗古、陈高、陈绛、令狐讼、陈贯令依例赴中书试。"初,学士院考宗古等所业文,皆不中式,特命就试焉。时浚仪尉祁房表应贤良,当试,未召而卒,特赐钱五万。(《宋会要·选举》一〇之一一)

九　月

丙辰(十七日),御崇政殿亲试贤良方正直言极谏,光禄寺丞钱易、广德军判官石待问并入第四等。以易为秘书丞,待问为殿中丞。(《长编》卷六四)

十七日,帝御崇政殿,试贤良方正光禄寺丞钱易、广德军判官石待问。制策曰:"朕践修圣训,慎守丕图。深虞政经未协,彝范是用,详延豪隽,博访谋猷,贲然来思,副此虚伫。所宜询适时之要务,举救弊之宏纲。夫高以下为基,国以民为本。圣人设教,勤恤居先,皆欲臻富庶之期,跻仁寿之域。然而,蕃衍盛大之谓庶,利用阜财之谓富,胜残去杀之谓仁,永锡难老之谓寿。兆民所赖,四者难并,何施何为,得以臻此?农处四人之急,食摽八政之端。将图足食之方,式重务农之道。而游手逐末,甫田多荒,惩而劝之,其术安在?先王制辟,君子尽心。舜有惟恤之言,禹有泣辜之事。人罹于法,良用尽然。姑务好生,常思慎罚。若唐虞画像而耻格,成康刑措而不用,各用何道,使之然乎?天灾流行,国家代有。故水旱之作沴,虽尧汤而病诸。《书》云:'燮治阴阳。'《易》曰:'财成天地。'唯兹二道,可以行之。逖听多言,不能无惑。阻之则忠谠道闭,诱之则谗谀路开。慎于听焉,必辨邪正。邪正之说,欲辨何从?推贤让能,贯经训而不朽;难进易退,列儒行而相高。近世以来,此风不竞,驰骛旁午,安潜下衰。亦思塞奔竞之源流,建风教之根本,激劝之要,其将曷先?祀之与戎,缓急不类,俱曰大事,其何故哉?古圣指归,布在方策。《周礼》八柄,驭下之洪规;《伊训》三风,守邦之深戒。令王之制,可举而行。为予指陈,成尔敷纳。齐委仲父,下令如流水之原;汤任保衡,致君有格天之业。何术比于流水?何故言其格天?苟辨其由,可资成务。用民必顺,无昆虫之灾;飨帝于郊,得寒暑之序。出何经据，当述厥由。大《易》彖辞，老聃经旨，化成天下，何者谓之人文？而不可示人，何者谓之利器？贤良文学，固所周知。俟闻谠言，以称朕意。”命翰林学士晁迥，知制诰杨亿、周起、朱巽为考官。初，诏两制并撰策问，帝择晁迥所撰，用之。待问、易策并入第四次等，以待问为殿中丞、易为秘书丞。(《宋会要·选举》一〇之一一、一二)

杨亿《景德三年九月试贤良方正能直言极谏科策一道奉敕撰》：皇帝若曰：我国家奄宅中土，勤恤庶邦，念前代求贤之劳，思昔王好问之裕，涣发明诏，详延俊民，乐闻谠言，用裨至化。兹子大夫韫椟待价，藏器俟时，射隼有功、逆鳞无忌之际也。方今边候彻警，戎索载清。与民息肩，爰戢不祥之器；为国生事，深戒守方之臣。盖已卧鼓灭烽，卖剑买犊。下劝农之诏，勖游惰以反耕；置常平之仓，谨丰凶而平籴。劝课之道斯至，备豫之术具颁。而流庸未尽归，污莱未尽辟。陈陈之粟，尚郁京坻之谣；蚩蚩之氓，竞逐锥刀之末。倚市门者，鄙于刺绣；为马医者，至于击钟。使寒耕热耘之民，有粗衣菲食之叹。厚生敦本，何以尽驱于力田？既富而教，何以一变而至道？若夫慎重名器，先儒之格训；辩论官材，为邦之令典。著位峻于堂陛，效用适于轮辕。固亦周爰咨诹，宴见敷纳。征保任于公举，观试可于吏能。黜陟幽明，稽有虞之彝制；综核名实，遵汉宣之故事。其有尤异之课，即申以增秩之文；若乃非常之才，必待以不次之位。我有好爵，兹用縻贤；国无败官，于焉致治。而庶尹卿士，郡邑牧宰，暨于黄绶一命，青纶半通。虽有司殿最之申严，外台刺举之详察，尚或贪墨以获戾，罢软而废职。徇公者伤于苛刻，贾誉者病于脂韦。致有嚣讼升闻，烦轺车之案劾；具狱来奏，上丹笔之科条。但采于风谣，或察廉之失实；专取于课第，亦茂异之见遗。将何以致《棫朴》之咏，兴蒲卢之政，洽授方任能之道，著亮采惠畴之业？昭巍巍大朝，有官人之盛；济济多士，无彼己之讥。子大夫强学多闻，稽古博识，究历代之损益，明当今之利病。所宜穷斯民雅俗之弊，极谈耻格之方。考庶官治乱之由，深陈用乂之术。迟闻嘉话，以阐大猷，当悉乃心，勿有所隐。(《全宋文》卷二八三)

十一月

先是，工部郎中陈若拙接伴契丹贺正旦使。若拙谈词鄙近，丙午(七日)，命太子中允、直集贤院孙仅代之。若拙多诞妄，寡学术，虽以第三人及第，然素无文。旧语第三人及第号“榜眼”，因目若拙为“瞎榜”。(《长编》卷六四)

十二月

十三日，赐进士李仲翊本科出身。仲翊，煜之后，献文，召试而有是命。(《宋会要·选举》九之六)

是　年

龙图阁待制陈彭年奏:“请条制贡部复宏词科，采择经术士，许流内选应宏词拔萃科、明经人投状自荐，策试经义，以劝学者。”(《宋会要·选举》一二之一)

诏:“进士就试，不许继烛。自今开封府、国子监、诸路州府，据秋赋投状举人，解十之四，如艺业优长，或荒缪至甚，则不拘多少。今岁秋赋，止解旧人，新人且令习业。川、广旧取解人，并许免解。”(《文献通考》卷三〇)

景德四年　丁未(1007)

正　月

十八日,《朝陵赦书》:“河南府、孟、郑二州,旧举人特免将来文解。其新举人,秋赋依例考试,未得解发,先定等第奏闻;已免解者至省试,亦先定所试,奏听朝旨。”(《宋会要·选举》一四之二〇)

二　月

二十三日,赐河南府进士李籍本科出身。初,帝幸西都,籍邀车驾,献所业。特令召试中书,而有是命。(《宋会要·选举》九之六)

闰五月

四日,中书门下言:“考试应制科陈绛等十人文论,内绛与夏竦、史良三人词理稍优。”帝曰:“比设此科,欲求才识。若但考文义,则积学者方能中选。苟有济时之用,安得而知？朕以为六经之旨,圣人用心,固与子史异矣。今策问宜用经义,参之时务。”王旦曰:“臣等每奉清问,语及儒教,未尝不以六经为首。迩来文风丕变,盖由陛下以兹道化之故也。”因命两制各上策问而择之。(《宋会要·选举》一〇之一三)

七日,帝御崇政殿,试贤良方正著作佐郎陈绛、升州溧水县令史良、润州丹阳县主簿夏竦。制策曰:“朕克谨先训,惟怀永图,期化成于人文,爰顺考于古道。犹虑视听不广,心志未明。寤寐增勤,忠规是伫。所以博延髦士,渴听嘉谋。昔姬德之隆,《周官》爰作;建中立极,经世惠民。乃致颂声,以措刑辟。王风不竞,战国交兴,理贵从宜,俗多变古。炎汉政令,《十志》粗存;有唐宪章,《六典》备载。既沿革而不一,谅损益而可知。《曲礼》

三千,《经礼》三百,诚难悉数,试为敷陈。施之于今,往古之事何允?揆之于古,方今之法孰非?勉商榷其大猷,无自执于小道。仲尼之志,在乎《春秋》。考旧史之文,明将来之法,善恶各显,惩劝在兹。由是后王,遵为彝训。至若朝聘祭祀之礼,刑赏兵农之政,君臣励翼之绩,官师寅亮之辞,或可举而行,当直书其事,精英是取,糟粕勿陈。六籍之存,日星为喻;百氏之说,爝火攸同。恶实尚华,实繁厥类,斫雕为朴,岂无其时?欲使荐绅之民并宗经术,青衿之士专习圣言,能黜异端,俟闻谠论。贡举之设,茂异斯求。爰自唐朝,独考辞赋,虽云小道,壮夫耻为。然而定妍否于有司,观工拙于作者,苟为舍兹衡石,诚虑失之毫厘。将俾俊乂用章,文风丕变,其用何术,以副虚怀?《礼》有四民,农居其一;《书》有八政,食在其先。务劝力耕,亮由薄敛。或轻其赋调,则邦家之用不充;或重彼课役,则编氓之力弥困。至于榷酤之法,关市之征,将以惠人,亦思省去。复虑经费不给,游惰寖多。盖蠲复民租,不禁山泽,而使野无旷土,府有羡财,下靡趋于末利,上益丰于储蓄。必有说也,宜无隐焉。宰字之任,斯民所托,在乎铨择,尤所注怀。亦尝阅考绩于明庭,听保任于端士,暨于莅职,继以败官。或边幅罔修,簠簋靡洁;或佩韦罕诫,冠虎是侔。虽国有常刑,然民已受弊。今若峻其督责,必兴叹于凝脂;缓彼简书,将漏罪于疏网。水火相济,琴瑟改张,尔其谓何?予实翘想,缅惟致治,诚在得贤。常恐下僚,实沉英彦,或以类举,或自荐升。清白著名,每从加等;干蛊伸效,亦俾峻迁。然而鲜睹徇公,颇闻滥进,始由朋比,终陷刑章。言念于兹,夙夜无已。欲使怀才者必达,荐士者绝私。奏牍上陈,美恶可复;爵赏下降,名实罔违。极言澄汰之方,用资宵旰之虑。矧子大夫,蕴蓄器业,洞明政经,副我详延。森然就列,靡蹈后患,各施谠言。"令两制考定其策。绛、竦入第四次等,良不中式。以绛为左正言,竦为光禄寺丞。(《宋会要·选举》一〇之一三、一四、一五)

夏竦《崇政殿御试贤良方正能直言极谏科制策》:臣闻百王公共不易之道者,惟谏而已矣。古者致治之君,莫不欲良臣在廷,忠言日至,揭进善之旌,设敢谏之鼓。太史陈诗以刺,百工执技以谏。暨汉孝文二年,始下贤良之诏,开纳言不讳之路,延直诚切谏之士。访天时之灾异,问朝政之阙失。国家宅有神器,五十年间,上无逸德,下无遗政。而陛下尚虑视听未广，心志未明，高张六科，躬访时事，诚臣以济民利国之策，干陛下之秋也。臣生逢太平，幼读方策。睹盛衰治乱之际，未尝不愤悱而握卷；闻忠蹇鲠直之风，未尝不激厉而抗节。今幸以区区之学，应直言之召。有司不以臣之不材，升之于相府；三公不以臣之不材，进之于外廷；陛下不以臣之不材，问之于丹陛。敢不抉胸膈之所虑，尽耳目之所见，谨昧死上对？

《制策》曰："昔姬德之隆，《周官》爰作，建中立极，经世惠民，乃致颂声，以措刑辟。王风不竞，战国交兴，理贵从宜，俗多变古。炎汉政令，《十志》具存；有唐宪章，《六典》备载。既沿革而不一，谅损益而可知。"臣闻周监二代，文物周旋；姬旦践阼，宪章昭备。诏六官以政令，建五等以亲贤。礼行三雍，法垂象魏。故文、武创业而臣工作颂，成、康致治而刑措不用。洎平王东迁，皇纲解纽，《黍离》之什，下列《国风》。尔后九鼎渐轻，七雄分竞，强吞弱吐，干戈日寻，合纵连衡，谈说蜂起。至有变衣裳以从俗，峻法令以任权，轻忠信而重要约，坏井田而立阡陌。官不择行而择言，爵不尚贤而尚贵。事叛于古，败乱相乘。洎秦鹿野死，汉龙天飞。萧何约九章之法，叔孙制绵蕝之礼。律历精密于盈虚，郊祀周旋于坛畤。分郡国以王宗支，制歌舞以象功德。殊庸茂实，际天接地。故朝廷之制，《十志》在焉。洎三国分土，礼乐无主。垂数百载，而唐有天命。房杜议其律令，马周陈其法度。致太平于贞观，制礼乐于开元。分爵九等，品有正从。故职官之制，《六典》备焉。今陛下问其沿革，询其损益，其将有所发于天下也。臣愿朝廷鉴历代之所短，举唐汉之所长。文者损之，急者宽之，过者抑之，不至者进之，则古今之美，无不济于下矣。

《制策》曰："曲礼三千，经礼三百，虽难备举，聊为敷陈。施之于今，往古之事何允？揆之于古，方今之法孰非？当商榷其大猷，无自执于小道。"臣闻先王本太一之道，观羔雁之象，制威仪三千，礼仪三百，所以教天下之恭让，间万民之非辟。聊敷其要，盖有五焉。《记》曰："礼，时为大，顺次之，体次之，宜次之，称次之。尧授舜，舜授禹，汤放桀，武王伐纣，时也；天地之祭，宗庙之事，父子之道，君臣之义，伦也；社稷山川之事，鬼神之祭，体也；丧祭之用，宾客之交，义也；羔豚而祭，百官皆足，太牢而祭，不必有余，称也。"若穷礼乐之沿革，揆古今之得失，则上世帝王不相沿袭。功成作乐，治定制礼，虽从宜而立法，必师古而可久。国家受天承命，造我区夏,远观八世之典,近取开元之制。文物之盛,流芬简策。但太常工师或怠其习,朝廷服章未明其列。珩璜之声不闻,豆笾之器罕用。鉴往观来,其仪可见。今陛下富天启之资,有承平之业,固当制礼乐,易服色,定官名,发号令,建中于千古之上,立极于百代之下,则泥金勒玉,不足记其功德矣。

《制策》曰:"仲尼之志在乎《春秋》。考旧史之文,明将来之法。授经左氏,发凡变例。善恶必显,惩劝在兹。由是后王,遵为彝训。至若朝聘祭祀之礼,刑赏兵农之政,君臣励翼之迹,官师寅亮之辞,或可举而行,当直书其事。惟菁英而是取,顾糟粕而罔陈。"臣闻周室将微,诸侯叛命;圣人有作,王文爰启。发周公之凡例,载鲁史之行事,笔削既至,臣子皆惧,故为列辟之彝章,王道之准的。汉氏有命,斯文盛行,朝廷诏诰,公卿章疏,必引经传,为事规矩,故历祚悠远,法度可观。尔后中原多故,编简不完,有国之君,不遑逮此。国家兴起四方,穆清治本,建藏书之策,立雠校之官。陛下旰食视事,乙夜观书。故下问小臣以大义,抉六经之奥秘,观百王之明睿。臣幼习史氏,颇详其学,以为丘明之传繁富而诬。臣请以经义条对如左。臣闻朝以修制,聘以结好。时会以发四方之禁,间问以谕诸侯之志。表著以昭序,玉帛以修贽。考其道则在乎明班制而不僭,整威仪而可观。动必以礼,不失其物。臣谨按:《春秋》书"春,滕侯、薛侯来朝"者,天子无事,诸侯相朝;书时者,美其正也。书"荆人来聘"者,荆,夷狄也;书人者,美其始能聘也。书"介葛卢来"而不书朝者,以微国不能行其礼也。臣闻祭以追养,祀以驭神,圣人为能飨帝,孝子为能飨亲。外则尽物而献诚,内则尽诚而献礼。备其馨香,奉以珪璧。然则祭不欲黩,黩则不恭;祀不欲烦,烦则不歆。谨按:《春秋》书"春正月己卯烝"者,讥其数也;书"夏五月丁丑烝",讥不时也;书"犹三望"者,犹者可止之辞也,讥其不知礼也。臣闻刑赏者,国家之二柄也。驭其有罪,则有刑赎废夺。《语》曰:"齐之以刑",《书》曰:"金作赎刑",《周礼》曰:"夺以驭其贫","废以驭其罪"。懋其有功,则有爵禄、车服。《周礼》曰"爵以驭其贵","禄以驭其富",《书》曰"车服以庸"。盖刑者所罚寡而所戒众,赏者所费小而所劝大。故古者刑以秋冬,象天之瘁物也;赏以春夏,象天之惠物也。然则刑之大要在乎去奸宄。奸宄不去,则罚失矣,罚失则滥,滥则民不从矣。臣谨按:

《春秋》桓公之世，经不书"王"者，讥上之不能讨其罪也。赏之大要在正礼制，礼制不正，则劝失矣，劝失则僭，僭则民不服矣。臣谨按：《春秋》云"王使荣叔来锡，桓公命"，书"来锡"者，讥赏不正也。臣闻古之兵制，大夫有车百乘，诸侯有车千乘，天子有车万乘，所以威四夷，刑奸宄也。必先教之以礼，而后讨之以罪。故先王之制，甸服者祭，侯服者祀，宾服者享，要服者贡，荒服者王。有不祭则修意，有不祀则修言，有不享则修文，有不贡则修名，有不王则修德，序成而不至则修刑。于是乎兵有常矣。后之王者奉之，能行其礼，能守其正，则得其道矣。臣谨按：《春秋》书"甲午治兵"者，美其得礼也；书"作丘甲"者，讥不正也。臣闻古之农政，夏后氏五十而贡，商人七十而助，周人百亩而彻。所以供宗庙，备车服，必先限之以田，而后取之以赋。先王之制，建步立亩。六尺为步，步百为亩，亩百为夫，夫三为屋，屋三为井，井方一里，是为九夫，八家共之。一夫一妇受私田百亩，公田十亩，输虞衡之税，供车马之赋。于是乎农有常矣。后之王者奉之，不妨其时，不失其正，则得其道矣。臣谨按：《春秋》书"新延厩"者，讥不时而悉农力也；书"初税亩"者，讥不正也。至若君臣励翼之迹，官师寅亮之辞，考于左氏之传，是繁大夫之对，然非圣人笔削。请以经义言之。夫君臣励翼者，在乎尊卑不黩，上下不僭，罪不妄诛，刑不妄加，兴灭国，继绝世。《春秋》之义，尊不亲小事，卑不专大功。谨按经有称"人"以杀大夫者，讨有罪也；称"国"以杀大夫者，罪累上也；经有书"夏灭项"，而不言何国灭之者，为齐桓公讳也。《春秋》为贤者讳，桓公尝有继绝存亡之功，故君子为之讳也。夫官师寅亮者，在乎夙夜儆戒，靖恭其位，贤愚有序，贵贱有列，安邦国，利万民。《春秋》之义，用贤治不肖，用贵治贱。谨按：经有书"秋，公子结媵陈人之妇于鄄，遂及齐侯，宋公盟"。书"遂"者，美其有遂事也。《春秋》之义，大夫受命不受辞，出境有可以安社稷、利国家者，专之可也。

《制策》曰："六籍之存，日星是喻；百氏之说，爝火攸同。恶实尚华，实繁厥类，斵雕为朴，岂无其时？欲使荐绅之民并宗经术，青衿之士专习圣言。能黜异端，溷闻说论。"臣闻经纬天地，莫大乎六籍。《诗》、《书》标仁义之府，《礼》、《乐》立教化之表，《春秋》五始以载褒贬，大《易》四象以观情伪。从之则为正直，为圣贤；叛之则为奸乱，为聋暗。万代而下，宗为格言。然而去圣逾远，诸子蜂起，各因文而述志，或希圣而扶经。至汉孝成帝时，已八十余家矣。尔后作者纷纭，竞为闳诞，违叛正道，棼泯斯文，致学者之多歧，遂务华而舍实。陛下注怀《坟》、《索》，将抑百家，文明之朝，如转规耳。然臣以为焚之则为非法，不若化之以道，教之以正。自今而后，凡朝廷诏令之文，贡举诗赋之目，毋用诸家之语，必以六经之义。上之所好，下必甚焉。是以辐员之内，庠序之间，不禁而自绝，不令而自从。竞讽周、孔之言，共排杨、墨之语。谅不数岁，尽变其风。洋洋乎《雅》、《颂》之声，可以翘足而待矣！

《制策》曰："贡举之说，茂异斯求。爰自唐朝，独考辞赋。虽云小辨破道，壮夫耻为，然而定妍否于有司，观工拙于作者。苟或舍兹衡石，诚虑失之毫厘，将俾俊乂用章，文风丕变。其用何术？以副虚怀。"臣闻王者不能独治天下，必择良能而共之。故公卿大夫必选于俊乂，俊乂必取于多士。四代荐贤，诸侯立三适之制；两汉求士，公府有四科之选。得贤之盛，无以逾之。魏晋已降，南北离割，其间制度，无可纪者。隋室立进士之科，李唐崇大其选。国家隆兴，亦循其制，网罗贤俊，时号得人。若辞赋之试，声律之限，盖非古也，而取一时之工焉。陛下必欲革之而取茂异，又何患妍否之难定哉！臣以为今之取士，其甚可疑。乡举里选之制未尽明，察言观德之规未尽复。夫乡举里选，所以择其行也，而寄贯冒籍者有焉；察言观德，所以择其材也，而矫厉虚誉者有焉。所以荐贡之始，不能皆知其行；明试之际，不能尽择其文。以是爵命之间，不能无滥。臣愿陛下先明乡里之制，次谨言德之规。然后试以策论，考其康济，非经意不得以对，非常道不得以言。则清浊自分，才德可辨，文风丕变，又何远乎！

《制策》曰："《礼》有四民，农居其一；《书》有八政，食在其中。务劝力耕，谅由薄敛。或轻其赋调，即邦家之用不充；或重彼科役，即编氓之力弥困。至于榷酤之法，关市之征，将以惠人，亦思省去，复虑经费不给，游惰浸多。盖欲蠲复民租，不禁山泽，野无旷土，府有羡财。下靡趋于末利，上益丰于储蓄。必有说也，宜无隐焉。"臣闻《语》曰："百姓足，君孰与不足？百姓不足，君孰与足？"故先王敷政设教，惟务富庶，藏财于民，取之以道。府藏益而国用充，元元安而百姓遂。国家仁惠周普，刑政简清，但财赋未充，管榷未罢，其故何哉？臣以为务农之制，足食之本，历观前世，盖有道焉。三代之际,其详阙矣;姬嬴而下,莫盛于汉。臣请为陛下以西汉之事言之。夫汉当文、景之际,民田三十取一,而侯王分土,各食其租。关梁缓征算之制,民间有斗酒之赐。四方常贡,其入至寡。而太仓之粟,流衍而露积;京师之钱,贯朽而难校。守闾阎者食粱肉,阡陌之马成群。今国家地广前代,履亩而税。山泽舟车之赋,盐铁莞榷之利,一岁之入,十倍汉初。而用度丰盈,未能相当,其故何哉?岂非游手未去,重职未省,冗兵未减,仙释未戢,旷土未开,珠玉未弃?游手未去,则趋末牟利之弊未尽止;重职未省,则稍廪供亿之费未尽节;冗兵未减,则粮饷优给之用未尽一;仙释未戢,则邪伪蠹耗之源未尽闭;旷土未辟,则耒耜禾黍之利未尽获;珠玉未弃,则梯航掊采之路未尽塞。是以南亩之民,执耒而耕者无多人矣。故陛下虽躬行节俭,忧劳日昃,而制其岁用,则尚有未丰。议缓征算,则将行复止者,良由是矣。愿陛下禁游惰以沮劝之典,并重职以简易之道,去冗兵以稽阅之法,抑仙释以正直之规,开旷土以优复之令,弃珠玉以俭素之教,则官府之用充仞而山积,亿兆之生敦厚而日富,丰食之道,又何难哉!

《制策》曰:"宰字之任,蒸黎所托,在乎铨择,尤所注怀。亦尝阅考绩于明廷,听保任于端士。暨于莅职,继以败官。或边幅罔修,簠簋靡洁;或佩韦罕诫,冠虎是侔。虽国有常刑,而民已受弊。今若峻其督责,必兴叹于凝脂;缓彼简书,将漏罪于疏网。水火相济,琴瑟更张。尔其谓何?予实翘想。"臣闻生民之命,系乎县邑。故进任宰字,在乎择人。当进者进,则法令明,政教达,奸宄绝,私谒息;不当进者进,则王泽壅,刑辟滥,邪伪起,苞苴行。故古者仕不妄进,臣不虚受,盖恐下民之受弊于匪人也。国家之制,与古齐圣,而州县之吏,率多暴慢,不求洁白之名,罔垂缓急之戒。其故非他也,盖吏道颇杂,贡举未正。士则累场籍以求第,而不问其材;吏则叙久次以求迁,而不问其事。未尝择行于三铨,但见分命于百里。君子或淹久而后进,小人或夤缘而先达。复循唐氏流外之制,盛开百司恩泽之路。选调既集,皆补令佐,蚕食元元,干冒宪纲。详观其弊,良不远此。况复考课之法未尽行,论荐之科未尽至,按察之使未尽公,激劝之赏未尽重。臣愿陛下因革百王,详观两汉。采诸家考课之法,而明其殿最;严百官论奏之典,而禁其趋附。选天下公正之士,出分八使之车;擢州县循良之吏,入补金闺之籍。是则黄绶之间,竞为良善,又何有凝脂之叹,疏网之虞者哉!

《制策》曰:"缅惟致治,诚在得贤。每恐下僚,实沉英彦。或以类举,或自荐升。负廉隅清白之名,常从加等;驰干蛊端方之誉,亦示峻迁。然而鲜睹徇公,颇闻滥进,始由朋党,终陷刑章。言念于兹,夙夜无已。欲使怀材者必达,荐士者绝私。奏牍上陈,美恶可复;爵赏下降,名实罔违。极言澄汰之方,用资宵旰之虑。"臣闻王者前旒垂纩,无为而治,必举贤哲,用为股肱。故类举之典,君子所以达己知也;自荐之制,英主所以拔寒畯也。皆有国之规矩,求贤之轨辙。然则类举不正,则朋党者达;自荐不实,则僭滥者进。必在乎以经义而制之。谨按:《春秋》书"吴子使季札来聘"。吴,夷狄也;称"子"者,善使贤也,故进之。《春秋》之义,身贤贤也,使贤亦贤也。又按:《书》云"举能其官,惟尔之能",而今之论荐或非经意,保任之法颇重,得贤之赏未行。夫经以使贤者为贤,举能者为能。若举状谬者既黜,举状实者未旌,则贤能之士,何以劝励?夫贤能不劝,则为善者怠;为善者怠,则欺妄者进矣。吁戏!自荐者权也。古者帝王虑臣下妨塞贤路,乃为之制,在陛下裁之而已。若类举者道也,一日废之不可。伏愿陛下所信任者各举所知,则栋梁柱石有余材矣。然则国家之大柄,王者之利器,赏罚而已。陛下明其科条,以驭荐举,不容应侯籍橐之请,而举胥臣先茅之赏,是则怀材必达,荐士绝私,可以复其美恶,而不违名实矣。

臣诚不佞,罔知忌讳。叨备清问,忧惶局蹐。但幸遇陛下设直言之科,臣应极谏之召,圣策许臣"靡悼后患"。夫贱士之虑,思补圣政万分之一。惟陛下少赐宸览,宽其鼎镬,则昧死幸甚。臣谨对。(《全宋文》卷三四四)

夏竦……举进士,开封府解者以百数,竦为第六,贡院奏名第四。会其父死于边,竦以死事者子补奉职。贡院奏:"竦所试诗赋优于省元陈尧佐,以其幼,故抑之。来举请免省试。"诏许之。竦以奉职行父丧,服终,换丹阳主簿,举贤良方正及第。(《涑水记闻》卷三)

(夏竦)举制科,对策庭下,有老宦者前揖曰:"吾阅人多矣,视贤良,他日必贵。乞一诗,以志今日之事。"因以吴绫手巾展于前,郑公乘兴题曰:"帘

内衮衣明黼黻，殿前旌旆杂龙蛇。纵横落笔三千字，独对丹墀日未斜。"是年制策高等。(《东轩笔录》卷二)

所谓宦者以吴绫手巾求诗，想必有此。至今殿试唱名，宦者例求三名诗，但句语少有工者，诗亦不足重矣。(《西塘集耆旧续闻》卷九)

公(夏竦)举制科，庭对策罢，方出殿门，遇杨徽之。见其年少，遽邀与语曰："老夫他则不知，唯喜吟咏，愿丐贤良一篇，以卜他日之志，不识可否?"公援笔欣然曰："殿上衮衣明日月，研中旌影动龙蛇。纵横礼乐三千字，独对丹墀日未斜。"杨公叹服数四，曰："真将相器也。"(《青箱杂记》卷五)

夏郑公竦以父殁王事，得三班差使。携所业，投李文靖公沆，有"山势蜂腰断，溪流燕尾分"之句。明日，袖诗进呈，乞换一文资。后举制科，对策庭下。有老宦者曰："阅人多矣，贤良他日必贵。"以吴绫手巾乞诗，公题曰："殿上衮衣明日月，阶前旗影动龙蛇。纵横礼乐三千字，独对丹墀日未斜。"(《古今事文类聚》前集卷二七)

(夏竦)上书乞应制举，其略曰："边障多故，羽书旁午，而先臣供传遽之职，立矢石之地，忘家殉国，失身行阵。陛下哀臣孤幼，任之州县，唯陛下辨而明之。若陛下以枕石漱流为达，臣世居市井；若陛下以金榜丹桂为才，则臣未忝科第；若陛下以鸠杖鲐背为德，则臣始逾弱冠；若陛下以荷戈控弦为勇，则臣生本绵弱；若陛下令臣待诏公车，条问政治，对扬紫宸，指陈时事，犹可与汉唐诸儒方辔并驱，而较其先后矣。"真庙再三赏激，召赴中书。试论六首：一曰《定四时别九州圣功孰大论》，二曰《考定明堂制度论》，三曰《光武二十八将功业先后论》，四曰《九功九法为国何先论》，五曰《舜无为禹勤事功业孰优论》，六曰《曾参何以不列四科论》。是岁，遂中制科。(《青箱杂记》卷五)

大科始进文字，有合则召试秘书省，出六论题于九经、诸子百家、十七史及其传释中为目。而六论者，以五通为过焉。以是学士大夫自非性天明洽,笔阵豪异,则不能为之也。顷闻夏英公就试过,适天大风吹试卷去,不得所在,因令重作,亦得过。是乃造物者故显其记识华迈之敏妙尔。(《铁围山丛谈》卷二)

夏竦《定四时别九州圣功孰大论》:先王之有天下也,仰观乎天,俯察乎地。天以四时为佐,故历候不得不正也;地以九州为纪,故疆理不得不别也。昔在帝尧,稽法天象,申命羲和,期三百有六旬有六日,以闰月定四时成岁。暨禹乘四载,分别九州,随山刊木,洪水无害。然皆上古帝王之圣功,而有区别焉。夫圣人经始万邦,劳心百度,皆欲先天时而后地道也。三皇之季,盛德广大,陶唐氏虑天时之不顺,正朔之不叙,节候之失度,日星之失次,历算之失数,人民之失所,乃命四岳钦若上天,历象日月星辰,敬授人时,所以明天道也。洪水襄陵,群生昏垫,夏后氏疏凿山川,流导四渎,分田壤之等降,定贡赋之隆杀,桑土既蚕,生民粒食,所以正地道也。夫天时正,则霜雪风雨于是乎可信,上下经纪于是乎可象,芒甲羽毛于是乎茂育,政令教化于是乎可期。故辰弗集其房而夏君征其畔官,火犹西流而仲尼罪其司历,盖百王之大典,上古之彝训也。然则定四时成岁,何先乎闰余?说者曰:周天三百六十有五度四分度之一,以三百六十日为一岁,余六日。三十日为月,月行疾,又岁余小尽六日,故五年再闰,以定四时之气也。夫地道别,则播种耘艺于是乎有常,赋役职贡于是乎有典,原隰坟衍于是乎定位,昆虫鱼鳖于是乎有宅。然则平水土,何允乎九州?说者曰:"州者,畴也。"言畴其土而分别之也。盖闰余不正则历象不叙,历象不叙则天纪扰矣;田畴不分则贡赋不至,贡赋不至则人事废矣。《传》曰:"太上立德,其次立功。"尧之道,定四时而修天纪,立德者也;禹之道,别地利而正人事,立功者也。功德之际,固不同矣。

夏竦《九功九法为国何先论》:夫有国家者,稽考往制,裁为政术。故彝伦攸叙,万事允治。经纬不紊于繁,上下皆底于道。然则以典故为政者,其大有二。有九功焉,《书》曰:水、火、金、木、土、谷、正德、利用、厚生是也;有九法焉,《周礼》曰:制畿封国、设仪辨位、进贤兴功、建牧立监、制军诘禁、施贡分职、简稽乡民、均守平则、比小事大是也。然则致治之本何从而先？昔八世之君不相沿袭，帝者有帝道而临御天下，王者有王道而御天下。帝道广而大，其制也简，故其民从之而不咈；王道明而正，共制也密，故其民从之而不违。当其陈九功于舜禹之世，其言要而其用也普，其帝制之余乎！正九法于姬周之始，其言辩而其用也周，其王制之余乎！夫万物非五材不用，故九畴以五行为首；民非五谷不食，故八政以食为先。不正德则教化不达，故《书》："德惟善政。"不利用则民事不济，故《易》曰："日用不知。"不厚生则国计不丰，故《书》曰："民惟邦本。"由是善为国者，修五材而民用足矣，贵谷而民食丰矣，正德而天下之心服矣，利用而邦家之用济矣，厚生而百货之本达矣。故六府三事允治，然后可以制畿封以正其法，辩仪位以节其事，进贤才以惩劝，建牧守以司察，诘军禁以绳纠，施职贡以制财，简乡民以施教，均守则以结信，正小大以表礼。著为先圣不刊之典，垂为百王不易之道。盖夫帝制者尚道德者也，王制者尚法度者也。先道德而后法度，则民怀之而从上矣。若去道德而专任法度，则四海之政，官府之事，将有察而不胜者矣。吁戏！皋陶、周公之心，可以知之矣。

夏竦《舜无为禹勤事功德孰优论》：天生烝民，立之司牧，实曰天子。天子必张官设吏，布德行惠，以怀万民，驱之四方上下，惟其所从。在其治一也，而其道固不可同矣。三五之君，其治之至，其德之盛，际天接地，垂映列辟者，皆曰舜禹，则舜禹可以谓之盛德。夫舜以无为而治天下，禹以勤事而陟元后，然则无为、勤事其有隆杀矣。夫圣人功业既殊，教化皆异，其德隆者其功逸，其德杀者其功劳。逸者合于造化而及于物者也，劳者滞于形器而立事者也。故言事者，劳逸之际，不可不察也。夫无为者，逸也。何以逸？能任人也。圣人劳于求贤，逸于得士。当有虞氏纳于大麓，遂陟帝位，任四岳以主内事，任十二牧以秉外政，任大禹、垂、益、伯夷、夔、龙以平水土，以典礼乐，以掌山泽，以治百工，故可凝旒垂纩而御遐迩，当宁深拱而行教化德，与天道契乎渊默。《诗》云："不识不知，顺帝之则。"《书》云："知人则哲，能官人安民则惠。"《易》曰："垂衣裳而天下治。"其是之谓矣。夫勤事者，劳也。劳者何？盖自任也。圣人忧勤以图治，躬亲以底绩。当夏后氏受帝之命，乂厥水土，乘四载而导江河，别九州而差贡赋，任其桑土,分其土宜,闻启之泣而不归,栉风沐雨而无倦,授元圭而告成功,以声身而为律度。故能功著万世,济于生民。《诗》云:“弗躬弗亲,庶民弗信。”又云:“小心翼翼。”其是之谓乎! 故圣贤之言舜也则称其德,曰:“无为而治者其舜乎!”又曰:“舜有五臣而天下治。”言禹则称共功,曰:“尽力乎沟洫。”又曰:“微禹之功,吾其为鱼矣。”盖德者形而上者也,功者形而下者也。立德立功之道,其殊久矣,况禹受舜命而告厥成功乎!

夏竦《曾参不列四科论》:登四科者十人而已。“德行:颜渊、闵子骞、冉伯牛、仲弓;言语:宰我,子贡;政事:冉有,季路;文学:子游、子夏。”而曾参于孔门为达者也,不预十哲之选,其故何哉? 夫仲尼生周之末,立定、哀之间,斯文中微,不绝如线。乃以仁义之道,行忠信之事,考其言行,采其材智,得是十子,第为四科,以标儒雅之道,其选盖至矣。而参不列其间者,念其道有所未至矣。试尝论之曰:孔氏四科之选,皆有贤哲之具体者哉,非各言其一也。贤者百行之先,阙一不可。颜、闵非独以德行选也,游、夏非独以文学举也,宰、赐非独以言语称也,冉、季非独以政事择也。盖有五常之德,而后列其所尤至者哉。故德行者岂无政事,政事者岂无言语,言语者岂无文学,斯互举所长之言也。而曾子惟以孝行著闻,不能具得能者之体,但行其一端,故所以不列于十哲者也。若孟子所谓伯夷、叔齐,圣人之清者也。言夷、齐不食周粟,采薇首阳,盖得圣人之一清德耳,蹈道则未也。由是观之,则参之事夫子,学其道,推其心,但得圣人之一孝德耳,言其材则未也。或曰参也孝,何以非贤哲? 夫十子者有四科之德,岂无孝乎? 盖孝在其中矣。三千之罪,莫大于不孝。仲尼之门,英贤之选,而薄于孝行,圣人之心何以言哉? 或曰:孝者百行之先,居在四科之上。夫孝养之道诚为至性,然莫逾于德行。故仲尼尝曰:“孝哉,闵子骞!”而居德行之科。盖孝者无以逾于德也。是则有其德然后列在其间。而参之孝,一介之孝也。仲尼尝曰:“参也鲁。”故为之说天子诸侯之孝,以治邦国,以及百姓,以广其志。

夏竦《光武二十八将功业先后论》:炎汉中兴,龙飞白水,戎车四征,英雄竞起。或奋身于行伍之下,或效用于义旗之始。荡平寇难,克复洪业,功书旗常，宠列茅土。永平之际，图形于南宫云台者二十有八人焉。邓禹授西讨之略，岑彭建南征之效。吴汉勇挚有谋，隐若敌国之势；贾复方直多计，而少方面之勋。寇恂之居河内，冯异之守洛阳，轮挽折冲，并茂能绩。若陈俊定太山而破张步，耿弇走延岑而报临淄，王霸之颇识兵事，祭遵之选用儒雅，任光迎车驾而展用，马成筑亭障而底绩，杜茂之破卢芳，朱佑之降秦丰，景丹之残五校，邳彤之屠邯郸，耿纯之克赤眉，姚期之胜青犊，马武之力战无前，盖延之梯城破敌，功效尺寸，竞为忠良。若李忠疏财而受赐，臧宫执朴而见亲，王梁应符而被衮，刘植谈说而受封，坚镡傅俊之徒，刘隆万修之辈，事迹罕著，其名不远，然皆一时英勇之士也，而有遭会焉。夫汉氏之兴也，高祖因秦之弊，提三尺剑而有天下，宽令善教，以怀民心。三七厄会，大盗移国；民思汉德，如涸望雨。世祖因民之情，崛起南阳。诸将攀龙鳞，附凤翼，因日月之光，仗大顺之义，故竞有攻城野战之略，而成中兴际会之事。若考其隆杀，定其等差，据其所同而稽其所异，度其所起而观其所立，则有先后矣。夫德行宠位，归于邓禹，功业之际，则又殊焉，史氏言之，其详尚矣。曰中兴将帅，立功名者多矣。唯岑彭、冯异建方面之号，函谷以西，方城以南，二将之功实为大矣。若冯贾之不伐，岑公之义信难矣。夫言功者莫大于方面，居勋贵者莫善于不伐，临事者莫重于义信。以是观之，二帅之功可以冠夫四七之列矣。（以上均见《全宋文》卷三五一）

十五日，龙图阁待制陈彭年言："请令有司详定考较进士诗赋、杂文程式，付礼部贡院遵行。"又请"许流内选人应宏词拔萃科，明经人投状自荐举，策试经义，以劝儒学"。诏："贡举《考试进士程式》，宜令彭年与待制戚纶、直史馆崔遵度、姜屿议定。余令彭年各具条制以闻。"（《宋会要·选举》三之八）

命有司详定《考校进士程式》，送礼部贡院，颁之诸州。士不还乡里而窃户他州以应选者，严其法。每秋赋，自县令、佐察行义，保任之，上于州；州长、贰复审察得实，然后上本道使者类试。已保任而有缺行，则州、县皆坐罪；若省试而文理纰缪，坐元考官。诸州解试额多而中者少，则不必足

额。(《宋史》卷一五五)

二十五日,诏榜贡院门曰:"国家儒学斯崇,材能是选。眷惟较艺,务在推公。而近岁有司罔精辨论,尚存请托,有失拟论,其何以待八方英秀之流,辟四海孤寒之路? 虑遗贤俊,深轸予衷。今乡赋咸臻,礼闱方启,俾司文柄,慎择春官,用革弊源。别申条制,靡间单平之选,庶无徼幸之人。咨尔众多,咸体予意。"(《宋会要·选举》三之八)

二十七日,龙图阁待制陈彭年言:"请许流内选人,应宏词援萃科。"诏可。(《宋会要·选举》一〇之一)

二十九日,帝问宰臣等:"天下贡举人几何?"王旦曰:"万三千有余人。"帝曰:"约常例,奏名几何?"曰:"大约十取其一而已。"帝曰:"当落者不啻万人矣。必慎择其有司。"旦曰:"至于封印卷首,若朝廷差官,于理亦顺,然须择素有操执者。凡进士、诸科试卷,悉纳封印院糊名,送知举官考校,仍颁其式。知举官考定等级后,复令封之,俟复考毕,参校其得失。"《文献通考》:景德四年,令礼部糊名考较。先是,上尝问辅臣以天下贡举人数,王旦曰:"万三千有余,约常例奏名十一而已。"上曰:"若此,则当黜者不啻万人矣。典领之官,必须审择。晁迥兢畏,当以委之。"且谓滕元晏少交游,命迥等知贡举,元晏等封印卷首。凡封卷首及点检、详试别命官,皆始此。先糊名用之殿试,今复用之礼部也。初,陈彭年举进士,以轻俊为宋白所出。于是彭年与迥等更定条制,设关防,不复拣择文行。虽杜绝请托,然置甲科者多非人望,自彭年始也。(《宋会要·选举》三之八、九)

七　月

壬申(八日),上谓辅臣曰:"近见词人献文,多故违经旨以立说,此所谓非圣人者无法也。俟有太甚者,当黜以为戒。"(《长编》卷六六)

八　月

(庚戌,十七日)赐孔子四十六世孙圣佑同学究出身。圣佑,延世子宜孙也。(《长编》卷六六)

九　月

十三日，命殿中侍御史王好古、太常丞王曙、直史馆李迪考试开封府举人，直集贤院刘鹭、任随考试国子监举人。(《宋会要·选举》一九之四)

十　月

乙巳(十二日)，翰林学士晁迥等上《考试进士新格》，诏颁行之。初，陈彭年举进士，轻俊，喜谤主司。宋白知贡举，恶其为人，黜落之，彭年憾焉。于是更定条制，多因白旧事而设关防。所取士不复拣择文行，止较一日之艺。虽杜绝请托，然置甲等者，或非人望，自彭年始也。(《长编》卷六七)

十四日，诏："祠部员外郎何炳三子，习进士知道、习学究知古、知常，并赐本科出身。"炳知象州，陈进之乱，守围有劳。既优令迁秩，而并其子，有是命焉。(《宋会要·选举》九之六)

二十三日，以前京兆府鄠县主簿高志宁为大理评事。志宁明经中第，请应识洞韬钤科，日试三千字，既而不能成。帝念其历官无过，故特迁秩。(《宋会要·选举》一〇之一五)

是　月

翰林学士晁迥等上《考试进士新格》。诏曰："甲乙设科，文章取士。眷惟较艺，素有常规。特用申明，聿加刊定。既遵程式，免误学徒。庶敦奖善之怀，以广至公之道。宜令崇文院雕印，送礼部贡院颁行。"(《宋会要·职官》一三之九)

陈彭年……与晁少保迥、戚密学纶条贡举事，尽革旧式，防闲主司，严设糊名誊录。取《字林》、《韵集》、《韵略》、《字统》，及《三仓》、《尔雅》定其字式，为礼部韵及庙国之避。凡科场仪范，遂为著格。(《玉壶清话》卷五)

陈彭年任翰林学士，日求对，归诣政府，公延见之。陈起呈其状，曰：

“科场条贯。”公投之于地,曰:“内翰做官几日?待隔截天下进士。”陈惶惧而退。(《宋名臣言行录前集》卷二)

十一月

(丙寅,三日)邕州解送进士施粲等赴礼部,值宜州贼,违省限,诏贡院特取之。(《长编》卷六七)

十二月

乙巳(十三日),诏:“诸科举人,皆理场第。自今不合格者,须至复场,方得落下。”(《长编》卷六七)

二十二日,以翰林学士晁迥权知贡举,知制诰朱巽、王曾、龙图阁待制陈彭年权同知贡举,合格奏名进士郑向已下并诸科八百九十一人。(《宋会要·选举》一之八)

二十二日,以翰林学士晁迥等权知贡举。既受命,帝召对,谕以取士之意,务在至公,擢寒俊有艺者。仍别命官封印卷首。令考定合格者进入,当遣人复考。帝又曰:“外言荐嘱举人者,先以姓名达两制词臣。卿等受得,当速还之。入院后,如有简札请求者,并即时以闻。”(《宋会要·选举》一九之三、四。按:《宋会要》误将此条系于咸平四年。)

二十三日,命监察御史严颖、张士逊监贡院门,知制诰周起、祠部员外郎滕元晏封印卷首,殿中丞李道监封印院。直集贤院任随,著作佐郎陈覃,点检进士程文;大理寺丞马龟符、江莹、张有则,光禄寺丞田航,开封府法曹参军韩允,左军巡判官郝擢,考试诸科程试。(《宋会要·选举》一九之四。按:《宋会要》误将此条系于咸平四年。)

先是,上尝问辅臣以天下贡举人数。王旦曰:“万三千有余。约常例,奏名十一而已。”上曰:“若此,则当黜者不啻万人矣。典领之臣,必须审择。晁迥兢畏,当以委之。周起、王曾、陈彭年皆可参预。”冯拯曰:“封印卷首，若朝廷遣官主之，于理亦顺，尤宜用素有操守之人。”旦曰：“滕元晏于士大夫间少交游。”上曰：“今当以朱巽代周起知举，令起与元晏同掌封印事。”于是，命翰林学士晁迥，知制诰朱巽、王曾，龙图阁待制陈彭年同知贡举。既受诏，上谕以取士之意，务在至公，擢寒畯有艺者。又命监察御史严颖、张士逊监贡院门，都官员外郎乔颜、太常博士郑彝、太常丞陈既济巡试铺，太常丞直集贤院任随、著作佐郎陈覃点检进士程试，大理寺丞马龟符等六人考校诸科程试。又命知制诰周起、京东转运使祠部员外郎滕元晏封印举人卷首，用奉使印。殿中丞李道监封印院门。进士、诸科试卷，悉封印卷首，送知举官考校，仍颁其式。知举官既考定等级，复令封之进入，送复考所考毕，然后参校得失。凡礼部封印卷首及点检程试别命官，皆始此。(《长编》卷六七)

时贡举新格始用糊名，张设科防，间有未密。公(张士逊)受诏巡铺，巡经学已，因白主司：有亲戚在进士中，明当引试，于巡体非便，请出以避嫌迹。主司以令甲无有，公自表引去，不俟可报。真宗览奏，深加叹息，因记名于禁屏。(《全宋文》卷四六七胡宿《张公行状》)

本朝进士，初亦如唐制，兼采时望。真庙时，周安惠公起，始建糊名法，一切以程文为去留。(《老学庵笔记》卷五)

(陈)彭年大中祥符初与内翰晁公、今相王君四人同知贡举，省榜将出，入奏试卷。天下举人壅衢而观，其出省诸公皆蹙额其容，独彭年扬鞭肆目，有骄矜贾炫之色。榜出，其甥不在选中，遂怒入其第。会彭年未来，于几上得黄敕，乃题其背云：“彭年头脑太东烘，眼似朱砂鬓似蓬。纰缪幸叨三字内，荒唐仍预四人中。放他权势欺明主，落却亲情卖至公。千百孤寒齐洒泪，欺言无路达尧聪。”彭年一见，怒不获已。遂抱敕入奏，真宗见而不悦，因释其罪。(《江南野史》卷七)

先是，上降诏榜下礼部贡院，序所以杜绝私请、搜扬寒秀之意，举人见者咸喜。丙辰(二十四日)，上与王旦等言及之，旦等曰：“昨颁《考较新格》，周行中颇有议论,且言中书不能守科场大体,但疑春官有私。及诏榜出,天下士乃知陛下务尽至公,恐多遗才,故更此条贯也。”给事中梁周翰尝请将试进士,先试诗二十首,取可采者再试。上曰:“如此,则工诗者乃能中选,长于文者无以自见矣。”(《长编》卷六七)

(郑)向在真宗时试礼部,赋《政本于天》为第一。有“露洒慈爱,霜严兴彝”之语,都人至以书锦屏纨扇,而四方学者竞传诵之,一时声名藉甚。及廷试,遂中甲科。(《全宋文》卷二二一一陆佃《郑公墓表》)

是　年

录其孙(孔)禹圭同学究出身。(《宋史》卷四三一)

大中祥符元年　戊申(1008)

正　月

癸未(二十一日),诏礼部贡院:诸科举人虽初举而材艺可取者,与进场第。上谓王旦等曰:"今兹举人,颇以糊名考较为惧。然有材艺者,皆喜于尽公。"旦曰:"诸路发解拘限程制,虑遗俊秀,当稍宽之。"冯拯曰:"比来省试,但以诗赋进退,不考文论。江浙士人,专业诗赋,以取科第。望令于诗赋人内兼考策论。"上然之。(《长编》卷六八)

二十一日,诏礼部贡院:"诸科举人,虽初举而艺业可取者,与量进场第。"帝因谓宰臣王旦等曰:"今岁举人,颇以糊名考较为惧。然有艺者,皆喜于尽公。"旦曰:"诸路发解,拘限程制,虑遗才隽,当稍宽之。"冯拯曰:"进士比来省试,惟以诗赋进退,不考文论。且江浙举人,专业词赋,以取科名。今岁望令于诗赋合格人内,兼考策、论。"帝曰:"大凡文论可见其才识。南人喜诵诗赋,及就公试,或攘剽旧语,主司能辨之乎?"旦曰:"古人警句,非后进所及。苟窃用之,无不辨也。"(《宋会要·选举》三之九)

大中祥符初,严贡举糊名法。拯与王旦论选举帝前,拯请兼考策论,不专以诗赋为进退。帝曰:"可以观才识者,文论也。"拯论事多合帝意如此。(《宋史》卷二八五)

三　月

十六日,诏:"应登科人,并庭赐绿袍、靴、笏。"先是,谢恩日释褐,今特优之。(《宋会要·选举》二之三)

己卯(十八日),诸道贡举人兖州进士孔谓等八百四十六人,伏阙下,请封禅。(《长编》卷六八)

大中祥符元年,贡士万二千人,真宗自择太子少保晁迥知贡举。(《宋朝事实》卷一四)

十九日,知贡举晁迥等言:"考较得合奏名进士百六十七人,诸科七百二十四人,免解进士合奏名百八十六人。又具诸科终场粗通《毛诗》学究二十二人,四通三史五人,一通准格合落。"帝以三史习者少,《毛诗》卷帙稍多,并特令奏名。(《宋会要·选举》三之九)

十九日,诏:给事中张秉,直史馆陈知微、王随,三司户部判官、殿中丞滕涉,校勘图经官秦唐佐、李垂、王夷简、刘爽,锁宿于御书院,复考礼部不合格特奏名进士、诸科举人试卷,遣中使监视。(《宋会要·选举》一九之四)

庚辰(十九日),晁迥等上合格进士、诸科八百九十一人,免解一百八十六人。又学究二十二人得四通,《三史》五人一通,并准格落下,诏特奏名。命给事中张秉等七人锁宿于御书院,复考试卷,遣中使监视。考讫,又送中书看详。(《长编》卷六八)

省元郑向。(《文天祥全集》卷九《衡州耒阳县进士题名记》)

四　月

一日,赐饶州童子夏有章出身。有章年九岁,能为诗,本州送至阙下。帝亲试之,而有是命。(《宋会要·选举》九之二二)

十二日,帝御崇政殿,试礼部奏名进士,内出《清明象天赋》、《明征定保诗》、《盛德大业论》题。初,于殿廊设幔,列坐席,标其姓名。又揭榜,表其次序,令视讫就座。命翰林学士李宗谔等八人为考官,直史馆张复等八人为复考官,侍御史周师望、秘阁校理慎镛糊名,给事中张秉、知制诰周起详等第。帝遍至幄次，谕宗谔等各务精详，勿遗贤俊。时南省下第举人周叔良等百二十人讼知举官晁迥等抑塞孤寒，列世家子弟四十余人，称文学浅近，不合奏名。帝曰："贡举是非，前代不免。朕今召子弟，令别座就试。"既而，叔良所陈皆妄，命配隶许州。试奏名诸科。前命李宗谔等出义题，复令孙奭详审以进。仍录题解刻板模本，命中使就座给之。先是，有进士牛颖就试未讫，自言有疾。试诸科日，复召试诗、赋、论三篇，考官言词理稍次。帝诘之，颖对以前日乍至殿庭，周章失次，是以不副明试。诏殿三举。及宗谔等上考定进士文卷十有五名，诏宰臣王旦等同加详定，具名次以进。帝乃临轩拆封唱第，得姚晔已下三百七十人，第为四等，并赐及第、同出身、同《三礼》学究出身。帝召晔等，诫约曰："须知名第难得，各修官业，无废笔砚。"皆感恩再拜而出。是日，诏吏部尚书张齐贤等观放举人。(《宋会要·选举》七之一〇)

上御崇政殿，亲试进士。仍录题解，摹印以示之。初，于殿廊设幔，列坐席，标其姓名。又揭榜，表其次序，令视讫就坐。命翰林学士李宗谔等八人为考官，直史馆张复等八人为复考官，侍御史周师望等二人糊名，给事中张秉、知制诰周起详定等第。上遍至幄次，谕宗谔等务极精详，勿遗贤俊。时南省下第举人周叔良等百二十人讼知举官朋附权要，抑塞孤寒，列上势家子弟四十余人文学浅近，不合奏名。上曰："举贡谤议，前代不免。朕今召所谓势家子弟者，别坐就试。"既而叔良所陈皆妄，令配隶许州。翌日，又命宗谔等出诸科义题，复令同判太常礼院兼判国子监孙奭详审以进，刻版摹本，遣中使就坐给之。宗谔等上所定进士文卷，诏宰相复考讫。乃临轩赐进士姚晔等一百六人及第，三人同出身，十五人同《三礼》出身，八十三人学究出身，九经以下及第、出身、试衔助教者六百五十二人。先是，谢恩始令释褐，是日，特赐绿袍、靴、笏。以晔等三人为将作监丞、大理评事，通判诸州，第四、第五人为两使推官，第六人已下凡五十人并九经关头为试衔知县，余为判、司、簿、尉。晔，郑州人也。初，宗谔等考诸科义卷，通有差舛，上召宗谔等面责焉，即令王旦及孙奭改正。诏诘宗谔等，皆奉表待罪，诏特释之。(《长编》卷六八)

十六日,试诸科,得九经已下三百二十人,并赐及第、同出身,试监簿、诸州助教。初,考官定诸科义卷通不差舛,帝召宗谔等诘之,宗谔等惶骇顿首以谢。即命王旦等与孙奭考正之。(《宋会要·选举》七之一〇)

进士名录:姚晔,祖士衡,郑向,刁谓,王士甫,王简,王罃,毛应佺,方仲弓,方溥,伍祐,杜衍,李良弼,李宗咏,李纮,李衢,佘寔,佘谔,邵饰,范巨,林太素,林祥,林务滋,林敦复,易纶,周世南,宗叶,胡靖,俞洞,洪询,袁抗,莫碕,徐仲儒,徐象贤,徐灏,唐臻,唐俨,陈宗道,陈宗奭,陈拱,陈耿,陈庄,陈时中,陈清,陈清,陈诂,陈晔,陈俨,黄补,黄霖,黄晓,黄观,曹修古,常九思,许褒,章祐,彭齐,张子皋,张沔,张黄裳,张湜,张裕,张锡,程适,焦宗古,曾寿,冯元,宁直,强弼,蒙汲,蒙著,蒙傅,杨偕,詹庠,解文让,蒋平,蔡俞,蔡黄裳,裴化,欧阳皋,鲁有伦,刘天锡,刘立之,刘希孟,刘设,刘维翰,潘循,潘衢,苏颀,庞铉,饶奭。

诸科:马寻。(《宋登科记考》卷三)

补进士名录:其一,麻温其。《宋登科记考·附录》:"大中祥符中以进士第三人及第。"《渑水燕谈录》卷三:"孙温其、温舒,祥符中相继登进士第,为天下第三人,衣冠以为盛事,而天下称麻氏教子有法。"麻温舒,次年第三名中第。故麻温其当为此榜进士。

其二,辛惟庆。《宋登科记考·附录》:"真宗朝登进士第。"《辛公墓志铭并序》:"公讳惟庆,字百祥……祥符元年登甲科。"(《〈宋登科记考〉拾补——以碑刻文献为中心》)

二十四日,诏曰:"乃者六科之建,三道畴咨,务求茂异之材,尤重详延之意。爰有缙绅之列,洎兹逢掖之流,自荐公车,召试宰府。贤良方正能直言极谏草泽刘若冲、周启明等,虽敏赡可赏,而理道未周。方当责实之辰,难副扬廷之选,聊伸甄奖,用广搜罗。若冲等并许应举,仍免取解。知南康军都昌等县江任,草泽徐陟、高问、徐奕,进士陈高、陈宏,文理无取,听其从便。"(《宋会要·选举》一〇之一五)

（甲寅，二十四日）中书试贤良方正能直言极谏，草泽刘若冲、周启明才识兼茂明于体用，大理寺丞吕夷简、草泽许申皆中等。诏以申等虽敏赡可赏，而理道未精，不复召对；若冲、启明、申并许应举，仍免取解；夷简优与亲民差使。夷简，蒙亨子。启明，处州人也。时上封者言："两汉举贤良，多因兵荒灾变，所以询访阙政。今国家受瑞建封，不当复设此科。"于是，悉罢吏部科目。（《长编》卷六八）

祥符中，中书试制举人六论毕，吕夷简及布衣周启明将被亲策，执政以为封禅有期，将告成功于天下，不当复访人以得失，遂报罢。夷简特升职倅郡，启明免将来进士乡荐。启明乃归括苍隐居，聚徒讲学，不复仕进，时论高之。（《儒林公议》）

是 月

先是，监察御史张士逊为贡院监门官。时贡举初用糊名之法，士逊白主司有亲戚在进士中，明日当引试，愿出以避嫌。主司不听，士逊乃自言引去。上是之，记名于御屏。遂诏：自今举人与试官有亲嫌者，皆移试别头。是月，江南转运使阙，中书进拟人，数见却，上乃自除士逊为之。（《长编》卷六八）

真宗时，试进士初用糊名法，以革容私之弊。张士逊以监察御史为巡铺官，因白主司有亲戚在进士，明日当引试，愿出以避嫌。主司不听，士逊乃自言引去。真宗是之，遂诏：自今举人与试官有亲嫌者，移试别头。别试所自此始，且以御史为巡铺，决无容私矣。易以宦官，不知始于何年也。（《燕翼诒谋录》卷五）

景德四年，与泉州进士李君相识于京师，游处且久。于时，予与李君俱少年，有壮心。操纸笔入都省，应主司之试，跃跃有矜负之色。窥科级，跂仕进，自待期者甚锐。明年春，不幸则皆无成以罢。后月余，遂各去京师而归。（《全宋文》卷三二二穆修《送李秀才归泉南序》）

五　月

一日,以新及第进士第一人姚晔为将作监丞,第二人祖士衡、第三人郑向为大理评事,并通判诸州;第四、五人为节、察推官,余如景德二年之例。(《宋会要·选举》二之三)

戊辰(九日),新及第授官人无得以富家权钱,倍出息利,至任所偿还。所在察举之。(《长编》卷六九)

七　月

二十八日,内出新定州郡考试举人格式,付宰臣等参定,令与礼部格式同,方可施行。(《宋会要·选举》一四之二〇)

八　月

丙申(八日),以三司户部判官、殿中侍御史王好古监润州商税,工部员外郎、直集贤院刘骘监涟水军商税,太常丞、判三司催欠凭由司王曙监庐州盐务,著作郎、直史馆、通判兖州李迪监海州商税。先是,好古等解送国子监秋试举人,有初场十不者,准法当停官,会赦,故薄责之。自是,诸州率以为例。(《长编》卷六九)

十　月

二十五日,《东封赦书》:"车驾所经州府及开封府,有服勤词学、经明行修者,如发解例考试。开封府、兖州各五十人,郓州四十八人,澶、濮州各三十人,进士、诸科相半。来春荐送阙下。"(《宋会要·选举》一四之二〇)

十一月

录其近属进士(孔)谓同《三传》出身,习进士(孔)延祐、习学究(孔)延渥、(孔)延鲁、(孔)延龄并同学究出身。(《宋史》卷四三一)

大中祥符二年　己酉(1009)

正　月

十四日,赐进士孙籍同出身。籍献书言:“封禅告成,皇帝盛美,然愿以持盈守成为念。”帝嘉之,召试中书,而有是命焉。(《宋会要·选举》九之六)

上自东封还,群臣献颂称贺功德者相继,惟进士孙籍献书,言封禅帝王之盛事,然愿陛下谨于盈成,不可遂自满假。上善其言,即召试中书,庚午(十四日),赐同进士出身。(《长编》卷七一)

初,乐善州蛮寇融州之罗城及武阳,武阳主簿杨奭募丁男与州兵捕逐,为贼所伤,殁于任。壬申(十六日),赐奭子汝贤同学究出身。(《长编》卷七一)

二　月

(庚戌,二十四日)应天府民曹诚,以赀募工就戚同文所居造舍百五十间,聚书千余卷,博延生徒,讲习甚盛。府奏其事,上嘉之,诏赐额曰应天府书院。命奉礼郎戚舜宾主之,乃令本府幕职官提举,又署诚府助教。(《长编》卷七一)

三　月

癸亥(八日),开封府言:“准赦解荐服勤词学、经明行修五十人,今考试得进士十二人,诸科十七人。”诏:重铨择,必充其数。(《长编》卷七一)

是　春

大中祥符二年春,真宗御制诗赐知贡举晁迥云:“礼闱选士古称难,都

为升沉咫尺间。较艺清时公道在，抡材应得惠人寰。”(《诗话总龟》后集卷一)

四　月

辛卯(六日)，令国子监举服勤词学经明行修、进士、诸科各十人。前诏止开封府洎所过州军，至是，本监上言，故及之。(《长编》卷七一)

二十一日，命直史馆高绅与国子监同考试解送经明行修、服勤词业举人。(《宋会要・选举》一九之五)

五　月

七日，诏曰：“俊造之科，贤能所出。临轩校艺，既搜采以居多；随计千名，亦劳费之斯甚。有妨肄业，讵称求才？当务敏修，副兹虚伫。宜权罢今年贡举。”(《宋会要・选举》一之八)

十五日，命工部侍郎张秉、知制诰周起，于武成王庙试开封府、国子监、兖、郓、澶、濮州解送服勤词学、经明行修举人。(《宋会要・选举》一九之五)

丁丑(二十三日)，礼部贡院言：“准诏，议定国子监、两京、诸路五次解到举人内，取一岁最多者为数。自今解十之三，永为定式。”诏：“于五次最多数中，特解十之五。”(《长编》卷七一)

二十四日，诏曰：“朕恢崇儒术，博访贤能。因有司之上言，限岁贡之常数。永言俊茂，宜广搜罗。其令礼部于五年最多数中，特解及五分。”初，礼部言：“准诏，议定国子监、两京及诸道州府军监，于五次解发举人内，取一年最多者为数，今后解十之三，永为定式。”帝意欲广抡材之路，故有是命。(《宋会要・选举》一四之二〇)

六　月

东封岁献文者甚众，命近臣考第，得草泽许申，进士祖高、洪矩。令两

制试所业，差第以闻。壬辰（九日），赐申进士及第，矩同出身，面赐袍笏。高以父吉坐赃伏法，补三班奉职。（《长编》卷七一）

十一日，命工部侍郎冯起，给事中薛英，龙图阁待制戚纶、陈彭年，于秘阁锁宿，复考试院所进试卷。（《宋会要·选举》一九之五）

二十七日，帝御崇政殿，试服勤词学、经明行修举人，内出《大德曰生赋》、《神无方诗》、《升降者礼之末节论》题，得进士梁固等三十一人，并赐及第、同进士、《三礼》出身。得诸科九经、五经、《三礼》、学究、明法五十四人，并赐本科及第、同出身。前试一日，命职方员外郎、判国子监孙奭，直史馆刘锴，同定诸科义目。又命翰林学士晁迥等十人为考官，设次于崇政殿后庑；直史馆查道等十一人为复考官，设于景福殿西庑。龙图阁待制戚纶等二人编排试卷，直史馆王希逸等二人封弥卷首，于《玉篇》中取字为号，乃录本考较。始命以进士程试为五等，曰"上次"、曰"中上"、曰"中次"、曰"下上"、曰"下次"。帝取考官、复考官所定试卷，参校等第，有不同者，命再考之。又付右仆射张齐贤等详审。仍以高等十卷付宰臣重定。王旦请以"珏"字号者为第一，帝然之。因阅晁迥等所正，以"珏"为首卷，即梁固也。（《宋会要·选举》七之一一）

先是，工部侍郎张秉、知制诰周起，以所试服勤词学经明行修合格人名闻。诏工部侍郎冯起、给事中薛映、龙图阁待制戚纶、陈彭年，锁宿于秘阁，复考定之。庚戌（二十七日），上御崇政殿亲试，仍别录本考较，取《玉篇》中字为号。始令第进士程试为五等：曰"上次"，曰"中上"，曰"中次"，曰"下上"，曰"下次"。取考官、复考官所定试卷，参较等第，有不同者，命再考之。考讫，又付右仆射张齐贤等详审，仍以高第十卷付宰相重定。赐进士梁固等二十六人及第，同出身者三人，同《三礼》出身者二人，九经、五经、《三礼》、学究、明法及第者四十八人，同出身者六人。第五人以上除官，同元年榜；余为试衔知县、判、司、簿、尉。固，颢之子也，初以颢遗荫进士出身。服除，诣登闻，让前命，愿赴乡贡，许之。（《长编》卷七一）

进士名录:梁固,宋程,麻温舒,上官升,王希,任中师,吴禹,施奭,姚拱,徐陟,郭咸,陈询,詹骙,穆修,韩尧言。(《宋登科记考》卷三)

雍熙中,翰林公策名第一。及是,君(梁固)济其美,荐绅纪为国朝盛事。逮今言父子继登甲科者有梁氏云。(《全宋文》卷八二六张方平《梁君墓志铭》)

七　月

十一日,遣入内都知邓永迁,赐新及第进士梁固等宴于琼林苑,帝作五言六韵诗赐之。时学士杨亿请朝假,谕旨令赴。(《宋会要·选举》二之六)

十九日,以新及第进士第一人梁固为将作监丞,第二人宋程、第三人麻温舒为大理评事,通判诸州;第四、第五人为节、察推官;余为试校书郎、知县,判、司、簿、尉。(《宋会要·选举》二之五)

大中祥符三年　庚戌(1010)

五　月

四日,诏:权停贡举。(《宋会要·选举》一之八)

八　月

甲子(十八日),赐大理评事苏耆进士及第。耆,易简子,宰相王旦女婿也。耆先举进士,及唱第,格在诸科。知枢密院陈尧叟为上具言之,上顾问旦,旦却立不对。耆曰:"愿且修学。"既出,尧叟谓旦曰:"公一言,则耆及第矣。"旦笑曰:"上亲临轩试天下士,示至公也。旦为宰相,自荐亲属于冕旒之前,士子盈庭,得无失体?"尧叟愧谢之,曰:"乃知宰相真自有体。"至是,耆献所为文,召试学士院,而有是命。(《长编》卷七四)

大中祥符四年　辛亥(1011)

正　月

(乙酉,十一日)命枢密直学士周起、阁门祇候郭盛、入内殿头阎文庆编次贡奉。(《长编》卷七五)

二　月

十八日,《祀汾阴赦书》:"开封府、国子监及车驾所历州郡,旧举人并免解。"又令:"考试服勤词学、经明行修者,开封府五十人,国子监二十人,河中府五十人,西京四十人,陕、郑州各三十人,河阳汜水县、虢州虢略县、同州朝邑县、华州华阴县各七人,进士、诸科相半,今年七月送阙下。"(《宋会要·选举》一四之二〇、二一)

五　月

十三日,赐吉州童子黄敖出身。时召敖于内殿赋诗,又送中书再试,而有是命焉。(《宋会要·选举》九之二二)

(庚寅,十七日)诏谕:"诸道设科取士之意,俾各尽至公,或致遗材,当行覆视。其应解而不解,不应解而解者,并行朝典。"(《长编》卷七五)

十八日,诏曰:"国家选众择才,设科取士,盖详求于器业,期适用于官常。仍岁以来,诸道所荐,造秀之目或辞藻之未工,经术之流乃对义而全否。以至惩解送之失实,革考试之非精,举职有亏,因难宽贷,停官者众,复用轸怀。今将启贡闱,方从秋赋,特申前诏,免陷常刑。今后所解举人,必求材实,无容谬滥,自取悔尤。如其专抑孤平,靡求俊彦,潜图避事,或致遗材,当别设攸司,精加复视。稍违平允,必示殿惩,务尽至公,用符虚伫。其应解而不解,不应解而解者,并行朝典。”(《宋会要·选举》一四之二一)

二十七日,翰林学士晁迥等言:“准诏详定《礼部贡院条制》:请进士就试日,不得张烛,亦不得将入茶担、火燎,汤茶官备。试诗赋日,止许将入《切韵》、《押韵》、《韵略》,余书悉禁,仍预于贡院纳书案。有司于试前一日排定坐次,榜名告示。至日,监门据姓名引入,依此就座,不得移易。或举人有所请问,主司即与解说。举人并不得寄应,仍不得分人田土,虚立户名。违论如法!如有久在乡县,实无户籍,许召命官一人保明行止,非妄冒者,听具本贯家状,于开封府投纳收试。文武升朝官以上骨肉愿于国学请解者,托陈本贯,投状试补。旧是寄应举人,今欲归本贯者,不得叙理前举。其《开宝通礼义纂》,望改为疏。自今所试墨义,每场问正经五道、义疏五道,通六为合格。”并从之。(《宋会要·选举》三之九、一〇)

混榜。《宋朝会要》曰:大中祥符四年五月晁迥等奏:引试进士预令于贡院纳案子,试前一日,贡院出榜晓示,逐人排坐位处所。则引试之有坐位榜,自此为始。今亦为之混榜。(《事物纪原》卷三)

二十七日,翰林学士晁迥等言:“窃见今岁,诸处解到并免解进士仅三千人,诸科万余人,贡院试多不合格。其中文理低次,经义荒谬,十否、九否者甚众。盖逐处发解,多不精考。又虑自今州府官吏,以纰缪、十否累及发解官,殿罚者多,因兹避事,全不解发。取士之方,益为未便。望令国子监、两京、诸路,取咸平三年至景德四年凡五次解数内,以一年最多者定解十之五。或临时体量,与定人数。自来三两人已下者,亦许全解。中有才业不群者,别具名闻。”从之。(《宋会要·选举》一四之二一)

七　月

十三日,赐进士晏颖出身。颖,殊之弟。幼能文,东封岁尝献文业。至是,殊病,帝遣中使张怀德挟医视之,因索颖文稿,颖献十卷。帝甚嘉

奖,以示辅臣,尤赏其《宫沼瑞龟赋》。俄召至便殿,试三题而命焉。(《宋会要·选举》九之六、七)

十七日,赐进士史昊出身。枢密直学士李士衡等荐昊文行,召试学士院,而有是命。(《宋会要·选举》九之七)

十八日,开封府言:"进士郭颜与孙硕等五人共为一保,应服勤辞学科。考官以硕词学独优,荐为第三人。颜等退落,即诣府自首,有惨恤不当赴举,硕亦合驳落。府司按问议罪,皆坐违制。"帝谓宰臣王旦曰:"郭颜但欲孙硕落解,不寤不得首原。且为儒干进,用心如是!颜可罚铜,永停取应,配蔡州衙前。硕等罚铜,各殿三举。"(《宋会要·选举》一四之二一、二二)

八　月

初,龙图阁直学士陈彭年言:"前所颁诸路发解条式,与礼部新格不同,虑官吏惑于行用,望申明之。"诏翰林学士晁迥等重加详定。癸卯(二日),迥等上其书,乃颁于诸路。(《长编》卷七六)

二日,翰林学士晁迥等上《准诏详定诸州发解进士条制》。诏曰:"比者有司著式,以定计偕。冀考核之惟精,庶贤才之并进。朕以春官辨等,即置于设科;列郡荐能,始谐于观国。倘循定制,虑或遗材;用广搜罗,俾加裁损。其令礼部颁下诸州。"初,龙图阁直学士陈彭年言:"所下诸路发解条式,与礼部新式不同。虑官吏惑于行用,望申明之。"故有是命。(《宋会要·选举》一四之二二)

十　月

七日,命直史馆盛玄、刘锴,直集贤院初昈,同考试开封举人。直集贤院钱易、秘阁校理王昱,同考试国子监举人。易、昱后坐误送诸科十否者,降诸州监当。(《宋会要·选举》一九之五)

十三日,命右谏议大夫谢泌、知制诰王曾考试服勤词学、经明行修举人。(《宋会要·选举》一九之五)

十一月

一日,诏:"如闻河朔诸州解送举人,艰于考核,颇多黜落。谅由避事,靡副求才,言念孤平,重加搜采。宜令转运使于落解举人至多处,内有显负苦辛者,遣官别加考试,及格人送礼部贡院。"(《宋会要·选举》一四之二二、二三)

甲戌(五日),诏:"河中府进士五举、诸州诸科终场七举已上,特许礼部奏名。"(《长编》卷七六)

七日,帝御崇政殿,试服勤词学经明行修举人,内出《礼以承天道赋》、《神以知来诗》、《何以为大道之序论》题,得进士张师德已下三十一人,并赐及第、同出身。得诸科五经已下五十人,并赐本科及第、同出身。是日,进士既得题,叩殿槛请喻所出,帝命录示之。令赋论中不得用小臣儒有字。命翰林学士李宗谔等为考官,直史馆张复等为复考官,遣中使赍新定条制示之。帝遍至考官幕次。以景短,复不许继烛,诘旦朝退,令中书、枢密院奏事于崇政殿,常务悉罢。又以考官所定等第多差互者,中旨问状。李宗谔等奉表待罪,有诏释之。马端临曰:按,自雍熙、端拱而后,取士之法,省试之后乃有殿试,已为定例。独此二年,《会要》所载乃停贡举年分,礼部未尝放进士。然则此六十余人者,乃是封禅特恩所试,如后来免省到殿之类是也。(《宋会要·选举》七之一一)

先是,汾阴赦书,举服勤词学经明行修之士,如东封例,惟不复考。丙子(七日),上御崇政殿亲试。进士扣殿槛,请谕诗赋论题所出,上令录示之。始令赋论中不得用小臣、儒生字。又以冬昼景短,罢常务不决。即令引试,内出新定条制:举人纳试卷,内臣收之,先付编排官;去其卷首乡贯状,以字号第之;付弥封官誊写、校勘,用御书院印,始付考官。定等讫,复弥封,送复考官,再定等。编排官阅其同异,未同者再考之;如复不同,即以相附近者为定。始取乡贯状字号合之,乃第其姓名差次并试卷以闻,遂临轩唱第。其考第之制:学识优长、词理精绝为第一等,才思该通、文理周密为第二等,文理俱通为第三等,文理中平为第四等,文理疏浅为第五等。自余率如贡院旧制。赐进士张师德等二十一人及第,十人同出身;诸科及第者四十二人,同出身者八人。(《长编》卷七六)

又定《亲试进士条制》。凡策士,即殿两庑张帟,列几席,标姓名其上。先一日表其次序,揭示阙外,翌旦拜阙下,乃入就席。试卷,内臣收之,付编排官,去其卷首乡贯状,别以字号第之;付封弥官誊写校勘,用御书院印,付考官定等毕,复封弥送复考官再定等。编排官阅其同异,未同者再考之;如复不同,即以相附近者为定。始取乡贯状字号合之,即第其姓名、差次,并试卷以闻。其考第之制凡五等:学识优长、词理精绝为第一;才思该通、文理周率为第二;文理俱通为第三;文理中平为第四;文理疏浅为第五。然后临轩唱第,上二等曰及第,三等曰出身,四等、五等曰同出身。余如贡院旧制。(《宋史》卷一五五)

进士名录:张师德,丁度,陈宽,役羽,洪鼎,陈正辞,陈咨,黄弼,程琳,富严,刘适。(《宋登科记考》卷三)

补进士名录:方偕。《宋登科记考》卷三将其系于大中祥符五年进士名录,误。《全宋文》卷一〇二〇蔡襄《方公神道碑》:"二十,进士及第。"大中祥符四年,方偕虚岁二十,是年登第。古代年龄当指虚岁。

祥符二年真宗东封岱山,六月,放梁固已下进士三十一人及第。四年,祀后土于汾阴,十一月,放张师德以下三十一人及第。固,雍熙二年状元颢之子;师德,建隆二年状元去华之子。两家父子状元,当时士大夫荣之。甘棠魏野闻而以诗贺之曰:"封禅汾阴连岁榜,状元俱是状元儿。"(《渑水燕谈录》卷六)

按:自雍熙、端拱而后,取士之法,省试之后乃有殿试,已为定例。独此二年《会要》所载,乃停贡举年分,礼部未尝放进士,然则此六十余人者,

乃是封禅特恩所试，如后来进省到殿之类是也。(《文献通考》卷三〇)

魏野《闻张师德状元登第因以寄贺兼呈梁固状元》：科场消息到柴扉，皇宋风流事可知。封禅汾阴连岁榜，状元俱是状元儿。(《全宋诗》卷七九)

程文简公就试，梦观音从天乘彩车下降，惊觉，乃类旌旗车辂事，果试《德车结旌赋》。平生五更诵观音菩萨数百遍，晚年亦不废。(《西塘集耆旧续闻》卷三)

汾阴路多献文章者，庚辰(十一日)，以前均州参军许洞、前彰武节度推官解旦等九人姓名付中书，令召试。中书言旦及进士范本、陈矩词学可采，授旦著作郎，本赐及第，矩出身。(《长编》卷七六)

辛巳(十二日)，诏："自今知贡举及发解官，并令门辞，遣官伴送入院，不得更求上殿及进呈题目。"(《长编》卷七六)

十二月

一日，以新及第进士第一人张师德为将作监丞，第二人丁度、第三人陈宽为大理评事，通判诸州。余授官如东封之例。(《宋会要·选举》二之三)

三日，诏曰："眷彼设科，存乎旧制。惟《礼》经之义奥，暨《传》学之文繁，念其研习之勤，特蠲条对之数。冀申奖劝，式广搜罗。自今试《三礼》、《三传》，宜各特与减一场，仍以五道为格。"(《宋会要·选举》一二之二八)

是　年

第四子讳(韩)琉，字叔宝，美姿仪，器度淹雅，以太师遗奏，赐同学究出身。(《全宋文》卷八五六韩琦《二兄监簿以下墓志铭》)

(方偕)校其州之进士，州守以客不私托，公曰：“贡举无容私。”黜之。守导客诉于监司，复校不私，守以是免罢。(《全宋文》卷一〇二〇蔡襄《方公神道碑》)

(寇准)在大名日，自出题试贡士，曰《公仪休拔园葵赋》、《霍将军辞治第诗》，此其志也。(《湘山野录》卷下)

大中祥符五年　壬子(1012)

正　月

四日,以翰林学士晁迥权知贡举,枢密直学士刘综、知制诰李维、龙图阁待制孙奭权同知贡举,合格奏名进士某乙已下一百九十人。(《宋会要·选举》一之八)

大中祥符四年,(刘综)馆伴契丹使,因作《大雪歌》以献。即命同知贡举,以李宗谔代为馆伴使。(《宋史》卷二七七)

四日,以翰林学士晁迥等权知贡举。知制诰朱巽、屯田郎中判三司开拆司尚宾同知封印院,直史馆刘锴、太常博士孙冲监贡院门,右司谏陈绛监给试卷,职方员外郎徐泌、直史馆杨嵎复考试卷。比部员外郎梁吉,崇文院检讨韩允,国子监直讲王昭明、夏侯戬、王世昌、冯元,考试诸科。又遣内侍二员,承受奏报。帝作七言诗赐迥等。(《宋会要·选举》一九之五)

上封者言:"贡院锁宿后,即有晁迥、李维家僮旦夕至省前,诳求财货,望令开封府捕逐。"上遣中使谕迥等止绝之。使还,具言迥、维忧畏状。甲午(二十六日),赐迥、维手诏慰抚焉。(《长编》卷七七)

十三日,赐大理评事舒昭远进士及第。昭远因对自陈,命试于中书,帝以辞旨为优,赐第,仍迁寺丞。(《宋会要·选举》九之二)

十三日,赐建州童子刘济出身。济年十三,父为建州监军,上言其能文,召试中书而命之。(《宋会要·选举》九之二二)

二　月

十二日，诏曰："凡于科试，即预士流。虽膺刈楚之求，未著赎刑之典。或缘诖误，永阻进趋，特示矜宽，庶从甄别。自今贡举人但曾预南省试者，犯公罪，特听收赎。"(《宋会要·选举》三之一〇)

旧制，士人与编氓等。大中祥符五年二月，诏：贡举人曾与省试，公罪听收赎。而所赎止于公罪徒，其后私罪杖亦许赎论。(《燕翼诒谋录》卷二)

癸丑(十五日)，上谓宰臣曰："闻贡院试诸科举人，皆解衣阅视，虑其挟藏书册，颇失取士之体，宜令止之。"先是，直史馆刘锴请挟书并同保人殿一举。是岁，诸科以挟书扶出者十八人，并同保九十三人，而十二人当奏名。有司以闻，上特令赴殿试。乃诏礼部别加裁定，罢同保殿举之制。(《长编》卷七七)

先是，挟书赴试者，并同保人殿一举。是岁试诸科，以挟书扶出者十八人，计同保九十三人，而十二人当奏名。有司以闻，上特令赴殿试，乃诏礼部裁定殿举之制。礼部言："诸科怀挟书策，比对义十'不'、词理纰缪者情理稍轻。其进士所挟，未必全是所试文字。请自今挟书犯者依条殿举，其同保殿举指挥更不施行。"奏可。(《文献通考》卷三〇)

印题。又《宋朝会要》曰：大中祥符五年二月二十二日，真宗亲试进士于崇政殿，内出策题，摹印以赐。印题自兹始也。(《事物纪原》卷三)

壬戌(二十四日)，令礼部贡院录诸州发解试题进内。上将亲试贡士，虑其重复故也。自是，用为常例。(《长编》卷七七)

二十四日，诏："贡院录诸州发解所试诗、赋、论题以闻。"旧制，诸州试题，止贡院具录省视，虑命题重复。帝以将亲临试，亦恐重复，始命录奏。自后，用为常例。(《宋会要·选举》三之一〇)

是　月

五年二月(宋真宗)又制诗赐知贡举晁迥云:“盛时选士贡闱开,殿宇闻风献艺来。心似权衡求实效,勿教蓬荜有遗才。”(《诗话总龟》后集卷一)

三　月

癸未(十六日),奏礼部奏名人隐匿服纪者,并令自陈,无得辄赴殿试。(《长编》卷七七)

二十二日,帝御崇政殿,试礼部奏名进士,内出《铸鼎象物赋》、《天险不可升诗》、《以人占天论》题,得徐奭已下一百二十六人,并赐及第、出身。时以御题摹印赐之,官给起草纸,自是为定制。命两制、三司使、龙图阁学士、待制、馆阁官凡二十六人,分诣殿后幕次考校。先是,考卷入第四等者止九十人,又令取五举已上者再考,始充此数。诏入第四等者,以赋、论为先,诗次之。又以入高等者凡十卷,命辅臣重定之。始诏放焉。翌日,试诸科,得九经贺有孚已下三百七十七人,并赐本科及第、同出身。(《宋会要·选举》七之一一、一二)

己丑(二十二日),上御崇政殿,亲试礼部合格贡举人。殿之廊庑分列位次,署其名氏,仍揭于榜,使无得迁易。始摹印诗、赋、论题以赐,官给纸起草。得进士建安徐奭而下及第者百人,同出身者二十六人;诸科及第者三百二十四人,同出身者五十二人。先是,考进士卷入第四等者止九十人,令取五举已上者再考,乃及前数。诏入第四等者以赋、论为先,诗次之。又以高等十卷,命辅臣重定,始诏放焉。(《长编》卷七七)

进士名录:徐奭,明镐,上官师旦,王并,王周,王咨,王嘉言,王维岳,方偕(误),孔道辅,艾颖,石丙,朱公佐,江虚舟,江镐,李昂,李宥,李冕,李义,吴遵路,汪随,林太微,林咸德,胡济,柯文虎,柯光祖,柯茂先,俞希甫,徐杲,徐陟,徐越,唐则,曹修睦,章徙,徐实托,陆轸,陈尧卿,陈统,陈商,陈端,陈简能,许墀,章侁,张奎,张演,张铸,彭乘,葛宫,葛源,程贲,傅营,曾愈，雷昭爽，蒋堂，闻人侃，廖淮，刘若冲，刘晔，萧立之，聂冠卿，关鲁，顾祥。

诸科：贺有孚。(《宋登科记考》卷三)

补进士名录：胥偃。《宋登科记考》将其系于天禧三年进士名录，误。《隆平集》卷一四："胥偃，字安道，潭州长沙人，大中祥符五年进士名录。"又，《诗话总龟》前集卷三五："胥偃内相应举时……明年，徐奭榜下第二人及第。"

辨正：方偕，大中祥符四年进士。详说见前。

真宗好文，虽以文辞取士，然必视其器识。每御崇政赐进士及第，必召其高第三四人，并列于庭，更察其形神磊落者，始赐第一人及第。或取其所试文辞有理趣者，徐奭《铸鼎象物赋》云："足惟下正，讵闻公悚之欹倾；铉乃上居，实取王臣之威重。"遂以为第一。(《归田录》卷一)

艾侍郎颖，少年赴举，逆旅中遇一村儒，状极茸阘，顾谓艾曰："君此行登第必矣。"艾曰："贱子家于郓，无师友，加之汶上少典籍，今学疏寡，聊观场屋尔，安敢俯拾耶？"儒者曰："吾有书一卷以授君，宜少俟于此，诘旦奉纳。"翌日，果持至，乃《左传》第十卷也。谓艾曰："此卷书不独取富贵，后四十年亦有人因此书登甲科，然龄禄俱不及君，记之。"艾颇为异，时亦讽诵。果会李愚知举，试《铸鼎象物赋》，事在卷中，一挥而就。愚爱之，擢甲科。后四十年，当祥符五年，御前放进士，亦试此题，徐奭为状元。(《玉壶清话》卷二)

艾颖侍郎少以乡贡入京师，中途逢一叟，谓颖曰："子相甚贵，此去当登第。"授颖书一策，乃《春秋左氏传》，颖熟读之。礼部试《铸鼎象物赋》，出所得书，颖甚喜，援笔立成，若有相之者。主司爱叹，擢至甲科。(《渑水燕谈录》卷六)

艾颖少年赴乡举，逆旅中遇一村儒，状极茸阘，顾谓艾曰："君此行登第矣。"艾曰:"贱子家于郓,无师友,加之汶上少典籍。今学疏援寡,聊观场屋耳。"儒者曰:"吾有书一卷以授君,诘旦奉纳。"翼日,果持至,乃《左传》第十也。谓艾曰:"此卷书宜熟读,取富贵。后四十年亦有人因此书登甲第科,然龄、禄俱不及君,记之。"艾颇为异,时亦讽诵。会李愚知举,试《铸鼎象物赋》,事在卷中,一挥而就。愚赏之,擢甲科。后四十年,当祥符五年,御试此题,徐奭为状元。艾后以户部侍郎致仕,七十八薨;徐四十为翰林学士,卒。(《古今事文类聚》前集卷二七)

祥符中,西蜀有二举人同砚席。既得举,贫甚,干索旁郡以办行。将迫岁,始离乡里,惧引保后时,穷日夜以行。至剑门张恶子庙,号英显王,其灵响震三川,过者必祷焉。二子过庙已昏,晚大风雪,苦寒不可夜行,遂祷于神,各占其得失,且祈梦为信,草就庙庑下席地而寝。入夜,风雪转甚,忽见庙中灯烛如昼,肴俎甚盛,人物纷然往来。俄传道自远而至,声振四山,皆岳渎贵神也。既就席,宾主酬勤如世人。二子大惧,已无可奈何,潜起,伏暗处观焉。酒行,忽一神曰:"帝命吾侪作来岁状元赋,当议题。"一神曰:"以'铸鼎象物'为题。"既而,诸神皆赋一韵,且各删润雕改,商榷又久之遂毕。朗然诵之,曰:"当召作状元者魂魄授之。"二子默喜,私相谓曰:"此正为吾二人发。"迨将晓,见神各起致别,传呼出庙而去,视庙中寂然如故。二子素聪警,各尽记其赋,亟写于书帙后,无一字忘,相与拜赐鼓舞而去。倍道而行,笑语欣然,惟恐富贵之逼身也。至京,适将引保就试。过省,益志气洋洋,半验矣。至御试,二子坐东西廊,御题出,果《铸鼎象物赋》,韵脚尽同。东廊者下笔思庙中所书,懵然一字不能上口,间过西廊问之。西廊者望见东廊者,曰:"御题验矣,我乃不能记,欲起问子,幸无隐也!"东廊者曰:"我正欲问子也。"于是,二子交相怒,曰:"临利害之际,乃见平生。且此神赐而独私以自用,天其福尔邪?"各愤怒不得意,草草信笔而出。及唱名,二子皆被黜,状元乃徐奭也。既见印卖赋,二子比庙中所记者,无一字异也。二子叹息,始悟凡得失皆有假于手者,遂皆罢笔入山,不复事笔砚。(《蓼花洲闲录》)

胥偃内相应举时,梦徐将军斩下头项,作诗云:"昔作树头花,今为冢

下骨。”明年徐奭榜下第二人及第。(《诗话总龟》前集卷三五)

楼钥《跋徐状元奭祥符五年敕牒》:欧阳公《归田录》载真宗好文,虽以文辞取士,然必视其形神器识,或取其所试文辞有理趣者。徐公《铸鼎象物赋》云:“足惟下正,讵闻公悚之欹倾;铉乃上居,实取王臣之威重。”以为第一。呜呼!公之擢举首,远业已见于此,非徒为偶俪之工。祖宗之取人如是,宜乎名臣之众多也!(《楼钥集》卷六八)

丁酉(三十日),上封者言进士萧立之,本名琉,尝因赌博抵杖刑,今易名赴举登第。诏有司召立之诘问,立之引伏。命夺其敕,赎铜四十斤,遣之。(《长编》卷七七)

四　月

六日,诏礼部贡院:“取前后诏敕经久可行者,编为条例。”本院言:“旧条,诸科举人第一场十否,殿五举;第二、第三场十否,殿三举;九否,殿一举。进士文字乖舛,词理纰缪,甚者殿五举,其次殿三举。怀挟书策,旧例:入省门搜获者,不计多少,扶出,殿二举。今参详诸科怀挟书策,比对义‘十否’者,情理稍重。其进士所挟,未必全是所试文字,则情理稍轻。请自今南省就试日,有怀挟至省门及到铺搜获者,进士殿二举,诸科殿五举。诸科旧场第虽高,并降从第一场,仍于所试卷上明标所犯。其同保殿举,更不施行。”从之。先是,直史馆刘锴请应挟书赴试者,并同保人殿一举。是岁,试诸科,以挟书扶出者十八人,计同保九十三人,而十二人当奏名,有司以闻,帝特令赴殿试。因诏,重定此制焉。(《宋会要·选举》三之一〇、一一)

八日,诏:“新及第进士徐奭已下授官、守选,如元年之例。”(《宋会要·选举》二之三)

(乙卯,十八日)新及第进士彭乘与同年生登相国寺阁,皆顾瞻乡关,有从官之乐。乘独怅然西望曰:“亲老矣!安能舍晨夕之奉,而图一身之荣乎?”翌日,奏乞守选侍养。上嘉其意,命依例注官遣还。(《长编》卷七七)

五　月

戊辰朔(一日),诏礼部权停今年贡举。(《长编》卷七七)

四日,赐进士范木及第。祀汾阴岁,献文,召试而命之。(《宋会要·选举》九之二)

四日,赐进士陈矩同出身。祀汾阴岁,矩献文,召试中书而命之。(《宋会要·选举》九之七)

壬辰(二十五日),祠部员外郎、直集贤院钱易等坐所解国子监举人有十不,责监诸州商税。(《长编》卷七七)

六　月

十五日,翰林学士李宗谔言:"准诏,分定监试、发解官荐送纰缪、十否、九否举人刑名。今请:诸科第一至第三场,所对全不涉本经,或倒写义题,进士曳白、纰缪,但有一人,监试、考试官勒停。诸科第一、第二场内十否,进士纰缪,一人已上,监试、考试官从违制失定断。幕职、州县官替日常选外,实殿一选;如遇赦放选,从放选日理所殿选。京朝官与监当差遣;如已监当,即与远地。三人已上,亦从违制失定断。幕职、州县官冲替,京朝官远地监当。如已监当,即与远地小处。五人已上,并停见任。如元解诸科五十已上有一人十否,百人已上有三人十否者,并依前法罚铜外,与免殿选及监当差遣。进士纰缪,亦依此例。诸科第一第二场九否、第三场十否并二人,当一人十否之罪。进士即不得定次纰缪,其通判官亦同举送长官例。如曾充监试、考试官,即从重法。"从之。(《宋会要·选举》一四之二三)

又诏:"试锁厅者,州长吏先校试合格,始听取解。至礼部不及格,停其官,而考试及举送者,皆重置罪。"(《宋史》卷一五五)

八　月

十六日，赐虞部员外郎贾守正进士及第。守正，礼部侍郎黄中之子。献文，召试，命之。(《宋会要·选举》九之二)

二十八日，诏："自今诸卫将军、诸司使副、三班使臣知州、府、军、监处，举贡人，委通判、幕职、录事、参军及所试官，依格式解发。其武臣更不管勾，止同书解状。所解不当，亦不同罪。如敢徇托，当重行朝典。"先是，礼部贡院言："解试举人，皆是考校文艺。有武臣知州、府、军、监处，或遇解发举人不当，亦作举送长官，一例取勘，似未允当。"故条约之。(《宋会要·选举》一四之二三、二四)

九　月

庚午(五日)，贡院考试官、前宁州司法参军、国子监说书王世昌勒停，知贡举官晁迥、刘综、李维、孙奭并赎铜三十斤。时濮州《毛诗》学究王元庆试义中有一通一粗，世昌误考为十不，迥等不之察，为元庆所讼故也。(《长编》卷七八)

《毛诗》学究王元庆自陈："所试一通一粗，有司定作十否，当殿三举。"有诏案验，如所陈，考试官前宁州司法参军、国学说书王世昌特勒停，知举官翰林学士晁迥等特罚铜三十斤。(《宋会要·选举》一九之五)

大中祥符六年　癸丑(1013)

二　月

十三日,流内铨引对前泉州观察推官公孙简。帝闻所试判辞荒缪,止命加阶。简不谢,自陈有劳,乞改京秩。帝令示所试判辞,简坚乞不已,声甚厉,诏付御史劾之。翌日,责授房州文学。(《宋会要·选举》一〇之一)

五　月

(壬辰,二日)诏:权罢今岁贡举。(《长编》卷八〇)

七　月

十日,赐童子李仲芳、仲安出身。仲芳年十一,仲安九岁,皆阁门祗候惟正之子。以念书闻,召对亲问,而有是命。(《宋会要·选举》九之二二)

十一月

一日,赐大理评事李昭迥进士及第。昭迥,故相昉之孙,献文求赐,故命之。(《宋会要·选举》九之二)

是　年

(王)庆之卒,年十七。真宗闻其才,矜恤特甚,命尚宫就宅加赗襚,诏赐进士及第,焚诰于室。(《湘山野录》卷中)

大中祥符七年　甲寅(1014)

正　月

二十二日，亲祀太清宫。《赦书》："应车驾经由州府，有服勤词学及经明行修者，如发解例，考试所业。开封府、亳州各五十人，国子监二十人，进士、诸科相半，限八月一日荐送阙下。应经历州府旧人，并特与免解。"(《宋会要·选举》一四之二四)

二十五日，赐童子李淑进士出身。淑，即通判亳州若谷之子。乘舆朝谒太清宫，制置使丁谓言："淑年十二岁，颖悟勤笃，献颂以述盛礼。"召对行在，面命赋《朝谒太清宫》诗，援笔立成。帝豪赏之，诏中使引送中书，即有是命。(《宋会要·选举》九之二二)

二　月

十六日，《恭谢赦书》："举人因事殿举，及永不得入科场不经刑责者，许将来依例取解。"八年正月一日、天圣元年正月十一日、三年十一月十八日、天圣五年十一月十七日、八年十一月十九日、景祐二年十一月十五日、宝元元年十一月十八日、庆历元年十一月二十四日、四年十一月二十五日、七年十一月二十五日、七年十一月二十八日、皇祐二年九月二十七日、五年十一月四日、嘉祐元年九月十二日、四年十一月十二日、七年九月七日、治平二年十一月十六日、熙宁元年十一月十八日、四年九月十日南郊、明堂、恭谢赦书，并下此制。(《宋会要·选举》一四之二四)

是　月

赐楚州念书童子徐世长、世昌出身。世长年十二，念《五经》；世昌年八岁，念《三经》，本州以闻，召见而命之。(《宋会要·选举》九之二二)

五　月

二日，礼部贡院言："诸道举人取解，准格：并于十月二十三日已前，以解文、试卷到省。近年多违日限，欲预先移牒天下州郡。"从之。（《宋会要·选举》一四之二四）

甲午（十日），中书以逮事太祖群臣名闻。上因言："开宝中举人陛见，有以武勇求较胜负。"王旦曰："太祖英武之德，贤不肖共知。科场无艺者，往往以挽强善骑自陈，太祖勉从之，纵有司程以名第，不过置之州县。如宋准有文行，释褐即授校书郎、直史馆，盖神机圣鉴，非常人之所测也。"（《长编》卷八二）

二十六日，赐代州念书童子姚育材出身。育材年十一岁，通《三经》，本州以闻，引对试之，故有是命。（《宋会要·选举》九之二二）

七　月

戊子（四日），知开封府王曙言："本府解送举人，承前每场以姓名及奏牒送府印，颇涉漏泄。自今望给奉使一印。"从之。（《长编》卷八三）

五日，命直集贤院杨侃、崇文院检讨冯元考试开封府服勤词学举人，集贤校理宋程考试国子监服勤词学举人。（《宋会要·选举》一九之五、六）

（辛卯，七日）开封府考试举人。旧例，试官更互封弥卷首，直集贤院杨侃等请别差官，从之。（《长编》卷八三）

七日，武成王庙考试官杨侃言："所试服勤词学举人，未敢只依旧，令小试官更互封弥卷首。乞别差人。"从之。（《宋会要·选举》一四之二四）

十六日，诏："益州举人，自今荐送定名外，别解三人。"以其远方多学者故也。（《宋会要·选举》一四之二四、二五）

八　月

十七日，命翰林学士王曾、知制诰钱惟演，于武成王庙试经明行修、服勤词业举人。(《宋会要·选举》一九之六)

丙子(二十三日)，诏："自今差发解、知举等授敕讫，即令阁门祇候一人引送锁宿，无得与僚友交言，违者阁门弹奏。如所乘马未至，即以厩马给之。"先是，翰林学士王曾、知制诰钱惟演受敕于武成王庙试经明行修服勤词学人，与翰林学士李维偶语长春殿阁，又至审刑院伺候所乘马，迟留久之。维、曾同在翰林，曾妻，维侄也，时曾妻将产子，故曾属维以家事。东上阁门副使魏昭亮，意曾受维请托，密以闻，押伴阁门祇候曹仪亦具奏。即令曾、惟演分析，词与维同，特释曾等。因有是诏。(《长编》卷八三)

(辛巳，二十八日)诏："国子监学生、应子弟在监习业者，除实是开封府外，每人召京朝官一人为保识，然后收试，其保官须具印状赴监。"(《长编》卷八三。按：辛巳日，据《山堂考索》后集卷二八补)

九　月

十一日，诏："新及第进士张观以下授官，如汾阴之制。"(《宋会要·选举》二之五)

十五日，帝御景福殿，试经明行修服勤词学举人，内出《道无常名赋》、《冲气为和诗》、《天地何以犹橐籥论》题。得进士张观已下二十一人，并赐及第；得诸科《毛诗》李规已下二十一人，并赐本科及第、出身。时谕旨中书：以短景，起居退，未奏事，即御后殿。虑举人得题稍迟也。张观，本名上一字音同仁宗庙讳，诏去之。林宥今名肖，诏改之。(《宋会要·选举》七之一二)

上御景福殿，试亳州、南京路服勤辞学经明行修举人，得进士张观等二十一人，诸科二十一人，赐及第，除官如东封、西祀例。观，绛人也。上谓宰相曰："近岁举人，文艺颇精，孤贫得路。然为主司者亦大不易。徇请求则害公，绝荐托则获谤。"王旦曰："今郡县至广，人数亦繁，必须临轩亲试。至于南省发解，非朝廷特为主张，则虽责成主司，亦难以集事也。"(《长编》卷八三)

祥符七年，景亳回銮，(王渎)举服勤词学科。既廷试，第优等，考官翰林学士陈彭年指公赋用韵有疑音，上亲为问，公言彭年所指非是，援据详明。欲处公乙第，辞不就。(《全宋文》卷八二五张方平《王公墓志铭》)

进士名录：张观，王冲，林宥，胡楷，段少连，许俞。诸科：李规。(《宋登科记考》卷三)

林逋《喜侄宥及第》：新榜传闻事可惊，单平于尔一何荣。玉阶已忝登高第，金口仍教改旧名。闻喜宴游秋色雅，慈恩题记墨行清。岩扉掩罢无他意，但爇灵芜感盛明。(《全宋诗》卷一〇七)

初，开封府解服勤辞学进士二十五人，为下第者刘溉所讼，其十三人以寓贯，皆奔窜潜匿，有司追捕。王旦奏曰："陛下比降恩诏，搜罗才俊，今乃变为囚系，恐伤风教。且科举之设，本待贤德，此辈操行如此，望特出宸断，以惩薄俗。"上曰："此盖当时官司不曾晓谕，致此过误。其寓贯者当并释罪，溉付外州羁管。"既而，御史高弁上言："溉讼事得实，被责太过。"上以问旦，旦曰："溉讼本非公心，据款乃俟其得解则讼，此搢绅之蠹贼。朝廷黜其无行，谏官所宜乐闻，弁妄形奏对。由是观之，向非圣断明哲，辨举子误犯，则须连坐府县。御史抨弹，甚无取也。"上然之。(《长编》卷八三)

二十四日，诏："进士刘溉，未阶片善，来干有司。失士行以躁求，挟状词而恐动，具招显过，合置严刑。尚屈法以申恩，使迁善而远罪，止从配隶，盖亦矜宽。顾询美等以告戒不明，过误有犯，欲其耻格，亦令罪归。况朝廷取人，条目甚备，宜再从于诞告，俾共守于成规。应进士并诸科举人等，今后除取本乡文解赴举外，如是显无户籍，及虽有籍已离本贯、难更往彼者，即许召曾经省试举人三人、或御试举人二人、或命官一员，保明行止。仍只许保明一人。但不是负犯殿责及勒出科场之人，即明具元本乡贯、家状，许于开封府投纳、引验，便与收接，依例考试、发解。并于卷头分明开坐元本乡贯并寄应去处。余并依旧敕。如违，必行前制。"先是，进士刘溉、韩敭等讼顾询美等寄籍求荐。开封府得溉等状，即捕询美等，皆奔窜逃匿，非复科举之制。宰相因对言："贡举之设，本待贤俊，今反为囚系。望鞫溉等，以惩薄俗。"故释询美等罪，而溉、敭等免杖，配隶外州。御史台巡使高弁言："溉讼询美得实，而询美无过，溉等配隶，似未允适。"王旦等奏："询美等取解日，本府不以敕文告示。溉之所讼，本非公心，盖得解则止，落解则讼。如此操履而赴经明行修科试，兹缙绅之蠹贼也。朝廷责之，以励薄俗，谏官、御史所宜乐闻。"帝然之。仍虑前后条约，人未尽知，令再申明之，故有是诏。(《宋会要・选举》一四之二五)

二十五日，命金部郎中李虚己、直史馆麻温舒、集贤校理宋程考试开封府举人，直集贤院张象中、秘阁校理慎镛考试国子监举人。(《宋会要・选举》一九之六)

是　秋

(马绛)除莱州防御判官。时蔡文忠齐在诸生，未知名，公一见曰："海滨有此奇士。"忘年定交，日与游甚欢。是秋，主试贡士，首送蔡公。春榜至，蔡公冠天下士，公得知人之明。(《全宋文》卷八二八张方平《马公墓志铭》)

公讳琚……初以父任试将作监主簿。大中祥符六年，调补饶州鄱阳尉，非其好也。次年遇秋赋，乃求锁厅应进士举。时郡守江公嗣宗闻之知名，召公诣府，使独登郡阁，出《鸿雁来宾赋》题以试之。公抒思少选，援笔立就，词致清丽，深得唐贤之格。江大奇之，即时荐送。江左士人往往书其赋于屏幛间，而目公为"韩鸿雁"，其爱赏如此。(《全宋文》卷八五五韩琦《三兄司封行状》)

蔡齐，莱州人。州举进士第一，以书荐其里人史防，而已居其次。(《古

今源流至论》续集卷一〇）

杨文公晚年居阳翟，素厚杨玮。玮尝辞赴举，求赀粮而行，公命以千钱予之。玮本责办于公，既得此，殊非本意，然亦不动。公熟视之，良久，亦无它。玮辞去，公命乘驴于阶，玮不肯，公拊其背曰："子他日不可，今日可矣。子异日必为吾此官。"既而，以钱百千贷之。玮遂及第，名位率与文公等。（《龙川别志》卷上）

十 月

二十二日，诏："诸州解送举人，内黜落多处，仰转运司选差官复试。取艺业优长者送礼部，以二月一日为限。诸科曾至御试，内河北、陕西曾至南省终场，并别路州军两曾南省终场下第者，亦与免解。"帝以诸州府发解官，惧以累己，去人稍多，未副搜罗之意，故有是诏。（《宋会要·选举》一四之二六）

是 年

（李昭述）召试学士院，赐进士出身。（《全宋文》卷四六九胡宿《李公墓志铭》）

大中祥符八年　乙卯(1015)

正　月

十三日,以兵部侍郎、修国史赵安仁权知贡举,翰林学士李维、知制诰盛度、刘筠权同知贡举,合格奏名进士高倎已下八十九人。(《宋会要·选举》一之八)

甲午(十三日),命兵部侍郎、修国史赵安仁知礼部贡举,翰林学士李维、知制诰盛度、刘筠同知。上览诸道贡举人数减于常岁,因曰:"外郡官吏未体朕意耶!比者,诏命累下,但戒其徇私尔。若能精择寒畯,虽多何害!"又曰:"闻所试诸科,六通已上卷中,小有点污粘缀,若记验者,即驳放。苟实缘误失,亦可悯也。当谕主司勿即驳放,次场面试,以辨其真伪。"是岁,始置誊录院,令封弥印官封所试卷付之,集书吏录本,诸司供帐,内侍二人监焉。命京官校对,用两京奉使印讫,复送封印院。始送知举官考校。(《长编》卷八四)

十七日,诏礼部贡院:"所试诸科举人有六通已上,而卷中点污粘缀若涉记验者,未得驳放。次场令主司当厅考试,以辨真伪。"时贡院言:有杂犯者,并已驳放故也。(《宋会要·选举》一二之二八、二九)

范仲淹《省试自诚而明谓之性赋诚发为德,彰彼天性》:圣人生禀正命,动由至诚。发圣德而非习,本天性以惟明。生而神灵,实降五行之秀;发于事业,克宣三代之英。稽《中庸》之有云,仰上圣之莫越。性以诚著,德由明发。其诚也感于乾坤,其明也配乎日月。我生既异,初郁郁而有融;我性在斯,终存存而不竭。上智不移,无为而为。蕴被精醇之志,发为浚哲之资。文王之德之纯，既由天启；周公之才之美，亦自生知。故得冠乎人伦，立乎圣域。所以见至矣之性，所以成自然之识。究其本也，盖钟纯粹之精；及其显焉，乃著文明之德。岂不以自诚而明者，生而非常；自明而诚者，学而有方。生而德者，实兹睿圣；学而及者，惟彼贤良。颜生则自明而臻，谓贤人而可拟；夫子则自诚而至，与天道而弥彰。若然，则诚之道也既如此，明之道也又如彼。盖殊途而同致，亦相须而成理。发乎仁义，遂使跂而及之；著乎圣神，所谓诚则明矣。且夫明乃诚之表，诚乃明之先。存乎诚而正性既立，贯乎明而盛德乃宣。有感必通，始料乎在心为志；不求而得，终知乎受命于天。大矣哉！考彼格言，见兹元圣。施为可睹于君德，动静必遵于天命。由至诚而达至明，是为圣人之性。(《范仲淹全集》卷一)

二　月

进士考试差官属之转运使，惟许本路差官。大中祥符八年二月乙卯(四日)，诏：本路阙人，即报邻路差。(《燕翼诒谋录》卷二)

五日，诏曰："经术之人，科举定试，每俟复其等第，方将校其艺能。俯念专勤，特从简便。贡院诸科旧人，宜至复场后引试，即行考较。其旧经御试者，送终场引试考较。"(《宋会要·选举》一二之二九)

丁巳(六日)，诏："礼部贡院官暴得疾者，委监门使臣与无干碍官视其所苦，速令归第。"(《长编》卷八四)

十二日，诏礼部贡院："于考试不该奏名人内，检勘进士实应六举、诸科实应九举以上者，并特与奏名。候将来一例考试，量事业等第录用，不愿者亦听从便。"先是，帝谓宰相曰："如闻科场举人，有累举不第、年齿已高、无家可归者，深可矜悯。宜令广示搜罗，将与奏名。"故有是诏。《文献通考》：祥符八年，始制誊录院。时怀、卫、滨州以部内官属少进士登科者，因聚数州进士都试之。乃诏自今诸州发解，如乏试官，宜令转运司选邻州官充，不得移举就他州并试。(《宋会要·选举》三之一一)

三　月

戊戌(十八日)，赵安仁等上礼部合格人数姓名。上顾谓宰相曰："今岁举场，似少谤议。安仁等适对，朕亦以此语之矣。"王旦曰："条式备具，可守而行。至公无私，其实由此。"(《长编》卷八四)

癸卯(二十三日)上御崇政殿复试，多所黜落。又疑所点抹者或未当，命宰相阅视之。旦曰："考官过为艰难，公在其中矣。"于是，得进士蔡齐以下百九十七人，并赐及第，六人同出身。又赐六举以上特奏名进士七十八人同《三礼》出身，赐诸科三百六十三人及第、同出身，试将作监、主簿，除官如元年之制。齐等既考定，上顾问王旦等曰："有知姓名者否?"皆曰："人无知者，真所谓搜求寒俊也。"故事，当赐第，必召其高第数人并见，又参择其材质可者然后赐第一。时新喻人萧贯与齐并见，齐仪状秀伟，举止端重，上意已属之。知枢密院寇准又言："南方下国人不宜冠多士。"齐遂居第一。上喜谓准曰："得人矣!"特诏金吾给七驺，出两节传呼，因以为例。准性自矜，尤恶南人轻巧。既出，谓同列曰："又与中原夺得一状元。"(《长编》卷八四)

二十三日，帝御崇政殿，试礼部合格奏名、特奏名进士，内出《置天下如置器赋》、《君子以恐惧修省诗》、《顺时慎微其用何先论》题。初，有司请以六举已上特奏名者各试之。帝曰："且令同试，其中或有及格，便随正奏名人入等，益彰至公也。"得蔡齐已下一百九十七人，并赐及第、出身；特赐不合格进士许大同已下六人同五经出身；六举特奏名进士郭震已下七十八人进士、同进士、《三礼》、《三传》出身。(《宋会要·选举》七之一二)

二十四日，诏曰："朕亲选英髦，擢登甲乙，冠群材而为重，在优待以攸宜。特异等威，著于彝矩。自今第一人及第，宜令左金吾司差七人导从，许出两节。每御试，即预差在殿门外祗候，永为定式。"初，帝以蔡齐单族，且闻傭召仆隶，故有是诏。(《宋会要·选举》三之一一)

二十七日，试诸科。得九经李周武已下六十五人，并赐本科及第、出身；特赐不合格九举《三礼》、《三传》贾德润等二人同本科及第、学究出身；十举特奏名不合格《三礼》张敦化已下四人同本科及学究出身；张之才已下六十六人试监簿。初，帝之试贡士也，前一日，悉取三京、天下州郡发解题目及科目义题，一一阅视，虑于重出也。(《宋会要·选举》七之一二、一三)

进士名录：蔡齐，萧贯，王甲，王述，王居白，王真卿，王倚，王益，王丝，王枢，王举正，王渎，勾中容，勾克俭，勾务滋，朱昌符，向昱，李世南，李仲偃，李淇，吴均，余华，汪昊，沈周，沈偕，沈严，邵梁，范仲淹，林成，林贞干，林高，林冀，林徽，易随，周辅成，周骙，宗若谷，胡献卿，柳置，祝程，高悚，涂会，陈见素，陈从直，陈深，陈巽，陈愚，孙有邻，孙长孺，黄中，黄茂宗，黄圭，黄虚舟，黄铁，黄照邻，黄凤岐，黄肇，黄鉴，许恽，章大蒙，章世白，章修，张行先，张泌，张昷之，张昇，张揆，彭介，董淳，童颖，曾公度，冯天锡，成宪，杨丕，詹中正，蔡宗晏，蔡程，齐廓，许某，熊博，滕宗谅，刘汝楫，刘越，刘夔，萧贲，萧贺，常谓，钱贞吉，郭维，鲍光，韩琚，魏介之，谢绛，谢微，虞肃，谢颐素，庞籍，饶光辅。

特奏名进士：郭震。

诸科：李周武。

特奏名诸科：张之才，张敦化。(《宋登科记考》卷三)

补进士名录：其一，李丁。《墨客挥犀》卷三："庆历中，范希文以资政殿学士判邠州，予中途上谒。翌日召食时，李郎中丁同席，范与丁同年进士也。"

其二，李若谷。《太平治迹统类》卷二八载是年进士名录："乙科：庞籍、范仲淹、李若谷等。"

大中祥符八年，方太平，用文治，天子临轩试贡士，采贾谊之言，赐赋题曰《置天下如置器》。时文忠公预试，上览其赋，有安四方之志，异焉。既唱第，廷中考等果第一。召前，风采堂堂，英秀挺出，章圣属目，顾相寇准曰："佳哉，士也！"殿上下耸观。旧事：唱高等三人，数而择焉。是日，即命公独谢，特诏金吾给七人清道，为之光宠。……将就乡举，才名当首送，致书州将，让其里人史房而身下之。(《全宋文》卷八二一张方平《蔡公神道碑铭》)

或取其所试文辞有理趣者。……蔡齐《置器赋》云："安天下于覆盂，其功可大。"遂以为第一人。(《归田录》卷一)

蔡文忠公齐状元及第，真宗视其形貌秀伟，举止安重，顾谓寇莱公曰："得人矣！"因诏金吾给驺从传呼。状元给驺从，始于此也。(《东斋记事》卷一)

真宗临轩策士，夜梦下有菜一苗甚盛，与殿基相高。及拆第一卷，是乃蔡齐。上见其容貌曰："得人矣！"特诏执金吾七人清道，自齐始。(《谈苑》卷三)

旧制：进士首选同唱第，人皆自备钱为鞍马费。而京师游手之民，亦自以鞍马候于禁门外。虽号廷魁，与众无以异也。大中祥符八年二月戊申(按：二月当为三月之误。是年二月壬子朔，无戊申日。三月戊申，二十八日)，诏进士第一人，金吾司差七人导从，两节前引，始与同列特异矣。(《燕翼诒谋录》卷二)

蔡文忠公自为布衣时，已恢廓有大志，而姿表秀异，见者多耸动。祥符中，擢进士，为天下第一。真宗临轩，目其堂堂英伟，进退有法，大悦之，顾寇莱公曰："得人矣！"特诏给金吾卫士七人清道，时以为荣。寻诏："自今第一人及第，给金吾七人当直，许出两对引喝。"上闻公单贫，佣僦仆隶，故有是命。(《渑水燕谈录》卷五)

希深初以奉礼郎锁厅应进士举，以启事谒见大年，有云："曳铃其空，上念无君子者；解组不顾，公其如苍生何！"大年自书此四句于扇，曰："此文中虎也。"由是知名。(《归田录》卷一)

莱公性自矜，恶南人轻巧。萧贯当作状元，莱公进曰："南方下国，不宜冠多士。"遂用蔡齐。出院顾同列曰："又与中原夺得一状元。"时为枢密使。(《江邻几杂志》)

故事，状元及第到任一年，即召试充馆职。自蔡文忠始，进文字得试。(《江邻几杂志》)

都官员外郎谢颐素常言：既过南省，就殿试讫，独诣相国寺艾评事卜肆求筮命。艾布卦言曰："君必及第。"谢密告曰："昨天殿试，赋只作七韵，忘作第八韵，必不得也。"艾曰："据卦，足下年命俱合及第，余不知其他。"后果于蔡齐状元下及第，竟不知何以得之。岂非命乎！(《青琐高议·补遗》)

宋祁《登科记序》：真宗即位之八年，匈奴寇河朔。既而，边鄙入保，民屋始骚。赤白之囊，狎至于宰府；烽燧之火，几照于甘泉。则齐赵北边，萧然苦兵矣。于时帝怒有赫，天威遐震。矫成周之中策，黜灞上之儿戏。亲纡宸御，以见武节。至仁由是无敌，有嘉于焉折首。一戎大定，六羸遁去。方见铸剑戟之器，以复九农；纳虎豹之皮，讲其五利。涣焉大号，民见胥悦。而天子悯黎元之重困，惧俊选之犹郁，特诏大河之北，别从多士之贡。深诏方国，妙核真伪。于是卫多君子，贲然来思；燕固奇士，此焉游处。时则有若状元蔡公，负卓越之志，偶隆羡之运，裒然举首，扬于王庭。天不违颜，肃陈其下拜，手之所躅，并会于余地。削牍程奏，上心嘉叹。见主父而何晚？擢平津于第一。自公而下，预选者才十有三人，儒者以是荣之，才难不其然矣。虽周人谂王国之盛，文皇发吾彀之叹，畴以加之。而公美鱼汕之得贤，遘菁莪之乐育，罄夫感遇，形于论著。乃次登科以来，圣制表谢及奏御辞赋、诸公诗笔，凡若干章，总题曰《登龙记》。先之以制诏，尊君命也；次之以赋颂，归臣美也；杂之以表奏，思报上也；终之以诗笔，王泽盛而颂声作也。观是深旨，足以知公之志焉。惟公深博有谋，惠训不倦。善断也，如竹迎刃而解；善教也，若草望风而偃。平居感慨，常自比管乐；临事忠荩，必思致尧舜。不好延誉，自结明主。故处身也，高明无内热之诮；历官也，私室乏谢恩之所。好尚儒雅而敏于吏事，不为章句而得其体要。凡所撰述，必究远大。成虽少选，沛若绪余。信犹夫吴王金钱，乃往往有之；楚国云梦，特小小者耳。夫器之博者无近用，羹之太者有遗味。故公之所著，直取其切，与夫雕章缛采、不周于用者，将有间矣。议者谓公奋英蕤，取殊级，探天下之深志，训天下之方动，使得其位，虽式百辟、理乃事可也。岂一台郎即可尽其用哉！某谬为公之知，为日已久。零丁孤苦，辱泣然而见矜；空侗颛蒙，已瞠乎而在后。每励驽蹇，冀酬题齿。顷因假日，得公前所著书，惜其事美隆平，当时名未白著，爰叙本末，以冠篇首。噫！得人为盛，当知天下之奇才；垂美方来，信是传中之嘉事。博雅君子，其有取焉。(《全宋文》卷五一五)

四　月

(乙卯，六日)令翰林学士陈彭年以赵安仁等知贡举起请事件著于式。(《长编》卷八四)

六日，诏："自今诸路发解官，本处阙进士出身者，令转运司于部内选邻州官充，不得以举人并就他郡试。"先是，怀、卫、滨等州以部内官少进士登科者，乃聚数州进士并试之。因降条约。(《宋会要·选举》一四之二六)

十一日，诏："新及第进士蔡齐已下，授官、守选如五年之制。"(《宋会要·选举》二之六)

辛未(二十二日)，以监察御史李仲容为右司谏、直史馆。上之亲试进士也，内出诗、赋、论题，先令考官析其义。仲容所对颇详备，上嘉之，特命中书召试，而有此授焉。(《长编》卷八四)

五　月

癸未(三日)，诏：罢贡举一年。(《长编》卷八四)

闰六月

一日，诏："应诸道州府，准大中祥符七年十月二十二日敕命载：考试进士、诸科续解发到京、赴省试不及者，将来特免取解。先因事殿举及永不得入科场、衙前编管不曾被刑者，并特许将来依例取解。”从之。(《宋会要·选举》一四之二六)

二日，诏：“以念书童子蔡伯俙为秘书省校书郎。”伯俙始四岁，善诵书。帝赏其俊异，特有是命，仍以御书赐之。(《宋会要·选举》九之二二)

十一月

(甲子，十八日)河南府言：工部侍郎种放卒。……录其侄世雍同学究出身。(《长编》八五)

是　年

始置誊录院。令封弥官封卷付吏录本，内侍二人监焉。命京官校对，用奉使印讫，复送封印院。始送知举考校。(《玉海》卷一一六)

大中祥符九年　丙辰(1016)

五　月

诏:权停贡举。(《长编》卷八七)

大中祥符年间

国朝开献书之路。祥符中献书者十九人,赐出身,得书万七百五十四卷。(《枫窗小牍》卷下)

补进士名录:贾同。《宋登科记考·附录》:"真宗朝登进士第。"《直斋书录解题》卷九:"殿中丞临淄贾同公疏,本名罔,真宗御笔改之。盖祥符祀汾阴时所放经明行修进士也。"

天禧元年　丁巳(1017)

正　月

十一日,《南郊赦书》:"开封府、国子监曾经省试陪位举人,将来科场特与免取文解。"(《宋会要·选举》一五之一,二)

四　月

壬午(十四日),赐进士杨伟及第,贾昌朝同出身。大礼之初,贡举人献赋颂者甚众,诏近臣详考,惟伟及昌朝可采,故召试学士院而命之。(《长编》卷八九)

五　月

辛丑(四日),诏:礼部权停今年贡举。(《长编》卷八九)

六　月

二日,赐秘书省校书郎夏有章同进士出身。(《宋会要·选举》九之七)

五日,诏:"以西京奉安祖宗圣容,河南府旧举人,特免将来文解。"(《宋会要·选举》一五之二)

九　月

甲寅(十九日),诏:自今特旨召试者,并问时务策一道,仍别试赋论或杂文一首。(《长编》卷九〇)

癸亥(二十八日),右正言鲁宗道言:“进士所试诗赋,不近治道。诸科对义,但以念诵为工,罔究大义。”上谓辅臣曰:“前已降诏,进士兼取策论,诸科有能明经者,别与考校,可申明之。”(《长编》卷九〇)

天禧二年　戊午(1018)

五　月

壬戌(一日),诏:察举孝悌力田、储蓄岁计者,长吏倍加存恤。(《玉海》卷一一六)

七　月

十二日,诏:"自今锁厅应举人,仰逐处长吏先依发解例考试,艺业合格者即令取解。如荐发到省不及格,前后考试官、举送长官并重行朝典,本人勒停。"(《宋会要·选举》一四之九)

壬申(十三日),诏:"自今锁庭应举人,所在长吏先考艺业,合格,即听取解。如至礼部不合格,当停见任,其前后考试官、举送长吏并重置其罪。"(《长编》卷九二)

九　月

十二日,命屯田员外郎、判度支勾院任布,直集贤院徐奭、麻温其,考试开封府举人;直集贤院杨侃、丁度考试国子监举人;直史馆张复太常寺别试亲戚举人。布等后以解送不当,递降诸州监当,复罚铜三十斤。(《宋会要·选举》一九之六)

十四日,赐太常寺奉礼郎钱暧进士及第。暧,翰林学士惟演之子。献《醴泉赋》,召试命之。(《宋会要·选举》九之二)

十四日,赐卫尉寺丞钱延年同进士出身。延年,故邓州观察使若水之

子。以父文集为献，召试而命焉。(《宋会要·选举》九之七)

壬午(二十三日)，右正言刘烨言："今岁秋赋，食禄之家锁庭应举者颇众。望谕中外，自今食禄家弟侄子孙，若文艺必可程试者，不得就资荫；其有官者，不得与孤寒竞进。"诏不许，但令诸州精加考较。(《长编》卷九二)

十　月

三日，开封府发解官任布等上言："望依南省例，誊录进士试卷，及前一日先进诗、赋、论题目，御笔点定。"诏："题目依奏进入，余不许。"(《宋会要·选举》一五之二)

是　月

差兵部员外郎、直集贤院杨侃，太子中允、直集贤院丁度，并国子监发解官。(《容斋四笔》卷一〇)

十一月

甲戌(十六日)，命翰林学士钱惟演、盛度，枢密直学士王曙，龙图阁待制李虚己、李行简，于秘阁再考定开封府得解举人试卷，令秘阁校理王准封弥，定为三等，具名以闻。乃诏从上解百五十人。(《长编》卷九二)

解一百四人，解元郭稹。十六日，宣翰林学士钱惟演、盛度，枢密直学士王晦叔，龙图阁待制李虚己、李行简复考开封举人，为落解举人有讼不平者。及奏名，郭稹依旧，其余复落并却考上人数甚多。(《容斋四笔》卷一〇)

开封解榜出，有廖复者被黜，率众诣鼓院，诉有司不公。朝廷差钱惟演等重考，取已落者七十余人，复亦预荐，时号"还魂秀才"。前发解官皆谪外郡监当。(《泊宅编》卷八)

丁亥(二十九日)，命翰林学士承旨晁迥、知制诰陈尧咨于秘阁再考国子

监及太常寺别试进士文卷,上其名。诏:“国子监从上解二十人、太常寺六人。”(《长编》卷九二)

十二月

二日,惟演等再考定试卷以闻。诏:“从上依次定百五十人与解。”(《宋会要·选举》一五之二)

五日,命翰林学士承旨晁迥、知制诰陈尧咨于秘阁再考校国子监解过及落进士文卷。(《宋会要·选举》一五之二)

八日,迥等再考定试卷以闻。诏:“国子监从上解二十人,太常寺六人。”(《宋会要·选举》一五之二)

十六日,赐宣州学究陈昼出身。昼,上宣州泾县茶场利便,岁增课十万故也。(《宋会要·选举》九之七。按:《长编》卷九二系于十二月二十八日丙辰,名徐昼。)

是　月

发解官并降差遣。任布邓州,徐奭洪州,杨偘江州,丁度齐州,并监税。此事见于钱丕《杂纪》。用五侍从复考解试,前后未之有也。(《容斋四笔》卷一〇)

开封府、国子监、太常寺发解官皆坐荐举不实,责监诸州酒税。屯田员外郎、判度支勾院任布,邓州;著作郎、直集贤院徐奭,洪州;太子中允、直集贤院麻温其,池州;度支判官、太子中允、直集贤院杨偘,汝州;太子中允、直集贤院丁度,齐州。太常少卿、直史馆张复罚铜十斤。初作祥源观,布论之,既忤宰相。及考试开封,而奭潜发封卷视之,遂与奭等俱责。(《长编》卷九二)

天禧三年　己未(1019)

正　月

六日，京西转运使胡则言："得滑州进士杨世质、圭质状，诉本州黜落。当司取元试卷付许州通判崔立看详，得逐人所试不至纰缪，已牒滑州依例发解。"诏转运司具析，不先奏裁，直令发解缘由以闻。其逐人试卷，仰本州缴进。世质等未得发解上京。及滑州取到试卷，诏贡院定夺，且言词理低次，不合充荐。诏落世质等，而劾京西转运使胡则、韩庶洎崔立之罪。(《宋会要·选举》一五之二)

九日，以翰林学士钱惟演权知贡举，枢密直学士王曙、工部侍郎杨亿、知制诰李谘权同知贡举，合格奏名进士程戡已下二百六十四人。(《宋会要·选举》一之八)

九日，以翰林学士钱惟演等权知贡举。命国子监直讲马龟符，刑部详覆官王名与御名音同，大理寺丞张峤，大理寺详断官赵继武，国子监说书卢自朋、冯诚，为考试官。户部员外郎兼太子右谕德鲁宗道、直龙图阁冯元封印卷首，秘阁校理李垂、国子监丞王准点检试卷。集贤校理陈宽、馆阁校勘晁宗悫复考诸科试卷，直史馆陈从易、国子博士李成务考试知举官亲戚举人。(《宋会要·选举》一九之六、七)

天禧三年正月九日，钱惟演承明殿面奉知举，真宗御制诗并序云："卜贤能之多士，允协盛猷；资侍从之鸿儒，聿伸藻鉴。期申职业，用示篇章。"诗云："寅奉昌图绍庆基，选抡多士叶前规。乡闾荐拔期无滥，草泽搜罗讵有遗？德举况逢全盛日，计偕咸造广场时。春官任职当求善，宗伯抡材务

得宜。侍从名儒当委任,艺文公道辩妍媸。伫伸衡鉴裁深念,允协菁莪乐育诗。”(《诗话总龟》后集卷一)

天禧中,从易试别头进士,策问时文之弊,曰:“或下俚如《皇夸》,或丛脞如《急就》。”亿党见者深嫉之。(《儒林公议》)

杨文公知举于都堂,帘下大笑。真宗知之,既开院上殿,怪问:“贡举中何得多笑?”对曰:“举人有上请尧、舜是几时事,臣对以有疑时不要使。以故同官俱笑。”真宗亦为之笑。(《东斋记事附录·辑遗》)

杨大年为翰林学士,适礼部试天下士。一日,会乡里待试者,或云:“学士必持文衡,幸预有以教之。”大年作色拂衣而入,则曰:“于休哉!”大年果知贡举。凡程文用“于休哉”者,皆中选。而当时坐中之客,半不以为意,不用也。(《邵氏闻见后录》卷二〇)

杨亿《考试贡举人毕谢赐宴状》:右,臣等伏蒙圣慈,以臣等考试贡举人毕,就学士院赐酒食者。诸侯贡士,式副于旁求;万乘临轩,载加于慎选。幸备抡材之数,愧无刈楚之能。瞻咫尺之天颜,徒增陨越;仰君亲于日昃,莫奉畴咨。汉庭已睹于决科,周室允称于多士。但庆文明之盛,诚惭品藻之工。敢期特就深严,俯颁宴劳。分蓮莆之盛馔,美极八珍;沾玉斝之醇醪,醉期千日。唯负属厌之愧,曷酬慈惠之仁。(《全宋文》卷二八八)

乙亥(十七日),诸路贡举人郭稹等四千三百人见于崇政殿。时稹冒缌丧赴举,为同辈所讼,上命典谒诘之。稹即引咎,付御史台劾问,殿三举,同保人并赎金、殿一举。时有司欲脱宋城王洙,问洙曰:“果保稹否?不然,可易也。”洙曰:“保之,不愿易也。”遂与稹俱罢。(《长编》卷九三)

二　月

十四日,礼部下第举人陈损诣登闻鼓院,诉贡举不公。诏:“龙图阁学士陈尧咨、左谏议大夫朱巽、起居舍人吕夷简等,于尚书都省召损等,令具析所陈事理,及索视文卷看详,考校定夺以闻。”继而,进士黄异等复讼武成王庙考试官陈从易不公,诏:“尧咨等如前诏详定。”尧咨等言:“礼部所送进士,内五人文理稍次;武成王庙进士,内二人文理荒缪。损等所讼,亦有虚妄。”诏:“损、异等决杖、配隶,连状人并殿两举。惟演等递降一官。”(《宋会要·选举》一九之七)

(王曙)坐举进士失实,降监庐州茶税。(《宋史》卷二八六)

十八日,将放榜,赐诗并序。序云:“详延造士,允叶于盛猷;乃眷儒臣,式分于重寄。论秀才臻于显效,当官备著于纯诚。”诗云:“四海为家宝绪隆,旁求文雅振儒风。命乡随计来多士,较艺抡材有泽宫。簪绂近臣当显任,丝纶深旨谕丹衷。旰宵汲汲予存念,夙夜孜孜尔徇公。名实岂惟衡鉴内,贤能皆萃网罗中。伫观翘楚登时用,布政分忧协庶功。”(《诗话总龟》后集卷一)

三　月

壬戌(五日),诏:“南省下第举人,内曾经御试及诸科七举终场者,特以名闻。”(《长编》卷九三)

九日,帝御崇政殿,试礼部奏名进士,内出《君子以厚德载物赋》、《君子居易以俟命诗》、《日宣三德论》题,得王整已下二百四十人,等为五等,并赐及第、同出身、同学究出身。翌日,试诸科,得九经已下一百五十四人,并赐本科及第、同出身,试监簿。命翰林学士承旨晁迥,学士盛度,龙图阁直学士陈尧咨,谏议大夫朱巽、张士逊、王随,知制诰宋绶、张师德,直史馆张复,直集贤院祖士衡,为考官;直史馆崔遵度、兵部员外郎李若谷、都官员外郎张谷、屯田员外郎上言秘郑立、直史馆麻温舒、右正言刘烨、太常博士郭弁、太常丞富言、著作郎张昉为复考官;知制诰晏殊、起居舍人吕夷简为参详官;太常博士阎梦松、萧贺为封弥官;直史馆陈尧佐、右正言陈执中为编排官。设次于崇正殿之后,帝作七言诗赐考官等。又出别本以赐辅臣,乃皇太子书也。咸各次韵。(《宋会要·选举》七之一三)

丙寅(九日),上御崇政殿,亲试礼部奏名贡举人。作诗赐考校官,令皇子书示宰相。得进士王整以下六十三人,赐及第,八十六人同出身;又赐学究出身者一十三人;诸科及第者一百二人,同出身者四十七人。试将作监、主簿者五人。除官如前例。(《长编》卷九三)

十日,幸考较官幕次,抚问久之。殿试之制:举人纳卷,先付编排官,去卷首乡贯状,以字号第之;付封弥官誊本比较,始付考官。定等讫,复封弥,送复考官,再定等;仍送参详官启封,阅其同异,参详著定;始付编排官,取乡贯状,以字号合之,第其姓名、差次试卷以闻,即放榜焉。编排之职,无复考验,第据参详所定而已。是岁,尧佐、执中辄有所改易。翌日,内定复验多不同,尽出卷子付中书,命鲁宗道、冯元审验。召尧佐等洎元考、复考官对辨,具伏。卤莽之咎,各夺官厘务。其已落复收及第者,进士二人、诸科二人;免省试者,进士十四人、诸科二十三人;免解者,进士十四人;已及第、出身而复追夺者二十一人。(《宋会要·选举》七之一三)

石曼卿登科,有人讼科场,复考落数人,曼卿是其数。时方期集于兴国寺,符至,追所赐诰牒、靴服。数人皆啜泣而起。曼卿独解靴袍还使人,露体戴幞头,复坐,语笑终席而去。次日,被黜者皆受三班借职,曼卿为一绝句曰:"无才且作三班借,请俸争如录事参。从此罢称乡贡进,且须走马东西南。"(《续墨客挥犀》卷八。按:石延年真宗年间多次赴进士试。该条姑系于此。)

集句自国初有之,未盛也。至石曼卿,人物开敏,以文为戏,然后大著。尝见手书《下第偶成》:"一生不得文章力,欲上青云未有因。圣主不劳千里召,姮娥何惜一枝春?凤凰诏下虽沾命,豺虎丛中也立身。啼得雪流无用处,朱衣骑马是何人?"又云:"年去年来来去忙,为他人作嫁衣裳。仰天大笑出门去,独对东风舞一场。"(《蓼花洲闲录》)

十八日,中书门下言:"大中祥符八年御试举人,曾诏谕两制、三馆臣僚精审考较,及申明罚典。今亦欲依此告谕。"从之。(《宋会要·选举》三之一二)

己卯(二十二日)，工部郎中陈尧佐、右正言陈执中，并夺一官。尧佐为起居郎，依前直史馆，监鄂州茶场；执中卫尉寺丞，监岳州酒税。初，上累定考试条制，举人纳试卷，即先付编排官，去其卷首乡贯状，以字号第之；封弥官誊写校勘，始付考官定等讫；复封弥，送复考官再定等；乃送详定官启封，阅其同异，参验著定；始付编排官，取乡贯状、字号合之，即第其姓名、差次，并试卷以闻，遂临轩放榜焉。大抵欲考校、详定官不获见举人姓名、书翰，编排官虽见姓名，而不复升降，用绝情弊。而尧佐、执中为编排官，不详此制，复改易其等级。翌日，内廷复验，多所同异，遂悉付中书，命直龙图阁冯元、太子右谕德鲁宗道阅视。仍召尧佐、执中洎考校、详定官对辨之，尧佐等具伏。王钦若等言："尧佐等所犯，诚合严谴。若属吏议，其责甚重，请止据罪降黜。"从之。而宗道又请以尧佐等妄去留者，明谕贡举人。乃诏礼部揭榜贡院："其元定合格为编排误落者，并赐附榜及第；元定不合格误编排及第者，并追敕，更令修学；元定稍及第者，量免省试。"凡已落复及第者，进士、诸科各二人；免省试者，进士十四人、诸科二十三人；已及第、出身而追夺者二十一人。(《长编》卷九三)

进士名录：王整，王平，王言，王言，王贽，王务本，王逵，王掞，尹简，石待旦，田注，吕谔，仲简，任乃孚，危祐，江稙，李钦，豆卢若，何禹，汪震，范镃，易著明，周则裕，周湛，胡用舟，胡仲元，柳三复，计用章，祖士安，胥偃(误)，钱尚，马称，徐天锡，徐的，陈木，孙沔，孙堪，苏绅，李宗易，黄援，崔正则，许渤，许湜，章世宣，张亢，张式，张弦，张思，张尧佐，张齐，掌禹锡，景泰，程坦，程戡，程适，傅莹，童成功，程让，邹元庆，曾万，曾舜举，冯式，冯按，杨洧，路仕进，詹鸾，蒋炳，蔡用之，闻人建，廖偁，廖淳，郑大荣，郑平，郑修，郑谯，刘立言，刘立德，刘颜，薛日图，萧沆，萧定基，卢革，钱象先，鲍稷，魏平仲，魏京，谢行，谢起，罗觉，谭伯仓，谭巽。

特奏名进士：陈渐，许朝宗，曾充，蒋焉。

诸科：沈兆，陈象。(《宋登科记考》卷三)

补进士名录：廖复。《诗话总龟》前集卷三八："闽人廖复，天禧二年求荐，天府下，挝鼓讼之，复考再收。省试又下，湖人凌景阳因复讼之，亦再收高第，遂登科。士子作诗嘲复曰：‘细思堪恨廖贤良，论中科名属景阳。啼得血流无用处，为他人作嫁衣裳。’”

辨正：胥偃，大中祥符五年进士。详说见前。

殿前放王整以下及第。是日，睦、衢二州各有一王言待唱。初唤王言赐进士及第，乃衢人。久之，又唤一王言，上问其乡贯，方知前赐第者合是睦人，而衢州者只合得同进士出身。及再唤二人审问，衢人奏："恳念臣已谢圣恩。"遂只赐睦州者同出身而已。明日，忽有旨赐睦人王言进士及第。自后，殿前唱名必传呼某州某人，以防差互。（《泊宅编》卷八）

张客省退夫应举时，因醉乘驴过市，误触倒杂卖担子，其人喧呼不已。视担中止有《乐记疏》一册，遂以五十金市之，其人乃去。张初不携文字，止阅所买《乐记疏》一册。无何，省试出《黄钟为乐之末节论》，独《乐记》为详论擅场，遂高选。明年，擢甲科。（《古今事文类聚》前集卷二七）

周必大《跋萧御史殿试真卷》：右，天禧三年萧公廷试三题卷，一日之间，文不加点。顷在馆阁，同僚许克昌状元出其从祖安世治平四年魁卷，与此略同。盖祖宗时，士人业精于勤，往往习惯如自然，非若后来之卤莽也。《家状》曾祖霁不仕，而其裔孙尚藏淮南吴乾贞中任武宁县令真告，岂以为伪官故不书耶？或疑赋原韵不当押"业"、"乏"、"法"。按：《广韵》入声三十一"洽"与三十二"狎"通用，三十三"业"与三十四"乏"通用，自唐迄天禧皆然，此旧韵也。仁庙初诏丁度等撰定《集韵》，于是移"业"为第三十二，而以"狎"、"乏"附之，此今韵也。庆元四年上巳。（《全宋文》卷五一三三）

仲简，扬州人也，少习明经，以贫佣书大年门下。大年一见奇之，曰："子当进士及第，官至清显。"乃教以诗赋。简天禧中举进士第一甲及第，官至正郎、天章阁待制以卒。（《归田录》卷一）

癸未（二十六日），翰林学士钱惟演、枢密直学士王曙、工部侍郎杨亿、知制诰李谘、直史馆陈从易,并降一官。进士陈损、黄异等五人,并决杖配隶诸州,其连状人并殿一举。初,损、异等率众伐登闻鼓,诉惟演等考校不公。命龙图阁直学士陈尧咨、左谏议大夫朱巽、起居舍人吕夷简于尚书省,召损、异等,令具析所陈事,及阅视试卷以闻。尧咨等言:"惟演等贡院所送进士,内五人文理稍次;从易别头所送进士,内三人文理荒缪;自余合格。而损、异等所讼有虚妄。"故并责焉。(《长编》卷九三)

四　月

四日,诏:"新及第进士王整已下,授官、守选如大中祥符之制。"(《宋会要·选举》二之六)

五　月

二日,赐梁山军山人冯兑同学究出身。以本路提点刑狱庾孝基荐其人文行也。(《宋会要·选举》九之七)

九　月

(乙丑,十二日)赐大理寺丞王质进士及第。质,旦之犹子,献文召试故也。(《长编》卷九四)

十二月

诏:翰林学士盛度、枢密直学士王曙、右谏议大夫王随与判铨陈尧咨、宋绶同试。度等以所试闻,令送中书。其判优者与京官;次到幕职、循资令录,与幕职;又次者,补近便大郡官。(《宋会要·选举》一〇之一)

天禧四年　庚申(1020)

正　月

十八日,诏曰:"诸州进士、诸科举人,久在科场,未阶禄仕,颇多淹滞,特示搜扬。宜令三京、诸州取三举已上、曾经御试、委是土著、无愆犯者,量试艺业,简其人材、笔札,保明解送。当议考试所业,量材于班行录用。开封府进士八人、诸科十二人,河南府、国子监并进士四人、诸科六人,应天府进士三人、诸科四人,节镇进士三人、诸科三人,防、团、军事州进士一人、诸科二人,军、监进士或诸科一人。如诸科中曾经御试者数多,许于五举已上、南省终场下第人内拣充,即不得以寄贯、犯刑人预数。其川、广、福建、江、浙、荆湖,自来诸科全少,止取进士:节镇二人,防、团、军事州、军、监一人,仍限七月终到阙。"初,工部郎中滕涉言:"天下举人老于场屋者,望委逐州长吏察其有履行者,送京师,量材录用。"帝因命宰相具条目以闻,而有是命。(《宋会要·选举》一五之二、三)

庚辰(二十八日),诏:"三京诸州取进士、诸科三举已上,曾经御试无罪犯者,量试艺业,拣材质、书札解送赴阙,当议于班行录用。如经御试者数少,许即选五举以上,南省终场下第人充。"(《长编》卷九五)

二　月

庚戌(二十八日),赐光禄寺丞沈惟温同进士出身。惟温,伦之孙,献太祖、太宗与伦御署书,求赐科名故也。(《长编》卷九五)

旧制:期丧百日内妨试,尊卑长幼同。士人病之,多入京冒哀就同文试,洎中选被人论诉,不免坐罪。天禧四年二月壬申(是月癸未朔,无壬申日),翰林学士承旨晁迥上言:"诸州士人以期制妨试,奔凑京毂。请自今卑幼期服,不妨取解。"诏从之。自后冒哀求试者寡矣。大凡人家尊长期丧,多年高者,卑幼期丧,多年幼者,免避卑幼,则妨试亦鲜。(《燕翼诒谋录》卷四)

三　月

十八日,诏:"诸州、军所取曾经御试进士,如不满数,以五举者充。"(《宋会要·选举》一五之三)

先是,诏以近年开封府举人稍多,屡致词讼,令翰林学士承旨晁迥等议定条约。于是,迥等上言:"诸州举人多以身有服制,本贯难于取解,遂奔凑京毂,寓籍充赋。人数既众,混而为一。有司但考其才艺,解送之际,本府土著登名甚少,交起喧竞,亦由于此。欲请自今有期周卑幼以下服者,听取文解;寄应举人实无户籍者,许召官保任,于本府户籍人数外,别立分数荐送。"诏从之。仍取大中祥符七年寄贯人数中进士解十之三,诸科十之五。癸酉(二十二日),诏:"川峡、广南诸州,自今依先定条制解合格举人外,更有艺业可取者,悉取荐送。"(《长编》卷九五)

二十八日,翰林学士承旨晁迥等言:"准诏:以开封府举人稍多,屡致词讼,令议定条制。窃详:诸州举人,多以身有服制,本贯难于取解,遂奔凑京毂,寓籍充赋。有司但考材艺解送,本府土著登名甚少,交构喧竞,亦由于此。欲请:自今举人有期周尊长服者,依旧制不得取解,余服悉听。寄应举人实无户籍者,许召命官保任,于本府户籍人数外,别定分数荐送。"诏从之。仍令于大中祥符七年寄贯人数中定额,许召有出身京朝官充保,所保不过三人。考试合格,别立项申解。保举后,本人有伪冒、曾犯刑宪,保官当行朝典。开封府具到大中祥符七年寄应请解额:进士四百四十四人,诸科三十二人。续诏:"解进士十之三,诸科十之五。"(《宋会要·选举》一五之三、四)

二十九日,诏曰:"朕详延俊造,匪间迩遐。顷因岁贡之差,粗立计偕之限。如闻番禺之域、巴庸之乡，隶学益增，举送为局。务求艺实，庶广搜扬。自今川峡、广南诸州，依前定条制解合格举人外，更有艺业可取者，并许解发。”(《宋会要·选举》一五之四)

四　月

七日，命直集贤院石中立、蔡齐同考试开封府经御试举人。(《宋会要·选举》一九之七)

九日，诏：“诸州尝经御试下第进士，不限举数，并令转运使司检勘解发。”(《宋会要·选举》一五之四)

(庚寅，九日)诏：“自今奏举选人，令有司候参选日考较。有私罪及非时替者，别听进止。余即报中书门下，遣官同判铨官考试引见。”(《长编》卷九五)

五　月

甲寅(四日)，诏：礼部权停贡举一年。(《长编》卷九五)

六　月

十八日，诏：“今后御试举人，前殿不视事，放起居。”(《宋会要·选举》八之三一)

二十二日，帝御崇政殿，试礼部下第特奏名举人李宗孟已下一百五十五人，内出《泽及四海诗》、《礼乐何以合天地之化论》题，命翰林学士杨亿已下充考试官。翌日，以宗孟已下一百五人补三班奉职。内五科所试不合格者，特与本州上佐及东西班殿侍、三班借差。余以艺业全疏者，补本州长史、司马、文学。(《宋会要·选举》七之一三、一四)

壬寅(二十二日)，上御崇政殿，亲试礼部奏名举人，命官考复如常例，授三班奉职者九十二人、借职者十三人。其不合格者，补诸州上佐文学。自

奉职至殿侍,悉免短使,与家便差遣。(《长编》卷九五)

七　月

四日,命直集贤院石中立,钱易考试诸州续解到举人。(《宋会要·选举》一九之七)

九　月

六日,命翰林学士刘筠、直龙图阁冯元于武成王庙考试诸州续解举人,又命知制诰祖士衡复考。(《宋会要·选举》一九之七)

先是,诏翰林学士刘筠等试诸州续解进士。辛未(二十三日),筠等上其名,凡五十六人,其十九人授三班奉职,二十九人借职,八人当授诸州长史、司马,特补借职,并与家便差遣。(《长编》卷九六)

二十三日,翰林学士刘筠等试到诸州军续解进士姚随等十九人、奉职周普等二十九人、借职何从易等八人,当授诸州长史、司马,特补借职,并与家便差遣。帝曰:"此皆孤寒之士,应举年深,俾之效官,必能干事。"(《宋会要·选举》二之六)

是　年

王文穆钦若以故相来守杭,钱塘一老尉苍头华发矣。文穆初甚不乐,询其履历,乃同年生,恻然哀之,遂封章于朝,诏特改京秩。尉以诗谢之云:"当年同试大明宫,文字虽同命不同。我作尉曹君作相,东风元没两般风。"(《咸淳临安志》卷九一。按:王钦若去年六月到任,是年八月离任。姑系于此。)

天禧五年　辛酉(1021)

三　月

曹利用先赐进士出身，而后除仆射，乃知进士之为贵也如此。(《东斋记事》卷一。按：《长编》卷九七："壬寅〔二十七日〕，辅臣以天章阁成，并进秩。丁谓为司空，冯拯为左仆射，曹利用为右仆射。")

五　月

丁丑(三日)，诏："礼部权停今年贡举。"(《长编》卷九七)

乾兴元年　壬戌(1022)

五　月

辛未(三日),诏:权停贡举。(《长编》卷九八)

九日,诏曰:"朕以初绍庆基,祇若彝宪。惠绥邦域,诚渴伫于群材;营奉山园,属将臻于同轨。顾攀号之罔极,实论辨之靡遑。言念时髦,阻从乡赋。勿轸淹滞之叹,愈思饬励之方。勉俟详延,体兹敦谕。宜令礼部贡院,权住贡举一年。"(《宋会要·选举》一之九)

是　月

右班殿直王宝臣言:"臣应进士四举,三经御试,乞换文资。"诏授试衔知县。(《宋会要·职官》六一之六)

十一月

诏:"广南东、西路依旧差补摄官,以曾摄人充,每司各留二十五人。如少人,取进士曾应两举、诸科三举者充。……"先是,黄宗旦言:"广南诸州请不许试补摄官,所阙官处并令吏部铨注。"至是,铨司言少人注拟,故复有是命。(《宋会要·职官》六二之四〇、四一)

宋真宗年间

华阴吕君举进士,聘里中女,未行。既中第,妇家言曰:"吾女故无疾,既聘而后盲。敢辞。"吕君曰:"既聘而后盲,君不为欺,又何辞!"遂娶之。生五男子,皆中进士第,其一人丞相汲公是也。(《后山谈丛》卷六。按:吕大防生于公元1027年,即宋仁宗天圣五年。其父中第而后娶亲,当在真宗朝,姑系与此。)

章圣朝试《天德清明赋》,有闽士破题云:"天道如何,仰之弥高读作歌。"会考试者亦闽人,遂中选。又荆南士人吟雪诗,用"先"字韵,其末句云:"十二峰前旋好添添作天。"(《诗话总龟》前集卷三一)

国初,省试考官取一卷省题诗,以"高"与"歌"同押,取在入等。乃闽中士人,时考官亦闽人。盖闽音以"高"、"歌"同音也。(《古今源流至论》后集卷九)

宋仁宗 天圣元年 癸亥(1023)

五 月

庚午(八日),诏:礼部贡举。(《长编》卷一〇〇)

七 月

七日,学士院言:"准中书批送汝州并镇海军状,称:天禧四年敕'今后举人有周期尊长已上服,依元条不得取应;其缌麻服,并特许应举'者。看详:除周期尊长已上不许取应,即周亲卑幼已上,并得应举。又缘敕文只指定缌麻服并特令应举,其有周期卑幼及大功、小功等服,即未有明文。诏送两制定夺。臣等看详:欲乞依天禧四年晁迥等元定夺,有周期尊长已上服不得取应外,有周期卑幼并大功已下服,并许应举。"从之。(《宋会要·选举》三之一三)

九 月

六日,南康军都昌县进士王用舟言:"男国祥,年八岁,念得《五经》书及诗赋,望赐呈试。"诏:"候年长,令应举。"(《宋会要·选举》九之二三)

闰九月

十二日,命侍御史高弁、职方员外郎判三司开拆司吴济、直集贤院胥偃考试开封府举人,监察御史王轸封弥卷首。殿中侍御史王硕、直史馆张观考试国子监举人,直史馆章得象太常寺考试亲戚举人,监察御史张亿封印卷首。弁等后坐拆举人策卷及莽卤解策词,同进士疑误,弁降两官,济、偃、轸各降一官,诸州监当。(《宋会要·选举》一九之七、八)

(胥偃)与御史高升试府进士,既封弥卷首,辄发视,择有名者居上。降秘书省著作佐郎、监光化军酒。(《宋史》卷二九四)

章相性简静,差试举人,出《人为天地心赋》。举子白云:“先朝尝开封府发解出此题,郭稹为解元,学士岂不闻乎?”曰:“不知,不知。”匆遽别出一题目《教由寒暑》,既非已豫先杼轴。举人上请:“题出《乐记》,此教乃乐教也,当用乐否?”应曰:“诺!”又一举人云:“上在谅阴,而用乐事,恐或非便。”纷纭不定。为无名嘲曰:“武成庙里沽良玉开封府举人就武成庙,试《良玉不琢赋》,夫子门墙弄簸箕国学试《良弓之子必学为箕赋》。惟有太常章得象,往来寒暑不曾知。”(《江邻几杂志》)

十三日,开封府言:“准诏:卫尉寺丞王举善等并许应举,见选差官考试次所。有将作监主簿刘观,缘是权发遣开封府公事刘烨男,乞别差官考试。”诏:“观,差判国子监官考试。”(《宋会要·选举》一四之九)

二十二日,诏开封府:“应未有保官举人,特与展限十日。诏京朝官不以有无出身人充保。应旧举人等,除该免解外,特许将见取解人,依元额分数解发。”(《宋会要·选举》一五之四)

二十五日,侍御史高弁等言:“奉敕差考试秋赋举人,欲乞特许依旧额解发五分人数,及将无户籍召到保官进士各解分数,衮同考试。”从之。(《宋会要·选举》一五之四)

是　秋

欧阳文忠公年十七,随州取解,以落官韵而不收。天圣已后,文章多尚四六。是时,随州试《左氏失之诬论》,文忠论之,条列左氏之诬甚悉,其句有“石言于宋,神降于莘。外蛇斗而内蛇伤,新鬼大而故鬼小”。虽被黜落,而奇警之句,大传于时。今集中无此论,顷见连庠诵之耳。(《东轩笔录》卷一二)

是时天下学者杨、刘之作,号为时文。能者取科第,擅名声,以夸荣当世。未尝有道韩文者。予亦方举进士,以礼部诗赋为事。年十有七试于州,为有司所黜。因取所藏韩氏之文复阅之,则喟然叹曰:"学者当至于是而止尔!"因怪时人之不道,而顾己亦未暇学,徒时时独念于予心。以谓方从进士干禄以养亲,苟得禄矣,当尽力于斯文,以偿其素志。(《欧阳修全集》卷七三《记旧本韩文后》)

宋景文应举安陆,试《仲尼五十而学易赋》,次日试《周成汉昭孰优论》。景文质其是非于令狐子先,答以两可之说。既出,各举程文,令狐乃以孝昭觉上官桀谋为优于成王,不察四国之流言也。景文由是不怿。是年,景文首荐,令狐被黜。故景文谢启有曰:"言虽执于盈庭,文不同而如面。"盖谓是也。(《麈史》卷中)

余靖,韶州人。本名希古,犯臀罪,易名靖,取他州解。(《古今源流至论》续集卷一〇)

十　月

十二日,礼部贡院言:"旧制:诸州解发举人试卷并家保状、试纸等,置库编排、封锁,合差官与主判官同加检勘。"从之。(《宋会要·选举》三之一三)

十二日,国子监言:"欲乞今来取解进士,除元额外,量添数十人,以为定额。诸科免解人外,依旧数解发。"诏:"进士特添二十人,余依旧。"(《宋会要·选举》一五之四)

十一月

十一日,中书门下言:"开封府、国子监得解进士二十八人,所试到策论卷子。"诏:"送秘阁,仰张永和等封弥卷首,送翰林学士晏殊等复考。具有无失粘、落韵及重叠用韵不合格式,开坐人数,并卷子进呈。"翌日,殊言:"窃闻:差中使勾书吏,写进状举人文卷施行。其中小辈素无士行,递相鼓扇,侥求复考。欲望令中书只差官取进状人卷子看验,特与戒励。"从

之。(《宋会要·选举》一五之四、五)

己未(二十九日),降侍御史高弁为太常博士,职方员外郎吴济为都官员外郎,太常丞、直集贤院胥偃为著作佐郎,监察御史王轸为太常博士:监兖州、涟水光化军、郢州酒税。左正言刘随罚铜五斤。初,弁等为开封府发解官,举人讼其考试不公。上以得解进士三十八人策论,令秘阁封弥卷首,送翰林学士晏殊复考。殊言:"举人作讼,以觊复考,颇亏士风。"因听止取讼者试卷看详。弁与济、偃乃坐擅拆举人卷首,择有名者居上;轸为封弥官,而不以闻;随坐举人以策辞相授,随为巡捕官而不能察,故有是命。(《长编》卷一〇一)

十二月

十二日,中书门下言:"乞定科场条贯。"诏:"两制与孙奭同共详定以闻。"既而上言:"殿举人旧实殿一举,后遂以一年理为一举。缘数年一开举场,其间更值恩赦,遂使惩沮之典,虚有其名,负犯之徒,不妨进取。欲令后殿三举以下,即依旧例;其殿五举者,须实殿两举后,方许更理一年为一举。又,曾犯刑责之人,不得收试。大凡无官荫者,笞以上皆决,不复践科场;有官荫者,流以下皆赎取应,并无妨碍。轻重之间,恐未允当。欲令后有官荫举人身犯徒以上罪,虽赎及虽逢恩宥,并不许应举。如敢罔冒,以违制罪之,同保人殿五举,有保官者与同罪。又,下第举人好撰匿名文字,谤讟主司。或私相期集,构合词讼。欲令后委是知举官等第不公,许令单名实封指论,更不得期集,连名进状。如辄撰无名文字,私相传布,令开封府及巡检人擒捉,重行断决。如不获主名,其文字随处焚毁,勿送官司。"从之。(《宋会要·选举》三之一三、一四)

是　年

文彦博《送龙昌期先生归蜀序》:井络之区,炳岷嶓之秀,是以异人间出,俊乂风集。长卿导清源于前,子云扇芳尘于后。历此而降,鸿硕颇繁。然或以浮诞相高,流荡忘返者,十室而九。其励志坟典,游心圣奥,盖亦鲜矣。达斯道者,其惟武陵先生龙君乎!先生,陵阳人也,藏器于身,不交世务,闭关却扫,开卷自得,著书数万言,穷经二十载。浮英华而沉道德,先周孔而后黄老。杨墨塞路,辞而辟之。名动士林,高视两蜀。遂不远万里,上书公车,累叫天阍,久而不报。乃喟然叹曰:“道未亨矣!吾其归欤!”因假道阆川,获挹眉宇,是故经籍奥义,得以谘焉。或撞钟待问,则多多而益办;或时衡高论,则亹亹而来逼。搢绅之流,靡不推服。且以堂有慈亲,贫乏甘旨,遽轸《南陔》之思,遂谋西辕之役。掺执之际,乌得默然?因举酒而言曰:夫古之人患于不明经也,苟明一经,取朱紫若拾地芥尔,何况于先生之经明行修乎!但老氏所谓大器晚成也尔!行矣自爱,先生其志于斯言。

藏器于身,不涉世务。闭关著书,开卷独得。杨墨塞路,辞而辟之。名动士林,高视两蜀。不远万里,累诣公车。上书自荐,寄食上都。久而不报,遂复喟然叹曰:“命未泰矣,吾其归欤!”因假道阆川,获挹眉宇。仰碧鸡之雄辨,郾吝顿祛;听黄马之剧谈,座客皆靡。方以陟岵在念,戒途有期,送君河梁,聊复赠言。勉哉是行,以保远大。(《全宋文》卷六五七)

天圣二年　甲子(1024)

正　月

甲午(五日),诏:"礼部贡院、开封府、国子监及别头各增置点检试卷、封弥、巡铺、监门官有差。开封府举人无户籍者,召有出身京朝官保二人,无出身曾历任者保一人;外州召命官、使臣为保,不得过一人。所保不实,以违制论。举人两处取解及犯徒而尝以荫赎者,永不得入科场。同保人殿五举,其殿三举者实殿一举,五举殿二举。进士不得以押《韵》入试,罢诸科旧人别院试者,听至复场入试。其被黜而毁谤主司及投匿名文字,令所在收捕之。即主司不公,许单名以告,不得期集连状。广南东西、益、梓、利、夔等路,旧制,于额外有合格者,亦听举送。如闻比来冒籍者多,自今毋得额外发解。"时承平岁久,天下贡士益众,间起争讼,故条约之。(《长编》卷一〇二)

十二日,帝问:"今年新旧举人甚众,将来合放人数多少?"宰臣王钦若曰:"已令礼部贡院具合格等第、字号、人数闻奏。"帝曰:"久罢科场,虑遗贤俊。令贡院精加考试艺业,候将来特放进士二百人,诸科三百五十人。"(《宋会要·选举》三之一四)

十四日,以御史中丞刘筠权知贡举,知制诰宋绶、陈尧佐、龙图阁待制刘烨权同知贡举,合格奏名进士吴感已下二百人。(《宋会要·选举》一之九)

二十一日,以御史中丞刘筠等权知贡举,龙图阁待制滕涉、判三司户部勾院、刑部郎中李若谷封印卷首。筠等言:"乞差复考官,及别令近上臣僚详定。"帝曰:"朝廷文柄,比是委选近臣。若别令复考,乃是过有规避。"

但令�等依公考试。又请:"差校理陆轸、聂冠卿、李宥、校勘彭乘充点检试卷官,及下审官院差巡铺官六员。"从之。(《宋会要·选举》一九之八)

天圣甲子,从乡贡试礼部,故龙图学士刘公叹所试辞赋,大称之朝,以为诸生冠。吾始重自淬砺,力于学,模写有名士文章,诸儒颇称以为是。(《宋景文公笔记》卷上)

宋郑公庠省试《良玉不琢赋》,号为擅场。时大宗胥内翰偃考之酷爱,必谓非二宋不能作之,奈何重叠押韵,一韵有"瑰奇擅名"及"而无刻画之名"之句,深惜之,密与自改"擅名"为"擅声"。后埒之于第一。殆发试卷,果郑公也。(《湘山野录》卷上)

礼部辟试进士,故宋丞相文卷已为考落,公(李宥)阅得之,袖以见主司中山刘侍郎筠,中山叹赏,取冠天下士。(《全宋文》卷八二五张方平《李公墓志铭》)

二十二日,故尚书令、南平王高从诲孙进士辅元有兄亡,系周亲服制,取应不得。诏:"以王公之后,禄仕殆绝,特令送贡院试。"(《宋会要·选举》三之一四)

二十三日,诏:"今年贡举,依咸年二年南省榜体例施行。仍除不合格系驳放等外,先具考试到合格等字号、人数以闻,听旨。"权知贡举刘筠奏:"差复考官,及别令近上臣僚详定。"帝曰:"朝廷文柄,已是选委近臣,若别令复考,乃是过有规避。"但令筠等依公考试。(《宋会要·选举》三之一四)

二十三日,命三司户部判官、祠部郎中杜詹,秘阁校理李垂,太子中允赵固,考试知举官亲戚举人。(《宋会要·选举》一九之八)

二　月

四日,考试巡铺官、左正言孔延鲁言:"进士就试以前,欲令主司先晓谕不得上请，仍雕印试题，分明解说，在逐人卷子内，依此给散。”帝以文闱取士，条约已多，只令依旧例施行。(《宋会要·选举》三之一四)

庚午(十二日)，上谓王钦若曰：“久罢贡举，虑遗天下贤俊，宜令礼部贡院精加校试，将来放进士特增至二百人，诸科三百五十人。”(《长编》卷一〇二。按：《宋会要·选举》三之一四系于正月十二日。)

三　月

戊子朔(一日)，诏礼部：“诸科举人不能对策者，未得退落。”先是，上封者言：“经学不究经旨，乞于本科问策一道。”至是，对者多纰缪，帝以执经肄业，不善为文，特令取其所长，用广仕路。(《长编》卷一〇二)

十八日，礼部上合格进士吴感已下二百人。诏：“翰林学士晏殊、龙图阁直学士冯元编排等第。”翌日，帝御崇政殿召对，赐宋郊已下一百五十四人及第，翟翕已下四十六人同出身，曹平已下七人同《三礼》出身；诸科李九言已下三百五十四人并赐及第、同本科出身。(《宋会要·选举》七之一四)

礼部上合格进士姓名，诏翰林学士晏殊、龙图阁直学士冯元编排等第。乙巳(十九日)，御崇政殿，赐宋郊、叶清臣、郑戬等一百五十四人及第，四十六人同出身。不中格者六人，以尝经真宗御试，特赐同《三礼》出身。(《长编》卷一〇二)

丙午(二十日)，又赐诸科一百九十六人及第，八十一人同出身。郊与其弟祁俱以辞赋得名，礼部奏祁名第三，太后不欲弟先兄，乃推郊第一，而置祁第十。刘筠得清臣所对策，奇之，故推第二。国朝以策擢高第，自清臣始。郊，安陆人；清臣，长洲人；戬，吴县人。郊授大理评事、同判襄州，戬授奉礼郎、签书宁国军节度判官事。(《长编》卷一〇二)

二十四日，礼部贡院言：“天禧三年敕，免解进士宋说等二十四人。”诏：“除及第事故外，昨经南省落下者，进士六举已上、诸科八举已上，分为

两等奏闻。”(《宋会要·选举》三之一四、一五)

壬子(二十五日),赐乡贡进士张缋、太常寺太祝吕宗简进士及第,仍附春榜。缋,洎孙,宰臣王钦若女婿;宗简,参知政事夷简弟也。(《长编》卷一〇二)

宋莒公殿试《德车结旌赋》,第二韵当押“结”字,偶忘之。考试官奏过,得旨因得在数以魁天下。其后谢主文启云:“掀天波浪之中,舟人忘楫;动地鼓鼙之下,战士遗弓。”盖叙此也。故今《三元衡鉴赋》载此赋,无“结”字。(《能改斋漫录》卷一四)

宋庠《德车载旌赋》:君有至德,时乘大车。当偃革以无外,乃结旌而有初。奉驾陈仪,采物虽资于备设;鸣鸾示礼,旗旒匪俟于垂舒。顺考前经,铺闻往说。谓戎事以既息,贵君车之有结。雍容抚轼,盖藏饰以尚纯;肃穆展铃,讵垂旓而就列。盖由抑乃盛饰,昭夫令名。虽冠品于舆服,蔑扬威于旆旌。肃轸无哗,方敛藏于斿厉;驰轮有度,靡赫奕于绥缨。且夫礼有质文,器随用舍。车号乎德,则崇化于邦本;旌结其表,则示仁于天下。意自象见,名非人假。君轩弭节,孰讶乎卷而怀之;国乘制容,益显乎素为贵者。是知车之用兮,充德以成大;旌之饰兮,辅威而孔昭。既武怒之不作,信军容而外销。组辔启行,陋郊旄之孑孑;错衡遵路,殊风旆之摇摇。若然则动有彝仪,文无异色。虽严驾以备物,终去华而表德。故使礼典攸重,民瞻不忒。皇皇整御,始中括于采章;槛槛肃容,岂外扬于藻饰?用能上载明德,旁昭缛仪。自驾言而戾止,殊幅裂以藏之。升降惟寅,仅比非心之屋;章明尽屏,宁同止猎之绥。大矣哉!邦礼是崇,帝仪资始。实务德以垂教,必收旌而昭理。宜乎国容备而兵器销,率由兹而尽美。(《全宋文》卷四一六)

宋祁《德车结旌赋》:德美中尚,戎容外除。示同轨于函夏,爰敛旌于大车。清道以行,尽屏垂縿之饰;展轸载效,还同卷旆之初。礼典铺观,训言备列。以为车之崇德也,不取乎尽饰;旌之曳彩也,宜从乎善结。因乃器用,敷乎帝烈。此驾而俟,盖专讲于礼章;彼舍而藏,示不矜于武节。谅以圣洽嘉靖,邦臻治平。思阐化于偃革,讵饰威于抗旌。缨就焕然,绝摇摇之曳影;鸾声嘒尔,收孑孑之流英。盛化当兹,末仪可舍。言车也尊,君乘之至美;语旌也陋,军容之相假。方且假赫奕于毂佐,烨声明于帝者。舆音在御,缠乃旒而弗彰;铃节载和,曳尔斿而盖寡。则知车必称德,以其当偃武之朝;旌必命结,以其恶尽饰之标。然后润国容之济济,藏礼器之翘翘。载戈之德同邵,动旍之讥且遥。鄙楚广之建茅,但专武事;贱晋军之画旆,益昧文昭。在夫外损袯容,内充至德。越畅毂之务战,矫寅车之宣力。我衡既倚,于以敛文羽之繁;我御既均,于以褫武绥之饰。彼朱髦炳于汉牒,元乘载于周诗。或邦光之克焕,或武怒以攸施。曷若明达至治,裁成上仪。奉乃辚辚之音,文为贵者;顾厥悠悠之质,卷而怀之。懿夫!化极偃修,教臻善美。乘其车也,见作者谓圣之道;结是旌也,示不复用兵之旨。噫,奚由知盛德之然哉!以此。(《全宋文》卷四八四)

进士名录:宋庠(郊),叶清臣,郑戬,卜伸,刁绎,王式,王汝砺,王初,王固,王沿,王珏,王洙,王琥,王稷,王麟德,毛洵,毛维瞻,尹洙,左玮,田京,代渊,吕昭邻,吕造,吕询,朱士廉,朱莹,任凯,江休复,李干,李平,李乔,吴芮,吴伸,吴谷,吴感,吴嗣复,余白,余良肱,余靖,沈兼(误),沈播,宋祁,宋咸,林瑀,林卫,周中复,周文象,周岐,周沆,周珣,周尧卿,宗举贤,胡宿,柯庆文,洪俨,袁拱,华参,夏易曾,夏侯锡,翁损,高若讷,郭仲堪,郭稹,陆咸,陆广,陈布,陈嘉谟,陈审言,陈徽卿,陈岩夫,孙锡,孙彝甫,黄艾,黄可,黄仲通,黄孝先,黄帖,黄昱,黄凝,黄铸,梅鼎臣,崔丽则,许忱,许彦先,许致,章孝基,梁复,张先,张沃,张汴,张环,叶道卿(误),傅求,曾公亮,曾易占,曾罼,费师古,杨申,詹保辅,蔡充,廖处平,廖钧,郑充,邓永世,邓骧,翟翕,刘立礼,刘居正,刘浩,刘钧,刘齐,谢伯初,谢伯景,谢尧辅,苏琦。

诸科:李九言,曹平。

特奏名进士:李道宗,蔡昌宗,苏仲昌。

特奏名诸科:王播。(《宋登科记考》卷四)

补进士名录:其一,苏涣。《宋登科记考》卷四将其系于天圣五年进士名录,误。《栾城集》卷二五《伯父墓表》:“天圣元年始就乡试……明年登科。”

其二,苏安世。《宋登科记考·附录》:“仁宗朝登进士第。”《全宋文》卷五七四余靖《苏公墓志铭》:“安世,举进士,屯田员外郎、广西转运使……屯田君以靖同年进士。”

其三,庞汝弼。《全宋诗》卷一九一宋庠《同年庞汝弼赴宰临贺见过叙别因成感咏》。

其四,宋缄。《全宋诗》卷一九八宋庠《宗人缄见过与予同年擢第》。按:疑宋缄与是科宋咸同为一人。

其五,张士安。《全宋诗》卷二〇七宋祁《送张士安同年赴上元尉》。

其六,王鼎。《宋登科记考·附录》:“王鼎,字鼎臣。大名府馆陶县人。王沿子。北宋前期登进士第。”《全宋诗》卷二〇七宋祁《送王鼎同年尉荥阳》。二者或同为一人。

其七,叶文卿。《全宋诗》卷二〇八宋祁《送同年叶文卿尉高邮》。

其八,李宗。《全宋诗》卷二〇八宋祁《同年李宗太平法掾》。

其九,巩汉卿。《全宋诗》卷二〇八宋祁《送巩汉卿同年赴五原理掾》。

其十,吴瑴。《全宋诗》卷二〇九宋祁《送同年吴瑴尉乌程》。按:疑吴瑴与是科吴谷同为一人。

其十一,胡恢。《全宋诗》卷二一〇宋祁《胡同年恢信州弋阳簿》。

其十二,成楷。《全宋诗》卷二一六宋祁《同年成楷潍州理掾》。

其十三,张孝孙。《全宋诗》卷二一六《送同年张孝孙勾簿颍阴》。又,《宋登科记考》卷四载天圣九年,张孝孙“以汝阴县主簿应书判拔萃科入第四等”,即是年中进士第者。

其十四,谭综。《全宋诗》卷二二四《同年谭综掾江陵》。

其十五,刘立德。《宋登科记考》卷三天禧三年进士名录载有刘立德者,或同为一人。《全宋诗》卷二二四《刘立德同年赴淝州幕》。

其十六,王陶。《宋登科记考》卷四据余靖《王君墓碣铭》,将其系于天圣五年进士名录,误。《全宋文》卷五七四余靖《王君墓碣铭》:“今天子初践祚,在谅闇,不待祥禫,即临轩,急于采撷天下俊异。而曲江联翩六人中第，皆公之力，六人即公及子陶。余若靖辈，悉尝趋函丈焉。"

其十七，萧陟。《全宋文》卷五七五余靖《萧府君墓志铭》："府君讳陟，字希升。……府君举进士，天圣初，今上谅阴，不亲临试，以恩例授袁州司士参军。"

补诸科名录：元绛。《全宋文》卷一八〇六王安礼《元公墓志铭》："公举天圣二年进士，知礼部贡举翰林刘公筠奇其文，擢置高等。入试崇政，误用韵，犹赐同学究出身。"

辨正：其一，沈兼，特奏名进士。《全宋文》卷一四一三王安石《沈君墓志铭》："以五举进士，得同学究出身。"

其二，叶道卿。叶清臣，字道卿。是科第二人及第。

天圣初，宋元宪公在场屋日，梦魁天下。故事，四方举人集京师，当入见，而宋公姓名偶为众人之首，礼部奏举人宋郊等，公大恶之，以为梦征止此矣。然其后卒为大魁。（《老学庵笔记》卷九）

元宪宋公应举，再上及第，初任通判襄州。景文一上及第，初任复州推官。元宪谓曰："某多幸，才入仕，不识州县况味。"景文答曰："某亦多幸，才应举，便不知下第况味。"兄弟相与笑谑而罢。（《麈史》卷下）

应山县连处士舜宾，命二子从二宋学，二子庶及庠也。请二公居于邑之法兴寺，今尚有二公手植松柏。有县令经主者，怒二公不出谒，屡形言色。连劝二公强谒之。已而，令恚尤甚。连特询其情，令怒不以襴鞹也。二公复如言而往。明年，元宪状元，景文第十人，南归，令驰谒道左。（《麈史》卷下）

原武郑公戬，天圣中，举进士。尝与同辈赌彩选，一坐尽负，独戬赢数百缗。是岁，第三人及第。（《青箱杂记》卷三）

(夏)文庄守安州,宋莒公兄弟尚皆布衣,文庄亦异待。命作《落花》诗,莒公一联曰:“汉皋佩解临江失,金谷楼危到地香。”子京一联曰:“将飞更作回风舞,已落犹成半面妆。”是岁诏下,兄弟将应举,文庄曰:“咏落花而不言落,大宋君当状元及第。又风骨秀重,异日作宰相。小宋君非所及,然亦须登严近。”后皆如其言。故文庄在河阳,闻莒公登庸,以别纸贺曰:“所喜者,昔年安陆已识台光。”盖为是也。(《青箱杂记》卷四)

宋莒公兄弟居安州,初未知名。会夏英公谪知安州,二人以文贽见,大称赏之,遂闻于时。初试礼部,刘子仪知举,擢景文第一,余曾叔祖司空第二,莒公第三。时谅闇不廷试,暨奏名,明肃太后曰:“弟何可先兄!”乃易莒公第一,而景文降为第十。是榜上五名,莒公与曾鲁公既为相,高文庄、郑文肃与曾叔祖皆联名,景文、王内翰洙、张侍读瑰、郭龙图稹,皆同在第一甲,故世称刘子仪知人。(《石林燕语》卷八)

宋祁兄弟同行,逢一异僧,相曰:“小宋当大魁天下,大宋亦不失甲第。”后十年,大宋复遇诸途,僧乃大惊曰:“公丰神特异如此,岂活数万命者乎!”大宋曰:“素贫,安得有此?”僧曰:“姑思之。”宋良久,曰:“北堂有蚁穴,忽为大雨所浸,编竹为桥以渡。岂此是耶?”僧曰:“必是也。小宋合当首魁,公终不出其下。”比唱第,小宋果大魁,章献太后乃谓弟不可以先兄,因命大宋为第一,小宋为第十。(《古今事文类聚》前集卷二六)

自科场用赋取人,进士不复留意于诗,故绝无可称者。惟天圣二年省试《采侯诗》,宋尚书祁最擅场,其句有“色映堋云烂,声迎羽月迟”,尤为京师传诵,当时举子目公为“宋采侯”。(《欧阳修全集》卷一二八《诗话》)

叶清臣,字道卿,少列之子。天圣二年,刘筠知贡举,得公所对策,奇之,擢为第二。国朝以来,以策擢高第,自清臣始。(《中吴纪闻》卷三)

旧制:岭表按察官岁调郡县掾佐,阙员,取进士再举、明经三举下入太常第者,试摄其事。三载不瘝厥职,乃送吏部,为品官。邦人自为南选,常才趋之,唯恐不及。公(王式)尝喟然曰:"曲江自文献公后,士大夫鲜复以科第取显爵于朝。岂南方以此选诱人为卑耶?吾为州党项领,期于展力从官,讵宜碌碌齿其间?"由是,自弱冠捧乡老书游场屋三十年,终不屈意。暨上第时,母夫人犹在堂,升堂拜嘉,闾里始归其高焉。今天子初践祚,在谅阁,不待祥禫,即临轩,急于采撷天下俊异。而曲江联翩六人中第,皆公之力,六人即公及子陶。余若靖辈,悉尝趋函丈焉。郡守嘉尚,缕陈其事,乞改公所居之乡曰"兴文",里曰"折桂",诏可其奏,邦邑荣之。(《全宋文》卷五七四余靖《王君墓碣铭》)

四 月

七日,宴新及第进士于琼林苑。诏:"翰林、龙图阁直学士、直馆已上并赴。"(《宋会要·选举》二之六)

二十三日,帝御崇政殿,赐礼部特奏名六举已上进士李宗道已下四十三人、八举已上诸科王播已下七十七人诸州司马、长史,试将作监、主簿。(《宋会要·选举》七之一四)

庚辰(二十三日),以特奏名进士李道宗等四十三人、诸科王播等七十七人为将作监、主簿及诸州长史、文学、司士参军。道宗等皆年逾五十,尝应六举;王播等皆年逾六十,尝应八举。上因谓辅臣曰:"此虽举业非工,然闵其白首无成,故悉甄录之。"(《长编》卷一〇二)

胡宿《代宋状元谢及第表》:太常试艺,谬参籍奏之荣;法坐第名,滥塞言扬之选。沐清光之下济,仰华旦之亲逢。祇荷宠灵,伏增欣惧。中谢。窃以群材博举,鸿化肇先。慎简乃僚,纪历代之宝训;誉髦斯士,垂大雅之美谈。克树泰宁之基,允为盛德之集。若乃右贤抚运,左钥隆文,率由上圣之姿,规恢前帝之宪。伏惟皇太后渊猷冠古,景铄在躬。轩曜储灵,有成汤之骨法;坤仪纳顺,茂太姒之音徽。铺昭正始之风,述宣中壶之化。而自鸿阶绍建,宝统嗣兴。授玉几之顾遗,财成枢务;总金声之条贯,登翊圣真。率循丰茂之规,迄用缉熙之典。故得九清乃睠,万宝由庚。诸福之物并臻，至治之隆胥洽。靖共庶位，招致群廉。举师俊之彝章，下发中之温诏。旌贲之命，相望于岩中；物色之求，骈臻于阙下。申饬辨材之制，谨严饮墨之规。辍邦直于中司，简朝英于上笏。光昭盛节，委重斯文。如臣等涉猎有年，削摩无状。士乡充赋，偶承乏于计偕；英彀须才，固绝希于圣选。抚空疏而增惕，备程品以奚堪？岂谓宸造曲成，睿思狎至。褐衣赐对，扃帝宇之凝严；睿藻躬临，竦天姿之温穆。荐登茂级，获置荣途。锡再命之身章，曳娄有焕；颁十行之言綍，雅奥增华。席鸿霈以浸深，委贱质而奚报！臣等敢不慎修履素，惕奉绅书，慕汉吏之惟良，副尧心之在宥。恪居官次，益敦宿业之方；怀畏简书，弥励夕冰之节。少酬复露，共誓捐糜。(《全宋文》卷四五八)

宋祁《谢及第启》：雪袂传趋，并集规庭之秘；芝函诞告，茂倾纶采之荣。获预言扬，举增夕惕。窃以周家共贤者之乐，式订思皇之篇；唐室获彀中之雄，大署前乡之号。皆以寤求侧陋，尊吁畯良。拔十之取至精，群百之廉竞爽。粉泽贤业，于以畅同文之规；笙簧帝谟，于以赞丕天之律。卓为能事，属我泰辰。国家援史契以右文，宪奎钩而按牒。历选奥训，庸见大猷。焕乎尧章，蔚垂光于四表；炳然汉德，森奏御于千篇。肃羽嬉翔，珍群篷集。遘宅丕之承烈，咨故训以垂精。象大璧之雍流，典容浸讲；厉砥石而磨钝，爵驭载縻。细文下乎方州，吉士旅于庭物。崇简臣邻之重，慎司秀选之求。睿式震严，庙谟敕尽。文每奏而称善，中覆用加；士三适而有功，新书弥谨。厦材萃止，官棫翘然。谅匪学践圣优，职穷言贯。滕倚桑林之舞，神欲沛游；末至睢阳之园，妍辞樀警。则何以仰膺劝驾，祗奉式言？预棘篱之第名，备囊闱之乙览。亶咨国彦，始协人言。如祁者，数本只奇，才无肖似，谬参灵最，猥席庆余。失南亩之转缘，滥中陵之乐育。呻占之毕，罕遘于师严；戕屈之杯，自惊其性失。徒以早绌晏楹之训，久讳东家之穷。英游诮其节疏，连蹇甘乎头责。量愁多万斛之苦，积疹岂一丸之销？奔走煨尘，支离皮骨。间属外侨乡梓，求饯歌苹。州司敦遣以临门，县次偕来而续食。利见中天之阙，独校尚书之闱。俪佩纷而并趋，几阁笔而不下。根柢之容素乏，敢冀目成；神明之观坐迷，颇虞气耗。勉从叩寂，内怵他先。所宜谨颜氏之舍藏，先子云之触罢。并逃九罭，无预于盈虚；亟骋百钧，前忧乎挠竭。宁期黔浅，误及甄收。采喷韵于折扬，露膑姿于仁寿。越陪下缀，祗造清厢。锦几横霞，亲呈其署议；枫宸烛日，谛望于颙卬。仰清问之载俞，遽哲科而中选。若若之绶，蕃锡以光躯；灏灏之言，举行而申儆。走墙奚让，涣汗莫收。簸粃在前，顾公非而可畏；履狶愈下，荷至鉴之不遗。矧夫埙伯之荣，冠乃王髦之列。联跗并秀，怀组相趋。佩华宠之沓臻，抚傀躬而内省。愧流浃背，愔感装怀。斯盖伏遇阁下，协比国猷，若时天绛。赓缦云而启旦，贲倬汉以垂章。并刈众材，居无弃物。续凫断鹄，必尽生之短长；诚衡垂钧，不为人而轻重。目智拯其将坠，采菲俾于兼资。枯木无容，罔吝牺樽之饰；豕苓为主，备收药箓之珍。荷更品以于兹，抚孤生而奚报？谨当稽参官式，勤缉政纲。疏瀹乃心，服朝家之成宪；僶俛从事，讲肉食之远谋。仰酬如卵之私，俯厉析肝之誓。过兹已往，未知所图。(《全宋文》卷五〇六)

八　月

诏："新及第进士第一人宋郊为大理评事，通判卢州；第二人叶清臣、第三人郑戬为奉礼郎，佥书诸州两使判官公事；第四、第五人，节、察推官；余初等职官，判、司、簿、尉。"(《宋会要·选举》二之六)

九　月

十六日，诏贡院："将来考试诸科举人，有明习经义、长于讲说及《三经》以上者，许经主司自陈，量加试问，委是可取，即其名闻。当议别遣官试验，特与甄擢。"(《宋会要·选举》一二之二九)

十一月

国子监言："诸科举人，唯明法一科律文及疏未有印本，是致难得真本习读。欲望差官校定，雕版施行。"从之。(《宋会要·选举》一二之二九)

是　年

宋庠《擢第南归道中早发》：紫汉回天斗炳横，萧萧羸马困遄征。南归画绣恩偏厚，应有乡人笑夜行。(《全宋诗》卷二〇〇)

天圣三年　乙丑(1025)

二　月

(戊午,五日)诏:“诸州司士参军李道宗等三十四人,令吏部铨与注官。”旧制:司士参军以年及格及负犯者为之,谓之散参军。先是,上取特奏名举人试艺稍优者补参军,其次与试衔。及经南郊,试衔者已免选,而道宗等反未得注官,故有是命。(《长编》卷一〇三)

癸酉(二十日),诏国子监:见刊印《初学记》、《六帖》、《韵对》等书,皆钞集小说,无益学者,罢之。(《长编》卷一〇三)

四　月

二十九日,赐江宁府童子夏锡出身。锡幼能为文,本州以闻,召试而命之。(《宋会要·选举》九之二三)

五　月

二日,礼部贡院言:“今年贡举,乞赐指挥。”帝曰:“去岁放及第人数不少,然而览其程试,多未尽善。今宜权罢贡举,各令砺志修学。”宰臣王曾奏曰:“前来远郡下第举人方到乡里,今若复许随计,何暇温习事业?”即降诏曰:“朕祇绍丕基,思皇群士,用广得人之路,庶资致治之方。前岁肇辟礼闱,洽臻乡秀,遵先朝之旧制,至考艺于有司。将辨等威,俾崇进取。朕亲临轩陛,面锡科名。其或久困词场,累从宾荐,轸其淹滞,悉示甄收。在于搜扬,斯亦至矣!聿周岁序,将及计偕。言念学古之流,或切干名之志,非愈加于修励,则曷副于详延?暂罢贡书,更期肄业,勉务日新之益,慰兹虚伫之怀。其贡举,宜令礼部贡院更权住一年。”(《宋会要·选举》一之九)

八　月

辛亥(二日),知益州薛田言:“本州发解举人,自张咏以来,例给馆券至京师。今得三司移文,乃责吏人偿所给官物,恐非朝廷之意。”上曰:“汉贡士皆郡国续食,今独不能行之远方耶?其令悉蠲之。”(《长编》卷一〇三)

知益州薛田言:“本州解举人,依例支给驿券。三司牒于干系人吏处,均摊入官。当州虽元无宣敕支给,盖自张咏知州已来,每解发人支与一去驿券,如依三司行下。又缘相承久例。”帝曰:“远方贡士给券发遣,亦非过外支用官物,何必填纳!”特令蠲放。(《宋会要·选举》一五之五)

十一月

(辛巳,三日)前江都县主簿王琪上疏陈十事:曰复制科……兴郡学,令公卿子弟入国学,置五经博士、进士专经。(《长编》卷一〇三)

十六日,应天府言:“本府自建都以来,学徒益多。望于合解发举人额外,量添人数。”诏:“特添三人。”(《宋会要·选举》一五之五)

是　年

穆修《送李秀才应陈州举序》:陈、许于京师,犹唐之视同、华,实四方藩辅之府。来镇其地者,常自大官出。故每贡士岁,进士获名送于书者,其荣与王府偕。今上之四年,太傅陇西公领陈之四年也。陇西公之贤,时莫不闻,礼才接善,博收而广纳,不以位望骄物。四方之士走陈而献艺,求愿日伏于门。进士李生讽,前一年尝自蔡往,以其业修请谒礼,一见获遇甚厚,白是复归,探学尤至,益有闻焉。今兹岁,会辟选举,生将韫挟其技举于陈。同侪辈欲生留于斯者,或解以他语。予谓李生是举往得宜者三焉:陇西公喜能乐善,固材骏所归;地首藩辅,其名躅易发而光;且复闻旧贯在焉。有是三者,可无行乎?其戒子仆,其秣子驹,吾将饯子以壶,而送子于途。(《全宋文》卷三二二)

天圣四年　丙寅(1026)

三　月

壬午(五日),始命权知开封府王臻权御史中丞。臻建言:“三司、开封府诸曹参军及赤县丞、尉,率用贵游子弟,骄惰不习事。请易以孤寒登第、更仕宦书考无过者为之。”(《长编》卷一〇四)

五　月

己卯(三日),诏:“礼部贡举。进士实应三举、诸科五举,并免取解。”(《长编》卷一〇四)

二十二日,诏:“应诸道州府军监贡举人等,内进士曾实应三举、诸科实应五举已上者,特免取解外,余依条敕考试举送。将来贡举,礼部必慎柬求,俟较艺以奏名,当临轩而亲试。苟程材之失实,固明罚以期行。诞告多方,咸知朕意。”帝自纂御以来,方居谅暗,礼闱取士,止命有司。将复临轩之试,故颁是诏。又以其累举不第、困于场屋者,特免秋赋。诏下之日,寒素之士无不忻戴。(《宋会要·选举》一五之五)

二十三日,诏曰:“朕博采俊髦,详观典策。得人之盛,汉业斯隆;多士以宁,周文载郁。国家推崇治本,恢振儒风,命乡里以荐能,笼英雄而入彀。顾惟冲昧,寅嗣基图。三后在天,具存于遗训;万邦作乂,尤赖于群材。矧兹取士之方,并有酌中之制。向暂停于秋赋,已再易于岁时。言念孤平,尚多遗滞,特颁恩诏,用广明扬。应诸道、州、府、军、监贡举人等,内进士曾实应三举、并诸科实应五举已上者特免取解外,宜令礼部贡院准旧例指挥,逐处依前后敕条考试举送,须是艺业精修,士行无玷。勿使权豪

之党，假左右以为容；寒俊之流，或滞淹而兴叹。”（《宋会要·选举》三之一五）

二十四日，诏曰：“命乡论秀，举孝与廉，虽沿革之异宜，实行能之兼取。如闻举送之士，操履罕修，黜于有司，则纷然起谤；升于科选，又多以败官。由习尚于浮虚，宜特行于敦戒。自今诸州解发举人，并须考访履行。或有乖僻彰暴，虽所试可取，不得一例解送。使瑕瑜不掩，善慝自分。有玷精求，必加常宪！”（《宋会要·选举》一五之五）

闰五月

十六日，赐奉礼郎杨纮同进士出身。纮，翰林学士亿之子。召试舍人院，策、颂并稍优。帝谕辅臣曰：“纮，颇闻好学，词业如何？”王旦等曰：“观此程试，词语虽未精当，颇似敏瞻。勤苦不已，亦未可量。”（《宋会要·选举》九之七。按：王旦卒于天禧元年九月，时宰臣为王曾。）

二十六日，翰林学士宋绶等言：“准诏：与礼部贡院详定贡举，具合条约以闻。检会天禧二年七月诏书：‘应命官乞锁厅应举，须先行考试，艺业合格，即许取解。如荐发到省，却有纰缪不及格，其前后考试官、举送官并重行朝典，本人勒停。’又雍熙二年六月诏书：‘锁厅应举者须是文学优赡，才器出群，历官无负犯之尤，检身有可观之誉。先试艺文合格以闻，待报解送。或礼部考试纰缪，发解官与举送长官必置重罪，本人免所居官。’参详：锁厅举人既历仕途，复勤词业，非加奖激，恐怠进修。而命官之内，少有全无遗阙者，须至分别轻重。欲乞：今后除历任有赃私罪并见勒停、殿罚、责降、冲替未经叙用人等不许取应外，余并许奏，候朝旨，依举人例荐解，即更不先行考试。将来省试实显纰缪，即乞以雍熙二年诏书从事。仍检会天禧三年、天圣二年礼部贡院奏，考试锁院不及格人，奉敕令御史台各罚铜一十斤，放，仍今后不得锁厅应举。看详：若不及格，便加责罚，不得取应，恐非诱劝之道。今后欲乞与免责罚，并许取应。”奏可。（《宋会要·选举》一四之九、一〇）

二十六日，翰林院士宋绶等言：“准诏：详定贡举未便事件。切详条制，科场之时，本州府更有特恩免解应举人，即除免解人外，其取解举人并于元敕五分只解三分，次举即依元敕分数。参详：今来只是进士三举、诸科五举已上，方得免解。如只解三分，恐有亏抑。欲乞合该解人外，其取解举人并许于元敕五分内解发四分。其四川、广南有免解人处，即以今来参定薛田等起请分数为额。”诏：“礼部贡院依奏施行。”(《宋会要·选举》一五之五、六)

(辛未，二十六日)诏：“增西川、广南东西路诸州军进士解额有差。”又诏：“命官锁厅应举，自今更不先试所业。下第者免责罚，仍听再举。其历任有赃私罪及停废、责降、冲替未经叙用人，即不许应举。”旧制：锁厅应举者，先于所属选官考试所业，方听取解。至礼部程文纰缪者，勒停；其不及格者犹赎铜，永不得应举。至是，上欲开诱进士之路，下近臣参议，而降是诏。(《长编》卷一〇四)

旧制：命官锁厅应举，先于所属选官考试所业，方听取解至礼部。程文纰缪勒停，不合格者赎铜，永不得应举。中格，庭对，唱第日仍降甲。盖期待任子者甚厚，非比寒士也。虽欲假手，其可得乎？故当时由此途出者，皆为文人。仁宗欲开诱进之路，天圣四年六月辛未，诏免举所业，下第人免责罚，仍许再应举。景祐元年，复诏锁厅人不合格除其罪，以试者尚少而申明之也。然自是任子心无所惮，虽实无才能者，亦求试矣。(《燕翼诒谋录》卷三)

二十七日，诏：“应见任中书、枢密院至知制诰、待制已上臣僚之家，今年秋赋如有弟侄儿孙乞锁厅应举者，并从之。”(《宋会要·选举》一四之一〇)

六　月

二十一日，诏：“自今臣僚南郊、圣节奏荐亲族，只与合授官资，不得乞试进士出身。”(《宋会要·选举》三二之六)

八　月

十四日，命直集贤院郑向、直史馆张观、监察御史王沿考试开封府举人，秘阁校理王准、监察御史张须考试国子监举人，殿中侍御史张亿封弥卷首。宰臣王曾等言："自有唐以来，慎选儒臣，授以文柄，可否进退，委自攸司。或升黜之间，不副公议，即复行考试，严加惩责。比来条目繁密，关防周至。善则善矣，然于推心责成、柬贤拔俊之理，恐未允惬。今言事者必曰：'此皆先朝旧规，不可轻议改革。'殊不知先帝孜孜选士，务要尽公，思皇之念，本不如此。盖当时近臣不悉渊衷，罔知大体，有此擘画。更乞圣慈，渐次体当事理，此后别加详定。"(《宋会要·选举》一九之八)

十九日，诏："解发举人，窃虑妄有保委寄贯户名。宜令开封府下司录司及诸县，并依前后条贯施行，更不得妄保寄贯户名。如有违犯，重行断遣！将来秋赋，限至九月终试毕。"(《宋会要·选举》一五之六)

九　月

二日，国子监言："天圣元年新旧进士百九十八人，除免解外，添二十人。今年人数稍多，乞依例特与添人。"从之。(《宋会要·选举》一五之六)

十六日，诏："将来南省考试诸科举人，令贡院召明习经义、长于讲说及三经已上者，于试官处量行试问。如实明经旨，即具姓名以闻，送国子监在行试验。诚有可采，当与甄擢。"(《宋会要·职官》二八之三)

是　秋

(欧阳修)自随州荐名礼部。(《欧阳修全集·附录》卷一《欧阳修年谱》)

胡宿《送吕解元江阴礼席》：玉人仍是紫芝眉，五世嘉占得凤飞。果满车中潘令去，马盘楼下庾郎归。东床寄傲便便腹，北路腾装粲粲衣。九烛夜堂开喜宴，画鸾交扇接香帏。(《全宋诗》卷一八一)

张方平《送吴春卿赴都》：法座临轩策俊髦，同君陛见预旌招。疲驽十驾始千里，孤鹗一飞先九霄。兰棹秋风行逦迤，觚棱旭日势岧峣。石渠为谢诸时彦，行迈同趋便殿朝。(《全宋诗》卷三〇五)

十　月

十二日，中书门下言：“应三京、诸道州府军监进士、诸科举人，除已发解、免解外，有诸科曾经终场、进士曾经御试、今来不该解荐者，并乞特许将来赴省试，余不得妄有陈述、收接文状。如违，必行严断。”从之。(《宋会要·选举》一五之六)

十一月

(甲辰，二日)诏：“天禧中举人补三班使臣者，听换文资。”(《长编》卷一〇四)

辛亥(九日)，国子监摹印律文并疏颁行。(《长编》卷一〇四)

天圣五年　丁卯(1027)

正　月

十二日,以枢密直学士刘筠权知贡举,龙图阁直学士冯元、知制诰石中立、龙图阁待制韩亿权同知贡举,合格奏名进士吴育已下四百九十八人。(《宋会要·选举》一之九)

癸丑(十二日),命枢密直学士、礼部侍郎刘筠权知贡举。中书初议择官,上曰:"刘筠可用也。"筠时在颍川,遂驿召之。(《长编》卷一〇五)

十二日,以枢密直学士刘筠等权知贡举。殿中丞刘革,大理寺丞王宗道、贾昌朝、公孙觉,卫尉寺丞王康,国子监直讲郭稹,充考试官;集贤校理王举正、李宥、钱仙芝、李昭遘,馆阁校勘彭乘,点检试卷;工部侍郎赵稹、监察御史鞠咏充封印卷首;集贤校理陈宽、秘阁校理谢绛为封印院复考官。御史知杂王骏、太常博士萧贯武成王庙考试知举亲戚举人,太常博士孙昱、集贤校理刘立礼充武王庙复考官。(《宋会要·选举》一九之八、九)

仁宗留意科举,由是礼闱知举,任人极艰。天圣五年春榜,王沂公当国,欲差知举官,从臣中无可意者,因以刘中山筠为言。时刘知颍州,仁宗即命驿召之。是岁廷试,王文安公尧臣第一,韩魏公第二,赵康靖公概第三。(《石林燕语》卷八)

文彦博《天圣五年春省试献羔开冰》:国重司寒祭,羔羊献礼陈。开冰遵旧典,荐庙属昌辰。肥羜方登俎,清壶冀飨神。虫疑非蚤夏,狐听异先春。凿凿凝光莹,峨峨发彩新。何当比鱼上,从此出迷津。(《全宋诗》卷二七三)

文彦博《省试青圭礼东方赋修举春祀,崇尚圭荐》:青惟五色之首,圭乃六器之俦。朝日之郊是荐,迎春之礼聿修。结绿鸿辉,既肃陈于震位;出蓝美质,将仰奉于神休。原夫谷旦前诹,祲威具举。太史先春而必告,宗伯庀职而攸叙。青圭之秘宝爰资,苍帝之明灵可伫。谓物生有象,我则锐其质以协宜;谓岁起于东,我则傃其方而得所。无瑕可贵,有美惟珍。配其色,表盛德之在木;正其位,彰与物以为春。异雕楮之奇文,琢工奚取;侔剪桐之秀彩,寅位斯陈。讵止温其,宁专瑟彼。成形自表于瑰器,致用必先于毖祀。色斯举矣,俯玉按以相鲜;礼以行之,背金方而致美。岂不以标十德者圭为贵,列四序者春是崇。将顺时而展礼,故辨方而在东。葱倩呈恣,禀粹自辉山之石;虔恭致荐,逆厘从解冻之风。然则为器之用不同,礼神之功可尚。名参有邸之义,色异因方之状。缥华中秘,生成之气候斯迎;绀彩外融,温厚之方隅相向。懿哉!享兹生物之主,异彼迎秋于西。神感而登礼必答,时和而迓衡不迷。用可重焉,且异舜班之瑞;文为贵也,还殊禹锡之圭。故得鸿覆降康,太庭锡羡。祈民福以昭格,授人时而于变。盖由以方圭总翠之美,款青郊而可荐。(《全宋文》卷六四一)

十六日,诏:“贡院将来考试进士,不得只于诗赋进退等第,今后参考策论以定优劣。诸科所对经义,亦不得将重复文句及抽拆经注,令数字对答,致有非理黜落,仍榜谕举人。”(《宋会要·选举》三之一五)

己未(十八日),诏:“礼部贡院比进士,以诗赋定去留。学者或病声律而不得骋其才,其以策论兼考之。诸科毋得离摘经注以为问目。”又诏:“进士奏名勿过五百人,诸科勿过千人。”(《长编》卷一〇五)

二　月

二日,权知贡举刘筠等言:“准诏:免解进士五举已上、诸科七举已上,虽不合格,未得退落。缘诸科于逐场有九否、十否者,未敢去留。”诏:“十否者驳放,仍候贡举毕日以名闻。”(《宋会要·选举》三之一五)

二日,赐将作监主簿范宗杰同进士出身。宗杰,权三司使雍之子。以

雍陈乞，召试学士院，策稍堪，论平，命之。又从雍请，附王尧臣榜第四甲科名。(《宋会要·选举》九之七、八)

甲戌(三日)，龙图阁学士、工部侍郎、权知开封府陈尧咨为翰林学士。仍以尧咨先朝初榜第一人，特班蔡齐上。(《长编》卷一〇五)

是 月

礼部引试举人，常在正月末，及试经学，已在二月中旬，京师适陶渠矣。旧省前乃大渠，有"三礼"生就试，误坠渠中，举体沾湿。仲春尚寒，晨兴尤甚，"三礼"者体不胜其苦，遂于帘前白知举石内翰中立，乞给少火，炙干衣服。石公素喜谑浪，遽告曰："不用炙，当自安乐。"同列讶而诘之，石曰："何不闻世传'欲得安，《三礼》莫教乾'乎？"(《东轩笔录》卷一五)

三 月

十八日，诏："崇政殿引试举人，不得将带文字书册入殿门，《韵略》官中至日给散。"(《宋会要·选举》八之三一)

二十日，帝御崇政殿，试礼部奏名进士，内出《圣有谟训赋》、《南风之熏诗》、《执政如金石论》题。进士吴育等以圣题渊奥上请，帝宣谕久之，后录三题所出经、疏以示之。命翰林学士宋绶已下二十六人于崇政殿各设幕次，封弥、誊录、考校、编排、等第。得王尧臣已下三百七十七人，第为六等，并赐及第、同进士、学究出身、试衔。第一、第二、第三等及第，第四等同进士出身，第五等同学究出身，第六等试衔。翌日，得九经杨中和已下八百九十四人，并赐及第、本科出身、试衔、文学。(《宋会要·选举》七之一四、一五)

二十三日，诏："今年省试下第举人，进士五举、年五十以上，及曾应淳化年举者，诸科七举并六举终场、年六十以上者，并进士、诸科曾经先朝御试者，令贡院检会以闻。"(《宋会要·选举》三之一五、一六)

乙丑(二十四日),赐进士王尧臣等一百九十七人及第,八十三人同出身,七十一人同学究出身,二十八人试衔。丙寅(二十五日),赐诸科及第并出身者又六百九十八人。(《长编》卷一〇五)

二十四日,阁门言:"今日放举人,缘并在内门外,欲告报贡院点检姓名,放入谚门外祇候。"诏令:"只引进士崇政殿门外祇候。"(《宋会要·选举》八之三一)

进士名录:王尧臣,韩琦,赵概,于大问,王炳文,王素,王陶(误),王宿,王翼,王献可,文彦博,左颜,石待举,田道成,史纶,丘浚,令狐挺,令狐揆,包拯,吕渊,江起,江阶,江越,池泽民,阮逸,李平,李先,李革,李弈,李高,李唐孺,李参,李绚,李瑀,吴方,吴京,吴育,吴茜,吴极,吴仅,余规,余晔,汪杰兴,沈璋,宋堂,邵仲宣,邵炳,范琪,林杞,林伟,周辅,周燮,周识,胡光,胡宾于,南宫诚,柯湜,俞沂,俞良弼,施元长,洪仪,祝应言,祝夔,马仲甫,袁恕,卿向,郭辅,陈用之,陈万,陈顺孙,陈肃,陈铸,黄知良,黄晋,黄象先,黄贲,黄程,黄策,黄补之,黄稷,梅佐,梅挚,崔勉,鱼周询,章岷,章维,梁茜,张大有,张太易,张宰,张惟德,张靖,张肃,张经,张谭,彭思永,叶顾言,葛闳,闵从周,嵇颖,程浚(误),傅卞,曾公爽,曾楷,冯浩,冯璪,汤夏,杨克昌,杨仪,槐京,槐奕,虞协,雍规,赵祐,赵诚,蔡衮,蔡衮,廖访,齐天觉,郑本,郑骧,邓申,邓戡,欧阳寅,刘师古,刘讽,刘观,萧本,萧固,萧泳,萧贽,鲍大易,鲍轲,龙舜举,韩璩,魏巽,聂世卿,聂言,瞿元亨,苏逢,苏涣(误),饶鼎,龚宗元。诸科:吴奎,杨中和。

特奏名进士:孟楷,陈日宣,陈舜圃,陈积中,盛奇,许贽,蔡黄中,刘半千。

特奏名诸科:李安上,崔用化。(《宋登科记考》卷四)

补进士名录:其一,沈邈。《宋登科记考》卷四将其系于宋仁宗宝元元年进士名录,误。《沈公墓志铭》:"公讳邈,字子山……二十六登进士甲科,释褐大理评事……享年四十六,庆历七年也。"据此推断,当于是年中第。(《〈宋登科记考〉拾补——以碑刻文献为中心》)

其二，张庚。《张君墓志铭并序》："君讳庚，字太素……中天圣五年进士，得安利军判官。"（《〈宋登科记考〉拾补——以碑刻文献为中心》）

补诸科名录：其一，孙甫。《欧阳修全集》卷三三《孙公墓志铭》："初举进士，天圣五年得同学究出身，为蔡州汝阳县主簿。八年，再举进士及第。"

其二，孙抗。《全宋文》卷一四一一王安石《孙君墓碑》："以天圣五年，同学究出身。……再举进士甲科。"

其三，李穆。《宋登科记考·附录》："真宗朝擢明经高第。"误。《全宋文》卷一八三二盛次仲《李公墓志铭》："公讳穆，字和之，姓李氏……青州之临淄人。……天圣五年，明经擢上第。"

辨正：其一，苏涣，天圣二年进士。详说见前。

其二，程浚。《宋登科记考》卷四依据《净德集》卷二一《程公墓志铭》，言其"天圣五年进士五甲及第，赐同学究出身"。误。按：《程公墓志铭》："天圣五年，赐同学究出身……再举进士，中乙科。"程浚是年，诸科中第。

其三，王陶，天圣二年进士。详说见前。

吴春卿殿试《圣有谟训赋》，用"答扬"二字，自谓颇工。考官张希颜不晓，云："只有'对扬休命'，岂有'答扬'者耶？"旁一人云："答即对也，乃及时文耳。"遂加一抹。宋宣献公绶编排卷子，知其误，不敢移易也。（《江邻几杂志》）

韩魏公，应举时，梦打球一捧盂八。时魏公年仅弱冠，一上登科，则一捧盂八之应也。（《青箱杂记》卷三）

天圣五年，仁宗初临轩试进士，公（韩琦）年二十，名在第二。时唱名第一甲方终，太史奏："日下五色云见。"左右从官皆贺于殿上。（《宋名臣言行录》后集卷一）

(葛闳)举进士诗赋御题《南风之薰》,其警句曰:"气生唐殿爽,声泛舜弦来。"初在优等,为复考误降抑之,犹不失上第。后预编入仁宗《群玉集》中,尚方字扇亦有题此句者。(《苏魏公文集》卷五七《葛公墓志铭》)

四　月

三日,帝御崇政殿,召礼部特奏名举人进士,试《天地节而四时成论》,经科止试墨义五道。仍命翰林学士宋绶已下考核优劣以闻。得进士孟楷已下一百九人,赐同学究出身,及试监簿、四门助教、诸州文学、长史;诸科崔用化已下二百三十四人,授试监簿、国子四门助教、文学。(《宋会要·选举》七之一五)

十八日,诏:"新及第进士王尧臣等五人为将作监丞、通判诸州,第一甲三十人并九经第一人为大理评事、知县,第二甲节、察推官,第三甲初等幕职官,余判、司、簿、尉。并续放进士孟楷等,余试衔,令守选。长史已下,各归逐处。"(《宋会要·选举》二之六、七)

十八日,诏曰:"设科取士,有国之令猷;侧席侍贤,前王之格训。洪惟三后,勤御万邦,备存吁俊之方,俱显得人之盛。朕缅怀先烈,载举旧章,俾乡老以荐能,委春官而辨等。洎夫亲临轩陛,精校艺文,既吹一一之竽,尽刈翘翘之楚。尚念绵区至广,群士毕臻,或累朝积随计之劳,或十上阻干名之志。是用各分等级,咸被搜扬。虽振发滞淹,已布非常之泽;而考核名实,必思经久之规。将永革于因循,宜特申于诲谕。应诸道贡举人等,今后并须服膺翰墨,励志典坟,当企慕于隽贤,勿坐希于侥幸。其或靡务激昂而自奋,正期华皓以见收。人将谓何,朕所不取。苟敦修之未至,谅黜落以无疑。预形告戒之言,庶尽详延之旨。凡尔多士,宜知朕意!"先是,中书门下言:"昨以天下举人至多,所试词业罕及格式,圣造曲成,不遗片善。念其久在场屋,齿发已衰,其中择举多年甲高者,并列官常,俾荣乡里。然虑隳学之徒,不务进修,坐候岁月,恐失激劝之理。欲乞特出诏旨,敦谕四方。"故有是诏。(《宋会要·选举》三之一六)

辛卯(二十一日),赐新及第人闻喜燕于琼林苑,遣中使赐御诗及《中庸》篇一轴。上先命中书录《中庸》篇,令张知白进读。至修身治人之道,必使反复陈之。(《长编》卷一〇五)

五　月

二日,赐进士顾洵美、高辅元同学究出身。洵美久历场屋,尝预开封府首荐;辅元,即故荆南节度使从诲之孙。(《宋会要·选举》九之八)

八　月

十四日,赐卫尉寺丞赵良规进士及第。以上乾元节祝圣寿古赋,召试学士院,中等命之。(《宋会要·选举》九之二)

九　月

十二日,赐大理寺丞公孙觉、王举善进士及第。觉等召试学士院,觉策稍优颂,举善策优,论稍优。(《宋会要·选举》九之二)

十二月

九日,赐奉礼郎张子思同进士出身。子思,宰臣知白侄。知白陈乞,召试学士院,中格命之。(《宋会要·选举》九之八)

是　年

晏丞相殊留守南京,仲淹遭母忧,寓居城下,晏公请掌府学。仲淹常宿学中,训督学者,皆有法度,勤劳恭谨,以身先之。夜课诸生读书,寝食皆立时刻。往往潜至斋舍诇之。见有先寝者,诘之,其人绐云:"适疲倦,暂就枕耳。"仲淹问:"未寝之时,观何书?"其人亦妄对。仲淹即取书问之,其人不能对,乃罚之。出题使诸生作赋,必先自为之。欲知其难易及所当用意,亦使学者准以为法。由是,四方从学者辐辏。其后,宋人以文学有声名于场屋、朝廷者,多其所教也。(《涑水记闻》卷一〇)

范仲淹《上执政书》:天圣五年月日……宜乎慎选举之方,则政无虚授;敦教育之道,则代不乏人。今士林之间患不稽古,委先王之典,宗叔世之文。词多纤秽,士惟偷浅,言不及道,心无存诚。暨于入官,鲜于致化。有出类者,岂易得哉?中人之流,浮沉必矣!至于明经之士,全暗指归。讲议未尝闻,威仪未尝学。官于民上,贻笑不暇,责其能政,百有一焉。《诗》谓:"长育人材",亦何道也?古者庠序列于郡国,王风云迈。师道不振,斯文销散,由圣朝之弗救乎?当太平之朝,不能教育,俟何时而教育哉?乃于选用之际,患其才难,亦由不务耕而求获矣。今春诏下礼闱,凡修词之人,许存策论;明经之士,特与旌别。天下之望,翕然称是。其间所存策论,不闻其谁,激劝未明,人将安信?傥使呈试之日,先策论以观其大要,次诗赋以观其全才。以大要定其去留,以全才升其等级。有讲贯者,别加考试。人必强学,副其精举。复当深思治本,渐隆古道。先于都督之郡,复其学校之制。约《周官》之法,兴阙里之俗。辟文学掾以专其事,敦之以《诗》、《书》、《礼》、《乐》,辨之以文行忠信。必有良器,蔚为邦材,况州县之用乎?夫庠序之兴,由三代之盛王也,岂小道哉?孟子谓:"得天下英材而教育之",一乐也,岂偶言哉?行可数年,士风丕变。斯择材之本,致理之基也。又李唐之盛,常设制科,所得大才,将相非一。使天下奇士,学经纶之盛业,为邦家之大器,亦策之上也。先朝偶属多务,暂停此科。今可每因贡举之时,申其坠典。必有国士,继于唐人,岂非邦家之盛选欤?勿谓未必得人,遂废其道。此皆慎选举、敦教育之道,亦何患乏人哉!(《范仲淹全集》卷九)

天圣六年　戊辰(1028)

二　月

六日,赐乡贡进士马房同出身。房,召试学士院,策优,论稍堪,故命之。(《宋会要·选举》九之八)

五　月

十二日,诏:权停贡举。(《宋会要·选举》一之九)

二十五日,赐光禄寺丞、集贤校理李淑进士及第。时淑预修国史,同修史官刘筠等列奏:淑夙负词学,时称隽敏。召试学士院,颂甚优,而有是命。(《宋会要·选举》九之二、三)

天圣七年　己巳(1029)

正　月

二日，诏曰："国家稽古御图，设科取士，务求时俊，以助化源。而褒博之流，习尚为弊，观其著撰，多涉浮华。或磔裂陈言，或会粹小说，好奇者遂成于谲怪，矜巧者专事于雕镌。流宕若兹，雅正何在？属方开于贡部，宜申儆于词场：当念文章所宗，必以理实为要。探典经之旨趣，究作者之楷模。用复温纯，无陷偷薄。庶有裨于国教，期增阐于儒风。咨尔多方，咸体朕意。"(《宋会要·选举》三之一六、一七)

二　月

三日，赐童子乐九皋出身。九皋以诵书召见，试而命之。(《宋会要·选举》九之二三)

闰二月

二十三日壬子，上御延和殿，谓宰臣曰："近夏竦奏：自古得贤则治，失贤则乱。汉唐之间，多选贤良文学之士，以条时政得失。朕亦欲天下英豪皆登于朝，宜广科目，以收贤才。"乃下诏曰："王者抚有多方，务恢至治，博求髦士，以助政纲。冀臻出类之贤，用叶思皇之美。朕嗣缵祟构，于今累稔，何尝不缅稽古道，慎择庶官？顾荐辟于贡闱，亦亲程于明试。间下举知之诏，申严核课之文。尚虑魁磊之英，或沉于下位；卓异之秀，久蔽于中林。式广搜扬，毕皆登进。惟汉唐之盛际，有科目之旧规。矧在先朝，已恢前烈。其有著名朝序，引籍京司，浃洽典彝，练明治体。则必询之策虑，式伫条陈。又若常调三铨，夙怀四事，俾敷扬于辞制，将铨品于吏能。至如养素丘樊，采微铨略，并咨大对，庶极所长。而皆考士论之无瑕，采乡评之共许，咸抒文而来上，乃较实于攸司。仍命试官，先从辨等，朕当躬临轩陛，访以才谋。思获方闻之人，副我至公之举。刈薪分爵，奚吝于推恩；怀宝逢时，无宜于自晦。"令复置贤良方正能直言极谏、博通坟典明于教化、才识兼茂明于体用、详明吏理可使从政、识洞韬略运筹决胜、军谋宏远材任边寄六科。应内外京朝官，不带台、省、馆阁职事，不曾犯赃及私罪轻者，并许少卿、监已上上表奏举，或自进状，乞应上件科目。仍先进所业策论五十首，诣阁门或附递投进，委两制看详。如词理优长，具名闻奏。当降朝旨，召赴阙，差官试论六首，以三千字已上为合格，即御试。又置高蹈丘园、沉沦草泽、茂才异等三科。应草泽及贡举人非工商杂类者，并许本路转运、逐处长吏奏举，或自于本贯投状乞应上件科目。州县体量实有行止、别无玷犯者，即令纳所业策论五十首，本州看详。委实词理优长，即上转运使复实，审访乡里名誉，选有文学再行看详。其开封府委自知府审访行止，选有文学佐官看详，委实文行可称者，即以文卷送尚书礼部，委判官看详，选择词理优长者具名奏闻。当降朝旨赴阙，差官试论六首，以三千字已上为合格，即御试。又置书判拔萃科、武举条目各见本篇。其逐处看详官，不得以词理平常者一例取旨。如违，必行朝典！仍限至十月终已前，具姓名申奏到阙。更有合行事件，委逐司条例以闻。帝谓宰臣曰："文武少人，虑下位草莱，沉沦材彦，令复置制科，中书门下逐具条件行之。"(《宋会要·选举》一〇之一五、一六、一七)

仁宗天圣间，从夏竦之奏，增重制科之目。于是自贤良、方正以下，其科为六；自书判、拔萃以下，其科为四。验之以进策十卷，先之以过阁六论，荐之纠之以台谏。(《归田录·佚文》)

初，盛度建言于真宗，请设四科以取士，曰："经术之士，若典刑备举，则政教流行，请设博通坟典达于教化科。尧试臣以事，不直以言语笔札求人，审官期于适用，请设才识兼茂明于体用科。今戎警未除，调边劳戍，必资良帅，以集事功，请设军谋宏远堪任将帅科。狱事之繁，民命所系，若推按失实，则枉情伤生，请设明晓法律能按章复问科。"景德二年，遂置六科，盖缘度之议也。时度方责洪州，密诏度撰策目，驰驿以进。及议封禅，吏

部科目皆废。夏竦既执政，建请复制举，广置科目，以收遗才，上从之，更采度前议，而降是诏。(《长编》卷一〇七)

二十三日，诏置武举："应三班使臣、诸色选人，及虽未食禄、实有行止、不曾犯赃及私罪情轻者，文武官子弟别无负犯者，如实有军谋武艺，并许于尚书兵部投状，乞应上件科。先录所业军机策论伍首，上本部。其未食禄人，召命官三人委保行止，委主判官看详所业，阅视人材，审验行止。试一石力弓平射，或七斗力弓马射。委实精熟者，在外即本州长吏看详所业，阅视人材、行止、弓马。如可与试，即附递文卷上兵部，委主判官看详。如委实堪召试，即具名闻奏，当降朝旨，召赴阙。差官考试武艺，并问策一道，合格即从试。其逐处看详官，不得以词理平常者一例取旨，如违，必行朝典。仍限至十月终已前，先具姓名，申奏到阙。"(《宋会要·选举》一七之五、六)

三　月

十日，赐阶州读书童子刘应祥出身，令于国学听读。(《宋会要·选举》九之二三)

庚辰(二十一日)，诏：自今召试人，令学士、舍人院试诗赋如旧制。以近岁所试论策，其文汗漫难考也。(《长编》卷一〇七)

癸未(二十四日)，诏曰："国家设制策之科，将博询于鲠议。有能规朕躬之过失，陈宰相之阙遗，纠中外之奸回，斥左右之朋比，述未明之机事，贡无隐之密谋，以至台省之官阿私而罔上，郡国之吏专恣以滥刑。或通受货财，潜行请托；或恃凭权势，敢事贪残。并许极言，朕当亲览。"(《东都事略》卷五)

是　春

(欧阳修)试国子监为第一，补广文馆生。(《欧阳修全集·附录》卷一《欧阳修年谱》)

欧阳文忠公年二十有三，以《玉不琢不成器赋》魁国子监。(《全宋文》卷五一三一周必大《跋欧阳文忠公诲学帖》)

欧阳修《监试玉不琢不成器赋良玉非琢，安得成器》：至宝虽美，因人乃彰。欲成器而斯尚，由载琢以为良。瑕玷弗施，始中含于温润；切磋有则，取应用于圆方。披大礼之遗言，洞先儒之所录。以谓玉不因琢，器莫得以自贵；人不因学，道无由而内勖。故我诱之于人，谕之以玉。内含其美，虽禀质而可嘉；外饰其形，假载雕而后足。然以宝有可尚，世诚所希，价连城而有待，气如虹而上挥。礼神之用斯在，磨玷之言则非。禀尔天真，包十德而成质；制由工巧，参六瑞以凝辉。然则攻自他山，列乎良璞。虽曰宝也，不能效于自用；虽曰坚也，未有成于不琢。美在中矣，徒内抱于英华；砻而错诸，始外成于圭角。岂不以玉者华于国而可重，器者用于人而克安。规矩殊形于圭璧，短长具制于躬桓。亦犹在熔者金，必资乎锻砺之设；从绳者木，遂分乎曲直之端。且夫人务其师，玉贵其德。性虽本善，不学则弗至于道；质虽至美，不琢则弗成其饰。稽匪刻匪雕之说，理实异斯；嘉如切如磋之言，义诚有得。彼大圭贵乎尚质，鸣佩取乎扬声。虽效珍而并用，在设谕以非精。曷若彰教诲而有渐，譬琢雕而可成。是故西琥东圭，舍规模而安创；半璋全璧，非制度以难明。向若追琢不加，刻画非备，虽缜密以含彩，在文华而曷视？故扬子以谓玉不雕，则璠玙不作器。(《欧阳修全集》卷五九)

五　月

己未朔(一日)，诏：礼部贡举。(《长编》卷一〇八)

庚申(二日)，诏曰："朕试天下之士，以言观其趣向。而比来流风之敝，至于荟萃小说，磔裂前言，竞为浮夸靡曼之文，无益治道，非所以望于诸生也。礼部其申饬学者，务明先圣之道，以称朕意焉。"(《长编》卷一〇八)

六　月

癸卯(十六日)，增川峡四路进士解额，益州四人，梓州二人，余州军下

及三人者听解三人。(《长编》卷一〇八)

二十三日,翰林学士宋绶等言:“屯田员外郎刘夔请应制科。详前诏,台省官不预此举。今夔任尚书省六品官,未有此例。”诏罢之。(《宋会要·选举》一〇之一八)

二十八日,诏:“应锁厅应举人,在京及见厘务并开封府界任官者,令于国子监、开封府取解;见在外任者,委转运司、无干碍州府取解;如已罢、未赴任并随亲在外,并令于国子监、开封府投状,仍所在奏待报。余依旧制。”时诸道奏:为指定锁厅人,多自启请州府取解,虑嘱,乃下两制议定,故有是诏。(《宋会要·选举》一四之一〇)

七　月

六日,诏:“今后锁厅举人,许文臣两次、武臣一次取应。”(《宋会要·选举》一四之一〇)

是　月

太常博士何泳应中贤良方正科,授祠部员外郎;富弼应中茂材异等并入四等,授将作监丞;余靖、尹洙中书判拔萃科。(《玉海》卷一一六)

八　月

八日,诏:“国子监发解举人,今后进士以五十人为定式,余如旧。”(《宋会要·选举》一五之六)

九日,中书门下言:“举人告论主司不公事件,虽有条贯,略无畏避。欲请自今如知举、发解官有不公事,并须单名告论。”诏:“开封府揭榜晓谕,仍只须诣鼓院投进,不得诣检院。”(《宋会要·选举》一五之六)

十日,上封者言:“京府秋试进士,不下一二千人。旧制:先引诸科三场,方试进士。缘五科三场以前,人数尚多,每场分为五甲,计已半月。即进士卷子，尚未考校。及诸科四场以后，方并考进士试卷。缘五科甲次已少，不十数日，便是终场，恐乖精详，有误去留，兴起争讼。今请：进士才引保讫，如千人已上，分为二甲，每甲先试诗、赋；次引诸科两场。若诗、赋犯不考试，使先次驳落，更不引试。其试论、策，亦逐场驳落。缘南省进士直至入策，方理一举。今既逐场驳落，望勘会：如不是纰缪，并许理举。"诏："分甲先试，委自主司相度。"余如所请。(《宋会要·选举》一五之六、七)

十一日，命殿中侍御史张逸，直史馆高悚、宋祁，考试开封府举人；殿中侍御史陈琰封弥卷首。殿中侍御史张逸、秘阁校理吴遵路考试国子监举人，屯田员外郎司马池封弥卷首。集贤校理钱仙芝、秘阁校理范仲淹考试亲戚举人，屯田员外郎王涣封弥卷首。(《宋会要·选举》一九之九)

宋相与高悚同发天府解。《日月为常赋》象字韵，押之状者，以落韵先剥放近百人。无何，一人投牒云："某不落韵。"取卷视之，状下有"可想"二字，然赋亦纰缪，其如落韵。剥放举人不伏，高与甲忧闷，或醉或睡。伯庠更点检，诗只五韵，急呼二人起视之，二君欢欣，举子惭怍而已。(《江邻几杂志》)

是　秋

(欧阳修)赴国学解试，又第一。(《欧阳修全集·附录》卷一《欧阳修年谱》)

欧阳修《国学试人主之尊如堂赋堂陛隆峻，人主尊矣》：位既异等，君宜有常。惟居尊而体国，爰取谕于如堂。望而畏之，使下民之咸仰；高为贵者，譬远地以同彰。稽往牒之遗文，懿嘉言之洞启。谓立制于君上，谕相承于堂陛。盖以贵贱殊品，尊卑异礼。下临于物，必也尊严而有仪；上譬于堂，所以崇高乎正体。诚以赫赫化被，巍巍道隆，俨正宁以居极，统群黎于宅中。盖取乎驭民之贵，非资于构厦之功。位正当阳，若盛九筵之制；民欣戴后，如瞻七尺之崇。然则，堂非高则逼下而易陵，君弗尊则保位而难慎。卑高必贵乎不渎，上下于焉而克顺。迩臣内附，类榱栋之相依，列辟下陈，由陛廉而比峻。岂不以富有函夏，躬临兆民。示臣庶之弗越，表等威之有伦。将使制尔万国,宗予一人。下绝僭王,非历阶之可及;世惟与子,彰肯构以相因。是知制众室者莫先乎堂,奄九有者必尊其主。盖兼统于邦国,匪专称于栋宇。化有于下,奉穆穆以深居,仰之弥高,若耽耽之可睹。盖由堂不可以卑而乱制,君不可以黩而不尊。喻穹隆于九仞,用总制于群元。且异夫盖之如天,但述居高之旨;就之如日,惟明照下之言。大哉!陛峻而堂高者势之然,臣贵而君尊者国之理。伊制度之有别,俾崇高而是视。所以建公卿大夫而天子加焉,其尊也于斯见矣。(《欧阳修全集》卷五九)

欧阳修《诏重修太学诗》:汉诏崇儒术,虞庠讲帝猷。丛楹新宝构,万杵逐欢讴。照烂云甍丽,回环璧水流。冠童仪盛鲁,蒿柱德同周。舞翟弥文郁,横经盛礼修。微生听昕鼓,愿齿夏弦游。(《欧阳修全集》卷五九)

欧阳修《国学试策三道・第一道》:问:《诗》删风、雅,有一国四方之殊;《书》载典、谟,实二帝三王之道。君臣之制有别,小大之政不侔。然而,《关雎》王者之风,反系于周公之化;《秦誓》诸侯之事,乃附于训诰之余。究其闳纲,必有微旨。且巧言者丘明为耻,传《春秋》蒙诬艳之讥;惠人者子产用心,作丘赋被虿尾之谤。谓之诬艳,非巧言乎?目之虿尾,岂惠人也?夫子又何谓之同耻,叹其遗爱者哉?子大夫博识洽闻,强学待问,请谈大义,用释深疑。

对:举贤而问,炎汉之得人;射策程材,有唐之明诏。晁错明国家之大体,仲舒究《春秋》之一元,皆条对于篇章,备天子之亲览;刘蕡述兵农之大略,微之以才识而中科,然品核其言词,由有司而考第。皇上思讲勋华之闳道,欲举汉、唐之茂规,已诏公卿之流,博选贤良之士。而又申《周官》辨论之法,以考于贤能;较成均上游之徒,并升于岁贡。退愧拘儒,亦当奥问。夫近世取士之弊,策试为先,谈无用之空文,角不急之常论。知井田之不能复,妄设沿革之辞;知榷酤之不可除,虚开利害之说。或策之者钩探微细,殆皆游谈;而对之者骫骳曲辞,仅能塞问。弃本求末,舍实得华。若乃《诗》、《书》之可疑,圣贤之异行,乐所以导和而率俗,官所以共治而建中,此皆圣师之所谈,明问之至要。敢陈臆见,用备询求。策曰:"《诗》删风、雅,有一国四方之殊;《书》载典、谟,是二帝三王之道。《关雎》王者之风，反系于周公之化；《秦誓》诸侯之事，乃附于训诰之余。”考其本因，可为梗概。夫述四始之要，明五际之变，始之以《风》，终之以《颂》。以厚风俗，以察盛衰，此《诗》之所以作也。而变《风》变《雅》，有六义之殊焉。《关雎》王化之基，三百五篇推其首。而《周南》之作，亦系其列者，盖姬旦分陕而居，天子与之共治，故其政化之美得系于王者之风也。述百篇为历代之宝，断之自唐，讫之以周，以陈典、谟，以为约束，此《书》之所以设也。作诰、作誓，皆三王之事焉。成汤有罪己之言，五十九篇载其义。而秦侯之誓亦参其末者，盖穆公伐晋之辞，夫子善之于改过，故其诫令之说，亦附训诰之余。不然，夫仲尼述尧、舜，删《诗》、《书》，著为不刊，以示来叶，岂容其失乎？且巧言者丘明所耻，惠人者子产用心，著于前经，此可明矣。先儒称仲尼立一王之法，始修《春秋》，而亲授丘明，使之作《传》。及范宁欲专《谷梁》一家，故蒙以诬艳之讥。前志称子产犹众人之母，善其养民，而临治郑国，能行其惠。及国人怨其丘赋之重敛，故被以虿尾之谤。夫传一经之义，非曲而畅之，盖不能详也。救一时之弊，盖权而行之，非为毒也。学者偏见，妄云诬艳，岂丘明之失欤？国人无知，谤以虿尾，非子产之过矣。况以仲尼之圣，作经亲授，岂有缪举乎？国侨既死，国人皆罢，不曰惠乎！宜其同巧言之为耻，以遗爱而见称也。荒孱之说，敢以此闻。谨对。

《第二道》：问：乐由中出，音以心生。自金石毕陈，《咸》、《韶》间作，莫不协和律吕，感畅神灵。虽嗜欲之变万殊，思虑之端百致，敦和饰喜，何莫由斯！是以哀乐和睽，则噍杀啴缓之音应其外，礼信殊衍，则《大雅》、《小雅》之歌异其宜。钟期改听于流水，伯喈回车于欲杀。戚忧未弭，子夏不能成声；感慨形言，孟尝所以抆泣。斯则乐由志革，音以情迁，盖心术定其惨舒，铿锵发之影响。是以亡陈遗曲，唐人不以为悲；文皇剧谈，杜生于斯结舌。谓致乐可以导志，将此音不足移人。先王立乐之方，君子审音之旨，请论详悉，倾伫洽闻。

对：人肖天地之貌，故有血气仁智之灵；生禀阴阳之和，故形喜怒哀乐之变。物所以感乎目，情所以动乎心，合之为大中，发之为至和。诱以非物，则邪僻之将入；感以非理，则流荡而忘归。盖七情不能自节，待乐而节之；至性不能自和，待乐而和之。圣人由是照天命以穷根，哀生民之多欲，顺导其性,大为之防。为播金石之音以畅其律,为制羽毛之采以饰其容,发焉为德华,听焉达天理。此六乐之所以作,三王之所由用。人物以是感畅,心术于焉惨舒也。故《乐记》之文,噍杀啴缓之音以随哀乐而应乎外;师乙之说,以《小雅》、《大雅》之异礼信而各安于宜。夫奸声正声应感而至,好礼好信由性则然,此则礼信之常也。若夫流水一奏而子期赏音,杀声外形则伯喈兴叹,子夏戚忧而不能成声,孟尝听曲而为之堕睫,亡陈之曲唐人不悲,文皇剧谈杜生靡对,斯琐琐之滥音,曾非圣人之至乐。语其悲,适足以蹙匹夫之意;谓其和,而不能畅天下之乐。且黄钟六律之音,尚贱于末节;《大武》三王之事,犹讥于未善。况鼓琴之末技,亡国之遗音,又乌足道哉!必欲明教之导志,音之移人,粗举一端,请陈其说。夫顺天地,调阴阳,感人以和,适物之性,则乐之导志将由是乎;本治乱,形哀乐,歌政之本,动民之心,则音之移人其在兹矣。帝尧之《大章》,成汤之《大濩》,乃是先王立乐之方;延陵之聘鲁,夫子之闻《韶》,则见君子审音之旨。谨对。

《第三道》:问:建官惟百,帝尧之闳规;莅事惟能,《武成》之令典。然则简易之理斯得,爵禄之驭有经。自卜洛开基,述天定位,别九服广轮之数,辨一圻国邑之宜。乃六卿在郊,五家为比,咸用蒙士,尸于厥官。教以和亲,禁其爱恶,惟列爵之既众,岂取士之尽贤?匪徒百里比肩,尚艰于充选;抑亦一命授职,咸仰于代耕。以夫至寡治众之言,清心省事之论,会其归趣,不乃异乎?是以秦汉已还,抑而不举,得非折衷,难用相沿乎?象魏旧章,人伦彝训,迟闻清论,用析深疑。

对:天生民而树之牧,执政以驭邦;王建国以辨其方,设官而分理。列职乎庶位,立民之大中,以登至平,皆由此道。帝尧以巍巍之功臻乎静治,故建官惟百,缉熙于大猷;姬周以郁郁之风缛乎至化,故莅事惟能,丕扬于景铄。逮夫卜洛开基,述天定位,别九服而有等,建六官而分职。至于六卿在郊,五家为比,并列官叙,教于民人。嬴政并诸侯之疆,姗古以自是,其制不经,搢绅者罕道。炎汉承孤秦之弊,日给不暇,相沿末流,贵因循而不比。尧民被乎无为之化,故官虽至简,亦可以治平。姬周承二代之弊,意在救时之失,故官必众建,乃能为共治。此世之异,时之然也。虽曰六卿五家,为职甚细,然由计以会要,行之诛赏,贤者尊之以劝善,不贤者罚之以去恶。则列职虽云至众，取人安不尽贤？禄何由而滥尸？官诚难于充选，此宗周所以治安而长久，后世所宜法则而奉行也。自秦历汉，积弊相沿，权宜适时，放去古法。居位者莫分善恶之真，考课者未见诛赏之当，故列职弥众，莅事益烦。故政立而治不能进，官众而人不必贤。夫清心省事之论，所以为此弊而设，非为宗周而谈也。今欲舍姬周之往轨，谈秦汉之末规，浊源清流，未见其可。夫惟简易之深旨，贤哲之异能，求礼乐之深源，述官师之大义。此诚远大之闳体，非陋儒之能具也。管窥之微，既难于殚见；刍荛之鄙，聊备于周询。谨对。（《欧阳修全集》卷七一）

欧阳修《谢国学解元启》：右修启。伏睹解文，滥膺名荐。肄三合雅，方列于胄筵；旅百在庭，遽陪于方贡。惟遴柬之弥众，叨首举以为荣。饰让无从，循涯有溢。窃以姬庭讲治，务多士之思皇；汉席迟贤，以得人而为盛。然皆谨能书而上献，始扬进造之名；随计吏而与偕，乃署秀廉之等。一适谓之有德，九变选乎知言。所以乐育群材，并赞郁乎之化；润色鸿业，协畅炳然之风。用登至平，皆由此道。而况成均讲艺，昭五帝之遗文；辟雍环流，耸三宫而对峙。自京师而首善，俾天下之向风。卓尔丕彝，垂之来叶。皇上握褒文而统理，坐法宫以垂精，并举丰规，丕扬先烈。恢迓衡之至治，揽入彀之群雄。躬孝武招徕之勤，绍永嘉敦朴之举。取之数路，并用文武以兼通；托之百朋，思讲天人之相与。并申辨论之法，特为孝秀之门。责士著以占名，谨乡评之清议。一郡国之众，咸使得以应书；百孝廉之群，皆劝令其趋驾。固以厚一马乘轺之聘，光束帛贲园之招。张罗挂云，尽取于逸翮；倾昆取琰，无复于遗珍。超振古以无前，契千龄而犹是。而复诏大胥之掌版，登游倅于上庠，谨从事以新书，先考言而明试。才可嘉于辨丽，择之妍词；言析理以精详，求于闳论。当此三道，使无讳以著于篇；对有百人，尽挥毫欲善其事。自非行能高妙，业履优殊，关览乎九家之流，含漱乎六艺之润。讲乎高谊而已久，识必研几；施之当世而可行，言皆诣理。则何以当重围之树棘，并列于名闻；佩后席之容刀，得趋于台试？如修者，天机甚浅，俗韵素冥。响未彻于一皋，器不贾于当世。琐尾成乎长丑，寒素本乎后门。抚顽钝以无庸，常拙艰而茹叹。首戴蒲而服业，早失先畴；书剖榅而发函，仅存手泽。毁瓦居惭于志，食不龟安可以得封？

勉为占毕以呻吟,动取戏儒之诟病。晞发光华之旦,徒庆于逢辰;策足英雄之躔,奚能于远到?尝因续食于县次,获陪待诏于公车。对策无为,终以空言而罢;雅拜非礼,几坐举者之人。辱皮相以堪羞,耗心气而都尽,讳穷极于反袂,铩羽嗟其触隅。学揣摩而不成,反嗤于丘;旁《离骚》而发咏,几吊于湘累。志销落以堙沉,迹零丁而孤苦。顷自脱身侨籍,著录师黉,学狗曲以见讥,肄鳣堂而卒业。入梁兹久,敢期英俊之并游;论都未成,殆以伧荒而见隔。对合鲭而记食,蹁讹履以倦游。会深诏之急贤,俾命乡而论士。靡惭炫鬻之技,上充跅弛之求,辄以复来,勉兹再鼓。当翰场之斯辟,接隽轨以并驰。秃千兔之毫,笔不停而争缀;举连帷之袂,袍何白以太纷。曾是鲰生,最当前列。踯躅燥吻,舌不下以乔然;雕琢曼词,思弥枯而兀若。率有枚生之累句,仅同睢苑之后成。日伫报闻,阴图引去。夫何滥吹之曲,误中程文之规,用冠誉髦,越升上级。屏间误墨,本无望于成蝇;灶下焦桐,岂有思于为器?玷兹褒采,实骇群伦。顾扬秕以增羞,在冠鳌而曷称?再循窃据,实用靦颜。此盖伏遇某官,表烛群伦,丹青上化。雌黄在口,捉麈尾而不休;剪拂长鸣,托旌端而可逝。因兴民于三物,务推毂于诸生,致此妄庸,及于甄采。敢不仰衔提奖,益励进修!磨铅钝以为铦,策蹇步而希骥。哆兮箕舌,已簸糠而在前;沛乎鸿毛,使培风而直上。用于知己,答乃初心。过此以还,未知所措。(《欧阳修全集》卷九五)

十 月

六日,知许州钱惟演言:"本州准条:解进士三十一人,诸科百六人。今试到进士三十一人、诸科八人外,进士王寅等十五人辞理可采。欲减诸科额三十人,添进士额十五人,自今为定。"诏:"于寅等数中选八人,委合格者解发,余不行。"(《宋会要·选举》一五之七)

二十日,赐楚州童子周应期出身。(《宋会要·选举》九之二三)

二十二日,中书门下言:"昨降敕,许幕职、州县官应茂才、拔萃科,颇闻不详诏意。其有授官未赴任所者,望晓谕各归任所听旨。"奏可。(《宋会要·选举》一〇之一八)

二十三日，判兵部冯元言："应武举人除策论外，当部无弓马试射之处。欲俟考定，词理稍堪、人材有行止者，牒送马军司引试。如弓马精熟，堪与召试，即具闻奏。如词理平常，人材小弱，曾有赃犯，弓马不精，先次落下。"从之。（《宋会要·选举》一七之六）

是　月

诏："铸封弥院印三面、誊录所印三面、发解印三面，送礼部收管。遇科场给付，逐处行用。"（《宋会要·选举》六之五一）

十一月

十九日，上封者言："《贡举条制》：'进士、诸科如显无户籍，及虽有户籍、久离本贯者，许召官委保就试，仍于卷首具标本贯、寄应二处。若虽无田业，见存坟域，久居旧贯，显有行止，亦许召保取应。'伏见：近年每开科场，外州举人竞凑京府，寄贯召保，多违此条。昨庐州进士王济，因兄修己于祥符县买田十八亩，投状之际，逐以修己为父。又有王宇，亦贯济户，遂以济之三代为己名讳。不顾宪章，换易亲讳，亏损孝行，无甚于兹！欲请：自今开封府进士，除旧有户版十年以上见居本贯者，许投状；未及十年，或虽已十年不居本贯者，无得接状。其在京无户之人，许先经县投状，责乡耆保验。委是久居，别州亦无户籍者，结罪书状，委县官访验行止。无有虚妳，保明上司，录司告示，召保取解。其外州先有户籍之人，各勒就本贯请解，与理旧举数场第。如乡里别无亲戚，但有坟墓，亦许召保取解。如旋置田土，妄召保官，寄立户名，罔冒乡县，一事非实，许人纠告。应干犯人，皆以违制一等科罪。举人有荫，亦勿听赎。"诏："两制集官议定。"翰林学士章得象等言："按《贡院条制》：'臣僚在任所有亲属者，无得旋置田土、贯户取解。'今缘京师，四方所聚，即与外州不同。请令：举人如有户籍及七年以上见居本处，即许投状；未及七年、不居本贯者，不在收接之限。其委无户贯者，旧制许召有出身京朝官，保明行止，仍不得过二人；无出身京朝官、曾勾当事者，亦许保一人。如有违犯，保官以违制失论；举人勒出科场，永不得取应，同保者殿五举。如涉请嘱，自从重论。今上封者请先经所隶县投状，及责村耆察访行止，望如所请，仍听诸色人纠告。其外州举人,与理旧举数、场第。及止有坟墓,亦许召保取解。若一事违条贯,用违制一等科罪。望并依所请。”奏可。其举人妄认乡贯、三代,如用赂者,虽有荫,不以赎论;如不用赂,亦奏裁。(《宋会要·选举》一五之七、八)

十二月

四日,工部郎中、判尚书礼部康孝基上考复茂材异科富弼等一十人,词理并优。帝以孝基品藻非当,命礼部郎中、知制诰李仲容判礼部,复令看详以闻。故事,茂材异等三科,委礼部考定。至是,孝基改同判焉。(《宋会要·选举》一〇之一七)

是　年

兴化军进士陈可言:“臣昨与本军进士黄价同保,臣预解送之后,本军言黄价昨赴举时,有叔为僧,丧服未满,臣例当驳放。窃思出家制服,礼律俱无明文,况僧犯大罪,并无缘坐;犯事还俗,准敕不得均分父母田园。又释门仪式,见父母不拜,居父母丧不绖,死则法门弟子为之制服,其于本族并无服式。望下礼官详议,许其赴试。”太常礼院言:“检会敕文,期周尊长服,不得取应。又礼为叔父齐衰期,外继者降服大功九月。其黄价为叔僧,合比外继,降服大功。”(《宋史》卷一二五)

天圣八年　庚午(1030)

正　月

十二日,以资政殿学士晏殊权知贡举,御史中丞王随、知制诰徐奭、张观权同知贡举,合格奏名进士欧阳修已下四百一人。(《宋会要·选举》一之一〇)

十四日,以资政殿学士晏殊等权知贡举,殿中侍御史张存、屯田员外郎张旨监门,集贤校理李宥、馆阁校理王琪、国子监直讲宋祁、大理寺丞凌景阳充点检试卷。审刑院详议官马寻,崇文院检讨王宗道,国子监直讲王奎,大理寺详断官刘随、杨安期,国子监直讲杨中和,充诸科考试官;集贤校理葛昂、王湜充封印复考官,右司监范讽、监察御史崔暨封印卷首。集贤校理陆轸、开封府推官张夏、殿中丞赵固,武成王庙考试知举官亲戚举人。(《宋会要·选举》一九之九)

贡院言:"自来都省于诸司内差三人与手分同发遣祗应,今缘举人稍多,欲乞更差有行止、能书札二人同共祗应。"从之。(《宋会要·职官》一三之九)

晏元献以前两府作御史中丞,知贡举,出《司空掌舆地之图赋》。既而举人上请者,皆不契元献之意。最后,一目眊瘦弱少年独至帘前,上请云:"据赋题,出《周礼·司空》,郑康成注云:'如今之司空,掌舆地图也;若周司空,不止掌舆地之图而已。'若如郑说,'今司空掌舆地之图也',汉司空也。不知做周司空与汉司空也?"元献微应曰:"今一场中,惟贤一人识题,正谓汉司空也。"盖意欲举人自理会得寓意于此。少年举人,乃欧阳公也,

是榜为省元。(《默记》卷中)

演曰:"公(欧阳修)岂不记作省元时,庸人竞摹新赋,叫于通衢,复更名呼云'两文来买欧阳省元赋'。"(《湘山野录》卷下)

王君辰榜,是时,欧公为省元。有李郎中,忘其名,是年,赴试南宫。将迫省试,忽患疫,气昏愦。同试相迫,勉扶疾以入。既而疾作,凭案上困睡,殆不知人。已过午,忽有人腋下触之,李惊觉,乃邻座也。问所以不下笔之由,李具言其病。其人曰:"科场难得,已至此,切勉强。"再三言之。李试下笔,颇能运思。邻座者乃见李能属文,甚喜,因尽说赋中所当用事,及将己卷子拽过铺在李案子上,云:"某乃国学解元欧阳修,请公拆拽回互尽用之,不妨。"李见开怀若此,顿觉成篇,至于诗亦然。是日程试,半是欧卷,半是欧诗。李大感激,遂觉病去。论、策二场亦复如此。榜出,欧公作魁,李亦上列,遂俱中第云。后李于家庙之旁画欧公像,事之等父母,以获禄位者皆公力也。李尝与先祖同官,引先祖至影堂观之。先祖、先公每言此,以为世之场屋虚诞、以相忌嫉者之戒云。(《默记》卷中)

欧阳修《省试司空掌舆地图赋平土之职,图掌舆地》:率土虽广,披图可明。命乃司空之职,掌夫舆地之名。奉水土以勤修,慎司无旷;览山川而尽载,按牒惟精。所以专一官而克谨,辨九区而底平者也。伊昔令王,尊临下土。以谓绵宇非一,不可以周览;众职异守,俾从于各主。故我因地理之察,宜建冬官而法古。将使如指诸掌,括乎地以无遗;皆聚此书,著之图而可睹。险固咸在,方隅异宜,分形胜以昭若,庶指陈而辨之。度地居民,既修官而有旧;辨方正位,俾披文而可知。其或作屏建亲,命侯封国,小大有民社之制,远迩异封圻之式。非图无以辨乎数,非官无以奉其职。主于空土,既险阻之尽明;别尔分疆,志广轮而可识。诚由据函夏之至要,赞大君之永图。上以体国而经野,下以建邦而设都。参古号于周官,各司其局;辨群方于禹迹,无得而逾。是何标区域以并分,限华夷而靡爽。域中所以张乎大,天下无以逾其广。亦犹五土异物,必辨于司徒之官;九州有宜,乃命乎职方之掌。用能三壤咸则,四民奠居,穷人迹于遐域,包坤载于方舆。具异夫充国论兵，但模方略之状；酂侯创业，惟收图籍之余。彼《夏贡》纪乎州名，《汉史》标乎地志。虽前策之并载，在设官而未备，曷若我谨三公于汉仪，专掌图于舆地。(《欧阳修全集》卷五九)

欧阳修《翠旌诗》：盛礼郊仪肃，纯音帝乐清。葳蕤飘翠羽，赫奕展华旌。凤邸光交复，鸾旗色共明。缤纷拂葩盖，辉映杂绣缨。且异文竿饰，非同翿舞名。竹宫歌毖祀，雅曲播遗声。(《欧阳修全集》卷五九)

欧阳修《南省试策五道·第一道》：问：管夷吾之书曰：圣人之治天下也，四民勿使杂处，杂处则其言哤，其事易。士就闲燕，工就官府，商就市井，农就田野。群萃而州处，少而习焉，其志安焉，不见异物而迁焉。且曰士农之子常为士农，工商之子常为工商。若乃士讲学以居位，农力穑以阜生，安而不迁，斯则嘉矣。其或百工居肆，万商成渊，奇技淫巧之荡心，鬻良杂苦之牟利，安于所习，未足敦风，见善而迁，兹亦何害？又如端木之货殖，胶鬲之鱼盐，倪宽之带经，王猛之卖畚，乘时万变，安可限其定居？黄宪之牛医，胡广之田亩，桑羊之贾竖，叔敖之负薪，肯构百端，安可责其承世？今兹贡士之制，亦有异类之防，虽条禁之久行，谅甄明之不暇。众君子优于博古，长于辨宜，以为如何？无惜辞费。

对：讲天人之精祲，责草茅之愚言，古之求治者莫急于此；兴愚民之休利，传经术而条对，士之射策者以尽其才。自汉而还，于唐为盛。然以公孙之对，置第本下，天子自擢于第一；刘蕡之言，指时甚直，有司不敢以入第。盖言至切者顾后害，论至直者为难行。故事欲述者，枉于有司，而议不得申；言欲显者，牵于文辞，而谈不得骋。为弊之甚，由古而然，夫能革之，诚在今日。皇上垂衣御图，侧席延士，诏郡国以充赋，命公卿而署奏。而末学庸妄，亦预试言。开陈其端，周爰而问，上所以讲求至治之本，下所以展尽思虑之秋也。策以谓古之四民，罔敢杂处之义，而今取士，故有异类之防。端木、胶鬲、倪宽、王猛之徒，谓不可限以定居；黄宪、胡广、桑羊、叔敖之贤，谓不可责其世职。以古之鉴，求今之宜，此诚当世之所急也。且夫至治之世，四民异居。士处闲燕，谈仁义，礼乐于是乎兴；农服力穑，限井田，衣食于是乎足。工述巧以备器用，商达货以迁有无。少而习之，各有常分。故命射以观其德，命御以论其行，如是，则可以官贤材，而不肖者有所劝。不耕则祭无盛，不蚕则衣无帛，如是，则可以禁游手，而趋末者著于本。器奇者杀，以杜工之伪；关讥弗征，以检商之猾。此圣王所以治天下之本，明不得以异物迁也。及周之晚，汉继而兴，救时之宜，犹有可取。士虽不选于里，而有孝廉之举；农欲劝之使勤，故有力田之秩。有市籍则不得仕，禁乘车以抑其豪。行之当时，犹为近古；降及弊末，适于权宜。有入赀以为郎，有入粟而拜爵，农商杂进，黑白混然。今国家监太清以为治，求王道之大端，务思真贤，以登庶位。故于贡士之制，亦有异类之防，此诚法古为政之要也。然自井田一堕，四民失业，士不本乡里，举不明真伪，后世之取贤者，宜条禁之。故有行限年之制，有复乡举之请，有立秀才之科，有立中正以品功伐之高下，有从土断以禁人士之流移。科条益严，变更非一，贤否之辨，未睹其真，岂非制其末而失其要欤？方今诏郡国岁贡，谨土著以占数，先乡议而核实。然患条禁久行，甄明不暇者，诚由制之未得其术尔。必若取人以才，考行以实，举贤者上赏以旌功，不肖者黜地以明罚。自然无冒举之过，有得人之盛，又何患工商杂以并进，士类混而无别乎？彼作奇巧以荡心，杂良苦而射利，谓其偷俗，未足敦风，在乎禁之，以绝其伪而已。若乃端木殖财，胶鬲擅利，倪宽为御史而称职，王猛与诸葛而并功，黄宪有三公之量，胡广明万事之理，桑羊之心计，叔敖之善相，如此数贤者，皆遭遇其时，以立勋业。故不限以定居，责其世职，乌得同条而语哉？谨对。

《第二道》：问：古者纠邦禁以叙六典，因天讨而作五刑，所以申严国章，明慎时宪。协大中之法，助教化之治，定三尺以著令，明一成而不变。又赦过宥罪，议狱缓死。法天地之茂育，象雷雨之作解，式显好生之化，茂宣去杀之仁。且肆眚之恩苟废而不用，则时无涤秽之泽；若数以为利，则人有委辔之欢。折衷之理，愿闻嘉言。

对：夫民弊于末，心作乎争，德不可以独行也，辅之者其刑法乎？猛而则残，虐以为暴，刑不可以独任也，济之者其仁恩乎？先王由是扶衰世以救滥，即民心而有作。谓天有震耀杀戮，我则严之以威虐刑罚；谓天有生殖长养，我则申之以温慈惠和。大为之防，曲为之制。以商、周之盛德，有

《九刑》之典，亦知狱与刑之不可去也如此。然而议狱缓死，羲《易》之明文；眚灾肆赦，帝《典》之奥训。《周官》有三宥，新国用轻典，皆所以宽民之谓也。故肆眚苟废，则时无涤秽之泽，是伤乎无恩也；数以为利，则人有委辔之叹，是因而起弊也。折衷之理，何以辨之？盖周家之政至忠厚也，须成、康而刑乃措；汉世之德至宽仁也，至文、景而狱乃平。夫所以致刑之措、狱之平，其要非他，在削苛刻之深文，执议论之平谳。无罹民之不远，无纵诛以快怒，使愚民知所避，奸吏无所弄，则狱虽不赦，刑将自平。且投箪者不能救饥，持靰者不能御骑，又何必申小惠，推私恩，启民心之奸，弛古刑之典者哉！故谓不赦者良医之针石，赦者奔马之委辔，质斯言也，不其然乎！谨对。

《第三道》：问：天驷、先牧列于祭经，圉人、圉师实有官局，然则国马之政，其来尚矣。皇朝累盛，函夏大同。华阳之归，偃息既久；垧野之颂，孳生益蕃。而又河陇、朔方，岁行互市，颇积縻于金帛，亦罕辨于良驽。诚由骑兵不可以阙供，夷落仰资于善价，浸为经制，著在有司。议者或云承平日深，冗费宜革，思欲减边关之条禁，遂氓庶之贸迁，倘缓急于戎容，可借资于民畜。恭惟圣治，务广刍言，靡倦极谈，以光俊域。

对：养马有夏庌之制，掌于《周官》；《春秋》纪日中之候，著于《左传》。远郊任乎牧事，祭祖标于《月令》。作延厩，禁原蚕，著为国经，并载方策。则国马之政，其可废乎？国家接千岁之大统，承五代之末流，画牡荆以指麾，包虎皮而载戢，闻有日矣。而犹弗敢忘战，备于不虞。内有七校禁卫之屯，外有三边防狄之戍。而兵骑之众，畜牧且蕃。资河朔以仰足，用金帛而交易，为日滋久，其费自深。然欲减边防之条禁，遂氓庶之贸迁，施之于今，未见其得。何则？探宝货以怀利者，此夷落之民所甚欲也；商功利以惜费，则主计之臣所遍明也。若乃捐有余之宝，获为兵之备，以其所有，易其所无，斯诚利害可明，而经久弗变之制也。非互市不能以足用，归氓庶则惧乎起奸。颛蒙所见，故在于此，谨对。

《第四道》：问：粤若姬氏，肇自邰封，佐尧而为农师，居豳成于王业。绵绵之瓞，本仁积功；朊朊之原，聿来胥宇。建文、武之景化，被岐、镐之故区,继圣嗣兴,定命攸厚。相兹河洛之宅,求乎天地之中。涧、瀍之间,风雨所会,在《礼》也载土圭之法,于《书》也兆龟墨之祥。逖观献卜之文,显著徙都之事。何乃丘明作《传》,康王有酆宫之朝;杜预垂言,平王为东周之始?岂先后之殊致,将方策之失传?矧又奉春始谋,极谈秦地之固;孟坚能赋,颇析西宾之问。建邦之利,折理奚长?谅兹俊髦,精于经传,敷言条对,勿尚猥并。

对:肇祖乎后稷,以至乎赧王,流德而深厚者,莫大乎西周;始封乎邰土,卒终于洛都,因世而相宅者,逮历乎七百。方策之所并载,诗颂之所歌舞,可略而谈也。若乃武王在镐,继文而有声;周公践祚,相成而负扆。即神皋以开壤,据涧、瀍之上游,是为洛都,以徙周邑。然而"丘明作《传》,康王有酆宫之朝;杜预垂言,平王为东周之始",此策所以疑而问者。得非洛之初营,周都既定,但迁九鼎,以居其中。及周德之下衰,始平王之东徙,迹先后之可见,非方策之失传也。夫守金城之府,据绕溜之固,扼关中之形势者,强秦之兴也,此奉春以是建策而为高皇说也。因土圭之影,迹宗周之旧,当天下而宅中者,东汉之盛也,此孟坚之所以因赋而陈光武之业也。夫圮耿徙亳,成汤非一邦而理;在岐居镐,姬氏不共邑而兴。世之盛衰,顾德薄厚而已,又乌称建邦之利哉?故东西二都,皆两汉由之而兴废也。谨对。

《第五道》:问:听德惟聪,前王之至训;嘉言罔伏,举善之令猷。国家守承平之基,御中区之广,地利无极,齿籍益蕃。各有争心,必虞强诈之患;或非良吏,虑兴枉滥之尤。故立肺石以达穷民,设匦函以开言路。而又俾之转对,复彼制科,思广所闻,遂延多士,属兹举首,将列仕途。以何道致民之暴者兴仁,智者无讼?以何术使吏之酷者存恕,贪者守廉?试举所长,用观精识。

对:帝尧之德非不圣也,必乘九功而兴;虞舜之明非不智也,必开四聪之听。大禹之勤求贤士,乃至乎王;汉家之并建豪英,以翼乎治。诚以一人之圣,据群元之尊,王道之浸微浸昌,生民之或仁或鄙,理有未烛,思求其端。是以垂精留神,广览兼听。居以侧迟贤之席,行则驰裹轮之车,施及于方外而弗遗,退托于不明而求辅。其勤若此,犹惧乎弗及也。故今国家所以览照前古，讲求旧规，下明诏以开不讳之门，设匭函以广言者之路，复转对以采搢绅之议，立制策以待隽良之言者，意在兹乎！猥惟梼昧之微，举皆管浅之说。夫欲民之暴者兴仁，智者无讼，在乎设庠序以明教化；欲吏之酷者存恕，贪者守廉，在乎严督责而明科条。为治之方，不过乎是而已。谨对。(《欧阳修全集》卷七一)

文彦博《省试蒲车诗》：汉祀精禋洁，云亭禅礼殊。金泥伸秘检，车毂尚编蒲。越席侔前制，文茵愧后途。软轮同致美，规地用难符。翠幰芳蕤集，华芝秀彩敷。升中仪矩盛，备物壮皇图。(《全宋诗》卷二七三)

三　月

十一日，帝御崇政殿，试礼部奏名进士，内出《藏珠于渊赋》、《博爱无私诗》、《儒者可与守成论》题。进士欧阳修等以圣题渊奥上请，帝宣谕久之，仍录所出经、疏示之。命翰林学士章得象等三十五人于崇政殿后各设幕次，封弥、誊录、考校、编排、等第。得王拱辰已下二百四十九人，第为四等，并赐及第、同出身。第一、二、三等及第，第四等同出身。拱辰本名拱寿，诏改今名。(《宋会要·选举》七之一五)

甲子(十一日)，御崇政殿试礼部奏名进士。丙寅(十三日)，试诸科。丁卯(十四日)，赐进士王拱寿等二百人及第，四十九人同出身。己巳(十六日)，赐诸科及第、同出身者又五百七十三人。拱寿，咸平人也，诏更其名曰拱辰。诏："应制科，自今听随礼部贡举施行。"(《长编》卷一〇九)

宋庠《崇政殿试御试贡士中昃不暇食因私赋》：饔圣勤周日，虚怀轸睿思。方图天辑命，讵恤食逾时。坐诫繁机壅，居忘侧景疲。眷贤资德饱，询善慰调饥。事帝心还小，康功服更卑。巍巍七百祚，归报谅由斯。(《全宋诗》卷一九三。按：宋庠是年有观新进士赐宴诗，是诗姑系于此。)

宋庠《次韵和度支苏员外复考进士文卷锁宿景福殿》：秘邃严庐斗极傍此殿最近禁中，知君此夕较连章。天移宿幕邻尧屋，霞滟仙杯杂嵰霜供帐赐樽之盛，不与常等。坐觉铜签随漏箭，卧惊银汉入宫墙。精心百汰知无倦，千牍皆供夜石量。(《全宋诗》卷一九八。按：宋庠是年有观新进士赐宴诗，是诗姑系于此。)

欧阳修《殿试藏珠于渊赋君子非贵，难得之物》：稽治古之敦化，仰圣人之作君，务藏珠而弗宝，俾在渊而可分。效乎至珍，虽希世而弗产；弃于无用，媲还浦以攸闻。得《外篇》之寓言，述临民之致理。将革纷华于偷俗，复芚愚于赤子。谓非欲以自化，则争心之不起。盖贱货者为贵德之义，敦本者由抑末而始。示不复用，虽至宝而奚为；舍之则藏，秘诸渊而有以。诚由窒民情者在杜其渐，防世欲者必藏其机。使嗜欲不得以外诱，则淳朴于焉而可归。将抵璧以同议，谅弹雀而诚非。照乘无庸，尽遗砢岸之侧；连城奚取，皆沉媚水之辉。用能崇俭德以外昭，复淳风而有谓，民心朴以归本，物产全而靡费。珍虽无胫，俾临渊而尽除；事异暗投，永沉川而不贵。然而道既散则民薄，风一浇而朴残。玩好既纷乎外役，质素无由而内安。故我斥乃珍奇之用，绝乎侈靡之端。将令物遂乎生，老蚌蔑剖胎之患；民知非尚；骊龙无探颔之难。是则恢至治之风，扬淳古之式。不宝于远，则知用物之足；不见其欲，则无乱心之惑。上苟贱于所好，下岂求于难得？是虽宝也，将去泰而去奢；从而屏之，使不知而不识。彼捐金者由是类矣，摘玉者可同言之。谅率归于至理，实大化于无为。致尔汉皋之滨，各全其本；虽有淮蠙之产，无得而窥。自然道著不贪，时无异物，民用遵乎至俭，地宝蓄而不屈。所以虞舜垂衣，亦由斯而弗咈。(《欧阳修全集》卷五九)

欧阳修《藏珠于渊赋》，乃殿试作也。其佳句云："将令物遂乎生，老蚌蔑剖胎之患；民知非尚，骊龙无探颔之难。"又："上苟贱于所好，下岂求于难得?"疏畅之中，时露剀切。他日立朝謇谔，斯篇已见一斑。(《雨村赋话》卷五)

十三日，试诸科，得九经徐摭已下五百七十三人，并赐及第、本科出身。(《宋会要·选举》七之一五)

十三日，诏："试举人，应文武臣僚、三班使臣、幕职州县官等，见、谢、辞并正衙。宜令阁门、御史台并权放，候至十九日，即却依旧。"(《宋会要·选举》八之三一、三二)

十六日，诏："应制科人，今后遇有科场，许依七年敕命投下文字。"(《宋会要·选举》一〇之一八)

进士名录：王拱辰，刘沆，孙抃，刁约，王定，王景，王畴，元绛，文彦若，方任，方峻，方楷，尹源，毋湜，石介，田况，史褒，史襄，丘荷，吕士昌，朱公绰，朱武，朱辅，江镃，杜叔元，杜某，杜舜元，李之才，李述，李绒，吴师服，吴诚，吴辅，沈立，宋宜，宋辅，邵景先，范师道，林茂先，林瞻，林袭明，金汝臣，周铨，茹孝标，柳垂象，柳拱辰，段惟亿，施渥，胥沆，翁纪，翁纯，郭申锡，唐介，陈大素，陈之武，陈希亮，陈动之，陈庸，陈溥，陈说之，陈谏，陈谕，陈璇，孙甫，孙扶，孙庄，孙揆，黄孝恭，黄注，黄垍，黄展，盛关，章岘，章资，张正，张先，张谷，张宗古，张宗彝，张昭文，张象中，张鉴，项宣，童志贤，曾奉先，游振，蒲师道，蒲规，杨仲元，杨英，杨翊，杨钧，杨屿，雷俨，解希孟，赵咸熙，蒋贲，蔡襄，臧几道，齐唐，郑子庄，郑方，郑条，郑纾，欧阳修，欧阳乾曜，刘元俞，刘奕，刘涣，刘异，乐滋，蓝圭，蓝丞，韩丙，韩崇，韩综，谢伯强，谢堪，瞿珣，罗孟郊，龚会元。

诸科：徐摭。

特奏名进士、诸科：王猎。(《宋登科记考》卷四)

补进士名录：其一，吴及。《宋登科记考》卷四将其系于庆历二年进士名录，误。《全宋文》卷一四八一郑獬《吴公墓志铭》："得暴疾以卒，年四十九，嘉祐壬寅九月某日也。公初年十七，中进士第。"据其生卒年推算，当于是年中第。

其二，周颂。《齐东野语》卷一五："周颂，天圣八年进士。"

其三，徐君行。《欧阳修全集》卷六八《与石推官第二书》："同年徐君行因得寓书，论足下书之怪。"

其四，王鼎。《宋登科记考·附录》载二王鼎，皆与此不同。《欧阳修全集》卷一五一《与王发运鼎,字宝臣》:“与同年相知尤甚。”

其五,孙植。《宋登科记考·附录》:“绍兴中登进士第。”当为另一人。《欧阳修全集》卷一五五《书琴阮记后》:“同年孙植,雅善琴阮。”

其六,马永伯。石介《与奉符知县书》:“前奉符大夫马君永伯,下车逾月,先就见介于徂徕草庐中。……马曰:‘吾治君邑,吾闻君贤,且与君为天圣八年同门生。’”(《徂徕石先生文集》卷一七)

王懿恪公拱辰与欧阳文忠公同年进士。文忠自监元、省元赴廷试,锐意魁天下。明日当唱名,夜备新衣一袭,懿恪辄先衣以入,文忠怪焉。懿恪笑曰:“为状元者当衣此。”至唱名,果第一。(《邵氏闻见录》卷八)

相国刘公沆,累举不第。天圣中,将办装赴省试,一夕,梦被人砍落头,心甚恶之。有乡人为解释曰:“状元不到十二郎做刘公第十二,只得第二人。”刘公因诘之,曰:“虽砍却头,留沆在里。”盖南音谓项为沆,留刘同音。后果第二人及第。(《青箱杂记》卷三)

刘丞相沆为士人时,携一仆赴礼部。夜卧,忽惊起,哭。丞相怪问,仆曰:“不祥殊甚!不敢言。”再三诘之,曰:“梦主君为人斫去头。”丞相曰:“此乃吉证。斫去头,留得项,我当为第二人。”果于王拱辰榜第二人赐第。(《独醒杂志》卷二)

故相刘沆文忠公,吉州人。乡荐数上,不第。年逾四十,不欲复试。乡人共为投纳文字,迫期,强之使就试。已而,又预首选。明年礼部中选。殿试讫,一夕,梦游天宇间,闻殿上唱云:“刘沆南斗下立。”又言:“北斗下立。”觉自占曰:“历家南斗司生,北斗注死,我其死乎?”唱名,状元太师王拱寿赐名拱辰,沆第二,乃悟所梦。天圣八年也。(《麈史》卷中)

天圣庚午岁,殿试赋题《藏珠于渊》。韵脚八字:“君子非贵,难得之物。”是年,刘丞相沆中第二人,其谢启云:“对灵光之殿,难舍飞动之词;赋合浦之珠,莫叙去来之意。”(《能改斋漫录》卷一四)

大丞相刘公沆赴举，道过独木镇，有老人出曰："知公赴举，有一联相赠。曰：'今年直跨穷驴去，异日当乘宝马归。'"公曰："何以知之？"叟曰："公自是罗浮山玉源道君。"公愧谢，叟乃去。(《诗话总龟》前集卷二九)

孙枢密抃，旧名贯。应举时，尝梦至官府，潭潭深远，寂若无人。大厅上有抄录人名一卷，意以为榜。遍览无名，偶睹第二名下有空白处，抃欲填之，空中有人语曰："无孙贯，有孙抃。"梦中即填孙抃，是岁果第三名。(《青箱杂记》卷三)

孙梦得参政，初名贯，字道卿。尝语予曰："某举进士过长安，梦见持一大文卷者，问之，云：'来年春榜。'索而视之，不可。问其有孙贯否？曰：'无，惟第三人有孙抃。'既寤，遂改名抃，因字梦得。又数日，至华阴，与数同人诣金天帝庙乞灵，且求梦。夜中梦明窗下草制诏，诸人相庆曰：他日为知制诰、翰林学士矣。虽未以为信，然乃阴自喜。明年，第三人及第。"(《东斋记事》卷五)

故事，南省奏名第一，殿试唱过三名不及，则必越众抗声自陈，虽考校在下列，必得升等。吴春卿、欧阳文忠皆由是得升第一甲。(《石林燕语》卷九)

(陈庸)始与季父希亮、族弟谕学于成都，天圣中俱登进士第，县令名其所居坊为"三俊"。(《黄庭坚全集》第五辑《陈君墓志铭》)

欧阳修《谢进士及第启》：枫宸蝼濩，方赞趋而在庭；云幄靓深，遽胪传而唱第。窃顾无庸之品，仍跻异等之科。祗服宠灵，实增震悸。窃以"思皇"之咏多士，《雅》、《颂》播于姬庭；间出之有异人，文章炳乎汉德。选知言于九变，东都下深诏之辞；开孝秀之一门，唐家有得贤之盛。皆所以招徕时彦，乐育人材，讲求精禋之原，润色帝王之美。卓为往范，垂照来今。丕哉文物之华，属我神灵之运。国家右贤兴治，若古敷猷，休声塞乎渊泉，至德涌于烽火。弥文上化，疏璧水以环流；储精太宁，坐蒿莱而讲道。烂兮舜日之晏晏,焕乎尧章之巍巍。而且优游岩廊,梦想豪俊,下贤书而旁午,谕上意之丁宁。复诏策于廉科,谨乡能于岁举。驰封一马,使者在道而相望;翘首群英,天下向风而咸靡。逮计车之偕上,首方贡以前陈,委密侍之巨贤,先春闱而复较。毡笔署乎重棘,奏可而后行;锦几坐乎中楹,亲临而明试。森陈奏牍,逮两令之不胜;精阅书衡,几百斤而未止。自匪该明治具,佩服儒规,行实蔼乎徽猷,识宇包乎贤业。寝明浸昌之毕讲,学际乎天人之交;至纤至悉而不遗,言达于国家之体。则何以上当乙览,荣中甲科,联俊乂以服官,陪英雄而入彀?如某者,风猷靡立,操植素沦,树樗甚乎液樠,膏枣嗟乎昏钝。戴枝冠而竦诮,切愧命儒;问尺咫以不知,终然懵学。加以素钟舛运,生遘百罹,自剪发以交垂,已不髦而茹叹。逐耕夫而衣褐,早去先畴;署生版以占名,转随侨籍。流离末路,佁儗后尘。借誉群公之游,本无题目;接足诸生之后,多见排报。嗟盛际之亲逢,忍穷途而自窜。陪贡廉于百郡,每与计偕;饮试墨之一升,尝从罢去。退惭踸踔,数此只奇,抚骨嗟乎沦铺,卷迹甘于藏密。然而良裘学冶,惜先芬而惧隳;母发垂星,感亲闱之思养。未及衰于驹齿,勉自奋于驽筋。乘下泽以去乡,弃裂繻而为誓。车骑乏甚都之雅,风尘有化俗之劳。上国连衡,仰攀于俊轨;桥门倚袂,获觇于邦光。会泛驾之求才,辄应书而充赋。以孝廉而射策,本无百六之能;自炫鬻之上书,盖逾千数之众。逮汉庭之籍奏,咸以名闻;同矍圃之去宾,仅有存者。顾惟庸妄,首玷甄升,获召于公车之庭,给试乎上方之札。致狂言之误择,叨署第以开荣。若若飞华,交垂宛转之绶;谆谆其诲,载聆郁穆之言。浸云泽以芬流,沐天光之下烛。窃惭铅钝,尝厕翰场。屡以下中之才,当乎第一之选,宜不失于旧物,期仰答于知人。然其战屡胜而后骄,鼓至三而乃竭。绠短褚小,嗟远用以奚胜;弓拨矢钩,惜前功之皆废。诚以九阍坐狄,百戟森庭。就列瞻天,骇威临于咫尺;争观落笔,纷立若于堵墙。恍讶钧庭之梦游,骤觉干魂之惊去。仅成牵课,靡中科程。渎睿览之至精,宜报闻于独罢。尚赖黈纩之过听,兼求箕斗之虚名。谓簸扬之在前,常先于群彦;以荐籍之良厚,重违于大臣。猥自下流,参联上列。省逢辰之至幸,实叨恩之有因。此盖某官阐绎帝猷,雍容朝首。粉泽光华之治,表烛荐修之伦。膺上心之柬求,主斯文之盟会。言皆有味,务推毂以弥勤;先为之容,俾朽株之见用。致兹孱琐,及此抽扬。

敢不慎服官箴，遵修士则。鞭后策足，更希远致之途；熔金钧泥，尚依陶者之力。誓殚用拙之效，少酬再造之恩。过此以还，未知所措。（《欧阳修全集》卷九五）

欧阳修《代王状元拱辰谢及第启》：右某启云云。坐狄启扉，并集千人之俊；赐袍在笥，骤纡一采之纶。矧惟蕞尔之躯，仍玷褎然之首。仰膺渥涣，伏积震惶。窃以周陈三物以宾贤，必慎乎命乡之选；汉开数路而求士，乃盛乎得人之称。用能畅郁乎之文，一变而至道；饰炳然之化，三代以同风。阐是齐明之猷，允属神灵之旦。国家景炎兴运，赤伏膺图，敷四叶以重光，式九围而用乂。销锋偃革，外詟乎灵威；卷领垂衣，坐朝乎夷憬。上方穆然无事，监于太清，崇庠序以兴文，饰弓旌而招俊。苹歌式宴，咸预于计偕；洊棘树围，载严于籍奏。敞中楹而亲试，署异等以精求。所宜得命世之伟才，为一时之清选。夫何么陋，前玷宠光。如某者，业履空疏，才猷散戾，门绪本乎寒素，人品几乎下中。窃逢待旦之盛期，浸被右文之上化，激昂稚节，策发蒙襟。溲鸡白以树碑，偶然于童戏；炙简青而嗜学，常访于师严。徒有志于雕虫，仅不成于刻鹄。陆机阅史，尚靡识于撑犁；枚皋属文，徒率成于骫骳。早缘妄动，窃企英游。贡版赍行，常从于末荐；佩刀脱去，寻触于报闻。何天幸之聿臻，遘贤书之荐降，滥乎事举，猥以名闻。洪惟圣治之光华，蔚有俊才而逻集。并进乎千篇之牍，精览于百斤之衡。曾是孤生，绝企殊级；岂期庸鄙，偶中科程。采乎一日之长，冠乃诸生之列。既行能之无取，加世胄以非高。踸踔后尘，迹靡参于俊轨；雌黄余论，名不齿于人评。骤从底下之才，擢居第一之选。顾掎裳之在列，诚扬秕以贻讥。明命已行，固无容于反汗；多言可畏，谅弥甚于铄金。岂非思致异才，揖怒蛙而兹始；将招骏足，假死骨以为先。则何以靡遗谫薄之姿，偶首清明之举？再省循而是惧，实奖擢之有因。斯盖伏遇某官，黼黻斯文，丹青至化。嘉猷屡进，务推毂以为先；贤路一开，使腾夷而有始。敢不仰衔恩遇，进励操修！循士则以为勤，佩官箴而有守。在钧以播，既由陶者之为；摩顶无忘，誓答知人之赐。过此以往，未知所图。（《欧阳修全集》卷九五）

是　春

宋庠《庚午春观新进士锡宴琼林苑因书所见》：秘苑仪星地，群英得隽年。飞绥鲸浦右，供帐斗城偏。表道槐阴直，凌氛柞影圆。丛楹开玉宇，华组会琼筵。湛湛融君渥，渠渠奖士贤。银珰尊右席，绿帻佐双笾。饰喜优坊伎，均恩醵礼钱。沼浮渑酒渌。坻聚舜庖膻。场迥歌声合，风回舞节妍。柳疑添绀幄，鹦解啄鸣弦。臣藿心倾日，需云象在天。绨囊赍睿什，钿轴照儒篇。宝思垂霓烂，欢声抃岳传。珍台纷蹇产，翠气浩宛延。池讶阳乌浴，桥疑汉鹊填。千夫拔河索，三令夺标船。帐殿沧波匝，钩梯复道连。瑶甍轩凤羽，云鸟压鳌颠。牺舶驯灵囿，天麟蔽大田。江头拔兰紫，林下摘樱鲜。玉藻初盈沼，神芝欲冒廛。阳沟连禹洫，阴石骇秦鞭。冰静恩鱼出，园空瑞鹄旋。缭垣包井落，别渚上风烟。金埒争镳地，珠翳射雉阡。去辎雷远陌，归袂藻平川。乍集储胥外，还经驶娑前。子云嗟寂寞，无思状甘泉。(《全宋诗》卷一九四)

四　月

二日，诏：“新及第进士第一人王拱辰为将作监丞，第二人刘沆、第三人孙抃为大理评事，并通判诸州；第四、第五人为大理评事，并佥书节度判官事；余至第二甲，并铨注职官；第三甲以下，皆判、司、簿、尉。”(《宋会要·选举》二之七)

四日，赐新及第进士《大学》一篇。自后，与《中庸》间赐，著为例。(《宋会要·选举》二之七)

赐新及第进士王拱辰已下《礼记·大学》篇各一本。自后登第者赐闻喜宴日，必遣中使赐《儒行》或《中庸》、《大学》篇一轴，以为常。(《宋会要·礼》六二之三七)

五　月

二日，赐将作监主簿唐询进士及第，王田同进士及第。询、田召试学士院，中等命之。(《宋会要·选举》九之三)

二日，赐将作监丞夏安期、太祝李徽之、前越州新昌县主簿苏舜元并

同进士出身。召试学士院，中等命之。(《宋会要·选举》九之八)

二十五日，命龙图阁待制唐肃、梅询，直集贤院胥偃，考试拔萃余靖等二十五人于秘阁。殿中侍御史王嘉言、直集贤院柳植封弥誊录。(《宋会要·选举》一〇之三)

二十五日，命龙图阁待制唐肃、直集贤院胥偃试武举人于秘阁。自后与制科同命官，试于秘阁。(《宋会要·选举》一七之六)

是　月

范仲淹《上时相议制举书》：夫善国者，莫先育材；育材之方，莫先劝学；劝学之要，莫尚宗经。宗经则道大，道大则才大，才大则功大。盖圣人法度之言存乎《书》，安危之几存乎《易》，得失之鉴存乎《诗》，是非之辩存乎《春秋》，天下之制存乎《礼》，万物之情存乎《乐》。故俊哲之人，入乎六经，则能服法度之言，察安危之几，陈得失之鉴，析是非之辨，明天下之制，尽万物之情。使斯人之徒辅成王道，复何求哉？至于扣诸子，猎群史，所以观异同、质成败，非求道于斯也。有能理其书而不深其旨者，虽朴愚之心，未可以适道。然必顾瞻礼义，执守规矩，不犹愈于学非而博者乎？今文庠不振，师道久缺。为学者不根乎经籍，从政者罕议乎教化。故文章柔靡，风俗巧伪，选用之际，常患才难。某闻前代盛衰，与文消息。观虞夏之纯，则可见王道之正；观南朝之丽，则知国风之衰。惟圣人质文相救，变而无穷。前代之季，不能自救，则有来者起而救之。是故文章以薄，则为君子之忧；风俗其坏，则为来者之资。今朝廷思救其弊，兴复制科。不独振举滞淹，询访得失，有以劝天下之学，育天下之才，是将复小为大、抑薄归厚之时也。斯文丕变，在此一举。然恐朝廷命试之际，谓所举之士皆能熟经籍之大义，知王霸之要略，则反屏而弗问。或将访以不急之务，杂以非圣之书，辨二十八将之功勋，陈七十二贤之德行。如此之类，何所补益？盖欲伺其所未至，误其所常习，不以教育为意，而以去留为功。若如所量，恐非朝廷劝学育才之道也。何哉？国家劝学育材，必求为我器用，辅我风教。设使皆明经籍之旨，并练王霸之术，问十得十，亦朝廷教育之本意也。

况文有精粗，理有优劣，明试之下，得失尚多，何患去留之难乎？今或伺其所未至，误其所常习，则天下贤俊莫知所守。将博习非圣，旁攻异端，圣人之门无复启发。逮于后举，差之益远。如此，则制科之设，足以误多士之心，不足以救斯文之弊。恭惟前圣之文之道，昭昭乎为神器于天下，得之者昌，失之者亡。后世圣人开学校、设科等，率贤俊以趋之，各使尽其心、就其器，将以共理于天下。故《书》曰"咸有一德"，斯之谓矣。愿相府为此一举。傥昌言于两制，如能命试之际，先之以六经，次之以正史，该之以方略，济之以时务。使天下贤俊翕然修经济之业，以教化为心，趋圣人之门，成王佐之器。十数年间，异人杰士必穆穆于王庭矣，何患俊乂不充、风化不兴乎？救文之弊，自相公之造也。(《范仲淹全集》卷一〇)

六　月

四日，诏："应武举人，令内园使、内侍右班都知杨珍等，于军器库试弓马。"自后命入试弓马，皆如例。(《宋会要·选举》一七之六)

十六日，命翰林学士盛度、龙图阁待制韩亿，就秘阁考试制科。度等上何咏、富弼论各六首：《两仪生四象》、《刑罚何以任治世》、《军礼同邦国》、《育材之道如何》、《九仪之命正邦国》、《拱璧驷马何以不如进此道》论。(《宋会要·选举》一〇之一八)

二十三日，帝御崇政殿，亲试武举人。以张建侯、楚宏并补三班奉职，刘翊、胡远、崔道并补三班借职，李固、孟渊、丁问并补三班差使。陈异等六人策不入等，射不中格，并落下。(《宋会要·选举》一七之六)

二十六日，上封者言："礼部考试《尚书》、《周易》学究，缘此本是两科，先朝以其习书少，遂并一科。然后，举人至今犹多偏习一经。盖以每场各于两经内问经、注五道；每对，只记得一经，以答五道，颇为侥幸。欲望：自令依《礼》、《传》例，每经分场各试。贵令后学之人，并精二经书疏。又明法一科，文字亦少，易为习读，昨登第人数至多。欲望添习一经，或添至七经通为合格。"诏："两制详定。"既而，请："令《尚书》、《周易》二经，分场各

试;其明法所习文字比两科学究卷数稍多,请更不别添经书,止添义,七通为合格。”奏可。(《宋会要·选举》一二之二九、三〇)

七 月

二十三日,诏:“今月二十五日御试应制科人,当日是大忌前一日假,后殿公事更不引。”(《宋会要·选举》八之三二)

乙亥(二十四日),命翰林学士宋绶、冯元为初考制策官,翰林学士章得象、御史中丞王随复考,知制诰石中立、盐铁副使鞠咏编排。自是,御试制科人,率如此例。(《长编》卷一〇九)

二十五日,帝御崇政殿,试贤良方正太常博士何咏、茂才异等进士富弼。咏制策曰:“朕获缵基绪,抚临方域,咨询治体,庶保治平。是用详延隽髦,分设科选,嘉闻谠论,以辅远猷。子大夫褎然举首,扬于轩陛,必有宏略,建明永图。国家思皇政本,精求官效,并置职局,俾申练核。若其授任中外,厘务大小,升降之序,钧考之期,卒有定规,著之甲令。逮其从政,多致瘝官,或选懦以自安,或苛暴而刻下,或纵肆而侮法,或贪墨以成私,乖于任良,颇用兴叹。盖辨论之者,止视其阀阅而已。若夫行己之枉直,居位之善否,察以何道,乃克周知。昔京房考功之法,刘邵都官之制,三元之用舍,九品之是非,崔鸿之勿拘阶级,既济之专行辟命。前编可复,当为具陈,稽之于今,必存折衷。”又曰:“食曰货,王政所先。今富有中区,牢笼至广,田亩之赋,卒著经常;山泽之产,且无渫利。而量之之数,用度弗充,亦尝撙节,未臻饶衍。关市所以抑末流也,而浮窳尚多;榷酤所以防縻谷也,而资业罕殖。何以致民财丰阜,咸保于厚生;邦储充羡,乃得以宽禁?至于复租庸而罢两税,均货币而适重轻,使户靡杂徭,市无翔价,农贾兼遂,丰乏用齐。参考历代之文,合于当世之务,聿国改作,式伫昌言。又如边鄙虽安,戍守之兵未能减;吏员有限,占阙之官日以增。贡举之设也,干名益多,艺成益鲜,徒滋于侥幸;刑章之具也,重辟虽少,而配隶弥众,不忘哀矜。详究其端,著乎条对。乃至俗化之尚郁,政纲之未举,悉当扬搉,务叶便宜,副朕虚怀,无有所隐。”弼制策曰:“昔者周室尚文,兴贤能道艺之士;汉庭稽古,举方正茂异之人。皆所以登用俊髦,俞咨谠直,以裨治道,用致和平。故卜世逾三十之期,飨年盈四百之数,垂之竹素,焕若日星。我国家奄有多方,抚宁四海。仰祖宗之治范,顾冲眇之守成,秩历代之旧文,兴前王之坠典。尚虑朝廷之政经或阙,民俗之寿域未跻,申明旧章,周询嘉话。此诚子大夫强学待问、发策决科之辰也。然则将御于今,必求诸古。苟方策之博达,在取舍以咸宜。若夫百代殊风,总其道曰皇帝王霸;六经异说,立其教曰礼乐诗书。思适用于兹时,当概陈其大略。且尧之为君也,八元不举,四凶未流,洪水怀山,庶民艰食,其虑患大矣!而夫子称聪明光宅,何也?舜之为君也,省巡方岳,类祀神祇,敷教恤刑,耄期无怠,勤劳至矣!而夫子称其无为恭己,何也?夏禹之有天下也,奠山川,平水土,底慎财赋,致孝鬼神,上帝锡以龟书,箕子述为《洪范》,其理要何也?文武之有天下也,绥兆民,恭天命,体国经野,莅事惟能,成王作乎《周官》,公旦著于经理,其会归何也?又若嬴、刘而下,隋、唐之间,务立便宜,以济邦国。其理财也,晁错议乎贵粟,赵过称乎代田,桑羊置均输之官,寿昌兴常平之制;其选士也,则仲舒言其择吏,左雄取其限年,杜预陈黜陟之规,杨绾述贡举之弊。此皆见用当世,垂法后人,尽为发明,以资折衷。子大夫辞章雅丽,学术兼该,究文史之精微,洞圣贤之指趣。所宜辨论,用副详延。”咏策考入第四等,弼入第四次等。诏:“以咏为祠部员外郎、通判永兴军,弼为将作监丞、知河南府长水县。”(《宋会要·选举》一〇之一八、一九、二〇)

富公以茂材异等登科,后召试馆职,以不习诗赋求免。仁宗特命试以策论,后遂为故事。制科不试诗赋,自富公始。至苏子瞻又去策,止试论三篇。熙宁初,罢制举,其事皆废。(《石林燕语》卷八)

公(富弼)初游场屋,穆伯长谓之曰:“进士不足以尽子之才,当以大科名世。”公果礼部试下。公西归,范文正遣人追公,曰:“有旨,以大科取士,可亟还。”公还京师,见文正,辞以未尝为此学。文正曰:“已同诸公荐君矣。久为君辟一室,皆大科文字,可往就馆。”时晏元献为相,求婚于文正。文正曰:“公女若嫁官人,则仲淹不敢知。必求国士,无如富弼者!”即议

婚。公遂以贤良方正登第。(《宋名臣言行录后集》卷二)

八　月

十二日,资政殿学士晏殊言:“唐有明经举人,并试策问。盖欲验其所业本经大义,以参度性识,然后入官政。今诸科举人既无策问,但能记诵,不经师授,非所以求人任官之意。乞自今经终场试后,量问策一道,以合旧规。”诏:内外制官详定以闻。后不果上议。(《宋会要·选举》一二之三〇)

十一月

十九日,《南郊赦书》:“应三京及诸州军进士、诸科举人,曾经先朝御试者,并与免将来文解,南省未得退落,具考试到合格与不合格闻奏。”(《宋会要·选举》一五之八)

是　年

欧阳修《送方希则序》:蒙庄以绅笏为柴栅,班伯以名声为缰锁。夫轩裳、辉华,人之所甚欲,彼岂恶之邪?盖将有激云尔。是以君子轻去就,随卷舒,富贵不可诱。故其气浩然,勇过乎贲、育;毁誉不以屑,其量恬然不见于喜愠。能及是者,达人之节而大方之家乎!希则茂才入官,三举进士不利,命乎数奇。时不见用,宜其夷然拂衣,师心自往,推否泰以消息,轻寄物之去来,渊乎其大雅之君子,而几类于昔贤者乎!余自来上都,寓谒舍,化衣京塵、穿履金门者,再见春矣。会天子方向儒学,招徕俊良,开贤科,命乡举,而四方之杰贲贡函诣公车者,十百千数。余虽后进晚出,而掎裳摩趺攘臂以游其间,交者固已多矣。晚方得君,倾盖道途,一笑相乐,形忘乎外,心照乎内,虽濠梁之游不若是也。未几,君召试中台,以枉于有司,夺席见罢。搢绅议者咸伤冤之,君方澹乎冲襟,竟于使人不能窥也。后数日,贲装具舟,泛然东下。以余辱交者,索言以为赠。夫恢识宇以见乎远,穷倚伏以至于命,此非可为浅见寡闻者道也。希则,达人尔,可一言之。昔公孙尝退归,乡人再推,射策遂第一;更生书数十上,每闻报罢,而终为汉名臣。以希则之资材识业而沉冥郁堙者,岂非天将张之而固翕之邪?不然,何遭回而若此也?夫良工晚成者器之大,后发先至者骥之良。

异日垂光虹霓，濯发云汉，使诸儒后生企仰而不暇，此固希则褚囊中所畜尔，岂假予说言之哉？觞行酒半，坐者皆欲去，操觚率然，辞不逮意。同年景山、钦之、识之亦赋诗以为别，则祖离道旧之情备之矣，此不复云。(《欧阳修全集》卷六六)

刘涣《初及第归题淨慈寺壁二绝》：彤扉新授紫皇宣，品作蓬壶二等仙。今日访师无限意，应怜憔悴胜当年。

梵刹仙都显焕存，心心惟绍法王孙。俗流不信空空理，将谓长生别有门。(《全宋诗》卷二二九)

天圣九年　辛未(1031)

三　月

诏:权停贡举。(《宋会要·选举》一之一〇)

五　月

六日,诏:"今月九日,崇政殿御试应书判拔萃科并武举人等七人。仰阁门告示两制并三馆、秘阁、直馆校理等,至日,于崇政殿门外祗候。"(《宋会要·选举》八之三二)

九日,帝御崇政殿,试应书判拔萃科及武举人。设幄南庑,命座内出科题十,洎敕问。召资政殿学士晏殊、翰林学士宋绶为考校官,翰林学士章得象、知制诰石中立为编排官,侍御史王轸为封弥官,集贤校理王湜、钱延年为对读官。申后,上所试卷,召宰臣遍阅,赐茶久之。(《宋会要·选举》一〇之三)

九日,帝御崇政殿,试武举人,以李瞻等补三班借职。(《宋会要·选举》一七之六)

庚申(十四日),以书判拔萃选人李惇裕等四人为京官,武举人李赡为三班借职。(《长编》卷一一〇)

八　月

二十一日,赐殿中丞范亢同进士出身。亢,枢密副使雍之兄。尝举进士,赐学究出身,雍请回磨勘赐科名故也。(《宋会要·选举》九之八)

天圣十年明道元年　壬申(1032)

二　月

十九日，赐前京兆府长安县尉卢咸同进士出身。咸，锁厅华州就试合格，丁母忧。其父阁门使、知秦州卢鉴陈请，召试学士院，中等命之。(《宋会要·选举》九之八)

三　月

丙子(五日)，诏："举人授上佐文学、助教、参军者，听自便。"以蕲州言文学戚元彧尝举进士，授散官，而例与负贩者不得私出入也。(《长编》一一一)

二十六日，赐太常寺奉礼郎、馆阁对读书籍盛申甫进士及第。申甫，翰林学士庆之子。表求试，命舍人院考较，赋稍优，诗稍堪，特奖之。(《宋会要·选举》九之三)

是　月

诏：权停贡举。(《宋会要·选举》一之一〇)

七　月

丁酉(二十八日)，诏："天下举人，依大中祥符八年额解五分外，其人多额少处，许计就试人数，解十之二。"(《长编》卷一一一)

八　月

二十八日，《赦书》："应诸道进士、诸科举人，曾经先朝御试者，与免将来文解；及目前因事殿举、并永不得入科场、不曾犯刑宪者，并许将来依例

应举。"(《宋会要·选举》一五之八、九)

十一月

六日,《赦书》:"应进士、诸科举人曾经御试,及进士五举、诸科七举至南省者,并与免将来文解。"(《宋会要·选举》一五之九)

二十一日,赐将作监丞、秘阁校理张友直同进士出身。友直言父士逊遇覃恩,乞不转官,援枢密副使范雍奏兄例,换一出身故也。(《宋会要·选举》九之八)

天圣年间

天圣中,后殿中欲放榜,王沂公作相,端笏立,时有论奏。近岁陈宠作相,案前搢笏读姓名,与百执无别。(《江邻几杂志》)

天圣中,邓州秋举。旧例,主文到县,乡中长上率后进见主文。是年,主文乃唐州一职官,年老,须鬓皓然。说贽,见有轻薄后生前曰:"举人所系甚大,愿先生无渴睡。"既引试,赋"桐始华,以姑洗之,月桐始华矣"。依次用韵,满场阁笔不下。乃复至帘前,启曰:"前日无状,后进辄以妄言,仰渎先生。果蒙以难韵见困,愿易之。"主文曰:"老人渴睡,不能卒易,可来日再见访。"诸生诺而退。是夜,主文遂遁去车运司云:"邓州满场曳白。"是年,遂罢举。闻之于南阳老儒李亿。(《懒真子》卷三)

天圣初,宋兴六十有二载,天下乂安。时取才唯进士、诸科为最广,名卿巨公,皆由此选,而仁宗亦向用之,登上第者不数年,辄赫然显贵矣。其贡礼部而数诎者,得特奏名。或因循不学,乃诏曰:"学犹殖也,不学将落,逊志务时敏,厥修乃来。朕虑天下之士或有遗也,既已临轩较得失,而忧其屡不中科,则衰迈而无所成,退不能返其里闾,而进不得预于禄仕。故常数之外,特为之甄采。而狃于宽恩,遂隳素业,苟简成风,甚可耻也。自今宜笃进厥学,无习侥幸焉。"(《宋史》卷一五五)

《韶州府曲江志》:宋谭必,字子思,伍汪市人,六岁通九经。天圣间,殿中丞王益出守韶州,时岭表自五季兵革之后,文风凋丧,人未有知童子举。王荆公喜其聪慧,日诵万言,遂状其事以闻。必至京师,引试称旨,特免文解,厚赐银帛以赒路费。(《宋会要·选举》九之二四)

明道二年　癸酉(1033)

二　月

辛亥(十五日),上作籍田诗赐近臣。诏:"籍田陪位举人,免将来文解。"(《长编》卷一一二)

三　月

诏:权停贡举。(《宋会要·选举》一之一〇)

五　月

戊辰(四日),诏:礼部贡举。(《长编》卷一一二)

九日,赐大理寺丞吕公弼进士出身。召试学士院,中等命之。(《宋会要·选举》九之八)

宰臣吕夷简、枢密副使夏竦上所注《御制三宝赞》、《皇太后发愿文》。……而夷简请赐其子大理寺丞公弼进士出身,从之。(《麟台故事残本·麟台故事》卷三下)

十二日,诏礼部贡院:"许天下解发进士、明经。"(《宋会要·选举》一五之九)

六　月

五日,中书门下言:"制科举人,自今须缘贡举,许准诏投文就试。"诏可。(《宋会要·选举》一〇之二〇、二一)

八日，赐大理寺丞陈宗古进士出身。(《宋会要·选举》九之八)

七　月

乙亥(十二日)，诏："诸州自今考试举人，并封弥卷首。仍委转运司于所部，选词学并公勤者为考试监门封弥官。"(《长编》卷一一二)

十二日，诏："自今诸州、府、军、监考试解发举人，一依先降条制。应在试解发人处，兼令依省试例，封弥卷首后考较过落。仍令转运司于本州及辖下州军等处，选差京朝、幕职、州县官。"(《宋会要·选举》一五之九)

八　月

十二日，命三司盐铁判官杨日华、直史馆郑戬、开封府推官明镐考试开封府举人，侍御史郭劝封印卷首；度支员外郎边调、直集贤院刘沆考试国子监举人，集贤校理赵良规封印卷首。(《宋会要·选举》一九之九、一〇)

十三日，赐国子博士李定同进士出身。以定七次献文，召试舍人院，中等命之。(《宋会要·选举》九之八)

是　秋

天圣、明道中，钱文僖公自枢密留守西都，谢希深为通判，欧阳永叔为推官，尹师鲁为掌书记，梅圣俞为主簿，皆天下之士，钱相遇之甚厚。……又有知名进士十人，游希深、永叔之门，王复、王尚恭为称首。时科举法宽，秋试府园醮厅，希深监试，永叔、圣俞为试官。王复欲往请怀州解，永叔曰："王尚恭作解元矣。"王复不行，则又曰："解元非王复不可。"盖诸生文赋，平日已次第之矣，其公如此。(《邵氏闻见录》卷八)

十　月

辛亥(十九日)，上谕辅臣曰："近岁进士所试诗赋多浮华，而学古者或不可以自进，宜令有司兼以策论取之。"(《长编》卷一一三)

十一月

十六日，尚书兵部言："准中书批送应武举进士史询、张存状，昨天圣八年六月中御试下第，乞比类贡院举人免取文解，令收接文状，未审合投下文字为复，与免考试。"诏："与免马军司试武艺。"(《宋会要·选举》一七之六、七)

十二月

十六日，赐国子博士吕居简同进士出身。召试学士院，中等命之。(《宋会要·选举》九之八)

是　年

张方平《谢范天章荐应制科》：初辟明堂见帝轩，此时宁得恋丘园。程文懒谒春官氏，决策思干法扆尊。千古声名传鹗表，四方豪俊望龙门。若趋丹陛承清问，何以酬知或敢言。(《全宋诗》卷三〇六)

景祐元年　甲戌(1034)

正　月

十三日,知青州夏竦言:"考试举人,内合格系额进士刘概等二十二人外,更有合格进士王子厚等一十四人,乞充填诸科阙额人数。"知永兴军范雍奏:"本府发解举人,除额定九人外,有窦璋等八人文理可采,欲乞收试。"诏:"贡院并依例收试。"(《宋会要·选举》一五之九)

十六日,以翰林学士章得象权知贡举。知制诰郑向、胥偃、李淑,直史馆、同修起居注宋郊,权同知贡举,合格奏名进士黄庠以下六百六十一人。(《宋会要·选举》一之一〇)

十六日,以翰林学士章得象等权知贡举,侍御史蒋堂、右正言滕宗谅封印卷首,直史馆张子皋、集贤校理陈商充复考官。侍御史杨偕、直集贤院王举正、崇文院检讨王宗道考试知举官亲戚举人,直集贤院韩琦充复考官。(《宋会要·选举》一九之一〇)

景祐二年,省试《天子外屏赋》。是时,国子监元黄庠者最有文称,同试问以所比证事,庠曰:"可用疏屏、内屏。"闻者以皆"有屏"者,谓庠不诚。及庠程文第一,其辞曰:"清庙之饰用疏,是殊彝制;诸侯之设于内,靡僭常尊。"其人见之,始愧服。时庠以疾不能就御试,既愈,陈述于贡院。大略言:"三月中,偶感寒疾。蒙圣恩特降中使,赐汤药并酒,遂得平愈。近多士皆被荣恩,而庠自胄筵登国庠,既于南宫,皆叨首荐。以母老,独未能甄录,乞赐奏别赐一试。"主文章郇公而下为之进呈,仁宗曰:"是亦三元也。"询问欲何如,郇公曰:"乞出自圣恩处分。"仁宗许将来直就御试,徐曰:"令夺状元也。”宋公庠时亦预进呈，退谓同列曰：“将来好状元！”或问何以知之，曰：“金口宣谕如此，故知此状元定矣。”（《东原录》。按：景祐二年非科举年，且章得象是年权知贡举。）

景祐初，礼部试《观象作服赋》。予爱其离合《益稷篇》，又甚精当，常效之。以汉《赵充国传》罢骑兵，以万人留田，曰“罢兵留田”，以试兖州进士。后有以《韩安国传》谋事必就祖发政，拈古语为题曰“就祖发政”者，离合之误也。（《东原录》）

河北道士贾众妙善相。……见豫章黄庠手曰：“左手得龙爪，虽当魁天下而不仕，若右手得之，则贵矣。”庠果为南省第一，不及廷对而死。（《老学庵笔记》卷七）

分宁黄滋尝行山中，遇道士骑白驴，顾见滋，为下鞍相语。将别，以所乘驴与滋，戒曰：“善视之，汝自此有贵男子矣。”滋受之。行数里，复追及，乃以手捺抉驴颡间，得大珠如拳而去。既而滋生子曰庠，颖悟异常。天圣中，应国学举第一。明年，南省复冠群士。时俊声满四方，未殿试而属疾，仁宗手自封药赐之，有旨特展试期一日，以俟庠起，然竟沦殂。论者以为取珠之祥。（《能改斋漫录》卷一八）

科场程试诗，国初以来，难得佳者。天圣中，梓州进士杨谔始以诗著。其天圣八年省试《蒲车诗》云：“草不惊皇辙，山能护帝舆。”是岁，以策用“清问”字下第。景祐元年，省试《宣室受厘诗》云：“愿前明主席，一问洛阳人。”谔是年及第，未几卒。（《司马光集·补遗》卷一二《温公续诗话》）

二十二日，诏曰：“朕以绍隆先构，总揽宏纲，务恢致治之源，弥切思皇之念。矧以幅员至广，文物浸昌，秀茂颇多，计偕尤众。间者俾敦修于儒业，遂连罢于贡闱。顾场屋湮滞之人，洎衡泌孤贫之士。爰加轸悯，特示甄收。用旌稽古之勤，式阐右文之化。其今年南省就试进士、诸科，宜令礼部贡院于十分中许解送二分。并曾经先朝御试及后来殿试，进士三举、诸科五举，并进士五举、年五十已上，诸科六举、年六十已上者，虽所试不合格，特许别作一甲奏名。其二分人内如合格人数不足，不得将文艺纰缪之人充数。”(《宋会要·选举》三之一七)

景祐初，诏曰：“乡学之士益蕃，而取人路狭，使孤寒栖迟，或老而不得进，朕甚悯之。其令南省就试进士、诸科，十取其二。凡年五十，进士五举、诸科六举；尝经殿试，进士三举、诸科五举；及尝预先朝御试，虽试文不合格，毋辄黜，皆以名闻。”自此率以为常。(《宋史》卷一五五)

二　月

四日，中书门下言：“今后殿试举人，差初、复考、详定官，并委中书选择有文学官充。仍与限十日，精审考校。”诏依。(《宋会要·选举》八之三二)

四日，诏：“贤良方正能直言极谏等六科，自今后应京朝官、幕职、州县官不曾犯赃罪及私罪情轻者，并许应。内京朝官，须是太常博士已下，不带省府推判官、馆阁职事，并发运、转运、提点刑狱差任者，其幕职、州县官须经三考已上。其见任及合该移入沿边不般家地分，及川、广、福建等处者，候回日许应高蹈邱园、沉沦草泽、茂材异等三科及武举。应进士、诸科取解不获者，不得应。”(《宋会要·选举》一〇之二一)

四日，诏：“应进士、诸科取解不获者，不得应武举。”(《宋会要·选举》一七之七)

乙未(四日)，罢书判拔萃科，更不御试。自今幕职、州县官经三考以上，非入缘边及川、广、福建者，并许应贤良方正能直言极谏等六科。其京朝官至太常博士，及进士、诸科取解而被黜落者，毋得复应茂材异等三科及武举。用知制诰李淑之议也。

淑尝上《时政十议》：

其六议贡举。曰：“开宝以前，每岁进士不过三十人，经学不过五十人。自克复伪国,吏员益众,始以廷试广收士子。太宗委之春官,自咸平后,乃复廷试。则是以天子之尊,而亲春官之职。且取人太广,又一日之艺,未极所长;数日考复,难尽其当。愿陛下约今岁吏部阙官之数,为来年入等之准。先委贡院考试,然后委文学近臣三两人复阅可否,陛下与执政之臣启封阅名,旁采声实,第以科级。如此,则天下之士可得实才矣。"

其七议制科。曰:"吏部故事,选人格限未至,能试判三节,谓之拔萃。止用疑案古义,观其能否,词美者第优等补官。此则有司铨品,常调选人,判超循资之式。而陛下亲御轩陛,审核课试,非其称也。愿罢此科。其词学异众,自可举才识兼茂、详明吏理之科。又礼部茂材异等,本求出类之隽,颇闻不利乡荐者,始来应书。望更为严制,以革侥冒之人。"

诏:"殿试举人,考官日迫,多不精审。自今初考、复考详定,以十日为限。"(《长编》卷一一四)

是年,江休复等中拔萃自是,拔萃科遂罢。(《玉海》卷一一六)

唐小说载:有人路逢奔马入都者,问何急如此。其人答曰:"应不求闻达科。"本朝天圣中,初置贤良方正等六科,许少卿监以上奏举,自应者亦听,俄又置高蹈丘园科,亦许自于所在投状求试,时以为笑。(《老学庵笔记》卷九)

十一日,诏:"后殿试举人毕,皇帝还内。考校举人试卷未了,崇政殿后门令入内内侍省差使臣严切监守。仍令近上内臣提举。其崇政殿、延和殿例依呈引公事,乘舆归内,并依常式。"(《宋会要·选举》八之三二)

十一日,诏:"诸科举人实应七举者,不限几年,别作一项奏名,未得退落。"(《宋会要·选举》一二之三〇)

乙巳(十四日),诏:"华州进士张公佐与免将来文解,礼部贡院未得退落。"公佐祖国子博士文旦,尝依宣祖,以经史教太宗及秦悼王,而昭宣使王延德亦从其学。至是,延德子步军都虞候、英州防御使应昌言:文旦后

人无食禄者,故有是命。(《长编》卷一一四)

三　月

一日,诏:"贡院所试进士,除诗赋依自来格式考定外,其策论亦仰精研考校。如词理可采,不得遗落。赋如欲不依次押官韵者,听。"(《宋会要·选举》三之一七、一八)

十一日,诏:"诸科举人实应七举者,不限年,别作一项奏名。"(《宋会要·选举》三之一八)

十四日,诏:"御试进士、诸科举人,宜令阁门告示两制并三馆、秘阁校理,并仰至日,于崇政殿门外祗候。"(《宋会要·选举》八之三二)

十六日,太子少傅致仕晁迥言:"孙男仲衎、仲约,昨开封府得解,贡院试毕,值期周服。今榜出,并预奏名。欲望许令祗赴御试。"诏:"候将来科场,便许就御试。"(《宋会要·选举》三之一八)

十六日,诏:"御试进士三题,据出处义理,令御药院随题目雕印。至日,各赐一纸,更不令解元上请。"(《宋会要·选举》八之三二)

唐礼部试诗赋,题不皆有所出,或自以意为之,故举子皆得进问题意,谓之"上请"。本朝既增殿试,天子亲御殿,进士犹循用礼部故事。景祐中,稍厌其烦渎,诏御药院具试题,书经史所出,模印给之,遂罢"上请"之制。(《石林燕语》卷八)

旧制:御试诗、赋、论,士人未免上请于殿陛之下,出题官临轩答之,往复纷纭,殊失尊严之体。景祐元年三月丙子,诏:进士题具书史所出,御药院印给,士人不许上请。自后进士各伏其位,不敢复至殿庭。(《燕翼诒谋录》卷五)

国朝淳化三年，太宗试进士，出《卮言日出赋》题，孙何等不知所出，相率扣殿槛，乞上指示之，上为陈大义。景德二年，御试《天道犹张弓赋》。后礼部贡院言："近年进士惟钞略古今文赋，怀挟入试。昨者御试以正经命题，多懵所出。"则知题目不示以出处也。大中祥符元年，试礼部进士，内出《清明象天赋》等题，仍录题解，摹印以示之。至景祐元年，始诏御药院：御试日，进士题目，具经史所出，摹印给之，更不许上请。（《容斋随笔》卷三）

十七日，礼部贡院言："门引不到举人陈之奇等二十七人，拜扶出举人张容、刘渭，勘会并合该敕命特奏名人数，当院未敢晓示，亦未敢退落。"诏："容、渭特许就御试，余不行。"（《宋会要·选举》三之一八）

十八日，命：知贡举、翰林学士、礼部侍郎章得象等，就南省编排特奏名进士、诸科人等，分为三等闻奏。（《宋会要·选举》三之一八）

十八日，帝御崇政殿，试礼部奏名进士，内出《房心为明堂赋》、《和气致祥诗》、《积善成德论》题。命翰林学士承旨盛度已下三十六人锁宿考试，如新制。得张唐卿已下七百一十五人，第为五等，并赐及第、出身、同出身。第一、第二、第三等及第，第四等出身，第五等同出身。翌日，试诸科，得九经王元亨已下四百八十一人，并赐及第、本科出身。（《宋会要·选举》七之一五、一六）

十九日，诏："南省特奏名进士，只试论一首、诗一首；诸科对义五道。内年老者，特与免试。"（《宋会要·选举》三之一八）

二十一日，试礼部特奏名进士、诸科，内出《六律为万事本论》、《群玉山诗》题。得田谅已下八百五十七人，并赐及第、出身，授长史、别驾。（《宋会要·选举》七之一六）

已而，得进士张唐卿、杨察、徐绶等五百一人，诸科二百八十二人，特奏名八百五十七人。赐及第、出身、同出身,及补诸州长史、文学如旧制,惟授官特优于前后岁。唐卿、察、绶并为将作监丞、通判诸州,第四、第五人为大理评事、签书节度州判官,第六人而下并为校书郎、知县。第二甲为两使幕职官,第三甲为初等幕职官,第四甲为试衔判、司、主簿、尉,第五甲为主簿、尉。(《长编》卷一一四)

景祐元年,张唐卿榜赐恩泽出身、章服等,制诰词略云:“青衿就学,白首空归。屡陈乡老之书,不预贤能之选。靡负激昂而自励,止期华皓以见收。”仁宗怒曰:“后世得不贻其子孙之羞乎?”御笔抹去。宋郑公别进云:“久沦岩穴,夙蕴经纶。莺迁未出于乔林,鹗荐屡光于乡校。纵辔诚亏于远到,博风勉屈于卑飞。”上颇悦。(《玉壶清话》卷八)

进士名录:张唐卿,杨察,徐绶,丁宗臣,丁宝臣,王克臣,王尚恭,王尚喆,王尚敬,王果,王昂,王俞,王洞,王景芬,王复,王廉,王惟熙,王赓,元暕,毛偕,卞日就,方俔,方楷,方峤,方龟年,甘翔,石元之,石亚之,石某(字君瑜),石思纯,石待致,石洵直,石庶几,史沆,史叔轲,史周,史瑜,吕评,吕涛,吕鹏,朱士衡,朱景旸,仲讷,任允孚,任适,江楫,杜济,李中师,李仁俊,李亨,李奇,李昭扬,李格,李规,李惟贤,李琪,李尧俞,李覃,李烟,李绛,李慎交,李慎修,李颛,吴太元,吴可几,吴彦先,吴秘,吴评,吴温,吴照,吴戭,吴瑴,何中立,何至,何若谷,何郯,何涉,何源,何灌,辛有终,汪文兴,汪溥,汪汉文,沈言,沈衡,宋穆,青阳楷(误),苗振,林植,林概,林嗣复,林槛,林祯,卓祐之,胡况,胡真卿,胡意,柯颖,柳三接,柳永,皇甫辽,俞希元,俞琳,施世美,祝熙载,胥正臣,胥伸,马元康,马日宣,马遵,连舜元,徐允升,徐冶,徐贽,奚舜卿,翁操,翁鉴,高赋,郭之美,郭佺,郭伟,唐圭,唐炎,唐应期,陆景,陆诜,陆随,陆徽之,陈子履,陈可,陈成务,陈利和,陈良,陈良,陈升之,陈侁,陈宗古,陈南,陈昭素,陈起,陈浚,陈诰,陈锡,孙及甫,孙中孚,孙雍,孙谧,黄孝立,黄庠(误),黄炳,黄师旦,黄师道,黄贯,黄渭,黄豫,曹矩,曹起,许上善,许因,许待问,许敏,许当,许寿昌,章君陈,章俞,章造,商瑶,梁适,寇平,张平叔,张述,张洞,张皋,张唐辅,张容,张钦明,张颙,张俭,张拟,张谟,张签,张岩,彭钲,叶仲舒,叶良,叶傅(误)，董汀，董洙，董师道，董师德，董仪，闵汾，景融，喻琳，程昌言，程师孟，傅仪，曾奉先，冯大学，蒲逢，蒲翊，蒲显道，杨日严，杨有方，杨均，杨若冲，杨易简，杨晕，杨靖，杨澄，杨谔，贾价，雍明远，源永励，赵抃，赵奎，赵寅，赵溥，蒋中庸，蒋侯，蔡子清，蔡昌龄，蔡挺，蔡拯，蔡高，蔡巽，蔡准，尔朱华，臧论道，裴连，齐士宽，郑同文，郑伯玉，郑通，郑诒，郑慈，郑禋，郑戬，郑邻，郑戭，郑夔，翟舜中，黎及，郤弁，刘存，刘孝先，刘述，刘牧，刘拯，刘弼，乐宾国，萧琛，萧傅，卢成范，鲍安上，阎温，储卿才，苏玠，苏舜钦，罗觉，龚鼎臣。

诸科：王元亨，王溉，方正中，吴桂孟，林孟，徐交，黄侨，许拯，欧阳宾。

特奏名进士、诸科：王昊，王佑，石选，田谅，黄伟，叶芳，刘默，戴昌符。(《宋登科记考》卷四)

补进士名录：其一，朱处仁。《宋登科记考·附录》："朱处仁，仁宗朝登进士第。"《苏舜钦集》卷一四《朱君墓志铭》："沛国朱处仁表臣，少从予游，长又同登进士第。"

其二，杨子卿。《全宋诗》卷三四一赵抃《忆辇下寄同年杨子卿》。

其三，楚建中。《宋登科记考·附录》："楚建中，仁宗朝登进士第。"《全宋文》卷四八二三周麟之《仁宗皇帝赐楚建中御飞白记》："公讳建中，景祐初举进士。"

其四，孙直言。《全宋诗》卷三四一赵抃《会新都孙直言于成都》："同志同年分若亲。"又，《全宋诗》卷三三九赵抃《次韵孙直言九日登龙门山》："新都大夫孙隐之。"据此，《全宋文》卷一〇二八小传："孙直言，字隐之，景祐元年进士及第。"

其五，士建中。《宋登科记考·附录》："北宋中期登进士第。"据陈植锷《石介事迹著作编年》考辨，士建中是年登第。(39—41页)

其六，巩申。《巩公墓志铭并序》："公讳申，字周翰……景祐元年，一上中进士第。"(《〈宋登科记考〉拾补——以碑刻文献为中心》)

其七，柳三友。《太平治迹统类》卷二八载是年进士名录："张唐卿、杨察……柳三友。"

补诸科名录：綦愿。《宋登科记考·附录》："仁宗朝登进士第。"《綦君墓志铭并序》："君讳愿，字圣谟，青州寿光人……景祐元年，《三传》登第。"(《〈宋登科记考〉拾补——以碑刻文献为中心》)

辨正：其一，黄庠，是年魁南省，因患不赴御试，寻卒。《宋会要·选举》三之一八："礼部贡院言：'进士黄庠昨第一人奏名，为患不赴御试。乞赐召试将来科场，便就御试。'"《老学庵笔记》卷七："(黄)庠果为南省第一，不及廷对而死。"

其二，青阳楷：咸平五年进士。详说见前。

其三，叶傅，乃叶传之误。《杨万里诗文集》卷一一九《叶公行状》。

景祐元年春三月十八日，上御崇政殿，亲试天下所贡士。命近臣较其文，而以张君唐卿为之冠。越八日，上复临轩，赐君第一人及第。君素以文行为东州士人所称，又乡举与礼部试俱在高等，及春榜下，众论翕然，以为得人。君时集同榜诸进士于相国佛舍处，凡动作无一不如宜者。故虽宿儒旧学、当世知名之士，无不瞻企叹伏，甘处其下，曰："得状元者如此，吾榜之光矣。"(《全宋文》卷八五七韩琦《张君墓志铭》)

张唐卿景祐元年进士第一人及第，期集于兴国寺，题壁云："一举首登龙虎榜，十年身到凤凰池。"有人续其下云："君看姚晔并梁固，不得朝官未可知。"后果终于京官。盖姚晔大中祥符元年、梁固二年皆状元，而终于京官。(《梦溪笔谈》卷二三)

杨宣懿察之母甚贤。能文，而教之以义，小不中程，辄扑之。察省试《房心为明堂赋》榜，登科第二人。报者至，其母睡未起，闻之大怒，转面向壁曰："此儿辱我如此，乃为人所压，若二郎及第，待不教人压却。"及察归，亦久不与语。置果魁天下。(《默记》卷中)

内臣裴愈，字益之，亦好吟咏。……有子曰湘，字楚老，亦有诗名。明道中(按：景祐初)，仁宗御便殿，试进士《房心为明堂赋》、《和气致祥诗》，亦命湘赋之。湘蹈舞再拜，数刻而成，仁宗嗟赏，左右中人为之动色。其《和气致祥诗》曰："君德承天道，冲融协太和。卿云呈瑞早，膏泽应时多。煦集连枝木，嘉扶异颖禾。五星还聚井，丹凤更巢阿。薮泽无遗士，边防久息戈。黔黎逢至化，稽首载赓歌。"(《青箱杂记》卷一〇)

建阳县二十里间盖竹村有威怀庙，以灵应著。陈秀公升之少年时，家苦贫，朋友勉以应乡举，公虽行而心不乐。过庙入谒，祝杯筊曰："某家贫，今非费数千不可动，亦无所从出，敢以决于灵侯。"举三投之，皆阴也，意愈不乐，同途者强挽以前。既入城，梦人白言："盖竹威惠侯来相见。"出延之，具宾主礼。神起谢曰："公惠顾时，吾适赴庵山宴集。夫人不契勘，误发三阴筊。公此举即登科，官至宰相矣。"公惊寤。他日斋戒秘往祷，连得吉卜如所占。果拔乡荐，明年，登甲科，为熙宁相。(《夷坚志》丁卷五)

仁宗景祐元年放进士五百人，郡之中选者十有一，而董氏曰洙与其子师德、弟汀、侄师道、仪一门五人在焉。洙父子咸同丙科。太守江钧奏所居为"五桂乡"，邦人荣之。(《全宋文》卷五一八八周必大《董君墓志铭》)

太宗好文，进士及第，赐闻喜宴，常作诗赠之，景祐朝因以为故事。仁宗在位四十二年，赐诗尤多，然不必尽上所作。景祐元年赐诗，落句云："寒儒逢景运，报德合如何?"论者谓质厚宏壮，真诏旨也。(《诗话总龟》前集卷一)

蔡襄《喜弟及第》：里闬高高祖德新，鲁庭诗礼孟家邻。连登桂籍青袍客，共拜萱堂白首亲。倚国精诚明火玉，照人清节对霜筠。童襟开慧盈书馆，渐喜芝兰在处春。(《全宋诗》卷三八八)

欧阳修《送廖八下第归衡山》：曾作关中客，尝窥百二疆。自言秦陇水，能断楚人肠。失意倦京国，羁愁成鬓霜。何如伴征雁，日日向衡阳。(《欧阳修全集》卷一〇)

苏舜钦《及第后与同年宴李丞相宅》：十年苦学文，出语背时向。策力不自知，艺围辄掉鞅。薄技遭休明，一第君所唱。拔身泥滓底，飘迹云霞上。气和朝言甘，梦好夕魂王。轩眉失旧敛，举意有新况。爽如秋后鹰，荣若凯旋将。台府张宴集，吾辈纵谑浪。花梢血点干，酒面玉纹涨。狂歌互喧传，醉舞迭阆伉。兹时实无营，此乐亦以壮。去去登显途，幸无隳素尚！（《苏舜钦集》卷一）

梅尧臣《外兄施伯侃下第赴并门叔父招》：共是干时者，同为失意人。言趋太原召，如慰宛陵亲。笳鼓听临塞，琴书未离身。别君无斗酒，当识士安贫。

梅尧臣《郑戬及第东归后赴洋州幕》：却生方得桂，王粲始从戎。一舸辞吴会，单车入汉中。乱山云木古，侧径野泉通。欲识风烟美，心知故国同。（以上均见《梅尧臣集编年校注》卷四）

十九日，诏："南省特奏名进士，只试论一首、诗一首；诸科对义五道。内年老者，特与免试。"（《宋会要·选举》三之一八）

二十三日，天章阁待制张宗象、殿中侍御史庞籍言："御前续试特奏名进士、诸科人等送到卷子，依例封弥，送逐处考校。伏缘上件举人，并是南省考落人数，圣慈念其老于科场，特推恩泽。其艺业多无所取，不消复加考校。欲乞分作等第，委自中书，据其等第及年几，举数取旨。"诏令：宗象、籍编排。（《宋会要·选举》八之三二）

二十五日，诏："为放举人，令宗室允宁以下并驸马都尉，赴崇政殿祗应。"（《宋会要·选举》八之三二）

是　月

太常博士、直史馆宋祁，三司户部判官、太常丞、直史馆郑戬等奏："昨奉差考校御试进士，窃见举人诗赋多误使，如叙序、坐、氏之字，或借文用意，或因释转音，重叠不分，去留难定。有司难论，互执异同，上烦圣聪，亲赐裁定。盖见《广韵》、《韵略》所载疏漏，子注乖殊，宜弃乃留，当收复阙，一字两出，数文同见，不详本意，迷惑后生。欲乞朝廷差官重撰定《广韵》，使知适从。”(《全宋文》卷四九四)

是　春

张俞《送黄士安应贤良方正序》：元年春，朝廷复用六科召天下异才，著作佐郎江夏黄士安自成都提所为论策，应召而行。俞以言送之，曰：君尝用策干大臣，获荐诸朝，遂名方正，而天下莫不闻。圣上方居岩廊，观万方，惕然惧不克治，乃策方正。求其所谓为方正者，岂弊吻诵述，剽盗俗说，以苟爵禄而已乎？今内无嬖女，外无奸臣，宫室不崇，畋猎不游，钟鼓不淫，囹圄不囚，奸宄不滋，赏罚不私，干戈不暴，黔黎不嗟，海内顺靖，寂无喧哗，可谓理道盛矣。然而，国统未立，大本不安；宗子未候，维城不固；贤臣未备，政体不隆；将帅未良，战阵不勇。故以号令不震，武威不扬；北敌西戎，连衡虎视；天见异，地见妖，水旱虫蝗，民流饥馑。盖相望于天下，固寇敌之资也。君岂有意乎？天子方收群策以终太平，延谏诤以通是非。群策举则治乱见，谏诤入则善恶明。君当思尽言，以道悟主，贤良方正之事也。若曰：我将随世偶合，与儿曹争一日之利，予则逃白云而掩口，岂晁、董之复可议乎！(《全宋文》卷五五二)

四　月

壬辰(三日)，诏：“锁庭应举人所试不合格者，除其罪。”始，天禧二年，宰相王钦若请锁庭应举人试不合格者并坐私罪，至是始除之。天圣四年闰五月辛未已有诏，锁厅应举者下第免责罚，今复有是诏，当是前诏止为下第，今诏并指取解故也。(《长编》卷一一四)

三日，诏：“御前放举人内，除合格正奏名外，特奏名恩泽人，令贡院晓示。候谢恩毕，同出身试衔人取便归乡，守选长史、文学、助教，即令归乡。如愿赴宴者，听。”(《宋会要·选举》三之一八)

三日，赐高丽宾贡进士康抚民同进士出身。召试舍人院，诗、论稍堪，

故命之。仍附今年榜第五甲。(《宋会要·选举》九之八、九)

三日,开封府扶沟县主簿苏舜元言:“天圣初,锁应不合格,罚铜十斤。先是,王钦若为相,妒善抑进,不合格者罚金,为私罪。”乃诏流内铨,锁厅应举不合格经责罚者,并与除落罪名。(《宋会要·选举》一四之一〇)

四日,赐进士李处中同进士出身。处中,御前赐同出身,以疾不到。及是召见,以前名次命之。(《宋会要·选举》九之九)

六日,礼部贡院言:“进士黄庠昨第一人奏名,为患不赴御试。乞赐召试将来科场,便就御试。”(《宋会要·选举》三之一八)

十二日,赐光禄寺丞刘玘同进士出身。玘,枢密副使李谘婿。谘以恩陈乞,召试学士院,中等命之。(《宋会要·选举》九之九)

十二日,诏:“今后献文字及恩例与试者,只与出身、同出身。”(《宋会要·选举》三二之七)

辛丑(十二日),赐光禄寺丞刘玘同进士出身,其妻父枢密副使李咨为请也。仍诏:“自今献文及恩例与试者,更不赐及第,但赐出身、同出身。”(《长编》卷一一四)

十八日,诏:“新及第进士第一人张唐卿、第二人杨察、第三人徐绶,并为将作监丞,通判诸州;第四人苗振、第五人何中立并为大理评事,佥书诸州节度判官事;第六人已下,并为秘书省校书郎、知县。第二甲为两使职官,第三甲为初等职官,第四甲为试衔,判、司、簿、尉,第五甲为判、司、簿、尉。九经第一人为国子监主簿、知县,第二、三人初等职官,余注判、司、簿、尉。锁厅及第高赋等二十六人迁官有差。”(《宋会要·选举》二之七)

胡宿《送祝熙载赴金华主薄》:数路收才汉得人,物涂聊试半通纶。宸

廷唱第瑶光近,仙简刊名玉字新。芳桂行吟关外月,香葩回梦苑中春。平时官下文移少,日涉闲园戏彩频。(《全宋诗》卷一八一)

(丁巳,二十八日)诏:直史馆宋祁、郑戬,国子监直讲王洙,同刊修《广韵》、《韵略》,仍命知制诰丁度、李淑详定。时祁等言《广韵》、《韵略》多疑混字,举人程试间或误用,有司论难,互执异同,乃致上烦亲决,故请加撰定。(《长编》卷一一四)

(郑戬)继为开封府发解官,及考较御试进士。与今翰林宋公子京建议:礼部所行《韵略》及《广韵》,繁简失当,训诂不正,有司考士,多以声病被黜,请修《三韵》,是正音训。书成,学者便焉。(《全宋文》卷四六八胡宿《郑公墓志铭》)

五　月

(壬申,十三日)以河南府府学为国子监。后唐同光三年,初建文宣王庙。咸平三年,重修。旧止名府学,于是直集贤院谢绛论奏,乃正监名。(《长编》卷一一四)

六　月

十六日,以翰林侍读学士李仲容、知制诰宋郊、天章阁待制孙祖德、直集贤院王举正就秘阁考试制科。仲容等上吴育、苏绅、张方平论各六首:《治民事天莫如啬》、《九德咸事》、《天保采薇治内外》、《道何以万世无弊》、《六经之道礼乐为急》、《周秦之士贵贱》论。(《宋会要·选举》一〇之二一)

时亲策贤良、茂才等科,而命与武举人杂视。庠言:"非所以待天下士,宜如本朝故事,命有司设次具饮膳,斥武举人令别试。"诏从之。(《宋史》卷二八四)

二十一日,帝御崇政殿,试贤良方正能直言极谏太常博士苏绅、才识兼茂明于体用大理寺丞吴育、茂材异等张方平。制策曰:"朕膺淳耀之烈,守神明之器，兢兢业业，罔敢暇佚。思底于道，浩如涉川。内虽有股肱之良，外则凭藩屏之卫，而化或靡洎，政有未昭。思闻谠言，以辅不逮。子大夫负卓尔之才，当褒然之举，必有究天人之学，明道德之渊。效尔所长，副朕虚伫，期得良画，式康兆民。夫治天下，必上参五帝，下法三王。至于霸者之规，圣门之所耻说。详思致治之要，必任惟贤之臣。朕未明求衣，侧身思道。虽达聪明目，祗服于圣谟；而易俗移风，尚牵于俗吏。岂求之不至，将教之未孚？极陈其方，以开未悟。礼义廉耻，有国之所弛张；阳德阴刑，求端之所取舍。求其所用，讵无所先？居土阶之尊，唐尧之稽古也，安事舟浦之征？游岩廊之上，虞舜之无为也，奚有三苗之舞？若曰天道云远，宋景何以退三舍之星？如曰人心不同，武王何以有十乱之佐？又夏后之德休明，何以铸鼎？周家之俗忠厚，专以尚文？高台深池，不能害霸，而十家之产，何以不为？畿服不征，所以救岁，六关之废，何以兴剌？皆前修之所未究，有国之所宜明。子大夫极思其精，发凡举例，规其所不至，彰厥所未来。勿事猥并，悉其言谏。帝王之大，愿举其详；古今之宜，请言其状。朕将亲览，尔无面从，勿遗远图，以蹈后害。”育策考入第三次等，绅入第四次等，方平所对不及三千言。诏以育为著作佐郎、直集贤院、通判湖州，绅为祠部员外郎、通判洪州，方平特擢为秘书省校书郎、知苏州昆山县。(《宋会要·选举》一〇之二一、二二)

宋兴以来，御试制科人无登第三等者，唯吴育第三等下，自余皆四等上，并为及第，降此则落之。(《涑水记闻》卷三)

本朝翰林苏公绅尝题润州金山寺一联云：“僧依玉鉴光中住，人踏金鳌背上行。”时公方举大科，识者以“人踏金鳌背上行”，乃荣入玉堂之兆，已而果然。(《青箱杂记》卷七)

曾祖内翰景祐中自太常博士应制举，极言时政得失，与吴春卿同中。初考三上，复考升春卿，曾祖第四等。详定从复考，授祠部员外郎，通判洪州。不十年，入翰林为学士。初，既复考，作两绝句，其略云“怪问淄川等第移”是也。(《苏魏公文集》附录一《魏公谭训》卷一)

张安道举进士再失意，而作歌曰："休休，归去休！清风钓艇，明月酒楼。公不见寇相丁相，雷州崖州。休休，归去休！"景祐元年，中茂材异等，后又中贤良方正。(《诗话总龟》前集卷四四)

石介《安道登茂材异等科》：尝言春官氏，设官何龌龊？屑屑取于人，辞赋为程约。一字竞新奇，四声分清浊。矫矫迁雄才，动为对偶缚。恢恢晁董策，亦遭声病落。每岁棘篱上，所得多浮薄。嗟哉浮薄流，不知王霸略。六经挂东壁，三史束高阁。琐琐事雕篆，区区衒述作。随行登一第，谓身翥寥廓。趋众得一官，谓身縻好爵。栖栖咫尺地，燕雀假安托。汲汲五斗米，雁鹜资饮啄。壮哉张安道，少怀夫子学。三就礼部试，不肯露头角。耻用众人遇，羞将一赋较。甘心塌翼归，志怀本卓荦。三贤文章师大参宋公、副枢蔡公、计相范公连章称荐，儒林推先觉。百鸟声喈喈，独能辨鸑鷟。玉石方混淆，独能识至璞。荐之于天子，此材堪轮桷。遂得望清光，三节近帷幄。僚友视万乘，器宇诚岳岳。愿乞数刻景，古今可扬搉。纵横三千言，得隽如夺矟。上下驰皇王，周旋骋礼乐。远推灾异源，上究星文错。直言补王阙，危论针民瘼。天子览其奏，嘉赏为嗟愕。既叹相见晚，且言同时乐。一命校秘书，恩泽优且渥。追惜汉武世，仲舒道硗确。再念文宗朝，刘蕡命蹇剥。有才无其时，徒抱此诚悫。吾君嗣丕基，百王惭景铄。万物蒙休嘉，四夷奉正朔。贤良得其时，才命不相虐。一谒乃大遇，君臣无隔膜。我贺吾君明，取士得英卓。我贺吾道行，逢时不踸踔。行愿入廊庙，钧轴在掌握。上使斯文淳，下使斯民朴。五帝德可追，三王岂为邈。(《徂徕石先生文集》卷三)

张方平《谢茂材异等登科启》：六月二十六日，皇帝御崇政殿，引对释褐，授前件官者。奉对广墀，曷塞天临之问；校雠秘府，获升仕进之阶。服宠良优，抚颜有腼。窃以汉询三道，博观儒术之精；唐张众科，务尽人材之广。历世得士，两朝最光。越五季之屯期，废先王之旧典，语道斯下，由时无人。我皇家之茂兴，大一统以光宅。早自先帝，爰举六科，咨周自乎缙冲，虚怀及乎岩壑。庸得佳士，不减前朝。主上嗣临宝图，祗守神器，特颁深诏，用述毛猷。招致英髦，躬御便座，询质经术，讲求治方，宜得异材，以称上意。如某者,肖灵非粹,承学不精。生而被化之醇,家有业儒之素,区区一志,断断无他。若夫天人之大端,皇王之高致,质文更救之弊,礼刑相须之宜,时之所以安危,法之所以治乱,窃尝探其统纪,究其宗原。而屡预计偕,辄从试罢,铅磨易卷,蹇策益疲。间遭细札之书,复起方闻之士。东方自荐,或奏牍以三千;北海飞章,或举才于累百。惟时孱薄,分自晦沦,乃为迩臣,收诸过听。猥闻名于宸极,爰得召于公车。有司辨材,敞蓬莱之仙藏;凝旒亲策,设户牖之黼筵。圣谟渊微,天听高邈,收至聪而托不逮,宽后害以尽下情。遭遇阔希,愧才疏陋。考经微义,曾乏一家之精;访国大猷,曷通万事之纪?敢曲学以阿世,姑悉心而效愚。锥置囊中,锋稍铦而必露;矢注弦上,势必发而不留。盖倚公朝之明,退无萧斧之畏,迟从罢遣,无觊甄收。岂谓登衡石百斤之程,收刍荛千虑之得。言如纶而加宠,衣在笥以班荣。延阁之富,图书典校乎四部;大邑之有,民社庇身于一同。置之俊游,施于官政,深惟叨假,实过忝侥。此盖伏遇某官,燮友万微,曲成庶物。思广上听,尽社稷大臣之心;乐育贤材,敦太平君子之志。器尽成于陶梓,物无遁于权衡。致此颛蒙,亦获成就,窃循顶踵。诚有源流。敢不祗服官箴,遵饬名检!忧深思远,敢苟利于当时;积精会神,尚致勤于他日。过此以往,未知所裁。(《全宋文》卷八〇二)

二十三日,帝御崇政殿,试武举人。以许思纯、郑宾、借职李良臣并策不入等,武艺中格,并补三班奉职;王安仁、李宗良、成杰、张睿策第五等,马射不中格,并补三班借职;郑旦、刘稷臣、勾宗谔策不入等,马射生疏,并补殿侍、三班差使;史询、张存与下班殿侍;樊纯、段仪、刘诉不中选。(《宋会要·选举》一七之七)

二十六日,臣僚言:"乞今后御试举人,就集英殿。"及乞条贯,封弥、誊录、编排卷子,并减复考诸科举人。诏:"减复考不行,余从之。"(《宋会要·选举》八之三二、三三)

乙卯(二十七日),中书言:"太常博士李柬之,先于学士院试,赐同进士出身、馆阁校勘。"诏:"除直集贤院、知邢州。"柬之,迪子也。天禧末,迪罢

相斥逐，柬之落职。迪复相，柬之自陈于政府，奏乞检会，乃有是命。（《长编》卷一一四）

闰六月

甲申（二十七日），诏："御试制科举人，自今张幕次于殿庑，仍令大官给食。武举人以别日试之。"时知制诰宋郊言："贤良茂才等科，上所亲策，乃与武举人杂试，非所以待天下特起之士也。宜如故事，命有司设幄供饮膳。斥武举人就别馆。"诏从郊请。（《长编》卷一一四）

宋郊《贤良等科廷试设次札子》：窃见近者召试制策并武举人于崇政殿，皇帝陛下亲跸，留神永昼，严门异席，程其才略，诚见圣心核真伪、进英豪之审也。然臣以谓有司祗事，失于奏请，苟从便易，乖戾旧章，措置之间，甚不称陛下求贤之意。伏睹贤良方正苏绅等就试之日，并与武举人杂坐庑下，洎摛辞写卷，皆俯伏毡上。自晨至晡，讫无饮食，饥虚劳瘁，形于叹嗟。虽仅能成文，可谓薄其礼矣。又况武举人等，才术肤浅，流品混淆，挽弩试射，与兵卒无异。使天子制策之士并日较能，此又国体之深讥者也，臣窃为朝廷惜之。臣不敢上引汉唐以烦省览，仰惟先帝故事布在耳目，缙绅列位孰不知之？谨按：真宗皇帝凡五策贤良，皆躬御便坐，其举人就试并于殿廊，张幕为次，垂帘设几，大官赐膳，酒醪茶菽，无不毕供。圣人之心，以为张不次之科，待非常之士，所咨者天人之际，所质者古今之宜。言若可行，高者足以和阴阳，跻仁寿；下者足以明利害，观学术。是则所责于人者若是之重矣，所设之礼又可以轻乎？势自当然，非苟而已。臣恐有司自今以往待士之礼因循亡弃，则国家设此举必无异人。何者？夫士有高才，必有高节；节高礼薄，将耻而不就。其就者，皆轻躁徼幸、先身后义之徒，适足启偷竞之风，玷详延之诏。若执事者以为人不逮古，文不中程，虚屈至尊，行不急之务，则因而罢之可也。或惜其历代盛王之所重，当世奇才之不乏，则先朝旧礼，庸可废乎？伏愿申诏近臣，检详旧史，作为定式，付于攸司。今后每试此科，即备陈条件，凡厥供拟，关报所由。仍乞或有武举杂科，不令同日就试，庶拟人于类，有协礼经，仍贯而行，嗣恢世烈。狂言圣择，或补大猷。如允所陈，乞降付中书详议。干黩旒扆，臣无

任省循狂瞽，惭惧屏营之至。(《全宋文》卷四二七)

九　月

景祐元年九月二日，诏先朝免解者候将来省试，与特奏名。时有无名子改王元之《升平词》以嘲曰："旧人相见问行年，名说真宗更以前。但看绿衫包裹了，这回含笑入黄泉。"(《宋人诗话外编》上册《倦游杂录》)

十　月

二十一日，和州童子朱思黯、朱公谊，楚州童子周应辰，年八岁，念《孝经》、《论语》、《周易》、《毛诗》、杂诗，召见，各赐绢二十匹。(《宋会要·选举》九之二三)

景祐二年　乙亥(1035)

三　月

诏:权停贡举。(《宋会要·选举》一之一〇)

八　月

五日,赐大理寺丞王举元同进士出身。召试学士院,中等命之。(《宋会要·选举》九之九)

九　月

二十七日,赐太子中舍陆东同进士出身,仍换太子中允。以献所业,召试学士院,中格命之。(《宋会要·选举》九之九)

十一月

十五日,《南郊赦书》:"应进士、诸科举人,曾经景德年以前南省下第者,并与免将来文解。"(《宋会要·选举》一五之九)

景祐三年　丙子(1036)

三　月

清臣又尝请:诸科举人取明大义,责以策问。(《长编》卷一一八)

诏:权停贡举。(《长编》卷一一八)

六　月

己酉(二日),翰林学士承旨章得象等上《科场发解条制》,下所司颁行。(《长编》卷一一八)

景祐四年　丁丑(1037)

正　月

(壬午,九日)诏礼部贡院:"诸州军贡举人数多不均,宜约旧额,增损以闻。"(《长编》卷一二〇)

二　月

十一日,详定科场条贯所言:"直集贤院贾昌朝奏:'诸州举人亲戚守任在本贯、远地官僚子孙在仕处、发解官亲戚三等举人,乞今后并申转运司类聚,别差官考试,每十人解三人。见守任处去本贯二千里内者,并归本贯取应。'看详:牒送举人,须是五服内的亲,自余不在移送之限。违者,科违制之罪。今来二千里内举人各勒归本贯,深虑奔赴后期。及令贡院于三月一日起请,转运司差官试到举人,与限十一月二十五日到省。余依昌朝所奏施行。"从之。(《宋会要·选举》一五之九、一〇)

甲寅(十一日),诏礼部贡院:"自今三月一日申请贡举,其举人到省,以十一月二十五日为限。"先是,崇政殿说书贾昌朝言:"举人有亲戚仕本州,或为发解官,及侍父祖远官距本州二千里,宜敕转运司选官类试,以十率之,取三人。"诏两制议。而翰林学士丁度等言:"贡举旧制,以五月一日申请,十月二十五日上名于省。若二千里而移试,或有不及。愿稍宽其期,听如昌朝说。"故降是诏。自是诸路始有别头试。(《长编》卷一二〇)

三　月

戊寅(五日),诏:礼部贡举。(《长编》卷一二〇)

七日,御药院言:"内降丁度奏《贡举条制》,御试举人就集英殿考校,位次、关防事件并须改易。"诏:"仍旧崇政殿试。"(《宋会要·选举八之三三》)

四 月

丁未(四日),诏学士院:"自今制策登科人,并试策、论各一道。"时将作监丞富弼献所为文,命试馆职。弼以不能为诗、赋辞,上特令试策、论,因有是诏。弼寻授太子中允、直集贤院。(《长编》卷一二〇)

六 月

二十四日,诏:"令开封府、国子监发解举人并锁厅人,并依南省例封弥、誊录。"(《宋会要·选举》一五之一〇)

丙申(二十五日),诏开封府国子监及别头试,自今封弥、誊录如礼部,从左司谏韩琦之请也。又诏国子监以翰林学士丁度所修《礼部韵略》颁行。初,崇政殿说书贾昌朝言:"旧《韵略》多无训释,又疑混声与重叠出字,不显义理,致举人诗赋或误用之。"遂诏度等以唐诸家韵本刊定其韵,窄者凡十三处,许令附近通用,疑混声及重叠出字,皆于本字下解注之。(《长编》卷一二〇)

七 月

十九日,河北转运司言:"怀州河内县主簿贾程为先赴官稽迟,罚铜二斤,为私罪。看详:私罪至轻,本官有文,乞特许应举。"从之。自后锁厅人如私罪轻,并许应举。(《宋会要·选举》一四之一〇、一一)

是 月

张方平《选举论》:臣闻设官所以共理,择才所以任官。夫位、职、禄三者,官之纪也;德、才、劳三者,人之分也。度德居位,量才赋职,计劳诏禄,兴王所以治;德不称位,才不任职,劳微禄重,衰世所以乱。惟君司牧兆庶,惟理乱在庶官,惟贤惟能,其难其慎。古先明王育才考德之道至矣。周之取士,爰始庠塾,乡老举秀茂而宾其礼,司徒教行艺而升诸学,乐正品俊造而进其名，司马辨官材而定其论。而后天官执其柄而诏其爵，内史书其贰而制其禄，司士掌其版而知其数，小宰平其计而弊其治。盖其官人之法，如是之详。汉之取士，亦始乡邑。自干佐曹史，见拔州郡，复辟公府，更举高第，始出除吏。其郡国所送孝、秀，或公车延召、诸罢职待诏者，悉居三署，光禄岁察四行，茂材廉吏，方补用焉。至于魏氏，疆宇分蹙，兵戎罹乱，衣冠侨转，陈群立九品之法，而选举始滥。中正定高下以署品，吏部据升降而授任。其后法虽益坏，议者纷起，而终不能革。历六代而至隋，中正始罢。夫进士科者，设自隋炀，绵于唐，而我循之，可谓浸淫而蕃大矣。为业益浮，入仕益易。唐考贡士之制，专委有司，岁第殊鲜。虽升名王府，而未阶仕牒；再试于吏部，有屡斥焉。其中格者，补畿赤丞尉尔。其不中格者，或例赴选曹之集，从事藩侯之府。必外效有著而真命始加。我太祖之初受命也，王略犹梗，人物盖希，进士登科，岁无十数。抑于时文法阔略，吏员简疏，尝闻郡自牧长而下，或数员而已。爰及太宗，治致泰平，教风浸盛，丕冒出日，一统无外。且喜天下英俊尽入彀中，始亲御便殿，以临试贡士。博于采拔，务尽乎人材；待以不次，骤升乎美仕国之初，始授等甲京朝官，倅大郡。或即授直馆者，进士中第多至七百人，后遂为例至今。兴国已降，遂为常规。然凡诸为士之民，惟此为干禄之路。儒术治国，诚王道之大经；文艺起家，固儒林之盛选。是以天下学士靡然向风，非惟道化所陶，抑由宠利所诱也。夫子曰："以言取人，必极其言。"而考言弥华于道，所以绅行乏稽古之识。端甫鲜经时之论，莅官少称职之吏，临事无仗义之节，风俗有流薄之损，朝廷成抡选之滥，岂不由乎易取而骤用之乎？此张衡所以深愤嫉于汉日，杨绾所以议革废于唐年。且三王之道，不能无弊。故董仲舒譬之琴瑟不调甚者，必解而更张之。夫周之造士论材，始乎庠序。至汉而兴廉举孝，自诸乡里，至顺帝凡三百年。而左雄建议诸生试章句，文吏课笺奏，而为限年之格，又百年。而魏陈群设九品官人之制，又三百年。而隋文立志行修谨、清平干济之目次，及炀帝更制进士词赋之科。此皆历代举选之道，因时之宜，更救其失，犹三代忠、质、文之政，以革敝易化者也。伏惟朝廷取贤敛才之方，故亦并开数路，惟是进士最广而甚夷。鼎司台席之崇，玉署金闺之彦，更处乎馆殿，参布乎台省。国之纲纪，民之君师，百辟众官，其清途要地者，何莫由斯而起欤？虽名臣辈出，而淆滥为多，其故由乎取之泛也。以周、汉育士之详，而不能尽善良，又况采一日之伎，昧素定之价，若之何责以无滥也欤？夫以唐世之制，专委有司者，则利在乎才者必不遗，弊在乎启奔驰之径，而平素者绌焉。以今日之法，则利在乎使人循道以求己，弊在乎得者不必才，才者不必得，而劝励之教怠焉。其利害相形之理，思所以折之，必有短长矣。至如儒术之微削，思所以振重之；士节之陵迟，思所以兴起之，皆国家教化之端，王政之本。聊用窥测，以著于篇。

张方平《川岭举人便宜》：臣闻唐因隋制，以二科取士。然诸侯得自辟署，仕进路广，不专科第，多由藩幕入登王朝。又闽、岭、黔、峡，士人殊鲜；两河之外，后为寇境；帝都关中，近乎巴蜀。故礼闱可以岁启，选第不逾十人开元、天宝，举人或至二千人，然登第者百才收一。我太祖朝，其风犹在，抑亦王度草创，人物希少。及举荆蜀，下江广，收闽越，定太原，武事偃罢，文物浸昌。兴国已来，取士益广，风教遐被，海寓大同。曳博带于文身，诵圣言于鸩舌。瓯闽之俗，编户待乎宾兴；邛髳之乡，比閰思乎随计。逾剑者崎岖万里，度岭者往复一年。故礼闱不可岁开，而贤者能者同时而滞塞；贡士必当广取，而猥者滥者一概而混淆。且其远方之人，顾有可售之伎。虽蒙续食，莫拔穷巷之身；弗预充庭，遂断亨衢之望。托于遐陋，诚有可嗟。臣伏请凡当秋赋之年，礼部既以三月上请，即颁示远方，其岭南、两川，即于中夏发荐。其预荐名者，岭南诸郡送广州，两川诸郡送益州，委二府如礼部式考试。当试时，本路转运使及州长吏监考，于部郡选差文学才望有闻者为试官，朝廷特遣台阁臣寮一人传诣监试。比岁之杪，取令毕事，其当解人即遣至都，附南省榜，送预廷试。其不预解人，即依到省叙举。其廷试下第者，既还本贯，许本路计使差充摄官。如此，则远人免崎岖之劳，寒士无废弃之叹，土俗以乡举而民劝，礼闱得人省而考精矣。难者曰：今礼部考试，选委大臣，遍择馆殿，博用才良，以司考校。又糊名转录，以防私滥，诚重难其事矣。舍是而委二府，其曰可乎？臣对曰：彼岷岭虽狭，然各逾百城，官吏数百计，皆王朝任用，铨衡选补。二府长吏，国之重寄；两台使者，朝必慎择。诚复遣台阁才臣就而监之，严其法制，明其条约，重其委付，信其命令，可遥御矣。如唐时分选于洛邑，放第于东都，其制近之矣。况此试时，官集诸州，匪容私请。权分当手，当由公共，且方为荐发之地，岂预名器之柄？理无疑者，于何不安？难者曰：夫变常危事，改作恶名。今夫二府之选，多则长滥，鲜则召怨，且众聚焉。非国家绥远之术也。臣对曰：夫变常之事危，改作之名恶，为其乖民情而动也。变之顺众，改之就利，何危而恶乎？臣尝见礼闱川、广之贡士，各才百人，夫岂众之谓哉？且二方之士，趋赴试集，往复几年，驱涉万里，入四海之众多，角无涯之得失。或数罢退，鲜不告劳。今使不出乡关，坐而就举，艺学相委，名称相闻，就有取舍，皆其土人。择一方之官吏，考百人之所试，取之必精，又何滥之长？退之以礼，复何怨之召？故臣谓之便，理可详矣。谨论。（以上均见《全宋文》卷八〇八）

八　月

十日，翰林学士丁度等上准诏修定《开封府国子监发解条制》，乞付贡院，从之。（《宋会要·选举》一五之一〇）

十三日，命殿中侍御史萧定基，直集贤院韩琦、吴育、王拱辰，考试开封府举人；侍御史程戡、集贤校理李宥、直史馆苏绅考试国子监举人；直集贤院修起居注聂冠卿、集贤校理杨伟、张宗古武成王庙考试亲戚举人。（《宋会要·选举》一九之一〇）

公（吴充）试武成王庙亦第一，学者诵其文辞。（《全宋文》卷一七一八李清臣《吴正宪公充墓志铭》）

王禹玉年二十许，就扬州秋解试，瑚琏赋官韵《端木赐为宗庙之器》，满场中多第二韵用“木”字，云：“唯彼圣人，粤有端木。”而禹玉独于第六韵用之：“上睎颜氏愿为可铸之金，下笑宰予耻作不雕之木。”则其奇巧亦异矣哉！（《懒真子》卷一）

发解开封府举人，时惟礼部贡院置封弥、誊录二司，开封止有封弥官。公（韩琦）请并设誊录司，以示至公。从之。（《宋名臣言行录后集》卷一）

二十五日，赐祥符县丞王端同进士出身。兄集贤校理质，以磨勘恩陈乞，召试舍人院，中格命之。(《宋会要·选举》九之九)

是　秋

梅尧臣《赠黄庭筠举进士》：橘柚生南国，幽林日葱蒨。上有嘉禽鸣，五色被余绚。彼美发华英，厥包待秋荐。根本当自持，无为风土变。

梅尧臣《陈真卿将有秋试倏见访不日告行送于北门歌鹄庭为五言以赠》：送君北岗上，举酒歌黄鹄。黄鹄去何高，天池待栖宿。宁复恋江湖，聊兹混鸡鹜。晖晖振羽裳，不羡渊明菊。(以上均见《梅尧臣集编年校注》卷七)

十　月

乙未(二十七日)，同知枢密院事章得象言："开封府进士章仲昌，臣乡里疏属，实无艺业。近闻讼诉发解不公事，请牒归其家。"从之。时锁厅，应举人特多，开封府投牒者至数百，国子监及诸州不在焉。及出榜，而宰相陈尧佐之子博古为解元，参知政事韩亿子孙四人皆无落者，故嘲谤群起。然殿中侍御史萧定基与直集贤院韩琦、吴育、王拱辰实司试事，非有所私也。(《长编》卷一二〇)

先朝时，锁厅举进士者，时有一人，以为奇异。试不中者，皆有责罚，为私罪。其后，诏文官听应两举，武官一举，不中者不获罚。景祐四年，锁厅人最盛，开封府投牒者至数百人，国子监及诸州者不在焉。是时，陈尧佐为宰相，韩亿为枢密副使，既而解榜出，尧佐子博古为解元，亿子孙四人皆无落者。众议喧然，作《河满子》以嘲之，流闻达于禁中。殿中侍御史萧定基时掌誊录，因奏事，上问《河满子》之词，定基因诵之。先是，天章阁待制范仲淹坐言事，左迁饶州；王宫待制王宗道因奏事，自陈为王府官二十年不迁，诏改除龙图阁学士。权三司使王博文言于上曰："臣老且死，不复得望两府之门。"因涕下。上怜之，数日遂为枢密副使。当时轻薄者取张祜诗，益其文以嘲之曰："天章故国三千里，学士深宫二十年。殿院一声

《河满子》，龙图双泪落君前。”于是，诏今后锁厅应举人与白衣别试，各十人中解三人，在外者众试于转运司，恐其妨白衣解额故也。庆历中，又诏文武锁厅试者不复限以举数。故事，锁厅及第注官者皆升一甲，今不复升之。（《涑水记闻》卷三）

景祐中，有轻薄子，以古人二十字诗益成二十八字，嘲谑云：“仲昌故国三千里，宗道深宫二十年。殿院一声《河满子》，龙图双泪落君前。”龙图者，王博文也。尝更大藩镇、开封知府、三司使任使。一日对上，因叙扬历之久，不觉泪下。殿院者，萧定基也。为殿中侍御史，与韩魏公、吴春卿、王君贶同发解。开封府举人作《河满子》曲嘲之。因奏事，上问之，令诵一过。宗道者，王宗道也。为诸宫教授及讲书凡二十余年，辄于上前自诉在宗藩二十余年，求进用。仲昌者，章郇公之从子。论科场不公，郇公奏闻，牒归建州。当时人以为虽用古人诗句，而切中一时之事，盛传以为笑乐。（《东斋记事》卷三）

十一月

十五日，诏：“三京、诸州进士、诸科，除已发解、免解外，有曾经御试、今来不该解者，并先曾取到景祐四年文解、祥符元年南省下第、曾应三举、今来不该解者，特许就南省试。”（《宋会要·选举》一五之一〇）

十六日，《详定科场条贯》所上发解、考试、巡铺及巡捉、传义、支赏条数。诏：付贡院施行。（《宋会要·选举》一五之一〇）

景祐五年宝元元年　戊寅(1038)

正　月

八日,知制诰李淑言:"切见近日发解进士,多取别书、小说、古人文集,或移合经注以为题目,竞务新奥。臣以为朝廷崇学取士,本欲兴崇风教,反使后进习尚异端,非所谓化成之义也。况考校进士,但观词艺优劣,不必嫌避正书。至如近日学者编经史文句,别为解题,民间雕印,多已行用,考试之时,不须一一回避。其经典子书之内,有《国语》、《荀子》、《文中子》,儒学所宗,六典通贯。先朝以来尝于此出题,只是国庠未有印本。欲望取上件三书,差官校勘刻板,撰定音义,付国子监施行。自今应考试进士,须只于国子监有印本书内出题。所贵取士得体,习业有方,稍益时风,不失淳正。如允所请,兼乞编入《贡举条贯》施行。"诏可。(《宋会要·选举》三之一八、一九)

十三日,以翰林学士丁度权知贡举,翰林学士胥偃、侍读学士李仲容、知制诰王尧臣、郑戬并权同知贡举,合格奏名进士范镇已下四百九十九人。(《宋会要·选举》一之一〇)

十八日,以翰林学士丁度等权知贡举,三司度支副使姚仲孙、殿中侍御史里行方偕贡院弥封卷首。(《宋会要·选举》一九之一〇)

二十三日,命集贤校理郭稹、直史馆同修起居注叶清臣考试亲戚举人。(《宋会要·选举》一九之一〇)

吕溱榜试,三年大聘,韩康公与其弟黄门及右相、侄柱史皆高中。无名子嘲之曰："府试三年大聘，昌黎四子登科。"以讥主司之有私意。正献闻之，俾四人皆不赴省后榜。正献罢，四人皆登殊科，乃知主司无私意也。（《苏魏公文集》附录一《魏公谭训》卷四。按："正献"当为"忠献"之误。韩亿，谥忠献。）

苏颂《累年告老，恩旨未俞……自注》：予十八预府荐，时主司吴正肃公颇以博学识题见奖，便许以远到，自此士大夫稍稍称道。明年春，省试以犯声病格不收。时主文盛文肃公谓先公曰："试文当在高等，以点检官指摘诗中押声'闻'字退落，诚可惜也。"（《苏魏公文集》卷五）

祖父年十六，省试《斗为天之喉舌赋》。盛文肃主文，见曾祖曰："贤郎已高中，而点检试卷者谓以声闻去为闻平，为不合格，遂黜。"祖父自是始切意字学，发明为多。（《苏魏公文集》附录一《魏公谭训》卷三。按：苏颂是年十九岁。）

二十九日，中书门下言："检会先诏：贡院考试进士，多只采诗赋，未尽铨择。今后更于策论相兼，考定优劣。诸科对义，不得将重复文句，抽拆经注，令字数对答，非理黜落。"诏："以谕贡院。"（《宋会要·选举》三之一九）

二　月

戊辰朔（一日），诏："天下贡举人，自今止令逐州解头入见。"时举人群见，进止多不如仪。而民有缑化隆、高惟志者，又辄阑入殿廷献封事也。（《长编》卷一二一）

三　月

八日，诏："应该景祐四年十一月十五日特敕免解举人，住远趁试不及者，免将来文解。"（《宋会要·选举》一五之一〇）

十七日，帝御崇政殿，试礼部奏名进士，内出《富民之要在节俭赋》、《鲲化为鹏诗》、《廉吏民之表论》题。得吕溱已下三百一十人，第为四等，并赐及第、出身。第等同元年，后遂定为例。翌日，试诸科，得九经傅褒已

下六百一十七人,并赐本科及第、出身、长史、文学。(《宋会要·选举》七之一六)

景祐五年,苑试进士,以《鲲化为鹏》为诗题。吕济叔诗云:"九霄离海峤,一夕过天池。"论者以此诗当为第一人。(《诗话总龟》前集卷三)

十九日,试特奏名举人,内出《修词立诚诗》、《大德曰生论》题。得进士钱仲师已下二十六人,诸科李安上已下五百八十七人,并赐同出身、长史、文学、助教。(《宋会要·选举》七之一六)

庚申(二十三日),赐进士吕溱等二百人及第,一百十人同出身;特奏名一百六十五人同诸科出身及为诸州长史。(《长编》卷一二一)

辛酉(二十四日),赐诸科四百十四人及第并出身,其特奏名被恩赐者又九百八十四人。琼林宴,初赐《大学篇》。先是,上以开封府所解锁庭进士陈博古等嘲谤籍籍,密诏博古及韩亿四子并两家门下士范镇、家静试卷皆勿考。镇,成都人;静,眉山人。考官奏镇、静实有文,久驰声场屋,非附两家之势而得者,乃听考,而降其等级。镇,礼部奏名为第一。故事,礼部第一人赐第未有在第二甲者,虽近下犹升之。吴育、欧阳修殿庭唱第过三人,亦抗声自陈,镇独默然。至第七十九人乃出拜,退就列,无一言,众以是贤之。礼部第一人在第二甲,自镇始。(《长编》卷一二一)

进士名录:吕溱,李绚,祖无择,丁彦先,丁竦,丁淅,王甲,王屏,王异,毛维藩,方蓁,艾君瑜,石秀之,石扬休,石温之,史详,司马光,吕诲,朱公祐,朱鼎臣,任伯传,危序,江铸,阮宗道,阮适,阮邈,杜申,李大临,李秉,李京,李昭用,李冠卿,李惟肖,李惟几,李景阳,李纁,吴中复,吴世延,吴充,吴几复,吴蒙,余浼,汪信臣,汪澄,沈绅,沈遵,沈邈(误),宋充国,宋琪,宋璋,邵泌,范百之,范镇,林肇,林让,周汝砺,周旻,周孟阳,周源,宗琪,宗璋,孟翱,柳应辰,俞希孟,洪牧,姚一鹗,姚宜先,桂叔宪,徐良佐,徐绍,翁彦升,郭经,家静,陆绾,陈之奇,陈太素,陈亢,陈汝爽,陈安国,陈序,陈良卿,陈宗元,陈鼎,陈咏,陈谏,孙抗,孙献臣,黄升,黄师古,黄淳,黄琦,曹靖,常洞,常溥,崔黄臣,过昱,许几(误),章岵,章佺,张子方,张征,张起,张翃,张为宜,张魁,张诜,叶松,叶纾,程掞,舒源,湛俞,游奎,蒲慎密,杨伯华,杨宏,杨洙,杨纬,褚珵,赵众,蔡仲偃,蔡仲舒,臧永锡,裴若纳,闻人安道,郑君平,郑戬,刘傪,刘暇,潘仁杲,潘好礼,薛利和,萧汝翼,钱彦远,韩元卿,韩回,魏宏,鲜于侁,谢伯初,谢鸿,苏纮,苏缄,严拱之,谭惟几,庞元鲁,龚沂。诸科:傅褒,郑洙。

特奏名进士:钱仲师,王公佐,石震,胡望之,留万,陈嘉猷,陈德荀,程珪,程说,苏迪。

特奏名诸科:陈靖。(《宋登科记考》卷四)

补进士名录:其一,沈逊。《龙学文集》卷一《途次金陵逢同年沈五判官》,后附沈逊和诗。

其二,李汝臣。《司马光集》卷二《送李汝臣同年谪官导江主簿》。

其三,张师奭。《司马光集》卷六《和张推官同年师奭春阴无绪偶成》。

其四,王景阳。《司马光集》卷六《送王殿丞景阳知眉山县》,题下注:“予与眉山同年登第。”

其五,王瓘。《宋登科记考·附录》:“仁宗朝登进士第。”《司马光集》卷七《送王瓘同年河南府司录》。

其六,王彦臣。《司马光集》卷七《送王彦臣同年通判亳州》。

其七,李尧夫。《司马光集》卷一一《长安送李尧夫同年》。

其八,张徽。《宋登科记考·附录》:“仁宗朝登进士第。”《司马光集》卷一四《奉和大夫同年张兄会南园诗徽,字伯常》。

其九,吴执中。《司马光集》卷一五《和吴朝议执中,字几圣同年谢光与景仁同年见过》。

其十,郎景微。《司马光集》卷六四《送同年郎兄景微归会稽荣觐序》。

其十一,罗胜卿。《全宋诗》卷三四五范镇《送罗胜卿同年提举玉局观》。

其十二,卢臧。《宋登科记考·附录》:“仁宗朝登进士第。”《全宋诗》卷三四七俞希孟《范阳同年示及零陵三题率然为答甚愧妍唱范阳同年者,卢臧也》。

其十三,林之纯。《全元文》卷一八二王恽《苏门林氏家传》:“永生之纯,字嘉父,擢景祐五年进士第,释褐主朝城簿。”

辨正:其一,许几,熙宁六年进士。《全宋文》卷三三九〇汪藻《许公墓志铭》:“政和五年四月甲寅,中大夫、提举洪州玉隆观许公卒于袁州。……公讳几,字先之。……未冠擢上第。……享年六十二。”据此推断,许几生于皇祐六年,即公元1054年。于熙宁六年登进士第。

其二,沈邈。天圣五年进士,详说见前。

景祐五年御试进士,上以时议之故,密诏:陈博古、韩氏四子及两家门下士范镇、家静试卷皆不考。考官奏:“镇、静实有文,久在场屋有名声,非附两家之势得之。”乃听考而降其等级。故事:省元及第未有在第二甲者,虽近下犹升之,省元及第二甲自镇始。镇字景仁,成都人,与兄镃皆以辞赋著名。自吴育、欧阳修为省元,殿前唱第过三人,则疾声自言。镇独默然,时人以是贤之。(《涑水记闻》卷三)

吴待问得解时,母已八十余岁,欲赴礼部,见邻人泣下。邻人曰:“秀才但行,吾遣妻儿往,毋恤其失所。”待问下第,不果归。次举登第。及门方知母已亡,问殡所,乃在一路隅。待问欲迁,邻人云:“初已卜地,无何至此,柩绳自断,遂槁葬。”待问引术者求佳处,数日,无易路隅之吉,遂为兆域。后诸子相继登第,而冲卿入相。(《孙公谈圃》卷上)

故事,南省奏名第一,殿试唱过三名不及,则必越众抗声自陈,虽考校在下列,必得升等。吴春卿、欧阳文忠皆由是得升第一甲。独范景仁避不肯言,等辈屡趣之,皆不应。至第十九人方及,徐出拜命而退,时已服其静退。自是廷试当自陈者,多慕效之。近岁科举当升等人,其目不一,有司皆预编次,唱名即举行,其风遂绝。(《石林燕语》卷九)

乡人危序,应举探省榜。出门数步,即逢泥泞,踌躇未前,有老妪指示

曰:“秀才可低处过。”危即从之。比看榜,最末有名,是岁果及第。(《青箱杂记》卷三)

鲁人李廷臣顷官琼管,一日过市,有獠子持锦臂耩鬻于市者。织成诗,取而视之,仁庙景祐五年赐新进士诗也,云:“恩袍草色动,仙籍桂香浮。”仁祖天章掞丽,固足以流播荒服,盖亦仁德酞厚,有以深浃夷獠之心,故使爱服之如此也。廷臣以千文易得之,帖之小屏,致几席间,以为朝夕之玩。(《渑水燕谈录》卷一)

韩持国维,宝元间偕兄弟应进士举,预南省奏名。而下第士子有“韩家四子连名”之嘲,盖以其父忠宪公见在政路也。时殿试尚黜落,有司因故黜之。公后遂不复试,而兄弟皆再登第。故潞公荐公,谓南省曾预高荐。继历内外制,知贡举,至登门下省,不更赐出身。(《清波杂志》卷四)

右(按:当为“石”之误。)舍人扬休,屡拔乡里魁荐,然常屈春官氏。蜀人云人:“以舍人频魁诸彦,行间多成名,而已常空归,若纲官然。”戏以目之。景祐末,厌默辱之数,欲罢进取。同辈苦勉之,又拔首荐。明年,第四人登第。(《诗话总龟》前集卷二七)

温公曰:吾性不喜华靡,二十忝科名,闻喜宴独不簪花。同年曰:“君赐,不可违也。”乃簪一花。(《古今事文类聚》前集卷二七)

梅尧臣《闻表兄施先辈上第》:昔人事功名,五十未为老。而今君已及,得桂诚非早。所慰白头亲,且将黄绶好。吾始日夜心,望尽京关道。拜庆早归来,莫变秋庭草。(《梅尧臣集编年校注》卷八)

四　月

十一日,诏:“新及第进士第一人吕溱为将作监丞,第二人李绚、第三人祖无择为大理评事,诸州通判;第四人石扬休、第五人王异为两使职官;第六人司马光已下,初等职官。第二甲试衔簿、尉,第三甲判、司、簿、尉,

第四甲特免选,判、司、簿、尉。"(《宋会要·选举》二之七)

苏舜钦《送家静及第后赴官清水》:几年尘土客京华,一日春乘犯斗槎。梦好夜归全蜀道,眼明朝宴上林花。白头佐邑非为晚,蓝绶还乡亦可夸。况有雄图看悟主,莫伤孤宦向天涯。(《苏舜钦集》卷六)

十六日,知制诰李淑言:"昨充崇政殿试详定官,窃见考试条贯,元是贡院编次,颇有未备之处。又缘旋差到官,不悉前后体例,以至元有拘执,频烦圣听。又初、复考定等之际,多不照会,相去颇远。详定官既不别定等,只是斟量就一,或未适中。朝廷择士授官,所系至重。欲望下御药院取索应该条贯,于昨来祗奉御试官内,委经历编次之人参详,添修条制。或并考官,一处考定。别置点检官三五人,令先点检,然后考校,亦恐却得精审。所冀立制经久,上副求人之意。"诏可。(《宋会要·选举》八之三三)

二十一日,诏曰:"科举之设,本至公而擢材;仕进之阶,先力学而干禄。厚民崇术,莫切于斯。朕抚御邦图,周爰治道,奉若祖宗之法,谨夫俊造之求。考艺有程,得士斯众。昨举宾兴之典,以期计偕之来。申命攸司,载严明试。迨临轩而亲校,固刈楚之必精。尚轸湮沉之徒,特恢优裕之路。惟贡荐而屡绌,自迟暮而无成。审复不诬,甄采咸及。然念溥率之广,褒博滋多,或狃于宽恩,则堕其素业。靡笃温知之习,浸成苟简之风。思洽政醇,用颁诏谕。贡举人等,自今当研覃古义,景慕前良。为学务于资深,属词尚乎体要。宗师雅正,斥去浮华。勉事厥修之勤,勿贻将落之诮。若仍累举之叙,限年以牧。盖匪经常之规,无怀侥幸之望。傥声实之非允,岂名级之可希?咨尔群儒,宜悉朕意。"(《宋会要·选举》三之一九、二〇)

乙未(二十九日),诏:"自今试举人,非国子监见行经书,毋得出题。"从翰林侍读学士李淑之请也。(《长编》卷一二二)

五 月

二日,赐右班殿直李正卿同进士出身,仍换将作监主簿。正卿,真定

总管高化婿，以恩陈乞，召试学士院，中等命之。(《宋会要·选举》九之九)

四日，赐国子博士向约同进士出身，殿中丞张子奇进士出身。约、子奇召试学士院，中等命之。(《宋会要·选举》九之九)

庚子(四日)，赐进士张宗雅同出身。宗雅既下第，自陈能讲《三经》，诏国子监试而命之，仍附春榜。(《长编》卷一一二)

戊申(十二日)，诏吏部流内铨："新及第诸科人年十七以下者，令守选。"(《长编》卷一一二)

六　月

十三日，婺州童子廖之才七岁，念诵经书，召见，赐绢二十匹。诏："今后不得奏念书童子。"(《宋会要·选举》九之二三)

仁宗即位，以童子赐出身者凡十人，宝元元年，以为无补而罢之。(《文献通考》卷三五)

十六日，命御史中丞晏殊、翰林学士宋郊、知制诰郑戬、直史馆高若讷赴秘阁，考试制科。殊等上田况、张方平、邵亢论各六首：《乐者天地之命》、《三公为乡老》、《治地莫善于助》、《禘尝治国之本》、《圣王处民于瘠土》、《治乱刑重轻》论。(《宋会要·选举》一〇之二二)

二十四日，详定科场条贯所言："贤良方正、博达坟典、才识兼茂、茂材异等四科，今后亲试，同出策目，须援引古义，以质今宜。其详明吏理，或涉于武经之举者，并别出策题。"从之。(《宋会要·选举》一〇之二二、二三)

诏："贤良方正能直言极谏、博通坟典明于教化、才识兼茂明于体用及茂才异等四科，并同试策题。详明吏理可使从政、洞识韬略运筹决胜、军谋宏远才任边寄凡三科，各为策题。"(《长编》卷一一二)

是 夏

司马光《送同年郎兄景微归会稽荣觐序》:进士此科见重于时久矣。自两汉而下,选举之盛,无与为比。乃至贩鬻给役之徒,皆知以为美尚。是以得之者矜夸满志,焜耀于物,如谓天下莫己若也。亦何惑哉!贤者居世,会当蹈仁履义,以德自显。区区外名,岂足恃邪?郎景微与余周旋甚悉,余备知之。其为人刚不可校,柔不可犯,和易以为乐,节正以为礼。由七品官举进士,一上中选,可谓美矣。然未尝有偃蹇之容,自满之意。或未识者卒然遇之,尚不知其为举人,又焉知其有科级邪?所谓以德自显者,殆无过此乎!家君与尊谏议景德中同年登第,在朝廷最名相善,余又与景微以荫籍同官,偕举进士,送名于天府,复试于南庙,以至登第,未尝异处。古人有言:"朋友世亲如我比者,固不疏矣。"今将泛舟南下,拜亲于越,谓余必以文序别。余识荒陋,非不知辞,顾以非余无能纪其实美者,故直书以赠之。时景祐五年季夏,司马光序。(《司马光集》卷六四)

七 月

二十七日,帝御崇政殿,试贤良方正能直言极谏太子中允田况、秘书省校书郎张方平、茂材异等进士邵亢。制策曰:"朕莅幅员之广,寅畏天命,以康元元。思欲恢祖宗之远图,追皇王之极治,跻俗于仁寿之域,陶民于礼义之化。兢兢业业,不敢怠遑,焦心劳思,十有七年于兹矣!而明不烛远,智不通幽,奉承谟训,惟恐失坠。故诏有司,详延天下特起之士,冀闻忠谠实至之言,以辅朕之不逮。子大夫卓出群萃,褎然造庭,必有宏说,以塞虚伫。国家诞膺宝命,奄甸中区,三圣继明,万邦作乂。除残而革暴,蠲苛而薄赋。稼政修,礼文缛,爱人甚于赤子,紥贤同夫白驹。奇杰魁垒之士列位于朝,循良慈惠之长分政于外。求治若此,可谓勤且至矣。然而格之前载,犹或异论。法制浸讲而未协厥中,经费实繁而未得其节,乐未谐于《韶》《濩》,刑未措于成康,官师或昧于廉平,风俗颇亏于素朴,夷貊虽率化而时有陵犯,边鄙虽嘉靖而时有儆戒灾异者,朕之不德使之然耶?抑物之数适当然耶?子大夫其精心极虑,无有所隐。古之制度可用于今,今之章程有质于古,并宜条例,勿事猥并。立乐之方,何以格神祇而来瑞物?

详刑之要，何以空囹圄而致和气？至于遴选多士，懋建庶官，咸有前规，可为来范。唐氏考功之格，善最悉陈；汉家刺部之仪，科条具举。士民之类，愚众贤寡，奢僭相尚，习以成风，不严而化，其术安在？蠢尔微寇，何以革其非心？漠然大钧，何以致其顺序？且道者万世无弊，而前代有忠文相救之说；法者百王不易，而旧典著轻重异用之宜。《戴记》为国有九经，所宜铨次；《周官》辨地以五物，咸为敷陈。式副咨询，且观殚洽。固将施之于行事，匪独取之于虚文。悉意以陈，无挠执事。"况策考入第四等，方平入第四次等，亢不入等。诏："况为太常丞、通判宣州，方平为著作佐郎、通判睦州。"(《宋会要·选举》一〇之二三、二四)

壬戌(二十七日)，御崇政殿，策试贤良方正能直言极谏著作佐郎田况、大理评事张方平，茂才异等邵亢。况所对入第四等，方平四等次。亢与宰相张士逊联姻，报罢。况迁太常丞，方平著作佐郎，通判江宁府及睦州。王珪铭亢墓亦云：范仲淹荐亢应贤良方正科，时布衣被召者十四人，皆试秘阁，独得亢一人。及试崇政殿，除建康军节度推官。会有欲中伤宰相者，乃诈言亢与之连姻，命遂中格，人莫知其所以然。盖张士逊娶冯氏，子娶邵氏，邵偶与亢同姓尔。士逊既不能辨，亢亦无言而去。(《长编》卷一二二)

癸亥(二十八日)，策试武举人。(《长编》卷一二二)

八　月

丙寅(二日)，试武举人骑射。(《长编》卷一二二)

十四日，命屯田员外郎、集贤校理曾公亮，右正言、直史馆、同修起居注梁适，考试锁厅举人。旧制：每秋赋，别差官考试官亲戚，谓之"别头"。至是，以锁厅人多，颇侵寒士解额，乃令府、监互送亲戚，而专差官试锁厅人。(《宋会要·选举》一四之一一)

锁厅试落辄停官，仁宗始诏免罪。(《玉海》卷一一六)

张方平《应贤良方正能直言极谏科对制策一道景祐五年八月》：臣闻昔

汉氏始举贤良文学士,而策以当时之大政。凡治乱之故,施舍之宜,使以经对,所得善者,辄施之于政。故文景之朝,制度兴作,比隆三代,得人之盛,由此其选也。今陛下上承先志,遐稽治古,祗惕乎安安之难,戒慎乎事事之备,数诏方闻之士,延致大廷。临问以保邦制理之道,以通天下之志,以成天下之务。兹诚抱器而有心于生民者,发舒其愤愿之会。臣不佞,学不足以通天人之变,识不足以达古今之务,而窃有志焉。乃今承乏,腼然塞举,大问所及,岂臣愚所能通者?虽然,敢不以承学所闻,谨昧死上愚对。

臣伏读《圣策》,见陛下寅畏天命,以康兆民为心;奉承谟训,以恢远图为志。期跻俗于仁寿,思陶民于谊礼。而退托于不逮,以求忠谠之言。斯以见陛下虚怀于听受之勤也。伏以《圣策》有除残去暴之言,及蠲苛薄赋之念,列爱人縻贤之道,叙列位分政之良。斯又见陛下勤恤小民之依,以深察其微隐,励精庶政之纪,以博用乎贤才。此帝尧之协和万邦,周文之思皇多士,而犹慊然兴叹,逖怀治古。请为陛下广其义焉。昔圣王之所以能见天下于户牖之间,运万化于股掌之上者,非为一人之明且智可遍见而尽察也。使聪明者竭其视听,智力者尽其谋能,则事无所遗,政无不举矣。欲事无所遗,在乎广言路;欲政无不举,在乎正有司。臣闻《书》称舜之德曰:“询于众”。伊尹曰:“匹夫匹妇不获自尽,人主罔与成厥功。”古之兴王咨嗟戒慎,莫不箴敕其群下,俾补察其政。故在舆有旅贲之规,位宁有官师之典,倚几有诵训之谏,临事有瞽史之导,犹众楚人咻之,求其齐言不可得也。古之明君思兴治道,曷有不先广视听以平王度者乎?昔汉魏相白去尚书副封,以防壅蔽,而宣帝得以知万机之微,为汉明主。唐太宗著《司门式》云:其无门籍人有论奏者,皆令监门司马引对,不许关碍。又制大臣入论事,辄令谏官同入,或对问之言有亏道理,随即争之。此唐文帝致太平之迹也。今朝廷司过拾遗之职,惟御史谏臣。凡厥庶官,无得出其位而言者。臣愿陛下深留圣虑,远惟治方,益进端亮骨鲠之士,以旦夕承弼。清闲之余,对临之际,访之古训,爰及政事。则嘉谋日闻于黈纩,诚士各荐其见闻。夫如是,则何远而不烛乎?臣闻夫子曰:“必也,正名乎!”《春秋》之义,君不尸小事,臣不专大名。故尊主其要,卑任其劳,人君佚于任使,仰成而治。三公论道,九卿分职,群有司各事其事。以故庶务百职,本末条理。今夫津官亭吏，一命之微，米盐货利，毫杪之细，莫不关决衡石，经烦清衷。三公下任卿大夫之劳，卿大夫旁领群有司之事，职分名局，不归台省，政失其本，事忘其旧。惟陛下考理之要，清化之源，莫若谨诸关棍，执其机辖，委任三吏，切摩治本。使夫总百揆者，则谋建庶官之长；列庶官之长者，则各选众职之任。付之柄而要其效，尽其材而责其成。官守典司，无相侵紊；有废厥职，必正于罚。如此，则陛下以无为用天下，群吏莫不各有为而为天下用。要在于上，详在于下，上下正则天下治矣。夫如是，又何幽而不通乎？方且优游岩廊之上，拱揖羲轩之庭，不为而功成，不劳而治定。《易》曰："知临，大君之宜。"此之谓也。

伏以《圣策》曰："今奇杰魁垒之士列位于朝，循良慈惠之长分政于外。"求治若此之勤，犹未格于前载者。臣伏读至于再，而切有惑矣。臣诚深叹陛下有英睿之度，而臣弼乏将明之材，因循蔽欺，偷取一切，不能作法于治，不能革弊于细，独贻陛下兢兢之忧也。诚使朝皆奇杰，则朝廷重而百度正；外皆循良，则上下交而其志通。虽甚盛德，何以加此？又何前载之愧乎！以臣之愚，正谓朝位鲜魁垒之器，外官寡慈惠之师，未足以副圣心爱人縻贤之念尔。虽然，奇杰乃间世而出，循良非比肩而有，亦在人主推择而耸劝之尔。何以言之？列位于朝者，忠邪不可不辨也；分政于外者，宰牧不可不重也。臣闻伊尹戒太甲曰："左右惟其人。"周穆王命伯冏为太仆正，曰："仆臣正，厥后克正；仆臣谀，厥后自圣。"旨哉！圣贤之究治本也。尧舜禹大圣智者，然犹相与叹以不知人为忧，此九德所以为帝谟也。至于夫子亦以为知人之难，尧舜其犹病诸？夫知人之所以难者，以其巧言令色之贼实也。夫世之治乱，君之昏明，臣之忠邪，所更而有。虽治世明君，不能使其立朝居位举忠贤而无邪佞者也，由能亲忠贤而疏邪佞者尔；虽乱世昏君，亦未必立朝居位举邪佞而无忠贤者也，由其近邪佞而远忠贤者尔。故尧舜之庭，稷契班乎共鲧；幽厉之朝，苏卫侪乎荣暴。顾上所亲而近者孰悦焉。夫欲辨朝位之忠谀者，考其所朋之迹，而志行见矣；察其施作之谋，而材智详矣。忠庄而端直者，斯则雪霜之松柏矣；谄从而容悦者，斯则疾风之蓬藁矣。进斯人也，原其誉之所自；退斯人也，察其毁之所出。拔茅以汇，必有类也。如此，则列位之縻贤，颇得奇杰魁垒之士矣。臣闻民政之本，在乎牧宰，而朝之选任，其制甚轻。铨审补除，初无差择,计阶而授,循资而遣。或罢弱昏乱,狠顽贪忍,流毒于下,穷枉无告。刺守夺于权利,坐视其弊而莫之闻者,地相接也。夫本既失之,姑正其末,犹愈于不正也。昔在两汉,虽有刺史督州,而又时遣使四出,察群吏之治。故前汉则有绣衣直指,传行四方,得专免二千石。后汉则有美俗清诏之名,以按郡国。唐虽有采访按察之职,而亦时遣郎官御史出廉外事。诚国家举用汉唐之典,精选台阁之臣才识深明、风度方重者,时遣分道,以察郡县守令能否之迹,具善恶而入报,示赏罚于必行。如此,则宰牧之官心知劝惧,郡县之政稍以澄清。夫是,则治民分政者颇得循良慈惠之长矣。

《圣策》曰:"法制浸讲,而未协厥中;经费实繁,而未得其节。乐未谐于《韶》《濩》,刑未措于成康。官师或昧于廉平,风俗颇亏于素朴。"此以见陛下无微不讲,无小不虑者也。夫法制所以未中,以其命令之数易;经费所以未节,以其用度之无艺;乐未谐于《韶》《濩》,以其工师之失职;刑未措于成康,以其货利之乱制;官师或昧于廉平,以其澄劝之义废;风俗颇亏于素朴,以其分度之礼逾。臣请为陛下悉数以终之。臣所谓法制所以未中,以其命令之数易者。闻之《书》曰:"慎乃出令,令出惟行。"夫命令者,国之纲纪,政之堤防。纲纪一弛,则万目随解;堤防一倾,则横流莫制。故为国之本,为政之原,信为大也。比者,命令布下,寻复冲改。是以郡县承用者驳,奸吏巧诋,因缘为市,民无所措手足,而多犯于有司。揆大体而论之,此损政之深者。傥朝廷出令,事干大政,必集议而后行;下于多方,必一定而无变。略其苛细,删诸重累。俾万姓咸曰:"大哉王言!"又曰:"一哉王心!"如此,则法制允当,协于中理矣。臣所谓经费之未节,以其用度之无艺者。伏以承平之日久,是故因循之弊生,日知其所增,岁不知其所减,此费之所以烦也。陛下幸加惠思所以撙节之理,臣谓宜以约处之而已。宫室台榭,足以顺阴阳之候;旌旗羽卫,足以昭文物之容;苑囿池籞,足以备游豫之行;音官乐部,足以具燕享之礼。自余土木之不急者举罢,容卫之罕用者勿饰。宽池囿之利,下赋于贫民;省音乐之伎,稍斥其冗食。减后苑之工巧,息匠司之营缮;慎无名之好赐,约无功之匪颁;罢缁黄之厚施,节一切之横费。以缓天下水旱之赋,以为国家帑廪之实,以济疲农工女稼穑之勤,以整老弱孤寡饥劳之殃。如此,则德泽被于天下,而经费有节矣。臣所谓乐未谐于《韶》《濩》,以其工师之失职者。昔舜命九官,夔实典乐。

汉史叙得人之盛，而儒雅质直与协律并列。又汉制，卑者之子不得舞宗庙之酎。历代而下，乐府令丞多用士大夫，均声考律，其义微矣。故师胥、瞽蒙，古所甚重也。今夫执伎以事上者，历象则有司天之监，医药则有翰林之署，至于琴弈书画一艺之微者，莫不厚赋廪稍，间蒙宠赐。太医诸工，真古者大夫士之职也。谓宜略依司天为之官次，补用知钟律之士以充其选，择取儒师为之令丞，使习其精义，通其钟吕。虽名异于《韶》《濩》，而可以荐天地，享祖宗，其义一也。臣所谓刑未措于成康，以其货利之乱制者。伏以国家之在宥天下，一统治平，德教加于蒸民，其陶化抑深矣。陛下临御区极，钦恤庶慎，急深故之罪，宽纵出之罚，有惨怛之爱，有忠利之教。而刑未之措，狱系犹蕃，其故何由？盖上之笼货物、渔财利之路多，管缺、封占之法密，间之以权豪富室侵夺贫细，吏务因循或引赇贿，不能抑强扶弱，是以小人业蹙穷而思滥者众矣。诚朝廷慎择守宰，摧抑豪猾，稍宽利路以优齐民。刊定律令，除文致毛细之法，务从简易，便于遵守，使民不敢欺冒而试法，吏无以轻重而舞文。则刑虽未尽措，而罗阱宽矣。臣所谓官师或昧于廉平，以其澄劝之义废者。按：周典小宰以六计弊群吏之治，虽治行不同，而同主于廉。故驭吏之法，丽重惟货，而受赇抵禁，相继有焉。意者官刑稍以宽弛，部长多所故纵欤？夫贪吏侵刻下民，善事上官，腹心爪牙，各有施设。及贯盈灭趾，官以墨败，而又赦令屡下，亟蒙释解。丹书未干，已冀收叙。此所谓官刑稍以宽弛者也。今夫令宰有滥黩之迹，而守倅纵不考验；守倅有贪暴之政，而司官隐不上闻。及乎恶积而不可掩，事播而不可道，罪止不察，厥罚至轻。倘使诸统摄之司，及于联事之职，赃罪相坐，以重其累，则人自为计，下无容奸矣。夫峻刑苛禁，诚非治世善化之意。然今风俗流溢，逾轨者众，不严官制，何以立法？犹乎驭骍突而不利乎衔策，且奔踶而冲蹶矣。古所谓惟齐非齐者，谓此道也。臣所谓风俗颇亏于素朴，以其分度之礼逾者。《书》曰："惟民生厚，因物有迁。违上所令，从厥攸好。"故君人者章好以示民俗，慎恶以御民淫。夫风化之所起，必由上以达下，内而及外。且万邦表则，在乎王国。今夫雕饰巧伪之器，奇邪纤靡之服，陈鬻于市，流于四方，诈伪奸欺，聚为渊薮。按：《周官》以仪辨等则民不越，以度教节则民知足。古之制民者，使之虽富不异服，无故不食珍，纳币无过五两，合亲不逾一肉。故王道之端，必自制节始也。

谓宜益条其僭侈之弊,惟事事为之分度,所示制令期于必信。如此,则争夺逾靡之俗革,礼义敦厚之教行矣。

《圣策》曰:“夷貊虽率化,而时有陵犯边鄙者;岁时虽嘉靖,而时有儆戒变异者。”兹又以见陛下过虞寇聚之渐,祗畏天戒之重也。然陵犯之扰,虽特徼裔之小丑;变异之来,兹乃阴阳之大事,何陛下问之后乎?彼群蛮依嵠峒之险,恃林岭之阻,窥伺无备,潜出攘掠。结集如蜂蚁,飞迸如鸟兽。守臣无状,自投亡地。然此之区区者,亦何足以累国威、烦圣虑哉!臣谓边事之重,其在西北乎!北国通好于我余三十年,自汉氏已来,夷夏之和而能坚守信誓如今之久者,未之有也。非惟怀我恩信,利我聘币,抑当我盛德之世,无衅可乘。夫以利相结者,利尽则交疏;以势相合者,势解则难作。故有备无患谓之善,无恃不来,在乎多算。又西陲虽受羁縻,姑息盖久。自国家失朔方,弃灵武,置戍内地,控扼益蹙。虽贡职外谨,而巢穴内坚,鄙上之防,不可不戒。且自唐氏中世以降,兵农之业离,文武之权分,而政事不齐,国谋相乖矣。今之边事根本,在于庙堂措置设施,固非下臣所得而详。然三军之命系于主帅,是以择将之重,兵事之本。臣请因平寇之问,著于后篇以言之。深惟陛下以天日高明之德,承祖宗淳耀之灵,夙兴视朝,中昃勤听。敕天之命,临此下人,无疆惟休,亦无疆惟恤。宜乎自天降休,百嘉来应。而灾异数作,谲变仍见,上天勤勤之意,谅不徒发而必有所属也。间者殒星如雨,流扰失次;地震定襄,裂而涌泉;雷不收声,泄于穷冬。又正月以来,日蒙少光,辄或数日不解。臣鄙儒,昧于天官之学。窃考《春秋》之义及前志天文五行之占,其咎皆由乎阳德微弱,阴道专纵,下为阿比,盗用威柄者也。夫阴之为象,臣道也,妻道也,夷狄之道也。天意若曰,将俾陛下察左右之奸,正宫闱以礼,谨边防之备者乎!夫人君之道,所以配乾而法天者,盖取乎乾体之刚,天行以健也。刚故中正无邪,健故运用不息。《洪范》曰:“惟辟作福,惟辟作威。”《春秋》之义,讥大夫之专者。夫臣下能窃威福之柄,亦不专在乎执政当国者。苟信听之或过,则欺诬之随生。蚁漏坏堤,炬遗燎原,杜渐防微,在慎厥始。此所谓察左右之奸者也。若夫防戚党之侵预,绝女谒之请求,御进取周典之文,均选循汉氏之制,戒留连之害政事,省幽怨以延和气,此所谓正宫闱以礼者也。若夫将校之列,思其智勇可任者为谁;卒伍之众,察其锐骁无前者有几。

边垒守将，孰有扞城之材；帷幄谋臣，孰有折冲之算。至于储峙输发之术，兵械精完之数，有一未备，非先胜之道也。此所谓谨边防之备者也。夫是三者，惟在陛下存神而远照，凝虑而深思。利柄勿以假人，主威贵乎独运。虽篷楱已固，扃钥不可不严；虽垣墉既修，关键不可不设。用乾刚以弭阴异，谨人事以应天心。如此，则灾异不足消，休祥不足致也。且《圣策》俾臣精心极虑，无有所隐。臣既冒陛下斯举矣，敢悼后害而为身谋者欤？亦在陛下宽狂妄之诛，以来天下至当之言焉。

《圣策》曰："古之制度可用于今，今之章程有戾于古，并宜条列，勿事猥并。"臣谨按：《春秋》之义，讥变古易常者，而又善变之正者。盖国之善制，不可轻变；其未至者，变之可也。伏以先制旧法，彼此一时，事体权宜，各有云设。诚大制度或大典章，为世规摹，著在甲令。故当守而勿失，谨以奉行。至于凡小事为，因时消息，或迹存而理异，或法久而奸生。必践而行，以为无改于祖宗之道，此所谓胶柱而鼓瑟、刻舟以求剑者。《易》曰："穷则变，变则通，通则久。"故复而不厌、久而不弊之谓道。昔先王之作为爵禄赏罚，以亲揽其柄，是以为天下之主。见劳授赏，则众誉不能进无功；见恶行诛，则众谗不能退无罪。若政无大小，人无善恶，进退用舍，一取诸旧。是爵禄赏罚不在人主而在例也，与夺之柄于陛下何有？臣愿陛下革弊去蠹，无不忍之爱；拔材赏忠，无疏贱之隔。大稽诸古，小度于今。使天下之耳目常新，万务之本原必正，无曰引例合义而已。如此，则古之制度斯用于今，今之章程自合于古矣。帝王之制不亦光大乎！

《圣策》曰："立乐之方，何以答神祇而来瑞物？祥刑之要，何以空囹圄而致和气？"臣前所谓谨工师之职，齐货利之制者备矣。夫乐作而顺气成象则和，和则瑞物至矣。故夔曰："於！予击石拊石。""鸟兽跄跄，《箫韶》九成，凤凰来仪。"刑得中则清，清则和气应矣。故《周官》曰："以刑教中，则民不虣。"夫是，则和气其有不通乎？

《圣策》曰："遴拣多士，懋建庶官，咸有常规，可为来范。唐氏考功之格，善最悉陈；汉家刺部之仪，科条具举。"臣按：《唐六典》考功考课之法有四善：一曰德义有闻，二曰清慎明著，三曰公平可称，四曰恪勤匪懈。善状之外，有二十七最：献可替否，拾遗补阙，为近侍之最；铨衡人物，简擢良材，为选司之最；扬清激浊，褒贬必当，为考校之最；礼制仪式，动合经典，为礼官之最;音律克谐,不失节奏,为乐官之最;决断不滞,与夺合理,为判事之最;部统有方,警守无失,为宿卫之最;兵士调习,戎装充备,为督领之最;推鞫得情,处断平允,为法官之最;雠校精审,明于刊定,为校正之最;承旨敷奏,吐纳明敏,为宣纳之最;训道有方,生徒充业,为学官之最;赏罚严明,攻战必胜,为将帅之最;礼义兴行,肃清所部,为政教之最;详录典正,词理兼举,为文史之最;访察精审,弹举必当,为纠正之最;明于勘复,稽失无隐,为勾检之最;职事修理,供承强济,为监掌之最;功课皆充,丁匠无怨,为役使之最;耕耨以时,收获成课,为屯官之最;谨于盖藏,明于出纳,为仓库之最;推步盈虚,究理精密,为历官之最;占候医卜,效验居多,为方术之最;讥察有方,行旅无壅,为关津之最;市鄽不扰,奸滥不行,为市司之最;收养肥硕,蕃息孳多,为牧官之最;边境肃清,城隍修理,为镇防之最。类其善最,校定内外文武官吏之课为九等焉。汉刺史以六条察所部二千石,其略:曰豪右兼并、占田过制,曰二千石纳引赇贿,曰喜怒任情,曰选署不平,曰子弟请托,曰违公下比,此科条之目也。

《圣策》曰:"士民之类,愚众贤寡,奢僭相尚,习以成风。不严而化,其术安在?"夫戒奢防僭之术,臣既略陈于前矣。盖民之为名,谓其泯然无知辨者,愚之众也。所禀盖然,其动静趣习,惟上是视。故曰:"君子之德风,小人之德草,草上之风必偃。"言下化上之速也。在《易·履卦》《象》曰:"君子以辨上下,定民志。"故上下诚辨,则民志斯定矣。其在《节卦》《象》曰:节"以制数度,议德行。"夫数度有等,则贵贱章别;德行见奖,则贤愚自分。此则节之本也。陛下念民习侈屡以为问,有以见圣意之深悯乎末俗之不厚也。间者颁下诏旨,戒服用之尤溢者,偷靡少损矣。然未足以称陛下淳俭之教。意者民之所效者,其本未正欤?《春秋》之义,法之所建,必自贵者始。陛下诚欲清天下之弊,其自诸戚里豪贵大臣之家以先之?上徐趋而下奔走矣。不严而化,此其术也。

《圣策》曰:"蠢尔微寇,何以革其非心?漠然大钧,何以致其顺序"者。夫裔夷微孽,臣既列于前篇矣。其择将之事,请得复尽焉。今禁卫千幕,环络京甸,什五相长,偏裨相承。六军之重,统乎元帅,而皆起奔走之勤旧,积恩泽以稍迁。以躯力为武,以引强为材,智不足以达机变,惠不足以抚部伍。冒没宠利,优游太平,轻肥相夸,坐受姑息。设不幸遐陬有啸聚之寇，边隅有侵牧之扰，虽受成于上，指纵在人，非惟师律之不臧，智勇之无恃，是其肯委易得之富庶，冒难死之锋刃乎？故将不知兵，主不择将，无功厚赐，无劳重禄，皆法所忌者也。向者朝廷念将帅之材难，是以择搢绅之能者。然其所得，率多善奔走人事，以为宠利之路而已。其钤略才艺不谓无之，然固鲜焉。诚国家因为科条，损益其制，使夫衣冠之应诏者，为设机宜十问以策之。必有稽于军志精合，于时体者为通。擢之理戎，参于列校，其方略智勇固未之尽，抑犹愈于徒进者也。至于和大钧、致大顺，兹由民心下和，则和气上应尔。时使薄敛以富之，缓刑弛力以佚之，制节谨度以平之，择吏审令以安之。是以政和则民和，民和而后阴阳和，阴阳和则大钧调而顺气序矣。

《圣策》曰："且道者万世无弊，而前代有忠文相救之说；法者百王不易，而旧典著轻重异用之宜"者。夫董生推道，盖探其本而言；荀卿论刑，盖有所激而发。彼三代之弊，虽有忠文相救之说，至于法天顺人之意，其可改乎？此则万世无弊之本也。彼治乱之世，虽有轻重异用之宜，至于遏恶扶善之用，其可殊乎？此则百王不易之制也。

《圣策》曰："《戴记》为国有九经，所宜诠次；《周官》辨地以五物，咸为敷陈。"夫为国有九经者：修身则不惑，尊贤则道立，亲亲则诸父昆弟无怨，礼大臣则不悖，体群臣则士之报礼重，子庶民则百姓劝，来百工则财用足，柔远人则四方归之，怀诸侯则天下畏之。此为国之九经也。《周官》大司徒之职，以土会之法，辨五地之物生。一曰山林，其动物宜毛物，其植物宜皁物，其民毛而方；二曰川泽，其动物宜鳞物，其植物宜膏物，其民黑而津；三曰丘陵，其动物宜羽物，其植物宜核物，其民专而长；四曰坟衍，其动物宜介物，其植物宜荚物，其民皙而瘠；五曰原隰，其动物宜蠃物，其植物宜丛物，其民丰肉而庳。此五地之物也。

《圣策》曰："固将施之于行事，匪独取之于虚文。"兹以见陛下虚己以咨询，留听于葑菲者也。臣才识迂鄙，不通于政，至于所发，亦庶几有以上当圣心者。陛下不废其言，择其近是者，粉泽而用之。使天下知国家设科取士之道不为虚名，则岂惟臣之独被宠灵也哉！固朝廷之盛美者已，臣昧死上对。（《全宋文》卷八〇五）

石介《元均首登贤良科因寄》:宏辞等甲贤良贵,二美翩翩落手中今之御试用三题,即唐宏辞科也。虎子得来山穴泣,骊珠探去海涛空。三千字独陈当宁,十七人甘坐下风试者十八人。曾向当年竞头角,直从此日决雌雄予与元均同年登进士科,礼部、御前姓名皆相邻。

石介《安道再登制科》:雄辞磅礴压群英,再战戈矛锐更精。裴度韬钤无失律,武侯节制是神兵。千人尽服徂丘议,九合谁干小白盟?帝宋开基八十载,连登科目独为荣。

石介《予与元均、永叔、君谟同年登科,永叔寻入馆阁,元均今制策高第,君谟复磨砺元均事业,独予驽下,因寄君谟》:网罗当日得英雄,文阵三人各立功。海里赤鲸疑有角,云中骐骥欲追风。寻闻馆阁英声出,又见贤良大对通。亦说年来畜奇业,蟭螟何计逐飞鸿。(以上均见《徂徕石先生文集》卷四)

张方平《谢贤良方正登科启》:伏奉制恩,滥蒙选第。丹扆出策,临问乎大政;青幄陈对,居惭于昧理。惟设科之体大,矧取人之材难,敢自谓能,期于一得,抚心知忝,被恩良优。昔汉之官人,并开数路;唐之辨论,广设众科。故其名公伟人,磊落之器,由此其选;昌言谠论,经济之具,于是乎在。国家受命,祖宗稽古,已治不有,咨周于下,时延特起之士,求闻警切之言。奇杰之才,间复出萃,风流不绝,于兹有人。皇上统揽九维,缉熙百志,惟是事事之备,念夫安安之难,复举方闻,讲求王务。自非发论合乎正道,可以美教化;策事得其远体,可以尊朝廷。有大制度,能探沿革之本;当大施舍,能折损益之衷。理之渊源无不贯,物之情伪无不通,则安能沛然来思,膺兹访逮,建高谊而列上,副清衷之虚伫?如某者,一介自守,诸虑本恬,生遘昌期,世蹈淳则。幼居里社,知从田苏之游;早喜古学,时就君山之讲。逍遥内乐,拂略世纷,未知朝市之中,为趋利名之处。一廛莽甚,四壁落然,无如亲甘,始谋禄食。属深诏之再下,辱宗工之交荐,时以异等,对于大廷。初命起家,典校四部之籍;有民与社,庇身百乘之邑。幸在僻处,居多暇时,因得缉所管窥,暨尝道听,聊补稗官之说,归备遒人之献。亦既奏御,留置乎尚方;俄复得旨,许预乎大对。延阁复实,有司上名,得召便殿,咸如初礼。射之饮羽,往尝出于邂逅;昏于注金,大惧失乎跋踬。上倚公朝之明,不恤狂言之罪。十驾已病,未知税鞅之所;九霄云远,莫遇便风之势。昔平津再上,初非优等;刘蕡如何,乃犹不第。敢以一得之虑,邀乎万全之功?且自复六科,逮兹十祀,诏书三下,中选几人?夫何不材,再滥名等。自非朝家乐育,宗儒慎择,岂此孤陋,而能致然?此盖某官,公议无阿,斯文自任。四方依乎光景,下自成蹊;深虑属乎孤平,优为之地。致兹庸薄,获被甄收。得不夙夜丹心,初终一节。敢趋末路,以徇耳目之前;义不苟生,而为戮笑之事。上报国体之重,下报化钧之仁。过此以还,未知所措。(《全宋文》卷八〇二)

九　月

诏:"锁厅举人自今举,文臣应三举、武臣两举。"(《宋会要·选举》一四之一一)

十一月

十八日,《南郊赦书》:"应三京、诸道州军进士、诸科举人,曾经先朝御试,及今日已前得解,及三十年进士实应五举、诸科实应七举,并与免将来文解。"(《宋会要·选举》一五之一〇)

是　年

石介《招张洞明远》:君言下第我西飞,执手都门泪满衣。万里得归头半白,经年相别道应肥。火钻欲遍龟难死,竹实犹多凤不饥。暂到东山慰愁抱,《春秋》之学说深微。(《徂徕石先生文集》卷四)

刘敞《不举贤良为非议并序》:景祐四年,诏举贤良方正之士。至者数十人,明年有司试其艺,独二人应科。于是,宰相议以贤良猥众,多名少实,欲一切罢之。余在京师,作此议也。贤良通于古今之变,政教之本,岂止心辨善辞,以自鬻一时哉?今夫天子深居皋库之中,而洞视四海之广,虽有日月之明,不能隐于旛旆。故外有登闻、匦函,内有银台、阁门,而设御史、谏官,是纪是纲,则岂不欲尽下情而断欺负哉?虽然,民能自诣登闻、匦函者,非必有长材异画动主听者也,特州里细故,诉困于上,不则利其身以禄者也。臣能自致银台、阁门者,非必有谠言切辞为国忧者也,特簿书往来,各守一端,不则幸其遇以求位者也。夫细故不举,不足为天下忧;簿书不期会,不足为朝廷病。由是而言,虽使百登闻、匭函,不若十贤良之尽下情也;虽使十银台、阁门,不若一方正之识本务也;谏官、御史,位隆志满,充庭取备,不若使草野之士直言而极谏也。夫古之取士者,选之于乡,举之于民,三公宾而荐之,天子拜而受之,是以礼义全而廉让作也,其意盖曰贤能重而禄位轻云尔。是以或藏而不肯仕,或走而不肯见,其意亦曰吾之身重于禄位云尔。故君人者,趣于人,不闻趣人。今天下之仕必由进士,求进士者又不谨于礼。聚之如召役,校之如试技,意可则荐,不可则黜。故进士之名至卑也,进士之礼至薄也,进士之仕苟易也。上重其禄,下轻其身,故洁己高世之士不肯从也,深自托于贤良而发愤。今大夫之议,谓贤良无益,而学者顾多奔竞,而可废勿举焉。呜呼,曷为其然哉!大夫固患其无益欤,谓进士者乃有益哉?固患其多奔竞欤,则胡不使公卿举之,而乃使其自进也?夫自进者多,则忘以利为耻;使待举而动,则天下之人莫不以礼自守。如是而患奔竞者多,未之有也。抑又有甚便者一焉。今公卿皆禄位自广,才德自高,耻有迎师之名,羞有廉士之问,其来长矣。今一旦敕之,使为国荐贤,宜人人用心,而天子必有垂拱无为之安。吾又以阅公卿之才,忠信者进,私党者退,譬若著之权衡,不可诬也。使上无文仲窃位之过,下无伯尊攘善之祸,不亦大哉?所谓甚便者也。然则言贤良可废,非贤良之失。凡吏待之不以礼,使之不自重也。故礼之不谨,则贤者不出;待之不厚,则贤者不劝,其理然也。又曷为废其举哉?天下洁己高俗之士,焉所而发愤?忧国济世之士,焉所而布策?怀义愿忠之士,焉所而赴诉?贪进苟得之士,焉所而矫厉?且夫贤良,美称也;方正,善行也。方为天下,而自不举贤良始,是使今之天下不得与周汉比隆也。古之治国家者,有益于用则存之。夏后之鼎,汤之典宝,周之琬琰,鲁之大弓,晋之阙巩,卫之大吕,陈之石砮,和之弓,垂之矢,离之罄,胤之舞衣,此其非有通古今之变,明王道之本,达下情之塞,然而世掌之,况在其求人乎?故子贡欲去告朔之饩羊,仲尼不悦;臧文仲废六关,君子讥其不仁。然则,循名而忘其实,失所以废;弃人而恤其小,失所以置。患不使有司举贤良,不患贤良无益也。(《全宋文》卷一二九〇)

景祐年间

补进士名录:其一,蔡抗。《全宋文》卷八二八张方平《蔡公墓志铭》:“公讳抗,字子直,宋人。……景祐中,登甲科,一命太平军事推官。”

其二,罗拯。《杨万里诗文集》卷一三三《罗公行状》:“高祖讳拯,景祐中擢进士第。”

景祐间,犹兼文行取士,不专糊名。太傅(陆轸)守越,解试毕,入院放榜,既尽拆试卷,乃曰:“何为不见项堂长乎?”即求项程文,得之,拔置榜首,而黜最后一名。项盖有文行,为乡先生。当时多如此,不以为异也。(《家世旧闻》卷上)

宝元二年　己卯(1039)

三　月

诏:权停贡举。(《宋会要·选举》一之一〇)

四　月

二日,赐太常寺太祝宋敏求进士出身。敏求,参知政事绶之子。以恩陈乞,召试学士院,中等命之。(《宋会要·选举》九之九)

十一月

四日,翰林学士丁度等言:"准诏详定,侍读学士李淑言:'昨充殿试详定官,切见初考用朱,复考用墨,等第下计点抹数,误书等第。众官参详,小有差错,只令用印。'知制诰郑戬言:'南省引试,都堂垂帘,两边钉幕。小试官不得辄上都堂,诸色人非指使呈复签押文字,不得到都堂上。如违,严断。进士引试,依旧写札。所出去处注疏,一处晓示,不令上请。或疑虑须得上请,止在厅砌下,不得逼近帘帷。'直集贤院王皞言:'旧例,举人试卷涂注乙字,并卷后计数,不得揩改。脱误三字为一点,三点为一抹,降一等;三抹、九点,准格落。赋少九字,论少三十六字,并不考。'臣昨复考进士试卷,各有涂注、脱误三四十字以上。寻依例书凿点抹,等第发过。切以祗奉御试,颇涉不恭。欲乞自今后误多者,依少字例落下,不考。并请依所奏施行。"从之。(《宋会要·选举》三之二〇)

壬辰(五日),诏:"礼部贡院自今省试举人,设帘都堂中间,而施帷幕两边,令内外不相窥见。点检试卷官及吏人,非给使毋得辄至堂上。其诗、赋、论题,并以注疏所解揭示之,不许上请。或题义有疑当请者,仍不得附近帘前。御试考校,并分上中下三等。初考用墨,其点抹于卷后通计之,若涂注脱误四十字以上,颇为不谨,亦依礼部格少字数,退黜之。”(《长编》卷一二五)

辛亥(二十四日),赠太子右卫率府率世丰为左领军卫将军,仍赐进士及第。世丰少喜学,聚书,率励兄弟讲习,能为诗,有声宗室间。因侍燕太清楼,以善书褒赐缯帛。尤慕为进士学,尝曰:“吾安得预科举哉!”既卒,其父从霭上其诗二百篇,特追赐焉。(《长编》卷一二五)

闰十二月

庚寅(四日),礼部贡院言:“锁厅举人,见任者自来止于邻近州军取解,不曾立定解额。昨者逐州并于举人额外解发,朝廷例皆收试,遂降敕旨,不得于额外解发。本院看详,逐州试官多以亲戚举人送邻州取解,妨占本土孤寒举人解额,遂送转运司别差官考试,每十人解三人为额。今来却将锁厅人于本州额内解发,妨占本土孤寒,深未便允。乞送锁厅人于转运司考试,别立一项解发。”诏两制详定。翰林学士丁度等言:“锁厅人今后在京于别试所,在外于转运司差官与亲戚举人同试,十人解三人,不及十人与二人,五人已下与一人。余并依亲戚发解例施行。”从之。(《长编》卷一二五)

是　年

蔡襄《兴化军仙游县登第记序》:闽粤自唐欧阳詹始举进士,以文章与时闻人亢声名,为世所贵重。后有慕詹者继以仕进,及五代亦世有人焉。然文气愈衰薄,无能与詹比者。宋兴,复以文辞官人,四方学士缅然而起。其以名闻南方者,郑成之其尤者也。为道专一,使詹且存,或有所推以先之。其余为名进士,历显官,日益加众。兴化军属县三,仙游才为中县。然乡间右学,后生不儒衣冠,不得与良子弟齿。岁时即先生旧德,以指授经术。其为词章,相与讲导,锻成一律。进取科第,若逢蒙之射而陶朱之贾,其失中而莫售者鲜矣。每朝廷取士,率登第言之,举天下郡县无有绝过吾郡县者。甚乎,其盛也哉!然古之仕也取人,后之人也求仕。取人者宜而器之,行与能前仕而可知也;求仕者唯其才与科合则中焉,行与能仕而后知也。夫学者岂特属文辞、苟仕宦哉？是必先乎己立，而后泽于人者也。开封掾廖君，悉记县之登第者姓名、等级、若年月日，距今而上，断某年以来，俾刻诸石，而植于孔子堂之西偏。来者得以嗣而书焉。予知后之升孔子堂而观者，必摘名交议曰：某者之为人也，德与位宜焉，或位虽屈而德伸，信乎其吉士也。又曰：某者之为人也，其德不有加，而其位过之，或缪戾著焉，信乎其非吉士也。苟非其亲与仇，善恶必明，是其来观也，既向其善者而病其不善者。使之一日载名其上，必能思而畏乎后人之指数吾名，犹吾昔之指数前人也，率以是而自勉欤！廖君洁志尚古，又务勉人于善，将记，以襄有乡里之旧，属之，俾序其事。襄既道其所以，非敢专警于人，亦将以自省云。(《全宋文》卷一〇一四)

富弼《上仁宗乞诏陕西等路奏举才武》：臣伏睹载籍，自古取士无如本朝路狭。三代以往，不复纪列。两汉而下，历南北朝及隋唐十余代，取士之法，各有科条。大率如贤良、孝廉、孝弟力田、明经、秀才、进士，唐又添制举五十余科，此外又许藩镇辟召及诸色人荐举，亦许自荐拜官。历代求人，唯务广博，所以天下怀才抱器之士，无不牢笼收揽，尽为朝廷之所用也。国家取人，唯有进士、明经二科，虽近设制举，亦又取人不多。是三者，大抵只考文辞、念诵而已。天下之士，有大才大行而赋性不能为文辞就举试者，率皆遗之。臣窃思近年数榜以来放及第者，如河北、河东、陕西此三路之人，所得绝少者何？盖此处人物禀性质鲁，不能为文辞中程试，故皆老于科场，至死不能得一官。岂三路之人独不乐富贵哉？盖求之而不得也。今纵有稍在显官者，亦不过三五人而已。此数路之人虽不能为文辞，若其大才大行及强悍奸雄，则诸路不及。向时天下无事，则此等人或在场屋，或在农亩，或为商贾，或为僧道，屈伏不能有所为，但怨望思乱而已。今昊贼寇边，西陲用武，覆军杀将，中外震恐，兵寡粮匮，调发无所。当是之时，乃此等人踊跃快意，皆欲助贼为患。或更有盗贼屯聚，则为之倡首，惊劫州县，自图富贵之时也。其间忠义者，尚思因时驻屯而愿为朝廷之用者。然朝廷至今未悟，不加搜访，臣恐为他人所得，则中国处处皆为敌国也。臣伏见汉高祖作歌曰："安得猛士兮守四方。"武帝又亲作诏，令州郡察吏民，举可为将相及使绝域者。唐高祖亦敕关内、河东诸州，召募勇敢，以讨吐蕃。此皆前王所行而有济时用者也。臣又见朝廷向来所用之人，多至败事，虽切求人，未见可者。陛下勿谓在官皆人杰，而民间无复有人。臣欲乞条列名目，如临难不顾、勇敢绝伦、武足安边、才任将帅、武艺超众、智谋宏远，并可使绝域之类，列十余条。特降手诏，下陕西、河北、河东、京东、京西路转运使副、提点刑狱及诸州长吏，仰依上项名目，察访举奏，不拘人物，不限人数。能作文字者，即试以策问，勿限字数；不能为文者，但令直说事状，或口陈方略。亦许诣阙自荐，仍各量给装钱。如审知可用，即文武资中，随其所欲，量高下补授。如此，必然得人。伏缘太平已久，武人在显位者，或以恩泽进，或以年劳升，自余门荫、杂调，皆是常人，不闻自孤寒中才武擢用。臣所以谓非常人多在民间，自是不求，或求之不至，若果行此，必非虚设。今岁或有贡举，兼之不妨；若贡举权罢，独行此诏，亦不失人。（《宋朝诸臣奏议》卷八二）

宝元三年康定元年　庚辰(1040)

二　月

十八日,诏:"自今武举人程试,并以策问定去留,弓马定高下,余依兵部旧制考校。其合格举人,除官后并免监临,只差沿边任使。如三班差使,殿侍以下,即与指使及捉贼差遣。其马军司军器库所试射弓,并用实石斗为定,不得用加数石斗。"(《宋会要·选举》一七之七)

三　月

诏:权停贡举。(《宋会要·选举》一之一〇)

四　月

苏颂《累年告老,恩旨未俞……自注》:康定元年乾元节,推恩近著,先公任中书舍人,欲奏荐,予乞且应举。先公初不怿,既而大称许,复勉以勤笃。又延建安黄晞先生数公置门下,及与长乐王深甫子直、清江刘原父、贡父兄弟同砚席,凡五六年。后予已忝科第,往来京师,犹相从讲论。(《苏魏公文集》卷五)

曾祖知制诰,乾元节当任子,初奏必以子孙。祖父固辞,复劝二叔祖励志科举,不当从门荫,两祖亦辞。曾祖大怒曰:"尔既轻朝命,又教二弟何也?"既而曰:"志气如此,可矣! 但不可陷为轻薄。"竟奏第七叔祖。后,先祖与二叔祖同赴廷试,二叔祖考中首选,杂犯黜落,再举才中下科,复用荫换京秩。三叔祖尝获高荐不第,亦从荫补。而祖父竟不授。(《苏魏公文集》附录一《魏公谭训》卷二)

十　月

己丑(七日),命翰林学士王居正、知制诰王拱辰、天章阁待制高若讷于国子监考试方略举人,侍御史张禹锡弥封卷首。(《长编》卷一二九)

甲辰(二十二日),以献方略人滕希仲为泾县尉、雷子元试校书郎、成锐太庙斋郎、李遵等十人为郊社斋郎、张恂等十人诸州司士参军、王嘉麟三班借职、韩杰下班殿侍差使、李颀等三十八人诸州文学。尝经南省下第而不愿就文学者,免将来文解。不合格者,赐钱十千罢归。仍自今毋得邀车驾献文字。(《长编》卷一二九)

十一月

丁巳(六日),录光禄寺丞、直集贤院孙暨子日新为郊社斋郎。以侍御史知杂事张奎言,暨在真宗朝举进士第一人,而日新再试礼部不中,第特录之。(《长编》卷一二九)

十二月

一日,诏:"考试边事不中人,已令各支钱十贯。宜更勘会,内进士实应三举、诸科五举,及曾经殿试者,并补诸州文学。不愿就者,特免将来文解。"(《宋会要·选举》一五之一〇)

康定二年庆历元年 辛巳(1041)

正 月

二十四日,赐太常寺太祝李寿朋、将作监主簿李复圭同进士出身。寿朋、复圭,以祖若谷罢政府及纳任子恩陈乞,召试学士院,命之。(《宋会要·选举》九之九)

二十六日,赐童子谭仲衍出身。仲衍,年七岁,召对便座,念书精通,有是命。(《宋会要·选举》九之二三)

三 月

丙辰(七日),诏:"礼部贡举。自今举人毋得以进献边机及军国大事为名,妄希恩泽。"(《长编》卷一三一)

朕总制万枢,博谋多士。欲言路之无壅,庶贤材之靡遗。向以邻寇未平,边候犹警,遂诏万国,旁求隐沦,使各举其所知,或上封而自荐。访诸蕃之要领,采旧学之机钤。章交公车,程中衡石。间亦从于试艺,盖罔失于类能。考核颇精,得失相半。洎闻报罢,乃或怨尤。造秀设科,英雄伫彀。乡品以议行居选,贡籍以甲第为高。宜与计偕,登荣仕路。自今举人并不得以进献边机及军国大事为名,妄希恩泽。(《宋大诏令集》卷一九二)

石介《诏下勉诸生》:礼部文章渊,波浪百尺高。进士英俊窟,蛟龙千万条。吾子欲求济,整子棹与篙。吾子欲求胜,操子戈与矛。勿谓水可狎,徒行思游遨。勿谓龙可驯,空手捋须毛。波神忽汹涌,怖死填蟹螯。龙角忽张怒,走同虾蟆曹。苟利篙楫往,跳海如沟濠。苟操戈矛行,拉蛟

如猿猱。吾言有所勉，非徒声嘈嘈。(《徂徕先生文集》卷三)

是　月

诏：权停贡举。(《宋会要·选举》一之一〇)

苏舜钦《应制科上省使叶道卿书》：三月日，某谨斋祓百拜，献书于省使龙图阁下：某观前古之士，歘然奋起于贱庸之地，建名树勋，风采表于当世者，未始不由上官巨公推引而能至也。故儒其名者，必奔走贵势之门，以希光宠而取重焉。然有位之德望重轻，亦因收士多少而后定。设国有缓急，则审处变故，推择门下士以属任焉。或资其策虑以自广，小则补吏，大则同升于朝。以故士皆雕琢节行，缘以文采，蔼蔼而进。至使敌国异方，闻风畏之，厌杀未形之患，此其所以为得也。然奔骛夸嚣，扇动流俗，苟窃虚名以自耀高位者，或私其所与，朋比自植，肆然揽爵赏之柄，此又所以为失也。本朝监其失，进退天下士，一决于上。考艺文则誊书糊名，衡文之学，靡以行实相雄长。公卿亦阖无所顾接，盖蔽贤之罚不及焉。上下隔塞不交，忘经远之业，此又今之所以为失也。故近年贼羌暴逆节，庙堂图帅西攻，思所以折冲制胜者，惘然乏其人。以至诏书数下，猝猝求索，而才者未甚出。凡近之器，往往入充其选。盖朝廷取士之路本狭，在上者不以汲善为意，下士又以造谒为之耻，故骤阅而无得焉。是古今得失相纠，惟贤者为能折其衷。某性本迂拙，不喜事人事，名虽在仕版，而未尝数当途之门，窃服于道二十年矣。前世之务，当今之宜，粗志其一二。然虽与周旋者，亦弗敢吐以自表见。阁下以高文闳才都盛位，而某以吏属，时得趋跄左右，未始敢开词动气。及于局事之外，非唯轻肆是惧，亦且束于世教也。今幸天子下尺一书，详延四方特起之士，某辄欲以空乏鄙陋之资，冒然自进。窃念科试甚重，朝廷虚伫，以须异人，无似妄作，虞为识者所不与。今幸人未暴闻，故敢以私习论五十篇，上浼听览。非敢希企奖引之赐，但觊一言以断进退之惑。精识所向，洞照不隔；干渎威重，俯伏待教。不任惶恐激切之至。(《苏舜钦集》卷九)

四　月

二十八日，诏："进士实应两举、诸科三举，及曾御试，并特免将来文

解。今秋解发进士、诸科,元额不及十人之处,权添解五人;十人以上,添三人。”(《宋会要·选举》一五之一〇、一一)

五　月

十一日,赐赞善大夫周延隽同进士出身。上父《起家集》,召试学士院,命之。(《宋会要·选举》九之九)

十三日,诏:“应先因随侍外任,应举得解,令还本贯。或先无户、今有户,先有户、今无户,并乡贯移徙从者,许经贡院陈状,召勾当事京朝官一员委保得实,与通叙举数、场第。”详敕意:盖为“先因随侍外任、今还本贯,或本乡先无户、今置到税产,先有产税、今已卖尽,该此三事,即许通叙旧举。今来不晓敕意,却将乡贯移徙又作一节施行,是又举人随处立户,不须土著,深恐未便。今请于‘并’字下添云:‘如此乡贯移徙。’盖语意明然,免致公私误认。”从之。(《宋会要·选举》三之二一、二二)

乙亥(二十七日),右正言、同管勾国子监梁适言:“近制:本监举人无户籍者,听召京朝官有出身者保三人,无出身者保二人。今秋试在近,而远方寒士,难于求保。请应见任并在铨幕职、州县官,非伎术、流外及历任有赃者,并听为保。”从之。(《长编》卷一三二)

六　月

十一日,赐太子中允王顾、大理寺丞吕公孺、将作监李仙卿同进士出身。顾等召试举士院,皆入等;公孺等优,以赋内少字,特命之。(《宋会要·选举》九之九、一〇)

壬辰(十五日),中书上锁厅举人姓名。上谓吕夷简曰:“比开此路,以奖厉世禄子孙,何其盛也。”(《长编》卷一三二)

八　月

七日,赐殿中丞王缜、太常寺太祝晏承裕、韩绎、斋郎李孝孙并进士出

身。缜等皆执政子，以恩陈乞，召试学士院，中格命之。（《宋会要·选举》九之一〇）

八日，命侍御史鱼周询、工部郎中马绛、集贤校理杨伟、司封员外郎齐廓、太常博士于房、国子监直讲赵师民考试开封府举人，侍御史掌禹锡、集贤校理李宥、嵇颖考试国子监举人，集贤校理同修起居注梁适、屯田员外郎曾公亮、秘书丞周沆考试亲戚举人。（《宋会要·选举》一九之一〇）

屯田员外郎集贤校理曾公亮、右正言直史馆同修起居注梁适考试锁厅举人。举人有试官亲戚者，并互送，别差官试。锁厅举人，自此始用宝元二年闰十二月庚寅诏书。（《长编》卷一三三）

掌禹锡学士，厚德老儒，而性涉迂滞。尝言：一生读书，但得佳赋题数个，每遇差考试辄用之，用亦几近。尝试监生，试《砥柱勒铭赋》，此铭今具在，乃唐太宗铭禹功，而掌公误记为太宗自铭其功。宋涣中第一，其赋悉是太宗自铭。韩玉汝时为御史，因章劾之。有无名子作一阕嘲之云："砥柱勒铭赋，本赞禹功勋。试官亲处分，赞唐文。""秀才冥上字里，銮驾幸并汾。恰似郑州去，出曹门。"冥子里，俗谓昏也。（《明道杂志》）

太尉（陆珪）锁斤试两浙漕司。前试数日，梦乘马，后有鼓吹甚盛，导从悉介胄之士，意但谓多捷之征。已而入试，赋题乃《大献奏凯乐》，果以魁送。盖是时陕西方出师也。（《家世旧闻》卷上。按：陕西出师，在前此数年间。前二年，皆权停贡举。陆珪锁厅试，当在此年。是年，陆珪二十二岁。）

十一日，权知开封府贾昌朝言："故事，举人秋赋纳公卷。今既糊名、誊录，则公卷但录题目，以防重复，不复观其素业，请罢去。"从之。（《宋会要·选举》一五之一一）

丁亥（十一日），罢天下举人纳公卷。初，权知开封府贾昌朝言："唐以来礼部采名誉，观素业，故预投公卷。今有弥封、誊录，一切考诸试篇，则

公卷为可罢。”诏从之。(《长编》卷一三三)

丁文简公度尝言:“举进士时,以知制诰为贽卷。”既而,复自笑曰:“是不揆也。”然其后为知制诰、翰林学士、参知政事,盖其所存者,从来有素矣。初,举人居乡,必以文卷投贽先进,自糊名后,其礼寝衰。贾许公为御史中丞,又奏罢公卷,而士子之礼都亡矣。(《东斋记事》卷三)

十四日,知谏院张方平上言:“请自今臣僚不得缘恩泽陈乞子弟就试,及两制不得连状举官,锁厅应举人,望量加分数解送。”诏:“付两制详定以闻。”(《宋会要·选举》三二之七)

十七日,诏:“国子监今岁解发进士、诸科,各增二十人。”(《宋会要·选举》一五之一一)

九　月

戊申(二日),诏:“锁厅举人,自今文臣许应三举,武臣两举。”(《长编》卷一三三)

十　月

张方平《郊禋赦书事目·举人》:前因庆礼,推恩科场,年深累举之人,令免解赴京。至有数千里破产丐谒而至,复令就试。既久废业,试多不中,辄复罢去,咨怨道路。且朝廷之意,盖念其老而无成,非复取其才能也。若与便立程格,令郡县勘会,当如式者上其名,一命文散,酬其平生之劳,免使奔驰,进退失所,于事差便。(《全宋文》卷七八六)

十一月

二十日,《南郊赦书》:“应三京及诸州军进士、诸科曾经殿试,及进士实应四举、诸科实曾经六举南省下第者,并昨来开封府本土进士多闻因郡外举人虚冒户名,妄称乡贡就试,致解送本土举人全少,重其乡选,特示推恩,昨经本府就试、不预解送举人、进士曾经两举者,令召命官三人并本县官吏委保。

实是本府土人，明有户贯，方得投状，特许更赴南省就试。如将来考试合格，别作一项奏名。今后科场，不得为例。其保官并本县官吏如虚妄，并科违制之罪。其外郡举人，仍仰有司勘会旧额，特与增添人数，此后须得就本贯请解。开封府将来发解，仰别定条约，严设关防，勿容诈妄。"（《宋会要·选举》一五之一一）

开封府进士，缘外州举人冒贯乡户，致本府人解送全少。其进士两举者，令召命官三人并本县官吏委保，听直赴省试。外州解额，令有司勘会，特与增添。昨言边事试中，授司士参军、文学、长史，年六十以下者，并许赴铨投状。以所试判分三等，注权陕西缘边次边近地主簿、尉。如一任无赃私及公罪至徒，除本路正官；或犯公私罪至徒以上，次任依旧。（《长编》卷一三四）

十二月

国初，举人对策皆先写策题，然策题不过一二十句。其后策题浸多，而写题如初，举人甚以为苦。庆历初，贾文元公为中丞，始奏罢之。（《老学庵笔记》卷六。按：《长编》卷一三四载：贾昌朝是月十七壬辰日为右谏议大夫、权御史中丞。）

是　年

富弼《上仁宗乞革科举之法令牧守监司举士》：臣伏以取士之道，为国家之大务也。三代、两汉，专求行实，是以风俗淳厚，百职修举。隋唐之际，纯用文辞，以篇赋相高，以声誉相尚，公卿将相于是乎出。国朝沿隋唐之制，以进士取人，只采辞华，不求行实。虽间设制举，然大率亦以章句为务。是以择之弥谨，而失之愈疏。且以陛下临御以来计之，积二十年所得，不减三千余人，其间确然为名公巨贤者无几。近日窃见朝廷欲选一二良吏，而终未能得，其故何哉？盖入仕之初，但取空文，不求实才实行之所致也。今天下多事，边鄙未宁，若不求人，将何以济？求人之本，唯科场最大。科场之法，行之已久，尽革则骇众，不革则乏人。臣欲今后科场考试，以策论为先。校度所放人数，且取其半。余半诏天下诸州，于境内搜访土著之人，自来为乡党所推。或德行纯备，或志节方劲，或学识该敏，或智略详明,或有才可以治民,或知兵可以御敌。如此之类者,仰逐州官吏同共察访,委实应得上项条目,即具名闻奏。仍以州郡大小限其人数,令长吏以礼津遣,年终集于都下,朝廷再加较试,量高下擢用。若举荐不当,明行降黜;或所举得人,则优与酬赏。昔汉尚书令左雄建明孝廉之法,颁下郡国。是时济阴太守胡广等十余人,皆坐谬举黜免。唯汝南陈蕃、颍川李膺、下邳陈球等三十余人,得拜郎中。自是牧守畏栗,莫敢轻举,东汉得人之盛,唯此为最。伏惟陛下勉而行之,不数年当尽得天下实才实行之士萃于朝廷,缓急应用,百务俱理,又何患乏人哉!必若行此,取士之数则不加,而得人之实则多矣。至于明经选试,尤为无法。乞今后不较字数,专以经中否为格,仍试时务策三道,以定高下。每度所放人数,只取其半,自然得人而不至冗矣。(《宋朝诸臣奏议》卷八〇)

(梁适)尝言:……祖宗时皆殿试进士,得人不为少。今特殿试从南省奏名,则恩不在陛下,而在有司。且如旧制。(《全宋文》卷一一六一王珪《梁公墓志铭》)

庆历二年　壬午(1042)

正　月

七日，诏："川、广合该解发及诸处免解举人，虑地远到阙稽迟，令贡院如未引试日前续次到者，并收试。"(《宋会要·选举》三之二二)

十二日，以翰林学士聂冠卿权知贡举，翰林学士王拱辰、苏绅、知制诰吴育、天章阁待制高若讷并权同知贡举，合格奏名进士杨寘已下五百七十七人。(《宋会要·选举》一之一〇)

十二日，以翰林学士聂冠卿等权知贡举，龙图阁学士孙祖德、直集贤院田况封弥卷首。天章阁侍讲杨中和，集贤校理陈经，国子监直讲范镇、李峤、孙锡，太子中舍卢士宗，大理寺丞宁轲、张宗言、邹定、吴奎、赵仅，大理评事葛闳，充考试官。(《宋会要·选举》一九之一〇)

初，端明殿学士李淑侍经筵，上访以进士诗、赋、策、论先后，俾以故事对。淑退而上奏曰："唐调露二年，刘思立为考功员外郎，以进士止试策，灭裂不尽其学，请贴经以观其学，试杂文以观其才。自此沿以为常。至永隆二年，进士试杂文，通文律者始试策。天宝十一年，进士试一大经，能通者试文赋，又通而后试策，五条皆通为中第。建中二年，赵赞请试以时务策五篇，论、表、赞各一篇，以代诗、赋。大和三年，试贴经，略问大义，取精通者次试论、义各一篇。八年，礼部试以贴经口义，次试策五篇，问经义者三，问时务者二。厥后变易，遂以诗赋第一场，论第二场，策第三场，贴经第四场。今陛下欲求理道，不以雕篆为贵，得取士之实矣。然考官以所试分考不能通加评较，而每场辄退落。士之中否，特系于幸、不幸尔。愿约旧制，先策，次论，次赋，次贴经、墨义，而敕有司并试四场，通较工拙，毋以一场得失为去留。”诏有司议，稍施行焉。(《长编》卷一三五)

祖父应举之年，元日游相国寺。时浙本中字《前汉书》方出，祖父戏扑之，为钱五千，十三淳一掷皆红。鬻书者云：“未尝领所下金。”祖父遂行，不取，众亦皆不平。然以为必有大喜庆。逾月，南庙试第一，遂登科。(《苏魏公文集》附录一《魏公谭训》卷八)

十八日，以直集贤院知谏院张方平、集贤校理欧阳修考试知举官亲戚举人。(《宋会要·选举》一九之一一)

祖父别试南庙，欧公为考官。策题问《周礼》名数，祖父居第一。及谢，公曰：“此策非尽记《周礼》疏，不能如君之善对也。”祖父曰：“某少留意记诵，诚如公言。”(《苏魏公文集》附录一《魏公谭训》卷三)

科场中，进士程文多可笑者。……欧阳永叔主文，试《贵老为其近于亲赋》。有进士散句云：“睹兹黄耇之状，类我严君之容。”时哄堂大笑。(《续墨客挥犀》卷七。按：欧阳修主文多次，该条姑系于此。)

省试《王射虎侯赋》，云：“讲君子必争之艺，饰大人所变之皮。”《贵老为近亲赋》：“见龙钟之黄耇，思仿佛于吾亲。”试官掩卷大噱，传为口实。(《江邻几杂志》)

庆历二年，韩钦圣试《勋门赐立戟诗》，云：“凝峰画幡转，交锛彩支繁。”范景仁云：“曾见真本如此。”传钦圣作：“迎风画幡转，映日彩支繁。”故两存之。苏州进士丁偃试《迩英延讲艺诗》，云：“白虎前芳掩，金华旧事轻。天心非不寤，垂意在苍生。”有古诗讽谏之体。偃是岁奏名甚高，御前下第。自是二十年始及第，寻卒。(《司马光集·补遗》卷一二《温公续诗话》)

张方平《武成王庙试举人策问三道·第一道》：问：属者天子幸加惠复

古制，听卿大夫营立家庙，方诏有司考定旧典。夫庙之制，杂见《礼》篇，及历代之书，皆多士所尝讲也。若其堂室之位，祭享之仪，田禄之差，器服之用，自前代沿革之法，逮诸异同之论，略为条著，冀效诸朝。

《第二道》：问：羌丑背惠，频年骚边，朝廷务为绥怀，不事穷讨。惟是旷日之计，要以足食为本。比西鄙守臣有上营田之课者，朝议善之，下其法于边。而论者或曰："既勤敷菑，当虞侵轶。若亏御备，是资寇粮。"盖自汉氏以还，世讲屯田之事，间有长策，载于史牒。谅惟该洽，备尝商榷。自昔营田之制及诸功利之宜，至于古法之可行于今，今事之不便于古，幸为条列，上裨国论。

《第三道》：问：先儒有言：自古有治人，无治法。盖文久则灭，事穷必弊，变而通之，然后能成天下之务。故为国之势，犹权衡然，损益重轻，适平而已。或谓改作非圣人之志，变古亦先贤所讥，遵用故常，足以为政。惟诸髦俊，通明治体。且谓事之循旧约而易守者为长，将复理贵便时改而更化者为得。矢言此义，用观远识。(《全宋文》卷八〇四)

丁卯(二十二日)，贾昌朝请罢举人试院所写策题，从之。(《长编》卷一三五)

苏子容过省，赋"历者，天地之大纪"，为本场魁。既登第，遂留意历学。(《石林燕语》卷九)

苏颂《省题诗象载瑜》：一人敦至化，象载效嘉祥。美泽昭仁感，皇华显道光。再驰闻槛槛，无外表洋洋。华毂初彰瑞，椎轮异服箱。器车虽比美，泉露岂同方？荐庙歌休德，神灵祉式扬。(《苏魏公文集》卷七二)

吕申公公著当文靖秉政时，自书铺中投应举家状，敝衣蹇驴，谦退如寒素。见者虽爱其容止，亦不异也。既去，问书铺家，知是吕廷评，乃始惊叹。(《曲洧旧闻》卷四)

二　月

五日,知制诰富弼言:"国家缘隋唐之制,设进士之科,采天下贤俊。虽至公之道过于隋唐,而得人之实或有未至。自咸平、景德年后,条约渐密,然省试有三长,殿试有三短。南省主文者四五人,皆两制宗匠。又选馆阁有辞学者数人,以助主文考校。复有监守、巡察、糊名、誊录,上下相警,不能容毫厘之私,此一长也。又,一日试诗赋,一日试论,一日试策。诗赋可以见辞艺,策论可以见才识,四方之士得以尽其所蕴,此二长也。又,贡院凡两月余日,研磨差次,必俟穷功悉力,然后榜出,此三长也。可谓至公至精矣!以此姓名高下,遂放及第。辞艺才识高者得高科,下者得下等。高科者待以好爵,下等者归于常调。朝廷既不失其实,举人又各足其志矣。洎至殿试,号为亲临,然所差考校之官,多不精慎,此一短也。又,只试诗赋与论,并在一日,不能尽人之才,此二短也。又,考校不过十日,不暇研磨差次,匆匆而定,此三短也。向之省试至公至精也,乃混淆而不复见。今舍其所长,用其所短者。或云:省试放榜,则恩归有司;殿试放榜,则恩由主上。是尽弃取士之实,而沽此虚名也。普天率土,岂有恩不出天子者耶!况殿试非古,始于唐武后之初年尔,此安足为后世法?历代取士,悉委有司。独后汉文吏课笺奏,而副之端门,亦未闻天子再试也。往时无糊名、誊录之制,主文可以专取舍,遂有殿试以防主文。今无以容其私,殿试复何为哉?臣欲乞:自今岁以后,只令南宫放榜。必恐恩归有司,则请如天圣二年,令南宫考定高下,以混榜引于殿庭,依次唱名赐第,则与殿试同矣。"诏曰:"国家申命迩臣,往司贡部。关防之制已极于至公,优劣之殊或经于审定。矧责成之素重,固练实以无差。宜服故常,庶臻精要。俟辨等之来上,即延对以赐科。用洽茂恩,著为彝式。"(《宋会要·选举》三之二二、二三)

六日,赐右赞善大夫赵承裕同进士出身。承裕,故参知政事安仁之子。以恩陈乞,召试学士院,中等而命之。(《宋会要·选举》九之一〇)

辛巳(七日),诏罢殿试。而翰林学士王尧臣、同修起居注梁适,皆以为祖

宗故事，不可遽废。越三日，癸未（九日），诏复殿试如旧。（《长编》卷一三五）

九日，诏："近已依富弼上言，更不临轩亲试。今已锁院，令贡院且依旧例奏名殿试，仍许解二分人数。将来科场，别奏取旨。"（《宋会要·选举》三之二三）

庆历二年，富弼乞罢殿试，止令尚书礼部奏名，次第唱名。盖以廷试惟用诗赋，士子多侥幸故也。王尧臣、梁适皆状元及第，以为讥己。正月辛巳，方从弼之请，癸未，遽从尧臣、适之请，复旧制。（《燕翼诒谋录》卷四）

壬辰（十八日），赐太子中舍陆秉进士出身，仍改太子中允。秉，即东也。先召试学士院，赐出身，辄拒不受，坐责。至是更赦，乃复予之。（《长编》一三五）

三　月

十五日，帝御崇政殿，试礼部奏名进士，内出《应天以实不以文赋》、《吹律听凤鸣诗》、《顺德者昌论》题。得杨置已下四百三十六人，第为五等，并赐及第、出身、同出身。翌日，试特奏名进士，内出《亲将征关外诗》、《五帝宪老不乞言论》题。得刘嘉正已下三百三十二人，并赐同五经、《三礼》、《三传》学究出身，授诸州长史、文学。（《宋会要·选举》七之一六）

欧阳修《进拟御试应天以实不以文赋并引状推诚应天岂尚交饰》：臣伏睹今月十三日御试《应天以实不以文》赋。题目初出，中外群臣皆欢然，以谓至明至圣，有小心翼翼事天之意。盖自四年来，天灾频见，故陛下欲修应天以实之事。时谓出题以询多士，而求其直言。外议皆称，自来科场只是考试进士文辞，但取空言，无益时事。亦有人君能上思天戒，广求规谏以为试题者。此乃自有殿试以来，数百年间最美之事，独见于陛下。然臣窃虑远方贡士乍对天威，又迫三题，不能尽其说以副陛下之意。臣忝列书林，粗知文字，学浅文陋，不自揆度，谨拟御题，撰成赋一首。不敢广列前事，但直言当今要务，皆陛下所欲闻者。臣闻古者圣帝明王，皆不免天降灾异。惟能修德修政，则变灾为福，永享无穷之休。臣不胜大愿。其赋一首，谨随状上进。

天灾之示人也，若响应声；君心之奉天也，惟德与诚。固当务实以推本，不假浮文而治情。彼虽不言，谪见以时而下告；吾其修德，祸患可销于未萌。臣闻天所助兮，惟善则降祥；德苟至兮，虽妖而不胜。皆由人事之告召，然后天心之上应。若国家有阙失之政，则当频见于众灾，欲人主知戎惧之心，所以保安于万乘。臣请述当今之所为，引近事而为证。至如阳能和阴则雨降，若岁大旱，则阳不和阴而可推去年大旱；阴不侵阳则地静，若地频动，则阴干于阳而可知去年河东地频动。又如黑者阴之色，晦者阴之时，或暴风惨黑而大至，白昼晦冥而四垂康定元年三月，黑风起，白日晦。日食正旦，雨冰木枝今春二月。如此之类，皆阴之为。盖阴为小人与妇人，又为大兵与蛮夷。若四者之为患，则群阴之失宜。故天象以此告吾君，不谓不至；陛下所宜奉天戒，不可不思。是谓应以实者，臣敢列而言之。若夫慎择左右而察小人，则视听之不惑；肃清宫闱而减冗列，则恭俭而成式。况乎远佞人者，孔宣父之明训；放宫女者，唐太宗之盛德。又若西师久不利，宜究兵弊而改作；叛羌久未服，宜讲庙谋之失得。在陛下之至圣，行此事而不忒；庶天意之可回，虽有灾而自息。方今民疲赋敛之苦，又值饥荒之年，赀财尽于私室，苗稼尽于农田。劫掠居人，盗贼并起；流离道路，老幼相连。陛下视民如子，覆民如天，在于仁圣，非不矜怜。故德音除刻削之令，赦书行赈济之权。然而诏令虽严，州县之吏多慢；人死相半，朝廷之惠未宣。夫天至高远也，惟可动以精诚；民之休戚也，皆系君之好尚。惟善政之能惠，则休符之并贶。而况富有四海之大，独制万民之上。一言之出兮，谁敢不从？百事责实兮，自然无旷。发号施令，在圣意之必行；变灾为祥，则太平之可望。今《汉史》有《五行》之志，《尚书》有《洪范》之文，愿诏侍臣之讲说，许陈古事于听闻。可以见自召妖灾，虽由于时政；能招福应，亦自于明君。故禾偃于风，表周王之觉悟；雉鸣于鼎，成商帝之功勋。盖恐惧修省者实也，在乎不倦；祈禳消伏者文也，皆不足云。臣生逢纳谏之圣明，不问直言之狂斐；惟冀愚衷之可采，苟避诛夷而则岂！盖赋者古人规谏之文，臣故敢上干于旒扆。(《欧阳修全集》卷五九)

十七日，试诸科，得九经已下若干人。(《宋会要·选举》七之一六)

乙丑(二十二日)，御崇政殿，赐进士杨置等二百三十七人及第、一百二十二人出身、七十三人同出身。置，察弟。初试国子监、礼部皆第一，及是，帝临轩启封，见姓名，喜动于色，谓辅臣曰："杨寘也。"公卿相贺为得人。授将作监丞、通判颍州。(《长编》卷一三五)

祖父与叔祖同赴廷试，高祖与祖父、叔祖书，曰："昨观程文甚好。泉南只欠状元与宰相，汝果能全之乎？乃夐古之美事也!"(《苏魏公文集》附录一《魏公谭训》卷三)

丙寅(二十三日)，赐诸科及第并同出身者四百七人。又赐特奏名进士、诸科三百六十四人同出身及补诸州长史、文学。(《长编》卷一三五)

进士名录：杨寘，王珪，韩绛，□达夫，于正封，上官凝，王之才，王友直，王仲舒，王安石，王玘，王伯益，王知微，王泌，王宗颜，王政，王陶，王隽，王纶，王临，毛维蕃，毛维瞻，仇著，方载，方椿，孔延之，石仲甫，石牧之，石衍之，石象之，申屠会，丘子云，丘升，丘与龄，吕公著，吕夏卿，吕乔卿，吕应辰，朱定国，朱奎，朱富国，朱诰，朱觉，任知诰，江任，江牧，江棣，宇文逸，阮陶，阮遵，阮遵，李之瀚，李子仪，李由之，李俊卿，李师中，李菜，李处厚，李冕，李琮，李钧，李瑜，李诰，李颇，李纬，李观，吴及(误)，吴仲举，吴秉，吴乘，吴概，吴简，何延世，何辟非，何潜，汪士安，汪泌，汪宗颜，沈起，宋渝，林曼，林术，易定基，金君卿，周岐，周忻，周长孺，周造，周万，周景臣，胡仁昉，胡宗尧，胡遇，胡舜元，胡穆之，胡缜，茹约，南宫觐，柳瑾，段惟修，侯正臣，侯世仪，俞可，俞汝尚，施昌言，洪涧，洪亶，胥世澄，姚原道，姚爽，马仲甫，马崇禧，袁觳，莫景，连庠，夏旻，晁仲约，倪天秩，徐九思，徐民先，徐纮，郭由仪，郭师愈，郭琪，陆起，陈立，陈洙，陈习，陈棫，陈补，陈遘，陈传，陈峤，陈锐，陈荐，陈襄，陈绎，孙挺，孙奕，孙规，孙观，黄汝奇，黄昌黎，黄庶，黄握，黄巽，黄颂，曹棐，曹经，崔以，许奇，许章，许程，许端，许维则，许稹，章彀，章嶙，张日用，张次立，张明远，张宗谔，张彦芳，张倜，张轲,张杰,张苍舒,张谘,张识,项文昶,叶敷文,葛密,葛瑾,董安,董渊,董偺,景思问,程迪,邹勋,童孝扬,曾公定,冯式,杨大亨,杨助,杨拯,杨缅,虞大宁,虞太宁,虞肇,詹彦龄,赵复,蔡若水,蔡奕,臧纬,郑之尤,郑先,郑伯英,郑昌期,郑琰,郑详,郑广,郑谔,楼闳,樊汝芳,刘宇,刘逢,刘敌,刘臻,刘俨,诸葛赓,萧汝励,萧汝霖,萧宗古,萧询,阎充国,韩宗彦,韩缜,魏勘,钟离瑾,谢策,双渐,苏畋,苏梦龄,苏颂,阚迥,阚洙,严震,罗日宣。

诸科:林策,林温,陆廙,陈衎,陈鉴臣,曾朝阳,郑茜,刘升。

特奏名进士:刘嘉正,李希甫,李晟,李阳孙,陈万,傅立,廖夷清,郑兼济。(《宋登科记考》卷四)

补进士名录:其一,苏泳。《宋登科记考·附录》:"仁宗朝登进士第。"《苏轼诗集》卷一四《苏潜圣挽词序》:"潜圣名泳,成都新繁人,庆历二年杨置榜登第。"

其二,质夫。王安石《王荆公诗注补笺》卷三五《次韵质夫兄使君同年》按:质夫,姓名已佚。

其三,张某。《全宋文》卷一四一三王安石《张君墓志铭》:"君讳某,字某,其先成都之新繁人……余与君相好,又同年进士也。"按:《宋登科记考》是年进士名录中,惟张宗谔为成都府成都县人,此墓主当为另一人。

其四,王越石。《全宋文》卷一四一八王安石《王君墓志铭》:"余尝为君僚,而与其子越石同年进士也。"又,《宋登科记考·附录》据《雍正山西通志》载入一王越石,"庆元中登进士第",当为另一人。

其五,樊景。《全宋文》卷五八五尹洙《与京西转运刘察院荐樊景书》:"州学教授樊景,年三十,庆历二年进士。"

其六,李尧言。《全宋文》卷七一二一魏了翁《李君墓表》:"公之高祖尧言,举庆历二年进士,为熙宁御史知杂。"

其七,王奕。《王公墓志铭并序》:"公讳奕,字公嗣……庆历二年,擢进士第,释褐,调陕州之平陆主簿。"(《〈宋登科记考〉拾补——以碑刻文献为中心》)

其八,傅尧俞。《宋登科记考·附录》:"仁宗朝登进士第。"《太平治迹统类》卷二八载是年进士名录:"杨寘、韩绛、王珪……傅尧俞。"

辨正:吴及,天圣八年进士。详说见前。

庆历二年,御试进士,时晏元献为枢密使。杨察,晏婿也,时自知制诰,避亲,勾当三班院。察之弟寘时就试毕,负魁天下望。未放榜间,将先宣示两府,上十人卷子。寘因以赋求察,问晏公已之高下焉。晏公明日入对,见寘之赋已考定第四人,出以语察。察密以报寘。而寘试罢与酒徒饮酒肆,闻之,以手击案叹曰:“不知那个卫子夺吾状元矣!”不久唱名,再三考定第一人卷子进御。赋中有“孺子其朋”之言,不怿曰:“此语忌,不可魁天下。”即王荆公卷子。第二人卷子即王珪,以故事,有官人不为状元;令取第三人,即殿中丞韩绛;遂取第四人卷子进呈,上欣然曰:“若杨寘可矣。”复以第一人为第四人。寘方以鄙语骂时,不知自为第一人也。然荆公平生未尝略语曾考中状元,其气量高大,视科第为何等事而增重耶!(《默记》卷下)

王荆公于杨寘榜下第四人及第,是时,晏元献为枢密使,上令十人往谢。晏公俟众人退,独留荆公,再三谓曰:“廷评乃殊乡里,久闻德行乡评之美。况殊备位执政,而乡人之贤者取高科,实预荣焉。”又曰:“休沐日相邀一饭。”荆公唯唯。既出,又使直省官相约饭会,甚殷勤也。比往时,待遇极至。饭罢,又延坐,谓荆公曰:“乡人他日名位如殊坐处,为之有余矣。”且叹慕之又数十百言,最后曰:“然有二语欲奉闻,不知敢言否?”晏公言至此,语欲出而拟议久之,乃泛谓荆公曰:“能容于物,物亦容矣。”荆公但微应之,遂散。公归至旅舍,叹曰:“晏公为大臣,而教人者以此,何其卑也!”心颇不平。荆公后罢相,其弟和甫知金陵时说此事,且曰:“当时我大不以为然。我在政府,平生交友,人人与之为敌,不能保其终。今日思之,不知晏公何以知之。复不知‘能容于物,物亦容焉’二句,有出处,或公自为之言也。”(《默记》卷中)

韩康公得解、过省、殿试,皆第三人。其后为执政,自枢密副使、参知政事、拜相,及再宰,四迁皆在熙宁中,此前辈所未有也。苏子容挽辞云:“三登庆历三人第,四入熙宁四辅中。”(《石林燕语》卷九)

李觏,袁州人,省试赋落韵,主司爱其策,特旨登科。(《吹剑四录》)

吕文靖当朝,正献登科在第一甲。未唱名,先奏于朝,自言公著诗赋得意,恐在高等致嫌疑,乞降十名后,竟从之。(《苏魏公文集》附录一《魏公谭训》卷四)

王珪《谢进士及第启》:臣某启:三月二十二日,皇帝御崇政殿放榜。伏蒙圣恩,赐进士及第,仍当日释褐者。廷对在前,唱名居右。顾已才之甚浅,拜君命之诚优。望有所逾,愧无以避。切以君道有纪,则英贤遂游;天时不纲,则文雅有阙。故汉继三代,儒盛而益衰;秦坠六经,士贱而若弃。视古风迹,沿世污隆。然而,虽怀材而不得时,既逢辰而不见用,邈然相失,寂尔无闻。此名士所以勉力而趋,英主所以虚心而待,要适其会,以成厥功。兹事良难,须圣而作。我真人之守命,王中天而立基,永为典章,一正统类。民气清净,以召太和之风;帝业焜煌,以享无穷之美。然而,王室居四海之大,宸居揽万几之烦,谋虑既深,权纲至重,贵待众哲,以昌永图。乃下岁举之音,益有才升之望。首自中府,施及外方,凡洎为儒,靡不欣命。至于祐社稷而树大业,守封疆而发远谋,系民之安危,与国之休戚,皆选此路,实重于时。宜得异论,以称上意。伏念某,肖貌非粹,业文至疏。问非一师,虽及夏侯之学;身兼数器,终匪薛宣之能。无结驷之华,难历干而取贵;有西郊之乐,几屏居而言归。徒以家缘清芬,幼服明训。俎豆之事,况鲁人之尝闻;圣哲之书,亦汉士之所好。未尝忘儒素之绪,岂敢忽岁时之阴?以至天下精祲之交,国家表里之体,间以持论,居尝用心。闾巷栖迟而自如,风雨勤劳而不顾,日以益励,期于有成。矧睿神之独临,方俊豪之交会。四门皆辟,有绍舜廷之风;六科并张,不减唐家之训。乃迹前代,斯为盛时。此而不图,后将何振?始由旧里,滥居人之首推;旋登太常,藉群英而并进。法座严密,中庭肃清。谓天感以德,圣人所以专奉;谓德主于顺,王者所以图兴。诏为目题,耸于众听。属在甚愚之识,曷究大义之归?僶俛仅成,怔忪俟退。岂图程覆之至,复玷采收之明。倡士誉之上游,并天伦之荣缀。叨时嘉宠,副上勤求。自惟非才,不胜厚幸!此盖伏遇某官,厚兼容之度,躬与进之风,多铨品于人伦,喜奖训于士类。致此甄擢，亦被庸虚。敢不饬己之勤，奉公以洁！无百谪之愧，以败于官途；有一心之勤，少裨于王事。上答生成之赐，次酬教育之恩。过此以还，未知所措。（《全宋文》卷一一五三）

王安石《谢及第启》：三月二十二日，皇帝御崇政殿放进士，蒙恩赐及第释褐者。四方之杰，茂对清光；一介之技，猥尘华选。冒荣之辱，抚己而惭。窃以国家揽八宇之广，具万官之富。一化所染，人有善行；数路之举，野无滞材。取士如此之详，得人于斯为盛。然犹谦不自足，乐于旁求，比诏郡邑，详延岩穴。向非蔚有声采，著在观听，何以酬上勤仁，塞人烦言？如某者，族敝而贱，材顽且疏，逢世治文，追师乡道。员冠方屦，有贱儒之名；高文大册，无作者之实。昊乾不吊，先子夙丧，侨家异土，归扫穷阎。上不能执轩冕以取高，下不能力稼穑而为养。俯首干进，蕲荣逮亲。适会诏之兴眊，遂负书而应令。乡老署其行，荐之明朝；春官訾其材，置以异等。率趋法座，辈试殊庭。仅成骫骳之谈，复玷高华之选。夫何抵此，厥有由然。兹盖伏遇某官，德厚兼容，风华博照。斟酌元气，洪纤溥被其仁；雕刻众形，妍恶曲成其汇。乘云洒润，秉律嘘枯，使是寒士，阶于荣路。敢不审图大方，惇率常宪，取所承学，著之行事。唯仁之守，唯谊之循，不以邪曲回精忠之操，不以宠利污廉洁之尚。庶期尽齿，无负大赐。易此而他，未知所裁。（《全宋文》卷一三九六）

欧阳修《送黎生下第还蜀》：《黍离》不复雅，孔子修《春秋》。扶王贬吴楚，大法加诸侯。妄儒泥于鲁，甚者云黜周。大旨既已矣，安能讨源流？遂令学者迷，异说相交钩。黎生西南秀，挟策来东游。有司不见采，春霜滑归辀。自云喜三《传》，力欲探微幽。凡学患不强，苟至将焉廋。圣言简且直，慎勿迂其求。经通道自明，下笔如戈矛。一改不足衄，后功掩前羞。（《欧阳修全集》卷一）

欧阳修《送曾巩秀才序》：广文曾生来自南丰，入太学，与其诸生群进于有司。有司敛群材，操尺度，概以一法，考其不中者而弃之。虽有魁垒拔出之材，其一累黍不中尺度，则弃不敢取。幸而得良有司，不过反同众人叹嗟爱惜，若取舍非己事者，诿曰：有司有法，奈不中何！有司固不自任其责，而天下之人亦不以责有司，皆曰：其不中，法也。不幸有司尺度一失手，则往往失多而得少。呜呼！有司所操，果良法邪？何其久而不思革也！况若曾生之业，其大者固已魁垒，其于小者亦可以中尺度，而有司弃之，可怪也。然曾生不非同进，不罪有司，告予以归，思广其学而坚其守。予初骇其文，又壮其志。夫农不咎岁而菑播是勤，其水旱则已，使一有获，则岂不多邪？曾生橐其文数十万言来京师，京师之人无求曾生者，然曾生亦不以干也。予岂敢求生，而生辱以顾予。是京师之人既不求之，而有司又失之，而独余得也。于其行也，遂见于文，使知生者可以吊有司，而贺余之独得也。(《欧阳修全集》卷四四)

四　月

(庚辰，七日)中书门下奏："近放特奏名进士、诸科与官人，内有习武艺知方略者，请选试补班行。"诏：翰林学士苏绅、内侍都知王守忠试验以闻。补班行者凡三十七人。(《长编》卷一三五)

二十三日，诏："新及第进士第一人杨置为将作监丞，第二人王珪为大理评事，第三人韩绛为太子中允，并通判；第四人王安石为校书郎，第五人曾公定为奉礼郎，并佥书诸州判官事；第六人已下，两使职官。第二甲初等职官，第三甲试衔知县，第四甲试衔簿、尉，第五甲判、司、簿、尉。锁厅人第一甲，京朝官转官，选人进下京官；第二甲，京官家便推官，后任升陟，选人两使推官；第三甲，京官佥书诸州判官，选人初等职官；第四甲，京官家便知县，后任佥书诸州官，选人试衔知县；第五甲，京官家便知县，选人试衔知县。九经第一人两使推官，诸科并注判、司、簿、尉。"(《宋会要・选举》二之七、八)

五　月

十六日，升大名府为北京。《德音》："应大名府及河北诸军举人：内进士实应三举、及曾到御前者，不以举数，并与免将来文解。"(《宋会要・选举》一五之一一)

六　月

二十八日，赐国子监直讲王纯臣同进士出身。以端明殿学士李淑荐，召试学士院，入等命之。(《宋会要·选举》九之一〇)

七　月

十一日，命翰林学士吴育、权御史中丞贾昌朝、直集贤院张方平，就秘阁考试制科。育等上钱明逸、齐唐论六首：《左氏崇君父》、《孝何以在德上下》、《王吉贡禹得失孰优》、《经正则庶民兴》、《有常德以立武事》、《序卦杂卦何以始终不同》论。(《宋会要·选举》一〇之二四)

八　月

六日，帝御崇政殿，试才识兼茂明于体用殿中丞钱明逸、贤良方正直言极谏处州军事推官齐唐。制策曰："朕茂缵先构，遹遵圣烈，咨询周访，期底靖嘉。四诏郡国，科举贤俊，庶闻谠论，助辑政纲。子大夫怀术逢辰，造庭待问，必有渊蕴，用副详延。夫治乱之理，有经有权，有隐有显，上监百世，敻然可求。非博学远照，未之前识。予欲闻姜姓三正之典，《周官》五礼之别，以辨章上下，以定治；泠州律间之义指，开皇尺度之名数，以立均考器，以作乐，汝言！予欲闻吕训疑罚之条，司冠止纠之禁，以邦国；制臣之二柄，治民之七法，以一宪令，汝明！予欲辨贡赋功式之会，参山海田数之书，以制财用；修九法四教、七正四守，以起军旅，汝陈！予欲稽虞氏之黜陟，魏晋之考课，以厘庶官；本二《雅》之谨征伐，《春秋》之正夷狄，以靖外臣，汝记！今夫《礼》，温叟、崇义之所刊也，器服之数，朝祀之容，宁有所未善邪？今夫《乐》，王朴、和岘之所考也，均声知量，察风候气，何以得至术邪？语刑者，谓折杖之令为仁，盗赃之格为纵。仁固未有罚清民服之效，纵盖多已隶更亡之害。语令者，谓开塞之易知，创革之繁互，然事屡兴则不得习故常，俗已弊则不得专督责。若仍与变，安适其宜？何以使不匮上损下，夺人违时，而货益充？不暴师宿戍，转饷屈力，而边益斥？庀职左右、宣力四方者，何以使尽得其人？畏威服德、挚实世见者，何以使弗猾于境？并资至略，以济远猷。子大夫所当条述前言，通究时事，省括正臬，务协厥中。如其悠缪之辞，不周于用；记概而举，又非纯学；策才之意，岂所望焉！其悉心明敫，无侵执事。”明逸策考入第四次等，唐不入等。诏：“以明逸为太常博士、通判庐州，唐特授许州节度推官。”唐初命权处州军事推官，用左正言田况请，复升两使推官。(《宋会要·选举》一〇之二四、二五)

李觏试制科不第，归。(《李直讲年谱》)

诗以言志，言以知物，信不诬矣。江南李觏，通经术，有文章，应大科，召试第一。尝作诗曰：“人言日落是天涯，望极天涯不见家。堪恨碧山相掩映，碧山还被暮云遮。”识者曰：“观此诗意，有重重障碍，李君恐时命不偶。”后竟如其言。(《青箱杂记》卷七)

李泰伯著《常语》非孟子。后举茂材，论题出“经正则庶民兴”，不知出处，曰：“吾无书不读，此必《孟子》中语也。”掷笔而出。(《鹤林玉露》乙编卷一)

李泰伯素不喜《孟子》，以为孔子尊王，孟子教诸侯为王。尝试制科六论，不得其一，曰：“吾书未尝不读，必《孟子》注疏。”掷笔而出。人为检视之，果然。终不中第。(《古今事文类聚》前集卷二七)

九日，帝御崇政殿，试武举人。以金景先等三十八人武艺，次第授官。(《宋会要·选举》一七之八)

九　月

二日，诏：“自今幕职、州县官应制科，不及三考者，亦许取应。”(《宋会要·选举》一〇之二五)

闰九月

二日，赐延州通判、国子博士马端同进士出身。枢密直学士韩琦、范仲淹荐端材，免试命之。(《宋会要·选举》九之一〇)

甲午(二十四日),诏:"国子监生自今须听读满五百日,乃得解荐。"从天章阁侍讲王洙之请也。(《长编》卷一三七)

是　月

天章阁侍讲、史馆检讨王洙言:"庠序之设,教化所先。自顷学徒,未悉师业。国子监每科场诏下,许品官子弟投保官家状,量试艺业,给牒充广文、太学、律学三馆学生。多或至千余人,即随秋试,召保取解。及科场罢日,则生徒散归,讲官倚席。若此,但为游士寄应之所,殊无国子肄习之法。居常讲筵,无一二十人听读者。以圣朝经籍道崇,儒雅日盛,岂兹学校弗著彝规?必若稽于唐汉,率之令典,则虑改作为重,尚难丕革。诚能少加程约,亦将有所招来,况之前日,渐可驯致。欲望自今应国子监,每遇科场敕下,授纳取解家状日已前,须实曾附本监听学满五百日者,许投状。令本授业学官取文簿勘会诣实,依例召京朝官委保,方得取应。每十人之中与解三人。其未系监生欲求试补者,亦不限时月。每有一二十人投状,即逐旋量试艺业收补。只令在监听学,簿管姓名,仍每日讲筵。应系听读生徒,并于本监授业官前亲书到历。如遇私故出入,或疾告、归宁,并于判监官处具状乞假。候回日,于名簿开记请假日数。若满一周年已上不来参假者,除落名籍。大率数年一遇科场,若听学五百日者,许取文解,在其间游息之日多矣。然于学校之版、齿位之叙,必众于今日也。愿下学官参议施行。"诏国子监详定以闻。本监请:"自今去经试补学生,并依起请,听读满五百日,方许取解。已得国学文解,省试下者,止听读一百日,许再请解。并十人与解三人。所有逐日听读,亲书到历。如有请假,托人代书,其不到及代书人,实殿三举,仍落名籍。学官故纵者,科违制之罪。律学即日一仍旧制。释奠先圣,学官帅生员陪位,近岁多不遵行。自今每遇释奠,见在监听读生员,并须陪位。学徒群居,宜较文艺,以激进修。自今后每月两次,轮差学官两员出题目,量加考试,第其优劣。唐置六学,皆品官子弟充员。其庶人子弟,亦有四门学。今国学除七品已上子孙许召保官试补外,八品以下至庶人子孙,例不收补。自来虽有此条贯,每遇科场,多有冒称品官子孙,难以详别。致容假妄,或兴讼诉。自今欲依仿唐制,立四门学,以八品以下至庶人子孙补充学生。不唯渐革偷薄,亦以示国家育材之广也。附监生徒听读已久,须正系生员名籍。自今每岁一补试,差学官锁宿、封弥,精加考校,取文理相通者具名闻奏,给牒收补。内不合格者,且令理日,依旧听读,后次与试。若三试不中者,便不在试补之限。"从之。(《宋会要·崇儒》一之二九、三〇)

庆历三年 癸未(1043)

二 月

(癸卯,五日)诏礼部贡院:"渭州、镇戎军进士刘绅等二十四人,尝被甲乘城,与免将来文解。"(《长编》卷一三九)

二十三日,赐殿中丞任颛同进士出身。(《宋会要·选举》九之一〇)

(任颛)以所著文二十卷上之,诏赐进士出身。(《全宋文》卷九三七祖无择《任公墓志铭》)

辛酉(二十三日),国子监言:"自今补说书官,请以四人为定额。及岁所试监生不合格,且留听读,三试不中者黜之。仍请立四门学,以士庶人子弟为生员,以广招延之路。"并从之。(《长编》卷一三九)

三 月

诏:权停贡举。(《宋会要·选举》一之一〇)

五 月

六日,赐太常寺太祝宋敏修进士出身。敏修,故参知政事绶之子。以遗恩陈乞,召试学士院,中格命之。(《宋会要·选举》九之一〇)

九 月

丁卯(三日),上既擢用范仲淹、韩琦、富弼等,每进见,必以太平责之,数令条奏当世务。仲淹语人曰:"上用我至矣!然事有后先,且革弊于久安,非朝夕可能也。”上再赐手诏督促曰:“比以中外人望,不次用卿等。今琦暂往陕西,仲淹、弼宜与宰臣章得象尽心事国,毋或有所顾避。其当世急务有可建明者,悉为朕陈之。”既又开天章阁召对,赐坐,给笔札,使疏于前。仲淹、弼皆惶恐避席,退而列奏:“二曰抑侥幸……国家开文馆,延天下英才,使之直秘庭,览群书,以待顾问,以养器业,为大用之备。今乃登进士高等者,一任才罢,不以能否,例得召试而补之;两府、两省子弟亲戚,不以贤不肖,辄自陈乞馆阁职事者,亦得进补。太宗皇帝建崇文院、秘阁,自书碑文,重天下贤才也。陛下当思祖宗之意,不宜甚轻之。臣请特降诏书:今后进士三人内及等者,一任回日,许进陈教化、经术文字十轴,下两制看详,作五等品第。中第一,第二等者,即赐召试。试入优等,即补馆阁职事……三曰精贡举。臣谨按:《周礼》乡大夫之职,其废已久。今诸道学校如得明师,尚可教人六经,传治国治人之道。而国家专以词赋取进士,以墨义取诸科,士皆舍大方而趋小道,虽济济盈庭,求有才有识者十无一二。况天下危困,乏人如此,固当教以经济之业,取以经济之才,庶可救其不逮。或谓救弊之术无乃后时,臣谓四海尚完,朝谋而夕行,庶乎可济。安得晏然不救,坐俟其乱哉!臣请诸路州郡有学校处,奏举通经有道之士,专于教授,务在兴行。其取士之科,即依贾昌朝等起请,进士先策论而后诗赋;诸科墨义之外,更通经旨。使人不专辞藻,必明理道,则天下讲学必兴,浮薄知劝,最为至要。内欧阳修、蔡襄更乞逐场去留,贵文卷少而考较精。臣谓尽令逐场去留,则恐旧人捍格,不能创习策论,亦不能旋通经旨,皆忧弃遗,别无进路。臣请进士旧人三举已上者,先策论而后诗赋,许将三场文卷通考,互取其长。两举、初举者,皆是少年,足以进学,请逐场去留。诸科中有通经旨者,至终场,别问经旨十道。如不能命辞而对,则于知举官前,讲说七通者为合格。不会经旨者,三举已上,即逐场所对墨义,依自来通粗施行。两举、初举者,至于终场日,须八通者为合格。又外郡解发进士、诸科人,本乡举里选之式,必先考其履行,然后取以艺业。今乃不求履行,惟以词藻、墨义取之,加用弥封,不见姓字,实非乡里举选之本意也。又南省考试举人,一场试诗赋,一场试策,人皆精意,尽其所能。复考较日久,实少舛谬。及御试之日,诗赋文论共为一场,既声病所拘,意思不达。或音韵中一字有差,虽生平苦辛,即时摈逐。如音韵不失,虽末学浅近，俯拾科级。既乡举之处不考履行，又御试之日更拘声病，以此士人进退，多言命运而不言行业。明君在上，固当使人以行业而进，乃言命运者，是善恶不辨而归诸天也，岂国家之美事哉？臣请重定外郡发解条约，须是履行无恶、艺业及等者，方得解荐，更不弥封试卷。其南省考试之人，已经本乡询考履行，却须弥封试卷，精考艺业。定夺等第讫，进入御前，选官复考，重定等第讫，然后开看。南省所定等第内合同姓名偶有高下者，更不移改。若等第不同者，人数必少，却加弥封，更宜两地参较。然后御前放榜，此为至当。内三人以上，即于高等人中选择，圣意宣放。其考较进士，以策论高、词赋次者为优等，策论平、词赋优者为次等。诸科经旨通者为优等，墨义通者为次等。已上进士、诸科，并以优等及第者放选注官，次等及第者守本科选限。自唐以来，及第人皆守选限。国家以收复诸国，郡邑乏官，其新及第人，权与放选注官。今来选人壅塞，宜有改革，又足以劝学，使知圣人治身之道，则国家得人，百姓受赐。”……上方信向仲淹等，悉用其说。当著为令者，皆以诏书画一，次第颁下。(《长编》卷一四三)

蔡襄《论改科场条制疏》：臣伏见隋唐以来，以进士、明经二科取士，迄今以为永制。进士虽通试诗赋、策论，其实去留专在诗赋。糊名誊纸，以示至公。点抹细碎，条约纤悉，所司奉之，便于考校。明经逐场对义，钞节注疏，计诵字数。至有一字旁写声形类者三两字，如有一中，亦是通义。字犹不识，经旨何从而知？取士之方，一至于此！臣闻有国家者，取天下之士，将以治民而经国耳。故敦其行，欲以表风俗；试其才，欲以济成务。今进士之诗赋、明经之帖义，于治民经国之术了不关及。其间或有长才异节之士，幸而有之，或官而后习，非因设科而得也。今有善射者，或使之御，其人必自以为不能，世之人亦曰：彼射也，责之以御，强人之所不习，不可也。而以诗赋、帖义取士，偶与科合者即为中第，一日使之临民谋国，其人必自以为能，而世之人亦习而不怪，兹大可异也。或曰取士在于得人，岂系诗赋、策论乎？皇甫镈以贤良方正中科，而奸邪过人，岂不专试策乎？裴度以进士中第，而功德尤著者，岂不由诗赋而得之？臣窃不然。取之以其道，任之以其术，而陷于奸邪，其人自隳也；取之不以其道，任之不以其术,而能功德著闻,其人自立也。岂可以自隳与自立之人,而害经久之制乎!三代之道,乡举里选,专取德业。汉察孝廉,加之策问,取士有经术。隋唐以来,尽失之矣。行之既久,难于卒更。今就其所试之业而裁之:以试策为去留进士之术,以大义为去留明经之术,庶几可行也。一,天下之州军尽许立学,选择乡里有年德通经义者,补为教授,讲说经书,教授生徒。不应举者,三年后乞与助教名目,且令说讲。应举之人,须经本州学听书,其日限以国子监新立条约为例。一,请试策三道为一场;考校验落外,次试论为一场;又考校验落外,次试诗赋为一场。以三场皆善者为优,或策论、诗赋互有所长,则互取之。其策仍请一道问经义异同,以观其识;一道问古今沿革,以观其学;一道问当世之务,以观其才。此其大略也。一,明经只问所习经书异同大义,所对之义只合注疏大意,不须文字尽同。或自有意见,即依注疏解释外,任自陈述,可以明其识虑。若以经科文人所习已久,未能变革,即艰其取,而薄其恩。取能对大义者,颇优奖之,自然稍有智识之人去彼取此。(《全宋文》卷一〇〇四)

十一月

癸未(十九日),诏:"……进士三人以上,一任回无过犯者,许进著述召试,取优等者充。遇馆职阙,取曾有两府二人、两省三人同罪举充者,仍取著述看详试补。"(《长编》卷一四五)

庆历四年　甲申(1044)

正　月

二十三日,诏:"自今臣僚毋得以奏荫恩泽及所授命为亲族乞赐科名,及转官升陟入通判以上差遣。其亲族尝降官、降差遣,亦毋得乞以恩泽牵复。若因累而为更名奏荫者,重坐之。"(《宋会要·选举》三二之八)

二　月

十四日,赐念九经童子郭永孚出身。(《宋会要·选举》九之二三)

(丙辰,二十三日)崇政殿说书赵师民上疏曰:……九曰革贡举。汉有贤良方正、孝弟力田、敦朴茂异,既举而升诸朝,然后考以古学,询之世务,本行试言,得人为盛。今欲先策论以近古,后诗赋以救弊,而华伪滋久,淆滥者众,文或代作,言或预储。不若还乡举里选,复庠序升黜,以教育而察纠之也。(《长编》卷一四六)

三　月

十三日,翰林学士宋祁等言:"近准敕详定《贡举条制》者。伏以取士之方,必求其实;用人之术,当尽其材。今教不由于学校,士不察于乡里,则不能核名实;有司束以声病,学者专于记诵,则不足尽人材。此献议者所共以为言也。臣等参考众说,择其便于今者,莫若使士皆土著,而教之于学校。然后州县察其履行,则学者修饬矣。故为立学合保荐送之法。夫上之所好,下之所趋也。今先策论,则文辞者留心于治乱矣;简其程式,则闳博者得以驰骋矣;问以大义,则执经者不专于记诵矣。其诗赋之未能自肆者,杂用今体;经术之未能亟通者,尚依旧科,则中常之人皆可勉及矣。此所谓尽人之材者也。故为先策论过落，简诗赋考式，问诸科大义之法，此数者其大要也。其州郡封弥、誊录，进士，诸科帖经之类，皆细碎而无益者，一切罢之。凡其为法者，皆申之以赏罚而劝焉。如此，则养士有素，取材不遗。苟可施行，望赐裁择。

诸路州府军监，除旧有学校外，其余并各令立学。如本处修学人及二百人已上处，许更置县学。若州县未能顿备，即且就文宣王庙或系官屋宇为学舍。仍委本路转运司及本属长吏，于幕职、州县官内奏选充教授，以三年为一任。在任有人同罪保举者，得替日依例施行。若少文学官可差，即令本处举人众举有德行艺业之人，在学教授。候及三年，无私过，本处具教授人数并本人履业事状，保明闻奏，当议等第，特授恩泽。内有由本学应举、及第人多处，亦与等第酬赏。如任满本处举留者，亦听本官从便。其学校规令，宜令国学详定闻奏，颁下施行。如僻远小郡、举人不多、难为立学处，仰转运司体量闻奏。初入郡学人，须有到省举人二人委保，是本乡人氏，或寄居已久，无不孝不悌、逾滥之行，即不曾犯刑责，或曾经官司罚赎、情理不重者，方得入学。应取解逐处在学本贯人，并以入学听习。至秋赋投状日前及三百日以上，旧得解人百日以上，方许取应秋赋投状日，并依本州军旧制。内有亲老、别无得力弟兄侍养、致在学日数不足者，除依例合保外，别召命官一员或到省举人三名，委保诣实，亦许取应。其随亲属之官者，许就近入学，候归乡取解，据在学实日及无过犯，给与公凭。

进士、诸科举人，每三人为一保。所保之事有七：一，隐忧匿服；二，曾犯刑责；三，不孝不悌，迹状彰明；四，故犯条宪，两经赎罚，或未经赎罚，为害乡里；五，籍非本土，假户冒名；六，祖父犯十恶四等以上罪；七，身是工商杂类，及曾为僧道者，并不得取应。违者，本人依条行遣，同保人殿两举。其保状式具此七事外，余并令礼部贡院重行删定。

国子监、开封府取解举人，须五人为一保。仍逐保内，要曾到省举人二人。外处取解举人，仰本处知州、通判、职官、录事、参军、令佐，常切采访。内有犯前项条贯及犯各保状内违碍者，并不得解送。如不举察，或显可保明、妄加抑退者，并科违制分故失定罪。国子监、开封府发解，就试人数既多，其进士、诸科卷子并依旧封弥、誊录外，诸州发解已令知州、通判、职官、令、录等保明行实，更不封弥、誊录，仰试官、监官与长史，通考文艺。

其试官，委转运司于本处及邻州，选差清白有文学、通经术之人。

进士并试三场。先试策二道：一问经史，二问时务；次试论一首；次试诗、赋各一首。三场皆通考去留。旧试帖经、墨义，今并罢。诗、赋、论于九经、诸子、史内出题，其策题即通问历代书史及时务，并不得于偏僻小处文字中。策每道限五百字以上，论限五百字以上，赋限三百六十字以上，诗限六十字五言六韵。赋每韵不限联数，每联不限字数。赋官韵有疑混声，疑者许上请。诗、赋、论题目，经史有两说者，许上请。诗韵中字体及声韵同者，各许依本字下注意便用。三点当一抹，降一等。涂注一字，并须卷后计数，不得揩洗。每场一卷，内涂注乙五字已上为一点，十五字以上为一抹。

策、论、诗、赋不考式十五条：策一道内少五字；论、诗、赋不识题；策、论、诗、赋文理纰缪；不写官题；用庙讳、御名；论少五十字；诗、赋脱官韵；诗赋落韵，用韵处脱字亦是；诗失平侧，脱字处亦是；重叠用韵；小赋内不见题意，通而词优者非；赋少三十字；诗韵数少剩；诗全用古人一联；诗两韵以前不见题意，通者非。

抹式十二条：误用事；连脱三字；误写官题，须是文理无失，但笔误者非；诗赋重叠用事；诗赋不对，诗赋初用韵及用邻韵引而不对者非，及诗赋末两句亦不须对；小赋四句不见题意，通者非；全用古人一联赋语，别以一句对者非；赋少二十字；诗用隔句对；策一道内全用古今人文字十句以上；策一道内全用经书子史语五十字以上；对策以他辞装，或首尾与题意不相类。

点式四条：借用字；诗赋脱一字；诗偏枯；诗重叠用字。

省试进士、诸科举人合保，并依发解条。如妄冒过省及第入官而事发者，本人除名，保人殿两举；已及第未得与官、已入官者，停见任。已上入学取解到省，保人如不实者，事发日，官员坐私罪，举人殿实举。应出策、论、诗、赋并考校式，并依发解条格。

进士试三场，并依旧封弥，誊录。先试策二道：一问经旨，二问时务；次论一道；次诗、赋各一道。旧试帖经、墨义，今并罢。初场引试策，先次考校。内有文辞鄙恶者，对所问不备者谓十事不对五以上，误引事迹者谓十事误引五以上，虽能成文而理识乖缪者，杂犯不考式者，凡此五等，并更不考论。次场,论内有不识题者,文辞鄙恶者,误引事者十事误三以上,虽成文而理识乖缪者,杂犯不考式者,凡此五事,亦更不考诗、赋。第三场诗赋毕,将存留策、论卷子,上与诗赋通考定去留。合格荐名者,出榜告示。旧制:以词赋声病偶切之类,立为考试式。举人程试,一字偶犯,便遭降等。至使才学博识之士,临文拘忌,俯就规检。美辞善意,郁而不伸。如唐白居易《性习相近远》、独孤绶《放驯象》,皆当时南省所试。其对偶之外,自有意义可观,非如今时拘检太甚。今后进士依自来所试赋格外,特许依仿唐人赋体。

锁厅举人,自今更不限举数,许令取应。如及第、出身后,即不别推恩。

诸科举人,九经、五经,并罢填帖,六场皆问墨义。其余《三礼》、《三传》已下诸科,并依旧法。九经旧是六场十八卷,帖经、墨义相半;今作六场十四卷,并对墨义。第一场《春秋》、《礼记》、《周易》、《尚书》各五道为二卷,第二场《周礼》、《仪礼》、《公羊》、《谷梁》各五道为四卷,第三场《毛诗》、《孝经》、《论语》、《尔雅》各五道为二卷,第四场《礼记》二十道为二卷,第五场《春秋》二十道为二卷,第六场《礼记》、《春秋》各十道为二卷。五经旧是六场十一卷,帖经、墨义相半;今作六场七卷,并对墨义。第一场《礼记》、《春秋》共十道为一卷,第二场《毛诗》、《周易》各五道为二卷,第三场《尚书》、《论语》、《尔雅》、《孝经》各三道为一卷,第四场、第五场《春秋》、《礼记》逐场各十道为二卷,第六场《礼记》、《春秋》共十道为一卷。

立《开宝通礼》科。国家本欲使人习学仪典,不至废坠,却闻各传误本,惟习节义,殊非崇礼之意。委有司抄录正本,差官考校,令礼部贡院勘会。有人应《通礼》,州军赐一本,许本科举人抄写习读。将来举场只于官本中问义外,诸科举人依旧制场各对墨义外,有能明旨趣、愿对大义者,于取解到省家状内具言愿对大义。除逐场试墨义外,至终场并御试,各于本科经书内只试大义十道,直取圣贤意义解释对答,或以诸书引证,不须具注疏。

九经、《三礼》、《三传》、《毛诗》、《尚书》科愿对大义者,每道所对与经旨相合、文理可采者为通,五通为合格;其中深晓经义、文理俱优者为上等。三史科愿对大义者,每道所对与史意相合、文理可采者为通,五通为合格；其中深明史义、文理俱优者仍为上等。明法科愿对大义者，并立甲乙罪犯，引律令断罪。每道所断与律令相合、文理可采者为通，五通为合格；其中深明律意、文理俱优者仍为上等。举人讲通《三经》以上、进士非纰缪、诸科无九否者，过落外许自陈牒，具言曾于某处讲说某经。召举人三人保明，即依前项别试大义十道，以五通为合格。仍令讲诵，与所对大义相合者，具奏取旨。

御试举人试卷，并依旧封弥、誊录。进士试策一道，限五百字以上，试赋一道。诸科试墨义十道，对大义者即问大义十道。出题目并考试条格，并依省试。对大义入上等并合格人，及试中讲说及等者，所授恩泽、等第，当议在对墨义及第人之上。"

诏曰："夫儒者，通乎天地人之理，而兼明古今治乱之源，可谓博矣。然学者不得骋其说，而有司务先声病章句以牵拘之，则吾豪隽奇伟之士何以奋焉？士有纯明朴茂之美，而无教学养成之法，其饬身励节者，使与不肖之人杂而并进，则夫懿德敏行之贤，何以见焉？此取士之甚弊，而学者自以为患，议者屡以为言。朕慎于改更，比令详酌，仍诏宰府加之参定。皆以谓本学校以教之，然后可求其行实。先策论，则辨理者得尽其说；简程式，则闳博者可见其材。至于经术之家，稍增新制，兼行旧式，以勉中人。其烦法细文，一皆罢去。明其赏罚，俾各劝焉。如此，则待士之意周，取人之道广。夫遇人以薄者，不可责其厚。今朕建学兴善，以尊子大夫之行；而更制革弊，以尽学者之材。其于教育之方，勤亦至矣。有司其务严训导，精察举，以称朕意。学者其思进德修业，而无失其时。凡所科条，可为永式，宜令礼部贡院颁下。"（《宋会要·选举》三之二三、二四、二五、二六、二七、二八、二九、三〇）

范仲淹等意欲复古劝学，数言兴学校，本行实。诏近臣议。于是翰林学士宋祁，御史中丞王拱辰，知制诰张方平、欧阳修，殿中侍御史梅挚，天章阁侍讲曾公亮、王洙，右正言孙甫，监察御史刘湜等合奏曰：……乙亥（十三日）……其令曰："州若县皆立学。本道使者选属部官为教授，三年而代。选于吏员不足，取于乡里宿学有道业者，三年无私谴，以名闻。士须在学习业三百日，乃听预秋赋。旧尝充赋者，百日而止。亲老无兼侍，取保任，听学于家，而令试于州者相保任。所禁有七：曰隐忧匿服；曰尝犯刑责；曰行亏孝弟，有状可指；曰明触宪法，两经赎罚，或不经赎罚，而为害乡党；曰籍非本土，假户冒名；曰父祖干十恶四等以上罪；曰工商杂类，或尝为僧道。皆不得预。进士试三场，先策、次论、次诗赋，通考为去取，而罢帖经、墨义。又，以旧制用词赋，声病偶切，立为考式，一字违忤，已在黜格。使博识之士，临文拘忌，俯就规检，美文善意，郁而不伸。如白居易《性习相近远赋》、独孤绶《放驯象赋》，皆当时试礼部，对偶之外，自有义意可观。宜许仿唐体，使驰骋于其间。士子通经术，愿对大义者，试十道，以晓析意义为通，五通为中格。三史科取其明史意，而文理可采者；明法科试断案，假立甲乙罪，合律令、知法意、文理优为上等。”(《长编》卷一四七)

欧阳修《论更改贡举事件札子》：臣窃闻近有臣寮上言，请改更贡举进士所试诗赋、策论先后，事已下两制详议。伏以贡举之法，用之已久则弊，理当变更。然臣谓必先知致弊之因，方可言变法之利。今贡举之失者，患在有司取人先诗赋而后策论。使学者不根经术，不本道理。但能诵诗赋，节抄《六帖》、《初学记》之类者，便可剽盗偶俪，以应试格。而童年、新学、全不晓事之人，往往幸而中选。此举子之弊也。今为考官者，非不欲精较能否，务得贤材，而常恨不能如意。大半容于缪滥者，患在诗赋、策论通同杂考，人数既众而文卷又多，使考者心识劳而愈昏，是非纷而益惑，故于取舍往往失之者。此有司之弊也。故臣谓先宜知此二弊之源，方可言变法之利。今之可变者，知先诗赋为举子之弊，则当重策论；知通考纷多为有司之弊，则当随场去留。而后可使学者不能滥选，考者不至疲劳。今若不改通考之法，而但更其试日之先后，则于革弊，未尽其方。凡臣所请者，若漫然泛言之，恐不能尽其利害，请借二千人为率，以明变法之便。谨条如左：凡贡举旧法，若二千人就试，常额不过选五百人每年到省就试及取人之数，大约不过此。是于诗赋、策论六千卷中每一人三卷选五百人，而日限又迫，使考试之官殆废寝食，疲心竭虑，因劳致昏，故虽有公心而所选多滥。此旧法之弊也。今臣所请者，宽其日限，而先试以策而考之。择其文辞鄙恶者、文意颠倒重杂者、不识题者、不知故实略而不对所问者限以事件若干以上、误引事迹者亦限件数、虽能成文而理识乖诞者、杂犯旧格不考式者，凡此七等之人先去之，计于二千人可去五六百。以其留者，次试以论，又如前法而考之，又可去其二三百。其留而试诗赋者，不过千人矣。于千人而选五百，则少而易考，不至劳昏。考而精当，则尽善矣。纵使考之不精，亦选者不至太滥。盖其节抄剽盗之人，皆以先经策论去之矣策论逐场旋考，则卷子不多，考官不致劳昏，去留必不误。比及诗赋，皆是已经策论，粗有学问、理识不致乖诞之人，纵使诗赋不工，亦足以中选矣。如此，可使童年、新学、全不晓事之人无由而进。此臣所谓变法必须随场去留，然后能革旧弊者也。其外州解送到，且当博采只可尽令试策，要在南省精选。若省榜奏人至精，则殿试易为考矣。故臣但言南省之法，此其大概也。其高下之等，仍乞细加详定，大率当以策论为先。右臣所陈，伏乞特加详览。苟有可采，即乞降付有司，与前所上言参同详议，著于今式。谨具状奏闻。（《欧阳修全集》卷一〇四）

按：诗赋不过工浮词，论策可以验实学，此正理也。今观欧公所陈，欲先考论策，后考诗赋，盖欲以论策验其能否，而以诗赋定其优劣，是以粗浅视论策，而以精深视诗赋矣。盖场屋之文，论策则蹈袭套括，故汗漫难凭，诗赋则拘以声病对偶，故工拙易见。其有奥学雄文，能以论策自见者，十无一二。而纷纷鹄袍之士，固有头场号为精工，而论策一无可采者。盖自庆历以来，场屋之弊已如此，不特后来为然也。故欧公之言，欲先试论策，择其十分乱道者先澄汰之，不特使之稍务实学，且使司衡鉴者所考少则易精。又既工论策，则不患其不长于诗赋。纵诗赋不工，而所取亦不害为博古通经之士矣。又按，祖宗以来试进士，皆以诗、赋、论各一首，除制科外，未尝试策。天圣间，晏元献公请依唐明经试策，而不从。宝元中，李淑请并诗、赋、策、论四场通考，诏有司施行。不知试策实始于何年，当考。（《宋会要·选举》三之二一引《文献通考》）

庆历三年，既放春榜，时议以为取士浮薄浸久，士行不察，学无根原，宜新制约，以救其弊。执政与言事者意颇符同，乃敕两制及御史台详定《贡举条制》。翰林学士宋祁等上言：……诏既下，人争务学，风俗一变。未几，首议者多出外官，所见不同，竞兴讥诋。以谓俗儒是古非今，不足为

法。遂追止前诏,学者亦废焉。(《儒林公议》)

是　月

诏:权停贡举。(《宋会要·选举》一之一〇)

五　月

二十二日,诏:“近制:旧举人听读一百日、新人三百日,方许取解。今天下建学,而未尽有讲说教授之人,其旧举人且与免听读。新人于听读限内以故给假,而逼秋赋、补日不足者,与除之。其州军学校未成,听至后次科场为始。”(《宋会要·选举》一五之一二)

六　月

二十六日,赐归明人大理评事蒙守中进士出身。(《宋会要·选举》九之一〇)

二十六日,诏:“进士、诸科点检考试,及经科出义,官不得预先见逐甲所引诸科姓名,如要人数照会,即听具数关报。经科举人如有过落不当,具考试复考官,于知举官下减等定罪。”(《宋会要·选举》三之三〇)

二十六日,详定贡举条贯所言:“旧制,应诸科举人对义,如使字不合元出经义,及将同音三两字连写,对所问于一字,如问‘裕’字,连写誉、裕、豫三字之类,每一道内但犯二字已上,并通降为粗、粗降为否。今据考,所考到诸科人第一场卷子,每道多有误写同音及声韵相近字,并依前条递降通、粗,似此退落至多。今乞:将所问义每二字内,如用一字不合元出经义,并依前条降通、粗。参详旧条,若每对义一道内犯二字已上,递降通、粗,于理太峻。续降条贯,每问二字内用一字不合元出经义,始依前条,即是百字之内误用五十字,方始递降粗、否,于理太宽,无以惩汰缪滥。欲应经学对义,使不合元出经义、将同音字对者,每义一道以百字为率,内犯十字者,并通降为粗、粗降为否。仍随义多少,准此以定分数。”从之。(《宋会要·选举》一二之三〇)

二十八日,详定《贡举条贯》所言:"准诏删定新《贡举条制》:取解进士、诸科,国子监、开封府为保人数。欲令诸处取解进士、诸科举人,每三人已上为一保,国子监、开封府五人已上为一保,内须有书到省举人。"从之。(《宋会要·选举》一五之一二)

七 月

五日,诏:"近令逐州军学校未成及讲说日近处,即将来一次秋赋,未拘听读日限。所有外县新举人,合依条贯内日限听读。如内有不愿赴国子监及郡学者,即许就县学。其县学教授更不差官,仰学徒经本州军众举有德行、艺业之人充,只委本县令佐专切提举管勾。其本州县未有学校,或虽有学校而未有教授处,并许就邻州或邻县有学校处听读。仍仰逐处召保,或执到本县无违碍过犯公凭,即令入学。至取解时,令本学据听读日数给与公据,归本贯投纳秋赋。"(《宋会要·选举》一五之一二)

八 月

五日,赐将作监主簿杨纮同进士出身。(《宋会要·选举》九之一〇)

十一日,礼部贡院言:"准诏,详定试官与长吏解试举人,分等定罪。今请:解送举人,有保明行实不如式者,知州以下坐罪,仍以州县长吏为首。解试日,有试院诸般情弊,止坐监试官考校不精,妄有充荐。至省试日,拖白、纰缪、十否,止坐考试官。若所差试官非其人,考校不公,坐所差官司。若试官因缘受贿、有发觉者,其所差官司于不按察罪名之上,更加严谴;其考试官坐罪,即不分首从。"奏可。(《宋会要·选举》一五之一二、一三)

九 月

十九日,赐蔡州汝阳县主簿裴明允进士出身。以宣徽使夏竦荐,召试学士院,中格命之。(《宋会要·选举》九之一〇)

十 月

十九日,赐大理寺丞晁仲绰、大理评事刘宗宪、太祝孙圭并同进士出

身。召试学士院,入等命之。(《宋会要·选举》九之一〇)

十一月

(戊午朔,一日)判国子监余靖言:"臣伏见先降敕命并贡举条制:国子监生徒,听学满五百日,方许取应,每十人之中与解三人。其诸路州、府、军、监并各立学及置县学,本贯人并以入学听习三百日,旧得解人百日以上,方许取应。后来虽有敕命,曾到省举人与免听读,内新人显有事故给假,并与勘会除破,其如令非画一,难以久行。窃以国家兴建学校,所以奖育俊秀而训导之。由是广学宫,颁学田,使其专心道义,以思入官之术。伏缘朝廷所赐庄园、房钱等,赡之有限,而来者无穷。若遍加廪给,则支费不充;若自营口腹,则贫窭者众。日有定数,不敢不来,非其本心,同于驱役。古之劝学,初不如此。臣以为广黉舍,所以待有志之士;去日限,所以宽食贫之人。国家有厉贤之风,寒士得带经之便。欲乞应国子监、太学生徒,如有情愿听读,满五百日,即依先降敕命,将来取解,十人之中与解三人。其不满五百日者,并依旧额取解应举。所有开封府及天下州、军建立州学处,亦取情愿听读,更不限以日数。所贵寒士营生务学,不失其所。"乃诏:"罢天下学生员听读日限。"(《长编》卷一五三)

二十五日,《南郊赦书》:"诸州举人旧系南省下第者,并特与免将来文解。其新人取应者,特许旧额上添二人。其陕西诸州军举人解额少处,令贡院别定分数闻奏。"(《宋会要·选举》一五之一三)

十二月

戊戌(十一日),诏:"自今解发进士,太学以五百人,开封府以百人为额。"旧制:开封府三百三十五人,国子监百六十人,熙宁八年合为一,以解额通取,至是复分。而太学生数多,故省开封解额以益之。(《山堂考索》后集卷二九)

庆历五年　乙酉(1045)

三　月

癸亥(七日),诏:礼部贡举。(《长编》卷一五五)

辛未(十五日),诏曰:“顷者尝诏方州增置学官,而吏贪崇儒之虚名,务增室屋,使四方游士竞起而趋之,轻去乡闾,浸不可止。自今有学州县,毋得辄容非本土人入居听习。”(《长编》卷一五五)

丙子(二十日),诏:“礼部贡院增天下解额。”贡院请:“以景祐四年、庆历元年科场取解进士人数内择一年多者,令解及二分为率。就试人虽多,所增人数各不过元额之半。其陕西路惟永兴、凤翔两处就试人多,解额尚少,用庆历四年赦恩已增分数,自余州军所增未宽。今欲每州各增一名,保安、镇戎、德顺三军本无解额,今各许解一名。其河东缘边州军,自来少人取解,解额已宽,难议复增。总诸州军,凡增三百五十九人。”诏:“遂为定额。”(《长编》卷一五五)

(己卯,二十三日)诏:“礼部贡院进士所试诗赋、诸科多对经义,并如旧制考较。”先是,知制诰杨察言前所更令不便者甚众,其略:以诗赋声病易考,而策论汗漫难知,故祖宗莫能改也。且异时尝得人矣,今乃释前日之利,而为此纷纷,非计之得,宜如故便。上下其议于有司,而有司请今者考校,宜且如旧制。遂降此诏。(《长编》卷一五五)

二十七日,《陕西德音》:“应陕西举人:进士一举、诸科两举,并特与免今年文解。”(《宋会要·选举》一五之一三)

五　月

六日，赐光禄寺丞谢晔同进士出身。端明殿学士李淑上晔所编《集鉴》，召试学士院，中等命之。(《宋会要·选举》九之一〇)

八　月

三日，命监察御史包拯、集贤校理张郯、何中立考试开封府举人，监察御史孙抗、集贤校理彭乘、天章阁侍讲赵师民、馆阁校勘范镇考试国子监举人，殿中侍御史梅挚、集贤校理杨仪考试锁厅举人。(《宋会要·选举》一九之一一)

是　秋

强至《秋试甫期辄成短篇呈马公节裴进士光世》：妙誉相高耸一乡，士林注目看轩翔。玉蹄骏欲腾先路，金距雄思擅旧场。只待秋闱排甲乙，稳携晓砚写文章。如今老将虽无勇，忆拔蝥弧尚激昂。(《全宋诗》卷五九三)

成都士人盛甲天下，其学术文章，平日常相高，不肯下服。文潞公镇蜀，当贡士。先时考官重其人，人亦多豫以他事解。不得已为之，须柬辑奥大深险之目以苦之。幸入等，少不毁己。旧常若此。潞公尤慎之，历计部吏，举无如公(石君瑜)者，请公起。公未行，众已曰其人矣。及取士名出日，皆人常所愿其得之者，下帖然无一语。明年登第，十不遗一二，闻者无不嘉其精工。(《全宋文》卷一一〇七文同《石君墓志铭》)

十　月

九日，《升祔赦书》："天下举人：进士实应三举、诸科五举、并曾经省试，并进士两举、诸科三举、曾经御试者，并与免今来文解。"(《宋会要·选举》一五之一三)

十二月

四日，赐进士朱亶同进士出身。亶居澧阳，持父母丧，负土成坟。天

圣中尝诏州县存抚之。至是,应祔庙诏书,而本州复以其孝行闻,故特旌录之。(《宋会要·选举》九之一〇、一一)

是 年

若讷因言往尝知贡举,闻母病而不得出,几不能自容。(赵概)自以明年当知举,义不可辞,乃复求外便亲,得知苏州。(《全宋文》卷一一六二王珪《赵公墓志铭》)

梅尧臣《送谢寺丞新赐及第赴扶沟宰》:世所重登科,如君特才选。丽赋惊宗工,妙誉动京辇。行鹢路非遐,双旗风欲展。聊阅民版余,应不负坟典。(《梅尧臣集编年校注》卷一五)

庆历六年　丙戌(1046)

正　月

十四日，以翰林学士孙抃权知贡举，御史中丞张方平、龙图阁直学士高若讷、集贤校理同修起居注杨伟、钱明逸并权同知贡举，合格奏名进士裴煜已下七百一十五人。(《宋会要·选举》一之一〇)

十四日，以翰林学士孙抃等权知贡举，侍御史仲简、三司度支判官周陵封印卷首，王畴、葛闳、邵必、曾公定、王安石、王淑、蔡振、沈康充点检试卷官，韦尧辅、孟开、张师颜、许遵、宁轲充诸科考试官。(《宋会要·选举》一九之一一)

张方平《省试策题五首·第一首》：问：唐虞稽古，建官惟百，夏商官倍，周而三百，此言王官也。昔禹会途山，执玉帛者万国，盖自九服之外，至于蛮荒庶邦附庸，莫不咸集。然诸侯各于其国，犹有卿士、陪臣、史胥、徒隶。今天下大小之县，比虞夏之所分封，五分才一。至于遐方远裔，止用一吏理一邑，而议者皆谓置官烦于三代，建为并省之策。然又观秦汉故事：秦列郡四十二，汉郡国才百数，守尉之外，长吏自辟掾佐，分理而足，此复何道也？试参详之，为悉利病。

《第二首》：问：《周礼·地官》载师职以大都家邑之田，为公卿大夫之采地。至于诸侯之国，陪臣、卿士各有封邑，以奉祭祀。两汉之后，列侯继世。乃自隋唐以来，王臣兼五等之封者，始为虚名，实无分土。而诸郡内外官具吏，俸廪之外，命给职分地廨，谓之职田。此诚均惠仕进，优其不足，使全廉节者也。近在位者或以不均，启幸为言。既诏罢之矣，复以经久之式，历更祖宗之世而仍旧贯者，是必便于事，使反初制。虽朝廷之议，利害必然之理，其更推迹，以要终效。

《第三首》：问：儒家者流，讲究历代之故，该贯百家之说，以多闻博见为通者也。然其祖述根于六艺，幼学就傅，即所诵习，施于有政，兹为理道，故其本末讨论应详。若夫《易》之为书，人更三圣，其分二篇何意？所系十翼何名？《书》何以断自唐虞？《颂》何以系之商鲁？二戴之《礼》，传之何师？三《传》之学，立于何代？此经术之大略，诸儒辨论之所尝及也。请为条叙，以观敏洽。

《第四首》：问：兵者，武备之本；骑者，戎事之急。古者，乘马之数出乎井赋之法。《周官》六职，掌于夏卿；历代著令，备诸厩牧；本朝之制，则有司存。质贾之平，外通市乎夷狄；孳游之课，内列坊于冀陕。时方丁于累洽，议者忽于远思。刍田赋于民耕，圉人配于兵籍。庌夷厩毁，井堙木刊。向发边屯，搜补卒乘，更索民蓄，颇乏军兴。昔宣王复校人之官，美于周《雅》；僖公修伯禽之政，歌于《鲁颂》。朝廷治不忘备，事思预防，稍因旧程，班举牧政。诸生治业之外，必及时务之要，此之利害，盖亦闻诸？何以使赤岸三千，阜蕃于麟德；天闲十二，腾逸于龙媒？考之前编，为陈远策。

《第五首》：问：昔唐氏自天宝失驭，大盗干纪；肃、代之际，货力殚屈，畿甸百姓，至挼穗以饷军。元和中尝校天下兵农之籍，率以两户而资一卒。而又诸侯专土，不贡不享，山泽管榷之利，未尽登于王府。宪宗乘此疲弊，而能戡夷寇梗，复张纪律，烜扬威灵。惟皇运之开基，席五季之多难，擒诸逋伪，遂大一统。尔时王土盖狭，国帑未充，耆定戎功，兵力亦给。比羌丑鸱义，骚犯边障，出车戍守，取赡大农。赋发几何，民告刓敝。远鉴唐室，近观国初，校物力则往虚而今盈，计役费则此轻而彼重，有余不足，胡为而然？得非有司失平准之权，豪贾操奇赢之利者乎？将使农末并济，壅滞以通，利用厚生，九功时叙。有望敏识，为陈长算。（《全宋文》卷八〇四）

二十二日，命祠部员外郎钱象先、秘阁校理李惇裕考试知举官亲戚举人。（《宋会要·选举》一九之一一）

庆历六年，南宫试进士，孙文懿公梦得与今少保张公安道实司文柄。以《狝日祀祊》为题，君（常珙）之辞章详实华润，考为第一。二公于是勉君

以远到,士人始知君力学而文。(《净德集》卷二二《常君墓志铭》)

庆历六年,(蔡天经)以乡荐复试武成王庙,名在第二。是年登科,当时士子翕然慕其文。(《全宋文》卷二〇二六朱长文《蔡君墓志铭》)

庆历丙戌岁春榜省试,以《民功曰庸》为赋题,题面生梗,难为措词。其时,路授、饶瑄各场屋驰名,路则云:"此赋须本赏。"饶则云:"此赋须本农。"故当时无名子嘲曰:"路授则家住关西,打赏骂赏;饶瑄则生居浙右,你侬我侬。"(《青箱杂记》卷八)

梅尧臣《送孙曼卿锁厅赴举》:旧果岂非好,截树接新枝。欲变明年花,曾不根本移。屈彼自然性,曰兹山木卑。子才实艳富,久为人所推。固当升高科,我送作此诗。(《梅尧臣集编年校注》卷一六)

癸卯(二十二日),礼部贡院请自今试进士并如诸科例,印所出经义题,从之。(《长编》卷一五八)

二十三日,御史中丞贾昌朝言:"省试举人策目已不誊录,则今后入试不须尽写问目,庶令不辍翰墨之功。"详为条对,奏可。(《宋会要·选举》三之三〇)

二　月

二十八日,权同知贡举张方平言:"文章之变,盖与政通;风俗所形,斯为教本。今设科选才,专取辞艺,士惟性资之敏,而学问以充之。故道义积乎中,而英华发于外。然则,以文取士,所以叩诸外而质其中之蕴也。言而不度,则何观焉?窃以《礼部条例》定自先朝,以考较升黜,悉有程式。自景祐初,有以变体而擢高第者,后进竞相趋习。比来文格,日失其旧,各出新意,相胜为奇。及建太学,而直讲石介课试诸生,因其好尚,遂以成风。以怪诞诋讪为高,以流荡猥烦为赡,逾越规矩,或误后学。朝廷恶其然也,故下诏书,丁宁诫励,而学者乐于放逸,罕能自还。今贡院考所试,赋有至八百字以上，每句有十六、十八字者；论有一千二百字以上；策有置所问而妄肆胸臆、条陈他事者。以为不合格，则辞理粗通；如遂取之，则上违诏书之意。轻乱旧章，重亏雅俗，驱扇浮薄，忽上所令，岂国家取贤敛材以备治具之意耶？其举人程式有擅习新体而尤诞漫不合程式者，已准格考落外，切虑远人未尽详知，欲申前诏，榜于贡院门。”从之。（《宋会要·选举》三之三〇、三一）

时御史王平又请赋毋得过四百字，而礼部复谓才艺所取，一字之多，遂至黜落，殆非人情。自是复以旧数为限。（《长编》卷一五八）

三　月

十三日，帝御崇政殿，试礼部奏名进士，内出《戎祀国之大事赋》、《形盐象虎诗》、《两汉循吏孰优论》题。得贾黯已下五百三十八人，第为五等，并赐及第、出身、同出身。翌日，试诸科，得九经刘孝显已下四百十五人，并赐本科及第、出身。（《宋会要·选举》七之一六、一七）

刘敞《御试戎祀国之大事赋》：戎在御侮，祀专飨神，皆有邦之大事，岂庶政以同伦？宜社而行，外伸威于殊俗；受厘以报，内均福于生民。盖所谓朝廷之先务，教化之本因者也。稽合前经，发挥至理，政有常法，事或殊轨。以保民者莫若戎，以驭神者莫如祀。善师不战，谅治体之孰加；精意克禋，眷彝伦之莫拟。是故将命武事也，必有归脤；将格神贶也，必先执膰。盖大其所当大，尊其所可尊。干戈肖躬，信丕经之斯在；玉帛荐德，微末节以同论。然则，治道有后先，国务有小大。威四海者兵为急，叙五经者祭为最。民神之事不一，皆以底和平；腥熟之俎不同，皆以福中外。故圣王劳意于用众，致诚于逆禧。动则谨尔，下皆仰之。知夫事之大不在于彼，礼之重莫先于斯。亦犹仲尼陈三慎之端，惟斋及战；箕子序八政之目，兼祀与师。用能祭典不奸，天威无陨。或谨以进胙，或重之受脤。迩遐一体，忣武节而服从；上下交欢，欣德馨之明允。故曰：圣人之祭，不能独丰；天下虽治，亦将御戎。大而慎之则蒙福，细而慢之则亡功。谨禁暴戢兵之机，惟政之本；明昭孝息民之义，何治之隆？盛哉，丕冒群生，钦崇大节！

非戎无以威远,非祀无以著洁。故蛮夷服而鬼神飨焉,有以缉熙于鸿烈。(《全宋文》卷一二七七)

十六日,试特奏名进士,内出《宜木名社诗》、《安危在出令论》题。得郭震已下二百二十三人,并赐同九经、五经、《三礼》学究出身,授长史、司马、文学。同日,试特奏名诸科,得一千六百五十五人,并赐同本科出身,长史、司马、文学。(《宋会要·选举》七之一七)

十九日,赐前延州司户参军雷宪同进士出身。召试学士院,入等命之。(《宋会要·选举》九之一一)

壬寅(二十二日),御崇政殿,赐进士贾黯等二百三十人及第、一百九十人出身、一百十七人同出身。黯,穰人也。(《长编》卷一五八)

癸卯(二十三日),赐诸科及第并出身者四百十五人。(《长编》卷一五八)

甲辰(二十四日),赐特奏名、诸科七百二人同出身,及诸州长史、司马、文学。(《长编》卷一五八)

二十四日,诏:"为放举人毕,依宴后一日例放歇泊假一日,前后殿不座,永为定式。"(《宋会要·选举》八之三三)

进士名录:贾黯,刘敞,谢仲弓,上官拯,王介,王公仪,王存,王沆,王东珣,王庭坚,王逢,王植,王翔,王该,王仪,王赟,毛规,毛篪,文贯,方士宁,石茂祥,石绛,田育,田开,田道中,丘舜元,句士良,吕元,吕百能,朱炎,朱定,朱偲,朱略,朱弦,朱琮,任其孚,江震,阮赛,杜涣,李士燮,李仙芝,李彤,李拱,李矩,李洙,李宫,李起芬,李师纯,李唐辅,李轲,李抚辰,李稷,李襄,李绎,李鉴,吴见推,吴君庸,吴彧,吴师孟,吴卿,吴绛,吴瑊,吴默,吴辩叔,吴铸,何至,何玠,余高,余象,汪信臣,汪师道,汪适,汪齐,宋右仁,宋右贤,宋福三,邵庆,范迪简,范钧,林允中,林世矩,林汝平,林英，林季和，林修，林琪，林积，林咨，周尹，周表权，周定辞，周处厚，周程万，周豫，周涛，胡志康，胡志宁，胡宗阳，胡昱，胡衍，胡朝宗，胡楚材，查元修，柳说，柳说，段叔献，侯友彰，侯叔献，俞翱，施肃，祝唐，祝绅，祝虞，祝谏(误)，祝谘，马元辅，袁陟，袁迩臣，连庶，夏噩，倪天镇，徐迈，徐纬，翁肃，高照，郭子坚，郭衮，陆起，陈世宗，陈奇，陈奇，陈倩，陈涣，陈规，陈惟湜，陈淳，陈琪，陈舜俞，陈照，陈诜，陈预，陈箴，陈德用，陈谘，陈藻，孙永，孙坦，孙昌龄，孙园，孙适，黄子春，黄子华，黄文辉，黄从正，黄照，梅玠，梅恬，曹夔，常珙，崇大年，象贤，许齐，许颖，许懋，章京，章沂，梁杞，梁佐，梁彦回，梁彦明，梁蕴，张天经，张公岳，张次山，张安雅，张知章，张弈，张奕，张唐英(误)，张著，张偁，张康侯，张达权，张无竞，张瑗，张稚圭，张颙，张谊，张泽，张由，项卫，彭度，彭应，叶北，叶昌言，叶昌龄，叶烱，叶斐恭，叶敦，董庄，董倚，傅天翼，傅容，邹何，邹德盈，曾公尹，曾叔卿，曾叔卿，曾匪，曾轸，冯如晦，冯准，汤咸，强至，蒲玉度，蒲远犹，杨注，杨师颜，杨焕，杨寓，杨端，杨绶，杨蟠，雷庠，虞太微，詹迥，赵瞻，蒋祺，蒋宁，蔡天球，蔡天经，蔡元振，蔡元康，蔡若拙，蔡宗贺，蔡冠卿，蔡煜，蔡说，臧元卿，裴煜，寥山甫，齐术，郑方平，郑伯喈，熊本，熊弁，楼定国，欧阳宗越，欧阳乾度，黎錞，刘孝基，刘扶庆，刘易简，刘斿，刘庚，刘泌，刘炳，刘致一，刘偁，刘琦，刘彝，潘及甫，潘希甫，萧汝谐，萧伯英，萧叔献，萧注，庐承，钱衮，钱觊，韩洞，魏式，魏通，魏轲，谢平，谢讷，谢景初，应舜臣，苏勉，苏衮，严君贶，严叔堪，谭必，谭黉。

诸科：王茂先，杜陟，林国华，黄质，刘孝显。

特奏名进士、诸科：郭震，杜陈，李颂，何政，何政隆，胥天锡，陈辑，张叔献，冯琪，谢子房。(《宋登科记考》卷四)

补进士名录：其一，祝许。《宋登科记考》卷四据《渑水燕谈录》记载，将其列入庆历六年“特赐第”名录，意谓其乃是年科举之外特别赐第者，此为不了解宋代科举制度之误。《渑水燕谈录》卷六：“仁宗临轩赐进士第，审刑详议官祝谏侍廷中。……季弟许得同出身。”《宋史》卷一五五《亲试进士条制》：“上二等曰及第，三等曰出身，四等、五等曰同出身。”

其二，魏广。《宋登科记考·附录》：“庆历中登进士第。”《欧阳修全集》卷一四五《与晏元献公二通·庆历七年》:"有魏广者,好古守道之士也。其为人外柔而内刚,新以进士及第,为荥阳主簿。"《全宋诗》卷四八九刘敞《送魏广秘校同年》。

其三,李谷。《全宋诗》卷四七一刘敞《答李谷同年书》。

其四,蔡奕。《宋登科记考》卷四据明清文献记载,庆历二年进士名录中有蔡奕者,或为同一人。《全宋诗》卷四七三刘敞《送蔡奕同年》。

其五,杨辟。《全宋诗》卷四七三刘敞《送杨辟同年》。

其六,张岳。《全宋诗》卷四八八刘敞《送张岳同年》。

其七,张某。张升甫兄。《全宋诗》卷五八八强至《送张升甫三十韵》:"后予与君兄,乡贡入帝乡……同年忝进士。"

其八,张正臣。《全宋诗》卷五九一强至《送同年张正臣赴海陵幕》。

其九,成鼊。《宋登科记考·附录》:"应天府人,宋登进士第。"《全宋诗》卷六一〇刘攽《与成太博九同年会饮成四韵博士成鼊、李之纯、崔度,秘书丞戴庄,著作佐郎张于,光禄寺丞高士纶,观察推官侯利建,司理王该,高陵主簿张公岳》。

其十,李之纯。同上。

其十一,崔度。同上。

其十二,戴庄。同上。

其十三,张于。同上。

其十四,高士纶。同上。

其十五,侯利建。《宋登科记考·附录》:"眉州人,庆历年间登进士第。"同上。

其十六,何令孙。《全宋文》卷九三八姚奭《宋何庆之墓志铭》:"吾友何庆之……讳令孙……庆历六年进士出身。"

其十七,梁端。《梁公墓志铭》:"公讳端,字诚之……庆历六年,中进士甲科。"(《〈宋登科记考〉拾补——以碑刻文献为中心》)

其十八,张□之。《张君墓志铭并序》:"□□□之,字子和……君庆历六年中进士第。"(《〈宋登科记考〉拾补——以碑刻文献为中心》)

辨正:其一,祝谏,是举以审刑详议官侍廷中。《渑水燕谈录》卷六:

"仁宗临轩赐进士第,审刑详议官祝谏侍廷中。男唐中甲科,次男虞、弟咨、一婿忘其姓名皆擢第,季弟许得同出身。每唱一名,即称谢。是日,谏五拜殿下。仁宗以问近臣,对以皆子弟也,仁宗嘉赏之。"

其二,张唐英。《全宋文》卷二二三四张商英《张御史唐英墓志铭》:"遂及进士第,实庆历三年也。"文后注云:"按:张商英为哀祭唐英所作《宁魂辞》云:'年十八,乡书送至礼部。后五年,为解头,遂释褐,调南平决曹掾。'又据该文,唐英生于天圣四年(卒于熙宁元年,年四十三,推之则生于天圣四年,即公元1026年),其十八岁当庆历三年(1043),州始举送礼部,后五年,即庆历八年(1048),再上,乃及进士第,时年二十三。即此处之'庆历三年'当作'庆历八年'。此墓志铭所叙年代多误,当是后人妄改。"按:庆历八年非科举年。当为庆历八年再举,皇祐元年及进士第。

庆历中,刘原父廷试考第一。会王伯庸以翰林学士为编排官,原父内兄也,以嫌自列。或言:高下定于考试官,编排第受成而甲乙之,无预与夺,伯庸犹力辞。仁宗不得已,以为第二,而以贾直孺为魁。旧制,执政子弟多以嫌不敢举进士。有过省而不敢就殿试者,盖时未有糊名之法也。其后法制既备,有司无得容心,故人亦不复自疑。(《石林燕语》卷八)

伯庸时为翰林学士承旨,文通乃社斋郎。(《石林燕语辨》)

刘原父就省试,时父立之为湖北转运使。按部至鄂州,与郡守王山民宴于黄鹤楼,数日不发,谓守曰:"吾且止此,以候殿榜,儿子决须魁天下。"守心不平,且曰:"四海多士,虽令似才俊,岂可预料?"立之曰:"纵使程试不得意,亦须作第二人。"来日,殿榜到州,原父果第二名。继得家书云:"初考乃状元,为赋中小误,遂以贾黯为魁。"立之即以书示郡守而行。所谓"知子莫若父"也。(《默记》卷中)

乡人上官拯,累举不第,年及五十,方得解,赴省试。游相国寺,买诗一册,纸已熏晦。归视其表,乃五代时门状一幅,曰:"敕赐进士及第,马拯右拯,伏蒙礼部放榜,敕赐及第,谨诣门屏祗候谢。"而马拯与拯同名。是

岁,拯果登科。(《青箱杂记》卷三)

贾黯登第,往谢杜祁公,公首问其生事,而语之曰:“凡人无生事,虽为显宦,不能无俯仰依违。君名第一,其学不问可知。但恐生事不足,进退不轻,而道不行尔。”(《吹剑三录》)

刘原父豪迈超轶,博极群书。文章瑰玮,唯不喜辞赋。尝谓祖父曰:“纵不取高第,亦不能为州县之职。”祖父曰:“审尔,当习贤良。”二叔祖作赋甚工,每笑之。杨置榜刘下第,叔祖初考状元,以疑混声,亦被黜。次贾黯榜试《戎祀国之大事》,刘赋如神助。警句云:“仲尼明三慎之文,唯斋及战;箕子陈五事之目,在祀与师。”考为状元,以执政亲嫌,降第二名,众为不平。叔祖第五甲。乃知科举非人力也。(《苏魏公文集》附录一《魏公谭训》卷四)

欧阳修《回贾状元黯启》:伏以状元廷评,行久著于乡书,声素驰于文囿,果先群彦,荣中甲科。英雄入于彀中,众称妙选;风采倾乎天下,争仰余光。盖以擢才之难,近世为重。趋好尚而成俗,则文章坐变其风;系利害于斯民,则公辅常由此出。一贤既进,拔茅皆可以汇征;一士以旌,劝善不劳于家至。得人之要,其利若斯。鸿惟治朝,臻此盛事。方深窃抃,遽辱惠音。顾惟弃置之余,宜此退藏之密。久稽裁叙,但切悚惶。(《欧阳修全集》卷九五)

梅尧臣《喜谢师厚及第时第一甲二十八人,君名在二十三》:宿雨洗新绿,朝日初闻莺。风从天门来,吹下玉简名。列星二十八,经纬何纵横。南方朱鸟目,光焰令人惊。其余撒沙众,龟鳖瓜瓠明。吾欣安石后,世世有令声。(《梅尧臣集编年校注》卷一六)

刘敞《探花郎送花坐中与邻几戏作七首》:两郎探花如顾山,红紫黄白俱可怜。春风过此即扫地,尔复碌碌慰眼前。

两郎放荡不自羁,春物寂寥宁得知。能读《离骚》饮美酒,头白江翁殊复奇。

春服始成天气新，沂水风起如鱼鳞。由来舞咏吾与点，童子与公凡几人？

眼昏头白老冯唐，三十余年离举场。春色年年在琼苑，曾经十榜探花郎。

溱洧芍药堂背萱，浓红柔绿相映繁。郑卫之风久寂寞，坐无诗翁谁使言？

酴醾蔷薇香最奇，古人不闻今始知。世间此辈复何限，零落深林方足悲。

牡丹开尽群芳少，红药丹萱亦可怜。眼看春事已如此，有酒不饮讵为贤？（《全宋诗》卷四八九）

王安国《宋匪躬太祝先辈示及刘贡父伯仲三人同年登第之诗因奉一篇》：六朝文物事当奇，阀阅如今举世推。射策人争看三虎，荐书吾早识孤罴。集英晓日胪传后，琼苑春风宴喜时。共羡丝纶归世掌，还看骖隔凤凰池。（《全宋诗》卷六三一）

五　月

一日，以新及第进士第一人贾黯为将作监丞，第二人刘敞、第三人谢仲弓并为大理评事，通判诸州；第四人张由、第五人孙坦为秘书省校书郎，并佥书两使判官公事；第六人已下，为两使推官。第二甲为初等职官；第三甲并诸科，并为判、司、簿、尉；第四甲已下并诸科同出身，并守选。（《宋会要·选举》二之八）

十一日，赐念书童子邹汉卿出身。（《宋会要·选举》九之二四）

六　月

五日，赐大理评事吕希道、太常寺奉礼郎王拱已进士出身，大理寺丞杨士彦同进士出身。希道，太尉致仕夷简之孙，以遗恩陈乞；拱已，以资政殿学士王举正荐；士彦，参知政事宋绶遗恩，并召试学士院，入等命之。

(《宋会要·选举》九之一一)

十八日,诏礼部贡院:"自今制科,并用随贡举为定制,亦须近臣论荐,毋得自举。"初,监察御史唐询言:"汉制:丞相、御史、列侯、中二千硕、二千硕、诸侯相,举贤良方正直言极谏之士。由汉涉唐,虽用其科,而不常置。若天见灾异,政有阙失,则诏有位,使荐之于朝,冀闻谠言,亡有所讳。又有茂才异等科,本朝稽用旧文,讫真宗之世,三建此科。自陛下即位,增修六科,以来多士,令两省若少卿、监以上,各得奏举。后又只用贤良、茂才二科,随进士科设之。近年率不用保任之官,皆自名科目。且贤良方正、茂才异等,皆名号之美者,使举而为之,犹曰近古。即自衒其美,顾所未闻。未经亲试,前集有司,而所出论目,悉用经史名数,其于治乱之体固无所补。及对诏策,大率不过条对义例,稽合注解。又复牵于文字之数,纵使魁垒之士,胸中虽有奇言不得骋。况又人之所习,主于强记博闻,多辞泛说而已。至其救辅国体,开陈治策,则何赖哉!故初应诏才数人,后乃至十余人,今殆至三十余人。既升本科,曾未累岁,悉至显官。虽非其人,例不可抑。况直言极谏非当无事而求,茂材异等岂谓循常之选?其弊若此,顾宜图之。今具两汉始置贤良方正、茂材异等,并因灾异,诏举贤良方正。前汉武帝建元元年,诏丞相、御史、列侯、中二千石、二千石、诸侯相,举贤良方正直言极谏之士;元封元年,以名臣文武欲尽,诏州郡察吏民有茂材异等、可为将相等。凡五十四年间,一举贤良,一举茂材。孝昭始元元年,诏三辅、太常,举贤良各二人;孝宣地节三年,令内郡国举贤良方正、可亲民者;元康四年,遣太中大夫强等十二人,循行天下,察吏治得失,举贤材异伦之士。凡二十五年间,二举贤良,一举茂材。孝元初元二年,诏以地震,令丞相、御史、中二千石,举茂材异等、直言极谏之士;永光二年日蚀,令内郡国举茂材异等、贤良直言之士。凡十六年间,一举直言,一举茂材。成帝建始二年,以元年灾异屡见,诏三辅、内郡举贤良方正各一人;河平四年,日蚀、水灾,遣光禄大夫嘉等,行濒河郡,举惇厚有材、能直言之士;鸿嘉二年,诏以数遭水、旱,举敦厚有行、能直言者;元延元年,诏以日蚀星陨,令内郡举方正能直言极谏者各一人。凡二十六年间,四举能方正直言。后汉光武建武六年日蚀,敕公卿举贤良方正各一人;七年日蚀,诏公卿、司隶、州牧，举贤良方正各一人。凡三十二年，两举贤良。章帝建初元年地震，诏令太傅、三公、中二千石、二千石、郡国守相，举贤良方正能直言极谏之士各一人；五年日食，诏公卿以下举直言极谏者各一人。凡十三年，两举直言。和帝永元六年，诏以凶馑，令三公、中二千石、二千石、内郡守相，举贤良方正能直言极谏之士各一人，凡十年间，一举贤良方正。永初元年日蚀，诏公卿、内外众官、郡国守相，举贤良方正、直言极谏各一人；五年，日蚀、地震，诏公侯、中二千石、二千石、郡守、诸侯相，举贤良方正极谏之士各一人。凡十年间，两举贤良。顺帝延光四年，京师大疫，诏公卿、郡守、相国，举贤良方正能直言极谏之士；永和六年日蚀，诏大将军、公卿举贤良方正者各一人。凡十七年间，两举贤良。本朝但用两汉之名，而不用两汉之制。请自今更不与进士同时设科。若因国家灾异屡见，非时举擢贤隽，临时诏近臣审举之。其所举之人，宜如汉故事，亲策当世要务，罢秘阁所试六论。”参知政事吴育言：“自三代以来，取士之盛，莫若汉唐。惟汉之兴，高、惠所未遑暇。至文帝十五年九月，诏举贤良文学之士，上亲策之，则有若晁错者出焉，是时即无灾异而举也。至武帝建元元年冬十月，诏举贤良方正直言极谏之士；及元光元年，诏贤良对策，则有若董仲舒、公孙弘者出焉。所举亦不因灾异，但策中语或及者，亦陈事之端耳。唐开元二年六月甲子制，其有茂材异等，咸令自举。是年，设直言极谏科。至宪宗元和间，制科之盛，有若元稹、白居易，皆特出之材。观当时策目所访者，皇王之要道，邦家之大务，可以复视，固不专于灾异也。此汉唐故事有足据者，其或因天变又非时亲策者，则亦有之。厥后，时君或居常自逸，谓毋阙政。及天灾已著，时蠹已形，然后下诏举之，欲救于临事。此则取士之弊风，而后王之末造也，岂足以为师矩哉！陛下自复制科，于兹累年，随贡举而开，疏数适中。忽以一人之言，欲议变常之制。若必候灾谴而后诏举，非惟失建科之本意，且尤有不可者三：一则使天下贤隽之士滞淹，待灾异而进身，非所以养廉耻也；二则平居不询，造形乃问，非所以惧灾异也；三则轻改信令，示天下毋渴士之心，非所以广贤路也。且汉唐所立孝廉及进士等科，皆每岁常选，故制举不随而开。今礼闱凡数年一启，因以制举随之，则事适其宜，何害于时，须此纷易？况灾异之出，不常厥期，或弥年所毋，则此举奚设？或比岁而有，则于事大烦。既不因乎天灾，又不随乎贡举，而曰非时诏举，浩无端倪，乃是遂废此科。刍荛稍询，则言路有寄；饩羊一去，则礼意都忘。今无故而更张，使遗材绝望，其伤国体，不亦大乎？乞并下臣奏，令两制详定。若汉唐故事，非专为灾异而设，则但当执守，毋令轻变，以惑群心。臣曾应制举，毋容不知，知而不言，于罪为大。”及中书进呈，帝以育议为是，不下两制详定，而降是诏。(《宋会要·选举》一〇之二五、二六、二七)

参知政事吴育与宰相贾昌朝不相能，监察御史唐询既怨育，遂希昌朝意上奏曰：(略)疏上，帝刊其名付中书，育奏疏驳之曰：(略)上是育言，不复下两制。即诏礼部：“自今制科随进士贡举，其著为令。仍须近臣论荐，毋得自举。”上因谕辅臣曰：“彼上言者，乞从内批以行，今乃知欺罔也。”育又奏曰：“阴邪沮事，正当明辨。人臣言涉机密，欲归德于君，或入告谋猷，成国之美，此类可以刊名付外。制策天下，公共废置，可以明述，岂宜阴为沮革，欲自上行？此正奸罔所为，非睿听昭察，则挟邪蠹国，何所不为？愿出姓名按劾，以申国法。”育本由制策进，上数称其贤，以为得人。故询力排诋，意在育，不在制科也。(《长编》卷一五八)

七　月

二十八日，命权御史中丞张方平、知制诰彭乘、杨伟、集贤校理胡宿，就秘阁考试制科。方平等上钱彦远、齐唐论六首：《大有上吉》、《三王之郊用夏正》、《史记不记少皞》、《道非明民》、《大史掌叙事之法》、《乐循理为君子》论。唐以言者谓无履行，罢之。(《宋会要·选举》一〇之二七、二八)

八　月

十六日，帝御崇政殿，试贤良方正能直言极谏太学博士钱彦远。制策曰：“朕奉承庙社，帷御海寓，永惟致理之大，浩若涉川之广，夙夜寅畏，弗遑底宁。是以博延隽良，射策殿陛，冀获嘉话，以毗庶绩。子大夫精蕴识虑，该明体要，必有以绎敷古道，开助予意。且二帝三王之遗则，淳仁厚义之余泽，丕隆至治，总集大和者，是必举之有纲，而导之有源尔。若夫王者政教，上通于阴阳，何以使黎民厚生无饥馑、札瘥之困？贤人履行，下系于风俗,何以使众士修正、无矜沽险伪之巧?语官者,谓郡县之任,权小而势轻,恊人得以肆欲;论法者,谓律令之书,议繁而科密,暴吏得以舞文。吾欲一富贵、均强弱,俾家亡兼并;平贵贱、通有无,俾货不壅积,何术可以驯致?吾欲宪皋陶九德之法以任人,参《周官》六计之旨以弊吏,何施可以详究?今夫兵戎非不练,而战攻守御之志未尽固;农业非不恤,而污莱原隰之田未尽垦。比绥远服,敷示恩信,而蛮区夷落尚据险而绎骚;间念编户,复除徭赋,而冠盗敚攘犹承间以窃发。兹惟寖弊,安所厘制?至若九官命于舜,其职任之重轻;十乱称于周,其勋谟之高下;贾让治河之三策;刀雍筑城之五利;《管子》言莅政之大,在明四顺;《淮南》述为君之要,当用六律,皆见载籍,并资条释。所宜讲大体,铺善经,参往古之安危,酌方今之利病,事稽于实,理适厥中。无隐言,无高论,朕当详览焉。"彦远策考入第四等,诏以为祠部员外郎、知润州。(《宋会要·选举》一〇之二八、二九)

癸亥(十六日),御崇政殿,策试贤良方正能直言极谏太常博士钱彦远及武举人。彦远策入第四等,擢祠部员外郎、知润州。武举授三班奉职者二人,借职者十七人,补三班差使殿侍者二十四人。彦远,易之子,明逸之兄也。宋兴以来,父子兄弟制策登科者,钱氏一家而已。(《长编》卷一五九)

十八日,帝御崇政殿,试武举人。以王梁等三人补奉职,俞献臣十七人茶酒班殿侍、三班差使,颜处约七人下班殿侍,又以三班借职张问为奉职。(《宋会要·选举》一七之八)

刘敞《钱子高举贤良中科寄贺子飞》:当世英雄彀,连年伯仲贤。友于声竞爽,敌万智无前。谠议天人际,驰辞日月边。会惊文得凤,真谓笔如椽。万乘亲前席,诸生敢比肩。晚成无近器,妙选悉青钱。济美高阳旧,传经韦氏专。公侯将必复,廊庙定谁先?步武青云接,官曹画省联。轶群看赤骥,洵直想朱弦。德赏今谁拟,才难古亦然。从容照棣萼,闻望已陶甄。夏屋方隆栋,云樯稳济川。那令得贤颂,只贵汉王渊。(《全宋诗》卷六一三)

是　秋

蔡襄《州学饯送解发进士坐中分得意字》:朝家岁取天下士,官守小大悉分治。育材论荐苟失宜,德业英豪苦难致。予尝备员内供奉,作书参议科场事。乡举察廉未易复,责其节行在长吏。策之当世之大务,适时可以观周智。问之六经之归趣,知言可以见精意。众贤一划天子可,开设学校朔南被。世儒苟欲便有司,诏令初传寻已置。今年郡国选多士,糊名仍旧搜瑕类。常忧玑贝随手遗,往往中夜起不寐。拆封辨号指姓名,十九冥合州人议。耽耽黉舍秋景长,芳殽旨酒邀宾醉。惜哉今乐与古异,遣士礼数不能备。霜天寥寥万象清,健风开送群飞翅。大明帝居一气傍,春日照耀桐槐翠。勉思奇策当天心,厚禄荣名时所贵。时之所贵亦外物,君子存诚思远至。(《全宋诗》卷三八六)

庆历七年　丁亥(1047)

三　月

诏:权停贡举。(《宋会要·选举》一之一〇)

五　月

十三日,赐念书童子郑佐尧出身,仍许国子监听读。(《宋会要·选举》九之二四)

七　月

十一日,《南京德音》:"应本府举人:进士三举、诸科五举、曾经省试及经殿试者,特与免将来文解。"(《宋会要·选举》一五之一三)

八　月

十一日,命集贤校理掌禹锡、直集贤院修起居注李绚、直集贤院韩绛、集贤校理吴充同考试开封府举人,殿中侍御史何郯、尚书屯田员外郎王畴、秘阁校理石扬休、集贤院王珪同考试国子监举人,集贤校理孙锡、秘阁校理李大临同考试锁厅举人。锡、大临坐奏名举人诗有落韵者,降诸州监当。(《宋会要·选举》一九之一一)

十一月

二十八日,《南郊赦书》:"应举人,曾经先朝取解、南省下第,内进士前后实应五举以上、诸科七举以上,并与免将来文解。"(《宋会要·选举》一五之一三、一四)

十二月

庚午(三十日),诏:“自今策试武举人,毋得问《阴符》诸禁书。”(《长编》卷一六一)

是　年

陈襄《县学疏》:伏以国家向用儒术,每岁取士,多求体用。士之应诏者,惟博文深识,明于教化,可以称朝廷之意。虽然,不养不可以劝,养之之术,舍学无由焉。故前岁诏郡邑设庠序,意恢阐圣训,为诸儒育材之地也。于时,本邑广学,经始未就,而署版者且四百余人。适会诏下,别求乡举,因以罢去。今者,某归自潘山,承乏县政,首谒先圣。周视堂奥,惜其宏敞而弦诵之声寂然,思与诸生共兴起之。凡有志学者,与父之欲教其子者,兄之欲教其弟者,宜悉和会。即当明立规矩,申行约束,使来修饬而安学焉。则又择专经者一人,朝夕讲说;每遇旬日,条问大义;间五日则一习举业,以备程试。其它模范,当更整齐。《书》曰:“惟学逊志,务时敏,厥修乃来。”又曰:“念终始典于学。”众君子其思之!勿以切磨为无益,无忽日限而不来,是所谓善学者也。(《全宋文》卷一〇八三)

庆历八年　戊子(1048)

三　月

甲辰(六日),诏:礼部贡举。(《长编》卷一六三)

(甲寅,十六日)御史中丞鱼周询答手诏所问曰:"愿陛下特诏进士先取策论,诸科兼通经义,中第释褐,无令过多。"(《长编》卷一六三)

四　月

(丙子,八日)诏:"科场旧条皆先朝所定,宜一切无易。"时礼部贡院言:"四年,宋祁等定贡举新制,会明年诏下,且听须后举施行。今秋赋有期,缘新制,诸州军发解,但令本处官属保明行实,其弥封、誊录,一切罢之。窃见外州解送举人,自未弥封、誊录以前,多采虚誉。苟试官别无请托,亦只取本州曾经荐送旧人,其新人百不取一。弥封以后,考官不见姓名,即须实考文艺,稍合至公。又,新制进士先试策三道,次试论,次试诗赋。先考策论定去留,然后与诗赋通定高下。然举人每至尚书省,不下五七千人,及临轩复较,止及数百人。盖诗赋以声病杂犯,易为去留,若专取策论,必难升黜。盖诗赋虽名小巧,且须指题命事。若记闻该富,则辞理自精。策论虽有问目,其间敷对,多挟他说。若对不及五通尽黜之,即与元定解额不敷。若精粗毕收,则滥进殊广。所以自祖宗以来,未能猝更其制。兼闻举人举经史疑义可以出策论题目凡数千条,谓之《经史质疑》。至于时务,亦抄撮其要,浮伪滋甚,难为考较。又,旧制以词赋声病偶切之类立为考式,今特许仿唐人赋体,及赋不限联数,不限字数。且古今文章,务先体要,古未必悉是,今未必悉非。尝观唐人程试诗赋,与本朝所取名人辞艺,实亦工拙相半。俗儒是古非今,不为通论。自二年以来,国子监生诗赋即以汗漫无体为高,策论即以激讦肆意为工,中外相传,愈远愈滥。非惟渐误后学,实恐后来省试,其合格能几何人!伏惟祖宗以来,得人不少,考较文艺,固有规程,不须变更,以长浮薄。请并如旧制。”故降是诏。(《长编》卷一六四)

十四日,礼部贡院言:“勘会近年举人文字违限者,多是书铺预先收钱物,直至正月后举人到京,临锁院催促,方始送纳。缘试逼拥并,虽精加点检,尚虑差误。欲乞今后须得依条限送纳,如自慢易,先次驳放,书铺人乞行重断。诸州军举人,如得解后有揽同解举人家状、试卷赴京,须依格限送纳。如是缘路遗弃元供文字,诸色人严断,元揽举人驳放。书铺送纳举人试卷文字,并具所纳举人州府、姓名单状,赴院点对。如有文字差误,勘会元纳书铺人姓名,牒开封府施行。本院投名充佣笔书写人,并依元定人数,不得夹带不系元雇人数入院。如违,知情并犯人并行严断。勘会庆历五年科场,诸州军举人并不依条限投纳家保文卷,缘自来承例,乞展日限。欲乞今来于十一月二十五日限外,与量展半月,更不重叠。展限内不来投纳,即先驳放,更不在收试之限。”诏:“依所奏。”(《宋会要·选举》三之三一、三二)

九 月

二十一日,赐将作监主簿杨公度同进士出身。(《宋会要·选举》九之一一)

二十四日,殿中侍御史何郯言:“近年大臣罢两府任使,陈乞子弟召试,充馆职或出身,用为恩例。望自今后,馆阁不许臣僚陈乞子弟外,其陈乞及奏举召试出身,候有科场,与免取解。及南省试,令赴御前,与举人同试,以塞私幸。”诏:“今后臣僚言儿孙弟侄等乞出身及馆职,如有该合恩例者,类聚一处,候及三五人,送学士院试诗、赋、论三题,仍封弥、誊录考试。其试官令中书具学士姓名,进呈点定,仰精加考试。候试到等第,临时取旨。”(《宋会要·选举》三二之八、九)

是　秋

冯当世秋试于乡里，主司坚欲黜落，已而缀之榜末。时鄂倅南宫诚监试，太不平，力主之，遂至魁选。明年庭试第一，除荆南倅，诚迁长沙倅。当世以诗贺诚曰："常思鹏海隔飞翻，曾得天风送羽翰。恩比丘山何以戴，心同金石欲移难。经年空叹音书绝，千里长思道义宽。每向江陵访遗迹，邑人犹指县题看。"盖江陵县额诚所书也。(《诗话总龟》前集卷二七)

刘敞《宴得解进士先是，予为监试》：汝颍纪南国，星极丽中州。多奇兆两汉，粹气兼九邱。里巷含古风，文章耀前修。上恩荣计偕，博选充诏求。杂沓会骏骨，轩昂出骍骝。日余瞢深识，有司属同忧。攻玉固以石，妍媸岂云侔？登龟但投饵，美恶非其俦。堂上歌鹿鸣，樽前亲献酬。有功幸九锡，与祭为诸侯。(《全宋诗》卷四七〇)

庆历年间

词赋以对的而用事切当为难。张正素云：庆历末，有试《天子之堂九尺赋》者。或云："成汤当陛而立，不欠一分；孔子历阶而升，止余六寸。"意用《孟子》曹交言成汤九尺、《史记》孔子九尺六寸事。有二主司，一以为善，一以为不善。争，久之不决，至上章交讼。传者以为笑。若论文体，固可笑；若必言用赋取人，则与欧公之论何异？亦不可谓对偶不的而用事不切当也。(《避暑录话》卷三)

皇祐元年　己丑(1049)

正　月

十二日,以翰林学士赵概权知贡举,翰林侍读学士张锡、天章阁待制王贽、张揆、天章阁侍讲赵师民并权同知贡举,合格奏名进士冯京已下六百三十七人。(《宋会要·选举》一之一〇、一一)

十二日,以翰林学士赵概等权知贡举,侍御史李兑、直史馆张旨封印卷首,范镇、司马光、解宾王、蔡杭、江中孚、陈洙、张刍充点检试卷官,陈中立、毕田、侯仅、黄从政、赵如昌、任显忠、王维熙、江援充诸科考试官。(《宋会要·选举》一九之一一)

司马光《贡院中戏从元礼求酒》,《寒食南宫夜饮》(《司马光集》卷六)

司马光《答景仁论养生及乐书》:常记昔者与景仁同在贡院充点检官主文,试进士《民受天地之中以生论》。当是时,场中秉笔者且千人,皆以为民之始生,无不禀天地中和之气也。其文辞之美固多矣,以愚观之,似皆未得刘康公之指,常欲私出鄙意而论之。(《司马光集》卷六二)

皇祐初,光为贡院属官。时有诏:士能讲解经义者,听别奏名。应诏者数十人。赵周翰为侍讲,知贡举,问以《春秋》、《礼记》大义。其中一人所对最精详,先具注疏,次引先儒异说,末以己意论而断之。凡二十问,所对皆然。主司惊异,擢为第一。及发糊名,乃进士刘恕,年十八矣。光以是慕重之,始与相识,道原乃其字也。道原是岁赋诗论策,亦入高等。殿试不中格,更下国子监试讲经,复第一,释褐巨鹿主簿、和川令。(《司马光

集》卷六五《刘道原十国纪年序》)

温公省试《民受天地之中以生论》,以生为活,其说以为民受天地之中则能活也。朱文公谓此说好。(《困学纪闻》卷六)

二十三日,命集贤校理李昭遘、监察御史陈升之考试知贡举官亲戚举人。(《宋会要·选举》一九之一一)

三　月

九日,翰林学士赵概等言:"差权知贡举,今已考校毕。乞依前次科场例,免正衙。"从之。应昨充贡院考试官等,仍令御试及放榜日殿门祇候。(《宋会要·选举》八之三三)

十三日,帝御崇政殿,试礼部奏名进士,内出《盖轸象天地赋》、《日昃不暇食诗》、《天听君人之言论》题。得冯京已下四百八十九人,第为五等,并赐及第、出身、同出身。翌日,试诸科,得九经于观色已下五百五十人,并赐本科及第、出身。(《宋会要·选举》七之一七)

皇祐元年春,廷试进士,公(钱彦远)为编排官,上御后庑,手书"博学"二字赐之。(《苏魏公文集》卷五二《钱起居神道碑》)

十九日,阁门言:"放举人日,曾宣皇亲,并管军臣僚、使相、节度使已下至刺史。"诏:"特宣正任刺史已上。"(《宋会要·选举》八之三三)

癸丑(二十一日),赐进士冯京等一百七十四人及第,一百六人出身,二百九人同出身于崇政殿。(《长编》卷一六六)

甲寅(二十二日),赐诸科及第并出身五百五十人于观文殿。(《长编》卷一六六)

进士名录：冯京，沈遘，钱公辅，丁世衡，丁伯初，丁錞，王公辅，王夷直，王安仁，王建中，王庭筠，王庄，王鬲，王衮，王开祖，王梦易，王照，王醇，王亿，王霁，元瑜，毛抗，毛祖平，毛国华，毛维甫，勾昌逢，勾奖，文同，方次彭，方遵度，方简宸，石仲攸，石赓，石遵，石鉴，石麟之，丘子谅，吕大防，朱方，朱价，朱述，朱明之，任伯传，任秉，江巨源，杜谘，李山甫，李川，李孝先，李育，李况，李宗晏，李昭文，李庭芝，李洵，李益，李常，李慎微，李敷，李抚辰，李仪，李颜，吴元瑜，吴公达，吴申，吴抃，吴君平，吴舜举，吴演，吴审理，吴涛，何洎，何荣，何邃，何戅，余叔良，余从周，余康使，沈中复，沈伸，沈降，宋伏宾，宋球，范百禄，范纯仁，林卞，林罕，林俛，林谊，林获，侍其玮，征复，周之彦，周良卿，周诜，周纶，周范，周讽，郎淑，孟演，孟震，胡之彦，胡向，胡英材，胡舜举，胡试职，胡穆，柯伯华，查文规，柳允，皇甫朝光，施彬，施辩，姚舜谐，姚辟，连希元，夏昱，晏知止，徐昂，徐宗吉，徐洪，徐纪，徐晋卿，徐纯，徐绛，徐纲，徐谔，徐总，郭暨，郭缙，唐孺，陈之详，陈中庸，陈公言，陈公琰，陈文佐，陈叔献，陈昌侯，陈昂，陈肱，陈洌，陈郛，陈纮，陈惇，陈启基，陈尧，陈皓，陈与京，陈枢，陈确，陈潜，陈瀚，陈阐，陶叔献，孙式，孙奕，孙洙，孙几，孙觉，黄允，黄君祥，黄长裕，黄稹，黄默，黄俨，黄雍，曹宝臣，盛约，许平施，许抗，许闻一，章辟光，章辟疆，张公庠，张公纪，张伯玉，张君奭，张思纯，张统，张梦得，张详，张侨，张颉，张醇，张翱，张赞禹，项随，彭亚，彭慥，叶虞仲，葛文通，葛汝平，董伋，董唐臣，董偕，董偁，闵希声，舒介夫，邹珍，曾华旦，曾绠，曾谊，冯直方，冯滋，游烈，游景先，游赞，杨介石，杨文昌，杨方嘉，杨允中，杨仲孺，杨度，杨淳师，杨景修，杨绾，雷宣，虞太熙，詹常，赵谷，赵升，赵炳，蒋光廷，蒋概，蒋璨，蔡丘，裴若水，廖子孟，廖鼎臣，郑升，郑猕，邓中立，邓惟清，邓诰，邓润甫，翟偁，楼观，欧阳愿，刘延之，刘良肱，刘洵，刘恕，刘处约，刘握，刘景，刘杰，刘嵩，刘靖，潘隆礼，潘与稽，萧良肱，萧开，萧杰，萧汉臣，卢秉，钱公谨，钱长卿，钱规，阎灏，戴经臣，魏昂，谢仲规，谢宋臣，谢景温，蹇翔，丰有章，苏结，关杞，关希声，关景芬，谭繇。

诸科：于观色，高选，潘季简。(《宋登科记考》卷四)

补进士名录：其一，高陟。《宋登科记考》卷四将高陟系于嘉祐四年进士名录，误。《忠肃集》卷一三《朱君墓志铭》："君讳述……有携稚子求并售者，君疑以诘，至再四，曰：'实药氏，华亭尉高陟妻子也。夫亡，无以朝夕，忍此以苟生。'君戚曰：'陟虽不识，而吾同年得科名者也。'"《宋登科记考》卷四亦据此条资料录入，以高陟为刘挚同年，系误读。高陟乃朱述同年。

其二，李宗孟。光绪《武进阳湖县志》卷一九。

其三，朱临。《泊宅编》卷四："朱临、姚辟久同学校，每试，姚多在朱上。冯京榜中，二人俱赴廷对。未唱名前数日，京师忽传一小赋，乃朱殿试之作也。……容方与一白袍偶坐，指示姚曰：'状元已在此。'偶坐者，冯当世也。姚力挽就邻邸，灯下视之，曰：'公第几甲，朱第几甲。'相次辨色，入听胪传，皆如师言。"

其四，李杞。《全宋诗》卷四四二文同《送坚甫同年》按：李杞，字坚甫。

其五，张唐英。《宋登科记考》卷四将其系于庆历六年进士名录，误。详说见前。

冯当世未第时，客余杭县，为官逋拘。窘，计无所出，题小诗于所寓寺壁。一胥魁范生见之，为白令，丐宽假。令疑胥受赇游说，胥云："冯秀才甚贫，某但见其所留诗，知他日必显。"出其诗，令笑释之。"韩信栖迟项羽穷，手提长剑喝秋风。吁嗟天下苍生眼，不识男儿未济中。"（《泊宅编》卷一）

朱晓容者，尝为浮屠，以善相游公卿间。后因事返初，惟工相贵人。初，朱临、姚辟久同学校，每试，姚多在朱上。冯京榜中，二人俱赴廷对。未唱名前数日，京师忽传一小赋，乃朱殿试之作也。姚谓人曰："果尔，纵不作魁，亦须在甲科。"自叹平时滥居其先，及至鱼龙变化之地，便尔悬绝。因遍诣术士质之，亦访容师，未见。殿唱日，禁门未开，或云晓容在茶肆中，姚走见之。容方与一白袍偶坐，指示姚曰："状元已在此。"偶坐者，冯当世也。姚力挽就邻邸，灯下视之，曰："公第几甲，朱第几甲。"相次辨色，入听胪传，皆如师言。（《泊宅编》卷四）

沈文通以太庙斋郎廷试考第一，大臣犹疑有官不应为，遂亦降为第

二，以冯当世为魁。(《石林燕语》卷八)

赵孝廉令畤景贶言：皇祐元年，同廖献卿赴试春闱。一日，献卿谓孝廉曰："某必不利于南宫。昨梦榜出，上有先人名氏。"景贶贺曰："献卿必登甲科，继先君矣。"未几，省榜出，献卿乃第十人。献卿，名子孟，淳之长子也。淳，天禧三年第十人及第。今校理君正一，乃献卿第三子，元丰戊午国学第十人荐。三世之间及第、过省、取解，并同名次，亦世罕有也。(《麈史》卷下)

冯京举进士，自乡选至廷对俱策名第一。张尧佐倚外戚，欲妻以女，使拥入其家。顷之，中人以酒殽至，且示以奁具甚厚，京不肯就，力辞之。(《古今事文类聚》前集卷二六)

冯京《谢状元及第启》：云龙之庭，方第英选；窦衡之士，辄与魁抡。据失其安，怃然自悸。恭以国家覃洪鬯之德，立太平之基，朝廷皋夔，岳牧吕召。文章台阁，高蹈商周之淳；礼乐胶庠，远驾汉唐之右。何治臻此，真贤效欤！岂不由数路而求，上闻无壅？虽然，兹一介之拔，官使适当。其取士也周，其得人也盛。然犹虚怀未沃，侧席尚劳。羔雁草莱，弓旌岩穴，无郡不趋驾，无乡不献书。杂沓充庭，览辉而下；光华逢旦，耸壑自期。向非学四部书，才万人敌，无踸踔之近韵，有济宁之深图，则何以副上畴咨、为人举首？如某者，生江湖卑薄之地，远京师英雄之躔，徒凭借于家传，复浸淫于儒治。然而，辞气骫骳，不合古人；经术疏通，难应常务。每惟奉檄之过喜，又读《考盘》之卒章，以养干荣，俯身图进。诏方牒选，郡以计偕。射泽举旌，已无心于唱获；尚方奏牍，敢先意于观书。虽玷名闻，卒虞报罢。岂谓日月居上，不弃幽而照临；权衡在前，不择物之轻重。夫何管见，偶中科程。曾是下中之材，敢当第一之选！焉能致此？信有由然。此盖伏遇某官，宗师上文，器育名士。大钧块圠，难逃真宰之私；蟠木轮囷，本自先容之赐。致兹浅陋，及此旌扬。谨当激昂自持，磨厉无玷。今而试治，眷及清白之风；必也造庭，免蹈阿谀之节。毋忝雅志，以答隆恩。(《全宋文》卷一三六二)

司马光《送冯状元京归鄂州》:夙昔负奇节,琅然为众殊。下鞴连得隽,出手尽成卢。喜气兼邻曲,荣名溢道途。风云俱动色,非复旧江湖。(《司马光集》卷六)

欧阳修《送杨先辈登第还家》:解榻方欣待儁英,挂帆千里忽南征。锦衣白日还家乐,鹤发高堂献寿荣。残雪楚天寒料峭,春风淮水浪峥嵘。知君归意先飞鸟,莫惜停舟酒屡倾。(《欧阳修全集》卷一一)

郑獬《下第后与孙仲叔饮》:万里青云失意深,画楼酒美共登临。不羞独落众人后,却是重辜亲老心。一缺不完非折剑,至刚无屈是精金。男儿三十年方壮,何必尊前泪满襟。(《全宋诗》卷五八四)

郑獬《下第游金明池》:骑杀青都白玉麟,归来狂醉后池春。人间得丧寻常事,不避郎君走马尘。(《全宋诗》卷五八五)

郭见义《创建三元祠碑》:儒道之隆污,常应天下之治乱,自秦汉以来其迹可考。本朝承五季之后,稽古礼文之事率为疏阔。列圣相继,纯用德教,思得儒士而任之。于是,斟酌前代取士之法,杜塞他蹊,专尚进士。昔人指此为将相科者,非虚言也。天下之人从风而靡,三尺之童悉知肄习。间三岁下诏,被褐扮袂求举于府若州者,以数十万计;府若州考试之定其可举而荐之礼部者,尚数千计;礼部考试之加详密焉,第其可进以名上天子者,不过数百人而已。天子为之躬御便殿,手执文柄,乙夜观览,然后胪传于九陛之上,释其布褐而命之以官。凡得与于数百人之列者已为难矣,而况自府若州以至礼部以至天子之庭皆魁其选者,其难易为何如?自非怀奇瑰绝异之材、淹贯学问而充溢乎文辞者,其孰能与于此?是以二百年间能如是者殆三数人,而始平冯公则其一也。公世为宜之龙江人,从其父商宦游四方。公生而英爽俊迈,气盖一时,翰墨蹊径,绝人远甚。幼寓试武昌,而发解庆历间,始与群士计偕礼部,赋《无逸为元龟》,廷试赋《盖轸象天地》。是时朝廷尚声律之学,而公之二赋清婉浏亮,典丽遒密,曲尽声律之妙,遂为多士魁。四方之人传诵其文,模拟窃取,乞灵假宠以雄长于

词林者，不可胜数。(《全宋文》卷四九六一)

四　月

七日，以新及第进士第一人冯京为将作监丞，第二人沈遘、第三人钱公辅为大理评事，通判诸州；第四人李育、第五人文同为两使职官；第六人而下，并为初等幕职官。第二甲，为试衔大县主簿、尉；第三甲，为判、司、簿、尉；第四甲与诸科，为判、司、簿、尉；第五甲，守选。(《宋会要·选举》二之八)

胡宿《新及第进士诸科李育等可幕职州县官制》：敕新及第进士李育等：朕自纂御以来，规恢治道，右文崇术，扶进学者，育材养器，登备时使。亲加较试，多所成就，烝然髦士，参照内外，劝导之意，可谓至矣。尔等并因诏举，相与计偕，有司籍名，便坐临试。既第其辞等，复差以爵秩。尔其念进官之始，思临履之难，善持官箴，无忽民事，咸自修综，取称吾恩。(《全宋文》卷四四五)

六　月

乙丑(四日)，以太子右清道率府率叔韶为右领军卫将军，仍赐进士及第，寻加文州刺史。叔韶尝献所著文，召试学士院，入优等，特迁之。入谢，命坐赐茶，谓曰："宗子好学无几，尔独以文章得进士第，前此盖未有也。朕欲天下知属籍有贤者，宜勿忘所学。"叔韶顿首谢。既退，又出九经赐之。后以图书赐正刺史已上，叔韶不当得，独赐及之。(《长编》卷一六六)

七　月

二十八日，命观文殿学士丁度、知制诰稽颖、李绚、直龙图阁王洙，就秘阁考试制科。度等上吴奎论六首：《损益弗违之吉孰先》、《教诗以六德为本》、《三有俊克即俊》、《因神以明道》、《韩延寿杨阜人不忍欺优劣》、《圣人文质》论。(《宋会要·选举》一一之一)

吴文肃公奎将举贤良。一夕，梦入魏文帝庙，召升殿，顾问群臣优劣，公未及对，帝曰："韩延寿为最。"是夕，门下抄书吏杨开者，梦公读《杨阜传》。翌日，告公。公异之，即取二传览之。及秘阁试六论，一题乃《韩延寿杨阜孰优论》，公遂膺首选。(《渑水燕谈录》卷六)

八　月

二日，上封者言："伏见国家每设制科，以收贤材，中选之后，多至大用。以此知不独取于刀笔，盖将观其器能也。旧制：秘阁先试六论，合格者然后御试策一道。先论者，盖欲探其博学；后策者，又欲观其才用。近来御前所试策题，其中多问典籍名数及细碎经义，乃是又重欲探其博学，竟不能观其才用，岂朝廷求贤之意耶？欲乞将来御试策题中，止令问'事关治乱，体系安危'、'用之则明昌，舍之则微弱'、'往古之已试，当今之可行'者十余条，限三千字已上成。所对人若文理优长，识虑深远，其言真可行于世，其论果有补于时者，即为优等。若是文意平常，别无可采者，即为末等，量与恩泽。所有名数及细碎经义，更不详问。如此，则不为空言，可得实效。"诏："撰策题官，先问治乱安危大体，其余所问经史名数，自依旧制。"(《宋会要·选举》一一之一)

二十四日，帝御崇政殿，试贤良方正能直言极谏殿中丞吴奎。制策曰："朕祗畏天明，以临万寓，陟降在上，日监在兹。至于礼乐政教，刑辟威狱，罔弗是宪，以起大治。故亲策俊良，及此而六，宜谓得人之盛，无愧古先。且欲询变化之道，而知神之所为；求述作之原，而察圣明之所本。烛理于昧，图危于安。子大夫穷天人之端，识治乱之兆，其恭听朕命，著之敷言。《书》曰：'在知人，在安民。能哲而惠，惟帝其难。'朕惟取群材，以班庶职，而才有未叙，职有未修，何也？爱育兆民，若视赤子，赋不加重而人已匮，役不夺时而众已困。裒薄益厚，贫富不均，何也？《记》曰：'礼乐刑政，四达而不悖，则王道备矣。'朕敕天之秩，寅庸五礼，因民之和，考正大乐，未有露泉象物之感，何也？慎令详刑，允于出纳，无有师保，如承祭祀，尚乖有耻且格之应，何也？向若大河决溢，水不顺道，较财孱力，将议堙补，而年谷不登，人用流转。军师屯防，无事而厚费不给；奸宄盗寇，有时而窃发弗禁。求之彝伦，其咎安在？彼刘毅损难之议，唐官善最之目，周人荒政之数，管氏版法之经，礼乐所损益者孰知？刑罚世轻重于何代？东汉而上，塞河之术安从？西魏以先，为兵之制奚见？酌古之利，属今之宜，别白以言，无惮患害。”奎策考入第四等，诏以为太常博士，通判陈州。(《宋会要·选举》一一之一、二)

司马光《景福殿东厢诗序》：皇祐元年秋八月，皇帝临策贤良方正及武举进士，仆与范景仁受诏雠校策卷，寓直于景福殿东厢凡三日，得诗十三首，编之左方：《夜意》，《即日》，《柏》，《御沟》，《赐酒》，《菊》，《同景仁寄修书诸同舍》，《赐果》，《赐书》，《怪石》，《未开木芙蓉》，《读武士策》，《观试骑射》。(《司马光集》卷六)

二十五日，帝御崇政殿，试武举人。以何景略补三班奉职，李动之等四人补借职，王梁等十七人补三班差使、殿侍，戴挺等十六人补茶酒班殿侍，曹基等九人补下班殿侍，并边上差使。(《宋会要·选举》一七之八)

九　月

五日，诏曰：“国家采唐室之旧，建立武科，每随方闻之诏，并举勇略之士。条格之设，岁序已深，然而时各有宜，今异于古。今籍之众，既以扳力日奋于行伍之间；武弁之流，又用其韬钤自进于军旅之任。来应兹选，殆稀其人。如闻所肄习者，率逢掖诸生、编户年少，以至舍学业而事筹策，乔温淳而务粗猛，纷然相效，为之愈多。朕方恢隆文风，敦厚俗尚，一失其本，恐陷末流。宜罢试于兵谋，俾专由于儒术。尚虑积习且久，顿更为难，就具等伦，裁为规制。其将来科场，武举人曾经秘阁考试者，即许投下文字外，更不许新人取应。以后科场，令罢武举一科。”(《宋会要·选举》一七之八)

己未(二十九日)，罢武举。(《长编》一六七)

十　月

十三日，赐新歙州歙县尉张唐民同进士出身。以资政殿学士任仲舒

荐，召试学士院，命之。(《宋会要·选举》九之一一)

十一月

二十四日，赐泉州晋江县主簿陈世昌同进士出身。召试学士院，入等命之。(《宋会要·选举》九之一一)

是 年

曾巩《本朝政要策·贡举》：贡举之制，建隆初始禁谢恩于私室。开宝五年，召进士安守亮等三十八人对于讲武殿下，诏赐其第。六年，又召宋准等复试于讲武殿，殿试自此始也。自隋大业中，始设进士科，至唐以来尤盛，岁取不过三十人。咸亨、上元中，增至七八十，寻亦复故。开成中，连岁取四十人，又复旧制。进士外以经中科者，亦不过百人。至太宗即位，兴国二年，以郡县阙官，旬浃之间，拔士几五百，以补阙员而赈滞淹。又未命官，而赐之绿袍、靴、笏，使解褐焉。八年，进士万二百六十人；淳化二年，万七千三百人。始命知贡举苏易简等受诏即赴贡院，不更至私第，以防请托。至殿试，又为糊名之制。(《曾巩集》卷四九)

陈襄《仙居劝学文》：咨汝邑父老：夫人之为善，莫善于读书为学，学然后知礼义孝悌之教。故一子为学，则父母有养；一弟为学，则兄姊有爱；一家为学，则宗族和睦；一乡为学，则闾里康宁；一邑为学，则风俗美厚。虽有恶人，将变而为善矣。今天子三年一选士，虽山野贫贱之家所生子弟，苟有文学，必赐科名，身享富贵，家门光宠，户无徭役，休荫子弟，岂不为盛事？予自到任以来，居常悯汝邑民不识为学，父子兄弟不相孝友，乡党邻里不相存恤。其心汲汲，惟争财竞利为事。以至身冒刑宪，鞭棰流血而不知止。予甚哀焉。余奉天子诏条，不可私恕，每刑一身，若伤肤发。而汝邑民不知予心，乃相扇炽，构讼成狱。自以为能使予日不得食，夜不得寝。欲与革弊，略不能改，是诚何心？虽然，非汝百姓之乐于此也，盖不知读书之故也。前年曾有文书告谕汝乡民，令遣子弟入学，于今二年矣，何其无人也？古者，十室之邑，必有忠信。今百里之邑，良民子弟不少，其间岂无聪明瑰茂朴美之器，可使为公卿者？然而不使之为学，真可惜也。今汝父老归告其子弟，远令来学，予其择明师而教诲之，庶几有成，如前所说。予明年十二月官满即去，汝父老其听予言！(《全宋文》卷一〇八三)

皇祐元年，何正臣与毛君卿俱以七岁应童子科。君卿之慧，差不及正臣。时皇嗣尚未生，上见二人年甚幼而颖悟过人，特爱之，留居禁中数日。正臣能作大字，宫人有以裙带求书者，正臣书曰："《关雎》，后妃之德也。"上尝以梨一颗，令二人分食之。君卿逡巡不应，上怪问其故，对曰："父母在上，不敢分离。"上大喜，以为皆能知其大义。翌日，御便殿，俱赐童子出身。正臣字君表，新淦洲上人，后仕至宝文阁待制。君卿字公弼，吉水龙城人，终于朝散大夫。(《独醒杂志》卷一)

皇祐二年　庚寅(1050)

五　月

田况《进士题名记》:蜀自西汉,教化流而文雅盛。相如追肩屈、宋,扬雄参驾孟、荀,其辞其道,皆为天下之所宗式。故学者相继,谓与齐鲁同俗。然世有治乱,化有隆薄,士之出处贵贱,实系于此。唐季五代,政纪昏微,斯文与人,几至坠绝。国家之起,海内统一,尧文舜明,寖昌以大。其设科考士,擢取之多,则前王之所未有。益州自太平兴国以来,登进士第者接踵而出。天圣、景祐中,其数益倍。至庆历六年,一榜得十八人。皇祐元年,得二十四人,他州来学而登第者,复在数外。其盛也如此,岂非世化治隆,人随而兴乎?主学者议建荣名堂于宣圣殿之东北,尽题皇朝及第进士名,列于石柱,以示来者。子嘉闻而遂其请,又为之序。时皇祐二年五月一日也。(《全宋文》卷六三六)

九日,赐将作监丞程嗣隆同进士出身。嗣隆,使相琳之子。以恩陈乞,召试命之。(《宋会要·选举》九之一一)

九　月

二十七日,《明堂赦书》:"应贡举人曾经先朝省试下,及进士三举、诸科五举殿试下者,并进士五举、诸科七举省试下者,并特免将来文解。内先朝举人,如省试不合格者,别具名闻奏。"(《宋会要·选举》一五之一四)

十一月

一日,赐将作监丞杜欣、太常寺太祝任逸同进士出身。(《宋会要·选举》九之一一)

十日，赐淮南江浙荆湖制置发运使、金部员外郎许元进士出身。(《宋会要·选举》九之一一)

是　月

诏：自今诸省元得申奏，及遣念书童子赴阙。(《太平治迹统类》卷二八)

闰十一月

八日，赐贵妃张氏从弟卫尉寺丞希甫、太常寺太祝及甫并进士出身。(《宋会要·选举》九之一一)

十二月

二十四日，赐念书童子曾天麟出身。(《宋会要·选举》九之二四)

皇祐三年　辛卯(1051)

四　月

二十二日,赐国子博士冯洁己、大理评事张德淳同进士出身。洁己,故司徒兼侍中拯之子;德淳,故太傅逊孙,以恩陈乞,召试学士院,中等命之。(《宋会要·选举》九之一一)

七　月

壬子(四日),诏太学生旧制二百人,如不能充数,止以百人为限。(《长编》卷一七〇)

九　月

庚申(十二日),赐国子博士梅尧臣同进士出身,仍改太常博士。尧臣,询从子,工于诗。宋兴,以诗名家,为世所传,如尧臣者盖少。大臣屡荐尧臣宜在馆阁,召试学士院,而有是命。(《长编》卷一七一)

侍从官列荐国子博士梅尧臣宜在馆阁,仁皇帝曰:"能赋'一见天颜万人喜,却回宫路乐声长'者也。"盖帝幸景灵宫,尧臣有诗,或传入禁中,帝爱此二语。召试赐等,竟不登馆阁以死。(《邵氏闻见后录》卷一七)

胡宿《赠梅圣俞试馆职得赐进士出身》:赋就甘泉客荐雄,独攀仙桂向秋风。抽毫同列三英座,换骨才争第一功。瞥看灵龟居水下,恍闻仙犬吠云中。嫦娥应有怜才意,惟许诗人到月宫。(《全宋诗》卷一八二)

十五日,诏:"今后诸处,更不得申奏及发遣念书童子赴阙。"(《宋会要·

选举》九之二四)

是　年

元宪宋公以言者斥其非才，罢枢相，守洛。有一举人，行橐中有不税之物。公问:“何缘而发之?”吏言:“因其仆告。”公曰:“举人应举，孰无所货之物？未可深罪。若奴告主，此风不可长也。”僚属曰:“以犯人乃言官之子也。”为其父尝有章及元宪，意欲激其报耳。公曰:“弗可。”送税院，倍其税，仍治其奴，以罪而遣之。众服之。(《麈史》卷中。按:宋庠是年守洛，姑系与此。)

皇祐四年　壬辰(1052)

三　月

己酉(四日),诏:礼部贡举。(《长编》卷一七二)

四　月

二十四日,赐大理评事李上卿进士出身,大理评事张子瑾同进士出身。(《宋会要·选举》九之一一、一二)

六　月

二十五日,诏:"应锁厅武臣,系与宗室女为亲补转班者,不得收试。"(《宋会要·选举》一四之一一)

七　月

二日,诏:"广南东西路、曾经蛮贼焚劫去处举人,令转运司勘会。如委实曾经南省下第,并得解后丁忧、疾病不曾到省,并与免本州文解。其未曾得解者,西路举人仰湖南路转运司于全州、东路举人令江南西路转运司于虔州考试。如合格,更不拘人数,解发赴省。"(《宋会要·选举》一五之一四)

八　月

五日,命监察御史吴秘、集贤校理冯浩、曾公定、馆阁校勘邵亢考试开封府举人,监察御史梁蒨、集贤校理赵宗古、贾黯、谢仲弓考试国子监举人,集贤校理司马光、范镇、江休复考试锁厅举人。(《宋会要·选举》一九之一二)

余皇祐壬辰岁取国学解，试《律设大法赋》，得第一名。枢密邵公亢、翰林贾公黯、密直蔡公抗、修注江公休复为考官，内江公尤见知，语余曰："满场程试皆使萧何，惟足下使萧规对汉约，足见其追琢细腻。又所问《春秋》策，对答详备。及赋押秋荼之密，用唐宗赦受缣事，诸君皆不见。云只有秦法繁于秋荼，密于凝脂，然则君何出？"余避席敛衽，自陈远方寒士，一旦程文，误中甄采。因对曰："《文选·策秀才文》有'解秋荼之密网'。唐宗赦受缣事，出杜佑《通典》，《唐书》即入载。"公大喜，又曰："满场使次骨，皆作刺骨对凝脂。惟足下用《杜周传》作次骨，又对吹毛，只这亦堪作解元。"余再三逊谢。是举登科，名在行间，授临汀狱掾。公作诗送余曰："太学鲁诸生，南州汉掾卿。故乡千里外，丹桂一枝荣。莫叹科名屈，难将力命争。他年重射策，词句太纵横。"盖公欲激余应大科故也。枢密邵公亦蒙见知，屡加论荐，常谓余诗浅切，有似白乐天。一日阅相国寺书肆，得冯瀛王诗一帙而归，以语之，公曰："子诗格似白乐天，今又爱冯瀛王，将来捻取个豁达李老。"遂皆大笑。然余赋才鄙拙，不能强为豪爽，今齿已老，而诗格定，时时遣兴，实有李老之风，足见公之知言也。(《青箱杂记》卷二)

余少时同伯氏从学于里人郑毅夫，假馆京师景德寺之白土院。皇祐壬辰，是岁秋试，郑与余兄弟皆举国学进士。时已差考试官矣。一日，院僧德珍者言："昨梦院内南，忽有池水中一龙跃而起，与空中龙斗，池龙胜而归。"其时，旁院书生有曰："某当作状元！"毅夫微笑曰："状元当出此院。"于是，伯氏书僧梦与日月在于寝室门，时八月也。明年癸巳春，殿试，郑公果状元。予自东华门迓郑归白土院，坐定，僧乃取所记梦贴，予曰："果验矣。"(《麈史》卷中)

郑獬《国学谢解启》：猥彼甄收，众为指议，栗然惊汗，浃于愧颜。本朝浚古治源，树学教本，揭丕天之大律，震不世之休光。玲珑人文，黼黻象类，蒸于和气则为庆云景星，发于和声则为黄钟大吕。灿乎万俗，陶于一坯，孕周育商，扫唐薙汉，号为盛际，若无古初。间仍诏于丘樊，率兴廉于郡国，蒯毂四起，摄袂交趋。英英朱鸾，而来自南冈；濯濯白麟，而游彼灵畤。相望贤俊，并骑星辰。殆此较能，盖寡中度。嘈然如金石冥冥乙乙者，时有纯音；蔚然如萧莱翘翘煌煌者，始为灵草。去之太半，得此几希。不其才难，兹乃公进。以李广之才气，孰谓无双？若杜牧之文章，止得第五。况某者，拙不晓事，技无他能，误释锄耰，猥诵《诗》《礼》。有一箪食则足以无饥，有一顷田则足以为养。乃希前烈，强窥名途，两瞻天子之清光，累玷有司之优等。青冥一跌，尘埃十年。予岂著于空言，天或降其大任。老当益壮，未为穷人；今不得侯，犹是故将。日期一战，取先诸公，锐于敢为，实犯不韪。兽既困而愈斗，禽曾伤而自惊。巨鳌何知，固有灵山之在上；骐骥已老，甘为驽马之争先。尚赖恕明，过辱题品，引置上列，增激懦心。自顾甚明，苟得为幸。此盖伏遇某官，长育材类，佐佑圣谟。掩所不能，阴与为地，援于稠众，俾预贡书。炳炳乎烛之以虹蜺之辉，浩浩乎濯之以江汉之润。踸然短步，企乎绝踪。譬木之生，培之植之使乎茂；如金之铸，镕之磨之期于成。被赐厚深，铭心报塞，劬劬之恳，罔知所戴。（《全宋文》卷一四七五）

韦骧《谢解启》：窃以士怀经济之能，所希乎遇主；君有治安之术，莫盛于得人。盖无其位不足为兼善之资，非其臣不能成独化之业。圣贤相济，今古一端。政教之原，根基于此。然而，不由道而入仕谓之窃天官，不尽礼而取材谓之轻国器。故公朝有特起之命，深谷无自媒之心。聘之甚勤，至者见用。或离蔬而践廊庙，或起亩而登公卿。皆高谊之素闻，故大任之亟授。迨时浸改，干进实繁。采求难以见其详，考核于是抡其等。汉以策为绳准，唐以赋为铨衡。虽文词未足尽才，然辅相亦由兹选。国家垂统数世，绍隆前王。伊周吕召献其明，皋夔稷卨布其职。察廉进善，天下无沉弃之人；聚精会神，彀中皆豪隽之党。尚犹深讲治具，间颁诏音。凡预乡论，俾参郡举。其在进扬之始，亦沿声律之程。非徒角之空文，盖将求于实效。草莱疏贱，不以势而间然；社稷忠良，尽此途而出矣。自非超异，曷副详延？若某者，性近颛愚，识非通博。众皆讥其寡合，心自信于安贫。未尝舍义而求从，唯惧立身之不至。学当为己，慕古儒而必行；禄未及亲，与人子而同患。念昔年之挫刃，复今日以弹冠。岂期误中文评，辄偕计籍。顾艺能而知短，当推荐以怀惭。事出不图，恩归有地。此盖伏遇某官，扶持文教，翦拂士流。赞圣人侧席之求，助乡老登书之选。饰驽成骥，俟十驾而责其功;揉曲为良,荐万乘而适于用。欲使无闻之品,亦皆有补于时。敢不恪厉深衷,坚持大节!此焉充赋,讵甘忝冒之名;必也扬庭,愿脱阿谀之耻。庶几微蕞,无玷奖知。过兹以还,不识所措。(《全宋文》卷一七七三)

是　秋

黄庭坚《送人赴举》:青衫乌帽芦花鞭,送君归去明主前。若问旧时黄庭坚,谪在人间今八年。(《黄庭坚全集》第一辑)

翁迈《鹿鸣宴赠歌妓》:年方十三四,娇羞懒举头。舞余驹皎皎,歌罢鹿呦呦。近座香先喷,持杯玉更柔。高唐人去远,谁与话风流。(《全宋诗》卷八七五)

十　月

甲午(二十二日)……上初幸景灵宫,既登辇,因令戒卫士:"今岁天下举人皆集京师,如有投诉者,勿呵止之。"(《长编》卷一七三)

十二月

壬午(十一日),诏:"殿侍换文资者,试诗、赋各一道;或通一经,问义十道,以六通为合格。"仍令判礼部与国子监官同考试之。(《长编》卷一七三)

皇祐五年　癸巳(1053)

正　月

十二日,以翰林学士承旨王拱辰权知贡举,翰林学士曾公亮、翰林侍读学士胡宿、知制诰蔡襄、王珪并权同知贡举,合格奏名进士徐无党已下六百八十三人。(《宋会要·选举》一之一一)

十二日,以翰林学士王拱辰等权知贡举,起居舍人知谏院韩贽、直龙图阁薛绅封印卷首,太常博士黄洎、秘书丞宋敏修、大理评事韩维、国子监直讲裴煜、编修《唐书》官吕夏卿充点检试卷官,天章阁侍讲卢世宗、屯田员外郎王元亨、太常博士王维熙、国子博士王九思、大理寺丞傅亶充诸科义考试官。(《宋会要·选举》一九之一二)

二十三日,命直史馆唐询、集贤校理孙锡考试知举官亲戚举人。(《宋会要·选举》一九之一二)

滕元发《省试》:"寒日边声断,春风塞草长。传闻汉都护,归奉万年觞。"(《侯鲭录》卷二,《全宋诗》卷五一八)

王珪《采藻为旒皇祐五年南省拟试》:端扆垂君治,颙昂十二旒。藻文兼组烂,玉气若虹浮。体重宸居邃,仁深帝视收。珠光延外烛,星采会中稠。法服虽周盛,岩廊自舜游。无为格天下,涵德永孚休。(《全宋诗》卷四九一)

王珪《举人免解奏状》:右,臣伏见贡院自贡举诏下,屡有举人陈状,称曾预逐处文解,后值疾患及服式不曾就省试,攀援过省举人体例,乞免解。

本院勘会:过省举人免解,近岁以来始于权贵子弟,因而启例。切缘身被服制及病患,自不能随赴殿试。今若便免取解并省试,诚为过幸。与曾被乡荐之人理同而恩异,致援此者多。欲乞今后应举人以服以疾不及引试御前者,只与免将来文解。其锁厅人亦乞放此。(《全宋文》卷一一五〇。按:王珪多次权知贡举,姑系于此。)

二　月

十三日,《广南曲赦书》:"应新旧贡举人,已令免解及优加收荐,并不系南省奏名、别具姓名闻奏外,其有高蹈林薮不求名达、服膺坟典可为人师者,委安抚、转运使历加搜访,具实以闻。"(《宋会要·选举》一五之一四)

胡宿《论增经术取士额状》:臣等窃以六经传先王之道,教化根本。旧制,试进士止以诗赋、策论简拔才俊,其实少有专门名学之人。诸科虽能诵记章句,复又不通大义,施于有政,则又面墙。所以前后论取士者,常以此科为言。景祐制书节文,始令礼部贡院:举人通三经以上,进士、诸科过落外,许自陈,尝于某处讲授某经,贡院别试经义十道,直取圣贤意义,解释对答。或以《诗》、《书》引证,不须全具注疏。以六通为合格。讲诵精通,具名闻奏。乞差学官或御试,复试得中,具对义粗通取旨。此则圣朝扶进经术,渐复两汉射策之举也。庆历六年,应诏者四十人,合格者八人,进士、诸科各四人;皇祐元年,应诏者八十二人,合格者七人,进士五人,诸科二人。今年投牒,进士七十七人,诸科五十人,凡一百二十七人。比之向来,数目倍多。岂非诏书开劝使然而利禄诱导之至也?条制:每科不得过五人,比再经复试,又须通落。奖进之路,似未开广。恐学者稍怠懈,美业中止。臣等欲望圣慈稍增人数,以劝来者。四方闻朝廷参用此科取士,莫不靡然向风,潜心经术,则彬彬之举兼成于前代矣。臣等见精加考试,须至具状奏闻,伏候敕旨。(《全宋文》卷四五七)

三　月

庚戌(十日),右龙武大将军克悚上拟试诗、赋、论十卷,且请随举人赴殿试。上曰:"宗子好学,亦朝廷美事也。"令学士院召试三题,既中等,迁

右卫大将军。(《长编》卷一七四)

十三日,帝御崇政殿,试礼部奏名进士,内出《圜丘象天赋》、《吹律听军声诗》、《乐本人心论》题。得郑獬已下五百二十人,第为五等,并赐及第、出身、同出身。翌日,试诸科,得九经夏侯圭已下五百二十六人,并赐本科及第、出身。(《宋会要·选举》七之一七)

滕元发甫,皇祐五年御试《听律听军声诗》云:"万国休兵外,群生奏凯中。"以是得第三,最为场屋所称。(《司马光集·补遗》卷一二《温公续诗话》)

郑獬《圜丘象天赋》:礼大必简,丘圆自然。盖推尊于上帝,遂拟象于高天。必在国南,播宏基之高厚;用符阳体,取大运之周旋。王者揆礼之文,为民之唱,修明大禘,导迎景贶。有祭焉格神于下,有祀焉享帝于上。谓丘也其形特异,我所以贵其自成;盖天也其体亦圆,我所以法之相尚。尔乃旋仲冬之序,迎至日之长,扫以除地,升而诏王。是必肇灵壤以高峙,模圆清而上当。择吉土之成基,乃定其位;仿高穹之大体,以就乎阳。由是欢然神意交,穆然天贶授。遍群灵以从之祀,严太祖以为之侑。焕尔盛容,配乎大就!成非人力,耸宝势以下蟠;仰合乾仪,环太虚而高覆。然则礼有物也,其制可象;天无形也,其端可求。故我相法于厚地,取类于重丘。崇崇其高,隐若积土之固;浩浩其大,浑如洪覆之周。是故有稿秸以藉诚,有陶匏以荐礼。大裘焉以彰其质,苍璧焉以象其体。固异周朝授政,筑层级之三成;汉祀命郊,兆重阶之八陛。是则事至神者,物无以称其德;接至高者,丘所以表其虔。与地居上,如天转圜。对方泽之成形,乃殊其象;规大仪之冥运,自贵其全。圣人所以明礼大原,建邦茂宪,兆其成迹,符于至健。夫然,因天事天,得先民之至论。(《全宋文》卷一四五七)

十六日,试特奏名进士并广南进士,内出《至美黼冕诗》、《强兵务富民论》题,得吴骧已下百六十六人,并赐出身,试衔、文学、长史。同日,试特奏名诸科,得王德润已下四百三十人,并赐出身,试衔、文学、长史。(《宋会要·选举》七之一七)

辛酉(二十一日),御崇政殿,赐进士郑獬等二百人及第,一百五十人出身,一百七十人同出身。(《长编》卷一七四)

壬戌(二十二日),赐诸科五百二十二人及第、出身。(《长编》卷一七四)

丙寅(二十六日),赐特奏名进士七十五人、诸科四百三十人、广南特奏名六百九十一人出身及试衔文学、长史。(《长编》卷一七四)

进士名录:郑獬,杨绘,滕元发,于伯达,上官汲,上官基(误),王中敏,王汝舟,王求,王汾,王尚贤,王固,王知微,王纯中,王景山,王复古,支咏,毛雍,毛恺,方子容,方孝锡,方瑗,方齐卿,尹襄,石简夫,田君平,丘同,白约,包舜宾,吕陶,吕开,朱何,朱伯玉,伍择之,危雍,江注,江庆,江朴,江桧,宇文之奇,杜准,李方,李仲堪,李孝孙,李作,李若讷,李昂,李定,李修,李信臣,李恂,李泾,李清臣,李觃,李湜,李慎思,李谊伯,李燮,吴山甫,吴君瑜,吴周卿,吴庚,吴处厚,吴评,吴颖,吴瓘,何大章,何琬,汪以慎,汪谷,汪师熊,沈叔通,沈振,宋仕诚,邵叔庠,邵景初,范子镇,范世京,范亦颜(误),范锷,林彭年,林榆,金材,周之道,周可封,周师厚,周涣,周景贤,周喻,周镛,胡仲堪,胡志中,胡宏,胡叔源,茹开,查埶,柳淇,韦逊,韦骧,皇镇,宣阒,姚孝孙,姚甫,马约,马康民,秦中,秦度,莫士光,莫综,莫磐,桂公述,桂珣,桂询,桂颖,夏昉,晁端友,晏升卿,徐伯琥,徐信,徐无党,徐复,奚若冲,翁万,翁缜,高旦,郭友贤,郭鼎臣,郭钢,陆毋必,陆坦,陆起,陈大顺,陈之元,陈次山,陈汝义,陈安道,陈希甫,陈君章,陈奎,陈陟,陈晃,陈冕,陈康民,陈惕,陈淙,陈绚,陈传,陈诒,陈说,陈齐,桑景舒,孙元常,孙立节,黄中庸,黄西陂,黄克荷,黄序,黄莘,黄浚,黄仅,黄嘉会,黄谕,曹子文,曹振,曹师尹,盛侨,许叔达,许昌龄,许升卿,许原,许宝卿,章辟强,章颖,张天占,张亚卿,张肩孟,张拱之,张琦,张傅,张复,张聘贤,张照及,张戬,张献民,项晞,彭仲熊,叶公望,叶式,叶材,叶祖谊,叶康直,万师诏,葛良嗣,董休,单咨,程博文,曾公范,曾伉,曾易则,曾矩,曾炳,湛庸,游奎,强相如,费琦,蒲宗孟,蒲宗闵,杨古容,杨芳,杨美,杨约,杨辩,雷豫,虞举元,詹珍,雍子方,赵昌期,赵师尹,赵蒙,赵荐,蒋瓘,蔡景祐,蔡项,裴维甲,郑介卿,郑汝平,郑希韩,郑叔明,郑季膺,郑杨庭,郑穆,郑諲,邓陟,邓堂,邓舜咨,翟瑜,楼郁,刘言武,刘孜,刘定,刘湜,刘瑾,刘澄,潘整,萧伯仪,萧澄卿,卢隐,钱恬,钱效,钱深,钱藻,韩希文,韩直彦,谢汝弼,谢坦,谢景平,应敢,应瑜,蹇绶,聂武仲,严颢,罗仲元,谭昉,谭侁,谯南熏,饶珙,饶琦,顾方。

诸科:夏侯圭,方慎交,游憷,杨纬,蔡禹谟,郑尹,顾临。

特奏名进士:吴瓖,丘从,邵灿,林载周,郭尹,陈德昭,许开,刘敏,卢邵义,卢侗。

特奏名诸科:王德润。(《宋登科记考》卷四)

补进士名录:其一,鲁有开。《全宋文》卷一四八二郑獬《李夫人墓志铭》:"鲁君讳有开,字周翰,尝与予同举进士。"

其二,盛诲之。《全宋诗》卷七三二韦骧《呈南邻司门盛诲之同年》。

其三,孙圣微。《全宋诗》卷七三二韦骧《送孙圣微同年赴浙漕》。

其四,慕容伯才。《全宋文》卷一八〇八王森《宋故朝请郎致仕慕容君遗戒》:"朝请君讳伯才,字之珍,皇祐五年登进士第。"

其五,林绚。《宋登科记考·附录》:"林绚,皇祐中进士登第。"《全宋文》卷二一七八郑侠《林府君墓志铭》:"君讳绚,字伯素。……同母弟绎与君偕名皇祐中,同日擢第,君之教也。释褐,授潭州长沙尉。……会曲江余襄公临镇,录其劳于朝。"《长编》卷一七二:(皇祐四年)"六月乙亥,起复前卫尉卿余靖为秘书监、知潭州。"林绚、林绎登第当在是年。

其六,林绎。《宋登科记考·附录》:"林绚,皇祐中进士登第。"补正文献同上。

其七,夏旼。《全宋文》卷七七八二范曾之《进士题名记》:"皇祐五年,侬寇梗路,二广试于别殿,夏公旼时为第一。"

其八,西方琥。《宋登科记考·附录》:"淄州人。宋登进士第。"《诗话总龟》前集卷一〇:"西方琥,东州人,郑毅夫榜登第。"

其九,李杰。《宋登科记考》卷六将其系于熙宁三年进士名录,误。《李大师墓志》:"第五子杰,第皇祐五年进士。"(《〈宋登科记考〉拾补——以碑刻文献为中心》)

其十,李无党。《太平治迹统类》卷二八载是年进士名录:“杨绘……李无党。”《宋登科记考》卷六元丰二年进士名录载有李无党者,或为另一人,待考。

辨正:其一,上官基,嘉祐二年进士。《宋登科记考》卷四是年及嘉祐二年进士名录皆有上官基,此处误。《全宋诗》卷七三八冯山《送上官基察推同年》,《宋登科记考》卷四误以此诗为吕陶所作,故以上官基为是年登科。

其二,范亦颜,嘉祐二年进士。《全宋诗》卷七三八冯山《题范亦颜圣邻同年集后》。按:《宋登科记考》卷四误以此诗为吕陶所作,故以范亦颜为是年登科。

楼钥《恭题仁宗赐董渊宸翰》:臣窃考皇祐五年三月辛丑朔壬子,崇政殿试礼部进士《圆邱象天赋》。辛酉,放郑獬等五百二十人。前所书十四日,是为甲寅,盖廷试后二日。又自言以大理丞景福殿祇应,岂非为诸位官耶?孟子曰:“国家闲暇,及是时明其政刑。”是时,神文临御已三十余年,正月平侬智高,朝廷无事,而肆笔匪颁,小臣犹不忘保治之要。虽止二字,足以示万世法。印文左曰“帝”,右则古“笔”字也,见《义云章》。臣高祖先臣某以是年中第,为第三甲第八十人,臣家衣冠实始于此。感叹再三,谨附书下方。(《楼钥集》卷六七)

郑毅夫廷试日,曾明仲为巡察官,方往来之际,见毅夫笔不停缀,而试卷展其前,不畏人窃窥,意甚自得。明仲从旁见其破题两句云:“大礼必简,圆丘自然。”因低语:“乙起著,乙起著。”毅夫惊顾,知是明仲。乃徐读其赋,便悟明仲之意。乙起大礼、圆丘二字,自觉破题便有精神。至唱名,果以此擅场。予屡见前辈说此事,所说皆同。(《曲洧旧闻》卷三)

郑毅夫自负时名,国子监以第五人送,意甚不平。《谢主司启事》有“李广事业,自谓无双;杜牧文章,止得第五”之句。又云:“骐骥已老,甘驽马以先之;巨鳌不灵,因顽石之在上。”主司深衔之。他日廷策,主司复为

考官，必欲黜落，以报其不逊。有试业似獬者，枉遭斥逐。既而发考卷，则獬乃第一人及第。(《梦溪笔谈》卷九)

郑翰林獬，郎官纾之子也。獬虽负时名，然累赴殿试、省试，俱不利。纾为狄青征广南辟客。是时侬智高鸱张，未知胜负，留家在雍丘舟中。而獬赴殿试罢，在京师候唱名。其母与尽室忧纾从军未知吉音，又忧獬仍旧黜于殿试。一家屏默惶惑之次，忽舟尾晨炊釜鸣，声甚厉，震动两岸，举家不知所为。釜鸣未定，忽岸上亟寻郑郎中船，乃报捷者南来，且附纾书云："已破侬贼，杀戮殆尽，走入溪洞，且议赏超迁矣。"语次，又有北来报榜者驰至云："二秀才昨日唱名而出，已状元及第矣。"釜鸣盖有为吉者。(《默记》卷中)

郑内翰久游场屋，辞藻振时。唱名之日，同试进士皆欢曰："好状元！"神文为之慰悦。(《麈史》卷上)

神文重于选士，皇祐五年廷试，既考定前一日，取首卷焚香祝曰："愿得忠孝状元。"洎唱名，乃郑獬也。故郑谢启曰："何以副上心忠孝之求。"(《麈史》卷中)

旧传郑獬榜进士周师厚者，策名居五甲末，才压一人曰陈传。师厚戏为语曰："举首不堪看郑獬，回头犹喜见陈传。"(《夷坚志》乙卷一)

滕章敏公慷慨豪迈，不拘小节。少嗜酒，浮湛里市，与郑獬毅夫为忘形友。议论风采，照映一世。尝与毅夫及杨绘元素同试京师，自谓必魁天下，与二公约，若其言不验，当厚致其罚。已而郑居榜首，杨次之，公在第三，二公责所约之金，答曰："一人解，一人会，吾安得不居第三?"俱一笑而散。(《中吴纪闻》卷四)

滕元发始至殿前，已取作第三人，以犯讳见黜。后复至殿前，仍居第三。时郑獬殿头，杨绘第二人，或问元发曰："公平生以大魁自负，今止得

第三,何其次也?”元发曰:“只为郑的獬,杨的绘也。”(《北窗炙輠录》卷下)

皇祐五年,王汾擢进士甲科。唱名日,左右奏:“汾,免解进士,例当降甲。”仁宗览家状曰:“汾,先朝学士禹偁曾孙。”遂不降甲。(《渑水燕谈录》卷二)

王彦祖,初名亢宗。庆历二年,方胜冠,廷试《应天以实不以文赋》。罢,寝旅舍,梦一人告之曰:“君今年未当中第。”彦祖尤不平,且责之曰:“子未尝见予程文,又未始知予生月,何从而知未中第?”其人笑曰:“君若中选,赋题‘天’字在下,君当三中选,皆然。今题‘天’字在上第二字,是以知其未也。”及唱名,果不预选。次举春试,不利于礼部。八年,再预廷试《盖轸象天地赋》,又复黜。至皇祐五年,免解赴礼部。前以卧疾困眠,梦至一大府,见二人,因恳求生平禄命,二人笑不答。再叩来年得失,其人指面前池水曰:“待此水分流,君即登第也。”觉,以为池水不能分流,决无中第望矣。久之,乃寤,即更名汾,以符水分之兆。及试礼部《严父莫大于配天赋》,廷试《圆丘象天》,皆中高选。其后召试学士院,又赋《明王谨于事天》,得贴馆职。皆符梦中之言也。(《渑水燕谈录》卷六)

内翰郑毅夫,久负魁望,而滕甫元发名亦不在其下。暨试礼闱,郑为南宫第四场魁,滕为南庙别头魁。及入,殿试《圆丘象天赋》。未入殿门,已风闻此题,遂同论议,下笔皆得意。时,留后李公端梦滕作第三人,服绯牙系鞋来谢。而郑亦有白龙之梦。将唱名,二公相遇,各举程文。滕破题云:“大礼必简,圆丘自然。”及闻郑赋“礼大必简,丘圆自然。”滕即叹服曰:“公在我先矣。”然未忘魁望,预为笏记云:“朝廷取士,唯求一日之长;畎亩望君,咸务积年之学。”及唱第,郑果第一,滕果第三,皆如素望。郑却无陛谢之备,遂用滕记。(《能改斋漫录》卷一四)

郑毅夫、滕元发皆有场屋声。郑赋妙绝,惟思迟,应天以实不以文。已预殿试,自觉不工,故曳白而出。后廷试,数自度不居第一,故不终场。至《圜丘象天》,得意甚。宋子京为试官,侍殿陛,即案旁视之。郑展卷,宋但云："挑起著破题。"初云："大礼必简，圜丘自然。"挑云："礼大必简，丘圜自然。"遂绝冠，果状元及第。元发诗最工，为第三。独杨元素蜀人，无中都之誉，遽在滕上。谓郑："那得此人，来厕我辈！"郑曰："彼亦有蜀都之誉，未易轻诮也。"滕遂改观。（《苏魏公文集》附录一《魏公谭训》卷四）

西方琥，东州人，郑毅夫榜登第。期集处，告毅夫曰："榜中琥最少年，乞作探花郎。"毅夫云："已差二人。"琥曰："此无定员，添一员何损?"公吏曰："前日琥第三甲，合出铺地钱二十缗。若作职事，则不出钱。"琥曰："愿出钱。"毅夫从其请。琥已受符，不出缗钱，毅夫切责之而倍其罚。琥白毅夫曰："晚进未尝工诗，愿状元先为之，以为楷式。"毅夫曰："绿袍不怕露痕湿，直入闹花深处来。"他日复见毅夫，曰："一见雅诗，不敢下笔。翌日当再进诗，愿公代之。"毅夫复云："朝来已与碧桃约，留住春风不放归。"闻者叹服。（《诗话总龟》前集卷一〇）

郑内翰獬未贵时，尝病瘟疫，数日未愈，甚困。俄梦至一处若宫阙，有吏迎谒甚恭。公谓吏曰："吾病甚倦烦热，思得凉浴，以清其肌。"吏云："已为公办浴久矣。"吏引公至一室中，有小池，方阔数尺，甃以明玉，水光潋滟，以手测之，清冷可爱。公乃坐甃上，以水泛身，俄视两臂已生白鳞，视水中影则头已角出，公惊遽出。吏云："此玉龙池也，惜乎公不入其水中，入则为辅宰。"乃觉，少选出汗。公后登第为第一人，为诗戏友人云："文闱数战夺先锋，变化须知自古同。霹雳一声从地起，到头身是白龙翁。"（《诗话总龟》前集卷三六）

郑獬《谢及第启》：程能驶瞽，交胜一时之功；唱第明庭，独据众材之上。拜恩书之优渥，佩赐服之光华。宠数迭臻，震惶失措。国家三灵拥祐，四圣重光，宪古抡贤，畅文陶俗。总兼四代之法，跨越两都之风。首善于京，摩民以谊。郡学县校，士举可以三物兴；家塾党庠，人皆足以四科考。用时为数岁之限，一日颁深诏之行。由郡吏计偕，至省会集阅。赴廷中千人而下，虽十仅去三；举海内万计之中，而百不收一。况复裒然选首，擢以抡魁。岂徒角能否之间，实惟系休戚之大。宜当间出士类，挺生世贤,副上意忠孝之求,慰众人名实之望。如某者,拙不晓事,才无他能。继官组以世婴,亲士伦而幼勉。炼精心术,陶冶性真。放不知求,常虞于舍路;资非自得,举昧于逢原。亦常沉冥乎六经,端悫乎百氏。虽登高自下。仅止学山之丘;犹口是胜非,不入向墙之户。曩希仕进,浸就科条。幸缘劝驾之甚勤,始预品题之最末。联国子倅,荐登揭板之书;居方物先,两被充廷之贡。顾惟羁蹇,分已弃捐;复偶详延,益思奋起。差名礼部,巍过考秀之门;颁艺宸庭,还践尊贤之地。天威下慑,文气内殚。尽扬子之深湛,困枚生之敏疾。固当引退,敢幸甄收!何意召对中宸,倡先群隽,夬扬王庭之下,震虩稠人之中。奏御千篇,盛逾于汉室;论功一等,首议于酂侯。夫何极陋之生,滥此独优之选。积薪居上,虽亡用人之讥;伛偻升高,已多指顶之笑。循涯思越,溢量知盈。此盖伏遇某官,协畅帝猷,计安天步。尽中材而乐育,穷物色以访求。致此儇微,假之殊特。敢不励修身检,畏远官瘝!强鼯鼠之短能,奋鸤鸠之累翮。言无己顾,公不家为。庶尽愚衷,仰酬大造。(《全宋文》卷一四七五)

韦骧《谢及第启》:右,某启:三月二十一日,皇帝御崇政殿放榜,蒙恩赐进士出身,仍当日释褐者。公选精明,当收贤者;圣恩恢廓,亦及幸人。拜命虽荣,揣心甚愧。窃以为君独治,自古共难,必求良臣,以责显效。乃至旌舆岩谷,物色草莱。召以礼不召以威,取其人不取其阀。弃版而相商,宗聘之特勤;舍渔而师周,王遇之甚渥。托一时之卜梦,新四海之听瞻。皆谓有非常之才,固当为不次之举。然兹殊典,难格后时。永惟取士之详,莫若设科之要。自汉而降,由唐以还,较评雄词,区处群彦。文章凛凛,共高当世之风;圭绂班班,率借此途而出。非唯试艺,足号得人。国家世统灵长,治原翕赩,野无弃士,廷有力臣。坐廊庙者以伊夔处心,列藩屏者以吕召任已。台阁讲议,辉华乎典谟;胶庠弦歌,畅导乎礼乐。备阅前代,无加本朝。尚犹间下诏音,广招隽类。凡预乡书之荐,俾由礼部而升。然后引之天庭,揭以圣训。傥有中程之状,悉膺署第之光。然而声律之间,可容妄作;爵命之重,岂宜滥当?高或致槐棘之尊,下或取郡邑之贵。所系悉大,其才实难。虽在伊人之为,尽由今日之选。自非超异,曷副详延?若某者,生而贱贫,性复庸野,不能治产,尤喜执经。众皆谓之僻儒,心独安于直道。无阔达之度,常愧于古人。负空虚之资,俯羞于浮俗。始千里选,一黜文评,崎岖数年,连蹇万态。学如短绠,信未及于渊源;志若疏筠,曾不迁其节操。时可佐而位无所践,亲欲养而禄无所干。忠孝未全,日月易往。复偶旁求之命,再兴妄进之怀。虽焚舟以示于必行,而发策尚虞其难得。岂意乡老贡迹,太常籍名,幸趋邃旒,仰待明试。天题渊秘,落笔辞穷,昼景迅驰,举目心陨。仅缀三篇之略,殊无一日之长。所忧罢归,敢觊荣擢?洎中楹之唱等,唯上意之第能。不图微躯,亦玷后列。宠乎逾分,理则有归。此盖伏遇某官,甄陶儒风,仪表世教。佐主而求士,欲无所遗;器人而尽材,容有不备。使浅闻之贱介,亦见采于明时。敢不永励赤心,坚持素节!罔冀金朱之乐,愿伸犬马之能。上酬国恩,次答钧造。降此以外,不知他为。某卑情无任感荷激切知归之至。(《全宋文》卷一七七三)

梅尧臣《送下第亲旧》:花开风雨恶,坐见纷纷落。明日结子时,又复有脱萼。莫嗟树渐老,树老子亦着。共爱西枝繁,不数东枝弱。他年会有春,却看西枝薄。(《梅尧臣集编年校注》卷二三)

四　月

九日,赐大理寺丞宋充国、太常寺太祝郑民彝进士出身。充国,宰相庠之子,以恩陈乞;民彝,献父戬家集,并召试学士院,命之。(《宋会要·选举》九之一二)

五　月

一日,以新及第进士第一人郑獬为将作监丞,第二人杨绘、第三人滕甫并为大理评事,通判诸州;第四人雍子方、第五人宇文之奇并为两使职官;第六人而下并九经及第,并为初等幕职官。第二甲,为试衔大县主簿、尉;第三甲、第四甲,试衔,并判、司、主簿、尉;第四甲已下及诸科,同出身,并守选。(《宋会要·选举》二之八、九)

二十六日,诏:“宗室通一经者,试之。”(《玉海》卷一一六)

七　月

二十七日,诏国子监:"如闻监生多以补牒贸鬻于人,使流寓无行之士冒试于有司,其加察验之。"(《宋会要·选举》一五之一四)

闰七月

二十日,诏:"诸科举人,自今后终场问大义十道,每道举科首一两句为问。能以本经注疏对而加以文辞润色发明之者为上;或不指明义理,但引注疏备者次之,并为通。若引注疏及六分者为粗。其不识本义,或连引他经而文意乖戾、章句断绝者为否。并以四通为合格。九经、五经止问大义,而不须注文全备。其九经场数并减二场,仍不问兼经。"(《宋会要·选举》一二之三〇、三一)

(戊子,二十一日)又诏:"开封府、国子监进士,自今每一百人解十五人。其试官亲嫌,令府、监互相送。若两处俱有亲嫌,即送别头。"(《长编》卷一七五)

八　月

三日,命观文殿学士高若讷、王举正,端明殿学士杨察,直史馆唐询,就秘阁考试制科。若讷等上赵彦若论六首:《哲人惟刑》、《贷以国服息》、《五官为上》、《公舜明庶特》、《治天下审所尚》、《施孟梁丘易学如何》论。(《宋会要·选举》一一之二)

十五日,帝御崇政殿,策试贤良方正能直言极谏太常寺太祝赵彦若。制策曰:"盖闻治古之隆,民风淳,王道易,心通诚孚,而天下之理得。是以六气顺,三光明,祲厉屏,厘祥臻,群灵豫安,诸产茂嘉,朕甚慕焉。后世寖薄,智伪日滋,为君者难,习俗多弊。故善气罕应,而阴阳鲜和。朕承祖宗之休,执天地之政,深惟大器至重,大麓至繁,夤威兢业,罔敢暇豫。所惧明有未烛,道有未昭,天时舛宜,民业重困。故间岁下诏,举达学绝才之士,以直言补阙。子大夫怀业优博,盛年为举首,期有以答扬精微,阐论朕志。夫王者之道，有统有运，有文有质；历世之序，或悠或促，岂所遭之时不同，抑所尚之术有异者邪？五帝敻远，弗可得详；三代绵永，其规足术；二汉以降，七制为美。暨鼎列南北，光灵不竞，陵夷至于唐室。贞观、开元之主，接轸于二百年间，大盗三发，不绝如线。五季之末，极穷而复。皇天眷我烈祖之丕命，二圣继武，重光协华。肆朕继承，弥越三纪，未尝一喜怒以贱刑赏，一奢欲而耗财用，一偏听以咈谏诤，一力役以夺民务。虚心至怀，率蹈公路，盖欲大先猷而恢帝步也。何则比年以来，星躔爽行，蛮夷骚耸；烈风迅雷，间成惊暴；河流坤载，顷常震溢；螽旱作沴，风俗浸漓？居位者或拱嘿以养名，怀道者或隐身而逊志，人力尚屈，王泽未流，夙宵浩然，若涉渊冰。今欲远鉴列古兴坏之本，近迹当世得失之宜。上求天端，消复变眚；下革时弊，化行忠厚。使大臣亮而小臣力，仁惠浃而氓细纾。呜呼！何道而臻此邪？子大夫其详之著之，茂之明之，副朕观览。又王政之急，在知人，在齐俗，在务本，在阜财。经之以文物，辅之以武事，而治具备矣。然而，碔砆类玉，萧稂乱穑。能哲而惠，惟帝攸叹，侈纵犯上，贫富正等，流弊日久，于变甚难。四人之生，常屈于倚耒之士；九岁之蓄，未逮于三登之年。伊欲任忠而判邪，敦风而轨俗。因财理以辨人物，则九偏七似，或卢于大烦；尚法制以正上下，则六柄四位，未知其安执？稽任地、授田之职，以限农亩，可适于今乎？设平准、均输之令，以御物货，果便于世乎？仲舒之明情性，贾谊之言国体，于道孰粹？管氏之陈七法，荀卿之条六术，论兵谁至？商因夏礼，所因者何？文汉杂霸道，所杂者何迹？至于今世之务，最切者何事？前朝之政，可循者何规？既往之失，孰者宜惩？将然之虞，奚者宜备？子大夫其悉意极虑，正辞以陈，兴自朕怀，毋惘有司。”彦若策考不入等而罢。（《宋会要·选举》一一之二、三、四）

辛酉（十五日），御崇政殿，策试贤良方正能直言极谏太常寺太祝赵彦若。彦若所对疏阔，下有司考，不中等而罢之。先是，制举就秘阁试者凡十八人，有司独取彦若。于是，又被黜去。议者谓宰相陈执中不由科第以进，故阴讽有司专抑儒士，非彦若实不能也。（《长编》卷一七五）

皇祐五年，陈执中无名第，不留意取士。制科十八人试秘阁，密谕考

官止放赵彦若一人,廷对又黜之。(《玉海》卷一一六)

二十五日,帝御崇政殿,试举人。以董君平补三班奉职,韩琳、侯奭补借职,戴挺等五十一人补三班差使、殿侍,臧昌龄等七人补下班殿侍,并边上指使。前诏罢武举,今所擢者,皆秘阁经试旧人。(《宋会要·选举》一七之九)

十一月

四日,诏:"应贡举人,自来南省锁院后,知举官当面引保。近制,未锁院前,先于贡院引验。期会逼迫,奔走不逮,远方之人,深为非便。自今引保依旧例。"(《宋会要·选举》三之三二)

四日,《南郊赦书》:"应贡举人曾经先朝省试者,昨虽尽与搜扬,尚虑或有遗落,仰逐处更切检会。及进士两举、诸科四举殿试下,并进士四举、诸科六举省试下者,并特免将来文解。内先朝举人,如省试不合格者,别具名闻奏。应川、峡四路昨来曾经免解、南省下第举人,言念寒儒,奔驰远道,累经摈落,良用悯嗟。将来科场,并特与更免文解。"(《宋会要·选举》一五之一四、一五)

是　年

金君卿《仁宗朝言贡举便宜事奏状》:准敕节文:今年贡举事,令尚书礼部贡院依例施行者。臣不避诛罚,敢以愚见,谨条贡举事,切于时宜、较然易行者有三,析于章左。伏望圣聪俯加裁择,发于睿断,早赐施行。臣人贱言鄙,轻浼宸旒,无任俯伏待罪、战汗屏营之至。一事:臣伏睹皇祐二年《明堂赦书》节文:"贡举人曾经先朝省试下,特免将来文解。如省试不合格者,别具名闻奏。"臣妄测圣心,盖谓其人尝蒙先帝乐育之恩,又恤其久于场屋,而特加优异也。臣窃观先朝举人,类多在耆艾,气体衰朽。或素无生业,迫于赀费,而天下州郡,远者动万千里。夫以贫病衰老全甚之人,骤为万千里之行,则其为劳亦甚矣。至如前岁诏下,先朝举人希觊恩泽,望风而至都下者甚众。是时朝廷别无恩旨,例赐钱三千,俾为归计。

而属岁疠疫,在道或病或死者不少,诚可悯伤。今而诏下,臣窃思其人力能往者,十无三四。其三四中,劳其筋力,苦于道途,不幸而病且死者,抑又可料。则是得以名闻者,百才一二尔。伏惟陛下躬祀明堂,使民知孝,有生之类莫不涵被恩渥,故人人鼓舞歌咏,喜逢盛明。在先朝学校之人,蒙陛下预开优恤之意,特异于常。今其间力不能往者,独不蒙惠泽之流,均及其身,此人可悯也。臣今欲望圣慈,特诏天下州郡先朝举人,有愿赴省试者,听之。其间有贫病衰老就试不得者,委本州郡勘会,得解后来但不曾犯真刑者,具名闻奏。乞朝廷就赐一上佐之官,以毕余年。臣观此等人,虽材或有短长,然自束发从学,至老而志操不变,是亦有意于善也。今若朝廷恻然悯其夙心,使至暮年终被恩命,少酬愿望,庶不辜生平嗜学之志。上以广先帝乐育之恩,次以彰陛下优老好善之实,而又使天下之人晓然知为善之利也。二事:臣闻汉世学者,皆以专经补吏,故士者治身从政,罔悖于理。当时所得,类多有道之士。而后世不克循之,故所进之人,未有如两汉之盛也。国家因近代之制,用词科以取士。向者有司命题发策,多不专于经典,往往杂取诸家小说。故朝廷患其如此,亦尝颁示条约,得于国子监经史中出题目。近岁已来,遂于注疏,及但系监本诸杂文字中,摘裂句读,以为题目。况本朝文物浸盛,国庠典籍,部类实繁。学者若专志于经,则不足以备科试;将遍而治之,则力有所不逮。由是,靡靡然袛务驰骋涉猎,破碎文义,以绚饰辞章而已。求其内可以美其身,外可以谋王体、断国论者,盖几希矣。凡士之出处语默,鲜能及于古者,亦由不专于经术而然也。臣今欲乞申敕内外主司,凡试进士诗赋,只于九经正文中出题目;其策论,亦详于三史及荀、孟、扬雄书中通用。如此行之,则学者皆务深于经术,而有道之士出矣。三事:臣窃见向来开封府、国子监两处应举者,常至数千人。其间虽有奇才异士,然亦类多托籍冒名、浮薄不逞者,杂于其中。或纷挠礼闱,动致喧争;或轻议国体,妄生谤讟。是非杂揉,玷我士风。朝廷近年亦患其然,故尝诏立赏格,许人告讦。徒使狡诈之人,夤缘为奸,兴构狱讼,殊亏事体,适长浇风。以至于引试之际,则士人汹涌欢噪,不可止御。至有殴击吏卒,肝脑涂地者。况天府国庠,乃朝廷观礼示化之地,而萃集浮薄不逞之徒,为弊至此,甚可怪也。今年自闻诏下,四方之往者不绝于道,臣恐前岁之弊,未能遽已也。窃原士之所以轻去州郡,而乐趋府、监者，大抵以近者州郡立定解额，多不均一。及开封府、国子监素无定额，比之外郡稍宽，故外郡解额少处，竞奔凑京师。及府、监举人保明行实，约束未尽，致有冒名之弊。臣今以诸郡应举人数计之，有十人解一名处，有二十人及三十人以上解一名处。又况每岁人数多少不定，若只限以旧额，实见不均。臣今欲乞申敕开封府、国子监及天下州郡，例皆以分数取人，二十人中与解一名。则不惟取士之均，又使人皆乐就于乡举矣。其开封府进士，须得在京户税委实居止去处，不实者论违制之罪。虽去官经赦、见任官委保，不得原免。其衣冠子弟今后就学上庠者，须得本贯见任官与发保明文牒，方许入学类试。则府、监无伪滥之弊矣。(《全宋文》卷一八二四)

皇祐六年至和元年　甲午(1054)

皇祐年间

旧制:试院门禁严密。家人日遣报平安,传数人口,讹谬皆不可晓,常苦之。皇祐中,王罕为监门,始置平安历,使吏隔门问来者,详录其语于历。传入院中,试官复批所欲告家人之语及所取之物于历,罕遣吏隔门呼其人读示之,往来无一差失。自知举至封弥、誊录、巡铺共一历,人皆见之,不容有私,人甚便之。是后遵以为法。(《涑水记闻》卷一四)

刘沆与乡人尹鉴少同场屋。刘已登第大拜,皇祐中,尹以恩榜始登第。还乡,刘以诗送之曰:"少年相款老相逢,乡举虽同遇不同。我已位尘三事后,君方名列五科中。荣登莫计名高下,宦达须由善始终。若到乡关人见问,为言归思满秋风。"(《青箱杂记》卷一〇)

皇祐年,前举人看谒皆用封状,面签所谒爵。其中细书云:乡贡进士姓某名某,谨捧状诣客次,祗候某官,伏惟尊慈,俯赐鉴念。谨启。月日。乡贡进士姓某启。未得解者,称应乡贡进士举。四五年来,止用名纸。又不论曾预荐与不曾预荐,皆单称进士。(《吕氏杂记》卷上)

皇祐中,京师试《止戈为武赋》,张弼首选,颇以此赋驰名。第七韵曰:"亦犹日并月以为明,纪天之象;王居门而曰闰,重岁之余。"(《云谷杂纪》卷四)

汪辅之,宣州人,少年有俊声。皇祐中,觅举开封,以"周以宗强"为赋题,场中大得意。既出,宣言于众,必为解魁。偶与数客饮于都城,所谓寿州王氏酒楼。闻邻阁有吴音士人,亦同场试者,诵其所作。辅之方举酒,失措坠杯,即就约共坐,询其姓氏,乃云:“湖州进士沈初也。”辅之云:“适闻公程文,必夺我首荐。然我亦须作第二人。”后数日榜出,果然是汪辅之登第。(《挥麈后录》卷六)

包拯《论取士奏》:臣以孤远之迹,猥荷圣选,擢升宪府。退思所以为报,则智识蒙浅,无以副上旨之万一,敢竭愚见,唯明主裁之。臣伏睹近降诏敕,以官吏升陟贤否相溷,世族补荫愚智不分,并立新条,以革旧弊,有以见陛下求治垂训之深旨也。臣闻:天下,大器也;群生,重畜也。古之圣王御大器,保重畜,盖各有其道焉。以万务之无极也,一统于上,岂可以思虑尽之耶?故立三公,设九卿,百执事,以维持之。俾群材尽力,而百工无旷,则王者正其本,执其要,而天下之大务举矣。故治乱之原,在求贤取士得其人而已。《汉书》云:“帝王之德莫大于知人。”大抵斯人之情,皆希荣进,莫不饰正于外,藏邪于内。邪正所蕴,渊密难辨,而审之必有术焉。以贤知贤,以能知能,知而用之之谓也。且知人与不知人而任之,乃得失所系而安危从之,宜乎取士之际不可不慎焉。夫三代取士之法,阔略难议。两汉而下,莫若唐天宝之制,自京师逮郡县,皆有学焉。每岁仲冬,馆学课试,乃与计偕;其不在馆学而举者,谓之乡贡。并责成有司,唯以得之与否为荣辱。得士者升,失士者黜,孰不公其心以进退乎!其得第者,但谓之选人;有格限未至而能试文三道者,谓之宏词;试判三道者,谓之拔萃,中是选者,得不限年而授职。复有贤良之科焉,所以区别才行,慎重名器,如是之审也。故当时文物尤盛,比隆三代,基构绵远,垂三百年,其有由矣。今之取士则异于是。乡曲不议其行,礼部不专其任,但糊名誊本,烦以绳检,复于轩陛,躬临程试。三题竞作,百篇来上,不逾三数日,升降天下士。其考较去留,可谓之精且详乎?臣亦恐非进贤退不肖之长策也。《周礼》升秀辨官,司徒、司马、大乐正之职,未闻王者躬其事也。议者谓不若近约唐制,归诸有司。或曰:取舍之柄,当由人主。曰:盍使礼部考试,定其可否高下,混于奏籍,赐第上前,抑亦无失于国体矣。然后复宏词、拔萃之科,明立条目,宽限人数,岁一设之。其与选者,比类奏举之人,以次甄擢而任之,有以得其实才矣。顷年虽复贤良、拔萃之科,得人裁一二而已。

又罢拔萃之举，恐未足尽魁梧之选也。且今之仕者，非保任则无以自进，若参以二科而精求之，则取人之路岂不裕乎！而又佥举之敝，渐不可长。其间或昵于爱私，或迫于势要，不得已因而举之者众。缪滥无别，宜一警革。若至其甚，何所及焉！方今天下多事，边鄙未宁，政失于宽而弊于姑息，士弛于务而幸于因循，固宜推择真贤，讲求治道。外则黜郡守、县令不才贪懦苛虐之辈，以利于民；内则辨公卿、大夫无状谄佞朋比之徒，以肃于朝。杜绝回邪，振张纪律，可使教惇于上，民悦于下。足以导迎和气，驯致太宁，不亦盛哉！伏望陛下稽前代之成败，验当今之得失，政有未顺，理有未安，则思而图之，图而行之，行而终之。则生灵受其福，而宗社享无疆之休矣。伏惟陛下鉴其区区，恕其狂直，一赐观采。

包拯《请依旧封弥誊录考校举人奏》：臣伏睹新定《贡举条制》节文：诸州发解，令知州、通判、职官、令录等，保明行实，更不封弥、誊录者，此乃三代里选之法。盖朝廷欲先德行而后词学，责成有司，不欲烦以绳检，庶取士有以得其实才矣。缘天下郡学，自罢听读之后，生徒各以散去。一旦诏下，投牒求试者比比皆是，长吏等又安能一一练悉行实哉？不免只凭逐人递相保委，然而诈伪猥杂者亦无由辨明。兼每州用试官一员，是天下试官逾三百余员，必恐未能尽得其人而悉心于公取也。或缘其雅素，或牵于爱憎，或迫于势要，或通于贿赂，势不得已因而升黜者有矣。又何暇论材艺，较履行哉！洎取舍一谬，则是非纷作，不惟抑绝寒素，窃虑天下因此构起讼端多矣。况封弥、誊录行之且久，虽非取士之制，稍协尽公之道。若今来诸州发解举人，且令仍旧封弥、誊录考校，于理甚便。若以敕命方行，难于遽改，即乞特降约束其逐处试官、监试官，如稍涉徇私及请托不公，并于常法外重行处置。不然，令别定刑名，庶使官吏等各知警惧。（以上均见《全宋文》卷五三九）

至和二年　乙未(1055)

正　月

(庚辰,二十一日)定州乡贡进士赵肃上《兵民总论》十卷。诏:"特免将来文解,省试虽不合格,令贡院特以名闻。"(《长编》卷一七八)

三　月

十八日,赐光禄寺丞梁彦昌同进士出身。彦昌,宰相适之子。以恩陈乞,召试学士院,命之。(《宋会要·选举》九之一二)

九　月

二日,赐光禄寺丞庞元英、太常寺奉礼郎郭源中并同进士出身。元英,宰相籍之子。籍出郓州,以恩陈乞;源中,上家集,并召试学士院,命之。(《宋会要·选举》九之一二)

辛巳(二十六日),龙图阁直学士、右谏议大夫李柬之言:"……今选举之路未精,补荫之门太广,恩幸之路未塞,因缘之弊未除。唐制明经、进士及第,每岁不得过五十人;今三、四年间,放四、五百人。校年累举,不责词艺,谓之恩泽者又四、五百人。因陕西用兵,保、恩二州卒叛,广南侬贼寇掠,而逐路举人,悉加录用,荒唐浅陋被恩命者,不可胜数。诸科虽专记诵,责其义理,一所不知。加之生长畎亩,不习政术,临民治众,能晓事者十无一二,岁亦放五百余人。此所谓选举之路未精也。"(《长编》卷一八一)

十　月

十五日,判礼部贡院王珪言:"窃惟贡举之法,盛于有唐,自贞观迄于开元，文章最隆。其较艺有千余人，而所收者无几。咸亨、上元中，尝增其数，然无及百人者。国初取士之科，皆袭唐制。兴国中始大擢贡士，其后浸以益广，无有定数。故近年以来，官吏猥滥，溢于常员，甚非国家所以取人之意。前诏礼部，应进士、诸科奏名皆以四百人为额。兹诚圣虑所欲革仕进之弊，而敦治原之要也。伏虑将来群士皆至阙下，一有扇摇，而言者辄议冲改。望申饬有司，令固守之。”又言：“天下发解诸科人，不及礼部元额。盖元额至多仅七千余，因循不曾详定。缘进士已有定额，请自今南省考送，毋得过进士之数。”并从之。（《宋会要·选举》三之三二、三三）

乙巳（二十一日），礼部贡院上《删定贡举条制》十二卷。（《长编》卷一八一）

初，礼部奏名进士、诸科，各以四百为限。又请杂问大义，侥幸之人悉以为不便，欲摇罢诏法。己酉（二十五日），知制诰王珪言：“唐自贞观讫开元，文章最盛，较艺者岁千余人，而所收无几。咸亨、上元中，尝增其数，然亦不及百人。国初取士，大抵袭唐制。逮兴国中，增辟贡举之路，其后浸以益广，无有定数。比年以来，官吏猥滥于常员，故近诏限数四百。兹诚所以惩仕进之弊也。取士惟进士、明经、诸科。明经先经义而后试策，三试皆通为中第，其大略与进士等。而诸科既不问以经义，又无策试之式，止以诵数精粗为中否。则其专固不达于理，安足以长民治事哉？前诏诸科终场，问本经大义十道，九经止问义而不责记诵，皆已著之于令。臣虑言者以为难于遽更，而图安于弊也。惟陛下申敕有司，固守是法，毋轻易焉。”而尚书屯田员外郎朱景阳又奏谓：“礼部试日，以巡铺官察士子挟书交语私相借助。而贵游子弟与寒士同席，父兄持权，趋附者众，巡铺官多佞邪希进之人，为之庇盖，莫肯纠举。都堂主司，纵而不诘，上下相蒙。寒士寡徒，独任臆见。譬如战斗，是以一夫之力而当数百人也。请令寒士与锁厅者同场别考，则势均力敌，可绝偏私。”奏寝不报，而申严巡铺官不察之法。（《长编》卷一八一）

王珪《诸科问经义奏状》：右，臣窃以有唐取士之法，虽有数科，然当时士选之盛者,惟明经、进士而已。盖明经先问义而后策试,三试而皆通者为得第,其大略与进士等。国家比试诸科,既不明经义,又无策试之式,但能精于诵数者,即举以中选。是岂朝廷设科取士之意哉!前诏礼部,令诸科终场日,于本经问大义十道,九经、五经只问大义。兹诚国家推广教道,将令士者悉以明六经大法之归,固不专于记诵之功也。臣已著之于条。然虑议者以谓难于猝更,犹欲安习前弊。伏望朝廷预戒,有司永以遵守。(《全宋文》卷一一五〇)

是　年

欧阳修《论删去九经正义中谶纬札子》:臣伏见国家近年以来,更定贡举之科,以为取士之法;建立学校,而勤养士之方。然士子文章未纯,节行未笃,不称朝廷励贤兴善之意,所以化民成俗之风。臣愚以谓士之所本,在乎六经。而自暴秦焚书,圣道中绝。汉兴,收拾亡逸,所存无几,或残编断简出于屋壁,而余龄昏眊得其口传。去圣既远,莫可考证,偏学异说,因自名家。然而授受相传,尚有师法。暨晋、宋而下,师道渐亡,章句之篇,家藏私畜,其后各为笺传,附著经文。其说存亡,以时好恶,学者茫昧,莫知所归。至唐太宗时,始诏名儒撰定九经之疏,号为正义,凡数百篇。自尔以来,著为定论,凡不本正义者谓之异端。则学者之宗师,百世之取信也。然其所载既博,所择不精,多引谶纬之书,以相杂乱,怪奇诡僻,所谓非圣之书,异乎正义之名也。臣欲乞特诏名儒学官,悉取九经之疏,删去谶纬之文,使学者不为怪异之言惑乱,然后经义纯一,无所驳杂。其用功至少,其为益则多。臣愚以谓欲使士子学古励行而不本六经,欲学六经而不去其诡异驳杂,欲望功化之成,不可得也。伏望圣慈下臣之言,付外详议。今取进止。(《欧阳修全集》卷一一二)

至和三年嘉祐元年 丙申(1056)

三 月

丁巳(五日),诏:礼部贡举。(《长编》卷一八二)

四 月

(丙辰,五日)初,龙图阁直学士李柬之请更定选举、补荫之法。知谏院范镇请:"科场取士,百司入流,悉减半。"下两制议。于是诏:"科场取士,以皇祐四年进士限四百人,诸科毋得过其数。罢南省特奏名。"皇祐四年不见此指挥,至和二年十月己酉王珪奏疏,亦止称近诏,不称皇祐四年。按皇祐五年三月,赐郑獬等及第出身,凡五百二十人,限以四百,必在五年三月后。(《长编》一八二)

七 月

十三日,命侍御史范师道、直秘阁王畴、集贤校理胡俛、韩宗彦、王权、宋敏求考试开封府举人,右司谏马遵、集贤校理沈遘、秘阁校理李綖、史馆检讨韩维考试国子监举人,集贤校理陆诜、群牧判官太常博士王安石考试锁厅举人。(《宋会要·选举》一九之一二)

(苏)轼、(苏)辙应开封府解。与林希、王汾、顾临、胡宗愈同试景德寺,皆中举。榜出,袁轂首选,苏轼第二。辙亦中其选。(《三苏年谱》卷六)

礼部尚书黄公说:丙申年秋试,进士至八千人,国朝以来未有如此之盛。他试院不能容,始命就开宝寺分数场引试。开宝为试院,自此始。礼部林郎中以《清微之风养万物赋》为第一人,始可谓雄魁也。(《文昌杂录》卷四)

沈遘:《七言景德寺考试院和李子仪重阳日》,《七言景德寺考试院壁和王介甫所题诗二首》。(《全宋诗》卷六二八)

苏轼《儒者可与守成论》:圣人之于天下也,无意于取也。譬之江海,百谷赴焉;譬之麟凤,鸟兽萃焉。虽欲辞之,岂可得哉?禹治洪水,排万世之患,使沟壑之地疏为桑麻,鱼鳖之民化为衣冠。契为司徒,而五教行,弃为后稷,而烝民粒,世济其德。至于汤武拯涂炭之民,而置之于仁寿之域,故天下相率而朝之。此三圣人者,盖推之而不可去,逃之而不能免者也。于是,益修其政,明其教,因其民,不易其俗。以是得之,以是守之,传数十世,而民不叛。岂有二道哉!周室既衰,诸侯并起,力征争夺者,天下皆是也。德既无以相过,则智胜而已矣;智既无以相倾,则力夺而已矣。至秦之乱,则天下荡然,无复知有仁义矣。汉高帝以三尺剑起布衣,五年而并天下。虽稍辅于仁义,然所用之人常先于智勇,所行之策常主于权谋。是以战必胜,攻必取。天下既平,思所以享其成功,而安于无事,以为子孙无穷之计。而武夫、谋臣,举非其人,莫与为者。故陆贾讥之曰:"陛下以马上得之,岂可以马上治之?"叔孙通亦曰:"儒者难与进取,可与守成。"于是酌古今之宜,兴礼乐之中,取其简而易知、近而易行者,以为朝觐、会同、冠昏、丧祭一代之法。虽足以传数百年,上下相安,然终不若三代圣人取守一道、源深而流长也。夫武夫、谋臣,譬之药石,可以伐病,而不可以养生。儒者譬之五谷,可以养生,而不可以伐病。宋襄公争诸侯,不擒二毛,不鼓不成列,以败于泓,身夷而国蹙。此以五谷伐病者也。秦始皇焚诗书,杀豪杰,东城临洮,北筑辽水,民不得休息,传之二世,宗庙芜灭。此以药石养生者也。善夫贾生之论曰:"仁义不施,攻守之势异也。"夫世俗不察,直以攻、守为二道,故具论三代以来所以取守之术。使知禹、汤、文、武之威德,亦儒者之极功;而陆贾、叔孙通之流,盖儒术之粗也。

苏轼《物不可以苟合论》:昔者,圣人之将欲有为也,其始必先有所甚难,而其终也至于久远而不废。其成之也难,故其败之也不易。其得之也重,故其失之也不轻;其合之也迟,故其散之也不速。夫圣人之所为详于其始者,非为其始之不足以成,而忧其终之易败也;非为其始之不足以得,而忧其终之易失也；非为其始之不足以合，而忧其终之易散也。天下之事，如是足以成矣，如是足以得矣，如是足以合矣。而必曰未也，又从而节文之，绸缪委曲而为之表饰，是以至于今不废。及其后世，求速成之功，而倦于迟久。故其欲成也止于其足以成，欲得也止于其足以得，欲合也止于其足以合。而其甚者，又不能待其足。其始不详，其终将不胜弊。呜呼！此天下治乱、享国长短之所出欤？圣人之始制为君臣、父子、夫妇、朋友也。坐而治政，奔走而执事，此足以为君臣矣。圣人惧其相易而至于相陵也，于是为之车服、采章以别之，朝覲位著以严之。名非不相闻也，而见必以赞；心非不相信也，而出入必以籍。此所以久而不相易也。杖屦以为安，饮食以为养，此足以为父子矣。圣人惧其相亵而至于相怨也，于是制为朝夕问省之礼，左右佩服之饰。族居之为欢，而异宫以为别；合食之为乐，而异膳以为尊。此所以久而不相亵也。生以居于室，死以葬于野，此足以为夫妇矣。圣人惧其相狎而至于相离也，于是先之以币帛，重之以媒妁。不告于庙，而终身以为妾；昼居于内，而君子问其疾。此所以久而不相狎也。安居以为党，急难以相救，此足以为朋友矣。圣人惧其相渎而至于相侮也，于是戒其群居嬉游之乐，而严其射享饮食之节。足非不能行也，而待摈相之诏礼；口非不能言也，而待绍介之传命。此所以久而不相渎也。天下之祸，莫大于苟可以为而止。夫苟可以为而止，则君臣之相陵、父子之相怨、夫妇之相离、朋友之相侮久矣！圣人忧焉，是故多为之饰。《易》曰："藉用白茅，无咎，苟错诸地而可矣。藉之用茅，何咎之有！"此古之圣人所以长有天下，而后世之所谓迂阔也。又曰："嗑者，合也。物不可以苟合，故受之以贲。"尽矣。（以上均见《苏轼文集》卷二。自注："二首俱程试。"）

苏轼《谢秋赋试官启》：伏以圣人设文章之教，本以御民；君子在田野之间，亦学为政。故知礼乐者可与言化，通《春秋》者长于治人。盖三代之所常行，于六经可以备见。事为之制，曲为之防。使学者皆能明其心，则天下可以运诸掌。降及近世，析为二途。凡王政皆出于刑书，故儒术不通于吏事。惟其所以治民者，固不本于学；而其所以为学者，亦无施于民。游庠校者忘朝廷，读法律者捐诗赋。场屋后进，挟声技以相夸；王公大人，顾雕虫而自笑。旧学无用,古风遂忘。终始之意,曾不相沿;贵贱之间,亦因遂阔。下之士有学古之志,而无学古之功;上之人有用儒之名,而无用儒之实。顾兹偷弊,常窃悯嗟。苟非当世之大贤,孰拯先王之坠典?伏惟某官,才出间世,志存生民。曩在布衣,能通天下之务;旋居要职,又为儒者之宗。明习政事,而皆有本原;守持经术,而不为迂阔。世之系望,上所深知。辍自朝联,付之文柄。命题甚易,而不肖者无所兼容;用法至宽,而犯令者未尝苟免。观其发问于策,足以尽人之材。讲求先圣之心,考其诗义;深悲古学之废,讯以历书。条任子之便宜,访成均之故事。不泥于古,不牵于今。非有苛碎难知之文,将观磊落不羁之士。使天下知文章诚可以制治,知声律不足以入官。失之者固因而自新,得之者不至于捐旧。畴昔所欲,于今遂忘。轼才无他长,学以自守。为文病拙,不能当世俗之心;奏籍有名,大惧辱贤材之举。翻然如畀之羽翼,追逸翮以并游;沛然如假之舟航,临长川而获济。偶缘大庇,粗遂一名。方将区区于簿书米盐之间,碌碌于尘埃棰楚之地。虽识恩之所自,顾力报之末由。感惧之怀,不知所措。(《苏轼文集》卷四六)

八　月

(癸丑,四日)诏:"大臣自今无得乞子弟及亲旧赐进士出身。"(《长编》卷一八三)

是　月

曾巩《应举启》:右巩启:伏念巩材质浅陋,艺学荒芜。读圣人之经,未知大义;明当世之务,多泥旧闻。虽坚树立之心,岂适通变之用?矧罹祸衅,屡抱忧哀。是以三遇文闱,一逾岁纪,足迹不游于场屋,姓名不署于乡闾。仆仆东南,有衣食婚嫁之累;拘拘蚤夜,惟米盐薪水之忧。今者侧听诏书,讲求士类。顾私恩之可念,迫生理之难周,义不自皇,势当强起。盖以出而载质,无他业之可为;仕以为贫,亦古人之所处。遇高明之见照,殆否结之将通。伏以某官梁栋环材,琮璜茂器。发文章之素蕴,当仁圣之盛期。忠言嘉谋,施之有效;流风善治,所至可传;嘉奖士伦,助成世教。况亲承于著令,方序别于群材。藐是羁孤,最为滞拙。仰遵旧礼,敢忘桑梓

之恭；辄进曼辞，庶当鸡骛之贽。察其素学，采以寸长，尽繄及物之仁，惟俟至公之赐。（《曾巩集》卷三六）

九　月

十二日，《恭谢赦书》："应贡举人，进士两举、诸科四举殿试下，并进士四举、诸科六举省试下者，并特与免将来文解。"（《宋会要·选举》一五之一五）

是　秋

曾巩《谢解启》：伏睹解文，首蒙举选。伏念巩才非卓越，识匪该通。素志慕乎古人，故时情之所背；虚名闻于当世，故众忌之所排。患难艰危，流离顿挫。孰有至孤之迹，敢萌希进之心？顾生理之难周，迫私衷之可念。学而干禄，诚匪素怀；仕以为贫，窃将自比。是以闻诏之出，负笈以来。岂意片文，首尘高选。以至天伦之薄陋，子党之空疏，皆自单平，得蒙收齿。退惟会合，亦有端原。此盖伏遇某官，崇奖士伦，助成世教。以虹蜺之光而被饰，以律吕之气而吹嘘。致此屯穷，阶于振发。敢不勉增素学，益励前修！庶全必胜之名，以答至公之赐。谨奉启陈谢。（《曾巩集》卷三六）

十二月

乙卯（八日），太子中允、天章阁侍讲胡瑗管勾太学。始，瑗以保宁节度推官教授湖州，科条纤悉备具，以身先之。虽盛暑，必公服坐堂上，严师弟子之礼。视诸生如其子弟，诸生亦信爱如其父兄，从之游者常数百人。庆历中，兴太学，下湖州取其法，著为令。瑗既为学官，其徒益众，太学至不能容，取旁官舍处之。礼部所得士，瑗弟子十常居四五，随材高下。喜自修饰，衣服容止，往往相类。人遇之，虽不识，皆知其为瑗弟子也。于是，擢与经筵，治太学犹如故。（《长编》卷一八四）

是　年

欧阳修《议学状》：右臣等伏见：近日言事之臣，为陛下言建学取士之法者众矣。或欲立三舍以养生徒，或欲复五经而置博士，或欲但举旧制而修废坠,或欲特创新学而立科条,其言虽殊,其意则一。陛下慎重其事,下其议于群臣。而议者遂欲创新学,立三舍,因以辨士之能否而命之以官。其始也,则教以经艺文辞;其终也,则取以材识德行。听其言则甚备,考于事则难行。夫建学校以养贤,论材德而取士,此皆有国之本务,而帝王之极致也。而臣等谓之难行者,何哉?盖以古今之体不同,而施设之方皆异也。古之建学取士之制,非如今之法也。盖古之所谓为政与设教者,迟速异宜也。夫立时日以趋事,考其功过而督以赏罚者,为政之法也,故政可速成。若夫设教,则以劝善兴化、尚贤励俗为事,其被于人者渐,则入于人也深,收其效者迟,则推其功也远,故常缓而不迫。古者家有塾,党有庠,遂有序,国有学。自天子诸侯之子,下至国之俊选,莫不入学。自成童而学,至年四十而仕。其习乎礼乐之容,讲乎仁义之训,敦乎孝悌之行,以养父兄、事长上、信朋友,而临财廉,处众让。其修于身,行于家,达于邻里,闻于乡党,然后询于众庶,又定于长老之可信者而荐之,始谓之秀士。久之,又取其甚秀者为选士;久之,又取其甚秀者为俊士;久之,又取其甚秀者为进士。然后辨其论,随其材而官之。夫生七八十岁而死者,人之常寿也。古乃以四十而仕,盖用其半生为学考行,又广察以邻里乡党,而后其人可知。然则积德累善如此勤而久,求贤审官如此慎而有次第,然后矫伪干利之士不容于其间,而风俗不陷于偷薄也。古之建学取士,其施设之方如此也。方今之制,以贡举取人。往者四岁一诏贡举,而议者患于太迟,更趣之为间岁。而应举之士来学于京师者,类皆去其乡里,远其父母妻子,而为旦暮干禄之计。非如古人自成童至于四十,就学于其庠序,而邻里乡党得以众察徐考其行实也。盖古之养士本于舒迟,而今之取人患于急迫,此施设不同之大概也。臣请详言方今之弊。既以文学取士,又欲以德行官人。且速取之欤,则真伪之情未辨,是朝廷本欲以学劝人修德行,而反以利诱人为矫伪。此其不可一也。若迟取之欤,待其众察徐考而渐进,则文辞之士先已中于甲科,而德行之人尚未登于内舍。此其不可二也。且今入学之人,皆四方之游士,赍其一身而来,乌合群处。非如古人在家在学,自少至长,亲戚朋友、邻里乡党众察徐考其行实也。不过取于同舍一时之毁誉,而决于学官数人之品藻尔。然则同学之人,蹈利争进,爱憎之论,必分朋党。昔东汉之俗尚名节,而党人之祸及天下,其始起于处士之横议而相訾也。此其不可三也。夫人之材行,若不因临事而见,则守常循理,无异众人。苟欲异众,则必为迂僻奇怪以取德行之名,而高谈虚论以求材识之誉。前日庆历之学,其弊是也。此其不可四也。今若外方专以文学贡士,而京师独以德行取人,则实行素履,著于乡曲,而守道丘园之士,皆反见遗。此其不可五也。近者朝廷患四方之士寓籍京师者多而不知其士行,遂严其法,使各归于乡里。今又反使来聚于京师,云欲考其德行。若不用四方之士,止取京师之士,则又示人以不广。此其不可六也。夫儒者所谓能通古今者,在知其意,达其理,而酌时之宜尔。大抵古者教学之意缓而不迫,所以劝善兴化,养贤励俗,在于迟久,而不求近效急功也。臣谓宜于今而可行者,立为三舍可也,复五经博士可也。特创新学,虽不若即旧而修废,然未有甚害,创之亦可也。教学之意在乎敦本,而修其实事。给以糇粮,多陈经籍,选士之良者,以通经有道之士为之师,而举察其有过无行者黜去之,则在学之人皆善士也。然后取以贡举之法。待其居官为吏,已接于人事,可以考其贤善优劣,而时取其尤出类者旌异之。则士知修身力行,非为一时之利,而可申于终身,则矫伪之行不作,而偷薄之风归厚矣。此所谓实事之可以于今者也。臣等伏见论学者四人,其说各异,而朝廷又下臣等,俾之详定。是欲尽众人之见,而采其长者尔。故臣等敢陈其所有,以助众议之一,非敢好为异论也。伏望圣慈,特赐裁择。(《欧阳修全集》卷一一〇)

嘉祐二年　丁酉(1057)

正　月

六日,以翰林学士欧阳修知贡举,翰林学士王珪、龙图阁直学士梅挚、知制诰韩绛、集贤殿修撰范镇并权同知贡举,合格奏名进士李实已下三百七十三人。(《宋会要·选举》一之一一)

初,进士科擢速。公(韩绛)言:“偶程文,占上选,未见才实,劳最躐众人,指期为卿辅,殆亡所谓。”自是,始议间年一贡士,而杀其恩。(《全宋文》卷一七一八李清臣《韩献肃公绛忠弼之碑》。按:姑系于此。)

以翰林学士欧阳修等权知贡举,天章阁侍讲卢士宗、集贤校理张师中封印卷首,馆阁校勘张洞、王猎充复考官,梅尧臣、张子谅、张唐民、董傪、吴秉、鲜于侁充点检试卷,张师颜、刘坦、李昌言、孙固、崔台符充诸科考试官。(《宋会要·选举》一九之一二)

欧阳修《礼部唱和诗序》:嘉祐二年春,予幸得从五人者于尚书礼部,考天下所贡士,凡六千五百人。盖绝不通人者五十日,乃于其间,时相与作为古律长短歌诗杂言。庶几所谓群居燕处言谈之文,亦所以宣其底滞而忘其倦怠也。故其为言易而近,择而不精。然纲缪反复,若断若续,而时发于奇怪,杂以诙嘲笑谑。及其至也,往往亦造于精微。夫君子之博取于人者,虽滑稽鄙俚犹或不遗,而况于诗乎?古者《诗》三百篇,其言无所不有。惟其肆而不放,乐而不流,以卒归乎正,此所以为贵也。于是次而录之,得一百七十三篇,以传于六家。呜呼!吾六人者,志气可谓盛矣。然壮者有时而衰,衰者有时而老,其出处离合,参差不齐。则是诗也,足以追惟平昔，握手以为笑乐。至于慨然掩卷而流涕嘘戏者，亦将有之。虽然，岂徒如此而止也，览者其必有取焉。(《欧阳修全集》卷四一)

嘉祐二年，余与端明韩子华、翰长王禹玉、侍读范景仁、龙图梅公仪同知礼部贡举，辟梅圣俞为小试官。凡锁院五十日，六人者相与唱和，为古律歌诗一百七十余篇，集为三卷。禹玉，余为校理时，武成王庙所解进士也，至此新入翰林，与余同院，又同知贡举。故禹玉赠余云“十五年前出门下，最荣今日预东堂”。余答云“昔时叨入武成宫，曾看挥毫气吐虹。梦寐闲思十年事，笑谈今此一尊同。喜君新赐黄金带，顾我宜为白发翁”也。天圣中，余举进士，国学、南省皆忝第一人荐名。其后，景仁相继亦然。故景仁赠余云“淡墨题名第一人，孤生何幸继前尘”也。圣俞自天圣中与余为诗友，余尝赠以《蟠桃诗》，有“韩孟”之戏。故至此梅赠余云“犹喜共量天下士，亦胜东野亦胜韩。”而子华笔力豪赡，公仪文思温雅而敏捷，皆勍敌也，前此为南省试官者，多窘束条制，不少放怀。余六人者，欢然相得，群居终日，长篇险韵，众制交作，笔吏疲于写录，僮史奔走往来。间以滑稽嘲谑，形于风刺，更相酬酢，往往哄堂绝倒。自谓一时盛事，前此未之有也。(《归田录》卷二)

欧阳修锁院之作：《和梅圣俞元夕登东楼三首》，《答梅圣俞莫登楼》，《答圣俞莫饮酒》，《思白兔杂言戏答公仪忆鹤之作》，《戏答圣俞》，《忆鹤呈公仪》，《春雪》，《小桃》，《和圣俞感李花》，《戏书》，《琴高鱼》，《刑部看竹效孟郊体》，《戏答圣俞持烛之句》，《折刑部海棠戏赠圣俞二首》，《和圣俞春雨》，《礼部贡院阅进士就试》，《和梅龙图公仪谢鹇》，《和公仪赠白鹇二首》，《答王禹玉见赠》，《答王内翰范舍人》，《和景仁试明经大义多不通有感》，《和公仪试进士终场有作》，《和梅公仪尝茶》，《和较艺书事》，《出省有日书事》，《和较艺将毕》，《喜定号和禹玉内翰》，《和出省》。(《欧阳修诗编年笺注》卷一二)

《礼部贡院阅进士就试》：紫案焚香暖吹轻，广庭清晓席群英。无哗战士衔枚勇，下笔春蚕食叶声。乡里献贤先德行，朝廷列爵待公卿。自惭衰病心神耗，赖有群公鉴裁精。

《答王禹玉见赠》：昔时叨入武成宫，曾看挥毫气吐虹。梦寐闲思十年旧，笑谈今此一尊同。喜君新赐黄金带，顾我宜为白发翁。自古荐贤为报国，幸依精识士称公。

《和较艺书事》：相随怀诏下天阍，一锁南宫隔几旬。玉麈清谈消永日，金尊美酒惜余春。杯盘饧粥春风冷，池馆榆钱夜雨新。犹是人间好时节，归休过我莫辞频。

《喜定号和禹玉内翰》：冲鉴惭叨选，英豪此所钟。古今参雅郑，善恶杂皋共。挥翰飘飘思，怀奇落落胸。披文惊可畏，奏下始开封。但喜真才得，宁虞横议攻。欲知儒学盛，首善本三雍。

《和出省国朝之制：礼部考定卷子，奏上字号，差台官一人拆封出榜》：僮奴袯被莫相催，待报霜台御史来。晴陌便当联骑去，春风任放百花开。文章纸贵争驰誉，朝野人言庆得才。共向丹墀侍临选，莫惊鳞鬣化风雷。(以上均见《欧阳修全集》卷一二)

《和景仁试明经大义多不通有感》：庠序制犹阙，乡闾教不行。古于经学政，今也艺虚名。来者益可鄙，待之因愈轻。无徒诮其陋，讲劝在公卿。

《和公仪试进士终场有作》：朝家意在取遗才，乐育推仁亦至哉。本欲励贤敦古学，可嗟趋利竞朋来。昔人自重身难进，薄俗多端路久开。何异鳣鲂争尺水，巨鱼先已化风雷。(以上均见《欧阳修全集》卷五七)

梅尧臣锁院之作：《和正月六日沈文通学士遗温柑》，《史供奉群鹤》，《上元从主人登尚书省东楼》，《自和二首》，《和公仪龙图戏勉》，《再和公仪龙图》，《放鹨》，《莫登楼》，《莫饮酒》，《依韵和永叔劝饮酒莫吟诗杂言》，《和永叔内翰》，《和公仪龙图忆小鹤》，《和永叔内翰思白兔答忆鹤杂言》，

《和永叔内翰戏答》,《二月五日雪》,《和公仪龙图小桃花》,《感李花》,《琴高鱼和公仪》,《尝茶和公仪》,《刑部厅看竹效孟郊体和永叔》,《较艺和王禹玉内翰二首》,《谢永叔答述旧之作和禹玉》,《较艺赠永叔和禹玉》,《戏答持烛之句依韵和永叔》,《再答和永叔》,《又依韵》,《刑部厅海棠见赠依韵答永叔二首》,《春雨呈主文》,《谢鹇和公仪》,《较艺将毕和禹玉》,《送白鹇与永叔依韵和公仪》,《书事和韩子华舍人》,《明经试大义多不通有感依韵和范景仁舍人》,《出省有日书事和永叔》,《定号依韵和禹玉》。

《和永叔内翰》:来时擘茧正探官,走马传宣夹路看。便锁青春辞上阁,徒知白日近长安。思归有梦同谁说,强意题诗只见宽。犹喜共量天下士,亦胜东野亦胜韩。

《较艺和王禹玉内翰》:分庭答拜士倾心,却下朱帘绝语音。白蚁战来春日暖,五星明处夜堂深。力捶顽石方逢玉,尽拨寒沙始见金。淡墨榜名何日出,清明池苑可能寻。

《较艺赠永叔和禹玉》:今看座主与门生,事事相同举世荣。并直禁林司诏令,又来西省选豪英。飞龙借马天边下,光禄供醪月底倾。食叶蚕声句偏美,当时曾记赋将成。

《较艺将毕和禹玉》:窗前高树有栖鹊,记取明朝飞向东。家在望春门外住,身居华省信难通。夜闻相府催张榜,晓听都堂议奏中。龙阁凤池人渐隔,犹因朝谒望鳌宫。

《明经试大义多不通有感依韵和范景仁舍人》:明经与进士,皆欲取公卿。自是俗儒陋,非于吾道轻。昔由羔雁聘,今乃草莱并。不措一辞去,缘何禄代耕?

《定号依韵和禹玉》:言出君门日,遥闻紫禁钟。诏书中使降,骏马上闲供。天下持平手,毫偏不置胸。文从有司较,卷是近臣封。胜阵无容

敌,精兵已善攻。明朝当奏号,鸳鹭看归雍。(以上均见《梅尧臣集编年校注》卷二七)

王珪锁院之作:《和永叔思白兔戏答公仪忆鹤杂言》,《和梅圣俞感李花》,《和圣俞莫登楼》,《喜定号》,《呈永叔书事》,《较艺书事》,《仁字卷子》,《信字卷子》,《较艺将毕呈诸公》,《较艺书事再呈永叔并同院诸公》,《依韵和梅圣俞从登东楼三首》,《和圣俞春雨》,《和公仪上马》,《和公仪饮茶》,《小桃》,《和公仪小桃绝句》,《和梅公仪琴高鱼同圣俞》。(《全宋诗》卷四九一,卷四九三、卷四九四、卷四九六)

《呈永叔书事》:诏书初捧下西厢,重棘连催暮钥忙。绿绣珥貂留帝诏是夕有绿衣中使传宣,紫衣铺案拜宸香。卷如骤雨收声急,笔似飞泉落势长。十五年前出门下,最荣今日预东堂。

《较艺书事》:日薄寒云下结鳞,忽驰诏骑绝飞尘。麻衣半犯秦关雪,鱼钥横催汉署春。黄纸贴名书案密,棠梨雕字赋题新。高材顷刻闻天下,谁是墙东冠榜人元和以前,张榜南院东墙?

《仁字卷子》:文昌清晓漏声疏,曾看飞泉落笔初。诗入池塘似灵运,赋传宫殿学相如。春官不下真朱点,阴注将成淡墨书。见说丹台名第一,蕊章须诏侍严徐。

王珪《信字卷子》:春闱只恐有遗材,据案重将信字开。白石谩应歌宁角,黄金枉是起燕台。侵更竞看仓惶笔卢光启著举子事,更深试未了,即被人围看,笔札仓惶多误,薄晚谁衔毾㲪杯不捷而醉,谓之"打毾㲪",出李肇《国史补》?文字须从勤苦得,莫沾双泪向尘埃。(以上均见《全宋诗》卷四九三)

十五日,命直集贤院祖无择、集贤校理钱公辅考试知贡举官亲戚举人。(《宋会要·选举》一九之一二)

祖无择《进士策问三道·第一道》：问：古者井田之法，什一而税，国用足，民食不匮。虽有凶荒兵革，而无菜色者矣。国家富有天下，农田至广，赋税亦厚，益以山泽之产，醝荈金珠犀象之利，又征商榷酤获其饶，无凶荒兵革之事，而国用不足，民食匮者，何也？子极言其所以然，而陈古道以教我。

《第二道》：问：儒者言圣人，则必首夫孔子。孔子之删《诗》、《书》，定《礼》、《乐》，赞《易》道，修《春秋》，谓之六经。兹固万世不刊之书也。孔氏序《书》，则云断自唐虞，以下讫于周，今之所存可考矣。司马迁作《史记》，则有《五帝本纪》。孔氏又以少昊、颛顼、高辛、唐、虞之书谓之五典，司马《本纪》则首黄帝，删纪亦既有异，黄帝又复不同。二者差殊，岂无得失？圣贤之旨，子其辨焉。

《第三道》：问：夫子之文章著于《书》，载于《传》，所以垂世立教，不为空言也。其有并出《书》、《传》，而旨远不类，非质于博识通儒，则不能无惑。且如《书》云："两造具备，师听五辞。"及称子路则曰："片言折狱，其由也与！"又若会于夹谷，云："有文事者，必有武备。"及对卫公问陈，则曰："军旅之事，未之学也。"傥以"两造具备，师听五辞"，则由也片言折狱，何为而称之？苟"有文事者，必有武备"，则卫公问陈，何为而不对？兹固学者之所常沉研耽味也。进问其说，以附于经。（《全宋文》卷九三五。按：祖无择数度充任试官，姑系于此。）

欧阳修《条约举人怀挟文字札子》：臣伏见国家自兴建学校以来，天下学者日盛，务通经术，多作古文，其辞艺可称、履行修饰者不可胜数。然累次科场，人数倍多于往岁，事既大盛，弊亦随生。窃闻近年举人公然怀挟文字，皆是小纸细书，抄节甚备。每写一本，笔工获钱三二十千。亦有十数人共敛钱一二百千，雇倩一人，虚作举人名目，依例下家状，入科场，只令怀挟文字，入至试院，其程试则他人代作。事不败则赖其怀挟，共相传授；事败则不过扶出一人，既本非应举之人，虽败别无刑责，而坐获厚利。窃以国家取士，务得实材。今若浮伪之人容其滥进，则使负辛勤蕴实学者无以自别。且自来科场，务存事体，所以优加礼遇，用待贤能。今浮薄之徒不知朝廷崇奖之意，自为奸伪，以至于此，甚可叹也。谓宜峻立科条，明加约束，使浮薄奸伪之徒不容于其间，则实有学行之人得被选进。然后士子无滥举，朝廷得实才。臣今欲乞增定贡院新制，宽监门之责，重巡捕之赏。盖以入门之时一一搜检，则虑成拥滞。故臣乞自举人入院后，严加巡察。多差内臣及清干京朝官巡捕，每获怀挟者，许与理为劳绩，或免远官，或指射差遣。其监门官与免透漏之责。若搜检觉察得人数多者，令知举官闻奏取旨，重加酬奖。其巡捕官，除只得巡察怀挟及传授文义外，不得非理侮慢举人，庶存事体。且朝廷待士甚厚，而小人自为浮薄，不可不行禁止，以革弊源。如允臣所奏，乞立定巡补官赏格及怀挟人责罚刑名，添入贡院新定条制。仍榜南省门，及下进奏院，颁告天下。所贵先明条约，然后必行。取进止。(《欧阳修全集》卷一一一)

欧阳修《论保明举人行实札子》：臣伏睹近降敕命，更定科场条制。内一节令本县令佐、知州、通判保明举人行实委无玷缺，若因事彰露，只罪令佐、知州、通判，所断刑名，并用旧制，虽去官经恩不得原减者。伏缘旧制刑名甚重，今来去官经恩不得原减，则官吏所责不轻。而玷缺之累，中人所不能免，小过微累皆为玷缺，难以必用深刑，责官吏保其所不能尽知者。若谓止坐大事，则又无明文。窃虑后有犯者，难用必行之法。臣今欲乞指定举人玷缺事状，如事亲不孝，行止逾滥，冒哀匿服，曾犯刑责，及虽有荫赎而情理重者。以上事节，苟犯其一，并不得收试。如违，必用旧制刑名。所贵事简而易遵，法严而必用。如允臣所请，乞下礼部贡院施行。今取进止。(《欧阳修全集》卷一一一)

先是，进士益相习为奇僻，钩章棘句，浸失浑淳。修深疾之，遂痛加裁抑，仍严禁挟书者。及试榜出，时所推誉，皆不在选。嚣薄之士，候修晨朝，群聚诋斥之，至街司逻吏不能止。或为《祭欧阳修文》投其家，卒不能求其主名置于法。然文体自是亦少变。(《长编》卷一八五)

(欧阳修)权知贡举。是时，进士为文，以诡异相高，号"太学体"。文体大坏，公患之。所取率以词义近古为贵，比以险怪知名者黜去殆尽。榜出，怨议纷然，久之乃服。然文章自是变而复古。(《宋名臣言行录》后集卷二)

嘉祐二年，欧阳永叔主文省试《丰年有高廪诗》，云出《大雅》。举子喧哗，为御史吴中复所弹，各罚金四斤。(《江邻几杂志》)

苏轼《省试刑赏忠厚之至论》：尧、舜、禹、汤、文、武、成、康之际，何其爱民之深，忧民之切，而待天下以君子长者之道也。有一善，从而赏之，又从而咏歌嗟叹之，所以乐其始而勉其终；有一不善，从而罚之，又从而哀矜惩创之，所以弃其旧而开其新。故其吁俞之声，欢休惨戚，见于虞、夏、商、周之书。成、康既没，穆王立，而周道始衰。然犹命其臣吕侯，而告之以祥刑。其言忧而不伤，威而不怒，慈爱而能断，恻然有哀怜无辜之心，故孔子犹有取焉。《传》曰："赏疑从与，所以广恩也；罚疑从去，所以慎刑也。"当尧之时，皋陶为士，将杀人，皋陶曰"杀之"三，尧曰"宥之"三。故天下畏皋陶执法之坚，而乐尧用刑之宽。四岳曰："鲧可用"，尧曰："不可，鲧方命圮族。"既而，曰："试之。"何尧之不听皋陶之杀人，而从四岳之用鲧也？然则圣人之意，盖亦可见矣。《书》曰："罪疑惟轻，功疑惟重。与其杀不辜，宁失不经！"呜呼！尽之矣！可以赏，可以无赏，赏之过乎仁；可以罚，可以无罚，罚之过乎义。过乎仁，不失为君子；过乎义，则流而入于忍人。故仁可过也，义不可过也。古者赏不以爵禄，刑不以刀锯。赏以爵禄，是赏之道，行于爵禄之所加，而不行于爵禄之所不加也；刑以刀锯，是刑之威，施于刀锯之所及，而不施于刀锯之所不及也。先王知天下之善不胜赏，而爵禄不足以劝也；知天下之恶不胜刑，而刀锯不足以裁也。是故，疑则举而归之于仁，以君子长者之道待天下，使天下相率而归于君子长者之道。故曰：忠厚之至也。《诗》曰："君子如祉，乱庶遄已；君子如怒，乱庶遄沮。"夫君子之已乱，岂有异术哉？时其喜怒，而无失乎仁而已矣。《春秋》之义，立法贵严，而责人贵宽。因其褒贬之义以制赏罚，亦忠厚之至也。(《苏轼文集》卷二)

苏辙《刑赏忠厚之至论》：古之君子立于天下，非有求胜于斯民也。为刑以待天下之罪戾,而唯恐民之入于其中以不能自出也;为赏以待天下之贤才,而唯恐天下之无贤而其赏之无以加之也。盖以君子先天下,而后有不得已焉。夫不得已者,非吾君子之所志也,民自为而召之也。故罪疑者从轻,功疑者从重,皆顺天下之所欲从。且夫以君临民,其强弱之势、上下之分,非待夫与之争寻常之是非而后能胜之矣。故宁委之于利,使之取其优,而吾无求胜焉。夫惟天下之罪恶暴著而不可掩,别白而不可解,不得已而用其刑。朝廷之无功,乡党之无义,不得已而爱其赏。如此,然后知吾之用刑,而非吾之好杀人也;知吾之不赏,而非吾之不欲富贵人也。使夫其罪可以推而纳之于刑,其迹可以引而置之于无罪;其功与之而至于可赏,排之而至于不可赏。若是二者而不以与民,则天下将有以议我矣。使天下而皆知其可刑与不可赏也,则吾犹可以自解。使天下而知其可以无刑、可以有赏之说,则将以我为忍人,而爱夫爵禄也。圣人不然,以为天下之人,不幸而有罪,可以刑,可以无刑,刑之,而伤于仁;幸而有功,可以赏,可以无赏,无赏,而害于信。与其不屈吾法,孰若使民全其肌肤,保其首领,而无憾于其上;与其名器之不僭,孰若使民乐得为善之利,而无望望不足之意。呜呼!知其有可以与之之道而不与,是亦志于残民而已矣。且彼君子之与之也,岂徒曰与之而已也,与之而遂因以劝之焉耳。故舍有罪而从无罪者,是以耻劝之也;去轻赏而就重赏者,是以义劝之也。盖欲其思而得之也。故夫尧舜、三代之盛,舍此而忠厚之化,亦无以见于民矣。(《栾城应诏集》卷一一)

曾巩《刑赏论》:《书》记皋陶之说曰:“罪疑惟轻,功疑惟重。”释者曰:“刑疑附轻,赏疑从重,忠厚之至也!”夫有大罪者,其刑薄则不必当罪;有细功者,其赏厚则不必当功。然所以为忠厚之至者,何以论之?夫圣人之治也,自闺门、乡党至于朝廷皆有教,以率天下之善,则有罪者易以寡也;自小者、近者至于远大皆有法,以成天下之务,则有功者易以众也。以圣神渊懿之德而为君于上,以道德修明之士而为其公卿百官于下,以上下交修而尽天下之谋虑,以公听并观而尽天下之情伪。当是之时,人之有罪与功也,为有司者推其本末以考其迹,核其虚实以审其情。然后告之于朝,而加其罚、出其赏焉。则其于得失,岂有不尽也哉?然及其罪丽于罚、功丽于赏之可以疑也，以其君臣之材非不足于天下之智，以其谋虑非不通于天下之理，以其观听非不周于天下之故，以其有司非不尽于天下之明也。然有其智而不敢以为果有其通，与周与明而不敢以为察也。必曰：罪疑矣而过刑，则无罪者不必免也；功疑矣而失赏，则有功者不必酬也。于是，其刑之也，宁薄而不敢使之过；其赏之也，宁厚而不敢使之失。夫先之以成教以率之矣，及其有罪也，而加恕如此焉；先之以成法以道之矣，及其不功也，而加隆如此焉。可谓尽其心以爱人，尽其道以待物矣，非忠厚之至则能然乎？皋陶以是称舜，舜以是治其天下。故刑不必察察当其罪，赏不必予予当其功，而天下化其忠，服其厚焉。故曰："与其杀不辜，宁失不经，好生之德洽于民心。"言圣人之德至于民者，不在乎其他也。及周之治，亦为三宥三赦之法，不敢果其疑，而至其政之成也，则忠厚之教行于牛羊而及于草木。汉文亦推是意以薄刑，而其流也，风俗亦归厚焉。盖其行之有深浅，而其见效有小大也。如此，《书》之意岂虚云乎哉！（《曾巩集·辑佚》）

东坡先生省试《刑赏忠厚之至论》有云："皋陶为士，将杀人，皋陶曰'杀之'三，尧曰'宥之'三。"梅圣俞为小试官，得之以示欧阳公。公曰："此出何书？"圣俞曰："何须出处！"公以为皆偶忘之，然亦大称叹。初欲以为魁，终以此不果。及揭榜，见东坡姓名，始谓圣俞曰："此郎必有所据，更恨吾辈不能记耳。"及谒谢，首问之，东坡亦对曰："何须出处。"乃与圣俞语合。公赏其豪迈，太息不已。（《老学庵笔记》卷八）

苏子瞻自在场屋，笔力豪骋，不能屈折于作赋。省试时，欧阳文忠公锐意欲革文弊，初未之识。梅圣俞作考官，得其《刑赏忠厚之至论》，以为似《孟子》。然中引皋陶曰"杀之"三，尧曰"宥之"三，事不见所据，亟以示文忠，大喜。往取其赋，则已为他考官所落矣，即擢第二。及放榜，圣俞终以前所引为疑，遂以问之。子瞻徐曰："想当然耳，何必须要有出处。"圣俞大骇，然人已无不服其雄俊。（《石林燕语》卷八）

王仲嶷承事，字丰甫，相国郇公之子也。昔为鹰言：东坡公顷应进士举，到省时，郇公以翰林学士知举。得其论与策二卷稿本，论即《刑赏忠厚之至》也。凡三次起草，虽稿亦记涂注，其慎如此。论卷窃为道人梁冲所得，今所存惟策稿尔。冲以吐纳医药为术，东坡贬时识之。今在京师，丰甫欲诉于官取之尔。(《师友谈记》)

程颢《南庙试佚道使民赋民得终佚，劳固无怨》：人情莫不乐利，圣政为能使民。以佚道而敦敕，俾当时之服循。教本于农，虽极勤劳之事；功收于后，自无怨讟之因。厥惟生民，各有常职。劳而获养，则乐服其事；勤而无利，则重烦其力。惟王谨以政令，驱之稼穑。且为生之本，宜教使以良勤，则从上也轻，盖丰余之自得。蠢尔农俗，陶乎教风。知所劳者为乎己，图所利者存乎终。莫不勉勉以从令，于于而劝功。志在便人，役以农畴之务；时虽毕力，乐于岁事之丰。虽复教令时颁，科条日出，严刑以董其或惰，加赋以戒其不一。然而俗乐趋劝，时无怨疾。择可劳而劳也，敢惮初勤；因所利而利焉，自全终佚。大抵善治俗者，率俗以敦本；善使民者，顺民而不劳。道皆出于优佚，令无勤于绎骚。不夺其时，导以厚生之利；将求其欲，岂闻力穑之逃！勿谓民之冥而无知，勿谓农之劳而不务。趋其利，则虽劳而乐；害其事，则虽冥而惧。志取丰益，业其安固。使尔农于垦殖，纵极勤劬；异有国之力征，自膺饶裕。得非纳于丰富之道，教以便安之途。在服劳而虽至，顾有憾以曾无。体《兑》《彖》之悦民，下安其教；同周《诗》之戒事，众乐而趋。异夫！虽上之行，抑民所愿。或躬籍以为率，或名官而申劝。是皆俾民有乐佚之道焉，虽劳何怨！

程颢《南庙试九叙惟歌论》：论曰：民受天地之中而生者也。水火金木土谷，民所赖而生者也。树之君，使修举其所赖而养之者也。修之有道，行之有节。上焉天顺之，下焉民乐之。正德焉，利用焉，厚生焉，此其所以秉统持正而制天下之命者也。在《书》禹之《谟》曰："九功惟叙，九叙惟歌。"其指言乎是也。舜禹明其道，圣也，后世不及焉；功也，万世所利焉。宜其事有次序，而民歌乐之也。噫！舜之君，禹之臣，其歌之之民，日闻其道，日被其泽，其见而知之，或言或歌可矣。今去圣久远，逾数千祀，然可覆而举之者，何也？得非一于道乎？道之大原在于经，经为道，其发明天地之秘，形容圣人之心，一也。然当推本夫明其次，著其迹者言之。在《洪范》之九章，一曰五行，次二曰五事，统之以大中，终之以福极，圣人之道其见于是乎！盖五行者，天之道也；五事者，人之道也。修人事而致天道，此王者所以治也。五事修，五行叙，则其生材也。美焉，阜焉，民居其中，享其利而安焉。岂非皇极之道用而致乎？五材之生，天也，非人也；五事之修，人也，非天也。虽然，五事正，则五材自然得其性矣。是则天之道，亦王者之所为也。王者既修五事而致五材，则又举正德之教而率之，明利用之源而阜之，开厚生之道而养之，五行协于上，六府利于下，三事举于中。修焉，其功之叙也；和焉，其德之行也。如是，则民浩浩然，于于然，欢娱于下而歌颂其政矣。或曰：子之言五行然矣，然六府之兼乎谷，何也？答曰：五行，气也；五材，形也。君之所致者，气也；民之所用者，形也。五气既叙，五材既丰，民并用焉。然谷者，民之所生也，不可一日无之，此六府所以兼谷也。要其本，则五气之生而已，夫何惑焉？窃原《春秋》之文，求圣人之志，火之书者十一，大水之书者七，不雨之书者九，大旱之书者二，无麦苗、大无麦禾之书者各一。盖言五行失其序，则六府失其宜。物失其宜，则尚何次叙之有乎？民失其所，则尚何歌咏之有乎？可以见圣人之心，重时政而谨民事，勤勤乎如是也。由是言之，则舜之德其至也。地平天成矣，万世永赖矣，其民陶其教，遂其生，九功之德皆歌之矣。戒之用休，董之用威，劝之以九歌，俾勿坏，其终之之道也，道是而已矣。或问：行于后者当何如？曰：五事本也，谨而明之；六府外也，时而治之。教之以德，节之以政。古之五正各司其方，可复也；周之六官各主其事，可用也。此其略也，其道则具于经矣。推而明之，勤而修之，是亦舜之政也。夫何远哉？顾力行何如尔。谨论。

程颢《南庙试策五道·第一道》问：《礼》曰："凡养老，五帝宪，三王有乞言。"厚人伦之义也，是以鳏寡孤独皆有养。后世则不然，教化之不明，衣食之不足，黎民老而不得其养，饥寒转死于沟壑者往往而是。今将考古养老之礼而行之，惟帝尧而上不可闻已。虞、夏、商、周之时，其所养何老？所处何学？所衣何服？所食何礼？一岁凡几行之？宜诵所闻，悉著于篇。

对：王者高拱于穆清之上，而化行于裨海之外，何修何饰而致哉？以纯王之心，行纯王之政尔。纯王之心，纯王之政：老吾老以及人之老，幼吾幼以及人之幼，此纯王之心也。使老者得其养，幼者得其所，此纯王之政也。尚虑其未也，则又尊国老而躬事之，优庶老而时养之。风行海流，民陶其化，孰有怠于亲而慢于长者哉？虞、夏、商、周之盛王，由是道也。人伦以正，风俗以厚，鳏寡孤独无不得其养焉。后世礼废法坏，教化不明，播弃其老，饥寒转死者往往而是。呜呼！率是而行而欲王道之成，犹却行而求及前，抑有甚焉尔。今朝廷清明，政教修举，方欲稽讲坠典，以风天下。明执事欲将明上意，故访诸生以古之道，俾讲求其说。敢不道其所闻，以裨一二哉？盖古者择三公之有年德者，天子以父事之，谓之三老；孤卿之有年德者，天子以兄事之，谓之五更，皆一人尔。大夫士之以年致仕者，亦皆养之于其乡里之庠序焉。所处：则有虞氏，国老养于上庠，庶老养于下庠；夏后氏，国老养于东序，庶老养于西序；商人，国老养于右学，庶老养于左学；周人，国老养于东胶，庶老养于虞庠是也。所服：则深燕缟玄之衣，四代所服也。所食：则飨燕食之礼，三代之制也。周人修而兼用之。一岁所行之数，则《礼》所谓春飨孤子、秋飨耆老，与夫释菜释奠之礼，亦其时乎！此古之略也。若夫润饰之，则在乎时矣。谨对。

《第二道》：问：昔者，孔子伤时王之无政而作《春秋》，所以褒善贬恶，为后王法也。自去圣既远，诸儒异论，圣人之法得之者寡。至唐陆质学于啖、赵，号为达者，其存书有《纂例》、《微旨》、《义统》，今之学者莫不观焉。若夫诸儒之所失，与陆氏之所得，学者必有所取舍也。试为条其大要，庶以质其是非。

对：《春秋》何为而作哉？其王道之不行乎！孟子有言曰：“《春秋》，天子之事”是也。去圣逾远，诸儒纷纭，家执异论，人为殊说，互相弹射，甚于仇雠。开元秘书言《春秋》者，盖七百余家矣。然圣人之法得者至寡。至于弃经任传，杂以符纬，胶固不通，使圣人之心郁而不显。吁！可痛也。独唐陆淳得啖先生、赵夫子而师之，讲求其学，积三十年，始大光莹，绝出于诸家外。虽未能尽圣作之蕴，然其攘异端，开正途，功亦大矣。惜夫其书之粹者，在乎《集传》，而世微其传矣。今所存者，请概言其一二，亦可以观其道之所至焉。《春秋》之法，大者在乎侵伐战取，围入执杀，盟会如聘，禘郊蒸尝，归复入纳，灾异赋役焉。然诸家之论，前矛后盾，未见其能一也。其间书侵者三十七，伐者二百四十三；书围者四十四，入者二十七。圣人之意其详其备也。如是，岂苟然哉？盖诛其祸乱之道耳。彼岂有是哉？先儒徒随事而传之。三《传》往往从而美之者有矣，未有一言发明圣人诛之之心者也。独陆君用啖氏之说曰：《春秋》纪师，何无曲直之辞？曰：一之也，不一则祸乱之门辟矣。若夫其差者甚者，则在乎其文矣。此则见圣人绝恶之源，原情之法。此表里之论也。其余若盟若会，其法皆用是也。禘郊之议，诡谲殊状；左氏之文，略而不解；公、谷之论，泥而失真；何、杜之流，泛泛其间耳。陆氏之学，独能斥先郑之失，明诸侯之僭，谓禘为王者之祭，明郊非周公之志。皆足以见其所存之博大，得圣师救乱明上下之心也。余若书郑伯之克，谓克下之辞，明君臣之义，异乎所谓"如二君"与"能杀者"屑屑之论矣。书次于郎，则言非有俟而次，则意将为贼尔。防兵乱之源，殊乎所谓过信次止者区区之谈矣。发言侵言伐之例，则曰无名行师与称罪致讨之异，远乎阔略之言、贼害之语矣。且取邑之条，则云力得之，不是其专夺，异乎不用师徒不宜取之浅矣。其余称将称师，纪名纪氏之类，亦皆度越于诸家远甚。旨义之众，莫可历数。要其归，以圣人之道公，不以己得他见而立异，故其所造也远，而所得也深。噫！圣门之学，吾不得而见焉，幸得见其几者矣。则子厚之愿扫其门，宜乎！对问之下，不能详悉，故献其略。谨对。

《第三道》：问：官之有属，犹身之有臂，臂之有指也。自建官以来，未有无属焉者也。举今之官，则治其小者有属，治其大者无属。外郡县，内群有司，此治其小者；内公府，外刺部，此治其大者。治其小且有属，治其大乃无属，何其轻重劳佚之不侔哉？岂因其故常而恬莫之举欤？抑举之未见其益欤？刺部之属，向尝增之，直与其长等尔，非所谓属也。公府之属，今或存之，直他官而已，非所谓属也。请悉陈前古治大有属之法可施于今者，皆何名？何选？何职？古何以有而今何以无？古何以可而今何以不可？详之于说，以究当今之便。

对：窃观治天下之道，如构室焉。其大者，栋也梁也。栋梁岂能独立哉？其所与相助而承上者，榱桷也。置官亦如是矣。古之三公之府，诸侯郡国各有其属，以成其政，后世改易不常。今则外之一郡一邑，内之一官一局,各有属焉。至于公府机务之烦,外台刺举之重,则反无之。此诚小大重轻之贸焉。非必谓无益而莫之为也,直因循故常未之更尔。向者,漕计之司尝为之置副矣,副则诚亚其长者也,其下亦尝创宾从之名者矣,是亦其属也,第旋去之耳。近世宰相之官,兼门下之目,则府以其省名矣。今其属者,乃省官尔,非丞相之属。《策》谓前古治大有属之法可施于今者,则周冢宰之职有小宰焉,小宰之下皆其属也。其余五官亦各有属焉,然其爵位有尊卑之差矣。外则牧伯之国,今刺举之任也,其属则其臣尔。汉之三公,府则有长史司直焉,东曹西曹之掾焉。内则御史,外则刺部,亦各自用其吏为掾属。其选之之道,则周六官以下,其属皆命于天子。牧伯之臣,则其卿而下,其君选于其国尔。汉之三公,开府辟召;唐之藩镇,亦自荐延。其位其职,则系其长之所任而分治之耳。今公府任其小事者,非无也,直无若三公之孤、六卿之丞共其事者尔。其治文书、掌劳役者备矣,其职亦几矣。苟欲慎其选,清其流,而易其官之名,则可矣。若欲夫预闻政事,则贤明之佐谟谋于庙堂之上,又何细吏之间焉?若夫刺举之属,则在选任之尔。谨对。

《第四道》:问:今天下费益广,财益匮,食加冗,农加困,货愈笼,文愈密,而旱干水溢,无岁无之,又未尝得清源端本之术,少纾其弊。虽有智者,或任非其责,噤不出一语。呜呼!忍而视斯民之残也。今欲使财无匮,农无困,文无密,以拯斯民之残,敢问何策之为先?何修而后可?勿疏勿泛,以直所论。

对:天下大器,群生重畜,惟君上所制养焉。今土地之广,人民之众,较之近代未为甚盛也。然近岁费益广,财益匮,食加冗,农加困,货愈笼,文愈密者,何也?殆基本似有所未立,法度似有所未举尔。三代之制,今不能收功于旦夕也,试取其切近于体务者言之。今财之匮,食之冗,农之困,货愈笼,文愈密者,弊虽烦,而其原一而已,其始在费益广也。费益广,则取于民者众,实于府者鲜,财不得不匮,农不得不困矣。彼食冗者,亦费之一端尔。费既广,财既匮,农既困,则货不得不笼。货之笼,则文不得不密矣。所谓费益广者,不曰待哺之兵众乎?夷狄之遗重乎?游食之徒烦乎?无用之供厚乎?为今之计,兵之众岂能遽去之哉?在汰其冗而择其精。戎狄之遗，岂能遽绝之哉？在备于我而图其后。游食之徒烦，则在禁其末而驱之农；无用之供厚，则在绝其源而损其数。然其所以制之者，有其道也。夫水利之兴，屯田之制，府兵之复，义仓之设，皆济时之大利，顾缙绅议之熟矣。惟不以为旧说之迂而忽之，则财以丰，食以足，货利可宽，文法可损矣。虽旱干水溢之变，系乎岁数之常，亦吾有备焉尔。谨对。

《第五道》：问：子曰："苟有用我者，三年有成。"何其效之疾欤？又曰："善人为邦百年，亦可以胜残去杀矣。"何其效之迟欤？又曰："如有王者，必世而后仁。"必世云者，较诸善人则已疾，合诸圣人则已迟。三者之效，不能齐一。然则，圣何道而疾？善何术而迟？王何务而必世？愿以前代已然之迹，质于此三者。

对：圣人之道，无所苟而已矣。以圣人之才，施于天下其易矣，犹必曰三年而有成也。然方之善人之效，则圣人之治，其疾也远矣。仲尼曰："善人为邦百年，亦可以胜残去杀矣。"夫善人者，所谓"不践迹亦不入于室"者也。既不循前人之弊而守之，又不得圣人之道而行之，宜其缓且久也。有人焉，相继而往，则百年而后可至治矣。所谓"王者必世而后仁"，则蒙谓作礼乐之时尔。夫民之情，不可暴而使也，不可猝而化也，三年而成，大法定矣。渐之仁，摩之义，浃于肌肤，沦于骨髓，然后礼乐可得而兴也。盖礼乐者，虽上所以教民也，然其原则本于民而成于上尔。则圣人之效所以疾，善人之效所以迟与！夫王者之仁，其道可见矣。复请以前代已然之迹而明之。孟子曰："小国七年，大国五年，可为政于天下。"此圣人之效也。若仲由谓三年使知方，伯禽之三年报政，虽不能若圣人之道醇且具也，然亦承圣师之教，奉周公之政，其庶乎其次也。若汉之业，创乎高祖，因循乎吕、惠，文帝守之以淳俭，孝景绍之以恭默。当时，汉之兴几百年矣，其风俗宽厚，几致措刑，亦胜残去杀之效乎！周承文王之业，历武王之治，至成王之世而周公作礼乐焉。此必世后仁之效乎！谨对。（以上均见《二程集·河南程氏文集》卷二）

二　月

己酉（三日），诏："乞试武艺人，自今毋得直遣赴阙。"（《长编》卷一八五）

是　月

欧阳修《出省有日书事》:凌晨小雨压尘轻,闲忆登高望禁城。树色连云春泱漭,风光著草日晴明。看榆吐荚惊将落,见鹊移巢忽已成。谁向儿童报归日,为翁寒食少留饧。(《欧阳修全集》卷一二)

欧阳修《和出省国朝之制:礼部考定卷子,奏上字号,差台官一人拆封出榜》:僮奴祓被莫相催,待报霜台御史来。晴陌便当联骑去,春风任放百花开。文章纸贵争驰誉,朝野人言庆得才。共向丹墀侍临选,莫惊鳞鬣化风雷。(《欧阳修全集》卷一二)

三　月

五日,帝御崇政殿,试礼部奏名进士,内出《民监赋》、《鸾刀诗》、《重巽申命论》题。得章衡已下三百八十八人,第为五等,并赐及第、出身、同出身。翌日,试诸科,得九经单至诚已下三百八十九人,并赐本科及第、出身。(《宋会要·选举》七之一七)

苏轼《御试重巽申命论》:昔圣人之始画卦也,皆有以配乎物者也。巽之配于风者,以其发而有所动也。配于木者,以其仁且顺也。夫发而有所动者,不仁则不可以久,不顺则不可以行。故发而仁,动而顺,而巽之道备矣。圣人以为不重,则不可以变,故因而重之。使之动而能变,变而不穷,故曰:"重巽以申命。"言天子之号令如此而后可也。天地之化育,有可以指而言者,有不可以求而得者。今夫日,皆知其所以为暖;雨,皆知其所以为润;雷霆,皆知其所以为震;雪霜,皆知其所以为杀。至于风,悠然布于天地之间,来不知其所自,去不知其所入,嘘而炎,吹而冷,大而鼓乎大山乔岳之上,细而入乎窍空蔀屋之下。发达万物,而天下不以为德;摧败草木,而天下不以为怒。故曰:天地之化育,有不可求而得者。此圣人之所法,以令天下之术也。圣人在上,天下之民,各得其职。士者皆曰"吾学而仕",农者皆曰"吾耕而食",工者皆曰"吾作而用",贾者皆曰"吾负而贩",不知圣人之制命令,以鼓舞通变其道,而使之安乎此也。圣人之在上也,天下可由而不可知，可言而不可议，盖得乎巽之道也。易者，圣人之动；而卦者，动之时也。《蛊》之彖曰："先甲三日，后甲三日。"而《巽》之九五亦曰："先庚三日，后庚三日。"而说者谓甲、庚皆所以申命，而先后者慎之至也。圣人悯斯民之愚，而不忍使之遽陷于罪戾也，故先三日而令之，后三日而申之，不从而后诛，盖其用心之慎也。以至神之化令天下，使天下不测其端；以至详之法晓天下，使天下明知其所避。天下不测其端，而明知其所避，故靡然相率而不敢议也。上令而下不议，下从而上不诛，顺之至也。故曰：重巽之道，上下顺也。(《苏轼文集》卷二)

七日，试特奏名进士，内出《斋居决事诗》、《乾坤示人易简论》题。得张应已下一百二十二人，并赐同五经、《三礼》学究出身，授文学、长史。同日，试特奏名诸科，得一百二人，并赐同本科出身，授文学、长史。(《宋会要·选举》七之一七、一八)

丁亥(十一日)，赐进士建安章衡等二百六十二人及第，一百二十六人同出身。是岁，进士与殿试者始皆不落。(《长编》卷一八五)

旧制：殿试皆有黜落，临时取旨，或三人取一，或二人取一，或三人取二。故有累经省试取中，屡摈弃于殿试者。故张元以积忿降元昊，大为中国之患。朝廷始囚其家属，未几复纵之。于是群臣建议，归咎于殿试黜落。嘉祐二年三月辛巳，诏进士与殿试者皆不黜落。迄今不改。是一叛逆之贼子，为天下后世士子无穷之利也。(《燕翼诒谋录》卷五)

本朝自祖宗以来，进士过省赴殿试，尚有被黜者。远方寒士殿试下第，贫不能归，多至失所，有赴水而死者。仁宗闻之恻然，自此殿试不黜落，虽杂犯亦收之末名，为定制。呜呼！可以谓之仁矣。(《邵氏闻见录》卷二)

己丑(十三日)，赐诸科三百八十九人及第，又赐特奏名进士、诸科二百十四人同出身，及补诸州长史、文学。李复圭《记闻》云："是春，以进士群辱欧阳

修之故，殿试并赐及第，不落一人。”(《长编》卷一八五)

进士名录：章衡，窦卞，罗恺，丁骘，刁踌，于锐，上官基，上官垲，王无咎，王正辞，王回，王向，王若拙，王知章，王华，王淑，王琦，王渊，王韶，王观(误)，勾伸，方仲谋，方扬远，石深之，石景渊，石麟之，史元道，丘高，包廓，吕大钧，吕全，吕惠卿，朱光庭，朱初平，宇文之昭，宇文册，杜航，李大昕，李中，李中复，李公朝，李邵，李宗复，李皇臣，李时亮，李逢，李惇，李轸，李渤，李浑，李弼，李实，李毅，李鹗，吴干，吴子上，吴潜，余仲荀，余京，汪汲，汪浃，汪淇，汪深，宋希，邵迎，邵衡，范贶，林子春，林旦，林伸，林希，林舍，林冕，林密，林棐，林开，林辅德，周牧，周定民，周师厚，周傅，宗颖叔，胡信臣，胡象德，胡彭年，胡訚，胡宪臣，胡辟，轲世程，郑亶，侯询，施硕，洪规，祝宝，胥元衡，姚仲容，姚宗卿，马修辅，马逢，秦怀中，耿宪，莫君陈，莫砺，徐元更，徐任，徐昉，徐昱，徐庠，徐无欲，翁仲通，郭元通，郭良肱，郭源明，唐毂，家定国，陆元规，陆长倩，陆衍，陆覃，陆宪元，陈巳，陈沂，陈若宾，陈侗，陈沼，陈思，陈郛，陈格，陈皋谟，陈晞，陈戬，陈辅，陈琮，陈赓，陈龙辅，陈辟，陈让贤，孙迪，孙云，黄先，黄任，黄好谦，黄孝宽，黄君卿，黄君奭，黄庠奕，黄洙，黄通，黄翊，黄翊，黄湜，黄显，黄灏，常拱之，崔宋臣，崔贶，许广渊，章蒙，梁师孟，梁焘，张山甫(疑)，张仲虞，张君卿，张非宾，张宗闵，张思，张修，张恪，张纪，张巽，张载，张璞，巢迪，彭次云，叶沅，叶温叟，辜肃，景柭，单锡，程中立，程筠，程颢，傅传正，傅夔，傅译，曾布，曾牟，曾阜，曾巩，曾默，冯弋，冯山，汤延年，盖抃，杨少逸，杨汲，杨完，杨长聘，杨伟节，杨竦，杨潜，褚理，赵良能，赵扬，蒋之奇，蔡元导，蔡承禧，蔡洵，廖琮，郑旭，郑晋，郑雍，熊皋，邓文约(疑)，邓考甫，邓戒，邓惟良，邓辟，黎上行，刘元瑜，刘仲渊，刘玘，刘庠，刘泾，刘源，潘洙，萧世京，萧汝器，穆升卿，钱大顺，钱藻，邝靖，戴洙，魏洙，钟清卿，谢履，苏惟贤，苏舜举，苏轼，苏随，苏辙，严助，顾希甫，顾宷。

诸科：王世卿，方洞，史籍，宋并，俞则之，高远，陈奕，黄彦，黄维瀚，许齐，张巨，单至诚，郑革。

特奏名进士：张应，李中孚，汪激，林东美，陈锡，戚晖，彭歆，杨昭述，詹枢，郑少连，谭允，龚贵。(《宋登科记考》卷四)

补进士名录:其一,张师道。《栾城集》卷二《送张师道杨寿祺二同年》。

其二,杨寿祺。同上。

其三,钱景谌。《宋登科记考·附录》:"熙宁间登进士第。"《邵氏闻见录》卷一二:"钱朝请者名景谌,忠懿王孙,嘉祐间官殿直,巡辖西京马递铺。锁厅登进士第。……钱丈与王荆公善,后荆公用事,论新法不合,遂相绝,终身为外官。其家集有《答兖守赵度支书》,自序甚详云。彼者,指荆公也,足以见钱丈之贤矣。其书曰:'仆为进士时,彼为太常博士主别头试,取仆于数百人之中,以为知道者,得预荐,送于春官。'"王安石嘉祐元年考试锁厅举人,故钱景谌是举中第。

其四,晁端彦。《宋登科记考》卷四据《曲洧旧闻》卷五,将晁端彦系于嘉祐四年进士名录,误。《苏轼诗集》卷一三《怀西湖寄晁美叔同年》,苏轼诗比宋人笔记更为可信。

其五,范亦颜。《宋登科记考》卷四将其系于皇祐五年进士名录,误。详说见前。

其六,张若愚。《全宋诗》卷七四二冯山《和张若愚子发秘丞同年见寄二首》。

其七,李黄中。《东原录》:"南京故李龙图纮双生二子:长曰黄中,次曰象中。嘉定二年,同登进士科。" 按:嘉定二年,当为嘉祐二年之误。李纮乃大中祥符元年进士,且《东原录》为北宋龚鼎臣所作。

其八,李象中。同上。

其九,王与安。《王府君墓志》:"府君讳与安,字公翊……嘉祐二年,登进士第,调蜀州晋源县尉。"(《〈宋登科记考〉拾补——以碑刻文献为中心》)

辨正:王观,嘉祐六年进士。《东轩笔录》卷一一:"王荆公为馆职,与滕甫同为开封试官。甫屡称一试卷,荆公重违其言,置在高等。及拆封,乃王观也。"王、滕于嘉祐五年八月为开封试官,故王观当于嘉祐六年中第。

辨疑:其一,张山甫。《宋登科记考》卷四据《欧阳修全集》卷二五《张君墓表》录入。按:《张君墓表》:“今年春,余主试天下贡士,而山甫以进士试礼部。”未言其是否中第。

其二,邓文约。邓绾,字文约。《宋登科记考》卷四“皇祐元年进士名录”录有“邓惟清”;《附录》再录“邓绾”,称其“原名邓维清,字文约。成都府双流县人。皇祐元年登进士第”。此三者,当为同一人,待考。

章子平《盐赋》云:“运启元圣,天临兆民。监行事以为戒,纳斯时于至纯。”上览卷子,读“运启元圣”,乃动容,叹息曰:“此谓太祖!”读“天临兆民”,叹息曰:“此谓太宗!”读“监行事以为戒”,叹息曰:“此谓先帝!”至读“纳斯时于至纯”,乃竦然拱手,曰:“朕何敢当!”遂魁天下。此赋虽不切题,然规模甚伟,自应作状元。当时破此四句,亦岂有此意?偶作如此看,由是,知世间得失往往皆类此耳。(《北窗炙輠录》卷下)

梅尧臣《依韵和梅龙图观小录》:四百鸾皇羽翼成,高低轻重出权衡。他时俱作公卿去,夸是王家门下生。(《梅尧臣集编年校注》卷二七)

楼钥《跋嘉祐二年进士小录》:某曾大父登治平二年乙科,大父登元丰八年丙科。近岁传得小录,又因并录绍圣二年者,大率与今小异。今又见此书,四者俱以前一叶尽录杂事,而此又分试题为三等,殆不可晓。同年生无分职,姓名下每事辄容一字事之,因革类如此,不能详考矣。是岁,得名士十五六人,而苏长公、少公皆在焉。此真千佛名经也。(《楼钥集》卷六九)

胡武平枢密笃信鬼神……为殿试详定官,长斋戒沐浴祷于神,求可为魁者。首拈一卷,纸籍精好,书札真楷,遂定为第一。乃章子平也。(《苏魏公文集》附录一《魏公谭训》卷一〇)

林文节连为开封府、南庙第一,廷试皆属以魁选。仁宗亦遣近珰伺其程文毕,先进呈。时试《民监赋》,破题云:“天监不远,民心可知。”比至上前,一近侍旁观,忽吐舌,盖恶其语忌也。仁宗由是不乐,亟付考官,依格考校。考官之意，不敢置之上等，入第三甲。而得章子平卷子，破题云："运启元圣，天临兆民。"上幸详定幕次，即以进呈，上曰："此祖宗之事，朕何足以当之？"遂擢为第一。(《石林燕语》卷四)

南丰昆弟六人，久益寥落。与长弟晔应举，每不利于春官。里人有不相悦者，为诗以嘲之曰："三年一度举场开，落杀曾家两秀才。有似檐间双燕子，一双飞去一双来。"南丰不以介意，力教诸弟不怠。嘉祐初，与长弟及次弟牟、文肃公、妹婿王补之无咎、王彦深几一门六人，俱列乡荐。既将入都赴省试，子、婿拜别朱夫人于堂下，夫人叹曰："是中得一人登名，吾无憾矣。"榜出，唱第皆在上列，无有遗者。楚俗，遇元夕第三夜，多以更阑时微行，听人语言，以卜一岁之通塞。子固兄弟被荐时，有乡士黄其姓者，亦预同升。黄面有瘢，俚人呼为黄痘子。诸曾俱往赴省试，朱夫人亦以收灯夕往闾巷听之，闻妇人酬酢造酱法云："都得，都得。黄豆子也得。"已而，捷音至，果然入两榜，文昭中第。兄弟三人，数年之间并跻华贯，曾氏由此遂兴。(《挥麈后录》卷六)

林希于章衡榜下及第，在期集处，刘庠相揖云："久欲相见，有小事言之。"希问其故，曰："庠尝梦登第在公后三名，故识公也。"希自计唱第时，刘庠始在第三甲。以前举不曾赴殿试，今举直赴殿试，例降一等，作第四甲头。又隔数十名，方唤到希，以希尝为南庙解元，仁宗令升缀第三甲末。至第五甲，唤到李实。实，南省解元也。仁宗又令升缀第三甲，既而，又令置希之上。明日唱明经第，张巨已于第四甲进士登科，又中明经。是时，中两科者例升一等，于是升缀第三甲末。自希数至刘庠，正是第三名。凡两日之间，更四人者，方符一梦焉。(《谈苑》卷二)

嘉祐二年，欧阳文忠公考试礼部进士，疾时文之诡异，思有以救之。梅圣俞时与其事，得公《论刑赏》，以示文忠。文忠惊喜，以为异人，欲以冠多士，疑曾子固所为。子固，文忠门下士也。乃置公第二。复以《春秋》对义居第一，殿试中乙科。以书谢诸公，文忠见之，以书语圣俞曰："老夫当避此人，放出一头地。"士闻者始哗不厌，久乃信服。(《栾城后集》卷二二《子

瞻端明墓志铭》)

东坡初登第,以诗谢梅圣俞。圣俞以示文忠公,公《答梅书》略云:“不意后生能达斯理也。吾老矣,当放此子出一头地。”故东坡《送晁美叔》诗云:“醉翁遣我从子游,翁如退之践轲丘。向欲放子出一头,酒醒梦断十四秋。”盖叙书语也。陈无已《赠魏衍》诗云:“名驹已自思千里,老子终当让一头。”(《能改斋漫录》卷一一)

至和、嘉祐间,场屋举子为文尚奇涩,读或不能成句。欧阳文忠公力欲革其弊,既知贡举,凡文涉雕刻者皆黜之。时范景仁、王禹玉、梅公仪、韩子华同事,而梅圣俞为参详官,未引试前,唱酬诗极多。文忠“无哗战士衔枚勇,下笔春蚕食叶声”最为警策。圣俞有“万蚁战时春昼永,五星明处夜堂深”,亦为诸公所称。及放榜,平时有声如刘辉辈,皆不预选,士论颇汹汹。未几,诗传,遂哄哄然,以为主司耽于唱酬,不暇详考校。且以言“五星”自比,而待我曹为“蚕蚁”,因造为丑语。自是礼闱不复敢作诗,终元丰末几三十年。元祐初,虽稍稍为之,要不如前日之盛。然是榜得苏子瞻为第二人,子由与曾子固皆在选中,亦不可谓不得人矣。(《石林诗话》卷下)

盖六论犹足,世独以不记出处为苦。昔东坡公同其季子由入省草试,而坡不得一,方对案长叹,且目子由。子由解意,把笔管一卓,而以口吹之。坡遂寤乃《管子注》也。又二公将就御试,共白厥父明允,虑一有黜落奈何。明允曰:“我能使汝皆得之,一和题一骂题,可也。”由是二人果皆中。噫,久不获见先达如此人物也。(《铁围山丛谈》卷二)

欧阳文忠知贡举。省闱故事,士子有疑,许上请。文忠方以复古道自任,将明告之,以崇雅黜浮,期以丕变文格。盖至日昃,犹有喋喋弗去者,过晡稍阒矣。方与诸公酌酒赋诗,士乂有扣帘,梅圣俞怒曰:“渎则不告,当勿对。”文忠不可,竟出应,鹄袍环立观所问。士忽前曰:“诸生欲用尧舜字,而疑其为一事或二事,惟先生幸教之。”观者哄然笑。文忠不动色,徐曰:“似此疑事,诚恐其误,但不必用可也。”内外又一笑。它日每为学者言,必蹙頞及之,一时传以为雅谑。余按:《东斋记事》指为杨文公,而徒问其为几时人,岁远传疑,未知孰是。然是举也,实得东坡先生,识者谓不啻足为词场刷耻矣,彼士何嗤?(《程史》卷九)

黄通,闽人,累举不第。作官数任,年将耳顺,锁厅应举。或嘲云:“老妓舞《柘枝》,剩员呈武艺。”(《江邻几杂志》)

郑亶,字正夫,太仓人。起于农家,自幼知读书,识度不类凡子。年甫冠,登嘉祐二年进士第。昆山自国朝以来无登第者,正夫独破天荒。(《中吴纪闻》卷三)

余昔知安州,见时丙推官言:“罗恺初及第,郑獬在翰林,以诗贺之。恺以公状为谢,具位诗一篇:‘右伏蒙尊慈,特有宠惠,感荷之至,但切下情。’郑云:‘赖此诗不是公用。’都下莫不传以为笑也。”(《文昌杂录》卷一。按:郑獬神宗初拜翰林学士,或另有一及第者罗恺,姑系于此。)

欧阳修《送郑革先辈赐第南归》:少年乡誉叹才淹,六十犹随贡士函。握手亲朋惊白发,还家闾里看清衫。阁涵空翠连衡阜,门枕寒江落楚帆。试问尘埃勤斗禄,何如琴酒老云岩!(《欧阳修全集》卷一三)

梅尧臣《送方云秀才下第》:从来钓者意,岂不在得鱼。饵寡鱼口多,曾非投竿疏。向登百金贵,首尾必吹墟。竭泽古所戒,但保腹中书。风雷变有诗,且复归孟猪。

梅尧臣《送甥蔡骃下第还广平》:尔持金错刀,不入鹅眼贯。已遭俗弃掷,妄意堪愤惋。他时有识别,终必为宝玩。怀之归河朔,慎勿辄镕锻。改作毛遂锥,颖脱奚足算。

梅尧臣《送曾子固苏轼》:屈宋出于楚,王马出于蜀。荀杨亦二国,自接大儒躅。各去百数年,高下非近局。钩陈豹尾科,登俊何炳缛。楚蜀得曾苏,超然皆绝足。父子兄弟间,光辉自联属。古何相辽阔,今何相迩续。朝廷有巨公,讲索无遗录。正如唐虞时,元凯同启沃。何言五百载,此论不可告。二君从兹归,名价同惊俗。

梅尧臣《重送曾子固》:楚泽多年一卧龙,新春雷雨起鳞踪。谁知天上争腾跃,偶落池中杂崄喁。且自摧藏随浪去,何当驾驭使云从。刘累只说古来有,暂屈泥蟠莫便慵。

梅尧臣《杂言送王无咎及第后授江都尉先归建昌》:白袍来,黄绶回。来跨骞驴回跨马,麻源三谷桂花开。江都作尉入风埃,主人刘向西京才。心如明月无不照,恐君已到还鸾台。(以上均见《梅尧臣集编年校注》卷二七)

梅圣俞送《方干下第》云:"竭泽古所戒,但保腹中书。风雷变有时,且复归孟潴。"《送蔡驹下第》诗云:"尔持金错刀,不入鹅眼贯。怀之归河朔,慎勿辄镕锻。"盖人士切于得失,一不得意,则必变所学,以求媚于有司。此学者之大病也,故圣俞以是戒之。(《韵语阳秋》卷一八)

苏轼《谢王内翰启》:窃以取士之道,古难其全。欲求倜傥超拔之才,则惧其放荡,而或至于无度;欲求规矩尺寸之士,则病其龌龊,而不能有所为。进士之科,昔称浮剽。本朝更制,渐复古风。博观策论,以开天下豪俊之途;精取诗赋,以折天下英雄之气。使龌龊者望而不敢进,放荡者退而有所裁。此圣人所以网罗天下之逸民,追复先王之旧迹。元臣大老,皆出此途。伏惟内翰执事,天材俊丽,神气横溢。奇文高论,大或出于绳检;比声协句,小亦合于方圆。盖天下望为权衡,故明主委之黜陟。轼之不肖,与在下风。顾惟山野之见闻,安识朝廷之忌讳。轼亦恃有执事之英鉴,以为小节之何拘。执事亦将收天下之遗才,观其大纲之所在。骤置殊等,实闻四方。使知人国之选材,非顾当时之所悦。眇然陋器,虽不能胜多士之喧言;卓尔大贤,自足以破万人之浮议。方将奔走厥职,厉精乃心。苟庶几无朝夕之愆,以辱知己;亦万一有毛发之效,少答至仁。感惧之怀,

不知所措。(《苏轼文集》卷四六)

四 月

二十八日,敕:“今后并须在本贯取应。其日前已在他处寄应、取到解者,许经逐处官司陈首,勘会诣实,即与移牒,并给付自公据,令还本贯。及具前来得解并陈首,因依申省,许通理举数。”(《宋会要·选举》一五之一八)

五 月

二日,赐卫尉寺丞叶均同进士出身。均,故翰林学士清臣之子。上家集,召试学士院,中等命之。(《宋会要·选举》九之一二)

四日,以新及第进士第一人章衡为将作监丞,第二人窦卞、第三人罗凯并为大理评事,通判诸州;第四人郑雍、第五人朱初平并为两使幕职官;第六人已下及九经及第,并为初等幕职。第二甲,为试衔大县簿、尉;第三、第四甲,试衔判、司、簿、尉;第五甲及诸科,同出身,并守选。(《宋会要·选举》二之九)

六 月

自赵彦若制策不入等,阅四年,遂无应科者。上曰:“岂朕待之不至耶?”丁巳(十二日),诏:“朝廷设制科以取天下美异之士,尝以推恩过厚而难其选,故所取不过三二人,甚非所以广详延之路也。其令两制以上同议之。”既而抃等言:“太常博士以下至选人、草泽人应制科者,并听待制以上奏举,无得自陈,内草泽人亦许本路转运使奏举。其试文浅陋及履行不如所举,并坐举者。其进用差次,不得引旧例超擢。”从之。(《长编》卷一八六)

十九日,诏曰:“国家之所以为国者,以有士也。岂有狭其所取之路,而轻其所付与哉?士之所以为士者,以有道艺行谊也。岂可不自重爱,而颛于进取哉?古先帝王之于士,审于所求,而裕于所用。《诗》云‘翘翘错薪,言刈其楚’,审于其所求也。‘济济多士,文王以宁’,裕于其所用也。朕承祖宗之休,思与天下之士偕之至治,故设贤良而下凡九科,其取之岂一路哉？每一诏下，而应书者不过数十人，中选者才一二，岂有司课试之未精而或有遗逸邪？抑士不自励以自取弃邪？此皆非朕之所以待天下士之意也。自今太常博士而下，充台、省、阁职及提点刑狱以上差使，选人不限有无考第，并草泽人，并听待制以上奏举，即不得自陈。内草泽人，并许本路转运使采察文行，保明奏举。如程文荒浅中选，才行不如所举，并坐举者。有司务精考校，以广搜罗，毋致遗逸。其初中选所推恩命别加裁定，厥后须视才行能否，差次进用。不得更援旧比，无名超擢。余从旧制。布告中外，明谕朕指。”先是，以制科得人数少，诏两制详议。及孙暨等上议，乃降是诏。(《宋会要·选举》一一之四、五)

二十二日，赐虞部员外郎张仲松、大理评事盛南仲同进士出身。仲松，献家集；南仲，枢密使贾昌朝荐，召试命之。(《宋会要·选举》九之一二)

(庚午，二十五日)沈遘《丹州新学记》：今供备库副使梁侯鉴之来，始谋兴学。州故有孔子庙，因即其旁而为学舍。既甚备，又为聚书迎师，所以教与养者，莫不尽于是。丹之民始知有学，来者源源。已而有诏，使天下贡士于京师。初，丹当贡三人，而州之民既无有应诏者，乃一取于他州。及是，所贡三人皆州之秀也。于是，丹之民益知学之可贵，长者悦，少者慕，来者亦愈众。(《全宋文》卷一六二七)

八　月

七日，命三司使张方平、龙图阁直学士陈升之、知制诰吴奎、直秘阁王畴，就秘阁考试制举科。方平等上王彰、夏噩论各六首：《设卦以尽情伪》、《德者性之端》、《作稽中德》、《君子知微知显》、《周实助法》、《两汉儒林治经孰深》论。(《宋会要·选举》一一之五)

十九日，帝御崇政殿，试贤良方正能直言极谏秘书丞王彰、材识兼茂明于体用明州观察推官夏噩。制策曰：“朕缵祖宗之洪业，抚区夏之重器，临政思治，于兹三纪。何尝不中夕惕厉，昧旦丕显，延访茂士，询求谠言，冀臻治平，以垂久大。子大夫褎然充赋，咸造在庭，得不欲摅发智蕴，开沃朕心邪？方今庶务小康，至化犹郁；兵戎虽戢，馈饷颇劳；学校虽兴，礼让殊鲜。官冗而浮食者众，民疲而失职者多。阴阳爽和，眚沴间作，经渎弛于常道，淫雨溢于旧防。赋调尚繁，昏垫靡息。岂朕明有未烛，德有未孚？致咎之来，在予为惧。自昔继体守文之君，承前圣之烈，籍累世之资，致囹空之隆，腾颂声之美。惟建武中兴，极修文德，贞观特起，骤致太平。岂天时之协符，将人事之胥济？功业迟疾，奚其不同？侧席永怀，望古盈愧。夫圣王之制世也，必本仁义之统，师道德之说，饰以儒雅，颁其教令。寻孝宣之治，尚于刑名；迹显宗之政，本于理法。当二后之际，信赏必罚，刑清国富，凤凰屡下于郡国，神雀比集于京师。致兹美祥，繄何然哉？今公卿大夫，与朕总方略，美风俗，而吏治未甚淳，民德未甚厚，豪右逾制，奸猾冒禁。以至守宰之任，循良罕闻。厨传侈于使客，徭役迫于下贫，殆有愁叹之声，未弭郁堙之气。岂躬行之弗类，而图治之匪章欤？昔晁错举于贤良，公孙对以文学，深陈政道，并先术数。仲父治国之器，内史诏王之柄，咸垂格训，当安设施？至于《春秋》之称一元，《洪范》之推九类，何行而正其本？何施而建其极？子大夫习先圣之术，熟当世之务，识古今王事之体，究天人精祲之原。思所以荡饥致祥，革弊兴利，受册应问，咸以正对，毋讳有司，称朕详延之指焉。”噩策考入第四等，彰不入等。诏：“噩为光禄寺丞。”噩既磨勘，自当改著作佐郎，又对策第四等，宰相富弼以亲嫌而裁之。(《宋会要·选举》一一之五、六)

十二月

五日，诏曰：“国家致治之原，莫先乎得士；乡里兴贤之法，必归乎考行。惟选举之失实，乃古今之共患。爰自比岁，尤异所闻，悼我诸生，颇沦薄俗。或先敦孝悌，而敢为傲逸；或不勤文艺，而专务剽袭。及乎应诏而起，复试有程，负累者奸利相成，寡闻者怀挟交济。条制虽密，朋比莫惩。且四年设科，时颇淹久，虑兴遗滞之叹，殊匪招来之勤。将革弊端，宜更著令。自今间岁一开科场，天下进士、诸科并解旧额之半，开封府、国子监以皇祐四年所解人数五分为额，锁厅及试官亲戚举人亦准此。使来者既寡，则察之差易。防检得尽其公，事业毋以相贸。且人贵土著，俗重邻成，盖出处之与同，于举措而必审。三代取士，莫或异斯。又，业经为儒，要在传道，徒能口诵名数，而或心昧指归，摘句摛文，有乖旧学。矧明经之所举，历前世而已效。比缘其故，用广于求。其锁厅子弟，宜淬励风操，毋狃习于轻堕，毋驰骛于躁浮。播告之条，尚体吾意。应天下举人，并令归本贯。令本县令、佐察其行实，以上于州；知州、通判审复，以上于转运司。既选官考试、解发而不如所保者，其知州、通判、令、佐皆坐之。其得解人，令就本处，二人以上为一保。如止解一人处，许召本州命官一员保之，随试卷上礼部贡院。其明经科，并试三经，谓大经、中经、小经各一也。以《礼记》、《春秋左氏传》为大经，《毛诗》、《周礼》、《仪礼》为中经，《周易》、《尚书》、《谷梁传》、《公羊传》为小经。其习《礼记》为大经者，许以《周礼》、《仪礼》为中经；习《春秋左氏传》者，许以《谷梁传》、《公羊传》为小经。每经试墨义、大义各十道，仍帖《论语》、《孝经》十道，分八场，以六道为合格。又试时务策三道，以文词典雅者为通，其出身与进士同。罢说书举人。诸州进士增试策三道，诸科举人增问大义一场。其高第人恩例，令中书门下裁损以闻。"初，言者以为："四年一下诏，中下之人往往废学。而才学之士不幸有故，则滞留以至老死。诸科诵数，而不知义理。又举人至京师始结保，多欺冒隐匿。请令就乡里结保，及使州、县察视之。"下两制详定，而降是诏。（《宋会要·选举》三之三三、三四）

先是，上封者言："四年一贡举，四方士子客京师以待试者六七千人，一有喧噪，其徒众多，势莫之禁。且中下之士，往往废学数年；才学之士不幸有故，一不应诏，沉沦十数年，或累举滞留，遂至困穷，老且死者甚众。以此毁行冒法干进者，不可胜数。宜间岁一贡举，中分旧数而荐之。"王洙侍迩英阁讲《周礼》，至"三年大比，大考州里，以赞乡大夫废兴"。帝曰："古者选士如此，今率四五岁一下诏，故士有抑而不得进者。为今之计，孰若裁其数而屡举也。"下有司议，而议者乃合奏曰："臣等谓易以间岁之法，无害而有利，不足疑也。使举子不幸有疾病、丧服之故者，不至久沉。且程文偶不中选，旋亦遇贡举，则下无滞才之叹。而天下所荐数既减半，礼部主司易以详较，得士必精矣。近年挟书代笔传义者多，因使权贵豪富之子，得以滥进。盖由人众，有司无由检察。若人少则诸伪滥势自不容，使寒苦艺学之人得其途而进。"戊申（六日），诏："自今间岁贡举，进士、诸科悉解旧额之半。进士增试时务策三条,诸科增试大义十条。又别置明经科,其试法:凡明两经或三经、五经者,各问墨义、大义十条,两经通八、三经通六、五经通五为合格。兼问《论语》、《孝经》十条,策三条,分八场,出身与进士等。以《礼记》、《春秋左氏传》为大经,《毛诗》、《周礼》、《仪礼》为中经,《周易》、《尚书》、《谷梁传》、《公羊传》为小经。其习《礼记》为大经者,许以《周礼》、《仪礼》为中经;习《春秋左氏传》者,许以《谷梁传》、《公羊传》为小经。旧置说书举,今罢之。其不还乡里而寓户他州以应选者,严其法。每秋赋,自县令佐察行义保任之,上于州;州长贰复审察得实,然后上本道使者类试。已保任而后有阙行,则州、县皆坐罪。若省试而文纰谬,坐元考官。"又用孙抃奏,诸州解试额多而中程少者,不必足额。(《长编》卷一八六)

近制,礼部四岁一贡士,议者患之,请更为间岁。公(胡宿)独以为不然。曰:"使士子废业,而奔走无宁岁,不如复用三岁之制也。"众皆以公言为非。行之数年,士子果以不便而卒用三岁之制。(《宋名臣言行录后集》卷四)

徐积《复古颂并序》:汉承秦灭学,能以经术取士,自孝武帝始,故三代而下汉为盛。至杨隋建进士科,李唐又加诗赋之类,破坏学者,于是天下尽为进士,而明经之路浸徙不复矣。故杨绾、贾至之徒发愤建议,而代宗不能行,遂为庸人所沮,岂不谬哉。皇帝三十六年,乃诏天下,复以明经贡士。明经,古之道也;进士,非古也。明经之道浸以长,则进士之路浸以消,此朝廷之意乎?《春秋》之义贵复古,《春秋》之所贵,固学者之所宜歌也。颂曰:其难其难,道亦大艰,或缺或完。战国盗窃,嬴秦暴孽,遗风余烈。所存几何,枯株之柯,填源之波。汉得天下,方有学者,其徒盖寡。孝文孝武,稍稍复古。仲舒之伍,巉岩峥嵘。穷先王经,道乃大明。西汉之风,与三代同,实儒之功。晋魏寇仇,学者浸浮,不源而流。齐梁之间,斧斫刀剜,大朴益残。隋唱唐和,元气尽破,为斯文祸。学者皇皇,赋道大光,六经逃藏。冶容艳肤,绣衣红襦。众奔群趋,若大有为。谓之背驰,终身寒饥。物不终盛,皇帝有命,万口齐庆。复明经科,大张网罗,海隅山阿。麟之奔奔,凤之轩轩,龙之蜿蜿。会稽之竹,昆仑之玉,牛山之木。逢蒙执射,伯乐进马,造父御驾。琴瑟既更,韶音濩声,复还于今。唐虞之谟,夏商之书,其庶几乎。天下之赋,摧缩消沮,迷失道路。革万世弊,兴万世利,繄我皇帝。臣敢不歌,流为大和,百世不磨。(《全宋诗》卷六四五)

韦骧《和闻新制间岁贡士》:五载兴贤日月疏,间关多是老闲居。朝廷远虑淹才敝,郡国新颁间岁书。士子将期贺空谷,诗人当复兴嘉鱼。无能自愧逢辰早,已脱犁锄就栈车。(《全宋诗》卷七二七)

是　年

刘敞《请诸州各辟教官疏》:臣伏见近敕,更张《贡举条约》,欲令四方游士各归其乡里,而有司得以观行听言,绝滥进之弊。此诚上近古制,下适时宜。然臣犹谓必欲人安其居,皆有常心,渐之于仁,摩之于义。化民成俗,则莫若开庠序以收养之,设师弟子以教诲之,月考时试以劝勉之。教定俗成,然后贤不肖立见,而真伪不杂矣。今州郡皆有学,学皆有生徒,而终患无师以教之。但令掾曹领其事,职既不专,教用不明。自古儒学之官不兼治民,盖为此也。臣欲乞州郡有学处,听长史各奏辟教授一员,于前任判司簿尉中选有文行、堪为人师者充。仍令以四年为一任,学理考数、官资俸禄同之掾曹。则学有常师,教有常业,士子竞劝矣。于朝廷长育人材之意,诚未失也。今欲游士归乡,而不为设学,则无以收之;设学而不为置师,则无以率之;置师而不立课试讲习之法,则无以成之。三者名存实亡,则学者不归。虽欲别贤不肖,兴廉让,崇乡党之化,不可得矣。惟陛下裁许。(《全宋文》卷一二八〇)

嘉祐三年　戊戌(1058)

正　月

赵抃《睦州学进士登科题名记》:睦于吴会为裨郡,苍嶂寒濑,齿齿激激;风土物色,缥渺秀巧。钟气生士,翘俊殊甚。其学校自文正公基之,谈经治文,出乎其间,日益盛。金部向侯,奉庆历诏,更广堂舍,学者为便。距今业精而上,第无虚榜,数十年间,以今较昔,得人为三倍伙。是以知学之废兴在人,士之进退由学,圣时之明劝也。然士之所谓学,诚心竭力,企古圣贤道,将至其所未至者也。爵位于朝,仰首信眉,掌握当世务,与夺非是,出呼吸间,一率以正。然后尽臣子忠义之分,称人君敦勉之意。唇吻小巧,剜章刻句而已乎!因萃前后登第者名诸石,后来继焉。嘉祐三年戊戌正月元日记。(《全宋文》卷八八八)

二十四日,诏:“先无户、今有户,先有户、今无户,并乡贯移徙者,许经贡院投状,召京朝官委保诣实,与叙举数场第。”(《宋会要·选举》一五之一八)

二　月

二十四日,礼部贡院言:“近制,不许臣僚门客受恩泽出官,而又锁厅取应限以一次,倘不中第,遂废终身,甚非劝学之意。请自今更不限举数,其长史、司马、助教、文学,及曾应武举人,非因事安置、羁管,并令锁应人、进纳人亦听应举。中第者不理前资,仍与除去进纳之名。”从之。(《宋会要·选举》一四之一一、一二)

三　月

甲戌(四日),诏:礼部贡举。(《长编》卷一八七)

十一日，礼部贡院言："奉诏再详定《科场条制》：应天下进士、诸科解额各减半。明经、别试而系诸科解名，无诸科处许解一人。开封府进士二百一十人，诸科一百六十人；国子监进士一百人，诸科一十五人；明经各一十人，并为定额。礼部奏名进士二百人，明经、诸科不得过进士之数。别头试每路百人解十五人，五人以上解一人，不及五人送邻路试。明经试大经、中经、小经，试墨义、大义各二十道，贴小经十道，试二、三道，共为八场，仍不理场第。御试明经大义十道，大经四，中经、小经各三。凡户贯及七年者，若无田舍而有祖、父坟者，并听。"从之。(《宋会要·选举》三之三五、三六)

五　月

壬申(三日)，管勾国子监吴中复言："旧制：每遇科场，即补试广文馆监生。近诏间岁贡举，须前一年补试。比至科场，多就京师私卖监牒，易名就试。及旋冒畿内户贯，以图进取，非所以待远方孤寒之意。请自今遇科场，补试监生如故，仍以四百五十人为额。"从之。寻又增一百五十人。又增一百五十人，乃六月丙寅，今并书。(《长编》卷一八七)

十五日，赐大理寺丞杨南仲同进士出身。以翰林学士王洙荐石经有劳，召试学士院，命之。(《宋会要·选举》九之一二)

七　月

癸酉(五日)，福州进士周希孟为国子监四门助教、本州州学教授，以知州蔡襄言其文行为乡里所推也。襄，世闽人，知其风俗。往时，闽士多好学，而专用赋以应科举。襄得希孟，专用经术，传授学者，尝至数百人。襄亲至学舍，执经讲问，为诸生率。延见处士陈烈，尊以师礼。陈襄、郑穆，学行著称，襄皆折节待之。(《长编》卷一八七)

二十九日，诏："应明经举者，内《三礼》、《三传》科，兼习中、小二经。"(《宋会要·选举》三之三六)

是　月

诏:“国子监生员才四百五十人,而远方孤寒之士多在京师,其更增一百五十人。”(《宋会要·职官》二八之四)

八　月

甲辰(六日),诏礼部贡院:“宗室婿不许锁厅应举。”(《长编》卷一八七)

十二日,命侍御史朱处约、太常博士秘阁校理陈襄、集贤校理钱公辅、史馆检讨韩维考试开封府举人,集贤校理江休复、沈遘、邵亢、秘阁校理李綖考试国子监举人,秘阁校理吴及、集贤校理滕甫考试锁厅举人。(《宋会要·选举》一九之一二、一三)

锁厅试《周以宗强》,沈文通为考官。祖父拆号,文通不及束带,迎问:“外传好赋乎?”祖父曰:“人传张挺卿。”沈曰:“云何?”祖父遂举“文子文孙,代有金城之固;卜年卜世,势增磐石之强”。沈掩耳顿足曰:“不见此赋,必有说也。”乃取真卷,乃文通“不思一张”之说,大抹之,遂黜。(《苏魏公文集》附录一《魏公谭训》卷六)

闰十二月

先是,朝议以科举既数,则高第之人倍众,其擢任恩典,宜损于故,诏中书门下裁之。丁丑(十一日),诏曰:“朕惟国之取士,与士之待举,不可旷而冗也。故立间岁之期,以励其勤;约贡举之数,以精其选,著为定式,申敕有司。而高第之人,日尝不次而用,若循旧例,终至滥官,甚无谓也。自今制科入第三等与进士第一,除大理评事、签书两使幕职官事,代还升通判,再任满试馆职;制科入第四等与进士第二、第三,除两使幕职官,代还改次等京官;制科入第四等次与进士第四、第五,除试衔知县,代还迁两使职官,锁庭人视此。若夫高材异行,施于有政而功状较然者,当以茂恩擢焉。”自是骤显者鲜,而所得人材及其风迹,比旧亦浸衰。(《长编》卷一八八)

十一日，诏曰："朕惟国之取士，士之待举，皆不可旷久，亦不可以泛冗。泛冗则课校不审，旷久则贤隽或至滞留。是用立间岁之期，以励其学；约贡举之数，以精其选。着为定法，申敕有司。而高第之人，往尝不次而用，若犹例进，终致溢员。故增其任，以养其才；缓其进，以图其效。此天下之士所同欲，而朕果于必行也。若夫高才异行，施于有政，忠谋嘉猷，具诸行事。已试之状，为众所推，必有非常之恩，以示至公之道。咨尔多士，体朕意焉。自今制科入三等、进士第一人及第，并除大理评事、签书两使幕职官厅公事，或知县；代还，升通判；再任满，与试馆职。制科入四等、进士第二第三人，并除两使幕职官；代还，改次等京官，送审官院。制科入四等次、进士第四第五人，并除试衔知县；任满，送流内铨，与两使职官。锁厅人比类取旨。"(《宋会要·选举》三之三六)

是　年

欧阳修《圣俞在南省监印进士试卷，有兀然独坐之叹。因思去岁同在礼闱，慨然有感，兼简子华、景仁》：南宫官舍苦萧条，常忆群居接俊寮。古屋醉吟灯艳艳，画廊愁听雨萧萧。残春共约无虚掷，一岁那知忽复销。顾我心情又非昨，只思相伴老渔樵。(《欧阳修全集》卷一三)

梅尧臣《任宰与外甥蔡骃下第东归》：事莫必有胜，必胜难可持。迩来罕相见，世上多夸驰。黄金铸佩印，白玉刻佩龟。朝见恃赫赫，夕见同蚩蚩。方得靡不羡，既处焉所施。此理非一日，更后当应知。志士无终穷，斯言非尔欺。(《梅尧臣集编年校注》卷二八)

陈舜俞《太平有为策四·崇德三》：甚矣，今之士靡而无实也！凡上之所以招之者非其道，下之就利而动者日至，其至均一术也。蒙上之待，且有欿然大过于人上者。故天下之士陷于其利而幸于或然，靡靡焉莫之能御也。为之制者，不闲其利之招，而厌其人之归，是命之市而耻其嚣，饮之酒而恶其醉也。今夫必以声律之艺，以待天下之士。议者曰：举古之里选，责今之郡县，贤不肖不可究而奔竞出，犹以市人而问其田，徒纷稂莠而害稼，故不若责士之难能而有司之易白者为愈也。臣对曰：非然，未之思耳。夫所谓声律者，贤者难之，童子易之，明有司白之，不然亦不白也。且谓待而得者将尽贤乎，将贤不肖杂处乎？使今人人观本行于乡党，责岁举于郡县，借不免乎贤不肖杂进，亦使士之不肖而觊是举者伪为君子矣。设若今不廉其隅，不角其圭，弃屠刀而操册书，解犊鼻而袭褒衣，有司可得而制乎？爵禄，重器也；生齿，重蓄也。今夫信一日之空文，而不求其素，率然委而加之，非所谓重也。议者又曰：数取而慎择之，其庶乎？曰：不然。顺风扬砂，风急力穷，而嘉谷益驶。不如沐之清澜，则瓦砾可得而择也。且如明经之举，环数千里，或无一人应令者，非无经术之士也，是徒有待之之意而路不广也。今夫圣贤有为，必先养士于学，观行于乡党。县大夫考其人之贤，升之郡；太守礼其贤，升之礼部而告于天子；礼部策以当世之务、先圣之术而观其能，以告于天子，而定其论。论定然后官，任定然后爵，位定然后禄。郡国所贡，贤者有赏，不肖者有罚。陈汤有罪而缪侯夺爵，徐淑失辞而陈蕃免官，此二汉之所以比盛三代也。议者又曰：士之习久矣，自大业以来未能改也。士失其业而无攸归，反身率德则未至，不有讪上亡赖之患乎？曰：不然。天下之事，未有一举而无遗策。隋举进士，而不废志行修谨、清廉干济之科；唐举进士，而有明经秀才之选。使今岁诏郡国贡举一人，朝廷异其科以待之。间岁勿停旧选，而加损太半之进。且制宏词拔萃之目，使以布衣充选，以甄其材而后禄。如此，士之挟声律记诵而进者益难，上之待贤能之礼加异。行之数岁，自能靡道息而儒术兴，入官皆修洁之材，出类有魁垒之器，贤材不可胜用，天下奚其不治乎！(《全宋文》卷一五三八)

徐积《上赵殿院书》：月日，乡贡进士徐积以两耳病聋，不敢走伏节下，谨再拜授仆人献书运使殿院下执事。前年尝为台官者，非阁下乎？积思阁下之日久矣，虽病聋数年，亦未肯自废。身居布衣，而志在朝廷。闻天下有一利，未尝不欲兴之；闻天下有一害，未尝不欲去之。今有四事，不敢与众人私议，谨与下执事公论之。其一曰明经不宜拘注疏，其二曰经分大小，其三曰二年一开科场不便，其四曰尊经抑进士。何谓明经不宜拘注疏？去年朝廷复置明经科，议论者皆谓此科废来已久，朝廷能复之，是复古也。于是，穷经者与穷经者相告，未穷经者与未穷经者相告。而穷经者日益穷经,未穷经者皆思穷经。议论者以谓此科行之十年,古人之学可以复,而雕虫篆刻之学可以废也。此岂非天下之福哉!岂非万世之福哉!今年乃见所谓明经条制,其对墨义帖经,对大义对策。分为八场,先四场对墨义帖经,后四场对大义对策。其对墨义兼全引注文,其对大义亦具注疏本意。此固朝廷欲求该博实学之一道也,然议论者皆谓此制与朝廷建明经本意不同。朝廷本意,其大略盖患学者之失,文浮而少实,虽或口诵其文,而心昧其义,故特建明经科,使夫朴茂之伦得以发摅其蕴。今乃拘以注疏之说,则是朝廷不贵明圣人经义,贵记诵注疏而已。且学者穷经,必先熟诵本经,然后观注疏。若注疏之说是,则取之;若注疏之说不是,虽一字不取。至如穷《春秋》,必先熟诵《春秋经》,然后观《左氏》,观《公羊氏》,观《谷梁氏》。若左氏之说是,则取《左氏》;若公羊之说是,则取《公羊氏》;若谷梁之说是,则取《谷梁氏》;若三《传》俱不是,则俱不取。《传》且不取,而况于注乎?而况于疏乎?盖注出于《传》,疏出于注也。然大凡注疏虽多失少得,若其说不至迂繁,学者欲应此科,亦须勉强而记诵之。今按一经之内,积文下注,有倍于本文者,有数倍于本文者,有十倍于本文者,又有倍于本文而不可胜计者,而数不与焉,使学者如何而记诵之?然而必不得已,积日累月,劬劬劳劳,虽无用之说,百千万亿亦可记诵。但恐学者劳而无功,博而寡要,非英儒之学,腐儒之学也。自非有为之士,则不肯穷经,则不肯拘注疏。朝廷必欲使之拘注疏,则自有诸科。今既建所谓明经科,则不宜拘以注疏。若必拘以注疏,虽其人负孟子之道、韩退之之文,亦恐无能此科矣。且朝廷建此科,必欲人应之也。今诸科举人,虽能唇腐齿烂,记诵注疏之说至精至熟,然而并不知经义;穷经之士,但明圣人之道,而不能记诵注疏,则此科将使何人应之哉?则是朝廷有复明经之名,而无复明经之实也。谨按:汉之学者,皆能精通一经,其时固未有注疏。其所谓精通者,或得之于心,或得之于师,精通圣人经义也。故其所学如此者,于行事如何?其列于史传,其见于后世如何?以此论之,贵其通,不贵其实;贵其要,不贵其多。盖精者不博,博者不精,此事之常也。至于商农之业,百工贱技,皆如此也。唐之啖、赵、陆淳,此三人者可谓明经矣,于圣人之道可谓有功矣。然而解《春秋》,多不取三《传》,而解己意,而况于注疏之说乎?故后之学《春秋》者,必自啖、赵始,此皆前世穷经已然之效也。自唐虞以来，简策所载，天下治乱之本，未尝不系取士之得失也。而士之所学，系上之教何如尔。以此观之，朝廷固当养育天下英才，使之不为腐儒之计也。且朝廷亦尝置说《书》科，亦何尝拘以注疏？故近年多得其人。为朝廷计者，莫若取说《书》科条制，仍以朝廷建明经本议，再详酌而行之，以塞天下之望，以网罗天下之英杰，以为万世不刊之法，岂不盛哉！岂不快哉！此一事也。何谓经分大小？近降明经条制，《毛诗》为中经，《周易》为小经。议论者以谓《毛诗》恐不宜为中经，宜列为大经。《周易》若据字数，诚合为小经；若据经义，得列为大经。又曰：圣人之经不必分大小。其三《传》、《春秋》亦不宜各置科，只宜特置《春秋》科，使引三《传》解之，而附以己说。今置科若以《春秋》为名，则是尊经之义也；若以某氏传、某氏传为名，则近乎弃经任传之义也。故董仲舒守《公羊》，刘向守《谷梁》，歆守《左氏》。此三人者，于《春秋》各守一传，故不能大明《春秋》之道。此先儒之弊也。其《孝经》、《论语》，此二者，圣人言行之书，恐不宜为帖经。《孟子》醇乎醇者也。此三者并宜附于《易》科。《尔雅》多识鸟兽草木之名，宜附于《毛诗》科。诸所附者，皆问大义。谨按：帖经所起，盖自唐初，刘思立为考功员外郎，遂奏明经加帖，甚非古也。积亦尝应进士举，其帖经、墨义，但互相传写一本尔。科场之内，有同儿戏，何益于事哉？其帖经，不若罢之，此二事也。何谓二年一开科场不便？积常行陕西道中，亲见西川举人多是徒步，或自提挈，或十数人共雇一仆役，其甚者破产业。而未及至半路，或滞霖潦，或不幸而有疾病，故有不得应举而归者。虽应得一举，亦受尽艰险。今又二年一开科场，则其远方孤寒益受其弊也。然又有大不可者。今之为进士者，多是不肯治经，但于经史之内摘拾题目，及赋中要用事迹。其甚者，只是记诵近年词赋、策论及诸家类题，以为苟进之计。今又二年一开科场，宜乎学者尤不暇治经，尤为苟简之计。以此论之，且宜仍旧四年一开科场，或三年一开。若三年一开科场，亦宜于转运司类试。积夙闻朝廷亦尝议转运司类试。今诚能如此，以一路州府军监解额定为转运司解额，使天下举人只就本路转运司试，不惟便于远方孤寒，天下举人皆便也，而又可以革寄应之弊也。且天下举人所以多就开封府寄应者，亦无他，盖为本土解额人数少。今天下解额又减其半，则是开封寄应者益多，而举人之冒法者愈甚也。今若转运司类试，总一路解额，解额既广，则人皆便之，是可以革寄应之弊也。其福建一路举人最多，故倍于他路，只宜各在本州试。图天下之便者，不必同也；拘一路者，必妨天下也。此三事也。何谓尊明经、抑进士？近降明经条制，其十通者乃得比进士第一甲。今进士及第，自三人已前便得大郡通判。只是一赋之功，其恩例在明经之上，恐非朝廷尊经重道、劝天下之本意也。谨按：明经所学与进士所学，浮实大不同。其进士恩例，宜乎杀于明经！当此之时，正宜尊明经，抑进士。凡此四事，实关天下大利害，固学者之所宜究也。古圣人之为君，古贤人之为臣，虽愚夫愚妇、刍荛贱人之言，未尝不取而行之，未尝私己之好恶而妨天下之公也。至于后世则不然。虽有可用之谋，可行之议，恶其策不从己出，往往沮而不行。但欲行己之谋，售己之说，恶其议之异于己者。此皆不公于朝廷，不顾天下利害也。然而，岂能掩天下之公议哉？岂能掩万世之公议哉？徒自大其非耳。今阁下为朝廷耳目之官，所言所行者，当思至公之道。则积之所言，合天下之公言，愿阁下早为之所。幸甚！(《全宋文》卷一六一六)

嘉祐四年　己亥(1059)

正　月

十一日,以翰林学士胡宿权知贡举,翰林侍读学士吕溱、知制诰刘敞并权同知贡举,合格奏名进士刘挚已下二百人。(《宋会要·选举》一之一一)

十一日,以翰林学士胡宿等权知贡举,国子监直讲吴申、牟景先、秘书丞齐恽、大理寺丞王广渊充点检试卷官,集贤校理司马光、郑獬考试知举官亲戚举人。(《宋会要·选举》一九之一三)

刘敞《锁宿礼部中夜口号》:浮云不动月微明,锦帐香寒梦易惊。犹觉春风花未发,独闻宫漏出重城。(《全宋诗》卷四八九)

胡宿《论殿试考校奏》:臣窃见旧制,考校御试举人卷子,不过五六日,催促了毕,即便放榜,诚是太速,恐有未精。近制,御试许限半月日考校,盖欲详加抡核,务在精当。然而,采之众论,亦有未便。或闻初考与复考二处,各限五日。考校须候日满,考尽卷子,定了等第,方得次第关发。如此即复考与详定所端闲多日,却成留滞。况近来间岁科场,人数卷子止千二百。欲乞将来御试,且依旧存半月日限考校。外降圣旨,令初考、复考所更不限定日数,但考绝卷子,定了等第,即便关送与弥封所,令弥封所发往复考等处。若于限内考校了毕,乞便放榜,不须候满半月。兼免日久有所漏泄,及免禁中久留,灯火不便。取进止。(《全宋文》卷四五六)

刘敞《礼部贡院定夺郑荀起请科场未便事件状》:当院准中书批下,前权奉宁军节度推官郑荀奏科场未便事件,奉圣旨进贡院定夺闻奏者。今具画一如后：

一，郑荀称伏睹云云，当院今看详：天下解额，多少不同，不可均一，所从来久矣。幸因赦令增益者四十余处，恩已无量。若更限以十人取一，在他路虽未有大损，于福建、江南、川、广则必特为侥幸，到省之人必须比旧数倍，恐非今日治体所宜，不可施行。

一，郑荀称科场旧制四年云云，当院今看详：昨朝廷下间岁之诏，盖欲开广贤路，使士子无后时失业之恨。又欲游士各归其乡，不复有寄籍冒贯之弊。本不驱迫远方举人，必令奔走也。何故反更恤其不便？况降敕已来，裁三四年，常人安于所见，尚未尽信。具当循守，渐变习俗，不可轻改。

一，郑荀称天下逐州军云云，当院今看详：聚试之议，今时多持此说，但于国体未为通允。本责刺史、县令乡举里选，重操行而后文词。若聚之转运司，则此法何寄？又一路不下十数州军，所差试官正令不得人，决不尽失。若聚之一处，而试官非其人，则一路俱受其弊矣。此必然之患也。事不稽古，又不便今，难以施行。

一，郑荀称窃见南省云云，当院今看详：取士之制，古今不同，非务相反，事有所因也。祖宗收揽威权，兼听天下，鉴唐之弊，亲程多士。四圣相继，以为定法，固非群臣所当辄议。若以南宫考校日多为精，崇政考校日少为粗，此又不然。南宫虽累旬，然所考不下数千人；崇政虽浃日，然所考不上数百人，相去有十一之较，诚未见其淹速精粗之弊也。

一，郑荀称诸处发解及南省帖经云云，当院今看详：帖经、墨义，诚为无用。然所以历久未废罢者，当以其唐室以来，有司旧法，虽无甚利，亦不甚害。废之未为多，存之无所妨。比之告朔之饩羊，以爱礼为胜耳。

一，郑荀称举人除齐衰丧服云云，当院今看详：此制施行已久，如妻及子孙弟妹，虽皆齐衰，犹以卑幼，不废贡举。自余服纪，固未尝厘革。即未知荀指何等为齐衰？右，谨具如前。郑荀所画科场事，今定夺到皆非要切，不可施行，具状奏闻。

刘敞《礼部贡院驳张洞起请乞降等收录少字赋论进士奏状》：右，谨具如前。伏以礼部考试条式颁行天下，盖设公共之格，以便程文之体。使举子务各毕力，而有司得以考实。譬于射御者，不失其驰，而射者自能中，乃为善也。若欲变法易令，徇人所短，事同诡遇，非所以待天下贤士也。又业文之人，惟务语省，亦不于数字之间便成骈赘。且施行已久，未尝闻以此为弊。朝廷信令，何必轻改？所称欲依御试宣卷，即当院无由检会。况御试恩系临轩，而贡院责在有司，以此比类，体亦非允。其张洞起请，议难施行。（以上均见《全宋文》卷一二八一）

二　月

二十五日，诏礼部贡院："进士曾经御试五举、诸科六举，进士经省试六举、诸科七举，年五十已上者，具名以闻。"（《宋会要·选举》三之三六）

二十八日，帝御崇政殿，试礼部奏名进士，内出《尧舜性仁赋》、《求遗书于天下诗》、《易简得天下之理论》题。得刘煇已下一百六十三人，第为五等，并赐及第、出身、同出身。翌日，试诸科，得明经一百八十四人，并赐本科及第、出身。（《宋会要·选举》七之一八）

刘煇《尧舜性仁赋》："静以延年，独高五帝之寿；动而有勇，形为四罪之诛。"人往往疑仁者静、仁者寿、仁者必有勇，皆有出处，独"动"字不工。深推"动"、"静"二字，使"性"字故事。盖人生而静，天之性也；感物而动，性之欲也。（《晁氏客语》）

三　月

一日，试特奏名进士，内出《云覆丛蓍诗》、《中者天下之大本论》题。得康师服已下二十九人，并赐同五经学究出身，授试监簿、长史。同日，试特奏名诸科，得五经张亨已下一十六人，授试监簿、助教、长史。（《宋会要·选举》七之一八）

苏颂《胡完夫再示西省唱和诗……自注》：嘉祐四年三月殿试，某忝为复考官，宿次在景福殿水亭之西。（《苏魏公文集》卷一二）

嘉祐四年，廷试进士，仁宗预使公（韩绛）进三题。公奏："臣有兄子在

试中，以嫌不敢上。”固使进。既试，果取用之。(《全宋文》卷一五五九范纯仁《韩公墓志铭》)

刘丞相莘老殿试时，苏丞相子容为详定官。(《石林诗话》卷中)

五日，天章阁待制钱象先等言：“昨赴资善堂，出明经诸科义题、义由已毕，见祗候崇政殿放榜。窃闻南省小试官并许入殿门祗候，伏乞依例。”从之。(《宋会要·选举》八之三三、三四)

十三日，光禄卿、直秘阁赵良规等言：“伏闻崇政殿放榜，窃知旧例，并预召观。”诏令宣入。(《宋会要·选举》八之三四)

丁未(十三日)，御崇政殿，赐进士铅山刘烨等一百三十一人及第，三十二人同出身；诸科一百七十六人及第、同出身；特奏名进士、诸科六十五人同出身，及诸州文学、长史授官如三年闰十二月丁丑诏书。(《长编》卷一八九)

(欧阳修)充御试进士详定官，赐御书“善经”二字。(《欧阳修全集·附录》卷一《欧阳修年谱》)

嘉祐四年春，御试进士，翰林学士欧阳永叔、韩子华、集贤校理江邻几同为详定官，有诗六篇，出而使予和焉。(《宛陵集》卷二〇《和永叔六篇序》)

进士名录：刘烨，胡宗俞，安焘，丁偃，于房，上官经，王伯虎，王纯臣，王得臣，王彭年，王愈，王觌，文郁，文葆光，朱长文，朱师雄，朱敏中，江淑，李承之，李时亮，李逢原，李暄，李钺，吴于中，吴子选，何耆，余绩，汪汾，苗颖，范峒，林序，林邵，林颜，周谌，周权，胡偃，胡舜元，柯述，柯迪，俞充，俞叔良，祝用之，姚勔，庄公岳，晁端彦(误)，晏朋，徐徽，徐简，翁敏政，高陟(误)，陆崎，陈之方，陈光道，陈向，陈向，陈皓，陈让夷，陶恒，黄元弼，黄襄，曹确，盛中叔，章惇，张正甫，张挺卿，张刍，张衮，张询，张璪，万延之，万巽，董本中，董威，单锷，程鹏，曾庠，杨杰，杨维，詹适，赵良弼，蔡确，裴维甫，郑夷甫，郑某，邓荐，邓衡，刘载，刘挚，萧佐，萧国镇，鲍安平，韩宗道，谢廷甫，谢麟，丰稷，颜孝初，关景仁，罗彦辅。

诸科：冯正雅，郑晕。

特奏名进士：康师服，何舜宝，秦舜先，陈应辰，董臻，邓式。

特奏名诸科：张亨。（《宋登科记考》卷四）

补进士名录：其一，田鲠。《忠肃集》卷一七《县斋岁晚寄莱芜田同年鲠字直儒》；卷一九《秋浦寄田同年鲠》。

其二，张令。《全宋诗》卷六七五杨杰《送张令同年赴岭南》。

辨正：其一，晁端彦，嘉祐二年进士。详说见前。

其二，高陟，皇祐元年进士。详说见前。

烨，嘉祐四年进士第一人，《尧舜性仁赋》至今人所传诵。始在场屋有声，文体奇涩，欧公恶之，下第。及是在殿庐得其赋，大喜，既唱名，乃烨也，公为之愕然。盖与前所试文如出二人手，可谓速化矣。（《直斋书录解题》卷一七）

嘉祐中士人刘几，累为国学第一人。骤为怪崄之语，学者翕然效之，遂成风俗。欧阳公深恶之。会公主文，决意痛惩，凡为新文者，一切弃黜。时体为之一变，欧阳之功也。有一举人论曰："天地轧，万物茁，圣人发。"公曰："此必刘几也。"戏续之曰："秀才刺，试官刷。"乃以大朱笔横抹之，自首至尾，谓之"红勒帛"，判"大纰缪"字榜之。既而，果几也。复数年，公为御试考官，而几在庭，公曰："除恶务力，今必痛斥轻薄子，以除文章之害！"有一士人论曰："主上收精藏明于冕旒之下。"公曰："吾已得刘几矣！"既黜，乃吴人萧稷也。是时，试《尧舜性仁赋》，有曰："故得静而延年，独高五帝之寿；动而有勇，形为四罪之诛。"公大称赏，擢为第一人。及唱名，乃刘烨。人有识之者，曰："此刘几也，易名矣。"公愕然久之，因欲成就其名。小赋有"内积安行之德，盖禀于天"，公以谓"积"近于学，改为"蕴"，人莫不以公为知言。（《梦溪笔谈》卷九）

先是，皇祐、至和间，场屋文章以搜奇抉怪，雕镂相尚，庐陵欧阳公深所疾之。及嘉祐二年知贡举，则力革其弊，时之道亦尝被黜。至是，欧阳公预殿廷考校官，得程文一篇，更相激赏，以奏天子。天子称善，乃启其封，即之道之所为也。由是场屋传诵，辞格一变。议者既推欧阳公有力于斯文，而又服之道能精敏于变也。(《全宋文》卷一六四五杨杰《刘之道状元墓志铭》)

有堂吏尝梦火山军姓刘人作状元。阅火山军解文，无姓刘人。明年，刘煇作状元。(《东斋记事》卷五)

予嘉祐四年蒙赐第，初行间岁取士第一榜也。南省放合格二百人，殿试内考落三十五人，比前后累榜，最为人少。后蒙朝廷显擢，亦累榜所罕。故蔡持正、刘莘老、章子厚并拜相；安厚卿两至枢府，一为门下侍郎；胡完夫作右辖，出守成都，还为吏部尚书以卒。如持正、莘老，并谪死新州；子厚近自雷州司户得散官，徙居桐庐，亦卒；厚卿以散官居沔，又迁建昌，后得还洛，复大中大夫。其次，至侍从者亦数人。若俞公达、吴子中、李奉世，皆先亡；张正甫、姚晖中、盛中叔，亦以责死；丰相之、王明叟，今俱贬夺，丰居台，王居南安。盖宠利保功名，自古所难哉。(《麈史》卷中)

祖父为殿试考官，张斯立挺卿，五祖姑之婿也，名在丙科。既而，乘醉大悖，以为祖父避嫌，故抑之下科，祖父不与之较。后应制科，一夕暴卒，人以为心绝。(《苏魏公文集》附录一《魏公谭训》卷六)

宋仁宗《赐刘煇及第》：治世求才重，公朝校艺精。临轩升造士，入彀得群英。并蹑云梯峻，聊登桂籍荣。庇民思善政，慈惠体予情。(《全宋诗》卷三四五)

刘煇《谢状元及第启》：枫宸序进，方仰于天威；胪唱下传，遽登于选殿。名隶恩书之表，躬华服赐之荣。宠渥甚优，省循增愧。窃以圣人分职，贵乎量材；君子入官，中乎博选。材拔乎类，然后不次而举；学足乎己，然后有为于时。是以任人无废功，在朝无幸位。兹君臣之大节，实古今之常行。我国家急于求贤，委之为治。咏“菁莪”而长育，法《卷阿》而详延。辟舜四门，开汉数路。岩逋谷隐，处我彀中；相器将材，由此途出。群职尽翘翘之楚，百年陶济济之宁。巢、由委质，而尚访逸民；皋、夔盈庭，而犹思多士。故于间岁，设此隽科。饱六经者欲挽其滞淹，抱硕画者欲速于甄擢。一封涣汗，四海向风。于于而振衣冠，崭崭而见头角。与乡书者损之过半，试辟省者收之几希。披荆取兰，剖石求璞。意欲精择，势当至难。在于明庭，尤责茂实。限晷刻而奏艺，延旬浃而考文。庇摘或形，云滓相邈。复较裒然之选，欲收卓尔之贤。惟大蓄其德者居之则宜，非深造乎道者得之为谬。上以副虚宸襟而吁俊，下以见陟亨衢而正君。苟属匪人，曷厌群议？如某者，朴野庸质，遐僻寒门，学无渊源，幼则孤苦。亲亡而兄弟丧，赀竭而宾旧疏。陋室昼扃，无箪瓢而自乐；只形吊影，任萍梗以何之。挈空橐而起江湖，冒红尘而客京国。栖迟太学，龃龉百端。渐渍训言，粗究经纶之略；觊觎斗禄，勉加篆刻之功。不自愧羞，时以进取。两冠士籍，固非和氏之珍；一黜春闱，有类齐门之瑟。默量空琐，分欲退藏。幸逢盛辰，耻为弃物。遽承明诏，再奋懦心。复滥齿于荐书，又列偕于奏籍。众呈文于左城，尤缩手于渊题。牵傅仅成，骫骳殊甚。揣蹇难之常分，在寤寐而弗皇。深忧关市之民，贾而不售；岂意危巢之鹊，鸣辄惊人。勍敌在前，战非必胜；素修亡状，举出不虞。朝乃穷民，暮跻巍级。顾惟蕞尔，岂有致然？兹盖伏遇某官，润色帝猷，埏陶士类，权衡待物，日月照幽。扩摅采菲之仁，始终推毂之赐。致兹枯朽，亦遂滋荣。谨当充实四端，砥砺一节，少成事业，上答恩休。过此以还，未知所措。(《全宋文》卷一六六一)

杨杰《及第东归逢元举》：与君去岁金陵游，七月十日离楚州。酒阑浩歌古亭下，白日雷雨催行舟。片帆乘风破险浪，冉冉飞过芦花洲。我时幸预鳌头荐，君以才术公卿留。人生聚散散或聚，忽忽今会如萍浮。君行何以赠君别，庄鹏九万抟高秋。(《全宋诗》卷六七三)

欧阳修《送王平甫安国下第》：归袂摇摇心浩然，晓船鸣鼓转风滩。朝廷失士有司耻，贫贱不忧君子难。执手聊须为醉别，还家何以慰亲欢。自

惭知子不能荐,白首胡为侍从官。(《欧阳修全集》卷一三)

梅尧臣《送汤延赏秀才下第归》:参差绿柳上,撩乱黄鹂飞。失意暂时屈,独嗟千里归。淮船行欲驰,江鳖去应肥。谢朓吾乡守,欣欣见彩衣。

梅尧臣《送林大年殿丞登第倅和州》:和靖先生负美才,族孙今似汉庭枚。败亡项籍江边庙,应愧文场战胜来。

梅尧臣《送施绰秀才下第》:君尝老于敌,轻彼群儿嬉。坚锐不可恃,屡北还自疲。胸中多奇秘,既衄何所为。东走沧海上,夏果采荔枝。奉亲乐无涯,岂愧禄仕迟。(以上均见《梅尧臣集编年校注》卷二九)

郭祥正《王平甫下第南归》:一番黄纸集群材,南国儒英起草莱。至宝不逢知己鉴,束书重见下天来。壮心肯向明时屈,孤愤须临浊酒开。许有新诗令我听,夜堂还使鬼神哀。(《全宋诗》卷七七五)

蔡确《崇政殿放榜》:黄帕开封出奏篇,银袍二百玉阶前。威颜咫尺瞻中扆,名姓传呼下九天。宫笔旋题黄甲字,禁门已簇杏花鞯。孤臣拜赐交悲喜,相望先分五十年。(《全宋诗》卷七八三)

二十五日,翰林学士胡宿等言:"自来南省点检进士试卷、诸科出义考试官等,御试日赴殿前起居,并放榜日殿前立班。近年却只在殿门外祗候,欲乞依旧例。"取到《阁门仪制》:知举官等御试日并于崇政殿门外祗候,如奉宣即入。候放榜毕,承受于殿门外报知举官,入赴告谢。勘会近例,内知举官候放榜日宣入殿起居、祗候、告谢,贡院考试官等于御试及放榜日殿门祗候。诏:"宜令阁门每遇宣知举官,其南省点检试卷、诸科出义考试官等,并令同入。"(《宋会要·选举》八之三四)

五　月

三日,以新及第进士第一人刘煇为大理评事,佥书河中府观察判官公事;第二人胡宗俞、第三人安焘为两使幕职官;第四人刘挚、第五人章惇并试衔知县;第六人已下并九经、明经及第,并为试衔大郡,判、司、大县主簿。第二甲,并试衔判、司、主簿、尉;第三、第四甲,并判、司、簿、尉;第五甲并诸科,同出身,并守选。(《宋会要·选举》二之九)

十六日,赐太子中舍张宗益同进士出身。以枢密副使张升荐,召试学士院,命之。(《宋会要·选举》九之一二)

七 月

二十六日,命翰林学士吴奎、权御史中丞韩绛、知制诰范镇、起居舍人知谏院范师道,就秘阁考试制科。奎等上陈舜俞、钱藻、汪辅之论各六首:《萃致孝飨》、《鱼丽废则法度缺》、《汉制因时之宜》、《皋陶叙九德》、《君子所养》、《徐有功比于张》论。(《宋会要·选举》一一之七)

八 月

十三日,帝御崇政殿,试材识兼茂明于体用明州观察推官陈舜俞,贤良方正直言极谏宣州旌德县尉钱藻、汪辅之。制策曰:"朕承先圣大业,守天下重器,兢兢万务,旰而后食。进见公卿师尹,与图试事。复延方正茂异之材,以咨治道。思欲跻时于仁寿,昭前之光明,三纪于兹,策问者八矣。子大夫褎然来思,造庭待对,必有奇论,进当虚伫。夫天地之道,帝王之功,岂非久而成哉?今朕志治而未洽,躬化而未孚,饰礼而教未驯,制乐而功未章,法用中典而刑辟未措,赋从薄敛而颂声未作,山泽毕入而仓府未充,边塞既宁而转饷未息。灾害或作,盗贼间兴,必世而后仁,将非妄欤?重以承五代之交丧,历百年之全盛,官制殊驳,吏员大溢。文昌之职,不迁于中台;京师之官,犹莅于外任。必也正名,重于改作。伊欲用夏之忠,营救时弊,可条其施设;参汉之制,斥去霸道,试陈其用舍。省方之礼废,将受郡国之计,以劝其风俗,何以使人知耻格而俗识廉让?底绩之法弛,将书内外之考,以课文武,何以使吏称其职而官宿其业?北方厚戍,欲收三品之更以赡屯卫,得无有加赋之讥乎?南徼屡警,欲按五管之略以经蛮夷,得无有留兵之费乎?《书》法不隐,《春秋》所讳有四;议事以制,甫刑其罚且千。申、韩之原道家，理将安在；迁、固之赞循吏，义有不同。灾害消复之原，水旱变正之术，《洪范》之御六沴，皇极之敛五福，驯致之宜，必有其要。子大夫讲于上古之学，通于经世之务，蕴蓄有素，详定在兹。悉心以陈，辅朕不逮。"舜俞等制策并考入第四等。诏："舜俞为秘书省著作佐郎，藻为秘书省校书郎、无为军判官。"辅之虽同入等，而言者以无士行而罢之。(《宋会要·选举》一一之七、八)

乙亥(十三日)，御崇政殿，策试应才识兼茂明于体用科明州观察推官陈舜俞，贤良方正直言极谏旌德县尉钱藻、汪辅之。舜俞、藻所对策并入第四等，授舜俞著作佐郎、签书忠正军节度判官事，藻试校书郎、无为军判官。辅之亦入等，监察御史里行沈起言其无行，罢之。辅之躁忿，因以书诮让富弼曰："公为宰相，但奉行台谏风旨而已，天下何赖焉！"弼不能答。(《长编》卷一九〇)

王安石《送陈舜俞制科东归》：诸贤发策未央宫，独得淄川一老翁。曲学暮年终汉相，高谈平日漫周公。君今壮岁收科第，我欲它时看事功。闻说慨然真有意，赠行聊似古人风。(《王荆公诗注补笺》卷三三)

刘敞《同年陈君制策高第，改佐著作，东还余杭，作五言送行，兼寄彦猷阁老使君二兄》：江海一远别，见君金马门。先鸣二三子，强著五千言同年所对诏策，凡五千余言。清望开中秘，英辞动至尊。荐贤受上赏，时论重西垣同年本彦猷所荐。(《全宋诗》卷四八一)

梅尧臣《送刘定贤良下第赴广陵令》：刘蕡不登科，众口诵其策。得者为之羞，闻者为之惜。摧藏一时屈，论议千古白。至今简篇中，一字不敢易。其言究时病，舂刺若戈戟。引经见大法，非蹈春秋僻。我朝屡得人，无不升显赫。乃知所中否，实命系通厄。中则首公相，人情作冠帻。否则走仕途，人情作履舄。秋风广陵城，千里夷门客。壮心虽暂失，美宝有时获。怊怅以送君，致龙翻点额。(《梅尧臣集编年校注》卷二九)

是 秋

王安石《上仁宗皇帝言事书》:先王之取人也,必于乡党,必于庠序,使众人推其所谓贤能,书之以告于上而察之。诚贤能也,然后随其德之大小、才之高下而官使之。所谓察之者,非专用耳目之聪明,而听私于一人之口也。欲审知其德,问以行;欲审知其才,问以言。得其言行,则试之以事。所谓察之者,试之以事是也。虽尧之用舜,亦不过如此而已,又况其下乎?若夫九州之大,四海之远,万官亿丑之贱,所须士大夫之才则众矣。有天下者,又不可以一二自察之也,又不可以偏属于一人,而使之于一日二日之间,考试其行能而进退之也。盖吾已能察其才行之大者,以为大官矣,因使之取其类以持久试之,而考其能者以告于上,而后以爵命、禄秩予之而已。此取之之道也。……方今取士,强记博诵而略通于文辞,谓之茂才异等、贤良方正。茂才异等、贤良方正者,公卿之选也。记不必强,诵不必博,略通于文辞,而又尝学诗赋,则谓之进士。进士之高者,亦公卿之选也。夫此二科所得之技能,不足以为公卿,不待论而后可知。而世之议者,乃以为吾常以此取天下之士,而才之可以为公卿者,常出于此,不必法古之取人而后得士也。其亦蔽于理矣。先王之时,尽所以取人之道,犹惧贤者之难进,而不肖者之杂于其间也。今悉废先王所以取士之道,而驱天下之才士,悉使为贤良、进士,则士之才可以为公卿者,固宜为贤良、进士,而贤良、进士亦固宜有时而得才之可以为公卿者也。然而,不肖者苟能雕虫篆刻之学,以此进至乎公卿;才之可以为公卿者,困于无补之学,而以此绌死于岩野,盖十八九矣。夫古之人有天下者,其所以慎择者,公卿而已。公卿既得其人,因使推其类以聚于朝廷,则百司庶物,无不得其人也。今使不肖之人,幸而至乎公卿,因得推其类聚之朝廷。此朝廷所以多不肖之人,而虽有贤智,往往困于无助,不得行其意也。且公卿之不肖,既推其类以聚于朝廷;朝廷之不肖,又推其类以备四方之任使;四方之任使者,又各推其不肖以布于州郡。则虽有同罪举官之科,岂足恃哉?适足以为不肖者之资而已。其次九经、五经、学究、明法之科,朝廷固已尝患其无用于世,而稍责之以大义矣。然大义之所得,未有以贤于故也。今朝廷又开明经之选,以进经术之士。然明经之所取,亦记诵而略通于文辞者,则得之

矣。彼通先王之意,而可以施于天下国家之用者,顾未必得与于此选也。(《全宋文》卷一三八〇)

十　月

十二日,《祫飨赦书》:"进士三举、诸科五举殿试下,进士五举、诸科七举省试下,与免将来文解。士人有节行、学术为乡里所推者,委转运司、提点刑狱同加搜访,每路各三两人,仍与本处长吏具其事实,连书结罪以闻。委中书门下再行论察,特加试用。诸路解发,有就试人多、解额少处,令礼部量添解额。"(《宋会要·选举》一五之一五)

十一月

赐果州草泽何群安逸处士、益州草泽章察冲退处士,转运使言其有行义也。群,西充人,嗜古学,喜激扬论议,虽业进士,非其好也。庆历中,石介在太学,四方诸生来学者数千人,群亦自蜀至。方讲官会诸生讲,介曰:"生等知何群乎?群日思为仁义而已,不知寒饥之切己也。"众皆注仰之。介因馆群于其家,使弟子推以为学长。群愈自刻厉,著书数十篇,与人言,未尝下意曲从。同舍人目群为"白衣御史。"群尝言:"今之士,语言侻易、举止惰肆者,其衣冠不如古之严。"因请复古衣冠。又上书言:"三代取士,皆本于乡里而先行义。后世专以文辞就,文辞中害道者莫甚于赋,请罢去。"介赞美其说。会谏官、御史亦言以赋取士无益治道,下两制议。皆以为进士科始隋历唐数百年,将相多出此,不为不得人,且祖宗行之已久,不可废也。群闻其说不行,乃恸哭,取平生所为赋八百篇焚之。讲官视群赋既多且工,以为不情,黜出太学。群径归,遂不复举进士。(《长编》卷一九〇)

是　年

刘敞《乞州郡辟选人为教授札子》:臣伏见今岁制举,中选者三人耳,其间犹有以薄于行谊而被黜者。此非有司较试之不精,盖在于听言而不察行,玩文而不计实之蔽也。选举若此,岂可为永法哉!臣前岁尝言:州郡有学,学皆有生徒,而患无讲授之师以专领之。乞令州郡自辟选人为教授,仍理四考为一任。未蒙施行。臣以为:朝廷大务,莫重于选举。常患游士不安其乡里，则有司无由考行实，是以专取词藻，则贤不肖混淆。至于廉耻之节坏，而浮伪之俗成，皆从此途出也。今使州郡有学，学皆有师，师皆有课试之法。居常则勉其学而矫其失，当贡士则订其行而程其言。一郡之士，性之若否，习之邪正，能之多少，皆可豫见而蚤定也。于是，上其名与言偕，则选举精矣。人知为善于其身，然后乃能信于乡里；信于乡里，然后乃得闻于朝也，则皆劝于为善矣。一纪之外，三十年之内，教成俗定，则士各安其土。相厉以义，相尚以节，何患贤士之难得哉！诚如此，治古之风庶几可复也。事固有言之似迂而理甚切，行之似近而功甚远者，教化之谓也。伏乞检会臣前奏事理，特赐详择。取进止。（《全宋文》卷一二八一）

嘉祐五年　庚子(1060)

正　月

监察御史里行王陶言:“去年日食,今年星坠,皆在正旦。天狗主兵,宜豫防之。请诏中外举智武才勇之士,以备将帅。今武举取格太轻,宜仿唐制设科,优待以官,无若招士伍然。”(《长编》卷一九一)

二　月

七日,礼部贡院言:“准《祫飨赦书》,增诸路州军进士解额绝少处。今请:苏、明、常、衢、睦州共十一人,歙、饶州共四人,洪州、建昌军共八人,福、建、泉、南剑、漳、汀州、邵武、兴化军共四十五人,广、韶、新、端、康州共八人,桂、宾州共八人,益、眉、陵、绵、汉、嘉、邛州、永康军共三十二人,遂、资、果、普、合、昌州、广安军共二十人,渝州、云安军共三人。”从之。(《宋会要·选举》一五之一五)

三　月

壬辰(三日),诏:礼部贡举。(《长编》卷一九一)

五　月

六日,诏:“西川、广南罢任官,有侍行子孙归本贯取解不及,锁厅又在川、广、福建人,见罢任及元系川、广、福建人见任在本乡守选、待阙者,并许就本路转运司取解。应明经、诸科省试三场以前九否、十否者,令贡院再考校,本处解送试卷。若其间以否为粗、以粗为通、出义不依条制、致有妄荐者,以旧条坐之,不在末减。若考校通粗及出义依条别无差谬,省试三场以前有九否、十否,即考试官与于元条下减一等定罪。旧条合殿选者与免殿选,选人该冲替者实殿一选,京朝官勒停者与冲替,冲替者与监当,监当者与远处差遣。”先是,秘阁校理陈襄等言:“诸科之弊,在于传义难禁,而考试官止校其文,岂能检察?及到省所对十否,而考试官多坐罪勒停。原情定罪,宜在末减。”乃下两制与贡院议而裁定之。(《宋会要·选举》一五之一五、一六)

六月

壬申(十五日),诏礼部贡院:“内外锁厅并亲戚举人,并同引试,解十分之一。如不及十人,亦许解一人。四人以下,送邻路聚试。”(《长编》卷一九一)

八月

六日,命右司谏赵抃,直集贤院王安石、郑獬,集贤校理滕甫考试开封府举人,殿中侍御史陈洙、直秘阁司马光、秘阁校理李大临、集贤校理杨绘考试国子监举人,左正言王陶、秘阁校理裴煜考试锁厅举人。(《宋会要·选举》一九之一三)

王荆公为馆职,与滕甫同为开封试官。甫屡称一试卷,荆公重违其言,置在高等。及拆封,乃王观也。观平日与甫亲善,其为人薄于行,荆公素恶之。至是,疑为滕所卖,公见于辞色。滕遽操俚言以自辨,且曰:“苟有意卖公者,令甫老母下世。”荆公怏然答曰:“公何不恺悌?凡事须权轻重,岂可以太夫人为咒也。”荆公又不喜郑獬,至是,目为“滕屠郑沽”。(《东轩笔录》卷一一)

王安石《读进士试卷》:文章始隋唐,进取归一律。安知鸿都事,竟用程人物。变今嗟未能,于已空自咄。流波亦已漫,高论常见屈。故令俶傥士,往往弃堙郁。皋陶叙九德,固有知人术。圣世欲尔为,徐观异人出。(《王荆公诗注补笺》卷一五)

十月

十四日,诏:奏举李植等二十三人。令长吏礼遣,俟至,馆于太学。

(《玉海》卷一一六)

是　年

欧阳修《举苏轼应制科状》:右,臣伏以国家开设科目,以待隽贤,又诏两省之臣,举其所知,各以闻达。所以广得人之路,副仄席之求。臣虽庸暗,其敢不勉?臣伏见新授河南府福昌县主簿苏轼,学问通博,资识明敏,文采烂然,论议蜂出。其行业修饬,名声甚远。臣今保举,堪应材识兼茂明于体用科。欲望圣慈召付有司,试其所对。如有缪举,臣甘伏朝典。谨具状奏闻,伏候敕旨。(《欧阳修全集》卷一一二)

吕诲《上仁宗乞荐举行实之士》:臣窃以科场自间岁以来,人数减半,取之至艰,来者愈滥。其间实有才行,遗者甚多。先朝诏诸路津遣行实之士,当时被荐虽有滥名者一二,终是比之常调得人稍优。若此科不废,诚有所劝。臣欲乞诏天下郡守,常切搜访,有学识通明、履行清洁,以名荐于监司,委提刑、转运使司同共甄察。实可取者,津遣赴阙。其策试且循旧式,入官不必优异,止赐出身可也。如举荐妄缪,亦当重责。行之若久,得人必多矣。(《宋朝诸臣奏议》卷八〇)

嘉祐六年　辛丑(1061)

正　月

八日,以翰林学士王珪权知贡举,翰林学士范镇、御史中丞王畴并权同知贡举,合格奏名进士江衍已下二百人。(《宋会要·选举》一之一一)

八日,以翰林学士王珪等权知贡举,殿中侍御史吕诲、太常博士齐恽封印卷首。(《宋会要·选举》一九之一三)

十四日,命秘阁校理陈襄、集贤校理苏颂考试知举官亲戚举人。(《宋会要·选举》一九之一三)

公(孔文仲)举进士时,故紫微吕夏卿为南省点检官,得公卷曰:"词赋赡丽,策论深博,文势似荀卿、子云。"主司以为知言。(《苏魏公文集》卷五九《孔公墓志铭》)

王景彝以御史中丞知贡举,而王平甫被黜。平甫对客云:"就试前,梦御街上骑驴而坠地,今果为驴子所落。"景彝闻而大衔之。其后,平甫试大科,景彝弹其士检不修,罢之。(《默记》卷中)

王珪《和景彝诮扶出者》:天子重论秀,待之以公卿。志士抱奇节,犹或场屋轻。学能苦自琢,诗书腹纵横。胡为怀袖间,挟册角群生?诃卒窥其旁,执衣来叩楹。狂狙就新缚,跳突哀且鸣。岂不念寒孤,顾有素令明。利禄非可苟,辱甚舍弗烹。(《全宋诗》卷四九一)

二　月

赵抃《乞减举人年限俾就廷试状二月十一日》：臣窃以国家遵祖宗取士之法，每下科诏，其用举数推恩赐第者，所以振恤淹滞，惜其老将至而无成也。伏见近岁行限年之制，进士累举到御前并到南省年及五十者，始预恩例。窃缘进士应到累举，太半是未开间岁科场之前，经隔数岁始得一举，绵历场屋及五六举，至有三二十年者，艰阻不少。今来举数虽足及有逾数者，其间多是年未及格，所以不该恩泽。四方孤寒，深可悯恻。臣愚伏望圣慈体其久在科场，抱负文艺，始能累此举数，特降指挥：天下免解举人，举数已足、年未及五十、今来不预南省奏名者，许减五十年之限，俾就廷试，而沾一命。则寒儒无沉沦之嗟，圣朝广搜扬之路，亦忠厚之大端也。(《全宋文》卷八八七)

二十六日，宣赴(赵抃)崇政殿后水阁，同直孺内翰、贯之杂端充编排官。御前劄子三道下编排所。(《芦浦笔记》卷五)

二十七日，晴。上御崇政殿，试进士、明经诸科举人。《王者通天地人赋》、《天德清明诗》、《水几于道论》。圣驾幸后苑，往来迎驾。御药院公文二道，传宣精加考校。内臣二人传宣赐食并酒。编排三四五等第一百二十七等。(《芦浦笔记》卷五)

帝御崇政殿，试礼部奏名进士，内出《王者通天地人赋》、《天德清明诗》、《水几于道论》题。得王俊民已下一百八十三人，第为五等，并赐及第、出身、同出身。翌日，试诸科，得明经吕房已下一百二人，并赐本科及第、出身。(《宋会要·选举》七之一八)

二十八日，晴。内臣传宣赐“文儒”二字。圣驾卯刻幸考校所。编排经生。特奏《毛诗》十一人，特奏《尚书》九人，特奏明法四人。传宣赐食，二酒一茶。(《芦浦笔记》卷五)

试特奏名进士，内出《作乐荐上帝诗》、《谨用五事明天道论》题。得翟诏已下四十四人，并赐同五经、《三礼》学究出身，授长史、文学。同日，试特奏名诸科，得四十一人，并赐同本科出身，授长史、文学。（《宋会要·选举》七之一八）

二十九日，阴，旬休。传宣赐酒食七宝茶。初考经学官：王惟熙、祝咨、夏璋；复考经学官：王彭、张兑、朱从道；详定官：贾寿、吴中复；封弥官：傅求、王陶；出义官：王逢、傅卞、卢士宗。（《芦浦笔记》卷五）

三　月

一日，微寒，风。圣驾幸考校所，起居四拜。编排诸科卷子。宣赐酒食、果子。

二日，晴。圣驾幸复考所，起居。考到诸科卷子。

三日，晴，上巳日。圣驾幸复考所，起居。赐上巳酒各二、果子一。

四日，微雨，春寒。圣驾幸复考所，起居。赐酒食、果子。

五日，阴，寒。驾幸复考所，起居。宣赐酒食、果子。第一谓：学识优长，辞理精纯，出众特异，无与比伦；第二谓：才学该通，文理周密，于群萃中堪为高等；第三谓：艺业可采，文理俱通须合得及第者；第四等谓：艺业稍次，文理粗通，于此等中仍分优劣，优即为第四等上；第五等须必然合落者谓：文理疏浅，退落无疑。不考，谓：犯不考式。纰缪，谓：所试文字并皆荒恶。

六日，阴，寒。驾幸详定所，起居。点检官：孙坦、郑穆；进士初考官：沈遘、司马光、裴煜、陆经；进士复考官：祖无择、郑獬、李綖、王瓘；点检官：孙洙、王广渊；详定官：杨畋、何郯、王安石；对读官：胡稷臣、苏衮、傅尧俞、张次立、宋迪、周孟阳。特奏名进士三十八人。《作乐荐上帝诗》、《谨用五事以明天道论》。编排特奏名进士卷子。赐酒、果、寒食节食。

七日，晴。驾幸详定所，起居。赐寒食节上酒各二壶、果子一合。又酒、果、冷食。编排进士卷子共一百号、特奏名一号。

八日，晴。驾幸编排所，起居讫。进呈进士卷子二道。御药院录白、中书札子，进士以下等第云云。编排进士、诸科等卷子。赐食酒果。

九日，清明，雨。奏乞送焆字号卷重详定。封弥关详定五号，奏取旨。御药院关奏。圣旨看详定夺：靬、逖、艬、艄、虳五号等第。赐酒食、果子。

右日记一卷，予家宝藏。盖清献赵公手书也。公时为右司谏。直孺则翰林学士贾公黯，贯之则侍御史知杂事范公师道也。按：嘉祐六年，昭陵在宥已四十春，而犹垂意科选，亲屈翠华，以次临幸。虽上巳、寒食休暇之辰，孜孜不废，且训敕劳赐，无日无之，可谓至诚不息者矣。尝考国史大中祥符元年书：帝遍至幄次，谕李宗谔等各务精详，勿遗贤俊。四年书：帝遍至考官幕次。天禧三年又书：帝幸考校官幕次，抚问久之，出七言诗赐晁迥等。今日记所书：幸考校所者二，幸复考所者四，幸详定所者二，幸编排所者一，是皆恪守孙谋而又加详焉。于戏盛哉！宜乎天佑生贤，名臣辈出，坐致太平，而又留为奕世不穷之用。近时御试幕次在集英殿门之前，不复在殿后，而驾幸之仪夐无有知之者。盖其废已久。则此记所补岂独文字之间而已！因备录之。(《芦浦笔记》卷五)

孙应时《书赵清献公手记嘉祐六年廷试事后》：惟我有宋以儒立国，列圣相诏，垂意多士。此帖所记，群有司校试殿庐，天子日日以次临幸，训敕劳赐之不绝。当是时，昭陵御宇已四十年矣。呜呼！其不谓之至诚不息矣乎！故科选虽非古法，而祖宗以此得士。惟其有吁俊尊上帝之心，是以有天祐生贤之应也。彼王安石徒饰其法，而浸坏其心，盛衰之故可考矣。反复此卷，能不喟然太息！庆元元年月日，越孙某敬书。(《全宋文》卷六五九〇)

王安石《次杨乐道韵六首·后殿朝次偶题》：百年文物士优游，万国今方似缀旒。发策东堂招隽乂，回舆北苑罢倡优。忽随诸彦登龙尾，尚忆当年应鹄头。独望清光无补报，更惭虚食太官羞。

王安石《次杨乐道韵六首·后苑详定书怀》：文墨由来妙禁中，家传岂独赋河东？平生听想风声早，数日追随笑语同。御水新如鸭头绿，宫花更有鹤翎红。看花弄水聊为乐，不晚朝廷相弱翁。

王安石《次杨乐道韵六首·用韵书十日事呈乐道舍人圣从待制》：东

门人物乱如麻，想见新鞯照路华。午鼓已传三刻漏，从官初赐一杯茶。匆匆殿下催分首，扰扰宫前听卖花。归去莫言天上事，但知呼客饮流霞。

王安石《详定幕次呈圣从乐道》：殿阁抡材复等差，从臣今日擅文华。扬雄识字无人敌，何逊能诗有世家。旧德醉心如美酒，新篇清目胜真茶。一觞一咏相从乐，传说犹堪异日夸。

王安石《崇政殿详定幕次偶题》：娇云漠漠护层轩，嫩水溅溅不见源。禁柳万条金细捻，宫花一段锦新翻。身闲始更知春乐，地广还同避世喧。不恨玉盘冰未赐，清谈终日自蠲烦。

王安石《详定试卷二首》：帝垂咫尺断经过，把卷空闻笑语多。论众势难专可否，法严人更谨谁何。文章直使看无颣，勋业安能保不磨？疑有高鸿在寥廓，未应回首顾张罗。

童子常夸作赋工，暮年羞悔有扬雄。当时赐帛倡优等，今日论才将相中。细甚客卿因笔墨，卑于《尔雅》注鱼虫。汉家故事真当改，新咏知君胜弱翁。（以上均见《王荆公诗注补笺》卷二九）

王安石《试院五绝句》其一：少时操笔坐中庭，子墨文章颇自轻。圣世选才终用赋，白头来此试诸生。（《王荆公诗注补笺》卷四四）

沈遘《后殿考进士解嘲》：绛阙连碧城，白日横采霓。钧天万舞彻，鸾凤鸣且飞。我为帝所游，十日不知返。我乐殊未央，尚恨春昼短。东风吹蟠桃，花落满我衣。拂去还复来，悠然生我思。顾谢众仙人，我自人间世。世累虽可憎，天上亦多事。（《全宋诗》卷六二九）

癸巳（十日），赐进士王俊民等一百三十九人及第，五十四人同出身；诸科一百二人及第并同出身；特奏名进士、诸科四十三人同出身及诸州文学、长史。（《长编》卷一九三）

进士名录：王俊民，陈睦，王陟臣，丁择，丁瀣，王安礼，王冋，王思纯，王嗣，王彝，井宗元，井亮功，方场，方醇，孔文仲，左彦武，朱伯虎，任贯，江衍，江樵，阮师德，杜敏求，李士严，李去伪，李珏，吴卞，吴志宁，吴岐，吴杲卿，吴易良，吴贲，吴默，范峋，林禼，周弁，周伯玉，周若讷，周郊，周泳，胡宗哲，胡宗师，胡泽，俞希旦，洪民师，祝臣，姚安世，姚涣，姚震，袁毂，徐向，徐叔达，徐师冉，徐琦，高铸，陆元长，陈世京，陈沆，陈敦夫，陈渊，陈几，陈繁，孙授，孙开，黄公虞，黄伸，黄侑，黄浃，黄廉，黄庆基，黄履，盛次仲，娄亿，许贲，许噩，张宗谔，张振古，张景温，张焘，项瞻，叶仲询，叶伸，叶偲，叶斐，葛敏求，董沂，覃昌，喻房，程节(误)，程宽，傅奇，傅镕，舒昭，邹珂，童于，曾孝绎，曾宰，冯如愚，冯豫，冯泽，杨照，贾易，褚珪，赵禼，蔡天申，蔡昕，蔡洙，蔡瑗，蔡晔，臧伟，臧仪，齐湛，郑适，刘奉世，刘宗孟，刘弈，刘处厚，刘牗，萧玠，钱嵘，韩甫，韩忠彦，魏谔，钟醇卿，瞿绍，顾中，顾沂。

诸科：吕房，王岩叟。

特奏名进士：翟诏，何舜宾，梁禧。(《宋登科记考》卷四)

补进士名录：王观。《宋登科记考》卷四将王观系于嘉祐二年进士名录，误。详说见前。

辨正：程节，嘉祐八年进士。《全宋文》卷二一一四程遵彦《程公墓志铭》："公姓程氏，讳节，字信叔。……赐嘉祐八年进士第。"

嘉祐中，进士奏名讫，未御试，京师妄传王俊民为状元，莫知言之所起，人亦莫知俊民为何人。及御试，王荆公时为知制诰，与天章阁待制杨乐道二人为详定官。旧制：御试举人，设初考官，先定等第；复弥封之，以送复考官，再定等第；乃付详定官，发初考官所定等，以对复考之等。如同即已，不同，则详其程文，当从初考，或从复考为定，即不得别立等。是时，王荆公以初、复考所定第一人皆未允当，于行间别取一人为状首。杨乐道守法，以为不可。议论未决。太常少卿朱从道时为弥封官，闻之，谓同舍曰："二公何用力争，从道十日前已闻王俊民为状元，事必前定，二公恨自苦耳。"既而二人各以己意进禀，而诏从荆公之请。及发封，乃王俊民也。

详定官得别立等自此始,遂为定制。(《东斋记事》卷一)

唐制:取士用进士、明经二科。本朝初唯用进士,其罢明经不知自何时。仁宗庆历后,稍修取士法。患进士诗赋浮浅,不本经术,嘉祐三年始复明经科,而限以间岁取士。旧进士工于诗赋、有声场屋者,往往一时皆莫与之敌。如王沂公、郑毅夫数人取解、省试、殿试皆为第一,谓之"三元"。王签书岩叟记问绝人,首应明经,乡贡及南省、殿试亦皆第一。复科以来,一人而已,谓之"明经三元"(《避暑录话》卷二)

(蔡昕)擢嘉祐六年进士第,与其弟君弼、如晦为同年生。景祐中,敏肃公兄弟三人联榜,至是复继其美。密直公时在馆阁,拜恩上前,馆中诸公作诗为庆,搢绅歆慕之。(《全宋文》卷二〇二六朱长文《蔡君墓志铭》)

张舜民《陕府陈成伯有子登第以此为贺》:榜眼科名后,寂寥三十春。义方能教子,及第最荣亲。手足凋零甚,家门喜庆新。此时堪一醉,咫尺太阳津。出浮休先生《画墁集》。按:陈绛之子动之、说之。动之,天圣八年王尧臣榜第一甲第八人;说之,同年同甲第六人。动之之子为陈侗、陈睦、陈偲。侗,嘉祐二年章衡榜中第;睦,嘉祐六年王俊民榜第二人。此诗云"榜样科名后",岂其事乎!(《宋辽金元方志辑佚·莆阳志》,第461页)

四　月

十二日,权御史中丞王畴言:"伏以殿庭亲试,所切者漏露之禁。切见放榜日,圣驾未座,而殿后考校、详定官乃有辄至殿门者。盖因祗候起居立班之际,遂得出与外人相见,诵念举人程试,岂不漏泄?虽近去唱第,数刻之间,尤当慎密。缘素无条制,理合关防。欲乞今后放榜日,殿后臣僚不得辄至殿屏外,俟驾座,方得下殿立班起居。如违,许阁门弹奏。"从之。(《宋会要·选举》八之三四)

二十二日,以新及第进士第一人王俊民为大理评事,佥书武宁军节度判官公事;第二人陈睦两使幕职官;第三人、锁厅、将作监丞、主簿王陟臣为太常寺奉礼郎,签书高邮军判官厅公事;第四人任贯、第五人黄履并为试衔知县;第六人已下、明经九经及第,并为试衔大郡,判、司、大县主簿、尉;第二甲至第四甲,并为试衔判、司、簿、尉;第五甲并诸科,同出身,并守选。(《宋会要·选举》二之九)

五　月

丙戌(四日),赐徐州颜复、润州焦千之、成都张祺、荆南乐京等七人进士出身,四人同出身,余悉授试校书郎。复,太初子;祺,察子也。时濮州李植道卒,岳州顾立有期丧,梓州章衮、蜀州张中理、处州吴戭、广安军蒲伯明、越州吴孜等五人辞不就试。复等既推恩,亦以试将作监主簿命之。(《长编》卷一九三)

刘攽《送焦千之序》:某尝论乡举里选之法,难全行于今。自三代之盛,诸侯列国与郡县不同,及事久远不传,且置不言。夫东西汉之时,贤士长者未尝不仕郡县也。自曹掾、书史、驭吏、亭长、门干、街卒、游徼、啬夫,尽儒生学士为之。才试于事,情见于物,则贤不肖较然。故遭事不惑,则知其智;犯难不避,则知其节;临财不私,则知其廉;应对不疑,则知其辩。如此,故察举易,而贤公卿大夫自此出矣。今时士与吏徒异物。吏徒治文书,给厮役,戆愚无智,臾诟无节,乘间窥隙,诡法求货,笞仢僇辱,安以为已物,故无可以兴善者。而儒生学士之居于乡里,不过闭门养高;其外则游学四方,以崇名誉,然后可以出群过人矣。而欲法前世,一使郡县议其行实而察举之,固难矣。前年,天子祫祭宗庙,施庆天下。闵太平之时,贤士有遗逸而不仕者,因诏州郡推择上名于朝。间一岁,处士之应诏而至者十三人,果多游学成名者。天子皆以礼接之,馆于太学,而使有司策问以经术之要、当世之宜,而爵命之,皆得显名美仕焉。凡十三人,吾所素识者焦君伯强。焦君伯强,介直好学,数应进士举,至礼部辄罢去,时人皆叹惜之。谓之遗逸,不亦宜乎!夫州郡推择之,公也;有司考试之,明也。方将为国得贤,必且精心慎虑,拔士于千万,岂其崇虚徇名,苟得举逸民之称而已!则大十二人者,吾虽未尽识之,殆皆焦君之伦无疑。于是焉使之从政治民,譬犹发廒仓以赒贫乏,决江河以灌下湿,沛然其有余矣。然吾闻焦君之名在第三,而他郡有辞礼命而不至者。夫焦君之才既尽美矣,况复有过其一二者乎？彼辞礼命不至者，又其故何哉？彼以迎之致敬之礼未尽其数欤？抑彼皆伊尹、太公之俦，至三聘而后幡然改，立为太师，然后载而与之归乎？天下之大，未可诬也。吾甚慕之，故于焦君之行乐道之焉。（《全宋文》卷一五〇二）

十九日，本院奏："欲乞自嘉祐二年降敕以前，应开封府及别州军寄贯人，方许陈首，通理举数。仍限至今年终，不经逐处陈首，更不在收接。其系嘉祐二年以后寄贯人，并不在陈首之限。"诏可。（《宋会要·选举》一五之一八）

六　月

十五日，诏礼部贡院："内外锁厅并亲戚举人，并同引试，解十分之一。如不及十人，亦许解一名。四人以下，送邻路聚试。"（《宋会要·选举》一四之一二）

八　月

十七日，命翰林学士吴奎、龙图阁直学士杨畋、权御史中丞王畴、知制诰王安石，就秘阁考试制科。奎等上王介、苏轼、苏辙论各六首：《王者不治夷狄》、《礼义信足以成德》、《刘恺丁鸿孰贤》、《礼以养人为本》、《既醉备五福》、《形势不如德》论。（《宋会要·选举》一一之八）

苏辙《王者不治夷狄论》：儒者必慎其所习，习之不正，终身病之。《公羊》之书，好为异说而无统，多作新意以变惑天下之耳目。是以汉之诸儒治《公羊》者，比于他经，最为迂阔。至于何休，而其用意又甚于《公羊》，盖其势然也。《经》书："公及戎盟于潜。"《公羊》犹未有说也，而休以为王者不治夷狄，录戎来者不拒，去者不追也。夫公之及戎盟于潜也，时有是事也。时有是事，而孔子不书可乎？故《春秋》之书，其体有二：有书以见褒贬者；有书以记当时之事，备史记之体，而其中非必有所褒贬予夺者。公之及戎盟于潜，是无褒贬予夺者也。而休欲必为之说，是以其说不得不妄也。且王者岂有不治夷狄者乎？王者不治夷狄，是欲苟安于无事者之说也。古之所以治夷狄之道，世之君子尝论之矣。有用武而征伐之者，高宗、文王之事是也；有修文而和亲之者，汉之文、景之事是也；有闭拒而不纳之者，光武之谢西域、绝匈奴之事是也。此三者皆所以与夷狄为治之大要也。今日来者必不可拒，则是光武之谢西域，以息中国之民者非乎？去者必不可追，则是高宗、文王凡所以征其不服而讨其不庭者皆非也。凡休之说，施之于中国强盛、夷狄暴横之时，则将养寇以遗子孙之忧；施之于中国新定休息自养之际，则为夷狄之所役，使以自劳敝而不得止。凡此二者，休之说无施而可也。盖愚闻之，圣人之于戎狄也，吾欲来之则来之，虽有欲去者，不可得而去也；吾欲去之则去之，虽有欲来者，亦不可得而来也。要以使吾中国不失于便，而置夷狄于不便之地，故其屈伸进退，莫不在我。而休欲其自来而自去也耶？此其尤不可者也。治休之学者曰：《春秋》托始以治天下，当隐公之际，未暇远略，故先书晋灭夏阳，不书楚灭谷、邓。夫谷、邓之不书，是楚之未通而不告也。如使圣人未欲与夷狄交通，则虽有欲至，尚可得而至哉？愚故曰：《春秋》之书"公及戎盟于潜"，是记事之体，而无休之说也。(《栾城应诏集》卷一一)

苏辙《礼义信足以成德论》：周衰，凡所以教民之具既废，而战攻侵伐之役交横于天下，民去其本而争事于末。当时之君子思救其弊，而求之太迫，导之无术。故樊迟请学为稼，又欲为圃，而孔子从而讥之曰："小人哉，樊须也！上好礼，则民莫敢不肃；上好义，则民莫敢不服；上好信，则民莫敢不用情。夫如是，四方之民襁负其子而至矣，焉用稼！"释之曰：礼义与信足以成德，又安用稼哉？嗟夫！仁人之言，其始常若迂阔而不可行，然要其终，其取利多而卒以无弊者，终莫能易其说。盖孔子之于卫，常欲正名，而子路笑之矣。冉子之于鲁，常欲彻，而鲁君非之矣。何则？卫之乱，若非正名之所能安；而鲁之饥，若非彻之所能救。然而，欲天下无饥与乱，则非此二者莫之能济。故夫欲取其利而取之于远，则取利多而民不知；欲图其事而图之于深，则事有渐而后无弊。今夫樊迟欲为农圃以富民，而孔子答之以礼义信也。天下疑之，而愚以为不然。若观于《孟子》而求其所以辨许行之说，则夫农圃之事，乃有可以礼义致而可以信取之道。何者？许子欲使君臣并耕，饔飧而治，此岂非樊子所愿学者哉？而孟子答之以尧舜无所用心于耕稼。尧以不得舜为忧，舜以不得禹为忧。尧得舜，舜得禹，而礼义流行，忠信洋溢。则天下之民，将不劝之耕而自为耕，不督之圃而自为圃。而何致于身服农圃之劳，而忧农圃之忧哉？且夫欲劝天下之农而至于亲为之者，亦足以见其无术矣。古之圣人，其御天下也，礼行而民恭，则役使如意；义行而民服，则劳苦而不怨；信行而民用情，则上下相知而教化易行。三德既成，则民可使蹈白刃而无怨，而况农圃之功哉！故夫欲致其功而形之于远，则功可成；欲力其事而为之于近，则百弊起。今欲君子、小人而皆从事于农，则夫天下之民尚谁使治之哉？（《栾城应诏集》卷一一）

苏辙《刘恺丁鸿孰贤论》：天下之让三：有不若之让，有相援之让，有无故之让。让者，天下之大功大善也。然而，至于无故之让，则圣人深疾而排之，以为此奸人之所以盗名于暗世者也。昔者公族穆子之让韩起，范宣子之让知伯，宣子、穆子中心诚有以愧于彼二人也，是不若之让也。舜之命禹也，让于皋陶；其命益也，让于朱虎、熊罴。夫皋陶之不能当禹之任，朱虎、熊罴之不能办益之事，亦已明矣。然犹让焉者，此所谓相援之让也。夫使天下之人皆能让其所不及，则贤材在位，而贤不肖不争；皆能让以相援，则君子以类升，而小人不能间。此二者，天下之大善也。然而，至于无故之让，则天下之大不善也。东汉之衰，丁鸿、邓彪、刘恺此三人者，皆当袭父爵而以让其弟，非是先君之命，非有嫡庶之别，而徒让焉。以自高于世俗，世之君子从而讥之。然此三人者之中，犹有优劣焉。刘、邓让而不反，以遂其非。丁鸿让而不终，听其友人鲍骏之言而卒就国，此鸿之所以优于刘、邓也。且夫闻天下之有让，而欲窃取其名以自高其身，以邀望天下之大利者，刘恺之心也。闻天下之让而窃慕之，而不知其不同，以陷于不义者，丁鸿之心也。推其心而定其罪，则恺在可戮，而鸿为可恕。此真伪之辨也，贤愚可以见矣。故范晔曰："太伯、伯夷未始有其让也，故太伯称至德，伯夷称贤人。末世徇其名而昧其致，则诡激之行兴矣。"若夫邓彪、刘恺让其弟以取义，使弟受非服，而己受其名，不已过乎？夫君子之立言，非以苟显其理，将以启天下之方悟者；立行，非以苟显其身，将以教天下之方动者。言行之所开塞可无慎乎？丁鸿之心主乎忠爱，何其终悟而从义也，异乎数子之徇名者也。嗟夫！世之邪僻之人，盗天下之大名，以冒天下之大利。自以为人莫吾察，而不知君子之论有以见之。故为国者不可以不贵君子之论也。(《栾城应诏集》卷一一)

苏辙《礼以养人为本论》：君子之为政，权其轻重，而审其小大。不以轻害重，不以小妨大，为天下之大善。而小有不合焉者，君子不顾也。立天下之大善，而以小有不合而止，则是天下无圣人，大善终不可得而建也。自周之亡，其父子君臣冠昏丧祭之礼，皆以沦废。至于汉兴，贤君名臣，比比而出，皆知礼之足以为治也。然皆拱手相视，而莫敢措。非以礼为不善也，以为不可复也，是亦自轻而已。故元、成之间，刘向上书，以为礼以养人为本。如有过差，是过而养人也。刑罚之过，或至于死伤。然有司请定法令，笔则笔，削则削，是敢于杀人而不敢于养人也。然而为是者，则亦有故。律令起于后世，而礼出于圣人。敢变后世之刑，而不敢变先王之礼，是亦畏圣人太过之弊也。《记》曰："礼之所生，生于义也。故礼虽先王未之有，可以义起也。"故因人之情，而为之节文，则亦何至于惮之而不敢邪？今夫冠礼，所以养人之始，而归之正也；昏礼，所以养人之亲，而尊其祖也；丧礼，所以养人之孝，而为之节也；祭礼，所以养人之终，而接之于无穷也；宾客之礼，所以养人之交，而慎其渎也；乡礼，所以养人之本，而教之以孝悌也。凡此数者，皆待礼而后可以生。今皆废而不立，是以天下之人，皇皇然无所折衷。求其所从而不得，则不能不出其私意，以自断其礼。私意既行，故天下之弊起。奢者，极其奢以伤其生；俭者，极其俭以不得其所欲。财用匮而饥寒作，饥寒作而盗贼起，盗贼起而民之所恃以为养者，皆失而不可得。虽日开仓廪、发府库以赡百姓，民犹未可得而养也。故古之圣人，不用财，不施惠，立礼于天下，而匹夫匹妇，莫不自得于闾阎之中，而无所匮乏，此所谓知本者也。(《栾城应诏集》卷一一)

苏辙《既醉备五福论》：善夫！诗人之为《诗》也。成王之时，天下已平，其君子优柔和易而无所怨怒。天下之民各乐其所，年谷时熟，父子兄弟相爱，而无暴戾不和之节。莫不相与作为酒醴，剥烹牛羊，以烹以祀，以相与宴乐而不厌。诗人欲歌其事，而以为未足以见其盛也。故又推而上之，至于朝廷之间，见其君臣相安而亲戚相爱。至于祭祀宗庙，既事而又与其诸父昆弟皆宴于寝，旅酬下至于无算爵，君臣释然而皆醉。故为作《既醉》之诗以歌之。而后之传《诗》者，又深思而极观之。以为一篇之中，而五福备焉。然愚观于《诗》、《书》，至《抑》与《酒诰》之篇。观其所以悲伤前世之失，及其所以深惩切戒于后者，莫不以饮酒无度、沉湎荒乱、号呶倨肆以败乱其德为首。故曰："百祸之所由生，百福之所由消耗而不享者，莫急于酒。"周公之戒康叔曰："酒之失，妇人是用。二者合并，故五福不降，而六极尽至。"愚请以小民之家而明之。今夫养生之人，深自复护拥闭，无战斗危亡之患，然而常至于不寿者，何耶？是酒夺之也。力田之人，仓廪富矣，俄而至于饥寒者，何耶？是酒困之也。服食之人，乳药饵石，无风雨暴露之苦，而常至于不宁者，何耶？是酒病之也。修身之人，带钩蹈矩，不敢妄行，而常至于失德者，何耶？是酒乱之也。四者既备，则虽欲考终天命，而其道无由也。然而，曰五福备于《既醉》者何也？愚固言之矣。百姓相与欢乐于下，而后君臣乃相与偕醉于上。醉而愈恭，和而有礼。心和气平，无悖逆暴戾之气干于其间，而寿不可胜计也。用财有节，御己有度，而富不可胜用也。寿命长永，而又加之以富，则非安宁而何？既寿而富，且身安矣，而无所用其心，则非好德而何？富寿而安，且有德以不朽于后也，则非考终命而何？故世之君子，苟能观《既醉》之诗，以和平其心；而又观夫《抑》与《酒诰》之篇，以自戒也，则五福可以坐致，而六极可以远却。而孔子之说，所以分而别之者，又何足为君子陈于前哉！（《栾城应诏集》卷一一）

苏辙《形势不如德论》：三代之时，法令宽简，所以堤防禁固其民而尊严其君者，举皆无有。而其所都之地，又非有深山大河之固，然而历岁数百长久而安存者，何耶？秦之法令可谓峻矣，而其所都，又关中天府之固，古之所谓百二者也。然而二世而亡者，何耶？太史公曰："权势法制所以为治也，地形险阻所以为固也。"然而，二者犹未足恃也。故曰：形势虽强，犹不如德也。天下之形势，愚尝论之矣。读《易》至于《坎》，喟然而叹曰：嗟夫！圣人之所以教人者，盖详矣。夫《坎》之为言，犹曰险也。天之所以为险者，以其不可升；而地之所以为险者，以其有山川丘陵。天地之险，愚闻之矣;而人之险,愚未之闻也。或曰:王公设险,以守其国,此人之险,而高城深地之谓也。曰:非也!高城深池,此无以异于地之险。而人之险,法制之谓也。天下之人,其初盖均是人也,而君至于为君之尊,而民至于为民之卑,君上日享其乐而臣下日安其劳而不敢怨者,是法制之力也。然犹未也,可以御小害,而未可以御大害也。大盗起,则城池险阻不可以固而留;众叛亲离,则法制不可以执而守。是必有非形之形,非势之势,而后可也。故至《坎》之六四而曰:"樽酒簋贰,用缶,纳约自牖,终无咎。"夫六四,处刚柔相接之时,而乃用一樽、二簋、土盎、瓦缶相与拳曲俯仰于户牖之下,而终获无咎,此岂非圣人知天下之不可以强服,而为是优柔从容之德,以和其刚强难屈之心,而作其愧耻不忍之意故耶?嗟夫!秦人自负其强,欲以斩刖齐天下之民,而以山河为社稷之保障。不知英雄之士开而辟之,刑罚不能绳,险阻不能拒。故圣人必有以深结天下之心,使英雄之士有所不可解者,则《坎》之六四是也。(《栾城应诏集》卷一一)

秘阁试《六论》,旧不起草,以故文多不工。公(苏轼)始具草,文义粲然,时以为难。(《栾城后集》卷二二《子瞻端明墓志铭》)

东坡云:顷同黄门公初赴制举之召,到都下,是时同召试者甚多。一日,相国韩公与客言曰:"二苏在此,而诸人亦敢与之较试,何也?"此语既传,于是不试而去者,十盖八九矣。(《师友谈记》)

东坡《形势不如德论》,不知出处。《礼义信足以成德论》,知子由记不得,乃厉声索砚水曰:"小人哉!"子由始悟出"樊迟学稼注"。(《吹剑录》)

苏轼《策别·科百官六》:今夫制策之及等,进士之高第,皆以一日之间,而决取终身之富贵。此虽一时之文辞,而未知其临事之否,则其用之不已太遽乎!(《苏轼文集》卷八)

二十一日,司马光《论举选状》:臣窃以取士之道,当以德行为先,其次经术,其次政事,其次艺能。近世以来,专尚文辞。夫文辞者,乃艺能之一端耳，未足以尽天下之士也。国家虽设贤良方正等科，其实皆取文辞而已。近以祫享赦节文："应天下士人有素敦节行，兼通学术，久为乡里所推者，委转运使、提点刑狱同加搜访，每路各三两人，仍与本处长吏连署结罪，保举闻奏。"所举之人，朝廷命本州敦遣，至则馆于太学，待遇甚厚。考试之际，不糊名誊录。既而，署等补官，皆过所望。此诚合先王取士之道。臣谓国家将除积久之弊，立太平之基，天下士大夫皆靡然向风矣。行之未几，忽闻朝廷一切罢之，无不怅然失望。臣诚戆愚，不识所谓。若以所举之人，多非实有材行，则当治举将之罪，别加搜访。岂可以一二人谬滥，废天下之举贤？是犹因溺而废天下之舟，因噎而废天下之食也。且人之毁誉，或出爱憎，虽复圣贤，不能自免。孔子曰："众好之，必察焉；众恶之，必察焉。"恐国家亦未可以此遥断否臧，遽行黜陟也。就使其人平昔所行，诚有亏缺，古之人或举于渔盐，或举于盗贼，岂可不容其改行自新，而终身弃之乎？且人之行能，迭有短长，若不弃瑕录用，而以一节废之，则失之多矣。臣愚以为天子抚有四海，海内之士不可一一身察之也，必资举者，然后能尽天下之才。既用举者之言，授之爵禄，苟不严为禁约，以防其私，则请托欺罔，无不至矣。窃以孝者，士之尊行；廉者，吏之首务。故汉世举士，皆用孝廉，行之最久，得人为多。臣欲乞应天下知州府军监任内，听举孝廉一人；大藩听举二人；转运使、提点刑狱任内，听举三人。并须到任及一年以上，方得奏举。夫乡举里选，虽为古法，今之为吏者，不得久于其任，士之素行或不能尽知。若本部无人可举，即听举别部之人素所知者，以充其数。其在京两制以上，听岁举一人。其举状逐时送下贡院，置簿收掌。每遇科场诏下，即委贡院选择其日，以前举主最多者取三十人申奏，降指挥下本贯敦遣赴阙。若举主数同者，即以发状先后为次谓若俱有三人举主，则取第三状日月在前者。仍于进士奏名额内减三十人，候到阙日，或陛下临轩亲试，或委中书门下试经义策一道、时务策一道。但以义理优长为上，不取文辞华美。若所对经义乖戾圣意，及时务全不通晓，方行黜落。其及第授官，并与进士第一甲同，在明经之上。仍于告身前列坐举主姓名，其所举之人若犯私罪情理重，及正入己赃，未及第者，举主减三等；已及第者，减一等坐之，并不以赦原。其公罪及私罪情理轻者，举主不坐。其未举以前，若曾犯罪，除公案见在、证验明白外，举主亦不坐。即因势要属请求举，及为人属请并受属请而举之者，并科违制之罪，受赃者并以枉法论。即敦遣不至者，更不就除官。若累经敦遣不至，即乞朝廷临时裁度，特加聘召，不为定制。又国家置明经一科，少有应者。及诸科所试大义，有司不以定去留。盖由始者立格太高，致举人合格者少。臣欲乞今后明经所试墨义，止问正文，不问注疏。其所试大义，不以明经诸科，但能具注疏本意，讲解稍详者为通。虽不失本意，而讲解疏略者为粗，余并为不通。若能先具注疏本意，次引诸家杂说，更以己意裁定，援据该赡，义理高远，虽文辞质直，皆为优等，与折二通。若不能记注疏本意，但以己见穿凿，不合正道，虽文辞辩给，亦降为不通。其明经以六通、诸科以四通以上为合格。若合格人少，即并取粗多者；合格人多，即减去通少者。委试官临时相度，令合元额。又旧制，明经以《周易》、《尚书》为小经。今欲乞以《周易》、《尚书》、《毛诗》为一科，《三礼》为一科，《春秋》三传为一科，皆习《孝经》、《论语》为帖经。又说书一科，议者多以为不当废，欲乞与明经并置。但每次科场止取十人，奏名在诸科额内。试中受官，并与诸科同。若自以本科及第或出身者，更不得就试说书。如此，则求贤之路广，请托之源绝，浮伪之风息，得人之颂兴矣。(《司马光集》卷一九)

二十五日，帝御崇政殿，试贤良方正能直言极谏者著作佐郎王介、河南府福昌县主簿苏轼、河南府渑池县主簿苏辙。制策曰："朕承祖宗之大统，先帝之休烈，深惟寡昧，未烛于理。志勤道远，治不加进，夙兴夜寐，于兹三纪。朕德有所未至，教有所未孚，阙政尚多，和气成螯。田野虽辟，民多亡聊；边境虽安，兵不得撤；利入已浚，浮费弥广。军冗而未练，官冗而未澄。庠序比兴，礼乐未具。户罕可封之俗，士忽廉让之节。此所以讼未息于虞、芮，刑未措于成、康。意在位者不以教化为心，治民者多以文法为拘。禁防繁多，民不知避；叙法宽滥，吏不知惧。累系者众，愁叹者多。仍岁以来，灾异数见。乃六月壬子，日食于朔，淫雨过节，暖气不效，江河溃决，百川腾溢。永思厥咎，深切在予。变不虚生，缘政而起。五事之失，六沴之作，刘向所传，吕氏所纪。五行何修而得其性？四时何行而顺其令？非正阳之月，伐鼓救变，其合于经乎？方盛夏之时，论囚报重，其考于古乎？京师，诸夏之根本，王教之渊源。百工淫巧无禁，豪右僭差不度。治当先内，或曰何以为京师？政在摘奸，或曰不可挠狱市？推寻前世，探观治迹。孝文尚老子而天下富殖，孝武用儒术而海内虚耗。道非有弊，治奚不同？王政所由，形于《诗》道。周公《豳》诗，王业也，而系之《国风》；宣王北伐，大事也，而载之《小雅》。周以冢宰制国用，唐以宰相兼度支。钱谷，大计也；兵师，大众也。何陈平之对，谓当责之内史？韦贤之言，不宜兼于宰相？钱货之制，轻重之相权；命秩之差，虚实之相养。水旱畜积之备，边陲守御之方，圜法有九府之名，乐语有五均之义。富人强国，尊君重朝，弭灾致祥，改薄从厚。此皆前世之急政，而当今之要务。子大夫其悉意以陈，毋悼后害。"轼策入第三等，介入第四等，辙入第四次等。诏："轼为大理评事、佥书凤翔府判官公事，介为秘书丞、知通州静海县，辙为商州军事推官。"(《宋会要·选举》一一之八、九、一〇)

苏轼《御试制科策》：臣谨对曰：臣闻天下无事，则公卿之言轻于鸿毛；天下有事，则匹夫之言重于泰山。非智有所不能，而明有所不察，缓急之势异也。方其无事也，虽齐桓之深信其臣，管仲之深得其君，以握手丁宁之间，将死深悲之言，而不能去其区区之三竖。及其有事且急也，虽唐代宗之庸，程元振之用事，柳伉之贱且疏，而一言以入之，不终朝而去其腹心之疾。夫言之于无事之世者，足以有所改为，而常患于不信；言之于有事之世者，易以见信，而常患于不及改为。此忠臣志士之所以深悲，天下之所以乱亡相寻，而世主之所以不悟也。今陛下处积安之时，乘不拔之势，拱手垂裳，而天下向风，动容变色，而海内震恐。虽有一事之失常，一物之不获，固未足以忧陛下也。所谓亲策贤良之士者，以应故事而已。岂以臣言为真足以有感于陛下耶？虽然，君以名求之，臣以实应之。陛下为是名也，臣敢不为是实也！

伏惟《制策》有念祖宗先帝大业之重，而自处于寡昧，以为"志勤道远，治不加进"。臣窃以为：陛下即位以来，岁历三纪，更于事变，审于情伪，不为不熟矣。而"治不加进"，虽臣亦疑之。然以为"志勤道远"，则虽臣至愚，亦未敢以明诏为然也。夫志有不勤而道无远。陛下苟知勤矣，则天下之事，粲然无不毕举，又安以访臣为哉？今也犹以道远为叹，则是陛下未知勤也。臣请言勤之说：夫天以日运，故健；日月以日行，故明；水以日流，故不竭；人之四肢以日动，故无疾；器以日用，故不蠹。天下者，大器也。久置而不用，则委靡废放，日趋于弊而已矣。陛下深居法宫之中，其忧勤而不息邪？臣不得而知也。其宴安而无为邪？臣不得而知也。然所以知道远之叹由陛下之不勤者，诚见陛下以天下之大，欲轻赋税则财不足，欲威四夷则兵不强，欲兴利除害则无其人，欲敦世厉俗则无其具。大臣不过遵用故事，小臣不过谨守簿书，上下相安，以苟岁月。此臣所以妄论陛下之不勤也。臣又窃闻之：自顷岁以来，大臣奏事，陛下无所诘问，直可之而已。臣始闻而大惧，以为不信，及退而观其效见，则臣亦不敢谓不信也。何则？人君之言，与士庶不同。言脱于口，而四方传之，捷于风雨。故太祖、太宗之世，天下皆讽诵其言语，以为耸动之具。今陛下之所震怒而赐谴者，何人也？合于圣意诱而进之者，何人也？所与朝夕论议深言者，何人也？越次躐等召而问讯之者，何人也？四者，臣皆未之闻焉。此臣所以妄论陛下之不勤也。臣愿陛下条天下之事，其大者有几，可用之人有几，某事未治，某人未用。鸡鸣而起，曰：吾今日为某事，用某人。他日又曰：吾所为某事，其事果济矣乎？所用某人，其人果才矣乎？如是孜孜焉，不违于心，屏去声色，放远善柔，亲近贤达，远览古今。凡此者勤之实也，而道何远乎！

伏惟《制策》有："夙兴夜寐，于今三纪。德有所未至，教有所未孚，阙政尚多，和气成螯。田野虽辟，民多无聊；边境虽安，兵不得撤；利入已浚，浮费弥广。军冗而未练，官冗而未澄。庠序比兴，礼乐未具。户罕可封之俗，士忽胥让之节。此所以讼未息于虞、芮，刑未措于成、康。意在位者不以教化为心，治民者多以文法为拘。禁防繁多，民不知避；叙法宽滥，吏不知惧。累系者众，愁叹者多。"凡此陛下之所忧数十条者，臣皆能为陛下历数而备言之，然而未敢为陛下道也。何者？陛下诚得御臣之术而固执之，则向之所忧数十条者，皆可以捐之大臣，而已不与。今陛下区区以向之数十条为己忧者，则是陛下未得御臣之术也。天下所谓贤者，陛下既得而用之矣。方其未用也，常若有余；而其既用也，则常若不足。是岂其才之有变乎？古之用人者，日夜深提策之。武王用太公，其相与问答百余万言，今之《六韬》是也。桓公用管仲，其相与问答，亦百余万言，今之《管子》是也。古之人君，其所以反复穷究其臣者若此。今陛下默默而听其所为，则夫向之所忧数十条者，无时而举矣。古之忠臣，其受任也，必先自度曰："吾能办是矣乎？"度能办是也，则又曰："吾君能忘己而任我乎？能无以小人间我乎？"度其能忘己而任我也，能无以小人间我也，然后受之。既已受之矣，则以身任天下之责而不辞，享天下之利而不愧。今也内不度己，外不度君，而轻受之。受之，而众不与也，则引身而求去，陛下又为美辞而遣之，加之重禄而慰之。夫引身而求退者，非果廉节而有让也，是邀君以自固也，是自明其非我之欲留以逃谤也，是不能办其事而以其患遗后人也。陛下奈何听之？臣故曰：陛下未得御臣之术也。若夫"德有所未至，教有所未孚"者，此实不至也。德之，必有以著其德之之形；教之，必有以显其教之之状。德之之形，莫著于轻赋；教之之状，莫显于去杀。此二者，今皆未能焉。故曰：实不至也。夫以选举之重，而不取才行；官吏之众，而不行考课；农末之相倾，而平粜之法不立；贫富之相役，而占田之数无限。天下之阙政，则莫大乎此。而和气安得不戾乎？田野辟者，民之所以富足之道也。其所以无聊，则吏政之过也。然臣闻天下之民，常偏聚而不均。吴、蜀有可耕之人，而无其地；荆、襄有可耕之地，而无其人。由此观之，则田野亦未可谓尽辟也。夫以吴、蜀、荆、襄之相形，而饥寒之民终不能去狭而就宽者，世以为怀土而重迁，非也。行者无以相群，则不能行；居者无以相友，则不能居。若辈徙饥寒之民，则无不听矣。"边境已安，而兵不得撤"者，有安之名，而无安之实也。臣欲小言之，则自以为愧；大言之，则世俗以为笑。臣请略言之：古之制北狄者，未始不通西域。今之所以不能通者，是夏人为之障也。朝廷置灵武于度外，几百年矣。议者以为绝域异方，曾不敢近，而况于取之乎！然臣以为事势有不可不取者。不取灵武，则无以通西域；西域不通，则契丹之强，未有艾也。然灵武之所以不可取者，非以数郡之能抗吾中国，吾中国自困而不能举也。其所以自困而不能举者，以不生不息之财，养不耕不战之兵。块然如巨人之病腿，非不枵然大矣，而手足不能以自举。欲去是疾也，则莫若捐秦以委之，使秦人断然如战国之世，不待中国之援，而中国亦若未始有秦者。有战国之全利，而无战国之患，则夏人举矣。其便莫如稍徙缘边之民不能战守者于空闲之地，而以其地益募民为屯田。屯田之兵稍益，则向之戍卒可以稍减。使数岁之后，缘边之民，尽为耕战之夫。然后数出兵以苦之，要以使之厌战而不能支，则折而归吾矣。如此，而北狄始有可制之渐，中国始有息肩之所。不然，将济师之不暇，而又何撤乎？所谓“利入已浚而浮费弥广”者，臣窃以为外有不得已之二虏，内有得已而不已之后宫。后宫之费，不下一敌国。金玉锦绣之工，日作而不息，朝成夕毁，务以相新。主帑之吏，日夜储其精金良帛而别异之，以待仓卒之命。其为费岂可胜计哉！今不务去此等，而欲广求利之门，臣知所得之不如所丧也。“军冗而未练”者，臣尝论之，曰：此将不足恃之过也。然以其不足恃之故，而拥之以多兵。不搜去其无用，则多兵适所以为败也。“官冗而未澄”者，臣尝论之曰：此审官吏部与职司无法之过也。夫审官吏部，是古者考绩黜陟之所也，而特以日月为断。今纵未能复古，可略分其郡县，不以远近为差，而以难易为等，第其人之所堪，而别异之。才者常为其难，而不才者常为其易。及其当迁也，难者常速，而易者常久。然而为此者固有待也。使审官吏部，与外之职司，常相关通。而为职司者，不惟举有罪、察有功而已，必使尽第其属吏之所堪，以诏审官吏部。审官吏部常从内等其任使之难易，职司常从外第其人之优劣。才者常用，不才者常闲，则冗官可澄矣。“庠序兴而礼乐未具”者，臣盖以为庠序者，礼乐既兴之所用，非所以兴礼乐。今礼乐鄙野而未完，则庠序不知所以为教，又何以兴礼乐乎？如此而求其可封，责其胥让，将以息讼而措刑者，是却行而求前也。夫上之所向者，下之所趋也，而况从而赏之乎？上之所背者，下之所去也，而况从而罚之乎？陛下责在位者不务教化，而治民者多拘文法，臣不知朝廷所以为赏罚者何也？无乃或以教化得罪，而多以文法受赏欤？夫禁防未至于繁多，而民不知避者，吏以为市也。叙法不为宽滥，而吏不知惧者，不论其能否，而论其久近也。累系者众，愁叹者多，凡以此也。

伏惟《制策》有：“仍岁以来，灾异数见。乃六月壬子，日食于朔，淫雨过节，暖气不效，江河溃决，百川腾溢。永思厥咎，深切在予，变不虚生，缘政而起。”此岂非陛下厌闻诸儒牵合之论，而欲闻其自然之说乎？臣不敢复取《洪范传》、《五行志》以为对，直以意推之。夫日食者，是阳气不能履险也。何谓阳气不能履险？臣闻五月二十三分月之二十，是为一交，交当朔则食。交者，是行道之险者也。然而或食或不食，则阳气之有强弱也。今有二人并行而犯雾露，其疾者，必其弱者也；其不疾者，必其强者也。道之险一也，而阳气之强弱异。故夫日之食，非食之日而后为食，其亏也久矣，特遇险而见焉。陛下勿以其未食也为无灾，而其既食而复也为免咎。臣以为未也，特出于险耳。夫淫雨大水者，是阳气融液汗漫而不能收也，诸儒或以为阴盛。臣请得以理折之。夫阳动而外，其于人也为嘘，嘘之气温然而为湿；阴动而内，其于人也为噏，噏之气冷然而为燥。以一人推天地，天地可见也。故春夏者，其一嘘也；秋冬者，其一噏也。夏则川泽洋溢，冬则水泉收缩，此燥湿之效也。是故阳气汗漫融液而不能收，则常为淫雨大水，犹人之嘘而不能噏也。今陛下以至仁柔天下，兵骄而益厚其赐，戎狄桀傲而益加其礼，荡然与天下为咻呴温暖之政，万事惰坏而终无威刑以坚凝之，亦如人之嘘而不能噏，此淫雨大水之所由作也。天地告戒之意，阴阳消复之理，殆无以易此矣！

而《制策》又有："五事之失，六沴之作，刘向所传，吕氏所纪。五行何修而得其性？四时何行而顺其令？非正阳之月，伐鼓救变，其合于经乎？方盛夏之时，论囚报重，其考于古乎？"此陛下畏天恐惧求端之过，而流入于迂儒之说，此皆愚臣之所学于师而不取者也。夫五行之相沴，本不至于六。六沴者，起于诸儒欲以六极分配五行，于是始以皇极附益而为六。夫皇极者，五事皆得；不极者，五事皆失。非所以与五事并列而别为一者也。是故有眊而又有蒙。有极而无福，曰五福皆应，此亦自知其疏也。吕氏之时令，则柳宗元之论备矣。以为有可行者，有不可行者。其可行者，皆天事也；其不可行者，皆人事也。若夫萗社伐鼓，本非有益于救灾，特致其尊阳之意而已。《书》曰："乃季秋月朔，辰弗集于房，瞽奏鼓，啬夫驰，庶人走。"由此言之，则亦何必正阳之月而后伐鼓救变如《左氏》之说乎？盛夏报囚，先儒固已论之，以为仲尼诛齐优之月，固君子之所无疑也。

伏惟《制策》有："京师诸夏之表则，王教之渊源，百工淫巧无禁，豪右僭差不度。"此在陛下身率之耳。后宫有大练之饰，则天下以罗纨为羞；大臣有脱粟之节，则四方以膏粱为污。虽无禁令，又何忧乎？

伏惟《制策》有："治当先内。或曰：何以为京师？政在擿奸。或曰：不可挠狱市。"此皆一偏之说，不可以不察也。夫见其一偏而辄举以为说，则天下之说，不可以胜举矣。自通人而言之，则曰："治内所以为京师也，不挠狱市，所以为擿奸也。"如使不挠狱市而害其为擿奸，则夫曹参者，是为逋逃主也。

伏惟《制策》有:"推寻前世,探观治迹。孝文尚老子,而天下富殖;孝武用儒术,而海内虚耗。道非有弊,治奚不同?"臣窃以为不然。孝文之所以为得者,是儒术略用也;其所以得而未尽者,是儒术略用而未纯也;而其所以为失者,则是用老也。何以言之?孝文得贾谊之说,然后待大臣有礼,御诸侯有术。而至于兴礼乐,系单于,则曰未暇。故曰:"儒术略用而未纯也。"若夫用老之失,则有之矣。始以区区之仁,坏三代之肉刑,而易之以髡笞。髡笞不足以惩中罪,则又从而杀之。用老之失,岂不过甚矣哉!且夫孝武亦不可谓用儒之主也。博延方士而多兴妖祠,大兴宫室而甘心远略,此岂儒者教之?今夫有国者徒知狥其名而不考其实,见孝文之富殖而以为老子之功,见孝武之虚耗而以为儒者之罪,则过矣。此唐明皇之所以溺于宴安,彻去禁防,而为天宝之乱也。

伏惟《制策》有:"王政所由,形于《诗》道。周公《豳》诗,王业也,而系之《国风》;宣王北伐,大事也,而载之《小雅》。"臣窃闻《豳》诗言后稷、公刘所以致王业之艰难者也。其后累世而至文王,文王之时,则王业既已大成矣,而其诗为《二南》。《二南》之诗犹列于《国风》,而至于《豳》,独何怪乎!昔季札观周乐,以为《大雅》曲而有直体,《小雅》思而不贰,怨而不言。夫曲而有直体者,宽而不流也;思而不贰、怨而不言者,狭而不迫也。由此观之,则《大雅》、《小雅》之所以异者,取其辞之广狭,非取其事之大小也。

伏惟《制策》有:"周以冢宰制国用,唐以宰相兼度支。钱谷,大计也;兵师,大众也。何陈平之对,谓当责之内史?韦洪质之言,不宜兼于宰相?"臣以为宰相虽不亲细务,至于钱谷、兵师,固当制其赢虚利害。陈平所谓责之内史者,特以宰相不当治其簿书多少之数耳。昔唐之初,以郎官领度支,而职事以治。及兵兴之后,始立使额。参佐既众,簿书益繁,百弊之源,自此而始。其后裴延龄、皇甫镈,皆以剥下媚上,至于希世用事。以宰相兼之,诚得防奸之要。而韦洪质之议,特以其权过重欤?故李德裕以为贱臣不当议令,臣常以为有宰相之风矣。

伏惟《制策》有:"钱货之制,轻重之相权;命秩之差,虚实之相养。水旱畜积之备,边陲守御之方。圜法有九府之名,乐语有五均之义。"此六者,亦方今之所当论也。昔召穆公曰:"民患轻,则多作重以行之。若不堪重，则多作轻以行之，亦不废重。”轻可改而重不可废，不幸而过，宁失于重，此制钱货之本意也。命者，人君之所擅，出于口而无穷；秩者，民力之所供，取于府而有限。以无穷养有限，此虚实之相养也。水旱蓄积之备，则莫若复隋、唐之义仓；边陲守御之方，则莫若依秦、汉之更卒。《周官》有太府、天府、泉府、玉府、内府、外府、职内、职金、职币，是谓九府，太公之所行以致富。古者天子取诸侯之士，以为国均，则市不二价。四民常均，是谓五均，猷王之所致以为法，皆所以均民而富国也。凡陛下之所以策臣者，大略如此。

而于其末复策之曰：“富人强国，尊君重朝，弭灾致祥，改薄从厚。此皆前世之急政，而当今之要务。”此臣有以知陛下之圣意，以为向之所以策臣者，各指其事，恐臣不得尽其辞，是以复举其大体而概问焉。又恐其不能切至也，故又诏之曰：“悉意以陈，而无悼后害。”臣是以敢复进其猖狂之说。夫天下者，非君有也，天下使君主之耳。陛下念祖宗之重，思百姓之可畏，欲进一人，当同天下之所欲进；欲退一人，当同天下之所欲退。今者每进一人，则人相与诽曰：“是进于某也，是某之所欲也。”每退一人，则又相与诽曰：“是出于某也，是某之所恶也。”臣非敢以此为举信也。然而致此言者，则必有由矣。今无知之人，相与谤于道曰：“圣人在上，而天下之所以不尽被其泽者，便嬖小人附于左右，而女谒盛于内也。”为此言者固妄矣。然而天下或以为信者，何也？徒见谏官御史之言，矻矻乎难以入，以为必有间之者也；徒见蜀之美锦、越之奇器，不由方贡而入于官也。如此而向之所谓急政要务者，陛下何暇行之？臣不胜愤懑，谨复列之于末。惟陛下宽其万死，幸甚！幸甚！谨对。（《苏轼文集》卷九）

苏辙《御试制策》：臣谨对曰：臣不佞，陛下过听，策臣于庭，使得竭愚衷以奉大对。臣性狂愚，不识忌讳。伏读陛下《制策》凡所以问臣之事数十条者，臣已详闻之矣。然臣内省愚诚，欲先以闻，而后答陛下以所问。伏惟陛下承先帝之业，即位以来三十余年，四方乂安。陛下守此太平之成基，平日无事，端居静虑，亦尝有忧于此乎？忧于此乎？陛下策臣曰：“朕承祖宗之大统，先帝之休烈，深惟寡昧，未烛于理。”又曰：“志勤道远，治不加进，夙兴夜寐，于兹三纪。”此陛下忧惧之言也。然臣以谓陛下未有忧惧之诚耳。往者宝元、庆历之间，西羌作难，陛下昼不安坐，夜不安席。当此之时，天下皆谓陛下忧惧小心如周文王。然而，自西方解兵，陛下弃置忧惧之心而不复思者，二十年矣。古之圣人，无事则深忧，有事则不惧。夫无事而深忧者，所以为有事之不惧也。今陛下无事则不忧，有事则大惧，臣以为陛下失所忧矣。故愿陛下虽天下无事而不忘忧惧之心。陛下诚能用臣此言，则凡所以问臣者，臣虽不言，可得而举也。苟未能用臣此言，则凡所以问臣者，臣虽言之无益也。

《制策》曰："德有所未至，教有所未孚，阙政尚多，和气或戾。"陛下思虑至此，此则圣人之用心也。臣请为陛下推其本原而极言其故。臣闻之《书》曰："与治同道，罔不兴；与乱同事，罔不亡。"昔者夏之衰也，有太康；商之微也，有祖甲；周之败也，有穆王；汉之卑也，有成帝；唐之乱也，有穆宗、恭宗。此六帝王者，皆以天下之治安，朝夕不戒。沉湎于酒，荒耽于色，晚朝早罢，早寝晏起。大臣不得尽言，小臣不得极谏。左右前后，惟妇人是侍，法度正直之言不留于心，而惟妇言是听。谒行于内，势横于外，心荒气乱，邪僻而无所主。赏罚失次，万事无纪，以至于天下大乱，而其心不知也。是以三代之季，诗人疾而悲伤之曰："匪教匪戒，时惟妇寺。""听言则对，诵言如醉。"又曰："乱匪降自天，生自妇人。""赫赫宗周，褒姒灭之。"盖伤其不可告教而至于败也。臣疏贱之臣，窃闻之道路：陛下自近岁以来，宫中贵姬至以千数，歌舞饮酒，欢乐失节，坐朝不闻咨谟，便殿无所顾问。夫三代之衰，汉、唐之季，其所以召乱之由，陛下已知之矣。久而不正，百蠹将由之而出。内则将为蛊惑之所污，以伤和伐性；外则将为请谒之所乱，以败政害事。妇人之情，无有厌足，迭相夸尚，争为侈靡，赐予不足以自给，则不惮于受赂贿。赂贿既至，则不惮于私谒。私谒既行，则内外将乱。陛下无谓好色于内而不害外事也。且臣闻之："欲极必厌，乐极必反。"方其极甚之时，一陷于其中而不能以自出，然及其觉悟之后，未始不以自悔也。陛下何不试于清闲之时，上思宗庙社稷之可忧，内思疾疢病恙之可恶，下思庶人百姓之可畏。则夫嫔御满前，适足以为陛下忧，而未足以为陛下乐也。伏惟圣心未之思焉，是以迟迟而不去。《诗》云："颠沛之揭，枝叶未有害，本实先拨。"方今承祖宗之基，四方无虞，法令修明，百官缮完，而陛下奈何先自拨其本哉？臣恐如此，德教日以陵迟，阙政将至于败，戾气将至于灾而不可救也。

《制策》曰："田野虽辟，民多亡聊；边境虽安，兵不可撤；利入已浚，浮费弥广。"臣以为地有所未辟，是以民不得安其生；边境虽安，而非诚安，是以兵不得撤其备；浮费日广，是以利入浚而不能休。何者？自京以西，近自许、郑，而远至唐、邓，凡数千里，列郡数十，土皆膏腴，古之赋输，太半多出于此。自两汉以来，名臣贤守，所以为民兴利除害，沟洫畎浍之迹往往犹在。而荆棘成林，无尺寸之耕，狐狸豺狼之所嗥，而逃兵罢士之所窜伏。陛下所使守此地者，终无一人为陛下深思极虑，招来流亡以垦化其地。贤才良士，以为此僻远之处而不肯往。陛下何不使大臣举人而守之？亲召而勉励其志，属以此事，而亦以此为殿最之课。不及十年，此将皆为天下之沃壤。臣故曰：地有所未辟，是以民不得安其生也。臣又闻古之制边备者，外有亭障，内有屯兵。亭障欲繁，屯兵欲简。繁则耳目明，简则气势合。今者边境之患，患在亭障之地而皆屯兵，以待寇至。屯兵之处，兵分力弱，而不足以备御。夫屯兵于亭障之地者，兵必不能甚多也。兵不能甚多，则寇至必不能抗，而徒弃甲兵于无用，此拙守者之计也。然今之人又患夫屯之不密，而岁益增焉。小屯不满百人，大屯不过数百，城垒之广狭，弱弓乏矢，可以越而过者，往往是也。然而前守之所成，后守不敢撤。非不知撤也，恐后之有败事，而以是为过也。兵法曰："善攻者，敌不知所守；善守者，敌不知所攻。"夫敌不知所攻，非连臂而守之也。虽连臂而守之，敌尚可得攻而绝也。古之善守者，置兵于要害之地，则敌人不敢过而为盗。何者？畏吾之乘其背也。过人之城而又遇城焉，则腹背而受敌，此用兵之深忌也。今国家不料敌之不敢过吾城以深入吾地，而惧敌之敢入深也。夫敌之过吾城以深入吾地，是吾利也，而又何患乎？臣故欲收诸小屯无益之兵，而聚之大屯，诸故小屯皆废以为亭障，严斥堠，谨烽燧，以为大屯之耳目。置大屯于要害之地，以形制戎狄。高城深池，精为守备，使可以对敌逾月而不陷。制为诸屯，使其相去之远近，可以轻兵十日而相救。臣读古兵书、《战国策》，未尝见有敌人敢越大城，深入而为寇者。臣故曰：边境虽安，而非诚安，是以兵不得撤其备也。臣又闻人君之于天下，本非有情爱相属如父子兄弟之亲也，上以其势临下，则下以其势奉上。二者相持而行，不相悦则解，不相合则叛。譬如草木之于地也，托之而生，判然二物也。有根而绸缪之,交横相入,而至于不可拔。及其不相入也,木槁于上,而根不下属,地确于下,而气不上接。一夫之力,可拔而取也,飘风暴雨可披而离也。是以古之圣人,于其无事之时,必深结百姓之心,使之欢忻交通,分义积厚,而不忍相弃于缓急之际。昔汉之文、景,优裕天下,时使薄敛,宽田租,宥罪戾。当此之时,虽天下和平,犹未见其利。及至末世,贼臣窃命,国统已绝,而天下之心,犹依依不忍离汉者,徒以文、景之所以爱之者深而不可忘也。国家自祖宗以来,至于陛下四世矣。陛下之所以深结于民者何也?民之所好者生也,所惜者财也。陛下择吏不精,百姓受害于下,无所告诉,则是陛下未得以生结民也;陛下赋敛烦重,百姓日以贫困,衣不盖体,则是陛下未得以财结民也。吏之不仁,尚可以为吏之过;赋敛之不仁,谁当任其咎?且陛下凡所以用财者,果何事乎?上有官吏之俸,下有士卒之廪,外有夷狄之赂。此三者陛下未得省之之术,臣亦未敢以为言也。臣独怪陛下内有宫中赐予玩好无极之费,此何为者也?凡今百姓所为,一物以上,莫不有税。茶、盐、酒、铁,关市之征,古之所无者,莫不并行。疲民咨嗟,不安其生。而宫中无益之用,不为限极,所欲则给,不问无有。司会不敢争,大臣不敢谏,执契持敕,迅若兵火。陛下外有北狄西戎,岁邀金缯,而又内自为一阱,以耗其所遗余。臣恐陛下以此获谤,而民心之不归也。故臣愿陛下日夜自损以砺左右,痛为节俭以宽百姓。捐锦绣,弃金玉,以质素为贵。赋税之入,独以供不得已之费。使天下知戴陛下之德,一旦有缓急,则民尚可以使之无叛。臣故曰:浮费日广,是以利入浚而不能止者,此之谓也。

《制策》曰:“军冗而未练,官冗而未澄。”夫军冗未练则为无兵,官冗未澄则为无吏。古者民多则兵众,兵众则国强。今兵众而至于以为冗者,则是不耕而食之过也。然而,屯田之利,是当今之至计也。然而屯田之不用,则亦有说:有兵而不可使耕,一也;天下须兵之地,无官田,而闲田之乡不须兵,二也。此二患者臣尝虑之,盖亦以为无难也。有兵而不可使耕,臣亦不敢强使也。计今天下之兵,一岁死亡几何?而以其数募民为兵且屯田,民自将有应此选者。则今不耕之兵,十数岁之后,其存者将有几?此非屯田之所当畏者,一也。天下郡县,未尝无官田,郡县之无官田者尝有之,而官鬻之也。籍没之田,岁岁不绝,举而积之,而田皆在官矣。闲田之乡不过京师之西，虽差远于京畿，然而车驰卒奔，可以不过旬日而至。有欲用之，可以缓急而召。虽禁卫之兵，亦可以循汉之故，发郡县之兵充之，期年而一易。京师可独置天子腹心之军数万人，以制四方之客军，使之独得不耕而食，如周之环人、汉之羽林、佽飞之类。此又非屯田之所当畏者，二也。如此，而兵冗之弊可以去矣。臣又闻方今用人之弊有二：吏多也，吏杂也。吏多之弊轻，吏杂之弊重。吏多而不杂，则贤不肖犹有辨也；多而不免于杂，既费廪禄，又不得贤也。费廪禄则国贫，不得贤则事不举。均之二弊，事不举者，所当先治也。如臣之意，且可使审官、铨曹、密院三班分别天下之官。其事之为天下之要，而其地之为一方之急者，别之以为一等。而使诸道之职司各第其吏之廉明善事最异者，而上之于审官、铨曹、密院三班，而审官、铨曹、密院三班即任之以此。至于其余不急之官，则又为一等，使碌碌之吏以今先后之法占之。此法既行，要以世之庸吏，必将群议而聚怨。然臣以为，圣人之为天下，不惮人之有怨心，而问其怨之当否。今世之患，上之人畏下太甚，而下之人持上太过。上以其法御下，而下反以法攻上之失。是以在上者不敢有所兴利除害，而惟法之听。法者，上之所当用耳，而岂亦使天下之人以绳上哉？此太甚也！臣读《后魏书》，观其始时天下用兵，武夫悍卒，皆得为吏。而当此之时，吏道不杂。何者？其所用者多贤，而不贤者未尝用也。及其后世，患夫不用者之多怨也，是以崔亮从而更之，不问士之贤愚，而专以停解日用为断，沉滞者皆称其能。而魏之失人，自是而始。故臣欲分而别之，以为贤不肖之辨如此，而官冗之弊可除矣。

陛下兴庠序于久亡，悼礼乐之未备，思继可封之俗，欲隆皆让之节，而讼未息。深求其故，归咎在位，以为教化不足，而法律有余。是以民不知避，吏不知惧，咨嗟怨讟并兴而不止。思所以治之，不得其道。臣闻善治天下者，不必有美名，而有亹亹之实功；不善治天下者，其名不必不美，而其实空虚无益于事。陛下自即位以来，登庸俊良，力兴美政以教化天下者，于今凡几矣？庆历之中，劝农桑，兴学校，当此之时，天下以为三代之风可以渐复。然而，学校既兴，农桑既劝，而天下之风俗卒何以异于庆历之始？今者陛下又发德音，分遣使者巡行天下，或以宽恤，或以减省，或以均税。名号纷纭而出，天下又皆翕然知陛下之欲速于为治也。然臣以为陛下惑于虚名,而未知为政之纲也。且陛下以为此数事者,足以致治耶?不足以致治耶?陛下设官置吏,其职亦有治此等事者耶?其未有耶?臣以为:凡陛下之所以分裂海内,以为郡县,其中上有守令,下有丞尉,大有会府,次有职司者,凡所以治此数事耳。今陛下欲宽恤百姓,以至于特命使者,则是此等常为暴也;陛下欲减省均税,以至于特命使者,则是此等皆不可使也。臣观陛下之意,不过欲使史官书之,以邀美名于后世耳。故臣以为,此时陛下惑于虚名也。今夫诸道之职司,是天下之纲。虽然,尚非陛下之所当择。陛下当择宰相,而宰相当择职司耳。天下诸道,凡十有七,一道之职司,少者三人,而多者不过四人。均之十七道者,其替换迭代不过四五十人也。以士大夫之多,择四五十人而用之,宜其甚足。今乃不择贤否而任之,至于有事,则更命使者。故臣以为陛下未知为政之纲也。夫纲虽大不知举,而何教化之能兴?故臣愿陛下兴教化,自择职司始,而天下可以渐治矣。

陛下戒慎天灾,震惧日食、淫雨、暖气、江河之失度,而思闻告戒消伏之理,推刘向之传,考吕氏之纪。夫刘向之说五行事,各以类感滞于一方,而不得相通;吕氏之书,随其时月而指其必然之灾异,其言皆迂怪而难信,安足为陛下道哉?臣闻灾异之说有二:有可得而推知其所从来者,有不可得而推知其所从来者。可得而推者,人之所为也;不可得而推者,天之所为也。人之所为者,不过盗贼窃发于山林,战败兵破而不得复。盗贼窃发,是衣食不足,政暴吏苛之罪也;战败兵破,是任人不明,将不为用之过也。至于天之所为,凶旱、水溢、虫蝗、霜雹、日食、地震、星辰陨坠,是安知其所由来哉?譬如人之将病也,五脏失据于中,而变见动于四肢,发于百体。医者切其脉,而观其色曰是"心病也"、"肺病也",是皆可也。至于鬼啸于梁,捐瓦于堂,而动之曰"是心也"、"是肺也",则可乎?要以人之神明精爽消散而不充,是以邪物得而干之,而尚何择乎心肺之间哉?古之儒者其论灾异,则皆有此弊也。今使国家治强,人民乂安,和气充实于天地之间,则天为之明,地为之静,三辰为之光。及其少衰,则天地三辰皆将亏缺而不宁。顷者水冒京城,日食季夏,江河淮汴,破溢为害,地震生毛,水变赤色。此数事者,使董仲舒、刘向之徒出而论之,必将指国政之一二,以为其验。而臣以为不然,盖臣非以为不为灾也,以为天地之远,而至于为之变动，此非一事之所能致。盖天下之政皆失其中，是以其气衰弱挫沮而不振，以至于是。以为陛下历数天下之弊，而使陛下尽修之云耳。非正阳之月，而伐鼓救变。说者以为非经，然而要以胁阴助阳，则虽非正阳而不为失。当盛夏之月，而论囚报重，说者以为非古。然而要以使犯法者无久系之殃，而民睹为恶之速及，则虽当盛夏而亦不为非也。

陛下愍四方之未治，而推其源于京师，知淫巧僭差之失度，而欲各为之节，然而未获所以禁之之术。是以欲先治内，则惑于何以为京师之言；欲先擿奸，则惑于不挠狱市之说。今陛下任人，使为京兆，如得赵广汉耶，则安可以不挠狱市而拘其才？如得黄霸耶，则安可以擿奸而责其效？各随其才而用之，则可以至于治矣。然臣以为，莫若先之以猛，而终之以宽。顷者陛下之所任，皆能猛矣，而不能宽；皆得其始矣，而不知其所以为继之术。是以京兆之政，大则斩戮，小则笞棰。历岁百余，而终无有一人能以仁恕为治者。故其民狃于刑戮而不知惧。然而，不先之以猛，臣又恐仁恕之不能折夫强暴也。

陛下深探儒、老之是非，而至于汉文、汉武治乱之际。臣闻老子之所以为得者，清净寡欲；而其失也，弃仁义、绝礼乐。儒者之得也，尊君卑臣；而其失也，崇虚文而无实用。然而道之可以长行而无弊者，莫过于儒术。其所以有弊者，治之过也。汉文取老子之所长而行之，是以行之而天下礼；汉武取儒者之失而用之，是以用之而天下弊。此儒、老得失之辨也。昔者周公遭变而作《豳》诗，虽言王业之本，而要以自明其身之无罪，是以谓之《国风》。宣王北伐，其事虽大，而其诗非《大雅》之体，是以谓之《小雅》。故夫宽柔敦厚者，《大雅》之风也；慷慨劲正者，《小雅》之文也。以此推之，则可以辨矣。三代之时，财赋之用，有司掌之。而冢宰特因其岁之凶丰，上下而制其用度多少之节，盖亦如此而已。至于有唐贞观、开元之际，犹委之郎官。其后四方用兵，而财用之间，亦遂有权时应变之事。郎官有所不能辨，故立使以主之。及其末世，使又不能辨，则又举而归之宰相。是以李德裕之徒，皆治其事。以一有司之职而累天下之宰，由此言之，则夫陈平、韦贤之论有不妄矣。若夫泉货之轻重，始于周景王，而后有二品之差；命秩之实，始于魏武帝，而后有六等之号。水旱蓄积之备，莫如李悝之平籴；边陲守御之方，莫如张仁愿之筑城。圜法九府之名，自《天府》、《太府》、《玉府》、《内府》、《外府》、《职内》、《职金》、《职岁》、《职币》，皆列职于《周官》。乐语五均之义，天子取诸侯之士以为国均，则市不二价，其说见于河间献王之《礼》。此数事者，皆非有益于当世之务，是以不足深论也。

伏惟陛下咨谟国事，丁宁反复，终而复始，不忍舍去。故于《制策》之终，则又曰："富人强国，尊君重朝，弭灾致祥，改薄从厚，此皆前世之急政，而当今之要务。子大夫其悉意以陈，毋悼后害。"夫陛下丁宁激切至于如此，而臣何敢不为陛下申重其说。今陛下忧思天下若此其至，而其功不就者，岂非无其人之故耶？臣闻："求贤不如变俗。"俗所不悦，虽有贤者，将不能自立。俗苟好之，虽天下之人将从风而靡。昔太祖好武略，则天下之猛士出而为之兵；太宗好奇谋，则天下计划之士出而为之虑；真宗好文而爱儒，则海内无有不学以待上之所使。今陛下公卿满朝，进趋揖让，文学言语，上可以不愧于古人，而下可以远过于近世者，以陛下诚好之也。然陛下中夜不寐，起坐而思之，天下之事所未能举者，凡有几何？府库空虚，入不支出，而不能均；兵革怠惰，骄而不为用，而不能制；闲田满野，衣食不足，而不能辟；河水岁决，北人受害，而不能救；戎狄放肆，邀取金币，而不能服。陛下治天下而至使不察。察有如此者，得非陛下所好，非所当用耶？狄仁杰有言："文士中不足快意，要得奇才之士，与共天下。"乃进张柬之以代李峤、苏味道。而臣亦以为，治天下当得浑质刚直、不忌不克、不择剧易之人而任之，如汉之绛侯、条侯，魏之贾逵、邓艾，晋之温峤、周访，唐之娄师德、郝处俊。得此数人，唯陛下所欲用之。致之朝廷之上，则贤人益亲；置之边境之上，则恶言不至。如此人者，陛下岂不欲用之？故臣愿陛下改易所好，以变天下之俗，则当今之文人，皆可使为朴直之士。陛下何惮而久不为也？

臣本布衣书生，陛下授之以爵禄，而又亲策之于廷。陛下罄竭所疑以问之于臣，而臣何敢不尽其中之所怀以输之？陛下凡《制策》之所以问臣者，臣谨已直率愚意，窃揣而妄论之矣。才智短浅，不足以上塞明诏，无补于聪明之万一，谨俯伏待罪。然臣之微意，所欲丁宁而致之陛下者，终欲为陛下毕尽其说。臣闻圣人欲有其富，则保之以俭；欲久其尊，则守之以谦；欲安其佚，则行之以劳；欲得其欲，则济之以无欲。此四者，圣人之所以尽天下之利，而人不以为贪；极天下之乐，而不为人所厌者也。《老子》曰："圣人以其无私，故能成其私。"由是观之，则夫欲乐其富，而用之以奢者，其富必亡；欲大其尊，而用之以倨者，其尊必替；欲享其佚，而用之以惰者，其佚必穷；欲获其欲，而用之以肆者，其欲必废。是以圣人处众人之所恶，而使天下无异辞，然后全享天下之利而无所失。故夫斥弃金玉，不贵锦绣，非以为爱财也；畏大臣，礼屑，非以为尚贤也；鸡鸣而起，日昃不食，非以为集事也；去声色，放犬马，非以为美名也。凡所以深服天下，而消其争心焉耳。伏惟陛下览策之始，以无忘忧惧之心，则又览其终，以去其太甚，消天下不平之意。二者既行，则大臣之所言者，举可以渐用而无弊矣。惟陛下慎思之，力行之，无以臣言为妄。盖臣之所见当今天下之事，未有急于此者。陛下幸而留意，天下不胜幸甚！谨对。(《栾城应诏集》卷一二)

乙亥(二十五日)，御崇政殿，策试贤良方正能直言极谏者著作佐郎王介、福昌县主簿苏轼、渑池县主簿苏辙。轼所对入第三等，介第四等，辙第四等次。以轼为大理评事、签书凤翔府判官事，介为秘书丞、知静海县，辙为商州军事推官。时辙对语最切直，其略曰："自西方解兵，陛下弃置忧惧之心二十年矣。"又曰："陛下无谓好色于内，不害外事也。"又曰："宫中赐予无艺，所欲则给，大臣不敢谏，司会不敢争。国家内有养士、养兵之费，外有北狄、西戎之奉，海内穷困，陛下又自为一阱，以耗其遗余。"谏官司马光考其策，入三等，翰林学士范镇难之，欲降其等。蔡襄曰："吾三司使，司会之名，吾愧之而不敢怨。"惟胡宿以为策不对所问，而引唐穆宗、恭宗以况盛世，非所宜言，力请黜之。光言是于同科三人中，独有爱君忧国之心，不可不收。而执政亦以为当黜，上不许，曰："求直言而以直弃之，天下其谓我何！"乃收入第四等次。及除官，知制诰王安石疑辙右宰相，专攻人主，比之谷永，不肯为词。韩琦笑曰："彼策谓宰相不足用，欲得娄师德、郝处俊而用之，尚以谷永疑之乎！"改命沈遘，遘亦考官也，乃为之辞。已而谏官杨畋见上曰："苏辙，臣所荐也。陛下赦其狂直而收之，此盛德事，乞宣付史馆。"上悦，从之。(《长编》卷一九四)

二十三举直言，仁宗亲策之于廷。时上春秋高，始倦于勤。……策入，辙自谓必见黜。然考官司马君实第以三等，范景仁难之。蔡君谟曰："吾三司使也。司会之言，吾愧之而不敢怨。"惟胡武平以为不逊，力请黜之。上不许，曰："以直言召人，而以直弃之，天下谓我何？"宰相不得已，置之下第，除商州军事推官。知制诰王介甫意其右宰相专攻人主，比之谷永，不肯撰词。宰相韩魏公哂曰："此人策语，谓宰相不足用，欲得娄师德、郝处俊而用之。尚以谷永疑之乎？"知制诰沈文通亦考官也，知其不然，故文通当制有爱君之言。谏官杨乐道见上曰："苏辙，臣所荐也。陛下赦其狂直而收之，盛德之事也，乞宣付史馆。"上悦，从之。(《栾城后集》卷一二《颍滨遗老传上》)

东坡云：国朝试科目，亦在八月中旬。顷与黄门公既将试，黄门公忽感疾卧病，自料不能及矣。相国韩魏公知之，辄奏上曰："今岁召制科之士，惟苏轼、苏辙最有声望。今闻苏辙偶病未可试，如此人兄弟中一人不得就试，甚非众望，欲展限以俟。"上许之。黄门病中，魏公数使人问安否，既闻全安，方引试。凡比常例展二十日。自后试科目，并在九月，盖始于此。比者相国吕微仲语及科目，何故延及秋末之说，东坡为吕相国言之。相国曰："韩忠献其贤如此，深可慕尔。"(《师友谈记》)

嘉祐中，苏辙举贤良对策，极言阙失，其略云："闻之道路，陛下宫中贵姬，至以千数，歌舞饮酒，欢乐失节。坐朝不闻咨谟，便殿无所顾问。"考官以上初无此事，辙妄言，欲黜之。仁宗曰："朕设制举，本待敢言之士。辙小官如此直言，特与科名。"仍令史官编录。(《渑水燕谈录》卷六)

仁宗临轩清问贤良之士。苏辙策略曰："陛下近岁以来，宫中贵姬已至千数，歌舞饮酒，欢乐失节，坐朝不闻咨谟，便殿无所顾问。"从官奏曰："陛下恭俭，未尝若是。辙言狂诞，恐累盛德，乞行黜落。"帝曰："设制科本求直言，苏辙小官敢言。"特命收选。夫人主言动，辙虽妄说，果能诳天下之人哉！置而不论，仍嘉其能，贲以恩宠，容谏纳善，尧、舜、禹、汤无以过也。(《珍席放谈》)

东坡中制科，王荆公问吕申公："见苏轼制策否？"申公称之。荆公曰："全类战国文章，若安石为考官，必黜之。"(《邵氏闻见后录》卷一四)

故事，制科分五等，上二等皆虚，惟以下三等取人。然中选者亦皆第四等，独吴正肃公尝入第三等，后未有继者。至嘉祐中，苏子瞻、子由乃始皆入第三等。已而，子由以言太直，为考官胡武平所驳，欲黜落，复降为第四等。设科以来，止吴正肃与子瞻入第三等而已。故子瞻《谢启》云："误占久虚之等。"(《石林燕语》卷二)

范子功亦入制科第三等，后孔文仲考中等第三等，以忤王安石，特旨黜之。此云"设科以来，止吴正肃与子瞻入第三等而已"，非也。(《石林燕语辨》)

王中父名介，衢州人，以制举登第。性聪悟绝人，所尝读书皆成诵。而任气多忤物，以故不达，终于官职知州。其作诗多用助语足句，有《送人应举》诗，落句云："上林春色好，携手去来兮。"又《赠人落第》诗云："命也岂终古，时乎不暂留。勉哉藏素业，以待岁之秋。"(《宋人诗话外编》上册《明道杂志》)

闰八月

九日，司马光《论制策登第状既而，执政以辙所试进呈，欲黜之。上曰："其言切直，不可弃也。"乃降一等收之，即苏辙也》：臣近蒙差赴崇政殿后复考应制举人试卷。内圆、辙两号所对策，辞理俱高，绝出伦辈。然辙所对命秩之差、虚实之相养等一两事，与所出差舛。臣遂与范镇同议，以圆为第三等，辙为第四等，详定官已定从复考。窃知初考官以为不当，朝廷更为之差官复位，复从初考，以辙为不入等。臣窃以国家置此六科，本欲取材识高远之士，固不以文辞华靡、记诵杂博为贤。辙所试文辞，臣不敢复言。但见其指陈朝廷得失，无所顾虑，于四人之中，最为切直。今若以此不蒙甄收，则臣恐天下之人皆以为朝廷虚设直言极谏之科，而辙以直言被黜，从此四方以言为讳。其于圣王宽明之德，亏损不细。臣区区所忧，正在于此，非为臣已考为高等，苟欲遂非取胜而已也。伏望陛下察臣愚心，特收辙入等，

使天下之人皆曰毡所对事目虽有漏落，陛下特以其切直收之，岂不美哉！(《司马光集》卷二〇)

苏轼《谢制科启二首》：临轩策士，方搜绝异之材；随问献言，误占久虚之等。忽从佐县，擢与评刑。内自顾于无堪，凛不知其所措。恭惟制治之要，惟有取人之难。用法者，畏有司之不公，故舍其平生，而论其一日；通变者，恐人才之未尽，故详于采听，而略于临时。兹二者之相形，顾两全而未有。一之于考试，而掩之于仓卒，所以为无私也。然而才行之迹，无由而深知。委之于察举，而要之于久长，所以为无失也。然而请属之风，或因而滋长。此隋唐进士之所以为有弊，魏晋中正之所以为多奸。惟是贤良茂异之科，兼用考试、察举之法，每中年辄下明诏，使两制各举所闻。在家者能孝而恭，在官者能廉而慎，临之以患难而能不变，邀之以宠利而能不回。既已得其行己之大方，然后责其当世之要用。学博者又须守约而后取，文丽者或以用寡而见尤。特于万人之中，求其百全之美。凡与中书之召命，已为天下之选人。而又有不可测知之论，以观其默识之能；无所不问之策，以效其博通之实。至于此而不去，则其人之可知。然犹使御史得以求其疵，谏官得以考其素。一陷清议，辄为废人。是以始由察举，而无请谒公行之私；终用考试，而无仓卒不审之患。盖其取人也如此之密，则夫不肖者安得而容。轼才不逮人，少而自信，治经独传于家学，为文不愿于世知。特以饥寒之忧，出求斗升之禄。不谓诸公之过听，使与群豪而并游。始不自量，欲行其志。遂窃俊良之举，不知气力之微。论事迂阔，而不能动人；读书疏略，而无以应敌。取之甚愧，得而益惭。此盖伏遇某官，德为世之望人，位为时之显处。声称所被，四方莫不奔趋；议论一加，多士以为进退。致兹庸末，亦与甄收。然而志卑处高，德薄宠厚。历观前辈，由此为致君之资；敢以微躯，自今为许国之始。过此以往，未知所裁。

轼以薄材，亲承大问。论议群起，予夺相乘。不意圣恩之曲加，犹获从史之殊宠。伏读告命，重积震惶。嘉其爱君之心，期以克终之誉。辞不获命，愧无以堪。某生于远方，性有愚直。幼承父兄之余训，教以修己而治人。虽为朝廷之直臣，常欲挺身而许国。位卑力薄，自许过深；言发谴生，事势宜尔。追寻策问之微意，实皆安危之大端。自谓不及，则曰志勤道远；开其不讳，则曰无悼后害。窃以制策之及此，又念科目之谓何。罄其平时之所怀，犹惧不足以仰对。言多迂阔，罪岂容诛？伏以国家取人之科，惟是刚柔适中之士。太刚则恶，其猖狂不审；太柔则畏，其选懦不胜。将求二者之中，属之以事；固非一介之贱，所或能当。某之不才，过乃由此。然而讦切愤悱，为知士之所不许；因循卤莽，又有国之所乐闻。使举世将以从容而自居，则天下谁当以奋发而为意。此盖某官，羽翼盛时，冠冕多士。思尽刍荛之议，以明宽厚之风。羁危之所恃，以为无忧；纷纭之所恃，以为定论。顾惟无似，尚辱甄收。感恩至深，求报无所。昔者西汉之盛，莫如文、景、孝武之贤；制策所兴，世称晁、董、公孙之对。然而数子者，颂咏德美，而不及其讥刺；故三帝者，好爱文字，而无闻于宽容。岂其时君不可为之深言，抑其群臣亦将有所不悦？某才虽不逮，时或见容。非怀爵禄之荣，窃喜幸会之至。(《苏轼文集》卷四六)

是　年

司马光《论诸科试官状》：臣伏见朝廷取勘诸处发解考试诸科官，以所解之人到省九不十不者。臣窃惟国家本设诸科以求通经之士，有司专以上文下注为问，已为弊法。窃闻去岁贡院出义题官，更于弊法之中，曲为奇巧。或离合句读，故相迷误；或取卷末经注字数，以为问目。虽有善记诵之人，亦不能对。其于设科本意，不亦远乎？是则罪在贡院出义题官，不在诸处发解官也。今举人被黜，已非其理，又并发解之官亦坐停替，臣恐自此为吏者益务奇巧，从学者益弃本原，殆非所以省刑罚、隆经术也。伏望朝廷更取本处解发上件诸科试卷，委官复考。其通、粗、合格者，特与免罪；不合格者，乃依法坐之。仍敕贡院，将来科场选择通经术、晓大体之人充诸科出义官，依条出义，毋得更如今来诡僻苛细。至时如有十不九不之人，然后取勘本处发解考试官，依前后条贯施行。如此，则彼皆无辞于罚，论者亦不以为冤矣。(《司马光集》卷二一)

嘉祐六年，仁宗谓辅臣曰："科举取人，拘以条式，敦朴有道之士或至弃遗，是岂朝廷求才之意耶？"乃诏诸路州郡，访求遗逸，敦遣诣阙，试而官之。时故相右仆射兼侍中、判许州贾文元公洎京西转运使、提点刑狱，凡五章列上长社进士辛君雍化光，文艺节行，乡里推服，召试西掖。中选者十八人，化光在第四，特赐进士出身。(《苏魏公文集》卷六一《辛君墓志铭》)

嘉祐七年　壬寅(1062)

正　月

八日,命侍御史韩缜、直集贤院同修起居注郑獬、集贤校理邵亢、杨绘、陆经考试开封府举人,侍御史陈经,秘阁校理李綖、雍子方,馆阁校勘郑穆、孙洙考试国子监举人,左正言王陶、集贤校理同修起居注钱公辅考试锁厅举人。(《宋会要·选举》一九之一三)

八　月

苏子瞻任凤翔府节度判官,章子厚为商州令,同试永兴军进士。刘原父为帅,皆以国士遇之,二人相得欢甚。(《高斋漫录》)

苏轼《永兴军秋试举人策问·汉唐不变秦隋之法近世乃欲以新易旧》:问:昔汉受天下于秦,因秦之制,而不害为汉;唐受天下于隋,因隋之制,而不害为唐。汉之与秦,唐之与隋,其治乱安危至相远也。然而卒无所改易,又况于积安久治,其道固不事变也。世之君子,以为善人为邦百年,可以胜残去杀。病其说之不效,急于有功,而归咎于法制。是以频年遣使,冠盖相望于道,以求民之所患苦。罢去茶禁,归之于民,不以刑狱委任武吏。至于考功取士,皆有所损益。行之数年,卒未有其成,而纷纭之议,争以为不便。嗟乎!此特其小者耳。事之可变,将复有大于此者。今欲尽易天下之骄卒,以为府兵;尽驱天下之异教,以为齐民;尽核天下之惰吏,以为考课;尽率天下之游手,以为农桑。其为拂世厉俗,非特如今之所行也。行其小者且不能办,则其大者又安敢议?然则,是终不可变欤?抑将变之不得其术欤?将已得其术,而纷纭之议不足恤欤?无乃其道可变,而不在其迹欤?所谓胜残去杀者,其卒无效欤?愿条其说。(《苏轼文

集》卷七)

九　月

十日,《明堂赦书》:"应贡举人进士三举、诸科五举殿试下,进士五举、诸科七举省试下者,并特与免今来文解。开封府本土进士,访闻因外州举人寄贯,致预解者少。应昨来本府落解进士内,曾经三举省试下者,许召有出身命官三人并本县官吏委保,的是父祖已来实有户贯,经府投状,具录申奏,当议与免今来文解。如将来考试合格,别作一项奏名。其保官并本县官吏如委保不实,许人陈告,并科违制私罪。"(《宋会要·选举》一五之一六)

是　年

孔武仲《国学谢解启》:胶庠献艺,多至百千;衡石程能,滥居第一。杂然众论,谓非所宜。蕞尔私心,不能无愧。窃以取士之道,自古为难。上之人患在好求其名,下之人病在不修其实。信其名则开奔竞请托之路,失其实则成偷薄浅惰之风。前世弊源,多从此出。本朝累圣临制,百年治平,金革既櫜,衣冠甚盛,屡降深诏,博取实材。使有司专务于至公,欲后进不求于虚誉。堤防甚密,裁鉴愈明。浮伪者莫得幸容,谄邪者无由私谒。既萃四方之俊彦,又观一日之短长。失于俄顷之间,继以摈出之耻。是则惟求实效,非取虚名。某性实钝顽,才非秀颖。少服父兄之训,长好圣贤之书。虽尝从事于文章,然尚未得其梗概。向者被黜于礼部,块然留学于京师。足不蹈王公之门,名罕挂交游之口。岂期一旦之试,辱在诸生之先?退省其由,非能自致;仰推其故,抑有所缘。此盖伏遇某官,佐佑睿明,迪宣风教,造士而饰以礼乐,济世而纳之中和。虽用词句而取人,本收贤才以报国。苟有技能之一得,不求名实之两全。故此迂愚阶于冒忝,敢不增其所未至?勉其所当为,庶成毫发之功,少报丘山之赐。(《清江三孔集》)

嘉祐八年　癸卯(1063)

正　月

七日,以翰林学士范镇权知贡举,知制诰王安石、天章阁待制司马光并权同知贡举,合格奏名进士孔武仲已下二百人。(《宋会要·选举》一之一一)

七日,以翰林学士范镇等权知贡举,权三司盐铁判官楚建中、监察御史傅尧俞贡院封印卷首。(《宋会要·选举》一九之一三)

二十一日,命集贤校理王权、陈绎考试知举官亲戚举人。(《宋会要·选举》一九之一三)

旧制:天下贡举人到阙,悉皆入对,数不下三千人,谓之"群见"。远方士皆未知朝廷仪范,班列纷错,有司不能绳勒。见之日,先设禁围于着位之前,举人皆拜于禁围之外,盖欲限其前列也。至有更相抱持以望黼座者。有司患之,近岁遂止令解头入见,然尚不减数百人。嘉祐中。余忝在解头,别为一班,最在前列。目见班中唯从前一两行稍应拜起之节,自余亦终不成班缀而罢,每为阁门之累。常言殿庭中班列不可整齐者唯有三色,谓举人、蕃人、骆驼。(《梦溪笔谈》卷九)

孔毅甫为举子时,尝梦有五色线系角黍来馈者,毅甫食之。既其年,试于南宫,遂中选。(《独醒杂志》卷三)

司马光《和景仁夜读试卷》:安前宫烛堕花频,满目高文妙入神。勇气

先登势无敌，巧心后发语尤新。好贤何啻三薰贵，求宝方知百汰真。愚鲁自非凭骥发，昆山千里到无因。(《司马光集》卷一〇)

王安石《夜读试卷呈君实待制景仁内翰》：篝灯时见语惊人，更觉挥毫捷有神。学问比来多可喜，文章非特巧争新。蕉中得鹿初疑梦，牖下窥龙稍眩真。邂逅两贤时所服，坐令孤朽得相因。(《王荆公诗注补笺》卷二九)

强至《观嘉祐南宫奏名》：主司拨马选龙媒，二百珍群奏籍开。皎皎公衡垂日月，仪仪士类望风雷。诚知至鉴无遗照，那免良工有滞材。乡国几人同应诏，只将春色与关裴。(《全宋诗》卷五九三)

三　月

丁未(五日)，诏："进士七举、诸科八举、曾经御试、年四十以上，进士五举、诸科六举、曾经御试及进士六举、诸科七举曾经御试、年五十以上，河东、河北、陕西举人，递减一举，令礼部贡院特以名闻。"(《长编》卷一九八)

九日，崇政殿试礼部奏名进士，帝不御殿，内出《寅畏以飨福赋》、《乐通神明诗》、《成败之机在察言论》题。翌日，试诸科、特奏名进士，内出《温洛呈图诗》、《治天下自五事始论》题。同日，试特奏名诸科。(《宋会要·选举》七之一八、一九)

范祖禹《寅畏以飨福赋祇畏天道，能飨隆福》：天道昭显，圣心肃祇。欲兴隆而飨福，乃寅畏以承时。深慎清衷，以上当于帝眷；诞膺纯祉，能永固于邦基。若夫究精祲之所由，勤夙宵而当畏。何修而臻治道，何饰而致休气？唯天为大，每怀惧而敢宁；唯圣为能，宜拥祥而不既。钦若元后，简于上天。日月星辰，有顺而有戾；风雨寒暑，或应而或愆。是必建大中而茂对，图至治以周旋。动以至诚，仰德威而自惧；介之纯嘏，享宗祉以长延。则知万几非逸豫而为，四海在忧勤而保。宜轸虑于当极，以延禧于有昊。惕焉若厉，惟应以实而不以文；善则降祥，盖亲有德而飨有道。岂不以助顺者惟天之理，降福者乃人之能。无其畏则心或怠，有其畏则德乃兴。五事交修，惴如临于渊谷；万灵来助，固若保于冈陵。噫！位岂不尊，志非自广。灾常惧于未至，福乃来于无象。所以文王小心而事帝，多祉常怀；高宗见异以饬身，百年常飨。若然，则宝命增永，萝图浸隆。谨天戒以当国，延帝休而在躬。用能荐享郊丘，答纯禧之所自；跻民寿域，传徽号于无穷。大哉！建功所以永年，宜人所以受禄。应如律吕之动，报逾影响之速。夫知天之仁爱，人君寅畏者飨其福。（《全宋文》卷二一一五）

二十二日，帝御延和殿，赐进士许将已下一百九十四人及第、出身、同出身；诸科一百四十七人本科及第、同出身；特奏名进士刘景阳已下七十二人、诸科程铭已下二十八人，并赐同五经、《三礼》学究出身，授长史、文学。（《宋会要·选举》七之一九）

甲子（二十二日），御延和殿，赐进士许将等一百二十七人及第，六十七人同出身；诸科一百四十七人及第、同出身；又赐特奏名进士、诸科一百人及第、同出身、诸州文学、长史。将，闽人也。（《长编》卷一九八）

进士名录：许将，陈轩，左仲通，王俞，王斐，王巨，王端，王镇，王锡，王泽民，方资，孔武仲，石亘，吕陶，朱彦博，朱巩，汝孝恭，安纬，杜昱，李昭远，李后，李详，李廉夫，李镇，吴居厚，吴执中，吴道，吴毅，吴应，汪绅，沈兑，沈括，宋钧，邵光，范祖禹，林动，征贲，周邠，周衮，柳韶，俞温父，祝常，姚存，姚梦升，袁默，莫硅，倪材，倪箴，徐廓，徐仪，高象，郭附，唐国忠，凌民瞻，陈列，陈侅，陈彼望，陈齐卿，陈察，陈谧，孙廷筠，黄炎，黄祖陶，黄洁，黄颜，曹辅，章及贤，章国光，章启宗，张行，张希房，张括，张伟节，张粤，张须，张裕，张绶，张毅，张济，项陟，叶浚，葛蕴，董乾粹，董敦逸，傅概，曾准，冯硕，游冠卿，游勋，宁洵，杨宗惠，杨怀宝，虞策，詹范，褚唐辅，赵屺，赵嗣业，管滂，郑令卿，郑前，邓安，欧阳成，欧阳棨，刘俌，刘祥，刘常，刘牖，潘行，练定，萧世范，萧竑，戴显甫，关景晖，罗冲，龚原。

诸科：李昭逢，乔敞。

特奏名进士：刘景阳，唐彦经，陈颉，杨蠲，萧稷。

特奏名诸科：程铭。（《宋登科记考》卷四）

补进士名录:其一,魏沂。《全宋文》卷六五五文彦博《举魏沂》:“沂自嘉祐八年登进士第。”

其二,程节。《宋登科记考》卷四将其系于嘉祐六年进士名录,误。详说见前。

其三,宋涣。《全宋文》卷二八四六邹浩《宋子直墓志铭》:“君叔涣,嘉祐末登进士第。”

建宁黄氏乃名族也,因游宦,遂徙居于吴。黄氏有三子,皆勤于学问。其父梦捷夫持榜帖报“黄颜”者,遂以名其长子。已而,果第。久之,其梦如初,乃拆偏旁名仲子以彦,彦复掇高科。后数年,其梦亦如初。黄甚怪之,又以颉名其季。颉既第,颜即死矣。(《中吴纪闻》卷一)

吴郡黄颜兄弟,从事科举。颜元名某,父梦人告曰:“汝子若以颜为名,必遂意。”即从之。是岁获乡荐,来春擢第。至次举,叔、季将试,父又梦人使二子亦名“颜”。觉而相语,以为安有兄弟三人同名之理。后再入梦,于是拆“颜”字为二,叔名“彦”,而季名“页”,同榜登第。王顺伯、李仲诗皆与颜之孙姻有旧。(《夷坚支志》景卷八)

范祖禹淳父,极为司马文正奖识。尝为《进论》,求教于公。公每见,则未始有可否。淳父疑而质于公,公久而言曰:“子之《进论》,非不美也。顾念世人获甲科者绝少,而子既已在前列,而复习《进论》,求应贤良。以光观之,但有贪心耳。光之不喜者,非为《进论》也,不喜子有贪心也。”淳父于是焚去《进论》,不应贤良。(《能改斋漫录》卷一二)

陈侍郎元舆为进士,贫不为士流比数。嘉祐七年,忽预乡荐,丐粮于村豪。至一叟家,为陈设酒食,留宿。夜梦,忽捕一蛇,蛇走入墙孔中,陈持而曳之,尽力而蛇断,得其半而已。天明,叟出,而神气不悦,陈甚忧无所馈也。俄而,出钱五百授陈,陈受之,喜过所望。叟令家僮备马,送陈三十里。僮告陈曰:“秀才乃福人。吾翁素不待客,亦不以钱馈人。今偶梦官人过门,而秀才适至,故欢快如此。然本欲以千钱相遗,而大男殊靳,至

于挽夺推拽，翁得其半而已。此所以送秀才而神色不悦也。”陈次年登甲科第二人。（《能改斋漫录·逸文》）

陈轩，嘉祐中廷试，本冠多士，有司以其赋用韵失次，欲黜之，有旨降第二。先是，进士赐袍笏，例于廷下脱白服绿。轩衣如悬鹑，上恻然，解黄衣赐之。至今此袍笏有淡黄衫，自轩始。（《宋辽金元方志辑佚·建安志》）

孔武仲《谢及第启》：法座颙昂，广揽四方之俊；儒冠杂沓，同升一命之荣。顾惟庸鄙之资，亦预优殊之等，逢辰甚幸，揣己知惭！窃以为国者得士而昌，济世者取人尤急。宾贤能以兴三物，粤自乎成周之隆；求儒术而阐大猷，益盛乎西汉之后。自是以降，为法不同，或收孝廉，或举茂异。尚经术者或起辨争之论，取时文者或被浮华之讥。然而豪俊亦出于其间，国家常赖以为治。揭为成宪，贻厥来今。本朝绍三代之太平，讲百王之遗美。重规叠矩，粹礼乐以陶斯民；流风余波，一中外以变于道。家习俎豆，里有弦歌，熏蒸醇酴，振发光景。矧乎京师首善，远追四学之风；有司校文，增用间年之制。法度皦乎昼日，请托绝于秋毫。穷山取材，楩楠归匠氏之巧；极深笼宝，珠贝登庙器之华。飘风泛乎卷阿，众流积于巨海。罕遗于野，争立于朝。宴然极治之时，皇矣多士之国。自非尤异，难冒宠灵。如某者，抱斗筲之小才，承箕裘之素业。少而好戏，时人皆笑其迂愚；长匪通方，诗律仅分于竞病。而自再被斥于乡举，一偕计于使台。念终军弃繻之年，宜观于上国；服扬子求师之戒，遂齿于诸生。惜寸阴以竞辰，张短檠而继日，杜门几于不出，取友期于必端。作赋虽勤，未窥虫篆之巧；读书务博，不免涉猎之粗。顾末学之何堪，辱诸公之与进。桥门试艺，偶冠于朋来；宗伯程能，复当于举首。指拙为巧，颇闻众议之欢哗；以浅测深，适会天题之闳奥。重以九阍列戟，百辟在廷，密迩威颜，顾瞻驶景。干魂欲落，窃惊帝所之游；利害未忘，更怀金注之感。吟吻几燥，抽思愈穷。聊因笔墨之成文，难与骐骥而争路。退惟疏略，默俟报闻。及便殿之胪传，方堵墙而竦听。偶叨前列，实越初心。加以自幽迁乔，不牵于常格；提衡引重，又出于大臣。泽滂草莱，悸发梦寐，非能自致，实有所缘。兹盖伏遇某官，以夔龙之贤，佐佑明主；以周孔之道，启迪当时。育养英才，爱若中陵之甚厚;采收小善,不以下体而见遗。能者引类而皆来,否者闻风而胥劝。分庭抗礼,几忘于尊卑;开阁见贤,不私于远近。风流之及,罢懦以兴。遂令闾巷之小生,亦分升斗之微禄。敢不益求师范,每励官箴。佩圣训于《中庸》,止思言行之相顾;诵诗声于《大雅》,更期明哲以保身。投之于抱关击柝,而敢不固穷;用之于班朝治军,而或将有立。庶成薄效,以报大恩。(《清江三孔集》)

四　月

十一日,以新及第进士第一人许将为大理评事,佥书奉国军节度判官厅公事;第二人陈轩、第三人左仲通为两使幕职官;第四人范祖禹、第五人龚原试校书郎,知县;余进士、明经、诸科及第人,皆以为判、司、簿、尉;出身人,皆守选。(《宋会要·选举》二之一〇)

六　月

十七日,诏:"今岁应制科举人赵禼等十七人权罢,将来科场便赴秘阁就试。"(《宋会要·选举》一一之一〇)

十　月

八日,枢密院言:"文武二选,所关治乱,不可阙一。与其任用不学无术之人,临时不知应变,以挠师律,不若素习韬略、颇闲义训之士,缓急驱策,可以折冲图勋。况今朝廷所用武人,稍有声称者,由武举而得,则此举不可废罢甚明。"诏:"尚书兵部与两制详议所习举业,及较试举人推恩之数,条件以闻。"(《宋会要·选举》一七之九)

十二月

己卯(十二日),诏:"以国子博士陈舜俞制科第四等、著作佐郎安焘常中进士科第三人,与免远官。自今著为例。"(《长编》卷一九九)

嘉祐年间

先有李藻字希纯,常言嘉祐间应举时,洛中有名士十余人,分题作诗赋。遇旬日,会于僧寺。有大姓李生者好事,见希纯曰:“已就所居辟舍馆,可同诸君会课,差胜僧寺牢落也。”希纯辈欣然从之。每至其馆,主人具饮食挽留甚勤,或数日不得去。一日同诸君醉卧未起,庭有桃花飘落衾席之上,皆嘉祐太平之象也。时洛中有大姓数十争延名士,以好事相胜,子弟有登科者,熙宁以后无复此风矣。(《邵氏闻见录》卷一六)

范镇《议取士状》:窃以取士之敝,患于以文而不以行,非一日之积也,其势然也。自井田废,党遂州乡教训之官不立,而士不素养,所以道化不粹于古也。中间号称得人,而历世之久如汉唐者,虽不尽由于学,盖材之于位,试之以事,使贤者能者进,而愚者不肖者退,是亦古之道也。方尧之时,皋陶、稷、契进,而静言庸违,方命圮族者退,材诸位而考之,以事也。今取士不由于学,以文而不以行。及其官之也,又不材诸位,不考之事,簿书期会而已,是本末皆失也。学者,士之本也。庆历中,尝兴学矣。有贫不能入学者,亲老不能入学者,至其亲请而免入学者,是士之不尽由于学也。古之士,虽云取之于乡,其实皆出于学。今之士,既不能尽由于学,欲尽知其行,岂可得哉?贡举之法,不孝不悌不得举,举者罚,是亦责行之本也。然而,每一下诏,应书而起以数万计,不可以人人知也。故必考之以文也,今之诗赋论策是也。周之制,行同能耦,则决之以射。其所谓诗赋论策,不犹愈于射乎?故取之以文不可废者,其势然也。今天下非无学也,无良师也,待之不以礼也。世之所谓糊名者,待盗跖可也。以待盗跖之法,而欲求颜、闵之人,其为颜、闵者不化为盗跖,几希矣!而议者以为糊名不可废,糊名不可废,而欲责士之行谊,难矣哉!臣请择良师而教之于学,以观其素;弛糊名之禁,而待之以礼,以养其诚,以谨士之初也。官而使之也,材之以位,考之以事。在朝廷者朝廷推之,在州县者州县推之。推其尤善者而进之,曰:某人尝为某事,为有行;推其不善者而退之,曰:某人尝为某事,为无行,以谨士之终也。如是,而本末俱得,则天下之士相率而入于善矣。其于诗赋策论,虽无更之可也。(《全宋文》卷八六七)

宋仁宗年间

仁宗之朝十有三举,进士四千五百七十人。其甲第之三人凡三十有

九,其后不至于公卿者,五人而已。(《宋史》卷一五五)

孙洙巨源,博学长才。初举贤良方正,奏论五十篇,皆陈祖宗政事。指切治体,推往验今,著见得失,天下争传写之,目曰《经纬集》。韩魏公览而叹曰:“恸哭太息以论天下事,今贾谊也。”(《渑水燕谈录》卷六)

韩忠宪亿景祐中参仁宗政事,天下称为长者。四子仲文综、子华绛、持国维、玉汝缜,俱礼部奏名。忠宪启上曰:“臣子叨陛下科第,虽非有司观望,然臣既备位政府,岂当受而有之? 天下将以为由臣故致此。臣虽不足道,使圣明之政,人或以议之,非臣所安也。臣教子既以有成,又何必昭示四方,以为荣观哉! 乞尽免殿试唱第,幸甚!”诚恳再三,上嘉叹而允所请。忠宪既薨,仲文、子华、玉汝相继再中科甲,独持国曰:“吾前已奏名矣。当遵家君之言,何必布之远方耶!”不复更就有司之求。故文潞荐持国疏云:“曾预南宫高荐,从不出仕宦。”其后,仲文知制诰,子华、玉汝皆登宰席;持国赐出身,至门下侍郎,为本朝之甲族云。(《挥麈后录》卷五)

故事:制科必先用从官二人,举上其所为文五十篇,考于学士院,中选而后召试。得召者不过三之一。惟欧阳文忠公为学士时,所荐皆天下名士,无有不在高选者,苏子瞻兄弟、李中书邦直、孙翰林巨源是也。世遂称欧阳善举贤良。程试既不过策论,故所上文亦以策论中半,然多未免犹为场屋文辞。惟孙巨源直指当世弊事,列其条目,援据祖宗源流本末,质以故事,反复论说,皆可施行,无一辞虚说。韩魏公一见,曰:“恸哭泣涕论天下事,其今之贾谊乎?”时方为於潜县令,会以期丧,不及试。免丧,魏公犹当国,即用为崇文馆编校书籍,遂见进用。不复更外任,盖犹愈于正登科也。(《避暑录话》卷四)

仁宗于科举尤轸圣虑,孜孜然惟恐失一寒畯也。每至廷试之年,其所出三题,有大臣在三京与近畿州郡者,多密遣中使往取之。然犹疑其或泄也。如《民监》本是诗题,《王者通天地人》本是论题,皆临时易之。前代帝王间有留意于取士,然未有若是者也。(《曲洧旧闻》卷一)

士大夫三世登科者盖有之，未有一朝者。独刘沆天圣八年、其子待制瑾皇祐五年、其孙偁治平元年并及第，皆在仁宗朝。安厚乡言：张文孝之孙保常锁厅不第。然应举时，家状内三代皆具庆，亦世所无也。（《麈史》卷下。按：刘偁嘉祐八年及第，治平元年无科举考试。）

仁宗每崇政殿亲试进士，亦赐大臣七宝茶，至今以为故事。（《文昌杂录》卷四）

韩忠献公、宋景文公同召试，中选。是时，王德用带平章事，例当谢，自谦空疏。德用曰："亦曾见程文，诚空疏，少年更宜学问。"二公大不堪，景文至曰："吾属见一老衙官，是纳诲也。"后二公俱大名，德用已卒，忠献谓景文曰："王公虽武人，尚有前辈激励、成就后学之意。"（《宋朝事实》卷一四）

仁宗朝，春试进士集英殿，后妃御太清楼观之。慈圣光宪出饼角子以赐进士，出七宝茶以赐考试官。（《甲申杂记》）

许州临颍人成锐应制科，尝以诗三篇献丞相王文惠。《野菊》云："彩槛应无分，春风不借恩。"《野花》云："馨香虽有艳，栽植未逢人。"公谓辞虽绮靡，未有登科意。别有《赠裴员外》诗云："凭高看渐远，更上最高楼。"公曰："再举合践高第。"果符其言，其能品藻如此。（《诗话总龟》前集卷三三）

仁宗朝试《山海天地之藏赋》，长沙进士陈说同进士出身。谒乡人胥偃内翰，因举其赋。胥曰："赋颇佳，但其间贴故事少耳。"说归，作诗曰："紫宸较艺集英聪，作赋方知尚欠功。事内少他些子铁，殿前赢得一堆铜。黄绸被下夫人暖，青琐窗中学士空。寄语交朋须细认，主司头恼太冬烘。"（《诗话总龟》前集卷四一）

富弼言："应制科者，必乐为贤良方正才识兼茂，耻为将帅边寄之名，盖今人重文雅而轻武节也。武举者，蹶张驰射，侪于卒伍，所得庸妄鄙浅，固不敢望得异士。但稍能警励，有廉耻，则焉肯为卒伍之事乎？臣请诏近

位及藩镇，于文武官中，各举明兵法、有威、果习练武略堪任将帅者一二人。”(《山堂考索》后集卷二九)

苏洵上书：“可复武举而为新制，以革其旧弊。且昔之所谓武举者，盖疏矣。其以弓马得之者，不过挽强引重、市井粗材；而以策中者，亦皆记录章句、区区无用之学。其取人太多，故其所得皆贪污无行之徒，豪杰之士耻不忍就。宜因贡士之岁，使两制各举所闻，有司试其可者，而陛下亲策之。权略之外，便于弓马，可以出入险阻，勇而有谋者，不过取一二人。待以不次之位，试以守边之任。”(《山堂考索》后集卷二九)

仁宗时制科十五人：天圣，何泳、富弼；景祐，苏绅、吴育、张方平、田况；庆历，钱明逸、彦远；皇祐，吴奎；嘉祐，夏噩、陈舜俞、钱藻、苏轼、辙、王介。东坡《同年王中甫挽词》诗“先帝亲收十五人”，注者多误。(《困学纪闻》卷一五)

宋代科举资料长编

综合卷

诸葛忆兵 编著

凤凰出版社

目　录

史 书

《宋史》

宋初承唐制，贡举虽广，而莫重于进士、制科，其次则三学选补。

宋之科目，有进士，有诸科，有武举。常选之外，又有制科，有童子举，而进士得人为盛。神宗始罢诸科，而分经义、诗赋以取士，其后遵行，未之有改。自仁宗命郡县建学，而熙宁以来，其法浸备，学校之设遍天下，而海内文治彬彬矣。

初，礼部贡举，设进士、九经、五经、《开元礼》、《三史》、《三礼》、《三传》、学究、明经、明法等科，皆秋取解，冬集礼部，春考试。合格及第者，列名放榜于尚书省。凡进士，试诗、赋、论各一首，策五道，帖《论语》十帖，对《春秋》或《礼记》墨义十条。凡九经，帖书一百二十帖，对墨义六十条。凡五经，帖书八十帖，对墨义五十条。凡《三礼》，对墨义九十条。凡《三传》，一百一十条。凡《开元礼》，凡《三史》，各对三百条。凡学究，《毛诗》对墨义五十条，《论语》十条，《尔雅》、《孝经》共十条，《周易》、《尚书》各二十五条。凡明法，对律令四十条，兼经并同《毛诗》之制。各间经引试，通六为合格，仍抽卷问律，本科则否。诸州判官试进士，录事参军试诸科。不通经义，则别选官考校，而判官监之。试纸，长官印署面给之。试中格者，第其甲乙，具所试经义，朱书通、否，监官、试官署名其下。进士文卷，诸科义卷、帖由，并随解牒上之礼部。有笃废疾者不得贡。贡不应法及校试不以实者，监官、试官停任。受赂，则论以枉法，长官奏裁。

凡命士应举，谓之锁厅试。所属先以名闻，得旨而后解。既集，什伍相保，不许有大逆人缌麻以上亲，及诸不孝、不悌、隐匿工商异类、僧道归俗之徒。家状并试卷之首，署年及举数、场第、乡贯，不得增损移易，以仲冬收纳，月终而毕。将临试期，知举官先引问联保，与状佥同而定焉。凡就试，唯词赋者许持《切韵》、《玉篇》。其挟书为奸，及口相受授者，发觉即黜之。凡诸州长吏举送，必先稽其版籍，察其行为。乡里所推，每十人相保，内有缺行，则连坐不得举。故事，知举官将赴贡院，台阁近臣得荐所知之负艺者，号曰“公荐”。太祖虑其因缘挟私，禁之。（以上均见《宋史》卷一五五）

旧法：随侍见任守倅等官，在本贯二千里外，曰“满里子弟”；试官内外有服亲及婚姻家，曰“避亲”；馆于见任门下，曰“门客”。是三等许牒试，否则不预。间有背本宗而窜他谱、飞赇而移试他道者，议者病之。

新进士旧有期集，渡江后置局于礼部贡院。特旨赐餐钱，唱第之三日赴焉。上三人得自择同升之彦，分职有差。朝谢后拜黄甲，其仪设褥于堂上，东西相向，皆再拜。拜已，择榜中年长者一人，状元拜之，复择最少者一人拜状元。所以侈宠灵，重年好，明长少也。

制举无常科，所以待天下之才杰，天子每亲策之。然宋之得才，多由进士，而以是科应诏者少。惟召试馆职及后来博学宏词，而得忠鲠文学之士。或起之山林，或取之朝著，召之州县，多至大用焉。

凡童子十五岁以下，能通经作诗赋，州升诸朝，而天子亲试之。其命官、免举无常格。真宗景德二年，抚州晏殊、大名府姜盖始以童子召试诗赋，赐殊进士出身，盖同学究出身。寻复召殊试赋、论，帝嘉其敏赡，授秘书正字。后或罢或复。自仁宗即位，至大观末，赐出身者仅二十人。（以上均见《宋史》卷一五六）

凡学皆隶国子监。国子生，以京朝七品以上子孙为之，初无定员，后以二百人为额。太学生，以八品以下子弟若庶人之俊异者为之。及三舍法行，则太学始定置外舍生二千人、内舍生三百人、上舍生百人。始入学，验所隶州公据，试补外舍，斋长、谕月书其行艺于籍。行谓率教不戾规矩，艺谓治经程文。季终考于学谕，次学录，次正，次博士，后考于长贰。岁终会其高下，书于籍，以俟复试，参验而序进之。凡私试，孟月经义，仲月论，季月策。凡公试，初场经义，次场论策。试上舍，如省试法。凡内舍，行艺与所试之业俱优，为上舍上等，取旨授官；一优一平为中等，以俟殿试；俱平若一优一否为下等，以俟省试。

哲宗时，初置在京小学，曰“就傅”、“初筮”，凡两斋。复取太学额百人还开封府。先是，开封解额稍优，四方士子多冒畿县户。又隶太学不及一年不该解试者，亦往往冒户。礼部按旧制，凡试国子监者，先补中广文馆生，乃投牒求试。元祐七年，遂依仿其法，立广文馆生。惟开封府元解百人许自试，其尝取诸科二百、国子额四十者，皆以为本馆解额。遇贡举年试补馆生，中者执牒诣国子监验试，凡试者十人取一，开封考取亦如之。绍圣元年，罢广文馆，其额悉复还之开封府、国子监。（以上均见《宋史》卷一五七）

安焘……年十一，从学里中，羞与群儿伍，闻有老先生聚徒，往师之。先生曰：“汝方为诵数之学，未可从吾游。当群试省题一诗，中选乃置汝。”焘无难色。诗成，出诸生上，由是知名。（《宋史》卷三二八）

《宋会要辑稿》

礼部判部事二人，以两制及带职朝官充。凡礼仪之事，悉归于太常礼院，而贡举之政领于知贡举官，本曹但掌制科举人、补奏太庙郊社斋郎、室长、掌坐、都省集议、百官谢贺章表、诸州申举祥瑞、出纳内外牌印之事，而兼领贡院焉。……分案有五……曰贡举，掌学校，凡经籍、科举发解、省试及讲筵、史官赐书、修书皆属之。（《宋会要·职官》一三之一）

贡院掌受诸州解送九经、五经进士，通礼、三礼、三传、毛诗、尚书学究、名法之名籍，及家保状、文卷，考验户贯、举数、年纪而藏之，以朝官一员主判。若遣官知贡举，即主判官罢举事毕，复别遣官。（《宋会要·职官》一三之八、九）

凡诸生之隶于太学者，分三舍。斋长、谕月书其行艺于籍，行谓率教不戾规矩，艺谓治经程文。季终考于学谕，十日考于学录，二十日考于学正，三十日考于博士，又三十日考于长贰。岁终取外舍生百人，内舍三十人，校定奏闻，以定复试。视其校定之数，参验而叙进之。凡私试，孟月经义，仲月论，季月策。公试，初场以经义，次场以论、策。试上舍如省试法。凡内舍行艺与所试之等俱优者，为上舍上等，取旨命以官；一优一平为中，留俟殿试；一优一否或俱平为下，留俟省试。惟国子生不预考选。凡课试、升黜、教导之事，长贰皆总焉。(《宋会要·职官》二八之六)

国初制举，有贤良方正能直言极谏、经学优深可为师法、详闲吏理达于教化，凡三科。应内外职官、前资见任、黄衣草泽人，并许诸州及本司解送上吏部，对御试策一道，以三千字已上成，取文理俱优者为入等。(《宋会要·选举》一〇之六)

童子试：

林公洽四岁，诵六经、《语》、《孟》、《孝经》、御制史赞诗赋碑铭等凡十种。

林公润四岁，诵《易》、《书》、《诗》、《三礼》篇名、《论语》、《孝经》、《春秋》、御制赞记诗赋、《孙子》、历代名贤传及杂文，排诸葛武侯方图阵凡二十一种，能开弓发箭。

林公滋六岁，诵《诗》、《书》、《易》、《周礼》、《礼记》篇名，《春秋》隐、桓、庄、闵、僖、文六公，《论语》、《孝经》、御制赞跋诗赋及杂文，讲《书》、《礼记》、《论》、《孟》、《孝经》大义，画卦、切韵，凡三十五种。

何致远七岁，诵六经、《语》、《孟》、《孝经》、《孙子》、《吴子》、御制诗论，画卦《太玄》潜虚图，揲《大衍》、《太玄》潜虚数，排八阵图，推河图洛书数，能写大字，开弓发箭，凡四十九种。

黄枢七岁，诵六经、《语》、《孟》，凡八种。

杜元定七岁，背诵六经、《语》、《孟》、《孝经》。

林公汪九岁，诵《尚书》、《毛诗》、《周易》、《周礼》、《礼记》、《春秋》、《语》、《孟》、《孝经》，凡九种。

郑台孙九岁，诵《尚书》、《周易》、《毛诗》、《周礼》、《礼记》、《春秋》、《语》、《孟》，凡八种。

詹应韶九岁，全诵九经。

毕应孙十一岁，背诵六经、《语》、《孟》。

赵斌五岁，诵《易》、《书》、《诗》、《周礼》、《语》、《孟》、《孝经》、《礼记》篇名、御制赞序、诸家杂文，凡二十二种。

罗钧五岁，诵六经、《语》、《孟》、《孝经》、御制诗赋，画卦，切韵，书字，凡二十种。

林公泽五岁，诵《诗》、《书》、《易》、《周礼》、子书篇名、《春秋左传序》、《孟子》、《孝经》、御制赞跋记诗赋及杂文，又通《孝经》大义，画卦，书字，切韵，凡四十一种。

张粲八岁，背诵六经、《语》、《孟》、《孝经》，及讲说《语》、《孟》、《尚书》大义。

叶行之八岁，诵《周易》、《尚书》、《毛诗》、《周礼》、《礼记》、《春秋》、《语》、《孟》、《孝经》，凡九种。

林岊八岁，诵六经、《语》、《孟》、《孝经》、御制诗赞，能解《毛诗》全义，及开弓发箭，凡二十种。

卢端夫十岁，全诵六经、《语》、《孟》，及讲说《春秋》、《论语》、《孟子》、《孝经》。

林梅十岁，试《春秋》义三道，终场合格。挑试九经，讲说《春秋》。

胡仲龙十岁，背诵六经。

郭本诚十岁，背诵九经，及讲说《尚书》大义。

卞昕十岁，诵《毛诗》、《尚书》、《周易》、《周礼》、《礼记》、《春秋》、《论》、《孟》，凡八种。

包时习十岁，背诵九经，讲说《论语》、《孟子·梁惠王》上下篇。（以上均见《宋会要·选举》一八之二八、二九）

《宋史全文》

《讲义》曰：我朝自王安石以《新经》破旧说，凡学校、科举之间，皆以王氏之经从事。士用新进，国尊新法，而天下自是多事矣。孝宗皇帝崇尚伊洛之学，一时明师大儒相继而起。张栻在湖，朱熹在闽，吕祖谦在浙，皆推明是学，以续孔、孟正脉之传。天下学者翕然从之，得其说者互以传授。凡岩谷草野之间，皆出一辙。学校科举取人，士大夫立身事君，无不源流于是学之中，涵养陶成，士习醇美。自小人用事，摧靡道学，而名之以伪。

海内之士，澜倒风从，不惟礼义廉耻有所不顾，而学士大夫之衣冠亦更变以趋时。(《宋史全文》卷二九上)

《宋名臣言行录》

科举取人不得，间有得者，自是豪杰之士，因科举以进耳。且资荫得官与进士得官，孰为优劣？以进士为胜，以资荫为歉者，此自后世流俗之论。至使人耻受其父祖之泽，而甘心工无益之习，与孤寒之士角胜于场屋。侥幸一第以为荣，是何见识！夫应举亦自寒士无禄，不得已藉此进身耳。如得已，何用应举？范(纯仁)公最有见识，然亦以资荫与进士分优劣，建言于有无出身人衔位上带左右字，不可谓无所蔽也。其言曰："欲使公卿家子弟读书耳。"此意甚善。但以应举得官者为读书而加奖焉，则彼读书者应举得官而止耳，岂真学道之人？至如韩持国自是经国之材，用为执政亦了得，不可以其无出身便废其执政之材。曰：尧夫所别异者，莫非此等人否？曰：执政不是合下便做，亦自小官以次迁之。如后来吴坦求等在绍圣中被驳了，范博士以无出身故也。彼自布衣中，朝廷以学行赐之爵命，至其宜为博士，乃复以无出身夺之，此何理也？资荫、进士中俱有人，惟其人用之。加一"右"字，亦自沮人为善。(《宋名臣言行录》后集卷一一)

国初，岁举进士不过数十，今至四五百人，其费亦大矣。然御试之日，臣备员考官，有司给烛半挺，曰此省费也。呜呼！其亦拙矣。(《宋名臣言行录》别集上卷八)

《南宋馆阁录》

贤良进士御试于殿门外祗候唱名日侍立。《馆阁录》："旧制，以每遇进士策贤良，馆阁官并赴殿门祗候，给大官食法酒十瓶，唱名日登殿侍立。熙宁后，只令殿门祗候。元丰中，判馆阁官申请，虽得入殿，然只得立殿下。"(《南宋馆阁录》卷六)

《文献通考》

宋朝礼部贡举，设进士、九经、五经、《开元礼》、《三史》、《三礼》、《三传》、学究、明经、明法等科，皆秋取解，冬集礼部，春考试。合格及第者，列名放榜于尚书省。凡进士，试诗、赋、杂文各一首，策五道，帖《论语》十帖，对《春秋》或《礼记》墨义十条。九经，帖书一百二十帖，对墨义六十条。五经，帖书八十帖，对墨义五十条。《三礼》，对墨义九十条；《三传》，一百一十条；《开元礼》、《三史》各三百条。学究，《毛诗》对墨义五十条，《论语》十条，《尔雅》、《孝经》共十条，《周易》、《尚书》各二十五条。明法，对律令四十条，兼经并同《毛诗》之制。各间经引试，通六为合格，仍抽卷问律，本科则否。皆本贯发解，若有乡贯阻越及在化外，得于开封府投牒，奏俟朝旨。诸州以本判官试进士，录事参军试诸科。或不晓经艺，即选以次官充，诸科并本判官监试。试纸，长官印署，面给之。帖经、对义，监官、试官对考通否，逐场定去取。凡试日，怀挟所业经义及遥口相授者，即时遣出。所试合格，取通多业精者为上，余次之。解文，首具元请解及已落见解人数，所试经义，朱书"通"、"否"，监官、试官署名于其下。进士文卷、诸科义卷、帖由，并随解文送贡院。其有残废笃疾，并不得预解。或应解而不解，不应解而解，监官、试官为首罪，停所任，受赂以枉法论，长官听朝旨。凡见任官应进士举，谓之"锁厅试"。所属官司先以名闻，得旨而后解。既集贡院，十人或五人同保，不许有大逆人、缌麻以上亲及诸不孝不悌隐匿、工商异类、僧道归俗之徒。家状并试卷之首署年及举数、场第、乡贯，不得增损移易，以仲冬收纳，月终而毕。将临试期，知举官先引问联保，与状佥同而定焉。凡就试，禁挟书为奸，进士试词赋，唯《切韵》、《玉篇》不禁。进士文理纰缪者，循旧制殿五举；诸科初场十"否"殿五举，第二、第三场十"否"殿三举，第一至第三场九"否"并殿一举。殿举之数，朱书于试卷，送中书门下。诸已发解及进士，虽有挟书之禁，而不搜索。(《文献通考》卷三〇)

赐出身：凡士不由科举若三舍，而赐进士第或出身者，其所从得不一路。遗逸、文学、吏能、言事，或奏对称旨，或试法而经律入优，或材武，或童幼而能文，或边臣之子以功来奏，其得之虽有当否，总其大较，要有可考。熙宁四年，太子右赞善大夫吴安度试舍人院已入等，有司以安度所试《绿竹》诗背"王刍"古说而直以为竹，遂黜不取。富弼言《史记》叙载"淇园之竹"，正卫产也，安度语有据。遂赐进士出身。五年，祝康、李举之试经书、律令大义，而有司考之入优，遂以令赐明经出身。其后，梁子野、黄葆光赐出身，遂同进士。七年，王韶破木征，使其子淳来献捷。帝喜甚，遂以赐之。其后，赵遹在政和间擒蛮卜漏，编次用兵首末，授其子永裔来奏，永裔亦得赐。八年，章惇荐大理寺丞欧阳发有史学，又得赐。九年，中丞邓绾荐遂州布衣冯正符受赐，已而绾败，正符亦坐附会追夺。元符元年，承务郎李景夏召对，三年，上舍生何太正应诏言事，皆特赐。崇宁二年，又赐右司郎官林摅、苏州进士俞㮚等。明年，蔡京子攸亦与焉。四年，宋乔年察访熙河称旨，大观四年，开封少尹张叔夜，皆以职事赐。政和中，小学生曹芬、骆庭芝以能文赐。自此达官贵胄既多得赐，又上书献颂得之者多至百数，不胜纪矣。靖康新政，惩奸臣蔽塞，凡行义有闻，议论忠谠，悉加赐，以示好恶。张炳、雷观、陈东、尹焞、邓肃相望得赐，而天下知所乡矣。（《文献通考》卷三一）

熙宁四年，始罢词赋，专用经义取士，凡十五年；至元祐元年，复词赋，与经义并行；至绍圣元年，复罢词赋，专用经义，凡三十五年；至建炎二年，又兼用经、赋。盖熙宁、绍圣则专用经而废赋，元祐、建炎则虽复赋而未尝不兼经，然则自熙宁以来，士无不习经义之日矣。然元祐初，始复赋，欲经、赋中分取人，而东坡公上疏言："自更法以来，士工习诗赋者，十人而七。欲朝廷随经、赋人数多少，各自立额取人。"则知当时士虽不习诗赋者十五年，而变法之余，一习即工且多矣。至建炎、绍兴之间，则朝廷以经义取士者且五六十年，其间兼用诗赋才十余年耳。然共场而试，则经拙而赋工；分科而试，则经少而赋多。流传既久，后来所至场屋，率是赋居其三之二，盖有自来矣。（《文献通考》卷三二）

博学宏词科：绍兴三年立此科，凡十二题，制、诰、诏、表、露布、檄、箴、铭、记、赞、颂、序，于内杂出六题，分为三场，每场一古一今。试人先投所业三卷，朝廷降付学士院，考其能者召试。遇科场年，应命官除归明、流外、入赀及尝犯赃人外，公卿大夫子弟之俊秀者皆得试。每次所取不得过五人，若人才有余，临时取旨。具合格字号，同真卷缴纳中书看详，推恩则例比旧制更加优异。以三等取人：上等转一官，选人改秩，无出身人赐进士及第，并免召试除馆职；中等减三年磨勘，与堂除，无出身人赐进士出身；下等减二年磨勘，无出身人赐同进士出身，并许召试馆职。大观中有词学兼茂科，建炎初犹有应者，至是始更立焉。自复科以来，所得鸿笔丽藻之士多有至卿相、翰苑者，绍兴中得十有七人，隆兴至淳熙得十有三人，绍熙一人，开禧至嘉定三人。初，洪遵入中等，洪适入下等，高宗览其文，叹曰："此洪皓子耶？父在远，能自立，忠义报也。"即以遵为秘书省正字，适为枢密院编修官。词科即入馆，自遵始。后三岁，洪迈继之。真德秀、留元刚应选，有司书德秀卷曰"宏而不博"，书元刚卷曰"博而不宏"，宁宗喜其文，命俱置异等。其后，有司值郡试，必摘其微疵，仅从申省或降旨升擢而已。（《文献通考》卷三三）

上垂意武科，以授官与文士不类，诏自今第一人补秉义郎，堂除诸司计议官，序位在机宜之上；第二、第三人保义郎，诸路帅司准备将领，代还，转忠翊郎；第四、第五人承节郎，诸路兵马监押，代还，转保义郎。皆仿进士甲科恩例。四年，又以文举状元代还，例除馆职，亦召武举榜首为阁门舍人。五年御试，得正奏名四十四名，始立武学国子额，收补武臣亲属。其文臣亲属愿赴武补者，亦听。七年，初立武举绝伦并从军法，凡愿从军者，殿试第一人与同正将，第二、第三名同副将，第五名已上、省试第六名已下并同准备将。从军以后立军功及人才出众，特旨擢用。上曰："武举本求将帅之才，今前名皆从军，以七年为限，则久在军中，谙练军政，他日可备擢用。"武臣试换文资，祖宗朝许从官三人荐举。《绍兴令》敦武郎以下，听召保官二人，以经义、诗赋求试。其后太学诸生久不第者，多去从武举，已乃锁厅应进士第，凡以秉义或忠翊皆换京秩，恩数与第一人等。后以林颖秀言："武士舍弃弓矢，更习程文，褒衣大袖，专效举子。夫科以武名，不得雄健喜功之士，徒启其侥幸名爵之心。"于是诏自今毋得锁换。（《文献通考》卷三四）

《贡举条式》

今具贡举见行条式，指挥下项：一，元祐五年七月初十日酉时，准都省送下当月九日敕中书省：尚书省送到礼部状，准都省送下太学博士孙谔等状。(略)一,元祐五年七月十六日戌時,准朝省送到礼部状。(略)一,建炎二年五月四日敕中书省。(略)一,建炎四年八月三日敕。(略)一,契勘:元祐间礼部申明:辞赋,举人程文只用旧来注疏及音义考校,今来科举,既许通用新经旧注,即音义亦通用。古今音义,但系国子监刊行经书内所有音义,并许通用。一,靖康元年七月十一日,尚书省札子。(略)一,绍兴五年九月八日敕。(略)一,绍兴重修《贡举令》。(略)一,绍兴重修通用贡举式。(略)一,绍兴重修御试贡举式。(略)一,淳熙重修文书式。(略)一,绍熙重修文书令。(略)一,绍兴二年十一月二十六日敕。(略)一,绍兴三十二年十月五日敕。(略)一,绍兴五年十月三日敕。(略)一,绍兴五年十一月二十八日敕。(略)一,绍兴六年二月十七日敕。(略)一,绍兴六年八月八日敕。(略)一,绍兴九年七月七日敕。(略)一,绍兴十二年正月十九日敕。(略)一,绍兴十三年二月十二日敕中书门下省。(略)一,绍兴十一年二月二十二日敕。(略)一,乾道八年八月八日敕。(略)准嘉泰四年八月十一日尚书省札子。(略)一,准尚书礼部符,准开禧元年六月十六日敕中书门下省。(略)一,准尚书礼部符,据国子监申书库状,申:"契勘:本库所管《韵略》文书式内,有祧庙庙讳,未审合与不合除去。欲乞降下,以凭遵守施行。"寻行下太常寺契勘去后。今据本寺申检:"照绍熙五年十一月二十三日已降指挥节文,哲文神武成孝皇帝神主祔庙毕,所有僖祖皇帝忌及讳、宣祖皇帝忌及讳,依礼不讳不忌。其全文指挥,已于去年十一月内牒报国子监去讫。今来所申祧庙庙讳,自合照应昨来翼祖皇帝祧庙体例施行。'朓'字系禧祖祧庙,于上声'筱'字韵收入。'弘殷'系宣祖祧庙,于平声'登、欣'字韵收入。"(《贡举条式》)

《朝野杂记》

制科自绍圣初废。绍兴元年春正月,诏复贤良方正能直言极谏科。有司讲求旧制,每科场年,命中丞、给舍、谏议大夫、学士、待制三人举一人,不拘已仕、未仕命官仍以不曾犯赃私罪人充。先具词业缴进策、论共五十篇,送两省、侍从参考。分三等:文理优长为上,次优为中,平常为下。次优以上,并召赴阁试。岁九月,命两省、学士官考试于秘阁,御史监之。试六论每首五百字以上,于九经、《十七史》、《七书》、《国语》、《荀》、《扬》、《管子》、

《文中子》正文内出题，差楷书祗应。四通以上为合格，仍分五等，以试卷缴奏御前拆号。入四等以上，召赴殿试。其日，上临轩亲策限三千字以上，宰相撰题，差初复考、详定官。赴试人引见赐坐，殿廊两厢设垂帘帷幕，青褥紫案，差楷书祗应，内侍赐茶果。对策先引出处，然后言事。第三等为上，恩数视廷试第一人；第四等为中，视廷试第三人，皆赐制科出身。第五等为下，视廷试第四人，赐进士出身。不入等与簿、尉差遣。已上并谓白身者。若有官人，则进一官与升擢。旧制，六论于正文及注疏内出题，至是，有司请除疏义弗用。乾道二年夏六月，孝宗以久无应诏者，乃诏权于经史诸子正文出题。又以士人身在幽隐，无由自达，仍许监司守臣解送四年五月。后数岁，乃得李仲信焉。

祖宗以来，但用词赋取士，神宗重经术，遂废之。元祐兼用两科，绍圣初又废。建炎二年，王唐公为礼部侍郎，建言复以词赋取士。自绍兴二年，科场始复。曾侍御统请废经义而专用词赋，上意向之，吕元直不可而止。十三年，国学初建，高司业抑崇言："士以经术为本，请头场试经义，次场试诗赋，末场试子史论、时务策各一首。"许之。十五年，诏经义、诗赋分为两科。于是，学者竞习词赋，经学浸微。二十六年冬，上谕沈守约曰："恐数年之后，经学遂废。"明年二月，诏举人兼习两科内大小经义共三道。三十一年，言者以为老成经术之士，强习辞章，不合声律，请复分科取士。仍诏经义合格人有余，许以诗赋不足之数通取，不得过三分。自今年太学公、补试行之，迄今不改。先是，举人既兼经义、诗赋、策、论，因号四科。然自更制以后，惟绍兴十四年、二十九年两行之而止，盖举人所习已分为二，不可复合矣。

类省试者，始高宗在扬州，以军兴道梗，建炎元年十二月，遂命诸道提刑司选官，即漕司所在州类试，率十四人而取一人。开封以台官监试，诸道令提刑临时实封移牒漕司一员，不得预考校。榜既揭，远方之士多诉其不公。绍兴元年六月，始专择诸路宪、漕或帅守中词学之人总其事。时张魏公为宣抚处置使，以便宜令川、陕举人，即置司州类省试。五年，始试进士于南省，惟四川即试宣抚司。自七年后，又移制置司，迄今不改。始，朝廷既命宣司类试，又诏选有出身清强见任职司一员监试，见任京朝官有出身曾任馆学或有文学者充考试官。二十七年五月，言者以为不能无弊，议罢之，悉令赴南省。事下国子监，杨文安椿时以兵部侍郎兼祭酒，言于朝曰："蜀士多贫，而使之经三峡，冒重湖，狼狈万里，可乎？欲去此弊，一监试得人足矣。"遂请令监司、守倅子弟、宾客力可行者赴省，他不在遣中。二十九年七月，吏部侍郎周绾复请遣行在清强官充监试，上以道远难遣，乃以成都漕臣王瞻叔之望充监试，嘉州守臣何希深逢源为考试官，而别试所亦差官监考试。又诏监试官依监学条法，取摘试卷详定。类省试降敕差官自此始。是日，礼部侍郎孙太冲道夫侍经筵，犹请罢类试，令径赴礼部。上曰："早方与执政议，今岁已无及，后举当遣御史监之。"太冲曰："秘语契验，岂御史所能防？"自庆元后，监试、考试官率以南士，余官选南士及蜀人参之。然去取之柄，专在南人，无复曩时之疑矣。

行在国子监解试，以察官一员监试，郎中二员充考试官，职事、厘务官六员充点校试卷官试太学生及武举。而别试所，以郎官一员充考试官兼监试，职事、厘务官三员充点校试卷官试国子生及朝士同姓有服亲。南省，以学士或尚书一员权知贡举，又侍从、台谏二员权同知贡举，卿、监、郎官八员、察官二员充参详官，馆学及职事、厘务官二十员充点校试卷官兼试宏词及宗室。别试所，以卿、监一员充考试官兼监试，职事、厘务官四员充点校试卷官附试武举。殿试，以馆学、郎官四员充初、复考官，以余官一员充点校试卷官，侍从二员充详定官，两省二员充编排官。以上并降敕押入院。

诸路解试官，故事，皆自转运司选差，率以本州通判监试，本路见任或待阙官充考试官。乾道六年四月丙午，始命诸州试官皆隔一郡差，以绝请托之弊。时刘通靖章为礼部侍郎，用其请也。淳熙十六年春试，王侍郎溉为潼川漕，始令试官每员皆历三郡合符，符合乃听入。后又行之西川，迄今不改。庆元四年，有果州州学教授王莘者，考昌州春试，于《尚书》断章出问。明年正月，尚书省奏罢莘。时漕臣汪德输，故相伯彦孙、太府卿召嗣子也。议者谓汪以祖任入官，故择考官不善。张肖翁为监察御史，因请："自今漕臣不由科第进者，更委他监司一员选官校试，仍择有文学士望者一人为点校官，专掌命题去取之事。即有不称，加以重罚。"从之。盖自嘉泰元年始。

四川类省试官，自敕差监试、主文之外，制置司差考试官四员，以有出身知州充；点校试卷官十员，以京官、选人有士望者充。别试所则但差小试官二员而已。旧监试、主文皆差提、转，近岁多以郡守为之，而考试官亦差倅贰，至郡守之尝任馆学者或不差，非故典也。

灯、挟之禁，近岁惟国子监及南省行之。若两浙漕司则虽禁灯，而已弛挟书律矣。其他郡国秋试，率达旦乃罢，虽类省试亦然。绍兴二十九年，王瞻叔护试，始复禁之。然习俗已久，虽令不行，今秉烛、挟书如故。

祖宗旧制：诸路州、军科场，并以八月五日锁院。惟福建去京师地远，先期用七月。川、广尤远，又用六月。绍兴十三年八月，诏以闽、广去行在不远，并令八月五日锁院。然诸军、州例选日引试，由是举人多冒贯而再试于他州，或妄引亲贤而再试于别路，至有一身而两预荐送者。二十四年正月，诏太学及诸路并以中秋日引试，惟四川则悉用三月十五日焉。类省试旧以九月，二十九年，制置司言："去行在地远，恐举人赴御试不前，请以八月锁院。"许之，迄今不改。

牒试者，旧制：以守、倅及考试官同异姓有服亲、大功以上婚姻之家，与守、倅门客，皆引嫌赴本路转运司别试。若帅臣、部使者亲属、门客，则赴邻路，率七人而取一人。绍兴后，牒试者猥多。至二十三年，成都一路就试者三千五百人，而发解则五百人，议者以为滥。于是，成都路以八十三人、潼川路以八十人为定额。时眉倅李彦辅、永康倅郭印，皆坐牒试避亲举人冒滥，虽会赦，犹展磨勘年及降官。坐此弊，特东西两川、夔、利路与东南诸漕司则解不过三数人而已。绍熙五年夏，王巽泽溉自成都转运判官召还入见，极言两路冒亲诡贯之弊，乞："各存十人外，均与本路诸州。"从之。仍各以二十人为定额。丘宗卿时为制置使，复请："每路止存十二人，若就试者少，则以二十人而取一人。"奏可。旧制：命官锁厅赴漕试者，与避亲举人同试。王巽泽为益漕，始令分场以革假手之弊。于是，西蜀皆然，盖自绍熙三年春始。

复试权要子弟者，太祖之法也。绍兴十二年，秦申王当国，其子熺始冠多士。二十四年，其孙埙复试南省为第一。及廷试，有司拟埙为榜首，上觉之，置之第三。桧薨，淮东提举常平朱冠卿应诏上书，极言其弊，于是追夺埙出身敕，而曹冠已下七人有官者并改带"右"字，余悉驳放。二十七年，始诏两省、台谏、侍从有服亲省试合格者，令礼部具名以闻，命后省复试。自是遂为故事。

锁厅人不为状元，非故事也。祥符二年，梁固廷试第一。固，翰林学士灏之子，景德初已赐进士出身矣。皇祐初，沈文通以斋郎对策为第一，宰相陈恭公疑已仕者不当为第一人，乃降为第二。其后，王昂榜本嘉王楷、汪洋榜本黄中、陈诚之榜本秦熺、王佐榜本董德元、梁克家榜本许克昌、萧国梁榜本赵汝愚、邹应龙榜本莫子纯、曾一龙榜本许奕，皆用此例。

新及第进士，旧以名次高下率钱期集，贫者或称贷于人。裕陵闻之，熙宁六年，始赐新进士钱三千缗为期集费，自余中始也。渡江后，赐千七百缗，自是遂为故事。旧、新进士入谢，赐谢恩银百两，熙宁六年亦罢之。今新进士期集所，号为团司，置局于礼部贡院，释褐日即赴。上三人主之，其职事有纠弹、笺表、主管题名小录、掌仪、典客、掌客、掌器、掌膳、掌酒果、监门等，多或至百余人。仍具所差名姓，申礼部、御史台照会，后旬日朝谢。又数日，拜黄甲、叙同年于礼部贡院。其仪：三名设褥于堂上，东西相向，同年四十已上立于东廊，四十已下立于西廊，皆再拜。拜已，择榜中年长者一人，状元拜之；复择最少者一人，拜状元。又数日，赴国子监谒谢先圣、先师、邹国公，用释菜礼，三名为三献。榜中有士望者一人为监礼官。已谢，赐闻喜宴于礼部贡院，侍从已上及馆职皆与，知举官押宴。已宴，立题名石刻，乃罢局焉。大凡团司，至状头授告出国门，乃罢。

孙汉公，淳化三年举进士，自开封至南省、廷试皆第一，前未有也。至咸平五年，王沂公青州、南省、廷试皆第一。庆历二年杨审言，皇祐元年冯当世，复皆第一。宋有国二百余年，为三元者止此四人耳。

本朝制策入三等者四人：吴正肃、苏文忠、范子功、孔经甫。再举制科者一人：张文定，景祐元年茂才，五年贤良方正也，此亦前所未有。

祖宗旧制，殿试初考官既定等，乃加封印以送复考，复定等第。而详定所或从初考，或从复考，不许别自立等。嘉祐间，王荆公为详定官，始乞不用初、复考两处等第，别自立，后遂为例。绍兴五年八月，孙叔诣为学士，上言："如此，则高下升黜尽出于详定官，而初、复考殆为虚设。请复旧制。如初、复考皆未当，乃许奏禀别置等第。"从之。是岁，殿试两考，立等不同，详定所以闻。诏编排官定夺。赵公时谏议以为非是，请用《崇宁令》，隔二等、累及五人，各开具合升降因依以闻。诏可。然自绍兴、乾道、淳熙、绍熙之际，殿榜上三名，多人主亲擢云。

自咸平以来，人主有三年之丧，则罢殿试，而以省元为榜首。真宗朝孙仅、仁宗朝宋郊、英宗朝彭汝砺、神宗朝许安世、徽宗朝李釜、高宗朝黄公度、孝宗朝木待问、今上朝莫子纯、傅行简是也。旧制止除职官，惟天圣二年宋元宪独除京官、通判。绍兴八年黄公度复补京官，自是遂为故事。

宗室有官锁试、无官应举者，唱第日，皆迁一官。若濮王子孙，则加一等。旧解省皆七人而取一，淳熙中，诏省试十人乃取一人。又有取应宗子者，榜首得同进士出身，余补承信郎而已。宣和六年沈元用榜，宗室始不入五等，至今以为例焉。

武举者，自仁宗以来有之。诸路州、军旧无解额，但就兵部取解，率以七十人赴省试。前期，军头引见司于内弓箭库试验弓马，于别所附试程文《七书》义五道、兵机策二道。上又临轩亲策，翌日阅试弓马焉。榜首补保义郎，与巡检差遣，并注监当。渡江后，乃试弓马于殿前司焉。每举登第者率二十人，淳熙后增至四十人。自淳熙三年，四川类省试始试武士，四路共解四十二人，省额凡六人。乾道六年正月，刘孺文在礼曹，尝请复武举、制科而不果。淳熙初，上以武举授官与文士不类，二年三月乙巳诏：武举第一人补秉义郎，堂除诸军计议官，使得预军中谋议，序位在机宜之上，他并仿进士恩数为差，令吏部前一年刷阙，依黄甲注授。七年三月丙辰，诏武举愿从军者，殿试第一名与御前同正将，三名以上同副将，五名以上及省试魁同准备将。旧制：监察御史以上，许保任武举一员，后增为二。会阁门舍人林宗臣请宽保任之法，增其人数，是月辛未，又诏：通直郎、武翼大夫以上，皆得举二人。四月己酉，诏：小使臣系武举出身者遭家艰，并解官持服，用吏部侍郎乌程芮国器烨请也。十年十月乙亥，诏：边县注武举出身人，凡武人射两石弓、马射九斗，谓之绝伦。苟绝伦，虽程文不合格，并赐第。绍兴二十七年，赵应熊武艺绝伦，又省、殿试皆第一，即令为阁职焉。乾道淳熙间，太学诸生久不第者，多去从武举已，乃锁其厅应进士第。时王卿月时叙首应二科，后官至修注。近岁江伯虎君用、陈续嗣功亦连中二科。伯虎淳熙八年武举第一人，十一年进士第四甲，遂换承事郎，恩数与状元等，朝廷靳之。十六年十月，因知归州林颖秀建言，遂罢锁厅之令。

童子举者，自真庙以来有之。高宗一朝，童子求试者三十有六人，授官者五人:万顷、彭兴祖、张揉、朱虎臣、刘觳;永免文解者一人:晏章;免文解者一人:林国佐;赐帛罢遣者九人绍兴三年四月;兄弟童子三人:饶州江安国、定国、戴松、戴滋。又张岩叟、岩卿,不知何许人。惟朱虎臣者,能排阵、布射及诵《七书》,故补承信郎。刘觳以小校子,五岁善骑射,故补校尉。虎臣,浮梁人,既召见,特又赐金带以宠异之,此亦前所未有。孝宗一朝,童子求试者七十四人,而命官者七人。有吕嗣兴者,衢州人也,四岁能读书,切韵辨四声,画八卦。上召见,俾面吟诗,遂授右从政郎,赐钱三百缗,令伴皇孙荣国公诵读,乾道八年春也。又有临川王克勤,尤为警敏,初命右从事郎。庐陵李如圭、三山林公洽、何擢并右迪功郎。三山何致远将仕郎,庐陵郭洵直下州文学。光宗一朝,童子求试者十七人,无补官者。惟从事郎吴纲,年九岁,能诵六经、《语》、《孟》,以寿圣亲侄孙,特改承务郎,仍依初补法。壬子四月也。

晏元献初以童子召试,遂赐出身,令秘阁读书。久之,即以为正字。乾道末,上踵故事,以临川王克勤敏叔为秘书省读书,制禄视正字之半。淳熙初,上幸秘阁,馆职皆迁官,选人改京秩。有司言克勤于上,诏以为文林郎。久之,台官有言其过者,遂除初等职官,后复以锁厅中第,为太学博士,自后未有继者。

特奏名者,自仁宗朝始,其后浸宽,凡监学生二举皆免解一请一免同。举人八举、年四十,五举、年五十以上者,皆赴殿试,取其半授官。年六十以上、试入四等者,与岳庙。建炎二年,高宗登极特诏,入五等者并调官,至今以为例。故事,恩试第一人赐进士出身,除诸州教授;第二人同出身。渡江后,川、陕特奏名人就试于制置司。三十年,又降敕差监试、考试官。近岁,朝廷以其冗滥,患之,乃诏三人而取一,由是恩收之员少减矣。

太学养士,最盛于崇、观间。绍兴中,诏以七百人为额:上舍生三十员,内舍生百员,外舍生五百七十员。每三年科场,率四人而取一。若积行校艺而升上舍者,则不待选举,而竟释褐焉。时王唤知临安府,括民间冒占白地钱,岁入三万缗有奇,为太学养士之费。十六年,诏外舍生以千人为额,其后三舍生率八百余人云。旧两学覃恩无免解法,孝宗即位,始创行之。自是每有覃庆,辄复举行,省额动增数十人,遂为定例矣。

国子监生员,皆胄子也。旧制:行在职事官同姓缌麻亲,厘务官大功亲，听补试入学。每三年科场，率三人而取一。若二补中，则七人而取一焉。然太学生皆得以公、私试积校，定分数升舍。惟国子生以父兄嫌，但寄理而已。须父兄外补，乃移入太学，而后得升。庆元二年三月，傅景仁在翰苑，建言："国子生员多伪滥，请自今职事官期亲、厘务官子孙，乃得试补。"从之。凡监学生皆给绫牒，若谒告在外，遇科举则试于漕司。旧公、私试，皆学官主之。自淳熙后，公试乃锁院，降敕差官，学官盖不得预。

武学，自祖宗以来，京师有之。乾道七年七月庚寅，诏："武学该赴解试人，以五十人为额。"然郡国未之建也。庆元五年六月乙亥，言者请："即诸州州学置武士斋舍，选官按其武艺，且籍在官荒田，以备饩廪。"从之。然后亦不克行。

旧制：太学上舍生积校已优，而舍试又入优等者，就化原堂释褐，号释褐状元，例补承事郎，太学正、录。淳熙初，郑鉴自明由此选，不四年而为著作郎，补郡。自明数言事，上甚喜，久而稍厌之。六年，刘纯叟尧夫复以解褐除国子正。时王仲行为兵部尚书，奏言："今两优释褐，初除京秩，即授学官，视状元、制科恩数过之，事理不当。乞先与外任。"时知滁州张商卿亦言："今中上舍为学官，不数年便可作监司、郡守，狱讼、财赋非所素习，莫能保其不缪。乞先注职官。"上然之。十月丙申，诏与殿试第二人恩例。

郡国之学，最盛于成都。学官二人皆朝廷遴选，弟子员至四百人，他学者亦数百人。然未有校试选贡之法。淳熙中，胡长文为蜀帅，尝议仿太学，别立解额。会有沮之者，不果行。庆元三年春，士人王正则等诉于朝，请以漕司解额移于成都府学，事下制置司，后亦寝。今蜀士之年少者，多聚成都。若精择师儒，稍立月书、季考之令，又量取诸路漕司之余额以予之，俾有所欣慕而成就其才，庶乎其有益也。

乡饮酒者，绍兴十三年四月，林待制保为礼部郎中，请命太常草具其礼，下郡邑行之。又诏："非尝与乡饮酒者，毋得应举。"其仪，有肃宾、祭酒、主献、宾酬、主人酬介、介酬众宾、修爵、无算、沃洗、扬觯、拜送、拜既，凡十二节。又有约束。凡事，主人以守令，其酒食器用，乡大夫、士之有力者共为之。行之十余年，士人不以为便。二十六年四月，始用新通判抚州陈泳之请，虽不与乡饮酒者，许应举。又诏："乡饮酒，听人自为之，公家不

得预。”自是不复讲焉。(以上均见《朝野杂记》甲集卷一三)

祖宗以来,两制、二史,必以进士登科人为之。其后有以才选者,例赐进士出身,虽徐师川、吕居仁亦然,重科目也。乾道初,王嘉叟秬为左司员外郎,会右史胡元质长文在告,上命嘉叟权右史,仍摄西掖。执政言:“嘉叟无出身。”上曰:“时暂,无伤也。”其后,韩无咎元吉为左司郎中,而舍人林景度机出迓北客,上复命无咎,无咎以门荫入仕辞,不许。时王能甫之奇为兵部侍郎,张南轩为左司员外郎,继除侍讲,亦不赐出身,用吕元明、吴传正例也。已而,有为上言南轩讥能甫不学,不当在讲筵者,上怒。南轩俄以事去。未几,苏季真峤除左史,遂复赐出身。余谓得人如无咎、钦夫,岂当复以任子、登科为间?虽不必守祖宗之旧,可也。是时,有右文林郎王天觉者,知贞符县代还,以聚敛击刺之术,因左右以见。其所献之书有云:“人才可用,不必限有无资格出身。如擢王炎,炎诚可用,不必赐出身。赐出身,则犹有所拘也。”其迎合类此。(《朝野杂记》乙集卷一一)

国朝之制,发解进士及省试,皆置别头场,以待举人之避亲者。自缌麻已上亲,及大功已上婚姻之家,皆牒送。惟殿试,则虽父兄为试官亦不避,盖以无别试之故也。(《朝野杂记》乙集卷一五)

《宋元方志丛刊》

华亭壮邑,业儒者众。今访之耆旧及考诸《登科记》,自天禧三年迄于绍熙四年,凡一百七十有七年,登进士第者凡八十有八人。其间,魁多士、冠南宫、入政府、登从班者盖不乏人,亦云盛矣。(《云间志》卷中《进士题名》)

进士题名,叙先后科甲,吾邑为尤盛。魁天下,魁南宫,魁右科,鼎鼎流传。自端拱至今,凡进士百二十有八。来者续书未艾。(《淳祐玉峰志》卷中《进士题名》)

建康府贡院在青溪之南、秦淮之北,即蔡侍郎宽夫宅旧址也。乾道四年留守史公正志建,绍熙三年留守余公端礼修而广之,嘉定十六年端礼之子嵘为守撤而新之，陈公天麟、杨公万里尝为记。

本府劝驾：于贡院揭名一月后，就设厅开鹿鸣宴，凡本府新旧文武举及漕司新举人皆预焉，津送有差。本府正请士人，每员送十七界会子三十贯文，折绿襕过省见钱一十贯文七十八陌，酒四瓶，兔毫笔一十枝，试卷札纸四十幅；点心折十七界会子一十贯，酒一瓶，特送十七界会子一千贯文。

江东漕司正请官员士人，除漕司津送外，本府每员送十七界会子三十贯，折绿襕过省见钱一十贯七十八陌，酒四瓶，兔毫笔一十枝，试卷札纸四十幅；点心折十七界会子一十贯，酒一瓶。

淮郡附试正请士人，每员送十七界会子三十贯，折绿襕过省见钱一十贯七十八陌，酒四瓶，兔毫笔一十枝，试卷札纸四十幅；点心折十七界会子一十贯，酒一瓶，特送十七界会子二百五十贯文。

本府免解士人，每员送十七界会子二十贯府学前廊增十贯，酒二瓶；点心折十七界会子一十贯，酒一瓶，特送十七界会子五百贯文。

淮郡免解士人，每员送十七界会子二十贯，酒二瓶；点心折十七界会子一十贯，酒一瓶，特送十七界会子二百五十贯文。（以上均见《景定建康志》卷三二《儒学志五·贡院》）

贡院在子城东南，本漕司监籴料官廨。绍兴间，监官与时宰有连，营度甚广，后省贡遂改创焉。大门西向，中门南向，东西庑几百楹，正厅五楹，厅后监试主之考试位有六。又轩屋三楹，为会文之地，封弥、誊录、对读皆有所。岁大比，则增葺浮屋十余楹，分列试席。距围棘数十步，又设三外门，俾群试者无壅滞之患云。（《咸淳毗陵志》卷一一《贡举》）

郡素号多士。熙宁三年第太常者三十有四人，六年三十有六人，大观奏名赐第又五十有三人。后罢三舍法，复科举，定额四十有三。江阴建军，析额之九。绍兴间，又开西北流寓试，郡例增二名，请不以时。乾道间，晁守子健力言于朝，仅复其一，总三十五名焉。（《咸淳毗陵志》卷一一《解额》）

贡院在钱塘门外王家桥。淳熙十二年，府尹张公杓始建。旧制，三岁解七人。崇宁颁三舍法于学，岁贡七人。宣和五年复科举，三岁解十四人。绍兴二十六年，增西北流寓解额三人。今解十七人。端平元年，增解额为十九人。……南渡后更易，故贡院多侨寄，至淳熙中始创耳。(《淳祐临安志》卷六《贡院》)

太学在前洋街，理宗皇帝御书二字为扁。绍兴十二年诏礼部讨论太学养士法，仍令临安府权于府学措置增广，遂置祭酒、司业、博士、正录，定养士额。十三年六月，临安守臣王唤即岳飞宅建学成，诏礼部侍郎兼直学士院王赏为记。唤又括民间冒占白地钱为养士费。《国朝会要》云："月得二千八百余贯。"《朝野杂记》云："岁入十二万缗有奇。"给监学生绫纸、监帖。知颍州熊彦诗言："嘉祐、治平太学中选者，人给监帖，画以中旨，右以赞词，告戒丁宁，待之甚厚。"当时士人宝藏其帖，传之子孙，以为荣遇。近于周绾，得其父为监生时帖，写以文绫，叠以监印，如告身制度。乞下国子监，依仿以给诸生，以示国家待士之意。旨从之。(《咸淳临安志》卷一一)

礼部贡院，在观桥西。中兴初，诏诸郡贡士类试于各路转运所在州。绍兴五年六月十五日，始集于大宗伯。其贡院建置岁月未有所考。十年，始定取士年分。诏略曰："永惟三岁兴贤之制，肇自治平，爰暨累朝，遵用彝典。顷缘多事，洊历试期，致取士之年属当宗祀，宜后革正，用复故常。可绍兴十年，诸州依条发解，将省、殿试展一年向后，科场自十二年省试为准。"按《系年录》：绍兴九年十二月，御史中丞廖刚言："国朝三岁一举士，率用今年大礼。明年科场，又明年省试，诚经远之计。今明年当试进士，复与大礼相妨。"及是，遂用其请，令是年贡士就十二年省、殿试。至十四年，诸州发解如故，三年一下。诏自是遂为定制。厅之两厢列进士题名，堂上列御札、御制石刻。

别试所，在大理寺之西，旧在贡院右，专以待贡士之避亲嫌者。厥后，由监漕选皆试于此。湫隘不足以容，淳祐十二年有旨，令临安府别创。乃斥军器所万全指挥营空地为之，其元址并入贡院。(以上均见《咸淳临安志》卷一二)

国有大赍，许径试南宫，岁校艺之优者三百三十人。上之礼部，率三十取一，以补监学弟子员。远方俊乂，负笈来游，春秋二选至万计，彬彬盛矣。三岁大比，尤号称得人。窃尝恭考：高宗皇帝绍兴二年正月，车驾至自越，方崎岖跋履，靡所底定，而求士之急甚于渴饥。三月即讲殿临轩，亲擢杭人张公九成以冠多士。

贡院在钱塘门外王家桥。淳熙十二年，守张侍郎构建。旧制，三岁解七人。崇宁三舍法，岁贡七人。宣和五年复科举，三岁解十四人已上皆据《旧志》，但东坡所序送进士诗云："熙宁五年贡者九人。"与此不同，当考。绍兴二十六年，增西北流寓解额三人，端平元年增为十九人，宝祐三年增二人，景定五年增一人，共二十二人。（以上均见《咸淳临安志》卷五六）

国家设科赐第新定。自钱氏纳土后，太平兴国三年贡士之数盖少。五年，赐苏易简已下及第，二十三名已前并授通判，赐宴迎春苑。咸平二年，赐孙暨已下及第，州率未有预贡荐者。三年，赐陈尧咨已下及第，州始荐建德乡王冕应贡，破白乡举，首登科。嘉祐袷飨，诏四岁一举，或间岁一举。治平四年定制，应贡者三岁解九人，增明经一人，共为十人。崇宁行三舍法，贡六人。三岁并零分，通二十人。宣和五年复进士科，三岁解十六人。靖康渡江，附流寓者解二人。绍兴二十六年，诏罢西北流寓试，并入土著，视解额最少处，参以前定终场人数，率百人解一人。而郡终场者千七百六十有一人，于是通额十八人，以为定制。近岁，士毋虑数倍，辄因碑所载订于志。（《淳熙严州图经》卷一《登科记》）

贡举。贡院在州学之西，宾兴就试者逾七千人，解额仅十八人。淳祐己酉，知州赵孟传增创西廊八间。宝祐乙卯，知州吴盘采巨木，造试桌，分置廊庑，以革纳案杂沓之患。初，端平甲午诏增天下解额，视辛卯举终场人数为差。辛卯，衢寇猖獗，郡与衢邻士以保护乡井，多不暇试，终场人数比他举不逮，故增额亦不及之。今以书学专门者余二千五百人，而贡者四人，艰亦甚矣。淳祐丁未，举人黄蜕大对，为天下第二。庚戌，举人方逢辰大对，为天下第一。知州赵孟传、吴盘、今侯钱可则，迭援近比，以增解额为请。天高听远，尚仍其旧云。

登科题名。郡山川奇胜,士生其间,清高相尚,科第余事耳。赵清献公知州,始刻碑州学,纪登科者名,后来者续刻之。洎淳熙丁未刻石殆遍,更为第二碑,今又将遍矣。盖郡之士风日盛,射策君门者比举益众,碑之屡续也固宜。乃若黄蜕为丁未第二人,方逢辰为庚戌第一人,又皆以气节自贵重,无忝大名,非但乡闾之荣也。今续题名自宝庆二年始。

古者党庠术序,乡饮有常。后乃视为旷典,虽名都大藩,或百载不一举,况于严乎!亦越名侯相望,思美教化,用能酌时之宜,为之损益,以无忘古意焉,故特书之。绍兴间,知州苏简行乡饮礼成,有诗示诸生,刻于学。嘉定戊寅,知州郑之悌行乡饮于贡院,会者千余人,郡人詹良为宾。淳祐壬寅夏四月癸丑朔,知州王佖行乡饮于贡院,会者千余人,郡人钱时为宾。明日,时诣学讲书,有纪事一卷,校官桂锡孙为之序。宝祐甲寅,知州季镛修学告成。秋七月辛丑朔,舍菜于先圣先师。祀毕,升堂讲书,因酌诸生,会者百余人。景定辛酉,今侯钱可则以正月甲午舍采于先圣先师。祀毕,序拜齿饮,会者五百有十人,郡人黄岩为宾。推高年者为老,饮毕,馈宾、老以币,有纪事一卷,校官郑瑶为之序。

乡会,所以笃枌榆之谊。惟唱第毕,乡之位于朝与仕于京者,张宴湖山,为新贵者庆,最为盛集。严为恭圣仁烈皇后毓庆之乡,后兄杨惠节王次山字仲甫,后侄敏肃王谷字声之、忠宪王石字介之,每集必为统盟。其后节钺蝉联,缨绂辉映,率继先志。今节使蕃孙之子镇,以尚帝姬益贵,斯集益有光焉。每集必有题名,今摭绍定龙飞所题于左。绍定龙飞题名:主集,新安郡王、永宁郡王;与集,王临应伯、方偁士武、郑颖茂叔、方万里子万、王井深父、赵时傒民望、赵时恢洪道、邵克勤宗禹、王彝伦叔叙、余辉文炳、詹好德懿子、洪拟祖季拟、方若水善甫、朱淮长源、洪惠汝忠、方应旗正甫、汪自强行之、洪牧尊之、胡伯骥德甫。(以上均见《景定严州续志》卷三)

进士登科记,赵清献公知州日始立石,后知州郑滋易石增广。续登科记,知州谢德舆立。(《景定严州续志》卷四)

(淳安县)进士登科题名记,知县吕南夫撰。(《景定严州续志》卷六)

嘉兴素号多士，冠廷对者有人，应制举者有人，登甲科者亦有人。以科举得人，视他郡为最。三岁大比，则群试于贡院，贡院在今北门众安桥之西。宋宣和五年，罢三舍法，每科举取八名。南渡后，有流寓七十五名，解一名。绍兴丙子，皆归土著，则解十名矣。端平元年，守臣赵与箓以是邦为孝宗虹流之地，援绍兴例，有请于朝，增解额为十三名，著为定制。理宗笃昭祖烈，复覃恩霈，诸及纪者永免，联请者不以年第，进士者升一甲，特奏名亦升等。咸淳三祀，郡侯陈肖孙为之记。学旧有贡士庄，经始于无惰赵端明，迄成于菊坡赵都运，而退庵吴大参又拨没官田为之助。凡贡士之上春官者，分送各有差，所以佐桂玉之费也。今科举之法废而贡院亦坏矣，贡士庄仅存。(《至元嘉禾志》卷七)

进士题名。郡之登进士科者，唐至宋初无题名。嘉祐八年，知州事张田始刻石于郡学经史阁下之右序，自庆历二年本州及游学之士咸追书之，尔后相继不绝。至崇宁二年后，止书本州之士。政和八年以来，又阙不录。绍兴三十年，提点本路刑狱吕广问摄郡事，乃属教授陈叔达并录刻焉。淳熙二年，教授虞俦又附载其在祖父、昆弟之登科者名于下。今录如右。(《嘉泰吴兴志》卷一七)

贡举。宣和罢舍法，复科举，三岁一试，解一十二名。绍兴二十六年，兼西北流寓，通解一十四名。旧无贡院，士亦不过数百，率寓试于行衙。又于府学西妙音院，院为之废。建炎元年，移其额于定海。四年，毁于兵，士寓试于谯楼之上，或于开元寺，试者日众。乾道五年，守张津始即妙音院废址建院以容之，縻金钱一千万。东西重廊，凡一百四十楹，立听事于其北，位考官于其后，执事之舍悉备。其后，又不足以容，有司每借府学之冷斋以居。嘉定六年，提刑程覃摄守，葺治之南，增屋数十间，作弥封、誊录所。又于学地立墙以障之，限隔始严。绍定元年，守胡榘重修誊录，屋圮重建。

续增贡举额。端平元年，被旨增解额一十四名赋十名，经四名，通前共二十八名。(《宝庆四明志》卷二)

科举。神皋之东鄞为节府，融深结秀，钟灵孕杰，前修辈出。遗风曼衍，巍科舄奕，史不绝书。大比贡英实，符云台四七之数。宝祐六年下宾兴诏，大使丞相吴公以龙首黄扉之贵，身劝为之驾。七月二十四日，钧判唐人有所谓泥金帖子，乃士人中第归报其家者也。蜀郡有仿而用之于秋赋者，号曰"金花榜子"。视领荐人数，预行制造，遇举送官下院，拆号即携以自随，仍带捷子。甲头入院，遇拆一名，则旋书填户贯三代姓名于金花榜子之上，授之甲头，甲头即就贡院合口授之捷子之徒，方许鸣铃走报。遇金花榜子到日，方为正报。纵有漏泄预报之人，其领荐人不请收接。本府今为二浙衣冠人物最盛之地，当效而行之。一，可以还前古之风流；二，可以为乡党之美观；三，可以杜捷子之纷扰。仍从本府，于当时每请举人一员，特送三百贯以助犒捷之费。其钱先令项桩留公使库，或当使以二考替移，则后来者不妨成此一段美事。其金花榜子，以木为之，高一尺五寸，阔六寸，以绿为质，遍地以金花围饰，样具于后。以今日吉辰批出，以八月初三日吉辰制造，以九月十一日吉辰妆饰。又一项，举送之时，于常例外制司酒息钱内，各特送五百券，以助观光之行，所以敬贤书而尊国体也。是岁，增葺贡闱，焕然翚跂，凡数四。迂赤舄点，视之有司职考艺者，馆谷有礼，其至如归。列郡鲜及揭晓之日，搀泄者绝迹，夺攘者革心，分报诸邑，道路无壅。金花之榜，甫前犒捷之馈踵至。未几，谨考核以旌实才，隆饯贶以将厚意，情文酥郁，士气振扬。佥日魁下，三能为东道主，此吾邦独有之天也，郡人莫不以为荣焉。(《开庆四明续志》卷一)

旧贡院。贡院旧在学西，宣和复科举额，解十名。绍兴末，以西北流寓者众，增解十四名。今为织染局。

昌国州贡士庄。旧于往宋咸淳年间，令姚濂任内，以邑民张氏争诉立嗣，县以其家产业五分之一申于府于台于部，照应隶学，置庄，专为贡选士人计偕之费。(以上均见《延祐四明志》卷一四)

贡士庄田土，一顷六亩五分。(《大德昌国州图志》卷三)

进士题名。旧有名石所以荣，稽古而劝方来也。往宋绍熙癸丑，应傃

始登进士第，破天荒，自是举不乏人。（《大德昌国州图志》卷六）

宋中兴初，建康府解额一十名；绍兴二十六年，增作一十一名；端平元年，特增两名，共以一十三名为额。

贡院。建康府贡院在青溪南、秦淮北，即蔡侍郎宽夫宅旧址。乾道四年，留守史正志建；绍熙三年，留守余端礼修广；嘉定十六年，端礼之子嵘为守，撤而新之。陈天麟、杨万里尝为记。

转运司贡院。旧皆寓试僧寺。嘉定九年，真文忠公德秀始建贡院于青溪西是岁习庵陈埙首荐漕闱，明年为礼部进士第一。

进士题名，自庆历二年张识至开庆元年平天祐，凡一百一十六人。（以上均见《至正金陵新志》卷九）

神宗一朝，三舍之法止行于太学而已。崇宁初，始议颁太学三舍之法于天下。京师置辟雍，诸路置提举学事，州并置教授、提学，岁中遍行。诸路通判，岁中遍行。诸县贡士皆给驿券，然犹止以科举三分之一为贡士。大观末，始尽罢科举，悉由学校升选。辟雍备置，长贰以下如太学。引惠民河以为璧水，植木森茂，为舍千八百间。然当时议者以谓学制太严，士失私养，故相张商英以为利近不利远，利富不利贫，利少不利老，又因诏有司讲求元丰学法。中书舍人蔡肇言于众中，曰："既行元丰，安用辟雍?"肇虽以此被黜，然议者皆然之。至宣和三年，始罢辟雍，省其司成以下官，天下舍法皆罢，复科举取士。然斋课以八日试经义，十八日试论，二十八日试策。……议者谓：方三舍之法行，士子无敢以秃巾短后之服行道上者，遇长上无敢不避道拱揖者，茶肆酒垆无敢辄游者。市人不逞者醉者或凌嫚之，士子皆避去，无与较者。则以不可以为无补于教养。惟痛禁元祐学术，凡曾上书直言在籍者，皆入自讼斋，非自陈改过，不许预舍选，贤者至耻于入学。又，学规以谤讪朝政为第一等罚之首，非古者不毁乡校之义，天下至今叹息云。

贡院。贡院在城西锦鳞坊卧龙之阴，郡治之西北。会稽东南会府，而试士旧无定处。太师史公浩得地于爽垲，丞相蒋公芾继之，锐欲鸠僝，会奉祠去。乾道九年，资政殿学士钱公端礼始克成之。东西重庑，为屋百楹，考阅有厅，宴止有房。誊书、糊名，两舍对峙；中门、外门，规制屹然。选举盛观，此邦自承平时所未见也。既成，乃合在官在泮之士，赋诗燕饮以落之。而礼部尚书胡公沂又为之记，距今三十年矣。闻之耆旧，住舍法时，郡学西北隅是为试所。迨复科举，更寓诸暨大雄寺、城东延庆寺，最后寓光相寺，亡虑十数。自贡院之新，士皆乐其弘敞。然近岁案几犹栉比，盖会稽儒学日盛，而试者亦浸多矣。每举以名上礼部一十有九。又用近制，别取可补上庠者，在岁辛酉，所取至一百四十有八人云。（以上均见《嘉泰会稽志》卷一）

贡院。郡昔遇科举，即僧舍为试所。忠定史公镇越时，得爽垲地。乾道九年，守钱端礼首创贡院。其时，举人比今，仅及其半。嘉定十五年，岁适大比，守汪纲乃重行整葺，且增屋三十间。视庭下地虽稍广，遇雨则泥泞不可容足。又命凿石加甃，坦然如砥，士子便之。院前待试地，亦计工石填砌，为永久利云。（《宝庆会稽续志》卷一）

会稽进士姓名，庆元二年，里人石朝英等始裒辑，请于郡，刻石于贡院。断自庆历六年，盖六年以前《登科记》皆阙其乡里，故不可考。而独载大中祥符元年杜衍一人者，盖衍尝位宰相，人皆知为越人也。后来郡文掾刘庶复访遗逸于里之耆旧，又得陆轸以下凡七人。予稽之国史，质之传记，则姓名可考者殆不止此。如钱昆与弟易皆擢第，而易实咸平二年孙暨榜第二人。又，与二子明逸、彦远俱中制科，易尝掌内制，父子皆名闻一时，亦可谓里之显显者。石君乃里人，何未之考也？予于钱氏四人之外，又得剡中史纶及子叔轲、侄安民，并宏词王俊等，又十余人。钱易，吴越王之后。父倧死于会稽，因就葬，子孙从而家焉。易尝作《僧仲休诗序》，云："易，家世越人也。"王十朋《会稽风俗赋》云："钱氏世贤科之盛，史门继衣锦之荣。"注云："钱内翰易，会稽人，景德二年中制科。子明逸、彦远，庆历中并中制科。剡中史氏兄弟，相继登科，乡号衣锦。"按：剡中之史，乃屯田郎纶，及其子兵部侍郎叔轲，及侄中大夫安民尔。纶与叔轲乃父子，十朋云兄弟盖一时，笔误也。石刻非但疏略，其间姓名差互者尤多。如大中祥符五年榜，陆轸居傅营之前；天禧三年榜，孙沔居傅莹之前；政和八年榜，孙鼎居姚景良之前，俱误，今悉是正之。且补其阙逸，登载于此，庶来者得以考云。（《宝庆会稽续志》卷六）

贡院在巾子山北，乾道七年朱守江建。南渡初，应书士未盛，故以州东三百步、今韩运判宅址为之。后徙兜率院按：今藏殿柱间刻云，终场三千人，院据山腹陟降，不胜病，遂徙今地。有监试位一，考试位六，后有亭曰“搴秀”，为会考之地。重庑参错，为屋三百一十楹，置试案、卷棚先是，人士各先输案，入试并请卷，纷拏汹哄，上下病之。今每屋一楹，列三案，案附柱长存。一庑架二棚，使坐其间者以关子附绳而上，则卷子随绳而下。自是，无失卷、若案者二事。他郡所无也。自是，应书者虽渐盛，犹不过五六千人。近岁，至八千人，始于报恩寺截行者寮附益之，犹虑不能容。嘉定十四年，将大比，齐守硕诹群议，相其东有福安废院，院后多隙土，可缚屋。有马氏地阑之守，并得其地，通为三百八十二丈。垦高塞卑，建八庑，为屋七十三楹，与正院第八庑通。又益以福安余屋，别为门以入。且虑径途隘蹙，待试者病西辟酒务缭垣，画地为衢，其广四轨，两旁渠道亦以石甃平之。是秋，应书者又多，皆稳步散坐，无他患。先是，未有也楼少卿观为之记。解额，旧制三岁五人。崇宁中行三舍法，岁贡一人，大比贡四人。宣和中复科举，三岁解八人。绍兴三十一年，合流寓三人，为十一人。以今终场数绳之，几于千取其一。盖与温、福等州，最号人盛员窄处，士至奔迸，易乡贯，去井邑，求试于漕台、于太学，盖亦势所必至也。傥均而广之，使为士者不窘于较艺，而又不重摇其心，则岂惟一郡之幸哉先是，试无常日，士有诡冒取解数州者。绍兴二十四年，始诏天下例以八月十五日引试。(《嘉定赤城志》卷四)

贡院自宣和后不复设，遇岁大比，则毁学之斋壁以纳之，坐讲堂及庙两庑皆满。乾道四年，郑侯规大成殿之东故闲地，增买民地六百二十余丈，为屋东西八十间。长廊广厦，使士各以其艺别为位，最后则堂以处较艺者。自是，学舍无毁撤之患，士得去此隘，尽思于为文，且以称登能天府之意。余所买地颇当，庙学前者皆虚之，又尽撤学前小屋，直南而出，以达于逵，气象宏敞。是秋，遂以试进士。明年登第者十人，有为礼部第一，御试第三人者，士子宜之。(《新安志》卷一)

叙进士题名。国家惩五季之余，学校不修，招选道缺，悍夫庸卒，攘臂而议于世。于是，艺祖受命，首幸太学，思用儒相，以风厉天下。列圣继之，辟馆阁，崇科目，君臣拱挹，论说唐虞。先是，学者患书籍散佚，乃即师弟子所聚曰书院者，赐以九经并释文之属。又诏赍七经疏义并三史于杭州，摹传之，而后家始有书。开天章阁，召政事之臣议兴太平，而后郡始有学。置师弟子员，或即用其郡之人，使为教授，而后士始有师。又下湖学，取安定先生条约，施之太学，著为令，而后学始有法。承平既久，豪杰命世之士兴于其间，以通经学古救时，行道者倡率之。道揆明于上，儒俗成于下，则士益思显于世。然设科赐第，列圣所重。太平兴国中，锁厅人有颜明远、刘昌言、张观、乐史，上惜科第不与，止授掌书记。又五岁，至雍熙二年，始令乐史附第一等。是以预其选者，为世歆羡。贤者欲行其义，而中人乐就其名，以至于今方来者益众。世之说者见其如此，以为天下之士舍此，固无所用其身。不知其始之劝奖，成就百年必世，如此之难也。新安自国初贡士之数盖少，至嘉祐袷飨诏，增歙、饶州共四人，而亦不显每州所贡之数。然异时四方士俗爵位相先游学在外者，往往即贯其籍以试，如洪湛以江宁，吕溱以扬州之类是也。崇宁行三舍法，贡七人；宣和五年复进士科，以十人为额。绍兴二十六年，诏罢西北流寓试，并入土著，视解额最少处，参以前榜终场人数，率百人解一人。而郡终场者千一百有十八人，于是稍增解额，为十二人。而近岁士益多，毋虑二千人云。自乾符二年有制科，天圣中设武科，郡亦颇有其人。又有铨试优等，献颂赐第，乐成释褐，及以献策赐官之属。其累贡不第者，又有特奏名进士。前后皆题其名，立之学，更三贤守黄公诰、汪公藻、洪公适，为次续之。自绍兴二年以后，官以左右冠衔，则特奏名进士始不列，不可复得。辄因碑所载，更订之，附于志。（《新安志》卷八）

长乐大府，祥符以来，文物岁盛。自景祐建学，大比例为集试所，生员逡巡，邸宿于外。先圣释奠，亦移他所。元祐五年，柯龙图述谋所以易之。会朝廷下学及孔子庙不得试进士之制，五月，乃择州治之东南公廨及隙地治平图有察推衙及作院，广二百三尺有奇，而深倍之。乃增筑厥址，崇其旧，三尺穹堂，延庑中辟，旷除后敞。公堂缭以重屋，以为考校之舍。外门之内，监门、巡铺、弥封、誊录之所皆具。旬五十而成，凡为正屋百有二十区。是时举士才三千，峨冠鹄袖，雍容而入。其后浸增，至于五倍，侧肩争门，坐不容膝。绍兴十七年,乃假漕司行台以杀其溢,然犹病其隘也三十二年,王尚书师心以就试人益来,奏请增考试官三员,为十员。乾道元年,郡学诸生乡士林丙,相率以请于王参政之望。乃相其西北隅官舍易之如监甲仗库、廨舍之类,得其地东西三十有八丈,南北四之三,增为屋百二十有七楹。淳熙元年,应诏者二万人,史丞相浩讲求累举之弊,乃复假签判、察推、知录、司法四厅以益之。以大厅两廊坐负城两县举子旧坐三县人,以添四厅,故只坐两县,而怀安、福清、罗源于行衙,长溪、永福、古田于旧展试院乾道元年所增屋宇,连江、长乐、闽清、宁德于新展试厅就试。试之日,四其门以入之,而出以二。时晓示闽县、候官士人,并于定安门入试院门,晚出中门,纳卷毕,出试院大门。怀安、福清、罗源,并于依仁坊门入行衙兴贤室桂堂外。长溪、永福、古田,从东康门入旧展试院,入讫,关闭不许出入。连江、长乐、宁德从鼓门内东廊入新展四厅,入讫,关闭不许出入。凡十县,并出行衙中门,纳卷毕,出行衙大门。先是,行下诸县,士人有讼在官,除事干人命外,其他并与结绝,或召壮保,许试。遂约束结保,投纳家状,以七月十五为限,以凭类保排定试,按限满射保。或改姓名,不许收受。寻有在外游学方归续射保者,则就一处排在内。闽、候官士人,从鼓门里东廊棘门入司法厅;宁德、长溪、古田、永福士人,从东康门入旧展试院就试,晚出并由行衙大门。异时,试院街南一带人户,各安泊举人入试,每候开门,率争先突入。至是,帖厢官刷其姓名禁止,有后门者亦权截断,不许通东衙巷。初令监门官公服,立门左右,肃揖而后入。巡按者唱坐已定,不许徙案只许保头起身取卷。始罢卒名,编拦号为祗应,逐间榜揭姓名,以待需唤。猝有疾患,批历至府,不移时给药,以时警其怠慢者时以为礼闱当如此,置巡按官,抄附祗应功过历一道、取药历一道,应兵级供应。从早至夜,合不住火,常将沸汤预贮令温,以备呼唤。有不到,巡按官行遣毕上历,候开院勘断。不违侵者犒赏。凡门外有所传入,常切机察先是,告示官私屋赁,士人就试及卖试,按人并不许长价纳卷,吏贴不得邀觅钱物。其试院诸官厅祗应人及杂职狱子,并使府诸官厅虞候当直人等,不得循习,更就吏贴乞取,常例及其他各已优待举人。又自作劝谕文,以戒争门先入,毁弃卷按,鼓噪场屋者。至是,又须关防上件。逮晚,设燎门道,列十四幕,为纳卷所闽、候官分六幕,新旧展拓试院分七幕,其续射保人别置一幕。是岁,策问始命工锯板分雕,防漏泄也。逐篇目限以一纸,期趣辨也旧策题并粘连三篇,方卷入试卷分俵，多是临期不辨。今只将纸作样造板，如问目稍长，计会试官细字书写，只以一幅为限，叠三纸卷入不须连粘。凡纳卷，有号簿，弥封官手自封押逐场弥封毕，即以号簿入匣封押，永不得开。其单号簿逐夜缴入监试，不得漏泄。如将来在行，先报其姓名，并要根究。增誊录为三百人十人为甲，置交卷历一道，功过历一道。有节去文理，添注杂一，拆换卷头，或别行抄。上白卷者，悉许人告。其同甲能自举首，与免誊录。或课写不辨，依旨挥牒院展日考校。初禁两司官人来往旧弥封、誊录两处官吏不禁往来。别差对读官旧就委誊录官。始选楷书十名，分诸考官位，以备抄写每位楷书一名，送纸五百张。欲再誊以归者，自令抄写。遇再誊卷，独许关监试躬点簿，混以五号批下，从弥封官措置，贴号监写封入前已誊录，却以正卷发过弥封所。今只委弥封官封贴字号，监临誊写，拘收正卷。纤悉严密，讫试无违犯者，至今行之。州自国初，举子尚少。钱氏归朝，解额未有定法。天禧四年诏，节镇州府取进士二人，累增至天圣七年，为十八人，明道二年增为四十一人。景祐四年以明道二年所增人数太多，令十取三，州该四人，并天圣七年额，为二十三人。庆历五年，贡举所以元年就试人数解二分，不得过元额之半。州该增十一人，并景祐四年所解，总三十三人。嘉祐二年，以四岁科场，时颇淹久。自今间岁一试，三年礼部，因请减诸州解额之半，遂减一十六人。五年增解额，以就试人数为率，旧一十七人，增为二十五人。元给事绛劝驾诗："英翘五五出南闽"，盖谓是也。治平元年，严挟书之禁。元行诗"莫因露索憎严密，直欲搜罗见俊英"是也。三年，以间岁非便，乃三岁一试。四年，敕以旧额四取三。礼部请以嘉祐五年所增八人，通庆历五年三十三人，总四十一人，四取三，得三十一人。崇宁四年行贡法，解二十一人，贡二十人，盖用嘉祐所总四十一人数也。乃以三分为率，岁贡一分奇，分三岁尽贡之。五年，以月书岁考难遽行，须宽假岁月，今岁且以科举取士。学制局薛昂等言："欲以解额七分之前二岁，各贡二分，后一岁贡三分。"礼部尚书朱谔请以国子监旧解额均之，诸州令三分解发七分入贡。自是，监无余额。朝廷欲存其解发之数，乃于诸州近添贡额内，率五人权留一人。州增四十人，权留八人。先是，数四十一人，通今所增，总八十一人。大观元年学令所定贡额八十一人，从此数也。四年，复行科举，于大比前一岁，以待未入学者，及虽入而退舍者。礼部尚书郑久中言："崇宁五年行三分、十分法，然是时始贡，可依分取之。今前二岁已贡四分，若行三分解法，即后一贡无额。今欲以未贡数十分之七充贡士，三充科举。其前二岁贡不及额及余分，并充之。州贡岁二十七人，通余分，约三十人。以三分率之，合解九人。其间人数不足，则解六人。若七人，余充贡额。”重和二年，始试道徒、道职及文士，增道经。宣和四年，贡法罢，以旧所均额归太学。乃以五路剩额，均东南州军，州该二十八人。通崇宁前额三十一，总五十有九人。五年，以高、眉州剩额一十四人，均十四州军，州该一人，通前总六十人。靖康元年诏：“诸路拨解，依宣和五年额。”建炎二年，分省额于诸路，权试计台。时建寇始靖，移试于此。四年敕：终场人及靖康之数，与依元额解发。是时，权移漕司举场于此。八郡占国学籍者，同试别考。绍兴改元，复分省额于诸路，自贡法罢以就，或者众分为前后场。二十年，合为一场。二十四年，始定试期以中秋十五日。二十六年，罢诸州流寓额，以曾就试取多州军，州该二人，总六十二人。（《淳熙三山志》卷七《试院》）

科名。唐自神龙迄后唐天成，二百二十有三年，州擢进士者三十六人，何才之难耶？岂其出有时，将山川风土使然？抑教化涵养之未至也？爰自永嘉之末，南渡者率入闽，陈、郑、林、黄、詹、丘、何、胡，昔实先之。阅五朝，隋唐户口既蕃，衣冠始集。神龙中，薛令之首登科，诸彦继踵。而陈诩之父子，侯固之叔侄，欧阳玭之兄弟，皆有声于世，犹以为盛矣。熙朝崇尚儒雅，人物彬然。进士之外，或以制举，或以词科，或以舍选，或以八行，或以武举，或以童子，莫不并进。岂惟父子、叔侄、兄弟同岁收擢，或绵属数世，不坠而已。其名冠礼部籍，与廷对占天下第一，若两优释褐，皆世所谓希阔者，比盖数见之。坐庙堂，登严近，足相蹑。为达官，又岁不乏人。抑何其盛欤！由太平兴国五年至今淳熙八年，凡二百有二年，以科目进者一千三百三十有九人。内元符以前一百二十二年，才三百二人尔外，恩科有八十二人。而建中靖国至今正八十二年，乃一千三十有七人外，恩科有四百八十一人，医学释褐一人，又何其日盛一日也！元祐间，柯守述始作题名记于州学，取神龙以来进士编次以刻石。至元祐止，自后每举听进士同年相率自识之，其间寓籍远郡或续选科名，犹有漏逸不载者。全族系近远，顷岁题注间有舛误。今增其所未书者，其可访者是正之。（《淳熙三山志》卷二六）

进士题名。唐重进士科，莆始于林藻、欧阳詹，仙游始于陈乘、杨在尧、陈光乂。五季僭乱，不复贡士。宋兴，莆登第者益众。景德二年，仙游叶宾始第。自是，魁人韵士，彬彬辈出。前进士廖钧始权考名氏、岁月，刻于邑庠，蔡忠惠公襄记之。不但夸科第以为荣，而勉励后学，又有在科第之外者。厥后，续题名二，许知县伯诩立于嘉定之五年，黄知县登立于绍定之五年，盛事陆续未艾也。(《仙溪志》卷二)

山川之秀钟，而为人盘薄郁结，往往有待而发，气与数适相应焉。而又有以涵育而作成之，久翕而忽张，理势然也。方武昌之隶鄂，士以科名发身，何寥寥尔！嘉定升郡，偶丁诏岁，应试仅百余人。荐额分鄂之一，而增其一，拔二于百，视他郡为优，故前志诧之。然自嘉熙丁酉再复郡建，淳祐壬子才六举，贡士仅十有二，擢第者已五人。而两榜皆浑化，至是，终场已四百余人矣。沙圆之谶，将于是乎验。前后守臣，以增贡名丐诸朝者屡矣，当有主斯监者。古谶有云："沙接寒溪口，武昌出状元。"故胡朝颖诗有"久闻父老言沙谶，为问何时出状元"之句。比年，江水涌沙成洲，渐接寒溪口矣。(《寿昌乘·贡举》)

贡院。初在郡校后，即今射圃地也。嘉熙二年，守高衍孙移创于报恩寺之东，栋宇宏敞，试者便焉。(《寿昌乘·贡院》)

科目之设，从来久矣。进士一科，自唐而盛，宋仍唐旧，以此得人。广为海滨，邹鲁诗书，文物之盛，不减中州。其擢巍科，登显仕，勋业赫奕，为邦家之光，州里之荣者，有不容以泯没。此进士之所以题名也。圣朝议行贡举，屡形诏旨，虽未有定例，然文章、政事同出一途，科目取人，古今不易。姑记其旧，以俟来者。他日必有以文章名世，以垂不朽。岂特进士云乎哉！(《大德南海志》卷九《旧志进士题名》)

《宋辽金元方志辑佚》

贡院。试进士以来，辟贡院于城北之五里。建炎间，火为草寇。每遇宾兴，旋棘浮图居，为旬月计。历七八诏，迄无定所。绍兴二十年，谢侯寻乃营郡学故址而院之。时试于有司者不逮二千人,已觉甚隘。越一举,人数益登,守陈公孝则、倅张公勉相与协力,再辟复廊于东,其长与故东廊等。阅数举,又不足以纳郡士。乾道六年,曾侯汪乃撤考官位,为群试所,外辟巨室为考校地。绍兴间,张侯用成增架中溜横屋者三,后赵侯谧以中庭逼窄而撤其一。沈侯宗禹又辟西偏地,增创西后廊。州自舍法时岁贡八人,大比岁十人,总三岁二十六人。及罢舍选置科举,每诏以二十人,员较于往时,实损其六。淳祐(按:当为"淳熙"之误)改元,试士仅三千人。至嘉泰甲子科,中场四千余人。自后人物日盛,地窄无以容。嘉定间,守陈公憺、倅赵公善连乃迁于北郭之外。东西南凡三门,分为东西者各三,横界于考官房之后者亦三,监试考官计六房焉。中堂扁曰"万桂",弥封、誊录二院对立于第二门之外,门庭轩豁,廊庑宽舒。鼓勇而前者无践蹂之患,连案而坐者无填委之苦。西山真公德秀为记。由是而后,终场之数日增于昔。至戊子举,已六千六百余人。而地势僻,士尤不以为便。刘侯用行欲迁复而迫于授代,拨公帑二千为倡。曾侯天麟继之,合众力以迄于成。外辟三门,中砌三衢,翼以封弥、誊录二院。庭事中峙,监试、主文与四考官各有位置,东四庑,西二庑,而试席终以窄隘为病。庚子诏,遂通郡学直舍后加横廊者三,嗣是累科因仍。淳祐甲寅,全侯昭孙再辟西畔二廊,遂与东庑等。然试之日,虽不置直舍后横廊而通学如故。景定甲子,游侯义素以通学试士,斋庐、堂庑多为之蹂践非便,乃揭三门,迁至平准、迁善二坊,复就外各架东西四庑以联接之。自是应试之士坐案从容,无有迫窄之患。户部徐侯明叔为记,今废。

解额。潮,夙号文物之邦。自罢舍法,置乡举,每诏以二十人贡。端平御札普增诸郡解额之窄者,遂以辛卯科终场数参考增二名,然视舍法时已减其四。自是就试者日益众,今终场至万以上人,司文衡者每以遗材为叹。枢密包公恢将漕日请于朝,乞增十名得解额,旨增一名,不无望于方来者云。今废。(以上均见《宋辽金元方志辑佚·潮州图经》,第725、726页)

解额:贡举条例,政和三年礼部详定诸州解额,本郡一十三人。迩年两邑之士就试颇多,至三千余人。考官两员。

贡士庄:贡士庄之立,盖为岁贡乡曲英俊西上者设也,始于嘉定乙亥。

学职以香云院产有请于郡,太守刘侯公亮从所请,岁入三十缗足。继以太守黄公庶增以宝林寺等三院之产,及搬纲营等地,由是岁入计一百单八缗有奇。宝祐癸丑,史君告院、周公申惩郡吏黄中侵移官钱之奸,籍其田二十一亩有零以隶本庄,正弯卒方贵苛敛囚财之罪,佑其田以入本庄。其后,再根出方贵未尽籍之田,计二十七亩四十五步,又损价平售于本庄。教授张晞颜因贡士中有赴省不前者,缴回元津送钱共五十四贯有奇,遂破旧日拨隶修造支遣之例,专一桩留以为本庄之用。又于学浮费痛加撙节,拨助本庄营创楼店一所,名朝京馆。又架楼于馆之后,扁曰"梯云"。两廊并楼房共十八间,除官放外,岁定约收价钱一百贯官省。继自今每岁而敛,三岁而散,可倍于前。凡学之内外新旧举人及赴殿试者,支送各有差。虽广去京远,然亦可以薄为履助云。

特科旧无题名。夫自一命以上,皆受之于天子,况屡试南宫,推恩廷对,必入等然后官之。其间怀才抱艺之士,欲行学道爱人之志,登仕籍,秩宾筵,宰男国之封,半刺史之任者,比肩接踵,讵可置而弗录?今访问自建炎戚君晖以下得二十四人,书之于左。

南选:四川、二广皆远方也,自祖宗立国之初,首加优异之恩。在四川则有类试恩例,二广则有摄官恩例。盖二广之法,应两举士人方许试摄官,第一场试律义,第二场试时义,第三、第四、第五场并试断案。初试中摄官,号曰额外,先历一任重难,即试待次,既中待次,即补正额。自入正额,实历四考,然后漕司解发赴吏部换授正命迪功郎,却作经使历任人注授窠阙。向者多有改秩官至朝奉郎,恩泽奏荫子孙。粤自近制立定格法,止于承议郎,余转不行。且二广摄官亦士人捷径,而本州或累请举而不屑就,故自宣和以来至今百有余年,其为摄官者不过十余人而已。今列姓名于后。(以上均见《宋辽金元方志辑佚·南雄路志》,第790、807、809页)

贡院。三岁大比,郡试于有司者千百余人,预计偕者凡八。宋嘉定二年,郡守蒋公南金始创于报恩寺之西,前立梯云坊,岁久倾颓。绍定庚寅,邓公举鼎而新之,惟监试位犹尚逼仄。端平改元初,当时宾兴,权郡梁公价与同僚相视,再开地基十丈,为考试房。外有弥封、誊录二所,旧多临期编茅为之,毕则撤去,仍每所各置三间,如左右翼。于大门之外复植一门,而棘围之制备矣。经画其事者,推官陈仁爵也。宋末杨先乱后,连年贼寇扰攘,莫能兴举。(《宋辽金元方志辑佚·容州志》第875页)

《永乐大典方志辑佚》

贡院,旧在长汀县东。以三舍法废,旋复科举,试于开元寺,人士浸盛,局蹐靡容,迫期补葺,公私烦拨。绍兴二年,郡守赵公克夫卜创于兴贤门内,东庑三,西庑二,计百二十楹,焕章阁学士谢公为之记。壬子科,郡倅赵公善晤董试,留题二诗,甚脍炙人口。略云:"天约闲云结嫩阴,苦无诗酒懒登临。一声鸡唱日初午,满地花寒秋已深。"刻于柱。嘉泰四年,郡守陈公�、教授谢藻以水西流非利,改而东之,国子录林公岊为之记。旧试者,自纳竹案,试则争哄撼兀。淳祐间,郡守郭公正己更置木案,士以为便。宝祐间,郡守周公晋以大门及试官厅位圮陋,撤而新之。

贡额。绍兴定令三岁大比,贡一十二人。今以《易》、《诗》、《周礼》、《春秋》各一人,《书》二人,赋六人充选。

贡士庄。兴贤庄,嘉定六年郡倅黄公大全权郡,拨钱买章得之罗陆拾田创。系本学催纳,每年钱三十一贯零四十足,十七界会三十九贯;三年通计钱九十三贯一百二十足,十七界会一百一十七贯。六邑新旧举人均分。

万桂庄,嘉定十四年郡守傅公康估籍吴缨田创。元在州学催,今隶知录厅催州公库纳。每年收到钱一百二十九贯四百三十九文,内十八界会六十一贯八百文;三年通计三百八十八贯三百八文,内十八界官会一百八十五贯四百文。三分之二送新举一十二人,三分之一送旧举人,随人数均分。

清流县贡士庄,宝祐六年,令林应龙从学职请,拨萧应龙定苦井坑田、李七六横坑田,前令林昌泰拨阿叶元佃阳皋户田,林应龙自为记。

莲城县万桂庄,嘉熙二年,郡守戴公挺拨姑田陈弟四、陈丙娘、杨祖远、陈十六、陈岩归田创,主簿张应卯为记。

上杭县兰省庄,嘉熙四年,令谢观国拨兴化乡王得一田创。每年收见钱二十一贯文足,三年总计六十三贯足,镂板榜于学。

进士题名。旧志,自唐开元末至大中间,百余岁,中第者仅得伍愿。

又至宋朝太平兴国中，亦百余岁，仅得罗彧，意史有阙文而长老无传耶？然观近世以来，每科得人亦稀，间有阙而不书者。或谓水破南午，阴阳家为非宜，虽障而东，气势未复。不然，文献非无传，俊秀岂为少，而何名第之寥寥也！乾坤旋转，泮学恢闳，士君子益讲学砺行，以需时用，嗣是当连牍比书矣。(以上均见《永乐大典方志辑佚·临汀志》第二册，第1333、1334、1335、1420、1421)

贡院，在州南雁峰门外。州旧无试院，岁大比即南门学舍为试所。隆兴初，知州事王以咏迁学于石鼓，因以旧学为贡院，凡为屋一百二十间。

解额，自景祐以前不可考。宝元间六人，庆历元年十人，五年十三人，八年以后至嘉祐元年十四人，嘉祐三年七人，五年至治平三年皆八人，熙宁二年至崇宁元年十二人或十一人。后颁舍法于学，岁贡六人，大观以后至宣和贡七人或六人。宣和五年罢舍法复科举，取十六人，绍兴七年别增流寓一人，十四年至二十三年流寓取二人，绍兴丙子以后流寓混试，遂定取十七人。至嘉定癸酉创酃县，增取一人，今定以十八人为额。国初开宝二年，始诏荆湖及四川山南举人，往来给券。其后未详住给岁月，当考。

郡人由进士举登第者，自国初至景德无记录可考。大中祥符元年，郑向以省元擢甲科。至景祐元年张唐卿榜，所荐士皆中第，乡人号为浑化，至今耆老犹能道其事。今自郑向以下著其姓名，得百有一人。或兄弟同升，或父子继踵，二百余年之间，相望不绝，亦可谓盛矣。

贡士有田，湖湘初未有之。绍熙年中，提刑赵不迂始会江陵例，同提举郑公显，括在官闲田二百六十亩有奇，命石鼓书院山长庀之。仍命推里居一人兼领其事，别为之藏，三岁悉以助举礼部者。自是时有增置，今总为田六百亩有奇。郡有贡士庄，六邑共之，外邑又有贡士田。宝祐戊午，衡阳始议创置，裒乡曲金，买到长乐乡二十五亩有奇，及人自献田三十七亩有奇。每岁收租田钱三十二贯足，合三岁所入，为本县士子请解东上之助新入。

贡士有义约，自艮斋先生谢谔始行之。江西衡距行都二千里而遥，士子之预计偕尤艰于聚粮。绍熙年中，邦人廖谦乃取清江之成约行之，进士徐经实其事。自是累举不废，愿与约者益众，士之贫者尤利焉。茶陵、安

仁、耒阳、常宁各县有之。(以上均见《永乐大典方志辑佚·衡州府图经志》第四册,第2250、2257、2258)

《宋登科记考》

阙年登进士第若干人:

丁仁,丁公才,丁宜之,丁春,丁则,丁禹,丁洙,丁执礼,丁隽,丁为宝,丁禄,丁载,丁嘉正,丁僖,丁兴祖,丁讽,丁翼,丁职,丁骙,丁显,刁湜,刁献可,于天隐,于允元,于允祈,于允翊,于允登,于允凝,于世封,于伋,于佑,于佼,于期,于杰,于溥,工祖孙,士建中,上官世京,上官邵史,上官端修,上庄,山说,乞伏矩,王一元,王力,王三畏,王大海,王大龄,王之逵,王巳,王子申,王子羽,王子京,王子信,王子琦,王子渊,王子韶,王子融,王子献,王天休,王元概,王元辅,王元德,王尤之,王友,王中玉,王介,王公材,王文介,王文英,王文义,王允,王允文,王允智,王正伦,王正寅,王世祐,王世规,王古,王本祖,王申,王生,王弗,王弁,王邦英,王存立,王同节,王回,王廷老,王廷老,王仲均,王仲辛,王仲嶷,王份,王舟,王并,王汲,王汝翼,王守徽,王安道,王如慈,王圻,王孝廉,王孝义,王志举,王克贞,王辰之,王岐,王告,王利用,王伸,王伯炎,王佖,王希逸,王亨,王宋乂,王宏,王君卿,王长方,王坻,王杵,王述,王郁,王奇,王叔任,王果,王易知,王冈,王罔,王秉钧,王侗,王京,王炎,王宗道,王宗翰,王居修,王居卿,王城,王垓,王革,王荀龙,王南翼,王咸久,王威,王厚,王皆,王昭度,王重庆,王俣,王信,王信臣,王泉,王禹,王俊,王待举,王亮,王庠,王彦谟,王前,王洵,王彖,王起,王起之,王起晦,王庄,王莘,王晋,王晋叔,王振,王哲,王时彦,王晟,王师愈,王唐俊,王益,王益,王浩,王涣,王寀,王寀,王纾,王域,王萃,王彬,王推,王晞,王国器,王崇,王偃,王从一,王从革,王康,王康,王章,王望,王望之,王绍,王琪,王琪,王琮,王尧谟,王堪,王越石,王超,王贲,王达,王葳,王椒,王轵,王轸,王云,王云,王揆之,王棐,王棠已,王鼎,王鼎,王景图,王景让,王勛,王勛,王备,王顺,王复,王铉,王钫,王敦和,王敦诗,王曾点,王曾献,王溉,王瑀,王梦臣,王梦龙,王梦龙,王概,王虞,王嗣全,王筠,王与敬,王愈,王颂,王询,王义方,王溥,王源,王准,王璇,王嘉言,王嘉闻,王寿嵩,王兢,王兢,王辅,王辅,王睿,王岨,王诲,王说,王豪彦,王广渊,王端,王汉臣,王汉章,王实,王翠华,王绰,王纲,王纶,王绷中,王巩,王巩与,王蕃,王震,王震荣,王稷臣,王仪,王德修,王褒,王庆,王庆之,王毅夫,王遵道,王寮,王择仁,王萧,王樾,王历,王臻,王频,王兴,王颖叔,王凝,王声,王繁,王龟年,王襄,王应召,王应酉,王济,王焘,王颛,王缮,王缮,王黼,王严,王镗,王绎,王献,王瓘,王瓘,王铎,王续,王懿,王懿,王显世,王观国,王骥,井公南,元居中,元暕,元晔,元衡,木炎,支允文,支良耜,尤鹤,牛斗,牛永盛,牛圭,牛拱辰,升南公,毛亢,毛世绩,毛亨,毛虎,毛基,毛景,毛为,毛埙,毛诜,毛谨,仇天瑞,仇伯王,仇霭,公美,公乘良弼,公孙尚,勾昌世,勾昌泰,勾易之,勾宗召,勾敢临,勾复之,勾咏,勾廉,勾辅,勾谌,勾龙士荣,勾龙卯,勾龙彦西,勾龙时,勾龙球,勾龙复成,勾龙湜,勾龙廉,勾龙骧,勾龙黼,勾麟,卞日华,卞日新,文人中,文人淑,文及甫,文勺,文正伦,文邦杰,文安中,文孝扬,文初,文定中,文洪源,文洎,文振道,文振德,文振鹭,文悦,文益,文逵之,文盛,文尉,文贵之,文辂,文誓,文澄源,文衡中,文劝,方宰,方梅卿,方深,方援,方寓,方广,方镕,方麟,尹天民,尹文化,尹立,尹民瞻,尹考,尹岳,尹享,尹谷,尹澄,尹衡,尹瞻,孔延泽,孔若初,孔若拙,孔宗旦,孔宗翰,孔陶,孔舜亮,孔嗣宗,孔经,孔端木,孔端朝,孔端隐,孔宪,毋丘恪,毋丘惇,毋丘会,毋丘俨,毋随,正尹,甘丹,甘文质,甘彦,艾与言,古挚,左时,左瑛,左善一,左瑞灵,石天麟,石公恕,石行之,石行简,石守约,石芳,石良方,石东震,石昌言,石禹勤,石衍,石彦达,石柄,石起,石崧,石琪,石道简,石蒙闰,石辂,石嗣庆,石熙古,石熙政,石迈,石墨卿,石豫,石衡,石邂,平天倪,申天规,申好问,申叔度,申叔俭,申叔环,申叔怀,申扬光,申颛,田文龙,田汝明,田汝钦,田如龟,田育,田浃,田望之,田瑜,田照邻,田端彦,田庆远,田庆余,田徽,史三益,史大正,史大正,史大荣,史千之,史之纯,史之深,史子酉,史子翚,史天锡,史天觉,史元,史元,史少南,史中之,史公度,史丹,史文,史文亮,史允,史卯,史邦杰,史同,史仲子,史似,史行,史全,史聿,史戒,史孝孙,史克明,史杏,史伯行,史伯闻,史灼,史宋之,史良传,史林宗,史昌,史忠,史季长,史炎,史定之,史春卿,史珍,史剋夫,史厚,史彦辅,史宣之,史祖邴,史癸,史起,史起予,史时复,史刚中,史师立,史师定,史记,史记言,史益,史家,史容,史祥,史符,史堪,史彭求,史复，史舒纪，史钦，史为可，史温，史巽，史载志，史梦应，史干，史楠，史楫，史靖，史义山，史嘉猷，史荣家，史震之，史德修，史庆，史潮，史举仲，史锡，史凝，史谦光，史畤，史继温，白公皋，白祖彧，令狐正平，令狐光，令狐相如，令狐恪，令狐皋如，令狐咏，令狐僖，令狐励，印况，句希古，句居体，句龙纬，包令仪，包伯骥，包泰亨，主父喆，司空宗韩，司空舜宾，司马里，司马炫，司马棫，司徒公绰，皮仲容，邢仲良，邢希载，邢素，邢恕，邢梦臣，吉甫，吉康国，吉临，吉观国，西方琥，西门治，成元，成中之，成玢权，成思永，成唐，成斯立，成渊，成黼，成继中，光利宾，光垂裕，曲拱，曲靖，吕大全，吕大防，吕大宗，吕大惠，吕元，吕元坤，吕日新，吕文秀，吕文渊，吕丕问，吕田，吕由成，吕用中，吕仲玄，吕仲英，吕仲棐，吕仲履，吕任，吕佐，吕伯勋，吕希纯，吕良才，吕初，吕果，吕昌言，吕和卿，吕宜之，吕彦祖，吕原，吕陶，吕通，吕能，吕从政，吕琛，吕景初，吕勋，吕杰，吕渭翁，吕瑞义，吕蒙正，吕蒙休，吕蒙亨(误)，吕当，吕汉卿，吕纶，吕赟，吕凝之，吕聪问，吕谦，吕应，吕应黄，朱子皋，朱子槐，朱介，朱正臣，朱正旬，朱正基，朱正彝，朱正辞，朱光逢，朱光复，朱仲元，朱仲道，朱汝贤，朱玘，朱孝先，朱芾，朱英，朱昌裔，朱肱，朱宗儒，朱某，朱保衡，朱衍，朱起，朱华，朱夏卿，朱致民，朱时敏，朱师中，朱寀，朱孙广，朱耜，朱雩，朱处仁，朱处约，朱堂，朱从道，朱淇，朱敢，朱绂，朱绂，朱弦，朱万年，朱棣，朱揆，朱景，朱景行，朱温其，朱渊，朱圣非，朱梦说，朱诘，朱经贯，朱畅，朱岨，朱端常，朱橄，朱迁，朱赋，朱课，朱獬，朱燎，朱澡，朱涛，朱灏，先甲龙，先拱望，先诏，先登荣，竹滋，伍松年，伍庭宝，伍原，仲安常，仲伯达，仲炎庆，仲拜，仲楫，任大受，任大衍，任中正，任午南，任文，任仲，任仲行，任伋，任向，任舟，任兆，任伸，任沂孙，任沆，任良，任孜，任叔恭，任叔钦，任昌大，任明，任明道，任持，任俊祖，任昶，任振，任逵，任处厚，任舶，任象先，任寅，任寅，任遘，任广，任震己，任兴孙，任衡，任济，任焘，任畤，伊尚，向子堙，向中之，向安，向秉忠，向淡，向宠孙，舟宗闵，全安石，全余，危无咎，危西仲，危居中，危举，危舆，羊永德，羊奭，米涣，江中古，江中立，江中行，江炳，江泰，江珪，江执中，江朝宗，江资深，江潜，江应瑞，汝华然，宁文千之，宇文昌龄，宇文昭度，宇文恒，宇文华，宇文时中，宇文毕，宇文刚，宇文能可，宇文闳中，宇文愚，宇文褒，宇文璞，安保衡，安刚中，祁礿，祁高，祁融，阮晋卿，阮通，牟天麟，牟午南，牟甲，牟企，牟冲，牟冲陵，牟南琴，牟莘起，牟峻，牟国赏，牟琰，牟景先，牟调，牟兴道，牟泰，杜士琛，杜千能，杜子光，杜天佑，杜公材，杜尹，杜功，杜本世，杜民，杜百世，杜光远，杜光业，杜仲千，杜伊，杜行，杜充，杜克，杜宗泗，杜厚之，杜思权，杜致明，杜致恭，杜师雄，杜浩，杜纮，杜伟，杜寅孙，杜宿之，杜绍兴，杜尧臣，杜景杰，杜舜，杜舜举，杜善祥，杜遂，杜曾，杜瑞林，杜盖，杜概，杜廉夫，杜资深，杜溥，杜熙，杜灵寿，李一飞，李人美，李士廉，李大用，李大厚，李大发，李大彻，李及之，李子方，李元，李元信，李内，李午，李午震，李仁，李公彦，李公祐，李公济，李公济，李文益，李文辉，李文览，李允，李允中，李允成，李正，李正臣，李世衡，李札，李丕，李丕绩，李石庆，李平，李旦，李由顺，李立之，李幼节，李邦光，李圭，李成，李光，李光元，李光国，李先，李廷方，李廷表，李廷英，李廷俊，李廷俊，李廷智，李廷老，李廷嗣，李仲迅，李仲芳，李仲卿，李行己，李行伯，李汝舟，李安，李迅，李孝基，李志学，李芬，李克俭，李甫材，李辰，李扑，李秀实，李伯宗，李伯宸，李伯翊，李伯翼，李希淳，李谷，李孚先，李孚佑，李兑，李罕，李妙载，李邵途，李劭，李长庚，李若水，李若谷，李若愚，李茂先，李英，李英，李直方，李松，李协，李尚达，李杲卿，李昌，李昌言，李昌图，李昇，李易，李忠复，李周民，李周南，李宗元，李宗杰，李宗道，李宗镐，李定，李宜，李宜之，李建，李降，李荀，李南公，李南英，李厚，李厚，李奎，李劲，李昭，李昭玘，李昭锡，李后林，李竑，李洋，李起，李晋卿，李晋卿，李致主，李岂，李师一，李师古，李师普，李师渊，李师德，李逢，李高，李唐孺，李浚，李容，李纮，李纯，李纯，李执中，李执中，李梅国，李雪瑞，李授之，李处业，李堂，李常安，李曼，李异，李国楹，李崧，李崇德，李敏之，李偕，李伟，李从龙，李象之，李逸，李章，李章，李望，李浙，李淳老，李琪，李瑛，李贲之，李达可，李朝先，李葵，李森，李惠，李援，李晰，李景，李景和，李景范，李景融，李勋，李杰士，李循宗，李钧，李实，李弼直，李弼违，李几复，李载，李椿，李楏，李嵩，李愈，李会，李廉辰，李新，李义卿，李溥，李福，李经，李寿，李蔓，李辄，李晔，李荣五，李宽，李纲，李维，李维，李瑞，李璆中，李迈，李贤，李醇儒，李辉，李庆，李遵勖，李莹，李操，李荐，李圜，李积中，李翱，李谔，李寰，李擢，李邈，李谟，李谟，李膺，李应凤，李应联，李涛，李浚，李弥世，李蕴，李瞻，李谨思，李藻，李鹏飞，李谌，李绘，李耀卿，李蠡，李观，李观民，李吁，车从，柬向，柬长孺，柬庄，柬斌卿，求利忠，吴大圭，吴子镒，吴天泽，吴元卿，吴元宾，吴仁规，吴公著，吴公善，吴文秀，吴文靖，吴文震，吴可权，吴石，吴立，吴幼敏，吴光，吴行，吴行真，吴行轸，吴次公，吴安节，吴羽，吴圻，吴佐王，吴伯虎，吴君义，吴畀，吴季连，吴朋，吴并，吴珏，吴革，吴茜，吴勉之，吴彦和，吴彦周，吴彦启，吴兹，吴洵侯，吴约，吴栗，吴臬，吴师元，吴师古，吴师道，吴祥，吴通，吴敏求，吴怅，吴弸中，吴鼎臣，吴景仁，吴顺，吴复古，吴铳，吴善长，吴道，吴温彦，吴几复，吴靖，吴羡，吴猷，吴嘉之，吴荥，吴褫，吴赉，吴迈，吴蕃，吴德远，吴磐，吴憬，吴缜，吴应炎，吴总，吴双鲤，吴观，吴让夷，岐贲，岑平，岑象求，岑颇，利璨，何大雷，何及之，何天隐，何元龟，何元宝，何中正，何中立，何中直，何正伸，何世昌，何邦基，何仲元，何自强，何向，何安宅，何安常，何见，何伯益，何伯熊，何知，何金，何周才，何宗元，何宗元，何宗范，何荀，何是，何俊花，何耆仲，何造，何涉，何伟，何淹，何傅，何复祖，何竦，何道辅，何湛，何弼，何绛，何椿，何椿年，何与，何滚，何预，何经，何硕，何适，何贱，何操，何禧，何鹏举，何腾，何骥，余大川，余文特，余廷简，余君实，余宰应，余庆，佘斌，希昔，希德，希骧，谷大方，谷大向，谷大中，谷椿，奂谷珍，狄遵度，狄遵微，狄遵谊，辛有孚，辛有邻，辛惟庆，汪全，汪忱，汪茂良，汪昇，汪洋，汪致平，汪惇仁，汪寅亮，汪达，汪闳，汪杰，汪钧，汪禄三，汪远之，汪辅之，汪应瑞，沈士龙，沈子震，沈日新，沈仲巽，沈如圭，沈扶，沈迥，沈阜，沈唐，沈浚明，沈厦，沈景德，沈诏，宋乃普，宋大鼎，宋之刚，宋元，宋元之，宋元舆，宋中行，宋尹衍，宋廷杰，宋仲西，宋仲荣，宋任，宋似孙，宋汝明，宋守元，宋克昌，宋伯友，宋宏，宋良儒，宋迪，宋秉国，宋岳，宋佾，宋炎，宋炎已，宋定国，宋宙，宋衎，宋珙，宋华甫，宋华禄，宋庄，宋桓，宋刚，宋造，宋师中，宋师民，宋高，宋郭儒，宋宸，宋球，宋授，宋常，宋国器，宋伟，宋得文，宋得臣，宋琛，宋万年，宋朝奉，宋黑诚，宋舜元，宋翔，宋道，宋道，宋道真，宋温舒，宋运，宋瑜，宋梦弼，宋楫，宋楫，宋嵩，宋诚之，宋称，宋铨，宋广，宋端平，宋适，宋荣深，宋实，宋维翰，宋纶练，宋绶，宋震，宋儋年，宋选，宋操，宋临，宋邈，宋彝，宋瀚，初去华，初西美，初有成，初汝为，初燮，邵才，邵公翰，邵丕，邵行甫，邵安石，邵玘，邵更，邵求，邵梃，邵衮，邵叶，邵诜，邵溥，邵辟，武成，武守奇，武珣，武康，武溪，武骧，青阳仲博，青阳相，青阳泰，青阳师鲁，青阳梦炎，青杰，幸白，幸佑，若壳，英秉臣，苟世昌，苟全，苟师颜，苟毅，苟铎，苑钧，苑湛，苑当，范于先，范子弗，范子长，范子庚，范子垓，范子修，范子奕，范天贺，范元章，范中模，范文观，范正国，范世雄，范且，范令孙，范邦彦，范邦惠，范百揆，范仲圭，范仲芰，范仲南，范仲时，范仲伟，范伯思，范希颜，范沈，范直清，范明诚，范拱，范昱，范思复，范祖淳，范祖羲，范振添，范崈，范师道，范执中，范崇，范赍，范贻孙，范杰，范埙，范荪，范说，范端仲，范鼒，范讽，范识，范骧，林大年，林子冲，林元祖，林元舒，林志学，林季汪，林空斋，林居厚，林祖昭，林祖温，林祖谦，林虔，林时旉，林师说，林植，林遂，林绚，林嵩，林义方，林端复，林德，林颖秀，林颖叔，林滩，林丛桂，林倏，林绎，来之邵，来章，杭开，东方晖，东方颍叔，东周，东震，奔衍，奇轼，郅之郡，卓得吉，尚文，尚佐均，尚宸午，尚瑜，尚德完，昌龄，明橐，明觌，易友，易文定，易林，易应云，呼延迁，和郁，季次鱼，季修己，季恕己，季缄，竺覎，侍其端，岳衢亨，金君佐，金君佑，金君著，郄晋卿，郄济川，周大本，周大象，周之纯，周夫亨，周天休，周元，周文卿，周方，周以道，周平，周邦佐，周汝谐，周孝先，周松寿，周昕夔，周仑，周咸，周思道，周亮功，周湑，周洵，周祐，周恭叔，周时，周纯祥，周国佐，周国良，周偕，周阳，周琳，周渥，周弼，周义起，周嘉正，周说，周端明，周德祖，周朴，周澥，兖公序，宗周宾，宗胄，宗彦孙，宗产，宗焕，宗顺，宗敷，郎大受，郎谊，房子申，房子邵，房永，房成，房希参，房织，房与之，房震仲，房审能，房审基，房巩，屈大方，屈中美，屈长吉，屈唐臣，屈理，孟并，孟皆，孟师，孟陶，孟虚舟，孟处义，孟隆记，孟隆诂，孟隆诠，孟隆说，孟德镩，孟办，封祥，封么，郝辟之，郝戬一，郝戣，荆立，荆伯玠，荆岷，胡天质，胡日迁，胡日新，胡公谊，胡仲弓，胡守，胡谷瑞，胡昉，胡思聪，胡俛，胡奕，胡栗，胡宴，胡孰，胡尧臣，胡揆，胡景裕，胡铣，胡整，胡羲，胡隶，胡应炎，胡黼，茹平仲，南公佐，南得臣，南楚，南翥，南鹏，柘浮，查远，柳允蹈，柳平，柳辰，柳沆，柳植，柳湜，柳猷，柳玑，柳宠，柳灏，郑良，郑修辅，种昭衍，段子昂，段世昌，段惟一，段惟几，段绮，叟谷珍，皇甫泌，皇甫宗孟，皇淳，侯子常，侯仁浦，侯立，侯仲常，侯安世，侯利建，侯虎，侯庚发，侯亮，侯授，侯尧佐，侯道济，侯粹中，侯宁，侯悫，俞仲素，俞玘，俞时升，俞衮，俞尧弼，俞温，俞瑊，俞蒉，逄冲，逄汝舟，逄序，计良辅，度万全，施大伦，施仲舒，施肩吾，施棐，施福求，施邈，施严求，姜士华，姜天麟，姜利用，姜部，姜愚，姜潜，姜镐，兹成，洪棣，洪藏，洙 颀，宫咏，宫声，祖无颇，祝永之，祝求仁，祝得之，祝颙，秘景俭，秘输，韦文虎，眉寿，胥世臣，胥彦回，姚大成，姚大任，姚子文，姚廷昂，姚仲孙，姚孝锡，姚岳，姚阜，姚祈，姚相，姚彦成，姚余庆，姚锡，姚辨之，姚澥，纪元规，纪松，纪瑛，马天觋，马中民，马召，马同，马先，马仲，马仲午，马仲寅，马收，马迪，马和之，马泰，马振民，马从先，马康侯，马叶，马鼎，马犍，马枫，马溱，马辅，马侨，马德申，马德骧，马磐，马默，马兴孙，马邈，马骐，马觉，马观国，秦光亨，秦奎，秦珣，秦敏学，秦景元，秦景范，秦景恕，秦景温，秦景悫，秦暄，敖颖士，班益新，袁甲，袁必大，袁百之，袁仲廉，袁良干，袁武震，袁宗宠，袁拱辰，袁桂，袁岂，袁师允，袁深，袁隆，袁渤，袁蒙正，袁楠，袁穆，袁锡，袁绎，袁灏，都公琬，都民望，都向，都觋，都嘉猷，耿自求，耿洵，耿望之，耿与文，华辰，华相，华泰，莫伯虚，莘融，索述，索周臣，索贯，轩彦绩，轩辕损，夏孝广，夏侯彧，夏侯泽，夏侯藏用，夏涣，夏务本，柴成象，柴自牧，柴端义，时邦美，时隽，时愿，毕之才，毕仲偃，毕京，晁公遇，晁仲衍，晁仲偃，晁宗儒，晁将之，晁资之，晁端本，晁端弼，员子思，员安宇，员安舆，员逢辰，员悦，倪元明，倪求，倪绂，倪庆，师文，师方，师先，师先，师伊，师合，师守信，师克奇，师庚，师邕，师问，师晞孟，师焕，师琛，师椿，师愈，师汉杰，师赓，师玑，徐一龙，徐之茂，徐元振，徐仁，徐公裕，徐文侃，徐民瞻，徐仲居，徐仲景，徐安道，徐志行，徐车，徐伯能，徐奇，徐秉哲，徐庚，徐宗偃，徐垧，徐挺，徐祐，徐起，徐师旦，徐高，徐唐，徐陵，徐通，徐梅龟，徐康，徐淮，徐超起，徐喜，徐鼎，徐无悔，徐温，徐梦华，徐与可，徐嘉，徐说，徐敷，徐德正，徐锐，徐潜，徐铎，徐铸，奚概，翁敏之，留毅，高大寿，高日，高可仰，高弁，高宇，高安，高亨，高尚午，高明，高季祥，高定，高禹锡，高彦，高泰，高桂，高格，高敏信，高商老，高贵，高运达，高虞卿，高业，高辅之，高辅政，高辅国，高硕，高枢，高肤敏，高遵惠，高觌，郭九德，郭公麟，郭正孙，郭世雄，郭旦，郭立义，郭光选，郭仲，郭行中，郭见义，郭忱，郭东，郭忠孝，郭知元，郭知牧，郭知第，郭知节，郭春卿，郭相，郭贞，郭禹珪，郭俟，郭垕，郭勉中，郭逢原，郭奕，郭美中，郭咨，郭眉寿，郭原中，郭祥正，郭执中，郭黄中，郭国宝，郭敏修，郭瑛，郭畯，郭傅，郭评，郭梦良，郭诞，郭岫，郭渐，郭瑾，郭震，郭震湘，郭亿，郭仪，郭德安，郭选，郭颐，郭传，郭衡，郭谘，郭燮，郭贽，郭简循，郭劝，郭灏，席芾，席贡，唐大亨，唐之平，唐天民，唐天麒，唐折，唐伯德，唐英，唐知彰，唐秬，唐起寅，唐高，唐彬，唐淑问，唐极，唐湮，唐遘，唐辂，唐应龙，凌云，凌景阳，凌登龙，涉纬，浩天泽，涂大节，家之范，家之常，家仲，家安国，家形，家杞，家抑，家柳，家度，家遇，家复，家懋，宰需，陆仲高，陆若济，陆昭迴，陆彦钦，陆珪，陆浩然，陆能仁，陆参，陆开之，陆暮，陆端景，陆庆长，陈士龙，陈大中，陈大有，陈大年，陈大猷，陈大器，陈之元，陈之复，陈子卿，陈子瑕，陈天祐，陈元明，陈元端，陈升卿，陈仍，陈公锡，陈文德，陈正卿，陈世昌，陈可，陈可伊，陈仲思，陈仲通，陈并，陈汝言，陈安石，陈安期，陈安礼，陈均，陈抃，陈伯雄，陈希古，陈希谅，陈忱，陈良佐，陈良雄，陈良翰，陈述，陈述古，陈东琪，陈奇珍，陈叔卿，陈叔虞，陈尚，陈昌朝，陈忠，陈阜成，陈庚应，陈炎，陈泳，陈祉，陈居方，陈厚，陈奎，陈昭，陈昭文，陈思，陈禹臣，陈彦修，陈洙，陈起东，陈起龙，陈华，陈桂孙，陈振，陈刚，陈殷五，陈库，陈悍，陈陆，陈纯臣，陈坚，陈惟中，陈惇，陈琰，陈琬，陈琬，陈尧臣，陈尧春，陈尧咨，陈朝能，陈覃，陈舜臣，陈舜封，陈焯，陈湜，陈渭，陈渊，陈渊已，陈缒凤，陈远猷，陈梦弼，陈梦睿，陈概，陈概，陈雷庚，陈经，陈嘉言，陈汉，陈余庆，陈庆，陈戭，陈操，陈兴之，陈怿，陈澥，陈宪臣，陈禧，陈曙，陈应良，陈础，陈镇，陈鹏，阴卓，阴炅，阴昭，阴信臣，陶直夫，陶庚，陶象，陶舜咨，陶舜卿，陶登，陶恺，陶德周，陶怀拱，陶怀信，桑世昌，桑衍，桑慥，孙乙，孙之，孙子立，孙子祥，孙元禄，孙日南，孙中立，孙文柄，孙文济，孙申之，孙立，孙廷玉，孙仲元，孙份，孙兆，孙汝光，孙汝听，孙如晦，孙伯修，孙伯俊，孙希哲，孙冲，孙若，孙茂，孙直方，孙枝，孙杭，孙奇，孙昌方，孙明敏，孙固，孙炎，孙革，孙柳，孙咸年，孙持坤，孙星，孙思恭，孙保年，孙俊明，孙勉，孙庭杰，孙奕，孙祖德，孙马先，孙时敏，孙岘，孙俶杰，孙师禹，孙掞，孙晚，孙敏文，孙敏行，孙宿，孙密，孙琳，孙赍，孙朝宗，孙朝隐，孙植，孙杰，孙复，孙钧，孙舜举，孙道夫，孙渭，孙载，孙当时，孙颀，孙靖，孙慥，孙预，孙构，孙诲，孙渐，孙谅，孙谊，孙潜，孙纬，孙颐年，孙学民，孙谔，孙谓，孙谕，孙谦，孙镇，孙砺，孙观国，孙谠，黄友直，黄友益，黄友闻，黄友端，黄友谅，黄友颜，黄中，黄文中，黄文昌，黄世永，黄世京，黄世杰，黄世辅，黄世潜，黄民瞻，黄有大，黄仲龙，黄汝崇，黄汝翼，黄茂，黄忠臣，黄炎，黄革，黄洞，黄陟，黄珙，黄夏卿，黄时偁，黄唐俊，黄戛，黄清卿，黄梁犀，黄寅，黄琪，黄尧宾，黄达如，黄轺，黄棠，黄敦史，黄斌老，黄滋，黄蒙，黄新淦，黄源，黄滂，黄榕，黄德仁，黄鲁子，黄龟，黄斋，黄济，黄镗，黄铸，梅及中，梅仲贤，梅汝能，麦秀奇，曹天益，曹次立，曹汝舟，曹利用，曹伯明，曹伯渊，曹勉中，曹祖忠，曹为，曹熏，曹随，曹纬，曹璘，曹颖叔，曹觐，区宋，戚如圭，戚师道，戚维，盛陶，盛义史，常玘，常芳，常秩，常琪，常琮，常曾，常璩，常楫，常禋，蛇起，娄宽夫，国宗，国鼎臣，崔有孚，崔若舟，崔若雨，崔昌，崔宗旦，崔洙，崔棘，崔颀，崔愈，崔端诗，崔端礼，崔遹，崔宪，崔鹍，崇齐贤，崇禧，过翊急，过劝，笪深，笪揆，鱼周扬，许天启，许巨源，许仁，许由，许史，许必胜，许光疑，许因，许延评，许延庆，许自成，许自治，许自昭，许自得，许汝霖，许均，许志宁，许希道，许岳，许怡，许宗举，许孟翀，许垍，许恢，许恂，许栗，许倜之，许国，许琰，许搏，许制，许仪，许遵，许灿，许颜，许颢，麻元伯，麻中孚，麻有成，麻景孙，麻温其，康位，康英，康朝，康棣，鹿元规，鹿稹，章一新，章大有，章大任，章康国，章厦，章综，章祀，章桥，章鹭，商令闻，商言诗，商庭，望俨，淳于复，淳于兴宗，梁天辅，梁文，梁吉府，梁成，梁明，梁宜，梁南郊，梁昱，梁俊彦，梁益，梁彬，梁梓，梁坚，梁勋，梁椿，梁赐，梁养源，梁颜，寇平仲，寇昌龄，寇参，寇瑊，寇宁，宿千之，扈坦，扈拱，扈瑜，逯昂，逯勉，逯湛，尉春，尉迟绎，张九思，张三畏，张大同，张大年，张大军，张子成，张子仪，张天迪，张天珏，张天从，张天巽，张元才，张元量，张元善，张元干，张木宗，张太初，张太巽，张太宾，张太震，张公裕，张公济，张文华，张文萃，张文辉，张文德，张亢，张方，张去惑，张可，张石民，张平方，张平伯，张平浩，张平宽，张甲之，张申之，张田，张立，张召，张邦杰，张吉甫，张共，张西，张百朋，张百禄，张存中，张成，张成宪，张先，张廷，张仲安，张仲庄，张仲衮，张仲容，张仲宾，张向成，张似之，张舟才，张企光，张充，张守珪，张安上，张聿修，张好谦，张羽，张玘，张孝友，张孝纯，张克戬，张抃，张佑，张伯有，张伯道，张佋，张近，张希颜，张言，张忭，张汾，张沆，张宏，张初平，张即之，张即功，张坤，张若谷，张若讷，张茂宗，张松兑，张协，张叔平，张叔达，张歧，张肯堂，张杲，张杲之，张昌朝，张昉，张迪，张岷，张和，张秉图，张秉谦，张所，张念七，张炎，张炎上，张注，张宗，张宗彦，张宗绍，张城，张政，张柄，张昭汉，张昭懿，张思永，张峋，张秬，张科，张修，张保义，张亮，张庭俊，张奕，张彦，张彦文，张彦博，张炳，张洞，张洞，张祖，张退夫，张珪，张珖，张起嵎，张晋卿，张桂，张夏，张时，张晟，张圃，张刚，张秘，张师中，张师心，张师正，张师夔，张高安，张涣，张陶，张通，张纮，张执中，张掞，张掞，张虚中，张处文，张问，张崇宴，张崇彬，张崇嗣，张秸，张敏，张敏，张敏中，张从道，张象贤，张象仪，张逸，张康臣，张康时，张惇，张焕，张清，张深，张寅，张逮，张绍宗，张绍祖，张尧封，张尧咨，张贲，张惎，张万，张敬修，张鼎，张景山，张景晟，张景宪，张贵，张勋，张笔，张傅，张复公，张复古，张复本，张复鲁，张钦，张敦，张敦仁，张敦礼，张道朱，张湜，张渊道，张弼直，张巽，张巽扬，张瑀，张瑗，张蒙，张楚民，张楫，张槐，张轼，张当，张路，张嵩，张节，张节夫，张仅，张会宗，张裔，张靖，张逊，张嘉猷，张寿，张熙，张需，张阁，张汉，张汉卿，张宽民，张宾，张随，张维，张纶，张颉，张震龙，张仪凤，张质，张德成，张彻，张谊，张勰，张择行，张择言，张昙，张玮，张峄，张翱，张衡，张锜，张颖，张谔，张懋，张徽，张徽，张谧，张应符，张总之，张简，张稳，张麒孙，张献中，张巍，张觉民，张权，张辟，张鹤，张鉴，张麟孙，巢安上，巢寅，琮师古，项公泽，博侯初，彭于民，彭子中，彭天麟，彭少逸，彭仁辙，彭公亮，彭吕，彭岳方，彭建完，彭思贤，彭时，彭尧辅，彭丝，彭宾，彭实前，彭贤，彭黎，彭衡，彭宠，叶之文，叶文凤，叶任，叶助，叶林，叶季韶，叶楠，叶祐，叶祖武，叶祖义，叶爽，叶绍彭，叶琳，叶雄，叶棐，叶荣，叶绾，叶养源，叶暖，叶谦之，叶弥邵，万子庚，万松，万昌泰，万进，葛大绶，葛文儒，葛世显，葛材，葛和仲，葛惟甫，葛蒙，董公彦，董公权，董佐，董作士，董作式，董作舟，董作求，董作喆，董作德，董作韩，董弁，董坦，董义山，董义方，董义训，董储，辜甫，惠厚下，惠柔时，惠演，惠敷，覃日严，粟彭年，雄飞，云景祥，掌天钧，掌世衡，掌奏，闵永言，闵昌言，闵从献，闵敷，遇昌期，景大方，景子寅，景少师，景光，景任，景孝，景攸，景卓，景振，景通，景进，景焕，景渊，景迈，景篪，景谦光，单知微，单煦，喻大中，喻大正，喻子庚，喻天祺，喻如虎，喻革，喻陟，喻倪，喻堇，喻鼎辅，喻备，喻舜愈，喻新，喻庆孙，智浃，嵇适，嵇颖，程千秋，程之才，程天倪，程公行，程文和，程文度，程世德，程丙遇，程仔，程仲夔，程任，程自微，程安之，程祁，程丞，程昌宇，程固，程建用，程拭，程庠，程晋，程时翼，程泾，程容，程堂，程进，程庾，程翌孙，程尧弼，程云，程遇孙，程敦诗，程裒，程盖，程嗣恭，程慎简，程说，程端中，程端本,程赐,程遵彦,程学良,程谌,程泽,程泽民,程泰,程瓘,乔嗣立,傅光龙,傅仲默,傅自得,傅宿,傅尧俞,傅敞,傅评,傅辅之,傅霖,傅颜,焦千之,焦旭,焦俊明,焦惟正,舒子诚,舒有开,舒明远,钧仲甫,邹仁翁,邹玘,邹柄,邹敦仁,邹梦德,邹傅,邹霖,邹夔,童珪,童澄,曾天宽,曾申道,曾民瞻,曾有邻,曾安辞,曾希禹,曾希颜,曾宏,曾度,曾庠,曾彦明,曾涣,曾纯,曾钺,曾蔚宗,曾硕,曾颙,曾锐,曾顾,冯九思,冯子厚,冯子修,冯介,冯公撰,冯文举,冯光弼,冯价,冯沆,冯初心,冯述,冯知刚,冯采,冯珍,冯昭信,冯耘,冯造,冯射,冯海,冯翊,冯敢,冯越,冯越石,冯万全,冯勋,冯舜韶,冯温舒,冯暄,冯爰,冯资之,冯源,冯寿,冯稹,冯仪,冯应,冯应西,冯观,汤甲,汤希颜,汤良器,汤牧,汤师中,汤震阳,温安强,温益,温镗,滑延年,滑君俞,游九言,游及,游元,游成立,游玠,游柄,游奎,游珪,游开,游靖,富钧洵,宁文渊,宁必豫,禄柬之,寻昂,寻森,强友谅,费士威,费士衮,费大川,费大猷,费大临,费子卿,费申之,费永,费自强,费行之,费汝弼,费安中,费求,费定,费庭,费起,费桓,费振,费尧俞,费植,费开,费朴,费机,贺天觉,贺甫,贺炎,贺勉,贺旂,贺理,贺密,贺扬庭,贺抚辰,贺卫,载永,载显甫,盖士安,盖士宏,盖士宣,盖平,盖沂,盖良,盖参,盖寓,盖传,盖源,盖谅,靳守中,靳裁之,靳颖,蒯谔,蒲芝,蒲成临,蒲仲,蒲卣,蒲伯祥,蒲昌龄,蒲和卿,蒲垓,蒲信,蒲泉,蒲竑,蒲栗,蒲清,蒲琰,蒲渊,蒲经,蒲琏,蒲荣,蒲荣,蒲积中,蒲谦,蒲谦益,蒲贽,蒲黼,楚建中,楚咸,楚泰,楚随,杨大中,杨大章,杨大望,杨上行,杨之才,杨之言,杨巳午,杨子茂,杨天祐,杨元吉,杨日宣,杨中,杨中立,杨文敏,杨方,杨允,杨由颐,杨史,杨令,杨民望,杨圭,杨圭,杨圭,杨再之,杨光祖,杨同,杨廷杰,杨仲,杨仲元,杨仲正,杨仲先,杨行,杨充之,杨次山,杨好问,杨均,杨辰应,杨何,杨佐,杨伯雨,杨希堂,杨兑,杨灼,杨祀,杨君俌,杨岊,杨坦,杨若思,杨若讷,杨若畴,杨茂,杨直夫,杨枋,杨叔,杨叔从,杨迪,杨迥,杨秉喆,杨佳,杨佶,杨岳,杨周卿,杨庚,杨庚,杨炎人,杨宗兴,杨建,杨承,杨孟坚,杨政,杨垓,杨咸,杨持,杨昭,杨畏,杨畋,杨思惠,杨亘,杨衎,杨勉,杨勉中,杨勉仁,杨亮,杨庭,杨美球,杨冠卿,杨祖识,杨珙,杨起,杨耆寿,杨恒,杨栩,杨时俊,杨造,杨乘,杨倚,杨师中,杨师迪,杨师复,杨师德,杨高,杨基,杨黄中,杨萃午,杨彬,杨异,杨敏,杨敏叔,杨从望,杨康国,杨焕,杨寅杰,杨贯,杨琪,杨琥,杨尧俞,杨喆,杨朝瑞,杨森,杨軏,杨云,杨揆,杨鼎,杨开,杨傅,杨焦昇,杨畲,杨普,杨祺,杨埙,杨梦得,杨椿年,杨楚奇,杨概,杨虞用,杨晖,杨嗣,杨与,杨诩,杨慥,杨经,杨构,杨辅之,杨韶甫,杨端,杨适,杨齐,杨齐巽,杨荣,杨荣仲,杨宾,杨实材,杨瑾,杨迈,杨贤,杨震,杨震邦,杨箴,杨德峻,杨锐,杨洁光,杨潮南,杨澈,杨璟,杨翱,杨谘,杨澥,杨澥,杨耸,杨应申,杨鸿,杨总,杨韫,杨镗,杨绘,杨鹗,杨骞,杨鉴,杨峦,甄昂,甄履,贾尹,贾在思,贾同,贾仲辛,贾仲昆,贾辰,贾青,贾若谷,贾昌衡,贾昌龄,贾侑,贾思诚,贾伟节,贾章,贾章,贾寅,贾绅,贾祺,贾应,雷成,雷研,雷众,雷震,雷应元,顿起,顿韪,虞公著,虞方简,虞光,虞杭孙,虞宓,虞思敬,虞起,虞刚简,虞术,虞舜举,虞道登,虞彝简,睦纬,路光祖,路昌衡,路保衡,路康国,詹天申,詹友端,詹日权,詹吁,詹持国,詹彦迪,詹隶,詹邈,解九皋,解仲文,解宾王,廉布,廉同,廉纯,廉毅,廉操毅,雍子定,雍木,雍午之,雍公说,雍舟卿,雍明章,雍知义,雍周,雍周复,雍垣,雍逖,雍黄中,雍凉,雍琦,雍朝瑛,雍提,雍源,雍禔,雍巩,雍霖,慎锜,慎锴,慎镛,义稹,源护,置母沆,赵九言,赵九龄,赵士宇,赵士礽,赵士訔,赵士漇,赵士豢,赵士编,赵士获,赵子木,赵子言,赵子明,赵子笈,赵子健,赵子琇,赵子俩,赵子棣,赵子嶙,赵元,赵元明,赵元蛟,赵不拙,赵不茹,赵不退,赵不愚,赵不猷,赵不溢,赵不群,赵不敌,赵不邃,赵介胄,赵公地,赵公泉,赵公美,赵公廙,赵公颙,赵公爟,赵去疾,赵世贤,赵丙,赵田义,赵仕可,赵仝,赵令铄,赵必法,赵必遁,赵永宁,赵式,赵圭夫,赵芝,赵成之,赵光义,赵屼,赵延,赵仲瑝,赵仲绾,赵仲缄,赵充道,赵江夫,赵汝饬,赵汝禋,赵汝霖,赵汝謇,赵汝翼,赵羽之,赵志,赵克孝,赵助仁,赵伯耆,赵伯瑜,赵希昔,赵希哲,赵希得,赵希程,赵希汉,赵希枢,赵良懋,赵良应,赵玢,赵若抚,赵若炼,赵若禨,赵叔近,赵叔象,赵叔敖,赵果卿,赵昉,赵迪之,赵知刚,赵周翰,赵性,赵况,赵埛夫,赵某,赵挺之,赵拯,赵思诚,赵思齐,赵思黼,赵勉,赵彦谷,赵彦尚,赵彦贞,赵彦候,赵彦絅,赵彦铨,赵彦标,赵彦缙,赵彦权,赵炳,赵起南,赵华,赵致平,赵时,赵岘,赵师仁,赵师民,赵师纮,赵师绛,赵师懿,赵涣,赵逵,赵常,赵崧,赵崇玨,赵从革,赵康直,赵清,赵寅,赵琥,赵喜宾,赵彭年,赵达之,赵雄飞,赵晙,赵隽之,赵善,赵善罙,赵善括,赵善悉,赵善瑛,赵善零,赵善涟，赵浑，赵溓，赵蒙，赵蒙，赵蒙，赵桢，赵楙，赵与交，赵诜之，赵详之，赵雍，赵辅之，赵宁，赵实，赵刚，赵维，赵靓，赵驹，赵稷，赵熼夫，赵隽夫，赵霖，赵兴，赵兴槛，赵兴巂，赵澥，赵环，赵应言，赵濡，赵纵之，赵寀夫，赵俨，赵鉴，赵痈，寿朋，綦亢，綦崇德，綦愿，蒋天麟，蒋少会，蒋汝贤，蒋汝翼，蒋度，蒋益祖，蒋偕，蒋康祖，蒋廓，蒋庆祖，蒋纬，蒋蔺，蒋靡，蔡延庆，蔡安强，蔡昌文，蔡奕，蔡禀，蔡构，蔡震祖，蔡懋，蔡幪，监由，厉申，臧列，臧梓，裴耕，裴丽正，裴丽泽，畅适，畅彦雄，畅钧，闾丘大卿，闾丘昕，闾丘升，闾丘崇孙，闾丘道，闾丘适，闾丘遹，闾丘吁，鸣厚，管向，廖才，廖公选，廖用中，廖廷俊，廖宋民，廖良臣，廖炳，廖致中，廖执中，廖鼎臣，廖莹中，廖觉，齐文翰，齐奇，齐恢，齐廓，齐渎，郑士衡，郑大任，郑小专知，郑文甫，郑文宝，郑先索，郑次立，郑次时，郑安平，郑东升，郑叔丙，郑昊，郑知纲，郑宗宾，郑革，郑柞，郑咸，郑昺，郑通，郑专，郑专知，郑康佐，郑景先，郑景真，郑损，郑仅，郑熙之，郑说道，郑随，郑亿年，郑锐，郑谔，郑韩，郑礼，郑翼，郑谬，郑颛，荣安道，荣见素，荣真素，荣堙，荣开，荣辑，荣薿，满中正，满中行，满周，满执中，熊自成，邓仁仲，邓公权，邓世林，邓世钧，邓世锜，邓世镇，邓立，邓部，邓垌，邓英，邓松年，邓郯，邓宗古，邓柏年，邓彦鳞，邓洵武，邓兼济，邓寅，邓椿年，邓雍，邓义仲，邓宁，邓绾，邓缜，邓继孙，翟车尔，翟希言，翟巽，巩黍，楼固，楼琛，楼钥，樊彦思，樊祐，樊晋昭，樊刍，樊陶，樊逸，樊庾，樊森，樊当时，樊预，樊宾，樊实，樊扩，欧世英，欧阳汝作，黎子方，黎仲，黎安仁，黎宗孟，黎持正，黎洵，黎授，黎揆，黎温，黎绶，黎确，黎颜，依奭，卫刑，卫成颖，卫充国，卫李柟，卫峻，卫崇，卫偁，卫沦，卫蒙亭，卫齐，卫俦，郤士隆，郤唐，滕元晏，滕元锡，滕友，滕希德，滕希鲁，滕宗实，滕景初，滕獬，滕膺，鲁致尧，鲁清，鲁弼，刘大川，刘大冲，刘大谅，刘大临，刘山凝，刘子野，刘元吉，刘升，刘中庚，刘公晋，刘公仪，刘正，刘平，刘申，刘用厚，刘成象，刘廷隽，刘仲，刘仲海，刘各，刘充，刘汝朋，刘安常，刘安国，刘如霖，刘志学，刘吾，刘伯称，刘良佐，刘长源，刘长孺，刘叔子，刘尚中，刘知仁，刘侁，刘阜民，刘性之，刘泳，刘宗望，刘宗杰，刘宗弼，刘宗诲，刘宜孙，刘孥，刘孟容，刘昱，刘昭远，刘畋，刘信道，刘勉，刘庠颜，刘炳，刘洪道，刘冠，刘晋，刘时昇，刘晟，刘航，刘卿，刘训，刘高，刘涣，刘纯常，刘邕，刘爽，刘崧，刘偃，刘讷，刘翊，刘翊之，刘清之，刘淮夫，刘阶，刘瑛，刘万明，刘森，刘挥，刘最，刘鼎，刘鼎孙，刘景，刘钦，刘竦，刘俟，刘道，刘遂，刘渤，刘湜，刘温，刘概，刘淼，刘几，刘梦高，刘晖，刘嵩老，刘与，刘义，刘炜，刘逊，刘戬，刘端之，刘汉杰，刘肇，刘维清，刘墀，刘震已，刘亿年，刘仪，刘潜，刘衡，刘凝，刘羲叟，刘扩，刘襄，刘鸿，刘赛，刘简之，刘镇，刘镇，刘愿，刘颉，刘谭，刘耀卿，刘鹗，刘权，刘顾，刘显祖，诸葛镛，论九龄，谈尧叟，潜有成，潜时举，潘士鹏，潘士鹗，潘勺，潘元夙，潘玄亮，潘孝恭，潘珍，潘致尧，潘尚，潘景良，潘凯，潘当时，潘晔，潘庆基，潘桧，乐希，乐良，乐泌，乐滋，乐璠，乐夔，骆安世，骆武仲，骆偃，骆德琳，骆舆京，燕大中，燕度，燕肃，薛中孚，薛文辉，薛田，薛年，薛仲恪，薛牟，薛求，薛南，薛端，薄洙，薄贲，萧九叙，萧九鼎，萧九畴，萧汝士，萧汝奭，萧明哲，萧映，萧鼎，萧节，赖严，冀上之，冀膺，卢子安，卢子宪，卢仁及，卢申之，卢成均，卢安器，卢法原，卢宗，卢某，卢则开，卢益，卢寅，卢咏，卢遘，卢载，卢臧，卢鸿，穆守危，穆衍，穆琪，穆说，穆渐，穆演，兴依，兴侯，衡贡，钱圻，钱若愚，钱东之，钱东美，钱杲卿，钱侯，钱度，钱涉，钱契，钱堪，钱菓，钱朝隐，钱景谌，钱义甫，钱滉，钱德舆，钱鲁望，钱纬，鲍康济，鲍朝卿，谓准，龙旦，龙甲，龙待问，龙胥，龙起，龙起之，龙瑜，营道，阎且，阎玠，阎淳，阎鼎，阎谔，阎骙，璩秉，璩重，环中，环申，戴炳，戴国忠，戴焯，戴传，鞠先，鞠整，蓝守一，蓝昼，韩川，韩郁，韩昌，韩宗武，韩宗师，韩宗恕，韩思舜，韩琪，韩轸，韩复，韩敦信，韩髦，韩纶，韩标，韩震，韩墨卿，韩德铭，韩翱，韩临亨，韩琦，韩贽，檀宗孟，檀宗哲，檀宗杰，魏方平，魏正仲，魏用，魏林，魏昌明，魏拱，魏桂，魏时中，魏兼，魏广，魏端夫，魏涛，魏观，储栟，钟必万，钟如愚，钟浚，钟离，鲜于之武，鲜于先知，鲜于卓，鲜于受，鲜于逢，鲜于拳，鲜于拳，鲜于陶，鲜于绰，鲜于辉，鲜洪范，鲜符，谢大端，谢文瓘，谢升孙，谢邦杰，谢成之，谢全智，谢收，谢杞，谢茂希，谢东之，谢牧，谢周卿，谢周孙，谢庚，谢南子，谢耕，谢班，谢师颜，谢庶几，谢惇德，谢景秘，谢渭，谢广文，谢漳，谢震，谢余智，谢樵，谢沣，谢严整，应安道，应浩，麋错，濮俊民，濮温其，蹇士尧，蹇汝明，蹇序辰，蹇周辅，蹇逢辰，蹇寅望，蹇巽申，蹇震，弥冲，缪彦，缪潜，聂南仲，聂厚成，聂恭仲，聂轸，聂微仲，药大元，药丕显，药咸宁，丰有孚，丰仪，瞿珣，瞿能，旷湜，边肃，边调，颜太初，颜公弼，颜经，蔺中行，蔺中谨，蔺敏修，苏大任，苏大寿，苏公振，苏安世，苏冰，苏沁，苏良，苏昌，苏迥，苏泳，苏洗，苏既，苏时，苏寀，苏舜宾，苏概，苏台文，苏携，苏颖士，苏济，苏籀，苏观，关景山，严安，严安世，严庚，严赏，严锜，罗凡，罗日华，罗仁，罗公荧，罗文秀，罗可权，罗先，罗仲行，罗希古，罗希道，罗长源，罗拯，罗界，罗祥，罗绍，罗万，罗登，罗实齐，罗璠，罗霍乙，罗翱，谭世用，谭世珰，谭汝山，谭守廷，谭志，谭和敬，谭季壬，谭洪，谭异，谭国计，谭尧叟，谭舜廷，谭梦龙，谭逊，谭荣昌，谭荣明，谭篆，谭潮佐，谯炎，庞旭，庞桂，庞巽，庞适，类从道，党师经，党雄飞，饶金酉，饶浚明，饶敦仁，饶敦信，饶竦，饶察，骞克谐，窦易，窦处约，窦诰，窦纲，窦敷，窦谭，窦讽，权华，郦因，郦静，铁南仲，顾安，续涣若，龚士龙，龚戈，龚仲瑛，龚谷，龚果，龚基先，龚章，龚遂，龚经，龚图，龚适，龚荣正，龚笃生，龚总，龚鉴，栾沂，栾副，栾源。

阙年诸科登第若干人：

王大委，王小隆，王太守，王世隆，王永锡，王吉甫，王仲甫，王衣，王诏，王继文，石知一，成道升，成璧，阮大成，杜介之，杜昺，李日新，李世南，李匄，李宗孟，李思纯，李国庆，李穆，李龠，何梦升，宋文蔚，范正辞，林椿，周子元，周约，韦敬匡，施章于，姜定国，姜湛，祝维岳，姚坦，姚品，袁仲友，时希孟，徐淮，徐澡，高伯埙，高景明，郭宗礼，郭颖，唐文严，陈元实，陈允昌，陈扶，陈孚，陈褒，孙昌，孙戾，孙昱，黄文仲，曹谏，区弼，常谔臣，崔乾德，崔颂，崔熙，符南运，梁元甲，梁至，梁昭德，梁锐，张化基，张正伦，张旦，张立之，张宏，张宗臣，张恪，张从化，张清，张观国，叶野舟，叶嗣翁，掌宣，程象明，傅世隆，傅永国，冯维禹，靳怀德，杨日新，杨仲臣，杨安国，杨作，杨挺，杨保，杨寅，杨贯，杨震，赵子元，赵昌龄，赵思齐，赵谨，蔡文逵，蔡文达，郑湜，邓中和，翟中，欧庆，刘元规，刘仲章，刘宇，刘孝忠，刘忠顺，刘昭先，刘禹，刘庭式，刘烨，刘演，潘继宗，薛颜，卢士宗，卢贲，战吉，邝晞，龙饮，阎象，韩伯庄，韩晋卿，聂尧，苏献，严铤，罗祝，龚益卿。

阙年特奏名登进士第若干人：

上官彦宗，王伯虎，王沂，王拆，王尚友，王宗旦，王偁，王康，王鼎，王观国，尤发，毛镗，卞大亨，尹鉴，孔定国，孔习周，左时彦，石延年，吕钧，吕溱,朱允,朱伯龙,朱君卿,朱京,朱宗卿,朱南功,朱彦直,朱振,朱照邻,朱�,朱闻,朱端复,朱端礼,朱澥,朱玙,江忠复,江寓,安昌期,杜默,李元贵,李公旦,李廷直,李扶,李起龙,李唐将,李崧,李置,李璋,李琼,李镇,李镛,车垓,吴正邦,吴昌年,吴杰,吴戣,别湜,何伯达,余旲,冷宽,冷夔,汪康,汪弼,汪漠,汪震,沃佐,宋郭,宋绩,幸当时,范子骏,范亦辨,范亦骥,林一飞,林秀发,林武,林珏,林宪,尚棐,昌森,昌靖,竺朝仪,周正,周知雄,周温厚,胡稷言,柳大韶,柳梗,俞备,施国光,姚必昌,姚端方,勇必大,袁槱,耿时举,柴望,毕良史,高舜臣,唐震,唐潮,凌焕,陆九思,陆九皋,陆端成,陈山,陈世德,陈宗谔,陈孟扬,陈俞,陈梅境,陈焕,陈淑秀,陈玮,陈圣任,陈芶,陈熙,陈实,陈维,陈震发,陈应卯,陈应壁,陈谠,陶以宁,陶知完,陶致完,孙大成,孙炳先,黄之裳,黄中立,黄汝守,黄南鹏,黄溉,黄滁,黄嘉祥,黄裳,梅鼎亨,曹元鼎,戚简,章兄,章移忠,张文规,张光庭,张伯起,张君奭,张津,张祖庆,张真卿,张损,张德昭,彭寻,叶子长,叶昺,叶得象,叶简,喻良弼,程贤,程党,傅卒瑞,傅嵩,焦巽之,游子贤,曾光朝,曾周庆,冯邦直,汤乔年,杨一夔,杨仁及,杨必胜,杨君章,杨逢,贾仲荣,贾如规,虞治孙,詹抃,詹步,詹良臣,詹奕,赵崇羽,赵察,蒋元龙,蒋其瞻,蒋继先,郑大麟,郑丙,郑雍,郑瓘,邓备,楼斗南,楼肖,樊次仲,黎□卿,卫仲远,卫稹,刘大谟,刘友,刘公济,刘得成,刘汉仪,刘黼,诸葛埴,卢大成,卢伯仁,钱九韶,戴见,韩南老,钟振名,谢秉文,谢徽明,缪仲公,苏震,严大猷,严建忠,严讽,罗之纪,罗天觉,罗彦国,罗从道,谭式,谭杰,顾奎。

阙年特赐第若干人:

王祁,王奇,孔延世,孔佑,孔端甫,皮子良,朱季贤,李昭述,李问,汪掞,范坦,林彦振,晁宗悫,徐度,家铉翁,陶邦人,孙建,张子宪,张怀玉,曾文清,曾孝纯,贾昌符,赵日用,赵乾,赵亿,裴德舆,欧阳问,刘蒙,薛据,钱安节,钱若冲,钱逊叔,魏禹卿。

阙年制举登科若干人:

王琳,李虚一,邵亢,邵兴宗,倪祖常,张问,张缋,韩渎。

阙年博学宏辞科登科若干人：

尤时泰，曾绲，曾纵，鲍穆。

阙年上舍释人：

王鹏，邢以忠，阮异，李诚之，吴琬，青阳衍，郗渐，陈成父，康执权，张彬，卫熺，刘大明，刘愚，刘养浩，钱文子，苏总龟。（以上均见《宋登科记考·附录》）

辨正：吕蒙亨，未登进士第。（吕）蒙亨，举进士高等，既廷试，以蒙正居中书，故报罢。（《宋史》卷二六五）

笔　记

《东原录》

太平兴国二年正月六日，太宗始御讲武殿试进士，赐吕蒙正以下及第。三年、五年，又赐胡旦、苏易简以下及第。初，京师期集，未有题名石刻。至七年，冯起以赞善大夫通判歙州，苏能以著作郎权知歙州，乃刻赐诗七首。其赐吕蒙正诗有云："帝泽虽宽异，官荣莫忘贫。"赐胡旦诗有云："报言新进士，知举是官家。"御注云："每相见，但相劝为美善之事，莫教朝野人笑道主文官家知举不了。"吕蒙正自仆射乞出，得判河中府，太宗曰："卿状元及第，朕用卿作宰相，今日可谓荣归乡里。"因有诗曰："满朝鸳鹭醉中别，万里烟霄子子归。"太宗闻之曰："吕蒙正似无意再来。"既而，三召方再入相。

宋丞相尝曰："皇朝状首三十八相，到吾家第四人。"谓吕蒙正、王曾、李迪与宋庠也。

元丰元年，泰州有姜延贵者，年九十六岁。有孙及曾孙俱登进士科，而玄孙太亦隶进士业，世所罕见也。（以上均见《东原录》）

《儒林公议》

国朝以来，京都虽有国子监为讲学之地，然生徒不上三十人，率蒙稚未能成业者。遇秋试诏下，则四方多士竞投牒于学，干试求荐，罢则引去，无肯留者。初，试补监生，虽大芜谬，无不收采。生员得牒以归，则自称广文馆进士。监出一牒，生员输缗二千余，目为光监，利为公廨之用。直讲置员，但躐为资地，希迁荣耳。自景祐以来，天下州郡渐皆建学，规模立矣。庆历初，令贾相国昌朝判领国庠，予贰其职。时山东人石介、孙复，皆好古醇儒，为直讲，力相赞和，期兴庠序。然向学者少，无法例以劝之。于是，史馆检讨王洙上言：乞立听书日限，宽国庠荐解之数，以徕之。听不满三百日者，则屏不得与。由是，听徒日众，未几遂盈数千。虽祁寒暑雨，有不却者。诸席分讲，坐塞阶序。讲罢，则书名于籍以记日。固已不胜其哗矣。讲员众白判长，奏假庠东锡庆院，以广学舍，为太学。诏从之。介、复辈益喜，以为教道之兴也。他直讲又多少年，喜主文词，每月试诗、赋、论、策，第生员高下，揭名于学门。介又喜议时事，虽朝之权贵，皆誉訾之。由是群谤喧兴，渐不可遏。介不自安，求出倅濮州。言者竞攻学制之非，诏遂罢听讲日限，一切仍旧。学者不日而散，复如初矣。议者曰：学校之设，固治国化民之本也，贤、不肖知之矣。然古今不同，劝导异方。古者举乡命秀，必由于学，舍是而进者鲜矣。今考士升艺，不由于学，思治者失其本，而欲以末制驱之，其反为害也宜矣。

乾德二年，诏举贤良方正能直言极谏科，时中选者唯颖贽一人。自是，罢不复举。至咸平中，始复举之，所对策限以三千言。景德后，又先于中书试六论，应系条式者方预临策，益为艰峻矣。近制，试论于秘阁，数时之间，敦迫取就。旧试制举人，纳卷不许逾申刻，盖虑及酉则皇城掩关故耳。有司不详故事，乃不许及申刻，试人视景高下，窘蹙成文。故每三四岁一举，所得不过一二人而已。（以上均见《儒林公议》）

《涑水记闻》

宋初以来，至真宗方设制科，陈越、王曙为之首。其后夏竦等数人皆以制科登第，既而中废。今上即位，天圣六年始复置。其后，每开科场则置之，有官者举贤良方正，无官者举茂材异等，余四科多不应。皆自投牒，献所著文论，差官考校。中者召诣阁下，试论六首；又中选，则于殿廷试策一道，五千字以上。其中选者不过一二人，然数年之后即为美官。庆历六年，贾昌朝为政，议欲废之，吴育参知政事，与昌朝争论于上前，由是贾、吴有隙。乃诏自今后举制科者，不听自投牒，皆两制举乃得考校。（《涑水记闻》卷三）

《归田录》

自太宗崇奖儒学，骤擢高科至辅弼者多矣。盖太平兴国二年至天圣八年二十三榜，由吕文穆公蒙正而下，大用二十七人。而三人并登两府，惟天圣五年一榜而已。是岁，王文安公尧臣第一，今昭文相公韩仆射琦、西厅参政赵侍郎概第二、第三人也。予忝与二公同府，每见语此，以为科场盛事。自景祐元年已后，至今治平三年，三十余年十二榜，五人已上未有一人登两府者，亦可怪也。（《归田录》卷一）

真宗尤重儒学，今科场条制，皆当时所定。至今每亲试进士，已放及第，自十人已上，御试卷子并录本于真宗影殿前焚烧，制举登科者亦然。（《归田录》卷二）

《东斋记事》

礼部贡院试进士日，设香案于阶前，主司与举人对拜，此唐故事也。所坐设位供帐甚盛，有司具茶汤饮浆。至试学究，则悉彻帐幕、毡席之类，亦无茶汤，渴则饮砚水，人人皆黔其吻。非故欲困之，乃防毡幕及供应人私传所试经义，盖尝有败者，故事为之防。欧文忠公诗："焚香礼进士，撤幕待经生。"以为礼数重轻如此，其实自有为之。（《东斋记事》卷一）

《墨客挥犀》

今人于榜下择婿，号"脔婿"。其语盖本诸袁山松，尤无义理。其间或有意不愿而为贵势豪族拥逼不得辞者。有一新先辈，少年有风姿，为贵族之有势力者所慕，命十数仆拥致其第。少年欣然而行，略不辞逊。既至，观者如堵。须臾，有衣金紫者出，曰："某惟一女，亦不至丑陋，愿配君子，可乎？"少年鞠躬，谢曰："寒微得托迹高门，固幸！待归家试与妻子商量，看如何？"众皆大笑而散。（《墨客挥犀》卷一）

俗语有之，曰："槐花黄，举子忙。"谓槐之方花，乃进士赴举之时。而唐诗人翁承赞有诗云："雨中妆点望中黄，勾引蝉声送夕阳。忆得当年随计吏，马蹄终日为君忙。"乃知俗语亦有所自也。（《墨客挥犀》卷一〇）

《渑水燕谈录》

进士之举至今，本朝尤盛，而沿革不一。开宝六年，因徐士廉伐鼓诉讼，帝御讲武殿复试，复试自此始。赐诗自兴国二年吕蒙正榜始；分甲次自兴国八年王世则榜始；赐袍笏自祥符中姚晔榜始；赐宴自吕蒙正榜始；赐同出身自王世则榜始；赐别科出身自咸平三年陈尧咨榜始；唱名自雍熙二年梁颢榜始；弥封、誊录、复考、编排，皆始于景德、祥符之间。

唐制，礼部试举人，夜试以三鼓为定。无名子嘲之曰："三条烛尽，烧残学士之心；八韵赋成，笑破侍郎之口。"后唐长兴，改令昼试。侍郎窦贞固以短晷难成，文字不尽意，非取士之道，奏复夜试。本朝引校多士，率用白昼，不复继烛。

真宗朝，钱希白贤良方正擢第；庆历中，子明逸子飞、彦远子高相继制举登科；嘉祐末，苏轼子瞻、弟辙子由同年制策入等，衣冠以为盛事。故子高谢启云："两朝之间，相继者父子；十年之内，并进者弟兄。"子瞻汝州谢表曰："兄弟并窃于贤科，衣冠或以为盛事。"而子瞻入等尤高，故其谢启曰："误玷久虚之等。"希白从孙藻，皇祐五年登进士第。是年说书中选，后十年复登制科，其谢启曰："十年二第，屡玷于主司；一门四人，无替于祖烈。"（以上均见《渑水燕谈录》卷六）

国初，袭唐末士风，举子见先达，先通笺刺，谓之请见。既与之见，他日再投启事，谓之谢见。又数日，再投启事，谓之温卷。或先达以书谢，或有称誉，即别裁启事，委曲叙谢，更求一见。当时举子之于先达者，其礼如此之恭。近岁举子不复行此礼，而亦鲜有上官延誉后进者。（《渑水燕谈录》卷九）

有张献图者，应举久不第，好嘲戏，以王年推恩，得三班奉职。以诗寄其妻云："吾今为奉职，子莫怨鸾孤。"（《渑水燕谈录》卷一〇）

《燕翼诒谋录》

唐末，进士不第，如王仙芝辈唱乱，而敬翔、李振之徒，皆进士之不得志者也。盖四海九州之广，而岁上第者仅一二十人，苟非才学超出伦辈，必自绝意于功名之途，无复顾藉。故圣朝广开科举之门，俾人人皆有觊觎之心，不忍自弃于盗贼奸宄。开宝三年三月壬寅朔，诏礼部阅贡士十五举以上曾经终场者，具名以闻。庚戌，诏曰："贡士司马浦等一百六人，困顿风尘，潦倒场屋，学固不讲，业亦难专，非有特恩，终成遐弃，宜各赐本科出身。"此特奏所由始也。自是士之潦倒不第者，皆觊觎一官，老死不止。至景德二年三月丁巳，因赐李迪等进士第，赐特奏名五举以上本科六十四人，《三传》十八人，同学究二十二人，《三礼》四十四人，年老授将作监主簿三十一人。此特奏之名所由立也。至景祐元年正月癸未，诏："进士、诸科十取其二。进士三经殿试、诸科五经殿试，或进士五举年五十、诸科六举年六十，虽不合格，特奏名。"此特奏名所以渐多也。至大中祥符八年二月丙子，则命进士六举、诸科九举特奏名，并赴殿试。则又以人多而裁抑之也。况进士入官十倍旧数，多至二十倍。而特奏之多，自亦如之。英雄豪杰皆汩没消靡其中而不自觉，故乱不起于中国，而起于夷狄，岂非得御天下之要术欤？苏子云："纵百万虎狼于山林而饥渴之，不知其将噬人。艺祖皇帝深知此理者也，岂汉、唐所可仰望哉！"（《燕翼诒谋录》卷一）

试场所问本经义疏，不过记出处而已。如吕申公试卷问："子谓'子产有君子之道四焉'，所谓四者何也？"答曰："对：'其行己也恭，其事上也敬，其养民也惠，其使人也义。'谨对。"试卷不誊录，而考官批于界行之上。能记则曰"通"，不记则曰"不"。十问之中四通，则合格矣。其误记者，亦只书曰"不"，而全不能记，答曰："对未审，谨对。"虽已封弥，而兼采誉望，犹在观其字画，可以占其为人。而士之应举者，知勉于小学，亦所以诱人为善也。自誊录之法行，而字画之缪或假手于人者，肆行不忌，人才日益卑下矣。行卷之礼，人自激昂以求当路之知。其无文无行，乡闾所不齿，亦不敢妄意于科举。使古意尚存，则如章子厚者，岂容其应进士举乎？（《燕翼诒谋录》卷二）

京师试于礼部者，皆祷于二相庙。二相者，子游、子夏也。子游为武城宰，子夏聘列国，不知何以得相之名也。今行都试礼部者，皆祷于皮场庙，皮场即皮剥所也。建中靖国元年六月，传闻皮场土地，主疡疾之不治者，诏封为灵贶侯。今庙在万寿观之晨华馆，馆与贡院为邻。不知士人之祷始于何时，馆因何而置庙也。（《燕翼诒谋录》卷四）

唐设武举以选将帅，五代以来皆以军卒为将，此制久废。天圣七年，以西边用兵，将帅乏人，复置武举。至皇祐元年，边事浸息，遂废此科。治平元年九月丁卯，复置，迄于今不废。淳熙甲辰，距治平百二十载矣。仲父轩山公知贡举，武举林嘌、陶天麟等来拜谢，仲父问之曰："朝廷设此科以择将帅，而公等不从军，何也？"答以不堪笞棰之辱。仲父因奏孝宗皇帝，乞更旧制，申饬三衙、沿江军帅待以士礼。至淳熙十四年，事始施行，进士皆愿从军。至绍熙庚戌，仲父以知枢密院兼参知政事唱进士第，复奏光宗皇帝，命武举进士从军，不许军帅笞辱，大罪按奏，小罪罚俸。此令一出，皆愿从军，而军中无所容之。乃自三衙立同正员之额，以至江上诸军，每举以二十四员为额，七年为任，第一名同正将，第二名、第三名同副将，第四名以下同准备将，而第二十五名以下只注巡尉。自后军帅亦仰承朝廷优恤之意，待遇之礼与统领官等。或令其兼同统领职事，遇出战多领守寨，必自愿亲行阵者始听之。盖军中自统制以下，多是假摄，或以准备将而权统制者，每于文移、公牍、书札、榜子削其本职，为写权职为正。遇东班便自居通判之上，唯知凶暴，陵驾士大夫。一闻钲鼓之声，则惴惴战栗。士大夫信其伪衔，不复与较。故以守阙进勇副尉为统制者，往往而是。若于武举中选愿亲行阵者，使久于其任而序进之，必能趋事赴功矣。

国初，进士期集，以甲次高下率钱刊小录、事游燕。或富而名次卑，所出无几；或贫而名次高，至于假丐。熙宁六年三月庚申，诏赐进士及第钱三千缗、诸科七百缗，为期集费。一时歆艳，以为盛事。次举熙宁九年三月戊寅，练亨甫奏罢期集钱，止赐钱造小录，及第五百千，诸科二百千，而游燕之费复率钱为之。至元祐三年三月甲戌，诏复增进士钱百万、酒五百壶为期集费。相仍至今，定为千七百缗。而局中凡所率钱，皆以小录为名，而同年得与燕集者无几。又为职事者，日叨饮食，所得小录、题名，纸札装潢皆精致，不费一金。其不与职事者，出钱而所得绝不佳，不沾杯勺，无乃太不均乎！（以上均见《燕翼诒谋录》卷五）

《懒真子》

本朝取士之路多矣，得人之盛，无如进士。盖有一榜有宰相数人者，古无有也。太平五年苏易简下，李沆、向敏中、寇准、王旦；咸平五年王曾下,王随、章得象;淳化三年孙何下,丁谓、王钦若、张士逊;庆历三年杨置下,王珪、韩绛、王安石、吕公著、韩缜、苏颂;元丰八年焦蹈下,白时中、郑居中、刘正夫,其余名臣不可胜数。此进士得人之明效大验也。或曰不然,以本朝崇尚进士,故天下英才皆入此科。若云非此科不得人,则失之矣。唐开元以前,未尝尚进士科,故天下名士杂出他途。开元以后,始尊崇之,故当时名士中此科者十常七八。以此卜之,可以见矣。(《懒真子》卷三)

《邵氏闻见后录》

本朝四六,以刘筠、杨大年为体,必谨四字六字律令,故曰四六。然其敝类俳语可鄙。欧阳公深嫉之曰:"今世人所谓四六者,非修所好。少为进士时不免作,自及第遂弃不作,在西京佐三相幕府,于职当作,亦不为作也。"(《邵氏闻见后录》卷一六)

《文昌杂录》

唐慈恩题名,按《刘公嘉话录》:起自进士张莒,于长安慈恩寺闲游,题其姓名于塔下,后书之于板,遂为故事。本朝进士题名,皆刻石于相国、兴国两寺,亦慈恩之比也。(《文昌杂录》卷六)

《鸡肋编》

綦叔厚云:"进士登第赴燕琼林,结婚之家为办支费,谓之铺地钱;至庶姓而攀华胄,则谓之买门钱。"今通名为系捉钱。凡有官者皆然,不论其非榜下也。(《鸡肋编》卷中)

《青箱杂记》

洛阳龙门有吕文穆公读书龛。云:文穆昔尝栖偃于此,初有友二人,一人则温尚书仲舒,一人忘其姓名。而三人誓不得状元不仕,及唱第,文穆状元,温已不意,然犹中甲科,遂释褐,其一人径拂衣归隐。后文穆作相,太宗问昔谁为友,文穆即以归隐者对,遽以著作佐郎召之,不起。故文穆罢相尹洛,作诗曰:"昔作儒生谒贡闱,今提相印出黄扉。九重鹓鹭醉中别，万里烟霄游子归。邻叟尽垂新鹤发，故人犹著旧麻衣。洛阳谩道多才子，自叹遭逢似我稀。”所谓故人，盖斥其友归隐者。（《青箱杂记》卷一）

师锡年八十余卒。又有《喜子及第》诗曰：“御榜今朝至，见名心始安。尔能俱中第，吾遂可休官。贺客留连饮，家书反复看。世科谁不继？得慰二亲难。”盖张氏尝有中魁甲者，故诗有世科之语。（《青箱杂记》卷五）

《道山清话》

韩庄敏一日来予子弟读书堂，遍观子侄程课，喜甚，谓门客曰：“举业只须做到这个地位，有命时，尽可及第。自此当令日日讲五经，依次第观子史，程文不必更工，枉了工夫。若无命时，虽工无益。”（《道山清话》）

《谈苑》

士人初登第，必展欢宴，谓之“烧尾”。说者云：“虎化为人，惟尾不化，须为烧去，乃得成人。”又说：“新羊入群，诸羊抵触，不相亲附，烧其尾乃定。”又说：“鱼跃龙门，化龙时，必须雷电为烧其尾，乃化。”

太宗好文，每进士及第，赐闻喜宴，御制诗，遂为故事。仁宗诗尤多，有云：“寒儒逢景运，报国合何如？”（以上均见《谈苑》卷四）

《青琐高议》

大丞相王曾，青州解元，南省省元，殿前状元；枢密冯京，鄂州解元，南省省元，殿前状元；杨学士赏，开封府解元，南省省元，殿前状元。本朝太平百余年，文物最为隆盛，数路得人，推进士为上第。天圣三元才三人耳，继之者必洪学大手笔之士。今继者及何甚稀也？

黄庠，州解元，南省省元；范内翰镇，国学解元，南省省元。范公文学有重。黄公省试后，卧病月余，唱第后方愈。卒登其乡，才学优粹，无为议者所惜。百余年二人，不亦少乎？（以上均见《青琐高议》后集卷八）

《栾城先生遗言》

公（苏辙）言场屋之敝，曰：“昔南省赋题，官韵于字，举子程文云：‘何以

加于。'其文中选后，诗韵有同者，或曰：'何以更加于'。大抵场屋多此类也。"（《栾城先生遗言》）

《履斋示儿编》

省题诗更须留意。山谷与洪驹父云："更须留意作五言六韵诗。若能此物，取青紫如拾芥耳。"大体作省题诗，尤当用老杜句法，若有鼻孔者，便知是好诗也。近年许琮以"圣图天广大"对"王度日清夷"，乃用老杜全句与傅咸全句配，遂魁南省。其有鼻孔，可知此味。不必全句，但能着意点化，深造诗仙句法，则亦必压倒元、白，突过黄初矣。庐陵董克正，以其父参政当国，避亲就别院。考官周孟觉因以二月一日试，出中和节诗。董上请云："何谓中和节？"周答曰："上元已过，上巳未至，今日所以为中和也。"董即体其意，曰："上巳时将近，元宵节已过。仲春方骀荡，今日是中和。"遂高中。又尝闻艮斋谢尚书云："每考校赋卷子，必先看第一、第二韵。即以诗看，有何好句。有好句则遍看彻，定去留；不尔，便斥下。"则诗断不可轻视。又闻西昌谭高立一飞临汝考试归云："省题诗不宜押协韵。"有坚守《贡举条制》者谓："限五言六韵成，是并不容取协韵之诗矣。"（《履斋示儿编》卷一〇）

《密斋笔记》

杨囦《四六余话》：国初处州赴解止六人，取三人。士子《谢解启》云："类矍圃之观人，去者半，留者半；如孔门之取友，益者三，损者三。"（《密斋笔记》卷三）

《猗觉寮杂记》

本朝父子作状元者三家：安德裕与其子守亮，梁颢与其子固，张去华与其子师德。其后，状元之子登科者极少。且以经义改科，终道君朝状元考之，无一家有子登科者。叶祖洽、余中、徐铎、时彦、黄裳、焦蹈、李常宁、马涓、毕渐、何昌言、李釜、霍端友、蔡薿、贾安宅、莫俦、何㮚、王昂、何涣、沈晦十九榜，六十余年，俱无子登科。岂天以大名已付其人，而其后不可复得耶？又，祖宗时大魁多为相，此十九榜为相者一何㮚而已。（《猗觉寮杂

记》卷下）

《师友杂志》

晁以道自言：少时每自嫌以门荫得官，以为不由进士仕进者，如流外杂色，非真是作官也。后既登第，始与李六丈德叟游，德叟诮薄进士得官，却如某已前薄门荫时也。自此始知登科不足为美。（《师友杂志》）

《愧郯录》

场屋编类之书：自国家取士场屋，世以决科之学为先。故凡编类条目、撮载纲要之书，稍可以便检阅者，今充栋汗牛矣。建阳书肆，方日辑月刊，时异而岁不同，以冀速售。而四方转致传习，率携以入棘闱，务以眩有司，谓之“怀挟”，视为故常。珂尝考承平时事，盖已尝有禁。（《愧郯录》卷九）

制举科目：制科之设，自汉有之矣。至唐而其名特多，犹止于御试策而已。国初，制三科：一曰贤良方正能直言极谏，二曰经学优深可为师法，三曰详闲吏理达于教化。并州府解送，吏部试论三道，共三千字以上。当日内，取成文理优长、人物爽秀者中选。而设科之后，竟无试者。乾德元年正月十五日，始诏：“不限内外职官，前资、见任、黄衣、布衣，并许直诣阁门进奏请应，朕当亲试，以进时贤。”下诏之七十五日，而前博州军事判官颖贽首应诏自荐，临轩召试贤良科，称旨，遂拜秘书省著作郎。其四年，贤良科则又有姜涉，经学科则有郝益出焉。五月二十七日，艺祖御紫云楼策试，而陶谷、窦仪、王著、卢多逊、王祐、尹拙、姚恕、冯英，并命参校涉等。皆以疏略赐罢，犹赐酒食以遣之。定陵右文益笃，斯志林陶应制举试学士院，不及格，犹赐同进士出身。见于咸平三年四月十五日之诏。其市骏骨之意，灼然可见矣。然乾德紫云之试，距今三十有四年，元无一人嗣膺此选，不知中间何时遂增学士院一试也。明年四月十三日，始以贤良科试查道、陈越、王晓，而李邈、鲁䪨不入等。其八月十日，又试何亮、孙暨、孙仅、丁逊，皆入第四等及第四次等。考官宋白、梁周翰、师颃、李宗谔、赵安仁、薛映、杨亿，殊不闻前有别试，亦无学士院考定之文。至景德二年之七月十八日，诏复置贤良方正能直言极谏、博通坟典达于教化、材识兼茂明于体用、武足安边、军谋宏远、材任边寄等科。诏书有曰："宜委中书门下，先加程试。如器业可观，具名闻奏，朕将临轩亲试。"则未御试之前，再加一试，疑自此始。然贤良方正之举得人，仅在四年之前，而诏乃明言复置此科，殊不见罢科之日，为不可晓也。明年七月二十九日，以考定官晁迥，重考官吕文仲、吕祐之、戚纶、陈彭年所考当，应制举人所纳文卷付中书，详较会要，书其事。以为真皇之意，盖恐遗才，当是所考有不中格者，而复加详审尔。此仅与今进卷策论付侍从后省看详者同，而非试也。八月二十二日，诏："赵宗古、陈绛、令狐颂、陈渐、陈贯，令依例付中书试。"盖即前详较不中者之姓名。然中书所试，亦未详以何等文字。九月十七日，御崇政殿策试，乃钱易、石待问二人。又与前名不同。考之《登科记》，则言二年之诏已有委中书试论六首之旨。是年，乃不纪论题。又明年，中书门下考试陈绛、夏竦，乃肇见六论。一曰《定四时别九州圣功孰大》，二曰《考定明堂制度》，三曰《光武二十八将功业先后》，四曰《九功九法为国何先》，五曰《舜典为禹勤事功业孰优》，六曰《曾参何以不列四科》，此盖试论之始。而绛又去年所召，至今乃中者也。自是而后，旷岁无之。仁宗天圣七年闰二月二十三日，复诏置六科，惟增详明吏理可使从政，余皆如景德之诏。是科元未尝罢，而再称复置，尤不可晓。诏书又曰："今复置贤良方正能直言极谏、博达坟典明于教化、才识兼茂明于体用、详明吏理可使从政、识洞韬略运筹决胜、军谋宏远材任边寄六科，应内外京朝官，不带台省、馆阁职事，不曾犯赃及私罪情轻者，并许。少卿监以上奏举，或自进状，乞应上件科目。仍先进所业策论五十首，诣阁门或附递投进，委两制看详。如词理优长，具名闻奏，当降朝旨，召赴阙。差官试论六首，以三千字以上为合格，即与御试。又置高蹈丘园沉沦草泽、茂才异等二科，应草泽及贡举人、非工商杂类者并许。本路转运逐处长贰奏举，或自于本贯投状乞应上件科目。州县体量，实有行止、别无玷犯者，即令纳所业策论五十首，本州看详。委实词理优长，即上转运使。复更审访乡里名誉，选有文学佐官看详。委实文行可称者，即以文卷送尚书礼部，委判官看详。选择词理优长者，具名闻奏，当降朝旨，召赴阙。差官试论六首，以三千字以上为合格，即与御试。又置书判拔萃科、武举，其逐处看详官不得以词理平常者一例取旨。如违,必行朝典。仍限至十月终以前,具姓名申奏到阙。更有合行事件,委逐司条例以闻。”其制加详矣。明年六月十六日,命盛度、韩亿就秘阁,考试贤良科何咏、茂才科富弼,论各六首。盖始就阁试。《登科记》明言茂才科六论,与贤良同咏,既有富弼为进士,当如诏书阙。贤良方正而下六科,为有官者之试;高蹈丘园而下三科,为未仕者之试,其名不同而实一耳。景祐元年六月二十一日,始于才识兼茂科得吴育,而张方平以进士中茂才。宝元元年七月二十七日,方平又以秘书省校书郎再对贤良方正之策,则是制科人有再试再中者矣。至皇祐元年八月二日,上封者言:“伏见国家每设制科,以收贤科。中选之后,多至大用。以此知不独取于刀笔,盖将观其器能也。旧制:秘阁先试六论,合格者然后御试策一道。先论者盖欲探其博学,后策者又欲观其才用。近来御前所试策题,其中多问典籍名数及细碎经义,乃是又重欲探其博学,竟不能观其才用。岂朝廷求贤材之意耶!欲乞将来御试策题中,止令问事关治乱、体系安危,用之则明昌,舍之则微弱,往古之已试、当今之可行者十余条,限三千字以上成。所对人若文理优长,识虑深远,其言真可行于世,其论果有补于时者,即为优等;若是文意平常,别无可采者,即为末等,量与恩泽。所有名数及细碎经义更不详问。如此,则不为空言,可得实效。”诏:“撰策题官先问治乱安危大体,其余所问经史名数,自依旧制。”则其制益加详焉。至熙宁七年五月十四日,以御试举人既有策,从中书门下之言,并罢此举。时吕惠卿力主之,冯京力争而不能得。元祐元年闰二月二日,用侍御史刘贽之言,复贤良茂才科。明年九月二十四日,首得布衣谢悰。未仕而中贤良科,肇见于此。绍圣元年九月十二日,哲宗用章惇、李清臣、郑雍之议,又诏罢制科。高宗中兴,绍兴元年正月一日德音,首诏复置贤良一科,且令讲求典故。于是仪曹之奏曰:“旧制:科场年春降诏,九月赴诏。命尚书两省谏议大夫以上、御史中丞、学士待制各举一人,不拘已未仕。命官不拘有无出身,仍以不曾犯赃私罪充。各具辞业策论五十篇,分为十卷缴进,入举词。送两省侍从参考,分为三等:文理优长为上等,次优为中等,平常为下等。考试缴奏,次优以上召赴阁试。今详:天圣七年复置六科,诏书首云‘皆考士节之无瑕采、乡评之共许’。嘉祐二年诏举九科,亦令采察文行。若不如所举,并坐举者。四年,旌德县尉汪辅之已试六论,过阁及殿试亦考入第四等，而言者以无士行罢之。故苏文忠轼有云：'凡预言书之诏命，已为天下之选人。然犹使御史得以求其疵，谏官得以考其素，一陷清议，辄为废人。'盖国家自昔制科取人，中选之后，多至大用。其考察之严，不得不尔。令乞今后遇有应者，并须尚书两省谏议大夫以上、御史中丞、学士、待制三人奏举。先考其素行，无愧于清议，然后诏试。举非其人者，坐之。其阁试旧制，一场论六首，每篇限五百字以上，题目于九经、十七史、七书、《国语》、《荀子》、《扬子》、《管子》、《文中子》正文及注疏内出。内一篇暗数，一篇明数。如绍圣元年阁试《舜得万国之欢心论》，出《史记·乐书》'舜弹五弦之琴，歌《南风》之诗，而天下治。'夫《南风》之诗者，生长之音也。舜乐好之，乐与天地同意，得万国之欢心，故天下治也。此谓暗数。谨《事成六德论》，出《毛诗》'皇皇者华'笺注，此谓明数。四通以上为合格。仍分五等，入四等以上，召赴殿试。论引上下文不全，上下文有度数及事类，暗数；引不尽，并为粗。差翰林学士、两省官考试于秘阁，御史台官监试，及差封弥、誊录官考讫，以合格试卷缴奏，御前拆号。窃详旧制，兼注疏内出题。今复科之初，欲权罢疏义，余依旧制。"诏："疏义出题，临时取旨。"珂尝考之：所谓旧制，盖祖宗之制也。自贤良以至边寄谓之六，增高蹈等三科谓之九，此则甚明。特所举官之名称，前乎元丰，则不能详；所出题之详略，因乎元祐，而不能举。遂使外台参荐之制，尼不复见。而临时取旨之诏，高宗犹意其更祖宗之已行，益有以启上心之疑，而未之亟许焉。明年正月二日遂下诏：今后科场复置贤良，科举官缴词业，一如仪曹之奏，不复许在外之明扬者。至四年三月十一日、七年二月九日、十年三月二十三日、十四年三月二十八日、十七年四月二日、二十年五月四日、二十三年五月一日、二十六年四月三日、二十九年三月十九日、三十二年三月二十八日，凡十一诏，而迄无应书。孝宗即位，诏令郡国皆听荐举。乾道五年十一月四日，始得李垕，复就中书试焉。尔后，李塾、郑建德、庄冶、姜凯、滕巘、杜旟之流，时不乏人。或试而不合，或召而不试，或荐而不召，寥寥寂响，迄未复振，良以此也。按：荐举之制，咸平四年二月二十五日诏令："学士、两省、御史台五品以上、尚书省诸司四品以上，于内外京官、幕职、州县官及草泽中举贤良方正之士各一人。"三月十九日诏："所举贤良方正，应已贴馆职及任转运使者，不在举限。"天圣七年六月二十一日，屯田员外郎刘夔请应制科，翰林学士宋绶言其已任尚书六品官，罢之。景祐元年二月四日诏："六科今后应京朝官、幕职、州官不犯赃罪及私罪情轻者，并许应。京朝官须是太常博士以下，不得带省府推判官、馆阁职事并发运、转运、提点刑狱差任者；其幕职、州县官须经三考以上，其见任合该移入沿边不般家地分，及川、广、福建等处者，候回日许应。高蹈丘园、沉沦草泽、茂材异等等三科及武举，应进士、诸科取解不获者，不得应。"庆历六年六月十八日诏："自今制科并随贡举，为定制。须近臣论荐，无得自举。"嘉祐二年六月十九日诏："自今太常博士而下，不充台省、馆阁职，及提点刑狱以上差任，选人不限有无考第，并草泽人，并听待制以上举，即不得自陈。内草泽人，并许本路转运使采察文行，保明奏举。如程文荒浅不中选、才行不如所举者，坐之。"出题之制，景祐四年闰五月四日，命两制各上策问，参以经义。元祐七年五月十一日诏："秘阁试制论科，于九经兼正史、《孟》、《扬》、《荀》、《国语》及注内出题，其正义毋出。"又国初以宰相撰题，绍圣元年命翰林学士林希撰题，乾道七年九月命宰相叶衡撰题，是皆国朝科目沿革之制。先后互考，尤可见其变也。初，熙宁变更，王荆公用事，恶人议己，欲撼成制。二年十二月九日，始诏削制科恩数，迄于罢举。绍圣，章惇奏对，遂有"复科无补，谢悰、王当、司马槱等皆极疏谬"之说，是不足论。而皇祐五年八月，试者十八人，时宰相密谕考官只放一人过阁。惟太祝赵彦若与选，及对策，又黜之，则深可为治朝惜。若嘉祐八年六月十七日诏："制科十七人赵卨等权罢，将来科场便赴秘阁就试。"盖一时有所不暇，非故事也。然天圣、嘉祐之诏，绍兴之议，考之素行，又为取人之要云。(《愧郯录》卷一一)

《缃素杂记》

顷岁，省试《早莺求友诗》，又《莺出谷诗》，别书固无证据，斯大误也。(《缃素杂记》卷五)

《北窗炙輠录》

黄致一初看科场，方十三岁。时出《腐草为萤赋》题，未审有何事迹。同场皆以其儿童易之，漫告之曰："萤则有若所谓'聚萤读书'，草则若所谓

'青青河畔草'，又若所谓'君子之德风，小人之德草'，皆可用也。"其事皆牢落不羁，同场姑以此塞其问，元非事实也。致一乃用此作一隔对，云："昔年河畔，常叨君子之风；今日囊中，复照圣人之典。"遂发解。刘无言年十七岁，在太学时称俊才。先季试，偶读《司马穰苴传》，曰："将在军，君命有所不受。"乃谓同舍曰："某明日策中必用此句。"明日问《神宗实录》，问与昨日事殊。无言乃对曰："秉笔权犹将也，虽君命有所不受。"此一策甚奇，诸长者皆拱手，遂作魁。此皆一时英妙可喜。故事无工拙，顾在下笔何如耳。（《北窗炙輠录》卷上）

有落解者作启事，痛诋试官。时丁葆光为试官，复其启曰："俯知有司之不明，仰见君子之所养。"又云："当俾志气塞乎天地之间，无使精神见于肝膈之上。"又曰："韫椟而藏，何妨于待价之玉；踊跃自试，真所谓不祥之金。"

刘德初、白蒙亨、刘观皆太学名士，太学魁往往三人皆专之。一日，尝在场中会卷子。德初先出之，犯讳，二人不言；次蒙亨出之，又犯讳，二人亦不言；最后观出之，复犯讳，二人亦不言。三人者皆自喜，以谓二人犯讳，魁将谁归？及见黜，始知皆犯讳。此何容心！

有一青阳衎，治《周礼》，赴上舍试。其邻坐有人过午犹阁笔，衎素不识其人，遂起揖之，曰："日晚矣，未下笔，何也？"其人曰："今日偶困此题，犹未有处，奈何？"衎即与卷子，令体之。其人得衎文，会其意，须臾立就。榜出，衎魁，其人本经第二人，皆中。其二人文至今载《荣遇集》中。

一人云：乡中有士人某在场中，虽骨肉至亲扣之，卒不告一辞。而其人实高才，平生诗文混之《东坡集》中，人莫能辨也。今年且六十矣，犹困场屋。陈阜卿兄弟，□□□□，居常卷子令所知恣观，然兄弟皆早第。由是言，在彼不在此也。（以上均见《北窗炙輠录》卷下）

《石林燕语》

琼林苑、金明池、宜春苑、玉津园，谓之四园。……今惟琼林、金明最盛。岁以二月开，命士庶纵观，谓之"开池"；至上巳，车驾临幸毕，即闭。岁赐二府从官燕，及进士闻喜燕，皆在其间。（《石林燕语》卷一）

本朝以科举取士，得人为最盛。宰相同在第一甲者，王文正榜，王文忠；宋莒公榜，曾鲁公；王伯庸榜，韩魏公、文潞公；刘烨榜，刘莘老、章子厚；叶祖洽榜，蔡鲁公、赵正夫；惟杨置榜，王禹玉、韩子华、王荆公三人，皆又连名，前世未有也。自熙宁三年，余中榜至今，惟焦蹈榜，徐择之一人而已，他榜亦未有登执政者。（《石林燕语》卷三）

王文正榜进士三十八人，初不分甲。此云"第一甲"，何邪？又，章郇公亦同榜。淳化三年，丁谓、王钦若、张士逊皆第一甲，但是年止两甲尔。（《石林燕语辨》）

熙宁初，改经义取士，兴建太学。讫崇宁罢科，秋赋每榜魁，南省皆迭为得失。始余中榜，邵刚魁得；次徐铎榜，余干落；时彦榜，黄中魁得；次黄裳榜，侯绶落；惟焦蹈榜，陶直夫落。差一榜，次七榜。李常宁、毕渐、李釜、蔡薿榜，章综、李朴、蔡靖、陈国林皆得；马涓、何昌言、霍端友榜，费元量、王瞻、陈宾皆落，不差一人，亦可怪也。时谓之"雄雌解元"。（《石林燕语》卷四）

国初贡举法未备，公卿子弟多艰于进取，盖恐其请托也。范杲，鲁公之兄子，见知陶谷、窦仪，皆待以甲科。会有言"世禄之家不当与寒畯争科名"者，遂不敢就试。李内翰宗谔已过省，以文正为相，因唱名辞疾不敢入，亦被黜。文正罢相，方再登科。天禧后立法，有官人试不中者，皆科私罪，仍限以两举。或云，王冀公所请也。庆历以来，条令日备，有官人仍别立额，于是进取者始自如矣。（《石林燕语》卷五）

雍熙二年殿试进士，内有宰相李昉子宗谔、参政吕蒙正弟蒙亨、盐铁使王明子扶权、度支使许仲宣子待问。上曰："斯并世家，纵以艺升之，天下亦谓朕有私也！"并下第。景德年进士杨倚以翰林学士亿之弟，自第三等升第二。祖宗一时升黜，亦不一也。天禧二年，王钦若请锁厅人不及格坐私罪。天圣四年，诏免责罚，听再举。以旧制试礼部不及格，赎铜，永不得应举也。七年，诏：文臣许应两次，武臣一次。盖科罪者，王冀公所请

也;而免责罚许两次者,乃后来从宽。今并云冀公所请,非也。(《石林燕语辨》)

国朝状元为相者四人:吕文穆公、王文正公、李文定公、宋元宪公。文穆登第十二年拜,文正二十一年,文定二十九年,元宪二十七年。文正、文定皆再入,而文穆三入为尤盛。初,文正携行卷见薛简肃公,其首篇《早梅》云:"如今未说和羹事,且向百花头上开。"简肃读之,喜曰:"足下殆将作状元了,做宰相耶?"

王伯庸名尧臣榜,韩魏公第二,赵康靖公第三。嘉祐末,魏公为相,康靖为参知政事,伯庸虽先罢去,而魏公与康靖同在政府,当时号为盛事。熙宁末,王荆公相,韩康公、王禹玉为参知政事,三人亦皆同年,仍在第甲连名,禹玉第一,康公第二,荆公第三。荆公再入,仍与康公并相,尤为难得。时陆子履作诗云:"须信君王重儒术,一时同榜用三人。"

国初天下始定,更崇文士。自殿试亲放榜,状元往往遂见峻用。吕文穆公太平兴国七年登科,八年已为参知政事。李文正昉乃座主,于时为相,与文穆同在二府。后五年文正罢,文穆遂代为相。李文定公景德二年登科,天禧元年为参知政事,后三年为相,距登第亦才十六年。登第时寇莱公已为相,冯魏公已为参知政事。后亦代莱公为相,而魏公尚为枢密使。其后王文正公以咸平五年登科,大中祥符九年为参知政事,乾兴元年为相,距登第二十一年。登第时,冯魏公为同知枢密院事,王冀公为参知政事,亦代魏公为相,而冀公方自江宁再入为首相,自是无复继者。(以上均见《石林燕语》卷六)

苏参政易简登科时,宋尚书白为南省主文。后七年,宋为翰林学士承旨,而苏相继入院,同为学士。宋尝赠诗云:"昔日曾为尺木阶,今朝真是青云友。"欧阳文忠亦王禹玉南省主文,相距十六年,亦同为学士。故欧公诗有"喜君新赐黄金带,顾我今为白发翁"之句。二事诚一时文物之盛也。(《石林燕语》卷八)

《避暑录话》

国初犹右武,廷试进士多不过二十人,少或六七人。自建隆至太平兴国二年，更十五榜，所得宰相毕文简公一人而已。自后，太宗始欲广致天下之士，以兴文治。是岁，一百九人，遂得吕文穆公为举首，与张仆射齐贤宰相二人。自是，取人益广，得士益多。百余年间，得六人者一榜：杨置榜王岐公、韩康公、王荆公、苏子容、吕晦叔、韩师朴。得四人者一榜：苏参政易简榜李文正、向文简、寇莱公、王魏公，而岐公、康公、荆公皆连名。得三人者四榜：王沂公榜沂公、王文惠、章郇公；刘烨榜刘莘老、章子厚、蔡持正；改科后焦蹈榜徐择之、白蒙亨、郑达夫；毕渐榜杜钦美、唐钦叟、吕元直。中间或一人两人，而刘烨榜刘莘老、章子厚二人，榜亦连名。盖莫多于苏、杨二榜，而王岐公等三人皆第一甲而连名，尤为盛也。(《避暑录话》卷二)

读书而不应举则已矣。读书而应举，应举而望登科，登科而仕，仕而以叙进，苟不违道与义，皆无不可也。而世有一种人，既仕而得禄，反嘐嘐然以不仕为高，若欲弃之者。此岂其情也哉！故其经营有甚于欲仕，或不得间而入，或故为小异以去，因以迟留，往往遂窃名以得美官而不辞，世终不寤也。(《避暑录话》卷四)

《谈薮》

建宁府有解魁《谢太守启》云："贾谊作秀才，诸生无出其右；韩信拜大将，一军皆为之惊。百战百胜，君无务已试之功；三沐三薰，予将有善后之请。"(《谈薮·附录》)

《却扫编》

旧制：进士登科人初官多授试秘书省校书郎，故至今新擢第人犹称秘校。祖宗朝，进士上三名皆授将作监丞通判，故至今犹称状元为监丞。(《却扫编》卷上)

祖宗时，有官人在官应进士举，谓之"锁厅者"，谓锁其厅事而出。而后世因以有官人登第，谓之"锁中"，甚无义理。(《却扫编》卷中)

国朝制科初因唐制，有贤良方正能直言极谏、经学优深可为师法、详明吏理达于教化，凡三科。应内外职官，前资见任、黄衣草泽人，并许诸州及本司解送。上吏部，对御试策一道，限三千字以上成。咸平中，又诏文臣于内外幕职、州县官及草泽中举贤良方正各一人。景德中，又诏置贤良方正能直言极谏、博通坟典达于教化、才识兼茂明于体用、武足安边洞明韬略、运筹决胜军谋宏远材任边寄、详明吏理达于从政等六科。天圣七年，复诏应内外京朝官，不带台省馆阁职事、不曾犯赃罪及私罪、情理轻者，并许少卿监以上奏举，或自进状，乞应前六科。仍先进所业策论十卷、卷五道，候到，下两省看详。如词理优长堪应制科，具名闻奏。差官考试，论六首。合格，即御试策一道。又置高蹈丘园、沉沦草泽、茂才异等三科，应草泽及贡举人，非工商杂类者，并许本处转运司及州长吏奏举。或于本贯投状乞应，州县体量有行止、别无玷犯者，即纳所业策论十卷、卷五道，看详。词理稍优，即上转运司，审察乡里名誉，于部内选有文学官再看详。实有文行可称者，即以文卷送礼部，委主判官看详。选词理优长者，具名闻奏。余如贤良方正等六科。熙宁中悉罢之，而令进士廷试，罢三题而试策一道。建炎间，诏复贤良方正一科，然未有应诏者。(《却扫编》卷下)

《云麓漫钞》

《礼部韵略》始于科举用律赋，取六经中字为之，故曰“略”。绍兴中，黄启宗又取六经诸子史常用字为《献元降指挥》，今附于《礼部韵略》之后，令学者通知。淳熙重刊《韵略》，则分入于逐韵之末。既无明文许用，举子多不敢使。然其间有碍理者，如“齐”字“子兮切”，《礼》“地气上齐”，云当于“跻”，字下亦作“齐”；“矜”字与“鳏”同，至于“矜寡”，云当于“鳏”，字亦作“矜”。如此之类甚多，殊不知二字只有此出处，岂可因此借用，遽改“齐”、“矜”作“跻”、“鳏”用之也？若云“一作”则可矣。此乃黄启宗自媒之文，非取名《礼部韵略》之意也。(《云麓漫钞》卷五)

本朝尚科举，显人魁士，皆出寒畯。观此可见世家气象。

国朝例，崇政殿试举人，景福殿考复。自熙宁后，以逐殿增置内帑库屋，难以就置幕次，遂移于集英殿。(以上均见《云麓漫钞》卷七)

国朝进士累举不第者，限年许赴特奏，名号为恩科。在汉初平三年九月甲午，试儒生四十余人，上第赐位郎中，次太子舍人，下第者罢之。诏："今耆儒年逾六十，去离本土，营求粮资，不得专业。结童入学，白首空归，长委农野，永绝荣望。其依科罢者，听为太子舍人。"即今之恩科也。（《云麓漫钞》卷一〇）

《萍洲可谈》

本朝贵人家选婿，于科场年择过省士人，不问阴阳吉凶及其家世，谓之"榜下捉婿"。亦有缗钱，谓之"系捉钱"，盖与婿为京索之费。近岁，富商庸俗与厚藏者嫁女，亦于榜下捉婿，厚捉钱以饵士人，使之俯就，一婿至千余缗。既成婚，其家亦索"遍手钱"，往往计较装橐，要约束缚如诉牒。如此用心何哉？（《萍洲可谈》卷一）

《陶朱新录》

从伯马伯者，任青州益都尉，交代乃老举人也。云：初在乡里，庵居郊外。一夕，有盗雨中穿窬入，乃谓之曰："汝冒雨夜穴壁良苦，度汝必不得已也。"盗以实告曰："我非素为盗。我营卒也，博输军号，不敢归，乃来相扰尔。"尉曰："吾有绢二匹。"因取赠之，启户出之，盗拜谢去。诘旦，又诣营为请于军校，得不治其罪，亦不言其为盗也。次举，知交勉就试，犹豫间，卒又出灯下。尉曰："何复来耶？"盗曰："某自前年蒙秀才恩惠，自誓死生必相报。今不幸殁于军前，知秀才欲赴举，故来。"遂失所在。既而赴举，试前，盗以所试题送出，累场皆然，悉不谬，果获荐。至南省亦然。迨陛试，卒又形见，曰："内中某不敢入矣，秀才勉之。"已而登第。（《陶朱新录》）

《独醒杂志》

近年大魁多齐年。木待问、赵汝愚皆生于庚申，郑侨、黄定皆生于癸丑，王佐、萧国梁皆生于丙午，沈晦、李易皆生于甲子。推而上之，吕蒙正、冯京皆生于甲寅，蔡薿、何昌言皆生于丁未，徐奭、梁固皆生于乙酉，王曾、张师德皆生于戊寅，吕溱、杨置皆生于甲寅，贾黯、郑獬皆生于壬戌，彭汝

砺、许安世皆生于辛巳，陈尧咨、王整皆生于庚午。所传其生庚者如此，意其他尚有之。(《独醒杂志》卷一〇)

《挥麈录》

浦城章氏，尽有诸元。子平为廷试魁，而表民望之制科第一，子厚惇开封府元，正夫楶锁厅元，正夫子综为国学元，子厚子援为省元，次子持为别试元。其后自闽徙居吴中，族属既般，簪裳益茂，至今放榜，必有居上列者。章氏自有登科题名石刻在建阳。(《挥麈前录》卷二)

李昌武宗谔之子昭遘，十八岁锁厅及第。昭遘子杲卿、杲卿子士廉，皆不逾是岁登甲科。凡三世俱曾为探花郎，亦衣冠之盛事也。

国初每岁放榜，取士极少。如安德裕作魁日，九人而已，盖天下未混一也。至太宗朝浸多，所得率江南之秀。其后又别立分数，考校五路举子，以北人拙于词令，故优取。熙宁三年廷试，罢三题，专以策取士，非杂犯不复黜。然五路举人，尤为疏略。黄道夫榜，传胪至第四甲党镈卷子，神宗大笑曰："此人何由过省?"知举舒信道对以"五路人用分数取末名过省"。上命降作第五甲末。自后，人益以广。宣和七年沈元用榜，正奏名殿试至八百五人，盖燕、云免省者既众，天下赴南宫试者万人，前后无逾此岁之盛。

本朝父子状元及第：张去华，子师德；梁颢，子固。兄弟：孙何、孙仅，陈尧佐、尧咨四家而已。后来沈文通孙晦以祖孙相继。近年许克昌实许安世之亲侄孙，而王资深、子洋俱为榜眼。(以上均见《挥麈前录》卷三)

《寓简》

本朝以词赋取士，虽曰雕虫篆刻，而赋有极工者，往往寓意深远，遣词超诣，其得人亦多矣。自废诗赋以后，无复有高妙之作。昔中书舍人孙何汉公著论曰："唐有天下，科试愈盛。自武德、贞观之后，至贞元、元和已还，名儒巨贤，比比而出。有宗经立言如丘明、马迁者，有传道行教如孟轲、扬雄者，有驰骋管晏、上下班范者，有凌轹颜谢、诋诃徐庾者。如陆宣公、裴晋公，皆负王佐之器，而犹以举子事业飞腾声称；韩退之、柳子厚、皇甫持正，皆好古者也，尚克意雕琢，曲尽其妙。持文衡者，岂不知诗赋不如策问之近古也？盖策问之目，不过礼乐刑政、兵戎赋舆、岁时灾祥、吏治得失。可以备拟，可以蔓衍，故汗漫而难校，泱漭而少工，词多陈熟，理无适莫。惟诗赋之制，非学优才高，不能当也。破巨题期于百中，压强韵示有余地。驱驾典故，混然无迹；引用经籍，若已有之。咏轻近之物，则托兴雅重，命词峻整；述朴素之事，则立言遒丽，析理明白。其或气焰飞动而语无孟浪，藻绘交错而体不卑弱。颂国政则金石之奏间发，歌物瑞则云日之华相照。观其命句，可以见学植之深浅；即其构思，可以觇器业之大小。穷体物之妙，极缘情之旨。识《春秋》之富艳，洞诗人之丽则。能从事于斯者，始可以言赋家流也。"其论作赋之工如此，非过也。(《寓简》卷五)

今之学者谓得科名为了当，而仕宦者谓至从官为结果。嗟乎！学所以明道修身，而仕将以行志及民也。以浅俗不根之学，声律对偶，传习时文，一得科名则已了当一生，而进德修业更无余事矣。以贪鄙无能之质，巧佞卑污，积累官簿，一得从官则已结果终身，而爱君忧国无余事矣。夫如是，望其修身及民，何时可哉？余见士大夫无贤愚，其言皆如此，心窃怪之而不敢辟也。(《寓简》卷六)

王庠应制举时，问读书之法于眉山。眉山以书答云："别笺所示，老病废忘，岂堪英俊如此责望？少年应科目时，记录名数沿革等，大略与应举者同耳。亦有少节目文字，皆被人取去，然亦无用也。实无捷径必得之术。但如君高才强力，积学数年，自有可得之道，而其实皆命也。但卑意欲少年为学者，每一书皆作数次读之。书之富如入海，百货皆有，人之精力不能尽取，但得其所求者尔，故愿学者每次作一意求之。如欲求古今兴亡治乱、圣贤作用，且只以此意求之，勿生余念。又别作一次，求事迹、故实、典章、文物之类，亦如之。他皆仿此。此虽似迂钝，而他日学成，八面受敌，与涉猎者不可同日而语也。甚非速化之术，可笑！可笑！承下问，不敢不尽也。"前辈教人读书如此，此岂肤浅求速成、苟简无根柢者所能哉？此书今集中不载，学者当书绅，故表而出之。

予中进士科后，从石林于卞山。予时欲求试博学宏词，石林勉予曰：

“宏词不足为也，宜留心制科工夫。他日学成，便为一世名儒，得失不足论也。”因授予以所编方略。又极论修习次第曰：“天下之书，浩博无涯。昔有人习大科十余年，业成，因见田元均。论及《论语正义》中题目，元均曰：‘曾见博士周生列传中亦有一二好题，合入编次。’其人骇，未尝见此书也。元均笑，因取而示之，其人惭，自以未始学也。虽然，题目如海中沙，其要有十字而已：曰明、曰暗、曰疑、曰顽、曰合、曰合音蛤、曰揭、曰拆、曰包、曰胎，不出此十字也。”予曰：“暗者何也?”曰：“明、暗皆言数也。暗，如‘因民常而施教’是也。《周官》因此五物者民之常，而施十有二教焉。题目字中不见数，而藏五与十二于其间焉，此最难测度。若明数，则如《既醉》备五福，祭有十伦是也。”曰：“疑者何也?”曰：“尧、舜、汤、禹所举如何是也，疑若唐虞、夏、商也。乃是《魏相传》高皇帝所述书：‘天子所服第八’：受诏长乐宫，中谒者赵尧举春，李舜举夏，儿汤举秋，贡禹举冬高帝时，自有一贡禹，四人各职一时也。又如汤、周福祚，疑若二代也。乃是《杜周传》赞云：张汤、杜周并起文墨小吏，迹其福祚元功，儒林之后莫及也。此为最巧。”曰：“顽者何也?”曰：“形势不如德是也。意思语言，子史中相近似者殆十余处，独此一句在史赞，令人捉摸不著。虽东坡犹惑之。故论备举诸处以该之也。”既而叹曰：“此学殆废绝矣，吾子勉之！或能振举百年之坠典也。”予懒惰，与世不合，无意于求知，终不能称石林之遗意，深所叹恨。但缀缉记诵，庶不全负石林所期耳。(以上均见《寓简》卷八)

《二老堂杂志》

高宗中兴以来，十放进士，其榜眼官职往往过于状头。戊申维扬李易，止于中书舍人待制，而王大宝乃为尚书杂学士。绍兴二年张九成，止权侍郎，而凌景夏乃为尚书。五年汪应辰仕至尚书端明，而黄中元以有官降在第二，后来官职亦相似，其实应辰第二人也。八年黄公度止于考功郎官，而陈俊卿作相。十二年陈诚之知枢密院，似难及矣，而秦熺亦尝历大学士、特进、少师。十五年刘章为尚书，而王刚中入枢府。十八年王佐终八座，而董德元参政。二十一年赵逵中书舍人，而蒋芾为相。二十四年张孝祥止于中书舍人、杂学士，而秦埙为正侍郎。二十七年王十朋仅除权侍郎，晚授詹事，不能供职，而阎安中正为中书舍人、特职，名不及十朋耳。

三十年许克昌为状元，以有官降第二人，而升梁克家为魁。至孝宗朝梁方拜相，本第二人也。（《二老堂杂志》卷二）

《能改斋漫录》

互注《礼部韵略》叙云："自庆历间，张希文始以圈子标记，礼部因之，颇以为便。元祐复诗赋，尝加校正，寻又罢。"云云。然予尝考之：《礼部韵略》凡三经修矣。景祐初，郑文肃戬天休为太常博士，考校御试进士，与宋景文建议："礼部所行《韵略》及《广韵》，繁简失当，训诂不正。有司考士，多以声病被黜。"《三韵》是正音训，书成，学者以为便。然则景祐初，郑、宋已修《韵略》，不始张希文也。（《能改斋漫录》卷一）

陈君行尝谓子弟曰："仁义礼智信是常等，若不守，是不等也。其不等者，不正也。"君行又尝自处州入京师，至泗州，其子弟请先行。君行问其故，曰："科场近，欲先至京师，贯开封府户取应。"君行不许，曰："汝处州人，而户贯开封。欲求事君，而先欺君乎？宁迟数年，不可行也。"（《能改斋漫录》卷一二）

《夷坚志》

温州乐清县分两部，号邑西、邑东。贾如愚秀才居邑东，赴乡举，梦解榜揭楼上，曰"陈七"。贾不能晓，以告乡人谢权甫。谢曰："君必中选。邑东，陈字也；而君行第七，其为陈七昭昭矣。"明日报至，果然。（《夷坚志》乙卷四）

新安郡士人，梦鸡数百千只飞翔廷中。时方应举，疑非冲腾之物，以告所善者。或曰："世谓鸡为五德。今若是其多者，千得万得也，可为君贺。"果登科。（《夷坚志》丁卷一四）

番阳士人黄安道，治诗，累试不第，议欲罢举为商。往来京洛关陕间，小有所赢，逐利之心遂固。方自京赍货且西，适科诏下，卿人在都者交责之曰："君养亲，忍不自克而为贾客乎？"不得已，同寓一寺。夜梦人著道服仙衣，据案坐，前有簿书，呼语之曰："此先辈榜。"黄意其神也，再拜哀祷，求知姓名。仙问汝谁氏子、何许人，具以对。乃启簿累叶，指一"黄戛"示之，曰："君也。"对曰："姓是名非，恐必不然。"仙曰："是矣。"至于再三。黄始沉思曰："然则当易名应之耳。"谢而且退。仙又曰："典谟、训诰，是汝及第时。"黄寤与乡人语，疑所治经复不同，或劝使并改经。遂名戛，而以《书》应举。即预荐，到南省，第二道义题问典谟、训诰、誓命之文，果登第。(《夷坚志》丁卷一六)

下邳朱讽往京师赴省试。至宋城，逢日者占轨革影，邀而卜之，遇《益》之《姤》。其像画一猴子，上有望字，一人衣紫腰金，执笏若进揖状，妇人以箕盛婴儿于前。日者曰："君此行必登科，他日仕宦亦显。但捧箕馈子事为不可晓。"遂别去。到京入试之次日，二仆絜筥送至贡闱而反，行穿曲巷，闻儿在地上啼。视之，见故帛裹一初生婴孩，因相谓曰："是必人家非正所出。吾主公未有子，不妨收养之。"乃抱归邸舍。适邸妇有乳，倩使哺育。迨暮朱来，仆迎以告，朱大喜。雇乳母，与之还家。询所弃处，正名簸箕巷。朱果擢第，名此子曰"省郎"。朱终身无子，遂为嗣。(《夷坚支志》甲卷八)

范谔，字昌言，夷陵人，好学工文。娶白云郭先生颐正女为妻，夫妇绝相欢。年过三十而郭氏死，谔梦之如平生，挽其裾曰："与我同行。"谔谢曰："汝不忘畴昔，恩义至厚，吾亦何辞！但亲老子弱，势难如愿耳。"郭曰："既不可同归，须勿赴省试乃可。"自是谔屡举于春官，每在途，惴惴然恐蹈不测。虽无所患苦，竟坎壈不第以没。勿赴省试之语，斯其兆欤？(《夷坚支志》景卷五)

(杨九巡)扶杖诣张谢曰："赖君之赐，使我一家温饱。愧无以报，有土湖上一地，可作花园，切不可失。"张本邢州人，北俗以豫凶事为讳，不肯先卜寿藏。杨之意，欲使他日作葬地，故婉其辞。张曰："年衰矣，无用旋营一圃也。"然竟如其言。及卒，其子玘葬之。十年后，玘从白屋登第。(《夷坚支志》丁卷四)

建昌士人，失其姓名。往临安赴省试，梦入一神祠，值判官捧大簿欲登殿。案上有瓶贮水，误触之落地，其声铿然。即惊觉，谓为非佳兆，意绝不怿。既而春榜预选，登高科，注乐平主簿。乃悟捧簿及瓶落之旨。

建宁城东梨岳庙所祀神，唐刺史李频也，灵异昭格。每当科举岁，士人祷祈赴之如织，至留宿于庙中以求梦，无不验者。浦城县去府三百里，邑士陈尧咨苦贫惮费，不能应诏，乃言曰："惟至诚可以动天地，感鬼神。此中自有护学祠，吾但赍香纸谒之，当获丕应。"是夕，宿于斋，梦一独脚鬼，跳跃数四，且行且歌曰："有官便有妻，有妻便有钱，有钱便有田。"尧咨既觉，遍告朋友，决意入城。其事喧播于乡里，或传以为戏笑。秋闱揭榜，果预选，一举登科。（以上均见《夷坚支志》丁卷八）

兴化郑秀才棠赴浙漕试，寓客邸。其弟景实在学中，每夕谒告从之宿。兄尝呼之曰："适梦数报榜人，憧憧走趋，云寻一个郑大成不知去处。此何为者？"明日临安解试揭榜，果有大成在焉。数夜后，又梦到一处，见揭巨榜，其上皆人姓名，但记有李楠者以金填之。是夜，漕榜出，楠为第一人，郑君乃不中选。此二梦于身了无所预，冥冥之中，何所系而先告若此？（《夷坚支志》戊卷二）

德兴汪远之，行第八，赴省试。其兄及之在家，梦一驶步至，立于廷曰："十年勤苦无人问，一日成名天下知。八解元过省，诺诺！"后三日，报榜人来，大呼前三句，及连唱诺，与梦中不少差。夫以一走卒唱诺，亦先见于梦，岂得谓之不前定乎！（《夷坚支志》庚卷六）

王景伊赴国子监补试，梦宣押考试官三员乘马而来。其前一人姓黄，中一人姓孙，后一人忘其姓。继即若入监闱，出《诗止乎礼义赋》。操笔成文，颇得意。既觉，犹历记数联。已而，又梦云云，则不忆一语矣。明日，三考官入院，盖黄堂雍父、孙逢吉从之、毛崇甫辩也。洎就试，题未出，已喧传所梦赋题。俄闻帘内嘈嘈如争辩之状，良久，乃《以古为鉴赋》。是岁，景伊不利。后见施德远之子闻毛崇甫言："孙初欲出《诗止乎礼义赋》，黄欲更以为《六德教胄子》。孙曰：'试者皆朝士子弟，即不挟书，恐难寻索六德体字。'议未决。崇甫曰:'自来国子赋题,只是四字。'遂定用后题。"景伊一梦明白如此,而不获预选者,岂以不符其所见故邪?(《夷坚支志》庚卷一〇)

绍兴十二年,临安始建太学于众安桥北。基址已定,两道人不知名,过门注视。其一与人言:"好一个去处,将来士子云集,必出大魁,卿佐贵人,比肩接踵。只恐不出宰相。"其一人笑曰:"汝眼力不见尽,若向东一处,却大胜此。状元、宰相皆有之。"语闻于朝。时营创已成,不容别改作,于是用所指者立贡院。兴学以来,到今五十五年,自乙丑至丙辰,凡十八榜,英俊辈出。游庠序擢第者几二千人,侍从、执政,不可胜数,而未有真相。其膺此选者,悉由乡举策名,驯至极品。如福堂黄德润洽、天台陈叔晋骙、莆田郑惠叔侨,乃自学起家,皆位元枢。临当大拜而并出典藩,颇符道人之言。料它日必有破天荒者。(《夷坚支志》癸卷一〇)

吉州举子赴省,书先牌曰:"庐陵魁选,欧阳伯乐。"或讥之曰:"有客来自吉州,姓名挑在担竿头。虽知汝是欧阳后,毕竟从初不识羞。"(《夷坚三志》己卷七)

士人某,有弟任处州教授。是岁大比,七月中,弟书报母病,急来占。画一城开四门,中作一殿,殿上两倚御坐,殿下一射垛,元不及所问大略。士人虽其妄,奔往处州,母已平复。而归赴举场,度已后期,计会赴转运司试,乃《尧舜辟四门赋》、《虎侯诗》。(《夷坚三志》壬卷三)

嘉州士人黄棠,能为文,谓取科名如拾地芥,肄业成都府学。学有神祠曰菊花仙,相传为汉宫女,诸生求名祈者,影响答之。棠尝夜读,忽见美女立灯下,惊问曰:"汝何氏?辄至此?"女笑曰:"吾乃菊花仙,以君今举当高第,故来报喜。君初任为郫县主簿,宜勉之。"遂不见。是岁,棠获乡荐,往赴类试。适秋旱,行至郫县境,憩逆旅。有负水至者,棠酌饮之,又倾其余以濯足。居者曰:"村疃乏水,汲处数里得到此。饮尚不敷,忍用濯足!"棠怒语之曰:"候我为主簿,当治尔。"及试罢失利,复入学,逢所见女于廊下，诮其前言不验。女曰：“汝不谨己，轻以告人，且欲逞私憾，天理岂汝容乎！必欲成名，须修德乃可。”棠自追悔，省咎克责，后一举登科。(《夷坚志补》卷三)

邵武惠应庙，在军西五十里大乾山，闽士多往祈祷。郡人张凤以绍兴甲子冠乡荐，既下第，丁卯再试，欲改赋为经义。梦僧持钵，中有诗曰：“赋中千里极归依，衣钵成章露翠微。”乃止，用赋得魁荐。千里者，“重”字也。高中得诗曰：“碧瓦朱檐天外耸，黄花六叶掌中开。”才及第，娶黄司业女六娘者为妻。碧瓦朱檐，“高”字也。建安詹必胜兄弟三人得诗曰：“万里无云天一色，秋风吹起雁行高。”纸上倒书之。绍兴己卯秋闱同预荐，季弟名居上，仲次之，兄在最后。叶尧明得诗曰：“十日阴泥雨，皇都喜乍晴。浪平龙角稳，风细马蹄轻。”遂登科。延平郑良臣赴举，其父祈焉，梦诗曰：“笔头扫落三千士，赐与君家一二名。”良臣是年以第三名荐。邓似凯乾道戊子祈得诗曰：“戊月年逢鼠，水边少人武。双剑斗高飞，万人看远举。”乃更名远举，即获解，遂策名。邓生沙县人，季友直兄弟，梦携手同行，有人荷枪连呼曰：“得了！得了！”果同预计偕。又占省试，梦廊下人出相揖曰：“不用问，兄弟连标，皆如其言。”曹荐与弟惠赴试，梦殿上人持榜下，问之，曰：“解榜也。”荐乞观，有曹利用、曹利建姓名，乃皆易名以应之，果中选。独李子和者，将赴太学补试，临行祈梦，得诗云：“琼奴耳畔低低语，争乞钗头利市花。”觉而与亲朋言，良以为吉。然入太学半年，不幸死，瘗于临安漏泽园。旁一冢标云：“弟子琼奴葬此。”(《夷坚志补》卷二〇)

《高斋漫录》

熙宁殿试改用策，谓比诗赋有用。不知士人计较得失，岂敢极言时政，自取黜落？是初入仕已教之谄也。况登科之初，未见人材。及后仕宦，则材智、声名、君子、小人、贵贱分矣，不必须殿试策以别人才。人主燕闲时，于其等辈广访备闻，然后博记而审察之，天下无遗材矣。

有名士作《谢及第启》云：“虎士开关，彷徨紫禁；龙章在御，仿佛清光。”或曰：“此乃把见番人也。”

徐师川族兄少赴举场，试《圆坛八陛赋》，援毫终日，不能下笔。乃大书试卷云："圆坛八陛，八陛圆坛。既圆坛而八陛，又八陛以圆坛。八陛圆坛，既圆坛而八陛；圆坛八陛，又八陛以圆坛。"榜出，阳为失意之状。或调之曰："有司不明固可罪，然吾兄所以被黜，正由小赋中不见题故也。"至今人传以为笑。（以上均见《高斋漫录》）

《旧闻证误》

本朝父子状元及第，张去华、子师德，梁灏、子固而已出王明清《挥麈前录》。按，开宝二年，安德裕状元及第，五年，子守亮继之，凡三家。仲言遗其一耳。（《旧闻证误》卷一）

《宋朝事实》

进士之举，惟本朝尤盛，而沿革不一。开宝六年，因徐士廉伐鼓诉讼，太祖御讲武殿复试，复试自此始。赐诗，自太平兴国二年吕蒙正榜始。分甲，自太平兴国八年王世则榜始。赐袍、笏，自大中祥符中姚晔榜始。锡宴，自吕蒙正榜始。赐同出身，自王世则榜始。赐别科出身，自咸平三年陈尧咨榜始。唱名，自雍熙二年梁灏榜始。封弥、誊录、复考、编排，皆始于景德、祥符之间。蔡齐，大中祥符八年举进士第一，真宗临轩，见其举止端重，顾谓宰相寇准曰："得人矣。"特诏金吾给驺从，使传呼道上。因以为例。（《宋朝事实》卷一四）

《过庭录》

吴人孙山，滑稽才子也。赴举他郡，乡人托以子偕往。乡人子失意，山缀榜末。先归，乡人问其子得失，山曰："解名尽处是孙山，贤郎更在孙山外。"（《过庭录》）

《老学庵笔记》

国初，《韵略》载进士所习有《何论》一首，施肩吾《及第敕》亦列其所习《何论》一首。《何论》盖如"三杰佐汉孰优"、"四科取士何先"之类。（《老学庵笔记》卷一）

晁之道与其弟季比同应举，之道独拔解。时考试官葛某眇一目，之道戏作诗云："没兴主司逢葛八，贤弟被黜兄荐发。细思堪羡又堪嫌，一壁有眼一壁瞎。"(《老学庵笔记》卷四)

祖宗故事：命官锁厅举进士者，先所属选官考试所业，通者方听取解。至省试程文纰缪者，勒停；不合格者，亦赎铜放，永不得应举。天圣间，方除前制。然未久，又诏文臣许锁厅两次，武臣止许一次，其严如此。近岁泛许人应博学宏辞，遂有妄以此自称。或假手作所业献礼部，亦许试。而程文缪不可读，亦无以惩之，殆非也。(《老学庵笔记》卷五)

国初尚《文选》，当时文人专意此书，故草必称"王孙"，梅必称"驿使"，月必称"望舒"，山水必称"清晖"。至庆历后，恶其陈腐，诸作者始一洗之。方其盛时，士子至为之语曰："《文选》烂，秀才半。"建炎以来，尚苏氏文章，学者翕然从之，而蜀士尤盛。亦有语曰："苏文熟，吃羊肉。苏文生，吃菜羹。"(《老学庵笔记》卷八)

《中吴纪闻》

姑苏自祥符间定制，秋举以四人为额。庆历中，就举者止二百人。范贯之龙图尝作《送钱正叔赴举序》，已言四人之额，视他藩为最寡。熙宁、元丰间，应举者尚多，增为六人。三舍既行，罢去科举法，岁贡四人。舍法罢，乃合三年之数为十二人。绍兴丙子，又增流寓一名。今终场者几二千人，其额又不胜其窄矣。(《中吴纪闻》卷一)

《游宦纪闻》

鄱阳为郡，文物之盛，甲于江东，无图经地志。元祐六年，余干都颉作《七谈》一编，叙土风人物云："张仁有篇，徐濯有说，顾雍有论，王德琏有记，今不复存矣。"嘉定乙亥，史守始延郡之前辈访问，汇聚而为图经，然登载亦未详尽。如秋荐五十有五人，殊无确然之说。世南尝闻之先生长者云："旧额三十五人。自范文正公守此邦，通榜浑化，骤增员数。"此说盛行，牢不可破，是亦口耳之传。有故旧家藏元祐五年解榜，止三十有三人，在文正公之后。又德兴县《开山记》载：宣政间，拨弋阳县建节乡入本县，分割苗税，而信州减两名解额归饶。以此可见人言之妄。尝试考之：盖自大观兴三舍试，番士浸盛，以在郡学人数定贡士额，岁贡一十八人半。后罢贡法行乡举，合三年大比，积计五十五人半，遂为定制。此说载之国史及法律学令。南渡后，西北流寓士人，每郡科场，各举二人。绍兴丙子罢流寓，入本贯额。诸郡各增其二，惟饶以额宽，故仍旧云。(《游宦纪闻》卷一)

鄱阳自雍熙乙酉梁颢榜，至绍定己丑登科者，五百七十余人。其间三世联登者，唯三家：龙溪先生汪藻、汪槩、汪谷；张宗谔、张琮、张棫；鲍煜、鲍安世、鲍升之。汪氏之登科者七世，张氏今亦六世，然非正嫡相续也。鲍氏安国、安行、安世兄弟，三科连中，故程文昌伯禹赠之诗，有"七年三破桃花浪"之句。其余父子兄弟俱中科第者甚多，不胜纪载。(《游宦纪闻》卷六)

《演繁露续集》

《长编》曰："嘉祐二年，赐进士章衡等及第出身，共三百八十八人。是岁，进士与殿试者始皆不落。"李复圭《纪闻》云："是春，以进士群辱欧阳修之故，殿试不落一人。"案《实录》："试进士李实等四百人，而得第者三百八十八人。"谓之"不落一人"，固举大约言之耳。特不知礼部奏名实为几人，故其留黜之数不容参考。案：皇祐元年，廷试取四百九十八人；五年，取五百二十人。至嘉祐四年，所取又止一百六十五人；六年，一百八十三人，阅两举才共取三百四十八人耳。虽缘其时初制间年一开科举，故约此意指，似是礼部奏名先减其额，故廷试虽不落人，其得第者少。是亦朝三暮四之比也。又缘其时立制减去诸州解额之半，礼部以半额纽数而取，故奏名已少，及至廷试不用汰黜也。(《演繁露续集》卷一)

同进士出身始太平，进士出身始祥符，诸州助教始熙宁。御试不黜落，始嘉祐四年。举子前此许挟书，至祥符止许带《礼部韵》。景祐五年，举人见，有落解经生唐突，自此遂只许解元见。闻喜宴钱，熙宁始赐。苏绅父仲昌，生绅十九年，解入京，始父子相识。景德二年，契丹犯河北，特推举人恩。

衢州西安令宋宏，以使牒考试它州，在道遭水祸以死。其子拯以父死职事，推恩补太庙斋郎。（以上均见《演繁露续集》卷二）

《考古编》

今礼部进士奏名，已取其试文自上而下十人者，录奏焚献攒宫。相传承平时故事，不知起何时。案：《归田录》："焚御试卷十以上于真宗影殿"，岂即其始耶？（《考古编》卷一〇）

《朱子语类》

近日真个读书人少，也缘科举时文之弊也。才把书来读，便先立个意思，要讨新奇，都不理会他本意着实。才讨得新奇，便准拟作时文使，下梢弄得熟，只是这个将来使。虽是朝廷甚么大典礼，也胡乱信手捻合出来使，不知一撞百碎。前辈也是读书。某曾见大东莱吕居仁之兄，他于六经、三传皆通，亲手点注，并用小圈点。注所不足者，并将疏楷书，用朱点。无点画草。某只见他《礼记》如此，他经皆如此。诸吕从来富贵，虽有官，多是不赴铨，亦得安乐读书。他家这法度却是到伯恭打破了。自后既弄时文，少有肯如此读书者。（《朱子语类》卷一〇）

学须做自家底看，便见切己。今人读书，只要科举用；已及第，则为杂文用；其高者，则为古人用，皆做外面看。（《朱子语类》卷一一）

士人先要分别科举与读书两件，孰轻孰重。若读书上有七分志，科举上有三分，犹自可；若科举七分，读书三分，将来必被他胜却，况此志全是科举！所以到老全使不著，盖不关为己也。圣人教人，只是为己。

或以不安科举之业请教。曰："'道二：仁与不仁而已。'二者不能两立。知其所不安，则反其所不安，以就吾安尔。圣贤千言万语，只是教人做人而已。前日科举之习，盖未尝不谈孝弟忠信，但用之非尔。若举而反之于身，见于日用，则安矣。"

告或人曰："看今人心下自成两样。如何却专向功名利禄底心去，却全背了这个心，不向道理边来？公今赴科举是几年？公文字想不为不精。以公之专一理会做时文，宜若一举便中高科，登显仕都了。到今又却不得，亦可自见得失不可必如此。若只管没溺在里面，都出头不得，下梢只管衰塌。若将这个自在一边，须要去理会道理是要紧，待去取功名，却未必不得。”

语或人曰：“公且道不去读书，专去读些时文，下梢是要做甚么人？赴试屡试不得，到老只恁地衰飒了，沉浮乡曲间。若因时文做得一个官，只是恁地卤莽，都不说著要为国为民兴利除害，尽心奉职。心心念念，只要做得向上去，便逐人背后钻刺，求举觅荐，无所不至！”

专一做举业工夫，不待不得后枉了气力。便使能竭力去做，又得到状元时，亦自输却这边工夫了。

或谓科举害人。曰：“此特一事耳。若自家工夫到后，那边自轻。”

不赴科举，也是匹似闲事。如今人才说不赴举，便把做掀天底大事。某看来，才著心去理会道理，少间于那边，便自没紧要。不知是如何，看许多富贵荣达都自轻了。如郭子仪二十四考中书，做许大功名，也只是如此。

科举累人不浅，人多为此所夺。但有父母在，仰事俯育，不得不资于此，故不可不勉尔。其实甚夺人志。

问科举之业妨功。曰：“程先生有言：‘不恐妨功，惟恐夺志。’若一月之间著十日事举业，亦有二十日修学。若被他移了志，则更无医处矣！”

以科举为为亲，而不为为己之学，只是无志。以举业为妨实学，不知曾妨饮食否，只是无志也。

或以科举作馆废学自咎者。曰：“不然，只是志不立，不曾做工夫尔。孔子曰：‘不怨天，不尤人。’自是不当怨尤，要你做甚耶！伊川曰：‘学者为气所胜，习所夺，只可责志。’正为此也。若志立，则无处无工夫，而何贫贱患难与夫夷狄之间哉！”

举业亦不害为学。前辈何尝不应举？只缘今人把心不定，所以有害。才以得失为心，理会文字，意思都别了。

尝论科举云：“非是科举累人，自是人累科举。若高见远识之士，读圣贤之书，据吾所见而为文以应之，得失利害置之度外，虽日日应举，亦不累也。居今之世,使孔子复生,也不免应举,然岂能累孔子邪! 自有天资不累于物,不须多用力以治之者。某于科举,自小便见得轻,初亦非有所见而轻之也。正如人天资有不好啖酒者,见酒自恶,非知酒之为害如何也。又人有天资不好色者,亦非是有见如何,自是他天资上看见那物事无紧要。若此者,省得工夫去治此一项。今或未能如此,须用力胜治方可。"

宜之云:"许叔重太贪作科举文字。"曰:"既是家贫亲老,未免应举,亦当好与他做举业。举业做不妨,只是先以得失横置胸中,却害道。"

父母责望,不可不应举。如遇试则入去,据己见写了出来。

或问科举之学。曰:"做举业不妨,只是把他格式,檃括自家道理,都无那追逐时好、回避、忌讳底意思,便好。"

谭兄问作时文。曰:"略用体式,而檃括以至理。"

南安黄谦,父命之入郡学习举业,而径来见先生。先生曰:"既是父要公习举业,何不入郡学? 日则习举业,夜则看此书,自不相妨,如此则两全。硬要咈父之命,如此则两败,父子相夷矣,何以学为! 读书是读甚底? 举业亦有何相妨? 一旬便做五日修举业,亦有五日得暇及此。若说践履涵养,举业尽无相妨。只是精神昏了,不得讲究思索义理,然也怎奈之何!"

向来做时文,只粗疏恁地直说去,意思自周足,且是有气魄。近日时文屈曲纤巧,少刻堕在里面,只见意气都衰塌了。也是教化衰、风俗坏到这里,是怎生!(以上均见《朱子语类》卷一三)

梁云:"平日大为科举累。"曰:"便是科举,不能为累。"(《朱子语类》卷五六)

问:"今科举习《春秋》学,只将伯者事业缠在心胸。则《春秋》,先儒谓尊王之书,其然邪?"曰:"公莫道这个物事,是取士弊如此,免不得应之。今将六经做时文,最说得无道理是《易》与《春秋》。他经犹自可。"(《朱子语类》卷八三)

先生至岳麓书院,抽签子,请两士人讲《大学》,语意皆不分明。先生

遽止之，乃谕诸生曰："前人建书院，本以待四方士友，相与讲学，非止为科举计。"(《朱子语类》卷一〇六)

因言科举之学，问："若有大贤，居今之时，不知当如何？"曰："若是第一等人，他定不肯就。"又问："先生少年省试报罢时如何？"曰："某是时已自断定，若那番不过省，定不复应举矣。"(《朱子语类》卷一〇七)

扬因论科举法，虽不可以得人，然尚公。曰："铨法亦公。然法至于尽公，不在人，便不是好法。要可私而公，方始好。"(《朱子语类》卷一〇八)

古人学校、教养、德行、道艺、选举、爵禄、宿卫、征伐、师旅、田猎，皆只是一项事，皆一理也。

寞问："人才须教养。明道章疏须先择学官，如何？"曰："便是未有善择底人。某尝谓，天下事不是从中做起，须得结子头是当，然后从上梳理下来，方见次序。"德明问："闻先生尝言，州县学且依旧课试，太学当专养行义之士。"曰："却如此不得。士自四方远来太学，无缘尽知其来历，须是从乡举。"

"吕与叔欲奏立四科取士：曰德行，曰明经，曰政事，曰文学。德行则待州县举荐，下三科却许人投牒自试。明经里面分许多项目：如《春秋》则兼通《三传》，《礼》则通《三礼》，《乐》则尽通诸经所说《乐》处。某看来，《乐》处说也未尽。政事则如试法律等及行移决判事。又定为试辟，未试则以事授之，一年看其如何。辟则令所属长官举辟。"远器云："这也只是法。"曰："固是法，也待人而行，然这却法意详尽。如今科举，直是法先不是了。今来欲教吏部与二三郎官尽识得天下官之贤否，定是了不得这事！"

祖宗时，科举法疏阔。张乖崖守蜀，有士人亦不应举。乖崖去寻得李畋出来举送去。如士人要应举时，只是著布衫麻鞋，陈状称："百姓某人，今闻朝廷取士如何如何，来应举。"连投所业。太守略看所业，方请就客位，换襕幞相见，方得请试。只一二人，试讫举送。旧亦不糊名，仁宗时方糊名。

如今时文,取者不问其能,应者亦不必其能,只是盈纸便可得。……学官只是备员考试而已,初不是有德行道艺可为表率,仁义礼智,从头不识到尾!国家元初取人如此,为之奈何!

今人作经义,正是醉人说话。只是许多说话改头换面,说了又说,不成文字!

今人为经义者,全不顾经文,务自立说,心粗胆大,敢为新奇诡异之论。方试官命此题,已欲其立奇说矣。又,出题目定不肯依经文成片段,都是断章牵合,是甚么义理!三十年前人犹不敢如此,只因一番省试出"上天之载,无声无臭,仪刑文王"三句,后遂成例。当时人甚骇之,今遂以为常矣。遂使后生辈违背经旨,争为新奇,迎合主司之意,长浮竞薄,终将若何,可虑!可虑!王介甫《三经义》固非圣人意,然犹使学者知所统一。不过专念本经,及看注解,而以其本注之说为文辞,主司考其工拙,而定去留耳。岂若今之违经背义,恣为奇说,而无所底止哉!当时神宗令介甫造《三经义》,意思本好。只是介甫之学不正,不足以发明圣意为可惜耳。今为经义者,又不若为词赋。词赋不过工于对偶,不敢如治经者之乱说也。闻虏中科举罢,即晓示云,后举于某经某史命题,仰士子各习此业。使人心有所定止,专心看一经一史,不过数举,则经史皆通。此法甚好。今为主司者,务出隐僻题目,以乘人之所不知,使人弊精神于检阅,茫然无所向方,是果何法也!

时有报行遣试官牵合破碎出题目者。或曰:"如此行遣一番,也好。"曰:"某常说,不当就题目上理会。这个都是道术不一,所以如此。所以王介甫行《三经》、《字说》,说是一道德,同风俗。是他真个使得天下学者尽只念这物事,更不敢别走作胡说,上下都有个据守。若是有才者,自就他这腔子里说得好,依旧是好文字。而今人却务出暗僻难晓底题目,以乘人之所不知,却如何教他不杜撰,不胡说得!"或曰:"若不出难题,恐尽被人先牢笼做了。"曰:"莫管他。自家依旧是取得好文字,不误远方观听。而今却都是杜撰胡说,破坏后生心术,这个乖。某常说,今日学校科举不成法。上之人分明以贼盗遇士,士亦分明以盗贼自处,动不动便鼓噪作闹,以相迫胁,非盗贼而何?这个治之无他,只是严挟书传义之禁,不许继烛,少间自沙汰了一半。不是秀才底人,他亦自不敢来。虽无沙汰之名,而有其实。既不许继烛,他自要奔,无缘更代得人笔。”或曰:“恐难止遏。今只省试及太学补试,已自禁遏不住。”曰:“也只是无人理会。若捉得一两个,真个痛治,人谁敢犯!这个须从保伍中做起,却从保正社首中讨保明状,五家为保,互相保委。若不是秀才,定不得与保明。若捉出诡名纳两副三副卷底人来,定将保明人痛治,人谁敢犯!某尝说,天下无难理会底事,这般事,只是黑地里脚指缝也求得出来,不知如何得恁地无人理会!”又曰:“今日科举考试也无法不通看。”或曰:“解额当均否?”曰:“固是当均。”或曰:“看来不必立为定额,但以几名终场卷子取一名,足矣。”曰:“不得。少间便长诡名纳卷之弊。依旧与他立定额。只是从今起,照前三举内终场人数计之,就这数内立定额数。三举之后,又将来均一番。如此,则多少不至相悬绝矣。”因说混补,曰:“顷在朝时,赵丞相欲行三舍法。陈君举欲行混补,赵丞相不肯,曰:‘今此天寒粟贵,若复混补,须添万余人,米价愈腾踊矣!’某曰:‘为混补之说者固是谬,为三舍之说亦未为得也。未论其他,只州郡那里得许多钱谷养他?盖入学者既有舍法之利,又有科举之利,不入学者止有科举一途,这里便是不均。利之所在,人谁不趋?看来只均太学解额于诸路,便无事。如今太学解额,七人取两人。便七人取一人也由我,十人取一人也由我,二十人、三十人、四十人取一人也只由我。而今自立个不平放这里,如何责得人趋’!”或问:“恩榜无益于国家,可去否?”曰:“此又去不得。去之则伤仁恩,人必怨。看来只好作文学助教阙,立定某州文学几员,助教几员,随其人士之多少以定员数。如宗室宫观例,令自指射占阙,相与受代,莫要教他出来做官。既不伤仁恩,又无老耄昏浊贪猥不事事之病矣。”……又曰:“事无有处置不得者。事事自有个恰好处,只是不会思量,不得其法。只如旧时科举无定日,少间人来这州试了,又过那州试;州里试了,又去漕司试;无理会处。不知谁恁聪明,会思量定作八月十五日,积年之弊,一朝而革,这个方唤做处置事。圣人所以做事动中机会,便是如此。”

包显道言科举之弊。先生曰:“如他经尚是就文义上说。最是《春秋》不成说话,多是去求言外之意,说得不成模样。某说道,此皆是‘侮圣人之言’!却不如王介甫样,索性废了,较强。”又笑云:“常有一人作《随时变通论》,皆说要复古。至论科举要复乡举里选,却说须是歇二十年却行,要待那种子尽了方行得。说得来也是。”

器远问:“今士人习为时文应举,如此须当有个转处否?”曰:“某旧时看,只见天下如何有许多道理恁地多！如今看来,只有一个道理,只有一个学。在下者也着如此学,在上者也著如此学。在上若好学,自见道理,许多弊政,亦自见得须要整顿。若上好学,便于学舍选举贤儒,如胡安定、孙明复这般人为教导之官;又须将科目尽变了,全理会经学,这须会好。今未说士子,且看朝廷许多奏表,支离蔓衍,是说甚么！如诰宰相,只须说数语戒谕,如此做足矣。”敬之云:“先生常说:‘表奏之文,下谀其上也;诰敕之文,上谀其下也。’”

问:“今日科举之弊,使有可为之时,此法何如?”曰:“也废他不得。然亦须有个道理。”又曰:“更须兼他科目取人。”

“今时文赋却无害理,经义大不便,分明是‘侮圣人之言’！如今年三知举所上札子,论举人使字,理会这个济得甚?今日亦未论变科举法。只是上之人主张分别善恶,擢用正人,使士子少知趋向,则人心自变,亦有可观。”可学问:“欧阳公当时变文体,亦是上之人主张?”曰:“渠是变其诡怪。但此等事,亦须平日先有服人,方可。”舜功问:“欧阳公《本论》亦好,但末结未尽。”曰:“《本论》精密却过于《原道》。《原道》言语皆自然,《本论》却生受。观其意思,乃是圣人许多忧虑做出,却无自然气象。下篇不可晓。”

今科举之弊极矣！乡举里选之法是第一义,今不能行。只是就科举法中与之区处,且变著如今经义格子,使天下士子各通五经大义。一举试《春秋》,一举试《三礼》,一举试《易》、《诗》、《书》,禁怀挟。出题目,便写出注疏与诸家之说,而断以己意。策论则试以时务,如礼、乐、兵、刑之属,如此亦不为无益。欲革奔竞之弊,则均诸州解额,稍损太学之额。太学则罢月书季考之法,皆限之以省试,独取经明行修之人。如此,亦庶几矣。

因言今日所在解额太不均,先生曰:“只将诸州终场之数,与合发解人数定便了。又不是天造地设有定数,何故不敢改动?也是好笑!”

或言太学补试,动一二万人之冗。曰:“要得不冗,将太学解额减损,分布于诸州军解额少处。如此,则人皆只就本州军试,又何苦就补试也!”

临别,先生留饭。坐间出示理会科举文字,大要欲均诸州解额,仍乞罢诗赋,专经学论策,条目井井。云:“且得士人读些书,三十年后,恐有人出。”

先生言时文之谬,云:“如科举后便下诏,今番科举第一场出题目在甚经内;论题出在甚史内,如《史记》、《汉书》等,广说二书;策只出一二件事。庶几三年之间,专心去看得一书。得底固是好,不得底也逐番看得一般书子细。”

先生云:“《礼书》已定,中间无所不包。某常欲作一科举法。今之诗赋实为无用,经义则未离于说经。但变其虚浮之格,如近古义,直述大意。立科取人,以《易》、《诗》、《书》为一类,《三礼》为一类,《春秋三传》为一类。如子年以《易》、《诗》、《书》取人,则以前三年举天下皆理会此三经;卯年以《三礼》取人,则以前三年举天下皆理会此《三礼》;午年以《春秋三传》取人,则以前三年举天下皆理会此《春秋三传》。如《易》、《诗》、《书》稍易理会,故先用此一类取人。如是周而复始,其每举所出策论,皆有定所。如某书出论,某书出策,如天文、地理、乐律之类,皆指定令学者习,而用以为题。”贺孙云:“此法若行,但恐卒未有考官。”曰:“须先令考官习之。”

李先生说:“今日习《春秋》者,皆令各习一传,并习谁解,只得依其说,不得臆说。”先生曰:“六经皆可如此,下家状时,皆令定了。”

今人都不曾读书,不会出题目。《礼记》有无数好处,好出题目。

科举种子不好。谓试官只是这般人。

张孟远以书来论省试策题目,言今日之弊,在任法而不任人。孟远谓今日凡事伤不能守法。曰:“此皆偏说。今日乃是要做好事,则以碍法不容施行;及至做不好事,即便越法不顾,只是不勇于为善。”

“科举是法弊。大抵立法,只是立个得人之法。若有奉行非其人,却不干法事,若只得人便可。今却是法弊,虽有良有司,亦无如之何。”王嘉叟云:“朝廷只有两般法:一是排连法,今铨部是也;一是信采法,今科举是也。”

问:“今之学校,自麻沙时文册子之外,其他未尝过而问焉。”曰:“怪它不得,上之所以教者不过如此。然上之人曾不思量,时文一件,学子自是着急,何用更要你教!你设学校,却好教他理会本分事业。”曰:“上庠风化之原,所谓‘季考行艺’者,行尤可笑,只每月占一日之食便是。”先生笑曰:

“何其简易也！”曰：“天下之事，大正则难，如学校间小正须可。”曰：“大处正不得，小处越难。才动着，便有掣肘，如何正得！”

因说科举所取文字，多是轻浮，不明白著实。因叹息云：“最可优者，不是说秀才做文字不好，这事大关世变。东晋之末，其文一切含胡，是非都没理会。”

又曰：“今教授之职，只教人做科举时文。若科举时文，他心心念念要争功名，若不教他，你道他自做不做？何待设官置吏，费廪禄教他做？也须是当职底人怕道人不晓义理，须是要教人识些。如今全然无此意，如何恁地！”

坐中有说赴贤良科。曰：“向来作时文应举，虽是角虚无实，然犹是白直，却不甚害事。今来最是唤做贤良者，其所作策论，更读不得。缘世上只有许多时事，已前一齐话了，自无可得说。如笮酒相似，第一番淋了，第二番又淋了，第三番又淋了。如今只管又去许多糟粕里只管淋，有甚么得话！既无可得话，又只管要新。最切害处，是轻德行，毁名节，崇智术，尚变诈，读之使人痛心疾首。不知是甚世变到这里，可畏！可畏！这都是不祥之兆，隆兴以来不恁地。自隆兴以后有恢复之说，都要来说功名，初不曾济得些事。今看来，反把许多元气都耗却。管子、孔门所不道，而其言犹曰‘礼义廉耻，是谓四维’。如今将礼义廉耻一切扫除了，却来说事功！”

叶正则、彭大老欲放混补，庙堂亦可之，但虑艰食，故不果行。二人之意，大率为其乡人地耳。庙堂云“今日太学文字不好”，却不知所以不好之因。便使时文做得十分好后，济得甚事！某有一策：诸州解额，取见三举终场最多人数，以宽处为准，皆与添上。省试取数却不增。其补试，却用科举年八月十五日引试。若要就补，须舍了解试始得。如此，庶几人有固志，免得如此奔竞喧哄。

说赵丞相欲放混补，叹息云：“方今大伦，恁地不成模样！身为宰相，合以何为急？却要急去理会这般事，如何恁地不识轻重！此皆是衰乱之态。只看宣和末年，番人将至，宰相说甚事，只看《实录》头一版便见，且说太学秀才做时文不好，你道是识世界否！如今待补取士，有甚不得？如何道恁地便取得人才，如彼便取不得人才？只是乱说。待补之立，也恰如掷骰子一般，且试采，掷得便得试，掷不得便不得试，且以为节制。那里得底便是,不得底便不是?这般做事,都是枉费气力。某常说均解额,只将逐州三举终场人数,用其最多为额,每百人取几人,太学许多滥恩一齐省了。元在学者,听依旧恩例。诸路牒试皆罢了,士人如何也只安乡举。如何自家却立个物事,引诱人来奔趋!下面又恁地促窄,无入身处。如何又只就微末处理会!若均解额取人数多,或恐下梢恩科数多,则更将分数立一长限;以前得举人,却只依旧限,有甚不得处?他只说近日学中缘有待补,不得广取,以致学中无好文字。不知时文之弊已极,虽乡举又何尝有好文字脍炙人口?若是要取人才,那里将这几句冒头见得?只是胡说!今时文日趋于弱,日趋于巧小,将士人这些志气都消削得尽。莫说以前,只是宣和末年三舍法才罢,学舍中无限好人才,如胡邦衡之类,是甚么样有气魄!做出那文字是甚豪壮!当时亦自煞有人。及绍兴渡江之初,亦自有人才。那时士人所做文字极粗,更无委曲柔弱之态,所以亦养得气宇。只看如今秤斤注两,作两句破头,如此是多少衰气!"

或问:"赵子直建议行三舍法:补入县学;自县学比试,入于州学;自州学贡至行在补试,方入太学。如何?"曰:"这是显然不可行底事。某尝作书与说,他自谓行之有次第,这下梢须大乖。今只州县学里小小补试,动不动便只是请嘱之私。若便把这个为补试之地,下梢须至于兴大狱。子直这般所在,都不询访前辈。如向者三舍之弊,某尝及见老成人说。刘聘君云:县学尝得一番分肉,肉有内舍、外舍多寡之差。偶斋仆下错了一分,学生便以界方打斋仆,高声大怒云:'我是内舍生,如何却只得外舍生肉?'如此等无廉耻事无限,只是蔡京法度如此。尝见胡理德辉有言曰:'学校之设,所以教天下之人为忠为孝也。国家之学法,始于熙宁,成于崇观。熙宁之法,李定为之也;崇观之法,蔡京为之也。李定者,天下之至不孝者也;蔡京者,天下之至不忠者也。岂有不忠不孝之人,而其所立之法可行于天下乎!'今欲行三舍之法,亦本无他说,只为所取待补多灭裂,真正老成士人,多不得太学就试,太学缘此多不得人。然初间所以立待补之意,只为四方士人都来就试,行在壅隘,故为此法。然又须思量,所以致得四方士人苦死都要来赴太学试,为甚么?这是个弊端,须从根本理会去。某与子直书曾云:若怕人都来赴太学试,须思量士人所以都要来做甚么。皆是秀才,皆非有古人教养之实,而仕进之途如此其易。正试既优,又有舍选，恩数厚，较之诸州或五六百人解送一人，何其不平至于此！自是做得病痛如此。不就这处医治，却只去理会其末！今要好，且明降指挥，自今太学并不许以恩例为免。若在学人援执旧例，则以自今新补入为始。他未入者幸得入而已，未暇计此。太学既无非望之恩，又于乡举额窄处增之，则人人自安乡里，何苦都要入太学！不就此整理，更说甚？高抑崇，秦相举之为司业，抑崇乃龟山门人。龟山于学校之弊，煞有说话，渠非不习闻讲论，到好做处，却略不施为。秦本恶程学，后见其用此人，人莫不相庆，以为庶几善类得相汲引。后乃大不然，一向苟合取媚而已！学校以前整顿固难。当那时兵兴之后，若从头依自家好规模整顿一番，岂不可为？他当时于秦相前，亦不敢说及此。”

因论黄几先言，曾于周丈处见虏中赋，气脉厚。先生曰：“那处是气象大了，说得出来。自是如此，不是那边人会。”（以上均见《朱子语类》卷一〇九）

辞先生，同黄敬之归乡赴举。先生曰：“仙里士人在外，孰不经营伪牒？二公独迳还乡试，殊强人意。”

先生问：“赴试用甚文字？”贺孙以《春秋》对。曰：“《春秋》为仙乡陈蔡诸公穿凿得尽。诸经时文愈巧愈凿，独《春秋》为尤甚，天下大抵皆为公乡里一变矣！”（以上均见《朱子语类》卷一一四）

问谦：“曾与戴肖望相处，如何？”曰：“亦只商量得举子程文。”曰：“此是一厄。人过了此一厄，当理会学问。今人过了此一厄，又去理会应用之文，作古文，作诗篇，亦是一厄。须是打得破，方得。”（《朱子语类》卷一一六）

蜚卿以书谒先生，有弃科举之说。先生曰：“今之士大夫应举干禄，以为仰事俯育之计，亦不能免。公生事如何？”曰：“粗可伏腊。”曰：“更须自酌量。”

蜚卿曰：“某欲谋于先生，屏弃科举，望断以一言。”曰：“此事在公自看如何，须是度自家可以仰事俯育。作文字，比之他人有可得之理否，亦须自思之。如人饥饱寒暖，须自知之，他人如何说得！”

蜚卿云：“某正为心不定，不事科举。”曰：“放得下否？”曰：“欲放下。”

曰:“才说‘欲’字,便不得,须除去‘欲’字。若要理会道理,忙又不得,亦不得懒。”

先生问倪:“已前做甚工夫?”曰:“只是理会举业。”曰:“须有功夫。”曰:“只是习《春秋》。”又问:“更做甚工夫?”曰:“曾涉猎看先生《语孟精义》。”曰:“近来作《春秋》义,穿凿殊甚。如绍兴以前,只是讳言攘夷复仇事,专要说和戎,却不至如此穿凿。某那时亦自说《春秋》不可做,而今穿凿尤甚。”倪曰:“缘是主司出题目,多是将不相属处出,致举子不得不如此。”曰:“却是引得他如此。”又曰:“向来沈司业曾有申请,令主司不得断章出题,后来少变。”曰:“向在南康日,教官出题不是,也不免将他申请下郡学,令不得如此。近来省试,如《书》题,依前如此。”又曰:“看来不要作《春秋》义,可别治甚经。”以下训倪。时举云:“问游和之:‘曾看甚文字?’曰:‘某以《春秋》应举,粗用力于此经,似不免有科第之心,故不知理义之要。’曰:‘《春秋》难治,做出经义,往往都非经旨。某见绍兴初治《春秋》者,经义中只避数项说话,如复仇讨贼之类而已。如今却不然,往往所避者多,更不复依傍《春秋》经意说,只自做一种说话,知他是说甚么!大凡科举之事,士子固未能免,然只要识得轻重。若放那一头重,这一头轻,是不足道。然两头轻重一般,也只不得,便一心在这里,一心在那里,于本身易得悠悠。须是教令这头重,那头轻,方好。孟子云:“今之人,修其天爵,以要人爵。”凡要人爵者,固是也理会天爵。然以要人爵而为之,则所修者皆非切己之学。’”

问倪“未识下手工夫”。曰:“举业与这个道理,一似个藏子。做举业,只见那一边。若将此心推转看这一边,极易。孟子云:‘古人修其天爵,而人爵从之;今人修其天爵,以要人爵。’”又将起扇子云:“公只是将那头放重,这头放轻了,便得。若两头平,也不得。”

先生曰:“周宣干有一言极好:‘朝廷若要恢复中原,须要罢三十年科举始得!’”(以上均见《朱子语类》卷一一八)

二彭寻蠡初见,问平居做甚工夫。曰:“为科举所累,自时文外不曾为学。”曰:“今之学者多如此。然既读圣人书,当反身而求可也。”(《朱子语类》卷一二〇)

问学究一科沿革之故。曰:“此科即唐之明经是也。进士科则试文字，学究科但试墨义。有才思者多去习进士科，有记性者则应学究科。凡试一大经者，兼一小经。每段举一句，令写上下文，以通不通为去取。应者多是齐鲁河朔间人。只务熟读，和注文也记得，故当时有'董五经''黄二传'之称。但未必晓文义，正如和尚转经相似。又有司待之之礼，亦不与进士等。进士入试之日，主文则设案焚香，垂帘讲拜。至学究，则彻幕以防传义，其法极严。有渴至饮砚水而黔其口者，当时传以为笑。欧公亦有诗云：'焚香礼进士，彻幕待诸生。'其取厌薄如此，荆公所以恶而罢之。但自此科一罢之后，人多不肯去读书。"(《朱子语类》卷一二八)

诗律杂文，不须理会。科举是无可奈何，一以门户，一以父兄在上责望。科举却有了时，诗文之类看无出时节。(《朱子语类》卷一三九)

《四朝闻见录》

本朝廷对取士，用赋而不示其所自出，省试命题亦然。真宗以"卮言日出"试士于廷，孙何等不究厥旨，赋莫能就，遂昧死攀殿陛而上，请所出与大意。真宗不以为罪，揭示所出及大意，谓"卮，润也"。是岁以何为状头。其后诸生上请有司揭示，皆始于此。王安石以《三经》取士，遂罢词赋，廷对始用策。……先是，荆国王安石尝赋诗《试闱中》云："当时赐帛倡优等，今日抡才将相中。"盖已嫉词赋之弊。后因苏子由策专攻上身，安石比之谷永，又因孔常父用策力抵新法，安石遂有罢制科之意。哲宗策士，因语近臣曰："进士试策，文理有过于制科者。"大臣皆熙宁党，遂力主罢制科议。制科、词赋既罢，而士之所习者皆《三经》。所谓《三经》者，又非圣人之意，惟用安石之说以增广之，各有套括，于是士皆不知故典，亦不能应制诰、骈俪选。蔡京患之，又不欲更熙宁之制，于是始设词学科，试以制、表，取其能骈俪；试以铭、序，取其记故典。自南渡以后始复词赋，孝宗始复制策，而词学亦不废。

嘉定间未尝诏罢词学，有司望风承意太过，每遇郡试，必摘其微疵，仅从申省，予载之详矣。水心先生著为《进卷外稿》，其论宏词曰："宏词之兴，其最贵者四六之文，然其文最为陋而无用。士大夫以对偶亲切、用事精的相夸，至有以一联之工而遂擅终身之官爵者。此风炽而不可遏，七八十年矣。前后居卿相显人、祖父子孙相望于要地者，率词科之人也。既已为词科，则其人已自绝于道德性命之本统，以为天下之所能者尽于区区之曲艺，则其患又不止于举朝廷高爵厚禄以予之而已。盖进士等科，其法犹有可议而损益之，至宏词则直罢之而已矣。”先生《外稿》盖草于淳熙自姑苏入都之时，是书流传则盛于嘉定间。虽先生本无意于嫉视词科，亦异于望风承意者，然适值其时，若有所为。文忠真公亦素不喜先生之文，盖得于里人张彦清之说，以先生之文失之支离。文忠得先生《习学记言》观之，谓：“此非记言，乃放言也。岂有激欤？”水心先生之文，精诣处有韩、柳所不及，可谓集本朝文之大成者矣。文忠四六，近世所未见，如史相服阕，加官制词云：“素冠栾栾，方毕三年之制；赤舄几几，爰新百揆之瞻。”又谓史相云：“陈平之智有余，萧相之功第一。”戒词云：“天难谌斯，当毋忘惟几惟康之戒；民亦劳止，其共图既庶既富之功。”《抚谕江西寇曲赦诏》，其中一二联云：“自有乾坤至于今日，未闻盗贼可以全躯。”又曰：“弄潢池之兵，谅非尔志；焚昆冈之玉，亦岂予心。”又行永阳郡王制词云：“若时懿属，可限彝章，其登公朝位棘之尊，仍疏王社苴茅之赏。”盖文忠既入札庙堂，谓二恩恐不可得而兼，故致微词云。（以上均见《四朝闻见录》甲集）

巽岩李公焘《制科题目序》：“阁试六题，论不出于经史正文，非制科本意也。盖将傲天下士以其所不知，先博习强记之余功，后直言极谏之要务，抑亦重惜其事而艰难其选，使贤良方正望而去者欤？然而士终不以此故而少挫其进取之锋，问之愈深则对之愈密，历数世未尝有败绩失据之过。士真多能哉？斯执事优容之也。迨熙宁中，陈彦古始不识题，有司准式不考而制科随罢。君子谓彦古不达时变，宜其黜也。先是，孔文仲以直言极谏忤宰相意，驳高第，斥小官。彼佼佼焉，思纵其淫心以残害典则，厌是科之不便于己也，欲亟去之而不果遂。亟去之而不果遂，则姑置焉，名存而实亡矣。凡所谓贤良方正者，尚肯复从其游耶？彦古区区昧于一来，是必不敢高论切议也。殆揣摩当世，求合取容尔。传注义疏之纤微，且不及知，矧为国家之大体，渠能有所发明哉！而执事者犹恶其名，决坏之然后止，彦古之黜宜也。而使天下遂无得以贤良方正能直言极谏举者，独何心欤？至于元祐，仅复旋废，其得失之迹，又可见矣。今天子明诏三下而士莫应，岂非犹惩于彦古故耶？盖古之所谓贤良方正者，能直言极谏而已，今则惟博习强记也。直言极谏则置而不问，殆恶闻而讳听之。逐其末而弃其本，乃至此甚乎？此士所以莫应也。余曾不自置，妄有意于古人直言极谏之益，而性最疏放，勉从事于博习强记，终不近也。恐其幸而得从晁、董、公孙之后，曾是弗察，而猥承彦古之羞。乘此暇日，取五十余家之文书，掇其可以发论者数十百题，具如别录。间窃颠倒句读，窜伏首尾，乃类世之覆物谜言，虽若不可知，而要终不可欺。戏与朋友共占射之，贤于博弈云尔，实非制科之意也。"绍翁窃详：巽岩李公之序，谓"熙宁中陈彦古始不识题，有司准式不考，而制科随罢；先是，孔文仲以直言极谏忤宰相意，驳高第，斥小官。"其说有当考者。熙宁三年九月试制科二人：贤良方正能直言极谏科太常博士王□，才识兼茂明于体用科太庙斋郎张绘。时贤良方正台州司户参军孔文仲对策，入第三等，诏以所对意尚流俗，毁薄时政，不足收录，以惑天下观听，令流内铨告示还任。是岁御试罢诗赋用策。七年以进士试策，即与制举无异。时政得失，已许人上封事，遂罢制科。此后彦古何缘又复召试，且特为彦古一人不通阁题而罢此科？本朝阁试六题，具载《登科记》。所缺者，惟绍圣元年所出题尔。不知彦古所不通者何题，李公何不明载？文仲不失一台州司户，亦无官可斥也。(《四朝闻见录》丙集)

《朝野类要》

锁院。凡言锁院者，机密之谓也。故试士、撰麻皆如此也。试士，则所差官预先入院议题，有司排办。

闻喜宴。在京则赐及第进士宴于琼林苑，中兴以后就于贡院。

题名。进士及第，各集乡人于佛寺，作题名乡会。此起于唐之慈恩寺塔也。若官司州县厅事，各立题名碑者，盖备遗忘尔。(以上均见《朝野类要》卷一)

治经。《春秋》兼《三传》，《易》、《书》、《诗》、《二礼》，各以一经，仍各兼《语》、《孟》，谓之小经。若诗赋人，旧亦曾兼一经，今免。

武举。分二等，盖绝伦者挽二石以上斗力，平等者挽九斗以上可也。

至日，步射两箭，马射正背，共五箭。为头场。

三场。第一场本经义三道，小经义各一道，计五道。若诗赋人，八韵赋一道，省题诗一首。第二场，论一道。第三场，策三道。仍各有格式条限。若武举，则以弓马为第一场，其次《七书》义五道，其策三道。

州县学。即古者国有庠、乡有校之义。本朝宰相王安石，增制应补之法，考试升赏与贡举不相干。庆元以来，又增辟斋名，以广武举之士。盖从臣寮请也。

帘试。补试中者，再于长官帘前试一次。治经人作《语》、《孟》义，辞赋人作省题诗。优者行食。其有任子铨试，过赴吏部，帘试经义破题。或有诗，亦谓之帘试。

供课。州县学生分旬习试三场，各给册子供呈。上庠亦然。

堂试。州学考试考分，将来由此升补。

升补。堂试累中人推赏，至于升入上庠。

补试。州县学春、秋两放补试，白身人本经中者注籍。

混补。天下士人不限有无学籍，皆得赴试本经一场。中者入上庠。

大补。选试旧举待补及州县学等级该恩士人，升上庠也。

待补。三场内只第一场合格，及补试内只大经合格，盖恐黜下之可惜，故以此勉其学者。惟武举只弓马合格者待补，谓之一事中。

私试。每月试一场，凡满季计三场，谓孟月本经、仲月论、季月策。并锁试于前廊，以学官主文考校。惟公试之月免。

公试。每岁春二三月之交公试。两日三场，谓第二日论、策各一道。并差外官于贡院主文，以学官干预考校。

内舍。入上庠、宗学者，皆外舍生。若校定满年、行食分数之人，如公试中等，即依例升补内舍，与公试榜同出，自后方得为长、谕。若内舍私试连三次不中者，降为外舍。

上舍。内舍校定分数人，两年一次试升上舍。凡九月内锁院三场，以优等、平等取人。其法严于省、解也。中者自后不复赴公、私试，只赴上舍试，以趱释褐。如入学六年得为释褐者，谓之“走马上舍”。

释褐。上舍试中优等者释褐，以分数多者为状元，其名望重于科举状元。

神童。十岁以下能背诵，挑试一经或两小经，则可以应补州县小学生。若能通五经以上，则可以州官荐入于朝廷，而必送中书省复试，中则可免解。

复试。童子举及应制科人，先进呈论、策卷子。如称旨，必送中书省复试。内童子赴都堂，于宰执前，同中书省官挑试。

量试。州县学略而小试其才也。

请举。赴解试之谓也。古者举贤之制。

保头。举人三举终场者，得为解试保头。

解试。依额取人，荐名于朝廷，谓之乡贡。若从来无学籍者，经营请举，则必费力。如曾赴混补，则犹庶几于科举也。此系本州及第出身官主文考校。其武举，只就殿步帅前试弓马，中者然后赴锁院，考试《七书》义并策。盖武举者，保官径奏名引试也。

漕试。转运司承集本路见任官牒送到随侍子弟及五服内亲，如州府解试法。但漕司员额颇宽容也，系选差本路官主文考校。

附试。因事在他乡而未能归本贯者，皆就转运司附试。只是取人太少，却易为文才。

免解。在学及格，或遇特恩。

比试。武举士人，先试经义一次，然后赴解试。

省试。除四川外，诸州及漕司解士，就礼部贡院锁试，名曰省试。

免省。上舍试取中在省试前，即免省赴殿。

还省。前举已中解试人，因丁忧事故之人，于今举还试。

类试。四川州军解士，只就安抚制置司类省试。毕，径赴殿试。

殿试。本朝例就崇政殿锁试，考试策一道，毕日唱名。

还殿。前举已中省试人，因事故未赴殿者，今举还试。

免殿试。往年遇主上即位以后第一次，谓之"龙飞榜"。又尝因谅阴，皆曾免试，只诣唱名。

唱名。谓之胪传。圣上御殿宣唱，第一人、第二人、第三人为一班，其余逐甲各为一班。

恩科。年高而到省多次，特奏名。其魁亦赐同出身。而次甲则得文学之名，俟赦文内于铨试或于铨注，即授权尉之类。亦有虽年及而未愿就恩科，亦从便，仍旧赴省。

三元。解试、省试并为魁者，谓之双元。若又为殿魁者，谓之三元。然多是免殿故也。盖殿试以策取人，难得必魁治经义人也。

黄甲。正奏名五甲也，吏部谓之黄甲。阙榜第五甲，旧多贵显，故或称为相甲。

探花。选年最少者二人，于赐闻喜宴日，先到琼林苑，折花迎状元吟诗。此唐制，久废。今人或谓第二名为探花者，非是。

担榜。戏谓第五甲末名为“担榜状元”。

宏辞。自唐以来有之，本朝之制尤严。上自秘书，下及俗文，无不博览。盖所学他日翰苑并掌杂著也。锁试随贡举之岁三场。第一场，麻制、表词；第二场，铭、赞、记、序、杂文；第三场，议论。并以文字合格中选，取人无额也。

贤良。即汉举贤良之制也，本朝尤严。绍兴间尝令背记九经注疏，而学者遂少。后臣寮请免之，止令记其义。锁试之日，三时六论。如五题合格，即中选。（以上均见《朝野类要》卷二）

及第。文武举正特奏名，皆为及第出身。

赐出身。元非科举入仕，而特蒙大用，或赐同进士出身，方可执政。盖国朝法也。（以上均见《朝野类要》卷三）

书铺。凡举子预试并仕宦到部参堂，应该节次文书，并有书铺承干。如学子乏钱者，自请举至及第，一并酬劳书铺者。

期集。应举士人欲共陈其利便，则指定一所在，会集诸人，定议以申明之。行都差注诸大寺院头首，亦集诸头首相聚，定议此人行检，保明申差，亦谓之期集。

同年乡会。诸处士大夫同乡曲并同路者，共在朝及在三学，相聚作会，曰乡会。若同榜及第聚会，则曰同年会。（以上均见《朝野类要》卷五）

《直斋书录解题》

《大宋登科记》三十二卷案：《题解》云二十一卷，《宋史·艺文志》同，此盖误作三十二卷，洪适编。始，吴兴郡学有锓板，不分卷第，止述进士一科。适始仿姚康录制举、词科，自建隆庚申迄绍兴庚辰，二万三千六百人有奇，为二十一卷。自后皆续书之。

《中兴登科小录》三卷、《姓类》一卷，通判徽州江都李椿撰。新安旧有《登科记》，但逐榜全录姓名而已。椿家藏《小录》，自建炎戊申至嘉熙戊戌，节取名字、乡贯及三代讳刊之后，以韵类其姓，凡一万五千八百人有奇。太守吴兴倪祖常子武刻之，以备前记之阙文。（以上均见《直斋书录解题》卷七）

《指南赋笺》五十五卷，《指南赋经》八卷，皆书坊编集时文，止于绍熙以前。

《指南论》十六卷，又本前后二集四十六卷，淳熙以前时文。

《擢犀策》一百九十六卷，《擢象策》一百六十八卷。《擢犀》者，元祐、宣、政以及建、绍初年时文也；《擢象》则绍兴末。大抵科举场屋之文，每降愈下，后生亦不复识前辈之旧作，姑存之以观世变。（以上均见《直斋书录解题》卷一五）

《吹剑录》

李德裕曰："臣无名第，不当非进士。然臣祖自登第后，家不置《文选》，盖恶其不根艺实也。朝廷显官，须公卿子弟为之。少习其业，目熟朝廷事，凡台阁之仪，不教而自成。寒士纵有出人之才，固不能闲习也。"荆公曰："士未官而事科举者，为贫也；有官矣，而复事科举者，是侥幸富贵利达而已。"龟山曰："资荫与进士何异？以进士为优、资荫为劣者，世俗之论也。耻受父祖之泽，而甘心无益之习，与寒士角胜场屋，侥幸一得以为荣，是何识见！夫应举，自是寒士藉此进身耳。既有官，何用应举？"范尧夫最有识见，亦以资荫与进士分优劣，奏于有无出身人衔位上带"左右"字，且曰："欲使子弟读书。"是读书，止为科第而已。如韩持国之才，尽可为执政，岂可以其无出身乎！文豹谓：卫公以宰相子，龟山以宰相荐，皆无出身，故议论偏。盖任子与进士，自是两途。舜教胄子，相元凯，此即任子也；举万邦黎献，此即进士也。至周而法始备。学校所教者先国子，朝廷所用者皆世官，宾兴大比，则专为寒畯设。由汉至唐，皆并行而不相侵越。至我朝，始令有官人得与进士群试。夫任子者，虽未必皆贤，然随宦之久，耳目习熟，当官临政，自胜进士。缘其间有不学少文者，故朝廷得以轻重。凡由任子得官者，皆不获与清选，此其所以黾勉于一试，歆艳于一得。然有官至大夫，职居朝列，及监司、守倅、令丞矣。所谓考官，则皆选人或其门生故吏，乃反委身听命，而去取于其手。至于监司、守倅、令丞，皆阖郡吏民之所奔趋。一旦乃毁冠裂冕，与韦布之士联翩负笈，伛偻棘墙之下，其为名器之辱甚矣！然格法已定，士大夫亦不以为非。愚谓莫若于格法外，少异其礼。如铨试，如词科、法科，试之于礼闱，考之以卿，即襕襆入场，使自别于士流，以示崇重，有官君子之意。

富郑公以段希元、魏升平同场屋，立一举三十年推恩之法。东坡奏云："特奏名除近上十余人所归，使之临政，心害民矣。"文豹谓：彼一时，此一时。当公之时，进士未如今日之多，程文未如今日之工。如公《浊醪有妙理赋》，除首联外，后七韵尽只说酒，全不见浊醪意；《刑赏忠厚之至论》，望空使"尧三宥"事；《形势不如德论》，正未知出处。使公见乾淳以来至今日之三场，犹将放出一头地。正科中尚或有叨忝者，若特科，则皆老师宿儒，屡请文解，驰名上庠者。日暮途远，不得已苟就，而未始甘心焉。故太学有诗曰："名第虽分正特科，算来正特不争多。头无大小皆乌幞，身有短长俱绿罗。手只一般槐木简，脚无两样墨皮靴。止缘命里争些子，莫道文章不似他。"（以上均见《吹剑录》）

柳子厚《送章秀才序》曰："今进士岁数百人，咸多为文词，道今古，角夸丽，务富厚。有司一朝而受者，不知几千万言。读不能十一，即偃仰疲耗，目眩而不欲视，心废而不欲营。"余见贡院誊录人说："每日抛下卷子若干，限以时刻，迟则刑责随之。日夜不得休息，饥困交攻，眼目涩赤。见试卷有文省字大、涂注少，则心开目明，自觉笔健，乐为抄写。"又尝见时文册子，遇太学公私试，一题即印三二十篇。读至五十篇，加至十数，便已困倦。为考官者可知已。故凡程文，以简洁为上，大字楷书次之。

吾乡解试孟轲《勇于义赋》，一人欲以"过孟贲者远矣"为第四联，而未得其对。忽友人来问："若荆轲则盗诸，何以对？"其人隐而不言，竟以此联魁取。故晦庵因此每戒人自为实学。

绍兴初复制科,给舍、侍从三人举一人,进其文业。考入上次等,则召试六论,于九经、十七史、《国语》、《论》、《孟》、《管》、《荀》、《杨》、《文中子》正文或注疏中出。通四题,入四等,即试策一道。中第,三等比状元,第四等比榜眼,第五等同进士。是科,本求直言,今乃专取记问。李泰伯试六题,不得其一;东坡《形势不如德论》,不知出处。《礼义信足以成德论》,知子由记不得,乃厉声索砚水,曰:"小人哉!"子由始悟出"樊迟学稼"注。乾道间,李垕《汤法三圣论》出《功臣表》,误作《诸侯王表》。淳熙间,垕弟塾复召试,巨珰恐其策攻己,故难其题,仅得二通,赐束帛遣之。开禧间召试,永康何致,会同试者丁艰,致降内批独试,为中书易祓、谏议邓友龙所缴论。再以吴猎侍郎荐,正言郑景绍奏,勒归本乡。自复此科,百余年仅得一李垕,而论题尚记不全。今一妄男子欲欺世盗名,辄假此学,以贤良自称,所谓吾不试故艺尔。

象山曰:无常产而有常心者,惟士为能。古者士无科举之累,朝夕所诵,皆吾身吾心之事,是以不失其常心。后世弊于科举,所向日陋,藏其驱于利欲之途,吾身吾心之事,漫不复讲。于是,有常心者不可以责士。(以上均见《吹剑四录》)

陈希夷《状元衣锦集》,预定我朝状元,凡乡里、姓名、经题、官禄、疾病、父母、妻氏姓名,尽在四句中,历历应验。(《吹剑录全编·唾玉集》)

《枫窗小牍》

本朝以童子举,如国初贾黄中举。自五代不论。若太宗朝,洛阳郭忠恕通九经,七岁举童子科;淳化二年,赐泰州童子谭孺卿出身;雍熙间,得杨亿年十一,以童子召对,授秘书正字。咸平间,得宋绶;景德间,抚州进士晏殊年十四,大名府进士姜盖年十三;祥符间,又得李淑,又赵焕以童子召封,令从秘阁读书,时年十二。蔡伯希年四岁,诵诗百余篇,召为秘书正字。神宗朝元丰七年,赐饶州童子朱天锡五经出身,年九岁,赐钱五万;又天锡从兄天申年十二,试十经皆通,赐五经出身。绍兴七年,赐处州孝童周智出身。乾道、淳熙间,吕嗣兴、王克勤赐童子出身。先君子以十岁通

九经,以不谒丁晋公,摈不以闻,竟不得与诸君子同声治朝也。(《枫窗小牍》卷上)

《坦斋通编》

淳熙间隆兴解试,小经题《身中清异于白》。按:孟子异于白马之白也,合作一句,谓马之白吾从而白之,亦犹白人之白耳。庆元间,高秉儒内翰困士子以难题,如《大畤紫坛八觚》之类,省试乃取《天子大采朝日赋》。按:古者太字皆省一点,以少采夕月言之,则为太采可知,如太宰、少宰、太牢之类。主文既不悟其"太",士子亦只作"大"字押韵。况此事见《国语》,乃公父文伯之母之言,前此亦未有用妇人之言为省题者。(《坦斋通编》)

《鼠璞》

《摭言》载:唐进士赐燕曲江,置团司,年最少为探花郎。本朝胡旦榜,冯拯为探花,太宗赐诗曰:"二三千客里成事,七十四人中少年。"《蔡宽夫诗话》亦言:期集择少年为探花。是杏园赏花之会,使少年者探之,本非贵重之称。今以称鼎魁,不知何义?《东轩笔录》谓:"期集选年少三人为探花使,赋诗。熙宁余中为状元,乞罢宴席探花,以厚风俗,从之。"恐因此讹为第三人。

《闻见录》载:至和间,富公当国,立一举三十年推恩法。盖公与段希元、魏升阙同场屋,相善,不欲私之,故为天下之制。世以推恩法始于富公,予谓不然。仁宗开天章阁,召范、富条当世务,本以止侥幸、澄汰不才吏为说,无缘以私意创此科。考:本朝开宝三年诏,礼部阅进士十五年以上司马浦等赐出身;祥符八年诏,进士六举以上、虽不合格并奏赐特奏名,七十八人;天圣二年以特奏名李道宗等为匠簿,四年诏进士能应三举免取解,景祐元年诏进士五举、年五十虽试不合格以名闻,自此率以为常。宝元元年,被恩泽者九百八十四人。至和中,李柬之以校年累举不责词艺谓之恩泽四五百人,欲革之,孙汴等条具将上。嘉祐元年诏罢特奏名,时公正当国也。嘉祐二年复赐特奏名及诸科二百十四人,恐一时诏罢特奏,庙堂因行裁减耳。然嘉祐三年再详定科举条制,亦不该载一举三十年法,何也?

(以上均见《鼠璞》卷上)

《容斋随笔》

国朝自太平兴国以来，以科举罗天下士。士之策名前列者，或不十年而至公辅，吕文穆公蒙正、张文定公齐贤之徒是也。及嘉祐以前，亦指日在清显。东坡《送章子平序》以谓：仁宗一朝十有三榜，数其上之三人，凡三十有九，其不至于公卿者，五人而已。盖为士者知其身必达，故自爱重而不肯为非，天下公望亦以鼎贵期之，故相与爱惜成就，以待其用。至嘉祐四年之制，前三名始不为通判，第一人才得评事、签判，代还升通判，又任满，始除馆职。王安石为政，又杀其法，恩数既削，得人亦衰矣。观天圣初榜，宋郑公郊、叶清臣、郑文肃公戬、高文庄公若讷、曾鲁公公亮五人连名，二宰相、二执政、一三司使。第二榜，王文忠公尧臣、韩魏公琦、赵康靖公概连名。第三榜，王宣徽拱辰、刘相沆、孙文懿公抃连名。杨置榜，置不幸即死，王岐公珪、韩康公绛、王荆公安石连名。刘辉榜，辉不显，胡右丞宗愈、安门下焘、刘忠肃公挚、章申公惇连名。其盛如此。治平以后，第一人作侍从，盖可数矣。(《容斋随笔》卷九)

国朝科举取士，自太平兴国以来，恩典始重。然各出一时制旨，未尝辄同，士子随所得而受之，初不以官之大小有所祈诉也。太平之二年，进士一百九人，吕蒙正以下四人得将作丞，余皆大理评事，充诸州通判。三年，七十四人，胡旦以下四人将作丞，余并为评事，充通判及监当。五年，一百二十一人，苏易简以下二十三人皆将作丞、通判。八年，二百三十九人，自王世则以下十八人，以评事知县，余授判、司、簿、尉。未几，世则等移通判，簿、尉改知、令、录。明年，并迁守评事。雍熙二年，二百五十八人，自梁颢以下二十一人，才得节察推官。端拱元年，二十八人，自程宿以下，但权知诸县簿、尉。二年，一百八十六人，陈尧叟、曾会至得光禄丞、直史馆；而第三人姚揆，但防御推官。淳化三年，三百五十三人，孙何以下，二人将作丞，二人评事，第五人以下，皆吏部注拟。咸平元年，孙仅但得防推。二年，孙暨以下，但免选注官。盖此两榜，真宗在谅闇，礼部所放，故杀其礼。及三年，陈尧咨登第，然后六人将作丞，四十二人评事；第二甲一百三十四人,节度推官、军事判官;第三甲八十人,防团军事推官。

太宗雍熙二年,已放进士百七十九人,或云:“下第中甚有可取者。”乃令复试,又得洪湛等七十六人,而以湛文采遒丽,特升正榜第三。端拱元年,礼部所放程宿第二十八人,进士叶齐打鼓论榜,遂再试,复放三十一人,而诸科因此得官者至于七百。一时待士,可谓至矣。然太平兴国末,孟州进士张雨光,以试不合格,纵酒大骂于街衢中,言涉指斥,上怒斩之,同保九辈永不得赴举。恩威并行,至于如此。(以上均见《容斋续笔》卷一三)

熙宁罢诗赋,元祐复之,至绍圣又罢。于是,学者不复习为应用之文。绍圣二年,始立宏词科,除诏、诰、制、敕不试外,其章表、露布、檄书、颂、箴、铭、序、记、诫谕凡九种,以四题作两场引试,唯进士得预,而专用国朝及时事为题,每取不得过五人。大观四年,改立词学兼茂科,增试制诏,内二篇以历代史故事,每岁一试,所取不得过三人。绍兴三年,工部侍郎李擢又乞取两科裁订,别立一科,遂增为十二体:曰制,曰诰,曰诏,曰表,曰露布,曰檄,曰箴,曰铭,曰记,曰赞,曰颂,曰序。凡三场,试六篇,每场一古一今,而许卿大夫之任子亦就试,为博学宏词科,所取不得过五人。任子中选者,赐进士第。虽用唐时科目,而所试文则非也。自乙卯至于绍熙癸丑二十榜,或三人,或二人,或一人,并之三十三人。而绍熙庚戌阙不取。其以任子进者:汤岐公至宰相,王日严至翰林承旨,李献之学士,陈子象兵部侍郎,汤朝美右史,陈岘方进用。而予兄弟居其间:文惠公至宰相,文安公至执政,予冒处翰苑。此外,皆系已登科人。然擢用者:惟周益公至宰相,周茂振执政,沈德和、莫子齐、倪正父、莫仲谦、赵大本、傅景仁至侍从,叶伯益、季元衡至左右史。余多碌碌。而见存未显者,陈宗召也。然则吾家所蒙,亦云过矣。(《容斋三笔》卷一〇)

法禁益烦,奸伪滋炽,唯科场最然。其尤者莫如铨试。代笔有禁也,禁之愈急,则代之者获赂谢愈多。其不幸而败者百无一二,正使得之,元未尝致法。……议论奉公之臣,朝夕建明。然此风如决流偃草,未尝少革。或以谓失于任法,而不任人之故。殊不思所任之人,渠肯一意向方,见恶辄取,于事无益,而祸谤先集于厥身矣。

太宗朝，吕文穆公蒙正之弟蒙亨举进士，礼部高等荐名。既廷试，与李文正公昉之子宗谔，并以父兄在中书罢。《国史·许仲宣传》云：仲宣子待问，雍熙二年举进士，与李宗谔、吕蒙亨、王扶并预廷试。宗谔即宰相昉之子，蒙亨参知政事蒙正之弟，扶盐铁使明之子。上曰："斯并势家，与孤寒竞进。纵以艺升，人亦谓朕有私也。"皆下第。正此事也。仲宣时为度支使。仁宗朝，韩忠宪公亿为参知政事，子维以进士奏名礼部，不肯试大廷，受荫入官。唐质肃公介参政，子义问锁厅试礼部，用举者召试秘阁，介引嫌罢之。旧制严于宰执子弟如此，与夫秦益公柄国，而子熺、孙埙皆于省、殿试辄冠多士者异矣。（以上均见《容斋四笔》卷一三）

《困学纪闻》

本朝制科四十人，至宰相者，富弼一人而已。中兴复制科，止得李垕一人。（《困学纪闻》卷一四）

止斋曰：国初以科举诱致偏方之士，而聚之中都。由是家不尚谱牒，身不重乡贯。（《困学纪闻》卷一五）

吴吉甫以晚科试漕闱《捣药兔长生诗》，云："真水黄芽长，香风玉杵鸣。不为三窟计，永伴一轮明。"省试《圣人之道犹日中赋》，用"阙抟之月、见沫之星"，第七联云："桑榆已晚，尚期一战之收。"（《困学纪闻》卷一八）

绍兴中，省试《高祖能用三杰赋》，第四韵用"运筹帷帐"。考官谓《汉书》乃"帷幄"，非"帐"字，不敢取。彻棘，以语周益公，益公曰："《史记》云'运筹帷帐之中'，非误也。"淳熙中，省试《人主之势重万钧赋》，第一联有用"洪钟"二字者，考官哂之。洪文敏迈典举，闻之曰："张平子《西京赋》'洪钟万钧'，此必该洽之士。"遂预选。绍熙中，四明试《航琛越水诗》，有用东坡"舶趠"二字而黜者。决得失于一夫之目，其幸不幸若此。（《困学纪闻》卷一九）

陈自明晦绍熙初宏辞已入等，同试者摘《周五射记》用"襄尺"字，以为犯濮王讳襄音让。庆元四年，从臣荐之，谓“襄”字虽同音，嫌名不当避，乃赐同进士出身。徐子仪嘉定中试宏辞《甘石巫咸三家星图序》，引《周礼》簭人巫咸，本注巫当为筮，非殷巫咸，主司黜之。而荐于朝，不数年入馆掌制。若璩按：王氏父㧑字谦父，嘉定进士第。同年余天锡参知政事，属教其子弟。岁终致束修以谢，坚却不受，曰：“吾二儿习词学，乡里无完书，愿从公求尺牍。”丐借周益公、傅内翰、番阳三洪公，暨其余习词学者凡二十余家所藏书，余欣然应之。后二子皆中词科由此。（《困学纪闻》卷二〇）

《贵耳集》

高宗、孝宗在御，每三年大比，下诏先一日，奉诏露天，默祷曰：“朝廷用人，别无他路，止有科举。愿天生几个好人，来辅助国家。”及进殿试策题，临轩唱名，必三日前精祷于天。所以，绍兴、淳熙文人才士彬彬在朝，此二祖祈天之效如此。

侬智高发三解不得志，遂起兵，两广遂有两解试摄官之格。张元因殿试落第，径往西夏，自此殿无黜落之士。（以上均见《贵耳集》卷下）

《鹤林玉露》

嘉定间，当国者惮真西山刚正，遂谓词科人每挟文章科目以轻朝廷，自后，词科不取人。虽以徐子仪之文，亦以巫咸一字之误而黜之，由是无复习者。内外制，唯稍能四六者即入选。殊不知制诰诏令，贵于典重温雅，深厚恻怛，与寻常四六不同。今以寻常四六手为之，往往褒称过实，或似启事谀词；雕刻求工，又如宾筵乐语，失王言之体矣。胡卫、卢祖皋在翰苑，草《明堂赦文》云：“江淮尽扫于胡尘。”太学诸生嘲之曰：“胡尘已被江淮扫，却道江淮尽扫于。”又曰：“传语胡、卢两学士，不如依样画胡卢。”端平初，患代言乏人，乃略更其制，出题明注出何书，仍许上请，中选者堂除教官。然名实既轻，习者亦少。昔孝宗朝，议者欲科举取士，以论、策共为一场，制、诏、表章为一场。上欣然欲行之，而周益公等不主其说，遂不果行。余谓若行此法，则举子无不习王言者。习者既多，自有精工者出于其间，他时选拔而用之，何患丝纶之不雅正乎！（《鹤林玉露》甲编卷四）

杨诚斋云:“今之《礼部韵》,乃是限制士子程文,不许出韵,因难以见其工耳。至于吟咏情性,当以《国风》、《离骚》为法,又奚《礼部韵》之拘哉!”魏鹤山亦云:“除科举之外,闲赋之诗,不必一一以韵为较。况今所较者,特《礼部韵》耳。此只是魏晋以来之韵,隋唐以来之法。若据古音,则今麻马等韵元无之,歌字韵与之字韵通,豪字韵与萧字韵通。”言之及此,方是经雅。(《鹤林玉露》丙集卷六)

《癸辛杂识》

成均旧规,后来不复可见矣。谩言所知者数则于此,亦可想见当时学校文物之盛,庶异日复古或有取焉。太学私试以孟、仲、季分为三场,或司成无暇,则并在岁晚。有公试则无私试。试为监中司成命题,就差学官充考校封录之职,不复经由朝廷。至第三日即揭晓,每十人取一,孤经则二三人亦取二名。第一等常缺;第二等谓之放等,魁当三分,第二名二分半;第三等魁二分,率从第二三取起,魁二分,第二、第三一分半,第四、第五一分三厘,余并一分。太学公试遇省试年,则在省试后二月下旬,凡引试二日经赋一日,论策一日。非省试年分,则随铨试后引试。系朝廷差官,士子则襕幞入试,大约七人取一。第一等缺;第二等三分,入等人数视卷人多少,约四十人取其一;第三等二分,所得人数倍第二等,约二十人取一;余约七人取一;第四、第五并一分。公试魁纵不该升补,他日登第,亦是部注教官。若三名前,例是教官。有外校次年公试中第二等,谓之“入等升”,又谓之“正升”。或外舍成校人前一年已中第三等,本年再中第三等,谓之“本等升”。或外舍成校定人前一年中第四等,本年中第三等,谓之“进等升”。若先在三而今在四,谓之“退舍”,不能成事。此外又有追补法。前一年或不成校,本年忽中公试第二等,名为“入等”。却用本年私试,二场并得;如中魁,亦当一场,谓之“追升”,可以陈乞追升内舍。或止中两场,则无用。又前一年外校八分以止,或优本年公试,不同得失,得之“升榜”。若下就试者非内舍校定,以升补做内舍校定者,一年止有两试。一试中,则又试两试。若一年两试俱失,谓之“折脚”,不复试第三试。以三试不中,则当退舍。每年二十一人,或于内有未升上舍而过省者,或有事故者,许二十一人之后分数少者,依资次来豁校。如正升内、外舍人,亦用状射:

某人已成事,缺新升内舍。一年无两升,纵当年上舍试入优,止理为内舍校定,不可升上舍。内舍一年无三色试,已试公试者,不许赴私试;已试私试者,不许赴公试。上舍试每三人取一人,优等十人赋三,书二,余经各一。通榜魁十分,亚鼎各九分,余七名并八分,平等六分。内舍未有校定,本年中舍平等者,理为内校。升补上舍有三等:内舍平校试舍试平等;或内舍优校,不中上舍试;或有季无校定,试入上舍试优等,亦与随榜升补下等上舍,谓之"赤脚升"。其升补名字依上舍试榜资次,盖舍试压公试。内舍新升及无季人虽中舍试,只作内校分数。然舍试一中优等八分,平等六分,五名以前,又有加分,尽可赶优。或前一年已有平校,本年有平等,上舍试入两中舍试平等,已上谓之俱平,或一优一否,皆为下等上舍。谓如内舍优校人试入上舍试平等,或上舍平校人试入上舍优等,当举免省到殿。元有求免人理作升甲用,已升甲者升名,谓之一优一平为中等上舍,谓如内舍优校人又中上舍试优等,以优中优皆是释褐,不拘名数,先赐进士出身,谓之上等上舍,法注教官。续有此附黄甲第三人恩例,注推官,自方熙孙始。当年间有内舍优校,内优三人,当年积八分已上者,可成舍试。次年白分已上者,不可成。偶舍试当年分人多,亦止以三人为限,第四名纵积十分,亦不理。若以优中优,则谓之两优状元。其试两年一次,率在季秋,圣旨差官命极难之题,重于省试。优校赴舍试,如不中,守三年后径到殿中,平即免省到殿。平校人赴舍试,中优即赴殿。自甲子年后,上舍人多陈乞解褐出身,不到殿,应当举免解,次举免省赴殿,谓之待年。若本自免解,谓之两免相充,此学法也。或本未免解,当年实请免,谓之请免相衡,并相衡免省赴殿。国子生寄理法,国子生补入者,升补内舍,谓之寄理内舍。升补上舍,谓之寄理上舍。未许行正食,止借一日食而已。升中等、下等上舍,合后到殿者,未许到殿,直待元牒主补外,方理为正行食,及许到殿。以此牒官有请一月或半月暇者,盖欲其早成事故耳。解褐舍法,下等上舍先免解,后免省,待三年后到殿。中等上舍径到殿,或特旨径行解褐。释褐恩数成而优者,谓之状元。择日于崇化堂鸣鼓集众诸生,两廊序坐,学者穿秉立堂上,状元亦襕幞立,同舍班俟揖。揖讫,诣堂下香案前,面东南望阙谢恩,跪受敕黄,再拜。次入幕换公裳,其所换下之衣,尽为斋仆持去,以利市。再至阶上,面西北再拜谢恩。毕,与学官同舍讲拜者,再次诣忠文庙。次诣直舍，通门状谢学官，亦止称其斋学生，再拜，遂归本斋团拜。次诣诸斋谢，亦称同舍生，不书斋名。礼毕，到堂上换衫帽，与学官相见交贺。监中备酒七杯，次本斋三杯。讫，临安府差到客将，备轿马、从人、差帽，迎至祥符寺状元局。凡学夫、斋仆以次，平日趋走之人，皆以大小黄旗，多至数百面，呵喝状元，与唱名一同。遂择日谒先圣。其局钱酒支用，并天府应办。次日，谢宰执台谏，然后部中送缺，初任文林郎、节察推官，视殿试第三人恩例。谢宰相，用启事，见主司，有拜礼。太学解试与舍试无相干。太学十人取三人，若参未满年，七人取一人，系不满年太学生。升补一请求免，已经特恩正免，又一请者亦免。曾于方州请举不改名者，谓之带胎入学，异时于学中请者亦免。在学三十年，公私试曾一中者，永免在学；曾一请后二十日永免。太学解试都魁，虽不升舍，将来在第，亦许升甲，部注教官。

南渡以来，太学文体之变，乾、淳之文，师淳厚，时人谓之“乾淳体”。人材淳古，亦如其文。至端平江万里习《易》，自成一家，文体几于中复。淳祐甲辰，徐霖以书学魁南省，全尚性理，时竞趋之，即可以钓致科第功名。自此非《四书》、《东西铭》、《太极图》、《通书》、《语录》不复道矣。至咸淳之末，江东李谨思、熊瑞诸人倡为变体，奇诡浮艳，精神焕发。多用《庄》、《列》之语，时人谓之换字文章，对策中有“光景不露”、“大雅不浇”等语。以至于亡，可谓文妖矣。

三山旧例：诏岁试，每场两日，帅于谯楼揖士，盖贡院在楼之内也。楼头赞揖，士子同应，声如奔雷者，无虑数万。杂以市人群不逞旗号，纷然抢案占廊，奔突可此下有阙文。（以上均见《癸辛杂识·后集》）

祖宗朝知贡举者礼部长贰，乃云知举。余官虽在礼部贰之上，皆称权知举，盖知举乃礼部职也。今不复然。（《癸辛杂识·别集下》）

《齐东野语》

有士赴考，其父充役，为贴书勉其子，登第则可免。子方浪游都城，窘无资用，即答曰：“大人欲某勉力就试，则宜多给其费，否则至场中定藏行也。”奕者以不露机为藏行云。又有士父使从学，月与油烛一千，其子请益,不可,子以书白云:“所谓焚膏继晷者,非为身计,正为门户计。且异日恩封,庶几及父母耳。有如吝小费,则大人承事,娘子孺人,辽乎邈哉!”闻者绝倒。(《齐东野语》卷一三)

《武林旧事》

唱名。第一名承事郎,第二名、第三名并文林郎。第一甲赐进士及第,第二甲同进士及第,第三甲、第四甲赐进士出身,第五甲同进士出身。武举第一名秉义郎,特奏第一名同进士出身。上御集英殿,拆号唱进士名,各赐绿襕袍、白简、黄衬衫。武举人赐紫罗袍、镀金带、牙笏。赐状元等三人酒食五盏,余人各赐泡饭。前三名各进谢恩诗一首,皆重戴、绿袍、丝鞭,骏马快行。各持敕黄于前。黄幡杂遝,多至数十百面,各书诗一句于上。呵殿如云,皆平日交游亲旧相迓之人,或三学使令斋臧辈。若执事之人,则系帅漕司差到状元局祗应。亦有术人相士辈,自炫预定魁选,鼓舞于中。自东华门至期集所,豪家贵邸,竞列彩幕纵观。其有少年未有室家者,亦往往于此择婿焉。期集所例置局于礼部贡院前,三人主之于内,遴选所长,以充职事。有纠弹、笺表、主管、题名、小录、掌仪、典客、掌计、掌器、掌膳、掌酒果、监门等。后旬日朝谢。又数日,拜黄甲、叙同年。其仪:三名设褥于堂上,东西相向,四十已上立于东廊,四十已下立于西廊,皆再拜。拜已,择榜中年长者一人状元拜之,复择少者一人拜状元。又数日,赴国子监谒谢先圣先师讫,赐闻喜宴于局中。侍从已上及馆职皆与,知举官押宴,遂立题名石刻。凡费悉出于官及诸阃馈遗云。(《武林旧事》卷二)

灵芝崇福寺,钱王故苑,以芝生其间,舍以为寺,故名“灵芝”。高宗、孝宗凡四临幸。有浮碧轩、依光堂,亦为新进士会拜题名之所。(《武林旧事》卷五)

《书斋夜话》

刘之杰赴省,第三场策已写第一道。俄而腹疼,挟卷奏厕,插卷于厕,屈出,则径行不记取卷。复回寻之,则无矣。及揭榜后,乃登第。后累迁置制使，有邑宰以公事稽缓，追至庭下。邑宰白云："昔者滥登末第，幸与公同年，辄有一语奉告禀。"公曰："得非省闱中事乎？"曰："然。"乃延入屏后，问其故。对曰："因奏厕，见策卷欠第二、第三，遂拙作补足而纳之。"公曰："某一生仕宦皆所赐，公何不早见访？"语其故。遂呼妻子罗拜堂下而语之云："生我者父母，成我者公也。"于是，厚报邑宰。予向见先辈云尔，不记邑宰姓名。(《书斋夜话》卷四)

《隐居通议》

宋沿唐制，亦贵进士科。然唐犹兼采时望，不专词章；宋则糊名考校，一决于文字而已。故议者有"一番科第，诸色人皆备"之说。虽则云然，要之实出于公，其得之者，盖天与之，而人亦贵之也。独有不可晓者，如唐之李卫公，卓为一代才相，会昌之政，焜耀史牒；袁州读书遗迹，至今犹存，而乃见遗于科目。如宋之李盱江，该博伟硕，范文正公至以师礼待之；如程伊川道德学术，百世宗师；如近世余樵隐，才兼文武，一代逸材，乃卫公辈人，俱不中第。若以文论，则尹少稷、陆放翁、刘后村，皆学富文工，岂不足以缀末科？而咸被黜落，至烦特旨赐第，进列清华，甚可笑也。考之唐制，不见有科诏之类。宋至南渡后，三载一策士，大概以子、午、卯、酉年乡贡士；以辰、戌、丑、未年试礼部，奏名进士；而寅、申、巳、亥年则修明禋，或举郊祀。其试乡贡，旧无定日，故奔竞者或有一人而试数郡。绍兴中惩其弊，令诸郡同以八月十五日引试。当是年，则二月一日颁诏旨，示以取士之意，而戒饬之。凡遇此岁，通谓之诏岁。自德祐丙子正月，行都失守，是年科废，逮今逾三纪矣。往时故迹，销磨澌灭，后生小子无复能之。前辈凋零，鲜有能道者。朅来剑津，有儒家子贾似之出示咸淳《登科记》一册，黄绢碧标，题曰：《咸淳七年同年小录》。首载科诏，览之凄然。盖不见此久矣。因录以示来者，而并述大略如此。(《隐居通议》卷三一《前朝科诏》)

《钱塘遗事》

赴省登科五荣须知。两觐天颜，一荣也；胪传天陛，二荣也；御宴赐花，都人叹美，三荣也；布衣而入，绿袍而出，四荣也；亲老有喜，足慰倚门之望，五荣也。

省试，正月二十五日午间锁院，至晚，宣押省试官入院。试前一日，省试院引保。或不用亲临，只责之书铺。书铺纳卷，铺例五千，自装界卷子与之。或只二千，无定价，过此无害也。宗子又有一宗，文字颇多，非四千不可。特奏名纳卷亦三千。二月初一、初二、初三日，引试诗赋人；初五、初六、初七日，引试经义人；初九、初十、十一日，引试宗室锁厅应举人，混经赋为一场；十三、十四日，引试取应宗子。别试所则又迟经义场一日，乃初六、初七、初八日也。省试案子，不得以方州移动挟书、传义，皆所不可。卷中自有第几幕印子收纳，士人自书治经、乡贯、姓名，押字于历上。若昏黑，历子收去，无可书，大有利害。

御试给号。试前数日，书铺告报士人请号纳卷铺例五千，因铺家卷子，兼得御试，须知一本，礼部给正奉名进士号。次日，给特奏名及四川进士、三色宗子号，书铺知委体例二百钱与之，索添不过三百。请号之日，士人天未明到书铺，黎明而裍幕入都四字疑有误。书铺引入，尚书、宰执据案坐于庭中，设桌子及历外。吏部依省榜次第，唤姓名而前，逐人自书姓名，押字于历记，则得号一枚。吏使与之号，则唱而戒之曰："牢收号，入殿不得唐突。"号以白纸半片为之，有字数行，尚书侍郎、郎中偕衔押字。及有中官某人监集英殿门，试日，以其号照入殿门。一失其号，则不得入矣。

丹墀对策。廷试之日，士人由和宁门入，徐行，执号乐卫士收数成行，而入至集英殿门外，中官展视而收之。殿外挂混图于露天甚高。良久，天大明，了然分明，知位次。士人聚于殿门外，待百官常朝毕，方引士人进拜，列于殿下。宰臣进题，上览焉。天子临轩，天颜可瞻。起居赞曰："省元某人以下躬拜！再拜！"又躬身而退，各依坐图行列而坐。每位有牌一枚，长三尺，幕以白纸，已书某人某乡贯，或东西廊第几人，不得移动及污损。坐定，中官行散御题，士人皆以御题录于卷头草纸上，以黄纱袋子垂系于项上。若有损污，谓之不恭，纳卷所不受。散题后，驾已兴，入内进膳。赐食于士子，太学馒头一枚，羊肉泡饭一盏。食毕，不见赐，谢恩。或要登东作旋，则抱牌卷卷子而往，卫士相引而去，亦不甚远。既坐而试，不得与邻座说话。中官、从官，杂处董之，宰执巡行。至申时，天子复临轩，纳卷于殿廷东庑阶下之幕中。一中官监视，收其牌及御题卷子，亦不容人临时于纳处展视。若至昏时，则见有传者云："已不在黄甲矣。"士人每出一门，必书姓名于门东，历四门皆书姓名、押字。出时无号，无人押行，亦不待人齐出。

择日唱第。皇帝御集英殿唱名，非有他殿，只挂集英殿牌于殿前。特奏唱名，则于数日之后。先唱名数日，书铺又告报请号，礼部又散号，一如廷试给号之礼。及得号视之，乃前日所收之旧号也。但于其上用红印书："入集英殿试讫。"中官姓名押小字一行耳。仍戒曰："牢收号，入殿不得唐突。"书铺告报之人，又有所求，先支少金与之，不得开口。唱名之日，亦由和宁门而入，身襴袍，而足亦穿靴，列行举号，数人收号，一如廷试之日。候常朝毕，赞者引入廷下，再拜。皇帝临轩，宰臣进三名卷子，读于御案前，用牙篦点。读毕，宰执立于上前，阁门立于御案之西向。宰执先于御案前拆视姓名，则曰："某人！"阁门则承之，以传于阶下；卫士凡六七人，皆齐其声，传其名呼之，谓"胪传"，亦谓"绕殿雷"也。凡呼而唱者三四声，士人方从众中出应，卫士夹而翼之，问乡贯、父名。翼至廷下，对玉墀且躬未拜，廷上问以乡贯、父名，卫士则以对。对毕，过轩下，少去就甲人次，其荣在此也。非特名登天府，三代祖父之名达于圣听矣。待一甲毕，则往两廊角取敕黄而执之，甲内人齐，则廷上呼"谢恩"，士人廷下立，躬身再拜，而退去于轩下。状元则便独班谢恩，不待甲内齐也。自第二名、第三名为一班，赐食，相身为袍，各设位，赋诗以答皇恩。第四名至第十名，终为一班；第二甲全甲为一班，谢恩了，皆且执敕黄而立。敕黄用麻纸，两幅连粘，大书"某人等宜唱某等科第"。状元至第二甲终，皆曰"宜赐进士及第"；第三甲、第四甲终，皆曰"宜赐进士出身"；第五甲则曰"宜赐同进士出身"。敕黄可漏子，又长于敕黄一尺。唱第二甲尽，驾兴入内进膳。须臾，赐进士食三品：赤焦肉饼二枚，天花饼二枚只是素饼，羊肉饭一盂并羊羹饭肉，有汤粉，皆三品并至。上方起，卫士已将下三甲名字来，排当士人。两卫士管一纸，一纸书十五人名字，皆先自唤集，排当资次，仍问乡贯、父名。审毕，候上复出，殿上一呼某人，则卫士已夹其人而进于前。骈贯而进，亦俟一甲齐，方拜谢恩，授黄敕。有恩例升甲人，则当殿上宣示上旨："某人有某恩，合升一甲末。"所以，方走。唱名之人，虽有恩例，亦不可自升甲。盖升甲人面授出旨，当殿谢恩故也。若无升甲恩之人，不入赴唱名。传者曰："待二年外，方许到却。"唱至第五甲，上亦入，少憩。顷之，复出。唱第五甲毕,士人皆执敕黄,再拜。殿上传曰:“赐进士袍、笏。”袍、笏积于殿外之两庑下,士人出殿门,于上廊争取之。往往皆不暇脱白襕,而便就加绿袍于其上。其所赐淡黄绢衫一领袖如绿袍之宽大,淡黄带子一条,绿罗公服一领,笏一面。士人披衫系带未毕,则殿上催谢恩。谢恩罢拜而出,紫绿相间,璀璨可观。紫袍、牙笏,以取左宗子拜所赐也。拥而趋出门头,亦不待书名字。盖前日秀才,今日官人,五荣之中,此属其最。唱名时,不可一闻姓名,遽然而出,尤加详缓之为佳。唱第既出,至大门外,人备车马以须。其出者,十有五六。若自有车马,虽不用支散,然群不逞随之。呵殿元者,数十为队,所费亦不赀。不若只行出内门前茶殿中,待其人疏洒,行归耳。状元、榜眼、探花,须皆与上马,盖临安府自备马以待之也。

置状元局。状元一出,都人争看如麻。第二、第三名,亦呼状元。是日迎出,便入局。局以别试所为之,谓之三状元,局中谓之期集所。大魁入局,便差局中职事,一一由状元点差。牒请、纠弹、笺表、小录、掌仪客、司计、掌器、掌酒果、监门,多者至五六十员,少者亦不下四十员。视事官送牒例皆二十。初第人多喜入局,得陪侍三状元,与诸同年款密,他日仕途相遇,便为倾盖。常例:五日一会,食否则日中,有酒杯,点心、果子二色。局中职事官虽多入局,而食者常半之。食罢,出入无妨。三状元常宿于局中,不可出宿于外。月余而罢局。凡预局中执职事,官员纳小录、题名钱,非职事官须纳钱五千,而后得小录、题名一本。状元入局之初,依全赐钱一千七百贯;及诸公纳到助小录钱,亦一千三百贯有奇。三状元入局五日,职事官入局,局中以职事官名申台部,十日后正谢。

正谢日,系太史台择日,亦谓之门谢礼,用笺表。皇帝及东宫笺表,隔日计会,阁门通进,表中止用三状元名衔。正特奏同日而谢。是日,亦由和宁门而入,在常朝殿门外北,面天颜。赞者引唱,躬拜,再拜而退。门外有立仗马及卫士等,卫士唱喏毕,马退,士人方列班而拜,拜君之门而已。

越二日,拜黄甲于贡院。黄甲者,由省中降下。唱名既毕,省中以其所升甲之人附于甲末,用黄纸以书之,故谓之“黄甲”。是日,贡院设香案于庭下,状元引五甲内士人拜香案,礼部亦遣官来赞导。置黄甲于案中,望阙拜毕,士人列两廊。四十以上东廊,四十以下西廊。其日,择一人最年高者上堂,大魁拜之,年高者答拜;又择一人最少者上堂,拜大魁,大魁亦答拜而退。吏人以纸笔请各书姓名，依黄甲排次，各为镌于题名石。是日，谓之叙同年、拜黄甲也。特奏不得预焉。

越四五日，乡人之官于朝者为乡会，以待乡中之新第者。

越三日，赴国子监，谒谢先圣、先师。祭前三日，状元点差职事官十四员：监礼官，弹压职事之不恭者；奉礼官，跪于先圣、先师座前，奉币进之于献官；太官，酌酒以进之于上三献官；太祝，读祝；分献官十员，分献于十哲及两廊贤人，一人分献五位，每位皆再拜，措笏兴，伏拜起，皆赞者导之，礼毕而班退，赞者皆太常寺差来。

越三日，局中职事官下湖运司，做二大舟。局中连三状元，凡七八十人，分坐于两舟，酒数行，借张侯之真珠园散步，侯家亦有馈焉。其例也。薄暮舣舟于玉壶园，而竟席。

书铺告示。越十日，引正奏各黄甲士人射，上自按试于讲武殿。次日，赐闻喜宴于贡院。齐而后，押宴官率官属及进士列拜于庭下，面阙设香案，侍从及贴职官皆预焉。凡拜，五舞蹈，其节有四，共十拜也。拜讫，正奏各坐于东廊，特奏各坐于西廊，立亦如之。小黑桌子坐，则青熟果子，人各四器，望果一器，望花一朵，醯醢列于前。初坐，先斟酒三行，不下食。第三酌下，鲜鲊一碟，第四、第五皆有食以配。酒五行而中歇，人赐宫花四朵，簪于幞头上花以罗帛为之，从人、下吏皆得赐花。又有例赐冰，再坐，分与士人。又到班庭下，再拜，谢花，簪而谢之。兼坐带花，又四杯而竟席前筵羊半体，七宝头羹，并皆奇品。初坐则以银台盏酌，再坐则易以银卮，共九行。而饭则粟米为之，毕宴，不用，谢恩退。皆簪花乘马而归，都人皆避，其赴御宴回也。次日，局中自用钱作期集所会，遵前例也。亦七杯，正奏各皆预焉。亦就贡院为之。

越十日，集注。是日天晓，袍、笏，书铺引入部。前数日，部中先榜于阙亭，书铺录示新第人。先择其愿授者，而书于笏。及入部，郎中坐庭中，以殿榜资次而呼。前庭上唱曰："某人。"官人上阶揖，问曰："愿受甚处阙？"对："郎中视簿合受。"则揖，庑下书簿中："某人愿授某州某官阙。"而退，三状元皆送阙，不与集注。告敕一道，印纸一轴，信符一道，门谢关子一道。

常例：皆赐御写经书一轴，或赐御制诗一首临安府镌碑裱装，赐宴时以分

赐士人。(以上均见《钱塘遗事》卷一〇)

《庶斋老学丛谈》

前辈谓:科举之法虽备于唐,然是时考真卷,有才学者士大夫犹得以姓名荐之,有司犹得以公论取之。如吴武陵以《阿房宫赋》荐杜牧,必欲置首选,是也。宋自淳化中立糊名之法,祥符中立誊录之制,进士得失,始一切付之幸不幸。虽欧公欲黜刘几,坡公欲取李廌,不可得矣。士舍科举之外,他无进取之门。苟有毫隙可乘,则营回以趋之,冒法以为之,明知其罪,不暇顾矣。

刘元城先生云:"诗赋、经术,皆是朝廷取人科目。使如三代、两汉、晋魏之时,采取名誉,岂不得人?殿试用诗赋、策问,固无优劣,人以得失为重,岂敢极言时政阙失,自取黜落?朝廷设科,无有难易,只以四句诗取人,人亦来试,亦有得失。或使尽治五经、十七史,人亦来试。况登科之初,未见人才,及仕宦方可别君子小人。"

赵清献公未第时,乡之户家陈氏延之教子,其母岁与新履。公乡荐,陈厚贶其行。随以家贫用而告乏,复贶之亦然,陈乃遣人赍行囊送入京。一举及第,仕浸显。陈之子后因人命系狱,或曰:"尔家昔作馆赵秀才,今显官于朝,可以为援。"陈乃谋诸妇,妇曰:"翁当亲行,我仍制履送之。"翁至汴,阍人不为通。翁俟朝回,为揖于前,公命之入。即送其履,公持而入,良久,乃濯足穿以出。叩其来意,翁言其故。公曰:"且留书院。"经旬余不答所言,乃申之,唯唯而已。月余,告归,公曰:"且宽心。"两阅月,公以翁家问示之,其子已贷命矣。公但使亲仆至衢,日送饭狱中,主者闻之,得从末减。衢士至今言之。

乔孔山,平章东阳人。未第时,每夜提瓶沽油四五文,藏于青布褙袖中,归,燃灯读书。本县周押司日见而揶揄之,故触瓶污衣。孔山及第,不十年为浙东帅。本县夏纲丝绵至判云:"排军押出本县押司周某,限几日。"一邑惊骇,何谓其人,自分必死,轻则黥籍。及至呈到状,不判,亦无语。旬日,再呈,亦然。月余又呈,公令押出。公曰:"周押司无恙否?"周再拜,告乞免性命。公但指其座云:"此座是秀才都有分来坐得,今后休欺凌穷秀才。"送一千贯压惊,放之。(以上均见《庶斋老学丛谈》卷下)

《东南纪闻》

东都盛时，郭洵直后改名仪直，字敬叔，吉水人。七岁诵书，兼属文。中书挑诵，毕试，赋一首。既就其半，如厕，于厕侧取怀间草纸写所以成者，为逻者所获。扶至试所，官诘之，对曰："父在外间，恐出而脱忘，故私录之。"官疑焉，遂换题更试，又立就。遂授宋州文学。（《东南纪闻》卷二）

《后山诗话》

杭之举子中老榜第，其子以绯裹之，客贺之曰："应是穷通自有时，人生七十古来稀。如今始觉为儒贵，不著荷衣便著绯。"（《后山诗话》）

《韵语阳秋》

荆公以诗赋决科，而深不乐诗赋。《试院中五绝》其一云："少年操笔坐中庭，子墨文章颇自轻。圣世选才终用赋，白头来此试诸生。"后作详定官，复有诗云："童子常夸作赋工，暮年羞悔有扬雄。当年赐帛倡优等，今日抡才将相中。细甚客卿因笔墨，卑于《尔雅》注鱼虫。汉家故事真当改，新咏知君胜弱翁。"熙宁四年既预政，遂罢诗赋，专以经义取士，盖平日之志也。元祐五年，侍御史刘挚等谓治经者专守一家而略诸儒传记之学，为文者惟务训释而不知声律体要之词，遂复用诗赋。绍圣初，以诗赋为元祐学术，复罢之。政和中，遂著于令，士庶传习诗赋者杖一百，畏谨者至不敢作诗。时张芸叟有诗云："少年辛苦校虫鱼，晚岁雕虫耻壮夫。自是诸生犹习气，果然紫诏尽驱除。酒间李杜皆投笔，地下班扬亦引车。唯有少陵顽钝叟，静中吟捻白髭须。"盖芸叟自谓也。（《韵语阳秋》卷五）

余家自曾伯祖侍郎讳宫以甲科起家，至庆历中曾大父通议杨置榜相继及第，尔后世世有人。大父清孝公余中榜，先人文康公何昌言榜，某黄公度榜，至小子邲木待问榜，连五世矣。当时尊长皆有诗以纪庆。曾大父赠先祖诗云："传家何用富金籯，教子何如只一经。庆历科名今已继，更教来叶嗣前馨。"先大父赠先人及伯父诗云："广场笔阵数千人，喜汝穿杨箭镞亲。庆绪绵长时幸会，文科兴后事还新。昔年继榜熙宁岁，今偶同科绍圣春。从此莫教书种断，孙曾应复值昌辰。”文康公赐某诗云：“儿曹春榜预言扬，窃吹知难复士乡。黄绢未能摛好语，青毡偶幸继前芳。穿杨喜共东床客女夫章倧同榜，攀桂同标北寺房。圣世选才如华岳，积尘曾不愧毫芒。”予尝赠郯诗云：“吾家五世十三人，竞撷丹枝撼月轮。庆历贤科开后裔，隆兴儒业继前尘。泥金帖报家庭喜，烧尾筵中帝里春。从此传芳应未艾，桂香应已袭天伦。”通议之子、若孙、若曾孙在桂籍者，于今已十有三人，故言之于前。长子郛亦不废学业，故期之于后。其他宗从登科者甚多，各有诗纪庆，不暇录。

今之新进士不问科甲高下，唱名出皇城，则例喝状元，莫知其端。唐郑谷登第后宿平康里，尝作诗曰：“春来无处不闲行，楚润相看别有情。好是五更残酒醒，耳边闻唤状元声。”则新进士例呼状元旧矣，郑谷赵昌翰榜第八名也。（以上均见《韵语阳秋》卷一八）

《二老堂诗话》

小说多妄，其来久矣。《玉壶清话》云：“王禹偁自知制诰出知黄州，苏易简榜下放孙何等进士三百余人，奏曰：‘禹偁禁林宿儒，累为迁客，臣欲令榜下诸生郊送。’奏可。禹偁作诗谢之，云：‘缀行相送我何荣，老鹤乘轩愧谷莺。三入承明不知举，看人门下放诸生。’”予年十六七时，尝以岁月推之：孙何榜乃淳化三年，岁在壬辰，明年癸巳，易简迁参政，是时禹偁谪外任未归；又明年甲午，方再为知制诰。至道乙未迁内翰，五月出知滁州，非放进士时。三年丁酉复召知制诰，咸平元年戊戌十二月罢，知黄州。二年己亥，放进士孙暨等七十一人，非三百也。且易简已为执政而死，其妄甚明。然予颇自疑此诗或为他日之谶。其后隆兴癸未，予为起居郎兼中书舍人，值省试，本拟同知贡举，属寿皇锐意幸金陵，便欲进发，留予从驾，不果差。乾道壬辰，为礼部侍郎兼直学士院，适当贡举，在朝阙出身从官。而虞彬甫为相，雅不欲用予，时方遣泛使，奏留余撰国书，命翰林王曮知举，中书舍人赵雄同知，此外惟沈夏有出身。以予侍兼临安，既不可差，乃趣召李衡为侍御史，云：“试院无言事官，不肃。”锁院终旬日，赵雄丁母忧，亦不复补差。淳熙戊戌春，余为翰林学士，上已点定，而赵温叔为相，密奏云：“殿试临轩，当用天子私人主文。今省试是礼部事。”乃就下差权礼部

尚书范成大。虽一时各有意,其实三人不知举也。(《二老堂诗话》)

《诗话总龟》

自唐以来,试进士诗号省题,时有佳句。如梓州进士杨谔,天圣八年省试《蒲车诗》,云:“草未惊皇辙,山能护帝舆。”是岁下第。景祐元年省试《宣室受厘诗》,云:“愿前人主席,一问洛阳人。”是岁及第。未几卒。庆历二年,韩钦试《勋门赐戟诗》,云:“凝锋画翻转,交镞采文繁。”范景仁曾见真本,云:“迎锋画翻转,映日采文繁。”姑两存之。苏州进士王偃试《迩英延讲艺诗》,云:“白虎前芳掩,金华旧事轻。天心非不悟,垂意在苍生。”有古讽谏意,是年奏名甚高,御前下第。二十年始第,寻卒。滕元发皇祐五年御试《吹律听军声诗》,云:“万国休兵外,群生奏凯中。”又作《西旅来王诗》,云:“寒日边声断,春风塞草长。传闻汉都护,归奉万年觞。”极为场屋所称。杨谔有《题骊山》云:“行人问宫殿,耕者得珠玑。”(《诗话总龟》前集卷一三)

郑君平性滑稽,及第后,有人以诗来镪钱,君平以诗答之:“五贯九百五十俸,省钱请来足甚用。还债还负亦无余,买酒买肉何曾梦!妻儿终日只愁饥,婢仆过冬犹受冻。更有不识事闲人,献诗献启觅甚瓮?”(按:《梦溪笔谈》卷二三载此诗乃某县尉《答举人投书索米》,与诗意符合。)

张献图主簿,颍人,善嘲谑,以老榜得班行,寄书于家人曰:“汝作鸾孤,我为奉职,不忝矣。”(以上均见《诗话总龟》前集卷四〇)

经生多不省文章。尝一邑有两人同官,其一或举杜荀鹤诗,称赞“也应无处避征徭”之句。其一难之曰:“此诗失矣,野鹰何尝有征徭乎?”举诗者解曰:“古人有言,岂有失也!必是当年科取翎毛耳。”(《诗话总龟》前集卷四一)

《苕溪渔隐丛话》

《遁斋闲览》云:“俗语有之曰:‘槐花黄,举子忙。’谓槐之方花,乃进士赴举之时。而唐诗人翁承赞有诗云:'雨中妆点望中黄,勾引蝉声送夕阳。忆得当年随计吏,马蹄终日为君忙。'乃知俗语亦有所自也。"(《苕溪渔隐丛话》前集卷三五)

《寄斋录》云:"朱达可未第时,其内以一诗寄之云:'剔烛亲封锦字书,拟凭归雁寄天隅。经年未报干秦策,不识如今舌在无?'"(《苕溪渔隐丛话》前集卷六〇)

《蔡宽夫诗话》云:"礼部淡墨书榜首,不知始何时。或曰:李程应举时,尝遇阴府吏于贡院前,问其登第人姓名,则有李和而无程。乃祈之,苍黄中用淡墨笔加'王'字于'和'下,果得第。后为相,因命凡榜书人名,皆用淡墨,遂为故事。此固不可考,然相传至今。据此,则所当书者,乃登第人姓名也。范蜀公诗:'淡墨题名第一人,孤生何幸继前尘。'盖得之。今贡院放榜,但以黄纸淡墨前书'礼部贡院'四字,余皆浓墨。岂流传既久,遂失其本邪?"

《学林新编》云:"《西京记》曰:'隋无漏寺在长安。唐武德初,废无漏寺。贞观二十年,高宗在春宫,为文德皇后立寺于无漏寺故基,以慈恩为寺名。西院浮图高三百尺,永徽五年沙门元楚所立,国人谓之雁塔。'唐故事:进士及第,列名于慈恩寺塔,因此谓之'雁塔题名'。塔以石为壁,唐人游观,留题甚多,不特进士题名而已。而塔屡遭火,断石遗字,犹有存者。近时好事者,裒其遗字作十卷,镌之石。进士题名,仅存数处,余皆唐贤游观留题也。《贾公谈录》曰:'唐李仲侍郎知贡举,夜放榜,书榜未毕,而书吏得疾,暴卒。遂更呼一善书吏,而吏方醉,磨墨卤莽,或淡或浓。一榜之字,浓淡相半,反致其妍,遂成淡墨故事。'本朝礼部贡院放榜,亦以淡墨书榜首,盖循唐故事也。因此贺人及第,用雁塔题名、淡墨题名,以为事实。"苕溪渔隐曰:"淡墨题名,二事不同,未详孰是,今两存之。"

《文昌杂录云》:"唐慈恩题名。按刘公《嘉话》,起自进士张莒于长安慈恩寺闲游,题其姓名于塔下,后书之于板,遂为故事。本朝进士题名,皆刻石于相国、兴国两寺,亦慈恩之比也。"(以上均见《苕溪渔隐丛话》后集卷二一)

《吕氏童蒙训》云："李君行自虔州入京师，至泗上，其子弟请先行，君行问其故，曰：'科场近，先欲至京师，贯开封户籍取应。'君行不许，曰：'汝虔州人而贯开封，欲求事君而先欺君，可乎？宁迟数年，不可行也。'"（《苕溪渔隐丛话》后集卷二二）

《事物纪原》

明经。宋朝定业三经义三十道也。

学究。宋朝神宗熙宁中，以经术兴三舍始除之。

处士。宋朝有冲晦处士李退夫，在庆历、皇祐之间也。材希《两朝宝训》曰：康定中赐兴化徐复号冲晦处士，终南高择号安素处士。

武举。宋朝具科虽不废，亦不常举。自神宗立武学，始诏三岁一次，随进士、明法发解也。《宝训云》：天圣中置，皇祐初诏罢。治平元年，枢密院言不可废，英宗复置之。

群见。《笔谈》曰：旧制，贡举人到阙，悉入对，谓之群见。远方士不知朝廷仪，班列纷错，见之日，至有更相抱持，以望黼座，有司患之。近岁，止令解头入见，盖自仁宗始也。

巡铺。《宋朝会要》曰：雍熙二年正月诏：礼部引试，分差官廊下察视，勿容私相教授。此巡铺之始也。初以检视九经诸科，至景德四年十二月十三日，命乔希颜等始为巡试铺。又，天圣二年正月，始有巡铺官孔延鲁，自此巡铺遂为定制也。

监门。又曰：雍熙二年正月诏：礼部试九经诸科，轮番差官二人，在省门监守。此试院监门之始也。洎真宗景德四年十二月十三日，乃命严类等专监门也。

五甲。又曰：淳化三年三月四日，帝御崇政殿试进士，诏糊名考校，定其优劣为五等。第一至第二等赐及第，第三、第四赐出身，第五赐同出身。五等之分自此为始也。天圣五年始曰甲。

释褐。《宋朝会要》曰：太平兴国二年正月十二日，赐新及第进士诸科吕蒙正以下绿袍、靴、笏，非常例也。御前释褐盖自是始。吴处厚《青箱杂纪》曰：世传潘阆《安鸿渐八才子图》，皆策蹇重戴。又，王禹偁《赠崔遵度及第未脱白诗》曰："且留重戴士风多。"则国初举子犹重戴矣，此唐风也。

英宗在谅阴，于及第后用其礼云。

赐宴。又曰：开宝八年赐新及第进士王嗣宗等钱，有手令宴乐。太平兴国二年正月七日，太宗亲试吕蒙正以下，并赐及第，仍赐宴开宝寺，兼降御制诗二首赐之。此赐宴及诗之始也。唐制，礼部放榜后，敕下之日，醵钱于曲江，为闻喜宴，近代多于名园、佛庙。至是官为供帐，为盛集焉。景德二年，始赐宴于琼林苑，自此为定制。

题名。宋朝之制，进士中第，必赐名于桂籍堂。

赐《儒行》。《宋朝会要》曰：淳化三年三月，诏以新印《儒行》赐近臣。先是，御试进士日，以《儒行》篇为论题。帝欲激劝士流敦儒行，故特令雕印。至是，首赐新及第举人孙何，圣旨谕令，依此修身为治。天圣五年四月，赐新及第进士王尧臣以下《礼记》、《中庸》各一本；八年四月，王拱辰以下又赐《大学》篇也。（以上均见《事物纪原》卷三）

《历代制度详说》

国初，制科有贤良方正直言极谏、经学优深可为师法、详闲吏理达于教化，凡三科。应内外草泽人，并许诸州及本司解送，上吏部，对御试策一道，二三千字以上，取文理俱优者为入等。景德四年，帝曰："比设此科，欲求材识。若但考文义，苟有济时之用，安得知？今策问宜用经义，参之时务。"天圣七年，诏复置贤良方正能直言极谏、博通典坟明于教化、才识兼茂明于体用、详明吏理可使从政、识洞韬略运筹决胜、军谋宏远材任边寄六科，内外官许应；又置高蹈丘园、沉沦草泽、茂材异等三科，草泽人许应，并进所业策论五十首。如优长，召试论六首，以三千字为合格，即御试。熙宁二年，贤良孔文仲考入第三等，诏毁薄时政，不足收录，告示发赴本任。熙宁七年，中书门下言："今进士已罢词赋，所试事业与制举无异，贤良等科乞罢。"从之。乾德二年贤良颖贽，天圣八年茂材富弼，景祐二年体用吴育，嘉祐六年贤良苏辙、苏轼。

太平兴国三年，诏律赋以平侧次用韵。天圣五年，诏进士参考策论。庆历四年，宋祁等言：使士皆土著，而教之于学校。先策论，则文辞者留心于治乱；简其程序，则宏博者得以骋问；以大义，则执经者不专于记诵。赋许依仿唐人赋体。诏颁下。五年，诏进士、诸科如旧制考校注云：先是，颁行宋祁等新制，上封者言非便。熙宁四年，诏进士罢诗赋。帖经墨义，令各占一经，并《论语》、《孟子》诸科，稍令改进士科。嘉祐二年，诏自今间岁一开科，场四年设科，时颇淹久。治平三年，诏今后三岁一开科场。

开宝六年三月，帝御讲武殿，复试进士。庆历二年正月七日，富弼言省试有三长、殿试有三短，请令南宫考定高下，于殿廷唱名，著为彝式。九月，诏且依旧例。熙宁三年三月，上御集英殿，试进士内出制策。

本朝待遇不同。进士之科，往往皆为将相，皆极通显；至明经之科，不过为学究之类。当时之人为之语曰："焚香收进士，嗔目待明经。"才设进士试时，便设香案，有拜跪之礼；才到明经试时，则设棘监守，惟恐他传义。……及至熙宁间，荆公罢词赋，帖经、墨义并归进士一科。齐鲁河朔之士，往往守先儒训诂，质厚不能为文辞。所以自进士科一并之后，榜出，多是南人预选，北人预者极少。自哲庙以后，立齐、鲁、河朔五路之制，凡是北人试者，皆别考，然后取人，南北始均。庆历中，范文正公、富郑公、韩魏公执政，欲先试论策，使工文辞者言古今治乱；简其程序，使得以逞问；以大义，使不专记诵，自是古文渐复。一年而三公皆罢政，此制遂停。王文正为相，南省试进士《当仁不让于师赋》，时边让、李迪皆有名，场屋榜出，二人不与。试官取其文观之，李以落韵，边以"师"为"众"，与注疏异，特奏令御试。王公议以为落韵者不审尔，若舍注疏而立说，不可许，遂取李黜边。前辈之守注疏如此严。至王荆公，始以注疏皆不可用，作《三经说》，令天下士非从《三经》者不预选举之列。罢词赋，又以《春秋》有三传，难通，罢之。至元祐间，始复词赋，增《春秋》。又至绍圣，章惇执政，欲复介甫法，遂复罢词赋，去《春秋》。后来至钦宗，又始复元祐制。（以上均见《历代制度详说》卷一）

《记纂渊海》

本朝唐制取士，惟进士、明经二科。本朝初惟用进士，嘉祐三年始复明经科，而限以间岁取士。唐制，礼部试举人，夜以三鼓为限。本朝率用白昼，不复继烛。司马温公欲令进士召朝官保任，然后应举，又更贡举法。范纯仁曰："举人难得朝士相知，士族近京犹可，疏远之人尤不易矣。兼今之朝士，未必能过京官选人，京官选人未必能如布衣，徒令求举，未必能有益。既欲不废文章,则杂文、四六之科不如设在众人场中,不须别设一科也。"温公从之。今议者欲变改,不过数端。或曰乡贡德行而略文章;或曰专取策论而废诗赋;或曰举唐室故事,兼采誉望而罢封弥;或欲变经生朴学,不用帖墨,而考大义。此数者,皆知其一而未知其二也。夫欲兴德行在于人君,若欲设科名以取之,则是教天下相率为伪也。上以孝取人,则勇者割股,懦者庐墓;上以廉取人,则弊车羸马,恶衣菲食。凡可以中上意者,无所不至。德行之弊,一至于此!自文章言之,则策论为有用,诗赋为无益,自政事言之则均为无用。然而,祖宗以来莫敢废者,以为设法取士,不过如此而已。而议者必欲以策论决能否,请有以质之。近世士大夫文章华丽者莫如杨亿,使亿尚在,则忠清鲠亮之士也,岂得以华丽少之?通经学者莫如孙复、石介,使孙复、石介尚在,则迂阔矫诞之士也,又可施于政事之间乎?(《记纂渊海》卷三七)

《古今事文类聚》

《群书要语》:古者天子之制,诸侯岁献贡士于天子,天子试之于射宫。古之取士,考素行之原,询乡曲之誉,崇礼逊,明节义,以朴厚为先,雕文为后。方今举士,明诏方下,固已驱驰府寺之廷,出入王公之道。陈篇希恩,奏记誓报,故俗号举人皆称觅举。操数寸之管,书盈尺之纸,高可以钓爵位,若循次而进,亦不失于甲科。士人应敌文章,多用他人议论。时语曰:"问即不知,用则不错。"

开宝六年,因徐士廉伐鼓讼不公,帝御讲武殿复试,御试自此始。赐诗自兴国二年吕蒙正榜始。分甲次自兴国八年王世则榜始。及第日赐袍、笏自祥符中姚晔榜始。赐宴自吕蒙正榜始。赐同进士出身自王世则榜始。唱名自雍熙二年梁颢榜始。封弥、誊录、复考、编排皆始于祥符、景德之间。

程伊川曰:"或谓科举事业夺人之功,是不然。且一月之中,十日为举业,余日足可为学。然人不志于此,必志于彼,故科举之事不患相妨,惟患夺志。"

山谷诗云:"棘闱深锁武成宫,谈天进士雕虚空。"熙丰间进士高谈性命,溺于虚无。元祐初其习犹在。

章圣即位，咸平元年、二年皆放进士举。孙仅、孙暨相继魁天下，皆汝州人，京师闾巷之人荣之，至于百姓亦以“大状元”、“小状元”呼之。嘉祐八年许将，治平四年许世安，时谓“大许”、“小许”，然亦以姓呼，盖由隔彭汝砺一榜也。

本朝状头入相者：吕文穆蒙正、王文正公曾、李文定公迪、宋元宪公庠。元宪登庸，知制诰石扬休贺以诗曰：“皇朝四十三龙首，身到黄扉止四人。”副枢王伯庸尧臣曰：“何不道已四，而特言止，惜哉！”盖伯庸继元宪魁天下士，然未几，薨于位。自庆历及今，迄未有先多士而后大拜者，异哉！后四十年，李士美、何文缜亦以廷魁至鼎席。渡江，则梁克家。

王沂公与李文定公连榜取殿魁，又相继秉钧轴。文定镇并门，公均逸本乡，作诗寄之，略曰：“锦标得隽曾相继，金鼎调元亦荐更。井上儿童公再见，会稽幢绂我偏荣。”（以上均见《古今事文类聚》前集卷二六）

《古今源流至论》

州县学。祖宗之所以作成士类亦至矣。而今之州郡之学，学者之视郡庠，犹视传舍；学官之视学者，殆若浮萍。佩焉悠悠，口焉嚣嚣。春秋有试，更出迭入，仅縻一时之廪牺而已，吁何轻耶！愚尝咨之耆老，曰：盖舍法行而郡县之学有实政，舍法废而郡县之学皆文具，何者？今之郡县有学，即古者党庠遂序之遗意。古人谓今之育材成德，而异日之升于司徒、升于学、升于司马者，皆若而人也，则教养之政安得而不严？自后世郡县之学所养所取，判然两途，毋怪乎其为文具矣。呜呼！乌知舍法为一代之良制欤！思昔舍法之行也，士之隶于学，月书季考，优登于籍。于是，贡之京师而入于天子之学，凡有玷于罚者不预焉。是以郡县生徒更相淬厉，以为今之所以教我养我者，凡皆以成就我也，而我固不可不重也。而师儒之官亦以为上之人所以进用人材，凡皆权舆于此也，而教养之职我实任之。时则训诲教养，与之相期于无过之地，而人知谨饬，亦皆相率听命，以求无忝于有司。自舍法之既废，今之太学仅存其迹，而郡县之学已非前日。且今太学之法，犹舍法也，每季有试，非无益之试也，而他日两优释褐，自此始也。名书于罚，非罚金之比也，而他日铨注有所沮格，自此始也。而又三岁大比，升于春官，由太学而进者居多。士之游太学，盖无一而非进身之阶也。今郡县之学则不然，登名于大比，虽足迹不历于学，皆可以预计偕。师友相聚泛泛焉，不相知名，而无有席间函丈之诲。果能如范公夜课诸生皆立时刻乎？果能如安定雅乐歌诗乙夜乃散乎？宜乎俊民良子弟，皆裹粮千里为上庠之游，而青衿之子，相与挑达城阙之游尔。何者？养士有学而进身无阶，其名存，其实轻，如之何而不为文具！愚以是知舍法之为良法也。或者乃曰：是法也，行之于蔡氏，安得为良法？呜呼！此非蔡氏法也，王、宋诸公之遗制也。在昔庆历中，宋祁、王拱辰辈请士皆土著，而教之以学校，然后州县察其履行而荐选之。于是，诏天下皆立学，所谓舍法盖萌芽于此。至于元祐，王公岩叟乃谓科举之外，不当别开进取之名。于是，乞罢三舍之法，开师弟不相见之禁。若夫科举罢于熙宁之三年，贡法成于崇宁之五年，是取庆历遗法而行之也，特蔡氏不当以私意为去取焉耳。于法乎何议！借曰：蔡氏立之其法苟善，犹不可以人废法，况是法立于庆历诸君子乎？今诚能行王、宋之议，申庆历之法，则家家稷契，人人皋夔，又安有文具之说哉！

科举。自隋唐至本朝，惟行进士、明经之科。至熙宁后，王荆公以经义试进士，于是明经始废而进士独行耳。此其大略也。进士之科，唐与我朝行之，然在唐为轻，在我朝为重。何以知之？"三十老明经，五十少进士"，此唐人之谣也，以此知进士为劣而明经为优矣。"焚香礼进士，撤幕待经生"，此国朝之诗也，以此知经生为轻而进士为贵矣。故唐之进士得第者百一二，明经者十二三；本朝之乾德，进士二十六人，如五经、开元三礼三传、学究合九十三人，其额至宽也，而得人之盛反不若进士。盖待之既厚，则卓荦非常之士皆愿为进士；得之既易，则庸庸记诵者其为明经耳。此前辈称国朝进士为将相科，其有由矣。是固然也，盍亦推原进士一科兴置之制，可乎？春官之试，始未有也。自元宗以考功望轻，移试礼部，于是有定所焉。殿前之试，始未有也，自武后以对策为缓，亲试殿前，于是为常制焉。设卫棘围，始未有也，自唐杨浚始开三行试，于是为故事焉。进士试以诗赋、策论，自唐始也，我朝因之，至熙宁复加经义之制。临轩试以诗赋，亦自唐始也，我朝兴国加试以论，至熙宁始定策试之制。糊名之制行于淳化，而诸州之糊名则自明道始。易书之制立于祥符，而诸州之易书则自景祐始。传义有禁昉于雍熙，匿服有禁昉于天禧，庆历则有冒贡之禁，祥符则有挟书之禁。封印卷首因温仲舒之言而行，严禁秉烛因戚纶之言而行。旧未有避亲别头也，而祥符张士逊请行之；旧未有随侍别头也，而景祐贾昌朝请行之。廷试取士，或取之多，或取之少，而与廷试者不黜，则始自嘉祐之二年。举士岁数，或一岁一举，或间岁一举，或四岁一举，或累岁不举，而三岁一举则始自治平之四年。自梁颢等唱名，于是有唱名及第之典；自王世则等锡宴，于是有锡宴琼林之礼。噫！国朝之所以待进士者何其严而重耶！夫待之既严，礼之既重，则荐于乡、试于有司、策于天子之廷者，其忍负之哉？自今观之，怀州解发，素已铨次；大名举子，自相推先，则荐于乡者皆平时推誉于州里也。李迪有声，礼部不黜；王曾首荐，复冠春官，则试于有司者亦皆素知名于场屋也。夫外郡既考履行，有司复考文艺，若无愧矣，而犹严于临轩之选，此与周人升于乡升于司徒司马者同一意也。是故齐贤受知先朝，擢自下第；蔡齐伟有仪状，擢居首选。韩琦唱名，太史奏瑞；杨置赐第，公卿皆贺。不特此耳，状元及第不在温饱，礼部第一不肯自陈，此其著节立身又有出于科举之外。盖祖宗不专取以文墨，而试贤亦惟以行艺，所以正人相望出为明时用也。然愚又尝论之，科举之禁不可以不严，亦不可以过严。不严，则无以杜侥幸之心；过严，则复以隔天下之士。且糊名易书似也，然东坡反遗李廌，欧公误取刘辉，糊名易书之法果可用乎？冒贯匿服有禁似也，然余公靖易名他州以取解，王公洙愿保匿服而不易，冒贯匿服之法果可绳乎？此王文正公所以举《科场条贯》投地而不取也。

考校。国朝考士之法何如哉？宋白典春官，而苏、王中选；程羽掌贡举，而张、寇联名，至使人才流为数世之用，谁之力与？方平司文赋，尚典要；欧公持衡文，变浑雅，至使文章以通经学古为高者，又谁之功欤？大抵人物之消长，文章之高下，皆任文衡者之责，可轻乎哉！不然，王介甫以私学取天下士，至有以“雅”为“鸦”之弊；惠卿以己意取策问，而当时皆讪前朝阿当世，文章、人物为之一变。向非元祐诸公出而正之，则黄茅白苇之习殆何如耶？然尝论之。考校之术不可过于任法，亦不可过于任情。任法，矫也；任情，私也。“过眼终迷日五色”，非主司白叹之诗乎！“落却亲情卖至公”，非主司被嘲之诗乎！此任法之弊也。主司冬烘，错认颜标有主司取卷，以颜标为颜鲁公之后取之。后非是，遂为举子赋诗，曰：“主司头脑太冬烘，错认颜标作鲁公。";典举徇情,私擢济川,此任情之弊也。曰:法无宽严,精考得矣;情无公私,得人足矣。若李迪落韵,本有声也,虽黜迪而取迪,如是而废法,何恶乎?王复能赋,素知名也,遂私复而取复,如是而狥情,可厌乎?噫!是故然尔。业患不能精,无患有司之不明;行患不能成,无患有司之不公。为进士者,又当自勉也。或曰:彩霓之韵未误而黜,刑赏之论见疑而降,此非行业之不精,君子则曰:宁求诸己,不求诸人也。或又曰:火山军之名得之梦寐,王俊民之谣已播城市,此又物理之素定,君子则曰:宁求诸我,不求诸天也。不然,尚昆体以逐时好,阿新法以取高第,不惟有司耻之,愚亦耻之。虽然,国家以文艺取士固也,亦不专以文艺也。宋祁甲科,兄郊次之,以文而取也,然进郊而退祁,盖弟不可先兄;沈文通第一,冯京次之,以文而校也,然升冯京而降文通,盖贵胄不可先寒畯,上之人未尝定以文艺也。大名乡荐,欲首选张公咏也,公辞之而推张覃;莱州解发,欲首荐蔡公齐也,公辞之而推史防,下之人亦未尝校以文艺也。夫以文墨考士,而不以文墨拘;以科目进身,而不为科目累,蔼然有成周德行道艺之风。噫!盛哉!唐人进士何足语此!(以上均见《古今源流至论》续集卷一〇)

明经。盖唐之试明经者但取绝句,我朝之试明经者专取记诵。夫惟取绝句、专记诵。所以起人厌薄之意。使讲明先王之义理,细绎诸儒之议论,明于理体,为乡所称。如唐人之诏经学优深可以为师,如国朝之科亦何逊于进士哉!虽然,是科之设,唐与国朝未尝不重,而得人亦未尝不盛也。唐之设科,有五经,有二经,有学究。一经有三礼,有三传,此选举之条也。国朝之设科,有三礼,有三经,有二经,有名曰经学优深,有名曰经明行修,此科举之目也。及考唐制诰、三家传、《仪礼》出身者,不任散官,其崇尚之意甚隆矣。入观国朝,尝试经明行修举人,以经义精奥至上,烦御笔亲选考官以授其义,其选取之意尤厚矣。夫待之不薄,选之不轻,而洪儒实学亦彬彬于是科之内。是故,颜孔之训五经,德明之著音义,治《易》则康子元,议《礼》则元行冲,谈《春秋》则盖文达。举《周礼》删定郊祀者褚无量也,举《诗》、《礼》以对祈谷祀者王仲丘也。他如狄仁杰、许孟容、徐有功,皆挺然于明经之举,则明经何负于唐哉!崔颐正则以明经进士,孔维则以九经及第,聂崇义、薛颜举于三礼之选,张师德、张观出于经明行修之科。辨析经疑，讲明《易》卦，则如冯原之擢五经；先列注疏，后断已意，则如刘道原之应大义，则明经何慊于我朝哉！愚之所憾者，唐人外有尊经之名，而不知尊圣人之道。圣经杂于释老，故高祖释奠浮屠、惠乘道士刘进喜，乃得与徐文达、陆德明同讲。高宗已数召李元植，与方士、浮屠讲经。甚至明经一科，且杂试以《老子》之学。人主好尚如此，则士之通经，无怪其所学之不纯矣。祝钦明之五经扫地，元微之之阿附匪人，所学安在耶？若我朝，以经学立民极，以吾道扶世教。或专于明经，或合于进士，虽沿革不常，而尊重圣道之意千载一日也。是以经学一唱，靡然化之。经义名斋，学者云集，有如胡安定；经术传授，学者数百，有如蔡端明。孙明复唱于平阳，石守道振于兖州，濂溪讲于舂陵，二程鸣于伊洛，张子明于关中，莫不以性命道德为依据，以仁义礼乐为宗主。至今学者皆知有正心诚意、格物致知之学，诸先生之力多矣。岂非我朝作成崇重之效欤？愚故并及之。

宏词。国朝亦行是科矣，而杨龟山谓古人得已似不如此。嗟夫！设科本得士，而反以累士，又果何取哉！然自乡举里选之法坏，士之抱寸长、挟一艺者，其肯与草木俱腐？不得不奋于科目之中。况润色皇猷，黼黻王言，非老于文墨者谁能任之？此唐人因隋、国朝因唐，于科举之外而设是科。未可执二公之说以议词学也。愚请先论沿革之制，而后及于得人之盛，则亦无负于人国家矣。夫宏词之创于隋，盛于唐，见于志。选举之详，固不必论。若我朝，始于何时哉？盖国初有宏词拔萃科，有服勤词学科，或者此其兆欤？夫是科之复，盖起于绍圣罢诗赋之时也。于时议臣建言，采唐人宏丽秀异之目，而谓词赋既罢，求天下应用之文，故特复此科焉。其目有记、序、箴、铭，有表、章、露布，有檄书、戒、颂。每岁必试，而所试特四题尔。至于大观四年，则以绍圣为未备，而改为词学兼茂。绍兴之二年，则又以大观为未备，而改为博学宏词。其除去檄书而增入制诰者，大观之法也；其再复檄书而演为六题者，绍兴之法也。虽然，此沿革之制也。自唐以至今日，其人材彬彬相望，盖为是科之荣尔。且论谏仁义，其篇数百搜次成败，其种五十规谏可尚也。策勋，淮蔡强藩屏气，收功两河，唐室中兴事业可嘉也。文场弄权，深摧其锋，回纥恃功，力沮其气，其志节高矣。典司文衡，无卑弱气；掌直制诰，有典诰风，其文学纯矣。噫！得人如唐之数子，亦何有于昌黎必惭是选之说哉！论事不及己之私则有丁度，事君不发人之私则有李熙靖，何正大也！程琳则不屈于继明，谭世绩则不附于蔡京，何刚方也！段少连伏阁于明道，晁咏之上书于元符，何鲠介也！噫！得人如我朝之诸公，亦何有于龟山古人得已之论哉！或者又曰：王涯、刘禹锡本博学宏词也，而阿附匪人，君子羞之；秦桧本辞学兼茂也，而奸谋误国，后世有憾焉。若是适为词科之累，而又何足尚者？嗟夫！“举秀才不知书，举孝廉浊如泥。”自古皆不免有此，然不可以一鬖而讥百冠也。然尝论之，有宏词之名者，必其有宏词之实。夫穿贯古今，网罗散失，其学如此，而后谓之博；闳中肆外，矢口成章，其词如此，而后谓之宏。上之艰其选者，所以重其选也；下之疑其薄者，毋乃自处于薄乎！学问无穷，文章无尽，科目不可以苟得，爵禄不可以滥取。是必思若涌泉如苏颋，气备中和如许景先，援准古谊如解事舍人，文章显名如燕许手笔，然后可以展诏诰。必敷奏机辩如新丰布衣，通达国体如洛阳年少，以论议则郎颢之于灾异，以荐贤则孔融之称一鹗，然后可以为章表。扬清激浊，褒善贬恶，莫大乎诰诫。观夫宁慰父老之心，明谕天子之意，则得体焉。运幕府之机、奏武功之捷者，莫大乎露布。观夫马上占辞，敏若宿成，则有法焉。条陈利害，警肃迩遐，莫大乎檄书。观夫千里论事，若对面语，则中度焉。托当时之事实，垂铭镂以无穷者，莫如铭。必若华山之作，高标赫世，半壁飞雨之辞可诵也。补衮职之将阙，防机微于未然，莫如箴。必若口戒之作，室本无暗，垣之有耳之言可佩也。翼乎如鸿毛遇顺风，沛乎如巨鱼纵大壑，斯可以言颂。襟三江而带五湖，控蛮荆而引瓯越，斯可以言记。李商隐所谓皇王之道尽识，圣贤之文尽知，然后可以为博学宏词。（以上均见《古今源流至论》别集卷六）

《山堂考索》

宋朝制科有六，而武事居其二。又外置武举，以待方略武勇之士，时盖天圣七年也。行之二十年而罢，罢之十有五年而复。是故以策论定去留，以弓马定高下，宝元制也；先试大义，次试时务、边防策，又别试弓马，熙宁制也。以此而取士，则其得人当不居唐之子仪下。而或者犹曰：“弓马不过粗材，策论亦为无用。”苏老泉之论，谓不若方略有谋者之可用也。

“武举者，蹶张驰射，侪于卒伍，稍有廉耻，则焉肯为?”富文忠公之论，谓不若威果武略之堪任将帅也。是则然矣。然亦尝观嘉祐议臣之奏乎？今朝廷所用稍有声称者，皆由武举而得。此其所取，岂得谓之无益于世者？如富如苏之论，特不过谓来者猥多，取者不择，而豪杰之士有不屑就焉尔。如执此以议武举，君子谓之不知务。(《山堂考索》后集卷二九)

安定先生自庆历中教学于苏湖间二十余年，束修弟子前后以数千计。是时，方尚词赋，独湖学以经义及时务，学中故有经义斋、治事斋。经义斋者，择疏通有器局者居之；治事斋者，人各治一事，又兼一事，如边防、水利之类。故天下谓湖学多秀彦，其出而筮仕，往往取高第。及为政，多适于世用。若老于吏事者，由讲习有素也。欧阳公诗曰：“吴兴先生富道德，诜诜弟子皆贤才。”王荆公诗曰：“先收先生作梁柱，以次收拾桷与榱。”皇祐末，召先生为国子监讲书，专管勾太学。数年，进天章阁侍讲，犹兼学正。其初，人未甚信服。乃使其徒之已仕者，盛晦之侨、顾子敦临、吴元长孜辈，分治职事，又令孙莘老觉说《孟子》，中都士人稍稍从之。一日，升堂讲《易》，音韵高朗，指意明白，众方大服。然在列者皆不喜，谤议蜂起，先生偃然不顾也。强力不倦，以卒有立，迄今二十余年，犹用其规模不废。先生在学时，每公私试罢，掌仪，率诸生会于首善，掌合雅乐、歌诗，乙夜乃散。诸斋亦自歌诗，奏琴瑟之声彻于外。

言理学者主张程言，数学者主康节，而言经学则太山之明复、徂徕之守道，而安定先生则其待学者也。宋初，士以浮靡相高，以雕刻相尚，体用之学懵然未之知也。公也以身先之，其文诗书礼乐，其言仁义道德，望其容肃如也，听其言粹如也。经义治事，各名其斋。文艺节义，随类而处。雅歌投壶，以纾其情。公服终日，以肃其躬。学者明体用，以为政教之本，先生之力居多焉。是故，庠舍不足，旁拓步营，人曰此儒学之盛也。吾独曰从游之多者未足以为盛，而从游之皆贤者始足以为盛。“吴兴先生富道德，诜诜子弟皆贤材。”欧阳之诗，以其贤而称之也。始于苏湖，终于太学，人曰此儒学之显也。吾独曰学之获用者未足以为显，而学之有用者始足以为显。“先收先生作梁柱，以次收拾桷与榱。”荆公之诗，以其有用而称之也。当是时，出其门者，渊笃纯明，温直简谅，色色有之。而治边防者有人,兴水利者有人,政事文学不可悉数,安定之功大矣。或曰:科举之外有义理之学,义理之外有物理之学,物理之外有性命之学,安定之学犹未离乎科举者。噫!有所学必有所用,学而无用与不学等耳。使人人尽弃科举而谈虚空,则国谁与理?民谁与治耶?又况安定之学,亦未始以科举累其心者。徐节孝非学于安定乎?不乐仕进,以诚为本,谁实教之?伊川非学于安定乎?不乐仕进,以诚敬为学,谁实肇之?节孝因头容而不敢有非心,安定之教非专以科举也。伊川尝曰:"凡从安定学者,其醇厚和易之气可知。"伊川亦不敢忘其本也。吾从学者之妄雌黄,故具言之。(以上均见《山堂考索》后集卷三〇)

宋朝以学校养才,以科举取士,其制旧矣。有进士,有诸科,有武学。常例之外,又有制科、童子,而进士为尤盛。祖宗以来,试以诗赋、帖经墨义,百余年间,人才相望。诸科之设,又可得质朴记诵之士,胥济以为用。其教育,则置太学于京师。庆历中,置内舍二百人。神宗垂意儒学,益外舍生员,三舍之法开端于此。王安石采《周官》王制之绪,自京师至郡县学,岁时月各有试,以程其能,以差次升舍。最优者为上舍,免解发,及吏部试而赐之第,遂欲以此专取士而浸废科举。业进士者以德义易故习,应诸科者以明法消旧额。意若尊经复古,抑浮靡而革椎鲁也。然新义《字说》,颁命四方,驱学者以宗己。其后,议臣极排力抵,于是经义、诗赋定为两科。自太祖建隆元年,即开贡举,而杨砺之徒以进士选,其后岁岁选士。以《登科记》考之,唯试诗赋及论。自开宝元年,始召对讲武殿而第名。六年,士有击鼓论榜者,于是更试于讲武殿,而御试自此始也。当是时,诸科有五经、开元礼、三礼、三传、三史之目。太宗兴国三年,始试律赋,以平仄用韵。真宗时,严挟书之令,著糊名之法,下秉烛之禁。冯拯在当时以谓:"江浙举人业词赋,以取科名。今岁望令兼考论策。"此祥符元年也。则进士科固有论策矣。仁宗时,富弼亦言:"自咸平、景德以来,省试有三场,一日试诗赋,一日试论,一日试策。诗赋可以见辞艺,论策可以见才识。"庆历四年,更进士之科,先策,次论,次诗赋,不专均于声律偶切也。经术之家,兼行旧式,稍增新制。经史、明法诸科,愿对大义者,从宋祁之请也。未几,而复旧制。自嘉祐二年,始诏间岁一开科场。英宗治平二年,易以三岁。熙宁中，罢诗赋、帖经墨义，令各占一经，兼《论语》、《孟子》之学，试以大义。殿试策一篇。诸科稍令改易，以应进士科。其不能改者，许应明法新科，试以律义、刑统大义、断案。置律学，行舍法。进士自第一人而下，皆令试律。而五路人士皆厚重朴实，文辞不足以自见，于是五路别放。元祐元年，贡举始添诗赋，经义兼用注疏及诸家之说，而不专于新义矣。又诏文武京朝官，于进士举人力举经明行修者。绍圣中，罢诗赋，专经义，除不得用王安石《字说》之禁。高宗时，诗赋、经义兼行。绍兴间，举人并兼习，其后复双行，听学者愿习。废明法科，绍兴十八年也。宋朝进士科往往为将相，极通显。至明经之科，不过为学究之类。当时之人为之语曰："焚香取进士，嗔目待明经。"盖进士有设焚香之礼，而明经则设棘监守，恐其传义也。(《山堂考索》后集卷三二)

前辈谓进士一科为将相科，则其人可知也。当时取士，兼采誉望，廷唱或先审人物。有以翰林学士之子而命覆试者，陶谷之子邴；有以宰相、参政之子弟而皆罢之者，李昉之子宗谔、吕蒙正之弟蒙亨；有以升黜未公而再行考试者，王曾等言。有以取舍非当，至击鼓自陈者徐士庶，有以赋落韵特取之者李迪，有以注疏异说而特黜之者贾边，有以上书可用而通榜皆为通判者张齐贤，有以仪状秀伟而召见擢为第一者蔡齐。国初取士之际，犹不拘于法也。或欲罢封弥之法，范仲淹、范镇等；或欲隆学校之教，欧阳修；或欲还田里之选，赵师民；或欲置经明行修之科，司马光，皆欲考其素履，兼采誉望，如国初之制。然时异事变，难于卒行，则亦相视太息而已。(《山堂考索》后集卷三六)

宋朝因唐制以取士，自京师至州邑皆有学，而礼乐之坏反自学校始，由所习者皆场屋之文也。礼义之地，既为利禄所移；礼闱贡举，又为刑名所禁，欲以是为礼乐教化之原难矣。(《山堂考索》续集卷二五)

贡举。太宗至道中，御史王齐陈十事，以为贡举不严，孤贫难进。莫若令在朝三品及见任文武升朝官子孙、弟侄，荐名于两监，即今所谓监举也；又欲令未升朝官子弟及白屋之士荐名于州郡，即今所谓乡贡也。然后升于礼部,亦两分之,则权势异途,孤贫自进。齐之说,诚然矣。特不知今之荐于监者,率十取二三;而荐于乡者,率数百人而取一,其所以优权势而抑孤贫者,犹故也。然宋初礼闱所取不过十一人,未几而数十人,又未几而数百人。至于熙丰,贡以万计,而所取又倍于前者。其故何欤?宋初有制举,有荐举,有遗逸举,以分其所入之余也。熙丰大臣尽屏诸科,而限以科举一路,犹四蜀之水会乎巫峡,无怪其奔冲斗激、疾驰急趋,而无复渊沄回委之态也。使齐生乎今,其论贡举之弊又当如之何而可革哉!嘉祐元年,诏:"每岁秋试,自县令告察行义,保任之,上于州;长复审察焉,然后上本道使者。类试已保任,而后有缺行,则州县皆坐罪。若省试文谬,坐元考官。于时,富弼、韩琦任政府也。是后,王安石、吕惠卿专政,一切变更。故其所言,则欲庶几三代教育选举之法,而所取者叶祖洽、陆佃辈也。(《山堂考索》续集卷三三)

后世专以词艺取人,而不考其言行之素。使士以贤者,犹不免急于彼而缓于此。有司之良者,每恨无以必得行谊才业之人;而其不贤且良者,则固皆以为当然而不之怪也。然则,人才风俗之所成就,又安得不愧于古上之人,亦何重于此而不之革哉!

官材取士之法,三代尚矣。汉魏以来,至于晋唐,郡国选举,公府辟召,其法不同。然上之所取乎下者其路博,故下之所学以待问者,亦各有所以而不专于文艺之一长也。至宋朝始专以进士入官,虽间设科目,如所谓贤良方正、博学宏词者,然不亦过文艺而已。夫文者,士之末。其在君子、小人无常分,士或怀负道德而不能,此与虽能而耻不屑就者,国家安得而用之耶!

国朝官材取士之法,进士而已。虽间设科目,如所谓贤良方正、博学宏词者,特以疑文隐义,困于所不知,如此则贤且良矣。至于博学宏词,自命而试于礼部者,则又可笑。盖迟明裹饭揭箧而坐于省门,以俟漏启钥而入。视所命题,退发箧搜之,则其中古今事目,次辑鳞比而亦有成章矣。其平居讲学专乎此,甚者至于不复读书也。进士之得人已疏阔矣,而所设二科者又如此。然则,士有怀负道艺以陆沉乎下者,其势必耻乎此,而亦庸有不能者,国家安得而用之耶!

近日读书人少也,缘科举时文之弊。才把书读,便生立意,要讨新奇,都不理会本意著实。

专做时文底人，说底都是圣贤话。说且如说廉，他且会说得好；说义，他也会说得好。待做处，只自不廉，只自不义，缘他将许多话，只是就纸上说。廉是题目上合说廉，义是题目上合说义，都不关自家身。已事读书，才说要做文字，使此心便错了。如时文也，不出圣贤许多说话，翻然出来。且如到说忠信处，他也会说做好，只是与自身全不相干。

今之世，父所以诏其子，兄所以勉其弟，师所以教其弟子，弟子之所以学，舍科举之业则无为也。使古人之学止于如此，则凡可以得志于科举，斯已尔。所以孜孜焉，爱日不倦，以至乎死而后已者，果何为而然哉？今之士唯不知此，以为苟足以应有司之求矣，则无事乎汲汲为也。是以至于隋游而不知反，终身不能有志于学，而君子以为非士之罪也。使教素明于上，而学素讲于下，则士者固将有以用其力，而岂有不勉之患哉！

自父母所以教其子弟，固已使之假手程文，以欺罔有司矣。新学小生自为儿童时，习见其父兄之诲如此，因恬不以为愧，而安受其空虚无实之名。内有傲其父兄，外有骄其闾里，终身不知自力，以至卒就小人之归者，未必不由此也。

科举文字固不可废。然近年翻弄得鬼怪百出，都无诚实正当意思，一味穿冗旁支曲径，以为新奇。最是永嘉，浮伪纤巧，不美尤甚。而后生辈多宗师之，此是今日莫大之弊。向来知举辈盖知恶之，而不知识其病之所在。顾反抉摘一字一句，以为瑕疵，使人嗤笑。今欲革之，莫若取三十年前浑厚纯正、明白俊伟之文，诵以为法，此亦正人心、作士气之一事也。

乡里晚学，见闻卑浅，不过溺心于科举程试之习。其秀异者，又颇驰骛乎文字纂组之工，而不克专其业于圣门也。是以儒风虽盛，而美俗未纯，父子兄弟之间其不能无愧于古者多矣。

所谕学者之害，莫大于时文，此亦救弊之言。然论其极，则古文之与时文，其使学者弃本逐末之害等尔。但此等物，如淫声美色，不敢一识其趣，便使人不能忘。政当以为通人之蔽，不当以是为当务，而切切留意也。

科举之习，前贤所不免。但循理安命，不追时好，则心地恬愉，自无怵迫之累。

今之为经义者，全不顾经文，务自立说，敢为新奇诡异之论。方试官命此题，固已欲其立奇说矣。又其所出题目，定不依经文，都是断章牵合，是甚义理！三十年前，人犹不敢如此。只因一番省试，出“上天之载，无声无臭，仪刑文王”三句，后遂成例。当时人甚骇之，今遂以为常矣。遂使后生辈，违背经旨，争为新奇，迎合主司之意。长浮竞薄，终将若何？可虑！可虑！王介甫《三经义》固非圣人意，然犹使学者知所统壹，不过专念本经，及看注解，而以其本注之说为文辞，主司考其工拙而定去留耳。岂若今之违经背义，恣为奇说，而无所底止哉！今之为经义者，又不若为词赋。词赋不过工于对偶，不敢如治经者之乱说也。

今世以文取士。如义，若依经旨去说道理尚得，今却只是体贴就两三句题目上说去，全无义理。如策，若是著实论时务也尚得，今却是虚说，说得好底，划地不得。

州县秀才与太学秀才治《周礼》者，不曾理会得《周礼》；治《礼记》者，不曾理会得《礼记》；治《周易》者，不曾理会得《周易》，以至《春秋》。时都恁地，国家何赖焉！

通经之士，固当终身践言，乃为不负所学。斯言之要，所以警乎学者，可谓至深切矣。然士之必于通经正为，乃明圣贤之训，以为终身践履之资耳。非直以分章析句为通经，然后乃求践言以实之也。

尝欲作一科举之法。今之诗赋实为无用，经义则未离于说经。但变虚浮之格，如近古义，直述大意。

尝见已前作者，无书不读，而今赋有甚见识！若见识稍高，读书稍多，议论高人，岂不更做得好文字？

《吕申公家传》记熙宁事，乃云：有司发策问必先称颂时政，对者因大为谀词以应之，然则此风盖未远也。今亦宜为之禁，使条陈所问之疑，略如韩欧诸集之为者，则亦可以观士子之实学，而息其谀佞之奸心矣。（以上均见《山堂考索》别集卷一九）

《论学绳尺》

诸先辈论行文法

东莱吕公祖谦云：论各有体，或清快，或壮健，不可律看。做论有三等：上焉藏锋不露，读之自有滋味；中焉步骤驰骋，飞沙走石；下焉用意庸庸，专事造语。看论须先看主意，然后看过接处。论题若玩熟，当别立新意说。作论要首尾相应，及过处有血脉。论不要似义，方要活法圆转。论之段片或多，必须一开一合，方有收拾。论之缴结处，须要着些精神，要斩截。论之转换处，须是有力，不假助语而自接连者为上。若他人所详者我略，他人所略者我详。题常则意新，意常则语新。意深而不晦，句新而不怪，笔健而不粗，语新而不常。

戴公溪云：史论易粗宜纯粹，性理论易晦宜明白。破题欲切而当，欲明而快。破题、结题是终始着力处。原题贵新，讲题贵赡。立论讲题是铺叙有条处。接题须援引，结题须壮健。据古文为文法，立己见为新意。议论贵含蓄，譬喻贵警拔。以题用事贵不迫，以意用事贵不露。

陈公亮云：大凡论不必作好语言，意与理胜则文字自然超众。故大手之文，不为诡异之体而自宏富，不为险怪之辞而自典丽，奇寓于纯粹之中，巧藏于和易之内。不善学文者，不求高于理与意，而务求异于文彩辞句之间，则亦陋矣。故杜牧之云：意全胜者，辞愈朴而文愈高；意不胜者，辞愈华而文愈鄙。山谷云：好作奇语自是文章一病，但当以理为主，理得而辞顺，文章自然出群拔萃。

林公执善云：作论当如文与可画竹，皆先有成竹于胸中。若胸中无一篇成说，逐步揣摩，旋生议论，安有浑成气象？

吴公琮云：省闱多在后两场取人。谚云："三平不如一冠。"若三场皆平平未必得，若论、策中得一冠场，万无失一。至如方州试固以第一场为主，至于定去留时亦多以后两场参考。盖有第一场文字不相上下，则于此辨优劣也。又云：论须熟考上下文，然后立说。主张要在题目外，题目却要在主张内，方是好文字。又云：会做论人只是借他题目说自家道理。又云：论无定格而有定体。意欲圆，辞欲轻，冒头是说主张。源流要议论多于事实，行文又欲转换处多。

厚斋冯公椅论一篇之体：鼠头欲精而锐，豕项欲肥而缩，牛腹欲肥而大，蜂尾欲尖而峭。又云：论题有问人物优劣者，若必与之辨优劣，则其说难得出伦。又有置优劣于不足辨，而别立一议论者，如徐邦宪公卿贤良文学之议孰优、陆唐老开元辅佐孰贤论是也，此格最高。又云：破题贵简而切当，含蓄而不晦。一句两句破者上也，其次三句，又其次四句者，渐为不得已。破题上所用字皆是一篇之骨，无虚下者，后面亦须照应。又云：破题上当只用题目上字者,须就用,不须外求字代之。盖其字自是一题之主,若别求字代,非惟难得适用,亦缘破题之后又不可不用题上主字者,又要回顾破题字,则自有妨笔处。又云:破题以下数句极难,最要明快。转得怕缓,缓便吃力。言几句要着工,这里不起人意,便费力。承题最要起时提掇得是。若是时,后面自不费力;这里差了,便一向费力。又云:小讲处最怕紧怕繁絮,最要径捷去得快,却不得苟简,不可失之直。又怕几句迭排文字,每结句之乎者也,要照前后,不可重了。小讲中又怕意思头项多,便为他累。才到中间,旋旋入其他意来者,便吃力。要知利害,可节则节,可总则总。小讲中且要斟酌详略。恐是实事,题便要入题。最忌前后重复。或前面已详,则入题处便得省文法;或未详,则入题处却不可略。又云:冒头于破题上不曾用得题目上字,则于一两行后必着入。又却不可骤,若骤,则又圭角。须渐渐引入,方浑融。若不来中间入,则须就承题,直上主意亦然。破上未见,则承后渐渐转入可也。冒子中自破而下,才数句,或一二行、三四行便入题者,须斟酌,盖是题目恐有难说者。亦有当叙源流者,则承后略包几句,便与他入题。然只是史题如此。冒子布置便是讲题规模,又忌有重复语意。冒子中语最忌圭角,忌重滞。最宜浑融,宜轻峭,宜清快。又云:冒头贵简劲明切,圆活警策,不吃力,不费辞,不迂。

危公稹云:论中使譬喻,须一句比喻一句,使实事为上格,如俞汝谐、鲁一变。至于道论有云:"学弈方勤,而鸿鹄将至。"譬喻女乐既受,则圣人不容于不行,如章颖《孝文几致刑措论》。万物群生而一物独枯,则造化非全功。举天下皆化而犹有未化者焉,则君子非全仁。满堂燕笑,而未免向隅之泣。譬喻海内兴于礼义,而断狱数百吏犹有藉手焉。此论是也。如瑟之方弦而求雅颂之师,玉之未琢而不试于拙工之手,此类未为上也。

吴公镒云:作史题,论讲中不须多本题题事。若多叙,则苟有百事,亦须叙百事,非要法也。不若取其事之大节者,举之而已。故公作《高帝无可无不可论》,论中止以封功臣一事言之。

用字法

如治天下,审所尚云。孰为利孰不为利,孰为害孰不为害,何不曰孰为利孰为不利,孰为害孰为不害。以此推之,可知用字法。

论体有七

一圆转；二谨严；三多意而不杂；四含蓄而不露；五结上生下，其势如贯珠；六首尾相应，其势如击蛇；七结一篇之意，常欲有不尽之意，如清庙三叹有遗音。

止斋陈传良云节要语

认题：凡作论之要，莫先于体认题意。故见题目，则必详观其出处上下文，及细玩其题中有要切字，方可立意。盖看上下文则识其本原而立意不差，知其要切字则方可就上面着工夫，此最作论之关键也。立意：凡论以立意为先，造语次之。如立意高妙而遣辞不工，未害为佳论；苟立意未善而文如浑金璞玉，亦为无补矣。故前辈作论，每先于体认题意者，盖欲其立意之当也。立意既当，造语复工，则万选万中矣。造语：造语有三：一贵圆转周旋，二贵过度精密，三贵精奇警拔。凡造语警拔，则当于下字上着工夫。盖下字既工，则句语自然警拔矣。破题：破题为论之首。一篇之意皆涵蓄于此，尤当立意详明，句法严整，有浑厚气象。论之去取，实系于破题。破题不佳，后虽有过人之文，有司亦不复看。原题：题下正咽喉之地，推原题意之本原，皆在于此。若题下无力，则一篇可知。或设议论，或便说题目，或使譬喻，或使故事，要之皆欲推明主意而已。讲题：讲题谓之论腹，贵乎圆转。议论备讲，一题之意。然初入讲处，最要过度精密，与题下浑然，使人读之不觉其为讲题也。大凡讲题，实事处须是反复铺叙，方得用语圆转。又须时时缴归题意，方得紧切。如小儿随人入市，数步一回顾，则无失路。若一去不复反，则人与儿两失矣。初学论者最宜加审。常疑陈武、章颖论未尝有腹，但题下便是讲题，此正二公高妙处，但人不知其入讲题耳。近郑昉亦从题下便说去，大类讲题，而正讲规模隐然不易。使证：讲后使证，此论之常格，今则不拘。盖今之为论，多于题下便使事引证，正讲后但随事议论，则或证之，而正使事证题者。盖寡然初学者，不可不依常格。善使事者，但一二句至三五句，而题意已了然。前辈尝谓，学者使事，不可反为事所使，此至论也。结尾：结尾正论关锁之地，尤要造语精密，遣文顺快。盖精密则有文外之意，使人读之而愈不穷；顺快则见才力不乏，使人读之而有余味。凡为论，未举笔之前，而一篇之规模已备于胸中。凡结尾，当如反复，如何议论，已寓深意于论首。故一论之意，首尾贯穿，无间断处，文有余而意不尽。若至讲后而始思量结尾，则意穷而复求意，必无是理。纵求得新意，亦必不复浑全矣。

福唐李先生论家指要

论主意：主意一定，中间要常提掇起，不可放过。论间架：间架布置，前后证据须要明整洁净，却不要似策。策文方，论文圆；策文直，论文峻；策文易，论文险。相对句多，非格也。论家务持体：论家务，持大体。拈起一字，锁屑说出，似乎作赋，最是文病。论题目有病处：题目有病处，切须回护。如子谓武未尽善，周公未尽仁。知不善回护，便小了圣人。又汉唐君臣互有得失，先包容，抑扬予夺。或始扬而终抑，夺而终予，贵得其当也。论用字法：前辈用字，皆与题称。如读颜拭《齐晋比子仪论》，便见奋发意；读郑《祖逖奇节论》，便见复仇意。论制度题：凡古来制度，古人皆曾有考究了，非待今日始见。立说当本之古人文意，则当出己见，此所谓夺胎换骨之妙。论人物题：其人若有未纯处，不可骂尽。虽骂题，切须婉顺，不可直突。便骂起，有可出脱处，便须为之回护。全篇总论：论头恰似初状题，有是处，有不意处，当且含洪说。不可说太尽，不可说太直，不可说太泛，亦不可太拘。题下或本意起，或用证起，或辨难起，或连论头便径说去。本意起，贵乎转换，不要重复；用证起，贵乎的切，不要牵强，不可丛杂；辨难起，贵乎是当，不可泛讲；连论头下径说去，贵乎有议论，不可率略。论腹接乎题下之间，此乃要眼所在，过度处在此。引上生下，入末意处，不要勾得做段。一节高，一节自然，有末意上也。

欧阳起鸣论评

论头：论头乃一篇纲领破题。又，论头纲领，两三句间要括一篇意。承题要开阔，欲养下文，渐下莫说尽为佳。欲抑先扬，欲扬先抑，最嫌直致无委曲。讲题、举题，只有详略两体。前面意说尽，则举题当略；前面说未尽，则举题当详。缴结收拾处要紧切，前后相照。论项：题下多有体，先看主意如何，却生一议论起来，或行数句淡文。或立意用事起，或设疑反难起。要之，初学发轫，设疑为易。后用事证佐，则不枯。论心：如《汉唐君臣论》，以帝王君臣作权衡；如《荀扬论》，以孔孟作权衡；如《帝王论》，用天地譬喻等形容。论腹：铺叙要丰赡，最怕文字直致无委曲。欲抑则先扬，欲扬则先抑，中间反复，惟意所之。大概初入须是要宽缓，结杀处要得紧而又紧。论腰：变态极多。大凡转一转，发尽本题余意。或譬喻，或经句，或借反意相形，或立说断题。如平洋寸草中突出一小峰，则耸人耳目。到此处文字，要得苍而健，耸而新。若有腹无腰竟转尾，则文字直了，殊觉意味浅促。论尾：如第八韵赋相似。赋末韵多有警语，如俳优散场相似。前辈所谓打猛浑出，却打猛浑入。或先褒后贬，或先抑后扬，或短中求长，或众中拈一，或以冷语结，或以经句结。但末稍文字最嫌软弱，更须百丈竿头复进一步。林之起尝曰：论者，卵也。或者则曰，不过要圆子。谓命题似黄，立意似清，行文似幕，造语似壳。意要包题，文要涵意，语要藏文。故黄在清里，清在幕里，幕在壳里。向无尔多，包裹则不成卵，何有于圆。陈国俊曰南渡前人：论似卵，卵本圆，故论亦要圆，圆则有首尾。题似黄，黄本浊，浊则不冷淡。清本清，故意亦要清，清则不混杂。幕薄而微见其清，故文亦要薄而微，见其意而不晦焉。壳硬而外护其幕，故语亦要雄健而外护其文，则不至于委靡而衰薾焉。

林图南论行文法

有抑扬，有缓急，有死生，有施报，有去来，有冷艳，有起伏，有轻清，有厚重。

文 集

谭用之

贻净居寺新及第

秋池云下白莲香，池上吟仙寄竹房。闲颂国风文字古，静消心火梦魂凉。三春蓬岛花无限，八月银河路更长。此境空门不曾有，从头好语与医王。（《全宋诗》卷三）

徐 铉

和印先辈及第后献座主朱舍人郊居之作

成名郊外掩柴扉，树影蝉声共息机。积雨暗封青藓径，好风轻透白练衣。嘉鱼始赋人争诵，荆玉频收国自肥。独坐公厅正烦暑，喜吟新咏见玄微。自注：印以《南有嘉鱼赋》及第。（《全宋诗》卷七）

送郑先辈及第西归

春晚缑山路，华光满翠微。怜君持郄桂，归去著莱衣。故国几人在，浮生万事非。唯当拭病眼，看子九霄飞。

送严秀才下第东归

世胄今为旅，多才懒自营。坦怀君子道，惜别故人情。归棹春潮满，郊居海月明。雄文不轻售，须待最高名。

送周味道秀才东归见别依韵

庭闱劳梦想，孤棹度江关。骏马犹论价，荆蓝且抱还。晚花萦彩服，疏雨映家山。频见春官说，明年待铸颜。（以上均见《全宋诗》卷一〇）

田 锡

私试策

第一道

问:国家奄有中区,诞敷文德。考《河图》而括地象,率土皆宾;搜兵实而阅武功,远夷咸伏。蕞尔并土,犹怙坚城。兴周宣六月之征,尚闻逆命;用虞舜两阶之舞,无以怀柔。子大夫荣与国华,久谙方略,愿听荡平之策,以观经纬之才。

对:兵贵伐乎深谋,妖不胜乎盛德。仁修而犷骜自化,备设而攻取无疑。我国家丕建洪图垂二十载,先朝以神武之略荡定天下,吾皇以圣文之德抚育中区。万方咸宾,九贡来底。蠢兹并土,久隔皇风,虽怀之以德而弗来,震之以武而未服。亦犹燕营巢而在幕,鱼失水而居陆,虽暂苟活,其能久存?管子云:“料众以攻众。”《孟子》云:“王者之兵,惠若时雨。”今料众之义,请试陈之。以国家之土疆,远且万里;以圣朝之士卒,精而久练。府库丰实,虽汉武事边之财,未偕于今矣;黎元富庶,虽玄宗开元之间,未侔于今矣。以此众战,何敌勿克;以此众攻,何城不降!国家但欲示之以仁,而使自知归;化之以道,而俾其自服也。又何疑苗民怙险,度七旬而弗归;崇侯弄兵,必因垒而方至。必欲诛元恶以示法,吊遗黎而表恩。则兵家之谋,有五间之术;司马之法,有九攻之义。举必成功,动无遗算。然兵者诡道,战以谲胜,当太平之世,实愧言之。以威服之,以德化之,在此二道也。谨对。

第二道

问:以礼化民,推诚致道,必因读习,方致淳和。验前代乡饮之仪,见跻俗礼容之盛,有唐之后,历代弗修。今国家方属于升平,俎豆谅宜于修袭。所冀《白华》播曲,诱孝悌于深心;清管登歌,发融和于庶汇。嘉言复古,虚意待贤。愿指明其是非,仍发挥于损益。

对:先王制作礼乐,化导黎元,亦犹置水于盘,方圆斯就;镕金成器,模范靡遗。观乡饮之仪,喻国人之礼,俾日而习之,月而化之。闻管磬之音,则和乐生乎中矣;睹樽彝之设,则恭肃加乎外矣。阅宾主升降之容,则知尊卑有序矣；熟《雅》《颂》诱谕之意，则知孝悌有自矣。斯礼久废，淳风未还。详天命之有归，俾吾皇之复古，宜乎海内大定，寰中大理。日月宣明乎天道，风雨咸若乎岁功。民心悦随，物性交泰。乡饮之礼，《白华》之歌，愿复行之，天下之幸！谨对。

第三道

问：怀才待举，随计观光，苟非该博之儒，宁称询谋之旨。三王礼乐，胡不相沿？百代职官，何因繁省？《孟子》称“至仁无敌”，安得苗民弗恭？仲尼云“积善余庆”，曷以丹朱不肖？瑶琨篠簜，贡自何州？淮济江河，发于何郡？《春秋》以藏冰得礼，则风雨弗迷；《洪范》以修德动天，则阴阳自顺。惑乎确论，无所适从。高谈勿吝于辨疑，奥学用观乎历试。

对：王者功成作乐，理定制礼。故唐虞之功成乎揖让，则《大章》、《箫韶》之乐作焉；汤武之理定乎平荡，故司仪、奉常之礼异焉。玉帛之容，取乎化民心，不取乎观阅也；金石之奏，取乎和物性，不贵乎锵洋也。盖随时之理乱，因时以损益，故三王礼乐不相沿也。职官之数亦然。《书》曰：唐虞“建官惟百”。夏商官倍，亦克用乂。周汉以降，迨及有唐，沿革不同，繁省靡定。酌理言之：苟得贤才，虽简略而亦理；苟曰常吏，虽官繁以何为？苗民终服于舞干，有以见至仁无敌也；丹朱得备于虞宾，有以见积善余庆也。瑶琨称珍，篠簜充贡。贡自维扬之域，详乎有夏之书。河发源乎昆丘，江滥觞于嶓冢。淮济之出，载籍备存。藏冰而风雨弗迷，申丰之言，未臻至理也；修德而阴阳自顺，箕子之辨，乃可垂训也。锡浅陋之学，不足以待问王庭；葑菲之辞，不足以发挥古义。彷徨震恐，不知所裁。谨对。

开封府试策三道

第一道

问：我国家诞膺景命，爰创洪图。立万世不拔之基，成四海混同之化。主上大明维照，圣德日跻，乙夜观书，旰食听政。训兵练将以养锐，务穑劝农以丰本。孜孜不倦，岂无意乎？岂不以蓟北戎人，尚侵禹画；河东余孽，犹保枭巢？然则二寇欢盟，数世连结。畏中原之强盛，曲陈款附之诚；忧同恶之危亡，潜怀救解之计。若击之，则有阻夷狄来王之意；若置之，则恐违生灵徯望之心。取舍之间，后先安在？秀才博达今古，洞照机宜，来觇国光，岂无良策？试为条对，将副虚求。

对：兵贵伐乎深谋，妖不胜乎盛德。仁修而犷鷔自化，备设而攻取无疑。我国家光启宝图，垂二十载。先朝以武功定天下，吾皇以文德化域中。故四裔咸宾，九贡来底。雍熙之化，升平之运，今其时矣。蠢兹并土，尚隔皇风，怀之以德而弗来，震之以威而未服。怙戎人之强援，幸同恶以相济。《孟子》曰："至仁无敌于天下"。《管子》云："料备以攻备，备存而弗攻。"今国家民俗宁和，提封遐远，府库丰富，兵革精练。以此胜敌，何敌弗克？以此攻城，何城弗降？主上但欲修德服匪人之心，养威惜黎元之力。何忧有苗负固，不归舞干之化；裔戎怀诈，外示款塞之心而已哉！必欲念一方之遗黎，释二寇之逆节，则兵家之法曰"去其所恃"，又曰"用间有三"。若以圣人用间之术，绝叛人所恃之心，则自然盟好携疑，而党援孤孑也。若是，则举一并土若吹鸿毛，则戎人救解之谋无所施焉，外域款附之诚化为信矣。书轨混同之策，英威荡定之机，在斯术也。昔羊祜取吴，犹以仁义，吴中感惠，不称祜名。矧蕞尔贼臣，安足为圣朝言议也。谨对。

第二道

问：有国者设爵求贤，悬科待士，虽古今之通制，在沿革以殊途。周开俊造之科，汉重孝秀之目，皆因乡曲之誉，遂登公卿之府。末俗浇薄，浮竞成风，或托势援以干有司，或假梯媒而取上第。有唐季世，此弊尤繁。今国家以文教大兴，古道尽复。若采声华于乡曲，恐渐成朋比之风；但令程试于有司，又虑开请托之路。取士之道，何术为先？秀才若策试于天庭，将何辞以待问？

对：求贤择才，周礼精其术也；升廉举孝，汉制得其要焉。何哉？士之贤愚，审乎乡党，故乡举里选之目，《王制》备焉；才之优劣，审乎策略，故直言极谏之科，《汉书》备焉。观历代之取人，详贤才之中选，惟周与汉，最得其宜。迨至有唐，首开贡籍。于时中太常之第者，尤为宠荣。虽公卿之才，自兹而得；而仕进之典，亦由是兴。今国家采三代之典谟，熙百王之礼乐，精择贤能之士，待以爵禄之荣。尚虑妄干进于有司，窃虚名于曲径。

莫若损益先王之术，审详取士之机。先试之以经济之谋，后访以英翘之誉。责其实称乎名，若名实之相符，必是非之立辨。又何虑启幸心于请托，鼓虚誉于比周也？谨对。

第三道

问：周均井赋，汉重力田，皆敦本之良规，为后代之成式。税关市者始防游惰，论盐铁者亦救弊俗。何淳古之渐醨，逐末作而忘返？不耕而食者塞路，不织而衣者实繁。浮泛之户渐多，兼并之家日富。恃豪强者或势侵于州县，逼饥寒者亦难守于丘园。以至赋籍不增，版图亦耗。近世谈论之士，亦有沿革之书。皆非永远之谋，惟取一时之利。我国家政同三代，道迈百王，博访群谋，思臻至理。秀才道穷秘奥，识洞古今，来副虚求，必怀良策。且井田之利，可以复于古否？力啬之科，可以行于今否？游惰者何以使之返本？兼并者何以使之均济？禁豪强者何法？拯饥冻者何术？试为缕陈，无甚高论。

对：昔黄帝设井田之法，周文用土著之令。故生民之众寡，由是而详焉；王者之征赋，由兹而均也。洎秦君图霸，商鞅适变，废哲王经久之术，济强国纵横之用。井田遽废，阡陌骤兴，兼并之弊遂生，赋舆之法不一。洎汉家垂统，武帝事边，以盐铁六管之财，佐疆场连年之用。末作益甚，而黎元愈困。后代救时之弊者，或以土断禁流亡之俗，或以常平均丰歉之民。牢笼万邦，平准百货，信史备载，斯言可征。夫井田之赋，千古绝迹，不可复也；力田之科，前王所行，未足尚也。使游惰者返本，莫若利其衣食之源；使饥冻者相济，莫若抑兼并之人也。兼并既抑，则贫富自均；贫富既均，则豪强自禁。其术安在？在乎王者提利权而均国用也。重轻万货，敛散百谷，乃其术焉。锡愧无待问之才，幸与观光之试，智策无取，方略靡详。忧畏彷徨，不知所措。谨对。

试进士策

第一道

问：富国备边，实资农战；化民导俗，本贵儒玄。尚玄以清净为宗，尊儒以礼乐为本。《书》称偃武，《春秋》谓不可弭兵；《礼》重中庸，刑法欲畏如观火。圣人垂训，取舍何从？国士怀才，是非必当，愿闻至理，上副旁求。

第二道

问：圣人之性，与天地合，故不待多学，一以贯之。又云终日终夜，不食不寝，以思无益，不如学也。垂训各异，其理何从？夫臣之事君，将顺其美，而魏征之谏，请停封禅。父有诤子，不陷令名，而瞽叟不贤，未闻谏诤。请发挥于古道，冀释去于所疑。

第三道

问：《易》道精微，王弼之注行之久矣，群儒共传。而云进物之速，义不及利；成物之终，利不及义。尝思至理，其不然乎？汤武之兵，兴于二季，岂非义也？丘轲之言，垂于万古，岂非利乎？况裁事得宜，而谓之义；进成于物，岂有异焉？幸闻嘉言，以祛未悟。

第四道

问：《书》云师古，《易》曰随时。执守则昧于时机，适变则违于古道。比德于玉，仲尼何独佩象环？知几其神，周公岂或罹谗口？系于金柅，未详金柅之定名；席上之珍，莫辩席珍之奥旨。子该通为学，茂秀怀才，观光斯来，待问程试。幸悉至理，以副旌求。

第五道

问：摘山煮海，以资军储；关讥市征，亦裨国用。自搜狩教习之礼废，而点阅召募之事兴。乃征齐民，永充士卒；又因广福，硕度缁黄。故祠部籍名，其众动盈万数；戎麾隶役，终老不复归农。故一夫之耕，支赡靡足；一妇之织，供亿无余。致田畴少辟于荒闲，租赋急用于征督。子有何术？为究斯言。

第六道

问：井田难复，策论已相承备言；屯田可兴，士卒又难为两役。迩来虽闻建议,未见成功。所以备边有馈运之劳,积粟无通济之术。其理安在?幸为敷陈。

开封府发解策

第一道

强学待问,儒行所先;博物辨疑,识者当务。成汤七号,幸略纪其徽称;文王九德,亦可举其成数。汉杂霸道,孝元之志不同;郑铸刑书,叔向之心特异。是非安在?取舍何从?《荀》、《孟》言性之有殊,孰者为当?管、乐立功之俱善,何人最优?守道不如守官,官非道何以能守?教民不如化民,民非教何以能化?文行忠信,忠信非行欤?礼义廉耻,廉耻非礼欤?复井田,则其议屡闻;行乡饮,则其礼尚在。方当明代,可举而行。子大夫以为何如?幸详斯言,悉意以对。

第二道

古者搜狩之礼,以教民战;征伐之际,稽诸版图。里闾有士卒之名,井田赋马牛之数。聚之则蓄为我武,散之则复为齐民。洎王道其亡,霸图相继,以兵逞欲,以民养兵。兵农由是遂分,财用以兹不足,管榷以为国计,赋租先于军储。因兹游惰之人,罕务耕桑之业。加以不耕而食,不蚕而衣,其徒实繁,岂可悉数。议复古则见非于知变,论适时则思有所闻。今沿塞屯田,防秋戍卒,疆场无事,可力穑以服勤;戎狄之虞,则被坚以御侮。可以救三时妨夺之害,免千里挽馈之劳。伫闻嘉言,以观方略。

第三道

儒者之行,难进而易退;君子之德,先人而后己。所以乡举里选,既升俊造之名;循名责实,乃得公卿之器。贵其身,所以锱铢视国;尊其道,故有师傅之称。洎叔世以还,其风不振。汉以诏策,取贤良方正之才;唐设科场,较诗赋文论之艺。虽英髦间出,豪杰并驱。然有进不斧藻其行能,退不砥砺其名节。岂俗之浇薄使之然?化之敦劝未至也?今议贤良之荐,必自于乡里;文行之选,不由于科场。冀士林茂三代之英,贤路导四科之士。伫聆商较,以副荐扬。(以上均见《咸平集》卷二二)

王禹偁

答张知白书

洎隋唐始以科试取进士，而赋之名变而为律，则与古戾矣。然拘变声病，以难后学，至使鸿藻硕儒，有不能下笔者。虽壮夫不为，亦仕进之羽翼，不可无也。(《全宋文》卷一五〇)

投宋拾遗书

顷者明公之典宋鲁也，某尝策杖辞亲，揭厉行潦，编文著书，求明公之顾，一接威重。属明公有泰山之祷，某以晨羞阙贡，旅火是逼，不果志业，彷徨而归。居鲁西二年间，贫病相绊，乞衣假食，以给切累。勉强为文，皆有悲愁寒冻之意。不知他人之见者，悯乎？咎乎？周乎？舍乎？但以砚席旧交，变化殆尽，故里眦睚，以为不才。今年春，始敢囊琴笈文，来诣辇毂，登明公之门以求誉，师明公之道以进身。未知明公按剑而拒之？解榻而延之？向所谓以某为首，则贤于某者不远千里而来矣，其在今日哉！且某辍旨甘之具，为桂玉之费，久留阙下，则身与亲冻馁俱至矣。进之退之，俟明公命。(《全宋文》卷一五一)

张　维

送丁逊秀才赴举

鹏去天池凤翼随，风云高处约先飞。青袍赐宴出关近，带取琼林春色归。(《全宋诗》卷七三)

赵　湘

送丁鹗下第客游

尊前泣复歌，清泪酒相和。别岸春风静，孤舟夜雨多。鸟鸣烟草露，花逐夕阳波。我亦无憀者，东西欲奈何。

辇下送沈天锡

未第逢花尽，残阳照渡头。入关频值雨，归棹独随鸥。树暗藏鸣鸟，

山空接漫流。琴书不同去，犹在酒家楼。（以上均见《全宋诗》卷七六）

魏　野

送臧奎赴举

艰难天府解，去掇喜还悲。旧相和文荐，偏亲带病辞。剑如机不用，琴似影相随。仆为初招戆，驴因贱卖羸。穷途谁恻隐，贫卷自装褫。饯送重阳后，荣归上巳时。泪多同永别，酒少若轻离。又使林中客，从今役所思。（《全宋诗》卷七九）

和进士田亚夫见赠

失意人方羡野人，因酬嘉句谢知闻。都缘月桂终难舍，岂是烟萝不肯分。且纵高情歌白雪，莫嗟下第负青云。孤寒自古功成晚，那独昌朝只有君。（《全宋诗》卷八〇）

依韵和李安见寄

三举休嗟尚陆沉，献书已得帝知音。烧残灰烬方分玉，披尽泥沙始见金。思苦任成潘岳鬓，道穷莫动孟轲心。公车再召应非晚，疏懒犹难卜访寻。

送李安赴举

野客复何陈，贤侯首荐人。俗流宁肯贱，良璞不嫌贫。棠树离偏晓，函关过已频。花时好消息，伫听向溪滨。（以上均见《全宋诗》卷八二）

送进士孙礌赴举

半生养锐向棠郊，此去深宜夺锦标。莫叹迁莺方出谷，只看一鹗迥冲霄。送诗吟恨冰生砚，别酒携从雪濯瓢。驴蹇童羸山路险，他时贵不忘今朝。（《全宋诗》卷八三）

赠王氏神童昆季

先后登科出玉京，满朝诗送更光荣。岂唯皇宋终难继，自古神童少弟兄。

送外甥李渭进士赴举

棠树抡材过礼闱，孤寒得解更光辉。进身喜逐贤侯表，裹足愁分老母衣。千里冬残伤独去，一家春尽待荣归。头方念尔还如我，到阙何人许扣扉。

送吴石赴举

吴生重赴举，轻别重伤心。贫友欲沽酒，豪家不典琴。溪僧来会送，国士到争寻。预想登科后，无因访竹林。（以上均见《全宋诗》卷八四）

送萧咨下第西归

驴瘦懒加鞭，迟迟念独还。听鸡行晓月，叹雉过春山。渭入黄河浊，云归紫阁闲。明年公道在，莫便掩松关。

送魏庄赴举

再战去何如，羸童逐蹇驴。路贫多捧刺，学富少担书。已念离家晚，仍忧取事疏。西风酒旗下，欲别更踌躇。（以上均见《全宋诗》卷八五）

送王专李安赴举

同解约同歧，情怀独若为。问愁离郡早，留恐到京迟。岁晚催行计，时丰省举资。前春浑化去，莫忘野人诗。

闻李安下第因有所感

客携春榜至，开处倚柴荆。未看御题目，先寻君姓名。本期邻状首，敢叹滞文明。不会玄穹意，默然空怆情。（以上均见《全宋诗》卷八六）

寇 准

送人下第归吴

莺老计还失，负书归故乡。杏园无近路，泽国有高堂。白鸟迷幽浦，寒猿叫夕阳。离怀休堕泪，春草正茫茫。

送友生下第南归

频频退礼闱，此去欲忘机。霄汉贫难达，江湖老独归。程遥秋浪叠，村暝夜灯微。应使为儒者，翻悲苦业非。（以上均见《全宋诗》卷九〇）

孙　何

论诗赋取士

唐有天下，科试愈盛。自武德、贞观之后，至贞元、元和已还，名儒巨贤，比比而出。有宗经立言如丘明、马迁者，有传道行教如孟轲、扬雄者，有驰骋管晏、上下班范者，有凌砾颜谢、诋诃徐庾者。如陆宣公、裴晋公，皆负王佐之器，而犹以举子事业，飞腾声称。韩退之、柳子厚、皇甫持正，皆好古者也，尚克意雕琢，曲尽其妙。持文衡者岂不知诗赋不如策问之近古也？盖策问之目，不过礼乐刑政、兵戎赋舆、岁时灾祥、吏治得失，可以备拟，可以曼衍。故污漫而难校，澳涊而少工，词多陈熟，理无适莫。惟诗赋之制，非学优才高不能当也。破巨题期于百中，压强韵示有余地。驱驾典故，混然无迹；引用经籍，若已有之。咏轻近之物，则托兴雅重，命词峻整；述朴素之事，则立言遒丽，析理明白。其或气焰飞动，而语无孟浪；藻绘交错，而体不卑弱。颂国政则金石之奏间发，歌物瑞则云日之华相照。观其命句，可以见学植之深浅；即其构思，可以觇器业之大小。穷体物之妙，极缘情之旨，识《春秋》之富艳，洞诗人之丽则。能从事于斯者，始可以言赋家流也。（《全宋文》卷一八六）

种　放

送张生赴举序

圣人之旨，总著乎经；经之旨，咸隐乎词。求圣人之旨，则穷乎经而味其辞，湛乎思而一其信，斯所以索圣人之道者也。观乎《易》，则知道集乎天地，通诸变而不私；《春秋》元经，则知帝尊乎万物，谪其邪以守正；《书》训诰，则严规戒、慎德业；《诗》雅颂，则劝忠信、讽淫惑。然爱其旨、嗜其辞也，独先元经，何哉？盖文武变化，皆本乎正。正者，正天子之尊者也。盖元经大意，在乎奖正王室，抑弱臣妾，亟削强乱。故日而月之，则称王正以冠其首；夷而狄之，则称王礼以黜其爵。岂非圣人立正之微旨耶？今之文求乎正者，必宗乎经；宗乎经，必尊乎天子，立国家为事，斯得其正矣。其或高桓文、盛管晏者，其不知经旨远矣。孟子贱诸侯而不道，独曰有仁义而已，盖有志于圣人者矣。张生诵书乐文，亦求乎正者也。始来秦中，见其容则崖然以肃，观其文则廓然甚明。今将东行，校其文于天子之庭。其道之果行，则斯文也将议乎公卿之末，使予得不为子而言乎！（《全宋文》卷二〇六）

陈尧佐

送王生及第归潮阳

休嗟城邑住天荒，已是仙枝耀故乡。从此方舆载人物，海边邹鲁是潮阳。（《全宋诗》卷九七）

林　逋

春日送袁成进士北归

春潮上海门，归雁远行分。千里倦行客，片帆还送君。酒波欺碧草，歌叠袅晴云。来岁东堂桂，聊酬一战勋。

送茂才冯彭年赴举

相送不觉远，离亭寒日斜。川途分野色，僮御想京华。背水当公战，凌云属赋家。前春得意处，酣燕上林花。

喜马先辈及第后见访

肄业十年初，萧然此饭蔬。何期桂枝客，来访竹林居。香炷看新诰，尘痕拂旧书。回轩应眷眷，将舆岭云疏。（以上均见《全宋诗》卷一〇五）

送吴秀才赴举

一战词场定策勋，麻衣西笑仕纷纷。风神已负青云气，艺业兼携白地文。辇下春华期纵辔,野中林色惜离群。明年新榜看看见,第甲嘉名且认君。

诗招南阳秀才

莫因公荐偶失意,便拟飘蓬作旅人。志壮任存题柱事,病多争向倚门亲。危堤柳色休伤别,上苑杏花长自春。况有西湖好山水,归来且濯锦衣尘。(以上均见《全宋诗》卷一〇七)

杨 亿

送章頔归乡

芜秽休嗟负郭田,蹉跎自过鹿鸣筵。荆山玉璞空三献,梁苑风尘已十年。疏入禁中犹未报,赋成都下早曾传。独携书剑归闽岭,共泛烟波入楚天。猎猎酒旗邀举白,招招渔艇劝烹鲜。棋枰斗胜疑成癖,砧杵惊愁几废眠。驿路数程烦托乘,郡斋终日喜谈玄。如何弃我还家去,相送津亭一黯然。

送章安世赴举

萤烛辛勤十载余,蔼然高价满州闾。一枝未折仙人桂,千里又随乡老书。梁苑雪花成赋后,禹门雷鼓化鳞初。山城日日望春榜,莫遣南来音信疏。(以上均见《全宋诗》卷一一五)

元道宗弟兄东游

王谢江东推世胄,机云洛下振才名。忽思油幕从知去,便挈縢囊冒暑行。高第自须求甲乙,嘉招未用赴弓旌。待看万里抟羊角,即是三秋听鹿鸣。朝彦赋诗争送别,藩侯置驿定相迎。不知谁啖牛心炙,又见清谈一座倾。(《全宋诗》卷一一六)

妹婿黄补下第归乡

家风早占无双誉,乡荐曾居第一流。昆岭本期争片玉,庖刀谁料失全牛。风尘不住梁王苑,烟水还依楚客舟。应负男儿四方志,故园归去莫淹留。

元道宗下第东游

举宗文雅孰能陪，须信菰芦出美才。失意不劳悲玉璞，投知应得上金台。晓离村店侵残月，昼歇津亭避疾雷。东道诸侯多重士，融樽处处为君开。

张究下第随桂阳乔监使之湘中

建溪曾共听猿声，十载文场未策名。流落只因孤剑在，穷愁已有二毛生。荆州暂去依刘表，汉殿无由荐马卿。一路骚人旧山水，登临且莫动归情。（以上均见《全宋诗》卷一一七）

范仪下第东归

君住武夷乡，思归便促装。溪鳞丝缕细，园茗露牙香。雷火悲三上，金钱困一囊。长缨尘土满，会待濯沧浪。（《全宋诗》卷一一八）

章群下第东归

卓荦修词有古风，计偕西上剧飘蓬。梁园失意三春月，闽岭思归一亩宫。且喜还家仪舌在，莫嗟为客赵囊空。九天下诏崇儒术，好绝韦编待至公。（《全宋诗》卷一一九）

送元道宗秀才序

昔夏侯胜有言曰："士患经不明，经苟明，其取朱紫，如俯拾地芥耳。"至乃抱荆山之璞，犹闻待价；操流波之引，未偶知音。盖有淹速于其间，夫子之所以罕言也。河南元生，出东南之美族，禀山川之灵气，学术渊奥，才思深婉，雅善词赋，尤工诗什。每扣虚课寂，缘情体物，必有警策传诵人口。左氏之笔，微为富艳；相如之文，长于形似，翘翘然秀出于场屋间矣。有难弟焉，有令子焉，皆以俊才著称。素风弥劭，大伦敦睦，庭训严厉，友于推让，士类多之。矧复内行修饬，至性纯孝，阅市以资力学，负米以洁晨羞。至于造请诸公，不避寒暑；博极群书，罔舍昼夜，此又勤即不匮、艰而弥贞者已。有若大丞相、仆射东平公，邓帅长城公，皆坐镇雅俗，悬衡吾道，嘉生之才美，咸赋诗以赠之。此亦神物，求之不可得也。逮夫纶闱书殿，三台内阁，英髦杂集，风鉴攸出，见必倒屣，坐多更仆。接夷甫之谈柄，知名理之斯在；挹紫芝之眉宇，觉鄙吝之都忘。当时名儒推奖如此。而再试贡部，败于垂成，盖云数奇，实非战罪。寄食辇下，有索米之嗟；薄游东都，无解榻之遇。欻起北堂之念，遽赋《南陔》之吟。与仲氏而言归，拜慈亲而为寿。姑欲买负郭之产，扶安舆而来；弃入关之繻，作焚舟之计。决策素定，戒途有期。陆士衡之弟兄，暂还吴郡；翟方进之母子，同入京师。行矣！为我语姑苏父兄：无或笑冯衍空归，轻苏秦未遇，以目皮相人，作儿女子见。异时怀丈二组，驾驷马车，衣绣而过里閭，挥金以报故旧。此际，如下乡亭长，为德靡终；洛阳妻嫂，不敢仰视，徒厚颜耳。明年春，蛰户震惊，河流湍激，当粪除敝庐，以俟子之西笑。（《全宋文》卷二九四）

释智圆

送进士万知古

经明行修徒尔为，一名屡点春官闱。时之不利非战罪，归山且著老莱衣。清时贫贱诚堪耻，侏儒太饱朔方饥。男儿会有及亲禄，安能泉石久低眉。束书依旧西入阙，壮心潜与青云期。秋风袅袅孤魂断，古道迢迢去马迟。骥称其德不称力，神骏唯应伯乐知。

山中闻知己及第

交知心莫逆，出处任相违。月里方攀桂，山中自采薇。致君期有术，遁世贵无机。华发他年事，云泉亦可归。（以上均见《全宋诗》卷一三八）

哭叶授

今春闻落第，为君心凄然。束书独南还，愤气胸间阗。迹寄浙河旁，家延南海边。遘疾既弥留，一命成弃捐。囊中无余金，零落空文编。龟鹤本微类，享寿皆千年。如何君子儒，三十归重泉。天高不可问，为君强问天。（《全宋诗》卷一三九）

释重显

张秀才下第

得第何人愧不平，道存颜巷亦为荣。应知未丧斯文也，且把新诗乐性情。(《全宋诗》卷一四八)

夏　竦

议贡举奏

伏以隋设进士之科，唐氏特隆其选，岁登榜帖，不过三十。贤俊之器，将相之具在其中，谅不虚语。然主司慎选，弊于回挠。豪右角逐之衢，是非锋起之场。进孤寒则道直而有悔，私权贵则道枉而无咎。贡举之间，因循滋弊。国家大设场屋，旁求髦俊。虽搜贤之礼博于虞夏，而登科之士冗于隋唐。滥者或辈进，材者或旅退。荐书未达于冕旒，驰声已满于途路。求夫厥由，其弊斯在。始则天下州郡，荐送冗杂。祝谒已先秋赋，里选何有至公？择官一郡，选贤数县。铮铮佼佼，推为翘楚。故大藩动盈百数，支郡不远，百里一贤，无乃多矣！次则省试，有司优容过当。或以三应五上，华颠鲐背，尝对扬金殿，授荐边城，皆蒙姑息，取预科级。明试之道，无乃远乎？若万方上计，扃键贡闼。衣冠鳞萃而万数，卷轴山积而亿计。良楛相杂，精粗交半。铨品之官不逾五员，考试之限不越三旬。虽周孔无以施其鉴，荀孟无以展其材。况主司不一，好尚差殊。学古者注意于策论，修辞者宅心于诗赋。简略者鄙其闳衍，绮丽者轻其质直。鉴裁既纷，品题乃惑。缁素无常色，金土无定价。燕雀遇便风，则高翔千仞；蛟龙无尺水，则困于泥涂。故工拙之状，多乖外望。致躁竞之士，腾口谤议。为朝廷计者，莫若改立制度，颁下郡国。自今本道举人各于都会取解，专委输运之使，慎择秋赋之官。选采良士，上名礼部。朝廷于是选官十员，立限一季。先则品题所业，次乃详考呈试。不得以场籍、年齿、御试、远人，妄分条目，滥居等级。但诗赋、策论俱善为上等；诗赋优而策论劣，策论优而诗赋劣者为中等；自余不逮，皆从驳放。择材而升，不限其数。奏名之日，则榜列程试。合格者自省门而右，丹笔题注，明下臧否。标其警策之辞，识其疣赘之语。凡于卷末，统论得失。合送合落，各令知悉。如有不当，并听言

上。是则主司无启幸之门，薄徒有知过之心。进人以礼，必也是乎！（《全宋文》卷三四六）

李德裕非进士论

唐文宗议贡举曰："子弟、寒门，但取实艺。"宰相李德裕对曰："臣无名第，不合言进士之非，其祖尚浮华，不根实艺。朝廷显官须公卿子弟，自小便习举业，日熟朝廷间事，台阁仪范不教而自成。寒士固不能习也。"夫治平之器曰政，布政之具曰文，守文之基曰道，行道之夫曰士。士之于政，由左右手焉。故有国之典先夫取士，虽沿革异轨而同归求聘之途。古者诸侯荐贤有三适之制，射宫选士，观五善之节。姬周受命，文物明备。群吏献贤能之书登于天府，乐正论造士之秀升于司马，进士之名立矣，礼贤之道广矣。暨六国行玉帛之聘，两汉立四科之选，魏晋或表荐而登仕，齐梁或版辟而起家。故孝廉明经之科，秀才茂才之举，限口限年之制，射策待诏之选，损益无常，而察言观德之规不妄设也。李唐御统，艰厥制度。立进士之科，正名也；行辞赋之选，从时也。而天下之士诵诗书，秉刀笔，乘仁义之道而进；朝廷辟场屋，诏宗伯，以方圆曲直而取。名材大儒，比比而有。然诗赋之制非古也。古者，《国风》、《雅》之谓诗，不歌而颂之谓赋。暨三季移统，七雄黩武，大道既隐，正音去矣。故少卿五字以叙别，邹孟四言以述祖，陆谢励锋于晋宋，任范治策于齐梁，诗之体失矣，颂刺之义微焉。若孙卿畅幽恻之意，屈宋起迂诞之说，相如闳衍以前导，扬雄淫丽而后殿，赋之体隳矣，规讽之旨衰焉。唐兴文流，愈甚前失。执雕饰为规矩，正丽偶为绳墨，诗则协声而合律，赋则限韵而拘字，灿然清才而不复质矣。譬诸柏梁、永明体，犹若秦汉之于唐虞也。故德裕许其浮华则可矣，至于言朝廷显官须公卿子弟，斯言之玷，无乃甚欤！夫诸侯袭封，功臣继绝，须子弟奉祭祀而爵及世也。若其靡恃门阀之贵，屈身士大夫之间，讲习仁义，延揖时誉，有缁衣之美，成作述之志，虽寒士之贤弗可加也。若其尚轻肥之饰，驰逐豪侠之伍，以奢僭自大，意气相烁，不知衣食之出，而忘弓裘之业，虽将相之世，不可任也。哀哉！堂构之业多坠，嗣兴之贤甚寡。若子弟不教而成，则尧之丹朱，舜之商均，皆可君天下也。况父母之圣，非教不行也；国之治，非目不熟也；臣之良，非师保之无功也。何教之而不成，目熟而不知，保傅而无补哉？盖上智下愚之不移也。故杨兴说于史高，毋荐乳母子弟；王吉疾其骄骜，请除任子之令。则知子弟之才非专任之器也。《诗》曰："其父析薪，其子不克负荷。"《书》曰："世禄之家，鲜克由礼。"况朝廷崇爵丰禄，设官分职，治乱之道不在他而在贤愚也。子弟寒士，贤治愚乱，其一揆也。然则子弟以嗣荫而受禄，士以历试而颁爵，历试之下，黜陟章明，故士之不肖者鲜矣。至如傅说胥靡而兴汤，吕望屠钓而王周，管仲商贩而霸齐，由余戎狄而强秦，斯皆历试诸难，登将相之任，诚不让于子弟也。故舜汤不用三公九卿之世，而举皋陶、伊尹，不仁者远矣。《易》曰："贲于丘园。"《书》曰："野无遗贤。"则岂谓子弟邪？若以寒士窘急衣食，不能熟习德业，则仲舒下帷，倪宽带经，乃子弟耶？若以寒士杜门闾巷，不识阙朝仪范，则仲尼正鲁国之《雅》《颂》，叔孙定汉之仪制，亦子弟耶？夫志士之学也，终日不食，终夜不寝，将负周孔之戈而舂杨墨之喉，以圣君之道左之，生民之心右之，誓销漓薄之器于太平之炉，故遑遑然急于行道也。虽九经之奥，必获仁义之旨；载籍之广，必取礼乐之制。前言往行，灿灿在目，立于朝无惭色、无愧辞也。《书》曰："学古入官。"此之谓欤！得士之道不其伟哉！《诗》曰："思皇多士，生此王国。"於戏！宰制天下，代天工也。当改正朔，易服色，制礼乐，发号令，革袭因损，颐指而行，何不合言之有？苟以选举之制离失中道，则以德进，以事举，以言扬，择善而行斯可也。苟谓辞赋非古，则策以时务，问以康济，非五经不得以对，非常道不得以言，则经纬之术、宏达之材见矣。而德裕以林甫余烈，陟位国相，知简贤附势之旨，无宰制补衮之德。而场屋之下，英杰间出，缙绅之士，勋名相望，欲骋材术、专国政不可得矣。故将隳贡举以杜贤路，进子弟以崇私党，俾朝廷之人无能杰出己右。故宣宗制曰："委国史于爱婿之手，宠秘文于弱子之身，洎参信书，亦引亲昵。"斯乃扼其咽喉而中其膏肓矣。厥有朱崖之贬，以谢天下，宜哉！(《全宋文》卷三五一)

范仲淹

送刁纺户掾太常下第

精鉴本非深，英僚暂此沉。火炎方试玉，沙密偶遗金。岂累青云器，

犹孤白雪音。敢希苏季子,潜有激仪心。(《范仲淹全集》卷四)

宋　庠

送王秀才下第随侍东去

春色乡枌老,波声客棹催。林鸟贪夕哺,都鹢怨风摧。处晦囊中颖,加餐案上杯。重来期岁晏,飞藻右邹枚。(《全宋诗》卷一九〇)

送齐进士奉章阙下

倾坐仙姿掩石麟,奉章车府应观宾。谢庭早占芝兰族,禹会初陪玉帛臣。削牍西清催笔距,赐衣中禁换袍银。东归待看荣乡品,年似终童禄及亲。(《全宋诗》卷一九六)

陈勤之兄弟同登秀科俱宰江东大邑

上林春色老朱樱,谁见联科纪佛名。睢苑妍辞俱右席,太丘遗业肯惭卿。离歌坐写埙篪恨,邑政行闻鲁卫声。使橐尽堪传尺素,双函同慰一摇旌。(《全宋诗》卷一九八)

胡　宿

御试武举策题

皇帝若曰:夫威武者,文德之辅功也。虽复至治,畴能去兵。比诏有司,图讲常武,博延方略之士,参阅材技之能,冀崇善经,以驭长辔。子大夫晓习兵策,贲然造庭,质于前闻,伫乃明辩。夫兵本于仁义,战畜于慈爱,而曰诡道危事,何耶?邦国之法,虽曰制军而诘禁;帝王之兵,曷云以全而取胜?司马之体,闳廓谓何?霸者之师,节制安在?昔晋侯之伐秦也,谁氏知其有功?楚子之救郑也,何人料其必败?兵法贵拙速而讥巧久。若然,则亚夫失破吴之策,充国无制羌之功也。小坚大敌之禽,什围倍战之法,曹公官渡之克,何关于众寡?晋文城濮之战,试言于奇正。直入武库,策本孰施?先趋北山,法何以胜?朕尝读良史之传,疑名将之功。以孙武子之才,仅能入郢;有乐毅之略,不即下齐。岂乏奇谋?谅有深旨。前代车战,其来尚矣。后世以武刚而自卫,以偏箱而致讨,或行则载于戈甲,止则为于营阵。宜条利害,若为设施,悉心以陈,朕将亲览。

试南省进士策题

问:天道阴阳,实通政事;王者生杀,宜循时令。自秦任法理,汉尚经术,太初推历,甫用夏正。故事,报囚必尽冬月,乃著经常之制,初无淹系之烦。建武中兴,率遵旧典;元和下诏,始改孟冬。议者颇赞其然,通儒复讥其否。执助阳顺生之论,持议狱缓死之说,咸有经据,著明言之。国家道粹前王,刑孚中典。炎历斯握,则与汉同;丹笔所论,尚仍唐旧。姑欲顺三微之用事,去四时之行刑,凡当大辟之科,悉限季冬之断,用遵卦气,以考天心。然而,积习生长,更张慎始,固惟明识,雅富多闻。幸商榷于古今,愿详陈于义理。

问:国家谨四夷之守,饬三边之备。百万之众,领在将屯;什一之租,縻于支计。居常饷道,仰籴富贾。凡入粟于塞下,例受钱于都内。羸息莫计,干没无涯。岁或不登,人且劳止。道途有捐瘠之叹,郡邑烦振业之方。深惟从权,规欲济事。考诸周典,甫侯有赎刑之法;稽于汉世,晁错有免罪之策。所以厚民收怒,实边弭患。且欲详按旧制,阔略轻科。自非犯盗杀人、受赇挠法之类,理不得舍,意在必诛。余并差次免刑之条,申明入谷之赎,以实边境,以防灾潦。虽复失之有罪,不犹贤于赋民!勖思张敞之言,留省望之之议,条陈利病,开示话言。

问:八卦由策而起,九畴以数而兴。河洛之书,相为表里;天人之际,莫不该贯。固以究性命之韫,著祸福之效,包括三极,阴骘下民者也。何则?辅嗣解《易》,孔氏释《书》,六爻文辞,止明人事。五种性行,专推王者。迨至上经下经,离为二说;五福六极,合为九类。斯文若此,其义安适?申寻前世,博存众业。京氏之术,列于学官;夏侯之经,治于博士。咸以儒者,明于天道。前贤多习,旧史具存。厥后蔑然,其故何也?且欲兼崇其学,使名其家。庶几精义之弗沦,或谓异端之斯害。迟闻明辩,用释疑怀。

问:经莫大于《易》,《坎》之《彖》曰:"王公设险以守其国。"丘明之《传》曰:"恃险与马,无兴国焉。"吴起对魏文侯曰:"在德不在险。"后世拘文之士,莫不叹息起言,引为鉴照。按:尧都中冀,舜都蒲阪,夫岂乏德耶?曷为并据河山之胜哉?岂《易》之书,故不及春秋战国一时之辩乎?蒙窃惑焉,愿闻经传交戾之说,折以至当。(以上均见《全宋文》卷四五五)

答签判张监丞谢及第启

去夏尝泛吴航,相值淮服。申寻旧好,略谐少日之留;契阔清言,忽成环岁之别。山间之蹊辟左,日下之问阔稀。但怀想于盍簪,终绝驰于去牍。鸟嘤鸣于山谷,尚或求声;鱼相忘于江湖,无由煦湿。日者通邮驰报,守邸传音。初聆第课之劳,擢丞大匠;旋审考文之盛,亲策群廉。升造秀之士名,协方闻之诏选。恩华举集,才令喧传。昭王途拔士之贤,见文代向儒之胜。间年得俊,荣玉籍之再升;故事题名,美翠珐之双刻。仍庆左曹之诏,来从下郡之游。同官为僚,得名彦而殊乐;因心则友,缘夙契之愈深。矧营道之所同,固首公之无间。实有仰成之望,深慰索居之怀。兼审行已戒装,将即赴幕。开秋始肃,阑暑西颓。惟导养之有方,谅燕申之增鬯。恭以某官,才思通敏,格量渊虚,文素擅于天经,学皆优于师法。赴锋车之劝驾,常被详延;应拱璧之嘉招,早居参画。勤绩素闻于大府,荐函交委于内台。会赍伐于东铨,仍充赋于神甸。一登文石之陛,再至太微之庭。谒者胪传,推湛恩而进秩;太常籍奏,程高藻以升科。用阶万里之途,实养一时之栋。亲逢在旦,远志莫涯。猥辱曩情,首贻荣牍。阅腴辞之溢简,题淑贶以盈襟。念挹晤之甫谐,实笑抃之交会。行矣自爱,适兹愿言。(《全宋文》卷四六二)

宋 祁

州举俊民以艺中第为诗驰贺

曾联郡将署乡书,目见函关卖出符。奏颂一挥云落纸,赐袍三浴蕙飘炉。高轩并照连乾锦,饮膳分颂莛莆厨。病幕日期迎昼绣,尘容甘预弩前驱。

送友人赴举

玉树扶疏入紫烟，鸣驺偕计望甘泉。十行深诏言成綍，三道摛华藻掞天。泽国东风占鹊喜，杏园初日待莺迁。自嗟拥鼻沉冥极，生看青云着祖鞭。

送令狐秀才赴举

荐衡上表独垂蜺，密雪梁园逼赋期。秦市千金怀拱璧，舜韶九奏待长离。刘桢病久曾淹卧，宋玉才多故剩悲。几日绣衣荣白昼，郡章惊绂驷车驰。

孙景随侍赴举

蜡凤当筵占美名，文斋大被集时英。人同颍水将车乐，赋待尚书给笔成。乡酒出郊浮蚁醑，故林驰雾暝猿惊。省知唱第蓁云幄，归梦因君到斗城。

黄注昆仲赴举

君家日下有高名，骥子双驰嗣世灵。沧海赋毫多洒白，南山书简偏蒸青。县歌酒醑催鸣鹿，学舍练寒乱散萤。昆玉林枝期帝问，差肩唱第迩尧蓂。

送朱进士赴举

汉家廉诏举翘英，银纻观宾望斗城。北地高门传玉节，西京旧学秘金籯。邮亭续食星轺急，岭路驰烟月狖惊。几日东归荣昼锦，度关遥识弃繻生。

陈济赴举兼省觐

相从同是日边人，两见江南碧草生。冯铗车鱼初倦客，梁山风雨苦思亲。虹桥刻杜前盟苦，兽锦裁囊丽曲新。袍雪纷纷君臭顾，汉皇终自识平津。(以上均见《全宋诗》卷二一三)

送袁进士赴举

秋郊帐饮曙烟销，素籥凉飔满泬寥。南国大沽三献玉，西京催驾一封轺。频年衣敝缁尘化，几夕文成密雪飘。奏御前期深底处，紫清仙阙郁岧峣。(《全宋诗》卷二一四)

鹿鸣筵饯诸秀才赴举

今日真良宴，欢持鸣鹿杯。初飞祢衡表，共识子虚才。龙沼云鳞动，鹏溟浪翅开。危言切晁董，秘思属邹枚。经市腾装早，封轺续食催。应须戒驱弩，翘待驷车回。(《全宋诗》卷二一九)

闻新榜恩除异等辄成自咏

兰署曾叨异等名，当年不与赋天庭。尘容此际支离极，惭见唐家千佛经。

诏复制科有谓予应诏者

汉幄思贤尺诏飞，不材充赋谅非宜。就令能奏三千牍，未免长安欲死饥。(以上均见《全宋诗》卷二二二)

文彦博

诏开礼闱偶作呈诸友

星弧首辟群英彀，天毕初张众目罗。汉傅仍闻求泛驾，周明何止育菁莪。碧纱已有蓬山籍，绿李将分桂殿科。全仗阿香推毂力，九门三月化陶梭。(《全宋诗》卷二七三)

论取士奏

臣闻于《诗》："思皇多士，生此王国。""济济多士，文王以宁。"从古来为国治民者，多士则兴，乏贤则衰，此理之必然也。士所以多，由养育有素。故有秀选俊造之目，等级升之，渐至于官得其人，国无不治。臣以朝廷育才取士之法，数十年来，有所未至。向时应进士举者，自执卷为儒，便知自重，谓之应将相科，亦白衣公卿。登科之后，其在高等者，知朝廷必将不次进用，率皆益自奋励，进修德业，以副时望。所至于公卿将相为名臣者，多是其人。近岁以来，稍异于是。登甲科者，缙绅罕闻共名，朝廷罕得其用，盖由士子修蕴无素，朝廷劝奖未周。臣亦闻礼部别定贡举条贯，然虑于激劝士行儒风，犹有未至。臣欲乞先时降诏开谕，使人人知朝廷育才取士之意，使各自勉励。向去科选，得士必多，济济以宁，当自由于此。（《全宋文》卷六四九）

欧阳修

武成王庙问进士策二首

问：学者言三统之义备矣。然自孔子删修六经，与其弟子论辩尧、舜、三代之际甚详，而于正朔独无明文见于经者。三正，王者所以正一统，盖大法也。岂宜略而不言欤？抑隐其义以寓见诸书欤？或者经籍散缺而失之欤？自汉以来，学者多增三统之说，以附六经之文。今所见者，特因汉儒之说尔。当汉承秦焚书，圣经未备，而百家异说不合于理者众，则其言果可信欤？夫众辞淆乱质诸圣，今考于六经，孔子所笔，何说可以验其信然欤？不然，商、周未尝有改欤？岂其不足为法，圣人非之而不言欤？请稽三王之旧典，考六经之明文，以祛厥疑。敢俟来对。

问：礼乐，治民之具也。王者之爱养斯民，其于教导之方，甚勤而备。故礼，防民之欲也周；乐，成民之俗也厚。苟不由焉，则赏不足劝善，刑不足禁非，而政不成。大宋之兴八十余岁，明天子仁圣，思致民于太平久矣。而天下之广，元元之众，州县之吏奉法守职，不暇其他。使愚民目不识俎豆，耳不闻弦歌，民俗顽鄙，刑狱不衰，而吏无任责。夫先王之遗文具在，凡岁时吉凶聚会，考古礼乐可施民间者，其别有几？顺民便事可行于今者有几？行之固有次第，其所当先者又有几？礼乐兴而后臻于富庶欤？将既富而后教之欤？夫政缓而迂，鲜近事实；教不以渐，则或戾民。欲其不迂而政易成，有渐而民不戾者，其术何云？儒者之于礼乐，不徒诵其文，必能通其用；不独学于古，必可施于今。愿悉陈之，无让。

问进士策三首

问：六经者，先王之治具，而后世之取法也。《书》载上古，《春秋》纪事,《诗》以微言感刺,《易》道隐而深矣,其切于世者《礼》与《乐》也。自秦之焚书,六经尽矣。至汉而出者,皆其残脱颠倒,或传之老师昏耄之说,或取之冢墓屋壁之间。是以学者不明,异说纷起。况乎《周礼》,其出最后,然其为书备矣。其天地万物之统,制礼作乐,建国君民,养生事死,禁非道善,所以为治之法皆有条理。三代之政美矣,而周之治迹所以比二代而尤详见于后世者,《周礼》著之故也。然汉武以为渎乱不验之书,何休亦云六国阴谋之说,何也?然今考之,实有可疑者。夫内设公卿、大夫、士,下至府史、胥徒,以相副贰;外分九服、建五等、差尊卑以相统理,此《周礼》之大略也。而六官之属略见于经者五万余人,而里闾县鄙之长、军师卒伍之徒不与焉。王畿千里之地,为田几井,容民几家?王官、王族之国邑几数?民之贡赋几何?而又容五万人者于其间,其人耕而赋乎?如其不耕而赋,则何以给之?夫为治者,故若是之烦乎?此其一可疑者也。秦既诽古,尽去古制。自汉以后,帝王称号,官府制度,皆袭秦故,以至于今。虽有因有革,然大抵皆秦制也。未尝有意于《周礼》者,岂其体大而难行乎?其果不可行乎?夫立法垂制,将以遗后也,使难行而万世莫能行,与不可行等尔。然则,反秦制之不若也,脱有行者,亦莫能兴。或因以取乱,王莽后周是也,则其不可用决矣。此又可疑也。然其祭祀、衣服、车旗似有可采者,岂所谓郁郁之文乎?三代之治,其要如何?《周礼》之经,其失安在?宜于今者,其理安从?其悉陈无隐。

问:古者为治有繁简,其施于民也有浅深,各适其宜而已。三代之盛时,地方万里,而王所自治者千里而已,其余以建诸侯。至于礼乐刑政,颁其大法而使守之,则其大体盖简如此。诸侯大小国盖数千,必各立都邑,建宗庙。卿士大夫朝聘祭祀,训农练卒,居民度土,自一夫以上皆有法制。则其于众务,何其繁也!今自京师至于海隅徼障,一尉卒之职必命于朝,政之大小皆自朝出,州县之吏奉行而已。是举天下皆所自治,其于大体,则为繁矣。其州县大小,邑闾田井,训农练卒,一夫以上略无制度。其于众务,何其忽而简也!夫礼以治民,而乐以和之,德义仁恩,长养涵泽,此三代之所以深于民者也。政以一民,刑以防之,此其浅者尔。今自宰相至于州县有司,莫不行文书、治吏事,其急在于督赋敛、断狱讼而已,此特浅者尔。礼乐仁义，吏不知所以为，而欲望民之被其教，其可得乎？夫治大以简则力有余，治小以繁则事不遗，制民以浅则防其僻，渐民以深则化可成，此三代之所以治也。今一切悖古，简其当繁而繁其可简，务其浅而忽其深。故为国百年，而仁政未成、生民未厚者，以此也。然若欲使国体大小适繁简之宜，法政弛张尽浅深之术，诸侯井田，不可卒复，施于今者何宜？礼乐刑政，不可卒成，用于今者何便？悖古之失，其原何自？修复之方，其术何始？迹治乱，通古今，子大夫之职也，其悉心以陈焉。

问：礼乐之书散亡，而杂出于诸儒之说，独《中庸》出于子思。子思，圣人之后也。其所传宜得其真，而其说有异乎圣人者，何也？《论语》云："吾十有五而志于学，三十而立，四十而不惑，五十而知天命。"盖孔子自年十五而学，学十五年而后有立，其道又须十年而一进。孔子之圣，必学而后至，久而后成。而《中庸》曰："自诚明谓之性，自明诚谓之教。"自诚明，生而知之也；自明诚，学而知之也。若孔子者，可谓学而知之者。孔子必须学，则《中庸》所谓自诚而明、不学而知之者，谁可以当之欤？尧用四凶，其初非不思也，盖思之不能无失耳，故曰"惟帝其难之"。舜之于事，必问于人而择焉，故曰"舜好问"。禹之于事，已所不决，人有告之言，则拜而从之，故曰"禹拜昌言"。汤之有过，后知而必改，故曰"改过不吝"。孔子亦尝有过，故曰"幸，苟有过，人必知之。"而《中庸》曰："诚者不勉而中，不思而得。"夫尧之思虑常有失，舜、禹常待人之助，汤与孔子常有过。此五君子者，皆上古圣人之明者，其勉而思之犹有不及，则《中庸》之所谓"不勉而中、不思而得"者，谁可以当之欤？此五君子者不足当之，则自有天地已来，无其人矣。岂所谓虚言高论而无益者欤？夫孔子必学而后至，尧之思虑或失，舜、禹必资于人，汤、孔不能无过，此皆勉人力行不怠，有益之言也。若《中庸》之诚明不可及，则怠人而中止，无用之空言也。故予疑其传之谬也，吾子以为如何？

南省试进士策问三首

问：昔者禹治洪水，奠山川，而尧称之曰：万世之功也。盖遭大水，莫如尧；致力以捍大患，莫如禹。别四海、九州、山川地形，尽水之性，知其利害而治之有法，莫如《禹贡》之为书也。故后世之言知水者，必本于禹；求所以治之之法与其迹者，必于《禹贡》。然则学者所宜尽心也。国家天下广矣，其为水害者，特一河耳，非有尧之大患也。自横垅、商胡再决，三十余年，天下无一人能兴水利者，岂有其人而弗求欤？求而弗至欤？抑不知水性而乖其导泄之方，由《禹贡》之学久废而然欤？此当今之务，学者之所留意也。且尧之九州，孰高孰下？禹所治水，孰后孰先？考其治之之迹，导其大水所从来而顺其归，其小水则或附而行，或止而有所畜，然后百川皆得其宜。夫致力于其大而小者从之，此岂非其法欤？然所导大水，其名有几？夫欲治水，而不知地形高下，所治后先，致力之多少，及其名与数，则何以知水之利害？故愿有所闻焉。夫禹所以通治水之法如此者，必又得其要。愿悉陈之无隐。

问：三王之治，损益不同，而制度文章，惟周为大备。《周礼》之制，设六官以治万民，而百事理，夫公卿之任重矣。若乃祭祀天地、日月、宗庙、社稷、四郊、明堂之类，天子大臣所躬亲者，一岁之间有几？又有巡狩、朝会、师田、射耕、燕飨，凡大事之举，一岁之间又有几？而为其民者，亦有畋猎、学校、射乡、饮酒，凡大聚会，一岁之间有几？又有州党、族官、岁时、月朔、春秋、酺禜、询事、读法，一岁之间又有几？其斋戒供给，期召奔走，废日几何？由是而言，疑其官不得安其府，民不得安其居，亦何暇修政事、治生业乎？何其烦之若是也？然说者谓周用此以致太平，岂朝廷礼乐文物，万民富庶岂弟，必如是之勤且详，然后可以致之欤？后世苟简，不能备举，故其未能及于三代之盛欤？然为治者果若是之劳乎？用之于今，果安焉而不倦乎？抑其设施有法，而第弗深考之欤？诸君子为言之。

问：六十四卦所谓《易》者，圣人之书也。今谓之《系辞》，昔谓之《大传》者，亦皆曰圣人之作也。其言曰："两仪生四象，四象生八卦。"又曰："河出图，圣人则之。"又曰："庖牺氏之王天下也，仰观于天，俯察于地，观鸟兽之文，近取诸身，远取诸物，始作八卦。"又曰："昔者圣人之作《易》也，幽赞于神明而生蓍，参天两地而倚数，观变于阴阳而立卦。"一书而四说，则八卦者果何从而有乎？若曰河图之说信然乎，则是天生神马负八卦出于水中，乃天地自然之文尔，何假庖牺始自作之也？如幽赞生蓍之说，又似八卦直因蓍数而生尔。至于两仪四象，相生而成，则又无待于三说而有卦也。故一说苟胜，则三说可以废也。然孰从而为是乎？卜筮，自尧、舜、三代以来用之，盖古圣人之法也，不必穷其始于古远茫昧之前。然《系辞》，圣人之作也，必有深旨，幸决其疑。

问进士策四首

问：孟子以谓井田不均则谷禄不平，经界既正，而分田、制禄可坐而定也，故曰："仁政必自经界始。"盖三代井田之法也。自周衰迄今，田制废而不复者千有余岁。凡为天下国家者，其善治之迹虽不同，而其文章、制度、礼乐、刑政未尝不法三代，而于井田之制独废而不取，岂其不可用乎？岂惮其难而不为乎？然亦不害其为治也。仁政果始于经界乎？不可用与难为者，果万世之通法乎？王莽尝依古制更名民田矣，而天下之人愁苦怨叛，卒共起而亡之。莽之恶加于人者虽非一，而更田之制，当时民特为不便也。呜呼！孟子之所先者，后世皆不用而治，用之而民特愁苦怨叛以为不便，则孟子谓之仁政，可乎？《记》曰："异世殊时，不相沿袭。"《书》又曰："事不师古，匪说攸闻。"《书》、传之言，其戾如此，而孰从乎？孟子，世之所师也。岂其泥于古而不通于后世乎？岂其所谓迂阔者乎？不然，将有说也。自三代之后，有天下莫盛汉唐。汉唐之治，视三代何如？其民田之制、税赋之差又何如？其可施于今者又何如？皆愿闻其详也。

问：子不语怪，著之前说，以其无益于事而有惑于人也。然《书》载凤凰之来舜，《诗》录玄鸟之生商，《易》称河洛出图书，《礼》著龟龙游宫沼。《春秋》明是非而正王道，"六鹢"、"鸲鹆"，于人事而何干？二《南》本功德于后妃，"麟"暨"驺虞"，岂妇人而来应？昔孔子见作俑者，叹其不仁，以谓开端于用殉也。况六经万世之法，而容异说，自启其源。自秦、汉已来，诸儒所述，荒虚怪诞，无所不有。推其所自，抑有渐乎？夫无焉而书之，圣人不为也。虽实有焉，书之无益而有害，不书可也。然书之亦有意乎？抑非圣人之所书乎？予皆不能谕也，惟博辩明识者详之。

问:为政者徇名乎,袭迹乎?三代之名,正名也;其迹,治迹也。所谓名者,万世之法也;迹者,万世之制也。正名立制,言顺事成,然后因名迹以考实,而其文章事物粲然无不备矣,可谓盛哉!董仲舒以谓:三代质文有改制之名而无变道之实者是也。自秦肆其虐,灭弃古典,然后三代之名与迹皆变易而丧其实,岂所谓变其道者邪?然自秦迄今,千有余岁,或治或乱,其废兴长短之势,各由其人为之而已。其袭秦之名不可改也,三代之迹不可复也,岂其理之自然欤?岂三代之制止于三代,而不可施于后世欤?王莽求其迹而复井田,宇文求其名而复六官,二者固昏乱败亡之国也。然则孔子言"为政必也正名",孟子言"为政必始经界",岂虚言哉?然自秦以来,治世之主几乎三代者,唐太宗而已。其名迹固未尝复三代之一二,而其治则几乎三王,岂所谓名迹者非此之谓欤?岂遗名与迹而直考其实欤?岂孔、孟之所谓者有旨,而学者弗深考之欤?其酌古今之宜与其异同者以对。

问:古之取士者,上下交相待以成其美;今之取士者,上下交相害,欲济于事,可乎?古之士,教养有素而进取有渐。上之礼其下者厚,故下之自守者重。上非厚礼不能以得士,士非自重不能以见礼于上。故有国者,设爵禄、车服、礼乐于朝,以待其下;为士者,修仁义、忠信、孝悌于家,以待其上。设于朝者,知下之能副其待,则愈厚;居下者,知上之不薄于己,故愈重。此岂不交相成其美欤?后世之士则反是。上之待其下也,以谓干利而进尔,虽有爵禄之设而日为之防,以革进之滥者。下之视其上也,以谓虽自重,上孰我知,不自进则不能以达。由是,上之待其下也益薄,下之自守者益不重而轻。呜呼!居上者欲得其人,在下者欲行其道,其可得邪?原夫三代取士之制如何?汉、魏迨今,其变制又如何?宜历道其详也。制失其本,致其反古,当自何始?今之士皆学古通经,稍知自重矣;而上之所以礼之者,未加厚也。噫!由上之厚,然后致下之自重欤?必下之自重,然后上礼之厚欤?二者两不为之先,其势亦奚由而合也?宜具陈其本末与其可施于今者以对。(以上均见《欧阳修全集》卷四八)

问进士策题五道

问:古之人作诗,亦因时之得失,郁其情于中,而发之于咏歌而已。一人之为咏歌，欢乐悲瘁宜若所系者，未为重矣。然子夏序《诗》，以谓“动天地、感鬼神，莫近于《诗》”者，《诗》之言，果足以动天地、感鬼神乎？

问：古之为圣人者莫如舜，贤而与圣人近者莫如颜回。仲尼称虞舜不可及，而颜氏其殆庶几。至其称舜之所为，则曰“好问而好察迩言”而已；称颜氏之好学，则曰“不迁怒，不贰过”而已。然则如是者，是为不可及与庶几乎？

问：汉宣中兴，丙、魏为相，后之人言为相之贤者必稽焉，宜其有兴树之业显于世也。及观其纪传，亦无他功德，相独有《明堂月令》一章，吉之事大概而已。不识丙、魏之所以得贤于后世者，可得见乎？

问：子、丑、寅，三代之正也，孔子何独行夏之时？说者曰：“夏时质也。”忠、质、文，三代之政也，孔子何独曰从周之文？使夏之时为正，则商、周之时不正乎？周之政尚文，则夏、商之政无文乎？夫周以子，则今之冬十一月乃春正也；商以丑，则今之冬十二月乃春正也。夫以冬十有一月、十有二月颁春正于天下，而教民之事，无乃与天时相戾欤？夫君臣之相和、父子之相爱、兄弟夫妇之相为悌顺，是文之本也；仁以守之、义以制之、礼乐以和节之，是文之成也。使夏、商而无文，则夏、商之世，无君臣、父子、兄弟、夫妇之制欤？说者曰：“三代之正，皆同也。子、丑、寅，出于后儒之妄也；忠、质、文，亦出于后儒之妄也。”使夫诚出于后儒之妄，则孔子安有行时、从文之说？

问：周天子之田方千里，号称万乘，万乘之马皆具，又有十二闲之马，而六卿三百六十官，必皆各有车马，车马岂不多乎哉？千里之地，为田几何，其牧养之地又几何，而能容马若是之多乎哉？千里之地，为田几何？马之法又如何？今天下广矣，常患无马，岂古之善养马而今不善乎？宜有说以对也。（以上均见《欧阳修全集》卷七一）

张方平

送柳灏下第出京

少年心骨壮，功名期力殉。文邀马卿评，剑谒猿公问。御良骥足逸，胡为车三偾。浮沉道所尚，穷达天之分。迹从逍遥游，心与洪濛论。姑佩湛卢归，休复较铦钝。(《全宋诗》卷三〇八)

送柳灏序

灏自魏随计来京师，不利于春官。将北辕以迈，郁郁访仆，谋曰："灏即归，将卜所以为亲之羞，敢问予何往为可？"仆觞而告之曰："尝闻河东先生昔守邢，今侍御高公以布衣谒见，先生优礼焉。先生以文章气义盖一时，仕不究其用，天下贤士大夫莫不惜之，矧自其门下出者耶！前此三年，侍御领琴台，不敏尝请见，实辱解榻以待，则是侍御之爱才，其与人博矣。况子河东之犹子，能以奇文懿行继其家声，而欲觏见贤公，动之以诚意者，适邢可哉！"勉旃会宗，酒行无辞，仆亦从此东矣。(《全宋文》卷八〇四)

苏舜钦

黎生下第还乡

人云之子贤，文采出巴川。失意声名在，还家岁月迁。离怀春色里，归路夕阳边。无废青箱学，穷愁古亦然。(《苏舜钦集》卷六)

韩　琦

送门人曾宏秘校登第南归

十载辞乡志，登科一旦伸。青纶归养客，白发倚门人。家酿难禁蟹，江鲈正得莼。之官如自立，吾馆有贤宾。(《全宋诗》卷三二四)

赵　抃

送余林二生赴举

并游攀逸轨，两喜擅佳声。鹄志一千里，鹏图九万程。青云今共上，白水旧齐盟。圣主君堪羡，连镳去策名。(《全宋诗》卷三四〇)

送二十三侄峄还衢赴举

行美文精即擅场，不论京国与江乡。乡人若问吾归计，已叩天阍第九章。(《全宋诗》卷三四三)

李 觏

送彭昱应举

计偕千百数，太半是虚名。近日逢吾子，中心叹笔精。众人皆禄位，所贵在诚明。努力唐虞际，期于大有成。

送黄铣应举

先世宦不达，少年才已雄。何人为父执，独自振家风。物色营求广，宾兴礼数隆。孤寒今有望，太守汉吴公。

送杜万

谷口生涯已是贫，素衣还拟冒京尘。因风早寄登科信，装点江南几日春。

送夏旦赴举

岭梅初尽草初生，马上春风酒易醒。好共大鹏双奋击，此行有路到南溟。(以上均见《全宋诗》卷三四九)

送张宏下第南归

世家元是武夷孙，四上观光预国宾。地底岂无干斗气，天边争奈饮牛人。田宜秫稻应多酒，路入溪山渐少尘。身计未谐归计好，一樽犹可醉乡邻。(《全宋诗》卷三五〇)

祖无择

张唐民下第东归

学古功非浅，干时命尚迍。拾青辜壮志，垂白念慈亲。归路天同远，生涯世自贫。吾知君道大，驰逐老风尘。(《全宋诗》卷三五七)

蔡　襄

别颜慥下第

四上不登第，漂流二十年。依依去国恨，杯酒春风前。

诏贡士

星骑翩翩鹤诏来，旋闻欢语沸春雷。天闲未减真龙种，沧海还空老蚌胎。拂纸半毫含意劲，摩云双翅待风开。寄言商颍辟荣客，好致吾君放首回。（以上均见《全宋诗》卷三九〇）

金君卿

张子礼锁厅下第南归

官小事如麻，去官书满车。干时不得荐，垂翅又还家。知命独无愧，沉英众所嗟。风波信一叶，流落向天涯。（《全宋诗》卷四〇〇）

陈　襄

送郑洙赴举

天上奎星专主文，地下嵩岳惟降神。含灵孕粹五百载，挺然间出非常人。荥阳才子东山客，满腹精神太英特。掞天辞藻驾曹王，炙地声华压元白。等闲奋笔擒鸾龙，烟霄凛凛横辞锋。稷下千人摧劲敌，昂头不敢争英雄。吾皇新命招宏博，紫宙风清飞一鹗。骊龙卧起沧海空，灿灿灵珠光满握。明年二月春水来，桃花浪起龙门开。青云岐路无多地，定须迅击狂风雷。

幽菊燕贡士幽菊，燕贡士也，因以送之

有幽斯菊，濯濯其芳。烝尔髦士，惟其修兮，有美于乡。燕，予无以说兮，惟醴之觞。

有幽斯菊，烨烨其华。烝尔髦士，惟其施兮，有显于家。往，予无以将兮，惟古之歌。（以上均见《全宋诗》卷四一二）

监簿杨倜得第南归惠诗因和元韵赠其行

楚客多年泽畔吟，文穷尤见用功深。尺书屡贡宾王府，斗粟宁酬事道心。长铗由来歌旧馆，鸣驺从此别中林。寄言乡校青衿子，君去何人更嗣音。(《全宋诗》卷四一五)

韩　维

送宋钧秀才落第还乡

漆雕不肯仕，仲尼悦其然。乃知君子学，躁进非所先。去圣邈千载，兹风复谁传？趋营不自反，廉耻一以捐。爱君抱冲淡，荣利不可迁。读书本仁义，洞见末与颠。失志不为辱，谋道方复坚。临分求规言，顾我昧所宜。愿君崇远业，无愧古人贤。(《全宋诗》卷四二一)

答张念七得科见寄

少年初见一经横，籍籍文场蔼俊名。抗志直思追二祖，得官今乃后诸生。赐袍便欲欺芳草，贺酒犹能及落英。我亦林泉有归兴，待君吟啸乐升平。(《全宋诗》卷四二五)

送门客李秀才赴省试

伤思易子闻前戒，务学求师是至言。岂有车鱼延上客，欲将诗礼示诸孙。青衿散后人千里，黄菊开时酒一尊。壮岁雄图当自勉，未应长啸入苏门。(《全宋诗》卷四二六)

文　同

送黄庶先岷州赴举

朝庭取士及洮西，君今去就岷州荐。男儿致身自有地，六月万里君莫惮。君也经术三十年，此发必中后羿箭。声名大抵重文章，慎莫便从班定远。(《全宋诗》卷四三四)

送张郭二秀才赴举

二子共赍刀，翩翩去意豪。负才皆万选，入守定双高。上道梅熏袖，还家草映袍。须知本鸿鹄，终不在蓬蒿。

送杨议卿赴举

寒日照残树，新霜结衰草。有客奉高荐，策马奔远道。声名近转大，文字素已好。壮岁虽可恃，荣科亦宜早。勉自报春晖，高堂亲发老。（以上均见《全宋诗》卷四三八）

黄 庶

看春榜偶成

每看春榜独嗟咨，蹭蹬尘埃已十期。韩老有知应笑我，归时无计只痴儿。（《全宋诗》卷四五三）

曾 巩

拟试制科王平甫策问一道

问：盖闻至治之世，教化明而风俗美，士之处者皆笃于自治，而仕者皆能称其官。当是之时，百度修而万事理，故上下富足，百姓和乐而臻于仁寿。施及鸟兽草木，皆遂其性，至于蛮夷戎狄莫不欣欣附焉。其所由者何术而至于斯欤？今士寡廉耻，而希合苟且之俗盛。至于举选甚弊而百职未修，上下之财不赡于用，元元匮急而轻于抵罪，鸟兽草木未尽遂其性，蛮夷戎狄至勤于御备之策焉。其不能方古者何谓欤？夫事其末而欲及其本，与泥其迹而求合其变，皆不可也。然则仿于古而不迂，近于今而不卑，必有其道可得而言焉。昔孔子语为邦曰："乘商之辂，服周之冕，乐则曰韶舞。"今考其事尚可复于当世欤？如不可复，则兴今之礼乐者将何说欤？子大夫其悉陈焉。

策问十四道

问：孔子曰："德之流行，速于置邮而传命。"而孟子亦曰："事半古之人，功必倍之。"如此，则用先王之道以治国家天下，其见效岂不速哉？然而又曰：如有王者，必世而后仁。善人为邦百年，可以胜残去杀矣。如是，则积德累善，旷世绵祀而后有成，又何其迂且久也？夫憔悴之民望其恩德，与愿治之主望其治之效，期月犹且迟，而可以一世百年期哉？岂圣人之道大，施用之际难欤？抑迟速之间由所遭之时异欤？二三子可辨之。

问：官有德，爵有功，所从来尚矣。今爵虚器也，凡有功者固以官赏之矣。其可乎？其亦有不可者乎？

问："非礼勿视，非礼勿听，非礼勿言，非礼勿动。"然而视听言动一于礼，则不合于俗者有矣。顺俗则自枉，不合于俗则怨且怒，且指目以谤者行焉。谤怒非君子之所忧也，然君子之于道德非独自足而已，将以有为也。如与一世人不合不识，其能有为乎？是则其所积累者小而为害于事大矣。孟子亦曰：枉尺而直寻者，以利言也。如以利言，则枉寻而直尺亦可为欤？又曰："枉己者，未有能直人者也。"如孟子之意，则亦自信而已矣。然则君子之道，其无以纾谤怒，便于时，合于众人之心者乎？今观孔子、孟子之所以自为者，则亦从优游，不皆不合于世也。是亦何道乎？二子者岂无说乎？吾子其言之。

问：钱为物，非无形而不可见者也。不藏于国，必藏于民；不在于民，必在于国。出于此，必在于彼，势理然也。今大农之钱常不足，而民间尤甚。是物也，不外天而沉泉，其安所归？而孰由致其然欤？将欲使上下之用俱足，有无之求两通，岂无说乎？

问：《易》曰：天地之道简易。而于《乾》则曰："天行健，君子以自强不息。"又曰："大哉乾元，万物资始。"其于《坤》亦曰："牝马地类，行地无疆。"又曰："承天而时行。"又曰："至哉乾元，万物资生。"夫至健以动于上而不息，至柔以承之于下，勤孰甚焉？始万物生万物焉，不为不烦也，其于大体，不与夫简易云者戾耶？而孔子之云尔何也？又曰："易简之善配至德。"又曰："易简而天下之理得矣。"其又可属之于人事邪？愿质其所以然而见教。

问:三王之世,用当岁之人,其余以御凶荒。下而至汉,其用度亦不加少焉。然孝文时悉弛租税与民,民与国皆有余。今之用度视汉固若无异然,然租税之外,山泽关市之利取之殆既焉而不足,国与民平岁皆甚病,此其故何也?其有以救乎否也?

问:《春秋左氏传》说晋文公之入也,利其民而欧之以礼信之教,然后用之,一战而霸。夫能使其民得其利而入于礼义信之教,圣人之所以为治之具岂易此耶?然而不曰斯道也王道然也,何以哉者?其道固亡异而说者卑之邪?抑不然也?欲释其所以然,则将孰质焉而可矣?而王道之本末深浅何如也?

问:教之不洽于人也,曰处于位者莫为之先也。欲为之先则何施焉而可?古之道何者近于今?今之所当始者何事焉?吾子其言之也。

问:移风易俗莫善于乐,安上治民莫善于礼。孔子云然,其无不然也,不疑矣。既然,则功美岂寡哉?而于《记》则曰:功成作乐,治定制礼。信其如是也,则夫礼乐云者,不足以就功治耶?不然,何功成治定矣,而始区区为也?无亦与孔子异意哉?孟子又曰:今乐犹古乐也,而唐太宗亦指陈声以明悲乐,柳子厚又称孟子。是则制作云者,其不必事耶?抑虽事之而非所以为本邪?黄帝以来孰为而不相沿袭也?本之要如何也?为今议者,于吾子意孰安?

问:周下文武至于夷王未久也,而其治已替。汉与唐也,治不掩乱。于戏!天下之于治也何寡,而乱数如此。今固承大敝之后,而所承者将缅而戾于周欤?抑止于汉与唐也?汉与唐也,其治孰愈?其当时之制,有合于周乎?抑皆不合也?求其可以尚行于今者,倘有之乎无也?欲如周之盛时,其道易施而其验易见者,愿以开于今。

问:乾六位,未尝有阴焉,而坤之为体,不可以为刚也。然《系辞》则曰:立天之道曰阴与阳,立地之道曰柔与刚。信夫阴与阳、刚与柔也,天地当并用之也，则将于乾坤何合焉？又曰“兼三才而两之”，今之人其信于天地，通乎不也？吾子当习于其说。

问：伊尹亡夏而归汤。汤，圣人也，知伊尹足信不疑，故以之相，而商为大治焉。世颂汤与伊尹无穷也。令汤虽圣人，不得伊尹之助，未可以有为也；伊尹虽自任以天下之重，不与汤相值，亦未得志也。下汤与伊尹，其治未尝非主与臣相值也，其乱亦未尝非主与臣相戾。主与臣固常相须，而其合何少也？欲主之无不知贤足信不疑，而贤臣之必得行其道于天下，如之何而可？世之所以治乱之本不于是在耶？

问：《论语》曰：“苟有用我者，期月而已可也，三年有成。”又曰：“如有王者，必世而后仁。”又曰：“善人为邦百年，可以胜残去杀。”是皆圣人之言也，圣人之言也宜壹，今其不合如此，不可考据也。岂其记者之妄欤？抑信然也？信其然也，则将何质焉而可以壹也？古之远者难道矣，唐太宗至于今未久也。唐太宗之为治也，甫三年尔，人之产皆有余。越之望陇为绝域也，其相之者，不持粮与兵而足无患。天下断狱，岁三十人而已，为安且治至此盛也。“三年有成”云者，非已然欤？今治天下以累世之渐，然而人之产皆不足，盗或袭州县，断狱岁以千数，必世、百年云者或过而几矣，然而不至于安且治也。所贵乎学者非徒习于文而已，今其可行也，吾子盍言所以得失之由，而通于圣人之所云尔以谂于时耶？

问：李德裕曰：“正必去邪，邪必害正。”德裕之自道固不然也，其道邪正之势则适然矣。天下之所以治非它焉，用舍邪正是而已矣；其不治非它焉，用舍邪正惑而已矣。人主未尝不欲治，然于惑也，不终有焉，则间有焉者多矣。终有焉者何议焉？间有焉者则可谂之矣。以天下之大也，行之于国与民非一事也，群臣之多也，其言与行非一迹也。邪正之归，何以与知而不惑也？可以圣与贤而不言，学者而不知乎？

策问十一道

《乾》之二五皆曰“利见大人”，《屯》之二六皆曰“乘马班如”，《归妹》、

《泰》之六五皆曰“帝乙归妹”，《损》之六五、《益》之六二皆曰“或益之，十朋之龟”。《履》之六三曰“眇能视，跛能履”，而《归妹》则初九曰“跛能履”，九二曰“眇能视”；《既济》之初九曰“曳其轮，濡其尾”，而《未济》则初六“濡其尾”，九二曰“曳其轮”。或有离之象，而多曰利用狱；或有巽之象，而多曰“利涉大川”。凡此者，其辞或离或合，或同或异，其象各有系，其义各有所当，《易》学者之所宜尽心也，宜别白其旨，而是著于篇。

问：孔子曰：“志于道，据于德，依于仁，游于艺。”老子曰：“失道而后德，失德而后仁，失仁而后义。”韩子曰：“道与德为虚位，仁与义为定名。”老子、韩愈亦各以其所得于圣人者自为一家之言邪？抑其有所激抗而其言不得不然邪？抑会其归不与孔子异意邪？其辩二子之得失，而推孔氏之意，凡四者之所谓如何？悉书以对。

问：二帝三王之治天下，岂出于求之材，开言路，用赏罚，明好恶？而当时大治，后世称之至今。今之所以别贤不肖而进退于朝廷，未尝有一士或遗于下；广谏诤之途而聪明视听，未尝有一言不通于上。罚罪而赏功，以惩劝之意，未尝有一事不以其宜；好善而恶恶，以明化道之方，未尝有一事动不求当。与古之所以治天下者岂异？而今之治未足以迹于二帝三王之盛，其何谓邪？盍亦言焉？

问：韩愈曰：“吾读孟轲书，然后知孔子之道尊；得扬雄、荀卿之书，而益尊孟子，以谓二子者皆圣人之徒。”然今世学者好诋诎三子之说者甚众。三子者诚诡于道，而愈之书又过于言乎？抑今之学者未达于三子之说而好辩以妄议乎？如三子之说不诡，韩愈之所谓者不过，而今之学者皆是，其不有害于世、乱于圣人之道？欲使其能达于三子之说，而以其好辞妄议之心抑有达乎？自古至今，百家之说众矣，其亦有可取者乎？抑皆无可取者乎？圣人之所以自得而不同于百家者，于经何说？百家之所以失而不合于圣人者，于经何谓？而三子之书，尤恶百家之学者，又何也？愿闻其所以。

问：《中庸》曰："君子尊德性而道问学，致广大而尽精微，极高明而道中庸。"子学礼，能言六者之所谓，其著于篇。

问：今举天下之士，开间岁之制以收遗滞，定保行之法以革骜悖，修土著之令以息奸妄。策问之试，使明于治乱之体者得毕其说；设明经之科，使通于圣人之意者得申其学。子以谓如此可以得天下之贤材而变近世之风俗乎？

问：六经之书，太极以来至于天地人神事物之变、远近小大微显之际、异同之旨，无不备者，而其要则在于使学者知顺性命之理，正心修身，治国家天下，尽天地鬼神之宜，遂万物之性而已。然其言不一，其意难知。今欲闻太极以来至于天地鬼神之际与学者之所以顺性命之理，而正心修身者其要安在？至于国家天下者之其本末先后如何？尽天地鬼神之宜、遂万物之性者何方而可？此学者之务也，其勿务于虚词，而据经之言，以其远近大小微显之义、异同之说以对。

问：《书》曰：命夔典乐教胄子，直而温，宽而栗，柔而立，愿而恭，刚而无有虐，简而无有傲。又曰：神人以和，祖考来格。又曰：鸟兽跄跄，百兽率舞，凤皇来仪。《记》曰：国君无故不彻钟磬，士无故不彻琴瑟。又曰：功成作乐，事与时并，名与功偕。又曰：知礼乐之情者能作，识礼乐之文者能述。孔子曰：移风易俗，莫善于乐。今乐犹古乐也。夫礼乐刑政皆治天下之具，而有虞氏以来，教人者必本于乐，何也？其救人之性，使之直温宽栗柔立愿恭，而刚简者无虐与傲，是果何以哉？钟磬琴瑟无故则不彻，然则乐之急如是邪？功成作乐，事与时并，名与功偕，则乐者象功德而已。其使之风移而俗易，至于动天地、感鬼神，而及于飞走异类无知之物，莫不皆化，是出于至治之极，所感者如此，乐者文之而已邪？抑感之者非他，固独在于乐邪？如欲作礼乐，则其情之可考于古者何近？如欲述礼乐，则文之可用于今者何宜？孟子以谓今古之乐同者，其合于经邪？生其务极其意而各以经言。

问:《诗》之序曰:太平之君子能长育人材,则天下喜乐之。而《孟子》亦曰:得天下之英材而教育之,一乐也。今之君子有长育人材之势,而又能有其志者,固少矣。有其志而以士之难知也,进以文辞而不奉于理,则浮华以乱实、险怪以乱正者将有取焉,是不害于道邪?进之以行义而本于理,则繁礼而饰貌、好奇以诡众者将有取焉,是不害于道邪?夫育人材者固将长育成就人之材,以劝天下而移风俗也。今其害若是,知其溺于浮华之可患而宁进繁礼饰貌好奇之人,庶乎其有激,而幸乎其有实也,其可乎?抑其犹不可也乎?古之君子长育人材而能本于理者,其要如宜,具书以对。(以上均见《曾巩集·辑佚》)

刘 敞

送汝南张秘校及第后之官

从我陈蔡者,怜君不及门。青云期自致,鸣鹤果孤骞。仕道半纶重,及亲三釜尊。因声谢汝士,为喜月告存。(《全宋诗》卷四八〇)

俞氏甥及第后赴寿春尉立别

尔门大父行,俱是云霄人。诸孙自骏骨,高第复青春。试吏小山下,还家芳桂新。当成我宅相,宁肯滞埃尘。

舍弟及杨十七尊兄同年登科贺彦文

紫禁过从密,青云步武通。文章一朝盛,兄弟两家同。结绶轻萧育,忘年似孔融。相看各相喜,安得恨途穷。(以上均见《全宋诗》卷四八一)

张三馆有前岁赴举时题字处作

羁旅关东来献书,还曾题柱宿匡庐。自知不及相如健,重到曾无驾驷车。

暂怀印绶过家庭,车马骖骍去路轻。自为彩衣生意气,敢将昼锦比光荣。(《全宋诗》卷四九〇)

张氏杂义序

闽之举进士为特盛焉。自流寓他处,及占名数京师、入太学为胄子者，不数人。其举以乡里者，岁常不下六七百人，其众居天下五分之一。闽之进士可谓多矣！凡读书作文章被儒服，无不举进士者。（《全宋文》卷一二八五）

杂说

古者求士，先退让敦朴者，欲以励世矫俗也。士之应世求者，亦偃蹇自厚，而鄙小荣利。是以人怀廉约之心，俗长敦厚之风。若不得已而应聘效力，则谔然中立，以道进退。何则？其素所操持者不近势利也。故古者鲜患失之叹。今进士猥多，自十年以来，岁岁增益。州郡所举会于尚书者，常三千以上。若尽以为贤，是何贤之多也？虽《兔罝》之世，不能及此。必若不能尽贤，但启贪竞之心，开奔走之路，非朝廷之美也。又怀利干进，互相窥诋，发扬其短长。或携手扬袂，佻达傲荡，无复处士之态。习俗为常，不觉不禁，必复有西晋旷放狂谲之败。窃以谓：宜令州郡间岁举进士者，取其实行经学，试之如太学胄子。大郡三人，其次二人，其次一人，无则阙。京邑，四方所则，士之占籍多，可令五十人。余京或五人七人。其佻薄无行，皆摈斥勿收。如此，号为州郡举进士可矣，非进士自举也。夫自举之与人举之，所以厉世矫俗，岂可同日而语哉！今不惟进士自举而已，至于贤良方正亦自举也，岂不过乎？夫贤良，美称也；方正，善行也。古之当此名者，方将高卧潜处，不知羔雁、珪璧之聘三四至，而遂能起乎？今皆循循然窥颜色、求便利而进矣。争门龉指不足谕其情，侧肩攫金不足况其态，鼓腹自鬻不足比其羞，无乃其实与其名不相符哉！今世皆知高贤良于进士矣，不知贤良之害于俗甚于进士，何以言之耶？人有言曰："南城之泽有兔焉，可逐而取也。"彼闻之者，必争先致力焉。然其至也，必游手惰农耳。又有言曰："有鹿焉，可逐而取之也。"则不独游手惰农而后争之也，必将有舍业而往者矣，则兔小而鹿大故也。夫进士，兔也；贤良，鹿也。二者皆以动贪利之心，而贤良之所动者多，可不慎哉！故女以自媒为丑，士以自献为污。今朝廷使公卿大臣举贤良方正，则名实当矣。（《全宋文》卷一二九一）

王珪

依韵和景仁闻喜席上作兼呈司马君实内翰

奉诏华林事最荣，门前几度放门生。三朝遇主惟文翰，十榜传家有姓名自太平兴国以来，四世凡十榜登科。碧海蟠桃和露重，丹山雏凤入云清。诗书教子终须立，箧里黄金一顾轻予与景仁、君实皆有子登第。（《全宋诗》卷四九四）

司马光

送何万下第归蜀

十上终无就，才高定复论。清时守儒术，白首在丘园。远树隐残日，孤烟生暮村。扬鞭万里去，几许不销魂。

失意流年老，残春对夕阳。可堪临远道，更复举离觞。花柳已萧索，云山复渺茫。西风如有意，音信勿相忘。

闻龚伯建下第

文章真长物，堪叹又遗贤。利器空埋土，灵光久照天。赵锥犹未出，荆璧会须传。道在虽穷困，知君不慨然。

之美举进士寓京师此诗寄之

结发声华盛，无疑屈未伸。何妨久垂翅，从此欲惊人。鹰击天风壮，鹏飞海浪春。行当解故褐，不惜化京尘。

送高陟归金陵三举不登科，以好学孝弟闻于乡里

之子秣陵去，悠悠天堑东。帆开晓风疾，潮落夜江空。在昔才华盛，至今人物丰。山川气虽尽，龙虎势犹雄。卞玉已三献，齐禽会一冲。当令关下吏，洗目认终童。（以上均见《司马光集》卷六）

送龚章判官之卫州新及第

几砚昔年游，于今成十秋。松坚终发石，鱼变即辞流。近郡无飞檄，

清时不借筹。淇园春竹美，军宴日椎牛。(《司马光集》卷七)

亨杞下第作诗示之

清白君家旧，文章时态新。何妨偶蹉跌，未必遂沉沦。莫叹科名晚，惟忧道谊贫。进修专在己，得失尽由人。孝友亦为政，箪瓢足养亲。那将少年泪，容易辄伤春。(《司马光集》卷一二)

回状元第二第三先辈启

伏蒙某官，不以光之愚庸散贱，亲枉车骑，辱临其门，前之以启，以将盛意。恐悚愧懅，于兹未息。窃以取士之详，进贤之速，视古以来，宜无若今者。今天下之士举于其州，用不能而退者，十常七八。然后升之礼部，礼部又如之。然后升之天子之庭，天子临轩亲复之，又有退者。然后解其布衣而禄之。如此可不谓之取士之详欤？然其以魁杰秀异在殊级者，其视朝廷美官，若寓物褚中，不十年必取之，大抵皆至公卿。如此可不谓之进贤之速欤？取如是详，而能独为群士之先，则其才可知已；进如是速，而能不自隆贵，以礼于愚庸散贱之人，则其德可知已。才与德二者，议士之所先也，而皆有以过绝于人。光是用不敢私贺于左右，而贺于朝廷，贺于众庶，知其将得贤公卿，而有所瞻赖也。(《司马光集》卷五八)

苏　颂

送赵君权中归福唐兼呈陈季中

赵子抱经术，儒林挺孤秀。策足入上庠，高谊诸生右。秋闱再程文，怀宝不见售。京师首善地，翘然俊贤囿。朝廷举新诏，多士四方走。主司搜择艰，有如羿张彀。小善或不遗，宁当舍良茂？岂非绳准高，刀尺下难就。得丧不在己，自信非我疚。岁穷感亲心，倚门方远候。都亭谢知己，飘飘拂归袖。乐彼闽中幽，里中贤友旧。且复从其游，行义益充厚。道存贵有用，独善古所陋。明时无滞才，子行当勉懋。(《苏魏公文集》卷三)

议武举条贯

臣等昨奉敕差考试武举人，伏睹《条制》可未尽事理，今具起请如后：

一，策论、武艺俱优者为优等。今定弓射一石一斗力，马射八斗力各满，不破体及使马精熟。臣等窃以唐制定举人，简试长垛、马枪、步射穿札、翘关负重、身材，通取五次上者为及第。长垛以箭十只为限，弓用一石力，箭重六钱，以箭入晕多少为等第。长枪以刺中木人上版子为等第。步射取把捉如法，弓矢鸣快，并二十步内穿铁甲者为中等。马射弓七斗力，取射中鹿子者为等第。翘关者限十举以上，负米五石，行二十步为中等。身材长六尺为上，五尺八寸为次。其箭有不入晕，及枪、关不中等者，亦得通计折除。盖科目如此之众，较试如此之备，所以收取材武之人，缓急有可任使。今制但取箭满，不问中否，又无长枪、翘关负重、射札之科。诚虑举人中有材艺者，别无条目收录，较试之际，未免遗材。窃谓其余条目恐难卒复，惟射亲命中之法，于今取人最为要急。臣等欲乞于此条下添入：如有步射弓一石力，十箭俱上子垛，六箭以上入晕；马射八斗力，三箭俱中笋桩，并为艺优。步射十箭，八箭以上上子垛，四箭以上入晕；马射两箭中笋桩，为艺平。以上除发箭不去及不跌垛、出垛者便行黜退外，若箭去上垛，虽些小，不为不合格；并与马步射通计入晕，及不上子垛、不中笋桩箭数相折除考较外，依得今来所请射中箭数为入等。其垛子广狭、高下、远近，射帖方圆大小，并以今中军之制为定。

一，策优艺平者为次优。今定弓步射一石一斗力，马射八斗各满，但一事破体及使马生疏。臣等窃详：下条艺优策平，定步射一石力，马射七斗力各满，及使马精熟为次等。今策优艺平条，却无此一等弓马。设有策优，而射得此步射一石、马射七斗力弓马者，以条无明文，便行颁降为艺优策平，正相背盭。欲乞于此条下添入：或步射一石力，马射七斗力各满，及使马精熟，与前项陈请，射亲步射四箭以上入晕、马射两箭中笋桩者，并为优，互相考较。

一，艺优策平者为次等。今定弓步射一石力，马射七斗力各满及使马精熟。臣欲于此条更添入：或步射一石一斗力，马射八斗力各满，但一事破体及使马生疏者，与前项起请，射亲步射四箭以上入晕、马射两箭中笋桩者，并为次等，互相考定。

一，策艺俱平者为末等。今定弓步射一石力，马射七斗力各满，但一事破体及使马生疏。臣等窃详：上项所定弓马两等并以箭满为合格，其间或有前箭俱满,但后箭把齐便为不合格。如此,诚恐有武艺之人,偶然一箭蹉跌,便被黜落,深可悯惜。欲乞今后有射第一等弓马,箭有不满,非全然开拽不得者,如情愿更试第二等弓马,亦听。若合格,便依本等收录。及更与前项起请,射亲步射四箭以上入晕、马射两箭中笋桩,互相考定。

一,策略虽下而武艺绝伦者,未得黜落,别候取旨。今定弓射二石力,弩踏五石力射得。臣等欲乞于此条下更添入:或弓步射一石一斗力,十箭八箭以上入晕;弩踏三石力,射十箭俱入晕者,并为武艺绝伦,别奏取旨。

一,策下艺平或策平艺下者,并为不合格。臣等窃详:条意既言策下艺平或策平艺下者为不合格,是策优艺下、策下艺优者未为不合格。今两次考试,除武艺绝伦者自许陈状就试、别奏取旨外,其策优艺下者别无明文收录,是致一例退落。及策在下等者,既不关送步军司,其中虽有武艺之人,无由得预呈考试弓马。欲乞今后将所试策考定虽在下等、但非全然文理纰缪、不答所问、别引外事及杂犯不合格者,并许一例关试弓马。如弓马在优等、策虽在下等者,并许比其策在优等而量试武艺。步射、马射各只一箭不满,或把齐,附末等收录者,亦许别奏取旨。如此,则取士之路稍宽,而学习之人知所激劝也。(《苏魏公文集》卷一七)

送杨该下第序

取士之柄不专于有司,旧矣。今天下之为士而进取者以万计,为有司者,既不得素专其任,而与察其能否也。一旦当大比间,则杂沓群至。有司持尺度,糊其名以较其一日之艺。苟用其言合规矩、无甚高论者谓之中程,乃留以充选焉。虽其素所弗能,有司岂得而知之耶?士或恃卓越之才,不能委曲以尽一日之试,小有疵累,则以尺度去之。是昔之所恃者,有司亦不得而采之也。夫有司所恃取士之柄不专若是,将以罄天下之真儒实廉而举之,不亦戾乎!虽然,任其责者岂不欲进贤者而退不能者耶?而所取者非必尽贤,所去者非必尽不能,何耶?拘于尺度,而不得素专其任,以与察其能否之谓也。夫璠玙璗璆,世皆知其为难得之货,非砥石瓦砾比也。及混而置之,使皆能知其为宝者辨而异之,则真伪几判焉。虽甚疵衅,不足为累也。异于是者,必求其浑然无瑕慝,乃以为真。如此,物之果真者鲜不弃矣,又不幸而以璠璆为瓦石者有之矣,幸而以瓦石为璠璆者有之矣。彼物之精粗莹然易别也，而人之所取者犹若此之患。况乎英豪跅弛之士，杂然并进，有司不知其素之能否，其所举者特一日之艺，又求其浑然无累，则进退之间岂无幸不幸乎？得明有司焉，则于斯亦可几夫不失人矣。故今士之于进取也，不以得失厉于有司，盖知其得失者系夫幸不幸。若然，可谓志于道而能自信乎？吾友杨君唐彦，岂非斯人之徒欤！唐彦前此尝举进士于开封矣。是岁，四方之士毕集京师，其多不与常比。朝廷选擢有司，尤艰其人，今紫微吴公实任其柄焉。而唐彦与丹阳邵兴宗程文初中高第，以疵累不合程式，有司用制格不得留。又惧后之弗知者以谓不尽才也，于是首署二君名，揭于道曰："试考皆第一，以声病不预奏名。"方是时，试于公所者几数千人，仰公之鉴裁若龟鉴焉。以谓奏籍未上，而是二人者首被优异，虽名不在选中，而众皆以为必天下之士也。其后兴宗应诏科，奉廷对，又言边兵得失，擢居西州幕，非所谓天下之士乎？而唐彦再举进士，复不预名。当时之知者往往为之伤惜，以为有司之失人。唐彦处此，独恬然无芥蒂之意，复谓人曰："我之不逮邪！有司岂不明邪！不然，则吾时之未至也。吾将泛舟而东游于吴会，以就闲燕，而惇励吾志操以俟吾时。岂当戚戚于一得失哉?"士于是益知唐彦为志于道而自信者也，吴公昔为明有司而善鉴裁者也。而方今取士之制，拘以声病，非为能得人也，后之为有司者不必为不失贤也。(《苏魏公文集》卷六七)

曾祖知制诰，乾元节当任子，初奏必以子孙。祖父固辞，复劝二叔祖当励志科举，不当从门荫，两祖亦辞。曾祖大怒曰："尔既轻朝命，又教二弟。何也?"既而，曰："志气如此，可矣。但不可陷为轻薄。"竟奏第七叔祖。后先祖与二叔祖同赴廷试，二叔祖考中，首选杂犯，黜落。再举才中下科，复用荫换京秩。三叔祖曾获高荐，不第，亦从荫补。而祖父竟不授。(《苏魏公文集》附录一《魏公谭训》卷二)

富公常云："朝廷重科名，即得王文正、韩忠献、宋元献、李文定诸公；不重科名，则得章衡、罗恺、王俊民、刘辉。非但人事，亦是天时也。"(《苏魏公文集》附录一《魏公谭训》卷四)

祖宗时，进士甲科推恩无定制，据人才收用。陈尧咨状元，曾会第二人，皆直史馆，知大藩。陈，川人，得阆州；会，江南人，得宣州。而第三人才得职官。太宗朝状元王世则止得司理参军，后至枢密使。（《苏魏公文集》附录一《魏公谭训》卷一〇）

王安石

李璋下第

浩荡宫门白日开，君王高拱试群材。学如吾子何忧失，命属天公不可猜。意气未宜轻感慨，文章犹忌数悲哀。男儿独患无名尔，将相谁云有种哉？（《王荆公诗注补笺》卷三四）

宝应二三进士见送乞诗

少喜功名尽坦途，那知干世最崎岖。草庐有客歌《梁甫》，狗监无人荐《子虚》。解玩山川消积愤，静忘岁月赖群书。慚君枉盖如平昔，不笑谋生万事疏。（《王荆公诗注补笺》卷三七）

吴任道说应举时事

悬瓠城南陂水深，春泥满眼路岖嵚。独骑瘦马冲残雨，前伴茫茫不可寻。（《王荆公诗注补笺》卷四五）

取材

所谓文吏者，不徒苟尚文辞而已。必也通古今，习礼法，天文人事，政教更张，然后施之职事，则以详平政体，有大议论，使以古今参之是也。所谓诸生者，不独取训习句读而已。必也习典礼，明制度，臣主威仪，时政沿袭，然后施之职事，则以缘饰治道，有大议论，则以经术断之是也。以今准古，今之进士，古之文吏也；今之经学，古之儒生也。然其策进士，则但以章句声病，苟尚文辞，类皆小能者为之；策经学者，徒以记问为能，不责大义，类皆蒙鄙者能之。使通才之人，或见赘于时；高世之士，或见排于俗。故属文者至相戒曰："涉猎可为也，诬艳可尚也，于政事何为哉？"守经者曰："传写可为也，诵习可勤也，于义理何取哉？"故其父兄勖其子弟，师长勖其门人,相为浮艳之作,以追时好而取世资也。何哉?其取舍好尚如此,所习不得不然也。若此之类,而当擢之职位,历之仕途。一旦国家有大议论,立辟雍明堂,损益礼制,更著律令,决谳疑狱,彼恶能以详平政体,缘饰治道,以古今参之,以经术断之哉?是必唯唯而已。《文中子》曰:"文乎文乎,苟作云乎哉?必也贯乎道。学乎学乎,博诵云乎哉?必也济乎义。"故才之不可苟取也久矣。必若差别类能,宜少依汉之笺奏家法之义。策进士者,若曰邦家之大计何先,治人之要务何急,政教之利害何大,安边之计策何出,使之以时务之所宜言之,不直以章句声病累其心。策经学者,宜曰礼乐之损益何宜,天地之变化何如,礼器之制度何尚,各传经义以对,不独以记问传写为能。然后,署之甲乙以升黜之,庶其取舍之鉴灼于目前,是岂恶有用而事无用,辞逸而就劳哉?故学者不习无用之言,则业专而修矣;一心治道,则习贯而入矣。若此之类,施之朝廷,用之牧民,何向而不利哉?其他限年之议,亦无取矣。(《全宋文》卷一四〇五)

郑　獬

樊秀才下第

平时爱子多集句,此日金刀得翦裁。自谓罗中先得隽,岂知天外已遗才。炉开遂失黄金矿,石划犹藏白玉杯。独倚西风倍惆怅,却忧车马到门来。(《全宋诗》卷五八四)

强　至

送粹中赴举

朔风搅疏林,短日寒无晖。有客气轩昂,束书赴礼闱。行橐虽云轻,满抱藏珠玑。出以售春官,善价其可希。骨肉送出门,稚子犹牵衣。我为举别觞,一言庶不违。京师足纷华,慎勿事轻肥。白首有双亲,待子得官归。(《全宋诗》卷五八八)

送裴光世赴举

光世出门头懒回,身将西去犯斗魁。风云自系鹏鹄健,里道正为骅骝开。忆初乡赋选主司,数州侧脑听外台。一朝吾乡腾荐口,姓名喜得丁与裴。笔摇试席动千指，匠精反愧木尽材。六人既拔里中杰，黑白自可消怨猜。君名稍稍近人底，岂是天意激后来。主司南宫顷第一，又尝礼部预拣才。颇伤辞律变新进，怪僻一鼓波遂颓。既而移书六人者，历数文弊有可哀。且言文章贵体要，试格尤要合准裁。六人既拜主司教，青云捷路知力推。方今最曰场屋公，实艺可进那用媒。君胸二纪富珍蕴，每向纸上挥琼瑰。挂名省壁定显赫，续取科第仍崔嵬。明年跃马游街尘，请君饮干临别杯。（《全宋诗》卷五八九）

因访杨公济，遂同步野夫家省其母，野夫时就试南宫

马系扬雄宅，门过孟母邻。升堂予独拜，同井子兼亲。万卷先生富，千金旧产贫。早将安稳字，去慰杏园春。

刘叔茂及第后往广德拜亲，过吴江新治

今岁同升客，如君有几人。青年登一第，白首具双亲。喜气生军垒，欢迎聚邑民。诸兄在天禄，勉去继清尘。（以上均见《全宋诗》卷五九〇）

送施野夫赴举

胸中六籍收高谊，手抚辞章应礼闱。不饮故人相别酒，恐沾寿母自缝衣。吴河击棹开深冻，汴日迎鞭弄短晖。四十明年方得仕，平生未与古人违。（《全宋诗》卷五九三）

送王敏夫判官赴举京师韩魏公婿

郄公门下识羲之，风骨无尘耸秀姿。壮气海鲲翻碧浪，逸才天马脱金羁。旋凭辞律趋明试，首听文衡中有司。太学旧游应刮目，青衫事业盛当时。

闻参政王侍郎令子著作登第复除崇文校书

宫壶移刻对延英，文帝从容问贾生。儒馆旋承恩诏入，士林尤说御批荣。丹山凤出宁无种，沧海鹏抟遂有程。渐待青毡归旧物，区区羲献漫家声。（以上均见《全宋诗》卷五九五）

送史正孚

再提试笔入南宫，落纸文章近更工。一第声名光昼日，十年意绪散春风。眼惊梁苑花枝静，心豁秦川酒盏空。材大莫嫌关赋冗，青云知己有诸公。

紫微舍人宋公爱子侄三人同日得第，作诗以纪盛美二首

君王亲策集英年，始信常山子侄贤。白昼相将金榜上，紫微三谢玉阶前。衣冠近事尤为盛，阀阅清芬愈可传。马跃春风归里巷，芦花争看一行鞭。

君王赐第御灵和，兄弟同时捷隽科。名占风雷三级遍，恩沾雨露一门多。衣冠盛事喧金榜，里巷荣归缀玉珂。他日凤池须接翼，侍中阴德有余波。（以上均见《全宋诗》卷五九六）

送朱元弼主簿登第后还乡

簿领非吾事，儒林物议间。谈经泮宫水，校籍道家山。职业才相称，尘劳岂素娴。官期慵屈指，亲侧且承颜。楚岸维齐舫，扬州入故关。时人荣昼锦，洗眼看南还。（《全宋诗》卷五九七）

闻马公节裴光世别头入试偶成

忆昔丁年力战文，旁吞强敌若无人。乡书果在诸生上，二子今谁蹑后尘？（《全宋诗》卷五九八）

贺发运金部赐进士出身书

伏睹邸报，主上以进士赐执事出身。大哉！朝廷此举其有意于教化哉！昔成周以事、言、德三者升造士之秀，进而官诸位，其养之有素，考之以实，故所得皆良材。今有司乃以声病俪偶为法度，进者又猝然而聚。苟能以曼辞丽句中程品，则决科第如拾芥。虽三代之文，有一不与法度合，弃不复顾。以是，执事用高文大笔，尝试于有司，而辄屈焉。亦曰："以言取人，其失之远。"今朝廷能知执事文章事业所施者大，彼有司法度乌足较其万一，直以此科赐执事。天下有道之士如执事者，知文章事业能屈于有司，而朝廷不能屈，益高其为人矣。噫！成周之制稍行今日，则三代之士有为时而出者。某故曰：朝廷此举其有意于教化哉！延颈麾下，不任抃贺之至。不宣。(《全宋文》卷一四四三)

试京兆府学生策问八道

问：让者，天下之美道，所以息忮心而长廉节也。处夫上者或为之先，在下者阴从以效。今公卿大臣间，旦受一命焉，暮必让；让至于三四，不听，则必就。噫！果可让也，奚三四而遂止，虽百十犹为之，必听焉而后已；其不可让而让也，是率天下以伪也。其从而效者，皆伪道也。望忮心之息，廉节之长，难乎矣！今之让，可行耶不可？

问：肉刑之刑惨也，后世悯其体肤之断而去之。然罪有大于髡、黥者，遂无等以处置，一加而至于死。于戏！断者诚不可续，较死不犹近轻乎？若是，变肉刑之惨而反重之，岂法之得？就惨与重，奚适而可？

问：《记》曰："君子行礼，不求变俗。"夫不求变俗固也。俗固有美恶，又可概而不之变乎？如是，则固简者得藉以为说，睹恶俗而恬不一变焉。将驱其俗以就吾礼，又虑夫安于故习有不得已而就焉者，非中心乐而成变也。君子之于礼，如何为可行？愿以闻其说。

问：战，危事也。虽机变百出，或鲜克以济。方长勺之役，曹刿问庄公："何以战？"公曰："小大之狱，虽不能察，必以情。"刿曰："可以一战。"噫！矢石既接，敌者在望，驱生人而就死地，而曰我察狱能以情，可使之一战必克乎？刿之言，偶取于当时耶？遂可以为后世用兵之术耶？

问：昔者洚水泛滥，蛇龙交人之迹，禹导而行诸地中，然后九川以浚，而中国得以食。河自金堤之役兴，其故道迁而横流肆者，后世不绝。今濒河之地，或种不得下。有既耕殆获而随被水害者，无虚岁。欲顺其性而从其所自流，则有毁城坏亩之患；将坚其防以御之，然水行地上，不决则溢，未见其可御也。讲河策者，必有长利。

问:孟子对齐宣王,以为:“明堂者,王者之堂。欲行王政,则勿毁。”噫!圣人之君世,其道德仁义,凡可以为治者莫不讲,鳏寡孤独莫不皆有养。虽无是堂,王政可勿行乎?苟偃然自得于九重之上,弗讲其所以独治之具,而施仁弗先夫四者,又可以行王政乎?若是,王政之行否果系一堂之存毁乎否也?既曰“王者之堂”矣,于齐焉得有诸?轲之旨安在?诸君试辨之。

问:《书》称:鲧陻洪水,汩陈其五行,帝乃震怒,弗畀洪范九畴,乃锡禹。噫!天高乎在上,将睹其赫然震威以怒鲧,又谆谆然有所命以锡禹耶?不然,岂箕子之言过耶?抑禹得九畴,其取以治水者果何法耶?及夫决天下之水而注之海,然后任九州之土以定贡。彼八州者,先田后赋,莫不皆有贡,而冀独反是,何耶?

问:夫子曰:“吾四十而不惑。”孟子曰:“四十不动心。”有以异乎?苟无以异也,是二者圣贤少时何不能,必待四十而后可?孟子以为颜渊具体而微,且渊也短命,是未尝至四十也。苟不至夫子之年已不惑,则过圣人远已,乌在其微也?若犹未也,既未能无惑,其于圣人之道有不足者矣,乌在其能具体也?诸君为辨之。

试德州进士策问二道

问:儒苟名则已,必欲蹈其实,而不心乎治乱之原,未见其能儒也。自古皆有治,亦莫不有乱。治乱之来,非天降地出,直根夫君臣得失之归尔。若二帝三王之盛,有治而无乱,不待讲而白,孤秦、五季又无足道者。由汉以迄于唐,其间有欲治之君,而无治臣;或臣得矣,而君失之于上。与夫君臣一德,号为至治之极者,此宜就诸君以考也。其历代史籍之载,各按往古以对,庶睹儒者之用心。

问:盐于海利为最巨,欲利一于上而绝下之侵也,故防峻而网逾密。自窃鬻私贩之弊兴,而愚民俱入于罪。甚者,或转而为盗,至制梃以杀捕,间入死法而不知止。何利之诱人也如是!议者欲天下通行而商焉,则又官之所得才关市之算尔。是刑罚可省,而利入或无几。噫!通行伤

官，禁止害私。害私滋刑，伤官耗利，若之何其可也？（以上均见《全宋文》卷一四五四）

刘 攽

送郑五下第西归

万里河西路，怜君徒步归。游人并塞少，落叶待霜飞。相得不恨晚，知音深谓稀。壮心须慷慨，勿学泪沾衣。（《全宋诗》卷六〇七）

刘九经年十八及第

白首儒先困一经，此君年少独声名。早知刘氏无蚩者，深信宣尼畏后生。贾谊尚为门下掾，终军仍许出关行。限年选举今留滞，跃马赢粮见子情。（《全宋诗》卷六一一）

周橦兄弟得解寄王教授察推

今秋乡里荐贤书，年少周郎智有余。全得凤毛增意气，正联鸿翼上空虚。汝南月旦评无愧，诸老先生谢不如。衰白惭居丈人行，长风犹欲助吹嘘。（《全宋诗》卷六一二）

闻王深甫下第

骅骝历块误颠蹶，卞子抱璞空归来。天下何会识琬琰，市人空复尚驽骀。（《全宋诗》卷六一五）

陈舜俞

回举人谢解启

某启：伏承秀才即先辈出应新书，荣居茂选。以某缪尝奉檄，来预程文，觏雅俗之盛仪，副长笺而枉谢。犹之蕴玉，既幸荣观；复此摘华，何胜被服！礼意交至，感愧相并。伫听茅征，终符柏悦。（《全宋文》卷一五三六）

治说四·说士

说曰：古之士，其学也为己，其仕也为道。为己者在我，其为善也无所不勉；为道者在命，故贫而乐，贱而自安。彼其于世未尝有求，而求之者人也。今之士，其学也为人，其仕也为利。为人者在人，故其为善也无常心；为利者不知命，其于得失也皆蔽，皇皇然常恐求之不逮也。贫者必求自富，贱者必求自贵，晦者必求自白，穷者必求自达。天下如是，行谊无复立，廉耻无复自贵。是以明王之治天下，使学者莫不为己，而仕者皆为道，然后天下可得而治也。天下之器，或量乎大，或量乎小。以五斗之受，较天下之器，则受钧石者弃而不用。天下之木，或分乎长，或分乎短。以十寻之度，度天下之木，则千尺者无所材。夫天下之士，有不齐之器，有不可一较之材。而求者持一人之度量去取之，其旷职而失士也必矣。故《诗》曰："瓶之罄矣，维罍之耻。"言取小而遗大也。故明王用人之仁，不求其勇；用人之智，不考其信；用人之言，不较其德。故《诗》曰："采葑采菲，无以下体。"言明王收士如此之博也。明王之士，宾于乡，齿于学，材于官，廪于位，皆不待其求而人求之。又其博如此，故士得习为无求，其进无苟道，官必称，事必举，而民用赖。今夫不采其长，不用其实，较天下之士，以言语为度量。古之言也经，其赋也史，犹可以通天下之事业，犹足以得多闻博达之类。今之言唯是声病工拙，有司持以为度量，以待天下之士。天下之士，不求则不闻，不自进则不合，不达于有司则又弃之。盖有英雄魁垒之人，宁自贫贱，不诎于俯就而自试者矣。若是人者，上固无科以求之，故士习为自求，其进未必贤。不材其官，不事其事，而民不被其泽矣。古之人未必皆贤，今之人未必皆不贤；古之进未必皆恬，今之进未必皆不恬，由上不为愧厉之道，天下相习而成风也。古之人，上既求之，言不听，谏不从，遇之不以礼，则悠然而逝。岂若今俛首求信于有司耶！夫士不待其求而进，故众以滥。计者不探其源而止其流，仕以岁月为资，而每进又责之保任，然后得一命、加一级。夫保任者非问贤否，徒以上举下，大官荐小官，其人未必尽贤。其自致于为上也，未尝无求，而视人之于己，乃谓不能无尔。非有胁肩顺指之人，交亲贵势之阶，货利力役之奉，不惟不得其举，将恐逭罪戾之不暇。呜呼！保任者，兹所以殴天下之士相与为利也！其蹈道自信、韬光不耀之人，宜不在其选矣。鹓雏非竹实不食，非醴泉不饮，况肯下侪鸱鸢而争腐鼠乎！以今科条岁增，举路日广，然进士不脱乎声病，科目犹规于名数，经术必贵乎训诂。此数者，皆徒能待中材之人望于利禄者。奈何将有非常之材，不试之业，耕莘钓渭之贤，漆园柱下之吏，不为世俗之事，朝廷且不为殊科以求之，夫安得不遗斯人之徒乎！故《诗》曰："皎皎白驹，在彼空谷。"言贤者有以隐处也。士者，天下所以系，而治乱王霸之路也。今徒得中材习俗之人而用之，岂朝廷之利也？诚能科试之外，间发明诏，并访遗逸，待以不次。使天下之士，高材独行，尝有不求闻达而朝廷求之者，则庶乎行义立而士厉矣。臣愚不佞，故为《士说》。

(《全宋文》卷一五四三)

王安国

举士

朝廷间岁下诏，自进士等而至明法，听其以状来谒，既贡于乡，而礼部又加之以升黜，然后第之于廷。公相百执之选，概出于此。而臣愚窃敢议其不然者。夫待之无其礼，则不足以养有耻之俗；取之无其实，则不足以得可用之才。其进也，未尝知其行于畴昔，而一日使之，更相保任贤否，于以类致，则保任之不足恃也，固可知矣。惰游苟贱，见弃于闾巷，而得与豪杰之士驰骋上下。有司以一吏谁何于前，而擎跽俯伏，听命于后。其试也，守之以吏卒，而讥诃搜索，恣所欲陵。有司以其混淆而不欲宽以绳墨，率以谓上无求于彼，而彼有利于仕也，待之以此足矣。彼习于耳目之久，而既仕之后，其能攖以廉耻，而不侥幸声利乎？所谓诗赋、策论、章句、律令之艺，不足以为天下之用，而徒以弊学者精锐之志。限以礼部之格，而可否出于数人之断。设尽如其格，固不足善，又况取舍未能无缪于好恶乎？古之人陈力就列，不能者止。今之人常患乎好自私也，为有司者，未闻自以不能求止者，于是宜有幸得之士也。彼既幸矣，一日必任有司，而好其类者能勿取乎？此所以溃溃然不知劝沮，而无以抑其来也。又所谓贤良茂才之学，其敝尤甚者。自六经、史氏、百子之说，而兼之以传注，乖离精粗，无所不记，然后能应有司之问。虽使聪明捷敏之姿，而所阅如此之博，则理必不能深探熟考，以得圣贤之意。虽无声病之拘牵，而擿抉名数，难其中选。未尝试其一言之效，而卒所以得者，不过善其记问文辞而已。此推恩与进士之上第者，皆计日以致高位。朝廷患其然也，故稍裁之。虽徒能见于比，而其敝有不尽革者，此臣之所未谕也。议者方且谓：

今贤不乏于朝廷，而其法亦足以得人矣，何必易哉？孰知夫此盖得于万一之幸尔，以今天下选用之不一，而任事者常患乎不学也。昔郑以尹何为邑，而子产卒不之与，曰："学而后入政，未闻以政学也。"彼以一邑，而犹不可以用不学之人，又况任有大于此者乎？诗赋、章句、律令，非古之所谓学也，徒可以求举于今尔。施之行治，而茫然如未尝阅书也。虽策论稍异于此，然亦取辞而已。且设法欲四方万里之材，一切无所遗逸，以今观之，其能无所遗逸乎？臣固知其不能也。其甚则患夫有道德者，往往耻于求举而黾勉以为，贫者又多困于不售。夫不售者，古以为有司之罪，而今之操升黜者反咨嗟叹息，以为彼有所制，而吾亦无如之何。为天下而使有道德者耻不愿仕，有司不得行其志而归之于命，然则法之弊也，可谓极矣。幸今君圣臣贤，一时之盛，能相与博尽群臣之谋，而究极其本，又何患乎不可革哉！臣以为宜使为进士者，人占二经，策以古今之治乱，而使传经以对，反复于一二日，而用此易其诗赋。贤良茂才宜罢勿试。敕近臣得荐士之材行尤异者，聚之京师，而数使豫朝廷之议论。实可用则宠之官，卓荦者待以台阁之选，而其下则使内外之官辟为其属。如不称所闻，则坐其荐者。律令之学可废勿举。学究则去其贴经墨义，而责以大旨，不必规规然蔽于传注也。此庶几得可用之材矣。而欲养之以廉耻而使其不自列也，则宜敕内外设学校，而士无不学于其中，则任事者可以察其行，而不必使之类相保任也。此固未足以为成法于万世，然朝廷能继之以悃悃不倦之意，而讨论已熟，为之以渐，则三代之法，自此有不复者乎！在君臣之际，力行何如尔。(《全宋文》卷一五八六)

沈 遘

送刘定下第

六科收贤才，所得岂非真。奈何如刘子，反尔弃若沦。众颇为我嗟，我斯自能信。言也尚莫知，行之得无讱。谢去不复顾，所重非吾身。孝友且为政，况兹有民人。广陵昔富都，今已空残甚。行矣思自强，公卿皆子任。

送诸进士赴试礼部

吾州号多士，今兹见诸生。自非中正旧，焉识乡里评？但喜后来秀，纷若春华荣。高会存故事，工歌追鹿鸣。劝酬皆嘉宾，杂奏瑟与笙。何以为子赠，赠子毋骄盈。一献未足信，要之观厥成。行矣其自厉，倾耳闻吉声。（以上均见《全宋诗》卷六二九）

诫励贡士敦尚行实诏

朕上稽三代，下监汉唐，设为选举之法，以进天下之士。数诏执事，更定其制，维恐不尽。又使天下兴建学校，自京师，所以长育人材，惟恐不至。朕之于选举可谓勤矣。然比岁以来，士之进于有司者，益不及于前时。乡非无学也，而莫从；学非无师也，而莫事。读书者弃其实，为文者取其华。群居燕处，则不闻仁义之谈；杂进并趋，则不闻礼让之节。一旦较之于利害之途，欲其有古人之风，不可得矣。然而遂论之以充吾之列位，而以治民成化，其可望乎？呜呼！凡尔守令师帅官，吾所以共治天下者也，岂不念此！今吾将重申之。夫自治者能治人，不自治者治于人。高爵重禄，所以待天下之贤也，然岂直欲宠其一身哉？将欲以治吾民尔。今不能自进其德，修其业，乃欲睹吾之高爵重禄，亦以难矣。凡尔守令师帅之官，其皆告尔之士民以朕之诏，使各自进于此。毋怠！毋忽！毋重有前日之弊！凡贡之于朝者，必得名称其实，材充于举，斯可矣。苟缪于此，国有常宪，朕不得私！（《全宋文》卷一六一九）

特奏名进士诸科可并逐州长史文学制

敕某等：朕既以延天下之士试于廷，而赐甲乙之第矣；又念尔等易农而学，应书躬策，至于历年且老，而无所成其名，甚可愍也。故命有司条上，复之于前，均赐一命，参佐州服，以为尔宠。往哉祗省，知我之仁！可。（《全宋文》卷一六二二）

代人奏请更定科场约束状

伏以选士之法，自古论之，莫不以行为先，艺次之。盖行本也，艺末也。取其本而遗其末，可也；未有取其末而遗其本也者。古之所谓艺者，皆可用之实，尚且谓之末；今之所谓艺者，皆无用之具，乃专以为辨论之法，甚亡谓也。然国家用进士一路以取士，百年矣。英才异能得之不为少,而失之亦已多。何也?盖其制之有弊而不革者尔。夫进士之法,固不可以卒变。古者不变法而治,盖能因其法以通之也。臣窃见天下州郡发解,旧有封弥、誊录之制,近又有考试官不得与长吏相见之令。夫州郡发解,亦古所谓乡举里选也。其任在郡守县令,先察其行,乃试其艺。行修而艺或不至,举之可也;行亏而艺或可观,不举可也。故律有贡举非其人之法甚重。今则不然。凡有籍于版者,皆聚之使试。既试,则削其名,易其书,漫不知其谁何。徒以雕篆之敝法,考无用之空文。敦朴俊茂,不幸而小不如其法度,则一皆黜之;庸污浅陋,幸而仅不失其法度,则一皆取之。守令之任,无所尸责;律令之设,是为虚文。豪杰老成,则转弃于下;剽薄后进,则冯凌于上。风流不支,日愈一日,甚非国家选贤官材之本意也。此盖当时建议者务为苛细,以希一时,固不及知天下之大公,国家之远体矣。臣窃谓今朝廷方议更定取士之制,宜因罢去天下州郡发解封弥、誊录,及试官不得与长吏相见之令,别为约束,使长吏与试官精加询察,依格考定。必得学行兼备,名实相副,为众所推者,即许解送。如有背公徇私、去留不允者,并许论告,即行推劾论罪如律。所告虚者,重行科断,永不得入科场。仍令刺举之官严加觉察,务尽公议。如此,则材能悉收,而野无遗逸。滥幸既革,而士知修饰,又以示天下之大公,明国家之远体,以为后世之法。(《全宋文》卷一六二四)

徐积

送慎彦邻赴举

天子诏多士,喜君为此行。美璞必三献,大禽终一鸣。

赠探花郎

探花车骑似游龙,未入桃园先阆风。衫上十分新染翠,衣间一点半开红。身如骥子无双俊,人报鳌山第几宫?便是醉仙何处去,上林园在五云中。(以上均见《全宋诗》卷六五一)

吕陶

回新及第先辈启

伏审发策中程,疏恩唱第,副士林之清议,耸乡社之乐观。窃以经术取人，重本原于数路；文章适用，逢亨会于一时。推之风俗，则朝廷由道德以混同；言之禄仕，则君子安义命以登进。所求不苟，其得尤难。恭惟新恩先辈，问学该深，操修纯洁。登英华而饬己，揭坊表以宪时。力少德多，非特效儒流之博；实先名后，宜然致人爵之隆。自此显途，期于异日，偶缘晚莅，适会昼归。县弩相迎，遐想古风之如在；使邮垂贶，遽烦礼好之过隆。(《净德集》卷一二)

和陈图南州学石柱题名之作三首

方柱镌题谁厌频，三年还见一番新。姓名已载推前达，行列犹虚待后人。清世云霄如坦道，壮夫思虑惜青春。琼瑶定得连城价，至鉴从来不贵珉。

雁塔题名故事存，泮宫镌柱又增新。十行诏下方求士，千佛经中定有人。锦绣磷斌涪水昼，风雷变化集英春。公卿皆向此途出，岂待区区佩瓀珉。

匠氏磨砻用力勤，先生序引亦清新。尺书已报泥金帖，丹字仍题衣锦人。桂籍共夸亨有路，泮林无倦诵于春。东川素与西川敌，又见荣名上翠珉。原注：父老谓东川不在西川下，事事同之。昔田宣简镇成都，始建大柱于石壁之西，刻进士登科者榜曰“荣名堂”。今郡学之柱亦其类也。

和知府右丞秋贡燕士席上所赋

应书群彦称旁求，劝驾贤公礼数优。名出士林当赫赫，诗歌鹿野自呦呦。云霄去路程皆远，杞梓良材干尽修。登却龙门须变化，夺标人已在船头。

和鹿鸣燕进士二首

石室宏开化二川，文场今岁不遗贤。莺凭暖律方迁木，鹤遇祥云必到天。随贡充庭知有路，乘风破浪去如船。龙墀唱第程途近，应在春余数日前。

里有宾兴方启燕，诗称乐育愿升歌。英才尽向师门出，贵器须凭匠手磋。泽射定夸杨叶箭，乡衣便促锦机梭。诸生大捷诸公赐，先纪王勋后战

多。(以上均见《净德集》卷三四)

沈　括

回新及第人启

右,某启:伏审光被褒闻,起膺宾纳。上求道学裕问之与处,士非安宅美志而不居。得古人之甚难,回弊习于一日。久虚愿治之意,以待成材之兴。在睿简之所先,皆论笃之素与。方私承问之可幸,敢卜绍介之见先。猥屈御人,已怀重意之虚委;往□门下,尚宠拜嘉之为荣。祇荷临存,敢忘佩服。(《全宋文》卷一六八七)

蒋之奇

鹿鸣宴

公辅产日南,九龄起韶阳。早知朱泚反,预识胡雏狂。(《全宋诗》卷六八八)

王　令

送李公安赴举

行子冠上尘,梁宋道傍土。尘逐冠敝损,人来还复去。马蹄日月长,踏尽西北路。近者何纷纷,姿状颇秀举。传言天子诏,士得四方赴。来如鹊翅翻,去若蝇头聚。市儿屈指计,过百日未暮。昔周方盛时,得士才十数。唐虞此为盛,中复容女妇。昔何称才难,今也宁异趣。但恐所取异,今古殊尺度。夫君乃高才,久有及物虑。今又奋绝去,挺拔欲自树。余穷非所知,久有山林素。但无百亩粟,乃就群才赋。仕道得亦嗟,困穷失为惧。二者各有命,予亦何所与。(《全宋诗》卷六九六)

送曹杜赴试礼部

霜风琅琅鸣鼓鼙,鸟寒夜噪树折枝。居者不出行者归,厩马解衔车弃脂。长河夜冰船就维,百贾晏起朝闭扉。为问当今行者谁,出门千里到何处?母送拊背父叹嘻,儿惜欲去哭挽衣。上马反顾纷涕洟,非所愿欲去何为？家虽有田丰岁稀，所得偿公不及私。况望膻芗事庭闱，结发从学今十期。始自有志徇孔姬，岂愿从世成依违。高堂华发纡素丝，暮年待子为光辉。望我日久莫报之，苟得一笑辱弗辞。况望三釜家无饥，吾于二子久所知。怪其才高所就卑，今乃语此诚可思。近闻天子变典彝，欲拨旧况收新奇。子行出仕适其期，骅骝得路无衔羁。罢酒行矣无自迟，去取天宠酬亲慈。(《全宋诗》卷六九七)

赠周伯玉下第

京尘漠无聊，客书闻报罢。拔身众人后，载水千里下。微装困无余，归马剧连跨。邈无失时叹，抗举与俗谢。但言废文学，从今益休暇。诗书得穷搜，朋友可邀迓。如解万里骏，脱去衔轭驾。虽时念亲贫，叹息忽自咤。已如婴儿啼，心在声不嗄。悲乐于俗异，使我喜失诧。吾闻百年生，暂就天地舍。中间有逢遇，穷达何足讶。譬之适时运，寒暑变冬夏。炎凉忽焉殊，裘葛代相藉。于身亦何预，时与外物借。尝闻庄生言，中不怛外化。逢鸡就知时，遇弹因求炙。况持身售人，五羖岂真价。士材嫌易知，女好固择嫁。勉之时我过，酒贱衣可贳。(《全宋诗》卷六九九)

送钱公辅赴举

广庭簪绂立差肩，黼坐雍容第众贤。士得采衣如昼锦，人瞻归马若天仙。况提巨笔乘时出，应有高文与世传。我久疏慵无壮思，聊倾病耳待江边。(《全宋诗》卷七〇四)

沈　辽

唁下第

时去亦可惜，浩然若沧溟。平生穷古学，老大困新经。君抱松竹操，余无龟筮灵。相看故眼在，惟有遥山青。(《全宋诗》卷七一八)

奉送志国赴举

青溪八月菰蒲老，山城飘潇秋气早。弄水亭前万斛船，一帆直上青云杪。沄川公子久论讨，管库卑栖欲轻矫。阿阁凤雏谁不知，渥洼龙种人间少。拔荐当如颔下髭,收科真探怀中宝。人生得意须自奋,何用米盐长扰扰。齐山病夫乐枯槁,相见清欢惭老倒。它时不忘金玉音,为记云巢高缥缈。(《全宋诗》卷七二〇)

韦 骧

试罢

沓沓纷袍去,寥寥锁院中。云收晴野旷,潮卷夜江空。难尽文章鉴,终输议论公。敢辞淹旦暮,归翼尚羁笼。(《全宋诗》卷七二九)

和赵达夫元夕礼闱锁宿

元宵锁宿礼闱清,春意寒威两战争。月照楼台疑昼景,风传车马讶雷声。蹉跎自愧青云志,勤苦须怜皓首生。勿叹拘挛度良夕,共开精鉴选经明。

次韵杨久中将试进士

双扉尽日关,旧观恍然还。进士将纷集,经生且暂闲。较材归俊杰,兀坐属疏顽。远想驹空谷,移文愧北山。

又和锁宿即事

金门拜敕望严宸,禁陌联镳傍早春。此日贡闱身亦与,昔年文阵意如新。为僚况偶群英集,投隙何妨雅论频。共念残科多滞士,归期缓指甲申旬。

次韵和吴子友贡院作

晓跃骅骝紫禁开,诏音不许少淹回。斜鞭忽过天街柳,曳履还侵佛阁苔。昼幕四垂如近汉,夜灯相比似占台。会将精识抡荆璞,当有孚尹应手来。(以上均见《全宋诗》卷七三一)

登科

先世曾夸尺五天,后来苗裔独萧然。可怜三十三年内,科第唯吾父子传。

青云意气已参差，白发精神只自嗤。喜汝登科年尚少，好摅事业趁明时。（《全宋诗》卷七三二）

代人谢及第

淡榜载扬，窃尘精选，涣恩就擢，深愧非材。宜黜而收，以荣为惧。伏以国家养完士类，辟雍尊建师儒，恢张三舍之规，延聚四方之隽。崇渊微诣理之学，斥破碎不经之文。有升补以激其能，有考察以砥其怠。欲观其久，则岁月以限；必惩其甚，则殿罚以终。盖诱之掖之，使成君子之器；则或出或处，尽冒圣人之风。宜其诏举一传，计偕四集，独此群彦，取先万邦。多造道自得之伦，绝异端斯害之党。曳袍即席，气凌风云；涉笔吐奇，妙入神化。极天人之精祲，穷治乱之本源。莫非瑰玮之资，足副英雄之彀。傥不然者，何其与焉？岂铢铢之称，而不免于差；岂一一之歙，而或容其滥。如某也，降才非颖，厉志自强。勉勉箕裘之睎，拳拳《诗》《礼》之训。两由乡举，一预荐书。虽得失不足以动心，而智慧莫谐于乘势。因治任于千里，幸占籍于上庠。偃然乐育之间，期于深造而已。年弥加而意弥笃，学愈久而业愈疏。适偶设科之求，忘图发策之决。伤弓倦翮，易生曲木之惊；再战疲兵，徒有焚舟之誓。与诸生而并进，角一日之所长。潜分罢归，敢希偶中。致此策名之及，讵无援己之缘。此盖伏遇某官，开发圣经，主张吾道。从容不倦之诲，裨益有为之时。变愚而明，化驳而粹。故使寡闻之迹，亦叨赐第之光。敢不勉所未能，至其不逮！用扩良心之蕴，永坚大节之端。仰答生成，次酬教育。置此而语，罔知所裁。（《全宋文》卷一七七二）

谢新及第状元以下十八人启

右，某伏审冀陛胪传，桂科魁选，声华籍甚，中外翕然余云："唱第枫宸，飞名桂籍。声华霭著，中外翕然。"。窃以新恩状元先辈，行谊出伦，文章根道。射策吐胸中之蕴，程能冠天下之材余云："决科高天下之材。"。舆论一时，方骇飞鸣之异；层霄万里，伫观事业之光。念展庆以未遑，辱长笺之先及。感惭弥切，敷叙奚周云云。（《全宋文》卷一七七三）

《回新及第石少府》：右，某伏审拜命枫宸，策名桂籍，窃惟庆慰。某官天资粹美，儒学渊通，蕴志操以自成，猎荣华而俯拾。未遑修庆，先辱长笺，感佩所深，敷陈罔既。谨奉状贺，兼谢。（《全宋文》卷一七六九）

方　泽

鹿鸣宴

嘉鱼罩罩，乃邦家得贤之秋；鸣鹿呦呦，是郡国燕宾之日。矧樵川之丰壤，据闽粤之上游。台耸熙春，瞰万家之楼阁；堂高斯美，环千里之江山。地胜才雄，人繁物富。佩儒服者，数溢诸郡；名天下者，世有异人。视草玉堂，把鳌头之管辖；较文金殿，夺龙首之香标。况承六圣之升平，复启千龄之景运。下万方之诏，循三载之规。乡大夫兴能，郡太守劝驾。恭惟知府，望重当世，才高古人，文章超韩、柳之前，政事出龚、黄之右。暂凭熊轼，即跃凤池；乐育存心，至诚好善。员冠济济，咸遂于充庭；宾佩锵锵，尽陪于佳燕。气象簇蓬瀛之景，管弦扬龙凤之音。既荣座主之提衡，又庆门生之得路。

画戟门开喜气新，使君迎送鹿鸣宾。庙堂他日陶钧手，郡国今朝劝驾人。早晚独持黄阁柄，须臾平步蕊宫春。诸生欲识恩门处，昨夜台星拱北辰。（《全宋文》卷一八二九）

郭祥正

送甥沈济秀才下第南归

炎风吹黄尘，去兴不可止。丈夫固有命，得失致悲喜。何当永相将，锡山酌泉水。（《全宋诗》卷七六四）

重题严伯成秀才西斋喜其子高预乡荐

赋似相如不遇知，喜闻乡版荐麟儿。容身安稳书盈箧，与客翱翔酒满卮。夜月影摇杨柳径，秋风香散菊花篱。窦家千载传遗美，一树灵椿桂五枝。（《全宋诗》卷七七五）

苏 轼

送蜀人张师厚赴殿试二首

忘归不觉鬓毛斑，好事乡人尚往还。断岭不遮西望眼，送君直过楚王山。

云龙山下试春衣，放鹤亭前送落晖。一色杏花三十里，新郎君去马如飞。(《苏轼诗集》卷一八)

《伯父送先人下第归蜀》诗云："人稀野店休安枕，路入灵关稳跨驴。"安节将去，为诵此句，因以为韵，作小诗十四首送之

诗略。(《苏轼诗集》卷二一)

私试策问八首

汉之变故有六

问：人主莫不欲安存而恶危亡。然而，其国常至于不可救者，何也？所忧者，非其所以乱与亡，而其所以乱与亡者，常出于其所不忧也。请借汉以言之。昔者高帝之世，天下既平矣，当时之所忧者，韩、彭、英、卢而已。此四王者，皆不能终高帝之世，相继仆灭，而不复续。及至吕氏之祸，则犹异姓也。吕氏既已灭矣，而吴、楚之忧，几至于亡国。方韩、彭、吕氏之祸，惟恐同姓之不蕃炽昌大也。然至其为变，则又过于异姓远矣。文、景之世，以为诸侯分裂破弱，则汉可以百世而无忧。至于武帝，诸侯之难少衰，而匈奴之患方炽，则又以为天下之忧，止于此矣。及昭、宣、元、成之世，诸侯王既已无足忧者，而匈奴又破灭臣事于汉。然其所以卒至于中绝而不救，则其所不虑之王氏也。世祖既立，上惩韩、彭之难，中鉴七国之变，而下悼王氏之祸。于是，尽侯诸将，而不任以事；裁减同姓之封，而黜三公之权，以为前世之弊尽去矣。及其衰也，宦官之权盛，而党锢之难起。士大夫相与搤腕而游谈者，以为天子一日诛宦官而解党锢，则天下犹可以无事。于是，外召诸将，而内胁其君。宦官既诛无遗类，而董卓、曹操之徒，亦因以亡汉。汉之所忧者凡六变，而其乱与亡，辄出于其所不忧，而终不可备。由此观之，治乱存亡之势，其皆有以取之欤？抑将不可推，如江

河之徙移,其势自有以相激,而不自知欤?其亦可以理推力救而莫之为也?今将使事至而应之,患至而为之谋,则天下之患不可以胜防,而政化不可以胜变矣。则亦将朝文而暮质,忽宽而骤猛欤?意者亦有可以长守而不变,虽有小患而不足恤者欤?愿因论汉,而极言其所以然。

职官令录郡守而用弃材

问:昔三代之际,公卿有生而为之者,士有至老而不迁者。官有常人,而人有常心。故为周之公卿者,非周、召、毛、原,则王之子弟也。发于畎亩,起于匹夫,而至于公相,盖亦有几人而已。士之勤苦,终身于学,讲肄道艺,而修其廉隅,以邀乡里之名者,不过以望乡大夫贤能之书。其选举而上,不过以为一命之士。其杰异者至于大夫,极矣。夫周之世,诸侯为政之卿,皆其世臣之子孙,则夫布衣之士,其进盖亦有所止也。当是之时,士皆安其习而乐其分,不倦于小官,而挈为之,故其民事修而世务举。及其后世不然。使天下旅进而更为之,虽布衣之贤,得以骤进于朝廷,而士始有无厌之心矣。官事之不修,民事之不缉,非其不能,不屑为之也。先王之用人,欲其人人自喜,终老而不倦,是以能尽其才。今以凡人之才,而又加之以既倦之意,其为弊可胜言乎!今夫州县之吏,有故而不得改官者,盘桓于州县而不能去。久者,不过以为职官令录。仕而达者,自县宰为郡之通守,自郡之通守以至郡守。为郡守而无他才能,则盘桓于太守,而不得去。由此观之,是职官令录与郡守四者,为国家弃材之委,而仕不达者之所盘桓而无聊也。夫以太守之重,职官令录之近于民,而用弃材焉,使不达者盘桓于其职,此岂先王所以使人不倦之意欤?嗟夫!盖亦有不得已也。居今之势,何以使天下之士各安其分,而无轻于小官?何以使此四者流徙不倦,而无不自聊赖之意?其悉书于篇。

关中战守古今不同与夫用民兵储粟马之术

问:古者师出受成于学,兵固学者之所宜知也。今关中之事,又诸君之所亲履而目见者。昔者六国之世,秦尽有今关中之地。地不加广也,而东备齐,南备楚,近则备韩、魏,远则备燕、赵。有敌国之忧,而无中原之助。然而,当是时也,攘却西戎,至千余里。今也天下为一,独以关中之地西备羌戎，三方无敌国之忧，而又内引百郡以为助，惴惴焉自固之不暇。以百倍之势，而无昔人分毫之功，此不可不论也。古之为兵者，戍其地则用其地之民，战其野则食其野之粟，守其国则乘其国之马。是以外被兵而内不知，此所以百战而不殆也。今则不然，戍边用东北之人，籴粮用内郡之钱，骑战用西羌之马。是以一郡用兵而百郡骚然，此又不可不论也。昔者卫为狄所灭，齐桓公以车三十乘封文公于楚丘，及其末年，至三百乘。故其诗曰："匪直也人，秉心塞渊，骒牝三千。"以为资之四夷，则卫之所近者莫若狄。当是时也，狄与卫为仇雠，其势必不以马与卫，然则卫独以何术而能致马如此之多邪？今欲使被兵之郡，自用其民，自食其粟，自乘其马，而不得其术。故愿闻其详。

庙欲有主祭欲有尸

问：三代之祭礼，其存者几希矣，其全固不可以一日而复。然今天下郡县，通祀社稷、孔子、风伯、雨师，与凡山川古圣贤之庙，此其礼尤急而不可阙者也。武王伐商，师渡盟津，有宗庙，有将舟。将舟，社主在焉，则是社稷有主也。古者师行载迁庙之主，无迁庙则以币玉，为庙不可一日虚主也。一日虚主犹不可，若无主而为庙，可乎？是凡庙皆当有主也。今郡县所祭，未尝有主，而皆有土木之像，夫像安出哉？古者祭莫不有尸，《诗》有灵星之尸，则祭无所不用尸也。祭而不用尸者，是始死之奠也。不然，则是祭殇也。今也举不用尸，则如勿祭而已矣。儒者治礼，至其变，尤谨严而详。今之变主为像与祭而无尸者，果谁始也？古者坐于席，故笾豆之长短，簠簋之高下，适与人均。今土木之像，既已巍然于上，而列器皿于地。使鬼神不享，则不可知；若其享之，则是俯伏匍匐而就也。鬼神不能谆谆与人接也，故使尸嘏主人。今也无尸，而受胙于虚位，不亦鄙野可笑矣？夫今欲使庙皆有主，祭皆有尸，不知何道而可？愿从诸君讲求其遗制，合于古而便于今者。

孔子赞易有申爻辞而无损益者

问：《易》之为书，要以不可为必然可指之论也。其始有画而无文，后世圣人始为之辞，盖亦微见其端。而其或为仁，或为义，或小或大，则付之后世学者之分。然世益久远,则学者或入于邪说。故凡孔子之所为赞《易》者,特以防闲其邪说,使之从横旁午,要不失正,而非以为必然可指之论也。是故其用意广而其辞约。窃尝深观之,孔子盖有因爻辞而申言之,若无所损益于其辞之义者甚众。《比》之初六,有孚比之,无咎。有孚盈缶,终来,有它吉。象曰:《比》之初六,有它吉也。《小畜》之初九,复自道,何其咎,吉。象曰:复自道,其义吉也。《损》之六四,损其疾,使遄有喜。象曰:损其疾,亦可喜也。《大有》之上九,自天祐之,吉,无不利。象曰:大有上吉,自天祐也。夫既已言之矣,而孔子又申言之,使无所损益于其辞之义,则孔子固多言也。乃孔子则有不胜言者。故愿与诸君论之。

赏功罚罪之疑

问:古之为爵赏,所以待有功也。以为有功而后爵,天下必有遗善。是故有无功而爵者,六德六行以兴贤能,是也。古之为刑罚,所以待有罪也。以为有罪而后罚,则天下必有遗恶。是故有无罪而罚者,行伪而坚,言伪而辩,学非而博,顺非而泽,以疑众杀,是也。夫人之难知,自尧舜病之。惟幸其有功,故有以为赏之之名;惟因其有罪,故有以为罚之之状,而天下不争。今使无功之人,名之以某德而爵之;无罪之人,状之以某恶而诛之。则天下不知其所从,而上亦将眊乱而丧其所守。然则,古之人将何以处此欤?方今法令明具,政若画一,然犹有冒昧以侥幸、巧诋以出入者,又况无功而赏、无罪而罚欤?古之人必将有以处此也。

王弼引《论语》以解《易》其说当否

问:圣人之言,各有方也。苟为不达,执其一方,而辄以为常,则天下之惑者,不可以胜原矣。昔者,孔子以为丧欲速贫,死欲速朽,而有子以为非君子之言,乃孔子则有所由发也。善乎!有子之知孔子也。《语》曰:“禘自既灌而往者,吾不欲观之。”《易》曰:“观,盥而不荐。”《语》曰:“吾岂匏瓜也哉,安能系而不食!”《易》曰:“以杞匏瓜,有陨自天。”是二者其言则同,而其所以言者,可得为同欤?王弼之于《易》,可以为深矣。然因其言之适同,遂以为训,使学者不得不惑,亦不可不辨。

诸子更相讥议

问：古之作者，苟非圣人，皆有所偏。狥其偏则已流，废其长则已苛，二者皆非所谓善学也。君子以其身之正，知人之不正；以人之不正，知其身之有所未正也。既以正人，又反以正己，此所以寡过而成名也。昔者，韩子论荀、扬之疵，而韩子之疵，有甚于荀、扬。荀卿讥六子之蔽，而荀卿之蔽不下于六子。班固之论子长也，以为是非谬于圣人；而范晔之论班固也，以为目见毫毛而不见睫。自今而观之，不知范氏之书，其果逃于目睫之论也欤？其未也，而莫或正之。故愿闻数子之得失。非务以相高而求胜，盖亦乐夫儒者之以道相正也。

私试策问·人与法并用

问：任人而不任法，则法简而人重；任法而不任人，则法繁而人轻。法简而人重，其弊也，请谒公行而威势下移；法繁而人轻，其弊也，人得苟免，而贤不肖均。此古今之通患也。夫欲人法并用，轻重相持，当安所折衷？使近古而宜今，有益而无损乎？今举于礼部者，皆用糊名、易书之法；选于吏部者，皆用长守不易之格。六卿之长，不得一用其意，而胥吏奸人，皆出没其间。此岂治世之法哉！如使有司皆若唐以前，得自以其意进退天下士大夫，官吏恣擅，流言纷纭之害，将何以止之？夫古之人，何修而免于此？夫岂无术，不讲故也。愿闻其详。（以上均见《苏轼文集》卷七）

苏　辙

和萧刑察推贺族叔司理登科还乡四首

家声籍籍大江西，临老挥毫捧御题。得意何殊少年乐，还家不惜醉如泥。

读尽家藏万卷书，萧然华发宦游初。区区狱掾何须愧，聊把《春秋》试绪余。

作官未减读书勤，簿领从今日日新。汗简韦编谁付予，传家应有下帷人。

巷南诸子足才贤，邂逅相逢秀句传。强作短章同寄与，异时见我一依然。（《苏辙集·栾城集》卷一一）

私试进士策问二十八首

问:昔者承五代之乱,天下学者凋丧,而仕者益寡。虽有美才良士,犹溺于耕田养生之乐,不肯弃其乡闾而效力于官事。当此之时,至调富民而为官,夫岂不甚病之矣哉!及天下大定,学者渐已尊显。勤劳劝诱,数十年之间,而后士人彷徉继起,则天下之官为之尽满而无所置之。是以顷者立任子之限,灭进士之额,绳以苛法,抑以细过,使之久而不调,然后官吏岁以渐灭。凡今一岁之调,盖不足以偿其休老物故者,然则数十岁之后,无乃将复有向者乏人之患欤?夫古之圣人,惟能于其未然而预防之,故无后忧。昔者惟不能于其至少之时,而为其过多之虑,是以惟务进之,而有今日之弊。夫民惟其诱而进之,则进而不知休;抑而排之,则无聊而引去。天下要亦有不洁不屑之士,不可恃爵禄之利,以为可以必致也。故愿于其未然,而求其所以进之而可以使今无冗员之弊,退之而可以使后无乏人之患者,此亦天下之深虑也。

问:学者之论《周礼》,或以为周公之书,或以为战国阴谋之书,二者孰为得之?今观其书,亦有所不知者二焉。夫公邑为井田而乡遂为沟洫。此二者,一夫而受田百亩,五口而一夫为役,百亩而税之十一,举无以异也。然而,井田自一井而上,至于一同,而方百里,其所以过水之利者,沟洫浍三。沟洫之制,至于万夫,为地三十三里有半。其所以通水之利者,遂沟洫举浍川五。夫利害同而法制异,为地少而用力博,此其所未知者一也。五家为比,比有比长;五比为闾,闾有闾胥;四闾为族,族有族帅;五族为党,党有党正;五党为州,州有州长;五州为乡,乡有一正卿。及有军旅之事,则以比长为伍长,闾胥为两司马,族帅为卒长,党正为旅师,州长为师帅,乡为将军。故凡官之在乡者,军一起而皆在军矣。起军之法,自五口以上,家以一人为兵,一人为役。而家之处者甚众,而官吏举皆在外,将谁使治之?此其不可知者二也。故愿与学者究之。

问:学者莫不求学孔子,今考于传记而观其行事,盖有所不通者焉。《语》曰:“佛肸召,子欲往。”又曰:“子见南子,子路不说。”学者以为孔子急于行道而为此。夫孔子之于卫灵公,语及兵事,不说而去。于阳货,时其亡而见之，盖亦不欲见也。而《孟子》亦云：“恶夫枉尺而直寻者。”然则，彼二事者独何欤？至于仕鲁为司寇，从而祭，膰肉不至，不税冕而行。且夫仕而至于司寇，君臣之义不为浅矣，膰肉不至而行，何其轻君臣之义而重区区之微礼哉！此明于轻重者之所不为也。或曰：膰肉不至，仲尼以为礼将从此而大坏，此所谓知几者。夫为大臣知礼之将亡，不救而去，则又安用夫大臣者？故此将有微眇难见之意，而世或未之思焉，学者所宜辨之。

问：古之为国者必有所尚，夏忠、商质而周文。儒者以为此三者，如循环百世而无穷。然则，今世之所尚者何耶？夫不必圣人而后有所尚。然则，今世之所尚者，其以为忠耶，则小民多诈而争讼并起，非所以为忠也；以为质耶，则金玉锦绣不为之节，而文词炽于天下，非所以为质也；以为文耶，则礼乐不备，冠昏丧祭之义至为浅薄，非所以为文也。然则，今世其无所尚耶？盖亦有之而未之见耶？其果有之也，则亦可用耶？不可用耶？其明著其说。

问：古之学者其为学必迟，而信道必笃。盖非其迟，则不能至于笃也。故子夏之门人始于洒扫应对进退。而《孟子》亦云：“君子之于道，欲其自得。自得之，则资之深。资之深，则取之左右逢其原。”夫待其自得也，非久而何？昔者，孔子五十而后学《易》，方今薄才下士之所谓甚迟而可怪者也。故夫当今之世，无惑乎其无信道之士也。古之养士者莫善于太学。而今太学之教，一日之所为必若干，取方册之难知者而悉论之，不待其问而先告之。无先后，无少长，无贤愚，其问同而其功等。其上者无以优游翱翔，以宽绰其心；而其下者勉强困踬，不暇于为善。故其学也必速，而守道必不笃，何者？非其自得之也。夫人之才，譬如草木焉，雨以濡之，风以动之，则其长也，可立而待。有宋人焉，揠之而自以为喜，此孟子所以太息其不知学也。然而宽以待之，则太学之法，将必有所大变而后可，变法者不可不预立其说也。

问：古者礼备而费少，今者费愈多而礼愈阙。古者七世之庙分而为七，今者七世之庙合而为一。古者一岁大祭天者四，五岁大祭宗庙者再，今者三岁迭用其一而略其余。古者命士以上皆有庙，今至于公卿大夫无之。古者天子五载一巡守，远者十二年一巡守，今者非郊祀校猎不出于郊。以今之至简省也，而财至于不给，则古之甚繁者，宜其无以共之。然以古之甚繁，而不至于大费；则今之简省，而至于不给者，何也？凡今之人皆以费，故弃先王之礼，是以礼日益坏。以为今之世有周公、仲尼，其将亦畏费而止欤？其将亦略备其礼而不至于大费欤？然而，今之所以至于大费而不可省者，或亦有故也。其思所以省之而无害之说，而著于篇。

问：茶之有榷与税，非古也，特就其便于今者言之。有以为榷便，曰：凡所以备边养兵者，皆出于榷。然江淮之间，以私茶死者，不可胜计。此则仁人之所不忍为也，而何便于榷？以税为便，则夫边鄙兵革之用，将何以共之？且夫税之人，其不足以当榷之利，亦易见矣。而特以不忍驱民而纳之陷阱，是以去榷而为税。今欲复反其旧，冒行杀人之害而就夫区区养兵之利，则何以为仁？求以生民，而国用至于困乏，则何以为智？盖将以生民而富国兼收仁智之实而并享之者，必将有说也。

问：君子能尽人之情，而不能尽物之变。尽物之变，惟精者能之。古之君子，专一而无侈心。是以益治鸟兽，弃治稼穑，夔治钟磬，羲和治历，皆以聪明睿智之才而尽力于一物，终其身而不去。至于后世，官者至以为氏。故当此之时，天下之事无不毕举。今者四方既平，非有勤劳难治之政，而当世之务，每每废坠而不理。盖钟律之不和，河之不循道，此一二事者，百有余年而莫有能办之者，是岂非务于速进而耻以一物自尽之过欤？夫古之君子，往往老于小官，终身而不厌，则上之所以使之者，诚有道也。安得斯道而由之，以使斯人之复如古也？

问：今世法唐以为治，上自百官刑法礼仪，下至州郡兵民赋役，要之以唐为准。譬如商之于夏，周之于商，事无不考焉者。然天下之广，方制万里，夷狄不作，兵革不用，四方之贡，不绝于道路，而国用常苦于不足。唐自天宝以来，府卫之兵废，租庸之法坏，收茶盐，榷酒酤，其法与今略等。然而天下分裂，天子之地至少，征伐相继而起。而宪、文、武、宣之世方镇稍定，则财用未尝有所匮乏，与今世无异。至于齐、蔡、三晋各以数州之地，养数万之兵，内以抗衡京师，外以备御邻敌，绰然有余，亦不如今之将帅，仰给于大农也。夫法与唐类，地多于唐，费用不若唐之多，而府库之蓄无以大相过者，何也？其必有能辨之。

问：方今天下患于兵多，故销兵之说人人知之，然独未睹夫兵少之为患也。方今天下患于财少，故求财之术人人讲之，然独未睹夫多财之为累也。夫销兵之患有甚于兵多，而多财之累有甚于财少。众人知目前之利，而不为岁月之计，故儒者非之。儒者操根本之论，而不救急切之害，故众人迟之。今将救目前之病，使兵多财少之患去；全岁月之计，使兵少财多之弊不见，其将何道而可？

问：舜受天下于尧，故郊喾宗尧，不敢废尧之祀；禹受天下于舜，而其郊宗皆其祖考。夫推舜之心以及于禹，则禹必将兼祀尧、舜而后可。今也不然，不独废尧，而且忘舜，何也？夫受其成业而黜其祀，虽少恩者不为，而谓禹行之乎？其故安在？

问：古之言治者，必曰礼乐。礼乐之于人，譬如饮食，未有一日而不相从者。故士之闲居，无故不去琴瑟，行则有佩玉之音，登车则有和鸾之节，身蹈于礼而耳属于乐，如此而后，邪辟不至。盖自秦汉以来，士大夫不师古。始然其朝廷乡党之间，起居饮食之际，亦未尝无礼，而乐独尽废。士有终年未尝闻乐而不知其非者，于是有以疑乐之可去而以古人为非矣。不然，请言乐之不立，而士之所以不如古者安在？

问：西汉自孝武之后崇尚儒术，至于哀、平。百余年间，士之以儒生进用、功业志气可纪于世者，不过三四。而武夫文吏皆著节当世，其业与儒者远甚。及至东汉，虽光武兵革之后，而儒者遂显。其后世道凌迟，其所以扶危持颠，皆出于学者，而他人不与。夫两汉之用儒，其实无以相过，而士之优劣相远如此，何也？

问:古者建国,设官分职,以为政本。近代因循杂乱,无复统纪。朝廷深惟其弊,推本宗周,旁摭宇文氏,以易其制。惟周官分建六职,各帅其属,以治百事。仰以奉天地鬼神,外以御诸侯四夷,下以治士农工商,至于草木鸟兽,无不咸在,可谓备矣。宇文氏虽参考其旧,以命庶工,而典籍亡逸,不可究知。其兵戎之官,多设于六卿之外。今将远法宗周,则宇文之遗法,固将在所去取。然则,凡官之以武事设者,当领于六官耶?其亦将特设而后可也?

问:《周官》三百六十,所以治王之畿内也。其畿外诸侯,国自有官。大国三卿,次国二卿,小国一卿,亦皆有属,以治其事。是以六官之属,足以治畿内而止矣。今四方郡县,自一介之吏,皆命于朝廷。则六官之外,当得羡吏以典其职。以阶易官,盖出于此。然而设阶之法,始于散官。而散官之兴,近自魏晋。因魏晋之遗俗,以间三代之旧典,窃以为未尽也。其将何修而后可以复三代之故也哉?

问:古者取士于乡而养之于学,观其德行道艺而进之以官,故其得人也全。今也虽乡取而学养之,然其试之也独取其艺,而德行之举不复并立。凡今之士,虽有内怀德义,而无艺以自将,则不免废于有司,故其得人也偏。今将略其艺文而取其行义,凡科举之法,所以杜请谒而绝情故者。一切尽废,则奔竞朋党之风必扇于下。岂古之学校遂不可复耶?其具论之于篇。

问:古者兵出于民,而兵战以车,车马介胄皆民力也,民之于兵可谓劳矣。三时务农,一时讲武,锄耰钱镈之人而驱之以干戈之事,民之于兵可谓疏矣。然而,古者以甚劳之民,用至疏之兵,而民以为安,四夷宾服,其故何也?近世兵民既分,凡兵之器用皆给于官,旦暮教战,不择四时,民可谓逸而兵可谓习矣。然其所以安万民而威四夷者,亦何以远过于古?若夫正兵既练而又兼连伍保之兵,民兵既设而不试以征伐之事,此又今世之新意。其所以勤兵裕民者,可谓至矣。至于异同得失之辨,其详著于篇。

问：古者为货泉以权物之轻重。今所在铸钱，数日益多，制日益小，可谓钱轻矣。然而金帛米粟，贾日益贱，而钱之行于市者日益少，有钱重之弊。夫当重者反轻，而当轻者反重，其说安在？将救其失，其术何以？

问：孔子与老子同时，孔子以礼乐教人，而老子以清净无为为宗。孔子盖尝问礼于老子，未可一言非之者。夫孔、老岂同道者哉？后世孟轲、韩愈，皆学于孔子，然孟子之于杨朱、墨翟，韩子之于浮屠氏，皆讼言攻之，嫉之如仇雠。夫韩、孟之贤不过于孔子，而杨朱、浮屠之害无异于老子。或释而不问，或排而不置，其说安在？

问：汉武帝攘却四夷，拓地千里，后世赖以为强。唐太宗诛灭胡虏，兵不折北，民不告病，用兵之利，前世无与为比。然而武帝之治安不若文、景之多，而太宗之功无补中国之治乱。是以儒者终莫之善也。夫儒者之说胜，则帝王之武功没世而无闻；不世之功成，则中国先受其害，二者不可合。然高宗之伐鬼方，文王之征猃狁，圣人有所不免，则武帝、太宗之功业，其终不善于儒者，何也？

问：河之为害远矣。自汉已来，东决则尽太山之麓，西决则尽西山之趾。凡二山之间数千里之地，丘陵险阻，河皆堙而平之，存者无几矣。盖禹之治水也，以为河所从来者高，水湍悍，难以行平地，数为败，乃厮二渠以引其河。自二渠之废，而河乃恣行，不可备御。夫河决不东则西，预以二渠待之，则虽决而有以受之，乃不为害，此乃圣人之遗迹也。今将访而复之，以待河之暴。其可否，何说？

问：韩非明老子，而以刑名游说诸侯；李斯师孙卿，而以诈力事秦。至于焚诗书，杀儒士，其终皆陷于大戮。原其所学，皆本于圣人，而其所施设，则乡党之士所不忍为。夫岂其学有以致之欤？盖老子、孙卿其教之善，虽弊不至于败乱天下。然则二子之学，其所以失之而至此者，何也？学之不详，毫厘之差，或致千里。学士大夫，可不辨之乎？

问:尧舜之德盛矣,然孔子称“周监于二代,郁郁乎文哉”。何者?世相近,事相若,而人情未远也。儒者常称二帝三代,虽其道德之隆,世世师之。至于礼乐刑政,将以施之今世,亦已难矣。今自五代以上,其文物政事之备,未有若隋唐之善者。自祖宗以来,采前世之旧,而施之于时,亦未有若隋唐之多者也。然其或因或革,而当否存焉。盖亦有时异事异,久远而不可复者欤?其亦有因习俗而重改作,可复而未暇者欤?其相与讲习,而著其宜焉。

问:古者有罪,不免于刑,失误有赎,亲贤有议,眚灾有赦,未闻有赦天下者也。自汉以来,赦始及天下,而言政者病之。盖成周之隆,成康之际,刑措不用。而汉孝文、唐太宗之盛,天下断狱,岁不过数十。当此之时,虽有赦何所施之?后世法令滋章,而奸宄不禁,刑之不能止,而赦之不能救。数赦则民玩于法,而不赦则上所不忍,其将何施而可?

问:三代以田养民,而取之以什一,其民尽力于耕,则足以自养。上之人以时平其政令,而民受其赐既已厚矣。自战国之祸,田制既坏,赋法随弊,天下之民,仰困于租税,而俯困于兼并,其害不可言矣。是以汉自文、景以来,赐民田租,孝弟力田,鳏寡孤独金帛布絮之奉,岁时不绝。考之于古,则所谓惠而不知为政者也。然自汉氏绝而复兴,其民思之不忘,其恩泽之结于民,岂不至哉!惟三代仁政,其纪纲法度,既不可遽复,而汉室赐予之惠,府库之积,力有所不逮。然则将以厚民,其术安在?

问:三代圣人以礼乐治天下,动容貌,出词气,逡巡庙堂之上,而诸侯承德,四夷向风,何其盛哉!至其后世稍衰,桓、文迭兴而维持之,要之以盟会,齐之以征伐,既已卑矣。然春秋之后,吴越放恣,继之以田常、三晋之乱,天下遂为战国。君臣之间非诈不言,非力不用,相与为盗跖之行犹恐不胜。虽桓、文之事且不行矣,而况于文、武、成、康之旧欤?及秦并天下,风俗日恶,不可复改。虽汉唐之隆,格之以商周之盛,盖已愧矣。夫三代之间,其民更桀、纣之祸,与战国何异?然圣人一出,礼义复兴,天下和洽。不若后世寂寥无闻,独何故欤?岂帝王之道古今一变,遂不可复反乎？不然，何汉唐之陋如此？

问：秦灭经籍，汉兴，《易》、《诗》、《书》、《礼》、《春秋》复存，而《乐》遂丧。然自孔子弟子散亡，天下学者，争立异说。各尊所闻以相攻，而圣人之道日以湮没。顷者朝廷患之，扫除传疏而著以新说，天下庶几由此以识圣人之遗意。然《易》、《诗》、《书》、《礼》，皆立学官；《春秋》虽不用，而其书亦不废。惟大《乐》沦弃，漫灭无文，无所考信。呜呼！士生于今，去圣久远，师法不传。幸明天子，慨然深愍遗坠而兴之。而六经不备，岂不阙甚矣哉！意者，求之他书，推其端而究其末，引而伸之，犹可得而观也。请诵其所取焉。

问：汉收河南地，兵不再驾。唐复河陇，未尝用兵。今朝廷兵甲之精，卒伍之练，盖近世所未有也。是以收洮氓，略兰会，大功既遂，四夷震叠。有志之士，盖已心驰于燕蓟之北矣。夫能稼而能穑，所以为良农也。能获而能烹，所以为善猎也。故夫拓国而安边，汉唐之间，必有良策焉，其试言之。

私试武学策问二首

问：古之善战者，必以两击一，既为之正，又为之奇。故我之受敌者一，而敌之受敌者二。我一而敌二，则我佚而敌劳。以佚击劳，故曰：三军之众，可以使之必受敌而无败。自唐季以来，古之阵法遗散而不讲。今世用兵之将，置阵而不知奇正。夫置阵而不知奇正，犹作乐而不用五声，饪食而不用五味。宫竭而商不继，甘穷而酸不辅，一变而尽矣，不可复用也。今将推古法，求奇正之意而施之行阵，其亦可得欤？兵法曰："先出合战为正，后出为奇。"又曰："奇亦为正之正，而正亦为奇之奇。"所谓奇正者，将合为一阵欤？将离为二阵欤？学者所宜辨之。

问：古称淮阴侯善用兵，然观其所以胜者，亦若有天幸焉。淮阴之攻赵也，广武君请以轻兵绝其饷道，而坚壁以老其师；其攻齐也，人或说龙且以相持不战，而阴招齐之亡城。此二计者，淮阴实难之，幸其计之不用，是

以能克。然而使此计诚行，淮阴岂坐受缚者耶？其必有以待之，请言其说。（以上均见《苏辙集·栾城集》卷二〇）

王仲修

庆侄耆登第

锡宴便倾光禄酒，赐袍还照上林花。衣冠盛事堪书日，六世词科只一家。（《全宋诗》卷八七六）

黄　诰

贺吴樵登第

连云山下凤凰儿，何幸今朝见白眉。父子传经无异说，弟兄题塔又同时。北堂偕老椿千岁，南国联荣桂两枝。青史他年书茂实，一门忠孝是镃基。（《全宋诗》卷八七八）

孔武仲

代人回王安国启

伏审奏艺中枢，策名上第，恭惟庆慰。窃以古之取士，考其实而不信其华；后之任人，取其文而不观其行。自三代宾兴之礼废，而两汉贤良之选用，推其余波，至于进士。大抵粉饰为贵，词采相高。爰及熙朝，尚存旧制，翕然群彦，趋此两途。其力倦于该洽，而其巧足以雕刻。则从进士之科，其性厌于拘束，而其赡足以放肆。则就贤良之举，互有长短，更相是非。然而不免挟书糊名之严，皆负发策决科之耻。欲异常调，莫非伟人。某人业履素优，器识兼茂。以进士为非己所好，故舍而不为；以贤良为未称其才，故久之不就。但以炜煌俊大之誉，倾动海宇；注洋深远之学，结知朝廷。果用宗工之言，特从秘阁之试。拾巍科于闲暇，登膴仕于须臾。逢辰之荣，在众所慕。顾惟朽质，久餍盛名。忝在搢绅，喜见公朝之吁俊；又于邮置，先蒙谦德之惠书。感悚之深，敷宣莫悉。（《清江三孔集》）

范祖禹

和五十四翁登恩第后赠杨君章

力穑良农晚岁收，英名初喜动凝旒。光如剑气斗间没，文似河源天上流。莫叹黄金才易箒，安知布被不封侯平津侯年六十方对策擢第？暮年烈士心方壮，双鹘抟风向九秋。

孙秀才下第，暂还京口，留别起居，邀余和以赠行

翔鸾戢翼下层空，南浦归帆逐晓风。梦寐兰陔清露白，啸歌江国火云红。王畿结绶来无久，天汉乘槎去可通。莫为淹回销壮节，力行须与古人同。（以上均见《全宋诗》卷八八七）

郑　侠

次张君举秀才

长风清洒翳天尘，捧出重光耀世轮。龙衮未温当扆坐，凤书先轸向隅人。一缄符命来差缓，四尺先坟梦已频。衰老将何报明主，雪霜柯干草莱身。（《全宋诗》卷八九二）

彭汝砺

君时与董君佐以乡荐相次登甲科，有诗送之，邀予同赋

青衫慰子久蹉跎，各喜流年壮未过。金玉曹刘初并价，渊源游夏复同科。红尘去马侵星月，绿水归艎触芰荷。邂逅故乡秋正好，相看忆听鹿鸣歌。（《全宋诗》卷九〇〇）

喜文渊登第因寄二篇

春风吹诏落天涯，喜听君荣及盛时。桂籍功名知自取，云台事业旧相期。骐骥有力争千里，燕雀无才寄一枝。士稚果能先越石，苏秦应欲愤张仪。

十年共力诗书学，万里相期将相科。白屋自知难掩抑，青山聊得慰蹉跎。宠荣未有如君早，衰病争加若我何。灯下无人知此意，独鸣寒剑一悲

歌。(《全宋诗》卷九〇一)

侍亲游池有感寄伯兄，时伯兄下第南归

身世几何长百忧，尘埃相望转悠悠。移尊稍欲临池饮，眼看波涛泪亦流。(《全宋诗》卷九〇五)

陆　佃

武学策问

问：天下之理，至精无二。孙武之书一义，不容两为之说。而注之者至十数家，何其说之多也！今欲集诸家之善，统异端，庶几学者有所折衷。而众言具在，于武之意，孰得一二？孰得三四？孰得五六？诸生从事于此久矣，当能辨之，又当有以自得之者，以发前说之所未尝也。有司愿并闻之，可乎？

问：天右序有宋，笃生圣上。全治所覆，从化之以文，横励之以武。英威俊德，度越前古。是以东怀高丽，南屈交趾。洮河以西，穷发之北，莫不宾顺，而国家闲暇矣。吾子幸丁斯时，惟闲暇，故得娴习于此。然而，孙武曰："善战之胜，无智名，无勇功。"武之为说虽多，未有贤此者。吾子以古求之，孰有智名？孰有勇功？孰无智名、勇功？且其智名、勇功，奚自而有无也？其有与无，厥效如何？试为言之。

问：材勇机智，人各有能，求其兼长，岂易得哉！有词辩纵横，足以屈人，而不可以决战者；有气侠精悍，足以摧锋，而不可以合变者；有习知天时，而昧于伺敌之情伪；有明识地利，而拙于出奇以攻守。行师之际，用非所长，则安可以辨胜！今子之应选，固将以就功名也。其材勇之所堪任者何事？其机智之所优为者何术？愿罄所蕴以陈，庶观异日之效。

问：方今夷狄款附，内外无患。主上以士之或不习用兵也，学校以养之；以民之或不习于为兵也，什伍以教之。选命将帅，修饬器械，十年于此。士有所养矣，或述其答问计数之故智，而虚实奇正之势，未必皆知也；

民有所教矣，或安于坐作进退之常法，而战阵击刺之事，未必皆勇也。将帅选矣，而尚虑人材之或遗；器械利矣，而尚虑法度之未尽。诸君以策应有司之求，如之何使士于虚实奇正之势皆知？民于战阵击刺之事皆勇？将帅无遗材？器械无遗法？其详言之。

问：《孙》、《吴》、《韬》、《略》之书具在，子尝学之矣。然其论兵，孰疏孰密？其合于先王之师，孰多孰寡？设此四人起于一时，其兵同，战之地又同，各以其术决战，则孰胜孰负？以之城守，孰坚孰脆？试为言之。

问：兵无选锋，曰北。故古之善为武者，后必有殿，而前必有选锋。《诗》不云乎："元戎十乘，以先启行。"凡乌合之众易散，胜不相推，败不相救，非若礼义之师。则突前之利，尤在选锋一人，而以后继之，此胜势所以如破竹之声。今天下无事矣，而未忘讲武者，盖求所以御边之策而已。方将复先王选锋之法，而教所谓车战，则造车必有制，行军必有法。若为徒若干，则其为乘宜几何？其为阵宜奚若？子尝从事，故知之，愿言所以为此之方也。

问：古之善用兵者，岂必同哉！归于能胜而已。故李广简易，而程不识繁密；子仪宽厚，而李光弼严整。体虽不同，皆足以取胜，号称名将。诸生求学为此久矣，审己之长，其志宜有所在。设为圣时任使，则驭军决胜，将为简易乎？为繁密乎？将为宽厚乎？为严整乎？不然，其志安在？

问：兵者，百世不一用，不可一日忘也。国家承平百年，兵习久安而惰骄，民非素教而惮怯。数岁以来，主上以训齐之法新之，而精锐并出。盖昔之惰者今奋，怯者今勇矣。今诸君见用于世，以制戎狄，得此兵用之，自度能几？教如何行？爱如何立？愿闻其略。

问：学之法，所以选试诸生，先之以弓马，申之以策义者，岂诚以为验天下周智全勇在此也哉！抑亦以观诸生之略而已。今诸生应法之求，弓马虽或优，策义虽或善，然所谓周智全勇果在此乎？将在彼不在此也？其

在彼则所以养之，当自何始？愿闻其道。(《全宋文》卷二二〇八)

释道潜

送仲豫叔党二承务赴试春闱

炯炯双黄鹄，雍容振羽仪。风高辞泽国，岁暮及天池。文彩非凡近，周旋竞陆离。明年翔集处，九万是君期。(《全宋诗》卷九一六)

次韵方平送李南仲赴试春闱

四溟凫雁集天池，十目先看俊翮飞。养气有余吞大敌，穷经无缪识玄微。尘埃旧服辞阿绂，雨露新袍授楚衣。拜命还家春尚好，桃花流水涨渔矶。(《全宋诗》卷九二二)

黄 裳

送方彦稽解元

壶公山下多伟人，尝谓方寸无纤尘。双眼孤鹰在霄汉，俯视燕雀尤有神。两冠群英出微妙，失第春官恬自笑。归去壶公山下游，长须肩上何所忧。远烟万剂实行橐，置此雅好吾无求。松轩日午片石冷，水中天小云油油。时复窥影且自遣，毫末造化同春秋。可能含蓄南国意，洗我滞思如清流。方握齐纨却新暑，明月团团满寰宇。马上尘沙摇不开，空羡江湖鹭轻举。勿因世俗还低头，义理所在无今古。生死只系箪豆中，谁为万钟移出处。六翮冲天观一飞，所养先须微贱时。(《全宋诗》卷九三七)

青社宴遣贡士

晓来门外驻鸾声，且喜东藩俊造成。行艺簿多窗下志，贤能书振日边名。琴风清跃西征骑，璧水寒窥上舍生。佳兆岂惟多吉士，三元从古有豪英初移郡学于城南，已有佳兆。青社昔有苏、张、王文正公相继出，冠天下士。(《全宋诗》卷九四〇)

试院中秋夜月

秋色中分夜，金行旺气中。迩遐人望别，内外桂华同。澄澈曾经雨，娉婷欲御风。三人欢已断，犹锁武成宫。

贡院上元

精舍喧哗外，华灯想望中。管弦何处客，帘幕去年风。好敎随尘起，悲欢复手空。蟾光无内外，自与此心同。

长乐宴遣贡士

贤能书扣九天门，安用区区更问津？周室笙歌声调古，孔庭诗礼指归新。吟窥清壁还为侣，笑谢寒斋已作宾。忝我时髦尤利市，使君元是夺标人。（以上均见《全宋诗》卷九四一）

试院呈同事

乡士穷通时已过，石榴花实我重来。相寻翠幄年年事，谁为天公得骥材？

方握丹毫经两考，已悲青冢送三归。黄花明月秋来好，醉却胸中是与非张景修、王伯通、马彦醇同为试官，相继而往，故有是句。（《全宋诗》卷九四四）

府学解元谢启

为道而学，则何羡乎纡朱？为贫而仕，则何惭乎击柝？焚膏继暮，誓穷千古之精粗；裹饭候明，请较一朝之长短。彼此时异，行藏道同。金有满籯，岂胜一经之教子？田无数亩，宜思三釜之洎亲。南去千山，西来六载。为道不为利，恶求龙断而登之？趣时不趣人，羞适墦间之祭者。以故难逢赫赫之盛知，久栖泛泛之逆旅。无以阴相其天乐，何其数窘于身谋！岂谓上游，亦收片善。伏惟某官，其仁足以度物，其智足以照人。中开性天，下临文轴。圆方之材，轮桷于刃下；妍媸之形，笑颦于鉴中。何幸空空之鄙夫，辄先济济之多士。一睨三倍，自惭未足以离群；三年一鸣，顾此何由而惊众。（《全宋文》卷二二四八）

选举

问：先王之泽既熄，乡教废弃，四民无职，十家无联，五宗无系。天下之士流于城阙之间，散处他国。乡里之民，不得以相保受；乡里之吏，不得以相观察。然后四科之选，六条之诏，中正之官，搜荐之人，九品之法，十铨之试，行于三代之后。汉举孝廉，则遗睦姻任恤；唐举书算，则遗礼乐射御。大抵历代之选，其类不能有过于三物者。周之所得，历代莫能备焉。先王以谓好名者人之情也，好进者今之情也。乘其所好，为之名焉。故诱天下之士，而使天下之士以实致民。其类有五：曰秀士，曰选士，曰俊士，曰造士，曰进士。五者明其德艺小大深浅，而与之进者也。夫不知道德，不足以明经；不知礼义，不足以明法。进士学此以成，秀士学此以始者也。然而，唐以秀才、进士、经法、书算，各有为常贡之科，其义亦安在哉？今欲稍复三代选举之法，文武经法皆出于一学。然虑今之士有累于贫者，有累于事者，不能游泳乡校，成就考察，如之何其可也耶？（《全宋文》卷二二五五）

李之仪

送李仲益及第调濠州司户还钱塘

忆昨西湖弄烟月，玉面少年搔绀发。六月正午断人行，坐上无风不觉热。长安尘沙五月尾，汗透纤絺甚悬水。相逢惝恍秋已深，冰骨令人冷如洗。吾家谪仙应已朽，采石风流谁可后。却恐骑鲸下紫霄，斯人岂是人间有。春风标名冠礼部，睥睨英豪皆培塿。三月飞花试集英，笔下光芒射斗牛。共说唱名须第一，人事天时良可必。大任先当益未能，何谓扬雄老终吃。沧溟汹涌百怪见，鲸鬣虬髯岂难辨。莫谓卑飞遽自陵，功曹曾是将军愿。集贤学士文章旧，平日追随今太守。到日应须倒屣迎，还闻下榻南昌秀。濠上观鱼鱼正跃，携手何人知此乐。妙处期君向上求，可笑蜗牛争两角。（《全宋诗》卷九六三）

回贺新及第启

被恩北阙，擢第南宫。凡与交游，举增庆慰。伏惟新恩宣德，才当数面，笔扫千军。早岁飞声，头角已竦于同队；青春射策，文章果中于甲科。愧贺牍之未遑，辱高文之先及。铭怀感篆，幅楮奚陈。

贺王宪解元启

平世往还，不过数时，怀咏常有余思。乐驰骛者世之本情，安退常者人之难事。盖有诸中者则无所萦怀，务在外者或未免役物。是故居朝之心，以在家必闻为可贤；所以科场之设，乃因时制宜而不废。果谐遴选，首得吉人。恭惟某人，言行相章，气质甚茂。非知之而亦允其蹈，是达也而不苟于闻。榜名既传，士论胥乐。皆谓积年之考察，宁免有妨；遂收一日之优长，未为过举。式符贤路之兼取，不碍学制之审求。然此时遇窘于他从，但闻报喜；至于不寐欲图庆，属以戒行。庶申不腆之陈，获托承言之际。用辄蹭蹬，尤剧倾驰。不虞舣楫之初，遽辱长笺之贶。雍容盛服，若投先进之绝伦；璀璨高文，弥愧过情而非据。读之而饱足人意，服之而增重心期。由余入秦，惊府库之未□；宣子适鲁，知典礼之具存。仅逃舞马之成妖，劣似飞蝇之识赦。虽已严于报谢，尚有负于修裁。低徊抱麦鞠鱼之嗟，荏苒几风马牛之逸。文献不类，悚赧何堪？于是勉焉，其已晚矣。实来虚往，固难琼玖之酬；诚确望专，行听云龙之会。愿附霜钟之应，别驰□燕之私。

谢金陵举人启

顷从眉山兄弟之游，获承礼部文章之美。窃谓龙蟠虎踞之地，信多金声玉振之英。萍泛异时，怅余尘之已隔；风流别壤，惊晚秀之方荣。典刑如存，叹慕何已！亟欲乘闲而会面，又虑以阍而投人。展转此时，相咏增忾。殆四百数之较艺，始一二人之中程。凛乎谁敢自期？巍然果在高选。遂将趋贺客之后，冀能纾积日之怀。有田一廛，适居收成之际；闻风数舍，遽兴留滞之嗟。不虞还家解鞍之初，辄当盛服长笺之礼。造语警拔，蔚有绪风；寓言周旋，遇委无似。惟素期之已晚，幸来日之可图。伏惟某人先辈，不愧名家，善缉新学。绝粘头缀尾之陋，有矢口载笔之成。乡校久居，诸生固已裣衽；礼闱既辟，齐声皆谓得人。上不负朝廷养育之深，下足慰有司考定之审。伫观轩陛，鼎传赐第之优；越在里闾，独能侧耳以候。（以上均见《全宋文》卷二四〇九）

答人谢解启

伏睹解名，可谓精选。眷言歆艳，莫不叹嗟。凡在流传，犹为企仰。况与游从之末，惟深忻忭之私。窃以经术取人，其效固以久矣；文章选士，方时尤见卓然。非有司所养不凡，则贤者安能至此？先皇帝作新善类，王荆公启迪士心。尚贻未尽之谋，鼎传将圣之子。发挥大智，协济徽猷。遂使青都紫府之仙，于时辈出；坐令黄茅白苇之论，无复误谈。光昭三代之风，超出百王之上。念场屋之有素，未欲骤更；幸罗网之无遗，特存此举。孰光吾党，果获当仁。伏惟先辈，天马轶群，宝鼎瑞世。笔端稼穑，未尝螟蜮以伤年；腹里阳秋，能使蛮髦之右衽。虽无上舍下帷亲切之对，乃有东奔北备纵横之才。鲁人易丘，盖亦流俗之常态；吴军入郢，始知智士之收功。更期体此以自强，会见排空而直上。禹门三级，已观头角之成；魏阙九重，行接羽仪之次。窃怜衰陋，雅荷眷存。泛听乡评，实逾已得。崎岖猥事，适惭备庆之未遑；焕烂雄文，遽辱宠临而俯及。既余光之旧挹，非鄙语之能酬。但惊肯首之屡形，可信击节之不暇。敢辄腾于纸贵，姑自谨于家藏。庶几儿孙，得为资藉。(《全宋文》卷二四一〇)

毕仲游

内中考进士

北风吹雪舞长廊，束带三千笔阵忙。地色不通金琐涩，天香未散玉炉光。龙墀暴涨词源涌，鹤驾迷空羽卫翔。三月汉庭重射策，几人弹帻待王阳？

入内考进士同考官唱和三首

早岁成名地已尊，徘徊五十始乘轩。官同长孺宁居后，疏似王阳独上言。道气郁纡瀔岭秀，词源浩瀚峡江浑。研朱共较公孙策，坐觉文风似建元。

未得还家意不忙，日斜人散傍修廊。白头已向新吟懒，青眼相逢旧话长。高阁无声沉昼漏，侧门有路想天章。闻公自谓忘怀者，今日情怀岂易忘。

明光寓直偶然同，八百儒衣度汉宫。下笔春雷从地起，举头帝座在天中。条陈不啻三千牍，品藻今惟六七公。况是篇章容易得，好令编集附唐风。(以上均见《全宋诗》卷一〇四二)

回胡先辈谢登第启

较艺春闱，升华桂席，坐追时彦，将大家声。岂非我里之有人？足见公朝之得士。先辈足下，文词赡逸，经术该通。早并隽于胶庠，久得名于场屋。自比穿杨之妙，果为入彀之英。鹤鸣九皋，既升明而在选；鹏程万里，期远到而可观。某正此穷居，欣于及见。方欲论交于异日，遽闻得隽于明时。展庆谒以未遑，辱笺縢之相及。愿如感臆，言述奚殚。

回令狐皞如张大年谢及第启

老病杜门，虽倦游而屏处；俊髦得路，亦美事之预闻。敢谓不遗，肯兹见顾。副以笺函而为贶，烂然词笔之可观。伏惟先辈秘校，业履端修，艺文通博。造廷待问，虽指事以献言；升舍右贤，本穷经而谋道。行且莅官而从政，固宜入里而荣家，丹陛策名，已致身于盛旦；青云在望，当拭目于异时。祗造未遑，占辞非命。其如愧佩，岂易索言！（以上均见《全宋文》卷二三九五）

刘　弇

送方绚解元赴试南宫，用“桂林一枝，荆山片玉”为韵八首

纷纷束书儿，穿穴蠹栖桂。及当千人军，往往出下计。谁如冠军豪，飘扬选锋锐。刺手拔鲸牙，洒落见孤诣。更看抉重关，喜色动春袂。

人言蜀道难，历井如扪参。何如棘围里，对面横霜镡。声价一日中，不数双南金。秋风大情生，半入潇洒襟。袖有百炼骨，跃马辞家林。

马家白眉良，由来罕俦匹。谁谐虞帝音，贵在得夔一。颛顼康乐后，况有阿连出。春留棣萼好，影厕鸰原密。定是金华游，羊边起高叱。

君王十二闲，一一登权奇。饱之青玉刍，络以黄金羁。南宫旧冀北，杂沓追风姿。骕骦固神物，岂病孙阳嗤。如闻有桂约，暗满秋风枝。

我来莆之阳，与子初班荆。岩岩太古镜，中有不蚀明。青缃无留赏，理到刃必迎。睢盱腐儒后，数见胸胆横。诗哦逼振绮，酒吸摧奔鲸。君看老雄变，冠距将而鸣。

病夫亦何有，愧彼小西山。赖君不佁儗，拔揵扪吾关。意丰报逾俭，叩迫出益悭。经郛榛莱翦，圣海波澜闲。兹人不易得，坐使幽怀删。

天王坐明堂，温诏飞赤县。家家鲁儒生，群星会头弁。坐愁谷驹空，岂直罩鱼擅。子行殊未央，去逐淮云片。神锋正吹毛，愿看长鲸刬。

女床固饶凤，方流亦生玉。百年海邦菁，文雅殆成俗。之人卷鲸波，浩汗寄高躅。翻笑洴澼子，长年事皲瘃。唾手拾壮图，未负春颠绿。(《全宋诗》卷一〇四四)

送曾灵永赴举

孟荀久不作，吾道竟茫茫。滔滔天下人，生死名利缰。夸儿骋新学，剽窜摸青黄。爬罗尽砂砾，气焰苦不扬。初如拆袜线，那复一条长。又如抄选客，十九为琳琅。埋没太古音，啾耳纷蜩螗。曾郎春不如，阔印眉间堂。十年读书史，一日胸胆张。兴来洒酣笔，落纸松丸香。摧颓鹜鸧间，识此雏凤凰。梅天暑气湿，江东潦声狂。辞我归袂拥，霜蒲挂高樯。飘翩不可留，横槊赴文场。期子勿苟作，琼瑶撷新芳。莫学下俚曲，黄花间折杨。由来玉山粒，梗涩在粃糠。河虽一掬波，曾是九秋潢。行行事斯语，看子摩天翔。(《全宋诗》卷一〇四七)

送友人赴省

佩剑携书入帝京，秋容如画照行程。三千道路虽迢递，万里烟霄绝坦平。丹汉风高鹏翼健，晓天霜浅马蹄轻。好将掷地金声赋，夺取前春榜上名。

送友人赴省二首

飘飘勒马出城闉，箧里还为席上珍。荆玉始分三献日，琼林终折一枝春。惊天动地文堪掷，捉月拏云手定伸。正遇汉庭新用赋，子虚须属茂陵人。

久蕴惊天动地文，乘秋得志正逢辰。青钱万选终须中，白玉三投始辨真。鹗荐比声乡贡日，莺迁前试帝城春。汉庭方尚《春秋》学，须作平津第一人。(以上均见《全宋诗》卷一〇四九)

上黄冕仲博士书

窃尝谓近世科举辈类，为矩步所梎，文章指归，索之茫然。使读其文

者，晓策如晓义，辨书如辨论，初不知孰为策、孰为义，而书与论标趣在正何许也？（《全宋文》卷二五五二）

米 芾

送大郎应举

天下英才米大郎，朝来跨马入文场。绪余惊世须魁选，归带蟾宫桂子香。（《全宋诗》卷一〇七五）

华 镇

贺盛秘教及第启

右，某启：伏审拜命枫宸，升华桂籍，伏惟庆慰。新恩秘教，渊源问学，藻黼词章。果收拾芥之奇，不坠满籯之计。方图奏记，先辱飞文。感服增深，敷宣奚既。

代谢人贺子及第启

右，某启：星邮载路，适当闻喜之辰；桂籍腾芳，窃有承家之庆。念箕裘之虽旧，顾兰玉以多惭。岂图入彀之英，允属过庭之子。年弥强仕，曾未越于《礼》经；名籍贤科，尚弗遗于世业。方轸既盈之虑，敢希溢美之谈。进服谦冲，增深感戢。（以上均见《全宋文》卷二六四七）

制举论

世之言马者有三：曰驽马，曰良马，曰骏马。皮缓而骨疏，少筋而多肉，左之则右，前之则后，虽有良、乐，不能以进退者，驽马也。服辀衡，顺衔辔，履规中矩，鸾和有节，不穷其力，无有奔败者，良马也。朝刷燕蓟，夕饮南海，追风逐影，绝尘弭辙，过都历块，飞蹄疾惊鸿者，骏马也。驽马之材，可以为脯为醢，用以养人，非人之所养，不足论也。良马之材，师行不过三十里，吉行不过五十里，步骤驰骋，穷之则乏矣，亦不足以尽致远之利。尽致远之利者，惟骏马能之。然马之骏者，未易可得。古之求骏马者，视其所视，而略其所不视。至于牡而骊者，谓之牝而黄。骊黄牝牡，物色之易见者也，视马而有所不见。则其所视者微矣，不在乎物色之间矣！

辀衡之下，衔辔之间，进退规矩之中，鸾和节奏之内，求天下之马，天下之马远矣。士之材甚有似于马也！人主知马之说，则能知士之材矣；知求马之道，则知取士之法矣。愚而自专，曲而自用，椳钝不足以赴机会，疲懦不足以济功业，与物则迕，遇事则废者，驽马之材也。有为之世，如驽马者，无所用之。智足以效一官，明足以见所察，学术有达于古，事业有济于今，陈力就列，职无旷败者，良马之材也。然可以小任而不可以大用，足以守常而不足以应变。干大事，咨大议，深谋远虑，宏辞硕论，出众意之表，定利害之几。闻其言者心开目明，如披云雾而睹青天；观其成者心悦诚服，如入宗庙而见众美。必得天下之士，非常之人，然后能也。非常之人或不习常人之业，常人之事不足以察非常之器；亦犹天下之马不驯于车下，良马之材不足以格骅骝，人主不可不知也。制举之科，自汉设之至于今，皆所以待非常之人也。然不以论议施设之是非为中否，而先以隐僻疑似之题，掩其不备，出其不意，以记忆之多少进退之。应诏者虽无深谋切议、高才硕德，侥幸六题识其四五，则获奉大对矣。智如晁错，直如刘蕡，纯粹宏达如董仲舒，不幸忘二三论目之所在，则遂从报罢，不得摅发所蕴，献达于上矣。所取之法与所求之意，何相戾欤！夫道有本末，能有大小。术贯帝王、功格上下者，道之本也；文采辞令温厚尔雅者，道之末也。奇谋伟略、经济世务者，能之大也；博记隐僻、问无不省者，能之小也。伊吕成汤武之业，书传不称其强记博文；祢正平一览无遗，笔不停缀，而智不足以自保。设制举以待非常之人，而求之博记隐僻者，谓必能济天下与夫？制举之设，务求博记隐僻之人而已，不必非常之士，则非吾之所知也。如其不然，诚恐所取之法，未称所求之意，不足以致天下之士，得非常之人。任举阅试，虽与进士殊，要其实则殆相似尔。(《全宋文》卷二六五三)

陈师道

送王君玉赴试

汝颍诸王后，风流独此人。谈锋坚百战，笔力举千钧。得士吾无愧，多闻子未贫。平生三学士，相见定相亲。(《后山逸诗笺》卷上)

次韵杨内翰赠诸进士

一官归老岂嘉宾，喜见群材入选抡。学变古今人得意，化行梁楚俗还醇。士蒙余勇天同力，诗度清秋物再新。勉作功名收善颂，径从平地据通津。

陈询秀才归徐

千里相从愧子心，未堪归路马骎骎。更能作意怜衰病，肯复重来道古今。三岁有期看一举，百年聊待到千寻。行逢净社论余习，为说登临久废吟。（以上均见《后山逸诗笺》卷下）

贺人及第

试艺中程，造庭赐服。永作乡间之观，岂特交游之光？某钦承不遗，先辱贻问。其为感幸，莫尽意言。（《全宋文》卷二六六六）

拟御试武举策

问：汤武之兵无敌于天下，然而，或曰出其不意，或曰天命未也。晋文公伯者尔，然欲用其民，则曰教之义，示之礼与信。夫出其不意，诡道也。诸侯不期而会者八百矣，然而犹曰天命未也，其故何哉？能用其民以礼义信，然而不曰王者之事，何也？昔之誓师者，或曰“孥戮女”，或曰“有常刑”，或曰“有大刑”，或曰“有无余刑，非杀”，其不同何也？司马迁读《司马兵法》，曰：虽三代未能究其义、如其文也。今其书尚在，其义难尽、其文难遵者，何欤？墨子之诎公输，九攻而九拒之；诸葛之服孟获，七擒而七纵之，其智安出哉？诸羌犯汉，辛武贤、段纪明则谓当大击之，赵充国、张奂则谓兵可罢。以罢之为是，而纪明之战克；以击之为便，而充国之算胜。或谋同而功异，或论殊而效同，何以然也？子大夫习于论兵，造庭待问。其以所学，具著于篇。

京东策问

问：史称汲黯之戆，而武帝以谓近古社稷之臣，何其异也？黯固武帝所不悦，而敬礼不衰，不冠不见。夫人臣而屈其主，何以得之？黯闭阁不事事，而所临三郡皆以治称。楚地盗铸不禁，宜用文吏，以武胜，而独用黯，何也？淮南君臣谓丞相可说，大将军可刺，而独畏黯。黯不可说也，亦

不可近乎？愿闻其说。（以上均见《全宋文》卷二六六八）

晁补之

缀古诗语送无斁弟赴举

鲜民之生，靡瞻匪父。母氏劬劳，宁不我顾。兄弟无远，惟予与女。执子之手，此夕何夕。我心蕴结兮，嗟予弟行役。二之日栗烈，飘风发发。子之清扬，麻衣如雪。载驰载驱，出宿于干。揆之以日，体无咎言。既差我马，远送于野。敦彼独宿，于林之下。无衣无褐，不念昔者。陟彼高冈，或降于阿。瞻望弗及，独寐晤歌。展转反侧，不平谓何。显允君子，洵美且异。温其如玉，干禄岂弟。春日载阳，薇亦作止。睍睆黄鸟，嘤其鸣矣。（《全宋诗》卷一一二六）

送石梁赴举

鹤知半夜鸡知旦，岁晚淹留客心乱。功名识时贵及早，不忍饭牛衣至骭。家居负米有季弟，能视明星弋凫雁。男儿业就可以行，桃李荣时腰绶灿。（《全宋诗》卷一一二九）

送李知章下第归河北

斗鸡击剑邺王台，万古英雄死不埋。子去悲歌宜有和，露萤白首亦常材。（《全宋诗》卷一一三八）

杨　时

和郑商老下第

雨余新惹一番愁，展转衾寒客思悠。献璞又添今日恨，登科空负昔人羞。林泉水石君先到，京国风尘我尚留。若为浮名苦憔悴，前春行钓巨鳌头。（《全宋诗》卷一一四七）

代人谢解启

卞璧前陈，顾何求于燕石；秦医并畜，俄有取于猪苓。省分知荣，抚躬增愧。窃以难进者君子之义，易失者圣人之时。环辙载贽，将有行也，虽急仕犹不以为污；操筑鼓刀，将有待也，虽自溷或不以为辱。永惟出处之大致，固宜义命之两全。贵乎中行，孰可已甚！况值离明之两作，仍丁泰吉之大来。设科目以振拔滞淹，举经行以网罗遗逸。朝以进贤为急务，士知不谷为可羞。故韬光晦迹者弃岩穴之居，而怀瑾握瑜者有廊庙之志。顾兹千载之兴运，是为希世之罕逢。凡有见闻，孰不奋励？如某者，学惟为己，才不逮人。徒袭父兄之余风，不坠箕裘之素业。并驱夷路，自惭跛鳖之难前；笃信所行，终类愚公而见笑。一窃乡荐，旋黜春闱。分甘自屏于樵渔，意复何祈于轩冕？再攘之臂，忘搏虎之可虞；屡北之兵，徒闻风而犹骇。孰谓已归之气，俄伸久屈之中。退省厥由，所来有自。此盖伏遇某官，至公处己，内恕及人。以教育英材为乐，而务在兼容；以推毂士类为任，而常思博取。致兹庸妄，亦与甄收。敢不勉自激昂，仰怀知遇，益勤素学，愈砺前锋！驽乘何能，幸尝骖于骥尾；天池可到，终有待于鹏风。过此以还，未知所措。（《全宋文》卷二六八三）

张　耒

闻郊老下第作诗迎之

淡墨高张动禁城，风驰电落走寰瀛。从来万卷贮便腹，可得千人无一名。且向江边伴逐客，会须天上冠群英。遥思匹马千山里，孤店村深听晚莺。（《张耒集》卷二五）

晁说之

鹿鸣席上送诸先辈诗

周室宾兴绮席陈，汉家劝驾礼还申。鹦迁同谷烟霞喜，鲤化琼林雨露新。日御骎骎须六辔，奎文烨烨自三秦。先应沉醉换春色，病守狂吟已觉春。（《全宋诗》卷一二一〇）

邹　浩

送王幼安赴举

几年幽径委榛芜，此去寒生孰子如。笔下奔腾三峡水，胸中突兀五车书。岂惟丽赋欺弘正，会使清时识仲舒。富贵由来皆骨相，门闾高处莫趦趄。

送二弟赴开封举

古人捧檄缘亲喜，况值秋风一鹗天。相与抟空谢蓬艾，归来称寿采衣鲜。

送薛唐卿赴省试

河东文物久尘埃，之子亭亭郁有材。已见中天鸣鸑鷟，不应环堵更蒿莱。绿衣春色知谁共，青简风流自此开。倾耳西州人快意，玉阶曾上直言来。

送周茂宗学正赴省试

草衣藿食寄尘编，凛凛声名玉几前。命数曲留成大器，乡书重上欲华颠。一鸣竟与凡禽远，三献方知美璞全。二十余年古人志，从今摅发到青天。

送周天和学谕以次十一人赴省试

日月交光万国同，群英无复叹途穷。长松竟拔徂徕雪，骏马争驰冀北风。黄卷论心窥圣域，青云携手赴王功。归来协气充闾里，好是邦人识频宫。(以上均见《全宋诗》卷一二三八)

毛　滂

刘秀才明仲当赴礼部试，从县令毛某乞诗聊作一首

君不见广文博士老郑虔，才名四十寒无毡；又不见汉阳计吏赵明叔，文章不如一囊钱。胸中道腴五味足，外虽枯槁中芳鲜。不妨止有书一束，索米未肯侏儒贤。平生固用笔耕尔，行发墨颖收丰年。会当少见会稽绶，勿嗟已卖琅琊田。(《全宋诗》卷一二四七)

李　新

言科举书

某名位低下，习为高语，不识揭厉，妄用所业赞显人将以伸知。而公

府潭潭若渊，显人胸中无涯涘，自当不报。始时欲言，舔笔和墨，临文辄罢，曰："是大亡益，祇自劳耳！"幸今阁下订意人物，与前者不侔，故某两有所献，未滤清浊，澌钟牛铎不入里耳，冀天下之知声音者过而问焉。窃惟科举一事，西南硕学病之久矣。古有乡举里选之法，推有德行道艺者登其数于王，王拜而受之，谓之贤能之书。战国之士，急喘疾驰，荣誉朝夕。谓谈仁义如孟轲，于齐不过为下卿；谈王制若荀况，于楚不过为祭酒；儒其业若叔孙通，于秦不过为博士。去而学兵，学兵可为将；不如学揣摩，揣摩可以为相。于是，周孔之道脆弱不振者久矣。汉代崇经，士皆专门。非伏生《书》、田何《易》，则谓之无师；非父子传授，则谓之无法。故汉之文章闳博渊粹，号为得人之盛。下此如魏、如晋、如齐梁间，设科不一而士气浮伪，无可持循者。今日取士，大抵与唐相低昂，而法度栉比往往过之。然郡国变诈未能尽去，且一经之弊甚于声律，而命题植意可以网罗。每闻邛之士走蜀，蜀之士走眉，成都、绵、汉、彭、嘉、陵、简之士又不知其它走也。多购厚蓄，更相贸易，以中有司之求。而迂学陋生，枕藉图史，大挟以入。有司任好恶，不以全场定去留，见皮相马，用指测律，未能考实，其失愈多。中间赂遗贿行，幽谈聚笑，神鬼凄恻，污吏不顾，祟满溪壑。外树牙纛，中启关键，棘围重重，无补严密，同列者岂能究之哉！视其面，若无蹊隧可入。而其意之所私，高则出月胁，远则过旸谷，其深包曲藏，则在苍梧云梦之野，同列者岂能究之哉！剽金者忘人，贪饵者忘钩，有司之不公，不明者忘法。且三晋之士尚权变，有因权变以成功；齐鲁之士竞口舌，有因口舌以得官。习则为风，恬岂知怪，而况科举乎！唐薛登尝言："今之举人有乖事实。"明制才下，试遣搜扬，驱驰府寺之庭，出入王公之第，俗号举人。谓之觅举，觅为自求之称，非人知之辞。其为弊何特今日邪？崔郾试士，东都吴武陵持杜牧《阿房赋》诣郾，使以第一人处之，郾以有所主，而牧之出得第五，是非为有力者所夺邪？往年刘青州关情于此，故文移校官，丁宁诃切，往返件谕，开陈根萌，以逆闭其途。而十四郡之士，以此相庆。其檄草当在，尚可复视也。吁！三岁括贤于海内，实朝廷大事。其上以为三公，其次有簿书、狱讼、钱谷之寄，虽小亦有民社之托。而令俗才侥幸以得盗天官者，愚弄其衡柄，直使人惋愤！恭惟阁下，以文雅道，实取至公上第，周流四方，知人之情伪。而《皇华》之光，再照右蜀，雍容温润，出于天姿。

和而不同，缓而不迫，以待吾蜀之能言者。有使者若此，其忍负之哉！如上所陈，倘可征采，愿闲燕索言之。（《全宋文》卷二八八五）

晁咏之

谢及第启

大廷献策，尝妄奏于朴中；哲鉴辨才，亦与荣于群俊。岂愚者必有一得，盖明主可为至言。幸非所宜，荣以为惧。窃惟国家柄大公而取士，辟数路以官人。谓词藻所以程才，故精以渊、云之赋；谓经术所以造士，故首以周、孔之文。试益谨于端门，策加详于秘殿。人思在列，学愈专精。闾里之间，笑不谈于仁义；公卿之胄，耻独美于膏粱。虽幸承家，无忘献艺。竞笃青箱之学，争先黄绢之辞。岂以捷径而并趋，盖耻前人之不逮。上方劝学，士已成风。一出此途，多至名士。欲副甚盛之选，宜得非常之才。如某者，学不适时，器非涉道。一官聊尔，似是马曹；浅尚邈然，不堪吏职。学孟轲之求己，甘邓禹之笑人。虽独好于简编，本不长于科举。勇惭州绰，讵合先鸣？学谢公孙，果羞复上。徒以遇时千载，食德百年。四世继直于书林，五叶踵登于词级。殆无虚榜，并继芳尘。后生或以为难能，前辈亦许其盛事。顾虽极陋，亦耻无功。幸三驾之有成，甘十年之不调。穷虽借一，气尚当千。唯人才本出于下中，故名字难居于甲乙。图王得霸，虽非初心；转衣为裳，未为失计。属时家甫，入与考官。当殿上之胪传，越周行而告谢。搢绅赞喜，父子交荣。虽中鹄之未工，庶续貂之已幸。退循忝冒，实有夤缘。此盖伏遇某官，盛德熙朝，高风盖世。文章议论，后进宗师；道德渊源，九牧称叹。谓育才所以为报，故使人乐其有成。怜此孱庸，假之岁月。俾不迷于簿领，庶或就于声名。凡兹尺寸之功，尽出帡幪之赐。某敢不益坚矩尚，期称厚恩！尘既望于阶墀，力愿伸于犬马。阮瞻三语，自分非才；郿蔑一言，窃尝有志。过此以往，不知所裁。（《全宋文》卷二九〇九）

周行己

送王天粹登第归

王氏青箱学，名家千里驹。朝廷求士急，吾子应时须。上第人皆有，

高才世久虚。别君谁暖眼，书信莫令疏。(《全宋诗》卷一二七二)

送季商老下第序

古之所谓士者，其自养也厚，其自待也重，其自信也笃。上之人求之则必知之，知之则必用之，用之则必尽之。卓荦者无不遇之叹，阘茸者无偶得之幸。故在下者，皆自好而可以无疑也。后之世风教不明，沦于流俗，贤既不能自辨，而上之人亦莫之察。朝有混淆之风，下无难进之节。气势一去，风流遂远。故高尚者谓其清劲足以激贪污，节义者谓其气概足以动流俗，乃始见高于当世，而载之传中以为异。后世欲有为之君，又设为科目，以进退天下之士。笼取识拔之术，无所不至，法益密而进者益靡靡。呜呼！士每贱矣。今之由四方举于礼部者几人？由礼部进于天子者几人？其取之不为不详矣，其得之不为不艰矣，然而士之所以自负者如何哉？上之人所以得人者如何哉？古之法至简，取人至寡，而贤者必进，不肖者必退；今之法至密，取人至多，而贤者不必得，不肖者不必黜。天下之人非不知之也，谓其无以易之也；朝廷之人非不知之也，谓其无以易之也。呜呼！其终不可以复古乎！古之以行取之也，故得之；今之以言取之也，故失之。然则非行不足以得人，非言不足以取人，吾于二者有道焉。商老其起予哉！行修而不得进，言工而不见取。曰朝廷之过也，则非也，曰有司也；曰有司之过也，则非也，曰法也。士之才与业待法而为轻重厚薄，是法之过也。则安足以得士哉？商老起予者，故其行也，以此说赠之。商老以为如何哉？异日吾有待焉。(《全宋文》卷二九五二)

策问·学校科举

问：为天下者，莫急于得才。学校所以养才也，科举所以取才也。方今内有太学，外有郡县之学。太学养士数千百人，郡县之学多者数百人，少者数十人，不为不盛矣。而科举三岁所取进士、经、律、特奏名，率千数百人，不为不多矣。然而，朝廷议者犹患人才之难。夫岂养之之道有所未至，而取之之法有所未尽乎？将欲学校之间讲所以养之之道，以益今日之所未至；科举之外设所以取之之法，以广今日之所未尽，亦有说乎？诸君从事于斯久矣，必知其说。知其说而不以告也，可乎不可？(《全宋文》卷二九

五四)

饶　节

送傅仲默登第归麻姑

谢安中年不堪别,况我与子本末同。临川古郡著名数,麻姑且在邦域中。与君同方复同术,十年共度齑盐日。一身烂漫天地中,万里风霜今白发。南山之封木拱矣,此身万事相终始。何知迟暮犹羁旅,夜语对床辄三起。君今先着祖生鞭,我穷未办买山钱。君行启我方寸乱,抱琴长歌声彻天。西风萧萧木脱叶,表里家山落眉睫。为语淮南大小山,虽在侯门不弹铗。(《全宋诗》卷一二八六)

李昭玘

送徐州举人赴省试

淮夷之珠照夜明,泗滨之石声泠泠。昔时大禹致方物,神光玉色罗广庭。比年入献多豪英,褒雄妙思相凭陵。飘飘束书去观国,瘦马踏雪须垂冰。长廊白昼天宇清,落笔冉冉风云生。千官拱笏赭袍近,碧沟新柳黄鹂鸣。金挝虎士传姓名,鱼龙卷尾随雷声。州人洗眼望归期,会约春风载酒迎。(《全宋诗》卷一二八九)

李　复

论取士奏

臣恭睹神宗皇帝,悯士弊于俗学之久,慨然作新。造之以经术,发明圣人之遗言,使讲求义理之所归,庶知乎修身行己。上以事君,内以事亲,莅官接物,弗畔于道。而今之学者,曾不思此,平日惟是编类义题,传集海语。又,大小经题目有数,公试私课,久已重叠。印行传写,其义甚多,无不诵念,公然剽窃以应有司之试。终身之学,止于如此。甚者,至于所专之经,句读不知,音切不识。或误中选入仕,平生所学皆无可用。非惟乡闾无一善可称,虽有甚不齿者,亦更不问。朝廷建学立师,设馆给食,而偷惰苟且若是,安能副上教养之意哉!欲责其移孝资忠、临民应务之效,必不能也。古者乡举里选,非但取其浮文,必皆考其素行。臣欲乞立法,取士以博学行义为先，试言为次。抑亦绝其干托奔竞之私，察其器识材术之异。庶几所养可取，所取可用，圣朝有得士之实。取进止。(《全宋文》卷二六二三)

答彭元发书

元发试取所谓贤科者程文，与今之进士程文考之，相去几何？皆浮词耳。

答耀州诸进士书

某辱问科举程文之体，今之印行，为有司考之在高等者，其文乃程文之体也。虽然，此岂有定体？先须讲求义理的当，中心涣然，乃可作文。义理若非，虽洪笔丽藻，亦非矣。又为文，须去尘言，用事实，贵整齐，意分明，此其大略也。诸君于此，想尽善矣。勉应佳问，某再启。(以上均见《全宋文》卷二六二六)

慕容彦逢

和刘著作伟明贡院即事韵

簪绂千龄会，朝廷百度明。规摹追古治，符瑞协炎精。九叙民歌遂，三阶夜彩平。秉文称济济，乐育咏菁菁。经术渐摩久，人材长养成。礼闱参众听，文鉴肃群情。预贡观能吏，来游尽硕生。胸襟穷底蕴，头角竞峥嵘。簌簌珠玑堕，喧喧虎豹争。气冲牛斗动，词感鬼神惊。收视疑无我，湛思讵有声。袍纷晨雾委，帻岸宿云横。纳试庭除晚，遄归步武轻。身虽同脱鞅，心亦类摇旌。三级看鳞化，千金想睇迎。膏粱搜卫霍，行伍擢韩英。巧思怜金注，尘言沮海行。正迷花锦乱，忽睹玉壶清。奥义窥儒寝，纯音发帝茎。铅刀惭利割，瓦釜失虚鸣。已奏青钱选，初闻白雪赓。句从天外得，思与海同倾。相对一杯酒，当前二尺檠。诗坛瞻宿将，笔阵却骁兵。函剑腾秋紫，霜钟激夜铿。请降衔许璧，引过负廉荆。水落崖方露，犀燃怪自呈。川吟愁燕雀，林啸栗鼯鼪。莫逆谐心赏，相从与愿并。尘风传胜语，鼎浪阅名烹。待报迟星使，摅怀赖墨卿。何当启鱼钥，寒食尚留

饧。(《全宋诗》卷一二九四)

拟试宏词露布

圣人为度以天下,恩靡间于华夷;王者居一于域中,法尤严于诛赏。惟彼无知之黠虏,自干有赫之明威。爰兴问罪之师,五道并进;克殄反常之党,只轮不还。犹乾坤覆载之无私,而春秋生杀之有序。彼孽自作,兹无赦于邦刑;我伐有名,盖龚行于天讨。恭惟皇帝陛下,掌观万国,子惠庶民。令出等风雷,恩施同雨露。接武尧舜,比肩禹汤。凡诸含血而有生,孰不推心于弗忍?独拓拔之遗种,擅呼韩之故区。蚁穴至微,不当国家之一县;狼心相继,敢肆蜂虿者百年。啖以金帛而益贪,锡以土疆而愈恣。间出剽掠,恬为凶残。忘涵贷之至恩,逞陆梁之大憝。人神同愤,华裔弗容。枭首稿街,未正不庭之戮;游魂葱岭,尚安匪茹之居。臣等材力弗强,智能无取。谬当分阃,岂纵虏以求全;弗共戴天,誓与贼而俱毙。拥铎号令,仗钺驰驱。初屯横山,进薄灵武。景星烛王旅,天狗堕贼营。以仁侮亡,奚孤虚之足考;自上伐下,顾主客以何施?士气鼓熊罴,兵威摧嵩岱。或东冲以张我左翼,或西击以断贼右肩。月羽翳空,霜锋耀野,鱼甲粲烂,兽旗玃挐。伐鼓震天,挥戈回日,腹背合击,首尾分携。我师益张,贼众大溃。僵尸满原谷,弃仗等邱山。草木类人而战士魂惊,风鹤有声而奔驰足蹶。六师乘锐,扫瀚海之妖氛;万炬俱燃,焚贺兰之聚落。邦封尽复,民俗咸新。臣等躬执干戈,名联士伍。凭社稷无疆之庆,遵庙堂必胜之谟。时未及瓜,已咏劳还之什;功无横草,预闻鼓凯之音。不胜庆快之至。(《全宋文》卷二九三七)

回谢贡士乐偲乐传启

伏审上舍先辈,较艺儒林,策名贡籍。周乡论秀,与闻造士之方;汉郡观能,窃有得人之幸。辱迂华辔,仍贶长笺。谅修桑梓之恭,岂责琼瑶之报。聊尘谢幅,并展贺仪。伏冀隆私,特垂深察。(《全宋文》卷二九三八)

赵鼎臣

马宗玉教授自大名考进士归以诗赠之

清世谁人怨考盘,喜闻明诏竞弹冠。文章得路呈身易,衡石当前下笔

难。尽拔灵珠沧海暗，独横长剑晓天寒。知君故是抡才手，拟抱焦桐一问看。（《全宋诗》卷一三一三）

九月十二日诣王信孺赐第，因过书院，怀李萧远、王尧明题于壁。二君皆信孺客，相继登第，而王独第一，故云

平原门下客三千，桂籍连年得两贤。毕竟文章归第一，王郎后发独争光。（《全宋诗》卷一三一四）

贺祝德升先辈启

伏审策名艺苑，得隽贤科；昔之所期，今以为慰。惟邑里之轻重，视人物之盛衰。有如吾乡，密迩王国。山河控带，迹皆霸王之余；风气雅驯，俗有衣冠之旧。昔相传为多士，居见纪于四邻。久乎寂寥，旷莫兴起。至乃阖郡无应书者累年，遂令后生益绝望于前辈。父老之所叹息，闾阎以为诮讥。傥非豪杰之材，孰鼓败衰之气？犹赖吾友，再张我军，敢独擅于私荣，当大同于众喜。顾此逢辰之始，是惟兼济之初。功名非不可为富贵，皆所自有。愿勤宣于令德，窃敢在于下风。此日一鸣，有志者事竟成也；异时千里，将沛然孰能御之？谁曰不然，吾犹有望。幸加餐而无怠，思藏器以自珍。情形于言，书不尽意。

答谢崔稷躬解元启

向缘乏使，获预校文。顾拙目以成疏，幸清钱之在选。盖尝夸于坐客，私自喜其得人。敢图谦中，特枉笺翰。久推迁而不报，益悚负以知惭。伏惟解元先辈，行高乡评，学有家法。未任戴冠之日，已出惊人之鸣。曾屡鼓之不衰，殆百发而皆中。是宜决胜，谁与争锋？然而骤觌夜光，或遭于按剑；未逢伯乐，有至于倚辀。空什袭以自珍，竟三献而莫售。所贵乐天而知命，固将藏器以待时。周公岂欺我哉？一第盖匽子耳。宜掉臂而不顾，遂大笑以出门。弃甲则那，姑受辱于胯下；视舌在否，会奋翼于渑池。期诸异时，慰此平日。念槐夏之方永，咏芝庭之有休。愿乐道以自虞，思为亲而加饭。区区之悃，眷眷于斯。谨奉启陈。（以上均见《全宋文》卷二九七八）

唐庚

送乡人下第归乡

闭门诵书史,已读万卷破。养气塞天地,不受一毫挫。名声落空廓,踪迹长坎坷。尘埃相邂追,齿发嗟老大。文章心未死,功业手犹唾。世事若循环,天理犹转磨。朝得暮或失,俯吊仰辄贺。行见风云会,惊起南阳卧。

送赵安道下第归乡

大官危,小官卑,君不得官君勿悲。君不见前日宰相今海涯,胡椒八百斛,流落知为谁?又不见州县官,折腰事细儿。常忧一语不中治,敢对西山笏拄颐。大官危,小官卑,君不得官君勿悲。愿君酒量如鸱夷,勿作瓶罂居井眉。与君赌取醉为期,明日乌帽风披披。(以上均见《全宋诗》卷一三二四)

贺王安抚启代

伏审令嗣秘书新恩赐及第者。潜心几案,素高黄绢之词;唱第殿廷,果叶青钱之选。士流胥庆,儒道增光。窃以间岁搜贤,本朝廷之故事;一经肄业,复神考之新科。人材一兴,仕路四辟。非有过庭之教,曷充入彀之英。恭惟某官,俎豆儒风,诗书将业。投班超之笔,意气一时;请南越之缨,功名万里。遂推余泽,俯及诸郎。得片玉于昆山,复青毡之旧物。挥毫洒翰,实高贾、董之才;干蛊克家,行继韦、平之盛。某未遑展庆,先辱飞文。感愧之殊,敷宣罔既。

答解元谢启

篆刻旧人,望经郛而未见;眩昏老眼,岂文鉴之能精?偶为国以得贤,则因人而成事。尚期勉励,前膺縻爵之荣;益使衰迟,坐获知人之誉。百函拜赐,十袭藏珍。(以上均见《全宋文》卷三〇〇八)

释德洪

何忠孺出芝草三本皆黄色，指其小者曰："昔登第时产此。"今重华为作此

家山又产灵芝瑞，天独于君著意深。层秀已成重盖兆，色黄更类笏头金。(《全宋诗》卷一三四二)

廖　刚

衢州试院次韵盛当时官长宠示二绝句

洗眼贪看幼妇词，玉人空遣暗相思。凭谁为报归期近，趁得桃花烂熳时。

挥麈论天幸此同，酒杯共笑夜炉红。共须速了公家事，相逐西湖泛暖风。

抚州试院次韵王元衷上元作

帘垂永日小亭幽，时节惊人特地愁。万井笙箫怀帝阙，一檐风雨寄他州。青藜定遣相辉映，绿蚁何妨共拍浮。不料篷窗今夜月，一时分付与高楼是日风雨，夜深乃晴。(以上均见《全宋诗》卷一三四八)

许景衡

兄长省试下第还乡，以不及顾拊景衡于此，情见于诗，谨次韵

江边送我赴瀛洲，风物萧萧又见秋。百岁能禁几回别，此生已是十年愁。塞鸿自觉东南远，汴水谁教日夜流。泪湿西风知有寄，尘沙漠漠漫回头。(《全宋诗》卷一三五八)

代人谢赐及第启

籍名璧水，浪缀诸生；锡第天庭，猥叨异等。幸非意及，荣与惭并。永惟致治之原，尤以取人为急。听其一日而自售，则有仓猝见黜之嗟；较其平生之所长，又有请属徇私之弊。顾时事偏倚之若此，则人材隆替为可知。惟熙宁之永图，继商周之绝业。崇五经而造士，使知道德之归；建三

舍而育材，申严庠序之教。待之以月书季考之持久，付之以糊名较艺之至公。于昭盛时之作新，一扫前世之通患。多士之幸，有年于兹。迨上圣之纂承，举宏纲而润色。谓首善太学者固已毕举，而嘉惠四方者尚或未遑。必欲纳英俊于彀中，莫若广学校于天下。厚锡廪食，遴简师儒。焯然贤能之书，会乎升贡之选。西雍肄业，日闻弦诵之洋洋；南宫试言，云集布韦之济济。及乎裁择，得者几希。而况鼎足之升科，特出天心之吁俊。宜得瑰伟异能之士，助成缉熙先帝之功。如某者，白屋寒儒，青衿小子。九龄而书大字，惭非脱颖之才；三年而通一经，粗知务本之意。徒被父兄之诲诱，重以师友之琢磨。自顾鄙钝之资，亦叨教养之泽。敢惮焚膏而继晷，自甘嗛腹而寒肤。诵音琅琅，固常燥吻；笔端亹亹，了不惊人。弗图乡老之误知，旋被春官之甄录。比趋帝所，伏读天题。野鸟何知，方骇咸池之奏；河伯望叹，莫量北海之涯。勉竭所闻，以承清问。仰渎盖高之听，深虞不韪之诛。岂意涣恩，俾居前列。勉学为己，乃贱士之所知；致禄及亲，在人子为可喜。退循侥幸，良有夤缘。兹盖伏遇某官，有王佐之才，任天下之重。介圭入觐，父老欢诵于道途；公衮言归，天子喜见于颜色。方将图任，以副具瞻。遂令孱琐之余，亦预陶镕之末。某敢不祗勤吏检，益励身修，忠孝两全，清白一节！上报生成之造，次酬奖拔之私。过此以还，未知所措。

代人谢赐及第启

法坐天临，儒冠云集。自惭驽下，亦预胪传。曳服有初，抚躬知惧。洪惟元圣，绍休裕陵。作成人材，仰跂熙丰之盛际；缉熙治具，无愧商周之哲王。惟三舍之宾兴，偕万方之计上。纷然杂沓，共须禹凿之雷；存者几希，如观矍相之射。虽曰下列，岂容鄙人？如某者，三江贱生，七闽旧族。江湖流寓者再世，诗礼相承者百年。暨诸父之决科，幸贫家之得禄。方云津之凌厉，怅世路之艰难。故虽贤杰之并游，讫叹功名之莫就。惟时童稚，实托绪余。猥闻善诱于庭闱，浪缀上庠之弦诵。中叨一鹗之荐，何以堪之；退从六鹢之飞，乃其分也。栖迟里闬，荏苒岁时。人皆笑其无奇，已独安于有待。属恢儒于雍泮，纷入彀之英雄。不量樗栎之微，妄意弹画之用。六艺六行，敢当考察之科；三沐三薰，亦陶教养之泽。充贡不遗于乡老，奏名旋辱于春官。顾末学之何知，愧诸公之过听。作气勇于再鼓，惊人期于一鸣。比趋严宸，恭承清问。第以草茅之贱，仰瞻天日之威。虽勉力于见闻，终自惭其鄙讷。方虞退黜，上辜奖借之私；岂意甄收，曲被生成之造。盖圣时宽大，自无弃物；故贱子釁缘，叨继后尘。窃桂籍以承家，顾荜门之何幸！兹盖伏遇某官，为仁由己，以道事君。永惟致治之原，尤以育材为急。兼收并畜，曾无妍丑之或遗；补短绝长，故均尺寸而皆用。致兹孱陋，亦被品题。某敢不上体宠嘉，益勤问学！貂续以狗，徒自愧于斯时；牛后于鸡，或有成于异日。庶几埃露，上报丘山。(《全宋文》卷三〇九三)

试士策问

问：乃者朝廷罢科举，辟学校，以养士。迪之以经术，而别之以三舍。其月书岁贡之法，委曲详尽，由秦汉以来未之闻也。固足以继志神考，而比隆成周矣。然尝考诸《周官》，凡士之钦敏任恤，孝悌睦姻，与夫德行道艺，皆闾胥族党之所书，其科目备矣。其所以书，则后世未能尽晓也。故将徇其名耶，则有三日不食，人皆以为廉士者；将徇其实耶，则又有出妻屏子，人皆以为不孝者。然则闾胥族党果何从而书之乎？今月书行艺行于学校，得人之效固已著见而无疑矣。必欲举成周取士之法，行于乡闾族党之间，则其所书名实之际，能无惑乎？二者，诸君讲之旧矣，盍以见告？(《全宋文》卷三〇九七)

葛胜仲

和尧卿兄喜孝卿兄登科

兴贤赐第集英春，劝学应从孟母邻。黄甲科名新赫奕，青云岐路肯因循。暴鳃昔恨登龙晚，饮羽今惊中鹄亲。云陛开陈三道要，宁容举首属他人？(《全宋诗》卷一三六六)

策问·取士

问：自乡举里选之法废，而以词艺取士。略其平时而论其一日，凡流幸进，望士间黜。非徒朝廷之深患，待举者亦病之。裕陵稽古，欲核实于庠序，而渐革科举沿习之弊。于是成均政令一新，广轮奂之居，丰饩廪之秩，慎师儒之选，增弟子之员，优迁补之条，重请寄之罚。以至于今，人材之成,比隆于多士济济之世,德至厚也。今朝廷欲推广美意,增建州县学,择其秀出于等类者升之辟雍,论材而官之。议固已定,而法则未下也。诸生试论著其详,以待讲议局之采择。

策问·试士

问:国家三岁一下明诏,猎取天下俊杰。考其经以观其学,考其论以观其识,策之世务以观其才,其轩然秀出者不旋踵而畀以爵位。招延之路甚广,眷礼之意甚隆,而禁防之术似未尽也。论者谓近岁场屋有四弊:不书行实一也,限以定数二也,冒名代试三也,挟书求售四也。昔贾至议贡士,欲使保桑梓者乡里举,在流寓者庠序推,庶几兼得士之行实。今徒责一日之文,而略平日之行,则可乎?丁鸿议孝廉,使郡国率户二十万岁荐一人,不满则二岁一人,故能革前日不均之患。今诸郡取士宽狭至相倍蓰,初不顾应书之数,而一切限以定额,则可乎?假手旁坐,借人外助,此唐弊法也。今欲得真才,如之何不峻其防?陈书庭中,不肯露索,此唐异事也。今欲观记问,如之何不核其实?考言选士,近在数月。诸君智策甚高,通达国体科选利害,讲之尤宜详。愿悉意陈之,将以告于春官氏焉。(《全宋文》卷三〇七二)

谢　迓

闻无逸兄下第归

丰林分首各消魂,兄弟伤离况玉昆。初谓过都留虎脊,又令点额向龙门。往闻淮北雪花大,归值江南梅雨昏。欲寄短书无别语,年来花柳自村村。(《全宋诗》卷一三七七)

王安中

次韵魏端夫田石送赴试词学兼茂

谢辒归宁雪载途,新诗还道絮何如?时因公子监门会,颇识中郎阿大余。赋笔久无三峡水,囊书老趁独轮车。只今靖郭家儿舍,谁似先生食有鱼?(《全宋诗》卷一三九二)

张　扩

读试卷有感

巧语互一律，纷然如铦锋。挥笔余万言，积案成千重。谁令缪悠子，持衡居其中。两目病且昏，不辨牛马踪。而使视试文，岂能分雌雄？往时心力强，眼明耳犹聪。本欲藉科举，脱此文字攻。一朝反自缚，身随蠹书虫。负郭有田园，犹存荒菊丛。频年秔稻熟，酒贱尊不空。胡不驾柴车，远揖陶令风？作诗请伯氏，林下相追从。（《全宋诗》卷一三九五）

回温州举人启

伏以献贤能之书，与闻末论；揭龙虎之榜，喜得英材。惟永嘉望重东南，而前辈类高名节。逮兹秋赋，允契月评。不独才华可配于古人，实亦行义有闻于乡老。恭惟解元秘省，词尚体要，学穷渊源。笔扫千人，壮春蚕之食叶；文成七步，笑老獭之祭鱼。争先黄绢之辞，妙中青钱之选。某索居久矣，旧学茫然，谬持权衡，颇眩珉玉。初期拔十得五，少厌浮言；安知绝伦逸群，尽入公举。縢缄见贶，借誉过情。莫报琼瑶之珍，永为箱箧之好。感佩之意，敷述奚周。（《全宋文》卷三一九九）

翟汝文

承务郎李璆中上舍赐第除辟雍录制

汝食旧德，有列于朝。能策名学校，以艺自奋，其可与众齿乎！申固命秩，以为汝宠。（《全宋文》卷三二〇七）

上舍出身宗室子厚子修等从事郎制

朕长育人材，庶几古昔。惟多士生此王国，莫匪俊髦；抑黎献共为帝臣，助成至治。矧祖宗神明之后，而公族本根之亲，岂无其人，以副朕意！汝等率循胄子之教，亦列乡老之书。思保令名，无忘所学。（《全宋文》卷三二〇八）

试进士策

问：昔先王结绳以为政，而天下莫能欺；其次，画衣冠以为民纪，而天下莫能犯。后世爰及,始为刑辟以教民,详矣。然犹议事以制,不鄙其民,惧其弃礼而有争心也。或以为太上先德,德不及而后有刑。又曰:或教而不诛,或诛而不怒,所以御世则殊也。嗟夫!所为执刀锯以刑人,而伤肌肤以为戮,岂圣人得已然哉!夫刑用甲兵,则陈之原野,小者致之市朝,其谓兵以止戈为武,而辟以止辟也。故周公之颂武王曰:"载戢干戈,载櫜弓矢。"至成康刑措而不贰,无一人奸命。夫成周未远也,孰谓是民也不可与化乎?圣上垂衣渊默,服宇内而神武不杀,怀有众而天下归仁焉。凡兹蕃服,皆以属吏。既已消兵矣,不逾时也,而囹圄屡空,不几于刑措矣乎!将与天下晏然寝兵,措刑而不复用,虽至于百世可也。所以不用而持之长久,有司欲有问焉。生其以所闻诵之。

试武举策

问:昔者刘、项之存亡,智与力之不敌明矣。至曹、刘、司马、诸葛氏此四雄者,固相埒也。方曹公闻孙权以荆州与备,至于落笔;先主下邳之役,失匕倾曹公之言,则英雄固不并世久矣。以豫州失身奔窜,崎岖数危国之间,用兵每战折北,其智勇孰与曹公哉!曹公摧韩、吕、二袁之强,乘震四海之威,英雄无所用武,顾所畏独先主。夫畏人之与见畏于人也,岂可同语哉!曹公不能乘荆州破竹之势以取蜀汉,先主遗赤壁之力不能逐胜以袭许下,卒无以相越,将失其机会,而计不及邪?其亦势有所极而不可为也?兵法曰:"卒不可用,以其将予敌也;将不知兵,以其主予敌也。"魏蜀之有仲达、孔明也,以其将予敌,则蜀固已易魏而无难者矣。司马氏将全魏之众,不能越汉中以争寻常之地;孔明亦每岁耀师,不能伐三秦之众,岂其形势不利而智勇俱困邪?抑胜负相持而莫能动也?此皆负阻战斗之余国,顾诸生论兵,所好者机谋形势也。今朝廷方须筹划之士,以置边圉,当是时行军用师之势,与出奇决胜之略,聊试言之。有司以观二三子之能,且以待器使也。(以上均见《全宋文》卷三二一五)

程　俱

郁郁涧底松戏作省题

郁郁千山麓,常嗟涧底松。老应从禹贡,清不受秦封。偃蹇龙蛇蛰,摧藏冰雪容。地偏难斧斲，根固独凌冬。天近知材大，辰来有栋隆。山苗应见笑，穴蚁莫相攻。

和王给事易简殿试举人五首

切云冠弁拱长生，匝地英髦集紫清。共喜草茅承帝问，欲倾尘雾赞皇明。飘飘六翮鸣皋意，浩浩三眠食叶声。正学傥言应不乏，松筠宁为四时更？右试进士

十上宁嗟老此生，长年终得似河清。良金熟练精英在，古剑磨光星斗明。伏枥向来犹壮志，据鞍他日想腾声。当时谁出菑川右，充选何劳固请更。右试特奏名

射策兼收燕颔生，不须文檄似常清。惊弦戎虏从容下，聚米山川指顾明。岂但执戈堪武卫，还应舞羽继仁声。汾阳千古知无匹，怪底麾旌不浪更。右试武士

金闺人静月华生，玉宇风微晓露清。深拱北辰三素远，静看东壁几星明？嫱嫫岂易欺轩鉴，韶濩那容奏郑声。闻说壶天春日永，恍疑鳌戴欲番更。右考校

万里烟霄羽翼生，肉飞安用漱华清。绯头黄尾何劳记，紫籍青书故自明。香扑赐袍迷草色，风传宫漏出花声。骐骝一一充闲厩，千里那闻驾屡更。右唱名（以上均见《全宋诗》卷一四一九）

韩　驹

送黄若虚下第归湖南

时人会傍高门走，独肯来游翰墨场。已有哲兄如叔度，定知吾子胜文强。长淮白浪摇春枕，故国青山接夜航。乞得功名归遗母，未应深羡绿衣郎。（《全宋诗》卷一四四一）

刘一止

送太学旧同舍及第归乡

辇毂当年别，簪裳末路同。江湖人已老，家国恨何穷。山有伤心碧，尘无没马红。举鞭还送客，落日泪痕中。（《刘一止集》卷六）

李　光

孟传赐进士及第谢表

臣某言：伏睹今月五日，皇帝御殿放榜，臣男孟传蒙恩赐进士及第者。圣君图治，方搜四海之英材；童子何知，猥被九天之渥泽。恩覃魏阙，庆集蓬门。中谢。窃以下诏求贤，本以待寒酸之士；临轩发策，实欲闻谠直之言。教化以是为本原，国家由之而治乱。况及当今之急务，岂容泥古之常谈！自非夙负实学之称，曷以仰副虚怀之问？臣男孟传，才非茂异，识愧淹该。束带效官，未历簿书之任；趋庭禀训，粗知《诗》《礼》之传。仅逾既冠之年，偶齿命乡之荐。充庭上对，方怀谴累之忧；趋陛唱名，遽有超升之异。既尘乙览，遂置甲科。逊避靡遑，兢凌失措。此盖伏遇皇帝陛下，乾坤至大，雨露无私。念其犬马之微劳，获绍箕裘之素业。遭时不世，被宠非常。臣敢不策励初心，激昂晚节。仰服《诗》《书》之明训，益循忠义之大闲。勉移孝以事君，庶忘家而徇国。守经传后，愧非韦氏之贤；能事教忠，图效晋臣之志。臣无任。（《全宋文》卷三三一二）

王庭珪

送刘宏夫昆仲赴省试

我闻君家书满房，骑马夜过丛桂坊。乃翁危坐具灯烛，诸子读书喧两廊。问君读书一何苦，要取高官起门户。仰天大笑几时归，明年双鹄刺云飞。

送彭秀才赴国学试

君厌江南卑薄乡，担簦万里趋虞庠。虞庠黉舍中天起，上游英俊如堵墙。子欲战艺于其场，亦须旗鼓能相当。但得同升博士堂，看取官职如驱羊。（以上均见《全宋诗》卷一四五七）

送刘熙载赴省试

江南山欲穷，地与荆楚错。君生于其间，秀气郁磅礴。文章变骫骳，声名久渹硌。至于吐言谈，风味亦不恶。如何生寒窘，诗书对藜藿。天网罗英材，搜猎遍丛薄。君材万人敌，百鸟避一鹗。忽从布袖中，盈编出新作。奇怪惊我前，雷电杂风雹。行当试殿陛，宏文要追琢。同游三数公，词艺俱赡博。上方集多士，谋欲取京洛。径须陈治安，端不谈冗龊。致身青云上，去天才一握。早寄山中人，庶以慰寂寞。(《全宋诗》卷一四五八)

郡燕新进士，胡文侍读即席赋诗，因次其韵

雁塔题名处，蟾宫折桂新。英雄缀行列，材业济生民。荣耀初开宴，招呼如此宾。鹏飞上霄汉，横海脱凡鳞。(《全宋诗》卷一四六〇)

送刘子柬赴省

快锁荆州从事厅，荐书飞入九重城。试观文阵英雄气，定胜弓弦霹雳声。霜踏板桥天欲晓，酒醒渔浦雁初鸣。春风汉殿胪传近，换取青袍出帝京。

喜刘世臣仲美及第

同上青云踏玉梯，仍穿月胁取蟾枝。江南魁荐星文动，兰省名高天下知。共喜秀光前日会，争传真逸老人诗。万牛回首扶梁栋，可笑蚍蜉欲撼时。(以上均见《全宋诗》卷一四六六)

送刘克强再赴殿试

闻道田西刘克强，年来犹自读书忙。生平万卷非无用，岁晚一官聊足偿。曾卷笏袍还圣主，重携笔札试明光。汉庭射策推诸老，更看公孙独擅场。(《全宋诗》卷一四六八)

送李仲文赴省试

何人解荐相如赋，狗盗鸡鸣岂此流？壮志未登龙虎榜，荐书重入帝王州。烟生渔浦雁初下，月满江楼雾已收。早晚书来闻好语，沙头春晚望归舟。(《全宋诗》卷一四六九)

送项直卿赴省

逐客归来访里闾，后生文彩益增奇。低头见子如东野，满耳闻人说项

斯。果有高名动场屋，行观大策对丹墀。亲闻日望泥金信，报我仍须寄好诗。

送刘简之兄弟赴省

弟兄连榜俱高荐，正遇龙飞急诏求。兰省深严清禁近，丹梯曾上广寒游。岂惟一举两黄鹄，便好同修五凤楼。草绿江南旧行路，春风归马控双虬。

送刘天游益明赴省

两骥腾风上九垓，瑶林琼树绝纤埃。行观海运几千里，坐待春惊二月雷。霹雳一声天外响，婆娑双桂月中开。老翁日望长安信，报喜泥金早寄回。（以上均见《全宋诗》卷一四七〇）

贺杨徽猷子登第启

伏审令嗣学士，校艺兰闱，登名桂籍。士夫传播，闾里交欢。恭惟某官，教子惟以义方，积善必有余庆。材兼文武，谋赞钧衡。昔隐渔樵，能通天下之务；旋升馆阁，复运幄中之筹。词锋当一座之鼓旗，名誉振四州之草木。金门赐第，首蒙先帝之知；玉帐谈兵，独出诸公之右。是知善治狱者，门闾可大；能活人者，子孙必封。定国果侯，信于公之阴德；于陵有子，表杨氏之庆门。岂惟荆楚之材多奇，固知川岳之宝不匮。可并东京之名族，何惭南郡之先贤！龙虎同登，尽天下英雄之异选；风云千载，当国家宗社之中兴。廊庙竦闻，家声益振。某恨居谪籍，阻造台庭。徒怀贺厦以驰诚，莫获鸣靴而下拜。

回刘主簿谢及第启

伏审造廷待问，发策决科，岂惟党友之华，盖亦乡闾之盛。某官久籍时誉，得隽词场。不有孤峰绝岸之文，岂预千佛名经之选。鸿都造榜，收一时羁旅之遗材；万乘临轩，喜天下英雄之入彀。伫观贤业，以济中兴。敢辱华笺，尚及衰朽。

回李祖文谢解启

窃伏一乡之评，久淹贤业；始预广场之选，列贡天朝。恭惟某人，才过千人，辩雕万物。学有师法，识造渊源。吮嗽百氏之精华，言论六经之鼓吹。孰不惊降而焚砚，士皆竦企以瞻风。笔扫千军，复见少陵之咏；壁立万仞，可畏嘉谟之文。是宜梯身拔脚于云霄，指日挥毫于殿陛。岂期陋巷，过辱高轩。粲然赠我以金刀，何以报君之玉案？笺縢厚礼，蓬瓮生辉。感愧良多，敷陈罔既。（以上均见《全宋文》卷三四〇九）

送子野东游序

刘子野秋试不利，橐其书欲东游，谋入太学。夫太学者，贤士之关也。高堂广厦，层檐飞阁，矗在天半，如清都道山，蓬瀛之居。四方豪杰充塞其中，未易掉鞅而入也。子方战艺不得其志，乃勇于是行，岂非以方州科举之弊，近岁主司或蔑公道，不若太学之公无私邪？其志亦远矣！万一随牒一试而入焉，执经升堂，问道于国子先生，其门髦士以千数，皆角力杰出，有迁揉磨琢之益。子能择而交之，行成而名立，无患有司之不公。况今主上修法度，兴太平，退黜不廉之吏，取士之源复清，孰敢黩货而冒禁耶？自成均至于四方万里，其选举之法无异道也。霜风动天，草木黄落，行矣自爱，期子早归，以荣其亲。（《全宋文》卷三四一〇）

孙 觌

送王循道赴省试四首

龙扰已可屠，瓠坚今可攻。不辞千金费，莫计五石容。藏器古有待，用大难为工。平生不龟手，伫此一战封。

千金市骏骨，想象不可逢。安知辕轭下，魂礌卧肉鬃。天厩四十万，一洗凡马空。叶公莫惊走，始信有真龙。

秦俗自击缶，齐人善吹竽。宁闻牛扣角，莫奏凤将雏。独唱谁能晓，弥天和欲无。中郎非俚耳，为斫爨中枯。

殖绰拜勇爵，儒冠堪溺中。可怜毛锥子，诿诿尚争雄。夫君口击贼，陈言贱雕虫。行矣立谈间，可折万里冲。

少逸登第还里中，喜而赋诗，少逸过余，出示和篇，次韵为贺

帐底诸生拥鼻谣，诗书满腹似边韶。禹门击水高三级，尧殿披云焕九霄。骏马看花春寂寂，长檠烧烛夜寥寥。一飞更上金銮去，满袖香烟散早朝。（以上均见《全宋诗》卷一四八四）

周紫芝

次韵王次卿喜刘元亢登第

刘郎才思似春闲，文在阿房季孟间。尽把胸中着云梦，还从笔底看波澜。我无富贵询唐举，人说科名污次山。驰马行看归旧物，舞衣先喜慰亲颜。（《全宋诗》卷一五〇二）

拟省题桂林一枝诗

晋祚传千载，贤科重一时。拟横金殿栋，先剪桂林枝。月窟根盘壮，烟岩雨露滋。孤芳宁有种，凡木自多姿。臃肿樗空大，风流柳漫垂。惟应太邱令，功德季方知。（《全宋诗》卷一五三一）

李　纲

送士特兄下第之衡湘

都城三月春暮时，通津两岸杨花飞。送君结束适南楚，使我叹息生长悲。男儿功名致须早，夫子声誉久已驰。文章黼黻虽自许，时运龃龉将安施？霜蹄暂蹶未为失，云翮高举终非迟。人生且求适意处，天命会有不否期。潇湘千里渺烟浪，浮家早逐秋鸿归。娥英事实素难考，来时为读黄陵碑。（《李纲全集》卷五）

送罗惇诗赴举

计偕西去不容迟，暂聚还分与愿违。丹桂一枝应俯拾，青云万里看横飞。我方谪宦陪鸠杖，子欲成名戏彩衣。努力争先龙虎榜，发挥家学慰庭闱。（《李纲全集》卷一三）

綦崇礼

论王汾免解不降等事

《两朝宝训》:皇祐中,王禹偁曾孙汾登进士甲科,以免解,例当降等。上阅其世次,顾宰相庞籍曰:“此禹偁孙也。”命毋降等。面问其家仕者几何,汾具以对。及汾改京官,又命优进其秩。臣尝谓先王之教衰,而宾兴不行于天下。举贤拔才多以其私,历世患之,而莫能善也。于是设科取士,而贡举行焉。贡举之制,重于隋唐而盛于本朝,公卿名臣咸出乎此。然而,有司或容其私也,则必严其防禁以杜之。祖宗以来,先后沿革,条目烦悉,待之曲尽,具有成书。方诸先王,虽不能如宾兴之善,然公天下之道,舍此不可。何则?浇醇异俗,今古异宜,画一之制,岂其得已?奈何今议者务便人情,而每欲紊之也?观神宗时,免解虽得第者,例当降等。王汾优中甲科,亦在降例,特缘名臣之后,上意念之,而仅得免焉。岂不以不试于州,而与试艺,被荐者无所异,将不足以风厉学者故耶?其后累免,遇恩当特奏名,而正预省送,其唱第之际,反与之升名,已失兹意。又况近时,凡特奏名推恩,不问试策之高下,虽不当出仕者,悉令同预铨选。而与真中第者,殆将抗行,而侵据其员阙,岂所以劝能而惩惰哉!是故为国家者,不以恩废法,不以人情废公道,砺世之具在此故也。今艰难以来,衣冠失职者众,而入仕之门尤杂。铨部繁猥,而州县之员不足以待之,流弊极矣。然犹施此滥恩于累举不中选之士,而曰当收人情,臣所不解也。(《全宋文》卷三六五六)

张　纲

送侄合赴省试三首

破的雄乡国,担簦上帝京。路夷骧逸骥,天阔转飞鲸。学就千人敌,名归四海争。莫言年少在,岁月易峥嵘。

黄卷新儒业,青钱旧世家。征衣轻远别,祖席倍欢哗。云薄尧天近,山昏楚日斜。高堂朝夕念,擢桂是生涯。

圣主收群策,终军正妙年。精神挥玉雪,翰墨洒云烟。旧学嗟予老,

衰宗继汝贤。决科须第一,慎勿弃青毡。(《全宋诗》卷一五七六)

送公显应举

堂堂笔阵一当千,得意秋风急着鞭。百万破荒明日事,未应长欠亩头钱。(《全宋诗》卷一五七八)

送张辅卿省试

明诏搜贤动四陲,西来一鹗冠群飞。擅场笔势惊华省,发策才名上紫微。无负题桥平日志,要看怀绶故乡归。相逢肯惜倾家酿,已约莺花慎勿违。

送釜孙省试

英髦云集几千人,群试争看艺绝伦。一鼓搴旗先作气,三场下笔要如神。决科无失青毡旧,拜赐重添绿绶新。秀发孙枝吾欲见,梦魂已到上林春。(以上均见《全宋诗》卷一五七九)

代侄合谢解启

一郡应书,孰非勍敌;十条问义,独冠群儒。虽不足致之意中,亦自喜出于望外。窃以六经之要,百世所传。粹然道德之微,尽在是矣;炳若帝王之制,孰能违之?故自虞夏商周以来,莫非诗书礼乐之教。习闻其号,岂独见于修身;祓饰厥文,盖将用以取士。奈何报以一说,使之拘于小文。党同门而妒道真,是末师而非往古。大道既破,更令益繁。乃不能蕲进民心,复何以激昂士气。每发德音、下明诏,固以为将新复古之科;而进直贤、举实廉,乃反不能明当世之务。此汉唐所同患者,非睿智莫能革之。幸真主之笃生,喜斯文之复振。四海咸仰,万化更新。方一德以同风,学弛专门之禁,俄两忘而化道,人无异户之趋。师心自得于渊源,挥翰曷嫌于忌讳。文风荡荡,士论洋洋。乃复见三代之英,是谓极一时之盛。宜取国士,以最能书。如某者,智乏周身,才不逮众。粗学古人之事,靡谙世俗之心。韩子文工,送五穷而不去;相如志在,空四壁以徒惭。虽见笑于新学晚生,固未尝不潜心大业。然膏油以继晷,有类书痴;因笔墨以成文,颇或技痒。顷自成童之岁，固已挟策而游。较数子有一日之长，欲百战取万全之胜。乡评与善，泮水呈能。曾叨一鹗之荐书，遂冠六鳌而称首。观光上国，方欣从下土而来；合战春闱，不谓见大敌则怯。既折北而不就，敢图南而再飞！属兹更化之初，竞奋仰高之志。毛锥铁砚，念顽姿尚足以磨新；白苇黄茅，故荒学益加于鉏旧。适侯邦之诏下，偕乡士以朋来。笔陈争先，文锋竞逐。遣赵使而少一，初笑遂以备员。举汉士之无双，不图错乃充赋。出乎其类，得之若惊。虽藻鉴之无私，亦品题之过分。青毡旧物，去七年而复还；绿绮新声，鼓再行而愈丽。念言幺么，谁使遭逢？此盖伏遇某官，性禀岳灵，才高人杰。华国富文章之誉，立朝闻议论之公。左史记言，合《春秋》之大法；西清赐对，敷蹇谔之深忠。偶厌直于承明，暂出分于方面。吏畏神明之政，民歌恺悌之风。大度包荒，念不遗于一物；至诚推毂，尤乐取于群材。致此谬庸，亦蒙甄录。某敢不勉葺旧学，益励前修！化虫臂之微幸，已成形于造物。摇羊角而上誓，将奋翼于天池。庶获微劳，仰酬大惠。(《全宋文》卷三六七二)

回葛丞谢解启

伏审棘闱较艺，贾余勇以先登；鹗荐飞书，超群英而得隽。凡预交亲之契，同增欢忭之诚。驰庆未遑，贻笺遽及。启牍载披于丽藻，玩词弥服于高才。感佩之私，敷宣罔既。

回葛丞谢及第启

伏审恭承大问，摛章独挟于天庭；光被殊荣，唱第宠登于仙籍。士夫相庆，科举得人。某官识禀天材，文传世业。书破万卷，穷学海之渊源；笔扫千军，擢词林之根柢。方锁厅而应诏，遂发策以决科。志谐拾旧之图，恩拜维新之命。顾如贱息，久窃余光。同为蟾窟之游，猥辱谦诲；退念鲤庭之训，有愧前修。惟庆谢之未遑，忽笺函之先及。过情得誉，拜赐弥惭。(以上均见《全宋文》卷三六七四)

江城子·和吕丞送进士赴省

宝津楼下柳阴重，画桥东，戏鱼龙。闻喜当时，开宴盛仪容。遥想新年寻故事，扶醉帽，夕阳中。　可怜衰鬓飒霜丛，借酡红，遣愁浓。梦入长安，惊起送飞鸿。直下青冥休避路，九万里，看抟风。(《全宋词》第二册)

张　守

题闾丘氏巢凤亭，以其子登科，胡茂老名之

令君命卿家，一经世遗子。煌煌丹桂枝，寂寞逾五纪。竭来山水县，辟馆贮书史。竹梧森翠碧，鸾鹄自停峙。翩翩丹穴雏，一鸣惊众耳。綷羽览辉翔，百鸟各披靡。英姿凌云气，玉颊编贝齿。唾手取青毡，父老为惊喜。宁无英妙年，亦或拾青紫。上堂拜重庆，此事世无比。勉哉尊所闻，烟霄千万里。五斗暂折腰，百炼无绕指。矫翼仪舜韶，作瑞明光里。来者玩兹亭，甘棠同勿毁。(《全宋诗》卷一六〇三)

刘才邵

贺解元启

伏审优中试程，荣膺宾荐，贤能汇进，闾里增辉，伏惟欢庆。恭以解元先辈，识量恢闳，性资明粹。笔力敌万钧之重，词源倾三峡之流。潜心深造于道真，烛理洞观于系表。当一千年之际会，出应旁求；指九万里以扶摇，共期遐举。果逢真赏，遂践亨途。伫观名奏于槐宸，庆即香浮于桂籍。属拘寒疾，阻造宾闳。辱枉骑以见临，复贻书而俯贲。荷谦冲之过厚，觉震惧之弥深。感悚兼怀，挥染难尽。

谢解元启

伏审飞步词场，荐名天府，得人之庆，有识所同。当国家隆再造之基，俾英俊趋汇征之吉。建首善于行在所，命论秀于乡大夫。率由三岁之规，遍下十行之诏。懋著得意，丕阐文风。宜有异能，出膺妙选。伏惟解元学士，受才全粹，植德深纯，学造道真，文觑天巧。久擅贤书之誉，兹充俊域之英。共观鸿渐之初，孰测鹏图之远？经明而取贵仕，将同拾芥以非难；赋就而奏严宸，行奉凌云之殊奖。幸联亲契，倍积庆悰。顾修贺而未遑，辱摛辞而俯贲。谦光有晔，愧汗欲流。敢不拜嘉，永以为好。谨奉状陈贺兼谢。

回谢贡元启

右，某伏审飞步芹宫，登名天府，得人之庆，有识所同。于皇熙朝，推广教法，薄海万里，如周六乡。况陆海名邦，毓粹不专于美玉；而神锥素誉，处囊必耀其铦锋。宜有真才，出膺妙选。恭惟贡元，学该古训，品冠月评。觑天巧以摛华，叩象先而睹奥。已就垂云之势，难淹逐电之踪。乡老献书，遂观光于璧水；成均定论，行拜命于槐宸。方贺厦之云初，辱洒毫而俯贲。声谐韶濩，价越玙璠。徒惊跃凤之奇词，曷称掷蛙之隆赐。谦光有晔，愧汗欲流。敢不拜嘉，永以为好。谨奉状陈贺兼谢，伏惟照察。

贺许主簿发解启

伏审试艺漕台，登名天府，得人之庆，有识所同，伏惟欢庆。恭惟主簿学士，植德深纯，怀才通敏。扫云烟于笔下，罗星宿于胸中。淹该见稽古之勤，深闳真致远之器。美由世济，学本家传。岂惟文采之尚存，固亦公侯之必复。果能逸步，振迹英躔。庆贤路之已亨，透天衢而非远。伫闻一岁，俱中两科。用追配于前人，遂立登于要路。别膺迅擢，式究远图。尝获承颜，岂胜赞喜！属拘寒疾，阻造高闳。辱骑从之见临，委英辞而宠贶。谦光有晔，愧汗欲流。敢不拜嘉，永以为好。其为感悚，岂易名言！（以上均见《全宋文》卷三八四五）

南省策问

用兵以耕，名曰屯田；募民以耕，名曰营田。汉魏行之，大获其利。暨我国家，自淳化以来，采议者之言，兼用其策，设官以推行之，置使以总统之。于是宽闲之乡，荒弃之壤，悉加垦辟。而地无遗利，岁之所入，不可胜计，岂不盛哉！主上躬秉圣德，纂绍丕基；勤政务农，规恢远略；修明法令，以次举行。然所谓大利者，未云获也。岂建议之臣未能深明利害根穴而轻进其说乎？将奉行之吏，徒为文具，以塞诏令乎？抑亦劝劳之术未施，烦扰之弊未革，而操耒之人不皆乐趋于南亩乎？夫用屯戍之兵，募无私田之民，授之以可耕之田，宽其租入之限，宜若无难者。今行之既久，成效未著。是岂无说乎？通于世务，儒者之事也。其考古之制，适今之宜。求其所以然之故，详著于篇。将以观论政之深识焉。

武举策问

兵法起于黄帝，历代用之。其书日滋，有三门四种之异。其后浸失其传，而学者之所讲习者，七家而已。其当时之所记，后世之所师，详究其说，宜在所置议也。昔齐威王使大夫追论古者司马兵法，而附穰苴于其中。今其书具在，不识所附之兵法，尚可考见而分别乎？李靖以为张良之所学，《三略》、《六韬》是也；韩信之所学，穰苴、孙武是也。今以良之运筹，信之胜敌，求之诸书，所谓师而行之，果何事耶？因其书而论其人，此所当尽心焉。至于唐太宗谓霍去病暗合孙吴，其所合者复何事耶？其详以告，欲观所蕴。（以上均见《全宋文》卷三八四六）

沈与求

贺凌先辈启

伏审奉承大对，擢置上科。拜命赤墀，犹亚一龙之首；题名翠琰，遂居千佛之先。用吉士乃邦家之光，纳谠言真社稷之福。未遑驰问，遽辱飞笺。感愧之深，敷宣罔既。（《全宋文》卷三八六二）

太学秋试策题

古之所贵于骨鲠之臣，何也？人臣刚正有守，尚气节，敢谏诤，国势恃之以强，犹骨强四支也。宫之奇懦而不能强谏，邻国知其必可假道；汲黯戆而好谏，叛国畏之，至于寝谋，国势强弱从可知矣。然而，君子处心积虑，欲人之无过而已。指人之过而正救之，自敌以下有不能堪。不幸人主有过举，犯颜色，触忌讳，干不测之诛，以数批逆鳞，岂得已哉！古之君子愿为良臣，不愿为忠臣，抑有以也。不得已而有言。言行，善归吾君，福在天下，可也。其言不行，去其位可也。去其位亦非君子之本心，犹日望之庶几其改也。事不求可，功不求成。悻悻然讦而卖直，徒使人君有拒谏之名而无补于国，宜君子之所不取。古之人善纳谏者莫如唐太宗，善进谏者莫如魏郑公，史称太宗见为妩媚，则郑公岂好讦哉！是以谏行言听，君臣俱荣。众君子学史旧矣，求古谏诤之臣，拳拳爱君，直而不讦，可以为后世法者，试件其人以告。若夫充位不言，曰吾恶为讦，如阳城等辈，又非君子之所欲闻也。（《全宋文》卷三八六四）

吕本中

次韵李叔友贺尧明登第。叔友，丹阳人也。本中得其人之详于王尧明，恨未之识也。尧明擢第，叔友作诗贺之，尧明令继作。既喜叔友能不妄许可，又嘉尧明进退取舍皆中乎道也三首

柴桑无复陶元亮，谷口虚传郑子真。二子风流知有在，且留余味及吾人。

澄江虽近不容亲，亦是人间可喜人。枯木岩前有岐路，一杯浊酒自成春。

二子深居笔吐虹，从来节气万夫雄。欲知圣主求贤意，不为相如词赋工。(《全宋诗》卷一六一三)

送曾季直下第归临川

老病侵凌重别离，尔来瘦欲不胜衣。信州城北荒山寺，两送亲知下第归。

曾子不愁归泥路，临行索我送行诗。头童齿豁衰颓甚，不似京城相别时。(《全宋诗》卷一六二四)

试院锁宿数日未出

一闭几十日，春风能几时？误寻高士传，虚负老人期。酒或知愁处，人应笑我痴。衰颜已无绪，仍对折残枝。(《全宋诗》卷一六二六)

陈　渊

送朝宗弟赴试南宫

霜余宾雁日南征，念子冲寒去我闽。应向月娥占昨梦，欲攀仙桂赴新春。平生学海真无底，晚节词锋更有神。要路争先吾老矣，可无高论蹑平津。(《全宋诗》卷一六四三)

代廷试策

臣闻仲尼之道，覆焘如天，持载如地，错行如四时，代明如日月。原其

法之备，则比尧舜为远过；要其德之至，则视三圣为大成。则其所以为圣，自生民以来，盖未之有。宜其无所不能，于教人为有余，而于学无不足矣。然而，官名、礼乐之问，犹下询于郯子、老聃、师襄之流而不废。其在洙泗之间，与群弟子辨疑答问之际，盖亦时有取焉。是以子夏有得于《诗》之一言，则兴“起予”之叹；颜渊无所不说，则发“非助我”之词。由此观之，彼人之所学贤者，虽以教人为事，其独无所学乎？故傅说之进于高宗，曰：“惟斅学半。”盖谓是也。今陛下躬仲尼天纵之圣，居得志之位，操可为之势，以先王之道启后学之蒙蔽，可谓千载一人矣。而又推行三舍之法，遍逮海宇，所以焦劳于九重之中而不自暇者，莫不以学校为先务。故凡播之训词而著之甲令，以明伦善俗，无一不关于圣虑者。方此之时，非直天下之材所愿终身承教于陛下，虽陛下亦以教事自任也。则今日所策臣等，无乃奉行祖宗之故事不得不然，而其实无所待乎？其亦将有所取乎？不然，官名、礼乐之问，胡为下及于草莽之贱士也？如臣所陈，快炙背而美芹子之类也，顾何足以自献乎！虽然，狂夫之言，圣人择焉；愚者千虑，必有一得。惟陛下不以其疵陋而忽之，庶乎涓埃之微，或有所助也。乃若颜渊之无所不说，臣未之能；子夏之可与言，则在陛下取之而已。臣愚不佞，谨昧死上对。(《全宋文》卷三二九三)

福建锁试谢解启

沟中断水，文已谢于青黄；爨下焦桐，音偶谐于律吕。得非所望，愧甚于荣。窃以庠序育才，科举取士。三年论秀，疏密适得其中；历世垂规，英杰并由兹出。顷缘补敝，浸废前功。稍仍祖宗旧贯之良，庶招岩穴异能之彦。弹冠竞起，共矜白雪之歌；结轨偕来，莫匪青钱之选。况七闽儒者之盛，萃八郡贵游之多。父子彪、固之相传，兄弟机、云之并出。家家抱璞，一一吹竽。自非必胜之才，曷称至公之举？如某者，伶俜冷族，蹭蹬畸人。备历险艰，饱尝忧患。他时狂妄，真有意于屠龙；晚节邅回，仅贻讥于画虎。终负一鸣之愿，莫酬十上之劳。继被特恩，尤乖初志。退不能隐居而求志，进无以立身而扬名。工商既已耻为，饥冻从而见迫。郁郁箦中之恨，悠悠胯下之思。因忘操瑟之徒工，更欲焚舟而再战。虽无古意，类流水之难知；尚赖先容，庶朽株之可器。兽既困而犹斗，灰已死而复然。岂穷蹇之敢期，实品题之有自。此盖伏遇某官，取人以恕，与善无厌。乐育天下之英才，思皇王国之多士。激扬所逮，幸尝借于余波；陶冶而成，更兼收于弃物。致兹庸妄，过被选抡。敢不仰体深仁，益图来效！竹头木屑，既蒙暇日之储；马勃牛溲，当备异时之用。过此以往，未知所裁。(《全宋文》卷三三〇二)

赵 鼎

秋试锁宿府学

悄无人语到高堂，爽气侵凌枕簟凉。木叶雕风秋瑟瑟，檐花流雨夜浪浪。灯明疏幔孤光暗，蛩咽空阶怨绪长。心愿无期清梦断，一炉沉水自焚香。(《全宋诗》卷一六四四)

汪 藻

贺状元及第启

兰省登贤，鼎分三杰；枫宸赐第，独擅一夔。首跻纶绋之褒，亟陟蓬瀛之峻。朝廷著为盛事，衣冠流为美谈。伏惟某官，器博以周，才全而敏，心传家学，世代王言。图万里之鹏抟，甘十年之蠖屈。高文大册，谓非公而谁宜为？劲草孤标，顾于我不容何病！果趋明诏，下应劳谦。真一世英，当万人敌。有昔山林肮脏之气，无时科举骫骳之风。卓尔不群，裒然为首。名未题于雁塔，身已致于麟台。力追前人，每收旧物。乃如无状，尝佐攸司。先睹大篇，口诵手披之不厌；精研奥旨，心悦诚服而可知。愧修谒之未遑，辱贻音之骤及。备陈至契，益服下风。惟韩氏之少师，暨吾家之大父，一时相与，四海共传。逮至严君，亦蒙特荐，仆之恩地，公实外门。子幼文章，已增光于太史；羊公事业，将不愧于中郎。静言浮议之有加，深激悃悰而无已。定交伊始，启事莫穷。(《全宋文》卷三三八三)

曾 几

贺曾裘甫得解

南风盛事昔无闻，乃祖词场笔有神。一榜豪英收几士，同年伯仲看三人。今君科第欲惊世，他日文章当致身。意惬归来能访我，亦令宗派倚生春。

送逮子赴秋试江西漕司

有诏词场猎俊英，西风匹马豫章城。欲追诸父雁行上，肯逐群儿鱼队行。金是莫邪当自必，璞非死鼠会相明。笔端妙处还知否，万里秋天壮气横。（以上均见《茶山集》卷五）

郭　印

蜀州试闱登楼，西山巍然可爱，因用试举子股肱萧曹诗肱字韵，赋诗一篇呈同舍

棘闱倦羁束，何异鞲上鹰？突兀有高楼，寸目堪远凝。雨残空正霁，暑尽秋初澄。西山横一天，奇峰矗层层。素约念樵子，烟霞同曲肱。口腹在尘土，摆脱良未能。嵩岱久隔绝，氛霾尚薰烝。唯有岷峨秀，宇宙夸崚嶒。或帐碧云合，或瞻红日升。危栏朝暮意，拉君时一登。

临都试院考校已毕，诸公尚恨遗才，勉作数语释其意

平时参与商，会遇何由缘。相从棘闱中，再见月之弦。欢然臭味合，言笑浩无边。论事快今古，谈玄贯天渊。白袍阅多士，灯窗极精研。所得乃溢数，无路能周旋。踌躇不忍舍，在野恐遗贤。我时职监视，日食亦千钱。一言为订正，少逭饕餮愆。譬如满盘珠，差择先光圆。又如采美玉，疵瑕终弃捐。兹事既不免，吾心白日悬。群公人中杰，行篴蓬瀛仙。愿开取士额，条画奏上前。

送友人赴省

仲冬阴气积，严霜冻郊垧。居人犹念寒，子有万里行。此行勿云远，去路青云平。骅骝无蹇步，鸿鹄有修翎。圣明图治切，仄席用儒生。曈昽九门辟，纷袍集王庭。吾子富春秋，词学浩纵横。一吐经济策，唾手拾科名。秋风归故里，锦衣为亲荣。昵昵重离去，莫学儿女情。（以上均见《全宋诗》卷一六六二）

送王吉先兄弟赴试

我闻乃翁学汪洋，曾游桂窟攀天香。青袍蓝缕穷益刚，更无黄金遗诸郎。大儿气质和而庄，腹有诗书言有章。仲子标姿何昂昂，颇闻论议生锋芒。两君游戏翰墨场，乘风鼓翮相翱翔。飞上天庭仍引吭，俯视诸子如蜩螗。华煜煜，春扬芳，绾绶归来慰北堂，坐令门地增辉光。

送莫少虚赴省试

莫君江南佳公子，才华秀拔春兰馥。少年意气壮虹霓，豪迈不入时人目。酒量逡巡百盏空，诗锋顷刻千毫秃。我从识面已忻慕，每恨往还心未熟。官同古洛岂偶然，一见相忘倒胸腹。谈道论文俱入妙，夜阑烛短频更仆。圣处玄微得我疑，君独心通如破竹。要将土苴活邦家，条上封章抵车轴。嘉谋谠议期见用，不学贾生空痛哭。行行提笔战春闱，箧中尚有三千牍。科名唾手真余事，力转天回乃民福。当今公道青云平，忍埋光采甘沉陆。欲随君往路无繇，只欠双翰来插肉。殷勤别酒休辞醉，马已就衔车已辖。蜀山崎岖秦甸寒，屈指深冬到辇毂。焚舟计决携家去，努力加餐此为祝。（以上均见《全宋诗》卷一六六七）

送邵公济溥赴省二首

天府登贤策马东，似君人物许谁同。文章小技出儿戏，道德微言余祖风。有路青霄元自别，无情白发向来公。平生酝藉唯经国，唾手先收第一功。

凛凛霜威扑扑尘，不堪晓骑送行人。云山万点远连蜀，烟树两行初过秦。风厚正能扶大翼，浪高端足化修鳞。圣君急士思调鼎，喜见寒梅漏泄春。（《全宋诗》卷一六七一）

王 洋

仙上人举进士，过三十不第，作诗曰："男儿三十未有立，人世百年徒自劳。"径拂衣削发为比丘，今二十年矣，精力甚健。及将游天台，既羡师，行复自悔讼因。其将行，作诗纪之

春风只解吹春花，灵根古木无生芽。玲珑拳石出万样，碧峰千仞藏烟霞。世间百事总如此，偶然感慨还兴嗟。上人本是龙门客，少小辞家来射策。可怜奇物未化神，却与凡鳞同点额。当时三十未为老，急电抽身能觉早。一投空迹二十年，留得诗肠至今好。我始与君同业书，明琼偶纪张双鱼。强将野鹤落樊圃，不与闲云同卷舒。君将风袖随烟霞，我独尘缘著冠屦。试问堂中老衲师，定见两人优劣处。天台风路埋云根，寒岩夜啸鼪鼯群。脱身也自不费力，未疑此心长羡君，他年邂逅云门路，不止分君一片云。(《全宋诗》卷一六八七)

送小刘解元赴试南宫

衰年税萧寺，偶与凤巢邻。万里刷鲜羽，一鸣惊众人。寒催征骑急，春接赐袍新。折取如丹桂，归荣鹤发亲。

省题泰帝鼓瑟

雅乐闻琴瑟，相因泰昊前。朱丝疑杂奏，素女减哀弦。破竹符终合，分鱼目不全。所余裁五五，再续未绵绵。损益时皆有，亏成理或然。茫茫千古意，汉帝自谁传？(以上均见《全宋诗》卷一六八八)

喜杨致平登第

寄隐湖头知几年，聊城一箭自家传。便须结组随鸳鹭，暂舍衔杯乐圣贤。鹤到九霄方展翅，骥行万里可加鞭。隔江阻预金钱会，梦到君家社瓮边。(《全宋诗》卷一六八九)

闻诏下示儿侄

一封丹诏聘儒林，裋褐书生竞拂衿。发愤正须先贾勇，莫教空望状元心。(《全宋诗》卷一六九一)

郑刚中

受崧兄弟赴漕司试作二十八言送之

丹桂亭亭五十尺，共持玉斧取来看。从前知有姜肱被，草怕早春天上寒。(《全宋诗》卷一六九六)

拟贺发解举人启

明诏搜贤，趁槐花而献赋；有司造榜，先桃浪以开程。伏惟欢庆。解元禀赋已精，磨砻云久。已于秋汉，快观犯斗之雄；行即春风，必睹化鳞之异。(《全宋文》卷三九〇三)

拟策进士

问：郡千里而为之守，邑百里而为之令，非一日也。守、令得人，则千百里之间财用可足，盗贼可去，礼教可兴。不然，华毂朱轮，铜章墨绶，挂朝廷法令于墙壁间，负上多矣。诸生咀嚼仁义，研弄翰墨，他时入官，固将持橐簪笔，为瀛洲文人，必亦有志于拨烦。然不择事而安之者，臣子之节。万一分符拜印，受一方之托，则建立治功，不可使与武夫、法吏等。财用以何道而足？盗贼以何术而去？礼教以何修而兴？顾虽施设之权，临时自有次序，然亦不害为有司。逆陈其端。

问：朝廷者天下之根本，得贤宰相焉则朝廷治；郡邑者朝廷之枝叶，得贤太守焉则郡邑治。二者不可偏也。虽然，人材难得久矣。鼎足三公，方面刺史，岂得皆贤？必不得已，则为官择人之际，先宰相耶？先太守耶？论其提纲振领，则宰相之选恐不可缓；论其临民亲近，则太守之任又在所先。诸生当天下多事之时，圣主一旦诹访群策，下逭布衣，则论将安出？

问：内志正，外体直，审而后发者，射之事也。故射可以观德，而古之为士者习焉。今之为士者不然，诵诗读书，玩弄笔墨，朝夕之所从事者，未闻以弓矢为急也。今国家正当讲武备戎之日，彼挽五石之弓，虽非识字书生之事，然先王六艺之数，当亦阙一不可。又况习而精焉，则内可以成己德而见威仪，上可以壮国容而张武备，顾不韪欤！今欲上于朝而颁其法于天下，诸生以为宜否？

问：《周官》之书，理财居其半。财用在先王太平之日，尚不可缓，况夫用武之时乎！《兵法》曰："兴师十万，日费千金。"斯言信矣。国家自祖宗以来，二百年以仁恩德泽涵养天下，每岁取其常赋，恻然犹恐斯民之匮。

比岁虏人入寇，深及东南，天子选将练兵，而貔虎之师，动以万计。县官供给，其费不赀，府库无私藏之钱，天下无助边之粟。将尽取于民也，则民力重困，非国家之福；不取于民，则飞挽馈饷，谁其给之？诸生将应秋诏，不可以虚言苟进，当有长策深筹，可以流钱地上者告于有司。

问：词赋之学，前世有之，国朝行之。爰自王氏专门，指为雕虫之技，请于朝而罢其科。今者有司春诏，既复用此矣。而取人之制，尚与经义参行。夫科目既殊，师承各异，喜经义者必谓词赋为破碎，尚词赋者必谓经义为迂阔，二者不能无异也。然概以至论，则果孰优？而得人之效，后日亦有轻重否？诸君考古验今，并言其略。

问：孔子谓群弟子曰："以吾一日长乎尔，毋吾以也。居则曰：不吾知也。如或知尔，则何以哉？"此盖使子路之徒各言其志也。盖人之平居，鲜不以穷贱拘絷不及施为恨，自顾其中，往往皆有他日欲为之志。既得位矣，亦未必皆能有为，良可长慨。诸君生文明之时，适艰难之会，所谓风俗之利病，时政之得失，人才之臧否，与夫还两宫之策，平僭窃之谋，殄仇敌之计，皆在群居议论中。但朝廷未及知，故怀材抱器者，未及有为尔。自此入官从政，应聘而起，若孔子所谓"如或知尔"，则尊君强国之术，君辈将何以哉？

问：唐太宗临朝，谓侍臣曰："朕为天子，常兼将相之事。"侍中张行成极言其不当与臣下争功。由是观之，委任英豪，付以重柄，岩廊之上，谈笑而俟成功者，天子之事。纵横方略，非所知也。及冯异为光武言，则曰："以诏敕战功，每辄如意。时以私心决断，未常不有悔。"则明谟庙算，又当自九重出，所谓臣下者姑奉行之尔。呜呼！用兵者帝王之重事，何在昔君臣论议之际，反复不同，如此其远也？国家运适中微，否极未泰，谈兵讲武，正其所急。信如行成之言也，则主上听政访问之余，自可游神渊穆，责将帅以成效，攻守形势不必问也。如其不然，则冯异岂能无望于吾君乎？执经侍讲之臣，亦宜取古人得失之迹，启沃于冕旒之前。而诸将出师之际，画地聚米，宜亦先赐临轩之问矣。诸子以为如何？

问:为学者以经术为宗,为政者以法令为本,二者殊途也。故善为学者,未必能为政;能为政者,不必在于学。此传籍之所载,古人之所有,可考而知也。虽然,子皮欲使尹何为邑,子产至有操刀制锦之讥。则欲善其政者,不可不求之于学。至汉薛宣有言,则曰:“吏道以法令为师,可问而知。”则为政之要,或不在于学矣。二者常窃有疑。不识有官君子,陈力就列之际,施为注措,其果有待于学乎?将文学政事不相为用,而书生之空言,无用于临民治物之际乎?试辨明之。

问:疆场之警,频年未已。北人恃其强黠,复须使者而邀重币。如闻朝廷具货赂,遣枢臣,又将卑词而予之。闻之议者,颇谓顺从虏意,则无厌之求,万一难给,抗章论列,亦动冕旒之听。夫金虏之强盛也,而国家适漠灾之厄,气弱力敝。将不与之耶,狼贪虎噬,何所不有?劳军动众,涂炭生灵,异时之祸可一二鉴也。将与之耶,野烧漏卮,何时而已?欲之无穷,供之益困,后日之患,未易言也。庙堂之上,圣君尝胆,贤相痛心,夙夜咨谋,当有至论。然学者亦不可不知。愿言其策。

问:汉高天下之英主也,班固天下之良史也,以良史之笔,书英主之事,宜其万世灿然。以余考之,颇有疑者。沛公之先入关也,项王豺虎之威,意在不测。项伯夜见张良,具告其端,遂免鸿门之殆。彭城之西,固尝不利,而丁公弗之窘,闻两贤不相扼之论,脱之使去。项伯、丁公,是俱有德于高祖者也。然有天下之后,于项伯则封之,于丁公则戮之,是何所施同而所报者异耶?平生所憎者莫如雍齿,以其数相窘辱,有故怨之深,此群臣所知。平生所恶者莫如丘嫂,以其戛羹轑釜,无长者之风,此布衣之恨。雍齿、丘嫂,是俱有隙于高祖者也。然有天下之后,于雍齿则先侯之,于丘嫂则至其子犹未忘也,是何所负同而所报者异耶?将孟坚编叙得于传闻,容有未审耶?抑亦圣君之行事,自有深意,不可以常情料之耶?诸生留心经史有日矣,试为辨我疑焉。

问:除戎器,戒不虞,虽萃亨之时,有所不免。而谓艰难之时,可以忽略兵制者,无是理也。国朝之制,兵为枢密院,移用进退,朝廷主之。今为枢密者实不主兵，诸将各拥众号军，不可移用。而其众又皆寇盗凶猾之夫，势如豢养虎豹，常怀咆吼决裂之忧。此岂经久为国之道哉！故余尝谓：诸将皆如今日怀忠尚义，慕子仪、光弼之为人，而以再造王室为心，则可。万一他时仓卒之际，檄之不来，驱之不动，怀奸相视，莫可谁何，当是时不知朝廷何以处之？虎臣矫矫，决不至是。然理之所在，不可不虑。试条其利便，可以经久施行者著于篇。(以上均见《全宋文》卷三九〇六)

拟策进士

问：汉高之王蜀也，子房佐之，反掌而成帝业；先主之王蜀也，孔明佐之，数载不能窥中原。尝谓巴蜀地势，先主与汉高之时无异也，孔明之才视子房未为相远也。而又蓄积训练，汉高不如先主之久；怀辑感动，汉高不如先主之深。天下之民，讴吟而思者，亦皆愿吴魏之化为汉也。然久而不能成功者，其义安在？岂汉高与先主不可同日而语也？抑亦彼此之时异，不可以一概论耶？忠臣义士，鉴古思今，尝有子房、孔明之志，欲扶助王室，扫胡尘而取中原，计将安出？

问：《易》与天地准，未易可知。虽然，洁净精微，《易》教也，垂教者非圣人固不能。若乃率教而学之，其亦可论矣。平居观象玩辞，有疑于心者，故今日敢与诸君谈之。《巽》，风也。如“风行天上，小畜”，“山下有风，蛊”。若此者，非谓《巽》乎？然诸卦有不以《巽》为风而曰木者，何哉？《离》，火也。如“天与火，同人”，“火在天上，大有”。若此者，非谓《离》乎？然诸卦有不以《离》为火而曰电、曰明者，又何耶？以至“地中有水，师”，“地上有水，比”。类以体之，遇《坎》则以水名象也。然诸卦有不以《坎》为水而曰云、曰泉、曰雨者，又何耶？作《易》者果有意耶？偶自尔耶？按卦求义，不知如此类见于上下经者有几？诸君不谓精微为难言而略之否？

问：卦以二体成者五十有六，余皆重体，《乾》、《坤》、《坎》、《离》、《震》、《巽》、《艮》、《兑》是已。圣人设象名卦，重体之意皆寓乎其中，独于《乾》、《坤》隐而不见，曰天行地势而已。此其故何也？于天行不曰《乾》，于地势则曰《坤》，又何也？《坎》曰习，《离》曰两，《震》曰洊，《艮》曰兼，《巽》曰随，

《兑》曰丽，虽是指名重体，抑有辨乎？其无辨也？谓无辨，则习、两果可以相易而用否？果有辨也，则六者之义，各按卦以对，庶祛其惑。

问：伏羲氏始画八卦，神农氏重而为六十四，文王分上下经，周公作爻辞，孔子作十翼，皆古学者之论也。此五圣人也，而《易纬》止曰《易》历三圣，何哉？或曰重卦者，大禹也。如是，则六圣人矣，《易纬》何所据而云三耶？谓禹无与于《易》可也，奈何孙盛之言？谓周公无与焉亦可也，奈何韩宣子之言？又《彖》、《系辞》，文王之所作欤？抑亦夫子之所作欤？谓文王作，则《彖》与《系辞》乃十翼之数，似非也。谓为夫子，夫子不应自赞曰："知者观《彖》辞，则思过半矣。"又曰："圣人设卦，观象系辞焉而明吉凶。"是皆可疑矣。非特如此，十翼之目，惟《序卦》、《说卦》、《杂卦》无异论，余则或以《彖》象分上下，或以《文言》分《乾》、《坤》，十之数虽在，而所以为十者异矣。将何所遵乎？晋太康初，所得古人《易》，有上下经，而无《彖》、《象》、《文言》、《系辞》。《汉艺文志》列于学官者，乃十二篇，又何哉？其所谓十二篇者，比今所传本同欤否也？诸君翻经有年矣，愿闻至论，以祛其惑。

问："皋陶歌虞，奚斯颂鲁。"此班固《两都赋序》论也。读《书》诵《诗》，窃有疑者。何则？歌虞之言，《书》可详也；求之于《诗·鲁颂》，乃史克所作，奚斯无与焉。固称其颂鲁，何所见也？《闷宫》卒章，有曰"奚斯所作"。岂闷宫以上三篇，则出于史克之手；其《闷宫》一诗，乃公子之颂乎？信为此论，则又有愧乎正俗之作。夫固一世名流也，其文章岂无所据？如谓赋《灵光》者，亦有奚斯颂僖之言，或者过不在孟坚乎？又《颂》者，所以美盛德之形容。虽史克敢于鲁作之，又何也？愿并以告。（以上均见《全宋文》卷三九〇七）

林季仲

策问·科举

问：科举之设尚矣。自昔怀材抱艺之士，由此途出，卓然为名臣者，代不乏人。然严程序，谨声律，糊名易字，以授有司，第取纸上语，惘不知为何人。涉于亲故,则移试他所,自唐以来又谓之别头。呜呼! 别嫌防微,其法亦密矣。假有人鲁如曾参,终日不违如颜子,平居朴呐,言不能出诸口,其能操觚和墨角艺于寸晷之下乎? 吾知其不能也。假有人乐耕钓,隐版筑,爵禄之心销于梦卜之初,不屑屑然以聘币为也。其能担簦负笈,不远千里而来乎? 吾知其不能也。夫求贤佐理,固欲得若人而用之。莫我肯来,亦病矣。向者国家尝念遗逸之士,幽栖遐蹈,遂往山林而不返;与夫孝友信义之人,浮沉闾里,懒从宦达,亦既下诏,罗而致之矣。荣利启心,请托成俗,往往贪竞之流多与计偕。还而思之,又不若科举之为公也。议者欲令县令察廉,荐于刺史;刺史考验,升于礼部,庶几三代德行之举。或曰:衣冠南渡,侨寓者多,宜广学校,以收遗材。保桑梓者,乡里举焉;在流寓者,庠序推焉。或曰:科举行之已久,士子循习,难于速变。纷纷之说,将谁从而可乎? 此事也当与诸君议之。(《全宋文》卷三九二一)

李弥逊

送陈颖仲赴试省闱

木末挥斤玉未镌,清姿直节已飘然。诗书插架嗤三万,文字撑肠富五千。笔下行看吐黄绢,选中应喜探青钱。管城自有封侯相,得路功名且着鞭。(《全宋诗》卷一七一三)

送硕夫赴试礼部

词垒新收汗马劳,冲寒意气九嶷高。上书北阙真余事,拄颊西山须汝曹。世虑薰心工制锦,时名唾手看连鳌。哦君剩欲传衣句,为解千牛绿绮袍。

送萧德洪赴试建安

鸿鹄不作三年飞,乘秋逸兴高九嶷。去寻岩桂香中路,趁得御柳风前期。青钱立登天上选,黄绢共赏人间辞。汉庭第一公家事,平步凌云要及时。(以上均见《全宋诗》卷一七一四)

傅 察

回贡元启

校艺頖宫，登名天府。士夫所慕，族党生辉。伏惟庆慰。窃以贡元先辈，宇量宏深，风猷邃雅。潜神默记，颇通诸家之书；博物洽闻，多识前世之载。果被贤能之选，入陪俊造之游。将揽秀于儒林，遂跻荣于要路。未遑驰庆，先辱移书。荷眷意之甚隆，愧感铭之徒厚。

回贡士启

论秀頖宫，登名天府。极一时之遴选，为多士之荣观。不图盛礼之临，遽辱华笺之贶。仰承异眷，增激懦衷。伏惟贡元先辈，以卓荦兼人之资，来游庠序；当文明上贤之日，充赋京师。盖尝博极于群书，讵止能通于一艺？愿益修于器业，以大耀于门闾。终军入关，谁识弃繻之志；买臣乘传，行看衣锦之荣。（以上均见《全宋文》卷三九六六）

苏 籀

送苏念八郎下第西归梁益

金昌亭下泊舟舻，木马关西赵郡苏。建邺鱼餐武昌水，延陵皋壤霸王都。吾髯轩轶登楼赋，汝器切磨清庙瑚。刷羽三余鸿鹄举，亨衢甲乙看先驱。

试闱即事三绝

鼓士扬桴警五更，爨清檠冷旋吹生。深衣乡彦都君子，摩厉三秋炫此行。

近岁颛门不读书，右文搜拔广该儒。立言不朽非吾任，贪叩玄门隐者庐。

一坐据梧床刃消，五星竞耀烛秋宵。扫厅禁近延僧孺，孰谓诗书避赋徭？（《全宋诗》卷一七六五）

论取士专优《春秋三传》札子

臣昧死。恭惟本朝以诗赋、经义造士，庶几《虞书》“扬言”之举，于斯得人,祖宗朝甚盛。迩日海内诸生穷计圣籍,该洽道艺,义疏名家,群士慕向。罔不遵周孔之轨躅,纂阙里之旨趣。《易》、《诗》、《书》及二《礼》,先王谟猷,贯穿详备,课有厥程。惟《春秋》一经,前此废绝不用。陛下稽古睿明,注意经传,致令学者讨仿修习,今既举行。二百四十二年文字,五家浩博,以其久遭摈弃,其说孤寂,罕为人所讲授。仅有治者,终恐芜翳,有识之士嗟咨叹息。此书笔削乃文王之文,褒贬则周公之法,礼义大宗,伯王通典。考周之所以王,有邦家者守经事而欲知其宜,更变礼而欲知其权。是非劝戒,系天下表仪绳准。别嫌疑,定犹与,至断妙用,世所希闻。传业者优柔浸渍,积久转解,实不易领会也。古之君子穷此学,白首不辍。惟经之体要,固天下国家本务。丘明授经仲尼,厥为附《传》,非私意也。前代称左氏古学所载,紬绎三代礼乐,上纪牺、炎、唐、虞、禹、汤、周、孔遗轶。齐晋伯主,尊奖王室,舍此何据焉?又公、谷二儒,传经子夏,二传乃孔徒遗旨典则,非后世所及。西汉贾谊、贾嘉相与纂继此道,光武中兴,立左氏博士。唐文皇早岁受麟经之谊,晋代杜预宗趣渊源,大贤所业。夫治《春秋》之学,如贾及杜,皆名世伟人。臣愿陛下明诏中外有司,场屋诗赋、策论命题措意,或用春秋三《传》;礼闱取人,特优此孔经。分数不妨以声律定去留,柬求精悉杰俊知类通达者,置在博学师儒之列。如谊、预才谟,飞声迈烈,未必乏其人也。俾琐琐憒学,虽欲夸世,亦不斥而自屏矣。臣愚乌足以究其阃粤,极其高坚!不胜恳恳披写之诚。所有越职,不敢逃罪。取进止。(《全宋文》卷四〇二一)

回发解举人谢启

伏审秋闱遴选,擢芳廉秀之林;贡籍能书,驰骛青冥之路。有司乐育,乡党推贤。枉沐笺题,过垂宠诲。伏惟解元先辈,研六籍之魁士,奋一上于英躔。唾手云衢,仙桂空于月窟;荣观玉笋,风雷化于春官。劝驾及期,公堂受遣。颂咏之悬,敷述奚殚。(《全宋文》卷四〇二五)

李若水

送公实兄赴省试

吾君迈周王,于今盛文化。学郎纷万辈,战艺双阙下。公乎笔如椽,风雨供飞洒。燕楚何足吞，此行定应霸。三世守墨庄，一朝腾纸价。况值求贤秋，宣室政延贾。轻云飞陇头，车轮去如马。快哉上林春，杯酒须勤把。(《全宋诗》卷一八〇五)

送宋周臣赴殿试

近侍传呼到集英，参差宫殿晓霞明。丹墀日对三千字，云翼风高九万程。天子临轩应动色，诸生阁笔总销声。胪传指日承新渥，千佛名经第姓名。(《全宋诗》卷一八〇六)

王之道

送杨德润赴礼部试

雨意止还作，天容寒未舒。无聊怀剧论，何幸过穷居。举白夜酾酒，剪黄朝荐蔬。新诗闲鼓吹，旧隐乱丘墟。轩冕时何晚，山林计亦疏。中兴屈群策，入告莫踌躇。(《全宋诗》卷一八一八)

回应隆谢解启

作者七人，审已被周书之荐；成名一日，遂将登汉策之科。是为瓜葛之荣，岂独枌榆之庆？恭惟文工翻水，誉重拔犀。饱看未见之书，森然九经库；历辨不知之物，展也五总龟。岂图老去之残年，获睹后来之秀士。喜与抃会，情在文前。衰朽何称，猥辱琼琚之赠；缪悠有愧，难论锦绣之酬。

回许骧谢解启

伏审得隽文场，驰声士薮。未果踵门之贺，俄承漫刺之临。更辱长笺，以华衰老。恭惟才猷出类，事业轶群。有开必先，既遂首一乡之善；不鸣则已，又将魁万国之英。用慰月评，少伸舆论。顾乏琼琚之报，猥蒙绣段之投。莫罄欣愉，徒增愧感。

回张天纪谢解启

伏审较艺文场，登名天府。光生梓里，欢动萱堂。顾赞庆之未遑，辱缄题之先及。恭惟笔走群象,心雄万夫。旧坚铁砚之盟,今中铜钱之选。不先不后,适居儿侄之间;曰宽曰柔,仍喜愿恭之次。可谓州闾之秀,堪为蒲柳之荣。龙泉太阿,虽其光射斗牛;隋珠和璧,岂宜以暗投人。报乏琼瑰,愧兼芒刺。

回流寓孙深几谢解启

伏审兴贤能于万国,祗奉诏音;推流寓于一时,荣登贡籍。尚阻踵门之贺,俄先漫刺之临。仍辱长笺,特形过礼。恭以才猷俊迈,学术淹通。诗攻秦系之城,赋入相如之室。德懋厥祖,昔尝刺于是邦;才高乃公,今尚尉于属邑。虽披云之未久,而蒙雾以滋多。流水高山,自顾非知音者;夜光明月,胡为以暗投人。

回苏路谢解启

伏审郡国明扬,祗奉出纶之诏;丘园特起,荣膺荐鹗之书。欢动庭闱,光生里舍。恭以少推有造,长负不羁。李长源之才猷,吾尝呼以小友;郦食其之豪放,人皆谓之狂生。惟藏器以待时,故依隐而玩世。今中宾兴之选,是为贵达之阶。初得传闻,欣喜至于不寐;更蒙惠顾,感佩为之无涯。欲论绣段之酬,敢后桂枝之祝。(以上均见《全宋文》卷四〇六三)

折丹桂·用前韵送彦开弟省试

风漪欲皱春江碧,予寄江城北。子今东去赴春官,挽不住、抟风翼。

修程应过天池息,何处堪留客?预知仙籍桂香浮,语祝史、休占墨。

折丹桂·用前韵送赵彦翔省试

雪晴山色分遥碧,辉映江南北。子今东去步蟾宫,看少展、垂天翼。

晚来江上西风息,算不是新丰客。明年三月见君时,庆章绶、纡铜墨。

(以上均见《全宋词》第二册)

方云翼

谢试中宏词启

枫宸射策,旧联郄桂之名;兰省奏篇,复冒齐竽之列。叨荣过矣,揣分歉然。窃以取士虽本于辞章，论人莫先于器识。皋、朔以俳优自诋，悔不通经；王、杨以眩瞀相矜，类难致远。考片言于纸上，得大概于胸中。惟纯儒含润色之英，声谐韶濩；而正士蕴怀冰之操，句挟风霜。何词旨之无瑕，盖渊源之有自。施诸实用，号曰通才。观历朝选任之规，见今日揄扬之意。法姑稽于绍圣，建此一科；事兹重于中兴，逮今五举。彯华缨而接武，粲大笔以争辉。播告多方，擅燕许丝纶之手；形容盛德，掩卿云黼黻之工。善序者辨其华，记事者提其要。勒成功于砥柱，草木闻风；述画像于凌烟，丹青动色。陋袁郎之露布，小虞人之官箴。畅皇灵于谕蜀之词，扬大义于出师之表。试所长于一日，责其效于终身。宜得异流，以光前躅。如某者，凡资不韵，懵学无方。究《繁露》于一经，未识怀蛟之梦；效《甘泉》于四赋，终惭吐凤之材。陪多士以造庭，窃下科而试吏。念希骥之马，追十驾以何难；而向晨之鸡，肯一鸣而遂已。誓弹绵力，勉习殊科。人共笑其才疏，己独怜其志拙。焚膏继晷，亲细字于短檠；安步当车，拚悲歌于长铗。成期未至，卒业可营。每虞类狗之羞，复起雕虫之悔。泛桃花之新浪，尚认前津；指杨叶之旧穿，敢图后矢！非藉嘘枯之素，曷收贯札之功。此盖伏遇某官，受天巨才，为国隆栋。主张儒道，障百川而东之；仪羽天朝，见一鹗之直上。执经帷幄，避宠枢机。宸衷资借箸之谋，士类倚持衡之力。致兹猥琐，亦预甄收。某敢不仰附余辉，俯摩钝质！虽夫子之墙数仞，未得其门；然鲁国之士一人，敢忘其教！（《全宋文》卷四〇八三）

张　嵲

回刘状元启

伏审廉陛胪传，冠时髦于异等；枌榆归载，荣昼绣于故乡。伏惟庆慰。窃以汉置光禄四科，尤重临轩之对问；魏有中正八品，盖规论秀以官能。本朝登进士于仪曹，学者率在庭而充赋。盖杂汉唐而并用，每入寰宇之异人。逮此中兴，益修故典。果有绝伦之彦，来为入的之先。事不素惩，目非眉中。伏惟某官，负才杰异，造行饬修。富学问于三余，夙蔼胜流之誉；干云霄而一誉，蔚居称首之荣。若固有而不矜，知夷途之方远。宁或淹于外补，行见掌于近官。某偶以分符，获观盛事。缄封见宠，敢忘赠绣之私；颂咏虽深，终乏报琼之善。永怀至意，深切汗颜。（《全宋文》卷四一一三）

胡寅

送刘伯称教授序

进士同年登科相为兄弟，自唐至今，亦已久矣。今之朝事既赐第授敕而出，则涓日集于一所，用官给金钱设酒馔，为宴集。同年者毕至，按先后列庭下，推一人年最长者榜首拜之，又推一人年最少者出拜榜首，谓之叙黄甲。黄甲者，黄纸榜之甲乙丙丁戊五科之次也。所以训在榜之人，勿以科之高下相重轻，而以齿之长幼相伯仲。推此意也，凡在榜之人，是宜先义后利，爵位相让，患难相恤，久相待而远相致也。岂不美乎！然昔之取士尚少，少者数十人，多者不过数十百人。故其为兄弟也，交不广而情可厚，其流风余韵，犹足以立懦志、敦鄙夫，使不预者生羡心焉。承平既久，三岁一大比，天下之士无虑六七百人。当是时，静躁华质，游衍漫散，既不齐其志，又不常厥居，固不能尽相识知。虽一日叙甲之集，盖亦阒然进旅退旅，何由问其姓字而窥其声光？且复有以故而不至者十常一二，于是同年兄弟之名存，而交情契义，非故旧已熟，则一时意气倾动，扳联喜合为最笃，其余亦泛泛焉尔矣。此非人为，盖风俗醇醨之渐至也。(《全宋文》卷四一七五)

武夷桂籍记

古者取士虽多术，大要有三：曰德进，曰事举，曰言扬。两汉而上，由前之二，而能言者因以显。唐以来用后之一，而才行者随以奋。然则奏言取士，虽非得人之本，倘询之有道，考之有权度，词朴而义正者不见遗，艺工而理乖者无幸中，则方诸度德量能者，亦不至甚失。故进士科自唐中叶至本朝为最贵，而元德显功、计安宗社、跻世隆平者，光明硕大，继武辈出。如二十八宿，经纪乎天次，森罗乎太清。而作为文章擅名天下之士，反不多得，仅晨星寥落相望焉。乃有鼓箧操觚，一趋试席。睨棘闱出入之密且严也，则浩然太息，以为待己轻贱，拂衣去之，终其身。斯人也，视伏光范门三上书仰首鸣号者，不啻贤矣。曾未思三岁一科，天子先期下诏，申劝举子，使亹亹勉焉，以待有司之问。将及期，命部使者择主文官，即其州辟场以程之。其限纡，其法精，其道公，其预选者姓名文字上于宗伯。于其行也，郡守设宾筵劝为之驾，歌《鹿鸣》以遣之。明年春，群试于春官。于是时，主文柄者朝廷益加择，其预选者士林益称之曰能矣。天子尚虑其未详也，亲御广除，策以经史、当世之要务，而提衡持鉴，则又北门西掖、兰省蓬山、一时英彦之极品。奏申夜半，上质明法，驾坐云帷，临香案，大臣启卷读所对策，胪传姓名，而赐之第，锡之服。盖日下昃，君与臣不敢倦。既再拜出，则颁少府金钱，俾集期而馆处。越旬时，敕太官供具，太常张乐，侍从近臣为献主酒。中遣中贵人赍御制诗章，就赐举首以下，谕以致身事主之意，益宠光之。然后入吏部籍，而器使加焉。于是，取士之礼毕。其文实缛笃如，而或者顾谓侯己轻贱，不亦贤者过之也与？是故进士设科，功业如韩、范，德行如司马，道学如程、张，文章如庐陵、临川、南丰、眉山数君子，其究虽殊途，其俶也皆由此其选也。科目之贵重于世，夫岂苟然哉！建州七县，每应书者率四千而赢，崇安固里弦闾诵、家诗户书之邑也。自淳化三年张仿始登第，迄今才六十有四人。以设科之年、应书之数大略计之，无虑数十百人而得一。岂科目贵则得之艰？亦其理宜欤！呜呼！此六十四人者，其通塞显晦，与其贤材称否，或远矣不得而知。其近者，乡老先生所见所闻，祖之所逮闻，亦班班可道也。山川英淑之气，蜿蟺磅礴，未尝间息，则何世而无材！去古虽益远，出于人心者犹在我，欲仁斯仁至矣，则何材而不可就！后来之秀以一乡取友为未足，又尚论焉。于此六十四人是非去取，岂特三行一师而已哉！况明天子留神校序，善养乐育，承学韦布，追琢其章，必有瑰伟杰特，虽习词艺而词艺不能局，虽由科举而科举不能拘者，是谓奇材远器。可以主盟斯文，扶持皇极，为圣时之瑞。则斯记也，且将续书又书，不一书，盖与我宋相昭乎永世矣。（《全宋文》卷四一八二）

欧阳澈

秋试下即事有感寄国镇

篱角金英喷异香，杜门岑绝独持觞。风掀脱叶横斜舞，云衬平林浅淡黄。塞管有情增哽噎，野花无绪伴凄凉。不禁景物撩秋眼，剩与新篇付锦囊。（《全宋诗》卷一八五〇）

朱　松

送瓯宁魏生赴武举生后与金人战，有功，战没于邯

建安少年请缨客，横槊赋诗两无敌。辞家去作入彀英，气拂天狼夜无迹。庙堂尺箠鞭羌胡，智名勇功付壮夫。引弓没羽世自有，敢闻上策当何如？（《全宋诗》卷一八五四）

朱　翌

送郑公绩赴试金陵

庭槐着老花，佳兴渺澄江。束书望故国，飞帆响篷窗。白袍看先登，唾手筑受降。从风靡强燕，举火烛老庞。秋天鸿鹄高，惊到中叠双。闺人侈宵占，玉虫缀灯釭。

君到洗沐已，蜡屐款北山。吾祖山中人，凛然千载颜。其旁马鬣封，近去龙衮间。通鉴恰施行，新经宜少删。世上有公议，渠自明忠奸。物情有报复，天道则好还。

昨日天子诏，痛念并州儿。傥有长毂动，何忧折箠笞。似闻当宁叹，颇牧今何之。岂惟一方痛，其势又类腓。策士仍三年，侧席收六奇。谁当挽天河，洗出中兴碑？

笔端忘杻械，舌本贵温润。明明获麟书，作世大龟镜。哀哉束高阁，斯文久不胜。皇天开老眼，牵复首拜命。秋来举子场，谁领斯文印？向来针膏肓，必古司农郑。

念我答飒久，区区劳此生。借屋就瞿昙，长湖绕厢潆。未了文字债，截蒲坐纵横。天公喜相我，贶以秋风清。他年载兼两，策勋首短檠。饥吟愧峨冠，谁知此心倾？

孤城挟龙虎，盘礴纳万象。冯夷遵节制，旦暮过稽颡。君今搦寸毫，意与孤鸿往。雄豪揽千古，光彩发万丈。忆昨吏三年，到今余梦想。古寺壁间名，劳君拂蛛网。

我瓶无储粟，世累如缀缨。读书寡见功，一饱不可营。鳞差四百指，习惯啼饥声。天岂私贫我，客气略已平。安能事计然，且复师渊明。傥有故人问，但如诗所称。

高轩过我数，相对心迹清。共乘殿角凉，剧谈新月生。稍作莲茨费，久绝壶觞倾。告我买夜航，幞被催宵征。秋晚破敌归，连营稍休兵。青云付一蹴。齐晋多世卿。(《全宋诗》卷一八六三)

曹　勋

小三郎试院高捷喜成四韵

吾侄千里驹，一喷绿沙外。韬钤本书史，方略扶经纬。小出附众策，坐使勍敌溃。持弧襁褓子，雨汗亦良愧。(《全宋诗》卷一八八四)

喜张叔潜登第

潜也忠良士，骞腾喜纵观。主文收俊彦，学校益尊安。台阁名闻久，交游意始宽。佐时行拭目，正论耸朝端。(《全宋诗》卷一八八七)

刘子翚

鹿鸣燕诗送诸进士

讲艺欣闻暂息兵，槐花秋晚诏群英。胡尘不隔蟾宫路，镜水初题雁塔名。礼盛邦侯开宴豆，道隆乡老萃簪缨。更期妙手皆穿的，荐士吴僚亦与荣。(《全宋诗》卷一九一八)

仲　并

送阎少隐同其弟伯子宣子赴试淮南，为一月之别，某以病起不及饯送，为三绝

二难晚出材无敌，老将从来勇冠军。一月望公三捷至，秋风不惜暂离群。

街头日夜催槐黄，去去归帆如许忙。我病公行欠卮酒，少迟饮至共传觞。

扛鼎拔山谁长雄，八千号数夸江东。公家子弟又可用，要与父兄成大功。(《全宋诗》卷一九三〇)

回谢及第人启

妙中儒科，荣登仕版。公论所属，亨途可量？伏惟庆慰。某人楩楠大

厦之材,圭璋清庙之器。警悟不劳于师授,该洽仍得之家传。果以妙龄,膺兹遴选。不在君门之第一,尚郁众评;久知国士之无双,伫观远业。为掾聊追于三语,寤主即闻于片言。自惟萍梗之踪,偶玷葭莩之末。方深赞喜,遽辱惠音。粲然追作者之风,为之兴叹;谦以叙门生之礼,岂所宜蒙。但增篋笥之光,莫效琼琚之报。

回第二人启

谢策枫宸,登名桂籍。妙中亚魁之选,共钦稽古之荣。伏以某官,天地钟和,山川毓秀。淳厚尔雅,文章追三代之余;直谅多闻,声誉冠诸儒之右。卓然远器,伟以高材。较艺省闱,已擅巍峨之第;献言丹陛,益摅悃愊之忠。力陈孝弟之言,深赞治安之策。搢绅动色,共庆邦家之得贤;师友联名,益见乡闾之盛事。某偶兹代匮,窃预荣观。过辱长笺,益钦雅眷。愧乏琼瑶之报,但增篋笥之光。(以上均见《全宋文》卷四二四一)

葛立方

清平乐·子直过省,生日候殿试,席间作

文章惊世,半挹南宫第。蟾窟澄辉天似洗,折得窅窊丹桂。　　当年蓬矢生贤,流霞满祝长年。更愿巨鳌连钓,枫宸第一胪传。

减字木兰花·四侄过省候廷试席上作

摇毫铸藻,纵有微之应压倒。万里鹏程,南省今书淡墨名。　　胪传丹陛,月里桂花先著袂。雁塔高题,玉季巍科尚觉低。(以上均见《全宋词》第二册)

鲁　訔

登科续题名记

郡直台躔,地实隘束。海荡江泻,气无厚蓄,俗多勤瘁,竞趋不舒,衍古不名题人。国家声教普洽,薄海内外,士俗炳炳,始与他郡争衡。罗公适以材德表见于熙、丰多士时,陈公公辅以忠鲠得名宣和间,左公誉之文雅,朱公斐之醇亮,比相望也。绍兴大驾南巡,昵迹风化,中州名公卿萃于

郡。市改肆，里易服，声华文物相摩荡而俗益美。故旧记始自咸平，每举不过一二人，比来榜不下四五。自今家训人励，辟山川之隘而广之，俗美于今，犹今视昔。鸿儒硕德，辉映泰阶，有人焉。呰窃乙卯第，郡人同年者三人，宰瑞安，得陈良翰，其一也。以前碑无余石，请续之，因题其首。（《全宋文》卷四二五〇）

冯时行

送友人兄弟赴省

书剑一门去，由来得主盟。峨冠虽合沓，再鼓已聋盲。风急鸰原起，云高雁序横。天衢在咫尺，去去任飞鸣。（《全宋诗》卷一九三七）

回诸士人发解启

职叨劝驾，惭微礼之未伸；德务㧑谦，荷长笺之先贶。气凌飞鹗，技擅雕龙。窃观翰墨之间，已识云霄之志。第褒称之过实，怀愧赧以尤深。舜世八元，觌烝髦之盛举；虞韶九奏，聆览德之希音。钦佩以还，敷宣罔既。（《全宋文》卷四二六五）

吴　芾

送丘尉赴试南宫

儒冠鼎盛缙绅多，海内如今数永嘉。士习艺文争擢第，君明经术合传家。莫言黄绶官犹小，须信青云路不赊。好上汉廷晁董对，要令吾道益光华。

送诸乡人赴试南宫

闻道诸君上玉京，一杯聊复话离情。青钱既中三年选，黄鹄须看万里程。欲向他时成远器，要从今日立修名。吾君锐意图兴复，好把嘉言对集英。

送二十七弟五三侄赴试南宫

家世登科能几人，两人今岁奄沉沦。不应天遽衰吾族，会见时当发汝身。联辔莫辞金镫冷，夺标争斗锦袍新。还须益励青云志，门户何忧不再振。

送侄赴廷试

经术传家几缙绅，孙吴决策旧无人。上将用武方留意，汝始程能遂发身。伫展六韬登上第，更资三釜及偏亲。两科自此增双美，何患衰宗不再振。

昔年三榜偶联荣，人道吾家好弟兄。更喜鸰原俱有子，还来雁塔再题名。衰宗正恐儒风坠，晚景那知好事并。老子已为归去计，从今看汝奋鹏程。（以上均见《全宋诗》卷一九六二）

送侄赴廷试

我是田家本业农，偶然两世到蟾宫。书生天幸有如此，岂复更忧吾道穷。

一第男儿未足夸，喜传衣钵振吾家。大廷好上千言对，要使声名播迩遐。

上林跃马看腾骧，父老犹言昔日张。顾我儿曹殊未学，敢将踪迹继前芳。邦人言：昔张侍读之子寺丞登科，东坡曾寄诗以相庆，诗中有"洗眼上林看"之句。（《全宋诗》卷一九六五）

王之望

贺状元及第启

胪传上第，魁冠群英。下明诏于九天，恩光桂籍；收大名于一日，光映儒林。伏惟欢庆。恭惟某官，英气凌云，宏材耸壑。富以巾箱之学，发为金石之辞。卓尔异人，时推于间出；伟然大器，不俟于晚成。以妙龄秀发之资，奉高谊讲问之对。诸老谁先于贾傅，天子亲擢于平津。喜黉舍之有人，掩词场之得隽。惟他日公卿之路，当由此而致君；凡一时父母之心，皆向风而祝子。华途始践，远业难量。某久厌齑盐，更窥珠玉。知洋洋于流水，偶赞文衡；引皓皓于明堂，实由圣鉴。拥长笺而肯顾，溢陋巷于生光。

贺状元及第启

唱第中宸，冠名上甲。虽事从故典，推龙首以居先；而恩出清衷，并桂林而擢秀。伏惟庆慰。恭惟某官，文知体要，学有渊源。望久重于乡闾，声特高于场屋。屡泣荆山之璞，知者其谁；独入丰狱之光，终然莫掩。擅世学以独步，沾皇泽以兼收。有孤黄卷之心，耻试红尘之吏。再鼓作气，一鸣惊人。冕旒凝乙夜之观，轩陛首春雷之震。以贤良三策而为举首，遂继家风；起徒步数年而取封侯，更看晚节。某倾因乏使，忝预攸司。设网于河，偶值灵龟之入；窥斑以管，讵穷文豹之奇。方喜得于真才，忽过蒙于盛礼。（以上均见《全宋文》卷四三六七）

史 浩

次韵权郡钱直阁鹿鸣宴端礼处和

去去无材策治安，全资风力助轻翰。欲平紫气频侵斗，当倩中书为脱冠。香入梅梢春意近，德将鲸饮玉杯残。珠玑更复传华衮，荣比青霄驾彩鸾。（《全宋诗》卷一九七五）

燕新第乡人致语口号

鄮山鄞水百祥开，壮士昂头谢草莱。戛玉锵金俱杰出，纡青拖紫正朋来。未饶卫国多君子，何独山东有相材？富贵功名随步武，清时钟鼓且衔杯。（《全宋诗》卷一九八〇）

李 石

眉州鹿鸣宴

大比周三岁，登名蜀一涯。圣贤元祐学，父子老苏家。类省登槐市，清秋艳桂华。生平晁董业，亲策对褒嘉。

六六成鳞吹，呦呦赋鹿鸣。三仙随劝驾，千佛要题名。俎豆初筵秩，衣冠习俗荣。例须烦举送，我亦鲁诸生。

黎州鹿鸣宴

圣化如时雨，吾门自教风。文翁来蜀郡，常衮在闽中。夔足无多用，

鳌头只独雄。诸君携手上,名姓广寒宫。(以上均见《全宋诗》卷一九八七)

答田茂实解元启

齐、韩、毛、郑,世守一经;卢、骆、王、杨,名参四杰。岂特有司之塞责,庶几为国而得人。伏惟秘省明公,妙于师传,自有家法。解颐敢抗于雄辨,志目果收于隽功。方庆问之未遑,辱惠音之先及。意切相与,贤于所闻。白鹤山高,如三秋之可仰;青云路稳,期一旦之相逢。

答黄解元启

质文具美,经行兼修。收石室累年之功,为青云一步之始。辱隽文之踵及,仰喜气于眉间。天理岂在人为,更宜勉力;阴德必有阳报,仰副清心。

答李解元启

备数文衡,于何塞责;登名贡篚,佥谓得人。秘省明公,义薄云天,评高月旦。岂独收隽功于槐市,盖将奉大对于枫宸。固已卜吾人所得于文字之间,便可以此道相期于礼法之外。更佩双筠之重,如怀十袭之珍。青牛入关,莫忘仙家之来裔;白鹤旧社,尚期华表之同归。

答黄解元启

四科十哲,同瞻阙里之游;三秀一门,尽入乡书之选。秘校明公,词吐温润,气质粹夷。笑谈取学校之功,行艺推场屋之隽。念再岁窗户相从之益,仰九霄岐路高举之初。大诏鼎来,高文贲饰。相期里闬,已知江夏之无双;此去殿庭,犹是颍川之第一。(以上均见《全宋文》卷四五六一)

陈长方

答王解元启

乡官论秀,三岁登贤能之书;寄籍他州,一日冠英髦之选。尽球琳琅玕之贡,实东西南北之人。某人材力无双,词锋甚锐,果闻拔萃,大慰群情。某滥预校文,获因寓目。特烦为谢,深愧何功！布叙欲周,勤拳难既。

答何解元启

被牒旁州，滥处权衡之任；如窥列肆，但惊瑰璧之多。况在上游，可量远器。某人水曹词藻，君公裔孙。久已去于故乡，今来从于新亳。能高群彦，名预荐书。特枉笺题，归恩荒陋。其为感愧，布叙莫殚。（以上均见《全宋文》卷四五七三）

林之奇

答黄晦叔仙尉

谚有之曰："世无科举，人不教子；朝无利禄，士不读书。"今天下闺门乡党之间，父诏其子，兄诏其弟者，何尝无教？而家塾党庠之内，日读百纸，月读一箱，何尝无学？岂其所教所学，举皆为科举利禄设哉？岂其无科举利禄，则教学俱废哉？此言疑于厚诬天下之人，然而亦非过论也。今之父兄之所以教，与夫子弟之所以学，虽不皆为科举，而其本心岂有不由科举利禄而来乎？大人之学为道也，小人之学为利也。为利而学，此其本心也。其本心在于为利，而能推为道之心，充之以为大人之学者，非其理势之宜也。某弱冠而入场屋，强仕而从吏役，某之于士之趋操志愿，闻之熟矣。彼其平居暇日，怀铅提椠，以从事于灯窗之习，孜孜汲汲，突不暇黔，席不暇暖，而每以为不足者，孰非为科举利禄计哉？及一旦功名成遂，得一第如针芥许，而回视平昔所学，固已如鱼之筌，如兔之蹄，而视为无用之具矣。其弃之惟恐其不速也，由是束书于高阁而不读之矣。其朝夕之所从事者，非柱后惠文之习，则禽犊刀笔之智也。未历数年，而风声气习之所移，口体居处之所养，已不啻如膏粱子弟之为，而无复寒素之故态矣。由是知今世之士，读书为学，以取科举利禄。其未得之也，既出于不得已而不可以已；则及其既得，岂有得已而不已者哉！谚之云尔者，虽若过论，亦非厚诬天下之人也。（《全宋文》卷四六〇四）

晁公溯

送范道卿赴省试

君之先世真文雄，异时奏赋蓬莱宫。谁传副墨过沙漠，至今犹称长啸公。芝兰不乏后来秀，谓将褒然为举首。至音澹泊识者寡，遂令声名落卢后。北风吹霜日隐山，彩鸾绣襦宁复寒。同车西归信可乐，得意自忘行路难。明年春风紫宸仗，遥对清光九天上。长安花尽君亦归，缓辔重来一相访。(《全宋诗》卷一九九二)

王才谅自行朝归，以进士题名示予，怆然有感

先朝赐第白玉京，五世不出长安城。每闻三岁射策罢，诸生盛服趋天庭。禁门漏尽开九重，阙角仿佛晨光红。衣冠是日集殿下，金支翠旗色相射。空雷隐隐车转毂，鸣梢一声禁籞肃。须臾云开飞六龙，皇帝亲御蓬莱宫。宫槐满庭白日长，侍臣玉立分两厢。众星煌煌拱北极，龙颜负扆天中央。羽林虎贲拥仗立，霜交陛戟摩秋光。天风徐来雉扇举，遥识重瞳似文祖。胪传初罢日当午，起拜君恩谢明主。日斜天门随仗出，车马联翩动阡陌。金钱赐宴上林苑，千花万草生颜色。少年得意凌青云，路人叹息家人迎。昔为儿童亲见此，当时仰望如天人。岂知生世逢艰难，流离忧患尤可怜。乘舆巡狩在江表，亮阴三年犹不言。诏令蜀都别选士，西游弹铗秋风前。决科偶中太常第，意气岂复如当年？临安太守今为谁，玉字能刻玻璃碑。曲江题名岂料见，摩挲墨本心伤悲。楚山联绵越山远，梦魂不到明光殿。一官留滞未得归，北阙何时眼中见？(《全宋诗》卷一九九六)

闻范道卿将赴试成都作此勉之

长来故倦游，车辙环天下。艰难不吾容，虎兕适旷野。世方卧积薪，敢独怨飘瓦。久荒小山桂，几葬蒲圃榎。百罹生不辰，一死天所赦。故交赠绨袍，旅食悲冷炙。将索长安米，偶中泽宫射。倚楹日悲歌，鲁国疑欲嫁。退惭一木微，安足支大厦？收声就泯默，故意遂衰谢。二年游诸侯，弹铗守代舍。地湿恐鹏来，常畏阏单夏。宦惭司马巧，学愧齐人诈。低回甘折腰，俯仰甚出胯。入遭妻孥笑，出畏官长骂。一官终无成，他日要税驾。买山诛茅草，绕屋植桑柘。妇能躬井臼，时馌南亩稼。人皆见我穷，连蹇足悲咤。往往怪范君，何不老闲暇？不知骥伏枥，风云要凌藉。一日千里行，汗沟沫流赭。我方驭款段，敢追王良靶。闻君近举子，满室光照社。少年早乘龙，佳境渐食蔗。杰思到班扬，英妙等终贾。被褐肯迷邦，韫椟久待价。理无珠遗海，果见金跃冶。出陈治安策，去览德辉下。大才哙非伍，高论秦可借。决科在此举，定取一战霸。勿为栖棘鸾，会见上金马。晚来秋风高，木叶下清夜。急令呼曲生，为我饮伯雅。家贫无丝竹，作诗助陶写。归时更过我，扪虱同倚桦。（《全宋诗》卷一九九八）

怀子兼弟时在宁江赴试

霸国山河在，秋风草树疏。羁游今几日，旅食定何如？梦想池塘句，愁消鸿雁书。细思治安策，勉力献公车。

江晚微收潦，乘流久已归。沈郎正多病，水帝有余威。鸿雁几时到，脊鸰相背飞。题书问行李，东望独依依。（《全宋诗》卷二〇〇四）

黄公度

家僮归得王庆长宓消息知留浙中秋举

倦仆去复返，怜君归未能。吟余幽砌月，梦破短檠灯。地僻人稀到，书成雁莫凭。秋风霜翮健，天末看飞腾。（《全宋诗》卷二〇〇六）

送郑少齐赴官严州序

东南多文士，西北饶武夫，风声气俗，从古则然。闽于江右，文风尤盛；莆于七闽，又其最盛处也。士非以科第进者，同时辈往往嗤鄙之。（《全宋文》卷四五七八）

员兴宗

送崔子渊登第西归

少日家邻社，生年说二崔。诸孙接高第，吾子更长才。意逐归鸿急，身疑社燕回。再逢却持酒，同上望乡台。

送喻志夫登第西归

羡翁诗礼饱丘园，况有诸孙名义传。得雨蛟龙势逐逐，接翰凫凤声联联。灵明入地含一笑，痴客问天今九年。合沓高名吉人后，会题影响叠前篇。（以上均见《全宋诗》卷二〇一一）

拟南省策问一道

问:商之学号瞽宗,学之中谁云乐之不必穷?有司于乐疑,诸君其析之。考韶器,益稷备音,独不见土,竟何谓?《那》之章,祀成汤,金石竹革,奚四音之是扬也?周有瞽,合乎祖,金丝匏土,奚四音之不举也?周之祭,不用商,或曰祭也尚柔,商也刚,不几乎声之亏一乎?宫有变宫,徵有变徵,或曰武王伐纣也律如是,不几乎声之衍二乎?金石以重,尚细声;瓦丝尚大,以其轻。匏竹革木无所尚,乌得平?磬以泗滨,籥以豳,琴瑟以云和、以龙门、以空桑,贵产也,音何如其为良?女娲之笙簧,叔之磬,垂之钟,鲁用之,以其人之制也工,工也与安考诸?夏有《九成》,廷坚治之;商有《九韶》,伊挚制之;周有《九夏》,文公第之。或曰其《夏濩》、《武》之别名也,或曰乐歌章云尔,则未知其孰是?师乙论遗声也,五帝安知其商是?三代安知其齐是?八百之所制,传书者何考焉?八能之所作,释礼者奚取旃?曰燕,曰缦,曰散,曰恺,曰夷,周所作,秦汉而下沿之更之,音奚若也?钟变而律黄命伦,律变而准汉君明,准变而通梁之武,三者和声将安取?汉初制氏纪铿锵,杜氏在魏古雅昌,荀公新律、阮公妙达俱在晋,祖君、张君旋宫调钟皆在唐,合群才而方州鸠子野之徒与?非与?今日郊焉奏,庙焉作,而抑而扬,而清而浊,愿稽英茎以来而商榷。幸勿谢曰:"我所达者乐之化,我所道者乐之常,斯末也,盍扣云门生二舞郎也?"

南试策问一道

问:国之本在君,君之本在政。政也者,有善败焉者也,有得失焉者也。得失善败见乎迹而志乎言,言也志于是,世也稽于是,夫然之谓史。史弗良于言,弗得于史也。史乎!史乎!其容有病焉者乎!大道不伸,不自孔氏,诸子秉非其笔矣,甚非《春秋》之故也。政以是晦,史以是难。幸也汉氏之兴,迁、固躬焉,知而好之,好而述之。世掌斯事,本本元元,其心庶几哉!其法欲有以自见也。然而,讥者评者谓之抵牾,谓之剽易,谓之进奸雄,谓之贱死节,谓之易编年而病圣法。诸儒之讥固也,亦犹固之讥迁也,不有斥焉,则有疑焉,孰是?人斯博,极斯至,犹然而斯戾也。下于二子,若晔也、寿也,才之不迁,而学之不固也,其谁能任之?嘻!其甚矣史之难也!至于晋、宋、齐、梁、后魏、后周、有隋、有唐之书,诞谩颠倒,载笔至此，非史实亡，人亡之也。为其甚，则日流以讹，并与述作之体而亡之。吾尝千载研核，为之尽心焉。适生云死，适死云生。其事臧，其人吉，而敢以戾书；其事戾，其人不肖，而敢以善书。书于纪，则传不见；见于传，则纪不知。人其人，未必其事也；志其事，未必其人也。有若崖镵冢刻之词，有若稗官谐志荒忽怪微之论，斯亦可以削之矣，而亦不削也。故因诬而诬则诬益甚，因惑益惑则惑不解。至于日月也，山川也，姓氏也，风俗之变也，俄而自志则俄而自叛矣。如此而史，何史之与有？嘻！其甚矣史之衰也！史衰且难，此其十数，至其它诡圣伤道，则又百之矣，是不可不详其故也。岂迁、固典定本有先拨而枝叶自害与？不然，晋、隋以次诸史，浸微浸坏，何为安受其烬，何亦莫之革也？唐刘子曰："有学，无才无识，不可为史。"先儒曾子曰："有明道之志，然后可以任史也。"彼迁、固于此谊或未有合，果尽合矣乎？其卒不合者凡几？合而异乎后史者几？何晋、宋诸子\u6d47然荒惑矣，万有合此者乎？无也，是又不可不详其故也。虽然，日月出而爝火熄，王猷著而万目睹。彼众史之此言也久，将一变也，圣有作焉新之矣，于是为盛。恭惟迩者宸训丁宁，毕三朝奕叶之册，进太上缉熙之典，文武神圣无前之迹，皆聚此书矣。帝王之美，煌煌充满，所谓天地莫量也。诸史何等可望，诸儒何等可窥乎！彼晋、隋流荡，佞史频频，浊乱统纪，如前所云者。二三子盍亦鉴于彼而颂于此，是乃扬巨丽而章至尊也。兹事体大，岂惟动流亿年，抑亦嗣三典，踵坟索，使难者易，衰者兴，于是乎在也。其无隐。（以上均见《全宋文》卷四八四一）

王十朋

送元范赴省

清峭霜天振羽翰，共观一鹗气轩轩。愿将拄腹书千卷，尽作忧时策万言。请系单于同太傅，不阿人主异公孙。龙头素是君家物，又见传呼贾状元。（《王十朋全集·诗集》卷三）

送赴省诸先辈

国朝人物盛温陵，秋赋呦呦鹿食苹。人倍平原门下士三十八人，文联韩愈榜中名。丹墀何止三千字，云翼行看九万程。劝驾龙钟老太守，篮舆

准拟出郊迎。(《王十朋全集·诗集》卷二六)

新第先归者五人燕于黄堂,故事也。酒半,啜茶于忠献堂,持杯以劝,即席赠诗

四海英才入网罗,清源龙虎姓名多。经魁兰省得人杰,策射枫庭收甲科。奎宿呈祥前未见,纬星还舍首相过。一杯忠献堂中酒,名节相期要不磨。(《王十朋全集·诗集》卷二七)

别院省试策问二首

谋断

问:自古帝王图天下之大业,必贵乎好谋而能断。谋固不易,而断为尤难。谋之于新,固不若谋于旧也。然孙权之拒曹操,吴人以众寡不敌为忧,张昭为定策旧臣,乃劝权迎之。果从其谋,其能成赤壁之功、建鼎峙之国乎?谋之于寡,固不若谋于众也。然宪宗之伐淮蔡,卿士莫随于议伐之初,小大并疑于既伐之后。使帝惑群议而不任忠臣,其能成破贼之功、振唐室之威令乎?谋之于少,固不若谋之于老也。然世宗欲亲征,刘旻、冯道以四代之老,力谏其行。果从其谋,其能成高平之捷而北取三关乎?谋之于下,固不若谋之于左右大臣也。然澶渊之役,大臣有欲避其锋而劝幸吴蜀者。当时苟从其谋,天下几何其不分裂乎?夫国有大疑,谋之于旧,谋之于众,谋之于老,谋之于大臣,可也。彼三君暨我章圣皇帝,乃违其所宜从之谋,而以之取胜,何耶?岂群谋有不足取,而断之以独见之明耶?抑当时运筹帏幄之臣,固有出人意表者耶?恭惟主上以圣德受禅,天下同心戴之,蠢兹丑虏尚敢不恭,天地神人罔不愤怒。疆场之事,上贻宵旰之忧。议者谓欲兴师以拒之,命将以伐之耶?则有以力非其敌,如吴人之惧魏,唐人之虑淮蔡者;谓宜亲屈万乘以征之耶?则又虑策非万全,必有异议如显德、景德之臣者。彼其心皆出于忧国,特其所见有不同。持不同之论,而纷然于人主之前,则谋将孰从?而断将安出耶?诸君抱畎亩惓惓之忠久矣,必有奇策可以济世。群试春官,盖得言之秋也。愿详论前古好谋能断之君,其事孰可行于今者。有司将采而献焉,以赞雄断。

功名节义

问：非建功立名之士，无以排祸乱而辟土疆；非守节死义之士，又无以折奸邪而扶持宗社。二者皆有国之所急，不可不兼崇而并尚也。议者谓西汉有功名而无节义，东汉有节义而无功名。兼之者，其三国人才乎？抑尝即固、晔、寿之史而考之，三者之说，似非至论。西京有折而不挠、号近古社稷臣者，有寝淮南之谋、怀畎亩之志者，非节义与？东都有感会风云、上应列宿者，有举空朝廷、投笔取封侯者，非功名与？三国人才固多矣，杰然乎其间者，殆不过数子。蜀诸葛亮固天下奇才也，然史氏谓其连年动众，未能成功，兵机将略，非其所长，功名亦少贬矣。魏荀彧固有王佐风也，然论者讥其协规曹氏以倾汉祚，机鉴先识，未充其志，节义亦少贬矣。吴周瑜、鲁肃建独断之明，出众人之表，智略俱可称也。然或谓赤壁之役，瑜获虚名；荆州之借，乃肃之短，功名、节义又果能兼之否？谓西汉无节义，东汉无功名，非厚诬与？谓三国兼两汉所长，非溢美与？我祖宗之世，人才辈出，功名、节义为两全，视两汉、三国为远过。自艰难以来，不惟兼全者无能以所长见称，亦几视两汉、三国为有愧。主上侧席求贤，共图恢复，正有志之士建功立节之秋也。敢问何以排祸乱而复土疆？何以折奸谋而扶宗社？死者可作，其谁与归？愿摭前史并国朝人才而并论之，将以观诸君筮仕之志。(《王十朋全集·文集》卷二三)

李 焘

制科题目编序

阁试六论，不出于经史正文，非制科本意也。盖将傲天下士，以其所不知，先博习强记之余功，后直言极谏之要务。抑亦重惜其事而艰难其选，使贤良方正望而去者欤？然而士终不以此故而少挫其进取之锋，问之愈深，则对之愈密，历数世未尝有败绩失据之过。士岂真多能哉？斯执事者优容之也。逮熙宁中，陈彦古始不识题，有司准式不考，而制科随罢。君子谓彦古不达时变，宜其黜也。先是，孔文仲以直言极谏忤宰相意，驳高第，斥小官。彼狡焉思纵其淫心，以残害典则，厌是科之不便于己也，欲亟去之而不果，遂则姑置焉，名存而实亡矣。凡所谓贤良方正，尚肯复游其间乎？彦古区区，昧于一来，是必不敢高论切议也，殆揣摩当世，求合取容耳。传注义疏之幺么纤微且不及知，矧惟国家之大体，渠能有所发明哉！而执事犹恶其名，决坏之然后止。彦古之黜宜也，而使天下遂无得以贤良方正能直言极谏举者，独何心欤？至于元祐，仅复旋废，其得失之迹，又可见矣。今天子明诏三下，而士莫应，岂非犹惩于彦古故邪？盖古之所谓贤良方正者，能直言极谏而已；今则惟博习强记也，直言极谏则置而不问，甚至恶闻而讳听之，逐其末而弃其本乃至此甚乎！此士之所以莫应也。余勇不自制，妄有意于古人直言极谏之益，而性最疏放，勉从事于博习强记，终不近也。恐其幸而得从晁、董、公孙之后，曾是弗察，而猥承彦古之羞。乘此暇日，取五十余家之文书，掇其可以发论者，各数十百题，具如别录。间亦颠倒句读，窜伏首尾，乃类世之覆物谜言，虽若不可知，而要终不可欺。戏与朋友共占射之，贤于博奕云耳，实非制科本意也。因书以自警云。（《文献通考》卷三三）

孙　介

县作鹿鸣会屈致冷副端席半出诗侑一献次其韵

早叹朝阳一凤鸣，几多风奏动延英。只今故里夸闲适，得使诸生拜老成。妙句独先歌白雪，欢颜亲自酌乌程。鹿鸣故事虽荣观，此段邦人分外荣。（《全宋诗》卷二〇五三）

徐　璋

送举人

揭阳多士天下都，声名籍籍南海隅。往往能骑龙马驹，唾手可捋於菟须。大食刀斫赤瓠壶，绿沉弓迸金仆姑。太阿何止敌万夫，四海可归舆地图。一举旌旗到三吴，全军接上甘泉书。不比白面谢石奴，汉庭挺出万卷儒。至尊含笑御玉虚，此时贤杰气焰舒。更看相踵升亨衢，凤池鸡省争凫趋。（《全宋诗》卷二〇六四）

洪　适

回曾解元状

鏖锋笔阵，彼乌敢当我哉；造榜文场，无能出其右者。乡评允惬，儒党有光。先辈积思三都，驰芬五岭。充牣简编之读，优游翰墨之林。文最善鸣，白也诗固无敌；言多实用，谊之策岂略行？瞻雁塔之峥嵘，指鹓行而腾翥。肯迂逢掖，见贲长笺。某久矣讲闻，欣然谐际。摄空泮水，获闻掷地之声；远迹瀛洲，莫快如墙之睹。

回侯解元状

争锋笔阵，日五色以齐驱；造榜文闱，心三星而著象。声驰枌社，喜动兰陔。先辈韶濩谐音，楩枏耸干。学周公、仲尼之道，特立独行；有相如、扬雄之风，同工异曲。不辍夜分之习，素高月旦之评。果得隽于槐黄，将策勋于芥紫，章章雁塔，衮衮鹓行。某旧矣知名，跫然识面。摄空未几，初非一卷之师；掞藻肯临，深愧双金之报。

回戴解元状

争锋笔阵，少陆机作赋之年；造榜文闱，冠王勃齐名之杰。声驰里社，喜动亲庭。先辈囊颖有闻，席重是似。平时妙童子之作，既擅价于雕虫；一日中有司之程，果赏音于雌霓。不负槐黄之举，能收竹素之功。唾手巍科，致身荣路。某久钦警悟，幸际清扬。暂尔摄空，弗补撞钟之问；惠然摛藻，有惭报玖之章。

回傅解元状

窃审席珍长圃，副嘉诏之详延；造榜外台，占贤书而独步。他乡改观，吾党垂光。先辈赋丽孔门，气劘屈垒。果见旧毡之得，不负短檠之勤。出月胁以蜚声，一枝可折；振风翰而借便，万里为程。某顷幸承颜，欣闻中的。遂迂方履，见诒金薤之辞；不腆报章，有愧木桃之什。（以上均见《全宋文》卷四七三〇）

回张侍郎谢送《登科记》启

伏以钱万选而中品，事播家声；佛千名以作经，望尊时杰。会粹甫成于椠本，发挥猥辱于赏音。华衮可逾，英瑶何报！恭惟某官，识穷万户，语妙二京。上轧汉周，擅燕公之大手；高出晋魏，信籍也之善鸣。蚤济美于八科，叠扬芳于两穗。盗环决狱，蔑闻天下之冤；簪笔立班，有美省中之语。某空疏不学，编划非才。一卷之书必立师，既阻得三之问；尺牍所传以为法，永夸俪六之藏。(《全宋文》卷四七三四)

大宋登科记序

《国朝登科记》，自建隆庚申至绍兴之庚辰，姓名登载者毋虑二万三千六百人有畸，为二十一卷。后乎此者，盖将亿万数而未止。唐人所谓千佛名经，良不足道。先是，吴兴学官有镂板，混然不分卷，第所纪但进士而已。制举、词科顾泯没不传，贡士又传著牍尾，其它鱼鲁脱逸，不可缕析。或一榜至误百有余字，览者不以为善。某始放唐姚康所作《科第录》，凡以是进者毕书之。采摭功令，粗存因革。其名冠礼部籍及仕至两地，悉为表出。大魁若异科，则又识其乡于下。进士自庆历后得其小录，始可考。建炎以来，蜀人以道梗且远，不能造庭，故中州漫不知其名氏，今皆并列。明经诸科，国初取人甚众，史略其名，莫能尽载。武举非文事，童子或偕计吏，或赐帛罢，故弗著。既成，刻于新安郡舍盖堂。(《全宋文》卷四七三八)

鹿鸣燕致语

设科选士，仰华旦之右文；提笔擅场，逢有司而定价。自非白璧无瑕之侣，安得青钱必中之功！惟扬粤之东隅，有张余之芳躅。当时勋业，能齐色于三阶；后代宗师，屡标名于千佛。羊城是为盛府，雁塔相踵英游。瞻槐斯黄，拾芥而紫。劝驾腆元侯之礼，开尊承嘉客之欢。音沸管弦，光生韦布。恭惟经略，诗仙济美，吾道主盟。决遣有如神明，润饰皆以经术。已同延寿，执俎豆而兴校官；不减文翁，买刀布以赍计吏。提举望崇岭表，胄出云间。使节森罗，兼总儒林之柄；牢盆充牣，独赢岁抄之储。提舶论议粹醇，襟灵开豁。典司浪舶，每多栖陆之珍；涵泳金籯，自有传家之学。喜群贤之得隽，指上国以观光。遂延乡社之先鸣，且合漕台之高荐。凡旧登于贡籍，咸同集于宾筵。所期浑化之荣，以激方来之秀。宫商间作，盏斝交飞。歌鹿鸣之三，式侑吸川之饮；参鸷鸟之百，孰追击海之程？某等偶缀贱工，获披崇仞，甲科可俟，韵语敢陈：采芹东鲁浪歌僖，领海儒风异昔时。学有渊源能贯道，文如藻绣总䌷奇。轩然西笑腾三级，对此南烹举

一卮。勋业权舆自今日，广寒折取最高枝。(《全宋文》卷四七五五)

汪应辰

鹿鸣宴席上诗二首奉送解元诸先辈

从来人物数成都，果见英髦入荐书。齐鲁风流方演迤，渊云文采自纡余。姓名即上飞龙榜，乡里争迎驷马车。圣世取才三尺在，但惭无地更吹嘘。

嘉宾式燕正炎曦，风自南来为解围。细听吹笙仍鼓瑟，即看结绶却登畿。清朝不用赍刀布，昼日偏宜着锦衣。太守自怜推不去，栈羊酾酒待还归。(《全宋诗》卷二〇九〇)

周麟之

回陈先辈启

伏审献艺龙墀，蜚声虎榜。盖鲁史为经国之制，能以心通；而太丘有兴门之孙，讵非德报？祖风不坠，士论咸孚。伏惟某人，识抱龟长，器韬玉洁。轶材天赋，素高吐凤之辞；奥学家传，备究获麟之旨。惟三冬以足用，遂一鸣而惊人。定价文场，毋惭王勃之后；著鞭仕路，勉效祖生之先。某夙仰大门，幸瞻英范。较举子踏槐之技，已见绝尘；阅飞仙折桂之游，复观妙手。投珍甚宠，溢美为惭。(《全宋文》卷四八二一)

回莫子中谢中词科

芝联三秀，每慕高门；芥拾两科，复观妙手。人第窥其小小，君益办于多多。岂惟吾道之有光，益见后生之可畏。伏惟某官，器资玉洁，学问海涵。稽古二万言，本穷经而自得；拄腹五千卷，惊下笔之有神。矧在名家，夙称盛事。义方教子，龙渊并跃于云津；彩服拜亲，琼树相望于桂苑。伟矣词林之冠，蔚为文社之光。终日而获十禽，士素推其绝艺；一举而得双虎，已独擅其奇功。某滥厕儒宫，猥参文鉴。观澜于水，难穷渤澥之洪流；索马以图，遂识渥洼之骏足。(《全宋文》卷四八二二)

赵彦端

昆山吕正之三男子连中神童科，盖奇事也。建康严别驾为之赋诗，某因次其韵

畴昔从公杖屦闲，风乎嬉舞水云间。千言自我一闻悟，十驾从渠九折艰。蚤岁道山应遍住，他年画戟许谁攀？何词可赠张童子，莫忘杨公阳翟山。（《全宋诗》卷二一〇三）

叶 衡

昆山吕正之三男子连中神童科，盖奇事也，次严别驾韵

三秀标姿颖不凡，姓名联列紫微间。已知凤穴梧栖稳，谁谓鹏程云路艰。孔释当年亲抱送，由庄逸驾定追攀。发挥更有文章伯，高压淮南大小山。（《全宋诗》卷二一〇八）

李 吕

送吴晦叔赴廷试

我昔游白鹤，山川气雄深。邂逅识吾子，戛然唳孤音。日日望飞鸣，洄洑乃至今。玉美出坚璞，木老生乔林。书生未足道，聊用慰苦心。始驾百斛船，挂帆发江浔。破浪当自兹，意象殊骎骎。天方拓王度，清问虚宸襟。调毫写胸臆，气力戈铤森。荷衣缚异时，恐为寒蝉瘖。江城惜此别，风雪作昼阴。何以托远怀，酌酒拊剑镡。湖海气摇薄，激烈愁端侵。唯应白云梦，夜夜飞遥岑。

送黄仲甄赴廷试

我昔尝为东南行，烦君载酒送城闉。酒阑上马意恻怆，似叹飞沉异鳞翮。我言君岂哙等伍，霜蹄偶蹶未为失。整衔易辔便千里，宁比驽骀才寸尺。转头日月曾几何，君已声名满蟾窟。笑呼扁舟下吴会，去意猛作秋鹰掣。君家艺德知何年，弟兄头角俱突兀。仙枝万丈不供折，人家生子叹豚犊。春归洲渚波面肥，江神为君好风日。君王正御紫宸朝，蜀士半居青琐闼。牵联即日九天上，判司卑凡等厮役。向来于我作鱼羡，吾今洗眼看鹏

击。人生行止特未定，遇坎乘流听造物。唯有名节不可污，与君相期保黄发。（以上均见《全宋诗》卷二一〇九）

送仲秉赴廷试五首

乱石搜琮璧，修梧待凤凰。地灵真间阔，世眼但寻常。我友更谁子，平生唯此郎。连城不当价，容易莫商量。

雾豹文章异，渊鲸爪角雄。荒陂寒泣露，空谷暮号风。突起能无意，平沉未分穷。不知貂冕地，冷砚破窗中。

欲献琅玕腹，君诗有宿盟。云天宸极邃，日月衮衣明。太守荐何武，诸公倾贾生。三山移步到，寄语问玄卿。

一元谁破碎，河洛漏微芬。星斗昭乾纬，葩华粲地文。班扬浑细事，伊傅有殊勋。补履非神剑，相期敬所闻。

元龙湖海士，可但着茅庐。诗老经从地，禹功疏凿余。蜀峰帆影隔，郢树鸟行疏。太史行天下，归来好著书。

送王晋卿赴廷试

怪底先生思涌泉，少年笔势已翩翩。马嘶长道空骧首，龙擘沧波竟上天。分付风云身九万，更看礼乐字三千。期君未可班行去，细听胪音黼座前。

送黄元董赴廷试

江夏无双最擅名，君家群从总能文。丹枝只为一门种，黄卷仍收再世勋。天上鸳鸿方接武，眼前驽蹇漫成群。蜀军自昔锋尤选，一战凭君静楚氛。

送郭顺之赴廷试

半生铁砚不偿劳，揽镜惊心已二毛。缚虎正须还老手，插貂未肯付儿曹。九天日月披晨翳，三峡鱼龙息夜涛。闻说西湖冠天下，水光山色动挥毫。

送杨文赴廷试

只今冠盖盛诸杨，连岁科名属雁行。笔下戈矛吾退舍，胸中珠琲海倾藏。鸡群有鹤人谁识，熊掌兼鱼子厌尝。一振斯文千古事，凭君更为引天潢。

送杨道父赴廷试

每念先游尝慨叹，于君先世最周旋。神驹堕地真千里，老木蟠空已百年。此去汉庭应籍甚，向来蜀产久萧然。锦衣归日烘晴昼，应与莱衣巧斗鲜。

送赵胜仲赴廷试

过眼纷纷乱骕骦，谁知龙种不寻常？更生学苦藜分照，长吉诗多锦作囊。已作怒鹏横绝汉，更随鸣凤集高岗。天将一第酬寒士，分付宗枝亦有光。（以上均见《全宋诗》卷二一一〇）

李流谦

送仲明赴举

进退士所重，视天为鼓钲。采薇北山曲，濯足南涧滨。高风岂不伟，奈何万苍黔？道可济天下，不必丘园尊。先生一世士，抱宝三家村。蚤日湖海兴，搅须见霜根。我尝叹洄洑，再拜愿有言。钓鱼须远去，沮洳无鲸鲲。北风折群木，严驾夙在门。万里著掌间，一舸气已吞。岷峨赖君重，努力答山灵。造物饱阅骏，眼未见此人。小却犹玉堂，尚堪托斯文。贱子惜此别，赠送惭空樽。唯有清夜梦，相逐东南奔。（《全宋诗》卷二一一四）

陈彦博擢第后归拜先墓作此送之

霜风著林不停吹，天涯有客衣征衣。问客今归有何得，一株老桂和根移。读书作文四十载，浪走不啻萍在池。束书随身乃封户，睥睨一甑蒙蛛丝。倾囊千金劝少贬，掉头一笑吾宁饥。学如木水有源本，朝贩夕售颜忸怩。市倡青红炫廛陌，窈窕深闭无由窥。清诗学自禀绳律，如嚼冰雪寒肝脾。平生交游半豪俊，如此人物见者稀。每拈佳句对客诵，谓是古作非今为。吾先君子坛级尊，子来谈笑容攀跻。我从弱岁同砚几，如今揽镜斑鬓髭。笑渠常遭俗眼白，短力不得相扶持。前日提笔试外省，我亦薄宦初来归。口占程文问中否，强弩破叶剑截泥。十月十日夜漏尽，小奚惊梦来打扉。云有吉报可速起，倒穿衣裳喘而驰。贺者已满坐无处，拍手怪我来何迟。淋漓一纸见名字，仓卒未省来其谁。喜欢不记语杂乱，但说老眼天不眵。明朝再拜酌酒贺，屋角一丈飞虹蜺。书生一第蜕骨耳，排风轶电方自兹。阿兄地下唤不应，门户藉子扶寒衰。乡闾朋旧夸地产，洗眼昼绣增叹嘻。孤童匹马颜色异，关吏偷语惊且疑。到家羊肥酒亦熟，山头松槚生光辉。坟前百拜谢教育，持身愿报父母慈。盘谷亭前白雪枝，春意稍稍回芳蕤。尊前不可无此客，花虽不言意惨凄。迟君急旋共一醉，青衫入手无闲时。

张周倚下第作此唁之

将军百战摧骄虏，向来射石如射虎。分封不得一丸土，晚岁功名成梦语。古来志士穷者多，唾壶击碎奈命何。平生道力轻群魔，巨舰岂肯摇微波。大千与我俱幻尔，是中无处容悲喜。西方仙人不可诋，破除忧患正须此。（以上均见《全宋诗》卷二一一五）

谢赐出身启

托身门庇，每虞不学之嘲；踵武世科，粗慰肯堂之志。虽阻槐枫之对，均叨雨露之恩。愧无以堪，悸不能定。念某束发求试，竽瑟不投；卷舌就闲，鸠鹏自判。惊流年之苒苒，悼初志之悠悠。浩叹修名，既从遗泽。仍决背城之战，偶谐拾芥之求。莫遂造朝，躬奉大庭之问；例蒙赐第，亦同进士之科。被命春荣，省己夕惕。必有为之地者，可不知所谢乎？恭惟专主文盟，乐成士类。洌寒泉于眢井，亦收短绠之□；发新荑于槁株，倍费春风之力。致令公琐，亦预甄收。某敢不勉读未见之书，力为有用之学！远者大者，尚庶几君子之归；左之右之，要未免达人之笑。（《全宋文》卷四九〇二）

姜特立

送邦达邦操弟同恪赴省

二陆平时誉望长，近来小阮亦文章。共排云路升天府，稳坐仙舟入帝

乡。去日渐惊梅萼破，归时同带桂枝香。老夫已办酒千斛，细斫菖蒲作贺觞。(《全宋诗》卷二一三三)

陆　游

答廖主簿发解启

都骑来临，方快景星之先睹；雄文授贽，更惭明月之暗投。藏去为荣，幸甚过望。伏惟某官，文高艺圃，行著乡评。虽数奇如李广之封，犹强饭有廉颇之志。贾勇千人之敌，策勋百战之余。岂意羁游，与观盛事。故将军羡妄校尉，知久郁于壮图；新天子用老舍人，宜即膺于显擢。其为赞喜，莫究占言。(《渭南文集》卷八)

答邢司户书

五月二十六日，笠泽陆某顿首再拜复书司户迪功足下：某辱赐书，及圣人之道与古作者之文章，又以世之称师弟子，而徒事科举、求利禄者为羞，卓乎伟哉！非某所敢仰望万一也。某少之日，学文而不工，及其老，妄意于道，亦未敢谓得也。身且弗给，而何以及人？及庸众人且弗能，其况有以助足下乎！惶恐！惶恐！虽然，足下顾我厚，某其敢有所弗尽！吾曹有衣食、祭祀、婚嫁之累，则出而求禄，恐未为非。既不免求禄，则从事于科举，恐亦未为可憾。科举之文，固亦尊王而贱霸，推明六艺而诵说古今。虽小出入，要其归，亦何负于道哉？若言之而弗践，区区于口耳，而不自得于心，则非独科举之文为无益也。近时颇有不利场屋者，退而组织古语，剽裂奇字，大书深刻，以眩世俗。考其实，更出科举下远甚，读之使人面热。足下谓此等果可言文章乎？尚不可欺仆辈，安能欺足下哉！故自科举取士以来，如唐韩氏、柳氏，吾宋欧氏、王氏、苏氏，以文章擅天下者，莫非科举之士也。此无他，徒以在场屋时，苦心耗力，凡陈言浅说之可病者，已知厌弃。如都市之玉工，珉玉杂治，积日既久，望而识之矣。一旦取荆山之璞，以为黄琮苍璧万乘之宝，珉其可复欺邪？凡今不利场屋而名古之文者，往往多未尝识珉者也，又安知玉哉！乃如足下识之可识精矣，当弃珉剖玉而已。至于圣人之道，足下往昔朝夕所讲习者，岂外于是？言之而必践焉，心之而不徒口耳焉，无余道矣。某文既不工，闻道又甚浅，则今所

以进于左右者，其果近乎？一读置之，无重吾过。不宣。(《渭南文集》卷一三)

范成大

寄题莫氏椿桂堂莫氏五子皆登科，居崇德县

君不见衣冠盛事今犹昔，前说燕山后崇德。联翩五组带天香，世上籯金贱如砾。他年诗礼到云来，日日高堂称寿杯。桂长孙枝椿不老，却比窦家应更好。(《范石湖集》卷二六)

次韵知府王仲行尚书鹿鸣燕古风

昔人重远行，供帐饯出祖。矧今燕嘉宾，宜有赠行语。府公文章公，青紫拾芥取。联翩二百言，字字劝稽古。戒之书鱼蠹，勉以云鹏举。作霖要实用，洗兵嫌不武。诸生承意气，脱迹蜕农圃。明年一声雷，幽蛰起平楚。班行入鹓鹭，榜贴缀龙虎。回头谢府公，公言非漫与。府公亦庙廊，来莅琼林俎。千载《吴趋行》，愁绝《白纻舞》。我闻有此作，病卧嗟未睹。今晨梅驿动，副墨到衡宇。调高瑟音希，芒寒剑光吐。谁云鹿鸣废，正赖广微补。当年群玉会，方驾肃飙羽。倡酬久寂莫，邂逅相劳苦。世故万浮云，交情一旧雨。谁当将诗坛，君实东道主。(《范石湖集》卷二八)

送文处厚归蜀类试

万里东来万里归，正怜寡妇与孤儿。死生契阔心如铁，风雨飘摇鬓欲丝。早集汉庭陪振鹭，莫留岷岭恋蹲鸱。故家零落今余几，门户非君更属谁？(《范石湖集》卷三三)

杨万里

送曾秀才归永丰

白白茅柴强作春，青青灯火夜相亲。超然似子真翘楚，旧矣逢人诵《过秦》。觅举不应专嗜古，能文安得却嫌贫？射科速化谁无术，误向南溪更问津。(《杨万里诗文集》卷五)

送李童子西归

江西李家童子郎，腹载五车干玉皇。选德殿后春昼长，天子呼来傍御床。口角诵书如布谷，眼光骨法俱冰玉。紫绡轻衫发锦束，万人回头看不足。莫言幼慧长不奇，杨文公与晏临淄。老翁笞儿也太痴，欲鞭辕下追霜蹄。六岁取官曲肱似，春风昼锦归吾里。生子当如李童子，至如吾儿豚犬耳。(《杨万里诗文集》卷六)

得寿仁、寿俊二子书，皆以病不及就试且报来期

满望鹏飞上，谁令马不前？草玄真浪苦，曳白亦无缘。兄弟年二十，尘埃路四千。速来饮官酒，不用一铜钱。(《杨万里诗文集》卷一六)

拟进士“金波丽鳷鹊”诗

曳练为银汉，镕金作月波。桂华斜丽处，鳷鹊得光多。云叶三秋净，菱花一镜磨。宫檐晖水竹，观影淡星河。雾湿残宵柝，霜明欲晓珂。螭头余映在，剑佩已相摩。(《杨万里诗文集》卷一七)

送刘童子

天上麒麟地上行，掌中珠玉月中生。澜翻六籍吞诸子，声动三公及九卿。别有诗书真事业，不应童子是勋名。长成来奏三千牍，桃李春风冠集英。(《杨万里诗文集》卷二三)

拟吉州解试“秋风楚竹冷”诗

客子征行日，偏逢楚水秋。一风来瑟瑟，万竹冷修修。吹作清霜骨，声酣古渡头。斑林寒欲裂，碧节爽还幽。不复披襟快，长怀落帽愁。少陵诗思苦，送别更冥搜。(《杨万里诗文集》卷三七)

送罗必高赴省

印山先生罗天文，一卷周雅遗子孙。一门三世六七人，月中桂枝斫到根。近来书种将绝却，两度秋天虚一鹗。今年有孙康鼎来，问天还我北斗魁。印山草木也欢喜，印山风云有生气。君不见普州衣钵付仇香，仇香衣

钵付此郎。年未三十笔力强，百斛龙鼎一笔扛。殿前春风更努力，莫放别人居第一。(《杨万里诗文集》卷三八)

送族弟子西赴省

吾家词伯达斋翁，阿季文名有父风。笔阵千军能独扫，马群万古洗来空。嗟予还笏归林下，看子乘船入月中。淡墨榜头先快睹，泥金帖子不须封。(以上均见《杨万里诗文集》卷四〇)

送吉州解魁左人杰诣太常年十五

高皇一马化龙日，临轩策士谁第一？玉山山下汪端明，年才十八第一人。圣上来年集英殿，黄伞中央横玉案。何人再续老尚书？禾水左家千里驹。《春秋》三传贮胸臆，买纸待传晁董策。君才盍与汪相先？君年更少汪两年。(《杨万里诗文集》卷四二)

回黄监库谢解启

说经之宏以肆，得臣与寓目焉；论秀之抑以扬，士燮有何力也？蔚仪观之独炜，执礼文之更优。私谢有司，要是忠爱之谊；朗咏俊语，端令寒陋之华。恭惟某官，志不人随，学惟古是。曲典谟以放乎誓，盖岂全书？脱训诂以诣其微，讵非远识？得人幸甚，询众曰"然"。屈元恺之班庸，何轩轾于鹏背？上晁董之对立，见句传于鳌头。感铭滋多，撰叙犹未。(《杨万里诗文集》卷四九)

代李直卿谢漕司发解启

锁厅弄翰，聊尔逢场；漕榜挂名，居然充数。岂亦造物之见苦，又使壮怀之勃兴？虽非所欣，独得自弃？伏念某，学本求道，才无逾人。阅世故以浸多，悠悠嚼蜡；拊尘编而有见，往往得鱼。以兹徜徉，乃至迂拙。盖尝诵《子虚》而首送，竟亦与考官而舛驰。晚遇飞龙之初，堕在特恩之列。南宫年少，见谓陈人；仕路达官，半有德色。姑求为步兵而隐耳，将速营糟丘而老焉。偶兔目之又黄，顾鬓毛而未白。亲故逼迫，子弟开陈。远引菑川牧叟之复行，近援恩江鳌客之大用。天其或者，时不再来。遂此强颜，更雠故艺。扁舟径下，颇欲快秋水落霞之观；破砚久荒，岂复作春草生池之梦？莫知是举，其必有从。兹盖伏遇某官，道隆百世之师，身为天下之老。孤忠所贯，犹足开衡山之云；万目是瞻，恨未沛傅岩之雨。论思小辍，注想弥深。眷言空疏，允出鉴裁。则其波及，亦复言扬！某敢不改图所新，更策其钝？题于淡墨，岂以为士君子之荣？造在彤廷，庶少吐子大夫之对。

回黄解元启

伏以有司论秀，能者其谁？宅相登名，人亦贺我。文既弊而极矣，子独洗而新之。恭惟某人，以陆机二十之年，有江夏无双之誉。弹湘妃之玉瑟，追还雅颂之声音；织天孙之锦裳，自出文章之机杼。懋乃此举，甲于大廷。曾多贺之未遑，何大篇之先辱？（以上均见《杨万里诗文集》卷五〇）

人才上

国家自祖宗知规矩绳墨之未足以罗度外奇杰之士也，是故进士、任子以待群才，制科以待异才，得人盖不少矣。然自制科中罢而复行，今四十年而竟未有一士出而副侧席之求，此其故何也？无乃今之制科非古之制科欤？无乃不用规矩绳墨而规矩绳墨愈急欤？故臣尝谓今欲求制科奇杰之士，夫惟有所不求，斯可以求之矣。昔者西汉制科之盛，莫武帝若也。尝求其所以策之之说，则曰"上嘉唐虞，下悼桀纣"而已；则又曰"禹汤水旱，厥咎何由"而已。何其甚平而无难也？非无难也，不暇于难也。夫武帝者，方夙寤晨兴，以愿闻治道之要之不暇，而暇搜蠹简、摘庾词以为苟难，以与书生角一日之记问也哉？今则不然。先命有司而试之以莫知所从出之题，既又亲策于廷，而杂之以奥僻怪奇之故事，不过于何晏、赵岐、孔安国、郑康成之传注与夫孔颖达之疏义而已。此岂有关于圣贤之妙学、英雄豪杰济世之策谋也哉？以训诂之苛碎而求磊落之士，以虫鱼之散殊而钓文武将相之才，不几于施鳅鳝之笱以罗横江之鲸，挂黄口之饵以望凤之来食也耶？其不至，固也。非惟不至也，亦不能也。非惟今之士不能也，虽使古之圣贤如孟轲者复生，亦不能也。孟子之时，去周之盛时与今孰远也？孟子与孟献子相去犹近也。诸侯恶周籍之害已而去之，孟子已不能记其详。孟献子之友五人，孟子已忘其三，则孟子亦安能中今之所谓制科也哉！夫孟子者，固无事于此能也，孟子则有所能者矣。孟子曰："如欲平治天下，舍我其谁？"韩子曰："孔子以是传之孟子。"此孟子之所能也。今不求天下之士为孟子之所能，而求其为孟子之所不能，则是其所求者非其所求也。故曰：今欲求制科奇杰之士，夫惟有所不求，斯可以求之矣。且朝廷以此等求士而不得也，求而得，则亦恶用是呫呫者为哉？张华能对千门万户之问，而不能救贾后、司马伦之乱。前之敏，后之疑；小之明，大之暗。臣愚欲望朝廷参之以祖宗、汉唐制科之本意，立大端而去细目，使士之所治，上之为六经之正经，下之为十七代史与诸子之书，而削去传注奥僻之问。其学则主乎有用，其辞则主乎去谀，上及乘舆而不诛，历诋在廷而不怒。使天子得闻草野狂直之论，而士得专意乎兴亡、治乱、经济之业，庶乎奇杰有所挟者稍稍出矣。议者曰："求马者，非求驽也，求骏也。今去其难而纯乎易，则惧驽者之至如之何？"是不然。求马者，求其一日千里乎？抑将求其他技乎？今求马者不问其能千里与否，而曰："吾欲其能撮蚤而扪虱、搏鼠而擒兔也。"可乎？士之能庾词隐帙者，岂曰奇杰？而奇杰之士乌在庾词隐帙之能也？虽然，臣犹欲有言焉。士固有挟策谋而不能乎文辞，有能乎文辞而不肯入有司之刀尺。苟军旅之间，委诸将以荐谋臣才士，不间于文与武、仕与未仕。而诸郡大比之荐名，掇进士定额十之一，以其半而试士之能古文者，略仿宏词之体；以其半而试士之知兵献策者，略仿武举之制。上之于宗伯而取之，视进士之科名焉。其数不出乎奏名之常员，而不羁之士不至于横弃，其与以声病之文而取科级者不犹愈乎！如此而犹有遗才焉，臣不信也。（《杨万里诗文集》卷八七）

太学私试策问

问：钱之为物，饥不可食，寒不可衣。然非天下之无用，无以行天下有用，是以假之也。尝怪铸之自于古，积之至于今。旧者不足，继之以鼓铸；铸之不足，继之以楮券。宜其为钱不胜其为有余也，而反愈不足。夫钱之与物，无两重，亦无两轻。此贱则彼贵，彼低则此昂也。今则钱与物两贵，其咎安在？或谓以楮为之，其数十而其用八，非细民之便，此其所以敝也。然行之于益州，未闻如是之敝，彼何术也？或谓以铜为之，其费不赀，盍与铁者两行乎？议者曰："铁非铜比也，不久且毁。有铁之费，无泉之利，无以为也。”然是物也，益州亦用之，又何欤？故铸可为也，其如权去公上何？且楮券之伪者，民犹病之，故铸可为不可为也。禁其销则钱不毁，禁其泄则钱不耗，是二者固载之令甲矣。然销之者无艺，泄之者不赀，何其自若也？或者曰：昔者孟子不言利，不知夫五鸡二彘之育。孟子所不忍也，何必曰利？孟子有为言之也，信如！或者之说，则王衍亦孟子欤？不然，时之所忧，庸得不忧？民之所病，庸得不病？诸君独无意乎！美言不补，窾言无施，诸君必无为也。愿悉解有司之惑，将有择焉。

省试别头策问

问："道与德可勉而能，才不可强而致。"此苏氏之论也。"德胜才谓之君子，才胜德谓之小人。"此司马氏之论也。由前之语，则先才；由后之说，则后才。两从则戾，一从则孰归？或曰：苏氏驳乎权，司马粹乎经。权则多尤，经则寡悔。信斯言也！仲尼之所谓"才难"，不尚才哉？舜之五臣，周之十乱，不用才哉？且司马氏之说，曰："正直中和之谓德，聪明果敢之谓才。"然则才与德之分也昭矣。及观《传》，称高辛氏、高阳氏之才，子则曰"忠肃恭懿"，又曰"齐圣广渊"。《传》之所谓才，乃司马氏之所谓德也，又何欤？诸君且用世矣，于此何向？有司将观焉。

太学上舍策问

问：趋治者固多途，经乃谓之道，继乃谓之德，济乃谓之术，就乃谓之功。其趋三，其就一也。唐虞氏粹乎道，周人粹乎德，秦人粹乎术，汉人驳乎术与德。尝怪二帝之治，执中之弥迩，而光被之弥远；精一之弥约，而雍熙之弥博。尧曰"成功"，舜曰"大功"，何其卓也！及舜以是传之，三而至文、武、周公。观周公相成王以治周者，恺悌形于心，忠厚浃于物，礼乐陶于天下，尟矣！然《吕刑》之繁已伏于囹空之日，春秋之战亦倚于兵寝之年。自是而后，周弱矣。当周公用此以治鲁，而君子已逆知其浸微矣。周公用于周而不自知其将弱欤？抑知之而不改欤？且其道未离于唐虞之所传，而其德非违于道也。所传者无二，而所就者不一，何也？于是秦人监之，绌道以进乎术，偭德而向乎功，一用权势法制以驱其民，挈携其政以归乎兵与刑。以为吾可以有就，则亦奚天下不悦之恤？故其究曰富而富，曰强而强，为国而济登兹焉者，可也。然说者必曰："秦以此始，亦以此终。"其信然耶？抑评以成毁而不以工拙乎？夫成毁之于工拙，此二事也。秦果工于为国，则不以毁废工，不以人掩技也。且其后之毁，庸知其不有由欤？抑其所以毁者果出于其所以成者欤？于是汉人监之，高、文创守，以宽厚公恕之治，与天下为清静和乐之事。然汉无秦之术亦有秦之功，朽贯红粟，白老儿嬉，秦未必有也。南越请服，匈奴和亲，不为秦之强而亦不至周之弱。武、宣继之，则又不然。曰："高皇帝遗朕平城之忧。"曰："何至纯任德教周政乎！"二君之治，盖出乎秦人之所谓术者矣。然一以之虚耗，一以之中兴，事同而功以异，此又何也？且夫道与德，唐虞不得不帝，周不得不弱，说者曰："穷于周。"然奚而不穷于汉之高、文乎？此尚有可诿者，曰："异世。"至于术，秦，一秦也。由乎前也奚以功？由乎后也奚以毁？说者又曰："秦之所挟者，毁之具也。其前之功者，幸也。"然宣帝复用之而功，则又奚说之诿？恭惟主上躬发圣德，统揖群元，盖将摅阖辟天地之志，以丕缵祖烈，内修之政，自治之策，必有万其全也。比者纾淮民之勤，蠲江湖之逋，复盐策，睃兵甲，却羡余，戢横敛，劭农功，讲水泽，蔼如之治，登周汉而咸唐虞有日矣。敢问诸君，繄欲辑不世之功，则宜术之施？然秦之毁，武之悔，乃有可惩？而秦之强，宣之功，亦有可计？欲建不拔之业，则宜道德之用。然周人之弱，得无可监？而唐虞之隆，周汉之永，又有可宗？今行其三而并欤？择其一而专欤？抑外此而之他也？或曰："仲尼之门，羞称乎术。"或曰："仁术不自孟氏，儒术不自荀氏欤？"愿殚议而洽讲之，将以闻焉。

公试武学策问

问：天下安，注意相；天下危，注意将，非古也。危而注意将，是寒裘雨蓑之论也。故择将在素，论将在豫。尝试历选古昔与诸君论之。或谓制胜者不穿札，破敌者乘轺车，将岂颛戴鹖哉！然栒邑陈涛之役，山西之族哂之。或又谓列兵法者，皆决水转圜之家学；裕父功者，乃忠义感人之燕翼。不干其人，干其阀也。然长平河桥之役，非将种乎？彼起屠贩为爪牙，何必将种乎？又或谓谢病频阳，乃能平楚，老者可使也。不更事少年亦能破秦，可偏废哉？军市之租，尽给士卒，廉者可使也。贪而好色亦得士死力，可独取哉？抑不思故将军而失道，尚乳臭而见轻？鬻樵水，敛钱帛，而陨燕，晋斯焉取斯？嗟乎！将固不易知，知将亦未易。若曰"亡逾老臣"，若曰"臣能平之"，自鬻可嫌焉？然降匈奴者，即自当单于之俊；困壶头者，即据鞍矍铄之老，独何欤？或谓战必胜之将，微信谨守钥者畴知之；勇可用之将，微经济大略者畴识之。举良将，大臣事也。然守汝州而禽，举之者谁欤？此犹可诿曰："文武异科，将相异列也。"意思深长，必禽万人敌者举之；策敌制胜，必武举异等者举之，亦各于其党也。然敏辩言兵，而望风辄溃，举之者又谁欤？或曰："相崇而疏，将重而远。"盍亲且近者咨乎？嘻！五楼之败，即中尉之门人；潼关之衅，即军容之上客。旄节以赂得者，有债帅之号；招讨以货取者，亡封丘之师，又何欤？择将之难也如此。或谓：君王神武，则驾驭必英雄。然有君无臣，古人叹之，何也？恭惟主上，圣武如尧，勇智如汤，竞烈遵晦如武王。然寤寐方、召，旁招颇、牧，乃者发德音，下明诏，内而侍从，外而计臣，令各举偏裨，以备采擢。圣虑至深远也。伊欲谨差真材，允答隆指，据旧以鉴新，舍短而集长，策将安出？愿诸君切磋究之，将以闻焉。（以上均见《杨万里诗文集》卷九六）

龚茂良

谢州解元启

伏审论秀侯邦，观光上国。方喜能书之上，遽蒙宾贽之临。伏惟省元，文掞春华，名高月旦。撷奇取颖，已惊冀北之空；腾茂蜚英，弥觉斗南之重。某欣逢盛事，倍极欢悰。入对大廷，预想三千之牍；归荣故里，行瞻九万之程。

谢欧阳解元启

伏审随牒漕台，登名天府。首出群儒之右，蔚为吾党之光。伏惟省元，奥学精深，长才卓越。明月夜光之宝，屡叹暗投；《玉杯》《繁露》之书，终归有用。兹闻谋野之获，即听惊人之鸣。举进士而首欧阳，岂特光于闽会；策贤良而得晁错，行遂冠于汉廷。某欣预荣观，忽蒙盛贽。感铭既极，敷叙奚殚！（以上均见《全宋文》卷四八七五）

熊克

鹿鸣宴致语

起常伯以殿藩，肇宣美化；选嘉宾而充赋，荣集初筵。文章推豹变之新，礼乐按鹿鸣之旧。伏惟诸解元先辈，研精圣阃，振藻儒林。献贤能之书，果偕于秋计；陈治安之策，将造于春廷。判府阁学尚书，奥学研几，周才济剧。曳星辰之履，早率属于中台；拥江海之麾，暂颁条于大府。奉使总领少卿，懿文振古，明识际空。分润浦之符，士尝资于长育；总淮壖之赋，帝方赖于经营。而况佐州得别乘之贤，分教有泮宫之冷。并延旧举，同燕公堂。万里鹏抟，上亨衢而莫遏；百川鲸吸，尽洪量以何辞？敢叙心怀，聊献口号：由来京现出公卿，化近神都久作成。三岁宾兴多隽茂，二天宠饯有光荣。冬风偕计催行李，春日传胪听集英。更祝两公趋召节，新年政地见诸生。(《全宋文》卷五〇〇八)

周必大

临川贡士徐子比有十万庄，今唯一山岿然田间立，曰“独秀”。求予下语，因记东坡以是名南康田氏之峰，就用此意致登科之祝

不须十万忆膏粱，有羡崔庄独遗荒先德登第。独秀佳名今暗合，要三二别四壶方。(《全宋诗》卷二三二九)

林外

贺人发举启

程度既中，无患有司之不公；简择甚精，已见群儒之相贺。盖十室之必有忠信，故三年而宾兴贤能。岂徒为槐花举子之忙，当默应柳汁神君之梦。一第慁子，谁云浪者之亦为官；累月笞儿，将见老翁之不量分。

贺人发举启

三年取士，选试官得鸿生；一鸣惊人，兴吾宗必有子。想其含英咀华，而自得其趣；故其操觚濡墨，而尽写所长。虽儒林枝叶之相传，亦泮水渊源之所自。莆阳有识，姓亦在徐郑之间；黎岭题诗，名当继藻蕴之后。

贺人及第启

两家各生子，惟城南能劝其读书；一门三秀才，故天下皆歆其高第。以古而视，于今则荣。恭惟某官，学有新才，文得真诀。以胸中之气，独尚而耿耿；而纸上之语，不为乎区区。词场敢对于别头，笔阵肯输于先手?沙州独鸟，须尝占鳌首之题；桂林一枝，今乃下龙须之拜。虽黎岭之姓名偶似，亦莆阳之气象所钟。士夫交口以剧谈，童稚祝身而愿得。一第恩子，幸已见少年之文；累月笤儿，将不量老翁之分。如其喜跃，异乎寻常。兹又得珠玑之投，焉敢无琼玖之报?

贺人及第启

子可与娱，旧窃慕衙推之请；身为劝驾，幸许从计吏之行。旋闻毡榜之姓名，益重鳄溪之人物。恭惟某官，文多奇气，学有古心。独婆娑乎海水之南，岂栖迟乎衡门之下？鲸波一钓，手引六鳌；雁塔初登，名标千佛。惟五岭之外无而仅有，故一国之中望以为荣。造士论官，本司马司徒之职；笤儿嫁女，亦老翁老妇之情。某喜不自胜，贺非敢后。偶未作咫尺之问，遽先辱左右之书。三年惊人，知毋负贤能之举；一第恩子，愿勉登仕宦之途。

谢升上舍启

养士莫大乎学，乐从群彦之游；论秀以告于王，滥冠中年之选。望逾意表，愧溢颜间。窃以朝廷开官职之场，庠序广英贤之路。担簦负笈者以意气自许，操觚濡墨者以文翰相先。虽布衣或失于好高，然儒冠岂闻于多误。矧三舍复行而酌熙宁之制，以两科并习而同元祐之风。谨言动于规矩准绳之中，较得失于毫厘丝发之际。高下有分于程度，升沉遂隔于云泥。若德行道艺之可书，皆岁月日时之所考。凡著录者以千计，各负所长；今预选者仅十人，中非尔力。第论孰优而孰否，奚患不公而不明。苟非驰籍甚之名，何以为裦然之首？如某者，少而好赋，长则通经。窃考《周官》之文，历采汉儒之说。固知其为一代太平之典，或诋其乃六国阴谋之书。好恶虽有不同，废兴亦随所尚。惟上方兼崇于六艺，俾学者各守其一家。奈何议制度者每惮其难，以至习句读者犹病其碎。重念过庭之训，深兴掩卷之嗟。涉猎数万言，仅可为羊我氏之学；蹉跎十六载，未能收毛锥子之功。取官徒切于驱羊，献艺反同于画虎。怅风尘之到骨，指场屋以惊心。岂期扬粃之在前，未免以竽而滥进。躐等盖一时之幸，限年犹三尺之拘。揣称非宜，夤缘有自。兹盖伏遇某官，洪钧独运，岩石俱瞻。学为一代之所宗，智过千人而曰俊。仲舒生汉，伊吕之圣无以加；如晦佐唐，萧曹之勋不足进。凤皇芝草而皆知其瑞，春风夏雨而有功于人。与其躬吐握以下穷阎，莫不经品题而作佳士。遂令顽朽，亦预甄收。某敢不勉就范模，益加鞭策！无负平生之壮志，必酬造化之鸿私。艺有一方，愧难入翘材之馆；书仍三上，愿先登光范之门。

谢升上舍启

凤阙疏恩，讵假贤书之荐；虎闱论秀，幸从造士之升。揣己非宜，扪心知愧。窃以朝廷兼两科而取士，学校辟三舍以养贤。客东鲁者射策而来，乐长安者出门而笑。先生馆下，皆立闻进学之词；祭酒堂中，或坐与弹琴之燕。亦有次何蕃之行，岂无说项斯之诗？孰敢荒于嬉而毁于随，莫不扬以言而进以德。先后著录者几三千辈，次第收科者已数百人。虽曰师曰友之渐摩，本吾君吾相之教育。矧恩非不次，毋烦贡籍之名；而艺亦可书，尤重中年之选。谅夤缘之所自，岂侥幸之或求。惟其十有所能，然后两可以得。如某者，长无伎俩，笑有嵚崎。辛勤笔墨之生涯，冷落齑盐之况味。足不知其几到，目已觉其两眵。儒冠每叹于误身，试席敢矜于兀坐。三战三北，自惭应敌之无功；一否一优，仅以中程而获选。复被宸庭之宠，遂登天府之书。限年虽令甲之拘，抚己实私情之幸。此非偶尔，宁不慊然？兹盖伏遇某官，乾坤毓灵，海岳标异。德业推本朝之冠，文章为当代之师。开馆待贤，无公孙弘布被之诮；满门肃客，何孟尝君朱履之多。遂令钝朽之资，亦预品题之数。某敢不益修所学，无负此心！今日知音，正流水高山之际；他年造化，在春风夏雨之中。（以上均见《全宋文》卷五四一六）

周梦若

谢太学发解启

贤关较艺，惭非江夏之无双；天府登名，偶预思廉之第七。名非实称，感与愧并。窃惟皇家袭积累之休，真主抚明昌之运。贲饰万化，鼎新百为。兴学校以隆教养之方，崇师儒以尽作成之术。穆穆唐虞之世，訚訚洙泗之风。鼓箧八千，小太宗之贞观；圜桥亿万，过明帝之永平。既每岁以考其艺能，复三年而登其秀异。尽扫挟书传义之弊，俾无侥名失实之徒。附凤翼而攀龙鳞，滔滔皆是；拔犀角而擢象齿，比比有之。倘非脱颖之才，曷预中程之列？如某者，性天蒙昧，学圃荒芜。自期白屋以起家，每念青云之有路。谓虞夏商周之治，载典谟训诰之文。极其深则诘曲聱牙，语其教则温柔敦厚。百篇之义，历世所宗。常笃意以讨论，幸逢时而进取。昔年奋志，尝陪一鹗之飞；今日叨荣，果获双雕之巧。稍慰兰陔之愿，仅逃梓里之羞。退揣孱庸，已逾所望。顾惟提拂，盖有所由。恭惟某官，秀蕴星奎，神钟岳镇。文章艳乎春藻，声闻馥乎秋兰。坐拥熊轓，式布宣于王化；行趋凤诏，将协赞于皇猷。恢大度以包荒，乐后生之向道。致兹谫薄，亦预甄收。某敢不勉所未闻，激其不逮！跃龙门之浪，稳乘鱼化之时；摇羊角之风，高奋鹏飞之志。少酬鄙愿，用答私恩。过此以还，未知所措。(《全宋文》卷五四二三)

朱　熹

学校贡举私议

古者学校选举之法，始于乡党而达于国都，教之以德行道艺而兴其贤者能者。盖其所以居之者无异处，所以官之者无异术，所以取之者无异路。是以士有定志而无外慕，蚤夜孜孜，惟惧德业之不修，而不忧爵禄之未至。夫子所谓"言寡尤，行寡悔，禄在其中"，孟子所谓"修其天爵而人爵从之"，盖谓此也。若夫三代之教，艺为最下，然皆犹有实用而不可阙。其为法制之密，又足以为治心养气之助而进于道德之归。此古之为法所以能成人材而厚风俗，济世务而兴太平也。今之为法不然，虽有乡举，而其取人之额不均。又设太学利诱之一途，监试、漕试、附试诈冒之捷径，以启其奔趋流浪之意。其所以教者，既不本于德行之实，而所谓艺者又皆无用之空言。至于甚弊，则其所谓空言者，又皆怪妄无稽而适足以败坏学者之心志。是以人材日衰，风俗日薄。朝廷州县每有一事之可疑，则公卿大夫、官人百吏愕眙相顾，而不知所出。是亦可验其为教之得失矣。而议者不知其病源之所在，反以程试文字之不工为患，而唱为混补之说，以益其弊。或者知其不可，又欲斟酌举行崇宁州县三舍之法，而使岁贡选士于太学。其说虽若贤于混补之云，然果行此，则士之求入乎州学者必众。而今州郡之学钱粮有限，将广其额则食不足，将仍其旧，则其势之偏、选之艰而途之狭又将有甚于前日之解额少而无所容也。正使有以处之，然使游其间者校计得失于旦暮锱铢之间，不得宁息，是又不惟无益，而损莫大焉。亦非计之得也。盖尝思之，必欲乘时改制，以渐复先王之旧而善今日之俗，则必如明道先生熙宁之议，然后可以大正其本而尽革其末流之弊。如曰未暇，则莫若且均诸州之解额，以定其志；立德行之科，以厚其本；罢去词赋，而分诸经、子、史、时务之年，以齐其业。又使治经者必守家法，命题者必依章句，答义者必通贯经文，条举众说而断以己意。学校则遴选实有道德之人，使专教导，以来实学之士。裁减解额、舍选谬滥之恩，以塞利诱之途。至于制科、词科、武举之属，亦皆究其利病而颇更其制。则有定志而无奔竞之风，有实行而无空言之弊，有实学而无不可用之材矣。此其大略也，其详则继此而遂陈之。夫所以必均诸州之解额者，今之士子不安于乡举而争趋太学试者，以其本州解额窄而试者多，太学则解额阔而试者少。本州只有解试一路，太学则兼有舍选之捷径，又可以智巧而经营也。所以今日倡为混补之说者，多是温、福、处、婺之人，而他州不与焉。非此数州之人独多躁竞而他州之人无不廉退也，乃其势驱之，有不得不然者耳。然则今日欲救其弊而不以大均解额为先务，虽有良法，岂能有所补哉！故莫若先令礼部取见逐州三举终场人数太学终场人数解试亦合分还诸州，理为人数，通比旧额都数，定以若干分为率而取其若干，以为新额如以十分为率而取其一，则万人终场者以百人为额，更斟酌之。又损太学解额、舍选取人分数，使与诸州不至大段殊绝其见住学人分数权许仍旧，则士安其土而无奔趋流浪之意矣。所以必立德行之科者，德行之于人大矣。然其实则皆人性所固有，人道所当为。以其得之于心，故谓之德；以其行之于身，故谓之行。非固有所作为增益而欲为观听之美也。士诚知用力于此，则不惟可以修身，而推之可以治人，又可以及夫天下国家。故古之教者莫不以是为先。若舜之命司徒以敷五教，命典乐以教胄子，皆此意也。至于成周而法始大备，故其人材之盛、风俗之美，后世莫能及之。汉室之初，尚有遗法，其选举之目必以敬长上、顺乡里、肃政教、出入不悖所闻为称首。魏晋以来，虽不及古，然其九品中正之法犹为近之。及至隋唐，遂专以文词取士，而尚德之举不复见矣。积至于今，流弊已极，其势不可以不变。而欲变之，又不可不以其渐。故今莫若且以逐州新定解额之半而又折其半，以为德行之科如解额百人，则以二十五人为德行科。盖法行之初，恐考察未精，故且取其半而又减其半，其余五十人自依常法。明立所举德行之目如八行之类，专委逐县令佐从实搜访，于省试后保明，津遣赴州。守倅审实，保明申部。于当年六月以前，以礼津遣，限本年内到部。拨入太学，于近上斋舍安排，而优其廪给，仍免课试。长贰以时延请询考，至次年终，以次差充大小职事；又次年终，择其尤异者特荐补官。余令特赴明年省试，比之余人，倍其取人分数如余人二十取一，则此科十而取一，盖解额中已减其半矣。殿试各升一甲。其不中人且令住学，以俟后举。其行义有亏、学术无取，举者亦当议罚。则士知实行之可贵，而不专事于空言矣。所以必罢诗赋者，空言本非所以教人，不足以得士，而诗赋又空言之尤者，其无益于设教取士，章章明矣。然熙宁罢之，而议者不以为是者，非罢诗赋之不善，乃专主王氏经义之不善也。故元祐初议有改革，而司马温公、吕申公皆不欲复。其欲复之者，惟刘挚为最力。然不过以考校之难而为言耳。是其识之卑而说之陋，岂足与议先王教学官人之本意哉！今当直罢，无可疑者。如以习之者众未欲遽罢，则限以三举而递损其取人之数，俟其为之者少而后罢之，则亦不骇于俗而其弊可革矣。所以必分诸经、子、史、时务之年者，古者大学之教以格物致知为先，而其考校之法又以九年知类通达、强立不反为大成。盖天下之事皆学者所当知，而其理之载于经者，则各有所主而不能相通也。况今《乐经》亡而《礼经》缺，二戴之《记》已非正经，而又废其一焉。盖经之所以为教者已不能备，而治之者类皆舍其所难而就其所易，仅窥其一而不及其余，则于天下之事宜有不能尽通其理者矣。若诸子之学，同出于圣人，各有所长而不能无所短。其长者固不可以不学，而其所短亦不可以不辨也。至于诸史，则该古今兴亡治乱得失之变。时务之大者，如礼乐制度、天文地理、兵谋刑法之属，亦皆当世所须而不可阙，皆不可以不之习也。然欲其一旦而尽通，则其势将有所不能而卒至于不行。若合所当读之书而分之以年，使天下之士各以三年而共通其三四之一，则亦若无甚难者。

故今欲以《易》、《书》、《诗》为一科，而子年、午年试之；《周礼》、《仪礼》及二戴之《礼》为一科，而卯年试之；《春秋》及三传为一科，而酉年试之年分皆以省试为界，义各二道。诸经皆兼《大学》、《论语》、《中庸》、《孟子》义各一道。论则分诸子为四科，而分年以附焉诸子则如荀、扬、王、韩、老庄之属。及本朝诸家文字，当别讨论。分定年数，兼许于当年史传中出论二道。策则诸史，时务亦然诸史则《左传》、《国语》、《史记》、《两汉》为一科，《三国》、《晋书》、《南》，《北史》为一科，新旧《唐书》、《五代史》为一科，《通鉴》为一科。时务则律历、地理为一科，《通礼》、《新仪》为一科，《兵法》、《刑统》、敕令为一科，《通典》为一科。以次分年，如经子之法，策各二道。则士无不通之经，无不习之史，而皆可为当世之用矣。其治经必专家法者，天下之理固不外于人之一心。然圣贤之言，则有渊奥尔雅而不可以臆断者。其制度名物、行事本末，又非今日之见闻所能及也，故治经者必因先儒已成之说而推之。借曰未必尽是，亦当究其所以得失之故，而后可以反求诸心而正其缪。此汉之诸儒所以专门名家、各守师说而不敢轻有变焉者也。但其守之太拘而不能精思明辨以求真，是则为病耳。然以此之故，当时风俗终是淳厚。近年以来，习俗苟偷，学无宗主。治经者不复读其经之本文与夫先儒之传注，但取近时科举中选之文，讽诵摹仿；择取经中可为题目之句，以意扭捏，妄作主张。明知不是经意，但取便于行文，不暇恤也。盖诸经皆然，而《春秋》为尤甚。主司不惟不知其缪，乃反以为工而置之高等，习以成风，转相祖述，慢侮圣言，日以益甚。名为治经，而实为经学之贼；号为作文，而实为文字之妖，不可坐视而不之正也。今欲正之，莫若讨论诸经之说，各立家法，而皆以注疏为主。如《易》则兼取胡瑗、石介、欧阳修、王安石、邵雍、程颐、张载、吕大临、杨时，《书》则兼取刘敞、王安石、苏轼、程颐、杨时、晁说之、叶梦得、吴棫、薛季宣、吕祖谦，《诗》则兼取欧阳修、苏轼、程颐、张载、王安石、吕大临、杨时、吕祖谦，《周礼》则刘敞、王安石、杨时，《仪礼》则刘敞，二戴《礼记》则刘敞、程颐、张载、吕大临，《春秋》则啖助、赵匡、陆淳、孙明复、刘敞、程颐、胡安国。《大学》、《论语》、《中庸》、《孟子》则又皆有集解等书，而苏轼、王雱、吴棫、胡寅等说亦可采以上诸家，更加考订增损。如刘彝等说，恐亦可取。令应举人各占两家以上，于家状内及经义卷子第一行内一般声说，将来答义则以本说为主，而旁通他说，以辨其是非。则治经者不敢妄牵己意，而必有据依矣。其命题所以必依章句者,今日治经者既无家法,其穿凿之弊已不可胜言矣。而主司命题又多为新奇,以求出于举子之所不意,于所当断而反连之,于所当连而反断之。大抵务欲无理可解、无说可通,以观其仓卒之间趋附离合之巧。其始盖出于省试"上天之载,无声无臭,仪刑文王"之一题,然而当时传闻犹以为怪。及今数年,则无题不然,而人亦不之怪矣。主司既以此倡之,举子亦以此和之,平居讲习,专务裁剪经文,巧为饾饤,以求合乎主司之意。其为经学贼中之贼,文字妖中之妖,又不止于家法之不立而已也。今既各立家法,则此弊势当自革。然恐主司习熟见闻,尚仍故态,却使举子愈有拘碍,不容下笔。愿下诸路漕司,戒敕所差考试官:今后出题须依章句,不得妄有附益裁剪。如有故违,许应举人依经直答,以驳其缪。仍经本州及漕司陈诉,将命题人重作行遣。其诸州申到题目,亦令礼部、国子监长贰看详,纠举谴罚。则主司不敢妄出怪题,而诸生得守家法,无复敢肆妖言矣。又按:前贤文集策问皆指事设疑,据实而问,多不过百十字。嘉祐、治平以前,尚存旧体。而吕申公《家传》记熙宁事,乃云有司发策问必先称颂时政,对者因大为谀词以应之。然则此风盖未远也。今亦宜为之禁。使但条陈所问之疑,略如韩、欧诸集之为者,则亦可以观士子之实学而息其谀佞之奸心矣。其必使答义者通贯经文,条陈众说而断以己意者,其说已略具于家法之条矣。盖今日经学之难不在于治经,而难于作义。大抵不问题之小大长短,而必欲分为两段,仍作两句对偶破题,又须借用他语以暗贴题中之字,必极于工巧而后已。其后多者三二千言,别无他意,不过止是反复敷衍破题两句之说而已。如此不唯不成经学,亦复不成文字。而使学者卒岁穷年,枉费日力以从事于其间,甚可惜也。欲更其弊,当更写卷之式,明著问目之文而疏其上下文,通约三十字以上。次列所治之说而论其意,又次旁列他说而以己意反复辩析,以求至当之归。但令直论圣贤本意与其施用之实,不必如今日经义分段破题、对偶敷衍之体。每道止限五六百字以上,则虽多增所治之经,而答义不至枉费辞说,日力亦有余矣。至于旧例经义禁引史传,乃王氏末流之弊;而论子史者不复订以经指,又俗学卑近之失,皆当有以正之。使治经术者通古今,议论者识原本,则庶乎其学之至矣。其学校必选实有道德之人,使为学官,以来实学之士。裁减解额、舍选谬滥之恩以塞利诱之途者,古之太学主于教人而因以取士，故士之来者为义而不为利。且以本朝之事言之。如李廌所记元祐侍讲吕希哲之言，曰：仁宗之时，太学之法宽简。国子先生必求天下贤士真可为人师者，就其中又择其尤贤者，如胡翼之之徒，使专教导规矩之事。故当是时，天下之士不远万里来就师之，其游太学者端为道艺，称弟子者中心说而诚服之，盖犹有古法之遗意也。熙宁以来，此法浸坏。所谓太学者，但为声利之场。而掌其教事者，不过取其善为科举之文而尝得隽于场屋者耳。士之有志于义理者，既无所求于学；其奔趋辐凑而来者，不过为解额之滥、舍选之私而已。师生相视漠然，如行路之人。间相与言，亦未尝开之以德行道艺之实。而月书季考者，又只以促其嗜利苟得、冒昧无耻之心，殊非国家之所以立学教人之本意也。欲革其弊，莫若一遵仁皇之制，择士之有道德、可为人师者，以为学官而久其任，使之讲明道义，以教训其学者。而又痛减解额之滥，以还诸州。罢去舍选之法，而使为之师者考察诸州所解德行之士与诸生之贤者，而特命以官。则太学之教不为虚设，而彼怀利干进之流，自无所为而至矣。如此则待补之法固可罢去，而混补者又必使与诸州科举同日引试，则彼有乡举之可望者自不复来，而不患其纷冗矣。至于取人之数，则又严为之额，而许其补中之人从上几分，特赴省试，则其舍乡举而来赴补者亦不为甚失职矣。其计会监试、漕试、附试之类，亦当痛减分数，严立告赏，以绝其冒滥。其诸州教官，亦以德行人充，而责以教导之实，则州县之学亦稍知义理之教而不但为科举之学矣。至于制举，名为贤良方正，而其实但得记诵文词之士。其所投进词业，亦皆无用之空言；而程试论策，则又仅同覆射儿戏。初无益于治道，但为仕宦之捷径而已。词科则又习于谄谀夸大之词，而竞于骈俪刻雕之巧，尤非所以为教。至于武举，则其弊又不异于儒学之陋也。欲革其弊，则制科当诏举者不取其记诵文词，而取其行义器识。罢去词业六论，而直使待对于廷，访以时务之要，而不穷以隐僻难知之事。词科则当稍更其文字之体，使以深厚简严为主，而以能辨析利害、敷陈法度为工。武举则亦使学官放经义论策之制，参酌定议，颁下《武经总要》等书，而更加讨论，补其遗逸，使之诵习而立其科焉。则庶乎小大之材各得有所成就，而不为俗学之所病矣。夫如是，是以教明于上，俗美于下，先王之道得以复明于世，而其遗风余韵又将有以及于方来。与夫规规然固守末流之弊法，而但欲小变一二于其间者,利害相绝,固有间矣。草茅之虑,偶及于此,故敢私记其说,以为当路之君子其或将有取焉。(《全宋文》卷五六四二)

策试榜谕

孟子称君子之所以教者五,而答问居一焉。今发策以观二三子之所蕴而折中之,是乃古之所谓答问者,非徒相与以为谀也。自今诸生条对所问,宜湛思正论,于答问之际,审加意焉。若夫朝廷之事,则非草茅所宜言,而师生相与之诚意,亦不当数见于文字之间也。二三子慎之。(《全宋文》卷五六四八)

喻良能

广信试院追和东坡催试官考校韵

深院锁凉秋,西风坐间好。几净窗明尘不飞,似蹑红云至三岛。数枝淡淡桂新香,千带垂垂柳初老。此邦天下秀,多士邹鲁无。负薪或解谈王道,被褐无非怀璧夫。五兵夺目库观武,大嚼快意门过屠。谁言扳才古难必,披沙求金要须得。回思裹饭然脂烛,一心敢拟思鸿鹄。

试院一首

南国诸侯老宾客,霜叶青衫头雪白。绣衣使者急搜贤,又向文场三捧檄。全闽多士如邓林,大厦度材惭匠石。细看太白日万言,时取武成二三策。清心期识璞三献,过眼敢迷目五色。只今虽无衣钵传,向来未省原天觅。更长宁辞烛屡秉,漏下何啻夜十刻。回思前日踏槐花,忍使青袍轻饮墨。(以上均见《全宋诗》卷二三四四)

送李深卿赴省试

事业平生在管城,策勋今日向神京。区区一第慁子耳,要听胪传第一声。

曲江深院题名处,应有春风得意诗。为想杏花三十里,却思三五少年时。(《全宋诗》卷二三五七)

常 祎

送举人

革去颓风靳选抡，翕然公论一时伸。棘围共试三千士，海郡联飞二十人。竞说马群空冀野，好看鲲化上云津。从来自有湖平谶，由此公卿稳致身。(《全宋诗》卷二三六九)

曾 汪

送举人

乐作疑游太古庭，韩门今喜见诸生。千间厦敞摅雄思，万里桥成助去程。玉醑杯深乡意重，银蟾宫近客身轻。前贤已有惊人举，更听胪传第一声。(《全宋诗》卷二三六九)

项安世

送周伯寿赴省二首椿，其婿为丁未廷魁

子合居官久，今方得隽迟。我侬非不早，老去亦何为。冰玉相辉处，科名未是奇。草茅千万虑，一一要扶持。

陈薛非卿监，赵罗真吏兵。殿中尤给事，馆下范先生。六士书难作，千怀子代倾。苍生底时卿，切莫话归耕。

送刘垧登第赴调二首

昔在中朝日，长怀只影伤。逢人尽吴蜀，无伴说荆襄。千古卿材地，多年世论忘。因君到云路，江汉不凄凉。

我老愚难改，年深病不瘳。乡闾仗才隽，科甲慰穷愁。拾芥虽堪喜，看花且莫留。归来修远业，可以张吾州。(以上均见《全宋诗》卷二三七一)

七月二十日被檄考试出门

阿婆少也不如人，更说秋来白发新。欲按新声忘旧谱，画鸾歌扇久生尘。

琼林花底散游鞭，回首长安十八年。羞把文章对年少，老夫衣钵不堪

传。(《全宋诗》卷二三七四)

用前韵勉陈进之赴省

痴翁切莫强笞儿,之子勤劳我所知。但看匡衡穿壁苦,谁云宁越读书迟。能来伴我沧浪艇,共看一年橙橘时。莫为小乔淹壮志,千军白羽坐堪麾。(《全宋诗》卷二三七五)

和韵送方翔仲赴省饶州人,为抚州陆梭山婿

无问其详问其略,奏牍于今祖谁作?三年戍卒箭瘢深,长夜破胆镳铜音。文皇不共□□□,三五须从贾生说。曲江赐酒黄封瓶,仙韶度曲宫花明。江东六月归来早,江西先拜梭山老。

苏子书中捋策略,叶家肆里偷新作。南宫卷子不须深,句顺声谐即好音。调古曲高虽句绝,辞严意密谁笺说。清泉白卤贮铜瓶,磨松展楮霜毫明。三题奏罢宫门早,行过郎闱惊阁老。(《全宋诗》卷二三七七)

绍兴送彭世昌归应乡举

客有功名志,时平未急才。泪临淮水落,眼向越山开。且著莱衣去,仍随桂子来。春明见天子,可以议云台。

鹿鸣燕次韵和权帅汤提刑时二弟皆预乡荐

使家亲劝驾,贱子辱同升。晓月鸰原聚,秋空雁字凌。燕山惭五桂,西海继三鹏。况藉吹嘘力,扶摇正可乘。(以上均见《全宋诗》卷二三七八)

用舍弟韵送妹婿郑子仁湖南漕试

笔力追风内厩黄,词源下峡九秋艎。经行帝子云璈地,袚饰骚人月璐章。亲老一生儿共婿,吾衰七见暑成凉。门阑正倚乘龙重,快踏层云觐九阳。

送敬甫弟赴省试

阿连明日去观光,鹤发今年喜倍常。船里万端须过虑,客中无事不周

防。三经训诂勤翻阅，一纸平安数寄将。反复庭闱千万意，早收名第献高堂。（以上均见《全宋诗》卷二三七九）

拟对学士院试策一

科举之法，此今日不可如何之法也。自太平兴国以来，科名日重，实用日轻，以至于今二百余年，举天下之人才，一限于科目之内。入是科者，虽梼杌、饕餮必官之；出是科者，虽周公、孔子必弃之。习之既久，上不以为疑，下不以为怨。一出其外而有所取舍，则上蓄缩而不安，下睥睨而不服。共知其弊，而甘心守之，不敢复议矣。故曰：此今日不可如何之法也。不论伊、傅、周、召如何，但使诸葛亮、王猛处此，必当自出意度，别作炉鞴，以陶镕天下之人物，以收拾天下之才智，以共了当时之事，决不矻矻受此缠缚也。自王导、谢安以下，随世就事之人，欲于妥帖平静之中，密致分数剂量之效，则必不敢变今之说，取今之士矣。此固无以议为也。然则用王、谢之术为之调度，亦有道乎？曰：有时于寻常尺寸之中，略出神明特达之举，稍更阘茸已甚之习，薄伸浑厚平直之气，则犹愈于已也。盖天下之事虽贵于守法，而亦不可以一付于法。法者所以抑侥幸，非所以抑豪杰也。夫所谓侥幸者，其才不应得而冒欲得之之谓也。一人得之，众人攀之，其门一开，不可复禁。故上之人立法以拒之，使之欲进而无隙，欲求而无辞，是则法之效也。若夫豪杰之士，其德宜为人上，其才宜为世用，非所谓侥幸者，此法之所求，非法之所拒也。人所共服，莫敢与比。以此为例，谁敢攀之！有若是者，时出而用之，以示天下不专以操笔弄墨取人主之官爵，则亦足以补风化，隆实行，扶善人而愧恶子也。

拟对学士院试策二

夫科目之盛，自李唐起，而唐之取士，犹未尽出于此也。有上书而得官，如和逢尧、员半千之类是也；有隐逸而召用，如阳城、李勃之类是也；有出于辟举，如韩愈之出于张建封、董晋是也；有出于延誉者，如吴武陵之荐杜牧之是也。至于本朝，法令始密，科场条贯，如缚胥吏，而乡举里选之意，纤悉无遗矣。然祖宗之时，犹有度外之事，如张咏当为举首，而以逊其乡人，则犹有朋友之义也；宋祁当为第一，而令与兄，则犹有兄弟之恩也；

延入客次，先通所为文，则犹有礼意也；李畋、张及二人并解，则犹未立额也。此外又有陈乞之恩，聘召之礼，元祐经行之举，三舍行艺之规，则其意亦知徒文之不足以尽士矣。故孙复、苏洵之用，犹出于常法之外，而雷简夫、姚嗣宗之官，或由于特达之授。然意欲不安而法已一定，虽或少出常度，然亦千万中之一二耳。须臾之才行，不足以胜二百年之科目也。（以上均见《文献通考》卷三二）

张孝祥

刘倅示崇宁上舍题名，翰林其父也

崇宁天子开皇极，发挥神谟诏群辟。十八学士天与力，攀鳞附凤才一日。翰林尚书古遗直，不作三公奄窀穸。当时盛事刊乐石，后五十年已今昔，令我再拜三叹息。尚有之子似世德，不羸其躬且赫奕。（《于湖居士文集》卷二）

鹿鸣燕

明庭下温诏，方岳贡群贤。巢凤山中客，栖鸾地上仙。鱼龙回夜水，雕鹗在秋天。添种家乡桂，归途快著鞭。（《于湖居士文集》卷八）

张　栻

鹿鸣宴

从昔山川夸八桂，只今文物盛南州。秋风万里携书剑，春日端门拜冕旒。圣世取才先实用，儒生报国岂身谋。且看廷策三千字，为写平时畎亩忧。（《全宋诗》卷二四一七）

答新及第启

兹审承恩天陛，拜庆亲庭，闾里知荣，士友增慰。惟策名委质，当思忠义之勉图；而学道爱人，岂其利禄之是慕！愿扩昔贤之志，永为乡国之光。

答新举人启

伏承起从里选，遂与计偕。顾兹劝驾之初，是乃策名之渐。惟国之取士，岂将富贵其身；而士之逢时，盍厉忠嘉之节。行观大对，用卜远图。愿希董子之奏篇，更加剀切；毋若公孙之曲学，徒取讥差。辄因报贶之辞，少致赠言之义。敷宣罔既，悚惕增深。

答新举人启

兹审起从里选，荣与计偕。惟蕴积之素充，宜发挥之有渐。待时而动，岂为干禄之云；正学以言，斯乃事君之始。蔚辞章之辱贶，惟推毂之何功？报赠不文，谨藏为好。（以上均见《全宋文》卷五七二二）

石孝友

渔家傲·送李惠言、徐元集赴试南宫

射虎将军搴绣帽，西园公子南山豹。共跨龙媒衔凤沼，风色好，宫花御柳迎人笑。　　剑履醒醒天日表，集英殿下春来早。双鹗盘空擎百鸟，归来了，蓝袍锦水光相照。（《全宋词》第三册）

陈　造

次王仲衡尚书鹿鸣宴韵

儒冠几经秦，士贵始艺祖。英俊承上意，不止工造语。文风逮列圣，秀异弥博取。即今再太平，比屋务稽古。先生国元老，曩亦原夫举。倚相能丘索，吉甫允文武。后生藉膏馥，掉臂雄艺圃。岂伊郐无讥，敢睨大国楚。诸生观国光，名欲簉龙虎。初非意敢料，顾为公所与。蕙兰侈芳筵，肴核富雕俎。酒行不待醉，阖坐喜欲舞。妙句韦白前，拭目嗟未睹。豪气倏贾余，举举陵天宇。悬知三千牍，去作虹霓吐。我坐广文毡，勤拙初不补。看挥修月刃，稳送抟风羽。传灯知道尊，食蔗记荼苦。明年公东归，商衡傅岩雨。附翼偕渠侬，远臣观所主。（《全宋诗》卷二四二二）

鹿鸣燕

乱山森立围古房，重碧叠青天与长。钟奇孕秀为隽良，有如六子争轩昂。胸次襞积云锦章，汉之晁董唐常杨。当日折冲阵堂堂，尺棰不折筑受降。皇上吁俊奄帝王，士孟其晋如康庄。即今劝驾观国光，接翼便合鸳鹭行。后先差池似未妨，一夔自足开天荒。五大次第趋岩廊，怀宝判阅三星霜。一杯首饯江夏黄，一诗窃比振履商。功名逼人未易量，坐来相映眉间黄。谁遣大宅浮春阳，他年朝路偕翱翔。惟南有斗耿昊苍，一字定寄渔樵乡，老子善诵君叵忘。(《全宋诗》卷二四二九)

送赴省七子

忆昔涂抹鬓未秋，著书初不缘穷愁。交契往往第一流，爱且助之恩意周。翳桑盘饭惊浪舟，如锞转毂需膏油。疾需妙剂寒需裘，李郝砚席初绸缪。陈赵进修警堕偷，出语凿凿珊瑚钩。三臧笔底风雨遒，丁年出我便一头。儒林丈人拔其尤，贤书政用谭笑收。七子寂寂从我游，穷人累人君信不？迄今里闬闻沉浮，玉音下天正旁搜。南宫之行勿夷犹，巨鱼纵壑鹰辞鞲。雁塔岐路邻昆丘，捷音联翩走吾州。壮志此去不啻酬，士抱奥学追前修。嘌不施世吾侪羞，肯卧少室甘沉幽。肯闯侯门提蒯缑，贤科夷途古共由。论才君等谁与俦，可学老子拙自谋。所向数奇老不侯，一樽上尽犹未休。索句轧轧茧绪抽，不作儿女声悲啾。倚须接武拱帝旒，付我一竿钓沧洲。(《全宋诗》卷二四三〇)

送二赵金陵秋闱之行

君家种德麻苇似，两郎今日东南美。石麟角犀互辉映，拄腹撑肠皆锦绮。贤书联翩取如掇，文字欲贵江淮纸。步光久匣自光芒，仆姑所指当披靡。去去秋风鼓鹏翼，翱翔烟霄此其始。建邺山川古雄丽，平分胜概供笔底。气陵钟阜峰头云，辞倾白鹭洲前水。联璧不难先众俊，历块仍能轻万里。平日双眼不屡青，奇穷一生端坐此。即今意气为君倾，老子阅人盖多矣。

送刘常父秋试兼简行父

良乐伫目思骥子，工师择材须杞梓。刘家昆季宁近用，直干百围日千里。戏彩之暇同鸡窗，平挹千古如探囊。尺棰政自无坚强，况腰乌号手鱼肠。乡邦惊叹有此客，一笔与翁箭锋直。秋赋春闱溷子尔，老子贺书已濡

笔。香名联翩传里闾,珠宫贝阙方权舆。他年日奉平反笑,更胜而今读贺书。(以上均见《全宋诗》卷二四三〇)

送人赴试

之子是荆璞,温纯仍琢磨。诸公推大手,壮岁合贤科。豹雾三年隐,龙门一跃过。得诗应自慰,老子阅人多。

送学生归赴秋试因省别业三首

凉意苏残梦,催儿起问途。功名数前辈,术业旧原夫。漫触烟楼破,应先老骥驱。蠲痾吾有待,端不倚岐卢。

年事真无赖,官曹已惮烦。儿堪付门户,吾粗有田园。游旧因相问,襟怀为细论。此心归隐计,日日受风幡。

食口几鹅雁,田收问菜麻。宁堪再揽减,又抱两呕鸦。投老怜漂泊,何时了贷赊。终惭陶靖节,归不计生涯。(以上均见《全宋诗》卷二四三一)

贺二石登科

捷音西下亟蜚星,二隽辞锋旧莫京。桂树前宵减清影,棣华同日擅香名。谢家兰玉真门户,苏氏文章亦弟兄。此去提衡霄汉上,鹏抟鲲运更论程。(《全宋诗》卷二四三二)

送七子赴省

旋转玑衡运化枢,嗣皇袭六待耆儒。斗南誉望俱难匹,邺下才华旧不孤。郡赋今推作者并,王庭可但诤臣趋。竹林昔隐休回首,四辅三公此首途。(《全宋诗》卷二四三四)

送臧汝舟楚州秋试

羡杀君家有两方,阿戎材干更昂藏。久知笔力能扛鼎,此去贤书定探囊。邻近玉渊尝借润,眼中珠树看争芳。旧陪众俊工飞动,老气因君尚激昂。(《全宋诗》卷二四三六)

陈君美、许仲和赴省，病不能出，饯以二绝句

修程快著祖生鞭，胜日同乘李郭船。自愧不能扶病去，郭南亭上看登仙。

何人把酒送扬舲，定复从容柳下亭。共说归时柳阴合，与君衫色斗青青。(《全宋诗》卷二四四〇)

送师文赴春官试序

昔人论南北学异，古今几不可易。北方之人如拙者，用富多才而后为富。若南士之学富而为富不少；至内虽歉，外若充足，莫能窥之者良多。用其才，南北巧拙，甚霄壤也。淮乡近中土，学者滞顿椎朴，投技主司，往往非南人敌。我其尤也。得一乃能用一，非入无以为出。坐是孜孜矻矻，必苦心极劳，历年之久，仅乃得之。然得之晚，学之亦不蚤，犹窃有可诿者。吾儿学之蚤矣，然其齿乡书与吾相若，其迟莫类吾。由其滞顿椎朴类吾，故皆足以贻南方笑且侮。虽然，南方之秀粹拔异兼人者多矣，亦有苦心极劳历久过吾而终无成者。吾自视常缺然，而竟亦得之，兹岂非有阴制而默赋者乎？制之天，赋之命，其不当专责之人乎？至此，昔人南北之论似又未容县定而取决耳。今为南宫行，当信所学，固所守。信则不迁就以外怵，固则不摇夺以苟狗。才用其完，气全所养，舒徐豫逸，以听夫阴制默赋于工拙之外。外是，非吾所以望汝。

高邮贡院落成诗序

高邮贡院既成，太守陈公与客落之。五月七日，合见大夫与寓公二十二人。粤二日，郡邑学职、贡士二十八人行乡饮酒礼，设肴齐豆笾，备揖逊仪矩，翼翼肃肃，怡怡如也。集以午，散以酉，主客得醉，乐不失节。校士有所，创见于今。而是集之盛，岂徒尔哉！夫作人有道，使之勉而从，不若乐而趋；而示人以法者，所以寿其道。是集也，观者耸企，闻者兴奋，况亲色笑，接觞豆。其孰不笃当世之志，趣功名之会，期副公望？而我辈仕学磨砺，傥其少进，可无步趋而模楷之欤？能为其所为，寿斯道也其有既欤？公之意盖深，坐客洞知之，欢服感慕。言之不足，咸赋以诗。前席凡几首，后席几首，合为若干首。昔兰亭之会，诸公无诗者被罚爵，公置之。盖兰亭之会，欢饮也；今兹之集，礼饮也，恶得而同之？夫其写贤侯之德心，侈一时之盛事，道大夫士之师仰，诸公诗具之矣。而某又拜手为之冠序焉。

扬州进士题名记序

科举取士，肇于汉，详于唐，我朝莫盛焉。公卿大夫不由是而进，歉如也。世之于吏，苟曰："是本进士"，则逆以廉隅办济必之。而东南之地，连山大川，拱揖后先。建楚蜀而下，东为扬州。其势之磅礴，气之扶舆，若盗骊騄耳。惊驱长骛，而忽踠足驤首，徘徊顾慕而不去。则其郁蓄钟孕，非奇杰哲乂，无以当之。开国至今，扬之士宏材邃学、政术文章，所谓奇杰哲乂，不知其几，而科第所得为多。至吕公溱、王公昴、李公易，皆魁天下士，盛矣哉！南渡而来，士气文风中圮而渐振，虽消长污隆有不可得而齐，然其江山形势磅礴而扶舆自若也。而名世之儒，复自巍科与大政，储宅揆之望，则士畏古卑今，自重之弗果，其可哉！某无似，忝师帅之任，抚俗育材其职也。凡事二年，里闾似无愁叹，而于学政尤未始敢忽。兹荷上恩，俾因任以究已试，或者学校科举之间，犹及拭目平日之盛欤？故取国初以来扬之士题慈恩之名者凡若干，刻诸乐石，置于学宫，示予所以期诸生之意。诗不云乎："高山仰止，景行行止。"观者其庸忽诸！（以上均见《全宋文》卷五七五八）

高邮军建贡院记

河南陈公守高邮，政成课最，下歌舞之。一日，谓客陈某："取士，郡切务也。前未尝有贡院，吾将兴之。"某曰："公之来，为武学，为军营，为曲院。当岁大侵，成屋八百楹，户骇其难。似不宜复有所举，而易于言。言不酬，为前绪累。"公笑曰："吾规画定久矣。木于岸，甓础灰竹，凡其材，于舟于所无缺然。阅三月当成，成，诿子以记。"逮落其成，后不十日，则乃悔始之料公浅，而服公识之卓、才之劭。所未施，当随意取携，于是役得之。乃为之记，曰：古帝王之盛，倚重于士，不薄其养，而重其用。自尧舜而下，法备于周。凡庠序以群之，弦诵以肄之，优以饩廪，表以师儒，其养之可谓厚。岁大比，贤能之书来上，王拜受之。职教者简移论升，取可官而禄者，为大夫、士，以佐王之治，用之可谓不轻。周而下浸不及古，复古而尽其善,以不愧帝王,惟我宋,汉唐莫进也。夫帝王之于士,养而用之,悉其制,隆其礼,为天下之至权寓焉。士而才,才而用,环索其所由底,此非吾君,孰使之?夫然,上之所以责士死力不苟,士之所以为上报不容不尽,兹实圣人之权而微其机,非邪?是权也,出于一人,付之郡国。夫自党庠遂序,乡举里选,古今文异,而意则同。三适有赏,反是焉罚。汉武尝举以诏天下,而课兴廉孝,历世皆然。诸侯受天子寄,至不至,详略殊而贤否岐矣。高邮在本朝号多士,名德相望。寂寥兵荒而来,治平且七十年,文风渐振,而陈公适为守。前此取士,寓试郡学。不惟湫底局庳,士气弗振,职校士者亦病之。而襟佩挑达,动累月未复。公意以谓:郡职贡士,所取所养交害也,坐视可乎?安在其能受天子寄,不愧古贤诸侯循吏邪?密计勇为,果不日有成。为堂,为廊,为轩、庑、门、房,盖八十余间。厨逼藩溷,备固靖严,屹数百年,计不四五十岁,未庸苴葺也。为钱若干,米若干石,积累铢两之余,公私初不与知。某月日集工,断手于某月日。公赤子郡民之心既孚,而易使固也。如笃于待士,恪于体国,奉上俨不失家法,故推之于政,细大不遗。今复创巨丽,前此未为之。举不穷之计于艰歉之际,若无动虑者,予与郡士民不能无疑于始,而欢服于今。是宜大书,是宜得当世椽笔鸿藻敷舒颂咏焉乃称。予老衰,文力退废,猥使揠其思为之辞,良愧。然得因是盛举而厕名焉,不其幸欤!公简斋先生嫡孙,名巩,字伯固。(《全宋文》卷五七六四)

维扬贡院寿祠记

安抚待制侍郎赵公为扬州,庶富斯民之心切切焉。其养士而欲其成,渴如也。民庸奏最矣,学政亦既井井。又惟试士无所,创贡院凡若干楹。诸生被公惠,感公意,沦入心髓,乃即贡院绘公之像,为生祠,以寓其不忘之诚。适高邮陈某来游,求记其事。因谂之,尝承教于师:"吾于当世盛德邃学可法,盖尝凛乎若立吾前,晨夕斯,食息斯,不至焉,耻也。庸不失吾身,以至于今。小子识之。"今诸生之于公亦遇矣,而又知公之可法,至于绘像而极其瞻敬。则凡公之刑于家,孚于君,补衮之绩,仁民之政,行业文章,必也凛乎立于其前。深思究怀,曰:吾他日观光上国,策足仕籍,皆由此而后进。不惟大比较艺,进而接之目,将平居暇日著之吾心,晨夕斯,食息斯，就其所以如公者，而深戒其所不屑为，则庶几矣。反是，虽曰龙章凤姿，冰峙玉立，日吾对焉，于学犹无益也。夫士志于上，仅而中；志于中，果能中乎？下而已，曼云也。昔人步趋圣师，终瞠若乎其后。善学退之者湜，而樵弥不逮，他无闻也。汲汲学之，如此尔，悠悠焉，吾忧也。今诸生用意之善，予窃喜之。然予其友也，故后誉而先规，告以闻于师者。（《全宋文》卷五七六五）

鹿鸣宴致语

鹗牍登名，庸饯观光之客；鹿鸣侑酒，式将劝驾之诚。挽春意于壶天，围香风于锦席。初筵有秩，乐事可涯。恭惟某官，名世巨儒，爽邦哲辅。陈陈胸次，富人间未见之书；表表朝端，罄古者格心之业。帝眷股肱之郡，时须心腹之臣。布条教之尚新，翕歌讴之载路。刺史承流宣化，俾里闾均跻域之仁；上臣事君以人，必俊造首充庭之赋。惟姑苏之名郡，据浙水之上游。物阜民蕃，地灵人杰。文风比屋，尚白乐天、韦应物之余；名教百年，俨范文正、胡安定之旧。虽再占褎然之选，方竞蜚作者之声。矧海潮尚过于维亭，而魁宿未离于吴分。伫异人之辈出，副明诏之旁求。诸省元杞梓国材，珪璋庙器。万轴饱藏于腹笥，一第视摘于颔髭。志嘉会之功名，倾当年之意气。穿天心而摛藻，棘闱已压于诸儒；培风背以论程，桂籍行题于千佛。肇贤侯之馈食，侈芳宴以盍簪？红袖回环，渌樽泛滟。德星初聚，密联使者之星；爱日焉依，旋指长安之日。萃一时之盛事，佐群隽之壮图。正此均欢，岂应惜醉！某等云云：黄堂宾宴雾香浮，峙玉时髦得意秋。庄海长风吹怒翼，禹门惊浪化吞舟。黄生眉宇看辉映，渌涨瑶杯剩献酬。来岁归时君记取，恩袍成行拥龙头。（《全宋文》卷五七七〇）

许及之

次韵广文锁试出院寄似

校文花事过，无句到苍苔。芍药翻新砌，酴醾浸古垒。竹枝歌唤起，春草梦惊回。亦许山中老，相容和揭来。（《全宋诗》卷二四四八）

送解省元赴南宫

过庭有子即同登，学圃承家岂足称。刻画无盐容更丑，宠光蕙草句全胜。名场自此一投足,宦路不须三折肱。累月笞儿吾岂敢,短檠犹可课秋灯。

送林定国赴秋试

读却床头满架书,时文元不费工夫。向来点额关奇数,今日焚舟合壮图。去去秋风趋北阙,行行春色满西湖。痴儿未了书生事,珍重青衫报国躯。

送刘守之上舍赴试

乃翁壮誉动贤关,晚把州麾苦要闲。细字尚陪灯火课,淡书端要姓名攀。扶摇稳泛鱼三级,文采曾窥豹一斑。舍弟若为同日喜,两家亲老想开颜。(以上均见《全宋诗》卷二四五一)

次韵留守刘观文鹿鸣之什

一时天府姓名登,三载文翁礼俗型。已著衮衣亲劝驾,更施燕席共谈经。杏园路逐三春暖,星汉槎通八月灵。圣策若询黄发老,为言轻重系朝廷。(《全宋诗》卷二四五二)

虞　俦

太学秋试封弥夜深独坐怀考试诸友

衡鉴高悬已自公,修严官禁不通风。樊墙便有河山隔,梦寐犹疑笑语同。离索暂应疏酒盏,往来争敢递诗筒。灯花预报杨园约,端的钗头缀玉虫。(《全宋诗》卷二四六三)

二子往赴漕试意颇念之二首

应为槐黄蚤著鞭,拟随雕鹗上秋天。老怀已觉功名误,只欲儿曹慰眼前。

三年大比搏鹏志,五日修途舔犊心。齐夺锦标非分外,龟泉从昔庆源深。(《全宋诗》卷二四六五)

周 孚

次间字韵送德裕太学试

人如景德咸平际，文到贞元大历间。种树有谁甘避世，著书喜子未藏山。自怜斥鷃空溟海，须信名驹合帝闲。十载天荒谁与破，政须力夺锦标还。（《全宋诗》卷二四八二）

程 洵

次韵刘寺簿鹿鸣宴

江头梅蕊小装春，式宴嘉宾属守臣。京国路虽千里远，琼林花又一番新。且观鹿野陈乡乐，休忆羊裘整钓纶。老我岂堪陪盛集，为公强振簿书尘。（《全宋诗》卷二五〇〇）

罗 愿

鹿鸣燕礼成贻解元诸友并呈通判寺簿兄及众同官五首

天意欲为雨，川云出相望。明时揽俊乂，所立固无方。少小讽二南，美此江汉乡。猥当兴能职，首辟较艺场。群儒悦宽简，浩荡出文章。方观纵壑鱼，忽作抟风翔。此去升礼闱，旋当对殿廊。忠言动明主，家国有辉光。

鹿鸣首宵雅，义取好贤深。寥寥疑莫续，工席有遗音。诗言君臣间，不以位相临。如禽食苹水，有酒方共斟。从容陈所好，亦复有鸣琴。庶使峨冠者，洋洋动其心。愿言解子褐，结绶贯华簪。真心有相感，千载岂殊今。

昔在冯当世，起家冠伦魁。天衢跃群龙，转见绝足才。驰誉塞四海，致身近三台。凄凉城东宅，岁晚就蒿莱。古来用武地，编简委尘埃。每见儒冠喜，况逢贤路开。祝君如冯公，决科亦崔嵬。终身可师法，正复在轲回。

任子众所许，一鸣居上头。王高两县来，选拔皆其尤。里行张可贵，月书苏屡优。向来丁与虞，颇从别驾游。嗟我爱群才，不间薪与槱。既为得者喜，岂忘欲旁搜。鼓箧五百家，要皆儒者流。相期作邹鲁，过是我何求。

士有未就驾，郡守身劝之。君观汉诏中，有此勤恳词。由来贤俊人，出处每委蛇。譬彼未嫁女，深闺秀容姿。施衿有所适，婉娈终自持。汉俗尚如此，前世当可知。勉哉策名者，不但好爵縻。君臣有明义，行矣方自兹。惟当秉高节，长副此心期。(《全宋诗》卷二五〇五)

林亦之

见独斯行叔绮子为赴春试，一出江头送别，殊令牵怀。聊为巴阑行一首，以道此意云尔

巴阑独还岁月深，相送出门自沉吟。十年交旧总如许，狂歌一曲伤人心。今人读书如过客，壶飧只向市头索。吾曹苦思肠几穿，安得相逢不索莫。念我平生弄典坟，六月北窗长闭门。雕肝篆肺得一句，旁人袖手评其文。思量至此复一笑，如何跃马追年少。我今闻说有场屋，两耳如聋怕听得。网山山下月鱼亭，就船买鱼活煮羹。何时挟册此来归，议论不到吾纵横。故人年几今犹未，正好款门问知己。时命相遭不用多，或在半言并片纸。老人校书紫云楼，相见或问吾因由，为言索处海水头。蓬莱方丈不可到，此心日夕徒生忧。(《全宋诗》卷二五〇八)

章　甫

送杨德隽赴漕司试

木食草衣吾计决，三釜养亲君不阙。胡为亦趁槐花忙，不共中秋醉明月？君言时世眩虚名，才见头衔分重轻。一第如君当俯拾，卜邻他日莫寒盟。(《全宋诗》卷二五一三)

李舜臣

贺人发举启

伏审妙膺里选，荣中贤科，于乡有光，在道增贵，伏惟庆慰。国家复古于三代之后，造士以六经之纯。号令仅及于期年，学校必兴于四海。宜得成才之彦，用彰乐育之能。果有誉髦，来入英彀。伏以某人，行纯而懿，学

博以文。笔阵扫乎千军，书帙破乎万卷。玉韫于椟，久怀善价之求；鸢飞至天，果预作新之庆。某缪缘随牒，叨此备员。心迷吏牍之烦，望绝儒林之盛。岂图推致，尚辱顾存；赐书以先，为礼甚宠。渐离技痒，窃自负于知音；李广数奇，敢复论于故将。第荷谦冲之旨，不忘感慰之怀。（《全宋文》卷五八五四）

吕祖谦

效进士作三年通一经

岁月去如矢，横经徒慨然。谁能通一艺，真不负三年？用意窥园外，收功刻楮边。幽光回蠹简，新意出陈编。上相黄金重，诸儒白首鲜。同声不同调，叹息伯牙弦。

为洪无竞作谢发解启

奏凯书林，愿效范文之后入；策勋词垒，滥从东郭之先登。惧集宠初，幸逾望始。丕惟夫子，志在《春秋》。推善善恶恶之心，正尊尊卑卑之分。道之将废，闭于王氏之诐淫；帝有所兴，表以光尧之尊信。一洗氛埃之蔽，再还日月之明。世变风移，家传人诵。克对盛时之会，允谐公选之求。苟非其人，不在此位。如某者，降材谫薄，涉道颛蒙。业犹失闰之废忘，识类阙文之舛缪。卫多君子，瞻畯轨以屡惊；曹无大夫，顾寒门而自绝。凌兢逐队，黾勉终篇。方怀外楚之忧，忽有进吴之喜。反思同业，历数四封。辱在泥途，绛县久遗于旧老；不窥园圃，广川尚滞于鸿儒。惭有甚于积薪，恩实归于推毂。此盖伏遇某官，主盟公道，雄霸斯文。奉明诏以登贤，简烝髦而报国。深嘉曲奖，字逾华衮之荣；博采兼收，笔或裂繻之误。遂容孱琐，亦预品题。某谨当惩戒振矜，聿严元始。敢言得隽之易，当念措辞之艰。惟升黜之两端，本东西之对设。傥如麟获，诵正学于大庭；若作鹢飞，抱遗经于穷巷。过此以往，未知所裁。

为吴友闻作谢发解启

日丽宫槐，袍如立鹄；霜清围棘，字若栖鸦。书虽天府之新，心实衡门之旧。岁临大比，诏举儒生。电掣星驰，走姓名于四境；波翻雷动，沸谣颂于九衢。夺于外物之光荣，成此一时之骄溢。靖循其本，初无足夸。物往货来，岂市廛之异事；春耕秋获，非畎亩之奇功。得之者既无矜容，观之者亦无羡色。以儒献艺，以艺中程。是维铅椠之常，盖亦农商之比。矧兹里选，甫预计偕。前厄春官，限三山于弱水；遐瞻仕路，重九译于越裳。物未售而预伐懋迁之能，耕未遍而先眩积仓之富。苟有识者，岂至是哉！如某者，绵力薄才，浅闻末学。黾勉词场之献，凌兢贡籍之登。退视同侪，袖手率多于胜己；进当坚敌，着鞭敢望于逾人。方愧惧以靡容，何嚣浮之敢起。日虞颠踣，仰负作成。兹盖伏遇某官，乐育英髦，推扬善类。参天杞柳，悉由封殖之勤；巢阁鸾凰，俱出网罗之获。岂容孱陋，亦预选抡。某敢不佩服深知，率循古训！始终本末，专探讨于大原；用舍行藏，付穷通于正命。(以上均见《吕祖谦全集·东莱吕太史外集》卷五)

陈傅良

送德远弟赴省

科名虽细事，文字要新功。方拙存家学，丰腴与众同。江湖多我友，台省半诸公。为道贫非病，连檐有芥菘。(《全宋诗》卷二五三一)

重阳日寄瑞安留宰，留宰以是日宴新第人，并见招不及赴

落帽沾衣总失真，追随萸菊亦劳神。酒无肴核依然好，家有溪山岂是贫。沆瀣从空来夜气，青冥随处际秋旻。不知此是登高否，为问慈恩塔上人。

周宣义三子仲敏明□幼谨同年登第，因以前韵奉寄

营营浮俗赝还真，孰与传经妙入神。一榜及看三子贵，数椽能忍十年贫。自将弧矢书间史，便使冰渊诵小旻。家学如君今有几，殷勤罗拜我何人。

再次韵简新第诸人

行酒何如温太真，风流元不鄙钱神。扁舟容我归来老，一子令人买得

贫。虽有群仙来月窟，欲扶衰力上霜旻。吾今已定渔樵约，勋业烦公一辈人。（以上均见《全宋诗》卷二五三三）

楼　钥

代新进士谢赐花表

柳染青袍，叨预太官之燕；花裁绛彩，更分禁籞之春。敢望微生，遽承华宠。中谢。伏念臣等性根浮弱，学植荒疏。吐天葩之奇篇，初无词采；启琼林之茂典，咸戴恩荣。谢槐市之旧游，寻杏园之故事。兹盖伏遇皇帝陛下，仁沾行苇，材育菁莪。万国春阳，顾岂遗于寒谷；九天雨露，遂均及于群英。臣等敢不种学绩文，去华务实！芝兰馥烈，但坚自洁之心；桃李芬芳，共乐不言之化。（《楼钥集》卷一五）

王　信

题椿桂堂

乡与子直游胶庠，是时子明居侍旁。友于学问相激昂，声华日驰翰墨场。仲氏一第如探囊，伯氏随即凌云翔。已快雁塔书雁行，君家余庆未易量。二龙三凤同呈祥，一门竞爽如圭璋。前后继踵名相望，伙为十佛经中光。联翩不羡金华堂，会稽何独夸诸黄。世言燕山窦十郎，一枝椿老五桂芳。君今取此名其堂，荐绅荣之富篇章。几与窦氏争颉颃，吾家亦颇推吾乡。自从仲父开天荒，五登科第于太常。枝分派别各一房，敢与君家相比方。夫人更喜寿且康，岁时罗列称寿觞。彩衣青紫交焜煌，人生至乐见未尝。源深允矣流必长，孙枝更接秋风香。（《全宋诗》卷二五五〇）

舒邦佐

送冯勉仲赴省

客饯旗亭酒半酣，抟风九万送鹏南。薄劳汗马功收一，肯怨长途玉献三。去去梅花催驿骑，看看柳色斗恩蓝。长篇好上刘蕡策，莫作书生无用谈。（《全宋诗》卷二五五二）

廖行之

答刘史君所问

问:“非科举无以仕进,前辈皆从科举中来。今切切科举之事,乃觉于道不近,如何而可?”窃谓科举乃后世收人才之术,为其以爵禄引天下。故有心于科举始于为利,才有为利之心,则凡学问皆志于利,去道远矣。然自非圣贤,未有能特立流俗。若中人之性,则须上之人有以风厉之。俾不梏于为利,则虽科举之习,心乎为善。岂有二道哉?

问:“人方病学者不志于道而志于科举,父兄师长亦言渠侬肯勤于科举。了此段事,可以望其别修学业,然而懒惰者常多。于义理懒矣,于此又不勤,其病安在?”窃谓后世学者不如古,正以善利之分。夫科举之学,何尝非义理之学哉!才有心于为利,则为科举之学,为义理之学,皆非道矣。况科举有得失,而义理又非若世味之可嗜,彼无所得于中,何适而不懒?修道之君子,苟能正人心,使渐知为善之学,因而导之,如引水以行地中,不舍昼夜。义理悦心,自不能已,又何懒之有?

问:“科举是早年可为,老时不必为矣。乃若修学,则是贯穷通壮长,一日不可不为者。人而不学,其如学何?昏愚者不足与言,敏者亦复不听,何也?”窃谓敏者多恃其才俊,乃学者之累。宁其昏愚,未可鄙弃。若教者能分别善利,晓然谕之,则无择于敏于愚,一明乎善,知而好之,好而乐之,有不能已。今切切然与之言科举非道,又曰修学非科举之谓。彼于善利未之晓然,况以敏自恃者,又何怪其不听哉?(《全宋文》卷六〇八八)

点绛唇

玳席华筵,嘉宾环集三千履。兰膏芬芷,一簇红莲里。　　花覆玉郎,苒苒青衫美。咸倾企,小登科第,有底新桃李!(《全宋词》第三册)

杨冠卿

乙未秋赋不遂志归寓水村

归来不负白鸥盟,要听云山韶濩声。钟鼎轩裳非我事,从教水到自渠成。(《全宋诗》卷二五五六。按:宋孝宗淳熙二年乙未,乃科举年,无秋试。待考。)

代王教授谢上舍及第并差遣启

多士生王国,亲策于庭;诸侯曰頖宫,命修其教。斯未能信,夫岂敢承?盖闻得贤能立于邦家,致远务先于器识。大人之学为乎道,岂徒发策以决科;一卷之书立之师,要在习非而胜是。自里选宾兴之法坏,及经明行修之诏颁。举秀才而不知书,莫振益偷之俗;倡诸儒而反以朴,孰回既倒之澜?与古匹休,惟今独盛。尊儒术而取道艺之士,广学校以明训诱之方。既栽培封植使之有成,宜文雅行义由此其选。一洗万古之凡马,奚资十驾之疲驽。如某者,禀姿弗灵,涉道甚浅。谓科斗之文废已久,时无能知;而帝王之制可举行,并受其义。探圣贤议论之所不到,与《盘》、《诰》聱牙之所未闻。春诵夏弦,久矣困齑盐于太学;月书季考,兹焉登姓字于仪曹。虽三釜及亲,喜慰于心;恐一行作吏,便废此事。讵意滥师儒之选,乃获从庠序之游!兹盖伏遇某官,名世耆英,甘泉法从。高文华国,诗卷常留于天地之间;善政宜民,邦人自得于湖山之外。欲作新于士类,共振起于治功。凡在提封,不忘甄录;遂令贱子,亦冒殊荣。远勤缇骑之临,且沐兼金之贶。某敢不益励末学,思称所蒙!范不范而模不模,虽乏诲人之规矩;趋亦趋而步亦步,尚希受教于门墙。(《全宋文》卷六一二〇)

代武举第三名及第谢政府启

清问十行,莫赞规恢之略;鸿胪三唱,遽叨鼎甲之荣。拜宠虽优,省躬知惧。窃以古今之取士,本于文武之同方。周重宾兴,三物必先于射御;汉专经术,一时亦举于谋谟。自开元备阐于七科,至皇祐区分于三等。乡饮如明经进士之法,策对须远识善射之能。宜多士之朋来,致异人之辈出。钤谋中第,举皆卓迈之崔员;福禄永终,咸仰令名之尚父。逮圣神之继作,设学校以兼收。凡预选抡,不以次举。内则参华于四卫,外焉作屏于十连。或总按于祥刑,或训齐于禁旅。盖弛张之道,贵乎并用;而长久之术,戒于或偏。经天纬地曰文,岂但学专于章句;禁暴戢奸以武,所期身任于安危。故兹入仕之权舆,难以非材而侥幸。如某者,学惟嗜古,识昧通今。谓权谋之书,岂诵说云乎哉;于军旅之事,顾方略如何尔。修名未立，虽浮家苕霅之间；灭寇为期，每驰志伊吾之北。时哉难得而易失，辰乎去速以来迟。将求捷径于仕途，妄意右庠之舍选。蓬山在望，夫何风引以舟横；丹药欲成，可叹骨凡而事远。当庆典诞敷之日，乃祥琴未御之时。大比兴贤，幸猥先于众隽；南宫较艺，且复占于上游。兹联郡国之英，入奉宸庭之对。遭时遇主而建长策，惭无剀切之言；平齐下赵而会荥阳，曷副丁宁之训。敢觊一飞之翼，谬尘前列之龟。兹盖伏遇某官先生，社稷宗工，股肱元老。运大钧而播物，菁莪乐育于中阿；辟数路而得人，葑菲不遗于下体。遂令贱子，亦忝误恩。某敢不警策初心，淬厉末学！再造王室而忠贯日月，虽莫继于前修；肃清宫禁而祗谒寝园，尚或为于露布。庶酬知遇，少答生成。过此以还，未知攸措。（《全宋文》卷六一二二）

王　炎

和林宝文鹿鸣宴韵

材如杞梓总堪论，气压龙媒定蹑云。画戟凝香供张饮，彤墀射策待方闻。月中折桂虽堪喜，马上看花未足云。忧国爱君伸素志，始酬劝驾意殷勤。（《全宋诗》卷二五六二）

陆九渊

策问

问：古不以科举取士，天下之从事者不专于文。至汉始射策决科，然仕进者不一途，习其业者未始专且重也。绵延以至于唐，进士为重选，习其文者殆遍天下，至于今不变。文宜益工于古，然六经之文，先秦古书，自汉而视之，已不可及。由汉以降，视汉之文，又不可及矣。唐三百年文章，宗伯惟韩退之，其次柳子厚。而二人皆服膺西汉之文章，恨悼当世鲜有能共兴者，何耶？夫文一也，岂科举之文与古之文固殊而不可同耶？何其习之者益专且众而益不如也？言而不文，行之不远。子以四教，文与居一焉，文固圣人所不废也。然夫子四科，善言、德行者不在言语之科，而言语又不与文学。自小子应对，至于会同之相，四方之使，言语之用亦重矣。

而反不与文学，则所谓文学者，果何所习而何所用耶？科举取士，未遽可变，而诸公于科举之习亦未能遽免。方将朝夕从事于文，其所以为文者可不深知乎！愿与诸君论之。

问：天之生物，自足以供一世之用，天之生才亦犹是也。古之兴王，未尝借才于异代，而后世常患人才之不足。或者归咎于科举，以为教之以课试之文章，非独不足以成天下之材，反从而困苦毁坏之。科举固非古，然观其课试之文章，则圣人之经，前代之史，道德仁义之宗，治乱兴亡得丧之故，皆粹然于其中。则其与古之所谓"学古入官"、"学而优则仕"者何异？困苦毁坏之说，其信然乎否也？人才之不如古，其故安在？抑果未尝无才，而独上之所以取而用之者未至邪？愿有以究其说。（《全宋文》卷六一四八）

问制科解试

对：制科不可以有法，制科而有法，吾不知制科之所取者何人也！以蜗蛭之饵垂海，而冀吞舟之鱼，唐贾至犹以为诸科之病。今制科者，天子所自诏以待非常之才也。孰谓非常之才而可以区区之法制束而取之乎？然是科始于汉，盛于唐，至于我宋，其为法益密，而其得人之盛视汉唐有优焉。何哉？愚尝论之：汉病于经，唐病于文，长才异能之士，类多沦溺于训诂、声律之间，故汉唐之制举，不可以罪法。我宋之盛，莫盛于仁宗。盖其承三朝涵养天下之久，和气浃洽，人才众多，学术雅正，经不病汉，文不病唐。而天圣复科之诏，又其图治之心锐而求才之意切，天下之士雷动云合，欲振笋于天子之庭者，心洋洋而冠峨峨也。是以一举而得富郑公，再举而得张文定，其余如何、张、苏、钱之流，亦往往可称数，号为得人之盛。然未几而范文正公且言曰："朝廷命试之际，或将访以不急之务，杂以非圣之书，欲伺其所未知，误其所熟习，适足以误多士之心，非劝学育材之意也。"嘉祐之末，苏文忠公制策之对，且曰："陛下所为亲策贤良之士者以应故事而已，岂以臣言为真足有感于陛下邪！"愚以为仁宗英特之主，好贤之诚，盖不后于尧、舜、三王，而乃使当时大臣有误多士之论、制科之人有应故事之说者，是盖其法之罪也。故天圣之法不可以不变。恭惟主上临御以来，十年三诏，锐意方闻之彦。凡记诵传注之僻，识知侍从之艰，咸汛扫而新之，则夫范文正所谓误多士者盖革之矣。乃秋九月，实试贤良之士，执事大人下教诸生，以试之之时有可变而通之之理。谓今岁列郡不雨者非一，则成汤之自责，宣王之忧民，宁庄子之知天意，臧文仲之知人事，其所先所宜可用可为者，宜有得于大廷之对。诚如是，则苏文忠所谓应故事者又革之矣。虽然，庆历六年，监察御史唐询尝请如汉故事，俟有灾异，然后举之，亲策当世要务，罢试秘阁六篇，参政吴育执以为不可。愚尝交讥其龌龊庸陋。盖询之意，非知待贤之体，而能勉君以尽其礼，顾患应科者之众，而欲设术以抑其进。为育者，正当诛其意而取其说，从而广之。若曰："思未治则举之，思遗逸则举之，有缺政则举之，有灾异则举之，有大谋议则举之。惟人君之所欲举欲问，毋拘以法，毋限以时。"则是科之设，庶乎其有补；而是科之名，庶乎其无愧矣！不知出此，而猥曰"法不可变"。呜呼！待贤良而有若待胥吏徒隶者存焉，是尚为不可变乎！龌龊庸陋之臣，不知待贤者之礼，适以芜累明君之政如是哉！故曰天圣制科之法，不可不变。若夫汉唐之时，则未始有定法也。所谓举之以五者，惟晁错为然。当时特诏有司、诸侯王及三公九卿、主郡吏举贤良，而举晁错者适有五人耳。若乃公孙弘、董仲舒、谷永、杜钦之流，而推之、选之、举之，皆不必其五也。故彼之以五者，非有定法；而我之以二，则法之一定者也。问之以三者，惟董仲舒为然。当时固以对策者，条贯靡竟，统纪未终，辞不别白，旨不分明，故至于再，至于三耳。若乃晁错、谷永、杜钦皆止于一篇，而公孙弘止于复问，初不必其三也。故彼之以三者，初非定法；而我之以一者，则法之一定者也。至于应者之多寡，尤不可概论。汉之应者以百数。而唐永昌之初，对策者至千余，当时张柬之为第一，此狄仁杰之所谓宰相才，而成诛二张之功者也。固不可谓其应者之多，而所得之非才也。故曰汉唐之制科，不可以罪法。若夫比方之事，非承学之任，故愚不复为执事道。谨对。

料敌解试

曹操能注兵法而不能谕于其子，赵括能读父书而不见许于其父，兵家之变，又岂可以言传而迹窥也哉！李靖佐李孝恭平萧铣，靖请乘水传垒，以为必擒。及叩夷陵，铣以惶骇，而其败军之将适屯清溪，靖乃以为不可击，孝恭击之，果以败还。贼委舟散掠，靖视其乱，击而破之。孝恭继进，铣遂以降。夫图铣一事也，始而曰必擒，中而曰不可击，终而击，其说三变，而无一不酬。知此，则韩安国。淮南王之说可得而判矣。李德裕之在剑南也，追咎韦皋招徕群蛮之策，以为召寇之端；抚纳蕃将悉怛维州之降，以为制敌之要。夫剑南一方也，群蛮之来，悉怛之至，大略相类。一以为召寇，一以为制敌，而君子两是其说。审乎此，则耿国、柳浑之说可得而知矣。故孙武以兵为书，而曰："兵家之胜，不可先传。"霍去病以兵为事，而曰："何至学古兵法。"诚以兵家之变，在于机缄识略之相符，非可以言传而迹窥也。然则高祖之前料，子房之决胜，夫岂偶然而已哉！尝观石勒素不知书，听读《汉书》，至食其立六国事，抟手惊曰："此法当失，何以得天下？"及至张良借箸之说，则曰："赖有此人耳。"以是知高祖辍饭吐哺之时，岂无见乎其事之机而惟良之为信者？后世书生，以陈迹臆见断天下之成败者，岂不贻笑矣哉！若夫宣帝之使单于慕义，郭子仪之使回纥下拜，此其诚之所感则又进乎兵矣。

问赈济解试

对：赈济之策，前人之迹可求也。然无得乎其本，而惟末之求，则其策有时而穷。文潞公之在成都也，米价腾贵，因就诸城门相近院凡十八处，减价而粜，仍不限其数，张榜通衢，异日米价遂减。此盖刘晏之遗意。然公廪无储，私困且竭，则其策穷矣。赵清献之守越，米价踊贵，傍州皆榜衢路，禁增米价，清献独榜衢路，令有米者任增价粜之。于是，诸路米商辐辏诣越，米价更贱，民无饿莩。此盖卢坦之旧策。然商路不通，邻境无粟，则其策穷矣，舍是二策，独可取之富民。而富民之囷廪盈虚、谷粟有无，不得而知。就令知之，而闭粜如初，又诚如明问所虑。以公家之势，发民之私藏，以济赈食，不为无义。顾其间尚多他利害，故愚请舍其末而论其本可乎？汉倪宽以租不办居殿，当去官，百姓思之，大家牛车，小家负担，乃更居最。夫宽于科敛之方略亦疏矣，而能旦暮之间以殿为最，则爱民之心孚乎其下故也。诚使今之县令有倪宽爱民之心，感动乎其下，则富民之粟出，而迩臣散给之策可得而施矣。方略之未至，利害之未悉，皆可次第而讲求。若监司郡守不能以是心为明主谨择县令，或惮于有所按发，而务为

因循舍贷,则吾未如之何也已矣。(以上均见《全宋文》卷六一五一)

袁说友

送吕武仲司户范纯之司法赴南宫试

欣然愿作送行诗,盛事江邦独见之。酾酒且同明月醉,驱车未怕朔风吹。相逢暂入红莲幕,稳去高攀丹桂枝。莫负玉阶方寸地,为言民力要扶持。

送柯伯东省试

道义如君只几人,相从了不见尘侵。一樽但觉论文细,三画从知得意深。自是强年应折桂,不妨期月早传音。我今已办如椽笔,拟称琼林最后吟。

送惠补之昆仲秋试

斑斑兰玉不胜清,长羡于门久日荣。共庆两苏离蜀道,从今二宋到神京。三年刻楮真余事,一日乘槎定策名。想得颐山来岁好,绿袍黄里照溪明。

送聘儒侄秋试

八月灵槎万里秋,乘风得隽要遨头。吾家连已跻儒级,汝业今宜济巨舟。掘井莫令嗟九仞,善刀终自见全牛。儒冠岂解真相误,有志应当万户侯。

送薛公叔秋试

流落相逢雪水滨,与君倾盖即平生。湖山十里双溪畔,宾主三年一日情。学海波澜夸健笔,夜窗灯火几长檠。不堪送客杭州路,更听惊人快一鸣。

鹿鸣宴

秋影涵江暇日长,银袍济济宴公堂。九华佳气眉间色,千佛高名马上郎。剩数连珠夸瑞应,会看仙桂满枝芳。春风得意归来好,衣锦联镳人故乡。

会新第进士和陈振享韵

梧桐风细月将楼,犹得公余款俊游。喜入芳樽凉彻夜,风生绮席气横秋。两魁前躅高三辅,八隽飞觞照一州。屈指吴门多盛事,眼看勋业佐宸旒。(以上均见《全宋诗》卷二五七八)

论选举当求可行疏

臣闻之:天下之患莫大于使学者弃难而图易,因利而求害也。昔之圣人惧人之浅其所习也,于是乎有所谓难者而使之必知;惧人之溺于所谋也,于是乎有所谓利者而使之必贵。圣人非切切然于所可缓也,盖举天下弃难而图易,则其学之难者,将使何人而知之?举天下因利而求害,则其事之利者,将使何人而贵之?圣人固不安于此也。嗟夫!君子之学,其亦求至于难者耳。天下之理,其粗著于显然易见之间,而其妙寓于隐赜难明之际。得其一说者,不若得其说之全;得其一意者,不若得其意之尽。若以一说一意之易而遽止焉,其何贵乎君子之学哉!圣人曰:"吾必使学者不弃难而图易,则至难之理彼或可得之矣。"天下之事,必有利害之殊。世固可以去害而就利,而又岂可因利而就害哉?吾之心将以致某利也,然其致之甚艰,利未及我,而害已踵至,则亦为甚不可。今夫学者固有以某事而致某利也,若以某事而致某害,圣人安得不穷其致害之由而绝之?是二者之说,常存于选举之间,众人之所忽而不思,而智者每以为虑。岂非为学者之所轻重,抑有不可不讲者欤?自周家有乡举里选之法,而由汉迄唐,其制屡变而不一。以至于我国家,所以剔蠹而划弊者,亦靡不至。天下之士,率三岁而偕计于乡邦,又程之南宫,然后天子亲策而予之仕。其察之不为不详,其官之不为不审。凡有志于此者,亦莫不激昂淬励,以求自奋于一日之程,盖亦以法之可行。此天下所以常行而不倦。虽然,事不以法而不生,而法常以事而必变。如今之选举,其大概固合乎人情。若其间或有使学者弃难而图易、因利而就害者,此则不可以不革也。何以言之?士之于言语文章,犹人必有饮食、衣服之具。学之必以经,犹衣之必以桑麻，食之必以谷粟也。舍桑麻、谷粟而为衣食，则其用必不可久；舍经而为学，则其理必不可造。而今之学，徒志于傥来之荣，而不先正其在我者。故以十人求之，而舍经习赋者则已七八矣。彼非恶夫经也，必曰：习词赋者，虽仓猝而可为；而通乎经者，非累年不可也。知其难而弃之，而不知夫难者盖理之所会；知其易而图之，而不知夫易者实理之所阙也。乌有以君子之学而自阙其理哉？噫！言物者耻一物之不知，问字者耻一字之不辨，学焉而不志于通经，亦已惑矣。臣非敢以习赋者之举不知经也，然其间或有以古人志学之年，一朝挟雕虫之艺而遽被乡书，有老儒通经者之所不可得。盖有徒惑一时缀缉之工，遂以谓过于通经隐奥之说，此其为大可革也。往者朝廷两行兼经矣，然不待再举而又易之。其说则曰："词赋非老儒之便也。"是以一变而不复用。不知其以经义进者，若果有卓越之论，虽曰赋不及之，要亦宜置高等。况其既通经学，则所谓词赋者，殆不过在不能工巧之失，必非芜缪而举不足读也。苟以如是之说而试之，又安足为老成者之病哉？故曰弃难而图易也。臣愚以为宜申前制所未尽者，率自今日始。然前日之法，尝以大经之义二，小经之义一，以为一日之长。则其文或几于太简，又安能尽见能否之实？宜于大经之义，益以一篇，而其小者则如旧制，庶几学者有所本而不杂。今川蜀之士来廷试者，盖肇于辛未之春，以迄于今日而不变。朝廷亦欲使其皆试于廷，以均远迩之势；而蜀之士子亦欲观光上国，或能为魁选之荣。若以此推之，则亦何害之可云也！而臣尝得于蜀人之言，皆谓因利而就害者，莫过于此。夫蜀之距上都几万里，方冬之仲月，固以挈挈而在道。彼以万里之途，必有数百千之储，而后可达。然又道路奔冲之劳，疾病安养之事，其贫且无力者，必鬻产通贷而后行，或以此而破家者。而往来之久，力疾而归，抱疾而死者，往往有之。彼之心固将以谋利也，而或有破家者，有殒身者，此不亦甚可恻哉！故曰因利而就害者。臣愚以为宜立一格，有以酬其欲来之心，而绝其就害之路。凡魁蜀之省闱者，其恩列之视大魁略杀一官；而列于二三者，则与廷试之五名者等。庶几不失蜀人之本心，而深革其远至之害。然今之来者，固不能却而使之归。若因其归途，增其驿券，亦足以为寒儒之助。凡此皆能救学士大夫之病，而世之论者遂指为迂阔而不一言。噫！文章与时高下矣，岂可使之弃难而图易？君之仁者善养士矣，又岂可使之因利而

就害也哉？臣之所言，其亦虑夫可为而不为也。(《全宋文》卷六一九四)

答宏词科倪判官启

伏审高第诏贤，雄文擢秀。华联三萼，未多丹桂之芳；芥拾两科，今见白眉之盛。斯文壮矣，请论翕然。窃惟文富朝华，妙觑天巧。琳琅垂世，独有仙官之藏；箫磬谐音，时为清庙之奏。固已上窥而下逮，自然实大而声闳。摘颔底之髭，蚤已称其易易；剖胸中之梦，兹益办于多多。殆将脱颖于十九之中，何畏焚舟于再三之敌。昔陈密之弗获选科，宁有不利耶？以韩子之乐其名人，或谓之能也。古所难者，公兼得之。伫须锋车芝检之颁，即庆木天米廪之拜。某言念先契，夤缘下风。偶庀职于文闱，俾窃观于笔阵。英词骇目，仅逃五色之迷；盛世得人，共快一斑之睹。庆缄不敏，谦牍首临。惟知缇袭之藏，莫尽琼瑶之报。

回发解五人启

程能秋贡，偕计春官。咸歆稽古之荣，遂见起家之盛。伏以解元先辈，言皆中律，义必据经。尊其所闻，居务古人之学；求为可用，弗专举子之文。蔚以词华，来由诏选。高山流水，世岂乏于知音；美玉精金，今果称于定价。妙语一出，蜚声四驰。某偶幸观澜，缪当劝驾。三冬足用，愿无惮于膏焚；一鸣惊人，嗣亟闻于芥拾。(以上均见《全宋文》卷六二〇六)

辛弃疾

闻科诏勉诸子

秋举无多日，天书已十行。绝编能自苦，下笔定成章。不见三公后，空长七尺强。明年吏部选，梅福更仇香。(《全宋诗》卷二五八一)

陈　亮

变文法

古人重变法，而变文尤非变法所当先也。天下之士岂不欲自为文哉？举天下之文而皆指其不然，则人各有心，未必以吾言为然也。然不然之言交发并至，而论者始纷纷矣。纷纷之论既兴，则一人之力决不能以胜众多之口，此古人所以重变法而尤重于变文也。然则，文之弊终不可变乎？均是变也，审所先后而已矣。夫文弊之极，自古岂有逾于五代之际哉！卑陋萎弱，其可厌极矣。艺祖一兴，而恢廓磊落，不事文墨，以振起天下之士气。而科举之文，一切听其所自为，有司以一时尺度律而取之，未尝变其格也。其后柳仲涂以当世大儒从事古学，卒不能麾天下以从己。及杨大年、刘子仪因其格而加以瑰奇精巧，则天下靡然从之，谓之“昆体”。穆修、张景专以古文相高，而不为骈丽之语，则亦不过与苏子美兄弟唱和于寂寞之滨而已。故天圣间，朝廷盖知厌之，而天下之士亦终未能从也。其后欧阳公与尹师鲁之徒，古学既盛，祖宗之涵养天下至是盖七八十年矣。故庆历间天子慨然下诏书，风厉学者以近古，天下之士亦翕然丕变以称上意。于是，胡翼之、孙复、石介以经术来居太学，而李泰伯、梅尧臣辈又以文墨议论游泳于其中，而士始得师矣。当是时，学校未有课试之法也。士之来者，至接屋以居而不倦，太学之盛，盖极于此矣。乘士气方奋之际，虽取三代两汉之文，立为科举取士之格，奚患其不从！此则变文之时也，艺祖固已逆知其如此矣。然当时诸公变其体而不变其格，出入乎文史，而不本之以经术。学校课士之法，又往往失之太略，此王文公所以得乘间而行其说于熙宁也。经术造士之意非不美，而新学《字说》何为者哉！学校课试之法非不善，而月书季考何为者哉！当是时，士之通于经术者，神宗作成之功，而非尽出于法也。及司马温公起相元祐，尽复祖宗之故，而不能参以熙宁经术造士之意，取其学校课试之大略，徒取快于一时而已。则夫士之工于词章者，皆祖宗涵养之余，而非必尽出于法也。绍圣、元符以后，号为绍述熙、丰，亦非复其旧矣。士皆肤浅于经而烂熟于文，其间可胜道哉！中兴以来，参以诗赋、经术，以涵养天下之士气，又立太学以耸动四方之观听。故士之有文章者，德行者，深于经理者，明于古今者，莫不各得以自奋，盖亦可谓盛矣。然心志既舒，则易以纵弛；议论无择，则易以浮浅。凡其弊有如明问所云者，固其势之所必至也。议者思所以变之，其意非不美矣，而其事则艺祖之所难，而嘉祐之所未及也。夫三年课试之文，四方场屋之所系，此岂可以一朝而变乎！然学校之士，于经则敢为异说而不疑，于文则肆为浮论而不顾，其源渐不可长。此则长贰之责，而主文衡者当示以好恶，而不在法也。昔庆历有胡翼之学法，熙宁有王文公学法，元祐有程正叔学法。今当请诸朝廷参取而用之，不专于月书季考以作成大学之士，以为四方之表仪，则祖宗之旧可以渐复，岂必遽变其文格以惊动之哉！古人重变法而尤重于变文，则必有深意矣。不识执事以为如何？

制举

设科以取士，而制举所以待非常之才也。夫决科之士满天下，岂必皆常才，而非常之士亦或在其中矣。独制举得以擅其名者，岂古之贤君其待天下之士如是之薄哉？彼其以一身临王公士民之上，其于天下之故，常惧其有阙也。自公卿等而下之，以至于郡县之小官，科目之一士，莫不各得以其言自通。然犹惧其有怀之不尽也，故设为制举，以诏山林朴直之士，使之极言当世之故，而期之以非常之才。彼其受是名也，宜何以自异于等夷，则亦将尽吐其蕴。凡天下之所以不敢言者，一切为君言之，以报其非常之知焉。然后人主可以尽闻其所不闻，恐惧修省，以无负天下之望。则古之贤君为是设科，以待非常之才者，其求言之意可谓切矣。岂徒为是区别而已哉！五季之际，天下乏才甚矣。艺祖一兴，而设制科以待来者，至使草泽得以自举，而不中第者犹命之以官。以艺祖之规模恢廓，固非饰法度以事美观，诚得夫古今来设制科之本意，而求言之心不胜其汲汲也。虽当时才智之士，其所见不能有补于圣明。历太宗、真宗，而涵养天下之日既久，及天圣间，仁宗再复制科，而富韩公首应焉。其后异人辈出，仁宗既用以自辅，而其余者犹为三代子孙之用。及熙宁之初，孔文仲、吕陶犹能极论新法，以伸天下敢言之气。虽制科卒以此罢，艺祖之规模宏廓，其所庇赖后人多矣。而仁宗实当其盛时也。元祐既复之，而绍圣以后又罢之。及上皇中兴，首设制举，以行艺祖之志。而士病于记问，莫有应者。肆我主上，切于求言，而略其记问，士始奋然以应上之求。其于国家之大略，当世之大计，人之所不敢言而上之虚伫以待者，固将无所不闻矣。而执事方以董仲舒、刘蕡所对之缓急，而论者皆有遗憾，发于问目。岂将酌其中以警夫非常之士邪？夫言之难也久矣。要之，以其君为心，则其言之缓急无不当于时也。汉武帝，英明愿治之主也。负其雄才大略，欲挈还三代之盛，而汉家制度之变亦其时矣。仲舒以为汉杂伯道以维持未安之天下，天下既安，而教化犹未纯也，劝帝以更化。而更革之际，岂可任意而为之哉？天人相与之际，甚可畏，故缓其言，使武帝舒徐容与，因天下所同欲，而更其所当先者。岂敢以一毫奋厉之气，而激武帝之雄心哉！仲舒之言虽缓而实切于时者，以武帝为心也。夫岂计其合不合哉！异时固已甘心于胶西矣。唐文宗，恭俭少决之主也。乘主威不振之后，欲有所为而辄复畏缩，而北司之患，至是盖亦极矣。蕡以为肃宗、代宗、德宗失柄于北司，元和之痛，臣子不可一朝安也，劝帝声其罪而讨之。而断决之际，岂可以阴谋而自陷于不直哉？社稷之大计非小故，故蕡急其言，使文宗奋厉果敢，因天下所同欲而易致如反手。岂敢徐步拯溺，以待文宗之自悟哉！蕡之言虽急而实审于时者，以文宗为心也。夫岂计其第不第哉！彼其见黜固宜矣，而恨文宗之不一见也。论者病仲舒之不切，而咎蕡之疏直，是殆未知其心耳。夫当世之务亦多矣，必其以君为心，然后其言之缓急当于时；言之缓急当于时，而后不负于国家非常之求哉！（以上均见《陈亮集》卷一一）

问科举

“天下有道，则庶人不议。”而尧舜之时，有进善者旌，诽谤之木，自大夫、士以达于庶人工瞽，皆得以其情自通。岂其求之者如此其至，而后庶人不得而议之邪？夫下情不通，祸败随至。然使天下之人争务论说利害以撼时政，亦非有国之福也。祖宗之制，使天下皆得以书言事，其所以通下情者至矣。六科之设，使之与论时政，名曰进策，将以考览其才也。天下之士，无故而出其私意，自为论著，是果何道乎？天子间岁一集礼部所贡之士而亲策焉，名曰御试，将以考求得失也。然所在群试，有司私策之，人士公议之，是果何法乎？以为通下情邪，则天子固不得而尽闻也；以为养敢言之气邪，则狂言徒乱人听，而乘时者或得以肆其阿谀也。夫法制一定，子孙世守之，小弊则为之损益，大弊则度德顺时，一易而定矣。纷纷而争言之，扰扰而迭易之，上下汩乱，不知所守。此岂为国久长之道邪？事之纷纷，固自夫二者始矣。思所以革之，则下情不通，明圣在上，决不出此；因之而不革，则论说利害以撼时政，其弊未知底止。是将安出而可？（《全宋文》卷六三三六）

彭龟年

奉和御赐进士诗

昭回云汉揭天章，忽到人间足宠光。必有扬言兴率作，不须击筑叹飞扬。湛恩汪涉倾多士，密意绸缪际万方。何幸小臣陪俊造，一如丰草在成康。

和袁州张守鹿鸣宴韵

太守兴贤极选抡，奏书飞上帝王阍。几年雾隐南山豹，今日风抟北海鲲。得士不孤天子诏，赠行仍有古人言。向来劝驾应无此，且喜成周礼乐存。（以上均见《全宋诗》卷二五九四）

曾　丰

送赣士刘虞卿赴省名舜元

赣岂无杰才，少有中我律。君以谒求交，相见便相入。赣岂无杰观，少有投我笔。君以题求诗，相许便相及。况加积业斋，亦入缘督集。岂其夤缘深，姑以臭味密。初知若久要，三岁如一日。质稳不受浮，疑非自赣出。辟雍诸伟人，大抵旧相识。其高固天资，所揉亦气习。谁使地块高，未放天马逸。今听《鹿鸣歌》，催赴兰省急。行时梅欲华，到时梅欲实。愿言子如梅，华实俱蔚蔚。笔头驱六丁，榜首争甲乙。青衫拜白头，人子愿始毕。修途莫之量，前辈顾所立。

送陈通卿赴省名景年

闽南江西人，蓬梗适相会。妙龄华发身，气味适相爱。问其先世谁，意者了翁派。肯学喜文章，绰有风流在。自余锻炼方，犹鼓我炉鞴。自余组织工，犹勘我机械。一投百无牾，始契终不外。漕台开棘围，非金必沙汰。也为八韵谐，辄擅诸生最。明年动春官，再捷惊晚辈。御楼昼刻长，入赴集英对。危言撄龙鳞，稳步踏鹏背。倘来幸勿骄，归学远且大。

送陈次毕刘德钦王才卿赴省

梅花争送君出乡，兰花争迎君入场。两花之意岂不厚，非与喜机适相当。集英对罢燕闻喜,红迎紫送余桃李。问燕无恙相识初,与莺莫逆半酣里。中年得意非少同,未老更下不朽工。气驱万物挫于笔,舌挽三江吞以胸。(以上均见《全宋诗》卷二五九八)

应童子科欧阳文成觅诗漫以塞责

庐陵童子谓姓李,临川童子谓姓王。二子读书选德殿,气吐虹蜺口翻浆。六经诸子成串落,天子喜之移御床。奏对首肯去目送,青衫黄牒恩异常。江西得此二童子,后生气倍声名场。前闻但有晏元献,今继者谁其欧阳?身躯眇小胆气大,齿发幼艾言语苍。况能大书开龙蛇,一字欲作千尺强。明年试罢春昼长,低头拾官回未忙。马蹄轻踏百草香,莺花助喜酒助狂。长裾短刺倾侯王,早着归鞭荣故乡,我其俟之螺水傍。(《全宋诗》卷二六〇一)

李廷忠

回荆州士人得解启

叨乘一障,奉明诏以兴贤;妙选五材,随公车而上计。已羡擅场之高作,复惊衔袖之暗投。恭惟某官,藏器于身,得时则驾。学为有用,富海宝于胸中;文出自然,粲天葩于笔下。明有司固应具眼,老太守亦为点头。既以名闻,尚须力勉。观鹏抟万里而上者,变化何难;歌《鹿鸣》三章以送之,欢忻何限!(《全宋文》卷六四五八)

袁申儒

贡士过省庄记

精神内固则文有定见,志气外圐则文有定力。文之著于世者,非幸成于笔墨之间,揠长于言语之末也。精神,文之华也;志气,文之帅也。精神发越,固外也,苟乍存乍亡,若起若灭,则清明者汩,昭彻者蔽,内不先固而定见乱矣。主宰固内也,或出或入,更疑更惧,则操守者谬,蕴蓄者馁,外不复圐,而定力移矣。成周天子取士于六乡,自党至乡,师宾之于乡大夫,又登之于天子之廷。自乡校党庠升之天子之学,又至于论定而后官之。虽等级次第之不一,而不越千里之外。当是时也,宴饮以乐之,歌舞以鼓之，外是为遂，而稍聚待宾客，甸聚待羁旅，薪刍委积，不肯废也。汉之选举，责之郡县，有仆马痛瘏之困，脯资饩牵乏绝之虞也。夫人主与众多之士相与共成天下之治者，非徒文而已也，亦岂徒口体而已也！盖不如是，则士邻于贱，精神以之抑厌，志气因之消磨，渠能印首伸肩，极言肆论于冕旒之前乎？常德固楚黔中地，回首畿甸，国异家殊，若不可以文言也。而层巅绝崖，野畦废丘，有兰其馨，有芷其芳，足以续《风》、《雅》之坠。然未免以比兴寄悲愤，以情性从刻琢者，岂亦有所不得于中也！国朝以文取士，三岁以赋试礼部。开宝二年，诏四川、山南、荆湖北等道荐送举人，并给往来公差。其后废革不继，资粮皆自备，而为之劝驾者，特具文尔。矧常德之远且僻欤？记里二千有奇也，记程既月有逾也。登名者五，非其素拟，观光上国，迫于征行。居乏储峙，行乏裹粮，父母妻子饥寒于家，隶仆车马阙绝于路，内心怵惕之不暇，将欲专一精神，和平志气，使定见不杂，果于择义，定力不移，不惟一郡难之，他郡皆难之。然他郡有贡士庄，而常德无有也。常德固有赴省士人米矣，隶武陵者，为钱七十贯有奇，为米五十五硕有奇；隶桃源者，为米一十六硕有奇；隶沅江者，为米三十三硕有奇。征收失期，贡士不得专有，则虽有犹无也。申儒老于场屋，知难之为病久矣。既守郡，又承宪司之乏半年矣，得民间不当有之田而籍之官者，田未多也。由是尽举而寄之学官，不以供日膳，而唯以供贡士。各识于下方，名乡贡过省庄。月征岁敛，聚三十年。是岁得贡之士，若勉举而试，若寄举而试，若宗子由胄监而试，有官命者内锁厅而试，彼赢三年之粮矣，可无累也。嗟夫！上有志于求士，士不免自求口体之奉。士之应夫上之求，其视再拜而受三揖而进者，固异矣。然官足其养而无自求之累，保其天和，存其正性，从容整暇以应上之求，则精神内固，志气外畼，于是发其抱负，达其闻识，充其伦类。今日之不为苟合急售者，他日庶几乎名卿大夫之列也。是亦观《颐》之义。虽然，是田也不常有也，亦不多有也。申儒既造其端矣，后有贤使者，有贤侯者，增而益之，始足以书作定额。（《全宋文》卷六四六三）

赵 蕃

送逸归上饶赴试

谓汝可勿去，汝去意已坚。念欲终不遣，汝请倍谆然。平时父母傍，一事略不与。及今身自行,凡百谁汝护?况当苦炎热,道远不可说。晚须背斜阳,晓要踏残月。墟落乃可尔,陂湖深戒之。药物务频进,童马勿过疲。得失渠有命,勉旃非日竞。汝解事文科,吾其老三径。汝归见吾友,见叔仍见舅。为道糠核肥,无奈相思瘦。(《全宋诗》卷二六一八)

袁　燮

和孙吉父登第二首

几载英名表一乡,今年仙籍始浮香。恩隆云汉颁宸翰,燕赐韶钧出教坊。父子同登尤炜煜,诗骚为贶转铿锵。愿言努力酬天造,勉使吾君冠百王。

生平心事渺无涯,老去情悰岂复嘉。便合扁舟归故隐,却寻小圃种幽花。痴儿侥幸居前列,朴学流传本故家。第一不宜贪显宦,更烦师友护兰芽。(《全宋诗》卷二六四七)

高遁翁

甥舅同登进士,亦世之不易得者。今幸逢其会,因吟一律以寄,一以表祖宗积善之征,二以谢圣主宠赐之荣,三以致勉忠之意。二子惟勖诸

潦倒山林已二毛,忽闻□□下衡茅。祖宗积德幸多世,甥舅何妨共夺标。柳拂祥光看虎榜,杏扶春色上云袍。从今莫作怀家计,须效忠良答圣朝。(《全宋诗》卷二六五一)

叶　适

读王德甫文卷因送省试

瞢头文之病,敖脚最所患。轩其奋勇果,榻复堕衰懦。伊人殆天力,卓地挺修干。欻入岩云幽,倏出星极烂。俨如姑射女,娣姒俱整粲。皎如珊瑚树,尘垢拭杯案。昔夸新龙首,伏吕较蚤晏。又推旧菑川,耄老终佐汉。况今未六十,急用岂为晚?行当奏苦疏,朗压诸儒冠。(《叶适集·水心文集》卷七)

(李浃)复锁厅试礼部,词致环特,有司异之,曰执政子也,嫌弗敢上。亲友交唁公,公叹曰:“吾既仕矣,学有大于此者,科目何为!”自是不复求试。(《叶适集·水心文集》卷一九《李公墓志铭》)

经义穿凿,甚于词赋。夫科举之患极矣,何者?昔日专用词赋,摘裂破碎,口耳之学而无得于心,此不足以知经耳。使其知之,则超然有异于众而可用,故昔日之患小。今天下之士,虽五尺童子无不自谓知经,传写诵习,坐论圣贤。其高者谈天人,语性命,以为尧、舜、周、孔之道技尽于此。琱琢刻画,侮玩先王之法言,反甚于词赋。南方之薄者工巧而先造,北方之朴士屈意而愿学,众说溃乱,茫然而莫得其要。人文乖缪,大义不明,无甚于此。(《山堂考索》续集卷一七)

陈 藻

试后自题因送从弟敬之赴省

银袍二万纵人多,笔误无如鬼魅何。只恐有司长莽卤,那知昏病自蹉蛇。交游解散文因怪,门户谁兴鬓欲皤。赖有阿连才思逸,乘槎好好上天河。

平江送连亨叟赴省

吾庐元在亮功坊,祖母东街家姓张。舅翁官小先富强,有子破荡开书堂。我随表伯学文章,忽然好怪不好常。走师月鱼舍莆阳,三山士子厌我狂。避我谈吐如簸糠,北郭先君吴讳骧。姨弟余入京朝行,惟此二人见科场。期我前列每参商,面嗔考官识未长。我因随老客他乡,一钱亦欠真空囊。君出凤池游上庠,长洲适值日同房。我忆东街往事详,得君情话胜琼浆。百杯饮我何以偿,欲饯一醉难赊尝。虽然旅困颜无光,狂言欲发藉激昂。自矜到此亦可伤,末篇听我送行装。临轩策试亮阴妨,首擢南宫丹桂芳。奉常格法经先扬,亚魁谁赋非君当。占牌前引归骑忙,蓝袍色映萱草苍。美人二八宫样妆,阀阅贵盛金多藏。爱君坦腹羲之床,红䌷扇鼓迎新郎。我还尽枲箪食粮,赛君痛饮寻歌娼。莫学浅夫唾肥羊,傲岸贺客峻门墙。(以上均见《全宋诗》二六六六)

东宁初夏，得叔达书，自都下来。言去秋与乡荐，寻闻下第，想就试上庠，赋诗寄之

天涯无伴只思渠，知在杭州有故庐。闽岭秋空翔一鹗，融江夏日煮双鱼。合看髫龀登科去，却有髭须落第初。大学好还元祐体，松峬莫便赋归欤。

叔达及第书走笔答之

君在临安落第时，我从融水寄君诗。君归莆阳为荐首，我到渔溪饯君酒。龙飞唱第才俊多，健笔如君非甲科。终然学问有知己，姓名不记今卑矣。人灵世上如豺虎，我行厄运遭其侮。白头胶膝变须臾，一面那知深肺腑。书报青山七月还，开书已觉开愁颜。何时七月听君话，话我年来路转艱。

试黜寄余景仁

六经不合穷稍深，入场下笔无知音。吐辞从实理从是，谁肯暮途生悔心。临漳推官韪我笔，累举误疑当第一。夜光暗掷那有知，群儿久处谁相识？

试黜题卢子俞所居

门外冬青八九株，去去株间各丈余。晚禾剪穗上囷储，黄稿堆兼绿叶居。老夫晨出观道腴，摧筇逦迤来东庐。世界在前君悟欤，饥寒火宅饱华胥。主人慰我下乡书，谢之养生只业儒。虽然邻酒欠钱沽，粥饭可以供朝晡。四壁虽然一物无，半年聚秆为薪刍。但愁赋税吏追呼，鞭挞白丁省限逾。（以上均见《全宋诗》卷二六六七）

送刘叔嘉赴太学试序

士之试也志于得，词之作者志于是，果哉！近岁之为场屋也，赋黄帝以云纪曰纪事，取焉曰纪官，黜之矣；赋上圣垂仁义之统曰统一，取焉曰统绪，黜之矣。圣人祖乾纲以流化，则曰运与权。悲乎哉！随时去取，所主又多端也。从其是，万一不得；从其非，丧厥守。叔嘉与余游数载矣，今以待补赴于京。听吾言也,虽往何益?不听吾言,得宁有是哉?虽然,今必由是而后得,未可知也。姑因其行序,泄吾愤尔。(《全宋文》卷六五一八)

徐 照

送徐文渊赴省试

永州官满后,借屋静中居。两岁不参部,一心惟读书。孤经期榜首,行日离春初。即有杏花宴,题诗众弗如。

送张真翁赴举

端修修德在,门族盛如初。常有人登第,今称尔读书。南风舟去疾,西墅客来疏。所著青衫旧,前官拟别除。(以上均见《全宋诗》卷二六七一)

翁 卷

送徐评事赴省试

早年通法后,已是立朝身。更道明经好,须为擢第人。马寒村驿暮,灯暖帝城春。花气多时节,高门有贺宾。(《全宋诗》卷二六七三)

刘 过

下第

荡荡天门叫不应,起寻归路叹南行。新亭未必非周凯,宣室终须召贾生。振海潮声春汹涌,插天剑气夜峥嵘。伤心故国三千里,才是余杭第一程。(《全宋诗》卷二七〇四)

天仙子・初赴省别妾

别酒醺醺容易醉,回过头来三十里。马儿只管去如飞。牵一会,坐一会,断送杀人山共水。　　是则青衫终可喜,不道恩情拚得未。雪迷村店酒旗斜。去也是,住也是,烦恼自家烦恼你。(《全宋词》第三册)

陈文蔚

贺赵及卿黄定甫主宾联名登第

人杰须知本地灵，鹅峰挺拔湛溪清。新添九桂丛芳茂，旁发一枝花更荣。文社只今传盛事，宦途从此展修程。归耕愧我犹无地，仅有青山一笑迎。（《全宋诗》卷二七一六）

曹彦约

鹿鸣小集奉饯赴省诸公

便从场屋了经纶，看取朝家诏选抡。天赋忠良须努力，人生温饱岂荣身。鼎来时事方忧国，到底儒冠不误人。青紫拾来余事耳，直应尊主庇斯民。

使君见示鹿鸣诗走笔奉和

眼明及见决科文，发策当书第一勋。八句催行歌《白雪》，一言合意定青云。君今去亦朝天上，主圣还须对夜分。遥想朱华传敕处，九重春色醉朝曛。（以上均见《全宋诗》卷二七三一）

裘万顷

秋试示诸儿

漠漠轻云弄寒影，霏霏小雨生秋兴。黄槐开尽举子心，丹桂喜传仙籍信。竹斋双手缩袖间，坐看群儿鏖一战。春风跃马不为难，此去毋言日边远。（《全宋诗》卷二七四一）

周　南

科举诏

朕博延美才，协济兴运。若稽祖宗举贡之日，参用词章经术之科。惟岳降神，既已作兴于多士；丰水有芑，犹能燕及于后昆。今当三年大比之秋，嘉与四海共由斯路。庶几兴贤论秀之遗意，无愧登明选公之盛时。其饬攸司，申谕厥志。

朕至公旁招，急亲为务。惟祖宗选举之制，莫如进士之详；凡公卿辅佐之才，悉由此途而出。盖列圣陶成之素，亦有司考核之精。仰成法之俱存，谅淳风之可复。适当大比，思得真才。其加申饬之严，庸示网罗之广。夫怀忠信、强学问，待举者之事；抑浮华、进器识，考文者所先。朕将论定后官，尔其身劝为驾。谨择可者，俾偕计吏而来；亲策问之，极陈当世之务。布告中外，其体至怀。（《全宋文》卷六六八八）

试进士策问

问：恭惟圣天子绝骋望，昭太素，躬至德以平章百姓，虽未获抵珠于渊，而奇丽之原塞，合乎孔氏对季康子之意矣。精念元元，过自贬损，为之简良能，重赃锢，濯囹械，已逋更，实行唐文皇与群臣论止盗之事，忧心京京，匪居匪康。以故獭猃消荡，江淮晏清，甚盛举也。儒者安居则思临事，谈仁义则不废方略，试略取古事论之。昔大汉世宗，内穷奢敝，造起纷纷，遂至绣衣虎节，断斩于山东。自始元、元凤，与民休息，逮至地节、元康，其君慈仁节俭，嘉靖庶邦，非前比矣。而总练臣工，尚以盗贼课为郡国最，胶东、渤海犹有攻官寺、略市朝者，讫于黄龙，忧盗未弭。何耶？东都中世，长吏贪浊，缘隙产寇，乃若中兴之初，并郡国，省调役，田租三十税一，上下勤约，末流致寇之弊未见于维新之时也。而建武十六年以后，青、徐、幽、冀寇毒盘结，下逮叛蛮虔刘啸阻亦三数年，岂孔子所谓赏之不窃，唐太宗谓民饥而吏弗恤者？二汉盛时殆未免耶？西京能吏或多耳目，或置伍长，或设赇宽，往往所至应时消平。有如渤海弄兵，二千石不能禽制，选用良牧，单车独行，一方晏然。虽前日诸暴酷吏击断论死，未至动辄烦兵也。建武诏书至贷守长纵盗不坐，逗挠畏懦，专责以禽讨捕斩。是时，琅琊、渤海有以设方略、明赏募称者，皆以奸猛尚杀乃定。厥后，朝歌贤长不免自以讨戮为恨。两京相去，事势乃尔不同，何耶？岂西京之盛未为巨患，东都渠党非威无以制之耶？小民之生非甚不得已，孰忍去而为盗？自汉造白金，用皮币，铸五铢，犯法者众，相挺而起。建武货币杂用布帛金粟，始行五铢。其后纵民煮铸。又其后货轻钱薄，民益贫困。然则开其衣食之原，宜无急于货币矣。然自始贾谊忧其召祸起奸，厥后梅福以为铸钱起盗，刘陶《钱议》亦惧忧怨之民从而相挺而欲罢铸。夫不广布以救民，而乃忧泉多而去本,何古事与今相远又如此耶?夫开纠告之科,下招降之令,殚穷治之术,前代行之备矣。矧今景风行赏,鸣桴息响,山空谷静,弭盗之方亦已尽矣。姑借汉事以窥诸君精博之蕴焉,毋略。

平江重修贡院记

合苏之境为县五,为乡二百有几。三岁诏进士举十人,绍兴初又益以流寓,总为十有三人。合五县二百几乡之士,三岁试于有司者,谓之终场。淳熙中,复搜遗材以试于太学,谓之待补。南渡以前试者少,每诏下则试于浮图近郭之虎丘。其后渐多,则试于郡学。又多,则郡学缠苇为屋以居之。后又益多,太守姚宪始作贡院,距今四十年,试者至二千人。合五县二百几乡之士,七八十年间,增至二千几百人。今太守陈公惧不足以容也,乃辟而广之,因为之记。(以上均见《全宋文》卷六六九五)

韩　淲

初八日送章丘赴省

国家翰墨场,用是得多士。公卿才大夫,大抵每藉此。其如老伏波,非但一第尔。众俊路方辟,天地亦清美。洋洋乃大对,闻者为兴起。冠冕鸣佩玉,锋镝櫜弓矢。成康庶几及,武宣不必拟。目今有舆言,万古有载史。我来见君行,荣名可以喜。阔步随春风,东华软红里。

喜成季登科

一门三昆季,六载两科名。士无速化途,唱第聊代耕。或里选举首,或贤关驰声。落笔便离伦,鼓箧皆中程。煌煌艺祖业,中兴费经营。东南将百年,杂沓几公卿。事业固辉赫,议论时纵横。如君英妙姿,文采玉溪生。膴仕既得路,壶酒为我倾。春晴飞残花,绿叶随树成。岂无好风景,黄鸟枝上鸣。吟亦不必和,醉亦不必醒。宿雨喜新涨,浮云卷虚明。

喜赵昌甫侄三哥登科

我祖绍圣初,盖亦登名第。君家龙图公,实托同年契。岂知渡江久,游宦各零替。低头藉世禄,怅望月中桂。宜为俗辈嗤,敢作台阁计。子方英妙时，文已合斯世。煌煌庆元春，南省果高缀。相看慈恩塔，益振子苗裔。如凤千仞翔，如鹤九皋唳。从兹恢远业，其肯负六艺。志尚昔之贤，仕明古之制。清明到华要，庆会屏氛翳。叹我正浮沉，期子转磨砺。载咏章泉诗，词林信根柢。（以上均见《全宋诗》卷二七五四）

昌甫有诗学长句，次韵以柬处晦，且当应举

章泉老子之诗学，笔自峥嵘心自泊。暮春静把一杯看，纵有世情无处著。三传且莫柬高阁，待子龙津名一跃。收回旧话再商量，沈谢应刘都扫却。蚕叶人家采摘忙，麦将秋矣水浮秧。平田冷漠吹朝雨，侧径深微过夕阳。残酒余香愁梦枕，断篇遗简苦吟囊。莺啼燕语春归也，不道高斋口自芳。（《全宋诗》卷二七五七）

黄靖州子孙江西漕试

淬砺酬先志，家传合奏功。子孙当决胜，词赋况同风。南浦联名处，西江一战中。乡闾飞榜到，丹桂满芳丛。

送赵五哥秋试

才俊毋轻敌，精神急护持。寓乡能取友，官路必修为。胄监秋高日，礼闱春盛时。龙蛇飞健步，好好对丹墀。

送施仲益何文蔚余子任及蒋吴二友赴省

会适章丘役，寒梅满路生。逢花百余韵，顾我不胜情。祖送寻言句，相期岂利营。南宫三数子，能赋复经明。（以上均见《全宋诗》卷二七五九）

送耿宰属浙漕秋试

倾壶玉涧金波委，天地中间惜九秋。跬步往来空踟蹰，何心出处试绸缪。柯山风叶无樵斧，湍石烟蓑有钓舟。鸿雁初飞吴越冷，震风堆雪卷潮头。（《全宋诗》卷二七六三）

上饶登科八人所识者四

乡邦为作四贤诗，所识还知盛一时。高质静专还朴厚，熙心坚正却平夷。新尤胆略无回曲，适且才华不诡时。他日要当为国器，喜看虎榜大名垂。

看士人应举

六年不到秋场屋，懒散低回强自宽。本谓有缘居上第，可令无分作粗官。小来勇往痴心在，老去羞将冷眼看。笑杀杜陵纨袴句，只知多误是儒冠。（以上均见《全宋诗》卷二七六五）

卫 泾

长沙鹿鸣宴送诸进士

楚材从古擅豪雄，况是长沙世著忠。《鸣鹿》三章新得句，抟鹏万里稳摩空。科名直寄文词表，事业相期气节中。畎亩平时忧国念，盍将长策沃宸衷。（《全宋诗》卷二七七二）

潭州回乡贡进士谢解启

宠膺乡赋，荣与计偕；咸谓得人，有光劝驾。贡元先辈，渊源探学，锦绣摛文。颖脱囊锥，名定登于千佛；唱传胪句，事复踵于三元。贻翰相先，赠言敢后！良深期属，罔究敷云。

回转运司进士谢解启

星台得隽，天府登贤；贻翰相先，赠言敢后！某官漕元，箕裘嗣学，锦绣摛文。万里鹏程，忘筌蹄之旧迹；九宾胪句，指衣钵之新传。尚听胪音，嗣陈贺语。

福州回乡贡进士谢启

乡曲贡英，士有得色；贤能偕计，人无间言。贡元先辈，笔底波澜，胸中丘壑。抗三万卷之勍敌，杰作已先；听十一刻之漏声，奏篇亟上。传夸殿陛，增辉里闾。某幸殿兹藩，属当劝贺。辱摛词而莫报，储庆语以嗣陈。

回免解人启

藏器以须，稍淹隽轨；得时则驾，亟畅远图。贡元先辈，文谢町畦，学穷根柢。年少气锐，盍早际于风云；业成行尊，为后进之模楷。兹奋龙津之跃，倚观鹏路之翔。某猥辱曳裾，更贻衔袖。念单词之匪报，储庆语以嗣陈。

回转运司进士谢解启

肦纶拔士，倚重皇华；鼓箧程能，夐膺妙选。漕元先辈，敷腴学殖，浑灏词源。由抱负之环奇，宜发挥之烜赫。四方辐辏，岂徒角胜于乡闾；九陛胪传，行即褒先于俊造。某既观盛事，且辱摛词。感忻并集于微衷，期望更存于嗣岁。有官人云："某官漕元，家声赫奕，世业丰腴。既仕学之兼优，尚功名之未惬。棘闱掉鞅，不难角胜于布韦；枫陛传胪，行即褒光于俊造。"宗子云："属籍辈英，已高隽轨；使华论秀，更耸荣名。某官漕元，才迈飘然，德晞卓尔。宦而随牒，夙知职业之修；试有锁厅，兹预宾兴之选。"

回太学进士谢解启

虞庠教育，学成行尊；周诏宾兴，名高实称。监元上舍，胸中武库，笔底天葩。陪国子先生之游，蚤宜脱颖；上春官宗伯之选，兹果弹冠。由发策以决科，亟辈英而腾茂。

回国子监进士谢解启

虞学直温之教，允谓美成；周乡贤能之宾，肆偕妙选。监元学士，诗书素业，礼乐名家。熟台阁之机，岂徒濡染；就文章之伎，聊复笑谭。已鹗举于秋风，即鹏抟于春浪。

回武学进士谢解启

夏官拔士，将应世须；秋赋程能，卓膺妙选。监元上舍，学原姬孔，业寓孙吴。由抱负之环奇，宜发挥之烜赫。已知得隽，岂胡簋之果殊；会见绝伦，验貂蝉之自出。（以上均见《全宋文》卷六六三七）

本朝公族之盛，其在今日以儒自致者，几半进士。盖自高庙渡江，旧京近属紫盖而南者，上每引对，必勉以学，人知向方。乾道初，有以宗英冠多士，孝庙宁亲东朝，喜见慈颜，玉音交贺。淳熙以来，贤才彬彬，由进士出矣。于是，上始有用才不问戚疏之意。(《全宋文》卷六六四〇卫泾《赵公墓志铭》)

严　仁

贺新郎·送杜子野赴省

说到城南杜，尽风流、至今人号，去天尺五。家世联翩苍玉佩，自有文章机杼。看鸾凤、九霄轩翥。文阵堂堂新得隽，正少年、壮气虹霓吐。拈彩笔，月城去。　出关相送梅千树，雪连空、马蹄特特，晓寒人度。帝里春浓花似海，催人明光奏赋。须快展、亨衢阔步。随世功名真漫浪，要平生、所学期无负。须记得，别时语。(《全宋词》第四册)

程　珌

回请举士人启

朝廷重进士之科，郡国举兴贤之典。盖将备邦家他日之用，夫岂为里闬一日之荣！况夫学成而行益尊，实充而名必著。此固自然之理，初非适至之逢。伏惟新贡省元，厉志起家，壮怀许国。顷尝少却，今当怒飞。行见发纾深藏，条具大对。陋孙弘之曲学，同董氏之奏篇。凡异时得君而行之，皆今日悉意以陈者。斯望不浅，吾党与观。某猥辱曳裾，更塵点翰。征骑冲梅香而去，勿迟帝所观光之行；青衫趁草色而归，当致郊外称迎之喜。(《全宋文》卷六七八二)

送章景韩序

景韩与其子及其乡之英，将并试于仪曹，邑大夫东海刘公设河南县尹之燕，侈其盛而送之。酒三行，某酌而祝曰：景韩贤者也，招英隽馆之门，身亲之，子弟从之，乡之愿学者悉归之。今遂与其子与其乡之英，若董与盛，皆尝学于其门者，联贡于上京。嘻！景韩贤者也。又酌而祝曰：圣朝重科目，大宗伯以进士姓名来上，则拣日选辰，皇帝夙兴，御集英殿。新进士由丽正门鱼贯而晋，肃班廷下，亲承天问。其如董仲舒、刘蕡正学以言，无如公孙子曲学以欺世乎！又酌而祝曰：唐昌由唐武德以来，未有以进士起家者。今景韩与二子与其乡之二英耕破天荒之后，则家传诗书，人拾科级，一枝仙桂，香满唐昌，则人顾不推所自来者乎！则又酌而祝曰：明年之夏，景韩与其子与其乡之英青衫快马，联骑而归，某与刘公与其邦之父兄子弟相迎于县郊之东。否则，是时某且代去，亦当会景韩于修门，酾酒击鲜，为景韩喜以道今日之事。去去鹏程阔，酒行可以起。（《全宋文》卷六七八三）

试上舍策问

问：频岁金穰余粮，栖亩年谷，一侵农辄告病，何耶？圣人成天下之大顺，致天下之大利，虽乾溢靡常，而民无菜色，奚术而然耶？郊野县都，咸有委积，以之赈乏，随在而足。后世常平义仓得其意之遗矣，何古人行之则收实效，后世用之则皆虚文耶？发廪弛租，一毫不靳者君也，然推君之惠而致之民，则非君之所能自为也。独不观汉事乎？汉人之言曰：方春和时，群生滋茂，而吾农甚苦，其议除田租。则是丰年犹除之也。又曰：吏以货赂为市，渔夺百姓，侵牟万民，名之曰盗。则是丰年犹禁之也。汉人之顾念邦本，整饬吏治，使天下晓然知朝廷好恶之意，可谓深切较著矣。然郡国之间，饥民至相食，而固保仓廪不敢辄发，不知佩符共理、乘传观察抑为何事耶？夫事迫切者乏宏规，骛荒唐者鲜实用，由是书生不达时宜之诮，渐发于流俗之口。曾不思当世之务，不问之儒者将孰问耶？是故愿相与商略之。且移民就粟与夫载谷免传；令民植芜菁与夫入粟拜爵；或许留岁储，余悉发粜；或郡敢遏籴，坐以违制，是皆先代之所已行者也。或请籍丁壮以为兵，或欲蠲征税以通贾，或请借他道常平之粟，或欲复官田广惠之仓，是皆先正之所建明者也。然今昔异时，五方异俗，智若流水，日动不穷，亦岂容胶柱哉！伊欲上泽旁流，无所壅阏，使要荒如畿甸，畿甸如堂皇，吏称其职，民乐其生，充然如五凤、黄龙之间，岂无言之必可行，行之必可绩者邪？其以平时泽物之规模，勿迂勿迫，著之于简，有司因得以占焉。（《全宋文》卷六七八七）

建康鹿鸣宴致语

春日下诏书，处处搜扬岩谷；秋风动霄汉，人人振刷羽翰。一登天府献贤之书，洊讲公堂劝驾之燕。南则七闽韦布之地，东则三吴文物之乡。凡戴尧天，尽遵周典。唯是千年之王气，实为六代之帝家。自控长江十万之师，不减秦关百二之势。起一世明堂清庙之老，秉九州绣斧金钺之权。适当大比之时，来主宾兴之事。且问春官群试看，有此金陵座主无？岂非多士之独荣，悬知他郡之难比。新贡省元，天与一段秀气，身负千人隽声。能赋为大夫，上薄楚骚之光焰；明经补高第，下陋汉儒之异同。几年结就云梯，今日来游月窟。捷书夜至，慰辛勤教子之慈亲；课诵更阑，动多少笞儿之邻父。粤有回翔旧举，腾踏英游。家家自握灵珠，步步同登宝塔。某官百尺竿头饶一步，千佛经顶上三人。传诵人间，纵横礼乐三千字；彻闻天上，卓荦声名四百州。要从白鹭清溪，却步紫枢黄阁。不但秦淮一条水，寸波不惊；坐令淮甸二十州，高枕安卧。腹中自有百万甲，笔阵独扫千人军。恩意洽于营屯，已严武事；礼貌优于庠序，益振儒风。爰因暇时，更举缛礼。屈金鼎调元之手，款蟾宫得意之人。平时俎豆雍容，已宣礼乐诗书之化；今日尊罍闲暇，更将笙簧币帛之诚。其官列宿应郎官，使星临吴地。前朝相国之胄，风采自高；中兴名臣之家，典刑故在。并拥皇皇之节，来光秩秩之筵。旗帜精明，宾僚整暇。况坐中有鲸海钓鳌之客，而席上皆玉堂吐凤之人。举酒一言，来年三月。大宗伯以姓名来上，新进士肃衣冠以前。序立大庭，躬承圣问。毋如公孙子之阿世，其如辕固生之正言。凡异时得君而行之，皆今日悉意以陈者。又况石城虎踞，钟阜龙蟠，双阙崔嵬，大江吞吐，代生人杰，气禀地灵。老凤飞来，尚想半山之松竹；灵鳌稳占，犹闻东阁之芝兰。何止状元、宰相之有人，且复熙宁、绍兴之近事。勉光前躅，无逊昔时。相期来春，好在鱼翻三级；何妨今日，且作鲸吸百川。气压江淮，事光图牒。幸侍北门之宴，请陈西郢之词：河南贡士紫萄诗，不比寻常贡士时。一老堂堂强国栋，四筵济济瑞庭芝。传闻座主趋璜召，恰与诸生赴诏期。宴罢琼林如谒谢，请君怀刺凤凰池。（《全宋文》卷六七九七）

释居简

卢次夔下第

得失见君心，令人恨满膺。诸贤品华玉，四字独苍蝇。留取搀前步，来居向上层。趁将春未去，载酒啸吟明。（《全宋诗》卷二七九四）

四明陆韩二佳友登科

龙虎榜头千佛名，乱山寸碧起双明。预吟新句虽三首，莫放胪传第二声。得意马蹄须款曲，吐花兔颖看峥嵘。平生两眼人嫌白，青为君家好弟兄。

江上得书才半月，漕闱旋与计偕初。荐闻得第喜何似，纵不嗣音曾弗疏。别院苦难应有助，大庭贾勇可无余。首呼名氏须相报，雁若慵来亟遣鱼。（《全宋诗》卷二七九六）

刘　宰

送友人赴省试

月满千门夜未央，忆陪多士凑文场。露将寒透银袍冷，兴与秋来笔力刚。十载转头成昨梦，一身为客尚他乡。为言桂苑联镳客，要折高枝压众芳。

送恭叔兄赴省二首

秋荐吴江北雁来，几看文阵夺标回。鸰飞鹊喜情何限，龙化鹏抟兆有开。礼部定知当一得，大廷端可压群才。春秋正学非阿世，莫作公孙愧草莱。

睎骥长惭马不前，著鞭何意在君先。须惩牛后羞余子，独占鳌头下九天。上苑未须夸得意，道山共拟便登仙。虽然富贵浮云等，要使功名在简编。

和傅侍郎鹿鸣宴韵二首

向来北固萃群英，可但江山擅美名。秀气中间空畚筑，斯文今日遇权衡。歌成白雪传新唱，帆饱西风趣去程。会体使君珍重意，不专车马羡桓荣。

先生谠论在延英，早岁金瓯已覆名。自古正人羞枉尺，只今公论有持衡。九重闻道将飞诏，一水何妨缓作程。莫笑田家去天远，春来野草亦敷荣。

送姜君玉赴省试

樽酒论文弱冠前，交情老去只依然。久荒三径无来客，细拨青灯话昔年。少日功名谁汗简，旧游江海半华颠。君行试问都门柳，几送银袍上九天。

送彦与孙兄赴廷对

捷书夜到古朱方，之子登名甲乙行。伟行向来高月旦谓辞学职，遗经端合破天荒前此未有《春秋》登科。公孙对策风云会，董子留名日月光。趋向一分燕越异，赠言惟有用心刚。

和赵龙图鹿鸣宴韵二首

劝驾丁宁自汉兴，礼行郡国玉锵鸣。使君珍重新开宴，多士连翩喜策名。月窟一枝传好信，风帆千里送修程。主宾后会君知否，紫橐青袍对宠荣。

预宴当年记夙兴，笙歌堂上正和鸣。别来几送龙门客，去后空题雁塔名。麋鹿群中便野性，鲴鸠飞处笑云程。羞肴也到茅檐下，磊块堆盘里社荣。

秋闱后勉子侄

我生场屋惯周旋，得失从知岂偶然。天理先须尽人事，时文端的本尘编。日烘瓮牖朝先起，雪压茅斋夜不眠。万里夷途从此去，着鞭宁怕祖生先。（以上均见《全宋诗》卷二八〇七）

代侄用辰谢乡举启

考西周之制，犹昧指归；贡北府之英，忽尘首选。矧惟同产，亦预偕升。非大贤曲赐于包荒，则小子曷由而并进。粤自三代之泽既斩，而六官之书不传。重以始皇疾恶特甚，而焚灭无余；孝武渎乱是云，而排弃弗录。虽《七略》总序，仅见取于刘歆；而六国阴谋，未释疑于何氏。以至郑众之博而莫明书礼之异，贾陆之通而未知乡遂之分。天之未丧斯文，要必有待；后之一遇大圣，乃可举行。雅尚此书，亶惟昭代。学省与六经而并列，举场惟三礼之独优。熙宁大臣，谓以之而致君；元丰圣人，亦因之而定制。由此选者，厥惟艰哉！非如郯子之对叔孙，深明龙凤之纪；又若蔡墨之答魏献，详推社稷之臣。岂足陈作者之前，而遂玷褎然之举。如某者，月评素下，天分不高。学礼于过庭，蚤承慈训；倚门而望汝，久负心期。盖屡困于点头，未免失于交臂。论秀而升之学，虽尝居阖郡之先；观光而宾于王，乃不预造廷之数。栖迟三载，俯仰一廛。久冥心于虫臂鼠肝，岂过计于鸡口牛后？忽闻芝诏，又下棘闱。郭隗登台，已独先于群彦；季方为弟，亦滥缀于后陈。人谓为荣，己独知愧。所自喜者，盖亦有之。疾痛呻吟，内宽病母之意；尘埃奔走，外纾严父之怀。兹盖伏遇某官，以冰清玉洁之姿，富川纳山藏之量。词源浩浩，笔阵翩翩。双凫之飞，已推县最；一鹗之上，盍践朝行？犹尔低回，翻然外补。江山佳处，已不孤欧文忠之诗；风月平分，更可续苏长公之句。鼎来别乘，适启贡闱。既补周乡老之献书，更参汉郡守之劝驾。以致樗散，亦预甄收。某敢不勉所未能，期于有用！秋风浩荡，已同雁序之飞；春浪和融，更借龙门之便。过此以往，未知所裁。

又：秋闱较艺，旧愧在于卢前；天府登名，今复陪于汉杰。矧三邑俊彦，猬毛而奋；独一门兄弟，鼎足其间。虽粗慰于庭闱，抑有惭于乡党。自朝廷立糊名之制，而场屋绝取士之私。固有通榜居多同气而不累于偏，亦有阖郡弗荐一人而不嫌于寡。凡预此选，皆惟其才。如某者，四十无闻，已愧于孔门；三百设官，未详于周典。故鹗表虽联于季氏，而鹏程尚阻于南溟。风雨对床，共守过庭之训；云霄得路，誓殚报国之忠。宾兴之诏又下于九天，汇征之吉宁忘于此日。人曰一之谓甚，我则再而不衰。荷朱衣之弗遗，俾青毡之仅复。数列侯之位次，虽尚愧于曹参；第进士之词章，喜犹先于杜牧。非藉使星之照，曷持文鉴之平？兹盖伏遇某官，性资高明，识度凝远。迹其平日履屐之间，无不得人；推此诚心吐握之顷，惟恐失士。方十万灶正资于给饷，适二千石稍缓于驱车。爰奉廷纶，暂纡郡绂。恪遵成宪，申饬攸司。端以棣华，独仰公门之盛；遂令茅茹，亦连寒士之家。某敢不仰藉吹嘘，勉图奋迅！广寒丹桂，傥共折于高枝；岱岳青松，当益坚于晚节。

代侄崇隽谢乡举启

秋闱献赋，惭无掷地之声；天府登名，猥玷铸金之列。矧先鹗表，更属雁行。荣萃一门,感深六腑。窃以法制虽曰由旧,人心贵在作新。自文体变于欧苏以来,里选详于熙丰而后。人物之盛,古昔所无。习久而忘,或者析言而破律;事久而玩,居然废法而徇情。其在于今,深惩厥弊。属当大比,申饬攸司。择雄深雅健之文以为标准,选公正聪明之士以肃纪纲。既伐柯之则在前,而乱苗之莠已去。冒滥者削迹,浮靡者革心。宜得实能,以副公选。如某者,雕虫是习,刻鹄未成。生理索然,仅叹短檠之在;亲年老矣,岂忘三釜之营。结发鸡窗,刳心蠹简。固尝终夜不寐,盖亦靡日不思。时当天日之清明,令若雷风之鼓舞。相连茅茹,有韡棣华。三人之行,虽怅一人之失;前车之覆,亦幸后车之收。敢云难为弟难为兄,共喜升于乡升于学。重愧埙篪之未至,乃参律吕之前陈。兹盖伏遇某官,霁月英姿,阳春淑气。文采中郎之嗣,风流伯始之家。叶县飞凫,已喜云霄之近;治中展骥,俯从风月之分。适周乡老之献书,佐汉郡守之劝驾。以致幺幺,亦预甄收。某敢不仰体误知,益坚素履!擢礼闱之桂,傥少慰于双亲;看长安之花,肯但同于余子。过此以往,未知所裁。

又:窃以往岁宾兴,取数偶符于商颂;今兹旅进,登名复玷于箕畴。顾月评所升几何,而云路可阶于此。矧惟一鹗之荐,乃容二凤之偕。人以为荣,己则知惧。自朝廷重科目之选,而士子病场屋之艰。故虽以公孙之才名,犹难再举;必有若苏氏之兄弟,斯可同升。矧惟吾邦,号曰多士。选几百一,差在毫厘。又叨茅茹之连,允属棣华之韡。如某者,早闻诗礼,粗识简编。半世鸡窗,辛勤已甚;双亲鹤发,喜惧并深。雁行昔忝于齐飞,鹢退未酬于始愿。喜青毡之克复,更彩衣之相辉。矧以名闻,适当中立。虽惭周士见称洙泗之间,尚友唐贤得伴瀛州之选。靖言侥冒,实有夤缘。恭惟某官,以玉立之英姿,钟金行之劲气。虽家传之学,独妙于当世;而陆沉之士,不忘于盛心。当细柳连营,正资转饷;适丹阳重地,暂倚折冲。祗承明诏之颁,式谨圣贤之献。申明宪度,加重礼文。遂并衰宗,获参诸彦。某敢不相戒于风雨对床之夜,加勉于云霄接武之时!要使功名,不落余子之后;肯图温饱,上辜国士之知。过此以还,未知所措。

代侄应龙谢乡举启

窃以艺专虫篆,难升孔氏之门;祥叶凤鸣,适应轩辕之律。鼎来捷报,喜动慈颜。幸乃自天,恩归有地。洪惟得士,莫盛于国家;载考设科,率本于词赋。固有玩举子之业于平日,而设元辅之器于异时。须要不愧于子墨客卿,斯可见推于乡老郡吏。如某者,素安拙讷,何有见闻!问一得三,早伤于孤苦;骈四俪六,长乏于师承。恐坠箕裘,勉亲笔砚。七秩之母,已当喜惧之年;百亩之田,无非朘削之日。又内外不啻百指,而饥寒皆切一身。难哉固穷,赧然往教。势非得已,心实自知。倏闻明圣之朝,又下贤能之诏。献荆山之玉,敢惮楚囚;聚咸阳之金,偶符秦铸。矧阖县或仅荐其一,而吾门乃并列者三。傥非卿月之照临,曷致士风之振起。兹盖恭遇某官,渊源家学,冠冕宦途。以弹压天府之余才,当饷给日畿之重寄。适当守将留滞西淮,爰以王人下兼北府。钦承芝检,加毖棘闱。遂令衡鉴之官,不轻所予;亦使草茅之士,得效所长。某誓与雁行,少图鹍化。广庭赐策,傥遂拜于明纶;直道事人,誓不愆于素节。

代侄孙子勤谢乡举启

考制度于六官,缅想八百年之盛;兴贤能于三邑,猥介十七名之中。矧惟骈肩而前,实乃同堂之季。光生寒族,喜溢慈闱。粤自姬公致太平而成是书,至于战国恶害己而去其籍。幸秦汉而下,传犹未泯;而隋唐以来,用之不精。天之未丧斯文,必将有待;后之一遇大圣,可举而行。熙宁大臣,谓以之而致君;元丰圣人,果因之而定制。由此其选,亦大惟艰。如某者,弱植弗强,深居无与。蚤禀过庭之训,中罹陟岵之悲。弓冶箕裘,深知当绍;简编灯火,其敢不亲!岂意庸疏,遽叨选举。引领而望,虽惭荀氏之龙;继踵而来,犹具穆王之骏。况场屋相望于六载,而父子同占于一经。五彩斑衣,虽莫追于亲育;青毡旧物,喜不替于家传。幸出非常,恩归有自。某官探列圣不传之秘,受两朝特达之知。中外践扬,声猷赫奕。淮壖揽辔,犹推保障之功;闽峤建台,独仰冰霜之操。九列已高于卿月,一麾犹镇于江天。实惠遍于惸嫠,邻邑仰如父母。属当大比,祇奉明纶。申饬攸司,不为文具。盛服临送,式张体貌之崇;彩笔亲题,更示姓名之宠。眇然寒陋,有此遇逢。当益厉于初心,求不负于知己。跃桃花之浪,遂越禹门;联棣萼之华,更符周雅。(以上均见《全宋文》卷六八三五)

张 弋

送翁十赴举

今年科诏下，颇亦动山情。丹灶留云守，书装冒热行。卜知三命胜，业擅一经明。倘赴琼林宴，能诗旧有声。(《全宋诗》卷二八二二)

度 正

殿中复考进士

宫漏传筹趋绛帻，御盘行炙出黄金。春余花气香宁重，雨足林光绿更深。通籍不须羞暮齿，好文何幸获初心。东风似借鱼龙便，一夜奔雷数振音。(《全宋诗》卷二八二七)

燕漕司进士小诗奉勉

奋迹山林志甚疏，滥当春棘品贤书。学开邹鲁人无异，文到卿云士有余。力战吝骄存广大，深培根本黜浮虚。此中几许经纶地，万里先看一步初。(以上均见《全宋诗》卷二八二七)

殿中复考进士

交戟重门间九阍，彤庭紫殿切星辰。能来此地连宵直，即是骖鸾驾鹤人。

兼考遂宁补试锁宿在学戏题一绝

壮士缚鸡聊尔耳，小儿相鼎竟何如？眼前万事不堪说，惟有秋风解得渠。(以上均见《全宋诗》卷二八二八)

李 英

荆门军贡院记

荆门古玉州，山水秀丽甲湘湖。楚汉以来，人物相望，未易枚举。近世如内相朱公震、秩宗胡公寅、秘校范公如圭，率由科举，清规劲节，昭映千古。故士知尊经学，重名义，往往以二三公为轨范。中更兵革，士气小不振，例附荐于渚宫。绍兴龙集己卯，复试于本军，从郡太守洪公适之所请也。贡闱旧在军治之南，初创简陋，岁久而倾敧，殆将压焉。吴兴叶公为郡之明年，政修人和，加惠士类，以为事有若缓而甚急者莫此为重。乃更相爽垲，得故武库于郡城西北隅，即而葺之。为屋七十有四楹，撤而新之者十四。缭以周垣，重门有严，厅庑立置，翼如也。木章竹干，瓦甓石铁，悉储于累月之前。工雇于市，匠食于官，而费不取于榷计。经始于季春之中，不越月而成，邑之吏民咸知轮奂之美视他郡为最。彼冠峨佩锵、操觚抱椠之士，群试于此，亦足以增气矣。尝闻后世士不素励，取士之制虽不逮古，而得人之盛则皆由此途选。夫以豪杰之士，规规然较三日之长，以求合有司程度，固不足以尽其才。然使为士者先器识，摈浮伪，毋徒为决科利禄计，毋以得丧怵其良心。则异时谋王体，断国论，上不负朝廷，下不负所学，于以续前贤风声于将来，是则叶君之所属望于学士大夫者，可不勉乎？叶君名笺，字正之，石林先生之裔也。其得诸家传者，知所先务盖如此，是恶得而不书！（《全宋文》卷六九一一）

许应龙

和邹守鹿鸣宴

贤守声名重泰山，肯将曲学误儒冠。相期素节终身履，不道青云得路难。多士联翩阊阖去，忠言凌厉雪霜寒。朱轓指日归枫禁，廷策烦公具眼看。（《全宋诗》卷二八三六）

王　遂

士人讼试官有私考校有弊判

国家三年取士，欲其谋王断国，所系甚重；士子三年应举，盖欲容身显亲，所系尤重。责惟在太守，为监试当与太守同一体，日督试官，精加考校。岂应屡申揭榜拆号，且言一日之费，在州府岂得如是之窘乏？膺试官者，方受他人陶镕，今当陶镕他人，未审有何国事殷心，急欲出院。自八月至今，词讼交至，不言试官之有私，则云考校之有弊。试榜未廾，而报者纷纷，其所报之人，多与二十七状内姓名符合。取士如此，何以免乡遂之疑？何以免士子之疑？何以免朝廷之疑？何以免天下之疑？今将所申八十三

号权与封下，仰就所黜卷内，别选二百四十九名，候当职亲到院日，自有区处。(《全宋文》卷六九五一)

苏 泂

送邢刍父赴漕试盖予以牒逊之

长江我之愁，倒岳推不去。琴瑟有凄怨，居室等行路。十三出从师，三十兹无成。向来为何事，投老悲秋萤。堂堂文翰场，攘臂君甚武。丈夫贵高谊，我得宁在汝。达官总遗恨，所乐才妻儿。君堂有夫人，禄养当以时。吴山青入天，江水流到海。才难叹先圣，战伐偶今代。四序看迭移，南熏已西风。天命不可为，往哉及其锋。

次韵刍父试罢有述

笔耕亦农耕，后种有先熟。谷终贵于稗，种讵不如稑。里门富骄儿，昨者车击毂。一朝祸机至，悔不初碌碌。因而利生钝，甚羡平为福。翩翩归来赋，写壁仍画轴。有来顾之唾，谓岂好题目。予方友鸥鹭，渠自行雁鹜。同参听谁诣，勇往何待卜。君才十倍我，书已万卷读。边头尚征战，时事非囊夙。虽迟刘蕡对，肯效包胥哭。(以上均见《全宋诗》卷二八四三)

陈 宓

安溪鹿鸣呈诸先辈

威凤来翔羽翼新，蓝溪风气益温醇。彤墀看唱三名外，璧水犹登四十人。仙李蟠根连月窟，桂枝平步折天津。雪窗莫忘辛勤日，省酒簪花曲水滨。

赵君惟谊清文介行，坚苦笃实，远来见访，以救科举弊为说，可无一语言谢

菜根惯咬著芒鞋，便是津梁一世材。六月雨行缘底事，一身不惜惜人才。

我把尊贤榜旧堂，怀人忽至喜如狂。缘何不肯留城府，虚著新成八尺床。

南剑鹿鸣

嘉宾卅七燕公堂，吾道方亨值一阳。学力早知深孔孟，乡风端可继陈杨。云霄九万朝天阙，礼乐三千染御香。老守尚能观盛事，春深时节喜如狂。

次延平郡文学宴新进士韵

文章千丈吐寒芒，更要新登孔氏堂。讲学若能膻自至，致君端使凤来翔。衍山剑水多奇产，赤箭丹砂讵可当？自有名儒常辈出，莫将诗句诧钱郎。（以上均见《全宋诗》卷二八五六）

赵汝鐩

郴州鹿鸣宴

连科已占十名前，行听鸿胪第一传。我侯合符留劝驾，君能摛藻预兴贤。湘山点化名千佛，郴岭飞升效九仙。此去琼林天上宴，今朝先赋鹿鸣篇。

次韵袁州郑守鹿鸣宴

诏增贡籍自端平，大比贤书拔众英。学备六经俱里选，赋推五色以文鸣。虽由黄卷能勤苦，皆藉朱轓与作成。来岁锦标先夺得，天街听喝状元声。（以上均见《全宋诗》卷二八六九）

李大方

改之下第赋赠

刘郎气豪酒豪诗更豪，乃肯折节作赋遗恨无纤毫。诗雄赋老不入世俗眼，仰空大叫索酒歌离骚。刘郎新诗今莫敌，挑战梅社无遗力。果然桃杏一山开，龙马行天晓无迹。锦标重夺更一年，却来走马春风前。撑肠文字五千卷，吟哦得意扬休鞭。世间荣辱俱游戏，莫为功名销壮志。我辈胡颜自古然，刘蕡况是公家事。银杯锦被骕骦裘，呼童唤酒鏖穷愁。自怜却被微官缚，不及相从上酒楼。（《全宋诗》卷二八七三）

倪 思

题椿桂堂

早从孟母受诗书，晚见飞腾五丈夫。桂籍联名看衮衮，兰陔戏彩极愉愉。已酬钟釜当年志，合入衣冠盛事图。教子荣亲谁不羡，堂成燕雀亦欢呼。(《全宋诗》卷二八七四)

华 岳

贺赵丞登第讳希洙，授瑞金丞，居延平

要与宗盟立纪纲，俯从多士较文章。人材漏网无疏密，科目搜罗有短长。蟾窟一枝分玉树，凤池三浪出银潢。何当推解延豪杰，为复中原万里疆。(《全宋诗》卷二八八一)

卓 田

送人赴上庠解试

南浦从来管别离，可伤此地判东西。恨无短羽追鹏翩，一任狂风送马蹄。明月层楼双旅思，青天万里一云梯。到头千佛名经上，年弟年兄取次题。(《全宋诗》卷二八八八)

洪咨夔

次子有下第韵

东风换骨立成仙，五色终迷自古然。龙变未符今举谶，鹤来当验后科缘。情如中酒宜亲酒，命合腰钱会有钱。许买娉婷供老伴，不妨迟得两三年。(《全宋诗》卷二八九五)

郑清之

孟童子中异科而还来访余于行都赐第辄赠以诗

在昔昌黎公，序赠张童子。独出超等夷，芳名驾青史。君门蔼世勋，复轶西平李。宗社方同休，彪炳见孩稚。天庭插犀角，星眸炯秋水。诵书

如焦琴，高下涵角祉。朱门共骇听，洗此筝笛耳。老翁欲答儿，眼看拾青紫。一朝闻九关，赉予出周篚。我朝晏与杨，炳炳贵名起。愿子志远大，勤学踵前轨。家尊我相知，作诗赠归骑。（《全宋诗》卷二九〇四）

叶 置

贺王伯愚登第

先君有女尝择对，玉雪王郎真可人。连榜舍升俱伯氏，中兴家世最名臣王应伯兄弟皆以舍法登科，乃子云司谏之谱。回翔璧水十年旧，踊跃龙门三月新。从此青霄腾踏上，久知陈孺不长贫。

世无羔雁到林泉，惟有登科路坦然。我亦门阑多喜色，君今衣钵得家传。龙旗方照三千字，虎榜争趋五百仙。莫道中年情态薄，华途名节尽加鞭。（《全宋诗》卷二九一三）

魏了翁

通泉李君应卯以廷试卷漏结涂注，自三甲降末甲，赋诗以送其归

士为浮名若挂钩，夫君心事独休休。阙书不害为全马，误笔何妨作牸牛。少铁赢铜闲计较陈说试进士，以贴故事少，赐同进士出身。说为诗曰："事内欠他些子铁，殿前赢得一堆铜。"，着蓑衣锦等风流许孟容以进士及第、学究登科，时人谓锦袄子上着蓑衣。世间自有真轻重，归把功夫向里求。（《全宋诗》卷二九三三）

题普慈冯惟一率钱建贡院疏后

普于东蜀为士大夫郡，而未有贡士之宫，诚为阙典。然普之公私财力则反出诸郡下，故缮营之费亡所从出。只如刘光远冠类试，前所未有，职风化者表而出之，是以建一门闾，遂致敛民而给用，几以启讼。然则工役之不可轻议盖若此。冯生盍为我持是以白郡侯，物土赋文，虑材计庸，属役于某人，取财于某所，俟成规略定，乃以控于诸台，是时提学司当首议给助为诸台倡。时不可失，生其念之哉！（《全宋文》卷七〇八五）

类省别试所策问第一道

问:是是非非,人之良心也。不以职分之分合而有异同,不以时论之向背而为语嘿。古先帝王钦承,后帝顾享,率吁群献,布列有位,越小大谋猷,罔有攸伏,将以使人罔不自尽,昭事厥辟。暨我国朝,列圣相承,屈己稽众,尤足以尽群下之情。不特分建三省以钦谨出令也,中书、密院分职授任,各班奏事。事有大者,始得同进。故有中书进拟,有密院进拟,有三省进拟,有三省、密院同进拟,其别盖如此。赵明与西人战,郭达修堡栅,二府不嫌于异议;唐淑问除左司谏,陆佃等罢侍讲,而侍御史谓非西府所当同进;副枢欲取中书断案,而傅尧俞持之;李清臣为吏部尚书,而王岩叟辩之;宰相欲用韩缜镇北门,而韩忠彦争之。自今观之,二府同列未始不相亲也,至于国事,则公尔忘私,凛不可夺。抑不知是非太明,亦有伤于同寅协恭之义否乎?不特经由外省,许其封驳也,关移台谏,先事究图,设有奏陈,曾无嫌虑。故台臣论陈执中而谏官不以为然,谏官论蔡确而台臣以不言罢去。至于王汾为谏议,李常为中司,杨畏为察官,台谏亦互有抨击。自今观之,台谏同列宜无所矛盾也。而于先朝旧制,不相往来,虽以长官亦无关白,遇有当言,空臆无隐。抑不知善恶太明,亦有扬己取名之嫌否乎?然犹以为未也。侍从之臣,职亲地近,论思献纳,惟既厥心。盖不惟转对可以尽言也,或不时宣诏,以备顾问;不惟经筵有以进对也,国家有大议,如濮园、新法、河防、边奏,从臣皆得以昌言之。熙宁诏书谓:"言善而不用,朕有厥咎;道之而弗言,尔为不恭。"所以望于从臣者若此。司马光辞副枢,亦曰:"臣未受恩命,犹是侍从之臣,于朝廷阙失无不可言者。"然则副枢虽尊,返不若从臣之无不可言乎?自今观之,所谓从臣分曹列局,各有攸司,谓于朝廷阙失无不可言,抑不知论建太广,亦有越职言事之嫌否乎?窃又有疑焉。祖宗盛时,二府合之时少而分之日多。以分者为是邪,如韩缜以中书独进拟而私姻戚,曾布以宥府独奏事而挤宰臣,则分者得为是乎?以合者为是邪,如元祐回河之役,二府之议适同而迄于贻患,则合者得为是乎?惟台谏亦然。以异者为是邪,始元祐四年以谏官之请而尽罢丞杂以下,则得毋太甚?以同者为是耶,如元祐初虽台谏各与长官同对,而当时已不谓然矣。惟侍从亦然。以有言者为是邪,有如溱、襄、奎、绛以议论不阿,悉从外补,则若将不可以有言矣。以不言者为是邪,有如范纯仁所谓“侍从之臣，优游养望，退有后言”，则若又将有瘝官之讥矣。尝三复旧典，于其分合而观士气之屈信，因其同异而察治道之进否，盖有感于中而不能嘿者。《诗》曰：“不解于位，民之攸塈。”惓惓之诚，愿与诸君切磋究之。（《全宋文》卷七〇九一）

类省别试所策问又一道

善为天下者，敌之强不足畏，敌之弱不敢忽，顾吾所以自治之道何如耳。“猃狁孔炽，我是用急”，此以弱敌强也；而“侯谁在矣，张仲孝友”，则敌虽强而不足畏。“蠢尔蛮荆，大邦为仇”，此以强御弱也；而“方叔元老，克壮其犹”，则敌虽弱而不敢忽。故凡忽弱而畏强者，皆事外忘内者之为也。尝考诸北狄之始，盖自山戎、猃狁至于冒顿而其地始大，东抵朝鲜，南距长城，西接乌孙，北穷瀚海。匈奴既弱，鲜卑嗣兴；蠕蠕浸衰，突厥踵盛；回纥仅破，契丹崛起；女真垂弱，鞑靼骤强。虽其种族不一，兴替无常，而迭相更代，长为北边之患。其间惟秦皇、汉武长驱深入，汉和、唐太亦事穷征，而卒莫能殄其遗育，岂天地间固不可有阳而无阴邪？契丹之始，至不足道也。自入后魏，其名始见于中国。爰暨五年，稍僭位号，间扰疆埸。太宗既平河东，声势响撼，取幽蓟如振槁耳，然亦不过旋师于幽。迨其主少国危而复伐之，乃以名将锐卒衄于歧沟，此何为者哉？虏席新胜之余，虔刘我边垂，荡摇我镇、定，至于咸平、景德以来，势益猖獗。而乘舆既驾，虏折北不支，委命下吏，永成而退。夫太平、雍熙，以我全盛之力而不能乘虏衰弱之机；咸平、景德，以我晏安之久乃能抗虏鸱张之势，岂胜负果不可以人力计邪？萧英、刘六符之来，既厌所欲；萧禧再至，又决弃地之议，故治平、熙宁以后，虏势益骄。我师西征，未皇北顾，元祐以来，复主和亲。迁延至政、宣以后，则虏已为女真所噬，不能国矣。二虎交斃，我疑若可以分功者，是以有燕云之师。以一时宿将，悉关陕骄锐之兵，当契丹垂亡之余，而不能胜，乃返以夹攻背约，重女真之忿，其故何耶？契丹既亡，女真孔炽，航江桴海，迫我未已，敌之强盖若此，而士气国威反振于昔。西有和尚原、杀金坪之胜，南有大仪、李家湾之胜，有顺昌、柘皋之胜，数年之间，虏救死扶伤不暇。至于金亮之暴而采石、瓜洲之胜，卒使自斃。以强弱之势论之，其相反乃若此。岂吾所谓善为天下者，敌之弱不敢忽，敌之强不足畏，惟内修政事，外固封守，将无不可为之时邪？自昔夷狄盗有中土，未有久而不衰者，其范晔所谓叛服去来固自有数者邪？抑亦不可委诸数而怠其事也？诸君自此仕矣，其素讲预定，以需世用。(《全宋文》卷七〇九二)

(高载)尝被制置司檄差充类省别院点检官，会本路详刑使者护试事，始下令曰："异时考官往往不深惟朝廷取士之意，背公首私，吾侪尚懋敬之，毋枉！"有司众皆曰诺。无何，与同舍大会堂皇上，作而曰："今有某所某士，以某经应选，所当笼取。"众复唯唯。君独徐而前曰："夫朝廷以糊名取士，可焉取之，不可黜之，不知其它也。今以公之初，公明若此，而以是终之，无乃不可乎？"使者为改容。(《全宋文》卷七一〇九魏了翁《高君载行状》)

(杨子谟)主四川类省试事，兼监试事。公以取文之要五、校士之目七示同事者，大要先义理而后文采，虚心从众而不断以己见，且专以论策定去取。公故为点检官，及是典领，咸谓得人。蜀帅杨公辅遂以五要、七目闻上，且刻诸试院。(《全宋文》卷七一一六魏了翁《杨公墓志铭》)

真德秀

登科要览序

余为延平郡从事，有挟书踵门求售者，衣冠盖儒者也。出其一编，曰《登科要览》，以示余曰："进士之科起于隋，盛于唐，至国朝为尤盛。士之垂光虹霓，振翼霄汉，皆此途出。故前世之士，作为纪录，以大其事，要不乏人。然未有条分汇次若是书之详且博也。君其为我序之。"余惟是书之作，大抵多科目之荣，以焜耀世俗，其于世教非所急也。然使后生小子得而观之，知通经博古之为贵，益坚其日进不已之心，亦昔人劝学之遗意。此余之所以喜而叙之也。虽然，自唐迄今，无虑数千万，其励名节、植勋业，与穹壤相为无穷者，固不可胜纪；而湮沦埋没，与物偕尽，亦不知其几人。然则，士生斯世，顾其所立者何如耳？门荫之德裕视进士之牛李，其孰贤？而刘蕡之忠，又非一第得丧所能增损也。噫！学者其亦谨所立哉。(《全宋文》卷七一七〇)

吴　泳

用葵轩送定叟"平时兄弟间"首句，送季永弟赴省

平时兄弟间，如友相箴规。每于和顺中，切切而偲偲。笔砚三十年，风雨无停披。草衣而粝食，穴坯而败帷。子文实胜仆，而我先子飞。子不以脱获，便废锄与犁。有文绩如丝，有锋利如锥。拓开大规模，不作小干枝。果然升春官，粗惬心所期。对床味可永，今又征行西。此别固不惜，岂无深长思。庭萱日就芜，门户一线微。子若不努力，谁与相扶持？文章但平易，毋以骄出之。共登青云程，了此一段奇。却归坐北窗，脱去名利羁。于皇太极蕴，力与求真知。（《全宋诗》卷二九四〇）

永嘉鹿鸣宴

人间富贵易浮沉，只有斯文无古今。义理工夫元坦易，圣贤言语不艰深。莫随近世诸儒辙，要识开山一祖心。待得了他科举债，梅花月下听瑶琴。

宣城鹿鸣宴

儒臣簪笔典州麾，重为江山缉旧仪。宴序古来元有礼，鹿鸣废后更无诗。科名到手还须耐，文字当场莫好奇。更尽工歌笙一曲，明年春洒上林枝。（以上均见《全宋诗》卷二九四二）

谢杨礼侍举科目启

春闱典试，曩尘秀造之科；禁闼搜贤，兹玷文章之目。饕荣甚矣，拊己阙然。窃观当路之荐才，无若近臣之居要。买臣召见，因助直承明之庐；杜牧超升，由郾司礼部之选。盖以地亲而职禁，易于德进以言扬。肆予盛朝，越有彝典。保任责之侍从，籍记关于中书。在熙宁则选举五人，在元祐则科为十等。皆列圣器材之美意，而先民达善之公心。若匪誉髦，曷光清举！某者颛愚气禀，答飒仕材。猥承绪业于先人，来并央游于乡校。断断无他技，自知伏鹄之难；兀兀以穷年，应笑雕龙之拙。姑从共藏修之业，敢云窥著述之藩。以雄书之意指闳眇，而尚贻难客之嘲；以思赋之体制丽

研，而不免伧父之笑。矧如固陋，讵称华褒？伏遇某官，英英朱凤之姿，皦皦素丝之节。华轩珥笔，能手织于天章；金匮䌷书，仍世专于柱史。凡出言之轻重，关在位之升湛。列游、夏之科类，若浮而少实；附邹、枚之末得，与荐以惟荣。某敢不践修厥猷，笃迈乃训！尚䌹味诗人之旨，佩韦求君子之中。将以遗兮瑶华，既荷殷勤于远道；我欲报之玉案，尚期归洁于师门。涵咏良深，敷棻莫谕。(《全宋文》卷七二四五)

贺漕试太学国子宗学启

白袍立鹄，群空俊造之场；黄矢得狐，并入英雄之彀。纷华裾之织翠，委尺锦以见投。省元先辈，清贯江心，秀冲斗口。取之数路，幸观盛事于东瓯；放出一头，莫让高科于西麓。(《全宋文》卷七二四六)

李 刘

谢解头景简文启

屡入泽宫，闻夙擅《春秋》之学；褎然举首，喜可塞月旦之评。有勤属辞，良高陈谊。伏惟某人，学济世美，教自母慈。景子君臣之大伦，久于舒究；仲尼笔削之微意，何止创通！当再进再却之余，厉万选万中之技。楚虽有玉，正恐在三献之余；秦岂无人，其暂告群言之首。某滥叨劝驾，愧阙赠鞭。先十二以犒师，已窥肯綮；击三千而徙海，尚见扶摇。

谢众解元启

贡郡国之英，滥修岁事；询乡曲之誉，喜协月评。何勤属辞，特枉抒谢。伏惟某人，学窥根柢，文识波澜。插架五千，耻为无用之蠹；累棋十二，迄承若掇之蜩。张焱省元用百篇坦然之书，占七人作者之例。高拱辰省元兹提麟笔之孤，上应凤苞之九。句龙道省元兹策雕虫之工，竟登乘雁之数。有司论秀，免不明不公之嘲；国家急贤，望斯猷斯谋之人。某过勤委贽，何与提衡？三魁天下之儒，在加意耳；五灵王者之瑞，尚寓目焉。

回水邱先辈褒谢解启

考其行艺，恐遗天府之贤；择乎中庸，偶协月评之望。所谓得子之是赖，少逭有司之不明。敢图谦抑，更加巽谢。恭惟某人，殖学有裕，掞才不赀。曲礼三千，得恭俭庄敬之教；重言十七，非琐碎排偶之词。兹歌《鹿鸣》之三，遂赋良马之四。强学待问，不难得禄以得名；正心修身，谅必践言而践行。某摩娑俗眼，邂逅誉髦。何勤缅履之临，更垂衔袖之赠。洗风尘之袍袴，愧少缓于报章；对日月之衮衣，愿更思于长策。

回赵先辈子直谢解启

登于天府，正恐负贤能之书；采之月评，幸不失乡曲之誉。何勤私谢，更费雄文。恭惟某人，学深百篇，气盖诸子。不但勤简编之灯火，盖亦富师友之渊源。浩乎沛然，久已喧京师之价；论其秀者，固应拔俊造之群。兹歌《鹿鸣》之三，果空鸷鸟之百。某滥宾计吏，冒主文盟。考十七之重言，幸逃迷眼；勉三千之独对，更望尽心。

回免举士人谢启

乐正论秀而升诸，得时则驾；公等何见之晚也，博我以文。鸣谦尊光，击节降叹。恭惟某官，旧穿杨叶，新摄桂丛。鹏怒而飞九万里，风斯在下；龙潜以跃三千字，日固未斜。惟时懋哉，遐不谓矣。某已稽扫榻，偶失迎门。子来见我乎，良感赠言之缱绻；吾亦欲东耳，尚容拭目于腾骧。

回免解杜省元启

论定秀士之贤者，久欲纳交；不见诸侯若小然，兹勤委贽。文既工于俪六，雅复许之肄三。恭惟某官，句似少陵，学如元凯。牧之能赋，宜高擢于唐科；子夏直言，盍亟登于汉殿。公等安在，主上喟然。从先生者七十人，有勤私淑；抟扶摇而九万里，会即高骞。有如骫骳之文，何辱播扬之巧。某聿来和义，深愿友仁。一话一言，固已可观于奇崛；三熏三沐，尚图续款于清扬。

回试官袖启

某伏以献贤能之书，有严春贡；登文章之箓，来主夏盟。既为国以得人，更以文而博我。恭惟某官，学探宏奥，味别渑淄。夜几跋红，宁虑三条之烛尽；寒窗穿碧，岂容五色之眼迷。提玉尺以裁云，倒珠胎之贯月。搜《阿房》之赋，料亦焦心；论石渠之经，谅多拔角。《春秋》十二，已归此日之权衡；礼乐三千，何惜当年之衣钵。某兹承撤棘，幸遂识荆。思饥蚕食叶之声，怅难寻于旧梦；写饕虱湿薪之景，尚愿听于新编。

回王省元胄谢取中启

观《春秋》之林，潜心久矣；登文章之箓，为首褎然。足惬公言，何勤私谢。恭惟某官，深于蓄德，余以绩文。束五传而抱遗经，独明大义；外四夷而内中夏，洞究微言。果以海内寡二之才，出当天下第一之选。义则窃取矣，可道有司之不明；来不亦乐乎，更幸斯文之未丧。至如荣进之素定，何待抗声而自陈。某偶缀虱官，豫窥麟笔。求珠而径寸先得，自贺其遭；跂织而七襄不成，未知所报。（以上均见《全宋文》卷七二七六）

回何释褐大圭启

中的璇魁，解韦璧省。十九年无全牛之刃，顿见异材；九万里运化鹏之程，实开远业。恭惟某官，学有源委，行无瑕玼。曲礼三千，富春诵夏弦之学；圜门亿万，高月书季考之功。果收杰出之科，亟被非常之渥。荣进素定，无负明天子之殊知；要路在前，自有乡先生之近比。某滥叨倚席，例沐投琼。寿知武故厚之，敢为谀语；坚于愈同业也，敬诵祝规。

回郭正奏应王正奏已之启

策名外省，趣对中宸。五卯风尘，率聚五星于十月；六丁雷电，迄抟六翮于九霄。得贤之称，通国以怿。恭惟某人，箕裘家学，圭璧乡评。读百篇科斗之文，夙研奥义；及重闱慈乌之哺，遂擢巍科。某人夙坚雅操，独抱遗经。泸水七擒，转蓬不嫌于地远；沅江九肋，擢桂遂破于天荒。谅加强学待问之功，式究正主庇民之蕴。某误蒙涣号，滥主坤文。颖人称之曰门生，既闻耳矣；仲舒褎然为举首，尚拭目焉。占谢惟深，敷宣罔既。

回嘉定张正奏庚仲启

奏赋蜀都，登名汉殿。西望太白，固疑有沉冥之珍；东越玉津，乃今得晫晔之秀。公言甚惬，私谢何廑？恭惟某人，岷峨之英，江汉以濯。学皆齐鲁，箕裘殆张叔之家；文丽卿云，鼓吹有平子之作。嘉鱼固出于丙穴，顾兔迄变于卯年。鼓三级以先登，及双亲之未老。龙墀之对三千字，更幸勉之；犍为之磬十六枚，自此升矣。某几迷五色，幸放一头。吟饕虱湿薪之诗，何幸快风尘之洗；传走马看花之句，愿亟承天地之宽。

回辛正奏守谦张正奏东寅启

摛藻奏名，集英趣对。毛颖封于卯地，开蟾蜍入月之祥；云梦吞于子虚，展驷马题桥之志。恭惟某人，玉津毓秀，磬水蜚声。辛云周太史之云仍，宜箴王阙；魏佐治之风烈，盍引帝裾。张云遥遥张叔之家，学固同于齐鲁；岩岩孟阳之裔，铭远缀于岷嶓。遂扫三峡千人之军，上辅五星十月之聚。九万里风斯下，已开鹏海之程；三千字日未斜，无负龙墀之问。某竭来石郭，获读《阿房》。说古战场，未免眼迷于五色；吟《高轩过》，尚几手决于天章。

回类元唐正奏应龙启

学者发凡言例，多违旧章；大夫精心致思，褎为举首。幸公言之惟允，何私谢之敢当！恭惟某人，大江炳灵，通泉喷薄。能赋如勒，夙擅词章；学《易》于都，更深经术。究遗经于独抱，会大义于创通。文成数万指数千，首先鸣于鸡口；臣书第一无第二，今径蹑于龙头。惟功名留久远之看，即温饱非平生之志。察牛堪之意，既不违俗而取名；知顾郎之恩，更期蓄力而秉志。某初微风鉴，滥佐星堂。青袍白纻之糊名，已多迷于方叔；紫磨真金之定价，愿无负于长公。

回郭正奏佺启

阙郭公之疑，昔常恐《春秋》之罪我；道齐桓之事，今始论秀造而告王。愧余五色之眼迷，迟公十年之身到。恭惟某人，岷峨世载，江汉渊回。垫林宗之巾，夫子步亦夫子；老汾阳之考，中书乃不中书。信大器之晚成，嫌修门之径入。秋风退鹢，坐观巴火之九钻；春浪化龙，始透禹门之三级。愿培鹏背，径跨鳌头。某滥佐星堂，安知风鉴？束之高阁，知无用公、谷、左氏之文；造在大庭，尚耸听晁、董、公孙之策。

回曹正奏启

策名上第，趣对中宸。司徒论秀而升诸，几迷五色；公等何见之晚也，亟放一头。幸惬公言，何勤私谢！恭惟某人，振铎昭穆，子建波澜。列仙甚腥，闻素甘于蓼藿；良工独苦，善致养于棘薪。兹遂一鸣以惊人，式副三迁之教子。曹交假馆，所谓求之有余师；仲舒造庭，伫见褒然为举首。某揭来玉垒，得读《阿房》。青衫当彩衣，至羡封人之有母；丹墀摅素蕴，更观说论之告君。

二年满戍，鹈回首以东归；再命作州，螟朵颐而四顾。有勤贺语，只发愧情。恭惟某人，春藻吐葩，秋竿秉节。一第溷子，聊赏恋阙之丹心；三釜及亲，足慰在堂之白发。猥承妙制，见遗陈人。某藏去为荣，已知所贺。踟蹰五马，良愧出谷以迁乔；缥缈孤鸿，但愿送江而入海。

回王正奏正寅启

一第直愿子耳，安用谢为；几日来见我乎，更勤言赠。为之三复，佩此一谦。恭惟某人，世载其英，学优则仕。紫电将军之库，尚有典刑；红带宣义之家，岂其苗裔！一奏河东之赋，载空冀北之群。某偶佐文衡，获观笔阵。于我无怨亦无德，但吟坡老之诗；有司以公不以情，愧乏昌黎之序。

回張正奏申之启

策名外省，趣对中宸。知我者《春秋》，罪我者《春秋》，幸已酬俯拾之芥；先进于礼乐，后进于礼乐，安知非居上之薪？恭惟某人，家传一编，胸藏三箧。遗经独抱，精于措游、夏之辞；大义创通，较若道桓、文之事。迄膺众选，进以言扬。某偶缀文闱，获观笔阵。辨栋梁于七年之后，幸免遗材；器根柢于万乘之前，更观拔萃。

回特奏名李学正鸣凤启

射策登名，拜恩诸仕。公等何见晚也，而迷其邦；论定然后官之，其有所试。恭惟某人，负材环特，蓄学渊深。太白有文章之光，宜早登于唐殿；

仲元岂华藻之力，顾久滞于蜀都。有来桑榆之收，不孤芹藻之采。富贵必从勤苦得，少酬铁砚之劳；功名亦在老大时，行对蒲轮之召。某未皇走庆，猥沐贻笺。春草随袍，等是天公之雨露；秋竿有节，相期岁晚之冰霜。

回王特奏相悟启

显膺恩纪，荣篚儒科。东隅而收桑榆，虽负心期之壮；北山之有杻楰，足为眉寿之光。恭惟某人，波澜老成，魁垒耆艾。如尊乃勇，合为叱驭之忠臣；荐褒有材，宜即运筹于圣主。何据鞍之矍铄，始奋袖以低昂。谅无恨青衫之枯，行即膺红带之宠。某未遑赞庆，猥沐贻笺。拔薤而规庞参，愿闻忠告；裹蒲而迎枚乘，尚见诏除。

回特奏侯新恩曾荣启

偕计该恩，登名筮仕。半世就举选，良忻叔起之未衰；朝廷少旧臣，更喜君房之肯出。伏惟某人，抱材肤硕，蓄学弘深。风翩大鹏，本有垂云之翼；天闲老骥，不争暮日之途。器固大于晚成，召亟膺于朝奏。魏有隐士，实由年德之高；汉迎太公，亦藉老成之力。某未遑谒贺，猥沐贻笺。愧无乖崖翁，屈留贤者；近识峨眉老，尚问政焉。（以上均见《全宋文》卷七二七七）

回李新恩求宏词文字

讨论宗派，不无意于通家；问讯渊源，知有心于纬国。赠言甚辱，借听则孤。恭惟某人，胸湛秋霜，笔翻春潦。晁、董、公孙之对，固是世科；稷、契、皋陶之良，亦其家学。顾薄人间之风日，欲裁天上之烟云。千金宁殚于屠龙，一箭即观于中鹄。某语力已腐，论才亦庳。所谓博学，所谓宏词，昔尝亲炙；既傲翰林，既傲相国，今已迷津。初非有得鱼之筌，乃蒙问不龟之药。同姓也，同业也，讵敢吝一编之传；自求之，自趣之，更愿博万卷之读。（《全宋文》卷七三〇三）

戴　栩

送赵端行殿试

杏园诗句定无如，却拟琱弓赐得绯。立仗陛郎无唱姓，过江宗相有传

衣。红尘辇路桐阴满，翠箔人家燕子飞。过马传呼齐指处，鞭丝一半拂金軏。（《全宋诗》卷二九四七）

答张状元启

瑞合溪流，群谶应魁躔之两；声蜚云陛，胪传压经佛之千。上见晚以兴嗟，士得如而适愿。欸委长笺之逮，剩知谦德之光。恭惟状元正字郎中，识洞万微，学穷三圣。负奇志而游河汭，怀矣功名；雕小说以干天官，付之戏笑。何目所志而眉中，盖齿之宿而意新。倜焉先登，快我直上。旁薄遍于千里，请看岳顶之云；少却方之一头，同是池边之凤。某滥随考艺，自愧因人。听骑导之音隆隆，惠然肯顾；较附托之俦扰扰，兹亦至荣。薄言以酬，有悃未既。（《全宋文》卷七〇三二）

赵时近

谢及第启

陪子大夫而对策，猥叨题雁之荣；从古小宰以调官，仍玷栖鸾之职。虽侈圣朝之睦叙，亶由侯泮之作成。甫归拜于慈闱，亟进干于涓谒。冒陈柔削，祇控谢怀。惟我王家，眷予宗姓。自试文赐第于皇祐，暨创法赴举于元丰。上有激昂，下无暴弃。故接武龙门者众矣，或亚名鳌首者有之。况熏陶欧里之文风，且渐渍鲁宫之教雨。宜有亲贤之露颖，乃符明圣之临轩。如某者，词惭子建之波澜，学谢更生之渊海。一经覃思，粗若可兴而可观；百战争名，何敢患得而患失？至三上于礼部，遂群造于广庭。瞻衮衣日月之辉，钦承尧问；献韦带刍荛之论，莫补舜聪。逮聆金阙之传胪，例褫银袍而赐绿。肯夸得意，看一日长安之花；所叹强颜，披三载考城之棘。才曷堪于作吏，禄幸可以及亲。侥逾若斯，省循有自。兹盖伏遇某官，才名卓冠，师道弥尊。一纸合浮图之尖，已腾鹗表；诸生经巧冶之铸，咸奋鹏程。凡属天支，尤加风励。遂俾樗材之陋，亦沾桂籍之香。某敢不永坚乃心，无负所学。以湛靖有谋如刘子骏，此未足以致君；守卓荦大节若李文饶，庶不辱于知己。（《全宋文》卷七〇四〇）

沈 说

南坡不以科目自累而以风雅自鸣请余为赋

风衔科诏出祥云,底事儒林有逸民?四海声名难著我,一坡风月正宜人。镜留白发非遮俗,家酿黄柑可接春。只许诗朋自来往,素袍青履华阳巾。

送观过免举赴省

樽前逢腊近,行李独西征。事历风霜惯,春回雨露生。一经家自学,千佛世题名。昨夜瞻奎宿,寒芒万丈明。(以上均见《全宋诗》卷二九五三)

陶梦桂

黄澄伯下第以诗来访次韵

平塘水外竹三亩,古木阴中屋数间。天幸诸贤皆大用,分甘少病比长闲。百年世事皆前定,一枕清风无后艰。多谢新诗来慰藉,不堪溢美欲封还。(《全宋诗》卷二九五五)

杜 范

和郑府判秋闱行

秋云黄,日月忙,登选才俊收词章。操觚搦翰换钟鼎,往往冰炭交中肠。柯山多士称海内,勇气洗尽古战场。笑挥笔阵示整暇,洒洒胸中书传香。此邦昔日龙头客,前后相辉九霄翮。山川孕秀不乏人,想已津津动颜色。题舆左岳得儒英,行整速步趋天庭。金薤琳琅耀光彩,不学砌下寒蛩鸣。盖世功名人共许,赤手欲搏南山虎。暂来秋院镇文场,坐使千袍同鼓舞。我昔贫困如匡衡,邻灯夜照心峥嵘。区区薄宦亦谩尔,役役尘埃愧此生。浅学幽深虽未烛,到耳独能辨丝竹。从今著意听文鸣,会使嘤嘤出幽谷。(《全宋诗》卷二九六一)

岳 珂

鹿鸣宴中走笔呈林教授

三级催龙浪,朋来盛鹿宾。渊源识余润,腾踏已通津。融帐知方盛,

陆庄应未贫。成功岂无日，况复值词人。(《全宋诗》卷二九七二)

程公许

送安少愚下第东归

去年游凌云，传观一篇书。问客谁所作，作者安少愚。少愚宾城人，万里走东吴。悯俗日抢攘，正途欲荒芜。磊块不能平，忧愤何当摅？推枕一长叹，落笔万字余。才难缪取舍，政弊费爬梳。国仇不可忘，储德要力扶。肝膈无留藏，首末详绎铺。吾岂贪狗名，致主于唐虞。书成诣匦投，甘心斧钺诛。九天隔云雨，万目争睢盱。圣恩不忍杀，放使归田庐。我心日起敬，未见长欷歔。今年科诏颁，君来试成都。邂逅忽倾盖，名下信不虚。貌不逾中人，若为胆满躯。革囊三尺剑，束书一蹇驴。蹙頞谈世事，抵掌嗤俗儒。慨慷三策陈，傲睨众口谀。诸公眼如月，谁遣紫夺朱。少愚辴然笑，得失毫发如。行止谅由天，通塞何关渠。归欤三间茅，搜我万卷储。抱膝梁父吟，曲肱味道腴。雅志期古人，昂昂千里驹。安能徇众兆，泛泛水中凫。今晨忽叩门，谒我掺执祛。剧谈重激昂，欲去仍踟蹰。时俗竞佻巧，捷径争驰趋。悦耳或为忠，仕道宁免迂。啖以鼎食味，诱以蛾眉姝。煌煌万钉饶，翼翼潭府居。众醉日以酣，独立谁为徒。世岂有巢由，甘受泥滓污。或俛首州县，或遁迹樵渔。顾谓今乏材，毋乃几厚诬！失计如我辈，苟为五斗驱。有志困风尘，浮沉非故吾。思昔新法行，士有郑介夫。斥监安上门，愤世胆气粗。一朝勾驿传，奏疏列画图。天子恻然感，民力几少苏。九原凛如生，千载足起予。荆舒最护短，植党盘要途。如何职冗贱，九关许叫呼。逼仄复逼仄，视今良可吁。喧然众楚咻，甘作嬴秦拘。所以见君子，羞汗如陨珠。牛骥不同皁，鸡凤宁同笯。要当操此心，圣贤为范模。借问兰玉弃，如何萧艾敷。诗成为君歌，临风怅暗呜。向来清庙瑟，忍滥齐门竽。(《全宋诗》卷二九八六)

送道传侄旅中赴省

上国友多士，三年期一鸣。艺须专必胜，禄逮养为荣。门户久灰冷，云霄如砥平。五豪同著便，一为起家声。(《全宋诗》卷二九九〇)

送彦威侄赴类省试

吾兄仙去几何年，情未能忘一线传。相见幽明参勇决，正须行艺两浑全。世科从此传灯广，亲党同时奏凯旋。孝友令恭天所祐，修途万里稳加鞭。

送句甥持敬赴省试

外祖怜孙肇锡名，琼林宴匝两周星。果能冠岁露头角，须信故家犹典刑。笑问两昆眉底白，喜觇二老鬓犹青。遄飞借与秋风便，侧耳英声骇震霆。

鹿鸣宴贡士

蜀庄故里好扬邻，不尽斯文万古存。汉诏十行衔彩凤，禹门三级跃潜鳞。倾心射策恩方渥，努力摧坚语忌陈。一第摘髭容易耳，直须名业任千钧。（以上均见《全宋诗》卷二九九一）

又省闱锁宿十月十三日夜月独酌

霜月铺银滟瓦沟，忆曾尽醉作中秋。侵天围棘孤吟夜，且着红炉为暖愁。

两月重来月又圆，寺钟惊梦五更残。此情谁遣啼鸦觉，飞过东墙代诉寒。

临邛试士

沉沉锁棘春风晚，漠漠重帘昼景移。白纻晓寒疑梦事，袖间犹记墨淋漓。（以上均见《全宋诗》卷二九九四）

方大琮

送李兄赴省

乃翁场屋负高名，里许工夫共讲明。谢氏弟兄辉玉树，韦侯父子薄金籝。世科莫讶争寒畯，少作曾看到老成。此去亲传衣钵在，想非温饱志平生。（《全宋诗》卷三〇〇〇）

学术文章取士策

舍学术文章之外，有可以得天下士乎？曰：无也。无则又奚议也？书痴传癖，诵习尘言，举世明知其无益矣，有司宁能无取之乎？雕虫篆刻，破碎理义，举共厌其末技矣，有司宁能尽弃之乎？苏公议学校贡举曰："文章取士，均为无用。设法以来，不过如是。"虽使圣贤复生，斯论当不废于世矣。况吾祖宗固尝以此收其用矣。以五经得王岩叟，以服勤词学得丁度。石徂徕《圣德》一颂，酝酿于明经中；胡安定体用之学，根源自经术来。夫遗编陈迹，每为后学累，使人皓首而不得其用者多矣。而数公经世事业辉煌史册，自此出焉，学术岂不足以得人乎？以《铸鼎象物》得宋祁，以《有物混成》得王曾。蔡文忠执政规模发露于"置器"之一联，范文正钧衡大志胚胎于"金在镕"之一隔。夫雕章琢句，迫于寸晷，岂足以尽人终身？而数公宰辅器业，轩天震地，托此见焉，文章果不足以得人乎？车服以庸，得于敷奏；宾兴德行，不废言扬。岂惟祖宗，虽虞周亦然，何独于今日疑之乎？执事所鄙者，岂非以空疏之学取之不足以供世用欤？烂熟之文读之无足以起人意欤？此不独执事厌之，士之稍有知识者固自厌之久矣。古道可穷也，古文可作也，而九鬣一冠，奚为于今之世？此应举之时未暇学古，虽欧阳公不能不从俗也。环棘闱而试之，提数寸之管，角一日之长，扳援古昔，引证利害，未必其皆实学也；缀缉华言，窜易首尾，未必其皆真文也。然以此合有司之权衡，以此冒天子之科级，而其人亦当之二不惭。上之人予之而不敢靳，下之人贵之而不敢议。至其假窃他途，幸取爵禄，岂必尽出于天下之庸锁？其间固亦有长才硕能，失志觚墨而托径于此者，不独上下共非之，虽其人亦腼然自以为不当得也。何者？学术文章虽弊，犹出于天下之公，而后世未有以易之也。故自科目之设，后世以此病天下士久矣，而以此收天下士亦久矣。夫奚议？虽然，犹有可议者。举世之士固藉是以自售，而豪杰亦有以为病者。世固有究心真学，抵掌论事，思为当世用，而不能与拘儒较下博于记诵之末；有创意为文，绝去畦径，以植立一家，而不能与后进商工拙于一字之间，往往望场屋而叹息。彼晚进末学，耳摽目习，东搂西掇，集故事以为博，诵时文以为精，挟此以为欺罔有司之具。偶一合焉，则沾沾自喜，徒以重豪杰之浩叹而已。然则将何如？曰：吾学当修，吾文当工，静居俟命，以听有司之选择。此为士者责也，虽豪杰亦将为之，吾何辞焉！学取其有用，文取其的当，收拾真才，以待天子之拔擢，此执事者责也。有天下之公论在，吾何有焉！彼此各举其责，则可以无相尤矣。(《全宋文》卷七三九九)

回建宁府翁解魁以孙

荣都虎榜，高剡鹗书。久矣潜心，究遗经之三传；裒然举首，加元士之二人。无预传衣，何为衔袖？恭惟某人，为《春秋》学，异章句儒。三万六千言之用心，务推研于纸外；二百四十年之行事，多感慨于胸中。鸷将击则伏深，雕久困则飞怒。气骨如许，定非常调之流；具眼相逢，当认魁文之样。前程万里，来岁双元。某取友未能，贡贤何幸？遥认银袍之立鹄，侣谷梁家；且看金榜之登龙，必公孙子。亟致多谢，尚不一书。

回游监元

得隽虎闱，联芳鹗剡。名家文献，多生谢砌之兰；文苑声华，五折燕山之桂。光生闾里，庆溢阶庭。有来衔袖之书，想动弹冠之喜。伏惟某人，箕裘粹学，衣钵高科。为游先生之闻孙，典刑可想；生朱文公之寓里，趣操更高。固当用力于圣贤，尤欲策勋于名第。谅其游戏觚墨之际，固已凌跨纨绔之流。远到讵可量哉，一第直易事耳。伫枫宸之大对，伴荷橐以增辉。某无预传衣，胡勤投璧？鹏程万里，幸相勉以修名；龙首三人，定不输于他手。(以上均见《翰苑新书》续集卷四一)

王 迈

读林去华居厚主簿省题

病夫夜不眠，五鼓始交睫。懒起比吴蚕，清梦飞庄蝶。恭承高轩过，不及倒屣接。惠我百篇诗，珠玑何炜烨！五言比长城，一望皆危堞。壮如《广陵散》，悲似《阳关》叠。音韵最清圆，格律尤妥帖。登坛裨将降，咒水小巫怯。永嘉富人物，往躅足追蹑。经术止斋陈，文章水心叶。林君游其门，早负贤关箧。乡校设皋比，户外纷屦屧。科目苦无凭，取舍如渔猎。入网多弱翰，上钩希巨鬣。西廊上奏篇，甲第仅书捷。低头矮屋中，壮气不萎苶。研朱点《周易》，修此清净业。焚香读楚词，时作真行帖。台府岁

举员，求者例有挟。孤士乏梯媒，刚肠羞妇妾。诸公纵怜才，或被权势劫。谁能推挽之，士论得欣惬。(《全宋诗》卷三〇〇二)

送蜀名父之子程刚仲世德擢甲科二首

一诵洋洋大对文，便知风骨是西人。笔头重有千钧力，字面清无半点尘。众羽群中鸣凤喙，潜渊深处摘龙鳞。丈夫出处关初节，归去携名寿大椿。

乃翁勇退急流中，家法森严在教忠。有子清材如结绿，告君直气贯晴虹。甲科更合放头出，时论从来忌臆空。生长殊方同臭味，相期不朽是英雄。

贺宋兄令子县尉之望擢第荣还

自从西笑便安排，果有佳音天上来。纵靶少年亲得隽，跨鞍老将几衔枚。欢驰帝里泥金帖，喜溢亲庭药玉杯。造物与君良不薄，好将阴德厚栽培。

游温陵得未第之士四人作四爱诗·赠茂功茂叔

吾爱清源徐茂功，声名捷出日方东。高尻下首纷余子，屈指论心几巨公。我定斯文宜馆阁，人言科目滞英雄。直须一举魁天下，方快鹏程万里风。

赠养仁若春

吾爱清源颜养仁，笔端有力重千钧。奇才自合巍收第，他巧何妨且进身。我老无能惟喜士，君名若出定惊人。元宵相聚过寒食，不污东风一点尘。

赠顺夫履信

吾爱清源陈顺夫，妙龄足迹半江湖。三湘舟里诗成束，百尺楼前酒满壶。科目岂淹真俊杰，世间谁数饱侏儒？长安贵宦门如市，还有樽前此客无？

赠来叔泰来

清源吾爱陈来叔，紫帽家声蔼月评。苦学心能通造化，择交足不出门庭。人知长宋名先弟，谁识子由文胜兄。听取搢绅传好语，可轩后有两魁星。（以上均见《全宋诗》卷三〇〇五）

回马探花启

锡第彤墀，升华鼎甲。马名千里，轩昂御榻之前；鳌戴三山，缥缈仙蓬之上。辅畿得隽，士族称荣。恭惟某官，笔鼓风雷。胸吞云梦。居乡必择，宛然一鹤之清风；得姓最华，藉甚雄虹之加颂。日未东而荐书屡上，冀以北而声价推高。乃于再驾以成功，坐使群英之褫气。属当初政，尤重临轩。《中庸》《大学》之书，方垂咨问；圣贤实理之用，独善敷陈。发西洛之正传，绎考亭之大义。识微见远，忧治危明。佥谓刘蕡空臆之言，出于董子潜心之业。龙津一跃，三十喜骨骼之成；鹏翼高骞，九万抟扶摇而上。翌日报泥金之帖，双亲倾药玉之杯。一经教子以有功，群儿视身而愿学。榜花姓字，已开浮石之加祥；汗竹功名，更看伏波之大节。某竦观伟对，深叹忠言。未皇展庆于赫蹄，乃辱迂临于油幕。绣段之遗侈矣，琼琚之报慊然。当年之射鹄头，笑我班随于龙尾；一举而登虎榜，期公身到于凤池。（《全宋文》七四五三）

陈 郁

送友人赴乡举

我方治地种秋芳，君亦濡毫拟擅场。待得君归醉重九，捷旗如我菊花黄。（《全宋诗》卷三〇〇七）

袁 甫

三衢效周雅作鹿鸣宴诗三章

鹿鸣鹿鸣，呦呦之声。我有嘉宾，柯山之英。来燕公堂，天府是升。同我乡老，遹观厥成。

鹿鸣鹿鸣，食苹与蒿。我有嘉宾，柯山之翘。岁逢丑矣，喜见斗杓。我有旨酒，嘉宾是招是邀。

鹿鸣鹿鸣，惠我好音。我有嘉宾，言献其琛。虽则轩裳，不改山林。我有十箴，以淑我嘉宾之心。(《全宋诗》卷三〇一〇)

阳 枋

送谢方伯赴试

春桑催蚕日迟迟，春蚕食叶开文闱。桃源虽好不可住，高人梦绕故山薇。金鸡啁哳唤出日，轻舟短棹风吹衣。莫问虹梁春燕入，莫吟西堂春草萋。水光山色二千里，助君笔底龙蛇飞。丹成九转天上去，五云胶辐黄金扉。回首故乡烟霭暮，城郭如故人民非。年来世事转头改，不见华表丁令威。送君南浦祝此语，伫立江干背夕晖。(《全宋诗》卷三〇三一)

吴文英

宴清都·送马林屋赴南宫，分韵得动字

柳色春阴重，东风力，快将云雁高送。书檠细雨，吟窗乱雪，井寒笔冻。家林秀橘霜老，笑分得、蟾边桂种。应茂苑、斗转苍龙，唯潮献奇吴凤。　玉眉暗隐华年，凌云气压，千载云梦。名笺淡墨，恩袍翠草，紫骝青鞚。飞香杏园新句，眩醉眼、春游乍纵。弄喜音、鹊绕庭花，红帘影动。(《全宋词》第四册)

刘克庄

题赵主簿省试议并以将行

世儒通《易》少，公子信人豪。几载韦编绝，三篇纸价高。素心鄙温饱，余事及风骚。台阃招徕广，勾朱不足劳。(《后村先生大全集》卷二四)

借韵跋林肃翁省题诗

昔冠南宫淡墨书，当年万卷各名糊。至今处子尚绰约，应笑老婆曾抹塗。咏庆云图如着色，和薰风句肯从谀。行三十里余方悟，敢与杨修较智愚。(《后村先生大全集》卷二七)

赐进士闻喜宴锡御书诗

王多吉士，观国之光。我有嘉宾，式燕以乐。既举琼林之典，可无镐

邑之诗?(《后村先生大全集》卷五九)

赐进士闻喜宴御筵花果酒

名标金榜,喜仙桂之搴枝;宴洽琼林,分宫花而剪彩。共歌《既醉》,均被湛恩。(《后村先生大全集》卷五九)

和平志序

举一世所共荣者:曰科目、曰官职、曰世家而已。……和平里在邵武县之南乡,里有危氏、上官氏、黄氏,上官氏尤盛。自景祐至嘉定,此三姓擢进士第者二十余人,入太学、预乡试,累累不绝书。(《后村先生大全集》卷九四)

送叶童子序

古人三年通一经,是九经几费三十年也。若是其难乎?曰:非诵其祠之难,通其义之难,通义而又能托之辞者尤难。潮士叶龙瑞之子南,六岁应童科,果中之。不但一过目即成诵,其下笔属文若老于场屋然,所谓难而又难者也。童子皆退立下风矣。自昔蚤慧而有终誉者,黄香、李泌不二一数,终军、刘晏皆有可恨。本朝惟晏元献、杨文公岿然为名臣。如蔡伯晞、周孟阳辈碌碌无传,岂耄而荒者聪明不及前乎?童而习者口耳不足恃乎?抑事业志节有在于记诵文艺之外乎?潮虽南州,自赵德、吴子野已能自附于韩、苏,姓名在文字之录、耆旧之传。今文风几侔于江、浙、闽、蜀,而君父子出焉。道莆,访余田舍。余曰:"君将何之?"父曰:"儿挑试后省,置之上等者,紫薇主人讷斋也。"子曰:"生我教我者父也,成我者讷斋也。讷斋相矣,吾将扫光范门而候谒焉。"余曰:"由卜土而观上国之光,誉髦之选也;起匹夫而见知天子之宰,旷世之遇也。吾子行矣!"(《后村先生大全集》卷九六)

跋林去华省题诗

古诗有以一句擅名者,"池塘生春草"、"黄花如散金"之类是也;有以一联擅名者,"微云淡河汉,疏雨滴梧桐"、"断桥荒藓合,空院落花深"之类是也；有以结句擅名者，“曲终人不见，江上数峰青”、“何惭《刺客传》，不著报仇名”之类是也。盖一篇之内不能皆工，仅得十字焉；十字又不能皆工，仅得五字焉。至于一篇皆工，不多见也，虽郎士元、钱起所作皆然。林君去华省题诗二百首，多乎哉！然多非难也，多而工难也。或曰：“去华他文皆工，奈何独以五言六韵行世乎？”余曰：“去华六馆名士，使其早达，去而赓柏梁、黄鹄之歌，和熏风、微凉之句久矣。”是体也，惟其老于顿挫故多，惟其久于锻炼故工，虽以此行世可也。昔杨无咎补之，江南高士，试南宫以《八阵图》为题，补之警联云：“陈迹千年在，斯人万古无。”同案之士用之擢上第，补之讫不偶。诗虽工，有命存焉。去华勉之，安知暗中无摸索曹、刘、沈、谢者！（《后村先生大全集》卷一〇〇）

姚元泰墓志铭

呜呼！先行后艺，古也；行艺兼取，汉也；遗行取艺，唐也。坏取士之法自唐始。然当其时，主司得求士，陆贽、权德舆是也；先达得荐士，陆修、韩愈是也；士得自荐，行卷是也。论定于平素，而一日之工拙不与焉。至本朝文法益密，主司不敢求，先达不敢荐，士不敢自荐，糊名焉，置棘焉。欧公欲绌刘辉而得刘辉，苏公欲取李廌而失李廌。二公皆文擅当世，眼高四海，而抑扬去取之际如此。然则君之屡摈于春官无怪也。（《后村先生大全集》卷一四九）

方东叔墓志铭

惟国家以科目取士，一名之中否，终身之通塞系焉。故中则族戚朋友之伦皆为之喜，否则戚，非其族戚朋友而为之喜戚者鲜矣。（《后村先生大全集》卷一四九）

孙德之

书刘改之词科进卷

绍兴罢诗赋，始立词科，举不乏人。更中兴二圣，未之有改也。独至庆元丙辰而始沮，又至嘉定辛未而大沮。夫常常而取之，则上之予也不以为泰，下之受也不以为过。倘龃龉，则皆有慎重爱惜之意，其势然也。其间司文衡者，幸而得本科之彦，犹且鳃鳃然睽沮而无乐与善诱之意，况以不得意之人居之，则其不欲人之轧己也固宜。穷其所不知，掩其所不备，聚消聚毁，如诘梦幻，不使之厌冠而反不止也。然则人才之盛，常见祖宗天涵地育之时；而废沮摈弃，独见于权臣当国之日，其故可知也。钱塘刘君一日相过，示予以词科进卷稿。余读之，不觉击节叹骇。夫文不难于工，而难体制之备。魏文帝论文，以为铭诔尚实，诗赋欲丽。陆机亦谓“颂优游而炳郁，箴顿挫而清壮”。兹体制说。盖文之有体，亦犹人之有体也。四体不备，不可以成人；众体不备，不可以为文。君之文不独辞藻之工，其大概高以体要为尚。其四六则雅驯而工，散文则雄深而清，韵语则清新而壮。持此游场屋中，日可与渡江诸贤相角逐，余子纷纷不足当立下风也。青衫如败荷，谓低头管库中，欲与常人而不可得。吾党浩叹。于戏！孰能为子产，而转以上闻也哉！君名改之。(《全宋文》卷七六九四)

戴 翼

回新发举进士启一县中榜者五人

望重月评，名登天府。此举得人多矣，快哉五凤之齐飞；谬令若己得之，喜甚双凫之欲舞。斯文之庆，阖邑所同。恭惟省元，罗斗心胸，凌云志气。几年萤雪，《周礼》云：“饱参六官法度之书。”《书》云：“饱参百篇典诰之书。”赋云：“细哦八韵宫商之词。”万里鹏风，果中三物贤能之选。闾里为之动色，庠序有以增光。以数考之，东井五星之交聚；得时行矣，南山七日之难淹。某滥宰郑乡，喜观祢荐。然此特文章之小效，将大施勋业之宏规。且辱投珠，若为报玖！打鼓推不去，何强颜须待于来年；衣锦早归来，要拭目一观于盛事。甚为庆抃，罔既敷宣。(《全宋文》卷七七二二)

陈 起

送别曾幼广赴漕试归

匹马来东吴，策勋在一战。文场老燕代，余子自北面。西风敲镫归，山应过处恋。英气凛横槊，河海能几见。自识韩将军，论交今惓惓。(《全宋诗》卷三〇八三)

释元肇

仲子平下第二首

直道干时徒尔劳，归来门径长蓬蒿。朱研玉露点《周易》，灯拨金花读《楚骚》。时把渔竿钓烟雨，闲同僧饭荐溪芼。儿曹不会个中意，只管区区问绿袍。

不是云林胜市朝，都将名利等鸿毛。床头纸被今年破，林外霜风昨夜高。虚白室无儋石计，清新诗有十分豪。黄花时节明朝是，冷眼相看栗里陶。(《全宋诗》卷三〇九二)

徐经孙

福州鹿鸣宴

鹿鸣今日宴佳宾，六万场中一百人。鳌岭峰前连巨钓，龙台高处耀修鳞。假途文字皆由命，实地功名好致身。得意春风马蹄速，杏园交庆绿袍新。(《全宋诗》卷三一一四)

林希逸

秋闱放榜作

三载抡材棘屋中，不知老尽几英雄。争先谁是穿杨妙，偶得依然拾芥同。众噪似狂俄寂寂，捷传未定愈忡忡。人间万事皆儿戏，注目长空送暮鸿。

送方岩尹到省

可人家世文章箓，骑气如虹向上都。姓字儒流称作者，工夫圣处及原夫。临轩黼扆新龙御，射策彤墀引凤雏。鹤发溪翁勤洗耳，首听翁季共传胪。

送方兄岩尹之子、次云正字玄孙

清姿乍见似兰芽，未识多闻士友夸。健笔如翁宜跨灶，著书先世久传家。妙年秋日高攀桂,来岁春风早看花。伫听龙飞新进士,一门姓字耀京华。

和福清鹿鸣宴诗

雪花飞舞上貂裘,此去朱衣定点头。字奏三千高射策,璪垂十二拜凝旒。乡邦正说龙年好,吾辈相期鹏路修。日下五云知有兆,瑞光先向玉融浮。

送方汝则西上同年之子

才华少日早峥嵘,万里鹏抟始发程。丹桂籍中曾定价,金花帖上合书名。同升每为翁称屈,此去深期子有成。便好轮忠酬圣问,胪传听取最初声。

送刘兄西上乃父同行

春光已入柳条催,雪后孤山尚有梅。泉上老人携子去,天中多士待君来。绝知戏彩怡颜久,便合看花得意回。遥想端门迎马处,不妨翁季共传杯。

送林少嘉西上

声名早出自儿曹,场屋尤推笔力高。老大诗魔空白发,几多榜少已青袍。穷通有道吾何畏,文字随时看所遭。簪取宫花归锦后,不妨痛饮诵《离骚》。

送吴子谦西上

君家学问富源流,世守书窗志未酬。曾记麒麟初抱日,喜看雕鹗再横秋。龙飞恩数优多士,胪唱声名占上流。我为汝翁期望汝,捷书闻日报溪头。

送戴兄西上端溪簿之子

乃翁白发栖鸾去,夙志勤勤待汝成。自古文章有定价,如兄词赋合先鸣。今年恩数非常比,上甲科名著意争。语别溪干聊赠句,南归伫看锦衣荣。

送王税院西上

词场百战气尤豪,此友真如老伏波。本色蓝袍须用著,到头铁砚岂空磨?向来鹗荐飞腾屡,此去龙飞恩数多。遥想玉阶胪唱后,小珰觅句看挥毫。

用韵送徐平父西上徐释之后,艾轩外孙

鸣鞭西上访渔村,倒屣霜朝喜及门。豹隐频年聊蓄锐,龙飞今岁有殊恩。诵先朝赋知名祖,读外家书见此孙。千载艾轩吾敬慕,袖中锦轴两诗存。

送林汝大西上

一第于兄何足溷,相期十载恨悠悠。未闻鲤化三层浪,但见雕横几度秋。手妙八叉时辈服,眼迷五色主司羞。舒徐有待知天意,要作龙飞榜状头。

送陈清夫西上

健笔朋俦推许久,芬芬几播桂花秋。词场多羡君叉手,省户须看鬼点头。昔送广文生有序,今无瞌睡汉争筹。高科迟取君休讶,恩数龙飞榜最优。

送林毅夫西上乃父特奏,仕止法曹。昨赋挽章,末句押"皋"字,正以此见能赋

乃翁赋手妙驰名,白发青衫恨晚成。宋玉大招惭老友,枚皋末句属吾兄。专场见说词锋锐,跨灶应知话柄行。圣御六龙新策士,输忠不厌字纵横。

送余兄西上曾祖、乃祖俱龙飞登第,年方十八

得意秋风早,香浮桂籍中。清疑卫玠是,年与贾生同。鹏化多诸从,

龙飞上两翁。此行宜趾美，伫见赋摩空。（以上均见《全宋诗》卷三一二一）

送蔡弥坚西上戊辰榜郑、孙、黄三魁，皆三山人

春试新因闰少迟，行行应见柳舒眉。香留丹桂籍中久，名写金花帖上宜。一榜三魁同我里，重轮六戊属今时。赠言此意殷勤甚，就有安书寄小儿。（《全宋诗》卷三一二二）

和洪帅燕新进士正月八日

涂抹年深满鬓星，招呼愧莫篷宾荣。龙门客趁新正宴，鹏路人看第一程。七字如珠真好语，诸贤似玉要修名。樽前况有师模在，学得阳岩是德成。

次韵梯飙明府燕新进士一首

领袖群英有巨儒，蓝袍端不负三余。开樽笑把杯相属，即席吟成锦不如。鹏化修程知翼健，凫归要地看纶除。招呼意厚惭居僻，老怕冲寒驾犊车。（以上均见《全宋诗》卷三一二三）

严　粲

叨第后日者自谓奇中索诗

儿时意气谩骑鲸，几向栏干袖手凭。今日逢君成一笑，却惭窗下读书灯。（《全宋诗》卷三一二九）

释善珍

徐教下第归

奏赋长安不遇知，丈夫失意肯生悲。科名自古与风汉，造物至今犹小儿。道在布韦轻将相，时危耕钓隐英奇。渡江亦谒青山不，应念曾公为制碑。（《全宋诗》卷三一五〇）

徐元杰

送尹子潜赴省

吾侪坚世好，心事老天知。梦寐符前说，轩翔定此时。故家当有后，

造物本无私。雪里阳春脚,梅开第一枝。

次赵守鹿鸣宴韵

邦侯光价擅文场,密印心胸书传香。鸣鹿载歌苹野什,骄骅群跨杏园芳。阳春有脚葭吹管,生意无边柳著行。已报主人环玉立,与观宾句递春坊。

次章守鹿鸣宴韵

儒宫新创俯青溪,上挹魁躔踵旧规。鹗荐联名充赋日,龙飞亲策采言时。指迷承学云中路,珍重贤侯席上诗。只有梅花知此意,东君著眼是先期。

赠欧阳奇父偕弟益卿赴省

中朝耆旧半沦亡,忧爱胡为畎亩忘。我病不禁心痛折,天灾惟有涕流滂。救时议论须知体,医国文章要识方。期子声名相照映,好风天际雁成行。

送俞兄赴省

得隽文场气勿盈,便如捧玉谨持盈。乡邦毕竟辰年好,冰雪身心上帝京。(以上均见《全宋诗》卷三一五一)

唐士耻

癸酉盱江鹿鸣燕和罗守

伦魁玉季乐群英,更有新醅属步兵。饫勉茂才争贾勇,尽从击楫不留行。共酬露冕吹铙意,好近毡书淡墨荣。北海清樽今劝驾,梦回池草倍知名。(《全宋诗》卷三一五二)

王　柏

科举

纷纷衿佩止时文,竞巧趋新做日程。一试奔驰天下士,三年冷暖世间

情。清朝不许人心坏,举子安知天爵荣?所用是人行是学,不知何日可升平?(《全宋诗》卷三一七〇)

郑　霖

回安庆发举士人启

荐士观诸侯之能,岁贡当从于乡郡;权时讲大比之礼,宾兴乃属于制垣。正有愧焉,何勤谢也。某官沐浴文翁之遗化,生长周郎之比邻。脱迹于兵戈之余,举目有江山之异。学书学剑,深识三边便宜于胸中;习赋习经,非弄斯文浮华于笔下。是谓贤者能者,诚宜爵之禄之。扁舟往来于长江,已听雪絮马前之曲;联骑遨游于阆苑,遂赋红杏龙头之诗。某徒忝分符,有惭劝驾。已知璧在秦城而名重,将见玉出昆山而价高。式微式微胡不归,宁久鸿雁流离之所;类我类我久则肖,速乘蒲卢变化之机。心之所期,言不能尽。(《全宋文》卷七八六九)

方　岳

送刘仲子就试

竹雨梧风满袖凉,踏槐仍逐众人忙。一觞共滴蟾蜍露,并遣五千书传香。

小技文章道未尊,入时新样更难论。鹄袍才脱须重读,六籍久为场屋昏。(《全宋诗》卷三一九四)

和知郡史监丞鹿鸣宴诗

文物声明极盛秋,傅岩人不待形求。笔扛龙鼎雄豪在,手拔鲸牙汗漫游。温饱定知非雅意,治安谁与借前筹?老予曾到慈恩顶,更放诸贤出一头。(《全宋诗》卷三二一三)

送童子卢观国试玉堂

长亭柳色鹅儿黄,花事欲动春风香。佩觿径趋白玉堂,淋漓翰墨孤凤翔。黑头相公紫微郎,金貂玉鱼垂两珰。携立螭陛穿鹓行,至尊龙飞御明光。催班赐见清跸长,天颜喜动绨绣裳。宫花绫织云绵章,殿前拜舞籍奉常。跨马入省翻缃缃，读书昼静珠琅琅。风日不到蓬山傍，文字零落冰雪肠。要令汗竹俱流芳，子岂不见晏与杨？铜根铁干森秋霜，万牛挽之供栋梁。(《全宋诗》卷三二二二)

送石孙赴童科

圣泽被卷阿，髫童亦置科。两蜗从小竞，三豕至今讹。亦漫为官耳，其将奈若何？岂关门户事，翁已老渔蓑。

石孙偶中童科程弟有诗次韵

衰暮安能六出奇，桐孙赖有峄阳枝。九经库谩无遗读，千里驹宁不受羁？薄命久遭时俗态，此心莫倚老天知。待归共买黄牛去，耕落烟村月一眉。(以上均见《全宋诗》卷三二二四)

御札训谕知举以下谢表时为参详

思皇多士，俾呈甲乙之科；遐不作人，诞布丁宁之训。昭回云汉，飞跃天渊。中谢。臣等洪惟国家有道之长，进士得人为盛。崇雅正黜浮诞，率由鉴裁之精；先器识后艺文，岂但度程之合。故以忠厚之论则有若臣轼，以混成之赋则有若臣曾。盖主司既择于名儒，宜贡部不孤于隆旨。岂伊臣等，可称上心！此盖恭遇皇帝，思格丕平，敷求哲乂。方政化更而贤路辟，遹观厥成；既俊良登而治具张，无竞维烈。用勤肆笔，申饬持衡。臣敢不仰揆宸衷，旁搜众彦！凿凿乎如谷粟之用，斯谓实才；炳炳焉若日星之垂，敢忘明诏。(《全宋文》卷七八八〇)

代赵丞谢解启

伏以哦竹笑丞哉之负，几羞涩于父书；踏槐随举子之忙，或揶揄其儿戏。敢意鹄头之选，偶分麟趾之晖。窃伏思惟，适有侥幸。昔我皇祖，笃叙宗盟。乃睠箕裘，易染膏粱之习；俾同韦布，自收翰墨之功。此岂直角无用之文，亦因以观平生之蕴。如曰志于得耳，则吾夫何慊哉！盖场屋所以假途，宁忝有唐之科目；谓辞章特其余事，况复神尧之子孙。凡我银潢，无忘铁砚。如某者，襟灵不韵，骨相最凡。雨寒几落于檜花，所未传者家学；衫老半枯于荷叶，亦多鄙其世恩。泽祖笏以未甘，弹儒冠而良苦。虽技止雕虫之巧，然功惭画虎之难。意者丹成而九返其魂，胡为璞献而三刖其足？场屋恍惊于昨梦，诏书又逼于秋风。战岂屡北耶，雪案之灯故在；吾亦欲东耳，云衢之兴甚高。勇于请行，幸而得隽。此盖恭遇金石右文之化，丹青左戚之儒。德裕不喜决科，肯为诡论；王吉欲除任子，深厌庸流。乃从臾于棘闱，滥吹嘘于竽奏。某敢不挈搜旧业，就绪初心！击水而抟扶摇，如借鹏程之翼；排云而叫阊阖，敢婴骊颔之鳞。

代汪表侄谢解启

伏以圣天子新端平之政，饬士习者再三；卿大夫登贤能之书，推礼乐于第一。凛有卢前之愧，喜无牛后之嘲。何德堪之，为幸多矣！试尝谓士生尧舜之世，谁不欲身致晁董之科。矧惟琴瑟之更张，岂复笙竽之杂袭？风飞雷厉，汉札十行；地辟天开，唐文一变。乃酌计偕之额，聿回儒学之心。于然而来，卓乎其杰。犹共逐中原之鹿，人人自谓得之；至独为前列之龟，区区只有惭耳。顾如某者，仅若而人。结发从诸公游，窃考太平之典；束书有四方志，愿为君子之儒。虽极知文举之才疏，未易诋洛阳之年少。一灯夜雪，两战秋风。思昔故家，起龙鱼而洗日；繄我季父，有雕鹗之在天。寥乎相业之无传，幸而书种之不绝。贾予余勇，与众先登。孰云扬秕之前，或叹穿杨之巧。邑有故事，人多诵言。谓畴昔当甲午之元，尝魁北斗；以《春秋》无己亥之误，遄冠南宫。意其气数之循环，俾此功名之破的。兹盖恭遇蜀文翁之教化，今韩愈之声光。扶云汉，分天章，涵浸诗书之泽；呈琅玕，叫阊阖，酴薰翰墨之香。言观才屈、宋而道羲、黄，将使家皋、夔而人稷、契。玉我文明之治，锵然熙洽之朝。有嘉燕凝，不知螽跃。迄致辽东之献，亦空冀北之群。某敢不连拔茅之征，乘破竹之势。鸟之鸷累百数而不如鹗，已先雌伏之卑；鲲之大几千里而化为鹏，遄借雄风之便。丹衷所属，赤牍奚殚！

代大兄谢解启

伏以雁行别省，谬推李广之无双；鹗荐计台，乃置牧之于第五。事有出于偶尔，人或谓之当然。虽未信月评之是非，亦姑免秋风之寥落。尝谓文章虽有定价,然而场屋特其假途。历观隋唐以来问学之卑,窃叹晁董而有科举之累。波流之漫,风靡以从。至今日而谓之时文,岂圣门所望于儒者!吁几年于此矣,谁一洗而新之?如某者,闻道最迂,识字可数。悲歌长铗,饱谙世路之涛澜;痴守短檠,倦听雪楼之钟鼓。尝抚《周官》而太息,欲起汉儒而有言。其如文闹哇陋之为,不过书生呫毕而已。乃难入筝琶之耳,已久寒笔砚之心。科宁有利不利耶,奚必南之燕而北之粤;时所谓可则可耳,岂真愚于虞而智于秦?幸而见收,诚不自意。兹盖恭遇鲠论子方之家世,丽藻子西之典刑。骢马退朝,共骇铁冠之御史;木牛流运,誓安井络之边民。言观才屈、宋而道羲、黄,且欲家皋、夔而人稷、契。玉我文明之治,锵然熙洽之朝。有伟会盟,适为座主。乃贾挥毫之勇,迄今换骨而仙。某敢不绪缉所闻,激越其志!独惭两宋,弟不可以先之;要有一韩,敌自为之惊耳。勉旃行矣,当亦褎然。(以上均见《全宋文》卷七八八四)

回澧举傅梦登启

溯江左右,数路得人。入洛弟兄,一门盛事。虽是澧闱之荐送,亦增乡守之光荣。恭维特妙羲经,且工虫篆。文高霞骛,又飞卷浦之云;气压斗牛,要作筑岩之雨。乃从借径,亟与计偕。几千仞庐山高,孰倾三峡;五百人进士第,今见二难。

回澧举傅士龙启

读庐山高,雅闻誉处;登滕王阁,亟与计偕。恭喜傅岩之一家,并取丰城之双剑。恭惟不随人后,径到画前。仕有为贫,吾何嫌于觅举;学知不足,自谓欠于读书。但即斯言,可觇远到。一江左右,已驰异路之声华;二难弟兄,定作同年之期集。

回进书免举刘均启

表闻北阙,籍在南宫。画旨持招,当有程伊川之故事;呈身自赞,岂缘苏明允之权书。伏惟超诣先天,茂明大学。皆有论著,辛勤尽得其精微;悉上进呈,乙览实为之嘉叹。乃免由于乡赋,俾径造于礼闱。用则行,舍则藏,毋忘经训;招之来,麾之去,肯堕时流。庶知鹿洞之有人,亦俾鼍洲之增气。

回免举王子和启

秋横鹗表，先我着鞭；工歌《鹿鸣》，待予劝驾。曾共半窗之灯火，愿言一夜之风雷。恭惟自挟六官，蚤游诸老。三箭而天山定，未害巧迟；一举而朔庭空，今当凯捷。要使故交之亲见，迄留盛事于此行。顾天下之事若积薪，吾无患矣；虽君子之交淡如水，予日望之。（以上均见《全宋文》卷七八九二）

邵武燕新进士乐语

伏以碧玉环中，诗书多士；黄金榜下，礼乐两生。乡闾荣锦绣之还，郡国图衣冠之盛。共惟两新恩，礼园书种，道圃文芳。摛藻掞天庭，初启九关之钥；挂帆拾海月，共航八月之槎。新题雁以来归，觉诏鸦之犹湿。春山一脉，断者续之；泰阶六符，今其再矣。自此书林上星斗，直从科目上公台。而我知郡，幸挹天香，偶为地主。招邀先辈，未忘三五少年时；风厉后来，看取一科新进士。柳色共宫袍绿重，莲灯与舞袖红酣。雪儿词妙绛都春，云母屏留仙客醉。敢陈芜句，聊侑绮谈：礼乐当年两鲁生，一经科目共春城。数回地脉中兴相，文动天家正奏名。诏墨泥香题处湿，恩袍草色坐中明。莫嫌老守衰迟甚，曾向慈恩顶上行。（《全宋文》卷七九一一）

高斯得

建宁府鹿鸣宴诗

鹤书夜下建溪南，拔尽乡英万口谈。帝阙伫听胪唱九，宾筵试咏鹿鸣三。身名虽待文章显，气质须从道义涵。海内如今人物眇，掀天事业要奇男。（《全宋诗》卷三二三一）

缪 蟾

应举早行

半恋家山半恋床，起来颠倒著衣裳。钟声远和鸡声杂，灯影斜侵剑影光。路崎岖兮凭竹杖，月朦胧处认梅香。功名苦我双关足，踏破前桥几板

霜?(《全宋诗》卷三二三二)

李曾伯

送管季衡赴省

酌君以江南腊酿之酒,祝君以古戎秋芳之兰。饯君以慈恩千佛之笔,赠君以洪炉九转之丹。酒呼美禄壮行色,兰取剩馥香人寰。笔将披腹写今古,丹可换骨超仙凡。霜晴水瘦过滟滪,春和花发登长安。妙龄翰墨富摛藻,肯堂源委从巍冠。珊瑚文采世所贵,玉树潇洒人争看。出门西笑著鞭去,郄林许我高枝攀。湘灵诗成看神助,论秦赋汉从容间。大对尧阶丹地前,细陈蜀道青天难。已然遄往证屡恶,方来未艾忧多端。当思头目我吴楚,罔忽腹背皆夷蛮。粒珠束桂楮烂贱,鱼赪难赭嗟维艰。马老伏枥筋力尽,剑新出匣锋铓寒。维国大宝一个信,维民司命一分宽。挽回线脉冀天鉴,生意庶可岷峨还。直须建策迈晁董,无愧名第联欧韩。胪传可卜庆云见,会见喜色盈天颜。宫袍新赐鹖弁弁,昼锦归博庭闱欢。乡闾相贺宝坊又一瑞,益使天下钦湘山。(《全宋诗》卷三二五一)

谢潼漕请举启

衡石程文,将使应飞龙之诏;锁厅较艺,不期捧荐鹗之书。退循邹木之轮囷,猥与颜金之陶铸。喜逾望外,愧在选中。窃惟三年宾比之秋,莫重一道计偕之贡。不特杂学校乡曲以兼取,抑亦群公卿子弟以咸来。盖官版虽登,尚以出身无出身之异;故儒科并进,而有碍格不碍格之分。初靡为寒畯科目之妨,乃以寓贵胄问学之劝。然而肩摩而就者,皆欲逐于一兔;鉴裁以取者必可连于六鳌。岂容缪悠,乃在推择!如某者,读书有限,识字未多。向虽习妍媸于丱角之中,今浸悔雕篆于壮夫之渐。香飘桂籍,仅尝吹拂于秋风;梦杳桃源,继已离披于春雨。一行作吏,万里从游。虽韩檠未至于弃墙,而卢传每嗟于束阁。非敢效德裕决科之不喜,正将以晋肃名父而未能。萤案槐忙,登府倏传于多士;鹄闱棘锁,背城遂试于孤军。是虽侥幸于一掷之间,自觉衰竭于再鼓之后。辞正惭于黄绢,物乃复于青毡。既得与孔门十哲而同升,又俾在汉杰三人之偕列。词非张鹭,误辱味道之见称;赋取樊川,尽出武陵之加赏。蜚好音于干鹊,傅弱羽于春鹰。

茗幕增荣，莱庭溢喜。恭惟某官，搢绅模楷，道学渊源。孙枝绵指李之芳，兄萼擅探花之誉。书屏丹地，素知绍兴名相之家；揽辔青天，暂访元祐正人之阁。桃李连阴于艺苑，江山咸集于诗囊。举善推贤，益广鱼跃鸢飞之化；黜浮崇雅，方新虫鸣螽跃之机。遂令好脚迹之门生，放出一头地于前辈。某敢不益自勉励，谨所操修！辽东鹤归，最喜凭依于风力；溟南鹏化，倘容奋迅于云程。永矢弗谖，必有以报。

谢京西漕请举启

一行作吏，无复事于诗书；三载宾贤，适肇登于行艺。仰明使者盛心之攸属，故寒书生陈态之未忘。误入彀中，端出券外。进取蔑无阶之叹，作成乏有造之归。窃以畿右一方，贡闱久废。属时中扆，聿从科举之进身；肆我外台，尤念边方之游学。兹舜门之四辟，广汉路以旁招。或出身无出身，其有已联于官版；曰碍格不碍格，亦令并进于儒科。然当百年旷典之复新，必得一代名流而始称。如某者，受材弗颖，闻道未丰。歌楚些而作《离骚》，曾未工于少女；赋汉京而上校猎，徒见诮于壮夫。虽载搏鹏路之翰，叹又点龙门之额。竭填县债，几畔文盟。韩檠未忍于弃墙，卢傅每嗟于束阁。吏庭棰楚，甘投分于尘埃；学殖荆榛，殆绝交于师友。倏睹鸢鱼之飞跃，辄忘燕雀之喧啾。以不教之孤军，为尝试之一掷。天山三箭，虽兴壮士之歌；东海六鳌，敢希公子之钓。恍傅墨榜，猥复青毡。居王后以为荣，出马右而尤过。赋惭明水，乃入宣公之品题；词愧阿房，骤被武陵之称赏。妄想金花之名帖，荣联玉笋之门生。造化一新，光华十倍。恭惟某官，壮犹事业，皇极经纶。胸藏庆历范老之甲兵，世济元祐申公之文献。粤持簜节，翕仰福星。给馈饷，镇关中，自是斯世金城之重；求文武，致幕下，将为异时药笼之需。故能被衮绣之贵，而弗弃布韦；在军旅之间，而不忘俎豆。爰复盛时之场屋，曲为晚学之津梁。遂俾非才，亦叨偕计。某敢不铜章窃暇，铁砚加工！仰承汉广之刈薪，更效宋人之刻楮。置《刑赏论》于第二，祗愧过情；陈《天人策》而至三，愿酬知己。（以上均见《全宋文》卷七八五四）

回欧阳簿尉谢登科启

枫宸赐对，桂籍标名。《书》有欧阳生，久著汉儒林之传；名登贞元榜，载新唐进士之科。惟时得人,多士增气。恭惟某官,文追浑灏,学探精微。胸蟠沧海之珠,器抱荆山之玉。授业掌故,匪从陈稽古之车;射策奉常,乃俯拾明经之芥。伫公卿胥此焉出,而州县岂为徒劳?某犹忆槐黄,喜传榜墨。庆文风之丕振,视曩日而有光。奋五百人之中,士尚有观于器识;继六一翁而后,君宜愈力于文章。

回胡司法谢请举启

集漕闱之众隽,令与计偕;得淡庵之诸孙,差强人意。有来好语,尤佩高情。恭惟某官,学有源流,士之圭璧。健翮九霄之鹗,修程千里之驹。赋水部之梅花,方纡新绂;访月宫之桂籍,是特旧毡。出手当场,摘髭上第。某代庖漕事,劝驾贤书。水镜何心,自是朱衣之首肯;春风得意,好看墨榜之先登。

回侯簿尉谢请举启

较艺一台,孰究伏生之谊;冠名多士,首推侯喜之文。方老眼之增明,辱好辞之委贶。恭惟某官,学能稽古,儒以知兵。黄石一编,已策勋于韬略;青云万里,犹抗志于功名。欣闻延桂之浮香,奚待寻梅而学隐。当场出手,取第摘髭。某属漕事之代庖,获贤书之劝驾。胪传北阙,岂惟焦杜之齐芳;魁继东嘉,未许周徐之专美。

回欧阳解元谢请举启

奉汉科之新诏,将与计偕;稽孔壁之旧藏,宜为举首。有来好语,喜得英才。恭惟省元,行粹圭璋,气沮金石。备浑灏聱牙之体,为闲深演迤之文。桂子秋风,自广寒而分种;桃花春浪,由漓水以问津。上第策勋,抡魁接踵。某猥叨劝驾,见喜着鞭。月旦评高,游刃已恢于余地;风云路便,一飞伫看于冲霄。

回唐解元谢请举启

鹄闱较艺,稽六义以成章;鹗荐标名,伟一乡之得士。有来好语,尤佩高情。恭惟省元,行粹珪璋,气沮金石。自凤仪于丹穴,宜鲲化于沧溟。

说诗而解人颐，共推多识；摛文而觑天巧，独擅众长。奉常一第之策勋，始安两魁之继踵。某猥叨劝驾，快睹着鞭。八桂丛边，已喜香浮于仙籍；百花头上，伫看声播于春闱。

回秦解元谢请举启

大比贤能之献，籍甚多才；南方中庸之强，裒然为首。有来好语，深佩高情。恭惟省元，行粹珪璋，气沮金石。正学蕴讲明之素，曲台加润色之功。桂林一枝，尽揽山川之秀；梅花万里，将先雨露之春。即鹑尾以载占，伫龙头之三见。某猥当劝驾，快睹策勋。月旦评高，众隽已为之敛衽；云霄路近，壮图正在于着鞭。

回秦解元谢请举启

较艺鹄闱，莫重《春秋》之笔；登名鹗荐，允谐月旦之评。盛举裒然，嘉辞谦甚。恭惟省元，追古作者，为时隽才。学明王道之权衡，词擅儒宗之黼黻。却林捷奏，已看一枝桂之芳；韩榜胪传，行应五色云之瑞。太平首选，淳祐重闻。某猥以典藩，幸兹劝驾。剩熏兰馥，已腾南国之声华；愿指梅梢，再卜东风之消息。

回众解元谢请举启

献大比之书，聿新妙选；奏明光之赋，喜擅众芳。方老眼之增明，辱好辞之委贶。恭惟省元，文进古作，学迈时流。词名矜七步之成，纸价甚三都之贵。桂林一枝之秀，已播秋香；梅花万里之游，可占春信。伫报韩欧之榜帖，重观三赵之伦魁。某猥以典藩，幸兹劝驾。鹿鸣周野，欣闻盛事之联翩；鹏化庄溟，愿见壮图之轩翥。

回蜀士赵解元谢请举启

开南峤之文闱，翕来众隽；得西州之名士，独冠一时。喜老眼之增明，辱好辞之加贶。恭惟省元，追古作者，为今闻人。词源三峡之倾，文价两都之重。梅花赋罢，带蜀雪之清香；桂籍名标，指岭云而阔步。青毡载复，黄榜立登。某以漕事之代庖，获贤书之劝驾。校子云、相如之同异，不难掇于儒科；论伏波、忠武之是非，要当存于公议。

回萧解元谢请举启

考艺星台，探羲氏画三之学；揭名露榜，居鄭侯第一之流。喜得英才，增明老眼。恭惟省元，追古作者，为今闻人。词源富笔底之章，心法追画前之旨。访广寒之桂子，仙籍腾芳；指岭首之梅花，春风问询。当场出手，上第摘髭。某偶尔代庖，幸兹劝驾。袖间妙语，带双泉文字之香；足下修程，看万里扶摇之步。

回宗室谢取应启

大比兴贤，合众材于一道；高文得隽，列同姓之九人。好语有来，雅情甚厚。恭惟省元，仙潢疏派，若木腾芳。词章有追古之风，议论得《过秦》之体。访广寒之桂子，仙籍浮香；指岭首之梅花，春风试手。词锋努力，儒级摘髭。某偶尔代庖，幸兹劝驾。雁行肃肃，已观霄汉之联翩；麟趾振振，同作圣时之美瑞。

回宗室谢取应启

选士麟宗，孰擅三都之誉；登名鹗荐，实开一第之阶。好语有来，雅情甚厚。恭惟省元，银潢的派，玉峙高标。指岭首之梅花，春风试手；访广寒之桂子，仙籍浮香。努力文锋，摘髭儒级。某代庖漕事，劝驾贤书。由宗室以进九人，允为盛事；抟扶摇而上万里，即展壮图。（以上均见《全宋文》卷七八五五）

桂林鹿鸣宴致语

桂林考艺，英才登照乘之珍；华野燕宾，会府饯联镳之驾。人列一乡之翘楚，春生四座之缙绅。得意云霄，增光海峤。某官枫柞梗楠之秀，骅骝騄骥之奇。人杰地灵，有兴国伦魁之芳润；风声气习，皆淳熙师帅之陶成。学穷六艺之喉衿，词擅三都之鼓吹。共夸好手，竞压当家。非王贡之友朋，则歆、向之父子。观喜气交腾于眉睫，视巍科犹摘于颔髭。况鹏运之程材，与鸾骖而并驾。银袍宝牒，彬彬楚蜀之珍；紫绶青衫，挺挺江湖之隽。挹此带水簪山之佳胜,同为梯云步月之壮游。指梅岭以问津,勉旃行色;访杏园而赐宴,对越恩荣。经略甫及戍瓜,适当锁棘。省郎付敕,梦回丹地之前;计吏献书,吹送青天之上。提刑羽仪朝著,耳目橐纲。大学举幡,共仰典刑之旧;都亭乘传,咸瞻礼乐之新。缇屏偕蓉府类从,台幕与芹宫辉映。春容雅集,怂恿修程。击楫着鞭,要贾闻鸡之勇;吹笙鼓瑟,且赓《鸣鹿》之诗。幸缀伶工,僭陈口号:玉帐宏开会众英,崭崭头角露峥嵘。人才数半凌烟赞,姓氏推先月旦评。桂子风前鹏翮健,梅花雪外马蹄轻。两魁衣钵须争继,联璧归来昼锦荣。(《全宋文》卷七八五九)

水龙吟·送馆人管顺甫父子赴省

梅边连璧偕来,柳边先我观光去。一门椿桂,尊君孙盛,小儿文举。黄鹤联登,横翔雕鹗,健凌鹦鹉。趁霜晴春小,南宫问讯,又同奏、明光赋。　从此青云阔步,看龙门、锦标双取。荆州时事,不妨大对,细陈当宁。久要论交,中年语别,不堪离绪。约杏园,得意归时,吾已在浙江浒。

水龙吟·送吴季申赴省

江头雨过黄花,片帆催向春闱去。两年共我,风舟问峡,霜砧闻楚。定远从军,慈恩策第,岂堪同语!谩咨嗟人事,分明天意,广寒阙、待平步。

健笔凌云如许,看新年、榜登龙虎。转头却笑,弓刀塞上,粗官何取?海阔鹏抟,途穷马老,不胜离绪。过旧游、人问征夫,烦为说、戍边苦。(以上均见《全宋词》第四册)

王　谌

送薛端夫赴武学赴举

温然如美玉,文以武兼之。发镞妙穿的,挥毫不待思。行途多早气,参学已秋期。捷报重阳近,黄花泛一卮。(《全宋诗》卷三二五三)

李昴英

观入试者

钟撼鸡鸣万家起，月下纷纷白袍子。提壶挈榼春游闹，擎箱擐篋谁家徙？通衢隘塞行人绝，露坐欠伸奴跛倚。远闻雷噪轰应答，近亦汹汹殊聒耳。轧然棘户破晓色，阵脚忽移去如蚁。壮夫先入护几案，儒雅雍容行且止。垂髫趁哄未知苦，戴白相持叹衰矣。自从明诏到郡国，士出深山集城市。但能操笔不曳白，秋榜人人都准拟。分明结社战所兵，投合主司谁得髓？昨科试人今或亡，三年场屋能消几？功名信分置勿言，身健频来已堪喜。槐黄早脱吾侥幸，因送儿曹得观视。傍人休笑李秀才，三十年前亦如此。

再用观入试韵

涵育累朝士兴起，薄海弦歌争教子。籯金世守韦一经，俎豆少成孟三徙。尽从科举梯进取，鹤发望深门日倚。艺先德后已非古，心术乖违徒口耳。天门仿佛冯为马，阴德却关桥度蚁。时来乳臭亦观光，潦倒英雄频坎止。棘闱投卷姑应之，桂籍题名先定矣。可怜数千困旄毦，仅二十人夸利市。近岁词场尚剽拾，文体腐陈难古拟。倩人者幸耘人贪，气习陋污沦骨髓。主司头脑易冬烘，日色不迷世能几。所忧程文误后学，岂但升沉系悲喜。他人爱子亦如我，何敢庸心秦越视。愿言通榜皆实才，如已得之无彼此。(《全宋诗》卷三二五六)

饮赴解试士友二首

座满挺时髦，经明亦富豪。几年勤用志，三日健挥毫。笑取刀牛角，相逢酒蟹螯。有名还有分，秋鹗碧云高。

少日谙场屋，斯文为细论。艰深成札闼，卑弱又西昆。与客为佳谶，当年是解元。贺诗多办取，盛事属于门。(《全宋诗》卷三二五七)

秋试已近用韵勉儿辈

邺轴轮囷数世藏，乃翁曾读被龙光。诗书有种芥拾紫，科举催人槐落黄。学到自然名盛大，文工更要理深长。岁当酉戌吾家旺，月府先教窦桂香。

送次儿解试

四度笺名达帝聪国子监中者一，台谏及者三，布衣便有此遭逢。吾家积庆为心印，一战收功在笔锋。举子头场关荐鹗，时文手段要屠龙。庭前手植森森桂，飞捷今秋好事重。（以上均见《全宋诗》卷三二五九）

赵汝腾

锁院既久考文将毕适承按察使房公子靖遣诗相慰因和以答

恭承礼聘典文宗，秉笔秋闱合至公。城郭纵游知有日，院门深锁寂无风。抡才未拟升司马，发策方将问卧龙。忽辱有诗相慰藉，一时裁答愧匆匆。（《全宋诗》卷三二六二）

房子靖

秋闱锁试赠赵茂实

吴淞人物老儒宗，闽浙文章属巨公。竹叶几杯惟对酒，棘闱数仞不通风。较文已辨珉兼玉，揭榜应知鱼化龙。近日有心来听教，奈何方面事匆匆。（《全宋诗》卷三二六二）

萧　则

送弟赴省

河南萧氏粲文物，鹤在九皋无数鸣。小山羽翮日绚练，胆气也作虹霓横。挂冠亭后冷如水，旧毡半是蛛丝萦。恩袍漫官直斋老，书院误身吟院兄。凤楼好手乃有弟，铁声铮铮亦妙器。乡里浪传轻薄名，儿曹岂知渠大意。惠子五车稷下困，仲连一箭聊城至。博悬于投呼得卢，莫以蔡齐故第二。圣朝新数中兴年，进士蜕骨秋风蝉。梅花魁春导人去，竹叶鏖寒浇客眠。天方坐我茅三椽，留眼送尔宜鸿前。因行西湖叫和靖，为言诗苦剩狂颠。（《全宋诗》卷三二七四）

萧立之

贺欧西湖登第兼呈宏斋

去年君上西湖船，白纻如雪春风前。今年君上天街马，柳汁浇袍生色画。人生穷达那得知，宰相正用时来为。爱君负大积者厚，万里转轴辞门畿。蹇予食籍闽州饭，书桉尘深鬓丝短。西风一夜入山城，南雁无情秋梦远。宏斋老师鲁灵光，乞身不许犹周行。老臣政尔仗经济，世道亦复关行藏。零陵千官闲言语，重见笺诗出乌府。瀼西白石渡头船，且唤漫郎听夜雨。一官局束为人靰，宇宙风物皆危机。短章醉墨江南路，却爱当年未第时。(《全宋诗》卷三二八五)

罗与之

下第西归

抛却银袍制芰荷，春风一曲紫芝歌。古来至宝多横道，何事荆山泣卞和？

才难济世甘避世，心不怨天唯乐天。林下山间深密处，曲肱饮水兴悠然。(《全宋诗》卷三二九六)

欧阳守道

代人谢解书

某以举子之文，辱在乡贡之末，出而一谢太守，当有所谓四六文，今世之所谓启者，以贽于下执事。举子之文，有志者羞为之，然而不得不为者，舍之无以自献。虽有圣贤之学，经济之才，欲一日而见于用，不可得也。今之法率天下而为时文，其孰能违之？某固有大不得已于此者矣。四六之文，今世所谓启，某未尝学也。文史足以自娱，藜藿足以自给，朝夕所与游者蓬蒿之士。择其志向之同，义理熏炙，未知世间王公贵人之门，奔走伺候当用何礼，则所谓启者，非我之所得用，夫亦焉用学此？而又其文自叙率用厄穷卑贱无聊可怜之语，间或反是，则有高自称道，无复退逊，以幸己知。至于揄扬主人之盛德，则当极其谀辞，无以复加，然后以蒙一眄睐。今世少特立不阿之士，亦安知非此等文体有以甚坏其良心也。故时文之下，而此文又其下下。举而第，第而仕，持此以幸人之怜已者，当终其身其不自重，可哀也。且世无贤人君子则已，有贤人君子，其于人之佞己，固将望而逃之。而吾身进退出处，自有义命，《语》所谓巧言者鲜仁，将焉用此甚巧之言，以坏吾之良心哉！某之举而第与否，第而仕与否，不可知。然而，绝去巧言，安守义命，当自今日始。某闻之，人各有一初心。平日为学一初心，一日进身亦一初心，未有不善皆知学颜子之学，皆知志伊尹之志者也。他日夷考，则意向之所之，不若二人，是何也？义理非疏也，见趣非阘也，剖别古今人品，某贤某不肖，非无所黑白也。然而，为彼不为此者，境一变而心一移也。夫惟初心难持，能持初心，可以大有为于世。先生之初心，某亦得而窥之矣。先生出入中外几年于此，而今日安得窥其初心？某见先生今日之心，皆夫人初心之可愿者也。由今日而逆其心，先生何以异于人哉！能持其初心而已矣。《易》有之，《履》之初九曰："素履，往无咎。"象曰："素履之往，独行愿也。"伊川先生以为人于方进之初，惟当安其素而行。若富贵之心与行道之心杂乎其中，则失其所可愿。某愚不肖，窃谓一介贱士，今有自进之阶，正履初九时也。今日此心实立，方来之得不辱其身以自附于前修在今日，否亦今日。然而，立今日之心易，持方来之心难。由初九之素履积至于上九之视履考祥，而后天地之间可以无憾。士之立身如此，所谓亦可以为成人矣。国家设科举以待天下士，其未举也，教养作成，无所不至。然其间犹有进取之后，显畔吾道，而末如之何者。今是邦也，不幸前修之典刑差远，而义利之限界渐以不明。中朝名流有仕于此，吾党皆将视之以为趋向。然而，心事光明，表里如一如先生者，近岁亦无几。至于鼓利欲之场，创苟贱之途，销铄太和，坏治锲薄，使后生小子靡然从之以为当然，则其遗是邦士习之痼病，卒未易愈，此亦志士仁人之所忧也。先生于某，宜何以教之？某不敢以一举一第为足，以了此身，而先生之为是邦，亦岂谓一劝驾之劳足以幸庐陵士哉？猥于参见之始，不胜愿望之私。先生不鄙掷而览之终篇，亦必有怅然感于心者。夫此正可为先生道，未易与他人言也。先生裁之。（《全宋文》卷八〇〇一）

代人谢解启其人治《易》

学《易》无闻，愧五十知天之命；宾王有幸，喜六四观国之光。困而有君子之亨，升则利大人之见。贵敢期于下贱，诚因贽以修辞。惟行止各以其时，而失得莫逃乎数。几不如舍，即鹿徒入于林中；器止终藏，射隼当获于墉上。有如一扎涣颁于科诏，以求四方济用之真才。假奉试以自媒，非难际遇；虽奇穷而莫逞，常至乖睽。合焉必以其可观，眇者不能以有视。榜云揭矣，系小子而失丈夫；天实为之，率三岁而入幽谷。未能晋进，聊复需须。其或一丧一得之间，便有或泣或歌之异。朵颐者谓富贵可立致，垂翼者几憔悴不自聊。是皆躁人，不可大事。胡不饮食衎衎，而乃往来憧憧。且在上纵以好爵相縻，而在我惟应素履而往。舆可得者民所载，夫岂忘天下之思；井见汲者王之明，亦以为致吾君之地。安之若命，亨则维心。某自读韦编，粗通大义。贫不给于糊口，其剥以肤；文不足以致身，徒艮其趾。亦甚蹇矣，而犹泰然。不可速者出处语默之间，所熟讲者消息盈虚之理。观其自养而已矣，利有攸往则听之。几践名场，自笑置于丛棘；兹叨荐籍，若将进之亨衢。从龙方快于依承，拯马有为之劝驾。兹盖伏遇某官，赋资刚正，秉德直方。允谓匪躬之臣，宜在近君之位。亟合入调于台鼎，犹为出牧之康侯。盖属大比而兴其能，故屈公亲临以重其事。拔茅连茹，下搜乡曲之英；以杞包瓜，上副庙朝之意。致兹用晦之久，亦有求信之期。然而羽可用而为仪，在自修而已矣；车积中而不败，量所挟之如何？某敢不益厉愚蒙，自坚素节！《丰》初遇主，敢忘提拔之自来；《比》外从贤，正要依归之得所。孚诚欲写，咸频奚殚。（《全宋文》卷八〇〇四）

李氏赋编序

国家以科举取士，士不为举业者吾见罕矣。苟为士，则学所当学，日孳孳以终其身。今移孳孳于举业，于身心则无得，于天下国家则无用。然而，士不敢不为者，势驱之也。予昔时从事于此，未尝不自笑也。以予之心度他人之心，知凡为此者通病之也。况词赋之为技，视他文尤难精，旷旬月而不习，则他日抽思良苦。他人之已中选者不时取而读之，则无以熟有司之程度。常读常习，以俟一日之试。幸为有司所中，则缘一句一字可以取时名，享禄利。今之甄拔人才，固在一句一字之间也。古者，人生八岁入小学，十五则入大学，士以此自进于圣功，而国家以此得王佐。今八岁则习声律对偶，十五则问场屋得失矣。呜呼！科举之害，千百年未易议其革也。士不能由科举，则所谓读而习之者亦安能自已哉！李君编所谓《集贤赋》，实以资同业者读习之助也。其编始于今岁，推而上至端平甲午，继此皆以日月相次，凡省、监、郡邑学之所取皆在焉。魁文录其全篇，余则各韵各对，择其善者，其用工斯已勤矣。同业之士得之，足以省节录之劳，而他有以用其暇也。欧阳文忠公尝言："士学圣人之学，远且大而用工多，则声律之精当有所不暇。必有用心精者，若栉之于发，绩之于丝，虽细且多，而条理不乱，使学之者有以取焉。而得暇以事其所事。"善哉言乎！公所言者声律也，李君所编声律之文也，故予窃取其说以序李之编。

(《全宋文》卷八〇〇八)

拟解试策序

世书贾谊《治安策》，服其精熟世故，汉廷诸老国事在手，不谊若也。谊有《新书》传于世，故相周益公以为《治安策》往往在《新书》中。盖其触事思索，各有区处，预为篇段，一日告君，尽取诸夙所拟者乎？予比读之，信然。然则诏举进士之岁，吾乡诸斋拟策四出，其间有志当世者，亦书策可行。孰谓非谊之流亚欤？士无志当世，虽金紫煌煌，近天子清光，遇对或应故事，袭腐语，彼视拟策犹而心也。而拟策者出于穷涧颓壁之下，兄弟师友不朝夕温饱之间，相向辄言曰："上心若何正？东宫若何教？民病若何苏？边忧若何解？"一得其说，细书盈纸，出入经史典故，古今格言，而润色之以文采。呜呼！如使当世大开古者士传言之路，则转而上闻，未必无益。既不能然，则刊刻流布，传于同试场屋之士，使得吾说者皆有以告有司。如此而应科举，亦何负科举哉！使得对天子，其不应故事，袭腐语，以负人禄位者欤？刘君南叟景丰所刊当今上策是已。南叟有劲气，议论顾理是非，耻软熟雷同。此编其所作与采之于同志，概可知也。

省题诗序

寿翁来访，与予纵言，至省题诗。予叹此诗幼学之所从事，而书市所刊，或杂以轻薄子鄙亵语，口授之业不为删择，或反赏爱其流丽而使效习之。如此而责以习尚庄谨，不可得已。是亦贼夫人之子最先者与？寿公出箧中诗一帙，盖其所自作者，即席读数首。如花朝游赏为题，结句乃说农务；月夜宴集为题，结句乃说书灯。予掩卷谓寿翁曰："君诗若尽然，幼学之一幸也。"留一二日，拟尽读。属有客至，不果。为书其首而归之。（以上均见《全宋文》卷八〇〇九）

庐陵贡士庄记

庐陵县贡士庄者，郡太守豫章李侯某从邑人刘君某之请所建也。郡三岁贡士六十有八人，而庐陵得人为最。凡申举于监、于漕，若以前举免者，俱上春官，率不下百数。他县贡各有庄，庐陵独无有。至是岁，得米三千斛有奇，郡博士偕邑大夫视其入及期易为泉，视其人分赆之。既奏名集英对亦如之，或试国子监与选为诸生亦如之，各有差。士相庆出望外，而属某为记。某不得辞，请于侯，问所以。盖刘君之子芮得田于宣溪王氏之甥馆，未几悼亡。以田质之能文法者，属之刘乎？属之王乎？曰："属之刘哉！"芮曰："已矣，吾奈何有斯田也！"君亦曰："已矣，吾奈何使吾子有斯田也！"则遂诏芮曰："女安食课进士业，亦知士之贫乎？士与贡亦荣矣，然出门惘惘，有道路羁穷之忧。今闻郡有贤侯，节用而甚爱士。郡博士为诸生与贡者建庄，侯斥己所宜得畀之学。盍归之乎？"芮曰："敬奉教。"君疏于侯，侯曰："贤哉刘君！已可有而不可，贤哉刘君！"于是，又建庄于郡庠之东，以端待士之籍庐陵者。为屋若干，立规约，刻石植之庑。士以德君，君曰："非我也，郡也。郡倡而我和也。"士曰："信。"噫！君非侯孰倡？侯非君孰相？盖两德之。某幸闻其概于郡，又闻君所以对士者，则为之辞曰：汉自董仲舒对策，请诸列侯、郡守二千石岁贡吏民之贤者各二人。既而，吏民有明世务，习经术，县次续食，令与计偕。汉待士良厚，尝以此意求之周。周制三岁大比，乡大夫考德行道艺而兴贤者能者，以礼宾之。诸侯岁贡士于天子，六乡之士由其家至大夫之庭，登名天府。官使于朝，其往来资遣当有厚于汉，而无传焉。至若贡自诸侯之国，则道里相去又非畿内比矣。曾未闻如汉所谓续食，何故？吾意汉无常制，故曰诏下始为令；周有常制，故不待宾兴岁贡然后为之所也。按：周宾礼甚详。凡侯国还职，若遣其臣请命于天子，其入意皆用宾礼，而贤能谓之宾兴。当周盛时，侯国馆舍具修。在六乡则待以郊里之委积，十里有庐，三十里有宿，五十里有市，自饮食以往皆具焉。郑司农证以汉法，曰：庐若今候，宿若今亭。盖汉所谓县次者，县其总而次则候若亭也。然则，汉亦仿周而已矣。不然，安有宾士以礼，乃不以待宾于路者待之与？唐世最重进士科，州刺史资遣今不尽见。然其末年，镇南节度一武夫耳，犹能岁举乡贡故事，资以斋装，士不远千里走其府。推此可以想见其盛时矣。士由乡国而贡于上官，予道里费，汉与唐皆然，虽周亦然。江西为士渊林，异时不远千里走镇南，即此道之士。吾庐陵又渊之深、林之茂者，其产士富甚，而续食斋装之助，曾汉唐故事之未讲，此三岁奉诏者所当念也。李侯一开其端，刘君若不约而合，意气相感，固应有此。或曰："侯分铜虎符为郡，身在外，乃心罔不在王室。今国事殷，调度日不继。侯内抚其民，外应饷运，朝夕劬劬，靡有遗力。刘君不有其田而归之郡，贤矣；体侯之意而用之于所急，不尤贤与？何贡士庄之助之亟也？"某应之曰："有是哉！堂堂天朝，自公卿、大夫、士，议论勤顾国体。异哉子之言也！夫郡为国贡士，虽特出帑廪资其行，其谁曰不可？况田固刘氏所得，有出于其意之所欲助者乎？子谓今多事时也，请有以晓子。王猛偏方之臣也，崎岖兵革间，拔幽滞，显才能，自长安至诸州亭驿，皆有旅行取给之备。英彦云集，国人歌之。彼何时哉，而犹所重在此。今世运文明，每取士则命郡守身为劝驾。郡守有土为政，不为天子激昂士气，使厄于道路，无以致身阙廷，而曰：是事缓，吾图其他。则亦昧于轻重先后之宜矣。尤非所以待李侯也。"既以折或者，乃备书之石。侯曰："吾闻刘君好士而勇于谊。今惠顾同里士，君无德色，而守何德？"虽然，士一名一第，秋毫以上孰非天子赐？守与刘君皆无德焉，可也。因并记其语，以告来者。年月日某记。（《全宋文》卷八〇一七）

江　湘

赠李崇义应童子科长歌用杜牧之《冬日示侄》韵

通经应童科，诗书尤所长。生儿有如此，族党真有光。五车举舌端，观者绕回廊。崭然露头角，志气何坚刚。七岁古所难，一目书五行。毋乃天帝孙，为织云锦裳。自觉我形秽，明珠在我傍。麟经究终始，猿臂射艺场。复诵公堂上，时维十月阳。同僚发嗟叹，喜子同举觞。我非韩昌黎，坠绪寻茫茫。犹拟作一序，如送童子张。读书宜闭门，不迎亦不将。六经漱芳润，闇然名日彰。上书愿鬻汉，负鼎期干汤。幼学欲壮行，少年非所当。细字缀语言,漏声夜未央。短檠提案前,帘幕风露堂。博洽精经史,纵横骛皇王。逢源欲深造,不息思自强。上必希贤圣,下期为隽良。时乎时不再,夜气毋牿亡。缅想唐宗室,姓名今馨香。长吉非凡流,劲词摩穹苍。锦囊搜佳句,诗体轹齐梁。长源有仙骨,俯笑余子忙。鸣珂乃言志,宁忍驹服箱。卓哉二君子,驰声翰墨场。愿子勉未至,多歧戒亡羊。举动思古人,远到胡可量?召见金銮殿,承恩七宝床。假直秘书阁,遍览万卷藏。此是君家事,射策宜为郎。万人吾往矣,所向俱披猖。蜿蜒戒缘高,失手千丈强。散仙戒追陪,埃壒惊剫勷。顾我理一同,强颜补千疮。催科政何拙,劝民务农桑。戴星廛出入,艰险身备尝。未寻三径盟,徒积九回肠。为米耻折腰,卜居筑林塘。我赋归去来,观子鹏路翔。更尽一杯酒,富贵无相忘。(《全宋诗》卷三三〇四)

胡仲弓

送松坡下第调官南归

同点龙门额,君先赋式微。自怜为客久,不忍送人归。受钺张油幕,行囊富彩衣。江干回首处,云树两依依。

喜郭吉甫擢第调尉八柱还里

一第全家待,君今衣锦归。折来新月桂,忘却故山薇。禄近鸂呈瑞,官清马不肥。海门西去路,归鸟故飞飞。(以上均见《全宋诗》卷三三三三)

贺林自知兄登第

贺客来迟休怪余,新篇准备暮春初。群儿得志诚逾望,一第于君非有余。喜脱平生场屋债,饱看太古圣贤书。由来天爵无穷乐,人爵虽荣百不如。(《全宋诗》卷三三三四)

胡仲参

试后书怀

踏遍天涯路,春三秋又三。文章与时背,言语对人惭。湖海气何馁,山林分未甘。闲僧时过我,挥麈共玄谈。(《全宋诗》卷三三三七)

薛 嵎

秋试下有感

焦桐何处是知音,犹向残编惜寸阴。此日便为终隐计,青山已负十年心。梅花独对寒流洁,野鸟高飞古木深。万古红尘徒扰扰,几人头上有朝簪。

省试舟中

阙下春光近,囊金又一空。霜风欺败絮,星斗隔疏篷。世道谁能挽,妻孥见未同。青灯对黄册,销尽几英雄。

下第

寸晷场中较尺寻,荣亲无路泪盈襟。一贫谁过箪瓢巷,百口难宽儿女心。昨梦重圆知误喜,平生失计为工吟。近来文体尤趋薄,古道何由可语今。

下第归故园

扁舟摇荡水心村,几度烟波入梦魂。猿鹤认名听号令,渔樵执礼叙寒温。浮生多事景逾促,自古求人道不尊。莫为穷途妨旷达,定应束帛贲丘园。(以上均见《全宋诗》卷三三三九)

方澄孙

代族弟谢乡举

家庭课学,不殊同队之鱼;乡里抡才,遂与嘉宾之鹿。骇所罕见,得之若惊。窃惟自有三载之科程,老尽四方之豪杰。升沉一诿之命,得失似制乎天。故观前辈远大功名,率皆早岁奋飞于场屋。七岁神童者贾丞相,十八岁状头者汪端明。卓乎伟哉,噫其鲜矣。伏念某,原夫初学,伊吾小生。兰茁其芽,人颇怜其秀慧;笋根虽稚,众皆意其抽萌。盖自人父辟家塾以教儿孙,伯祖有园池以接宾友。三世推为善人长者,一里称以闻家巨宗。严君两预于荐书,群从联登于监学。乃如孺子,亦有家风。眼看举子之踏槐，兴动少年之折桂。立万蚁之障，略无怖容；捧一鹗之书，未是差事。靖言侥冒，谁实作成？兹盖伏遇某官，西州儒宗广延魁彦。士曰时哉，遇司马谁无愿休之心；谁其主之，有欧阳足想育才之乐。恳恳焚香之拜，温温劝驾之言。方计吏之与偕，至小子而有造。某敢不志其远者，学以成之！曲江题名，敢遽动心于荣进；互乡洁己，方将听命于抠趋。不知所裁，非以为谢。

回饶解元谢解书义

以月旦评，上秋风榜。怒飞几千里，久矣为致远之图；训解三万言，今始蒙稽古之力。徒得君重，何谢我为！恭惟某人，口吐雄辞，胸蟠奥义。谓楚倚相读九丘八索，岂不迂哉；笑韩昌黎规五诰三盘，空自苦耳。踏槐充赋，拾芥成名。见说古文已尽窥于孔壁，勿云朴学行即对于汉庭。某愧冗不治，徒爱莫助。从今北望，耸看龙虎之荣观；尚俟南归，细问科斗之奇字。第惭后贺，不称先施。

回叶解元谢解春秋

桂殿传香，棘闱奏捷。所谓明素王之志，惟《春秋》乎；由此附青云之名，何富贵也。鹄袍争羡，虎榜有光。恭惟某人，为今儒宗，得古书法。范宁解何休学外，别出奇功；胡氏传伊川序中，默窥精意。锐于再鼓，夺此先筹。庆元鸿枢，欣有光于同业；熙宁龙首，会立见于亢宗。某无可传衣，曷廛衔袖。自夸摸索，曩尝见子之一斑；敢祝飞腾，慎勿避人之三舍。（以上均见《翰苑新书》续集卷四一）

陈　著

闻状元是少年

闻说三魁是少年，世间何必叹才难。我生亦是奇男子，莫作时人一例看。（《全宋诗》卷三三五六）

代浦城权县赵节推鹿鸣宴诗

潜藩岁贡素多才，捷报欢声沸似雷。南浦士流新姓字，西山夫子旧胚胎。登荣仙籍香浮桂，得意春魁信在梅。此去天衢齐纵靶，代庖祇饯幸重来。

代天府曾安抚名渊子鹿鸣宴诗

笙簧声合隘春风，春在江梅第一丛。月旦姓名光上国，日边步武便南宫。看花自是长安客，对客当如横浦翁。杯酒殷勤相属处，峥嵘头角已争雄。（以上均见《全宋诗》卷三三七七）

送楼佺提举赴省

绿发方山冠，白玉气色温。高谈霏木屑，不问能知文。去秋夺标归，今步南宫云。儒科青毡耳，指取气欲吞。春风看花马，已系长安门。知君必得意，何以持赠君。事业浩无穷，学问为本根。我怀宣献公，况君乃其孙。（《全宋诗》卷三三七八）

虞 兟

鹿鸣宴

儒雅从来说雉山，抱琴何幸预荣观。六人同榜昔犹有，一邑三魁今所难。方喜棘闱连鹗荐，又欣碧海起鹏抟。联科甲第应余事，须把声名久远看。（《全宋诗》卷三三九七）

姚 勉

送王希圣归兴国赴举

之子趣装归，占黄已在眉。雕虫观暇日，荐鹗信秋期。喜有传衣钵，惭无助鼓旗。捷书来报我，端的菊花时。（《全宋诗》卷三四〇〇）

送陈新恩赴殿试

桂花香满月轮秋，稳送鹏程万里游。身近清光瞻帝座，手携多士上瀛洲。戊申奏对规模阔，庚戌抡魁气数周。陈亮自来天下选，老年更好作龙头。

送王新恩赴省

老泉坡颍成名了，曾应君家木假山。父与子偕升礼部，弟随兄去入贤关。龙驱万马空如洗，凤挟双雏逸莫攀。早早归来荣昼锦，绿衣争映彩衣斑。

送万仲荣赴省

梅梢枯处忽东风，魁压千花一点红。欢喜马头飞雪处，安排龙首彩云中。内讧外阻忧方大，东拄西撑策已穷。试了南宫趋北阙，好输鲠论发天聪。

送罗道甫归庐陵应举

西风满路桂枝香，催整登云步月装。群辈总皆推德行，三年稔已听文章。琅琅议论须披腹，琐琐功名只探囊。捷了早来谈杰作，耸闻鸣凤瑞朝阳。（以上均见《全宋诗》卷三四〇一）

送邓若思赴南剑乡举

龙泉与太阿，紫气牛斗冲。神物离必合，龙津复相从。悠悠千余年，神秀人物钟。高密云礽孙，星宿罗心胸。居常佩此剑，沟渎难鲸容。揭来磨剑池，清水为淬锋。秋风催斫桂，迥脱尘泥踪。勉哉各努力，更作延平龙。（《全宋诗》卷三四〇四）

送友人陈上舍兄弟试太学

东风飒飒吹行李，荣送双龙璧池水。璧池浪阔高化龙，直透银河三万里。君家兄弟真雁行，季方学行如元方。中眉不是弓刀软，个般人物宜胶庠。只今胶庠多俊杰，正是功名到时节。陈家原有两状元，释褐传胪未应别。顾余亦问京华春，苍蝇愿附骥尾尘。干将先去抉云雨，太阿行亦龙延平。（《全宋诗》卷三四〇五）

回解头李有开启

锦水偶连，敢自诧黄姚之品；笔锋曾记，果遂符绿李之魁。惊耳一鸣，拭目先睹。矧幸同于经社，尤喜倍于乡人。鲁皋贡贺之先施，郑重贻缄之倒置。恭惟某人，赋姿甚颖，有志竟成。伟雏凤之孤骞，自知亲师取友之益；隘篆虫之小巧，能为抱经束传之勤。月书屡占于上游，岁贡预期于首选。果闻一日，尽压群英。旗蝥弧以先登，前无勍敌；灵姑鉟之卜吉，勇策胜勋。此盖闻师所书，党正所书；是谓大夫曰可，国人曰可。月评久定，天府宜升。勉哉贡益郡之畋，行矣继广川之董。锦标重夺，再为凤凰山之荣；金榜将传，已见鸬鹚洲之谶。某久知宝价，式副砧期。念尝窥圣师亲笔之书，乃不立左氏学官之选。耸观杰出，衹抱深惭。归耕徒羡于拾青，就试亦甘于饮墨。自量谫学，犹玷误恩。羞扬秕之在前，看积薪之居上。李文正有三元之故事，愿踵英踪；公孙子权第一于大廷，尚期正学。编摩辞浅，期望意深。（《全宋文》卷八一三〇）

高安义约序

试有约，作胜气也。请以战喻。庾有粮则将勇，军有赏则士往。矧提文阵之五兵，鏖词场之大敌者乎？此义约之所以立也。高安旧有《南宫义约》，今年邓君仲翊主之，且于约外捐金，捷者人致其助，意嘉矣。是周瑜之兵，鲁肃又济之也，士气其百倍乎？拔帜而先登，吾知必皆吾高安之士矣。

古洪三洲义约序

“三洲连，出状元”，豫章古谶也。岁大比，豫章之属邑曰南昌、曰新建、曰丰城，三邑合约，萃费以给东上，名《三洲义约》意亦弘矣。豫章之士，每诏岁必于江之三洲视连否，此非是。是三邑皆滨江，江皆有洲。三邑合，此之谓三洲连矣。义气所发，文光烛天，状元之应，不在兹乎？抑三邑英俊之林也，合而为义，上可尊主，下可庇民，无适而不可。状元及第，未足道也。愿相与充此义而广之。

陈氏同宗义约序

举子裒入京之助而为约，义也；同宗相率而为约，尤义也。虽然，姓之奇，族之希，助之微，亦不可约。姓著族巨，约斯盛矣。吾瑞多名门，然著姓巨族，陈氏为盛。其始由九江之义门，派而衍之。派盛故儒盛，儒盛故觅官应举者盛。每贡士，科不乏陈姓，俗有“开榜必见陈”之谚。父子世其科，兄弟家其贡，趾相接也。予尝取唐宋《登科记》观之，陈每盛于他姓。端拱之尧叟，咸平之尧咨，绍兴之同父，继自今复见之瑞矣。虽然，陈之所以盛，有由也。陈后舜也，盛德必百世。祀族之盛，德之盛也。斯约义矣，愿相与广之。在汉如仲举，如太丘，如二方；在本朝如后山，如了翁，如复斋，相约而为是，盛益盛矣。姚亦舜后也，敢援何毛朝同盟为族姓之义，以附盟于宗，可乎？薄言助之，而旁为之鼓以厉。

跋张英玉行卷

张英玉归自京师，以行卷寄予，凡诗二十四首，余爱之者过半。其清也，盖自逋仙孤山之梅、乐天竹阁之竹来也；其豪也，盖自天竺飞来之峰、海门雪屋之潮来也。南溪老子诗曰：“闭门觅句非诗法，只自征行自有诗。”余于英玉行卷之诗，益信。（以上均见《全宋文》卷八一三五）

解星赞

一元跃跃，刀截其角。文字发祥，秋荐横鹗。由是而往，益厉厥锋。焉用牛刀，宝剑化龙。

魁星赞

魁枕参首，揭大有光。腾踔飞动，化为兹祥。俯视余子，眇然斗量。持此安施，概平四方。（以上均见《全宋文》卷八一四二）

西涧书院祭魁星祝文

维斗有星，第一曰魁。上拱紫微，旁列三台。司文之权，光芒昭回。鬼斗入梦，先兆有开。伟兹涧堂，凤山崔嵬。江湖川闽，云蒸英才。有诏兴贤，士争踏槐。邀灵于星，文刃恢恢。秋风联鞯，铃声喧豗。春榜蜚英，禹门之雷。明庭唱胪，百花之梅。万里荣途，瑞庆大来。徼福投诚，尚相之哉！（《全宋文》卷八一四四）

郡守劝驾乐语代作

大比兴能，荷岭萃多才之盛；嘉宾式燕，芝堂列四座之英。秩秩初筵，津津喜色。省元学士，工磨月斧，巧织云裳。经学渊源，派接庐山之旧；词华藻丽，灯传渤海之遗。藉甚月评，伟哉时望！蜚声米廪，一鹗横空；较艺棘闱，八龙得隽。天族倍七贤之盛，星台联三秀之荣。桂子香飘，共登秋赋；梅花信早，齐报春魁。我判府六馆俊流，双旌间气。羲爻得趣，密传家学之精；佛阁题名，早继世科之选。元是蓬莱之佳客，来为道院之主人。适当劝驾之初，大举吹笙之礼。府判黄石高弟，梓潼后身。檄捧星台，心授文章之印；书题天姥，手提人物之衡。伫看北阙之轩腾，尽是东君之吹送。玉京马蹄疾，齐观上国之光；锦水市河连，好应伦魁之谶。辄呈口号，上奉清欢：主人合作紫薇郎，引领群仙觐玉皇。满袖风云生羽翮，排空牛斗避光芒。锦江家谶声名在，金榜巍科姓字香。典贡春官来岁事，芝香趣下瑞芝堂。(《全宋文》卷八一四五)

许月卿

鹿鸣用赵资相韵

宗主人才郭子仪，门多将相蔚相辉。托根小草秋榆宦，食叶长廊春棘闱。报国自怜心事壮，忧时不觉梦魂飞。平生此志非温饱，勋业从公问指归。(《全宋诗》卷三四一一)

张渊微

答饶兰坡士尧赴省试书

某不材，见弃于时，桑梓羞之。归省先人之墓而不敢居，以是不得侍于下风。东上，维时济济者众，峨峨缨冠其往，又是一番新郎君。谓吾衰，而与吾雪耻。乡之士如吾士尧，吾所望。是以寓拳拳，朝夕引领，魁旆于征，其道盱城，其当庆饯于道周。明年其魁兰宫，是吾兰坡，则吾所深期，朝夕是赞是祝矣。书来，逊未遑，曰朽踪而灰心，此非子游所望于子綦也。且闻夫子之足瘳矣，犹曰未果于行也。何居？我是用劝往哉，用所学以昌斯世，在此行。毋怀宝而迷邦，人之赖士尧，其无斁。顷贶水芝、澡料，一物之寓一理存，无塞其心，而澡其德，敢不承厚意焉！不宣。(《全宋文》卷八

一五二）

方逢辰

贺吴是斋弟中乡试启

种槐久矣，殆如种德之多；折桂以之，何啻折枝之易。山川且为之改色，鸡犬亦为之动容。恭惟某人，博大弘深，高明宽厚。以是父生是子，载瞻砌玉之芳；以难弟得难兄，共副儒林之望。三献小淹于抱璞，一鸣始见于惊人。淡墨书名，不在郡英之下；泥金作榜，即为四海之魁。

贺何梅境入太学启

监闱奏凯，帝学腾声。行当高占南宫，而魁唱彤庭；犹使同登瀛州，而蜚英璧水。造物者将玉其成就，大君子益显其姓名。

贺何曾六丈得乡第启

秀芝呈瑞，已为鹗表之占；撤棘登名，果见凤雏之捷。金铃夕报，乡锦昼荣。共惟某人，望耸儒林，芳联棣萼。韦经教子于诗书，尤用其心；窦桂收功在造化，可谓有眼。更看黄甲，自有青毡。某贺在人先，喜如己有。遥想长安得报，弟兄两处和气春风；少顷浙漕联镳，父子一门人间天上。谨专申庆，伏丐炳原。

贺余吉甫升学启中十一名

凯奏上庠，共仰天荒之破；名标先进，咸瞻月窟之登。香蔀桂林，光增梓里。喜溢萱庭之色，荣联棣萼之华。明时幸际于乾亨，嘉会果符于萃聚。绸缪托好，忻怿无涯。昨陪宾庑之后尘，过辱主仪之前席。未遑笺谢，徒重甲颜。奠彩驱羊，盥手驾缄伸燕贺；策勋奏马，状头虎榜佐龙飞。

贺人中乡试启

彩戏斑衣，雏飞丹穴。秋闱勇战，已登天府之名；春榜联镳，又续世科之胍。

贺同年中乡举启

高题雁塔，增耀螺川。鹭于下，鹭于飞，民献有十夫之翼乡举十人；麟之趾，麟之定，天潢分四辅之辉宗子四人。实为六一卿之荣，适应五百年之盛。兹逢喜事，倍激庆悰。泮水林中，荷不隔同年之面；凌烟阁上，又将垂异日之名。

贺周几堂请举启

掉臂乡闱，登名天府。看榜中姓字如吾友，果是得人；想分内功名在造物，岂容欠我？到此日方知笃信诗书之效，则天下岂果无持衡鉴之明？某如已得之，逢人夸此。燕雀贺厦，敢以豚犬而代行；雕鹗横秋，更冀鹍鹏之速化。心之所惬，言不能宣。（以上均见《全宋文》卷八一七二）

题家状簿

主试棘闱，又是一番造化；题名桂籍，只消三日工夫。然须家状甲发之人，必得举子利市之簿。惟尔多多而益辨，诸公衮衮以先登。前科雕鹗之在秋，凡七作者；去岁蛟龙之得雨，有五人焉。至护巨鳞，亦入吾网。凡群公由此选也，舍吾子将安之乎？各示芳衔，列八赋十经之选；亟乘盛会，续百里三元之题。

题卖试卷引

足踏黄槐，好是一番大比；手攀丹桂，须要三轴雄文。敢奉楮先生，用供新贡士。少年纸贵，休夸贾谊才能；今日价高，正赖诸公斟酌。愿挥兔管，早缀鸿名。

又

转眼三年，又是一番造化；收功一日，只消三轴文章。纵夸黄绢好辞，也用清江佳楮。当效驱驰之力，益加制造之功。庶可探春蚕食叶之声，得无助秋鹗横天之举。请书姓字，即占雁塔之题；行夺科名，尽中龙头之选。（以上均见《全宋文》卷八一七三）

马廷鸾

二儿就试

老病吾今业已衰，已还魏笏尚支颐。祝儿指日传金榜，怀我当年别玉墀。殿陛详延方吁俊，江湖空旷剧忧时。此行蹇谔论邦国，莫为区区杏苑诗。(《全宋诗》卷三四六二)

王应麟

代知举谢赐御札表

三纪移风，丕阐文明之化；十行赐札，聿求经济之才。天藻昭回，时髦兴起。窃以熙朝稽古，进士设科。开宝宏规，亲试否臧之下；庆历盛际，通考策论之长。无竞维人，有常立武。萃强本折冲之彦，凝理内御外之功。大哉王言，监于先宪。训辞深厚，焕有三代之风；俊良登崇，庶几二祖之烈。饬遒司而决择，广多士之搜罗。祗聆丝纶，咸知标准。兹盖恭遇道行常久，德运乾元。《菁莪》之泽既深，《采薇》之治尤重。筹边体国，将因言而察能；尊主庇民，俾由学而致用。明谟所迪，美习维新。臣敢不精以抡才，公而率属！选士考实行，复观儒效之真；得贤立太平，益迓皇图之永。(《全宋文》卷八一九八)

牟　巘

回南省登第诸乡人请札

泥金姓字，方幸蜀珍之有人；衔袖文书，忽联赵璧而过我。且以互乡之晚出，获依峻甲以同升。猥见牵联，俾陪容与。荷眷私之甚厚，岂谫陋之敢当！执牛耳以主载书，夫孰逾于公者；附骥尾而致千里，尚加惠于儿曹。(《全宋文》卷八二二六)

淳祐士人

讽临安试

南省观图丧一名，补闱又试万人英。两重门阈如天险，十有七人倒地横。谁设秦坑来贡院，枉教唐士梦登瀛。云山万里家何在，月白风清鬼哭

声。(《全宋诗》卷三四六七)

刘辰翁

丁守廉墓志铭

士不幸而用所学于科举，其得失饥渴、升沉胜败，曾不如庶人之常业。虽有宽易静笃之君子，十上五黜，幸不黜，愈恨恨乃甚于黜。使夫怜伤太息者犹惑于其命，则所以烦瞀摧废当何如，而益退然确然，死而浩然。盖夺精失营者，莫科举之为累，而其阨穷不闷者必学道之有得也。余于记礼家老儒丁守廉之葬，若不知时世之已易，慨然道之如新，亦士之不幸，舍此无可言者。复于斯墓也，不知何云，吾犹独为斯墓恨也。呜呼！科目之负人也多矣。由今言之，亦何恨于科目哉！口授之徒，心相似之友，今年某某荐，明年某某第，又明年如某年。或喜曰："桷榱收，梁栋宜有待。"或喟曰："广岂不当侯！不侯。"君曰："不然，吾先鞭为有人矣。"当丙午，犹朝日也，揭焉而首选，不及送。戊午，且四十矣，再选，辄再屈。已而，甲子复然，甲子至癸酉复然。问谁贡，贡二人止，往往门弟子而止也。吾州多士贡额，多临江数倍。每榜后，考者为言某卷得复失，能使人出狂。况一经屡试，白首洴澼，学虽吾事，而世貌哗名，殉者成路。观其死之前日，犹明窗就晓，抄书自课如儿子。死之日，复大书示其子云："死非所畏，何必张皇！学问不衰，死生不变。"又实有得如此，其视往年场屋间梦，不类芥鸡之相践而木鸡之微视耶？然昔之怜伤太息者至是犹不置，则书生之清论，世道之遗思也。(《全宋文》卷八二七五)

乐雷发

送邵瓜坡试湖南漕举

槐花匝路促湘行，闽赋唐诗旧擅声。有志向曾言国事，论心何止在科名。毕方夜煽杭都火，大角秋缠蜀道兵。莫作腐儒场屋话，琅玕满腹正须呈。(《全宋诗》卷三四七〇)

下第归后李伯辉李景魏索近诗

吟遍吴头楚尾春，多惭词客问征尘。振衣天目寻黄独，濯足湘江咏白

苹。宋五已惭称进士，陈三何用作诗人。锦囊原属君家有，分买鱼经理钓轮。（《全宋诗》卷三四七一）

陈允平

下第怀楼寿朋

百尺丹梯拟共登，共登天上最高层。南山有雾空藏豹，北海无云可化鹏。勋业十年尘里镜，诗书万卷雨前灯。桃花开尽不归去，又逐春风过武陵。（《全宋诗》卷三五一六）

周　密

试闱即事

读书窗暗日西斜，锁棘门深噪晚鸦。又是一番秋事了，粉黄如雪落槐花。（《全宋诗》卷三五五六）

送友人及第后归

贾生年正少，危掇奉常科。拾第便堪贵，读书何用多。御黄闻喜酒，宫绿上方罗。见谓清流选，归鸣里巷珂。（《全宋诗》卷三五六〇）

赵与辟

贺南谷兄与男孙同科

暮年骥足骋青云，更喜文星耀一门。观榜同登父与子，策名重见祖和孙。偶然盛事酬先志，剩有奇芳在后昆。我亦瀛洲连步者，相蕲忠孝报君恩。（《全宋诗》卷三五九四）

文天祥

抚州乐安县进士题名记

抚领县五，进士题名记自太平兴国乐公史始，以迄于今，班班然。虽然此记诸郡者，县又各有记。郡县皆以本人物之出，而县又近也。乐安自绍兴十八年始置县，于时，士文富义丰，头角崭出，志气凛然。盖文物之发越久矣。三岁大比，由是而计偕者，始而二三人，继而四五六七人。擢奉常第者，始而一人，继而二三人，斯盛矣。而记未立，阙也。予同年新赣州教授何君，时以书来京师曰："荐于乡而仕于国，皆士之达也。追其已往之不及记，待其方来之不胜记，将托诸石，以诏不朽，愿假之一言。"辞不获。按《图志》：县始创，实割崇仁三乡，与吉之永丰一乡。斯土也，盖文明之会也。山川之英，扶舆清淑之所藏。是故，名世出于其间。欧阳子之于永丰，文恭罗公之于崇仁，是其人也。今县东跨西并，收拾奇山水，以为一国，风气磅礴，且百年于此。斯文之运，浸以张王。此岂偶然之故邪？虽然二君子所长非科第也，有大焉者矣。登斯记也，高山仰止，景行行止，当何如哉！当何如哉！

建昌军青云庄记

大农簿赵侯守盱之明年，建青云庄成。侯旦夕受代行矣，移书请记于庐陵文某，曰："大江以西，搢绅衣冠，盱为盛。盱宾兴荐士三十七，江山奇气，发天地之藏未艾也。郡有库，邑有庄，皆以贡士名。贡鹿鸣与计偕者，仆马道路而无虞矣。则后自念士方奏名，待对皇帝王伯之规模，造端发轫，如火始然。奈何以旅琐琐病寒畯乎？会南丰有寺曰安禅，毁于寇，田若干，无所于属。于是，复其租税，为屋四楹，乃积乃仓，于寺之废址，命曰：青云庄。钱谷有司，三岁一会。几盱之试御前者，赆各有差。所为厚士于方来，盖庶几焉。"

八韵关键序

《八韵关键》者，义山朱君时叟所编赋则也。……国家以文取人，亦随时为高下。虽有甚奇杰之资，有不得不俛首于此。若朱君立例严，用功深，盖亦深达于时宜者。朱君执此以往，一日取先场屋，然后舍而弃之，肆力于为文，其于古也孰御？虽然，又岂惟文哉！

题家保状序

吾乡孙幼宾，善与人周旋，受人托必忠。吾党之士，多与为知识。三岁大比，其欲结保就试者，率以状转授，俾上之有司。幼宾无所爱力，每科辄结至数百保。榜揭之日，籍中多得人，由是中礼部者常有之，从事数科。

今又将诏岁，人争以幼宾为有验，虽幼宾亦不能自已。一日，持其籍以告予曰：“君畴昔籍中人也，其为我序之。”予不能辞焉。按：《周礼》大司徒，以乡三物教万民而宾兴之，此乡举里选之风也。考诸族师，则五家十家，五人十人，又使相保相爱。刑罚庆赏，相及相共。凡保必有连坐，古以德行取人，于此犹有取尔。《周官》之法度，与《关雎》、《麟趾》之意，固不相悖也。进士始于隋唐，本朝沿袭不改，日引月长，弊幸浸出。上之所以关防禁治者，务尽其术。若家保状其一也。科目与乡举里选自不同，然其所以立法之意，殆相似。然吾州士风，接欧、周、胡、杨之遗，知所自爱。其丽于族师之禁，固鲜矣。幼宾作事必履实，其所受托，亦不轻所任。刑罚之相及相共者，吾又固为幼宾一保。吉为州巨，应试二万余。然他日得之，率是知名之翘翘者，幼宾自此网罗无遗。使千佛之名，尽萃于一籍，则幼宾继今皆庆赏之日也。吾为子贺，不既多乎？幼宾曰：“嗜欲将至，有开必先，君言且验矣。”吾籍屡验不一验，将徼福于君，请执此以往。

家保状序

吾尝观李肇记唐科举事。都会谓之举场，通称谓之秀才，投刺谓之乡贡，俱捷谓之同年，有司谓之座主，籍而入选谓之春闱，将试相保谓之合保，既捷列姓名于慈恩寺塔谓之题名，大宴于曲江亭谓之曲江会。进士之为贵于天下，其来尚矣。某吉水人，肯为吾党裒梓家保状，使不烦自投于官。殆好事者，介予所知识，以其籍求序。予前一夕，梦有持一卷来，曰：“桂籍。”得此梦若验焉者。是籍之人，由秀才试举场，出乡贡试春闱，拜座主，叙同年，赴题名所，入曲江会，将必自此合保始。虽然，使君籍而止得科目人也，吾何观焉？天下事盖有大于此者矣！仁山苍苍，文水泱泱，欧周胡杨，休有耿光，独无追遗芳而昌之者欤？吾之望君籍也如此！

新淦曾叔仁义约籍序名公芑

财利在天地间，为义理之贼。三代以下，选举不以德行。则士虽为圣贤，犹将从科目以进。举于乡里，固得时行道之发轫也。然士方穷时，骤得一举，属有千里之役，无所取资，不得已俯首屈意，以为此之求。是不待仕，固已贼其心矣。此义约之所以不可废也。予至新淦，亲党曾君叔仁，出其所谓《青云约》、《魁星约》者。其为约，视他郡特有寓公助送之例，可以观是邦之风矣。吾党之士，凡与斯籍，名荐书走。在所居者无深责，行者无复顾。昌其气以从事于文，蹇蹇谔谔，进奉天子之对。由此培植，为他日贤公卿大夫，殆此籍有助焉。然则，区区周急，义之末者耳。其于人才有关系，则于后之世道不为无益，其为义不亦大哉！

龙泉县监漕乡举题名引

恭惟祖宗，以取士为国，三岁大比，所谓从数路得人。古遂江，吾庐陵佳山水邑也。庐陵诸老，发身六一公，澹庵以学舍，益公、诚斋以乡举，献简公以漕贡。而献简生遂江，文献风流，又其最近且亲者。山川毓灵，人物代兴，高山仰止，景行行止。是为《题名引》。（以上均见《文天祥全集》卷九）

跋李世修藏累科状元帖

国朝逾三百年，所谓进士第一者，何止百数。披图而观，某如何，某如何，夫人得而知之。李君世修，先世多与其显者游，今其家藏墨迹，仅十数纸。而其可爱敬，可鉴戒者，已粲然可见。李君又欲厕予语于其间，不知后之视予，又以为何如也？呜呼！是可不凛凛哉！

跋王元高词科拟稿

我朝言治者，曰庆历、元祐、乾淳。厥亦惟欧阳子、苏公兄弟、周益国、三洪氏，以其宗工大手，掌朝廷文字，以为之缫籍粉泽，功光当时，垂休无穷。岂曰小补之哉！国于天地，必有与立。而尚论其盛，则其浑厚醲郁，光明俊伟，百世之下，想望风采，必于斯文乎是稽。《传》曰："鼓天下之动者，存乎辞。"辞之不可已也。如是，往时有博学科，有宏词科，士各知所崇尚。近世此学浸少，于是而小词科之制立，其望于人，甚约也。而应令者，迄亦落落，人才于是少衰矣。豫章王君义山元高，自为举子时，独有志于此。国家大制诏、大诰令，拟诸其形容者丛巨册，其能出章逢占毕之士矣。元高登进士乙科，调永州司户参军。意若不自满，谋卒业以大科致身乃已。予谓元高：一命以上，皆将有世道之责，子归而求之。他日中兴太平之盛，所谓号令文章，焕然可述。以与三代同风者，安知责不在子？而正

不必曰:吾不得志于进士,而退为是也。元高欣然纳之,遂存其说于帙尾云。(以上均见《文天祥全集》卷一〇)

林景熙

过徐礼郎状元坊

名坊临野渡,曾此产魁豪。湖带诗书润,山增科第高。劫灰遗断础,鬼火出深蒿。东海扬尘久,无人钓六鳌。(《林景熙集补注》卷二)

艾性夫

落第口号

万里长风鹢退飞,自浇涧水溅征衣。满身只有梅花影,不带西湖柳色归。(《全宋诗》卷三七〇〇)

詹　文

登科后解嘲

读尽诗书五六担,老来方得一青衫。佳人问我年多少,五十年前二十三。(《全宋诗》卷三七五一)

于观文

省试中式记梦

东堂令史报来时,仙桂云攀第九枝。乍听言音犹似梦,却思公道即无疑。寒门仿佛春将到,幽径朦胧月渐移。残漏声中鞭马去,纻袍重戴已相随。(《全宋诗》卷三七五六)

徐子元

贺谢文二子文武登科

福畤何曾好誉儿,凤毛争奈一时奇。青钱学士如龙友,白马将军似虎痴。齐展一双文武手,共扶千载圣明时。从来谢砌无闲草,步步芳兰亚紫芝。(《全宋诗》卷三七八一)

傅西斋

三萧行贺萧丞定夫子登科

吾乡前辈多风谊，教子读书全盛事。刘斯立在庆历间，二子同升俱上第。后来嘉祐孔长源，三子联登相后先。元丰四谢更同榜，一家科第光烨然。直到淳熙徐思叔，亦与二子连芳躅。又报年来萧定夫，绍定两科庭下玉。二百年间能几家，刘家孔家无以加。才名学行总名世，不但官爵称高华。谢家独有民师著，徐家大无鸣诗句。人道萧室父子三，前辈流风无让处。萧公要是真醇儒，家无他物惟有书。自家读了教儿读，夜半书声喧里闾。造物负公还不贫，嘉定庚辰汉庭右。此时二子已崭然，公曰吾心汝其懋。果然相继取高科，二哥饶着与三哥。乃翁笑向月中问，吾家桂树何其多。月娥报道萧家桂，生满月中香满世。移过东山能几年，今日方教翁满意。祝公此意令深长，香名当使百世芳。前贤事业远且大，三刘三孔尤辉光。世科膴仕公家有，实声莫落谢徐后。要知渝上一萧家，突过四家名宇宙。我曾与公同荐名，服公文行识公真。更与贤郎共文社，情谊凛凛如霜筠。翻笑传家三父子，草亭老人空历志。曾不得名于荐书，仅有大儿前擢第。小儿四度试春官，尚期他日修征鞍。如今饥卧空山里，慨想前事悲汍澜。喜闻令子归锦里，夜不能眠推枕起。瓣香寓作三萧行，寄贺萧公当双鲤。（《全宋诗》卷三七八一）

黄少师女

送人赴举

春闱报罢已三年，又向西风趁着鞭。屡鼓莫嫌非作气，一鸣当自卜冲天。贾生少奋终何遇，马援才高老益坚。大抵功名无早晚，平津今见起淄川。（《全宋诗》卷三七八一）

刘 埙

代回乡举诸贡元

独提健笔，伟新刃之发硎；勇夺荐书，俨轻车之就道。盛传秋捷，大惬旦评。某人经明行修，声飞实茂。品流高胜，信红泉碧涧所钟；意气豪雄，以黄榜绿袍自许。已看横鹗，会应谶龟。某忝此分麾，幸哉劝驾！辱峨冠而枉顾，惊衔袖之暗投。希夷谓天地间无全名，所愿力培于远业；挺之云科举外有理学，幸毋自足于斯文。相期者深，是所以报。

代回漕魁赵主簿投谢

名芳镂牒，伟甚仇栖；文压锁厅，居然祢荐。喜报冰台魁捷，祥开天陛胪传。判簿学入几深，文多神变。被飞龙新渥，早列簪缨；慕题雁荣观，克勤笔砚。若昔名父，尝夺儒科。景运又逢戌年，世胄定登甲榜。重书淡墨，真同辽鹤归来；稳趁飞黄，行见溟鹍直上。某猥麾临访，虚辱谦词云云。

代回魁星醮请拈香

问秋风消息，已愧陈人；挹杓宿光芒，愿陪胜彦。肃拜裁云之翰，欣闻涓日之期。当展敬于夜坛，冀联题于春榜。步虚声里，豫占来岁胪传；集英殿前，共叱今朝魁谶。（以上均见《全元文》卷三四四）

刘鼎臣妻

鹧鸪天·剪彩花送珍省试

金屋无人夜剪缯，宝钗翻作齿痕轻。临长执手殷勤送，衬取萧郎两鬓青。　　听嘱付，好看承，千金不抵此时情。明年宴罢琼林晚，酒面微红相映明。（《全宋词》第五册）

无名氏

鹧鸪天

五百人中第一仙，等闲平步上青天。绿袍乍著君恩重，黄榜初开御墨鲜。　　龙作马，玉为鞭，花如罗绮柳如绵。时人莫讶登科早，自是嫦娥爱少年。

鹧鸪天·弟寿兄又赴省

冬至阳生才两日，欣逢伯氏绂麟辰。鹡鸰原上欢声沸，棣萼堂前喜气新。　斟九酝，劝千巡，华途从此问云津。杨前未把耆年祝，且愿青云早致身。

望江南·谕新及第友人

这痴骙，休恁泪涟涟。他是霸陵桥畔柳，千人攀了到君攀。刚甚别离难。　荷上露，莫把作珠穿。水性本来无定度，这边圆了那边圆。终是不心坚。

永遇乐·寄所思新第者

孤衾不暖，静闻银漏，欹枕难稳。细想多情，多才多貌，总是多愁本。而今幽会难成，佳期顿阻，只恁萦方寸。知他莫是，今生共伊，此欢无分。

寻思断肠肠断，珠泪揾了，依前重揾。终待临岐，分明说与，我这厌厌闷。得伊知后，教人成病，万种断也无限。只恐他、恁不分晓，谩劳瘦损。

（以上均见《全宋词》第五册）

引用书目

徐松等辑《宋会要辑稿》(简称《宋会要》),北京:中华书局,1997。

徐松等辑、刘琳等校点《宋会要辑稿》,上海:上海古籍出版社,2014。

李焘撰《续资治通鉴长编》(简称《长编》),北京:中华书局,2004。

陈均编、许沛藻等点校《皇朝编年纲目备要》(简称《编年备要》),北京:中华书局,2006。

黄以周等辑注、顾吉辰点校《续资治通鉴长编拾补》(简称《长编拾补》),北京:中华书局,2004。

彭百川撰《太平治迹统类》,丛书集成续编本,台湾新文丰出版公司,1988。

徐梦莘撰《三朝北盟会编》,四库全书文渊阁本。

钱若水撰、燕永成点校《宋太宗实录》,兰州:甘肃人民出版社,2005。

龙衮撰《江南野史》,四库全书文渊阁本。

佚名撰《靖康要录》,四库全书文渊阁本。

曾巩撰、王瑞来校正《隆平集》,北京:中华书局,2012。

王偁撰《东都事略》,四库全书文渊阁本。

李心传撰《建炎以来系年要录》(简称《系年要录》),上海:上海古籍出版社,2008。

李心传撰、徐规点校《建炎以来朝野杂记》(简称《朝野杂记》),北京:中华书局,2000。

李心传撰、崔文印点校《旧闻证误》,北京:中华书局,1997。

佚名撰《绍兴十八年同年小录》,四库全书文渊阁本。

佚名撰《宋宝祐四年登科录》,四库全书文渊阁本。

佚名撰《咸淳七年同年小录》,四库全书文渊阁本。

佚名编、汝企和点校《续编两朝纲目备要》,北京:中华书局,1995。

陈骙等撰、张富祥点校《南宋馆阁录续录》,北京:中华书局,1998。

刘时举编《续宋编年资治通鉴》,《丛书集成初编》,长沙:商务印书馆,1939。

脱脱等撰《宋史》,北京:中华书局,1995。

佚名撰、李之亮校点《宋史全文》,哈尔滨:黑龙江人民出版社,2005。

佚名撰《咸淳遗事》,四库全书文渊阁本。

佚名撰、王瑞来笺证《宋季三朝政要》,北京:中华书局,2010。

《宋大诏令集》,北京:中华书局,1997。

赵汝愚编、吴小如等校点《宋朝诸臣奏议》,北京:中华书局,1999。

朱熹撰《宋名臣言行录》,四库全书文渊阁本。

杨士奇等编《历代名臣奏议》,四库全书文渊阁本。

傅璇琮主编,龚延明、祖慧编撰《宋登科记考》,南京:江苏教育出版社,2009。

丁度等编《贡举条式》,四库全书文渊阁本。

章定编《名贤氏族言行类稿》,四库全书文渊阁本。

陈振孙撰、徐小蛮、顾美华点校《直斋书录解题》,上海:上海古籍出版社,2015。

王应麟辑《玉海》,扬州:广陵书社,2003。

章如愚编撰《山堂考索》,北京:中华书局,1992。

马端临编撰《文献通考》,北京:中华书局,1986。

中华书局编辑部编《宋元方志丛刊》(《云间志》、《淳祐玉峰志》、《景定建康志》、《无锡志》、《咸淳毗陵志》、《淳祐临安志》、《咸淳临安志》、《淳熙严州图经》、《景定严州续志》、《至元嘉禾志》、《嘉泰吴兴志》、《宝庆四明志》、《开庆四明续志》、《延祐四明志》、《至正金陵新志》、《嘉泰会稽志》、《宝庆会稽续志》、《赤城志》、《新安志》、《淳熙三山志》、《仙溪志》、《寿昌乘》、《大德南海志》),北京:中华书局,1990。

刘纬毅等辑《宋辽金元方志辑佚》,上海:上海古籍出版社,2011。

马蓉等点校《永乐大典方志辑佚》,北京:中华书局,2004。

田锡著、罗国威校点《咸平集》,成都:巴蜀书社,2008。

张咏著、张其凡整理《张乖崖集》,北京:中华书局,2000。

范仲淹撰、范能浚编集、薛正兴校点《范仲淹全集》，南京：凤凰出版社，2004。

欧阳修撰、李逸安点校《欧阳修全集》，北京：中华书局，2001。

欧阳修撰、刘德清等笺注《欧阳修诗编年笺注》，北京：中华书局，2012。

梅尧臣著、朱东润编年校注《梅尧臣集编年校注》，上海：上海古籍出版社，2009。

苏颂著、王同策等点校《苏魏公文集》，北京：中华书局，2004。

石介著、陈植锷点校《徂徕石先生文集》，北京：中华书局，1984。

苏舜钦著、沈文倬校点《苏舜钦集》，上海：上海古籍出版社，1981。

司马光撰、李文泽等校点《司马光集》，成都：四川大学出版社，2010。

王安石撰、李壁注、李之亮补笺《王荆公诗注补笺》，成都：巴蜀书社，2002。

苏轼撰、孔凡礼点校《苏轼文集》，北京：中华书局，1996。

苏轼撰、王文诰集注、孔凡礼点校《苏轼诗集》，北京：中华书局，1996。

苏辙撰、陈宏天等点校《苏辙集》，北京：中华书局，1999。

曾巩撰、陈杏珍等点校《曾巩集》，北京：中华书局，1984。

程颢程颐著、王孝鱼点校《二程集》，北京：中华书局，2012。

刘挚撰、陈晓平等点校《忠肃集》，北京：中华书局，2002。

孔文仲等著、孙永选点校《清江三孔集》，济南：齐鲁书社，2002。

吕陶撰《净德集》，《丛书集成初编》本，北京：中华书局，1985。

张舜民撰《画墁集》，《丛书集成初编》本，北京：中华书局，1985。

黄庭坚著、郑永晓整理《黄庭坚全集》，南昌：江西人民出版社，2011。

秦观撰、徐培均笺注《淮海集笺注》，上海：上海古籍出版社，1994。

张耒撰、李逸安等点校《张耒集》，北京：中华书局，2000。

陈师道撰、任渊注、冒广生补笺、冒怀辛整理《后山诗注补笺》，北京：中华书局，1999。

李纲著、王瑞明点校《李纲全集》，济南：岳麓书社 2004。

陈与义撰、白敦仁校笺《陈与义集校笺》，上海：上海古籍出版社，1990。

吕颐浩撰、徐三见等点校、丁世贤复校《吕颐浩集》，杭州：浙江古籍出版社 2012 年。

曾几撰《茶山集》，《丛书集成初编》本，北京：中华书局，1985。

刘一止著、龚景兴等点校《刘一止集》，杭州：浙江古籍出版社 2012 年。

张孝祥著、徐鹏校点《于湖居士文集》，上海：上海古籍出版社，1980。

范成大著《范石湖集》，上海：上海古籍出版社，1981。

杨万里著、王琦珍整理《杨万里诗文集》，南昌：江西人民出版社，2006。

陆游著、钱仲联校注《剑南诗稿校注》，上海：上海古籍出版社，1985。

陆游撰《陆游集》第五册《渭南文集》，北京：中华书局，1976。

王十朋著、梅溪集重刊委员会编《王十朋全集》，上海：上海古籍出版社，1998。

张九成著、杨新勋整理《张九成集》，杭州：浙江古籍出版社，2013。

吕祖谦著、黄灵庚等主编《吕祖谦全集》，杭州：浙江古籍出版社，2008。

叶适著、刘公纯等点校《叶适集》，北京：中华书局，2013。

陈亮著《陈亮集》，北京：中华书局，1974。

楼钥撰、顾大朋点校《楼钥集》，杭州：浙江古籍出版社，2010。

黎靖德编《朱子语类》，北京：中华书局，1999。

周南撰《山房集》，四库全书文渊阁本。

廖刚撰《高峰文集》，四库全书文渊阁本。

刘克庄撰、王蓉贵等校点《后村先生大全集》，成都：四川大学出版社，2008。

姚勉撰《雪坡集》，四库全书文渊阁本。

文天祥著《文天祥全集》，北京：中国书店，1985。

何梦桂著、赵敏等点校《何梦桂集》，杭州：浙江古籍出版社 2011 年。

林景熙著、章祖程注、陈增杰补注《林景熙集补注》，杭州：浙江古籍出版社 2012 年。

佚名撰《翰苑新书》，四库全书文渊阁本。

刘埙撰《隐居通议》,四库全书文渊阁本。

傅璇琮等主编《全宋诗》,北京:北京大学出版社,1995。

曾枣庄、刘琳主编《全宋文》,上海:上海辞书出版社,合肥:安徽教育出版社,2006。

唐圭璋编《全宋词》,北京:中华书局,1980。

李修生主编《全元文》,南京:江苏古籍出版社,1999—2004。

宋祁撰、储玲玲整理《宋景文公笔记》,《全宋笔记》第一编·五,郑州:大象出版社,2003。

田况撰、储玲玲整理《儒林公议》,《全宋笔记》第一编·五,郑州:大象出版社,2003。

江休复撰、储玲玲整理《江邻几杂志》,《全宋笔记》第一编·五,郑州:大象出版社,2003。

王素撰、储玲玲整理《文正王公遗事》,《全宋笔记》第一编·五,郑州:大象出版社,2003。

龚鼎臣撰《东原录》,四库全书文渊阁本。

司马光撰、邓广铭等点校《涑水记闻》,北京:中华书局,1997。

范镇撰、汝沛点校《东斋记事》,北京:中华书局,1997。

吴处厚撰、李裕民点校《青箱杂记》,北京:中华书局,1997。

王栐撰、诚刚点校《燕翼诒谋录》,北京:中华书局,1997。

王辟之撰、吕友仁点校《渑水燕谈录》,北京:中华书局,1997。

欧阳修撰、李伟国点校《归田录》,北京:中华书局,1997。

苏辙撰、俞宗宪点校《龙川别志》,北京:中华书局,1997。

黄休复撰、赵维国整理《茅亭客话》,《全宋笔记》第二编·一,郑州:大象出版社,2006。

佚名撰、赵维国整理《道山清话》,《全宋笔记》第二编·一,郑州:大象出版社,2006。

孙升撰、赵维国整理《孙公谈圃》,《全宋笔记》第二编·一,郑州:大象出版社,2006。

刘斧撰、李国强整理《青琐高议》,《全宋笔记》第二编·二,郑州:大象出版社,2006。

庞元英撰、金圆整理《文昌杂录》,《全宋笔记》第二编·四,郑州:大象出版社,2006。

无名氏撰、金圆整理《谈薮》,《全宋笔记》第二编·四,郑州:大象出版社,2006。

孔平仲撰、池洁整理《谈苑》,《全宋笔记》第二编·五,郑州:大象出版社,2006。

王巩撰、戴建国、陈雷整理《甲申杂记》,《全宋笔记》第二编·六,郑州:大象出版社,2006。

王巩撰、戴建国、陈雷整理《随手杂录》,《全宋笔记》第二编·六,郑州:大象出版社,2006。

赵令畤撰、孔凡礼点校《侯鲭录》,《全宋笔记》第二编·六,郑州:大象出版社,2006。

汪应辰撰、徐时仪整理《石林燕语辨》,《全宋笔记》第二编·十,郑州:大象出版社,2006。

高晦叟撰、孔凡礼整理《珍席放谈》,《全宋笔记》第三编·一,郑州:大象出版社,2008。

黄朝英撰、陈金林整理《缃素杂记》,《全宋笔记》第三编·四,郑州:大象出版社,2008。

吕本中撰、查清华、胡俭整理《师友杂志》,《全宋笔记》第三编·六,郑州:大象出版社,2008。

马永卿撰、查清华、顾晓雯整理《懒真子》,《全宋笔记》第三编·六,郑州:大象出版社,2008。

苏籀撰、张剑光、李相正整理《栾城先生遗言》,《全宋笔记》第三编·七,郑州:大象出版社,2008。

施德操撰、虞云国、孙旭整理《北窗炙輠录》,《全宋笔记》第三编·八,郑州:大象出版社,2008。

朱翌撰、朱凯、姜汉椿整理《猗觉寮杂记》,《全宋笔记》第三编·十,郑州:大象出版社,2008。

彭乘辑撰、孔凡礼点校《墨客挥犀》,北京:中华书局,2002。

彭乘辑撰、孔凡礼点校《续墨客挥犀》,北京:中华书局,2002。

邵伯温撰、李剑雄等点校《邵氏闻见录》,北京:中华书局,1997。

邵博撰、刘德权等点校《邵氏闻见后录》,北京:中华书局,1997。

王铚撰、朱杰人点校《默记》,北京:中华书局,1997。

沈括撰《梦溪笔谈》,上海:上海书店出版社,2009。

马永卿辑《元城语录》,北京:中华书局,1985。

魏泰撰、李裕民点校《东轩笔录》,北京:中华书局,1997。

陈师道撰、李伟国点校《后山谈丛》,北京:中华书局,2007。

朱彧撰、李伟国点校《萍洲可谈》,北京:中华书局,2007。

曾布撰、程郁整理《曾公遗录》,《全宋笔记》第一编·八,郑州:大象出版社,2003。

王得臣撰、黄纯艳整理《麈史》,《全宋笔记》第一编·十,郑州:大象出版社,2003。

晁说之撰、黄纯艳整理《晁氏客语》,《全宋笔记》第一编·十,郑州:大象出版社,2003。

吕希哲撰、夏广兴整理《吕氏杂记》,《全宋笔记》第一编·十,郑州:大象出版社,2003。

方勺撰、徐沛藻等点校《泊宅编》,北京:中华书局,1997。

何薳撰、张明华点校《春渚纪闻》,北京:中华书局,1997。

文莹撰、郑世刚等点校《玉壶清话》,北京:中华书局,1997。

文莹撰、郑世刚等点校《湘山野录》、《续湘山野录》,北京:中华书局,1997。

李廌撰、孔凡礼点校《师友谈记》,北京:中华书局,2002。

朱弁撰、孔凡礼点校《曲洧旧闻》,北京:中华书局,2002。

陈鹄撰、孔凡礼点校《西塘集耆旧续闻》,北京:中华书局,2002。

蔡绦撰、冯惠民等点校《铁围山丛谈》,北京:中华书局,1997。

程俱撰、张富祥校正《麟台故事》,北京:中华书局,2000。

姚宽撰、孔凡礼点校《西溪丛话》,北京:中华书局,1997。

庄绰撰、萧鲁阳点校《鸡肋编》,北京:中华书局,1997。

李攸撰《宋朝事实》,《丛书集成初编》,北京:中华书局,1985。

叶梦得撰、宇文绍奕考异、侯忠义点校《石林燕语》,北京:中华书局,1997。

叶梦得撰、徐时仪校点《避暑录话》,《宋元笔记小说大观》,上海:上海古籍出版社,2007。

徐度撰、尚成校点《却扫编》,上海:上海古籍出版社,2012。

沈作喆撰、俞钢、萧光伟整理《寓简》,《全宋笔记》第四编·五,郑州:大象出版社,2008。

曾慥撰、俞钢、王燕华整理《高斋漫录》,《全宋笔记》第四编·五,郑州:大象出版社,2008。

曾敏行撰、朱杰人整理《独醒杂志》,《全宋笔记》第四编·五,郑州:大象出版社,2008。

袁文撰、李伟国整理《瓮牖闲评》,《全宋笔记》第四编·七,郑州:大象出版社,2008。

程大昌撰、许沛藻、刘宇整理《演繁露续集》,《全宋笔记》第四编·九,郑州:大象出版社,2008。

程大昌撰《考古编》,四库全书文渊阁本。

吴曾撰《能改斋漫录》,上海:上海古籍出版社,1979。

袁褧撰、袁颐续、尚成校点《枫窗小牍》,《宋元笔记小说大观》,上海:上海古籍出版社,2007。

王明清撰、田松清校点《挥麈录》,上海:上海古籍出版社,2012。

王明清撰、朱菊如等校点《投辖录》,上海:上海古籍出版社,2012。

孙奕撰、侯体健等点校《履斋示儿编》,北京:中华书局,2014。

谢采伯撰《密斋笔记》,四库全书文渊阁本。

龚明之撰、孙菊园校点《中吴纪闻》,《宋元笔记小说大观》,上海:上海古籍出版社,2007。

赵彦卫撰、傅根清点校《云麓漫钞》,北京:中华书局,1998。

张邦基撰、孔凡礼点校《墨庄漫录》,北京:中华书局,2002。

范公偁撰、孔凡礼点校《过庭录》,北京:中华书局,2002。

陆游撰、孔凡礼点校《家世旧闻》,北京:中华书局,1997。

陆游撰、李剑雄等点校《老学庵笔记》,北京:中华书局,1997。

洪迈撰、何卓点校《夷坚志》,北京:中华书局,1981。

费衮撰、傅毓钤《梁溪漫志》,太原:山西人民出版社,1986。

周必大撰、李昌宪整理《淳熙玉堂杂记》,《全宋笔记》第五编·八,郑州:大象出版社,2012。

周必大撰、李昌宪整理《乾道庚寅奏事录》,《全宋笔记》第五编·八,郑州:大象出版社,2012。

周必大撰、李昌宪整理《二老堂杂志》,《全宋笔记》第五编·八,郑州:大象出版社,2012。

陈善撰、查清华整理《扪虱新话》,《全宋笔记》第五编·十,郑州:大象出版社,2012。

高文虎撰、程郁整理《蓼花洲闲录》,《全宋笔记》第五编·十,郑州:大象出版社,2012。

马纯撰、程郁整理《陶朱新录》,《全宋笔记》第五编·十,郑州:大象出版社,2012。

张世南撰、崔文印点校《游宦纪闻》,北京:中华书局,1997。

叶绍翁撰、沈锡麟等点校《四朝闻见录》,北京:中华书局,1997。

周烽撰、刘永翔校注《清波杂志校注》,北京:中华书局,1997。

郭彖撰、李梦生校点《睽车志》,上海:上海古籍出版社,2012。

俞文豹撰、张宗祥校订《吹剑录全编》,上海:古典文学出版社,1958。

岳珂撰、吴企明点校《桯史》,北京:中华书局,1997。

岳珂撰《愧郯录》,四库全书文渊阁本。

张淏撰《云谷杂纪》,四库全书文渊阁本。

佚名撰《坦斋通编》,四库全书文渊阁本。

戴埴撰《鼠璞》,四库全书文渊阁本。

洪迈撰、孔凡礼点校《容斋随笔》,北京:中华书局,2006。

王应麟著、翁元圻等注、栾保群等校点《困学纪闻》,上海:上海古籍出版社,2009。

刘昌诗撰、张荣铮等点校《芦浦笔记》,北京:中华书局,1997。

赵与时撰、傅成校点《宾退录》,上海:上海古籍出版社,2012。

赵升撰、王瑞来点校《朝野类要》,北京:中华书局,2010。

周密撰、吴企明点校《癸辛杂识》,北京:中华书局,1997。

周密撰、张茂鹏点校《齐东野语》,北京:中华书局,1997。

周密撰、孔凡礼点校《浩然斋雅谈》,北京:中华书局,2010。

周密撰《武林旧事》,《丛书集成初编》,北京:中华书局,1991。

叶置撰、孔凡礼点校《爱日斋丛抄》,北京:中华书局,2010。

罗大经撰、王瑞来点校《鹤林玉露》,北京:中华书局,1997。

王楙撰、储玲玲整理《野客丛书》,《全宋笔记》第六编·六,郑州:大象出版社,2013。

张端义撰、许沛藻等整理《贵耳集》,《全宋笔记》第六编·十,郑州:大象出版社,2013。

俞琰撰《书斋夜话》,四库全书文渊阁本。

白珽撰《湛渊静语》,四库全书文渊阁本。

王恽撰《玉堂嘉话》,四库全书文渊阁本。

刘一清撰《钱塘遗事》,上海:上海古籍出版社,1985。

盛如梓撰《庶斋老学丛谈》,四库全书文渊阁本。

佚名撰《东南纪闻》,四库全书文渊阁本。

阮阅编著、周本淳校点《诗话总龟》,北京:人民文学出版社,2006。

胡仔纂集、廖德明校点《苕溪渔隐丛话》,北京:人民文学出版社,1962。

何文焕辑《历代诗话》(《后山诗话》、《紫微诗话》、《彦周诗话》、《石林诗话》、《二老堂诗话》、《韵语阳秋》、《山房随笔》),北京:中华书局,1981。

程毅中主编《宋人诗话外编》,北京:国际文化出版公司,1996。

高承撰《事物纪原》,四库全书文渊阁本。

吕祖谦撰《历代制度详说》,四库全书文渊阁本。

潘自牧撰《记纂渊海》,四库全书文渊阁本。

祝穆撰《古今事文类聚》,四库全书文渊阁本。

林駉、黄履翁撰《古今源流至论》,四库全书文渊阁本。

魏天应编、林子长注《论学绳尺》,四库全书文渊阁本。

王懋竑撰、何忠礼点校《朱熹年谱》,北京:中华书局,1998。

孔凡礼撰《苏轼年谱》,北京:中华书局,1998。

孔凡礼撰《三苏年谱》,北京:北京古籍出版社,2004。

陈植锷著《石介事迹著作编年》,北京:中华书局,2003。

任群著《周紫芝年谱》,西安:世界图书出版西安有限公司,2014。

吴建伟著《〈宋登科记考〉拾补——以碑刻文献为中心》,《古籍整理研究学刊》2012 年第 6 期。

后 记

从事宋代文史研究工作，岁月匆匆，已经整整三十多年了。诸多课题之研究，都离不开宋代科举这一话题，如宋代官僚结构、宋代文官体制、宋代文化氛围、宋代文风转移、宋代文学特征，等等。日积月累，个人读书笔记或卡片库里，有了越来越多与宋代科举相关的话题。受前辈学者程千帆先生、傅璇琮先生等启发，对与宋代科举相关的这些学术问题兴趣日益浓厚。当代学者对宋代科举以及相关问题开始有了广泛的研究。然而，始终没有一部完整而详尽的宋代科举制度史出现。究其原因，与文献资料的庞杂浩繁有关。因此，我有了“宋代科举资料长编”课题之选择。课题选定之后，文献资料积累之方向性变得清晰明确。感谢我的工作单位中国人民大学，2011 年将此课题确定为“中央高校基本科研业务费专项资金资助”之重点项目，2015 年该项目得以后期持续支持，课题得到了充分的资助，所有的工作得以全面展开。

最初，我曾设想让自己的一些博士研究生参与该课题研究，大家分工负责。如，各自负责史书、笔记、文集等文献资料的编录。研究工作一开始，就发现最初构思不可落实。文献资料的选择、编年、考辨，是需要一定的学术积累为底蕴的。虽然我个人的学术积累不够，但是，全书由我一人完成，风格会比较统一，学术水平也比较平均。许多学术研究工作，不适宜搞“群众运动”。况且，在以往的学术研究历程中，我有“单打独斗”之喜好。如此，才会有文责自负的勇气。于是，改变初衷，所有的书籍，皆由自己一一阅读；所有的文献资料，皆由自己一一编年、考辨。因此，书中的所有错误，也都是我个人的错误。

我的几位研究生，则承担了部分资料的录入工作。《宋登科记考》之“进士名录”，分别由本人与彭鑫、邱爽、董晓彤、曾智星、宋华五位同学录入。个别文献，没有现成电子版可以拷贝，则由本人与董晓彤、姚思宇、尤雅三位同学录入。在此，对上述七位同学，致以诚挚的感谢。

该课题尽量利用学者已有的学术成果，如校点、编年、笺注、考辨等等，在“引用书目”部分皆已一一标明。此处，再次表达对各位学者的敬意，同时亦致以诚挚的感谢！此外，已经发表的《〈宋登科记考〉补正》等论文，同样是对学者已有学术成果表达敬意和感谢的一种方式。该课题研究过程中，我还发表了系列与宋代科举相关的学术论文，如发表于《文史哲》2011年第4期的《论宋人落第诗》，发表于《文学评论》2012年第5期的《论唐宋诗差异与科举之关联》，等等。发表于《中山大学学报》2014年第2期的论文《论帝王词作与尊体之关系》，则是受《宋会要辑稿·选举》中与宋词相关的资料之启发写作而成。上述论文，回应了我文学研究的立场，也是我以后持续研究的一个起点。

课题研究伊始，凤凰出版社李相东先生获知消息，便积极与我联系，与我签订出版协议。课题研究过程中，李相东先生代表凤凰出版社，一直予以热情关注，并最终签订出版合同。在此，也对凤凰出版社与李相东先生表达诚挚的谢意。

“面壁十年图破壁”，期待着这一专著是自己学术研究新的开始，同时也期待着在学术界发挥应有的作用。

诸葛忆兵